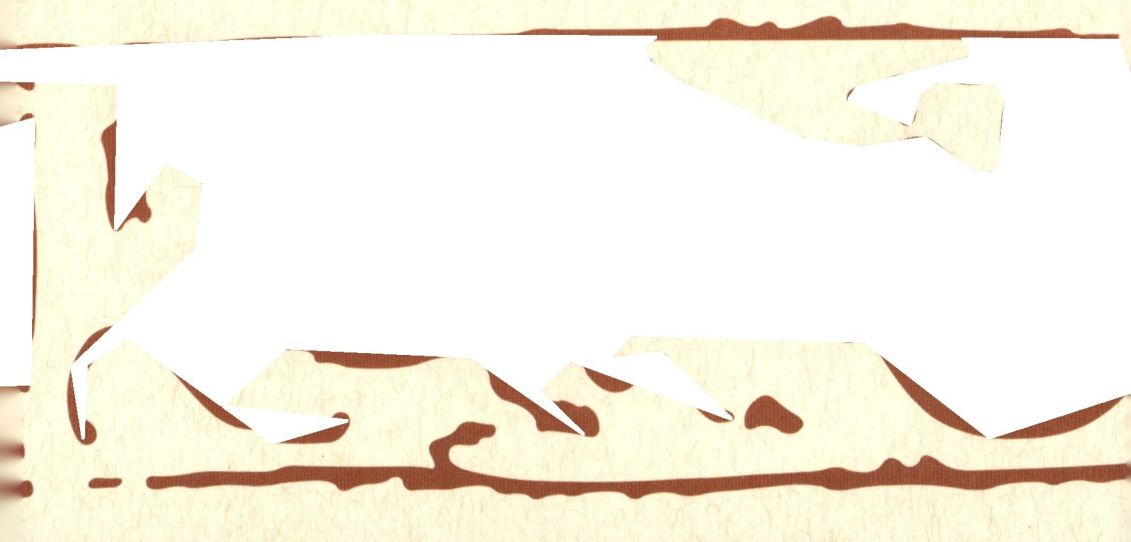

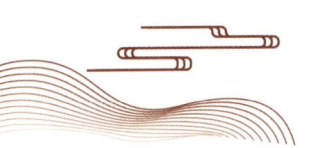

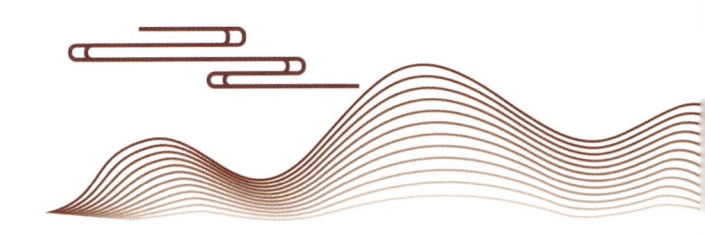

中国文化观念通诠

时代出版传媒股份有限公司
安徽文艺出版社

中国文化观念通诠 上

刘梦溪 范曾 梁治平 ◎ 主撰

时代出版传媒股份有限公司
安徽文艺出版社

图书在版编目（CIP）数据

中国文化观念通诠：三卷本/刘梦溪,范曾,梁治平主撰.--合肥：安徽文艺出版社,2022.1
ISBN 978-7-5396-7169-7

Ⅰ．①中… Ⅱ．①刘… ②范… ③梁… Ⅲ．①文化思想－思想史－研究－中国 Ⅳ．①G129

中国版本图书馆CIP数据核字(2021)第035037号

中国文化观念通诠
ZHONGGUO WENHUA GUANNIAN TONGQUAN

出 版 人：姚巍　　　　　　　出版统筹：段晓静　胡莉
责任编辑：胡莉　宋潇婧　何健　　装帧设计：张诚鑫

出版发行：时代出版传媒股份有限公司　www.press-mart.com
　　　　　安徽文艺出版社　　　www.awpub.com
地　　址：合肥市翡翠路1118号　邮政编码：230071
营 销 部：(0551)63533889
印　　制：安徽新华印刷股份有限公司 (0551)65859551

开本：700×1000　1/16　印张：119　字数：1400千字
版次：2022年1月第1版
印次：2022年1月第1次印刷
定价：398.00元(精装，全三册)

(如发现印装质量问题，影响阅读，请与出版社联系调换)

版权所有，侵权必究

目　录

叙论　中国文化的条理脉络和精神结构／1

第一分部
天道：本与易

第一章　天道篇／3

第二章　大易篇／38

第三章　有无篇／54

第四章　阴阳篇／76

第五章　道器篇／112

第六章　干支篇／179

第二分部
天人：使命与信仰

第七章　天人篇／195

第八章　敬义篇／210

第九章　和同篇／256

第十章　慈悲篇／290

第十一章　侠义篇 / 375
第十二章　慎战篇 / 395

第三分部

人伦：纲常伦理

第十三章　纲纪篇 / 419
第十四章　男女篇 / 445
第十五章　孝慈篇 / 511
第十六章　长幼篇 / 568
第十七章　师道篇 / 595
第十八章　信义篇 / 648

第四分部

为政：致太平

第十九章　家国篇 / 663
第二十章　天下篇 / 699
第二十一章　民本篇 / 763
第二十二章　为公篇 / 826
第二十三章　礼法篇 / 871
第二十四章　无为篇 / 940

第五分部

修身：人格养成

第二十五章　君子篇 / 971
第二十六章　忠恕篇 / 1015

第二十七章　仁爱篇 / 1041

第二十八章　知耻篇 / 1141

第二十九章　义利篇 / 1172

第三十章　知行篇 / 1239

第六分部

问学：通经致用

第三十一章　经学篇 / 1337

第三十二章　小学篇 / 1429

第三十三章　义理篇 / 1484

第三十四章　辞章篇 / 1518

第三十五章　诗教篇 / 1546

第三十六章　英才篇 / 1574

第七分部

人物：生息与风采

第三十七章　人物篇 / 1605

第三十八章　情性篇 / 1646

第三十九章　童心篇 / 1704

第四十章　狂狷篇 / 1716

第四十一章　丹青篇 / 1789

第四十二章　田园篇 / 1836

后记 / 1866

叙论
中国文化观念的条理脉络和精神结构

刘梦溪

"中国文化观念通诠"这个课题的提出，在我个人是非常被动的；就我们中国文化研究所而言，也相当偶然，我们很少由全所人员共同参与一个课题。所内不同领域的学术带头人主持过集体课题，我虽支持却不曾实际参与。此项课题的缘起，是2010年10月所里的一次聚会，当时中国艺术研究院有课题招标之议，大家觉得我们做一个关于中国文化的课题，不仅有可能而且有必要。首倡者为刘军宁，他是比较政治学学者，居然首倡此议，我感到意外的同时，也深为之感动。课题的旨趣，则想围绕中国文化的核心价值观念展开。所聚结束时，我说那就请军宁先拟一个框架，看看可行性如何。没过几天，军宁就发来了他草拟的框架，共有六个部分，结构题列相当新颖。现在成书的《中国文化观念通诠》，就是在当初军宁那个框架的基础上，反复研议修改而成。

有了框架，就往里面装东西。我和周瑾分别拟目，军宁也有一些例目，然后我来汇拢，做最后的调适增删。同年12月10日，全所对拟定的条目做了一次公议。翌年1月分工认目，开始写作前的准备。我在2011年1月10日的"学术记事"中写道：

"本所例会，主持专题讨论《中国文化核心观念通诠》分工认题，共七章四十二题，经两个小时的讨论，一一定谳。治平得五题，军宁三题，两人当仁不让，最感欣悦。其余范公五题、周瑾五题、本人七题等等，各得其所也。"这里需要说明的是，此项课题原拟名称叫"中国文化核心观念通诠"，后来范曾先生建议，还是省略"核心"二字为上，大家一致附议，以此便改作了"中国文化观念通诠"。当时定下来的条目共七章、四十二题，大家戏称为"四十二章经"。而究其实，则完全是巧合。

课题运行起来之后，鉴于各人的学术准备和学术兴趣，观念条目和个人分担情况又有所调整。最终是范曾七题、本人六题、梁治平五题、刘军宁三题、周瑾三题，其余二题、一题不等。所内研究人员不敷其数，我的几名笔力较强的研究生充任替补。范先生独多者，盖因其家学渊源和国学根底确有时贤所不及者。他是南通范氏的当代传人，诗学造诣固是杜甫所谓"诗是吾家事"，由其撰写《诗教篇》，可谓不二之选。《丹青篇》和《干支篇》是他的所长和所爱，文心理则不乏独得之秘。法学家梁治平的五题，均在他的研究范围之内，自是非其莫属。刘军宁三题完成得最早，尝作为文例发请大家参考。所内科研骨干，研究佛学的喻静写《慈悲篇》，长于医理和近代人物的秦燕春写《阴阳篇》和《情性篇》，研究女性学的张红萍写《男女篇》等，亦是题旨和兴趣两相宜。课题立项时，我和梁治平共同牵头，周瑾担任学术助理。课题不设主编，只标署刘梦溪、范曾、梁治平为主撰，是我的力主。

此项课题的困难之处，在于厘清边界，确立不与相类的他者相重叠的学术定位。换言之，我们不是写有关中国文化的辞书条目，也不是写中国哲学的范畴史，更不是通常的文化概念的解词析义。我们从浩瀚博大的中国文化中抽绎出一些最主要的观念——这些观念是中国文化这座古老大厦的精神构件,是大厦里面永久住民的生活准则和宇宙观、人生观,以及和栖息方式相连接的伦理的、礼法的乃至审美的理则。如果对这座大厦主要构件的观念理则,包括名称、角色、功能、作用、渊源、流变,逐一释证清楚,就可以大体认识中国文化的特性,明了我们中华子孙文化性格之所从出,以及现在与将来所担负的应然使命。管子说:"礼义廉耻,国之四维。"(此处用的是欧阳修的概括语)"维"者,即绳也,纲也。今天的研究者之所能事,在于如何搭建起一个由这些"绳""纲"织成的符合中国文化特性的认知结构。孟子说:"始条理者,智之事也;终条理者,圣之事也。"不妨将"智""圣"二字置于一旁,只取其中的"条理"义。按朱熹的解释:"条理,众理之脉络也。"[1]如此我们就可以轻松征引了。"智"同"知",故朱子又言:"智者,知之所及。"我们想做的,就是就"知之所及",理出一个中国文化观念的条理、脉络和结构来。

《中国文化观念通诠》的条理结构,由七个分部组成:

第一分部　天道:本与易

第二分部　天人:使命与信仰

第三分部　人伦:纲常伦理

第四分部　为政:致太平

第五分部　修身:人格养成

第六分部　问学:通经致用

第七分部　人物:生息与风采

---

[1]〔宋〕朱熹:《答张敬夫集大成说》,《朱熹集》第三册,成都:四川教育出版社1996年版,第1331页。

第一分部的"天道：本与易"，是对中国文化观念的推本溯源。《礼记·大学》："物有本末，事有终始，知所先后，则近道矣。"庶几近之。故此处之"本"，不是本体的本，而是原出之本，天地之本，是为大本。"易"即大《易》，即对待与流行也。《易·系辞上》："天地设位，而《易》行乎其中矣。"即为斯义。《易·系辞上》又云："一阴一阳之谓道，继之者善也，成之者性也。"又说："是以明于天之道，而察于民之故，是兴神物以前民用。圣人以此齐戒，以神明其德夫。是故阖户谓之坤，辟户谓之乾，一阖一辟谓之变，往来不穷谓之通，见乃谓之象，形乃谓之器，制而用之谓之法，利用出入，民咸用之谓之神。"《说》卦亦云："昔者圣人之作《易》也，将以顺性命之理。是以立天之道曰阴与阳，立地之道曰柔与刚，立人之道曰仁与义。"又老子曰："人法地，地法天，天法道，道法自然。"（《老子》二十五章）其又曰："天道无亲，常与善人。"（《老子》七十九章）又曰："功成、名遂、身退，天之道。"（《老子》九章）又曰："不出户，知天下；不窥牖，见天道。"（《老子》四十七章）盖第一分部之设，本诸《易》，取乎《老》，岂有他哉？而观念之立目，则以"天道""大易""有无""阴阳""道器""干支"诸篇以充之。其中"天道""大易""有无""阴阳""道器"，都直接取《易》理《易》道之原称立名，"干支"则是天地交会的纪历符号。

第二分部"天人：使命与信仰"，如果说"天道"是对中国文化观念的推本溯源，则"天人"应该是中国文化观念最核心的命题。也可以说，整个中国文化都是环绕"天人之道"来旋转的。其经典依据，还是在大《易》，而以《春秋》为显性化迹。故太史公作"八书"，而曰："礼乐损益，律历改易，兵权山川鬼神，天人之际,承敝通变。"《汉书·五行志》写道:"昔殷道弛,文王演《周易》;周道敝,孔子述《春秋》。则《乾》《坤》之阴阳,效《洪范》之咎征,天人之道粲然著矣。"《汉书·律历志》也说:"《易》与《春秋》,天人之道也。"《汉书·眭两夏侯京翼李传》亦云:"幽赞神明,通合天人之道者,莫著乎《易》《春秋》。"《易·序卦》韩康伯《注》则云:"凡《序卦》所明,非《易》之缊也,盖因卦之次,托以明义。《咸》柔上而刚下,感应以相与。夫妇之象,莫美乎斯。人伦之道,莫大乎夫妇。故夫子殷勤深述其义,以崇人伦之始,而不系之于离也。先儒以《乾》至《离》为《上经》,天道也。《咸》至《未济》为《下经》,人事也。夫《易》六画成卦,三材必备,错综天人以效变化,岂有天道人事偏于上下哉?斯盖守文而不求义,失之远矣!"②韩康伯不以上、下经之分为然,而提出《易》之"成卦",乃是"错综天人以效变化"的结果。大哉,韩氏之微言也!

《尚书》之史迹,莫过于周代商而兴之为大也。而周所以兴,商所以灭,全在于文、武、周公之所施,能够人与天地合其德,亦即《易》革卦之《彖》辞所言:"汤武革命,顺乎天而应乎人,革之时大矣哉!"而"顺天应人",也即天人之道,正是大《易》之道的全提。所以阎若璩在《尚书古文疏证》中引王祎《洛书辨》曰:"《洪范》所陈者,理也,在天惟五行,在人惟五事。五事参五行,天人之合也。"盖《尚书》与《周易》,都是道究天人之最高范本。《荀子·天论》又言:"故明于天人之分,则可谓至人矣。不为而成,不求而得,夫是之谓天职。如是者,虽深,其人不加虑焉;虽大,不加能焉;虽精,不加察焉:夫是之谓不与天争职。"荀子讲的

---

② 〔魏〕王弼撰,楼宇烈校释:《周易注校释》,北京:中华书局2012年版,第263—264页。

是天人之间的关系及天与人的分际。此处的"天人之分",是分际的意思,即人在天面前需要明了自己的身份和地位,不可以不知轻重地出位横行。如是,也可以说人的活动及其成败得失,无不是秉承天命而有为或无为也。汉代大儒董仲舒在阐述天人之旨时,引《春秋》为事例,说:"视前世已行之事,以观天人相与之际,甚可畏也。国家将有失道之败,而天乃先出灾害以谴告之,不知自省,又出怪异以警惧之,尚不知变,而伤败乃至。以此见天心之仁爱人君而欲止其乱也。"①这就是有名的天人感应之说。其中"甚可畏也"一语,犹今俗言所谓"细思极恐",闻者能不戒惧哉?

此第二分部之观念立目,曰《天人篇》,曰《敬义篇》,曰《和同篇》,曰《慈悲篇》,曰《侠义篇》,曰《慎战篇》。首篇是为天人总论,其余为天人关系笼罩下人之所自重、所承当、所恒念、所能为、所慎行也。"敬"的要义,是志不可夺,是护持自性的庄严,系人之为人的性体所固有。故《易》之《坤》卦的《文言》云:"敬义立而德不孤。"而要"立敬",必先"立诚"。斯《易》之《乾》卦的《文言》又云:"君子进德修业。忠信所以进德也;修辞立其诚,所以居业也。"此又牵及忠信和"立敬""立诚"的关系。诚和敬可以互训,敬者必诚,诚者必敬。然《礼记·中庸》云:"诚者,天之道也;诚之者,人之道也。"看来天道与人道终不免随时凑泊在一起。作为天、地、人"三才"的人,是最不稳定的生灵,若非"至人",个体生命的意志往往不能与天地之大美"合其德"。不合,则吉凶悔吝生焉。故《易》特设《同人》一卦,专门演绎"与人

---

① 〔汉〕班固:《汉书·董仲舒传》,北京:中华书局2012年版,第2174页。

和同"的《易》理。本分部之《敬义篇》与《和同篇》之设,即本乎此也。《慈悲篇》的本义则为佛理,但与《敬义篇》阐述的"爱敬"观念可以做比较释证。"慈"是慈爱,"悲"是悲悯,"爱敬"之意寓于其中。慈、悲、爱、敬皆本于善,人有了慈悲之心,既能庄严于事,又能善待同侪,则与天道、人道无不合合矣。"侠"是人之所能为者,初怀为求得正义,但其行必本乎天道,才有"义"存焉,而成为"侠义"。常言所谓"替天行道",良有以也。人间之惑乱,以争战为最,既有汤武顺天在前,则兵戎之事绝不可逆天以行。孙子论兵家"五事",头三项"一曰道,二曰天,三曰地"(《孙子兵法·计篇》),如置天地之大道而不察,曷可语胜券哉?故此分部有《慎战篇》之设。

第三分部"人伦:纲常伦理",主要围绕"三纲五伦"和"三纲六纪"次第展开。孟子说:"圣人有忧之,使契为司徒,教以人伦:父子有亲,君臣有义,夫妇有别,长幼有叙,朋友有信。"(《孟子·滕文公上》)此即"五伦"也。"三纲六纪"之说,其全称见于《白虎通义》,其言曰:"三纲者何谓也?谓君臣、父子、夫妇也。六纪者,谓诸父、兄弟、族人、诸舅、师长、朋友也。故君为臣纲,父为子纲,夫为妻纲。"又曰:"敬诸父兄,六纪道行,诸舅有义,族人有序,昆弟有亲,师长有尊,朋友有旧。"故此分部由《纲纪篇》《男女篇》《孝慈篇》《长幼篇》《师道篇》《信义篇》组成。《易·序卦》写道:

有天地,然后有万物;有万物,然后有男女;有男女,然后有夫妇;有夫妇,然后有父子;有父子,然后有君臣;有君臣,然后有上下;有上下,然后礼义有所错。夫妇之道,不可以不久也。①

可知三纲五伦观念之初义,亦源于《易》。故《易》之《家人》卦的《彖》辞云:"家人,女正位乎内,男正位乎外。男女正,天地之大义也。家人有严君焉,父母之谓也。父父,子子,兄兄,弟弟,夫夫,妇妇,而家道正。正家而天下定矣。"纲纪之说,在于使人明了如何处理君与臣的关系、父与子的关系、夫与妇的关系、兄与弟的关系,以及"家人"之中的受业者与师长的关系,"家人"与友朋的关系。这一整套纲常伦理,大体上将传统社会人与人之间的关系都涵盖在内了,其对正家风和安天下所起的作用,可谓大矣哉。

人伦观念的经典依据,主要本乎儒家思想,这与"天道"和"天人"两分部的观念不尽相同。陈寅恪说,"二千年来华夏民族所受儒家学说之影响,最深最巨者,实在制度法律公私生活之方面"②,指的就是此一方面之事实。"纲常伦理"是观念也是制度。如果说儒、释、道三家思想是中国传统文化的主干,那么家庭和社会的网络主要由儒家观念编制而成。

第四分部"为政:致太平",主要涉及国家治理和国家政治生活诸层面。我们拣择出的"家国""天下""民本""为公""礼法""无为"六组观念,可以说都是中国文化的关键词。前五组均属于儒家的治国理念,思想资源主要见诸《论语》《孟子》《中庸》《大学》"四子书"等儒家典籍。"为政"一词,就直接取自

---

① 〔魏〕王弼撰,楼宇烈校释:《周易注校释》,北京:中华书局2012年版,第263页。

② 陈寅恪:《冯友兰中国哲学史下册审查报告》,《金明馆丛稿二编》,北京:三联书店2001年版,第283页。

《论语》第二篇。而此篇的首句"为政以德,譬如北辰,居其所而众星共之",即相当于孔子关于治国的大纲。围绕"为政以德"四个字,孔子不知说了多少话,整本《论语》到处可见对此一观念的讨论,以至于宋人赵普有"半部《论语》治天下"之说辞。但治国光是"为政以德"还不够,还须以刑罚、礼法为之辅。所以孔子说:"道之以政,齐之以刑,民免而无耻;道之以德,齐之以礼,有耻且格。"(《论语·为政》)孔子为政思想的重心是强调德治,虽没有绝然否定刑罚,但认为动用刑法施行处罚,巧诈之民仍然有侥幸苟免的余地,唯有"道之以德",才能使无礼违安之人心生愧耻,不再冀图苟免而归之于正。

"为政以德"是儒家的基本治国理念,而"三代之治"则是这一理念的古老范本。然"三代之治"王的决策过程是配套的,包括询诸卜、询诸筮、询诸卿、询诸士、询诸民(庶民),最后还要询诸王心。如果卜、筮两项出现歧异,卿、士、民三者中,有两项否定,王的决定就应该寝罢。票数相当,还要看高智之人站在哪一边。最后的"询诸王心",亦非易事。王须扪心自问:自己的想法完全是为了国家的利益吗?有没有想超迈前代、出风头或者赌一把再说的潜意识?这些环环相扣的征询环节,一项也不能断裂。就是说,王的决策过程必须通过这一环环相扣的程序"正义",否则便无法采取行动。至少在周初,理想中的"三代之治"确有迷人之处,不过很难寄望于后来的帝制时期仍采用。战国已经难于为言,所以孟子愤愤然与那些不听劝告的国君争吵,提出民和君到底孰轻孰重的问题。孟子的名言是:"民为贵,社稷次之,君为轻。"(《孟子·尽心下》)试想这是何等大胆的言论!能够认识到"民"的重要,并公开宣称"民贵君轻",古代思想家中以孟子为第一。孟子还说:"君之视臣如手足,则臣视君如腹心;君之视臣如犬马,则臣视君如国人;君之视臣如土芥,则臣视君如寇仇。"(《孟子·离娄下》)斯又将君与臣的关系置于道义上的平等地位,这与后来的"君要臣死,臣不敢不死"的教条,不能同年而语矣。

有意思的是,齐宣王听孟子如此说,不禁反问道:照你的说法,那么礼制规定的即使去国之臣,当君丧期间也要为旧君服丧服,就没有必要了,难道礼的规定错了吗?孟子对宣王的回应更加出人意表。他说,按礼制是有此一说,但那要看是什么样的"君"。值得旧臣服丧之君,往往能做到"三有礼":一是,君有谬误、有过错,臣进谏,君就能听,听而能行,给民众带来实实在在的好处,使臣感到其道可行;二是,如果遭遇不幸事故,臣不得已离君去国,国君会派人送到疆界,并先去所往之邦对该臣的学品给以百般称誉;三是,如果臣去国三年还没有返归,国君才决定收其田业里居。在这种情况下,去国之旧臣当然应该为旧君服丧了。可现在有的国君,进谏他不听,分明可行的对民众有好处的事情他也不做,如臣遭遇事故不得不去国,不仅不送行,反而将去国之臣的亲族抓起来进行杀戮,而且生怨恶于所往之邦,更不消说田业里居,早在启程的当天就没收了。孟子说,这种情况就是君视臣为寇仇,那么去国之臣还有什么必要为如此的旧君服丧呢?

齐宣王对孟子的激言辩语有何反应,《孟子·离娄下》这一章没有写,接下去全部是"孟子曰"。请看紧接着的三句:

孟子曰:"无罪而杀士,则大夫可以去;无罪而戮民,则士可以徙。"

孟子曰:"君仁,莫不仁;君义,莫不义。"

孟子曰:"非礼之礼,非义之义,大人弗为。"

所以明朝的开国之君朱元璋非常厌恶孟子,乃至下令删改《孟子》。如是,孟子的思想就不单是"民本"一语所能括尽的了。好在"为政:致太平"这一分部,《家国篇》《天下篇》《民本篇》《为公篇》《礼法篇》,都是法学家梁治平撰写,殿后的《无为篇》由政治学者刘军宁撰写,与他们平日的研治范围悉数相合,会心独得之处应不在少许。

第五分部"修身:人格养成",这是中国文化切切关注的问题。修身的直接目的是养成人的健全人格,具体可分为三个境界:第一境界,是"成人"。何谓"成人"?孔子认为,按照古义,应该做到有知、能廉、有勇、擅才艺、懂礼乐,是为"成人"。按后来的情况,不必要求那么多,只要能够"见利思义,见危授命,久要不忘平生之言"(《论语·宪问》),就可以视为"成人"。最后一句"久要不忘平生之言",须稍作分解。此句的意思是说,即使未成年时期的约定,无论过去多久,也不会忘记。这讲的其实是一个"信"字。《礼记·中庸》讲的"三达德","好学近乎知,力行近乎仁,知耻近乎勇"略同于"成人"所要求的条件。不过,《中庸》的断判颇有分寸,连用了三个"近乎",而没有说已经达到了智、仁、勇。修身的第二境界,是成为"君子"。"君子"的义涵,早期以位称,后来德、位兼之,再后来单以德称。本分部讲的修身,主要是修身以德、修以成德。成德就是成为君子,故马一浮说:"君子是成德之名。"(《泰和会语》)

君子人格是含藏极为丰富的美称,并非要求每个被称为君子的人都能得其全体,但有一些关键选项不可或缺。有一次,司马牛问如何才是君子,孔子说:"君子不忧不惧。"(《论语·颜渊》)随后又说:"君子道者三……仁者不忧,知者不惑,勇者不惧。"(《论语·宪问》)讲的又是智、仁、勇。但与前引不同的是,不再用"近乎知""近乎仁""近乎勇"了,而是直接以"仁者""知者""勇者"标称。就是说,达到、具备智、仁、勇的品德,是成君子之德的重要标志。还有一次,孔子对子产说:"有君子之道四焉:其行己也恭,其事上也敬,其养民也惠,其使民也义。"(《论语·公冶长》)"恭",就是敬,亦即孔子回答"子路问君子"时讲的"修己以敬"(《论语·宪问》)。对待民众,君子应该抱持的态度,一是要给民众带来实实在在的利益,二是不要以力和势对待民众,而是要讲道义。这些,都是君子必须具备的品格。《论语》末章最后一节说:"不知命,无以为君子也。"(《论语·尧曰》)此句尤为紧要,君子各种品格的归因即在于此,说来话长,此义不能在此多具。

  修身的第三境界,是能够成为圣人,这是历来儒者的最高理想。孟子称圣人为"人伦之至"(《孟子·离娄上》),如果以是为标准,孔子自然当得圣人称号。但孔子本人雅不情愿,他说:"圣人,吾不得而见之矣;得见君子者,斯可矣。"又说:"若圣与仁,则吾岂敢。"(《论语·述而》)孟子还说周公是"古圣人也"(《孟子·公孙丑下》),此说孔子自必认可。除此之外,孟子还说伯夷、伊尹、柳下惠也都是圣者。至于他自己,这位以好辩自居,"欲正人心,息邪说,距诐行,放淫辞"的孟夫子不无谦逊地说,他属于"圣人之徒"(《孟子·滕文公下》),即与圣人是一党。后世称孟子为"亚圣",看来不是没有缘由的。汉以后,从《史记》《汉书》两书的叙事看,圣人的称呼似乎有所放宽,而且有从"人伦之至"的德称向"德位兼之"的方向转变的趋向,很多三代以来的创制者、成大业者或成一德而利天下者,都不免以圣人、圣王称之了。

古之圣者远矣,后来者不管达到达不到,几千年来儒者的圣人理想和圣人情结,一直高悬在那里。当然,无论是修以成人,修以成德,还是修以成圣,最终还须担负起治国平天下的大任。"成人""成德""成圣",都不是成一己之私,而是成天下之大公。《礼记·大学》阐释"大学之道",以"明明德"、"新民"("亲民"应为"新民"之误)、"止于至善"为"三纲领",实即是对修身所要达致的目标的一种规约。格物、致知、正心、诚意、修身、齐家、治国、平天下,是"大学之道"的"八条目",不妨看作是修身的行进次第。"八条目"可以正推,也可以反推。我们先看反推:

> 古之欲明明德于天下者,先治其国;欲治其国者,先齐其家;欲齐其家者,先修其身;欲修其身者,先正其心;欲正其心者,先诚其意;欲诚其意者,先致其知,致知在格物。

正推是:

> 物格而后知至,知至而后意诚,意诚而后心正,心正而后身修,身修而后家齐,家齐而后国治,国治而后天下平。

正推的"八条目"可以简称为格、致、诚、正、修、齐、治、平,反推可以简称为平、治、齐、修、正、诚、致、格。正推也好,反推也好,连同"三纲领""八条目"本身,都是研究者为了方便的一种简称。无论正推还是反推,"修身"都处于"八条目"的中间转捩点。所以《礼记·大学》还提出:"自天子以至于庶人,壹是皆以修身为本。"兹可知"修身"在中国文化观念中的地位。此分部的首篇为《君子篇》,其余顺序为《忠恕篇》《仁爱篇》《知耻篇》

《义利篇》《知行篇》，内在组合逻辑相当紧密。

第六分部"问学：通经致用"，是对中国文化观念中的"道问学"部分给以分梳。《礼记·中庸》有言："故君子尊德性而道问学。致广大而尽精微。极高明而道中庸。温故而知新，敦厚以崇礼。是故居上不骄，为下不倍，国有道，其言足以兴，国无道，其默足以容。"则德性之修与学问之知从来是"成人"的两个支点，不可有一无二。《中庸》又云："博学之，审问之，慎思之，明辨之，笃行之。"以此，学、问、思、辨、行，是为学的五个环节。学问一词，有学也有问，学而有疑，不能不问，而问必资于学。孔子说："学而不思则罔，思而不学则殆。"（《论语·为政》）则学与思不能分离。但思须学而后思，不学而废寝忘食终日思之，亦无益也。《周易》之《乾》卦的《文言》又云："君子学以聚之，问以辩之，宽以居之，仁以行之。""辩"义自是切磋讨论，也可以理解为问义的延伸，即问之又问。"宽"者，指学者心胸和为学之路。鄙吝、局促与学无关，私智、小巧也不能成其大。学的归终是"归仁"。而仁的关键，在于"力行"，亦即"仁以行之"。故孔夫子高弟子夏说："博学而笃志，切问而近思，仁在其中矣。"（《论语·子张》）儒之圣者马一浮总括得更为完备，他写道：

> 从来说性德者，举一全该则曰仁，开而为二则为仁知、为仁义，开而为三则为知、仁、勇，开而为四则为仁、义、礼、知，开而为五则加信而为五常，开而为六则并知、仁、圣、义、中、和而为六德。就其真实无妄言之，则曰"至诚"；就其理之至极言之，则曰"至善"。（《泰和会语》）

马先生标举的"性德"，也可以理解为"成德"之性，其全体大用则为仁。所谓"六德"者,系《周礼·地官·大司徒》规制的"以乡三物教万民"之一种,包括"知、仁、圣、义、忠、和",是为"六德"。①《中庸》论修身提出的"达德",与性德具有同等义涵,因此"开而为三"即智、仁、勇也。随后,马先生又引《中庸》"至诚"之说暨《大学》"止于至善"之道,与"全体大用"之"仁"联系起来。盖"至诚"与"至善"可视为性德之别称,诚者必善,善者能仁。就学问而言,"至诚"是学者必须有的精神维度,学而不诚会导致虚妄。而"至善"则是学问终了的结果。

学问学问,问学问学,其真谛原本在此。

本分部由《经学篇》《小学篇》《义理篇》《辞章篇》《诗教篇》《英才篇》组成。中国传统学问以经、史、子、集四部分类,而以经学居其首。《易》《诗》《书》《礼》《乐》《春秋》就是通常所说的"六经",但开始并不以"经"称,而是称为"六艺"。故太史公说:"孔子以《诗》《书》《礼》《乐》教,弟子盖三千焉,身通六艺者七十有二人。"又说:"自天子王侯,中国言六艺者折中于夫子,可谓至圣矣。"(《史记·孔子世家》)汉以后称"六艺"为"六经"的情况多有,但还不及单提《易》《诗》《书》《礼》《乐》《春秋》者多。

研究经学,本经最重要。《易》《诗》《书》《礼》《乐》《春秋》是经学的本经或曰祖经,是中国文化原初的文本经典,是中国学术最早的思想源头。马一浮说:"学者当知'六艺'之教,固是中国至高特殊之文化:唯其可以推行于全人类,放之四海而皆准,所以至高;唯其为现在人类中尚有多数未能了解,百姓日用而不知,所以特殊。故今日欲弘'六艺'之道,并不是狭义的保存国

---

① 李学勤主编:《十三经注疏·周礼注疏》,北京:北京大学出版社1999年版,第266页。

粹,单独的发挥自己民族精神而止,是要使此种文化普遍的及于全人类,革新全人类习气上之流失,而复其本然之善,全其性德之真,方是成己成物,尽己之性,尽人之性,方是圣人之盛德大业。"(《泰和会语》)以此本分部之《经学篇》,以"六经"为主,且以《易》《诗》《书》作为研究取样,而不旁涉经学史等其他问题。小学是经学的入阶,由小学进入经学,能得经学之正。本分部的《小学篇》主要以《尔雅》为案例,期有举一而反三之效云尔。

清代学者戴东原说:"古今学问之途,其大致有三:或事于理义,或事于制数,或事于文章。"①戴氏是三者都能得其源者。但就大多数学者而言,义理、考核、辞章,或长于此而短于彼,或长于彼而短于此,三者能得其全者少之又少。此即刘知几所说:"史有三长:才、学、识。世罕兼之。"才即辞章之源,学为考核之源,识为义理之源。理想的学问境界是三者合一,故《文史通义》的作者章学诚写道:"义理不可空言也,博学以实之,文章以达之,三者合于一,庶几哉周、孔之道虽远,不啻累译而通矣。"②此一题义关乎学问的成全方式和行进途径,故本分部有《义理篇》和《辞章篇》之设。

本分部的《诗教篇》和《英才篇》,意在明问学与造士的关系。《礼记·王制》云:"司徒论选士之秀者而升之学,曰俊士。升于司徒者不征于乡,升于学者不征于司徒,曰造士。"又说:"乐正崇四术,立四教,顺先王《诗》《书》《礼》《乐》以造士。春秋教以《礼》《乐》,冬夏教以《诗》《书》。王大子、王子、群后之

---

① 〔清〕戴震:《与方希原书》,《戴震集》上编,上海:上海古籍出版社2009年版,第189页

② 〔清〕章学诚著,叶瑛校注:《文史通义校注》,北京:中华书局1985年版,第140页。

大子、卿大夫、元士之适子、国之俊选,皆造焉。"此可见三代之教是何等重视人才的选拔与培养。"造士"一词,尤堪玩味。而《诗》《书》《礼》《乐》等"六艺"经典,恰好是造士的教科书。又孟子有言曰:"君子有三乐,而王天下不与存焉。父母俱存,兄弟无故,一乐也;仰不愧于天,俯不怍于人,二乐也;得天下英才而教育之,三乐也。君子有三乐,而王天下不与存焉。"(《孟子·尽心上》)孟子崇豪杰,宜乎提倡精英教育。则此《诗教篇》《英才篇》之设,亦不无原典之凭矣。

第七分部"人物:生息与风采",是中国文化观念系列的一组特殊景致。此盖由于中国文化历来有赏鉴人物、品评人物、月旦人物的传统,此风以三国魏晋为最盛。据《后汉书》本传记载,汝南人许劭、许靖"共有高名",喜欢"核论乡党人物,每月辄更其品题",致汝南有"月旦评"的品人风俗。又范阳人张华字茂先,性好人物,哪怕是贫贱的看门人,只要有一介之善,"便咨嗟称咏,为之延誉"(《晋书》卷三十六)。三国时吴国的易学家虞翻,有"美宝"之称,孔融读其《易注》,叹为"东南之美者"。孔融引荐祢衡,荐词写得令人绝倒,试看其精言美句:

> 窃见处士平原祢衡,年二十四,字正平,淑质贞亮,英才卓砾。初涉艺文,升堂睹奥。目所一见,辄诵于口;耳所瞥闻,不忘于心。性与道合,思若有神。弘羊潜计,安世默识,以衡准之,诚不足怪。忠果正直,志怀霜雪。见善若惊,疾恶若仇。任座抗行,史鱼厉节,殆无以过也。鸷鸟累伯,不如一鹗。使衡立朝,必有可观。飞辩骋辞,溢气坌涌,解疑释结,临敌有余。昔贾谊求试属国,诡系单于;终军欲以长缨,牵致劲越。弱冠慷慨,前世美之。近日路粹、严象,亦用

异才,擢拜台郎,衡宜与为比。如得龙跃天衢,振翼云汉,扬声紫微,垂光虹蜺,足以昭近署之多士,增四门之穆穆。钧天广乐,必有奇丽之观;帝室皇居,必蓄非常之宝。若衡等辈,不可多得。(《后汉书·祢衡传》)

盖只有魏晋人如此宝爱人物,力荐不遗余力,揄扬不惜其美辞妙语,至其荐举结果如何,并不汲汲于心。山涛担任选职十有余年,每一官缺,都拟出备选名录,并对"甄拔人物,各为题目,时称'山公启事'"。时代风气使然,故有奇书《人物志》的出现。作者刘劭原为上计吏,后来做考课官,竟撰写了《都官考课七十二条》,为史上所仅见。《人物志》则是一部专门研究人物品鉴的大著述,被人视为经典。《世说新语》更是众所周知的魏晋人物风采大全。此第七分部以"人物:生息与风采"为题,良有以也。

人物的资质本乎性情,故本分部在《人物篇》之后,接以《情性篇》。历史上凡与艺文相关的人物,大都是性情中人。此即《红楼梦》所说的"间气所钟"之人。本分部的《童心篇》主要状写明末的奇人李卓吾,他的"童心说"的提出为明清思想转型开出一新生面。童心是人性的回归,是中国文化创造力的精神源泉。《狂狷篇》亦复如是,此不多赘。《丹青篇》是画家掘发画理,旨在研究中国诗、书、画的艺术美学构成。最后的《田园篇》,不是要进入陶渊明的思想艺术世界,而是把"田园"看作中国文化的一个符号,探讨历来的中国艺文精英,亦即《红楼梦》所谓"间气所钟"的一流人物,何以有时会将田园作为自己的生命归宿。

现在,《中国文化观念通诠》即将付梓。此项研究的著述体例,不无开辟创制之功,迄今为止尚未见前修时彦有同类著作出版。唯其如此,其不成熟之处自必多有。况各撰稿人之才性学养难齐,行文风格亦未能完全统一。虽历经年所,修改至再,仍不敢断言没有舛误留存。谨敬请明学知类之君子不吝赐正。感谢中国文化研究所众学士的参与,感谢中国艺术研究院对此项课题的支持,感谢安徽文艺出版社为此书之出版付出的辛劳。

论曰:

> 大哉中国,人文化成,往圣昔贤,玉振金声。
> 威威昊天,唯道是从,本末终始,大易流行。
> 天何言哉,万物资生,人心天心,感而遂通。
> 至哉人伦,有纲有绳,四维不坠,家国何倾。
> 譬如北辰,为政为公,治而无为,天下太平。
> 修身以德,成人成圣,好学近知,知耻近勇。
> 仁者不忧,恕以为庭,怀德君子,立身知命。
> 六艺典藏,学者所宗,雅语微言,圣人之情。
> 观念洞府,文化祖经,奥辞妙喻,幽赞神明。
> 华夏人物,显乎情性,狂者进取,狷者独行。
> 田园归乎,童心若婴,惊才绝艺,间气所钟。
> 统分七部,知类能明,章有卅二,撮要撷英。
> 斯也通诠,诠而难通,敬请师友,不吝赐正。

2021年7月18日写讫于京城之东塾

第一分部
天道：本与易

第一章　天道篇

第二章　大易篇

第三章　有无篇

第四章　阴阳篇

第五章　道器篇

第六章　干支篇

第一章　天道篇

天道者,华夏传统之大端也。在中国文化的观念系统中,关于"天道"的观念占据着重要的位置,并且是其他一切观念的源头。在人类历史上,每个伟大的文明及其文化传统都信奉某种形而上的宇宙法则。这种宇宙法则是世界上一些主要信仰和观念体系的共同基础,例如在起源于印度佛教中的"达摩"(包括自然法则和道德法则在内的宇宙法则),在古希腊文明中的逻格斯,在犹太教和基督教的文化传统中有与上帝有关的自然法。在中华文明与中国文化中,这个宇宙法则就是与"天"有关的"天道"。

每个文明都有自己的精神内核,都有一个终极的依托,它代表了这个文明对包括人自身在内的宇宙万物的最根本的态度。天道是天地万物的神圣依托,是中华文明的精神内核,是中国文化的精神支点与终极依托,更是作为信仰对象的宇宙终极存在。天道也是中华文化的人文理想的最高体现。关于天道的学问,向来是最高的学问,关于天道的信仰是最高的信仰,求道(知天)是有道之士的最高精神追求。

天道是中国文化与思想中不变的根本。数千年来的中国文化与思想,一直围绕着天道而发生、发展。从春秋时期开始,从气象到天象、修身到经世,从形下到形上,须臾离不开道与天道。诸子百家围绕着不同的道,形成了各种学派的道论。虽然政见不一样,但是千道万道都归根于天道,都力求以天道论人事,以人道顺天道。天道是中国文化的思想基础。谈论中国文化,几乎是言必称道,准确地说是言必称天道。天道是存在于每个具体事物之中的万物之道,故从天道中又可以细分出人道、世道、政道、茶道、商道、市道、书道、诗道、柔道、兵道、士道,等等。

天道思想是中国文化传统中最宝贵的遗产,为春秋以降百家思想所共享。最能代表整个中国传统的思想观念,最能为各家各派所认同的思想传统,非天道莫属!在中国文化传统中,天道既是一个文化观念,也是一个哲学范畴。这里所论述的是作为文化观念的天道,而非哲学范畴的天道。在佛教教义中,佛家把六道轮回中的一道也称为天道。此处也不做论述。

一 天道的由来与意涵

"道"的出现

所谓天道,乃是天之道。换言之,天道这个观念范畴落在"道"上。在中国文化的源头中,"道"字的本意是道路。"道"字不见于甲骨文,最早见于西周康王时金文《貉子卣》。"道"字,从"行"从"首"会意,疑像人翘首于十字路口,以辨明方向顺道而行。春秋时期的文献中,多次提到"天道""地道""人道",或"天之道""地之道""人之道"等概念。在中国古代较早的几部典籍,如《尚书》《诗经》《易经》《国语》和《左传》等典籍中,"道"

字已被大量使用。汉代许慎在《说文解字》中对"道"的解释是："从行从首,一达谓之道。"按一定方向走下去能到达的就是道路。在陈淳的《北溪字义》中,"道"的引申意涵已进一步得到了确定:

> 道,犹路也……众人所共由底方谓之道……其实道之得名,须就人所通行处说,只是日用人事所当然之理,古今所共由底路,所以名之曰道。……自有形而上者言之,其隐然不可见底则谓之道;自有形而下者言之,其显然可见底则谓之器。其实道不离乎器,道只是器之理。人事有形状处都谓之器,人事中之理便是道。道无形状可见。……论道之大原,则是出于天。……人生天地之内,物类之中,全具是道,与之俱生,不可须臾离。……道流行乎天地之间,无所不在,无物不有,无一处欠缺。(《北溪字义·道》)

综合起来,"道"的含义通常有以下几个方面:

道路。即人所行走的道路。这一含义在《诗经》中的字例很多,如"道之云远""道阻且长""宛丘之道""杨园之道""行道迟迟",等等;《易经》也有,如"履道坦坦"。此义后来与"路"合用,如《国语》所说"国人莫敢言,道路以目""道路若塞"。

言说话语。此为引申之义,《诗经·鄘风·墙有茨》中有"中冓之言,不可道也。所可道也,言之丑也",这里的"道",就取"言说"之义。《国语·晋语》也有"道之以文,行之以顺""辨之以名,书之以信,道之以言"。《道德经》的开篇中就有"道'可道',非常道"。

方法与规律。"道"指的是万物的内在原理、原则、法则等,是实现目标的方式,是问题的解决之道。在《尚书》《国语》和《左传》中,这种用法已大量出现,而且出现了"天道""人道""鬼道"和"王道"等一类合成词。如《尚书·泰誓》:"天有显道。"《尚书·说命中》:"明王奉若天道。"《尚书·洪范》:"无偏无党,王道荡荡;无党无偏,王道平平。"《国语·楚语上》:"君子之行,欲其道也,故进退周旋,唯道是从。"

从天到天道

天道的重要性从根本上来自道与天的关联性。在中国的文化传统中,"天"是最高的存在,其含义大致有两个层面:第一个含义是自然之天,与"地"相对;第二个含义是神灵之天,也有人称之为精神之天。持神灵之天观点的人,通常也认为自然之天从属于神灵之天,是神灵之天的一部分。作为超验存在的神灵之天,是一种人格化的存在。神灵是天的人格化的表现。这个有意志的、人格化的神灵之天,又被称为昊天上帝,亦称天帝、上帝,也常被简称为"天"。"天"是宇宙中最高的神,是天地万物的造物主,是人类命运的终极掌控者。

在神灵之天的意义上,道与天发生了全面的关联,构成了广义上的天道。在自然之天的意义上,道与天发生的关联构成了狭义的天道,如关于天象、气象、历法的自然变化之道。作为神灵之天的昊天上帝也常常通过狭义的自然之天(天象)来表达其天意。从《易经》和后来的谶纬说中可看到,自然之天从属于神灵之天,广义的天道包含狭义的天道。

在天与道的关系中,道是从属于天的。道首先是天的道,故被称为"天之道",简称"天道"。天道也简称为道。如果不加特指,道指的就是天道,亦称大道。如老子所言"天之道其犹张弓乎"中的"天之道"。道并不优先于天,也不能离开天而独立存在。虽然也有"人道"等各种具体之道的说法,但是这些具体的"道"都隶属于天道,都在天道之下。

中国传统文化中天道的"天",作为人格化的精神存在,其含义是多层面的。

1. 天是造物主,是包括人类在内的宇宙万物的创造者,是一切生命与价值的源头。万物的价值只有一个共同的源头,那就是天道。每个个体的价值,不是来自他物,而是来自天道。

2. 天是救世主,是最高主宰与拯救者,更是万民的守护者,静默地主宰、左右着人类及其命运。如果世界上有大救星的话,那只能是"天",而不能是任何凡人。

3. 天是最高的立法者,是天道及万物之道的制定者与颁布者。

4. 天是每个人的天赋与天命的赋予者。每个人的才华和最高的使命都来自天。《孟子·尽心下》云:"圣人之于天道也,命也。"朱熹也认为,天命是"天道之流行而赋于物者,乃事物所以当然之故也"(《论语集注·为政第二》)。天命与天赋之说的成立都是以天与天道作为造物主的存在为前提的。

5. 天掌握着人间一切政权与执政者的执政资格,是其正当性与合法性的直接源头。当某统治者及其政权对抗天道、违背天意时,天将会革除、变更该统治者与政权的天命。

6. 天是一切人间事务尤其是国家治理的监察者。天会倾听来自民间的声音,天也会检视来自民间的动态。

天道的意涵

天与道既是相关词,也常常被当作同义词交替使用。如胡宏所言,"天者,道之总名"①。天道是人与万物必须依循的道路,天道是规律、法则,是规范、正义。从根本上讲,天道是昊天上帝为包括人在内的宇宙所立之法、所定下的纲纪。从这种意义上讲,天道又被称作天纪,如陶渊明在《桃花源诗》中所写的"嬴氏乱天纪,贤者避其世"。天道,或者说天纪,是人间秩序中的纲常。背离或扰乱这些纲常,人间的秩序就会分崩离析,沦为乱世。依照天纪建立并运行的政治制度与政治秩序才是正义的、合理的、有效的。

天道的字面含义是天的运动变化规律。世界必有其规则,是为天道。所谓天道,即万物的规则、万物的道理。一切事物皆有一定的规则,天道是具有普遍约束力的普适法则,适用于天地间的万物。自然界和人类社会都逃脱不了天道的支配。天道是统摄包括人间秩序在内的宇宙秩序的总规律,是统摄一切法则的最高法则。

在人们的观念中,道又常常是天的化身,是天的代名词。在老子那里,"道生万物",也可以被理解为天生万物。道是天的一部分,就像自然法是上帝的一部分一样。老子在《道德经》二十五章中也说到:"有物混成,先天地生。"但是,先天地生中的天是自然之天,而非作为造物主的神灵之天。道先于自然之天,后于神灵之天。

天道造物

中国文化中的天与天道是宇宙万物的创造者,创造并化育

---

① 〔宋〕胡宏:《胡宏集》,北京:中华书局1987年版,第42页。

万物。故老子认为天道是天下母,他不知其名,姑且字之曰"道"。① 宇宙万物,从无到有,皆由天道所创生,即老子所谓的"道生万物"。天道作为造物主,是高度人格化的,因而天道是有情有义有信的。

天道运行,万物化育。庄子在其《内篇·大宗师》篇中则直接称天道为"造化者",天道"自本自根,未有天地,自古以固存;神鬼神帝,生天生地"。从无到有的过程,就是创造生养的过程。天道不仅创生万物,而且主宰万物。程颐认为:"天道始万物,物资始于天也。"(《伊川易传》)张载也说过:"天道,四时行,百物生。"(《正蒙·天道篇》)

天与天道创生万物的学说,是关于创世的学说。有创世学说,必有神学。因为只有神才能创世,因此关于天道作为神灵之道的创世学说也是神学。正是由于天道创世说中包含有神学因素,也才有神道设教一说。创世学说与神学的存在,决定了一个文明的高度。天道生万物作为一种创世学说,也标定了中华文明与中国文化的高度。

天道与人道

天道大于人道,高于人道,包含人道。天道常与人道对应,人道一般指人类行为的规范或规律。在中国古人的观念中,天道与人道是一致的,天道决定人道,人道顺从天道,人道以天道为本,天道覆盖人道,人道是天道的一部分。天道高于一切人的意志,它不以人们意志为转移地制约着宇宙万物和人的行为。人道由天道下贯而成,所以人道应顺应天道。同时,天人间总有

---

① 参见《道德经》二十五章。

一个不可逾越的界限,人类不能僭越天道。人所能做的不是以天道否定人道,也不是以人道取代天道,而是在天道范围内光大人道。人道不是人立的,而是天立的,是被一些人发现的。

从人格化的神灵之天的角度看,天道是造物主为万物制定的规则。万物存在的根本,不是其物理形态,而在于其规则形态。人类及万物的规则,皆来自天道。人道由是而生。故《诗经·大雅·烝民》中说:"天生烝民,有物有则。"天道约束万物,是天给天体设定的轨道,给人规定的纲纪。

与天道对应,便有了人道。所谓人道,即人之所以为人的根据和原则,包括人的自然本性和道德伦理规范,以及社会群体的典章制度、组织原则等。以天之行事原则可以推知人之道,即所谓推知天道以明人事。不合天道的人道就不是人道。在人类事务中行人道就是顺天道,因为人道是人类事务中的天道。

天道在根本的意义上回答了关于人与人道的三个问题:

问:人是谁?

答:天道的造物。

问:人是从哪里来的?

答:顺着天道而来。

问:人要到哪里去?

答:人肩负天命沿着天道而去。

所以说,人类无时无刻不在天道的包容与约束中。只有从这一意义上,才能真正理解什么是人道及人类的命运。

天道与天象

天道的字面含义是日月星辰等天地万物的运动变化规律,为自然界日新变化之道。天道最早的含义与广义的天象有关,涉及天文、地理、气象、气候、节气、历法等。

从春秋时期开始,所谓天道,是指日月星辰运行的轨道、天气变化遵行的法则。天象对天道观念的形成具有重要意义。狭义的天道指的是天体运行之道,而道则是指包括黄道、赤道在内的天道。

从文献记载来看,许多"天道"语词或概念都与天象观测活动以及天数观念存在着直接的关联,这种现象正说明了天文学或占星术对于"天道"观念及思想有直接而深刻的影响。如《国语》中写道:"天道皇皇,日月以为常,明者以为法,微者则是行。阳至而阴,阴至而阳;日困而还,月盈而匡。"(《国语·越语下》)。

从自然界的规律的角度来理解天道,在中国文化中也十分流行。在中国古代的文化中,天道也常常指日月的交替、四季的更迭和日月星辰等天体的运行,以及从气象到天象背后的运行规律。竺可桢教授曾著有《天道与人文》一书。该书中的天道即指天气(气候、气象)变化之道。

天道与天理

在中国文化中,与天道最接近的观念是天理,而且这两个词常常可以互用。天理,可以理解成关于天道的道理,它是天道的一部分;理者,物之纹路也,故也可以把天理理解为天道的脉络。因此,天理在后来常常成为天道的代名词。

在老子的《道德经》中,未用(天)"理"来指涉(天)"道",也没有用过"天理"这个词。老子之后,"以理为道"则是"道"的一种重要形态。在《庄子》中,已开始用"天理"来描述"天道"。庄子在《缮性》篇中说:"道,理也。……道无不理"。韩非也以

"理"论"道",他说:"道者,万物之所然也,万理之所稽也。理者,成物之文也;道者,万物之所以成也。……万物各异理,而道尽稽万物之理。"(《韩非子·解老》)

到了宋代,天道多被称为"天理"。在宋明理学中,"以理为道"成为流行。如程颢说:"盖上天之载,无声无臭,其体则谓之易,其理则谓之道。"(《近思录》卷一《道体篇》)朱熹在《朱子语类》中已用"理"来界说"道":"道者,古今共由之理。"(《朱子语类》卷十三《学七》)朱熹曾这样理解天理与天道的关系:"天道者,天理之自然本体。"(《四书章句集注》)王夫之、张载等人也都以理解道,张载认为:"道者,天地人物之通理。"(《张子正蒙注》卷一)

二 天道的特征

把握天道的特征是认识和理解天道的重要途径。对天道的认识也常常从描述天道的特征开始。每个试图阐述自己的天道观的人,无不致力于描述其所发现的天道特征。然而,鉴于天道的超验性,对于天道的特征,始终是人见人异,人言人殊。在天道这位无形的"大象"面前,可以说,每个描述者都是只能把握部分真相的"盲人"。而在所有的描述者中,老子在《道德经》中对天道特征的描述,迄今为止,依然是最为全面、最为透彻、最为恰当的。

天道神圣

在中国文化中,天道最重要的意涵是在神学方面的。"不能回避的是,天道概念在许多情况下,明确指的是上天或上帝意志的表现。"①这个层面的意涵一直以来完全没有得到足够的正视。在中国文化中,天与天道的确具有某种人格神的性质。作为天的造物主必然是神圣的,因此,天之道也是神圣的,是庄严的,当然也是永恒的。天道如果不是神圣的,就不能成为信仰的对象。与世俗的事物相比,天道的神圣性在于天道不可侵犯、不可亵渎、不可不信、不可不敬、不可不畏、不可违反。从有史以来的中国文化看,天道完全具备了这样的特征。也正是因为其神圣性,天道在中华文化中才始终作为民众信仰的对象。

天道的神圣性,来自它与作为造物主的天(帝)的关联性。这一点也从《圣经》中得到了佐证:"太初有道,道与神同在,道就是神。"(《新约·约翰福音》)这个道太初就与天(帝)同在。万物都是"道"造的。每个物体每个生命里都有"道"在。天与天道作为造物者,获得了神圣性。从这种关联性中产生的天道的神圣性,在中国的文化中得到了充分的承认。程颐在《伊川易传》中写道:"天道至神,故曰神道……故运行四时,化育万物,无有差忒。"天道的神圣性还不同程度地表现在天道的以下特征中。

天道至上

在中国人的观念中,天道代表着超越天地万物的超验性的最高存在。天高居于一切有形的万物之上,处于形而上的顶端,故天道是形而上者,是至高的存在,即天道至高。天道,高不可及,超越人类的一切经验,故天道是超验的。天只有一个,天道

---

① 石磊:《儒教天道观》,北京:国家图书馆出版社2010年版,序言第1页。

也只有一个,故天道是一元的。天道是一切内在外在超越的归宿,是一切价值的源头。

天道的超验性表现于:天道既有象又无象,超越了一切的形象,是无声、无形、无体、无味的形而上之道。道的无象,是相对于人的视觉来说的;道的有象,是相对于人的心灵来说的。所以,老子说:天道,"惚兮恍兮,其中有象;恍兮惚兮,其中有物"(《道德经》二十一章);超验的天道,甚是玄妙,"玄之又玄,众妙之门"(《道德经》一章)。

天道的超验性就在于天道是绝对的"普遍之道"。天道,贯乎万物之中,又超乎万物之上。天道看不见摸不着,人们可以竭力探寻和追求它,却只能获得大致的轮廓,得到一些片断的认识。

天道永恒

在时间上,天道是永恒的;在空间上,天道是无限的。天道无声无息,亘古亘今,常在不灭,永恒不变,无限不尽。如老子所发现的,天道先于万物,高于万物,独立而不改,周行而不殆。万事万物有始有终,但"道"无始无终,即庄子所谓"道无终始"(《庄子·秋水》)。荀子也发现:"天(道)行有常,不为尧存,不为桀亡。"(《荀子·天论》)天道是宇宙万物的绝对尺度。万物都在天道的统摄之下,"道"内在于万物。天道既在万物之内,又在万物之外。天道无时不在、无处不有、无微不至。

关于天道是变还是不变,有很多的争论。天道造成变化,也要求变化,但是天道自身却是不变的。这一点上,董仲舒是正确的。但是董仲舒把君臣纲常等同于天道却是错误的。世界上的万物是不断变化的,但是这不等于天道是变化的。人们对天道的认识与接受是常常发生变化的、出现反复的。每个人认识到的天道,人生的不同阶段所认识到的天道,或都有所不同,人们就误以为天道变了,其实,这是人们对天道的错觉。天道是不变的,变化的是天道的呈现方式和人们体认天道的角度。

天道至大

天道至广至大,无所不包,无所不在,大而无形,高而无极,广而无限。天道至大,故天道又被称为大道。大道也是天道的同义语。在《道德经》二十五章,老子以"大"来描述"道":"强为之名曰'大'。"所以,老子在《道德经》中又常称天道为"大道"。

天道至大,还表现在天道无所不在,无所不包,容纳众生。庄子认为,"夫道,覆载万物者也,洋洋乎大哉!"(《庄子·天地》)"夫道,于大不终,于小不遗,故万物备。广广乎其无不容也,渊渊乎其不可测也。"(《庄子·天道》)天道有着普遍的约束力。没有道,物不成其为物。

天道至真

天道是中华文化中最高真理的代称。天道既是绝对真理,又是一切真理的全部。当人们用天理来指代天道的时候就已经道出了天道的真理性质。天道是上天的真理,也是终极的、最高的、不言而喻、不证自明的绝对真理。天道作为终极真理,是写在国人心中的真理,不需要经验证据来证明。天道是中国人价值判断的终极准绳,是明辨是非曲直的最高标准,是中华文化的精神象征。

对于天道的至真,求道者几乎没有举证的责任。天道,如果其在真理性上存有疑问,就不可能成为中国文化中最重要的核心观念,也不可能成为国人信仰的终极对象。

天道至正

天道观念的极端重要性,与天道乃最高正义的化身是分不开的。天道就是公平公正,具有神圣的正义性。作为超验的最高真理,天道也是最高的、终极的正义。天道有德,天讨有罪。天道是天帝制定的"洪范",是众法之法,法上之法。用老子的话说,"万物莫不尊道而贵德"。天道是一种超验的正义观。如《尚书·夏书》云:"今失厥道,乱其纪纲。"《国语·周语下》云:"守终纯固,道正事倍。"如《国语·晋语四》云:"晋之无道久矣。""晋仍无道,天祚有德。"

天道也是善政的终极源头。就是说,天道至公,天道至正。故天道也是检验一切道德规范和政治正义的最高尺度。墨子说:"顺天意者,义政也;反天意者,力政也。"(《墨子·天志》)将道德价值的本原诉之于天道,所谓"天地良心",至今仍然是中国一般公民深入人心的观念。老子与孔子都以对待天道的态度来衡量天下的大是大非。《论语·泰伯》中主张"天下有道则见,无道则隐",老子也发现,"天下有道,却走马以粪;天下无道,戎马生于郊"(《道德经》四十六章)。这些都体现出天道清晰的道德批判价值。

天道显然具有道德属性。天道通过奖善惩恶来约束统治者。孟子说:"顺天(道)者存,逆天(道)者亡。"(《孟子·离娄上》)古往今来,对天道的敬畏是一切道德伦理的底线,即老子所谓"人之所畏,不可不畏"(《道德经》二十章)。

天道至善

天道至善,因为天道本身就是最高的美德。老子认为天道之德是"玄德",它表现为对万物生而不有,为而不恃,长而不宰;天道还不争、守柔、处弱、功成不居、自然无为。天道成就了人与万物的一切,却让人与万物感到是他们自我成就的。

天道的善是最高的善,即老子所谓的"上善"。这种上善,像水一样,既滋润万物,又包容而兼下,创造、爱养、施予和掌管一切,但天道并不因此而强行占有,不自以为大,不任意宰割,不自恃其能,不自居其功,所谓"天之道,利而不害"(《道德经》八十一章)。无所不包的包容性是天道至善的一个重要特征。

民之所欲,天(道)必从之。天与天道无所不造,无所不善,既创生万物,又以其恩德去蓄养万物。所以说,天道至善。天道无亲,常与善人,"天道福善祸淫"(《尚书·汤诰》)。天道之所以具备至善的美德,就在于它任各物自生自长,不以己意强加于人与物。

天道至能

天道不仅至善,而且至能。在中国文化中,天道是无所不能的,或者说是全能的。因为天道能生万物、序四时、理阴阳、因人性、赋自由。

天道有个奇妙的特征,即天道是能自我执行的。老子发现,天道"不召而自来"(《道德经》七十三章),就是说,在没有人有愿望或能力伸张天道的地方,天道会自我伸张;在天道缺席的地方,天道会自我回还。

老子注意到,天道"不争而善胜,不言而善应"(《道德经》七十三章)。庄子也发现:"且道者,万物之所由也,庶物失之者死,得之者生,为事逆之则败,顺之则成。故道之所在,圣人尊之。"(《庄子·渔父》)"天不得不高,地不得不广,日月不得不行,万物不得不昌。此其道与!"(《庄子·知北游》)天地之大,秋毫之小,及其浮沉变化,都离不开"道"的作用。

天道之下,万物无不受天道的生养,受天道的约束。所谓"天网恢恢,疏而不失"(《道德经》七十三章)。天道至小又至大,至柔又至坚,至弱又至强,如老子所言,"天下之至柔,驰骋天下之至坚。无有入无间"(《道德经》四十三章)。天道不争而至能,还表现在其对包括人类在内的万事万物具有普遍的和最高的约束力。

天道无为

天道成就自我与成就万物的方式,不是通过有为,而是通过无为。天道的全能来自无为,而不是有为。老子说"(天)道常无为而无不为"(《道德经》三十七章),所谓天道"无为而物成,已成而明"(《礼记·哀公问》)。

天道无为的神奇之处在于,如老子所发现的"民莫之令而自均"(《道德经》三十二章)。所谓"我无为,而民自化;我好静,而民自正;我无事,而民自富;我无欲,而民自朴"(《道德经》五十七章)。天不说话,自然照样演化;统治者不去有为,社会自会运转。所以,孔子也感叹道:"天何言哉?四时行焉,百物生焉,天何言哉?"(《论语·阳货》)几千年来,天道传统用"无为""不要扰民""因民之所利而利之""不与民争利"等原则,劝说和约束统治者不要扩张与滥用权力。

三　天道的流传

　　天道观是指中国自古以来人们对以下方面的思考与观念的积淀：探索宇宙运行规律，寻求天人之际的奥秘与古今之变的规律。先秦各家各派都依据各自的天道观来立论。

　　天道的观念起源于商代。春秋战国时期，中国出现了百家争鸣的思想繁荣的局面，天道已成为各家各派都频繁使用的一个重要概念。围绕着天道，形成了各种学派的天道观。不仅老子与孔子以求闻天道为志业与理想，中国的诸子百家均以天道作为自己的思想基石，都试图从天道的高度来论证各自学说的正当性。诸子百家围绕着不同的道，形成了各种学派的道论。如章学诚先生所言，"诸子纷纷，则已言道矣。……皆自以为至极，而思以其道易天下者也"（《文史通义·原道中》）。

　　《易经》是中国文化中形成天道思想的一部重要著作。《易经》中有丰富的道论思想。道在《易经》中大约出现 100 次，是最重要的概念之一。《易经·系辞》中的"形而上者谓之道，形而下者谓之器"和"一阴一阳之谓道"，《易经·说卦》中的"立天之道曰阴与阳"等已成为天道的经典性界说。《易经》以阴阳与道器论天道，对天道观念的形成与传播起了枢纽性的作用，影响持续至今。其对形而上与形而下的区分，把天道与其他一切形而下的事物区分开来，澄清了天道与一切器物的不同；同时，以阴阳论天道，把阴阳之辩上升到天道是《易经》对中华文化的一大重要贡献。《易经》还确立了天道在天人之际的呼与应的关系，这也是中国民本思想的重要源头。有天道观念在前，才有民本思想在后。离开天道，民本思想也就失去了根基。

天道与老子道家

在中国文化中，老子首次把天道作为核心观念而给予系统化的论证，从而确立了以天道为核心的中国文化传统。老子的《道德经》是中国思想文化中关于天道的最重要的经典。老子喜言天道，是天道思想的集大成者，也是第一位把世界本原追溯到天道的中国思想家。天道在中国思想与人文传统中的最高地位及中国思想文化的高度由此奠定。《道德经》代表了中华文化对天道体认的绝对高度，此后国人对天道的探索，总体上都是在《道德经》之下展开的。

天道也因此被认为是中国文化中最重要的核心观念。老子的天道观对后世产生了极其深远的影响。在老子那里，天道具有宇宙本原的地位，是天地万物的本根，又是宇宙秩序与人间秩序的最终决定者。老子突出天道，努力从天道的角度来理解人道以及天人关系，确立了天道决定人道、人道顺从天道的天人思想。老子的天道观实际上是将人道纳入天道，以天道昭示人道。所以，《史记》作者司马迁才感叹道："老子深远矣。"（《史记·老庄韩非列传》）

庄子进一步引申老子的天道思想，突出了"天道"的整体性，推动了从言"道"到言"天道"的转化。《庄子》一书中专门辟出了《天道》篇。庄子的贡献还在于他把天道进一步人格化。他在《大宗师》篇中认为，"道有情有信"。但是他也把天道神秘化与私人化，导致退隐文化的产生。

汉初的黄老之学实为杂家，一方面黄老道家进一步发挥了老子的天道无为思想，但是另一方面也糅入了法家的权谋南面之术，提出了"君道无为，臣道有为"的主张，并引入了儒家的尊君思想和法家的隆君思想。《庄子》中的许多话,都带着浓厚的尊君色彩。例如《天地》篇中"孝子不谀其亲,忠臣不谄其君""人卒虽众,其主君也",等等。以《黄帝四经》和《淮南子》为代表的黄老道家将道与术结合起来,以术入道,把天道等同为术。这是对天道的冒犯与颠覆。

这里有一点必须强调,就是老子与其他一切道家人物在思想上存在一个根本性的差异,而这一差异几乎完全被忽视。老子一方面被视为道家的鼻祖,但是在另一方面,他与其他道家人物有着根本的不同,这一不同,集中表现在对君王的态度上。老子的天道学说完全排斥尊君的主张,并且致力于抑君甚至去君。在《道德经》中,老子从没有表现出对君王的丝毫敬意,反而经常对最高掌权者用冷言来敲打,用天道来压制。而在庄子的天道思想中,尊君的态度已经露出端倪。这一端倪被后世的黄老道家进一步确立与放大。这种差异使老子的天道思想显得更加重要,更加可贵。

天道与孔子儒家

孔子一方面以"罕言天道"著称,另一方面却对追求天道十分执着,以天道为自己的最高精神依托、最高的文化理想和最终的生命意义。孔子非常推崇道,"道"在《论语》中是经常出现的字。孔子把得道看得比生命还重要,认为人生的价值在于是否悟得天道。孔子发愿道:"朝闻道,夕死可矣。"(《论语·里仁》)他这样自勉:"君子谋道不谋食,君子忧道不忧贫。"(《论语·卫灵公》)他这样期许:"笃信好学,守死善道。"(《论语·泰伯》)他认为一个真君子应该"志于道,据于德,依于仁,游于艺"(《论语·述而》),他希望自己居住的地方是"有道之邦",他告诫自己"邦无道,富且贵焉,耻也"(《论语·泰伯》)。志于道也是孔子个人事业的中枢。得"天道"而成圣贤,是孔子等儒家代表人物的人生理想,也是现实社会中所有求道人士的人生终极追求。

与此同时,孔子把天道加以泛化,朦胧地把自己个人的修道心得与外在的天道之间划上暗示性的等号,试图把天道归结为孔子个人的"吾道",把吾道等同于、上升到天道。孔子说:"吾道一以贯之。"(《论语·里仁》)这里,孔子对道和天道与自己的"吾道",并不做仔细的区分。跟孔子的断语相比,老子则倾向于用猜测的口吻和谦卑的态度来描述他所体认、感悟到的天道。

孔子含蓄地以"吾道"为"天道",导致了对天道的发散性界说。后来还出现了"孔孟之道"的说法。相比于孔孟之道,则无老子之道或老庄之道一说,因为老子与庄子只谈天道,而不去立一己之道。孔子的弟子们则突出孔孟之道,并各自做出不同的解释。例如曾参认为孔子的道就是忠恕,他说:"夫子之道,忠恕而已矣。"(《论语·里仁》)孟子认为孔子之道的主要内容是仁,他说:"孔子曰:道二,仁与不仁而已矣。"(《孟子·离娄上》)他把道分为仁与不仁两个方面,主张仁道而反对不仁之道。

孔子一方面高扬天道,另一方面又公开对天道持一种不可知论的态度。孔子与后世儒家学者少言天道,而多言人事,汲汲于君臣纲常。孔子也更多从人道的角度来谈论天道。他经常缅怀过去"邦有道"的时代,赞叹"先王之道,斯为美"(《论语·学而》),感叹"天下之无道也久矣"(《论语·八佾》),主张"以道事君"(《论语·先进》)。

儒家的道统与天道有关,但不是天道本身。孔孟之道是人本的人文主义,而非神本的人文主义。在"子不语"的宣示中,孔子已表明,他对于"神"存而不论。天道与神相关,而孔子将其列入"四不语",其后果是使儒家完全成为人间的学说,降低了其本来可能达到的高度。孔教将孔子本身人格神化,这就进一步消除了儒家与天道的关联性。

天道思想在早期儒家那里不明显,但从董仲舒开始,天道思想有所复兴。董仲舒试图把儒家学说建立在以天道为核心观念的神学基础之上,试图从天与天道层面上来重建儒家,给儒家提供一个神学的、形而上学的源头。董仲舒将道德价值的本原追溯到天,所谓"道之大原出于天"(《汉书·董仲舒传》)。

董仲舒的天道观,既有"伸君以屈民"、维护大一统与君权的一面,也有"伸天以屈君"的节制君权的一面。天道意味着一种高于制定法和君权的超验约束。董氏学说试图借天(道)以伸君(权),伸天(道)以屈君(权)。

董仲舒强调人间君主的德行必须与天意相呼应,强调君主的统治权是上天授予的,任何人间子民都必须服从天子。"《春秋》之法:以人随君,以君随天。曰:缘民臣之心,不可一日无君,一日不可无君。……屈民而伸君,屈君而伸天,《春秋》之大义也。"(《春秋繁露·玉杯》)如果君主遵循天道做出成绩,上天会降下祥瑞;如果做了违反天道的事情,上天则会降下灾异:"灾者,天之谴;异者,天之威。"董氏依据天道所做的伸天屈君的努力很有意义,也很有高度,但是在儒家系统中一直后继无人。

韩愈以后的儒家所建立的道统说,虽然仍以道为中枢,但已经不是老子所说的天道之道。自韩愈始,唐宋以来的儒家特别强调道统。但是,这个道统已非老子所树立的天道的传统,而是孔孟之道的传统。对这个道统,韩愈在《原道》中标出了很清晰的边界。他说:"斯吾所谓道也,非向所谓老与佛之道也。尧以是传之舜，舜以是传之禹，禹以是传之汤，汤以是传之文、武、周公，文、武、周公传之孔子，孔子传之孟轲。轲之死，不得其传焉。"在孟子之后，又有人把韩愈、柳宗元、周敦颐、二程（程颐、程颢）、张载、朱熹接续进来，把原始儒学一直延伸到唐宋的理学。这个孔孟之道是一套以儒家道德伦理为核心观念的价值系统，并长期享受"独尊"的地位。

韩愈等所设定的孔孟之道一脉相承的传统中居然没有董仲舒一席之地。而董仲舒的学说是儒家思想中最接近天道思想的。在董仲舒之后，儒家学说与天道也基本失去了勾连，失去了超验的源头与维度。从此，儒家思想丧失了神学的维度，变成了纯粹世俗而无关超验的人间思想。

后世儒家以孔孟之道为道，以取代外在的、超验的天道，把天道变成人道，依人而定。儒家就此变成了一套纯粹世俗的道德教化学说，以至于把世俗的孔子立为孔教的教主。这样，孔子与儒家就把天道与道彻底多元化、相对化。子曰："道不同，不相为谋。"孔子认为道是多元的，天下的道是多种多样的，不同的人有不同的道。而老子认为，天道是一元的，天下只有一个道，那就是天道，其他的道不过是天道的不同方式的再现，而且只有符合天道的才是道。

天道与韩非法家

法家集大成者韩非深受老子《道德经》中天道思想的影响。韩非在其《韩非子》的《解老》《喻老》等篇中阐述了他对老子天道思想的理解。他把天道理解为自然界的总规律，他说："道者，万物之所然也，万理之所稽也。"（《韩非子·解老》）韩非试图把法家的学说建立在他所理解的天道之上，以道为法之根，认为法因道而设,意欲因道全法。他说:"以道为常,以法为本。"(《韩非子·饰邪》)韩非认真学习了《道德经》,有不少独到的心得。但是,韩非歪曲了老子的天道思想。

韩非开辟了以权术解天道的先例,把道矮化为术,把天道扭曲为统治术。韩非把法、术、势结合起来糅到天道里面,把超然的天道诠释为赤裸裸的统治之术。这种做法导致后人对老子有许多严重的误解,直接推动了君道、臣道和君人南面术等尊君思想的产生和流行。有意无意,韩非等法家与儒家人物一起在中国确立了持续数千年的以君臣关系为核心的政治传统,其所产生的不良后果,延续至今。①

四　天道的认知

天道是人类社会必须遵守的生活法则。顺应天道也是人类社会政治生活的最高境界与理想状态。只要存在天与人,只要存在天人之际,就存在天道。天道是一切真理与智慧的集大成者,其本身也是至深至大的智慧宝库。天道是一个整体,但是又具有无限的可分性。

从人性的角度来观察,天道高于人性,人性源于天道并承载天道。天道是人性的依据,人的本性也完全是由天道赋予的,也只有天道能提升人性。违背天道必然违背人性,违背人性也必然触犯天道。尊天道必须尊人性,尊人性就是尊天道。天道不变,人性也不变。

---

① 参见张立文主编:《中国哲学范畴精粹丛书·道》,北京:中国人民大学出版社1989年版,第60页。

在本性上，人是求知的动物。最重要的求知，莫过于求知天道。求知天道就是求知上天为人类和宇宙万物定下的规则和纲纪，求知上天的行事之道。得道（得闻天道）是古往今来无数慕道人士的梦想。中国人发明了种种词汇来表达个体与天道的关系，如求道、问道、慕道、悟道、体道、修道、盘道、闻道、明道、得道、贯道、载道、顺道、有道、乐道、行道、为道、传道、宏（弘）道、布道、守道、卫道，以及相关的负面表达，如无道、失道、逆道、背道、抗道、叛道，等等。

天道既然是真实的存在，那么就是可以被人们认知的。就是说，认识天道是可能的。但是另一方面，天意难测，天道难知，因为目不睹其形状，耳不闻其声音，鼻不闻其气味。天道有象而自隐，精微而高远，超验而形上。这意味着掌握天道是非常困难的。所以老子才断言：天道是可以被知道的，是可以用语言来描述的，但是穷尽天道是不可能的。天道之意涵的无限丰富与深邃，不可穷尽，用"道不尽"来形容一点也不过分。

天道高远，至大无边，不能为一人所全知。所以，在天道面前，求道者必须谦卑，必须审慎，不可狂妄，不可与天道对抗。人们有能力说清天道，但是又没有能力穷尽全部的天道。天道是可知的，但又不是可全知的。人类虽然不能制造或改变天道，但是可以主动地追随、弘扬天道。闻道与弘道是人生与人类面对的一条没有尽头的路。既然人类不可能穷尽全部的天道，那么无知总是不可避免的，甚至是必然的和必要的。

由于天道是一种形而上的存在，每个人都有发现部分天道的可能，但是任何人都没有能力独自发现全部的天道。《庄子·养生主》中庖丁解牛的故事，极其典型地说明了人类发现天道的过程，遵循天道的意义和违背天道的代价。牛的生理结构尤其是骨骼系统,不是人类的意志所能左右的,因为它是天成的。如果庖丁按照牛的生理构造去解牛,那就会得心应手,事半功倍;如果庖丁不顾牛的生理构造和骨骼结构去任意解牛,他就会事倍功半,处处碰壁,轻则卷刃,重则伤己。上天和牛都不会主动告诉庖丁牛的生理构造和骨骼结构,需要庖丁在解牛的过程中不断积累、调整对牛的生理构造的认识。

天道正是在对它的自由探索中显现出来的。因此,让每个人自由探索、自由表达,才是人类接近天道、理解和把握天道的必要条件。发现天道,不是任何人独有的特权,是每个人平等的权利。每个人,不论权势多大,学问多深,都没有权力把自认为发现的天道强加给他人,对天道的接受和认可只能出自自愿。在天道面前,每个人都是有限的存在,不可能独占天道的发现权,也不可能垄断天道的解释权。同时,为了发现天道、顺应天道,必须给人以自由。对人类自由探索和自由表达限制得越多,人类得到的天道就必然越少,人类为自己违背天道的愚蠢行为付出的代价就越大。

老子认为,就人的能力而言,天道具有有限的可言说性与可界定性。天道是可以被言说的、被界定的,但又是不可以被穷尽的。从古至今,多少慕道者都毕生竭力于求道、得道、行道、传道,一切愿意穷根究底和需要安身立命的理论,都要从天道里面去寻找答案。因为,他们都意识到,天道是一切问题的终极答案。

承认并信奉天道是认知天道的开始。一个不信天道的人,是不可闻得并弘扬天道的。天道是神圣层面的超验的知识,而不是纯粹理性或经验层面的知识。由于天道是超验的存在,不依赖于形而下的经验证据与经验思考,那么,仅仅靠理性的思考与研究,不能把握天道,最终要通过信仰才能获得对天道的确认。根本而言,天道是通过启示与先知来认识与传道的。

天道作为楷模

在中国文化中,天道不仅是不可违背的法则、原理,而且是一套理想。就是说,天道中蕴涵着一整套的理想,从个体的理想人格到社会政治秩序的理想国。天道蕴涵的理想人格就是君子人格,天道中蕴涵的理想国就是天道理想国。

在老子与孔子那里,君子人格也是以天道的内涵与尺度来阐发的,并按照天道的性格来界定理想的人格。老子说:"孔德之容,惟道是从。"(《道德经》二十一章)孔子在《论语·里仁》篇中说"士志于道",又在《子张》篇中说"君子学以致其道"。就是说,真正的君子应该像天道那样,胸怀宽广,包容谦卑,心怀敬畏,诚信天道,从道不从势,功成身退。君子人格的核心是修慕天道、笃行天道、顺天应道、死守善道。君子所做的不应该是改变天道,不是无视天道,更不是妄称天道,而是追随天道、弘扬天道。

在中国文化观念中,君子被认为是有德之士,而德与天道有着密切的关系。德,得(道)也。所以君子是得道之人。德常常被认为是天道的功用。就是说,有德的君子必须像天道那样发挥功用。按照天道标准,理想的人格,就是得道之人、有德之人,既闻得天道,又像天道那样行事,如道家的文子所言,最终达到如文子所说的"与天同心,与道同体"(《文子·道原》)。

君子以体认与实践天道为天命,在天道中探索人道,在政道中实践天道。孔子认为,真正的君子,不贪天道之功,不求乡愿,要以天道的模样来修炼自己,努力具备天道般的品格,把外在的天道内在化。同时,执政者和君子都应该有自知之明,不论自己修炼得多好,都不要僭妄地以天道的化身自居,把自己当作全知全能全善的人类救星。任何人与政府都只可能接近天道,而不可能成为天道。可见,每个君子,都应以修道、闻道、得道、证道、行道、传道、卫道为自己毕生的使命。

天道是万物的尺度,不仅是理想人格的尺度,也是理想政体的尺度。天道要求作为政体的制度和执政者的行为符合天道,顺应天道。在天道理想国中,天道是理想国的灵魂。这个理想国最完美地顺应、落实了天道。对这样的理想国,中国文化的经典作品中有不少描述,如《礼记·礼运》中描述的"大道之行,天下为公",另外如陆贾《新语》、陶渊明《桃花源记》中也有具体描述。

五　天道的扩展

天道与自由

天道是中国特有的自由思想的宝库,数千年以来一直是中国人争取自由的精神指南。天道与中国自由思想与自由传统的相关性,在海内外都得到了应有的承认。

天道本身是无限的自由,即自由本身。天道本身是绝对的自由,也不会创造不自由的存在物。天道创造了人,也就自动赋予人生存所需要的全部自由。天道当初造了自由的人,就是为了让人顺从它,在它里面享用这自由。因为没有自由,人就不能顺利地生存。天道把生存的责任赋予了每一个人。每个个体为了担负起自我生存与繁衍的责任,就必须享有充分的自由。另一方面,天道所保障的是一种有序的自由,即天道之下的、受天道约束的自由。自由在天道之下,不在天道之外。就是说,只要顺应天道做人行事,就能获得、享有天道赋予的自由。

违背了天道,人将失去自由,并受到惩罚。顺从天道是人获得最大自由的最起码条件。天道给人自由,天道创造、爱养、监察、掌管的是一个自由、生动的世界。天(道)赋人以自由、以权利,即天赋人权,是天道的"玄德"。

天道与自由的相关性还在于天道的无为,而不是有为。正是天道的无为本性,才把自由作为的空间,交给了每一个自由的个体。天道不仅自己无为,而且还要求政府与掌权者无为,反对政府与掌权者用自己的有为来挤占、剥夺每个人自由作为的空间。天道无须一时一事均发号施令,只要定好规则,无为而治,万事万物就得以自由生长了。

天道为衡量统治的正当性提供了准绳,也是判断政治正义的标准。天道通过奖惩,执行正义、保障自由。一个人或集团并不因获得了政权或政治领导人的世俗地位就有绝对的统治合法性。当他们的统治和治理符合天道时,他们才有统治合法性,当不符合天道时,就没有统治合法性。这种观念,也贯穿在传统中国的政治实践中。当施政者行仁政,替百姓着想,能约束自己,甚至愿意用自己的生命去换民众的幸福时,就被称为君或王;当昏庸无道时,就失去了君或王的资格。孔子以"天下无道"和"天下有道"作为区分政权正当性的标准。无道之邦,以秦政为例,必然不能持久。保守的自由主义者严复曾在《论世变之亟》中这样用天道的观念来伸张自由:"侵人自由者,斯为逆天理,贼人道。"

中国人向来都承认存在一个掌控着人类命运的至高无上的

仲裁者,掌权者们在行使其授予他们的权力时必须向这个仲裁者负责。与相信王法相比,古代中国人更相信天道,相信上天关心老百姓的欲求和意见,认为"天听自我民听,天视自我民视"。统治者可以把王法写在纸上,而天道与天理却铭刻在每个人的心中。当王法与天道冲突的时候,他们毫不犹豫地舍王法而取天道。只是王法常常凭借手中的暴力,强行阻隔人们寻求天道的路径,这样做的后果最终是迫使人们揭竿而起,替天行道。

天道是自由的政治秩序的超验根基。人对天道的遵从,是遵从自己所发现并得到理性论证的天道秩序,是一种自愿的服从。天道秩序是基于被治者的自愿同意而产生。统治者应该服从天道,不能以天道的化身自居,不能违背天道,不能行使专横的权力,为所欲为。正是"天道"和自然法为人们反抗暴政的"替天行道"提供了形而上的依据。保护民众的生命、财产和自由的法律才是合乎天道的法律。

天道与自然法

在中国的思想传统中有"天道"。中国历史上虽然没有占主导地位的自然法思想体系,但是在民间有自然法思想的萌芽。中国的天道思想与西方哲学的自然法传统有着共通之处,这已经被许多中外学者注意到。有西方学者认为对"天道"的最确切的解释就是"自然法",胡适认为老子的天道,就是西洋哲学的自然法(Law of Nature)。

老子对天道的描述,与西方哲学对自然法的描述是非常相似的。关于天道、自然、法、人之间的关系,《道德经》的看法是:"人法地,地法天,天法道,道法自然。"这里,老子已经把天道与自然法联系起来。

天道与自然法在以下三个方面有共通之处：

第一，它们都是关于规律的。例如，在自然界，水往低处流；在人类事务中，权力总是要腐败的。

第二，它们都是关于价值的。例如，人应该是自由的，人与人应该是平等的，财产权应该得到尊重。这些信念在中国文化传统中也由来已久。比如说"捆绑不成夫妻"，就是说用强制的手段让人做事情，是不会有好结果的。还有，中国人用"强扭的瓜不甜"来表达，哪怕是出自善心也不能强求、强制别人。可见，天道与自然法并不仅仅是冷冰冰的规律，而是具有规范性的价值。

第三，它们都具有普遍性、最高性和永恒性。它们是超越而实在的。它们都是高于世俗之上的高级法，具有不可逾越的超越性。它们超越任何人的力量，是任何人只能顺应、不能改变的。

天道和自然法尤其超越于最高权力之上。换句话说，自然法不是君主制定的，君主无权制定自然法，握有强力的皇帝同样不能使二加二不等于四，不能使鹿等于马。不论是西方的自然法还是中国的天道，它都是被发现的，而不是被制定的。

天道是各种自然法则结成的一张罩住万物的恢恢天网，疏而不漏。任何人无法逃脱。对于这样的天网，人们只能尊重、服从，可以创造性地利用，但是不能违背，不能超越。不论是个人还是国家，顺应天道者昌，违逆天道者亡。王朝更迭就充分说明了这样的道理。王朝末年的普遍特征就是统治者处处伤天害理、违逆天道。人祸的根本原因，就是封建统治者无视天道，欲与天道试比高。

按照基督教的教义，人的权利是与生俱来的自然权利。人是由上帝创造的,因此人的权利也归根于上帝。根据基督教自然法,人的根本权利应该是"神赋人权"。按照中国的天道传统,人的根本权利归根于天和天道,故是真正的"天赋人权"。中国人在接受和传播基督教的"天赋人权"过程中,已经把中国的本土传统资源放置进去了。

可见,中国也许没有西方形式上的自然法,但是,与自然法类似的天道观念不仅存在于道家思想之中,而且长期存在于大众文化之中。不论帝王们怎么宣传,民众还是相信在王法之上还有更高的天道、天理、天条。这是帝王无论权力多么强大,都不能改变的。根据中国人的观念,你可以违背人情,你可以违背王法,但是你不能违背"天道",更不能伤天害理,所以中国人的观念中有超越最高君主之上的东西,这跟西方的自然法有类似之处。中国人始终相信,不论人间充斥着多少邪恶,代表正义的天道将最终回归人间,就像陈寅恪先生在《论〈再生缘〉》一文中所多次引用、评论的:"搔首呼天欲问天,问天天道可能还?"[①]

天道与政道

有史以来,虽然人们对政道有不同的理解并赋予其不同的内容,但是从严格的意义上讲,政道是天道在政治、施政和公共事务领域的具体运用。政道是天道的一个非常重要的组成部分,也许是天道最重要的部分,因为天道与政道的落实与否关系到每个人的幸福安宁,甚至身家性命。

人间秩序,无论是政治经济秩序,还是思想文化秩序,都植

[①] 陈寅恪:《论〈再生缘〉》,载《寒柳堂集》,北京:三联书店 2015 年 7 月第 3 版,第 3 页。

根于作为宇宙秩序的天道。天道决定政道。所谓政道,就是天道在治国与管理公共事务领域的应用。政道是天道所要求的治国之道,是治国处事的原理,是指导政治生活的普遍原则。政道要求治国者在治国上要无条件地服从天道。也有人从政道里还分出治道。假如有治道的话,它不过是政道的一部分。以符合天道的政道来治国则国家治,背离此政道则国家乱。政不得其道的国邦就是无道之邦,也是乱邦。政道须敬崇天道,顺之则天下自定。循天道而天下治,这就是理想国。符合天道的政道才是正道。

天道是一般性的普适的规则。政道与天道不是平起平坐、分庭抗礼的。政道完全在天道之下。天道是编制秩序的纲纪,宇宙万物的秩序都是以天道为经纬的。没有天道就没有万物,也就没有秩序。

作为支配人类社会的根本法则和价值源泉,天道是构建人类社会政治生活的根本依据。墨子就从天道中看到了其中蕴含的政道:"天之行广而无私,其施厚而不德,其明久而不衰,故圣王法之。既以天为法,动作有为,必度于天,天之所欲则为之,天所不欲则止。……今天下无大小国,皆天之邑也;人无幼长贵贱,皆天之臣也。……故曰:爱人利人者,天必福之;恶人贼人者,天必祸之。"(《墨子·法仪》)可见,在中国传统中,天道思想也蕴含了这样的结论:人与人之间相互平等,人们彼此之间应该尊重他人的财产权、自由权、生命权;人类社会的一切制度安排,应当以每个人的自由为起点和归宿;每一个人都有其独特的禀性和权利;道德就是忠于每一个体的本性,通过顺应天道而获得自由;德不能离开天道,更不能背离天道,最高的道德就是顺应天道。

有一种高于任何个人或群体意志之上的超验的价值和秩序,它是政治秩序和道德权威的正当性根源,一切统治者都低于这种根源,都不能声称自己代表和霸占了这种根源。这种超验的价值是消极的和诉之于个体的,它构成了对政治权力的超验约束,也是人们在内心审视、判断、评价国家权力和所定法律政策的是非善恶的最终依据。失道,就是失序;有道,就是有序,不仅有序,而且是有良性的秩序,既为秩序,就是一种有规则的状态。

天道思想在现实中一旦贯彻,就一定要求以天伸民,以道屈权,要求实行有限政府。根据天道的思想,政府作为统治机构只是"天道"的执行者而不是"天道"本身。这样的政府只能是奉行天道的、权力受到极大限制的有限政府。首先,政府的权力受到了天道的限制。天道不允许统治者伤天害理。其次,政府的运作必须服务于天道为政府设定的目的。这个目的就是保护老百姓的自由权,捍卫他们的财产权,尊重他们的生命权,而不是相反。因此,天道不允许统治机构把一切权力绝对集中在自身手中。无限集中、无所不能的权力一定会被用来违背天道。

天道与有限政府的关联性还在于"奉行天道"就必须实行法治。天道思想的精髓与现代的法治精神完全一致。天道既行,就不允许有人把公共权力据为私有;天道既行,就不允许统治者把自己的意志及所生成的法律凌驾于天道之上。统治者应该做的是把天道转化成法律。但是统治者不能认为自己口含天宪,把自己的私念说成是天道或是天意。天道不是统治者信口说出的,而是经过特定程序发现的,并且允许后人进行改正。

六 天道通向未来

在中国的文化传统与思想观念中,也只有天道在整体上一直未受到任何实质性的、更不用说颠覆性的批判。检索中国的历代文化经籍,几乎找不到对天道观念的质疑与否定。不仅如此,各家各派和各种政治力量,从古至今,都从不拒绝用天道的观念来证明自己的学说或事业的终极正当性。

金岳霖先生认为,每一种文化都有自己的中坚观念或最高范畴,中国文化的最高范畴是"道",所谓行道、修道、得道,都是以"道"为最终目标。"道"才是中国思想中最崇高的概念,最基本的原动力。

不仅如此,中国文化的本质是以天道为本位与中枢的文化。诸子百家虽然争鸣不已,其思想与政见各不相同,但是究其立论,都离不开一个"道"字,都以天道论人道,以人事应天道。由此也可见,天道应该是中国文化中最重要的思想内核。

中国人是有信仰的,这就是对天道的信仰,也就是"天道之信"。天道是中华文明最高的信仰。中国古代文化通常把天道当作最高精神信仰,即便这种信仰常常失落,但也从来没有完全消失过。对天道的信仰与对天的信仰是一致的,两者是一体的。

天道作为造物主与至高者,无时不在关注中国社会形态和日常运转是否合乎"天道"。中国所说的"天命"体现了天道不变的旨意与不断的参与。天道是宇宙之主宰,是宇宙万化背后的决定力量,是政权变更、文明盛衰的终极原因。

天道还是中国人价值判断的标准。天道是中国人衡量是非的最高标准,承载着中华文化的生命价值与终极的、最高的道义,是中华文明的人文标识。天道成为中国文化中具有标识性的观念。

中国文化是一个以天道观念为核心、为出发点的文化价值系统。天道既是中华文化传统的根底,也是中华文化得以传承、延续的灵魂。在可见的未来,天道仍将是中华文化的中枢。

(撰稿人　刘军宁)

第二章　大易篇

易学是什么？易学是一种究天人之学，是研究天地万类生发衍化之学。上古伏羲画八卦，乃一种传说，因此后人的八卦图，也只是伪托以传其说。我们从史书的最早记载中可以认为，从夏代开始，原始的占筮之法已然存在，有"连山"之称，连山者，延绵不断，言事物之相互依存如云山之相接也。至商代有"归藏"之称，总揽万物而纳容之，如天地之大收藏也。"周易"之称起自周代，"文王拘而演《周易》"，文王演《易》之说见于司马迁《报任安书》，足见司马迁之前，此说似已成定论。"周"者，非指周代，而言易学之周流遍列也；"易"者，言变易之规律也；"周易"的整体意思即遍列一切事物变化之学说。

太极生两仪，两仪生四象，四象生八卦，八卦又生六十四卦，六十四卦生三百八十四爻，这是周人经历数百年所逐渐完成的，初无一人独创之。后人流传最早之子夏《易传》，纪昀存于《四库》，云："流传既久，姑存以备一家云尔。"可见是不足为据的伪托子夏之著。

《易经》分上经与下经，上经言宇宙天地，下经言社会人生，略似《老子》之《道经》与《德经》。

《易经》所最强调者,为宇宙幻化无穷。《泰卦》九三爻辞说:"无平不陂,无往不复。"所以,既知一切事物都循物极必反的规律运行,所取之态度则应恰到好处,适可而止。

《易经》的卦辞、爻辞之中,称适度为"中"。所谓卦辞、爻辞者,即是依象而有辞焉。六十四卦及三百八十四爻皆有说辞,而此种说辞即所谓"易理"。总观《易》六十四卦之排列,说明:(1)事物如云之连山,不会中断;(2)天地曾不能以一瞬,自我否定乃是其必然,如庄子所谓"方生方死";(3)苏东坡所谓"自其变化而观之,物与我皆无尽也"。无尽,是一个重要的哲学概念。

是则"居安而思危",乃社会、国家、政治、人生所最切用之道理,一切都顺势而推移,不急于求成,为事有度,所谓"中节",适可而止。《易·系辞下》云:"危者,安其位者也。亡者,保其存者也。乱者,有其治者也。是故君子安而不忘危,存而不忘亡,治而不忘乱,是以身安而国家可保也。"至于人生,则虚怀若谷、居卑处微是一种最崇高的生活态度。《道德经》的"大成若缺,其用不弊。大盈若冲,其用不穷。大直若屈,大巧若拙,大辩若讷"的精神,与《易经》所谓"天道亏盈而益谦,地道变盈而流谦,鬼道害盈而福谦,人道恶盈而好谦。谦,尊而光,卑而不可逾,君子之终也",在最基本的道理上是一致的。孔子说:"加我数年,五十以学《易》,可以无大过矣。"韦编三绝,是孔子苦学《易经》的记载,《周易》于孔子,会化为儒学之《易》;而于老子,可化为道学之《易》;于邹衍,会化为阴阳家之《易》;于孙膑,可化为兵家之《易》。这是从《易经》在历史上的实际影响看到它的伟大。

卜筮之术,是指殷商之时以烧裂之龟甲之文与卦象相比较,从而做出判断与预测。而卜筮之人,则是彼时文化之掌握者,有渊博之学,兼以丰富的人生阅历。《十翼》中的"序卦"则明指,每一卦必有相反的一卦随其后,故而当时最明智的卜筮者,将正、反两面情况与可能,均告知王者或部落联盟之首领,以定决策与退路。如《易经》之最后两卦,"既济卦第六十三䷿",接着便是"未济卦第六十四䷿"。未济卦引大传《象》曰:"未出中也。"《象》曰:"君子以慎辨物居方。"既济矣,而犹有未尽,因为"火在水上",卦象:离卦为火☲,而坎卦为水☵。这在《易经》属于"易象",据"易象"而有卦辞者,是为"易理"。

在"易象"之中,每一卦皆有象征宇宙中一事物之意:乾为天,为圆,为君,为父☰;坤为地,为母☷;震为雷☳;巽为木,为风☴;坎为水,为月☵;离为火,为日☲;艮为山☶;兑为泽☱。

后来的阴阳家将木、火、水、金、土五行与阴阳联系起来,因为《易经》终极的原则是阴和阳的相交,阴阳家以数表示之,而成"易数"。

周初已用蓍草占卜,屈原《离骚》中的灵氛便是一位卜筮。屈原"索琼茅以筳篿兮,命灵氛为余占之"。灵氛给以的剖析是:(一)两美其必合;(二)两美于此则未合;(三)去更广大的天地追逐美;(四)远行吧,去追逐理想之美,而不需留恋故土。果然有了屈原的第三次远游。其实,以屈原之智,自己即可决定远游,所以请灵氛占卜者,乃彼时之习俗,抑或是屈子为自己吃下一颗定心之丸也。

后人伪托孔子之易学大传《十翼》,分十篇,即《彖》上下、《象》上下、《系辞》上下、《文言》、《说卦》、《序卦》、《杂卦》,虽系伪托,但为重要之经典。总言之,"一阴一阳之谓道"是《易经》大略,亦是本章之旨归。

一　易学不是神学

易学,不是天命之学,不是神学,而是一种朴素的辩证之学。易学只告诉我们"可能",而没有唯一的"必然"。易学的神秘化绝不是原创者的本意,而是后来者的庸俗化,目的是神乎其说,以蛊惑广大的人群。传说中的伏羲八卦和文王八卦,则是先民在仰观宇宙之大,俯察品类之盛,阅尽变化沧桑之后,对变动不居的天地的十分天才而概略的描述。

由图象而生发想象,这是《易经》之所以有易象的根本原因。先民在没有文字的时代往往凭借图象驰骋遐思。孔子《论语》中有"凤鸟不至,河不出图,吾已矣夫"的慨叹,可见孔子没有见过原始的图象。今《朱子图说》中的河图、洛书所据为汉孔安国、刘歆辈所传,是否确为先民创制,不得而知,然图象之形成必非出自一人之手。孔子未曾见到,而至孔安国、刘歆则有如此方正规矩之河图、洛书,显见是战国至汉这一时期逐步形成的。

孔子读《易经》,未见河图、洛书,而卦象为《易经》之所据,则卦象与河图、洛书并无直接之联系,孔子仅仅是想追溯其所从来,至于孔子所想见之河图、洛书,绝非孔安国、刘歆辈所见到者。这是一个还未破译的历史之谜。《十翼》之《系辞上·第十一章》讲:"是故天生神物,圣人则之;天地变化,圣人效之;天垂象,见吉凶,圣人象之;河出图,洛出书,圣人则之。"这里的"神物"一词,切勿误为冥冥中存在的"神"。"神物"云者,亦如杜工部之句"造化钟神秀"之"神秀",非指"神"也,指神奇之秀气也,"神物"则指神奇之事物也。《系辞上·第十章》又称:"易,无思也,无为也,寂然不动,感而遂通天下之故,非天下之至神,其孰能与于此。""易"如上章所述指"变易",此处之"寂然不动"乃指"易"之本体;"感而遂通天下之故",则言阴阳之交感,指"易"之为用;而"天下之至神",极言"易"之既为用,由静而动,乃创天地万物,生发变化、无可穷极;其所谓"至神"者,亦非指极伟岸之神灵,而指那"不疾而速,不行而至"(《系辞上·第十章》)的无穷变幻,那是一种至极的神奇,而非一具体之"神"。凡《易经》《十翼》中所谓"神"者,皆应作如是之理解。

二 《易》的要义:阴与阳

太极图之表示阴阳,乃先民智慧达于极致的最简捷、明了的表达。我们看到的负阴抱阳的奇妙的图象,不是绝对对立的存在,而是合二为一的整体,最具匠心的是阴中有阳、阳中有阴,宇宙万物正是由这种生生不息的阴阳交合所构成。阳光与阴影、白天与黑夜、雄强与柔弱、酷暑与严寒、迅捷与迟缓、厚重与单薄、干戈与玉帛、伟岸与渺小、泰山与鸿毛、坚实与虚空、老者与孩提、男子和女子,彼此相互依存,共同缔造着一个和而不同的天地,这是自然的存在,也就是《大学》中的第一句话:"大学之道,在明明德。""明德"即指不假外力、不假上帝的"大道",而"明明德"则是对这自在而已然的存在心存敬畏和崇仰。于是我们发现,先民把阴、阳看作一切存在的根本,而人类心灵的追逐,则是顺适这大道,甚至弘扬这大道。"人能弘道,非道弘人"(《论语·卫灵公》),则是对人类向善心灵的信赖,而这种向善的、持续的不懈追求,必能达到"止于至善"的崇高境界。凡是违拗这种至善的追求,必陷人类于万劫不复的绝境,大而言之如核战争;小而言之如个体的生命,苟不能顺适酷暑与严寒,必致感冒发烧,即中医所谓"阴阳不调"。六脉调和,当然是难以做到的,但是我们应尽量去做。当世界能六脉调和的时候,人类就不会再生活于惶惶不安、患得患失的自造的肮脏的泥淖之中,我们才有指望在这一宇宙的尘埃——地球上建成一个花团锦簇的乐园。

先民对阴阳除去用图象表述之外,又创制了最简单的符号来表述,即以"—"表示阳爻,以"- -"表示阴爻,而由这阴、阳爻的组合创制了八卦,这在上章已有略述,现详加剖析。八卦即乾、坤、震、巽、坎、离、艮、兑,由八卦两两组合成六十四卦,而每一卦由六爻组成,则整部《易经》便是由这六十四卦、三百八十四爻构成。卦有卦辞,言此卦之内涵;爻有爻辞,言此卦因条件之变化而生成的凶或吉。后人伪托孔子所撰之《十翼》,卦辞、爻辞的内容更趋丰满。《十翼》中的《文言》、《彖》上下、《象》上下皆于六十四卦中有所征引,而《系辞》上下、《说卦》、《序卦》、《杂卦》则全文附录于《易经》之后。《易经》是一部先民所造的奇妙的迷宫,你得有耐心慢慢去阅读和体会,你会发现它是一部对宇宙人生总揽全局的读不完的书,一部亘古至今生命之树长青的不朽巨著,它离怪力乱神、精灵古怪是那么遥远,而离人生是这么近。你会越来越感到远在现代科学出现之前三千年,中国人的智慧是那样的迷人。如果以为没有科学,人类智慧则阙如,那你就大错特错了,智慧之果往往来源于对宇宙本真之性的贴近,有时候,感悟的、归纳的思维遥遥领先于理性的、逻辑的思维,这就是直到今天,我们对非洲某些较原始的部落群体的思维不可忽视的原因。他们会对一棵参天的大树顶礼膜拜,对风、雨、雷、电有一种虔诚的敬畏,他们和大自然的融合、相与为侪,与住在用钢筋水泥筑成的大楼里的人是大异其趣的。有时人类凭着工具理性所认识到的自然,与笛卡尔所谓的与生俱来的"天赋观念"恐怕还有万里之遥。笛卡尔是科学家,他当然相信理性思维之果,但他又承认"上帝在创造世界的时候,也把世界印在我们的心中"(笛卡尔《论方法》)。我想,不要忽视他希望人类只有去伪存真,才能达到至善之境的观点。互联网时代的来临,正日甚一日地使人类陷入真伪难辨的困境。

三　易象、易数、易理的关系

我们已然知道八卦两两组合为六十四卦,这卦象是各不相同的,卦辞中会有对其本义的述说,而每一卦象中的六爻,都由九(代表阳)、六(代表阴)两个数字再加"初""二""三""四""五""上"这六个字中的一个,构成爻名,譬如"初九""六二""上九",等等,都有相应的爻辞对其本义进行述说。《周易》全书总共三百八十四爻,都分别附于六十四卦之中,而且每卦都由阳爻和阴爻配合组成。而《彖》《象》《文言》等易传(即《十翼》)的诠注,则具朴素的辩证哲理。每一个卦象都和自然的景象相连接,譬如震卦第五十一,图象为☳,卦象之上下部皆为震,以征雷;升卦第四十六,图象为☷,卦象之上部为坤,以征地,下部为巽,以征木或风。那么卦中的所有说辞,都会围绕着这自然之象展开,即前面提到的"是故天生神物,圣人则之;天地变化,圣人效之;天垂象,见吉凶,圣人象之;河出图,洛出书,圣人则之"。下面仅举泰卦☷☰、否卦☰☷两个例子来说明。

泰卦☷☰第十一卦辞为:"泰,小往大来,吉亨。"《象》为之传曰:"天地交而万物通也,上下交而其志同也。"九三阳爻曰:"无平不陂,无往不复。"上六阴爻曰:"泰极而否……不可力争,但可自守。"

这卦象本为大吉,然须谨防泰极而否来。苏东坡之《易传》,对此卦也提醒人们:"物至于泰,极矣,不可以有加矣……使不入于否而已。否,未有不自其已甚者始,故左右之,使不失其中,则泰可以长保也。"

否卦☰☷第十二卦辞为:"不利君子贞,大往小来。"《象》为之传曰:"大往小来,则是天地不交而万物不通也。"六二阴爻曰:"小人吉,大人否亨。"上九阳爻曰:"先否后喜。"《象》为之传曰:"否终则倾,何可长也。"

这卦象本为大凶,然先否后泰。苏东坡亦看出此卦"自泰为否也易,自否为泰也难"。然倘"坤处内而不忘贞(正也)于乾,斯所以为泰之渐矣,故亨"。

以上两卦,说明了一个普通的道理,即物极必反,"无平不陂,无往不复"。倘能不失其"中",则事物"泰可长保";即使不顺利,倘不忘其正,终向吉祥,即"泰之渐矣"。《易经》往往以辩证之法,说明事物因主客观条件的变化而改变凶或吉,不做绝对化的决断,这无疑对人们认识客观世界有重大的启示。

四 《易经》的遗产

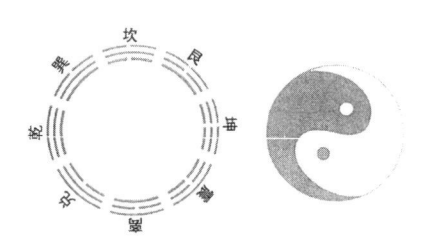

历代的文人,都以《易经》为众经之首,认为它的源头在夏代杳远的烟云暧曃的《连山》,在商代玄妙的深文隐蔚的《归藏》。传说的伏羲画八卦、周文王定卦名,与羲和之占日、臾区之占星气、伶伦之造律吕、大桡之作甲子、雍父之作杵臼、仓颉之作文字是一个意思,其人只是象征性的人物。然而,周文王的演《易》,较为可信,因时代较近也。集体创造加上个别杰出人物的归纳总结,使易学至东周之世已成卓荦大观。孔子之世,在学界百花竞放之中,难免出现异端。然而"异端"一词,最宽容的解释是"同"之分支,亦可称"一端"。陆象山说过,孔子时佛教未入中国,虽有老子,其说未著,而孔子一派,虽同学尧舜,而所学的侧重有别,或有阐发与尧舜不同,便是"异端"。所以陆象山讲:"子先理会得同底一端,则凡异此者皆异端。"那么,孔子说"攻乎异端,斯害也已"(《论语·为政》)是什么意思呢?就是对"异端"不可曲为解释,四处树敌。孔子有一个有容乃大、吸纳所不知之胸怀,而对《易经》则尤加意焉。子曰:"加我数年,五十以学《易》,可以无大过矣。"(《论语·述而》)这说明大圣孔子都把《易经》作为至高的经典来对待,孔子"韦编三绝"的故事,正说明孔子读《易》的勤奋。西汉以后解释注绎《周易》的人,不可胜数,传说中的《子夏易传》,郑玄撰、宋代王应麟编的《周易郑康成注》,王弼的《周易注》及《周易注疏》,为历代学人所重。学术演变,内容滋蔓。战国至汉以后儒学对《周易》的解释,被汇为《十翼》,称《易大传》,其中之《文言》、《象》上下、《彖》上下渗入《易经》文本,与卦辞、爻辞并列,而《系辞》上下、《说卦》、《序卦》、《杂卦》则附于《易经》之后,成为《周易》不可分割的一部分。《十翼》之中《文言》、《象》上下、《彖》上下最是辨剥清晰,《系辞》亦雄谈峻论,而《说卦》《序卦》《杂卦》则泛泛而谈,似不足称。后世之大儒蜂起为《易》作传,其中如苏东坡之《易传》,为文学大手笔,不只说理浅明,而且文采粲然,宜乎为今人读。明末清初大儒黄宗羲之《易学象数论》,虽反京房、焦延寿之方术与宋陈抟之道学,而其文繁杂,可视为一本详尽的、较有依据的总汇,而其弊则易使学人堕入深渊,不能自拔。以上略述《周易》之史略。今之人知止则可,正不必如饾饤小儒之死于《周易》章句,此读《易》书之时深应自警者。

远古之《易》,可以讲是巫筮之术,是一种占卜的专门职业者的学问,巫师多为经验丰富、见多识广的智者。《易》之占卜,在远古是知性的、感悟的、归纳的,它不是理性之子。因此,笼统地以为占卜是迷信则大错。古代的蔼然长者和老舍先生《茶馆》中的唐铁嘴是大异其趣的,与今之摆摊测字算卦者也非一路。而上古心传口述的《连山》《归藏》之类,经过历代智者的锤炼熔铸,成了东方智慧的象征,而其名言睿语已深深印入我们文化的神髓,成了中华"中和之道"的核心价值观。今略举《周易》中之名句以证之。剥去《周易》"天垂象,圣人则之"的神秘外衣后,即使其话语本身,也已然是千秋垂范的至理名言。

△天行健,君子以自强不息。(《周易·乾》)

苍天的运行,壮阔而矫健,面对这大不可方的宇宙,君子唯有不断增益其所不能。这种自强不息的精神,在儒家的经典《论语》《孟子》中所在多有。

△**厚德载物(《周易·坤》)**

上述两则,皆清华大学之校训,以"大地之厚求其德",亦本人《国学开讲》的宗旨之一。中国最恶浮薄之品,王国维所深恶之龚定庵的"游词",其品是在娼家词之后的。

△**君子以遏恶扬善。(《周易·大有》)**

君子应不以小善而不为,不以小恶而为之,"善"与"恶"本是与生俱来的两种基因,时时提醒自己遏恶扬善,才能渐渐走向君子的殿堂。

△**天地感而万物化生,圣人感人心而天下和平。(《周易·咸》)**

人类所面临的是物欲主义的排空浊浪,不和的家庭、不睦的世界,追其根源,无非物欲,不过披着信念、宗教、制度的外衣,打着一面正义之旗而已。

最能感人的圣人,是能勇于担荷人类的罪恶的圣人。圣人能够体贴并感化世道人心,和平才会来到人间。

△**君子以远小人,不恶而严。(《周易·遁》)**

朱熹说:"严者,君子自守之常,而小人自不能近。"

△**凡益之道,与时偕行。……君子以见善则迁,有过则改。(《周易·益》)**

这儿讲的是"道":近乎道者则善,背乎道者则恶,偏离道者,与恶只一步之遥,当急转而改之。

△**一握为笑,勿恤,往无咎。(《周易·萃》)**

这不只是几千年前中国人博大胸怀之守持,也是今天我们对待日本人的态度,赵朴初先生当初题"相逢一笑泯恩仇",其意在此。

△天地革而四时成。汤武革命,顺乎天而应乎人。(《周易·革》)

"革命"二字,盖非近代始有,革者,变革也,并不一定是阶级消灭论,而"顺""应"二字,则包含着依循天地之大规而渐进之意。

△君子以恐惧修省。(《周易·震》)

亦吾所倡之"敬畏之心"耳。

△时止则止,时行则行,动静不失其时,其道光明。(《周易·艮》)

知乎进退则近乎道之意也。苏东坡之为文论,盖取诸此也。

△日中则昃,月盈则食,天地盈虚,与时消息。(《周易·丰》)

物极必反之意也,亦"反者道之动"意也。

△仁者见之谓之仁,知者见之谓之知。(《周易·系辞》)

对不同事物,各有说辞;即同一事物亦各有所会,不应划一而齐其说。

△二人同心,其利断金;同心之言,其臭如兰。(《周易·系辞》)

此不唯可用于人际,亦可用于国际。

△子曰:乱之所生也,则言语以为阶。君不密,则失臣;臣不密,则失身;几事不密,则害成。是以君子慎密而不出也。(《周易·系辞》)

注意:此处用"慎密"而不用"缜密",读书不多者往往知其一而不知其二。

△《易》,无思也,无为也,寂然不动,感而遂通天下之故。(《周易·系辞》)

描述宇宙的本体,亦康德之"本体什么也没有发生"之谓也。

△是故,天生神物,圣人则之;天地变化,圣人效之;天垂象,见吉凶,圣人象之;河出图,洛出书,圣人则之。(《周易·系辞》)

此云卦象对圣人之启示。

△是故形而上者谓之道,形而下者谓之器,化而裁之谓之变,推而行之谓之通,举而错之天下之民谓之事业。(《周易·系辞》)

此言道之为用,最后落实于"事业"。

△穷则变,变则通。(《周易·系辞》)

此言事物变通之大略也,言简而意赅。

△小人以小善为无益而弗为也,以小恶为无伤而弗去也。(《周易·系辞》)

此于日常生活中最易见微而知著,君子宜慎之也。

△君子安而不忘危,存而不忘亡,治而不忘乱。(《周易·系辞》)

居安而思危,此治国之大略也。

△君子上交不谄,下交不渎。(《周易·系辞》)

此言君子不谀不骄之持守也。

△夫《易》……其称名也小,其取类也大。其旨远,其辞文,其言曲而中,其事肆而隐。(《周易·系辞》)

此言《易》之为文以小征大,闳中肆外,鄙陋之文不可见其端倪。

△《易》之兴也,其于中古乎? 作《易》者,其有忧患乎? (《周易·系辞》)

东周之视西周可称近古,而视殷商则可称中古,视夏则可称上古。作《易》者有忧患意识。

简言之,《易经》涉及五个方面的内容:1. 拓展心胸——俯仰天地;2. 品德修持——中正谦虚;3. 博大追求——元(大也)、亨(通也)、利(宜也)、贞(正也);4. 归纳方法——阴阳正负;5. 名句如林——慎思践行。

五 小结

以上我们已概述了《易》学的简史与内容,现略做总结。

太极生两仪,即阴与阳;两仪生四象,即太阴、少阳、少阴、太阳;四象生八卦,即坤、震、离、兑、乾、巽、坎、艮;八卦两两组合而为六十四卦;每卦有六爻,即生三百八十四爻。卦有卦辞,爻有爻辞,加上伪托孔子之《十翼》中的《文言》、《象》上下、《彖》上下,组成每卦的所有说辞。而《十翼》中的《系辞》上下、《说卦》、《序卦》、《杂卦》则附于《易经》后,构成了整部《易经》,亦名《周易》。

《周易》不是天命之学,不是神学,它浸透着先民对宇宙万物、社会人生总揽全局的朴素辩证思想。《周易》以为,阴、阳两仪是万物生成的终极本体,而恰到好处则是本体的存在状况,圣人能做到天垂象而依象守则,可达元、亨、利、贞之境。做事过犹不及,一切都可变通,因为恒变不居是客观的规律,人们只要依循之,便可泰而不否,逢凶化吉。

伏羲八卦次序　　　　　伏羲八卦方位

《易经》之八卦,皆代表了一种天象,即所谓"天垂象"。

乾,为天☰;

兑,为泽☱;

离,为火、为日☲;

震,为雷☳;

巽,为木、为风☴;

坎,为水、为月☵;

艮,为山☶;

坤,为地☷。

而六十四卦,则是上述八卦两两组合所生,如"泰卦"上为地(坤卦),下为天(乾卦)䷊;"否卦"上为天(乾卦),下为地(坤卦)䷋;又如"震卦"上下皆为震,为雷(震卦)䷲;"升卦"上为地(坤卦),下为木或风(巽卦)䷭。

先民依据这些图象的启示,附以九为阳、六为阴,加上初、二、三、四、五、上六字,构成三百八十四爻,每卦中有六爻,而论述诸卦之吉凶。爻辞和卦辞及《文言》、《彖》上下、《象》上下皆不对诸卦下必然性的论断,而仅做可能性的分析,这是迄今人类在远古时代最具智慧的朴素、辩证的方法论。

易学中,易数之学由于远古之卜筮、占术之奥杳,后之来者往往众说纷纭。河图、洛书之失,最晚到孔子之时已恍兮惚兮,至西汉孔安国、刘歆辈图象出则规矩井然,而东汉郑康成(玄)又似有所发明。关于易数,至明末清初黄宗羲有《易学象数论》巨著出,自河图、洛书述至郑康成之"太乙行九宫法",可谓集大成者,然内容艰繁,纪晓岚以为此书"主持太过""矫枉过正",对今之欲知国学者似无大益,故从略。

（撰稿人　范曾）

第三章 有无篇

关于有与无的思考与探索是中国思想文化史上一项独特而重要的内容,关于有与无的观念是中国文化中一个重要的核心观念,对中国的思想文化传统产生了持久的影响力。虽然哲学的视野与思想文化观念的视野之间有着密切的关系,但是两者之间也存在着重大的差异。前者把研究对象当作哲学的概念并用系统的哲学分析框架去研究,后者则把研究对象当作一种思想文化观念来加以研究,尤其注重这种观念对社会历史与思想文化的影响。近现代以来的中国,有与无常常被当作一个纯哲学的问题来加以探讨,但是在这里所综览的有与无是中国人特有的一个重要的思想文化观念。

一 "有",还是"无"？

有与无的问题是中国思想文化传统中对世界的本原状态及其与日常社会生活的相关性所进行的一种终极追问、思考与辩论。关于有与无的思想文化观念必然导引出"贵无"与"崇有"、个人与集体、自然与名教、平等与贵贱、有为与无为等相关的人生观与社会政治观。有与无的观念贯穿了从形而上的本体问题到形而下的日常生活问题,从而极大提升了中国思想文化观念的层次,丰富了中国思想文化观念的内容。可以想象,缺少了"有无之辨",中国的文化传统将是一种完全不同的、残缺不全的面貌。如果说善与恶的观念涉及的是人类生活的道德状态,那么有与无的问题则更多涉及的是世界存在的本原状态,是对世界万物的源头的思考,即宇宙万物的源头是"有",还是"无"?如果是"有",那么这个"有"是从哪里来的?如果是"无",那么"无"又是如何生出万物的"有"?有与无的观念大致涉及以下四个主要层面:

1. 有与无的观念与创世论有关。关于有与无的观念部分地回答了这样一系列问题:宇宙与世界的由来,它是来自"有",还是来自"无"?有与无在创世过程中是什么关系?宇宙与世界是如何在有与无的互动中产生并形成的?有与无的观念是中国思想文化传统中关于创世论的关键组成部分之一。而任何一种整全的世界观和社会政治哲学都必须对世界的由来做出自己的回答。没有创世论的思想文化传统是残缺不全的。

2. 在中国,有与无的观念与天道有关。天道的观念占据着中国思想文化传统的最高点,诸子百家在很大程度上都以天道观念为源头,都是在对天道问题做出自己的回答。如果用两个字来概括中国的思想文化传统,这两个字就是"天道"。在中国的思想文化观念中,天道是创造与规范宇宙万物的最高存在,是造物主,所谓"道生万物"。作为造物主的天道,其特征是什么?是"有",还是"无"?这是"有无之辨"必须回答的,也是长期以来争论不休的。中国的"有无之辨"有一个独特的贡献,这就是它不仅追问世界存在的终极形态,而且把有与无放在与宇宙、与世界万物的运行方式的相关性的背景下来考察,易言之,有与无不是孤立存在的有与无,而是天道之下的有与无。甚至可以说,离开了天道,有与无的问题就失去了讨论的价值。

3. 有与无作为对宇宙万物存在的终极形态的思想,是超验层面上的,无法通过经验层面的事实来得到全部的验证。天道更是一种超越经验世界之上的存在。因此,玄就成了天道、有、无三者的共同特征。因此,关于有与无的讨论,在中国的思想文化传统中,自动成了玄学的一部分。

4. 有与无的问题并不是仅仅是纯粹的、抽象的、空洞的、玄之又玄的,而是有其文化观念与社会政治后果的。任何思想文化观念都会影响人们对社会的理解以及相应发生的社会行为,有与无的观念也毫不例外。从"有"或"无"的角度对宇宙的本原特征做出相应的不同理解与判断,会导致对政治秩序的性质产生不同的理解,对人与人之间的社会关系产生不同的理解,对理想的政治秩序形成不同的图景,并进而产生不同的社会政治后果。数千年来,"有无之辨"及与其相关的观念一直对中国人的日常社会生活方式、政治形态与社会形态产生着持续的、或有形或无形的影响。具体地说,对"是有,还是无"的不同回答也就决定了对"贵无"还是"崇有"、个人还是集体、自然还是名教、无为还是有为的截然不同的回答。

二 有与无的起源

有不少学者试图通过对"有"与"无"这两个汉字起源的考察来理解有与无的意涵。"有"字的起源相对确定,其本意为拥有、持有、存在。现在的简体字"无"有多个源头(元、天、无、亡、無、舞,等等),各家各派众说纷纭。① 汉代许慎《说文解字》称"无"字为"奇字。无通于元者"。据研究,"无"字既通"元","元"字左撇上通便成"无";又通"天","天"字右捺弯曲成"无"。"元"和"天"是中国文化的重要范畴甚至是价值信仰。可见,与今天常用作虚词的"无"不同,"无"在古代直通"元"与"天"这样的根本实在,是实实在在的实词。在今天的日常语言中,"无"常常作为否定,作为不存在;"有"作为肯定,作为存在。作为日常用语的"有"与"无"已经不同于作为历史遗存下来的思想文化观念的"有"与"无"。

在中国文化中,老子在《道德经》中最先完整提出有与无的观念并加以专门阐发,该书也是后来中国文化中一切关于有与无的观念及范畴的源头。《道德经》不仅提出了有与无的问题,而且是从最高的层次上提出来的,这就是宇宙的本原与万物的源头是"有"还是"无"。《道德经》把"无"看作是比"有"更根本的存在。老子明确地断言,"无"是宇宙本体与万物的源头和存在的根据,天地始于"无",而不是"有",所谓"无,名天地之始;有,名万物之母"。老子认为,"无"是"有"的生成者,"无"是"有"的存在依据。"天下万物生于有,有生于无。""道生一,一生二,二生三,三生万物。"这就是说,天下每个具体的事物,都有其有形的母体,而一切有形的又是由无形的天道所创造的。这里,"有"指向具体的事"物",而"无"指向无形的天"道"。

所以,"无"是"有"的根本。"无"先于"有","有"生于无,"无"是天地的开始,"有"是万物的母本。如果"无中生有"不好

---

① 关于有与无的文字起源的综述,参见康中乾:《有无之辨》,北京:人民出版社2003年版。

理解的话,"从无到有"就很好理解了。天道为"无","无"中生"有",由"有"生"物",宇宙演化的链条由此形成。世界上每一件具体的事、每一个具体的物、每一个具体的存在都不是永远的,都是从"无"变成了"有"。因此,"无"必先于"有"。这个"无"不是别的,正是无形无象、无声无臭、无影无踪的天道。它既独立存在,又贯穿于每个有形之物之中。

职是之故,"有"与"无"可以说是天道的一体两面。天道既是独立的,又是"有"与"无"的混合体。但是在老子那里,这两面并不是平等的。就像道高于德一样,老子置"无"高于"有"的位置,以"无"为道,以"无"为本。从《道德经》文本来看,就像"道"高于"德"一样,老子确实更加重视"无"的意义和价值。(根据一项不太精确的统计,在五千言的《道德经》中,"无"出现了一百多次,"有"出现了八十多次,"道"出现了七十多次,"德"出现了四十多次。)天道既独立存在,又存在于宇宙万物之中。"无"是道在具体物体中的存在方式,而"有"是体现道的物质载体。作为道的根本属性,"有"与"无"是沟通道和物的桥梁。

与老子相比,孔子及后来的儒家人士,更强调"有",更注重形而下的有形存在。他们往往只看到有形的存在,看不到无形本质的东西,他们只看到实有的东西在起作用,而看不到无形的东西同样在起作用。这种倾向在后来的儒家名教的捍卫者裴𫖯那里体现得特别明显。单纯从经验世界看,孔子与儒家思想是有道理的。在我们眼前的经验世界里,在日常的社会生活中,一切万物都是有形存在的,即所谓"万有"。但是,人类的世界是由经验与超验、形而下与形而上两个部分组成的。如果把两个部分结合起来看,与以"有"为本的观念相比,老子的以"无"为本的观念显然要高出一筹。由于大多数人只关注日常社会与形而下的经验世界,"有"在一般的观念中受到的重视自然也高于"无"。

在中国的思想文化观念演进中,我们不常听到关于有与无的争论。这并不表明"有无之辨"消失了,而是说,要么是"贵无"的观念占据主导地位(如春秋、汉初、魏晋的一段时期),要么"崇有"的观念占据主导地位,如历史上包括今天在内的大部分时间里。在春秋之际,孔子与孟子等原始儒家人士没有正面进入关于"有无之辨"的论证。与老子相比,孔子与儒家更关注有形的经验世界的日用伦理,对形而上的有与无等超验世界的议题存而不论。其结果是,孔子与后世儒家更注重有形的世界,因而也更重视"有",对"无"则将信将疑,甚至完全否定。总而言之,"无",基本上是老子即道家的观念;"有",基本上是孔子与儒家的观念。"有"与"无"之争,在一定程度上就是孔老之争、儒道之争。

三 意涵:何为"有",何为"无"?

在汉语中,"有"是有形的、具体的、可感知的事物的存在(及其归属),具有积极性的、肯定性的意涵。与"有"相比,"无"的意涵更加丰富。它既可以是实词,也可以是虚词,具有消极性的、否定性的意涵。在有无观念中,"有"容易把握,而"无"却含糊微妙。

有人把有与无观念中的"有"理解为存在,把"无"理解为不存在,甚至把"无"等同于虚无。这种理解值得商榷。在作为有与无观念的源头的《道德经》中,"有"与"无"都不是存在本身,"无"更不是指不存在。如果"无"的含义表示某样事物"不存在"的话,那么,就不会有天道的存在,也不会出现作为万物之母的"有"。有与无分别指的是事物存在的不同方式与特征。具体地说,"有"是指有形的存在,是"有形地存在着的事物"的简称,如牝马是有形的,它能生出小马;"无"是指无形的存在,是"无形地存在着的天道"的简称。天道是无形的存在,它创生了宇宙万物,而且永远支配万物。我们看不见,摸不到,这是一种无形的存在,但是不能否认它的存在。天道,它不仅存在,而且永远存在。任何有形物体的存在都是相对的,有始有终的,只有无形的天道,作为绝对的、永恒的存在,是无始无终的。这意味着,"有",是有形的、相对的、暂时的;而"无",是无形的、绝对的、永恒的。

任何存在的事物都有其名称,这就是"有"。有些存在没有名称,它无形、无状、无象,甚至连名字也没有,这就是"无"。老子也不知道如何称谓这样的存在,就勉强称之为"道"。因此,在有与无的观念中,"无"并不是不存在,而是没有具体名称的存在。天道首先是以"无"的方式存在的。天道的存在是无状的、隐形的、缺损的、空荡的存在,因而,天道也是以阴性的、潜默的方式存在。潜默并不表示没有,而是指事物处于阴性的、非显性的状态,就像一个人的健康状况一样,阴性的状态是默认的状态,一旦出现阳性反应的时候,健康就可能出问题了。"有"像阳一样凸显,"无"却像阴一样重要。对病人而言,阳性的诊断结果令人困扰,而阴性的诊断结果却让人放心,道理就在于此。"有"是作为具象的"物"的存在,"无"是作为无形的"道"的存在。"无"是潜隐低伏的,既存在于"有"之内,又存在于"有"之外。

"无"与"有"不仅是万物的特性,而且首先是天道的特征。

但是天道的特征又不同于世上万物的特征。"无"是天道的最重要的特征。除此之外,天道的特征还有静、虚、空、柔、阴、雌,等等。孔子及其儒家思想通常看重具体事物的"有",其有形特征和其他的相关特征,如躁、阳、刚、强、实、雄,等等。老子不仅看到了万物的"有"的特征,而且看到了天道的"无"的特征。所以,从这种意义上讲,"有无之辨"实际上是孔子与老子之辨,是有与无的观念在不同时代及其各自不同代表人物身上的展开。

在有与无的观念中,"有"不仅指有形的存在,而且指"有限的"(finite)存在;"无"不仅指无形的存在,而且指"无限的"(infinite)存在。进而,凡是有形的存在都是有限的存在,如人及其肉体;只有无形的存在才有可能是无限的存在,如作为终极存在的天道,是无形且无限的。以人为例,任何个人,都是受局限的、有限的、具体的存在,但是天道对人的支配与约束则是无形的、无限的,人类将永远受到天道的支配与约束。天道既在人身之外,又潜隐在每个人的身上。从这种意义上看,人是"有"与"无"的结合,有形存在与无形存在的结合,有限存在与无限存在的结合,恰恰这种结合中的"无"的一面,给人的超越性提供了可能。

世界上任何存在的有名有形的事物,跟无名无形相比,都只具有低一级的位置,包括名教之类的礼俗秩序与政治权力。对不承认无名无形之物的崇有者来说,名教之类的礼俗秩序与君王的地位,当然具有最高性。对于认定无高于有的贵无者来说,无名无形的存在,反而具有价值上的优越性。因为无名生有名,无形生有形,无名、无形是母,是本,是体;有名、有形是子,是末,是用。

四　玄之又玄：崇有，还是贵无？

春秋时期的《道德经》为关于有与无问题的讨论以及有无观念的形成奠定了一个基调，但是全面的辩论并未随之展开。战国至秦，烽烟四起，战事连连，士人无暇梳理、辨析有与无这样玄之又玄的观念。汉初盛行黄老道家，官府无为而治，民间百废待兴。至汉武帝独尊儒术之后，贵无与无为而治的治国理念被抛弃，加上两汉时期儒学经学一统天下，对有与无的讨论只能归于沉寂。但黄老道家思想并未终绝。到了魏晋时期，当时的统治者把儒学、名教用来"诛夷名族，宠树同己"，当作巩固权力、维护统治的一种思想与观念工具。在思想文化界，对高度压制性的政治统治的反抗与否定，必然要连带出对支撑这种政治统治的儒学与名教的否定。当源于儒家的名教受到源于老庄的玄学的挑战时，"有无之辨"才又兴起。

"玄学"是概括魏晋时代思潮的一个名称。魏晋玄学就是指魏晋时期活跃于思想、文化界的一种文化思潮。玄学之所以为玄学，正在于它讨论的是现象后面的"有"与"无"这样终极玄妙的问题。魏晋玄学上区别于两汉经学，下区别于隋唐佛学和宋明理学，对中国思想文化的发展影响至深。所谓玄学依然源自老子的《道德经》。老子在《道德经》一章中开宗明义地说："常无，欲以观其妙；常有，欲以观其徼。此两者同出而异名，同谓之玄。玄之又玄，众妙之门。"老子用玄来描述关于天道与有无的问题。后人就把魏晋时期研究阐发天道和有无等十分玄奥的问题与研究相关著作的学问称为玄学。由于对这些问题的讨论常常集中在形而上的超验层面，故玄学常常又被指作为中性概念的形而上学。玄既用来形容天道的深妙隐微、无形无象,又常常指称天道。魏晋玄学对有与无的探讨,并不限于纯哲学层面,还包含了思想与社会文化层面。"有无之辨"虽然玄之又玄,但与现实的政治经济以及人们的日常生活、文化观念密切相关,并且从宇宙本原直接下贯到伦常日用。

在中国的思想文化传统中,玄学是最玄奥的,也是与政治最密切相关的,甚至是针对当时特定的社会政治现实的。所以,玄学的出现和主张与当时的政治有着内在联系,关于"有无之辨"的玄学可以说是政治的玄学。① 以无为本、任自然、因物之性,听起来像是普通的思想文化观念,但是里面却蕴含着明确的政治主张。这就是说:从个人的修身行事到治理国家都应该以无为本,顺应人的本性;要做到这一点,就必须实行无为而治,就必须顺应、尊重而不是扭曲、压制人的本性;统治者就不能放纵自己的专横意志去为所欲为,去对民众的生活横加干涉。总之,形而上的"无"必然要落实为形而下的无为。以无为本的观念,表面上是形而上的,实际上是形而下的;表面上是超现实的,实际上是很现实的。

在有与无的问题上,与玄学相关的主要有两派相互对立的观点,一个是何晏、王弼所代表的贵无派,一个是以裴頠为代表的崇有派。

贵无论

在魏晋时期,贵无论始于正始玄学。"正始"是魏齐王曹芳的年号。何晏、王弼等是魏晋玄学的第一阶段正始玄学的代表

---

① 参见陈寅恪:《魏晋南北朝史讲演录》,合肥:黄山书社 2000 年版。

人物,贵无论的创立者。他们的主张被形容为正始之音。如果说正始玄学的奠基人何晏与王弼等倡导贵无论,那么,竹林玄学的代表人物嵇康、阮籍等则实践贵无论。贵无论的主张大致有以下四个方面。

1. 以无为本。贵无派祖述老庄的思想,以为天地万物皆以无为本。据《晋书·王衍传》说:"魏正始中,何晏、王弼等祖述《老》《庄》,立论以为:'天地万物皆以无为本。无也者,开物成务,无往而不存者也。'"何晏说:"有之为有,恃无以生;事而为事,由无以成。夫道之而无语,名之而无名,视之而无形,听之而无声,则道之全焉。"(张湛:《列子·天瑞》注引何晏《道论》)王弼在《论语释疑》中说:"道者,无之称也;无不通也,无不由也,况之曰道,寂然无体,不可为象。"王弼又说:"天下之物,皆以有为生。有之所始,以无为本。将欲全有,必反于无也。"在贵无派的眼里,老子的道甚至完全可以用"无"替换。胡适在《中国哲学史大纲》中惊叹,在贵无派那里,老子所说的"无"与"道"简直是一样的。

贵无派持这样的宇宙发生论与本体论:无高于有,道高于万物。无形的、无象的、无名的、无限的,支配有形的、有象的、有名的、有限的。"有"的世界的一切活动都是由"无"来决定的。"道"本身无形、无状、无象,故无名,它才可以用来名一切东西,形一切形状,象一切形象。所以,主张以无为本,以有为末,无即是道,无高于有。

2. 个体本位。贵无必然通向贵我。贵无意味着不承认有任何世俗政治权威有权绝对凌驾于个人之上。贵无派放达行为后面的追求大概莫过于人的自我解放,去发现和确立本真的自我。以嵇康、阮籍为代表的竹林玄学通过个性解放来实现对独立人格与精神自由的追求。这就如阮籍描述的:"超世而绝群,遗俗而独往,登乎太始之前,览乎忽漠之初,虑周流于无外,志浩荡而自舒。"(《大人先生传》)以阮、嵇为代表的竹林玄学通过对人的内在人格独立和精神自由的追求,以魏晋时代所特有的方式展开和补充了何晏、王弼的正始玄学的抽象的、玄谈的贵无论。

竹林名士的逍遥出世、追求内在人格上的独立和精神上的自由与超越,其思想与观念的依托正是贵无论。竹林名士所要凸现的是人的自我主体,是人之为人的个体人格,是人的自由自在的精神境界。所以,魏晋玄学的主题是个性的觉醒,即个体对自己生命意义、个人命运、精神自由的重新发现、思索、把握和追求,从而实现人格上的独立、精神上的自由、人生上的自得。贵无派的语言风格也充分体现了以个人为本位的个人主义价值取向:自得、自足、自化、自制、自成、自适、自在。

3. 菲薄名教。从汉武到魏晋,经学化的儒学所宣扬的纲常名教变成了一套压抑人性、禁锢思想、窒息心灵、虚伪教条的制度与观念体系。如果正始玄学用思想观念否定作为当时的官方意识形态的名教,那么,竹林名士则用行动来挑战名教,他们并为此付出了生命的代价。嵇康与阮籍对当时的名教深恶痛绝,主张抛弃它们。嵇康蔑视名教乃世人皆知,他的著名口号是"越名教而任自然"(《释私论》),他的行为是"非汤武而薄周孔"(《与山巨源绝交书》)。

以嵇康、阮籍为代表的竹林名士,虽然痛恨礼教的束缚,但是并非不要任何约束。他们仍然崇奉以无为本的天道,从道不从名教。嵇康在《释私论》中畅言:"夫称君子者,心无措乎是非,而行不违乎道者也。"阮籍也不愿受礼法名教的束缚,痛恨名教对人的天性的压制与扭曲,并决心按照自己的天然本性来生活。他们的选择是"吾顷学养生之术,方外荣华,去滋味,游心于寂寞,以无为为贵","今但愿守陋巷,教养子孙,时与亲旧叙阔,陈说平生。浊酒一杯,弹琴一曲,志愿毕矣"(《与山巨源绝交书》)。可见,竹林玄学所追求的是人的精神的自由和个体的独立,希望每个人能顺应自己的本性享受自得之乐,而非屈从压抑人性的名教来生活。

正始玄学与竹林玄学力倡"贵无"。正如"无"字本身所应有的含义一样,这不过是一系列否定性动作的开端。他们首先否定的便是名教。但是,仅仅否定名教是不够的,必须将名教设立者一起纳入否定之列。名教之恶的源头可追溯到私天下的君主制度本身。因此,否定名教必然要连带出对君主制的菲薄。嵇康在《太师箴》中,抨击专横的君权,认为君主凭尊恃势,宰割天下,今为一身,以奉其私,结果是丧乱弘多,国乃陨颠。阮籍在《大人先生传》中甚至将批判的靶子设定为君主自身,认为君主制及其在社会中确立的君臣关系与纲常名教是一切人祸的总根源:"盖无君而庶物定,无臣而万事理。……君立而虐兴,臣设而贼生。坐制礼法,束缚下民。欺愚诳拙,藏智自神,强者睽视而凌暴,弱者憔悴而事人。假廉以成贪,内险而外仁。"竹林名士所描述的理想社会是一个没有专制强权的、没有君臣关系的伙伴型社会,如阮籍所描述的:"明者不以智胜,暗者不以愚败;弱者不以迫畏,强者不以力尽。盖无君而庶物定,无臣而万事理。保身修性,不违其纪。惟兹若然,故能长久。"(《大人先生传》)

4. 崇尚无为。贵无派对"无"的强调,并没有停留在"无"与玄之又玄的道本身上,而是要从中进一步引申出关于社会政治现实的重大主张。这个主张的要义之一,就有无为而治,就是用"无"的思想武器来反对当政者用有形的制度与礼法来干预人性、干预人的社会生活。贵无派相信,既然"无"是道的本性,天道就应该是无为的。道之为"无",则必无为。天道无为就意味着,天道不仅不干预万物的本性,而且完全顺应其本性。这样,包括人在内的世上万物才能自由自在,自我实现。有道的政府就应该顺应天道,以无为本,无为而治,"顺自然而行,不造不施,故物得至,而无辙迹也"(王弼:《老子道德经校注》二十七章)。如嵇康所言,贵无派所向往的政府是这样施政的:"穆然以无事为业,坦尔以天下为公。"(《答向子期难养生论》)

正始玄学与竹林玄学"贵无"的结果必然是"贱有"。为此,贵无派在老子的无为而治的基础上进一步提出了崇本息末的政治主张。王弼把社会的政事分为"本"和"末"、"母"和"子"两端。这个"本"与"母"就是"道",就是"无",具体运用到社会政治领域和落实到国家治理上就是无为而治。以无为本、崇本息末观念的提出,是有重大的社会现实后果的。按照这样的本末之分,当时占主导的治国理念与制度的"名教",作为"有",作为政治权威、统治体制,必然属于"末"端,因此要加以否定。

崇有论

西晋统一,统治者宗奉儒学,厉行名教。针对正始玄学与竹林玄学的贵无之论、放达之风,裴𬱖特意写成《崇有论》来维护名教礼制与君王的统治地位。对应前述的贵有论,裴𬱖的"崇有论"大致有以下四个方面的内涵。

1. 以有为本。裴𬱖极其担忧贵无的信条和放达的风尚带来不遵礼法的后果。要想扭转这个趋势,必须从破除以无为本的贵有论入手,用"崇有"来取代"贵无"。因此,裴𬱖明确地贬低"无"的地位,认为"无"不过是"有"的缺席,"无"从而隶属于

"有","有"高于"无","有"才是世界万物的根本。裴頠给出的理由很简单:"夫至无者无以能生,故始生者自生也。"(《崇有论》)"无"既然是"无",就是什么都没有,怎么可能生"有"?在裴頠的眼里,"有"就是存在,"无"是不存在。裴頠把"有"看为存在,把"无"看为非存在。

2. 群体本位。贵无论主张个体本位,崇有论主张群体本位。裴頠认为,人类社会的终极存在方式是以群体而非个体为本位的,人与人之间有贵贱之分,因而是完全不平等的。作为"有"的群体是最后、最高的本原,此外别无其他本元。人群作为整体的存在就是最高的"有"。因此,裴頠认为,每个事物、每个人都不是孤立的,而是相互依存的,每个个体都是有缺陷的,需要由集体来弥补。[①] 个体不是社会的终极存在单位,个体必须服从、隶属于群体,从而凝聚成最高的存在。

在裴頠眼里,贵无派的一条重要罪状就是:渎弃长幼之序,混漫贵贱之级。贵无论不承认群体是最高的存在,因此,必然把社会的重心与中心放在个体身上;崇有论不承认个体是社会的本位,因此必然要把群体看作社会的本位。由此可见,贵无论张扬的是个人主义,崇有论崇奉的是集体主义。群体作为社会的根本,必须有其具体的表现形式,因此崇有论最终导向以名教为依托的圣王之治。这个圣王是群体的象征,名教是群体中的纲常。因此,倡导集体主义,必落实到君王为政。如裴頠所言:天下百姓应该顺从君王统治,就如同水在器皿中一样,器方则方,器圆则圆。所谓"众之从上,犹水之居器也"(《崇有论》)。君王

[①] 参见葛荣晋:《中国哲学范畴通论》,北京:首都师范大学出版社2001年版。

负有用名教礼制教化造就民众的责任。贵无派关心的是个人的独立与自由,而崇有派关心的是帝王秩序下的集体生活。

3.捍卫名教。裴頠担心"贵无"等自然无为的思想导致"贱有",因"贱有"而抛弃名教,因为这将对当时的统治构成严重的挑战。名教的本质是儒家所始终致力于构建的以君王为核心的君臣秩序,如袁宏在《后汉纪》中所说"夫君臣父子,名教之本也"。贵无论以天道为本也意味着不承认人与人之间有天然的统治与被统治的君臣关系,群体不是社会存在的本位,只有个体才是。而崇有论则明示着人与人之间存在天然的统治与被统治的关系。既然人与人之间按照贵贱的关系格局构建社会政治秩序,那么,所有的人,作为君王的臣民,都应该服从君王及其制定的名教。所以,裴頠作《崇有论》公开打出了捍卫名教的旗号,极力维护名教的地位,主张统治者应该用礼制来管理百姓,使他们每个人都安于自己的本分。因此,他对贵无论与"越名教而任自然"的放达之风提出了激烈的批评。他说,贵无派"立言借于虚无,谓之玄妙;处官不亲所司,谓之雅远;奉身散其廉操,谓之旷达。故砥砺之风,弥以陵迟。放者因斯,或悖吉凶之礼,而忽容止之表,渎弃长幼之序,混漫贵贱之级。其甚者至于裸裎,言笑忘宜,以不惜为弘,士行又亏矣"(《崇有论》)。

贵无贱有的观念的确对名教形成了挑战,并进而影响到政治统治的稳定。裴頠只看到了贵无论与放达之风对名教和统治秩序的威胁,而完全无视败坏的名教与专横的统治对社会的威胁,这就使得崇有论流于苍白,其在后世的影响力也根本不能望贵无论的项背。

4.有为而治。在治国的方式方面,如果说贵无论的逻辑结论是无为而治,那么贵有论的逻辑结论必然是有为而治。裴頠口头上也谈无为,但他的根本立场是君王应该有为。当他树立与捍卫名教的时候,主张统治者应教化百姓的时候,他已经是站在有为而治的一边。主张无为而治的老子认为,教化民众不是统治者的权力与责任,所谓"我无为而民自化"。而裴頠则在《崇有论》中主张"故大建厥极,绥理群生,训物垂范,于是乎在,斯则圣人为政之由也"。这样的为政是十分有为的。贵无通向无为,崇有通向有为,贵无与崇有辩论的双方都用自己的观点无意中证明了这一点。

裴頠主张崇有、捍卫名教与他的个人身份、社会背景有重要的关系。他是王后贾南风政权的顶层官员之一。作为统治集团的重要成员,他要维护其所服务的政权的政治统治地位与名教的道德统治地位。所以,他不可能从政权本身与官方意识形态和精神统治工具中去寻找那个时代问题的症结,而是把矛头指向当时在野的民间自由化思潮——正始玄学与竹林玄学的贵无论。裴頠对贵无论与放达之风的"贻害"大加挞伐,却没有深度挖掘其所赖以形成的社会政治根源。

与裴頠的看法不同,史家陈寅恪对当时"贵无"观念所带来的清谈、诞狂与放达之风,有着同情性的理解,因为贵无论的产生与正始、竹林玄学及其玄谈、清议与放达之风有着特殊的社会政治根源:东汉末年党锢诸名士遭到政治暴力的摧残与压迫后,一变其具体评议朝廷人物任用的当否,即所谓清议,而为对抽象玄理的讨论。他们都是避祸远嫌,消极地不与其时政治当局合作的人物。嵇康硬抗被诛,阮籍虚与委蛇得以保命。名教或以名为教,依魏晋人的解释,即以官长君臣之义为教。名教与自然明明是不同的东西,何以王戎、阮瞻要说相同呢?这要了解魏末以来的政治状况及嵇康等人的主张与遭遇,据此可知嵇康在当时是一个被号为主张老庄之自然(即避世)、违反周孔之名教、不孝不仕的人。司马氏杀嵇康,加在他身上的罪名,正是不仕不孝、违反名教。① 士人忧愤于胸,只好放浪于外,作为自全之策。在专制体制下,佯狂是士人最可能的全身之策。②

如果说当初嵇康是因反对名教而惨遭司马氏集团的杀害,那么后来裴頠坚定地维护名教也不能幸免于朝廷的屠刀。事实上,除王弼早夭外,贵无与崇有论战双方的其他主要人物何晏、嵇康、裴頠均被司马氏集团下令处死,而阮籍始终生活在朝廷高举着的屠刀的阴影之下。贵无论者因为反对名教而死于名教,崇有论者即便推崇名教,仍然死于名教,这对双方来说都是悲剧,对主张崇有、捍卫名教的裴頠还多了一丝讽刺。在当时,以崇有的名义去捍卫名教,必然导致人们屈从于当时苦难的现实。这给贵无论者与崇有论者都不会带来什么好下场。所以,面对夺命的礼教,死于批判暴政的人比死于拥护暴政的人更值得肯定,否定暴政的观念比捍卫暴政的观念更具有价值。这样来对比,高下立判。

在裴頠的崇有论之后,陆续出现了郭象的"独化论"与张湛(生卒年份不详)的"至虚论",这两种观点可以说是魏晋时期有无之争的余绪,两者在观念与思想上并没有重大的突破,对后世也没有特别的影响。自魏晋后期起,有与无问题与佛学的"空"观念发生了关联。佛学中关于"有与空"的讨论是另一个层面上关于有与无的讨论的继续,关注的焦点与观念的层次已经大异其趣。限于篇幅,在这里不做专述。

---

① 参见陈寅恪:《魏晋南北朝史讲演录》,合肥:黄山书社2000年版。
② 参见刘梦溪:《中国文化的狂者精神》,北京:三联书店2012年版。

五 "有无之辨"的观念遗产

在思想文化观念的世界里,相关的观念之间,常常有着内在的逻辑联系。每一个重大观念的提出,必然连带一系列相关的观念与结论。有与无正是这样的观念。当杨朱提出"为我"的时候,孟子靠敏锐的政治嗅觉发现,主张"为我"必是对"为君"的否定,必主张人人应该为"我"不为"君"。据此,孟子得出杨朱学说是"无父无君"的结论。至于是否人人都该"为君",则要由另外的道理来判断。老子发现,"无"为"有"本,魏晋玄学提出"贵无"论,这意味着"无"必将产生相关的连带性后果,将要对一系列的事物与观念提出否定性的看法。如果世界本"无",君主作为存在的"有"就将面对质疑,君主所颁行的名教与皇权也必受质疑,君主们通常所喜好的有为而治更加无从确立。如果君主与礼教不该作为"有"树立起来,取而代之被树立起来的将是相对平等的个体,取代名教的必将是尊重个性、自化自为。反之亦然,如果世界本"有",君主及其统治作为世俗社会的最高政治权威就首先必须被确立。要确立君主的统治地位,就必须分贵贱、立名教。君主与名教一旦作为世俗社会最高的"有"确立起来了,那么,所有的个体都必须匍匐在君主与名教的脚下。所以,有与无的观念,既是一个事关正义的问题,又是一个对何为正义的选择问题。在中国历史上的大多数时间里,在观念上被确立起来的是"有",而不是"无"。其时间序列大致如下。

春秋战国时期是中国思想文化的第一个高峰期,因为中国思想文化传统的基调在此期间形成。而魏晋南北朝时期思想文化的繁荣很像是春秋战国时期思想文化繁荣的一个小规模再现,因此又出现了中国思想文化的第二个高峰期。魏晋南北朝是中国思想的精神成果结晶最丰硕的时期,多少影响当时后世的风流卓绝之士和艺文学理的重要发明都雨后春笋般涌现,①那时各种思想观念纷纷登台亮相,各家各派五彩缤纷。

从春秋之际老子的有与无论题的提出,到魏晋时期贵无与崇有的论争,中国思想文化观念中的"有无之辨"由是形成。而"有无之辨",正是这两个思想文化高峰期的产物,它的影响却贯穿着中国整个思想文化,正是因为难以再出现这样的思想交锋,"有无之辨"的思想文化遗产才显得更加可贵。"有无之辨"是魏晋时期畸形的环境下难得的自由论辩风气的产物。所谓畸形,是说当时的政治环境是专制但不是大一统。各个时期不稳定的小朝廷之间留下了少量的缝隙。当大一统的统治再次树立起来的时候,连靠放浪形骸来躲避政祸的生活方式都没有可能实现了。

魏晋名士身处极端动荡的社会之中,性命朝夕不保,个性被名教深深压制。残酷的社会现实促使人们开始重新思考生命的意义,探索宇宙与本体、自然与人生的关系。在这种背景下,思想开放与自由论辩的风气成为当时文人名士的生活常态。贵无论是在那个苦难的时代坚持用价值理想来批判现实所结出的思想果实。但魏晋名士在现实的强权面前并没有低头,而是极力追求独立的内在人格上的自由和精神上的超越。

贵无论是崇尚个人独立与思想自由的个人主义观念。贵无派继承了老子的以无为本、突出个体的思想传统,和对自由与独

---

① 参见刘梦溪:《中国文化的狂者精神》,北京:三联书店2012年版。

立的挚爱。面对根深蒂固的儒家礼制名教,贵无派仍然抓住个人而不放。贵无派的语言风格也充分体现了以个人为本位的个人主义取向:自得、自足、自化、自制、自适、自在。崇有派关心的是帝王秩序下的集体生活,而贵无派关心的是个人的自由与独立。贵无派以"无"为依托,以个人为本位,重新界定自我与宇宙、自我与国家、自我与道德秩序以及自我与他人的关系,从以无为本的宇宙观,落实到个人的全面自由与独立,再延伸到"无为"的政治观和社会理想。在贵无派眼里,只有能够让个人的自我实现成为可能的政治秩序才是正当的。国家的存在是为了个人,而不是相反。

从魏晋之后,"贵无"的观念渐渐淡出,"崇有"观念渐渐上升。前面提到,"有"与"无"之间的争论,很大程度是老子和道学与孔子和儒学之间的争论。魏晋以降,随着开科取士与儒学之间排他性关系的确立,孔子及儒学一直占据着官方意识形态的主导地位。"贵无"的声音、对"无"的关注,完全被淹没。到两宋,作为儒学新阶段的理学,甚至完全不承认"无"的存在。张载、程颢、王夫之等就认为,根本就无所谓"无"。[①] 但是,是否可以说,"贵无"的观念从此就不存在了呢?答案当然是否定的。

关于有与无的讨论,可以说,是魏晋时代流传下来的最宝贵的思想文化遗产。魏晋之后,虽然如王夫之所说,"孔融死而士气灰,嵇康死而清议绝","贵无"的观念与"清议"的传统趋于沉寂,但还是慢慢地潜伏下来,并未归零。它只是像"无"一样,以无形的方式继续潜藏在中国思想文化观念的深处,潜移默化地

---

① 参见张岱年:《中国哲学大纲》,北京:中国社会科学出版社1982年版。

融入中国人文观念的血液中,并不时有所显现。"贵无"论用"贵无"的思想文化观念与人生态度来躲避与抵制险恶的政治现实,反抗压迫人性与束缚自由的礼教,为后世的中国人展示了人性与自由的光芒。只要以无为本的天道还在,"贵无"的观念及其背后所隐含的独立的精神、自由的思想,不仅不会消失,反而会随着时代的演进获得新的生命力。

(撰稿人　刘军宁)

第四章　阴阳篇

一　小引:"一"与"二"

　　阴阳观念作为一种建构世界观的图示化工具(schematic tools)、一种具有普遍性的思维框架,渗透到中国传统思想的各个方面,对中国古代的天文、历法、医学、政治、历史、文艺等诸多领域,皆产生了广泛、深远的结构性的影响。这是一种怎样的"思维模式"(或称"思想律")呢? 本文认为,阴阳思想的实质,既是对相对(对待)问题的安排,也是对气化问题与感通问题的表达。谈"二"(阴阳),是为了理解"一"(道、太极、理、元气)何以存在、如何存在,谈"一"与"二"的关系,谈"一"的精神发展史。"一"的存在与发展,正是经由阴阳气化感通之力实现的。阴阳感通是对气化的具体展开与内涵规定,也是气化的体现与本真。[①] 欲明阴阳与气化感通的关系如何发生,需先明中国传统

[①]　参见冯耀明:《论所谓中国古代的自然主义——评李约瑟的观点》,载杨儒宾编:《自然概念史论》,台北:台大出版中心2014年版,第383—384页。

语境下的"气"的概念。

气之观念始于先秦,其意既包含外在的宇宙中流行之气,也包含内在的精神性、生命性之气。《庄子·知北游》言"通天下一气耳",气既是世界的实质构成,又是世界的存在形式。气是"一",气更是"通"。气永在流行中,恒自超化其形相,遍运于天地之中,贯通形上与形下。气流行的状态或方式,无非来往、起伏,来者、起者称为阳气,往者、伏者称为阴气。故气之流行即是通过阴阳消息实现的。天地万物既为一气之所运,则气即化天地万物为阴阳二气之所和。而在宋明儒学挺出,易学精微在周敦颐、张载、王夫之手中大显之后,阴阳气化也别开生面、显露生机,成为道之流行、太极之流行的基要力量,气的精神层面特为凸显。

初民认识世界,尤其是表达世界,皆要经历从混沌完整到差别开显的过程,这是理所当然的普遍倾向与自然程序。"一"是混沌与完整,阴阳则是人的存在的必然分裂,也是必然发展的"二"之差别与开显状态,是"文明"相对于原始的无复整全,但也是气化日新的状态。只要人类有认识与表达的需要,"世界"就无法始终停留在完整的混沌世界,包括人对自身的理解。人不可能沉溺于混沌的主体,混沌的主体必须穿过世界,也必须被世界穿过,成为割裂的或条理的同时仍然是气化的主体。阴阳即最初的和最原始的分化。"一自开天辟地,两仪便有吾身",自有阴阳之后,其他分化与组合(诸如四象、五行、八卦、三生万物)方成为可能。

整全的"太一"一般而言不是属人的选项。幻想退回原始就会获得绝对自由也是不现实的选项。但在东方传统中,经由严密的工夫进阶,以期抵达与获得生命始源的完整而自在,倒未必是不可能的。这种回归到"一"的愿望一直存在于人类的理想当中。如何在脱自体化中依然保持一体化呢？阴阳与混沌整体的关系的安排也因此表现为此种渴望与钟情的必然产物。

无论在东方还是在西方,二分法都是出现极早且流传极广的理念,分裂被视为文明的破晓,但同时也是整全与混沌的失落。类似"阴阳"这类语汇或思维模式,在不同文明体系的神话学或人性论的分析中都可找到相应的模式。不同文明体系中二分理念最大的不同,表现为对双方关系的理解,以及对"二"与"一"的关系的理解。如何才能分而不裂自然成为一些文明努力的方向。在中国文化传统中,这一努力针对的就是对阴阳的关系,以及对阴阳与元气、道、理、太极的关系的理解与安排。理解阴阳,就是理解气化流行,就是理解"太一"临降之后的具体存在,如何存在,并探讨如何通过对"二"的重新安排而逆觉归"一",重新获得对"一"的体认与把握。

阴阳是一种深入认识世界的方式,或者说是一种得体地表达世界、"命名"世界的方式。"天地未剖,阴阳未判,四时未分,万物未生"(《淮南子·俶真训》)的混沌完整的存在感是不能持久的。短暂的蒙昧之后,人类渴望更加澄明、细密与容易触摸的认识与表达世界的具体方式。即使"道不可闻,闻而非也。道不可见,见而非也。道不可言,言而非也"(《庄子·知北游》),人之为人的独特之处,也在于此"不可"处仍要求其尚可。勉强要将此"不可"之道表以名相,即从两仪——阴阳开始。在文明建立的初期,如何建构秩序,也就是如何使暧昧不定的状态稳定下来,是文明得以建立的关键。阴阳剖分无疑不属于恍兮惚兮的蒙昧之初。要有光,光是照亮,光也是分别,于是万物之存在感

便开始了。① 无妨说,阴阳源出人对世界的识别与表达的需要,即如王符《潜夫论·本训》所言:

> 上古之世,太素之时。元气窈冥,未有形兆。万精合并,混而为一,莫制莫御。若斯久之,翻然自化,清浊分别,变成阴阳。阴阳有体,实生两仪。

借用佛教"七大(地、火、水、风、空、识、智)缘起"的宇宙缘起架构,阴阳乃是"识大"的开始起用,是"识大"的起"立"并立言。《易传·说卦传》所言"昔者圣人之作《易》也,将以顺性命之理。是以立天之道曰阴与阳,立地之道曰柔与刚,立人之道曰仁与义。……分阴分阳,迭用柔刚",为世界—时空—万物的需要认识与应用,而创生了阴阳。《淮南子·天文训》将这一过程概括为:

> 天地以设,分而为阴阳。阳生于阴,阴生于阳。阴阳相错,四维乃通。或死或生,万物乃成。

二　阴阳与气化

关于阴阳名相的具体起源,学界多认为其来自初民对外界

---

① 参阅 Hamann, *Aesthetica in nuce: A Rhapsody in Cabbalistic Prose*, in J. M. Bernstein (ed.), *Classic and Romantic German Aesthetics*, Cambridge: Cambridge University Press, 2003, p. 3.

事物的某种直接观察。例如农业社会的阴坡阳坡说被认为是日月说的变形表现,来自占卜的经验也是一说,或谓其为巫术活动中间的静止与运动的两种形态,①亦颇具理趣。

就文字的演变观之,阴、阳的本义,仍然指向日光的背、向。许慎《说文解字·阜部》将阳、阴分别释为:"阳,高明也。从阜,昜声。""阴,暗也,水之南,山之北。从阜,侌声。"段玉裁《说文解字注》进一步解释说:"不言山南曰昜者,阴之解可错见也。山南曰阳,故从阜。"阴、阳同在阜部,阜的本义是山丘,《诗经·小雅·天保》曰"如山如阜,如冈如陵"。阴、阳被视为会意兼形声字。段玉裁认为侌、昜为阴、阳之正字。朱骏声《说文通训定声》亦云:"侌者,见云不见日也;昜者,云开而见日也。"侌、昜二字与"日"之状态有密切关系,本义是有无日光的两种天气。阴、阳二字由侌、昜二字孳乳而出。② 保留在甲骨文、金文中的阴阳观念简单、直观,主要是指背阴和向阳两种不同的天象和地理位置。商周时期的阴阳观念,含义大都朴素、直观,尚不具备哲学内涵。而且时至今日,在甲骨卜辞、金文中尚未发现"五行"一词,但甲骨卜辞中殷人的方位观念无疑已经蕴含了后世"五行"观念的种子。尽管在历史流变中"阴阳行而侌昜废矣"(段玉裁语),但后世一切有关阴阳观念的演变都是由与日光有密切关系的侌、昜二字之原义引申演变而出的。

日夜之别或许真是人类意识自混沌中升起的第一道裂痕,

---

① 参见李泽厚:《阴阳五行:中国人的宇宙观》,载《中国文化》2015年春季号,第41期。

② 甲骨卜辞中的"阳"字(《殷虚书契前编》5.42.5,《殷虚书契甲编》456、3343),最初构形并不从阜,而是从日从丄,为会意字。学界或认为"丄"或即"示"字,此构形似与古代祭祀日神的原始宗教信仰相关。

也是第一道秩序——思维略加抽象之后,即成阴阳之判? 在物象仍处于混沌之中时,没有法则,因而也没有行动可言。然而,知的格物功能,"识大"的运用,就像光明照亮了黑暗,物象遂得从混沌中破裂而出,物遂有理。① 也因此,在一种更为注重中国文化实用理性的哲学的观照下,阴阳观念被认为出于同样的实际用途:"两分法完全是为了人的运用而做出的,自然界本身,对象本身,不一定有这个两分,而是连续不断地进行着的,很难在哪里切割出来。"②

包含阴阳观念的图象,学界多认为在"绳石并用"的上古时代即已产生,显证即为八卦中的阴阳爻。③ "八"即是"二(阴阳)"继续分裂而来,亦表现为阴阳相生相克的基本关系。《庄子·天下篇》所说"《易》以道阴阳"成为后世说明《周易》中包含阴阳思想的重要依据——尽管整本《易经》实际只有《爻辞·中孚》"九二"中提到"阴"字,所言"鸣鹤在阴,其子和之"也并无高远深邃的哲学含义。对于《周易》有无阴阳思想,后世学界历来持有一正一反两种态度。反对者以为八卦由阴爻和阳爻两种

---

① 当代神话学多认为,产生日神崇拜是初民建构宇宙秩序的第一步,是混沌乍破后的第一道曙光,明暗的分别是秩序的基础。参见杨儒宾《五行原论:先秦思想的太初存有论》,台北:联经出版事业股份有限公司,2018年。

② 李泽厚:《阴阳五行:中国人的宇宙观》,载《中国文化》2015年春季号,总第41期,第3页。

③ 1978年12月在长春召开的第一届古文字学术讨论会上,张政烺题为《古代筮法与文王演周易》的报告第一次具体地运用《周易·系辞》所载八卦揲筮法的原理,对20世纪70年代在陕西岐山出土的西周甲骨上的奇字资料做出解释,论证这些奇字就是八卦的数字符号。李零秉承师说,亦持此观点,但依然认为数字卦从多位到两位的变化存在,尽管"目前还是谜"。参见李零:《说数术革命:从龟卜筮占到式法选择》,载《中国文化》2017年春季号,总第45期。

符号构成，它们是《易经》体系的基本构件，但最初并不是用现有的阴爻、阳爻两个符号表示，而是用偶数和奇数来表示。本文认为，理解《易经》与阴阳关系的核心，应该还是"感应—感通说"，唐君毅先生认为"中国传统思想从《易经》一系统下来之自然观，都是以物之互相影响关系，为一感通而相涵摄的关系"①。此意下文再表。

阴阳作为词语，最早出现于《诗经·大雅·公刘》，所言"既景乃冈，相其阴阳"同样意指日光向背，引申为气候寒暖。故春秋时流行的"六气"（阴、阳、风、雨、晦、明）概念中含有的阴、阳即指寒暖之气，《管子·乘马》所谓"春秋冬夏，阴阳之推移"是也。阴阳作为宇宙观基本概念，被认为最早出现在《国语·周语上》。例如周宣王即位，虢文公谏其不可废弛籍田仪节，每年春耕"阳瘅愤盈，土气震发，农祥晨正，日月底于天庙，土乃脉发"。先时九日，太史告稷曰："自今至于初吉，阳气俱烝，土膏其动。弗震弗渝，脉其满眚，谷乃不殖。"先时五日，瞽告有协风至，稷则遍诫百姓，纪农协功，曰："阴阳分布，震雷出滞，土不备垦，辟在司寇。"再如周幽王二年（前780）西周三川皆地震，大夫伯阳父曰："周将亡矣，夫天地之气，不失其序，若过其序，民乱之也。阳伏而不能出，阴迫而不能烝，于是有地震，今三川实震，是阳失其所而镇阴也。阳失而在阴，川源必塞，源塞，国必亡。夫水土演而民用也，水土无所演，民乏财用，不亡何待？"②

古代中国关于"气"最早的描述，即与"阴阳"联袂出现，这

---

① 唐君毅：《中国古代哲学精神》，载《唐君毅全集》，北京：九州出版社2016年版，第335页。

② 徐元诰撰，王树民、沈长云点校，《国语集解》，北京：中华书局2002年版，第16—20、26页。

应该也是后世"气"与"阴阳"之间的关系一直剪不断理还乱的直接缘起。上述伯阳父解释地震的原因,不在于"天谴"(天神震怒警惩),而在于"天地之气(阴阳)"失序,当代学界某种流行观点认为,这表明古中国"天神崇拜的神学基础开始动摇,一个新的世界观正在酝酿形成",按照黑格尔的说法,"这完全是真理的另一种来源,与那天启的、给予的知识和权威的真理的来源正相反对",据说这就是"哲学思想"的起源。[①] 此处自相矛盾、两两对待之"气"因此也被视为具有哲学普遍意义,非近代科学意义上的物质之"气体(gas)"所能囊括。但无论作为阴气阳气,还是作为宇宙两种基本的功能或规律,当天地间皆为气弥漫这一宇宙观成型之后,其意已经相去不远。阴阳是动能,也是能动。阴阳和谐能够使得"气无滞阴,亦无散阳。阴阳序次,风雨时至"(《国语·周语下》),孤阳独阴则为不祥、不生之状态。阴阳交争为雷,阴阳分争为电,阳炙阴则为虹,诸如此类不和谐的自然现象,都是"阴阳错行"所致。

学界倾向于认为,古人首先经由对太阳的向背的认识抽象出阴阳概念,又对阴阳概念不断加以引申,将所有与"向阳""背阳"特征类似的事物或现象也分别归于阳和阴。例如气温的温热为阳,寒凉为阴;天气的晴朗为阳,淫雨为阴;时间的白昼为阳,黑夜为阴;地理的东南为阳,西北为阴……凡运动的、积极的、兴奋的,都属于阳的范畴;静止的、消极的、抑制的,都属于阴的范畴。无论男女、昼夜、天地、日月……一经抽象,皆被视为本质并无太多不同。阴阳的划分具有相关性和普遍性,也具有相

[①] 参见李存山:《先秦时期的五行说与气论》,载《气论与仁学》,郑州:中州古籍出版社2009年版,第7—8页。

对性(事物或现象的阴阳属性不是一成不变的),还具有继续性(阴阳中可以继续各分阴阳)。

诸子百家之论中多有言及阴阳者。《老子》以阴、阳、冲气说明万物构成。《庄子》中阴阳亦多见,其中不乏宇宙自然层面的义项,例如"凡事若小若大,寡不道以欢成。事若不成,则必有人道之患;事若成,则必有阴阳之患"(《庄子·人间世》),再如"父母于子,东西南北,唯命之从。阴阳于人,不翅于父母"(《庄子·大宗师》),更如"天地者,形之大者也;阴阳者,气之大者也"(《庄子·则阳》)。《庄子·天道》《庄子·天运》中则以动静、清浊言阴阳。除了"阴阳二气作为构成万物的原始材料"这一"实在论"的理解,①与"形"相对之"气"究为何物,依然是理解此时的阴阳概念的关键。《庄子》佚文中强烈的巫术气息也经常经由阴阳的喻项才得以展开:"阴气伏于黄泉,阳气上通于天""阳气独上,则为颠病"……"阴阳之定"是一种阴平阳秘的和谐至极状态,不仅关乎健康,更因与"斋戒"的目的有关,而成为一种打开超越体验的身体准备。②

春秋时期,阴阳概念开始广泛出现于医道之中。《左传·昭公元年》记秦医和为晋侯诊病时有言:"天有六气,降生五味,发为五色,征为五声。淫生六疾。六气曰阴、阳、风、雨、晦、明也。分为四时,序为五节,过则为菑;阴淫寒疾,阳淫热疾,风淫末疾,雨淫腹疾,晦淫惑疾,明淫心疾。"六气之二的阴、阳即体现为过犹不及,与人体疾病的寒、热二疾构成因果关系。

---

① 参见李存山:《先秦时期的五行说与气论》,载《气论与仁学》,郑州:中州古籍出版社2009年版,第13页。

② 此多见于《庄子》佚文。王叔岷先生搜集《庄子》佚文最为用力。参见王叔岷:《庄子校诠·附录》,北京:中华书局2007年版。

战国之后,以阴阳刚柔观念解释《周易》的思路渐熟,《周易》由卜筮之书被提升为哲理之书,《易传》出现。《易》本经少用"阴阳"二字,《易传》却屡及之。《易传》基本概念虽为乾坤,然亦以乾为阳德、阳物,坤为阴德、阴物,纳阴阳气化而入伦理世界。《十翼》中,阴阳思想被进一步酣畅淋漓地传达出来。《系辞》中所言阴阳,对阴阳关系进行明确定位,诸如"潜龙勿用,阳气潜藏""阴疑于阳必战""阴阳之义配日月""阳卦多阴,阴卦多阳""乾坤岂易之门耶?乾,阳物也,坤,阴物也。阴阳合德而刚柔有体",等等,但尚不见及阴阳位格高下之断。既然《易传》以太极统阴阳乾坤,太极即在阴阳乾坤之中,以阴阳乾坤为其内容;既然太极即道,一阴一阳之谓道,道即以阴阳为内容,故阴亦有美,乾、坤皆具胜德。《周易》作为上古三易之二《连山》《归藏》之外唯一流传于后世者,其被儒家在《易传》中有所改造,这一点不必否认。[①]但可以说,在后人的理解中,正是经由《易传》才将阴阳提升到甚高的哲学范畴,并建立了一个完整的思想体系。

中国古代学术思想中,阴阳家的思想被认为其源最远,其流最杂,影响于后世民间亦至大。《汉书·艺文志》谓"阴阳家者流,出于羲和之官,历象日月星辰,敬授民时",其记载中有阴阳

[①] 参见李零:《说数术革命:从龟卜筮占到式法选择》,载《中国文化》2017年春季号,总第45期。

十六家,著述凡二百四十九篇,图十卷,但此派传世文献甚少。①阴阳家之说于晚周最盛,秦汉之际所谓方士,学界以为或与之互为因缘而生。战国末年百家争鸣的中心——齐国稷下学宫,被后世认为很可能为阴阳五行思想体系的形成提供了政治、经济、学术等各方面的有力支持。稷下先生邹衍(约前305—前240)在汲取儒家思想的基础之上,糅合了各学派思想精髓,在稷下学宫创建了阴阳五行学派,成为集阴阳五行思想之大成的第一人,被视为阴阳家学派的创始人。司马谈以其"学天官于唐都,受《易》于杨何,习道论于黄子"的学术背景,将"六家"之学要旨排序如下:

《易大传》:"天下一致而百虑,同归而殊涂。"夫阴阳、儒、墨、名、法、道德,此务为治者也,直所从言之异路,有省不省耳。②

这里的阴阳即指阴阳家,司马谈描述道:"尝窃观阴阳之术,

---

① 一说二十一家,作品三百六十九篇。《汉书·艺文志》记阴阳家有《容成子》十四篇,房中家又有《容成阴道》二十六卷。成书于战国中期的出土文献《黄帝四经》被认为是集阴阳之大成的著作。此时阴阳、五行尚处于各自相对独立的发展阶段,直至《管子》问世。《管子》以阴阳为天地之大理,说明这一智性活动的开辟鸿蒙之意义。《国语·郑语》载,一位史伯(司马迁认为史伯、太史伯、太史伯阳与伯阳父乃是同一人的异名)能够以"五行"而论"和、同",因此被视为"阴阳五行家的先驱"。参见左益寰:《阴阳五行家的先驱者伯阳父》,载《复旦学报》1980年第1期。

② 〔汉〕司马迁:《史记·太史公自序》,北京:中华书局1959年版,第3288—3289页。

大祥而众忌讳,使人拘而多所畏;然其序四时之大顺,不可失也。"①其自受业之道家,固然在道的层面能够"使人精神专一,动合无形,赡足万物",在术的层面也正是"因阴阳之大顺,采儒墨之善,撮名法之要",②同样通过论述宇宙时空来关心国计民生,依然不可否认阴阳学说的贡献。《史记·孟子荀卿列传》中亦称阴阳家之学"深观阴阳消息而作怪迂之变,《终始》《大圣》之篇十余万言。其语闳大不经,必先验小物,推而大之,至于无垠。……然要其归,必止乎仁义节俭,君臣上下六亲之施,始也滥耳。王公大人初见其术,惧然顾化"③,与《太史公自序》的立场相当接近。

汉人所承先秦思想,大体被认为有阴阳、儒、法、道四家,其中阴阳家最盛。西汉以来儒、道、法皆特重实际政治,趋重治术,故各家思想无不有阴阳家的思想成分。举凡汉人诸家易学,汉代所传之纬书、医书、方技术数之书,莫不有阴阳五行之论。其中五德终始之说,影响秦汉政治既大且巨。《淮南子》重视阴阳固然本于老庄,然《精神训》中所论精神本于天、本于阳,物质本于地、本于阴,则为先秦所未有,算是汉人首创。至于董仲舒,"始推阴阳为儒者宗"(《汉书·五行志》)。

在秦汉时期流传的纬书中,元气被视为形而上的究竟实在,宋均注《春秋说题辞》曰"元气之初如此也,混沌未分",气在《易》为元,在《老》为道,"义不殊也"。汉儒则赋予此无形之实

---

① 〔汉〕司马迁:《史记·太史公自序》,北京:中华书局1959年版,第3289页。

② 同上。

③ 〔汉〕司马迁:《史记·孟子荀卿列传》,北京:中华书局1959年版,第2344页。

更积极的内涵,更以此无形之元气统摄《易》之乾坤与阴阳。《乾坤凿度》称"元气澄阴阳,易大行"。《春秋繁露·五行相生》称"天地之气,合而为一,分为阴阳"。《雨雹对》称"天地之气,阴阳相半……阴阳虽异,所资一气"。扬雄谈玄,亦重其能统阴阳天地。喜谈宇宙之最高实在,以之君临阴阳之上,置定有一阴阳未分之中和状态,由此对实际宇宙之时间与秩序加以追溯,寻求形而上与形而下之间的沟通之路,这是汉代阴阳思想的主要特征。元气(道、玄)是一,阴阳是二,这是汉代哲学家的自觉观念。汉儒由此生发宇宙论的系统说,以此说明万物的开辟发生的原因与过程。阳为创始,由无形而有形;阴为成就,由有形而有质。

此际的元气尚不含价值意义,非善非恶,其分化而成之阴阳二气却有善有恶。故董仲舒于《春秋繁露》中论阴阳关系颇斩截,所谓"阳气以正月始出于地也,生育长养于上,至其功必成也,而积十月……故阳气出于东北,入于西北,发于孟春,毕于孟冬,而物莫不应是"(《春秋繁露·阳尊阴卑》),"天道大数,相反之物也,不得俱出,阴阳是也。春出阳而入阴,秋出阴而入阳,夏右阳而左阴,冬右阴而左阳。阴出则阳入,阳出则阴入;阴右则阳左,阴左则阳右"(《春秋繁露·阴阳出入》)。《春秋繁露》中《阴阳位》《阴阳始终》《阴阳义》《天地阴阳》诸篇,亦多主此论。"天地之常,一阴一阳,阳者天之德也,阴者天之刑也"(《春秋繁露·阴阳义》),阴阳作为平等的对抗者,互相代替更迭,不得同时存在,《春秋繁露·天道无二》所云"天之常道,相反之物也,不得两起,故谓之一。一而不二者,天之行也。阴与阳,相反之物也,故或出或入,或右或左"是也。

注重阳先阴后是汉儒鲜明的思想特色,至于何以有此,则需要考虑彼时论人性以阴阳的强烈的政教关怀的用心所在。① 既然阳气主动,一切物由气而形、而质,故阳气主生;阴气主静,一切物趋于停滞不动,至于死亡,故阴气主杀。生故吉,故善,故德;杀故戾,故恶,故刑。此种阴阳两判而离散,亦汉儒的创见,为先秦所无。唐君毅先生认为,汉儒这一思想嬗变,关键在于,先秦学者说阴,只说到阴之成物,故见其成;汉儒则在时间观念上继续下行,说到物成之后的凝固,乃至消亡的终局,成物的彻底完成即无物可成,即物之死亡。② 所谓"阳主仁阴主贪"之说,则基于仁为发散、为给予,阴则主聚摄、主成形——占有,故为贪。唐先生此说,意亦美。

"五行"在历史文献中的首出当在《洪范》。战国末年五行学说大行其道,一切皆配五行。阴阳、五行两组概念被认为各有源头,平行发展,后世乃合而为一。由于刊载阴阳、五行之说最丰的阴阳家文献已接近完全毁灭,我们很难准确判断这两组概念分合的时间,学界多认为,两者的结合应该在战国时期即已完成。五行说和阴阳说结合,构成了中国知识论体系中影响最深远的两组词语——一套体系中的两组词语。两者的结合不管是否迟至秦汉,在战国时期,五行作为统辖经验界事物的范畴之功能应该已经完成。五行此范畴的完成是建立在"五"这个数字与"行"这个"物"的特殊的结合上的:"五"的神秘化和时空格局已完成,"行"的内涵则承自悠远的"物活论"传统。

东汉一代,学者立言莫不言阴阳、尊谶纬,其学乃大显。阴

---

① 参见唐君毅:《中国哲学原论·原性篇》,载《唐君毅全集》第18卷,北京:九州出版社2016年版,第87页。
② 参见唐君毅:《中国古代哲学精神》,载《唐君毅全集》第27卷,北京:九州出版社2016年版,第225页。

阳(五行)之应用达到高峰,彼时的阴阳家均能观天象、识地利、通历法,精于术数演变,其道颇能顺天应时。故阴阳为"术"之用,此际最为饱满,后世以玄学论者已经望尘莫及。《汉书·艺文志》根据《七略·术数略》,将阴阳家数术分为六种:天文、历谱、五行、蓍龟、杂占、形法。李零认为,战国、秦汉这一时期阴阳五行学说的流行与选择书(例如日书)的流行互为表里,前者是后者的理论方法,后者是前者的技术背景。关于何以从刘向(《七略》)到班固(《汉书》),在数术分类中均使用"五行"而非"阴阳"(毕竟这是一个以选择书为"阴阳书"、以选择家为"阴阳生"的时代),他认为是时代潮流所致。① 本文认为,此或因阴阳概念已经渗透了前之天文、历谱或后之杂占、形法,阴阳是共法,故此它不可能再单独承担一个子项目的命名。

  阴阳"离散—对峙"说风行数代,阴阳"感通"说能在之后的中国历史上大放异彩,不仅因佛教凸显了影响,玄学参与了扩散,②更因经由理学吸收改造后的体用论跃上思想舞台的中心,而使阴阳关系获得改写。既然阴阳与道体之间尚且也必须感应道交,不一不异,阴与阳自体之间自然也就无法继续维持两相割裂的局面。耐人寻味的是,汉唐以来术数之学衰落、理学得以兴起的过程,恰好伴随了对阴阳关系(以及阴阳与道一的关系)的巨大认知变化,其中殆有密意焉。

----

  ① 参见李零:《说数术革命:从龟卜筮占到式法选择》,载《中国文化》2017年春季号,总第45期,第76—77页。
  ② 正是在王弼手中,医学完成了从术数到玄学的重心转移。此举虽关键,但稍远于本文要旨,故置不论。

三　体用与感通

明儒王夫之在《周易外传》中有言："善言道者由用而得体，不善言道者妄立一体而消用以从之。"宋代经由新儒学的推演，体用论跃上历史舞台，影响了此后中国诸多思想史问题的结构性论述，阴阳问题同样如此。汉唐之际的阴阳离散时期，多从元气论阴阳；宋明之际的阴阳感通时期，多从太极论阴阳。元气与《易》之太极不同，双方的阴阳也就不同：元气为阴阳之气未分之中和状态，太极则即见于阴阳之中，即由阴阳相互转易交通处方可见太极，如此，则阴阳不仅不能离散，更必须超越善恶定性而体认之。

这一思维模式原本也是中国哲学中一直存在的一种基本结构，有本有末，有整有分，经由深刻会通源自佛教的体用论，遂成为中国思想星空中不可方物的耀眼存在。虽然体用论的基本模式在《易经》中已经出现，其发扬光大，却是经由佛教传入与之后的理学奋起方才完成。从这一基本结构中，世界开显出一系列统一与杂多的对待名相：理/事、道/器、无（空）/有、真/俗……[①]诸关系都可纳入这一模式。道（太极、理）与阴阳之间关系的历史变迁，正反映出这一对待关系被如何安置所经历的具体诸相。传统中国历史流变中的体用论的命运，同时就是道与阴阳命运的具体展开：阴阳问题的本质是大一之"体"如何具体地分离聚合，成其用，用其成。"体"（道一）既然不可见，不可

[①] 参见杨儒宾：《异议的意义：近世东亚的反理学思潮》之《贰，从体用论到相偶论》，台北：台大出版中心2012年版，第47页。

说,则只能就阴阳中见,在阴阳中说。体认阴阳就是体认"体"。如果说智性活动与整全之"一"难免总是处在紧张状态,①阴阳经由气化感通的缓冲特性似乎将此紧张状态缓解了不少:体用可以不二,分殊还是理一。阴阳是体,阴阳也是用。混沌要贯穿到分化当中,才称其为具体的混沌、真实的混沌。体与用的关系,道一与阴阳的关系,整全与个别的关系,同样如此。

但具体到这段历史上的各家持论,还是难免要有所侧重或偏颇,体用论与整体论之间的紧张也始终没有完全消歇。"太极(道)"到底是阴阳的述词,还是与阴阳诡谲的同一(不一不二)?如果"太极"被视为混沌之气,太极/阴阳的变化过程就可以被视为元气的宇宙创化行程,整个解释系统就往自然主义方向走:宇宙原始形态是混沌一片的"太极",接着"太极"分化,成为最原始的分化二元论,也就是"阴阳"。阴阳还会继续分化,例如生成四象、八卦,等等。如果"太极"与"阴阳"是永远同在的诡谲的同一,如宋儒张载所谓"兼体无累""一物两体",《正蒙》首章《太和篇》所言"两不立则一不可见,一不可见则两之用息。两体者,虚实也,动静也,聚散也,清浊也,其究一而已。感而后有通,不有两则无一",整个解释系统就往体用论方向走:作为本体的太极带动世界的分化,本身却在动中如如不动,并参与各分化后的项目。②

---

① 参见杨儒宾:《儒门内的庄子》,台北:联经出版事业股份有限公司2016年版。
② 〔宋〕张载:《张载集》,章锡琛点校,北京:中华书局1978年版,第9页。另参见杨儒宾:《异议的意义:近世东亚的反理学思潮》,第123页;杨儒宾:《儒门内的庄子》,台北:联经出版事业股份有限公司2016年版,第156—157页。

道与阴阳之关系被呈现为即体即用,并非完全受到佛教思维的影响。早在先秦时期,通过原本该是"五物"的金、水、木、火、土而惯称"五行"这一知识模态,也可将此思路窥得相当清楚:"阴阳"消息本身就是"道"之流通——"行"。真正的区别在于,如果强调"太极(道)"一面,乃是强调阴阳之合的状态;如果强调"阴阳"一面,乃是强调二物("阴阳")之分的状态。犹如易学思维的分离聚合,万法皆可归一,终究还是一事,不相离,不相胜。

既然体难以言遇,则无妨见之于用、见之于阴阳。如何描述阴阳之间的构成关系是体道的关键所在。综赅中国历史上阴阳消息的基本关系的形构,其几种阶段性呈现大体如下:阴阳离散时期的阴阳对峙说。阴阳离散论也伴生了以善恶论阴阳,阴盛阳衰论与阴平阳秘论亦是对峙论的伴生产物。阴阳合体时期的阴阳互为其根说。唐宋之前,阴阳离散论占上风;唐宋之后,阴阳一体(合体)论占主导。这一变化当然基于汉、唐、宋时期从元气论到体用论的宇宙观转型。

位列"北宋五子"首座的邵雍,其阴阳观被认为颇类道家。邵雍认肯一切阴阳缘于太极,但此太极大不同于周敦颐、张载所谓太极。邵雍乃由观物之象数之变,而见其相对之阴阳动静交迭,故视域平铺而横观,以见一绝对之道或太极或神。周敦颐则直下先立一绝对的太极与神,由上至下,竖观其化生为万物。张载则先立一太和之道,谓其包含阴阳之性,竖观其为万物所自始自生,亦横观万物之升降沉浮其中。

邵雍主张"神者,易之主也,所以无方;易者,神之用也,所以无体","太极,一也,不动;生二,二则神也"。① 神见于阴阳变化,可依其次第,以言其器、其象、其数。太极自兼涵阴阳动静,道之实际内容,亦不外此太极中之阴阳动静。阴阳可互为用,以体用言之,可谓"阳者道之用,阴者道之体"②。阴阳动静,交迭为用,而无方不测,即见神,故谓"道与一,神之强名也"。而在周敦颐《太极图说》所创制的宇宙论图式中,万物的生成是顺着无极、太极、阴阳、五行的开辟阶段递进形成的。《太极图说》所言"无极而太极。太极动而生阳,动极生静,静而生阴,静极复动,一动一静,互为其根,分阴分阳,两仪立焉。阳变阴合,而生水、火、木、金、土,五气顺布,四时行焉。五行一阴阳也,阴阳一太极也,太极本无极也",被认为是一种本体宇宙论,意味着本体在气化历程中的展现。展开之后的阴阳关系被表示如下:

天以阳生万物,以阴成万物。(《通书·顺化》)
水阴根阳。火阳根阴。五行阴阳,阴阳太极。(《通书·动静》)③

周敦颐论气质之性,亦有就刚柔认阴阳,刚柔中又各分善恶(阴阳)之说:"刚善,为义,为直,为断,为严毅,为干固;恶,为猛,为隘,为强梁。柔善,为慈,为顺,为巽;恶,为懦弱,为无断,为邪佞。"(《通书·师第七》)朱熹继续将此释为"刚柔固阴阳之

---

① 〔宋〕邵雍:《皇极经世·观物外篇》,载《邵雍全集》,上海:上海古籍出版社2015年版,郭彧、于天宝点校,第1217、1236页。
② 同上,第1238页。
③ 〔宋〕周敦颐:《周敦颐集》,北京:中华书局2009年版,第23、28页。

大分,而其中又各有阴阳,以为善恶之分焉"①。可见在宋儒心中,作为气质之性的阴阳固然可以是无善无恶的刚柔,刚柔内部细分的善恶却不妨仍然视为一种阴阳,并且"易其恶则刚柔皆善"②(朱熹语)。这正是阴阳既超越善恶又可谓善恶的历史经验的体现。

"北宋五子"中的另外两位——程颢与程颐这对兄弟哲人,对阴阳也持不同观点,可见阴阳问题的具体表达的敏细又缭绕。伊川严分理气,更多坚持形而上与形而下的异质性断层,这一坚持也体现在其论阴阳与道的关系上:"一阴一阳之谓道,道非阴阳也,所以一阴一阳者,道也""离了阴阳便无道,所以阴阳者是道也。阴阳气也,气是形而下者,道是形而上者""所以开阖者道,开阖便是阴阳"③,等等。朱熹多承继其说,所谓"天地之化包括无外,运行无穷,然其所以为实,不越乎一阴一阳两端而已""阴阳虽是两个字,然却只是一气之消息,一进一退,一消一长……只是这一气之消长,做出古今天地间无限事来"(《朱子语类》卷七十四)。可见阴阳既是气的两种属性,又可谓两种气,一与两统一,才是气(感而后有通,不有两则无一)的完整存在。

北宋理学自张载开始,出现了以阴阳释鬼神一路,鬼神被释为"二气之良能"。鬼神的巫教性质转化成宇宙论的语汇,鬼神论成了理气论下的一个分支,这是一项相当彻底的除魅化的工

---

① 〔宋〕周敦颐:《周敦颐集》,北京:中华书局2009年版,第20页。
② 同上。
③ 〔宋〕程颢、程颐著,王孝鱼点校:《二程集》,北京:中华书局2004年版,第67、163页。

程。但除魅化未必是除形而上学化,张载对祭祀的功能仍极重视。①

阴阳、五行在张载的学术体系中远不如太虚、气这些词语受到瞩目,但单看《正蒙》前面数章,仍可看到阴阳在万物成形过程中扮演的重要角色。《正蒙·太和篇》言:"万物虽多,其实一物,无无阴阳者,以是知天地变化,二端而已。"《正蒙·参两篇》言:"阴阳之精互藏其宅。"张载极重视"一"与"二"的辩证,太极与阴阳即是"一"与"二"的关系,阴阳是道体创生与物之存在皆不可能越过的存在之环节。"一物而两体者,其太极之谓欤。"(《易说·说卦》)"气"依一定的关系(一阴一阳)而存在,此关系又为"气"这一实体而本有,这在《正蒙·参两篇》中有简要而又丰富的描述:"地纯阴,凝聚于中;天浮阳,运旋于外。此天地之常体也。""阴阳之精互藏其宅,则各得其所安,故日月之形,万古不变。若阴阳之气,则循环迭至,聚散相荡,升降相求,氤氲相揉,盖相兼相制,欲一之而不能,此其所以屈伸无方,运行不息,莫或使之。不曰性命之理,谓之何哉!""阴形凝聚,阳性发散。""一故神、两故化。"②

明代的王夫之发展了张载"合两端为一体"的思想,其所著《张子正蒙注》中于此有反复的表达:"阴阳二气充满太虚,此外更无他物,亦无间隙","太虚不能无气……知太虚即气即无无"(《太和篇》),"一气之中,二端既肇,摩之荡之,而变化无穷"(《太和篇》),"太极之中,不昧阴阳之象"(《参两篇》)。"实体"

---

① 参见〔宋〕张载:《正蒙·太和篇》,载《张载集》,章锡琛点校,北京:中华书局1978年版,第9页。

② 同上,第10—12、235页。

(气)依附"关系"(阴阳)而存有。"阴阳者,定体也","易者,互相推移以摩荡之谓",①《船山易学》更将此意发挥得精光四射:

> 《周易》并建乾、坤为太始,以阴阳至足者统六十二卦之变通。古今之遥,两间之大,一物之体性,一事之功能,无有阴而无阳,无有阳而无阴,无有地而无天,无有天而无地,不应设以纯阳无阴之卦。而此卦以纯阳为乾者,盖就阴阳合运之中,举其阳之盛大流行者言之也。六十二卦有时,乾、坤无时。乾于大造为天之运,于人物为性之神,于万事为知之彻,于学问为克治之诚,于吉凶治乱为经营之盛,故与坤并建,而乾自有其体用焉。②

船山以气为实,此立场颇类汉儒。而船山复言理仍为气之主,立场又近宋儒。船山既言动静属于阴阳,则此气已非朱子所谓动静之理先于阴阳之气:"动静者,即此阴阳之动静。动则阴变于阳,静则阳凝于阴……非动而后有阳,静而后有阴。"(《张子正蒙注·太和篇》)道是主持调剂乎阴阳者。此道此方式,唯于阴阳二气之用之流行中见之,不在其上其外。太极是"阴阳之浑合而已,而不可名之为阴阳"(《周易·系辞上》)。太极含阴阳之气,复含阴阳之理。阴阳之理之分别,唯可在阴阳二气之化上安立。故太极不可如朱子所谓"只是个理字"。此阴阳二气浑沦齐一直即太极,即在当前之现实宇宙中,并非如汉儒与邵雍

---

① 〔清〕王夫之:《周易内传》卷一上《上经乾坤》,载《船山易学》,北京:中央编译出版社2011年版,第3页。
② 同上,第4页。

所说,乃至在天地之先,万物由之次第化生。船山反对先有一浑沦太极,复分为乾坤,复化为万物的说法。船山主乾坤并建,不取汉人乾元、坤元只是一乾元的说法,亦不取宋儒一气流行而成二气的说法。船山认为,乾坤阴阳自始即相待而有,一动一静,一阖一辟,一往一来,大化之流行,统一为绝对之动。故宇宙无真正之虚,宇宙为绝对之真实无妄——此为船山之异于横渠处。而唐君毅先生于此又有恳切之见:"人之思想方向,若自始先向在主体心灵,则于此静虚之义,又自别有见处,可中和船山之偏向。"①可谓洞若观火。

大体与王夫之同时的明人方以智,承续邵雍易说而能纳术数于义理,其"贞一用二"之言也当从儒学体用论的立场理解。此际其他阴阳学说中颇可注意者尚有王廷相,其从形、气、总言、极言四个方面对阴阳进行规定,反对三分法,坚持二分法,此正与其对"气质"之性的见地暗合,但未免过于质实,更近于一般意义上的唯物论。此不再赘述。

四　相偶与共感

《庄子·天下》中对"六经"之用有明白之词:"其在于《诗》《书》《礼》《乐》者,邹鲁之士、搢绅先生多能明之。《诗》以道志,《书》以道事,《礼》以道行,《乐》以道和,《易》以道阴阳,《春秋》以道名分。"本文认为,阴阳问题的核心即在其关系的相偶与感通,杂多不碍感应、个体不碍互通,彼此感应既是占卜的主

---

① 唐君毅:《中国哲学原论·原教篇》,载《唐君毅全集》,北京:九州出版社2016年版,第430页。

客交互的原则,也是自然的原则,它不仅提供了个体与整体的关系的模式,更提供了个体与个体的关系的模式。这种相感的精神,正是易学的精髓所在。无固定之本体,秩序内在于事物。

在易学思想观照下,宇宙是无时无处不在感应中的系统,有感应的原理就要有阴阳的法则。"感"是阴阳二气得以交互流通的途径与方式,"二气感应以相与",不仅有"天地感而万物化生"的宇宙万物之感,亦有"圣人感人心而天下和平"的人间之感。天人相感、神人相感、物人相感、人人相感、物物相感,彼此交感互通的世界与人伦亲密有序,往来无碍。阴阳关系被归纳为对待、统一、变化云云,只是近代哲学西学话语下的习惯表述,究其根本,未必比"感而遂通"之言说得更为明白准确。

易道之旨,贵在阴阳交通,感而能通。①"易以道阴阳"(《周易·系辞上》),故"神无方而易无体"(《周易·系辞上》)。易本无体,蕴藏于阴阳流变之中。阴阳乃易之用,"生生之谓易"(《周易·系辞上》),生生即阴阳感通的体现与结果。"易有太极,是生两仪,两仪生四象,四象生八卦"(《周易·系辞上》),在帛书(《周易·系辞上》)中,"太极"原作"大恒"。"动静有常,刚柔断矣""刚柔相推而生变化""一阴一阳之谓道""阴阳不测之谓神"(《周易·系辞上》)云云,均当在此意上解。

就个体与整体的关系言之,阴阳对待因此被提升为元气的根本属性,不是由元气而分阴阳二气,而是元气即在阴阳二气之中。"阴阳五行,道之实体。"阴阳既是对待,也是相续,是一种

---

① 关于"感通"与"感动"的不同,曾亦在《本体与工夫:湖湘学派研究》(上海人民出版社 2007 年版)中有颇为精要的分析,参见是书第一章第二节。

连续不间断的气化,"化"之历程。① 所谓东方意义上的整体(集体)与个体关系,也因这种联系性与相续性而无法以西学刑之。没有原子化的个体。以流动之眼观之,气化历程中的个体是无法脱离整体的个体;以静观之眼观之,气化历程中的整体更无法脱离个体。只有个体整全、健顺,才有整体的整全、健顺。二者不一不异。

就个体与个体的关系言之,阴阳不仅互根、同体,而且必须经由"至极"才能相互转化、彼此促进:"阳不极,则阴不萌;阴不极,则阳不芽。"(扬雄《太玄经·玄摛篇》)这是有严格规定与限定条件的彼此转化,不仅没有否认,而且鼓励双方各自臻于其极。阴阳本性的完善在于"至极"之处仍能和合,处在对立中的相仇、相斗亦是在和合的前提下进行的。"过阴过阳则不和而成育,过柔过刚则不和而成道。故化之太和者,天地之中也;性之至善者,人道之中也。"(王廷相《慎言·问成性篇》)阴阳相胜、阴阳平衡……都是处在这样的相仇、相斗而永恒趋向和合中的存在状态。

作为个体的阴阳既是对立的,又是互根的。阴阳双方总是处在不断的相互作用、相互影响的过程中,既相互牵制、相互约束,又相互促进、相互资助,在一定条件下可以互相转化。阴阳学说的现代表达的六大要义,被设定为阴阳的共存、对立、互根、消长、平衡、转化。独立的、矛盾的具有阴阳功能的二元互补与对立是宇宙的存在方式,但又没有绝对的对立,一切的对立都是刹那的时势,时移势易,对立可以消散,对立也可以重建。绝对

---

① 参见杨儒宾:《儒门内的庄子》第二章,台北:联经出版事业股份有限公司2016年版。

之于相对,兼具生成与破坏的两面的作用。

这种阴阳观同时也是中国传统意义上的主体观。中国哲学的核心问题就是主体性问题。中国传统语境中的主体均因此而带有浓厚的中国特色的感通、应会的性格。精致的心性论和广阔的体用论的思考结合在一起后,一切的存在(包含自然的总体与超自然的存在)都变得理性化了,物与无妄。主体同样如此。它们都是理气论格局下的事物,当原始的巫性力量在哲学思维中的影响大为减弱之后,所建构起来的理性清明的主体感通之学,首先便基于阴阳气化之说。阴阳的性格同样投射到了主体的性格中。气作为解释自然现象的核心概念,在《左传》等书中已频频出现。而在诸子时期,我们看到的气化论常和人的主体有关,在"形—气—神"的身体主体图式中,气化扮演一种流动性的身体感之角色,是连接意识与躯体之间的流动、沟通、感觉等的身体内在之角色。在"志—气—言"的语言图式中,气更流动于主体与世界之间,既扮演了转换器,转化精神的意向性为器官发声的生理事件,也扮演了主体与世界会晤的原始接口。气化是精致的身体活动,意识的展现也离不开气化的向度,它们必然要一起遵从气化的阴阳感通的原则。①

在众多的化生可能中,何以二(阴阳)与五(五行)成为中国传统文化中最重要的两大组合系统?现代数理学曾从系统论的角度给出颇具说服力的解释。

阴阳是二元系统,两个要素之间相互牵制、约束、促进、资助,系统得以保持动态平衡。阴阳妙合而成五行,五行可以被视

---

① 参见杨儒宾:《儒家身体观》,上海:上海古籍出版社2019年版。

为阴阳二气的数量相对变化达到了五个不同阈值。① 五行系统作为五元系统,每个要素都要与其他四个要素发生相互作用(行者,流通也),有生有克,能生能克,各个要素与其他要素在正常情况下都能保持动态平衡。不论阴阳系统还是五行系统,都具有自我修复的自组织功能。反之,如果一个系统的要素异于二和五,则与每个要素发生相互作用的要素不是少于四个就是多于四个,生克力量就很难保持平衡。要素为二或五是系统具有自组织功能和保持动态平衡的必要条件。而阴阳五行匹配之后,现代数理逻辑认为已高达六十值逻辑,比西方二值逻辑高出将近两个数量级,层次极高,因此,要真正理解与全面掌握这一理论的难度也极大。②

唐君毅先生则认为,阴阳之说而成五行之说,基于由阴至阳、由阳至阴之过程由二分为四,加上阴阳转折之际的平衡焦点,阴阳相生之过程遂成为五。③ 此说虽浑略,然意甚美而富有流动性,正得阴阳之精髓。

中国本土医学观中还有一种阴阳观的变体需要拈出,因其秉承了"一分为三"的少数路线。

二分论阴阳是中医学的基础之论,例如《素问·阴阳应象大论》:"阴阳者,天地之道也,万物之纲纪,变化之父母,生杀之本始,神明之府也,治病必求于本。"再如《素问·五运行大论》:

---

① 最早提出"五行"一词的是《尚书·甘誓》,最早对五行做出系统解释的则是《尚书·洪范》。参见孟凯韬:《阴阳五行数学及其在中医学上的应用》,北京:科学出版社2007年版。
② 参见孟凯韬:《阴阳五行数学与中医辨证论治现代化》,北京:科学出版社2009年版,第8、283、910页。
③ 参见唐君毅:《中国古代哲学精神》,载《唐君毅全集》,北京:九州出版社2016年版,第225页。

"天地阴阳者,不以数推,以象之谓也。"更如《素问·四气调神大论》:"夫四时阴阳者,万物之根本也,所以圣人春夏养阳,秋冬养阴,以从其根,故与万物沉浮于生长之门。逆其根,则伐其本,坏其真矣。故阴阳四时者,万物之终始也,死生之本也,逆之则灾害生,从之则苛疾不起,是谓得道。道者,圣人行之,愚者佩之。从阴阳则生,逆之则死,从之则治,逆之则乱。"[①]临床八纲辨证所主张的寒热、虚实、表里、阴阳以及相应的治疗思路,也是秉承阴阳二位对分的原则。

然"不知《易》,便不足以言知医"(孙思邈),既然阴阳既是象也是数,中医学就采取了继续分阴阳为三的思路:阳经分为太阳、阳明、少阳;阴经分为太阴、少阴、厥阴。与之对应的作为病因的六淫,也是在阴阳对分的思路上继续三分为风、热、火、湿、寒、燥。有的当代学者以"盛—衰—平"的三阶段论说明中医阴阳观的特殊性,[②]也在无形中呼应了唐君毅先生解释"二"何以成"五"的演进思路。就人体实况而言,此言亦颇有理据。中医以平为期,阴阳达到动态平衡(阴平阳秘)即是健康,阴阳任何一方不足或太过都是病态。中医治疗的基本理念即在于调理阴阳,这一调理的结果需要格外凸显阴阳平衡的微妙的"平常"状态。同时,在成熟于秦汉时期、特讲"天人相应"的中医学中,这一针对人体的较为特殊的一分为三、合而为六的说法,同时对应的更是"天五地六"的"五运六气"之数。

中医学一分为三的阴阳论并非孤证独行。《道德经》四十

[①] 〔唐〕王冰注解:《重广补注黄帝内经素问》,明嘉靖二十九年顾从德覆宋刊本,第14页。

[②] 参见孟凯韬:《阴阳五行数学及其在中医学上的应用》,北京:科学出版社2007年版,第10页。

二章谓"道生一,一生二,二生三,三生万物。万物负阴而抱阳,冲气以为和",张岱年先生以为此处之"三",即指阴、阳与冲气。在阴阳论史上,唐人柳宗元的阴阳论一向被视为较特殊之理,可大体概括为"合为三者,一以统之"("三"为阴、阳、天;"一"为元气)。日本现代学者山田庆儿曾据此析阴阳为三极论。杨儒宾先生则从体用论的视角认为,不妨将此三极视作"对立者仍不断分化,仍具二极之构造。但不管如何地分化,作为原始之极的太极会参与到每一分化的项目里去,分化之二极加上纵贯之一极,可视为三极"①。此说承接北宋儒者尤其是周敦颐、张载的持论,亦甚有理趣。至于道教修行特为推崇的纯阳状态,本文认为,那实则已经并非人体之阴阳(后天气)二气之一的"阳气",而是沟通了先天气,乃至化掉了后天气而成就的一种类乎阴平阳秘的人生的理想状态——也近乎超越二极(泛论阴阳)的第三极了。

二分三分,究其实际,均是权法。《大乘起信论》云:"心真如者,即是一法界大总相法门体。"一法界即总法界,析而为三,则为:(一)精神界,见大摄(众生世间之本);(二)物质界,五大摄(器世间之本);(三)幻象界,识大摄(五蕴世间之本)。因指见月,颇可帮助我们恰当理解"一"与"二"或"三"乃至"多"的关系。

也是在《周易·系辞》中,张大阴阳其词的同时,首立"扶阳抑阴"的伦理秩序。儒门论说阴、阳,排序多半是"阳阴"。此即

---

① 杨儒宾:《儒门内的庄子》,台北:联经出版事业股份有限公司2016年版,第158页。

明儒高攀龙所称儒教为"阳教"、佛教为"阴教"者。[1] 若论何以有此,则不能不涉及阴阳法则确立与天道性命之学之间的关系。既然天道即为阴阳气化之道,则天道性命之学的展开,自然也就是阴阳气化的展开。境界因人设而开显不同,而"道"永恒存在,"往古来今谓之宙,四方上下谓之宇,道在其间,而莫知其所"(《淮南子·奇俗训》)。一切存在的事物均可被视为阴阳二气的变化所致,世间所有的理的母本都可归因于太初本体论的明暗分别之理,也即阴阳之判。对秩序之母的礼赞是一切仪式中之最根源者,因此太阳神话是跨语言、跨族群的最普遍的神话母题之一。我们不妨说,儒者将阴阳定为儒者宗,乃是基于对秩序感的强烈需要与吁请。同样出于对这一秩序感的强烈需要,人间性格极强的儒者也因此强烈吁请安排阴阳的秩序。秩序感在社会的结构与人格的结构中起最根源的定位作用。秩序感比其他许多价值要重要,实因为秩序感经常被视为一切价值的基础。列维-斯特劳斯(Levi-Strauss)曾引用森姆帕逊(Simpson. G. G.)的话说道:

> 科学家们对于怀疑和挫折是能容忍的,因为他们不得不如此。他们唯一不能而且也不应该容忍的就是无秩序。理论科学的整个目的就是尽最大可能自觉地减少知觉的

---

[1] 唐君毅于此有极美的发挥:"攀龙自宗儒,故言扶阳抑阴。然天地自有阴阳,而教亦必有儒佛。故虽扶阳抑阴,扬儒抑佛,亦不须绝佛教之存在于天地之间。此即攀龙辨儒佛之旨也。"参见唐君毅:《中国哲学原论·原教篇》,载《唐君毅全集》,第368页。

混乱。①

学界公认《易》的前身本为占卜之书。此占卜之书后来却成了性命之书,因此占卜之学也顺变成了性命之学。② 例如乾坤二元作为哲学范畴之理解,大体可分为两派:一派是以阴阳二气解释乾元和坤元,如《九家易》说"元者,气之始也"。孔《疏》亦取此说,以乾元为"阳气昊大,乾体广远"。此说基于汉人解《易》尚主取象说,以阴阳二气解释乾坤。另一派则以天地之德行,即刚健和柔顺、始物和生物的功能解释乾坤二元,代表人物是王弼和程颐。重阴传统意味着对于创生初始的丰饶、神秘、混沌的敬畏、尊崇,重阳传统则指向一种对于创生之后的秩序、理性、清明的至高无上的崇拜。③ 儒家的道德意识与宇宙的阴阳法则,以及从《易经》到《系辞》中被浓郁赋予的鲜明的天道性命与道德生命之学,正是对秩序理性的主动追求与维护。

五　圣显与自然

因对待而设,又时时处在超越对待中的阴阳,于人间语境的迁流中,难免落于言诠。既然在实际存在的秩序中,本体从来没有超越阴阳对偶,始终都是"太极在阴阳中,本体在对偶中",既然"太极既在阴阳之上又必在阴阳之中"的悖论能够成立——

---

① 参见列维-斯特劳斯:《野性的思维》,李幼燕译,北京:商务印书馆1987年版,第14页。
② 杨儒宾:《恍惚的伦理》,载《中国文化》2016年春季号。
③ 参见杨儒宾:《儒门内的庄子》,台北:联经出版事业股份有限公司2016年版。

相对于逆觉复归的未经分化的"道一",阴阳论犹如涅槃起用,总有几分权教的影子。

源于中国本体论的特殊性(并非只研究现象背后的"存在本身"),[①]故中国哲学讨论世界本原时,亦必须同时讲"阴阳大化"。阴阳气化论是气一元论得以成立的中枢。而气一元论能够在中国思想史上得势流行,同样与阴阳气化论的影响关系莫大,所谓中国古代的整体思维网络,实以阴阳为枢纽、为绾结点。阴阳不测的观点登上历史舞台,"古者民神不杂"(《国语·楚语下》)的严格对分的世界观被改变,这使得此后的东方时空灵动活泼、摇曳波动;同时这一活动状态也带来某些负面效应,例如所谓思想突破问题。无论整体论与体用论之争是否构成了中国哲学的核心问题,无论"变化的整体"是否即是本体的开显,[②]阴阳对分之后而仍能保持一气"感通",都是此"整体"得以成立的前提条件。当然同时与之后一气而化的不止阴阳,更有五行。正是经由气化流行,生生不已,"阴阳—五行—万物"之物质观,方才基本确定。这物质观更是功能观,"有形质之物生于无形质之力"[③],有形质之物最终仍可转化为无形质之力。理解阴阳的关键,在于理解阴阳关系的此消彼息。气化即流"行"(可以凸显为"五行"),即阴即阳,道即阴阳。

阴阳观念在传统中国甚被重视,首先由于这一文化传统重变化,重感通,重动能与能动。将阴与阳做适当的区分是必要

[①] 参见张世英:《哲学导论·导言》,北京:北京大学出版社2002年版。

[②] 这是熊十力与张东荪先生曾经争论的焦点问题,参见杨儒宾:《从〈五经〉到〈新五经〉》,上海:上海古籍出版社2019年版。

[③] 唐君毅:《〈易经〉经文所启示之哲学思想》,载《唐君毅全集》,北京:九州出版社2016年版,第206页。

的，但僵化成二元论是不必要的。在东方传统或说中国传统中，最基本的世界的特性被认为不是存在（Being），而是生成（Becoming）。每一事物都处在变化之中，因为它们相互关联。易学三德之首德"变易"，正是通过阴阳消息实现的，"刚柔相推以生变化""日月相推，而明生焉""寒暑相催，而岁成焉"，刚柔、明暗、寒暑……一系列相反相成的二元对分无不通过阴阳关系而起活泼之用。按照现代计量方式，阴阳不可测量，但其表征功能的强大，却非任何可测量者所能比拟和替代的。

在西方近代科学主义居于主导的现代学术规划下，气、阴阳、五行三者多被归入中国传统的自然哲学的语类。在近代科学思维指引下，内地学界一度惯称气、阴阳、五行为中国传统科学的"三大思维模式"，[①]或者说，气（阴阳）—五行—万物是中国古代哲学物质观的基础。[②] 这一近代以来才占据主流的物质观的局限性如今日益明显，传统观念的合理性与深刻性重新获得更多重视。既然气本身在传统中国并非近代科学意义上的"气体"所能尽，但同样隶属于形而上学语类，可以上下齐讲，作为物的气与其功能之间就不容易区分（例如阴阳是"二气"还是"二气之良能"）。尤其体用论这一思维方式兴起之后，即体即用的气化过程本身就是流行的存在或存在的流行。自从气化观念渗透了阴阳，阴阳概念尤其阴阳关系的历史发展，便无不与时人对气的理解有关了。

如前所述，气化论早在先秦就已是相当重要的思想论述，它

[①] 参见卢嘉锡、席泽宗主编：《中国科学技术史·科学思想卷》导言及第二章，北京：科学出版社2001年版。

[②] 参见李存山：《先秦时期的五行说与气论》，载《气论与仁学》，第3页。所谓"阴阳二气作为构成万物的原始材料"，见同书第13页。

无疑会带有一些自然哲学的内涵,却不止于自然哲学的内涵。不妨明确说,阴阳(包括"五行")的内涵意旨绝非所谓"现代自然科学体系"所能穷尽,"圣显的五行与自然世界不在同一等级上,这是质的差异"①。李约瑟难题——何以中国文明曾如此早熟而发达,却未能在近代产生西方意义上的科学——将因此等级不同而在某种程度上导致问题本身失效。阴阳气化乃理解传统中国的"物之理"(同样也是"人之理",毕竟对于传统中国来说,人—物关系也并非对立的存在)的特殊性的关键。这并非仅仅基于"这些自然意象被要求承担起精神语汇的工作"②,对于传统中国,"物"之本相或本质就在于它永远处于流动状态(气化)之中,如庄子所说的"物化"、《易经》所说的"品物流行"、出土文献所说的"凡物流行"等。③ 在文明初期直至理学兴起之时,五行之物、阴阳之变,从来不是当代人常以为的脱生命化、脱精神化的物质之义,而是道的另类展现。作为"二气"呈现的阴阳,既非现代西方科学意义上的物质概念,亦非传统西方本体意义上的实体概念,而是表现为乾健坤顺之德合同以化生万物之浑沦无间。

但使用太宽松往往就会导致无意义。这一僵局的确存在。犹如一部可以解释一切学问的书同时很可能意味着对一切学问都没有解释。阴阳、气化也似乎因此在传统学说的无限风光中

---

① 例如金、水、木、火、土五行与义、信、仁、礼、智五德之同出异名,阴阳一度与贪仁的同出异名。参见杨儒宾:《五行原论与原物理》,载《五行原论》,台北:联经出版事业股份有限公司2018年版。

② 杨儒宾:《五行原论与原物理》,载《五行原论》,台北:联经出版事业股份有限公司2018年版。

③ 同上。

遭遇了同样的历史质问。而进入近代之后,更严重的质疑还有:在这"一气流转"的世界中,思想是否还有突破的可能?

> 一般而言,此套理论被民国通人视为以一种僵硬的公式,将自然与人文世界的杂多因素统一了起来。由于它涵盖的范围太广太多,根本无"证伪性"可言,其解释力道等于零。①

此论当然不仅为"民国通人"所独持,迄今依然有人如此持论。这种不满也并非上列诸先生首先发难,张岱年先生早年所著《评胡适的新著:〈淮南王书〉》,曾引胡适先生所云为据,以为道家提出道的观念之后,道所具有的几乎都是无用之用:

> 有了这总稽万物之理的原理,便可以不必寻求那各个的理了。故道的观念在哲学史上有破除迷信的功用,而其结果也可以阻碍科学的发达。人人自谓知道,而不用求知物物之理,这是最大的害处。②

此论对于反思阴阳气化学说的历史得失,确亦有值得借鉴处。

典范的意义具有规范的意义。如果典范转换,规范自然转化。阴阳作为道体在世间的具体的开显,也难免此命运。近代

---

① 杨儒宾:《五行原论与原物理》,载《五行原论》,台北:联经出版事业股份有限公司2018年版。
② 张岱年:《张岱年文集》,北京:清华大学出版社1989年版,第371页。

以来,在西方哲学思维的影响下,阴阳被定性为中国哲学的基本范畴,这当然大体是可以成立的论述。但传统中国式本体论主要的与基本的内容,凡言气、言理、言道者,大都不能离弃阴阳而单独成立。阴阳几乎被所有传统思想流派用来解释世界的存在。理解阴阳的更为基要的目的,仍是经由气化获得对气、理、道等的深入把握。

人类对"道"(例如天道性命)的理解,往往也会影响其对阴阳概念及其关系的理解。无论汉唐的阴阳离散(善恶)说,还是宋以后的阴阳和合互入说,体现的都是人类体道的不同途径,以及此道所显示的不同面目。既然理一分殊,一本万叶,阴阳逍遥穿行于诸相之中,大中之"一"与不二之"二",应该依然均是流行无碍的。

(撰稿人　秦燕春)

第五章　道器篇

居行于天地之间,先民俯仰往还,自始即依循观象察形、远近取予之方,又模拟又创造,呼应天地运化之道,创制人世间之器世界。器具联类不穷,其制作与功用,遵循道之法式,体现道之效验,器具载体实乃大道之迹化。大道默寓乎殊器之规制、性能,通由实际使用与象征布置,从不同方向、侧面得以彰显。

道与器,中国古典思想之重要范畴也。道器关系倘观以现代知识背景,涉及一系列对立项:本质与现象,超越与经验,精神与物质,抽象与具体,普遍与特殊,一般规律与个别事物;如斯之类,不一而足。安置于此硬性对待架构,两端之高低重轻、贵贱大小,判分甚明,理念高于现实,本质高于现象,一般规律大于个别事物,重普遍而轻特殊,贵抽象而贱具体。中国古典思想自古亦不乏重道轻器倾向,然就其生命旨趣而论,究为天人偕行、物我相即、身心互动、情理交融。这里没有本质本体—现象现实之割裂,造物神—受造物之二分,也不派生主观—客观、意识—身体之对立。天与人,物与我,身与心,情与理,既不沦为同质,亦不迥然异致;其亲缘关联与生动态势,犹如调音协韵之共鸣。道器关系亦然,既不混同也不睽异。道器交济,势若阴阳负抱成和,自行涌现浑融之态。

观物而取象,制器以尚象,先民由之兆示大道生化。器—象—道,道器交济,联体贯理;物—卦—人,物我同构,应感起兴。以"道""器"为名,分谓"形而上者"与"形而下者",此表述不应割裂对待,否则必断上下为两截。时空一体生化,又会合又派衍,亦消逝亦持存。上游与下游,通源别流;波峰与波谷,相倾互推。是故形而上下之曰道曰器,隐显交济,息息关乎人境物情之万千意象,攒簇烘染而连属指引。道与器,会通于形而中,由以化解虚理与实体之对峙,消融抽象与现成之偏执。返归乎一体诸态之相变,呼应显形隐象,人与物乃交互为体而妙合于技。扎根导源乎大化,本原艺术居间浑然运化;随其自如调节,道器得以协调,连绵会通、循环成全。

字源:问道寻器

相传古圣伏羲创造八卦,文字创制与之一脉相承。《周易·系辞下》云:"古者包牺氏之王天下也,仰则观象于天,俯则观法于地,观鸟兽之文,与地之宜;近取诸身,远取诸物,于是始作八卦,以通神明之德,以类万物之情。"伏羲体察天地上下、人物远近,创设卦象以感应阴阳交变之神功,应合万物生化之实情,并以卦象指导创制器具,使器具各有其形制、功能。此后又有神农、黄帝以及尧舜诸圣继起,传承复融会,改造又创新,于器用迭有创制,百姓生活日用得其便利,代代不竭。"上古结绳而治,后世圣人易之以书契,百官以治,万民以察,盖取诸《夬》。"(《周易·系辞下传》第二章)人类生活不能缺少语言,语言本身就参与塑造人文世界;口头交流、口耳传承之外,尤须依赖文字发挥巨大作用,保存经验、承载记忆,传播知识、积累文化。遥接《易传》之叙事,许慎(58—147)《说文解字·叙》谓伏羲氏创作易卦"以垂宪象","神农氏结绳为治而统其事",在此基础之上,"庶业其繁,饰伪萌生";而黄帝史官仓颉有初造书契之功,"见鸟兽蹄远之迹,知分理之可相别异也。初造书契,百工以乂,万品以察,盖取诸《夬》","仓颉之初作书,盖依类象形,故谓之文;其后形声相益,即谓之字。字者,言孳乳而浸多也。著于竹帛谓之书,书者,如也"。① 此说颇染神话色彩,却道出中国文字实情:源于天地之道,合乎万物之理,诸事乃得以理顺,诸物亦得以辨明;先民生活之决断、抉择与筹度,莫不隐含其中,此即所谓"夬",它涉及命名、规定、谋划、编派、择别、裁度。中国象形文字(意音文字),其诞生与演化皆拟乎自然,运行于自然而然,隐然呼应天象地形、物理人事,其中富含先民累世积淀之生存经验、世界理解、文化观念,从而派衍信息之脉络、思想之系谱,包蕴智慧之结晶、能量之胎盘。测度道器关系,可先由"道"字、"器"字入手,考察其创生之端、演化之由,以发掘思想意蕴于字形字理。

《说文解字·辵部》说解道字:"所行道也。从辵从首,一达谓之道。䢿,古文道,从首、寸。"② 段玉裁(1735—1815)注曰:"《毛传》每云:'行,道也。'道者人所行,故亦谓之行。道之引伸为道理,亦为引道。"③ 刘翔谓道字初见于西周金文,"从行从首会意","像人张首处于十字街口之状,以示辨明方向引道而行

---

① 〔汉〕许慎:《说文解字》,北京:中华书局1963年版,第314页下栏。本篇引用此书均为该本,下不一一出注。
② 同上,第42页上栏。
③ 〔清〕段玉裁:《说文解字注》,上海:上海古籍出版社1981年版,第75页下栏。本篇引用此书均为该本,下不一一出注。

之意"。道字本义为引道而行,引申为具有一定方向之道路。金文后来增加止字符,止讹为又,再讹为寸,石鼓文及《说文》所收古文皆从寸。小篆最终定型为从辵从首。① 道字籀文作衟,又作衜,甲骨卜辞有字形类似于衜者,该字或为行字,然亦可能为道字始形。郭店楚简《老子》甲本,道字即写作衜。丁四新遍引诸家考释,谓郭店简之衜字即道字,"上下异文互见,且表示同一概念,据此即可以断定,二字必为异形之同字。凡郭店简《性自命出》作'衜'字者,上博简《性情论》皆写作'道'字。此亦为旁证"。②

综合而论,甲骨卜辞之衜字,或即道字初文,本义为人行于道。金文作衟(衟),从行从眢(首),眢字上巛下百,巛象头发或鸟羽装饰,百象人头,上下合为完整头形以代表全身,会意人之探首处身于十字路口,四向皆可通行,故需探察、辨别以选择路向。道字之道路义由此引申,有所朝向而行也,需要引导以行也。金文进一步演变,衟字下部增加止字,更添引道而行之意,止为足形,上象足趾、下象足掌;止字演变为寸,道字遂作从行从眢从寸。小篆定形为道,从辵从眢;辵字从彳从止,乃从行从止之省形,乍行乍止也,道字之运行义更显。导字异体为衟,石鼓文作𨗳,皆与道字金文衟下添止之构形一致,道字古文𨗀,构形亦近导字古文𨗲;道导二字之本来相通,于字形结体即可见一斑。《说文解字·寸部》说解导字:"引也。从寸,道声。"段玉裁注曰:"引也。经传多假'道'为'导',义本通也。从寸,引之必以

---

① 参见刘翔:《中国传统价值观诠释学》,上海:上海三联书店1996年版,第244—245页。

② 参见丁四新:《郭店楚竹书〈老子〉校注》,武汉:武汉大学出版社2010年版,第41—42页。

法度。"①实则道字本有引行、导向义,派生而为引导疏导、指导教导,皆属行为动作之类。道字下部添加止字符,一变为又字符,好似由足趾换为手指,手有指向指引、指点指示义,再变为寸字符就构成导字。导字后起,承继道字动词义,亦即引导疏导、开导启导、指导教导。道字名词义为道路,引申为方向途径、技能方法,抽象为规律准则、道理道义、学说学术;与道路相关者,尚有路线岸线、线条线索。由道路义又可引申动词义,讲述、表达、示意,与口说有关;取道、途经、路过,与足行有关。

　　道字早期字形"衟",早期异文"衍"(或为道字初文),皆可见出道字行字之内在关联。行字象十字路口,通向四个方向,引申为行走、行进,以及运行、施行、行为、行动。道字本义乃引道以行,具有一定方向,更重在引领、引导、率导,以通达、顺遂、畅行为旨趣,从而不简单等同于行走、行进,更在运行、行动之中,强化方向感、指引力与畅达义。道字、术(術)字亦相近,《庄子》即连用二字,兼指道路与学说。術字从行,术声,城邑之道路也;术字或由秫省,秫即高粱之粘者,甲骨文从又,象黏米粘手之形,或以高粱秆子中通正直为原初意象,引申为道路,进而有方法、途径、技艺诸义。道、术比较而言,道颇多顺乎自然之意,更为普泛、共通;术较多人为、人工,往往局限于一时一地一派。简言之,道大而术小,道通而术专。

　　中国古代辞书以《尔雅》为最早,始编于战国时期,成书于西汉初期,由一代代学者缀采纂集而成,辑录经传诸子释辞、方

---

① 〔汉〕许慎:《说文解字》,第67页上栏。〔清〕段玉裁:《说文解字注》,第121页下栏、122页上栏。

言异语以及名物诠解之言,涵盖天文地理、飞潜动植、宗族婚姻、衣食住用、文物典制、祭祀讲武诸多大类。第五篇《释宫》训释道路辞义:"路、旅,途也。路、场、猷、行,道也。一达谓之道路;二达谓之岐旁;三达谓之剧旁;四达谓之衢;五达谓之康;六达谓之庄;七达谓之剧骖;八达谓之崇期;九达谓之逵。"道路长短不一、宽窄各异,以不同形态而自具名谓,条分缕析,颇见古人称名辨物之意。第六篇《释器》列举诸多社会生活器用,包括食器饮器、炊具衣具、耕具渔具、兵器礼器,涉及材料加工与成品修治。同为食器高足而有盖者,木制为豆,竹制为笾,瓦制为登;治朴材各有专名,加工象牙为鹄,牛角为觷,犀角为剒,木材为劂,玉石为琢;治器具也称谓各别,制作金(属)器为镂,木器为刻,骨器为切,象牙器为磋,玉器为雕,石器为磨。① 第七篇《释乐》更罗列琴瑟鼓磬、笙箫埙钟诸多乐器。道路种类繁多,器具形制各备,既反映早期中国生产条件与生活状况,也由侧面体现精神世界之丰富。

《说文解字·口部》说解"器"字:"皿也,象器之口,犬所以守之。"段玉裁《注》曰:"皿也。《皿部》曰:'皿也,饭食之用器也。'然则皿专谓食器,器乃凡器统称。"②张舜徽谓器皿皆为饮食之器,器中盛放之物以犬为上品,器字从犬如同献字从犬。③左民安以人喧为嚣,犬吠为器,器字为会意字,乃狺字初文,本义

---

① 《周礼·天官冢宰·大宰》:"五曰百工,饬化八材。"郑玄注引郑众云:"八材:珠曰切,象曰磋,玉曰琢,石曰磨,木曰刻,金曰镂,革曰剥,羽曰析。"

② 〔汉〕许慎:《说文解字》,第49页下栏。〔清〕段玉裁:《说文解字注》,第86页下栏。

③ 参见张舜徽:《说文解字约注》卷五,郑州:中州书画出版社1983年版,第2页右栏。

为犬吠,假借为陶器、器皿。① 尹黎云认为金文器字或从犬,或与噩字同,以四口围夹一似犬非犬之形。丧(喪)字、噩字甲骨文皆从口(或从多口)、从桑,小篆丧字从哭,亡声。哭、丧、器三字实为一字,所从之犬形均系桑形讹舛而成。古代丧器用桑木制作,丧事又以桑为象征,故丧字由桑得音、义;丧事必有多人哭泣,甲骨文丧字与哭字同形,从口(或从多口)、从桑,读桑声,多口象众人开口号哭之形。丧字本义为丧事,金文或同噩字。器字从丧指事,本义为丧器,器在上古社会多与祭祀有关。四口(器)、二口(丧)之异,乃后世区别字形所为。② 综合而言,尹黎云训释较为通洽,哭、丧、噩(咢)、器诸字得以联类贯穿。

周清泉之文字考古,理路近似而开掘更深,揭示先民以桑为丧事象征之深层缘由。商人早期生活于桑林,以桑木为母。丧字所从之叩,象林间光线之光足,林光即霝,口字象征灵符。桑为落叶树,秋天落叶称零落(霝霅),亦即桑霝之亡,此乃丧字本义;桑树凋而不死,来年又有新生。③ 丧事以桑为象征,丧器以桑木制成,遂得生命原型之深层解释。木母桑树,丧事丧仪丧器,悼亡追远之哭,诸多意象联类交感,贯穿报本返始之生命意蕴,终复不已。先民生活于神秘氛围,丧器富有神圣意涵,此后泛指礼仪之器、馈食之器,仍不失端正与庄敬,绝非冷冰冰陈列之物具,无生命、无情意。后世器字涵盖器皿、器具、器物、器用,物器形制皆含矩度,其使用亦须有节有度;重器、神器之类,更引申为

---

① 参见左民安:《细说汉字》,北京:九州出版社2005年版,第186页。
② 参见尹黎云:《字源说》,《中国人民大学学报》1992年第5期,第81—82页;《汉字字源系统研究》,北京:中国人民大学出版社1998年版,第323页。
③ 参见周清泉:《文字考古:对中国古代神话巫术文化与原始意识的解读》第一册,成都:四川人民出版社2003年版,第148—158、223—230、262页。

公器,尤具准则、法度之义,象征公平、正当、均衡。万物生息天地间,人乃最可宝贵之器,"人者,其天地之德,阴阳之交,鬼神之会,五行之秀气也","人者,天地之心也,五行之端也,食味、别声、被色而生者也"(《礼记·礼运》),人乃天地心,亦为天地具体而微之身,乃天地钟灵毓秀所在。由此美材珍具之义,可以广为引申,如器宇、器量、器分、器局、器灵、器性、器韵、器蕴、器识、器志、器尚、器范;诸义又可以"器度"一语涵盖之,兼备器量与器识,既有宽泛能容之量,又具高明善鉴之识。器行兼名词义与动词义,器许、器任尤具分量感;推许、推重为大器之才也,给予深信、委以重任也,此可称"知器"。

经由道器之文字探源、原型比象,怀想先民生活于原初宗教氛围中,行止作息充满象征意味。道字一系列抽象引申义,扎根于先民行走之道,更来自引道而行之行走本身。引之导之,必有所向,必有其度;向即路向,度即分寸。行人引道以行,当依实际路况予以揣度、定夺。器字根源在丧器,以桑木之材、桑灵之蕴,包藏生死再生、世代传续之灵命,更引申为人之身心,富有美材卓识、嘉仪清尚。器具制作,尤需审曲面势,善于忖度材质、形势。器具形制自具品度,其功效、利用亦各有其度。人之材具风神又名器度。字源考释与原型联想,透露生命内蕴深永而绵长,既富含神圣意味,更体现人生旨趣之合宜、得体、适度。

先秦思想之"道"与"器"

道与器,两个观念各有其形成、演进轨迹,初皆发源于生活,关乎身体运动、生存需要,进而关联于族群共同体之生活基础、精神祈向与血脉传衍。道观念从切身活动引申为可行可循之路，逐渐演化为抽象观念，乃至具有终极意义。器观念从情感载具逐渐泛化为实用物品，既被赋予精神意味而得到重视，又因其特定功用而颇受贬抑。

刘翔概述"道"之演变，本义引道而行，此乃基于日常观察与现实经验，而引申为具有一定方向之道路，春秋时期转成规律、原则，即事物变化过程遵循之轨迹，初步具有哲学意义。天道人道之分，彼时已有所表现。孔子关注人道，包括社会生活礼仪、个人品德修养；孟子看重社会普遍意义，强调道义观念。道家从天道出发，探寻本原规律，更多抽象思维，老庄皆然。① 陈少明从功用角度为"器"分类，以把握其社会生活意义：(1) 实用范畴之器，即发展生产、便利生活之工具，用于渔猎耕战、炊烧馔食、交通运输、衣服宫室；(2) 功能范畴之器，即度量衡、货币与文字；(3) 象征范畴之器，如礼器礼服，据以施行礼乐制度，最能体现中国古代文化性质。道器关系各有变化规律：(1) 实用之器，道器互动互变，经由新旧更替而不断导向更高水平；(2) 功能之器，器变而道不变，材料、形制不断变化，而其为人类沟通手段则保持不变；(3) 象征之器，器不变而道变，器物保存至今，然其价值已发生转换。②

周代要籍分别提及道与器。《易·复卦》有"反复其道"，道，道路也；《小畜》《履》《随》诸卦之爻辞，道亦指道路。《比》《坎》《损》《鼎》涉及陶、玉、木、革、铜诸器。《周易》尚未将道器

---

① 参见刘翔：《中国传统价值观诠释学》，上海：上海三联书店1996年版，第245—252页。

② 参见陈少明：《说器》，载《经典世界中的人、事、物》，上海：上海三联书店2008年版，第202、218—219页。

结合。《尚书》论道,包括王道、天数、治水之法、治国之方,意涵有所提升、深化。《左传》《国语》进一步扩展指涉范围,于方法准则、道义德行、仁术善政外,凸显"道"之动词义,表示引导、指导、教导,如"引之表仪,予之法制,告之训典,教之防利,委之常秩,道之礼则"(《左传·文公六年》),"道之以文,行之以顺,勤之以力,致之以死"(《国语·晋语九》);更提出天道、人道之别,一为天时运行、事物变化,一为人之本性、德行与礼仪;"天道远,人道迩"(《左传·昭公十八年》),"天道无亲,唯德是授"(《国语·晋语六》)。天道遥遥难知,人生在世则应更多关注人道,尽人事以听天命;天意本来无偏无私,唯有德之人,方能禀受天命、蒙受福泽,从而更好地安顿人道。道之观念在此初具人世取向、伦理色彩,到孔子那里更得到发扬。

周代有礼器有物器,或体现等级秩序,或满足生活需求。"唯器与名,不可以假人","名以出信,信以守器,器以藏礼,礼以行义,义以生利,利以平民,政之大节也"(《左传·成公二年》)。名分爵号、乐器骑饰,关乎礼制与德义、民利与善治,此皆为政之大事体。民生尤与人道、善政有直接关系,其中当然包括生活日用之器,"阜其财求,而利其器用"(《国语·周语上》),"利器明德,以厚民性"(《国语·晋语四》)。器物之记述,以《周礼·冬官考工记》最为详备,涵盖土、木、金、玉、革诸材,礼、乐、兵、舆、酒、食诸器;对其形状结构、功能原理以及制作方法、评价标准,均有说明,可谓面面俱到。繁富器物之制造,来自百工辛苦劳作。《冬官考工记·总叙》界定制器者之身份地位、工种职事:"国有六职,百工与居一焉","审曲面埶,以饬五材,以辨民器,谓之百工","知者创物,巧者述之,守之世,谓之工。百工之事,皆圣人之作也。烁金以为刃,凝土以为器,作车以行陆,作舟以行水,此皆圣人之所作也","天有时,地有气,材有美,工有巧,合此四者,然后可以为良"。接下来逐一列举诸多工种职事,攻木、攻金、攻皮、设色、刮摩、搏埴,历代重视各有不同,"有虞氏上陶,夏后氏上匠,殷人上梓,周人上舆"。这篇《总叙》对后世手工艺制作,具备持久的指导意义。"审曲面执,以饬五材",工者对待材料,详细审酌、反复忖度,心中有数,乃着手修治,适其曲直之情,尽其形势之利;心法手段有度,材性器形亦有度,工者与材料相互引发、彼此成全,而器物之成形也,似从朴材自身涌现以成,各如其理而皆遂其性。"天有时,地有气,材有美,工有巧",顺应时节,贴合风土,精选优质材料,运用娴熟技艺,四美兼备,成品之妙善可期。由此寓示中国古代制器有道,决非操控无生命之对象,实乃成就于天地人物协力凑泊,各献其能而共奏其功,兴发一阕天心人意物情之交响。人工制作得以转化为自然生成,因时因地,次次新鲜,神圣意味传自远古、弥乎周遭,对工者之劳作充满诚敬与庄重,器具亦皆笃实可亲。这般生活氛围、人文秩序,由道义德性提供坚实支撑,器物形制、材具品秩无不渗透礼制观念。冕服如此,佩弓带剑如此,玉器品种色度亦然。礼制等差之序,器物配德之方,同样体现于孔子思想。

仅就《论语》来看,孔子不直接就天道发表意见。"子贡曰:夫子之文章,可得而闻也;夫子之言性与天道,不可得而闻也。"(《论语·公冶长》)人们普遍认为,孔子专注于人道,所论多系为学修身、礼乐德政。① 李泽厚从两方面展开孔子思想：内在人性即仁，植根于血缘心理；外在人文即礼，推扩为社会政治。仁礼并举，共同建构政治—宗教—伦理之三合一结构。②"子曰：志于道，据于德，依于仁，游于艺。"(《论语·述而》)君子应向往人世正道，切实培树自身品德，依乎与人为善之仁心，以多样技能(六艺：礼、乐、射、御、书、数)涵养性情。君子修养自身，助人之善，成人之美，归根结底皆导向人世协和，故不应自限一隅，自局一偏。"君子不器"(《论语·为政》)，要以博雅通达为宗旨，避免片面发展，倘仅掌握特定技能，只适用特定方面，就不能融会贯通。朱子注解甚为周全："器者，各适其用而不能相通。成德之士，体无不具，故用无不周，非特为一才一艺而已。"③钱穆进一步阐发："不器非谓无用，乃谓不专限于一材一艺之长，犹今之谓通才。后人亦云：'士先器识而后才艺。'才艺各有专用，器，俗称器量，器量大则可以多受，识见高则可以远视，其用不限于一材一艺。"④此皆可称精解。孔子以"器"形容子贡，而评价隐含其中；子贡追问"何器也"，孔子答以"瑚琏"(《论语·公冶长》)。瑚琏即簠簋，簠形方而簋形圆。李泽厚释以敬神玉器，

---

① 李学勤引述桓谭、何晏、朱子、金景芳观点，又印证以出土文献：马王堆帛书《易传》有《要篇》，记载孔子与子贡往复讨论《易》，帛书《二三子问》也讲"性与天道"，郭店楚简《性自命出》专讲"性与天道"，上博简《诗论》也专论"民性"与"命"。因此，"不可得而闻"，乃耳朵虽然听到，心头却未能理解，"听"为耳之听，"闻"乃心之领会，所谓"听而不闻"是也，这乃子贡之谦辞，意即孔子"性与天道"之论深奥微妙。参见李学勤：《通向文明之路》，北京：商务印书馆2010年版，第252—254、281页。

② 参见李泽厚：《中国古代思想史论》，北京：人民出版社1986年版，第8—33页；《论语今读》，北京：三联书店2004年版，第1—8、317—320页。

③ 〔宋〕朱熹：《四书章句集注》，北京：中华书局1983年版，第57页。

④ 钱穆：《论语新解》，北京：三联书店2002年版，第38页。

孔子对子贡既褒又贬,发为玩笑语,"贬者,才能发展尚不够全面也;褒者,才能之高雅贵厚也"。① 孔子重视人格塑造、才能培养之全面达成,然并不忽视专学,君子担任领导职务,使用下属须充分考虑各人专长,委以合适之任,"使人也,器之"(《论语·子路》)。孔子兼顾通专而以通为尚,兼顾表里而更重内在,因此要求弟子不斤斤于固有形式,更应深入领会形式传达之真蕴。"礼云礼云,玉帛云乎哉?乐云乐云,钟鼓云乎哉?"(《论语·阳货》)礼器、乐器固属重要载具,礼仪乐仪之展演过程尤为重要,然最重要者仍在精神与情感,而又与仪式、仪器密不可分。孔子并不一味轻器,回答子贡问仁,便以器具为喻,"工欲善其事,必先利其器"(《论语·卫灵公》);子贡引《诗》"如切如磋,如琢如磨",孔子嘉许以"告诸往而知来者"(《论语·学而》),人格完善过程,犹如反复切磋、不懈琢磨乃成就良器。赫伯特·芬格莱特如此诠释瑚琏之喻:礼器瑚琏参与礼仪祭典而有神圣光辉,个体也应参与公共礼仪活动,人性由之充分展开,个体亦转化为一尊礼器,充满神圣光辉,获得终极尊严。② 此解别出心裁,彰显孔子导人向善之方,真实呈现孔子之人格理想、人际关怀。引而申之,个体亦可视为乐器,悠荡于音声之河川,其演绎独具个性又合乎律度,积极参与诸器共鸣协奏,从而安顿自身之位分,发挥潜在之效能,"大乐与天地同和,大礼与天地同节"(《礼记·乐记》)。

孟子以诚为天道,以仁为人道。"诚者,天之道也;思诚者,人之道也"(《孟子·离娄上》),"仁也者,人也。合而言之,道

---

① 参见李泽厚:《论语今读》,北京:三联书店2004年版,第134页。
② 参见[美]赫伯特·芬格莱特:《孔子:即凡而圣》,彭国翔译,南京:江苏人民出版社2002年版,第72—78页。

也"(《孟子·尽心下》)。此所谓"诚",真实不虚也,信实无妄也;君子系念于诚,笃志于仁义之行,如日月推移、四时更替,信实、稳定而秩然有序。观以仁道思想、仁政理想,孟子所论械器、重器、祭器,或承载生活功能,或成为精神纽带。"克己复礼为仁"(《论语·颜渊》),孔子仁、礼并举,孟、荀分别承继,孟子由心性修养推扩天下仁政,荀子注重礼制建构与人文教化,以培塑人格、矫正人欲。荀子主张"明于天人之分""制天命而用之""天行有常,不为尧存,不为桀亡"(《荀子·天论》),天道自运,富于物质色彩;人道亦少道德意味,而强调礼制差序仪则,刑法奖罚制度,"礼者,人道之极也"(《荀子·礼论》)。荀子论器,包括械用、才具以及丧礼之生器、明器。孔子所谓"君子不器"隐含通专之辨,荀子亦有此意,"农精于田,而不可以为田师;贾精于市,而不可以为市师;工精于器,而不可以为器师。有人也,不能此三技,而可使治三官"(《荀子·解蔽》);要之,归结于礼义法度之道,化性起伪,建构万物得治之善政。荀子又以"陶人埏埴而为器""工人斫木而成器",喻说圣人"生礼义而起法度";器之生于匠人之伪,犹礼义法度"生于圣人之伪"(《荀子·性恶》)。陶匠木工制器成形,诚可比拟天工开物,饶有象征意味;圣人制礼作乐,亦源于此神圣意象。器物与人道天道,确有内在生命关联。欹器"虚则欹,中则正,满则覆",孔子观之有感,阐发"挹而损之之道"(《荀子·宥坐》)。由器具形制功用,引申立身做人、处事安民之谦德,诚可谓由器见道。

先秦儒家以孔、孟、荀为代表,论道偏重人文礼制与人性仁德,既不过多关注天道,也不脱离人世现实,以致力于抽象观念究诘。作为先秦道家代表,老、庄从终极意义阐发天道,以为治世治心之据。"道生一,一生二,二生三,三生万物"(《老子》四十二章),纷纭万象皆源自大道,升沉于阴阳冲和之气,"负阴而抱阳"(《老子》四十二章),派生一对对范畴相反相成,"反者道之动,弱者道之用"(《老子》四十章),往复交替不已,始卒循环无端。大道难以捉摸、无从测度,仅能暗示为"无状之状,无象之象"(《老子》十四章),"惟恍惟惚"却又"有物""有精"(《老子》二十一章),真实可信。"道法自然"(《老子》二十五章),"道常无为而无不为"(《老子》三十七章),圣王顺天遵道,纯任自然不妄作,则无一事不可顺遂以成,社会复返原初状态。理想之世,"小国寡民","使有什伯之器而不用"(《老子》八十章),"民多利器,国家滋昏;人多伎巧,奇物滋起",圣王无为无事以治国平天下,"我无为而民自化","我无欲而民自朴"(《老子》五十七章)。朴乃大道之本性、原象,"道常无名,朴"(《老子》三十二章),"常德乃足,复归于朴。朴散则为器,圣人用之,则为官长,故大制不割"(《老子》二十八章),圣王顺应自然,以无治之大治而使分裂复归整全。老子警惕器械切割朴质,警惕工具之刻意追求、片面使用,让人心不复纯朴之全。然老子论述有无相生,并未排斥以器具功效设喻,"埏埴以为器,当其无,有器之用"(《老子》十一章)。譬喻生动形象,易于领会,似亦透露些许消息:器具虽有障蔽,仍可借以通达大道无垠,甚至器具形制也能成为道之体现与象征。"道生之,德畜之,物形之,势成之"(《老子》五十一章),帛书甲本乙本皆作"器成之",道—德—物—器,一以贯达,"道生,德畜;物形,器成。道形于物,德成于器"[1]。现成之器,虽已散裂、切割浑朴之道,然若善加利用,仍具备存德复道之可能。

---

[1] 徐梵澄:《老子臆解》,北京:中华书局1988年版,第73页。

庄子论道,同样注重其根源意义,"夫道有情有信,无为无形,可传而不可受,可得而不可见,自本自根,未有天地,自古以固存"(《庄子·大宗师》)。然较老子之圣王治理术,庄子更在乎天性自在、精神自由:"天地与我并生,万物与我为一"(《庄子·齐物论》),"独与天地精神往来"(《庄子·天下》),超越死生、齐同万物,获得生命大自由。生命源于道又归于道,绽出于本来为一之始源,又卷入于究竟合一之终极。"物固有所然,物固有所可。无物不然,无物不可","道通为一";"其分也,成也,其成也,毁也。凡物无成与毁,复通为一"(《庄子·齐物论》)。此与老子"朴散则为器""复归于朴"一脉相承,具体表述为"朴""器"对举:"纯朴不残,孰为牺尊;白玉不毁,孰为珪璋","夫残朴以为器,工匠之罪也"(《庄子·马蹄》)。与老子一样,庄子警觉机械之害,"有机械者必有机事,有机事者必有机心。机心存于胸中,则纯白不备;纯白不备,则神生不定;神生不定,道之所不载也"(《庄子·天地》),机械戕残天性,有害于道,人若习用而不知,必将"危身弃生以殉物"(《庄子·让王》)。陈少明谓庄子反器而重技,庖丁解牛、轮扁斫轮、匠石运斤,均以技艺精湛备受赞赏;然其所使器具无非瓮轮刀斧,简易寻常已极,推崇这些神技,恰恰体现轻器态度。[1] 此类神技奇术,《庄子》一书尚有工倕制陶、佝偻承蜩、梓庆削鐻、津人操舟、大马捶钩,皆以精熟技艺运使器具,成为身体协同运动之延伸。[2] "能有所艺者,技也"(《庄子·天地》),器具与心意交融于身体协运、技巧活用,得之

---

[1] 参见陈少明:《说器》,载《经典世界中的人、事、物》,上海:上海三联书店2008年版,第212—213页。

[2] 此类技艺潜通大道,绝非老子所谓"人多伎巧",并非那般对象宰制、竞逞私见之技。

于天而自然涌现,浑若天工之自运。"圣人工乎天而拙乎人"(《庄子·庚桑楚》),"刻雕众形而不为巧"(《庄子·天道》),天工纯任自然,无偏无私,人工出乎有心,小智小巧;然而技巧善用器具,亦可臻乎浑朴之大巧,"既雕既琢,复归于朴"(《庄子·山木》),"大巧若拙"(《庄子·胠箧》)。此与老子"大成若缺""大盈若冲""大直若屈,大巧若拙,大辩若讷"(《老子》四十五章)一脉相承,以不露形迹、真蕴自敛为宗尚,而朴质纯全之天然大美亦自然敞现。

儒道之外,墨家论器颇夥。陈少明谓儒墨恰成对比,孔门重礼器而非工器,墨家非儒,反对礼器滥用,两家器识大不同;墨子重视农工之器、操器之士,尤重城防建设,墨家非战,但不得不以战止战。[①] 墨子贵质贱文,节用尚俭,反对礼仪铺张、礼器奢华;墨子善于制器、用器,学徒亦多能工巧手。《墨子》记载器械设计制造知识,涉及原理与经验、材料与结构、性能与功效;其中多有攻城之械、守城之备——城池攻守事关国之存亡,上下无不重视。《公输》详载墨子与公输般反复运用器械模拟攻防之战,体现墨子战术水平之高超,生动表达墨家非攻理想。春秋末期,征战杀伐成为常态,墨家不得不打造攻守器械、磨炼战斗技能,以之制止战争,威慑战事挑起方。墨家制器操器,造诣极高,其不图虚礼而力求实用,服务于其兴利、非攻之旨。这些制器能手极具牺牲

[①] 参见陈少明:《说器》,载《经典世界中的人、事、物》,上海:上海三联书店2008年版,第210—211页。何炳棣谓墨子源于孙子,墨家融入法家,李泽厚对"兵—墨—法"这条线索深表赞同,并谓"现代中国曾以新形式再现'兵—墨—法合流'"。参见李泽厚:《新版中国古代思想史论》,天津:天津社会科学出版社2008年版,第337页注①;此条注文系作者于2008年首次补入该书。

奉献精神,以其理论认知与实践活动,体现道器统一、知行合一。

　　合观儒墨道之道器论述,虚实光谱各呈色彩与性格。以节用利民为本,墨家最重技术与器具,工艺水平极高,操作经验尤富。儒家并举个体道德与社会秩序,高度推崇礼器之神圣蕴涵、象征意义,器具之实用价值较受忽略。出于天性自然真朴之旨,道家反器最烈,却重视运器之技,技以进道,器亦成为道之载体。虚实又关乎文质,三家皆重质而质地不同。墨家尚质,注重实际功效与实用功利。道家以原始朴质为根据,以天然纯全为指向。儒家基于礼仪秩序而肯定文饰功能,然更崇尚礼文礼器之仁德实质,仁礼互成、文质彬彬,乃合于中道;如此把握文质关系,从侧面体现儒家对道器之理解。

"形而上者谓之道,形而下者谓之器"

　　先秦思想之道器观念探讨,《易传》代表最高水平。"道"与"器"之有机系连,正式展示为一对哲学范畴,极富理论深度。《易传》又称"十翼",包括七种,共十篇:《彖》上下,《象》上下,《系辞》上下,《文言》《说卦》《序卦》《杂卦》。自《史记》《汉书》始,《易传》作者就被认为乃孔子本人。北宋欧阳修提出质疑以后,南宋叶適、清代崔述又有进一步怀疑。据朱伯崑研究,近人大多同意《易传》非孔子所作,且各篇非出于一时一人之手,实为战国以来陆续形成,或主战国前期说,或主战国后期说;朱氏赞同后者,认为《彖》较早,其次为《象》,《系辞》出于其后,下限在战国末年。① 李学勤则援引朱子、顾实之见,更以帛书《系辞》之口传特征、引文形式为据,并与《孟子》体例相参证,推测《易传》仍为孔子所作。② 陈鼓应另辟蹊径,明确提出《易传》思想当归属于道家而非儒家,乃道家学派作品,尤与稷下道家有关,而帛书本《系辞》把"太极"写作"大恒",使其比通行本更显道家特色。③ 就道器观念论述而言,《易传》之思想深度与范畴关联,确更近于老庄系统而非孔孟系统;再从行文、语式以及规模来看,《易传》之美妙宏富,也颇异于《论语》所载孔子言论之朴质简练。然而《易传》重视器物,开物成务,态度积极进取,迥非老庄复归于朴之轻器倾向、退隐态度,而直接承传孔、孟、荀开拓器物世界之刚健精神。

《庄子·天下》云:"《易》以道阴阳。"郭店楚简《语丛一》云:"《易》,所以会天道、人道也。"《易经》阐衍天道、推显人道,阴阳交变无尽,由以会通天人之际。《易传》亦从天道贯达人道,阴阳相推、乾健坤顺,"一阴一阳之谓道","生生之谓易,成象之谓乾,效法之谓坤"(《周易·系辞上传》第五章),高天包覆万象流变之律则,厚土呈献万物蕃殖之楷式。大道生化变易而有法则可循,通乎天地人三才,"立天之道曰阴与阳,立地之道曰柔与刚,立人之道曰仁与义"(《周易·说卦传》)。日月推移,阴阳乃彰,象喻天道也;山高水长,刚柔遂别,体示地道也;群己交

---

① 参见朱伯崑:《易学哲学史》(第一卷),北京:华夏出版社1995年版,第41—53页。

② 参见李学勤:《周易溯源》,成都:巴蜀书社2006年版,第354—361页。

③ 参见陈鼓应:《易传与道家思想》,北京:三联书店1996年版;陈鼓应:《道家易学建构》,北京:商务印书馆2010年版,第34—63页。

通,仁义得备,理喻人道也。天地人三才,相须相待、共生共化,涌现自然与人世之万千形象;人居天地之中,观物取象而制器。

　　先圣设卦观象、制器尚象,实乃融入天地万化,呼应之,效法之。"圣人有以见天下之赜,而拟诸其形容,象其物宜,是故谓之象"(《周易·系辞上传》第八章),"《易》有圣人之道四焉:以言者尚其辞,以动者尚其变,以制器者尚其象,以卜筮者尚其占"(《周易·系辞上传》第十章)。象义有三:一曰万物之象,二曰易卦之象,三曰取象,"《易》者,象也;象也者,像也"(《周易·系辞下传》第三章)。在群体生产生活过程中,先民之杰出领袖,以生存经验、生命智慧领时代之先,长期接触物事、观察物象,熟稔其特征,把握其性能,分门别类归纳之,经由构拟、概括与提炼,创制简明易感之卦。卦象运作规律本与物象物理相通,可不断演绎、广泛适用,进一步吸纳物象物理,一步步拓展其涵盖范围。"以制器者尚其象",尊尚、遵法卦象,据以指导器具制造以有助于生活便利;循由"卦象—取象—物象"之认知实践纽带,生活器具又呼应宇宙秩序、社会结构、人世仪则,可谓异质同构、殊形同趣。"见乃谓之象,形乃谓之器,制而用之谓之法,利用出入、民咸用之谓之神。"(《周易·系辞上传》第十一章)陈鼓应译以乾坤之义:象显现于天而可感知,日月雷电是也;器成形于地而可触摸,山泽动植是也;由此制成日用器物供人使用,称为法式,依据法式不断类推,应对自然社会无穷变化;百姓因此获得便利并用之不竭,诚乃神奇之事。[①] 见,现也,显现也;形,具备形体也,秉质成形也;象,在此专指天象;器在此包括二义:一为大地成形之物,一为据物象、物体

---

① 参见陈鼓应、赵建伟注译:《周易今注今译》,北京:商务印书馆2005年版,第634页。

而制成之器具。吕思勉认为，"'在天成象，在地成形。'成形者皆可共享，共享之谓器。凡器，皆可如其形，制为范，以更作之时曰法"，"夫如器之形以制范，以更成是器，不过能使固有之器增多而已，不能更得新器也。能取法于天则不然。取法于天者，依意想之所及，而制以为法；如是，则共享之器，日出而不穷。……要之如器以制，法器有限；因象而制，法器无穷"[1]。取法在天之象，器具日新不穷；依既有器具之法式另行制作器具，只有数量积累而难以创造新法式。此所谓在地成形共享之器，当指人工器具，而非山泽动植之类。无论在天之象（日月雷电）、在地之器（山泽动植）及其阴阳变化，皆属物象、物情、物理，为先圣所取象；卦象介乎物象与器具之间，先圣据以"象事知器"（《周易·系辞下传》第十二章），取象于物象与事象，又尊尚拟象所得之规律认知，发挥启迪、引导、指示作用，从而有助于发明、更新制器造具之法。

物象—取象—卦象，联类推演、一脉贯通，先圣制作一系列生活必需之器，既呼应、效法天地万象，又有利于百姓实际生活，并垂范后世，树立知天利人之楷则。"象事知器""观象制器"，《周易》逐一记载典范事例：

> 古者包牺氏之王天下也，仰则观象于天，俯则观法于地，观鸟兽之文，与（天）地之宜［义］，近取诸身，远取诸物，于是始作八卦，以通神明之德，以类万物之情。作结绳而为网罟，以佃以渔，盖取诸《离》。包牺氏没，神农氏作，斲木

---

[1] 吕思勉：《吕思勉读史札记》，上海：上海古籍出版社1982年版，第426页。

为耜,揉木为耒,耒耨之利,以教天下,盖取诸《益》。……黄帝、尧、舜垂衣裳而天下治,盖取诸《乾》《坤》。刳木为舟,剡木为楫,舟楫之利,以济不通,致远以利天下,盖取诸《涣》。服牛乘马,引重致远,以利天下,盖取诸《随》。重门击柝,以待暴客,盖取诸《豫》。断木为杵,掘地为臼,臼杵之利,万民以济,盖取诸《小过》。弦木为弧,剡木为矢,弧矢之利,以威天下,盖取诸《睽》。上古穴居而野处,后世圣人易之以宫室,上栋下宇,以待风雨,盖取诸《大壮》。古之葬者,厚衣之以薪,葬之中野,不封不树,丧期无数,后世圣人易之以棺椁,盖取诸《大过》。上古结绳而治,后世圣人易之以书契,百官以治,万民以察,盖取诸《夬》。(《周易·系辞下传》第二章)

这段论述完整而凝练,不可简单视为神话传说,而应看作一套上古社会叙事,以圣贤史观概括生产生活演进过程。陈少明列举《尔雅·释器》中诸多器物的种类与材料、相互构成的复杂关系,涵盖社会生活诸领域;《礼记·礼运》更有大段记述,犹如制礼之社会史,与《周易·系辞下传》制器之社会史互为表里,礼之完备(大成)即器之完善。[1] 礼仪与礼器、制度与用具、观念与物材,虚实表里相得益彰。圣人之"观象制器",徐飚从具体运作机制考察其真实意味,认为整个过程涉及三种"象":一,作为八卦来源之自然现象;二,作为八卦之内涵,以物象为基础概括形成的象征意象;三,观看八卦形象而生出新意象,观象即解

---

[1] 参见陈少明:《说器》,载《经典世界中的人、事、物》,上海:上海三联书店2008年版,第201、203—204页。

释卦象,由以创制器物。器物创制从而具有模仿与创造双重特性,创造即模仿,始于眼之观看,经由心之领会,应于手之运用,成器活动犹如绘制宇宙图案,人类行为遂与宇宙生命取得内在联系而相互贴近。[1] 模拟效法—取象造型—创制垂范,交关互应之生命实践,不仅成器成物,而且成制成文。[2] 器用物品与典章制度,共同体现人类社会呼应效法宇宙万象,而成为宇宙秩序之人世展示,发为观念表征、仪式传达与物质具现。仅以中国古代单体建筑为例,屋宇象征天盖,台基喻示大地神山(昆仑、须弥),立柱矗立于台基而支撑屋宇、梁架,犹如矗立于大地神山而支撑天盖之天柱(四极、八极)。再如天子车舆,圆形伞盖象征天穹,二十八根弓形椽橑支撑其下,象征二十八星宿,车箱底部四周横木呈方形象征大地,车轮三十根辐条象征每月三十日。[3] 大到城市规制,小到衣饰设计,大到政令法度,小到礼容仪节,莫不感应宇宙,或显或隐。居行于天地之间,上戴天而下履地,先民自始即依循观象之方,仰观俯察,远近取予,亦模仿亦创造,而有一系列生活用品、生产用具与象征器具。从饮器食器、舟车坐卧之具、渔猎耕战之器,到吉器、丧器、祭器等礼器,以及国之重

---

[1] 参见徐飚:《成器之道:先秦工艺造物思想研究》,南京:南京师范大学出版社1999年版,第144—147、154—155页。

[2] 模、范、型、法,同时适用于工艺制作、建筑构造与制度律令,密切关联原始材质之制形铸器,在木为模,在竹为范(範),在土为型,在水为灋(法)。

[3] 参见赵晓峰:《中国古典建筑文化中的神话基因》,武汉:华中科技大学出版社2010年版,第3—12页。王振复指出,宇宙二字本义来自宫室,宇为坡形屋顶,宙为撑顶之栋梁,引申为上下四方、往古来今之宇宙时空。"建筑即宇宙,宇宙即建筑。因而在文化观念上,中华古人造房建屋重在象征自然宇宙","人体同样也是宇宙","一种生命的'建筑'"。参见《大地上的"宇宙"——中国建筑文化理念》,上海:复旦大学出版社2001年版,第1—10页。

器宝器,不同程度表明先民领会天地运化之道,创造人世器世界。器具制作,既遵循道之运行,又体现道之应用,器具载体从而成为道之迹化。大道也寓于器之形制功能,通过实际使用与象征布置,从不同方向、方面得到彰显。

道器观念产生有机联系,首见于《周易·系辞上传》第十二章:"是故形而上者谓之道,形而下者谓之器,化而裁之谓之变,推而行之谓之通,举而措之天下之民,谓之事业。"陈鼓应释曰:有形之上为《易》理,有形之下为万象万物,处于乾坤天地间;裁即创制,化即转化,均为双向过程,道向器转化而创制(生产)器物,器向道转化而创制(总结)规律。道器相互化裁,此义推行于万事万物,触类旁通,堪称通达;应用于天下百姓日常生活,建立伟大功绩,堪称鸿业。[①]

经由形而上、形而下之对举,"道器"成为一对关联范畴,在古典思想史之地位,相当于"虚实""有无""文质"[②]。然而很长时期内,道器范畴以及形而上下关系,并未引起足够重视。魏晋流行范畴为"体用",实质乃名教与自然之辨。直到唐代孔颖达(574—648)之《周易正义》,道器范畴以及形而上下关系,才得到详细诠说。"'是故形而上者谓之道,形而下者谓之器'者,道是无体之名,形是有质之称。凡有从无而生,形由道而立,是先道而后形,是道在形之上,形在道之下。故自形外已上者谓之道也,自形内而下者谓之器也。形虽处道器两畔之际,形在器不在

[①] 参见陈鼓应、赵建伟注译:《周易今注今译》,北京:商务印书馆2005年版,第643页。

[②] "有无"始见于《老子》,"虚实"始见于《孙子兵法》(何炳棣、李泽厚皆主张《孙子兵法》先于《老子》),"文质"始见于《论语》。

道也。既有形质,可为器用,故云'形而下者谓之器'也。"①陈少明准确指出,孔颖达以有无、先后关系理解道器,不免有引《老》入《易》之嫌,容易导向轻器甚至弃器立场,这与《易传》取向大相径庭。②具体来说,孔《疏》这段诠释可申衍如下:(1)道与形,分为上下两大层级,道命名无体,处于形之上,形称谓有质,处于道之下;(2)形与道就像有与无,有生于无,形依道立,无在有先,道在形先;(3)形虽位居道器两边之间,却不构成"道—形—器"三层级,因为形在器不在道;(4)形内而下者,可称之为器,从有质有形之物以成其器用,器就相当于形之特定呈现状态;(5)道在形之外、形之上,器在形之内、形之下,此形而上下模式,可以表示为"道—形/器"。

有别于孔颖达由有无关系着眼,唐代学者崔憬诠解道器之形而上下,从体用关系着手,另有其前提与立场、理路与结论。"凡天地万物,皆有形质。就形质之中,有体有用。体者,即形质也;用者,即形质上之妙用也。言有妙理之用,以扶其体,则是道也。其体比用,若器之于物,则是体为形之下,谓之为器也。假令天地圆盖方轸为体为器,以万物资始资生为用为道。动物以形躯为体为器,以灵识为用为道。植物以枝干为体为器,以生性为道为用。"③这段论述亦可申衍如下:(1)万物具有形质,皆为实在之本有;(2)具有形质之物,若从体用两方面把握,体即该

---

① 〔唐〕孔颖达:《周易正义》,〔清〕阮元校刻:《十三经注疏》,北京:中华书局影印本1980年版,第83页上栏。
② 参见陈少明:《说器》,载《经典世界中的人、事、物》,上海:上海三联书店2008年版,第214页。
③ 载于〔唐〕李鼎祚:《周易集解》,引自〔清〕李道平:《周易集解纂疏》卷八,潘雨廷点校,北京:中华书局1994年版,第611页。

物之形质,用即其妙理之用,处于形质基础之上;(3)妙理之用,立基于形质之体,反过来扶持、辅助实体,此妙用即道;(4)实体之物及其妙用之理,关系类似于器与物,器乃物之已成器者,物乃尚未成器者,由此可说实体即形而下,亦即器;(5)体、器,物质存在也;道、用,功能运用也;前者为载体,后者为属性。

在孔颖达那里,道乃无形之规律,器乃有形之器具,道为原理,器为应用,道规定器、指导器;崔憬则把道器理解成载体与功能,器乃有形之物质存在,道乃无形之属性妙用,道之基础在器,反过来又扶持器,器为实体,道为作用。在崔憬这里,天地之间不存在无,万物皆实有,由此前提出发,道立基于器,成为器所附带之性能与妙理;而孔颖达预设有生于无,器用由道体派生,乃其显发与应用。孔、崔之思想进路有别,或可勉强比作"观念决定存在"与"物质产生意识"。

就双方架构而论,可谓各存疑难。形而上之道、形而下之器,孔颖达划为道与形两界,导致形而上下两边丧失均衡对应,形与形而上之间距,性质便迥异乎形与形而下之间距;形与器几乎成为异名同义,由此竟可推导出形即形而下,遂不得不自陷于矛盾矣。崔憬谓万物皆有形质,形质即体,妙理即此体上之用,既然如此,物与体皆为形质,两者便不应有上下之别;但又以器与物比拟体与用,体作为形质在此却降到形质以下,有形质之物却提到形质以上,均与前文矛盾,难免错位之感。

道器关系衍绎

唐代经师之疏解经注,厥功甚巨,以不违古注为原则,训释字词,考证名物,阐发经义,疏通传注。至于道器关系之思辨意义,系由宋明道学家着力开掘、彰显,又得到清代思想家接续、推进。蒙培元如此概括道学家之道器范畴:以物质实体及其整体运动过程为道,以由此生成、构成之具体存在为器,代表人物有张载、王廷相、戴震;以抽象法则(自然法则与道德原则)及其流行为道,以由此呈现之具体事物为器,代表人物有二程、朱熹;以具体规律为道,以气之实体存在于事物为器,代表人物有罗钦顺、王夫之。[1]

  道学家周敦颐、邵雍、张载、程颢、程颐,并称"北宋五子",二程尤其奠立道学门径规模。冯友兰认为,二程之学开宋明道学之理学心学二派。"程伊川为程朱即理学一派之先驱,而程明道则陆王即心学一派之先驱也"。[2] 理学、心学,乃宋明道学两大主脉。理学家以"理"训释"道",区分天理人心,在天为理,在人为性,而与气质、情感、欲望相杂者为心;心学家等视"心"与"理",此心彻上彻下,人之主体自觉得到空前强调。理学可谓下学上达之渐修,心学可谓一超直入之顿悟。两系之外又有气学一系。熊十力谓张载为此系之首,以气为实体,可名之曰"气一元论";王夫之私淑张子,"宗气一元论,推衍其说,以为神者气之灵,理者气之理",神、理皆出于气,既诚且实,反对释老之空无。[3] 张岱年在20世纪30年代也有类似见解,以张横渠、王浚川(王廷

---

[1] 参见蒙培元:《理学范畴系统》,北京:人民出版社1989年版,第54页。
[2] 参见冯友兰:《中国哲学史》,下册,北京:中华书局1947年影印商务印书馆旧版,第869页。
[3] 参见熊十力:《尊闻录》,载萧萐父主编:《熊十力全集》第一卷,武汉:湖北教育出版社2001年版,第626页。

相)、王船山代表气一元论。① 沿循气学、理学、心学这三条线索，道器范畴及其形而上下关系，亦各有不同侧重而得到探讨。

张载(1020—1078)提出气学著名命题："太虚即气。"展开来说，"太虚无形，气之本体；其聚其散，变化之客形尔"，"太虚不能无气，气不能不聚而为万物，万物不能不散而为太虚"；"由太虚，有天之名；由气化，有道之名"。② 太虚与气，浑言之并无分别，析言之则有不同偏重：太虚乃气之本然未形，气乃太虚之变化发用，太虚不能离气而自存，气不能不凝聚而形成万物，万物终必散回原初状态，反归于太虚；太虚与万物之间，往复不已皆气也，唯已形未形、聚散升沉有别尔；太虚混蒙状态曰天，一气运化过程曰道。气之升降聚散、氤氲摩荡，一阴一阳相反相成，循环往复不已。"一阴一阳不可以形器拘，故谓之道。乾坤成列而下，皆《易》之器"，"'形而上者'是无形体者，故形而上者谓之道也；'形而下者'是有形体者，故形而下者谓之器"。③ 有与无，化合于气而为一。道即气之化行，亦即阴阳之气循环迭至、相兼相制，此运化进程不着形迹，故为形而上者，形而下者则凝聚成器。然就根本言，形而下之器亦由气化成迹以生。其始也，源于气；其终也，归于气，由聚返散而化入太虚。

二程分判道与气，把气划归为有形，道、气不能等同，"有形

---

① 参见张岱年：《我的哲学研究》，载《中国教育报》2001年6月7日第7版。张岱年本人亦被学者归为气学传统，承载张载、王夫之，成为当代"新气学"，与冯友兰"新理学"、贺麟"新心学"并列(冯友兰以熊十力为"新心学"代表)。

② 〔宋〕张载：《正蒙·太和》，载《张载集》，章锡琛点校，北京：中华书局1978年版，第7、9页。

③ 〔宋〕张载：《横渠易说·系辞上》，载《张载集》，章锡琛点校，北京：中华书局1978年版，第206、207页。

总是气,无形只是道"①;道器之别,亦以有形无形为据,"有形皆器也,无形惟道"②。气有形,器亦有形,气与器属于同一层级。"'形而上者谓之道,形而下者谓之器。'若如或者以清虚一大为天道,则乃以器言而非道也。"③这就不仅与张载之气一元论颇异其趣,甚至可以看作直接批评张载太虚一气说。但程颢(1032—1085)态度相对圆通,较为重视道不离器、道器相即,此与其为人融通洒落一致。"《系辞》曰:'形而上者谓之道,形而下者谓之器。'又曰:'立天之道曰阴与阳,立地之道曰柔与刚,立人之道曰仁与义。'又曰:'一阴一阳之谓道。'阴阳亦形而下者也,而曰道者,惟此语截得上下最分明,元来只此是道,要在人默而识之也。"④"盖上天之载,无声无臭,其体则谓之易,其理则谓之道,其用则谓之神,其命于人则谓之性,率性则谓之道,修道则谓之教","故说神'如在其上,如在其左右',大小大事而只曰'诚之不可掩如此夫'。彻上彻下,不过如此。形而上为道,形而下为器,须着如此说。器亦道,道亦器,但得道在,不系今与后,己与人"。⑤ 冯友兰引用这两则语录并指出:"此第二条未注明为二先生中何人所说,但似可视为系明道所说,因其与第一条意相同也","明道不以理为离物而有,故对于形上形下之分不

---

① 〔宋〕程颢、程颐:《河南程氏遗书》卷六,载《二程集》,王孝鱼点校,北京:中华书局1981年版,第83页。
② 〔宋〕程颢、程颐:《河南程氏粹言》卷六,载《二程集》,同上,第1178页。
③ 〔宋〕程颢、程颐:《河南程氏遗书》卷十一,载《二程集》,同上,第118页。
④ 〔宋〕程颢、程颐:《河南程氏遗书》卷十一,载《二程集》,同上,第118页。
⑤ 〔宋〕程颢、程颐:《河南程氏遗书》卷一,载《二程集》,同上,第4页。

十分注重"。①前一条引文乃明道所说,认为阴阳为形而下者,显发为殊别之物事与器具。径由阴阳往复相推以见道,最能生动演示天理生生运化;径由在下者以释在上者,最能直感呈现上下之关联,既界别分明又一体贯达。学者默而识之,或可领会于无言之境,此诚可谓由器见道。后一条引文与前一条理路相同,甚至更为圆熟彻底,亦明道所言。天道之运,无声无息,却又存于万物而神用无穷,上下左右、远近隐显,莫不涵盖渗透。道器以形而上下分别之,此在经验世界确有必要,然而道实寓于器,器可以显道;至于圆融境地,器即道、道即器,无论心物人己、古今远近。

与兄长相比,程颐(1033—1107)判分道器,态度显得严厉,其为人如此,持论亦然。阴阳归属于气一边,阴阳、气、器皆为形而下者,与形而上者之道有等级差异。"'一阴一阳之谓道。'道非阴阳也,所以一阴一阳者道也。"②《易传》原以阴阳运化相推为道,伊川则谓道乃阴阳运化背后所以然之理,亦是其得以施行之据。"离了阴阳更无道,所以阴阳者是道也。阴阳,气也。气是形而下者,道是形而上者。"③尽管伊川承认,脱离阴阳运行变化,道就无

---

① 冯友兰:《中国哲学史》,下册,第877、878页。此判断可信。注明"二先生语"与"明道先生语"之语录,还有更多例子可以佐证。"道,一本也"(《河南程氏遗书》卷十一,载《二程集》第117页),归为明道先生语;"若不一本,则安得'先天而天不违,后天而奉天时'"(《河南程氏遗书》卷二上,载《二程集》第43页),归为二先生语,然可视为系明道所说。"冬寒夏暑,阴阳也;所以运动变化者,神也。神无方,故易无体。若如或者别立一天,谓人不可以包天,则有方矣,是二本也"(《河南程氏遗书》卷十一,载《二程集》第121页),归为明道先生语;"天人本无二,不必言合"(《河南程氏遗书》卷六,载《二程集》第81页),归为二先生语,然可视为系明道所说。

② 〔宋〕程颢、程颐:《河南程氏遗书》卷三,载《二程集》,王孝鱼点校,北京:中华书局1981年版,第67页。

③ 〔宋〕程颢、程颐:《河南程氏遗书》卷十五,载《二程集》,同上,第162页。

法显示于现实,但作为形而下之气,阴阳务须以形而上之道为其所以然之理,此即所谓"密",隐密莫测之终极根源也。阴阳遂贬抑于气层面、器世界,道成为天理而超乎生生化化之上,俨然理则律令,极显其冰冷、孤绝,甚至失于僵硬。"道之理化"①,至此为最,异化为纯粹理念、绝对理则,背离《易传》之健行不息、生动充实。冯友兰遂有此评断:形而下之器乃时空中之具体事物,形而上之道乃超时空而永存之抽象理则,"此注重形上形下之分,理学一派皆如此。上述理学家所与形上形下之意义,亦至朱子始完备"。②

理学集大成者朱熹,充分吸收周、邵、张、程诸先贤成果,化用佛教"月印万川"之喻,阐发儒学"理一分殊"义旨,以天理统摄万有,建构森严理境。"天地之间,有理有气。理也者,形而上之道也,生物之本也;气也者,形而下之器也,生物之具也。"③理以统摄气,理又由气显发,理乃形而上者,气乃形而下者,理气不离不杂,"天下未有无理之气,亦未有无气之理","理未尝离乎气。然理形而上者,气形而下者。自形而上下言,岂无先后?"④理气互不相离,一起俱起,但理毕竟决定气,在逻辑上先于气。

---

① 中国古代本土思想,张祥龙划分为天道流行、道之理化两大阶段。后者割裂天与人、主与客、道与器、理与境。参见张祥龙:《海德格尔思想与中国天道——终极视域的开启与交融》,北京:三联书店1996年版,第263—264页。

② 参见冯友兰:《中国哲学史》,下册,北京:中华书局1947年影印商务书馆旧版,第879页。

③ 〔宋〕朱熹:《答黄道夫》,载《晦庵先生朱文公文集》卷五十八,第二十八册,"四部丛刊本",上海:上海商务印书馆1922年影印涵芬楼藏明刊本,第5页右栏。

④ 〔宋〕黎靖德编,王星贤点校:《朱子语类》卷一,北京:中华书局1986年版,第11、12页。

道器关系,类似于理气关系,道未尝离乎器,亦不可离道而言器,但道乃器之理,为器之所以然者,道毕竟决定器。道与器之界分,直接关乎道与阴阳之分判。"阴阳是气,不是道,所以为阴阳者,乃道也","盖阴阳非道,所以阴阳者道也"①,"既曰'形而上者谓之道'矣,而又曰'一阴一阳之谓道',此岂真以阴阳为形而上者哉？正所以见一阴一阳虽属形器,然其所以一阴而一阳者,是乃道体之所为也"②,"阴阳只是阴阳,道是太极"③。理即道,亦即太极,理、道、太极乃形而上者;道与器,如同理与气,如同太极与阴阳,阴阳在气不在道,气、器、阴阳皆属于形而下者。无论义理抑或地位,道与器均有上下对立、高低判分,同时朱子又强调道器仍然保持统一,事实如此,运用亦然。"器亦道,道亦器也。道未尝离乎器,道亦只是器之理","理只在器上,理与器未尝相离"④,"须知器即道,道即器,莫离道而言器可也"⑤。《易传》论阴阳与形而上下,明道评为"截得最分明",朱子亦云:"此言最的当,设若以'有形、无形'言之,便是物与理间相断了。所以谓'截得分明'者,只是上下之间,分别得一个界止分明。器亦道,道亦器,有分别而不相离也。"又云"'形而上者谓之道,形而下者谓之器。'道是道理,事事物物皆有个道理;器是形迹,事事物物亦皆有个形迹。有道须有器,有器须有道。物必有

---

① 〔宋〕黎靖德编,王星贤点校:《朱子语类》卷七十四,北京:中华书局1986年版,第1896页。

② 〔宋〕朱熹:《答陆子静》,载《晦庵先生朱文公文集》卷三十六,第十六册,第10页右栏。

③ 〔宋〕黎靖德编,王星贤点校:《朱子语类》卷九十四,北京:中华书局1986年版,第2390页。

④ 〔宋〕黎靖德编,王星贤点校:《朱子语类》卷七十七,同上,第1970页。

⑤ 〔宋〕黎靖德编,王星贤点校:《朱子语类》卷九十四,同上,第2404页。

则"；"指器为道，固不得；离器于道，亦不得"。① 朱子反对用"有无"解说形而上下，以保证儒家之实理，区别于老氏、释氏空无之理。实理充塞现实物事，由实际生活得其运用与证验。置身于此富于实践色彩之实际生活，本末轻重之别仍不可忽视，"'形而上为道，形而下为器。'说这形而下之器之中，便有那形而上之道。若便将形而下之器作形而上之道，则不可"②。

朱子理学体系中，道、理浑言无异、析言微别。"道是统名，理是细则"，"道训路，大概说人所共由之路。理各有条理界瓣"，"以各有条，谓之理；人所共由，谓之道"，"道便是路，理是那文理"，"'道'字包得大，理是'道'字里面许多理脉"，"'道'字宏大，'理'字精密"③。道即万物循由之大路通途，理乃纹路条分缕析，犹如竹木纹理。道大而理密，道主恢宏通达，理主精密缜致。"道，须是合理与气看"，"《易》说'一阴一阳之谓道'，这便兼理与气而言"。④ 合理气而为道，理气不离不杂，道既细化为理则，又寓于气质。朱子从"道"之精严缜致以界说"理"，理在万物为理则，在人生为本性。性有天理之性与气质之性，后者属气，与情相关而牵涉官能之欲；性情同存于心。朱子推崇横渠之"心统性情"，与伊川之"性即理也"并称"颠扑不破"⑤。"统犹兼也""统是主宰"⑥，心兼具、统括性情体用，负责（主持、承载）性之存养以上通天道，管辖（主宰、施行）情之发用以外接

---

① 〔宋〕黎靖德编，王星贤点校：《朱子语类》卷七十五，北京：中华书局1986年版，第1935页。
② 〔宋〕黎靖德编，王星贤点校：《朱子语类》卷六十二，同上，第1496页。
③ 〔宋〕黎靖德编，王星贤点校：《朱子语类》卷六，同上，第99页。
④ 〔宋〕黎靖德编，王星贤点校：《朱子语类》卷七十四，同上，第1896页。
⑤ 〔宋〕黎靖德编，王星贤点校：《朱子语类》卷五，同上，第93页。
⑥ 〔宋〕黎靖德编，王星贤点校：《朱子语类》卷九十八，同上，第2513页。

物器,从而可上可下①。性乃心之体,道心也;情乃心之用,人心也。经由道心,亦即人所禀受之性理,能够上达天理,外穷物理,旁通事理。由此可说"心与理一","心、性、理,拈着一个,则都贯穿"②,而亦可就此理会钱穆之论,"性理之学正即是心学"③。

陆九渊(1139—1193)之心学,与朱子"心学"大为不同。朱子主张理气二元论,心统性情;象山则持心一元论,心即理而生万有。"万物森然于方寸之间,满心而发,充塞宇宙,无非此理"④,"人皆有是心,心皆具是理,心即理也"⑤,"盖心,一心也;理,一理也。至当归一,精义无二,此心此理,实不容有二"⑥,"宇宙便是吾心,吾心即是宇宙"⑦。朱子把理等同于形而上之

---

① "性—心—情"的动力结构,似可比拟弗洛伊德(Sigmund Freud,1856—1939)所谓"超我—自我—本我"之人格层级。超我(Super-ego)乃理性之我、德性之我,本我(Id)乃生理之我、原欲之我,自我(Ego)乃意识之我、现实之我。超我、本我、自我,属于人格不同面向,超我、本我彼此冲突,由自我予以调节。

② 〔宋〕黎靖德编,王星贤点校:《朱子语类》卷五,北京:中华书局1986年版,第85、89页。

③ 钱穆:《朱子新学案》,上卷,成都:巴蜀书社1986年版,第34页。

④ 〔宋〕陆九渊:《语录上》,载《陆九渊集》,钟哲点校,北京:中华书局1980年版,第423页。

⑤ 〔宋〕陆九渊:《与李宰书》,载《陆九渊集》,钟哲点校,北京:中华书局1980年版,第149页。

⑥ 〔宋〕陆九渊:《与曾宅之》,载《陆九渊集》,钟哲点校,北京:中华书局1980年版,第4—5页。

⑦ 〔宋〕陆九渊:《杂说》,载《陆九渊集》钟哲点校,北京:中华书局1980年版,第273页。此句前为古语"四方上下曰宇,往古来今曰宙",后为"千万世之前,有圣人出焉,同此心同此理也。千万世之后,有圣人出焉,同此心同此理也。东西南北海有圣人出焉,同此心同此理也"。弟子杨简(1141—1226)所撰《象山先生行状》亦有类似记述,然其时空次序恰好相反。(《陆九渊集》,第388页)象山此句与庄子之"道术将为天下裂"(《庄子·天下》),俱为钱锺书化成名言"东海西海,心理攸同;南学北学,道术未裂"。参见《谈艺录·序》,北京:中华书局1984年补订版,第1页。

道,气与阴阳皆属于形而下之器;而象山把阴阳提升至与道同高,避免道与阴阳断为两截,"《易》之《大传》曰'形而上者谓之道',又曰'一阴一阳之谓道'。一阴一阳,已是形而上者,况太极乎"①,"一阴一阳即是形而上者",批评朱子"以阴阳为非道而直谓之形器",实乃"昧于道器之分"②。象山平生自信极坚,喟叹朱子"泰山乔岳,可惜学不见道,枉费精神,遂自担阁"③。此叹在象山亦非无其理,较之朱子毕竟更得大本之一贯。象山以阴阳在道不在器,然而道器仍有上下之别,"自形而上者言之谓之道,自形而下者言之谓之器。天地亦是器,其生覆形载必有理"④。天地犹如大容器,其生成、覆盖之功,形著、承载之能,莫不充满理则,亦即一阴一阳之道。道器虽以形而上下分述,但修饰为"自某某言之",似可如此理解:心彻上彻下,随其视点不同,或着眼于道,或寓目于器。⑤ 尽管不能就此认定象山主张道器不分、道器一体,然从其思想脉络以观,道器似可统一于心,俱由心所显发。

明代心学宗师王守仁(1472—1529),继承发扬象山心学,以心贯彻物我、通达知行。"这心体即所谓道","心外无理,心外

---

① 〔宋〕陆九渊:《与朱元晦》书一,载《陆九渊集》,钟哲点校,北京:中华书局1980年版,第23页。
② 〔宋〕陆九渊:《与朱元晦》书二,载《陆九渊集》,同上,第29页。
③ 〔宋〕陆九渊:《语录上》,载《陆九渊集》,同上,第414页。
④ 〔宋〕陆九渊:《语录下》,载《陆九渊集》,同上,第479页。
⑤ "自其上者而观之""自其下者而观之",或可参证苏轼(1037—1101)《前赤壁赋》名句"盖将自其变者而观之,则天地曾不能以一瞬;自其不变者而观之,则物与我皆无尽也"。

无事","心即道,道即天,知心则知道、知天"①。类似言述又见于道事关系,"事即道,道即事"②。心—意—物—事,成为内外关联项与连续统,"意之所用,必有其物,物即事也"③,"物者,事也。凡意之所发必有其事,意所在之事谓之物"④。遥承象山之旨,阳明特重一贯,"若论圣人大中至正之道,彻上彻下,只是一贯,更有甚上一截下一截"⑤。道器之分,形而上下之别,经由心之神妙运用,彻上彻下而得以自然融贯如一。友人徐昌国沉溺仙道,其言曰:"夫居有者,不足以超无;践器者,非所以融道。"阳明给予点拨:"夫去有以超无,无将奚超矣?外器以融道,道器为偶矣。而固未尝超乎,而固未尝融乎。"⑥离有以求无,无又超往何处耶?舍器以合道,则道器对立而相互外在矣。割裂有无,何谈超越?割裂道器,何谈融会?阳明所论,特能体现"一本"之彻底与饱满。

从伊川到朱子,构成宋明道学之理学主脉,声威最巨,影响最大。明道隐启心学脉绪,象山异军突起,阳明发扬光大。气学一脉肇自横渠,大成于明末大儒王夫之(1619—1692),于道器关系别开生面,重器、贵用,以"形"统一道器。横渠力主太虚一气之实、诚,有力抵御佛老之空、无;船山予以长足推进,更加重视器用世界。陈少明谓船山重器,立场与韩愈《原道》一致,排拒佛老,维护儒家。宋儒论器,成为论道之影子。唯有王夫之经历

---

① 〔明〕王守仁:《传习录上》,载吴光、钱明、董平、姚延福编校:《王阳明全集》,上海:上海古籍出版社1992年版,第14、15、21页。
② 〔明〕王守仁:《传习录上》,载《王阳明全集》,同上,第10页。
③ 〔明〕王守仁:《传习录中》,载《王阳明全集》,同上,第47页。
④ 〔明〕王守仁:《大学问》,载《王阳明全集》,同上,第973页。
⑤ 〔明〕王守仁:《传习录上》,载《王阳明全集》,同上,第18页。
⑥ 〔明〕王守仁:《徐昌国墓志》,载《王阳明全集》,同上,第932页。

易代之变,"变道器为器道",《易》之象爻辞亦得到全新理解,悉数成为随器展开之知识价值体系。① 器之地位、作用,器世界之重要意义,在船山乃得到准确把握、深刻阐发。较之前人,道器关系特能呈现丰富面相。

船山以气为万象、人心之本,"天人之蕴,一气而已。从乎气之善而谓之理,气外更无虚托孤立之理也","理一气,气一理,人之性也","盖言心言性,言天言理,俱必在气上说,若无气处则俱无也"②。一气生化流行,充塞天地,道器得以包合贯通,其为形而上、形而下,既无定界之别,亦非异体殊形。不止于此,船山扭转自古重道轻器之失,于器尤做强调。形而上下谓之道器,"'谓之'者,从其谓而立之名也。'上下'者,初无定界,从乎所拟议而施之谓也。然则上下无殊畛,而道器无异体,明矣。天下惟器而已矣。道者器之道,器者不可谓之道之器也"。"无其道则无其器,人类能言之。虽然,苟有其器矣,岂患无道哉","无其器则无其道,人鲜能言之,而固其诚然者也"。③ 置身于与他人万物共在之世,从认知与实践出发,人所领会之道、人所把握之器,共同统一于生活世界。天下充满实有之物、实有之器,而立足于生活实践领域以观,道乃由器提炼产生之性能、功效以及规律运用。生活生产实践,器与人最为切近,唯由此切近之物事入手,方能切实摸索抽象之理。船山甚至以器为中心,阐贯"道—德—行—变通—事业"之论,"治器者则谓之道,道得则谓

---

① 参见陈少明:《说器》,载《经典世界中的人、事、物》,上海:上海三联书店2008年版,第215、216页。
② 〔明〕王夫之:《读四书大全说》卷十,载《船山全书》第六册,长沙:岳麓书社1991年版,第1052、1056、1109页。
③ 〔明〕王夫之:《周易外传》卷五,载《船山全书》第一册,长沙:岳麓书社1988年版,第1027、1028页。

之德,器成则谓之行,器用之广则谓之变通,器效之著则谓之事业"①。又以本末一贯论道器:"道为器之本,器为道之末,此本末一贯之说也。"②若以器为实物,道为性能,无器则无道,器乃载体与基础,道乃运用与功效。倘着眼于气化生成之成物成器,道为气化未形以前之原初状态,器为气化成形以后之既定品物,可谓道本器末、道源器流。再观之以交互关联,道为普遍联系,器为局部定域,故有大小本末之分。"道以阴阳为体,阴阳以道为体,交与为体","器道相须而大成焉","故形色与道,互相为体,故未有离矣"。③ 器与道,相须而互借,贯彻此理路,道以器为载体,器以道为本体,道器交与为体。④

历来多以无形解说形而上,船山力辩其非:"形而上者,非无形之谓。既有形矣,有形而后有形而上","器而后有形,形而后

---

① 〔明〕王夫之:《周易外传》卷五,载《船山全书》第一册,长沙:岳麓书社1988年版,第1028页。

② 〔明〕王夫之:《读四书大全说》卷七,载《船山全书》第六册,长沙:岳麓书社1991年版,第885—886页。"洒扫应对"之小学,"治心修身、诗书礼乐"之大教,船山笼统视之为"形",并以"精义入神"为"形而上";"洒扫应对有道,精义入神有器",道器相对,"洒扫应对"自当归属于器。这样一来,"洒扫应对"亦形亦器,"形"与"器"似成一事而未得区分。尽管如此,船山以洒扫应对、身心修治作为"形",颇有以人之生命及其行为实践为"形"之意,极具启发意义。或可变通而观:洒扫酬酢之用具,诗书礼乐之迹化为典籍仪器,以及修养身心所需之诸般器用,皆属"器"而不同于"形";"器"为载具、用品,"形"乃行为活动本身。

③ 〔明〕王夫之:《周易外传》卷五,载《船山全书》第一册,长沙:岳麓书社1988年版,第903—905页。

④ 刘梁剑谓船山不仅以道与阴阳交与为体,而且道与川流亦交与为体,依船山用字法,川流属器,乃气化成形而有,道内在于阴阳之气,自亦内在于气化之器。川流亦喻时间,时空(宇宙)与二气氤氲交与为体,此模式拒绝时间之实体化。参见《天·人·际:对王船山的形而上学阐明》,上海:上海人民出版社2007年版,第28—30、41—42页。

有上","形而上者谓之道,形而下者谓之器,统之乎一形,非以相致,而何容相舍乎"①。杨国荣认为,"形"即实在世界,有此实在世界乃有上下之分;形上与形下,道与器,皆内在于此,乃其不同表现形式。②包贯于实际生活世界("形"),道器有隐显之别,"形而上者隐也,形而下者显也"③,"'形而上'者,当其未形,而隐然有不可逾之天则","'形而下',即形之已成乎物而可见可循者也"④。形而上之道,乃本原气化之运行,尚未显发为形迹;形而下之器,为气化之成形而著见于物,可以为人所切实把握。气化潜默,形迹隐然待发;气化涌现,形迹显然已成。隐显不同亦不异,"无非一阴一阳之和而成","尽器则道无不贯,尽道所以审器"⑤。所谓尽器,贯注人之知行力量于器也,委曲体贴其形势,充分显发其功效,此过程本身合乎道之运化,而成为道本身之贯达。"君子之道,尽夫器而已矣"⑥,适器之宜、尽器之性,以开物成务、明体达用。

船山以后,道器关系之探讨,以戴东原与章实斋为代表。戴震(1724—1777)以一阴一阳之气化流行为道,器乃气化过程生

---

① 〔明〕王夫之:《周易外传》卷五,载《船山全书》第一册,长沙:岳麓书社1988年版,第1028、1029页。
② 参见杨国荣:《存在之维:后形而上学时代的形上学》,北京:人民出版社2005年版,第48页。
③ 〔明〕王夫之:《读四书大全说》卷七,载《船山全书》第六册,长沙:岳麓书社1991年版,第490页。
④ 〔明〕王夫之:《周易外传》卷五,载《船山全书》第一册,长沙:岳麓书社1988年版,第568页。
⑤ 〔明〕王夫之:《思问录内篇》,载《船山全书》第十二册,长沙:岳麓书社1996年版,第427页。
⑥ 〔明〕王夫之:《周易外传》卷五,载《船山全书》第一册,长沙:岳麓书社1988年版,第1029页。

成形质而有定体之存在样态。"一阴一阳,流行不已,夫是之谓道而已","形谓已成形质,形而上犹曰形以前,形而下犹曰形以后","器言乎一成而不变,道言乎体物而不可遗"。① 阴阳生化未形,道也;形质具而性状成,形也;品物各有定体,器也。道生成万物而周遍无缺,器生就形制辄稳定不变。章学诚(1738—1801)宣称,孔子述"六经"以存先圣先王之道,"六经"即载道之器,后人当因器以求道,传扬先王之政教职官典制,不可脱离此器以言道。"道不离器,犹影不离形。后世服夫子之教者自'六经',以谓'六经'载道之书也,而不知'六经'皆器也";"夫子自述《春秋》之所以作,则云'我欲托之空言,不如见诸行事之深切著明'。则政教典章、人伦日用之外,更无别出著述之道,亦已明矣";"夫天下岂有离器言道、离形存影者哉?彼舍天下事物、人伦日用,而守六籍以言道,则固不可与言夫道矣"。② "六经"皆器,乃政教典章、人伦日用以及故实史事之荟萃,不能舍此实质内容,以著述一己空言为见道之途。道学家空谈天理心性,于经世济民无有切实帮助;而视"六经"为典册故纸、文字材料,埋首于烦琐考订,同样枉费功夫、无补世用。实斋道器论,以史家态度把抽象议论拉回现实,重经世大义,轻雕虫小技。

概览道学三派之道器论述,虽各有偏重,仍以界分又相通为基本取向,唯风格有圆通与高峻之别,态度有宽泛与严格之异。明道较为偏于和合,即气即器而见得道体之流行发用;伊川严于上下之判,阴阳归属于气,道乃所以然之理,却也承认道不可离

---

① 〔清〕戴震:《孟子字义疏证》,何文光整理,北京:中华书局1961年版,第22页。
② 〔清〕章学诚:《文史通义》上册,叶瑛校注,北京:中华书局1994年版,第132页。

阴阳之气;朱子继承小程之判分,重视大程之和合,主张道器有别而未尝相离,此亦呼应其理气不离不杂之论。象山标举心即理,而道器上下界分并不凸显;阳明继承象山,心即道,上下内外无不通达,道器由之亦得融贯。张载立基于太虚气化,由以涵和道器;船山遥承横渠,本末一贯而隐显互融,道器交与为体,统之于一形,尽器即可贯道。宋明道学之理学心学气学,其道皆关乎伦常、德性,论天地万物亦多以人事日用为依归;朱子、船山尤创宏构,朱子统摄严整,船山弥纶通阔。清代思想家又有推进。东原之倾向,近于气学,以自然气化论突破伦理律令桎梏,道器乃一阴一阳之气化行程不同面向,唯已形未形有别尔。实斋从史家立场反对离器言道,重视先王政道礼制、先圣大经正典,从而纠弹道学家专求心性之偏,纠驳汉学家唯务故纸之失。

字句演释:形而上下新解

中国传统社会进入末期,外部承受列强殖民压力,内部危局愈发严峻。道器关系之讨论,也从思想层面迈入社会层面,初始阶段聚焦体用之辨,体现于道统伦常与器物实用之争。保守派以张之洞为代表,主张道本器末,本即本体,用即运用;改良派以谭嗣同为代表,主张器体道用,体即实体,用即功用。民族生存危机日益加重,中国人为挽救危亡,掀起向外取经浪潮,从器物到制度到文化,整个社会加速转型。知识精英随之产生重大分歧,先表现为本土守成与激进西化之争,后者占据主导地位以后,又展开效法欧美与学习苏俄之对峙、战斗,后者从理论到现实取得全面胜利。中国进入社会主义时代,迄今可分为两个阶段。前半程从学习苏联转为自力更生,既反美帝又反苏修,一手抓革命,一手促生产,似可看作革命年代创业史之道器论,特定时期高举阶级斗争、灵魂革命大旗,锻炼意志、转化思想,视其意义远大于经济生产、技术创造,类似于道体器用、道本器末,然而在此主导趋势之下,务实转向已悄然开启。后半程以实践检验真理,重视经济基础,科技成为第一生产力,意识形态问题不争论,大规模开展经济建设与科技创新,重新效法欧美日,积极投入全球化大潮,可比作器本道末、器体道用。两阶段或重大义,或重实利,路线不同,各有偏失,新时期需要复兴中国传统,以全民整体发展的长远利益为本,探索道器交融之路,精神文明建设与物质文明建设齐头并进,适时把握轻重缓急之度。

回到学术思想领域,形而上之道、形而下之器,其关系究应如何领会,现代以来新解迭出,各阐胜义。或抉发哲理内涵,考察其历史演变,探寻其现实意义;或从技术制作、工艺活动入手,着落于实践感与创造力。时彦之学理探研,可举数家为例。

杨国荣认为,"形"即实在世界,有此实在世界乃有上下之分;形上与形下,道与器,皆内在于此而成为不同表现形式。① 弟子陈赟精诠船山道器论,以隐显(幽明)为基本视野。"形而上者谓之道,形而下者谓之器。""一阴一阳之谓道。"《易传》这两句表述,"之谓""谓之"有别,戴震对此早有详细考论,然而仅从语法学层面展开,未能进入存在论之域。船山切入实体(天)与主体(人)之关联,区分两种句式:前者关乎"什么",指向对象实体之实际情况;后者关乎"怎样",乃主体出于实践目的,对不同

---

① 参见杨国荣:《存在之维:后形而上学时代的形上学》,北京:人民出版社2005年版,第48页。

存在方式给予规定、分辨。在王弼、朱子、高拱那里,这种区分已有端倪,但船山更联系知行之辨,道器就成为主体显现存在之方式,然其本身不可分割。张载谓《易传》讲幽明不讲有无,船山继承发扬之,以隐显诠释形而上下,使其成为不可见与可见之关系,须经主体现实知能活动才可界定。真实存在,无非隐显之动态统一,主体凭借自身在世知行而会通隐显:以其自诚之思,合会诸官,由可见通往不可见;以其感性实践,进入器世界,不可见遂转化为可见。隐显会通,双向互动,船山由此抵御崇无贱有、贵上贱下之惯性模式,中国原初智慧形态可望恢复。[①]

从关键字词深透疏解着手,重新理会文意,转换诠释路向,思想之本真面貌乃得敞显。有别于陈赟以船山思想为立论根据、运思路线,柯小刚基于中西话语比较视野,批评以"形而上学"翻译 metaphysica,谓其歪曲中国之"道",丧失形而上下之道器论本意。内在于"裁—推—举措"之大化趋势,道器微妙贯通,体用一如,其灵活关系生动体现于形而上下之"而"。作为道枢,虚词"而"跳出上下固定区分,自始即保持道之根性,差异运作又源初同一。"而"即"以",有转折有顺承,"已"又"不已",更与"巳"相关,活象巳蛇似已成形又变化不已。形以上非形之上,不已之形已上也;形以下非形之下,已形之不已也。而上—而下,形成—不已,由不断逸出遂开启道器间之变—通—事业而一以贯之。道开辟不已,乾动不息;器作为形迹,实乃道之化迹。[②]

---

① 参见陈赟:《回归真实的存在——王船山哲学的阐释》,上海:复旦大学出版社2002年版,第66—102页。

② 参见柯小刚:《形上学与形而上学:道学与形而上学的先行预备性考察》,载《思想的起兴》,上海:同济大学出版社2007年版,第207—224页。

诠释视野从隐显(幽明)退化为有无(宾主),陈赟谓船山已点出佛教影响;形而上下蜕变为形之上下,柯小刚联系到印欧思想(佛教)之本体现象两分。返归《易传》原文,于"谓之""而"以外呈现别样景观。"乾坤,其《易》之缊邪?乾坤成列,而《易》立乎其中矣;乾坤毁,则无以见《易》。《易》不可见,则乾坤或几乎息矣。是故形而上者谓之道,形而下者谓之器,化而裁之谓之变,推而行之谓之通,举而措之天下之民,谓之事业。"黄庆萱联系前后句脉考索其蕴。(1)形而上下以形为中心。注者多忽略形,甚至等视形器。(2)形为乾天坤地之形象。道即《易》道,形乃天象地形之省称,亦即乾坤在天成象、在地成形之形象;前后文方能以"是故"系连,注者多未深究。(3)道成形而道在形,形生器而道在器。道为太极,形为乾坤两仪,生发四象八卦六十四重卦三百八十四爻一万一千五百二十策,以应万物之数。(4)道器互有先后。崔憬以器为实体、道为妙用,注重天地万物实情;船山谓制器则道先器后,用器则器先道后,关乎化裁推行举措通变事业。(5)向上归纳,一阴一阳相反相成运化,名之曰道;向下落实,阴阳交感化育具体事物,名之曰器;居于道器之中,乾坤天地之形象,省称曰形。①

　　黄文之附识,提及林安梧以"形著"解"形"。林安梧又以"具体化"(embodied)名之,亦即体现、彰显。形而上,溯其源于道也,世间事物具体形著过程得以上溯本源;形而下,委其实于器也,落实到世间彰显为具体实在之物。形著活动,双向施行而生生不息。任何器物之构成,有赖主体对象化活动参与造就,即

---

① 参见黄庆萱:《"形而上者谓之道,形而下者谓之器"析议》,载刘大钧编:《大易集释》上卷,上海:上海古籍出版社2007年版,第386—394页。

所谓"名以定形,言以成器",由之成为定象,并因主体统摄活动而成为器物。溯于道而委于器,自下往上依次展开五层级:言(语句记忆),构(结构把握),象(图象想象),意(心灵指向),道(总体根源)。①

诸家皆从字眼入手,依自身理路灵活诠解。陈赟以"谓之"为突破点,柯小刚紧扣"而"予以发挥,黄庆萱、林安梧于"形"各有所见,黄庆萱更依循原文之意脉,提请注意"是故"系连前后文句;乾坤两卦之枢轴作用遂得呈露,形而上下双向并举不致遗失居中之形。诸家创见各擅胜场而可包贯综通。(1)区分"谓之"与"之谓",形而上下不离在世视野,由此展开易见之"显"与难见之"隐",凭借投身其内之运思践行,显隐幽明得以会通。(2)依循"而"之生动变换、微妙贯通,达道成器活动葆有体用贯通一如之根源活性,道非本质理念,乃变易不已之化行,器非固定形器,乃已然成形又变化不已之化迹。(3)以"形"为形著、体现、彰显、具体化,具体体现上溯其源、下委其实之行动,凸显自觉与能动。(4)象天法地之人,由天象地形提炼根源形象,借以展开世界理解,"形"乃道所蕴、器所禀,上连天地运化之道,下接人世制作之器。(5)形而上下之道器,陈论带来主体入身之知行及其隐显视野,柯论带来生化律动之交互贯通,林论带来具身实践之能动、得力,黄论带来根源形象之居中贞立。(6)各以一语概括之,就呈现而言:视野—经脉—劲道—形象;就行动而言:投身—赋灵—着力—造形;就风格而言:均衡—活泛—充实—简练;就优长而言:方位感—可能性—行动力—精准度。

---

① 参见林安梧:《人文学方法论:诠释的存有学探源》,台北:读册文化事业有限公司 2003 年版,第 125—129、155—161 页。

会通诸家之论,化合一派浑整境域,综汇体知、体行而展开。(1)主体以其自觉活动,投身于观照与联想、模拟与创造。(2)根源形象(乾坤阴阳)从中涌现,联类推衍,兆示变易流行千姿万态。(3)以根源形象为灵脉活枢,主体上溯幽隐而通达运行不已之道,下委显明而开启化迹已成之器。(4)根源形象处乎道器隐显交会之中,唤醒主体感通物象之知行活动,与道往还而与器周旋。

另有一种诠释路数,并不究心于形而上下文句之关键字词,而径从句式与思路架构入手,补足其虽未明言却隐含待发之"中",尤能别开生面。徐复观谓中国文化可谓"心的文化",人生价值实根源于己之心。"道"乃天道;"形"即身体,指人而言;"器",为人所用之器物也。以人为中心,天道在人之上,器物在人之下,人心处于人体之中。按原意补全其语:形而中者谓之心。"心的文化""心的哲学",应讲成"形而中学"。[①] 阐以中庸之道,中国道理与生活、生命相连,不同于柏拉图形而上学、萨特形而下学。形而中学自生命体验得来,又返回生活得其验证;落于实践并推而广之,社会大众皆能实行。[②]

否定意见来自丁四新,断言"形而中学"根本不能成立。第一,字解无据,"形"字在战国中期不专指身体。第二,标准错讹,形(身体)作为划界标准无从安放。第三,不合传统,易学主流以形为形质,以形上为决定其体之道理,以形下为形质依据道

[①] 参见徐复观:《心的文化》,载李维武编:《徐复观文集》第1卷,武汉:湖北人民出版社2002年版,第31—33页。

[②] 参见徐复观:《中国人文精神与世界危机》,载李维武编:《徐复观文集》第1卷,武汉:湖北人民出版社2002年版,第176—177页。

理以成器用,不容"形中"插足其间。① 陈立胜搁置字义诂训,由身体现象学肯定"形而中学"之先声意义,为免落入现成物理生理层面,建议阐发生存论而非机械论之身。形乃绽出、不在场之身,心弥漫周身;天地万物为身(实体)所体(体现),体于此形(身)所开显、敞亮之"中"域。②

"形而中学"虽遭遇批评、商榷,以形之上下解释形而上下也落入故辙,"在人体之中"云云尤显板滞,然此说仍启发良多。形而上下之对举,上下所据以引发之形,皆不无可能触类思及"中";形毕竟介乎道器之间,不可径直等同于器。再就常人习见而言,上有理念之宰制,下为器物而竞逐,或执抽象,或执现成,或执意识,或执身体;欲化解此僵硬座架与偏执立场,"中"之潜能自不待言。

既以"形"为基准"而上""而下",拈出"形而中"一语,并非不可理解。向上(未形之隐)达于道,向下(已形之显)接于器,显隐双向互动,回旋涌现"中域"之浑全,此间尚潜藏更多构形。鞠曦独创"承诺推定法",道器关系以《易》卦承诺主体而推定,"形而中者谓之卦,形而中者谓之人","形上和形下统一于形而中之主体,形式为卦,承诺和推定者是人"。还可推定时空作为阳爻阴爻,太极生两仪也。③ 此说甚独特。然以"卦"解"形",又云"形而中者谓之卦",无异于表示"卦而中者谓之卦"。黄庆萱

---

① 参见丁四新:《方法·态度·心的文化——徐复观论治中国思想史的解释学架构》,载李维武编:《徐复观与中国文化》,武汉:湖北人民出版社1997年版,第417—418页。

② 参见陈立胜:《王阳明"万物一体"论:从"身—体"的立场看》,台北:"国立"台湾大学出版中心2005年版,第11页注18。

③ 参见鞠曦:《中国之科学精神》,成都:四川人民出版社1999年版,第162—177页。

也近似于以"卦"解"形",亦即乾坤两仪体现天地形象,却未据此推导卦乃"形而中",故可避免此矛盾。至于"形而中者谓之人",凸显主体之施行,颇契合陈赟以主体知能活动显现存在;但陈不主"形而中学",亦未据此诠说人居道器之中而会通上下。

植基于陈赟之论,尚东涛以道器为主体在世之面向,不可分割。道器互成,形为中介,亦即显现、显露。形而上下均规定于人,形与人获得同一;人又限定于技术,形而上下乃现实归结于技术,"'形'即技术",技与形一样内禀动词义。主体有两种存在方式:"形而下"(对象化),由道向器转化,物化也,生成人工造物;"形而上"(非对象化),由器向道转化,非物化也,总结自然规律。双向转化以技术为中介,规定于技术,亦即中介之形,"形而中者谓之技"。技变则道器变,技不变则道器不变,"'技'高于'道'和'器'"。① 以动词义"显现"解读"形",可呼应林安梧之"形著";谓"技""形"均兼名词与动词义,可呼应陈立胜所谓有体(实体)、能体(体现)之"身—体"。道—技—器,以人之实践为中心展开双向转化:技进于道,以技制器。该架构本身合理,不违古典奥义,且贴近实际经验;以技统摄道器,尤能彰显技术运用之现实意义。然诠"形"为"技",又云"形而中者谓之技",则无异于"技而中者谓之技"矣。

形而中学诸论,皆由"形"开显生命向度。若不再坐实"形"字,敞开灵活态势,蕴含丰厚意味,唯"象"可胜任此中枢活用。侯敏谓形即《易》象,作为中介联系形而上下。道即其所尽之意、所明之理,此乃观象知理;依其体现之情状,具体成形为器,

---

① 参见尚东涛:《"形而中者谓之技"——一种理解技术的可能路向》,《自然辩证法研究》2006年第3期,第53—59页。

此乃制器尚象。① 贡华南从字源详考象、形之别,形已定而不变,对应视觉之见;象源于气,现而未形,发为全身心之感,指向物本身之时空一体。象可观可想、可味可感,依类感悟感推,亦似亦续不已。立象乃取其法、契其机,己与物交感共兴于象以立,融入其内,循乎生机而偕化。象兼具形状精神,道与象交互为一。诸象亦通而为一,寻象外之象以求通象,象内到象外、此象至彼象,通达整体无限之大象。② 形与象之异,象之活势深蕴,一一道来,阐讲甚精。形上形下转换为象内象外,上与下或主宰或受制之僵硬嵌合,亦转换为圆转通导、柔和推达。以象贯通内外本末,持之无往不利,此解甚圆妙,然而贬形稍过,或失乾天坤地成象成形之旨。以形为固定已成不变,亦缺乏能动,似未合形著、体现、彰显、具体以成诸义。虽然,象之意蕴究可引为资援,融入道器论以完善"形而中学",再借隐显(幽明)相蕴之妙,衍绎形与象之显隐互寓。

显形隐象:人与物互体于技

"谓之""形""而",字眼精解通释,各有创获。开启"中"之向度补足全局,潜在空间充分拓展。道器由"形"引发,此枢纽援"象"入内,隐显互转,意蕴更丰。"是故"系连前后句脉,承启作用甚为关键。黄庆萱独辟蹊径,释"形"为乾坤天地形象。此论或致异议,然未始不可变通引申,由以曼衍微曲。

---

① 参见侯敏:《易象论》,北京:北京大学出版社2006年版,第204—222页。
② 参见贡华南:《味与味道》,上海:上海人民出版社2008年版,第187—200页。

"乾坤,其《易》之缊[径]邪?"乾卦坤卦至阳至阴,乃《易》道必由之径、深蕴之府。"乾坤成列,而《易》立乎其中矣。"乾坤排成队列,《易》道乃得兴立于其中。引而申之,以两卦为基础,奇偶错综布演无穷卦形,交互贯列如矩阵,可收卷亦可扩展;卦形含藏卦象而涵映万物,据以指导制器造具,器具不违阴阳刚柔之义,自亦有《易》道存焉。"乾坤毁则无以见《易》。《易》不可见,则乾坤或几乎息矣。"乾坤两卦与《易》道互为保障,不可或缺。《易》道至简又至繁,凝缩于总纲,遍存乎细目。两卦倘遭毁弃,《易》道便无从察见、无由显现;《易》道若不得其法以见,两卦便形存实亡,难以卦形卦象承载大道、映显万物,法象所制之器当然更不得存。"是故形而上者谓之道,形而下者谓之器。""是故",以是之故也,因为这般缘故,"是"字统指前文之意旨。依前文所述乾坤与《易》道关系为端由,引申后文之形而上下云云,则两卦与"形"之联系可知。

  乾坤两卦关乎形而上下之论,朱子已有揭示,"卦爻阴阳,皆'形而下者',其理则道也"[1]。陈鼓应谓"乾坤两卦象为《易》理之载体,《易》理为道,乾坤为器";道在有形之上,无形象可见,器在有形之下,有形象可见。[2] 寻绎原文前后关联,以乾坤两卦为形而下之器,以《易》理为形而上之道,确不违义旨脉络。然若径直认定,器有形可睹、道无形难见,形器程度略异、性质却同,形与器一起区别于无形象之道,这样理解似有滞碍。器既与形同,岂可称谓形而下?形既与器同,焉能据以分道器?是故此

---

[1] 〔宋〕朱熹撰:《周易本义》,廖名春点校,北京:中华书局2009年版,第242页。

[2] 参见陈鼓应、赵建伟注译:《周易今注今译》,北京:商务印书馆2005年版,第642—643页。

译仍从"有无"理解"道器"。陈赟认为形上形下乃隐显之别,不应化约为有无,否则必致贵上贱下、崇无贱有。① 柯小刚评断形器异名同义之谬,近乎"无形之物谓之道,有形之物谓之器",径可简称"无形,道也;形,器也",使原文之"而上""而下"皆成多余。② 化解"有—无""道—形/器"僵硬格式,或宜变通推导,让形居乎道器之中而包合统贯之。复引入形与象之微妙关联,形乃卦形呈显,亦即乾坤两卦及其所代表、派衍之众卦;卦形隐含卦象,亦即天地之象以及阴阳推移变化无穷之象。奇偶错综成列,显形也;阴阳变化无方,隐象也。上溯其源,向幽隐持续卷入,通往万化生生不息之大道运行;下委其实,向显明不断展出,发为众卦指导制作之化迹成器。

"见乃谓之象,形乃谓之器,制而用之谓之法。"(《易·系辞上传》第十一章)。形(著明、彰显)取动词义,与见(化现、可见)对应,故不可遽谓名词之形等于器、低于象。陈鼓应注译:象显现在天而可感知,日月雷电也;器成形在地而可触摸,山泽动植也;由此制成日用器物供人使用,依法类推之法式也。③ 若依此译,象特指天象,器特指地上万物,以及根据天象地器所制器具。其实无论在天在地皆属自然物象,为先民所取,器则专指人工器用。经由取象活动,主体客体互化,物象心象连属绾合。卦形卦象显隐互戏,生于造形取象实践,往来曲通心(心曲心向)物(物

---

① 参见陈赟:《回归真实的存在——王船山哲学的阐释》,上海:复旦大学出版社2002年版,第82页。
② 参见柯小刚:《形上学与形而上学:道学与形而上学的先行预备性考察》,载《思想的起兴》,上海:同济大学出版社2007年版,第216—218页。
③ 参见陈鼓应、赵建伟注译:《周易今注今译》,北京:商务印书馆2005年版,第634页。

曲物宜)之间,上下曲贯于道(天然道行)器(人为器具)之间。

庞朴谓六十四卦皆象,为宇宙动态,形容万化生成变动,非道非器、亦道亦器,道器经此中介得以关联;阴阳为其基元,一阴一阳,极言往复之动。万事万物亦有象,具体之阴阳也,乃元阴阳之投影。又谓形器异名同实,象高于形,形而上下之间更有形而中者,谓之象。形上形下以形为坐标,意在强调道无形、器有形,并不表示形在上下之中、道器之间。① 以阴阳元象为中介,"道—象—器"联络宇宙一体,其说甚善。然严判形象之别,形器异名同实,便落入"有无"之窠臼。一体三相,遂断作有无两截,失却自身一以贯通之畅达,动态平衡亦遭损坏,不能缘循中转而相向呼应。关键在形究与器异名同实耶?抑与象同类异趣耶?倘依一贯为旨归,注重内在匀称之美、整体协洽之善,不妨引申转化为卦形奇偶错互、卦象阴阳参涉,而上(隐幽)为道,而下(显明)为器。

显形隐象互变,贯注以阴阳虚实、奇偶刚柔,道器亦兼阴阳之性。两相比较,道为阳,乾行("天行健")乾动而流行不息;器为阴,坤处("地势坤")坤静而安处得宜。② 就生命原型以喻,乾为大通道,健行畅通;坤为大容器,厚载包容。一阴一阳往复推移,大道深隐至极而恒运不息,可谓"不易"。乾坤两卦交感,提炼自天覆地载、万化纷纭,显发奇偶连断之形,隐含阴阳消长之象,联翩引申众卦变形变象,呼应物象流变与心象迁易,可谓"变易"。生活器具莫不合乎阴阳虚实、奇偶刚柔,仿若大道之载具与化迹,醒目又称手,简便且实用,可谓"易简"。道—象/形—

---

① 参见庞朴:《阴阳:道器之间》《原象》,载《一分为三:中国传统思想考释》,深圳:海天出版社1995年版,第75—76、231页。

② 陈鼓应谓"地势"本作"地执",地执即地处、地静,执又通蛰,静也。参见陈鼓应、赵建伟注译:《周易今注今译》,第42页。

器,向上向下悠摇纵贯,道隐微而广大,器显著而切近,中间地带显隐过渡,形象连绵起伏摆荡。卦形卦象居间显隐互通,个人如此臆解,由《易传》原文变通引申得来,更可联想象征符号若虚若实,表示易睹之器,暗指难测之道,成为生命绵络之指称与指代、指示与指引。神圣符征,介乎道器之间,汉字尤称典范,不仅落实于书写形迹以尽言,而且默运其法象万物之原力与本能,化为言外之象以规范、指引语言。汉字系统犹如神秘符箓,排列成矩阵,综贯为族谱,屈伸起伏而涵演万物;字形(形迹)字象(象蕴)互媾,俨然卦形卦象另一版本。①

生化之网,弥纶万有,纽带绵延系连,关节迭互衬映。大道弥时弥境,浑全整一又切分细化,通乎至宏而深入极微。所有场域无论大小皆可喻以器,天地亦体示化工浑凿之器也。形与象显隐交织,涨落舒卷于宏微场域,或发乎形示,或含于象兆,或显为器状,或隐入道秘。人与物联动协调而妙合于技,主体客体互体也。艺以进道、术以制器,感达无量场域运化不已,浑成天地艺术之自运。

形而上下之曰道曰器,其得以引发者形也,象与之俱存。上下统之乎一形,以乾坤卦形最为直观显现,内隐天地覆载施受之象;进而推演诸卦错综成列,涵衍卦象变化无方。形(卦形画符结构)与象(卦象动态含意)显隐互构、阴阳交媾,符征与态势表

---

① 李泽厚谓汉字系统乃中华文化源头符号,地位崇高神圣,成为永生历史经验之权威凝结。文字即本物,甚至成为神本身,主宰语言而非相反。《即用即体的汉字:三论中华文化的源头符号》,《明报月刊》2005年9月,第78—81页。雷德侯(Lothar Ledderose)呈示中国文化"模件"体系,《易》卦与汉字系统堪称典范。〔德〕雷德侯:《万物:中国艺术中的模件化和规模化生产》,张总等译,党晟校,北京:三联书店2005年版,第5—25页。

里化合,作为中转而中处乎道器交互转化之中。

显形提炼自万事万物,完形构架之浮显也;隐象融渗于万事万物,纯象意蕴之潜葆也。庶类升沉、品物流行,人投身于世间万化兴歇,卷入互动协作之湍流,缘循事物本身脉络牵属而有所施为,亦观照亦联想,又效法又创造。作为具身而发心之能动者,人从物类汪茫大海打捞完形构架,感会纯象意蕴。人与物往还施受,显形得以呈显,隐象得以索隐,编织一条生动纽带:身形心象—卦形卦象—物形物象。

运作于此造形取象过程,以道器称谓形而上下,道行自尔隐藏于神机,器具比类显发于利用,道隐而器显也。大道至简,普在天地间,随触可感、随遇可显;殊器繁多,引类不穷,习熟于器具络属系联之网,往往熟视无睹、习焉不察。道与器兼综显隐简繁,仿若正反相成然。各禀正反合体,道器又互为正反呼应。

卦形卦象从造形取象活动得来,沉淀而升华,能所往复,成就形象显隐。生发于人之投射与提取,源于人之通视域而由以识视;归属于物之敞开与庇藏,根乎物之涌现域而因以呈现。人凭借思行活动,铺展处身视野,物类既流散又汇聚,错综涌现幅员与纵深、位序与层次。物形显示状貌,径直呈露眼前;物象隐蓄态势,窥入其形乃得契会,物形物象显隐有别。韵调悄焉相迁变,形象显隐自反转。境象参合以显,生动鲜活,直观便可感得;生命原形隐匿其中,运作于不知不觉。物形物象隐显交互,人之身心亦然。身量身段轮廓分明,体露金风;心象心曲含藏于内,既深且微,易变而难测。习常皆知身形心象一显一隐,待得移步换景,心显而身隐。心光投射、灵府澄映,所照之处纤毫毕现,无所遁形;身影投入绵野,潜感氛围、默会兆象,全体综汇周遭境况。身为心奠基,反溯源于心源;心为身引流,复植根于身根。

周身沉潜而体证,厚若扎根培土,寓托品象之群落;全心超拔而意会,畅如导源疏浚,牵引形势之脉络。身心互根互源,波峰波岰起伏相依,坡洼坡梁俯仰相应。意识与身体之对抗,于焉涣然消融矣。物形物象,显隐相生相转;身感心领,隐显互成互换。人与物又各以其隐显合体,递相映带彼此之隐显呼应。

人有身心交媾,物有形象互衬,人物显隐可分别言之。论其样态,人多隐意而含于虚灵,物则显发为实体,人隐而物显也。论其运作,人以知行彰显能动品格,万物潜通缘会,隐伏其周遭联系,人显而物隐也。人乃天地灵明发窍所在,样态灵动而虚隐,异乎物之实有;行动禀得自觉,异乎物之默运潜行。倘从显域、正面加以烛照,人之收放取予,辐射又辐辏,扩散又拢聚,弥布其视察触探之幅展,浑化为虚晕弥漫,随遇而晕染;诸物与人相遇,随缘际会于晕圈乃从晦暗浮现,呈其形而兴其象。然若冥会于隐域与背面,物之联类曲畅、结缘周遍,本身就饱含富藏之能、厚蓄之德,辐合又辐散,弥合又弥散;物既承受人之施为,转而培育地基、烘托氛围,人亦接受其簇拥与包合、推荡与牵引。人与物互为归属、相与托付,诚乃授受一如。人之见(jiàn),为物赋形授意,建构经营意象;物之见(xiàn),承受人之取予,随即涌现形势气象,物情寓示人意。反覆此见,物以其自发涌现,反身视见、托显人之性状,人受物拥卫如受围观,得以委形而趋向自然。人与物授受交构、隐显互形,构(構)即媾,远近沟通、来回遭遇也;形即构形,形著、体现也。形之在人,体现为主动赋形观象,同时承托于物类围拥环抱;形之在物,显形现象而匿形隐象,既有待人给予揭示、展露,又潜运其默化之能以助人受形。

人与物互根互源,同根分枝又连理,通源别派又合流。人以物为体,返本于自然,神与物游而身与物化;物以人为体,万物向人荐灵托身,自然本身满溢情意。"目既往还,心亦吐纳","情往似赠,兴来如答"(《文心雕龙·物色》),人得物之馈赠而回赠反馈,物得人之召唤而回应反响。人与物交互为体,呼吸往复,居中涌现完形纯象,游移于道器隐显过渡之中间地带。道—象/形—器,此层级遂转换为态势迭替推移,冰融为水、水蒸为气,气凝成水、水结成冰。显形隐象,中处于道器互动、人物协作,栖居于时境交融,此乃千变万化之"中",似左似右、若前若后,随势转化莫定。通道屈伸沟通,道与时之喻也;容器张缩包容,器与境之喻也。显形运行如曲谱,隐象孕育若画图,曲式反而隐,图式反而显。万物派衍脉络牵引之势,兴发苞朵攒簇之能。人之身心全体亦动亦静,本就兼备气脉通道与脏腑容器;人之生死全程亦行亦处,自发浮现道路与家宅、轨迹与场域。

  显形隐象,狭义为卦形卦象,广义为符形兆象,来自人境物情之交相为体;物形身形与物象心象互动,依符形兆象以呈现,由造形取象活动而形著、象示。人与物互体于此浑成运作,从中孕育本原之技,远取物而近取人,环舞联属不穷,好比随物演卦、即身撰符,演撰乎道与器、人与物之中。技即艺、术,艺主融会而术主专精。陈徽考释字源,技即巧,巧字从工,工字本义为矩,曲尺、工字尺也,引申为持具施工者,又为操作技能高超。百工运百技施行百物,技体现人与物之内在默契,蕴含生存体验,既成就物,也成就人;非为展现操作之巧,而应通达于道,导向天人己物之通融。此义体现于"术",从行,由道路引申为达道、通行之所由,亦即途径、方法。"藝"本作埶,从丮、坴,丮为持种,坴为土块,由亲手种植引申为培育、涵盖。技之本质在通达(术)与涵养(藝),"其所达者,道也;其所养者,德也"。① 此分疏甚精。若从显形隐象出发,观以形而上下,又呈别样理脉。造形制器以术,人施展其术与形游戏,制作手段多样,操作手法巧妙。观象修道以艺,人兴发其艺与象涵容,初觉平淡无奇,深入体会乃潜感道象。术近于器,反以其通导之势,呼应道之行;艺近乎道,反以其涵育之能,呼应器之用、德之蓄。术显而艺隐,技居于术艺之中、隐显之中,一体三态犹如光谱过渡转化。

  人与物交互为体,活枢在技。杨儒宾举道家思想阐抉身体技艺,谓其由技进道,主体不求宰制客体,客体亦非静待主体凝视之物,主客一体呈现,化入整体场域,浑然成为具体之思与行。入身扎根于风土场域、文化传统,主体得其先行奠基乃能生成,可谓"体而无体",循主客两端往复游动于场域氛围。② 人化身入物,物托身于人,主客互体恍似交换其体,并且交互体现、实现。技涌现于主体客体互体之中,转而参综其协作共兴。人以联觉通感携技进入风物,连类包贯,从中把握物形、打捞物象;技之样态方法莫不根源于物,妙运此合乎物情物势之技,回身观物用物,近乎物之自观自用。物类受人以技感知、利用乃至改造、重塑,人之能力与气质随技术运用发生变化,其自我塑造深受技术影响。物类特性与偏向得技揭示,却因局域凸显而障蔽其余;人之本质力量由技开发、拓展,然其生存样态、生命维度亦被规导。技受限于人与物之互体,转而规定人物互体之限度。

  居于人物之间,技溯乎幽隐而通达大道成化,启乎显明而开

---

① 参见陈徽:《致命与逍遥——庄子思想研究》,上海:复旦大学出版社2011年版,第89—94页。
② 参见杨儒宾:《技艺与道——道家的思考》,载陈明、朱汉民主编:《原道》第14辑,北京:首都师范大学出版社2007年版,第255—268页。

辟器物适用。任何技艺,均可比拟立卦生爻,外效法而内模仿,又联想又创造,经由取象造形活动,展演完形结构,葆养纯象含意。修习体道用器之技,自反于亲证道器一如,可谓技之自我成全也,感应物类而构拟、联想,化合身心而兴发、沉潜。先圣明示"游于艺"(《论语·述而》),以六艺涵养德能、导引情志,进而有效参与事用、物用。后代士子游艺有成,无论吟诗行文作书习画,抑或起舞度曲弈棋练武,均似取象造形演卦般,俯仰迎送,成器造道。技艺达于极诣,臻乎道器协济、人物浑融,艺事游刃有余,恍惚技艺自行生长而天然合度,不期然化入万化盈缩消息之大艺。

运度:居间调节

人乃天地心,亦为天地具体而微之身,身心一体,涌没于联类结缘之运化,与远近表里互通声息。人与物交互为体,俱处乎将形未形之际,既能动又待塑,相向敞开无尽可能。主与客,内与外,互体于取象造形之技,技亦处乎似成未成之际,绾合道器一体协运,牵一发而动全身。技之妙用在度,亦即道与器、人与物之相互协调恰如其分,恰到好处。

道,导也引也行也,喻示生生大化流行,体现于人之引道以导行。大道之行,变易无方而恒久不易,变与不变之际却可为人测度,触类推想其易知与简能。引道而行,有所导有所向,面临歧岔有所抉择;与物盘桓,须得细心把握分寸,依时机节候予以揣度。分寸即度(dù),揣度即度(duó)之。应物制器,因应自然物类之性状,由以制成人工器具,器又代指人之器量器局器识。方圆大小、厚薄钝锐,质地刚柔糙润,纹理粗疏细密,皆属器具之规制与性状也,各有品格矩度;随人之善用与否,器具寿命效能自有限度。制器造具,于材料之质体、形理与分寸,均须巧为衡度,审度其曲直,忖度其形势,因时因地施行工序,遂其宜而尽其性。制器如此,树人亦然。培育人材与自我教育,可喻以成器,本身有其成长之次序节度;"君子不器"(《论语·为政》),乃可成就大器。人行天地中,钟灵毓秀、葆韫神光之宝器也,器宇材具风度合称器度。人之生息劳作,与他人往来人世,与万物交通于大道川途,"鱼相造乎水,人相造乎道"(《庄子·大宗师》),迭互投入器具之制造使用。人与物交互为体而妙合于技,往来迎送、俯仰周旋,仿佛设卦观象、演卦造形,艺事充满分寸节律之度。道器相即,人物互体,神思笃行与显形隐象交融,"度"居中运度,指向形势之反身指引,参综意蕴之潜在综合。

李泽厚重视劳动操作与实践活动,物质生产与科技发展,首倡"度的哲学""度的艺术",标举"度"(而非"有""无")为人类学历史本体论第一范畴,兼具本体性与操作性。经由度之把握,让自在之物从隐蔽中涌现,自身品格能力亦得以塑造、培养。度即"掌握分寸,恰到好处",参涉肢体及神经技能,技术运用与艺术运作;不在对象客体也不在意识主体,而首先出现于人类生产、生存、生活,关乎实践、实用之制作、创造。"巧"与"调",描述无过无不及之度;"中"与"和",本义与实现均在度。实践—操作—生活,运动变化过程不断完成却永不完成,持续向各种可能开放。作为活生生之动态永行,度以人之能动把握,鲜活展示《易传》"天地之大德曰生""生生之谓易"。度,隐藏于技艺与生活,实践行动恰到好处构成知觉完形、思维规则,此即形式感之源,包括节奏韵律、对称均衡、比例次序、简洁和谐。度生于用并服务于用,唯运用乃得度,用即中庸,日日新又日新。寓高明于中庸,化本体入妙用,主客融合于度,依乎天时地利人和材美,主动创造、兴立大美。度来自于技,艺乃技之自由运用,美呈现于艺。太极阴阳图之中线宛曲、美妙如波,兆示阴阳交生互补于变易行程,乃度之直观成象,亦即生活自然宇宙之生动图演。① 人世与自然协同运作,工艺与心理本体共同构成双本体,依人与内外自然之关系(自然之人化—人之自然化)而展开,最终归结于人类历史。②

阴阳中曲线乃"度"之图演(形显—象示),随其摇摆悠荡有致,巧妙摆荡一派相反相成、互夺互入之势。人类学历史本体论以"活"为圆心,无心之心也;以"工艺—心理"双轮互运为动力,自发之原力也;同心圆一圈圈如波推扩,周回不穷。工艺本体核心在"度",心理本体核心在"情",双本体交互成体,实为一体而无体,比类双鱼负阴抱阳和合太极无极之圆,可谓"圆善"。理性与智慧之真,人情与艺境之美,汇归于人类历史总体生存延续这一大本大源之善,"天地之大德曰生"(《易·系辞下传》第一章)。度与情,双核心交相呼应,阴阳双鱼各具只眼,白睛黑睛对观互映。双鱼曲负绕抱而衬托波状曲线,可形容"中""度""巧""妙",更可喻示知、意、情之如理、得体、合宜;而人类情感也渗透于理性认知、道德践行。工具本体,强调制造—使用工具进行劳动实践,以及据此无限扩展之活动环节、认知成果,为人类生存奠定基础。心理本体,凸显情感作为人生之真谛、存在之实情、终极之深意,为人类生活引导方向。工具与心理本体皆非抽象本体,恰恰以现象具体为本体,实乃无体之体。情往下为感官

---

① 参见李泽厚:《历史本体论》,北京:三联书店2002年版,第1—9页;《实用理性与乐感文化》,北京:三联书店2005年版,第27—34、40—42页。
② 参见李泽厚:《双本体论》,载《哲学纲要》,北京:北京大学出版社2011年版,第232—293页。

生理欲望,居中为血缘孝慈亲情,往上为万物同体之仁;度往下为器具矩度,居中为生命尺度、物类律度,往上为宇宙法度。度之运行,本已潜注情意;情之感发,自亦暗含韵度。

工艺与心理双本体,统一于人类历史行程之"活"。从身心互动到人际协作,从自然共创到宇宙交响,"活"即自如通行、全面参与。"生生之谓易",人之行走与协作,日日新,又日新,呼应万化变易、大道周行,"道行之而成"(《庄子·齐物论》)。李泽厚赞曰:"宇宙—自然"即神明行走,本身无由解释、不很确定却又富有规律,以其物质性与人间血肉相融贯,构成神圣历史与历史神圣。呼应宇宙—自然之物质协同共在,人满怀历史感而生存行走("活")于具体时空延续,经由"度"之实践,不断发明、创造具体规律。[①]

通观隐象而感会兴发,轨法显形而比附构拟,人与物交互归属、相与造就,总处乎方生未兴之际,犹待转化,尚未确定。身心与物类徘徊嬉游,妙合于技之似成未成,进道而制器。道—形(象)—器,隐显参互贯达;人—卦—物,往复递相沟通。道与器阴阳负抱,人与物能所授受,活技居间运度,全域乃得一体浑化。实项层级框架,转化为变量指引之环舞,经线纬线交缠,平圈立圈互旋;曲复如环而浑全若圆,宛然龙蛇盘旋又潜蜷,乾动健行,坤静顺承,居间摆荡不已。

溶浸于道器人物诸态之参合,任一变量皆缘其依托而涌兴,复又回返参助其周缘系联。此间没有现成之"人"与"物",更无现成之"道",就连"器"也不可把捉为现成载具,而须缘循运化

[①] 参见李泽厚:《关于"美育代宗教"答问》,载《哲学纲要》,北京:北京大学出版社2011年版,第378—388页。

之脉络,随势曲体其活性、潜能与妙用。大道乃化为道之"行",殊器乃化为器之"蓄"与"用",物色、身体与心灵俱化为"感",物感身感心感也,技亦应感起兴,而化为技之"能",居间潜感左邻右里来龙去脉,转运生机贯达之能量,活现行动操控之能力。技能曲畅旁通,感传生活脉动,物类之质体文彩乃由以纷呈意象,身心亦因之潜移默化,随其运用而得实现。技能又受物类牵引、承托,甚至成为物之自感;身感心感弥布技能,贯注于一体盈缩屈伸之律动。自如挥运技能,尤以手为感传之枢,身手者,化入全身通感之技也,铭刻心灵印记,往复推挽而居间抟控。艺事均可以手艺宽泛代称,好比取象演卦,心手相应;工具乃手之延伸,大道化导亦拟乎化工巧手妙用。

艺—技—术,一体三态之相变也,居于道器人物之间,亦行于时境之间。由此全面协调、微妙调节,涌现挥运之"度",亦即得时、中节。调适以度,类似琢磨推敲、斟酌掂量,更可图示于"抟",手法圆匀、细腻、柔和,转换过渡,损益去取,委曲贴合情势变化而不失平衡,贯达其重心、准的、节点。融入全局统揽、全体联动之力场,节度运化,其妙在"导"。导即引,"从寸,引之必以法度"[①]。寸字从又从一,又即手,一为掌下一寸之腕横纹,体示长度单位,分寸尺寸皆然,引申为规矩、界限与法度。寸度兼表长度、程度,还以极短极微之状,兼喻境域与时辰,寸土寸阴是也。估量轻重、揣摩缓急,忖慺也;切分节度为刌,切木治玉为剚,均关乎体段尺度。手艺以手为度而度之,源于指掌腕肘天然禀有之寸度,手法手段宛然人手自身分寸之合度展现。守字亦从寸,从而与尺度矩则关涉,名词义为职守、品节,动词义乃执掌

---

① 〔清〕段玉裁:《说文解字注》,第 122 页上栏。

法度、遵循规范。度字内含又字,暗藏手象。《说文解字·又部》说解度字:"法制也。"段《注》:"周制,寸尺咫寻常仞皆以人之体为法",寸咫仞"皆于手取法"。① 近取诸身,以人体自身及其运用为度量基准,既出于身体与宇宙之比度、隐喻,更体现溶入周遭境域之具身亲在感,身感随态势联动而呼吸涨落。以身为度,以心度之,迂回游走全局,以持守平衡匀称,"正心在中,万物得度"(《管子·内业》),万物乃得适宜推度、妥当调度,与身心交感互振而生成时运与律动。全身心运度调节,手段寸度与心律、步调、身法俱起,成为"度"之活现。

"度"之运化,着落于"中"(音 zhōng,中间),形容为"和"(音 hé,和谐),依托乎"中"(音 zhòng,命中)与"和"(音 hè,应和)。"调"与"度"尤为相通,试举数端,略予阐衍。(一)调和。以调理之技,收协调之效,应答有致,而相映成趣。音声、味道乃至万物,莫不错落综汇,以成丰富深永,诸音和调、诸味协济,乃得错杂不齐之齐,起落不平之平。(二)音调韵调、声度曲度。和谐之旨,音乐、绘画直感体现,在色彩、亮度、笔触、调子之协调,在旋律、韵调之合奏共鸣恰到好处。人有格调情调,乃意趣品性之发为气象气韵,关乎风度体度,如画亦如乐。(三)调动调换、调派调遣,合曰调度。基于通盘权衡,依情势变换采取优选,以利于潜在功效自然发挥,源源不断保持动能与活力。(四)调节,中节即合度。节字本义为竹约,竹之分节如腰带缠束竹身,引申树干草茎分枝派叶之关节。进而标示身段肯綮关

---

① 〔汉〕许慎:《说文解字》,第65页上栏。〔清〕段玉裁:《说文解字注》,第116页下栏。《说文解字·尺部》说解尺字亦谓:"周制,寸尺咫寻常仞诸度量,皆以人之体为法。"第175页下栏。

纽,成为划分段落、系联片段之过渡段,更有管控绾合作用,以简驭繁,以少总多。调节之旨,在于匀谐,然非囫囵混沦,而须随处分节分段分理,适时予以规约,保持微曲有致、细节各具,不失其内在节理差异,由此生成参差复杂之协调。

于连(余莲,François Jullien)妙抉调节精义,极尽深微。"中"之真蕴,适应环境千变万化循持平衡,唯自发调节乃与化偕行。天道之调节,曲体极微、不断更新,人以具体而微之调节,自内贴合贯通全部现实活动,朝向可变敞开以呼应天道,达成天人调节之共鸣,从全面水平持久维系均衡。曲而中,依此运作路数,调节既无确定形式,亦无独一模式,永远委顺事物变化,由曲得中、亦曲亦中。曲变而微调,指引复暗示,恰当烘托牵扯全面形势,迂曲调节遂成为切中与直入。①

移步换形调校中心,时移势易调整重心,调节之道,曲成其微、曲尽其妙,体贴物事自身节律,随顺形势潜在节拍,周行不遗以达乎节中,曲中其节也。节中之度,源于全面形势又御乎全局挖控。调字从周,周字象田畴布种、秧苗稠密,引而申之,周遍分布、周全照料也。倘予充分联想,调字亦禀得周洽协济之势,周匝往复必有度,均衡分布须合度,过犹不及皆失度。度包方圆,规度、矩度也,动词义为运度、用度、揆度、筹度;又指示程量、界限与性状,长宽高深、广厚弯斜、重密纯浓皆可表示。从量度、限度、刻度引申为度越、度化,一为临界跨越,一为指点提升。后者亦作渡人渡世之渡,义与济通,横越水面、渡济川流也;此义又表示过渡,潜然推移、浸渐转换也。道器隐显之间,形而上下之中,

---

① 参见[法]弗朗索瓦·于连:《迂回与进入》,杜小真译,北京:三联书店1998年版,第226—227、244—246、250—254页。

恰可形容以"济",指示道器临界交际之中度,相与过渡之动势呼之欲出。光谱推移,潜转暗渡,交济于既济未济之际,若即若离。道器交济更有冲和之意,交参互用、氤氲成和,势若阴阳负抱之挟扶;生效与补益,扶助与成全,协治与和调,诸义皆蕴蓄于"济"。由交济达致共济,人世自然万事万物各遂其性、各尽其能,互助共生于太和。

根源乎大化之本原艺术,自行摆脱人与物之静态把捉,道与器之对象隔置。即便动态过程、关联模式,亦须予以转化,消融其现成理路,返归自然之吐纳,让生气绵绵涌流,保持将成未成之始生始动。拟于四隅四时之互缘互媾,人兴发而物含藏,器焕殊而道贞一,本原艺术居间运度有信,成为原涌之动源、本生之活根。道器人物连绵协调,随其运化而迭互涌现、循环成全,浑融乎技之自运,"以天合天"(《庄子·达生》),浑若天运。天人互体而浑化一体,"体"之名词义为流体、变体,化解意识与身体之执空执有;动词义为体触体受、体知体行,汇归于具身通觉之体感。人物互体(交互感应)如共鸣,人技互体(交互实现)如合拍,心手互体(交互协从)如调音,道器互体(交互成就)如双声叠韵。诸体俱为无体之体,互体于无体。

大道潜运,悄然为器奠基并自寓于器;器既容载道、敞显道,又以固结之弊而遮蔽道。万物得人呼唤遂从沉眠苏醒,更为人提供赖以扎根之风土;人超然兀立,受万物感召乃返本溯源,反身为物色赋予情采意趣。道器人物共济于技之运度,此起彼伏凑泊力场与势域,呼吸虚实成和,左右逢源,触类旁通。运度本义为三光推运之躔度,变通引申为运化运转、调度调节,浑成始动始萌之能。本原艺术居间运度,与道偕行、与器周旋,礼赞万物而仁泽人世,回馈生活绵飚之全体大用。

余　论

　　前贤标举"形而中学",启予良多,据以变通、联想,申衍居中之蕴。形而上与形而下,从形起步以趋于幽隐显明。引而申之,形(象)之名词义乃卦形卦象,推扩为符形兆象,形显象隐而交寓一体;动词义为形著、象兆、体现。倘结合人与物之既交相赋予又回互归属,动义态之更有取象造形、呈形现象。人与物交互为体,授受妙合于技,转而让物与人之互相体现得以成全。诸技之挥运,无异于演卦成象,总处乎似成未成之际,以艺成道而以术成器。浑成变量涨落之环舞,道器人物作为生动环节,各有其隐显交变,彼此又声气交感,化归生活原艺居间运度。

　　取象造形旋舞挥运,节中、时中之度,居间自运而本生、缘化,指向形势反身指引,参综意蕴潜在综合。圆晕隐显回映,曲波长短迭推,远近弧心由以浮沉迁留,精准到位而杳然若虚,或为度之喻象欤。乘势涌没乎将形未形之际,随缘栖游于象内象外之间,度亦盈亦虚,若隐若现。

　　道器人物身心乃至形象显隐,诸变量之结对互体,不仅交互体现,趋向一体协运,更以交争交会、互属互代之势,而保持参差与纠缠,得其不齐之齐、未济之济。浑然运度此间,亦且默运暗度于时间空间之间,万象交映、万籁回响,生气循环涌溢,潜能密藏酝酿,媾兴全息缘动之境况与时势。道器周合、时境周绵,人以明知默会呼应品物流行,通感体受环境氛围,神思契乎时节之韵调,互相调理、协调运行,卷入自尔运化之漩流,瞬息万变之风云。"与齐俱入,与汩偕出,从水之道而不为私焉"(《庄子·达生》),"随风东西,犹木叶干壳。竟不知风乘我邪?我乘风乎?"

(《列子·黄帝篇》)。道器人物氤氲浑化,原艺既生于兹又返乎此,溶漾生命情调,居间运度而浑成"天运"与"大度",涌兴人世自然宇宙之和奏圆舞。

"天何言哉?四时行焉,百物生焉。天何言哉?"(《论语·阳货》)"天地有大美而不言,四时有明法而不议,万物有成理而不说。"(《庄子·知北游》)天地浑运,万化时度,人与他人往还交道于人间世,与万物往复交换元素—能量—信息。根源于大化本身之原艺,通达道体成化,开辟器物适用,渊默参赞天地美善、宇宙节律,洋洋乎与时消息而与境呼吸。

(撰稿人　周瑾)

第六章 干支篇

一 干支与生肖的迷雾

干支,天干地支,中国古代纪年、月、日、时之法也;生肖,以十二地支用征个人出生之年龄,生于某年则属某物也。前者与古代之天文学、历史学有关,而后者则唯与个人之年龄有关。看似简单,却成了中国历史学、民俗学、天文学史、图腾史的永远说不清的问题。从清初的大学者,到乾嘉的朴学家,再到近世章太炎、刘师培、郭沫若,《楚辞》研究专家游国恩,以至坊间命师、算卦先生都各执一词。有些是天才的幻想和臆测,有的则纯属迷信与杜撰。然而干支与生肖的问题还会继续研讨下去,永无十全的结论。于是笔者将这部分内容名之为"迷雾"而不敢称之为"明辨",即旨在说明迷雾之所在,而不奢望拿出言之凿凿的绝对正确的答案。在迷雾中的漫行,将是有趣的诗意的历程。

(一)从《楚辞·离骚》谈起

《楚辞·离骚》开篇,屈原即高其身价:"帝高阳之苗裔兮,朕皇考曰伯庸。摄提贞于孟陬兮,惟庚寅吾以降。"

这里诗人亦与帝王自称天子、西方人自称上帝之子一样不能免俗,十分确切地称自己是五帝之一高阳——颛顼的苗裔。他的唯一依据是楚之先是来自北方的祝融部落的一支。"朕皇考曰伯庸"一句有两种解释:其一,皇,美也,父称考,故此句可译为"我的有美德而富令名的父亲字伯庸",洪兴祖《楚辞补注》引东汉蔡邕说过:"朕,我也。古者上下共之,咎繇与帝舜言称朕,屈原曰'朕皇考'。"可为此说之佐证。其二,唐注《文选》以为屈原为人子,岂敢妄称其父名而自称"朕"?我以为"皇考"不必确切指其父,而是笼统赞颂其有嘉功懿德的父祖先辈,而"伯庸"则或为族名。"朕"似也可理解为自己族群的泛称,不必一定解释为"我"。"朕"在没有成为帝王专用之时,如秦代之前的用法,还有待细考。

屈原是极重视天生的"内美"的,因此在自报家门之后,便把自己奇妙的生辰托出:"摄提贞于孟陬兮,惟庚寅吾以降。"用两句诗隆重申述生辰,足见奥妙必在其中。按王引之著《经义述闻》之考,"摄提"即太岁之名。据《尔雅》称"太岁在寅曰摄提格"。《淮南子·天文训》云:"太阴在寅,岁名曰摄提格。"又据《开元占经·岁星占篇》称"摄提在寅",此"寅"年无异义也。"贞",正也,正在也。"孟陬",正月之春也。那么"男始生而立于寅"(《楚辞章句》),此处之正月,便是"寅"月无疑义也。"惟庚寅吾以降",此"庚寅"置于年、月之后,固为"寅"日无疑义也。"寅"之义三见于此两句诗,则简译之当为"我生于寅年、寅月、寅日"。清初顾炎武判断此两句诗应该年、月、日俱全,然言之未详。但能谈到"年、月、日俱全"已是不易,不应苛求。至于进一步有人称屈原生于"虎年、虎月、虎日",则不免所据阙如,不可贸然以为定论,因为文章至此,笔者尚未有一句提及地支与生肖之关系。在屈原看来,寅年、寅月、寅日已是生时不凡了,至于屈原之时是否确切知道自己属虎,那还是一个疑问。

我们可以零星地在早于屈原的《诗经》中看到一些诗句,如《诗经·小雅·吉日》中"吉日庚午,既差我马",已将"午"与"马"对应。而在公元前217年湖北云梦睡虎地十一号墓秦简中《日书》有《盗者》篇,以作占卜盗者相貌特征之用,载云:"子,鼠也,盗者兑口,希须……丑,牛也,盗者大鼻,长颈……寅,虎也,盗者壮,希须,面有黑焉。卯,兔也,盗者大面……辰,(原文脱漏)盗者男子,青赤色……巳,虫也,盗者长而黑,蛇目。午,鹿也,盗者长颈,小胻,其身不全……未,马也,盗者长须耳。申,环也,盗者圆面……"

这是屈原死后五六十年下葬的一座墓中出土物,不过将十二生肖中的大部分动物列叙其次(其中亦有不相合者如午、未),以作为捕盗之佐,略类今之公安为搜捕犯人据口述想象素描像,与十二生肖之神圣性似有相忤。以此之故,我们暂不将屈原生于"寅年、寅月、寅日"称作"虎年、虎月、虎日",虽然后者更显得虎虎有生气,也说不定屈原更加以为神奇高贵。

(二)王充《论衡》之《物势篇》和《言毒篇》

这已是屈原之后三百年的著作,三百年中有关十二生肖的记载可谓一片空白,有论者以为《论衡》之《物势篇》和《言毒篇》两篇,将十二生肖之动物完全罗列,应是生肖最早而最完备的记载。这里有两点必须弄清:一是王充所以提十二种动物,目的是不是说明人类之生肖?二是"物势"本义竟如何?第一点,王充列举十二种动物,目的是说明天并非故生万物,一切都是偶然。

他说:"传曰:'天地不故生人,人偶自生。'"所以当他看到万物相互贼害之时,同样以为天地不故生万物。他说:"天自当以一行之气生万物,令之相亲爱,不当令五行之气反使相贼害也。"他有一段文字,不可断章取义,虽累赘缛繁,亦请录于下:"且五行之气相贼害,含血之虫相胜服,其验何在?曰:寅,木也,其禽虎也;戌,土也,其禽犬也……巳,火也,其禽蛇也;子亦水也,其禽鼠也;午亦火也,其禽马也。水胜火,故豕食蛇;火为水所害,故马食鼠屎而腹胀。曰:审如论者之言,含血之虫,亦有不相胜之效。午,马也;子,鼠也;酉,鸡也;卯,兔也。水胜火,鼠何不逐马?金胜木,鸡何不啄兔?亥,豕也;未,羊也;丑,牛也。土胜水,牛羊何不杀豕?巳,蛇也;申,猴也。火胜金,蛇何不食猕猴?猕猴者,畏鼠也。啮猕猴者,犬也。鼠,水;猕猴,金也。水不胜金,猕猴何故畏鼠也?戌,土(犬)也;申猴也。土不胜金,猴何故畏犬?""夫物之相胜,或以筋力,或以气势,或以巧便。"(王充《论衡》卷三《物势篇》)而这物物相胜的根本在于物势:"蚊虻之力不如牛马,牛马困于蚊虻,蚊虻乃有势也。"由于物势之缘故,能以小制大、以小胜大,而强大则降服于赢弱。这是《物势篇》一文浅陋不足训的本义。王充这段文字无深刻之内涵,无澄明之道理,更无骈俪之雅韵,读之生厌而已。苟有书蠹者流,从中发现了王充首次提出了十二生肖,则正可谓欺世甚矣。其实王充《物势篇》只提到子、丑、寅、卯、巳、午、未、申、酉、戌、亥十一种相应之动物(文中"东方木也,其星苍龙也",与"辰龙"无关),其他蚊虻之类,与十二生肖更无关系。相隔万言以后,王充在《论衡》卷二十三《言毒篇》中提及龙蛇:"辰为龙,巳为蛇,辰巳之位在东南。龙有毒,蛇有螫,故蝮有利牙,龙有逆鳞。"至此,十二种动物算是完整了。然而这与《物势篇》中谈的十一种动物有什么关系？如果说这是完备的十二生肖说，那是完全违背学理的一种做法，断不可如此作浮泛肤浅之功夫。我们仅仅看到王充在《论衡》中提到十二种动物（或更多），并与地支相配，王充依据什么将它们与地支相配？虽然在《诗经》的章句中偶得吉光片羽，然而在没有历史的实证材料之前，十二地支配十二种动物只能是个谜。

(三) 生肖的发轫

当十二地支应对着十二种动物的时候，我们还不能说这叫作十二生肖，必须应对人之生年才是生肖的本义。那么，生肖之制，何代斯兴，起于何人，见于何典？至今没有任何人敢作断语。然而我们可以大概测定一个与事实相去不远的时间表。自东汉之《论衡》（公元1世纪）至南朝齐约四百年，至北朝周约五百年，这期间，我们找不到有关生肖的材料。这更可见王充以十二种动物应对十二地支，与生肖无关。奇迹总会发生，《南齐书》卷十九《五行志》有文载曰："永元中，童谣云：'野猪虽嗝嗝，马子空间渠。不知龙与虎，饮食江南墟。七九六十三，广莫人无余。乌集传舍头，今汝得宽休。但看三八后，摧折景阳楼。'识者解云'陈显达属猪，崔慧景属马'，非也。东昏侯属猪，马子未详，梁王属龙，萧颖胄属虎。崔慧景攻台，顿广莫门死，时年六十三。乌集传舍，即所谓'瞻乌爰止，于谁之屋'。三八二十四，起建元元年，至中兴二年，二十四年也。摧折景阳楼，亦高台倾之意也，言天下将去，乃得休息也。"这是记载南齐末年东昏侯时的一次变乱，词涉谶纬，殊不足观，而值得学者庆幸的是，其中竟然明确地记载了陈显达、崔慧景、东昏侯（萧宝卷）和梁王等的生肖，可资生肖史之一证。

另一奇迹则见于《周书》卷十一《列传第三·晋荡公护》,有文载曰:"汝与吾别时,年尚幼小,以前家事,或不委屈。昔在武川镇生汝兄弟,大者属鼠,次者属兔,汝身属蛇。"这是周、齐交战之时,齐王扣留晋荡公宇文护之母阎姬,并命人代阎姬写给宇文护的信中的句子。小朝廷之争,且置而不论,这封信对研究生肖史同样提供了又一确证。

我们终于可以认为,自东汉至南北朝,人们逐渐地确认了十二地支与十二种动物相对应的关系。由于干支纪年,人们很容易将十二地支的相应动物与人的生年相合,于是生肖成为人们记载生年的简易而便于记忆的方法。如《周书》所载诸子的年龄,阎姬记得的当不是帝王的纪年,而是诸子的生肖,这是既准确而又方便的方法。尤其在战乱频仍的三国至南北朝之时,王位纪年驳杂混乱,而又没有天文学家告诉他们星岁纪年法和太岁纪年法,于是生肖纪年为混乱之世普遍使用。如果是大一统的太平盛世,王位纪年就会被普遍使用,甚至生人之年也不例外。

自屈原的"惟庚寅吾以降"到南北朝史书记载生肖经历了八百年,我们才恍兮惚兮看到了一些光明,这就是迷雾的诗意存在。以郭沫若先生之天才妙悟,在生肖的面前,也显得有些束手无策,然而他终于在1929年有《释支干》一文发表,以为中国之十二生肖源于巴比伦的黄道十二宫而创十二肖,汉武帝通西域之时来到中土。然则前文所述之湖北云梦睡虎地秦简《日书》的出土,使郭说完全败绩。然而郭沫若先生以为十二地支是从观察天象而诞生的思路,则有一部分符合,另一部分则不免牵强拼凑,兹不赘述。①

(四)干支创制刍议

天干地支以纪年、月、日、时的传说,所从来远矣。《史记》卷二十六《历书第四》有云:"神农以前尚矣。盖黄帝考定星历,建立五行,起消息,正闰余。"对"考定星历"一说,《系本》及《律历志》作如此索隐:"黄帝使羲和占日,常仪占月,臾区占星气,伶伦造律吕,大桡作甲子……"更早的战国时史官所撰的《世本》记黄帝以迄春秋时的历史,有"容成作历,大桡作甲子"。大桡,黄帝之臣也,以作甲子,亦若仓颉为黄帝之臣也,以制文字一样,不过是个代号式的人物。天干地支的创制也同样是一个漫长的渐进过程。这一点,我赞成郭沫若《释支干》中所云:十天干纯属十进位基说记数法的观念衍化,其中多半是殷人所创制,大抵其文其事皆出自然发生,而无丝毫神秘及外来之痕迹。我想,在夏、商之时,中国十进位记数法已使用相当纯熟。据考古学之发现,中国在山顶洞人生活的年代,已开始了十进位值记数之法,距今竟是三万年之遥。中国人对全人类最伟大的贡献,不仅是火药、指南针、印刷术等等,大数学家吴文俊先生在《吴文俊论数学机械化》一书中作如是说,这真是石破天惊之高论。因为人们如果不知道逢十进一,加上每个数码既有其自身的绝对值,又有其所在位数的十进制的值,那么我可以猜想,人类跨不进数码化的时代。

十天干甲、乙、丙、丁、戊、己、庚、辛、壬、癸这十个字,和十二地支子、丑、寅、卯、辰、巳、午、未、申、酉、戌、亥十二个字构成数

---

① 参见郑文光:《中国天文学源流》,北京:科学出版社1979年版。

的世界,是殷人最初以六十日为周期纪日,而这种干支配合用以纪年,是殷人后期纪年至美至善的创制。十和十二是六十的两个公约数。六十是它们的最小公倍数,有了这样的十进位记数系统,加上六十循环的干支表(我们在《甲骨文合编》中看到了一篇编号为 37986 的卜骨,上面刻有完整无缺的干支表,起于甲子,止于癸亥,正好是一轮甲子),我们中国的历史,理应比任何国家的历史记载得更清晰。

夏代的天干为帝王名的有孔甲和癸(桀),而商代的天干为帝王名的几乎是全部,从商汤之子太丁到商的亡帝辛(纣),无一例外用天干为帝号,足见天干十字于公元前 16 世纪至前 11 世纪在中国人心目中的至尊地位。而且我们可以断言,天干的产生早于地支,准确地说(不是"大桡作甲子"式的传说),以天干地支纪年应是殷商后期、周初之后的事,而最准确的纪年应该是公元前 841 年庚申共和元年。李学勤先生等一批卓越的考古学家、古文字学家和历史学家,正将中国之准确纪年向前推移,这将是一件功德无量的学术上的大事。

前面提到郭沫若先生十二生肖西来说,岂止十二生肖,在章太炎先生的《訄书·序种姓》中称,巴比伦人东逾葱岭而战九黎、三苗的是太昊,太昊之后十九代的葛天氏,即将巴比伦"加尔特亚"的"尔""亚"等余音除之,剩下"加特"二字,即"葛天"二字,这就是陶渊明《五柳先生传》中远古高人葛天氏了。而巴比伦语中"萨尔宫"者即"神农","尼科黄特"者即"黄帝"也,其教授文字称"仓格"者即"仓颉"也。这些今天看来都是近乎笑话的考据,绝不可为世界文字学和中国文字学所承认者,然则彼时以章太炎于国学中的地位,加上刘师培、蒋智由诸大师之支持,颇成气候。郭沫若的十二生肖源于巴比伦黄道十二宫,正是在这种气候之下应运而生的。试想,原始的部落有天大的本领也不能轻易翻过喜马拉雅山、越葱岭而东,送来一个黄帝。

(五)图腾说之悬疑

中国远古之世有无图腾之信仰,尚待考古学对上古图案、符号、出土物或岩画的科学解释。至于夏商文化中出现的龙凤,那是距图腾文化十分晚见的事物了。闻一多先生在《龙凤》一文也作如此说,但他承认从"鲧死……化为黄龙,是用出禹"和"天命玄鸟(即凤),降而生商"两个神话中,可以认为龙是原始夏人的图腾,凤是原始殷人的图腾。十二生肖出现和使用的年代则距原始人的图腾信仰时代太遥远了。

如果一定要找出十二这个数目的渊源,我则以为十二地支乃是为了和岁星十二岁为小周天相应合有关。岁星岁行三十又十六分之七度,十二岁而周,与中国数字学上的伟大创造十进位数天干循环,一周六十年为甲子,周而复始,以纪亿万斯年,这是一个比较清晰而了然的解释。

十二种动物的选择似乎找不到特别有力的证据以证明其必然。如果是古代先民的图腾,那一定是比较大的部落的祖先徽号,否则,为何闻一多先生视为原始夏人商人的龙凤图腾中,没有一点儿老鼠、兔子、马、羊、猴、狗、猪的痕迹?如果夏、商已成为部落联盟,那每一部落的徽号都应在共同徽号之中有一席之地,譬如龙之牛鼻、鹿角、蛇身、鱼鳞、兽爪等等,这是十分显而易见的事。可见十二生肖与三千年前原始氏族的图腾信仰无关。

我们不必去寻找这十二种动物存在的严密的逻辑关系和排列次序,也不必从少数民族舞蹈溯源,更不必像有的学者那样从古文字的象形、会意中找理由，那往往是其出弥远，其知弥少，走得越远，则于十二生肖之真知则越少。

（六）亲切的方便法门

天干地支之纪年，在中国有五千年的传说记载，到底起于何年？大桡是否确有其人？那是历史的浓雾之中，伸手不见大桡之五指了，先搁一边待考。六十可作为十和十二的最小公倍数，又可为1、2、3、4、5、6所约，实在是一个亲切的数字，与十二年的小周天挂钩，很容易成为中国历算的甲子循环法，为历代统治者所乐用。以人的寿数而言，人生七十古来稀，大体是以六十岁一轮为下限，而以两甲子一百二十岁为上限。岁月递嬗迅捷，记忆跟不上是常有的，则以生肖记人之年龄是最准确无误的一种方法，亦若前文提到晋荡公护的生母阎姬，只记其三兄弟分别属鼠、兔、蛇，而年龄在其中矣。当时没有公历纪年，王室又短暂多变，岁星、太岁纪年又为人们所不甚了了，于是生肖纪年是最方便的法门。

其实在生活中，我们得益于生肖纪年处正多，只是我们习见不怪而已。记得20世纪60年代我在长安"社教"之中，做人口普查工作，农民们不知道耶稣，公历是不用的，而又不知道天干地支，问年龄便只有问生肖。问生肖可能有十二年的误差，则于其左近之人如妻子、友朋核对之，一份最准确的农民生卒年表便在很短的时间完成。自王充至南北朝几百年里，这种约定俗成之便，当然很容易普及。这既不是严重的有关社稷存亡的问题，大体不会出于朝廷，而是民间生发的俗文化。

生肖渐渐有趣而丰富起来，一是宿儒硕学之不甘心，二是算命先生的稻粱谋。龙虎不能相配、苟生肖何物则形貌必肖之等等荒诞有趣的事,自上而下,不一而足。其实远处走来一人,龙行而虎步,广额丰颡,审问之,则生肖鼠耳。算命先生之卦辞与宿彦之高论,虽趣舍万殊,而距实相益远则一也。

二 再拨迷雾

王引之的《经义述闻》是迄今为止对"太岁"一词考证最详的一本古代训诂研究著述。他认为:"太岁所以纪岁也,其名有六:太岁一也,太阴二也,岁阴三也,天一四也,摄提五也,青龙六也。"据他说,《淮南子·天文训》称"青龙""天一""太阴",皆有赞颂"天神之贵者"之意;《尔雅》谓之"太岁";《史记·天官书》谓之"岁阴";《甘石星经》谓之"摄提"。至此,太岁的六种名称之出处,一一陈明。我们讲屈原的《离骚》之"摄提贞于孟陬兮",这"摄提"指的正是太岁。而王引之的综论古籍,指出太岁作为星名,称谓有异而实一,厥功至巨,也为我们研究天干地支提供了精审的法门。

王引之又进一步提出:"岁星为阳,右行于天;太岁为阴,左行在地。"这就是天干与地支的发轫。而许慎《淮南鸿烈解诂》则称,岁星在天为雄,太岁所以名太阴者,"正取在地之义,安得谓太阴非太岁乎?"则于前人"太阴非太岁"之伪说,彻底颠覆之。以纪年者,在天为岁星,在地为太岁之义遂彰明于世。

我们知道岁星在天,而太岁在地。岁星即木星,由西向东运转,所谓"右行于天"。而太岁则是人类为应和岁星岁行三十又十六分之七度,十二岁为周所虚拟的"左行在地"的星辰,由东而西运转。至此,仅以岁星在天体中运行一周约十二年的岁星纪年,则转化为六十年一轮回的干支纪年,它的优点在前文已有所阐述。

天干与地支的原始岁阳和岁名(岁阳以记十天干,而岁名则记十二地支)的怪诞奇谲,成了一个不解之谜。而南宋渊博的学者洪迈(1123—1202)在《容斋随笔》中,则有一段精辟之说:"岁阳、岁名之说,始于《尔雅》。太岁在甲曰阏逢,在乙曰旃蒙,在丙曰柔兆,在丁曰强圉,在戊曰著雍,在己曰屠维,在庚曰上章,在辛曰重光,在壬曰玄默,在癸曰昭阳,谓之岁阳。在寅曰摄提格,在卯曰单阏,在辰曰执徐,在巳曰大荒落,在午曰敦牂,在未曰协洽,在申曰涒滩,在酉曰作噩,在戌曰阉茂,在亥曰大渊献,在子曰困敦,在丑赤奋若,谓之岁名。"(《容斋随笔·四笔》卷十五《岁阳岁名》)以我之见,今人所惯用的"岁在"二字,是包含着岁阳之"岁"(天干)和岁名之"岁"(地支)这双重意义的。

因了这名称的奇谲不测,加上后来的使用者如司马迁之《史记·历书》,又有种种的变异,如阏逢为焉逢(《史记·历书》载"太初元年,岁名'焉逢'";《汉书》又载作"阏逢"。下述名称之变异,皆类此),旃蒙为端蒙,柔兆为游兆,强圉为强梧,著雍为徒雍,屠维为祝犁,上章为商横,重光为昭阳,玄默为横艾,昭阳为尚章,大荒落为大芒骆,协洽为汁洽,涒滩乃为沕汉,作噩为作鄂,阉茂为淹茂,大渊献、困敦更互,赤奋若乃为赤夺若。由于和《尔雅》所开列之名称有的音近,而司马迁似有所意蕴寄托,因之,译方言之音的可能性是存在的。以洪迈之博闻强记,大感一头雾水,乃有"此盖年祀久远,传写或讹,不必深辨"之喟叹,并斥之为"强解事者所作",非无由也。

由于近人与古代语言之阻隔,误以太岁即木星,又误以为太岁非太阴,实是不知道"岁在"二字中的"岁"字代表着"岁阳"和"岁名"两词,即天地俱在其中,这是笔者纵览古今诸家之说后得出的结论,并不迁就辞书之解释(如1999年上海辞书出版社之《辞海》,第2050页"太岁"条之解释即大错)。也许,本书所陈是迄今关于干支纪年的一个最通达的讲法。

"文史星历近乎卜祝之间,固主上所戏弄,倡优畜之,流俗之所轻也。"(司马迁《报任安书》)司马迁对自己的卑微处境是深有所感的,古代的天文历法,不是一般人可以言说的,因而带有卜巫的神秘性。明代学者杨升庵以为"汉世术学,创为此名,藏用隐字,以神其说",汉人又多迷谶纬之学,于仰天俯地之际,则更宜"神其说"。

由于岁阳、岁名的怪异,古人已有种种的疑窦和种种"神其说",而今人不甘落后,更有郭沫若之巴比伦说、竺可桢的印度说和岑仲勉的伊朗说,类皆瞽者摸象,殊难圆其创说。自司马迁至今两千多年,破解的可能性越来越小,我们当然寄希望于来者。然而我想,本书的解释已然可称再拨迷雾矣。

其实笔者画十二生肖,并无意于研究十二生肖之起源,更无意于对中国古代天文历法的研讨,只是感到学术一事,终不可人云亦云,草草了事,故而生发了稍稍言述之愿望,由此看到了一些颇有趣的学术现象,免不了略考其事。关于干支已是不胜其繁,关于生肖则更是谜中之谜、雾里之雾。这生肖不止汉族所独有,如彝族亦有之,且不同地区的彝族有不同的十二生肖:深山老林中的彝族,生肖中有蚂蚁和穿山甲;靠近汉人的川滇黔彝族和蒙古族,则与汉族的十二生肖全同;海南黎族,则改虎为虫,倒也和《水浒传》中称虎为大虫相类;傣族则有象庞然而在;维吾尔族则改龙为鱼,"鱼龙"二字倒是时时连用,几乎成联绵字者;

有趣的是柯尔克孜族有以狐狸为生肖者。总之,凡属约定俗成的东西是说不清太多的道理的,在此领域中的"神其说"不会少于干支纪年。

（撰稿人　范曾）

第二分部
天人：使命与信仰

第七章　天人篇

第八章　敬义篇

第九章　和同篇

第十章　慈悲篇

第十一章　侠义篇

第十二章　慎战篇

第七章　天人篇

天与人,主要谈人类的心灵问题。

所谓"天",指的是宇宙。"宇宙"这个观念,最早可能出现在庄子的《齐物论》《让王》《列御寇》这些篇章里。宇宙这个"宇"指的是横无际涯的、大不可方的空间;"宙"指的是无尽无止、永无尽期的时间。东方和西方的哲人们、诗人们都会对着苍天发出疑问。苏东坡有词曰:"明月几时有,把酒问青天。"李太白说:"夫天地者,万物之逆旅也;光阴者,百代之过客也。而浮生若梦,为欢几何?古人秉烛夜游,良有以也。"他比苏东坡谈得透彻一些。天地原来是人们的一个旅馆,我们谁不是这个旅馆里万类中的一类呢?"光阴者,百代之过客也",我们应该及时行乐。这是李白的想法,这是诗人的判断。

哲学家的判断则是另一回事。宇宙万有,日月随旋,银河迢遥,星辰转动,它有没有理啊?它有没有理念在里面?柏拉图提出,用人类不朽的生命对永恒理念的回忆,需要方法:逻辑。他自己没有完成,可他的弟子亚里士多德完成了。亚里士多德完成了形而上学,同时研究物理学。

康德对时间和空间的分析,得做一个辩论,甲方和乙方都是康德。甲方如此说,乙方如彼说,都是哲学上的充足理由律。两方辩论,一方说时间有开始,一方说时间没有开始;一方说宇宙有边缘,一方说宇宙没有边缘。最后,康德未就这个问题做出一个确切的判断,因为当时还没有宇宙大爆炸的学说。可是在康德的思想里,凡是推演的都可以称为一种理性,凡是经验的都可以称为一种知性。对于"天"的本质,他在对莱布尼茨的批评里提到过。莱布尼茨说,一定有"绝对必然",绝对必然有一个绝对的存在者,它以必然的方式存在着,它是一个最高的存在者,这个"它"无疑就是指上帝。康德以为上帝的存在是无法证明的。他在这个时候提出了一个"合目的性"。他这个合目的性是说,如果讲理性给人们以恩惠、给人们以好处的话,我们根据理性,可以寻找到一个能够统摄万物的目的性。这个目的性可以起一种调节性的作用,即可以调节性地使用它,而不可以结构性地使用它。康德不像莱布尼茨讲得那么肯定,有个"绝对必然"。康德这个没有"绝对必然"还将持续下去。——康德以为寻找"一切物的最后承担者……对人类理性来说是一个真正的深渊"。

  对天的了解,中国古哲有他们的理解。刚才讲的诗人的判断都无足轻重,因为诗人不能代替我们思想。那么老子讲天,"有物混成,先天地生。寂兮寥兮,独立不改,周行而不殆,可以为天下母。吾不知其名,字之曰道,强为之名曰大"。这个"道"和"大",就是天的字和名,"大"是它的名,"道"是它的字。老子讲得还不是非常确切,是勉强地能给它这样一个称呼。老子做出的不是直观的判断,而是感悟的判断;其结论不是逻辑推演的,而是感悟归纳的。而且他不太赞成直观,因为老子讲过:"其出弥远,其知弥少。"你见得多了,可是你知道得越来越少。这是老子对天的一个混沌的解释。

中国的哲学从老子到王阳明大概发展了两千年,两千年中,王阳明在中国的儒学发展中是个了不起的巨星,是个划时代的、里程碑式的人物。

有人认为,"天"的问题是自然的问题,就是自然的大化。除了自然以外,天还有更深的含义。但这个更深的含义大概不能够完全从感性,也不能够完全从知性乃至理性的分析角度来理解,因为它还有悟性的一面。孔子和天的关系,一般说是一种默契,"天何言哉?四时行焉,百物生焉"。孔子对"天"有一种敬畏感,这句话有一种"事天"的含义。儒家传统可以说有很深的宗教性,但是我们对宗教可能有所误解,宗教其实都有很深的精神性。如果从比较文化来看,西方有两个大传统,一个是希腊传统,另一个是希伯来传统。希腊传统开辟了它的哲学,哲学的发展从柏拉图、亚里士多德,到康德、黑格尔,一直到分析哲学;犹太教所代表的希伯来传统,后来发展成基督教乃至伊斯兰教。所以在西方,哲学的发展和宗教的发展是分开的。关于中国的问题,不管从哲学角度来理解,还是从宗教角度来理解,都有很多重合点。其实古代印度的哲学、古代埃及的哲学,乃至中国的道家、儒家,把宗教和哲学明确分成两种传统的现象,很难找到明显的证据。所以我们说佛教既是宗教又是哲学,既不是宗教又不是哲学;儒家也有这一面。

从这个分别来看,儒家关于"天"到底怎么去理解,便是一个值得思索的问题。有的时候换一个角度可以看出我们的特色,譬如说和犹太教做一个比较。犹太教有个传统到基督教体现得更突出了,就是天是无所不在、无所不知、无所不能的。天就是西方所谓的上帝。在中国,天无所不知、无所不在,但到底是不是无所不能,值得我们进一步考虑。在西方说无所不能,就出现了一个难题。这个难题就是:假如天无所不能,而上帝也爱世人,那么为什么人间出现了那么多悲剧,比如说纳粹造成的悲剧,难道上帝隐退了吗?难道上帝对这个问题不再关注了吗?难道上帝的"博爱"不在这个特殊的时空里面体现了吗?中国的传统对于这个问题,可以说既有非常理性的态度,也有注重悟性的一面。中国很早就有"天生人成"的观念,就是"天"有无限的创造力,但是这个无限的创造力是要通过人的努力来完成的。从基督教的教义来看,这是完全不能理解的。孔子说:"人能弘道,非道弘人。"这是不是说,人能够使上帝伟大,而上帝不能使人伟大;人能够使"天"和"道"宏大,而"天"和"道"不会使人宏大呢?其实,孔子说的是一种非常深刻的责任感。也就是说,人必须参与到天的无限的创造过程中,才能为人开辟出一个新天地。人的活动本身就是天地造化的一部分。从这个角度来理解"天生人成",我们就可以重新思考"人是什么"的问题。对此,可以从三个层次来看。首先,人是一个观察者,在《易经》里有"观"这一卦,"观察"就是人对世界的洞见。其次,人也是一个欣赏者。《中庸》里提到,人还是一个参与者,参与天地化育的过程。比如说,"唯天下至诚,为能尽其性",你能尽己之性,就能"尽人之性";能够"尽人之性",就能够"尽物之性";能够"尽物之性"呢,就能够"赞天地之化育",这里已经提到"天、地、人"了;那么,能够"赞天地之化育","则可以与天地参矣"。如果是这样,那人就是一个不折不扣的参与者。这一点在西方的神学界引起了很多的争议,甚至有些反感。再次,人也是一个共同的创造者。天是无穷大的、无限的创造者,而人也是一个创造者,而且是有很大的能量的创造者。举一个简单的例子,像"大禹治水",大禹动员了无数人的力量,以他的牺牲精神、他的勇气、他的知识经验来了解地理地貌,通过长期的努力,甚至十三年不回家,才逐渐把洪水疏通了,以后还可以灌溉良田,可见人的能量非常大。"愚公移山"的寓言——是否需要花那么多时间来移山可以进一步讨论,但它体现了人的巨大能量。人的能量大,意味着他的破坏力也大。所以说,"天"在中国传统中是无所不知、无所不在,但不一定是无所不能的,和上帝是无所不知、无所不在又无所不能有所不同。

一个中国古代哲学家在思考问题的时候,离不开人。比如讲孔子、孟子,都有以人为本的思想。《论语》有"厩焚。子退朝,曰:'伤人乎?'不问马",那就是讲,对人的关切是第一位的。孔子生活在春秋,孟子生活在战国,都是战乱频仍的时代。孟子为什么要在当时提出人的"良知""良能",而且要提出一个"根本善"?他就是为了能参与这个天地变化,人是有能力主动参与天地化育的,人本身必须是个善的因素,而绝不要是个恶的因素。

如果讲必须做个人的话,那人的教化是非常重要的。但他愿意做个人,绝对不是做一个中国的霸主,或者中国的一个穷凶极恶的人,而是做中国的能够按照儒家的思维去知和行的人。

1968年,人类第一次用肉眼,通过太空,看到了地球的全貌。这在之前是不可能的。虽然在中国、印度和西方的历史上出现过很多具有全球性视野和人类关怀的思想家,但他们毕竟没有亲眼见到过真正的地球的全貌,没有看到现在我们每一个人都可以看到的事实。

康德在努力将理性推到极限时,也强调要为信仰留存空间,像上帝存在、灵魂不灭的观念。所以在西方传统中,信仰是非常重要的,应该承认有一个超越而外在的上帝。上帝和我们的关系是什么,我们是不是它创造的,我们的理性永远没办法了解这些问题,理性和上帝之间的距离是不可逾越的。所以,克尔凯郭尔(Kierkegaard)这位神学家说,我们要靠信仰的飞跃,才能够理解上帝的存在。可是因为我们今天已经有了对我们唯一家园的认同,那么任何一种宗教传统都不可能脱离我们的生活世界讨论宗教理想。这里举两个例子:一个基督教的神学家或基督教的领袖,不会说基督徒就应该只向往未来的天国、向往来世,让"恺撒的事情归恺撒,上帝的事情归上帝",对这个世俗的世界置之不理。真正的佛教徒也不可能只追寻净土、追求彼岸,而不关心和爱护地球。这在儒家的传统里面——道家的传统也一样——有非常深刻的认识,就是这个世界本身,特别是由人与人构成的这个世界本身有它内在的价值,我们不要随便否定它的内在价值。曾经有隐者对孔子说,这个世界肮脏不堪、无药可救,所以你不如和我们一样隐居,离开这个凡俗的世界,以一种自然的方式生活。孔子的回应是:"鸟兽不可与同群,吾非斯人之徒与而谁与?"就是说,我不可以与鸟兽为伍,而应该生活在人世。

对于我们生活的地球,我们的身体、家庭,我们的国家乃至我们的宇宙、天地,我们都要有一种尊重感,因为它有内在的价值。

王阳明是中国历史上最伟大的思想家之一。长期以来有观点认为他的思想是主观唯心论,所以他的影响力一直很有限。心学在中国传统文化,特别是儒家思想中有着悠久的传统。孔子就对"心"的问题有非常深刻的理解。孔子的孙子子思创作了《中庸》,而《中庸》是心学的一个重要资源。再后来就是孟子,然后是陆象山、王阳明,还有后来的刘宗周这些人物,他们共同创造了心学的传统。

钱穆先生认为，朱熹所讨论的重大问题，也都是关于心的问题，像"心静理明""心统性情"这些观念。那么，王阳明在谈到"心"的时候，特别强调心感受外物的能力。这一点用常识也能理解，不是一种很玄的、很高深的理念。他认为我们的心不可能是死的，心总会对外境、对外面所出现的事情有所感。即使我们现在觉得很多人的心都已经麻木不仁了，但如果有一个悲剧突然出现，就像孟子说的，眼看着一个小孩即将掉到井里，你在做出任何行为之前，都会有一种恻隐之心，一种真切的伤痛感，这种感触本身就说明你的心还没有死，你还有良知。王阳明还有一个观点，就是说人的本心是无限的，每一个人都是如此。世界上任何东西，不管是遥远的星星，还是目前的桌子、椅子、草木、瓦石，都和我们的心有关联，不可能我们的心所接触的事物，却和我们没有关联。这种关联是每一个人本身就有的，而不是学来的。王阳明对心的这些观念实际上是根据孟子的思想开拓出来的。

孟子那时候特别注重恻隐之情，也就是我们的同情，或者说慈悲。人的同情、慈悲是不是内在的，是不是自然的？假如同情是自然的，那么同情和一般的喜怒哀乐这些情感是不是同质的？我们碰到事情时生气或者高兴的反应，和一种与外在事物有着内在联系的情感，我相信它们不同。至少我们的同情心越多越好，而喜怒哀乐这些情感都必须有点节制，要把握在一定的范围之内，否则的话不仅会伤害我们的身体，也会影响社会的秩序。荀子也非常担心，人的欲望的随意扩张，会使得社会秩序不能维持。孟子坚持认为恻隐之心是内在的，而这个恻隐之心也就是"良知良能"。这"良"的意思就是本性具有、自内而发，只是平常我们的本心就像灵光一闪，显现以后就不能持续了。像颜回可以"三月不违仁",可以维持三个月,平常人很难一直维持下去。但是只要这个良知显现,那就是人性光辉的显现。良知虽然是内在的,但它绝对不是个人的,也绝对不是狭隘的个人主义。没有一个人是一座孤岛,每一个人都是关系网络的中心点。而且正如陆象山所说的"心同此理",我们在心的这一层次,能够包含天地万物,可以相互贯通,而且从根本上就是相通的。现在像哈贝马斯等人讲"沟通理性","沟通理性"的基础,是从法律、从理性来谈的,而在儒家的传统中,"沟通理性"的基础就是人与人之间"人同此心,心同此理",因此,人与人具有基本的同情。这个同情之心每一个人都有,不仅是对他人的同情,而且是对天地万物的同情。天与人的相互感通,是儒家和道家的共识,是中国传统中的一个重要问题。

孟子所谓的良知,或者说同情心,不仅关乎人与人,而且关乎人与自然、人与天地,关乎万物构成的整个生命共同体。所谓"良知"无所不在。

实际上,《孟子》里面已经提到这个问题,他说假如我们了解我们的心,所谓"了解"的意思就是充分展现我们的本心,也就是"尽心",那么我们就知道我们的"性",也就是我们本有的人性,这就是所谓的"尽心知性"。人性本身不是一个静态的既有结构,而是有一个来源,并且处在动态的发展过程中,人性中的基本价值都来自"天",而且始终与宇宙大化的过程联系在一起,也就是所谓的"天命之谓性"。所以说,我们"尽心知性"后就可以"知天"。在"知天"之后才能参与天地造化,并且推动这种造化,发展人的文化,这也就是"替天行道"或者说"人文化成"的过程。孟子还提到人应该具有的气度。一般讲"气",是说自然层面的阴阳气化的气,或者气功的气,但孟子讲的是与道德境界有关的"浩然之气"。这种气是由"集义"支撑的,是通过道德行为的践履来涵养道德本心,最终达到的一种气度,或者说达到一种道德上的力量感。可惜,现在我们看到的人类的力量往往不是道德的力量,而是不道德的,甚至违反基本人性的力量。

王明阳在《传习录》里表现出对朱熹的敬爱,他本来非常崇拜朱熹,学朱子之学,可是他后来之所以发表"心学"的观念,乃是为了一个"理",为了一个真理。在《传习录》里他就是这样谈到和朱熹的感情的。谈到理学,王阳明的"心学"是在"理学"基础上的一个进步,而不是反动。因为朱熹讲,天地在未有之前,总还有个"理",他将"理"看作心外之物。而王阳明不这样看,他在《传习录》里明确地提到心外无理、心外无物,甚至心外无天。他特别强调个人心灵救赎的重要。其实,王阳明讲到,良知者,是非之心也。孟子讲一个小孩掉进井里去了,你的良知的第一反应:哎呀! 可惜! 救! 然后,功利判断来了:他是地主的儿子,我救不救他? 地主狗崽子,不救! 这是功利判断。秦二世时的赵高牵了只鹿到宫廷上来,讲这是马。你想,所有大臣的第一判断、良知判断是什么? 是只鹿。可是跟上来的是功利判断:"马!""马!""哎哟,马!"好,赵高由此认为,天下完全可以取而代之了。所以,是非之心实际上是"良知"的一种表现。一般来讲,是非判断差别不是很大,可是如加入了私心,加入了功利,那么判断就有天壤之别。因此颠倒黑白、颠倒是非,正是王阳明"心学"的修为所要拒绝的。王阳明很注重现实的生活,他认为一个人"心量"有大小,可是"良知"是一样的。"良知"的发挥有大小,可是"良知"的本体并没有区别。这和孟子讲的要"集义""养气"是一个意思,如果你的"气""养"得越来越大,越来越恢宏,有沛乎沧溟的"浩然之气",那时候又是什么景象呢?

王阳明又教导我们要无时无刻不间断地呵护"良知"。而这种呵护是每个人都可以做得到的,他不提人做不到的事情。王阳明的确是个君子,他在学术上的见解,或者在学问上和朱熹的不同,那是另一回事。可是人品,王阳明和朱熹是一样的。这是中国古代文人一种非常重要的美德。

对于王阳明的哲学,一般人有这样的错觉,认为它既然强调"主体性",就一定是"主观主义"。如果完全不关注外部世界,那就只是一个"主观主义者",那也不可能建立自己的"主体性"。"主体性"是可以和其他各种不同的"主体性"沟通的,而且必须向外拓展。也就是说,人作为一个道德主体应该推己及人。一个人有同情之感,就有不忍之情,就不愿他最亲近的人挨饿受冻。但是你对路人开始的时候没有这种感觉,假如你慢慢往外推,渐渐的,你的这种同情之感,就可以跟其他人连在一起了。所以这个过程需要感性、知性、理性和悟性的共同参与。程颐觉得人的修养方法应该是"涵养须用敬,进学则在致知"。朱熹最欣赏这一段话,并特别提出"敬"的观念,"敬"就是对他人和物都有一种敬意,不把外面的事情或自然当作一个客观的集合体,当成我们随时可以利用、可以宰制的对象。

在中国的传统中,"物"和"心"、"身"和"心"是合在一起的,"物质"和"精神"是合在一起的。我们谈到天地间的物质因素,一般讲"气",而且经常讲"精气""神气""灵气",这表明了我们的物质观念涵摄精神性的一面。程颢有一句话,就是"仁者以天地万物为一体"。王阳明接着这条线索说:"大人者,以天地万物为一体。"后来他进一步认为,不只是"大人",任何人都可以"以天地万物为一体"。他说这个"一体"不是说没有分别地爱一切人、爱一切物。他举了一些例子,像《孟子》里面提到的看到小孩要落井时感到震撼的事情,还有齐宣王看到牛要被带去屠宰时在颤抖,他感觉不忍,就换了一只羊,等等,就表明人的同情之感可以将自己和他人甚至外物联系起来。

王阳明说,一个人对于其他的人、对于动物、对于植物、对于无生物都可以有关联,所以说"大人者,以天地万物为一体"。但他讲"一体"还有一个非常明显的儒家的特色,就是要有所分别,要从"亲亲"到"仁民",再到"爱物",这是一个由近及远、由亲到疏的推进过程。这个过程不能勉强,我们培养自己内心的资源就像蓄水,水位高了,它能流得很远,水位低的话,它就流得很近。不管流远流近,它都是水,都是有价值的。从这个角度来看,王阳明回到了孟子,认为有一些东西是所有人都具备的。王阳明提到"是非之心",当然他还提到"恻隐之心",还有"羞恶之心"和"辞让之心",这几个是最核心的、每一个人都具有的,既是内在的感情,又是内在的价值。而且这些感情不只是喜怒哀乐而已,它们中间有很强的道德理性。

中国的传统相信内心的良知良能,但这不是"主观主义",而是"主体性",而且是开放的"主体性",越深入挖掘,越能够向外拓展,用孟子的话说就是"掘井及泉",你挖井挖得深,井水便可以向外流动。这种基于"主体性"的对外沟通是以每个人的自知之明为基础的,是由内而外的沟通,就像伯牙与子期的那种沟通。这既不是"主观主义",也不是一种简单的、封闭的特殊主义。当然,这种主体性是不是每个人都有,这还可以讨论。因为儒家内部也有性善、性恶的不同主张。所谓性善,不是说所有人都是好人,而是说每一个人都有内在的良知理性或良知良能。如果这种力量能够自觉地发挥,没有任何人可以阻碍。这类似于"三军可夺帅也,匹夫不可夺志也"。所以陆象山特别喜欢讲

"立志","立志"就是建立我们的"大体",我们的"大体"就是可以使天地万物连在一起的那种力量。那种力量在孟子那里是"几希",是人与禽兽的微乎其微的差别,但是如果加以存养扩充,它就可以发展到与天地万物为一体。当然在我们的人性中还有"食"和"色",就是一般讲的自然的欲望、自然的冲动,儒家对这些也有深刻的理解。比如孔子说,"吾未见好德如好色者也",我从来没有看到性欲的冲动比道德的冲动还要淡的或者还要少的,这种冲动是自然发生的,但是这种冲动要经过调解,要经过和谐,否则,这种自然欲望很容易流为恶。

王阳明对朱熹非常尊重,他一直认为自己是朱熹的传人。他不仅认为自己是朱熹的传人,而且认为朱熹的"晚年定论"与自己的思想能够相合。尽管学术界一般认为这两个人的思想有一定差异,但王阳明是很肯定朱熹的,认为朱熹是个大儒,他的接触面广,他有强烈的社会参与感,他有对政治的关怀,他又对"天道"有一定的看法,王阳明认为自己是顺着朱熹这条路发展出来的。但两个人确实有所不同。朱熹认为"心统性情",当然我们不要在这里弄得太学术化,孟子认为尽心知性知天,如果一个人能够充分体现他的"心量",那就能够了解人性,能了解人性就能了解天、了解天地万物,但朱熹对这个"尽心"感觉到不安,因为他是以心统摄性和情,就是说心中又有性又有情,只有把我们心里面的"性"理解成"理",才能够在心中建立一个确定的道德标准,调节我们的七情六欲,使它们和谐,让"心"恢复到本来的状态。所以,他有一个比喻,有点像佛教里面的比喻,就是"心静理明",心能够静下来,理就显豁了。当然,朱熹确实也提供了稍稍不同于心学的一种思路。

这里再回到前面的"和"。这个"和",它的对立面是"同",

就是说相同东西的整合,那就不是"和"。以前有个很有名的故事,齐侯说我和我的臣子很和,晏婴说你们不是"和",是"同","和"就像烹调,各种不同的作料配合出全新的口味;也像绘画,各种不同的颜色调配成完美的视觉效果;也像奏乐时各种不同的乐器搭配出的和声。这种"和"的重要条件是"异",差异。差异并不表示分裂、分离。差异的本身是使你的"和"能够内容丰富。"和"绝对不能走向"同",走向"同"以后,就是"同则不继","同"就会使"阴阳"不能够调和,就无法有创造力,不能够有生化力。所以要通过"不同"而逐渐展现"和"的价值。当然,"同"这个字本身在中国语言中是一个非常健康的概念,同学、同道、同乡、同心协力中的"同"都是这样。但是在更高的水平来看这个"和"的观念,特别从《中庸》来看,它是一个动态的概念,是一个复杂的体系,各种不同的因素都要考虑进去,才能够达到和谐。

王阳明的理学绝对不像一些迂阔的儒家,因为他年轻时信过佛、信过道、练过武,他还骑马射箭,到了中年以后,那些过去的体悟,或者其他的体悟——他曾信释迦牟尼和老庄——使他的认识有了进步。他认为仙家就是自养,而佛家把心看作是个幻相。而王阳明认为心不是个幻相,"心即物"。"吾性自足,不假外求"这八个字,在王阳明看来非常重要。他把心灵看作一个自足的体系。王阳明对孟子非常推崇,对孟子的所谓"集义养气"非常赞成,能够"集义养气",又能够有一种内心的自信,"吾性自足,不假外求"。王阳明还举了孔子对子贡和曾参的区别为例,他说子贡老是外求,而曾参"反求诸己",一切都在于自觉,在于内心的自觉。能够使一个人内心真正地感到一种神圣的尊严,这个是达到内心自足的前提,如果讲他本身是个缺乏自信、自尊的人,你和他谈这些,他也许不会接受。那我们为什么要"集义养气"呢?为什么要"拔本塞源"呢?"拔本塞源"也好,"集义养气"也好,都是从孟子到王阳明的一个重要的发展。王阳明特别强调一个人内在心灵的修为,而这东西又不像佛家或者仙家那样地对待自己。所以讲,王阳明的哲学是入世之学,而不是出世之学。

王阳明在龙场顿悟的时候,已经悟到"吾性自足",但他随后又作《五经臆说》,意图通过与他以前所记诵的"五经"里面的文句互相印证,检验心里的观念是否与经典相合,结果证明是相合无间的。所以他的那个主体性,一方面要能够跟客观的世界吻合无间,不能够完全违背客观世界的规律;另一方面跟一般人的本心也融合无间,因为我们人心之间自然有相同、相通之处。但王阳明始终坚持以自己的良知做主。他曾说,一句话哪怕是一般人讲的,我的心(都会)感觉到很安定,何况是孔子讲的呢?反过来看,如果这句话是孔子讲的,我心里都不安定,何况是一般人讲的呢?所以他自我做主的心态是非常强的。他还有一种观念,现在大家把这种观念批评得太厉害了,这里应该厘清一下,就是"存天理,去人欲"。一般认为,这一段话表达的是"禁欲主义",就是要把你自己的感情、所有的欲望都彻底地去掉。王阳明所说的实际上不是这个意思,他的意思是一个人的"真我",真正的自我,和一个人受到欲望控制的"私我"有很大的分别。这个"真我"来自天理,有超越的那一面。

调节就是节制人欲,人欲就是在你应该做的、自然的、合节奏的那种感情的表现之外,走过头了。所以要去掉这种"人欲",才能够"存天理"。程颢说"吾学虽有所受",他的学问虽然有不同的来源,但是"天理二字却是自家体贴出来"的。"自家体贴"即是自己体悟出来的,而且他说,体悟到天理以后就觉得非常愉快,"不知手之舞之,足之蹈之"。这种愉快,就是可以增加我们的幸福感的学问,一种快乐的学问。王阳明的一个弟子王艮就一直认为,儒家不是道德说教,不是大家认为的一种束缚人的自由发展潜力的学说。

　　王阳明对孔子的敬重,从一句话可以看出来。他说孔子讲:"《诗》三百,一言以蔽之,曰:思无邪。"他说岂止是《诗》三百,"六经"也可以用"思无邪"三个字来贯穿。孔子讲"思无邪",那是不是讲我们作为一个学人也好,作为政治家也好,作为一个企业家也好,作为艺术家更应该"思无邪"呢？这个"思"是不要产生邪念,可是不是邪念,每个人自己心里也清楚,"吾性自足"。这东西危及了别人,损害了别人,别人会不愉快,这个都是你自己可以体察到的。一体察到,就提醒自己不可做,时时刻刻这样的话,就会成为一种习惯,渐渐地就成为你的本性的一部分,不会在此一事上"思无邪",在彼一事上又邪念顿生,因为如果这样的话,你的修为不是连续的,不是一以贯之的。孔子对曾参讲过,"吾道一以贯之",曾参的理解是"忠恕而已矣"。"忠恕而已矣"这句话,如果和"思无邪"结合起来,对了解孔子非常有用。忠者,"诚意正心",意很诚、心很正；恕,宽宏大量,能容忍,"以直报怨"。这样做的话,不仅对处理人与人之间的关系,而且对处理国与国之间的关系都非常有用。对一个国家来说,你要想到对其他民族有没有侵害,如果对我这个民族有利了,对其他民族有侵害,你这个国家就没有做到"思无邪"。

（撰稿人　范曾；杜维明先生对此文也有贡献）

第八章　敬义篇

一　"敬者,人事之本"

"敬"与"诚"紧密相连。不"诚"固然无以起"敬",但如果离开了"敬","诚"便不会立得坚牢而有力量。诚是自然而然如此,敬是无论如何必须如此。故大程子明道先生说:"诚者天之道,敬者人事之本。敬则诚。"①笔者视"敬"这个价值理念具有终极的性质,就和"敬"为"人事之本"有关。盖信仰非天道,而是人事之道的根本所在。小程子伊川先生也说:"诚则无不敬,未至于诚,则敬然后诚。"②此语实际上是认为,"敬"乃是进入"诚"的通道,是"思诚"的途径,亦即诚之达道。《中庸》所谓"思诚"是人之道,可以理解为,欲诚者不妨从"持敬"开始。所以伊

---

① 〔宋〕程颢、程颐:《河南程氏遗书》卷第十一,载《二程集》,王孝鱼点校,北京:中华书局1981年版,第127页。
② 〔宋〕程颢、程颐:《河南程氏粹言》,载《二程集》,同上,第1170页。

川又说:"主一者谓之敬,一者谓之诚。主则有意在。"①"诚"由于是"天之道",所以应该成为人的"宗主"。而"主"也者,已经有人之所欲为的意思在内了。但此处的所欲为,仅指向单一的目标"诚",所以二程子所谓的"主一",即是对"诚"的坚守而不发生动摇。孔子说:"三军可夺帅也,匹夫不可夺志也。"(《论语·子罕》)此处之"志",即是"敬"义,不应移易,不可动摇,不能被褫夺。

孟子说:"夫志,气之帅也;气,体之充也。夫志至焉,气次焉;故曰:'持其志,无暴其气'。"(《孟子·公孙丑上》)此所论与孔子的"不可夺志"说实相呼应。人体为气所充,是中国古代的一种哲学认知,先秦诸家均各有说。《老子·十章》:"专气致柔,能婴儿乎?"《庄子·知北游》:"人之生,气之聚也;聚则为生,散则为死。"《荀子·王制》:"人有气、有生、有知,亦且有义,故最为天下贵也。"各家之说义趣殊异,独孟子的以"志"为"气"之"帅"的断判,益显刚健有力,突出了"志"不为"气"所移的旨归。赵岐《注》云:"志,心所念虑也。气,所以充满形体为喜怒也。志帅气而行之,度其可否也。"②赵《注》的意思是,如无"志"的统领,则形体之气容易为喜怒情绪所左右,只有由"志"来统帅"气",才能知道所"行"的是非得失。故赵《注》又云:"志为至要之本,气为其次。"③焦循疏解《孟子》及赵《注》最见功力,其引《论衡·无形篇》"形、气、性,天也"④之说,然后写道:"生之舍、

---

① 〔宋〕程颢、程颐:《河南程氏遗书》卷第二十四,载《二程集》,王孝鱼点校,北京:中华书局1981年版,第315页。
② 〔清〕焦循:《孟子正义》卷六,沈文倬点校,北京:中华书局1987年版,第196页。
③ 同上。
④ 黄晖:《论衡校释》卷二,北京:中华书局1990年版,第65页。

生之充、生之制,生即性也。性情神志,皆不离乎气,以其能别同异、明是非,则为志以帅乎气。万物皆有喜憎利害,而不能别同异、明是非,则第为物之性,而非人之性,仅为气而已。故喜憎、利害、视听、屈伸,皆气也。骨肉,则形体也。"①意谓,"喜憎利害"是万物共有的性质,只有"别同异,明是非"是人区别于万物的独特之性,原因在于"人有志而物无志",人能够"志以帅乎气",因而才有"喜憎、利害、视听、屈伸"种种情绪表现,也就是使得"气"具有了可控的选择方向。

孟子在提出"以志帅气"之后,继而强调"持其志,无暴其气"。此处的"暴"为惑乱意,就是不要让"气"乱其所为,所以需要"持其志"。"持"为"守"意,即对"志"要坚守而不动摇。孟子论大丈夫的品格,曰:"富贵不能淫,贫贱不能移,威武不能屈,此之谓大丈夫。"(《孟子·滕文公下》)所谓"不淫""不移""不屈"者,即"志"也。焦循解"志",引毛奇龄说,将"志"与"心"联系起来,云"但持其志,力求之本心,以直自守,而气之在体,则第不虐戾而使之充周已耳。是不求于心者,谓之不持志。"(《孟子正义》)兹可见所谓"志",实即心志。所不动摇者,是为心志也。马一浮先生说:"心之所之谓之志。"就是要保持心志的独立和自由。又说:"何以持志?主敬而已矣。"马先生又引小程子伊川的"涵养须用敬"的导示,提出伊川所言即是"持志之谓",并进而分梳道:"以率气言,谓之主敬;以不迁言,谓之居敬;以守之有恒言,谓之持敬。"②马先生可谓将"敬"之义理掘发无遗。何

---

① 〔清〕焦循:《孟子正义》卷六,沈文倬点校,北京:中华书局1987年版,第196页。
② 马一浮:《复性书院学规》,载《马一浮集》第一册,杭州:浙江古籍出版社、浙江教育出版社1996年版,第108页。

谓"敬"？马先生明确给出结论："敬"即"持志"之谓。倘予分梳，又有"主敬""居敬""持敬"的分别。"主敬"就是以"志"帅"气"，是"志"为主，亦即"敬"为主；"居敬"，是不迁不移之意；"持敬"，则是坚守不变者也。

孟子论何为大丈夫之义，还穿插着讲了几个故事。起因是他的学生陈代，对老师不去见诸侯感到不可理解，认为当时的诸侯，大可以称霸，小可以称王，见一见也许不无好处。况且有的记载不是说，"枉尺而直寻"亦不失为一种人生的态度。孟子不然其说，给弟子讲了齐景公打猎，传唤苑囿管理者虞人同往，而虞人不去的故事。此故事见于《左传》昭公二十年，原文为："十二月，齐侯田于沛，招虞人以弓，不进。公使执之，辞曰：'昔我先君之田也，旌以招大夫，弓以招士，皮冠以招虞人。臣不见皮冠，故不敢进。'乃舍之。仲尼曰：'守道不如守官，君子韪之。'"①虞人拒不应召的理由，是齐侯没有待之以礼。按以往田猎礼仪的规定，召唤大夫同往，需要用旗帜；召唤士同往，需要用弓；召唤虞人，需要赐之以皮冠。如今给虞人的是弓而不是皮冠，礼错了对象，很是不敬。所以虞人宁可被抓被杀，也绝不屈己以应招。孟子讲这个故事的时候，将招之以弓变成招之以旌，即以旗帜来召唤，同样违背礼招，所以虞人拒之。孟子说："志士不忘在沟壑，勇士不忘丧其元。"盖志士所追求的是"道"，勇士所维护的是"义"，他们所以堪当此称号，是由于早已将生死置之度外了，即使葬身沟壑或被斩首，亦在所不辞。此即孔子所谓"志士仁人，无求生以害仁，有杀身以成仁"（《论语·卫灵公》）之意。孟

---

① 《春秋左传正义》卷四十九，《十三经注疏》本，北京：中华书局1980年影印版，第2093页。

子在讲了这个故事之后问道:"孔子奚取焉?"仅仅为了"利"就"枉尺而直寻",孔、孟均所不取焉。虞人的精神所以值得赞赏,就在于他没有屈己徇人,从而维护了自己的尊严。

为了进一步证明"志"不可"夺"这一价值理念的重要,孟子还讲了另外一个故事。从前齐国的大夫王良是驾车的能手,因善御而名扬天下。《淮南子》有记载云:"昔者王良、造父之御也,上车摄辔,马为整齐而敛谐,投足调均,劳逸若一,心怡气和,体便轻毕,安劳乐进,驰骛若灭,左右若鞭,周旋若环。"①可知其御道之高妙。一次晋国的卿相赵简子,让王良为他的宠幸者嬖奚驾车去打猎,结果一无所获。嬖奚怒而称王良为"天下之贱工"。其实是王良按规范驾车,嬖奚因不懂射道,才无所获。经王良请于赵简子,第二次又出行,他故意不按规范驾车,嬖奚一个早上就捕获十只禽鸟。嬖奚又转而赞王良是"天下之良工"。但当赵简子让王良专门为此奚执御,王良一口回绝,说:"我不习惯为小人驾车。"孟子由此故事得出一个看法,他说连御者都羞与射者比,即使捕获的禽兽堆如小山,也不肯"枉道而从彼",这是为了什么呢? 孟子的结论是:"枉己者,未有能直人者也。"②也就是在道义与尊严面前,不能委屈迁就,不能打折扣。内心的持志和持敬,是任何力量也无法使之改变的。屈己徇人与大丈夫的精神适相反对,为君子所不取。赵岐注"大丈夫"为"守道不回"③,可谓正解。论者或云,当女子出嫁之时,母(有时也有父)送之于门,也频频告诫说:"往之女家,必敬必戒,无违夫

---

① 刘文典:《淮南鸿烈集解》卷六,北京:中华书局1989年版,第203页。
② 参见〔清〕焦循:《孟子正义》卷十二,沈文倬点校,北京:中华书局1987年版,第411—415页。
③ 同上,第419页。

子。"这里使用的也是"敬"字,该如何解释呢?孟子坚定地说:这不过是"以顺为正"的"妾妇之道"而已,①与大丈夫的"持志"何可同日而语。我们不要忘了前面援引的马一浮先生的话,他可是说"持志"就是"持敬"呵。其实朱子也讲过:"人之为事,必先立志以为本,志不立则不能为得事。虽能立志,苟不能居敬以持之,此心亦汎然而无主,悠悠终日,亦只是虚言。立志必须高出事物之表,而居敬则常存于事物之中,令此敬与事物皆不相违。言也须敬,动也须敬,坐也须敬,顷刻去他不得。"②此处的"苟不能居敬以持之"一语,力有万钧。"居敬以持之",就是"持敬"。可见朱子已经把持敬和立志看作是一而二、二而一的精神旨归。

而小程子伊川对此一问题阐释得尤为深刻。他说:"学者先务,固在心志。"③而"心志"贵在专注,也就是要"心有主"。怎样才能做到"心有主"?伊川又说:"如何为主?敬而已矣。"④则"敬"是心之"主"的标识和护持。有"敬"在,心才能有"主"。如果无"敬",则"主"已失却,人的精神难免散漫无所归处。伊川担心我们不能通晓他的初意深心,于是进而设譬为说,从学理层面加以论述,写道:

有主则虚,虚谓邪不能入。无主则实,实谓物来夺之。今夫瓶罂,有水实内,则虽江海之浸,无所能入,安得不虚?

---

① 参见〔清〕焦循:《孟子正义》卷十二,沈文倬点校,北京:中华书局1987年版,第417页。
② 〔宋〕黎靖德编,王星贤点校:《朱子语类》卷第十八,北京:中华书局1986年版,第419页。
③ 〔宋〕程颢、程颐:《河南程氏遗书》卷第十五,载《二程集》,王孝鱼点校,北京:中华书局1981年版,第168页。
④ 同上,第169页。

无水于内,则停注之水,不可胜注,安得不实?大凡人心,不可二用,用于一事,则他事更不能入者,事为之主也。事为之主,尚无思虑纷扰之患,若主于敬,又焉有此患乎?所谓敬者,主一之谓敬。所谓一者,无适之谓一。①

小程子此段论述的核心观点,是为心志须要由"主于敬"来固定,而"敬"则是"主一",则是"无适",亦即不发生动摇。此即如《法句经》所说:"譬如厚石,风不能移,君子意重,毁誉不倾。"②"意"就是"志",即人的心志。此哲品偈语中,最重要的是"风不能移"四字,而尤以"不移"为句意的着力点。换一个说法,如果能够做到心志专注于"一",而不移不迁,即使遇到风雨如晦、狂风大作,也不动神色,不为之改变,就是"主敬"了。据记载,小程子伊川被贬涪州的时候,一次渡汉江,中途遭遇风浪,船有倾覆的危险,满船的人不禁为之号哭,独伊川"正襟安坐如常"。到得岸边,同船的一位老人问道:"当船危时,君正坐,色甚庄,何也?"伊川回答说:"心存诚敬耳。"③兹可见一旦真正具有了"主于一"的诚敬精神,其能够坚定人的心志,而使之不随风随浪随势所动,是为真实不虚。

孔子说:"居处恭,执事敬,与人忠。虽之夷狄,不可弃也。"(《论语·子路》)伊川关于"主敬"的论说,与孔子是完全一致的。"执事敬"就是以"敬"为人事之本。马一浮对此解释道:

---

① 〔宋〕程颢、程颐:《河南程氏遗书》卷十五,载《二程集》,王孝鱼点校,北京:中华书局1981年版,第169页。
② 《法句经》卷上《明哲品第十四》,金陵刻经处本,第16页。
③ 〔宋〕程颢、程颐:《河南程氏外书》卷第十二,载《二程集》,王孝鱼点校,北京:中华书局1981年版,第423页。

"居处不恭,执事不敬,与人不忠,则本心汩没,万事堕坏,安在其能致思穷理邪?故敬以摄心,则收敛向内,而攀缘驰骛之患可渐袪矣;敬以摄身,则百体从命,而威仪动作之度可无失矣。敬则此心常存,义理昭著;不敬则此心放失,私欲萌生。敬则气之昏者可明,浊者可清。气既清明,义理自显,自心能为主宰。不敬则昏浊之气辗转增上,通体染污,蔽于习俗,流于非僻而不自知,终为小人之归而已矣。外貌斯须不庄不敬,则慢易之心入之;心中斯须不和不乐,则鄙诈之心入之。未有箕踞而心不慢者。视听言动,一有非礼,即是不仁,可不念哉?今时学者通病,唯务向外求知,以多闻多见为事,以记览杂博相高,以驰骋辩说为能,以批评攻难自贵,而不肯阙疑阙殆。此皆胜心私见,欲以矜名哗众,而不知其徇物忘己,堕于肆慢,戕贼自心。故其闻见之知愈多者,其发为肆慢亦愈甚,往而不返,不可救药。苟挟是心以至,而欲其可与人理,可与立事,可与亲师取友,进德修业,此必不可得之数也。"[①] 马先生这番话,是1939年当复性书院在四川乐山开讲之时,向来学诸生讲示的,此一节的题目作"主敬为涵养之要"。当然所取资是二程和朱子的"主敬"说,但就中不无他自己的深切体悟。

马先生说:"今于诸生初来之日,特为抉示时人病根所在,务望各人自己勘验,猛力省察,无使疮疣在身,留为过患。须知'敬'之一字,实为入德之门,此是圣贤血脉所系,人人自己本具。德性之知,元无欠少,不可囿于闻见之知遂以为足,而置德性之知任其隐覆,却成自己孤负自己也。"又说:"圣人动容周旋莫不中礼,酬酢万变而实无为,皆居敬之功也。常人'憧憧往来,

---

[①] 马一浮:《复性书院学规》,《马一浮集》第一册,杭州:浙江古籍出版社、浙江教育出版社1996年版,第109—110页。

朋从尔思',起灭不停,妄想为病,皆不敬之过也。"①接着又针对小程子的"此正如破屋中御寇,东面一人来未逐得,西面又一人至矣,左右前后,驱逐不暇。盖其四面空疏,盗固易入,无缘作得主定"②发表议论,认为伊川的比喻最为确切,盗寇所以能入,是由于内中空虚,作不得主;如果"中有主",则"外患自不能入"。③

马先生引喻至此,直接道出题旨。他说:"主者何?敬也。"④盖"敬"这个价值理念,毫无疑问应该成为生之为人的心中之"主",有了"敬"这个心中之"主",人就不会为外物所摄,变得无所畏惧,乃至御敌制寇亦有所不辞。所以马一浮先生在归结"敬"的学理价值时,不禁满怀激情地写道:"唯敬可以胜私,唯敬可以息妄。私欲尽则天理纯全,妄心息则真心显现。尊德性而道问学,必先以涵养为始基。及其成德,亦只是一敬,别无他道。故曰,敬也者,所以成始而成终也。"⑤

"诚"是不间断,"敬"也是不间断。"诚"间断则不诚,"敬"间断则有间杂。所谓成始成终者,其义在此。马一浮先生是将"敬"的价值理念提升至人的精神世界最高点的现代学者。

二 "敬义立而德不孤"

"敬"这个价值理念的重要,还表现在"六经"的文本里面,

---

① 马一浮:《复性书院学规》,《马一浮集》第一册,杭州:浙江古籍出版社、浙江教育出版社1996年版,第110页。
② 〔宋〕程颢、程颐:《河南程氏遗书》卷一,《二程集》,王孝鱼点校,北京:中华书局1981年版,第8页。
③ 参见马一浮:《复性书院学规》,《马一浮集》第一册,第110页。
④ 同上。
⑤ 同上。

"敬"字出现得非常集中。仅粗略统计,《诗经》的敬字凡二十一见,《尚书》凡六十六见,《周礼》凡九见,《仪礼》凡十三见,《礼记》凡二百一十三见,《周易》凡八见,《左传》凡一百十二见,《公羊传》凡二见,《穀梁传》凡十见。另《论语》凡二十一见,《孟子》凡四十三见,《孝经》凡二十三见。可以说"敬"之一字,在殷周社会已成为习用语词,特别当涉及社会秩序和人伦关系,以及祭祀和礼仪的时候,常常有敬字出现。

《周礼·天官冢宰》提出的驭民"八统",第二统即为"敬故"①;而对"群吏之治"的要求:"一曰廉善,二曰廉能,三曰廉敬,四曰廉正,五曰廉法,六曰廉辨。"②其中"廉敬"居第三项。《尚书·皋陶谟》记载,舜的高级顾问皋陶给大禹讲述治理邦国必须遵循的九种德行,依次为:"宽而栗,柔而立,愿而恭,乱而敬,扰而毅,直而温,简而廉,刚而塞,强而义。"③是为"九德"。其第一德"宽而栗",已有敬义在。至第四德"乱而敬",则直言敬可以为治。孔颖达《正义》将第三德"愿而恭"和第四德连类作解,云:"有能治者,谓才高于人也,堪拨烦理剧者也。负才轻物,人之常性,故有治而能谨敬乃为德也。'愿'言'恭'、'治'云'敬'者,恭在貌,敬在心。愿者迟钝,外失于仪,故言恭以表貌。治者轻物,内失于心,故称敬以显情。恭与敬,其事亦通,愿其貌恭而心敬也。"④可知"心敬"之义立,其作用有多大。后来皋陶

---

① 《周礼注疏》卷二,《十三经注疏》本,北京:中华书局1980年影印版,第646页。
② 《周礼注疏》卷三,同上,第654页。
③ 《尚书正义》卷四,《十三经注疏》本,北京:中华书局1980年影印版,第138页。
④ 同上。

还提出一条更为严峻的训诫,曰:"达于上下,敬哉有土。"①按上古之义,有土即可为君,而前提则是执敬立敬。如果不敬,则会受到天的惩罚。因此孔颖达氏之《正义》解释说:"天所赏罚,达于上下,不避贵贱,故须敬哉。"②这是说,即使贵为君主,如果所行不德,也会受到灾祸的报应,所以需要敬慎敬惧,一丝不苟。皋陶对禹所作的训示,可以说在义理上将"敬"置于极为重要的位置。对此二孔(孔安国、孔颖达)之注疏掘发甚详博,兹不具。

特别引起我们注意的,是《易经》对"敬"的价值伦理的凸显。坤卦《文言》有云:"君子敬以直内,义以方外,敬义立而德不孤。"③试想"敬义立而德不孤"是何等重大的判断。这是我们所能看到的对"敬"作为义理概念的最早表述。《文言》的作者尽管说法不一,但以笔者之见,即使不是孔子所作,时间也不会晚于战国时期,而不大可能是汉人。"敬以直内",突显"敬"的精神内涵的内在性质,犹如"诚"为内一样。而"义以方外",又如诚信之"诚"主内,"信"以行动见之于外一样,"义"是在与外面世界的交往中始能见出。故孔子说:"德之不修,学之不讲,闻义不能徙,不善不能改,是吾忧也。"(《论语·述而》)又说:"主忠信,徙义,崇德也。"(《论语·颜渊》)所谓"徙义",就是以"义"为趋而可从者。而"敬"则是立之于内的"直"道。直即正也。"敬以直内"意即"敬以正内"。故孔氏《疏》云:"言君子用敬以直内,内谓心也,用此恭敬以直内理。义以方外者,用此义

---

① 《尚书正义》卷四,《十三经注疏》本,北京:中华书局1980年影印版,第139页。
② 同上。
③ 《周易正义》卷一,《十三经注疏》本,北京:中华书局1980年影印版,第19页。

事,以方正外物。"孔《疏》又说:"'敬以直内'者,欲见正则能敬,故变'正'为'敬'也。"①而"敬义立"者,则为立敬即是立德之意。但敬不是一般的德,而是天地之正德。此正如伊川所说:"敬义夹持,直上达天德自此。"②做到了"身有敬义",则邪不能侵,躁不能扰,"不习无不利"。"不习无不利"是坤卦的《象辞》,王弼《注》云:"居中得正,极于地质。任其自然,而物自生。不假修营,而功自成。故不习焉,而无不利。"③王氏此注可与其注《老子·五章》所说"天地任自然,无为无造"④合看。"不假修营"不过是"无为无造"的互语。

然则为何又说"敬义立而德不孤"?此"德不孤"三字是何所取义?伊川解释说:"君子主敬以直其内,守义以方其外。敬立而内直,义形而外方。义形于外,非在外也。敬义既立,其德盛矣,不期大而大矣,德不孤也。"⑤此则谓"德不孤"乃是状德之盛大之意。因《易》的坤卦爻辞六二有"直方大,不习无不利"的书写,故伊川又说:"直、方、大,孟子所谓至大至刚以直也。"⑥此是以"气"说,即孟子之"我善养吾浩然之气"(《孟子·公孙丑上》)。孟子的以"志"帅"气"的思想,前已略及。但须明了,亚

---

① 《周易正义》卷一,《十三经注疏》本,北京:中华书局1980年影印版,第19页。

② 〔宋〕程颢、程颐:《河南程氏遗书》卷第一,载《二程集》,王孝鱼点校,北京:中华书局1981年版,第78页。

③ 《周易正义》卷一,《十三经注疏》本,北京:中华书局1980年影印版,第18页。

④ 〔魏〕王弼:《老子道德经注》,《王弼集校释》上册,北京:中华书局1980年版,第13页。

⑤ 〔宋〕程颢、程颐:《周易程氏传》卷第一,载《二程集》,王孝鱼点校,北京:中华书局1981年版,第712页。

⑥ 同上,第708页。

圣对"气"的作用亦不小觑,认为当"志一"的时候,"气"会为之动,而当"气一"的时候,气也可以"动志"。"志一"是专心致志,无有动摇。此正如焦循《孟子正义》所引证,《说文》云:"壹,专一也。"《左传·文公三年》云"与人之壹也",注为"壹无二心"。焦循于是归结说:"持其志使专一而不二,是为志一。"又说:"曾子'自反而缩,虽千万人吾往',是志一也。"又引毛奇龄说:"且志亦不容不一者,不一则二三,安所持志?"①"志一"就是"主一",故须"无适"、不二。这也就是"敬"这个价值理念的精义所在。但如果是"气一",将出现适得其反的情况,以至于"志"将被其所动。所以需要"养气",以使之不居于"一"的地位。毛奇龄说:"若气一动志,则帅转为卒所动,反常之道,故须善养,使不一耳。"②其实孟子在讲"以志帅气"的时候,已经提出了"志至焉,气次焉"的问题,明确"气"不能僭越而处于"一"的位置。

然则如何才能使得"气"不与"志"争主,而自甘于"次"的位置?这关涉"集义"的问题。孟子"养气说"的义理关键,在于"气"需要与"义与道"相配合。此即孟子所说:"其为气也,至大至刚,以直养而无害,则塞于天地之间。其为气也,配义与道。"③赵岐、阮元、焦循诸家解"义"为仁义之"义","道"则为阴阳大道,实即天道。毛奇龄疏而通之曰:"配义与道,正分疏直养。无论气配道义,道义配气,总是气之浩然者,借道义以充塞

---

① 〔清〕焦循:《孟子正义》卷六,沈文倬点校,北京:中华书局1987年版,第198页。
② 同上。
③ 同上,第200页。

耳。无是者,是无道义。"①但须弄明白,可以与"气"相配的道义,并非外来户,即不是悄悄地从外面"袭"取而来,而是与"浩然之气"相杂而生。焦循引《方言》"杂,集也"之义,得出结论说:"古'杂''集'二字皆训'合'。与义杂生即与义合生也。与义合生,是即配义与道而生也。"②孟子所谓浩然之气"是集义所生者,非义袭而取之也",其义理内涵实在此,而不在彼。而"养"是当"生"之后,因为已经配义而生,自然是"善养"了。如此这般养成的"气",由于是配以道义的集义所生,按孟子的说法,应该具有"至大至刚"的特点,因此与"持志""持敬""主敬"便不相夺,而是合而共相生了。

职是之故,此种情况下所立之"敬义",已经是和仁义、天道"集义"所生所养者,可以"塞于天地之间",舒之幠六合,卷之不盈握,足以成为人的立德之本。"立"这样的"敬义",实际上就是"立德"本身。而这种"德"是"集义"所生之德,不仅"至大至刚",而且《易》的坤卦爻辞的"直方大"亦不足以形容。试想,此"敬义"之立,"德"还能孤单吗?孔子岂不言乎:"德不孤,必有邻。"(《论语·里仁》)明代易家来氏知德深明此理,著论而言之曰:"如知其敬乃吾性之礼存诸心者,以此敬为之操持,必使此心廓然大公,而无一毫人欲之私,则不期直而自直矣。人事惟有私,所以不方。如知其义乃吾性之义见诸事者,以此义为之裁制,必使此事物来顺应而无一毫人欲之私,则不期方而自方矣。德之偏者谓之孤,孤则不大,不孤则大矣。盖敬之至者外必方,

---

① 〔清〕焦循:《孟子正义》卷六,沈文倬点校,北京:中华书局1987年版,第201页。

② 同上,第202页。

外不方不足谓之敬。不足谓敬,是德之孤也。"又说:"今既有敬以涵义之体,又有义以达敬之用,则内外夹持,表里互养,日用之间,莫非天理之流行,德自充满,盛大而不孤矣。"①而伊川将此义又与"与物同"联系起来,写道:"敬以直内,义以方外,与物同矣,故曰敬义立而德不孤,推而放诸四海而准。"②伊川此论颇得《易》之精髓。盖《易》以"同"为至理,故《易》的《序卦》有云:"与人同者,物必归焉。"③"同",乃能成其大;"异",是自小也。

"六经"的"敬"义,不仅在能大、不孤、无不利,而且还在于"敬"可以减少失措,少出过错,避免损失。《易》于此理多有举证。需卦的象辞写道:"需于泥,灾在外也。自我致寇,敬慎不败也。"④"需"有"须"意,即必须待而后之乃可。故朱子解云:"以乾遇坎,乾健坎险,以刚遇险,而不遽进以陷于险,待之义也。"⑤本来需是"光亨贞吉"之卦,"利涉大川",纵然有险情,也不致陷而不拔,因此照样可以刚健前行。问题是不能莽撞行事,需要备足相应的条件,方能确保无虞。最重要的条件是让"信"占据中正的位置。所以需卦的卦辞开篇即云"有孚"。"孚"即信,是为建立信任之义。伊川以"诚信充实于中,中实有孚"⑥,为解恰切

---

① 〔明〕来知德撰:《周易集注》上册,北京:九州出版社2004年版,第189页。
② 〔宋〕程颢、程颐:《二程粹言》,载《二程集》,王孝鱼点校,北京:中华书局1981年版,第1174页。
③ 《周易正义》卷九,《十三经注疏》本,北京:中华书局1980年影印版,第95页。
④ 《周易正义》卷二,《十三经注疏》本,同上,第24页。
⑤ 〔宋〕朱熹:《周易本义》,北京:中华书局2009年版,第56页。
⑥ 〔宋〕程颐:《周易程氏传》,北京:中华书局2011年版,第31页。

至极。反之,如果不能取信,则此卦的原本贞吉之兆,就不好预期了。具体说,还有种种特定情况,宜分别对待之。譬如"需于郊",即身处旷远之地所应采取的态度。地处旷远,距险川尚有距离,正确的做法是恒常不变,以待时机。故"初九"爻辞曰:"需于郊,利用恒,无咎。"王弼《注》云:"居需之时,最远于难,能抑其进。以远险待时,虽不应机,可以保常也。"①需卦的象辞也说:"需于郊,不犯难行也。利用,恒无咎,未失常也。"此处的"未失常"即王《注》的"可以保常"之义,总之是利用时间,恒守以待之。而做到能待能守,其中必有敬义存焉。因为自性之"敬",即是恒常自守,不驱不动之意象。

至于"需于泥",情境则比较危险。因为"泥"已近"川",是未能恒守的结果,属于地地道道的因冒进而"自我制寇",怨不得别人。处此灾患逼于眼前的险境,欲退不能,何所施焉?只有"持敬"可以延缓或消解危难。故需卦的象辞写道:"自我致寇,敬慎不败也。"另一种情况是"入于穴","上六"爻辞给出的结论是:"有不速之客三人来,敬之终吉。"②"上六"是阴爻,故拟之以"穴"。但"上六"已是需卦的终点,也即是险情解除的时候,那些守恒以待的乾阳们,主要是"初九""九二""九三",经过审时度势,可以安全地挺进了,所以是不招自来。此种情形下,阴爻之"上六",如果不想惹是生非,只好"敬"而待之了。伊川在《易传》中写道:"阴止于六,乃安其处,故为'入于穴'。穴,所安也。安而既止,后者必至。不速之客三人,谓之下三阳。乾之三阳,

---

① 《周易正义》卷二,《十三经注疏》本,北京:中华书局1980年影印版,第23页。

② 同上。

非在下之物,需时而进也。需既极矣,故皆上进。不速,不促之而自来也。上六既需得其安处,群刚之来,苟不起忌疾忿竞之心,至诚尽敬以待之,虽甚刚暴,岂有侵陵之理?故终吉也。"① 此即需卦的象辞所说:"不速之客来,敬之终吉。虽不当位,而未至于大失也。"②又离卦之初九爻辞亦云:"履错然,敬之无咎。" 离卦主以柔为正,内顺外刚,方能亨而利贞。朱子认为"履错然"是"志欲上进"③,同于孔颖达的"将欲前进"之解,王辅嗣《注》则以"错然"为"警慎之貌"④,都是将动须慎之意。"慎"者何?敬也。"履错之敬"以此成为《易》理的名典。故离卦之象辞归结为:"履错之敬,以辟咎也。"⑤"履错之敬"可以辟咎,就是敬而无失。

兹可见"敬"之为义也大矣,不仅可以聚盛德而不孤,而且能够将欲动而少咎,临危难而不败。难怪当子路问何谓君子的时候,孔子直接以"修己以敬"(《论语·宪问》)作答。而司马牛发为感叹,说:"人皆有兄弟,我独亡!"子夏振振有词地告诉他:"君子敬而无失。与人恭而有礼,四海之内皆兄弟也,君子何患乎无兄弟也?"(《论语·颜渊》)子夏所说,即《易》理之"敬义立而德不孤"。而"敬而无失"这句警言,便成为中华文化背景下的人生规范的道德典则。

---

① 〔宋〕程颐:《周易程氏传》,北京:中华书局2011年版,第34—35页。
② 《周易正义》卷三,《十三经注疏》本,北京:中华书局1980年影印版,第23页。
③ 〔宋〕朱熹撰:《周易本义》,第125页。
④ 《周易正义》卷三,《十三经注疏》本,北京:中华书局1980年影印版,第43页。
⑤ 同上。

三 "礼者,敬而已矣"

《荀子·礼论》有一句让人无法不格外关注的话:"孰知夫恭敬辞让之所以养安也,孰知夫礼义文理之所以养情也。"①《史记·礼书》移录了荀卿此篇的大部分文字,因此"恭敬辞让"一语,赫然分明地出现在行文之中。荀、迁所说的"恭敬辞让",可以视作敬义的全提,兹可见"敬"这个价值理念,已经不仅仅局限于士君子个人修为的范围,还可以与家国天下的和谐安定联系起来。因此《礼记·曲礼》精要地写道:"毋不敬,俨若思,安定辞,安民哉。"②特地赋予"敬"以"安定辞"的义理换称,对敬之为义的可以安民以至安定整个社会的深涵,作了突出到极致的彰显。

而所以如是,在于敬直接关乎礼。包括"六经"在内的早期经典,对敬与礼的关系有众多论述,汗牛充栋不足以形容。《礼记·哀公问》托孔子言直接标明斯义:"所以治礼,敬为大。"③《礼记·乐记》亦云:"庄敬恭顺,礼之制也。"《礼记·经解》又说:"恭俭庄敬而不烦,则深于礼者也。"《大戴礼记》也引孔子的话说"礼,敬为大","不敬无礼,无礼不立"④。《墨子·经上》的

---

① 王先谦:《荀子集解》卷十三,北京:中华书局2012年版,第349页。
② 〔清〕孙希旦:《礼记集解》卷一,北京:中华书局1989年版,第3页。本稿引《礼记》原文均本此著。
③ 〔清〕孙希旦:《礼记集解》卷二十一,同上,第1260页。
④ 〔清〕王聘珍:《大戴礼记解诂》卷七,北京:中华书局1983年版,第134页。

措辞更为直截了当:"礼,敬也。"①可见,礼的精神内核实际上是敬,失却敬的精神,礼便不成其为礼。此即所谓"无敬不成礼"是也。也就是孔子所说的"居上不宽,为礼不敬,临丧不哀,吾何以观之哉"(《论语·八佾》)。离开了敬的礼仪,孔子认为便没有什么看头了。拜天和祭祖是中国古代的两大礼仪,前者是朝廷的大礼,后者是家庭和家族的大礼。拜天即敬天,祭祖即"禘"或"祫",是为"敬宗"之义。《礼记·大传》写道:"尊祖故敬宗,敬宗,尊祖之义也。"又曰:"亲亲故尊祖,尊祖故敬宗,敬宗故收族,收族故宗庙严,宗庙严故重社稷,重社稷故爱百姓,爱百姓故刑罚中,刑罚中故庶民安,庶民安故财用足,财用足故百志成,百志成故礼俗刑,礼俗刑然后乐。"②《诗经·小弁》:"维桑与梓,必恭敬止。"亦是斯义。礼为敬之施,敬为礼之魂。只有敬义立才能够起到养安和安民的作用。故《孝经》引孔子的话说:"教民亲爱,莫善于孝。教民礼顺,莫善于悌。移风易俗,莫善于乐。安上治民,莫善于礼。礼者,敬而已矣。"③可谓直标全提,无缝无漏,礼与敬在义理上完全合一。为了让人们清晰无误地明了礼与敬的关系,孔子进而阐释说:"敬其父,则子悦;敬其兄,则弟悦;敬其君,则臣悦;敬一人,而千万人悦。所敬者寡,而悦者众,此之谓要道也。"④斯又将"敬"提升到"礼"的要道不二的地位。难怪《孝经》此章以"广要道章"立名。此章无疑是在揭

---

① 吴毓江:《墨子校注》上册,北京:中华书局1993年版,第461页。
② 〔清〕孙希旦:《礼记集解》卷三十四,北京:中华书局1989年版,第914、917页。
③ 《孝经注疏》卷六,《十三经注疏》本,北京:中华书局1980年影印版,第2556页。
④ 同上。

示,敬义之立,可以使满家、满朝廷、满天下从君臣到父子到兄弟,无不欢悦舒畅,甚至由于对一人的"敬",可以使千千万万人都欢悦起来。试想,家国天下能不因之而形成和谐安定的秩序吗?"礼者,敬而已矣"是此章的点睛撮要,具有"一言以蔽之"的全体大用。盖礼是人伦的规约,礼是社会的秩序,礼是文明的指标,家国天下文明秩序的建立,有待于人人之敬。

"国之大事,在祀与戎",这是《左传》里的话,见于成公十三年,出自刘康公的一段说辞。祀即祭祀,原典的上下文对祭祀与敬的关系有直接论述。事情的起因是晋侯要攻打秦国,派特使郤锜向鲁成公借兵,但这位郤锜在行事的过程中,不够恭敬有礼,因此遭到孟献子的非议。孟献子是鲁成公的高级副手,遇有朝拜周王等重要事宜,每与之同行。该孟氏批评郤锜说:"礼,身之干也。敬,身之基也。郤子无基。且先君之嗣卿也,受命以求师,将社稷是卫,而惰,弃君命也。不亡何为?"[①]等于说郤氏的失礼不敬有负君命,无异于找死。因为在孟氏看来,礼的重要相当于人的躯干,而敬则是人的立身之地,失礼不敬将导致无以立足。何况这位特使郤锜是晋景公的上卿之子,现在又是景公的儿子晋厉公的上卿,是为"嗣卿",地位不可谓不显要。越是地位显要的官员做事不敬,后果越严重。

而当同年三月鲁成公与晋侯朝拜周简王,会同刘康公、成肃公准备一起伐秦的时候,成肃公在社庙接受祭品,也发生了失礼不敬的行为,这引起了刘康公的强烈不满,大发议论说:"吾闻之,民受天地之中以生,所谓命也。是以有动作礼义威仪之则,

---

① 《春秋左传集解》第十三,上海:上海人民出版社1977年版,第721页。

以定命也。能者养之以福,不能者败以取祸。是故君子勤礼,小人尽力;勤礼莫如致敬,尽力莫如敦笃。敬在养神,笃在守业。国之大事,在祀与戎,祀有执膰,戎有受脤,神之大节也。今成子惰,弃其命矣,其不反乎？"①这段议论的名句便是"国之大事,在祀与戎"。值得注意的是,刘子以及前面孟氏对郤锜的批评,都把"敬"提到"礼"与"不礼"的原则高度。"戎"即军事行动,出征时"受脤"是"神之大节",不敬的行为既不符合戎典,又有悖于祭礼。"祀与戎"两件国家大事,都因不敬而遭到破坏。事实上,《左传》里有不少战例,其兵戎相见的导火索都是国与国之间的失礼不敬。例如桓公二年:"秋七月,杞侯来朝,不敬。杞侯归,乃谋伐之。"同年九月:"入杞,讨不敬也。"宣公十二年,潘党曰:"古者明王伐不敬,取其鲸鲵而封之,以为大戮,于是乎有京观,以惩淫慝。"成公二年,"晋侯使巩朔献齐捷于周,王弗见,使单襄公辞焉,曰:'蛮夷戎狄,不式王命,淫湎毁常,王命伐之,则有献捷,王亲受而劳之,所以惩不敬,劝有功也。'"定公六年,范献子言于晋侯曰:"以君命越疆而使,未致使而私饮酒,不敬二君,不可不讨也。"盖"国之大事,在祀与戎",不仅"祀"与敬直接相关,"戎"也常常关乎是否有敬存焉。国与国交往中的失敬,极易导致交恶,以致走到极端,犹不思转圜,忍无可忍,便只好兵戎相见,是为大不敬也。则敬为"安定辞",小则可令人之身心安适,中则可使家庭和睦,大则可以安国安民,岂虚言哉,岂虚言哉!

祭祀之礼所呈现的敬的精神,在中国文化背景下尤具有特

---

① 《春秋左传集解》第十三,上海:上海人民出版社1977年版,第721—722页。

殊的义涵。因为此一题义涉及中国文化对信仰问题如何判定的问题。换言之,在祭祀这个"国之大事"的问题上,是祭祀的物件重要,抑或是祭祀者在祭祀的时候所采取的态度和怀抱的精神重要。照说应该是祭祀物件重要,所祭之物件如不重要,祭又何为?然而在中国文化的话语里,的的确确是祭祀者所应具有的"敬"的精神,比祭祀物件还要重要。《周礼·地官司徒》具体列出如何对民施以"十二教",其第一教便是:"以祀礼教敬,则民不苟。"[①]《礼记·少仪》亦云:"宾客主恭,祭祀主敬。"[②]此处的"祭祀主敬"一语,可以说是对"祀"与"敬"的关系最精要的概括。郑玄《注》云:"恭在貌也,而敬又在心。"孔《疏》则说:"宾客轻,故主恭。祭祀重,故主敬。"[③]都是得义有见之言。敬和诚一样,是需要"无为"的,其大忌是刻意地操持饰作。《礼记·祭统》说得好:"贤者之祭也,致其诚信与其忠敬,奉之以物,道之以礼,安之以乐,参之以时,明荐之而已矣,不求其为。"[④]忠敬和诚信是存在于内心世界的精神性体,所谓"内尽于己"者,不是着意而为的外在动作。因此最高的致祭境界,应该是本乎自然,"不求其为"。故《祭统》又说:"诚信之谓尽,尽之谓敬,敬尽然后可以事神明,此祭之道也。"[⑤]然则祭道之"敬",以诚信之"尽"来标识,说明"敬"这个价值理念已经超乎语词环境,具有了绝

[①] 《周礼注疏》卷十,《十三经注疏》本,北京:中华书局1980年影印版,第703页。

[②] 《礼记正义》卷三十五,《十三经注疏》本,北京:中华书局1980年影印版,第1514页。

[③] 同上。

[④] 〔清〕孙希旦:《礼记集解》卷四十七,北京:中华书局1989年版,第1237页。

[⑤] 同上,第1238页。

对的性质。《礼记·檀弓上》的一句话,更可以说道出了此一题义的全部谜底。这句话是:"祭礼,与其敬不足而礼有余也,不若礼不足而敬有余也。"①几乎将"敬"视为祭礼的全部义涵。"祭礼"之礼,是由于存在祭祀物件而产生的,因而施礼的方式亦因物件的不同而有别。有祭祀对象,才有祭祀的礼仪。但《礼记》的此篇却说,"礼"不足尚不能算是祭礼的大问题,"敬"不足,则是祭礼绝对无法容忍者。我想这样诠释"祭礼,与其敬不足而礼有余也,不若礼不足而敬有余也"这句话,应不致有误。这句话,子路说是"闻诸夫子",但《礼记》诸篇托孔子现身说法的事例多有,此处的引述是否即为孔子话语之所原出,似不好确指。

但《论语·八佾》的"祭如在,祭神如神在"一语,则真真切切地出自孔子之口。此处,孔子等于对祭祀物件做了一个假设,即在祭祀的时候,要假设"神"是存在的,或者说是"在场"的。因为只有祭祀时相信"神"是"在场"的,祭祀的人才可能守持得住纯洁的诚敬之心。反之,一面祭祀,一面心里却在怀疑"神"到底"在"还是不"在",敬的精神便无以树立了。显然孔子强调的是"敬"这个价值理念在祭祀现场的发用,而未及其他。至于非祭祀情况下"神"是否依然存在的问题,孔子没有回答,也不想回答。应该是有两种可能:一是"在",一是不"在"。事实上孔子对"神"的存在与否,并不特别关心,这有他的众多相关言论可证。《论语·述而》辑录孔子的说话,有"子不语怪、力、乱、神"的记载。同一篇的另一条,还记载孔子说过:"务民之义,敬鬼神而远之,可谓知矣。"而当有一次,弟子直接向他请教如何事

---

① 〔清〕孙希旦:《礼记集解》卷八,北京:中华书局1989年版,第202页。此为子路援引孔子之说,故首句云"吾闻诸夫子"。

"鬼神"的时候,孔子近乎抬杠地回答说:"未能事人,焉能事鬼?"(《论语·先进》)口气显得颇不耐烦。

祭祀的时候,只是假定"神"是存在的,不祭祀的时候"神"是否存在不在追问探寻的范围,这应该是孔子对待"神"的本然态度。因此"神"在孔子眼里并没有成为信仰的对象。试想,对信仰物件还能够如此假设吗?但对于祭祀者必须具有的敬的精神,孔子却一点都不马虎。他认为祭祀者的"敬"的主体价值,远比对祭祀物件的斟详要重要得多。这里不妨以《红楼梦》中贾宝玉对祭祀的态度的两个例证,再略作补充说明。

第一例是《红楼梦》第五十八回,回目作:"杏子阴假凤泣虚凰,茜纱窗真情揆痴理。"写贾府专事演戏的十二个女伶中的藕官,在大观园烧纸钱去祭死去的药官,原因是两个人经常饰演夫妻,故存一份同性相爱之情。宝玉得知个中缘由,不禁视为同调,"又是欢喜,又是悲叹,又称奇道绝",但他又特地请芳官带话给那个烧纸钱的藕官:

> 以后断不可烧纸钱。这纸钱原是后人异端,不是孔子遗训。以后逢时按节,只备一个炉,到日随便焚香,一心诚虔,就可感格了。愚人原不知,无论神佛死人,必要分出等例,各式各例的。殊不知只一"诚心"二字为主。即值仓皇流离之日,虽连香亦无,随便有土有草,只以洁净,便可为祭,不独死者享祭,便是神鬼也来享的。你瞧瞧我那案上,只设一炉,不论日期,时常焚香。他们皆不知原故,我心里却各有所因。随便有清茶便供一钟茶,有新水就供一盏水,或有鲜花,或有鲜果,甚至荤羹腥菜,只要心诚意洁,便是佛也都可来享。所以说,只在敬,不在虚名。以后快命他不可

再烧纸。

贾宝玉虽然平时有"毁僧谤道"的言动,但对祭祀的事情却极为严肃认真。他此番言论核心题旨,是关于祭者所应秉持的"'诚心'二字",以及"心诚意洁"的态度,认为"一心诚虔,就可感格"。贾宝玉还说:"只在敬,不在虚名。"无非是反复强调诚敬而已。

第二个例证是《红楼梦》第七十八回,贾宝玉在晴雯蒙冤死后,撰写《芙蓉诔》并为之祭奠。这一情节,书中是这样写的:

> 独有宝玉一心凄楚,回至园中,猛然见池上芙蓉,想起小丫鬟说晴雯作了芙蓉之神,不觉又喜欢起来,乃看着芙蓉嗟叹了一会。忽又想起死后并未到灵前一祭,如今何不在芙蓉前一祭,岂不尽了礼,比俗人去灵前祭吊又更觉别致。想毕,便欲行礼。忽又止住道:"虽如此,亦不可太草率,也须得衣冠整齐,奠仪周备,方为诚敬。"想了一想,如今若学那世俗之奠礼,断然不可,竟也还别开生面,另立排场,风流奇异,于世无涉,方不负我二人之为人。况且古人有云:"潢污行潦,苹蘩蕴藻之贱,可以羞王公,荐鬼神。"原不在物之贵贱,全在心之诚敬而已。

贾宝玉这段关于祭奠的心理独白,也都是围绕"诚敬"二字。而且对祭者如何诚敬有所提示,比如"衣冠整齐,奠仪周备,方为诚敬"。而提出祭奠之物,不在贵贱,是为祭礼勿奢之意,也是孔子思想。向被认为具有"反儒"思想的《红楼梦》一书,却在祭祀之道上为孔子提倡的思想正名背书,简直是在宣讲孔子的祭祀之道了。岂不异哉,岂不异哉!是呵,贾宝玉在第一个例证中不是同时还说,烧纸钱不是孔子遗训,而是后人不明祭祀之理而走入的"异端"吗。向被认为是"异端"的宝玉公子,也在反对"异端"了。问题不在于异端不异端,而是究竟何者为异端,何者是正理。《红楼梦》作者一定自信地认为,他所阐释的才是孔子的至理真道。

要之,连作为经典名著的稗史说部都可以出来证明,在孔子那里,"敬"已经具有了可以超离对象的独立的精神本体价值。

四 "人道之极,莫过爱敬"

孔子对"孝"的解释,可为本文之立说提供别一角度的证词。《论语·为政》记载,子游问什么是孝,孔子回答说:"今之孝者,是谓能养。至于犬马,皆能有养。不敬,何以别乎?"这是将"敬"视作了孝的基本精神内核。所以人们通常把子女对父母的孝,称作孝敬,对尊长也往往以敬老称。《孝经》引孔子的话也说:"孝子之事亲也,居则致其敬,养则致其乐,病则致其忧,丧则致其哀,祭则致其严。"(《纪孝行章》)"严"即敬也。可知事亲之道,要在一个"敬"字。《大戴礼记》"哀公问于孔子"章,对事亲与敬亲问题做了更为详尽的叙论。其引孔子之言曰:"昔三代明王之政,必敬其妻子也有道。妻也者,亲之主也,敢不敬与?子也者,亲之后也,敢不敬与?"[1]妻和子自是其亲,但须敬而待之。所以如此,在于必如此方是"敬身"。何谓"敬身"?孔子回答说:"君子言不过辞,动不过则,百姓不命而敬恭。"则言而有当,行不逾矩,即为敬身矣。"敬身"其实就是有地位有身份的

---

[1] 〔清〕王聘珍:《大戴礼记解诂》,北京:中华书局1983年版,第15页。

人,垂范示典,以身作则,使百姓知所遵循。故此章又写道:"君子无不敬也,敬身为大。身也者,亲之枝也,敢不敬与? 不能敬其身,是伤其亲;伤其亲,是伤其本;伤其本,枝从而亡。三者,百姓之象也,身以及身,子以及子,配以及配,君子行此三者,则忾乎天下矣。"①意谓敬身即是敬亲,敬亲就是回归到敬的本体,能够为此,便可以激励天下之人。否则事亲失敬,将导致既伤亲又伤本,结果亲、本与枝俱亡,天下不复为天下了。兹可见事亲之敬义,可谓惟斯为大。难怪《诗》亦三致斯义:"凡百君子,各敬尔身。"(《诗经·小雅·雨无正》)

然则事亲亦有爱乎? 当然有。《孝经》给出一特殊的语词,曰"爱敬"。《孝经》第二章引孔子的话写道:"爱亲者,不敢恶于人;敬亲者,不敢慢于人。爱敬尽于事亲,而德教加于百姓。"②第十八章又说:"生事爱敬,死事哀戚,生民之本尽矣,死生之义备矣,孝子之事亲终矣。"③这是说,事亲的敬和通常所谓敬,宜有分别。通常之敬,是守一不易,是志不被夺,是自性的庄严。事亲之敬,则是在敬之中有爱存焉,也可以说,是在爱的感情里面含蕴敬的精神。此种特有的爱敬,在事亲的过程中表现得最为充分彻底,所以称作"爱敬尽于事亲",而且认为是"尽"了"生民之本"。所谓"本",其实就是敬的"体",亦即刘劭的《人物志》所说的"礼以敬为本,乐以爱为主"。

《孝经》是孔子的得意大弟子曾参所作,所叙以孔子之言为主,因此又有孔子口授而曾子为之录之说。此说的依据,一为

---

① 〔清〕王聘珍:《大戴礼记解诂》,北京:中华书局1983年版,第15页。
② 《孝经注疏》卷一,《十三经注疏》本,北京:中华书局1980年影印版,第2545页。
③ 同上,第2561页。

《史记·仲尼弟子列传》:"曾参少孔子四十六岁,孔子以为能通孝道者,故授之业,作《孝经》。"二是《汉书·艺文志》:"《孝经》者,孔子为曾子陈孝道也。"言之凿凿,应属可信。注《孝经》者先后有几十家,早期的孔(安国)《注》、郑(玄)《疏》颇受疵议,而韦昭、王肃、虞翻、刘劭诸家,鲜有异词。《孝经》传播史的大事件,是唐玄宗的御撰《孝经注》的诞生。与此同时,儒臣元行冲受命为御注撰《孝经疏义》,《注》《疏》同时行世,影响甚大。到了宋真宗时期,又有邢祭酒昺奉诏撰写《孝经正义》三卷。阮元主持的《十三经注疏》所收的《孝经》,即为李《注》、邢《疏》本。我讲这些,一是想说明《孝经》的重要,二是想说明在为《孝经》作注疏的各家中,刘劭是不可轻视的人物。刘劭是三国时期魏国人,字孔才,曾为魏文帝曹丕辑《皇览》一书,类似群经选粹类编,非博极群书不能为此。他还著有《律略论》《乐论》等著作。当然最让我们感兴趣的是他的奇书《人物志》。正是在《人物志》一书中,这位《孝经》专家前无古人地提出在我看来真正是中国思想史的经典名句:

  盖人道之极,莫过爱敬。是故《孝经》以爱为至德,以敬为要道。

视"爱敬"为"人道之极",我认为这是中国古代哲人对人的情性的极为深刻入微的观察,也是对人的性体与人伦所做的一次具有形上意味的义理概括。只此一点,刘劭其人便足以不朽,其所著《人物志》便足以不朽。《人物志》还说:"人情之质,有爱敬之诚,则与道德同体,动获人心,而道无不通也。"亦即爱敬可以称作人情的本质,或作为人情本质的必然组成,与人伦道德同体同构,以情感人,常常收到意想不到的效果,包括理亦能通,道亦相融。此无他,盖由于人性是自然生成,如同刘劭之自注所说:"方在哺乳,爱敬生矣。"而是书之开篇,作者开宗明义已经揭明:"盖人物之本,出乎性情。"可以认为这是刘邵"爱敬说"的义理根据。

爱敬虽系一单独的语词,但爱与敬亦各有取义。只是就作为亲情伦理的爱敬而言,爱与敬是一体而不能分离的。《礼记·哀公问》载孔子答哀公之问而言之曰:"古之为政,爱人为大。所以治爱人,礼为大。所以治礼,敬为大。敬之至矣,大昏为大,大昏至矣。大昏既至,冕而亲迎,亲之也。亲之也者,亲之也。是故君子兴敬为亲,舍敬,是遗亲也。弗爱不亲,弗敬不正。爱与敬,其政之本与。"①《大戴礼记》此篇个别文字有异,全篇内容基本相同。要之,爱、亲、礼、敬是此段文字的关键字。"治礼,敬为大",前引甚夥,叙论亦详,此不多具。斯为何又说"敬之至矣,大昏为大"?古写昏、婚相同,婚指妇家,事涉男女之合。故当哀公不解而追询时,孔子回答说:"天地不合,万物不生。大昏,万世之嗣也。"盖男女之合关乎子孙传衍,况上述语境所言之婚,固是国君和诸侯之婚,礼须冕服亲迎,岂不大哉!岂不大哉。婚姻亦称婚媾,其肌肤交合之意甚为明显。阴阳合,肌肤交,是为亲。亲则有爱生矣。爱而无尽,不知所之,至有变生不测发生。故爱须有敬提导,方能够得以升华。爱而无敬,易致淫邪。爱而有敬,能得其正。本来是爱由亲生,升华后的爱又返归为亲。亦爱亦亲亦礼亦敬,是为爱的至境,是为天地之合。以此

---

① 〔清〕孙希旦:《礼记集解》卷四十八,北京:中华书局1989年版,第1260页。

《礼记》有"君子兴敬为亲,舍敬是遗亲"的说法,有"弗爱不亲,弗敬不正"的断判,以至于将"爱与敬"归结为"政之本",其谁曰不然欤?

"爱敬"作为中国文化的一个独立的价值理念,爱与敬是一体而不能分离者。爱而无敬固然不能成其为正爱,敬而无爱更是既遗其爱又遗其亲,将直接导致不仁。仁是爱心之施于他人,故樊迟问仁,孔子的回答直截了当,曰:"爱人。"(《论语·颜渊》)。孟子也说:"仁者爱人。"宋儒周敦颐亦云:"爱曰仁。"[①]反之,如不能爱人,也就是不仁了。这里不妨以《红楼梦》中宝玉、黛玉、宝钗几个人物之间的关系,作为爱敬释义的例子,以为参证。《红楼梦》中宝玉和黛玉两位主人公之间,自是青春儿女的爱情关系,但开始一段时间,他们的关系主要表现为亲密亲厚,爱情的因素朦胧而不明确。第十九回"情切切良宵花解语,意绵绵静日玉生香"、第二十三回"西厢记妙词通戏语"之后,两人进入了实质性爱情境界,并不时有因忘情而"动手动脚"的肢体接触。但第二十七回"埋香冢飞燕泣残红"的美艳悲凄的场面,使热烈的宝黛爱情为之一转,而走向诗意的升华。这表现在当听完了黛玉《葬花吟》的悲泣吟唱,宝玉的感受是:"真不知此时此际欲为何等蠢物,杳无所知,逃大造,出尘网,始可解释这段悲伤。"斯为由世俗的爱情升华到诗意的爱情的特笔。所谓诗意的爱情的标志,是在爱与情之中注入了敬的成分。《红楼梦》中的宝玉之于黛玉,不仅有爱,而且有敬。初相遇就有敬,随着故事情节的发展,宝黛爱情中的敬的成分越来越增多,直到最后爱

---

① 〔宋〕周敦颐:《通书》,《周敦颐集》,北京:中华书局1990年版,第16页。

敬交并,难解难分,形成爱敬。而宝玉对宝钗的态度,则是由开始的敬大于爱,到渐渐的有敬无爱,再到后来的爱敬全消。至于宝钗对宝玉的态度,由于所追求在婚姻本身,故敬和爱都不曾有真实的表现。但宝玉对宝钗的有敬无爱,并未走向不仁,因为宝玉本身除了爱情的追求,还有泛爱众生的思想取向,故宝玉始终是个仁者,而与不仁绝缘。宝钗则不可避免地走向了不仁。你看她对金钏之死的态度,始而劝王夫人不要在意此事,不过多给几件衣服就打发了;继而说金钏本不是要跳井自尽,而是想到井里面去住住也是有的。此话一出,就是典型的不仁了。无爱则不仁,《红楼梦》里的宝姑娘,是为不仁的显例。

爱敬既是家族亲情伦理的归约指向,又是婚姻与爱情升华后的道德境界。古人以相敬如宾来形容夫妇之间相处的雍容和洽,其题义就是因此而来。故朱子有言曰:"凡礼有本有文,自其施于家者言之,则名分之守,爱敬之实,其本也。"又说:"大抵谨名分、崇爱敬以为之本。"[①]此是认为爱敬是家礼之本。而《礼记·文王世子》则写道:"圣人之记事也,虑之以大,爱之以敬,行之以礼,修之以孝养,纪之以义,终之以仁。是故古之人一举事,而众皆知其德之备也。"[②]斯可见爱敬在古代德论系统中所占之位置。

五 "敬字工夫,乃圣门第一义"

"六经"以及孔孟诸子的著作中所陈之敬义,可谓车载斗

---

① 〔宋〕朱熹:《家礼序》,载《朱熹集》第七册,成都:四川教育出版社1996年版,第3940页。

② 〔清〕孙希旦:《礼记集解》卷二十,北京:中华书局1989年版,第579页。

量,不可胜数。但对"敬"之为义的系统阐述,还是首推宋儒的义理分梳。先秦两汉的思想家,特别是《易经》《诗经》《礼记》《孝经》以及《论语》等原典宏撰,事实上把"敬"这个价值理念视作了社会人伦乃至生之为人的基本精神价值取向,也可以说已经进入了中华文化的信仰之维。看来宋儒深悟此理此道,周(敦颐)、张(载)、二程(程颢、程颐)、朱(熹)诸子,直承先儒,大张旗鼓地提出了"主敬"的学说。宋儒的集大成者朱子说:"'敬'字工夫,乃圣门第一义,彻头彻尾,不顷刻间断。"[1]又说:"'敬'之一字,真圣门之纲领,存养之要法。一主乎此,更无内外精粗之间。"[2]可知朱子事实上将"敬"之立义置放到了儒家义理的至高无上的地位。

宋儒中首倡"敬"义的是程颢、程颐,特别是小程子伊川把敬义发挥得最为系统完善。"主一之谓敬"[3]就是小程子首次提出来的。下面让我们看看二程子围绕敬义还有一些什么样的论说,兹以中华书局1981年版《二程集》的编辑次序,逐一选录其比较典要的案例。

1. 圣贤论天德,盖谓自家元是天然完全自足之物,若无所污坏,即当直而行之;若小有污坏,即敬以治之,使复如旧。(第1页)

2. "必有事"者,主养气而言,故必主于敬。(第12页)

3. 学者不必远求,近取诸身,只明人理,敬而已矣,便是约

---

[1] 〔宋〕黎靖德编,王星贤点校:《朱子语类》卷第十二,北京:中华书局1986年版,第210页。

[2] 同上。

[3] 〔宋〕程颢、程颐:《河南程氏遗书》卷第十五,载《二程集》,王孝鱼点校,北京:中华书局1981年版,第169页。

处。(第20页)

4."思无邪","无不敬",只此二句,循而行之,安得有差?有差者,皆由不敬不正也。(第20页)

5. 谓敬为和乐则不可,然敬须和乐,只是中心没事也。(第31页)

6. 敬而无失,便是"喜怒哀乐未发之谓中"也。敬不可谓之中,但敬而无失,即所以中也。(第44页)

7. 执事须是敬,又不可矜持太过。(第61页)

8. 忘敬而后,无不敬。(第66页)

9. 入道莫如敬,未有能致知而不在敬者。(第66页)

10. 君子之遇事,无巨细,一于敬而已。简细故以自崇,非敬也;饰私智以为奇,非敬也。要之,无敢慢而已。(第73页)

11. 敬义夹持,直上达天德自此。(第78页)

12. 圣人修己以敬,以安百姓,笃恭而天下平。惟上下一于恭敬,则天地自位,万物自育,气无不和,四灵何有不至? 此体信达顺之道,聪明睿智皆由是出。(第81页)

13. 发于外者谓之恭,有诸中者谓之敬。(第92页)

14. "天地设位而易行乎其中",只是敬也。敬则无间断,体物而不可遗者,诚敬而已矣,不诚则无物也。(第118页)

15. 敬胜百邪。(第119页)

16. 操约者,敬而已矣。(第126页)

17. 子曰:"语之而不惰者,其回也与!"颜子之不惰者,敬也。(第127页)

18. 天地之间,亭亭当当,直上直下之正理,出则不是,唯敬而无失最尽。(第132页)

19. 敬即便是礼,无己可克。(第132页)

20."出门如见大宾,使民如承大祭",只是敬也。敬则是不私之说也。才不敬,便私欲万端害于仁。(第153页)

21.有人旁边作事,己不见,而只闻人说善言者,为敬其心也,故视而不见,听而不闻,主于一也。主于内则外不入,敬便心虚故也。(154页)

22.敬则自虚静,不可把虚静唤做敬。居敬则自然行简。若居简而行简,却是不简,只是所居者已剩一简字。(第157页)

23.人心不能不交感万物,亦难为使之不思虑。若欲免此,唯是心有主。如何为主?敬而已矣。有主则虚,虚谓邪不能入。无主则实,实谓物来夺之。(第168—169页。)

24.严威俨恪,非敬之道,但致敬须自此入。(第170页)

25."舜孳孳为善",若未接物,如何为善?只是主于敬,便是为善也。(第170页)

26.敬是持己,恭是接人。与人恭而有礼,言接人当如此也。近世浅薄,以相欢狎为相与,以无圭角为相欢爱,如此者安能久?若要久,须是恭敬。君臣朋友,皆当以敬为主也。(第184页)

27.问:"'出门如见大宾,使民如承大祭。'方其未出门、未使民时,如何?"曰:"此'俨若思'之时也。当出门时,其敬如此,未出门时可知也。且见乎外者,出乎中者也。使民出门者,事也。非因是事上方有此敬,盖素敬也。如人接物以诚,人皆曰诚人,盖是素来诚,非因接物而始有此诚也。俨然正其衣冠,尊其瞻视,其中自有个敬处。虽曰无状,敬自可见。"(第184—185页)

28.敬是闲邪之道。闲邪存其诚,虽是两事,然亦只是一事。(第185页)

29.涵养须用敬,进学则在致知。(第188页)

30. 才说静,便入于释氏之说也。不用静字,只用敬字。(第189页)

31. 学者须恭敬,但不可令拘迫,拘迫则难久矣。(第191页)

32. 昔吕与叔尝问为思虑纷扰,某答以但为心无主,若主于敬,则自然不纷扰。(第191页)

33. 学者莫若且先理会得敬,能敬则自知此矣。(第202页)

34. 敬只是持己之道,义便知有是有非。顺理而行,是为义也。若只守一个敬,不知集义,却是都无事也。(第206页)

35. 君子毋不敬,如有心去藐他人,便不是也。(第255页)

36. 居敬则自然简。"居简而行简",则似乎简矣,然乃所以不简。盖先有心于简,则多却一简矣。居敬则心中无物,是乃简也。(第294页)

37. 教人者,养其善心而恶自消;治民者,导之敬让而争自息。(第411页)

38. 敬有甚形影?只收敛身心便是主一。且如人到神祠中致敬时,其心收敛,更着不得毫发事,非主一而何?(第433页)

39. 大抵与近习处久,熟则生亵慢;与贤士大夫处久,熟则生爱敬。此所以养成圣德,为宗社生灵之福。(第538页)

40. 礼主于敬,丧主乎哀。(第1137页)

41. "晏平仲善与人交,久而敬之。"人之交久则敬衰,久而能敬,所以为善与人交也。(第1140页)

42. 纯于敬,则己与理一,无可克者,无可复者。(第1171页)

43. 敬则无间断,文王之纯如此。(第1174页)

44. 敬而无失,所以中也。凡事事物物皆有自然之中,若俟人为布置,则不中矣。(第1177页)

45. 敬则虚静。而虚静非敬也。(第1179页)

46. 一不敬,则私欲万端生焉。害仁,此为大。(第1179页)

47. 无不敬者,对越上帝之道也。(第1179页)

48. 识道以智为先,入道以敬为本。(第1183页)

49. 敬为学之大要。(第1184页)

50. 敬,所以涵养也。(第1188页)

51. 敬,所以持守也。(第1188页)

52. 入德必自敬始,故容貌必恭也,言语必谨也。(第1194页)

53. 当大震惧,能自安而不失者,惟诚敬而已。(第1227页)

54. 有为不善于我之侧而我不见,有言善事于我之侧而我闻之者,敬也,心主于一也。(第1255页)

55. 一心之谓敬,尽心之谓忠,存之于中之谓孚,见之于事之谓信。(第1256页)

56. 上下一于敬,则天地自位,万物自育,气无不和,四灵何所不至？此圣人修己以安百姓之道也。(第1271页)

以上只是二程子论敬的语要选录,远非其论述的全部。要之,在包括宋儒在内的中国思想文化史上,对敬义的阐述与分梳,以二程子的著论最具学理的系统性。首要者自是明确提出了"主敬"的概念,而且三复其义,一再申论,强调敬是"内",是"中",是心中所立之主。因此主敬亦即"主一",主一就是不之二不之三,不之上不之下,不之东不之西。

对于敬义既立的功能相,二程子也做了具体厘定：一是敬为入道之本,即所以集虚也,盖集虚是"道"的特征;二是"入德必自敬始";三是"敬"为进学之"大要";四是"敬"可以"胜百邪",人的德性污损,可以通过立敬来加以修补。质而言之,"敬"即是"圣人修己以安百姓之道"。当然此一思想并非程子的创发之见,而是来源于《礼记·曲礼上》的"毋不敬,俨若思,安定辞,安民哉"一语。"敬"对于进德、入道、为学的作用,二程子最有名的话是:"涵养须用敬,进学则在致知。"又说:"入道莫如敬,未有能致知而不在敬者。"这两句话的义理旨归向为后世儒者所尊奉。故朱熹特别加以提撕,说程先生说的"涵养须用敬,进学则在致知",是"最切要"的论断。①

程子关于"素敬"的提法亦不失孤明先发之见。《论语》记载,孔子的弟子仲弓有次请教老师,到底应该怎样理解"仁"。孔子回答是:"出门如见大宾,使民如承大祭。己所不欲,勿施于人。在邦无怨,在家无怨。"(《论语·颜渊》)孔子给出的分支项类甚多,历来都以"敬恕"为解,是为得义。分而言之,当然"己所不欲,勿施于人"是"恕","出门如见大宾,使民如承大祭"是为"敬"。倡导主敬学说的程子自然不会放过孔门论学的这一案例,也以之为题与弟子们讨论,不料一位弟子提出问题说:"那么没有出门、未使民的时候,情形又如何呢?"程子回答道:

> 此"俨若思"之时也。当出门时,其敬如此,未出门时可知也。且见乎外者,出乎中者也。使民出门者,事也。非因是事上方有此敬,盖素敬也。如人接物以诚,人皆曰诚人,盖是素来诚,非因接物而始有此诚也。俨然正其衣冠,尊其瞻视,其中自有个敬处。虽曰无状,敬自可见。②

---

① 参见〔宋〕黎靖德编,王星贤点校:《朱子语类》卷第一百一十八,北京:中华书局1986年版,第2855页。

② 〔宋〕程颢、程颐:《河南程氏遗书》卷第十八,载《二程集》,王孝鱼点校,北京:中华书局1981年版,第184—185页。

程子的回答可谓机智之至,如同正中下怀,反而深化了对敬义的诠解。盖"敬"跟"诚"一样,都应该是不间断的,绝非此一时敬,彼一时不敬,或此事上敬,他事上却又不敬。因此程子以"俨若思"回应弟子之问,可谓睿智而高明。妙的是他以"素敬""素诚"两个人们不常闻见的概念出之,无异是对敬义学理阐述的一种发明。朱子颇赞赏程子的回答,写道:"敬未尝间断也。且如应接宾客,敬便在应接上;宾客去后,敬又在这里。若厌苦宾客,而为之心烦,此却是自挠乱,非所谓敬也。故程子说:'学到专一时方好。'盖专一,则有事无事皆是如此。程子此段,这一句是紧要处。"[1]又说:"二先生所论'敬'字,须该贯动静看。方其无事而存主不懈者,固敬也,及其酬酢不乱者,亦敬也。"[2]《礼记·曲礼上》"毋不敬"的思想贯穿于程、朱敬义论的始终。

这里还涉及"敬""静"的分别问题。因为周子敦颐在讲"诚"时,同时讲"静",佛氏、老氏也都讲"静"。然则"敬"与"静"如何分别?二程子一则说:"才说静,便入于释氏之说也。不用静字,只用敬字。"二则说:"敬则虚静,而虚静非敬也。"这一区分十分重要,使人明了"敬"不是静坐禅修之道,而是人的自我精神的庄严觉照。朱熹在此一问题上不像程子那样决绝,他并不排斥作为功夫的静坐所起的敛心养性的作用,但对敬、静的区分也是很严格的。弟子发为疑问,说人总是"静时少,动时多",很容易发生"挠乱",此种情况该如何处置?此问显然有以"静"为"敬"的嫌疑。朱子回答说:"如何都静得?有事须着应。

---

[1] 〔宋〕黎靖德编,王星贤点校:《朱子语类》卷第十二,北京:中华书局1986年版,第213页。

[2] 《答廖子晦》,《朱熹集》卷四十五,第四册,成都:四川教育出版社1996年版,第2161页。

人在世间,未有无事时节。要无事,除是死也。自早至暮,有许多事。不成说事多挠乱,我且去静坐。敬不是如此。若事至前,而自家却要主静,顽然不应,便是心都死了。无事时敬在里面,有事时敬在事上。"①"敬""静"的分别,在朱子那里是严格的,回答是严厉的。要之,"敬"不是静,不是静止不动,而恰好是要体现在视听言动之中。"敬"不是外加的,而是自生自存的心中事中之"主"。此正如朱子所说:"今所谓持敬,不是将个'敬'字做个好物事样塞放怀里,只要胸中常有此意,而无其名耳。"②马一浮曾说,包括诚敬在内的各种理念,其实也只是"名言"而已,真正化为一心,融入自我的精神主体,有此名无此名一也。

朱子特别强调"敬"须在"事"上见出。因此将《易·坤·文言》的"君子敬以直内,义以方外",解释为以"敬"来立定脚跟,见于物事是"义"。因此提出了"敬"的"死""活"问题。他说:"敬有死敬,有活敬。若只守着主一之敬,遇事不济之以义,辨其是非,则不活。若熟后,敬便有义,义便有敬。静则察其敬与不敬,动则察其义与不义。"③如果要保持敬、义的统一,则需要"敬、义夹持",合动静一体来看。此说创自程子,原文为:"敬、义夹持,直上达天德自此。"④《易》教"敬以直内,义以方外"合其德,自是天德。故朱子说:"敬义挟持,循环无端,则内外

---

① 〔宋〕黎靖德编,王星贤点校:《朱子语类》卷第十二,北京:中华书局1986年版,第212—213页。
② 同上,第212页。
③ 同上,第216页。
④ 〔宋〕程颢、程颐:《河南程氏遗书》卷第五,载《二程集》,王孝鱼点校,北京:中华书局1981年版,第78页。

透彻。"①

另一与此相关的是"居敬"与"行简"问题。题义本诸孔门师弟子论学议政。孔子有次说,弟子仲弓具备当官作宰的条件。仲弓因此联想到桑伯子这个人,问此人做官做得怎么样。孔子说做得不错,因为他施政临民尚简,不折腾百姓。仲弓于是发为感想,若有所悟地说道:"居敬而行简,以临其民,不亦可乎?居简而行简,无乃大简乎?"(《论语·雍也》)为官需要敬恕,是大家都知道的道理,故孔子只讲"行简",省略了"居敬"。仲弓的感想等于补充了敬的立义,但同时也提出,如果没有敬立定脚跟,而是"居简而行简",未免"简"得太过分了吧。孔子对弟子的这一看法表示赞许,说仲弓讲的是对的。程子和朱子疏论敬义,势必关涉此一经典话题。程子的看法是:"居敬则自然简。"②理由是,当一个人达到了"居敬"的境界,已是"心中无物",所以自然就简而不繁了。如果是"居简",无异于在"行简"之外又多出了一个"简",其结果就不是"简"而是繁了。

程子之说就其突出敬义而言自有其道理。但朱子认为,居敬和行简是两件工夫,按之人群世相,居敬而不能行简者有之,行简而不能居敬者亦有之。故朱子申论说:"居敬固是心虚,心虚固能理明。推着去,固是如此。然如何会居敬了,便自得他理明? 更有几多工夫在。若如此说,则居敬行简底,又那里得来? 如此,则子桑伯子大故是个居敬之人矣。世间有那居敬而所行不简。如上蔡说,吕进伯是个好人,极至诚,只是烦扰。便是请

---

① 〔宋〕黎靖德编,王星贤点校:《朱子语类》卷第十二,北京:中华书局1986年版,第216页。

② 〔宋〕程颢、程颐:《河南程氏遗书》卷第二十二,载《二程集》,王孝鱼点校,北京:中华书局1981年版,第294页。

客,也须临时两三番换食次,又自有这般人。又有不能居敬,而所行却简易者,每事不能劳攘得,只从简径处行。如曹参之治齐,专尚清静,及至为相,每日酣饮不事事,隔墙小吏酣歌叫呼,参亦酣饮歌呼以应之,何有于居敬耶?据仲弓之言,自是两事,须子细看始得。"①兹可知朱子为学对理则物事探究之细,几乎到了毫发不遗的地步,亦见出程朱对敬之为义的知行两造是何等重视。

朱熹是二程"主敬说"的热烈呼应者,其文章书信以及平日讲话论学,未尝离开此一"敬"字。就言谈话语的体量而言,朱子论敬的篇幅实在程子之上,对程子主敬说的提出给予极高的评价。此处且举数例,以见朱子的高情至理。例一是,朱子认为"敬"是程子的一项发明——当然是就观念的学理分梳而言,而非此前不曾有敬义提出。朱子写道:"圣贤言语,大约似乎不同,然未始不贯。只如夫子言非礼勿视听言动,'出门如见大宾,使民如承大祭''言忠信,行笃敬',这是一副当说话。到孟子又却说'求放心''存心养性'。《大学》则又有所谓格物、致知、正心、诚意。至程先生又专一发明一个'敬'字。"②把敬义学理发掘的发明权直截归于程颢程颐兄弟。为避免误会,朱子同时说明,此一"敬"字并非往圣前贤不曾使用过,但以往任何学者都没有程子看得重。因为为学要有一个"大要",所以程子推出一个"敬"字,学者如果能将"敬"字收敛在自我的身心,"放在模匣子里面,不走作了",逐事逐物的道理方能看得清。③ 又说:"伊川只说个'敬'字,教人只就这'敬'字上捱去,庶几执捉得定,有个下

---

① 〔宋〕黎靖德编,王星贤点校:《朱子语类》卷第三十,北京:中华书局1986年版,第762—763页。
② 同上,第207页。
③ 同上,第208页。

手处。"①随后又强调:"程先生所以有功于后学者,最是'敬'之一字有力。"②后来还说:"程先生云'主一之谓敬',此理又深。"③上述所举例证均见于《朱子语类》。

朱子在与各学人的通信中,也每以敬义为言,对程子主敬说称美不已。其《答何叔京》云:"二先生拈出'敬'之一字,真圣学之纲领,存养之要法。一主乎此,更无内外精粗之间,固非谓但制之于外则无事于存也。"④在《答胡广仲》的信里,又说:"近来觉得'敬'之一字,真圣学始终之要,向来之论,谓必先致其知然后有以用力于此,疑若未安。"⑤其《答董叔重》书亦云:"动静、始终,不越'敬'之一字而已。近方见得伊洛拈出此字,真是圣学真的要妙功夫。学者只于此处着实用功,则不患不至圣贤之域矣。"⑥而《答石子重》的信函,又感慨而言:"'敬'字之说,深契鄙怀。"⑦《朱子语类》论"持守"又言:"程先生所以有功于后学者,最是'敬'之一字有力。"⑧大程子明道生于宋仁宗天圣十年(1032),小程子伊川比明道小一岁,生于宋仁宗明道二年(1033);而朱熹则生于宋高宗建炎四年(1130),比二程子晚了一个世纪。对朱子而言,二程自是先贤。但朱子对二程子敬义

---

① 〔宋〕黎靖德编,王星贤点校:《朱子语类》卷第三十,北京:中华书局1986年版,第209页。

② 同上,第210页。

③ 〔宋〕黎靖德编,王星贤点校:《朱子语类》卷第十八,同上,第403页。

④ 《答何叔京》,《朱熹集》卷四十,成都:四川教育出版社1996年版,第1880页。

⑤ 《答胡广仲》,《朱熹集》卷四十二,同上,第1945页。

⑥ 《答董叔重》,《朱熹集》卷五十一,同上,第2476页。

⑦ 《答石子重》,《朱熹集》卷四十二,同上,第1981页。

⑧ 〔宋〕黎靖德编,王星贤点校:《朱子语类》卷第十二,北京:中华书局1986年版,第210页。

学说的看重,固不是由于辈分之先后,而是学理上的相承与相合。程子的学说义理,可以说主要是由朱子来提撕、阐释、传布和弘扬的。所以思想史上向来程朱并称。而关于敬的思想,在二程学说中又占据中心的位置。故朱子格外看重,反复讨论,述之又述,阐之又阐,使得此学的学理几无剩义。

朱子对敬义学说不乏比程子更进一步的理解和创获,只不过在先贤面前他谦虚审慎而不愿僭先,总是处处将程子放在前面。下面,笔者从中华书局1986年版《朱子语类》中辑录二十条朱子论敬的精要语录,以明程朱二子如何学理相通,而在具体分梳时又多有同中见异和异中见同之处。

1. 敬是不放肆底意思,诚是不欺妄底意思。(第103页)

2. 敬不可谓之中,但敬而无失便是中。(第117页)

3. 敬不须言仁,敬则仁在其中矣。(第122页)

4. 持敬是穷理之本。(第150页)

5. 致知、敬、克己,此三事,以一家譬之:敬是守门户之人,克己则是拒盗,致知却是去推察自家与外来底事。(第151页)

6. 如今看圣贤千言万语,大事小事,莫不本于敬。(第206页)

7. "敬"字工夫,乃圣门第一义,彻头彻尾,不可顷刻间断。(第210页)

8. "敬"之一字,真圣门之纲领,存养之要法。一主乎此,更无内外精粗之间。(第210页)

9. 人能存得敬,则吾心湛然,天理粲然,无一分着力处,亦无一分不着力处。(第210页)

10. 人之心性,敬则常存,不敬则不存。(第210页)

11. 敬要回头看,义要向前看。(第216页)

12. 自心而言，则心为体，敬和为用；以敬对和而言，则敬为体，和为用。（第519页）

13. 敬是立己之本。（第1740页）

又从四川教育出版社1996年版《朱熹集》中辑录如下：

1. 仁则心之道，而敬则心之贞也。（第1404页）

2. 是知圣门之学别无要妙，彻头彻尾，只是个"敬"字而已。（第1922页）

3. 其所谓"敬"，又无其他玄妙奇特，止是教人每事习个专一而已，都无许多闲说话也。（第2345页）

4. "敬"之一字，万善根本，涵养省察、格物致知种种功夫皆从此出，方有据依。（第2437页）

5. 读书固不可废，然亦须以主敬立志为先。（第2445页）

6. 盖圣贤之学，彻头彻尾，只是一"敬"字。致知者，以敬而致之也；力行者，以敬而行之也。（第2450页）

7. 尝谓"敬"之一字乃圣学始终之要，未知者非敬无以知，已知者非敬无以守。（第2790页）

上述朱子的二十条论敬语要，虽只是大海中的一瓢饮而已，亦可见出其所蕴含的诸多义理创获和新出之精彩判断。显然朱子把敬义提至比程子更高的层级。试想，"'敬'字工夫，乃圣门第一义""'敬'之一字，真圣门之纲领""'敬'之一字乃圣学始终之要""'敬'之一字，万善根本""敬是立己之本"，等等，都是何等重大的判断。

而且朱子极为重视"六经"原典对敬义的论述。他固然给予二程子的主敬学说高度评价，许为一项学理发明，但亦不时提醒："如尧舜，也终始是一个敬。"并举《尚书·尧典》开篇一段："曰若稽古，帝尧曰：放勋，钦明文思，安安，允恭克让，光被四表，格于上下。"①二孔(孔安国、孔颖达)之《传》《疏》,皆以"敬"义来解"钦"字。故朱子说:"'钦明文思',颂尧之德,四个字独将这个'敬'做擗初头。"②又说:"尧是初头出治第一个圣人。《尚书·尧典》是第一篇典籍,说尧之德,都未下别字,'钦'是第一个字。如今看圣贤千言万语,大事小事,莫不本于敬。"③还说:"如汤之'圣敬日跻',文王'小心翼翼'之类,皆是,只是他便与敬为一。"④而当他知道有人对程子的敬义论不以为然,认为往圣并没有单独说敬,如果有的话,也只是在敬亲、敬君、敬长的情况下,方使用"敬"字,朱子对此斥之为"全不成说话",反驳道:"圣人说'修己以敬',曰'敬而无失',曰'圣敬日跻',何尝不单独说来?若说有君、有亲、有长时用敬,则无君亲、无长之时,将不敬乎?都不思量,只是信口胡说。"⑤此可见朱子对敬义的持守是何等牢固而不可动摇。也可以说,他是以敬的精神来守持敬义的理性的圣洁。

然而要真正做到以"主一无适"的精神守持敬义,也就是居敬、持敬,对学者而言,亦并非易事。朱子何等样人,但他自称有时不免有躁妄之病。他在写给何叔京的信里写道:"躁妄之病,在贤者岂有是哉?顾熹则方患于此,未能自克,岂故以是相警切耶?佩服之余,尝窃思之:所以有此病者,殆居敬之功有所未至,

---

① 《尚书正义》卷二,《十三经注疏》本,北京:中华书局1980年影印版,第119页。
② 〔宋〕黎靖德编,王星贤点校:《朱子语类》卷第七,北京:中华书局1986年版,第126页。
③ 同上,第206页。
④ 同上,第208页。
⑤ 〔宋〕黎靖德编,王星贤点校:《朱子语类》卷第十二,北京:中华书局1986年版,第207—208页。

故心不能宰物、气有以动志而致然耳。若使主一不二,临事接物之际真心现前,卓然而不可乱,则又安有此患哉?"[1]兹可见朱子的自省精神何其深诚乃尔。事实上,终朱子之一生,其明诚主敬的精神归旨从未有所少忽,而对敬义的提撕与阐论,比程子亦有过之而无不及。

盖程颢、程颐和朱熹共建的主敬学说,使得儒家思想的信仰层面在学理上得到了系统的深化和补充,此固是思理之现实,亦历史之踪迹也。

(撰稿人　刘梦溪)

---

[1]　《答何叔京》,载《朱熹集》卷四十,第四册,成都:四川教育出版社1996年版,第1849页。

第九章 和同篇

一 天下同归而殊途

本篇想追寻的一个问题是,人与人之间的差异,南方人和北方人的差异,中国人和外国人的差异,东方人和西方人的差异,真的有那么大吗?从学理上和心理上分析,我认为差异是第二位的,相同之处是第一位的。所以《易经》的《系辞》引孔子的话写道:"天下何思何虑?天下同归而殊途,一致而百虑。"[1]意思是说,尽管思考的方式和所选择的途径不同,人们终归要走到一起。原因是人类的本能会不自觉地追寻生存与安全,而在理性认知的层面,则会寻求精神的纯正和道德的升华。对此,《易·系辞》给出的解释是:"日往则月来,月往则日来,日月相推而明生焉。寒往则暑来,暑往则寒来,寒暑相推而岁成焉。往者,屈也;来者,信也,屈信相感而利生焉。尺蠖之屈,以求信也;龙蛇

---

[1] 〔魏〕王弼撰,楼宇烈校释:《周易注校释》,北京:中华书局 2012 年版,第 249 页。

之蛰,以存身也;精义入神,以致用也;利用安身,以崇德也。过此以往,未之或知也。穷神知化,德之盛也。"①以往注《易》者,对此段多以动静为说,固不失一边之理。但天下万有,何物不是动中有静,静中有动?一切人情物事无不是在动与静的交替之中存在和运行。《易》之简易、不易、变易"三义",实即概括了天、地、人三界的普遍生存状态,都是既不易又变易。因此以动静的观点来解释《系辞》此段之理则意蕴,无异于解而未解。

我反复钻味斯文之《易》法,认为《易·系辞》此段之义涵,应是在揭示人类的共同价值追求。"日月相推"是指昼夜交替,"寒暑相推"是指岁时递嬗。"往者屈也,来者信也"是指岁时节候递嬗中人的生存状况。人的建树与成就,无不是在"屈信相感"中实现的。"利生"指的就是事功和业绩,亦即《易·乾·文言》所说的"君子进德修业,忠信所以进德也"。无信则无以进德,而德不进则无以修业。尺蠖这种昆虫行走的特点,是先屈后伸,"屈"是为了"伸","屈""伸"交错,所以行进也。人的"进德修业"必须以"忠信"为条件,所谓"无信不立"。但人终归以生存为第一需要,因此除了"屈伸"之姿,有时还需有"蛰伏"之态。"龙蛇之蛰,以存身也"一句,可谓妙理入神。人如果不能"存身",则德业事功也就无从说起了。"精义入神"的"精义",显指"利生""求信""存身"这些人生的道理。"利用安身"一语,是"利生"和"存身"的合义,"求信"则是"崇德"的别称。《易·系辞》此段的"利用安身,以崇德也",是上述"精义"的总括语。从语式的逻辑来看,似将"崇德"置于最高位置,当作了终极目标。

---

① 〔魏〕王弼撰,楼宇烈校释:《周易注校释》,北京:中华书局2012年版,第249页。

所以最后复以"穷神知化,德之盛也"为结。因为中间的"精义入神"四字是与"以致用也"相连接,涉及"精义"的致用问题,而"致用"即"化"也。亦即"穷神"是对"精义"而言,"知化"是对"致用"而言。"德之盛也"则是"穷神知化"的结果。换言之,利生、存身、求信这样一些论理的价值"精义",是所有人都不得不然地追寻的目标,但实现的方法和途径又是多元多途的,而非只有一种固定不变的模式。所谓"天下同归而殊途,一致而百虑"的论理奥义,无非在此也。由于此一命题的"精义"直接关乎人类自身的生存和发展,因此要说人类的"同",或曰"大同",恐怕莫过于斯义之论了。

《易》理对"同"的义涵似独有所钟,《系辞》之外,还有多处都涉及"同"之立义的问题。最突出的是《上经》第十三卦《同人》,可以看作是直接演述"同""和"义理的专卦。此卦离下乾上,其卦辞为:"同人于野,亨。利涉大川。利君子贞。"[1]孔颖达《正义》明确认定,此卦所演是"与人和同"之义。其《疏》文写道:

> "同人",谓和同于人。"于野,亨"者,野是广远之处,借其野名,喻其广远,言和同于人,必须宽广,无所不同。用心无私,处非近狭,远至于野,乃得亨进,故云"同人于野,亨"。与人同心,足以涉难,故曰"利涉大川"也。与人和同,义涉邪僻,故"利君子贞"也。此"利涉大川",假物象以

---

[1]〔魏〕王弼撰,楼宇烈校释:《周易注校释》,北京:中华书局2012年版,第53页。

明人事。①

孔《疏》解"同人"为"和同于人",可谓深明《易》理。开始的"和同于人"也就是文末的"与人和同",整段疏解前后理义勾连通贯。卦辞"同人于野,亨",是象喻与人和同,必须宽广无私,而不能小肚鸡肠,斤斤计较。有"私",就会心胸狭窄,不利于亨进,对克服险阻没有好处。

但与人和同,宜乎有何所为作的问题,故《彖》辞又曰:"文明以健,中正而应,君子正也。唯君子为能通天下之志。"本来心胸广大地与人和同,非常利于携手同行,可以刚健有力地战胜艰难险阻,获得亨通的效果;但如此形成的"同人"的力量,准备干一番什么样的事业呢?会不会一不小心走到邪路上去呢?《彖》辞因此提醒蓄势待发的"同人",此时所需要的,是"文明以健,中正而应,君子正也",因为只有"君子为能通天下之志"。清儒李光地等所撰《御纂周易折中》写道:"上专以'乾行'释'于野''涉川'者,但取刚健无私之义也。下释'利贞',则兼取明健中正之义。盖健德但主于无私而已,必也有文明在于先,而所知无不明。有中正在于后,而所与无不当。然后可以尽无私之义,而为君子之贞也。"②盖"君子之贞",一要刚健无私,一要明健中正,此是与人和同的正确指向。必如此方能"通天下之志",必如此方能与人类的文明行为不相违背。此正如朱子所说,"通天

---

① 〔魏〕王弼注,〔唐〕孔颖达疏:《周易正义》卷二,《十三经注疏》本,北京:中华书局1980年影印版,第29页。

② 〔清〕李光地:《御纂周易折中》,康熙五十四年内廷刊本。

下之志"实是"大同"之意,否则容易导致"私情之合"①。

而且还要防止因追求与人和同而导致拉帮结派。故此卦的《象》辞又说:"天与火,同人。君子以类族辨物。"此处的"与"字,有两相亲和之意,因天体在上,火炎亦上趋,可成"同人"之象。孔氏《正义》以此写道:"天体在上,火又炎上,取其性同,故云'天与火,同人'。"②而"君子以类族辨物"云云,也是为了求和同之义。朱子《周易本义》注道:"'类族辨物',所以审异而致同也。"③其所阐释的和同义理甚明。《爻辞》:"初九,同人于门,无咎。"也是斯义。王弼《注》云:"无应于上,心无系吝,通夫大同。出门皆同,故曰'同人于门'也。"王弼又说:"出门同人,谁与为吝?"既然都是同人,也就无所谓鄙吝不鄙吝了。但如果"同人于宗",就有分晓了。《爻辞》六二云:"同人于宗,吝。"《象》辞也说:"同人于宗,吝道也。"宗即宗族。如果仅仅跟自己的宗族和同,就失于偏狭了,自然应在"吝"字上。所以孔《疏》云:"系应在五,而和同于人在于宗族,不能弘阔,是鄙吝之道,故《象》云'吝道'也。"④孔氏"不能弘阔,是鄙吝之道"一语,可谓精辟。推而言之,即使不局限于家族之内,但拉帮结派,搞团团伙伙,同样是不弘阔的狭隘鄙吝之道,为君子所不取也。

然则不与人和同又将如何?《爻辞》九三云:"伏戎于莽,升

---

① 〔宋〕朱熹:《周易本义》,廖名春点校,北京:中华书局2009年版,第79页。

② 〔魏〕王弼注,〔唐〕孔颖达疏:《周易正义》卷二,《十三经注疏》本,北京:中华书局1980年影印版,第29页。

③ 〔宋〕朱熹:《周易本义》,廖名春点校,北京:中华书局2009年版,第80页。

④ 〔魏〕王弼注,〔唐〕孔颖达疏:《周易正义》卷二,《十三经注疏》本,北京:中华书局1980年影印版,第29页。

其高陵,三岁不兴。"①"莽"即草莽之意。"伏戎"者,暗伏杀机也。孔氏《正义》写道:"九三处下卦之极,不能包弘上下,通夫大同,欲下据六二,上与九五相争也。但九五刚健,九三力不能敌,故伏潜兵戎于草莽之中。"②但兵伏草莽毕竟不是长久之计,因此便试图占据高点,以收居高临下之效。其结果呢?"升其高陵,三岁不兴"。居高并没有临下以兴,只不过是站在高处观望审势而已,很快过去了三年,也无法有所作为。《象》辞说,这是由于"敌刚也",即敌体的势力强大,不敢轻举妄动。而爻九四的情形则是:"乘其墉,弗克攻,吉。"墉即墙,也是可以居高之象,但照样攻而无功。攻而弗克的好处,是逼使自己反躬自省,不莽撞为事。因此却反得其"吉"。王弼《注》申论此义,最为允当,写道:"处上攻下,力能乘墉者也。履非其位,以与人争,二自五应,三非犯己,攻三求二,尤而效之,违义伤理,众所不与,故虽乘墉而不克也。不克则反,反则得吉也。不克乃反,其所以得吉,困而反则者也。"③实即遭遇困难而能自反,改弦更张,转而另觅与人和同之道,当然是吉而非凶了。

《同人》的《爻辞》九五为:"同人,先号咷而后笑。大师克,相遇。"号咷也者,痛哭也,显然遭遇到了重大的困难。究其原因,则是与九五相应者为六二,虽六二仅和同于自己的宗族,未免失之于吝,但毕竟可以达致和同,思理有偏却不会立刻有险象出现。因此处身九五之尊,最期待的却是与六二亲和。但不幸

---

① 〔魏〕王弼注,〔唐〕孔颖达疏:《周易正义》卷二,《十三经注疏》本,北京:中华书局1980年影印版,第29页。
② 同上。
③ 〔魏〕王弼撰,楼宇烈校释:《周易注校释》,北京:中华书局2012年版,第55页。

的是,九三、九四将六二与九五隔开了,使得九五不能与六二和而相亲。所号咷者,即在此也。然而九五得刚健中正之象,大有所向无敌之势,一旦与阻挡亲和的势力交锋,就会毫不犹豫地投入重兵战而胜之。所以便由遭遇巨大困扰的号咷之状,一变而为胜利者的开怀大笑了。不是任何情况下都去亲和,强势阻隔,致使和同的目标无法实现,势不得已也不惜一战,然后以胜利者的姿态致力于人类的和同。王弼《注》云:"居中处尊,战必克胜,故后笑也。不能使物自归,而用其强直,故必须大师克之,然后相遇也。"①朱子《本义》也说:"五刚中正,二以柔中正,相应于下,同心者也。而为三四所隔,不得其同,然义理所同,物不得而间之,故有此象。然六二柔弱而三四刚强,故必用大师以胜之,然后得相遇也。"②王辅嗣、朱晦庵二巨子的诠解,使《同人》一卦之九五爻辞,题无剩义了。

然《同人》最后的上九却是:"同人于郊,无悔。"《象》辞也说:"同人于郊,志未得也。"此系何义?王弼《注》云:"郊者,外之极也。处同人之时,最在于外,不获同志,而远于内争,故虽无悔吝,亦未得其志。"③处身于远离中心的郊野之地,要得到志同道合者的支持,显然是困难的,因此致力于和同的志愿便不容易实现。孔颖达之《正义》,延续王《注》的思想,进而申论:"同人于郊者,处同人之极,最在于外,虽欲同人,人必疏己,不获所同,

---

① 〔魏〕王弼撰,楼宇烈校释:《周易注校释》,北京:中华书局2012年版,第55页。
② 〔宋〕朱熹:《周易本义》,廖名春点校,北京:中华书局2009年版,第81页。
③ 〔魏〕王弼撰,楼宇烈校释:《周易注校释》,北京:中华书局2012年版,第55页。

其志未得。然虽阳在于外,远于内之争讼,故无悔吝也。"①都是能得上九义理之正解。兹可见,欲伸而未伸之"志"非他,而是对与人和同之理念的追求与想往。处身郊远而未获同志,故使得其和同之志未伸,但同时也远离了内部的争讼。换言之,外部虽未获得和同,内部却不失和同,悔吝之心情意绪也就荡然无存了。

盖《同人》一卦,纯是对"和同"理念的演绎,可谓穷追不舍,层层剥笋,曲尽其道。孔氏对此《同人》一卦的归结最堪玩味,兹将其疏解全文引录如下:"'凡处同人而不泰焉,则必用师矣'者,王氏《注》意非止上九一爻,乃总论同人一卦之义。去初上而言,二有同宗之吝,三有'伏戎'之祸,四有不克之困,五有'大师'之患,是处'同人'之世,无大通之志,则必用师矣。'楚人亡弓,不能亡楚。爱国愈甚,益为它灾'者,案《孔子家语·弟子好生篇》云:'楚昭王出游,亡乌号之弓,左右请求之。王曰:"楚人亡弓,楚得之,又何求焉?"孔子闻之曰:"惜乎!其志不大也。不曰人亡之,人得之,何必楚也。"'昭王名轸,哀六年,吴伐陈,楚救陈,在城父卒。此爱国而致它灾也。引此者,证同人不弘皆至用师矣。"②

孔《疏》第一句引号中的"凡处同人而不泰焉,则必用师矣",是王弼的注语,孔氏之用意是想告诉我们,王弼此注是针对《同人》全卦所发,因此意义非同一般。《同人》的宗旨,本在与人和同,但施行起来难免困难重重。除了初九为《同人》之始,

---

① 〔魏〕王弼注,〔唐〕孔颖达疏:《周易正义》卷二,《十三经注疏》本,北京:中华书局1980年影印版,第30页。

② 同上。

心地单纯而无鄙吝,故大同之志没遇到什么问题,其余六二有同宗之吝,九三有"伏戎"之祸,九四有不克之困,九五有"大师"之患,在在都是问题。如何解困？难道只有"用师"一途吗？孔《疏》的关键词是,欲处"同人"之世,就必须有"大通之志"。"大通"的概念是王弼提出来的,王氏认为:"不能大通,则各私其党而求利焉。"①而大通者,即大同也。兵戎,乃万不得已之手段,需要极其审慎,最好是不战而屈人之兵。因为人类总归是要走到一起的,争战、杀戮归根结底是反文明之道的野蛮行为。比一切纷争用智高明得多的大智慧,是生之为人,或人而主政治国,第一位的是要有和同于人的"大通之志"。

王弼的注文还援引了楚人亡弓的典例,其说见《孔子家语·弟子好生篇》,其中记载道:"楚昭王出游,亡乌号之弓,左右请求之。王曰:'楚人亡弓,楚得之,又何求焉？'"这位楚昭王看来很是豁达大度了,认为弓既然是在楚国丢失的,那么拾得弓的人必定是楚人,楚弓为楚人所得,何必还要到处去找寻呢？但孔子听说后,颇不以为然,认为楚王的志量未免太小。真正的豁达大度,应该这样说:弓是人丢失的,得到的也是人,人失人得,有何不好？这是试图将一事当中的价值理念和人的普遍价值联系起来,亦即"仁者,人也"。而具体到《同人》一卦所彰显的价值义理,则是人类普遍和同的观念。如果不是这样,而是局限于仅仅维护一国之利益,甚至将"爱国"发挥至极点,那么其结果将是:"楚人亡弓,不能亡楚,爱国愈甚,益为它灾。"这是王弼《注》文的原话。智哉,仅仅活了二十四岁的魏晋哲人！为自作聪明的

---

① 〔魏〕王弼撰,楼宇烈校释:《周易注校释》,北京:中华书局2012年版,第55页。

后来者所不及也。呜呼,国因爱国愈甚而亡国,楚其一例哉? 孔颖达对楚之"益为它灾"作了发覆索隐,揭明系当哀公六年,吴国伐陈国,楚驰兵救陈,结果楚昭王死于城父,是为"益为它灾"典故之所处。孔氏最后归结说:"此爱国所致它灾也。"并强调:"引此者,证同人不弘,皆至用师矣。"说到底,还是要以刚健文明的精神去和同于人,不要动不动就企图诉诸兵戎。以武力相威胁是无法通天下之志的。和则两全,战则两伤,是颠扑不破的真理。而所以诉诸兵戎,更多的情况是由于胸怀不够宏远阔大而陷入宗族之吝和党派之私的结果。

睽卦的《象》辞也提出:"君子以同而异。"王《注》云:"同于通理,异于职事。"[①]盖事虽睽乖,理却是相通的。是故《象》辞又云:"天地睽而其事同也,男女睽而其志通也,万物睽而其事类也。睽之时用大矣哉。"孔氏《正义》于此写道:"'天地睽而其事同',此以下历就天地、男女、万物,广明睽义体乖而用合也。"[②]"体乖而用合",是为核心警示语。故孔氏又说:"天高地卑,其体悬隔,是'天地睽'也,而生成品物,其事则同也。'男女睽而其志通'者,男外女内,分位有别,是男女睽也,而成家理事,其志则通也。万物殊形,各自为象,是'万物睽'也。而均于生长,其事即类,故曰'天地睽而其事同也,男女睽而其志通也,万物睽而其事类也,睽之时用大矣哉'。既明睽理合同之大,又叹能用睽之人,其德不小;睽离之时,能建其用使合其通理,非大德之人,则不可也。故曰'睽之时用大矣哉'也。"[③]睽者,本是乖离之义,

---

  ① 〔魏〕王弼注,〔唐〕孔颖达疏:《周易正义》卷四,《十三经注疏》本,北京:中华书局1980年影印版,第51页。
  ② 同上,第50页。
  ③ 同上。

但在《睽》卦里面，无乖不能成合，无隔不能成同，无乖不能成通。此可见和、合、同、通，是为大德，其为用实具有普遍性。所谓"睽之时用大矣哉"，就是指此而言。

《易经》不愧人类进德之渊薮，文明观念之理窟。此《同人》一卦，又补之以反证之《睽》卦，中国文化的和同观念之义理，可谓境界全出矣。

二　君子和而不同

"六经"最初的文本系经孔子整理，因此"六经"的基本观念、义理必为孔子所谙熟。特别因读《易》而"韦编三绝"，其对《易》道的和同观念亦必全部了然于胸。而按照向来的说法，包括《易》之《系辞》在内的《十翼》均为孔子所作，则《易》道与孔子的思想应是一而二、二而一的同化共融的关系。观《论语》所阐释的和同观念，可以说与《易》理完全若合符契。孔子对和同观念的最著名的论述，是"君子和而不同"(《论语·子路》)，其比《同人》对和同的追寻，在理念上又跃升一步，即认为"和"是包含诸种诸多不同的多样统一的状态。如果没有了不同，便无所谓"和"。也就是说，"不同"的存在是"和"的必要条件，不同物之间的交错相杂而又能和美共生才可以称之为"和"。

孔子的这一思想，为先秦众多思想家所服膺，更为后世思想家所尊奉。《国语·郑语》记载有一段郑伯和史伯的对话，两个人探讨因周衰而各诸侯国纷纷谋以自立的形势，以确定自己的因应之策。郑伯即郑伯友，系周宣王的庶弟、周幽王的叔父，封于郑，谥号桓，后来成为郑国的开国之君，是为郑桓公。跟史伯的这次对话，时当周幽王八年(前774)，当时他还是司徒。而史伯,相传为西周末期人,掌管天文历法、典籍书史之事,是一个被神化了的人物,相当于可以预知未来的智者,历史的真实身份反而不重要了。郑伯友考虑到自己的家庭和郑地子民的安全,想做大规模的搬迁,因而找史伯商量,讨教此一行动的利弊得失。郑伯友谈到,事情发展到这种地步,周王朝本身是不是也有值得检讨的地方呢? 史伯回答说,周沦落到如此地步,完全是由于自己的错误所酿成。他分析说:

《泰誓》曰:"民之所欲,天必从之。"今王弃高明昭显,而好谗慝暗昧;恶角犀丰盈,而近顽童穷固。去和而取同。夫和实生物,同则不继。以他平他谓之和,故能丰长而物归之;若以同裨同,尽乃弃矣。故先王以土与金、木、水、火杂,以成百物。是以和五味以调口,刚四支以卫体,和六律以聪耳,正七体以役心,平八索以成人,建九纪以立纯德,合十数以训百体。出千品,具万方,计亿事,材兆物,收经入,行姟极。故王者居九畡之田,收经入以食兆民,周训而能用之,和乐如一。夫如是,和之至也。于是乎先王聘后于异姓,求财于有方,择臣取谏工而讲以多物,务和同也。声一无听,物一无文,味一无果,物一不讲。王将弃是类也而与剸同。天夺之明,欲无弊,得乎?[①]

史伯所指陈的衰周之弊,归结为一点,就是强不同以为同,而不肯和同。他使用了一个特殊的语词,叫"剸同","剸"字的读音

---

① 〔春秋〕左丘明:《国语》下册,上海:上海人民出版社1988年版,第515—516页。

作 tuán,是割而断之的意思。"剸同"即专擅强制为同。其结果便走向了"和同"义理的反面。至于治国理政为什么不能剸同,只能和同,史伯做了详尽的阐述。

首先,史伯提出了关于和同观念的一个新的哲学命题,这就是"和实生物,同则不继"。其中的"生"和"继"两个动词至关重要。"生",是指在原来的状态下生长出新的东西。"继"其实是"生"的置换词,而"不继",则是不能新生的意思。简言之,就是"和"能生物,"同"不能生物。而"生"与"不生"则是直接关系事物可延续还是不可延续的生死攸关的问题。不能延续,就是"不继",亦即自身陷入危机而不能调适自救,因此必然失去未来,没有前途。能够"生物",则是可以延续生命,未来自当有继。而且"生物"一语,还思辨地揭示出生命延续的秘密,即此种延续不是旧状态的简单重复,而是旧状态下的事物发生了质的变化,诞生了新的生命或可以延续生命的新运、新机。

其次,史伯给出了"和"为什么能够"生物","同"何以不能为继的形上理由。关键是对"和"的义理内涵要有正确的诠解。史伯的解释是,当一种独立存在的东西和另一种独立存在的东西融合在一起的时候,这种状态可以称为"和",史伯称这种情形为"以他平他"。因此可以说,"和"是由不同的存在物的共存共融所达成的一种高度和谐的境界,它不是指某个单一体,而是多种元素的综合体。由于内中有不同元素的交错互动,形成巨大的张力,才因彼此的相斥相激而产生新的生命体。《易·系辞》说的"《易》有太极,是生两仪,两仪生四象,四象生八卦",此种"生生"情形下的"易"之太极,其实可以视作"和"的别称。故朱子认为:"太极只是一个浑沦底道理,里面包含阴阳、刚柔、奇耦,无所不有。"①朱子的解释,拉近了"和"与"太极"在释义学上的距离。而在张载那里,两者则变成了完全相重合的义理终极,不过他提出了一个新的和同的概念,曰"太和"。他写道:

> 太和所谓道,中涵浮沈、升降、动静、相感之性,是生细缊、相荡、胜负、屈伸之始。其来也几微易简,其究也广大坚固。起知于易者乾乎! 效法于简者坤乎! 散殊而可象为气,清通而不可象为神。不如野马、细缊,不足谓之太和。语道者知此,谓之知道;学《易》者见此,谓之见《易》。不如是,虽周公才美,其智不足称也已。②

张载的"太和"论,实际上是对"和"的价值论理做了更具哲学义涵的解释。在张载看来,《易》道即太极,太极即太和。"浮沈、升降、动静、相感之性,是生细缊、相荡、胜负、屈伸"等无尽藏的对立物,都包括在太和之中了。这和朱子论太极如出一辙。而所谓"太和",其实就是一种新的和同论,只不过是升级了的更具有无限性的"和"的至境而已。

既然"和"里面包含那么多的、无限量的物的对立体,他们之间出现相感、相荡、相生,就是再自然不过的事情了。相感、相荡,必然相生。故史伯的"和实生物"的理论,可谓颠扑不破。说开来,"和"论、"和同"论、"太和"论,也就是"易"论。张载的理论本来即来自《易》。"太和"里面的那些相感相荡的对立物,

---

① 〔宋〕黎靖德编,王星贤点校:《朱子语类》卷第七十五,北京:中华书局1986年版,第1929页。
② 〔宋〕张载:《正蒙》,载《张载集》,北京:中华书局1978年版,第7页。

不过是《易·系辞》之"一阴一阳之谓道""生生之谓易"的变项而已。

那么"同"呢？如何是"同"？为什么"同则不继"？同与不同，都是单一事物之间的关系。如果目标是达成"和"，则同与不同都不是障碍物。但如果是史伯所批评的"去和而取同"，试图"以同裨同"，亦即只想用"同"来给"同"提供助益，而弃置和同的大目标，就什么都得不到了。不仅"和"的局面不能实现，"同"也会因为自己重复自己而变得索然无味，从而导致与"和同"适得其反的"剷同"。最后的结果，便是史伯所预见的"尽乃弃矣"。试想那是一种何等悲惨、落寞、无助的景象呵！"故先王以土与金、木、水、火杂，以成百物。"史伯说。"是以和五味以调口，刚四支以卫体，和六律以聪耳，正七体以役心，平八索以成人，建九纪以立纯德，合十数以训百体。"史伯又说。总之是集多样于一体，寓杂多于统一。这是周朝的先王获得成功的诀窍。他们"出千品，具万方，计亿事，材兆物，收经入，行姟极""居九畡之田，收经入以食兆民"，繁复无尽数，道路万千条，然则"和乐如一"。史伯说，做到了这一地步，可以说是"和之至也"。他叹美先王为了"务和同"，可谓无所不用其极，包括"聘后于异姓，求财于有方，择臣取谏工而讲以多物"等等。此可知和同的理念对于治国理政是多么至关重要，真可以说败亦由是，成亦由是。

本来至此史伯已经把"务和同""弃剷同"的原因、理据、前因、后果，讲得一清二楚了，但他仍然感到意犹未尽，又进而请来其立论所依据的哲学原理，曰："声一无听，物一无文，味一无果，物一不讲。"是的，这个世界，如果只有一种声音，就没法听了；所有的事物都是一样的，就单调得不能看了；用来果腹的食物都是一样的味道,还有什么吃头;世间的事物如果只有一种,没有彼此之间的比较对照,就没有什么道理好讲了。只有傻瓜、智障、低能、蠢物,才敢冒天下之大不韪,放弃大千世界的五彩缤纷,不顾人间世态的万种风情,而欲以剜同的淫威来统治丰富多彩的社会。

有意思的是,我们在《左传》里看到了与史伯之论义理全同的记载,那是在昭公二十年,齐侯和晏子的一段对话。他们所探讨的恰好是和同问题。齐侯问晏婴:"唯据这个人与我和吗?"晏子回答说:"唯据其人,与公只是同而已,哪里称得上和?"齐侯不解斯理,于是进一步追问:"和与同异乎?"晏子直截了当地回答说:"异。"随后又对"同"与"和"有区别的缘由,做了有物有则的大段阐论。晏子论述道:

  和如羹焉,水火醯醢盐梅以烹鱼肉,燀之以薪。宰夫和之,齐之以味,济其不及,以泄其过。君子食之,以平其心。君臣亦然。君所谓可而有否焉,臣献其否以成其可。君所谓否而有可焉,臣献其可以去其否。是以政平而不干,民无争心。故《诗》曰:"亦有和羹,既戒既平。鬷嘏无言,时靡有争。"先王之济五味,和五声也,以平其心,成其政也。声亦如味,一气,二体,三类,四物,五声,六律,七音,八风,九歌,以相成也。清浊,小大,短长,疾徐,哀乐,刚柔,迟速,高下,出入,周疏,以相济也。君子听之,以平其心。心平,德和。故《诗》曰:"德音不瑕。"今据不然。君所谓可,据亦曰可;君所谓否,据亦曰否。若以水济水,谁能食之?若琴瑟之专一,谁能听之?同之不可也如是。[1]

晏子说,"和"就如厨子所做的和羹一样,需要有水,需要掌握好火候,还需要加之以盐梅,以使鱼肉更加鲜美;甚至用什么样的薪材来烹烧,也很有讲究;而且还需要有专业人士调味,做到恰如其分,既无不够味,也不味过重。如此这般地用多种不同的材料,通过不同的程序,最后调制出美味的羹汤。由于是五味调和而成,所以《诗三百》称之为"和羹"。食用此种和羹,可以收到"以平其心"的效果。

君臣的关系也是如此。晏子说,君主认为可行的事情,其实也有不可行的部分在,经过臣僚们讲明那些不可行部分的理由,予以补充,然后变成君臣共同完成的可行方案。同样,君主认为不可行的事情,内中一定也有可行的部分,经过臣僚们献计献策,找出那些可行的部分,去掉不可行的部分,施政就宽平而少周折了。所以一定要听不同的意见,学习先王所采取的"济五味,和五声""平其心,成其政"的治国方略,方可有成。可是那个叫唯据的臣僚不是如此,一切都唯上是从,您认为可行的,他就说可行;您否定的,他也跟着否定。这等于是"以水济水",做出来的东西谁还能吃?也无异于琴瑟奏一个调调,谁还肯前来一听?所以"同"与"和"是不一样的,不应该认可这种人云亦云的所谓"同"的态度,而应该是"济五味",成"和羹";"和五声","一气,二体,三类,四物,五声,六律,七音,八风,九歌,以相成也","清浊,小大,短长,疾徐,哀乐,刚柔,迟速,高下,出入,周

---

[1] 《春秋左传集解》第四册,上海:上海人民出版社1977年版,第1463—1464页。

疏,以相济也"。换言之,治国理政,如果臣僚们一律唯君主是从,谁也不出来补偏救弊,天下之人也整齐划一,没有不同的声音发出,先王所期待的"心平""德和"的局面,便无法实现了。

晏子的"和同论"所以完全例同于史伯的"和同论",其实并不奇怪,因为他们的作者很可能是同一个人,都是与孔子同时的那个目盲的史学天才左丘明。《国语》为左丘明所著,有司马迁的明文:"左丘失明,厥有国语。"而《春秋左氏传》的作者即左丘明,更是史不绝书。虽然唐以后质疑《左传》作者为左氏丘明者不乏其人,但终觉说服力不足。如是则《国语》的"和同论"和《左传》的"和同论"同出自左氏丘明之笔的可能性非常之大,两者著论相同,不用说乃是顺理成章之事。以此《国语》所引的史伯之论,正不必一定在孔子之前,毋宁说与孔子同时或在其后,更为合理。实际上,孔子一句"君子和而不同",已将《国语》和《左传》的两个"和同论"的思想概括无遗。

《后汉书·刘梁传》载有刘梁的一篇《辩和同之论》,则是对先秦和同思想的一次更为系统的发挥和论说。因系专论,兹将全文抄录如下,以方便对此一题义感兴趣的读者参证阅读。

> 夫事有违而得道,有顺而失义,有爱而为害,有恶而为美。其故何乎? 盖明智之所得,暗伪之所失也。是以君子之于事也,无适无莫,必考之以义焉。
>
> 得由和兴,失由同起,故以可济否谓之和,好恶不殊谓之同。《春秋传》曰:"和如羹焉,酸苦以剂其味,君子食之,以平其心。同如水焉,若以水济水,谁能食之? 琴瑟之专一,谁能听之?"是以君子之行,周而不比,和而不同;以救过为正,以匡恶为忠。《经》曰:"将顺其美,匡救其恶,则上下

和睦,能相亲也。"

昔楚恭王有疾,召其大夫曰:"不谷不德,少主社稷。失先君之绪,覆楚国之师,不谷之罪也。若以宗庙之灵,得保首领以殁,请为灵若厉。"大夫许诸。及其卒也,子囊曰:"不然。夫事君者,从其善,不从其过。赫赫楚国,而君临之,抚正南海,训及诸夏,其宠大矣。有是宠也,而知其过,可不谓恭乎!"大夫从之。此违而得道者也。及灵王骄淫,暴虐无度,芊尹、申亥从王之欲,以殡于乾溪,殉之二女。此顺而失义者也。鄢陵之役,晋楚对战,阳縠献酒,子反以毙。此爱而害之者也。臧武仲曰:"孟孙之恶我,药石也;季孙之爱我,美疢也。疢毒滋厚,石犹生我。"此恶而为美者也。孔子曰:"智之难也!有臧武仲之智,而不容于鲁国,抑有由也。作不顺而施不恕也。"盖善其知义,讥其违道也。

夫知而违之,伪也;不知而失之,暗也。暗与伪焉,其患一也。患之所在,非徒在智之不及,又在及而违之者矣。故曰"智及之,仁不能守之,虽得之,必失之"也。《夏书》曰:"念兹在兹,庶事恕施。"忠智之谓矣。

故君子之行,动则思义,不为利回,不为义疢,进退周旋,唯道是务。苟失其道,则兄弟不阿;苟得其义,虽仇雠不废。故解狐蒙祁奚之荐,二叔被周公之害,勃鞮以逆文为成,傅瑕以顺厉为败,管苏以憎忤取进,申侯以爱从见退:考之以义也。故曰:"不在逆顺,以义为断;不在憎爱,以道为贵。"《礼记》曰:"爱而知其恶,憎而知其善。"考义之谓也。①

---

① 〔南朝·宋〕范晔:《后汉书》卷八十《文苑列传》第七十下,北京:中华书局1965年版,第2635—2639页。

刘梁字曼山，一名岑，东平宁阳人。《后汉书》本传称其为梁宗室的子孙，但"少孤贫，卖书于市以自资"①。尝撰《破群论》，对世俗之"利交"和"邪曲相党"颇多讥刺，致使评者比之为"仲尼作《春秋》，乱臣知惧"，称《破群》之作当令"俗士愧心"，可惜其文未传。然此篇《辩和同之论》则完好无缺。全文结构严谨，思理清晰，比之史伯、晏婴之论，更具有论理系统完整的特点。文中所引《春秋传》一段，是为晏子的论述，不过其发明处，在于对和同概念所做的学理分疏。

刘梁给出的"和"的定义，是"可济"，即彼此之间因坦荡无私、补偏救弊而获得助益，而不是一味"顺"之而不问道义原则。所以他说："君子之行，周而不比，和而不同；以救过为正，以匡恶为忠。"他给出的"同"的定义，是"好恶不殊"，即不管是非，一味投其所好。如是的结果，必然走向"和而不同"的反面，就立国施政而言，罪莫大焉。刘梁以楚国的政事作为例证，一是楚恭王病笃之时召大夫自陈所失，表示谥号请为"灵"或"厉"。《左传》杜预《注》云："乱而不损曰灵，戮杀不辜曰厉。"②"灵""厉"两者同为恶谥，连请五次，大夫方同意。待到恭王病殁将葬，令尹子囊提出谥号的问题，大夫说，不是已有成命在先了吗？子囊表示不应照遗言来办，因历数恭王的荣光，又加之能"知其过"，因此谥为"恭"是合适的。至于有成命一事，子囊认为："事君者，从其善，不从其过。"大夫最后被说服。刘梁说，这种情况，属于

---

① 〔南朝·宋〕范晔：《后汉书》卷八十《文苑列传》第七十下，北京：中华书局1965年版，第2635页。

② 《春秋左传正义》卷三十二，《十三经注疏》本，北京：中华书局1980年影印版，第1954页。

"违而得道者"。虽然违背了恭王的成命,但却符合道义。

　　楚国政事的另一例证,是楚灵王骄奢淫逸、暴虐不德,而申亥一意听任王之所欲,当其殒于乾溪的时候,还让自己的两个女儿殉葬。刘梁说这是"顺而失义者也"。第三个例证,是晋楚鄢陵之战,经由楚卿子反的运筹策划,楚已掌握了主动权。但关键时刻,子反的通令官阳谷却前去献酒,忘乎所以的子反喝得酩酊大醉,楚王招谋战事而不能应,致使楚军大败。子反最后自尽而死。刘梁说这是"爱而害之者也"。第四个例证,是臧武仲不容于鲁国的故事。孟庄子和季武子是两个有势力的人物,季氏喜欢臧武仲,孟氏却讨厌他。但当孟氏死的时候,武仲前往吊唁,哭得十分悲伤。他的御者不解,说如果季氏过世,你又该如何呢?臧武仲回答道:"孟孙之恶我,药石也。季孙之爱我,美疢也。疢毒滋厚,石犹生我。"刘梁认为这是"恶而为美者也",但其所为作,属于"知而违之",因此难免有"伪"的嫌疑。故孔子认为此人是使"智",其"不容于鲁国,抑有由也"。

　　刘梁《辩和同之论》的主旨,是强调"得由和兴,失由同起"。因此对于不分"好恶"、不管是非,一律以"同"或"不同"作为取舍标准的态度和行事方式,给予严厉警示。他反复说明,问题不在于"同"还是不同,而是要看是否合乎道义。文中以此明示:"故君子之行,动则思义,不为利回,不为义疢,进退周旋,唯道是务。苟失其道,则兄弟不阿;苟得其义,虽仇雠不废。"为了使所论具有不可动摇的说服力,作者引楚国和鲁国共四个案例作为证言:一为"违而得道者",二为"顺而失义者",三为"爱而害之者",四为"恶而为美者"。此四案例,都见于《左传》以及《国语》的记载,并非僻典,难为斯刘之读史得间,使当时后世得读其"和同论"者,能生出会心默契的义理认同感。

噫！"好恶不殊"的所谓"同"，其昧心害政、伤天悖理者也大矣。而"和"则是以"可济"为标尺。所以他最后得出一个结论："君子之行，周而不比，和而不同；以救过为正，以匡恶为忠。"而千古不磨的警世之语则是："得由和兴，失由同起。"大矣哉，此鲜为人知的刘梁之《辩和同之论》也。

总之，此题义的关键词是两个：一个是"和"，人人都乐于接受而向往的境界；另一个是"同"以及"不同"。"不同"是"和"的条件。承认不同，容许不同，欣赏不同，才能走向和同。如果一切都相同，声音相同，味道相同，穿衣相同，走路相同，思维相同，说话相同，这个世界就令人窒息了。孟子说："充实之谓美，充实而有光辉之谓大。"（《孟子·尽心下》）试想，能够使之充实起来的东西，会是完全相同的东西吗？不同物的组合，才能称之为"充实"；不同的合乎审美规则的组合，才能创造美。所以《易·系辞》说："物相杂，故曰文。"《国语·郑语》说："物一无文。"朱熹用哲学的语言讲得更清晰，他说："是两物相对待在这里，故有文，若相离去不相干，便不成文矣。"[1]不同的物，相互对待的东西，并不因不同而彼此分离，这样才能"成文"，否则"便不成文"。此处的"文"，可以视为文化一词的同义语。可见"和而不同"是中国文化思想的一个本质规定，是世界本来的样子，是人类创意的源泉，是美的出发点，是充实而有光辉的起点。

---

[1] 〔宋〕黎靖德编，王星贤点校：《朱子语类》卷第七十六，北京：中华书局1986年版，第1958页。

三 "先圣后圣,其揆一也"

写到这里我们可以说,以《易经》为代表的先秦经典的和同论,是中国古圣先哲的伟大的哲学思维,孔子的"和而不同"的思想可以看作是中国文化贡献给人类的大智慧。但其中隐含一个无法不予深究的学理问题,即不同为什么可以而且能够走向"和同"?说到底,是因为人类以及天下之物,虽然存在种种不同,但相同之处也是有的,甚至是更加根本的规定,所以才能共处共生。正是人类和物类的相同之处,决定他们总归会走到一起,趋向大同,以达到张载所说的太和之境。

然则人类的相同之处是什么呢?我们且看孟子的论述。

孟子就此一题义讲过的一段最著名的话是:"口之于味也,有同耆焉;耳之于声也,有同听焉;目之于色也,有同美焉。至于心,独无所同然乎?心之所同然者,何也?谓理也,义也。圣人先得我心之所同然耳。故理义之悦我心,犹刍豢之悦我口。"(《孟子·告子上》)孟子所说的人类的相同之处,首先是"性"同。本来食物的味道应该是不同的,声音也应该是不一样的,颜色应该是丰富多彩的,这方面,智者史伯和齐国的谋士晏婴已经有话在先了,可我们的孟夫子为什么还说人们对于味有"同耆",对于声有"同听",对于色有"同美"呢?此无他,盖喜欢好吃的,爱听美妙的音乐,喜爱色彩之美,是人类的本性使然。告子所说的"食色性也"(《孟子·告子上》),亦为斯意。此即同为生人,其人类的本性总会有相同之处,原因在于都是"人"。

荀子对生之为人的相同之处的阐述也极为系统、透辟。今存《荀子》一书中,有多篇涉及此一议题。《荀子·王霸》篇云:

"故人之情,口好味而臭味莫美焉,耳好声而声乐莫大焉,目好色而文章致繁、妇女莫众焉,形体好佚而安重闲静莫愉焉,心好利而谷禄莫厚焉,合天下之所同愿兼而有之,皋牢天下而制之若制子孙,人苟不狂惑戆陋者,其谁能睹是而不乐也哉。"①《荀子·荣辱》篇写道:"凡人有所一同:饥而欲食,寒而欲暖,劳而欲息,好利而恶害,是人之所生而有也,是无待而然者也,是禹、桀之所同也。目辨白黑美恶,耳辨音声清浊,口辨酸咸甘苦,鼻辨芬芳腥臊,骨体肤理辨寒暑疾养,是又人之所常生而有也,是无待而然者也,是禹、桀之所同也。"②又说:"材性知能,君子小人一也。好荣恶辱,好利恶害,是君子小人之所同也,若其所以求之之道则异矣。"③《荀子·非相》篇也说:"人之所以为人者,何已也?曰:以其有辨也。饥而欲食,寒而欲暖,劳而欲息,好利而恶害,是人之所生而有也,是无待而然者也,是禹、桀之所同也。"④质而言之,饮食男女、避寒取暖、趋利远害的生存需求,能使人的心理保持平衡的自性尊严如好荣恶辱等,人与人之间并无不同,即使是君子和小人、圣人和常人,亦无不同,只是获得和保持的取径有所区别而已。此即"性同"之义。荀子对和同思想的结论是:"斩而齐,枉而顺,不同而一。"⑤此与《易》道"天下同归而殊途"若合符契。

人之所同然者,其次是"理"同。人所不同于动物者,在人

---

① 〔清〕王先谦撰,沈啸寰、王星贤点校:《荀子集解》,北京:中华书局1988年版,第217页。
② 同上,第63页。
③ 同上,第61页。
④ 同上,第78页。
⑤ 同上,第71页。

类有理性思维,故孟子说,"心之所同然者",是"理也"。而圣人所以成为我们心目中的圣人,是由于圣人所阐发的道德义理,能够深获我心,说出了我们想说而未能说出的话。此即孟子所说的"圣人先得我心之所同然"的含义。人们常说的所谓"人同此心,心同此理",即为斯义。实际上,人类原初的情感和理想期待,本来都是这个样子。只不过由于意向与行为的交错,造成了诸般矛盾。古今贤哲启示我们,应该透过人类生活的矛盾交错的困扰,看到心理期许的一致性原理,看到不同背后的相同。这也就是孟子所说的:"舜生于诸冯,迁于负夏,卒于鸣条,东夷之人也。文王生于岐周,卒于毕郢,西夷之人也。地之相去也,千有余里;世之相后也,千有余岁。得志行乎中国,若合符节,先圣后圣,其揆一也。"(《孟子·离娄下》)"揆",是规矩、规则、法度的意思,可以引申为原理、原则。意即古代的大师巨子和后世的大师巨子,他们提出和遵循的思想义理、道德理念的规则,在本质上有相似或相同之处。此即二程子所说:"天地之间,万物之理,无有不同。"[1]斯又言:"天下万古,人心物理,皆所同然,有一无二,虽前圣后圣,若合符节。"[2]再言之则云:"吾生所有,既一于理,则理之所有,皆吾性也。人受天地之中,其生也,具有天地之德,柔强昏明之质虽异,其心之所同者皆然。特蔽有浅深,故别而为昏明;禀有多寡,故分而为强柔;至于理之所同然,虽圣愚有所不异。"[3]兹可知程子是将"性"与"理"合一来看待和同之论的。宋代另一位思想家陆九渊也说:"千万世之前有圣人出焉,

---

[1] 〔宋〕程颢、程颐著,王孝鱼点校:《二程集》,北京:中华书局1981年版,第1029页。

[2] 同上,第1158页。

[3] 同上,第1159页。

同此心,同此理也;千万世之后,有圣人出焉,同此心,同此理也;东、南、西、北海有圣人出焉,同此心,同此理也。"①故人之所同然者,是"性"也,"理"也。故孟子所说的"理义之悦我心,犹刍豢之悦我口",确为不易之论。

然则在承认生之为人的性与理有所同然者的同时,如何看待就中的"同"和"不同",亦即"同"与"异"的关系?墨子有言:"其然也,有所以然也;同其所以然,不必同其取之也,有所以取之。其取之也同,其所以取之不必同。"(《墨子·小取》)②此即所谓现象同,理由不必相同;目标相同,途径和手段不必相同。宋代的思想家程颢和程颐把为人处世致力于"求同"还是"立异",看作一个人是秉持"公心"还是守持"私心"的分水岭。他们说:"公则同,私则异。"并说"同者"是"天心",即上天的旨意。③ 在另一处他们还说:"圣贤之处世,莫不于大同之中有不同焉。不能大同者,是乱常拂理而已;不能不同者,是随俗习污而已。"④不承认人和事的不同,二程子认为是没有修养的人的胡言乱语;但如果否认"大同",就是"乱常拂理"。就其两者的错误程度而言,显然二程子认为不能求大同的性质要更为严重。斯又有"大同"和"小同"的分别,"大同"不可违,"小同"可存异。语云"求大同,存小异",信不诬也。

那么,对做学问的人须有自己独立的见解,既不能因袭前

---

① 〔宋〕陆九渊:《陆九渊集》,北京:中华书局1980年版,第273页。
② 吴毓江撰,孙启治点校:《墨子校注》下册,北京:中华书局1993年版,第628页。
③ 参见〔宋〕程颢、程颐著,王孝鱼点校:《二程集》下册,北京:中华书局1981年版,第1256页。
④ 同上,第1264页。

人,又不能跟在他人的后面人云亦云,又如何理解?学者如何处理"同""异"的问题?早在清代的乾隆时期,大学者章学诚就给出了答案。他的名著《文史通义》中有一篇专论曰《砭异》,针针见血地论述了此一题义的义理内涵。由于所论真切省净,毫无枝蔓烦言,特全文录载,以飨读者。其文云——

  古人于学求其是,未尝求异于人也。学之至者,人望之而不能至,乃觉其异耳,非其自有所异也。夫子曰:"俭,吾从众。泰也,虽违众,吾从下。"圣人方且求同于人也。有时而异于众,圣人之不得已也。天下有公是,成于众人之不知其然而然也,圣人莫能异也。贤智之士,深求其故,而信其然。庸愚未尝有知,而亦安于然。而负其才者,耻与庸愚同其然也,则故矫其说以谓不然。譬如善割烹者,甘旨得人同嗜,不知味者,未尝不以谓甘也。今耻与不知味者同嗜好,则必啜糟弃醴,去脍炙而寻藜藿,乃可异于庸俗矣。

  语云:"后世苟不公,至今无圣贤。"万世取信者,夫子一人而已矣。夫子之可以取信,又从何人定之哉?公是之不容有违也。夫子论列古之神圣贤人众矣。伯夷求仁得仁,泰伯以天下让,非夫子阐幽表微,人则无由知尔。尧、舜、禹、汤、文、武、周公,虽无夫子之称述,人岂有不知者哉?以夫子之圣,而称述尧、舜、禹、汤、文、武、周公,不闻去取有异于众也,则天下真无可以求异者矣。

  是非之心,人皆有之。至于声、色、臭、味,天下之耳、目、口、鼻皆相似也。心之所同然者,理也,义也。然天下歧趋,皆由争理义,而是非之心亦从而易焉。岂心之同然不如耳、目、口、鼻哉?声、色、臭、味有据,而理义无形。有据则庸愚皆知率循,无形则贤智不免于自用也。故求异于人,未有不出于自用者也。治自用之弊,莫如以有据之学,实其无形之理义,而后趋不入于歧途也。夫内重则外轻,实至则名忘。凡求异于人者,由于内不足也。自知不足,而又不胜其好名之心,斯欲求异以加人,而人亦卒莫为所加也。内不足,不得不矜于外;实不至,不得不骛于名,又人情之大抵类然也。以人情之大抵类然,而求异者固亦不免于出此,则求异者何尝异人哉? 特异于坦荡之君子尔。

夫马,毛鬣相同也,龁草饮水,秣刍饲粟,且加之鞍鞯而施以箝勒,无不相同也;或一日而百里,或一日而千里;从同之中而有独异者,圣贤豪杰所以异于常人也。不从众之所同,而先求其异,是必诡衔窃辔,踶跌噬龁,不可备驰驱之用者也。①

章氏此篇重申孟子之论,曰"心之所同然者,理也,义也"。而学者之所追寻在于求其是,而不是要与人不同。所以如此,在于天下只有公是,把"众人之不知其然"也不知其所以然的理义,予以揭示证明,就是学者之能事。考据学的目的即在于"以有据之学,实其无形之理义",使人明理而不入于歧途。然而理义是无形的,难免因争理义而各是其是,各非其非。因此"求异"和"自用"的情形便出现了。故章氏说:"求异于人,未有不出于自用者也。"

该篇的题目是《砭异》,其对为学而标新立异者,可谓痛下

---

① 〔清〕章学诚:《文史通义》,叶瑛校注,北京:中华书局1985年版,第449—450页。

针砭。"凡求异于人者,由于内不足也。自知不足,而又不胜其好名之心,斯欲求异以加人,而人亦卒莫为所加也。内不足,不得不矜于外;实不至,不得不骛于名,又人情之大抵类然也。"这些话是将求异、骛名的人性之劣点,反实事求是的学术风气,真真概括无遗了。至于那些学问做得到家的俊杰翘楚,看起来好像是与众不同,其实是他们的境界你达不到,所以感到不同。正如孟子所说:"麒麟之于走兽,凤凰之于飞鸟,泰山之于丘垤,河海之于行潦,类也。圣人之于民,亦类也。"(《孟子·公孙丑上》)就是说,圣人也是人,只不过他是"出于其类,拔乎其萃"的人。故章氏写道:"从同之中而有独异者,圣贤豪杰,所以异于常人也。"而"求异者何尝异人哉?特异於坦荡之君子尔。"盖章氏此篇不愧为匡正学风世风的惊世骇俗之作,实可为先秦以来的"和同论"又添一异彩。

我国当代已故的大学问家钱锺书先生,当1948年他的《谈艺录》在上海出版的时候,其所撰之序言中有两句本人经常引证的话,曰:"东海西海,心理攸同;南学北学,道术未裂。"此即在钱锺书先生看来,东西方文化虽有不同,但不论东方人还是西方人,其心理的反应特征和指向常常是相同的。而所以如此的缘故,是由于反应、作用于人的主体精神世界的事物,普遍存在着物之理相同的现象。所以钱锺书先生得出一个结论:"心同理同,正缘物同理同。"[1]"心同理同"是孟夫子的经典名言,而为宋儒以及章学诚等后世学者所服膺。"物同理同"则是钱先生的掘发。他援引《淮南子·修务训》的一段文字云:"若夫水之用舟,沙之用鸠,泥之用辅,山之用蔂,夏渎而冬陂,因高为田,因下

---

[1] 钱锺书:《管锥编》第一册,北京:三联书店2007年版,第85页。

为池,此非吾所谓为之。圣人之从事也,殊途而合于理,其所由异路而同归。"①文中的"殊体而合于理",正是所谓"理同"也。他还征引西典作为参证:"思辨之当然(Laws of thought),出于事物之必然(Laws of things),物格知至,斯所以百虑一致、殊途同归耳。"②钱先生对《易·系辞》"天下同归而殊途,一致而百虑"的诠解,可谓恰切到无须增减。钱先生的贡献在于,除了人的"性同""理同"之外,还增加了物的"理同",即物理之所同然者。故钱先生结而论之曰:"心之同然,本乎理之当然,而理之当然,本乎物之必然,亦即合乎物之本然也。"③

要之,"和"是以不同为前提的,没有不同,就无所谓和。最要不得的是"以同裨同",其结果必然导致"剸同"。而不同何以能够走向和同?盖由于人之性、心之理、物之理,有所同然者。心同理同是为关键,无视人类的"同",夸大人类的"不同",以不同为由拒绝走向和同之境,不仅是学术的误区,更是思想的陷阱。

四 "仇必和而解"

现在的问题是,人类在走向和同的路上,是否也有可能由于彼此的不同所引起的歧见、争议,而激化自己的态度,从而因"争理义",而发生"是非之心"的易位,一变而为颠倒是非、积非成是,枉顾天下的"公是"和人类本有的心同理同,最终走向和同

---

① 钱锺书:《管锥编》第一册,北京:三联书店 2007 年版,第 84 页。
② 同上,第 85 页。
③ 同上。

之路的反面,而又不知迷途自省。应该说,这种情况是现实的、存在的。揆诸历史,此方面的案例比之和同之案例,可以说有过之而无不及。幸好,中国文化的精神义理里面,有比较现成的"解药",这就是宋代思想家张载的"哲学四句教"。

张载,字子厚,号横渠,生于宋真宗天禧四年(1020),卒于宋神宗熙宁十年(1077),活了五十七岁。籍河南开封,后长期栖居在陕西凤翔县,成为关学的代表人物。宋代濂、洛、关、闽四大家中,以张载为最长。他的有名的四句教是:"为天地立心,为生民立命,为往圣继绝学,为万世开太平。"这四句话气象大得不得了。试想,"为天地立心","为生民立命",这是何等宏阔的怀抱。中国文化中历来有"民本"的思想传统,关注生民的利益,是每个知识人士、每个为官的人必须做的。所以过去的县官叫作"父母官",以民为父母,他当然要关心"民"的利益。张载讲的"为生民立命",直接来源于孟子的思想,因为孟子讲过"正命",即人要正常地生,正常地活,正常地死,不要让民众过不正常的生活。"为生民立命"的意思在此。最后的指向,是"为万世开太平"。

但是张载还有另外的四句话,见于他的代表著作《正蒙》一书,我叫它"哲学四句教"。这四句话是——

> 有象斯有对,
> 对必反其为;
> 有反斯有仇,
> 仇必和而解。[①]

[①] 〔宋〕张载:《正蒙》,载《张载集》,北京:中华书局1978年版,第10页。

这四句话使用的纯是哲学语言,讲的是一种宇宙观,是对整个宇宙世界发为言说。这个世界上,有无穷无尽的一个个的生命个体,可以称作"象"。这些"象",有动物,有植物,每个"象"都不同,正所谓万象纷呈。此正如张载在《正蒙》中所说的:"盈天地之间者,法象而已。"①张载在哲学上秉持"气"一元论的思想,认为无形之气因"感而生则聚",于是便有象形成。第一句"有象斯有对",是说所有这些"象",都是以不同的姿态、不同的规定性,存在于这个世界上。不同是显然的,即使是美丽的女性,也有不同的美。所以古人很早就有"佳人不同体,美人不同面"(《淮南子·说林训》)的说法。西方也讲,世界上没有完全相同的两个生命个体。用张载的原话说,则是"天下无两物一般,是以不同"以及"造化所成,无一物相肖者"。总之宇宙间的万象,是互不相同的,这才成其为世界。

第二句"对必反其为",是说一个一个的"象",不是静止的,而是流动的。由于各个象的不同,其运行流动的方向也不相同,甚至有时候会背道而驰,所以会出现第三句标称的"有反斯有仇"的情况,发生互相间的对立和纠结。这个"仇"字,古写作"雠",左边一个"隹",右边一个"隹",中间是言论的"言"。隹(zhuī)是一种尾巴很短的鸟,"雠"字的本义是指两只短尾巴鸟在叽叽喳喳地说话、讨论、争论、辩论。人有人言,鸟有鸟语。这个"雠"字,就是"校雠"的"雠"。我们都有过校书的经历,那是很难的事情,所谓无错不成书,很难一个字都不错。古人的"校雠",更是一件大事。你拿这个本子,我拿那个本子,一点一点地

---

① 〔宋〕张载:《正蒙》,载《张载集》,北京:中华书局1978年版,第8页。

校,互相讨论、争论、辩难,难免面红耳赤。但两只短尾巴鸟互相讨论、争论、辩论的结果,并不是这只鸟把那只鸟吃掉,而是或取得共识,或达成妥协,或求同存异,最后走向"和而解"。所以张载哲学四句教的第四句"仇必和而解"是关键的关键。不怕不同,不怕歧见,不怕争论,甚至也不怕因误读而产生的仇雠相对,最后的结局,相信终归会"和而解",而不是"仇而亡"。这是有智慧的中国古代哲人的殷切期待。

但商讨、对话需要文化智慧。中国文化的"和同论"的思想,也就是孔子的"和而不同"的思想,是人类对话的智慧源泉。这个世界有差异,但差异不必然发展为冲突,冲突不必然变成你死我活,而是可以"和而解"的。你想,用这种思想来看待世界,不是可以减少很多不必要的麻烦吗?当然,不是一方的问题,而是彼此双方乃至多方的问题,所以需要沟通对话,需要多边商量。"有反斯有仇",就是沟通、对话、商量、研讨,互相校正的过程。

20世纪末,我有一段时间在哈佛大学做研究,有幸与可以称为西方的大儒的史华慈教授做了两个半天的访谈对话。他是一位法裔犹太人,懂七八种文字,早年研究日本,后来研究中国。他的一个重要学术理念是"跨文化沟通",主张人和人之间、不同的文化之间、不同的族群之间,是可以沟通的。他跟我谈话时,提出一个理论,他说语言对于思维的作用,并不像人们想象的那样大。这个我以前从没有听说过,因为语言是思维的工具,没有语言,人还能思维吗?当然我们了解,不会讲话的小孩子,会画图画,画图画也是一种思维。史华慈教授为了倡导跨文化沟通,试图在理论上有新的建构。他的这个理论想证明一个问题,即语言不通,也不见得是人们交流的完全不可逾越的障碍。

其实,不同的文化可以沟通,不一定要那样对立,这是中国文化一向的主张。

然而人类如何走向和解?伟大的思想家孔子给出了另一条思想定律,就是大家都知道的"己所不欲,勿施于人"(《论语·颜渊》)。"己所不欲,勿施于人"代表的是儒家的"恕"道精神,反映出中国文化的异量之美。此一定律,给出了人类的理性相处之道,提倡将心比心,换位思考,自己不喜欢的绝不强加于人。"己所不欲,勿施于人",是处理人类的不同的最合乎人类本性的理性方式,实际上是追寻不同之中的大同。

一个是"和而不同",一个是"己所不欲,勿施于人",这两句话都是孔子在世时讲的,时间在公元前5世纪,当时正是世界文化历史的轴心时代。我们有理由把孔子这两句话所含蕴的哲学思想,看作中华文化解决人类生存之道的一种大智慧。

(撰稿人　刘梦溪)

第十章　慈悲篇

一　"慈悲"进入中国文化观念：
从佛经初译到大乘初传

"慈悲"成为中国文化重要观念之一,前提是佛教传入中国后,外来译经家和中国佛教学者不断调适印度文化和中国文化、佛教思想和儒道思想、教理之本和教化之迹之间的内在紧张,最终弃小乘并以大乘融摄之,在中国文化语境下一步一步完成了"中国大乘佛教"的主体性建构。

在佛经传译之前,中土文化中并没有"慈悲"这个双音词以及与之相应的观念,"慈"和"悲"皆单独使用,生发出各自的意义系统,未见有把"慈"和"悲"合并使用的例子。在汉语佛经所从移译的梵文或巴利文中,"慈悲"亦并无一个专属词,"慈"和"悲"也是各自独立。"慈"对应的巴利语 metta、梵语 maitri(或 maitra)原意是"真实的友情""纯粹亲爱之念";"悲"对应的巴利语或梵语 karuna,在印度一般文献中代表"爱怜""同情""温柔""有情"。对于中土本有文化系统而言,"慈悲"前所未有,是佛经翻译家根据梵文原词的意义,用汉语原有的词汇材料和构词方式创造的新词,这一新词的产生过程也是外来的佛教寻求恰切的汉语表达以传其真精神的过程。由此可见,佛教中国化的努力自佛经翻译就开始了。

需要探寻的问题是,最早的译经者何以选择汉字"慈"与"悲",用来匹配外来词,并生成汉语新词"慈悲"以表达佛教的根本精神?本文认为,早期译经家选择"悲"这个汉字,把大乘佛教的核心观念和根本精神赋以文字之形,并和"慈"一起并称"慈悲",之所以这样做,应该与东汉末年的"悲音为善"观念密切相关。在中国固有文化中,"悲"是一种极为重要的音乐风格,与"悲"相关的观念变迁是华夏礼乐文明生成史的一部分。慈悲观念在中国文化传统中得以扎根,这一事件的源头,当抽丝剥茧,追溯至中土礼乐教化观念中的"慈"与"悲"。

1. 中国礼乐文化中的"慈"和"悲"

以周公制礼作乐为标志,中土礼乐文化传统有了明确的开端,但其精神气质的确立则成于孔子。一般以"周公制礼作乐"的记载作为礼乐文化的滥觞,但周公当本于更早的文明传统,如孔子言:"周监于二代,郁郁乎文哉!吾从周。"[1]故有"三代礼乐"之称。"乐和同,礼别异"[2],礼乐对内和同人心,对外差异等级,成为西周宗法社会道德和秩序的源泉。在周代,最上等的音乐是能匹配上天之德的音乐,"雷出地奋,豫;先王以作乐崇德,

---

[1] 程树德撰,程俊英、蒋见元点校:《论语集释》,北京:中华书局1990年版,第182页。

[2] 〔战国〕荀况著,〔唐〕杨倞注:《荀子》,上海:上海古籍出版社1989年版,第122页。

殷荐之上帝,以配祖考"。① 这种音乐,具有雷霆万钧、大地震动的感通天地的力量,只有上帝、王的祖先和王本人才能相配,人心在怵惕敬畏中接受王道教化。儒家的诞生与周代礼乐系统密切相关,更是主张把"礼乐"作为统治和教化的利器:"移风易俗,莫善于乐;安上治民,莫善于礼。"②"是故先王之制礼乐也,非以极口腹耳目之欲也,将以教民平好恶,而反人道之正也。"③"反人道之正",是儒家对于"乐"的教化功能的基本期待。而人道之正,乃系于天道之正。

《左传·昭公二十五年》载赵简子向子太叔问什么是"礼",子太叔对曰:

> 吉也闻诸先大夫子产曰:"夫礼,天之经也。地之义也,民之行也。"天地之经,而民实则之。则天之明,因地之性,生其六气,用其五行。气为五味,发为五色,章为五声,淫则昏乱,民失其性。是故为礼以奉之:为六畜、五牲、三牺,以奉五味;为九文、六采、五章,以奉五色;为九歌、八风、七音、六律,以奉五声;为君臣、上下,以则地义;为夫妇、外内,以经二物;为父子、兄弟、姑姊、甥舅、昏媾、姻亚,以象天明,为政事、庸力、行务,以从四时;为刑罚、威狱,使民畏忌,以类其震曜杀戮;为温慈、惠和,以效天之生殖长育。④

---

① 黄寿祺、张善文:《周易译注》,上海:上海古籍出版社2004年版,第135页。

② 〔战国〕吕不韦著,〔东汉〕高诱注:《吕氏春秋》,上海:上海古籍出版社1989年版,第62页。

③ 汪寿宽:《孝经译注》,上海:上海古籍出版社2004年版,第61页。

④ 李梦生:《左传译注》,上海:上海古籍出版社2004年版,第1147页。

"温慈、惠和",也就是"慈"与"和",乃上天之德。《说文解字》:"慈,爱也。"①慈从兹从心,由心生发的爱的情感,这是"慈"的本义。《诗经·大雅·皇矣》有"克顺克比"一句,毛传:"慈和遍服曰顺。"孔颖达《疏》引服虔曰:"上爱下曰慈。"②礼乃"天经地义",最后要落实在人事。故对天之慈德的模仿和遵行,就是体现在父对子、兄对弟等人伦关系中的"慈爱"。《大学》:"为人君,止于仁;为人臣,止于敬;为人子,止于孝;为人父,止于慈;与国人交,止于信。"③这是儒家宗法制度的纲要,"仁"和"敬",乃君君臣臣的德目,"慈"和"孝",乃"父父子子"的德目。家国同构,齐家依于慈孝,立国依于仁敬,各安其位,相互成全,则天道通畅,人事和顺,天下太平。

"我有三宝,持而保之。一曰慈,二曰俭,三曰不敢为天下先。慈,故能勇;俭,故能广;不敢为天下先,故能成器长。今舍慈且勇,舍俭且广,舍后且先,死矣。夫慈,以战则胜,以守则固。天将救之,以慈卫之。"④(《道德经》六十七章)老子的"慈",既是终极价值——自然之"道",亦是道路与方法。作为"道路"的"慈",乃"任万物之自然"。这种"任",从圣人和百姓的关系中可见一斑:"圣人无常心,以百姓心为心。善者吾善之,不善者吾亦善之,德善;信者吾信之,不信者吾亦信之,德信。圣人在天下歙歙焉,为天下浑其心。百姓皆注其耳目,圣人皆孩之。"⑤圣人

---

① 〔汉〕许慎:《说文解字》,北京:中华书局1963年版,第218页。
② 李学勤主编:《十三经注疏·毛诗正义》,北京:北京大学出版社1999年版,第1026页。
③ 〔宋〕朱熹:《四书章句集注》,北京:中华书局1983年版,第5页。
④ 朱谦之:《老子校释》,北京:中华书局1984年版,第271页。
⑤ 同上,第194页。

不以自己是圣人而干涉百姓,圣人的心是能全然与百姓同构的心,他不执着于自我之心,而是以百姓之心为己心、以百姓的耳目为耳目。圣人这种普遍平等的关切,最终成就百姓彼此之间普遍平等的关切。"故圣人云:我无为而民自化,我好静而民自正,我无事而民自富,我无欲而民自朴。"①作为方法的"慈",乃运用高明的手段。圣人关切的对象不限于"人"和"物",且圣人有最恰当的方法去救人和救物,故圣人不会舍弃任何人与物:"是以圣人常善救人,故无弃人;常善救物,故无弃物。是谓袭明。"②

总之,"慈"是上天生育万物的德性,也是圣人无为化民的德性。父母对子女的生养是慈,国君对臣民的仁爱是慈,圣人对百姓的不离不弃亦不干涉也是慈。儒家认为,只有通过制礼作乐,人才能感应天道,并作用于人事。"慈"是上天之德,自然是儒家礼乐教化的理想;道家的"慈"则具有"清净无为"的特征,强调凡圣之间的平等。不管儒家还是道家,"慈"都是一种周遍无外的恻隐之心和卓尔不凡的共情能力。在儒家礼乐文化框架下,"慈"在雅乐的五音范围之内,商声和角声能表现慈。"其爱心感者,其声和以柔"(《礼记·乐记》),与"慈"相应的音乐风格,主要特征是"和"与"柔"。

与"正"相关的是"雅",所谓"雅正";与"雅乐"相对的是"郑声"。"子曰:恶紫之夺朱也,恶郑声之乱雅乐也,恶利口之覆邦家者。"③西周礼乐制度有两个特征:规定等级;规定祭祀、

---

① 朱谦之:《老子校释》,北京:中华书局1984年版,第232页。
② 同上,第109页。
③ 程树德撰,程俊英、蒋见云点校:《论语集释》,北京:中华书局1990年版,第1225页。

朝贺、宴飨所用音乐必须是典雅纯正的雅乐。雅乐意味着遵从礼仪、形制、场合等礼制规范,这些规范符合天道,有益于生发人内心和天道之间的感应。雅正也意味着对过度的欲望进行约束和节制,以雅乐之中和,利导人心之平正;以人心之平正,得风俗之淳厚和家国之安宁。孔子闻韶乐,三月不知肉味,谓之"尽美矣又尽善也"①,《大韶》就是传说中的"六代(从黄帝到西周)雅乐"之一,孔子向往三代礼乐,提倡"行夏之时,乘殷之辂,服周之冕,乐则韶舞",告诫要"放郑声,远佞人",因为"郑声淫,佞人殆"②;孔子担心"人无远虑,必有近忧",慨然而叹"吾未见好德如好色者"③。"郑声"意味着人对情感和欲望的盲目放纵,连"最为好古"的魏文侯都不得不对子夏抱怨,"寡人听古乐而则欲寐,及闻郑卫,余不知倦焉"④,可见"礼崩乐坏"导致人性不再得到适宜的教化和引导,人心不知节制,被滥情蒙蔽,失去了和天道的感通,乃至昏寐颠倒、好色甚于好德。"郑卫之音,乱世之音也",世道之乱,始于人心之乱;人心之乱,始于雅音不彰;雅音不彰,则郑卫之音入,天道和人心之间失去了沟通媒介,人走上自我放逐之路。

如何阻止郑卫之音对雅正之音的侵入?扬雄《法言》卷三有一段对话:

或问:"交五声、十二律也,或雅或郑,何也?"曰:"中正

---

① 程树德撰,程俊英、蒋见云点校:《论语集释》,北京:中华书局1990年版,第222页。
② 同上,第1087页。
③ 同上,第611页。
④ 〔汉〕班固:《汉书》,北京:中华书局1962年版,第1042页。

则雅,多哇则郑。""请问本?"曰:"黄钟以生之,中正以平之,确乎郑卫不能入也。"①

"多哇",晋代李轨注曰"淫声繁越也",用黄钟律来产生其余的律,用中正的原则来节制音调,就能遏制住"郑声"。

"平好恶""中正以平之"的"平",解为"节制";如何做到"节制"?《左传》提示,或可从"相成"和"相济"两种状态中获得启示:"一气、二体、三类、四物、五声、六律、七音、八风以相成,清浊、大小、短长、疾徐、哀乐、刚柔、迟速、高下、出入、周疏以相济,君子听之,以平其心。"②"相成"是发声过程中各种因素的互相成就,"相济"是乐音中各种情绪的互相调和。而这些情绪,源于人心之"感"和"动":"乐者,音之所由生也,其本在人心之感于物也。是故其哀心感者,其声噍以杀;其乐心感者,其声啴以缓;其喜心感者,其声发以散;其怒心感者,其声粗以厉;其敬心感者,其声直以廉;其爱心感者,其声和以柔。六者非性也,感于物而后动。"③

"悲"和"哀"都是"乐"的反面,两者很相近。但"哀"偏向于哀伤的情绪,如春秋时郑国卿大夫子产认为人从自然界"六气"中感得六种情绪,六种情绪以六种行为方式表达,这六种情绪都需要加以约束,不能放逸:"民有好、恶、喜、怒、哀、乐,生于六气。是故审则宜类,以制六志。哀有哭泣,乐有歌舞,喜有施舍,怒有战斗;喜生于好,怒生于恶。是故审行信令,祸福赏罚,

---

① 韩敬译注:《法言》,北京:中华书局2012年版,第36页。
② 李梦生:《左传译注》,上海:上海古籍出版社2004年版,第1105页。
③ 杨天宇:《礼记译注》,上海:上海古籍出版社2004年版,第468页。

以制死生。生,好物也;死,恶物也;好物,乐也;恶物,哀也。哀乐不失,乃能协于天地之性,是以长久。"①"悲"偏向于音声品格,春秋时吴公子季札听完了卫国最著名的音乐家孙林父的演奏后,说:"不乐,音大悲,使卫乱,乃此矣。"②《淮南子·泰族训》:"今取怨思之声,施之于弦管,闻其音者,不淫则悲。淫则乱男女之辩,悲则感怨思之气,岂所谓乐哉?"③哀怨的情绪落在弦管上,则生发出"悲音"——"哀"和"悲"的关系大致如是。

雅正之音(德音,乐音)来自天道的教化和圣人的垂范,是实现天人合一的终极理想的必由之路。如果说雅乐得之于天道而感之于人心,悲音则得之于自然界中的神秘力量,比如雨师风伯、虎狼鬼神等破坏性力量。在礼崩乐坏的过程中,失去了约束和教化的人,感通天道(正音、和乐之音)的能力越来越弱,感通悲音的能力却越来越强。故春秋时期的晋平公听师涓弹琴,先从清商中听出了悲,问:"清商固最悲乎?"师旷说不如清徵。平公求听,师旷被迫弹奏,引来一群玄鹤,列队而鸣,舒翼而舞。平公又问:"音莫悲于清徵乎?"师旷说不如清角。平公求听,师旷不得已而鼓之,结果有玄云起,再奏则大风大雨,裂帷幕,破俎豆,隳廊瓦。座中人惊恐至极,平公吓得伏于廊室之间。不久晋国大旱三年,平公也得了重病。④ 根据师旷的讲述,清商乃商纣王时乐人师延所作的靡靡之乐,武王伐纣,师延自投濮水,"故闻

---

① 李梦生:《左传译注》,上海:上海古籍出版社2004年版,第1147页。
② 〔汉〕司马迁:《史记》,北京:中华书局2014年版,第1932页。
③ 〔汉〕刘安著、陈光忠注译:《淮南子》,北京:中华书局2012年版,第1227页。
④ 张松辉、张景译注:《韩非子》,上海:上海三联书店2014年版,第104—106页。

此声者必于濮水之上","先闻此声者其国必削"。清角的破坏力更大。"昔黄帝合鬼神于泰山之上,驾象车而六蛟龙,毕方并辖,蚩尤居前,风伯进扫,雨师洒道,虎狼在前,鬼神在后,螣蛇伏地,凤凰覆上,大合鬼神,作为《清角》。"师旷劝诫晋平公德薄之人不可听,听之将恐有败。平公坚持要听,果然招致天灾人祸。其后韩赵魏三家分晋,魏文侯对子夏抱怨听雅乐昏昏欲睡,听郑卫之音却不知疲倦,子夏反复辩解,都不被采纳。《汉书·礼乐志》把这一事件视为礼崩乐坏的标志:"自此礼乐丧矣!"礼崩乐坏的过程也是人心感知"乐"的能力日渐羸弱、感知"悲"的能力日渐敏锐的过程。悲音越来越容易侵入人心了。

礼乐的精髓在于等级秩序,周王室认可三家分晋,被视为礼崩乐坏的标志性事件,战国时代由此拉开帷幕。"七雄"中,楚地巫风甚,悲声多,如《楚辞》常怀忧含戚,或"哀时命",或"悲回风";燕赵清曲"音响一何悲,弦急知柱促","赵、中山地薄人众,犹有沙丘纣淫乱余民。丈夫相聚游戏,悲歌慷慨,起则椎剽掘冢,作奸巧,多弄物,为倡优。女子弹弦跕躧,游媚富贵,遍诸侯之后宫。"[①] 所谓燕赵"慷慨悲歌",其实是此地倡优的本色当行,本义乃关乎声色之娱。及至荆轲渡易水刺秦,这种有感染力的"悲歌"才被披上正义的外衣。齐地善歌哀曲,西汉的两首挽歌《蒿里》和《薤露》相传出自田横门下客,汉武帝时经李延年改造而风行。《汉书》的《艺文志》和《礼乐志》都提到"赵秦代楚之讴",代讴流行于代郡周边,以胡乐为主体,是游牧民族的音乐风尚。游牧民族多用角、笳、箫等乐器,这些乐器,善发悲音。

《汉书·礼乐志》慨叹:"周室大坏,诸侯恣行……陪臣管

---

① 〔汉〕班固:《汉书》,北京:中华书局1962年版,第1655页。

仲、季氏之属,三归《雍》彻,八佾舞廷,制度遂坏,陵夷而不反。桑间、濮上,郑、卫、宋、赵之声并出……庶人以求利,列国以相间……自此礼乐丧矣。"①战国时期各诸侯国的新声和悲音一路流布至汉王朝。孔子曰:"殷因于夏礼,所损益,可知也;周因于殷礼,所损益,可知也。其或继周者,百世可知也。"②《礼乐志》以为:"今大汉继周,久旷大仪,未有立礼成乐,此贾谊、仲舒、王吉、刘向之徒所为发愤而增叹也。"③

礼乐未立,难免有新调填补空白,"楚声"因为帝王的偏爱而占领了先机。秦末楚汉战争的双方首领刘邦和项羽均出自西楚,属于楚文化的流风所及之地。刘邦军队以"四面楚歌"击溃项羽军队的心理防线。汉高祖刘邦既定天下,"过沛,与故人父老相乐,醉酒欢哀,作《风起》之诗,令沛中僮儿百二十人习而歌之"④。醉酒尽欢之时,悲哀之情也随之而起,所谓"欢哀",遂唱《大风歌》。《大风歌》即楚地音声,亦"慷慨悲歌"之属。先前好为倡优的赵国和中山国男儿相聚游戏时唱的"慷慨悲歌",终于因帝王的崇尚而进入主流。"汉初雅乐,既已沦亡殆尽,故不得不别寻新调,取其雅乐而代之者,则楚声也。楚声在汉乐府中,时代最早,地位最高,力量亦最大。"⑤"悲"成为一代新风并蔚为大观,概起始于汉代。

---

① 〔汉〕班固:《汉书》,北京:中华书局1962年版,第1042页。
② 同上,第1075页。
③ 同上。
④ 同上,第1045页。
⑤ 萧涤非:《汉魏六朝乐府文学史》,北京:人民文学出版社2011年版,第30页。

琴音历来被视作"德音""正音","舜弹五弦之琴,歌南风之诗,而天下治"①,汉儒更直截了当:"琴者,禁也。所以禁止淫邪,正人心也。"②然而到了东汉,琴曲也以演绎悲音为上乘,且琴曲之悲,被附会于伯牙。如传为蔡邕撰的《琴操》中提到伯牙学琴轶事:"伯牙学琴于成连先生。先生曰:'吾能传曲,而不能移情。吾师有方子春者,善于琴,能移人之情,今在东海上,子能与我同事之乎?'伯牙曰:'夫子有命,敢不敬从?'乃相与至海上,见子春受业焉。"③这是中国史籍中首次出现"移情"一说。然何为"移情"?《乐府解题·水仙操》有所发挥:"……乃与伯牙俱往,至蓬莱山,留宿伯牙曰:'子居习之,吾将迎师。'刺(划)船而去,旬时不返。伯牙近望无人,但闻海水洞滑崩澌之声,山林窅冥(冥),群鸟悲号,怆然而叹曰:'先生将移我情!'乃援琴而歌。曲终,成连回,刺(划)船迎之而还。伯牙遂为天下妙矣。"④可见,所谓"移情",乃感通天地间最本质的声音。《琴操》并没有确定这种声音究竟是何种风格,《乐府解题》《太平御览》等则径直名之为"悲"。阮籍《乐论》记汉桓帝闻楚琴,凄怆伤心,倚扆而悲,慷慨长息曰:"善哉乎!为琴若此,一而已足矣!"⑤可见至东汉末年,帝王已经把"正音"之琴变成"悲音"之

---

① 〔汉〕司马迁:《史记》,北京:中华书局1959年版,第1235页。
② 〔清〕陈立撰,吴则虞点校:《白虎通疏证》,北京:中华书局1994年版,第125页。
③ 〔汉〕蔡邕撰,孙星衍校辑:《琴操》,影印华东师大图书馆藏清嘉庆十一年刻平津馆丛书本。
④ 〔宋〕李昉等撰:《太平御览》(六),上海:上海古籍出版社2008年版,第369页。
⑤ 〔三国·魏〕阮籍著,陈伯君校注:《阮籍集校注》,北京:中华书局2012年版,第99页。

琴视为理所当然了。这在嵇康的《琴赋》中亦有发挥:"八音之器,歌舞之象,历世才士并为之赋颂,其体制风流莫不相袭。称其材干,则以危苦为上;赋其声音,则以悲哀为主;美其感化,则以垂涕为贵。"[1]琴音从"得万国之欢心"的"南风之诗、生长之音"[2],演变为"慷慨长息"的"危苦"之音、"垂涕"之音,意味着儒家名教乐教诗教不再能一统天下,道家思想、民间风俗等中国本土思想文化资源日渐加入主流。此时,佛教虽然已经进入中国,以桓帝建和二年(148年)安世高在洛阳译经为标志,综合信仰、思想、制度、礼俗的佛教,才有了汉文字作为载体。佛教从此加入中国本土思想文化中,开始参与新的意识形态的建构。

2. 安世高、支娄迦谶所译佛经中的"慈"与"悲"

印度佛教何时传入中国,从古至今存在许多传说,汤用彤在《汉魏两晋南北朝佛教史》中归纳出十种,任继愈在《中国佛教史》中并为八种。其中"伊存口授佛经""楚王英奉佛"和"永平求法"三种采信者较多。晋代以后的很多文献以"永平求法"——东汉明帝夜梦金人,派人到西域求法并得《四十二章经》,为佛教入华之始。近代学人对此事颇有疑义,附带讨论《四十二章经》以及最早记录此事的《牟子理惑论》的真伪。《四十二章经》的真伪姑且不论,即便其在东汉明帝时期出现,佛教经典的大规模翻译却是在东汉桓、灵之际。有学者依据近代以后的造像、壁画等考古成果推论,佛教比较广泛地在中国传播,

---

[1] 〔三国·魏〕嵇康著,戴明扬校注:《嵇康集校注》,北京:中华书局2014年版,第140页。

[2] 〔汉〕司马迁:《史记》,北京:中华书局1959年版,第1932页。

也应该是在这一时期。① 佛教观念在中土的确立,有赖于佛教经典的汉译,以及汉译经典的流传和接受。《出三藏记集》记载这一时期的译经家有安世高、支娄迦谶、支曜、严佛调、安玄、康孟详、康巨、昙果、竺大力等九位,最有影响的是安世高和支娄迦谶。安世高译出的小乘佛经——世称"安译"和支娄迦谶译出的大乘佛经——世称"支译",代表了最早一批在中土流传的佛经。"慈悲"在中土的观念演进史当从安译和支译起步。

安译三种出现了"慈"。如《长阿含十报法经》卷一:"二为若行者言:'我有慈意定心,已作已行已有,但有杀意不除。'可报:'不如言。何以故?已慈心定意,已行已作已有,宁当有杀意耶? 无有是。何以故? 已有慈意定心,为无有杀意。'"②《佛说大安般守意经》有两处:"安般守意得自在,慈念意,还行安般,守意已,复收意行念也"及"数息亦堕八行,用意正,故入八行。定意、慈心、念净法,是为直身;至诚语、软语、直语、不还语,是为直语。"③《七处三观经》卷一:"如是,人亦有三病共生共居道德法见说。何等为三? 一者欲,二者恚,三者痴。是比丘三大病有三大药,欲比丘大病者,恶露观思惟大药;恚大病,等慈行大药;痴大病,从本因缘生观大药。是比丘三大病者三药。"④《长阿含十报法经》《七处三观经》和《佛说大安般守意经》,皆属于教授禅

---

① 参见葛兆光:《中国思想史》,上海:复旦大学出版社 2019 年版,第 342 页。
② 〔汉〕安世高译:《长阿含十报法经》卷一,载〔日〕高楠顺次郎等编修:《大正新修大藏经》(以下简称《大正藏》)第 1 册,日本大正一切经刊行会 1934 年版,河北省佛教协会 2008 年影印,第 236 页。本篇所引《大正藏》均出自该本,后不一一出注。
③ 〔汉〕安世高译:《佛说大安般守意经》,《大正藏》第 15 册,第 163 页。
④ 〔汉〕安世高译:《七处三观经》卷一,《大正藏》第 2 册,第 882 页。

观的禅经,"慈意""慈念意""慈心"和"等慈行",都是指慈心三昧的修习方法。

佛教戒定慧"三学",在实践上是以禅定为中心的,禅定"乃所有佛教思想的基调,一切佛教思想,是禅定思察的结果"。[①]佛教以为佛陀开悟后所说法,即佛在定中所见。"定慧"又称"止观",戒为定基,由戒生定,因定生慧。作为"三解脱门"的"三三昧禅观",以佛教缘起法则为本,遍观身心及经验世界的一切现象皆系无常、苦、无我,从而生起对三界生死流转的怖畏厌离,树立一切苦、空、无我的坚定观念,并依此观念离断烦恼,趣求无生。

安世高的禅法,主要通过"坐禅数息"等方法"摄心定意",也就是"止";在"止"的基础上观察四谛、五蕴、十二因缘,趣向无为,获得解脱。这就是"观"。"慈心三昧"在入定前的方便念想阶段又称"慈悲观",是"五停心观"中的一种。五停心观是声闻乘人入定前,用来帮助止息、定心的五种方便,包括不净观、慈悲观、因缘观、念佛观和数息观。不净观念想一切根身器界皆属不净,停止贪欲;慈悲观念想一切众生痛苦可怜之相,停止嗔恚;因缘观念想一切法皆从因缘生,停止愚痴;念佛观念想佛身相好,功德庄严,停止造业;数息观念想呼吸一出一入历历分明,停止散乱。

"慈悲观"这种观法适用于根性中多嗔的人练习对众生的慈悲心,但就像药力有大有小,慈观的对治力量不如悲观。比如有人伤及自身发肤,因此而生嗔恨,慈观可对治;有人欲夺我生

[①] [日]木村泰贤:《大乘佛教思想论》,转引自陈兵:《佛教禅学与东方文明》,上海:上海人民出版社1992年版,第29页。

命,因此而生嗔恨,只有悲观能对治。最严重、最细密、隐藏最深的嗔恨,修慈观或修悲观都不能对治,只有修慧才能去除。

值得一提的是,五停心观中的数息观属于"观息",不净观和念佛观属于"观想",慈悲观属于"念想"。"观想"限于想象某种具体的形相,"念想"尤指想象某种抽象的意境或情怀。

修习"慈心三昧"时,可以用"三段观想法"或"七周观想法"。"三段观想法"分三个阶段逐段观想。第一阶段:"若初习行者当教言,慈及亲爱。"当修行者得到种种身心快乐之时,譬如寒时得衣、热时得凉、饥渴得饮食、贫贱得富贵、行极时得止息等等,应当推想关照自己的亲人、爱友,希望他们能和自己一样离苦得乐。第二阶段:"若已习行当教言,慈及中人。"修行者若得种种身心快乐,应当推想关照那些和自己亦非亲爱、亦非仇怨的"中人",方法与第一阶段同。第三阶段:"若久习行当教言,慈及怨憎。"方法同上。如此,利乐他人的心从亲爱之人扩展到中人又扩展到无量众生,由近及远,由少而多,以这样的广大心量,"是时即得慈心三昧"。[1] 三段观想法呈现出直线递进的模式。"七周观想法"观想步骤要复杂得多,以回环往复的模式观想上亲(父母师长)、中亲(兄弟姊妹)、下亲(朋友同学)、中人(非怨非亲)、下怨(害下亲者)、中怨(害中亲者)、上怨(害上亲者),给予他们利乐。[2] 两者都从最亲爱的人起"与慈"之观想,最后把慈心赋予最怨恨的人。

五停心观是由观入定的初级修行课目,五停心观、总相念

---

[1] 〔后秦〕鸠摩罗什译:《坐禅三昧经》卷下,《大正藏》第15册,第278页。
[2] 世亲造,〔唐〕玄奘译:《阿毗达磨俱舍论》卷二十九,《大正藏》第29册,第150页。

处、别相念处、暖法、顶法、忍法、世第一法,这七种方便是声闻乘行人见道前所必修的加行法,或菩萨乘行人登地前所必修的方便法。从七种方便,而入"四禅八定"——色界的一禅、二禅、三禅、四禅,无色界的空无边处定、识无边处定,无所有处定、非想非非想处定。一般在第四禅定心中可以修习"慈悲喜舍"四无量心。① 其中"慈无量心"和"悲无量心"的观想方法和"慈悲观"有很多共同之处,是更高阶段的"慈心三昧"。

安世高所传译的禅经典中,"数息观"影响最大。《安般守意经》以数息观作为叩击佛教基本教义和解脱实践的门径。安世高的禅法为三国时的康僧会和东晋时的道安所继承,康僧会的《安般守意经序》整理和阐发了安般禅法,以上述"四禅"对应安世高经中安般禅法的"六事"——数息、相随、止、观、还、净等六个步骤。康僧会也主张"止观俱行",他把"止"看作明心的工夫,明心引发的神通即成为观的内容。通过凸显安世高禅法中的"心",康僧会把安般禅法称为"诸佛之大乘"。

安世高以"清静无为"译"安般守意",上述观呼吸法,和本土已有的身心修炼法如道家的"辟谷""导引""吐纳""食气"等有一定相似,这些中国人陌生的佛教禅定术语,比附于道家修养术语而走入中国人的观念世界。安世高译经中的"慈",以其"平等"义,和老子《道德经》中"我有三宝,持而保之。一曰慈,二曰俭,三曰不敢为天下先"中的"慈"是可以会通的。汤用彤说,两汉之际,佛教传入中国,初始的传播乃依附于"神仙方

---

① 参见〔隋〕智𫖮:《释禅波罗蜜次第法门》卷六,《大正藏》第46册,第516页。

技",和托始于黄老的本土道术一起,祭祀鬼神,服食修炼。① 佛教这种情形,从"慈"如何成为佛教观念的过程中亦可见一斑。

无论"安那般那"还是"慈心三昧",止观为大小乘兼修。安世高虽说翻译了大量小乘禅经,但这些禅经是大小乘通用的,止观也是修行大乘的必经阶段。事实上安世高翻译的《五十校计经》中有"十方佛""菩萨度人"等提法,当属大乘观念系统。如果说支娄迦谶传译了大乘般若学经典,也可以说安世高传译了修习大乘的禅观教材。

支娄迦谶的译经年代在公元178—189年,比安世高稍迟。支译中对后世义学影响最大的莫过于东汉灵帝光和二年(179年)译成的《道行般若经》。《道行般若经》与三国吴支谦译《大明度经》、东晋后秦鸠摩罗什译《小品般若经》、唐代玄奘译《大般若经》第四分等经同本,是最早传入中国的大乘般若类经典,"由这部经的译出便有了趋入大乘的途径"②。又因其时中土思想界正流行道家"无名天地之始",有人以道解佛,以道家"有无"比附佛教"性空",以道家"道行"比附佛教"波罗蜜",般若经借此机缘而得以流布。

大乘佛教追求的目标是"成佛",不同于小乘的目标是成就"阿罗汉果";大乘的最高境界是能住世而般涅槃,不同于小乘通过观空而灰身灭智。《道行般若经》最大的特色,就是确立了般若波罗蜜的地位:般若波罗蜜是大乘般若信仰的核心,般若波罗蜜在六波罗蜜中具有决定性地位。

---

① 汤用彤:《汉魏两晋南北朝佛教史》,北京:商务印书馆2015年版,第49页。

② 吕澂:《中国佛学源流略讲》,北京:中华书局1979年版,第289页。

《道行般若经》提出,菩萨在济度众生时要学习"沤和拘舍罗"(即"善巧方便"),这种善巧方便,也只有依靠般若智慧实行:"菩萨摩诃萨当学沤和拘舍罗,未得般若波罗蜜者不得入,已得般若波罗蜜乃得入。"般若波罗蜜和善巧方便的关系,是"权"和"实"的关系,般若是实智,"方便"是权智。慈悲喜舍四种平等心,在《道行般若经》中,被统摄为"布施于人""欢乐于人""饶益于人"及"等与"这四种"善巧方便"。菩萨以建立在"无所得"的实智之上的四种"方便",护持萨和萨(有情众生)。①

《道行般若经》中的"慈"亦指专门对治嗔恚的"慈心"。此《经》指出,慈心定这种禅观,大乘菩萨也必须学习。如:"须菩提白佛言:'何等为成就于菩萨?'佛言:'一切人皆等视中,与共语言当善心,不得有害意向,常当慈心与语,不得瞋恚,皆当好心中心,菩萨当作是住。'"②另外,经中多处出现"慈哀",如"菩萨如是学,为疾得阿惟越致;菩萨如是学者,为疾近佛树下坐;菩萨如是学,为悉学佛道;菩萨如是学,为习法也;菩萨如是学,为极大慈哀。如是为学等心。菩萨学如是,三合十二法轮为转;菩萨学如是,为学度灭十方天下人;菩萨学如是,为学甘露法门"③。"大慈哀"当是"慈悲"这种固定用法的雏形,"极大慈哀"当等同"极大慈悲"。联系上下文,此处指"慈悲喜舍"四种无量等心。

除了"悲观"的"悲","悲"在《道行般若经》中还有另外一种用法,那就是用于描绘音声品质的"悲"。在该经的第二十九品《摩诃般若波罗蜜昙无竭菩萨品》中,萨陀波伦菩萨带领五百

---

① 吕澂:《中国佛学源流略讲》,北京:中华书局1979年版,第462页。
② 同上,第454页。
③ 同上,第464页。

女人,克服"弊魔"的捣乱,为昙无竭菩萨准备好庄严的说法座,聆听昙无竭菩萨说法,得个中三昧,入诸菩萨经法中。萨陀波伦菩萨问昙无竭菩萨:"师愿说佛音声,当何以知之?"昙无竭菩萨言:

> 贤者明听!譬如箜篌不以一事成,有木、有柱、有弦、有人摇手鼓之,其音调好自在,欲作何等曲。贤者欲知佛音声亦如是。菩萨有本初发意,世世行作功德,世世教授,世世问佛事,合会是事乃成佛身,佛音声亦如是。其法皆从因缘起,亦不可从菩萨行得,亦不可离菩萨行得,亦不可从佛身得,亦不可离佛身得。贤者欲知佛身音声,共合会是事乃得佛耳。复次,贤者!譬如工吹长箫师,其音调好,与歌相入,箫者以竹为本,有人工吹,合会是事,其声乃悲。……成佛身亦如是,不用一事,亦不用二事,用数千万事。有菩萨之行,有本索佛,时人若有常见佛作功德,用是故成佛身,智慧变化飞行,及成诸相好。成佛如是。①

这段经文,以佛之音声为例,引导听者悟入般若波罗蜜,即空性智慧。一切法皆从因缘和合生,不可执着于菩萨行,亦不可离于菩萨行。佛之音声,乃佛身相好之一,佛身亦因缘和合,其性本空。但佛要说法,要行功德,所以佛以智慧向众生示现各种变化神通,以及各种相好庄严。"其声乃悲"的"悲",指美好的音声,这种音声,来自竹箫和工于吹箫的乐师等各种因缘的和合。箫声如是,一切最美好音声亦复如是,何况佛的音声。故

---

① 〔后汉〕支娄迦谶译:《道行般若经》,《大正藏》第 8 册,第 476 页。

"悲"也是佛的音声的特征。

前文提到,表现为音声的"慈",主要特征是"和"与"柔",中土本有文化中的"慈",原本就是上天的德范,故慈的音声和雅乐的五音是相合的。而中土本有文化中的"悲"原本并不在正音之列,秦以前的礼乐传统中,乐音和悲音是相对立的,乐音兴国而悲音亡国。所谓雅音,一定是"乐"的音声,而非"悲音"或"哀音"。然稍晚于支娄迦谶的三国支曜译《成具光明定意经》,用"烧众名香,悬诸缯幡,其所行道,即便广平。色如水精,树木行伍,自然音乐,雅声相和甚悲,说法之音,释梵八种"[①]描述佛说法场所的庄严美好,"悲"来自"和",所谓"相和甚悲","悲"已然等同于"和雅"。

"悲"甚至为"爱乐"表法。支娄迦谶《阿閦佛国经》:"舍利弗!阿閦佛刹人民无有治生者,亦无有贩卖往来者,人民但共同快乐,安定寂行。其佛刹人不着爱欲、婬妷,以因缘自然爱乐。其刹风起吹梯陛树便作悲音声。舍利弗!极好五音声不及阿閦佛刹风吹梯陛树木之音声也。舍利弗!是为阿閦如来昔行佛道时所愿而有持。"[②]此处"悲音声"起于"安定寂行""自然爱乐"的阿閦佛国。

与"慈"一样,"悲"的最重要的禀赋也是"和"与"柔"。值得注意的是,早期佛经中以"哀鸾"的鸣叫声指代佛说法音声,其音声特征是微妙、和雅、柔软、清亮。如"音如哀鸾,声如天帝,其响哀和"[③]"广舌如莲花,出口覆其面,是故种种音,受者如甘

---

① 〔三国〕支曜译:《成具光明定意经》,《大正藏》第 15 册,第 452 页。
② 〔东汉〕支娄迦谶:《阿閦佛国经》,《大正藏》第 11 册,第 756 页。
③ 〔西晋〕竺法护译:《大哀经》,《大正藏》第 13 册,第 437 页。

露。语声哀鸾音,诵经过梵天,是故说法时,身安意得定"①"尔时梵声,其音柔软,响若哀鸾"②等。一般以为《高僧传》中的"哀鸾孤桐上,清音彻九天"③是鸠摩罗什以"哀鸾"自况,实则哀鸾之音声就是佛之音声,鸠摩罗什以此表达对佛说法音声的仰慕,对"改梵为秦失其藻蔚,虽得大意,殊隔文体。有似嚼饭与人,非徒失味,乃令呕哕也"④深表遗憾。

"和"是悲得以产生的机制,此处"和"乃因缘和合之义,自然也和中土传统的"中和""太和"相关联。缘起则生,缘尽则灭,因缘和合也意味着变化和短暂,人生逆旅,生老病死,佛教从苦谛开始对宇宙人生的解剖。苦而有"悲"和"哀","百鸟悲鸣,哀音感情",悲音具有强大的共情能力。一切皆苦,一切众生听闻悲哀的音声,皆能产生共鸣。佛以如此音声愍伤世俗,以如此平等普护群生。《正法华经》中大梵天见到佛时如此赞诵:"礼无等伦,则为大仙,天中之天。声如哀鸾,唱导普护,诸天人民,愿稽首礼。愍伤世俗,得未曾有,在在难值,久思光颜,今日乃见。"⑤《佛说海龙王经》中,大海神光耀赞叹佛:"行慈以等心,修哀摄众生,喜心导御众,常护度彼岸,妙音如哀鸾,所说喻梵声,其响甚柔软,愿以稽首礼。"⑥有悲心才有悲音,佛的音声,得成于佛的慈悲喜舍如是等心。

---

① 〔后汉〕竺大力、康孟详译:《修行本起经》,《大正藏》第3册,第464页。
② 〔西晋〕竺法护译:《普曜经》,《大正藏》第3册,第507页。
③ 〔梁〕慧皎:《高僧传》,《大正藏》第50册,第330页。
④ 同上,第330页。
⑤ 〔西晋〕竺法护译:《正法华经》,《大正藏》第9册,第90页。
⑥ 〔西晋〕竺法护译:《佛说海龙王经》,《大正藏》第15册,第152页。

3."慈悲"释义:以《大智度论》为例

般若类经典在印度大乘佛教中出现最早,中国佛教界历来重视对般若经典的传译、讲解和注疏。佛教东传并和中国本有文化传统劚荡交融的最初阶段,般若思想和中观思想登上了玄学语境下的中国学术思想舞台。对般若性空思想的摸索、探究和调适,造就了最早一批包括僧人在内的中国本土佛教学者。

支娄迦谶译《般若道行经》属早期般若经,和鸠摩罗什译《小品般若经》同本。《大品般若经》稍后成立,最早的汉译者也是鸠摩罗什。鸠摩罗什以前,般若经翻译、注疏都比较混乱,鸠摩罗什东来,重新译出了《般若经》《维摩诘经》《法华经》等大乘经藏,以及《中论》《百论》《十二门论》《大智度论》等大乘论藏,这些经藏和论藏中的大乘般若思想和大乘中观思想,奠定了佛教中国化的基础,对中国佛教思想的确立影响至为深远。鸠摩罗什和慧远之间的往来书信《大乘大义章》,回答了慧远的疑问,通过对《大般若经》和《法华经》的剖析,阐明了此二经和小乘之别。鸠摩罗什对中国佛教史的一大贡献,就是引领中国佛教走向大乘之道。鸠摩罗什译于后秦弘始七年(405)的《大智度论》,是印度中观学派创始人龙树专为《大品般若经》所作之注解,是大乘佛教的奠基之作。在这部卷帙浩繁的论典中,龙树发覆了大乘佛教慈悲思想。虽然在支娄迦谶的译经中,"慈悲"作为汉语新词用法已逐渐固定,大乘佛教慈悲观也成为般若思想的重要组成,但最早对"慈悲"进行楷定、对大乘慈悲观进行系统分疏的,当属龙树造、鸠摩罗什译的《大智度论》。

佛经传译到中土以后,"慈"和"悲"的意思,首先是"慈观"和"悲观",即以爱和怜悯为情感取向的禅定观想法门。《大智度论》为大乘思想张目时,首先辨析的也是"慈悲喜舍四无量心"。大乘禅观认为,四无量的修习在大小乘佛教慈悲心的修习中可谓枢纽和关钥,可以在四禅时起修四无量心。《大智度论》对"慈悲喜舍"进行了分疏:"'慈'名爱念众生,常求安稳乐事以饶益之;'悲'名愍念众生,受五道中种种身苦心苦;'喜'名欲令众生从乐得欢喜;'舍'名舍三种心,但念众生不憎不爱。修慈心,为除众生中瞋觉故;修悲心,为除众生中恼觉故;修喜心,为除不悦乐故;修舍心,为除众生中爱憎故。"①"慈"对应爱,"悲"对应怜悯,这都依循了"慈"和"悲"在中土的本来用法。但是稍后译出的大乘经典《大般涅槃经》却相反:"为诸众生除无利益是名大慈,欲与众生无量利乐是名大悲。"②净土宗祖师昙鸾予以延用:"拔苦曰慈,与乐曰悲。依慈故拔一切众生苦,依悲故远离无安众生心。"③从礼乐传统的变迁看,汉末"慈"与"悲"都成为最高价值,都关联"和"与"乐",故"慈悲"也可视作同义反复,作为双声词的"慈悲"由此生成。历史地看,约定俗成的还是前一种用法:慈为与乐,悲为拔苦。

　　慈悲喜舍的排序,体现了度化众生的方便:慈是把乐给予他者,把有益于别人的事交付出去,算比较容易做到的,所以可先修慈。悲是把他者从眼前的苦中济拔出来,需要通过和他者交流才能做到,较慈难做,故在慈后修悲心。看到他者苦而生怜悯的悲心,比较容易,比如有人看到怨家受苦也能生悲;而看到他

---

① 龙树造,〔后秦〕鸠摩罗什译:《大智度论》,《大正藏》第 25 册,第 208 页。
② 〔北凉〕昙无谶译:《大般涅槃经》,《大正藏》第 12 册,第 454 页。
③ 〔北魏〕昙鸾注解:《无量寿经优婆提舍愿生偈注》,《大正藏》第 40 册,第 842 页。

者乐却未必能生随喜之心,喜心生起不易,故悲后次修喜心。根据亲疏而行有等差有偏向的饶益之行比较容易,平等地饶益普遍广大众生,殊为难做,故最后修舍心。另外慈悲喜是有行,舍是空行,空行难发,最后修。菩萨以慈心令众生发菩提心,以悲心救众生脱离苦海,以喜心看到众生住于正法不动摇,以舍心所生般若空慧摄受一切众生的菩萨行。

修"四心"时观想的对象亦可分疏为三:"慈悲心有三种:众生缘,法缘,无缘。凡夫人众生缘;声闻、辟支佛及菩萨,初众生缘,后法缘;诸佛善修行毕竟空,故名为无缘,是故慈悲亦名佛眼。"①《大智度论》以为,"众生缘慈"未破"我相""法相",既缘众生相而起慈悲,也缘一切众生法相而起慈悲。"法缘慈"即观因缘所生法,不见父母妻子亲属等众生相,只见一切法皆从因缘生,由此而生起平等之慈悲。法缘慈破我相,没有"一"和"异"的分别,观众生但为五阴假和合而起慈悲。能生起法缘慈的众生,只破我空,未破法空,对法尚起执着。"无缘慈"只有佛能生起,佛不住有为、无为,不住过去、现在、未来,心无所缘;以其无缘而愍念众生不知诸法实相,为令众生得诸法实相而生起慈悲。

盖因以上三种不同的观想实践,遂有"小慈小悲"和"大慈大悲"的差别:"大慈与一切众生乐,大悲拔一切众生苦。大慈以喜乐因缘与众生,大悲以离苦因缘与众生。譬如有人,诸子系在牢狱,当受大罪;其父慈恻,以若干方便,令得免苦,是大悲;得离苦已,以五所欲给与诸子,是大慈。如是等种种差别。问曰:大慈、大悲如是,何等是小慈、小悲,因此小而名为大? 答曰:四

---

① 龙树造,〔后秦〕鸠摩罗什译:《大智度论》,《大正藏》第 25 册,第 350 页。

无量心中慈、悲名为小;此中十八不共法次第说大慈悲,名为大。复次,诸佛心中慈、悲名为大,余人心中名为小。问曰:若尔者,何以言菩萨行大慈、大悲?答曰:菩萨大慈者,于佛为小,于二乘为大,此是假名为大;佛大慈、大悲真实最大。复次,小慈,但心念与众生乐,实无乐事;小悲,名观众生种种身苦心苦,怜愍而已,不能令脱。大慈者,念令众生得乐,亦与乐事;大悲,怜愍众生苦,亦能令脱苦。"①声闻缘觉亦即小乘行人并非没有慈悲心,然仅以"四无量心"作为禅定观想之途径,以灰身灭智不受后有的个人解脱作为终极目标,本质是以利他的观想为途径而实现自利,这种慈悲,只能算是"小慈小悲";只有付诸方便,以行动济度众生,最后实现所有众生平等解脱,才是大乘菩萨自利利他的慈悲,才是"大慈大悲"。然而大乘菩萨之"大"只是相对于小乘而言,相对于佛的慈悲,则为"小"。真正的"大慈大悲"只能是佛的真实法身,佛通过修习十八种与二乘不共的大智慧法而成就大慈悲。

从印度佛教史看,先有声闻乘,后有大乘,大乘以自为大,以声闻乘为小,而有"小乘"一名。那么,大乘何大之有?《大智度论》卷三十六:"虽三解脱门、涅槃事同,而菩萨有大慈悲,声闻、辟支佛无。菩萨从初发心行六波罗蜜乃至十八不共法,欲度一切众生、具一切佛法故胜。"②"菩萨见众生老病死苦,身苦、心苦,今世、后世苦等诸苦所恼,生大慈悲,救如是苦,然后发心求阿耨多罗三藐三菩提;亦以大慈悲力故,于无量阿僧祇世生死

---

① 龙树造,〔后秦〕鸠摩罗什译:《大智度论》,《大正藏》第25册,第256页。

② 同上,第323页。

中,心不厌没;以大慈悲力故,久应得涅槃而不取证。以是故,一切诸佛法中,慈悲为大;若无大慈大悲,便早入涅槃。"①首先,大乘之大在发大心——济拔无量众生的菩提心;其次,大乘之大在有大慈悲力;最后,大乘之大在大涅槃。《大智度论》卷十七:"常乐涅槃从实智慧生,实智慧从一心禅定生。"②大乘和小乘一样,也会从空三昧、无相三昧和无愿三昧这三种禅定观行法门进入解脱道,以证涅槃。但小乘只求自己从"苦"中解脱,最后证灰身灭智的无余涅槃;大乘发了"四弘誓愿",要永不疲倦济(慈)拔(悲)无量众生,最后证不离世间的般涅槃。

  大乘佛教的纲要可以用一句话概括:发菩提心,行菩萨道,证悲空双运的般涅槃。大乘菩萨道,仅从禅观中获得慈悲喜舍四无量心是不够的,于定中生起无量慈悲,还要继续以此为方便,行菩萨行、行慈悲行,在自利利他中完成大乘理想。有了"深观",还要"广行":"须菩提白佛言:'世尊!何等是菩萨摩诃萨道——菩萨行是道,能成就众生、净佛国土?'佛告须菩提:'菩萨摩诃萨从初发意已来,行檀波罗蜜,行尸罗、羼提、毗梨耶、禅、般若波罗蜜,乃至行十八不共法,成就众生、净佛国土。'"③小乘自利,大乘自利利他,大乘菩萨道和小乘解脱道的区别在于六种菩萨道特有的修行科目——布施、持戒、忍辱、精进、禅定、智慧六种波罗蜜。六种利他行为大乘独有,或者说,大乘佛教慈悲思想,贯彻在六种慈悲实践中。

---

  ① 龙树造,〔后秦〕鸠摩罗什译:《大智度论》,《大正藏》第 25 册,第 256 页。
  ② 同上,第180 页。
  ③ 同上,第 701 页。

4. 大乘初传与"慈悲"成为中国文化观念

大乘佛教慈悲观念以佛教缘起理论为基石。"缘起"是佛教对宇宙世界的真相所持的最基本的观点,是全部佛法的核心,也是佛教各家各派展开其理论和实践的根本依据。"缘"指一切事物和现象所依赖的原因和条件,"起"指依条件而生起,佛陀最初所传的四谛、十二因缘等,不外是缘起法的展开和具体应用。

缘起法包含四层含义:其一,作为世间一切事物生灭变化的根本法则的缘起法,非佛陀或他人造作,而是为佛陀觉悟并开显,真实不虚;其二,作为生死染污的缘起法,是有为法,有为法性空。一切事物既由条件构成,亦是构成他事物的条件。凡由条件造做出的事物都非恒常不变,反之,凡无常变化的事物都由条件构成,此即"诸行无常"。诸法既是缘起缘灭的现象,就没有恒定不变的自性(本质、本体),此即"诸法无我"。其三,作为中道法的缘起法,非有非无,兼顾流转还灭,打通世出世间。所谓中道,一面是"此有故彼有,此生故彼生",有无明就有行,以至有生老病死忧悲苦恼集,"如实正观世间集者,则不生世间无见";一面是"此无故彼无,此灭故彼灭",如无明灭则行灭,以至生老病死忧悲苦恼灭,"如实正观世间灭,则不生世间有见"。[①]其四,体证缘起性空的出世间法,是众生从轮回之苦中解脱的必由之路。

四圣谛就是佛陀在总结世间众生的现状之后而做出的判断以及应对的方法,"何等为四?谓苦圣谛、苦集圣谛、苦灭圣谛、

[①] 〔刘宋〕求那跋陀罗译:《杂阿含经》,《大正藏》第2册,第66页。

苦灭道迹圣谛。若比丘于苦圣谛已知、已解，于苦集圣谛已知、已断，于苦灭圣谛已知、已证，于苦灭道迹圣谛已知、已修。如是比丘则断爱欲，转去诸结，于慢、无明等究竟苦边。"[1]他用苦、集二谛诠释众生皆苦的经验结论及其原因，说明要知苦谛、断集谛；以灭、道二谛阐发摆脱困苦人生的途径和方向，引导众生要修道谛、证灭谛。"苦"是解脱的下手处，知"苦集"——"苦"之因缘所生，方有"苦灭"——"苦"之因缘所灭。道，就是跳出无明之苦转趋涅槃之乐的道路。而"众因缘生法，我说即是空。亦为是假名，亦是中道义。"[2]从苦集到苦灭的道路，就是在缘生中观修缘灭、在世间法中而出世间、在有为法中而行无为、在缘起中现观空性的道路。

　　佛教的全部理论都围绕着"苦"这一主题展开，"慈悲"的本义，乃佛陀基于对缘起法的觉悟和对人生根本境遇——"苦"的深细观照，善巧说法，方便度化，为破除众生之无明、引导众生解脱而践行的利他事业。

　　大乘佛教慈悲思想的理论根基是"慈悲即空，空即慈悲"。慈悲是针对无明众生轮回之苦的济拔（众生缘慈，小慈小悲）；诸行无常、诸法无我，慈悲作为万法中之一法，其性本空；众生为五蕴和合之我，其性本空。由是不见父母妻子亲属乃至一切众生，见一切法皆从缘生（法缘慈，中慈中悲）；最彻底的"拔苦"就是拔轮回之苦，最彻底的"与乐"就是与涅槃之乐。"拔苦"现观缘起性空，"与乐"现证诸法之"不生不灭、不常不断、不一不异、

---

[1] 〔刘宋〕求那跋陀罗译：《杂阿含经》，《大正藏》第 2 册，第 104 页。
[2] 龙树造，〔后秦〕鸠摩罗什译：《中论》，《大正藏》第 30 册，第 33 页。

不来不出"。① 由见自心及所缘众生、所施财物等的因缘生、无自性,而不住法想及众生相,不执着于能慈所慈、能悲所悲等(无缘慈,大慈大悲)。只有佛证悟了涅槃之乐;只有佛能行大慈大悲、破除众生的"无明",拔众生以轮回之苦;只有引导众生证悟空性,获得般若智慧,众生方能最终解脱,佛之大慈大悲方能最终开显无余。佛正是以其具足慈悲与智慧而得以成佛,佛佛无穷,众生无尽,慈悲亦无穷尽。"空即慈悲"。观色即空成大智,观空即色成大悲,慈悲与空不一不异,大乘佛教遂立慈悲与智慧为大乘精神的"两轮"和"两翼"。

佛教大小乘之别首先是个历史问题,源出佛教在印度的发展历程。近代学者把从释迦牟尼在世传教到其逝世后五百年内的佛教分为三部分:根本佛教,指佛在世时亲自传授的教法;原始佛教,指佛灭后约一百年内其弟子所集结的经律;部派佛教,指佛教教团从"根本分裂"——上座部与大众部对立,到"枝末分裂"——两大部又次第分化出十八或二十部,这一期间的佛教,时间持续至佛入灭四百年止。随着阿毗达磨论典成立,佛教经律论三藏咸备。部派佛教发展出经院式的烦琐论证,在实践上只求自我解脱,重新诠释佛陀形象和佛教义理的大乘运动开始出现。"大乘"自以为"大"而斥部派佛教为"小","小乘"从一开始就是一个带有贬义的命名。大乘思想资源庞杂,但未脱离之前的佛教传统。

"译以传道",佛经汉译意味着佛学加入中国思想文化的熔炉,一种新质文化开始其锻造流程。安世高和支娄迦谶是最早的汉译佛典传译者,安世高以其爱好传译了小乘禅经,支娄迦谶

---

① 龙树造,〔后秦〕鸠摩罗什译:《中论》,《大正藏》第30册,第1页。

只传译了大乘般若经,并在《道行般若经》中使用了"摩诃衍"(大乘)一词。虽然大小乘佛经同时进入中国文化语境,由于中土本有思想文化系统的成熟与强大,东汉魏晋时期的士人一直借助中国本土思想资源尤其黄老之学及玄学来理解和表达外来的佛学,"格义"成为中国思想史中的重大问题。在鸠摩罗什译经之前,汉地佛教学者对大小乘没有孰高孰下的分别心,甚至对两者间的分野亦没有特别明确的概念。魏晋时代玄学盛行,小乘禅法和庄子的"坐忘"有相通处,般若学亦能和老子的"有无"会通,佛教行人往往"禅""慧"并行。以南北朝时期鸠摩罗什到长安译经以及其门下弟子僧肇、僧叡、道生等人佛学思想的成熟为标志,中土士人终于"登堂入室"——不仅逐步理解了印度佛学的精义,而且渐渐为印度佛教思想寻找到汉语语境下的恰当表达;鸠摩罗什通过译经与弘传,正本清源、扬大抑小,延续了印度本土的大小乘之争,并把大乘初期般若学思想带进中国,为中国学人指点了大乘门径。后经齐梁时代竟陵王萧子良、梁武帝萧衍之推崇,大乘思潮在教内教外渐成主流。在北方,从北魏到北周,随着《十地经论》等瑜伽行派经论的传入,地论学派建立;在南方,从刘宋到萧梁,随着《摄大乘论释》译出,摄论学派成立。地论和摄论都是无著世亲瑜伽行派的思想传统,成熟的印度大乘佛教思想从此传入中国。经过几代中国学者的努力,大乘佛教才真正进入中国佛教的核心,大乘佛教精神才真正成为中国佛教的内在精神。[1]

隋唐以后,如天台宗、三论宗、法相唯识宗、华严宗、律宗、禅

---

[1] 参见圣凯:《中国佛教大乘意识的萌芽与树立》,《中国哲学史》2011年第2期。第63—70页。

宗、净土宗等以汉译佛典为本的中国化佛教宗派纷纷成立,各宗派判教立宗,推出各具特色的佛教思想归纳总结的方案。在这个过程中,中国佛教思想日趋成熟。为适应中土传统文化环境,隋唐宗派佛学充分吸收融合传统儒道思想观念,形成了区别于印度佛学的中国佛教观念和精神。大乘佛教慈悲观和中国本土文化观念主要是儒道两家的相关学术思想、伦理观念相互冲突与融合。中国佛教慈悲观作为中国佛教思想的一部分,主要通过汉传佛教各宗派中诸多中国祖师的经典著述而呈现出来。宋代以后,中国佛教思想和理论的发展趋于衰落,但中国佛教却日渐走向世俗生活和社会文化领域,佛教义理与宋代儒学的结合、禅净合流与民间信仰的结合,都为佛教在中土的传播开辟了新天地。中国佛教慈悲观尤其体现于佛教理论家对佛教孝亲观念所做的一系列理论发覆、整理和建设。明清时期,中国佛教的发展处于停滞阶段,理论学说无甚创新,但晚近以降受救亡和启蒙这两大主题的驱使,一些锐意思变的士人知识分子又拈出了佛教的"慈悲"理念并赋其以新义,以图对世道民心有所激励;佛教内部亦为谋求革新和自救,由太虚法师首倡"人生佛教",继而发展为"人间佛教"思潮,中国佛教慈悲思想中的人本特征、伦理特征和入世特征进一步得到强化。

通过对印度佛教思想的沙汰、融通、调适,通过翻译经典、讲习经义、编撰佛典和判教立宗,"中国佛教思想""中国佛学精神"得以建立,并和儒道两家一起成为中国思想文化殿堂的三大支柱。中国本土宗教信仰和文化传统,与全新的佛教信仰和印度文化传统历史性地相遇,中国文化在演进历程中才生发出以大乘佛教为主体的中国佛教文化。这是从器物制度、思维方式到信念伦理交互作用、彼此调适的漫长历程。在中国历史时空中,大乘佛教慈悲思想外化为"上求菩提、下化众生"的菩萨精神,菩萨精神在"向上"和"向下"两个维度,和中国本有的儒道文化精神有着天然契合。

其一,大乘菩萨具有人本倾向,大乘菩萨道之成佛理想和中国本土儒家之希圣理想相契合。这是"向上一路"。

鸠摩罗什及其弟子僧肇、竺道生注解《维摩诘经》时,使用了一种独特的诠释策略——本迹论,其核心是"法身"问题。"法身"与凡夫、二乘所见佛之"丈六之身"相对,乃真实的佛境界,唯佛能证知,是"不思议之本"。① 但对二乘凡夫而言,法身非遥不可及,"法身在天为天、在人而人","佛无定所,应物而现,在净而净,在秽而秽"②,众生所见之佛身,有大小精粗之别,是法身无常应化,是"诸佛方便,不可思议"③。若依小乘,则佛早已入灭,自求解脱即罢,言何成佛;而依本迹论,佛之法身常在,不落时空,众生及二乘见过的业已入灭的佛仅是应化于古印度的一期之佛,若众生乐行佛法,一心趋向菩萨道,终能由假返真,悟无形法身、断一切过患而与佛无异。法身为真、为实、为本,则众生之成佛理想不致因时空转移因缘假合而起变;迹身为假、为权、为末,则众生之修行实践有了着手处,从众生到佛的过程有了落实处。这是大乘理想的内在结构。

而这一理想的实行者是"菩萨"。在《大智度论》中,"菩萨"既是倒驾慈航的觉悟者,也指发心慕道的众生。《大智度论》又认为,人道苦乐交织,更能体现"中道",最易教化的众生广泛处

---

① 〔后秦〕僧肇:《注维摩诘经》,《大正藏》第38册,第383页。
② 同上,第405页。
③ 同上。

于人道中,人道众生比之天道众生更易成佛,"菩萨"的概念自然有了浓厚的人本倾向。为了教化人道众生,诸佛都在人道中示现成佛或菩萨,比如释迦牟尼佛和观世音菩萨。出世间的解脱理想不能离开世间法的现实人生而实现。

小乘虽然自求解脱,不歆慕人间生活,但解脱的主体却和人心有关。佛教大小二乘均开拓出丰富的心性论思想。小乘佛教以为心有染污和清净之别,超凡入圣,乃转染污之心为清净之心。但小乘佛教认为佛性是佛界与众生界的区别,只有一人有佛性,而非众生皆有佛性;只有一人累劫而能成佛,余人皆不能成佛。大乘佛教并不这样认为。译经事业持续三百年后始现的南本《大般涅槃经》,阐扬了大乘佛教"佛性论"——三世十方遍有恒沙数佛。众生皆有佛性,人人皆可成佛。①

中国先秦思想文化自孔子起现一大转折,如果说之前有对"天""帝"信仰的强调,之后便转向对"人"的关注。大乘心性论和儒道二家有所差别:儒家心性论关注善恶,要求改恶从善,实现修齐治平、天下大同;道家心性论重视真伪,主张"无以人灭天,无以故灭命,无以得殉名"(《庄子·秋水篇》),反对人为对自然的干预;大乘佛教心性论关注染净,主张转染成净,转识成智,超凡入圣。但是,三家都在为理想人格寻求心性依据,都认为众生通过修养陶冶,是可以成就最高的理想人格的。东汉以后,儒家思想成为国家意识形态,大乘菩萨道的成佛理想,在儒家语境里很容易被理解成希圣希贤的圣人理想,佛之德行犹如圣人之德,菩萨的修行过程犹如儒家理想人格的完成过程。

大乘佛教的"人人皆有佛性",正与孟子所谓"人皆可以为

---

① 参见〔北凉〕昙无谶译:《大般涅槃经》,《大正藏》第12册,第520页。

尧舜""涂之人可以为禹"高度对应。虽然大乘佛教佛陀观和儒家圣人观有大不同,但两者共有对"向上一路"的肯定、对人性本然具足和先天善端的肯定,从而鼓励每个人在理想之光的照耀下,在初心的激励下,不懈努力,不断追求,不畏艰难,让人格日趋完美、人性日渐完善。最终的成佛或成圣,既是高远目标的实现,也是先天潜能的无限展开,人的本来之性和可能生活,由此得到最大限度的肯定。

其二,大乘菩萨的天职就是要行大慈大悲的菩萨道,救度无量无边众生。这和儒家圣贤以行"仁"为天职而博施于民、救世济众相契合。这是"向下一路"。

发心行大乘道的众生是"初发心菩萨",行大慈大悲的菩萨,即"菩萨摩诃萨"——大菩萨。《大智度论》卷五:"问曰:云何名'摩诃萨埵'?答曰'摩诃'者大;'萨埵'名众生,或名勇心,此人心能为大事,不退不还,大勇心故,名为'摩诃萨埵'。复次,'摩诃萨埵'者,于多众生中最为上首故,名为'摩诃萨埵'。复次,多众生中起大慈大悲,成立大乘,能行大道,得最大处故,名'摩诃萨埵'。复次,大人相成就故,名'摩诃萨埵'。"[1]大菩萨也是众生,是众生中悲心最大者,其悲智皆与佛等齐,却为完成普世救度的大誓愿而不愿成佛。

孔子将圣贤人格涵盖于"仁"这一总范畴之下,孟子则将其展开为仁、义、礼、智等具体方面。其中"仁"和"智"至为重要:"仁且智,夫子既圣矣!"[2]如果说"圣人"因其圆满而不能以凡人

---

[1] 龙树造,〔后秦〕鸠摩罗什译:《大智度论》,《大正藏》第 25 册,第 94 页。

[2] 〔清〕焦循撰,沈文倬点校:《孟子正义》,北京:中华书局 1987 年版,第 213 页。

的心量和眼识相见,立志成贤成圣、不断趋近完美人格的"君子"却是可见和可堪作楷模的:"圣人,吾不得而见之矣,得见君子者,斯可矣。"①君子的美德一言以蔽之,即"仁"。子贡问孔子:"如有博施与民而能济众,何如?可谓仁乎?"子曰:"何事于仁,必也圣乎!尧舜其犹病诸!"②"博施济众"和"慈悲救度"的精神感召力量何其一致——君子自强不息,菩萨精进不已。君子行天下之大道,"得志,泽加于民;不得志,修身见于世。"③菩萨行无缘大慈同体大悲,自他同体,如慈父慈母般平等对待众生,为使众生度脱而甘愿历经无以计量的轮回之苦,不惜"以其所有国城妻子头目髓脑惠施于人"。事实上道家的清净自然也不是一味离群索居,或如小乘,只求自了。老子就提出"挫其锐,解其纷,和其光,同其尘"④,以"无为"而使天下"无不为"。庄子既"独与天地精神往来",又"不傲倪于万物,以与世俗处"。⑤ 无论儒家之"仁"、道家之"和同"还是佛教之"慈悲",俱鼓励世人见贤思齐,以仁成己,以悲济人,以慈普覆,化成天下。

　　通过大小乘佛经汉译,佛教给中国文化带来了全新的知识、观念和精神价值:慈悲。慈悲观念的确立、慈悲思想的成型和慈悲实践的展开,意味着一个新的意义世界和文化传统在中国生长。在这个过程中,佛教的教理之本和教化之迹不断权衡,印度

---

① 程树德撰,程俊英、蒋见元点校:《论语集译》,北京:中华书局1990年版,第487页。
② 同上,第427页。
③ 〔清〕焦循撰,沈文卓点校:《孟子正义》,北京:中华书局1987年版,第891页。
④ 朱谦之:《老子校释》,北京:中华书局1990年版,第19页。
⑤ 〔清〕郭庆藩撰,王孝鱼点校:《庄子集释》,北京:中华书局1985年版,第295页。

文化和中国文化不断调适,佛教思想和儒道思想不断融合,中国大乘佛教逐渐完成其主体性建构。在佛教中国化的历史脉络中,慈悲作为大乘佛教的核心观念,内化为中国文化精神的组成部分。

二 大乘佛教慈悲观概述

1. 大乘理想和大乘佛陀观

大乘思想的渊源、大乘经典的成立等问题历来是佛教研究领域的难点,因文献少、研究者世界观各异、研究方法各异,众说纷纭。印顺认为,从"佛法"演进到"大乘佛法",有一个原因可视为根本,即"佛般涅槃引起的,佛弟子对于佛的永恒怀念"。佛入涅槃,从教义角度,是佛证得究竟圆满,本无所哀。但佛所教化的人间弟子却不可避免陷入情感的无限悲哀和无限空虚中,他们建塔供奉舍利、礼敬佛之行迹、传诵佛一生的事迹,更从这一生而传说过去生中修行的事迹,这便是"三藏十二部教"中的"本生""譬喻""因缘"。

释迦佛之前早有多佛出世,如"过去七佛",释迦后亦有弥勒菩萨作为"未来佛""候补佛","三世佛"是佛教一开始就有的信念,无论原始佛教、小乘佛教还是大乘佛教都无有异议。而多佛说的兴起,是佛法进入大乘佛法的标志之一,这意味着,无量世界有无量多佛,那些因释迦牟尼涅槃而倍感无依的信者,可以生其他佛土去。佛世界扩大到十方无限,修行的法门也扩大到无限。①

佛累劫修行的事迹,多见于"本生""譬喻"部类的经中,然而部派佛教的说一切有部细究佛的圆满果报而提出"九种罪报"的疑问。有部以为,佛是人,不是神;佛生前虽有神通,但神通力也不如无常力大;佛生身有漏,也要被无常所坏。这种"人间佛陀"的形象,在"四阿含"(长阿含、中阿含、杂阿含和增一阿含)中随处可见。《大智度论》中的回答是佛之生身有"法性生身"和"父母生身",从法性的角度,生身是无漏的;从父母生的角度,生身是有漏的。后者只是前者的"方便"示现,佛为方便度化十方众生,才示现生老病死、烦恼忧愁,虽在这一世承受不圆满的果报,并不能以此往上推导出佛在过去世植下不圆满的"罪"因。佛实际还是圆满法身,为度众生,才示现有漏父母生身。示现有漏,正是佛的慈悲。

可见小乘和大乘的佛陀观在此分道扬镳:小乘以为,父母生身佛是有漏的,这一世的佛业已入灭,已证涅槃;修行者只有证得佛所证得的空寂法性,方可见法身佛。大乘以为,这一世的佛既是法身佛也是父母生身佛,两者犹如硬币两面,不可分割;佛在过去无量劫中以种种善行而种下种种善因,这一世的佛便是过去世修行的圆满果报,然佛以慈悲方便故,才示现出有漏色身,为佛法故,要布施、忍辱;为戒律故,要示病、吃药。佛有大智、大慈、大悲,视众生如己子,方有如此方便垂教。

大乘佛教以成佛、成菩萨为目的,小乘佛教以成阿罗汉为目的。小乘的阿罗汉自行解脱,一切漏尽,永入涅槃,不再受生死

---

① 释印顺:《初期大乘佛教之起源与开展》,北京:中华书局2011年版,第131—137页。

轮回；大乘的菩萨却上求菩提、下化众生，在慈悲利他行中完成自利，誓愿度尽一切众生。小乘也行慈悲教化，或以慈心观相和悲心观相对治信念中的贪和嗔。而大乘的慈悲是缘于无量众生的"大慈大悲"。大乘和小乘，就是依慈悲心之大小而见泾渭的。

2. 大乘菩萨道："慈悲是佛道之根本"

如果说原始佛教、部派佛教所呈现的是解脱道，则大乘佛教所呈现的是围绕菩萨及菩萨行安立的菩提道，菩提道和菩萨道基本同义，前者以证成之果立名，后者以修行主体立名。

"菩萨"一语在原始佛教、部派佛教和大乘佛教中的含义有所不同：原始佛教仅指佛陀未成佛之前的身份，包括前生；部派佛教不承许同时有十方诸佛，但承许三世有佛，过去佛如迦叶佛，现在佛如释迦佛，未来佛如弥勒佛。这些佛的前身也都称菩萨。有部以为，只要发了愿求菩提之心，就是菩萨，但只有到三大阿僧祇劫满时，在行者修集了大功德、修出一些庄严相好的情况下，对成佛已得决定，才可以称为真实菩萨，如悉达多太子。大乘佛教融摄了前二者并对菩萨的意义有全面揭示，不仅三世有佛，且十方有佛，为菩萨修行扫清了时空障碍。

小乘的佛是以人间情怀度量的佛，"重视早期的经、律"；大乘的佛是以理想情怀度量的佛，"重视晚起的'本生''譬喻''因缘'"。[1]《瑜伽师地论》："本生事者，谓说前生菩萨行事。"[2]"谓于是中宣说世尊在过去世彼彼方分。若死若生行菩萨行行难行

---

[1] 参见释印顺：《初期大乘佛教之起源与开展》，北京：中华书局2011年版，第148页。

[2] 弥勒造，〔唐〕玄奘译：《瑜伽师地论》，《大正藏》第30册，第680页。

行,是名本生。"①所谓"故事""传说"云云,化迹而已,菩萨"难行能行、难忍能忍"的慈悲精神方是根本。

大乘的佛在过去生的修行事迹是对菩提心、慈悲心的最好诠释,以大乘的佛陀观,佛是理想的佛,具足智慧、大慈大悲。实现成佛理想,向佛在过去生的大悲行为学习,不啻为激发菩提心的最直观和最恳切的方式;"本生""譬喻""因缘"这些载录佛陀行迹的经集,正是寄寓大乘佛教慈悲精神的最好载体。如果说因位菩萨是慈悲精神的次第行相,则果位佛即慈悲精神的最终证成。

流行到汉地的本生经有康僧会译《六度集经》、支谦译《菩萨本缘经》和竺法护译《生经》等,这些经属于最早的汉译大乘经典。其时中国本有文化传统对立足于印度文化和佛教教义的慈悲观念尚处在理论探索和确立的过程,这些经中传播的佛陀在过去生对众生的悲心悲行,正是对慈悲观念最直观的展示。虽然以故事形式发明教理在佛教教学中并不被认为是"了义",然而其对人心的普洽和滋润也是不可比拟的。故此,在中国历史上,《六度集经》之类的经典每每被用作通俗教化的材料。可以想见,普通民众认识佛教正是从直观体认佛的慈悲精神开始的,中国社会接受佛教也和"佛教是行慈悲的宗教"这一认知莫大相关,从这个意义上,在中国本有文化制造的语境中,"慈悲"塑造了佛教的形象,并代表佛教扎根于中国人文化心理之深层,最终为百姓日用而不知。

---

① 弥勒造,〔唐〕玄奘译:《瑜伽师地论》,《大正藏》第30册,第418页。

3. 大乘菩提心:"菩萨发心以大悲为根"

晋译《华严》:"诸佛如来以大悲心而为体故,因于众生而起大悲,因于大悲生菩提心,因菩提心成等正觉。"① 从经文可见,大悲心是佛的"体性",即佛之所以是佛的根本所在,大悲心因众生而起,而菩提心的生起正缘于诸佛如来对众生之苦的无尽悲悯。"菩萨见众生老病死苦,身苦、心苦,今世、后世苦等诸苦所恼,生大慈悲,救如是苦,然后发心求阿耨多罗三藐三菩提;亦以大慈悲力故,于无量阿僧祇世生死中,心不厌没;以大慈悲力故,久应得涅槃而不取证。以是故,一切诸佛法中,慈悲为大;若无大慈大悲,便早入涅槃。"② 如经中所言,菩萨不厌生死、不证涅槃,为救众生苦而发的"求阿耨多罗三藐三菩提"之心,就是"菩提心"。菩提心又可分疏为"四弘誓愿":"众生无边誓愿度,烦恼无尽誓愿断,法门无量誓愿学,佛道无上誓愿成。"其中,前一为利他之愿心,后三为自利之愿心,合为二利之愿心。故菩提心亦为大悲心,亦为广大利他心,亦为誓愿成佛之心,亦为取证无上正等正觉之心。

"发心"即发"菩提心"。菩提心缘无量众生而起,其体广大;菩提心以无上正等正觉为旨归,其德无边。故大乘经论极其重视对菩提心的劝发,极其强调愿力的"导御"作用:"庄严佛世界事大,独行功德不能成故,要须愿力。譬如牛力虽能挽车,要须御者能有所至;净世界愿,亦复如是,福德如牛,愿如御者。"③

---

① 般若译:《大方广佛华严经》,《大正藏》第 10 册,第 846 页。
② 龙树造,〔后秦〕鸠摩罗什译:《大智度论》,《大正藏》第 25 册,第 256 页。
③ 同上,第 108 页。

各经亦记载,过去诸佛莫不因其"本愿"而成——阿弥陀佛发四十八大愿而成就净土(《无量寿经》);释迦牟尼佛发五百大愿而成就佛道(《悲华经》);弥勒菩萨奉行十愿而能当来下生(《弥勒菩萨所问本愿经》);药师如来为灭除众生病苦而发十二大愿,终于成就琉璃佛国(《药师如来本愿功德经》);文殊菩萨发十二大愿而成就般若智慧(《佛说文殊师利行经》);普贤菩萨十大愿,愿愿归入华严愿海(《华严经》);观音菩萨发十大愿而能苦海度生(《法华经》);地藏菩萨发愿"地狱不空,誓不成佛;众生度尽,方证菩提"(《地藏经》)……

悲心、智心和菩提心的关系,《大乘庄严经论》概括为"菩萨发心以大悲为根,以种智为所缘"。[①] "种智"即"一切种智",是佛的无碍智慧。菩提心犹如一棵树,大悲心是树根,大智心是树梢。大悲心促其生发、调御方向,大智心促其完善、指示目标。随着这棵树的成长壮大,越来越多为热恼逼迫的众生蒙其荫蔽、乐享阴凉、最终悟入"无生法忍"。

4. 大乘菩萨行:"以悲心故及空智慧,为阿耨多罗三藐三菩提行"

佛的愿力和悲智如何激发大乘行人的菩提心?《大智度论》云:"是时有佛,度无量阿僧祇众生,然后入无余涅槃,遗法在世。是人作五戒优婆塞,从比丘闻赞佛功德,于是初发心,愿欲作佛。然后于三阿僧祇劫,行六波罗蜜,十地具足,得作佛,度无量众生已而入无余涅槃。"也就是说,佛之巍巍大德是通过比丘向接受五戒的凡夫赞叹和传播的,授受五戒,可方便理解为

---

① 〔唐〕波罗颇蜜多罗译:《大乘庄严经论》,《大正藏》第31册,第595页。

"初发心"的前提。凡夫受到感化,遂决意追随佛所行之道。凡夫从此转化为"初发心菩萨",踏上了无数佛亲身昭示的"菩萨道",开始了异常艰辛的"菩萨行"。"初发心者须进一步经一大阿僧祇劫修行,于加行道最后边证入诸法实相真如,所谓入见道,才能称为真实菩萨,所谓圣者菩萨。圣者菩萨由见道始,再修两大阿僧祇劫,历经见道、修道位的菩萨十地,菩萨道圆满,最终证入佛地,成就无上正等正觉,得大解脱,入无住涅槃。"[①]

《大智度论》卷九十一:"须菩提白佛言:'世尊!何等是菩萨摩诃萨道——菩萨行是道,能成就众生、净佛国土?'佛告须菩提:'菩萨摩诃萨从初发意已来,行檀波罗蜜,行尸罗、羼提、毗梨耶、禅、般若波罗蜜,乃至行十八不共法,成就众生、净佛国土。'"[②]须菩提和佛的问答,提示了如下旨意:其一,成就佛果是通过菩萨道实现的;其二,菩萨道之行即菩萨行,是菩萨所行法及成佛路上的种种实践;其三,这些行法包括六波罗蜜及十八不共法。

菩萨行就是与佛之慈悲和智慧相应的一切行。菩萨行以菩提心为"里",没有菩提心就不会入菩萨行;菩提心以菩萨行为"表",没有菩萨行就会使菩提心落空。菩提心是自利利他的心,菩萨行也是自利利他的行。自利,即菩萨通过菩萨行自修集一切善法,成就无上正等正觉;利他,即菩萨普度众生,拔苦(悲)与乐(慈),令一切有缘众生趣入菩萨道、精进修行而至佛果。菩萨行的生起也是智慧和慈悲的生起,但不同的菩萨行悲

---

① 周贵华:《作为佛教的佛教》,北京:宗教文化出版社2010年版,第215页。
② 龙树造,〔后秦〕鸠摩罗什译:《大智度论》,《大正藏》第25册,第701页。

智之显隐亦不同,各有侧重。仅以"方便"的立场而非"了义"的立场,则发起菩提心趣入菩萨行时,"悲心"是根本;证得菩提心圆满菩提行时,"智慧"是根本。《大般若经》:"菩萨不善、无记及着心行善法,非菩萨行;但以悲心故及空智慧,为阿耨多罗三藐三菩提行,是名'菩萨行'。"①经文中"不善法""无记(不善不恶)法"可理解为不具备"悲心"的法,"着心行善法"可理解为不具备"空智慧"的法。从这个意义上,慈悲心和智慧心相即就是菩提心、慈悲行和智慧行相即就是菩萨行,从发起菩提心到证得菩提心的道路,就是大乘菩萨道。大乘佛教慈悲精神就蕴含在大乘佛教菩萨道思想之中。

三 大乘佛教慈悲观在中国文化中的展开

1. 平等不害:中国佛教慈悲观的护生主题

佛教修持强调"解行并重","解"是义解,"行"是力行。如果说大乘佛教慈悲精神进入中国原有观念系统,在义解层面包括语词再造和般若学传播这两条路径的话,那么"力行"可谓第三条路径;如果说上述两种途径依赖文字传播,主要体现在思想学术领域,属于受过教育的知识分子的专利,"力行"则面对中下层民众,主要通过为日常人伦生活提供价值观、通过参与中国社会伦理品格的塑造而夯实生存根基、拓展生存空间。中国佛教慈悲思想由此获得了人间品格,凸显出"世间性"的一面。

---

① 龙树造,〔后秦〕鸠摩罗什译:《大智度论》,《大正藏》第 25 册,第 656 页。

慈悲的究竟是"平等",慈悲的底线是"不害"。平等有关出世间法、无漏法,不害有关世间法、有漏法。和慈悲有关的善心所是不嗔、不害和行舍。大乘佛教慈悲观念在伦理领域的推行,也必然会和本土伦理的善恶观念相结合,落实在由善心所流出的"不嗔""不害"和"行舍"等具体行持中——考察佛教在中国的历史可知,由中国本土知识分子编、撰的各类解经、俗讲、僧传、劝善书中,慈悲的含义几乎就是指"不害"和"布施"。"不害"需要进一步落实在日常的宗教行持中,直接催生了中国佛教的素食传统。作为大乘佛教慈悲理念的两极,平等和不害也是中国佛教慈悲观护生主题的两块基石。同时,佛教业报轮回论和中土原有的善恶报应论也找到了会通的契机,形成中国佛教特有的基于业感缘起的善恶报应论。业、三世轮回、善恶果报等理论成为佛教慈悲观在伦理生活领域能实际运行的内在动力。在中古社会,三世轮回思想甚至被作为佛教区别于儒道二教的根本标志。

平等是佛的"如实知见"。佛之平等,从智慧这一面说,是"空观"——《观无量寿经》曰"等观三界,空无所有"[①];从慈悲这一面说,是"视众生如子"——《大般涅槃经》曰"等观众生,如视一子"[②]。这是佛教平等观的真谛。"心、佛、众生无二无别"非赖推理和证明所得,乃佛"发现"之"真实"。

平等作为"佛之所教",是佛陀以其证悟所得而对众生的方便"开示",以期待众生能"悟入",最后臻至佛境。众生皆有佛性,众生皆能成佛。佛初转法轮,即意味着佛等视众生皆有成佛

---

① 〔曹魏〕康僧铠译:《佛说无量寿经》,《大正藏》第12册,第273页。
② 〔北凉〕昙无谶译:《大般涅槃经》,《大正藏》第12册,第366页。

的可能性,最后皆能解脱,皆得成佛。佛在这个前提下才开始说法,才以种种法门教导众生,才有"佛教"。故"众生平等"首先是众生成佛权利的平等。其次,世间法都不离缘起法则,诸行无常故法空,诸法无我故我空,人法二空故,人人平等、法法平等。"平等"是缘起法的应有之义。最后,众生在三界六道流转,离不开业力法则和因果法则。从无限长的时间和无限广的空间角度来观照,众生无始以来出入每一界的机会是均等的,众生之间因缘不可思议。故《梵网经》中云"一切男子是我父,一切女人是我母,我生生无不从之受生,故六道众生皆是我父母"①。既然六道众生皆是"生我"的父母,则"杀我父母,亦杀我故身"②——杀父母就是杀自己。己所不欲,勿施于人。以此而论,"众生平等"意味着众生生存权利的平等,每一个众生都要尊重其他众生的生存权利,保全他者,就是保全自我。

大乘平等观和佛教业报轮回观结合,自然开显出"不害"理念。佛在《入楞伽经》中开示,众生平等,各各于六道中生生死死,轮转不息,他们曾经都是父母兄弟、男女眷属、亲戚朋友,不能忍心取食之,不能加害于对方。"不害"又进一步具体为"不杀生"。在《楞严经》中,佛又以杀羊举例:"以人食羊,羊死为人,人死为羊。如是乃至十生之类,死死生生互来相啖,恶业俱生穷未来际。"③杀生作为十恶业之第一,将令人堕入恶道,遭受果报。《入楞伽经》又云:"凡杀生者多为人食,人若不食,亦无杀事。是故食肉与杀同罪。"④故不食肉是人道众生所能做到的

---

① 〔后秦〕鸠摩罗什译:《梵网经》,《大正藏》第24册,第1006页。
② 同上,第1006页。
③ 〔唐〕般剌蜜帝译:《楞严经》,《大正藏》第19册,第120页。
④ 〔唐〕实叉难陀译:《楞伽经》,《大正藏》第16册,第624页。

最日常的不杀生,也是不害理念在生活中最广泛、最实在的体现。从平等到不害到不杀生到不食肉,体现了大乘佛教于世间法中求出世间,关心人伦、关心日常生活,把慈悲贯彻到日常基本行持的精神。《大般涅槃经》中一句遂广为流传:"夫食肉者,断大慈种。"①

慈悲旨在开发善的可能性,戒律可防非止恶,去除恶的可能性。故大乘菩萨戒法中把"不杀生戒"当作第一戒:"第一戒者,尽一日一夜持,心如真人,无有杀意,慈念众生,不得贼害蠕动之类,不加刀杖,念欲安利莫复为杀,如清净戒以一心习。"②第一戒又名慈悲戒,对众生生起慈悲之心是第一戒的精神内核。以慈悲为本,自当"护生""不杀"。

慈悲在中土佛教典籍中常表达为"慈护",在中土文化环境中,慈悲行表现为素食、放生、拜忏等宗教实践,历代高僧、大德无不殷勤咐嘱。相关文献众多,如梁武帝萧衍的《断酒肉文》,传为梁武帝作的《慈悲道场忏法》,隋朝智者大师对《金光明经》《维摩诘经》《梵网经》的注解,明末云栖袾宏、憨山德清、紫柏真可的《戒杀文》《放生文》,云栖袾宏的《缁门崇行录·慈物之行》,清朝著名居士周安士的《安士全书·万善先资集》,清末释太虚的《佛教不食肉之真理》,等等。《广弘明集·慈济篇》中除收有《断酒肉文》,还收录了齐沈约的《究竟慈悲论》、梁周颙的《与何胤书》、萧衍的《断杀绝宗庙牺牲诏》和北齐颜之推的《戒杀家训》,皆把佛教慈悲理念转换成日常生活中的"不杀"和"蔬食"。

---

① 〔北凉〕昙无谶译:《大般涅槃经》,《大正藏》第 12 册,第 386 页。
② 〔吴〕支谦译:《佛说斋经》,《大正藏》第 1 册,第 911 页。

历史上不少统治者也尊崇慈护思想,或制定规章,或表彰僧人的慈护之行,以传递仁治理念。如:梁武帝曾下诏禁止杀生,敕太医不得以生类为药,郊庙牲牷皆以面代之,宗庙用蔬果;北魏献文帝敕祭天地、宗社勿用牲,岁活七万五千牲命;隋文帝诏告天下,正、五、九月六斋日不得杀生命(《佛祖统纪》卷五十二《放生禁杀》)。《隋天台智者大师别传》亦载,智者大师至岳州讲《金光明经》,化一郡五县,一千余所皆舍渔捕。智者大师曾于天台山设放生池,并劝临海渔夫放生,又为鱼类传授三皈依,此乃我国放生会之滥觞。宋真宗诏示天下州郡兴复放生池,无池之处,沿江淮州郡近城五里并禁渔捕。天竺慈云奏请西湖为放生池。四明延庆法智于每年佛生日放鱼鸟祝圣寿。

值得一提的是梁武帝之于佛教中国化、佛教制度中国化的深远影响。《断酒肉文》是梁武帝为推行汉传佛教僧尼素食制度而颁布的一道诏书,标志着汉传佛教素食戒律的正式确立。该文围绕"食肉者断大慈种"这句经教,从慈悲不杀、平等护生、因果报应、六道轮回、善恶福罪、僧尼本分、蔬食利益、社稷平安等方面论述僧尼断酒肉的必要性,尤其强调,僧尼如果饮酒吃肉就会同于甚至不及外道与居家人。印度佛教戒律中并无"蔬食"一条,佛陀制戒规定"三净肉"可食。而梁武帝颁布此诏之前,中土僧尼甚或名僧如释慧琳也是食肉的。在《宋书·谢弘微传》中,弘微哀悼至亲,矢志蔬食,慧琳反倒劝其恢复肉食,以免伤生。[①] 梁武帝以帝王之权力为中国佛教制戒,最重大的意义在于"以慈悲立教"。梁武帝只用"断酒肉"一条,就把佛教善恶观和中土原有的善恶观、佛教轮回报应观和中土原有的因果报应

---

① 〔梁〕沈约:《宋书·谢弘微传》,北京:中华书局1974年版,第1590页。

观在会通的基础上区别开来,又把佛教业力观、平等观、空观这些中土文化从未曾有的大乘理念引进中土社会的日常观念和中土僧人的日常生活。可以说,梁武帝用"慈悲"确立了中国化佛教的大乘属性,以及东传而来的佛教与中土原有儒、道传统不相与共的主体特征。"慈悲"能进入中国文化观念,梁武帝的《断酒肉文》是重要的里程碑。

忏法是悔除所犯罪过以便积极修行的一种宗教仪式。中国佛教的教团制度在历史变迁中,逐渐从印度僧团以布萨忏摩为主转变为汉地以忏仪修习为主的形式。忏法用于佛教求福禳灾、灭罪除障的法事,佛教以此保持和民间社会的密切关联。《慈悲道场忏法》俗称《梁皇宝忏》,卷首附序文,云此忏法是梁武帝为郗氏皇后所作。《慈悲道场忏法》中慈悲思想的建构和表达大体同于《断酒肉文》,不同的是,《慈悲道场忏法》又从大乘慈悲理念中开显出"知恩报恩""至慈至孝"这一维度:对现在父母,应该供养孝顺;对过去父母,应代为忏悔礼佛。至此,中国儒家的孝道观念和大乘佛教慈悲理念求同存异、完美融合。中国本土伦理的基石——孝道观念成为佛教慈悲观的中国化表达,这不能不说是佛教在中国化过程中择取的契理契机。这便是本篇接下来的议题——中国佛教慈悲观的孝亲主题。

2. 世出世间:中国佛教慈悲观的孝亲主题

"孝"是儒家全部理论的归结点,不仅是伦理体系的基石,也是政治体系和宗教体系的核心。"孝"也是"行仁",是"仁"的具体展开。对中国佛教孝亲观的梳理和讨论经常被置于"佛教中国化"和"儒佛交涉"的大题目下,佛教对孝道的阐发和推举,经常被理解成外来宗教对本土政治、文化、伦理尤其是对儒家名教的迎合,似乎这很大程度上是外来宗教以保全和光大为目的的策略性选择。但这种分析有失片面,且不利于问题的深入。真正的问题是,"孝"是大乘慈悲观的应有之义,大乘佛教有不相与共的孝亲观,"孝亲"作为慈悲行的又一种特定形式,具有和儒家之"孝"或"孝忠"完全不同的价值追求:指向出世间的解脱,而非世间的仁德;归趣是空性,而非仅仅是希贤希圣和人间社会的修齐治平。然而在世间法层面,大乘佛教"孝亲"和儒家之"孝忠"很类似,中国人在接受佛教的过程中,也很愿意于此大加敷衍,以抵御儒道的排斥和进攻;如果说大乘佛教有迎合的一面,那也只能说在弘法的过程中迎合了中国人对"孝"的重视和对伦常的维护。佛教进入中国的最初阶段,大小乘佛经是同时被传译过来的,但最后中国佛教选择大乘佛教作为主体,大乘佛教最终成为支撑中国文化时空的三根支柱之一,很大程度上是因为大乘佛教的核心理念和本土原有宗教、文化形态尤其儒道二教的核心理念重叠甚多——本篇第一部分已指出,它们分别是"慈悲"和"仁"。

《说文解字》中"孝"的意思非常明确:"善事父母者。"段玉裁注:"《礼记》:孝者,畜也。顺于道,不逆于伦,是谓之畜。"[①]也就是说,"孝"的对象是父母,孝的性质是善。佛经中的"孝"也特指对待亲生父母的善行。

在大乘佛教教义系统中,对父母的善行不仅是报恩行,更被强调是菩萨行、慈悲行和般若波罗蜜行,或者说,是"六度万行"之一种——以财物供养父母是财施,以净法孝养父母是法施,财

---

① 〔汉〕许慎撰,〔清〕段玉裁注,许惟贤整理:《说文解字注》,南京:凤凰出版社2007年版,第697页。

法二施，是为"布施波罗蜜"；不供养父母得重罪是持戒波罗蜜；把父母甚或其屎溺担荷在左肩右肩，是"忍辱波罗蜜"；以财法供养父母而不懈怠，是"精进波罗蜜"；以父母为所缘起报恩思想，入慈心定、悲心定，得成平等慈悲观和圆满平等心，是"禅定波罗蜜"；以出世间的般若智慧行供养事，以出世间的解脱净法供养父母，最后不仅自己获得解脱，也引导父母获得解脱，不仅自己离苦得乐，更度父母脱于苦厄，与父母同证无上正等正觉——世出世间不二，慈悲与智慧皆得圆满，这是"般若波罗蜜"。以父母为所缘，以报恩为发心，以供养（财施、法施）等六度为慈悲行，以般若为智慧行，以世间为所依，以出世间为旨归的大乘孝亲思想，是大乘佛教慈悲观的应有之义。

把佛经中"对待亲生父母的善行"意译为"孝"，可以说只在"孝"的语义层面"会同"，而印度之"孝"和中土之"孝"、大乘之"孝"和儒家之"孝"之间的辨析完全是牵一发而动全身之事。对"孝"尤其儒佛之"孝"的会通，是贯穿整个佛教中国化历程的主题。佛教初入东土之时，儒家之"仁"和佛教之"慈悲"充当了儒释两家会通的桥梁。在鸠摩罗什入关尤其《大智度论》译出之前，儒佛二教的知识分子普遍以"仁"释"慈悲"，甚或把"仁"与"慈悲"完全等同起来。

佛教在两汉之际传入中国，但早期信奉的人不多，主要是少数民族藩王和非知识阶层的居士，他们对佛教教理并不能充分理解。儒家士大夫只关心政治、道德和处世，宗教对其而言只是相应"天子、诸侯、卿、大夫、士、庶人"的等级而进行的一系列祭祀活动。虽然佛教的某些教理和制度与中土原有文化传统之间存在差异，但其时这种差异尚未构成社会问题。东晋以后，社会动荡，儒家和道家思想已经不能安顿这一阶层的精神苦恼，奉佛的士大夫增多。以东晋明帝信佛为标志,中国历史上首次出现了文人士大夫向佛教寻求精神寄托的时代。①

一部分士大夫奉佛,另一部分士大夫为道统忧,有满腹疑问的,也有力辟异端的。道教也加入了这场攻讦。新宗教的到来意味着竞争拉开序幕。儒佛之争的一大焦点就是"孝忠"问题——儒家以为沙门辞亲出家、削发毁形、不敬王者,不啻"不孝不忠";道教斥责佛教"入身而破身","入家而破家","入国而破国",无疑是王道政治的大敌。② 奉佛的士大夫一面深入经论,令佛教教理得以敞明,一面出入儒佛,根据世人根机,主要用以儒解佛的方式为佛教辩护。他们守常知变,能既不离佛教根本教理,又广引儒家经典及义理,论证佛教不仅没有违反圣人之道,甚或两者殊途同归。《弘明集》《广弘明集》《法苑珠林》辑录了大量相关文献,《法苑珠林》特辟"忠孝篇"。这种"责难—辩护"模式其实给了佛教一个正本清源的机会,佛教僧人和奉佛士大夫借机"弘道与明教",厘清佛教根本义理,延续印度佛教护法传统。

僧祐在《弘明集后序》中提出"六疑",由此可大体看出在整个汉魏两晋南北朝时期,面对儒道的诘难,佛教所不得不回答的六大问题:"一疑经说迂诞,大而无征;二疑人死神灭,无有三世;三疑莫见真佛,无益国治;四疑古无法教,近出汉世;五疑教在戎方,化非华俗;六疑汉魏法微,晋代始盛。"③对于佛教"不忠不孝"的辩护大体集中在第三疑和第五疑,尤其能体现辩护者会通

---

① [日]小林正美:《六朝佛教思想研究》,王皓月译,济南:齐鲁书社,2013年版。
② [梁]僧祐:《弘明集》,《大正藏》第52册,第50页。
③ 同上,第95页。

和护法这两大努力。

孝亲是大乘佛教慈悲观的应有之义,也可以说孝亲是慈悲之本。而孔子亦云孝悌为仁之本。与其说会通儒佛之孝,不如说要会通的是"周孔"与"佛"、"仁"与"慈悲"。《弘明集》中的牟融《牟子理惑论》、孙绰《喻道论》、慧远《三报论》《明报应论》《沙门不敬王者论》、宗炳《明佛论》等俱有相关内容,其中尤以《明佛论》的弘教之心最为殷切,对佛教义理的发明和对儒佛同异的辨析最为精当,后世学者、僧人论及此类问题,思路策略大体亦不过如此,气势情怀则未必能企及也。会通孔佛大体分以下几个步骤推演:

其一,"周孔即佛,佛即周孔"①。《弘明集》中所收孙绰《喻道论》云,周孔和佛的差别仅仅是名称不同罢了,"佛者,梵语,晋训觉也。觉之为义,悟物之谓。犹孟轲以圣人为先觉,其旨一也。应世轨物,盖亦随时,周孔救极弊,佛教明其本耳"②。佛是觉悟者,圣人是先觉者,都是对"大道"的觉悟。如果说有不同,则周孔之教侧重对极端崩坏的世道人心的拯救,佛教侧重明本,探究宇宙人生的本质和真实。

慧远《答沙门袒服论》亦云:"常以为道训之与名教、释迦之与周孔,发致虽殊,而潜相影响;出处诚异,终期则同。但妙迹隐于常用,指归昧而难寻,遂令至言隔于世典,谈士发殊途之论。何以知其然?圣人因弋钓以去其甚,顺四时以简其烦;三驱之礼,失前禽而不吝;网罟之设,必待化而方用。上极行苇之仁,内延释迦之慈,使天下齐己、物我同观,则是合抱之一毫,岂有间于

---

① 〔梁〕僧祐:《弘明集》,《大正藏》第52册,第17页。
② 同上,第17页。

优劣而非相与者哉？然自迹而寻,犹大同于兼爱。远求其实则阶差有分,分之所通未可胜言。故渐慈以进德,令事显于君亲。从此而观,则内外之教可知,圣人之情可见。但归涂未启,故物莫之识。"①佛之所教和周孔所教,入手处不一样,而目标是一样的。圣人之仁,泽被草木芦苇、飞鸟走禽;释迦之慈,泯灭物我之别,视群生如同自己。如果说圣人的理想是大同,释迦的理想就是兼爱。从最根本处而言,这两者的确有阶差,其相通处,言不尽意。如此,一步步修慈心以提高自己的德性,并运用于君臣之道和亲亲之途,则于内修心修身,于外齐家治国,圣人的情怀也就豁然可见了。

其二,"慈悲爱施与中国不异,大人君子仁为己任"②。这是何承天《释均善难》中的话。何承天注重儒教,不信佛法,但依然以为佛之慈悲与儒之仁爱没有两样。可见这是当时的共识。宗炳在《明佛论》中亦借质疑者之口云:"仁之至也,亦佛经说菩萨之行矣。"③仁和慈悲,皆为行救济之事,皆为拔生民于水火。圣人之道是始自一念不忍之心,"弘道敷仁,广济群生"④,是为仁德;圣王之道重在"仁爱","钓而不网,弋不射宿","议狱缓死,眚灾肆赦;刑疑从轻,宁失有罪;流涕受钺,哀矜勿喜",是为仁政。⑤"是以圣王庖厨其化,盖顺民之杀以减其害。践庖闻声则所不忍。因豺獭以为节,疾非时之伤孕。解罝而不网,明含气

---

① 〔梁〕僧祐:《弘明集》,《大正藏》第52册,第32页。
② 同上,第19页。
③ 同上,第12页。
④ 同上,第17页。
⑤ 同上。

之命重矣。孟轲击赏于衅钟,知王德之去杀矣。"①圣王之仁,正是从一念不忍中体现出来的。圣王用庖厨之道施行教化,既顺应民众捕杀动物的需要,又尽量降低对动物的伤害。在庖厨听到动物惨叫,人心必有不忍。圣王亦规定不在动物受孕时捕猎、解开罝而不把兔子之类的动物网住,都是为了明确这样的宗旨:每种生命都是宝贵的。孟轲击节赞赏齐宣王衅钟时的不忍心,知道真正的王德是应该远离杀伐的。"圣慈御物,必以恻隐为心。"②恻隐之心也即仁心、慈心。

对于执着现世快乐的人,佛法揭示"一切皆苦、万法性空"之理;如果兼爱之德不能弘扬,佛则示现舍身饲虎、割肉贸鸽这样的大慈悲。每个人的禀赋不一样,佛以慈悲摄三乘之方便,每个人累世造作的业因不一样,佛施设六度法门,开显慈悲之道。和圣人一样,慈悲心也是从不害众生的心开始修持的,佛法不仅戒杀,还教人明三世果报,懂得今生之苦皆过去世不能闻道持戒,若来世不愿受坑身之报,今世一定要崇信佛法,严守戒德。"戒德后臻,必不复见坑来身。""洒神功于穷迫,以拔冤枉之命者,其道如斯,慈之至矣。"③让穷困窘迫、冤屈无助之人能听闻佛法,从根本上拔除他们的轮回之苦,这就是慈悲的最高境界。

其三,"孔氏之训,资释氏而通"④。这是奉佛士大夫和僧人一边回应诘难一边反戈一击。出于护教的立场,其以为周孔之教"粗"、只通一世、只重世间、只能救一时之急、只能拔一时之苦;而释迦之教"精"、贯通三世、世出世间并重、能拔永世之苦、

---

① 〔梁〕僧祐:《弘明集》,《大正藏》第 52 册,第 13 页。
② 同上,第 63 页。
③ 同上,第 13 页。
④ 同上。

能得涅槃常乐。

宗炳以为,各家学说都有针对性,只是因为时值乱世,儒家才大谈治世之道,老子《道德经》二篇,也为了止息世人动荡不安的妄心。佛教高出周孔之处,在于"涅槃":"儒以弘仁,道在抑动,皆以抚教得崖,莫匪尔极矣。虽慈良、无为与佛说通流,而法身、泥洹无与尽言,故弗明耳。"①儒家之仁爱、慈良和道家之抑动、无为,都和佛教有相通之处,而佛教关于法身、涅槃的学说,却不是用语言能抵达的,所以世人还不能通明。所以"孔氏之训,资释氏而通","孔老如来,虽三训殊路,而习善共辙也"②。三教皆导人为善。宗炳在《明佛论》的最后指出,作为一国之圣王,应以周孔之教养育民众,体味佛法以长养精神;要看到佛教对国家和民众的长远利益,从而"尊其道,信其教,悟无常,空色有,慈心整化,不以尊豪轻绝物命,不使不肖窃假非服。岂非导之以德,齐之以礼,天下归仁之盛乎"!③ 孔子追求的礼教道德的最高境界"仁",不正是悟无常与空从而生起化导众生的慈心吗?

其四,"幽明永济,孝之大矣;众生沾仁,慈之至矣"④。讨论完周孔和佛、仁和慈的关系后,"孝"的问题终于浮出水面,因为孝既是儒家"仁"的根本,也是大乘佛教"慈悲"的根本(对父母的报恩行)。儒佛之孝的争论起于儒家对佛教的讥讽,有的言辞甚为激烈,完全是攻击异端、灭之而后快的姿态,如南齐张融的《三破论》称佛教出家有五大过失:一有毁伤之疾,二有髡头之

---

① 〔梁〕僧祐:《弘明集》,《大正藏》第52册,第12页。
② 同上。
③ 同上,第15页。
④ 同上,第13页。

苦,三有不孝之逆,四有绝种之罪,五有亡体之诫;其后果是"三破":"入身而破身","入家而破家","入国而破国"。① 奉佛士大夫和佛教僧人从护法的角度展开了种种辩驳,甚或宣称,佛之孝大,儒之孝小。

《三破论》并未见收于《弘明集》,然刘勰在《灭惑论》中对之逐句引用、逐条辩驳。所谓"破身""破家""破国"高度概括了儒道两家攻击佛教的三大要点,这三大要点又可归结为忠孝两个字,或一言以蔽之:"孝"。"孝"的问题解决了,身、家的问题就解决了,国的问题也迎刃而解。奉佛人士的所有辩驳其实也不出这三点内容。如慧远曰:"出家则是方外之宾,迹绝于物。其为教也,达患累缘于有身,不存身以息患;知生生由于禀化,不顺化以求宗。求宗不由于顺化,则不重运通之资;息患不由于存身,则不贵厚生之益。此理之与形乖,道之与俗反者也。若斯人者,自誓始于落簪,立志形乎变服,是故凡在出家,皆遁世以求其志,变俗以达其道。变俗则服章不得与世典同礼,遁世则宜高尚其迹。夫然,故能拯溺俗于沉流,拔幽根于重劫,远通三乘之津,广开天人之路。如令一夫全德,则道洽六亲,泽流天下。虽不处王侯之位,亦已协契皇极,在宥生民矣。"② 慧远以为,出家之举是对佛教根本教义的践行。出家之人,通达人生之苦难缘于有人身(注:十二因缘,老子),所以不以养身保命来息除祸患;知晓生命延续不息是由于自然化育(注:业力),所以不顺从这种力量去追求终极解脱。既然消除人生的终极苦难不由顺从生生不尽中来,出家人就不以生活资财为贵;既然息除祸患不从养生

---

① 〔梁〕僧祐:《弘明集》,《大正藏》第52册,第50页。
② 同上,第30页。

存身中来,出家人不以养生为贵。这个道理和世俗通行的见解是相反的,所以出家人要以落发为誓,以变服装明志,不合于流俗,最后达到拯救沉溺、济拔劫难、为众生谋求人天福报的目的。一家中如有一人能成就如此皇皇功德,那么他的六亲就会得到道的浸泽,他的恩泽流布天下,虽身不在王侯高位,他的作用也已经和帝皇一样,护佑和教化了天下人民了。

慧远拈出"拯溺"——这和慈悲的精神暗合——和王道政治的"在宥生民"相会通后,笔锋一转,把论题落在"孝"这个关键点上:"是故内乖天属之重,而不违其孝;外阙奉主之恭,而不失其敬。从此而观,故知超化表以寻宗,则理深而义笃;照泰息以语仁,则功末而惠浅。"[①]这段话有三个要点:其一,出家人看起来内不重亲亲之情、外缺乏敬王之礼,但不违逆真正的"孝道";其二,真正的孝道是要超越外在显现形式而去寻求根本宗趣的,只有这样,才合乎宇宙真实,才是最笃实的情义;其三,只看到生生不息的自然化育而言仁孝,其功德如毫末,其恩惠如浅水。

郗超在《奉法要》中亦以"兼拯"架通慈悲与忠孝之间的桥梁。他如是解说慈悲:"何谓为慈?愍伤众生,等一物我,推己恕彼,愿令普安,爱及昆虫,情无同异。何谓为悲?博爱兼拯,雨泪恻心,要令实功潜著,不直有心而已。"[②]关于"忠孝",他又说:"忠孝之士,务加勉励,良以兼拯之功,非徒在己故也。"[③]郗超实际要指明,真正的忠孝不能只顾及一己之私,如自己的父母、自

---

① 〔梁〕僧祐:《弘明集》,《大正藏》第 52 册,第 30 页。
② 同上,第 88 页。
③ 同上,第 86 页。

己的国家,而要贯彻"兼拯"精神。如何做到"兼拯"?那就要行恕道,平等爱护普天下包括昆虫等生命体,并把一念恻隐之心落实到行动中去——这就是慈悲。

汉魏两晋南北朝是佛教进入中国的第一个阶段,其间又以鸠摩罗什入关为界,之前大体是格义佛教阶段。鸠摩罗什来华后,不仅主导了早期中国佛教史上最辉煌的译经事业,翻译了诸多大小乘经论,而且第一次让中国佛教徒了解到印度佛教有大小乘之分,大乘自利利他,小乘自利,大乘统摄小乘,大乘思想胜于小乘思想;这奠定了中国佛教大乘意识的基础。大乘佛教世出世间不二、悲智双运等重要思想在鸠摩罗什翻译的《摩诃般若波罗蜜经》《大智度论》中有了充分展开。虽然鸠摩罗什以前奉佛人士已经把佛教的基本精神归结为慈悲,把慈悲的精神核心归结为兼拯,然而他们并不能区分大小乘,并不能准确界定并表达大乘慈悲思想的终极归趣,如郗超的《奉法要》,相对而言已经是很纯正的佛教论著了,但也未能对慈悲和仁做出决定性的区分。鸠摩罗什分慈悲为大慈大悲和小慈小悲,其实可视作大乘意识确立的一种标志——大慈大悲和小慈小悲换一种说法,就是大乘和小乘。兼拯只是小慈小悲之功德,必须加上"般若""平等"的"一切智智",才是大慈大悲的功德。也就是说,慈悲即仁、仁即慈悲这一命题尚嫌粗糙,适用于鸠摩罗什以前格义佛教阶段的儒佛会通。当大乘理论逐渐建立并完善后,慈悲理念必须细分为大—(中)—小三个层次(其中菩萨慈悲相对于小乘是大,相对于佛是小,可方便安立为"中慈中悲")。最究竟的慈悲是"无缘大慈、同体大悲",亦即与般若智慧不一不二的慈悲,亦即世出世间不一不二的智慧。在佛教护教人士看来,仁只是限于世间之善的小慈小悲,而大慈大悲是儒家之仁所不能企及的,是佛教的不共特征。由此推论,佛教之孝与儒家之孝也有大小之别。

鸠摩罗什在《大智度论》中对慈悲的内涵界定得很明确,鸠摩罗什之后的中土佛教文献中,如不做专门区分,慈悲就是指大慈大悲。所以,隋唐以后尤其有宋一代的佛门人士述及佛教孝亲理论时,一般会包含两层意思:其一,在世间法层面与儒家之孝会同,这种策略接续了《弘明集》诸作者;其二,在出世间法层面与儒家辨异,强调佛教慈悲(即大慈大悲)理念的殊胜、不可比拟,孝是慈悲的应有之义,故佛之孝高于儒之孝。套用佛教"法印"的说法,如果从汉语语词上无法把佛教之孝和儒家之孝加以区分的话,那么慈悲可以说是佛教之孝的"法印"。

虽然大乘佛教的济拔、兼拯理念客观上有助于佛教融入中国,也促使中国原有文化传统吸纳大乘佛教,共同筑起中国文化的大厦,但隋唐以后由于大一统局面的形成和宗法制度的加强,重建道统的呼声越来越高,佛教在这一轮道统之争中又成为受攻击的对象。唐朝反佛最剧者,先有傅奕,后有韩愈,其攻击的重点也依然延续了儒门一贯的"传统":不忠不孝、紊乱纲纪。护法人士依然由僧人和同情佛教的士大夫两部分组成,如僧界的法琳、道世、道宣、善导、宗密,士大夫中的李师政,文献多见于道宣辑《广弘明集》、道世辑《法苑珠林》。若论这一时期的辩护策略和魏晋时有何不同,最明显的特征,是各个护法人士在引征文献时,更重视佛教经论,用佛教的方式为佛教辩护,《弘明集》所呈现的借老庄甚或儒典说佛教义理的格义色彩已渐渐消退。如道宣在《四分律删繁补缺行事钞》的"导俗化方篇"中强调:"佛言:若人百年之中,右肩担父,左肩担母,于上下大小便利,极世珍奇衣服供养,犹不能报须臾之恩,从令德比丘尽心供养父母,不者得重罪。"①这种以报恩为本质的肩担父母的孝行,是《阿含经》中反复宣扬的,恰恰是佛教之孝的印度化体现,最吻合印度佛教的本义。宗密则为《盂兰盆经》作疏,并对《梵网经》中"孝名为戒,亦为制止"的思想做了诠释和发挥。可以说,这一时期的僧人在孝的问题上,既有辩驳,又有护法和弘道,比之魏晋,更为自信和主动。由此可见"中国佛教"的日渐生成和成熟。

宋以后中国思想文化界的主流趋势是三教合一,佛教已经从如何在中土立足这样的基础性问题中摆脱出来,有了从容回转的余地,弘法活动趋于常态化、世俗化,寺庙和社区生活互为增上,佛教成为社会生活的有机组成部分,民众的佛教信仰和佛事活动渐渐内化为不同形式的小传统。儒家士大夫中学佛的风气不可谓不深厚,但排佛者也是代有人出,如北宋那些声望颇隆的士大夫石介、欧阳修、孙复、李觏、张载等。尤其仁宗皇帝确有"佞佛"倾向,糜费过度,某些僧人的庸俗行径客观上也给朝廷官员以攻讦佛教的口实。

皇帝的佞佛和民众倾家荡产布施的狂热又一次引发儒家士大夫挥之不去的"道统"焦虑,他们担心以儒家三纲五常为核心的王道政治和伦理规范从上到下被佛教篡改——虽然一些文人士大夫并不反感教下尤其宗门的心性之说,对高僧大德的懿言嘉行敬慕不已,对佛门慈悲敦风化俗的事实赞颂有加。换句话说,热心佛事的是皇帝和普通民众,他们不关心佛教义理;关心义理的是儒家知识分子,然而真正深入研究者少,误读和误解不断产生,他们辟佛有时候是误打误撞,"以己意进退佛说",真正

---

① 〔唐〕道宣:《四分律删繁补缺行事钞》,《大正藏》第40册,第138页。

的忧心在于儒学不振,自家生命无处措置。无由"可参",只好参禅成风。

禅僧释契嵩可谓北宋最著名的以护法为己任的佛门思想家,他的《原教》《劝书》《广原教》《孝论》《〈坛经〉赞》《真谛无圣论》等,都是为应对士大夫排佛而作、为护法而作,为正本清源而作,为开显佛陀本怀而作。如何在儒家名教制度中妥善安置佛教伦理,这也是契嵩的一大怀抱。契嵩将上述文章编为一书,名《辅教编》,先寄献给上层士大夫,又自抱其书进宋仁宗。仁宗为之所感,终将《辅教编》及契嵩的另一部关于禅宗源流的著作《传法正宗记》"诏付传法院编次"。《辅教编》编成后,契嵩恐人不悉其意,又亲自做了注释,辑成《夹注辅教编》。

《孝论》被誉为"佛门《孝经》"和佛教孝亲思想的集大成,在中国佛教思想史上有极为重要的地位。然《孝论》其实只是《辅教编》中的一章,顾名思义,契嵩论孝的目的在于"辅教",即阐明佛法、襄助教化。《孝论》既要放在《辅教编》的整体义理格局中来看,又要放在儒佛孝亲观之争的纵贯历史中来看。故对《孝论》的解读须建立在对契嵩的运思逻辑进行系统分疏的基础之上。约之为三:

其一,"以实相待物,以至慈修己"。这既是契嵩作为信仰笃实的佛徒的自况,也是他对佛教教理和精神的解悟及体证。"实相待物"即观空,"至慈修己"即行无缘大慈,所谓菩萨道,无非观空而不舍大悲,观无漏而不断诸漏。可以看出契嵩继承了龙树世出世间不二的中道实相思想,以践行菩萨道为己任,以大乘佛教慈悲行砥砺身心。

其二,"佛行情而不情"。这是契嵩首倡的命题。契嵩把"性"楷定为人的资质,即人之所以为人的究极理由和最终归趣;把"情"楷定为人的欲望,即种种世间相、种种无明烦恼产生的缘由。性真情妄,性寂情动。如来性德"真正而无邪""寂静而无生无灭",则性无善恶;而"情之过者,则能为妄伪,为识想。……亦为亲其亲,为疏其疏;亦为或善事,为或恶事",故情有善恶。他以佛教的性空之慧和平等之智阐释儒家的"大诚",以大慈阐释"大诚"在具体人生中的外化——仁义。"佛欲引导众生同趣其所同之道、清净安乐之处,故推广其所证诸法实性,谓与众生本同也。""佛俯推其圣性,甘同众生之卑微,岂得不谓佛有至实大信之胜德乎？佛推其无缘至慈之心常在乎众生,岂得不谓佛有大慈之胜德乎？有此大慈,故自然交感入人心之深冲也;有此至诚大信,故自然交感致人自化之速疾也。"①契嵩以为世间德行本于大诚,行于大慈,是佛之大诚大慈与人心的感应道交。可见契嵩的"儒佛会通"是把儒家义理置于佛教的框架下使用和解释,以佛为本,以佛解儒。

其三,"余志在《原教》而行在《孝论》"。契嵩自注"以实相待物,以至慈修己":"唯以真实一相之法接待于人物,以广大极慈而慎修于其心也。以是之故,在于天下之人也,能必然和同,能普行恭敬。盖如其实相之理,佛与众生平等而然也。"②其所谓"志",即通达实相;其所谓"行",即"佛行情而不情"的"行"。《孝论》从某种意义上可理解为契嵩在人伦道德事务上为佛代言,是契嵩为佛法设计的具体使用方案,他要让人类有限的生命历程与无限的佛法真理相贯通,他要让具体的人伦事务找到不

---

① 〔宋〕契嵩著,邱小毛校译:《夹注辅教编校译》,成都:西南交通大学出版社2011年版,第15页。

② 同上,第90页。

受时空拘限的永恒依止处。

契嵩用《孝论》解决两个问题:孝亲是佛法本有之义,不是如儒家一贯指责的那样;依止佛法的孝才是大孝,佛教之孝才是人类社会生活和谐的根本保障,才是人类获得解脱的根本之路。故此,契嵩为佛家之孝行设计了操作规范,解决了出家求真是否会妨碍孝养之责这种蔓延在僧人群体中的普遍疑惑,也清除了大众对佛教的误解和诸如"黑鳖为患"的无稽之忧。和《原教》的纲领性和思辨性相比,《孝论》更像一部具体的行动手册。

如果说契嵩之前佛教的孝亲理念尚被儒家左右,未能脱离儒家窠臼,未能从迎合儒家规范中摆脱出来的话,此处契嵩其实以会通之名而行"建立专属于佛教的孝的内涵"之实——孝即"大慈"。"以实相待物,以至慈修己""佛行情而不情"和"志在《原教》而行在《孝论》"这三句话背后的逻辑构架和义理内涵再明白不过地彰显了他的真实心迹。契嵩以慈悲作为孝的法印,楷定了佛教的孝只能是大乘佛法的人间表达和人伦日用,是世出世间不一不二的中道法门,是趣求无上正等正觉的悲智大行。《孝论》是汉传佛教孝亲理论的制高点和里程碑,也是大乘佛教慈悲理念流行于中土文化时空而孕育出的丰硕果实。

3. 一心万行:"中道"的慈悲观

通常以为,"中国佛教"是相对于"印度佛教"而言的,是印度佛教在中国的"随行就市"。然而支撑这两个以地域得名的概念的是历史主义——涵括历史理性、历史事件与历史认识。历史主义的本质是理性和时间,是人类为世界构建的一套秩序,以人为世界的中心和世界的尺度。历史主义对时间的最直接的经验就是人从生到死的生命历程,所谓历史,就是以往全体人类以生命为尺度所开拓的无始无终的时间之河。然而"无始无终"也仅仅是历史中的人的个人经验,人类历史作为"因缘所生法"必有"成住坏灭",必有始终。相对于总体的历史而言,每个人的人生只是其中有限的一小段,总体的历史终究也只是由无数个有限的人生所划定的。"有限性"是人自身的困境,也是历史的困境,而宗教要为有限的人生和有限的历史开显"无限"——不仅仅是"可能",更是"真实",佛教所谓"实相"。维特根斯坦说:"现实的总和就是世界"①,"世界的意思必定在世界之外"②。人生的终极意义、永恒价值的源泉不能在历史中获得,而来自对时间的超越。由此可理解牟宗三既强调"只有一个佛教""焉有中国化"——这是从宗教维度而言;他也不否认"中国佛教"和"印度佛教"有别,前者甚或是后者的发展,比后者更"圆满"——这是从历史维度而言。③"中国佛教"作为历史概念与中国原有文化传统和价值体系之间有颇多调适,在此过程中,慈悲作为大乘佛教的最高价值,作为"佛陀圣教量","挂搭"于历史、时间,落实在人心、"一念"。

儒家对天人之辨的关怀直接开启了儒学的心性之学,其意趣在于把价值源泉摄于人心,并在日常人伦中外化为规范,使每个人在处理人和天地的关系、人和人的关系、人对于自我的态度、人对于生死的看法时能行有所依,使个人面临选择时不致因价值虚无而承受沉重的压力。故心性之学在哲学层面主要通过

---

① [奥]维特根斯坦:《逻辑哲学论》,北京:商务印书馆1985年版,第26页。
② 同上,第94页。
③ 参见牟宗三:《佛性与般若》上册,长春:吉林出版集团有限责任公司2010年版,第4—5页。

本体论、工夫论和实践论等面向展开,分别解决道、体道、弘道的问题。所谓内在超越就是解决问题的范式。虽然《大学》有云"自天子以至于庶人,壹是皆以修身为本",然而形而上问题的思考和国家秩序的设计终究是知识阶层和官宦阶层的专利,下层民众只是被设计、被教化。

"道"到底为何,说法纷纭,但有一点是肯定的:儒家之"道"寓于"仁",道家之"道"寓于"自然"。佛教最初传入中土时走的是下层路线,最初传译的佛经是安世高的小乘禅经和支娄迦谶的大乘般若经。在鸠摩罗什入关尤其《大智度论》译出之前,以"仁"释"慈悲",甚或把"仁"与"慈悲"完全等同,在儒佛二界俱非罕见。这意味着在最高价值的层面,原有的、作为主流意识形态的"儒"和后来的、暂时处于文化边缘的"佛",两者之间的会通是以"慈悲"作为桥梁的。可以说印度佛教之"慈悲"甫一进入中土便被中土强大的人本传统挟裹着开始了"人间之旅"。

实际上佛教在印度的弘传历史亦呈现明显的人本特征,尤其在原始佛教和部派佛教阶段,佛教的中心问题是"解脱",或者说"离苦"。佛陀说法俱不离对人生苦难的揭橥,宣说从人生苦海中解脱出来的必要性和可能性。佛陀提出十二因缘观,说明众生轮回与解脱的因果,即众生无始以来由于无明与爱取等惑,造作身、语、意三业,由此业力,有苦的生存状态遂连续不绝。而三业中又以意业为本,无明、爱取等惑及意业皆属于心。因此,轮回的根本原因在于内心的无明、烦恼与恶性的造作。要打破这种以心为根本的轮回,也必须从心上着手。众生造业的动力是烦恼,消除烦恼,则无造作,由此显示出涅槃境界。原始佛教和部派佛教中的佛陀都是人间佛陀的形象,修行主体是人,对治对象是心,知苦、断集、慕灭、修道,从轮回中解脱。《阿含经》

中,佛陀教育弟子如何处理各种人间事务,具体行持其实和儒家的日用伦常颇有相通处,只不过归趣指向空、无相、无愿的解脱。小乘最高价值是灰身灭智的无余涅槃,虽然小乘也以修习慈悲喜舍四无量心为观门,然而这和"己立立人、己达达人"的仁德思想方凿圆枘。

在印度,上座部和大众部的分歧之一便是如何从解脱的角度看待凡夫与世间的关系。"有部说凡夫的心性非本净,众生心就是与贪嗔痴相应的,意味着对世间生活的完全否定,具有强烈的出世倾向。而大众部说凡夫心性本净,众生与圣者心本性是一,众生心只是被贪嗔痴所缠裹而已,意味着在对世间生活进行批判的同时,也拉近了凡夫与圣者、世间与出世间的距离,具有入世的倾向。这直接影响了强调慈悲与智慧的大乘佛教运动的兴起。"[①]在修行上,大乘提出了空与缘起相应的中道思想,将传统的解脱修行论转变为觉悟中心论,将小乘佛教以烦恼解脱为最上目标转变为以成就大智慧大慈悲的觉悟为最上目标,所谓"观色即空成大智,观空即色成大悲",色空不二、悲智双运。

对于六道轮回中沉沦的众生而言,解脱、觉悟即成就佛果。因此,佛教义学的首要目标就是为众生寻找成佛的根据;佛教的修行就是修心,这是佛教所有教派的共识。因此,成佛的根据必须落实在众生的心体中。围绕心、佛、众生三者,以心性与佛性的关系为核心,佛教心性论体系由此展开。

早期般若类经典如《大般若波罗蜜经》以遮诠的方式谈一切法空、心性本空、心本来清净。龙树《大智度论》是对《大般若

[①] 周贵华:《唯识佛性与如来藏》,北京:宗教文化出版社2006年版,第77页。

波罗蜜经》的释论,经过鸠摩罗什传译,印度第一个大乘教派中观行派的思想得以走进中土思想家的视野。《大智度论》也是最早对慈悲一词进行定义、对大乘慈悲思想进行系统阐述的论典。龙树把慈悲分为"众生缘慈"(即"小慈小悲")、"法缘慈"(可方便立为"中慈中悲")和"无缘慈"(即"大慈大悲"),这一方面厘清了慈悲和仁的分野——以空慧的角度,儒家之仁大致可比附为小慈小悲,而儒家之道因有实体性倾向,大致可比附为中慈中悲,和作为大乘佛教终极价值和终极目标的大慈大悲可谓同途殊归;又夯实了慈悲和仁的交集——在世间法层面(佛),也就是在日常人伦层面(儒),慈悲和仁的确可会同而无违,俱可作为指导民众日常生活的行为规范。

慈悲尤其是与大智慧相应的大慈悲作为佛教修行最终目标得以确立,并在世间法层面和儒家会通,接下来的问题是:如何成就佛法身之大智和大慈?如果说儒家有内向超越范式,那大乘佛教又将呈现何种通往解脱的超越范式呢?不妨先考察大乘中观行派。

首先,中观派承许心毕竟空相,心性本寂,毕竟无染。凡夫心不净,皆因烦恼客尘所覆蔽。《大智度论·释劝学品第八》:"如虚空相常清净,烟云尘雾假来故覆蔽不净;心亦如是,常自清净,无明等烦恼客来覆蔽故,以为不净。除去烦恼,如本清净。行者功夫微薄,此清净非汝所作,不应自高不应念。何以故?毕竟空故。"[1]慈悲心就是毕竟空的心,慈悲从心修得。其次,中观派提倡通过观空使本净的心离染,即通过观心造作的种种相的

---

[1] 龙树造,〔后秦〕鸠摩罗什译:《大智度论》,《大正藏》第 25 册,第 363 页。

虚幻性,而悟达心的空相。《大智度论》卷二十九:"……三界所有皆心所作,何以故?随心所念悉皆得见。以心见佛,以心作佛,心即是佛,心即我身。心不自知,亦不自见。若取心相,悉皆无智。心亦虚诳,皆从无明出。因是心相,即入诸法实相,所谓常空。"①这是"观色即空",是随顺胜义谛的观慧。最后,如《大般若经》所云:"若菩萨摩诃萨,以一切智智相应作意,大悲为首,说诸静虑,无量无色时,不为声闻独觉等心之所间杂;持此善根,以无所得而为方便,与诸有情平等共有回向无上正等菩提。"②龙树造的《大智度论》不仅有开显诸法真实义的诠旨,更有劝勉菩萨行者在"毕竟空"的深观基础上投入利益众生的大愿广行的义趣。这是"观空即色",是随顺世俗谛的慈悲心行。

在世俗谛中空去"自性执",在胜义谛中空去"假有执",二谛当体,即中道义。中观学派的这种心性模式如果非要比附"超越"而去理论,则可名之"中道超越",是"即入世而出世",虽以出世为旨归,却不废世间一法的超越模式。这种超越模式虽然不应和之前所论传统儒家天人合一或心道合一的内向超越模式相混淆,但两种超越模式都以"心"为落实处,都肯定"心"的本来清净,都以"返本还源"为路径。最重要的,对现实人心的肯定意味着对现实人生的肯定,心的觉悟离不开现实人生,圆满智慧的实现离不开六度万行,世出世间不二,出世间的"自利"要在世间的利他行中成就。

般若类经强调一切法性空,由此空说一切法本性清净、平

---

① 龙树造,〔后秦〕鸠摩罗什译:《大智度论》,《大正藏》第25册,第276页。
② 〔唐〕玄奘译:《大般若波罗蜜多经》,《大正藏》第7册,第473页。

等,由此说众生、佛平等,又说诸法如即是佛。一切众生与诸佛平等共具的本净的空相,被认为是诸佛的体性,也就成为众生成佛的内在根据,从而演变出佛性思想。被称为佛性的空,不再是纯粹的遮诠,已经带有表诠的含义。在《大般涅槃经》中,即将第一义空直接称为佛性:"佛性者名第一义空,第一义空名为智慧。所言空者,不见空与不空。智者见空及与不空、常与无常、苦之与乐、我与无我。空者一切生死,不空者谓大涅槃;乃至无我者即是生死,我者谓大涅槃。见一切空,不见不空,不名中道;乃至见一切无我,不见我者,不名中道,中道者名为佛性。以是义故,佛性常恒、无有变易,无明覆故,令诸众生不能得见。"①此佛性概念,又发展为因性的佛的思想,即印度大乘佛教的如来藏系学说。

如来藏是众生本具的如来法身,在众生身心中,为贪嗔痴三毒所覆盖,但与果位的法身在智慧功德方面无有差异。如来藏思想强调凡夫性与佛性是一,认为果性的如来法身在因位已经本来具足,只是没有显现出来而已。在《宝性论》中,被贪嗔痴等烦恼所缠绕的佛性也称为"自性清净心":"彼真妙法日,清净无尘垢,大智慧光明,普照诸世间……"②自性清净心本有"光明",即心本有如来智慧,这就是如来藏思想的"心本觉说"。《华严经》中有一段被中国佛教奉为思想圭臬的经文:"如来智慧无处不至。何以故?无一众生而不具有如来智慧,但以妄想颠倒执着而不证得;若离妄想,一切智、自然智、无碍智则得现

---

① 〔北凉〕昙无谶译:《大般涅槃经》,《大正藏》第 12 册,第 523 页。
② 〔后魏〕勒那摩提译:《究竟一乘宝性论》,《大正藏》第 31 册,第 813 页。

前。……佛子！如来智慧亦复如是，无量无碍，普能利益一切众生，具足在于众生身中；但诸凡愚妄想执着，不知不觉，不得利益。尔时，如来以无障碍清净智眼，普观法界一切众生而作是言：'奇哉！奇哉！此诸众生云何具有如来智慧，愚痴迷惑，不知不见？我当教以圣道，令其永离妄想执着，自于身中得见如来广大智慧与佛无异。'即教彼众生修习圣道，令离妄想；离妄想已，证得如来无量智慧，利益安乐一切众生。"[1]虽然众生心现实地具有光明智慧，但从"智慧本具"到"智慧现前"，必须经过奉教修行的破障过程。

"本觉说"直接开启了隋唐以后出现的中国化佛教宗派天台宗、华严宗和禅宗，甚或也是中国佛教慈悲观的深层理论基础。在佛的果位，大智慧与大慈悲不二，而"心、佛、众生无有差别"。开启心本有的光明智慧的过程，也是开启本有的无尽大悲心的过程，"证得如来无量智慧"，才能"利益安乐一切众生"。大乘佛教慈悲行归结为布施、持戒、忍辱、精进、禅定、般若之"六度万行"，"慈悲"作为佛教最高价值遂落实于众生之一心。本文稍前已经提出，大乘佛教的内在超越模式可比附为中道超越——如果说内向（内在）超越立足"心""道"关系，中道超越则立足"一心"和"万行"的关系。

隋唐以后相继出现的佛教宗派（学派）天台宗、华严宗和禅宗，是中国化佛教日渐成熟的标志。其中天台宗和华严宗建构了复杂的理论体系，但天台宗的"一念无明法性心"之"性具"说，以及华严宗的"如来藏自性清净心"之"性起"说，皆是在《大乘起信论》的直接影响下形成的。《大乘起信论》可说是中国化

---

[1] 〔唐〕实叉难陀译：《大方广佛华严经》，《大正藏》第10册，第272页。

佛教的根本经典,中国化佛教的两大支柱——"本觉说"和"真如缘起说",以及中国化佛教的结构模式"一心二门说",皆出自该论。"一心""真如""生灭"是该论思想展开所依据之核心概念。

《大乘起信论》云:"摩诃衍者,总说有二种。云何为二?一者法,二者义。所言法者,谓众生心。是心则摄一切世间法出世间法,依于此心显示摩诃衍义。何以故?是心真如相,即示摩诃衍体故。是心生灭因缘相,能示摩诃衍自体相用故。所言义者,则有三种。云何为三?一者体大,谓一切法真如平等不增减故。二者相大,谓如来藏具足无量性功德故。三者用大,能生一切世间出世间善因果故。一切诸佛本所乘故,一切菩萨皆乘此法到如来地故。"[1]此处的"一心"是总摄义,指法界全体,统摄一切世间法和出世间法、有为法和无为法,并在法相上以无为之"真如"和有为之"生灭"二分,"依一心法,有二种门。云何为二?一者心真如门,二者心生灭门。是二种门皆各总摄一切法。此义云何?以是二门不相离故。"[2]"真如"即不生不灭之无为法,"离言说相,离名字相,离心缘相,毕竟平等,无有变异,不可破坏。"[3]"生灭"反之,有差别相、境界相、心缘相,是"依妄念而有差别"的有为法。心真如和心生灭不一不异,真如是"一法界大总相法门体",即"摩诃衍体",心生灭是"摩诃衍用"。"摩诃衍"又译为"大乘",此处的"摩诃衍体"从修行论的角度可理解为大乘行者所信奉的最高价值所在,即牟宗三所谓"对一切法作根源

---

[1] 马鸣造,〔晋〕真谛译:《大乘起信论》,《大正藏》第32册,第575页。
[2] 同上,第576页。
[3] 同上。

的说明";①"摩诃衍用"可理解为最高价值于事相上的流行起用。《大乘起信论》把"真如"和"生灭"二分,并非要分别诠说一心之二相,正好相反,是要依二门从分别的路径诠说完整之"一心",也就是说,"二门"能分别摄尽一切法,在心真如门摄用以归体,在心生灭门摄体以归用。无论真如门还是生灭门,都是空与不空不一不异的中道法。

从修行、解脱、觉悟的角度,《大乘起信论》以一套精致的理论解决了众生成佛的根据与可能性、心觉悟的内在机制等问题。心真如门之真如,是一切如来之智慧功德,"真如自体相者,一切凡夫、声闻、缘觉、菩萨、诸佛,无有增减,非前际生、非后际灭,毕竟常恒。从本已来,性自满足一切功德。所谓自体有大智慧光明义故,遍照法界义故,真实识知义故,自性清净心义故,常乐我净义故,清凉不变自在义故。具足如是过于恒沙不离、不断、不异、不思议佛法,乃至满足无有所少义故,名为如来藏,亦名如来法身"②。而诸佛功德亦是凡夫或圣人菩萨自体具足的大智慧光明义,正是众生的自性清净心,是众生成佛的根据和可能性。心生灭门之真如,显示为自性相、覆障相和出离相三相,即本论中所谓"本觉""不觉"和"始觉"。也就是说,在因位,即凡夫、声闻、缘觉、菩萨位,心性真如含藏果地一切如来德相,为无明所覆,为客尘所染。待到客尘杂染涤净,如来藏"出缠",如来法报应三身成就,一切智慧功德显现。但无论在缠与缠,如来藏在圣不增,在凡不减,蒙垢即有生死,离染即是法身。

---

① 参见牟宗三:《佛性与般若》上册,长春:吉林出版集团有限责任公司2010年版,第360页。
② 马鸣造,〔晋〕真谛译:《大乘起信论》,《大正藏》第32册,第579页。

《大乘起信论》既以"大乘"名,其宗趣即劝发大乘心、劝学大乘法。众生一心之觉悟、大智慧大慈悲之成就正是该论的不二旨归。以三身成就论,真如体即法身,即众生本有之光明大智慧;真如用即应身和报身,即诸佛如来在因地发大慈悲、行慈悲行:"真如用者,所谓诸佛如来,本在因地发大慈悲,修诸波罗蜜,摄化众生。立大誓愿,尽欲度脱等众生界。亦不限劫数尽于未来,以取一切众生如己身故,而亦不取众生相。此以何义?谓如实知一切众生及与己身真如平等无别异故。以有如是大方便智,除灭无明,见本法身,自然而有不思议业种种之用,即与真如等遍一切处,又亦无有用相可得。何以故?谓诸佛如来唯是法身智相之身,第一义谛无有世谛境界,离于施作,但随众生见闻得益故说为用。"①心真如门的"一心"显现为心生灭门的"诸波罗蜜"、含摄心生灭门的"诸波罗蜜",心生灭门的"诸波罗蜜"以心真如门的"一心"为体,含摄心真如门的"一心",两者互融互摄、体用一如,不一不异。众生与佛平等平等,慈悲之路落实于众生一心,落实于佛摄化众生的慈悲万行。

该论复云,凡夫修习大乘道首先要立四种信心:"一者信根本,所谓乐念真如法故。二者信佛有无量功德,常念亲近供养恭敬,发起善根,愿求一切智故。三者信法有大利益,常念修行诸波罗蜜故。四者信僧能正修行自利利他,常乐亲近诸菩萨众,求学如实行故。"②而用"施门""戒门""忍门""进门""止观门"这五门,能成就大乘信心,即菩提心。施(布施)、戒(持戒)、忍(忍辱)、进(精进),属心生灭门的慈悲行持,而止、观并修能使一心

---

① 马鸣造,〔晋〕真谛译:《大乘起信论》,《大正藏》第32册,第579页。
② 同上,第581页。

真如于万法中真实显现。论中说,只修止不修观,会令人远离大悲,不乐众善,对利他行心起懈怠。所以修止的同时必须修观。修习观时,看到世间一切有为法不净,苦,无常,无我,从而念及一切众生"从无始世来,皆因无明所熏习故令心生灭,已受一切身心大苦。现在即有无量逼迫,未来所苦亦无分齐,难舍难离而不觉知。众生如是,甚为可愍",遂立"无量方便救拔一切苦恼众生,令得涅槃第一义乐"的大誓愿。"若修止者,对治凡夫住着世间,能舍二乘怯弱之见。若修观者,对治二乘不起大悲狭劣心过,远离凡夫不修善根。以此义故,是止观二门,共相助成,不相舍离。若止观不具,则无能入菩提之道。"①

如果说《大乘起信论》提供了一种将真如一心(理体)落实于众生一心(心体)的理论范式,隋唐中国化佛教诸宗则从不同角度进一步使其精致化、人本化,使其更适合中土儒道浸润日久的文化土壤。"一心二门"虽然是平等的、互摄的,然而从众生成佛可能性的角度,宜从佛果位说诸佛法身功德、立足心真如门而说心生灭门,就出世间法而说世间法,从而让众生发起大乘信心;从芸芸众生现实生活的角度,宜立足心生灭门而说心真如门,就世间法而说出世间法。所以,考察华严、天台、禅宗的心性论可以发现,有一条线索是一以贯之的,那就是尽可能肯定世间法的意义,尽可能立足世间法而修出世间法,尽可能让生灭的世间百态和不生不灭的真如理体对接。总之,肯定现实生活和涅槃解脱不一不异,鼓励众生在日常生活中行菩萨道、修大乘法、证佛法身。

佛教是内证的宗教,所谓内证,即把觉悟的过程落实于内在

---

① 马鸣造,〔晋〕真谛译:《大乘起信论》,《大正藏》第32册,第582页。

"一心"。禅定基础上的证悟是神圣性之根源和全部教义之依据。太虚大师曾对中国佛教的特点和演变有过三点概括:一、中国佛学特质在禅;二、禅观行演成台贤教,禅台贤流归净土行;三、道安—慧远一系的佛教思想体系和组织制度,成为中国佛教的主动流。① 在此太虚大师为中国化佛教的三个代表性学派做了个排序:禅、台、贤。事实上,从"观"和"行"的角度,即从"一心"所证悟的真如之"体"(智)和以"万行"为特征的真如之"用"(悲)的关系的角度,这种排序是有依据的:从华严宗的"性起"到天台宗的"性具"再到禅宗的"不二","体""用"两者重合程度越来越高,"真如心"越来越沉降于"众生心"。也就是说,在共许真如实相不生不灭的前提下,对现实人心的肯定程度越来越高,从"无明"到"明",从"不觉"到"觉",从"染心"到"净心"的过程越来越落实于"一念";从华严宗的"妄尽还源"到天台宗的"贪欲即道"再到禅宗的"行住坐卧",中国佛教心性论所具有的人心化特征呈现逐步加深的轨迹,而人心化的特征又蕴含了人本化和伦理化的可能性。

4."融贯的新":"人间佛教"的慈悲思想

太虚在判教基础上把"人生佛教"定位为"从人道开始"的"大乘渐教",这是他为近代社会佛教形态所做的抉择,奠定了近现代佛教的发展方向。作为佛教僧人,太虚是慈氏弥勒菩萨的信奉者和兜率净土信仰的实践者;作为佛教思想家,太虚竭力进行"人生佛教"的理论建设,两者同归大乘佛教的心髓——

---

① 参见释太虚:《中国佛学》,《太虚大师全书》,北京:宗教文化出版社 2005 年版。

"慈悲"。太虚一面追慕弥勒菩萨、趣归兜率净土,一面发起并推进"人生佛教"的思想进程,既对传统佛教一以贯之,亦能接洽近代中国的新思潮、新局面。太虚之解行,正如其所说,是"融贯的新"。

作为中国近现代佛教复兴运动的领袖,太虚一生致力于传统佛教的现代转型。他早在1913年就提出"教理""教制"和"教产"三大革命,从学理、制度和经济三个方面提出了佛教的现代化路向,而教理改革逐步成型为"人生佛教"理论;为了普及"人生佛教"理念,太虚又把现代僧伽建设作为毕生努力的方向。可以说,太虚思想至少贯穿了两条主线:人生佛教思想和弥勒净土思想,这两条线索都是从同一块基石生发,那就是"慈悲";这两条线索最后又归于一处,那就是"慈宗"。

菩萨信仰是大乘佛教的核心。大乘以菩萨之慈悲普度精神为"大",凡发心修行大乘法门、追求大乘果位者,为初发心菩萨;尚于菩萨道努力修行菩萨行以期证果者,为因地菩萨;证得阿耨多罗三藐三菩提(无上正等正觉),不住涅槃,悲智双运,自利利他、自觉觉他者,为果地菩萨。菩萨信仰和佛教传入之前中国本土文化传统中的圣贤传统有着天然默契,以成佛成圣之可能性论,把人、菩萨、佛等量齐观,人人可成佛,人人皆菩萨,因地菩萨是发菩提心的人,果地菩萨是以种种相示现的佛;菩萨身兼两重使命:向下一路利他,于六度万行中引领众生走上超越之路;向上一路自利,于般若空观中楷定修行方向不背离目标。菩萨与众生共时同在,不离世间而超越有限,不离当下而证得永恒。

中国佛教虽然选择了大乘佛教,在中国化的过程中,大乘佛教却有所变质,如太虚所云:"佛教自入中国以来,无论在理论、行动、目标各方面都有改变。今举其显著者略述一二。甲、因果报应与空幻中道：吾国人本信鬼神，崇拜祖宗，服从天命，再加以道教神仙赏罚等思想，所以佛教的因缘生果义，一入中国即成庸俗的天神赏罚的三世因果报应说。六朝是道教兴起期，常以'玄之又玄，众妙之门'为标榜，故佛教的空假中道入中国，被人附会为虚幻消极。乙、神力信求与禅悟会通，信天神赏罚，故于佛菩萨亦视为神力而信仰希求。禅悟会通则为适应儒道家哲学之成果，而产生宋明之理学。丙、后世超生与涅槃解脱：中国社会人事之复杂，世界上任何国家都不能比拟。吾人生活在此种环境中，自不免生厌倦，想脱逃，所以由失意政客、失恋儿郎所汇成的佛教信徒，其目标上低者只着重后世超生，高者亦自求涅槃解脱而已。结果，社会事业无人过问，佛教徒被人误认为分利于社会。"①

　　太虚所谓的甲乙丙三项，都可归为大乘佛教慈悲精神的"沦陷"。佛教业报因果理论是缘起法在世间伦理道德中的运用，却和儒道二教的天神、祖先、赏罚结合变异为庸俗的三世报应说；佛教的"空"义，是空假不二、世出世间不二、真俗不二的中道智慧，却被道教附会为玄远，被儒家斥为消极虚幻；把悲智不二的佛法身视为某种神秘的力量，不顾源头，把悟之一心的禅和儒家片面会通，而成宋明理学；把佛陀证悟后的涅槃境界，误解为对人生的厌倦和自行了断。所以，佛教徒被误认为是自私自利的一群，不为社会做贡献，却要和社会分利益；在世俗社会眼里，学佛者，高明一点的，不过自求解脱，一般人不过求死后超生，总之

---

① 释太虚：《中国之佛教》，《太虚大师全书》，第2卷，北京：宗教文化出版社2005年版，第299页。

都是自求自利,不求利他。

在太虚看来,中国佛教的种种弊端,究其根本,就是大乘真精神的缺失。"一方则下逗愚民为神道之设教,一方则上适高哲为圆顿之玄谈,而无常智常德之讲求修践,致今下者为世诟病为迷信,上者若台、贤、禅、净等亦流为空疏虚渺之僻习,且已无旧宗门之可循求哉!"①"常智"即性空平等的般若智慧,"常德"即拔苦与乐的六度万行,"大乘佛法,为超脱世间而又适应世间的。则其宗要,在先有超脱世间的大觉悟,而后以护念众生的大慈悲,施其适应世间的大方便。"②大乘的真精神,约之为三句话,就是"菩提心为因,大慈悲为根本,方便为究竟"。

太虚从教义的角度把全部佛法分为五乘共法、三乘共法和大乘不共法。五乘共法即人、天、声闻、缘觉、菩萨五乘共通之法,本着因缘所生法而明正确的因果关系;三乘共法即声闻缘觉菩萨三乘共通之法,是出世间法,即小乘之法;大乘不共法,即佛之悲智平等法,"唯佛与佛乃能究竟"。龙树的三种慈悲可对应于太虚的这三种"共法"——其中,众生缘慈悲,即人天乘中适用的慈悲心,虽能行慈,行爱人之心,然尚有人我之别,有人世间种种形相,虽能爱人,但爱人之心会体现出亲疏、等级等种种差异;法缘慈悲,即出世间慈悲,证得人空法空,对众生起大怜悯,然未必如大乘行者,反身入世,行六度四摄之广大行;无缘慈悲,是成就无上正等正觉的大乘菩萨彻证了人我二空之后才有的"无缘大慈""同体大悲",是佛的慈悲,"悲者悲痛,大悲者,非属

---

① 释太虚:《答赵福伯问》,《太虚大师全书》,第 30 卷,北京:宗教文化出版社 2005 年版,第 34 页。
② 释太虚:《佛学概论》,《太虚大师全书》,第 1 卷,同上,第 143 页。

于自身之苦痛。佛法之慈悲,俱属救济众生而有,故凡兴一慈念,必以悲为出发点,其慈方堪称为佛法之慈。故凡佛徒不问自身之苦痛为如何,其所措施皆属救济众生之苦痛,以众生之苦痛即为自身之苦痛,故名同体大悲;众生之苦痛既除,更须令其得究竟乐,是为大悲,以出自本性力故,又名无缘大慈"[1]。

小慈小悲和大慈大悲的区别就在"智","然悲虽深,若乏于智慧,仍未尽善。如从水救人,须先知水性与方便工具等;故佛称一切智人,有遍一切无不知之智。此智兼大悲,相辅以行,惟利无弊,否则利人无功而自害尤甚!然智慧,亦须从大悲心流露出来,又应先明空有之理,始为究竟"。故所谓"悲智双运",意味着智是"即悲之智",悲是"即智之悲",对菩萨的度生事业而言,"悲智双运"就是行理事圆融、不苦不乐之"中道"。"菩萨于度生期中,不计其苦,不着其乐,是为不苦不乐悲智不二之中道。若此行未臻圆满,是为菩萨;圆满时,便成佛道。"[2]

总之,智慧和慈悲是大乘佛教的两翼或双轮,两者缺一不可。智慧即"照见五蕴皆空"的般若智慧,慈悲即"度一切苦厄"的救助和济拔。大慈大悲建立在智慧和慈悲不一不异的"中道"之上,表现为:无缘——圆证一切无我,而于一切法平等平等;普缘——由无缘而平等普缘一切众生;具德——本愿所引与利他功德圆满所感;随应——随缘任运以应身度化众生,度菩萨以应化身,所谓他受用身,而化凡夫以变化身,即化身;无功——功德圆满,度化不再集聚功德;无止——不舍一切众生而行度

---

[1] 释太虚:《佛学讲要》,《太虚大师全书》,第1卷,北京:宗教文化出版社2005年版,第227页。

[2] 同上,第228页。

化,永不休息。佛作为慈悲的最高典范,是大乘佛教的根本皈依处。

太虚痛切地指出,中国佛教,理在大乘,行在小乘,以慈悲为本的大乘理论不能落实在实践上。"我国的佛徒——包括出家在家的四众——都是偏向于自修自了,大乘的经论,虽有很多人在提倡和弘扬,但所提倡所弘扬的也不外是自修自了的法门。这种说大乘教,行小乘行的现象,在中国是普遍地存在。如出家众的参禅念佛者,固然为的自修自了,即在家的信众也是偏重自修自了的倾向。他们都以为学了佛就不要做人,什么事都心存消极不愿意干,更有很多人以为学佛作'了此残生'的尾闾。他们都说把国家社会家庭一切的俗务都舍下,才可以入佛修行。这种不正确的思想,已经深印在每个国民的心坎中。这种错觉是复兴佛教的障碍物,是歪曲了大乘佛教的真义。""中国佛教衰败的原因固然很多,而最大的病源则为空谈大乘,不重实行,行为与教理完全脱离关系。"[①]

太虚一生的佛教改革运动前后进行了近四十年,从1907年始至1947年终,分别以1914年、1928年和1938年为界可以划分为四个时期,第三个时期,他逐步提出"人生佛教"的理论。1928年4月在《对于中国佛教革命僧的训词》里明确提出"人生佛教",5月在上海开讲《人生佛学的说明》,对何谓"人生佛教"做出系统阐发:

佛法虽普为一切有情类,而以适应现代之文化故,当以

[①] 释太虚:《从巴利语系佛教说到今菩萨行》,《太虚大师全书》,第19卷,北京:宗教文化出版社2005年版,第192—193页。

"人类"为中心而施设契时机之佛学;佛法虽无间生死存亡,而以适应现代之现实的人生化故;当以"求人类生存发达"为中心而施设契时机之佛学,是为人生佛学之第一义。佛法虽亦容无我的个人解脱之小乘佛学,今以适应现代人生之组织的群众化故,当以大悲大智普为群众之大乘法为中心而施设契时机之佛学,是为人生佛学之第二义。大乘佛法,虽为令一切有情普皆成佛之究竟圆满法,然大乘法有圆渐、圆顿之别,今以适应重征验、重秩序、重证据之现代科学化故,当以圆渐的大乘法为中心而施设契时机之佛学,是为人生佛学之第三义。故"人生佛学"者,当暂置"天""鬼"等于不论。且从"人生"求其完成以至于发达为超人生、超超人生,洗除一切近于"天教""鬼教"等迷信;依现代的人生化、群众化、科学化为基,于此基础上建设趋向无上正遍觉之圆渐的大乘佛学。[①]

"人生佛教"三义,可以用三个关键词表达:人、慈悲、圆渐。其中"人"又包含两层意思:以人道为中心,不是不顾天道和鬼道,而是"暂且不论";重点在"人生"而不是"人死"。也就是说,"人生佛教"作为一种对治法,旨在发覆失落的大乘精神;人生佛教是大乘佛教的契机表达;如果说大乘佛教的主体是菩萨,那么人生佛教的主体是人;和大乘菩萨道一样,人生佛教的道路是在发菩提心的基础上循序渐进的;作为大乘佛教的契机表达,人生佛教的根本在于慈悲,人生佛教要发覆大乘真精神,其实就是

[①] 释太虚:《人生佛学的说明》,《太虚大师全书》,第3卷,北京:宗教文化出版社2005年版,第183—184页。

用契理契机的方式开显慈悲。

太虚向来把佛法分为人乘、天乘、声闻乘、独觉乘和佛乘共五乘。1924年,一场关于人生观问题的讨论在社会上蓬勃展开,梁漱溟在著名的《东西文化及其哲学》中,认为佛教就是要以出世间为旨趣,否则就不是佛教,而和世间其他宗教学说无异;出世间的佛教不适用于中国社会,不为时代所急需。这种认识的本质还原成太虚的五乘判教说,其实就是以为从人乘只能一步一步晋升为天乘、声闻乘和独觉乘,最后走向自行解脱,成自了汉,只顾自己不顾群体,终究于社会无益。人乘和佛乘之间,还隔着天乘、声闻乘和独觉乘,何以人乘可以直达佛乘?人乘又如何直达佛乘?换言之,从人乘进修佛法,必然归宿是小乘还是大乘?佛陀的根本精神,是小乘还是大乘?这是人生佛教理论要解决的关键问题。太虚清醒地意识到,这个疑问不解决,"吾此人生观的科学即不成立",进一步说,人生佛教的整套理论也就不成立。[①]

太虚分析,有人把解决生死问题的小乘解脱作为佛陀根本精神,这种错误的见地其实主要基于两个证据:其一,考证出释迦出家修道的动机,在感老病死;其二,考证出释迦修道成佛的心境,在观十二缘起,故其后转法轮说为四谛,涅槃时演为三十七觉分,结为戒定慧及解脱。所以一般学者以为原始佛教的真相,唯在"解脱生死的小乘",同为佛说的大乘隐没不彰,所以一些学者和佛教徒,以为佛教是解决生死问题而不是生活问题的,是非人生的,是出世的。

---

① 参见释太虚:《人生观的科学》,《太虚大师全书》,第25卷,北京:宗教文化出版社2005年版,第36页。

大小乘之别唯在慈悲心之具足。为颠覆这两块"佛教唯出世"论的基石,唯有发覆佛陀本怀中的应有之义——慈悲。太虚以为:

首先,关于释尊出家的动机,非始于感人生"老病死"之苦而厌离出家,而是在此之前于树下观耕而生的一念慈悲心。农夫犁田,翻出虫子,虫子瞬间被鸟所食,释尊感此残杀而生大忧愁:"夫宇宙生生不已,而不与圣人同忧患者,为其盲目的生生而不顾生生相残,且各以残他生而生自,亦以残他生而苟全自之生活也。"如何可以"不相残杀死害而咸得各全其生活"?太虚认为,这是众生如何"生活"的大问题,释尊就是以大悲心为动机,为解决此生活问题而修道的。此后,又以见"老病死"而决心舍家修道者,也是因为释尊想找到一种不残害他者的生活真道,从而暂舍家国这种以残他为生活的生活,毅然出家。"故释迦出家修道之二种动机,乃纯为解决生生相杀以生的生活,如何可转为不相残以生的生活之大乘大悲心所激发,而求无上遍正觉以为之解决也。"[1]

其次,关于释尊谛观十二因缘而觉悟时的心境。顺观十二因缘,为苦集。然而所观不离能观,从释尊修道的动机——大悲心出发,所观的是苦灭、涅槃,能观的是菩提、悲愿和妙用。"涅槃曰断德,菩提曰智德,悲用曰恩德,总曰法身","智短者闻其语所观之苦集,自求解脱,智深者,亦闻其语能观智所由致及其终极之成就。"[2]听法的根器不同,听到的法就不同,这才有阿含

---

[1] 释太虚:《生活与生死》,《太虚大师全书》,第3卷,北京:宗教文化出版社2005年版,第171页。

[2] 同上,第173页。

和华严的区别。所以,太虚以为,释尊成等正觉,始于一念慈悲,终于大慈大悲。

太虚指出,释尊觉悟后,到以争斗和相杀求自活的人间生活中进行教化,才有佛法、戒律、经论。佛教是"为人生的、进化的、体现人生真相的",释尊解决宇宙人生大生活问题的公式,其实就是"自利利他",使他人生也是使自己活,损害他者也是损害自己,而最终,因缘所生法,自他两忘,平等平等。所以,释尊因一念慈悲而觉悟,从释尊本怀流出的佛法,"以大乘为主,小乘为从属。佛法之解决问题,亦以生活为主;生死为从属。"①

太虚发微抉隐,论证释尊在因地观各种缘起,对生生相残起同情心,因为这一念同情(即龙树所定义的众生缘慈悲,或云小慈小悲)而发心走上寻求宇宙人生真理的道路,最后成就大慈大悲,又本大慈悲而说法教化众生,遂有佛教,这是大乘佛教的向上一路。人希贤,贤希圣,大乘之路就是人—菩萨—佛的上升之路。"修行信心位的人生初行,是人的菩萨位,若孔、老、善财等;初无数劫位,是超人的菩萨位,若世亲等;第二无数劫位以上,是佛的菩萨位,若普贤等。华严宗所主张之三生成佛说,即是经此三菩萨位,以第三'佛的菩萨'位谓之成佛。由人的菩萨位入超人的菩萨位及进至佛的菩萨位,所经历的皆菩萨位,故更不须经历天与声闻、独觉之三阶段,而彼三阶段已消融于超人的菩萨位矣。故彼三阶段非由人至佛所必经的,乃由人不走遍觉的路所歧出之三种结果耳。"关于"歧出",太虚又细分了几种情形:"人乘"分"人的佛乘"和"佛的人乘","天乘"分"人的天乘"和"天

---

① 释太虚:《生活与生死》,《太虚大师全书》,第3卷,北京:宗教文化出版社2005年版,第175页。

的天乘",而"依声闻行果是要被诟为消极逃世的,依天乘行果是要被谤为迷信神权的",只有"人生究竟之佛乘及大心凡夫直接佛乘之佛的人乘",是真正的大乘,是佛陀本怀流出的;只有"以发挥直接佛乘的大乘人生初行施行到人的现世生活范围里",依人乘趣大乘行果而复兴中国佛教,中国佛学才能摄化人心,通行世界。①

综上,太虚解决了人生佛教理论中的三个基本问题:其一,人生佛教以人类为中心而施设,其他生命形态暂时搁置;其二,人生佛教以人生问题为中心,人死后的问题因人生问题的解决而自然解决;其三,人生佛教的修行道路是从人到佛,虽然中间有不同位次,但都属于以慈悲为本质属性的菩萨位次,不需经过天或声闻缘觉,人只要发慈悲心,次第行大乘菩萨道的慈悲行,就能直达佛乘。这个过程中,慈悲心是一以贯之的,不过有大小之别而已;其四,人生佛教是契理契机的大乘佛教,大乘佛教是佛陀本怀流出,故人生佛教是"圆渐"而不是"渐圆",果地本自圆满,因地渐至圆满。总之,人生佛教是以慈悲为本的、从人乘而达佛乘的、次第成就圆满觉行的大乘渐教,人生佛教所契之理就是从佛陀本怀流出的大乘精神,其根本在慈悲。

(撰稿人 喻静)

---

① 释太虚:《人生观的科学》,《太虚大师全书》,北京:宗教文化出版社2005年版,第25卷,第38—41页。

第十一章 侠义篇

侠义之源

"侠义"是中国古代文化中不可或缺的部分,忠肝义胆的古代侠客往往特立独行,居无定所却心存大义、兼爱天下,他们的侠行义举受到古今多少英雄豪杰的景仰。古代侠客已诺必诚、惩恶扬善的侠义行为和超然物外、重义轻生的行侠精神,已成为千百年来世人竞相歌咏的对象。上自先秦,下至民国,有关侠客及侠义行为的史料记载代不绝书,侠义精神不仅流传于街头巷尾,更活跃在骚人墨客的文辞歌赋、诗词章句之中。"侠文化"不仅存在于侠客天地,更深深渗透到人性中。"侠文化"也是中国文化的一种生动体现。

"侠"字,甲骨文、金文不见。《说文解字》作:"俜也,从人夹声。"清人段玉裁注《说文》有言:"荀悦曰:立气齐,作威福,结私交,以立强于世者,谓之游侠。如淳曰:相与信为任,同是非为侠,所谓权行州里,力折公侯者也。或曰:任气力也。……按侠之言夹也。夹者,持也。经传多假侠为夹,凡夹皆用侠。从二人

之夹,非二人之夹也。"(《说文解字注·八篇上·人部》)

"义"字见于甲骨文、金文,《说文解字》:"义,己之威仪也。从我羊。"甲骨文、金文从我,从羊①,与《说文》义字篆文构形同。《诗经·大雅·文王》有"宣昭义问",《传》曰:"义,善也。"疑此乃义之本义。

"侠",最初见于《韩非子·五蠹》篇,而侠的形成,应早于《韩非子》成书的春秋时期,在齐桓公与鲁庄公会盟之时,曹沫在重兵包围之下,孤身挟持桓公,逼其退还所占的鲁地,曹氏应是最早见于史书的大侠。而《韩非子·五蠹》所言"儒以文乱法,而侠以武犯禁",说明当时的侠义之士,其立场一般是与统治者相对的。直到汉代司马迁的笔下,游侠、刺客一类人物才得到正面的描述和表彰。太史公所歌颂的是"修行砥名"的"闾巷之侠",他替曹沫、荆轲等人撰《刺客列传》,又将汉代大侠朱家、郭解等人收入《游侠列传》。在《游侠列传》中司马迁将"侠"定义为:"今游侠,其行虽不轨于正义,然其言必信,其行必果,已诺必

---

① 中国古代社会生活中,羊和马、牛、鸡、犬、豕均为最早圈养的家畜,经长期发展,羊已被视作善良吉祥的象征。因此,汉字中许多有美好之意的字均与"羊"有关,像"美""善""祥""姜"等均从"羊"。又据"义(義)"字在甲骨文中乃持羊之形,上"羊"(善良美好),下"我"(字从"戈",有自持争取之意)。经过汉字发展,字形虽有变化,意义构形不曾改变,"义"意是"我"追求美好。再经儒家诠释,"义"被用于社会伦理道德中,为"五常"之一。但亦有一解,依甲骨文"我"即"戈"字,其字本为古代一兵器之象形,借为"吾我"之"我",乃表示自持有戈,或以为自卫的意思。参见胡厚宣:《说甡》,载吉林大学古文字研究室编:《古文字研究》第一辑,北京:中华书局1979年版。另以《诗经·小雅·甫田》"以我齐明,与我牺羊,以社方方",说明殷商祭祀中用羊为牺牲献祭祖先和神灵。再引训"义"作"杀",以为"义"有威严和杀戮之意,说明"义"是祭祀仪式上以"我"杀牲。再到金文"仪"常写作"义","威仪"即是"威义",带有宗教神性象征。"义"成为古代重要的政治和社会伦理精神。

诚,不爱其躯,赴士之厄困。既已存亡死生矣,而不矜其能,羞伐其德,盖亦有足多者焉。"(《史记·游侠列传》)也就是为侠者须有一种类似于"舍己为人"的精神。这里,太史公已经把侠义提到了一个新的道德伦理高度,将"存亡死生"的侠义人格与"已诺必诚"的信义人格结合,"救人于厄,振人不赡"是谓"仁","不既信,不倍言"谓之"义"。两者共同构成了侠义的模式。虽然这一模式在后世也曾有所变化,但其总的原则及核心,始终没有超出这个范围。

中国自古以来就有"侠义"的存在,"侠义"精神源于春秋战国时期,春秋战国时期在中国历史上,是一个诸子并起、百家争鸣、学术兴盛、文化繁荣的黄金时代。先秦诸子奠定了辉煌的中国古代文化的重要基础,作为儒家经典的《论语》,也有对"侠义"精神品质的体现。司马迁的"言必行,行必果",一诺千金是"侠义"精神的最基本人格因素,儒家则认为"民无信不立",信是一个人在人际交往中的基本道德规范。儒家在义的基点上也特别强调"信",孔子有,子以四教:"文,行,忠,信。"(《论语·述而》)孔子主张君子应"主忠信",后生小子要"谨而信"。《论语》中体现"侠义"之"言必行,行必果"的地方很多,譬如,曾子曰:"吾日三省吾身——为人谋而不忠乎?与朋友交而不信乎?传不习乎?"再如,子曰:"弟子入则孝,出则悌,谨而信,泛爱众,而亲仁。行有余力,则以学文。"子夏曰:"贤贤易色;事父母,能竭其力;事君,能致其身;与朋友交,言而有信。虽曰未学,吾必谓之学矣。"子曰:"君子不重,则不威;学则不固。主忠信。无友不如己者。过,则勿惮改。"(以上均见《论语·学而》)孔子又说:"人而无信,不知其可也。大车无輗,小车无軏,其何以行之哉?"(《论语·为政》)儒家另外还强调"勇",孔子说"仁者必有勇";又说"勇者不惧""临大难而不惧者,圣人之勇也""非其鬼而祭之,谄也。见义不为,无勇也"(《论语·为政》)。子路曰:"君子尚勇乎?"子曰:"君子义以为上。君子有勇而无义为乱,小人有勇而无义为盗。"(《论语·阳货》)儒家的另一位代表人物孟子特别赞赏那些"富贵不能淫,贫贱不能移,威武不能屈"(《孟子·滕文公下》)的"大丈夫",以及心目中的"舍生取义"之士,"生亦我所欲也,义亦我所欲也;二者不可得兼,舍生而取义者也。生亦我所欲,所欲有甚于生者,故不为苟得也;死亦我所恶,所恶有甚于死者,故患有所不辟也"(《孟子·告子上》)。儒家所崇尚的"舍身取义",正是"侠"之灵魂与根本所在,"千金一诺,慷慨赴义",并与儒家的忠信仁义思想结为一体,铸就了"侠义"的诞生。

亦有人认为游侠源于墨家。康有为就称:"侠即墨也。孔、墨则举姓,儒、侠则举教名,其实一也。"[①]梁启超更称:"先秦书多儒、墨对举,汉人亦以儒、侠对举,史记所谓'儒以文乱法,而侠以武犯禁'是也。墨氏之教'损己而益所为','为身之所恶以成人之所急'。《淮南子》谓'墨子服役者百八十人,皆可使赴火蹈刃,死不旋踵',《陆贾·新语》谓'墨子之门多勇士',然则战国末年以逮汉初,其游侠传中人物,皆谓之'别墨'可也。"对其游侠精神,梁启超称:"凡兼爱者必恶公敌,除害马,乃所以爱马也。故墨学衍为游侠之风。楚之攻宋,墨子之徒赴其死者七十二人,皆非有所为而为也,殉其主义而已。自战国以至汉初,此派极盛,朱家、郭解之流,实皆墨徒也"。[②] 谭嗣同亦称,侠产

---

① 参见康有为:《孔子改制考》,北京:中华书局1958年版。
② 参见梁启超:《墨子学案》,上海:商务印书馆1921年版。

生于墨家之中,"墨有两派:一曰'任侠',吾所谓仁也"。① 鲁迅也称"孔子之徒为儒,墨子之徒为侠"。②

其实在春秋战国时期,学术思想空前繁荣,百家争鸣各放异彩,天下显学儒墨法道,无不对"侠义"有着各自独特的定义。

侠义历史

"侠义"是一种行为,同时是一种理想。司马迁著《史记》之《刺客列传》与《游侠列传》,写的都是侠肝义胆、急人所难、为知己者死的侠义之士。他们最为可贵的是"其义或成或不成,然其立意较然,不欺其志"(《史记·刺客列传》)。就是说,这些侠士完全是为实现自己的人生价值而奋斗的,不为名利而改变志节,不为权贵而放弃操守。在"侠义"之士的心目中,"义"是至高无上的。他们本着"其言必信,其行必果,已诺必诚,不爱其躯,赴士之厄困,既已存亡死生矣,而不矜其能,羞伐其德"的为人准则,坚守自己的独立意志,即使以生命为代价也无怨无悔。

清代史学家赵翼在《廿二史札记》卷一之《列传》之中写有:"古书凡记事、立论及解经者,皆谓之传,非专记一人事迹也。其专记一人为一传者,则自迁始。又于传之中分公卿将相为列传,其儒林、循吏、酷吏、刺客、游侠、佞幸、滑稽、日者、龟策、货殖等,又别立名目,以类相从。"③说明在太史公的眼里,刺客、游侠的社会地位甚至可以同皇权时代之公卿、将相等观。这些侠义之

---

① 参见谭嗣同著,印永清评注:《仁学》,郑州:中州古籍出版社1998年版。
② 参见鲁迅:《三闲集·流氓的变迁》,北京:人民文学出版社1980年版。
③ 〔清〕赵翼著,王树民校证:《廿二史札记校证》,北京:中华书局2013年版,第5页。

士大都不惜牺牲身家性命去替别人排难解纷或报仇雪耻,等到真的把他人的困厄解除,却又"不矜其能,羞伐其德"。所以司马迁又称:"侠客之义,又曷可少哉!"司马迁更指出侠义之士与"侵凌孤弱"的"豪暴之徒"是有分别的。前者固然动辄"以躯借交报仇",却同时又"逡逡有退让君子之风",使天下不论"贤与不肖"或"知与不知"之人,都对其仰慕尊敬;后者则是"盗跖居民间",乃是真正侠客之羞耻。

《刺客列传》中曹沫、专诸、豫让、聂政、荆轲、高渐离六人,视道义高于生命,"不爱其躯,赴士之困厄"的优秀品质令太史公讴歌。豫让坚守"士为知己者死""忠臣有死名之义"的信条,宁让己身承受涂厕之辱、吞炭之苦,也要采取其自认为最正当的方式,不惜牺牲性命为智伯报仇。在襄子宽赦他时,他仍毅然选择以剑击襄子衣,尽为智伯报仇之义,最终伏剑自尽,因为他自认:"既已委质臣事人,而求杀之,是怀二心以事其君也。且吾所为者极难耳!然所以为此者,将以愧天下后世之为人臣怀二心以事其君者也。"聂政为完成严仲子所托,最后竟"自皮面决眼,自屠出肠,遂以死"。而荆轲为助燕太子丹刺杀秦王,自己走上不归路:"'风萧萧兮易水寒,壮士一去兮不复还!'复为羽声慷慨,士皆瞋目,发尽上指冠。"即便于刺杀失败后面对死神的那一刻,他依然"倚柱而笑,箕踞以骂曰:'事所以不成者,以欲生劫之,必得约契以报太子也。'"荆轲是"知其不可为而为之"的典型,没有无奈和哀怨,有的只是豪壮与慷慨。[①] 刺客的精神与游侠的精神有很大的相似性。刺客是专门从事暗杀的群体,由于手段不够光明正大,历来多受到人们的非议。然而,司马迁却看到了这群人身上的闪光点和那种不同寻常的"义",因而对他们赞赏有加。太史公在《刺客列传》后论说:"此其义或成或不成,然其立意较然,不欺其志,名垂后世,岂妄也哉!"说明司马迁评价刺客的标准不是其成功与否,而是他们的那种无畏的精神和侠义的风貌。通过对刺客自我牺牲的侠义精神的讴歌,司马迁的重侠义的人生价值取向也表现出来了。

《游侠列传》记述了汉代著名侠士朱家、剧孟和郭解的史实。《游侠列传》序文称:"自秦以前,匹夫之侠湮灭不见,余甚恨之。"司马迁列举分析了不同类型的侠客,充分肯定了"布衣之侠""乡曲之侠""闾巷之侠",这些被班固视为"罪已不容于诛"(《汉书·游侠传》)的社会底层人物,到司马迁的笔下却成为倾倒天下的英雄,司马迁对他们的不幸遭遇深表同情。《游侠列传》里朱家的"侠义"司马迁只用了几十个字来总结:"终不伐其能,歆其德,诸所尝施,唯恐见之。振人不赡,先从贫贱始。家无余财,衣不完采,食不重味,乘不过驽牛。"但其"专趋人之急,甚己之私"的助人精神早已淋漓尽致。而郭解,司马迁则不厌其

[①] 后班固以为《史记》写荆轲曾引《战国策》之史料,清人方苞、吴汝纶等则认定《战国策》曾割取《史记》原文。至于《燕丹子》出自何时何人之手,亦是众说不一:一种意见认为《燕丹子》在司马迁《史记》前,是秦汉之间的作品,如宋人马端临、清人孙星衍,鲁迅之《中国小说史略》亦承袭孙说;另一意见则认为,《燕丹子》当于《史记》之后,是唐以前的作品,如明人胡应麟等。无论如何《荆轲传》堪称《史记》全书之"第一种激烈文字"(吴见思《〈史记〉论文》语)。那"风萧萧兮易水寒,壮士一去兮不复还"的慷慨悲歌,引出无数"侠义"之士前赴后继地效仿。

烦地列举数例。郭解姐之子被杀,说明郭解明善恶、辨是非的正直;邻里傲视他到"肉袒谢罪"之变,说明郭解以德服人的豁达;为人调节而不居功之大气,为人排忧方能安心于饭的"趋人之急",逃难中实名相告之坦荡等,郭解"虽为侠而逡逡有退让君子之风",令人敬佩不已。司马迁在为侠士季布立传时,感于其重诺轻生的"侠义"精神,而赞曰:"得黄金百,不如得季布一诺。"游走于风云剧变的险恶江湖,为侠者只有借助于"信",其"侠义"精神进行历练,才能大显身手于人间,救民疾苦于水火。曾国藩曾评论说,《游侠列传·序》分三等人:术取卿相,功名俱著,一也;季次,原宪,独行君子,二也;游侠,三也。于游侠中又分三等人:布衣闾巷之侠,一也;有士卿相之富,二也;暴豪恣欲之徒,三也。① 此一详细分类,也体现了司马迁对游侠这类人群的把握。

司马迁的"侠义",不仅仅体现在《刺客列传》及《游侠列传》,整部《史记》都弥漫着"侠义"之精神。《史记》很多篇章中,均可看到太史公讴歌之"侠义",如在《平原君列传》内有毛遂,勇于自荐,促成合纵,邯郸解围;《田儋列传》里有田横,为保部下性命而自刎,再有重情重义的追随者,即后世所谓"田横五百士";在《廉颇蔺相如列传》中有蔺相如,为维护国家之尊,冒死完璧归赵,为维护内部团结对老将廉颇谦恭退让,从而引出"将相和"。"先国家而后私仇",司马迁的"侠义"精神是丰富而深广的,太史公不仅热情歌颂了刺客、游侠、豪杰的精神,而且为众多遭受不公命运的人鸣不平,对那些命运悲惨的忠义之士,如李

---

① 参见曾国藩:《求阙斋读书录》,引自张大可等主编:《史记研究集成》(第6卷),北京:华文出版社2005年版。

广、屈原、韩信等,都寄予深刻同情。可以说,"侠义"精神是司马迁的一种人格理想,是他的处世原则,且已深深地融入他的血液之中。就像《游侠列传》提及的,"近世延陵、孟尝、春申、平原、信陵之徒,皆因王者亲属,借于有土卿相之富厚,招天下贤者,显名诸侯,不可谓不贤者矣"。而在《魏公子列传》中,既有信陵君礼贤下士和"窃符救赵",也引出为信陵君出主意"窃符救赵"而自刎身亡的义侠侯嬴。侯嬴之自杀,即体现士为知己者死,亦是为报答信陵君知遇之恩。此正是后世魏徵于诗中所言"侯嬴重一言"。"信"源于"诚","诚"又因为"信"而更显真挚。就连《赵世家》及《韩世家》中,也引出中国历史上的最著名的两位义士:公孙杵臼和程婴。这个历史故事在宋元之际被改编成剧本"赵氏孤儿",从此广为流传,几乎妇孺皆知。①

司马迁笔下的"侠义"之士,均具备以下几个特点:首先是有血性,有强烈正义感及责任感;其次是言行深得人心,在民间有广泛的基础;再有就是各具超人武艺。缺少其中任何一项,都会影响其作为"侠义"之士的资格。古代"侠义"精神的实质及

---

① 相关记载最早见于《左传》,只是情节较略,待司马迁作《史记·赵世家》及刘向《新序》《说苑》始有详细记载。"赵氏孤儿"中奸臣屠岸贾的残暴狠毒,与公孙杵臼、程婴冒死历险、慷慨赴义的自我牺牲的侠义精神形成鲜明对照。屠岸贾为个人私怨而杀害赵盾全家,为了搜捕赵氏孤儿而不惜下令杀尽全国的小儿,此种残忍行径令人发指,而程婴、公孙杵臼等人为救护无辜而进行的举措格外艰难,甚至要以牺牲生命和舍弃亲生骨肉为代价。后王国维在《宋元戏曲考》里特别指出:"剧中虽有恶人交构其间,而其蹈汤赴火者,仍出于其主人翁之意志,即列之于世界大悲剧中,亦无愧色也。"《赵氏孤儿》在国际上很有名,被赞为"来自东方之神"。法国伏尔泰曾将其改编为五幕剧本,于1735年出版,乃是中国最早传至欧洲的戏曲作品。英国剧作家威廉赫察特改编为《中国孤儿》,在英国文化界引起重大反响。其在献词中称:"其中有些合理的东西,英国名剧也比不上。"

侠客奉行的处世之最高境界就是匡扶正义、精忠报国,即宋代范仲淹在其名篇《岳阳楼记》中倡导之"先天下之忧而忧、后天下之乐而乐"的奉献精神,而"侠义"之士,就是把这种忧国忧民的精神加以身体力行并发扬光大的实践者和社会行动家。

古代"侠义"之士秉承了家国天下的儒学理念,他们以人间大义作为己任,为了心中的理想奉献毕生。由此可知这就是中国古代的"侠义"精神,亦可由此总结出古代"侠义"之士的几个特点。

首先,重大义,轻生命。古代"侠义"之士,胸中存道义,腹内有乾坤。司马迁为之作传的专诸,为实现阖闾复国,在伍子胥授意安排下,鱼腹藏剑,刺杀王僚,虽最终落得乱刃分尸,却也死而无憾;而赵国重臣蔺相如,携璧赴秦,与秦王周旋,危难之际,宁可玉石俱焚,决不屈膝,最终既留住了国宝,更为国家赢得尊严。古代的"侠义"之士,大都具有这种杀身成仁、舍生取义的精神。在大义面前,他们将个体生命看得微乎其微。这正是古代"侠义"之士所追求的最高境界。

其次,重友情,轻个人。"趋人之急"里也有浓重的报恩思想和"士为知己者死"的精神。这一点在刺客身上表现得最为明显。"人生得一知己足矣。"可见知己对于一个人的重要。古代"侠义"之士,由于其思想与行为天马行空,若得一知己,难上加难,而一旦遇到,必倾心交往,视之为手足,遇有困难,必全力相助,尽其所能,哪怕牺牲身家性命。侠客聂政,视严仲子为知己,为报知遇之恩,独自一人仗剑入韩都,以白虹贯日之势,刺杀侠累于阶上,最终血洒当场。"士为知己者死",由此可得验证。

其三,"言必信,行必果"的精神。这是"侠义"之士身上最闪光的品质之一。他们当中许多人为了实现承诺甚至不惜献出自己的生命,古代政治充满凶险,也充斥奸诈,"侠义"之士多成为政客进行争斗的工具。为完成统治者抱负,"侠义"之士抱着"杀身成仁"的精神,有时牺牲的不仅是自身,还要累及家人。"侠义"之士为了承诺,慷慨赴义,明知不可为而为之者比比皆是。荆轲刺秦王明知凶多吉少,仍然负剑而歌,踏上不归路。

其四,主张兼爱,崇尚自由,反抗强暴,报效国家。这点在曹沫和荆轲身上体现得最为明显,蔺相如亦是如此。

古代"侠义"之士,居无定所,倚剑长歌,不要名利,行侠仗义,亦不想受到任何束缚,无拘无束,酣畅淋漓,豪放肆意,纵情挥洒,打抱不平,轻财好施,不分贵贱,大爱无边。这正是侠士的一种追求。

侠义影响

春秋战国时期兴起的任侠之风至两汉以后始盛,"侠义"精神参与了文人之人格塑造,汉代以降,游侠虽从正史中销声匿迹,但"侠义"精神作为传统文化观念和时代精神的产物、人们自觉的价值选择,又经过口头传说与文人歌颂,在大众意识里形成了一种理想的人格精神,从此融入中华民族文化的血脉之中,丰富了中国文化基因库,成为正义的体现与象征。

魏晋南北朝是"侠义"精神的重要转折点,"侠义"精神由史家传颂转到文人歌咏,由历史写实转向文学想象。"侠义"精神对士风影响更加深入,动荡不安的时代促使文人希立功乱世,图扬名立万,建安曹子建就发出了"捐躯赴国难,视死忽如归"之叹。曹植《白马篇》所写的"幽并游侠儿"较之司马迁的游侠又提升了一个层次,此一"仰手接飞猱,俯身散马蹄。狡捷过猿猴,勇剽若豹螭"的侠客,其人生趋向也超越了个人。他是"长驱蹈匈奴,左顾凌鲜卑。弃身锋刃端,性命安可怀！父母且不顾,何言子与妻。名编壮士籍,不得中顾私。捐躯赴国难,视死如忽归"。曹植笔下的"侠义"之士,其目标是投身战场,保家卫国。

六朝以来的文人士子多于诗咏之中流露出对"侠义"精神的向往,"侠义"之士的人生道路和价值取向成为文人心中的理想。

唐代宏大的社会气象更是文人称颂"侠义"精神的天然土壤,不论是刘长卿"日晚春风里,衣香满路飘"(《少年行》)中"侠义"的潇洒,还是李白"天生我材必有用,千金散尽还复来"(《将进酒》)的自信;不论是陈子昂"念天地之悠悠,独怆然而涕下"(《登幽州台歌》)的感怀,还是老杜"致君尧舜上,再使风俗淳"(《奉赠韦左丞丈二十二韵》)的壮志;无论是张柬之"侠客重恩光,骢马饰金装"(《出塞》)的献身,还是王维"孰知不向边庭苦,纵死犹闻侠骨香"(《少年行四首》)的报国,皆为有唐一代"侠义"精神的感怀。这其中,李太白一首古风《侠客行》歌颂"侠义"最为突出,诗中赞扬战国时期"侠义"之士朱亥、侯嬴奋身救赵壮举。开头的笔墨更是后代"侠义"人物的经典写照。李白所歌颂的"侠义"精神与曹植的作品相比,显然又上升了一个台阶。他们的形象更为丰满,这些"侠义"之士既有早期侠客的个人精神在里面,又有以家国为重的慷慨情怀,同时更有一种安邦定国的不凡抱负。李白赋予"侠义"的这种将个人、家族、国家三者结合的精神,对后来社会具有更广泛影响。

中唐以后,唐传奇蔚为大观,这一方面与唐代的尚武任侠之风有相当之关系,同时与李白如此鼓吹"侠义"精神也有紧密关联。

宋代边患频起,战事连年,宋诗沿着唐诗之余脉留风继续歌颂"侠义"精神,无论岳飞"八千里路云和月"之"侠义"之旅,"壮志饥餐胡虏肉"(《满江红》)的国仇家恨,辛稼轩"醉里挑灯看剑,梦回吹角连营"(《破阵子·为陈同甫赋壮词以寄之》)的疆场立功,还是陆放翁"王师北定中原日,家祭无忘告乃翁"(《示儿》)的家国梦萦,均将"侠义"精神与国家荣辱融为一体。

历史到了近代,西方列强以炮火强行打开清朝大门,无情击碎"天朝"的美梦,整个民族到了生死存亡的关头,诗人龚自珍不禁感怀:"吟到恩仇心事涌,江湖侠骨恐无多"(《己亥杂诗》第一百二十九首)。扶危救困,为国为民的"侠义"在经历了一段时间的沉浮之后,经仁人志士的疾呼和"侠义"之士的力行,又重新彰显。近代文人更在民族空前危亡之际,以"侠义"精神著书立说,启蒙愚昧、激起斗志,从维新领袖梁启超、变法志士谭嗣同,到鉴湖女侠秋瑾的"侠义"精神,树立起稳如泰山、高若昆仑的丰碑。"侠义"与英雄融为一体,大变革中涌现出无数"侠义"壮举,谭嗣同甘愿为变法维新抛头颅、洒热血,仰天长叹"我自横刀向天笑,去留肝胆两昆仑"(《狱中题壁》);梁启超称侠义精神乃救国救民之道,并提出侠义救国理论,认为洗血国耻、强盛国家,非为侠者不为;章太炎也在《变法箴言》中称,"至于书生剑客,慷慨国事,竞为诡激,横刀曰攘夷,擐绔曰脱藩,一言及尊攘,切齿扼挽,斥当轴为神奸,而笑悼老成宿儒之畏懦,悲歌舞剑,继以泣涕,展转相效,为一世风尚"[1];甚至章太炎的门生黄侃,也

---

[1] 章太炎著,汤志钧编:《章太炎政论选集》,北京:中华书局1977年版。

以"运镜"的笔名发表《释侠》一文,对"侠"字"解字","说文"。①这其中,柳亚子的《满江红·题剑魂汉侠图》一诗,可以代表这一时期的"典型情绪"。近人看重"侠义"精神主要是缘于中国国民身体精神虚弱之现状,以及受西方列强欺侮之影响,"侠义"精神还是仁人志士进行社会革命的需要,要战胜封建势力和外国列强,必须具有"重诺轻生"、不惧危亡的"侠义"精神。

在中华民族漫长的历史中,"侠义"精神有一种魔力,使它深植民族的文化血脉,自古至今崇尚"侠义"精神者不乏其人,更有无数仁人志士或"路见不平,拔刀相助",或"仗义任侠","为民请命",以血肉之躯书写了一曲曲饱含"侠义"精神的慷慨悲歌。这种"侠义"精神不仅影响民众的日常生活,而且带来一个更具影响力的副产品——"侠义"文学。

中国的武侠小说是一种具有中国民族文化特点与大众文化全貌的文学样式。它的历史之久、流传之广,都是其他文学样式所不及的。"侠文化"是中国传统文化体系中不可或缺的部分,不仅存在于武侠天地中,更深深地渗透到人性中,它是中国文化的一种生动体现。

"侠义"文学集中体现了社会公平、正义等社会理想,处处饱含梦幻与荣光的意志,无论于理是合是悖,"侠义"永远是主人公心中执着不变的追求。而这追求,在呼天不灵时是"替天行道",于叫地不应时是代替执法;在社会不公时,"侠义"之士横

---

① "侠者,其途径狭隘者也,救民之道,亦云众矣,独取诸暗杀,道不亦狭隘乎?夫孤身赴敌,则逸于群众之揭竿,忽得果魁,则速于军旅之战伐,术不必受自他人,而谋不必咨之朋友。专心壹志,所谋者一事,左右伺候,所欲得者一人,其狭隘固矣,而其效或致震动天下,则何狭隘之足恤乎?"参见运镜:《释侠》,载《民报》(影印本)第5册,北京:中华书局2006年版。

空出世,救难救急。"侠文化"在漫长的中国历史上有着特殊而又举足轻重的地位,它是中华传统文化的缩影。

中国传统文化中"侠义"的精髓在于仁义、气节,即所谓"孔曰成仁,孟曰取义"。这也是很多人喜读武侠文学的原因,讴歌"道义""道统",亦是中国武侠文学的优良传统。

司马迁笔下的刺客与游侠,虽具传奇色彩,却仍是现实生活中的平凡之人。尽管侠客们有"路见不平,拔刀相助"的血性和正义,亦有"士为知己者死"的牺牲精神,但无人是飞檐走壁、身手无常的"超人",更非"剑仙"。此一"侠义"的传统直至唐人传奇中才得到进一步发展。普通民众希望通过文学作品把侠客理想化。于是侠客被赋予神出鬼没的非凡武功。侠客从现实生活中的寻常凡人一跃成为奇人乃至神仙。这便形成了武侠小说的早期形式。

我国最早的武侠小说,应该就是唐传奇中的《虬髯客传》《红线传》《聂隐娘》《昆仑奴传》等精彩作品。宋代以后,文言武侠逐渐衰落,白话公案、侠义小说替而代之。明代长篇白话《水浒传》更被誉为武侠小说的萌芽,到清中期出现的《三侠五义》应是我国第一部真正意义上的长篇武侠小说。

武侠小说得到真正发展并呈现出繁荣景象,是民国时期了。辛亥以后,千年封建君主专制制度被推翻,各种思想进入中国,多类作品各放异彩,柳亚子更是为女侠立传。① 武侠小说也开创了所谓"旧武侠"时期,②旧武侠小说的描写使武侠深入人心,成为中国现代小说体系中不可或缺的部分。20世纪50年代,武侠小说进入"新武侠"时期。所谓"新派"的三大变革主要体现在以下三个方面:首先是"新"文学观,其次是"新"历史观,再次是"新"价值观。民国时期的武侠小说提倡个人英雄主义,侠客主要活动是寻仇、较技和救苦救难,"新派"提倡集体主义,个人利益服从集体利益,金庸以"侠之大者,为国为民"来进行高度概括。这种价值取向,是民国"旧派"不具备的。此时武侠中"侠"之定义,梁羽生认为,旧武侠小说中的侠,多属统治阶级的鹰犬,新武侠小说中的侠,是为社会除害的英雄;侠指的是正义行为——符合大多数人的利益的行为就是侠的行为,所谓"为国为民,侠之大者"。此时武侠已经突破了民国初年武侠的剑仙斗法、门派纷争、绿林仇杀等题材,而多表现民众斗争,着重人物描写,兼用中西技法,突破了旧武侠窠臼,剔除了神鬼色彩。中国传统文化有几千年的历史沉积,以梁羽生、金庸为代表的这一时

---

① 松陵女子潘小璜(柳亚子化名)《中国女剑侠红线聂隐娘传》中有曰:"法兰西何以有革命也,俄罗斯何以有虚无党也,欧洲各国何以有无政府主义也,其女侠之赐哉。中国秦汉以前,侠者吾不论,乃若有唐一代则剑侠之林也。但见此司香掌书之弱女子,一旦为女侦探,女游侠,装鸟蛮髻贯,金雀钗,衣紫绣襦,穿青丝履,佩龙文剑,神光奕奕,眉彩英英,再拜别主,飘然向魏州,如流星掣电而去。红线者,亦女子耳。一剑功成而使两地保其城池万人。全其生命乱臣知惧,列士谋安勇于三军,军将贤于十万师,为女侦探,为女游侠,可不谓奇哉。"(刊《女子世界》1904年第4期)
② 此时期以1923年南派小说家平江不肖生著《近代侠义英雄传》为开端,旧武侠之创作遂进入高潮。至20世纪30年代,著名的武侠小说家有北派五大家:还珠楼主、白羽、郑证因、朱贞木和王度庐,主要分为还珠楼主的神怪武侠,白羽的社会武侠,郑证因的技击武侠以及王度庐的言情武侠等四大派。

期的武侠小说名家在其作品中掺插诗词及琴、棋、书、画等内容,结合武侠,展示招数,且描写合情合理、绘声绘色,人们加深了对中国古代文化的兴趣。"侠义"之士大都有责任、富感情,是一理想人物,而这两项正是常人所欠缺的,因而武侠能够满足人们对理想社会的幻想。金庸作品中"侠之大者,为国为民"的主题,功成身退的主人公形象,可在李白的作品中找到源头。而对李白的《侠客行》,金庸更是赞叹备至,称李诗"千载之下读来,英锐之气,兀自虎虎有威"。①

武侠小说中一些代表人物亦被分到儒、释、道三教门下,如称陈家洛作"儒家之侠",称段誉、虚竹、萧峰作"佛家之侠",称杨过作"道家之侠",道家之侠与儒家之侠区别明显,儒侠重"仁",道侠重"智"。也就是说,儒侠乃忠心仁厚的老好人,譬如纯朴质直、厚道无伪的郭靖;道侠则为灵巧聪明之人,就像机智、聪敏的杨过。儒家看重群体,重教化、重共性、重理性;道家看重个人,重人性、重情感、重风度。精研武侠文化的龚鹏程谈及"侠客崇拜"时说:"长久以来,对于侠,我们总有一种难言的赞叹之情。……他们杀身成仁、视死如归,似儒;他们摩顶放踵、兼爱天下,似墨;而他们除暴安良、济弱扶倾,甚至劫富济贫,大快人心,却又侠踪杳然,如神龙见首不见尾,更有一种儒墨所无的神秘浪漫气息。这样的侠气、侠情、侠骨、侠义、侠行,当然要使人赞叹莫名了。"②龚氏此言,颇有武侠之风,也将"侠义"文化在大众心目中的形象刻画得淋漓尽致。

"侠义"之精神不仅影响"文",更直接关系"武"。中国传统

---

① 参见金庸:《侠客行》,北京:三联书店1999年版。
② 参见龚鹏程:《侠的精神文化史论》,济南:山东画报出版社2010年版。

文化"侠义"的行为与武术的各种技击紧密联系,其价值与中华传统武德要求的忠诚向上是一致的。梁启超就曾煞费苦心地"采集春秋战国以迄汉初先民之武德足为子孙模范者",编成《中国之武士道》一书,评说史上游侠,总结豪侠产生的原因,并承嗣千年来的"侠义"精神,将此视作振兴民族伟力之源。[①] 近代国术理论家吴志青曾阐发"弘扬国术,倡导侠义"的理论,著书写道"只有力行仁爱观念和侠义精神,才能够挽救我民族已经麻木的灵魂和由于外人欺凌而日渐堕落的德行,仁爱是人们立于世间的根本和相互扶持的依赖,侠义是人们之间的怜悯和彼此援助的正道",呼吁从国情民生危困的实际出发大行仁爱侠义精神。[②] 1906年,苏州商会体育会成立,即以"尚武好侠"的"三吴古风"激励会员,同时亦为"东晋六朝以后乃至于文弱"而深为叹息,称数千年来,东南文物之邦,文治足以光史乘,而武略不足以壮湖山的原因,就是重文轻武之积习。

武术最初作为搏击手段,与古代"侠义"之士紧密相连,早在殷商时期或已产生比赛雏形。如《礼记·王制》所载"凡执技论力,适四方,裸股肱,决射御",意思就是较量武艺高低。春秋战国时期,铁器出现,步骑兵兴起,武器技击内容丰富,武术技击性进一步提升,比武试艺形式已广泛出现,《管子·七法》载每年有"春秋角试"。《汉书·艺文志》收入"兵技巧"类达十三家,都是论述"习手足,便器械,积机关,以立攻守之胜"的武术技击的专著。魏晋南北朝时期,武艺停滞。隋唐时期,随着社会经济

---

① 参见梁启超:《饮冰室合集》(专集第二十四册),北京:中华书局1989年版。

② 参见吴志清编:《国术理论概要》,载《民国丛书》第一编之五十(文化教育体育类),上海:上海书店1990年版。

繁荣,武术重新兴起。唐始行武举,用考试手法授予武艺出众者以"猛殷之士""矫捷之士""技术之士""疾足之士"。宋代出现民间习武组织,如"锦标社"(射弩)、"英略社"(使棒)、"角抵社"(相扑)等。他们"自置裹头无刃枪、竹标排、木弓刀、蒿矢等习武技"(《宋史》卷一百九十一)。《栋亭十二种都城记胜》记,武艺有角抵、使拳、踢腿、使棒、弄棍、舞刀枪、舞剑及打弹、射弩等。《东京梦华录》卷七载:"两人出阵对舞如击刺之状……出场凡五七对,或以枪对牌、剑对牌之类。"元统治者禁止练武,武术技击至明代才又有发展。有记载拳术、器械流派、沿革、动作、特征、运动方法和技术理论的著作《纪效新书》《武篇》《耕余剩技》等。清民间以"社""馆"形式传授武艺,著名的拳种像太极、八卦、形意、劈挂等均在清代形成。民国时期,社会上有各种拳社,将武术传播发展。

中国武术作为一种文化形式在长期历史演进中,深受中国古代哲学、医学、美学等方面的渗透和影响,形成了独具风格的练功方法和运动形式。其中最重要的一点是注重"武德"。中华传统武德的核心内涵是"以人为本",以"仁"为核心体系,吸纳中华传统"侠义"之养料,以"忠肝义胆"来报效国家,强身健体。

中国古代"武德"思想,造就了中国"武侠"之士特立独行的人格,"武侠"之士的人格素养在"侠义"中得以陶冶和锤炼,使其"德高技高""以德服人";使其爱天下苍生,顺应民意,并扶危救困;使其疾恶如仇,打抱不平;使其"视死如归","威武不能屈,富贵不能淫",敢于"置之死地而后生"。正是这些品质和精神,才形成了中国千百年来悠久的"武侠文化"。

何谓"侠义"精神?梁启超认为"侠义"就是"国家重于生命,朋友重于生命,职守重于生命,然诺重于生命,名誉重于生命,道义重于生命"[1]。章太炎也认为侠者乃"当乱世则辅民,当平世则辅法"[2]。

  现代社会同样需要"侠义"精神。"见义勇为,明心见性。"见义是明心,勇为是见性。勇,有能力办到,那已有了勇;能力不够,拿出勇气来面对不足,同样也是勇,正所谓"知耻近乎勇"。但如果不能勇于制止"不义之举",则为"不义"之帮凶。尽管各人自有对"义"的理解,但"为"是行为,勇敢去做,大家都能见到的。孔子云"见义不为,无勇也"(《论语·为政》),冯梦龙亦称"见义勇为真汉子,莫将成败论英雄"[3],此亦是"侠义"的一部分。关键时刻的"仗义挺身""仗义相助",可谓当代"侠客"也。此为中国文化价值的最新体现。崇尚正义、疾恶如仇、仗义执言、不平则鸣、乐善好施、体恤贫弱、鄙视贪渎、反对特权、替民请命、为国分忧、心系社稷,应为当代"侠义"精神的精髓。"侠义"者尊重自己也尊重别人,不为己独霸天下而盛气凌人,可为知己而甘冒天下骂名,不参与世俗纷争,有"侠义"的宽容,才有仰天一笑的潇洒,有"侠义"的博爱,才有顶天立地的英雄。

(撰稿人 胡振宇)

---

[1] 梁启超:《饮冰室合集》(专集第二十四册),北京:中华书局1989年版,第20页。

[2] 姜义华编:《章太炎全集》第3册,上海人民出版社1984年版,第439页。

[3] 参见〔明〕冯梦龙著,〔清〕蔡元放编:《东周列国志》,北京:中华书局2009年版。

第十二章　慎战篇

战事之源

　　古代的战事,作为人类特有之现象,并非伴随人类之产生而产生。在人类几百万年的历史中,可以说绝大部分时间里是没有战争可言的。和其他事物一样,战争的产生与发展必须具备一定的社会基础。

　　在人类社会的早期,生产力低下,人们群居共处,过着平等无争的生活。随着人类改造自然能力的不断加强,剩余产品大量出现,私有财产随之出现,战争便有了其产生的社会基础。大而言之,战争是氏族、部落、阶级、民族之间的斗争,具体而言则是人与人之间力与技的较量。有战争即有军事,战事一旦发生,相关诸因素譬如兵器、兵制、兵家、兵法即应运而生,并随社会政治经济的发展而发展。

　　《左传·成公十三年》载:"国之大事,在祀与戎。祀有执膰,戎有受脤,神之大节也。"意思是说,祭祀和战争是国家的大事。祭祀有执膰之礼,战争有受脤之礼,这是和神灵交往的大礼节。"祀"与"戎"是国之大事,史前时代即已如此。上古时期的中国,形成以黄河、长江流域为中心的华夏、东夷、苗蛮等几大氏族集团,最初以血亲复仇、掠夺财富和占领土地为目的的战事便发生了。尽管远古战事的实际情况在史籍中没有确切的记载,但由考古资料和有关上古的传说中(如黄帝、炎帝的阪泉之战,炎帝、黄帝对蚩尤的涿鹿之战及尧舜禹伐三苗等),亦能约略闻到铮铮军声。从夏代至西周,随着战争性质的改变,战争规模日益扩大,战事频率逐步加快,作战方式渐渐复杂,人们在战争实践中不断总结经验,形成了中国早期的谋略思想及作战规则,制造了商汤灭夏的鸣条之战、武王伐桀的牧野之战等运用谋略的战例。

战事的出现和军事的发展,造就了诸如伊尹、姜尚(太公)等著名军事谋略家,他们不仅掌握丰富的军事知识,还于战事中总结前人经验,并创新发明,为中国古代兵法的发展奠定了基础,为中国战术思想的产生做出了重大的贡献。亦由于战术的重要性日益被人们认识,一些谋略思想和战事原则被记录下来,并加以整理成篇,不仅殷墟甲骨文及《易经》对当时战事有大量记载,而且有《军志》《军政》等专门的战事著作。

古代文献记录古史传说时代的战事如阪泉[①],涿鹿[②],共工与颛顼[③]三战,均发生在距今5000年左右,可以说是中国古代最早的战事。

此后,帝尧之时,"尧战于丹水之浦以服南蛮,舜却苗民,更

---

① 阪泉在今河北怀来境内。
② 《战国策》载,炎帝、黄帝与蚩尤"争于涿鹿之阿,九隅无遗"。
③ 《淮南子·天文训》载:"昔者共工与颛顼争为帝,怒而触不周山,天柱折,地维绝。"

易其俗"(《吕氏春秋·召类》)。舜继尧后,"舜伐三苗"(《战国策·秦策》)①,《韩非子·五蠹》载:"当舜之时,有苗不服,禹将伐之,舜:'不可,上德不厚而行武,非道也。'乃修教三年,执干戚舞,有苗乃服。"后,"昔者三苗大乱,天命殛之"②,据《墨子·非攻》载,战斗异常激烈,战场似雷电般震天动地,大禹有人面鸟身之神护佑,大乱苗师。

夏代出现车兵,据《淮南子·说山训》载"见飞蓬转而知为车",《世本》又说奚仲作车③,《左传》杜预《注》有:"奚仲为夏禹掌车服大夫"。《史记·夏本纪》载禹治水时"陆行乘车,水行乘船",《世本·作篇》有"胲作服牛,相土作乘马"④,且《尚书·甘誓》载:"左不攻于左,汝不恭命;右不攻于右,汝不恭命;御非其马之正,汝不恭命。"知车已用于战事。如《吕氏春秋·简选》有"殷汤良车七十乘,必死六千人,以戊子战于郕,遂禽推移、大牺,登自鸣条,乃入巢门,遂有夏";又《墨子·明鬼下》载"汤以车九两,鸟阵雁行,汤乘大赞,犯逐夏众,入之郊遂"。

商代甲骨文中有"王作三师""王旅"等语,"师""旅"即是商代军队的编制。

河南安阳殷墟侯家庄西北冈 1004 号大墓出土有商代兵器戈、矛,10 件为一捆,还有不同制式的头盔。殷墟并出土有商代的马车,《尚书·牧誓》孔《疏》引《风俗通》称:"车有两轮,故称

---

① 《孟子·万章》亦有"杀三苗于三危"。
② 参见《墨子·非攻》。另《尚书·吕刑》载,"禹亲把天之瑞令,以征有苗"。禹"苗民弗用灵。制以刑,惟作五虐之刑,曰法。杀戮无辜",上天"哀矜庶戮之不辜,报虐以威,遏绝苗民,无世在下"。
③ 见《世本·作篇》,并见于《墨子·非儒》《荀子·解蔽》及《管子》等。
④ 胲为商汤七世祖,相土为十一世祖,甲骨卜辞均有记载。

为两。"一"两"即兵车一乘。《吕氏春秋·简选》说商汤率"良车七十乘,必死六千人"伐夏,《墨子·明鬼下》亦称"汤以车九两,鸟阵雁行"伐夏,《诗·鲁颂》郑《笺》有"兵车之法,左人持弓,右人持矛,中人御",均为古代战争之记载。

殷商甲骨文中多有方国征伐之记载,伐羌之战为商重要战事之一,甲骨文中记载甚多,如"令五族伐羌""妇好伐羌"等。妇好为武丁之妻,曾多次统领士兵亲征羌、夷、土方等部落,与甲骨文记载相对应。史载妇好一次率兵一万三千人伐羌,是中国历史上妇女统兵征战的最早记录。

商伐荆楚①,发生在武丁时期征服鬼方、羌方之后。关于此战,卜辞中未有记述,仅在《诗经·商颂》中有"挞彼殷武,奋伐荆楚。罙入其阻,裒荆之旅"的记载,详情难以知晓。但就该项文献记载可知,商军伐荆楚,规模应不算小,且深入荆楚地区,给荆楚以重创。很显然,经过此战,商朝的势力向南扩展,已达长江流域。

商王武乙时曾征盂方,据甲骨文记载,帝乙亲征盂方,战争极具规模,且大获全胜,擒方伯三人,俘一千五百余人。

商朝末年,渭水流域的周族兴起。经长期积蓄,在武王领导下,以周人为主的西方诸侯联军大举东进,于牧野展开大战,商军即刻瓦解,纣王逃至鹿台自焚,商亡。周朝建立。

周朝至幽王时,王废正后申侯之女及太子宜臼,另以嬖宠美人褒姒为后,其子伯服为太子,但"烽火戏诸侯"引起犬戎来攻打。幽王被诛,西周灭亡。后众诸侯立幽王原太子宜臼,是为平王,迁都洛阳,是为东周。东周分为春秋与战国两时期,"春秋无

---

① 荆楚为商王朝南方之一部族,主要活动地区在长江中游及汉水流域。

义战",战国七雄争霸,最后,秦统一天下。

战争之祸

人们对战场的描述往往是尸山血海,无人生还,尤其是古代文献、诗词歌赋中的战争情景,其悲惨状况给人留下极深印记。

周朝武王伐纣,"率戎车三百乘,虎贲三千人,甲士四万五千人"(《史记·周本纪》)会诸侯于盟津,对商决战。武王发《泰誓》,历数纣王的罪行,宣布奉天伐商,以"朝食于戚,暮宿于百泉"(《荀子·儒效篇》)之速进军朝歌,在其西南之牧野展开大战。《史记·周本纪》记载:"帝纣闻武王来,亦发兵七十万人距武王,武王使师尚父与百夫致师,以大卒驰帝纣师。纣师虽众,皆无战之心,心欲武王亟入。纣师皆倒兵以战,以开武王。武王驰之,纣兵皆崩畔纣。纣走,反入登于鹿台之上,蒙衣其殊玉,自燔于火死"。对于这场战争的惨烈,《尚书》中《武成》篇称"流血漂杵",就是说血流成河,舂米的木槌都漂了起来。①

另一场战国末的秦赵长平之战,亦是中国历史上最著名的战事,结果是赵国失败,四十万降卒被秦军"坑杀"。② 长平之战之血腥,于此可见一斑。③ 以致日后秦昭襄王令白起再将伐赵,白起抵死不奉命,甘蒙杜邮之赐,慨然曰:"长平之战,赵卒降者数十万人,我诈而尽坑之,是足以死。"(《史记·白起王翦列

---

① 对于"七十万"大军之数字,《尚书·武成》孔颖达《疏》:"纣兵虽则众多,不得有七十万人,是史官美其能破强敌,虚言之耳。"

② 《史记·白起王翦列传》作"乃挟诈而尽坑杀之,遗其小者二百四十人归赵。前后斩首虏四十五万人。赵人大震"。

③ 白起坑杀四十万赵卒,由技术上说亦是不可能的。

传》)不得不衷心忏悔而吐实。

但继白起之后,中国历史上又出现了一次大的"坑杀",就是项羽坑秦卒之事。《史记·项羽本纪》载:"章邯使人见项羽,欲约。项羽召军吏谋曰:'粮少,欲听其约。'军吏皆曰:'善。'项羽乃与期洹水南殷虚上。已盟,章邯见项羽而流涕,为言赵高。项羽乃立章邯为雍王,置楚军中。使长史欣为上将军,将秦军为前行。到新安。诸侯吏卒异时故繇使屯戍过秦中,秦中吏卒遇之多无状,及秦军降诸侯,诸侯吏卒乘胜多奴虏使之,轻折辱秦吏卒。秦吏卒多窃言曰:'章将军等诈吾属降诸侯,今能入关破秦,大善;即不能,诸侯虏吾属而东,秦必尽诛吾父母妻子。'诸将微闻其计,以告项羽。项羽乃召黥布、蒲将军计曰:'秦吏卒尚众,其心不服,至关中不听,事必危,不如击杀之,而独与章邯、长史欣、都尉翳入秦。'于是楚军夜击坑秦卒二十余万人新安城南。"不过这次数字少了一半,但仍有二十万众。

似乎冷兵器时代的战争都十分残忍,伤亡比例也更大,杀伤敌人的多寡即是胜利的重要标准。

东汉末年,董卓篡权,关东各州郡将领兴兵讨伐董卓。但联军内部又因争权夺利互相残杀。战乱连年,造成人民大量死亡,社会生产被严重破坏。曹操有鉴于此,特作乐府《蒿里行》,深刻地揭示了战争带给人民的苦难,堪称"汉末实录"的"诗史"。其"白骨露于野,千里无鸡鸣"两句,说明死者众多,遍野都是骸骨,千里绝无人烟,是对残酷战争的控诉。

唐代边塞诗人王翰作《凉州词二首》,里面也有"醉卧沙场君莫笑,古来征战几人回"之句,同样指出战争的惨烈。

另一位诗人曹松有《己亥岁二首》,其一有曰:"凭君莫话封侯事,一将功成万骨枯。"除描写安史之乱后的兵荒马乱、生灵涂炭的现实,更揭露出社会的一个普遍现象,即将军的战功是千千万万人的生命换来的,无情地揭示了人类社会战争的本义。"一"与"万"、将军"荣"与"万骨枯"强烈对比,令人触目惊心。

其他如张蠙的"可怜白骨攒孤冢,尽为将军觅战功"(《吊万人冢》),刘商的"将军夸宝剑,功在杀人多"(《行营即事》),用意皆与此相同。从诗人充满感伤语调的规劝可以体会战争给人类带来的灾难之深。

这些作品语言朴素,而意旨极深,堪称警世之言。而战争的惨状,带给民众的苦难却是罄竹难书。

慎战之论

"慎"字,甲金文不见。

"战"字,则见于金文。《说文解字》:"战,斗也。从戈,单声。"金文从戈,从单,与《说文解字》战字篆文同。

战争即是动武。"武",是会意字,由"止""戈"两初文组成。止,在甲金文中,形如人的一只脚印,有行走之意,行终有所止,故亦有停止之义;戈,甲金文为象形,形如古代一曲头横刃兵器,称戈;《说文解字》:"戈,平头戟也。"可知由止、戈组成之"武"字,本义乃指人手执兵器,征伐示威。《说文解字》曰:"楚庄王曰:'夫武,定功戢兵,故止戈为武。'"但今人商承祚对此有不同解释。[①]

"慎战"之意,则是到春秋末期,孙子提出的用兵思想了。《孙子》开宗明义:"兵者,国之大事,死生之地,存亡之道,不可

---

① 详参商承祚《释武》,载《商承祚文集》,中山大学出版社2004年版。

不察也。"意思是说战争是国家的大事,它关系到军民的死生,国家的存亡,不可不认真研究。在《孙子》之《作战篇》中,孙子说:"知兵之将,生民之司命,国家安危之主也。"在《火攻篇》中说:"非利不动,非得不用,非危不战。主不可以怒而兴师,将不可以愠而致战。合于利而动,不合于利而止。怒可以复喜,愠可以复悦,亡国不可以复存,死者不可以复生。故明君慎之,良将警之,此安国全军之道也。"在《谋攻篇》中讲"上兵伐谋",而谋攻之法是"必以全争于天下","是故百战百胜,非善之善者;不战而屈人之兵,善之善者也"。可见"慎战"是孙子用兵的基本观点之一,而其"最高"的或"理想"的境界则是"不战"。"武"字本意有"止戈为武",还有"勇而不义,则不为武"(见《国语·晋六》"武人不乱,智人不诈,仁人不党"注)。孙子出身齐国军事世家,长辈为之起名"武",抑或有期望其日后能结束春秋诸侯纷争,为百姓造福之意。

孙子"慎战"思想的源头可追溯到上古黄帝的修德振兵、以战止暴的思想。《史记·五帝本纪》就完整地记叙了"轩辕乃修德振兵"、以战止暴的用兵思想。[①] 此用兵思想,从黄帝传至尧、舜、禹、夏、商和西周前期,基本得到遵循。春秋末期,孙子认真总结这段历史,更提出了"慎战""不战"的用兵思想。

孙子生活的春秋时代是一个诸子并起、百家争鸣、学术兴盛、文化繁荣的黄金时代。先秦诸子奠定了辉煌的中国古代文化的重要基础,也赋予了"慎战"观念丰富的内涵。

先秦诸子中,儒家学派的创始人孔子对战争的态度即为

[①] 《五帝本纪》载:"轩辕之时,神农氏世衰。诸侯相侵伐,暴虐百姓,而神农氏弗能征……是为黄帝。"

"慎"。孔子强调"为政以德","为国以礼"。《论语·卫灵公》集中体现了孔子对政治与战争关系的立场。卫灵公问陈于孔子。陈,同"阵",即作战时的排兵布阵。孔子对曰:"俎豆之事,则尝闻之矣;军旅之事,未之学也。"对卫灵公的问题,孔子强调礼治是治国的根本,国君首先关注的应是"俎豆"之事而非"军旅"之事。同时孔子反对鲁莽行事,反对不义之战,不打无备之仗。言战议兵须慎重,不能有勇无谋,轻易言战。《论语·述而篇》有"子之所慎:斋、战、疾",概括了孔子对战争的态度。儒家把战争区分为正义之战与非正义之战,孔子的"礼乐征伐自天子出",就是竭力维护"礼战"的合法性。《论语·述而篇》载:"子路曰:'子行三军,则谁与?'子曰:"暴虎冯河,死而无悔者,吾不与也。必也临事而惧,好谋而成者也。"孔子赞扬颜回举止得当,责怪子路好勇无谋。他认为既然战争是凶险之事,就须慎重考虑;当避免不了之时,就须努力争胜。争胜须于战前周详计划,徒凭勇气以战,终必败亡。战争是达成政治之手段,国之君必先于内政上下功夫,厚植国家之力,不可以战争作为巩固王位或拓展疆域的手段。战争直接关系国家安危及个人生死,因此言战议兵必须慎重。孔子是"仁义礼"的代表,他要求弟子们"为仁""爱人"。而孟子对战争更是绝对厌恶,孟子云:"争地以战,杀人盈野;争城以战,杀人盈城。"认为那是"率土地而食人肉,罪不容于死"(见《孟子·离娄上》)之行径。孟子对战争本质亦有深刻的认识。此一点在孟子前后,没有一个兵家揭示过。甚至孙子对战争的本质也没有深刻的认识,他的"兵者,国之大事,死生之地,存亡之道"(《孙子·计篇》),仅有单纯的军事色彩。所以孙子认定"兵者,诡道也"《孙子兵法·计篇》,"兵以诈立,以利动"(《孙子·军争篇》)。但是孟子一针见血地指出:

"施仁政于民,省刑罚,薄税敛,深耕易耨,壮者以暇日,修其孝悌忠信,入以事其父兄,出以事其长上,可使制梃以挞秦楚之坚甲利兵";更指出"保民而王,莫之能御"(《孟子·梁惠王章句上》)。相对孙子"令民与上同意",吴起"先教百姓而亲万民",视民众为工具,孟子却说战争的目的是吊民伐罪,"诛其君,吊其民,如时雨降";而"争地以战,杀人盈野;争城以战,杀人盈城"的战争,更是"罪不容于死"。

先秦诸子中,与战事有更多联系并得到"侠"的称号的是墨家。墨子创立墨家,与儒家并称"显学"。在当时百家,有"非儒即墨"之说。墨子认为,当时战争均属掠夺性的非正义战争,在《非攻》诸篇中,反复申诉战争是凶事。他说:"古者天子之始封诸侯也,万有余;今以并国之故,万国有余皆灭,而四国独立。此譬犹医之药万有余人,而四人愈也,则不可谓良医矣。"(《墨子·非攻下》)意思是古代万国,在攻战中消亡殆尽,只有极少数国家幸存。这就好比医生医了上万人,仅仅有几人痊愈,这个医生不配称为良医。就是说战争同样不是治病良方,历史上好战而亡的统治者不可胜数。所以墨子主张以德义服天下,以兼爱来消弭祸乱。在墨子眼里,兼爱是非攻的伦理道德基础,非攻是兼爱的必然结果。墨子主张非攻,特指反对"大则攻小也,强则侮弱也,众则贼寡也,诈则欺愚也,贵则傲贱也,富则骄贫也"[①]的掠夺战争。墨子将战争分为"诛"(诛无道)和"攻"(攻无罪)。"兼爱天下之百姓"的战争,如禹攻三苗、商汤伐桀、武王伐纣,是上中(符合)天之利、中中鬼之利、下中人之利的,因而有天命指示,有鬼神的帮助,是正义战争。反之,大攻下,强凌

[①] 墨子原话参见《墨子·天志下》。

弱,众暴寡,"兼恶天下之百姓"的战争是非正义的。此外,墨子的防御理论在中国兵学史上占有重要地位。后世有关防御原则和战术的记述,多祖述《墨子》,以至于一切牢固的防御也被笼统地称为"墨守"。① 道家中老子明确认为战争是不吉利的,他说:"兵者,不祥之器,非君子之器。不得已而用之,恬淡为上,胜而不美。而美之者,是乐杀人。夫乐杀人者,则不可以得志于天下矣。吉事尚左,凶事尚右。偏将军居左,上将军居右,言以丧礼处之。杀人之众,以悲哀泣之。战胜,以丧礼处之。"(《老子》三十一章)老子还主张不以兵强天下:"以道佐人主者,不以兵强天下。其事好还。师之所处,荆棘生焉。大军之后,必有凶年。"(《老子》三十章)这都表明老子在本质上对战争是反感、抵触的。老子主张慎战,"天下神器,不可为也。为者败之,执者失之"(《老子》二十九章),"强梁者不得其死"(《老子》四十二章)。老子这两句话用在战事上,就是要告诫天下人,战争不可妄为,妄为者必败。老子推崇的"不争""慎战""不战"等观念,代表了对自然和谐之"道"的追求,恰好构成了中国兵学"不争""非战"等观念的哲学支撑。

兵家与战争存在着密切的关系,有如同源之水、同木之本。兵家著作除《孙子》之外,尚有《六韬》。② 全书六卷,共六十篇。《六韬》内容十分广泛,对有关战争的各方面问题,几乎都涉及了。其中最精彩部分即其战略论和战术论。对于"慎战",其卷三《龙韬》有曰:"兵者,国之大事,存亡之道,命在于将。将者,

---

① 今人何炳棣更是撰三万余言长文指出,战国时期秦转弱为强非因商鞅变法,实是墨者功劳。

② 《六韬》于《汉书·艺文志》中不见著录。

国之辅,先王之所重也。"与《六韬》齐名的《黄石公三略》,同样是中国古代一部著名兵书,①其《中略》有曰:"王者,制人以道,降心服志,设矩备衰,四海会同,王职不废,虽有甲兵之备,而无战斗之患。"而同是兵家的孙武,在其所著《孙子》一书中,全面系统地提出了"慎战"的思想。

《孙子》,又作《孙子兵法》,是中国现存最早的一部比较完整的兵家专著,内中蕴含了丰富的兵学文化思想。历数中国历史上的战争,次数之多、频率之高,为世界首屈一指。据学者不完全统计,在中国有文字记载的 3000 年间,发生的战事就有 3000 余起,平均起来每年一次,而兵书即因战争而生,但在这众多兵书中,则以《孙子兵法》最为著名。曹操称"吾观兵书战策多矣,孙武所著深矣",李世民赞"朕观诸兵法,无出孙武"。

司马迁《史记》卷六十五有《孙子吴起列传》,称"孙子武者,齐人也。以兵法见于吴王阖庐。阖闾曰:'子之十三篇,吾尽观之矣。'"。又称"世俗所称师旅,皆道《孙子》十三篇"。而"孙武既死,后百余岁有孙膑。膑生阿、鄄之间,膑亦孙武之后世子孙也,……世传其兵法"。②

孙子著书十三篇,以《计篇》开篇,《用间篇》结尾,共 5900 余字,首尾呼应,浑然一体,言简意赅,字字珠玑,乃中国最早的具有系统性、规律性和实用性的兵学经典。而孙子可说是中国

---

① 不同于其他兵书,《黄石公三略》侧重从政治策略上阐明治国用兵的道理。

② 从目前掌握的材料看,《孙子》一书应是春秋时代由齐国跑到吴国的大军事家孙武所著。

古代兵学的鼻祖。①

　　谈及孙子的慎战论,《孙子·计篇》开宗明义,明言"兵者,国之大事,死生之地,存亡之道,不可不察也",就是说战争是国家的大事,它关系到军民的死生,国家的存亡,是不可不认真研究的。孙子不仅明确指出了战争在国家事务中的重要地位和作用,也一并指出战争的目的在于确保国家的生存。这就把战争提升到了国家大事的首要位置。《孙子》的基本思想就是要"重战""慎战"以及"备战",用以确保"安国全军之道"。孙子不仅于首篇(《计篇》)即从生死存亡的战争后果论述重战的思想,于《作战篇》又从战争与经济关系进一步阐述战争后果的严重,反复申明:"带甲十万"要"日费千金","久暴师则国用不足","兵久而国利者,未之有也"(《孙子·作战篇》)。同样,考虑到战争的后果,《火攻篇》告诫曰:"非利不动,非得不用,非危不战。主不可以怒而兴师,将不可以愠而致战;合于利而动,不合于利而止;怒可以复喜,愠可以复悦,亡国不可以复存,死者不可以复生。故明君慎之,良将警之,此安国全军之道也。"这里孙子强调一是"安国全军"必须慎战,"怒而兴师""愠而致战"乃兵家之大忌;二是开战与否,和哪方战,何时开战,不应建立在国君、主帅的个人意气之上,而应注意"利""得""危"等条件,以利为主。如此教训在中国历史上不乏其例,如三国"彝陵之战",即蜀君玄德为其义弟云长之死"怒而兴师"伐吴,结果被陆逊火烧连营,导致最后托孤白帝城。战争是政治的延续,慎战乃重战之延伸,将帅应明确战争目的,不可盲目作战。由此可见,"以利为

---

① 《孙子》十三篇,为《计篇》《作战篇》《谋攻篇》《形篇》《势篇》《虚实篇》《军争篇》《九变篇》《行军篇》《地形篇》《九地篇》《火攻篇》《用间篇》。

动"是孙子"重战""慎战"思想的核心,亦其对待战争的基本思想。

至于"用兵之道",孙子有"无恃其不来,恃吾有以待也;无恃其无攻,恃吾有所不可攻也"(《孙子·九变篇》)。就是说用兵的原则,不要寄希望于战争不要爆发,而要立足于自身做好准备,要枕戈待旦;不要寄希望于敌方不会进攻,而要依靠自身做好充分的准备,使敌方想攻而不敢攻。孙子所言总体即"有备无患。"

"慎战"是孙子军事思想之核心,而"不战而屈人之兵"乃是战争的理想境界。"慎战"思想须与现实操作相统一,于是孙子再提出"不战而屈人之兵"的"全胜"战略、"非利不动,非得不用,非危不战"的原则、"伐谋""伐交"的制胜战术。一旦"慎战"的境界被打破,那么现实中只能"合于利而动,不合于利而止"。在战事不可避免的形势下,孙子给战事设立三道门槛:"非利不动,非得不用,非危不战",此是孙子"慎战"主张的具体化。

孙子的"慎战"思想建立在对战争深刻认识的基础上。《孙子》以"兵者,国之大事,死生之地,存亡之道,不可不察也"作为开篇之句,认为国家一旦用武,当处于"死生之地,存亡之道",固孙子告诫对于战争要"慎之""警之",决不能以个人或一时之喜怒好恶轻易开战,否则"亡国不可以复存,死者不可以复生",于是孙子在战事决策上提出一更高层次的战略思想,即"不战而屈人之兵"的全胜战略。这是孙子"慎战"思想的最高追求,体现孙子"慎战"思想的立足高度:"慎战"的最佳方式是"不战",而不是"百战百胜"。故其于《谋攻篇》中称"百战百胜,非善之善者也;不战而屈人之兵,善之善者也","故善用兵者,屈人之兵而非战也,拔人之城而非攻也,毁人之国而非久也"。

孙子提出的"慎战"对后世有着深远影响。春秋战国时期，各诸侯国发展不平衡，有优越地理环境的齐、晋、楚、秦诸国，因社会变革的成功先后称霸。依鲁国《春秋》记载，在242年间即发生过483次战事。各国连横、合纵，近攻远交与近交远攻等谋略就是一种"衢地交合"的睦邻原则，亦是"不战而屈人之兵"的智慧运筹。凡知兵者皆慎战，凡慎战者先谋败。例如晋楚两国在公元前632年的城濮之战中，晋文公重耳曾命晋军"退避三舍"①，此举有报恩意味，亦可看作是有意避免战事。公元前631年，晋、周、鲁、宋、齐、陈、蔡、秦在翟泉会盟，晋国在会上"谋伐郑"。公元前630年，晋国和秦国合兵围郑。围郑对秦国没有什么好处，郑国大夫烛之武看到这点，所以向秦穆公说明利害关系，劝秦穆公退兵，但是晋、秦结盟，让秦国在郑国驻军，秦穆公因此退兵，晋文公也只得撤退，一场战争被瓦解了。此即著名的"烛之武退秦师"。②两者都可看作是"慎战""伐谋伐交"的典型例子。

分析中国历史上出现的"文景之治"和"贞观之治"两个盛世，不难看出统治者对待战争都十分谨慎，厉行文治兴邦。历史上封建王朝初期的统治者往往采取休养生息的政策来发展生产，巩固统治。与之相对应，在对外战争上往往是采取慎战的思想。西汉初年，经过秦朝的残酷统治和长时期的战争，社会残破，民生凋敝。汉文帝和汉景帝对外均采取怀柔、防御的对策，

---

① 《左传·僖公二十三年六》："楚子飨之曰：'公子若反晋国，则何以报不谷？'对曰：'……其辟君三舍。'"

② 参见《左传·僖公三十年》。

对周边民族不轻易用兵,尽力维持相安的关系。① 日后汉武帝即位,北征匈奴、南讨百越、西击大宛、东伐朝鲜,虽奠定汉代全盛的基础,但频繁的战事对国家来说耗尽了人力财力,②以至武帝在征和四年(前89)颁《轮台罪己诏》,向天下人昭告:自己给百姓造成了痛苦,从此不再穷兵黩武。

魏晋南北朝时期,琅邪临沂人颜之推撰写了一部记述个人经历、思想、学识以告诫子孙之《颜氏家训》,内容广泛,《序致》一篇讲解著述《家训》之宗旨,余下十九篇分就某一论题叙述。其中《诫兵篇》则专论"慎战"。作者曾亲睹鲜卑战事给百姓造成的灾难,特别告诫子孙不要以戎为事,反对以武力自炫,不可拥兵作乱,否则"大则陷危亡,小则贻耻辱"。颜氏推崇,"孔子力翘门关,不以力闻,此圣证也"。就是说孔子的力气可举起城门,却不以用武而闻名于世,这是圣人的榜样啊。又说:"国之兴亡,兵之胜败,博学所至,幸讨论之。""不识存亡,强相扶戴,此皆陷身灭族之本也。诫之哉!诫之哉!"(《颜氏家训·诫兵篇》)

隋末大乱之后建立起来的唐朝,历经隋炀帝苛政而失民、亡国的现实,总结教训,找到休养生息的"无为而治"。唐太宗的"贞观之治"于对外冲突上主张"行帝道,致太平"。《贞观政要》载,贞观四年,有司上言:"林邑国蛮,表疏不顺,请发兵讨击

---

① 吕后时,南越王赵佗自立为帝,役属闽越、西瓯、骆,又乘黄屋左纛,与汉王朝分庭抗礼。文帝即位后,为赵佗修葺祖坟,尊宠赵氏昆弟,并派陆贾再度出使南越,赐书赵佗,于是赵佗去黄屋左纛,归附汉王朝。文帝后元二年(前162),汉与匈奴定和亲之约,此后匈奴虽背约屡犯边境,但文帝只是诏令边郡严加备守,并不兴兵出击,以免烦扰百姓。

② 《汉书·西域传》曰:"民力屈,财力竭,因之以凶年,寇盗并起。"

之。"太宗曰:"兵者,凶器,不得已而用之,故汉光武云:'每一发兵,不觉头发为白。'自古以来穷兵极武,未有不亡者也。"唐太宗的意思是说,兵器是凶险的器械,万不得已时才能使用它,所以汉代的光武帝说:"每次发兵的时候,不知不觉头发胡须都变白了。"自古以来穷兵黩武的人,没有不灭亡的。可以看出,唐太宗对战事保持着极谨慎的态度,认为只有在"万不得已",没有任何其他选择下才可通过战争解决。唐太宗《帝范》还说:"夫兵甲者,国家凶器也。土地虽广,好战则民凋;中国虽安,忘战则民殆。凋非保全之术,殆非拟寇之方,不可以全除,不可以常用。"意思是兵器、盾牌这类东西是国家凶险的器械。土地虽然广阔,喜好发动战争,人民就会受到损伤;中原虽然安定,忘记战备,人民就会很危险。使人民处于危境也不是抵御敌人的办法,武备不可以全部解除,也不可以经常使用。可见"慎战"思想对于唐王朝决策者的影响,但"慎战"并不意味着不重视军事的作用,统治者更多的是将军事行为纳入防守的性质,以抵御外来侵略骚扰,而不穷兵黩武,不肆意使用武力对外扩张。

唐代著名的谏官魏徵及虞世南、褚亮等在贞观初年受命于太宗李世民,辑录前人治政著述用作谏书,名曰《群书治要》,是为唐太宗"偃武修文""治国安邦",创建"贞观之治"提供警示的匡政之著。《群书治要》之特点,一言以蔽之,乃"博而要"。魏徵、虞世南等人博采经、史、子典籍六十五种,以"务乎政术""本乎治要"为原则,删去繁芜,保留精粹,浓缩为五十卷珍本。编者魏徵为经国之大器,兼具高尚道德与丰富史识,从而将此著作辑成为一部"用之当今,足以鉴览前古;传之来叶,可以贻厥孙谋"(魏徵语)的经典名作。论及"慎战"者,《群书治要》卷十九《汉书治要·七》有曰:"救乱诛暴,谓之义兵,兵义者王;敌加于己,不得已而起者,谓之应兵,兵应者胜;争恨小故,不忍愤怒者,谓之忿兵,兵忿者败;利人土地、货宝者,谓之贪兵,兵贪者破;恃国家之大,矜民人之众,欲见威于敌者,谓之骄兵,兵骄者灭。此五者,非但人事,乃天道也。"又于卷四十七《政要论·兵要》曰:"圣人之用兵也,将以利物,不以害物也。将以救亡,非以危存也,故不得已而用之耳。然以战者危事,兵者凶器,不欲人之好用之,故制法遗后。命将出师,虽胜敌而反,犹以丧礼处之,明弗乐也。故曰好战者亡,忘战者危。不好不忘,天下之王也。"再于卷五十《袁子正书·论兵》曰:"兵者存亡之机,一死不可复生也。故曰天下难事在于兵。"

　　宋代,中国文化发生转向,战争观念也有根本性变化。北宋初年,经过十多年的战事,晚唐以来近百年的分裂局面结束,赵宋王朝建立。宋代开国皇帝赵匡胤鉴于唐朝的藩镇拥兵自重,军阀割据,在治国上推行"右文抑武"的思想政策,结果造成宋代积贫积弱的严重后果。而对辽和西夏的军事上的失利,导致最后签订了"澶渊之盟",确立了宋、辽、西夏分立的局面。宋神宗即位后,誓以武力开边,恢复汉唐地位,却被重臣建议"陛下临御未久,当布德行惠,愿二十年口不言兵"(《宋史》列传第七十二);对军事准备,重臣认为会使辽"见形生疑",而建议将契丹所疑之事,"如将官之类,因而罢去"(《宋史》列传第七十一),以释彼疑。这些论述,使宋神宗被迫放弃武力开边,"亦厌兵事",最终招致"靖康之耻"。结合孙子对战争及战争准备的记述,可看出宋对辽、西夏、金的失败并不在于经济、科技不如人,而在于没能重视孙子"兵者,国之大事。死生之地,存亡之道,不可不察也"的警示。

　　清末,著名政治家、学者、诗人和书法家石禅老人赵藩在成都武侯祠正殿门柱上撰有一幅名联,曰:"能攻心,则反侧自消,从古知兵非好战;不审势,即宽严皆误,后来治蜀要深思。"这副对联既可以很好地解释孙子的"慎战"思想,又是论史的名言,文字精练,对仗工整,虽仅三十字,但堪称一篇对偶体的史论文,实乃近代对联的佳作。上联当指孔明平定南中,采"攻心"使孟获臣服,用以称赞诸葛亮为真正懂得用兵打仗而又不好战的军事家。下联用"审势"来评价诸葛氏能审时度势,制定宽严得当之法,以此警示后来的当权者要从中吸取教训。此联也说明从古以来,真正知兵者,都懂得"攻心为上,攻城为下",最好的战略乃是"不战而屈人之兵"。

中国古代战事频繁,往往征用多种资源,消耗大量的人力物力,死伤无数人丁,是对生产力的破坏,给社会带来极大危害;战事也恶化了周边环境,加重了民众的负担,使阶级矛盾激化,导致农民反抗,使内忧外患更加严重。当统治者无力维护其统治时,王朝便走向衰亡。汉唐盛世对战争采取谨慎的态度,目的就是争取和平环境,发展自身实力。汉唐统治者清醒地认识到,力不如人时,当务之急是恢复和发展经济,改善民生以增强国家实力。同时,他们也清楚地知道,单靠纳贿求和,绝不能使边境地区得到真正安宁,只有富国强兵,自身实力强大了,才能从根本上解决各种安全威胁。

古代的"慎战"理论是与重战思想相联系的。重战并不是频开战端,穷兵黩武。重视战争,研究战争,既知战争之害,又晓战争之利,才能慎重对待战争。

中国的传统兵家也重视战争。"慎战"并非害怕战事,亦不是回避战争,一般看来,儒家似不言战,其实非也。儒家说"知、仁、勇三者,天下之达德也",就是说战争须具智慧、仁义及勇敢。

孔子更有"君子道者三,我无能焉:仁者不忧,知者不惑,勇者不惧"(《论语·宪问篇》)。子贡问为政,孔子答曰:"足食、足兵,民信之矣。"(《论语·颜渊》)又有,"善人教民七年,亦可以即戎矣","以不教民战,是谓弃之"(《论语·子路》),足见孔子并不讳言"兵"与"战"。中国古代先贤采取的策略是重在伐谋与伐交,不与之相抗。"不战而屈人之兵"以"伐谋"为前提,"屈人之兵",如果无"谋",即达不到"屈人之兵"之效果。孙子的以"谋攻之法"制止战事,是比"百战百胜"更高一筹的胜利。此种胜利虽一时"无奇、无名、无功",但却是善战者的最高标准。为了实现"不战而屈人之兵"的"全胜"理想境界,孙子从战略层面提出使敌屈服的两种方式:"伐谋"与"伐交"。至于"伐兵"与"攻城"则是下策。"伐谋"是指以我方谋略挫敌方谋略,使敌方放弃与我方对抗之图;"伐交"则为打击敌方盟邦,以外交破坏敌国联盟,使敌方屈服。孙子在《谋攻篇》中强调"全胜","凡用兵之法,全国为上,破国次之;全军为上,破军次之;全旅为上,破旅次之;全卒为上,破卒次之;全伍为上,破伍次之",而"必以全争于天下,故兵不顿而利可全,此谋攻之法也"。

孙子所言"不战而屈人之兵"的"全胜"思想,是其"慎战"思想追求之最高境界。一方面孙子见到兵凶战危,战事乃与国家存亡攸关,必须慎重对待;另一方面孙子又追求"不战而屈人之兵"。通过"伐谋"与"伐交"之策略使敌方屈服,是孙子力主"慎战"的理想境界。若达此目标,需"合于利而动,不合于利而止"。涉及战术战法,孙子强调"经之以五事","一曰道,二曰天,三曰地,四曰将,五曰法"(《孙子·计篇》),从五方面研究战事,分析彼此条件,考察双方情况。《孙子》十三篇,从开头的《计篇》到《用间篇》依次论述战略运筹、战争准备、战争计划、作战指挥、特殊战法、战略侦察诸方面,所涉精妙战术如"避实就虚""速战速决""知己知彼"等,均为"慎战"主张于"利动"形势下进行战事的体现。若战事一旦不可避免,需要慎重对待作战中的每一战术,使战事的损失减少到最小。此为孙子追求之理想境界。

中国古代文化中的"慎战"思想,延至今日,仍是有价值的。当今中国的发展处于战略机遇期,这就需要一个相对稳定的国内外环境;而塑造稳定的发展环境,需要采取正确的政策方针。中国历史上,封建盛世统治者采取以屈求伸的战略,为盛世形成的关键。在当今世界,国际形势发生了新一轮的巨大变化,和平与发展已成为当前的两大发展主题,世界出现新的力量组合,这与孙子所处时代的多级战略格局有着某种相似之处。在这种形势下,"慎战"思想更放射出智慧的光芒,它为人们认识多极形势下的军事斗争,驾驭局部战争的发展变化,提供了有益的借鉴。

在两千多年后的今天,《孙子兵法》无论在修身齐家,还是在治国平天下方面,都有重要的现实意义。凡事预则立,不预则废,与"多算胜,少算不胜,而况于无算乎"同理。今日战争的威胁时时存在。在这样的大背景下,一方面要"令民与上同意"而加强爱国主义和忧患意识教育;而"日费千金,然后十万之师举矣",平时要加强经济建设,增强国家经济实力。另一方面,在合理加强军备的同时,要强调"慎战"思想,尽量用非武力手段解决问题,以利于综合国力的全面和持续提高。一场战争,无论是否正义或者是否胜利,都将是"万骨枯",所以要尽量使用非战争手段("伐谋伐交")来解决问题。但慎战不代表不战,也就是说,平时要加强备战,在现实社会中有实力才有发言权和影响力。

中国的和平发展思想是基于中国的历史与文化传统。从儒家的"非战"到道家的"去兵"再到孙子的"慎战"等思想,都是典型的东方智慧的结晶,无不体现出中国古代军事观念中特有的反战、义战、慎战的战略思想。中国历史上"文景之治"和"贞观之治"两大盛世都厉行文治兴邦,对战争采取谨慎的态度。中华文明历来追求和谐共处,以和为贵。古人常说的"化干戈为玉帛",应是双赢的解决方法,《孙子兵法》在西方被译作 The Art of War,亦正因如此吧。

(撰稿人　胡振宇)

第三分部

人伦：纲常伦理

第十三章　纲纪篇

第十四章　男女篇

第十五章　孝慈篇

第十六章　长幼篇

第十七章　师道篇

第十八章　信义篇

第十三章 纲纪篇

一 "理性"与"志事"

理解"纲纪",从理解一次死亡开始。

1927年6月2日近午,王国维自沉颐和园鱼藻轩,一时学林哗然,谣诼蜂起。十数年后,陈寅恪受命为《海宁王静安先生遗书》(1940)作序时依然感慨:

> 今先生之书,流布于世,世之人大抵能称道其学,独于其平生之志事,颇多不能解,因而有是非之论。①

关于王国维死因的是非之论,大抵为亲家逼债、畏惧革命、殉身清廷一类的俗解。然而王国维曾评论《红楼梦》为解脱之书,明确说"解脱之道,存于出世而不存于自杀"(《红楼梦评

---

① 陈寅恪:《王静安先生遗书序》,《陈寅恪集·金明馆丛稿二编》,北京:三联书店2001年版,第248页。

论》),故其自杀,必非不堪上述俗务之重负而求解脱。对此陈寅恪评说道:

> 寅恪以谓古今中外志士仁人,往往憔悴忧伤,继之以死。其所伤之事,所死之故,不止局于一时间一地域而已。盖别有超越时间地域之理性存焉。而此超越时间地域之理性,必非其同时间地域之众人所能共喻。然则先生之志事,多为世人所不解,因而有是非之论者,又何足怪耶?①

可见,陈寅恪不屑于对具体的是非之论加以指摘②,而是高标独树地捧出"超越时间地域之理性",点出其中蕴有"多为世人所不解"之"志事",只此一语,足使众声哑然。然而《序》乃为学术文集所作,切忌漫延至学术以外。故陈寅恪引而不发,唯求在总结王国维毕生学术内容及治学方法之后,聊以小补,以求读其书,想见其为人。

如欲探明王国维"理性"与"志事"之真意,需得进入同样出自陈氏之手,专为悼亡而作的《王观堂先生挽词并序》。其词"可以见诗笔",其序"可以见史才","诗""史"互阐互证,合而

---

① 陈寅恪:《王静安先生遗书序》,《陈寅恪集·金明馆丛稿二编》,北京:三联书店2001年版,第248页。
② 参见陈寅恪:《王观堂先生挽词并序》"至于流俗恩怨荣辱委琐龌龊之说,皆不足置辨,故亦不之及云",以及《海宁王静安先生纪念碑碑文》"先生以一死见其独立自由之意志,非所论于一人之恩怨,一姓之兴亡"。《陈寅恪集·诗集》,北京:三联书店2004年版,第12—17页。

观之。①《序》开篇即设问"观堂先生所以死之故":

> 其义曰:凡一种文化值衰落之时,为此文化所化之人,必感苦痛,其表现此文化之程量愈宏,则其所受之苦痛亦愈甚;迨既达极深之度,殆非出于自杀无以求一己之心安而义尽也……盖今日之赤县神州值数千年未有之巨劫奇变;劫尽变穷,则此文化精神所凝聚之人,安得不与之共命而同尽,此观堂先生所以不得不死,遂为天下后世所极哀而深惜者也。②

从陈寅恪的解读来看,王国维自沉之"志事"即为"殉文化",其"理性"在己为得"心安",在文化则为求"义尽"。然而,说中国与中国文化"衰落"尚可,说"劫尽变穷",到了"与之共命而同尽"者"不得不死"的地步,就等于宣告了斯国斯文之双亡。陈寅恪另有七律《挽王静安先生》(1927),谓"文化神州丧一身",同此判断,应当不是在修辞上的夸饰。

1912 年 2 月 12 日,《清帝逊位诏书》颁布,"亡国"即成事实。身为旧臣,理应即刻"殉国"的王国维却作了《颐和园词》,

---

① 语出陈寅恪:《元白诗笺证稿》,北京:三联书店 2001 年版,第 4、5、12、45 页。意即《序》与《词》"非通常序文与本诗之关系,而为一不可分离之共同机构"。另见刘季伦:《陈寅恪〈王观堂先生挽词并序〉诗笺证稿》,《东岳论丛》,2014 年 5 月,第 10 页,"《挽词》并《序》二者实为一体,《挽词》'真正之收结,即议论与夫作诗之缘起',乃见于《挽词序》中,故苟不深究《挽词序》,即无以解释《挽词》也"。

② 陈寅恪:《王观堂先生挽词并序》,《陈寅恪集·诗集》,北京:三联书店 2001 年版,第 12—13 页。

以明亡的典故透露出他对改朝换代豁达的历史观。[1] 他在与日本友人铃木虎雄的信中明确说：

> 此词(《颐和园词》)于觉罗氏一姓末路之事略具,至于全国民之运命,与其所以致病之由,及其所得之果,尚有更可悲于此者。[2]

《颐和园词》中有"高武子孙复几人,哀平国统仍三绝"句,而陈寅恪《挽词》则以"汉家之厄今十世,不见中兴伤老至"为起句,显然有照应之意。细细算来,两汉间王莽篡国共计十五年,从王国维写《颐和园词》到在颐和园自沉也恰好十五年。同样的时间长度,想必在深研古今之变的王国维眼里,民国初年的内忧外患只能是有过之而无不及。高、武开创的汉家功业,虽为哀、平所断送,却有光武中兴赓续国统。而今之世,劫变无数,却丝毫不见转机。不愚忠于一姓的王国维,十五年前之所以不即刻赴死,便是自信"运命"尚有转机,"因果"尚待探明。岂料此后十五年间每况愈下,"运命"不济,"因果"不了,"终归于不可救疗之局"。

明乎此,便不难体会王国维对所处时代的无奈,以及对中国文化前途的绝望。因不忍看见文化未亡而将亡的残酷,他"义无再辱"地走向了与之"共命而同尽"的终途。

---

[1] 王国维《颐和园词》:"定陵松柏郁青青,应为兴亡一拊膺。却忆年年寒食节,朱侯亲上十三陵。"《王国维全集》第八卷,杭州:浙江教育出版社2007年版,第638页。

[2] 王国维:《王国维全集》第十五卷,杭州:浙江教育出版社2007年版,第58页。

二 "文化"与"纲维"

王国维曾讲"国家与学术为存亡。天而未厌中国也,必不亡其学术"①,然而"亡学术"未必"亡文化"。还是1912年,就在"亡国"之前的1月19日,时任教育总长的蔡元培签发《普通教育暂行办法》,宣布"小学读经科一律废止",吾国两千年经学于此绝矣。然而旧学术既亡,自有新学术取而代之,由"传统学术"转变为"现代学术",刘梦溪先生的《中国现代学术思想要略》对此有钩玄提要之高论。再者,"学术"有广狭二义,王国维本人曾讲:"无论古今东西,其国民之文化苟达一定之程度者,无不有一种之哲学。"②此"哲学"当为狭义之"学术",须得文化"达一定之程度"才能产生。"亡学术"只能说明社会动荡之时,文化程度下降,尚且不至于"亡文化"。

明清之际,同样历经"亡国"之痛的顾炎武曾说:

> 有亡国,有亡天下。亡国与亡天下奚辨?
> 曰:易姓改号,谓之亡国。仁义充塞,而至于率兽食人,人将相食,谓之亡天下。(《日知录·正始》)

所谓"亡天下",便是彻底泯灭人性,归于禽兽,整个人类文

---

① 王国维《沈乙庵先生七十寿序》云:"国家与学术为存亡。天而未厌中国也,必不亡其学术,天不欲亡中国之学术,则于学术所寄之人,必因而笃之。"《王国维全集》第八卷,杭州:浙江教育出版社2007年版,第620页。

② 王国维:《奏定经学科大学文学科大学章程书后》,《王国维全集》第十四卷,杭州:浙江教育出版社2007年版,第34页。

明毁于一旦。"亡文化"虽旨意相近,严重程度又恐怕尚不及此。

再看陈寅恪《挽词》第二句:"一死从容殉大伦,千秋怅望悲遗志。"前半句因《序》所谓"心安""义尽",自然可说"一死从容",但后半句"殉大伦",与《序》所谓"殉文化"可以等同而论吗？换言之,"亡文化"即是"亡大伦"吗？"大伦"之说见于《论语》《孟子》,在具体的语境中,可以理解为"君臣""父子""男女"等特定人际关系中的价值规则。① 陈寅恪恰恰认为"大伦"是"文化"的核心:

> 吾中国文化之定义,具于《白虎通》三纲六纪之说,其意义为抽象理想最高之境,犹希腊柏拉图所谓 Eîdos 者。若以君臣之纲言之,君为李煜亦期之以刘秀;以朋友之纪言之,友为郦寄亦待之以鲍叔。其所殉之道,与所成之仁,均为抽象理想之通性,而非具体之一人一事。②

"抽象理想之通性"即前谓"超越时间地域之理性",然则"中国文化"之"通性"与"理性",何以竟落实到被今人视作糟粕的"三纲六纪"上？

刘梦溪先生对前述问题的回应启人深思,他指出当下滥用的"中国文化"概念,乃是在中西比较的语境中依"他"者而起。反之,陈寅恪则是在自省与内观的意义上,对"中国文化"的洞

---

① 见《论语·微子》"君臣之义,如之何其废之？欲洁其身,而乱大伦。君子之仕也,行其义也";《孟子·公孙丑下》"内则父子,外则君臣,人之大伦也";《孟子·万章上》"男女居室,人之大伦也"。

② 陈寅恪:《王观堂先生挽词并序》,《陈寅恪集·诗集》,北京:三联书店2001年版,第12页。

悉与揭示——"纲纪"实为用于维护社会秩序的价值规则,是"与一定社会结构相连接的基本文化价值,或曰主流文化的核心价值,不是泛指一切文化现象"①。

正因为深研王、陈,对他们的学问与命运有远超一般俗解的"了解之同情",刘梦溪先生在20世纪80年代末提出了"文化秩序"以及"文化制衡"的概念:

> 文化秩序,是指与一定的生产力水准相联系的人类行为的规则链,特别是社会成员生活方式的文明程度和普遍的理性水平是文化秩序的重要标志。因此它直接涉及全民教育和法制建设,这是一个社会的文化秩序正常与否的必要条件。文化秩序系由传统累积而成。……文化秩序中既有累积的旧传统,又有正在衍生的新传统,这两部分也是一种互相制衡的关系,通过互相制衡以保持文化发展的渐进性。……社会变革受文化秩序的制衡,乃是历史发展的通则。②

文化秩序犹如一张大网,笼罩着、联结着整个社会;"纲纪"便是这张大网的总绳,是文化秩序中最根本的价值关系,从而维系着、牵引着整个社会。大网可以是灵活的,甚至是松散的,"纲纪"却时时保持必要的张力,否则全盘皆乱。《尚书·盘庚》"若网在纲,有条而不紊"明确指出了"纲"之于"网"的关系,举一纲

---

① 刘梦溪:《王国维、陈寅恪与吴宓》,《中国文化》2013年秋季号,第150—151页。
② 刘梦溪:《社会变革中的文化制衡》,载《传统的误读》,石家庄:河北教育出版社1996年版,第3—6页。

而万目张——只要抓住了总绳,整张网就能有条理,不紊乱,每个网眼都平整。换言之,把握住了最根本的价值关系,就能保证文化秩序井井有条。故而"亡文化",实际上是"亡文化秩序",也就是"纲纪"废弛。原有的价值规则失去了维系和牵引整个社会的力量,也就导致文化这张无形无影,却又无边无际的大网开始纷绕、纠缠、纽结、绞绝……

王国维对"纲纪"宿命般的坚守,在其名字中已见端倪。《小雅·节南山》所谓"秉国之均,四方是维"或是"国维"一词最早的出处。"维"本义是网一类织物的边绳,如果是方形则有四根边绳,是为"四维"。当"四维"充分地绷直张开,整张网也就平整,引申到治国层面,即郑玄所笺"持国政之平,维制四方"。《管子》首段《牧民》言简意赅,挈领全书,堪称治国纲要。其文三次涉及"国维"——"四维张则君令行""守国之度,在饰(饬)四维""四维不张,国乃灭亡",与《节南山》引申义相同。次段对"国维"缕说更详:

> 国有四维,一维绝则倾,二维绝则危,三维绝则覆,四维绝则灭。倾可正也,危可安也,覆可起也,灭不可复错也。何谓四维?一曰礼,二曰义,三曰廉,四曰耻。

将国之"四维"落实到"礼义廉耻",还分疏了"倾危覆灭"的次第与后果。① 可见，虽然物理上"维"之于"网"多达四条，不若"纲"独为一条，道理上却是一致的，都是维持文化秩序最基本的价值规则。这些价值规则又超越具体国家而存在，故而"亡国"与"亡文化"可分而视之。

倘若不那么严格地区分，"维"与"纲"是可以互训的。譬如《仪礼·大射仪》之"维纲"，即是把射布的边绳系紧四角，以绷直布面。又如刘向以"维，纲也"注《楚辞·天问》"斡维焉系"，《汉书·匡张孔马传》中有"四辅之职，为国维纲"，以至于"纲维"并称已为后世习语。故而，"国维"与"国纲""国纪"并无二致，皆常常被百姓用来为国字辈的子孙起名，表达美好祝愿。他人对自己名字的寓意或无自觉，为中国文化所化"达极深之度"的王国维则必以此自勉。

三 "新旧"与"治乱"

"亡国"与"亡文化"，皆包含内容上的"新"与"旧"，以及形式上的"治"与"乱"。陈寅恪《元白诗笺证稿》有一段关于社会新旧交替，以及士大夫阶层在此交替中自处之道的精到论述：

> 凡士大夫阶级之转移升降，往往与道德标准及社会风习之变迁有关。当其新旧蜕嬗之间际，常呈一纷纭综错之

---

① 何如璋认为次段是管门弟子对"四维不张，国乃灭亡"的注解，因后人缀辑不当而掺入正文。换言之，管子并未确指"四维"即"礼义廉耻"。之所以有这样的怀疑，是因为逻辑层次上"廉耻"不能与"礼义"并举，柳子厚便将"廉耻"归为"义"。但参考《修权》对礼义廉耻的系统论述，恐怕这应当是管氏家法无疑。

情态,即新道德标准与旧道德标准,新社会风习与旧社会风习并存杂用。各是其是,而互非其非也。斯诚亦事实之无可如何者。虽然,值此道德标准社会风习纷乱变易之时,此转移升降之士大夫阶级之人,有贤不肖拙巧之分别,而其贤者拙者,常感受苦痛,终于消灭而后已,其不肖者巧者则多享受欢乐,往往富贵荣显,身乐名遂。其故何也? 由于善利用或不善利用此两种以上不同之标准及习俗,以应付此环境而已。①

新旧交替,不仅发生在改朝之际,也发生在王朝内部的世代之间、部门之间。所以交替者,往往是权力集团的互相取代,或者是权力格局的重新平衡。虽曰"纷纭错综",终不出"天下之生久矣,一治一乱"(《孟子·滕文公下》)的循环。其实,循环本身就是一种秩序的表现,这说明了某种更高的规则在新旧交替中维持着恒定,没有改变。故而某种制度的败亡,根本上达不到"亡文化"的程度。正是因为对"治乱"的循环存在着预判,士大夫阶级自处之道的选择,便不能仅仅以功名利禄的结果来评价"贤不肖拙巧"。伯夷、伊尹、柳下惠、孔子四者在"新旧蜕嬗之间际"因自处之道不同,故转移升降不同,却皆不失为圣人。②又如管仲身为贰臣,却不能简单地归为"不肖者巧者",自然"殉文化"者也不能简单地贴上"贤者拙者"这般轻佻的标签。

陈寅恪的这段论述本就不是针对"亡文化"而言,特此提

---

① 陈寅恪:《元白诗笺证稿》,北京:三联书店2001年版,第85页。
② 《孟子·万章下》:"伯夷,圣之清者也;伊尹,圣之任者也;柳下惠,圣之和者也;孔子,圣之时者也。"

出,是为了对"亡文化"与"亡国"作进一步的区分,"纲纪"之行废决定了"文化"之存亡。即便统治更替,只要"纲纪"不废,依然不能称之为"亡文化"。因为"纲纪"正是牵引着中国历史上"治乱"循环的那根主绳,无论谁在马上得天下,也得用"纲纪"治天下。王国维绝非不善利用新旧两种标准及习俗之人,这从他灵活使用新旧两种材料及方法,研究传统文史多有现代发明之中可见一斑。只有当新旧的交替严重到打破了"治乱"的循环,即彻底摧毁了"纲纪",而"纲纪"的重建又遥遥无期的情况下,可谓之"亡文化"。此时,王国维作为"此文化精神所凝聚之人",才"安得不与之共命而同尽"。

既已揭明"纲纪"是牵引着中国历史上"治乱"循环的那根主绳,"纲"与"纪"严格说来也有差异,故在此稍加辨析。《墨子·尚同》所谓"丝缕之有纪,网罟之有纲",《说文》所谓"纲,网纮也","纪,别丝也"。"纪"作为千丝万缕之端首,同样可以起到"纲""维"那样执一驭万的作用。类似的词还有"统""绪""经""纬""纽"等等,从"糸"是他们字形上的共性,字义上的共性则包括以下两点:或作名词,表示事物的基本规则;或作动词,表示对事物基本规则的掌控、把握。由此推知,以丝缕、网罟一类为喻体,反映了先民对人类复杂社会关系的形象感知。从"天网""帝网""法网",再到近代的"冲决网罗","纲纪"观念正是建立在对"网"的形象感知之上。

"纲纪"观念的产生意味着先民还深刻地认识到,存在着某种更高的规则,维持着复杂社会关系的秩序稳定,类似于西方法理学中的"上位法"与"下位法"之辨。一旦失去较高的规则,较低的秩序稳定便被打破。对此,扬雄《法言·先知》说得明白:

或苦乱。曰:"纲纪。"

曰:"恶在于纲纪?"

曰:"大作纲,小作纪,如纲不纲,纪不纪,虽有罗网,恶得一目而正诸?"(《法言·先知》)

王国维生活的时代,中国社会刚好发生了一场剧烈的震荡,整个"纲纪"都为之一抖,以至于"恶得一目而正"!写于1917年的《殷周制度论》是王国维的学术名篇,开篇第一句即声称:"中国政治与文化之变革,莫剧于殷周之际。"王汎森认为此文"将历史和现实结合在一起,既是讲殷周之间制度的变迁,也在讲如何息止民国初年军阀间无休止的斗争"[①]。文末对于"商之季世,纪纲之废,道德之隳,极矣!"的感慨,已将王国维的心迹显露:今不如昨,岂是"极矣"二字所能计?话不说破,是王国维以理性恪守学术表达的边界,但其中饱含的悲愤与哀伤,透纸而出,引人唏嘘。

彼时王国维思考的问题是,殷周革命之后,天下大定,周在名义上享有国祚逾八百年,其中的政治智慧,也即那些超越具体国家的价值规则,可否用于战事频仍的今日,使得中国告别革命,重归太平。王国维深信周公制作,更给予了他整个中国政治史上最高的评价:

制度、文物与其立制之本意,乃出于万世治安之大计,

[①] 王汎森:《执拗的低音:一些历史思考方式的反思》,北京:三联书店2014年版,第152页。

其心术与规摹,迥非后世帝王所能梦见也。①

关于殷周间"制度""文物"的变迁,史才、史学、史识俱为一流的王国维自然研究周详。然而周公"立制之本意",秦皇汉武、唐宗宋祖尚且不能梦见,王国维何以体贴明了?恐怕关键就在王国维特意点出的"心术"与"规摹"上。章学诚《文史通义》,于史家三长之外提出"史德":"德者何?谓著书者之心术也。"这里的"心术",可简化为胡应麟所说的"公心",相应地,也就有所谓"私心"。② 后世帝王既蔽于朝代循环固有之"规摹",又蔽于家天下之"私心"。而王国维则在中国政治与文化变革更甚于殷周之际的"规摹"下,怀万民之"公心",以学术之"公器",思考天下之"公理",故其能理解周公"立制之本意,乃出于万世治安之大计"。

出人意料的是,王国维以"公心"出发,却得出了"家天下"优于"官天下"的结论。他之所以有如此观点,非为一姓一家立言,而是站在民众的立场上,表达了对社会文化秩序安定的诉求。特别值得注意的是,此文恰恰写于护法战争期间。当时所

---

① 王国维:《殷周制度论》,《王国维全集》第八卷,杭州:浙江人民出版社2007年版,第303页。
② 在章学诚那里,"史德"亦如其他三长,有高下之分。区别主要表现在"心术"上,即是否有"君子之心",以及将"君子之心"涵养纯粹的程度。但对于寻常史家来说,"君子之心"易知,"涵养纯粹"则难行。他也承认这个要求过高,只举出了孔子与《春秋》,"大贤以下,所不能免""以此责人,不亦难乎"。于是又提出了一个较低限度的标准:"尽其天而不益以人,虽未能至,苟允知之,亦足以称著述者之心术矣。"王国维就是在这个意义上"足以称"的。又见胡应麟《少室山房笔丛·史书占毕》:"才、学、识三长足尽史乎?未也。有公心焉,有直笔焉。五者兼之,仲尼是也。"

护之法,即提倡"官天下",反对"家天下"的《中华民国临时约法》。在王国维看来,提倡什么无非是一种旗号。王莽新政的旗号也极为美好,短短十五年间,却让西汉整个社会人口数量锐减近半,"汉遭王莽,宗庙废绝,豪杰愤怒,兆人涂炭"(《后汉书·光武帝纪》)。饱受乱世之苦的民众为了安定,当然愿意在政制的选择上做出妥协:

> 天下之大利莫如定,其大害莫如争。任天者定,任人者争;定之以天,争乃不生。故天子、诸侯之传世也,继统法之立子与立嫡也,后世用人之以资格也,皆任天而不参以人,所以求定而息争也。古人非不知"官天下"之名美于"家天下",立贤之利过于立嫡,人才之用优于资格,而终不以此易彼者,盖惧夫名之可藉而争之易生,其敝将不可胜穷,而民将无时或息也。①

正是因为民众对生存环境的安定有着极大的依赖,所以在王国维看来,"纲纪"在最大程度上维护了秩序的稳定。他之所以冒天下之大不韪,不仅自留长辫,还对辫子军勤王盛誉有加②,或许正是在其对个体生命与天下苍生的关切中,认为"家天下"至少可以保证秩序的稳定。因为其相信任何缺乏"纲纪"观念,也就是唯恐天下不乱的人,无论其提倡的口号显得有多么进步,

---

① 王国维:《殷商制度论》,《王国维全集》第八卷,杭州:浙江人民出版社2007年版,第306页。
② 王国维:"(张勋复辟)志在必死,甚详,此恰公道。三百年来乃得此人,庶足饰此历史。……此等均须为之表章,否则天理人道均绝矣。"参见《王国维全集》第十五卷,杭州:浙江教育出版社2007年版,第310页。

其政治动机难免是可疑的,其政治行为难免是投机的。因为"纲纪"之不存,基本的公道人心也会沦丧殆尽。

尤为可叹的是,"纲纪"难成而易败,难得而易失。一旦作为秩序基础的"纲纪"崩解,重建之难超乎想象,耗时之久更是不堪想象。况乎,耗时愈久,重建愈难。人生譬如朝露,去日苦多。就王国维身处乱世中纯粹个体的生命经验观之,必然充盈着一种"吾生也有涯,而乱世也无涯"的悲观态度。这种态度从写作《颐和园词》尚且隐含对"高武子孙"的寄望,到最终自沉颐和园的十五年间,不断郁结,构成了他最后十分之三岁月的人生主题。他唯一可以预期的未来是,苟活只能徒使苦难在他的人生中占有更多的比例,这足以消磨掉"此文化精神所凝聚之人"对未来的全部耐心。凭此,才能理解他留下的那句"五十之年,只欠一死"。

四 "道德团体"与"伦理政治"

今人弃若敝屣的"三纲六纪",只不过是在"纲纪"观念的影响下,晚至汉代才得以制度化的一种具体规定,与具有"上位法"意义的"纲纪"不可等同视之。反倒是近代以来"三纲六纪"恶劣的名声,造成了对"纲纪"观念深入理解的障碍,尤其是使人忽略了"纲纪"本来具有的抽象理性的一面。

完整成型的"三纲六纪"说见于具有汉代宪法地位的《白虎通义》:

> 三纲者何谓也?谓君臣、父子、夫妇也。六纪者,谓诸父、兄弟、族人、诸舅、师长、朋友也。故《含文嘉》曰:"君为

臣纲,父为子纲,夫为妻纲。"又曰:"敬诸父兄,六纪道行,诸舅有义,族人有序,昆弟有亲,师长有尊,朋友有旧。"

"三纲六纪"严格落实为九种或亲或疏的人伦关系,这就使得后儒有了文本依据,也受限于文本依据,只知蹈袭文字,知其然,不知其所以然,缺乏对文字背后精神的思考,一旦传统的人伦社会被打散,便无所适从。事实上,《白虎通义》本身在具体经验的规定之后就有抽象理性的论述:

何谓纲纪?纲者,张也;纪者,理也。大者为纲,小者为纪,所以张理上下,整齐人道也。人皆怀五常之性,有亲爱之心,是以纲纪为化,若罗网之有纪纲而万目张也。《诗》云:"亹亹我王,纲纪四方。"

可见,即便作为"三纲六纪"观念最核心的文献记录,也尚未失去"纲纪"抽象理性的一面。并且明确地说,"人皆怀五常之性,有亲爱之心"是"纲纪为化"的前提。而对这个前提的理解,恰恰是晚清同样受到西学影响的王国维、梁启超等现代学者产生分歧的起点。

王国维理解的"纲纪",即在中国具体的历史经验之外,蕴含抽象理性的一面:

欲观周之所以定天下,必自其制度始矣。周人制度之大异于商者,一曰立子立嫡之制,由是而生宗法及丧服之制,并由是而有封建子弟之制,君天子、臣诸侯之制。二曰庙数之制。三曰同姓不婚之制。此数者,皆周之所以纲纪天下。其旨则在纳上下于道德,而合天子、诸侯、卿、大夫、士、庶民以成一道德之团体。周公制作之本意实在于此。①

"立子立嫡",以别亲疏;"庙数"即命数,以定尊卑;"同姓不婚",以合族属。如果说,此三者所构成的宗法制度,由家而国,以至于"纲纪天下",还带有传统氏族组织的精神气质,王国维将周公制作之本意解释为举国上下合为"道德之团体",则进入了对"纲纪"抽象理性层面的认识。

遗憾的是,"道德团体"说陈义虽高,不仅此篇之中未做进一步分析,在王国维此后的研究中亦未得再见其踪影。恐怕正因为王国维是成就卓越的文史学者,所长非在社会制度的分析,他对政治的思考还保留着传统士大夫清流的典型气质。无论如何不可否认的是,他通过敏锐的学术直觉而发明的"道德之团体"一词,把周公以降两千多年中国政治思考的对象提炼了出来。同时,也把中国政治思想的底色显露了出来,即相对西方"法理政治"而言,别具一格的"伦理政治"。

王国维的同事梁启超,在1922年面向北京法政专门学校以及东南大学的学生讲座中,特别从国家起源入手,论述了"政治与伦理之结合"的问题:

> 凡国家皆起源于氏族,族长为一族之主祀者,同时即为一族之政治首长,以形成政教合一的部落。宇内古今各国之成立,莫不经过此阶段,中国亦其一例也。……而我国古

---

① 王国维:《殷商制度论》,《王国维全集》第八卷,杭州:浙江人民出版社2007年版,第303—304页。

代，于氏族方面之组织尤极完备，且能活用其精神，故家与国之联络关系甚圆滑，形成一种伦理的政治。……此种"家族本位的政治"在当时利病如何，今不暇详述。要之，此为后此儒家政治思想之主要成分，直至今日，其惰力依然存在。然社会组织既已全变，则其精神亦适为僵石而已。①

梁启超将中国的"伦理政治"视为氏族组织精神的产物，是所有国家都会经历的一个"阶段"，只不过中国的这个阶段既早熟又持久。"阶段"总归要过去，政治思想也要随着社会组织的变化而变化。当"万世治安之大计"遭遇"数千年未有之巨劫奇变"，居然无以为继，不可救疗。"伦理政治"务必让位于"法理政治"，否则就成了"惰力"乃至"阻力"。可以说，梁启超代表了整个时代的主流观念，即便陈寅恪也这样描述道：

夫纲纪本理想抽象之物，然不能不有所依托，以为具体表现之用；其所依托以表现者，实为有形之社会制度，而经济制度尤其最要者。故所依托者不变易，则依托者亦得因以保存。……近数十年来，自道光之季，迄乎今日，社会经济之制度，以外族之侵迫，致剧疾之变迁；纲纪之说，无所凭依，不待外来学说之掊击，而已销沉沦丧于不知觉之间；虽有人焉，强聒而力持，亦终归于不可救疗之局。②

---

① 梁启超：《先秦政治思想史》，载《民国丛书·第四编·19》，上海：上海书店1992年版，第19、36页。
② 陈寅恪：《王观堂先生挽词并序》，《陈寅恪集·诗集》，北京：三联书店2001年版，第12—13页。

梁、陈二君有游历欧美之经历,虽然归国后皆宣扬中国文化本位论,但对于社会制度变迁之大势已有清晰的认识,他们的保守主义倾向唯留在文化领域。"伦理政治"及其"三纲六纪"在新的制度基础上固然无所依凭,但这不单是中国的问题,而是整个世界的问题。梁启超 1920 年出版的《欧游心影录》记录了一战之后"欧洲人日日大声疾呼,说世界末日,说文明破产"的境况,近于顾炎武所谓的"亡天下"了。既然有了比较,国人那种在现代化的努力遭受挫折之后,病急投医、饥不择食的心态大为减弱,于是"中国旧思想的束缚固然不受,西洋新思想的束缚也是不受"。这个世界性问题的最终解决方案,是要达到"拿西洋的文明,来扩充我的文明,又拿我的文明去补助西洋的文明,叫它化合起来成一种新文明"。在梁启超看来,中国文化当然不会自外于这种世界主义的"新文明",而中国的历史也将发展到全新的阶段:

> 自乾隆末年以至于今日,是为"世界之中国"。即中国民族合同全亚洲民族,与西人交涉竞争之时代也。……此时代今初萌芽,虽阅时甚短,而其内外之变动,实皆为二千年所未有,故不得不自别为一时代。实则近世史者,不过将来史之楔子而已。[1]

受到新思想影响的王国维同样对"将来史"保持着谨慎的乐观态度。王国维虽然困于学资,只得负笈东洋,其早年亦究心

---

[1] 梁启超:《中国史叙论》,《饮冰室合集·文集之六》,北京:中华书局 1989 年版,第 12 页。

新学,追慕西哲。他不仅有着豁达的历史观,也有着开阔的世界观。他二十岁上下撰成《咏史二十首》,其中就有气象雄壮,令罗振玉击节定交的"千秋壮观君知否,黑海东头望大秦"佳句;关于中国古史,亦不乏吸收了"西来说""天演论"等时髦理论的"东迁种族几星霜""憎憎生存起竞争"这样的句子。所以,同样不能自外于时代的王国维,与梁启超最大的分歧即在书斋之外的社会,学术理想之外的政治现实。

在王国维五十年的生命里,看到的唯有借"新"之名,行"争"之实,得"乱"之果。至于"定",正应了陈寅恪那句"不见中兴伤老至"。在一个剪辫子易、留辫子难的时代,新的立场人人都能假装做到,旧的价值却无人真正坚守。新的"定",遥不可期,旧的"定",回首未远。故而,梁启超所说的"伦理政治"可以是阶段性的,一旦进入新阶段,旧阶段便可轻抛;王国维所说的"道德团体"却必须是连续性的,所有的新,无论自生还是移植,都得以旧为根基。在梁启超那里,"伦理"是从氏族组织精神中继承而来;在王国维那里,"道德"是在更具氏族组织精神的殷商政治文化基础上由周公损益而来。其实在这个语境里,"道德"和"伦理"是一回事,都是整个社会人际关系的规范,区别只在由谁来制定这个规范——是从人的动物本能中演化而来,还是圣人代天立言而来。某种程度上,这又可以转化为"政治"与"团体"谁先谁后的问题。

西哲亚里士多德《政治学》有言"人是政治的动物",所谓"政治的",在他的《动物志》中乃是与"分散的"相对应、存在于群居动物中的一种组织状态。① 因而,蜜蜂这样的动物也是"政治的",只不过"人是一种比所有蜜蜂和群居动物都更具政治性的动物"。可见,对于动物而言,"团体"先于"政治"。但是,当团体道德化时,情况便有所不同了,即一种政治目的被设计出来,反过来规定了团体的政治品性。孔子讲"鸟兽不可与同群,吾非斯人之徒与而谁与"(《论语·微子》),其中的"群"有着双重意味——不是说鸟兽没有"团体"和"政治性",而是人的"政治性"异于、高于鸟兽,故不能与它们成为同一个"团体"。可见,在孔子看来,对于人而言,"政治"先于"团体"。

尽管"道德团体"首先是一个"团体",但这个"团体"是被赋予了一定的政治品性而刻意建构的。"道德团体"是内在实质,"伦理政治"是外在形式。形式可以转换,可以抛弃,实质则不可须臾离也。因此,动荡时局之中最让王国维忧虑的,与其说是或此或彼政治制度的崩溃,毋宁说是独一无二的团体品性,也就是比"纲纪"更加具有上位法地位的"仁义"之心的消解。《孟子·离娄》言:

> 人之所以异于禽兽者几希,庶民去之,君子存之。舜明于庶物,察于人伦,由仁义行,非行仁义也。

---

① 亚里士多德:"(动物)均有群居与独居之分;有些动物兼具两种习性,既可独居,也会群聚。于群居动物而论,有些趋向于社会性的(政治的)联合营生,另一些仍各别营生。……至于人,他兼备群居与独处的混合习性。凡社会性动物,在它们的社会中,必然存在有某一共同目的;这种社会性质,并不是一切群居动物所概有。"参见亚里士多德:《动物志》,吴寿彭译,北京:商务印书馆 2013 年版,第 20—21 页。

人伦,由仁义行,非行仁义。孔子之后的儒家,全力维护着那种使人之为人,异于鸟兽的"政治性",也就是"仁义"。倘若有人违背了这种属人的"政治性",他们会毫不犹豫地贬之为禽兽。孟子就称杨朱、墨翟"无父无君,是禽兽也"(《孟子·滕文公上》)。但是,据此可否推知,"有父有君,是人也",而"父道""君道"便是属人的"政治性"呢?孟子正面回应了这个问题,他说:

> 人之有道也,饱食、暖衣、逸居而无教,则近于禽兽。圣人有忧之,使契为司徒,教以人伦:父子有亲,君臣有义,夫妇有别,长幼有序,朋友有信。(《孟子·滕文公下》)

孟子提出的"人伦",包含了复杂社会关系之网中五种相对常态的人际关系,即"父子""君臣""夫妻""长幼""朋友"。后儒因确信其为万世不易之常态,故曰"五常伦"。前三者谨严之,即"三纲";后二者扩充之,即"六纪"。但人类不是唯一拥有社会结构的动物,不少"禽兽"同样具有上述五种关系,人类何以"更具政治性"?故而,在对五种人际关系做事实描述的基础上,孟子还提出了对人际关系具有规范意义的道德要求,即"有亲""有义""有别""有序""有信"之"五常德"。

"伦"与"德"之关系,可参照孔子答子游问孝:"今之孝者,是谓能养。至于犬马,皆能有养。不敬,何以别乎?"(《论语·为政》)所以不敬者,便是缺"有亲"之"德",虽不改父子之"伦",却败坏了父慈子孝之"道",也就是丧失了属人的"仁义",无别于"犬马",而沦为"禽兽"。

更早以"德"规范"伦"的记录,可见于孟子之前的郭店楚简。《六德》开章明义,谓"君子如欲求人道,先慎六位",又谓"既有夫六位也,以任此六职也。六职既分,以裕六德"。是以智、信、圣、仁、义、忠之"六德",与夫、妇、父、子、君、臣之"六位",率、从、使、事、教、孝之"六职"对应。"六位"与"六职",两两之间,主客施受,以成"三伦"。无此"六德",则"三伦"亦可见于"禽兽",有此"六德",方知为属人之"三伦"。

然而,"伦"虽以"德"为规范,"德"也以"伦"为本位。舍"伦",则"德"无所寄。"德",来源于对日常生活中人伦经验的提炼,却又反过来指导日常生活中的人伦。"德"对"伦"的规范,即要求个体按照其所属角色,不仅在形式上完成该角色的各种使命,更要从内心体认该角色应有的各种品质。① 正是这种"伦"与"德"的循环互动,濡养了为中国文化所化的"道德团体"的独特政治品性。

前引《殷周制度论》,王国维为了避免"名之可藉而争之易生",在"官天下/立贤/人才"与"家天下/立嫡/资格"两种政治制度的选择中妥协于后者。追溯其思想的直接来源,不仅有儒家,居然还有法家:

> 今夫上贤任智无常,逆道也,而天下常以为治。是故田氏夺吕氏于齐,戴氏夺子氏于宋,此皆贤且智也,岂愚且不肖乎? 是废常上贤则乱,舍法任智则危。故曰:"上法而不

---

① 庞朴认为此"六德""原本就不是从人伦本身归纳出来的,而是从天道那里借来或搬来,硬派给各个社会角色的",以此达到沟通天人之目的。参见《本来样子的三纲——漫说郭店楚简之五》,《寻根》1999 年第 5 期,第 9—10 页。

上贤。"(《韩非子·忠孝》)

韩非子之"常"即王国维之"定"。为求常定之治,儒家与法家在乱世达成了一种极为怪异的共识。虽然儒、法两家皆对所谓的贤智之士保持警惕,但解决方案上依然有差异:一者诉诸具有成文法意味的严刑峻法,一者诉诸具有习惯法意味的传统习俗。秦用法家终结战国之乱,却又二世而亡,致使天下再起纷争。儒、法共治,并找到一种新的表达方式,就成了汉代的主题。在此背景下,《春秋繁露》应运而生,建构了一套新的政治秩序合法性论证体系,也即"王道之三纲,可求于天":

> 阴者阳之合,妻者夫之合,子者父之合,臣者君之合。物莫无合,而合各有阴阳。阳兼于阴,阴兼于阳,夫兼于妻,妻兼于夫,父兼于子,子兼于父,君兼于臣,臣兼于君。君臣、父子、夫妇之义,皆取诸阴阳之道。君为阳,臣为阴;父为阳,子为阴;夫为阳,妻为阴。阴道无所独行。其始也不得专起,其终也不得分功,有所兼之义。是故臣兼功于君,子兼功于父,妻兼功于夫,阴兼功于阳,地兼功于天。(《春秋繁露·基义》)

这段话的巧妙之处,不仅仅在于阴阳观念的引入,还在于悄悄将"夫妻—父子—君臣"的三纲顺序,置换为"君臣—父子—夫妻"。以三者中的哪一对关系为首,是判断该学说体系价值倾向的关键标准。故而,从前引《六德》之"夫妇",到《孟子》之"父子",再到《白虎通义》之"君臣",次序的变化,反映的正是"三纲六纪"中内在政治品性的隐退与外在政治制度的凸显。而最早

置"君臣"于首的文献,正是《韩非子·忠孝》:①

> 臣之所闻曰:"臣事君,子事父,妻事夫,三者顺则天下治,三者逆则天下乱,此天下之常道也,明王贤臣而弗易也。"则人主虽不肖,臣不敢侵也。

从"纲纪"演变为"三纲六纪",可谓法家对儒家的一次成功渗透。贺麟对此分析说:

> 由五伦的相对关系,进展为三纲的绝对的关系。由五伦的交互之爱、等差之爱,进展为三纲的绝对之爱、片面之爱。……先秦的五伦说注重人对人的关系,而西汉的三纲说则将人对人的关系转变为人对理、人对位分、人对常德的单方面的绝对的关系。②

所谓"绝对的关系",是法家"尊君卑臣"的产物。倘若以三代的社会风气为背景,很难想象以"夫妻""父子"为首会产生政治意义上"绝对的关系"。

行文至此,约略已由王国维的死因及其思想的分析为线索,梳理出"纲纪"观念的源起以及其在历史中产生的较为重大的流变。材料上难免挂漏,而文意也绝不是要将"三纲六纪"之过从儒家转移到法家,而是希望将"纲纪"从"三纲六纪"之中抽离

---

① 孔子所谓的"君君,臣臣,父父,子子"首先是回答齐景公问政,是纯粹就政事,而非社会秩序原则的表达;其次,所谓"君君"即君以君之道为君,以此类推,各得其位,各安其事,不存在谁事谁的问题。

② 贺麟:《五伦观念的新检讨》,《战国策》第3期,1940年5月1日。

出来。中国文化中那些"抽象理想之通性""超越时间地域之理性"绝不应当禁锢在君臣、父子、夫妻这些具体人伦关系的名相里,而应当上升到道、德、仁、义、礼、法的层面,与民主、法制、自由、平等、博爱这样的观念互相融通,以求在当今时代发用。

(撰稿人　余霄)

第十四章 男女篇

一 中华民族的开篇

《周易》讲:"有天地,然后有万物;有万物,然后有男女;有男女,然后有夫妇;有夫妇,然后有父子;有父子,然后有君臣;有君臣,然后有上下;有上下,然后礼义有所错。"[①]人类由男女组成,男女创造了人类历史。男女是怎么被创造的?或者说人类从哪里来?《圣经》认为人是上帝创造的,亚当、夏娃是西方人的始祖。那么中华民族的始祖是谁,谁创造了我们这些黄皮肤的人?

世界各地的神话都是先有女创世神,再出现配偶神,最后被男创世神一统天下,这和人类历史的发展进程相一致。中国家喻户晓的创世、造人、救世的神也是一位女性——女娲。

成书于春秋战国时代,秦汉以后仍有增益的《山海经·大荒

---

① 〔魏〕王弼撰,楼宇烈校释:《周易注校释》,北京:中华书局2012年版,第263页。

西经》讲:"有神十人,名曰女娲之肠,化为神,处栗广之野,横道而处。"①宋代的《太平御览》卷七十八引《风俗通》说:"俗说天地开辟,未有人民,女娲抟黄土作人,剧务,力不暇供。乃引绳于絚泥中,举以为人。"②《淮南子·览冥训》曰:"往古之时,四极废,九州裂,天不兼覆,地不周载;火爁炎而不灭,水浩洋而不息;猛兽食颛民,鸷鸟攫老弱。于是女娲炼五色石以补苍天,断鳌足以立四极,杀黑龙以济冀州,积芦灰以止淫水。苍天补,四极正;淫水涸,冀州平;狡虫死,颛民生;背方州,抱圆天。"③《路史·后纪二》:"女娲祷祠神,祈而为女媒,因置昏姻。以其载媒,是以后世有国,是祀为皋媒之神。"④

由上述记载可见,女娲是中华民族的创世女神、始祖女神、主婚姻女神,据说她还创造了乐器,女娲是我们的万能女神。女娲抟黄土造人的神话,隐含了女性孕育生命的本相,传说中五帝都是其母感异物而生,"圣人无父,感天而生"。《庄子·盗跖》说远古时代"民知其母,不知其父",女娲神话产生是学者所说的母系氏族社会的时代,那个时代的人随母姓,上古的姓皆从"女"旁。从女性生育后代与女性对社会的贡献出发,人类最初崇拜的是女神。在人类的初始,女性对人类的贡献功不可没。

另一位被广泛传颂与记载的女性始祖是"西王母"。西王母的记载遍及各种古籍,西王母的传说反映了以女性为领袖的

---

① 〔宋〕刘歆:《山海经》,呼和浩特:内蒙古人民出版社2009年版,第290页。
② 《太平御览》卷七十八,石家庄:河北教育出版社1994年版,第672页。
③ 《淮南子集释》,北京:中华书局1998年版,第479—480页。
④ 《路史》卷十一《后纪二》,载《文渊阁四库全书》"史部·路史",上海:上海古籍出版社1986年影印台湾商务印书馆本,第165、168页。

部族联盟的历史存在,其渊源之古远,反映了远古时代女性的社会地位与历史作用。

后来,随着人类的发展,出现了共创天地的男女二神,中国的伏羲、女娲就是这样的男女二神。西汉时,伏羲、女娲的壁画还是二神并列,到了东汉以后,绘画中的伏羲、女娲作交尾之状,反映了他们是配偶的关系,也说明了婚姻与生育观念的进步,这时人们认识到了男子在生育中的作用。

单一的对男创世神的记载出现得较晚一些。在我国,三国时吴国的徐整著《三五历纪》,记载了盘古开天辟地的神话故事。随着父权制的巩固,男神的传说越来越多,女神的传说减少,或以男神配偶的形象出现,神话故事的变化也说明了男女地位的变化。到了父权社会,女性不再是开天辟地的创世神,创世神的位置让给了男神盘古,还有后来的一系列男神与英雄,其中,后羿射日、射怪兽,为民除害,大禹治水,拯救民生,他们是两位重要的男神。这些先祖的神话传说,说明我们的先祖在与大自然的搏斗中,忘我精进,从而形成了华夏文明。这些先祖由于对中华文明的贡献,被后人怀念与祭祀,成为中华民族的始祖。

创世神由创世女神到配偶神再到创世男神的演化,反映了人类社会由母系社会—母系社会向父系社会转化—父系社会这一发展过程。随着人类社会的发展,人类的婚姻也由母系社会的杂婚、血缘婚发展到母系社会向父系社会过渡的多偶婚、对偶婚再到父系社会的一夫多妻婚。婚姻是人类赖以生存、繁衍的根本手段,认识婚姻的发展变化,有助于认识中华文明史的发展变化。

二　男、女、夫、妇释义

男、女、夫、妇、父、母、舅、姑是本篇要涉及的角色，它们在我国最早的一部字典《说文解字》中有详尽的解释，让我们看看这些字词的释义。

《说文解字》："男，丈夫也。从田，从力。言男用力于田也。"①强调男子的农耕之事。《说文解字》："夫，丈夫也。从大，一以象簪也。周制以八寸为尺，十尺为丈。人长八尺，故曰丈夫。"②这里的"男""夫"指的都是男性，解释都是"丈夫"。男性在家庭中承担养家糊口的重任，在社会上任事，负有治理社会的责任，这里的"丈夫"有大丈夫顶天立地的意涵在内。《礼记》中"男子"特指未婚男性，结婚以后称"夫"，与结婚以后代指女性的"妇"合称为"夫妇"。传统社会男女两性的关系常常在具体夫妇关系中探讨。

《说文解字》："女，妇人也。象形。王育说，凡女之属皆从女。"段玉裁《注》："浑言之，女亦妇人。"朱骏声《说文通训定声》："对文则处子曰女，适人曰妇。"③《说文解字》："妻，妇与夫齐者也。持事，妻职也"，"妇，服也，服家事也。从女持帚洒扫也"。④《礼记》中"女子"特指未婚女性。一般而言，未婚称"女子"，结婚称"妇"或"妻妇"，传统社会"夫妇"一词多用于"夫妻"。《礼记·昏义》讲："妇顺者，顺于舅姑，和于室人，而后当

---

① 〔汉〕许慎：《说文解字》，北京：九州出版社2006年版，第1133页。
② 同上，第838页。
③ 同上，第1004页。
④ 同上，第1006—1007页。

于夫,以成丝麻布帛之事。"①这里界定了"妇"的角色是敬顺舅姑、服侍丈夫,职责在家务。汉代的班固对男、女、夫、妇这样解释:"男者,任也,任功业也。女者,如也,从如人也。在家从父母,既嫁从夫,夫殁从子也……夫妇者,何谓也?夫者,扶也,扶以人道者也。妇者,服也,服于家事,事人者也。"②班固对男女夫妇的解释可谓全面,说明了女性三从的地位与服侍人的主内角色,男性则是主外,承担创建功业与治理社会的角色。

《说文解字》:"父,矩也,家长率教者,从又举杖。"父,像手持石斧,父是斧的初文,本义是斧,借用作父亲之"父",有手举木杖打人之意。正好与《尔雅》上释"妇"的说法"妇之言服也,服事于夫也"相对。《礼仪》说:"父者子之天也,夫者妻之天也!"在传统社会,"父"是一家之主,对朝廷与社会负有家庭的全部责任,又是养家糊口的人,是家庭中最有权力的人。《说文解字》:"母,牧也。从女,象怀子形。一曰象乳子也。"③母亲是管理家庭与进行家务劳动者,也是抚育儿女的人。在家庭中虽然子女对父母的孝敬是相同的,但父母的地位有别,《礼记·表记》曰:"母,亲而不尊;父,尊而不亲。"一家不能有二尊,突出父亲的权威,家庭中也是父亲说了算。

《说文解字》:"姑,夫母也。"段玉裁《注》:"妇称夫之父曰

---

① 陈戍国点校:《周礼·仪礼·礼记》,长沙:岳麓书社1989年版,第536页。

② 〔清〕陈立撰,吴则虞点校:《白虎通疏证》,北京:中华书局1994年版,第491页。

③ 〔汉〕许慎:《说文解字》,北京:九州出版社2006年版,第247页。

舅,称夫之母曰姑。"《说文解字》:"威,姑也。"①夫之母在一个家庭中,处于父之下、其他成员之上,是所有女性的掌管者,妻妇在家庭中直接受姑的管束。

在传统社会中,男性、女性不是作为个体而存在的,他们存在于社会与家庭的各种关系中。作为女性,她必定是家庭角色之一种,她是由女儿、妻子、母亲等家庭角色塑造的,所以未嫁为女儿,嫁人为妇。用《教女遗规》中的话来讲就是"在家为女,出嫁为妇,生子为母"。男性结婚前称男子,结婚后称夫,生子称父。当然男子除了家庭角色之外,还有更广泛的社会角色。男女在人情角度或识别性别时称男女,在家庭人伦关系中则是子女、夫妇、父母、舅姑、父子、父女、母子、母女等。

我们在这里所讲述的这些角色是一种涉及家庭、亲属关系的社会角色,是传统社会与人伦、礼制、道德有关的人际关系中的家庭与社会角色,它是传统社会中家庭义务的负载者,不是单纯的男女角色。特别是有关女性的角色,它不是外化于家庭与人际关系的独立的性别存在,是一种家庭人伦角色与关系。

通过这些字词的解释,我们可以得知男女的角色、地位、分工是不同的,男性的地位高于女性。

三 男女角色、地位辨析

男女是人类社会的源头,夫妇是人伦家庭的开端,《周易》将男女夫妇置于父子、君臣之前,可见先秦儒家对男女夫妇的重视。

---

① 〔汉〕许慎:《说文解字》,北京:九州出版社2006年版,第1008页。

儒家经典规定了从上至下男女两性的角色分工,将社会、家庭、政治、经济等活动归纳为内外两类。在政教上,皇后"听天下之内治,以明章妇顺";天子"听天下之外治,以明章天下之男教"。班固在《白虎通·论妇人之贽》中讲:"妇人无专制之义,御众之任,交接辞让之礼,职在供养馈食之间。"[①]在经济活动中,《礼记》规定天子诸侯有籍田,每年开春进行象征性的耕作,以劝农桑之事;王后有蚕室,以劝天下蚕织事。下层百姓,政治上治于人,经济上"匹夫"(男)、"匹妇"(女)过着男耕女织的生活。《孟子·尽心》讲:"百亩之田,匹夫耕之","五亩之宅,树墙下以桑,匹妇蚕之"。这是传统社会男女大致的内外角色分工模式。

男女在社会与家庭中有不同的角色、分工、地位,男女七岁开始不同席、不共食。《礼记·内则》讲,男子从六岁开始学习,最晚十岁要送到家庭以外的学堂里读书。在学堂里他要学习各种知识与技能以及礼仪,即所谓"六艺";后世则要学习科考需要的"四书五经",当然还要学习做一个儒雅君子所具备的言谈举止与社交风度,通过读书还要进行品格的提升。作为家庭中的男子,家庭给予他的角色任务,是参加科考获得功名,凭此谋得一官半职。男子的角色是主外,将来他必定要外出到社会上谋生,而谋生最直接的途径是科考中举,最光明的前途是仕途,获取功名是对父母最大的孝敬。在他求学与追求仕途的过程中,他还有传宗接代的任务,通过父母之命、媒妁之言,父母会为他娶上一个贞节顺从的好妻妇。在完成婚姻大事以后,他的任

---

① 〔清〕陈立撰,吴则虞点校:《白虎通疏证》,北京:中华书局1994年版,第358页。

务仍然是继续科考,直到科考中举,跻身于官宦阶层。他的最大责任是光宗耀祖,为子孙挣下一份家业。任何男子在而立之年后都要到社会上谋得一个职事,以养家糊口,这是所有男子的人生轨迹,区别只在于官职的大小高低。无读书天赋的男子则退而求其次,去经商或务农。总之,男主外。

每个男子从一出生就被期待,家庭给予男子比女子高的待遇与地位。《礼记·郊特牲》讲:"夫也者,夫也。夫也者,以知帅人者也。玄冕齐戒,鬼神阴阳也。将以为社稷主,为先祖后,而可以不致敬乎?"①这段话说出了男子对国与家的重要性。《诗经·小雅·斯干》形象地说明了男女从一出生就有的不同地位与待遇:"乃生男子,载寝之床,载衣之裳,载弄之璋。""乃生女子,载寝之地,载衣之裼,载弄之瓦。"②男权、父权社会以男子传承世系,只有男性才能传宗接代,才能继承父系的权力与财产,所以男女从出生地位就不同——重男轻女、男尊女卑。男子从小被精心呵护、悉心培养,他们是家庭与父母的希望,担负着家庭的重任,而且还是国家的栋梁。从小到老至死他们在家庭及社会上都有尊崇的地位,充当着家庭与社会的重要角色。就像《红楼梦》中的贾宝玉一样,从小备受呵护与期待,但同时也承受着科考与求仕的种种压力。如果荒废学业,不能求得一官半职,不能立身成名、功成名就、光耀门楣,将会受到父辈的责骂甚至体罚。总之,男子地位比女子高,责任也重,是家庭的希望与未来。

---

① 陈戌国点校:《周礼·仪礼·礼记》,长沙:岳麓书社1989年版,第386页。
② 王云五主编,马乘风注译:《诗经今注今译》,北京:新世界出版社2011年版,第169页。

女子的人生则是另一番景象,她的角色与男子不同——女主内。《礼记·郊特牲》说:"妇人,从人者也,幼从父兄,嫁从夫,夫死从子。"[1]《礼记·内则》规定:"女子十年不出,姆教婉娩听从。"[2],从十岁开始,女子不再读书,只是学习家务与祭祀的内容。"十有五年而笄,二十而嫁,有故,二十三年而嫁"(《礼记·内则》),嫁人是女子的归宿与命运。她的角色与职责是家务劳动——纺绩与酒食,生儿育女,服侍舅姑与丈夫。典籍中"无攸遂,在中馈"(《周易·家人》)、"妇无公事,休其蚕织"(《诗经·大雅·瞻卬》)、"无非无仪,唯酒食是议"(《诗经·小雅·斯干》),讲的都是女性应尽内职,女性的领域只是家庭、主内。

女子存在的最大价值是生儿育女,所以嫁人是她唯一的前途。每个女子都要与父母分离,去一个陌生的家庭,听从婆婆的管束,为夫家生儿育女。贞节是女子最重要的操守,"四德"是女子最重要的品德,而"四德"中顺从、温柔是首要的品德。为夫家生下传宗接代的男嗣是她最重要的任务,也是她一生的关键。妻妇在家庭中的地位最低,日子最难过,但等到她做了婆婆,她的人生将为之一变,儿媳们将在她的管束下操持家务,她将会过得轻松与舒心,所以她的人生地位是随着不同的人生阶段而变化的。传统社会的男女地位不同,按照男女的角色分工度过自己的一生。

---

[1] 陈戍国点校:《周礼·仪礼·礼记》,长沙:岳麓书社1989年版,第386页。

[2] 同上,第536页。

四　男女两性观念的哲学基础——易学

《周易》相传是西周初年周文王所作,一直被儒家奉为经典,故又称《易经》。《易经》大部分成书于周代,《易传》为后人所增益,大部分内容约成书于战国中晚期。

先秦时代的《易经》肯定两性的自然功能——生殖的作用,"男女构精,万物化生"[1],对生育的承认、肯定与尊重是中国传统文化的一贯思想。周代先人重子嗣繁衍与家庭的兴隆,因此先秦时人们就朴素地认识到男女、夫妇的重要作用。"有天地,然后有万物;有万物,然后有男女;有男女,然后有夫妇;有夫妇,然后有父子;有父子,然后有君臣",这种对两性自然属性和人伦功能的认识反映了先秦易学的朴素性。

《易经》通过"万物有象"论,论述乾坤、天地、阴阳、男女的尊卑、高低、上下、统顺、刚柔关系。"乾,阳物也;坤,阴物也。阴阳合德,而刚柔有体,以体天地之撰"[2],"乾,天也,故称乎父;坤,地也,故称乎母"[3]。《周易》说卦从男女、天地抽象出"乾""坤"的一般观念,赞美乾、天,具有乾的创始作用,"大哉乾元,万物资始,乃统天"[4]。坤、地具有坤的顺承天的特性,"至哉坤元,万物资生,乃顺承天"[5]。《周易·系辞上》曰:"乾道成男,坤

---

[1] 〔魏〕王弼撰,楼宇烈校释:《周易注校释》,北京:中华书局2012年版,第251页。
[2] 同上。
[3] 同上,第260页。
[4] 同上,第2页。
[5] 同上,第12页。

道成女。"①又说:"天尊地卑,乾坤定矣;卑高以陈,贵贱位矣;动静有常,刚柔断矣。"②男、阳、天、乾与女、阴、地、坤的主次地位与作用被规定下来。乾统天,坤顺承天;乾统坤,男统女。因此男统女从、男主女顺的两性关系在中国文化最早的经典著作《易经》中就有论述,后世一直以此为据,解释男女两性关系。此后千百年来要求女性的最重要的品德柔、顺正源于此。

男女、夫妇这对相成相反的矛盾体中有和谐也有冲突,当冲突发生时,"阴"就被"阳"所疑,《易经》说"阴疑于阳必战",阳如果怀疑阴就要产生矛盾,最后必将是处于"阳"地位的夫战胜处于"阴"地位被支配的妇,因为"乾,阳物也;坤,阴物也","乾道成男,坤道成女",乾统坤,道出了夫妇之道的本质是统顺的关系。《周易·坤·文言》说:"阴虽有美,含之以从王事,弗敢成也。地道也,妻道也,臣道也。地道无成,而代有终也。"③虽然《易经》发现,万物都是成双成偶才能发展变化,但没有阳,阴将不能成事。阳不仅处于主导地位,阴根本就离不开阳,离开阳,阴什么也不是。阴只能成就阳,辅佐阳。

既然乾天高尊,坤地卑下,阳贵阴贱,那么坤阴一方的地、子、妻、臣因为地位卑下就应该受乾阳一方的天、父、夫、君的统治,因此作为"妻道"的妇女必须受行天之道的男子的支配,男支配女,在《易经》中天经地义。

《易经》对男女做了内外不同的严格分工定位:"女正位乎内,男正位乎外;男女正,天地之大义也。家人有严君焉,父母之

---

① 〔魏〕王弼撰,楼宇烈校释:《周易注校释》,北京:中华书局2012年版,第232页。
② 同上。
③ 同上,第14页。

谓也。父父、子子、兄兄、弟弟、夫夫、妇妇,而家道正,正家而天下定矣。"①治天下先要治家庭(正家而天下定),治家庭先要治男女(男女正,天地之大义也),而男女又是男支配女,于是妻妇成为家庭中受舅姑与丈夫支配的对象。

《周易·坤卦·文言》曰:"坤,至柔而动也刚,至静而德方,后得主而有常……坤道其顺乎?"②静就是柔,柔顺是坤道的德性,坤道谦恭之德的特性就是不为人、物之先,必须有待乾阳的主宰才能运行不殆。所以坤道不敢独立成事,柔顺才贞吉。如果僭越自己柔顺的特性而专成,将不吉利。《周易》大量谈到男女刚柔的不同特性,赋予男性刚健、女性柔顺的不同人格。

《周易》中,《家人》《姤》《渐》《归妹》等卦专讲女柔之德:"姤,遇也,柔遇刚也;渐,女归待男行也……归妹,女之终也。"③柔女要等待遇到刚男,嫁给刚男,才是女人最终的归宿。那么男女怎么才能恒久呢?"恒,久也。刚上而柔下……久于其道也"④。不仅要男刚女柔,而且还要刚上柔下。什么是恒德呢?"恒其德,贞,妇人吉,夫子凶。《象》曰:妇人贞吉,从一而终也;夫子制义,从妇凶也"⑤。妇人贞专,才能恒久。贞专只要求于女,制义的男子是不能贞专于女的。《易传》第一次对女性提出了从一而终的贞节观念,儒家的男女双重贞节观念从此时被提及。

《易经》中,乾坤、阴阳、天地、男女虽然高低、尊卑不同,但

---

① 〔魏〕王弼撰,楼宇烈校释:《周易注校释》,北京:中华书局 2012 年版,第 137—138 页。
② 同上,第 14 页。
③ 同上,第 268 页。
④ 同上,第 121 页。
⑤ 同上,第 122 页。

还是相济相补达成合和的。男女、夫妇虽然地位不同,主要是男统女,但有时还是有敬、有亲、和谐的。

五 儒家的婚姻观念

(一) 婚礼为别男女

儒家制定婚礼六礼之前,婚礼并不统一,许多地方还存在抢亲等野蛮行为,婚姻六礼的出现是父系社会文明的表现与时代的进步。

为什么要有婚礼,《大戴礼记·感德篇》说:"凡淫乱生于男女无别、夫妇无义;昏礼享聘者,所以别男女、明夫妇之义也。故有淫乱之狱,则饰昏礼享聘也。"《淮南子·泰族训》说:"民有好色之性,故有大婚之礼。……因其好色,而制婚姻之礼,故男女有别。……待媒而结合,聘纳而娶妇,绂绋而亲迎,非不烦也,然而不可易者,所以防淫也。"郑《笺》云:"婚姻之道,谓嫁娶之礼。"孔颖达《疏》:"男以昏时迎女,女因男而来……论其男女之身谓之嫁娶,指其好合之际,谓之婚姻,其事是一,故云婚姻之道,谓嫁娶之礼也。"圣人制婚姻之礼之后,不再允许野蛮的抢亲与自由的恋爱。《孟子·滕文公下》说:"不待父母之命,媒妁之言,钻穴隙相窥,逾墙相从,则父母国人皆贱之。"《礼记·曲礼上》说"男女非有行媒,不相知名",所以男女必须有"父母之命,媒妁之言"才能结婚,结婚按婚姻六礼程序办理。婚姻不仅是两个人之间的事,而且是两个家族的重大事情,所以要敬慎重正。周初就有同姓不婚的规定,到春秋战国,逐渐实行男女有别、按六礼顺序结婚的形式,这是婚姻制度上的重大变化。

（二）婚礼敬慎重正

家庭是社会的基础，周建立的宗法制社会特别重视家庭中的夫妇人伦与家庭继嗣。婚姻可实现人伦延续，又是人伦秩序的基础，还是广泛联系社会的手段，所以古先圣特别注重婚姻。《礼记·郊特牲》说："天地合，而后万物兴焉。夫昏礼，万世之始也。取于异姓，所以附远厚别也。币必诚，辞无不腆，告之以直信。信，事人也。信，妇德也。一与之齐，终身不改。故夫死不嫁。"[1]《礼记·昏义》又说："礼始于冠，本于昏，重于丧祭，尊于朝聘，和于射乡，此礼之大体也。"[2]婚礼是万世之始，是礼之本，婚礼之重要在这里说得再明白不过。这里也提出对女性贞节的要求——"夫死不嫁"，婚礼的过程也是教化的过程，特别是对女性教化的过程。

婚礼为什么这么重要呢？《礼记·郊特牲》说："执挚以相见，敬章别也。男女有别，然后父子亲；父子亲，然后义生；义生，然后礼作；礼作，然后万物安。无别无义，禽兽之道也。"[3]《礼记·昏义》也说明了同样的道理："礼之大体，而所以成男女之别，而立夫妇之义也。男女有别，而后夫妇有义；夫妇有义，而后父子有亲；父子有亲，而后君臣有正。故曰：昏礼者，礼之本也。"[4]

既然婚礼这么重要，又是礼之本，就要特别看重婚礼的迎

---

[1] 陈戍国点校：《周礼·仪礼·礼记》，长沙：岳麓书社1989年版，第385页。
[2] 同上，第536页。
[3] 同上，第385页。
[4] 同上，第536页。

娶,重视婚姻本身。《礼记·郊特牲》说:"男子亲迎,男先于女,刚柔之义也。天先乎地,君先乎臣,其义一也。"①迎娶妻妇后,夫妇就合为一体,同尊卑了,所以《礼记·昏义》说:"共牢而食,合卺而酳,所以合体,同尊卑,以亲之也。② 敬慎重正,而后亲也。"除了天子之外,一般人结婚时都要亲迎,表示对婚姻的重视。结婚之后夫妇成为最亲密的人。婚礼这样敬慎重正,正是为了强调夫妇之间的义、亲、敬。

《礼记·哀公问》中,哀公问孔子,婚礼亲迎,这礼是不是太重了?孔子回答说:"合二姓之好,以继先圣之后,以为天地宗庙社稷之主,君何谓已重乎?……天地不合,万物不生。大昏,万世之嗣也,君何谓已重焉?"③婚礼有关社稷与传后,亲迎之礼是适当的。《礼记·昏义》也表达了同样的意思:"昏礼者,将合二姓之好,上以事宗庙,而下以继后世也,故君子重之。是以昏礼纳采、问名、纳吉、纳征、请期,皆主人筵几于庙,而拜迎于门外,入,揖让而升,听命于庙,所以敬慎重正昏礼也。"④这是儒家对婚礼的态度。

先秦儒家重婚礼,重亲迎,尊敬传宗接代的妻。在《礼记·哀公问》中孔子对哀公说:"昔三代明王之政,必敬其妻子也,有道。妻也者,亲之主也,敢不敬与?子也者,亲之后也,敢不敬与?君子无不敬也,敬身为大。"⑤孔子认为妻是亲之主也,"君

---

① 陈戍国点校:《周礼·仪礼·礼记》,长沙:岳麓书社1989年版,第385页。
② 同上,第536页。
③ 同上,第481页。
④ 同上,第536页。
⑤ 陈戍国点校:《周礼·仪礼·礼记》,长沙:岳麓书社1989年版,第481页。

子之道,造端乎夫妇"。但儒家家庭伦理又是上下之伦重于夫妇之伦,家庭中还是以孝敬父母为先。

(三)婚姻之目的

1. 祭宗庙

中国文化重孝,后代必感恩于祖先的恩德,所以事宗庙是第一重大的事情。婚礼时要先告祖,婚礼三个月后要行"庙见礼",之后才称"成妇",才有入夫家祖籍、死后入夫家祖坟的资格。祭宗庙"必夫妇亲之",因为妻妇要为家族生育继承人。女子在结婚之前就要学习祭祀的仪式,婚后每年都要与夫一起祭祖。祭祖的仪式是庄严、肃穆、神圣的,体现了中国人对祖先的尊重。

2. 广继嗣

结婚为承祖先、供祭祀,要家族绵延不断就要有后,有后才能祭宗庙,广继嗣是婚姻家庭最重要的事情,而香火断、宗族绝是最可怕的事。《孟子·离娄》中说:"不孝有三,无后为大。"如果一个男子不娶、无子,绝先祖祀,是最大的不孝,所以这就是先人与圣贤都特别重视婚礼的原因。班固在《白虎通·嫁娶篇》说:"人道所以有嫁娶何?……重人伦,广继嗣也。"有后,特指要有儿子,没有儿子姓氏将断绝,因为只有儿子才能传宗接代,儿子才能传承家族财产、姓氏谱系,所以重男轻女。生下儿子是家族兴衰存亡的大事,也是母亲和婴孩前途所系。因此,如果妻妇生不下儿子,即是"七出"的重要理由之一。

不但要生子,而且还要多子,多子家族才能兴盛,对于天子诸侯更是如此。儒家典籍明文规定娶妻妾的数量,"天子一娶十二女","诸侯一娶九女","卿大夫一妻二妾","士一妻一妾"。

后来的帝王将相、达官贵人所娶妻妾的数量其实不止这些,帝王后宫佳丽三千,贵族豪绅也妻妾成群。典籍中常常颂扬多子多福。据传文王广纳妃妾,"则百斯男",中国传统文化认为多子多福。

3. 求内助

传统父系社会,所谓结婚更注重男性家庭的利益,结婚的另一条重要原因是为孝。男子孝敬父母要自尽孝道,更要借助妻妇孝敬父母。男主外,女主内,从《礼记·内则》的规约看,替男子孝敬父母的更是妻妇这个角色。《礼记·祭统》讲:"生则养,没则丧,丧毕则祭。养则观其顺也,丧则观其哀也,祭则观其敬而时也。尽此三道者,孝子之行也。既内自尽,又外求助,昏礼是也。"①《孔丛子·嘉言篇》中子张问孔子女子嫁人为何,孔子说:"上以孝舅姑,下以事夫养子也。"《礼记·昏义》讲:"妇顺者,顺于舅姑,和于室人,而后当于夫,以成丝麻布帛之事。"②经典与圣人的言论都说明,在家庭内具体负责日常尽孝的更是妻妇。男子一般外出谋生,孝敬父母的任务由妻子承担。

娶妻与女子嫁人的目的之一就是事亲,所以规定女子出嫁前必须接受三个月的婚前教育,学习怎样事舅姑。婚仪的过程中行"著代"礼,也是事亲的仪式。《礼记·内则》更规定了事亲的种种具体做法。而"不敬公婆"则是"七出"之重要的一条。

(四)婚姻仪式的象征意义

1. 通过婚礼过程灌输家庭伦理观念

---

① 陈戍国点校:《周礼·仪礼·礼记》,长沙:岳麓书社 1989 年版,第 472 页。

② 同上,第 536 页。

儒家家庭伦理观念是通过婚姻的仪式灌输的。迎娶时，男女双方家长都要叮嘱儿女，男方父亲告诉儿子，迎娶妻妇后你就可以承续我家宗庙祭祀之事了。女子父母则告诉女儿，结婚到了婆家之后要"诫之敬之，夙夜无违命"，"勉之敬之，夙夜无违宫事"。女子告别双亲后由男子率领出门，从这时开始妇要从夫了，"男先于女，刚柔之义也"，到了夫家，柔顺是女子的品德。"男帅女，女从男，夫妇之义由此始"，"三从"最重要的一从即是从夫。

2. 成妻与成妇仪式

妇到夫家之后，首先要完成成妻的仪式，即"共牢而食，合卺而酳，所以合体，同尊卑，以亲之也"（《礼记·昏义》）。迎娶的次日，天不亮，新人洗漱穿戴整齐后，在丈夫的引导下，新妇去拜见公婆。新妇手持竹器，内放枣、栗、干肉等礼物献给公婆，表示早起、顺从、事饮食，表示从此新妇就要侍奉公婆，且要"明妇顺也"。公婆招待新妇用饭后，行"著代"礼，表示以后婆婆把家务事交给妻妇料理，从此以后妻妇才成为家庭中的一员。

妇在家庭中没有独立身份与地位，一切名分与利益随丈夫。《礼记·郊特牲》说："妇人无爵，从夫之爵，坐以夫之齿。"[1]排座次都随丈夫的地位与年龄，家族中对内对外的活动，妻妇一律以丈夫的辈分、身份行事。《红楼梦》中这样的规矩有许多。

先秦时，儒家讲夫妇有义，也就是夫妇有敬。夫妇有敬就是夫妻相互尊重与恭敬。夫妇以礼相待、相互尊敬在当时的社会中受到褒奖，成语"相敬如宾"讲的正是褒奖这样的夫妇的故

---

[1] 陈戍国点校：《周礼·仪礼·礼记》，长沙：岳麓书社1989年版，第386页。

事。夫妇有义就是"夫义妇听。"也是"夫和妻柔",在先秦时,如果夫不义,妇是可以不听的。丈夫有"俯畜妻子"的义务,妻子尽妇职妇道,事双亲不懈,事丈夫柔顺,与家人和睦,这样家庭才可以兴盛。

(五)家庭规约

家庭要和谐,家人要和睦,怎样才能做到和谐与和睦呢?春秋时代晏婴说:"君令臣共,父慈子孝,兄爱弟敬,夫和妻柔,姑慈妇听"。涉及家庭,从大的方面来讲就是父母要慈爱,子妇要孝顺,夫妇要和睦,兄弟要敬爱。父亲是家庭最有权力的人,是家中的表率;母亲管理家庭中所有女眷的日常生活,在妇德方面也要起表率作用,更要慈爱家庭成员;子首先要孝敬父母,其次是发扬光大家庭的地位与财力;妇负责家庭劳动、酒食供应,要听从婆婆的教诲与指点,贞专柔顺,还要养儿育女。

1.《礼记·内则》的规约

《礼记·内则》对家庭中的规约十分详尽。子与妇,鸡初鸣就要起床,洗漱、穿戴整齐,到父母舅姑的住所,下气怡声,问寒问暖。在父母身前身后照顾,服侍吃饭,要柔色温和。父母的东西不能乱触碰,父母的食物不能食用。父母有吩咐,要毕恭毕敬听从。在父母面前不能随随便便,要有样子。

内外要严格区分,"男不言内,女不言外",内外的一切用具、物件不通用,"内言不出,外言不入","男子入内,不啸不指……女子出门,必拥蔽其面","子妇孝者敬者,父母舅姑之命,勿逆勿怠"。妇如果不孝敬,姑可让子将其休掉。父母有过错,晚辈要柔声以谏,父母不听就算了。父母不高兴,即使鞭挞晚辈至流血,晚辈也不能怨恨,仍然要一如既往地孝敬。父母爱的人或东西子妇不能夺爱,而子妇爱的人或物如果父母舅姑喜欢就要让出。子喜欢妻,而父母不喜欢,也要休掉,娶妻主要是为了服侍父母。如果舅殁姑老,妇仍要大小事宜听从姑的指挥安排。凡妇,姑不命令回自己的屋子,不敢退。妇如果有事,无论大小必须请教舅姑。子妇无私货,无私蓄,无私器,不敢私假,不敢私与。妇若有私亲兄弟,必须得到舅姑的批准。在家庭中妇没有权利,一切听从舅姑的。

一个人从出生到老死在《礼记·内则》中都有严格的规约,照规约去做,家庭才能尊卑老幼有序,才能做到和谐与和睦。

2. 对妻妇贞专柔顺的规约

一夫一妻多妾制是进入私有制父权社会之后的婚姻形式,这种婚姻要求家庭所生子嗣必须是丈夫的亲生骨肉,以继承家族的财产与权力。这种婚姻要求女子绝对的忠诚与贞节,保证所生后代是"纯正"的血脉,为此对于妻妇有一条特殊的规约——贞专。女子一生没有独立性,在家从父,既嫁从夫,夫死从子,妻子是丈夫的私有财产,因此妻子的贞操不允许任何人窥视。出于占有和"纯种"的需要,妻子的行为受到最大限度的限制。《礼记·内则》言:"男子居外,女子居内。深宫固门,阍寺守之;男不入,女不出。"[①]女子无事大门不出二门不迈,如果外出,必拥蔽其面。就是在大家庭里,男女也不杂坐,不亲授,嫂叔不通问。《礼记·曲礼上》说:"姑、姊妹、女子子已嫁而反,兄弟弗与同席而坐,弗与同器而食。……男女非有行媒,不相知名。

---

① 陈戍国点校:《周礼·仪礼·礼记》,长沙:岳麓书社1989年版,第394页。

非受币,不交不亲。……寡妇之子,非有见焉,弗与为友。"①男女之防到这种地步,就是为了保证女性贞操绝对不出问题。

对女性的另一条规约则是柔顺。对女性贞专的要求是绝对的,但在家庭中柔顺才是最重要的。贞的道德是出于继嗣血统纯正和男子占有欲的需要,而柔顺的道德则是出于父系家族的安定和男性心理安宁的需要。只有妻妇柔顺,从外拼搏回到家庭的丈夫才能安逸和清静。妻妇的柔顺是男性家族安定与和睦的保证,所以每个朝代的儒家都十分强调妻妇的柔顺,甚至认为家族兴盛与否就看妻妇是否柔顺。

《北史·列女传》讲:"温柔,仁之本也;贞烈,义之资也。非温柔无以成其仁,非贞烈无以显其义……"(《北史·列女传》)温柔成其仁,贞烈显其义,因此温柔更是须臾不可离的美德。《孟子·滕文公下》说:"以顺为正者,妾妇之道也。"妻妇柔顺的标准是什么呢?服从、克制、尽职、去妒、不悍、去私,只要做到这些,家庭就会安定,丈夫就会满意,家庭就会和睦与兴盛。

父权社会,对于女性来说,最重要的是三从四德。三从的本质是"为女孝,为妻贤,为母良"。四德是妇德、妇言、妇容、妇功。郑玄对四德的解释是:"妇德谓贞顺,妇言谓辞令,妇容谓婉娩,妇功谓丝枲。"郑玄说:"法度莫大于'四教'。"四德为女子必备,做不到三从四德,就不是一个好女子,将受到全家族和全社会的唾弃。

---

① 陈戍国点校:《周礼·仪礼·礼记》,长沙:岳麓书社1989年版,第386页。

六　家庭与社会的关系

《周易·家人卦·象辞》对男女做了内外不同的严格角色定位:"女正位乎内,男正位乎外;男女正,天地之大义也。家人有严君焉,父母之谓也。父父、子子、兄兄、弟弟、夫夫、妇妇,而家道正,正家而天下定矣。"[1]中国是一个家国同构的宗法制社会,治理国家如同治理家庭,家庭是国家与社会的根基,"国之本在家"。学者陈来说,所谓宗法制社会,"乃是指以亲属关系为其结构、以亲属关系的原理和准则调节社会的一种社会类型……在这个社会中,一切社会关系都家族化了,宗法关系即是政治关系,政治关系即是宗法关系。故政治关系以及其他社会关系,都依照宗法亲属关系来调节和规范"[2]。

对于人在社会中需要扮演的角色以及人的义务、责任与道德,从小在家庭中就得到了全面的灌输与实践,家庭是社会教化的开始,家庭是社会的基础。只要在家庭中能够尽到自己的责任与义务,只要在家庭中能扮演好自己的角色,能够做到子对父的孝与妇对夫的从,将家庭中的这种本分与责任扩展到社会,即将家庭、家族渐渐放大,就是社会,家族治理的模式就是社会治理的模式,这一切的前提就是人们要按礼制行事,君君、臣臣、父父、子子、夫夫、妇妇,三纲五常,忠孝节义,男尊女卑,男率女、女从男,长幼、尊卑、贵贱有序,每个人扮演好自己的角色。

---

[1] 〔魏〕王弼撰,楼宇烈校释:《周易注校释》,北京:中华书局2012年版,第138页。

[2] 陈来:《古代思想文化的世界——春秋时代的宗教、伦理与社会思想·引言》,北京:三联书店2002年版,第3页。

古代中国是一个家天下的宗法制社会,家庭与家族是国家与社会治理的基本单位,家庭是社会的细胞,只要把一个个的细胞及基本单位治理好,只要这些基本单位能够对国家、社会负责,只要一级级的官府问责于每个家族族长与家庭家长,就会有一个安定有序的国家与社会,"家齐而后国治"。所以朝廷的治理如同一个家庭的治理,一级级的官员要求下一级对上一级尽职,百姓视官员为父母官,父母官视百姓为子民,整个社会像一个大家庭,互相尽职,强调责任第一。而一个大家族的治理也俨然一个社会的治理,尊尊亲亲、上下长幼、男女兄弟各有各的职分,各有各应守的礼仪,一个个家族组成社会。而家庭只要上下有序、男女有别,只要按照辈分、男女、嫡庶各守其位,人人尊重家庭中父亲的权威,孝敬辛劳的母亲,儿女与妻妇永远不僭越自己的地位,就是一个模范的家庭与家族,就是一个良性的社会细胞。而所有的臣民对待皇帝就像所有的儿女对待父亲一样,尊重他的权威,社会就会平稳而安定。

中国的家庭制度是尊长卑幼、夫主妻从、嫡贵庶贱。"家政统于家长",国家、社会、统治者给予家长在家庭中的绝对权力,是为了让家长履行对社会的义务,家庭中不仅赋税由家长交纳,而且一切责任均追究于家长,家长负有代皇帝与政府行使部分统治的职能。封建家庭突出父权旨在强化皇权,"借正父子之伦,以严君臣之分",皇帝以万民之父的资格君临天下,实行专制,地方官则以父母官的面孔施行统治。北宋思想家张载曾说:"各保其家,忠义岂能不立?忠义既立,朝廷之本岂有不固?""君为臣纲,父为子纲,夫为妻纲",家庭政权化与政权家庭化是中国传统社会家庭与社会关系的一种特色。

程颐对正家、治国、治天下有深入论说:"治天下之道,盖治家之道也,推而行之外耳……父子、兄弟、夫妇各得其道,则家道正矣。推一家之道可以及天下,故家正则天下定矣。"①"家道正而后天下平"是儒家对家庭与社会关系的看法,在儒家看来,男女夫妇的事并非仅仅是男女夫妇的事,而是家庭、社会、国家的事,社会正是建立在家庭的上下尊卑有序的基础上的。

传统的男权、父权社会,每个家庭都重男轻女、男尊女卑,因为男性才能传宗接代,男性才能光宗耀祖。所以对生育儿子的期盼与生下儿子的喜悦是每个家庭的大事与基本情感。每个儿子都得到应有的关怀,都被寄以厚望,他们是父亲的希望、母亲的梦想、祖父母的自豪,因为一个儿子很可能改变这个家庭的地位,这个儿子可能将这个家庭带入上流社会,因而光宗耀祖、光耀门楣。因此只要家庭经济允许,不管是哪个阶层的父母都会让儿子接受教育。如果一个儿子能够顺从父母的意愿立志科考,就是父母最大的幸福。如果他科考成功,获得功名,他将给这个家庭带来金钱、地位与荣誉,这个家庭随即挤入官宦阶层,不仅他的祖父与父亲,连同他的母亲与妻子也可得到相应的诰封。社会是男子施展才华的领域,家庭里也是男子说了算,男子在家庭与社会中都是最重要的性别角色,负有重大的责任。

而女儿不可能给家庭带来这一切。女儿在父母家只有短暂的十几年年华,而这些年是为将来做一个好妻妇做准备的。将来她要进入一个陌生的家庭,作为一个儿媳与妻子,她要敬顺舅姑、服侍丈夫、生儿育女、操持家务,她要受公婆与丈夫的管束,她会有一段如履薄冰的妻妇生涯。但随着时间的推移,随着儿

---

① 〔宋〕程颢、程颐:《周易程氏传》卷三,载《二程集》,王孝鱼点校,北京:中华书局2004年版,第884—885页。

子的出生与对这个家庭服务年限的增加,她的生活会逐渐变得顺利,她的地位会逐渐提高,当她熬到婆婆的辈分,她不仅有权管束自己的儿媳,她还会成为这个家庭中地位仅次于父亲、家庭内务的最高管理者。在所有的家庭中,最年长者受到最大的尊敬。

不管是哪个社会阶层的男子,都要负起养家糊口的责任,负起对整个家庭及社会的责任。社会是男子活动的领域,男子从小被教育要做一个大丈夫,做一个如孟子所言的"居天下之广居,立天下之正位,行天下之大道。得志,与民由之;不得志,独行其道。富贵不能淫,贫贱不能移,威武不能屈"(《孟子·滕文公下》)的大丈夫。作为大丈夫的男人要在社会上"立德、立功、立言",君子之道是修身、齐家、治国、平天下。男人要负起对家庭、社会与天下的责任,做臣要做忠臣,做官要做清官。建功立业、成就功名是男子的大志,为国效劳、为社会尽职是一个男子的职责。他们对社会的尽职,不仅是为皇帝解忧,为百姓造福,也直接给家庭带来地位的提高与荣誉的共享。男子在社会获得功名,为社会服务,与家庭的利益是同构的。

男女的社会分工是男主外、女主内。女人没有权利在社会上建功立业,她们的一生只是在家庭中尽职与服务。她们不能在社会上抛头露面,只有那些特殊的女子通过女扮男装的途径才能为社会效力或与男子并肩,比如花木兰、祝英台,还有陈端生笔下塑造的孟丽君,以及穆桂英这个特殊的家族中的女子,等等。女性是通过夫贵妻荣获得应有的社会地位而与社会发生关系,当自己的丈夫或儿子获得功名得到皇帝和国家的奖赏时,她们同时也可以获得相应的诰封,这种荣誉既说明了她们的社会地位,也是对她们培养了一个对社会、国家有用人才的奖赏与肯定。

也有一些女子认识到了社会的这种不公,如《再生缘》的作者陈端生就在作品中塑造了一个虽身为女性,但其才学与才干不仅不逊色于男子,甚至超过男子的孟丽君形象。陈端生通过孟丽君这个人物形象抒写自己的情怀与思想。陈寅恪先生说,如陈端生这样有"自由及自尊即独立之思想"的女子在当时也就少数而已。陈端生才学过人,有感于女子不能读书、科考,不能到社会上发挥她们的才干,而创作了弹词《再生缘》。在《再生缘》中她通过孟丽君这个人物形象,来表达自己对男尊女卑、三从四德、纲常伦理与女子无才便是德等观念的批判。她所塑造的孟丽君女扮男装,上京应考,考取状元,任翰林院修撰,后任兵部尚书,掌握兵权,后来还当了宰相,掌握朝政。男人所能得到的所有功名,孟丽君都得到了。陈端生通过这部弹词告诉世人:女子不是不行,是不公的社会没有给她们提供公平的机会,以致女子在社会上不能显示她们的才能,社会看不到女子的功业。

"君子之道,造端乎夫妇。"(《礼记·中庸》)家庭与社会的关系,从家庭中的男女处理好"男主外,女主内"的关系着手。男人应该在社会上做一个堂堂正正的大丈夫,做一个于社会、国家有用的人才,女人应该在家庭中做一个温柔顺从贤惠的好妻子。家庭与社会是一个相互关联与影响的网络,家庭的有序与和谐是社会有序与和谐的保障。家庭、社会、国家是同构的,家庭是一切的基础。家庭治理的目的是为了达成有序的社会治理目的,而男女关系的处理,说到底也要落实到总体的社会关系的格局与秩序之中,这种秩序既关乎家庭的稳定与和谐,也关乎社会的稳定与和谐,而这种稳定与和谐正是建立在上下尊卑有序的基础上的。家庭与社会的关系在传统社会就是齿轮与机器的关系,是细胞与机体的关系。

七　儒、道男女观念及角色的不同与联系

道家与儒家一样是先秦时重要的学派之一,在历史上虽然没有像儒家一样取得主流地位,但一直作为一种重要的思想与文化影响着中国人的生活。

道家与儒家在主张上有许多不同之处,"在人与世界的关系上,儒家讲人顺应环境,克制自我与顺从外界;而道家却主张脱越生存环境,取得精神的自由与平衡。在人与社会方面,儒家强调个人对社会的义务、职责,积极入世;而道家主张虚无、清静、无为,注重个人的长生久视。对待人事,儒家主张用仁义道德的灌输和礼教的规范来限制人们的欲望、冒犯和僭越行为;而道家猛烈抨击仁义道德,反对礼教的束缚,主张个性自由发展。在历史观上,儒家祖述尧舜,效法先王;道家追溯到更远的黄帝,以黄帝为宗,认为那是'无为而治'的'治世之极'。再回到人的本体价值,儒家要求人们在适应环境的基础上,通过改造周围世界来实现个人的价值,道家却主张先实现个人的自我完善,再去协调人际关系并改造社会。在实现价值目标的方式途径上,儒家主张借助外在力量如义务使命感、道德律来激励、约束自己,达到至善;道家主张靠自我的顺应自然,达到'物我为一'的至境"[①]。

儒家崇乾、天、阳、男,将乾、天、阳、男的价值看得高于坤、

[①] 杜芳琴:《女性观念的衍变》,郑州:河南人民出版社1988年版,第228—229页。

地、阴、女的价值。老子的道家用牝、雌、母等阴性词语以及雌性词语来比喻最高的道,具有肯定女性特征或阴性特征的文化符号含义。《老子》八十一章中有三章五次用到"牝"字,只有两次用到"牡"字,老子赋予"牝"比"牡"更高的价值。《老子》中两次提到"雌",而"雄"字只出现一次。《老子》五章中七次用到"母"字,而"父"字在通行本中仅出现一次。上述《老子》中这些体现老子之精神的重要话语,用牝、雌、母等具有女性特征的阴性词比喻他阐释的最高"道",说明老子对女性特征的价值取向。道家崇阴尚柔、重母尚静、崇雌尚虚,儒家崇阳尚刚、敬父重男、男尊女卑。虽然《老子》中并没有直接涉及男女话题,但在先秦的道家中,较少歧视妇女的言论。从纵的历史演变次序来看,道家是沿着由尊母崇柔向男尊女卑方向发展。庄子的后学写的《天道》篇中就有了"男先而女从,夫先而妇从"的思想。

  先秦时期,道家重个人的自由,儒家重家庭的责任。道家对生死抱顺其自然的态度,所以不讲究丧葬,而儒家却有繁复的丧葬礼仪。道家的道德礼教约束比儒家少,道家的贞操说教也比儒家少,而且主张在"得道"方面男女共进。道家对家庭人伦的观念比儒家淡薄,而儒家特别注重家庭人伦关系,特别是男女两性在家庭人伦关系中的名分以及应尽的道德义务。先秦道家重天然人伦,反仁义礼教,主张淡化家庭人伦,但并不否定家庭人伦,主张一种顺其自然的天然人伦,老子和庄子都猛烈抨击儒家仁义道德和礼规教化之弊。"(庄子)主张将人伦关系恢复到自然状态,治理社会也应像'古之明大道者'那样,先明天道而后讲道德、仁义、形名、因任……因为这些礼法、度数、形名,尽管从古代就有,但不是人为地用来从上治下的办法,而是出自天道本然的道理。这实际上是否定了儒家君臣、父子、夫妇一套从上而下整饬社会秩序、家庭人伦的原则,而要唤起人们内心深处纯朴天然的道德,求得从下而上的人际融合"[1],所以先秦道家少道德礼教的灌输。

道家提倡顺其自然和清心寡欲,表现在两性观念上就是戒色性,寡情欲,这点与正统儒家有相似之处,正统儒家也主张以伦制欲,重德轻色。道家适应物理人情,使戒色寡欲限定于一定程度,承认人们现实生活的价值。正统儒家也承认"食、色,性也",对于女性的德与色希望兼得,儒家赞美的女性是既美且贤的,如"周室三母",如《诗经·关雎》中的"窈窕淑女"。儒家君子的理想女性形象是窈窕美貌和贤淑贞节的妻子,对儒家君子的要求是乐而不淫其色,悦其貌而重其德。儒家和道家在"德与色"上都倾向德先色次。庄子一派提出"全德全形"是女性美的最高境界,"全德"指具有道家精神的清心寡欲、虚静谦冲,不为尘世习染的德才是"全德"。"全形"指外形上保持完整,不修饰,具有自然之美。所以具有道家精神的男性,对于女性的态度不像儒家那样用清规戒律去束缚她们,从后代的阮籍、陶渊明等对女性的态度可以看出。

到了汉代,道家融进了儒家的"序君臣父子之礼","从《淮南子》和《新语》开始,就把仁义、礼治与阴阳五行结合起来,从天人相通的角度,说明'君臣之义,父子之亲,夫妇之辨,长幼之序,朋友之际'五伦具有天然合理性"[2]。

到了魏晋,道家的人伦道德观呈多样化。在男女观念上,男

---

[1] 杜芳琴:《女性观念的衍变》,郑州:河南人民出版社 1988 年版,第 235 页。

[2] 杜芳琴:《女性观念的衍变》,郑州:河南人民出版社 1988 年版,第 237 页。

女之情自然真实,出现了像阮籍、嵇康一派放达逍遥,反对儒家虚伪的道德名教,反对伪君子,做不拘名教礼数的具有真性情的人。魏晋时世俗派的道家则提倡穷奢极欲的道德观,"贵我纵欲"。还有一派是肯定现有秩序,维护现存秩序的合理性。不管哪一派,其在反礼教方面是共同的,反映到男女的观念上,都不太注重对妇女的礼教约束,这种自由、放达的精神也体现在女性身上,这时的妇女多风雅、通达,像谢道韫、钟琰、鲍令晖等都以才华过人、自由潇洒著称,她们的角色更加宽泛,也得到具有道家精神的男性的尊重,有一定的地位。后世,具有道家精神的儒士,像宋代的苏轼等与传统守旧的儒士相比,对女性较尊重,他对亡妻的悼念以及对侍妾的态度,都表现了具有道家精神的士子对女性的尊重态度。

中国人,特别是知识分子,往往是儒、道兼容互补的,就像林语堂所言,道家及儒家是中国人灵魂的两面,确实如此。中国人受儒家影响,重家庭、重孝道、重信义、重责任、重担当,同时又崇尚自然,知足常乐。大多数的文人士子,抱着一种积极入世的使命感与责任感,以天下为己任,但当仕途不顺、理想无以实现时,他们又退回到道家的顺其自然、超然通达的精神境界之中。儒家的进取精神与道家的超然精神存在于大多数士子的思想中。儒家进取精神激发士子们有所作为、尽力而为,道家的无为哲学,道家持有的不应该过分看重得失、荣辱与成败的态度,又能使他们看开和看淡世俗的功名与成败,在他们精神痛苦的时候给予安慰,道家的这种身心调节对于士子们健康的人生是必需的,以适应顺境与逆境的转换。所以儒、道不仅是相联系的、互补的,甚至是组成中国人健康生活的必备的精神资源,许多士人往往是外儒内道。

八　先秦男女角色地位变迁

(一)西周男女角色地位

大约公元前 11 世纪,周武王灭商建立周王朝。他的弟弟周公旦与周朝贵族一起制定了周代统治的典章制度与行为规范,史称"周公制礼"。在周统治有效的东周,基本能按"礼"进行统治与协调人际关系。

在周朝家国一体的血缘贵族统治的社会中,"礼"是统治的根本手段,它包括典章制度与仪式,通过"礼"实现周朝有差等的社会关系原则。周统治者将人按阶级、血缘、性别、部族等划分为若干等级,阶级的垂直等级是以男性为本位,从周天子到奴隶建立起逐级支配与服从的关系。性别的等级按阶级与血缘呈双重交叉关系,男性贵族外部世界与家族亲属系统的建立,依赖婚姻家庭制度和性别分工制度来实现,女性附属于男性。周文化以农耕定居、男耕女织、男婚女嫁的特色奠定了中华民族制度文明的基调。

周朝开始同姓不婚的外婚制,实行外嫁女儿、内娶妻室、从夫居的一夫一妻多妾制的婚姻制度。在家庭中实行男主外、女主内的内外不同的男女角色分工。男性贵族的公事活动与女性的私内活动不同,"女不干政",限制女性家务之外的任何社会行为。周贵族将"公私""内外"做严格区分:在国与家之间谈公私,在家庭范围内谈内外;公外是男性的领域,绝不让女人插手,私内是妇女的领域。家庭内部由男女共同承担责任,男主外事:谋生计、治农桑;女主内务:事生养、务蚕织。家国一体化的周朝,礼制既是国家统治秩序的原则、制度,也是维系人伦道德的规范,从贵族到平民百姓根据礼制各司其职。

周礼的推行是通过上行下效与一层层的教化来推广的,首先在贵族中推行。周礼的男女规范也是首先在贵族中推行。周朝的疆域广大,又加地域中心与边陲、城邑与乡间以及各地风俗习惯不同,伦理道德与男女规约对男女实际生活的影响,在周八百年的情况是错综复杂的。

像《礼记》中"男不入,女不出""男不言内,女不言外",祭祀中用男女不亲授,女外出必拥蔽其面等要求,也是分贵族阶层与平民百姓阶层的。贵族阶层是这样要求并基本如此行事的,平民百姓在生活中并不严格按礼制行事,但男主外、女主内的角色分工是不分阶级的一致化的模式。在平民百姓的耕作劳动中,一般男子在田间耕作,女人们送饭,男人们种桑,女人们采桑,以及外出采野菜等。他们在生产劳动中采取一种适合性别的既分工又合作的劳动模式。

平民百姓在生活中更采取一种务实的态度。就是祭祀,贵族与平民也完全不同。贵族有关劝农、劝蚕织的祭祀更多的是示范与教化的作用,而民间百姓的祭祀活动则融汇了更多的内容与功用,除了与劳动、生活、宗教、巫术、祖先有关之外,更是一种交游与娱乐活动,甚至严肃的巫祭活动到了民间就变成了一次盛大的民间娱乐活动。他们载歌载舞,女性不仅活动其中,甚至还是巫祭活动中的主角与舞蹈者,比如楚地就风行一种男女混杂的巫祭歌舞狂欢。因此对礼制中有关男女内外隔绝的理解,要分上下、城乡、地域的不同。《周礼·地官·媒氏》中有"仲春之月,令会男女,于是时也,奔者不禁"的记载,这说明周代在民间还是延续了更多原始的风俗,政府也能尊重民间崇拜生育的风俗。

(二)春秋战国女性角色地位

周朝以礼制统治与协调各种关系,但到了西周末,特别是春秋后期,礼崩乐坏,人欲冲击礼制,一方面是贵族男性为满足私欲废嫡立庶,一方面是贵族妇女利用娘家权势干预政治或与人私通,这些私欲与情感纠葛往往围绕着权力分配、继承的焦点,这些都使父权制社会性别制度发生某种动荡,从而动摇了周朝的礼制与伦理规范。所以孔子才提出"君君、臣臣、父父、子子",以恢复周礼为己任,并重新整理与阐释西周礼制文献。

《周易》恒卦"爻辞"中说"恒其德,贞,妇人吉,夫子凶",此时已开始强调女性的贞节,而且只是要求女性这个性别。但周朝只是贞节道德的首倡期,贞节的观念还十分淡薄,从历史的记载看,贞节的事例只是个别的,而不贞的事情倒比比皆是。

周代的《诗经》中到处是"既见君子",到处是山盟海誓、生死不渝、你情我愿,到处是或调皮活泼或深沉浓郁的情感表达,这充分说明这时的下层民众,还没有受到儒家贞节观念的影响。《诗经》中男女自由恋爱的场景,感情表露大胆,甚至赤裸裸。《诗经·国风》160篇中,涉及男女关系的有79篇,而且大部分写的是女性的情感表达与需求。

春秋时代虽然开始提倡从一而终,但不贞的事不绝于书。《左传》记载,齐国诸姜嫁到鲁国和卫国的国君夫人,几乎个个都有淫乱行为。贵族男子更是以淫乱为常事,长辈可以霸占儿媳,晚辈可以与庶母、婶母结合。春秋时贞节观念还十分淡漠,是贞、淫两种观念相容并存的时代。所以虽然一些典籍已经开始强调贞节,但要求与实施需要很长一段时间。

到了战国时代,贞节观念受时代解放思想的影响,比春秋还要宽泛,可谓一个自由开放的时代,男欢女爱无处不在。上至国君夫人,下至平民百姓,洋溢着一份欢乐自然的男欢女爱的情愫。

先秦时代寡妇再嫁是普遍的事情,就是在贵族阶层甚至君王身边也司空见惯,而女子出轨的事情更是屡见不鲜,甚至王后、嫔妃的"淫荡"之举也到处可见。因此,先秦时期,一方面是贞节观念的首次强调,一方面是对贞节并无太多实质性的要求。

九 汉代男女角色地位变迁

(一)汉代家庭伦理之变化

汉朝是封建专制主义的集权国家,皇权建立在家庭伦理基础上,家庭是社会的基础,因此家庭的伦理成为皇权传承的依据,家庭的伦理变得异常重要。

到了汉朝,伦理观念与先秦相比发生了一些变化,这一变化即董仲舒提出了比先秦更进一步的男尊女卑的"三纲"说。先秦家庭那种以和合为主、各尽其责、相互敬重的伦理关系,让位于一种更强调统顺与尊卑的伦理关系。先秦时,家庭中父子、夫妇的关系如《左传》和《孟子》所言,《左传》云:"君令臣共,父慈子孝,兄爱弟敬,夫和妻柔,姑慈妇听。"[1]《孟子·滕文公上》讲:"父子有亲,君臣有义,夫妇有别,长幼有序,朋友有信。"[2]注重

---

[1] 杨伯峻编著:《春秋左传注》,北京:中华书局1990年版,第1480页。
[2] 杨伯峻译著:《孟子译注》,北京:中华书局1960年版,第125页。

的是父慈与夫和,子孝与妻柔,要求夫义、夫和,妻才听夫的话。但到了汉朝,董仲舒提出"君为臣纲、父为子纲、夫为妻纲"①的"三纲"说,家庭中的父与夫成了子与妻之"纲",而"纲"是不容分说的命令,不管父与夫说的对与否,子与妻都要听从、顺从。这就是先秦家庭伦理在汉代的一大变化,自此之后的封建王朝都实行这种"三纲"说。

董仲舒从凡物都有阴阳相反相成的两个方面来推论"三纲"的合理性。他在《春秋繁露·基义》中讲:"凡物必有合……阴者,阳之合;妻者,夫之合;子者,父之合;臣者,君之合。物莫无合,而合各有阴阳……君臣、父子、夫妇之义,皆取诸阴阳之道。君为阳,臣为阴;父为阳,子为阴;夫为阳,妻为阴。……仁义制度之数,尽取之天。天为君而覆露之,地为臣而持载之;阳为夫而生之,阴为妇而助之;春为父而生之,夏为子而养之……王道之三纲,可求于天。"②以此证明了"三纲"的合理性。

董仲舒认为夫与妻这种阳和阴的关系如同君臣、父子关系,有尊有卑,有主有从,夫、父、君与阳一样居于尊、主地位,起主导作用,而妻、子、臣与阴一样居于卑、从的地位,受夫、父、君的统领。董仲舒在《春秋繁露·循天之道》中说"男女之法,法阴与阳"③,又说:"天地之阴阳当男女,人之男女当阴阳。阴阳亦可以谓男女,男女亦可以谓阴阳。"④董仲舒在《春秋繁露·顺命》

---

① 〔清〕陈立撰,吴则虞点校:《白虎通疏证》,北京:中华书局1994年版,第373—374页。
② 〔西汉〕董仲舒:《春秋繁露》,北京:中华书局2012年版,第464—465页。
③ 同上,第608页。
④ 同上,第610页。

中又说:"天子受命于天,诸侯受命于天子,子受命于父,臣妾受命于君,妻受命于夫。"①层层受命,夫妇关系成了受命的关系。他在《春秋繁露·阳尊阴卑》中讲:"丈夫虽贱皆为阳,妇人虽贵皆为阴。"②而阳尊阴卑,所以男尊女卑。这就为汉代公主们不得骄横找到了理论根据,董仲舒把性别奴役凌驾于阶级奴役之上。

到了东汉,董仲舒的"三纲"说开始被重视。西汉时,董仲舒的"三纲"说只是一种"私说",虽然由他提出,但还未被社会重视。到了东汉,由班固整理的官方代表作《白虎通》给"三纲"说以尊崇的地位,对"三纲"做了进一步解说,由"私说"变成了"公论",一种由国家提倡的意识形态。班固在《白虎通·三纲六纪》中讲:"三纲者,何谓也?谓君臣、父子、夫妇也。……《含文嘉》曰:'君为臣纲,父为子纲,夫为妻纲'……君臣、父子、夫妇,六人也。所以称三纲何?一阴一阳谓之道,阳得阴而成,阴得阳而序,刚柔相配,故六人为三纲。"③这样就将三种主要人事关系用"三纲"法则规范下来,明确三对关系中双方各处的主宰与被主宰、尊贵与卑贱、统与顺的地位,以此确定了男女角色的尊卑地位。

"三纲"六人三对关系,有四人两对关系涉及家庭伦理,因此汉以后的父子、夫妇关系带有了统顺的性质。班固在《白虎通》中这样解释夫妇关系:"夫妇者,何谓也?夫者,扶也,以道

---

① 〔西汉〕董仲舒:《春秋繁露》,北京:中华书局2012年版,第559页。
② 同上,第414页。
③ 〔清〕陈立撰,吴则虞点校:《白虎通疏证》,北京:中华书局1994年版,第373—374页。

扶接也;妇者,服也,以礼屈服也。"①夫妇关系不再是齐敬的关系,变成了妇对夫的屈服关系。班固在《白虎通·天地》中说:"阳唱阴和,男行女随。"②夫为主导,妻为和随。班固在《白虎通·五行》中又说:"地之承天,犹妻之事夫,臣之事君也。"③夫、妇的地位有天壤之别。汉代大儒们的家庭夫妇伦理义理,与先秦比,大不如从前,从先秦的"夫妇有义"发展为汉代的"夫为妻纲",董仲舒在《春秋繁露·顺命》里说"妻不奉夫之命,则绝"④,这为汉代夫妇关系之一大变。

汉代朝廷论忠,家庭论孝,夫妇论顺,忠、孝、节顺由先秦的柔性规定变成了汉代的硬性要求,汉代家庭伦理中子女的孝敬和妻妇的节顺成为社会大力推行的伦理道德,史书中对相关孝子和节妇的记载很多。《孝经》在两汉时期十分流行,上升到和儒家经、传同等的地位,家庭中十分强调子女对父母的孝敬。

(二)汉代二位女教的提倡者

汉代开启了写作女教书的风气,最著名的女教书是刘向的《列女传》和班昭的《女诫》,对后代的女性生活产生了巨大的影响。

刘向写作《列女传》是有原因的,或者说刘向写《列女传》的目的不仅是为女子立榜样,更是为了"以戒天子",节制后宫与公主们的权力。汉承秦制,皇族妇女地位很高,皇太后、皇后的

---

① 〔清〕陈立撰,吴则虞点校:《白虎通疏证》,北京:中华书局1994年版,第376页。
② 同上,第421—422页。
③ 同上,第166页。
④ 〔西汉〕董仲舒:《春秋繁露》,北京:中华书局2012年版,第560页。

地位更高。汉代四百多年的历史中,皇后临朝的多达十位,从吕后开始,西汉的霍氏、王氏、傅氏及东汉的六后均临政。而且公主们权力也很大,汉荀爽《论亲丧、尚主、宫女》中提道:"今汉承秦法,设尚主之仪。以妻制夫,以卑临尊,违乾坤之道,失阳唱之义……宜改尚主之制,以称乾坤之性。"①但是在汉代开国之初,刘邦却并不这样认为,刘邦当上皇帝 12 年后,颁发《布告天下诏》,赏赐一批人高官厚禄,与打天下的功臣并列的就有刘氏家族女性,"吾立为天子,帝有天下,十二年于今矣……女子公主,为列侯食邑者,皆佩之印,赐大第室"②。后来有些皇后专权,个别公主勾结大臣叛乱,有时权力被外戚、宦官掌握,引起社会动乱,于是知识精英阶层与刘姓皇室的男人们,就频频向皇帝上书建议节制皇后外戚权力,他们想到的办法就是利用儒家礼教中有关乾坤阴阳的理论限制这些皇室家族女性的权力。作为皇族男性后代的刘向,比任何大臣都更有使命感与危机感,当其他大臣只是偶然进谏谈论节制皇族女性权力时,刘向却决定编写一本规范、教育女性的读本,以引起皇帝、后妃、公主及世人的注意。

女性成就显现于史者并不多见,班昭的《女诫》能收录于范晔《后汉书·列女传》,大抵因为班昭的言行符合儒家的主流思想,可见班昭《女诫》的价值与特殊地位。唐及其后世称班昭为"女圣人",《女诫》成了后世女教书的范例。

《女诫》七篇,开宗明义就是"卑弱",申明、确认、告知女人

---

① 〔南朝·宋〕范晔:《后汉书》卷八十四,北京:中华书局 1985 年版,第 2053 页。
② 〔汉〕班固:《汉书·高帝纪》卷一,北京:中华书局 1997 年版,第 78 页。

要知道自己的卑微地位与角色本分,她定义女人为"主下人也"。《女诫》告诉男人应该怎么统治女人,她在"敬慎第三"中讲男性以强为贵,女性以柔弱为美,提出女性修身以卑弱敬顺为原则。她认为做一个好女人要靠"四德",妇事夫要从一而终、守贞不二。在"专心第五"中,她说:"丈夫再娶天经地义,妻子却没有再嫁的礼法。"她将女性的从一而终形象地比喻为"天固不可逃,夫固不可离也"。总之女性要卑弱、小心,顺从夫家的所有人,委曲求全,这是作为一个女人在夫家的处世为人之道。《女诫》通篇贯穿的是"夫为妻纲""男尊女卑"的思想。

(三)男女生活及角色地位变化

汉代由于儒士、帝王与官僚对礼教特别是女性礼教的强调、撰述、法规化、制度化,女性礼教广泛传播,但汉代女性较之后代,相对还是比较自由的,"非礼"行为也广泛存在。其最突出的表现是汉代母后干政、执政之事屡屡出现,刘邦死后,大权落在吕后手中,她大封吕家诸亲,使惠帝难以治国。西汉后期,成帝母王皇后也干预政事,任用王氏兄弟掌权。哀帝时其祖母傅太后也常常干政。东汉时期皇太后干政更多,有六位皇后干政。皇后干政与汉代盛行孝道有关,汉代强调孝敬,母亲在家庭中拥有一定的权威,对家庭事务有决定权,典型的例子是《孔雀东南飞》中的焦仲卿母。

汉代礼教比之先秦更加系统化、法规化,妇顺的思想更加深入人心,也是汉代的主流思想,但妻制夫现象也常常出现,民间的悍妇为数不少。妻制夫的典型当然是公主们对其夫的治理,两汉时候的公主们较有权力,她们往往下嫁于朝廷官吏,这些公主仗着自己的出身与权力,常常出现"夫事妇"的现象,这让尊奉儒家礼教的儒士们很难接受,于是士人多反对尚公主之制,要求削减公主们的权力,让她们能够遵守女性礼教,懂得自己"再贵也属阴",不得骄横,更不得擅权。总之,汉代虽然礼教盛行,要求妻妇主内,但妇女也有一定的社会地位。

十　唐代男女角色地位变迁

(一)唐朝社会风貌

唐朝是中国封建社会的鼎盛期,社会开放安定,政治开明,经济繁荣,国力强盛,文化多样,各民族交融,有着鼎盛时期的不凡气象与独特风貌。

唐朝疆域广阔,建立了空前完备的新制度,中国古代典章制度与法律制度至此成熟,统治力量空前强大。"然而,政治力量的强大、专制制度的强化并没有导致对思想、文化控制的加强,唐朝始终没有一统思想,而是对魏晋以来鼎足而立的佛、儒、道三教采取了兼容并包政策,只是各时期对三教的褒贬扬抑不同而已。唐朝统治者引老子为先祖,曾大力尊崇道教,佛教在统治者的支持或宽容下,也蓬勃发展,二教均进入鼎盛时期。而儒家礼教始终未能重建起独尊地位,成为控制社会的严格有力的道德行为规范。究其原因,处于盛世,国力强盛、经济繁荣、政治稳固的统治者尚未感到统一思想、禁锢人心的迫切需要可能是原因之一。而隋唐统治者既有胡族血统,又是汉族政权,可能是更重要的原因。……同时又因为(李唐)源出'夷狄',既有胡族血统,又发迹于北朝统治集团,因而'胡化'很深,缺乏华夏文化传统和对儒教的尊崇心理,所以对于异端文化、思想排斥心理并不强烈。无论出于何种原因,隋唐社会始终是一尊不立、三教并行。在这种社会环境下,人们的思想观念、道德标准呈现自由、多元现象也就不足为奇了。从性别角度来说,隋唐时期男性政治权力体系得以重整、加强,但是由于历史的原因,他们并没有强化传统的性别制度和两性关系模式,没有强化对于女性的礼教制约。"①这就是为什么唐朝没有继承汉朝的女性礼教思想,没有在女性礼教思想上增加更多的束缚,而是继承了魏晋南北朝多元的性别文化,男女性别天空更加自由的原因。

唐朝不仅继承了魏晋南北朝的大融合文化,而且唐朝本身又是一个民族大融合、文化大交汇的朝代,少数民族的文化习俗渗透到社会生活的各个方面。高世瑜在《唐代妇女》一书中说:"李氏皇族本身便有北方少数民族血统,其祖先世代居住于陇西,长期与西北少数民族混居生活,又发迹于鲜卑族建立的北朝,而后直接承袭北朝政权,所以在制度、风俗诸方面多沿袭北朝传统,受胡文化熏陶很深。唐朝统一天下后,自然将这些北方少数民族风习裹挟到了中原社会。……气魄宏大的唐朝对'蛮夷之邦'的文物风习是来者不拒,正如前辈学者所论'李唐起自西陲,历事周隋,不唯政制多袭前代之旧,一切文物亦复不问华夷,兼收并蓄',更助长'胡化'之风日渐盛行;尤其是开元、天宝之际,'蕃将大盛,异族入居长安者多,于是长安胡化盛极一时'。"②唐代不仅是胡汉文化大交融的时代,而且也是中国充分吸收外来文化的时代,包括对亚洲与欧洲文化的吸收。

---

① 杜芳琴、王政主编:《中国历史中的妇女与性别》,天津:天津人民出版社2011年版,第186—187页。

② 高世瑜:《唐代妇女》,西安:三秦出版社2011年版,第4页。

这种胡化具体到男女生活上就是这些少数民族或多或少保留了母系氏族社会原始婚俗遗风,高世瑜在《唐代妇女》一书中说:"(这些少数民族)妇女地位较为尊崇,……婚姻与两性关系也较为自由,妇女所受拘束较少。……还有不少民族、国家保持着女性掌权的制度和习俗,回纥、突厥等民族都有女主执政传统。……由于少数民族风气的影响,自北朝以来,北方妇女地位一直较高,有着主持门户和'主外'传统。……这些'夷狄之风'随着李唐王朝的建立和政策的开放而源源不绝涌进中原汉地,波及唐朝广阔疆域,强烈地冲击了原有的礼教桎梏。正如宋儒所指:'唐源流出于夷狄,故闺门失礼之事不以为异';'唐有天下……虽号治平,然亦有夷狄之风,三纲不正,无父子、君臣、夫妇';'上无教化,下无廉耻'。"①

一个自由的社会也就是一个人性的社会,人们可以根据实际情况而非礼教决定自己的行为。于是在唐朝妇女离婚和丧偶后再嫁就合情合理、屡见不鲜了,当然也有依据礼教守寡不嫁的女子。唐朝男女生活在一个正常的社会,所以女性和男性一样可以抛头露面,活动于家庭之外,当然女性的主要工作还是在家庭中。杜甫的《丽人行》写道:"三月三日天气新,长安水边多丽人。"男女出来踏青是唐朝最常见的情景之一。男女可公开或单独与异性结伴交游、随便谈话,诗词相赠也是常事。而下层男女更是根据生活的需要一起劳动。

最能衡量社会开放度的是人们对情感的态度,人们对贞节观念是看重还是淡薄。唐朝社会,女皇可以拥有男宠,韦皇后可以与人私通,公主们可以有姘夫与面首,贵妇可以有情人,文人

---

① 高世瑜:《唐代妇女》,西安:三秦出版社2011年版,第5页。

墨客可以与女道士、妓女谈恋爱、诗词唱和,已婚妇女可以离婚再嫁,未婚少女可以私结情好,这些在封建社会其他朝代被斥为道德败坏的行为,在唐朝极其平常,可以说,礼教在唐朝受到严重冲击。到了唐朝,社会风尚一改过去夫妇"相敬如宾"的关系,而为男女对爱情的大胆追求,唐玄宗与杨贵妃的爱情故事就是一则爱情佳话。还有上流社会的"妇强夫弱、内刚外柔"现象,以及从皇帝到大臣的"畏妻"风气,公主们的"妇统夫"现象,宫廷妇女的参政风气(上官婉儿被武则天委以重任),武则天自立女皇且统治牢固,这种种都说明了唐朝男女角色的变化,妇女地位的不同一般。

(二)一代女皇——武则天

说到唐朝男女,不能不说说唐朝一代女皇武则天。武则天之所以能登上女皇的宝座,与唐朝之前朝代的传统、唐朝的开化风气、唐朝女性的地位与作为,以及礼教衰微等都有一定的关系。

武则天(624—705),并州文水人,父正三品。贞观十年(636)长孙皇后逝世,第二年太宗将14岁、美貌有才的武则天召入宫中,立为才人,赐号武媚。武媚聪明伶俐,深得太宗喜欢。649年太宗病重,为防颇多权谋的武媚将来谋取权力,将其送入长安感业寺尼姑庵。没想到的是继位的皇帝高宗李治喜欢她,对她念念不忘,一年后将其迎入宫中,拜为昭仪。李唐皇室不重礼法,才会做出将自己的庶母立为妃子这等事来。后来武则天陷害王皇后,高宗立她为皇后,册封那天"百官朝皇后于肃义门",高宗给予她很高的地位。此后多病的高宗委武则天以政事,自此辅佐国政数十年,威望与皇帝一样,当时并称"二圣"。

武则天能得势全因高宗这个特别的皇帝,为什么高宗能让武则天与自己一起治理朝政？除了高宗多病、武则天聪明有才干外,还与唐之前朝代的传统有关。

在唐朝之前的西晋,贾皇后与皇帝并称"二圣";隋朝,独孤皇后与皇帝并称"二圣"。《旧唐书》卷四记载高宗的一份诏书有言"天后,我之匹敌",说明高宗让武则天与自己一起理政,是因为在前朝有此传统,不仅高宗与武则天认为这很自然、正常,而且朝廷的男性们也容易接受这种传统。武则天的称帝只是在前代女主的路上往前迈了一步而已,更何况她登基前事实上已经理政三十多年,她只是野心更大,不满足于假男性之手执掌大权,况且她的能力与帝位匹配,所以才敢再往前走一步,虽然这一步很危险,有许多人反对她,但她还是靠自己的权谋与实力打败了反对派,冠冕堂皇地以独立的女性身份登上了皇帝的宝座。这一举动使她成为千古一帝,在女性历史上具有前所未有的地位。

武则天统治唐朝五十年,做皇帝十五年,她的行为成为唐代皇室女性的榜样,有野心、有能力的皇后与公主都希望自己也能像她一样独揽朝纲,一统天下。中宗登基之后,韦后也做了一系列提高妇女地位以提高自己地位的事情,还有安乐公主自请立为皇太女,后来太平公主谋反要做皇帝,都是武则天的示范作用。唐朝的皇家女性认为自己做一国之君并不是什么不可能的事情。武则天确实改变了唐朝女性的性别意识,使女性在女主内的角色之外有了其他角色的希求与欲望。

(三)唐朝性别制度与角色地位变化

唐朝一面是唐初的礼教衰微,一面是后来用法律的形式将礼教规范。唐代有自己的法典——唐律。"唐律继承、总结并改革了上述唐以前尤其是晋代以来的有关律条,'一准乎礼',即以礼教伦理为准则,全面制定了有关性别制度与妇女的法规。从而使周汉以来的性别制度与有关妇女权利、地位等规范由礼制全面走向法制化,或者说礼、法合一化。"①

唐律婚姻法首先规定了一夫一妻多妾的婚姻制度。禁止重婚,禁止以妾为妻,保证男子纳妾权利:"五品以上有媵,庶人以上有妾。"婚姻的限制是同姓不婚、良贱不婚、逃亡妇女不得成婚,等等。

唐朝的法律规定,男女结婚也须"父母之命,媒妁之言"与"六礼",需要"报婚书"与"有私约",但也有一定程度的自由选择权。唐朝离婚再嫁、丧偶再嫁较为常见,贞节观念淡薄。唐朝以诏令的形式鼓励寡妇再嫁,虽然是出于增加人口的目的,但从另一方面冲击了传统的贞节观念,对妇女有好处。

唐朝有妇女主动与原夫断绝关系,而且还可以保持与子女的关系,对已出妻子能给予一定的赡养费并退还嫁妆,离婚后的妇女可以再嫁,这已经具有了保护妇女的意识。能说明唐代开明的另一根据是唐代民间已有许多自由结婚的事例,小说、诗文中多有反映。

唐朝妇女可以得到一定数量的资财作为嫁奁,女子对从娘家带来的私财有所有权,丈夫不得霸占。如家庭没有儿子,女儿可以继承财产。寡妇无子可以继承丈夫的一份财产,这些财产权保护了妇女的权益。

---

① 杜芳琴、王政主编:《中国历史中的妇女与性别》,天津:天津人民出版社2011年版,第207页。

《古今图书集成》所列贞节烈妇,唐代 51 人(多为后期),宋代 267 人,明代 36000 人,从这些数据可以看出唐代贞节观念与后世相比比较淡薄。唐朝遵循的依然是男尊女卑的观念,维护的还是父权和夫权的利益,只不过其影响力不如其他朝代强而已。唐朝实施的依然是男主外、女主内的角色分工,只不过对女性的束缚比其他朝代少。总体而言,唐代的男女比起其他朝代的男女要自由得多,女性地位也较高。

十一　宋代男女角色地位变迁

(一) 宋代的社会风貌

宋代被认为是中国历史上一个重要的转型期,宋代在政治文化形态、精神风貌等方面出现了世俗化、平民化和人文化的趋势,呈现出重商主义和追求世俗享乐的社会特征。

宋代的学术思想非常活跃,《中国妇女通史·宋代卷》云:"随着儒、佛、道的互相援引、渗透,经周敦颐、张载、程颢、程颐至南宋朱熹集大成,产生了融合儒、佛、道而成为中国封建社会后期主要统治思想的理学,其以义理为主的思想内容也成为人们处理君臣、父子、夫妻之间的纲常与伦理道德的标准。但是,理学的形成与被最高统治者承认是一个长期的过程,而其成为封建社会后期统治思想则是南宋后期的事,故包括对妇女贞节观在内的影响,主要是在明清。"[①]宋统治者一建国就加强中央集

---

① 方建新、徐吉军:《中国妇女通史·宋代卷》,杭州:杭州出版社 2011 年版,第 3 页。

权统治,到了南宋,加强君主专制的意识更趋严重,为了保持永恒的统治,统治阶级大力尊崇理学,鼓吹封建礼教,用其作为维护封建统治的精神支柱。礼教空前加重,对妇女的束缚加强,在中国思想史上具有重要的意义。宋代一方面有新儒家追求与强调纲常秩序,一方面经济变迁给各个阶层带来了变化,而从周、汉始稳定而持久的中国古代社会性别制度在宋代发生了局部的变化。

宋代社会处于激烈的变革期,保守的、泥古的、激进的、先进的人物各自表达自己的思想,所以宋代是一个集保守与开放为一体的社会,既有许多妇女活跃于城市生活的各个方面,也有守旧家庭的妇女按照古代礼教生活。但社会总体趋向平民化、世俗化与娱乐化。

随着科举制度的发展,到了宋代,通过科举选拔的士子在政治上取代了门阀士族;随着更多的人投入手工业与商业,越来越多的商贾富家出现,宋代的婚姻与择偶观出现了变化。世人在选择婚姻时不以氏族为重,而以女嫁士大夫为荣耀;男女婚嫁不顾门第,而以对方家庭是否富有为标准。

宋代重文轻武,随着科举考试的普及与整个社会文化水平的提高,宋代社会重视女性的教育,宋儒不仅不反对对女子的教育,而且士大夫家庭的女孩大多接受了一定的教育。重视女性教育的一个原因是,科举的发展,需要有学识的母亲担任教育子女的重任;还有一个原因是儒士希望女子有了一定的文化水平后能够接受妇德、女诫等女教教育。宋儒认为妇人有"文慧""艺能"也是贤惠的标准,也宜其家室,所以他们在墓志铭中往往夸奖妇女的通文,能相夫教子。这是宋代妇女观的一大进步。宋代妇女普遍具有一定的文化水平,还出现了中国最伟大的女词人李清照。

(二) 宋代男女观念的变化

男女礼教观特别是对女性的礼教观自汉代完善成熟后,在魏晋至隋唐没有什么创见,特别是唐朝女性礼教观念淡薄。但到了宋代,随着"存天理,灭人欲"的提出,一些理学家开始提倡礼教观特别是女性礼教观,在汉代的基础上又做了更进一步的阐释。

女性贞节观在宋代为之一变,但也是逐渐变化的。宋初即宋朝建立的前五十年,儒者承唐俗对妇女的贞节观是宽容的,比如范仲淹,他的"义庄田约"准许给予寡妇再嫁的费用,他绝未说一句不可再嫁的话。司马光也没有对寡妇再嫁非议,他说"夫妻以义合,义绝则离",但他主张男尊女卑,他说:"夫,天也,妻,地也;夫,日也,妻,月也;夫,阳也,妻,阴也。天尊而处上,地卑而处下;日无盈亏,月有圆缺;阳唱而生物,阴和而成物,故妇专以柔顺为德,不以强辩为美也。"[1]王安石的贞节观念也比较淡薄,曾主持公道,将被儿子冤枉的儿媳嫁于他人。

到了理学先驱周敦颐的时代,开始强调"三纲"说。周敦颐尊古,在《太极图说》中说"乾道成男,坤道成女",遵循《易经》中乾坤、天地、阴阳、男女秩序,强调男尊女卑与男主女从思想。到了宋建立七十多年后出生的程颢、程颐时代,他们尊崇理学,对于贞节的观念逐渐重视起来。《伊川先生语》:"问:孀妇于理似不可取,如何?曰:然。凡取以配身也,若取失节者以配身,是己

---

[1] 方建新、徐吉军:《中国妇女通史·宋代卷》,杭州:杭州出版社2011年版,第446页。

失节也。又问:或有孤孀贫穷无托者,可再嫁否? 曰:只是后世怕寒饿死,故有是说。然饿死事极小,失节事极大。"①伊川先生不仅认为寡妇"饿死事极小,失节事极大",而且认为娶了寡妇的人也是失节,这就堵死了寡妇再嫁的路。他还主张男子可以出妻,陈东原在《中国妇女生活史》中记载:"问:'妻子出乎?'程子曰:'妻不贤出之何害? 如子思亦尝出妻。今世俗乃以出妻为丑行,遂不敢为,古人不如此……'。"②男子可以出妻,女子不可再嫁,这种性别观念太过苛刻。虽然他照礼教主张女子不再嫁,但伊川的外甥女与侄媳都曾改嫁,足见在他的时代只是提倡,百姓还是按实际情况决定再嫁与否。

　　宋代理学集大成者朱熹主张男女有别、男尊女卑的性别观念,他也主张寡妇守节。陈师中的妹夫死了,朱熹写信给陈师中,叫他设法让妹妹守节,信云:"令女弟甚贤,必能养老抚孤,以全《柏舟》之节,此事更在丞相夫人讲劝扶植,以成就之。使自明(陈师中妹夫)没为忠臣,而其室家生为节妇,斯亦人伦之美事。计老兄昆弟必不惮赞成之也。昔伊川先生尝论此事,以为饿死事小,失节事大,自世俗观之,诚为迂阔,然自知经识理之君子观之,当有以知其不可易也。"③但在朱熹生活的南宋,寡妇守节也并非普遍。朱熹在《诗集传》中多处宣传"三纲"与女子从一而终的思想。从以上宋儒的观点可以看出,宋代是妇女观念

---

　　① 〔宋〕程颢、程颐著,王孝鱼点校:《二程集》,北京:中华书局2004年版,第301页。
　　② 陈东原:《中国妇女生活史》,上海:上海书店出版社1984年版,第138页。
　　③ 〔清〕永瑢、纪昀等编纂:《文渊阁四库全书》"集部",上海:上海古籍出版社1986年影印台湾商务印书馆本,第1131—1132页。

有所变化的时代,是妇女生活开始转变的时代,宋代的离婚再嫁相对还是容易的。

(三)宋代男女生活及角色地位变化

宋代儒士因为崇古,特别强调人际伦理秩序,对于"内""外"的区分相当重视。宋儒对于《家人》《内则》都有解释,且都把治家与治国联系起来,对于治家都强调妻妇的作用,且认为妻妇的贤惠、柔顺是家庭和睦的关键,所以格外强调男女角色本分。

周敦颐在《通书·家人睽复无妄第三十二》中说:"治天下有本,身之谓也;治天下有则,家之谓也。本必端,端本,诚心而已矣;则必善,善则,和亲而已矣。家难而天下易,家亲而天下疏也。家人离,必起于妇人。"①将"家人离"的责任单方面推给妇人显然极不公平,但此话却从有威望的理学家口中说出,可见这是当时士大夫们的观念。《伊川易传》卷三《家人》对于"利女贞"的解释是"家人之道,利在女正。女正则家道正矣。夫夫妇妇而家道正,独云利女贞者,夫正者身正也,女正者家正也。女正则男正可知矣"②,此言论也是认为家正关键是女正。张浚在其《紫岩居士易传·家人》中说:"自古家国兴亡,莫不一本于女。……女贞,则无往不正也。故家人以女贞为利。……夫治乱自家始,家治自女贞始"(《张魏公集》卷四《紫岩居士易传》,绵竹校刻本),这种观点的偏颇之处是显而易见的。连司马光都说:"妇者,家之所由盛衰。"(《书仪》)欧阳修也说:"家道主于

---

① 〔宋〕周敦颐:《周敦颐集》,北京:中华书局2009年版,第38—39页。
② 〔宋〕程颐:《伊川易传》卷三,永瑢、纪昀等编纂:《文渊阁四库全书》"经部·易类",上海:上海古籍出版社1986年影印台湾商务印书馆本,第282页。

内,故女正乎内,则一家正矣。凡家人之祸,未有不始于女子者也,此所以戒也。"(《易童子问》卷一)这是宋儒的普遍观点,是宋儒对女子在家庭中角色论述的新见解,这种见解促使宋代更强调对女性礼教的加强,更强调男主外、女主内的角色定位。

为此宋代士人阶层择妻特别注重妻子的德,虽然宋代世俗社会的婚姻是不重阀阅,重资财,但士人阶层却特别强调妻子的德,原因就是他们认为一个家庭之盛衰在于妻妇。那么妇德是什么呢?方建新、徐吉军著《中国妇女通史·宋代卷》说:"所谓妇德可用一个字概括'贤'。具体而言,随着妇女一生中充当的为人女、为人妇、为人妻、为人母的各个不同角色,有着与之相应的道德要求。根据上引欧阳修等人的标准,应当是未嫁为淑女,孝父母;既嫁为贤妇,孝敬尊事舅姑;为贤妻,柔顺事夫;既有子为慈母,慈爱教子。"[①]为此择妇倾向于累世受儒家诗书传统教育的世儒之家,认为这些家庭的女性有"闺门之礼"。

而宋代官僚士大夫择婿重才、重进士,因为有才的进士有前途,把女儿嫁过去才会一辈子安稳。而世俗社会的婚姻重资财。宋代社会厚嫁成风,嫁奁比聘礼还贵,这是宋代婚姻的一大特色,与商品经济社会重钱财有关,一切都打上了商品经济的烙印。

总之,宋代是封建社会的转型期,由于商品经济的发达、城市生活的繁荣,许多礼俗与伦理都发生了变化。理学的兴起对人伦与道德有诸多影响,但并没有形成多大的势力与影响,所以宋代对离婚、守节、寡妇再嫁,都表现出较为宽容的态度。

---

① 方建新、徐吉军:《中国妇女通史·宋代卷》,杭州:杭州出版社2011年版,第268页。

十二　明代男女角色地位变迁

(一) 明代的社会状况

明代社会处于从传统向近代转型的时期,一方面观念与法律依然要求男女按传统礼教行事;另一方面,随着商品经济的繁荣发展,社会流动加剧,观念与思想都在发生着变化,文化与生活呈现出多样性的态势。社会的动荡与变迁,改变着明朝人的思想观念,也改变着明朝男女的生活方式与生活态度。到了明朝中后期,社会异常活跃,充满活力,别开生面。

社会对男性的要求几千年来变化不大,社会与家庭都要求男性做一个讲忠孝节义、礼义廉耻的人,明代也如此;而对女性礼教的要求,随着朝代的变迁、统治者的要求与士大夫们的观念而变化,每个朝代有每个朝代的特征。到了明代,统治者继承了宋代的礼教思想,对妇女的礼教更加强调,对妇女的守寡更加鼓励,对妇女贞节的要求与管理更加官方化。

"明太祖朱元璋立国以后,刻意建立起一套维系传统统治的礼教制度。他尤其强调男女有别,禁止男女混杂,以免败坏风俗。他说:'男子妇人,必有分别。妇人家专在里面,不可出外来,若露头露脸出外来呵,必然招惹淫乱的事。'"[1]对于后宫,他严格要求,不准干政,不得私自与外朝通信,嫔妃得了病,医生不

---

[1] 陈宝良:《中国妇女通史·明代卷》,杭州:杭州出版社2010年版,第3页。

得入宫看病,只能根据病症取药,禁止后妃到寺观烧香。他通过宫中严明的男女规范,达到表率天下的目的。他的"治国"也是从"齐家"着手。

从宋代开始有了家法族规的传统,到了明代,士大夫家庭均有家训家法,在这些家法家训中,一是强调"三纲五常",二是强调"内外界限"。如明代杨继盛家就严格规定,十岁以上的女子不得走出中门,十岁以上的男子也不能走入中门。如果男女犯了违背家法族规的事情,必到家族祠堂接受惩戒,家法族规首先要惩罚的是"奸淫乱伦",如果女子犯了奸淫之罪,一般难逃被家法族规处死的惩罚,而对于男子犯同样的奸淫之罪,则只是重责或驱逐出家族。

明太祖以儒家为立国之本,通过科举制度使宋代确立的程朱理学成为官方的意识形态,因此明代传统的士大夫大多还是抱着一套纲常礼教伦理观念。保守的士大夫们认为女人的道德天生不如男人,他们鄙视妇言,并认为妇言就是谗言,男子听了必将败家,这与宋代士大夫们认为家里不和一定是女人缘故的说教如出一辙。他们否定女人的见识,倡导"三从四德"与女人守节,认为再嫁的女人不管才学品德怎样,都没有资格进入"列女传"。从明代开始,士大夫们选择妻妾开始崇尚小脚,有一种对小脚的嗜好。传统的士大夫的女性观越来越落后与保守。

但到了晚明,像李贽这样具有"异端"思想的人,开始有了与保守的士大夫不同的女性观。李贽认为女性见识短不是因为她是女性,如果她与男性一样有广阔的天地,也可以和男性一样见识广。明代有许多女子治家有方,才能卓著,同情女性的士大夫们对她们赞赏有加。明末开始承认女性的才,但也是在明朝出现了"女子无才便是德"的观念。

随着商业的发展,明代社会流动加速,许多士大夫开始反思与反叛儒家礼教,像李贽、唐甄等都开始赞赏女性的品德与才华。明代出现了一种叫"义夫"的男子,就是忠于妻子的多情男子,这是因为许多士大夫开始反思为什么女子要"从一而终",而男子却可以一妻多妾,他们认为这是圣人创立礼教时的一种偏差,像明代学者吕坤和小说家凌濛初都开始反思男女的这种不公平。明末清初人魏禧就倡导"义夫",以便与"节妇"相对应,这是一种男女平等思想的萌芽。明代在家庭情感伦理方面出现了新的转向,就是夫妻之间的深情,在许多文学作品中都有反映。

明朝中后期出现了对"才子佳人"式婚姻的追求,女性中出现了一种动向,开始追求自主择偶,并追求男女真情。明代礼教鼓励妇女为丈夫守节,但明朝法律并不禁止寡妇改嫁,明中后期改嫁的妇女开始增多。商业的发达,必将改变男女的生活,明代后期男女的生活从结构上发生了重大的变化。

(二)明代的女性角色与女子贞烈

明代妇女的角色依然是按照礼教的规则:为人女则孝,为人妻则贤,为人妇则顺,为人母则慈。妇女的职责主要还是局限于家庭之内,负责主中馈、相夫、教子、敬顺舅姑和管理家务等家庭事务,也即"女主内"。在儒家传统礼教统治下的明代妇女,依然遵循"三从四德"的伦理道德,以节、孝、贞的原则生活在男尊女卑的传统性别观念下。那么明代统治者与士大夫所创立的礼教与其他朝代相比又有什么不同呢?

明朝建立,朱元璋立了许多制度,其中就包括对女性的礼教规范。范文澜在《中国通史简编》中写道:"他(朱元璋)曾说如果不是母亲生的,天下女人都可以杀掉。洪武元年,命儒臣编一本书叫《女诫》。三年,制定宫内禁令,皇后只准治内事,宫门外事不得预闻,后妃概从民间探选,不许臣下献进美女。五年,令工部造红牌,上刻训戒后妃条例,悬挂宫中。嫡庶身份,辨明非常严格,防妃妾恃宠干政。更残忍的是皇帝死,妃妾照例从死殉葬。这种惨制到朱祁镇(英宗)时才废除。"[1]从朱元璋上述的种种规定与行为可以看出他对女性的防备与严酷,可想而知在他治下的明朝前期,对女性的礼教不可能不严。

历代统治者都十分注重女教,朱元璋更甚。洪武元年(1368)他就下令翰林学士朱升编录班昭的《女诫》一书,此书成为宫廷妇女的必备书籍,也是当时妇女接受教育的书籍。永乐元年(1403),明成祖命解缙修撰《古今列女传》,成祖亲自为此书撰写序文,并下令刊印后赐给百官,作为女教读物。嘉靖年间,明世宗命方献夫等撰写《内则诗》一卷,便于宫中女教。每个朝代的统治者都把女教看作正家之道,明代更甚。除了皇帝下令编撰的女教书外,第二种就是后妃们亲自编撰的女教书。除此之外,士大夫们也编撰女教书,明代较有名的是万历十八年(1590)吕坤撰述的《闺范》,流传颇广。

明代与其他朝代不同的是,因为女子基本接受教育,所以明代从上层社会的女子到民间女子大多接受了这些女教书的教育,这使得明代的女教更加普及与深入人心,所以明代的节烈女性人数是历朝历代最多的。到了明代,宋儒的"饿死事小,失节事大"已经不仅是提倡,而成为制度。政府有专门的机构与官员

---

[1] 范文澜:《中国通史简编》,上海:华东师范大学出版社2014年版,第417页。

对民间各地的节烈妇女事迹进行详细统计,对"贞女""烈女""贞妇""烈妇""节妇",根据贞烈程度的不同,给予各种旌表。政府将表彰的条件著为条文,责令巡视的官员每年上报一次节烈典型,根据节烈程度依次表彰,"大者赐祠祀,次亦树坊表,乌头绰楔,照耀井闾"(《明史·列女传·序》)。集权专制一统到底,不仅大家闺秀与都市女子,就是普通百姓与偏远村庄女子也都在规范范围之内。

清人辑录的《古今图书集成》中载宋代贞节妇女274人,元代742人,明代的贞节烈妇则多达36623人。明代节烈妇女如此之多,是因为明代将贞节观念正统化、规范化、官方化的缘故。

(三)观念、角色、地位变化

随着明代中后期社会经济的变化,文人学者的思想观念也发生了巨大的变化,这首先体现在文人学者对礼教的重新认识。

明代中期以后思想界的状况,《中国妇女通史·明代卷》的作者陈宝良是这样概括的:"当时的思想界堪称为最具'活力'与'多样性'的时代。从这种角度来说,明朝人思想之活跃,兴趣之广泛,视野之开阔,均是前无古人的。社会之转向,乃至思想之活跃,无不导致晚明妇女的生活更具'活力'与'多样性'。"①

王阳明"致良知"说恰好为礼教松动奠定了理论基础。明代中后期,许多文人学士对传统的礼教给出自己的解释,目的是冲破礼教的束缚,李贽就是这些人的代表。李贽是在理论上松

---

① 陈宝良:《中国妇女通史·明代卷》,杭州:杭州出版社2010年版,第647页。

动礼教这根绳索的人,李贽对"'好女子'大加称颂,他认为有了好女子,就可以成家立业,用不着男儿!在论及妇女的'才识'时,他举出25位夫人,都是'才智过人、识见绝人'的妇女,认为她们的'才识''男子不如',因而将她们评价为'真男子'"①。李贽看出和认识到了妇女的价值,并竭力为她们辩解。文人学者的这种肯定与倡导,无疑增进了妇女的自信,倡导了一种新的观念,为当时的妇女冲破礼教、改变传统创立了一种理论。

晚明许多文人学者都在妇女问题上提出反对传统礼教的新观念。赵南星对传统礼教故意造成男女生理、心理的差别进行讽刺,汤显祖特别赞颂像杜丽娘那样冲破传统礼教的女子,袁宏道对女子"为情死、不为节死"大为赞赏,袁中道、黎遂球、侯方域等为陈姬、张妓、李香君等奇侠慧丽的妓女作传。正是这些文人学士对传统妇女观念的改变,促使明代中后期女性生活发生了变化。

到了晚明,妇女的社交已经不再局限于家族内女性之间的日常聚会,或者是邻里之间女性的茶会,而出现了一些才女与名士、官宦交往的现象。许多妇女追求个性解放,如草衣道人王微、诗人黄皆令、才女柳如是,她们巾帼不让须眉,"不服丈夫胜女人",以自己的才学与文人士大夫交往,颇得名士的赞赏,名士为她们的诗集作序。她们一改妇女只有"主中馈"的角色,开始走向社会,显示她们的才华,希望改变女性的地位。

明代妇女的这种变化,只能发生在商品经济发达的明末,只有社会繁荣、人口流动加剧,人的思想才可能解放。明末文人学

---

① 陈宝良:《中国妇女通史·明代卷》,杭州:杭州出版社2010年版,第650页。

士思想观念的改变,冲击了儒家礼教思想,致使男女的生活发生了巨大的变化,男女的角色地位随之有所变化。

十三　清代男女角色地位变迁

(一) 清代社会状况

历时近300年的清代,一方面继承传统的诸多特性,推崇朱子理学,使其成为在社会上占主导地位的统治思想,如康熙亲自为《朱子全书》作序,前往曲阜孔庙拜谒,封一批学者"理学名臣"称号,使封建伦理规范走到极致;倡导"三纲五常""三从四德"观念,旌表孝义贞节更加规范,传统礼教变得更加顽固。另一方面,由于社会的大变动,特别是自鸦片战争之后西方生活方式、思想文化的输入,出现了大的社会变革的诉求,改革的呼声越来越高,旧的礼教传统被冲击,新的思想在酝酿,中国开始了真正的从传统到近代化的转型。社会的变动,不仅使社会各阶层的男人们发生着变化,与此同时也带动了家庭中女性的变化。

在清代,虽然统治者、官府与家庭一再强调妇女应该少抛头露面,但外出休闲娱乐的妇女还是不少。她们的休闲活动一般包括以下几种,一是节日活动,比如元宵节外出看灯;二是庙会礼佛中的求子祈福与病愈还愿;三是观看城镇、乡村的戏剧演出。

清代男女的生活呈现一种旧与新的结合,处于从旧到新的变化过程中。

(二) 清代男女的角色与女性的贞节

在清代,家庭对男子的期待仍然是孝顺、读书、中举、做官、传宗接代、养家糊口、功成名就、光宗耀祖。女性的生活仍然是嫁人、生儿育女、相夫教子、敬顺舅姑、家务劳动,对她们首要的要求是守贞。对女性训导、劝诫的女教书,一个朝代多于一个朝代,清朝更胜于明朝。不过清朝不同于明朝的特点是没有皇后亲自写的女教书,但士大夫们的女教书特别多,士大夫家庭几乎家家都有家训族规,里面礼教与女教的内容最丰富。清代对女性的伦理道德和角色要求与宋、明一脉相承,无非是"女主内,侍候好父母、翁姑、丈夫,教育好子女,便是个竭尽职责的好女儿、好妻子、好母亲。在此之外,任何招呼尼姑、外出入庙游山之类,都会把心给弄野了、弄歪了,造成妇职不尽、妇德不修的不贤不惠之人"①。

清军入关以后,满族人其实并不看重妇女的贞节,他们还鼓励妇女再嫁,但顺治元年(1644)七月,投降清朝的明旧臣曹溶,"以顺天府督学御史的身份向摄政王多尔衮条陈,要求按先朝旧例褒扬节孝,恤其子孙,旌其门闾,以励风节"②,清朝这才开始旌表节烈,而且比起明朝降低了条件,明朝是守寡三十年,清朝守寡二十年就可旌表,后来又降至十五年,所以清朝的节烈妇女比明朝还多。

清代,女性特别是士大夫家庭女性缠足的苦难更加深重。

---

① 郭松义:《中国妇女通史·清代卷》,杭州:杭州出版社 2010 年版,第 451—452 页。
② 同上,第 226 页。

女孩要在七八岁的时候开始缠足,否则将嫁不出去。缠足是有地位的家庭的女子的身份象征。缠足改变了女性的生活与心理。清廷入关之后,曾要求禁止缠足,并制定严厉的刑法,但怕引起更多的民族仇恨,没有执行到底,后来解除了禁令,汉族女子依然缠足,但严禁满族女子缠足。

(三) 男女生活及角色地位的变化

在清末,废除科举,大办学校,是中国进入近代的一个标志。在学制方面,男学从小学、中学到高等学校,后来还有了大学,学习内容除了读经外还增设了农、工、商等课程,但凡有条件的家庭都送男孩子进学堂学习,新的风气与新的思想开始形成。

女子教育相对男子教育要落后,1907 年经学部奏定规定,女学堂可有女子小学与女子师范两种。清末一些家庭的私塾开始教女孩识字读书,但内容仍为《女儿经》之类,再加少量的经典。

戊戌变法冲击了中国社会的方方面面,包括两性的生活自此也发生了极大的变化。戊戌变法的领导者康有为与梁启超极力鼓吹女子教育的重要,使中国社会对女性的认识开始发生变化。康有为在各种书籍与各种奏章中强调外国富强是外国男女都接受教育的缘故,他主张男子要进学校读书,女子亦须上学,他甚至主张妇女之需学,比男子为尤甚,因为女子负有教育孩子的责任。梁启超更在《变法通议》中提出"兴女学",他从蒙养教育始自母教到教育可以使女子自食其力,都主张兴女学。直到 1907 年政府开始创办女子小学与女子师范学校,中国女子的教育才走上正轨,女性的生活也开始发生变化,从家庭走向社会,自此以后女性开始用她们学到的新知识向束缚她们的旧传统提出挑战。

当然,即使读了四年的女子小学,女子的角色还是在家庭主内,生儿育女、相夫教子、敬顺舅姑、家务劳动仍然是她们的职责,仍然是夫为妻纲,依附于男性,因为这个时候社会没有为女子提供职业。但清代女性生活还是有诸多变化,最明显的是她们的文学艺术成就胜过任何一个朝代。而且士大夫们也逐渐能够接受女子的才华与成就,甚至有像袁枚这样的文人士子开始招收女弟子,并鼓励她们创作,为她们发表诗作和刻印诗集。

在清代文学史上,闺媛的诗词占了重要的位置。许多文人士子的妻女作诗作词,文人士子为她们刻录诗集,特别是为自己的女儿刻录诗集。这也成为婚姻市场上的一个有利因素,因为清代有了一种观念,懂得诗文的女子可以更好地承担教育子女的责任,这无形中提高了这些女子的地位。随着经济与现实的需求,对女子识字读书有了新的认识,社会逐渐走向进步。

十四　近代中国大变局中男女角色与地位的变化

(一) 士子们传统性别观念的改变

1840年鸦片战争带来中国"千年一遇之变局",从此开始了中国近代化的艰难历程。从这时候开始,中国的政治、经济、文化、思想、社会结构、社会关系、社会性别关系都发生着巨大的变化。这次社会的转型与变革直接冲击了传统的男女两性观念,性别的角色与地位发生了诸多变化。

此前的中国社会,一直处于以自然经济为基础的传统社会,性别制度是基于性别歧视的男尊女卑制度,这种男尊女卑的性别制度制约着社会的发展,也给男女精神带来巨大的影响。到了近代,世界发生了巨大的变化,全世界都把对人的关注提高到重要的地位,人的权利受到尊重,男尊女卑的制度在全世界受到严重挑战,传统性别关系发生着剧烈的变化,解放妇女成为全世界的共识。

中国的士子也认识到男尊女卑性别制度的不公正,那些接受了西方思想的士子们首先开始反思这种不平等的两性关系。他们通过各种形式,或日记,或通信,或在报纸杂志发表文章,表达他们对传统性别关系的批评,他们将看到、听到、读到的有关西方男女平等的思想介绍到中国来,以此打开传统性别关系的缺口。

早一些如袁枚、俞正燮是从反专制、反礼教的角度为妇女辩护,反对男子多妻、女性缠足、寡妇守节、从一而终、女子无才便是德等束缚、压制女性的风俗与礼教。李汝珍的《镜花缘》是为女性写的抗议儒家礼教的书,为女性展示了未来前景,通过小说的形式专门全面论述女性问题以影响众人。而曹雪芹的《红楼梦》则是通过对女性的肯定、赞扬与对她们悲惨命运的同情,引起人们对男女问题的思考与注意,最终改变摧残女性的性别制度。

到了清末,一些出国留洋的士子,见识了西方男女平等的文明社会后,用自己的所见所闻批判中国男女不平等的礼教制度。如张德彝(1847—1918)、王韬(1828—1897)、李圭(1842—1903),走出国门,目睹外国人生活后,他们主张女性接受教育,实行一夫一妻制,男女恋爱自由,男女并重,女子可以走向社会;

主张改变对女性的轻视态度,改变女性单一的家庭角色,让女性发展自己,提高女性的地位。严复则直接提出要增加女性各方面的权利。

郑观应(1842—1922)是一位积极提倡女子教育的士子,他认为女子不就学是"政化之所由日衰"的症结所在。中国欲富强,必须广育人才,如广育人才,必自蒙养始;蒙养之本,必自母教始;母教之本,必自学校始。推女学之源,国家之兴衰存亡系焉。同时代的陈炽(1855—1900)也提倡女学,认为女学是富国强兵之本计。女子接受教育后,就可以用学到的知识相夫教子,齐家治国。宋恕(1862—1910)是一位激烈批判传统伦理纲常的斗士,他同情妇女,反对缠足;反对"夫为妻纲",提倡婚姻自由;反对"从一而终"、守寡殉死,要求伦理道德男女同一;提倡男女教育平等,女子也可获得学位;提倡男女都可以立会讲学,女子可以参政;提出女子也可以传宗接代,继承财产。宋恕的妇女观念相当先进,有些地方甚至超过康有为、梁启超,梁启超称赞他是自黄宗羲之后反对君主专制第一人。

戊戌变法的重要人物谭嗣同是批判传统礼教最激烈的一位士子,他对传统的"三纲五常""三从四德""男尊女卑"观念进行了猛烈批判。在冲击传统礼教、改变男女性别观念的思想解放运动中,不能不提康有为与梁启超,他们不仅是"戊戌变法"的领袖人物,也是解放妇女的提倡者与行动派。他们一方面通过写奏折和在报刊发表文章阐释自己的妇女解放思想,一方面通过行动解放妇女。他们在上海成立全国性的不缠足会,成立女学堂、女学会、女学报。他们通过个人的影响与实践禁止缠足,兴办女学,认为只有女子接受教育、具有智慧与知识后,才可能"上可相夫,下可教子,近可宜家,远可善种"(梁启超语),最终造就贤母良妻。这贤母良妻与传统的贤妻良母的内容已大不相同,是让女性接受教育、走向社会,做一个有思想、能生利,对国家民族有用的人。

戊戌变法前后,锐意变革的士子们对于男女两性观念形成一种共识:传统的男尊女卑的性别制度已经不适应近代化的社会,要改变中国的社会,必须改变中国的性别制度。这是中国三千年性别制度前所未有之大变革,第一次以强大的力量冲击了传统的"男尊女卑"的性别制度,传统的伦理道德与价值观念终于被撼动,士子们第一次集体对传统的性别制度与礼教观念进行大规模的批判与质问。

戊戌变法前的士子们关于妇女的议题还是解放妇女,戊戌变法失败后,再次将妇女问题提出来的男性知识分子们提出的妇女议题却更进了一步——男女平等。此后的知识分子不仅要改变不适应时代的旧制度与旧观念,还要建立一个具有人权、民权、女权的现代社会。提出这一思想的是比康、梁等更进步的马君武、金天翮、邹容、柳亚子、胡汉民、陈以益等。马君武翻译的《女权篇》和《女人压制论》,陈天华的《警世钟》《猛回头》,邹容的《革命军》,金天翮的《女界钟》,都提出了男女平等的思想。

清末,士子们两性观念的改变与他们积极的推动,使女性的角色有了变化,女性的地位得到一定的提高。她们的价值第一次与国家、民族发生联系,试图做女国民,为社会服务,妇女从狭小的家庭领域走向广阔的社会领域。女主内、女不言外的性别观念被彻底颠覆。

(二)女性角色与地位的变化

提高女性素质就会提高整个民族的素质,这是当时的普遍认识。1906年上海群学社发行的《最新女子修身教科书》提出"女子同为女国民";1919年第7号的《星期评论》上,题为《女子与共和的关系》的一篇文章也提出"女子是民国之'国民'"。女子又多了一种角色,这与女子的家庭角色完全不同,她们具有了社会角色。

从1907年清政府颁布女学章程后,女子获得了接受小学和女子师范学堂教育的权利,这是小学教育权。1912年9月至1913年8月,南京临时政府制定的教育政策,规定女子可以接受中等教育,男女在初、中等教育的学制上趋于一致,并规定初等小学实行男女同校,女子接受教育的权利得到进一步扩展。1919年4月,北京女子师范改为女子高等师范,女子获得了接受高等大专教育的权利。随后北京大学开放女禁,接着全国的大学都开始接受女生,女子获得了与男性同等的教育权利。女性有了女学生的角色。

五四以后又有了一种女性叫"新女性",特指那些有独立人格,有思想追求,能独立谋生,与传统女性角色完全不同的新角色,这是随着社会的转型出现的新角色。五四的女性新形象鼓舞人心,这些"新女性"已经完全颠覆了传统女性角色。

在女子获得了平等的教育权利之后,女性又逐渐获得了平等的就业权。1926年国民党第二次全国代表大会通过了《妇女运动决议案》,明确规定"各机关宜一律为妇女开放",20世纪二三十年代职业女性逐渐增多,女性走向不同岗位,中国妇女终于改变了女主内的单一家庭角色,有了自己的社会角色与社会地位。

辛亥革命和五四运动后,废除了包办婚姻,婚姻由当事人自己订立,实行了几千年的"父母之命,媒妁之言"的包办婚姻终于被取缔,年轻人实现了婚姻自由的权利,同时实现了男女离婚的对等权利。后来妇女还获得了财产权与继承权。

最值得一提的是辛亥革命中出现的女子北伐队,女性参军的现象使女性有了英雄豪杰的新角色。辛亥革命成功后,女同盟会员们争取女子参政权,广东出现了10名女议员。女性政治权利的获得是千年未有之事,此后的三四十年代,女性在方方面面获得了与男子同等的权利。自此以后,女性的角色更加多样,女性获得了前所未有的地位。

(撰稿人　张红萍)

第十五章 孝慈篇

引 言

　　爱是人类的基本情感。动物亦有出于本能的爱,人类之爱则有文化渗入本能,甚至成为终极性的生命品质与精神维度。各文化类型、宗教体系的爱感,基于共通之情而各有倾向、特质。印度教以虔敬奉爱为修行要道,点亮真我灵性之光;佛教视众生一律平等,光明普照万方,开显无缘大慈、同体大悲。古希腊哲人对智慧的爱欲,企求普遍理性之光,洞烛自然之真实;基督教的圣爱,仰承神的光照,祈望灵性提升与爱心奉献。启蒙运动倡扬博爱,诉诸理性为自然与自我立法,共跻光明之境;现代社会流光溢彩的情爱、欲爱以及物质迷恋,以个性张扬、欲望释放为底色。中国文化氛围自然兴发的生生之爱,体现于亲感与恩情,这是合乎中道的人世情感,深含敬意、恩义、德操、礼度,平淡却深厚。究其根源,息息关乎家庭亲洽亲和的孝慈之爱,生气氤氲,幽明往复而气象万千。

　　中国传统重视孝道,孝文化源远流长,普及在社会生活方面面,渗透于显隐宏微、远近高低诸层诸维。孝心乃其情意表现,孝行乃其行动体现,合心身知行而提升为孝敬,此乃融理入情之道德自觉。作为生活伦序、人生情感之柔根活源,孝爱(以及慈爱)萌兴于家庭,充养、衍漾为人世往还之亲感与恩情,丰实又安和。即便天道无分亲疏,人却对万物皆能有好意,皆可有亲近之感,好似花树团簇兴发,和风触处生春。孝爱尤其注重报恩,孝敬父母、追怀祖先,进而铭记先贤之德业,并且以身作则,努力成为后人的表率。来自生命至深之处的大孝,一圈圈推扩,一波波绵延,回报社稷苍生之恩,回报天地万物之恩。贯达乎时间长河之涌流,敷布于空间广土之恢拓,连通终始而弥漫远近,孝爱之义,大矣哉。

生命之川流,前有父祖,后有子孙;生活之圈层,行远自迩,推己及人。孝爱绵延于族系脉络的世代传递,挚茂于人世一个个家庭场域、一片片生活情境,并不固着为现成的特殊存在,也不泛化为抽象的普遍观念。张祥龙说得好,亲亲之道,既非普遍主义标准,亦非特殊主义主张,而从根本上就摆脱这种二元陷阱、二元分裂;犹如音乐主题的无穷变奏,"总需要活生生的、富有现实差异的人生经验来实现之、维持之"。[①] 投身于亲亲之情的营造,亲子双方一体共成,相与托付,小我得以更新为共在之我。孝爱既延伸又推扩,一己融入累世传承之纵贯,汇入并世协作之横展,而成就无我之永生、大生。孝爱(以及慈爱)因此具有神圣性,但不是在圣俗二分的宗教意义上,故不脱离、不否弃

[①] 参见张祥龙:《儒家哲理特征与文化间对话——普遍主义还是非普遍主义?》,载《复见天地心——儒家再临的蕴意与道路》,北京:东方出版社2014年版,第32—34页。

世间有限存在。而其广为世人所感受、领会的共通性,更要包容差异性,落实于实际生活经验,具体又亲切。

本文探孝爱之生意与丰蕴,尝试从亲切的情理入手,贴合具体的意象,尽量摆脱对象化的观念解析、知识论证。即象以尽意,因情以穷理,由之体会生生意蕴,探悉如如理致,自然而然传示其绵厚滋味与生动气韵。

共在:相亲相敬

大化流行,生气往来屈伸、涨落吐吞,蕴蓄无限生机,生趣新姿亦悠漾不已。"日月相推而明生焉","寒暑相推而岁成焉"(《周易·系辞下》),昼夜互代、四季更替,兴歇消长而终始往复,天地默运有其度,山环水抱、云蒸风行,时时处处富于节奏韵律。呼应生命节律、周期,大小久暂、曲直疾徐,万物栖行霄壤间,或蓬勃跃动,或沉潜静息,贲然焕发活力,悄焉酝酿生意。天覆地载、季候流转,人乃生焉,与万物共育于天地家宅、四季川途,与世人同行于阡陌蜿蜒、经纬纵横。族类群体代代孳蕃不息,根系缠络,绵延播散,深扎于厚土丰壤母体;个体遂由以派衍其个性,从族群大树各展花序,舒枝吐叶,绽蕊结实。

"惟天地,万物父母;惟人,万物之灵"(《古文尚书·泰誓》)。"人者,其天地之德,阴阳之交,鬼神之会,五行之秀气也","人者,天地之心也,五行之端也"(《礼记·礼运》)。古哲深信,人乃天地父母的精华所钟聚,诚为万物之灵种与秀颖,五行之端绪与华彩。以此,人对于天地相与之道,物类相感之几,自然禀有发乎灵明的生命自觉,戴天履地而曲成万物。人乃天地之委形,人文涌现于自然,人工契合乎化工;人又能够对自然施以赋形、构形,赋予情感和意义,设置格式程序、构建模式样式,并且转而影响、改造自身存在。万物交互演替,世人协同生活,每个人皆成长于共生互化的脉动之网,既区别又相通,既争执又协作,形塑其各具特色的生存方式、人生风貌,而悄然保持内在的深层共通。

赵汀阳认为,人是一种互动存在,做事乃其存在方式,意与事俱生,做事即创造;人与他人以做事而共在,各人的意义从中获得印证。创造性的共在互动,以远近亲疏的样态编织世界图景,最优的共在策略是和谐,合作最大化,冲突最小化。儒家的仁义观念,寄意、致力于此,仁心互相把人当人,义举以实际行为与他人共命运。共在关系的仁义论,既合乎平凡人性人情,又创造高尚与高贵,而且完全立足人间,无须假手于神学目的论。[①] 以儒、道为代表,中国本土思想从不预设另一个绝然异质于此世之神性世界,而是容身于天地生化之洪流,深入时间性的动态联系之网,涌现具体的情境变化,贴合过程趋势以摸索适宜之度。道家归根复命,返乎浑沌始源,逍遥游于物之初;儒家直面纷纭万象,顺生以导,克竟其终,尽己之性而度物之宜。李泽厚以"有情宇宙观""无情辩证法"概括儒道旨趣,分别体现中国"实用理性"的情感面与智慧面。儒道互补,主干在儒,因为儒家"以维系人类总体生存为根底","积淀了超越具体时代、社会的人的文化心理结构"。[②] "天地不仁"(《老子》五章),"天道无亲"(《老子》七十九章),依循道家真人冷峻之见,"春生不为仁,秋

---

① 参见赵汀阳:《共在存在论:人际与心际》,《哲学研究》2009 年第 8 期,第 22—30 页。

② 参见李泽厚:《哲学探寻录》,载《人类学历史本体论》,青岛:青岛出版社 2016 年版,第 393—396 页。

杀不为不仁。率以自然为主","自然非可以人道囿者"①,万物生杀倚伏,无非随势转化也。儒家君子恰恰要从中萌发生命温情,培树生存意义,"自强不息""厚德载物"(《周易·象传》),坚韧挺立人性尊严,构建人文秩序,以自觉的互动协作、承前启后,导达人世于太和之境,"赞天地之化育""与天地参"(《中庸》第二十二章)。珠玉潜韫乎川渎,星辰浮缀夫河汉,世人升沉无定、行止不息,共在于人世道路河川,同呼吸共命运,本身就成为意义发露之窍。在世往来,以互助相扶为贵,旨在和谐共生,融汇于生气涌动、流转、回旋的普遍关联之网,先辈来者一脉传承,近亲远客同体感应。人之可贵在于能够将心比心、设身处地,视人如己、与人为善,情意由近及远又化远为近,自亲及疏而转疏为亲。自觉此一体共在之人,始终怀存温情与好意,连万物亦感亲近、亲切,"水光山色与人亲,说不尽,无穷好"(李清照《怨王孙·湖上风来波浩渺》)。

中国文化陶养的人世常态,往还相亲而和洽无间,俯迎相敬而庄严有序。亲与敬的关系犹如仁与礼。仁自亲始,兴于亲而成于仁;礼由敬生,发乎敬而循乎礼。亲与敬,相依互存,协同塑造"情理结构";人际往来,自古奉行相亲相敬之道,通情而达理。柯小刚认为,亲爱与礼敬应当形成相互培育生发的循环关系,疏远则乏情,狎近则失礼。针对孤立个体、互为生人,提倡亲亲孝悌、长惠幼顺、里仁为美、息争息讼以克服距离;针对硬把陌生人当假亲人的滥情,提倡庄敬有礼、不狎爱以保持距离。② 亲

---

① 徐梵澄:《老子臆解》,北京:中华书局1988年版,第7—8页。
② 参见柯小刚:《礼与陌异性——回应赵汀阳论儒家无能于面对陌生人问题的批评意见》,《云南大学学报(社会科学版)》2011年第1期,第54—59页。

与敬,确应维系必要的张力,让亲近之情更为庄重,庄敬之意更为亲切。亲之浑然和洽,须有敬心存焉,遂不沦为无原则的混同;敬之秩然庄肃,宜有亲感在兹,乃不失于冷冰冰的疏隔。"道始于情,情生于性。始者近情,终者近义。"(郭店楚简《性自命出》)亲爱之情更为本源,发乎天性自然;恭敬之意更多关涉后天培育,因此愈显其难能可贵。崇高、庄重、端正、恭肃,敬之品格也,表现为尽责与守分,意向趋于别异而各安其位,以节制、知止为要,其意象可譬诸松柏贞立,生命意态是端方立品。温醇、蔼如、融洽、绵密,亲之兴味也,体现于关怀与包容,意向趋于和同而互通其情,以协济、敦和为旨,其意象可拟喻惠风和畅,生命意态是委婉尽心。相亲相近,关乎声气相通、情味相投,乃彼此共属一体的相依相扶、休戚与共。守礼相敬,基于自正其身、各得其位的原则与态度,以尊重差别的方式实现差序协和。亲与敬,心象一为圆和,一为方正;论其格致,一为善体委曲,一为直道而行。然皆关乎至诚,敬即诚敬也,因诚生敬,亲亦出乎赤诚,亲、敬俱以发自本心的珍重、爱护为底质,共有为人着想之诚纯。情通人己,宽人而严己;礼尚往来,厚往而薄来。

　　天地无垠,岁月悠悠无尽,道是无情却有情。人之共在于世,以亲身参与的协作,领会天地生化之心,呼应万物屈伸往复,在在感得亲情、好意与善念,发为相互托付、命运与共之亲。与人为善、成人之美,一方危难、八方驰援,四海之内皆兄弟,民吾同胞而物吾与也,天下一家亲。在世之实情,与他人共生共荣,升沉俯仰,往来迎送,从而与世间亲,与万物亲,与天地亲。共在之亲,普通而珍贵,平常却本源,切近己身又无远弗届。其得以孕生的胎盘,端在亲子家庭。

亲感培育之所

中国文化自来尊尚有情有义、相亲相敬,梁漱溟概括为"彼此相与之情""互以对方为重",人世之凝聚和合,有赖于此。"因情而有义",世间真切美善的感情,发端在家庭,培养在家庭。[①] 作为社会的细胞,家庭是自然形成的生活基本单元与基础结构。在家庭内部,亲子关系与生俱来,乃是世间最为天然的人际关系,也是其他一切关系的前提和始基。迄今为止的人类社会,所有人皆是父母所生[②],生来即"在家"[③];通常情况下,由双亲或者单亲(包括养父母)抚养成长;而且成年之后,大多数人一定会与异性结合,进而生育子女,自己也成为孩子的父亲、母亲,担负起抚养、教育下一代的重任。亲代与子代,共同构成完整的家庭。家庭是浩浩劫波的平稳之舟,茫茫人海的平安之港,滚滚激流的平静之湾,也是每位家庭成员可以坦诚相对的亲密场所。家人从中感到安全、放松,得到关爱、理解与尊重;感知力的培育,智慧的开启,心性的养成,倾听与对话能力的习得,莫不出自这最为本原的环境。成年以后,无论飞得多高、走得再远,

---

① 参见梁漱溟:《中国文化要义》,上海:上海人民出版社2005年版,第80—81页。
② 严格意义上的试管婴儿,仍然是父母的基因遗传人。
③ 孙向晨观之以"生生不息"的生命洪流,人人皆由父母所生,起始就是"在家"(at-home)状态,而非茫然"被抛"的"无家"状态;个体生命之诞生,始终包裹在"生命连续体"之中。中国文化传统所谓"家",乃是承世之辞,亦即"生命世代延续"的承载者、保护者。参见孙向晨:《生生不息:一种生存论的分析》,载郑宗义主编:《中国哲学与文化》第十三辑《心、身与自我转化》,桂林:漓江出版社2016年版,第8页。

父母所在的老家仍是其回首留恋的根源,父母的安康也让儿女牵挂在心,定时问候。而只要自己好好安个家,哪怕人世风浪再大,也总有安宁的港湾可以安心停泊。人世潮起又潮落,数十年步履不停,奔波劳碌,不觉来到暮年,终有家人精心看护而得以安然离世,真可谓有福气。作为人世结构的原型,家既是生命的起点,也是人生的归宿。儒家正视这一基本事实,并以此实际经验为基础,依序推导"小家—大家—天下一家"的真实生活世界。正如罗思文(H. Rosemont, Jr.)、安乐哲(Roger T. Ames)所明言,"家是儒家世界一个无所不在的隐喻",居于核心位置而起枢轴作用,"相宜的亲情"乃是生活道路得以生成之源。①

对孩子来说,家庭是温暖安全的怀抱,世界从这里展开,生命感受在此萌发;学会表达与沟通,培养感情,获得知识,莫不始于这个既小又大的天地。对双亲而言,这是爱意充溢的花房,心灵寄托的港湾,也是学习如何成为父母的课堂。亲爱之情,亲昵之意,亲厚之味,亲和之态,亲密亲近之感,绵融酝酿于这富含孕育力的园圃,成为人世情意生根发源之所。慈感、孝感先后生发,盎然以兴,油然而生,亲情熨帖贯穿漫长的抚养期,更绵延于子女成年以后,推扩于亲子家庭之外。夏可君认为,"夫妇或父母的生养,构成亲感和孝道的开始",从家政场域向外推达。父

---

① 参见[美]罗思文、安乐哲:《生民之本——〈孝经〉的哲学诠释及英译》,何金俐译,北京:北京大学出版社2010年版,第107页。赵汀阳亦谓,"'家、国、天下'这个政治/文化单位体系从整体上说是'家'的隐喻","家庭性(family-ship)"是中国人理解、解释政治/文化制度的原则。对于个体而言,家庭是先在的人际制度和给定的生活场所,具有先验生活形式和道德意义,是最有利于发展人与人之间无条件的关照、和谐和责任的生态环境。参见赵汀阳:《天下体系——世界制度哲学导论》,南京:江苏教育出版社2005年版,第63—71页。

母责任包含爱抚、爱护、守护,亲亲之感弥漫家庭;伦理情势肇端焉,感发对父母怀抱的回想、追怀。① 亲感兴发,亲情培育,相与推荡而容与回旋,营造整个家庭成团成簇的气象,亲感、亲情随血脉纽带融通于家庭成员间,织就意脉—语脉—气脉之相牵共振。

亲感与亲情,混言无异而析言微别。情缘感而成,并用以概括这生成过程、状况及其结果,显得稳定、持久,凝成明晰现成的姿态。感乃触兴之能,能生、能动,初生、始动,以原发的动态,带出切己而能兴的唤起、焕发,富于浑沦感发之势。风发—云兴—波涌,回风—行云—流水,或可意会其间微异。环绕身周、通润心田,亲感既关乎身感也关乎心感。身感之亲近,扎根于亲身参与、和身融入的践行;心感之亲切,导源于合心、贴心、顺心的意向。亲感融渗乎身心之整全,以身为基而烘焙气晕,由心导引而流衍气韵,身心相须互成。心意没有到位,身虽近不亲;然若缺乏具身实感,心亦无所依托而难以切实。

一家有一家之风气,家庭内部共通的生命气息,涵浸、洇染每位成员的明察与默会,贯注其语气、神态、手势、步调,迭连构成家庭类似的风格,甚至渗透于家用器具之品类、样式、趣味、气息,无声诉说该户人家之生命情调。夫妇连理,亲子连心,兄弟连枝,涵浸于家庭氛围之内,亲身参与潜移默化的往复塑造,身姿体态自发构成呼应,生命脉动隐然共振,情意洋流无声烘托,熏染于不知不觉中。张祥龙所言甚为精微,"'家'是人的意义生成的原结构",亲子共在于时间晕圈,"交织成一个受孕的人

---

① 参见夏可君:《〈中庸〉的时间解释学》,合肥:黄山书社2009年版,第135页;《〈论语〉讲习录》,合肥:黄山书社2009年版,第291—292页。

类缘在(Dasein)",甚至成年人亦可被视为"胎儿"。亲子之爱,植根于代际传承、相依为命的实际生活脉络,以缘构兴发、补对生成的潮汐势态,使亲子家庭成为人类的原本身体、意义摇篮,亦即"亲子体"或"亲体";交织对生的"亲子时间"由以生发,塑造人类生活及其意义机制。①

搜绎"亲"字家族的字义脉络,或可唤醒族类相似的生命意象,窥觅亲切、亲近的亲亲之感的鲜活意蕴。《说文解字·见部》如此说解:"親,至也,从见,亲声。"段玉裁注:"至部曰:'到者,至也。'到其地曰至,情意恳到曰至。父母者,情之最至者也,故谓之親。"②《释名·释亲属》:"亲,衬(襯)也,言相隐襯也。"苏舆曰"襯疑当作儭","儭与亲声义并近。隐,痛也。相隐儭,犹言相痛爱"③。《广韵·真韵》曰"亲,爱也,近也。《说文》'至也'";《广韵·震韵》曰"衬(襯),近身衣","儭,里也"④。《集韵·真韵》曰"亲,《说文》'至也'。一曰:近也。古作寴、㝊,或作嫀";《集韵·稕韵》曰"襯,近身衣","儭,藉也"⑤。亲、儭、

---

① 参见张祥龙:《孔子的现象学阐释九讲》,上海:华东师范大学出版社2009年版,第225—230页。
② 〔汉〕许慎撰,〔清〕段玉裁注:《说文解字注》,上海:上海古籍出版社1981年版,第409页下栏。
③ 〔汉〕刘熙撰,〔清〕毕沅疏证、王先谦补,祝敏彻、孙玉文点校:《释名疏证补》,北京:中华书局2008年版,第96—97页。
④ 〔宋〕陈彭年等编,余迺永校注:《新校互注宋本广韵》,上海:上海辞书出版社2000年版,第102、394页。
⑤ 〔宋〕丁度编,赵振铎校:《集韵校本》,上海:上海辞书出版社2012年版,第244、1118页。

襯,同源字互相训释①,隐含着如许意蕴:深至内里,彼此贴合切近;往来密切,相与垫托映衬。父母对儿女的慈爱,乃情感之至深至诚者,体贴入微,恳切周到,隐伏于生命最深处,随一呼一吸而传递贴身的温度。一家围抱,孝慈互动且共感,相与帮扶、互为衬托,团圆会聚遂和乐,生离死别则伤痛。生而为人,养于家、长于家,自小便有亦疼亦爱的生命亲感。

辗转搜绎字义,无非把字象作为引线,借以触发生命联想,意在呈现家庭亲感的生动情态。"亲"字从"见","见"字有照面、相见之义,引申为接触、了解、显现、发露。健全的家庭状态下,亲子可以朝夕相处,熟悉彼此的性情、习惯,保持深度的默契。亲密亲近、亲洽亲和之感,隐隐培塑其间,亲熟之极而习焉不察,已然成为共同生活的寻常处境和天然氛围。"见"字之显现、呈现义,还可意会为生活感触。家庭中的每一位参与者,皆内在于情感培养、意义酿造的本源情境,从其不知不觉的氤氲烘焙之中,得以现身、构形、会心、携手,得以相伴、互养、共荣,而成为声气相通又品性各具的自己。② "见"字为"亲"字注入动感,具体说来,隐现、暗衬这般家常情态:面对面,肩并肩,手牵手,心连心,彼此信赖,相互礼让,全身心投入家庭成员的亲密互动,分享幸福与快乐,互相见证成功,共同面对困难、解决问题,携手渡过波折与坡坎。如斯种种,不胜枚举,处处涌动生命协作之美

---

① 梣为亲身棺、附身棺,从木,亲声,或取其垫托包裹之意,空而能容,量身制成。官为天命民心所付任者,有所驻守、承负,亦有所统合;绾,官声,意为卷束、结合、把握、贯通。

② "见"字暗蕴自我敞开的被动意味,义为承受、得蒙,隐然有容让、谦退之感,比如见爱、见存、见惠、见遇,既潜含自身、亲身之象,又富于内在向度与反身动势,经由自我虚化而敞开余地,生发更大的包容力。见字还能表示当场、此刻、现下,该义后来转由"现"字传达。

善:体贴与抱慰,搀扶与照料,信赖与包容,鼓励与劝导,协调与商量……从而"见"字既可以把握为"参—见",又展示于"现在—现身"。亲身参与、亲密相处的体己关怀,以互为衬托、相与参照的方式,烘染抟造一派氤氲绵密的亲感氛围。意向脉波如无形水势一般,默托暗扶,隐含随时现身起用的可能,潜然往来其间,持续更新。王庆节宣讲儒家生发于身体亲爱的"亲近说",就呈现为身体感动、情感关怀、人心包容之互感互动,以非线性的弥漫之态,彼此影响、相与唱和,共鸣互振而荡漾开来,恍如竽瑟鸣应,余韵盘旋久之。[①] 梁漱溟讲述亲情融洽之境,所言甚精,醇厚深切有滋味:"与我情亲如一体","形骸上日夕相依,神魂间尤相依以为安慰。一啼一笑,彼此相和答;一痛一痒,彼此相体念。——此即所谓'亲人'。人互喜以所亲者之喜,其喜弥扬;人互悲以所亲者之悲,悲而不伤。盖得心理共鸣,衷情发舒合于生命交融活泼之理"。[②]

汉字以声符标示发音,但也潜含意蕴。"亲"字的声符"亲",辛声,榛木也,果实如小栗,可喻幼小之物。[③] 辛乃凿具,亦作刑具,寓有惩戒、管教、权威之意,似可联想亲情培育中必要的严厉与威慑。"亲"字又引申草木葳蕤,隐现攒簇围聚的茂盛之象,此义通于"榛榛"。"亲"字得声于亲,或亦潜蕴草木兴发的意味,萌始于微而日新不已。更深的释读,在"辛"字或释剖

[①] 参见王庆节:《中国思想传统中的身体观与儒家的"亲近"学说》,《哲学动态》2011年第11期,第13—17页。

[②] 参见梁漱溟:《中国文化要义》,上海:上海人民出版社2005年版,第77页。

[③] 何金松谓亲字先造,榛字后起,亲树所结的小坚果有碗形底座,新生婴儿有胎盘,二者形似,故亲字从辛,辛像新生之婴。参见何金松:《汉字形义考源》,武汉:武汉出版社1996年版,第158页。

劂刀器,或释薪柴形状之外,探察其与"凤"字的关联。"凤"字之凤冠有与"辛"字相似者,有作植物形状者,均寓意太阳和若木,"辛"字、"帝"字皆取象若木和太阳,凤者太阳鸟也,栖于若木。① 太阳乃生灵得以蓬勃生长的神圣光源,既有受人崇仰敬拜的神威,又普照大地而为万物带来温煦、和暖;若木乃神树,与扶桑分处东极西极,太阳西栖于若木而静待启动新一天的时光之轮。辛字暗含金乌神树之象,此象隐秘传递于"亲"字,使得太阳之神圣、始源、温煦诸义,若木之神圣、古始、再生诸义,皆融入父母作为人子生命之神圣根基源泉的本原意象。汉字一定程度保存民族生命原型与文化深蕴,体示事态物情、天心人意。参综亲、见而为"亲"字,意蕴迭互涌兴。天光神意、厚土深植、活源命根,意象生动又原初,贯通而融汇于"亲",围合呼吸与共的神圣怀抱,培植温情盎发的生命园圃,朴素又丰富,寻常而新鲜。

  作为原型意象的"怀抱",亲密关联于原初的孕育、生养,这是人类最本源的生命动姿,在初民时代尤其深涵神圣意义。亲情家园的怀抱,蕴蓄亲亲脉动的生发态势,引申一连串家族分形自似的语脉词簇:保育—爱抚—珍重,围抱—环拥—护惜,包涵—容纳—关照,体念—惦挂—眷顾,铭感—反馈—报本。身姿脉动之弧,直观体现为双臂托抱、相拥入怀,以传送体温;至于全力保护、贴心体度、共情抱慰,乃其生命意向之蕴。"子生三年,然后免于父母之怀"(《论语·阳货》),亲子怀抱发乎天性与常

---

① 参见张潮:《神话·考古·历史》,北京:文物出版社2015年版,第148—159页。袁海林谓"龙"字"凤"字甲骨文之象形程度甚高,皆从辛,像龙首凤首之花冠,以传达其完美与神圣;辛是莘的本字,草药植物也。参见袁海林:《"辛"字本义及从辛诸字从辛的理据》,《大同高等专科学校学报》1999年第4期,第69—71页。

情,作为仁爱之端而开启孝道报恩之始。胎儿孕乎母腹,十月分娩,呱呱落地,安育于慈怀哺养,成为备受疼爱的心肝儿、宝贝儿;父母暖和的心窝、胸怀,温实有力的臂膀与肩背,柔声细语、和颜悦色,相互扶持依伴、情意涌流的家庭氛围,温然合成孺子健康成长的襁褓。这也是萌发生命感受、传习人生经验的摇篮,仿佛花房叠瓣簇叶,园圃涌溢春晖甘泉。

父母胸臂围合的身体怀抱,家庭成员互相补衬的生命合抱,以及全家爱意挈乳、亲感回旋的生态气象,可联类拟喻原型意象"园圃"。子女孕育成形于母腹,发育成长于家庭氛围,便如草木顺遂结果,成为父母恩爱的结晶与成果。果仁饱含生机,开启新一期生长,新生儿亦冲浪于代际河流,推涌新的浪头。童子、种(穜)子,均需适量浇灌、精心耕耘,施以恰当的修剪,使其发育成长不偏斜、不枝蔓。人世并育共荣的桑梓园圃,上有椿萱,下有兰桂,手足乃棠棣连枝,夫妇宛似并蒂莲、合欢树;家园之和乐融洽,仿若泉脉潜润、惠风清漾,而叶脉花序自发舒布。家庭事务的操持,生活物品的分享,精神成果的交流,家庭共同轨迹的编织,家族记忆的唤醒与传续……林林总总,仿佛导源植根、含苞结实,天地之间吐绽花团锦簇,此起彼伏,代代无穷已。家庭成员、族群系谱,绵络成网,构形共通而个性独具;亲子孝慈之胎盘与纽带,乃其根源所在也。

慈与孝:亲情的根源

作为人世情意的初始怀抱、天然园圃,家庭在其内部纵横兴发,横展以夫妇之纬,纵贯以亲子之经。如今常见的家庭形态,至少是父母孩子共三人,其间既有夫妇平辈关系,展示此呼彼应之扶持，也有亲子代际关系，体现承先启后之传承。夫妇唱和，横向结对而沟通；亲子施报，纵向衍脉而贯通。亲感相与的这两个向度，纵横舒张犹如经纬交织互动，构成最为基本的人世情意生发机制。有夫妇然后有亲子，生成次序自不待言，而亲感之侧重似有微别。

生生之德能，乾健坤顺而遍润万物，阳气刚健勃发以创化，阴气柔顺敛藏而成全。"天地氤氲，万物化醇。男女构精，万物化生。"(《周易·系辞下》)阴阳二气绵密萦回、交感黏合，万物因之偕同生成而化育醇和；雌雄两性缠绕摩荡、交媾孳殖，万物由此各从类别，相与孕生而养育久长。古圣反复致意焉："有天地，然后有万物；有万物，然后有男女；有男女，然后有夫妇；有夫妇，然后有父子"，"夫妇之道不可以不久也"(《周易·序卦》)；"君子之道，造端乎夫妇；及其至也，察乎天地"(《中庸》第十二章)；"男女不别，父子不亲"(郭店楚简《六德》)；"男女有别，然后父子亲"(《礼记·郊特牲》)。男女夫妇之道，诚可谓大矣深矣。《诗经》以《关雎》居首，兴发君子淑女的春心萌动，夫子即欣然许以"乐而不淫，哀而不伤"(《论语·八佾》)，足显两性悦乐之本真意蕴。不过正如张祥龙所阐明者，两性之爱乃发生于同代人的空间阴阳关系，其生命交融的深化，应当奔流为亲子之爱的时间阴阳关系，进而造就世代节奏与家系样式。夫妇男女之情，确为致诚祛伪的意义源头，然缺少代际差等、远近亲疏的天然层次；而亲子关系作为其结果、升华，天然具有人类生存结构，可成为"礼"的现实根源。人生最原初的爱，源于自身为人所需；亲子关系之所以更为根本，就在这种被动的原本综合。孝慈之爱，源于天性的隐蔽发生境域，实乃人类关系之最为持久广厚的感情,是人生意义之源头、命脉。①

父母与赤子的慈孝之亲,诚然以男女欢情、夫妇恩爱为气血端绪、生命渊源;所谓互为主体之爱,也确乎发生于男女夫妇之间。② 夫妇携手并肩,共同经营家庭港湾,而恰恰是孩子的降生,成为生命涌流的美好馈赠,使得夫妇为人父母而尽其天职,并在持家、育子的整个过程中,一步步深化着人生意义的自觉。代际关系由此呈现纵深拓展,引入生命之新生、血脉之传递,夫妇平列对待关系遂得以延长、深入,开显前后代兴的时际推涌。由此还可再作分疏:

(一)人的成长首先来自于父母怀抱,自小及长,在与父母共同生活的过程中,获得人世经验,懂得人生道理,而非因为与爱情伴侣的交往。当然,后者在一定意义上也是新的成长与觉醒,但其程度又不及自己为人父母所得到的"新生"。(二)亲子之爱涉及时间维度,或较男女夫妇之爱更为持久绵长,自孩子出生便环绕周遭,陶染、塑造其成长,而待其成家生子之后,父母的爱意往往跨代延伸。(三)男女以情相悦,夫妇有亲情与恩爱,然皆无血缘关系作为坚韧的纽带,当其难以为继之时,虽对天盟誓亦可抛舍,海样深情亦可更换。亲子关系恰恰有此生物性的保障,血浓于水,通常无法彻底割舍。(四)男女夫妇之爱多以

---

① 参见张祥龙:《思想避难:全球化中的中国古代哲理》,北京:北京大学出版社2007年版,第251页;《孔子的现象学阐释九讲》,第189、196页;《先秦儒家哲学九讲——从〈春秋〉到荀子》,桂林:广西师范大学出版社2010年版,第173—181页。

② 张再林认为真正意义的人类社会应当基于互主体关系,因此夫妇关系以"男女间性"而成为人伦关系最集中的体现;感应之"感"为男女交感,亲和之"和"为男女好和。参见张再林:《作为身体哲学的中国古代哲学》,北京:中国社会科学出版社2008年版,第145—148页。

独占、排他为特性,形貌、性情、志趣亦多有拣择。亲子之爱无可挑选,并且能向外推扩、与人分享,"老吾老以及人之老,幼吾幼以及人之幼"(《孟子·梁惠王上》)。由近推远,往来赠答,情感厚度依序递减,而其施行难度逐层加大,这完全合乎世间常态。(五)天地相与、阴阳化合,人乃生乎其间;夫妇好合,孩子生乎其间,为结晶与成果也。孩子出生、成长,为父母带来生命感受的纵深,也带来责任意识的自觉,提升其精神品质;恰似人之中处天地而参赞成和,成就人世常伦与生意。天地之间,人为贵,助成其运化不息;父母劳作,孩子就是未来与希望。(六)生生之道,日新日成,既包涵阴阳感应和合的对待互补,更指引阴阳媾育新生的生生不息、新新不已;从个体基因、族群血脉到人类总体,其生存延续毕竟以时间指向为主,故而血缘代际之承传虽然依凭姻缘对等之媾和,却因接续历史、开启未来而显得更为深远。①

以夫妇恩爱为先期准备,生命亲情扎根发源于亲子慈孝之爱。每一轮的顺育惠泽、反哺报恩,构成交互引发的晕圈。亲子关系,以关爱、体贴、感发为主,同时要求父母以身作则,不可溺爱纵容。俱为山高水长的亲恩,父严而母慈,体现宽严之教的分工与统一:威严—慈爱,管教—包容,敲打—抱慰,磨炼—爱抚,锻造—濡润,训诫—叮咛,约束—宽惠。母亲对子女天然怀有慈爱,其态度亲蔼、温存、绵柔、慈和,浑如大地之丰养厚载。沃土与慈母,生命意象自古相通:同具养育之德,宽厚包容;共有滋濡之感,温存和润。杨儒宾由女娲神话考释"土地—女性—生殖"

---

① 孙向晨揭示"生生不息"的生存论结构,乃是基于对生命延续的敬畏,感恩生命之诞生,报答父母之养育,警示后嗣之中断,归根到底,是对天地生生大德的敬拜。参见孙向晨:《生生不息:一种生存论的分析》,载郑宗义主编:《中国哲学与文化》第十三辑《心、身与自我转化》,第11—15页。

的一体共通,大母神女娲抟土作人、引绳入泥,制陶技艺乃其现实写照,文化意义表现于土之吐、地之易;虚柔以含容,丰实以承载,厚土吐生百谷,万物得以怀任交易。[1] 陆思贤考释"土"字甲骨文之取象依据,或如竹笋由土壤冒尖,或如草叶树叶吐发,或以水珠之状,像乳头流汁,诸如此类,莫不寓意大地母亲乳养万物。[2] 地母吐生,人母怀生,同有孕育容载的深恩厚德。积润潜畅,脉气膏动,草木种子孕生于地母大腹,吮吸厚土精华,因地之性而开坼吐生。精血交媾,生命种子孕育于母体胞宫,与母亲呼吸相通、营养与共,同体共感生命生成的微妙变化。厚土泉源涌流,培蓄地气,营育物类之兴发;母爱由衷盈溢,源源汩汩,吐哺慈爱的乳汁,以心血浇灌赤子,涵润其健康成长。

地母人母的喻象共通,尤其体现于孩子容身于亲亲田圃的成长过程。"实方实苞,实种实褎,实发实秀,实坚实好,实颖实栗"(《诗经·大雅·生民》),"播厥百谷,实函斯活。驿驿其达,有厌其杰。厌厌其苗,绵绵其麃。载获济济,有实其积"(《诗经·周颂·载芟》)。奶娃儿初生,柔润莹泽,元精内韫,浑如谷种包涵生机,悉心呵护之下,眼看一天天长高长大,心头好生欢喜。沃土丰壤,谷粒儿房甲初坼、苞芽吐苗,潜颖噙露以发,微茎抽叶,自行舒展,一节节儿挺拔蹿高,茁壮发育而青春勃兴,饶有葱翠明隽、条畅修洁之美。及至秋禾成熟,满眼嘉穗敷纷,更富于生命果实饱满丰硕之好。慈土春渥新苗,秋来欣慰丰穰。

严父慈母,高天厚土。母爱忘我之大德,体现于慈保、包容,

---

[1] 参见杨儒宾:《吐生与厚德——土的原型象征》,《中国文哲研究集刊》第20期(2002年3月),第395—404页。

[2] 参见陆思贤:《周易考古解读》,北京:中央民族大学出版社2009年版,第65页。

全心付出。父爱无私之伟行,深沉又坚实,严毅果敢有担当。
"父之亲子也,亲贤而下无能;母之亲子也,贤则亲之,无能则怜之"(《礼记·表记》),异乎慈母之关怀疼爱,严父对待子女更多的是训导、规诫,然风雨雷霆之迅激震发,无非昊天施教也,其端肃与威严,实有厚爱大慈存焉。父爱之严厉磨砺,或可证以"亲"字隐含之"辛"字①,严格保持亲子代际应有的间距与位分。兹仍借谷物育作以喻:农人担荷耕作之重任,精心艺植,以时灌溉而不倦;喜见新苗一天天茁壮成长,再多的辛劳,也化成充实、自豪。农人芟荑稗而去藜莠,父亲教督儿女,比之母亲的慈语叮咛,常常显得严肃、郑重,责罚更是近乎严苛,然而实有深爱寄焉,厚望其成才自立也。异乎农人耘耔之期待收益,父亲辛勤耕耘不图有何回报,倾注心血、教化培养,只为子女顺畅成长,走好将来的人生路。身为全家的顶梁柱,父亲为子女幸福谋划长远,父爱厚重坚毅如山之岩岩,在行不在言。

合观亲慈与子孝,而形容以鲜活意象:慈亲之慈,诚如天覆地载而万物挚乳,尽心抱哺保育赤子;孝子之孝,好比万类蓬勃而装点天地,尽力奉养怡悦父母。备受慈亲之慈育潜润、尽心呵护,孝子自当怀恩于衷;深得孝子之孝敬奉养、尽力体贴,慈亲亦有领情之欣。慈爱倾身付出,浑然忘我,如源泉涌溢而滚滚不

---

① 罗建平考察亲字与从戌之威字相通,妾、童皆含辛字,威字从女从戌,集亲缘与权力关系于一体,由此探照华夏民族的部落整合,既有刑与武的威慑归顺,又有亲缘的归附同化,共成家族、氏族共同体之"亲"。亲近之近字,附近也,从辵,斤声,隐含运兵之象,远古氏族兼并战争起于周边邻近,战败者领地归附,社会关系整合,甚至成为亲缘关系。又可验以咸之从戌,既表兵战之交接,又象欢合之交接,反映敌对双方由战而亲,化干戈为姻缘,体现征战的整合力量及其历史成果。参见罗建平:《汉字原型中的政治哲学》,广州:广东教育出版社 2008 年版,第 48—52 页。

休;孝爱回首报答,纯乎尽己,似波流洄漩而依依难舍。父母培养子女,全心抚育,言传身教,为人父母之体会也愈来愈深,养儿方知父母恩,寸衷难报三春晖,乃深切懂得双亲当年的鞠养苦辛。身为父母的心头肉,儿女安存于双亲怀抱、亲情园圃,接受春风化雨的养育栽培,逐步学会与人接触、交流,并随着年龄的增长,渐渐懂得孝敬父母、报谢亲恩,进而善待他人、回馈社会,这才真正成为父母的好儿女。亲子相依为命,通过人生共同历程中的交互助益、彼此启悟,其生命体验不断丰富、更新,且一代代往下延续。

作为亲情根源的慈爱孝爱,真正让亲子成其为亲子。父母心甘情愿付出所有,投入大量时间精力,倾注情感与心血,乃至浑然忘我,连自身健康也顾不上;但正是这样舍己为他(子女)的行动,使其生命意义得到极大的充实。子女报答父母之恩,也会发自本心付出,有时也达到忘我、舍己的程度。亲子双方为了彼此,转移自己的生活重心,乃至舍却部分自我,却正因此而真正成为父母与子女,也成为了全新的、更好的自我。[1] 这共同实现、相互成全的过程,是立身也是修心。

---

[1] 王庆节以"正名"的建构力量与规范功能,论证孝慈的道德本分。抚养、关爱幼年子女,属于父母的本分,且已包含在父亲母亲的名分之中;同样,儿子女儿的名分中,也已包含孝养年老父母的本分。这种道德本分不仅在人心深处有其自然源头、先天根基,而且需要后天教育、自身修养,以培护、壮大此微芽与细端。为人父母、为人子女,皆不简单是生物学事实,更须通过学习、修养、磨炼,方能如其名分那样,成为父母之子女、子女之父母。参见王庆节:《道德本分与伦理道义的存在论根基——从儒家子女孝养父母的本分谈起》,载《解释学、海德格尔与儒道今释》,北京:中国人民大学出版社2004年版,第294—297页。

孝敬:融理入情

慈爱的源初发动,酝酿于怀孕期间,喷涌于婴儿出生以后,哺乳、照料,无微不至。这是孝爱的潜在根由,亦即有意识之孝爱得以萌生的前意识情境。圣人有言,婴儿安养于父母怀抱备受呵护,长达三年之久,孝子对亡亲的缅怀,为期自不应少于三年。追想父母在己生之初所承受的辛苦,念念不忘父母的哺育之恩,唯望三年之丧可以稍报深恩。婴儿之诞生,父母之逝世,死生贯通、终始呼应,构成最为本原的孝慈互动。关于慈爱的论说,自古以来就比较少,可能是因为其出乎天然,纯属生命自发的行为。孝爱不仅关涉后天的教养,而且体现感恩、报答之意,这在儒家看来更属难能,见得向善之意、愿学之志。在此,精神追求从本然需求之中生发,又转而提升自然生命,赋予人生意义。① 父母慈育子女,不思而能,天然已极,动物亦广有舐犊之情。赤子孝顺慈亲,在本性天然之外,更体现人乃天地之心、万物之灵的人文自觉,塑造怀爱感恩的人性美德。

张祥龙由"亲子时间"之原发意义机制,分疏慈、孝的区别与关联:慈爱顺时而下,从源到流顺势以行,朝向正在生成的新生;孝爱逆时而上,反本报源,慎终追远,朝向正在衰逝的前辈。慈爱更充沛而常见,孝爱亦出乎自然。人之可贵尤其在于,对物

---

① 蒙培元谓,孝作为亲情之爱,既是自然的真情实感,也是文化意识上的情感,是人之存在意义的初始呈现;亲情是人类原始的自然情感与重要的生命情感,是人的基本的存在方式。参见蒙培元:《情感与理性》,北京:中国社会科学出版社 2002 年版,第 29—31、171—172 页。

种延续的基因本能给予爱意翻转,乃可谓"成仁/成人"。① 孝爱并非现成的人类学事实,位置处于"无"(像动物那样缺乏)与"有"(人有意向、思考并做出选择)之间。② 慈爱普见于动物界,孝爱逆自然时序而返本溯源,其天然自发程度略逊,但也源于生物本能,更以人性升华而开发德行、善根,彰显人文自觉之可贵。"孝,文之本也"(《国语·周语下》),"孝,礼之始也"(《左传·文公二年》),"夫孝,德之本也,教之所由生也"(《孝经·开宗明义章》)。孝乃礼乐之端始,也是德行的本根,人文教化由此产生,故其地位极为重要,意义尤为重大,确是文明秩序之活枢。

生育下一代,犹如自我生命的延长,并且融入族类生命延续的洪流,在生物学深层意义上更有基因自我复制的需要。哺育子代是生物共有的本能,人类概莫能外。但是人类的护幼之慈,不止于生物性的养活,更含有培养教育后代成才成人的根本导向。所谓成人,成为品行良好之人也;所谓成才,成为有益社会之才也。这个过程同时也充实着亲代的生命,使其人生意义得到真实的实现。父母的忘我付出,子女看在眼里、印在心底,以孝爱回报父母养育深恩,当然也不可局限于有吃有穿的物质奉养。儿女尽孝的过程,同样充实了自己的生命,人生的真实意义也得以实现。

《说文解字·老部》:"孝,善事父母者。从老省,从子。子

---

① 参见张祥龙:《思想避难:全球化中的中国古代哲理》,北京:北京大学出版社2007年版,第254—258页;张祥龙:《孔子的现象学阐释九讲》,上海:华东师范大学出版社2009年版,第233—234页。

② 张祥龙更指出,孟子论证性善,以孩提爱亲为例,确乎更为天然,靠近源头,然若举成人孝爱年迈父母为例,效果更好,因其超乎本能和功利,更能讲透亲亲而仁的道理。参见张祥龙:《先秦儒家哲学九讲》,桂林:广西师范大学出版社2009年版,第252—254页。

承老也。"段玉裁《注》,引用《礼记·祭统》:"孝者,畜也。顺于道,不逆于伦,是之谓畜。"①"孝"字之取象,活像孩子搀扶一位佝偻其背的老人。承,承负也,扶助也,充分引申之,可联想承先启后的代际传承。畜,供养也,又为驯顺也。循顺德教、不背伦常,这个意义上的畜,就是侍奉、赡养,而敬意隐然在焉。

孝的要旨,或可从三个方面展开:孝养,养亲是也;孝顺,顺亲是也;孝敬,敬亲是也。供养父母无疑是最基本的要求,为人子者应该尽其所能,保证父母温饱,且不为繁重事务劳累。倘若懒惰不努力,或者耽于逸乐,抑或吝啬又偏心,而置赡养父母于不顾,就是不孝之徒。② 人子不肯孝养父母,非不能也,能而不为也,就应受到舆论谴责,甚至可以采取必要的强制措施。与此类似,叛逆成性,目无尊长,处处违背父母意愿者,在道义上也失去了为人之子的资格,"不顺乎亲,不可以为子"(《孟子·离娄上》)。忤逆不孝之徒,是为逆子。孝、顺二字连用,已成习语,随顺父母的心意,依顺父母的安排,尽量让父母顺遂其愿,这在孝子来说既是理当如此,也是诚心所愿。但一味强调服从、顺从,很容易沦为盲目服从的愚孝,当今社会不应再提倡。而只要不是无条件的孝顺,仍多有可取之处,如善待父母以和颜悦色,不可顶撞,不得呼喝,更严禁恶言狠语。"孝子之有深爱者必有

---

① 〔汉〕许慎撰,〔清〕段玉裁注:《说文解字注》,上海:上海古籍出版社1981年版,第398页下栏。

② 这是《孟子·离娄下》所载"不孝者五"的三种情况,另两种是纵情声色,让父母蒙受耻辱;逞强好斗,连累父母遭殃。《孟子·离娄上》又载"不孝有三,无后为大",赵岐《孟子注》补足其意,"于礼有不孝者三事,谓阿意曲从,陷亲不义,一不孝也。家贫亲老,不为禄仕,二不孝也。不娶无子,绝先祖祀,三不孝也。三者之中,无后为大"。参见〔清〕焦循撰,沈文倬点校:《孟子正义》,北京:中华书局1987年版,第532页。

和气,有和气者必有愉色,有愉色者必有婉容。"(《礼记·祭义》)孝子侍奉双亲竭尽其力,赤诚自然涌发,带动一体充盈的和气,充弥全身而溢于肤表,欢愉之色由衷流露,举止亦宛委和顺。孝顺在此就上升到敬爱的层次。孝养亦有上升之阶,《孟子·离娄上》分辨"养口体"与"养志",前者仅负责衣食供养,后者还要注重精神慰藉、心情愉悦,让父母切实感受到尊重,内心得到极大满足。"孝子之养老也,乐其心,不违其志"(《礼记·内则》),父母欢畅其心,孝子欢悦其颜,双方意愿达成协调,孝养与孝顺也达到统一,共臻由衷敬爱之境。

孝养与孝顺升华为孝敬,超乎物资供养、心意顺服的层次,更有生命与事体的庄敬在焉。孔子答子游问孝曰:"今之孝者,是谓能养,至于犬马;皆能有养,不敬,何以别乎?"[1]只以养活为标准,就是对牲畜也做得到,人子若止于此,赡养就无异于饲养矣。[2] 孔子答子夏问孝曰:"色难。有事,弟子服其劳;有酒食,先生馔,曾是以为孝乎?"(《论语·为政》)对于长者,遇事能代劳,用餐能让先,做到这些还远远不算行孝;行孝最难在于恭

---

[1] 此章断句从杨逢彬之说,参见《〈论语〉"至于犬马皆能有养"解》,《长江学术》2012年第3期,第96—101页。

[2] 孟子亦谓:"食而弗爱,豕交之也;爱而不敬,兽畜之也。"(《孟子·尽心上》)

敬①,关乎诚挚之情与庄重之礼,表现为态度端正、恳笃,也包括自然而然的和颜悦色。罗思文、安乐哲讲得好,侍奉双亲应当保持端正的态度,并且善于在尊敬之中发现悦乐,这样一来,以合礼的姿态效法、敬重双亲,就成为孝子不断汲取营养的快乐成长之泉。② 敬心与爱迹,践礼与适意,端严与温存,在此融为一体。③ 孝敬的意涵继续扩展,身为人子不仅应当敬亲尊亲,更要以自己的立身行事为父母带来荣誉。"曾子曰:大孝尊亲,其次弗辱,其下能养"(《礼记·祭义》),衣食赡养是最低要求,进而不因一己所为而辱没父母的声誉,高标准是自己德业有成,泽惠社会,父母得以广受世人尊敬。

孝敬超乎孝顺,尤其体现于人子的谏诤,有敬乃有谏诤;但在一般情况下,又不脱离孝顺而为,以避免伤及亲情。父母发乎至情而教子,人子发乎至情而谏亲,此教化与谏劝之理,莫不有敬在焉。子女由父母抚养教育成人,多为父母担待一些,自亦合乎人情之常,因此孝慈之亲虽以相互成全为旨归,却在子女的孝

---

① 黄群建认为"难"应读为"戁",义为敬畏;李竞恒赞同此说,进而认为不是畏惧,而是恭敬、肃穆之容,体现发自内心的肃敬。参见李竞恒:《论语新札:自由孔学的历史世界》,福州:福建教育出版社2014年版,第31—33页。廖名春考释"色难",古有两解,一曰承奉父母容色,一曰儿子和颜悦色,皆属增字解经,即便释"难"为"戁"(敬),容色敬畏、恭敬,仍不算孝行之最要者;"色敬"取决于"心敬","心敬"才是真敬。"色难"之"色"当读为"嶷",可训为"敬";为孝之道,难在敬。参见廖名春:《孔子真精神:〈论语〉疑难问题解读》,贵阳:孔学堂书局有限公司2014年版,第228—230页。

② 参见〔美〕罗思文、安乐哲:《生民之本——〈孝经〉的哲学诠释及英译》,何金俐译,北京:北京大学出版社2010年版,第97—98页。

③ 邢昺引皇侃之言:"爱敬各有心迹。烝烝至惜,是为爱心;温清搔摩,是为爱迹;肃肃悚栗,是为敬心;拜伏擎跪,是为敬迹。"〔清〕阮元校刻:《十三经注疏·孝经注疏》,北京:中华书局1980年影印版,第2546页上栏。

敬方面要求更多。"子曰：'事父母几谏，见志不从，又敬不违，劳而不怨。'"(《论语·里仁》)，父母倘有过失，子女看在眼里，本着为父母好的一片诚怀，委婉劝谏而顾其颜面，此所谓"微谏"；出现犯错的苗头，亦当预先提醒，以求尽量避免，此乃见微知著而谏于先。父母一时转不过弯，固执不听，子女切勿自居有理，一味抱怨，而当敬奉如常，待其心情好转、易于从善之时再行劝谏。要之，时机合适，方式得当，发乎敬而行于礼，通情达理，出以和顺的容色与言辞。有问"事父母"之道，曾子答以"爱而敬"："父母之行若中道，则从；若不中道，则谏"，"从而不谏，非孝也；谏而不从，亦非孝也"(《大戴礼记·曾子事父母》)。① 不辨是非、一味顺从，或者自居有理、执意抵制，都不算是孝。②

双亲有错而事涉旁人，如顺手牵羊("攘羊")之类，孔子不赞同径直检举告发("证之")，而提倡"父为子隐，子为父隐，直在其中矣"(《论语·子路》)。父子相隐之直，曲中求直也，义隐于情也。维护亲情而明辨是非，坚持原则而不伤情分，"无讼"(《论语·颜渊》)乃其自然而然的效果。互相包庇、隐瞒过错，

---

① 上海博物馆竹简《内礼》亦有类似表述："善则从之，不善则止之"，"孝而不谏，不成孝；谏而不从，亦不成孝"。
② 荀子认为，如下三种情况，孝子可以不从亲命："从命则亲危，不从命则亲安，孝子不从命乃衷；从命则亲辱，不从命则亲荣，孝子不从命乃义；从命则禽兽，不从命则修饰，孝子不从命乃敬"；"明于从不从之义，而能致恭敬、忠信、端悫以慎行之，则可谓大孝矣。传曰：'从道不从君，从义不从父。'此之谓也"(《荀子·子道》)。

无论如何是错上加错;即使辩以维护亲情,仍然理不直、气不壮。①廖名春援引王弘治之说,隐即檼的假借字,引申为矫治纠正;潜移默化之中,父亲以身作则,端正儿子的言行,儿子纠正父亲的不当行为,方式也勿过火,如同矫正曲木需要施以柔力,并耐心等待。以此为基础,廖名春从训诂到义理给予扩展讨论。叶公以向上举证、对外公开为直,孔子以家庭内部互相规正为直。"仲尼曰:叔向,古之遗直也。治国制刑,不隐于亲……可谓直矣"(《左传·昭公十四年》);"父有争子,则身不陷于不义。故当不义,则子不可以不争于父"(《孝经·谏诤章》);"孔子曰:'父有争子,不行无礼'"(《荀子·子道》),足以表明孔子不可能主张互匿错误。公义与亲情的两难,完全找得到合情合理的解决之道,跳出告发与隐瞒非此即彼的僵局,从而既不害义又不伤亲,"君子成人之美,不成人之恶"(《论语·颜渊》)。以孔子为代表的先秦儒家,基于家庭伦理倡扬社会公德,倘若两者发生矛盾,则应明辨是非,同时考虑具体情境,寻求妥善解决之方,既不

---

① 《孟子·尽心上》记载师徒设喻问答之事:舜父瞽瞍杀人,舜虽不能以权力禁止皋陶逮捕其父,但也并非无法可想,"舜视弃天下犹弃敝屣也。窃负而逃,遵海滨而处,终身欣然,乐而忘天下"。此事与攘羊有本质不同,绝非随手牵羊这类小过,而是欠下了人命血债。为维护人世之根本的亲亲原则,孟子认可"窃负而逃"的解决方案,这在现代情境中尤其引发巨大争议与持久辩难。参见郭齐勇主编:《儒家伦理争鸣集——以"亲亲互隐"为中心》,武汉:湖北教育出版社2004年版。

存心徇情枉法，亦不执意因公废私。①

亲子孝慈的亲亲之爱，孝与慈微有区别。慈爱通乎仁，孝爱主乎敬，尽孝须以孝敬为重。《说文解字·茍部》："敬，肃也，从攴、茍"，"茍，自急敕也。从羊省，从包省。从口，口犹慎言也。从羊，羊与义、善、美同意"。②敕与诫，二字互训。自急敕，自己切切警醒、儆戒也，念念保持谨重、庄肃。攴字像手持棍鞭小击，意为鞭策、儆省，谨存恭肃之念，慎重行事。敬之谨重与庄严，来自于面对尊者、高者、大者，肃然钦仰，由衷景慕，故能自我端正而知止，自我振作而向往；尊、高、大，不仅在于年齿、位分、能力，更在德行与情义。敬，以其庄重、厚重而含有力度，以其谨慎、专注而谨守限度，更以崇仰之意，敬畏神圣、祈向崇高。有赖于敬的树立，人之言行乃禀得拄地撑天的品性。敬意起于知恩，省知其博厚与崇高，在切近处是父母之恩的深厚，在高远处是天地之恩的广大。

由于敬的充实与挺立，孝敬的意涵更有多端可说。（一）立于礼，尽孝须以礼为立足之据，循其指引、赖其规导而容止得体。（二）以义为方，义者宜也，时机合适，方式得当，合情亦合理。（三）知是非，辨直曲，乃可避免愚孝之不智。（四）诚信乃其本

---

① 上海博物馆竹简《内礼》有"隐而任之"，梁涛引以阐释父子相隐，"为父母隐匿而自己将责任担当下来"，廖名春认为如此解读，其训诂有误，而且于理不通，父子感情再深，也不应指鹿为马，这有违做人的诚信原则，甚至比告发还要糟糕，后者毕竟是"直"。参见廖名春：《孔子真精神：〈论语〉疑难问题解读》，贵阳：孔学堂书局有限公司2014年版，第20—54页。梁涛对此又有所辩说。参见梁涛、顾家宁：《超越立场，回归学理——再谈"亲亲相隐"及相关问题》，载《出土文献与中国古代文明——李学勤先生八十寿诞纪念论文集》，上海：中西书局2016年版，第576—588页。

② 〔汉〕许慎：《说文解字》，北京：中华书局1963年版，第188页。

色,出于赤诚而发为信实。要之,孝为仁之始,孝敬兼含义礼智信之德。孝敬之心,既是道德情感也是理性律令,要求孝子尽其在己之诚。① 这是理性化的道德情感,融理入情,丰含温然亲情,又贞立庄敬的品性。以此内禀理性的爱敬,回报父母之恩,尽孝就从家庭元胞出发,得以持续深化、升华,朝向时序之深永、境域之广大,赤子感报恩德,不断伸延、扩展。

生命绵延与志业传承

在世之人,皆有生老病死;有生必有死,更是迄今不可动摇的自然法则。"逝者如斯夫,不舍昼夜"(《论语·子罕》),日月推移,寒暑往来,人对光阴的敏感,不仅是感物候、观时变,更深植于家庭本身,从亲子情意回旋中,悄然涌现时序的潜移暗度之感。时光飞逝,最真实、最切近的体现,就是孩子的成长与父母的衰老;而岁月流逝给父母留下的印记,尤其牵扯子女心怀。不知不觉,光阴染白了父母的鬓发,皱纹爬上眼角、布满额头,父母的身量越来越矮,步伐越来越缓。子女从小就真切感得父母的恩情,随着年纪渐长,愈发懂得双亲的辛苦与亲情的珍贵,孝心孝行的体会也愈益深切。感答亲恩,绝非一次即可完成,而是随着时间的涌流,不断践行的过程,孝子多么希望这行程永不休止,绵绵兮无有竟时。人生逐逝水,光景驰西流,父母毕竟一天天老去,别离之期终究要迫近。孝子必须直面双亲的衰暮、患

---

① 即便父母完全不称职,孝子仍然要求自己孝敬,不是敬其不负责任的所作所为,而是崇敬生命孕育生长之庄严。极端例子是儒家奉为孝德孝行之典范的舜,"父顽,母嚚",舜仍然"克谐以孝,烝烝乂"(《尚书·虞夏书·尧典上》),发乎赤子之心,恭顺相待,臻乎协和。

疾、逝世,以敬爱之心贯达于感报恩德的全程。

"子曰:'父母之年,不可不知也。一则以喜,一则以惧。'"(《论语·里仁》)此所谓"知",不仅是知道父母的年岁,更要记到心窝里,志之、铭之,把父母的年龄记在心头。欣喜父母健在,操劳一生,终得安享子女的孝敬;忧其年高体衰,恐为病痛所累,深惧来日渐少。此忧还潜含惊愧,生怕自己怠慢轻忽,来不及尽孝,"子欲养而亲不待"(《韩诗外传》卷九)。夫子深体人心之诚纯,所言平易而深沉,感人肺腑。

孝子敬奉双亲,不仅要尽己之本心,还应从父母这边尽心体贴。孔子答孟武伯问孝曰:"父母唯其疾之忧。"(《论语·为政》)注解或谓孝子挂念父母身体,唯恐有疾;或谓孝子凡事皆得安顿,让父母无须担忧,所忧者唯孝子之疾。朱子曰:"言父母爱子之心,无所不至,惟恐其有疾病,常以为忧也。人子体此,而以父母之心为心,则凡所以守其身者,自不容于不谨矣,岂不可以为孝乎?"[1]以父母之心为心,体贴父母爱己之心而守身全身,让父母省却忧念,朱子此解合情合理、体贴入微。张祥龙的新解亦好:孔子没有径直从儿女这边讲孝,而是以父母之担忧,托出过去、现在、将来的交融情境;子女真正明白自幼以来父母的呵护、念叨、担惊受怕,焉能不深受打动,融入原发的亲子时间晕圈,唯父母之疾而忧。[2] 此解系植根于"亲时"之回环反转,可谓曲尽深妙。自己也为人父母以后,方能真正体会双亲抱哺怀抚的辛劳,切身懂得父母忘我付出的无私无畏。

---

[1] 〔宋〕朱熹:《四书章句集注》,北京:中华书局1983年版,第55页。
[2] 参见张祥龙:《孝的艰难与动人》,载《思想避难:全球化中的中国古代哲理》,北京:北京大学出版社2007年版,第71页。

父母在，孝子竭力敬奉，父母逝，不得不忍痛发丧，丧仪有期而哀思不绝。孔子以守孝三年为"天下之通丧"，"夫君子之居丧也，食旨不甘，闻乐不乐，居处不安"（《论语·阳货》）。孝子郁郁寡欢，寝食难安，栖栖惶惶如失魂落魄一般；反之，居丧之人若无其事，心安理得，这就是典型的"不仁"，良心已然坏死。孝子的哀思，延及丧期结束以后，并且终生不忘依时而祭。"生，事之以礼；死，葬之以礼，祭之以礼。"（《论语·为政》）"孝子之事亲也，有三道焉：生则养，没则丧，丧毕则祭。"（《礼记·祭统》）凡此皆是善体父母之心，发为合礼得体的行事，出之以诚心与敬意，于父母生前身后皆一以贯之。"孝子生则敬养，死则敬享"，"孝子之祭也，……进退必敬，如亲听命，则或使之也"。（《礼记·祭义》）祭亲之心，以诚以敬，浑若双亲宛然如在，丝毫不会懈怠。唐君毅讲得真切感人：孝道，并非出于生物保存种族、顺流而下的本能，更指向反本逆流以回报祖宗，"父母年纪衰老，行将归于黄土，而吾人之孝，正当以父母之衰老而日增"，"父母没而葬，葬而祭，事亲之心，随亲之逝，而与之俱往，以入于幽冥，而未尝相离"。[①] 孝子怀思绎如，与亡亲俱往而深远无极；亡亲音容宛然，与孝子共在而莫此切近。入乎冥界，反乎生域，幽明断续之际，远近往还之间，实有挚情、精诚在焉。杨儒宾深阐丧礼祭礼之变形作用，亡者虽已丧失活体，却并不沉入虚无，而是从渺茫幽冥中得以唤回、召显，转化为恍惚如在的临场灵显；阳世的孝子贤孙，克服了死别给家庭共同体带来的断裂、缺损、崩坏，恍惚与亡亲睹面相照，似可重现"家"之情境。时空变形，祭场

[①] 参见唐君毅：《中国文化之精神价值》，桂林：广西师范大学出版社2005年版，第149页。

如家,遂以意象化、肉身化的方式,完成亲情之弥合,已然永隔的亲情乃重得其伦,重得其理。①"事死如事生,事亡如事存,孝之至也。"(《中庸》第十九章)孝心延及父母身后,化为孺慕双亲、感戴祖恩之仪,以时行礼,世代传递,融入节序流转、物候迁易的恒久进程,终始周复不已。"君子反古复始,不忘其所由生也。"(《礼记·祭义》)"慎终、追远,民德归厚矣。"(《论语·学而》)②一生之终,犹如一岁之冬,逝者入土亦犹落叶归根。生者感怀亡亲与先祖,不忘血脉之源、命脉之端,丧祭大事必尽心竭力,躬行如仪而发乎诚敬。"葬之以礼",生者至情难舍,隐痛在怀,此情此怀融入礼文节度,表现为谨重、庄敬。"祭之以礼",生者追慕遥深、怀思绵永,亡灵宛然亲在于兹,礼文铺展有节,烘染肃穆氛围与神圣意义。朱子曰:"终者,人之所易忽也,而能谨之;远者,人之所易忘也,而能追之。"③逝者已矣,生者难免顾虑未周,待之不若生前郑重,故须严谨从事;亡亲离世既久,时间冲淡伤痛与记忆,生者难免逐渐淡漠疏隔,故须提醒勿忘来处。还可引申其意:双亲之终,孝子备感深哀巨痛,此际尤需慎重小心,克尽丧仪的礼数,莫因悲痛而有丝毫疏忽;双亲久逝,孝子以时追祭,但

---

① 参见杨儒宾:《恍惚的伦理——儒家观想工夫论之源》,《中国文化》2016年春季号(总第43期),第1—19页。

② 柯小刚会通整句深意,"慎终"并非死("终")后依礼"慎"葬之,恰恰相反,正因为依礼"慎"葬,其死乃得谓之"终";"慎终"与"归厚"互为结果、相与维系,构成循礼而行的循环;以时祭之的"追远"介于其间,使循环得以可能,既非常又日常,以其长年延续而唤起绵绵怀思,以其时日特定而避免丧忆过多近近、伤情碍生。礼仪身位追仰又俯归,视线情思往远又还近,丧祭活动乃展开礼教政治生活的时间—空间结构。参见柯小刚:《"慎终追远"与"往来井井"》,载《在兹:错位中的天命发生》,上海:上海书店出版社2007年版,第148—165页。

③〔宋〕朱熹:《四书章句集注》,北京:中华书局1983年版,第50页。

在循蹈礼数之际,更要贯达以诚切恳挚之怀,不因年深日久而流于形式。

对于亡亲的追念与缅怀,不仅体现在依时而行的祭仪,就是寻常生活也无日或忘,此乃终身尽孝,而非限于一时一地之所为。"终身也者,非终父母之身,终其身也。"(《礼记·内则》)父母身故之后,孝子不忘遗训,永志其风范、品行,并且一如既往以父母之心为心,"敬其所尊,爱其所亲"(《中庸》第十九章),感应父母的体温,传承父母的脉息。心祭庄诚,怀思历久弥深。虽然再不能亲见父母,再不能亲聆教诫与安慰、激励与叮咛,孝子仍须好好活着,珍惜辰光、爱护身体,坚韧达观地活下去,以终其天年,这也是尽孝的基本要求、重要方式。"身也者,父母之遗体也。行父母之遗体,敢不敬乎","不辱其身,不羞其亲,可谓孝矣"(《礼记·祭义》)。以父母之心为心,同时也要珍爱父母遗传之身,遵礼以守身全身。己身不仅属于此世之小我,更由父母上接历代祖先,直到生命的根源,往下还有子孙继嗣如绵绵瓜瓞;自己应为这开枝散叶的生长,尽力起到骨干作用。"不孝有三,无后为大"(《孟子·离娄上》),语虽严厉,切望传衍族类以使生命绵续不息也。

自昔及今以至未来,人世代谢如长河奔涌绵延。族群生命要保证其世代传承、不断壮大,自须以族系繁衍为重。亲子家庭虽是维系谱系传递的关键环节,但在上古浓厚的祖先崇拜氛围中,孝更多指向宗族共同的先祖之灵,孔子就赞颂禹"致孝乎鬼神"(《论语·泰伯》),尽心竭力为祖灵操持祭仪、备办祭品。肖群忠区分孝的三重初始义:(一)尊祖敬宗,出于祖先崇拜;(二)生儿育女、传宗接代,出于生殖崇拜;(三)善事父母,这是春秋战国之际,随着宗法制解体、理性化深入、家庭形态变化而发生的观念转型。① 梁涛指出,孝来自祖先崇拜,祈求祖灵庇佑,颂扬功德、继承遗志,完成其未竟之业。孝在周代有宗教性、政治性,源于敬天法祖的宗教信仰,强化宗族凝聚力,巩固宗法秩序,维护宗法统治。春秋时代,宗族组织逐渐瓦解,善事父母、报养父母成为孝的要义。② 上承先祖,下启子孙,生命长河奔涌无休,不仅出于生物动能,更有族系神意灵命隐然贯行其间。此义似可从字象原型探抉其幽微。详审"孝"字甲骨文上部,罗建平引述黄奇逸之祭祀说,小孩头插舜草(孝草)以敬祖灵也;进而以灵智说深化祭祀意图,联想其头顶心的囟门乃灵魂迁移之处,孝草如发,是灵魂出入身体的象征,头插孝草即意味着祖灵之移入,后人由以获得祖先的智慧与能力。从而,孝以感恩先祖之爱(灵魂灌注)为基础,展现后人的铭记与敬祀。相较于以孝为后辈挽扶老者,此解更接近殷商时代的宗教气氛。灵魂迁移与血缘传递,合成一条上溯父祖、下连子孙的经线,个体承上启下,确保家族血脉文脉源远流长。③

每一代人在岁月长河中,孝敬父母,敬祖敬天,参与恒久不息的世代传承,生命之流实时光之流。人寿有时而尽,族群绵延

---

① 参见肖群忠:《孝与中国文化》,北京:人民出版社2001年版,第10—29页。

② 参见梁涛:《郭店竹简与思孟学派》,北京:中国人民大学出版社2008年版,第481—483页。

③ 罗建平又谓,学、教、效、肖,与孝字同源而音义相关,亦可由此意义联系得其连贯解释。参见罗建平:《汉字情:符号中的情感世界》,合肥:安徽人民出版社2016年版,第265—269页。

久长、企望永恒,如大椿之根深枝繁叶茂,历经寒暑,度越春秋。①小我不懈寻根,探求生命的渊源与来路,接续自己与族类共同体的亲缘关联,时间感、历史意识与生存意义亦反复得到深化。投身于族群传承绵续的事业,小我以其忘我的付出,化入族类之大我,有如化入光阴的洪流而获得永生。一己生存的意义,既为着亲缘、家系、族群之血脉的延续、播散,更有人格与志业的传承、弘扬,此乃精神命脉之薪火传递,心火、心灯是也。正如杜维明所言,维系先祖谱系不堕,不仅是生物本能的传宗接代,更在于承继祖宗所表率的理想人格,接续家族杰出成员所创造的文化价值。②"夫孝者,善继人之志,善述人之事者也。"(《中庸》第十九章)怀慕德范,感铭教诲,接过未竟的事功,传述其志向、德业。先辈的人格得以植入全新的情势与环境,重新活出有血有肉的生命;后人亦承续其智慧、见识,发扬精神,传扬风气,光大其事业。志业传承与生命延续同等重要,恰似心不能舍身,身不能无心。

善继人之志,善述人之事,以溯源报本的亲情怀抱,怀想脉络传承之根本,怀思族群孕育之胎始。更要即乎此身之体行,当场兴发终始回旋的生命,不断朝向岁月深处的古老源头,召引先

---

① 世代之"世",高木智见谓其本义为"枼"(树叶),引申为数代继承以创造生命谱系,犹如植物生命的轮回,进而特指生命谱系之片段,亦即一个世代。包括血统继承与祭祀认同在内,殷族前后绵延竟达一千六百年之久;夏族一千五百年,周族一千三百年。此外更有众多血脉长久存续,有些甚至早在夏前就已出现,其后一直延续到周。古中国人提及祖先,总要溯自远古的先祖,述说其血脉之永存久续。参见[日]高木智见:《先秦社会与思想——试论中国文化的核心》,何晓毅译,上海:上海古籍出版社2011年版,第70—85页。

② 参见[美]杜维明:《论儒学的宗教性——对〈中庸〉的现代诠释》,段德智译,武汉:武汉大学出版社1999年版,第48页。

民之眷佑,开显神圣意蕴。人生顺流前赴之势,遂得以复反、回向,潜韫厚重遥深的生命积养,遥契族群生息不已之天命。王珏谓,孝作为生命状态,以继述先人乃至继述于天的敬守、体认和践行,保有此身自其缘发处即已体受的尺度。怀存这即身显发的谨重、敬畏,修而俟之,全而归之,天命便以含藏的方式透显其中。① 王凌云亦谓,孝德慎终追远、善继善述,以感通之能,跨越时空的限隔,契会先人生命,传递精神活火,家族民族、文化精神的生命乃以"如在"的方式临显;已逝者、在世者、未生者之循环往复的生命传递,成为个体生命的本原土壤。② 深入世代传承的长流,孝子感戴亲恩、报谢祖恩,犹如回波依依,映带有情。慎终追远,发乎诚敬之心;继志述事,存乎庄肃之意。孝子履薄临深,念念持守庄敬的身姿,而源自时序、年轮、节候的深切感会,亦时时葆存在兹,切己体行终始周复的深义。

尽孝于生命绵延的长程,亲子血脉延展于宗亲族脉,深探族类大树之根脉,复从老根孳衍新枝、吐发新芽,朝向未来伸展、绽开。以微躯寸心继述先人志业,融入先民立德立功立言的不朽生命,己身也不期然成为楷则,垂范于后世之来者。孝子居于其间而生起庄敬之感,贯乎生命绵延与志业传承。

家—国:范域之推扩

过去—现在—未来,时间的演进,如波起伏以衍,如螺回旋

---

① 参见王珏:《儒家思想中孝的身体性维度》,载陈明主编:《原道》第十四辑,北京:首都师范大学出版社2007年版,第271—282页。
② 参见王凌云:《孝与幸福:对中国古典伦理生活的现象学诠释》,《海南大学学报(人文社会科学版)》2010年第2期,第11—16页。

而升。生命与精神代代传承,与时俱进。就人世而言,先辈、今人、来者的互构,切近体现在亲子家庭;切合身心、充满情意的时间感,即由此萌生。以家庭为就近生发之源,人生感受也是起伏回旋,绵亘愈邃,积淀弥厚,向时间维度延伸其纵深,亦向空间维度扩展其宽广。禀得人文自觉之士,中处乎时境之间,立志担起在己的责任,始于事亲而由近及远,使各得安妥、成全。

孔子自述其志曰:"老者安之,朋友信之,少者怀之。"(《论语·公冶长》)存着亲情敬意,让老辈得到安养;富于爱护之心,让少者得到关怀;怀有亲厚之意,让友朋得到信任。借用杨联陞的观点,可用"报""保""包"三字概括。① 老人操劳一生,为族类绵续竭尽心力,而今步入暮年,后辈自该好生敬奉,表达真诚的报谢。少年儿童代表未来与希望,将成长为生活共同体的栋梁,方其还似新芽幼苗之时,成年人自应好生保育,助其健康成材。仰敬老人,俯爱少儿,友朋则诚信以待,互相体谅、包容,并肩走好这一代人的道路,不负先人植树掘井之恩,亦为后人做好表率,留下人生馈赠与精神财富。继往开来的历时传递,倘若比拟家庭系谱,亲子之间是代际传承的关系,兼有生命链接与精神传续,兄弟之间则是诚信相与。长辈、平辈、晚辈,还可延伸更为深远的视野:前有祖先依次谢幕,同时代人并世共在,后有来者

---

① 这源于作者1987年在新亚书院的三次学术演讲,"第一讲的'报'字,我们报答祖宗乃依于对先人的信仰;第二讲的'保'字,是要靠我们对所保的后代后辈有可信性(Trust worthiness);第三讲的'包'字,是人对社会人群的信实(Integrity)",最后用一"信"字予以贯通。参见[美]杨联陞:《中国文化中"报""保""包"之意义》,贵阳:贵州人民出版社2009年版,第26页。附录还有作者写于1957年的《"报"——中国社会关系的一个基础》,以及金耀基受此启发而写成的《人际关系中人情之分析(初探)》,经由作为"交换行动"的"报",考察人际关系之中以恕道为基础的人情和礼。

陆续出场。再从空间范域看,好似家庭格局的向外推扩,从亲人推展到世人,老者如父,少者如子,友朋如兄弟。进而从血缘外扩而变形,学缘(师父师母、弟子、师兄弟、师姐妹),职缘(同事间亦以哥、姐相称),地缘(老乡称兄道弟、呼叔唤侄),国缘(祖国母亲、同胞亲人)。境域推扩至其极,天为盖、地为舆,天为父、地为母,四海之内皆兄弟。

以亲子情感、血缘纽带为根源,自亲及疏、由近及远,范围不断推展,从家庭到社会,用伦理比附政治,并具有与祖宗神明相关的宗教性。家化的类推方式一步步引申,将世间万物连绵收编进来,类推可及,交织共构在世生活的伦序,而且持久维护其稳定有序的运行。承接费孝通关于乡土本色的观察,林安梧申说汉文化族群的生存根基,系以血性、土性、德性互相贯通。祖籍乃血缘扎入土地根性的来路,血缘土地化而有土性;祭礼使得土地成为具有血缘根性的母土,土地血缘化而有血性。血缘之纵贯,生出宗法家庭,村族聚居形成礼俗社会,由自然乡土而有生命之气的感通,生出德性内聚以及生存的熟悉可靠感。① 着眼于大地母土的厚载,土脉、血脉交互滋育,德性深植于兹,其厚培与内聚,有如壤质之丰殖,予人以亲熟、亲厚的敦淳之感。广土起伏绵延,高天包覆无垠,人世秩序随之扩展而无远弗届。眼光从厚土升至昊天,敞开另一种视野。殷人以祖神为至上神,周人以祖神配享上帝,"万物本乎天,人本乎祖,此所以配上帝也。郊之祭也,大报本反始也"(《礼记·郊特牲》)。随着殷商宗教氛围的逐渐消退,周代更为凸显人文自觉之德性,强调尊祖敬宗,

---

① 参见林安梧:《儒学与中国传统社会之哲学省察——以"血缘性纵贯轴"为核心的理解与诠释》,上海:学林出版社1998年版,第21—29页。

用血缘纽带强化宗族组织,维系宗法统治,家国合一,宗统与君统合一。但是,先民对天帝神威的敬畏,对于至上者的肃然敬仰,祈向神圣境界的崇高、庄严、振拔之感,深受天恩神恩垂眷而担负的深沉厚重之感,均得以保留、延续,经由人文转化与德性凝聚,构成敬的观念意识。"土之于民也,亲而不尊;天,尊而不亲。"(《礼记·表记》)地母与自然诸神,厚惠人子以温醇绵厚的亲熟、亲睦;天帝与祖灵,使人子禀得端严方正的庄敬、忠敬。

高天健行,广土厚载,人类协同生存于天地间,攒簇错综。感戴天帝、祖灵的恩庇,感通山川风云、飞潜动植诸神的消息,从小家到大族,从宗亲团体到部族联盟,逐层拓展推扩,成为消长起伏的生息连绵。如杨儒宾所云,岁月之恒久,天地之浩大,植物生长收藏于四时周复,村落族群血缘乡土之情,祖灵与子孙之生命连续,"汇聚成生物生命、自然架构,以及天神地祇人鬼连绵一片的永恒之连续体"。[①] 在这一体绵续的共在系统中,四方四时匹配,人情物理沟通,社会结构之微观与大局亦可对应。家与国、孝与忠、父子与君臣,在其中联类互拟。李泽厚指明关键,西周时代所谓"家",乃是与国同一的氏族、部落;天下即指氏族(大夫)—部落(诸侯)—部落联盟(天子)的全系统。由此乃能了解孔子所谓"迩之事父,远之事君",孟子所谓"天下之本在国,国之本在家,家之本在身"。[②] 家—国—天下的全系统关联,在家庭模式从氏族宗族转变为个体家庭以后,仍然保持着稳定的效能。国是家的充量放大,家是国的全息缩影,这种一体变贯

---

① 参见杨儒宾:《吐生与厚德——土的原型象征》,《中国文哲研究集刊》第 20 期,第 433 页。

② 参见李泽厚:《中国古代思想史论》,北京:人民出版社 1985 年版,第 17—18 页。

的动态关联,也见之于身体—政体(国体)—天体的全域呼应。

个体家庭远较宗族团体为小,但情义机制一脉相承,而且本来就不脱离族群、乡党、村社共同体。秦以来的两千年历史中,家庭所依附的宗族,仍然长久保留着上古宗法制的管理模式与行为习惯。家庭内部的孝敬父母,类似宗族活动的孝享祖考,弟之悌顺兄长也可类比小宗之敬顺大宗,大小宗以嫡庶分,异母兄弟亦分嫡亲与庶出。个体家庭虽晚至春秋始出现,仍不妨其以亲子关系为原型,辐射于人世间所有方面,与邦国天地同构互应。小到家庭内部的整治,大到举国上下的统理,既有结构相似(父子—君臣),也有功效相近(上慈下孝—上仁下忠)。① 齐家,家得其齐,调谐匀和也;治国,国得其治,调理安和也。"季康子问:'使民敬、忠以劝,如之何?'子曰:'临之以庄则敬,孝慈则忠,举善而教不能则劝。'""或谓孔子曰:'子奚不为政。'子曰:'《书》云:"孝乎惟孝,友于兄弟,施于有政。"是亦为政,奚其为为政?'"(《论语·为政》)从政事统理角度看,家庭上慈下孝的良好风范,有助于感召百姓对君王尽忠竭力,"立爱自亲始,教民睦也"(《礼记·祭义》),"教民亲爱,莫善于孝"(《孝经·广要道章》)。而在家庭内部来说,孝敬父母、友爱兄弟,本身就是具体而微的为政,"出则事公卿,入则事父兄"(《论语·子罕》),"君子笃于亲,则民兴于仁"(《论语·泰伯》)。良好的家风、族风,成为社会秩序之原型,政道治理之典范,而可以广泛推行,"孝之施,爱天下之民"(郭店楚简《唐虞之道》)。君王以风气感召万民,百姓家风亦可推及政风;上下风气交感互化,化入家与国的

---

① 《左传·隐公三年》以"君义""臣行"为"六顺"中的两顺,《礼记·礼运》以"君仁""臣忠"为"十义"中的两义。

一体同构。家之齐与国之治,乃得以共臻协和,孝与忠也从根子上就具有可相类比的品质,绵密交融于"家国情怀"。

敬畏天帝,孝享始祖,敬事大宗,皆是孝之原初含义。家由父系大族缩小为个体小家,国由氏族部落扩大为宗法分封小国乃至中央集权大国,敬神祀祖的原初之孝,遂转化为对国君权威的忠敬。个体家庭善事父母的孝行,本就类似宗族的尊祖敬宗,便可与忠君互相比拟。感报父母恩德,也就扩升为对君恩(往往比拟天恩)的精忠以报。治家与施政相通,源出于宗法时代的家国同构;亲睦协和,乃其共通的宗旨。在为政者一方,对于百姓的保育庇护也成为当然之义。"岂弟君子,民之父母"(《诗·大雅·泂酌》),"乐只君子,民之父母"(《诗·小雅·南山有台》),"天子作民父母,以为天下王"(《尚书·洪范》),"若保赤子,惟民其康乂"(《尚书·康诰》),"亶聪明,作元后,元后作民父母"(《古文尚书·泰誓》)。正如张丰乾所论,"民之父母"这一思想,肇自《诗》《书》,贯穿于孔、曾、思、孟、荀,开显儒家亲民爱民、保民富民的重要论述;统治者能够"为民父母""若保赤子",民众就回报以主动、自愿的"亲"与"和"。①

以哲与艺互为引发的方式,张祥龙描述亲子机制与人世政道的理想关联。亲亲晕圈的重复回旋,不断情境化、脉络化,以其非普遍化/非特殊化的亲缘共兴机制,生发身心之和、人事之和、礼乐之和。政道(正道)植根于亲亲,长育于亲亲化之艺意,风行而成太和之世。② 夏可君亦谓,发端于亲亲感通,民政关乎

---

① 参见张丰乾:《〈诗经〉与先秦哲学》,北京:北京大学出版社2009年版,第150—182页。

② 参见张祥龙:《孔子的现象学阐释九讲》,上海:华东师范大学出版社2009年版,第202—293页。

血气身体,家政推达国政,伦理渗入政治,落实于五伦关系与家——国政治,人政与礼法并重。① 家庭推于社会,齐家推于治国,范域广狭迥殊;伦理推于政治,孝推于忠,性质亦有改变。国乃宗族团体之转化、放大,后世中央集权的贵胄集团也由其而来,血缘系联、利益勾连并重,但毕竟与家分属公私范域,面对的问题、处理的事务颇为不同。血亲关系无可选择,亲子情感发乎天然;君臣关系天然程度远逊于此,即便宗法时代的宗亲,血缘纽带也不如亲子家庭紧密。揆诸孔子论述,"事父"通于"事君",可以推达而一贯,但也强调君臣关系乃双向互动而非单向宰制,"君使臣以礼,臣事君以忠"(《论语·八佾》),"君君、臣臣、父父、子子"(《论语·颜渊》),连父子关系也应互相成全。人父慈爱待子,人子亦须孝敬其父;人君保爱万民、礼待下臣,人臣亦当敬仰君上、尽忠职守。父与子,君与臣,各在其位、各尽其分,如此则家正而国泰,天下安平有望。

孔子以后,忠孝较为均衡的关系有所偏移。"事君不忠,非孝也;莅官不敬,非孝也"(《大戴礼记·曾子大孝》),"孝者,所以事君也"(《大学》)。《孝经》更凸显忠孝一致,"以孝事君则忠"(《孝经·士章》),"君子之事亲孝,故忠可移于君"(《孝经·广扬名章》),孝用以尽忠,忠才是孝的真正完成。黄开国区分了作为伦理学说的孝道派和作为政治学说的孝治派,前者的代表是曾子弟子乐正子春,后者的代表是《孝经》。② 梁涛进而认为,曾子学派发展出两条思想路向:仁学派"子思—孟子"

---

① 参见夏可君:《〈中庸〉的时间解释学》,合肥:黄山书社2009年版,第160页。
② 参见黄开国:《论儒家的孝道学派——兼论儒家孝道派与孝治派的区别》,《哲学研究》2003年第3期,第46—52页。

以仁为中心,仁的心理基础,从血缘亲情之孝转为普遍的道德情感,政治实践倡导仁政、民本以及君权批判思想;重孝派"乐正子春—《孝经》"以孝为最高观念,经过泛化、扩大而整合社会关系,政治实践强调孝忠统一,事君即孝。[①] 移孝作忠、以孝治国,家与国直接等同起来。家国同构的模式,萌生于氏族部落时期,成形于宗法时代,在中央集权政体建立以后,得到单方面强化,片面鼓吹父的权利、子的义务,君的权力、臣的职责,持续影响着中国传统社会的生活方式、行为模式。君权与父权的类比,反映在"君父""父母官""子民""爱民如子"这样的习语中,一身之内亦有心君大体对于诸官小体的主宰与统率。

以今天的眼光来看,小到一家,大到一国,总有一家之主,一国之君(领袖),林林总总的政府机构、社会团体、市场组织,也总有各层各级的主事者、负责人、决策者、带头人。家庭家族内部(以及邻里之间)以亲情为重,但决非不问是非、不讲原则;社会和国家讲道理、重法纪、倡公义,以此为前提,也会兼顾情感需要。"门内之治恩掩义,门外之治义断恩。资于事父以事君,而敬同。"(《礼记·丧服四制》)家内家外各有侧重,而庄敬之意同然,孝敬父母、尊敬领导、敬老尊贤、敬业乐群,莫不贯注以"敬"。与孝慈之爱有着隐显不一的联系,敬上爱下,律己谅人,共情互信,守责尽心,这些人性与人文共同塑造的情感能力,仍可广泛适用于不同的范域,有益于现代社会的伦理建设。投入为国为民的事业,个体可以忘身,小家也因顾全大家而无私奉献,小我就因为融入更大的范围、更高的境界,得以广大其精神生命。

[①] 参见梁涛:《郭店竹简与思孟学派》,北京:中国人民大学出版社2008年版,第485页以下。

呼吸与共:孝—仁—生生

身—家—国—天下,构成儒家生活世界与文化世界的运演局势。"人有恒言,皆曰'天下国家'。天下之本在国,国之本在家,家之本在身。"(《孟子·离娄上》)八条目更为具体,"格物、致知、诚意、正心、修身、齐家、治国、平天下",统属于三纲领"明明德,亲(新)民,止于至善"(《大学》)①。家之本在身,此身并非实指孤立、封闭的个体,而是涌现于社会关系(首先是家庭成员关系)中的身心整全之我,由种种关系所塑造;尤其强调德行、教养之在己显发,以此反馈诸关系。德行与教养,以善推、能容、自新为本色,设身处地,虚己敬人,日新又日新,一层层推达、扩展,终及乎天地万物而反身于己,才是自我的真正实现。身—家—国—天下,不是静态的单元、结构,而是回环推运的过程。②

宋儒最善讲天地万物浑然同体,张载《西铭》质朴而宏阔,径直从乾坤父母开始,阐述天地万物一家之大义:

乾称父,坤称母;予兹藐焉,乃混然中处。故天地之塞,

---

① 朱子主"新民",阳明主"亲民",亲与新,应可并行而互成。新民重在"教",教化、革新也;亲民重在"养",养育、亲睦也。养为基壤,含和本性也;教为升华,变化气质也。此亦隐隐见得亲道、师道之通于政道,而协通乎天地之道;天地君亲师,一脉同体。

② 《老子·五十四章》:"以身观身,以家观家,以乡观乡,以邦观邦,以天下观天下。"陈鼓应谓老子重视社会各阶层之德教,与儒家相近,然其逐层推衍的程序有别;《大学》径从齐家急推至天下,于"家""国"性质、领域、事务之别有所忽视。参见陈鼓应注译:《老子今注今译》(参照简帛本最新修订版),北京:商务印书馆2003年版,第271—273页。

吾其体；天地之帅，吾其性。民吾同胞，物吾与也。大君者，吾父母宗子；其大臣，宗子之家相也。尊高年，所以长其长；慈孤弱，所以幼其幼。圣，其合德；贤，其秀也。凡天下疲癃残疾、惸独鳏寡，皆吾兄弟之颠连而无告者也。于时保之，子之翼也；乐且不忧，纯乎孝者也。……知化则善述其事，穷神则善继其志。……富贵福泽，将厚吾之生也；贫贱忧戚，庸玉汝于成也。存，吾顺事；没，吾宁也。①

天地为父母，天子为嫡长子，万民皆同胞兄弟而有一家之亲，万物皆同类而有一体之感。此乃亲子情、手足谊的极量推扩。张祥龙认为，若一起手就扩至天地与天下之民，没有亲亲本源的天然发动，没有实际生活血脉的感通，有失孔子之旨。亲子之爱才是构成人生与世界意义之源，"人类的生命和原意识、原语言都是在亲子的子宫中孕育"。② 这是出于对"普遍化""现成化"的警惕，小心维护初生、始动之机，微妙葆有源发、缘化的本然意蕴。倘若圆泛以观，远近宏微似可协调。从柔根活源讲起，从亲熟亲近、发端起兴讲起，这是从下往上升，自微至宏、自迩及遐，节节生发，盈科而进，并不拘于现成界域。从天地、天下讲起，直接开显浑然与物同体之仁，属于从上向下、由大到小、由同及殊，并不滞于笼统概括。曲体人情物意，委婉贯达生气往还不息，终始周复、无往不复，两条进路交织回环，可谓相互成全。若就人之在世实情而论，仍以亲子家庭为人生意义之根，以亲子关

---

① 〔宋〕张载：《正蒙·乾称篇》，载章锡琛点校：《张载集》，北京：中华书局1978年版，第62—63页。
② 参见张祥龙：《孔子的现象学阐释九讲》，上海：华东师范大学出版社2009年版，第256—260页。

系为人际交往的原型,以孝爱为世间泛爱博爱的端始与基础。

有子云:"孝弟也者,其为仁之本欤!"(《论语·学而》)此言当能体现孔子的态度。注家曰为仁之"仁"当作"人",与上文"其为人也孝弟"首尾呼应而直截明白。① 为仁、为人,皆表明孝道(以及悌道)之于人生德目的本源意义,实乃成人、成仁的始基。"孝,仁之冕也。"(郭店楚简《唐虞之道》)"孝弟者,仁之祖也。"(《管子·戒》)"仁之实,事亲是也。"(《孟子·离娄上》)"仁,爱也,故亲。"(《荀子·大略》)由孝爱双亲发端的亲感,是切己兴发的生命实感,以亲和、温洽、包容、保任为特征,乃仁爱得以萌生、通感得以培养的端始,也是人之成其为人的根本所系。切入亲情实感这涌动不息的根源,于仁恕之怀、诚敬之心、爱重之情、忠义之志,始能真有切身体会。

生孝为仁之本,死孝亦为仁之端。至亲远逝乃人生难免,亲丧而痛切难安,纵使多年以后仍隐痛不已;仁在其中矣。"人未有自致者也,必也亲丧乎"(《论语·子张》),终其一生,发乎全身心的悲痛欲绝、放声恸哭,无过于痛失慈亲,"食旨不甘,闻乐不乐,居处不安"(《论语·阳货》)。生命之根、情感之源一旦消逝,由人生根源领受父母馈爱鞠养之深恩,便再无机会报以孝养孝敬,故而心不安、意难平,思亲之恸隐隐在怀,尽孝之憾绵绵无休。先民有诗云:"哀哀父母,生我劬劳","哀哀父母,生我劳瘁","父兮生我,母兮鞠我。拊我畜我,长我育我,顾我复我,出入腹我。欲报之德,昊天罔极"。(《诗经·小雅·蓼莪》)追怀父母深恩厚德,在在牵动孝子之心而隐痛难安,反复吟诉,思慕

---

① 参见程树德撰,程俊英、蒋见元点校:《论语集释》,北京:中华书局1990年版,第13—14页。

何极。此沉痛深憾,可牵引仁心与通情,恻隐之心与慈柔之情。"丧,仁之端也"(郭店竹简《语丛一》),由此发端以推及他人、施于物类,而感会人己同怀,物我一体。儒家临丧之哀,痛致心神忧瘁、形容憔悴,然而切莫过度,"毁不灭性,不以死伤生也"(《礼记·丧服四制》),否则就辜负父母养育的深恩,损及生生之德。哀恸出乎至情,须节以礼文,融入日常生活的感念怀慕,并且以时祭奠;对生命、生活的珍爱,本身就体现思亲之情的深远久长。丧之所以为仁端,隐含生生端绪复萌重兴之意。

牟宗三谓"仁以感通为性,以润物为用",德量层层扩大,通于宇宙万物,感通过程如甘霖润泽草木,予人以温暖,引发他人的生机和德量;此皆源于"仁"这个内在的根。[1] 感通无隔而觉润无方,恻怛不忍,乃生命之洋溢、温暖之贯注,又如时雨之润,所润处便有生意而能生长,此乃由觉以兴,感而润之,以诱发生机。[2] 天覆地载,健行厚育,通万物而为呼吸之涨落与涌流,人既然身为灵明开窍所在,当以仁心通而感之,亲身感会万物生意,体受其能,体觉其蕴。仁心之感通,发端在孝慈之怀的亲亲相通,由以含育、吐绽、敞显。钱穆即由亲子两心相通以言孝,由人与人两心相通以言仁;"心之相通,必自孝始",外貌有礼而内心为仁,扩充以通乎共心与世道,达于至公大通之谓圣。[3] 唐君毅亦谓人人皆可由孝以成就其精神生活,是为普适之达道;人之生

---

[1] 参见牟宗三:《中国哲学的特质》,上海:上海古籍出版社1997年版,第31—32页。

[2] 参见牟宗三:《心体与性体》(中),上海:上海古籍出版社1999年版,第182—183页。

[3] 参见钱穆:《灵魂与心》,桂林:广西师范大学出版社2004年版,第18—20页。

命首先与父母生命相感通，故而人子的自然之孝，既是与众生感通之始，亦是对众生尽责之始，成为仁心流行的泉源与根本。①

仁乃人之所以为人者，但不是某个固定的品质，像实物那样拥有；而是向着成其为人的方向前行，该过程所必需的生发、感通、包容之能。"仁者，人也，亲亲为大。"(《中庸》第二十章)仁从亲亲肇始，开启其发育进程，然非始于固定的起点、现成的基盘，而是发动于亲感之兴起，亦即亲子情感的回旋涌荡，亲子相与而感乃兴焉。呼吸与共的互感互动，由微至著，兴发人之相与，向着伦序圈层、生存范域持续推扩，此乃仁心感通之共感，仁爱觉润之遍润。由亲而仁，由亲子关系而社会伦序，梁漱溟所论平实又精切。伦者，人际相与也，交互关系生焉，家人父子乃其天然根本。人生在世，先有父母，继而兄弟姊妹，长而有夫妇、子女，宗族戚党由此而生。随其年纪与生活之开展，关系一轮轮推扩，四面八方若近若远，数之不尽。亲切相关之情，发乎骨肉至亲，推及一切相与者，随其深浅久暂自然有情分，因情而自然互有应尽之义。全社会诸关系皆由家庭化之，情益亲而义益重，辗转关联、起伏映带，由近以及远，引远而入近，泯忘彼此，何有界划可言？中华以此而永年绵延，自古相传的是"天下一家""四海兄弟"。②

孝的情感，普见于世间所有家庭，可谓尽人皆有。仁心之所以能普施于人，便由此获得潜在支撑，也得到切近的基础、真实的动力。但由于紧密依伴于各家独特的血缘纽带，切实指向亲

---

① 参见唐君毅：《中国文化之精神价值》，桂林：广西师范大学出版社2005年版，第150页。

② 参见梁漱溟：《中国文化要义》，上海：上海人民出版社2005年版，第72—73页。

切、具体的意向对象,因此,孝若得不到善推,就容易受限于各自的家庭范域,亲亲情感难以迈出亲缘边界,难以突破狭隘与封闭。合观仁、孝,孝是发端(耑,初生之形,上苗而下根)与根底,仁是升华(花)与果仁,一为现实的根据、切近的基础,一为充分实现,使其潜能得以扩展、提升。仁之感通与觉润,油然生发于亲亲怀抱这天然的摇篮,方不致泛化为空洞、抽象的律令教条,有失生生之旨的生动、丰厚。亲亲之情亦须感而通、推而达,不然就自囿于既有的血亲结构,终不能尽生生之意的普洽、遍润。仁不根于孝则不实,孝不推于仁则不大。

无论是亲感互动之亲子相与,还是仁感仁觉之人际相与,都不应陷入同异对立、非此即彼的怪圈;也不应把往还相与的关系,以一种现成化的态度把握成外在于行动者的框架。安乐哲指出,孝为仁之本,亦即繁荣的人类共同体得以滋生之源泉,要引导每个人把自我教养成为家庭内部有益有效的一员,并把美好的家庭情感推扩及整个共同体,但这绝不等于自我放弃,而应希望每个人都完成独特的自己,不可替代也不可复制。[①] 赫伯特·芬格莱特(Herbert Fingarette)的讲述尤为精微。通过合理而得体地生活在人与人之间的各种关系之中,个人的生活才真正成为人的生活,这些关系就构成人的生命本身,而不是让生命成为手段以维持外在于生命的某个关系。成仁,实现仁,就是在共在关系中保持沟通、包容,与他人一起生成活生生的合理得体的关系。处身于相互分享、尊重的脉络,怀仁合礼之人,宛如一位奏乐大师,既遵从共同的乐谱曲调,又出以自身富于创造性的

[①] 参见[美]安乐哲著:《和而不同:中西哲学的会通》,王柏华译,北京:北京大学出版社2009年版,第397页。

风格,并且以身作则,有益于共同体。① 儒家以家庭作为人世的元胞、原纽,亲子相与之孝,活泛推展为人际相与之仁,遍润人世而触处兴发,又随情境脉络之变,生成千姿万态。共在于家庭情意氛围,成员相互衬托,每人都为共同生活做出不可替代的贡献,同时展现自身不可复制的风貌。人之相与,近乎"家族类似"的样态,在协同经营共同体的过程之中,分有类似而相通的品性,并由以培养其独具特质的个性。无数家庭之共在于社会亦然,犹如浪头涨落于汪洋,波与波连绵推迭以至无涯,又如山头连绵起伏而成山脉、山系,一个又一个家庭相似而相异。差异性自发涌现于共通性,转而滋益共通性之丰富复杂。

"天地之大德曰生"(《周易·系辞下》),"生生之谓易"(《周易·系辞上》)。孝与仁,皆内禀生生之德,孝如丰壤脉发、柔根始动,仁如春来花自开,和风发微笑。经由合理、得体的感推与导达,由小家推及大家,从亲子院落导向万民安宅、万物乐园,德及鸟兽而恩及草木②,远山近水莫非亲,风云变化皆有情。温海明以生生之机的创生、联通,开显孝—仁的内在相通。孝乃人缘创生之始,具有先行性、非反思性。亲子相与,对人伦关系来说具有全息意味,涵摄人际相与之全境。个体经验之孝,人类共通之仁,如节点—流域交织共融于天地生化。生机、仁情,贯

---

① 参见[美]赫伯特·芬格莱特著:《孔子:即凡而圣》,彭国翔、张华译,南京:江苏人民出版社2002年版,第99—109页。
② 《礼记·祭义》:"曾子曰:树木以时伐焉,禽兽以时杀焉。夫子曰:'断一树,杀一兽,不以其时,非孝也。'"《大戴礼记·卫将军文子》:"孔子曰:'开蛰不杀,则天道也;方长不折,则恕也。恕则仁也。"《孟子·梁惠王上》:"数罟不入洿池","斧斤以时入山林"。《荀子·王制》:"圣王之制也:草木荣华滋硕之时,则斧斤不入山林,不夭其生,不绝其长也;鼋鼍、鱼鳖、鳅鳝孕别之时,罔罟、毒药不入泽,不夭其生,不绝其长也。"

通群己,关联于全人类;血脉流淌着生命源头活水,穿越生死以接续遥远的祖先,更循此生力通向宇宙深处。以孝—仁的亲情作为生命力量之根本,儒家的宗教性就由此深刻领悟而来,不离人伦日用,有容乃大。① 罗思文、安乐哲名之曰"人本宗教性"(human-centered),这种深远的宗教性无须 God(上帝),而是相信不断累积的人类经验本身就具有神圣性。② 杜维明强调,人类之繁荣,体现于不断扩展的关系网络与同心圆系列:自我、家庭、社群、社会、国家、世界、宇宙。孝作为"体证之爱",以别异原则而维系宗亲纽带、亲子基盘,以沟通原则而超越各个层级的私关怀,成为天地的孝子。孝就是儒家的感恩、报德,具有深刻的宗教性,人作为宇宙孝子而参与创造转化过程,与天地三才一体。③从孝推而扩之,仁心感通又觉润,亲子相与、群己相与、物我相与,此复合维度、交互关系,乃连绵卷入情境化的共振之势,浑成一派情意涌流。孝—仁,源乎生生又归于生生,贵生、乐生的人生态度贯注其中,万物皆以生为贵而共生共荣,生生不息。深入万物互联的共在与同行,涵泳于生生变易、如如运化的过程,无须刻意追求抽象理念,不必执着于超验世界,也没有背离常情常理、常识常态,更不会否定、抛弃世间有限存在的真实与充实。生生之道,以阴阳相与、感答互应之势,持续推涌世间万事万物深入情境脉络,参差错综而日新不已,"群籁虽参差,适我无非

---

① 参见温海明:《儒家实意伦理学》,北京:中国人民大学 2014 年版,第124—139 页。

② 参见[美]罗思文、[美]安乐哲:《生民之本》,何金俐译,北京:北京大学出版社 2010 年版,第76—77 页。李泽厚于此论述尤多。

③ 参见[美]杜维明著:《作为"体证之爱"的仁道:全球伦理视野中"孝"的探索》,彭国翔译,载王中江、李存山主编:《中国儒学》第一辑,北京:商务印书馆 2009 年版,第 18—26 页。

新"(王羲之《兰亭诗》其三)。非宗教的神圣性,来自天地万化的呼吸与共,也来自人世生活的休戚与共,而落实到命运共同体的具体情境之中,涌现亲切又共通的温情、好意,予人以安妥、信实、温醇、和融之感。

孝慈之亲,相与之仁,远近终始周洽旁通,生气往还流注而发为消息涨落。万类群生皆有亲缘,血脉相通,同呼吸共命运,兴发于生生园圃,化为中国文明的宇宙树。中华文明这株千年古树,参天拔地,备历寒暑,不断舒展新枝、吐放新花。但要说到本立而道生,先立乎其大,自当以"亲"为根,以"诚"为芯,以"敬"为主干,"仁"为津润而"礼"为条序,乃有温然衷情之通洽,凛然节义之庄重。

余 论

先民聚族而居,一代代蕃息播散,随着时序之迁流,生存范围也不断迁移、扩张。族类大树年轮一圈圈扩展,族类长河世系一波波流衍,反本溯源,终而复始。置身这嗣续又推扩的行程,接受生命与精神的双重馈送,每一世涌现出来的自觉之人,皆不懈更新自身的吸收、包容之能,实践、创造之力,并且满怀敬意地回赠。致力于承前启后的贯通事业,完成先辈未竟之功,克尽职守,为后人树立榜样;承担起自己与人共在此世应负的责任,始于家庭、友朋、同事,经由社群、地区而扩展到国家乃至全人类。一体两面的践行,都是作为生活共同体一员对于所受深恩的回报。佛教"上报四重恩",父母恩、国家恩、众生恩、三宝恩;道教也报"四恩",天地恩、国土恩、父母恩、师长恩。中国传统的亲感文化,孝亲祀祖、报本反始;大孝之爱,报祖国之恩,报天地苍生之恩。这是中国人的信仰。

李泽厚屡屡申说，儒家以父母子女双向的亲子之爱为轴心、基础，建构社会伦理—政治—宗教的三合一。人生的依托、归宿不在神也不在理念，而在情理交融的人性本身。① 乐感文化以人为本，"情本体"是其核心，具有生理血缘关系的亲子之情是其基础。由此辐射开来，仁民爱物、民胞物与，扩展为对芸芸众生、宇宙万物之广大博爱，此即孝—仁，理性融化在感情中，富有人世温暖。② 亲子之爱植根于动物行为，孝亲敬祖又区别于动物本能。扩充推导于仁爱为怀、温情脉脉的人世情感，时间亦得以情感化，集过去、当下、未来于一身而成为情感时间。神圣超越就扎根于人世充满时间性的情感、情境，此即孔子仁学开启的华夏大道。③

风雨同路，相与共在于世，亲子之间的孝慈感答，贯通自生及死的人世行程，体现为由衷关怀与合意体贴。亲情带有血色、体温，又接通厚土之地气，血脉冲和、土脉膏润而暖意融融。由亲子家庭发端，亲情和洽，仁怀推达而遍润，培护中国传统的伦理生活，持续滋养一代代中国人的生命与心灵。将心比心，互敬互让，非宗教的神圣性就涌现于呼吸与共的日常情意。相比建立在抽象原子个体基础上的博爱，亲情受限于血缘事实，似乎不具有前者的普遍性。但从亲情升华为仁爱，以其等差推达的方

---

① 参见李泽厚：《历史本体论·己卯五说》，北京：三联书店1999年版，第278—279页。
② 参见李泽厚：《实用理性与乐感文化》，北京：三联书店2005年版，第73—77页。
③ 参见李泽厚：《华夏美学·美学四讲》，北京：三联书店2008年版，第45—50、60—62页。

式,较为切合人生常情、人世常态,既不局于一私之爱,也不径直纵跃至人类之爱;个体—家庭—群体—社会—国家—人类—自然,这些维度应当保持多层次的互动,获得动态平衡与内在协调,以保障生活本身的真实、丰富。贺麟检讨五伦,批评"兼爱"不顾实际的一律平等,"专爱"或自私,或溺爱,或玩物丧志,"躐等之爱"不爱亲人爱邻居、不爱邻居爱路人;而"等差之爱"的依次推达较合情理,其中亦蕴含"普爱",要在善推。[1] 既不同于唯感性的欲爱,也不同于超理性的圣爱,中国文化的亲情仁爱注重的是通情达理,敬意、公心、理性,皆包孕于温情与好意之中,理不碍情、情不伤理。然当今时代确有必要补充外向超越性的维度,促人正视自身实然存在的有限性,克治血亲抱团之蔽,培养超乎一家一族的公共理性,推崇不为伦理教条限制的科学精神、职业态度,突破人情文化、面子文化束缚,真正树立公民意识、法治观念。

人们的价值观念正在急剧变迁,市场经济强调流通效率,唯利益是求,似乎一切均可变成商品买卖,所有东西皆能用金钱兑换,每个人都成为可计量化的利益单元。亲慈子孝,也许从进化博弈角度考察,是一种能够保证收益最大化的模式。但血脉亲情岂可用得失衡量?人之为人,在冷冰冰的数据分析、效益评估、算法改进之上,毕竟有情在。养育、栽培子女,若一心只为成材升值或老来有靠,或一味向子女索取报恩,其心即落入计较、算计,甚至是盘剥,子女就成为任其设计、摆布的工具。孝顺父

---

[1] 贺麟又补充说明,等差之爱不能仅以亲属关系为准,也要包括以物事本身为准、以精神契合为准;如果善推的话,等差之爱与普爱也可以相济而不相违。参见贺麟:《文化与人生》,北京:商务印书馆1988年版,第55—57页。

母,若以为有所交代即可,义务尽到便了,则无异于欠债还账的收支相抵,而若念念不忘谋取遗产,父母更沦为利害盘算的对象。孝慈天然之情,变质为市场买卖的讨价还价乃至对簿公堂的利益纠纷,实属非人。

随着出生率的下降、老龄化的加速,中国的人口构成已然发生改变,"未富先老"的困境不期而至。计划生育政策下的独生子女,相继迈入生育高峰期,一般而言,单个家庭就得赡养四位甚至更多老人,对于全职夫妇压力极大,这也直接挤迫其生儿育女的意愿与能力。空巢老人、留守儿童的数量激增,失独家庭、单亲家庭也在悄然涌现,老人与孩子的生活保障、情感需要,都是沉重的现实。与此同时,老年人在代际关系中的地位明显下降。农业时代的生产生活中,老人以其经验与智慧得到社会尊重,扮演着权威角色,儒家文化尊老敬老,尤其强调子女尽孝的本分。当今社会发展日新月异,孩子代表着未来,能够迅速掌握生活中层出不穷的技术手段,而老人以往的经验智慧优势,在急剧变化的现代世界迅速减少、几近丧失,逐渐成为边缘化的角色,极端情况下,甚至成为子孙生活中的负担。一家三代,祖辈父辈的生活都以唯一的孙辈为中心,祖辈不再天然就能获得尊重,甚至还要自觉、主动为后代减负。这与传统社会相比,代际重心发生了根本变化。

在现有社会架构之内,通过政策调整、社会转型、风气引导,上述问题都还可以争取改善,或许有望得到较好解决。真正的挑战,来自科学技术的突飞猛进,势必冲击人类数千年习传的家庭伦理与社会伦常。在生物基因技术的突破之外,更大的不确定性,来自人工智能以及大概率出现的超级智能。乐观地看,技术的指数级增长也许不会失控,超级智能亦安于听候指令为人类提供全方位服务,而科技大爆炸也终究是人类智慧的胜利;但愿如此,也许不然。唯一可以确定的是,人类文明在社会生活、政治经济、宗教伦理、哲学与艺术所有方面的既有模式与机制,必将遭遇空前的冲击,发生天翻地覆的改变。

家庭如果消解,儒家能否继续存在?发端于两性结合、亲子传承的亲—仁,经历了从农业文明到工业文明的跨越,还能否富有生命力地继续延伸于信息时代?张志扬瞩望中国智慧能够"大而化之以致中和",化解诸神争执,制约物化趋势,重建神—人—物之平衡,归根复命,扭转西方"进化论即末世论"之非人化的狂奔。[1] 这或许正是儒家的天命,所谓"道之将废也,文不在兹乎"(熊十力集《论语》句)。李泽厚曾慨叹,人生有限,无人不死,人彷徨无所依,把心灵与信仰交托给超乎此世之上的神佛,既顺当又轻松;而立足于这个人生、世界,直面"无"的深渊,努力创造、肯定"有"本身的意义,使四大非空、万物有情,当然更为艰苦、更为悲怆。但这正是儒家的"立命"。[2]

即便儒家终有消失的一天,仍可欣然谢幕。在漫长的历史旅程陪伴华夏民族成长,儒家以亲情仁心为中国文化"立命",立于人世间亲切具体的日常,"世俗可神圣,亲爱在人间"[3]。奋力从"无"建立"有",儒家守护、传扬人文之光,辉映万古长夜,照亮来路,瞻望前途。或许终归仍是"无",犹如炬火渐熄而沉

---

[1] 参见张志扬:《如何重写西方哲学史》,载程志敏、张文涛主编:《从古典重新开始》,上海:华东师范大学出版社2015年版,第1—28页。

[2] 参见李泽厚:《哲学探寻录》,载《人类学历史本体论》,北京:三联书店2002年版,第381、402页。

[3] 李泽厚:《人类学历史本体论》,北京:三联书店2002年版,第107页。

入死寂。"君子不忧不惧。"(《论语·颜渊》)自立自觉、相亲相敬的共在与同行,本身就有意义。

(撰稿人　周瑾)

第十六章　长幼篇

一　长幼伦常

(一) 长惠幼顺,兄友弟悌

"长幼"是中国古代伦常思想中的重要观念。儒家经典提出所谓"七教"说:"司徒修六礼以节民性,明七教以兴民德"(《礼记·王制》)。孔颖达《疏》:"七教,即父子一、兄弟二、夫妇三、君臣四、长幼五、朋友六、宾客七也。"[①]在"七教"中,父子、兄弟、夫妻是宗族之内的人伦关系,君臣、长幼、朋友、宾客则是宗族之外的社会关系。"长幼"是一个概括性的观念,在宗族之内相当于"长、晚辈"和"兄弟",在宗族之外的乡党社会则泛指以年龄相区别的长者与幼者。

先秦儒家经典探讨伦常关系以确定其中的尊卑等级,"人之

---

① 〔清〕阮元校刻:《十三经注疏》,北京:中华书局1980年影印本,第1342页。

有道也,饱食、暖衣、逸居而无教,则近于禽兽。圣人有忧之,使契为司徒,教以人伦——父子有亲,君臣有义,夫妇有别,长幼有序,朋友有信"(《孟子·滕文公上》)。孟子认为,父子、君臣、夫妇、长幼、朋友作为五种最基本的人伦关系,各自有一定的互动原则,其中长与幼之间的原则就是"有序",这个序就是长先幼后、长尊幼卑。不仅儒家经典提出"长幼有序"的问题,先秦其他学派对此也有所论述。《管子·五辅》说:"为人兄者,宽裕以诲;为人弟者,比顺以敬。"《墨子·兼爱下》:"故君子莫若审兼而务行之,为人君必惠,为人臣必忠,为人父必慈,为人子必孝,为人兄必友,为人弟必悌。故君子莫若欲为惠君、忠臣、慈父、孝子、友兄、悌弟,当若兼之不可不行也,此圣王之道,而万民之大利也。""友兄""悌弟"是对长幼关系中兄弟关系的具体要求,悌指顺从、尊敬,弟弟顺敬兄长,反映了长幼兄弟之间有着尊卑等级的区别,在这个问题上管子、墨子和儒家的看法是一致的。

长幼伦常中,家族内的兄与弟是最基本的长幼关系,社会生活中的长幼人伦大都是根据兄弟关系比附衍生而来。比如处理宗族内兄弟关系的原则,可以用在宗族之外的乡党社会处理长者和幼者的关系。再如,师长和徒弟的关系往往也被比附为兄弟关系。《周礼·地官司徒》:"调人掌司万民之难而谐和之……君之仇眡父,师长之仇,眡兄弟。"古代有司调解民间仇怨,先为事件确定轻重级别,对于杀君之仇认定为等同于杀父之仇,杀害师长之仇认定为等同于杀害兄弟之仇。这就是把君主比附为父,把师长比附为兄。

在兄与弟、长与幼之间的互动关系中,兄对弟、长对幼的礼仪是"友""爱",而弟对兄、幼对长的礼仪是"敬""顺"。"兄友弟悌""长惠幼顺"是儒家思想对兄弟、长幼关系的理想描述。

《礼记·礼运》说:"何谓人义?父慈、子孝、兄良、弟弟、夫义、妇听、长惠、幼顺、君仁、臣忠十者,谓之人义。"兄长像朋友一样慈爱照顾弟幼,弟幼对于兄长则尊敬并且顺从,这是长幼关系在宗族内外的两种理想状态。虽然"兄友弟悌"是兄与弟、长与幼之间的互动关系,但这对关系的重点往往落在幼对长的顺从、恭敬上,也就是要做到"悌"。从字源学的角度来看,许慎《说文解字·弟部》这样解释"悌":"弟,韦束之次弟也,从古字之象。"① 根据《说文解字》,"悌"通"弟",是一个会意字,字形是一条绳索捆绑着兵戈的样子,绳索缠绕着兵戈,有攀附之意,也有保护之意。这象征着弟弟在宗族中的地位,依附于享有宗法特权的哥哥,弟弟应辅佐哥哥实现宗族昌盛。另外,缠绕的绳索出现了一圈一圈的次序印记,这又寓意兄弟之间有次序之先后,兄在先弟在后,为了顺应这个次序,做弟弟的应该顺从兄长,以兄长为尊。后来的儒家学者又对"悌"进行了反复论说。比如东汉班固把宗族中的父兄视为规则秩序的制定者和维护者:"谓之兄弟何?兄者,况也。况父法也。弟者,悌也。心顺行笃也。"② 这都说明,兄与弟之间带有主从关系。

(二)义本悌道,礼分长幼

在先秦儒家典籍中,"孝"被视为仁,"悌"被视为义,"孝""悌"被合称为"仁义之本"。《论语·学而》说:"君子务本,本立而道生。孝弟也者,其为仁之本与!"《孟子·离娄上》也说:"仁

---

① 〔汉〕许慎撰,〔宋〕徐铉校定:《说文解字》,北京:中华书局影印1963年版,第113页。
② 〔清〕陈立撰,吴则虞点校:《白虎通疏证》卷八《三纲六纪》,北京:中华书局1994年版,第374—380页。

之实,事亲是也;义之实,从兄是也;智之实,知斯二者弗去是也;礼之实,节文斯二者是也。"仁是侍奉父母,义是顺从兄长,智是知道了仁义的道理并坚持下去,礼是对仁义既合适地加以调节,又适当地加以修饰。其中,孟子强调父子、兄弟之情是出于人的自然本性,为说明这个道理,他在《孟子·尽心上》中说:"人之所不学而能者,其良能也;所不虑而知者,其良知也。孩提之童,无不知爱其亲者;及其长也,无不知敬其兄也。亲亲,仁也;敬长,义也。无他,达之天下也。"两三岁的小孩没有不爱他父母的,等到他长大,没有不知道尊敬兄长的,根据这些生活经验,孟子得出结论:亲爱父母和尊敬兄长是不学而能,不虑而知,即不需要理性分析就拥有的一个人的自然本能。孟子持"性本善"论,把"孝悌"视为来自牢固血缘亲情的自然本性,是一切道德的源头,具有毋庸置疑的合理性。坚持并发挥一个人固有的仁义礼智的本性,目的还是为了使得自然本性与社会等级发生关联。在儒家经典中,父子关系被类比为君臣,父对子有养育之恩,好比君对臣有知遇之恩,而子自然的本性就是要孝顺父亲,同理,臣也必然地要报答君主之恩。父子关系如此,兄弟关系也可作如是观。宗族中的兄弟关系犹如社会群体间的长幼关系,弟弟的本性就是敬重兄长,兄长的本性就是慈爱弟弟,兄弟关系扩大到社会群体间的长与幼,两者的互动如出一辙。君臣和谐与社会群体和谐是国家稳定的保证,处理好这两种关系是等级社会重要的政治任务。

一个人在社会中生存,既要处理人际关系,又要处理各种社会事务。儒家的理想人格,是在处理人际关系时能坚持仁义,在处理社会事务的过程中能坚持自我道德标准而不被外物所胁迫。但是社会生活极其复杂,很多时候,维护人际关系和坚持自我道德信念之间存在矛盾和抵牾,在这样的情况下做何选择,可说明一个人的价值观。《孟子》围绕这个问题进行了反复辩论,认为处理好父子、兄弟这两对人际关系的重要性超过其他人际关系。具体到"悌",《孟子》做了很多颇具意味的对比,试举两例。《孟子·滕文公下》记载了一段孟子评论仲子的话:(孟子)曰:"仲子,齐之世家也,兄戴,盖禄万钟。以兄之禄为不义之禄而不食也,以兄之室为不义之室而不居也,辟兄离母,处于於陵。他日归,则有馈其兄生鹅者,已频顣曰:'恶用是鶃鶃者为哉?'他日,其母杀是鹅也,与之食之。其兄自外至,曰:'是鶃鶃之肉也。'出而哇之。以母则不食,以妻则食之;以兄之室则弗居,以於陵则居之,是尚为能充其类也乎?"孟子提到的这位仲子是齐国的宗族大家,他的哥哥继承了宗族的地位,享受了宗族俸禄。但仲子以他哥哥的房屋、俸禄为不义之物,而避开哥哥和母亲,独自居住。有一次他误食了别人赠送给哥哥的鹅,后来得知情况后认为大不廉,于是出门呕了出来。孟子评价这个人说,世俗虽然都认为他廉洁,不吃不义的东西,但在母子、兄弟关系上来看这个人,放着母亲的食物不吃,放着哥哥的房屋不住,说明这个仲子没有处理好自己和母亲的关系,是不孝不仁;没有处理好自己和兄长的关系,是不悌不义,所以即使他追求廉洁,不收受不义之财,也不值得称道,反而应该批判。在另一次谈话中,孟子又提到了仲子。孟子曰:"仲子,不义与之齐国而弗受,人皆信之,是舍箪食豆羹之义也。人莫大焉亡亲戚君臣上下。以其小者信其大者,奚可哉?"这一次仲子连不义之国都不接受,按照世俗的说法应该是很有气节的人了,可孟子仍然对他不看重,因为仲子是一个不尊重父兄的人,可以推断他也不会尊重君臣,孟子认为跟不尊重父兄君臣之礼这么大的事情比较起来,不接受不义之国只是"小节操"罢了,所谓"人莫大焉亡亲戚君臣上下"。孟子把处理长幼、兄弟关系,即"义"的问题,放在极重要的位置,是因为兄弟关系的稳定,长幼尊卑等级的稳固,直接关系到社会的稳定,而稳定是一个国家的第一要务。孟子所生活的战国时期,诸侯国轮流称霸,僭越了自己的位置而威胁天子,这让致力于维护旧制度的先秦儒家学者十分忧虑,他们所要做的就是让旧的等级制度延续下去,他们的努力是要在思想上把旧的等级制度合理化。

上文提到孟子把"长幼""友悌"视为一个人自然本性中的"义",与孟子不同,荀子着重从社会化的"礼"的角度阐述"长幼有序"。他认为"长幼有序""兄友弟悌"的提出是社会化的产物,是社会对个体的约束,而非个体内部的动因。荀子谈及长幼伦常,很多时候不仅指称宗族之内的兄弟,更通指社会群体中并无血缘关系的长者与幼者。从这个范畴来说,"长幼有序"更容易被解释为一个人后天修习得来的"礼"。荀子认为人能够结为群体和社会,是人类区别于其他族类并能够支配其他族类的根本原因,但是,人类结为群体之后,由于欲望无度又会引起各种争端、混乱,会相互欺凌,所以需要用诸如"长幼有序"的礼仪来加以管理。"人之生,不能无群,群而无分则争,争则乱,乱则穷矣。故无分者,人之大害也;有分者,天下之本利也……"(《荀子·富国》)"礼者,贵贱有等,长幼有差,贫富轻重皆有称者。"(《荀子·富国》)有"群"必须有"分",这里的"分"就是包括"君臣""夫妇""长幼"等在内的礼仪秩序,荀子认为有了"分"则群而不乱,井然有序。

由此而来,在行为的指导上,与孟子提倡的通过个体主观内省以发挥仁义本性的做法不同,荀子更加强调外在的社会化礼仪法制对个体的本性所起的约束作用。《荀子·荣辱》："夫贵为天子，富有天下，是人情之所同欲也；然则从人之欲，则势不能容，物不能赡也。故先王案为之制礼义以分之，使有贵贱之等，长幼之差，知愚能不能之分，皆使人载其事，而各得其宜。然后使谷禄多少厚薄之称，是夫群居和一之道也。"荀子看到，约束社会成员过度的欲望，就需要把人分成不同的等级，给予不同的名分，使得他们接受高低贵贱、长尊幼卑、聪明愚蠢、贤能无能的分别，所谓"君君、臣臣、父父、子子、兄兄、弟弟"，并依照这种限制和差别来安排每个成员的社会职责，使其各安其分。"君臣、父子、兄弟、夫妇，始则终，终则始，与天地同理，与万世同久，夫是之谓大本。故丧祭、朝聘、师旅一也；贵贱、杀生、与夺一也；君君、臣臣、父父、子子、兄兄、弟弟一也；农农、士士、工工、商商一也。"（《荀子·王制》）荀子认为学习和爱好礼仪是一个人成为君子的开始，处理好父子、兄弟、君臣、夫妇等关系是处理所有问题的根本，其中的道理都是一样的。

无论孟子从个体的自然本性展开立论，把"长幼"关系视为"义"之根本，还是荀子从社会生成的角度做出推理，把"长幼"关系视为"礼"之必然，"长惠幼顺""兄友弟悌"在儒家伦常道德体系中占据的重要地位，都得到了他们的肯定。

二　长幼政治

（一）家国比附，伦理政治

上文提到，"长惠幼顺""兄友弟悌"所揭示的尊卑等级，既是宗族之内的约定族规，又可以放大到乡党社会甚至国家朝廷中,成为一种社会秩序和政治制度。"长幼有序"上升为国家政治,关键在于儒家经典在宗族与国家之间进行了一系列的比附。"宗族"是中国古代社会的基本组织单位,儒家学者认为宗族与国家之间存在很多可以类比的地方。中国是农耕社会,原始耕种生产力低下,于是具有血缘关系的父子、兄弟结成群体,联合劳作,共同抵御天灾,以获得生存。因此,以血缘亲情为纽带的宗族成为古代中国社会的核心单位。而从国家的形成过程来看,农耕社会聚族而居的生活习惯又把多个家族连接在一起,为更大的生存利益结成部落,部落族群不断兼并其他部落最终成为统一的国家。在国家这个大的集体中,为保证协同合作,社会成员之间仍然需要像家族内的父子、兄弟一样根据各自的地位、等级承担职责任务,遵照家族礼仪和睦相处,从而促成整个国家的运转。从这一点来看,"家"与"国"在内部成员的合作方式上具有一定程度的相似性,儒家学者提出"家国同构"的说法或许来自这样的逻辑思路。

国有国法,家有家规,古代思想者把家族之内的宗法礼仪比附为各种治理国家、管理臣民的策略。例如孟子说:"尧舜之道,孝弟而已矣。"(《孟子·告子下》)尧舜是享誉古今的明君,而孟子认为,他们管理天下达到大治的根本是在处理父与子、兄与弟的关系上坚持了孝悌之道。《周易》曾把"正家"与"定天下"做类比,认为将家庭中的父与子、兄与弟、夫与妻三对人伦关系处理得当就是"正家",而做到"正家"也就可以"定天下"。《易经·家人卦》:"家人有严君焉,父母之谓也。父父,子子,兄兄,弟弟,夫夫,妇妇,而家道正。正家而天下定矣。"认为在政治生活中做到仁爱礼让、尊卑有序,根源于在家族生活中对伦理道德的坚持。《礼记·中庸》说:"天下之达道五,所以行之者三。

曰:君臣也,父子也,夫妇也,昆弟也,朋友之交也,五者,天下之达道也。""达道"就是治理国家的大道理,而治理国家就是处理好君臣、父子、夫妇、兄弟、朋友之间的关系。

具体到个人的行为,儒家学者认为,观察一个人在家族中怎样践行"长幼""孝悌"的礼仪,就可以推断他在社会生活中是否恭敬、顺从于地位比他高的人。顺从、尊敬的行为从家族扩展到国家,逐渐推衍,"仁"的社会就形成了。《论语·学而》:"有子曰:'其为人也孝弟,而好犯上者,鲜矣;不好犯上,而好作乱者,未之有也。"南宋朱熹《四书章句集注》对这段话做了注解:"善事父母为孝,善事兄长为弟……此言人能孝弟,则其心和顺,少好犯上,必不好作乱也。"朱熹接着又引用程颐的话说:"孝悌,顺德也,故不好犯上,岂复有逆理乱常之事。"[1]宋代《孝经·广扬名章》说:"子曰:'君子之事亲孝,故忠可移于君;事兄悌,故顺可移于长;居家理,故治可移于官。是以行成于内,而名立于后世矣。"以上几段引文都试图说明一个道理:如果一个人在宗族之内遵守孝悌家法,移置朝廷,则会按照尊卑等级的礼仪约束自己,不会做出犯上欺下的事。"家国比附"的观点放在士人成长的历程中,就形成了"修身—齐家—治国—平天下"的逻辑路线,士人在家族之内所受到的礼仪教育,与其将来进入社会或者仕途的行为直接相关。因此,孔子要求弟子们在家族之内孝顺父母,出门在外顺从长者。《论语·学而》云:"弟子,入则孝,出则悌,谨而信,泛爱众,而亲仁。"

"长惠幼顺""兄友弟悌"的家族伦理观念在几千年封建社会的发展历程中,成为被官方认可和极力推行的政策法令。在

---

[1] 〔宋〕朱熹:《四书章句集注》,北京:中华书局2011年版,第50页。

唐代,幼敬长的礼仪是官员之间往来交际的章法。《唐六典·尚书礼部》:"凡百官拜礼各有差:……凡行路之间,贱避贵,少避老,轻避重,去避来。"①唐代对孝悌之行的肯定和推广还被载入史册,《新唐书·孝友传》云:"圣人治天下有道,曰'要在孝弟而已'。"②旌表孝悌、垂范后世,亦是有宋一代朝廷沿用的治国理念,宋太祖赵匡胤于开宝三年(970年)颁布诏书要求州县举荐有孝悌行为的人:"诸州官吏审察民有孝悌彰闻、德行纯茂者,满五千户听举一人。"③继宋太祖之后,这样的诏令还有很多,南宋末期咸淳年间,"诏民有以孝弟闻于乡者,守、令其具名上闻,将旌异劳赐焉"④。《宋史·刑法三》记载,熙宁三年(1070年),"令州县考察士民,有能孝悌力田为众所知者,给帖付身。偶有犯令,情轻可恕者,特议赎罚"⑤。这是说,如果一个人在"孝悌"德行方面出众,即使触犯一般刑法,也可以享有"特议赎罚"的减免特权。由此可见,宋代的旌表孝悌是直接由天子赐予的一种极高的政治荣誉,代表最高统治者对孝悌行为的表彰和提倡。明代统治者也以"孝悌忠信"为训昭告百姓,《明史》记载,国子监"奉监规而训课之,造以明体达用之学,以孝弟、礼义、忠信、廉

---

① 〔唐〕李林甫等撰,陈仲夫点校:《唐六典》尚书礼部卷第四,北京:中华书局1992年版,第115—116页。

② 〔宋〕欧阳修、宋祁撰:《新唐书》卷一百九十五,北京:中华书局1975年版,第5592页。

③ 〔清〕毕沅撰:《续资治通鉴》第一册卷六,长沙:岳麓书社2008年版,第70页。

④ 〔元〕脱脱等撰:《宋史》卷四十六,北京:中华书局1985年版,第908页。

⑤ 同上,第5008页。

耻为之本,以'六经'、诸史为之业,务各期以敦伦善行,敬业乐群"①。朝廷下达的旌表诏令促成了民间讲究孝悌的社会氛围。明代王守仁在江西任所制定的《南赣乡约》就有关于"孝悌雍睦"的规定:"自今凡尔同约之民,皆宜孝尔父母,敬尔兄长,教训尔子孙,和顺尔乡里,死丧相助,患难相恤,善相劝勉,恶相告戒,息讼罢争,讲信修睦,务为善良之民,共成仁厚之俗。"②

除了诏书政令中的提倡,"长幼""孝悌"伦理还成为政治生活中选拔官吏、识别人才的标准。子贡曾请教孔子什么样的人可以称得上"士",孔子就谈到了孝悌。《论语·子路》:"子贡问曰:'何如斯可谓之士矣?'子曰:'行己有耻,使于四方,不辱君命,可谓士矣。'曰:'敢问其次。'曰:'宗族称孝焉,乡党称弟焉。'曰:'敢问其次。'曰:'言必信,行必果,硁硁然小人哉!抑亦可以为次矣。'"在孔子看来,第一等的士是能够治国平天下,有才华有贡献的人;第二等的士是在乡党和家族之内,能够遵从长幼孝悌礼仪的人;第三等的士是能够管理好自己的言行的人。这说明,只要行为上做到了孝悌,即使未曾做出什么治国平天下的大事,也可以被评价为"士"。《礼记·射义》记载了孔子从射箭者的行为举止是否符合"悌"来判断其人的故事:"孔子射于矍相之圃,盖观者如堵墙。射至于司马,使子路执弓矢出延射,曰:'贲军之将,亡国之大夫,与为人后者,不入,其余皆入。'盖去者半,入者半。又使公罔之裘、序点扬觯而语。公罔之裘、序点扬觯而语曰:'幼壮孝弟,耆耋好礼,不从流俗,修身以俟死,者

---

① 〔清〕张廷玉等撰:《明史》卷七十三,北京:中华书局1974年版,第1789页。
② 〔明〕王守仁撰,吴光、钱明、董平、姚延福编校:《王阳明全集》卷十七,上海:上海古籍出版社2011年版,第665页。

不？在此位也。'盖去者半,处者半。序点又扬觯而语曰:'好学不倦,好礼不变,旄期称道不乱,者不？在此位也。'盖仅有存者。"孔子列出三条筛选人才的标准,第一条排除了败军之将、亡国大夫和求作别人后嗣的人;第二条则遴选出了能够孝顺父母、敬事兄长、讲究礼法的人;第三条则遴选出了爱好学习、坚持礼法、言行毫不糊涂的人。这三条选才标准,一是强调忠诚,二是强调顺从,三是强调坚持。其中第二条,见出孔子对"悌"的重视。汉代设立"孝廉",即孝悌廉让科目,"孝悌"被直接设为官职,《后汉书·明帝纪》:"其赐天下男子爵,人二级;三老、孝悌、力田,人三级。"唐代李贤注:"三老、孝悌、力田,三者皆乡官之名。三老,高帝置,孝悌、力田,高后置,所以劝导乡里,助成风化也。"①到了晋代,司马氏家族更延用"孝悌"为选拔人才立法,《晋书·武帝纪》载晋武帝诏书曰:"士庶有好学笃道,孝悌忠信,清白异行者,举而进之;有不孝敬于父母,不长悌于族党,悖礼弃常,不率法令者,纠而罪之。"②宋代沿袭汉制,继续设立"孝悌"的人才选拔科目。宋太祖开宝三年(970年),朝廷规定凡五千户就可以得到一个"孝悌廉让"的官职举荐名额:"诸州官吏察民有孝弟彰闻、德行纯茂者,满五千户听举一人。"③"开宝八年,诏诸州察民有孝弟力田、奇才异行或文武材干、年二十至五

---

① 〔南朝·宋〕范晔撰,〔唐〕李贤等注:《后汉书》孝明帝纪第二,北京:中华书局2012年版,第78页。
② 〔唐〕房玄龄等撰:《晋书》第四册,北京:中华书局1997年版,第26页。
③ 〔清〕毕沅撰:《续资治通鉴》第一册卷六,长沙:岳麓书社2008年版,第70页。

十可任使者,具送阙下。"①后来,朝廷突破名额限制,开宝九年(976年),"濮州以孝悌荐名者三百七十人"②。

(二)上行下效,立嫡立长

在封建社会,跟"国"关系最直接、最密切的一个"家"族是皇族。如果把家族之内的长幼之礼、孝悌之义放大到国家的政治生活中,让家与国发生关联,那么皇族必然在"长幼孝悌"上发挥上行下效的作用。宋代理学家朱熹在《四书章句集注·平天下先治国》中说:"所谓平天下在治其国者,上老老而民兴孝,上长长而民兴弟,上恤孤而民不倍;是以君子有絜矩之道也。"③君主能够"老老""长长""恤孤",百姓受此启发就会"兴孝""兴弟""不倍"。"絜矩之道",就是把自己认可的道德标准拿出来示范,以使天下百姓见贤思齐、从善如流。

皇族要行使政治权力,涉及一个关键而又复杂的问题——皇位的继承。在以皇帝个人为集权中心的封建社会,皇帝的候选人对一个国家而言关系至大。所以维护皇位继承的稳定、合理,成为一项重要的政治任务。古代皇位继承的方式在理论上被广泛认可的是"嫡长子继承制"。这种制度主张把皇位的候选人按照"嫡庶""长幼"的标准固定下来,从而保证皇位的顺利过渡。长与幼、嫡与庶之间有着不可僭越的鸿沟。嫡子的地位高于庶子,而嫡庶地位相同的情况下,兄长的地位高于弟幼。最终,宗族权力的归属取决于嫡庶、长幼的地位。

---

① 〔元〕脱脱等撰:《宋史》卷一百五十六,北京:中华书局1985年版,第3646页。
② 同上,第3646页。
③ 〔宋〕朱熹:《四书章句集注》,北京:中华书局2011年版,第11页。

对于嫡长子继承制,很多朝代有所记载。《春秋·公羊传》记载了西周初年周公旦颁布的诏令:(隐公元年)"立適以长不以贤,立子以贵不以长。"汉代何休解释说:"適,谓適夫人之子,尊无与敌,故以齿。子,谓左右媵及侄娣之子,位有贵贱,又防其同时而生,故以贵也。"①按照这个说法,嫡长子继承制规定由皇后所生的长子继承皇位,如果皇后无子,就要立后宫中级别最高的贵妃之子为太子,所谓"子以母贵"。另据《左传·襄公三十一年》记载,当鲁国要立襄公妾"敬归之娣齐归之子公子(鲁昭公)"为太子时,大臣叔孙豹(穆叔)反对说:"大子死,有母弟,则立之,无,则立长。年钧择贤,义钧则卜,古之道也。"②这说明鲁国的皇位继承在原则上是太子死了由同母的弟弟继承,如果没有同母的弟弟,那么就按照长幼有序的原则在其他皇子中选择继承人。如果其他兄弟年岁相当,那么就要选择贤能的那一位。由此可以总结,皇位继承原则是以母亲的身份尊卑作为第一考虑因素,其次按照长幼有序的原则进行选择,再次考虑贤与不肖的问题。嫡长子继承制自创立以来,历代帝王对其进行了改革。唐代政府就将嫡长子继承制写入法律,将舍嫡立庶、舍长立幼视为违法。《唐律疏议·户婚》:"诸立嫡违法者,徒一年。"《疏议》具体解释了嫡长子继承制的继承方法和原则:"无嫡子及有罪疾,立嫡孙;无嫡孙,以次立嫡子同母弟;无母弟,立庶子;无庶

---

① 〔清〕阮元校刻:《十三经注疏》,北京:中华书局影印本1980年,第2197页。
② 郭丹、程小青、李彬源译注:《左传》,北京:中华书局2012年版,第1514页。

子,立嫡孙同母弟;无母弟,立庶孙。曾、玄以下准此。"①皇室立储,先在嫡出的皇子中按照长幼的原则进行选择,如果嫡出无人则再从庶出的皇子中按照长幼的原则确立继承人。明代皇室的立储制度也提倡有嫡立嫡、无嫡立长的原则,明太祖朱元璋明确规定:"国家建储,礼从长嫡,天下之本在焉。"②"惟帝王之子,居嫡长者,必正储位。"③洪武二十八年(1395年)秋八月,更是颁布《皇明祖训》条章:"后世有言更祖制者,以奸臣论。"④这些都强调了嫡长子继承制度的严肃性。

  在思想界,儒家学者对嫡长子继承制的提倡也是十分明确的。这从宋代理学家关于历史上一些皇位争夺的评论中可以见出。春秋时期齐国公子小白和弟弟公子纠争夺王位的斗争,唐代李世民取代哥哥登基称帝中的伦理道德,成为理学家拿来论"义"和"礼"的实例。根据宋代朱熹在《四书章句集注》中的记载,可以看出当时以程颐为代表的理学家的观点是支持嫡长子继承制的。理学家们认为,后来做了齐桓公的公子小白是公子纠的兄长,两人都是庶出,既然嫡庶位置相当,年龄大的兄长自然应该即位为王,所以公子纠企图篡位不符合礼义,公子小白杀死弟弟纠虽然有些不近人情,但于礼法是符合的。程颐又继续分析了公子纠的僚属管仲,当时发生两公子争夺王位事件时,管仲先是辅佐公子纠,当公子纠被杀时,出于臣子的忠心,管仲应

---

① 〔唐〕长孙无忌等撰,刘俊文点校:《唐律疏议·户婚》,北京:中华书局1983年版,第238页。
② 中研院历史语言研究所校印、黄彰健校勘:《明实录·太祖实录》卷二九,北京:中华书局2016年版,第482页。
③ 同上,《明实录·太祖实录》卷五十一,第1000页。
④ 〔清〕张廷玉撰:《明史》卷三,北京:中华书局1974年版,第53页。

该与纠同死,但是他却转而效忠公子小白。理学家并未因此责难管仲,因为公子小白成为齐桓公是符合礼义的,管仲辅佐一个合乎礼义的君王,即使他曾经犯有不忠的罪,也可以因为后来走上正途而被原谅。程颐还曾指出,假如当时管仲辅佐的公子纠是兄长,而公子小白是弟弟,那么公子小白篡位称帝,管仲再去投靠公子小白,这样管仲就是不仁不义,要被后世诟病了。这个道理就像唐朝李世民的篡位和魏徵的改投他主。魏徵本来是辅佐李世民的哥哥李建民称帝的,哥哥称帝符合礼义,后来李世民篡权是大不义,而魏徵转而辅佐李世民,不仅对自己原来的主子不忠,而且还违反了嫡长子继承制的礼义,所以即使后来辅佐李世民有功,也不值得称赞。由此可见,在宋代理学家的观念里,管仲和魏徵,两个人都是背叛了原来的政权而投靠了新的政权,是为不"忠",但是前者被理学家称赞,后者被理学家诟病,根本的原因不在于他们背叛了谁,而在于他们的选择是否符合"嫡长子继承制"的"礼义"。

此外,古代皇位继承主要考虑嫡庶与长幼的标准,与这个标准针锋相对的,是立嫡长还是举贤能的观点,这在立储制度中形成较大争议。非议者往往指摘嫡长子继承制对皇帝自身的贤愚不加考量,致使历史上年幼、昏庸皇帝误国的事实不在少数。极力反对嫡长子继承制的人,则力主举贤授能。关于这个问题,坚持"长幼有序"的伦理意义,似乎更加符合历史发展的趋势。选立贤能的方法对皇帝个人的才华提出要求,自然具有一定的历史进步性,但这样做的问题也是显而易见的。首先,贤能的标准不容易把握,因为才华是一个较为主观的因素,很难拿一个客观量化的标准来衡量。其次,由谁来判断一个人是否贤能,又是一个问题。在权力阶层内部,决策过程必然受到多方利益的制约,其中一定不乏权臣的操纵。这样一方面容易引发政权内部的争端,另一方面选出来的"贤能"代表哪个政权的利益,能否真正站在国家大局的立场上,都存在疑问。既然标准和利益都难以把握,就相当于丧失了标准,势必引发争端。相比较而言,嫡庶长幼却是一个相对具体而明确的标准,可以把皇位的候选人限制在一个相对固定的范围内,这样皇位的继承过程也就变得容易操作,有利于避免皇位的争夺和由此引发的政治动乱。在封建社会以维护政权稳定为最大利益的前提下,采取"嫡长子继承制"虽然冒着个别皇帝有可能昏庸、无能以至败国的风险,但从更大的政权利益来说,已经是最佳的选择,嫡长子继承制在中国古代社会的历史长河中能得到大半朝代的拥护,可以说是历史的选择。清末学者王国维曾分析嫡长子继承制的历史进步性,指出,对天下而言,最大的"利"就是"定",为了实现"定",就要"任天"而不能"任人","任天者定,任人者争。定之以天,争乃不生。故天子、诸侯之传世也,继统法之立子与立嫡也,后世用人之以资格也,皆任天而不参以人,所以求定而息争也。古人非不知'官天下'之名美于'家天下',立贤之利过于立嫡,人才之用优于资格,而终不以此易彼者,盖惧夫名之可借而争之易生,其敝将不可胜穷,而民将无时或息也。故衡利取重,絜害而取轻,而定为立子立嫡之法,以利天下后世"(《殷周制度论》)。长幼尊卑的原则运用在皇位继承制度中,具有现实的政治意义。

三 长幼人文

(一) 尊老悌长,礼仪之邦

如果说每个民族都有其标志性的文化特征,那么"尊老悌长"可以被视为华夏文明的一个标签。长幼之间遵礼互动,年长者受到礼遇敬顺,在几千年的华夏文明中成为一种行为的自觉,被社会文化所普遍接纳并得以稳固地传承。这一点可以从宗族祭祀、饮食起居、婚丧、家训、乡约等日常生活中体现出来。

祭祀是古代社会最隆重的集体活动,祭祀活动是用严格繁缛的礼仪传达敬顺、祈祷之义。《礼记·祭统》:"夫祭有十伦焉:见事鬼神之道焉,见君臣之义焉,见父子之伦焉,见贵贱之等焉,见亲疏之杀焉,见爵赏之施焉,见夫妇之别焉,见政事之均焉,见长幼之序焉,见上下之际焉。此之谓十伦。"所谓的"十伦"也就是君臣、父子、夫妇、长幼等的大道,体现这些道理的方式就是一系列的礼仪程式,具体到"长幼之序"就是要求参加祭祀活动的人按照长幼亲疏尊卑的顺序行祭祀之礼:"夫祭有昭穆。昭穆者,所以别父子、远近、长幼、亲疏之序,而无乱也。是故有事于大庙,则群昭、群穆咸在,而不失其伦。……凡赐爵,昭为一,穆为一。昭与昭齿,穆与穆齿,凡群有司皆以齿,此之谓长幼有序。"(《礼记·祭统》)祭祀时同一宗族内的所有子孙都要按照父昭子穆的顺序排列,昭辈排一列,穆辈排一列,而同属于昭辈或者穆辈的,则按照年龄的大小排列。宗族之外其他参与祭祀的来宾,包括各种差役人等,都按照年龄大小决定排列位次,以实现"长幼有序"。

古代中国的很多礼仪是在饮食文化中诞生的。乡党之间饮酒聚会等场合都要遵循"长幼"的顺序、"悌长"的礼仪。《孔子家语·五刑解》记载了孔子的一段话:"斗变者生于相陵,相陵者生于长幼无序而遗敬让。乡饮酒之礼者,所以明长幼之序而崇敬让也。长幼必序,民怀敬让,故虽有斗变之狱,而无陷刑之民。"[1]孔子认为,平常生活中多引导百姓遵照长幼先后的礼仪,必然使他们心生敬让之情,这样就可以避免争夺而达到天下大治。在部族、村落、乡党之间举行的餐饮集会上,长幼尊卑的规定往往异常严格和繁缛,包括座位的排序、斟酒敬酒的次序、食品酒水的摆放规格等。关于餐桌上的座次问题,《礼记·曲礼上》说:"群居五人,则长者必异席。"敬酒、饮酒的过程中,幼者要对长者表达充分的谦卑和恭敬:"侍饮于长者,酒进则起,拜受于尊所。长者辞,少者反席而饮。长者举未釂,少者不敢饮。长者赐,少者、贱者不敢辞。"(《礼记·曲礼上》)如果跟随长者同去赴宴,主人将两份食物同时给长者和幼者,这时有长辈在场,幼者不需要感谢,由长者表示感谢。因为这样的家宴不是专门为自己而设的,不能做越礼的行为。"御同于长者,虽贰不辞,偶坐不辞。"(《礼记·曲礼上》)敬酒的时候先按照主、宾、介的尊卑顺序进行,到了宾客那里,再按照年龄的大小顺序依次行礼,由此所有嘉宾都能够受到礼遇,大家尽兴而饮,并且井然有序:"宾酬主人,主人酬介,介酬众宾,少长以齿,终于沃洗者焉,知其能弟长而无遗矣。"(《礼记·乡饮酒义》)在乡饮酒礼仪中,根据年老者的年龄阶段,还会赐予不同的优待:"乡饮酒之礼,六十者

---

[1] 王国轩、王秀梅译注:《孔子家语》,北京:中华书局2014年版,第234—236页。

坐,五十者立侍,以听政役,所以明尊长也。六十者三豆,七十者四豆,八十者五豆,九十者六豆,所以明养老也。"(《礼记·乡饮酒义》)

在社交礼仪中,中国人是如何尊敬长者的?《礼记》叙述得十分详尽。根据《礼记·曲礼上》的记载:"年长以倍,则父事之;十年以长,则兄事之;五年以长,则肩随之。"遇到年纪比自己大一倍的人,要当作父辈对待;比自己大十岁的人,要当作兄长对待;比自己大五岁的人,可以与他并肩行走而稍后一点以示尊敬。陪伴长者座谈,不能穿着鞋子上堂,在堂下脱鞋的时候不能面对台阶。下堂穿鞋的时候,跪着拿起鞋子,躲在台阶的一侧去穿。如果是在长者面前穿鞋,就要跪下挪开两只鞋子,背对着长者弯腰穿上。"侍坐于长者,屦不上于堂,解屦不敢当阶。就屦,跪而举之,屏于侧。乡长者而屦,跪而迁屦,俯而纳屦。"向长者请教,必须携带长者的几杖上前,以便服侍长者:"谋于长者,必操几杖以从之。"长者没有提及的事情,不要随便插嘴:"长者不及,毋僭言。"在长者向自己提问时,必须首先谦恭辞让一番,说自己懂得少,然后再发表看法,否则就是无礼:"长者问,不辞让而对,非礼也。"为长者清扫席前,一定要把笤帚遮住簸箕,然后用长袖遮挡着笤帚边扫边退,不使灰尘溅到长者身上,收拾垃圾的时候,要让簸箕朝向自己:"凡为长者粪之礼,必加帚于箕上,以袂拘而退,其尘不及长者,以箕自乡而扱之。"跟随年长者登山观景,长者向哪里看,就要跟着向哪里看,以便及时应对长者的提问:"从长者而上丘陵,则必向长者所视。"与长者一起登上城楼,不能随意指点,也不能大声叫喊,以免使长者受到惊吓:"登城不指,城上不呼。"另据《礼记·少仪》记载,对于比自己年长一倍的长者,不要问他的年纪。私下拜访长者,也不应该让人传话:"尊长于己踰等,不敢问其年。燕见不将命。"与长者在道路上相遇,如果长者看到自己了,就上前问安答话,但是不要问他去哪里:"遇于道,见,则面,不请所之。"与长者坐在一起时,长者没有允许动的琴瑟等物品不要去动,手也不要在地上乱画,不能随意摆弄手指,即使是热天,也不能扇扇子:"侍坐弗使,不执琴瑟,不画地,手无容,不翣也。"长者躺在席上,幼者不要站立着居高临下地对着尊长,而应跪坐一旁侍奉:"寝,则坐而将命。"古人入室,为方便舒适起见,可以脱鞋于户内,但众人中只有最年长者享此优待,其余人则需脱鞋于户外:"排阖说屦于户内者,一人而已矣。有尊长在则否。"《礼记·王制》中说,与年老的人一起担东西,如果两人都拿轻物,就合并到一起由年少者独自负担,如果两人所拿的东西都很重,那么就把轻的给年老者,重的留给年少者:"轻任并,重任分,颁白不提挈。"

根据古代中国社会的家庭传统,"悌长"还渗透到主婚的权利上,晚辈的婚姻要遵从长辈的意见和安排。唐代甚至将这种要求写入法律。《唐律疏议·户婚》规定:"诸卑幼在外,尊长后为定婚,而卑幼自娶妻,已成者,婚如法;未成者,从尊长。违者,杖一百。《疏》议曰:卑幼,谓子、孙、弟、姪等;在外,谓公私行诣之处。因自娶妻,其尊长后为定婚,若卑幼所娶妻已成者,婚如法;未成者,从尊长所定。违者,杖一百。尊长,谓祖父母、父母及伯叔父母、姑、兄姊。"[1]按照规定,结成婚姻要遵从一系列长者的意愿。亲族成员在家族中年事、辈分越长,主婚权越大;年事、辈分越小,主婚权越小。祖父母、父母作为第一顺序主婚人,

---

① 〔唐〕长孙无忌等撰,刘俊文点校:《唐律疏议·户婚》,北京:中华书局1983年版,第2674页。

享有绝对的主婚权。尊长是家族中的姑、兄、姊等长者,他们作为第二顺序主婚人,享有相对的主婚权。这就是"悌长"观念在唐代婚姻法中的体现。

此外,为了保证家族之内的晚辈对长辈保有敬顺之情,幼者对长者不能进行揭发检举,即使长者做了违法的事,家族之内的幼者也不能揭发,因为这在文化上和伦理上是不被允许的。《大清律例》中就有这样的规定:"若卑幼告期亲尊长、外祖父母,虽实,杖一百。大功,杖九十。小功,杖八十。缌麻,杖七十。其被告期亲、大功尊长及外祖父母,若妻之父母,并同自首免罪。小功、缌麻尊长,得减本罪三等。"[①]这是说如果卑亲属和小辈告发尊长,尊长可以按照自首的规定免罪,而卑亲属和小辈却要"依干犯名义律"被判刑,因为这是"以小犯上"。"以小犯上"的行为更甚于长辈的罪行,因为这样做破坏了家族之内的伦理秩序,势必波及社会通行的等级原则。对这个问题的探讨既是伦理道德的,又是政治的。

(二)长幼教化,祖训家传

《大戴礼记·盛德》说:"凡斗辨生于相侵陵也,相侵陵生于长幼无序,而教以敬让也。故有斗辨之狱,则饰乡饮酒之礼也。……父子不亲,长幼无序,君臣上下相乘,曰不和也,不和则饬宗伯。"[②]作者戴德指出,社会成员之间有斗辨争夺的情况发生,是因为缺乏敬让之心,缺乏敬让之心是因为自幼忽略了教授"长幼

---

① 郭伟成主编:《大清律例根原》第三册卷九十三,上海:上海世纪出版股份有限公司、上海辞书出版社2012年版,第1486页。
② 〔清〕王聘珍撰,王文锦点校:《大戴礼记解诂·盛德第六十六》,北京:中华书局1983年版,第143—148页。

有序"的礼仪以及培养"长幼有序"的氛围。这种说法把社会问题追溯到教育问题。

"长幼""孝悌"是古代教育的一项重要内容,从皇家学府到乡党序庠,再到名士家训,"长幼""孝悌"皆不可或缺。先秦典籍中已经有所记载,《礼记·文王世子》引孔子的话说:"'昔者周公摄政,践阼而治,抗世子法于伯禽,所以善成王也……成王幼,不能莅阼,以为世子则无为也。是故抗世子法于伯禽,使之与成王居,欲令成王之知父子、君臣、长幼之义也。……世子齿于学,国人观之曰:'将君我,而与我齿让,何也?'……曰:'长长也。'然而众知长幼之节矣。……故学之为父子焉,学之为君臣焉,学之为长幼焉,父子、君臣、长幼之道得而国治。"这是周公教育太子成王的故事,周公让自己的儿子伯禽天天和成王在一起,让他践行父子、君臣、长幼各项礼仪给成王观看、借鉴,要求成王在太学里不摆架子、不自命不凡,而是按年龄大小和同学们行长幼之礼。大家看到太子都与他人按长幼叙礼,于是就更加坚持长惠幼顺的道理了。西汉贾谊《新书》记载了当时太子在学校的言行:"及太子少长,知好色,则入于学。学者,所学之官也。《学礼》曰:'帝入东学,上亲而贵仁,则亲疏有序,而恩相及矣;帝入南学,上齿而贵信,则长幼有差,而民不诬矣;帝入西学,上贤而贵德,则圣智在位,而功不遗矣;帝入北学,上贵而尊爵,则贵贱有等,而下不逾矣;帝入太学,承师问道,退习而考于太傅,太傅罚其不则,而匡其不及,则德智长而治道得矣:此五学者既成于上,则百姓黎民化辑于下矣。'学成治就,是殷、周所以长有道也。"①这是贾谊关于教育太子的理念,他要求太子尊敬长者,明辨长幼有差、尊卑有序的道理,有了长幼尊卑的区别,统治者和百姓之间、百姓和百姓之间才免于相互欺骗。这是感化官民,使之和睦相处的方法。《白虎通》也记载了古代皇家教育的内容,"长幼孝悌"是必修课,为皇位继承人将来管理国家做准备:"帝庠序之学,则父子有亲,长幼有序,善如尔舍,明令必次外,然后前民者也。未见于仁,故立庠序以导之也。古者教民者,里皆有师,里中之老有道德者为里右师,其次为左师,教里中之子弟以道艺、孝悌、仁义。"②

除了皇家教育,乡党教育也特别强调"孝悌"之义。《孟子·梁惠王上》说:"谨庠序之教,申之以孝悌之义,颁白者不负戴于道路矣。七十者衣帛食肉,黎民不饥不寒,然而不王者,未之有也。"汉代的统治阶级则把"孝悌教化"作为安定百姓的功能。《春秋繁露·为人者天》记载:"政有三端:父子不亲,则致其爱慈;大臣不和,则敬顺其礼;百姓不安,则力其孝弟。孝弟者,所以安百姓也。力者,勉行之,身以化之……虽天子必有尊也,教以孝也;必有先也,教以弟也。"③董仲舒认为,百姓不安,是因为孝悌的观念没有深入人心,需要从孝悌教化入手,使其懂得卑顺礼让。《汉书·董仲舒传》记载了汉武帝劝孝悌的行为:"今朕亲耕籍田以为农先,劝孝弟,崇有德,使者冠盖相望,问勤

---

① 〔汉〕贾谊撰,方向东译注:《新书》,北京:中华书局2012年版,第155页。
② 〔清〕陈立撰,吴则虞点校:《白虎通疏证》卷六,北京:中华书局1994年版,第262页。
③ 〔汉〕董仲舒撰,张世亮、钟肇鹏、周桂钿译注:《春秋繁露·为人者天第四十一》,北京:中华书局2012年版,第401页。

劳,恤孤独,尽思极神。"东汉班固也指出汉代学校的职能是传播"长幼之礼":"乡曰庠,里曰序。庠者,庠礼义,序者,序长幼也。"①《孝经》更引古证今,强调"悌"为培养百姓成为"君子"的作用,《孝经·广至德章》曰:"子曰:君子之教以孝也,非家至而日见之也。教以孝,所以敬天下之为人父者也。教以悌,所以敬天下之为人兄者也。教以臣,所以敬天下之为人君者也。"在宋代的郡县教育法令中,孝悌品行还成为能否入学的先决条件,即使是八岁的学童也被要求做到孝悌。《宋会要辑稿·崇儒二·郡县学》:"大观新格……诸小学,八岁以上听入。若在家、在公有违犯,若不孝不悌,不在入学之限。"②

古代家训和教育专著中亦不乏对"长幼孝悌"进行阐发与劝导的内容,很多家训设有"长幼""兄弟"条目。南北朝颜氏家族注意到早期的家庭教育对子女道德行为的形成具有深远影响,再加之成长过程中的反复鞭挞,则可以使之成为子女牢固不变的信念。《颜氏家训集解》:"俗谚曰:'教妇初来,教儿婴孩。'诚哉斯语!"司马温公对此注解说:"'古有胎教,况于已生?子始生未有知,固举以礼,况于已有知?孔子曰:'幼成若天性,习惯如自然。'《颜氏家训》曰:'教妇初来,教子婴孩。'故慎在其始,此其理也。若夫子之幼也,使之不知尊卑长幼之礼,每致侮詈父母,殴击兄姊,父母不加诃禁,反笑而奖之,彼既未辨好恶,谓礼当然;及其既长,习已成性,乃怒而禁之,不可复制,于是父疾其子,子怨其父,残忍悖逆,无所不至。此盖父母无深识远虑,

---

① 〔清〕陈立撰,吴则虞点校:《白虎通疏证》卷六,北京:中华书局1994年版,第261—262页。

② 刘琳等校点:《宋会要辑稿》,上海:上海古籍出版社2014年版,第2776页。

不能防微杜渐,溺于小慈,养成其恶故也。"①颜氏家族发现,儿时悖逆兄长的行为,如果家人不加以诃禁,长大后则不可收拾。因此,颜氏家族在子女幼小的时候就令其修习"长幼之礼",使其成为一种理性的自然。南宋王应麟编写的教育经典《三字经》总结了"十义"来教育子孙,其中特别提到了"孝悌":"融四岁,能让梨,弟于长,宜先知。首孝悌,次见闻……父子恩,夫妇从。兄则友,弟则恭。长幼序,友与朋。君则敬,臣则忠。"作者认为教给儿童知识见闻是次要的,相比之下,教他孝敬父母、尊敬礼让兄长的道理更加重要,所谓"首孝悌,次见闻"。四岁的孔融把大的梨让给哥哥吃,自己吃小的,这种"敬长"行为是儒家极力提倡的。与此类似,清代的教育读本《弟子规》也说道:"兄道友,弟道恭。"强调兄长对待弟弟要友爱,弟弟对待兄长要恭敬。清代颜元在《颜元集》中记载家庭教育之道说:"凡子始生,若为之求乳母,必择良惠妇人稍温谨者……稍有知,则教以恭敬尊长。有不识尊卑长幼者,则严诃禁之……凡女仆,同辈谓长者为姊,后辈谓前辈为姨,务相雍睦。"②长幼尊卑的礼仪从幼儿开始培养,甚至对家族的奴仆都要令其知晓和遵守,这就是古代家族教育中的长幼文化。

(撰稿人　霍明宇)

---

① 王利器撰:《颜氏家训集解》,北京:中华书局2002年版,第12页。
② 〔清〕颜元撰,王星贤、张芥尘、郭征点校:《颜元集·礼文手钞卷一》,北京:中华书局1987年版,第329—330页。

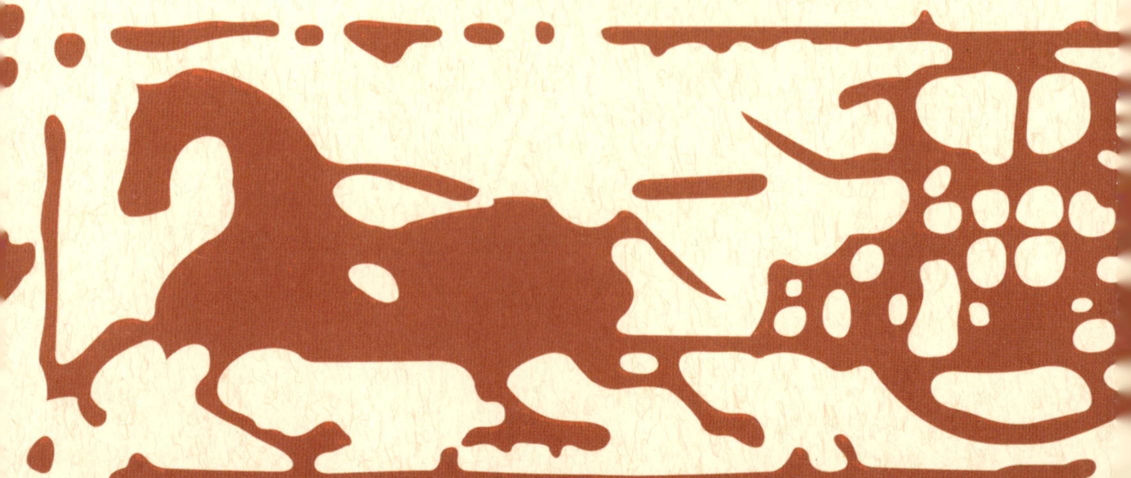

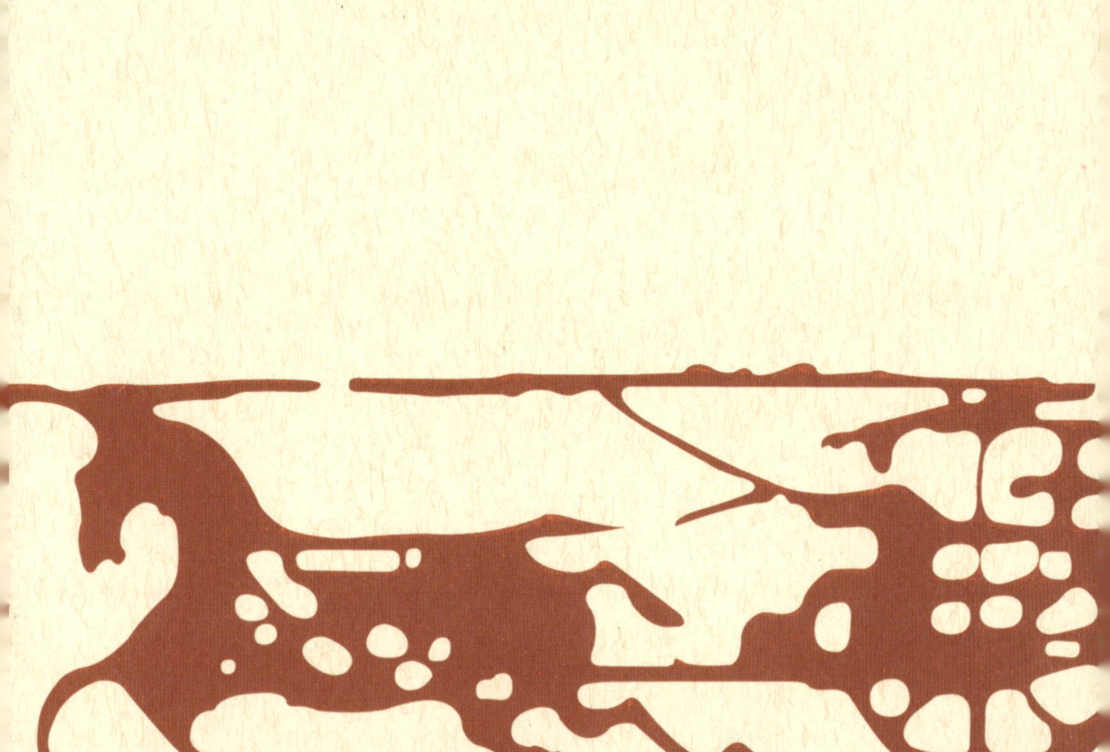

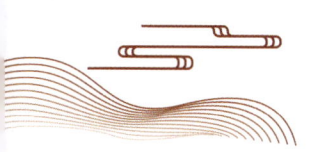

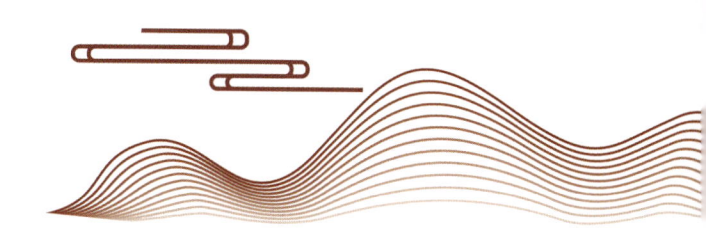

中国文化观念通诠

国家出版基金项目

中国文化观念通诠 中

刘梦溪 范曾 梁治平 ○ 主撰

时代出版传媒股份有限公司
安徽文艺出版社

图书在版编目（CIP）数据

中国文化观念通诠：三卷本/刘梦溪,范曾,梁治平主撰.--合肥：安徽文艺出版社,2022.1
ISBN 978-7-5396-7169-7

Ⅰ.①中… Ⅱ.①刘… ②范… ③梁… Ⅲ.①文化思想－思想史－研究－中国 Ⅳ.①G129

中国版本图书馆 CIP 数据核字（2021）第 035037 号

中国文化观念通诠
ZHONGGUO WENHUA GUANNIAN TONGQUAN

出 版 人：姚巍　　　　　　　出版统筹：段晓静　胡莉
责任编辑：胡莉 宋潇婧 何健　装帧设计：张诚鑫

出版发行：时代出版传媒股份有限公司　www.press-mart.com
　　　　　安徽文艺出版社　　www.awpub.com
地　　址：合肥市翡翠路 1118 号　邮政编码：230071
营 销 部：(0551)63533889
印　　制：安徽新华印刷股份有限公司 (0551)65859551

开本：700×1000　1/16　印张：119　字数：1400 千字
版次：2022 年 1 月第 1 版
印次：2022 年 1 月第 1 次印刷
定价：398.00 元（精装，全三册）

（如发现印装质量问题，影响阅读，请与出版社联系调换）

版权所有，侵权必究

目 录

叙论　中国文化的条理脉络和精神结构／1

第一分部
　天道：本与易

　　第一章　天道篇／3
　　第二章　大易篇／38
　　第三章　有无篇／54
　　第四章　阴阳篇／76
　　第五章　道器篇／112
　　第六章　干支篇／179

第二分部
　天人：使命与信仰

　　第七章　天人篇／195
　　第八章　敬义篇／210
　　第九章　和同篇／256
　　第十章　慈悲篇／290

第十一章　侠义篇 / 375

第十二章　慎战篇 / 395

第三分部

人伦：纲常伦理

第十三章　纲纪篇 / 419

第十四章　男女篇 / 445

第十五章　孝慈篇 / 511

第十六章　长幼篇 / 568

第十七章　师道篇 / 595

第十八章　信义篇 / 648

第四分部

为政：致太平

第十九章　家国篇 / 663

第二十章　天下篇 / 699

第二十一章　民本篇 / 763

第二十二章　为公篇 / 826

第二十三章　礼法篇 / 871

第二十四章　无为篇 / 940

第五分部

修身：人格养成

第二十五章　君子篇 / 971

第二十六章　忠恕篇 / 1015

第二十七章　仁爱篇 / 1041

第二十八章　知耻篇 / 1141

第二十九章　义利篇 / 1172

第三十章　知行篇 / 1239

第六分部

问学：通经致用

第三十一章　经学篇 / 1337

第三十二章　小学篇 / 1429

第三十三章　义理篇 / 1484

第三十四章　辞章篇 / 1518

第三十五章　诗教篇 / 1546

第三十六章　英才篇 / 1574

第七分部

人物：生息与风采

第三十七章　人物篇 / 1605

第三十八章　情性篇 / 1646

第三十九章　童心篇 / 1704

第四十章　狂狷篇 / 1716

第四十一章　丹青篇 / 1789

第四十二章　田园篇 / 1836

后记 / 1866

第十七章　师道篇

在中国文化传统中,师具有极其特殊的地位,钱穆先生曾说:"天地君亲师五字,始见荀子书中。此下两千年,五字深入人心,常挂口头。其在中国文化、中国人生中之意义价值之重大,自可想象。"[①]那么,从历史渊源上看,师之称名及其流变有哪些变化;"天地君亲师"这一国人耳熟能详的语汇又是何时形成的;师道在伦常中的结构性地位,以及师与弟子间理想的关系如何;师道在中国文化背景下具有哪些义涵,在古今之变的视域中,又呈现哪些新变?带着这些问题,我们拟对中国文化传统中的师及师道,进行一番考察。

一　师之称名及其流变

师,从字源上来看,甲骨文以𠂤为师,作𠂤或𠂤,𠂤即古"堆"字,表示小土堆、小山丘。《说文解字》解释说:"𠂤,小阜也。"段

---

① 钱穆:《晚学盲言》(上),台北:台北东大图书公司1987年版,第377页。

《注》:"《广雅》本之,曰𠂤,细阜也","其字俗作堆,堆行而𠂤废矣"。① 到了周代的甲骨文或金文才出现𠵀或𠂤的写法,其右边的"帀"字,即周匝的意思,以一群人驻匝、围绕着的小山丘来表示军队。至于师的本义,《尔雅》中说:"师、旅,众也。"②郑玄注《易·师卦》:"军二千五百人为师。多以军为名,次以师为名,少以旅为名。师者,举中之言。"而《师卦》,所取义就是军事行动中如何兴师动众,如何行军取胜。《说文解字》中解"师",也同样以"二千五百人为师"。段玉裁进一步补充道:"《小司徒》曰:五人为伍,五伍为两,四两为卒,五卒为旅,五旅为师,五师为军。师,众也,京师者大众之称。众则必有主之者,《周礼·师氏》注曰:'师,教人以道者之称也。'《党正》《旅师》《闾胥》注曰:'正、师、胥,皆长也,师之言帅也。'"③故此,从字源上看,师的本义原为军事上的用语,是古时尚武风气的遗存。但至少在西周时期,师已经兼备后世广义上文化传授的内涵了。《周礼·师氏》的职责有:

> 师氏掌以媺诏王。以三德教国子:一曰至德,以为道本;二曰敏德,以为行本;三曰孝德,以知逆恶。教三行:一曰孝行,以亲父母;二曰友行,以尊贤良;三曰顺行,以事师长。居虎门之左,司王朝。掌国中失之事,以教国子弟,凡

---

① 〔清〕段玉裁:《说文解字注》,上海:上海古籍出版社1988年版,第730页。
② 〔晋〕郭璞注,〔宋〕邢昺疏:《尔雅注疏》,《十三经注疏》本,上海:上海古籍出版社1997年版,第2574页。
③ 〔清〕段玉裁:《说文解字注》,上海:上海古籍出版社1988年版,第273页。

国之贵游子弟学焉。凡祭祀、宾客、会同、丧纪、军旅,王举则从。听治亦如之。使其属帅四夷之隶,各以其兵服守王之门外,且跸。朝在野外,则守内列。

师氏除了率领下属担任王朝警卫,跟随国君参与国家祭祀、招待宾客、会同、丧纪、军旅等国中大事外,一个重要的任务便是以"三德"教育西周贵族子弟。而保氏"掌谏王恶,而养国子以道,乃教之六艺"(礼、乐、射、御、书、数)等,同样是这种由尚武到尚文趋向的历史反映。所以郑玄《注》曰:"告王易善道也。""师也者,教之一以事而谕诸德者也。"[1]

对于这一变化,老辈学者杨宽先生结合传世经籍和出土甲骨文、金文等文献,指出大概商代贵族已有学校,但尚无明确的"师"这一称谓。西周时期已建立比较完备的学校制度,其时的大学曰辟雍,或称学宫;诸侯国的学校称泮宫。并指出西周的大学"不仅是贵族子弟学习之处,同时又是贵族成员集体行礼、集会、聚餐、练武、奏乐之处,兼有礼堂、会议室、俱乐部、运动场和学校的性质,实际上就是当时贵族公共活动的场所"[2]。又据《礼记·学记》:"古之教者,家有塾,党有庠,术有序,国有学。"清代毛奇龄认为其中"术"是"州"字之误[3],如是,则地方学校自乡以下有四学:一曰乡校,一曰州序,一曰党庠,一曰家塾。有完

---

[1] 〔汉〕郑玄注,〔唐〕贾公彦疏:《周礼注疏》,《十三经注疏》本,上海:上海古籍出版社1997年版,第730页。

[2] 参见杨宽:《我国古代大学的特点及其起源——兼论教师称"师"和"夫子"的来历》,《学术月刊》1962年08期,第50—56页。

[3] 参见孙培青:《中国教育史》,上海:华东师范大学出版社2009年版,第20页。

备的学校制度,即有相对应的师长。今出土的西周金文中已明确有"师"这一称谓,而作为部分地保存西周职官史料的《周礼》一书,其中称"师"者就多达三十三种,包括《天官冢宰》中的甸师、医师、追师;《地官司徒》中的乡师、族师、舞师、载师、闾师、县师、师氏、胥师、贾师、遂师、鄙师、旅师;《春官宗伯》中的肆师、乐师、大师、小师、磬师、钟师、笙师、镈师、韎师、龠师、卜师;《夏官司马》中的弁师、牧师、圉师、山师、川师、原师;《秋官司寇》中的士师。这其中尚不包括未具"师"之名,而有"师"之实的大司乐、大胥、小胥、保氏等职官。清代俞正燮在《癸巳存稿》中指出,"《周官》大司乐、乐师、大胥、小胥皆主学。古人学有师,师名出于学"①,其解释无疑具有内在的合理性。只是这些师中既包括负责西周贵族子弟军事训练的师氏等职官,也包括掌管德化教育职责的乐师等职官,兼顾礼、乐、射、御的教化职责,且有尚文的趋向,"巫医百工之师"也包括于其中。

但西周官学的一个显著特征是"学术官守"和"学在官府"。清代的章学诚对此有精要的论述:"理大物博,不可殚也。圣人为之立官分守,而文字亦从而纪焉。有官斯有法,故法具于官。有法斯有书,故官守其书。有书斯有学,故师传其学。有学斯有业,故弟子习其业。官守学业,皆出于一,而天下以同文为治,故私门无著述文字。"②"学术官守"造成了"学在官府"的垄断性局面,唯有官府存有政典文献,职官因循守故典,所以也传授学术。民间、私家既无典籍亦无学术,专门的知识和技能,非要到官府

---

① 〔清〕俞正燮:《君子小人学道是弦歌义》,载《俞正燮全集》(二),合肥:黄山书社2005年版,第87页。
② 〔清〕章学诚:《校雠通义》,载《文史通义校注》,北京:中华书局1985年版,第951页。

中学习不可。因此,师由具体的职官兼任,官与师、政治和教化是合二为一的。譬如西周国学中"大司乐"的职责:"大司乐掌成均之法,以治建国之学政,而合国之子弟焉。凡有道者有德者,使教焉。"①大司乐作为国家高级的礼乐官,不仅负责宗教祭祀与国家典礼,同时兼理国子弟的教化职责。大司乐属下的乐官以及一些军官,就是国学中具体的教官和学官,包括乐氏、师氏、保氏、大胥、小胥、大师、小师、钥师等,同样肩负着教化贵族子弟的职能。

西周的王官学,官与师合一,构成了师之称名的第一个阶段。对于其局限性,学者有透辟的分析:春秋以前的"士",诚如顾炎武所言,"大抵皆有职之人",他们"不但垄断了诗书礼乐等各种知识,而且也垄断了各级政府的职位"。在这种情形下,以社会身份而言,"士"限定在封建贵族阶级之内;在政治方面,"士"限定在各种具体的职位之中;在思想上,"士"则限定在诗、书、礼、乐等王官学的范围之内。在这三重限定下,"士"自然不容易发展出一种超越的精神,使他们可以全面而系统地对现实世界进行反思和批判。② 西周官学中的"师",无疑也属于余先生所谓春秋以前的"士",上述三重限定对他们而言,也大抵适用。

在中国文化史上,打破西周官学,开创私学,在社会上造成极大影响的首推孔子。孔子的出现,当然有春秋时期礼崩乐坏,"天子失官,学在四夷",士阶层开始活跃的历史背景。仅就作

---

① 〔汉〕郑玄注,〔唐〕贾公彦疏:《周礼注疏》卷二二,《十三经注疏》本,上海:上海古籍出版社 1997 年版,第 787 页。

② 参见余英时:《中国知识人之史的考察》,桂林:广西师范大学出版社 2004 年版,第 2—3 页。

为师的孔子而言,其传授内容虽然仍以诗书礼乐为主①,但他却在礼乐的旧形式中灌注了"仁"的新精神,他一再强调"礼云礼云,玉帛云乎哉？乐云乐云,钟鼓云乎哉!"(《论语·阳货》)礼乐不仅在于玉帛、钟鼓之类的形式,更在于其中充满的仁者精神。又有孔门四科之说:"德行、政教、言语、文学。"(《论语·先进》)此是孔子各因其材,对其门下所成就"十哲"特艺的分类标举。复有孔门四教之义,"文、行、忠、信。"(《论语·述而》)邢昺《疏》曰:"此章记孔子行教以此四事为先也。文谓先王之遗文。行谓德行,在心为德,施之为行。中心无隐谓之忠。人言不欺谓之信。"②孔子晚年,道不行于天下,其倡言"归与！归与！"退而整理六籍,并欲以此教育后进门生。凡此种种,如称之为孔门的教学内容,虽不中亦不远矣！至于孔子的设教场所,似乎并无一定,塾、堂、室中,沂水边,杏树下,野地里,都可能成为孔子的讲堂,甚至在屡次的穷困危境中,孔子与门弟子也能弦诵不绝,讲学不辍。

但孔子设教的革命性意义还在于开创了"有教无类"的教育传统,其语出于《论语·卫灵公》,马融《注》:"言人所在见教,无有种类。"③西周官学的施教对象是贵族子弟,平民很少有受教育的机会。孔子开门授徒,并不讲求门弟子的尊卑贫富,而以德行才艺为准则。在孔门弟子中,贫者如颜回、闵子骞,富者如

---

① 参见《史记·孔子世家》；另据《论语·述而》记载:"子所雅言：诗、书、执礼,皆雅言也。"
② 〔汉〕何晏注,〔宋〕邢昺疏:《论语注疏》卷七,《十三经注疏》本,上海：上海古籍出版社1997年版,第2483页。
③ 〔清〕程树德撰,程俊英、蒋见云点校：《论语集释》,北京：中华书局1990年版,第1126页。

子贡;尊贵者如鲁国权臣孟懿子,卑贱者如冉雍、樊迟。孔子自称:"自行束脩以上,吾未尝无诲焉。"(《论语·述而》)束脩是学生入学敬献于先生的薄酬。孔子"有教无类"的教育观念,当与他少也贱、求知难的经历有关。《述而》中还有一条记载,互乡这个地方民风浇漓,有童子来求见孔子,门弟子对于孔子的接纳不免疑惑,孔子解释说:"与其进也,不与其退也,唯何甚!人洁己以进,与其洁也,不保其往也。"这即是既往不咎、观其后来的恕道的体现。孔门弟子驳杂,以至于当时就有人质疑"夫子之门,何其杂也",子贡回答道:"君子正身以俟,欲来者不距,欲去者不止。且夫良医之门多病人,隐栝之侧多枉木,是以杂也。"①以言语科擅长的子贡,在此对孔子"有教无类"的思想,进行了最具原初性的阐发。另外,在教育方法上,孔子也有着丰富的经验,此容后再论。

　　教育作为一个场域,包括五种最基本的要素:施教者、受教者、教学内容、教育方法、教学场所。从这些角度考察,我们将发现孔子所开创的私学,与西周官学有着明显的区分:施教者由官师合一的政府职官,转变为游离于政府之外的"士"阶层;受教者由西周贵族子弟,转变为对全社会的开放;此下的儒、墨、名、法、道、阴阳乃至于百家诸子,亦有各自的教学内容和教育方法;教育场所也不再由官方统一组织和管理。孔子讲学,在当时社会上造成了极大的声势,以至于有人疑心孔子为圣人,孔子的回答是,"若圣与仁,则吾岂敢。抑为之不厌,诲人不倦"(《论语·述而》)而已,"诲人不倦"则正是师的身份标识。可以说,两千

---

① 〔清〕王先谦撰,沈啸寰、王星贤点校:《荀子集解》,北京:中华书局1988年版,第536—537页。

多年来,孔子为师确立了一种学问道德精神的典范,中国学术精神自此也从官学转移到私学中。正是在这一意义上,阎步克先生认为,"孔子学说,不妨说标志着思想方面师道的质变;孔门私学,则又标志着社会方面师道的质变"[1]。

晚周以降,师的称名逐渐增多。"名者,实之宾也",在把握为师者精神实质的前提下,我们不妨对师之称名也稍作梳理。当然,"巫医百工之师"由于其普泛性,并不与其中。

有老师、先生、夫子之名。《史记·孟子荀卿列传》中有"齐襄王时,而荀卿最为老师"[2],证实老师的称谓在战国时已有使用。《孟子·告子下》中有"先生将何之"一句,东汉赵岐《注》:"学士年长者,故谓之先生。"[3]而在《论语》中,孔门弟子称孔子为夫子者,如"夫子循循然善诱人"等,有近四十处,可证"夫子"在当时为师者的普遍性称谓。

又有经师、人师之分。汉武帝时设立"五经"博士,《诗》《书》《易》《礼》《春秋》也就相应地成为国家的政教法典,此举使经学大兴。因经学在递相传授的过程中注重师法和家法,讲求章句之学,故有"经师"之目。至于人师,王充在《论衡·超奇》篇中指出人师即为通人,"通书千篇以上,万卷以下,弘畅雅闲,审定文读,而以教授为人师者,通人也"[4]。南宋史家胡三省

---

[1] 参见阎步克:《士·事·师论——社会分化和中国古代知识群体的形成》,《北京大学学报(哲学社会科学版)》1990年第2期,第19—32页。
[2] 〔汉〕司马迁著,〔宋〕裴骃集解:《史记》第七册,北京:中华书局1982年版,第2348页。
[3] 〔汉〕赵岐注,〔宋〕孙奭疏:《孟子注疏》卷十二上,《十三经注疏》本,上海:上海古籍出版社1997年版,第2756页。
[4] 〔汉〕黄晖:《论衡校释》,北京:中华书局1990年版,第606页。

的区分更为准确:"经师,谓专门名家,教授有师法者;人师,谓谨身修行,足以范俗者。"①转译为今言,即经师指在某一领域内有专门的研究且传授有法者;人师是指不以专业为限,学问博通,德行高尚而能感化弟子于无形者。比较起来,后者当然更为难能,故有"经师易得,人师难求"的说法。

复有道师、业师、座师之别。韩愈曰:"师者,传道授业解惑也。"(《师说》)则对应有道师、业师。在他看来,师之所传之道,自是尧、舜、禹、汤、文、武、周公、孔子、孟子递相授受的仁义之道。明代王世贞也有《师说》上、下两篇,其分别师之称名,有"天下有道而师者,有业而师者,有利而师者"②的说法。"道师"简言之,即弟子从师受其道,孔子可谓是"道师"的典型,故七十子侍奉孔子有若君亲。"业师"即从其受业之师,在情感色彩上要中性很多。又有"座师""座主"之称:隋唐开科取士以来,进士称主试官为座主;明清举人进士,亦称其本科主考官或总裁官为座师。上文王世贞所指出的"利而师者",即是指门生(考生)与座主(考官)之间构成的利益关系。他批评说:"彼所谓进诸生者,古所称座主也。辟之则为举主,吏之则为府主,进之则为座主,其义一也。其所传何道、授何业也?"③其后的顾亭林有更为犀利的批判:"贡举之士,以有司为座主,而自称门生,自中唐而后,遂有朋党之祸。……至于有明,则遂公然谓之座师,谓之

---

① 〔宋〕司马光编,胡三省注:《资治通鉴》,北京:中华书局2011年版,第1807页。
② 〔明〕王世贞:《弇州山人四部稿》卷一百十一,载《明别集丛刊·第三辑》第三十四册,合肥:黄山书社2016年版,第627页。
③ 同上,第628页。

门生,乃其朋党之祸,亦不减于唐时矣。"①当然,这是明清以后关于师道的另一面相了。

师之名目,若更举之,如两汉经学的传授者称为"博士",唐宋以来书院的主持者称为"山长",明朝入选翰林院的进士(即庶吉士)称为"教习",宋元以来蒙学阶段的句读之师可称为"塾师",等等。晚清时期,在科举制度被废除之后,古典的精英主义教育开始转向现代的国民教育,代之而兴的是职业分途的现代学科教育体系。与之相应的是,传统上名目多样的师也开始有了一个比较一致的称呼——教师。

以上是对师之称名及其流变的简要梳理,但我们必须注意到中国文化传统中师者的另一特征——师无定名。清代思想家汤鹏曾有言,"君父有定位而师无定位""君父有定名而师无定名"②。师无定名,无论在逻辑上,还是在事实上均确然有征,又可称其为广义之师。

这其中,第一层是圣人学于众人的论理逻辑。孔子曰:"三人行,则必有我师焉。择其善者而从之,其不善者而改之。"(《论语·述而》)"见贤思齐焉,见不贤而内自省也。"(《论语·里仁》)孟子言,舜"闻一善言,见一善行,若决江河,沛然莫之能御"(《孟子·尽心上》),"禹闻善言则拜。大舜有大焉,善与人同,舍己从人,乐取于人以为善"(《孟子·公孙丑上》)。如此,圣人学于众人,则众人虽为师而不自知,这也是韩愈的"圣人无常师",荀子的君子"善假于物"之意。第二层是圣人师法天地

---

① 〔清〕顾炎武著,黄汝成集释:《日知录集释》,上海:上海古籍出版社2006年版,第994—995页。

② 〔清〕汤鹏:《汤鹏集》,长沙:岳麓书社2011年版,第520页。

的人文取义。《周易·贲·彖》曰："观乎天文以察时变，观乎人文以化成天下。"观物取象，效天法地，人文自是从天地自然山川动植之文中取法。《礼记·乐记》言："大乐与天地同和，大礼与天地同节。"圣人所制礼乐也是天地自然的秩序节律在人伦社会的具体内化。第三层是学者私淑与尚友的师法。在孟子"予未得为孔子徒也，予私淑诸人也"(《孟子·尽心下》)的句下，朱熹注："人或不能及门受业，但闻君子之道于人，而窃以善治其身，是亦君子教诲之所及。"[1]私淑之师尚有并世的可能，然若并世无良师，则唯有尚友古人了，"以友天下之善士为未足，又尚论古之人。……是尚友也"(《孟子·万章下》)。君子以文会友，以友辅仁，尚友古人，亦是广义的求师，此当与《易》中"君子以多识前言往行，以畜其德"[2]的箴言连类并观。私淑和尚友，无疑超越了具体时空的局限，在人文历史的纵深中寻求师友间的深度契合。至于杜甫"不薄今人爱古人""转益多师是吾师"的师法主张，则兼具"见贤思齐"和"尚友古人"的双重意味。

广义之师，更有一义曰"百世师"。此一类人物虽不曾开门授徒，然其德行学问足以影响现实政治，模范一方，表率一国，乃至蹈厉于百世之下。如孟子表彰伯夷、柳下惠为"百世师"："故闻伯夷之风者，顽夫廉，懦夫有立志。闻柳下惠之风者，薄夫敦，鄙夫宽。奋乎百世之上，百世之下闻者莫不兴起也。"(《孟子·尽心下》)故此，论者有以为"盖天下有生一师而动关数千百年之气运者""有从一师而可废数千百辈之议论者"[3]。从这一角

---

[1] 〔宋〕朱熹：《四书章句集注》，北京：中华书局2011年版，第339页。
[2] 〔魏〕王弼撰，楼宇烈校释：《周易注校释》，北京：中华书局2012年版，第99页。
[3] 〔清〕汤鹏：《汤鹏集》，长沙：岳麓书社2011年版，第521页。

度看,中国历史上的硕学大儒、仁人志士堪称师者多矣,这恐怕也是中国文化在数千年的发展中能够剥极而复、贞下起元的深层原因。

二　师在伦常中的地位

张舜徽先生曾说:"真正彻底了解天地君亲师五个字的来源和作用,对整个中国封建社会的内幕,可算是了解了一大半。"① 无独有偶,晚年的钱宾四先生在与其高弟的一次谈话中,也问道:"天地君亲师"五个字究竟什么时候变成红纸条,贴到厅堂上的? 徐梓的《"天地君亲师"的源流》一文,考证出在东汉的道教经典《太平经》中,最早出现了形式整齐的"天地君亲师"的说法。北宋初期,"天地君亲师"五者并提的表述已经具备。明代后期以来,崇奉"天地君亲师"在民间已广为流行,将其作为祭祀对象也变得比较普遍。②

(一) 大传统、小传统合流下"天地君亲师"

在时贤研究的基础上,笔者拟从另一种角度审视这一问题,即"天地君亲师"的说法和祭祀的出现是文化中"大传统"和"小传统"合流的结果。大传统、小传统是西方人类学家在研究上层文化和下层(民间)文化时,所提出的一种二元分析框架。③ 对

---

① 张舜徽:《再与友人论今后历史考证工作所应走的路》,《讱庵学术讲论集》,武汉:华中师范大学出版社 2012 年版,第 513 页。
② 徐梓:《"天地君亲师"的源流》,《国学》2013 年第 10 期,第 14—20 页。
③ [美]罗伯特·芮德菲尔德著:《农民社会与文化——人类学对文明的一种诠释》,王莹译,北京:中国社会科学出版社 2013 年版,第 94—97 页。

于传统中国而言,由于长期以来国家政教的整合性和渗透性,大传统和小传统的互动性明显增强,正如刘梦溪先生所言,"大传统须通过和小传统结合来增加自己的辐射力,小传统则有赖大传统的思想凝聚与品质提升"①。但我们大致仍可认为,以儒家为主体的思想代表了中国文化的大传统,民间的文化、艺术、礼俗和信仰等代表了文化结构中的小传统。因此,从这一角度看,"天地君亲师"便可见出两个传统中的大体脉络。

关于大传统中"天地君亲师"的学理渊源,清代俞正燮的《尊师重义》是一篇向为人所忽视的文字,其几乎涵盖了今人讨论此一问题所征引的全部文献,且时有逸出者,不妨节引如下:

> 今之言者,曰君、亲、师,曰天、地、君、亲、师,此皆古有之。……《国语》栾共子云:民生于三,事之如一,父生之,师教之,君食之。《文子·符言》云:道之为宗,有形者皆生焉,其为亲也亦戚矣。飨谷食气者皆寿焉,其为君也亦惠矣。诸智者学焉,其为师也亦明矣。《白虎通·封公侯》云:"天有三光,日、月、星;地有三形,高、下、平;人有三尊,君、父、师。是三者相并。"《礼运》云:"天生时而地生财,人其父生而师教之,四者君以正用之。"《大戴·礼三本》云:"无天地焉生?无先祖焉出?无君师焉治?"《荀子·礼论》云:"天地者生之本,先祖者类之本,君师者治之本,是五者相并也,此言人师也。"《荀子·致士》云:"弟子通利则思

---

① 刘梦溪:《大传统与小传统之别》,《北京日报》2019年7月22日11版。

师。《诗》云:'无言不仇,无德不报。'此之谓也"……①

俞氏的引文,相比典籍原文,简略不少,但其中增益嬗变的过程大体已清楚。值得注意的是,在对"天地君亲师"的学理溯源中,与今人征引的文献相比,俞氏多出了《文子》一条。班固在《汉书·艺文志》中将《文子》列入道家,《符言》中以"道之为宗"取代儒家视域中的"天地",同时也将"君亲师"并言,可旁证这一观念在战国时已广为人所接受。此外,笔者还想补充一条意见,《周易》前四卦的卦序为"乾坤屯蒙",《序卦》曰:"有天地,然后万物生焉,盈天地之间者唯万物,故受之以屯。屯者,盈也。屯者,物之始生也。物生必蒙,故受之以蒙。"②明代释智旭对此阐发说:"夫乾坤立而有君,故次之以屯;有君则有师,故次之以蒙。屯明君道,蒙明师道,乾坤即天地父母,合而言之,天地君亲师也。"③笔者非谓智旭禅师的议论必然为是,但《周易》是否与"天地君亲师"有深层的义理关联,尚待进一步阐幽发微。以上是"天地君亲师"学理渊源的讨论,但在事实的呈现上,真正将"天地君亲师"五字并提的,据徐梓的考证,应该是北宋初年王文康公(王曙,963—1034)曾从事蒙学的父亲。④

至于小传统中隐寓信仰因素的"天地君亲师",学界一般认为最早源自东汉时期的《太平经》,"太上中古以来,人益愚,日

---

① 〔清〕俞正燮:《尊师正义》,载《俞正燮全集》(二),合肥:黄山书社2005年版,第157页。
② 〔魏〕王弼撰,楼宇烈校释:《周易注校释》,北京:中华书局2012年版,第262页。
③ 〔明〕释智旭:《周易禅解》,扬州:广陵书社2006年版,第18页。
④ 徐梓:《"天地君亲师"的源流》,《国学》2013年第10期,第16—17页。

多财,为其邪行,反自言有功于天地君父师,此即大逆不达理之人也"①。徐梓还注意到,托名唐末五代吕洞宾的《九品仙经》一书,其中有"吾乃唐朝进士,夙世好道。尊天地君亲师,仁义礼智信",若不敬天地君亲师,将为天地难容,万劫不免云云,具有明显的神道设教倾向。但由于北宋以来民间关于吕洞宾的神话传说甚多,关于该书的撰成时间,徐先生也未下定论。② 笔者在检索文献的过程中,也颇注意到几条道藏中的文献,如前有托名汉寿亭侯关羽序的《吕帝圣迹纪要》、佚名的《太上说朝天谢雷真经》、明代周玄真的《皇经集注》、朧仙《高上玉皇本行集经批注》等,其中皆有涉及"天地君亲师"的论述处。此外,在《四库存目·子部·术数类》中,又有托名晋葛洪真本、北宋邵雍所辑、明陈士元增删的《梦林玄解》③一书,其中有,"天地君亲师,义同一体。天以覆,地以载,君以治国而蒙德,亲以生身而受恩,师以训诲成性立命,其道均焉"④。引文中所论君亲师的义责,已与大传统中的儒门所论相差不远了。凡此种种,均可视为小传统中"天地君亲师"的文献脉络。

在厘清大、小传统中"天地君亲师"的学理渊源后,我们还需进一步确证的是"天地君亲师"的五字牌位,何时正式成为民间祭祀的对象。对此,清代的陈弘谋(1696—1771)已有"今乡

---

① 杨寄林译注:《太平经》,北京:中华书局2013年版,第457页
② 徐梓:《"天地君亲师"的源流》,《国学》2013年第10期,第17页。
③ 四库馆臣题为明陈士元撰,书"前有凡例,称是书在宋景祐间名《圆梦秘策》,为晋葛洪原本,而宋邵雍所辑之者,其言无可证据,又有孙奭序一篇,辞气纤俗,盖数家依托之文,士元等不及辨也。"(《四库全书总目提要》,北京:中华书局1965年版,第951页)则该书的流传及编撰时间仍未能遽然下结论。
④ 〔宋〕邵雍辑:《梦林玄解》,载《四库全书存目丛书·子部》第70册,济南:齐鲁书社1996年版,第630页。

村人家,中堂之上必贴天地君亲师五字,不知起于何时"①的感慨!徐梓等学者注意到清初张履祥《丧葬杂说》和廖燕(1644—1705)《续师说》中的两段文献,尤其是在廖说的文末,有清代魏礼的一段评语,"天地君亲师五字为里巷常谈,一经妙笔拈出,遂成千古大文至文"。据其中"里巷常谈"四字,学者认为这是清初已颇流行的确证。但在时间上,还有无更向前推寻的可能?

笔者也找到几条比较关键的证据:明代骆问礼(1527—1608)《续羊枣集》、黄浑《潜谷邓先生元锡行略》、吴思立《大埔县志》中,均有关于"天地君亲师"的祭祀记载。今考吴思立,嘉靖三十四年(1555)以选贡出任广东大埔县知县,《大埔县志》修成于他任期中的1557年。据卷七《礼乐志·民俗》记载:"元旦,设香烛馉核,盛服拜天地君亲师及尊长、乡党,交贺三四日乃止。"②大埔县位于广东省东南部,位置偏远,在明代中后期尚属于文化落后的地区,《县志》所记载的盛服礼拜"天地君亲师"的民俗,至少在一定程度上说明这种祭仪风气已经比较普遍。黄浑的《潜谷邓先生元锡行略》也佐证了这一风气的存在,传主邓元锡(1529—1593)为明代中后期的理学家、文学家,《行略》中记述他"修家祠,上则天地君亲师,左则祖,右则社,日有参,朔望有祭忌,有饎于时",时间大致处在万历辛未(1571)年间。③ 考虑到祭礼风气传播的时间性差异,我们保守估计,至少在16世纪初,"天地君亲师"的五字牌位和祭祀风气已经存在,这样不

---

① 〔清〕陈弘谋:《五种遗规》,南京:凤凰出版社2016年版,第312页。
② 〔明〕吴思立修,〔明〕陈尧道纂:《大埔县志九卷》(稿本),载《中国地方志续集·广东省·梅州市》,雕龙中日古籍全文数据库。
③ 〔明〕黄浑:《潜谷邓先生元锡行略》,载《四库全书存目丛书·史部》第106册,济南:齐鲁书社1996年版,第488页。

仅推翻了车锡伦认为"五字牌位"奠定于万历二十四年(1596)的判断①,同时也把徐梓等人的结论向前推进了近百年。

另一个值得注意的现象是,明末清初,随着读书人对"天地君亲师"讨论的频增,②道、释两家对"天地君亲师"神道教化功能的强化,民间对"五字牌位"祭祀与信仰的普遍性存在,以及此一观念在通俗文学中的渗透③,"天地君亲师"的观念越来越为社会所重视,并最终促成了清初大传统与小传统的合流。从历时线索上来看,标志性的汇合点是清朝雍正皇帝的一道上谕:"五伦为百行之本,天地君亲师人所宜重。而天地君亲之义,又赖师教以明。自古师道,无过于孔子,诚首出之圣也……"④此后,对"天地君亲师"的祭祀与信仰,逐渐在全国各地制度化,不仅民间有朝夕焚香祭祀的仪式,而且在清代的各级学府中,也形成了规范的祀典和隆重的祭仪。这一现象可以在清代中后期各地所编纂的方志中显现出来。

---

① 车锡伦先生认为,"天地君亲师"的五字牌位导源于明代正德初年罗清(1442—1527)的"报五恩"(或"报十恩"),即"一报天地盖载恩,二报日月照临恩,三报皇王水土恩,四报爹娘养育恩,五报祖师传法恩"。其后万历二十四年(1596),经罗清的私淑弟子苏州和尚兰风,将"五恩"概括为一"颂":天地君亲师,行藏原不昧;古今圣贤道,动静自分明。车先生认为这是所能找到的"五字牌"的最早出处的论断,恐怕还值得商榷。详见车锡伦:《"天地君亲师"牌位的出处》,《民俗研究》1999年第3期,第100页。

② 仅就明末而言,在笔者所搜集的文献中,就有李材(1529—1607)、杨起元(1547—1599)、瞿九思(1545—1617)、陈龙正(1585—1645)、刘宗周(1578—1645)、赵士喆(1593—1655)、黄宗羲(1610—1695)、张履祥(1611—1674)、朱舜水(1600—1682)等人的论著中涉及对"天地君亲师"的论说。

③ 如明末天然痴叟的《石点头》、许仲琳的《封神演义》、清溪道人的《禅真逸史》等,这还不包括明清之际涉及"天地君亲师"话题的说唱文学。

④ 〔清〕允禄等监修:《雍正朝大清会典》卷九十一,载《清代五朝会典》,雕龙中日古籍全文数据库。

更进一层,为何"天地君亲师"的观念会在明代中后期的社会中特别凸显呢?有学者认为,"天地君亲师"这五个字是民间逐渐发展出来的,而且重点也未必一定放在"君"上面。张舜徽认为"'君亲师'三位一体的连用名词必冠上'天地'二字,也就是暗示每个人民必须用敬事天地神明的态度去敬事封建王朝的君主。……虽是五个字联系而成的;但实际意义和作用,便只归结到一个'君'字。而天、地、亲、师却都成了陪衬的字眼"①。舜老的眼光自然有其犀利透辟处,当然也须考虑到 20 世纪五六十年代特殊的社会语境。该如何评价两先生的观点呢?我想余先生更多的是在文化史的视域下对"天地君亲师"的自然嬗变进行逻辑归纳和价值揭示,舜老主要是从君权强化的角度对带有愚民色彩的、制度化之后的"五字牌位"进行批判,从这一角度看,两位先生的论述无疑具有视野的互补性。

但我想,这其中是否还有继唐代门阀消亡,宋代平民化社会兴起之后,士子们通过勤学苦读和科举进身,真正改变一己乃至整个家族的命运,从而在民间信仰和崇拜中所形成的"功利主义"的价值投射呢?"师"在其间无疑起着极为关键的作用,以"师"来总归"天地君亲"的观念也早已具备,如明末大儒朱舜水就曾说:"立身行道,扬名后世,均有藉乎师。"又自评其文曰:"师者立教明伦,统承天地,故第五段(师)总包前四段(天地君亲)在内,读者须自理会。"②是以"君"来统辖,还是以"师"来总括"天地君亲师",其中就隐含着道与势潜在的紧张。当然,对

---

① 张舜徽:《再与友人论今后历史考证工作所应走的路》,载《讱庵学术讲论集》,武汉:华中师范大学出版社 2012 年版,第 515、516 页。
② 〔明〕朱舜水:《天地君亲师说》,载《舜水先生文集》卷十三,日本正德二年刻本,第 30 页。

这一问题的考察,就另需专文展开了。

(二)师在伦常中地位之考察

陈寅恪先生有一段名言:"二千年来华夏民族所受儒家学说之影响,最深最钜者,实在制度法律公私生活方面。"[1]在儒家学说的制度化方面,对后世影响最为深远者,莫过于三纲五伦的观念。五伦学说源自孟子,"圣人有忧之,使契为司徒,教以人伦。父子有亲,君臣有义,夫妇有别,长幼有序,朋友有信。"(《孟子·滕文公上》)五伦即五常,是对人与人之间最基本的五种关系的概括。三纲最初导源于法家的韩非子,他在《韩非子·忠孝篇》中说:"臣事君,子事父,妻事夫,三者顺则天下治,三者逆则天下乱,此天下之常道也。"[2]但三纲五伦法理化、制度化的奠立,还是要到东汉章帝时期《白虎通义》。五伦中并不包括师与门弟子一伦,但在《白虎通义》的"三纲六纪"中,却备列"师长"一纪。其文曰:

> 三纲者,何谓也?谓君臣、父子、夫妇也。六纪者,谓诸父、兄弟、族人、诸舅、师长、朋友也。故《含文嘉》曰:"君为臣纲,父为子纲,夫为妻纲。"又曰:"六纪道行,诸舅有义,族人有序,昆弟有亲,师长有尊,朋友有旧。"[3]

---

[1] 陈寅恪:《冯友兰中国哲学史下册审查报告》,载《金明馆丛稿二编》,北京:三联书店2001年版,第283页。

[2] 陈启天编:《韩非子校释》,民国丛书第五编,上海:上海书店1989年版,第894页。

[3] 〔清〕陈立撰,吴则虞点校:《白虎通疏证》,北京:中华书局1994年版,第373—374页。

依据《白虎通义》的解释,纲为张,纪为理;大者为纲,小者为纪,纲纪的目的在于规范人伦仪则。三纲理应统摄六纪,所以说"六纪者,为三纲之纪者也"。那么,师长又该如何从属三纲呢?参与白虎观讨论诸儒的意见是"师长,君臣之纪也,以其皆成己也"。对此,清代陈立《注》曰:"宋均《礼纬注》云:师者,所以教人为君者也。长者,所以教人为长者也。'师长所以成己,故与君臣同也。"①《学记》也有类似的表述,"能为师然后能为长,能为长然后能为君。故师也者,所以学为君也"。《礼记正义》:"教人至美之极,可以为君长之事。"②此亦《诗经·大雅·思齐》所云"肆成人有德,小子有造"之谓也。师者,本身即为君长;师之义,亦是教人为君长,故弟子尊师之道,也等伦于尊君长。如是,"师长"理应从属于"君臣"一纲。但在《白虎通义·辟雍》中,另有两句关键性的文献:

> 师弟子之道有三。论语"朋友自远方来",朋友之道也。又曰"回也视予犹父也",父子之道也。以君臣之义教之,君臣之道也。③

此处又将师道分属为三:友道、父道、君道。这种前后矛盾的现象该如何解释呢?我认为前者将师道归属于"君臣"一纲,主要

---

① 〔清〕陈立撰,吴则虞点校:《白虎通疏证》,北京:中华书局1994年版,第374—375页。
② 〔汉〕郑玄注,〔唐〕孔颖达疏:《礼记正义》,《十三经注疏》本,上海:上海古籍出版社1997年版,第1524页。
③ 〔清〕陈立撰,吴则虞点校:《白虎通疏证》,北京:中华书局1994年版,第258页。

是对西周"官(君)师政教合一"体制的综括,以及儒家理想中道势相合的圣人在政治和教化意义上的双重凸显。后者将师道分属于友道、父道、君道,则是两汉时期师与门弟子间伦理的现实反映,这其中当然也存在师道的历史性嬗变问题。

师道从属于君臣之道。前已有论,此处再补充两条文献,《尚书·周书·泰誓》有曰:"天佑下民,作之君,作之师。"《正义》:"众民不能自治,立君以治之……治民之谓'君',教民之谓'师',君既治之,师又教之,故言'作之君,作之师','师'谓君与民为师,非谓别置师也。"①说得异常明白,君即师,君师一体。其后,无论是"法先王"(《孟子·梁惠王下》)的孟子,还是"法后王"的荀子,对此均有所阐发。如荀子在《王制篇》中说:"四海之内若一家,故近者不隐其能,远者不疾其劳,无幽闲隐僻之国莫不趋使而安乐之,夫是之谓人师,是王者之法也。"②相同的表述复见于《儒效》《议兵》两篇中。如是,则人师等同于贤明的人君,就具有悦近来远、万邦来朝的政教之功了。另一方面,师道从君道中摆脱出来的过程,后世学者亦有明察,如明钱谦益在《初学集》中说:"周之盛世,君道盛而师道亦统于君。及其衰也。吾夫子设教于洙、泗之间,盖亦本师儒得民之职,而非敢以师道自贰于君也。师道之盛,昉于东汉,昌于河汾,师道盛而君道或几乎熄矣。"③清代的魏源在《古微堂内集》中也说:"三代以

---

① 〔汉〕孔安国传,〔唐〕孔颖达疏:《尚书正义》,《十三经注疏》本,上海:上海古籍出版社1997年版,第180页。
② 〔清〕王先谦撰,沈啸寰、王星贤点校:《荀子集释》,北京:中华书局1988年版,第161页。
③ 〔清〕钱谦益:《钱湛如先生祠堂记》,载《牧斋初学集》,北京:中华书局1985年版,第1100页。

上,君师道一,而礼乐为治法;三代以下,君师道二,而礼乐为虚文。"①尽管钱、魏两人立论的重点不同,情感的褒贬有别,但君道、师道自晚周秦汉始分而为二的历史嬗变则是判然若分的。

师道分属于父子之道。在《礼记·曲礼》中"从于先生,不越路而与人言"的句下,孔颖达《注》曰:"先生,师也。谓师为先生者,言彼先己而生,其德多厚也。自称为弟子者,言己自处如弟子,则尊师如父兄也",又"雷次宗以为师如父兄,故自称弟子也"。②为何师在德、在齿上可以比况于父兄呢?《正义》进一步补充道:"案《书传略说》云:'大夫士七十而致仕,大夫为士师,士为少师,教于州里。'《仪礼·乡饮酒》注云:'先生,乡大夫致仕者。'"③则为师为先生者,大多为年老而致仕的士大夫,故常以师伦同于父兄,则学生自当如弟如子了。

前文《白虎通义》中所举证的孔子与颜渊的例子,允为精当,也可稍作展开。先是孔子及其门弟子在匡地遭人围困,颜渊与孔子走散了,复见之后孔子既惊且喜,两人的对话,《论语·先进》中有记载:"子曰:'吾以汝为死矣。'曰:'子在,回何敢死?'"比较起来,胡安国的注最为得理:"先王之制,民生于三,事之如一。惟其所在,则致死焉。况颜渊之于孔子,恩义兼尽,又非他人之为师弟子者而已。即夫子不幸而遇难,回必捐生以赴之矣。……夫子而在,则回何为而不爱其死,以犯匡人之锋乎?"④

---

① 〔清〕魏源:《默觚上·学篇九》,载《魏源集》上册,北京:中华书局2018年版,第25页。
② 〔汉〕郑玄注,〔唐〕孔颖达疏:《礼记正义》,《十三经注疏》本,上海:上海古籍出版社1997年版,第1238页。
③ 同上。
④ 〔宋〕朱熹:《四书章句集注》,北京:中华书局2011年版,第122页。

父母若在，为人子者，肤发尚不敢毁伤，则又何敢轻死呢！颜渊事孔子如事父，胡《注》将颜渊在两种境况下，必"致死"和"不敢轻死"的道义抉择，发明得义无所漏。又，颜渊不幸早夭，在孔门中是一件大事，《论语·先进》中连续有四条记载，其四云："颜渊死，门人欲厚葬之。子曰：'不可。'门人厚葬之。子曰：'回也视予犹父也，予不得视犹子也。非我也，夫二三子也。'"在孔子看来，丧葬的厚薄应与家境的贫富相匹配，贫而富葬，是不合乎礼仪的。所以孔子有责于门弟子。朱熹《注》："叹不得如葬鲤（按：孔子之子孔鲤）之得宜，以责门人也。"①以是，在孔子与颜渊的相交中，我们看到师与门弟子关系、父子关系具有内在的趋同性，而这种趋同性更多地体现在道义和情感两方面。

以上是师道、父道相通的一面，至其相别异处，要在有三：一是父子间不责善。若以孟子之言，"父子责善，贼恩之大者"（《孟子·离娄下》），父子之间至爱至亲，责善或相背离，故古之君子有易子而教的做法。二是事师、事父在道义的区分。《礼记·檀弓上》有曰："事亲有隐而无犯。""事师无犯无隐。"南宋刘砺《注》曰："隐皆以谏言。父子主恩，犯则为责善而伤恩，故几谏而不可犯颜。""师生处恩义之间，而师者道之所在，谏必不见拒，不必犯也；过则当疑问，不必隐也。"②自理想的最高境界言之，师与弟子以道义相交，倘若师于道义有阙，在弟子一方自当直言敢谏，在师的一方也理应纳谏如流，故不存在"有犯"的问题。三是事师、事父的服制差异。《礼记·檀弓上》中有事亲"致丧三年"，事师"心丧三年"的区分。郑玄《注》"心丧"曰：

---

① 〔宋〕朱熹：《四书章句集注》，北京：中华书局2011年版，第119页。
② 〔元〕陈澔：《礼记集说》，南京：凤凰出版社2010年版，第54页。

"戚容如父而无服也。"①何以师无服制？可引程子之说以窥一斑："师不立服,不可立也,如何？当以情之厚薄,事之大小处之,如颜闵于孔子,虽斩衰三年可也,其成己之功与君父并；其次各有浅深,称其情而已。下至曲艺莫不有师,岂可一概制服？"②"情之厚薄"四字最堪玩味,若如程子所言,"有得其一言一义如朋友者,有相亲炙而如兄弟者,有成就己身恩如天地父母者"③,有服无服,服之别异,要当弟子们的切身反躬,缘情用礼。④ 因与题旨稍远,不再具体展开。

  师道归属于朋友之道。五伦中不及师与门弟子,然在"六经"和百家诸子中,师友并提处为数不少。前贤也较早地注意到这个问题,如朱熹就与门人讨论说："问'人伦不及师,何也？'曰：'师之义,即朋友,而分则与君父等。朋友多而师少,以其多者言之。'""师与朋友同类,而势分等于君父,唯其所在而致死焉。"⑤与朱熹有过问辩之谊的曾三异也说："人之五伦,朋友寓焉,而不言师。三人行必有我师焉,是师寓于朋友中矣。然有曰君师,有曰父师,是君父皆有师之道也。"⑥则两人所强调者,一

---

  ① 〔汉〕郑玄注,〔唐〕孔颖达疏：《礼记正义》,《十三经注疏》本,上海：上海古籍出版社1997年版,第1274页。
  ② 〔清〕陈梦雷等编纂：《明伦汇编·交谊典》卷七师弟部,载《古今图书集成》第331册,北京：中华书局1985年版,第31页。
  ③ 同上。
  ④ 清代汪琬认为："心丧之礼,考之于经,惟孔子之门人尝行之；考之于史,则此礼之废也千余年矣。"所讲的应是实况。见李圣华《汪琬全集笺校》卷二,北京：人民文学出版社2010年版,第518页。
  ⑤ 〔宋〕黎靖德编,王星贤点校：《朱子语类》(第一册),北京：中华书局1986年版,第234、235页。
  ⑥ 〔清〕陈梦雷等编纂：《明伦汇编·交谊典》第六卷师友部,载《古今图书集成》第331册,北京：中华书局1985年版,第28页。

是在"道之所存"的层面上,师道等同于友道;二是师与门弟子在人伦大群中不及朋友之交普遍,故以类相从;三是两人也并不否认君师、父师的尊崇地位。

"师之所存,道之所存",师与门弟子的关系,就是传道与受道的关系,尊师即是尊道。那么大凡在道义上能够口传心授,在德行学问上能够切磋琢磨者,均可视为之师,而后者正是朋友间的取义。如此,师道自然隐寓于友道之中,而又必以友道来辅翼师道。故曾子曰:"君子以文会友,以友辅仁。"(《论语·颜渊》)文,即文德,泛指儒家诗书礼乐的文化传统,友有互相切磋之义,所以能够师友夹持,辅己成仁。子曰:"有朋自远方来,不亦说乎?"(《论语·学而》)皇侃《疏》:"同处师门曰朋,同执一志为友。"[1]朋友自是德业讲习修行的共同体,当其声气相感之时,内心的快乐可知可感。而这尤须借助于友朋间的彼此攻错,故孔子曰:"益者三友,友直,友谅,友多闻。"(《论语·季氏》)朱熹《注》:"友直,则闻其过。友谅,则进于诚。友多闻,则进于明。"[2]孟子亦曰:"责善,朋友之道也。"(《孟子·离娄下》)甚至连不怎么重视友道的荀子,也讲到"是我而当者,吾友也"[3]。凡此种种,皆可见出君子进德修业,师友夹辅的道义所在。

在后世学者论述师道、友道关系时,我特别注意到顾亭林的《广师》一篇,不妨节引如下:

> 夫学究天人,确乎不拔,吾不如王寅旭;读书为己,探赜

---

[1] 〔梁〕皇侃:《论语义疏》,北京:中华书局2013年版,第34页。
[2] 〔宋〕朱熹:《四书章句集注》,北京:中华书局2011年版,第160页。
[3] 〔清〕王先谦撰,沈啸寰、王星贤校:《荀子集释》,北京:中华书局1988年版,第21页。

洞微,吾不如杨雪臣;独精《三礼》,卓然经师,吾不如张稷若;萧然物外,自得天机,吾不如傅青主;坚苦力学,无师而成,吾不如李中孚;险阻备尝,与时屈伸,吾不如路安卿;博闻强记,群书之府,吾不如吴任臣;文章尔雅,宅心和厚,吾不如朱锡鬯;好学不倦,笃于朋友,吾不如王山史;精心六书,信而好古,吾不如张力臣。[①]

先是,汪琬有《答从弟论师道书》一文,其中推尊顾亭林为海内经学修明,当世可为师法的大儒。亭林以为此乃过情之誉,而在他一己所交接的友朋中,尚有德行学业矫然独立的十位贤友,而为汪琬所未知者,因有《广师》之作。亭林先生的学问志节,力主博学于文,行己有耻,在其备列的"十不如"中,我们可以窥见他以友为师的"广师"之义。此外,笔者的另一个观察是,在师而言,其对待门弟子多以友道相处;在弟子而论,其尊师之义常若父兄而敬礼有加。

职是之故,在儒家法理化、制度化的《白虎通义》中,作为六纪之一的"师长",从属于三纲中的"君臣",这既是中国社会早期君师政教一体的历史反映,也是后世儒者在理论建构上回向三代,寄望于圣人政治的心理预期,更是在绝对皇权体制下虚尊君位的一种文化象征。另一方面,在具体现实中,由于师内涵的宽泛性、类型的多重性,以及师与弟子间情义的薄厚,在五伦之中,师与弟子的关系常介于父子、朋友之间,且在"道之所存"的意义上,师道常重于友道。

---

① 〔清〕顾炎武:《顾亭林诗文集》,北京:中华书局1983年版,第134页。

(三)师与弟子间的义理推原

在论述师道在"三纲六纪""五伦"中的归属之后,我想再对师弟子间的义理结构进行推原。当然,鉴于中国文化本身的复杂性,以及师外延的宽泛性,所须注意者有两点:一个是讨论仅限于抽象的理想的共相的层面;二是在实质上师与弟子构成"传道授业"的关系。就笔者对此一问题的研究而言,我以为可用"严正亲敬"四字来综括,在师者理当"严正",在弟子者自应"亲敬",如是,礼乐精神的秩序与和谐自然寄寓其中。

先看为师者的"严正"之义。师道在人伦中有父道的一面,然而父子间不责善,责善或有损于彼此间的恩义;师则必传道授业,导人以正,立德成人,为官为长。《周礼》中的"师氏"以三德(至德、敏德、孝德)、三行(孝行、友行、顺行)教国子,"保氏"以六艺(礼、乐、射、御、书、数)、六仪(祭祀、宾客、朝廷、丧纪、军旅、车马之容)养国子以道,无非是教贵族子弟为君为长。[①] 下迄春秋战国,百家诸子之道虽有不同,但教门弟子亦各有其"正"。至于荀子,其立论本于性恶,若欲化性起伪,势必要隆礼尊师重学,故于为师严正之义,阐发特多。如他在《荀子·修身篇》中说:"礼者,所以正身也;师者,所以正礼也。无礼何以正身?无师,吾安知礼之为是也?……夫师,以身为正仪而贵自安也。"[②] 又《荀子·儒效篇》在讨论"有师法""无师法"的区分时,荀子认为"人有师有法而知则速通,勇则速威,云能则速成,察则

---

① 〔汉〕郑玄注,〔唐〕贾公彦疏:《周礼注疏》,《十三经注疏》本,上海:上海古籍出版社1997年版,第730—731页。
② 〔清〕王先谦撰,沈啸寰、王星贤点校:《荀子集释》,北京:中华书局1988年版,第33—34页。

速尽,辩则速论""有师法则隆积矣"。① 师者,效也。弟子自当效法其师以为一己的言行正则,通过不间断的学习训练,最终实现一己本性的迁移。成书于晚周之际的《吕氏春秋》也讲道:"为师之务,在于胜理,在于行义,理胜义立则位尊矣……"②理义即为道,为师必以道来正人,故其位尊如此。如是,求师之义,自是就有道而正。此外,更如前所论,师道隐寓于友道之中,故我德亏则友责之,我业废则友让之;美则相与奖掖,非则相与匡救。日升月恒,交感互摩,而渐入于君子之域。故君子乐多贤友,无友不如己者,亦是朋友是正之义。凡此种种,皆可作师友间的"正"字义解。

师"正"亦须有"严",师严然后道尊,道尊然后弟子方能进于大成之境。《学记》是先秦教育经验的总结,其中已有"凡学之道,严师为难。师严然后道尊,道尊然后民知敬学"的观念,为此甚至不惜借助夏、楚两种惩罚性的教具来整饬学风,以坚固弟子向学的心志。又,《论语》记载孔子的神貌"子温而厉,威而不猛,恭而安"(《述而》)。"厉",郑玄释为"严正"③,最是正解。孔子在极温和中又透露出严正的威仪。另一条为子夏所记:"君子有三变:望之俨然,即之也温,听其言也厉。"(《子张》)其中的"俨然"两字,孔颖达认为"俨是严正之貌也"④,朱熹解为"貌之庄"⑤。君子与常人的意态不同,"人远望之则正其衣冠,尊其瞻

---

① 〔清〕王先谦撰,沈啸寰、王星贤点校:《荀子集释》,北京:中华书局1988年版,第142、143页。
② 许维遹:《吕氏春秋集释》,北京:中华书局2016年版,第74页。
③ 〔汉〕何晏注,〔宋〕邢昺疏:《论语注疏》卷七,《十三经注疏》本,上海:上海古籍出版社1997年版,第2532页。
④ 同上。
⑤ 〔宋〕朱熹:《四书章句集注》,北京:中华书局2011年版,第176页。

视,常俨然也;就近之则颜色温和,及听其言辞,则严正而无佞邪也"①。孔子德盛于内,自然尊严于外,以此教人,故有严正之义。唐宋以降,师道复兴,宋儒对严师之义也格外强调,所以有程门立雪的典故:"游定夫(酢)、杨中立(时)来见伊川(程颐),一日,先生坐而瞑目,二子立侍,不敢去。久之,先生乃顾曰:'二子犹在此乎? 日暮矣,姑就舍。'二子者退,则门外雪深尺余矣,其严厉如此。"故程颢感叹道:"异日能使尊严师道者,吾弟也。"②此为师者"严正"的义解。

次看为弟子者的"亲敬"之理。前文朱熹有论:"师之义,即朋友,而分则与君父等。""师与朋友同类,而势分等于君父。"③朱子特别提撕出"势分"二字,因礼主分,"礼者所以定亲疏,决嫌疑,别同异,明是非也"(《礼记·曲礼上》),所以师在伦常地位上,等同于君父。子女侍奉父母以孝敬,而"敬"之义尤在孝之上,故弟子事师也必以为"敬"。证之《论语》,子游问孝,孔子对曰:"今之孝者,是谓能养,至于犬马,皆能有养,不敬,何以别乎?"(《论语·为政》)人对于父母,不仅在于能养之爱,更在于礼敬之心,故朱子说:"圣人直恐其爱逾于敬,故以是深警发之也。"④子夏问孝,孔子对曰:"色难。有事弟子服其劳,有酒食先

---

① 〔汉〕何晏注,〔宋〕邢昺疏:《论语注疏》卷七,《十三经注疏》本,上海:上海古籍出版社1997年版,第2532页。
② 〔宋〕朱熹:《伊川先生年谱》,载《晦庵先生朱文公文集》第46册第98卷,四部丛刊本,第26页。
③ 〔宋〕黎靖德编,王星贤点校:《朱子语类》,北京:中华书局1986年版,第234、235页。
④ 〔宋〕朱熹:《四书章句集注》,北京:中华书局2011年版,第57页。

生馔,曾是以为孝乎?"(《论语·为政》)先生当解为父兄,①亦可通于师长。《礼记·祭义》篇云"孝子之有深爱者必有和气,有和气者必有愉色,有愉色者必有婉容",人之面色,是心情的自然流露,由此可以窥见弟子对于先生是否真有爱敬之心。此"敬"之义当近于孝。"敬者,礼之本也。"②因内而符外,弟子"敬"师之义在心,自然尊师行为在外,此是"敬"师之第一义。

至于弟子"敬"师之第二义,要在因尊师而重道。《礼记·学记》中有"君之所不臣于其臣者二","当其为师则弗臣也。大学之礼,虽诏于天子,为北面,所以尊师也"。师因道尊,道因师显,天子之师必不当使之处于臣位,以见在儒家理想中的道统必凌驾于政统之上。故孟子昌言:"天子不召师,而况诸侯乎?为其贤也,则吾未闻欲见贤而召之也。"(《孟子·万章下》)甚至在崇尚霸术武力的战国时期,燕国的郭隗也有"帝者与师处,王者与友处,霸者与臣处,亡国与役处"③的议论。即使面对一般的从学者,为师者也应有"礼闻来学,不闻往教"(《礼记·曲礼上》),"童蒙求我,匪我求童蒙"(《周易·蒙》)的自重态度。至于后世,宋儒尤其重视师道观念,这反映在传统的经筵讲席制度上,经筵讲官是站着讲,还是坐着讲,始终是一个争论。王荆公为侍讲,认为"臣所讲是道,帝王当尊道,不当立而讲,帝王坐而听",宋神宗依之,许其坐讲。其后程伊川为讲官,亦争坐讲,宋

---

① 参见〔汉〕何晏注,〔宋〕邢昺疏:《论语注疏》卷七,《十三经注疏》本,上海:上海古籍出版社1997年版,第2462页。
② 〔唐〕李隆基注,〔宋〕邢昺疏:《孝经注疏》,《十三经注疏》本,上海:上海古籍出版社1997年版,第2556页。
③ 〔汉〕刘向:《战国策笺证》,上海:上海古籍出版社2006年版,第1684页。

哲宗亦许之。① 两位大儒并非为一己争地位，实在是为师"道"争尊严。这其中当然隐含着道统、政统之间的内在紧张，由此可见，尊师即是敬道。

另一方面，师与弟子毕竟又是以道义相勖的学术共同体，过于强调其中礼的"敬"与"分"，或将引起弟子对师的情感疏离，是以"敬"义不孤行，又必济之以"亲"。只是此"亲"须生发于自然，感动于无形，反之则不诚矣。所"亲"者，亲其师也，乐其道也。前者是父子间的天然情感在师道中的类似性移置，后者是通过德性学问的内化而达到的生命喜悦境界。譬如《学记》中记述君子的为学进阶，有"三年视敬业乐群，五年视博习亲师，七年视论学取友"三个阶段，孔颖达《注》曰："博习，谓广博学习也。亲师，谓亲爱其师。"②其中的论理未及展开。至"故君子之于学也，藏焉，修焉，息焉，游焉。夫然故，安其学而亲其师，乐其友而信其道，是以虽离师辅而不反"一节，《正义》曰："此明亲师爱友也。""言安学业既深，必知此是深由本师，故至于亲爱师也。""然前三年乐群，五年亲师，亲师在乐群之后，而此前亲师后乐友者，群即友也，为义然也。前明始学，故乐友在前。此明学业已成，故亲师为首矣。"③其中发明亲师乐道之义，已明白无隐。又，在《曲礼上》"宦学事师，非礼不亲"句下，北宋吕大临解为，宦者和学者"皆有师，师弟子之分不正，则学之意不诚，学之意不诚，则师弟子之情不亲，而教不行，故曰'非礼不亲'"。永

---

① 钱穆：《中国教育制度与教育思想》，载《国史新论》，台北：联经出版事业公司1998年版，第276、277页。
② 〔汉〕郑玄注，〔唐〕孔颖达疏：《礼记正义》，《十三经注疏》本，上海：上海古籍出版社1997年版，第1521页。
③ 同上，第1522页。

嘉戴氏《注》曰:"夫礼主于分,分主于严疑,非所以为亲也;然粲然有文以相接,而情意相通,乃其所以为亲也。狎则不敬,不敬则乖戾随之矣,故曰'非礼不亲。'"①两位学者的阐发可谓互补相济,吕氏主张师弟子之礼,当一本于诚,由诚而亲,教化方能得以施行;戴氏认为师与弟子间的"礼之亲",既要避免过分严疑,又要防范因过分亲昵而至于不合礼之敬,可谓得"亲"义之正解。

综括上述"严正亲敬"四义,其中自有师与弟子之间礼乐精神的表现。为师当严正,非专谓之严正,师严而道尊;弟子当亲敬,非专谓之亲敬,亲师而乐道。"乐者为同,礼者为异。同则相亲,异则相敬。乐胜则流,礼胜则离。合情饰貌者,礼乐之事也。"(《礼记·乐记》)可以说,理想的师与弟子关系既表现为外在的秩序感,又充满着由诚而亲的内在和谐感。读者倘能究心《论语》,自能体会到孔子与弟子相处以及孔门教学中的秩序与和谐,其中父子之情、朋友之义兼而备之。行文至此,不妨再征引《吕氏春秋·诬徒》中一段文字,以证实笔者的这一判断。"达师之教也,使弟子安焉,乐焉,休焉,游焉,肃焉,严焉。此六者得于学,则邪辟之道塞矣,理义之术胜矣",善教者"视徒如己。反己以教,则得教之情也。所加于人,必可行于己,若此则师徒同体"。②其中为师者的严肃之义,弟子向道的和乐之心,尽在其中。更为关键的是,它从为师者的角度进行换位思考,在"严正"之中又融入恕道的宽谅之义,从而提出"师徒同体"的重要观念,以见出师与弟子在义理、情感上的亲切无间。《人物

---

① 〔清〕陈梦雷等编纂:《明伦汇编·交谊典》第七卷师弟部,载《古今图书集成》第331册,北京:中华书局1985年版,第28页

② 参见许维遹:《吕氏春秋集释》,北京:中华书局2016年版,第80—81页。

志》尝有言,"人道之极,莫过爱敬",又言"敬之为道也,严而相离,其势难久。爱之为道也,情亲意厚,深而感物。是故观其爱敬之诚,而通塞之理可德而知也"。[①] 师道通于父兄之道,兼于友朋之道,我想在师与门弟子"严正亲敬"义理的背后,还是要有"爱敬之诚"作为情理根源和支撑的。

以上是从理想的、共相的角度对师与弟子间内在义理的推原。下面换一个角度,将对师与弟子彼此的对待的关注,转换为各自对于常理、对于位分的强调。在传统向现代转型的历史进程中,尤其是近三十年来,师生间伦常秩序的失范,是当今教育界乃至整个社会都必须正视的问题。在这一方面,有两文或能给我们以启示。一篇为陈寅恪先生的名篇《王观堂先生挽词并序》,其中有云:

> 吾中国文化之定义,具于《白虎通》"三纲六纪"之说,其意义为抽象理想最高之境,犹希腊柏拉图所谓 Eîdos 者。若以君臣之纲言之,君为李煜亦期之以刘秀;以朋友之纪言之,友为郦寄亦待之以鲍叔。其所殉之道,与所成之仁,均为抽象理想之通性,而非具体之一人一事。[②]

寅老此序的意蕴极端丰富,有心的读者自可参看刘梦溪先生对

---

① 〔魏〕刘劭著,〔西凉〕刘昞注:《人物志》,郑州:中州古籍出版社 2007 年版,第 160—161 页。
② 陈寅恪:《王观堂先生挽词并序》,载《陈寅恪集·诗集》,北京:三联书店 2001 年版,第 12 页。

它的解读与发明。① 仅就本文而言,弟子与师的关系备列于《白虎通》"六纪"中"师长",隶属于"三纲"中的君臣,分属于"五伦"中友道、父道和君道,亦为"抽象理想最高之境"。若袭用寅老的假定,以"师长"之纪言之:虽师不师,弟子不可以不弟子;弟子不弟子,师不可以不师。也就是说,师与弟子须各尽一己之"位分",这样就摆脱了具体情境中的师生关系,从而具有了抽象的理念的通性。

此一种观念在贺麟《五伦观念的新检讨》中有了进一步的发挥。贺文是现代文化史上一篇常为人忽略的文字,作者旨在从"旧的传统观念里,去发现最新的近代精神"。其核心的观点是从"五伦"发展到"三纲"是历史逻辑的必然,"五伦"的基础是儒家的"等差之爱",并据此而推衍出社会中五种最基本的人际关系,但在儒家法理化、制度化的进程中,"五伦"或"五常"却存在结构的极大不稳定性,而"三纲"的确立正是为了对这种不稳定做出补救,故"三纲说则将人对人的关系,转变为人对理、对位分、对常德的片面的绝对的关系,故三纲说当然比五伦说来得深刻而有力量"②。作为现代重要哲学家和哲学史家的贺麟先生,他的阐说发明真是妙极!试看他文中论述师生伦常的一段文字:

> 以学校师生的关系为例。假如为教师者都能绝对的单方面的忠于学术,认真教学,不以学生之勤惰、效用之大小而改变其态度;又假如为学生者能绝对的单方面的尽其求

---

① 刘梦溪:《王国维与陈寅恪》,北京:三联书店 2020 年版,第 1—16、125—132 页。
② 贺麟:《新版序言》,载《文化与人生》,北京:商务印书馆 1988 年版,第 4 页。

学的职责,不以教师之好坏、分数之多少而改变其求学的态度,则学术的进步自然可以维持。反之,假如师生各不遵守其常道,教师因学生懒惰愚拙而不认真教学,学生因教师不良亦不用功求学,如是则学术的纲常就堕地了。这就是三纲说的真义所在。……所以就效果讲来,我们可以说由五伦到三纲,即是由自然的人世间的道德进展为神圣不可侵犯的有宗教意味的礼教。①

我们不确定贺麟先生是否读过寅老的《王观堂先生挽词并序》,但两人对"五伦"的精义阐发,真可谓是人同此心,心同此理了!贺先生又说,现在已经到了"积极地把握住三纲说的真义,加以新的解释与发挥,以建设新的行为规范和准则的时期了"②。今天距贺麟先生发表此文已八十余年,学校师生间伦常失范的情况依然普遍存在。如按照陈、贺两先生的论理逻辑,结合前文对师生关系的义理推原,教师力主"严正",学生力秉"亲敬",在礼乐的秩序与和谐中各自坚守自己的"位分"和"常德""常理",或许对当前师生伦常的规范与建设具有一定借鉴意义。毕竟返本开新、守正创新是中国人文传统生生不已的动力所在。

三 师道的四重义涵

在论述师之称名及其流变、师在伦常中的地位之后,在论题

---

① 贺麟:《文化与人生》,北京:商务印书馆1988年版,第60页。
② 同上。

的逻辑展开上又须对师道义涵进行一番考察。师与道的连缀，《周礼·地官司徒》"叙官"郑《注》中已有"师，教人以道者之称也"；《地官·大司徒》曰"四曰联师儒"，郑《注》"师儒，乡里教以道艺者"①；《大戴礼记·主言》"道者所以明德也，德者所以尊道也"②。唯此师"道"并非专指形而上之道。师道的抽象意义，较早地表现于《吕氏春秋·尊师》篇中，其云"君子之学也，说义必称师以论道"③。

但在事实上，讨论师道的义涵，甚难也。譬如从中国文化的展衍嬗变来看，有六艺之道、"六经"之道、道统之道，又有所谓的百家诸子之道；从受教者一方看，有尊（敬）师之道；从施教者一方看，有为师之道、传授之道。此外，当"六经""四书"等经典文本被现代学术分科之后，在今天的大学中是否还存在韩愈所谓的"传道"问题？如果存在，所传之"道"又是什么？为了便于论述，下文从四个方面扼要展开。因"尊师之道"前文已有所讨论，故不再涉及。

（一）六艺之道

"六艺"分为前后相互关联的两种，其一为礼、乐、射、御、书、数，是教育西周贵族子弟的六种技能。八岁入小学，主要学习书、数和一些基本的礼仪。其后的大学阶段，主要突出礼、乐、射、御的学习训练，目的是培养军事才能和文治修养兼备的封建

---

① 〔汉〕郑玄注，〔唐〕贾公彦疏：《周礼注疏》卷九，《十三经注疏》本，上海：上海古籍出版社1997年版，第698页。
② 〔清〕王聘珍撰，王文锦点校：《大戴礼记解诂》，北京：中华书局1983年版，第2页。
③ 许维遹：《吕氏春秋集释》，北京：中华书局2016年版，第79页。

贵族。据《礼记·内则》记载,"十有三年,学乐,诵诗,舞勺。成童,舞象,学射、御。"又,"十五入大学,学先圣礼乐,而知朝廷君臣之礼……"①其时的礼、乐包括诗、书在内,故《礼记·王制》中有"乐正崇四术,立四教,顺先王诗、书、礼、乐以造士。春秋教以礼、乐,冬夏教以诗、书"的说法。总体看来,西周的"六艺"主要是知识和技能型教育,尚未抽象到后世所谓的义理之道的层面。

后一种"六艺"指的是孔子晚年重新编纂整理的六部典籍。孔子周游列国,晚年道不行后,退而修《诗》《书》,定《礼》《乐》,序《易》,作《春秋》。其中《乐》或已失传,或谓礼、乐两项本不限于经籍。晚周秦汉之际,几部书同时并举的情况大体已出现,如荀子《劝学篇》有"《礼》之敬文也,《乐》之中和也,《诗》《书》之博也,《春秋》之微也,在天地之间者毕矣"②。对五部典籍的政教之功已有阐发,却并未言及《易》,可见终于战国之世,六籍尚未并列。后来在秦始皇"焚书"的过程中,因不与《诗》《书》为同类,《易》得以不焚,亦是一明证;其他五部典籍经秦火居然也能保存下来,且在秦汉之间的乱世中递相师承有序,"礼失而求诸野",于此可见周孔人文传统的不绝如缕处。其后汉武帝接纳董仲舒复古更化的建议,罢黜百家,独尊儒术。在这一时代背景下,源于西周古"六艺",复经孔子编纂整理的《诗》《书》《礼》《易》《乐》《春秋》,先后被立为学官,被确立为国家政典,是为"六经"或"五经"(《乐经》不传)。

两汉以降,在儒家述而不作的心理导向下,在信古尊经、托

---

① 〔汉〕班固:《汉书》卷二十四上,北京:中华书局1997年版,第1122页。
② 〔清〕王先谦撰,沈啸寰、王星贤点校:《荀子集释》,北京:中华书局1988年版,第12、14页。

古改制的传统意识中,"六艺"或"六经"形成了强大的注疏传统。尽管其后传经的师法、家法有别,注疏的门径不同,阐释的理路迥异,尽管中国学术思想先后经历了魏晋玄学、隋唐佛学、宋明理学、清代朴学等阶段的因承流变,也尽管唐宋以降中国已然形成儒释道三教合一的思想结构,但"六经"作为中国文化的最高形态,作为中华民族精神义理的渊薮,则是毫无疑问的。[①]在此,不妨节引现代大儒马一浮先生《泰和宜山会语》中的两段文字:

> 六艺者,即是《诗》《书》《礼》《易》《乐》《春秋》也。此是孔子之教,吾国二千余年来普遍承认一切学术之原皆出于此,其余都是六艺之支流。故六艺可以该摄诸学,诸学不能该摄六艺。今楷定国学者,即是六艺之学,用此代表一切固有学术,广大精微,无所不备。
>
> 今举《礼记·经解》及《庄子·天下篇》说六艺大旨,明其统类如下:《经解》引孔子曰:"入其国,其教可知也。其为人也,温柔敦厚,《诗》教也;疏通知远,《书》教也;广博易良,《乐》教也;洁静精微,《易》教也;恭俭庄敬,《礼》教也;属辞比事,《春秋》教也。"《庄子·天下篇》曰:"《诗》以道志,《书》以道事,《礼》以道行,《乐》以道和,《易》以道阴阳,《春秋》以道名分。"自来说六艺,大旨莫简于此。有六艺之教,斯有六艺之人。故孔子之言是以人说,庄子之言是以道说。《论语》曰:"人能弘道,非道弘人。"道即六艺之

[①] 具体可参看刘梦溪:《论国学》《国学辨义》等,载《学术与传统》,北京:北京时代华文书局2017年版,第860—934页。

道,人即六艺之人。①

马先生开宗明义,首先指出"六艺之学"的国学是中国一切学术之原,从其义理内蕴及其流裔上看,它不仅可以统摄百家诸子之学,也可以赅括经、史、子、集四部之学。其次,引述《经解》和《天下篇》,对"六艺"的大旨及其体用进行阐明。复次,围绕国学系统构建他的"六艺论",自学术传统而言,有"六艺之学";自学中所传之道而言,有"六艺之道";自用以施教者而言,有"六艺之教";自所禀受者而言,有"六艺之人"。其中论学、论道、论教、论人,首尾衔接,可以见出马先生论国学的纲举目张之义。在本节的最后,马先生更对"六经""六艺"进行区分,"今依《汉书·艺文志》以'六艺'当'六经'。经者,常也,以道言谓之经;艺犹树艺,以教言谓之艺"②。如是,则"六艺"本身即含有教以成人的意味了。

按照马先生的论理逻辑推演,上述《经解》和《天下篇》中所言的即为"道"之本体,而魏晋隋唐间诸儒所撰作的经义发明,亦是对道体的进一步阐发。到了宋明理学时期,宋明儒所坚执的"人心惟危,道心惟微,惟精惟一,允执厥中"的道统承传,与其"为天地立心,为生民立命,为往圣继绝学,为万世开太平"的文化理想,以及他们基于"四书"所进行的新儒学建构——本归之于子部,均可视为"六艺"的支属与流裔。因此可以说,师道在本原上,即"六艺"中所蕴含的跨越时空的、古今同然的、关乎

---

① 马一浮:《泰和宜山会语》,载《马一浮全集》第一册(上),杭州:浙江古籍出版社2013年版,第8、9页。

② 同上,第10页。

修身治国的精神和义理;在流裔上,它涵括了以儒学为中心的整个中国学术思想史的因承流变,此亦是两千余年来中国人文传统的精神价值之所系,当然也将绵延到现在以及可预期的未来。这是师道的第一重义涵。

(二) 为师之道

师是人之为人的模范。那么,为师者应该具备哪些最核心的素养? 我想可能有三点:一是淹博的学识;二是"道"的自觉内化并呈现为超拔的人格力量;三是鉴识英才的眼光。其中,第二点最为关键,它是经师与人师的基本分际。

先看第一个方面。尽管《学记》有"记问之学,不足以为人师"的说法,但淹博的学识却为师者所不可少。中国古代的知识论原本不甚发达,但这并不意味着原始儒家不重视知识论。在《论语》中,就有时人称赞孔子"大哉孔子,博学而无所成名""固天纵之将圣,又多能也"(《子罕》)。这是孔子学问广博,射、御等技艺丰富的明证。"小子,何莫学夫诗""多识于鸟兽草木之名"(《阳货》),则孔子未尝轻视过自然中的名物世界。"圣人之于天下,耻一物之不知"[①],或是儒家知识论方面的博物取向。孔门又有四科的划分:德行、政教、文学、言语。"四科"主要是孔子弟子在这四个方面的优异表现,并非说教学内容一定以四科为限。北宋初年,在湖州任教授的胡瑗受"孔门四科"的启发,采用"分斋教学法",分为经义、治事二斋。其中经义斋"选择其心性疏通、有器局可任大事者,使之讲明'六经'";治事斋"则一人各治一事,又兼摄一事,如治民以安其生,讲武以御其

---

① 汪荣宝:《法言义疏》,北京:中华书局 1987 年版,第 517 页。

寇,堰水以利田,算历以明数是也"。① 经义斋为明体之学,旨在培养可堪大任的领袖人才;治事斋以农田、水利、军事、天文、历算等实用知识学习为主,是为培养专门的技能型人才。无疑,"分斋教学法"的具体实施,必以为师者丰富的知识技能为根基。

在第二个方面,能否将"六艺之道"的精神义理内化到个体生命中,并呈现自拔于流俗的超越向度,是为人师的关键。春秋战国以降,"无恒产而有恒心"的士阶层开始登上历史的舞台,中国的学术思想也进入原创迸发的一段时期。儒、墨、名、法、道、阴阳乃至于百家诸子之道或有不同,但创造思想的主体为士阶层,则是毫无二致的。因此,"士志于道"也就相应地转化为"师志于道",这一关键性的转变几乎延续至其后中国的整个历史阶段。然限于题旨,本文将主要以儒家所传承的"六艺之道"为主体。而儒家的"师志于道"在中国文化中的表现,可以说是一部波澜壮阔的人格精神史诗!

在孔子那里,"天生德于予"(《论语·述而》)。"文王既没,文不在兹乎"(《论语·子罕》),其道是孔子对于天命和道统承续的高度自信。在曾子那里,是"临大节而不可夺""士不可以不弘毅,任重而道远。仁以为己任"(《论语·泰伯》)的意志坚定和负重致远。在孟子那里,是养我浩然正气,"富贵不能淫,贫贱不能移,威武不能屈"(《孟子·滕文公下》)的大丈夫精神。在荀子那里,是进则安天下,行则明礼义的大儒之效。在《大戴礼记》中,是"虽不能尽道术,必有所由焉;虽不能尽善尽美,必有所处焉。是故知不务多,而务审其所知;行不务多,而务审其

---

① 〔清〕黄宗羲:《宋元学案》,北京:中华书局1989年版,第25页。

所由；言不务多，而务审其所谓。知既知之，行既由之，言既顺之，若夫性命肌肤之不可易也。富贵不足以益，贫贱不足以损"①的自审自重。在董仲舒的笔下，是"既美其道，又慎其行"②的良师楷模。在韩愈那里，是不避俗议，抗颜为师，远承道统的矫然独立。在张载那里，是"为天地立心，为生民立命，为往圣继绝学，为万世开太平"的济世情怀。在顾炎武那里，是博学于文、行己有耻的士人气节……

即使到了现代，陈寅恪先生尽其一生所实践的"独立之精神，自由之思想"，无疑是今天为师者理应具有的精神和意志。而钱穆晚年在香港创办新亚书院的文化教育实践，也是在中国文化"花果飘零"之时，为师者应尽的责任和担当。人能弘道，非道弘人，理想中的师，无论是古代的士人，还是现代的知识分子，其内在的德性与超拔的人格力量，以及自觉的弘道意识，是一种感发于无形的教化力量。这在教师普遍成为一种职业的现代社会，在教育教学凸显知识传授和技能教育的当下，尤其具有特别的意义。

至于第三个方面，如何从社会大群中发现人才，着意加以培养，使之成为特殊人才，是对为师者眼光的极大考验。在这一方面，范仲淹慧眼识英才的故事，颇值得为师者深思。据《泰山学案》记载：

> 范文正在睢阳掌学，有孙秀才者索游上谒，文正赠钱一

---

① 〔清〕王聘珍撰，王文锦点校：《大戴礼记解诂》，北京：中华书局1983年版，第10页。

② 苏舆：《春秋繁露义证》，北京：中华书局1992年版，第37页。

千。明年,孙生复过睢阳谒文正,又赠一千。因问:"何为汲汲于道路?"生戚然动色曰:"母老无以为养,若日得百钱,甘旨足矣。"文正曰:"吾观子辞气非乞客也,二年仆仆所得几何,而废学多矣。吾今补子学职,月可得三千以供养,子能安于学乎?"生大喜。于是授以《春秋》,而孙生荐学不舍昼夜。明年公去睢阳,孙生亦辞归。后十年闻泰山下有孙明复先生,以《春秋》教授学者,道德高迈,朝廷召至,乃昔日索游孙秀才也。[1]

文中的孙秀才,即北宋初期的理学家孙复。范仲淹不仅解决了孙复求学的后顾之忧,而且为他讲授《春秋》,激励其安心向学,实开启了北宋新儒学的一个契机。其后,孙复果不负范公所望,在泰山苦学十年,成为著名的"宋初三先生"之一。范仲淹又有劝诫张载折节读书的故事,为人所称道。据《宋史·张载传》,张载"少喜谈兵,至欲结客取洮西之地。年二十一,以书谒范仲淹,一见知其远器,乃警之曰:'儒者自有名教可乐,何事于兵!'因劝读《中庸》"[2]。这也就是《宋元学案·序录》中说范仲淹"一生粹然无疵,而导横渠以入圣人之室,尤为有功"[3]的原因所在。范仲淹虽身居显位而不忘讲学育才,宋初士大夫一时矫厉尚风节,实从范仲淹开始。他对孙复、张载二人的劝诫与奖掖,

---

[1] 〔清〕黄宗羲:《宋元学案·泰山学案》,北京:中华书局1989年版,第50页。
[2] 〔元〕脱脱等撰:《宋史》卷四二七,北京:中华书局1977年版,第12723页。
[3] 〔清〕黄宗羲:《宋元学案·序录》,北京:中华书局1989年版,第17页。

成就了北宋初、中期的两位大儒，直接关系到宋学的兴起，其功可谓著焉。于此可见，为师者善于鉴识人才的重要。

（三）传授之道

师道之"道"，又表现为师者的传授之法。古代的教育，教法多门，尝试概括之，或可包括：温故知新，因材施教，有教无类，学思相兼，循循善诱，举一反三，不愤不启，言行身教，深造自得，盈科而进，不教之教，教学相长，循序渐进，学不躐等，博学、审问、慎思、明辨、笃行，实事求是，虚心涵泳，居敬穷理，知行合一，等等。但无论是哪一种教学方法，只是在激发学者的自身求知心，促使学者切己省察，在实践中不断磨炼。因此，我们不妨称之为"反身内求，存养涵泳，身体力行"的中心教法。

反身内求，首要在于立志。志者，心之所之。内心中不可褫夺之志，素为儒家学者所重视。《论语》有曰"三军可夺帅也，匹夫不可夺志也"（《子罕》），"博学而笃志，切问而近思"（《子张》）。孟子亦曰"士尚志"（《孟子·尽心上》）。《礼记·学记》也反复强调立志的重要，"凡学，官其事，士先志"，又曰"善歌者，使人继其声。善教者，使人继其志。其言也约而达，微而臧，罕譬而喻，可谓继志矣"。懂得教育规律的人不仅能使学者乐于仿效，更关键的是先树立其向学之志。后世学者对于立志的重要，也多有阐说。以宋代理学集大成者的朱熹而论，他说："学者须以立志为本，……立志以定其本，居敬以持其志。""须是立志为先，这气便随他。敬义夹持，上达天德。""学者立志，须教勇猛，自当有进。志不足以有为，此学者之大病。""立志要如饥渴之于饮食。才有悠悠，便是志不立。""学者大要立志，才学，便要做圣人是也。"……①在朱子看来,立志为本,立志要先,立志要大,立志须坚,立志须定,立志须迫切,立志须勇猛精进,立志须敬义夹持。总之,要以志统摄其气,导引其心。孟子曰:"学问之道无他,求其放心而已矣。"(《孟子·告子上》)真可谓不易之论。次在于主体的严格自律。"一日三省吾身"(《论语·学而》),是为曾子的自律;"克己复礼为仁"(《论语·颜渊》),非礼勿视、听、言、动,是颜渊求仁得仁的自律。后世的儒者,也无不强调学者的身心内省,明代王阳明比喻得最为形象,他说:"省察克治之功,则无时而可间,如去盗贼,须有个扫除廓清之意。无事时将好色好货好名等私逐一追究,搜寻出来。定要拔去病根,永不复起,方始为快。"②克己内省,无日无时无地不可间断,又要有斩钉截铁的意志,方能有扫除廓清之功。因此,先圣先贤千言万语,无非是使学者反身内求,回复其心性之本然。这在我们今天,依然是为师者需要特别注意的问题,也是决定学生能否成材的关键。

存养涵泳,首先表现在师与弟子"游"的境界。③ 孔子阐述立德成人的条目次第,"志于道,据于德,依于仁,游于艺"(《论语·述而》),"兴于诗,立于礼,成于乐"(《论语·泰伯》)。在

---

① 上述引文分别见〔宋〕黎靖德编,王星贤点校:《朱子语类》,北京:中华书局1986年版,第2845、654、133、134、134页。
② 〔明〕王阳明:《传习录》,载吴光、钱明、董平、姚延福编校:《王阳明全集》,上海:上海古籍出版社1992年版,第16页。
③ 《庄子》亦重视游的精神境界,如"乘云气,御飞龙,而游乎四海之外""恢恢乎其于游刃必有余地矣""以出六极之外,而游无何有之乡""体尽无穷,而游无朕",等等。庄生之言,既是其思想的寓言表现,也是其艺术人生的诠释。但儒家的"游于艺",主要体现为礼乐精神的无形感动、道德人生的涵泳,是心与道、情与礼的深度融合。此处体现出了儒、道两家的分途。

成学的最后阶段,在礼乐的精神境界中涵泳悠游,是君子人生必不可少的。在《侍坐》一节中,曾点"春者,春服既成,冠者五六人,童子六七人,浴乎沂,风乎舞雩,咏而归"(《论语·先进》)的志向,深获孔子赞许。《四书章句集注》对此阐发说:"曾点之学,……故其动静之际,从容如此。而其言志,则又不过即其所居之位,乐其日用之常,初无舍己为人之意。而其胸次悠然,直与天地万物上下同流,各得其所之妙,隐然自见于言外。"[①]曾点之志,不同于诸子趋向政治一途;曾点之乐,安时而乐道,既能深会礼之意,复能涵泳乐之和,举止动静之间,胸次悠然,无往而不自得也。涵泳悠游本质上是儒者气象的自然显现,一如后人评价宋儒周敦颐,"周茂叔胸中洒落,如光风霁月"[②]。褒美程颢,"明道先生德性充完,粹和之气,盎于面背。乐易多恕,终日怡悦。立之从先生三十年,未尝见其忿厉之容"[③]。有此等精神气象的儒者,常能涵泳于道德理境,给予学者以无形的感动。其次,还表现在对经典的反复体究。这首要在虚心,静思极虑,寻味书中的脉理,切勿先入为主,执着己见。朱子说得好:"读书别无法,只管看,便是法。正如呆人相似,捱来捱去,自己却未先要立意见,且虚心,只管看。看来看去,自然晓得。"[④]至于涵泳,朱子亦说:"近与学者讲论,尤觉横渠成诵之说,最为径捷。……然亦须是专一精研,使一书通透烂熟,都无记不起处,方可别换一

---

① 〔宋〕朱熹:《四书章句集注》,北京:中华书局2011年版,第124页。
② 朱高正:《近思录通解》,上海:华东师范大学出版社2010年版,第295页。
③ 同上,第300页。
④ 〔宋〕黎靖德编,王星贤点校:《朱子语类》,北京:中华书局1986年版,第437页。

书,乃为有益。"①晚清的曾国藩,读书亦有相似的体会:"吾谓读书不求强记,此亦养身之道。凡求强记者,尚有好名之心横亘于方寸,故愈不能记;若全无名心,记亦可,不记亦可,此心宽然无累,反觉安静,或反能记一二处,亦未可知。"②这些典故恐怕是读书治学存养涵泳的最好注脚了。孟子说:"其进锐者,其退速。"(《孟子·尽心上》)为学存养涵泳,必然循序渐进,学不躐等,又能在熟读精思中,反复参详书中义理,所谓温故知新也。因此,存养涵泳实是读书教学、成人成德的重要方法。

反身内求,存养涵泳,而绾合其中的关键,正在于身体力行。《中庸》有言:"好学近乎知,力行近乎仁,知耻近乎勇。"仁道的施行,必然要落实在具体的实践中。朱熹也讲道:"夫学问岂以他求?不过欲明此理,而力行之耳。""故圣贤教人,必以穷理为先,而力行以终之。"③他所说的力行,是将"道问学"转化为"尊德性"的实践过程,倘若知而不行,无疑与不学无异。因此,"为学之实固在践履,苟徒知而不行,诚与不学无异。然欲行而未明于理,则所践履者又未知其果何事也。""穷理不深,则安知所行之可否哉?"④他还认为行可以验明知的真伪,"欲知知之真不

---

① 〔宋〕朱熹:《答张元德》,载朱杰人等主编:《朱子全书》第 23 册,上海:上海古籍出版社 2002 年版,第 2984 页
② 〔清〕曾国藩著,唐浩明整理:《曾国藩全集·家书》,长沙:岳麓书社 1986 年版,第 303 页。
③ 〔宋〕朱熹:《答郭希吕》,载朱杰人等主编《朱子全书》第 23 册,上海:上海古籍出版社 2002 年版,第 2566、2567 页。
④ 〔宋〕朱熹:《答程允夫》,朱杰人等主编:《朱子全书》第 23 册,同上,第 2811、1860 页。

真,意之诚不诚,只看做不做如何。真个如此做底,便是知至、意诚"①。知是行的前提,行是知的目的,身体力行贯彻于知行的始终。身体力行在王阳明这里,特别体现为"事上磨炼"的工夫,"人须在事上磨练做功夫乃有益;若只好静,遇事便乱,终无长进;那静时功夫,亦差似收敛,而实放溺也"②。他所说的"事上磨练",即是面对实事,体究践履,实地用功,这也是他"知行合一"论旨的反映。

古代教育教法多门,然反身内求,存养涵泳,身体力行,构成了古典教育"三位一体"的基本结构。这一结构基于心性趋善的逻辑前提,突出对成人成德的强调,具有强烈的现实参与意识和经世致用的儒者情怀,因此我们自不必以后见之明质疑其中缺少"为学问而学问"的致知态度。即使到了20世纪,这种传统教法仍有所延续,如马一浮先生在复性书院的《书院学规》中具列四目:一曰主敬为涵养之要者;二曰穷理为致知之要者;三曰博文为立事之要者;四曰笃行为进德之要者。在《学规》的结语处,马先生反复叮嘱:"'为仁由己,而由人乎?'勉之!勉之!"③其中的主敬涵养、笃行进德、为仁在己等大节目,与本文所论关涉不浅。又,钱穆先生在解释新亚书院"诚明"的校训时指出:"'诚'字属德性行为方面的。'明'字是属知识了解方面的。'诚'是一项实事,一项真理。'明'是一番知识,一番了解。我

---

① 〔宋〕黎靖德编,王星贤点校:《朱子语类》卷十五,北京:中华书局1986年版,第302页。
② 〔明〕王阳明:《传习录》,载吴光、钱明、董平、姚延福编校:《王阳明全集》,上海:上海古籍出版社1992年版,第92页。
③ 吴光主编:《马一浮全集》第一册(上),杭州:浙江古籍出版社2013年版,第86—102页。

们采用此两字作为校训,正是我们一向所说,要把为学做人认为同属一事的精神。"①这也是为学与为人、身体与力行的彼此互证,其中凸显了中国传统教学方法的现代性价值和意义。

(四)求真的精神

笔者此前一直有一个困惑,就是在晚清科举制度被废除之后,一方面"六经""四书"至高无上的经典地位迅速被边缘化,"经学"逐渐不再开设,传统的"学而优则仕"的制度化通道被阻断,古典的精英教育也相应地转型为现代国民教育;另一方面,在传统向现代转型的历史进程中,现代意义上的学术分科也取代了传统的"四部之学",尤其是20世纪20年代以来,中国也逐步建立了与欧美接轨的高等教育体系。那么,在现代的高等教育中,在大学的课堂上,是否还存在韩愈所讲的"传道"问题,如果存在,那么"道"又是什么?

它显然不应再是"六艺之道"。因为从现代学科分类来看,在自然科学、社会科学、人文科学三大类别之下,又设立了哲学、经济学、法学、教育学、文学、历史学、理学、工学、农学、医学、军事学、管理学、艺术学13个学科门类。而中国传统蕴含"六艺之道"的"经学",也包括"四部"中的史、子、集三部,主要分属人文科学和社会科学。如果说,在人文学科的文、史、哲、艺,社会科学的经、管、法、教育等门类中,还可能具有"六艺"之道传承、人文精神展现的话,那么在下属学科众多的自然科学中,又该如何理解其中之"道"?

"道"当然可以是从事自然科学教师的人格精神,也可以是

---

① 钱穆:《新亚遗铎》,北京:三联书店2005年版,第66页。

行之有效的传授之法,但我想"道"应该有更本质的存在。此一存在或可用"求真的精神"一语来概括。

在社会科学中,研究社会发展的规律,发现社会真相,探索理论在社会实践中的具体运用,其学科的求真性、科学性自不待言。但在人文学科中,是否也存在求真的问题呢?我想前贤的一些判断,或能给我们一些启示。在现代新儒家中,马一浮先生确信"六经"中的义理都是实理,人之所能具,求之而不远。[①] 熊十力先生断言"良知是真真实实的,而且是个呈现,这须要直下自觉,直下肯定"[②]。这些判断对于我们今天的人文学者而言,不免存疑,但在马先生、熊先生那里,则是不可撼动的源于生命本体的确证。又,王国维先生论学有言:"学之义不明于天下,久矣。今之言学者,有新旧之争,有中西之争,有有用之学与无用之学之争。余正告天下曰:学无新旧也,无中西也,无有用无用也。凡立此名者,均不学之徒。"[③]钱锺书先生也说:"东海西海,心理攸同;南学北学,道术未裂。"[④]作为极具现代精神的人文学者,王、钱两位先生认为学术研究的主要目的在于求真求是,中西古今、有用无用之争均不免落入名相之见。当然,他们的论断所针对的主要是人文学科。由此可证,人文学科亦有求真性、科学性的一面。

因此,我想大胆地做一推断:在今天的大学教育中,贯穿于

[①] 参见刘梦溪:《马一浮和"六艺论"》,载《马一浮与国学》(增订版),北京:三联书店2018年版,第322—338页。

[②] 牟宗山:《我与熊十力先生》,载郭齐勇编:《存学斋论学集》,北京:三联书店2008年版,第168页。

[③] 王国维:《国学丛刊·序》,载《国学丛刊》(北京),1911年第1期第1页。

[④] 钱锺书:《谈艺录》,北京:中华书局1984年版,《序》第1页。

人文、社会、自然三大学科类别中的"道",应该是无限追求真理的"求真的精神"。它不仅是今天教育教学、学术研究的宗旨,也是大学不断实现自身超越的内驱力和精神向度,更是我们据以探究未知世界的根本支撑。当然,另一方面,在大学的讲堂上,我们也决不能忽略对善与美的培育和追求、对为师者精神人格的自我塑造以及对于教育教学方法的不断探索。

之所以要特别强调"求真的精神",不仅是因为"真"是"善"和"美"的学理基础,更是由于中国文化传统中,向来缺乏对于物理自然的纯粹的求真、求知之精神。美国著名物理学家亨利·罗兰1883年8月15日在美国科学促进会上,曾作过"为纯科学呼吁"的主题演讲,其中提到:"为了应用科学,科学本身必须存在。假如我们停止科学的进步而只留意科学的应用,我们很快就会退化成中国人那样,多少代人以来他们(在科学上)都没有什么进步,因为他们只满足于科学的应用,却从来没有追问过他们所做事情中的原理。这些原理就构成了纯科学。"[①]对中国的批评,真可谓一针见血!其时中国尚处于清光绪年间,刚从天朝上国的迷梦中惊醒。晚清以降的开明人士当然也意识到问题的症结所在,如清末的严复就对"学术"二字辨析说:"盖学与术异,学者考自然之理,立必然之例;术者据已知之理,求可成之功。学主知,术主行。"[②]其后的梁启超先生也有论:"学也者,观

[①] [美]亨利·奥古斯特·罗兰:《为纯科学呼吁》,《前沿科学》2012年第3期,第82页。
[②] 严复:《原富》按语,载王栻主编《严复集》(四),北京:中华书局1986年版,第885页。

察事物而发明其真理者也;术也者,取所发明之真理而致诸用者也。"①两位启蒙学者一方面注意"学"与"术"的名实区分,另一方面特别强调"学"必须建立在对自然之理、事物之理发现的基础上,进而形成逻辑的认知和理性的判断,也即今天所谓的纯科学或基础科学。但时至今日,"学"与"术"淆乱运用的情况在中国仍然普遍存在。

中国文化何以缺乏纯粹之"学"的传统?对于这一问题,1914年创办《科学》杂志并于次年担任中国科学社社长的任鸿隽先生,哲学史家冯友兰先生,以及当代以治科学史名世的陈方正先生均有讨论。②在此,我想引用贺麟先生的一段文字:"中国文化特别重视人与人的关系,而不十分注重人与神及人与自然的关系。注重神,产生宗教。注重物理的自然,产生科学。注重审美的自然,产生艺术。注重人、人与人之间的关系便产生道德。换言之,在种种价值中,中国文化特别注重道德价值,而不甚注重宗教、艺术、科学的价值。希腊精神注重自然,对物理的与审美的自然皆注重,故希腊是科学艺术的发祥地……"③我们不得不承认,引文除了有些低估中国的艺术成就外,其判断是扼要入理的。此外,20世纪50年代末,由唐君毅、牟宗三、徐复观、张君劢四人联名发表的长文《为中国文化敬告世界人士宣言》,

---

① 梁启超:《学与术》,载《清代学术概论》,北京:中国人民大学出版社2004年版,第271页。

② 可参看任鸿隽:《说中国无科学之原因》《科学精神论》《何为科学家》,载《科学救国之梦——任鸿隽文存》,上海:上海科技教育出版社2002年版;冯友兰:《中国为什么无科学》,载《三松堂学术文集》,北京:北京大学出版社1984年版;陈方正:《继承与叛逆——现代学科为何出现于西方》,北京:三联书店2008年版。

③ 贺麟:《文化与人生》,北京:商务印书馆1988年版,第52页。

也同样承认中国人缺少理论科学精神这一事实,并指出其症结在于"中国思想之过重道德的实践,恒使其不能暂保留对于客观世界之价值的判断",尽管后来在清代,学者的精神眼光有向外通的趋势,但终于僵固在文物书籍之中,而以训诂考据为能事。今欲彻底改变这一现状,"中国人不仅当只求自觉成为一道德的主体,以直下贯注于利用厚生,而为实用活动之主体,更当兼求自觉成为纯粹认识之主体"。道德主体为仁,认识主体为智,以仁统智而仁智互兼,则"中国文化中必当建立一纯理论的科学知识之世界"。[①] 贺麟、唐君毅、牟宗三等几位先生从中华民族思想文化的价值取向处讨论,当然更具有说服力。

时至今日,在功利化趋势不断漫延、浮躁情绪不断渗透的大学校园内,如何形成无限追求真理的教学研究风气,崇尚学术独立的精神,保障学术研究的自由,真正培养以学术为志业的学者,这可能就是贯穿于人文、社会和自然三大学科类别中的"道"之所在。庄生曰:"吾生也有涯,而知也无涯,以有涯随无涯,殆已。"[②]而现代大学中"求真的精神"在于,明知天地自然人生宇宙间的真理是无穷尽的,但还是宁愿以有涯之生,努力照亮人类未来的世界,并在其中享受着探索和发现的乐趣!

(撰稿人　黄彦伟)

---

① 参见徐复观:《论文化》,载《徐复观全集》,北京:九州出版社 2014 年版,第 282—286 页。

② 钱穆:《庄子纂笺》,北京:三联书店 2010 年版,第 30 页。

第十八章　信义篇

"信"与"义",各有其内涵丰富之指涉。"信""义"并称,则互为限定,即"信用"与"道义"。由于本书另辟《义利篇》着重探讨后者,因而本篇专注于对前者的观念史梳理。信,拆而解之,"亻"与"言"也。揆诸六书,是为会意。《说文解字·序》即以之为例证,曰"会意者,比类合谊,以见指㧑,武、信是也"。又据《说文解字》"信"字条,其所指㧑者,即"诚也"。段玉裁注之曰:"人言则无不信者。故从人言。"此说深可怀疑也。

人言不可尽信,已为今人处世之"常识"。譬如自明代即广为流传的《昔时贤文》中,"逢人且说三分话,未可全抛一片心""谁人背后无人说,哪个人前不说人""是非只为多开口,烦恼皆因强出头"一类关于人言的"处世智慧"俯拾即是。人前人后的搬弄、话里话外的是非当然不可尽信,语言所承载的信息与承担的信义也因之丧失。

语言何以产生,有多种假说,大体分为"非连续性"和"连续性"两类。前者甚至带有某种启示性,譬如著名语言学家乔姆斯基(Avram Noam Chomsky)声称,语言能力是某些原始人类"受到奇异的宇宙辐射而产生的随机突变"①；后者则认为，语言能力是经过漫长而持续的演化才为人类所掌握，其内部有关语言演化过程的动力与机制也多有争论，于此不赘。需要特别指出的是，人类群体生活的社会性，是使语言不断趋于成熟的必然条件。

语言无疑诞生于文字之前。文字是为了有效地对语言承载的信息作空间上的延展（即信息的传播）、时间上的延长（即信息的保存）。口口相传最大的缺点就是易于失信，因为每一个传播环节都有可能丢失或篡入信息。随着人类群体生活社会化程度的加深、信息交流规模的增大，文字的出现成为必然。文字出现的必然性也反证了语言的局限性，以及那种随时、随地、随意产生的人言之不可尽信。

其实，关于人类语言的童年状态，大可不必进行空悬的思想实验，目前关于狼、草原犬鼠、海豚等社会性动物的语言研究已经有了极为成熟的系统。先民日常生活生产之中，对于信息精度和信度的要求，都未必如今日。然而猎取大型动物或进行部落之间的攻防战争目标单一，在生死之间，对即时、即地、即意的信息传递精度和信度提出了不亚于今日的要求。在这种情形下，段玉裁所谓"人言则无不信者"自然成立，这与狼、草原犬鼠、海豚的语言，无论高嗥还是低鸣，足以应对其生存环境和社会结构的复杂性的道理相通。

将人与动物进行类比，绝无对人性高贵的不敬之意。西哲

---

① Chomsky, Noam. *The Architecture of Language*. Oxford: Oxford University Press. 2000.

亚里士多德关于人性与人类社会的深刻洞察即筑基于对动物的细致观察之上。在亚里士多德看来，在动物一般生活中，可见到许多相似于人类生活的情况。由于前苏格拉底哲人大多没有对人和动物的明确区分，为此他们还遭到了亚里士多德的批评。[①]亚里士多德的贡献不仅在于提出了"人是动物"的命题，还在于提供了研究"人是什么动物"的方法论，以及基于此做出了"人是政治动物""人是语言动物""人是理性动物"等一系列经典定义。

与"政治性"不仅为人类，还为蜜蜂、蚂蚁所具备不同，亚里士多德定义人是唯一具有语言（λόγον）的动物。λόγον 的拉丁字母转写为 logos，汉译"逻格斯"，在希腊文中有三重含义：语言/陈述（word, speech, statement, discourse）；计算/原则（computation, account）；理/道（reason）。这也就意味着，人的语言能力同时内嵌着逻辑计算能力与道德推理能力，从而才有对利弊、是非的判断。

《礼记·曲礼上》曰："鹦鹉能言，不离飞鸟；猩猩能言，不离禽兽，今人而无礼，虽能言，不亦禽兽之心乎？"所谓的"能言"，即亚里士多德特加区分的动物"声响"/"叫声"。《礼记·乐记》进一步指出："凡音者，生于人心者也。乐者，通伦理者也。是故知声而不知音者，禽兽是也；知音而不知乐者，众庶是也。唯君子为能知乐。"所谓"知乐"，就是能判断声音中的美丑、善恶。这与对利弊、是非的判断同出一辙。因此，中西哲人有着相似的看法，人与动物之间的区别，也即"人禽之辨"，就在于对声音、

[①] Richard Sorabji, *Animal Minds and Human Morals*. Ithaca：Cornell Univ. Press，1993.

语言所承载信息的辨别能力上。①

辨别力或曰判断力,实则是对语言已经不足以准确承载信息和承担信义的后见之明,并未揭示语言局限性的根源。对此,《道德经》对"知者不言,言者不知"与"信言不美,美言不信"两对互斥性概念予以了梳理。知与言,是在承认绝对客观知识存在的前提下,探究人类对这种知识能否进行理解,以及理解之后能否进行表达。信与美,则是在进行表达的基础上,对内容的准确可靠与形式的优雅动听之间的权衡取舍。

关于人类对知识能否进行把握,以及把握之后能否进行表达这个问题,《道德经》开篇即对此抱以消极的态度——"道可道,非常道,名可名,非常名",《庄子·寓言》也认为"不言则齐,齐与言不齐,言与齐不齐也,故曰无言。言无言:终身言,未尝言;终身不言,未尝不言。"这两段迂曲的文字,恰恰构成了语言局限性的例证。因为,若无一定古代文学与哲学的功底,甚难理解其中的含义,这就为信息的准确传递设置了门槛,即使掌握解读的办法,各家见解也可能难以折中统一。

理解与表达,是我们面对这个世界时最为根本的困境,但这种困境却悬置于日常生活之上,不为常人所察,常人也不为此种根本困境所困。真正构成我们日常语境下所谓语言"信义"问

---

① "人之所以为人者何已也?曰:以其有辨也。饥而欲食,寒而欲暖,劳而欲息,好利而恶害,是人之所生而有也,是无待而然者也,是禹桀之所同也。然则人之所以为人者,非特以二足而无毛也,以其有辨也。今夫狌狌形状亦二足而无毛也,然而君子啜其羹,食其胾。故人之所以为人者,非特以其二足而无毛也,以其有辨也。夫禽兽有父子,而无父子之亲,有牝牡而无男女之别。故人道莫不有辨。"(《荀子·非相》)"威公又见屠馀而问焉。曰:'孰次之?'对曰:'中山次之。'威公问其故。对曰:'天生民,令有辨,有辨,人之义也。所以异于禽兽麋鹿也,君臣上下所以立也。'(《说苑·权谋》)

题的,更多是《道德经》指出的第二对互斥性概念——"信言不美,美言不信"。其实"美言未必不信,信言未必不美",人类无须放弃对语言形式和内容协调的追求。更为准确的说法应当是"美言不必信,信言不必美",即说者为了让听者"相信"不"可信"的内容时,也即虚构事实时,一定会穷尽技巧使之形式上显得优美动听,此之谓"美言不必信"。而陈述事实时,传递准确可靠的内容即可,无须刻意讲求形式,此之谓"信言不必美"。

　　与《道德经》类似的说法,不受历史时期和思想流派的限制,从前举《昔时贤文》的种种"处世智慧"到《论语》中"巧言令色鲜矣仁"的"圣人教诲",反映出语言的形式和内容的协调性在遭到人类破坏后所产生的后果。这种破坏,简单地说,就是人类的虚构能力。《圣经》即以人类听信蛇所说的谎言,以及掌握智慧后也说出谎言的"原罪",作为一部人类苦难救赎史的起点。

　　虚构,即语言的描述脱离事实而存在。虚构的信息虽不承载事实,却可以承担价值。信,就此从名词过渡为动词,成为对虚构言论的"信念"与"信仰"。虚构未必有害,《庄子》通篇大量使用虚构的寓言,并认为"寓言十九,借外论之"之所以能达到"十言而九见信"的效果,在于"亲父不为其子媒,亲父誉之,不若非其父者也",似乎也切中"易子而教"的社会心理现象。但是庄子的核心意识在于寓言的虚构性所造成的换位感能够突破主观之蔽,从而达到"使人相信"的效果,却并不对"相信"内容是否"可信"负责。

　　倘使虚构有害,则在于其目的(这里仅在目的论伦理体系下予以讨论)。前文所谓"原罪"的起点——谎言,在英文中亦有白色谎言（White Lie）的说法，即虽然虚构事实，却意在达到善的目的。又如，我们虚构了一个事实，也即讲述了一个谎言，打破了事实上的逻辑链条，往往需要后续不断地虚构事实，也即用新谎圆旧谎的逻辑链条。倘若最终圆谎，或者是因为听者不再追究逻辑的完整性，或者是因为谎言虚构出了一套自洽的话语体系。

除了谎言，在我们日常虚构的语言中，还可分离出其他的类型，如诈言。谎言与诈言的区别在于，尽管说者虚构的目的都在于让听者"相信"本身不存在的事，但诈言还有紧随其后的一系列策略和行动，以伤害听者的利益为进一步的目的。再如，狂言，听者基于自身经验或者推理，最初并不"相信"说者的夸夸其谈，然而，倘若说者得以付诸实践，并在一定条件下得以实现，则狂言兑现，虚构成了事实。反之，则有"食言"，听者与说者皆知其为"虚构"，但对之有基于"相信"的"预期"。

语言对虚构事实所带来的深远影响，在我国古代典籍中，表现为对"信"观念的一系列历史叙述。以"信誓旦旦"这一今人习用的成语为例，其典出于《诗经》中的名篇《氓》。"旦旦"，定本以为犹"怛怛"，或作"勖勖"（《尔雅·释文》），皆从"心"，强调立誓时内心的状态或者感受，郑玄笺注："我其以信，相誓旦旦耳，言其恳恻款诚。"故知内诚于心，外形于言，方可称之为"信誓旦旦"。然而，立誓者不曾料想到日后的凉薄，等闲变却故人心，却道故人心易变。立誓者氓所辜负的，岂止于弃妇之痴心，还有自己立誓之初心。

氓背婚姻之信，弃夫妇之义，固然可鄙，但在他身处的时代，男女违背婚誓的现象并非孤例，据《诗序》：

> 宣公之时,礼仪消亡,淫风大行,男女无别,遂相奔诱。华落色衰,复相弃背,或乃困而自悔,丧其妃耦,故序其事以风焉。美反正,刺淫泆也。

宣公即卫宣公(？—前700),此人既娶父妾,又占儿媳,实乃无耻之尤。风俗之败始于王公,于是卫国由上自下,风行草偃,民间淫奔之盛,亦可想见。其时尚在春秋早期,礼崩乐坏已至于斯。

男女,人之大欲;夫妇,人之大伦。男女进而为夫妇,是二性之间由自然关系之交合进而为社会关系之结合。婚礼,即其中最为关键的环节,《礼记·昏义》所谓:

> 昏礼者,将合二姓之好,上以事宗庙,而下以继后世也,故君子重之。……男女有别,而后夫妇有义;夫妇有义,而后父子有亲;父子有亲,而后君臣有正。故曰:昏礼者,礼之本也。

合二"姓",非以合二"性",明确了婚礼的社会功能,"宗庙""后世"等关键词对此可予佐证。而"夫妇、父子、君臣"序次的旨趣,是以演化逻辑建立贯通人之为人、自然与社会双重属性的自发秩序,与抬高"君臣",强调单向度权利义务关系的"三纲"迥异。① 故而，自由恋爱不等于自由婚姻，一旦举行婚礼，就由私域转入公域，婚誓也具有了习惯法的意味。按照《氓》的叙事，既已良媒卜筮，车来贿迁，那么，这首诗就不仅仅是在记录小儿女间色衰爱弛的恩怨，而是在法理上具有了"美反正，刺淫佚"的规范作用，此之谓"诗教"。

可以毫不夸张地说，信义在夫妇一伦的淡出，足以对整个既有社会秩序造成消解。尽管，这种消解很可能是历史退化论视野下的整体性消解。《淮南子·泛训论》对此描述道：

> 夏后氏不负言，殷人誓，周人盟。

"不负言"，即不食言。《公羊传》称"古者不盟，结言而退"，正是因为言而有信，言语之外，无须另立约束。誓，《礼记·曲礼》谓之"约信"，《说文》谓之"约束"，对此后儒解释为：

> 约信以其不能自和好，故用言词共相约束，以为信也。若用言相约束以相见，则用誓礼，故曰誓也。（《礼记正义》）

> 凡自表不食言之辞皆曰誓，亦约束之意也。（《说文解字注》）

---

① 《易·序卦》："有天地然后有万物，有万物然后有男女，有男女然后有夫妇，有夫妇然后有父子，有父子然后有君臣，有君臣然后有上下，有上下然后礼义有所错。夫妇之道不可以不久也，故受之以恒。"

显然,只有当负言、食言已成常态,才需要刻意的约束。由于社会形态渐趋复杂,人际关系亦趋多元,世事愈加难料,人心更加叵测。那些相较于人事代谢更加恒长久远的存在,诸如天地日月、山川木石,可指名为"信物"。两情相悦,自由恋爱,又不至于谈婚论嫁,只得征信于物,相约为誓:就其小者言之,可为"木瓜""彤管";就其大者言之,则如《上邪》中的"山无棱""天地合"。

与《上邪》同属"铙歌十八曲"的《有所思》,是女子知晓男子违誓变心之后的决绝之辞。有论者认为,此诗应与《上邪》合而观之。大海之南的恋人,以海为誓,以海中玳瑁为"信物"。然而誓言破灭,信物焚毁,天地未合。

从《氓》到《有所思》,相同母题在中国文学史上一再出现,正反映了守"信"难、失"信"易是人世常态,即便"信物"也不过聊胜于无罢了。

《尚书》中有三篇"誓",分别为夏之初启伐有扈氏,商之初汤伐桀,周之初武王伐纣的临战誓师。我们可以从中观察到某些共性:

> 有扈氏威侮五行,怠弃三正,天用剿绝其命,今予惟恭行天之罚。(《夏书·甘誓》)

> 有夏多罪,天命殛之……予畏上帝,不敢不正。(《商书·汤誓》)

> 商罪贯盈,天命诛之。予弗顺天,厥罪惟钧。(《周书·泰誓》)

胜败乃兵家常事,故战不必胜,因此战前吊民之言不必信,伐罪之行不必果。为了保证所言的可信度,于是托命于天,以为约束。可见,至少是在战前,信自天立,不自人立。而战后再讲"天难谌"(《商书·咸有一德》)或者"天不可信"(《周书·君奭》)则是执果索因的后见之明,难免带有某种意图性与建构性。

张角、张宝之"苍天已死,黄天当立",王仙芝、黄巢之"天补均平",未尝不是托命于天。陈胜、吴广之"篝火狐鸣",韩山童、刘福通之"独眼石人",未尝不是征信于物。盟,则是直接在形式上假借超越性的力量,对"誓"进一步的强化:

约信曰誓,莅牲曰盟。(《礼记·曲礼》)

盟,杀牲歃血,朱盘玉敦,以立牛耳。(《说文》)

盟,明也,告其事于神明也。(《释名》)

《曲礼》非谓"盟"毋须"约信",而是在此基础之上还须"莅牲",即《说文》所列诸事。其目的即《释名》所言,希望通过人世之外的力量确保誓言,倘若失信,则由神明降祸加殃于失信之人。是故"诅""盟"往往并称,非此无以显示盟誓之严慎庄重。《周书·吕刑》开篇即诘责蚩尤领导下的苗民"罔中于信,以覆诅盟","上帝"因此"遏绝苗民,无世在下"。《左传·桓公元年》鲁桓公与郑伯结盟,便以"渝盟无享国"为誓,"渝盟"即渝变盟誓,"无享国"即失身亡国。在《左传·僖公二十八年》所记城濮

之战,晋文公大败楚军之后,诸侯盟于周天子王庭之前,对渝盟的后果做了更为详细而严厉的诅咒:

> 有渝此盟,明神殛之,俾队其师,无克祚国,及其玄孙,无有老幼。君子谓是盟也信。

亡国尚且不够,还得灭种,诚可谓赌毒咒、发恶誓了。而据《吕刑》的描述,失信渝盟的苗民便近乎这般下场。

孔颖达注疏《曲礼》,谓"天下太平之时,则诸侯不得擅相与盟",东周兴起的会盟制度,并非由周天子所主导,而是严格遵守先王礼制"十二年一盟"的"宗盟""大盟"。其本质是在西周封建宗法秩序瓦解后,诸侯之间人为构建的新型利益关系,自然具有唯利性、松散性和临时性。随着世变日亟,在问鼎逐鹿者精明的眼中,一旦效益大于成本,渝盟所带来的风险并非不可承担。因此,只有通过神秘莫测的鬼神崇拜,使渝盟的成本增加。于是,咒愈毒,誓愈恶,结盟愈牢靠。正因为结盟者普遍分享了这样一种信念:鬼神存在并且能对人事产生极为重大的干涉,诸君子才会对"是盟也信"达成共识。

盟,本字从朙从皿,甲骨文金文已录其形。《说文》作"盟":

> 《周礼》曰:国有疑则盟,诸侯再相与会,十二岁一盟。北面诏天之司慎司命。盟,杀牲歃血,朱盘玉敦,以立牛耳。从囧从血。

徐铉奉旨校定《说文》,疑"皿声"有误,改为"从血",段玉裁《说文解字注》虽未见到甲骨材料,却能"正之",可谓独具卓识。卜辞中"盟"(☒、☒、☒),与"血"(☒、☒)形似而实不同,饶宗颐在《殷代贞卜人物通考》中以《周礼》职官类比,卜辞所见"血子"近于"载师",而"盟子"近于"司盟",也即《说文》所涉之内容,详下:

> 司盟,掌盟载之法。凡邦国有疑会同,则掌其盟约之载及其礼仪,北面诏明神。既盟,则贰之。盟万民之犯命者,诅其不信者亦如之。凡民之有约剂者,其贰在司盟;有狱讼者,则使之盟诅。凡盟诅,各以其地域之众庶共其牲,而致焉;既盟,则为司盟共祈酒脯。(《周礼》)

> 司约,掌邦国及万民之约剂。治神之约为上,治民之约次之,治地之约次之,治功之约次之,治器之约次之,治挚之约次之。凡大约剂书于宗彝,小约剂书于丹图。若有讼者,则珥而辟藏,其不信者服墨刑。若大乱,则六官辟藏,其不信者杀。(《周礼》)

比如西周早期铭文中的☒(邢侯簋)、中晚期的☒(鲁侯爵)、☒(师望鼎),春秋时期的☒(郐公华钟)、☒(侯马盟书):

> 甲辰,贞:其大御王自上甲,盟用白豭九。(《殷契撫佚续编》64)
> 辛丑,卜:盟三羊,册五十五牢。(《殷契佚存》872)

"从朙从血"之"盟"则是从"盟"发展而来的制度化的盟誓、

会盟。《周礼·春官》还有专门负责"作盟诅之载辞,以叙国之信用,以质邦国之剂信"的"诅祝"一职。《左传》《国语》亦不乏"寻盟"的记载,"寻",即"燖",本作"燂",或作"燅",并非直接炙烤,而是隔水加热,重温旧盟。《左传·成公九年》中记载晋国季文子谓范文子曰:德则不竞,寻盟何为？范文子曰:勤以抚之,宽以待之,坚强以御之,明神以要之,柔服而伐贰,德之次也。(《左传·哀公十二年》),子贡批评说：

> 盟所以周信也,故心以制之,玉帛以奉之,言以结之,明神以要之。寡君以为苟有盟焉,弗可改也已。若犹可改,日盟何益？今吾子曰必寻盟,若可寻也,亦可寒也。

《左传》中,"盟"出现了六百余次,"誓"仅二十余次。《穀梁传》中,"盟"出现了近二百次,"誓"仅一次。其中所见,多为政术之款曲,少有政道之谅直,更无复"不刚不柔,敷政优优"(《商颂·长发》)之政德矣,故曰"德之次也"。围绕"信誓旦旦",从两情相悦的婚"誓",到秦晋之好的婚"盟","信义"的缺失构成了一部先秦社会礼崩乐坏的隐线。其中得失,深可为今人所警醒。

（撰稿人　余霄）

第四分部
为政：致太平

第十九章　家国篇

第二十章　天下篇

第二十一章　民本篇

第二十二章　为公篇

第二十三章　礼法篇

第二十四章　无为篇

第十九章　家国篇

"家国"一词见诸史乘,大约始自汉代。据《史记·周本纪》,武王举兵伐纣,誓师于牧野,谴责商王纣失德,其誓词中就有"昏弃其家国"一语。有意思的是,司马迁转述的武王誓词所由出的《尚书·牧誓》,有"昏弃"之语,而无"家国"之辞。① 事实上,"家国"一词,不见于《诗》《书》《易》《礼》诸经,亦不见于先秦诸子书,但观汉、晋以降之经、史、子、集,则屡见不鲜。尤其晋以后,君臣朝堂论政,学士释经著史,文人抒情咏怀,或云"家国",或以"家与国"并举,或连言"家国天下",蔚为风气。② 据此

---

① 试比较这两段文字。《尚书正义》卷十一《牧誓》:"王曰:'古人有言曰:"牝鸡无晨。牝鸡之晨,惟家之索。"今商王受惟妇言是用,昏弃厥肆祀弗答,昏弃厥遗王父母弟不迪,乃惟四方之多罪逋逃是崇是长,是信是使,是以为大夫卿士。俾暴虐于百姓,以奸宄于商邑。今予发惟恭行天之罚。'。"《史记》卷四《周本纪》:"王曰:'古人有言:"牝鸡无晨。牝鸡之晨,惟家之索。"今殷王纣维妇人言是用,自弃其先祖肆祀不答,昏弃其家国,遗其王父母弟不用,乃维四方之多罪逋逃是崇是长,是信是使,俾暴虐于百姓,以奸轨于商国。今予发维共行天之罚。'。"

② "家国"一词,《晋书》以降多见。唐以后,诗人抒怀亦喜言"家国"。宋明儒尤其明儒则屡言"家国天下"。这方面事例甚多,不赘举。

推想,说"家国"一词系汉人所发明,而流行于后世者,大体不差。虽然,若立足于思想观念,而非专注于特定字词,则"家国"之说实非史迁自撰,而是渊源有自。伊尹训太甲,有谓"立爱惟亲,立敬惟长,始于家邦,终于四海"(《尚书正义·伊训》);诸侯颂平王,则云"君子万年,保其家邦"(《诗经·小雅·瞻彼洛矣》)。《大雅·思齐》诗中还有歌颂文王的名句:"刑于寡妻,至于兄弟,以御于家邦。"古汉语中,邦、国互训,"家邦"即"家国"①,且"家""国"互通其义,"家国"即"国家",后者则屡现于《尚书》《周礼》诸经,②亦可证"家国"词虽新而义甚古,"家国"之观念,其来有自。

"国家"一词,最为现代人所熟悉。然而,今人习焉不察的"国家"二字,与古人所谓"国家",字同而义异。其最著者,是今之"国""家"分系不同范畴:国乃政治共同体,家则为血缘团体,二者不同,且两不相涉。故现代所谓"国家",辄与"民族""主权""国民""社会"诸概念相关联,仍称"国家",无非语言之约定俗成,不复有"家"之义,因此也不可能转称"家国""家邦"。这意味着,古人以"家国"或"国家"所指称的古代国家,有其特殊形态,而诸如"家国"这样的观念,适足表明古代中国人特有的国家观念和国家意识。

---

① 许慎:《说文·囗部》:"国,邦也。"汉唐经学家均以"家国"释"家邦",参见孔安国传、孔颖达疏:《尚书正义》卷八《伊训》;郑玄笺、孔颖达疏:《诗经》卷十六《思齐》;郑玄注、孔颖达疏:《礼记正义》卷三十四《大传》等。

② "国家"一词屡见于《易》《书》《周礼》《礼记》《左传》《孟子》等书,其频率明显较"家邦""家国"更高,尤其《礼记》一书,不但屡言"国家",还常连言"天下国家"。《孟子·离娄上》谓:"人有恒言,皆曰'天下国家'",可见孟子时这种用法已经相当流行。

"家"与"国"

考诸字源,"家""国"二字各有其渊源,其基本义不相同。"家"的本义为居所。《说文·宀部》:"家,居也。"指众人居住之所[1],而引申为共居或有亲缘关系之人,谓家室、家人、家族等。"国"之字面义与家无关。《说文·囗部》:"国,邦也。从囗从或。"金文中,"或"多用作地域、疆域之域,今人则据甲骨文"或"解为执戈守护疆土、保卫人口。[2] 这两层意思不同,但都与早期国家有关,而"国"作为古代国家的通称,殆无疑义。不过,"国"字的出现和流行较晚。《论语》论及国家,"邦"字47见,"国"字10见。[3] 古文,邦亦言封,邦、封同用。[4] "邦"之训"国",应该与封建制度有直接关系。[5] 而"家"与"国",也在封建关系中建立

---

[1] 段玉裁认为,"家"之篆体本义为豕之居,引申为人之居,盖因豢豕生子恒多,"故人居聚处借用其字"(〔清〕段玉裁:《说文解字注》,上海:上海古籍出版社2011年版,第337页"家"注)。这种解释似更具人类学意义上的真实性。我们不妨在此基础上进一步发挥想象力。事实上,人畜共生,同处一室,岂非初民社会"家"的生动意象?

[2] 段注:"戈部曰:或,邦也。古或、国同用。"(见上海古籍出版社2011年版《说文解字注》第277页"国"注。)有关"或""蜮""国"诸字义的考辨,参阅黄金贵:《古代文化词义集类辨考》,上海:上海教育出版社1995年版,第7页。平势隆郎:《从城市国家到中华》,周洁译,桂林:广西师范大学出版社2014年版,第400页。

[3] 参见杨伯峻:《论语译注》,北京:中华书局1982年版,第246、247、273页。"邦"字另一见释为"封"。

[4] 参见〔清〕段玉裁:《说文解字注》,上海:上海古籍出版社2011年版,第283页"邦"注、277页"国"注。

[5] 参见黄金贵:《古代文化词义集类辨考》,上海:上海教育出版社1995年版,第5—6页。

起一种联系。周代制度,诸侯称国,大夫称家,"国""家"在同一系列,二者名位高下不同、权力大小有差,其为封建单位则一。① 东周以后,大夫干政,强势卿大夫不但把持国政,甚至瓜分公室,兼并国家,"家"变为"国"。② 故家、国连言,谓"家国","国家",既可指封建政治体(专指),亦指古代国家(泛指)。

然则大夫称"家",所由何来? 若大夫之"家",同时具有政治性(国),则诸侯之"国",是否亦具亲族性(家)?《说文》段注:"《释宫》:'牖户之间谓之扆,其内谓之家。'引申之,天子、诸侯曰国,大夫曰家。"③ 据此,大夫乃天子、诸侯之"内",故曰"家"。然而,如果把"家"理解为一种血缘群体,则天子、诸侯之"国",未尝不具有"家"的含义,甚至天子、诸侯、大夫、士,亦可被视为一家。古语,王室、王朝亦称"王家",诸侯之家(族)、国则名"公家""公室"。④ 易言之,古之"家""国"一也,故泛称"家国""国家"。这里,现代国家观上被截然分隔开(至少在规范意义上)的两个要素:政治性与亲族性,以自然的方式融合在一起,

---

① 郑玄谓:"邦国,于云:'国,天子诸侯所理也。邦,疆国之境。'"(郑玄注、贾公彦疏:《周礼注疏》卷二)是邦、国泛称时亦指天子之国。

② 关于东周以后诸侯(国)、大夫(家)地位、关系之变化,参见范文澜《中国通史》第一册,北京:人民出版社1979年版,第105—107、124—129页。

③ 〔清〕段玉裁:《说文解字注》,上海:上海古籍出版社2011年版,第337页"家"注。

④ "王家"一词屡见于《周书》,多指周之王室、国家。"公家"犹"公室",春秋战国时指诸侯国,以及国君一脉。其例尤多见于《左传》。不过,比较"公室"一词,"公家"用例甚少,且其所指有时也包括天子之家。《礼记·王制》有谓"公家不畜刑人",孔颖达疏为"天子诸侯之家不畜刑人也"(郑玄注、孔颖达疏:《礼记正义》),即此之例。春秋时期,概念上与"公室"关系密切的还有"公族",详细的研究,参见朱凤瀚:《商周家族形态研究》,天津:天津古籍出版社1990年版,第468—485页。

构成一种特定的国家形态。"家国"之说,就是这种特定国家形态的观念表达。

亲族群的政治性,或政治集团的亲族性,固非中国古代社会所专有的特征,却是最能表明中国古代国家性质的一项特征。[1]一般认为,古代国家的形成,乃由于生产技术的进步促成血缘关系让位于地缘关系之结果。然而中国古史学者却发现,中国早期国家的出现,与其说肇始于生产技术的革命,不如说因"社会组织领域之内的革命"[2]有以致成。此"社会组织"方面的"革命",简单说就是:部落转变为氏族(进而宗族),氏族扩展其组织,变化其联结,完善其制度,而成为一个政治上能够有效控制及治理广阔地域和人民的家国共同体。[3] 从历史上看,此过程相当漫长,从传说中的夏,到有文字可稽考的商、周,古代国家逐步发展出一套复杂精微的观念、组织和制度系统,其核心即在宗族的团结方式,以及与此密切配合的政权形式。近人王国维(1877—1927)认为,"中国政治与文化之变革,莫剧于殷、周之

---

[1] 参见张光直:《中国青铜时代》,北京:三联书店1983年版,第303页。
[2] 同上,第22页。学者们注意及强调之点不同,其用以指称这一时期国家形态的概念也不尽同,如张光直谓为"王国"(同前书,第34页);谢维扬称之为"早期国家"(谢维扬:《中国早期国家》,杭州:浙江人民出版社1995年版);日人平势隆郎名之为"城市国家"(平势隆郎:《从城市国家到中华》,周洁译,桂林:广西师范大学出版社2014年版);思想史家萧公权则称之为"封建天下"(萧公权:《中国政治思想史》,载刘梦溪主编:《中国现代学术经典·萧公权卷》,石家庄:河北教育出版社1999年版)。
[3] 许倬云在《西周史》(北京:三联书店1994年版)一书中指出:"分封制下的诸侯,一方面保持宗族族群的性格,另一方面也势须发展地缘单位的政治性格。"而至少在周初,"诸侯封建'封人'的性格强于'封土'的性格"(第150页),"这种以亲族血缘为基础的宗族组织,超越了地缘性群体"(第161页)。所谓家国(国家),"家指人众,国指疆土""封国由家族分化演变而来"(第162页),殆无可疑。

际"。盖因周人确立了"立子立嫡"之制,"由是而生宗法及丧服之制,并由是而有封建子弟之制,君天子臣诸侯之制"。此类创制,加以祭法上的"庙数之制",婚姻上的"同姓不婚之制","皆周之所以纲纪天下"者。① 之所以如此,乃因:

> 有立子之制,而君位定;有封建子弟之制,而异姓之势弱,天子之位尊;有嫡庶之制,于是有宗法、有服术,而自国以至天下合为一家;有卿、大夫不世之制,而贤才得以进;有同姓不婚之制,而男女之别严。且异姓之国,非宗法之所能统者,以婚媾、甥舅之谊通之。于是天下之国大都王之兄弟、甥舅,而诸国之间亦皆有兄弟、甥舅之亲。周人一统之策,实存于是。②

王氏描述的这种宗法与封建的结合,辅之以异姓联姻之法,为周代国家提供了基本的制度架构,而成就了有周一代的辉煌业绩。此点为史家所公认,亦不乏考古学和文献学上的证据。③ 不过,据晚近人类学家的看法,王氏所强调的周代制度特征,尤其是昭穆、宗法与封建三项,若着眼于中国早期国家("三代")的共同性,实为中国古代社会的三个关键制度,在中国青铜时代大部分时期居于中心位置。④ 在一项关于中国考古学上的聚落形

---

① 参见王国维:《殷周制度论》,载《王国维全集》第八卷,杭州:浙江教育出版社2009年版。
② 同上,第316页。
③ 关于西周封建制度,详参许倬云:《西周史》,北京:三联书店1994年版,第142—176页;范文澜《中国通史》第一册,北京:人民出版社1979年版,第75—76页。
④ 详参张光直:《中国青铜时代》,北京:三联书店1983年版,第18—21、32—34页。

态——城邑的研究中,张光直指出:

> 中国古代的父系氏族实际上是由许多由系谱上说真正有血缘关系的宗族组成的;这些宗族经过一定的世代后分枝成为大宗与小宗,各据它们距宗族远祖的系谱上的距离而具有大大小小的政治与经济上的权力。当宗族分枝之际,族长率领族人去建立新的有土墙的城邑,而这个城邑与一定的土地和生产资源相结合。从规范上说,各级宗族之间的分层关系与各个宗邑的分层关系应该是一致的。

此种亲族群的政治性,或曰政治集团的亲族性,或者如张氏认为的那样,始于新石器时期,而承续、发展于三代,为中国早期国家的一般特征。[①] 有一点可以肯定,那就是,在继起于殷商的周代,此种国家形态发展到一种完备的程度,堪为经典,其表现于制度曰"礼",表现于观念曰"德"。

礼的起源极为古老,举凡初民习俗、社会规范、国家制度,均可以礼言之。周礼承自殷礼,殷礼传自夏礼,三代之礼一脉相承,代有损益。[②] 上引王国维所言,即周礼之荦荦大者,传为周公制作。"德"之观念,出现于殷、周之际,而为周人大力发扬,进而发展为中国历史上最重要之思想,影响至为深远。有学者认

[①] 参见张光直:《中国青铜时代》,北京:三联书店1983年版,第299—305页。学者对商、周及春秋家族形态演变的比较研究,大体上印证了张光直及上引许倬云的看法,参见朱凤瀚:《商周家族形态研究》,天津:天津古籍出版社1990年版,第622—629页。

[②] 孔子曰:"殷因于夏礼,所损益,可知也;周因于殷礼,所损益,可知也。"《论语·为政》。今人说法固不相同,但都是将三代制度视为一前后相继的传统。关于古代礼之性质、演变等,参阅本书《礼法篇》。

为,周初,周公曾以德说礼,对礼有所改造。周代文献中,"德"与"礼"含义相通,均指正当规范之行为,唯礼重其表,德重其里。① 德、礼俱出于天而系于人,为世间统治者保守天命的关键。故古代国家的性质,不独为政治的、宗法的,同时也是道德的。诚如王国维所言:

> 古之所谓国家者,非徒政治之枢机,亦道德之枢机也。使天子、诸侯、大夫、士各奉其制度、典礼,以亲亲、尊尊、贤贤、明男女之别于上,而民风化于下,此之谓治,反是则谓之乱。是故天子、诸侯、卿、大夫、士者,民之表也;制度典礼者,道德之器也。周人为政之精髓,实存于此。②

古之德治、礼治,即本于此。

伦理与政治

西周礼乐文明、宗法秩序,经历春秋、战国之世而日渐瓦解。"礼乐征伐自天子出"的一统局面,一变而为"礼乐征伐自诸侯出",再变而为"陪臣执国命"(《论语·季氏》)的乱局。国家兼并,争战不已。传统的城市国家为新兴的领土国家所替代。从本文的视角看,这也意味着,建基于宗法和封建制度之上的"家国"体制最终解体。当时,对于这一不可阻挡的历史巨变,有各种不同的思想上的回应。其中,以儒、法名世的两种思想派别对

---

① 杨向奎:《宗周社会与礼乐文明》,北京:人民出版社1992年版,第331—334页。
② 王国维:《殷周制度论》,载《王国维全集》第八卷,杭州:浙江教育出版社2009年版,第317页。

当时和后世的国家建设影响最巨,而它们所展现的政治理念则迥然不同。①

生活于春秋末年的孔子,以三代尤其西周为模范,力图通过恢复古代礼制,重建良好的社会生活与政治秩序。然而其政治与社会理想,并非某种机械的复古主义,他是通过吸收并改造古制精义,而造就一种更具合理性也更具普遍意义的政治哲学。孔子之"仁"的观念,以及他对"仁"与"礼"关系的阐述,堪为此种创造性贡献的典范。具体言之,孔子汲取和改造周人"德"的观念,创为"仁"的思想,而且,仿效他所推崇的古圣贤周公之以德说礼,孔子以仁说礼,实现了古代思想的一大突破。②《论语》一书,"礼"字74见,"仁"字百余见,其中,用以表示道德标准之义的"德"字105见。③ 孔子对"仁"的说明,因语境不同而变化,然均不离"德"之一义。可以说,仁表现为各种不同的德目,仁又是所有德目的总名,"统摄诸德"④,贯通于个人、家庭、社会、国家所有领域。同时,仁有其适当的表达形式,那就是礼。礼为仁之表,仁为礼之意;礼为仁之具,仁为礼之本。二者相辅相成,不可分离。⑤

---

① 对于先秦政治思想诸流派的简要介绍,参见萧公权:《中国政治思想史》,载刘梦溪主编:《中国现代学术经典·萧公权卷》,石家庄:河北教育出版社1999年版,第17—38页。

② 孔子论仁及礼在中国古代思想史上的重要性早已成学者共识。

③ 参见杨伯峻:《论语译注》,北京:中华书局1982年版,第221、311页。与此相对照,春秋时人言"礼"远过于讲"仁"。据杨伯峻统计,《左传》一书,"礼"字469见,"仁"仅33见。同前书,16页。

④ 蔡元培语,转引自余英时:《论天人之际》,北京:中华书局2014年版,第89页。

⑤ 参见张端穗:《仁与礼——道德自主与社会制约》,载黄俊杰主编:《中国人的宇宙观》,合肥:黄山书社2012年版。

从观念史的角度看,"仁"系由"德"发展而来,但又不同于"德"。盖因周人之"德"与王朝相连,孔子的"仁"则存在于个体内心;集体性的"德"为"天"所制约,存乎一心的"仁"则主要出于个人意志。如此,"仁"之为德,就摆脱了与古代特定阶级和制度的外在联系,而变成一个普遍化的和富于生机的道德理念,一个可以将全社会所有角色都纳入其中的道德理想。值得注意的是,仁之观念虽然存在于内,居于个人道德修为的核心,却不只是个人的德行。子贡问仁,孔子回答说:"夫仁者,己欲立而立人,己欲达而达人。能近取譬,可谓仁之方也已。"(《论语·雍也》)自政治思想的角度观之,仁之为德,同时具有社会的和政治的含义。恰如政治史家萧公权所指出:

全部之社会及政治生活,自孔子视之,实为表现仁行之场地。仁者先培养其主观之仁心,复按其能力所逮由近及远以推广其客观之仁行。始于在家之孝弟,终于博施济众,天下归仁。《大学》所谓"身修而后家齐,家齐而后国治,国治而后天下平"者,正足以说明仁心仁行发展扩充之程序。故就修养言,仁为私人道德。就实践言,仁又为社会伦理与政治原则。孔子言仁,实已冶道德、人伦、政治于一炉,致人、己、家、国于一贯。①

孔子论政,辄打通家、国。曾有人问孔子为何不参与政治,

---

① 萧公权:《中国政治思想史》,载刘梦溪主编:《中国现代学术经典·萧公权卷》,石家庄:河北教育出版社1999年版,第53页。

孔子反问道:"《书》云:'孝乎惟孝,友于兄弟,施于有政。'是亦为政,奚其为为政?"(《论语·为政》)孝、友之为德,均出之于家,但在孔子眼中,却具有政治上的含义。消极地看,"其为人也孝弟,而好犯上者,鲜矣;不好犯上,而好作乱者,未之有也。"(《论语·学而》)积极地看,"君子务本,本立而道生。孝弟也者,其为仁之本与!"(《论语·学而》)修身行仁,就是政治。故曰:"苟正其身矣,于从政乎何有? 不能正其身,如正人何?"(《论语·子路》)仁者在位,则可言仁政。三代家国体制行将崩解,无可挽回,孔子通过其毕生努力,却构筑了一种新的融家、国于一的政治哲学,这种新的政治哲学更具抽象意味,且面向未来。

与孔子用力的方向相反,法家诸子对即将逝去的旧时代无所留恋。他们顺应时势,为新兴王权张目,勠力变法,厉行耕战,以为富国强兵之策,而彼据以达成其政治目标的工具,曰法。法出礼后,法自礼出,唯经过法家诸子改造和重塑之法,仅存礼之威,而不复有礼之德。[①]且礼有三义,曰亲亲,曰尊尊,曰贤贤,法家则独取其一,推尊尊之义至其极端,[②]尊君抑臣,尊官抑民,严上下之等。不过,法家所尊之君,未必圣人;法家之圣君,必为抱法守一之主。而法家崇尚之法,实为一套非人格化的制度,理性而公正,一视同仁。"法之所加,智者弗能辞,勇者弗敢争。刑过不避大臣,赏善不遗匹夫"(《韩非子·有度》)。至于儒者所称道者,如诗、书、礼、乐、仁义、道德之类,在法家看来,均为过时之

---

① 参见杨向奎:《宗周社会与礼乐文明》,北京:人民出版社 1992 年版,第 275、279 页。

② 阎步克于此论述甚详。详参阎步克:《士大夫政治演生史稿》,北京:北京大学出版社 1996 年版。

物,言之无益于治,反徒生祸乱。① 进而言之,儒家仁学引为依据的人性善信念,在法家眼中,无异于海市蜃楼。法家对人性的看法,现实而冷酷。韩非子(前280—前233)以民间有"产男则相贺,产女则杀之"习俗,断言父母子女之间亦无非自私计算之心,父母待子女如此,"而况无父子之泽乎!"(《韩非子·六反》)故亲情不可倚,亲亲之道不可以为国。治国靠的是法术势力,厚赏重罚。是家、国为二事,政治与道德无关。不独如是,推孝悌于国家,非但不能为功,甚至有害于治。韩非子曾讲述两则故事,明白地指出此点:

> 楚之有直躬,其父窃羊而谒之吏,令尹曰:"杀之。"以为直于君而曲于父,报而罪之。以是观之,夫君之直臣,父之暴子也。鲁人从君战,三战三北,仲尼问其故,对曰:"吾有老父,身死,莫之养也。"仲尼以为孝,举而上之。以是观之,夫父之孝子,君之背臣也。故令尹诛而楚奸不上闻,仲尼赏而鲁民易降北。(《韩非子·五蠹》)②

如此,则家与国竟成对立之势。商鞅(前395—前338)变法,"令民为什伍,而相牧司连坐。不告奸者腰斩,告奸者与斩敌首同赏,匿奸者与降敌同罚。民有二男以上不分异者,倍其赋"

---

① 这方面,商鞅、韩非等论之甚详。参见本书《礼法篇》。
② 《吕氏春秋·仲冬纪》所记略异于此:"楚有直躬者,其父窃羊而谒之上。上执而将诛之。直躬者请代之。将诛矣,告吏曰:'父窃羊而谒之,不亦信乎?父诛而代之,不亦孝乎?信且孝而诛之,国将有不诛者乎?'荆王闻之,乃不诛也。孔子闻之曰:'异哉!直躬之为信也。一父而载取名焉。'故直躬之信不若无信。"这段记载更富戏剧性,所引孔子的评论尤其耐人寻味。更多关于儒家孝道的讨论,详下。

(《史记·商君列传》),将原有之家庭结构、社会组织完全打破,且斩断传统共同体内部的社会与情感纽带,以期动员和控制一切社会资源,使之服从于构造领土国家的政治目标。事实上,法家缔造之国,乃是国君通过官僚行政系统,借助于文书律令,对"编户齐民"制度下的"黔首""众庶"实施全面统治的新型政治体。此种依法而治的新型国家,不但能够因应战国时代深刻变化的社会条件,而且也是当时严酷的生存竞争中的不二选择,实有不得不然之势。而旧的亲亲与尊尊并重的家国体制,以及与之相配合的德礼之治,也因此不可避免地衰落,而成为历史陈迹了。

商鞅变法百余年后,秦国凭借其井然而高效的军国体制,攻灭六国,一统天下,最终完成了从封建国家到郡县国家的历史性转变。秦王嬴政登大位,称皇帝号,"海内为郡县,法令由一统"(《史记·秦始皇本纪》),从此奠定中央集权的大一统国家的制度基础。当然,对于此后二千年绵延不绝的大一统国家体制而言,秦制尚非完善,秦帝国15年而亡,其中的教训可谓深刻。汉承秦制,然而,此种承继并非照搬,相反,汉代国家体制的确立和完善,是在对秦制的深刻反省乃至激烈批判的过程中完成的。此种反省与批判,自思想史层面看,主要是儒、法思想的激荡与融合。

如前所述,法家为国,单凭法术势力,厚赏重罚;儒家论政,则最重德礼仁义,孝悌忠信。秦国主宗法术,刻薄寡恩,刚毅狠戾,其驱策人民,"犹群羊聚猪"①。这种"不仁"之治,在儒者看来,徒令家庭解体,伦理荡然,人而不人。汉初儒生对秦政的批评,就直指其对家庭伦理和社会风俗的破坏。如谓:

> 商君遗礼义,弃仁恩,并心于进取,行之二岁,秦俗日败。故秦人家富子壮则出分,家贫子壮则出赘。借父耰鉏,虑有德色;母取箕帚,立而谇语。抱哺其子,与公并倨;妇姑不相说,则反唇而相稽。其慈子耆利,不同禽兽者亡几耳。(《汉书·贾谊传》)

问题还在于,对家庭伦理和社会风俗的破坏,其灾难性后果不只是道德上的,同时也是政治上的。秦行虎狼之政,不讲廉愧,贱视仁义,虽成进取之业,取得天下,然旋即失之。这一鲜活的历史事例不啻是一个有力的反证。说到底,政治与道德本为一事,国家与社会无法分离。建立良好的社会风俗和道德,必能成就健全的政治秩序。更不用说,在儒者心目中,政治的目的原本是为了造就良善的社会秩序,提升人民的道德能力。而这一切,首先养成于家庭。自然,此所谓"家",不过是普通的"五口之家""八口之家",而非孟子所谓的"千乘之家""百乘之家"。战国以后,以封建—宗法制度联结家、国的国家体制业已瓦解,王国维所说的那种"以尊尊、亲亲二义,上治祖祢,下治子孙,旁

---

① 语出《太平御览》卷八十六《皇王部》"始皇帝条":"桓谭《新语》:'秦始皇见周室失统,自以当保有九州,见万民碌碌,犹群羊聚猪,皆可以竿而驱之。'"

治昆弟"①的家国之治也已成为过去。在这样一个时代,重新打通和联结家、国,融合家庭伦理、社会风俗与政治原则于一,需要一种新的道德哲学和政治哲学。我们看到,这正是孔、孟诸子经由对既有传统的诠释和改造所完成的一项伟大事业。

根据儒家政治哲学,事君与事父,事长与事兄,使下与使弟,居官与居家,同出一道。故贾谊曰:"夫道者,行之于父,则行之于君矣;行之于兄,则行之于长矣;行之于弟,则行之于下矣;行之于身,则行之于友矣;行之于子,则行之于民矣;行之于家,则行之于官矣。"(《新书·大政下》)编纂于西汉的儒家经书《礼记》,系统阐述了儒家政教思想,其中,载诸《大学》的一段文字尤为经典:

> 古之欲明明德于天下者,先治其国。欲治其国者,先齐其家。欲齐其家者,先修其身。……身修而后家齐,家齐而后国治,国治而后天下平。自天子以至于庶人,壹是皆以修身为本。

何以齐家与治国同其性质,家齐而后国治?原因仍在政治的伦理性。所谓"君子不出家而成教于国"。盖因"孝者,所以事君也;弟者,所以事长也;慈者,所以使众也"。是故,"一家仁,一国兴仁;一家让,一国兴让;一人贪戾,一国作乱"。"尧、舜率天下以仁,而民从之。桀、纣率天下以暴,而民从之"(《礼记·大学》),即其著例。也是在西汉,武帝独尊儒术,立"五经"

---

① 王国维:《殷周制度论》,载《王国维全集》第八卷,杭州:浙江教育出版社2009年版,第315页。

于学官,启用儒生。从此,儒家思想和人物大举进入政治领域,儒家学说成为王朝正统性的依据,儒家经义被用来决疑断案,解决复杂的政治和法律问题,儒家的社会和政治理念开始转化为国家政策,儒家伦理纲常化(即所谓"三纲""五常""六纪"),为现实的社会与政治秩序提供基本架构。在此过程中,春秋战国以来日益分离、破碎的政教传统,逐渐被整合于新的基础之上;秦所创立的国家体制,则被重新纳入亲亲、尊尊、贤贤的君—亲—师三位一体的传统之中。① 最终,一种适应于秦以后历史条件的新的家国体制形成了。汉代王朝标榜以孝治天下,就是这种国家体制完成的一个标志。

孝道:家国的道德——政治哲学

《说文解字·老部》释孝为"善事父母者"。孝的本义固如此,然而,孝作为一种伦理的观念,在古代中国人意识和生活中的根本性意义却远不止此。而要了解此一观念的重要性及其发展,仍需回到西周,回到孔子。

"孝"字不见于卜辞,但在金文及西周文献中就屡见不鲜,如谓"显孝于申"(《克鼎》)、"祖孝先王"(《宗周钟》)、"於乎皇考,永世克孝"(《诗经·周颂·闵予小子》)、"永言孝思,孝思维则"(《诗经·大雅·下武》),等等,可见此观念若非周人所发

---

① 大体言之,这种更高层面上的综合完成于东汉。参见阎步克:《士大夫政治演生史稿》,北京:人民出版社1992年版,第十章。

明,也一定是他们所看重和尊崇的。① 事实上,在周人的宗教和伦理意识中,孝的观念极为重要,其重要性或不在"德"的观念之下。周人常以德、孝并举,"德以对天,孝以对祖"。② 先王以德配天,受天命而有天下。后来者承继祖先德业(孝),故能继续享有天命,保有天下。这便是孝的意义所在,这即是德与孝关系之所系。诚如学者所言,周人在宗教观念上的敬天,在伦理观念上延长而为敬德;在宗教观念上的尊祖,在伦理观念上延长而为宗孝,乃是"以祖为宗,以孝为本"。先祖克配上帝,是宗教的天人合一,敬德与孝思,则令"先天的"天人合一,延长为"后天的"天人合一。③ 通过实践孝行,先王德业被完满地继承下来,存续于后世。如此,我们便不难理解,何以孝不止是一种德行,甚至也不只是最重要的一种德行,而且还是诸德之德。④

孝之为德,亦如西周之"德"的观念本身,主要为集体性的、贵族性的和向外的。同样,也是在孔子手中,它才被改造成为一个具有内在价值的普遍性的伦理概念。《论语》中,"孝"字17见,都是在敬爱父母的意义上被使用的。换言之,孔子把孝改造成一个人人皆可以践行的具有自足性的基本德目,而其所以为基本,又是因为在儒家哲学中,它是对父母子女这一最重要的家

---

① 学者认为,孝的观念肇始于殷人。参见曾昭旭:《骨肉相亲志业相承——孝道观念的发展》,载黄俊杰:《中国人的宇宙观》,合肥:黄山书社2012年版。
② 侯外庐、赵纪彬、杜国庠:《中国思想通史》第一卷,北京:人民出版社1980年版,第92页。
③ 同上,第94页。
④ 关于德、孝诸观念在西周的发展,参见上引书第87—95页。杨向奎认为,西周正统思潮影响于后世最大者,即在孝道的提出。参见杨向奎:《宗周社会与礼乐文明》,北京:人民出版社1992年版,第214—216页。

庭关系的规范,是培养一切善德的起点,也是良好的社会与政治秩序的基础。孔门以孝悌为仁之本,更推孝于政治,正是基于这一认识。[①]

孔子之后,孔门弟子将孝的观念进一步发挥,使之成为一个无所不包的道德概念。曾子云:"居处不庄,非孝也。事君不忠,非孝也。莅官不敬,非孝也。朋友不信,非孝也。战陈无勇,非孝也。"(《礼记·祭义》)成书于战国时期的《孝经》更就孝道观念作系统阐述:"夫孝,天之经也,地之义也,民之行也。天地之经,而民是则之。则天之明,因地之利,以顺天下。"(《孝经·三才章》)以言修身,"人之行,莫大于孝"(《孝经·圣治章》)。天子、诸侯、卿大夫、士及庶人,名位各不相同,行孝方式有异,然则一以孝道为本。以言政治,孝为德教之本。昔者明王以孝治天下,"天下和平,灾害不生,祸乱不作"(《孝经·孝治章》)。盖因"明王事父孝,故事天明;事母孝,故事地察;长幼顺,故上下治。天地明察,神明彰矣。……孝悌之至,通于神明,光于四海,无所不通"(《孝经·感应章》)。故圣王以德教加于百姓,"教以孝,所以敬天下之为人父者也。教以悌,所以敬天下之为人兄者也。教以臣,所以敬天下之为人君者也"(《孝经·广至德章》)。不从其教者,则加之以刑罚。"五刑之属三千,而罪莫大于不孝。要君者无上,非圣人者无法,非孝者无亲。此大乱之道也。"(《孝经·五刑章》)

汉代独尊儒术,儒家所尊崇的孝道因此也得以彰显,而这意

[①] 有学者基于这一认识而相信孝道成立于孔子。参见曾昭旭:《骨肉相亲志业相承——孝道观念的发展》,载黄俊杰:《中国人的宇宙观》,合肥:黄山书社2012年版。

味着不只是孝之观念的传播、思想的实践,也是孝道的政治化、法律化、制度化。文帝除肉刑,事起于民女缇萦代父受刑之举,文帝悯其情,而以肉刑具而奸不止归咎于己"德之薄而教不明",并引《诗》"恺弟君子,民之父母"句云:"今人有过,教未施而刑已加焉,或欲改行为善,而道亡繇至,朕甚怜之。夫刑至断支体,刻肌肤,终身不息,何其刑之痛而不德也!岂为民父母之意哉!"(《汉书》卷二十三《刑法志》)宣帝申父子相为隐之令,其诏书曰:"父子之亲,夫妇之道,天性也。虽有患祸,犹蒙死而存之。诚爱结于心,仁厚之至也,岂能违之哉!自今子首匿父母、妻匿夫、孙匿大父母,皆勿坐。其父母匿子、夫匿妻、大父母匿孙,罪殊死,皆上请廷尉以闻。"(《汉书》卷八《宣帝纪》)这两件中国法律史上的大事,都与孝道有关。[①] 汉代历朝大力表彰民间孝行,旌表孝子,选官则有举孝廉之制,甚至帝君谥号也要标以"孝"字,足见其对于孝道的尊崇。说汉代开启了中国历代王朝"以孝治天下"传统之先河,当非过甚其辞。

以孝道为治道,是假定家与国通,礼与法合,齐家与治国并非二事。《孝经·开宗明义》即云:"夫孝,始于事亲,中于事君,终于立身。"《广扬名》更明指忠、孝不隔,同出一理:"君子之事亲孝,故忠可移于君。事兄悌,故顺可移于长。居家理,故治可移于官。是以行成于内,而名立于后世矣。"俗谓"忠臣出于孝子之家",也是持这种观点的。虽然如此,古人也有"忠孝不能两全"之慨。毕竟,由事亲而事君,移孝亲为忠君,中间有一个转化环节,而这种转化并不总是通畅无碍的。事实上,"以孝治天

[①] 关于容隐、代刑的制度化及其与孝道的联系,参见瞿同祖:《中国法律与中国社会》,北京:中华书局1981年版,第56—62页。

下"的伦理政治原则一旦付诸实施,就可能面临现实的困境,这种困境不但来自实践,也来自理论。汉以后不绝于史的孝子复仇案件,以及朝廷上下和民间舆论围绕这类事件展开的论辩,就展现了这种难以摆脱的困境,从而让我们一窥家国一体之国家形态的特殊构造。

一般而言,血属复仇现象为早期人类社会所共见,而逐渐消弭于国家权力及意识发达之后,唯在中国社会,复仇与儒家伦理观念相联系,其消长自有特殊轨迹。大体言之,儒家之复仇观念以五伦为其范围,据亲疏等差而分责任轻重。五伦之中,父母子女关系最重,父仇产生的责任也最为重大。据儒家经义,父之仇不共戴天[1],报父之仇因此成为彰显孝行的善举,而受到社会的鼓励和推崇。只是,在社会生活日益复杂,国家组织逐渐完备之后,这种伦理上的要求与基于公共权力的社会秩序之间的内在冲突,也会越来越突显。

据《周礼》,周时国家典制完备,秋官司寇司掌刑狱,对杀、伤等罪辜执行刑罚。不过与此同时,《周礼》又设"朝士""调人"诸职,管理和调节报仇事宜,并有限制复仇的"辟地"制度,其立场,是在认许报仇的同时而对之予以限制。[2] 此类记述能否切实表明周时社会情态,或有疑问。孟子云:"吾今而后知杀人亲之重也。杀人之父,人亦杀其父;杀人之兄,人亦杀其兄。然则非

---

[1] 《礼记·曲礼》:"父之仇弗与共戴天,兄弟之仇不反兵,交游之仇不同国。"《礼记·檀弓》论之更详,杨鸿烈称之为儒家鼓励复仇三大原则。参见杨鸿烈:《中国法律思想史》,北京:中国政法大学出版社2004年版,第200页。更详细的梳理,参见牧野巽:《汉代的复仇》,载杨一凡编:《中国法制史考证》丙编第一卷,北京:中国社会科学出版社2003年版。

[2] 对《周礼》相关制度的详细讨论,参见牧野巽:《汉代的复仇》。

自杀之也,一间耳。"(《孟子·尽心下》)据此推测,至少在战国时代,社会上报仇风习颇盛。不过,在回答什么人可以(合法地)杀"杀人者"之问时,他明确说:"为士师,则可以杀之。"(《孟子·公孙丑下》)可见当时人公共权力的意识也已经相当明确。①

秦以"公法"立国,严"私斗"之禁,其不容复仇的立场自不待言。汉承秦制,既以儒术为之缘饰,故在复仇问题上陷入一种矛盾境地。即一方面试图维护"公法"的权威,垄断武力的使用,禁止私人复仇;另一方面又要推崇孝道,表彰孝行,故不得不曲法以伸情,减轻或免除复仇者的法律责任,甚而有将复仇者举为孝廉者。② 汉代有关孝子复仇的记载不绝于史,其中,后汉赵娥的故事就颇具代表性。据《后汉书·列女传》记载,酒泉女赵娥,历十余年得报父仇,"因诣县自首。曰:'父仇已报,请就刑戮。'禄福长尹嘉义之,解印绶,欲与俱亡。娥不肯去,曰:'怨塞身死,妾之明分;结罪理狱,君之常理。何敢苟生,以枉公法!'后遇赦得免。州郡表其闾。太常张奂嘉叹,以束帛礼之"。③

---

① 孟子更将此种意识投射到唐虞之世。据《孟子·尽心上》,桃应问他:"舜为天子,皋陶为士,瞽瞍杀人,则如之何?"孟子答曰:"执之而已矣。"又问:"然则舜不禁与?"回答说:"夫舜恶得而禁之? 夫有所受之也。"接下来的对话更是意味深长:"然则舜如之何?"曰:"舜视弃天下犹弃敝屣也。窃负而逃,遵海滨而处,终身䜣然,乐而忘天下。"在合法的公共权力面前,作为天下第一大孝子的舜帝以窃父而逃的方式来尽其孝的义务,却终究不能避免忠于职守(忠的原初含义)同孝之间的矛盾。

② 参见牧野巽所举数例。牧野巽:《汉代的复仇》,载杨一凡编:《中国法制史考证》丙编第一卷,北京:中国社会科学出版社 2003 年版,第 446—447 页。关于汉代的复仇,牧野巽其文讨论较详。历朝情况概览,参见瞿同祖:《中国法律与中国社会》,北京:中华书局 1981 年版,第 69—85 页;杨鸿烈:《中国法律思想史》,北京:中国政法大学出版社 2004 年版,第 199—211 页。

③ 关于赵娥案,皇甫谧《列女传》记载尤详。参见瞿同祖:《中国法律与中国社会》,北京:中华书局 1981 年版,第 76—77、80—81 页。

汉以后，魏晋南北朝历朝均有禁止复仇的法令，这可以表明，国法禁止复仇的基本立场固然已经确立，但民间复仇的风习仍未绝迹。造成这种情形的原因，恐怕主要还不是国家公权力尚不能有效维持公共秩序，而是因为在尊崇孝道的家国体制支配之下，法律本身难免其暧昧性质。历代处断复仇案时莫衷一是的态度，尤其是当时人就此类问题展开的论辩，最能表明礼与法、情与理、家与国之间这种微妙的紧张关系。

唐武后时，下邽人徐元庆父爽为县尉赵师韫所杀，后元庆手刃师韫，自囚诣官。上欲赦死，左拾遗陈子昂议曰："元庆报父仇，束身归罪，虽古烈士何以加？然杀人者死，画一之制也，法不可二，元庆宜伏辜。《传》曰：'父仇不同天。'劝人之教也。教之不苟，元庆宜赦。"然则，元庆究竟当赦？当戮？子昂的建议是："宜正国之典，置之以刑，然后旌闾墓可也。"子昂此议欲照顾两面，但在礼部员外郎柳宗元看来，这种做法不可接受："旌与诛，不得并也。诛其可旌，兹谓滥，黩刑甚矣；旌其可诛，兹谓僭，坏礼甚矣。"他又引《春秋公羊传》"父不受诛，子复仇可也"的原则，谓"礼之所谓仇者，冤抑沈痛而号无告也，非谓抵罪触法，陷于大戮，而曰彼杀之我乃杀之，不议曲直，暴寡胁弱而已"。若师韫挟私怨杀爽，而有司不与闻，则元庆报父仇，"执事者宜有惭色，将谢之不暇，而又何诛焉？"否则，"仇天子之法，而戕奉法之吏，是悖骜而凌上也。执而诛之，所以正邦典，而又何旌焉"？柳宗元的看法固然首尾一致，但他既然不反对孝子复仇，就是承认在国法之外另有一种判断，另有一种实现正义的方式，而要在繁复多变的现实情态中调和礼、法，终究是一件难事。宪宗时，富平人梁悦报杀父之仇，诣县请罪。诏曰："在礼父仇不同天，而法杀人必死。礼、法，王教大端也，二说异焉。下尚书省议。"职方员外郎韩愈推求其理,以为复仇之名虽同,而其事各异,故杀之与赦不可一例,最好制定这样的规则:"有复父仇者,事发,具其事下尚书省,集议以闻,酌处之。"①一事一议,临时论处,不失为一种应对难题的办法,但仍无法解决原则问题。

玄宗时一对少年兄弟报父仇案,也在朝廷引发激烈争论。其时,中书令张九龄等以报仇者为孝烈,主张法外施恩。侍中裴耀卿等则坚持依律处断,不予宽贷。玄宗站在后者一边,但是面对朝野舆论,亦觉须要告示说明。其敕令中有云:"近闻士庶,颇有喧词,矜其为父复仇,或言本罪冤滥。但国家设法,事在经久,盖以济人,期于止杀。各申为子之志,谁非徇孝之夫,展转相继,相杀何限!咎繇作士,法在必行;曾参杀人,亦不可恕。"②该案既经圣裁,遂无改变余地,但是社会上对此兄弟二人的同情却不会因此而改变。据同书所载,"瑝、琇既死,士庶咸伤愍之,为作哀诔,榜于衢路。市人敛钱,于死所造义井,并葬瑝、琇于北邙。又恐万顷家人发之,并作疑冢数所。其为时人所伤如此"。体制如此,风尚如此,无怪乎新、旧唐书《孝友列传》所载复仇案,大部分都是以皇帝的宽贷和原宥结束的。

复仇一事,既为儒家经义所许,在奉儒术为正统的家国体制中,便天然地具有正当性。然而国家既然是一种公共权力,要履行其职能,又不能不垄断合法的武力,而禁止私人报仇。这种困境,不见于严家国、公私之分的法家,却是标榜以孝治天下的王

---

① 本段详参《新唐书》卷一百九十五《列传第一百二十·孝友》。
② 参见《旧唐书》卷一百八十八《列传第一百三十八·孝友》。宋人胡寅、明人丘浚对此案均有批评。丘浚《大学衍义补》还就"复仇之义"做了系统的讨论。详参丘浚:《大学衍义补》卷一百十《明复仇之义》,北京:京华出版社1999年版。

朝无法避免的。因此之故,自汉迄清,乃至民国,二千年间,民间复仇之事,可以说无代无之,而纠结于复仇案中的礼法之争、情理之辨,也一直没有止歇。①

家国的公与私

从法家的立场看,家与国的问题其实是公私问题,而明辨公私是治乱的关键。管子以为,圣君治下,"不知亲疏、远近、贵贱、美恶,以度量断之。……是以官无私论,士无私议,民无私说,皆虚其匈以听其上"(《官子·任法》)。韩非子亦于此意反复申说,如谓"明主之道,必明于公私之分,明法制,去私恩"(《韩非子·饰邪》)。他们在着力于分别公私的时候,都强调法的公共性质,以法为公,而将公私之间的对立转换成公法与私行的对立。故云:"圣君任法而不任智,任数而不任说,任公而不任私。"(《管子·任法》)"夫立法令者以废私也,法令行而私道废矣。私者,所以乱法也。"(《韩非子·诡使》)因此,"智者有私词,贤者有私意。上有私惠,下有私欲,圣智成群,造言作辞"(《韩非子·诡使》),便意味着法的失败,乱世将至。法家的政法理论固然偏于一端,但其突出和尊崇的国君、国法之公共性质,却是秦以后国家组织的基本特征,不但为中国历代王朝所继受,实际也成为普通民众日常意识的一部分。历史上实施复仇的男男女女,并非不知国法为公,报仇是私。赵娥报父仇之后,

---

① 清律关于复仇的规定,以及清人关于复仇问题的议论,参见瞿同祖:《中国法律与中国社会》,北京:中华书局1981年版,第73—75页;杨鸿烈:《中国法律思想史》,北京:中国政法大学出版社2004年版,第209—210页。

诣县自首,甘愿受死,守尉纵之,不去,明白地说:"怨塞身死,妾之明分;结罪理狱,君之常理。何敢苟生,以枉公法!"①其实复仇案中孝义与国法的纠结和冲突,正源于国家具有公共职能这一事实,进而也是源于家国体制中儒家联通家国的政治观。虽然,儒家并不是要泯灭公私界限,更不是不讲公私,相反,公私范畴在儒家学说中具有重要意义,而且这种意义不单是道德的,也是政治的。抑有进者,在儒家的公私论说中,"家"也是明确被置于私的范畴之中的。只不过与法家的国家主义的公私观不同,儒家论公私,采取的是一种天下主义的立场。

儒家政治理想,有大同、小康之分。大同之世,天下为公,"故人不独亲其亲,不独子其子,使老有所终,壮有所用,幼有所长,鳏寡孤独废疾者皆有所养"(《礼记·礼运》);小康之世,天下为家,"各亲其亲,各子其子,货力为己"(《礼记·礼运》)。"家"与"公"对,"家"即是"私",且"家"在"公"之后,"私"在"公"之下。

儒家这种公私论述兼具政治的、社会的和心理的含义,其政治的含义集中于政权的公共属性,而不只是政府的公共职能。所谓"天下非一人之天下也,天下之天下也"(《吕氏春秋·贵公》)。根据传统的说法,唐虞之世,帝位传贤不传子,是为"天下为公"。而禹、汤、文、武、成王、周公,三代皆传位于子,此即

---

① 《后汉书》卷八十四《烈女传》。这样的例子很多,如东汉人郅恽代友报父仇,诣县自首,令欲纵之,恽曰:"为友报仇,吏之私也。奉法不阿,君之义也。亏君以生,非臣节也。"遂自就狱。事见《后汉书》卷二十九《申屠刚鲍永郅恽列传第十九》。又如《后汉书》卷六十四《吴延史卢赵列传》记载,有人道遇醉客辱其母而杀之,后被执,祐以其"白日杀人,赦若非义,刑若不忍",而左右为难,其人则曰:"国家制法,囚身犯之。明府虽加哀矜,恩无所施。"

"天下为家"。由此产生的一个问题是,如果天下非一人之天下,以一家而治天下,其正当性何来？三代家天下,其正当性皆源出于"天"。殷人以上帝为其专有之庇护神,周人继承了殷人的上帝观念,而加以改造,使其成为"惟德是辅"的"天"。周人先王以德配天,因此得到"天命",代替商成为天下共主。周之后人则通过敬天孝祖、敬德保民,继续保有天下。这便是西周礼乐制度的精神。孔子以郊社之礼(祭天)和禘尝之义(孝祖)为治国的大道,道理即在于此。

春秋战国时期,古代礼乐文明崩坏,封建天下瓦解。继起的秦、汉国家,不但需要重建秩序,更需要重建统治的正当性。这种正当性的构建,在实质的层面上,除了继承传统的天命、民德诸要素,更加入和突出了孝道和天下为公的意识。就此而言,对汉以后历代王朝来说,获取统治正当性意味着,超越一家一姓之私,而达于天下之公。① 如此,则"家"亦可具有至"公"的属性。《礼记·礼运》有云:"故圣人耐以天下为一家,以中国为一人者,非意之也,必知其情,辟于其义,明于其利,达于其患,然后能为之。"据此,圣人以天下为一家。汉人谓"王者以天下为家"(《论衡·指瑞篇》),"天子以天下为家"(《盐铁论·散不足》),传达的都是这一观念。后世云"公家""天家"②者,直指帝家、国家、朝廷,其根源亦在此。然而后之帝君未必圣,打天下者未必王。号曰天子、以"家"治"国"者,很可能是以天下之名遂其一

---

① 对此问题,日人渡辺信一郎有精到的研究,详参渡辺信一郎《中国古代的王权与天下秩序》,北京:中华书局2008年版,第6—9、27—30、128—142页。

② "公家"一词,多见于汉以后经学。"天家"之说则多见于晋以后史乘。

人一家之私。因此,无论对于开国者还是其继任者,统治的正当性都是一个需要被不断证立的主题。尽管自东汉以降,历代王朝都循守一套大体相同的观念和礼仪,向世人昭示其统治的正当性,但是正当性问题本身所具有的规范性质,也使得家与国(天下)、公与私诸要素之间的紧张关系始终暴露于批评者的视野之中。尤其当社会危机来临之际,这种紧张有可能加剧甚而断裂,而成为改朝换代的契机。也是出于这种忧患意识,历来围绕家国、公私关系的诫勉、谏言、政论、评骘,史不绝书。明末清初,饱受家国之痛的黄宗羲(1610—1695)对"君"的思考和批评,把"家"与"国"(天下)、公与私之间这种潜在的紧张、冲突乃至对立揭示得淋漓尽致。在他看来,古之君王不以一己之利害为利害,而必欲天下受其利而释其害。后之为人君者则不然。彼"以为天下利害之权皆出于我,我以天下之利尽归于己,以天下之害尽归于人,亦无不可",结果是令"天下之人不敢自私,不敢自利,以我之大私为天下之大公"。久之视为当然,"视天下为莫大之产业,传之子孙,受享无穷"。① 《史记·高祖本纪》记云:"未央宫成。高祖大朝诸侯群臣,置酒未央前殿。高祖奉玉卮,起为太上皇寿,曰:'始大人常以臣无赖,不能治产业,不如仲力。今某之业所就孰与仲多?'"其以攘夺天下为逐利之途,昭然于言辞。黄氏引据此典,而为之痛切剖析:

> 古者以天下为主,君为客,凡君之所毕世而经营者,为天下也。今也以君为主,天下为客,凡天下之无地而得安宁

---

① 〔清〕黄宗羲:《明夷待访录·原君》,载《黄宗羲全集》,杭州:浙江古籍出版社1985年版,第2页。

者,为君也。是以其未得之也,屠毒天下之肝脑,离散天下之子女,以博我一人之产业,曾不惨然!曰"我固为子孙创业也"。其既得之也,敲剥天下之骨髓,离散天下之子女,以奉我一人之淫乐,视为当然,曰"此我产业之花息也"。然则为天下之大害者,君而已矣。①

一姓之私与天下之公对立如此,其统治的正当性即荡然无存。黄宗羲此番议论,无疑为历来君主政治批判最深刻透辟者。虽然此一批判仍是在家国体制内部展开,即运用传统的正当性论证,重申君臣之道,完善取士之法,发挥学校、清议之功效,从制度上规范一姓之私,使不悖于天下之公。② 着眼于这一点,我们很容易发现,清末流行的政治批判,尽管仍使用家国、天下、君民、公私等语汇,其性质已经改变。其时,政治论辩的重点不再是如何弥合一家之私与天下之公之间的裂隙,消除其紧张关系,而是直接对"家天下"的正当性提出质疑,并对支持这种国家形态的孝的意识形态和政治哲学提出批判。③ 于是,远承殷周而重建于汉代的这种伦理的政治秩序,我们名之为家国体制的国家形态,开始陷入前所未有的合法性危机。

---

① 〔清〕黄宗羲:《明夷待访录·原君》,载《黄宗羲全集》,杭州:浙江古籍出版社 1985 年版,第 2—3 页。
② 另参见同书《原臣》《原法》《学校》《取士》诸篇,其他制度如田制、军事、央地关系等,参见其他各篇。
③ 从明末到清末,公私概念下皇权批判的转变,详参沟口雄三:《中国的公与私·公私》,北京:三联书店 2011 年版,第 62—64 页。本篇引用此书均为该本,下不一一出注。

民国：家国的终结

传统所谓国家，与朝廷同义。顾炎武尝区别"国"与"天下"之不同，谓"易姓改号，谓之亡国；仁义充塞，而至于率兽食人，人将相食，谓之亡天下。……保国者，其君其臣，肉食者谋之。保天下者，匹夫之贱，与有责焉耳矣"①。后世流行一时的救亡口号"国家兴亡，匹夫有责"显然源出于此。不过，这种借取是表面上的，后者所谓"国家"，既非顾氏所谓"国"，亦非其所谓"天下"，毋宁说它是由对传统之"国家"和"天下"观念的批判与超越而来。

视国家为朝廷，系之于一家一姓，原本是家国体制题中应有之义，但是在中西交通日益深入，西方各种政治思想、文化观念和社会思潮大量涌入和传播的清末，这种国家观念开始变得不可接受。光绪二十六年（1900），张之洞（1837—1909）作《劝戒上海国会及出洋学生文》，力宣忠君爱国之义。时人沈翔云（1888—1913）公开作复，指张文百谬皆出于一，即"不知国家为何物，不知国家与朝廷之区别"②。根据他的定义，所谓国家，"即人们集合之区域，以达共同之志愿，居一定之疆土，组织一定之政治，而有独立之主权者也。……由此观之，国家之土地、疆域、庶务、政治、主权，何一非本于吾民，故曰国家者，民众之国家也，非一人之私产也"。至于朝廷，则"指君主于国家中所占之

---

① 〔清〕顾炎武著，黄汝成集释：《日知录集释》卷之十三《正始》，上海：上海古籍出版社2006年版，第756页。

② 沈翔云：《复张之洞书》，载张枬、王忍之编：《辛亥革命前十年间时论选集》第一卷下册，北京：三联书店1977年版，第770页。

地位而言,属于一姓也"。① 故国家与朝廷实为二事。国之强弱不决于朝廷之强弱,且世上有无朝廷而有国家者,有无国家而有朝廷者。至中国之人,以国家为朝廷私物,视国家兴亡为朝廷私务,"于是国家之土地听朝廷之割让,国家之庶务听朝廷之荒废,国家之疆域听朝廷之淆乱,国家之政治听朝廷之败坏,国家之主权听朝廷之放弃。甚至朝廷败亡为异族人所据有,吾国人亦遂安然奉之为朝廷,且奉之为国家,而靦然号于人曰,吾中华也。……故今日而忍中国之亡也则已,如不忍中国之亡,必自辨朝廷与国家之区别始"②。此种区分国家与朝廷,以国家属于全民,朝廷不过一姓之私的看法,在当时极为流行,这一改变表明,传统的家国观念开始为现代的民国观念所取代。而这种改变的另一面,则是传统天下观念的式微。

前引沈翔云文论及国人不以异族统治为意,而曰吾中华者,即隐寓对"天下"观念的批判之意。当时人相信,中国之所以积弱,不敌列强,是因为中国人缺乏国家观念。而国家观念之付诸阙然,除了前述以朝廷为国家这一原因外,也是中国人特有的"天下"观念有以致之。古之所谓天下,在大部分情况下即指王朝统治下的国家,唯其仍非清末时贤所欲建立的现代国家。且"天下"所具有的那种无远弗届的意味,又令它较一般所谓"国家"更少确定性。进而言之,"天下"之公共性质,冲淡了国家与种族、疆域之间的关联,令基于民族和地域的国家认同不易建立。"天下为公",唯有德者取之。故异族入主中原,亦可以据

---

① 沈翔云:《复张之洞书》,载张枬、王忍之编:《辛亥革命前十年间时论选集》第一卷下册,北京:三联书店1977年版,第771页。
② 同上,第772页。在清末改良派和革命派方面,这种意见极具代表性。详参沟口雄三:《中国的公与私·公私》,第58—61页。

此证立其统治的正当性。这些在接受了近代西方思潮,想要建立现代民族国家的革新者看来,均为谬误且有害之观念。① 如此,我们在清末政治论述中便看到这样一种饶有趣味的观念变迁:一方面,传统上与朝廷同义的国家概念被重新定义,国家属于民之全体,民为主权者,一姓之君,如若保留,也只能是国家的一个部分。另一方面,传统的天下观念因为有碍于民族国家之建立而被批判和弃置,但与此同时,作为"天下"之属性的"公"依然保有其崇高地位,而转移于国家和作为主权者的国民,并赋予后者无可置疑的统治正当性。于是,传统家国体制内的一家一姓之私对天下之公,便转化为现代国家架构中一族一姓之私对国民全体或国家之公,而在此转变的过程中,本身属私的一姓一族,最终将无可挽回地失去其统治地位。它最后的命运,或者是被改造后重新安置于新的国民国家内部,或者是被逐出这个即将建立的新国家,彻底地成为历史。而无论是哪一种结局,家与国之间过去那种融合无间的结构性关联,都会被完全斩断。

如前所述,名为家国的国家形态,表现于体制,是基于族姓统治的家天下,表现于意识形态,则是以忠孝为核心的所谓纲常名教。因此,要变传统的家国体制为现代国家制度,就不但要打破家天下的格局,区分国家与朝廷为二,而且要解除纲常名教对国民的约束,让国民摆脱父权和皇权,最终让"国"脱离"家"而

---

① 在这方面,梁启超的观点即颇具代表性。参见梁启超著:《新民说》,沈阳:辽宁人民出版社 1994 年版,第 22—28 页。由公私观念入手对天下观念的批判,参阅佚名:《公私篇》,载张枬、王忍之编:《辛亥革命前十年间时论选集》第一卷下册,北京:三联书店 1978 年版。相关分析,参见沟口雄三:《中国的公与私·公私》,第 37—38、173—174 页。又,关于晚清国家观念的演变,还可以参阅金观涛、刘青峰:《从"天下"、"万国"到"世界"》,载金观涛、刘青峰:《观念史研究》,北京:法律出版社 2009 年版。

独立,确立国家在政治上和道德上的自主地位。

　　参与变法维新、身为"戊戌六君子"之一的谭嗣同,以释氏和耶教的平等主义释孔,著为《仁学》,对君主专制制度,以及维护此种制度的纲常名教,不遗余力地加以抨击。在他看来,"仁之乱也,则于其名"。盖因"名者,由人创造,上以制其下而不能不奉之,则数千年来,三纲五伦之惨祸烈毒由是酷焉矣。君以名桎臣,官以名轭民,父以名压子,夫以名困妻,兄弟朋友各挟一名以相抗拒,而仁尚有少存焉者得乎"[①]?尤其忠孝之名,专以责臣子,欲杀欲夺,权在君父,臣子不敢言,亦不能言。是名教之黑暗,无以复加。[②] 身为朝廷中人,谭氏言辞即激烈如此,则在野革新志士,取过往一切思想、观念、制度,批而判之,一快其心,其摧枯拉朽之势,更是不可阻挡。如有倡导"毁家"之论者,有以三纲为宗教迷信,将祖先崇拜等同于做奴隶、至愚至私,而主张三纲革命、祖宗革命者,有以纲常名教归之于伪道德而欲尽行去除者。[③] 凡此思想之激荡,不仅见诸报章,也见诸议会辩论和法律废立的思考,最后则影响于原则,沉淀于制度。

　　以忠孝为核心的家国意识形态,所谓纲常名教,自汉代确立之后,历二千年而不辍,实为传统中国一切政治、法律、社会制度

---

① 〔清〕谭嗣同:《仁学》八,沈阳:辽宁人民出版社1991年版,第17页。
② 参见同上,第17—18页。在此之外,谭嗣同又强调,秦汉以降,封建宗法体制解体,诸侯、大夫世袭之"家"既已不存,"齐家"即无关乎"治国":"国与家渺不相涉。家虽至齐,而国仍不治;家虽不齐,而国未尝不可治"。同上,第161页。这些看法对于儒家正统理论均具有颠覆性。
③ 参见汉一:《毁家论》;真:《祖宗革命》《三纲革命》;均载张枬、王忍之编:《辛亥革命前十年间时论选集》第二卷下册,北京:三联书店1963年版。愤民:《论道德》,载张枬、王忍之编:《辛亥革命前十年间时论选集》第三卷,北京:三联书店1977年版。

的基础。清末的思想震荡则开始从根本上撼动这一基础,而随着变法的展开和深入,思想的批判势必转变为制度的变革,进而直接改变传统的伦理政治秩序。这种情形自然引发人们对社会失序甚而文明价值败坏的深切忧虑。光绪三十三年(1907),《大清刑律草案》由修订法律馆修成奏上。此后数年,朝野各方就该草案内容得失争论不休,而形成重视"历世相沿之礼教民情"的礼教派和偏重于"折衷各国大同之良规,兼采近世最新之学说"①的法理派。两派固均主张革新旧制,援用西法,然而在何者当去、何者当存,法律与道德之性质,强制与教育之关系,制度变革与社会变迁孰先孰后,新旧之间如何过渡和连接,变革步骤之先后、速率之迟速等诸多问题上,二者意见每每不同,乃至于针锋相对。而在诸多分歧和争论之中,家国之关系,堪为牵动全局、左右一切之关键点。

中国传统法律受礼教支配,"故于干犯名义之条,立法特为严重"②,这原本是传统家国体制在法律上的表现。如今,要改造国家体制,造就现代国民,缔造民族国家,法律的去礼教化也在所难免。因此,礼教派与法理派之所争,表面上看只是旧律中涉及"伦纪礼教"的一些具体条款,实际上却是如何安置家、国关系之根本问题。关于这一点,法理派的自觉意识尤为突出。新《刑律草案》讨论中,以政府特派员身份出场的杨度(1875—

---

① 语出《修订法律大臣沈家本等奏进呈刑律分则草案折》(黄源盛纂辑:《晚清民国刑法史料辑注》〔下〕台北:元照出版有限公司2010年版,第1426页)。据沈家本奏称,该编修订大旨,正是要调和此两端,不过,相较礼教派保守纲常的立场,法理派的确更注重西学。

② 《修改新刑律不可变革义关伦常各条谕》,载故宫博物院明清档案部编:《清末筹备立宪档案史料》(下册),北京:中华书局1979年版,第858页。

1931),屡屡语出惊人,把这场争论的实质揭示得淋漓尽致。宣统二年(1910)十一月初一,杨度赴资政院就新《刑律草案》作说明时,直接将"中国之坏",归为"慈父、孝子、贤兄、悌弟之太多,而忠臣之太少"。其所以如此,又是因为"家族主义发达,国家主义不发达",而现在国家改定法制,"以国家主义为宗旨,则必要使全国的孝子、慈父、贤兄、悌弟都变为忠臣"。[1] 数日后,杨度又在报章撰文,进一步说明国家主义与家族主义之区别:"天子治官,官治家长,家长治家人,以此求家庭之统一,即以谋社会之安宁"[2],此即家族主义,此即中国礼教与法律之真精神。反之,以未成年人教育、管理之权托诸家长,成年后则变家人为国民,不许家长代行立法、司法之权,必使国民直接于国家而不间接于国家,此国家主义之国也。[3] 当今之世,优胜劣汰,国家主义胜,而家族主义败,此社会进化规律使然。中国要谋求富强,跻身于先进,就必须消除观念和制度上的家族主义残余,进至国家主义阶段。"故此问题者,非区区一刑律之问题,更非区区刑律中一二条文字句之问题,乃中国积弱之根本原因,而此后存亡所关之大问题也。"[4]

针对杨度的家族主义批判,礼教派起而辩驳。论者以为,杨度谓贪官污吏皆出于"孝子慈父",绝非我国家族主义之正当解

---

[1] 参见《资政院第一次常年会第二十三号议场速记录》,黄源盛纂辑:《晚清民国刑法史料辑注》(下),第1480页。

[2] 杨度:《论国家主义与家族主义之区别》,载刘晴波主编:《杨度集》,长沙:湖南人民出版社1985年版,第529页。

[3] 参见杨度:《论国家主义与家族主义之区别》,载刘晴波主编:《杨度集》,第529—533页。

[4] 参见同上,第533页。从进化论角度论述家族主义和国家主义,参见杨度:《金铁主义说》,载刘晴波主编:《杨度集》,第226页。

释。中国之家族主义有狭义和广义之分。单言孝悌,是为狭义的家族主义;事君不忠非孝也,战陈无勇非孝也,则是广义的家族主义。"广义之家族主义,谓之国家主义可也,谓之国家的家族主义可也。今欲提倡国家主义,正宜利用旧有之广义家族主义以为之宿根。"①他们也承认,杨度所言中国人但知有家、不知有国之情形,诚为一事实,但他们同时又认为,造成这一结果的原因,并非杨度所力拒的家族主义,而是秦以来的专制政治。"秦并天下,焚诗书以愚其民,销锋镝以弱其民,一国政权悉操诸官吏之手,而人民不得预闻。"②相反,现代立宪政体之下,"人人得预闻国事,是以人人与国家休戚相关,而爱国之心自有不能已者"③。换言之,爱家与爱国并非不能并存,"今乃谓民之不爱国由于专爱家,必先禁其爱家,乃能令其爱国,亦不揣其本之论矣"④。值得注意的是,礼教派为家族主义所做的辩护,其意绝非要抵制所谓国家主义,相反,他们试图澄清家族主义之"本义",指出家国一体之理,证明广义家族主义实乃国家主义之"宿根",主张将家族主义修明扩充,渐进于国家主义等等,他们可以说是没有批判地接受了法理派所力倡和推动的国家主义。就此而言,我们可以说,法理派有其对手,国家主义却没有反对者。⑤ 国家主义思潮强劲如此,想要在此时代狂澜中保存"家"

---

① 参见劳乃宣:《江氏刑律争论平议》,载《桐乡劳先生(乃宣)遗稿》(二),台北:文海出版社1969年版,第1007—1008页。
② 劳乃宣:《新刑律修正案汇录序》,载《桐乡劳先生(乃宣)遗稿》(二),同上,第870页。
③ 同上,第872页。
④ 同上,第870页。
⑤ 参见梁治平:《礼教与法律:法律移植时代的文化冲突》,上海:上海书店出版社2013年版,第25—32、79—97页。

之要素于"国",维持法律中礼教的影响力,其徒劳可知。

辛亥革命成功,中华民国建立。若仅就政权更替而言,不过是民国取代了清廷。然而若着眼于帝制解体、共和确立这一历史性转变,则可以说"民国"取代了"家国"。这里,"民国"不只是国之名号,更指向一种现代国家形态,正好比"家国"不只是一种用以抒发文人情怀的修辞,而指向一种特定国家体制一样。它们各有其意识形态、政治哲学和制度结构,也各有与之相配合的观念结构和心理结构。正因为如此,这种国家形态上的变更就不是单纯的政治事件,也不可能在短时间内完成。

(撰稿人 梁治平)

第二十章　天下篇

引言：中国古代关于文明与秩序的想象

太史公论六家之要旨曰："《易大传》：'天下一致而百虑，同归而殊途。'夫阴阳、儒、墨、名、法、道德，此务为治者也。"这段评论在指明先秦诸子百虑而一致之所在的同时，不经意地把我们的注意力引向古代政治论说中的一个重要观念——天下。治思想史的学者注意到，中国古代政治思想，无论封建时期，专制时期，也无论其内容如何，无不以"天下"为论说对象。① 从比较思想史的角度看，"天下"，而非"国家"或其他类似观念，可能是中国古代政治思想中最重要，同时也最具独特性的观念了。

---

① 参见萧公权：《中国政治思想史》(上)，台北：联经出版事业公司1982年版，第10—11页。本篇引用此书均为该本，下不一一出注。

古时所谓天下,或指"中国",或指"世界"。① 这两个概念,都与"治"有关,而"治",在中国古代思想语境中,不只关乎地域、时空、人群,还涉及天人关系、文明秩序,以及植根于天人互动、文明创造和秩序构造过程中的统治的正当性。我们也引一段《易传》:

> 古者包牺氏之王天下也,仰则观象于天,俯则观法于地,观鸟兽之文,与地之宜,近取诸身,远取诸物,于是始作八卦,以通神明之德,以类万物之情。作结绳而为网罟,以佃以渔,……包牺氏没,神农氏作。斫木为耜,揉木为耒,耒耨之利,以教天下,……日中为市,致天下之民,聚天下之货,交易而退,各得其所,……神农氏没,黄帝、尧、舜氏作。通其变,使民不倦,神而化之,使民宜之。……黄帝、尧、舜,垂衣裳而天下治,……刳木为舟,剡木为楫,舟楫之利,以济不通,致远以利天下,……服牛乘马,引重致远,以利天下,……重门击柝,以待暴客,……断木为杵,掘地为臼,臼杵之利,万民以济,……弦木为弧,剡木为矢,弧矢之利,以威天下,……上古穴居而野处,后世圣人易之以宫室,上栋下宇,以待风雨,……古之葬者,厚衣之以薪,葬之中野,不封不树,丧期无数,后世圣人易之以棺椁,……上古结绳而治,后世圣人易之以书契,百官以治,万民以察……(《易传·系辞下》)

---

① "天下"一词有"中国"与"世界"二义,此为一般汉语辞书的通解。此所谓"世界",简单指超出并且包括"中国"在内的更大空间,并非古人用语。"世界"一词晚出,源出佛教。至该词于近代流行时,其含义与"天下"迥异。详下。

这段话除了屡屡言及天下,还提到天、地、民、圣人、百官等,呈现的是一段文明的创造演化史。据此,天下乃是古代圣王施治的对象。古之圣人象天法地,缔造人世间的文明与秩序,造福于万民。因此,所谓天下,首先是一种文明秩序。其中,存乎天地之间的生民,还有王天下者的权位,是两种最基本的要素,二者相须而不可分,以致"天下"一词可以指前者(如"教天下""利天下"之"天下"),亦可以指后者(如"天下为公"之"天下")。照这样理解,"天下"一词,其实包含了一组概念,一组虽不相同,但又相互关联和支持的概念,它们展现了天下观念的不同层面和面向。"天下"观念的这种丰富性,使之成为中国古代思想世界中极具概括力和表现力的观念之一。它塑造了中国人的世界观,尤其国家、文明诸观念,支配了中国人对于世界与文明秩序的想象。

四方与四海:天下的方位

"天下"观念始于何时?这是一个很难回答的问题。先秦诸子,无论儒、墨、名、法、道德、阴阳、纵横家等,亦无论在朝在野,无不喜言"天下",这至少说明"天下"一词当时已经相当流行。但如前引《易传》那样的历史叙述,却不足以证明这一观念出自更早的年代。实际上,《易传·系辞下》开篇所勾画的文明史缺乏史料支持,甚至三皇五帝的传说本身,如果不尽是出于后人虚构,至少也是模糊不清的。追溯天下观念之迹,较为确切的证据,当于古代文字和文献中获得。

传世的殷商甲骨文中,与"天下"相关的字,有"中""国"

"天""下""四方"等,但是未见"天下"二字。① "天下"一词,始见于《尚书》。作为中国最古老的政事史料汇编,《尚书》记录了自唐虞至周代的许多政事、文告、训诫、典制、策命乃至君臣对话,其中多篇可见"天下"一语。如《虞书·尧典》有"光宅天下",《虞书·舜典》有"四罪而天下咸服",《商书·说命上》有"俾以形旁求于天下",《周书·召诰》有"小民乃惟刑用于天下",《周书·顾命》有"燮和天下",《周书·康王之诰》有"用昭明于天下",《周书·毕命》有"惟文王、武王敷大德于天下"等。可以注意的是,《尚书》中"天下"一词最多见于《周书》②,且多出于文告、训诰、策命,为直接引语,而非记录者的叙述,这或者可以说明,西周时人的天下概念已经相当明晰,衡之以"天下"在先秦各种典籍中的流行程度,做这样的推断大体不差。

  如果可以把"天下"语词的出现大致定在周初,则"天下"观念的形成必定始于夏、商,甚至更早。"殷因于夏礼,……周因于殷礼"③,三代文化原本一脉相承,何况周人自视为夏的承继者,封夏之后,用夏之政。只是,殷商卜辞尚不能帮助今人完整了解当时的历史与文化,遑论考古尚不充分的夏和只见于后人记述的唐虞时代。要了解"天下"观念在远古时期的渊源与发展,除

---

① 参见邢义田:《天下一家——中国人的天下观》,载邢义田主编:《中国文化源与流》,合肥:黄山书社2012年版,第290页。邢义田认为,"天下"二字首见于《周书·召诰》,见前引文,第291页。

② "天下"一词,《尚书》凡18见,其中,《虞书》5见,《夏书》1见,《商书》1见,《周书》11见。《尚书》真伪,历史上一直聚讼纷纭。本文从《十三经注疏》本,不作考辨。

③ 《论语·为政》。关于夏、商、周三代历史上的纵横关系,可参阅张光直:《从夏商周三代考古论三代关系与中国古代国家的形成》,载张光直:《中国青铜时代》,北京:三联书店1983年版。

了从甲骨卜辞中寻找线索,恐怕还需要辅以想象,由商周文物制度推想远古社会情态。

有学者根据对殷墟卜辞、金文乃至商代墓葬形制的研究指出,商人按照中心与四方的方位来构想世界(天下):卜辞中有东、西、南、北、中的指称,有"土""方""四土""四方""中商""多方"等语词,其中,"四方"有时指天上的风神,有时指地上(天下)的方国,即商人笼统称之为"多方"的氏族聚落,①而敬奉天帝、祈使神灵、统领四方、治理天下,正是作为天下共主的商王的大任。当时的礼制建筑,如明堂、宗庙、墓室等,以直观形式反映了这种天下观而呈"亚"字形结构,因此也成为"象征帝王对天下的统治威权"。②

周人继受了这种方位分明的"天下"观。据陈梦家的研究,《尚书》里保存了"四土"的称谓,同时又有了"东国"之称,而在西周及其后的金文和《诗》中,则屡见与方位相连的国以及四国(或、域)的用法。《诗·大雅》诸篇中,土、国、方、邦系同位词,可以互用,可知西周及其后,四国即指四土。尤其可注意的是,在西周金文以及《诗经》《尚书》中,国与方有内外相对的关系:王国、中国、周邦、有周与四方相对,中国、四国与鬼方、多方相

---

① 参见邢义田:《天下一家——中国人的天下观》,载邢义田主编:《中国文化源与流》,合肥:黄山书社2012年版,第287—289页。陈梦家指出,卜辞中"方"的用法有五:单纯的方向,地祇之四方,天帝之四方,方国之方,四土之代替。又,四方与大邑或商相对待,后者"可以设想为处于四方或四土之中的商之都邑"。参见陈梦家:《殷虚卜辞综述》,北京:中华书局1956年版,第319页。

② 邢义田:《天下一家——中国人的天下观》,载邢义田主编:《中国文化源与流》,合肥:黄山书社2012年版,第290页。详细的论述,参见该书第286—290页。

对,后者乃指中国、四国以外的许多方国。此外,西周晚期及春秋金文中,四方又是与蛮夷之邦相对的。[①] 从本文的视角出发,周代文献中屡屡出现的"四方"一词,指代的就是"天下"。[②]《诗经·大雅·皇矣》之"受禄无丧,奄有四方",《诗经·大雅·大明》之"天位殷适,使不挟四方",《诗经·商颂·玄鸟》之"古帝命武汤,正域彼四方",《尚书·虞书·益稷》之"予欲宣力四方",《尚书·周书·泰誓》之"惟我文考若日月之照临,光于四方,显于西土"等,均为这方面的例子。

文献中与"四方"同指天下的词还有"四海"。商遗民忆述其开国历史,于"古帝命武汤,正域彼四方"之后,有"邦畿千里,维民所止,肇域彼四海"(《诗经·商颂·玄鸟》)之辞;益颂尧帝之德,有"皇天眷命,奄有四海,为天下君"(《尚书·虞书·大禹谟》)的说法;《尚书·周书·泰誓》以四海与四方对举[③];《尚书·夏书·禹贡》更以四海标识天下的界域[④]。因此,"海内"与"天下"同其义。[⑤] 研究者认为,这种关于"天下"的想象,可能也

[①] 详参陈梦家:《殷虚卜辞综述》,北京:中华书局1956年版,第319—320页。

[②] "四方"一词见于《诗经·小雅》之《节南山》《北山》,《大雅》之《大明》《假乐》以及《商颂》《周颂》诸篇,《尚书·虞书》之《大禹谟》《益稷》,《商书》之《太甲》《盘庚》,《周书》之《泰誓》《牧誓》《康诰》《召诰》《多士》《立政》等21篇亦可见之。

[③] 《尚书·周书·泰誓下》:"王曰:'呜呼!我西土君子。天有显道,厥类惟彰。今商王受,狎侮五常,荒怠弗敬。自绝于天,结怨于民。斫朝涉之胫,剖贤人之心,作威杀戮,毒痡四海……惟我文考若日月之照临,光于四方,显于西土。'"

[④] 《尚书·夏书·禹贡》所说"天下"的范围,"东渐于海,西被于流沙,朔南暨声教,讫于四海"。

[⑤] 其例如《商书·说命下》:"四海之内,咸仰朕德,时乃风。"《尚书·周书·立政》:"其克诘尔戎兵以陟禹之迹,方行天下,至于海表,罔有不服。"

出自商人早期滨海而居的生活经验。①

天命、君王与生民：天下的要素

翻检《尚书》《诗经》《易》及《周礼》诸经籍，很容易发现，除上文提到的"四方""四海"等名词之外，其他像"天""王""邦""民""诸侯"等概念也频频出现于"天下"左右。如《尚书·周书·泰誓》"天佑下民，作之君，作之师，惟其克相上帝，宠绥四方"，可算是典型的"天下"论说。这些概念，如果不是"天下"的别称，肯定都是"天下"观念不可缺少的构成要素，而这些词和概念，或已见于殷商卜辞，或者指向更早时代的社会情态。

商、周时人，以天为高高在上、监临人世的人格神，因此又称"上""上帝"。② 此一人格神，也是政权合法性的终极依据。汤武革命，天下易帜，虽然靠人力完成，却都要借"天命"加以正当化。周人克商，夺取天下，是一个以小胜大、以弱胜强的范例，因此，周人对天命更是坚信不疑，保守天命，战战兢兢。周人文告、

---

① 参见邢义田：《天下一家——中国人的天下观》，载邢义田主编：《中国文化源与流》，合肥：黄山书社2012年版，第295页。不过，当时所谓"四海"指的不一定就是海。《周礼正义》郑玄注引《尔雅》："九夷、八蛮、六戎、五狄，谓之四海。"《禹贡》疏："夷狄戎蛮谓之四海。"有学者认为，自战国中期至后汉，四海主要都被在其字面意义理解为海域，以四海指蛮夷的用法，始于《尔雅·释地》，与古文经学关系颇深，应该是汉以后的现象。参见渡辺信一郎：《中国古代的王权与天下秩序》，北京：中华书局2008年版，第55—57页。

② 金文有"上"，无"天"，上即天。不过，帝与天有别。详参许倬云：《西周史》，北京：三联书店1994年版，第98—109页。

誓词、训诰、策命中即充满对"天"和"天命"的尊崇敬畏之辞。①周公对商旧臣的诰词中说："尔殷遗多士，弗吊旻天，大降丧于殷，我有周佑命，将天明威，致王罚，敕殷命终于帝。肆尔多士！非我小国敢弋殷命。惟天不畀允罔固乱，弼我，我其敢求位？惟帝不畀，惟我下民秉为，惟天明畏。"（《尚书·周书·多士》）类似言论，在商汤的伐桀誓词里也可以看到。②"天"及"天命"至周代发展为一极强而有力的观念，对此后数千年的中国思想影响至深，固不待言，而这种观念的渊源极为久远，也是没有疑义的。

王受命于天，领有天下。其对天而言，为子，故云天子；对民而言，为父母，称元后，称王，称帝。相对于王的民，若非特指，则又称生民、烝民、庶民、黎民、万民、兆民、万姓、下民、四民、四方民等。民为天所生，所谓"天生烝民"。天下即是民所居住的地方。民虽在下，却是天之视、听所在。王者唯有敬天保民，才能够不失天命，"天禄永终"（《尚书·虞书·大禹谟》）。

邦，亦称国，通常指诸侯之国；用以指夏、商、周时，则与"天

---

① 《诗》《书》言天命处甚多，周人言天命者尤多。如《诗经·大雅·文王》："穆穆文王，于缉熙敬止。假哉天命。……侯服于周，天命靡常。"《诗经·周颂·桓》："绥万邦，屡丰年。天命匪解。"《诗经·商颂·殷武》："天命多辟，设都于禹之绩。……天命降监，下民有严。不僭不滥，不敢怠遑。命于下国，封建厥福。"《尚书·周书》之《泰誓》《武成》《大诰》《康诰》《召诰》《洛诰》《多士》《无逸》《君奭》《多方》《吕刑》诸篇更是屡言天命。

② 如《尚书·商书·汤誓》："王曰：'格尔众庶，悉听朕言，非台小子，敢行称乱！有夏多罪，天命殛之。……夏氏有罪，予畏上帝，不敢不正。'"类似内容亦见于《汤诰》。学者们认为，商人的天或上帝起初是普遍的、超然的，后来因与商人祖先灵结合，逐渐成为商人祖群所独占之神，而失去其普遍性。与之不同，周人之天或上帝为万民之神，惟德是辅。参见许倬云：《西周史》，北京：三联书店1994年版，第99—103页。

下"同。周代文献中屡见"万邦""四国""万国"等词,指的就是集合诸多"邦""国"而成的"天下"。诸侯掌邦国,服王事,定期朝贡。王与诸侯相与对待往还之道,即为三代时礼之大端。古人认为,建侯分土之事自炎帝始,①此说或不足凭,但是封建之制显然也不是始自西周。根据《尚书·尧典》,通过"协和万邦"而构造天下,正是帝尧开创的事业。②

中国,九州,五服:天下的疆域与格局

可以注意的是,周初之时,"中国"一词已经出现。"中"字屡见于殷商卜辞,与"四方"相对,为商之都邑所在。周人继受了这些观念。西周金文及《诗经》《尚书》中,"王国""中国""周邦""有周"居中,与"四方"相对,也是内与外的关系。③《诗经》诸篇所谓"中国",均指"京师"或者"国境之中",④此一中国概念,兼具政治中心与地理中心之义。春秋时,"中国"之范围扩

---

① 〔宋〕高承:《事物纪原·官爵封建诸侯》。《史记·五帝本纪》:"诸侯咸来宾从。"
② "协和万邦"语出《虞书·尧典》,太史公写为"合和万国"。帝尧所开创的这一事业的意义,详参姚中秋:《华夏治理秩序史》第一卷《天下》(上册),第一章,海口:海南出版社2012年版。
③ 参见陈梦家:《殷虚卜辞综述》,北京:中华书局1956年版,第320页。记于成王时代的何尊铭文:"惟武王既克大邑商,则廷告于上天曰:'余其宅兹中或,自之乂民'"(铭文可参见许倬云:《西周史》,北京:三联书店1994年版,第94页。又,"中或"即"中国"。西周金文中,或、域、国一字。参见陈梦家:《殷虚卜辞综述》,北京:中华书局1956年版,第321页),是周人使用"中国"一词最早的证据。由此可证《尚书·周书·梓材》所录周公对康叔的诰词"皇天既付中国民,越厥疆土于先王"并非出于后人杜撰。
④ 参阅邢义田:《天下一家——中国人的天下观》,载邢义田主编:《中国文化源与流》,合肥:黄山书社2012年版,第294页。

大,更因为与夷狄相对而兼具民族和文化含义。① 中原之地,中国之名,涉及王朝正统,也是古代天下观的核心部分。

中国亦称九州。禹受命平治水土,划中国为九州,禹迹所至,即是天下。② 表面上为地理区划的九州,因此脱出单纯的地理概念,而具有政治、经济和文化上的丰富意蕴。③ 关于九州故事,最早也是最详的记载出于《尚书·禹贡》。④《禹贡》开篇云:"禹别九州,随山浚川,任土作贡。"其下所记述的,除了九州的山川物产以及水土治理情形,还有基于土地状况规定的贡赋等

---

① 关于"中国"概念及其所指之变化,详参葛剑雄:《统一与分裂:中国历史的启示》,北京:中华书局2008年版,第22—31页。葛氏认为,"中国"有广狭二义,广义的"中国"即是中原王朝,凡中原王朝的疆域均属"中国";狭义的"中国"则指经济文化相对发达的汉族聚居区或汉文化区。参见该书第28页。据此,地域、种族和文化同为"中国"的构成要素。

② 《左传·襄公四年》引周初《虞人之箴》曰:"芒芒禹迹,画为九州。"《尚书·周书·立政》:"其克诘尔戎兵以陟禹之迹,方行天下,至于海表,罔有不服。"《禹贡》以九州、四海、中邦并举。孔颖达疏云:"慎之者,皆法则其三品土壤,准其地之肥瘠,为上中下三等,以成其贡赋之法于中国……夷狄戎蛮谓之四海,但天子之于夷狄,不与华夏同风,故知'四海'谓'四海之内',即是九州之中,乃有万国……故皆法三壤成九州之赋。言得施赋法,以明水害除也。'九州'即是'中邦',故传以'九州'言之。"(孔安国传、孔颖达疏:《尚书正义》卷六)又参见邢义田:《天下一家——中国人的天下观》,载邢义田主编:《中国文化源与流》,合肥:黄山书社2012年版,第297页。

③ 葛剑雄认为,九州之制并非历史上的事实,而只是战国时人对未来统一国家的规划,实为一种政治理想。参见葛剑雄:《统一与分裂:中国历史的启示》,北京:中华书局2008年版,第7—8页。不过,九州之制是否为大禹所创制和实行,并不影响其作为一种观念的重要性。

④ 一般认为,《禹贡》成书年代较晚,有东周说,有战国说。不过,近年面世的一件西周中期青铜器,其铭文以"天命禹敷土,随山浚川,乃差地设征"开首(试比较《禹贡》开篇辞:"禹别九州,随山浚川,任土作贡"),不但提早了有关大禹治水传说的记载,也增强了相关文献记载的可信性。参见唐晓峰:《大禹治水传说的新证据》,载唐晓峰:《人文地理随笔》,北京:三联书店2005年版。

级,甚至天下秩序中诸侯拱卫服事天子的制度:

> 五百里甸服:百里赋纳总,二百里纳铚,三百里纳秸服,四百里粟,五百里米。五百里侯服:百里采,二百里男邦,三百里诸侯。五百里绥服:三百里揆文教,二百里奋武卫。五百里要服:三百里夷,二百里蔡。五百里荒服:三百里蛮,二百里流。

《禹贡》篇结尾处记述的,是经籍中名为"五服"的天下体制,即以王畿为中心,由近而远,每五百里为一区划,分为甸、侯、绥、要、荒五服,各服依礼向天子提供职贡。如甸服贡纳谷米,侯服、绥服提供差役、屏障王室,要服须遵奉礼法,和平相处,荒服可以保有其习俗,甚至无须纳贡。在这一天下秩序结构中,天子居中,诸侯环绕四方,层层外推,与王畿空间上的距离愈远,则关系愈疏,义务愈弱,联结亦愈薄。[1] 周穆王时祭公谋父的一段话,尤为清楚地揭示了天下秩序中这种内外有别、远近不同的特点:

---

[1] 顾颉刚所著《畿服》一文对五服制论之甚详,顾氏认为,《周语上》所记畿服制度,"斯盖就当时形势加以理想化,作更精确之分析与更整齐之规划,而试定此五种称谓,原非事实上确有此等严整之界限"。参见顾颉刚:《史林杂识》,北京:中华书局1963年版,第2页。顾氏又分析《禹贡》所载五服,认为"《周语》尚近事实,而《禹贡》多出想象,非事实所许可矣"。见该书第7页。我们可以注意到,记载于古代经籍的古代制度大多严整规范、整齐划一,这似乎就是古人观念好理想化的特点。古人所描述的五服或九服制度,呈现为一种由近及远、内外有别而呈回字形的严整结构,正是理想化的天下秩序。尽管这样的理想秩序并非历史实相,亦无实现可能,其中的秩序原理却真实地存在,且对历史有重要影响。

> 夫先王之制,邦内甸服,邦外侯服,侯、卫宾服,蛮、夷要服,戎、狄荒服。甸服者祭,侯服者祀,宾服者享,要服者贡,荒服者王。日祭、月祀、时享、岁贡、终王,先王之训也。①

有意思的是,在这段追述西周制度的话里,要服成了"蛮、夷",荒服成了"戎、狄"。这让我们注意到天下观念中的另一层重要内容,即夷、夏之分。

内外与远近:夷夏之分

周人以夏自居,称诸夏、华夏,居于中国,文明风流,分布四方的蛮、夷、戎、狄则茹毛饮血,尚未进于文明。这正是《礼记·王制》所描述的情形。② 不过,有学者指出,将四夷与四方固定搭配,而称北狄、南蛮、东夷、西戎,应当是战国时期天下秩序概念化和规则化的结果。③ 因为迟至春秋之世,夷、夏还是混杂而居,更不必说,早先并无夷、夏的分别,夷、狄之类指称,也没有它们后来具有的那种文化上的贬义。夷、夏之间的分际,尤其区分夷、夏之观念上的自觉,应该是经历了漫长时段而逐渐形成。造成此一分野的,起初很可能不是经济生活的,比如生产方式,而

---

① 《国语·周语上》。这里讲的是周的五服,其范围当较《禹贡》所描述的夏禹时的疆域远为广阔。又,《荀子·正论》对五服制度有相同记载,也同样重在对其差异性的说明。

② 《礼记·王制》:"中国戎夷,五方之民,皆有性也,不可推移。东方曰夷,被发文身,有不火食者矣。南方曰蛮,雕题交趾,有不火食者矣。西方曰戎,被发衣皮,有不粒食者矣。北方曰狄,衣羽毛穴居,有不粒食者矣。"

③ 参见邢义田:《天下一家——中国人的天下观》,载邢义田主编:《中国文化源与流》,合肥:黄山书社2012年版,第301页。

是文明合作方式,是社会组织形式。比如尧帝的协和万邦,大禹的平治水土,周公的制礼作乐。社会联合的增强以及合作范围的扩展,在增进文明和文化发展的同时,也创造人群之间的界分和区辨意识。换言之,正是构造天下的文明创造活动,造就了文化的和政治的华夏共同体,同时造成并且强化了夷、夏之间的分界。[1] 在此过程中,夷、夏不但在物质的生活方式和地缘上被逐渐地分开,更且在观念和意识上被清楚地区辨开来。

不过,夷、夏之分,从一开始就不是种族的,而是文明的和文化的。曾被舜帝流放至四裔的"四凶",原本并非夷狄;[2] 早先系尧舜臣属的周人先祖曾"自窜于戎狄之间"(《国语·周语上》);至武王克商时,周人盟友亦多为西北及西南之夷;[3] 早先也是华夏苗裔的吴、越、秦、楚诸国,在重新融入华夏文明之前,一度也被视为蛮夷。[4] 这些事例说明,夷、夏并非分属于不同人群的固定身份,只要进于礼乐文明,夷可变而为夏。反之,若不行中国之道,夏亦可退化,变而为夷。此种文化的夷、夏观,肇基于一种普遍主义的天下理念,即相信普天之下存在一种发达优越的文

---

[1] 参阅姚中秋:《华夏治理秩序史》第一卷《天下》(上册),海口:海南出版社2012年版,第99、245—254页。

[2] 《史记》卷一《五帝本纪》:"于是舜归而言于帝,请流共工于幽陵,以变北狄;放驩兜于崇山,以变南蛮;迁三苗于三危,以变西戎;殛鲧于羽山,以变东夷:四罪而天下咸服。"对此"寓言式历史叙述"的分析,参见姚中秋:《华夏治理秩序史》第一卷《天下》(上册),同上,第246—251页。

[3] 有关周人历史,详参许倬云:《西周史》第二章,北京:三联书店1994年版。

[4] 太史公谓春秋之世,"天子微,诸侯力政,五伯代兴,更为主命,自是之后,众暴寡,大并小。秦、楚、吴、越,夷狄也,为强伯"(《史记》卷二十七《天官书》)。又参见葛剑雄:《统一与分裂:中国历史的启示》,北京:中华书局2008年版,第25—26页。

明秩序,可以为所有人所接受。而一旦这种文明秩序及于全天下,天下也就成为一家。这种天下主义的理念,日后成为中国人想象和处理内外关系的一种支配性的观念。

天下:一种具有普遍性和规范性的文明秩序

涵摄上述概念和观念的"天下"一词,在春秋战国的各种论说中至为流行。① 诸子百家虽立论不同,却都以"天下"为思考的背景或议论的对象,而此一"天下",或者为王者依据天命、借助百官所治理的世界(王天下),或者为繁衍生息于天地之间的兆民,大体不脱一政治和文化的共同体及其所构建的文明与道德秩序的范围。② 可以说,"天下"概念为不同学说派别提供了一个具有共同历史文化背景的思考框架,借助此一框架,先秦诸子发展出各不相同的历史叙述、哲学论辩和政治论说。也是经由这一阶段,唐虞之世发其端,商周时代塑其形的天下观念逐渐

---

① 随便列举数例:老子《道德经》81 章,言天下者 33 章;《论语》20 篇,言天下者 10 篇;《管子》86 篇,61 篇言天下;《墨子》15 篇,篇篇皆言天下;《孟子》14 卷,无卷不言天下;《荀子》32 篇,29 篇讲天下;《吕氏春秋》26 篇,只一篇未及天下;《淮南子》22 篇,仅 2 篇不言天下。

② 诸子皆务为治者,故其论述所言天下,即使不直接涉及政教秩序,也是以某种文明秩序为背景的。即如距离政治最远的白马非马之论,也是针对"天下之悖言乱辞"(《公孙龙子·白马论》),"欲推是辩,以正名实而化天下焉"(《公孙龙子·迹府》)。

趋于成熟和定型。①

关于此一"天下"观念的性质,还有几点可以注意。

首先,从一开始,"天下"就是作为一个超逾特定部族与地域的概念被提出和想象的。天下集合万邦,天子亲诸侯、抚万民,就是这一超越观念的历史呈现。与此相关,"天下"也是被作为一个整体来认识的。王的事业即是"一天下"。所谓"天子无外"(《春秋穀梁传·桓公八年》),"溥天之下,莫非王土"(《诗经·小雅·北山》),就是此意。秦并六国,固然是"一天下"的著例,但是在此之前的"九州""禹迹",以及屡见于先秦诸子及史书所叙述的三代乃至五帝时的"天下",已经将一个超逾部分的整体性和统一性观念深深植根于华夏族群的心灵之中。

"天下"所具有的超逾性和整体性,从根源上说,皆来自"天"。"天"是普遍的,至大至广,公正无偏。这些特性也为"天下"所具有。"天下"是普遍的,意味着生民有着共同本性(天性),安排其生活的文明价值与秩序,同样放之四海而皆准。在此一普遍价值的观照之下,种族差异的重要性只有相对意义。中国与夷狄以文化分,二者关系为相对的、可变的。中国历史上,大一统的观念根深蒂固,据此观念,天下一统,不但统一于政

---

① 可以参考邢义田的说法:中国的天下观由"本不相干的方位观、层次观和文化的夷夏观交织而成。天下由诸夏及蛮夷戎狄组成,中国即诸夏,为诗书礼乐之邦,在层次上居内服,在方位上是中心;蛮夷戎狄行同鸟兽,在层次上属外服,在方位上是四裔。方位和层次可以以中国为中心,无限地延伸;诗书礼乐的华夏文化也可以无限地扩张。最后的理想是王者无外,合天下于一家,进世界于大同"。参见邢义田:《天下一家——中国人的天下观》,载邢义田主编:《中国文化源与流》,合肥:黄山书社2012年版,第305—306页。这种说法的重点是夷夏之辨。

治(王),更统一于文明、文化和道德(圣)。①

天下既然是普遍的,其不可据而为私之理甚明,故云"天下为公"。天将天下赋予天子,非为天子一人,而是为了天下之人(生民,万民),因此,天子亦不得将天下视为己有,私相授受。万章问孟子舜之有天下是否得之于尧,孟子曰:"否。天子不能以天下与人。"然则孰与之?孟子的回答是"天与之"(《孟子·万章上》)。古注疏家解"天下为公"为天子之位传贤不传子②,也表明了这一信念。

值得注意的是,先秦时人对于"天下"的这一理解,常常是在对古代制度的叙述中呈现出来的。但我们如果因此认为,此一"天下"概念主要为描述性的,就一定会被误导。因为这一概念自始就具有想象成分,而对"天下"为何物的想象本身,又是一种塑造客观世界的积极活动,这种活动不仅影响历史叙述,而且规定现实,构筑未来。即如《尚书》诸篇所描述的天下秩序,其作为历史叙述,就既不全是古代政事的实录,亦非单纯出于后人杜撰。毋宁说它是不同时代、不同撰者混记录、整理、想象及理想于一的结果。如此形成的天下观念,既是描述性的,也是富于想象的,而且作为一种寓理想于其中的历史叙述,它内含强烈的规范性。这种规范性,借由先秦诸子系统表达的种种概念和论说,尤其是透过形成于先秦时期的一系列经籍,为后人提供了

---

① 大一统为公羊学之核心观念,亦为儒家思想的重要内容。详细的论述,参阅杨向奎:《大一统与儒家思想》,北京:北京出版社 2011 年版。杨氏于大一统观念以文明、文化为天下一统之基础的思想尤多论列,详参该书第 19—20、62—67、133—134、149、160 页。

② 《礼记正义》卷二十一,孔颖达疏:"'天下为公',谓天子位也。为公,谓揖让而授圣德,不私传子孙,即废朱均而用舜禹是也。"

一套认识和想象世界的框架,既可以被用来指导实践,也可以被用作实践批判的判准。

五岳四渎:天下的坐标

战国之世,群雄并作,逐鹿中原。其驱动力,自理想层面言,无疑是王者一天下的理念。然而至秦灭六国,并一海内,天下观念的发展又开出了新的局面。史载,"秦初并天下",秦始皇令下议更名号,"丞相绾、御史大夫劫、廷尉斯等皆曰:'昔者五帝地方千里,其外侯服夷服,诸侯或朝或否,天子不能制。今陛下兴义兵,诛残贼,平定天下,海内为郡县,法令由一统,自上古以来未尝有,五帝所不及。'"(《史记》卷六《秦始皇本纪》)据此,秦皇一统天下之功,更超迈古之圣王。的确,秦始皇所开创的"郡县天下",不但疆域远超前代,其制度架构也大异于古之"王制"。① 依现今学者的说法,此前系承认"合法之分割"的"封建天下",如今则是主张"绝对之一统"的"专制天下"。② 此后支配中国两千年的官僚帝国制度,其基础就奠定于此。③

专制天下或曰郡县天下,既有异于封建天下或曰王制,其对于天下观念必定有所损益,固不待言。只不过这种损益在改造、发展旧的天下观念的同时,更令这一观念丰富、强化、坚实,愈益不可动摇。因为无论君臣,还是注经者,其思想、论说及行动都在其中展开,并由中获得意义。这一过程,即始于秦始皇安定天

---

① 《新唐书》卷三七《地理志序》:"自秦变古,王制亡,始郡县天下。"
② 萧公权:《中国政治思想史》(上),第10页。
③ 参见柳诒徵:《中国文化史》,北京:中国大百科全书出版社1988年版,第288—289页。

下的举措。

始皇二十六年(前221),秦灭齐,天下归于一。其后,秦始皇最重要的举措,除上面提到的建皇帝号,还有置郡县,改官制,一文字及度量衡,定钱币,筑长城,建宫室,治驰道,巡行天下,征西戎、匈奴、南越等,[①]这些举措都与确立新的天下秩序有关,其中,最富意味的莫过于巡行天下一项。

秦始皇自二十六年登帝位,在位十二年,巡行天下凡五次,所到之处,"立石刻,颂秦德,明得意"(《史记》卷六《秦始皇本纪》),不过,比这些更重要的,是祭祀山川的活动。"二十八年,始皇东行郡县,上邹峄山。立石,与鲁诸儒生议,刻石颂秦德,议封禅望祭山川之事。乃遂上泰山,立石,封,祠祀"(同前)。其后,"始皇遂东游海上,行礼祠名山大川及八神"。泰山梁父,即是位列"八神"之二的"地主"。古制,封禅泰山有特定的政治和文化含义,天子为之。春秋时,齐桓公成霸业,欲封禅,管仲止之,谓受命然后得封禅。这件事,《史记·封禅书》记之甚详。更有意思的,是同书后面的一段话:

> 昔三代之居皆在河洛之间,故嵩高为中岳,而四岳各如其方,四渎咸在山东。至秦称帝,都咸阳,则五岳、四渎皆并在东方。自五帝以至秦,轶兴轶衰,名山大川或在诸侯,或在天子,其礼损益世殊,不可胜记。及秦并天下,令祠官所常奉天地名山大川鬼神可得而序也。

> 于是自崤以东,名山五,大川祠二……

---

① 参见邓之诚:《中华二千年史》卷一,北京:中华书局1983年版,第3—28页。

自华以西,名山七,名川四……

山川祭祀之事,以及五岳之称,均见于《尚书·舜典》。舜受禅让而为天子,"在璇玑玉衡,以齐七政。肆类于上帝,禋于六宗,望于山川,遍于群神。……岁二月,东巡守,至于岱宗,柴。望秩于山川,肆觐东后。……五月南巡守,至于南岳,如岱礼。八月西巡守,至于西岳,如初。十有一月朔巡守,至于北岳,如西礼"。观天象以排列政事,昭告上帝,祭祀天地四时、山川诸神。这些,是舜践大位后最先去做的事情,其重要性可知。接下来则是巡狩四岳,依礼行仪。五岳的重要性,在于其政治上和文化上的符号意义:五岳为华夏中国疆域的坐标,与九州、天下同其义,[①]因此成为国家制度的一部分。进一步讲,中国古代王朝的正统性,与特定地域有关,那就是诸夏所在的中原,就是九州,就是五岳。[②] 这也是为什么秦始皇登帝位后即巡行天下,祭祀山川。问题是,秦起于西土,秦都咸阳不在五岳之内,对兼并六国、号令天下的秦始皇来说,这不能不说是一大缺憾。就是为了弥补这一缺憾,令咸阳得居其中,秦始皇才让祠官重序"天地名山大川鬼神"。

---

① 《尔雅注疏》卷七《释山》:"河南华,河西岳,河东岱,河北恒,江南衡。"疏"释曰:篇首载此五山者,以为中国之名山也"。
② "中国古代王朝正统性的认同,就包括一种地域的归属感,正统地域的归属,就要归属到九州之内、五岳之内。"(唐晓峰:《人文地理随笔》,北京:三联书店2005年版,第25页。)关于中国古代地域法统性问题,又参见唐晓峰所著《中国早期国家地域的形成问题》和《中国古代的王朝地理学》二文,均载唐晓峰:《人文地理随笔》。许倬云亦指出:"天命只能降于居住'中国'的王者,这个观念,是中国数千年历史上争正统的理由。"(《西周史》,北京:三联书店1994年版,第98页)

秦始皇的个案不算特例。古之注经者认为,周之都邑镐京在西岳华山之西,亦在五岳之外,周公就将镐都西面的吴岳"权立"为西岳,所思虑与秦皇一样。① 秦以后事例更多。著名的有北魏孝文帝(467—499)迁都洛阳事。其时,朝中围绕迁都之议争论甚炽。下面是当日发生在太极殿上的一场君臣对话:

> 及高祖欲迁都,临太极殿,引见留守之官大议。乃诏丕等,如有所怀,各陈其志。燕州刺史穆罴进曰:"移都事大,如臣愚见,谓为未可。"高祖曰:"卿便言不可之理。"罴曰:"北有猃狁之寇,南有荆扬未宾,西有吐谷浑之阻,东有高句丽之难。四方未平,九区未定。以此推之,谓为不可。征伐之举,要须戎马,如其无马,事不可克。"高祖曰:"卿言无马,此理粗可。马常出北方,厩在此置,卿何虑无马?今代在恒山之北,为九州之外,以是之故,迁于中原。"罴曰:"臣闻黄帝都涿鹿。以此言之,古昔圣王不必悉居中原。"高祖曰:"黄帝以天下未定,居于涿鹿,既定之后,亦迁于河南。"②

臣僚又以他故反对迁都,"帝皆抚而答之,辞屈而退"。孝文帝力排众议,坚定如此,不但是出于其对继承华夏正统的坚执,也是基于对这种地理正统的认识。而这种认识,至少自周秦以来,就已经根深蒂固,不可移易。后之王朝,尤其是由边地入主中原的王朝,遇到此种问题时亦无不作此想。如建都北京的

---

① 转见唐晓峰:《人文地理随笔》,北京:三联书店2005年版,第22页。
② 《魏书》卷十四《神元平文诸帝子孙列传》。魏孝文帝迁都洛阳事,又见赵翼:《廿二史札记》"魏孝文迁洛"。北京:中国书店据世界书局1936年版影印,1987年版。

金、清两个王朝,都曾考虑另议五岳之名。明王朝就将北岳恒山的祭祀地北移,以扩大五岳范围。清朝援此例行之,又于康熙十六年(1677),"诏封长白山神秩祀如五岳。自是岁时望祭无阙"。① 通过这些变通办法,帝都就回归五岳之内,王朝继受天下的正统性因之而提高。②

日月星辰:天下的指示

祭祀名山大川,固显所谓"地德",③确立王朝的正统性,这些,自然为安顿天下秩序所不可或缺,但是只有这些显然不够,因为,无论德、礼,都还属于"地"的范畴,而地上(天下)的种种安排,都要有天上的根据,因此须要溯源于天。圣人法象乎天地,王者受命于天。观天、祭天、告天,可以说是王天下者的第一

---

① 《清史稿》卷八十三。以上数例,参见唐晓峰:《中国古代王朝正统性的地理认同》,载唐晓峰:《人文地理随笔》,北京:三联书店2005年版。

② 空间与王朝正统性之间的关系,在史学之正统论里有突出的表现。据饶宗颐的研究,《春秋》言"统"之说,原本于时间,即继承以前之系绪之谓。后皇甫湜据《公羊传》加以推衍,揭"大一统所以正天下之位,一天下之心",欧阳永叔继之,标"居正""一统"二义。"统"之含义,遂由时间转为空间。此说对后世影响极大,司马温公与东坡论正统,皆由空间立论。不仅如此,元世祖之灭宋,亦由此一观念所策动。《新元史》卷一百七十七记刘整劝世祖伐宋事,(整)曰:"自古帝王,非四海一家,不为正统。圣朝有天下十七八,何置一隅不问,而自弃正统邪!"世祖曰:"朕意决矣。"饶氏认为,元之有宋,即为争取正统,此正统即大一统之意也。参见饶宗颐:《中国史学上之正统论》,上海:上海远东出版社1996年版,第74—76页。

③ 《周礼注疏》卷三十三:"其山镇曰会稽",注云:"镇,名山安地德者也。"疏云:"九州皆有镇,所以安地德。"又《春秋左传正义》卷五十三疏引刘炫云:"天子以下俱荷地德,皆当祭地,但名位有高下,祭之有等级。天子祭地,祭大地之神也。"

要务。《尚书·虞书·尧典》记述帝尧的功绩,开篇即与观天活动有关:"乃命羲和,钦若昊天,历象日月星辰,敬授人时。"①《舜典》所述帝舜之事也是如此,所谓"在璇玑玉衡,以齐七政",即是依据星象安排政事。天象重要若此,实是因为,天为天下秩序奠定基础,提供依据,天象及其变化,即是天下的指示。《史记·天官书》记太史公之言,把这种信念表达得尤为透辟:

> 自初生民以来,世主曷尝不历日月星辰?及至五家、三代,绍而明之,内冠带,外夷狄,分中国为十有二州,仰则观象于天,俯则法类于地。天则有日月,地则有阴阳。天有五星,地有五行。天则有列宿,地则有州域。三光者,阴阳之精,气本在地,而圣人统理之。②

古之圣人,后之帝王,既然受命于天,就必须应天顺时,以之

---

① "历象日月星辰,敬授人时"云云,常被今人解为与农业生产相关的活动。这种解释完全是对古人意义世界的曲解。参见江晓原:《天学真原》,沈阳:辽宁教育出版社2007年版,第36—39页。更详尽的论述,参见该书第3章《天学与王权》。

② 太史公又以星占之学论战国时诸侯相夺、华夷相侵乃至秦之兴亡诸情形云:"及秦并吞三晋、燕、代,自河山以南者中国。中国于四海内则在东南,为阳;阳则日、岁星、荧惑、填星;占于街南,毕主之。其西北则胡、貉、月氏诸衣旃裘引弓之民,为阴;阴则月、太白、辰星;占于街北,昴主之。故中国山川东北流,其维,首在陇、蜀,尾没于勃、碣。是以秦、晋好用兵,复占太白,太白主中国;而胡、貉数侵掠,独占辰星,辰星出入躁疾,常主夷狄:其大经也。此更为客主人。荧惑为孛,外则理兵,内则理政。故曰'虽有明天子,必视荧惑所在'。诸侯更强,时菑异记,无可录者。秦始皇之时,十五年彗星四见,久者八十日,长或竟天。其后秦遂以兵灭六王,并中国,外攘四夷,死人如乱麻,因以张楚并起,三十年之间兵相骀藉,不可胜数。自蚩尤以来,未尝若斯也。"(《史记》卷二十七《天官书》)

为模范设制立政。天上秩序规范天下秩序,"与天同者大治,与天异者大乱",①反过来,天下治乱感动于天,也可于天象变化中见出。为人主者,须观天象以修政事,"日变修德,月变省刑,星变结和。……太上修德,其次修政,其次修救,其次修禳……"(《史记·天官书》)中国历史上,围绕这一信仰和实践,一套关于天象及其变化的解释和理论便得以产生,并获得极大的发展。这套经常为现代人误解为古代天文学的知识,实为中国古代的政治哲学,在传统知识体系和政教制度中占据特殊地位,为古代帝王掌有和治理天下所不可或缺。② 古人视此为"天地之宏纲,帝王之壮事",殆非偶然。

通过建立天、地之间的联系来确立、证成和维护政治权力的合法性,此种观念和实践极为古老,天命理论与天象之学,以及后来的天人合一之说,表现了这一观念的不同方面,其中,天象之学所表现的最为直观。有学者指出,古代不绝如缕、一脉相承的天学之家,即所谓"昔之传天数者",履行的就是沟通天地的使命;古代灵台与明堂一类建筑的兴建,也都与通天事务相关;进而,陈列于灵台的观天仪器如浑仪、相风、漏刻等物,作为通天礼器,在古人眼中,与玉玺、九鼎等国之重器具有同样性质,均为政治权力的象征物。③ 古人墓室绘制天象图案,"上具天文,下

---

① 〔汉〕董仲舒:《春秋繁露》卷十一。唐人李淳风《乙巳占》自序中的说法极有代表性:"昔在唐尧,则历象日月,敬授人时;爰及虞舜,在璇玑玉衡,以齐七政。暨乎三王五霸,克念在兹,先后从顺,则鼎祚庸隆;悖逆庸违,乃社稷颠覆。是非利害,岂不然矣。斯道实天地之宏纲,帝王之壮事也。"转引自江晓原:《天学真原》,沈阳:辽宁教育出版社2007年版,第22页。
② 详参江晓原:《天学真原》,第40—68页。
③ 详参江晓原:《天学真原》,第69—132页。

具地理"①,其宫阙乃至都城的建造体现"象天法地"的原则②;又其依据四时变化设立国家制度,根据天象变化判定政治的清浊,进而改变其行为,调整其政策,③这些,也都是受天象与天下秩序相对应观念的影响而致。

可以注意和强调的是,地域的正统性,配合天象,成就王朝

---

① 《史记》卷六《秦始皇本纪》。秦始皇墓尚未发掘,有考古学证据的最早的墓室天象图见于1957年发掘的河南洛阳西北郊的西汉墓,不过也有学者认为,1988年在河南濮阳西水坡出土的一座仰韶文化墓葬中就已出现了天象图案。参见江晓原:《天学真原》,第273—274页。

② 伍子胥相吴,"象天法地,造筑大城"(《吴越春秋》第四);范蠡之筑城,"其应天矣,昆仑之象有焉"(《吴越春秋》第五);秦始皇"作信宫渭南,已更命信宫为极庙,象天极"(《史记》卷六《秦始皇本纪》);又其"因北陵营殿,端门四达,以则紫宫……渭水贯都,以象天汉;横桥南渡,以法牵牛"(《三辅旧事》);"汉代长安城,周围六十五里,城南为南斗形,北为北斗形,至今人呼汉京城为斗城是也"(《三辅黄图》)。以上诸例转见江晓原:《天学真原》,第270—271页。又根据渡边信一郎的研究,六朝时期的宫城,仿照天空的星象配置展开,意在将天上和地上的秩序皆据为己有。安排于宫城北部华林园的审判活动也极具象征性,当时"很多皇帝都将园林审判或巡回审判比拟为天象之运作,作为'天下统治之生命'而频繁实施"。而到了唐代,这种模拟星象的空间布局进一步扩大到整个都城。详参渡边信一郎所著:《中国古代的王权与天下秩序》,北京:中华书局2008年版,第107—121页。中国古代建筑中"体象乎天地"原则的运用,亦可参见李允鉌:《华夏意匠》,香港:广角镜出版社1982年版,第39—43、100—103、391页。

③ 董仲舒云:"天者,群物之祖也。故遍覆包函而无所殊,建日月风雨以和之,经阴阳寒暑以成之。故圣人法天而立道,亦溥爱而亡私,布德施仁以厚之,设谊立礼以导之。春者天之所以生也,仁者君之所以爱也;夏者天之所以长也,德者君之所以养也;霜者天之所以杀也,刑者君之所以罚也。繇此言之,天人之征,古今之道也。"又云:"国家将有失道之败,而天乃先出灾害以谴告之,不知自省,又出怪异以警惧之,尚不知变,而伤败乃至。以此见天心之仁爱人君而欲止其乱也。"(《汉书·董仲舒传》)此种天人理论对于古代法政制度影响颇深。一般的讨论,参见瞿同祖:《中国法律与中国社会》,北京:中华书局1981年版,第256—264页;梁治平:《寻求自然秩序中的和谐:中国传统法律文化研究》第十二章《自然法》,北京:商务印书馆2013年版。

的正统性,这一过程,除了透过诸如器物、建筑和制度诸要素来展现天人之间的联系,更需要借助一系列复杂的典礼和仪规才得实现。不仅如此,唯有透过相应的礼仪典制,不断展示其与天地的联系,天子领有天下的正当性才能够持续地证立和强化。上古王制如此,秦汉以降的郡县天下也是如此。只是秦祚短暂,没有积累更多治理天下的经验,而且秦以军功立国,重律令,崇法吏,于古制未多措意。透过重建礼仪典制来实现新的天下秩序,这一过程历经百多年,完成于汉代。

据日本学者渡辺信一郎的研究,自元帝初元三年(前46)齐诗学派的翼奉奏议迁都洛阳,至明帝永平三年(60)的乐制改革,大约一百一十年间,汉王朝先后建立了畿内制度、三公和十二州牧、南北郊祀、迎气、七庙和祀、官稷、辟雍、学官以及天下之号等。其中,天子祭祀天地的南北郊祀最为重要。如建于南郊的圆形祭天丘坛,坛分三层,上层设天、地神座,中层则分设五帝神座,下层八方皆有阶梯。圆坛向外分中营、外营两个区域,中营设北斗、日月、五星、中官诸星及五岳神座,外营则有二十八宿、外官诸星、雷公、先农、风伯、雨师、四海、四渎及其他名山大川神座。圆坛上下内外,计有神座一千五百一十四个,各依其方位、领域设定。实际上,汉代的长安就是一座由祭坛和诸庙所环绕的都城,这些祭坛和庙宇按照阴阳五行的原理配置于四方,它们不但代表了宇宙间的万物,而且展现了天地秩序。就像秦汉王朝的郡县天下一样,这也是那种井然划一的一统秩序,它吸收、统合了先秦至于前汉的分散于各地的祠、庙、坛、神及祭仪,成一完备而严整的体系。而通过排他性地据有这一祭祀天地的礼仪,天子领有和治理天下的权威便得以最终确立。正因为如此,在每年常规性的祭祀活动之外,祭天也是王朝更替时必不可少的节目。①史书记载魏王曹丕(187—226)受禅于献帝时举行的大礼,场面极为壮观:"魏王登坛受禅,公卿、列侯、诸将、匈奴单于、四夷朝者数万人陪位,燎祭天地、五岳、四渎。"②新王朝的正统性,就是透过这类极具象征性的浩大礼仪而得到确认。完成于前汉末、后汉初的这一祭祀天地制度,因此得以在中国历史上不断地展演,一直延续至20世纪的前夜。

从五服到九服:扩展的天下

日月照临、山川纵横的天下,在古人想象的世界里,经常被等同于九州和中国。如此,则戎狄蛮夷位置何在? 太史公讲圣人据天象分中国为十二州,又以"列宿"对"州域",似乎暗示夷狄是在三光所照的天下之外。事实上,等同于九州、中国的"天下"和包纳四夷的"天下",都可以在古代经籍中找到依据,实际运用中的"天下"一词也经常具有不同指向。这些都表明,天下的范围和界域有变化,其确定含义因言者不同而有不同。

史料记述当中,上古时的天下范围不一,或有明确四至,或

---

① 详参渡辺信一郎:《中国古代的王权与天下秩序》,北京:中华书局2008年版,第82—90、132—134页。唐代的情形,参见该书第134—140页。史书典籍中,历朝有关祭祀天地及先祖的礼仪典制均有详细记载。

② 《三国志》卷二《魏书·文帝纪》裴松之注引《献帝传》。魏王受禅昭告天下之辞也颇堪玩味:"咸以为天之历数,运终兹世,凡诸嘉祥民神之意,比昭有汉数终之极,魏家受命之符。汉主以神器宜授于臣,宪章有虞,致位于丕。丕震畏天命,虽休勿休。群公庶尹六事之人,外及将士,洎于蛮夷君长,佥曰:'天命不可以辞拒,神器不可以久旷,群臣不可以无主,万几不可以无统。'丕祗承皇象,敢不钦承。卜之守龟,兆有大横,筮之三易,兆有革兆,谨择元日,与群寮登坛受帝玺绶,告类于尔大神;唯尔有神,尚飨永吉,兆民之望,祚于有魏世享。"

竟漫无涯际,成为"日月所照,风雨所至"的无边广域。① 秦始皇泰山刻石也有类似说法,如谓:"普天之下,抟心揖志。器械一量,同书文字。日月所照,舟舆所载。皆终其命,莫不得意。……皇帝之明,临察四方。……皇帝之德,存定四极。……六合之内,皇帝之土。西涉流沙,南尽北户。东有东海,北过大夏。人迹所至,无不臣者。"(《史记》卷六《秦始皇本纪》)比较言之,经籍中的说法更加确定和规范。②《礼记·王制》云:"凡四海之内九州,州方千里","凡四海之内,断长补短,方三千里"。③这方三千里的天下,规整有序,天子居其中。《吕氏春秋·审分览·慎势》:"凡冠带之国,舟车之所通,不用象、译、狄鞮,方三千里。古之王者,择天下之中而立国,择国之中而立宫,择宫之中而立庙。天下之地,方千里以为国,所以极治任也。"这段话表

---

① 据《史记》卷一《五帝本纪》,"黄帝从而征之"的天下,"东至于海,……西至于空桐,……南至于江,……北逐荤粥,……而邑于涿鹿之阿"。帝颛顼,"北至于幽陵,南至于交阯,西至于流沙,东至于蟠木。动静之物,大小之神,日月所照,莫不砥属"。帝喾"溉执中而遍天下,莫不从服"。《史记》卷二《夏本纪》所记禹所划定的九州,则"东渐于海,西被于流沙,朔南暨声教,讫于四海"。

② 顾颉刚通过对经籍的分析指出,战国至西汉,为畿服说者分为两派,其一,以五千里为天下,方三千里为中国者,是为《禹贡》派。信持此义者,有《皋陶谟》的作者、《吕氏春秋》的作者、《礼记·王制》的作者等;其二,以方万里为天下,方六千里为中国者,则为《周官》派。顾氏虽然认为《禹贡》支离,但相信以九州方三千里和五服内三服方三千里"以定中国之广袤,则固言之成理"。参见顾颉刚:《畿服》,载《史林杂识初编》,北京:中华书局1963年版,第13—14页。日本学者渡辺信一郎以顾说为基础,对古代经籍里中国和天下的范围做了更细致的梳理。详下。

③ 《礼记·王制》:"自恒山至于南河,千里而近。自南河至于江,千里而近。自江至于衡山,千里而遥。自东河至于东海,千里而遥。自东河至于西河,千里而近。自西河至于流沙,千里而遥。西不尽流沙,南不尽衡山,东不尽东海,北不尽恒山。凡四海之内,断长补短,方三千里。"

明，方三千里的天下，是具有共同礼乐文明（冠带之国）、生活在同一交通圈（舟车之所通）和语言圈（不用象、译、狄鞮）内的政治和文化共同体，这就是九州、中国，①夷狄自然被排除在外。

同样是把天下视同九州，《尚书》今文学家的天下却是方五千里的。其根据是前引《尚书·禹贡》关于五服的记载，据此记载，甸、侯、绥、要、荒五服，各以五百里为单位，依次向外扩展，因此构成一个方五千里的天下。这种天下观也见于《盐铁论》和《白虎通德论》等处，应当是汉代的正统观念。② 但是如果像祭公谋父那样把要服和荒服理解为蛮夷和戎狄的话，四夷就是在天下（九州岛）之内，这似乎有些矛盾。这种矛盾（如果确实存在的话），在古文经学的天下观里被消除了。

《周礼·夏官司马》有"职方氏"一职，其职"掌天下之图，以掌天下之地，辨其邦国、都鄙、四夷、八蛮、七闽、九貉、五戎、六狄之人民，与其财用、九谷、六畜之数要，周知其利害，乃辨九州之国，使同贯利"。这个包纳了四夷的天下也是按服制各以五百里为单位由内向外展开，但在这里，服制不是分为五等，而是九等，即所谓九服：侯、甸、男、采、卫、蛮、夷、镇、藩。③ 这个方万里的天

---

① 参见渡辺信一郎：《中国古代的王权与天下秩序》，北京：中华书局2008年版，第80页。渡辺氏更强调政治因素，因此将"冠带之国"理解为"政治文化和官僚阶级（意识形态阶级）"。此外，可能是因为强调"天下"被用以指九州（中国）的一面，渡辺氏对《尚书》今文学家天下方五千里的解释，似乎忽略了其中包含了四夷这一造成某种概念矛盾的现象。

② 详参上书，第48—51页。

③ 《周礼·夏官司马》："乃辨九服之邦国，方千里曰王畿，其外方五百里曰侯服，又其外方五百里曰甸服，又其外方五百里曰男服，又其外方五百里曰采服，又其外方五百里曰卫服，又其外方五百里曰蛮服。又其外方五百里曰夷服，又其外方五百里曰镇服，又其外方五百里曰藩服。"

下,据郑玄的解释,由方七千里的九州岛,即处于中心的王畿和所环绕的侯、甸、男、采、卫、蛮六服,同九州之外的四海,即最外层的夷、镇、藩三服,两个部分构成。从制度层面言,将九服分作两个部分,是表明与天子不同关系的不同的朝贡方式及职贡内容。① 古文经学的九服方万里的天下观,也被用来调和《尚书·禹贡》的五服说,如此,则五服的空间距离被扩大一倍,也成为方万里的天下:内里为方八千里的九州,最外的荒服则是蛮夷所在的四海。②

研究者认为,战国至两汉的数百年里逐渐形成的这几种天下观,呈现了一种不断扩展的天下视野,其中可以见到战国至秦汉国家形态改变、疆域扩展的烙印。③ 汉极盛时,"凡郡国一百三,县邑千三百一十四,道三十二,侯国二百四十一。地东西九千三百二里。南北万三千三百六十八里"(《汉书》卷二十八《地理志下》)。且自秦始皇至汉武帝,一个主要针对西域及西南夷的册封朝贡体制也日渐成形。方万里的天下观,反映的正是汉

---

① 《周礼·秋官司寇·大行人》:"邦畿方千里,其外方五百里,谓之侯服,岁壹见,其贡祀物;又其外方五百里,谓之甸服,二岁壹见,其贡嫔物;又其外方五百里,谓之男服,三岁壹见,其贡器物;又其外方五百里,谓之采服,四岁壹见,其贡服物;又其外方五百里,谓之卫服,五岁壹见,其贡材物;又其外方五百里,谓之要服,六岁壹见,其贡货物;九州之外,谓之蕃国,世壹见,各以其所贵宝为挚。"

② 详参渡边信一郎:《中国古代的王权与天下秩序》,北京:中华书局2008年版,第52—59页。

③ 顾颉刚指出,天下方五千里和方万里这两种说法,虽然相去甚远,然均有其历史背景在,征诸史料,中国方三千里,天下方五千里,"为战国之世言之也",中国方六千里,天下方万里,"为西汉之世言之也。《禹贡》《周官》之文虽甚违于古代事实,而在其想象中仍皆有当代实际情况为之素地,其事明白若此"。参见顾颉刚:《畿服》,载《史林杂识初编》,北京:中华书局1963年版,第14—15页。渡边氏同此说。

代国家的实际样态。而这几种天下观,连同其所由出的经籍及其权威注解,就成为汉以后士大夫群体理解各自时代王朝国家的经典范式。① 前述以祭祀天地为核心的王朝礼仪典制,大体完成于同一时期,这意味着,围绕天下观念建构起来的中国古典国家形态,至此基本完成。

意味深长的是,勾画出这一古典国家形态,为礼仪典制的重建提供观念和价值依据,也是推动这一过程最力者,正是熟悉且推崇古制的儒生。事实上,汉代的古典国家重构和礼仪典制重建,相当程度上以古制尤其以周礼为模范。尽管这并不意味着汉儒只是照搬古人成法,但是观念的改造与制度的创新,正是在不断回复古制的努力中得到实现,这也是不争的事实。大体言之,中国古代的天下观念,萌芽于唐虞,发展于殷周,成熟于先秦,至于秦汉更进于完备,并有详备的制度化表达。其间,秦以郡县取代封建诚为一巨变,但是这一变化与其说改变了天下观念,不如说接续、发展和强化了天下观念,使之与大一统的帝国体制相适应。因为,天下观念不只是一种历史或现实的论述,它还是一套理想,一个意义系统,一套合法性理念,一个规范性体系,一种想象世界的方式。即使秦皇汉武的功业,也只有被纳入这一观念框架才具有意义,并得到恰当的评断。在此过程中,天下观念固有的各种构成要素,被不断地阐发、展示和丰富,传之久

---

① 详参渡辺信一郎:《中国古代的王权与天下秩序》,北京:中华书局2008年版,第45—66页。除这里提到的三种天下观外,同一时期还有其他关于天下的构想,如邹衍的大九州说,还有《吕氏春秋》和《淮南子》等非儒家文献所提到的四海之外的四极、四荒等概念,这些构想和概念后来也被吸收到儒家典籍里,只是,这类天下观没有形成主流。对此问题的讨论,详参渡辺信一郎:《中国古代的王权与天下秩序》,同前,第55—56、66—70页。

远,中国历史的发展轨迹也由此生成。以下就以天下为公的理念和夷夏之辨为主要线索,对天下观念的内涵作进一步的分疏。

天下为公

如前所述,天下为公之义,指天子位传贤不传子,支持这种解释的,是所谓"天下乃天下之天下"的信念。唯其如此,天下才不能被私相授受,人君之治天下,才不得以私意掺杂其中。虽然传贤不传子只是唐虞盛事,三代以降不复如此,但是其理想高悬,天下为公的义理更是正统意识形态的核心所在。从结构上说,这种意识形态包含天、君、民三者间的关系,在这种关系里,天是普遍的,民是均一的,君却是个别的。天立君以为民,也只有抚民"若保赤子"的有德之君,才能够受命于天。换言之,君只有以德配天,把自己同普遍性的天联结于一,才可能消除其个别性,而具有领有天下的资格。① 实际上,祭祀天地一类典礼仪节,也是为实现天子同天与民之间的这种联系而设立的。有汉一代,与仿照古制重建礼仪典制的努力相始终,围绕天下为公所发的各种议论不绝于耳。如屡上疏言帝得失的谷永在上成帝的疏中就说:

> 臣闻天生蒸民,不能相治,为立王者以统理之,方制海内非为天子,列土封疆非为诸侯,皆以为民也。垂三统,列

---

① 作为天下观念有机构成之一部分的这种理论,渡边信一郎称之为"生民论"。参见渡边信一郎所著《中国古代的王权与天下秩序》,北京:中华书局2008年版,第27—30页。又,古人以高祖配天以解决公天下与家天下之矛盾,参见该书第128—132页。

三正,去无道,开有德,不私一姓,明天下乃天下之天下,非一人之天下也。①

天下之为公,这种性质根源于天。建平四年(前3年)鲍宣给哀帝的著名上书中把这一点讲得很清楚:

> 天下乃皇天之天下也,陛下上为皇天子,下为黎庶父母,为天牧养元元,视之当如一,合《尸鸠》之诗……(《汉书》卷七十二《王贡两龚鲍传》)

天下既非私属,天下之官秩爵位也同样如此,所以说,"夫官爵非陛下之官爵,乃天下之官爵也。陛下取非其官,官非其人,而望天说民服,岂不难哉!"总之,"治天下者当用天下之心为心,不得自专快意而已也"②。这种包含天命、民本和敬天保民思想的天下观,与阴阳五行学说相结合,构成汉代正统意识形态的主干,为君臣所共奉。而且,正如我们已经看到的那样,公天

---

① 《汉书》卷八十五《谷永杜邺传》。下段云:"王者躬行道德,承顺天地,博爱仁恕,恩及行苇,籍税取民不过常法,宫室车服不逾制度,事节财足,黎庶和睦,则卦气理效,五征时序,百姓寿考,庶草蕃滋,符瑞并降,以昭保右。失道妄行,逆天暴物,穷奢极欲,湛湎荒淫,妇言是从,诛逐仁贤,离逖骨肉,群小用事,峻刑重赋,百姓愁怨,则卦气悖乱,咎征著邮,上天震怒,灾异屡降,日月薄食,五星失行,山崩川溃,水泉踊出,妖孽并见,茀星耀光,饥馑荐臻,百姓短折,万物夭伤。终不改寤,恶洽变备,不复遣告,更命有德。"可见公天下观念之批判意识甚强。汉人喜言灾异,帝王亦多自省。参见赵翼:《廿二史札记》"汉儒言灾异""汉重日食""汉诏多惧词"诸条。

② 《汉书》卷七十二《王贡两龚鲍传》。官爵之为公,见于《尚书·武成》:"列爵惟五,分土惟三。建官惟贤,位事惟能。重民五教,惟食、丧、祭。惇信明义,崇德报功。垂拱而天下治。"

下理念所内含的批判性,也在这一过程中得到继承,甚至被突显出来。后之王朝或转趋专制,类似这样的批评言论因之多受压制,但是无论如何,天下为公的理念始终为正统意识形态的基石,王朝合法性之所系,不可移易。① 即如禅让这样的帝位承继方式,也一直是君臣津津乐道的上古盛事,而且只要条件具备,即位者也总是愿意以理想的禅让之名,来美化严酷的攫夺之实。

---

① 吕思勉以为,立君为民之义,或亡于东、西汉之际,王莽篡政之后。详参吕思勉所著《中国制度史》,上海:上海教育出版社1985年版,第474页。此说或嫌保守。尽管自汉以后,专制体制有趋于严苛之势,天下为公、立君为民之义毕竟载于经籍,为政道基础,不容否认。事实上,历代皆不乏类似言论。兹仅举数例:高堂隆疾笃,乃口占上疏曰:"夫皇天无亲,惟德是辅。民咏德政,则延期过历,下有怨叹,掇录授能。由此观之,天下之天下,非独陛下之天下也。"(《三国志》卷二十五,《魏书》二十五《辛毗杨阜高堂隆传》)。而"帝手诏深慰劳之。未几而卒"(司马光《资治通鉴》卷七十三《魏纪五》)。段灼云:"夫天下者,盖亦天下之天下,非一人之天下也。'殷商之旅,其会如林,矢于牧野,维予侯兴。'又曰:'侯服于周,天命靡常。'由此言之,主非常人也,有德则天下归之,无德则天下叛之。"(《晋书》卷四十八《列传》)又《晋书》卷五十五《列传》第二十五载潘尼云:"夫古之为君者,无欲而至公,故有茅茨土阶之俭;而后之为君,有欲而自利,故有瑶台琼室之侈。无欲者,天下共推之;有欲者,天下共争之。推之之极,虽禅代犹脱屣;争之之极,虽劫杀而不避。故曰'天下非一人之天下,乃天下之天下',安可求而得,辞而已者乎!"宋代文豪王禹偁作《代伯益上夏启书》,其中有谓:"夫天下者非一人之天下,乃天下之天下也。理之得其道则民辅,失其道则民去之,又孰与同其天下乎?故帝尧不授于子,而授于大舜;大舜不传于家,而传于先帝;盖恐失其道而民去矣。是知亲一子则不能子兆人,成一家则不能家六合,圣人之用心也。"(《小畜外集》卷十一)甚至明清两代也可闻见类此言论,《明史》卷一百九十七《列传》第八十五记霍韬之言云:"天下者,天下之天下,非一人所得私也。"生活于明清之际的博学之士傅山所作《墨子解》中亦有此论。

曹之代汉,司马氏之代魏,即其著例。① 尤有甚者,天下为公的逻辑向外推展,甚至可以成为"蛮夷"对抗"华夏"的理据。据《明史》记载,明初,太祖欲征日本,日本王良怀上言:"臣闻三皇立极,五帝禅宗,惟中华之有主,岂夷狄而无君?乾坤浩荡,非一主之独权,宇宙宽洪,作诸邦以分守。盖天下者,乃天下之天下,非一人之天下也。"又引尧舜汤武故事,暗喻太祖无德,不能"四海来宾","八方奉贡"。"帝得表愠甚",却也无可奈何。②

中国历史上,明代专制远逾前朝。但正是这段惨酷历史,激发了前近代中国人对于君主专制休制最为深刻的反思与批评,而这一批评所引据的判准,就是天下为公的理念。生活于明末清初的黄宗羲(1610—1695)认为,三代以下有乱无治,究其根本,就在于天下之公的性质被蓄意地遮蔽、混淆、破坏、遗忘。故其论"君"有云:

> 古者以天下为主,君为客,凡君之所毕世而经营者,为天下也。今也以君为主,天下为客,凡天下之无地而得安宁

---

① 赵翼著《廿二史札记》卷七"禅代":"古来只有禅让、征诛二局,其权臣夺国则名篡弑,常相戒而不敢犯。王莽不得已,托于周公辅成王,以摄政践祚,然周公未尝有天下也。至曹魏则既欲移汉之天下,又不肯居篡弑之名,于是假禅让之攘夺。自此例一开,而晋、宋、齐、梁、北齐、后周以及陈、隋皆效之。此外尚有司马伦、桓玄之徒,亦援以为例。甚至唐高祖本以征诛起,而亦假代王之禅,朱温更以盗贼起,而亦假哀帝之禅。至曹魏创此一局,而奉为成式者,且十数代,历七八百年,真所谓奸人之雄,能建非常之原者也。"然此禅让事又有前后之不同,"当曹魏假称禅让以移国统,犹仿周、虞盛事以文其奸","有揖让之遗风","及此例一开,后人即以此例为例,而并忘此例之所由仿,但谓此乃权臣易代之法,益变本而加厉焉。此固世运人心之愈趋愈险者也"。又参见同书"魏晋禅代不同""九锡文"诸条。

② 参见《明史》卷三百二十二《列传》第二百十《外国三·日本》。

者,为君也。是以其未得之也,屠毒天下之肝脑,离散天下之子女,以博我一人之产业,曾不惨然!曰"我固为子孙创业也"。其既得之也,敲剥天下之骨髓,离散天下之子女,以奉我一人之淫乐,视为当然,曰"此我产业之花息也"。然则为天下之大害者,君而已矣。①

其论"臣"则云:

我之出而仕也,为天下,非为君也;为万民,非为一姓也。吾以天下万民起见,非其道,即君以形声强我,未之敢从也,况于无形无声乎!非其道,即立身于其朝,未之敢许也。②

又其论"法"云:

三代以上有法,三代以下无法。……此三代以上之法也,因未尝为一己而立也。后之人主,既得天下,唯恐其祚命之不长也,子孙之不能保有也,思患于未然以为之法。然则其所谓法者,一家之法,而非天下之法也。是故秦变封建而为郡县,以郡县得私于我也;汉建庶孽,以其可以藩屏于我也;宋解方镇之兵,以方镇之不利于我也。此其法何曾有

---

① 〔清〕黄宗羲:《明夷待访录·原君》,载《黄宗羲全集》第一册,杭州:浙江古籍出版社1985年版,第2—3页。
② 〔清〕黄宗羲:《明夷待访录·原臣》,载《黄宗羲全集》第一册,同上,第4页。

一毫为天下之心哉！而亦可谓之法乎？①

　　这些言论比之汉之谷永、鲍宣所言固然更加激烈，但仍属于内在批评，因为其判准皆出于古代经典，出于公天下的义理。而这些经典和义理，正是中国古代知识阶层所共同信奉的。延至清末，天下观念随帝制衰朽而被弃置，黄宗羲却颇受维新党人推重，其专制批判论被转接于近世民权学说，再放异彩。这似乎表明，即使天下观念不再，天下观念的不同成分却可能被分解出来，古为今用，重获新生。甚至，天下观念本身也可能被赋予新的意义，融入现代思想。

王者无外，天下一家

　　黄宗羲立论于公，所指涉者则是天下。《明夷待访录》计十数篇，二万余言，"天下"一词百数见，但这天下，其实只是王朝以百官实际统辖的领域，并不包括地处蛮荒的四夷。是以《明夷待访录》于君臣之外，论法，论学校，论取士，论田制、兵制、财计、建都、方镇乃至胥吏、阉宦等，无一字及于夷夏之防。② 事实上，古人所谓天下，经常是指天子经由百官而施以实际控制的王朝礼乐刑政所及的有限领域，即所谓中国，而非普天之下、日月所照的无涯空间。据学者统计，《史记》《汉书》《后汉书》三种史书中，"天下"一词出现3375次，其中，仅用以指中国的2801例，同

---

① 〔清〕黄宗羲：《明夷待访录·原法》，载《黄宗羲全集》第一册，杭州：浙江古籍出版社1985年版，第6页。
② 《建都》《方镇》两篇固有关于边务，但这恰好表明，黄宗羲所关切的，正是边关以内王朝刑政所及的"天下"。

时将中国以外族群纳入"天下"一词的,只有64例,不及总数的2%。① 后世的情形,大体如是。问题是,无论比例大小,实际运用中的"天下"一词既可以指中国,也可以指世界,这一现象不容抹杀,且富深意。后之学者,或强调前一方面而主张天下就是国家,甚至是有明确国境边界的"国民国家",或着重于后一方面而认为天下就是世界,是超越特定民族和地域的无限领域,② 其实都是偏于一端的见解。日人渡边信一郎综合诸说,以"天下型国家"名之。所谓天下型国家,其核心是基于对九州/中国之内编户百姓的实际支配而划定的有限领域,而以周围的夷狄/藩国型国家的存在为条件。前者可以被看成是单一政治社会(今文经学系统),它通过诸如羁縻制度以及册封和贡纳等关系实施对后者的支配,而成就复合型政治社会(古文经学系统)。中国古代所谓天下,同时具有单一政治社会和复合型政治社会两个侧面或两种面貌。动态地看,这两个侧面或两种面貌不断地相互转化,而以单一政治社会为归依。这是因为,单一政治社会立基于制度的、物质的和有形的实际支配之上,而天子对夷狄的支配则主要靠意识形态即所谓"德"来实现。实际支配为有限的,意识形态支配却有无限扩张的可能,也因为如此,后一种支配是不稳定的,若不能转化为实际支配,就可能丧失。③

---

① 转见渡边信一郎:《中国古代的王权与天下秩序》,北京:中华书局2008年版,第13页。

② 这里提到的主要是日本、韩国和中国台湾学者的观点。对这些观点的梳理和分析,详见渡边信一郎:《中国古代的王权与天下秩序》,同前,第9—15页。

③ 详参渡边信一郎:《中国古代的王权与天下秩序》,第70—72页。比较而言,渡边氏更强调天下作为"基于现实中所共有的法令,依靠王朝的统治机构与户籍、地图的编成而被实际支配的领域"。同前,第27页。

渡辺氏以为,天子对四夷的支配靠"德",纯粹是意识形态的,恐未尽确当。但他区分天下秩序的两种支配形式,指出天下观念内含紧张,且这种紧张处于不断变化和转化之中,这一点却颇具启发性。中国历史上的天下,不但时有分合,亦且时有大小。大抵王朝强盛之时,四海宾服,万国来朝;当其衰微,则偏安一隅,甚至向夷狄俯首称臣。与之相应,一种天下观鼓吹王者无外,四海一家,另一种天下观则重华夷之别,严夷夏之防。而无论哪种天下观,都是把华夏的礼乐文明认作人类文明的典范,而以中国为天下的中心。

《诗》云:"溥天之下,莫非王土。率土之滨,莫非王臣。"秦始皇泰山刻石更有"日月所照,舟舆所载"之说。这些说法后来成为一种标准句式,用来记述帝王一统天下的伟绩,[①]尤多见于帝王君临天下、威仪万方的自矜。如建武二十八年(52)班彪为光武帝草拟的给南匈奴的诏书,其中就有"汉秉威信,总率万国,日月所照,皆为臣妾"(《后汉书》卷八十九《南匈奴列传》)的说法。开皇十七年(597)隋文帝给高丽王汤的玺书中亦有"朕受天命,爱育率土,……朕于苍生,悉如赤子,……普天之下,皆为朕臣"之语。[②]明太祖洪武三年(1370)给爪哇国的诏书写得更直白:"自古为天下主者,视天地所覆载,日月所照临,若远若近,生人之类,莫不欲其安土而乐生。然必中国安,而后四方万国顺

---

① 诚如唐人刘晏所说:"自古帝王之盛,皆云书同文,车同轨,日月所照,莫不率俾。"(《旧唐书》卷一百二十三《列传》第七十三)

② 参见《隋书》卷八十一。高明士作开皇十年。见高明士:《天下秩序与文化圈的探索》,上海:上海古籍出版社2008年版,第9页注1。隋炀帝欲征高丽的诏书中也有类似说法:"朕纂成宝业,君临天下,日月所照,风雨所沾,孰非我臣,独隔声教。"(《隋书》卷四《帝纪》)

附。……朕仿前代帝王,治理天下,惟欲中外人民各安其所。又虑诸蕃僻在远方,未悉朕意,故遣使者往谕,咸使闻知。"①天朝帝王诏书如此,藩属国的上表也沿用同样的说法。太宗伐辽东还,吐蕃遣使来贺,奉表曰:"圣天子平定四方,日月所照之国,并为臣妾"②,甚至,藩属国之间通使言及中国,也袭用此类标准语式。元世祖时,高丽王王禃奉派通使日本,其与日本主书曰:"我国臣事蒙古大国,禀正朔有年矣。皇帝仁明,以天下为一家,日月所照,咸仰其德。……遣国通好中国,无代无之,况今皇帝之欲通好贵国者,非欲其贡献,盖欲以无外之名,高于天下耳。"③所谓日月照临,一词二义,言物象而喻人事,故曰"天无二日,土无二王"(《礼记·曾子问》)。④ 王莽僭取帝位,仿古制整顿天下秩序,其始建国元年的诏书中说:"天无二日,土无二王,百王不易之道也。汉氏诸侯或称王,至于四夷亦如之,违于古典,缪于一统。其定诸侯王之号皆称公,及四夷僭号称王者皆更为侯。"⑤汉代重建礼仪典制,王莽乃其核心人物,贡献最著,故此言出于王莽,颇具象征意义。后世帝王虽仍册封夷狄君长为王,但是这种定于一尊的天下秩序观是从来不容挑战的。大业七年(611)隋炀帝对兵败来朝的西突厥处罗可汗的训诫,生动地表达了这一观念:

---

① 《明史》卷三百二十四《列传》第二百十二《外国五》。
② 《旧唐书》卷一百九十六上《列传》第一百四十六上《吐蕃上》。
③ 《新元史》卷二百五十《列传》第一百四十七《外国二》。
④ 《孟子·万章上》引孔子,则作"天无二日,民无二王"。又《礼记·坊记》:"子云:'天无二日,土无二王,家无二主,尊无二上,示民有君臣之别也'。"公羊学中,此即大一统之义。参见陈立:《公羊义疏》一。转见杨向奎:《大一统与儒家思想》,北京:北京出版社2011年版,第227页。
⑤ 《汉书》卷九十九中《王莽传》。

往者与突厥相侵扰,不得安居。今四海既清,与一家无异,朕皆欲存养,使遂性灵。譬如天上止有一个日照临,莫不宁帖;若有两个三个日,万物何以得安?(《隋书》卷八十四《列传》第四十九《北狄·西突厥》。)

以"四海"为"一家",也是经典表述的一部分。"天无二日,土无二王"之后,还有"国无二君,家无二尊"。(《礼记·丧服四制》)两句。天下与国、家,从来一以贯之。天子以天下为家,所以说王者无外。[1] 封建之义,宗法与政治不分,君臣上下,视同于父子。汉以郡国制改造秦之郡县制,复活并创造性地转化了封建统治原理,[2]自此之后,历代帝王无不一身而二任,为人君,作民父,以孝治天下,礼与法并用。这意味着,天子之治天下,也须别亲疏,分内外。我们已经看到,《禹贡》五服,《周礼》九服,体现的都是差别化的治理原则。"《春秋》内其国而外诸夏,内诸夏而外夷狄。王者欲一乎天下,曷为以外内之辞言之?言自近者始也"[3],确定了王者由近及远,一乎天下的路线,同时也奠定了天下秩序内外有别的格局。洎乎后世,中国疆域扩展,"古之

---

[1] 经学家的解释,参见《春秋左传正义》卷十五僖二十四年,卷二十七成十二年;《春秋穀梁传注疏》卷九僖公二十四年。
[2] 参见高明士:《天下秩序与文化圈的探索》,上海:上海古籍出版社2008年版,第6—11页。
[3] 《春秋公羊传·成公十五年》。后之公羊学标举大一统观念和三世说,将此中大义发挥至极致。何休注云:"于所传闻之世,见治起于衰乱之中,用心尚粗觕,故内其国而外诸夏,先详内而后治外,……于所闻之世,见治升平,内诸夏而外夷狄,……至所见之世,著治大平,夷狄进至于爵,天下远近小大若一。"见何休注、徐彦疏:《春秋公羊传注疏·隐公元年》。

戎狄,今为中国;古之裸人,今被朝服;古之露首,今冠章甫;古之跣跗,今履高舄"(《论衡·宣汉篇》),但是天下也随之扩大,夷夏关系仍在,而且变得更加复杂。应对这种复杂关系,需要更细致的区分,更具弹性的制度,于是夷狄之中有外臣与不臣之分,外臣之地有羁縻与封贡之别,甚至封贡又加区分,或有贡有封,或有贡无封。类此之制,历经秦汉魏晋的发展,完备于隋唐,而延续于明清。①

如此建构起来的天下秩序,礼乐征伐自天子出,其实例屡见于历代史籍(尤其秦、汉、隋、唐以及元、明、清诸王朝),但这并不意味着天下实际或应当划一行政,均一治理。"凡居民材,必因天地寒暖燥湿,广谷大川异制。民生其间者异俗,刚柔轻重迟速异齐,五味异和,器械异制,衣服异宜。修其教,不易其俗;齐其政,不易其宜。中国戎夷,五方之民,皆有性也,不可推移。"②这是古代封建的治理原则,也是汉唐帝国处理华夷关系的思想。册封、朝贡体制所建立的,并非中国君主对四夷人民的直接统治,而是学者所谓"君长人身统治"。③ 据此,夷狄君长只要对中国天子称臣修贡,不破坏天下秩序,即可保有其固有统治,否则就可能招致天子的训诫、警告乃至讨伐,而此种讨伐,并非一般意义上的战争行为,其目的也不是占领、征服之类,而是要匡正和恢复天下秩序。这种观念在贞观初年唐太宗给薛延陀的玺书

---

① 详参高明士:《天下秩序与文化圈的探索》第三章《羁縻府州制度》,上海:上海古籍出版社2008年版。
② 《礼记·王制》。进一步的阐释,参见姚中秋:《华夏治理秩序史》第一卷《天下》(下册),海口:海南出版社2012年版,第611—623页。
③ 详参高明士:《天下秩序与文化圈的探索》第二章《天下秩序与君长人身统治》。

中有清楚的表达：

> 突厥颉利可汗未破已前，自恃强盛，抄掠中国，百姓被其杀者不可胜纪。我发兵击破之，诸部落悉归化。我略其旧过，嘉其从善，并授官爵，同我百僚。所有部落，爱之如子，与我百姓不异。但中国礼义，不灭尔国，前破突厥，止为颉利一人为百姓之害，所以废而黜之，实不贪其土地，利其人马也。……尔在碛北，突厥居碛南，各守土境，镇抚部落。若其逾越，故相抄掠，我即将兵各问其罪。此约既定，非但有便尔身，贻厥子孙，长守富贵也。①

唐太宗号天可汗，其时唐朝国势强盛，"四夷咸附"②，因此淡化夷夏间的差异，畅言"所有部落，爱之如子，与我百姓不异"。但是华夷论也有另外一种面貌。基于"五方之民，皆有性也"的认识，既可以向前导出修齐之论，也可以退后引出羁縻之说，甚至隔绝夷夏的种种主张。在后一种情形下，夷夏之间的差异被看成是根本性的和不可改变的。

重夷夏之防：内敛的天下

班固(32—92)总结前汉历朝应对匈奴边患的教训，以为无论缙绅之儒的守和亲，还是介胄的士之言征伐，"皆偏见一时之

---

① 《旧唐书》卷一百九十四上《列传·突厥上》。
② 此唐太宗语。见《旧唐书》卷一《高祖本纪》。未央宫内，"高祖命突厥颉利可汗起舞，又遣南越酋长冯智戴咏诗"(同前)，此事颇具象征性。

利害,而未究匈奴之终始也"。在他看来,夷狄之人性本贪劣,根本不可以礼义待之:

> 故先王度土,中立封畿,分九州,列五服,物土贡,制外内,或修刑政,或昭文德,远近之势异也。是以《春秋》内诸夏而外夷狄,夷狄之人贪而好利,被发左衽,人面兽心,其与中国殊章服,异习俗,饮食不同,言语不通,辟居北垂寒露之野,逐草随畜,射猎为生,隔以山谷,雍以沙幕,天地所以绝外内也。是故圣王禽兽畜之,不与约誓,不就攻伐;约之则费赂而见欺,攻之则劳师而招寇。其地不可耕而食也,其民不可臣而畜也,是以外而不内,疏而不戚,政教不及其人,正朔不加其国;来则惩而御之,去则备而守之。其慕义而贡献,则接之以礼让,羁縻不绝,使曲在彼,盖圣王制御蛮夷之常道也。(《汉书》卷九十四下《匈奴传》)①

中国历史上,以班固为代表的这种看法和主张可以说无代无之,论者只因语境不同,针对问题不同,而有不同论述。比如六朝佛教流行之际,排佛论者本孟子"吾闻用夏变夷者,未闻变于夷者"之论,指斥道、佛为"西戎之法",而欲以"中夏之道"排

---

① 有汉一代,类此言论并非仅见,如《后汉书》卷二十五《卓鲁魏刘列传》记云:"夫戎狄者,四方之异气也。蹲夷踞肆,与鸟兽无别。若杂居中国,则错乱天气,污辱善人,是以圣王之制,羁縻不绝而已。"又顺帝永和元年(136),武陵太守上书,以蛮夷率服,可比汉人,增其租赋。议者皆以为可。尚书令虞诩独奏曰:"自古圣王,不臣异俗,非德不能及,威不能加,知其兽心贪婪,难率以礼。是故羁縻而绥抚之,附则受而不逆,叛则弃而不追。先帝旧典,贡税多少,所由来久矣。今猥增之,必有怨叛。计其所得,不偿所费,必有后悔。"帝不从。事见《后汉书》卷八十六《南蛮西南夷列传》。

拒之。① 东晋蔡谟(281—356)就以"佛者,夷狄之俗,非经典之制"(《晋书》卷七十七),反对朝廷礼佛。南朝之宋人顾欢作《夷夏论》,认为道佛同源而夷夏殊俗,反对"舍华效夷","以中夏之性,效西戎之法"(《南齐书》卷五十四)。他还将夷夏风俗两相对比,示其美恶,如谓"端委缙绅,诸华之容;剪发旷衣,群夷之服。擎跽磬折,侯甸之恭;狐蹲狗踞,荒流之肃。棺殡椁葬,中夏之制;火焚水沈,西戎之俗。全形守礼,继善之教;毁貌易性,绝恶之学"(《南齐书》卷五十四)。唐代排佛,亦持夷夏之论。韩愈(768—824)上《论佛骨表》,以佛者为"夷狄之一法","佛本夷狄之人,与中国言语不通,衣服殊制,口不言先王之法言,身不服先王之法服,不知君臣之义、父子之情"②,其所著《原道》,矛头也指向老、佛,谓"诸侯用夷礼则夷之,进于中国则中国之。今也举夷狄之法,而加之先王之教之上,几何其不胥而为夷也?"③

强调夷夏之别,同样有天学上的依据。此与古代分野理论有关。④《周礼·春官·宗伯》所载职官保章氏,"掌天星,以志星辰、日月之变动,以观天下之迁,辨其吉凶。以星土辨九州之地,所封封域,皆有分星,以观妖祥"。所谓"九州之地,所封封域,皆有分星",就是相信天上(天空)与天下(地域)空间上的一一对应性。《史记·天官书》以二十八宿配十二州,至后世,星

---

① 参见萧公权:《中国政治思想史》(上),第415页。杨向奎认为,孔子思想不排斥夷狄,以夷夏为可变,中国可以退为夷狄,夷狄可以进为中国。孟子之夷夏思想则较狭,不承认夏亦可变于夷。此种差异乃时代使然。参见萧公权所著《大一统与儒家思想》,第18—23页。
② 〔唐〕韩愈:《论佛骨表》,《全唐文》卷五百四十八。
③ 〔唐〕韩愈:《原道》,《全唐文》卷五百五十八。
④ 关于古代的分野理论,详参江晓原:《天学真原》,沈阳:辽宁教育出版社2007年版,第223—229页。

宿与封域的对应更细分至州府。然而分野体系中似乎没有夷狄的位置。史称"深明星历,善于著述"(《旧唐书》卷六十六),且"始以唐之州县配"星宿的唐太史令李淳风(602—670)[1],在其所著《乙巳占》中设有一问:"天高不极,地厚无穷,凡在生灵,咸蒙覆载。而上分辰宿,下列王侯,分野独擅于中华,星次不霑于荒服。至于蛮夷君长,狄戎房酋豪,更禀英奇,并资山岳,岂容变化应验全无?"[2]他的回答是:

> 故知华夏者,道德、礼乐、忠信之秀气也,故圣人处焉,君子生焉。彼四夷者,北狄沍寒,穹庐野牧;南蛮水族,暑湿郁蒸;东夷穴处,寄托海隅;西戎毡裘,爰居瀚海。莫不残暴狼戾,鸟语兽音,炎凉气偏,风土愤薄,人面兽心,宴安鸩毒。以此而况,岂得与中夏皆同日而言哉?[3]

---

[1] 《旧唐书》卷三十六《天文下》记有此事:"天文之为十二次,所以辨析天体,纪纲辰象,上以考七曜之宿度,下以配万方之分野,仰观变谪,而验之于郡国也。《传》曰:'岁在星纪,而淫于玄枵。''姜氏、任氏,实守其地。'及七国交争,善星者有甘德、石申,更配十二分野,故有周、秦、齐、楚、韩、赵、燕、魏、宋、卫、鲁、郑、吴、越等国。张衡、蔡邕,又以汉郡配焉。自此因循,但守其旧文,无所变革。且悬象在上,终天不易,而郡国沿革,名称屡迁,遂令后学难为凭准。贞观中,李淳风撰《法象志》,始以唐之州县配焉。"

[2] 〔唐〕李淳风:《乙巳占》,《十万卷楼丛书》本。手抄本无此句,径写为"至于蛮夷,更禀英奇"。

[3] 同上。李淳风没有讲,夷狄若入主中原,是否得入于分野之中。但是既然王朝的正统性包含了地域因素,入主中原,建都五岳之中,应有天象,似乎也是合乎逻辑的。邵博《邵氏闻见后录》卷八有云:"梁武帝以荧惑入南斗,跣而下殿,以禳'荧惑入南斗,天子下殿走'之谶。及闻魏主西奔,惭曰:'虏亦应天象邪?'当其时,虏尽擅中原之土,安得不应天象也。"参见江晓原《天学真原》,第227—228页。

比李淳风稍晚而与之齐名的天学家僧人一行,"以为天下山河之象存乎两戒"(《新唐书》卷三十一《天文一》),据天象划出南北两条地理大界线。北戒"是谓北纪,所以限戎狄也",南戒"是谓南纪,所以限蛮夷也"。《星传》谓为"胡门""越门"。又有"北河""南河",两河之象,与云汉相始终。

至北宋,排斥佛老最力者,或者是与欧阳修(1007—1072)同时代的石介(1005—1045)。他在所著《中国论》中开篇即云:

> 夫天处乎上,地处乎下,居天地之中者曰中国,居天地之偏者曰四夷。四夷外也,中国内也。天地为之乎内外,所以限也。
>
> 夫中国者,君臣所自立也,礼乐所自作也,衣冠所自出也,冠婚祭祀所自用也,缞麻丧泣所自制也,果蔬菜茹所自殖也,稻麻黍稷所自有也。[①]

四夷各有其俗,皆异于中国,"相易则乱"。接下来,石介就引分野理论来支持他的中国、四夷不易之论:

[①] 〔宋〕石介:《徂徕石先生文集》,北京:中华书局1984年版,第116页。又其《怪说上》云:"夫中国,圣人之所常治也,四民之所常居也,衣冠之所常聚也,而髡发左衽,不士不农,不工不商,为夷者半中国,可怪也。夫中国,道德之所治也,礼乐之所施也,五常之所被也,而汗漫不经之教行焉,妖诞幻惑之说满焉,可怪也。夫天子七庙,诸侯五庙,大夫三庙,士二庙,庶人祭于寝,所以不忘孝也,而忘而祖,废而祭,去事夷狄之鬼,可怪也。""彼其灭君臣之道,绝父子之亲,弃道德,悖礼乐,裂五常,迁四民之常居,毁中国之衣冠,去祖宗而祀夷狄,汗漫不经之教行,妖诞幻惑之说满,则反不知其为怪,既不能攘除之,又崇奉焉。"见同书第60页。

仰观于天,则二十八舍在焉;俯观于地,则九州分野在焉;中观于人,则君臣、父子、夫妇、兄弟、宾客、朋友之位在焉。非二十八舍、九州分野之内,非君臣、父子、夫妇、兄弟、宾客、朋友之位,皆夷狄也。二十八舍之外干乎二十八舍之内,是乱天常也;九州分野之外入乎九州分野之内,是易地理也;非君臣、父子、夫妇、兄弟、宾客、朋友之位,是悖人道也。苟天常乱于上,地理易于下,人道悖于中,国不为中国矣。①

因此,石介的结论是:"各人其人,各俗其俗,各教其教,各礼其礼,各衣服其衣服,各居庐其居庐,四夷处四夷,中国处中国,各不相乱,如斯而已矣。则中国,中国也;四夷,四夷也。"②

这种态度,亦反映于史论当中。石介之后,经历了宋亡之痛的郑思肖(1241—1318)坚执以经断史立场,发为古今正统大论,谓"中国之事,系乎正统;正统之治,出于圣人。中国正统之史,乃后世中国正统帝王之取法者,亦以教后世天下之人,所以为臣为子也。《中庸》曰:'素夷狄行乎夷狄。'此一语盖断古今夷狄之经也。拓跋珪十六夷国,不素行夷狄之事,纵如拓跋珪之礼乐文物,僭行中国之事以乱大伦,是衣裳牛马而称曰人也,实为夷狄之大妖。……君臣华夷,古今天下之大分也,宁可紊哉?……夷狄行中国之事曰僭,人臣篡人君之位曰逆,斯二者,天理必诛。"③宋初欧阳修创正统之论,以"正天下"与"合

---

① 〔宋〕石介:《徂徕石先生文集》,北京:中华书局1984年版,第116页。
② 同上,第117页。
③ 〔宋〕郑思肖:《心史》,载饶宗颐:《中国史学上之正统论》,上海:上海远东出版社1996年版。第121—124页。相关分析,参见该书第48—49页。

天下"为正统①,采二重标准,至于郑思肖则一断于经,其后的关切、焦虑和问题意识已然大不相同。

地域、种族与文明:天下谁主正统

崇尚儒教,排拒佛老,是思想文化上的正统之争,把这种活动与尊王攘夷相联系,则透露出更多现实关切,且带有民族意识色彩。终宋之朝,边事不断,宋王朝先是受北方异族挤压而偏安一隅,终则亡于蒙古。在这一大背景下,宋人的天下秩序观大异于前朝,除了强调夷夏之防,其民族疆界意识也空前突显。南宋陈亮(1143—1194)四上孝宗皇帝书,纵论古今,语极沉痛,冀孝宗能够不忘国耻,励精图治,收复失地,一统天下。其第一书开篇写道:"中国,天地之正气也,天命之所钟也,人心之所会也,衣冠礼乐之所萃也,百代帝王之所以相承也,岂天地之外夷狄邪气之所可奸哉!不幸而能奸之,至于挈中国衣冠礼乐而寓之偏方,虽天命人心犹有所系,然岂以是为可久安而无事也。"②学者们注意到,两宋学术思想上的重要发展,无论史学上的正统论,经学中的《春秋》学,还是理学中的道统说,其实都是针对异族和异文化的入侵,围绕着华夷文明边界的划定展开的,其核心乃在

---

① 参见饶宗颐:《中国史学上之正统论》,上海:上海远东出版社1996年版,第39—40、92—102页。
② 〔宋〕陈亮:《上孝宗皇帝第一书》,《陈亮集》增订本上,北京:中华书局1987年版,第1页。

尊王攘夷。① 这些,不但是对当时频繁和激烈的民族冲突的回应,同时也显露出更强的民族、国家及疆界意识。②

元明之际,这样的夷夏观直接被用来达成驱逐异族统治者、改朝换代的目的。朱元璋(1328—1398)谕中原的檄文中说:"自古帝王临御天下,中国居内以制夷狄,夷狄居外以奉中国,未闻以夷狄治天下也。""盖我中国之民,天必命中国之人以安之,夷狄何得而治哉?尔民其体之。"③ 循此思路,明初方孝孺

---

① 饶宗颐指出,宋代《春秋》之学,北宋重尊王,南宋重攘夷。尊王,故张大"大一统"之说,欧公正统论之得于《春秋》者在此。元世以夷狄入主中国,其言正统者,亦只能援大一统一说以立论。明方孝孺始置夷狄之统于变统,其攘夷之义,亦取自《春秋》以立义者也。参见饶宗颐:《中国史学上之正统论》,上海:上海远东出版社 1996 年版,第 75 页。方孝孺之论正统,详下。关于宋代《春秋》学,杨向奎著《大一统与儒家思想》之第 7 章《宋儒之"春秋学"》论之甚详。杨氏又论大一统观念与正统论之关系云:尊王攘夷而倡大一统,但两宋,尤其南宋,迫于形势而偏安,"于是变大一统为正统,正统为大一统之别称,实不能一统而文一统,遂倡正统,以为宋虽非大一统国家,实为正统"。(第 152 页)又云,自《公羊》力倡大一统,国人皆以"一统"为常。南宋时,"一统无存,朱子遂倡'正统'说,夷狄虽有君,奈非'正统',正统实为大一统之补充"。(第 193 页)针对宋人以"三纲"别夷夏的做法,杨氏还指出:"夷夏之别在于三纲,是为宋儒之新说,以伦理说历史,以历史证伦理,乃宋代'春秋学'之特点,有此特点遂使《春秋》义法有别于《公羊》,大一统乃纳四夷于儒家之论理范畴内。"(第 170 页)有关宋代《春秋》学兴起的意义,亦可参阅汪晖:《现代中国思想的兴起》上卷第一部《理与物》,北京:三联书店 2004 年版,第 249—250 页。作者还区分了两种夷夏之辨,指出道学家的讨论更加注重德政,因此经常把夷夏关系置于社会内部,作为制度批评的工具。同前,第 250—254 页。

② 详参葛兆光:《宅兹中国》第一章《"中国"意识在宋代的凸显——关于近世民族主义思想的一个远源》,北京:中华书局 2011 年版。作者认为,在思想史上,宋代发生的一个重大转变,就是知识阶层的天下观主流,"从溥天之下莫非王土的天下主义,转化为自我想象的民族主义"。第 47 页。

③ 转引自萧公权:《中国政治思想史》(下),第 572 页。萧公权谓夷夏之辨在魏晋南北朝之后沉寂千年,至明初而复现(参见前书,第 571 页),恐非确论。

(1357—1402)将此意进一步发挥为王朝相承的二统说。方氏先明正统之义,认为其旨在"寓褒贬,正大分,申君臣之义,明仁暴之别,内夏外夷,扶天理而诛人伪",继则谓"天下有正统一,变统三"。三代是为正统,至如汉、唐、宋诸朝,虽非比三代,"然其主皆有恤民之心,则亦圣人之徒也,附之以正统",亦足尊贵。至于王朝继替,"取之不以正","受之不以仁义",即使全有天下,传数百年,亦不可为正;"夷狄而僭中国,女后而据天位,治如苻坚,才如武氏,亦不可继统矣"。① 方氏以篡臣、女后与夷狄并举,但是三者之中,夷狄之主中华最为不堪。他说:"彼篡臣贼后者,乘其君之间,弑而夺其位,人伦亡矣,而可以主天下乎?苟从而主之,是率天下之民无父无君也,是犹可说也;彼夷狄者,倖母蒸杂,父子相攘,无人伦上下之等也,无衣冠礼文之美也,故先王以禽兽畜之,不与中国之人齿。苟举而加诸中国之民之上,是率天下为禽兽也。"②

　　传统的夷夏论,主要以文化为界分标准,但是在经历了元朝统治之后,汉人种族意识大增,夷夏分野的含义随之而变。朱元璋讨元檄文强调"中国之民"必以"中国之人"安之,隐含民族革命思想,被后人视为"中国最先表现之民族国家观念"。③ 明末清初,王朝鼎革、服色变易之际,夷夏之辨中的种族意识愈加强

---

① 〔明〕方孝孺:《释统上》,载饶宗颐:《中国史学上之正统论》,上海:上海远东出版社1996年版,第151—152页。萧公权将方说分而为三,曰正统、附统、变统。参见萧公权:《中国政治思想史》(下),同前,第573页。

② 〔明〕方孝孺:《后正统论》,载饶宗颐:《中国史学上之正统论》,同前,第155—156页。方氏正统论之渊源及影响,参见饶氏书,第57—58页。萧公权指出,方孝孺民族思想之透辟,为前此所鲜见,然而于传统以文化区分华夷的学说仍有因袭。参见萧公权:《中国政治思想史》(下),第574页。

③　参见萧公权:《中国政治思想史》(下),第572页。

化。当其时,于民族思想论述最为透辟有力者,是与黄宗羲、顾炎武同时代且与之齐名的王夫之(1619—1692)。他说:"民之初生,自纪其群。远其渗害,摈其夷狄,建统惟君。故仁以自爱其类,义以自制其伦。强干自辅,所以凝黄中之缊缊也。"(《黄书·后序》)①"弱小一身,力举天下,保其类者为其长,卫其群者为之君。故圣人先号万姓而示之以独贵。保其所贵,匡其终乱,施于孙子,须于后圣,可禅可继可革,而不可使异类间之。"(《黄书·原极》)在这里,文化并非不重要,只不过文化系于种族,种族间的差异则导源于地理形势。"夷狄之与华夏所生异地。其地异,其气异矣。气异而习异,习异而所知所行蔑不异焉。"(《读通鉴论》七)进而言之,华夏之地与华夏族群和文化浑然一体,异类不得侵犯。王夫之说:"天以洪钧一气生长万类,而地限之以其域。天气亦随之而变,天命亦随之而殊。……地形之异即天气之分,为其性情之所便,即其生理之所存。"历史上夷狄入于中原者终不免于败亡,就是因为"地之所不宜,天之所不佑,性之所不顺,命之所不安"。同理,"夷狄而效先王之法,未有不亡者也。……相杂而类不延,天之道物之理也"。(《读通鉴论》七)

发生于元明之际以及明末清初的夷夏论,与之前夷夏说的不同,除了特重种族观念、民族分界之外,还把重点转向了王朝领有天下的合法性。朱元璋以推翻元朝统治、建立汉人王朝为目标自不待言,身处明末清初的黄宗羲、顾炎武、王夫之三人,政治上都坚持反清复明的立场,思想上,则分别以天下为公和华夷之辨为武器,对家天下的专制政治和异族统治展开批判。这些

---

① 关于明末清初民本、民族思想,详参萧公权:《中国政治思想史》,第18、19章。

批判性论述所涉及的,主要不是文与野、内与外、中心与边缘的天下秩序,而直指当朝政权的合法性。这使得注重种族之夷夏说的政治性突显出来。夷夏观念中所包含的政治紧张关系,在发生于雍正时的"曾静案"中显示得最清楚。

"曾静案"的要旨,在雍正帝看来,就是"借明代为言,肆其分别华夷之邪说,冀遂其叛逆之志"[①]。他以"君臣大义"来对付此一邪说,所动员的思想资源,其实就是我们熟悉的天下理论。如谓:

> 自古帝王之有天下,莫不由怀保万民,恩加四海,膺上天之眷命,协亿兆之欢心,用能统一寰区,垂庥奕世。盖生民之道,惟有德者可为天下君,此天下一家、万物一体,自古迄今万世不易之常经……《书》曰:"皇天无亲,惟德是辅。"盖德足以君天下,则天锡佑之以为天下君,未闻不以德为感孚,而第择其为何地之人而辅之之理。又曰:"抚我则后,虐我则仇。"此民心向背之至情,未闻亿兆之归心有不论德而但择地之理。又曰:"顺天者昌,逆天者亡。"惟有德者乃能顺天,天之所与,又岂因何地之人而有所区别乎?[②]

有德者膺天命,得民心者得天下。华夷之分,在文化的高下

---

① 参见《详示君臣大义谕》,载上海书店出版社编:《清代文字狱档》(增订本),上海:上海书店出版社2011年版。该书所载"曾静遣徒张倬投书案"对于相关档案搜罗颇详。从思想史角度对曾静案的梳理,参见萧公权:《中国政治思想史》(下),第682—689页。对该案更细致、生动的描述,参阅史景迁:《皇帝与秀才》,上海:上海远东出版社2005年版。

② 《详示君臣大义谕》,载上海书店出版社编:《清代文字狱档》(增订本),上海:上海书店出版社2011年版,第568页。

精粗,无关乎地域、种族。雍正又引韩愈之言:"中国而夷狄也则夷狄之,夷狄而中国也则中国之"。这些都是典型的夷夏文化论。实际上,强调夷夏以文化分,进而泯除内外之间、夷夏之间的差异,以之与地域的和种族的夷夏论相对抗,正是清初诸帝主张其统治合法性和正统性所采取的基本策略。与这种官方理论相呼应,今文经学尤其是其中的《春秋》公羊学大盛于清世。可以注意的是,虽然同为《春秋》学,同样注重夷夏之说,且同样具有民族冲突的政治背景,清代的《春秋》公羊学与两宋《春秋》学大异其趣。宋代《春秋》学注重夷夏之分,尤其是夷夏在空间上的分隔与对立。清代今文经学则相反,它标举为核心的大一统观念,呼应了清帝国的政治实践,把传统中国与夷狄的内外关系转变为帝国内部的民族和地域关系,使之统一于礼仪,从而将中国定义为一个根据礼仪原则而非特定地域或种族组织起来的政治共同体。[①] 清中叶以后,今文经学转趋务实,成为一种经世之学,其中,着重于西部边疆史地研究的所谓舆地学的发展最引人注目。从观念史的角度看,这一系列发展最重要的后果有二:一方面,通过确立"礼仪中国"的观念,清王朝变身为"夏",与后来的西"夷"相对,由此促生了新的夷夏之辨。另一方面,当危机来临、变革不可避免时,进入改革家视野的中国,乃是一个通过内在联系有机结合在一起的完整的政治体。[②] 这些,对于近代以来中国的命运均有深刻影响。

晚清之际,革命风潮激荡,清朝统治的合法性再度受到质疑

[①] 详参汪晖:《中国现代思想的兴起》上卷,第二部《帝国与国家》第5章。

[②] 同上。

和挑战,这时久已消沉的具有民族色彩的夷夏理论再度登场。两种夷夏论之辩再起。主张君主立宪的康有为(1858—1927),针对流行的种族革命诉求,著成《民族难定汉族中亦多异族而满洲亦祖黄帝考》一文,以史例破除革命者提出的民族界分。其论及夷夏,立论与前引雍正上谕如出一辙。如谓"孔子作《春秋》,以礼乐文章为重。所谓中国夷狄之别,专以别文野而已。合与中国之礼者则进而谓之中国,不合中国之礼者则谓之夷狄"①。又说满族人并非异类,其入主中夏,"犹舜为东夷之人而代唐,文王为西夷之人而代商云尔。教化皆守周孔,政俗皆用汉明"②。在他看来,清之代明,不过"易姓移朝耳。易姓移朝者,可谓之亡君统,不得以为亡国也"。③

  对康氏之论,章太炎(1869—1936)则针锋相对,斥之不遗余力。章氏承王船山之余绪,以血统划分民族,以民族解释文化,认为"文化相同自一血统而起"④,据此,则文化缘种族而生。后人推其意而有更加明白的表达:"中国所以为中国,非由其有周孔之文化,乃由其为炎黄之类族。必有炎黄之类族,始能创周孔之文化。然则中国之文化既非他族所能共有,亦非他族所能仿效,其理至为显明。"⑤章氏亦援引《春秋》,其解释则与康氏正相反对。如谓"《春秋》有贬诸夏以同夷狄者,未有进夷狄以同诸夏者"。满族统治中国虽然逾二百六十年,满汉文化已浑然一

---

  ① 转引自萧公权:《中国政治思想史》(下),第747页。
  ② 同上,第748页。
  ③ 同上。
  ④ 章太炎:《中华民国解》,转引自萧公权:《中国政治思想史》(下),第906页。
  ⑤ 萧公权:《中国政治思想史》(下),906页。

体,但在章氏看来,夷狄终究为夷狄,不得进于中国。因此,他力倡之革命,其实乃是光复,"光复中国之种族也,光复中国之州郡也,光复中国之政权也"①。

从学术源流上讲,康有为与章太炎分属传统儒学的两支,前者为晚清今文经学的宗师,后者则是古文经学的传人。但是此二人的关切与论辩,均已非今古文经学的家法所能限囿,甚至不是经学乃至儒学的传统所能范围。他们置身于其中的时代和世界毕竟已经大不同于往昔,在这个时代和世界里面,天下的观念,乃至于天下秩序,面临内外各种压力,行将崩解,而新的关于文明、世界、人民和秩序的观念已经显现。

万国、世界、国家:天下的崩解

传统的天下观念,自其确立以来,便在中国人认识、解释和想象世界的活动中据有支配性地位。世事的流变、自然的异动、观念的冲突、知识的更新,所有这些都不足以改变这一观念,它们或者被纳入这一认识和解释框架,或者被当作无关紧要的细枝末节甚至不经之谈而忽略。比如,自从汉代张骞通使西域以来,历代商人、使节、旅行者、航海者、传教者带来无数有关中国以外世界的各类知识,然而,中国人关于异域的想象,仍主要建立在大量早期传闻、想象、故事甚至神话的基础上,其中,基于经验观察所得的知识并不占有重要地位。与之相应,中国人关于广袤世界的具体构想,长期以来都固着于这样一个经典图景:天

---

① 章太炎:《革命道德说》,转引自萧公权:《中国政治思想史》(下),第908页。

穹如盖,大地方正,中国居其中,四夷环绕于外。在那些通常题为"禹贡""华夷""贡职"或"舆地"的天下地图里,中国不但占据中心位置,而且占据地图的大部分空间,四夷则散布四周,二者之间位置和大小的区分,同时构成文明与野蛮的对立。①

中国历史上,这种中国中心的天下观并非不受挑战。抛开本土的学说如战国邹衍的大九州及道家的某些说法不论,先后传入中国的佛教和天主教都曾对这一正统观念构成冲击。成书于宋代的《佛祖统纪》批评"儒家谈地,止及万里,则不知五竺之殷盛,西海之有截也"②,其书中所附佛教地图,更以直观方式改变了中国传统的世界图景。1584年,意大利传教士利玛窦(1552—1610)的《山海舆地全图》在广东刻印面世,此一事件在思想史上的意义尤为显著。因为它首次将近代西方基于科学方法绘制的世界地图展现在中国人眼前,此举在改变旧的天圆地方的世界景观的同时,也撼动了传统的天下观念。随着这类知识和图像被更多中国人了解和接受,一些有关中国以外世界的真实知识,开始取代流传已久的传闻和臆说。在乾隆年间奉敕修纂的《四库全书总目》里面,一向被奉为地理权威典籍的《山海经》《神异经》和《海内十洲记》诸书,因其所言"多世外恍惚之事","率难考据","百不一真"等故,被从史部地理类移入子部

---

① 详参葛兆光:《"天下—中国"与"四夷"——作为思想史文献的古代中国的世界地图》,载王元化主编:《学术集林》第十六卷,上海:上海远东出版社1999年版;《宅兹中国》第二章《山海经、职贡图和旅行记中的异域记忆——利玛窦来华前后中国人关于异域的知识资源及其变化》,北京:中华书局2011年版。

② 转引自葛兆光:《"天下—中国"与"四夷"——作为思想史文献的古代中国的世界地图》,载王元化主编:《学术集林》第十六卷,第53页。

小说家中。此类改变就与上述新知识的传播和接受有关。①

然而，这些变化仍不足以改变传统天下观的基本，尤其是对中国文明优越性的信念，以及天朝大国俯临万邦的姿态。同样是在乾隆时代，当英国使团远涉重洋来到中国，表示希望开启英中贸易并建立外交关系时，他们除了得到乾隆皇帝的慷慨赏赐之外，还得到了这样的答复："咨尔国王，远在重洋，倾心向化，特遣使恭赍表章，航海来庭，叩祝万寿，并备进方物，用将忱悃。朕披阅表文，词意肫恳，具见尔国王恭顺之诚，深为嘉许。"②但是接下来，英国请求派员居住北京之事却被大清皇帝严词拒绝，因为此请不合"天朝体制"。乾隆的敕谕还说："若云仰慕天朝，欲其观习教化，则天朝自有天朝礼法，与尔国各不相同。尔国所留之人即能习学，尔国自有风俗制度，亦断不能效法中国，即学会亦属无用。"论及一般贸易，乾隆表示："天朝物产丰盈，无所不有，原不借外夷货物以通有无。"而且，中国皇帝对于珍奇贵重宝物既不看重，也无需要："天朝抚有四海，唯励精图治，办理政务，奇珍异宝并无贵重"，且"天朝德威远被，万国来王，种种贵重之物，梯航毕集，无所不有"。对于英使的一系列请求，乾隆皇帝的不悦之情溢于言表："今尔国使臣于定例之外，多有陈乞，大乖仰体天朝加惠远人抚育四夷之道。且天朝统驭万国，一视同仁。即在广东贸易者亦不仅尔英咭唎一国。若俱纷纷效尤，以难行

---

① 详参葛兆光：《"天下—中国"与"四夷"——作为思想史文献的古代中国的世界地图》，以及葛兆光：《宅兹中国》第二章《山海经、职贡图和旅行记中的异域记忆——利玛窦来华前后中国人关于异域的知识资源及其变化》。葛氏认为，从利玛窦到乾隆时代，经历了一百多年的时间，中国人对于异域的知识，已经从"想象的天下"进入到"实际的万国"。参见后书第 90 页。

② 据《东华录》，转见[英]斯当东：《英使谒见乾隆纪实》，叶笃义译，上海：上海书店出版社 2005 年版，第 542 页。

之事妄行干渎,岂能曲徇所请。念尔国偏居荒远,间隔重瀛,于天朝体制原未谙悉,是以命大臣等向使者等详加开导,潜令回国。"①

由中国古代传统角度观之,乾隆帝的敕谕并无特别之处,然而,此一事件就发生在中国近代前夕,距第一次鸦片战争爆发不到50年,其中的意味实在不同寻常。18世纪末19世纪初,西方世界已进入工业化时代,其殖民地遍及世界,而中国的统治王朝仍持守数千年不变之旧章,以教化之邦、天朝大国的姿态睥睨四方,如此强烈的对比和落差,预示了中西文明冲突中激变的不可避免,以及这种变化所引致的天下秩序的瓦解。诚如政治思想史的研究者萧公权先生所言:

> 同、光以前国人墨守禹贡九州之地理范围,认中国为惟一文明声教之区。四海之表,纵有生民,然不过夷狄之属,当为中国所抚有,而不能与我相抗衡。故秦汉以来之政论皆以"天下"为其讨论之对象。二千年中,未尝改移。及至道、咸以后,中国向所贱视之夷人,忽起而凌犯天朝。彼强我弱之事实,昭然可睹,而不可隐讳。于是昔日自尊自满之态度,始为之一变。使节往还,是承认列国之并存也。设馆留学,是承认西法之优长也。二千年之"天下"观念,根本动摇,而现代国家之思想,遂有产生之可能。②

---

① 据《东华录》,转见[英]斯当东:《英使谒见乾隆纪实》,叶笃义译,上海:上海书店出版社2005年版,第544—545页。
② 萧公权:《中国政治思想史》(下),第728页。

鸦片战争之后,中国开始进入所谓条约体系时代,与之相应,天下主义和天下观念,也开始被近代的民族主义和民族国家观念所侵蚀和替代。不过,这一过程并非完成于一夜之间,更不是没有代价。19世纪下半叶的洋务运动,是中国人开眼看世界,进而调整心态、努力学习夷技的一种尝试。在这一阶段,传统的天下观让位于新的万国观。士大夫始相信,中国并非天下,也不是唯一的文明之邦;寰宇列国,各有所长,其物质文明如声光电化等,尤足效法。著有《海国图志》、颇具全球眼光的魏源(1794—1857)就指出,蛮狄羌夷之名,专指残虐性情、未知王化者,并非本国而外,凡有教化之国,皆谓之夷狄也。"诚知夫远客之中,有明礼行义,上通天象,下察地理,旁彻物情,贯串今古者,是瀛寰之奇士,域外之良友,尚可称之曰夷狄乎?圣人以天下为一家,四海皆兄弟,故怀柔远人,宾礼外国,是王者之大度;旁咨风俗,广览地球,是智士之旷识。彼株守一隅,自画封域,而不知墙外之有天,舟外之有地者,适如井蛙蜗国之识见,自小自菲而已"。① 不过总的说来,这只是一场新的经世致用运动,其目的乃是"师夷长技以制夷",中国文明优越的信念仍隐含其中。也因为如此,后之学者认为,这一时期兴起的万国观,不过是对传统天下观的修正,乃是天下主义转向民族国家观念过程中的一个环节。② 传统天下观念的彻底瓦解,要到19世纪末、20世纪

---

① 〔清〕魏源:《海国图志》卷七十六,转引自汪晖:《现代中国思想的兴起》上卷第二部《帝国与国家》,北京:三联书店2004年版,第659页。

② 详参金观涛、刘青峰:《观念史研究:中国现代重要政治术语的形成》第6章《从"天下"、"万国"到"世界"》,北京:法律出版社2009年版。汪晖也指出,魏源的立场可以被视为帝国向民族国家转化的征兆,尽管如此,其夷夏内外论述的相对化并不彻底,儒家教化仍然居于中心位置。详参汪晖:《现代中国思想的兴起》上卷第二部《帝国与国家》,同上,第658—665页。

初方始发生。

1895年甲午一战,中国大败于日本。这一重大变故,不但令之前残存于东亚的天下秩序彻底瓦解,也令希望通过经世致用途径来挽救危亡的洋务运动梦想破灭。更重要的是,它从根本上动摇了传统政治正当性赖以建立的儒家义理。士大夫知识阶层开始对渊源久远、屡验不爽的常经、常道产生怀疑,而向异域去寻找新的义理和道术,在此背景之下,民族主义、民族国家一类源于西方的近代观念迅速传播开来,而一向是政治合法性基础的天下观念反而成了问题的根源。

根据对1900年前后报刊、档案、论著、教科书等文献中相关用语的统计,研究者发现,在1895年至1899年的四年里,"天下"一词的使用频率陡然升高,但是1900年之后,其使用次数又急剧减少。与之相对的是,"国家"一词的使用在1895年之后大增,1900年以后,其使用愈加频繁,紧随其后,则是开始具有现代含义的"民族"一词。[1] 语词变化后面,则是观念的变迁,制度的变革。[2]

致力于救亡的启蒙知识分子忽然发现,中国之所以积弱,根

---

[1] 参见金观涛、刘青峰:《观念史研究:中国现代重要政治术语的形成》,北京:法律出版社2009年版,第242页。

[2] 发生于清末法律移植过程中(1902—1911)的礼法之争,或者是士大夫阶层围绕夷夏关系的最后一次论争。在这次论争中,主张保守传统礼教的一派明显处于守势,所谓"中体西用",至多是传统夷夏论的微弱回声。相反,这一时期流行的语汇和标准是"世界""环球""各国""大同""共同原则""公理"。而由这类普遍主义表述所包装的价值,显然出于"夷"而非"夏"。因此,"大同"云云,表明的不过是中国士大夫对新时代"以夷变夏"的接受甚至拜服心态。参阅梁治平:《礼教与法律:法律移植时代的文化冲突》,上海:上海书店出版社2013年版,113—130页。

本的原因之一,就在于中国人缺乏国家的观念,而中国人之所以缺乏国家观念,原因之一,又是天下观念太强有以致之。光绪二十八年(1902),梁启超(1873—1929)在当时颇有影响的《新民丛报》上发表文章,专论国家思想,文中将国家思想分为四层:"一曰对于一身而知有国家,二曰对于朝廷而知有国家,三曰对于外族而知有国家,四曰对于世界而知有国家。"[①]其国家观念,已经具有国族的含义。梁氏陈明国家思想之第三义云:"故真爱国者,虽有外国之神圣大哲,而必不愿服从于其主权之下,宁使全国之人流血粉身、糜有孑遗,而必不肯以丝毫之权利让于他族。"[②]至于倡言众生、大同之博爱主义、世界主义,在梁启超看来,则不过是"心界之美",非"历史上之美"。着眼于现实,"国家为最上之团体",过与不及,皆属野蛮。[③] 至可叹者,中国历来缺少国家观念。在个人,私利独善,国事遑恤;在家国,言忠与孝,只知忠君而不知爱国,凡此皆"足以召国家之衰亡"。尤有甚者,是国人不以异族统治为意,"以黄帝神明华胄所世袭之公产业,而为人趁而夺之者,屡见不一也,而所谓黄帝子孙者,迎壶浆若山崩阙角,纡青紫臣妾骄人,其自啮同类以为之尽力者,又不知几何人也!"此点表现于观念上,便是中国人只知有天下,不知有国家。历来"中国儒者,动曰'平天下,治天下',其尤高尚者,如江都《繁露》之篇,横渠《西铭》之作,视国家为渺小之一

[①] 梁启超:《新民说》,宋志明选注,沈阳:辽宁人民出版社1994年版,第22页。
[②] 同上,第24页。
[③] 参见同上,第25页。

物,而不屑厝意。"①在这种国家思想的论述中,"天下"一词的负面含义显而易见。时人以"公天下之主义"为中国之祸患,反对"以中国为天下人之中国",主张以中国为中国人之中国,虽然重点在于重新辨析公私观念,表露的也是同一种思想。②

值得注意的是,根据当时流行的社会进化论,这种缺乏国家思想以致国家欠发达的情形,同时也被视为人类发展相对较低阶段中的现象。据此,以天下观念为表征的传统政治论说和意识形态,因其不合人类进化的公理、公例,而成为须要克服、超越的思想观念。③ 清末民初之际,国家思想、国家主义风靡一时,在朝,有立宪、修法、改制等一系列举措;在野,有国民运动一类缔造新国民的尝试。④ 民族突显,文化淡出,"国家"取代"天下",成为新的政治论说的核心。昔日,顾炎武曾言亡国与亡天下之别,谓"易姓改号,谓之亡国;仁义充塞,而至于率兽食人,人将相食,谓之亡天下。……保国者,其君其臣,肉食者谋之。保天下

---

① 梁启超:《新民说》,宋志明选注,沈阳:辽宁人民出版社1994年版,第28页,并参见第25—29页。关于梁氏的国家思想,参阅张灏:《梁启超与中国思想的过渡(1890—1907)》第八章《新民与国家主义》,南京:江苏人民出版社1993年版。

② 参阅佚名《公私篇》,载张枬、王忍之编:《辛亥革命前十年间时论选集》,第一卷下册,北京:三联书店1960年版。相关分析,参见沟口雄三:《中国的公与私·公私》,北京:三联书店2011年版,第37—38、173—174页。

③ 代表性的言论,可参见杨度:《金铁主义说》,载刘晴波主编:《杨度集》,长沙:湖南人民出版社1985年版。晚清法律移植过程中,杨度也扮演了重要角色。他希望借法律改革,实现其国家主义理想。详参梁治平:《礼教与法律:法律移植时代的文化冲突》,上海:上海书店出版社2013年版,第80—82、114—115页。

④ 晚清法律改革,详参黄源盛:《法律继受与近代中国法》,台北:智胜文化事业有限公司2007年版。军国民运动,参见黄金麟:《历史、身体、国家:近代中国的身体形成(1895—1937)》,北京:新星出版社2006年版,第45—57页。

者,匹夫之贱,与有责焉耳矣"[1]。在中国内忧外患达于极点的20世纪前40年,这段论述被改造、简化、浓缩为一句妇孺皆知的口号:"国家兴亡,匹夫有责"。这时,那种以中国为中心且立基于华夷之辨的世界观,那种视天下为一种文明秩序的政治观念,完全被一种民族国家林立和彼此竞胜的新的世界观念取而代之。

1924年,孙中山(1866—1925)将其三民主义演讲录之第一讲《民族主义》单独付梓。该篇高扬民族主义,又以民族主义与世界主义对举,认为中国之民族主义思想的丧失,部分是因为世界主义。据他看来,历史上,举凡文明强盛之国,都鼓吹世界主义,就如汉唐王朝之对外邦,康乾诸帝之待汉臣,以及如今英、美帝国之对世界。世界主义固然是极好极高的理想,但是并不适合现代的中国人。中国今天所需要的,是民族主义,因为民族主义能将一盘散沙的中国人团结起来,令中国民族发达,国家强盛。这些议论,让人想到前面提到的梁启超有关国家思想的论述。不过,较之梁氏对天下主义的摒弃态度,孙中山对于民族主义和世界主义关系的论述更加复杂和微妙。在力证中国人今天最需要的是民族主义而非世界主义之后,孙氏进一步指出,民族主义才是世界主义的基础。这不只是一般地因为民族主义符合社会进化公理,有助于保种强国,而且特别地因为,中国的民族主义里面包含了世界主义的真精神。孙中山区分了两种世界主

---

[1] 《日知录集释》卷之十三《正始》条。顾炎武此语将"国"等同于朝廷,即一家一姓,而视"天下"为人类普遍价值(仁义)的文化秩序,人人与有责焉。这种立场像黄宗羲的一样,都是在继承古代天下观的基础上展开对专制主义的批判。而且,像黄宗羲对"公"和"私"的辨析一样,顾炎武对"国"的重新定义,也包含了近代因素,进而成为后世公、私以及国家诸观念演进上的重要环节。详细的论述,参阅沟口雄三:《中国的公与私·公私》,北京:三联书店2011年版。

义,一种是欧洲人现在所讲的世界主义,即有强权无公理的世界主义;一种是中国人爱好和平的世界主义,即真正的世界主义。因此,要达致世界主义,尤其需要恢复和发扬中国的民族主义。"我们要将来治国平天下,便先要恢复民族主义和民族地位,用固有的和平道德作基础,去统一世界,成一个大同之治,这便是我们四万万人的大责任。……这便是我们民族主义的真精神。"[1]由这段话里,人们隐约可以听见古代天下观念的回响。这似乎是在暗示,尽管是在工业文明席卷世界的20世纪,尽管是在古代帝制及其政教传统业已终结的中华民国,尽管是在民族主义、国家主义大盛的现时代,曾经渗透和支配中国人心灵数千年的关于文明与道德秩序的想象,那个借"天下"二字而流传久远的世界观念,未必就此便销声匿迹,寻觅无踪。

(撰稿人　梁治平)

---

[1] 孙中山:《三民主义》,北京:中国长安出版社2011年版,第67页。孙中山的民族主义思想中包含了世界主义和国际主义的理念,这一点恰是中国式的,有着中国思想传统上的深厚渊源。沟口雄三通过对中国思想中"公"的观念的深入分析指出了这一点。详参沟口雄三所著《中国的公与私·公私》,北京:三联书店2011年版,第40—43、108—109、117页。

第二十一章　民本篇

民本要义

"天下"的观念,"为公"的思想,无疑都居于中国古代政治思想的核心,然而如果要用一个观念或一种思想,来做中国政治思想基本特征的概括表达,我们多半会选择另一个概念,那就是"民本"。盖因民本的观念或思想,融合了古代政治思想中的其他重要观念,最能够表明中国古时政治思想的特质。极而言之,民本思想不独为中国古代政治理论的主流,甚至是唯一的政治理论。

民本思想之重要性如此,"民本"一词,却非古人惯用的概念。梁启超论先秦政治思想,专辟一章论"民本的思想",并以"民本主义"为先秦(乃至中国古代)政治思想的特质之一。[①]今人以"民本"一词(或言民本思想、民本主义)概指中国古代政治

---

① 参见梁启超:《先秦政治思想史》,北京:东方出版社1996年版,第35—43页。

思想的某种特征或传统,或由梁氏始。因此之故,我们今日讲论"民本"所应注意的,就不是古代经籍史料中的"民本"二字,而是这一概念所指向的一种意蕴精微、内容宏富且源远流长的政治理论和传统。

按字词求索,"民本"一词最早出自《尚书·五子之歌》的"民惟邦本"一句。古者,民与氓同义,亦可训人,故人民、民人、民氓同其义,均指治于人的普通民众。① "本",原意为树之根,引申为事物根本、基础之义。② "民惟邦本",意即民众为国家的根本,如根之于树。然则民为国本,或国家以人民为根本,这种说法究竟是什么意思呢?先看"民惟邦本"所由出的《五子之歌》首段:

> 皇祖有训:民可近,不可下。民惟邦本,本固邦宁。予视天下,愚夫愚妇一能胜予。一人三失,怨岂在明?不见是图。予临兆民,懔乎若朽索之驭六马,为人上者,奈何不敬?③

这段话,据说是夏禹的训诫,而《尚书》中的这一篇,正是以一个君王统治失败的故事为背景的:夏启之子太康,不理政事,耽于享乐,君德不具,致民有二心(太康尸位,以逸豫灭厥德,黎

---

① 对于人、民、氓诸字义同异更详细的考辨,参见黄金贵:《古代文化词义集类辨考》,上海:上海教育出版社1995年版,第70—73页。
② 参见上引书,第336—338页。
③ 包括《五子之歌》在内的《古文尚书》被认为是后人伪作。然而,这并不影响其中所表达的观念的真实性。本文所关注的,亦不在一些文辞首次出现的确切年代,而是其中所表达的观念的真实性及其文化意义。

民咸贰),乃至失位(太康失邦)。于是,太康的弟弟们放歌于洛水之畔,吟咏祖训,唱出这句"民惟邦本,本固邦宁"。意谓民为国家根本,根本稳固了,国家才得安宁。故在上者须亲爱之,而不能卑下之。① 大禹自言普通民众都能胜过自己,故其治理天下,常怀危惧之心,就好像以腐坏的缰索驾驭六匹奔马,敢不敬慎?

《五子之歌》以"本"为喻,勘定了"民"在政治上的重要性,这无疑是经典的民本思想。但是所谓民本思想,并不能简单归结为"民为国本"一句。如果我们把"邦"("国""天下")理解为政治事务,把"邦""民"关系理解为政治过程,则民只是其中的一个要素,其重要性也是相对的。上引段落中,构成此政治过程、同时也是民本思想要素的,除了"民"和"邦"之外,还有特指的"皇祖"和"予",泛指的"为人上者"。与之相关的,则有"君"之"德","民"之"心"。这些要素和角色各有其重要性,其相互关系与其说是固定的、单面的,不如说是辩证的、多面的。《孟子·尽心下》有云:"民为贵,社稷次之,君为轻。"这类言辞无疑为民本论述中立场最鲜明者,然而孟子并非无君论者,他也不因为主张民贵君轻,就认为民得自足、自主、自治。对他来说,民贵君轻毋宁是一套有关君道的规范理论,其内容主要是规定君王仁民爱物的种种责任。实际上,民无君则不治,这种理念,就如国无民而不固、君无民而不立诸观念一般,不但都出自经义,也

---

① 古代注疏家释"下"为"失分",所谓"失分",乃"夺其农时,劳以横役"之谓。参见孔安国传、孔颖达疏:《尚书正义》。

是先秦诸子的共识。①

在民、邦、君之外,古代民本思想还有一不可缺少的要素,那就是"天"。在中国古代思想世界中,"天"的观念,无论其所指为有意识的人格神,还是非人格的抽象物,均极为重要。"天生民而立之君"(《左传·襄公十四年》),是民与君皆出自天:民为天所生;君受天命,为天所立。天既生民,故矜爱之,"民之所欲,天必从之"(《周书·泰誓上》)。设立君位也是为此。"《书》曰:'天降下民,作之君,作之师。'"(《孟子·梁惠王下》)②民之重要性,君之必要性,其形而上的根据在此。"天"之性质、地位如此,天人关系如此,敬天保民就不仅是君王分内的首要职责,也是其保有权位的条件。于是,作为一种规范性学说的民本思想,就提高而成为一种关乎政权的正当性理论。古时有关政权之归属、政治之目的、王道之规范、施治之原则诸基本观念,俱出于此。

今之学者论民本思想,旨趣不同,偏重不同,所论民本思想

---

① 中国古代政治思想,无论何种派别,率皆视君主制度为当然,魏晋之后无君论出,此种状况始有改变。无君论者对君主制度的攻击,也是以生民福祉为根据,不出古代人本精神范围,广义上似亦可归入民本思想。然彼究属极端之论,且缺少制度基础,无补于现世,不属本文探讨范围。关于历史上的无君论,参见萧公权:《中国政治思想史》,载刘梦溪主编,汪荣祖编校:《中国现代学术经典·萧公权卷》,石家庄:河北教育出版社1999年版,第314—325、360—366页等。本篇引用此书均为该本,下不一一出注。

② 此处引文中之"天降下民",今传《周书·泰誓上》作"天佑下民"。生降、护佑、亲爱,皆天对于民之意。

之内容与范围,也不尽相同。① 然而,无论何种论说,但凡以民本思想为主题,总不出天人关系、君民关系之架构,而以民之根本地位为转移。本文亦准此立论,具体言之,举凡以为政权属民("天下为公"),民为政治之目的,为政重民意、民心、民生的各种主张、议论、宣示、批评,无论其是否出于儒家,亦不论其为在朝的或在野的,目的论的或功利论的,皆得归入民本范畴。易言之,本文讨论民本思想,采取一种宽泛的立场。以下就以民本思想源流为主线,参以民心与天心、天命之继革,以及君道、民主诸题,渐次揭示古代民本思想的基本含义。

民本思想之源

中国古代民本思想,源远而流长。其原初形态或萌发于唐、虞,成形于殷、周,而光大于先秦诸子。迨秦皇统一宇内,郡县帝制取代封建古制,民本思想之形态亦随之改变。此一变化延续至清季,终因西学东渐而再生变局,由此开启与现代民主思想接

---

① 金耀基认为,中国民本思想之究竟义包含以下数点:1.以人民为政治之主体;2.君之居位,须得到人民之同意;3.保障人民之生存;4.重"义利之辨";5.守"王霸之争";6.明"君臣之际"。(参见金耀基:《中国民本思想史》,台北:台湾商务印书馆1997年版,第8—13页。)此为民本思想较繁之界定。日人沟口雄三以为,君主以民的苦乐为第一义,而不以自己为本位;天下非为君主而存在,乃为民而存在。这两点,形成了"民本思想的双璧"。(参见沟口雄三:《中国前近代思想的屈折与展开》,龚颖译,北京:三联书店2011年版,第348页。本篇引用此书均为该本,下不一一出注。)此或为民本思想至简的界说。张分田在比较、分析多位学者的意见之后,提出了以"以民为本"为核心理念,包含"立君为民""民为国本""政在养民"三个面向的综合性定义。(参见张分田:《民本思想与中国古代统治思想》(上),天津:南开大学出版社2009年版,第34—39页。本篇引用此书均为该本,下不一一出注。)

轨的历程。此种对古代民本思想发展流变的分期,略近于冯友兰对中国哲学史的划分。冯氏以孔子至淮南王为"子学时代",以董仲舒至康南海为"经学时代",以为后一时代诸哲学家表达己见,皆依傍诸子之名,且大半依经学之名发布,其所见亦多以子学时代所用术语表出,所谓以旧瓶装新酒也。① 古代民本思想发展,亦有类似情形,故可以借冯氏此一划分加以观察和说明。不过,民本思想之形态不独表现为冯氏列为哲学的"有系统的思想"②,诚非"子学"所能范围;且民本思想于理论之外,又有制度的乃至日常生活实践的表达,亦非"经学"所能概括。这意味着梳理民本思想源流,当在冯氏二分法的基础之上,做更细致的划分。

具体言之,民本的观念和思想滥觞于夏、商,至西周奠定其基本形态。其间,由重"神"到重"人"的一大转变颇可注意。周秦之际,私学泛滥,诸子勃兴。经此阶段,民本思想日渐丰富而系统,蔚为大观,垂为后世典范。此为民本思想之发源期。汉代,儒家学说经学化,且列于官学,成为正统意识形态。因此之故,儒学成为民本思想最重要的表达途径,此一格局延续至清而不改。虽然汉以后之民本论说,各有其需要解决的时代问题,与传统民本学说相关联的思想文化背景及政治社会生态亦代有变化,故言民本思想之发展,则唐、宋诸代各有其特点,而明清之际的思想变动尤为剧烈。清季,西学东渐,民权观念传入,时人以生活于明末清初的大儒黄宗羲为中国的卢梭(1712—1778),期

---

① 参见冯友兰:《中国哲学史》下册,北京:中华书局1984年版,第492页。

② 冯友兰:《中国哲学史》上册,北京:中华书局1984年版,第29页。

以民本思想接引民权观念于中土,助生近代民主政治,古代民本思想于焉终结。由此反观明末清初之黄、顾、王诸子,其历史地位可堪玩味。故本文以明清继替为界,视之前为民本思想的流衍,之后为民本思想的变异,清末民国初为民本思想之转型期。虽然流衍中不乏变异,变化中仍有承继,即使思想观念由前近代转入近代,也不是非此即彼,黑白分明。其微妙处容后再叙,以下略申言之。

　　古人相信,上古圣王皆为敬天爱民的楷模,这或者只是后世观念在历史中的投射,不足为凭。不过,由《虞夏书》诸篇记载可知,天、民诸观念发达甚早,且堪为上古政治思想中最具重要性的范畴。皋陶同禹论政,把王事看成代行天职,把知人善用、安定民心视为治理天下的要务。天命有德,并且规定了人世间各种秩序,而天的好恶和意志,又透过民心和民意表达出来,二者相通而不隔。① 商汤率众伐桀,一面声称此举是奉天之命,不得不为,一面批评夏桀无德,尽失民心。② 这里,被引为意识形态支援的,就是这种天人相与的政治哲学。同样,被归之于大禹的古训"民惟邦本,本固邦宁",也是这种政治哲学的一种表达。

---

　① "皋陶曰:'都!在知人,在安民。'禹曰:'吁!咸若时,惟帝其难之。知人则哲,能官人;安民则惠,黎民怀之……'皋陶曰:'……天工,人其代之。天叙有典,敕我五典五惇哉!天秩有礼,自我五礼有庸哉!同寅协恭和衷哉!天命有德,五服五章哉!天讨有罪,五刑五用哉!政事懋哉懋哉!天聪明,自我民聪明。天明畏,自我民明威。达于上下,敬哉有土!'"(《尚书·皋陶谟》)

　② "王曰:'……有夏多罪,天命殛之。……夏氏有罪。予畏上帝,不敢不正。……夏王率遏众力,率割夏邑。有众率怠弗协,曰:"时日曷丧?予及汝皆亡。"夏德若兹,今朕必往。'"(《尚书·汤誓》)

然而夏商时代的民本思想,比较周代,不过略具雏形。这种情形,除了与古代政治发展以及当时人政治经验和认知的状况有关,也与彼时的宗教观念有关。简单说来,商人最重鬼神,且商人的天("帝""上帝")具有宗族性。殷人相信,他们的先王先公死后上宾于天,在帝左右,为其子孙提供护佑,人王通过对其祖宗神的祭祀和求告,而获上帝降福。① 这种宗教的信念和局面,因为周的崛起而被深刻改变。周以西方小邦的身份,竟能一战而胜,取代强大的商,成为天下共主,这一政治上的事实,需要有宗教上的合理解释才具有正当性。这里,根本的问题是:为何一直是殷人的上帝终不再眷顾殷人子孙,而将庇佑给予弱小且地处偏远的周人?对此,周人的回答是:上帝既不属夏、殷,亦不属周。他高高在上,关心民瘼,明鉴四方,公正无私,唯有德者能得其授命,为天下王。殷之代夏,周之代殷,无不是天命转移的结果。②《周书》各篇及《诗经》中,充斥着有关天、上帝、天命、生

---

① 据殷墟卜辞所见,商人上帝管理的事项包括:年成、战争、作邑及王之行动。参见陈梦家:《殷虚卜辞综述》,北京:中华书局1955年版,第571页。关于殷人上帝之性质,以及上帝与人王的关系等,参见该书第580页。

② 有关上帝和天命的这种见解,于《诗》《书》中随处可见,如《诗经·大雅·皇矣》:"皇矣上帝,临下有赫。监观四方,求民之莫。维此二国,其政不获。维彼四国,爰究爰度。上帝耆之,憎其式廓。乃眷西顾,此维与宅。"

民、德和王的言辞与论说。殷人敬上帝,周人对天则敬畏有加。①这不只是因为周得克商是源于新的天命("周虽旧邦,其命维新"),而且是因为"天命靡常"(《诗经·大雅·文王》),唯德是辅。上天既可以降大命于周,也可以收回天命,另择民主,"殷鉴不远,在夏后之世"(《诗经·大雅·荡》)②。因此,要维续天命,就必须敬德("明德恤祀",出自《尚书·多士》),所谓德,除了祀神,无非勤政、任贤、保民,而所有这一切,甚至包括祀神,最后都落到生民福祉上面。换言之,天命永续之道在修德,在保民,一句话,在人("永言配命,自求多福",出自《诗经·大雅·文王》)。"事事托命于天,而无一事舍人事而言天",③这即是中国

---

① 陈梦家比较殷周天帝观念的异同,认为殷的主要观念为:上帝、帝令、宾帝、在帝左右、敬天;王与帝非父子关系。而周的主要观念为:帝、天、天令、配天、其严在上、畏天;王为天子。"其中最主要的分别,在周有天的观念而以王为天子。"参见陈梦家:《殷虚卜辞综述》,北京:中华书局1955年版,第581页。而从哲学上看,殷、周两代天命思想的变化则远为深刻。有学者指出,商周世界观的根本区别在于,商人对"帝"或"天"的信仰并无伦理的内容在其中,周人则反之。易言之,前者的世界观属于"自然宗教",后者的信仰则具有"伦理宗教"的品格,而天之人文性的增强,尤其是其中"敬德""保民"观念的突起,足以表明此伦理性质。详见陈来:《古代宗教与伦理:儒家思想的根源》,北京:三联书店1996年版,第146—149页及该书第5章。
② 此诗历数商王纣罪孽,斥其"不明尔德",终致"大命以倾"。
③ 傅斯年总结周诰特点,谓:"凡求固守天命者,在敬,在明明德,在保人民,在慎刑,在勤治,在毋忘前人艰难,在有贤辅,在远俭人,在秉遗训,在察有司;毋康逸,毋酣于酒,事事托命于天,而无一事舍人事而言天,祈天永命,而以为惟德之用。"转引自许倬云:《西周史》,北京:三联书店1994年版,第107—108页。关于中国古代人文精神的兴起、发展及其在政治思想上的表现,较详的论述,参见林载爵:《人的自觉——人文思想的兴起》,载邢义田主编:《中国文化源与流》,合肥:黄山书社2012年版;张端穗:《天与人归——中国思想中政治权威合法性的观念》,载黄俊杰主编:《中国人的理想国》,合肥:黄山书社2012年版。

古代的人文精神。周人对殷之上帝的继承和改造,在创生一种新的宗教精神的同时,也实现了从重神到重人的转变。中国古代民本思想即植根于此。自周以降,中国古代政治思想虽历经变化,始终不离"人本"轨道,而以"民本"为其基本精神。

崇德行,重人事,其中包含天不足信的忧虑("天不可信,我道惟宁王德延",出自《尚书·君奭》)。厉、幽之后,随着封建制度松懈,礼崩乐坏,这种忧虑更形严重。在此背景之下,民本思想又有新的发展。其中,两个方面的因素可堪注意:一方面,王纲解纽,诸侯力政,在由此而形成的新的政治格局中,民为邦本的地位更加凸显,其含义也更加丰富;另一方面,诸子勃兴,百家争鸣,带来古典思想的突破和繁荣,传统的民本观念,亦在融合新旧经验的基础上,而有系统化的构造和表达。

春秋战国时代,诸侯竞胜,大夫僭政,陪臣执国,国家间的竞争日益激烈和残酷。在此情形之下,尽管天仍是政权合法性的终极依据,观诸现实,得民与否才是关键。得民则得财,有民则有兵,民心得失,决定政治成败。春秋时人对此多有认识。大国楚觊觎小国随,两相对峙,随侯欲兴兵,季梁劝诫道:"臣闻小之能敌大也,小道大淫。所谓道,忠于民而信于神也。上思利民,忠也;祝史正辞,信也。今民馁而君逞欲,祝史矫举以祭,臣不知其可也。"随侯不解,认为自己祀神甚丰,如何不能取信于神。季梁答曰:"夫民,神之主也,是以圣王先成民,而后致力于神。……于是乎民和而神降之福,故动则有成。今民各有心,而鬼神乏主,君虽独丰,其何福之有?君姑修政,而亲兄弟之国,庶免于难。"①随侯称是。楚国无隙可乘,亦暂息征伐之念。祀神祈福乃国之大事,为人君者不敢怠慢。但照季梁的看法,民为神主,神从民意,民和,神乃降福。而且神灵聪明正直,明察世事,不受蒙蔽。庄公三十二年(前662),神降于虢,太史嚚则曰:"虢其亡乎!吾闻之:国将兴,听于民;将亡,听于神。神,聪明正直而壹者也,依人而行。虢多凉德,其何土之能得!"(《左传·庄公三十二年》)论人神关系,僖公五年虞国大臣宫之奇的一段议论尤为典型。虞国国君以为自己祀神的物品丰盛洁净,必能邀得神宠。宫之奇回答说:"臣闻之,鬼神非人实亲,惟德是依。故《周书》曰:'皇天无亲,惟德是辅。'又曰:'黍稷非馨,明德惟馨。'又曰:'民不易物,惟德繄物。'如是,则非德,民不和,神不享矣。神所冯依,将在德矣。"②鬼神惟德是依,而德之有无,则要看人君如何对待人民,以及人民生活是否和顺。良善之君,爱

---

① 《左传·桓公六年》。《左传·僖公十九年》记司马子鱼诫宋公勿以人牲,亦谓:"祭祀,以为人也。民,神之主也。用人,其谁飨之?"

② 《左传·僖公五年》。福祸不依于鬼神,端在君德之有无,这种观念在《左传·昭公二十年》记载的一则故事里面也有清楚的表现。齐侯患疾,久不愈,遂听人言,欲诛祝史。晏子以为不可,谏曰:"若有德之君,外内不废,上下无怨,动无违事,其祝史荐信,无愧心矣。是以鬼神用飨,国受其福,祝史与焉。其所以蕃祉老寿者,为信君使也,其言忠信于鬼神。其适遇淫君,外内颇邪,上下怨疾,动作辟违,从欲厌私。高台深池,撞钟舞女,斩刈民力,输掠其聚,以成其违,不恤后人。暴虐淫从,肆行非度,无所还忌,不思谤讟,不惮鬼神,神怒民痛,无悛于心。其祝史荐信,是言罪也。其盖失数美,是矫诬也。进退无辞,则虚以求媚。是以鬼神不飨其国以祸之,祝史与焉。所以夭昏孤疾者,为暴君使也。其言僭嫚于鬼神。……民人苦病,夫妇皆诅。祝有益也,诅亦有损。……虽其善祝,岂能胜亿兆人之诅?君若欲诛于祝史,修德而后可。"齐侯闻之甚悦,于是"使有司宽政,毁关,去禁,薄敛,已责"。《昭公十八年》所记郑国子产的名言"天道远,人道迩",就是在这样一种精神氛围下产生的。参见林载爵:《人的自觉——人文思想的兴起》,载邢义田主编:《中国文化源与流》,合肥:黄山书社2012年版,第266—272页。

民如子,自然得到人民拥戴,神明护佑。暴虐之君,困苦其民,必不能安其位。据《左传·襄公十四年》所记,卫国国君遭其国人驱逐,晋侯闻之曰:"卫人出其君,不亦甚乎?"晋臣师旷(前572—前532)对曰:"或者其君实甚。良君将赏善而刑淫,养民如子,盖之如天,容之如地。民奉其君,爱之如父母,仰之如日月,敬之如神明,畏之如雷霆,其可出乎?夫君,神之主而民之望也。若困民之主,匮神乏祀,百姓绝望,社稷无主,将安用之?弗去何为?"师旷之言,完全符合汤、武革命的逻辑。而他紧接其后的一番论述,则让我们窥见与古代民本思想相配合的政制机理和制度形态:"天生民而立之君,使司牧之,勿使失性。有君而为之贰,使师保之,勿使过度。是故天子有公,诸侯有卿,卿置侧室,大夫有贰宗,士有朋友,庶人、工、商、皂、隶、牧、圉皆有亲昵,以相辅佐也。善则赏之,过则匡之,患则救之,失则革之。自王以下,各有父兄子弟,以补察其政。史为书,瞽为诗,工诵箴谏,大夫规诲,士传言,庶人谤,商旅于市,百工献艺。故《夏书》曰:'遒人以木铎徇于路。官师相规,工执艺事以谏。'正月孟春,于是乎有之,谏失常也。天之爱民甚矣。岂其使一人肆于民上,以从其淫,而弃天地之性?必不然矣。"①

---

① 师旷引据《夏书》,足见其所述渊源有自。《国语·周语上》记邵公告厉王曰"故天子听政,使公卿至于列士献诗,瞽献曲,史献书,师箴,瞍赋,蒙诵,百工谏,庶人传语,近臣尽规,亲戚补察,瞽、史教诲,耆、艾修之,而后王斟酌焉,是以事行而不悖",尤可与此相参照。又,《洪范》九畴之七曰"明用稽疑",述及对疑难问题的决策方法,有"汝则有大疑,谋及乃心,谋及卿士,谋及庶人,谋及卜筮"(《尚书·洪范》)之语。《周礼》记小司寇之职为:"掌外朝之政,以致万民而询焉。一曰询国危,二曰询国迁,三曰询立君"。均反映了这一古老传统。张分田所著《民本思想与中国古代统治思想》(南开大学出版社2009年版)述及古代民意采集制度,对此传统有综合性的论述。参见该书第674—685页。

先秦诸子继承和发扬了这种天人相与的人文主义传统,其中,儒家对民本思想的发挥尤其受后人瞩目和称道。事实上,儒家政治哲学原本不出民本范畴,而自其获得官方意识形态的独尊地位之后,民本思想几为儒家所垄断。然而,在儒家思想发生和发展的早期阶段,人文精神与民本思想并非儒家所独具,而是先秦诸子各派共享的资源。诸子之间理论上的差异,与其说在于民本思想之有无,不如说是在思想风格以及基于政治偏好和效用评估对民本思想诸要素的组合、排序等方面。道家言道,崇自然,以无为求治,对儒、法思想均有影响。老子主张:"圣人无心,以百姓心为心"(《老子》二十九章),诚为后世民本思想正宗。至所言"贵以贱为本,高以下为基"(《老子》三十九章)①,意虽抽象,理通民贵君轻之旨。墨出于儒而归于天,以为王者废立,皆出于天,其尊天事鬼、爱利万民者,天鬼赏之,立为天子,为民父母;其诟天侮鬼、贼杀万民者,天鬼罚之,使身死家灭,绝无后嗣。前者称"圣",如尧、舜、禹、汤、文、武;后者名"暴",如桀、纣、幽、厉。②先秦诸子中,墨家的天有人格、意志,乃为周人之天的复兴,其关于天、王、民关系的论述,隐含革命之旨,亦可视为西周天命观的翻版。法家尊君而崇法,以耕战立国,以权术御

---

① 《庄子·外篇·在宥》云:"贱而不可不任者,物也;卑而不可不因者,民也……[故圣人]恃于民而不轻,因于物而不去。"亦近此意。
② 参见《墨子·尚贤上》。墨子又有三表之论,谓"有本之者,有原之者,有用之者。于何本之?上本之于古者圣王之事。于何原之?下原察百姓耳目之实。于何用之?废以为刑政,观其中国家百姓人民之利。此所谓言有三表也"(《墨子·非命上》)。

臣,以刑赏治民,其学说似与民本思想正相抵牾。① 然而,法家理论亦未尝不具有民本思想要素。梁启超认为,儒家所谓礼,法家所谓法,皆为自然法则演化而来之条理,其渊源出自天,"名之曰天道,公认为政治所从出而应守"②。在此所谓"抽象的天意政治"(梁启超语)支配之下,道高于君,法高于君,公、义高于君,实为法家学说,而在原则上无异于儒、道、墨者。法家先驱管子(约前725—前645),既云尊君,亦言重民,以为霸王之道,"以人为本。本理则国固,本乱则国危"(《管子·霸言》)。③ 战国时期,群雄并立,兼并无已,国不强无以立,权不专无以强,法家应时而动,将尊君重国之论推至极端。然而若穷究根本,君的正当性仍不在其自身。慎到(约前395—前315)曰:

> 古者立天子而贵之者,非以利一人也。……故立天子以为天下,非立天下以为天子也;立国君以为国,非立国以为君也;立官长以为官,非立官以为官长也。(《慎子·威德》)④

---

① 萧公权认为,儒家以人民为政治之本体,法家以君主为政治之本体,二者泾渭分明。参见萧公权:《中国政治思想史》,第165页。金耀基分中国古代政治思想为民本的、非民本的和反民本的,也是以法家为后者的代表。参见金耀基:《中国民本思想史》,第1页。
② 梁启超:《先秦政治思想史》,北京:东方出版社1996年版,第26页。
③ 管子不乏重民之论,但据萧公权的看法,"《管子》书盖取法家君本位之观点以论政,而犹未完全脱离封建与宗法历史背景之影响者也"。参见萧公权:《中国政治思想史》(一),第180、184页。虽然如此,即使是功利性的爱民、重民之论,仍不失"民惟邦本,本固邦宁"之旨。
④ 慎子崇法而重势,但有时亦礼、法并举。如谓:"法制礼籍,所以立公义也。凡立公,所以弃私也。明君动事分理由慧,定鼎(赏)分财由法,行德制中由礼。"(《慎子·威德》)

这段话,不啻为《吕氏春秋·贵公》"天下非一人之天下也,天下之天下也"之先声,中国民本思想之正诠。①

道、墨、法之外,农、兵、阴阳,乃至名家(更不用说杂家),亦不同程度染有民本思想色彩。② 先秦诸子,其思想源流原本交错互生,相映生辉。各家偏好、重点、方向固各不相同,但有若干基本范畴、概念乃至原则,如天、天下、道、天道、公、义、道义等,实为其共享之物,至周代而粲然大备的人文精神,以及作为政治权威正当性基础的民本思想,亦是如此。然则诸子之中,儒家于民本观念发挥尤多,也是不争的事实。

孔子好仁,重德礼,讲求仁民爱物。其所谓仁,非仅为个人德目,亦为放眼天下、博施济众的道德程序,目的是要将个人修为扩充、推广及人,而成就融政治与道德于一的美好秩序。孟子秉承此意,在性善论基础上做进一步发挥。孟子相信,仁、义、

---

① 对法家的民本思想的论述,详见张分田:《民本思想与中国古代统治思想》,第121—144页。张氏视民本思想为古代统治思想的一部分,认为民本与君本并行不悖,且互为条件。由此立场出发,张氏论先秦政治思想,无分儒、法、道、墨,皆归于民本,且特别强调法家对民本思想的贡献,指出民本与君本的内在一致性,而非割裂二者,使之截然对立,的确更接近中国古代思想的实相,然因此而将儒、法思想等同视之,则有矫枉过正之嫌。法家思想包含民本思想要素,此点固然不乏文献学上的证据,但若整体视之,尤其是将法家思想置于春秋战国历史大变革的背景下观察,则法家思想大异于儒家学说之处便昭然若揭。换言之,人文精神与民本思想原为先秦诸子共享的思想资源,然而爱民、利民、重民、以民为本诸说于法家思想终究为文饰与点缀。尊君卑臣抑民实为法家一贯立场及实践性格,而有效服务于其富国强兵的时代目标。不只是停留于文献,更透过历史变迁把握法家思想精要的研究,参见阎步克:《士大夫政治演生史稿》,北京大学出版社1996年版,第166—180、198—199页;姚中秋:《国史纲目》,海南出版社2013年版,第178—184、189—215页。

② 参见张分田:《民本思想与中国古代统治思想》(上),第145—154页。

礼、智诸德行,皆人所固有。仁心推展,则可以为仁政。① 他又糅合古制,将孔子养民、教民之义,引申铺陈,发展出一套影响深远的儒家政经理论。② 孟子的民本思想,不但内容丰富、完整,而且观点鲜明,颇富论辩性。其论君主、国家、人民之关系,尤为明晰有力。如前所述,古代民本思想根本上是一种政权甚而政治正当性理论,而"天"与"人"则是此正当性理论必不可少的两个元素。孟子继受了这一思想传统,而有极富个性的诠释。在一段著名的对话中,孟子以答疑方式对此问题给出了详细说明:

> 万章曰:"尧以天下与舜,有诸?"孟子曰:"否。天子不能以天下与人。""然则舜有天下也,孰与之?"曰:"天与之。""天与之者,谆谆然命之乎?"曰:"否。天不言,以行与

---

① 孟子论性曰:"恻隐之心,人皆有之;羞恶之心,人皆有之;恭敬之心,人皆有之;是非之心,人皆有之。恻隐之心,仁也;羞恶之心,义也;恭敬之心,礼也;是非之心,智也。仁义礼智,非由外铄我也,我固有之也,弗思耳矣。"(《孟子·告子上》)。又曰:"人皆有不忍人之心。先王有不忍人之心,斯有不忍人之政矣。以不忍人之心,行不忍人之政,治天下可运之掌上。"(《孟子·公孙丑上》)

② 孟子极重养民,以"民养生丧死无憾"为王道政治的基始。孟子语梁惠王曰:"不违农时,谷不可胜食也;数罟不入洿池,鱼鳖不可胜食也;斧斤以时入山林,材木不可胜用也。谷与鱼鳖不可胜食,材木不可胜用,是使民养生丧死无憾也。养生丧死无憾,王道之始也。五亩之宅,树之以桑,五十者可以衣帛矣。鸡豚狗彘之畜,无失其时,七十者可以食肉矣。百亩之田,勿夺其时,数口之家可以无饥矣。谨庠序之教,申之以孝悌之义,颁白者不负戴于道路矣。七十者衣帛食肉,黎民不饥不寒,然而不王者,未之有也。"(《孟子·梁惠王上》)萧公权认为,孟子的养民之论,深切著明,为先秦所仅见。其内容主要为裕民生、薄赋税、止征战、正经界诸项。参见萧公权:《中国政治思想史》,第77页。不过,也有学者认为,孟子长于《诗》《书》而疏于制度,故其王政之论简陋不堪,无法与荀子比肩。详见章太炎:《国学概论》,南京:江苏人民出版社2014年版,第35、223—224页。

事示之而已矣。"曰:"以行与事示之者,如之何?"曰:"天子能荐人于天,不能使天与之天下。诸侯能荐人于天子,不能使天子与之诸侯。大夫能荐人于诸侯,不能使诸侯与之大夫。昔者,尧荐舜于天,而天受之;暴之于民,而民受之。故曰:天不言,以行与事示之而已矣。"曰:"敢问荐之于天,而天受之;暴之于民,而民受之,如何?"曰:"使之主祭,而百神享之,是天受之;使之主事,而事治,百姓安之,是民受之也。天与之,人与之,故曰天子不能以天下与人。舜相尧二十有八载,非人之所能为也,天也。尧崩,三年之丧毕,舜避尧之子于南河之南,天下诸侯朝觐者,不之尧之子而之舜;讼狱者,不之尧之子而之舜;讴歌者,不讴歌尧之子而讴歌舜,故曰,天也。夫然后之中国,践天子位焉。而居尧之宫,逼尧之子,是篡也,非天与也。《泰誓》曰:'天视自我民视,天听自我民听。'此之谓也。"(《孟子·万章上》)

天子大位,得之于天("天与"),成之于民("人归"),故圣王亦不能以天下与人。这里,民之同意与接受("民受之"),俨然成为禅让程序上一个不可缺少的要素和环节,[①]而天意经由民意的显现尤为关键。"天不言,以行与事示之而已"。天意既由民意显露,民心向背就成为政权得失的关键。孟子曰:"桀纣之失天下也,失其民也。失其民者,失其心也。得天下有道:得其民,斯得天下矣。得其民有道:得其心,斯得民矣。得其心有道:所欲与之聚之,所恶勿施,尔也。"(《孟子·离娄上》)因此,孟子

[①] 据《尚书》对禅让程序的梳理和分析,可参见姚中秋:《华夏治理秩序史》第一卷《天下》(上册),海口:海南出版社2012年版,第139—151页。

主张君主乐民之乐，忧民之忧，以为"乐以天下，忧以天下，然而不王者，未之有也"（《孟子·梁惠王下》）。① 此外，民意也应在国家政务决策中有所体现。《诗》云："先民有言，询于刍荛。"（《诗经·大雅·板》）孟子发挥此意，主张国之政务如进贤黜不肖等，皆须征询于国人而后定，以民意为己意，"然后可以为民父母"。②

《孟子》一书，于人民、国家、君主间关系多有论述，而以下面一段为最著名："民为贵，社稷次之，君为轻。是故得乎丘民而为天子，得乎天子为诸侯，得乎诸侯为大夫。诸侯危社稷，则变置。牺牲既成，粢盛既洁，祭祀以时，然而旱干水溢，则变置社稷。"（《孟子·尽心下》）春秋战国之世，国家兴灭，君主变易，皆为人所惯见，唯有人民长在。无民则无国，无民则无君。这些是当时人所共有的经验。更重要的是，保民、安民、养民、教民，原系立君之旨，这一点也已成为论政者共奉的信条。君对于民，负有责焉。此种责任，绝不因其位高而得豁免。在与齐宣王的一段对话中，孟子咄咄逼人的提问令后者窘态毕露。"孟子谓齐宣王曰：'王之臣，有托其妻子于其友，而之楚游者，比其反也，则冻馁其妻子，则如之何？'王曰：'弃之。'曰：'士师不能治士，则如之何？'王曰：'已之。'曰：'四境之内不治，则如之何？'王顾左右而言他。"（《孟子·梁惠王下》）稍后，在答齐宣王以汤放桀、武

---

① 当然，就政权正当性而言，无言之"天"的作用更加根本。
② 《孟子·梁惠王下》云："左右皆曰贤，未可也；诸大夫皆曰贤，未可也；国人皆曰贤，然后察之。见贤焉，然后用之。左右皆曰不可，勿听；诸大夫皆曰不可，勿听；国人皆曰不可，然后察之。见不可焉，然后去之。左右皆曰可杀，勿听；诸大夫皆曰可杀，勿听；国人皆曰可杀，然后察之。见可杀焉，然后杀之。故曰国人杀之也。如此，然后可以为民父母。"

王伐纣之例提出"臣弑其君"问题时,孟子更明白地表示:"贼仁者谓之'贼',贼义者谓之'残'。残贼之人,谓之'一夫'。闻诛一夫纣矣,未闻弑君也。"(《孟子·梁惠王下》)如果说,前一例隐约表达了某种政治问责的观念,那么,在后一例中,诛伐暴君的革命论则呼之欲出。

诚然,就观念而言,上述思想皆非孟子所自创,然而,孟子在中国历史大变动的时代,不但承续此一思想传统,而且针对社会现实予以引申、发挥,从而丰富和强化了这一思想传统。纵观民本思想史,孟子承上启下,地位最为特殊。①

孟子之后,最具影响力之儒者当为荀子。唯荀子最尊人君,尤重礼法,持论大异于孟。虽然如此,荀子论政,最终仍以民为归依。彼明言:"天之生民,非为君也。天之立君,以为民也。"(《荀子·大略》)其论君道,以君为"能群者"之谓,而所谓"能群也者",曰有"四统","善生养人"居其首。"四统者具而天下归之"(《荀子·君道》),是为王者。"四统"之外,又有"三得"。荀子云:

> 用国者,得百姓之力者富,得百姓之死者强,得百姓之誉者荣。三得者具而天下归之,三得者亡而天下去之;天下归之之谓王,天下去之之谓亡。汤、武者,循其道,行其义,兴天下同利,除天下同害,天下归之。(《荀子·王霸》)

---

① 萧公权认为,民贵君轻之旨,实先孟子而成立。"孟子之功不在自出心裁创设其旨,而在重张坠绪于晚周君专政暴之时。于是孟子之政治思想遂成为针对虐政之永久抗议。虽势不能见采于时君,而二千年中每值世衰国乱辄一度兴起,与老庄之无君思想互相呼应。故就其影响论,孟子之儒,不仅有异于荀,抑亦有异于孔。"见萧公权:《中国政治思想史》,第80页。

荀子又据此逻辑驳"桀、纣有天下,汤、武篡而夺之"的俗说,谓"诛暴国之君若诛独夫……汤、武非取天下也,修其道,行其义,兴天下之同利,除天下之同害,而天下归之也。桀、纣非去天下也,反禹、汤之德,乱礼义之分,禽兽之行,积其凶,全其恶,而天下去之也。天下归之之谓王,天下去之之谓亡。故桀、纣无天下而汤、武不弑君,由此效之也。汤、武者,民之父母也;桀、纣者,民之怨贼也。今世俗之为说者,以桀、纣为君而以汤、武为弑,然则是诛民之父母而师民之怨贼也,不祥莫大焉"(《荀子·正论》)。这段议论,不但见解与孟子无异,用语亦如出一辙。荀子之为民本思想传人,于此可证。

孟子与荀子的政治论述,在继承、发展和丰富先秦民本思想的同时,也为日后儒家在古代民本思想传统中的主导地位奠定了基础。

民本思想之流

周秦之际,不但有古典思想的勃发,而且有国家、社会的大变动,由此在思想、制度与实践的激荡之中,产生了以诸子学传世的古典政治理论。诸子的政治理论,虽然风格、内容各异,彼此论辩不绝,然皆受人文精神支配,且不同程度地受到古代民本思想传统的影响,涉及权威之所由来、政权之所由立,以及治道之规范性基础等政治正当性问题时,尤其如此。故此,说诸子百家于民本思想发展皆有所贡献,当非过甚之辞。秦汉以降,政治与社会生态大变,思想形态及内容亦随之改变,尤其汉代之后,儒家得享独尊,成为两千年来民本思想的正统载体,民本思想所包含的基于规范的内在紧张,以及因此造成的政治现实和儒家思想的困境,亦经由历代儒者的内在批判而表露无遗。

秦始皇兼并六国,统一宇内,称皇帝号,开创了中国历史的新纪元。新的大一统政治秩序,需要新的意识形态来整合,儒家思想满足了这一历史要求,其代表性人物便是西汉大儒董仲舒(前179—前104)。

汉初,民生凋敝,施政尚无为,与民休息。黄老思想之外,法家余波犹在,儒生则在参与秩序重建的同时,传播文教,复兴儒学,影响力日增。儒家民本思想,亦在此过程中被重述和发挥。曾著有《过秦论》的贾谊(前200—前168)于此论述最为有力和透辟。其《新书·大政上》云:

> 闻之于政也,民无不为本也。国以为本,君以为本,吏以为本。故国以民为安危,君以民为威侮,吏以民为贵贱。此之谓民无不为本也。闻之于政也,民无不为命也。国以为命,君以为命,吏以为命,故国以民为存亡,君以民为盲明,吏以民为贤不肖。此之谓民无不为命也。闻之于政也,民无不为功也。故国以为功,君以为功,吏以为功。国以民为兴坏,君以民为强弱,吏以民为能不能。此之谓民无不为功也。闻之于政也,民无不为力也。故国以为力,君以为力,吏以为力。故夫战之胜也,民欲胜也;攻之得也,民欲得也;守之存也,民欲存也。……故夫灾与福也,非粹在天也,又在士民也。……夫民者,万世之本也,不可欺。凡居于上位者,简士苦民者,是谓愚;敬士爱民者,是谓智。夫愚智者,士民命之也。故夫民者,大族也,民不可不畏也。故夫民者,多力而不可适也。呜呼!戒之哉!戒之哉!与民为

敌者,民必胜之。

此语将民为国本之意,条分缕析,陈述明白,虽比之前人略无新意,但其系统、明晰犹有过之。更重要的是,贾谊发此宏论于汉初,不但接续和发扬了先秦以来的民本思想传统,且特别针对秦政之弊,意在正本清源,为汉代立政,其历史和现实的意味颇为重大。至董仲舒,这一目标则基本达成。

董子所处的时代,大异于春秋战国,董子所阐发的儒学,包括其中固有的民本思想,也有不同于孔、孟、荀之处。简单来说,董子远承殷周天人相与观念,立基于汉代今文经学之春秋公羊学,同时吸收、融合当时流行的阴阳、五行之说,锻造出一种更具神秘色彩的政治神学。此一政治神学的核心为"天人相副",据此观念,不但人之形体、血气、德行、好恶、喜怒、哀乐皆化之于天,[①]人间制度也渊源于天,人秩、天秩符合若契。天子受命于天,奉天行事,仁义道德,礼乐刑政,无不取象于天地,故云:

> 天者群物之祖也。故遍覆包函而无所殊,建日月风雨以和之,经阴阳寒暑以成之。故圣人法天而立道,亦溥爱而亡私,布德施仁以厚之,设谊立礼以导之。春者天之所以生也,仁者君之所以爱也;夏者天之所以长也,德者君之所以养也;霜者天之所以杀也,刑者君之所以罚也。繇此言之,天人之征,古今之道也。(《汉书·董仲舒传》)

在这样一幅天人感应的秩序图景中,王者地位备极崇高,却

---

① 参见〔汉〕董仲舒:《春秋繁露·为人者天》。

又无往而不在天的监察督责之下。君王有过,天以灾异警示之;君王失道,天则夺其权位。① 与先秦诸子直言民心、民意的重要性不同,董子的天人感应说突显天与君的关系,民则隐而不彰。然而这种改变与其说是对民的忽略,不如说是其立论所取的策略。盖因在当时的知识、信仰和思想氛围中,能够证成现实中既成的君王权威,同时使之有所约束,而堪为一种合理且正当秩序之基础的终极观念,正是神秘色彩笼罩之下具有无上权威的"天"。② 然而在关于此尊贵威严、公正无私的天的论述当中,民本思想的脉络仍清晰可见。天有仁爱之心,天择有德之人,"天之生民,非为王也;而天立王,以为民也。故其德足以安乐民者,天予之;其恶足以贼害民者,天夺之"③。这种革命论调我们并不陌生,而董子的贡献,在于成功地将之织入一种新的政治哲学,使之成为与帝国时代大一统秩序相匹配的正当性理论的核心。有汉一代,灾异谴告之论充盈于朝堂,因天降灾异而下诏罪己的帝君亦不鲜见,足见天人感应观念浸淫人心之深和对现实政治影响之力。发端于先秦的孔孟之学,经过董子的此番改造与重塑,成为汉代正统意识形态,立于官学,风靡士林,甚而成为

---

① 董仲舒曰:"国家将有失道之败,而天乃先出灾害以谴告之,不知自省,又出怪异以警惧之,尚不知变,而伤败乃至。以此见天心之仁爱人君而欲止其乱也。"见《汉书》卷五十六《董仲舒传》。

② 参见金耀基:《中国民本思想史》,台北:台湾商务印书馆1997年版,第112—119页。

③ 〔汉〕董仲舒:《春秋繁露·尧舜不擅移汤武不专杀》。

选官的标准、施政的依据。① 中国历史上儒学在政治、法律和伦理方面的支配性地位,由此确立。此一格局的形成,对于古代民本思想的发展亦有重要影响。

汉末,儒学盛极而衰,至魏晋,"老""庄"复出,谈玄者众,无为乃至无君之论流行于世。适逢佛教东传,佛经的引介、研习和思考开始吸引当时最杰出的心智。然而,即使在这一特别时期,民本思想仍不绝如缕。就思想史而言,道胜于儒的结果,与其说是道胜于天,"自然"取代"名教",不如说通过论证名教出于自然,合乎自然,而令二者相融合。玄学诸子如何晏(约193—249)、王弼(226—249)、郭象(约252—312)等,或以道释《易》《语》,或因儒解老、庄,其政治论述,不乏与民本思想相合之处,论者称之为玄学化的经学。② 玄学之外,这一时期道教思想人物如葛洪(284—约364)、寇谦之(365—448)、陶弘景(456—536)等的政治思想,也都具有民本色彩。葛洪以气喻民,视治国如治身,认为"知治身,则能治国也。夫爱其民所以安其国,养其气所以全其身。民散则国亡,气竭即身死"(《抱朴子·地真》),即此之例。

此一时期,经学固然衰微,然未尝灭绝,其最可注意之发展,就在古文经学的崛起。自汉武帝设"五经"博士,今文经学大昌于汉。至王莽,增设古文经学博士,今古文渐趋融合。汉末,经

---

① 清人皮锡瑞言汉之经学云:"前汉今文说,专明大义微言;后汉杂古文,多详章句训诂。……武、宣之间,经学大昌,家数未分,纯正不杂,故其学极精而有用。以《禹贡》治河,以《洪范》察变,以《春秋》决狱,以三百五篇当谏书,治一经得一经之宜也"。(皮锡瑞:《经学历史》,北京:中华书局1981年版,第89—90页。)

② 参见张分田:《民本思想与中国古代统治思想》(上),第234—240页。

学大师马融(79—166)、郑玄(127—200)等破除门户之囿,博采众说,遍注群经,进一步促成了今古文经学的融合,亦令古文经学的地位超逾今文经学。杜预(222—285)所撰《春秋经传集解》,以及时人辑录的《孔子家语》和孔传《古文尚书》,都出现于这一时期。这些文本的出现,不但是经学史上的大事件,在古代民本思想史上也有重要意义。后人时常征引的民本思想命题,如前引《五子之歌》里的"民惟邦本,本固邦宁",还有《大禹谟》里的"德惟善政,政在养民",《皋陶谟》里的"天明畏,自我民明威",《泰誓》里的"民之所欲,天必从之"等,皆出自《古文尚书》。①

魏晋南北朝三百六十余年,儒、道、释三流并进,势力颉颃,互有消长,此一局面延续至唐,而以儒学复兴开其端。此复兴之儒学,历经玄学洗礼,一扫汉代今文经学的神秘、荒诞,而代之以天道自然观念。② 唐初,经学大师孔颖达(574—648)受命于太宗,率众名儒考订群经,吸收汉末以来经学成绩,编订《五经正义》,从而为唐代乃至后世提供了儒家经典的标准文本,其中就包括含有丰富民本思想的《古文尚书》。此举不但巩固了儒学的正统地位,亦有助于民本思想的传播。可以注意的是,唐代诸帝尊崇儒术的同时,亦奉道教为国教,立玄学博士,取士增"道举"之科,并将若干道教经典钦定为真经,列为考试科目。这些

---

① 《孔子家语》和孔传《古文尚书》俱为伪书,但这并不意味着其中内容俱出于后人杜撰。实际上,它们是在辑录古人的基础上编撰而成,至于其中所表达的观念,更是源远流长。这些"伪书"之所以流传广远,且极具影响,也是因为这个缘故。关于今文经学和古文经学中的民本思想,参见张分田:《民本思想与中国古代统治思想》(上),第196—206、240—246页。

② 关于这一时期"天"之观念的变化,参见沟口雄三:《中国的思想》,赵士林译,北京:中国社会科学出版社1995年版,第12—13页。

道教经典所包含的民本思想亦为吾人所熟悉。如钦定为《通玄真经》的先秦典籍《文子》有云:"人主之有民,犹城之有基,木之有根。根深即本固,基厚即上安。"(《文子·上义》)又云:"与民同欲则和,与民同守则固,与民同念者知,得民力者富,得民誉者显。"(《文子·微明》)"夫忧民之忧者,民亦忧其忧,乐民之乐者,民亦乐其乐,故忧以天下,乐以天下,然而不王者,未之有也。"(《文子·精诚》)这些论述虽托名于老子,与孟、荀王道之论如出一辙①,均有益于治道。实际上,自汉初贾谊,到汉末王充,西晋葛洪,再到隋末崛起的一代儒宗王通,均以调和儒、道为能事,所述政治思想,大抵以儒为体,以道为用,故为历代君臣所看重。

虽然,此一时期的民本思想比之先秦并无新意,但这与其说是民本思想的发展沦入所谓"消沉时期"②,不如说是进入一种平稳发展时期。正如汉代贾谊、董仲舒辈阐述其民本思想,极尽改造适应之能事,自有其创造性,唐、宋诸儒阐发其民本思想,亦有其需要因应的时代问题。从政制发展角度看,由秦汉经魏晋至隋唐,七八百年间,后人名为中华帝制的大一统秩序次第发展而日臻完善,典章制度灿然大备,为之提供正当性理据和施政指导的民本思想,也已经融入王朝的政治实践,在经学化、官学化、权威化、标准化和制度化之外,更表现为圆熟的政治论述,转为论政、议政、施政的日常话语,贯穿朝野。故太宗著《帝范》以教

---

① 关于《五经正义》及钦定道家经典中的民本思想,参见张分田:《民本思想与中国古代统治思想》(上),第270—277页。

② 金耀基即以汉代为民本思想的"停滞时期",以唐宋为其"消沉时期"。这种分法过于强调民本思想与古代君主专制体制不兼容的一面,似有"现代中心主义"之嫌。参见金耀基:《中国民本思想史》,台北:台湾商务印书馆1997年版。

太子,武后撰《臣轨》以训百官,而一部垂为后世帝王典范的《贞观政要》,几乎可以被视为民本思想主题的教科书。了解和说明这一时期民本思想的特点,还可以一代名臣陆贽(754—805)为例。陆贽辅佐德宗于危难之时,其奏议涉及治道诸多方面,所陈义理虽不出儒家政治理论之外,其于民本思想体会之真确,陈义之畅达淋漓,皆足观览。古来帝王领有天下,无不以"奉天承运"为其统治正当性的根据,然而依据民本思想传统,天意难明,唯民是视,天命最终落实于民心:天因民而降之福,民所归者天命之,民所叛者天讨之,①所谓"帝以天为制,天以民为心,民之所欲,天必从之"(《潜夫论·遏利》)。因此,人君只有修德不懈,勤政爱民,才能维持天命于不坠。唯修德不易,明君难求,现实中天与人的双重正当性每每裂为两端,互为虚实:昏庸者(多为君主)动辄言天命,而不理人事,甚而将人祸归诸天意;贤明者(多为人臣)则以天命有德的道理,反复陈明,期冀规范君主,谋民福祉。这种天命与人事的论说既为古代民本思想的精髓,也是历史上不断陈说、反复出现的主题。辅佐德宗的陆贽也有这方面的议论:

> 陛下方以兴衰诿之天命,亦过矣。《书》曰:"天视自我人视,天听自我人听。"则天所视听,皆因于人,非人事外自有天命也。纣之辞曰:"我生不有命在天?"此舍人事推天命必不可之理也。《易》曰:"自天佑之。"仲尼谓:"佑者助也。天之所助者顺也,人之所助者信也。履信思乎顺,是以

---

① 此即"天聪明,自我民聪明。天明畏,自我民明威"之意。参见孔安国传、孔颖达疏《尚书正义·皋陶谟》。

佑之。"《易》论天人佑助之际，必先履行，而吉凶之报象焉。此天命在人，盖昭昭矣。人事治而天降乱，未之有也；人事乱而天降康，亦未之有也。①

---

① 《新唐书》卷一百五十七《陆贽传》。陆贽之文见于其《论两河及淮西利害状》，兹引录于下，以见其风格："圣旨又以家国兴衰，皆有天命，今遇此厄运，应不由人者。臣志性介劣，学识庸浅，凡是占算秘术，都不涉其源流，至于兴衰大端，则尝闻诸典籍。《书》曰：'天视自我人视，天听自我人听。'又曰：'德惟一，动罔不吉；德二三，动罔不凶。惟吉凶不僭在人，惟天降灾祥在德。'又曰：'天难忱，命靡常；常厥德，保厥位；厥德靡常，九有以亡。'此则天所视听，皆因于人，天降灾祥，皆考其德。非于人事之外，别有天命也。故祖伊责纣之辞曰：'我生不有命在天？'武王数纣之罪曰：'吾有命，罔惩其侮。'此又舍人事而推天命必不可之理也。《易》曰：'自天佑之，吉无不利。'仲尼以为：'佑者助也。天之所助者，顺也；人之所助者，信也。履信思乎顺，又以尚贤，是以自天佑之，吉无不利。'又曰：'危者安其位者也；亡者，保其存者也；乱者，有其理者也。故君子安而不忘危，存而不忘亡，理而不忘乱，是以身安而国家可保。'又曰：'视履考祥。'又曰：'吉凶者，得失之象也。'夫《易》之为书，穷变知化，其于性命，可谓研精。及乎论天人佑助之由，辩安危理乱之故，必本于履行得失，而吉凶之报象焉。此乃天命由人，其义明矣。《春秋传》曰：'祸福无门，唯人所召。'又曰：'人受天地之中以生，所谓命也。是以有动作威仪礼义之则以定命，能者养之以福，不能者败以取祸。'《礼记》引诗而释之曰：'《大雅》云："殷之未丧师，克配上帝，仪监于殷，骏命不易。"言得众则得国，失众则失国也。'又引《书》而释之曰：'《康诰》云："惟命不于常。"言善则得之，不善则失之。'此则圣哲之意，'六经'会通，皆为祸福由人，不言盛衰有命。盖人事著于下，而天命降于上，是以事有得失，而命有吉凶，天人之间，影响相准。《诗》《书》已后，史传相承，理乱废兴，大略可记。人事理而天命降乱者，未之有也；人事乱而天命降康者，亦未之有也。'六经'之教既如彼，历代明验又如此，尚恐其中有可疑者，臣请复以近事证之。自顷征讨颇频，刑网稍密，物力竭耗，人心惊疑，如居风涛，汹汹靡定。上自朝列，下达烝黎，日夕族党聚谋，咸忧必有变故。旋属泾原叛卒，果如众庶所虞。京师之人，动逾亿计，固非悉知算术，皆晓占书，则明致寇之由，未必尽关天命。伏惟陛下鉴既往之深失，建将来之令图，拯宗社阽危，刷亿兆愤耻，在于审察时变，博询人谋，王化聿修，天佑自至。恐不宜推引厄运，谓为当然，挠追咎之诚，沮惟新之望。"（见《全唐文》卷四百六十七《陆贽》〔八〕）

然则政事千头万绪,人君由何处入手,方为妥善?又如何举措,才能奏效?对于此类问题,儒家的答案无非要求君主以公灭私、选贤举能诸项,陆贽的回答亦不出此范围。在其弹奏佞臣裴延龄的奏章中,陆贽吁德宗戒小人、去私意云:

> 夫君天下者,必以天下之心为心,而不私其心;以天下之耳目为耳目,而不私其耳目。故能通天下之志,尽天下之情。夫以天下之心为心,则我之好恶,乃天下之好恶也。是以恶者无谬,好者不邪,安在私托腹心,以售其侧媚也?以天下之耳目为耳目,则天下之聪明,皆我之聪明也。是以明无不鉴,聪无不闻,安在偏寄耳目,以招其蔽惑也?夫布腹心而用耳目,舜与纣俱用之矣。舜之意务求己之过,以与天下同欲,而无所偏私。由是天下臣庶,莫不归心,忠谠既闻,玄德逾迈。故《虞书》云:"臣作朕股肱耳目。"又云:"明四目,达四聪。"言广大也。纣之意务求人之过,以与天下违欲,而溺于偏私。由是天下臣庶莫不离心。险诐既行,昏德弥炽。故《商书》云:"崇信奸回。"《大雅》云:"流言以对,寇攘式内。"言邪僻也。与天下同欲者,谓之圣帝;与天下违欲者,谓之独夫。①

---

① 《全唐文》卷四百六十六《陆贽》(七)《论裴延龄奸蠹书》。又其《奉天论奏当今所切务状》云:"臣谓当今急务,在于审察群情。若群情之所甚欲者,陛下先行之;群情之所甚恶者,陛下先去之。欲恶与天下同,而天下不归者,自古及今,未之有也。夫理乱之本,系于人心,况乎当变故动摇之时,在危疑向背之际,人之所归则植,人之所去则倾,陛下安可不审察群情,同其欲恶,使亿兆归趣,以靖邦家乎?"见《全唐文》卷四百六十八《陆贽》〔九〕。

君天下者,以天下之心为心,以天下之好恶为好恶。此为古代治道的基本原则,并非陆子所发明。然而,要能将此类抽象原则有针对性地植入具体的政治情境,晓明其理,光大其义,则非善言治道、特具才学与胆识者而不能。陆贽独能如此,故宋儒苏轼(1037—1101)等七子进呈陆贽奏议文集于当朝,谓贽"才本王佐,学为帝师。论深切于事情,言不离于道德。智如子房而文则过,辩如贾谊而术不疏。上以格君心之非,下以通天下之志"。又述其文章精妙,"夫六经三史、诸子百家,非无可观,皆足为治。但圣言幽远,末学支离,譬如山海之崇深,难以一二而推择。如贽之论,开卷了然。聚古今之精英,实治乱之龟鉴"。①《四库全书总目提要·陆宣公翰苑集》则云:"论谏数十百篇,讥陈时病,皆本仁义,炳炳如丹青,而惜德宗之不能尽用。故《新唐书》例不录排偶之作,独取贽文十余篇,以为后世法。司马光作《资治通鉴》,尤重贽议论,采奏疏三十九篇。其后苏轼亦乞以贽文校正进读。盖其文虽多出于一时匡救规切之语,而于古今来政治得失之故,无不深切著明,有足为万世龟鉴者。"以此观之,陆贽在政治思想史上的地位,不在创发和开源,而在阐发、运用和在特定政治语境下对思想的转换。后者涉及的不只是理解和领悟,还是体认和践行。无此,则儒家义理、民本思想将尽失生机,

---

① 参见《东坡全集》卷六十四《乞校正陆贽奏议上进札子》。朱熹认为,陆贽学粹,乃过于贾:"史以陆宣公比贾谊。谊才高似宣公,宣公谙练多,学更纯粹。大抵汉去战国近,故人才多是不粹。"又云:"陆宣公奏议极好看。这人极会议论,事理委曲说尽,更无渗漏。虽至小底事,被他处置得亦无不尽。如后面所说二税之弊,极佳。"(黎靖德编:《朱子语类》卷一百三十六《历代三》)足见陆贽亦颇受宋代理学家推重。

无以传世。①

宋代,理学勃兴,儒学复开出一新格局。此中一重要变化,即孟子地位上升。儒家道统意识,自韩愈(768—824)而成立,至宋儒则牢不可破。韩愈以孟子为道统传人,认为"求观圣人之道,必自孟子始"②。朱子注"四书",《孟子》乃其一。"四书"与"五经"并列,成为科举考试科目,《孟子》亦为天下士子诵读和研习。经典章句,朝堂议政,引用孟学蔚为风气。③ 此一变化有助于民本思想的传播,自不待言。唯宋儒言治道,亦如唐人,要在注解"六经",阐发古义,而于诠解运用之中,不乏胜义,民本之义亦因此而发扬光大。

论者认为,宋代理学家上承孔孟,着力于发掘儒家所谓性命之学,其言政治,大抵"以仁道为政治之根本,而以正心诚意为治术之先图"④。此固为先秦儒学正宗,但是比之理学在哲学思想上的划时代贡献,其政治思想"仍因袭旧说,无多创见"⑤。进而言之,"宋代政治思想之重心,不在理学,而在与理学相反抗之功

---

① 徐复观认为,中国的政治思想一直是在矛盾曲折中表现,让人不易有确当明白的把握,但是陆贽对于此点,比许多古人发掘得更深,表达得也更清楚。换言之,透过陆氏的思想,可以对中国的治道有更深切的了解。参见徐复观:《中国的治道》,载《学术与政治之间》,台北:学生书局1985年版,第101—126页。
② 〔清〕董诰等:《全唐文》卷五百五十五《韩愈》(九)《送王秀才序》。
③ 参见张分田:《民本思想与中国古代统治思想》(上),第300—305页。
④ 萧公权:《中国政治思想史》,第424页。
⑤ 萧公权:《中国政治思想史》,第427页。又谓"理学得佛学之助,蔚为中国空前未有之哲学系统,而其对中国政治思想之贡献则极细微。各家之哲学思想固多新颖分歧之点,其政论大旨则不外搬演《大学》《中庸》之正心诚意,孟子之尊王黜霸与乎一治一乱诸陈说而已",第379页。

利思想"①。然而据今人对宋代士大夫政治文化的研究,道学或理学并非单纯的形而上思想,能够自成系统,毋宁说它是宋代儒学整体动向的一部分或一阶段,其根本目标是为了重建人间秩序。故而北宋改革家,所谓功利一派的代表性人物王安石(1021—1086),也是宋代最早接续孔、孟旧统的儒者,内圣外王的首倡者。反过来,理学诸子也不是专讲性、命、理、气,空言道德,同时也是汲汲于治道、参预时政的践道者。至于理学家与其批评者所争之事,如朱熹(1130—1200)与陈亮(1143—1194)之间的王霸之辩,亦非狭隘的门派意气之争,而关系到"势"与"道"何者为尊的大问题。着眼于此,我们倒可以说,陈亮尊君而重势,迹近于法家,朱子期以"道"抑"势",更合乎儒家传统,②实际上,朱子区分"道统"与"道学",正是为了提高和确立"道"的精神权威,而使君王有所约束,这不啻是在新的政治条件下对儒家义理的发展。如果说宋代儒者如李觏(1009—1059)、陈亮、叶适(1150—1223)等倡言功利,其实未离儒家民本思想传统,③则理学诸子言道德性命,是把民本思想置于理学架构之中,而予以新的发展。前述"道学"和"道统"观念的发展,即为一例。更令人惊异的例子,是程颐(1033—1107)借其《易传》所表达的对于君、民关系的看法。在比卦爻辞"不宁方来,上下应也"条下,程氏写道:

---

① 萧公权:《中国政治思想史》,第379页。
② 关于朱子与陈亮王霸之辩的分析,参见束景南:《朱子大传》,福州:福建教育出版社1992年版,第562—578页。
③ 萧公权颇强调此点。参见萧公权:《中国政治思想史》,第382—400页。

人之生，不能保其安宁，方且来求附比。民不能自保，故戴君以求宁；君不能独立，故保民以为安。不宁而来比者，上下相应也。以圣人之公言之，固至诚求天下之比，以安民也。以后王之私言之，不求下民之附，则危亡至矣。故上下之志，必相应也。①

　　同样值得注意的，还有理学诸子对于民的看法。儒家对于民的看法一向是二重的。一方面，民为神主，民贵君轻，天与人归，保民而王，皆肯定民在政治中的极端重要性。但是另一方面，"民者，瞑也。"②天生民而立之君，养之，教之，制之，用之。民显然不足以为自主、自立的政治主体。③而此两端之间调和性的论述，见之于陆贽，亦见于理学诸子。陆贽劝上慎守诚信之道，谓："所谓众庶者，至愚而神。盖以蚩蚩之徒，或昏或鄙，此其似于愚也。然而上之得失靡不辨，上之好恶靡不知，上之所秘靡

---

①〔宋〕程颐：《伊川易传》卷一，《四库全书》本。前人亦有类似言论，如《后汉书》卷五十七《杜栾刘李刘谢列传》载刘陶语："帝非人不立，人非帝不宁。夫天之与帝，帝之与人，犹头之与足，相须而行也。"所不同者，刘说偏重于君民一体之义，程说似更突出君民关系中二者相约的一面。

②〔汉〕董仲舒：《春秋繁露·深察名号》。关于民之以瞑为号，董子又解释云："民之号，取之瞑也，使性而已善，则何故以瞑为号？……性有似目，目卧幽而瞑，待觉而后见，当其未觉，可谓有见质，而不可谓见。今万民之性，有其质而未能觉，譬如瞑者待觉，教之然后善。当其未觉，可谓有善质，而不可谓善，与目之瞑而觉，一概之比也。"

③ 即使明言民贵君轻的孟子，也不认为民具有自主和自治的能力。诚如萧公权所说："孟子贵民，不过由民享以达于民有，民治之原则与制度皆为其所未闻。故在孟子之思想中民意仅能作被动之表现，治权专操于'劳心'之阶级。暴君必待天吏而后可诛，则人民除取不亲上死长之消极抵抗之外，并无以革命倾暴政之权利。"（萧公权：《中国政治思想史》，第81页）

不传,上之所为靡不效,此其类于神也。"①理学诸子发挥此论,或以利之有无定其智愚,如谓:"民虽至愚无知,惟于私己然后昏而不明,至于事不干碍处则自是公明。大抵众所向者必是理也。"②或以民之分合见其昏明,如谓:"夫民,合而听之则圣,散而听之则愚。合而听之,则大同之中,有个秉彝在前,是是非非,无不当理,故圣。散而听之,则各任私意,是非颠倒,故愚。盖公义在,私欲必不能胜也。"③这些看法都认为,离散之民易受私意蒙蔽,故愚,聚合之民却表现出超越个别之私的公明或理,故民心向背能够体现天意。也是出于这种认识,程颐在论述君民关系时,就直接把民心背离归咎于君主的失德或失道,其注《易》之姤卦"九四,包无鱼,起凶"有云:

> 居上位而失其下,下之离,由己之失德也。四之失者,不中正也。以不中正而失其民,所以凶也……义当有咎,不能保其下,由失道也。岂有上不失道而下离者乎?遇之道,君臣、民主、夫妇、朋友皆在焉。四以下睽,故主民而言。为上而下离,必有凶变。起者,将生之谓。民心既离,难将

---

① 《全唐文》卷四百六十八《陆贽》(九)《奉天请数对群臣兼许令论事状》。
② 〔宋〕张载:《张载集》,北京:中华书局1978年版,第256—257页。此段讲《书》所言之天人关系,释云:"大抵天道不可得而见,惟占之于民,人所悦则天必悦之,所恶则天必恶之,只为人心至公也,至众也。……故欲知天者,占之于人可也。"(同前)
③ 〔宋〕程颢、〔宋〕程颐:《程氏遗书》卷二十三《伊川先生语九》。陆九渊有同样说法:"夫民,合而听之则神,离而听之则愚。"

作矣。①

在此之外,理学诸子在君臣关系和君道问题上的看法,远承孟子,针对现实,而出之以理学,颇具时代性,也非常值得注意。如张载(1020—1077)在《西铭》中以"大君"为"吾父母宗子",以"大臣"为"宗子之家相",乃意在以宗法关系削减君主的绝对权威,缩短君臣之间不可逾越的距离;程颐注《易》,以君道本于天,秉大公之心,与天下大同,是以理学特有的视角,打通内圣外王之途;而他强调"君臣不相遇,则政治不兴"②,以为德君贤臣遇,共成其功,则天下被其泽,直接表达了宋代士大夫欲与君主共治天下的主体意识,这种强调"君臣同治"而非"君为臣纲"的立场,被认为是"对于传统儒家政治思想的重大修改"。正是出于此种政治主体意识,理学家设想的有德之君,便是一个任贤与能、无为而治的"虚君"。

以上诸例表明,理学非仅为一套关于宇宙本根的哲学思想,

---

① 〔宋〕程颐:《伊川易传》卷三。下句"《象》曰:无鱼之凶,远民也",伊川注云:"下之离,由己致之。远民者,己远之也,为上者有以使之离也。"(同前)

② 〔宋〕程颐:《伊川易传》卷三姤卦。又其注"九五,以杞包瓜,含章,有陨自天"有云:"九五,下亦无应,非有遇也,然得遇之道,故终必有遇。夫上下之遇,由相求也。杞,高木而叶大。处高体大,而可以包物者,杞也。美实之在下者,瓜也。美而居下者,侧微之贤之象也。九五尊居君位,而下求贤才,以至高而求至下,犹以杞叶而包瓜,能自降屈如此;又其内蕴中正之德,充实章美,人君如是,则无有不遇所求者也。虽屈己求贤,若其德不正,贤者不屑也,故必含蓄章美,内积至诚,则有陨自天矣,犹云自天而降,言必得之也。自古人君至诚降屈,以中正之道,求天下之贤,未有不遇者也。高宗感于梦寐,文王遇于渔钓,皆由是道也"。(同前)此卦乾上巽下,乃遇之象。故程注申言君民之遇、君臣之遇。

甚至也不只是关乎修身的所谓内圣之学,它旨在建立一套理想的政治与社会秩序的理论,其核心为治道。宋理宗时,理学家真德秀(1178—1235)以所撰《大学衍义》进呈,颇获上赏识。真德秀秉承朱子"正君心"①之旨,以《大学》为"君天下者之律令格例也,本之则必治,违之则必乱"(《大学衍义》序),融合经典、史事与诸子之论,撰成此书,以明内圣外王之道。理宗称誉此书"本诸圣贤之学,以明帝王之治,据其以往之迹,以待方来之事。虑周乎天下,忧及乎后世。君人轨范莫备于斯"②,并令德秀进讲其书。元、明、清历代帝君对《大学衍义》一书亦甚推崇,并先后将该书译成蒙、满文字,刊布天下。在此现象之后支撑起这一格局的,正是宋代的理学,尤其是完成于朱子之手的"四书"体系。如前所述,宋以前,《孟子》非经,"四书"无其名,尊孟及重视《大学》《中庸》,始自韩愈、李翱,倡导于二程,而完成于朱子。而自其《四书章句集注》出,"四书"乃有替代"五经"之势。元代,取士以朱子所注《四书》为标准。此后,朱注"四书"便成为教育和取士的标准文本,此一崇高地位终明、清两代而不改。儒家经义,包括与治道有关的各种观念,亦缘此流行于世。就民本思想发展而言,也许可以说,理学在这段历史上的地位,堪比董仲舒的春秋公羊学在汉代的地位。

---

① 朱子云:"天下之务莫大于恤民,而恤民之本,在人君正心术以立纪纲。"(脱脱等:《宋史》卷四百二十九《道学三·朱熹》)又云:"天下事有大根本,有小根本,正君心是大本。"(黎靖德编:《朱子语类》卷一百八《论治道》)

② 转引自朱人求:《点校说明——〈大学衍义〉的思想及其影响》,载真德秀著,朱人求校点:《大学衍义》,上海:华东师范大学出版社2010年版,第12页。

民本思想之变

关于中国传统的治道,近人徐复观有一段深刻的分析:

> 中国的政治思想,除法家外,都可说是民本主义,即认定民是政治的主体。但中国几千年来的实际政治,却是专制政治。政治权力的根源,系来自君而非来自人民;于是在事实上,君才是真正的政治主体。因此,中国圣贤,一追溯到政治的根本问题,便首先不能不把作为"权原"的人君加以合理的安顿;而中国过去所谈的治道,归根到底便是君道。这等于今日的民主政治,"权原"在民,所以今日一谈到治道,归根到底,即是民意。可是,在中国过去,政治中存有一个基本的矛盾问题。政治的理念,民才是主体;而政治的现实,则君又是主体。这种二重的主体性,便是无可调和的对立。对立程度表现的大小,即形成历史上的治乱兴衰。于是中国的政治思想,总是想解消人君在政治中的主体性,以凸显出天下的主体性,因而解消上述的对立。……所以儒家道家认为人君之成其为人君,不在其才智之增加,而在将其才智转化为一种德量,才智在德量中作自我的否定,好恶也在德量中作自我的否定,使其才智与好恶不致与政治权力相结合,以构成强大的支配欲,并因此凸显出天下的才智与好恶,以天下的才智来满足天下的好恶,这即是"以天下治天下",而人君自己,乃客观化于天下的才智与天下的好恶之中,更无自己本身的才智与好恶。人君自身遂处于一种"无为的状态",亦即是非主体性底状态。人君无为,

人臣乃能有为,亦即天下乃能有为。这才是真正的治道。①

治道的逻辑如此,故由民本观念生发的种种说辞、议论和批评,在历史上便蔚为主流,不绝如缕,且随时势而更替,缘思潮而变化。此种观念,一方面被用来证明政权的正当性,另一方面也被用来规范帝王,测度政治的优劣。大抵盛世言民本者,对于治道较为乐观自信,至于叔世,则言者多怀悲观愤懑情绪,乃至激为无君之论,如东晋之鲍敬言,晚唐之无能子。宋代理学家上承孟子,严王霸之辨,以为三代以下,王道不行,即如汉祖唐宗,亦不过"假仁借义以行其私"②,可谓发自民本思想传统的对政治现实的极严厉的批评。理学家们的这种看法,在表明其历史评判的同时,也突显了作为正统正当性理论的民本思想所包含的规范性紧张。而在宋儒以后,随着时势变迁,这种紧张变得日益深刻,终于在明代引发了一场思想批判运动,至明末清初,黄宗羲、顾炎武、王夫之诸儒出,这场思想批判运动也达到了高潮。

中国历史上,政治组织由部族、部族联盟而国家,国家制度由封建而郡县,政治权力乃有逐渐集中之势。此种集权,主要反映于两个方面:一方面,是相对于地方分权的中央集权,另一方面,则是相对于官僚之治的君主专权。宋代,此种集权已经发展至相当程度,因此而产生的弊害也屡遭诟病。宋代士大夫欲与

---

① 徐复观:《学术与政治之间》,台北:学生书局1985年版,第104—105页。
② 《朱子文集》卷三十六《答陈书六》,转引自束景南:《朱子大传》,福州:福建教育出版社1992年版,第570页。

君主共治天下,实际上就是要降低君臣"悬绝"的程度,①而在治术的层面,无论讲求功利的陈亮、叶适,还是坚执道德的理学诸子,或称道汉唐,或颂扬三代,都对中央集权有所批评。② 由元而明,此种集权却愈演愈烈,尤其明太祖诛功臣、废宰相之后,中央集权尤其是皇帝专权更发展至前所未有的程度。③ 传统治道固有的矛盾,即人君之私欲,与天下之好恶或曰天下之公的对立与冲突,因此而更形严重和突出。④ "加以科举'八股',败坏人才。理学末流,束缚思想"⑤,遂激起思想上的激烈反动,此一思想上的运动,既有对传统民本理念的坚执和阐发,也有对业已僵化的思想积习的猛烈批判。此两种思想潮流相反而相成,共同影响于明末清初诸儒的思想,融会其中,创为民本思想的新章。

明代儒者鼓吹民本思想,前有刘基(1311—1375)、方孝孺(1357—1402)等,后有吕坤(1536—1618)以及东林党人士,可谓前赴后继,代代相承,始终不离儒家重民、爱民、保民、民贵君轻之大体,唯其民本论述因时代思潮而变化,故不止于继述前人,亦有所创发。如明初方孝孺论君民关系,颇重"君职"。在他看来,生民之初,未尝有君,唯智愚相悬,贫富相殊,纷争不止,不能自决,"故立君师以治,使得于天厚者不自专其用,薄者亦有

---

① 关于宋代皇权与相权关系之转变,又参见钱穆:《中国历代政治得失》,北京:三联书店2004年版,第74—80页。

② 参见萧公权:《中国政治思想史》,第395、399—400、427—429页。

③ 参见钱穆:《中国历代政治得失》,北京:三联书店2004年版,第102—103页。

④ 萧公权指出明代专制政治四大弊端,曰吏事之弊、兵制之弊、开矿之弊、田赋之弊。参见萧公权:《中国政治思想史》,第500—501页。沟口雄三对明代思想的解读,也是以这些问题为主要的社会背景。参见沟口雄三:《中国前近代思想的屈折与展开》,第293—365页。

⑤ 萧公权:《中国政治思想史》,第473页。

所仰以容其身,然后天地之意得,圣人之用行,而政教之说起"。① 君职如此重要,为人君者,自然受民尊崇,奉养无缺。然而这只是民之情,而非天之意。"天之意以为位乎民上者,当养斯民,德高众人者,当辅众人之不至,固其职宜然耳,奚可以为功哉?"②换言之,君位以君职而尊贵,履行君职为君主之义务,未足夸耀。所可叹者,后世之君,只知民职在乎奉上,不知君职在乎养民,于民一味求索责罚,于己则怠而不修,全不思其职责所在。方氏质问道:

> 夫天之立君者何也?亦以不能自安其生而明其性,故使君治之也。民之奉乎君者何也?亦以不能自治与自明,而有资乎君也。如使立君而无益于民,则于君也何取哉?自公卿大夫至于百执事,莫不有职,而不能修其职,小则削,大则诛。君之职重于公卿大夫、百执事远矣,怠而不自修,又从侵乱之,虽诛削之典莫之加,其曷不畏乎天邪?受命于天者君也,受命于君者臣也。臣不供其职,则君以为不臣,君不修其职,天其谓之何?其以为宜然而祐之耶?抑将怒而殄绝之耶?奚为而弗思也!③

方氏君职之说固然承自孟子,而其陈义之"畅晓切实"则过之。④ 此外,方氏又承《周礼》遗意,构拟了一套乡族治理制度,设

---

① 〔明〕方孝孺:《方孝孺集》卷一《体仁》。方孝孺关于君主起源有两种说法:《体仁》谓立君以济自然之不平,《君职》则谓立君以决生民之纷争。
② 〔明〕方孝孺:《方孝孺集》卷三《君职》。
③ 同上。
④ 参见萧公权:《中国政治思想史》,尤其第447—449页。

想于传统的官治之外,通过宗族和乡里实现民的自养和自治。这种乡族制度虽与近代民主制下的地方自治并非一物,却是传统的将养民、教民要务只委诸君王之思想的突破。实际上,南宋以来,士大夫中对于专制集权的批评声不绝于耳,有关分权的思考和议论不断,而且出现了像《吕氏公约》那种以德业相劝、过失相规、礼俗相交、患难相恤为主要目的的乡民自治规划,方氏的构想较公约更进一步,将乡族自治范围扩展于政教事务。着眼于古代民本思想前后的发展,这种尝试和努力的意义不容忽视。①

同样是阐扬贵民之旨,生当晚明的吕坤呈现的又是一种风貌。其中的原因,除去个人经验、见识和判断上的差异,更有时代思潮变化的影响。吕坤为注重实践的儒者,其论政,既言尊君,又言重民,唯以重民为目的,尊君为手段。② 其言民本,似不出传统范围。如云:"天之生民,非为君也;天之立君,以为民也。奈何以我病百姓?夫为君之道无他,因天地自然之利,而为民开导撙节之,因人生固有之性,而为民倡率裁制之。足其同欲,去其同恶,凡以安定之使无失所,而后天立君之意终矣。岂其使一人肆于民上而剥天下以自奉哉?"③这类民本说辞是人们所熟悉的,然而其中对"自然之利""固有之性""足其同欲"的强调已然透露新的时代意蕴。吕坤又云:"世间万物皆有所欲,其欲亦是天理人情,天下万世公共之心。每怜万物有多少不得其欲处,有余者,盈溢于所欲之外而死;不足者,奔走于所欲之内而死,二者

---

① 详参萧公权:《中国政治思想史》,第449—452页。
② 关于吕坤的政治思想,详参萧公权:《中国政治思想史》,第461—466页。
③ 参见〔明〕吕坤:《呻吟语》卷五《治道》。

均,俱生之道也。"①这是颇具晚明味道的说法。宋儒主张"存天理,灭人欲",吕坤却说"欲亦是天理人情",这种转变意义重大,须放在对程朱理学的批判和超越的思想背景下来理解。

明代大儒王阳明(1472—1529)不满理学的僵化,主张心即是理,重致良知,强调知行合一,创为心学,引发了一场颠覆和超越宋学式既定不变的外在之理的精神运动。② 然而,这场运动的主旨与其说是要否定天理,不如说是要改造天理,把天理重新安顿在人的良知上面。为此,对人性之"性"的重新认识就变得非常重要。在此过程中,不仅出现了对"欲"以及"欲"与"理"的关系的重新界定,而且出现了对"私"的重新认识。也是出于王学且与吕坤同时代的李贽(1527—1602)就说:"夫私者,人之心也。人必有私而后其心乃见,若无私则无心矣。……此自然之理,必至之符,非可以架空臆说也。然则为无私之说者,皆画饼之谈,观场之见……不足采也。"③他又批评当世之言政、刑、德、礼者未得礼意,乃以"条约之密",使民"就吾之条理","是欲强天下使从己,驱天下使从礼",而"不知礼为人心之所同然,本是一个千变万化活泼泼之理"。"好恶从民之欲,而不以己之欲,是之谓'礼'"。若执此真正之"礼",则"天下之民,各遂其生,各获其所愿者,不格心归化者,未之有也"。这里,"理"和"欲"的关系被重新界定,并且被颠倒过来了。一边是万民千变万化的

---

① 〔明〕吕坤:《呻吟语》卷五《治道》。
② 着眼于阳明学的行动特征,沟口雄三认为,阳明学更像是一种"精神运动"。参见沟口雄三:《中国前近代思想的屈折与展开》,第252页。关于阳明学与程朱理学的关系,以及阳明学在中国近代思想史上的位置,该书有深入而精到的分析。
③ 〔明〕李贽:《藏书》卷三十二《德业儒臣后论》,北京:中华书局1974年版。

自然之欲(心、生、愿),一面是朝廷欲强而齐之的"政教""条理"。"夫天下至大也,物之不齐,又物之情也",①故以"吾之条理""政教"强使之齐,无乃违"物之情",徒劳且缺乏正当性。相反,满足众民的欲求,使各遂其生,各得所愿,民心自然来归。在李贽看来,此种令万民格心归化的不齐之齐,才是真正符合礼的秩序。诚然,李贽性情狂狷,行事不羁,出语惊世骇俗,故不容于当世。即使当时极具批判精神的东林党人士,包括其思想上之集大成者黄宗羲等,对李贽也持激烈批评的态度。然而,后者实际上也都浸淫于同一思潮之中,实为其精神上的同道和承继者。②故此,明末清初之黄、顾、王诸儒皆明言私的正当。顾炎武云:"人之有私,固情之所不能免矣。故先王弗为之禁,非惟弗禁,且从而恤之。建国亲侯,胙土命氏,画井分田,合天下之私以成天之公,此所以为王政也。"③彼又辨析"以公灭私"之官训云:"至于当官之训,则曰以公灭私。然而禄足以代其耕,田足以供其祭,使之无将母之嗟,室人之谪,又所以恤其私也。此义不明久矣。世之君子必曰'有公而无私'。此后代之美言,非先王之至训矣。"④王船山论理、欲关系,则云:"理尽则合人之欲,欲推即合天之理。于此可见:人欲之各得,即天理之大同。"(《读四书大全说》卷四)黄宗羲更将公私之辨视作君民关系的根本。他认为,"有生之初,人各自私也,人各自利也"。古之人君,勤

---

① 上引李贽之言,见李贽:《道古录》卷上第十五章。载张建业主编:《李贽文集》第7卷,北京:社会科学文献出版社2000年版。

② 关于李贽与东林党思想上的龃龉和关联,参见沟口雄三:《中国前近代思想的屈折与展开》,第293—343页。

③ 〔清〕顾炎武著,黄汝成集释:《日知录集释》卷三《言私其豵》,上海:上海古籍出版社2006年版,第148页。

④ 同上。

勤恳恳,以利天下,故天下之人,得其利而释其害,此立君之意。后之为人君者则反其道而行之,"以为天下利害之权皆出于我,我以天下之利尽归于己,以天下之害尽归于人,亦无不可。使天下之人不敢自私,不敢自利,以我之大私为天下之大公",如此,则全违立君之意。"向使无君,人各得自私也,人各得自利也"。① 故肯定和满足天下人的私和利,实为治道的起点,君职之所在,立君正当性之所本。

黄宗羲对专制君主的批判,显然也是在君职的观念上展开的。君王权位既被还原为一种公职,君、臣也就处于同一位置,共受制于天下之法。黄氏论臣道有云:"缘夫天下之大,非一人之所能治,而分治之以群工。故我之出而仕也,为天下,非为君也。为万民,非为一姓也。"②他又将治天下比喻为"曳大木",而将君与臣喻为"共曳木之人","前者唱邪,后者唱许"③,名虽有异,职实相同。在强调宰相一职的重要性时,他进一步申明此义:"原夫作君之意,所以治天下也。天下不能一人而治,则设官以治之。是官者,分身之君也。"④他又引孟子答周室班爵禄之语,力言君臣同

---

① 〔清〕黄宗羲:《明夷待访录·原君》,载《黄宗羲全集》第一册,杭州:浙江古籍出版社1985年版,第2页。
② 同上,第4页。
③ 同上。
④ 同上,第8页。

类,而以后世君臣悬绝之观念为非。① 在他看来,世俗以为君臣之义无所逃于天地之间者,不过是小儒的陈腐之见。

除了主张"置相"的重要,黄宗羲最重视"学校"。而黄氏所谓学校,不再只是传统的养士之所,更是培育人才、健全舆论、议论朝政、督察政事的场所。故学校之设,意在"使朝廷之上,闾阎之细,渐摩濡染,莫不有《诗》《书》宽大之气。天子之所是未必是,天子之所非未必非。天子亦遂不敢自为非是,而公其非是于学校"②,最终仍是以规范君主、实现大公为旨归。而这一点,无疑是中国古代民本思想——更不用说孟子以来儒家政治思想——的基本指向。唯不应忽略的是,黄宗羲辈在将此一思想传统发扬光大之际,也导入了若干新鲜的思想因素,前述对"各得自私也,各得自利也"之民的肯定,以及在此基础上对君民关系的重新界定,便是明末清初民本思想发展中极可注意之点。

日本学者沟口雄三认为,传统的民本思想虽强调人君须以天下的好恶为其好恶,但是民之欲求的满足与否终究取决于人君,因此民也只能把希望寄托于君主的仁德之上。至黄宗羲则不然。

---

① 黄氏谓:"孟子曰:天子一位,公一位,侯一位,伯一位,子、男同一位,凡五等。君一位,卿一位,大夫一位,上士一位,中士一位,下士一位,凡六等。盖自外而言之,天子之去公,犹公、侯、伯、子、男之递相去。自内而言之,君之去卿,犹卿、大夫、士之递相去,非独至于天子,遂截然无等级也。"(《明夷待访录·置相》)顾炎武亦有类似议论,如谓:"天子与公、侯、伯、子、男一也,而非绝世之贵。"(《日知录》卷七"周室班爵禄")这是先秦儒家的立场。孔子云:"所谓大臣者,以道事君,不可则止。"(《论语·先进》)又云:"君使臣以礼,臣事君以忠。"(《论语·八佾》)孟子论君臣关系之相对性更加直白:"君之视臣如手足,则臣视君如腹心;君之视臣如犬马,则臣视君如国人;君之视臣如土芥,则臣视君如寇仇。"(《孟子·离娄下》)

② 〔清〕黄宗羲:《明夷待访录·学校》,载《黄宗羲全集》第一册,杭州:浙江古籍出版社1985年版,第10页。

他主张和代表的具有自私自利性质的民,不但是"自觉的主体性存在",而且在有"私"这一点上,又是"和皇帝相抗衡的实势的、俨然的客体性存在"。正是"基于这种主体性兼客体性自觉,他提出来皇帝也(与民)并贯于天下之法、强化宰相的职能、培育担任天下之是非的人才等主张"。① 进一步说,黄宗羲在其名篇《明夷待访录》中提出的,是一种"分治"或者"分权"的政治主张:以相权分皇帝之权,以学校分官府之权,以地方(方镇)分中央之权。② 于是,治道的重点开始从传统的"格君心之非",转移至君臣关系和机构设置。人君修为和为政态度的道德问题,也就变为权力结构的再造问题。③ 尽管新的民本论述仍然是在君主制度的框架之内,其推陈出新而不同于传统之处也是显而易见的。④

---

① 参见沟口雄三:《中国前近代思想的屈折与展开》,本篇引用此书均为该本,下不一一出注。第351页。

② 参见沟口雄三:《中国前近代思想的屈折与展开》,第53—64页;《中国的公与私·公私》,北京:三联书店2011年版,第162—171页。本篇引用此书均为该本,下不一一出注。

③ 参见沟口雄三:《中国的公与私·公私》,第115页;《中国前近代思想的屈折与展开》,第348—358页。

④ 近人关于黄宗羲思想的认识和评价分歧甚大。清末革命派人士梁启超、陈天华等对黄氏极为推崇,誉之为中国的卢梭,民权主义的先驱者。后来的马克思主义思想史家沿袭其说,将之纳入"近代民主思想"的范畴。(参见侯外庐:《中国思想通史》第5卷,北京:人民出版社1980年版,第155—165页。更多的事例,见杨庆球:《民主与民本:洛克与黄宗羲的政治及宗教思想》,香港:三联书店2005年版,第39页。)与之相反,萧公权一方面肯定黄氏"贵民之古义,不啻是向专制天下之制度作正面之攻击",同时又指出,黄氏"虽反对专制而未能冲破君主政体之范围。故其思想实仍蹈袭孟子之故辙,未足以语于真正之转变"。(萧公权:《中国政治思想史》,第512页。)沟口雄三对黄氏的观察和评价则在此二者之间,而更切近于研究对象,其论说也更细致可信。(详见沟口雄三:《中国前近代思想的屈折与展开》"下论"第二章"《明夷待访录》的历史地位")。此外,李泽厚对于黄宗羲的认识和评价似乎是在侯外庐与沟口氏之间。详见李泽厚:《中国古代思想史论》,北京:人民出版社1985年版,第280—283页。

明末清初见于黄、顾、王诸儒的思想突进,无疑为民本思想史上的一大高潮。然而此后二百余年,其说沉寂无闻,这部分是因为清廷以笼络与压制并用,于收买人心、摧抑士气方面颇见效用;① 部分亦是因为当初激发东林党人士奋起抗争的特定政治、经济和社会弊害,在满族人治下有所改变和缓解。② 虽然,作为传统的政治正当性理论,民为国本之说,乃至民贵君轻之论,终清一朝,不绝于朝野。如吕留良(1629—1683)论君臣之义,直言"君臣以义合,合则为君臣,不合则可去。……只为后世封建废为郡县,天下统于一君,遂但有进退,而无去就。嬴秦无道,创为尊君卑臣之礼,上下相隔悬绝,并进退亦制于君,而无所逃,而千古君臣之义为之一变"③。这段话讲君臣以义合,直承孟子,反对君臣上下悬绝,则兼续宋儒及明末诸儒对君尊臣卑的批评,文中提及"封建",更延续了前述有关分权的思考和主张。

封建古制,久已不存,然而封建之观念,在古代政治理论上始终不减其重要性。尤其宋代以降,专制集权之弊愈益显明,有识之士多以"封建"为参照,与现实折中调和,构想其具有分权性质的制度。南宋之陈亮、叶适乃其例,承《周礼》遗意设计乡族自治的吕大钧(约1029—1080)、方孝孺亦属其类,明末清初的黄宗羲、顾炎武,亦屡言封建,折中于封建与郡县之间。前者主张复行唐代方镇之制,后者则主张"寓封建之意于郡县之中",④ 二者皆着眼于专制集权之弊,而欲参以封建之意,行分权

---

① 参见萧公权:《中国政治思想史》,第552—554页。
② 沟口雄三:《中国前近代思想的屈折与展开》,第352—364页。
③ 《吕晚邨先生四书讲义》卷三七,转引自沟口雄三:《中国的公与私·公私》,第165页。
④ 参见沟口雄三:《中国的公与私·公私》,第164页。

之制。大概就是看到这一点,雍正皇帝怒斥吕留良等云:"大凡叛逆之人,如吕留良、曾静、陆生楠之流,皆以宜复封建为言。"①不过,这并不意味着作为民本论规范乃至批评对象的君主如雍正,会在民本思想之外援引一套别样理论来维护其正当性。相反,他们用以主张其统治正当性的,只能是传统的民本思想。盖因民本思想不但是中国古代唯一的政治正当性理论,而且也是与君主制度下的等级秩序完美融合的政治理论。因此,毫不奇怪,雍正在力驳反清言论时,会大谈"皇天无亲,惟德是辅",以及民心向背之理;康熙、乾隆更屡屡引据孟子,发挥民贵君轻之义。② 在这些有关治道的主流论述中,民本思想中固有的规范性紧张,被有效地控制在君主专制的大一统秩序内,故而始于秦汉的国家体制与纲常秩序得以维持不辍。然而晚清之世,西学东来,思潮激荡,民本思想中的规范性紧张再度爆发。与之前不同的是,这一次,源于西方的民主、民权诸观念被引入,并被接续于中国固有的民本思想之上,由此不但产生了对传统的重新诠释,也导致了传统思想的变异和转换。此一变异和转换,不仅在程度上远逾前代,更因思想的视界和实质内容突破了旧有格局,而催生出中国思想的新局面。

---

① 《东华录》,转引自沟口雄三:《中国的公与私·公私》,第164—165页。沟口雄三认为,雍正皇帝"嗅出了"吕留良等人的封建论中的分权意味。参见该书第166页。

② 雍正在处理曾静案时颁布的《详示君臣大义谕》最为典型(参见上海书店出版社编:《清代文字狱档》,上海:上海书店出版社2007年版,第568—572页)。清代诸帝的民本言论,参见张分田:《民本思想与中国古代统治思想》(上),第360—366页。

民本思想之转型

无论传统的民本思想,还是西方的民主观念、民权学说,处理的根本上都是政治正当性问题,且二者都把"民"置于关注和讨论的中心。因此晚清时人将二者相提并论,由民本而论民权,可以说是事出自然,理有必至。唯因论者立场、主张及认识不同,其论述亦有所不同。主导公车上书和戊戌变法、曾为士林领袖的康有为,托古改制,以公羊学的"三世"说,融合当时流行的进化观念,描绘出一幅人类社会由乱世向升平世、最终朝向太平世演进的统一图景,而将民本、民权、民主诸理念一并纳入其中。昔齐宣王问贤于孟子,孟子有"左右皆曰贤,未可也;诸大夫皆曰贤,未可也;国人皆曰贤,然后察之,见贤焉,然后用之"(《孟子·梁惠王下》)等语,康有为解为"孟子特明升平授民权、开议院之制"[1],认为其说创自孔子,而孟子述之,即今之立宪体,君民共主之法。他又将孟子"民为贵,社稷次之,君为轻"一段名言申论如下:

> 此孟子立民主之制,太平法也。盖国之为国,聚民而成之,天生民而利乐之。民聚则谋公共安全之事,故一切礼乐政法皆以为民也。但民事众多,不能人人自为公共之事,必公举人任之。所谓君者,代众民任此公共保全安乐之事。为众民之所公举,即为众民之所公用。民者如店肆之东人,君者乃聘雇之司理人耳。民为主而君为客,民为主而君为

---

[1] 康有为:《孟子微》卷一,北京:中华书局1987年版,第20页。

仆,故民贵而君贱易明也。众民所归,乃举为民主,如美、法之总统。然总统得任群官,群官得任庶僚,所谓"得乎丘民为天子,得乎天子为诸侯,得乎诸侯为大夫"也。今法、美、瑞士及南美各国皆行之,近于大同之世,天下为公,选贤与能也。孟子已早发明之。①

康氏这段话,看上去不过祖述古人,阐释经典,其实是将新义灌注于旧说。立君之道,民贵君轻,民主君客诸说,无疑均为传统的民本思想。然而契约之义,代理之说,则不尽出自中土。②又民主君仆之说,已较民主君客之义更进一步,而民贵君贱之语,实距民贵君轻之义远甚。这其中的差异,表明了新旧思想的不同。这种不同,在追随康氏变法维新、最终以身殉道的谭嗣同(1865—1898)那里变得更为明显。身为康氏私淑弟子,谭嗣同的思想自然深受康氏影响,唯其性情激烈决绝,思想极具锋芒,故其专制主义批判,将传统民本思想中的紧张显露无遗。其名言有如:"二千年来之政,秦政也,皆大盗也。二千年来之学,荀学也,皆乡愿也。惟大盗利用乡愿,惟乡愿工媚大盗。二者交相资,而罔不托之于孔。"又谓:"君统盛而唐虞后无可观之政矣,孔教亡而三代下无可读之书矣!"其聊可"当于孔教者",不过黄梨洲之《明夷待访录》与王船山之遗书而已。③ 谭氏承黄宗羲余

---

① 康有为:《孟子微》卷一,北京:中华书局1987年版,第20页。
② 以公司喻国家,以股东、司事譬国民、政府,乃是清末颇为常见的做法。沟口雄三曾就中日两国同时期同类比喻的不同含义做了很有意思的比较。详见沟口雄三:《中国的公与私·公私》,第160—161页。
③ 参见〔清〕谭嗣同:《仁学》。在谭嗣同看来,顾炎武虽与黄、王齐名,而"名实相反、得失背驰",盖因其出于程、朱,而程、朱又远宗荀子,"君统而已,岂足骂哉"!

绪，大力标举民本君末之义：

> 生民之初，本无所谓君臣，则皆民也。民不能相治，亦不暇治，于是共举一民为君。夫曰共举之，则非君择民，而民择君也；夫曰共举之，则其分际又非甚远于民，而不下侪于民也；夫曰共举之，则因有民而后有君。君，末也；民，本也。天下无有因末而累及本者，亦岂可因君而累及民哉？夫曰共举之，则且必可共废之。君也者，为民办事者也；臣也者，助办民事者也。赋税之取于民，所以为办民事之资也。如此而事犹不办，事不办而易其人，亦天下之通义也。①

民本君末之语，固然可以视为民主君客、民主君仆乃至民贵君贱的另一种表达，然而由谭氏道出，则更具激进意味。因为谭氏攻之不遗余力的，不独为专制制度，而且包括支撑此种制度的文化和社会规范——纲常名教。谭氏以为，俗学陋行敬为天命、畏为国宪的名教之名，"由人创造，上以制其下而不能不奉之，则数千年来，三纲五伦之惨祸烈毒由是酷焉矣。君以名桎臣，官以名轭民，父以名压子，夫以名困妻，兄弟朋友各挟一名以相抗拒，而仁尚有少存焉者得乎"②？"三纲"之中，他更对君臣一纲痛加挞伐，谓"二千年来君臣一伦，尤为黑暗否塞，无复人理，沿及今兹，方愈剧矣。夫彼君主犹是耳目手足，非有两头四目，而智力出于人也，亦果何所恃以虐四万万之众哉？则赖乎早有三纲五

---

① 〔清〕谭嗣同：《仁学》三十一，沈阳：辽宁人民出版社1991年版，第72—73页。
② 同上，第17页。

伦字样,能制人之身者,兼能制人之心"①。清末,革命思潮涌动,传统之改朝换代的革命论,最终演成废除君主制度的共和运动。对于此一转变,谭嗣同的《仁学》无疑提供了重要的精神和思想资源。②

民本及民权诸观念、话语,为晚清变法和社会转型必不可少的思想背景,故关心和参与时务者,不论改良派、革命派,无不热衷其说。康、谭诸说不过其中较具影响者。而刘师培(1884—1919)所作《中国民约精义》,或可视为晚清对中国民本思想最有系统的整理和表达。是书辑录古今民本思想言论凡百八十余条,并比照法人卢梭所撰《民约论》,求其同,辨其异,品评高下,发为议论,其中颇多胜义。如刘氏于《尚书》摘录"民为邦本,本固邦宁"等七条,其条下按语云:

> 三代之时为君民共主之时代,故《尚书》所载,以民为国家之主体,以君为国家之客体。盖国家之建立,由国民凝结而成。赵太后谓:"不有民,何有君?"是君为民立,在战国之时且知之,而谓古圣独不知之乎?《民约论》之言曰:"所谓政府者,非使人民奔走于政府之下,而使政府奔走于人民之中者也。"(卷三第二章)是则民也者,君之主也;君也者,民之役也。吾尝谓:中国君权之伸,非一朝一夕之故。上古之时,一国之政悉操于民,故"民为邦本"之言载于禹训。夏、殷以来,一国之权为君民所分有,故君民之间有直

---

① 〔清〕谭嗣同:《仁学》三十,沈阳:辽宁人民出版社1991年版,第71页。
② 参见《仁学》评注者吴海兰的《〈仁学〉评介》一文,载谭嗣同著、吴海兰评注《仁学》,北京:华夏出版社2002年版。

接之关系,所谓"后非民罔使,民非后罔事"也。降及周初,民权益弱,欲伸民权,不得不取以天统君之说,所谓"天视自我民视,天听自我民听"者也。故观《尚书》一经,可以觇君权专制之进化。然而君权益伸,民权益屈。予读书至此,未尝不叹吾民之罹厄也!虽然,《尚书》非主专制之书也。"奄有四海,唯辟作威"等语,不过一人之私言耳,岂可以是概《尚书》哉?观孔子删《书》,以尧、舜二典居首,与《春秋》以隐公居首若出一辙,所以贵人君之让国而无私一国、私天下之心也。人君不以天下、一国自私,故为国家之客体。后世以降,人民称朝廷为国家,以君为国家之主体,以民为国家之客体,扬民贼之波,煽独夫之焰,而暴君之祸遂以大成,君民共主之世遂一变而为君权专制之世矣。夫岂《尚书》之旨哉!①

这段案语以君权与民权之消长为线索,勾画三代及其前后民本思想演变之迹,斑斑可考,不啻为一段民权史观的民本思想微史。对历史的这种解读,承续了古典民本思想及其后续的传统,同时加入了近代西方民主主义的视角,在当时既具针对性,亦具代表性。前述康有为、谭嗣同诸人的民本论述亦属此类。唯前者融中西古今制度、义理于一,失于笼统,后者立论偏于极端,分析不足,不若刘师培此书,长于说理,精于比较,情感蕴于叙述,议论止于辨析。故其引申古义,品评人物、思想,给人较多思考空间。兹再举二例。

---

① 刘师培:《中国民约精义》第一篇"上古·《书》"。木刻本,宁武南氏校印。

朱子云："天下者，天下之天下，非一人之私有也。"（《孟子·万章》篇注）又云："天下之治，固必出于一人，而天下之事，则有非一人所能独任者。"（《语录》）刘氏引《民约论》卷一第九章诸段评曰：君主乃国民委以治国责任之人，故其所持公权非所固有，"后世以降，人民误认朝廷为国家，则所谓天下者，一姓之天下已耳。宜朱子之力斥其非也"！然而，朱子"天下之治出一人，天下之事必分任"之说，与卢氏所谓"主权之体可分，主权之用不可分"（《民约论》卷二第二章），实貌合而神离。"主权者，集一国之权而成者也，非人君一人所私有。若朱子所言，则是以治天下望君主一人矣。此其所与卢氏不同者也。"①刘氏又录《大学》"民之所好好之，民之所恶恶之，此之谓民之父母"，及"是故财聚则民散，财散则民聚"两句，而加按语云：

> 《大学》十章，最重理财。天下为天下之天下，则天下之财亦为人民共有之财。《民约论》不云乎："当国家创立之时，一国人民各罄其权利财产，一纳诸国家而不靳。盖各人散其所有，不免为暴横者所觊觎，集之于一则安固无失，虽有黠者亦无所施其技。或有以国家公同之权利视为君主私箧之所存，是大谬也。"（卷一第九章）由卢氏之言观之，则国家者，集国人财产而成者也；君主者，为国人保持财产者也。……君主既为人民尽义务，人民即当与君主以权利，此君主所以有财也。然人君所有之财，与国家公同之财究当区之为二。观《周礼》一书于天子之用财皆有一定之制；……而太西立法之邦于天子之财皆有一定之岁俸，且以君

---

① 刘师培：《中国民约精义》，第二篇"中古·朱子"。

主之私财别于一国公财之外,其杜渐防微不亦深哉!中国之君主则不然,不以天下为天下之天下,而以天下为一己之天下;不以天下之利归天下,而以天下之利奉一人。自汉高祖"吾之产业孰与仲多"一言,俨然以天下为一己之私产。至于王莽遂有"以天下之田为王田"之说矣。敲扑天下之骨髓,离散天下之子女,而犹饰经文一二语以自饰,曰"普天之下,莫非王土"、曰"奄有四海为天下君",以遂其一己之私欲。此三代以后天下所以无真公私也。……《大学》一书虽知财散民聚之义(与有若所言"百姓足,君孰与不足"同义),然君本无财,何待于散?民以天下之利属之君,君以共同之财散之民,是财本人民所固有也。若《大学》所言于人君之散财以为异日得民之本,是明明认财用为君主之私矣。既认财用为君主之私产,而犹望其散财于民,岂可得哉?故《大学》所言不知民约之义者也。然使人君公好恶于民,亦未始非裁抑君权之一法,此其所以得孔门之传与?①

以《民约论》为准据,论列民本古义,辨其异同,评其得失,这种做法在今人看来,难免有"西方中心主义"之讥。不过,在一个不仅学习西方技术,而且欲通过制度乃至文化移植来实现社会转型的时代,这种做法的正当性几乎不言自明。辨析中国民本思想与西方民权思想异同,固然有助于人们了解不同文化与社会,然而当日论者的兴趣,与其说是解释和理解,不如说是规范和改造。故其动辄指陈古人"不知""不明"民约之义,今之学人或以为"强加",时人则视为当然。正是此种实践性冲动,

---

① 刘师培:《中国民约精义》第一篇"上古·《礼记》"。

最终将传统的民本思想引申、发挥,改造为中国的民权思想。

所谓中国的民权思想,即带有中国固有思想印记的民权思想,确切地说,就是立基于西方民主思想,同时吸收了若干民本思想成分而形成的民权思想。然而中国民权思想中,哪些内容或特征是民本的,哪些属于西方民主思想,二者的融合形成了怎样的形态,这些问题不易索解。论者如康有为,视现代西方政制为孟子早已发明之物,不辨其异,故无助于认识产生于不同文明的思想和制度。刘师培以卢梭《民约论》为据,论列古今,既求其所同,又见所不及,约略揭示出传统民本思想与西方民主学说的异同。只是刘氏仍以宣传革命为主旨,论列虽广,却少学理性的提炼与总结。关于此一问题,最具启发性的看法或出自孙中山(1866—1925)先生。孙中山不但缔造了中华民国,而且创建了三民主义。据他本人的说法,三民主义既通西方的民主主义,同时也包含了民本思想。他在发表于1921年的一段讲词中解释说,三民主义乃集合古今中外的学说,而在政治上所得的结晶,其意思与美国总统林肯的名句"Government of the people, by the people, and for the people"——民有、民治、民享——相通。具体言之,林肯所主张的民有、民治和民享主义,就是他所主张的民族、民权和民生主义。① 据此说法,则三民主义即是中国的民主主义。那么,什么是三民主义的中国思想渊源?什么又是其中取自西方民主思想,而为中国民本思想所无的呢?就在孙氏发表上述讲词的翌年,梁启超完成了一部以先秦政治思想为范围的讲义,凑巧的是,他在该讲义的序论中也以林肯的这句名

---

① 参见孙中山:《五权宪法》,载孙中山:《三民主义》,北京:中国长安出版社2011年版,第227页。

言与中国传统政治思想相比照。他写道：

> 我国学说,于 of, for 之义,盖详哉言之,独于 by 义则概乎未之有闻。① 申言之,则国为人民公共之国,为人民共同利益故乃有政治。此二义者,我先民见之甚明,信之甚笃。惟一切政治当由人民施行,则我先民非惟未尝研究其方法,抑似并未承认此理论,夫徒言民为邦本,政在养民,而政之所从出,其权力乃在人民以外。此种无参政权的民本主义,为效几何？我国政治论之最大缺点,毋乃在是？……要之,我国有力之政治理想,乃欲在君主统治之下,行民本主义之精神。此理想虽不能完全实现,然影响于国民意识者既已甚深。故虽累经专制摧残,而精神不能磨灭。②

这段话,直探中国传统政治思想根本,同时也清楚地揭示出民本思想与西方民主主义二者间的分际。据此,民主思想所有,

---

① 梁氏取译言为:政为民政,政以为民,政由民出。虽不若孙译简洁,其义则同。参见梁启超:《先秦政治思想史》,北京:东方出版社1996年版,第5页。

② 同上,第5页。

而民本思想所无者,即林肯所谓"民治",孙中山所谓"民权"。①自然,这是对民权的一种狭义的理解,即把民权仅仅理解为人民直接参与治理的政治权利。然而,近代兴起的民主主义,除了突显人民主权的观念,也强调自由、平等诸权利,并将之推及经济和社会等诸多领域。因此,广义上,无论林肯所谓民有与民享,还是孙中山所谓民族与民生,都未尝不可以目之为民权。我们检视中国的民权思想,辨析其中的中国思想渊源,自然也可以采取这样的立场。

当代学者沟口雄三在其中国思想史的研究中,把"中国的民权思想"分析为四,即"作为反君权的民权"、"作为地方分权的民权"、"作为国民权的民权"、"作为生民权的民权",并尝试从

---

① 孙中山云:"以人民管理政事,便叫做民权。"又云:"民权便是人民去管理政治。"(孙中山:《三民主义》,北京:中国长安出版社2011年版,第71、131页)这是孙氏关于民权最简明的定义了。着眼于民治之有无,孙氏甚至直截了当地指出:"中国人民的民权思想都是由欧美传进来的,所以我们近来实行革命,改良政治,都是仿效欧美。"(同前,第123页)不过,他又说,中国古代的大同理想,民贵君轻之说,无视自我民视的观念等等,其实就是民权思想,故曰:"民权的议论,在几千年以前,就老早有了,不过当时只见之于言论,没有形之于事实。"(同前,第78页)这样把民本思想等同于民权观念,并非没有问题。上引梁启超关于民本主义的分析业已揭明此点。后之学者论之更详。萧公权写道:"先秦以来之政论家,发扬'民为邦本'之学说者虽不乏人,然以近代之语述之,彼等大体只知'民享''民有'而未知'民治'之政治。且孟子一派虽以'得乎丘民为天子'以及'一夫'可诛之说阐明'民有'之精义,然既无民治之说以申之,则有体无用,二千年中,亦只传为原则上之空谈。况孟子以后之人,多半仅传民享之观念。不知民有,何况民治。人民虽为政治之目的,而君主永为政治之主体。民本者未实现之理论,而专制为不可否认之事实。……故古代之民本思想,乃不完全之民权思想,其去近代民主政治之观念,实有若干距离。"(萧公权:《中国政治思想史参考资料绪论》,载《中国政治思想史》"附录",第797页)。而在沟口雄三看来,民族、民权、民生三者之中,民权一项最少中国特色。(参见沟口雄三:《中国的公与私·公私》,第81—82页。)

这四个不同侧面入手,梳理和揭示古今思想的递嬗与变异。① 根据沟口氏的研究,清末的反君权和主张地方分权这两种思潮,均可追溯至明末清初,且二者互为补充。前者不单是传统改朝换代的革命思想的产物,也是愈演愈烈的地方分权趋势的产物。意味深长的是,作为地方分权的民权思想,以及地方分权的实践本身,最后都没有延续下来,而是很快终结于国民国家的构造过程中,后者则与中国民权观念的另外两种属性,即国民性和生民性有关。然而,"国民"与"生民"又是分属于不同时代的范畴,二者关系同样复杂。生民的观念可以说是中国古代关于民的观念的核心和基础。民为天所生,是为天民,或曰生民。民之欲求源于天,民之好恶出于天,故满足民之欲求,与民同其好恶,就成为人君的第一要务。古代君王的统治正当性虽渊源于天,最后却落实于民。所谓"天视自我民视,天听自我民听",实为天治主义与民本主义的结合。② 然而,从近代国民国家的角度看,生民的观念不但不足为凭,甚至是有害的。因为传统上,与生民相联系的观念,与其说是国家,不如说是天下。正唯如此,民可以不关心国家的命运,而顾自享受其"一盘散沙"的"自由"。国民观念的提出,正是要改变旧有之民(作新民),转化其认同,把散漫无所约束的天民或生民,改造成新的政治共同体的一分子——国民。国民构成国家,拥有主权,可以自主选择其政治制度和政府形式。显然,就如国家观念一样,国民的观念也是来自

---

① 参见沟口雄三:《中国的民权思想》,本文下面的讨论主要根据此文和沟口氏的另一篇文章《中国的"公"·"私"》展开。二文均载沟口雄三:《中国的公与私·公私》。

② 天治主义与民本主义之说出于梁启超,详见梁启超:《先秦政治思想史》,北京:东方出版社1996年版,第35—36页。

近代欧洲。然而,就在国民观念被成功地植入中国社会的时候,生民的观念也并不是简单消失了,而是渗透到新的国民观念之中,并以这种形式保留下来。这种转变和联系在语词上的表现,可以由清末政论中流行的"人人"一词中见出。"人人"本为历史上旧有之词,清末的用法却起到沟通新旧的作用。首先,"人人"具有公、多数、生存、均等与生民观念相关的意蕴。其次,"人人"即"每个人"之谓,故能与自由、自治、自主等词连用,从而具有旧有之"生民"或"民"所没有的新意。复次,"人人"虽含"个人"之意,但又不仅仅等于"个人",而是包容且超越了"个人"的带有总体性特征的概念,因而具有在原理上、道义上排除个私的性质。[①] 总之,体现为"人人"的国民的概念,既包含了与传统生民观念有关的共同性和总体性,又包含了与现代公民概念有关的自主性,因而是十足的中国式的。[②] 清末革命家陈天华(1875—1905)说:"吾侪求总体之自由者也,非求个人之自由者也。以个体之自由解共和,毫厘而千里也。共和者亦为多数人计,而不得不限制少数人之自由。"[③]这是一种团体的自由观,这种自由观就建立在克服了生民的散漫性,又保留了其中具有公的特质的多数性的国民观上。这个具有总体性和为公性的"国民",不但在面对"朝廷之私国"时具有无可置疑的道德优越性,就是对于构成国民整体的个体之私,也同样居于价值上的优位。因此,孙中山在标举国民党的经济政策和理想时,很自然就区分了"个人"和"人人":"以发财论,则人人皆欲之,……但常人则

---

① 详见沟口雄三:《中国的公与私·公私》,第69—72页。
② 参见沟口雄三:《中国的公与私·公私》,第70—81页。
③ 陈天华:《论中国宜改创民主政体》,转引自沟口雄三:《中国的公与私·公私》,第176页。

欲个人发财,我党则欲人人发财而已。……如君欲真发财,必人人发财,乃可达真发财目的。"①

最后,还可以就作为生民权的民权敷陈数语。

生民出之于天,生民一词因此总是保有某种原初性质,如无君无臣的平等状态,还有应当得到同等满足的对衣食(生存)的基本需求。这种原初性质同样被认为与天有关,其在价值的层面称之为"公",在社会实践层面则表现为"均"。康有为有云:"人人皆天所生而直隶焉。凡隶天之下者皆公之。……公者人人如一之谓,无贵贱之分,无贫富之等,无人种之殊,无男女之异。……人人皆教养于公产,不恃私产……惟人人皆公,人人皆平,故能与人大同也。"②这可视为对生民概念所包含的公和均之理念的完满表达。不过,在历史上,均的概念更多用在经济方面,到了近代,孙中山更大张其目,将之改造为三民主义的一脉:民生主义。意味深长的是,民生主义当时也被理解为社会主义。孙中山的一位追随者写道:"民生主义(Socialism),日人一名社会主义。……民生主义之发达,何以故?曰以救正贫富不均,而图最大多数之幸福。……抑民生主义之滥觞于中国,盖远在……三代井田之制。……所谓国家民生主义之纲领为何?则土地问题是也,括而言之,平均地权也。"③比较历史上各种"均"的主张,这种立场显然更为激进,因为它不但是反王朝的,而且

---

① 孙中山:《党员应协同军队来奋斗》。转引自沟口雄三:《中国的公与私·公私》,第71页。孙中山的这段论述,被沟口称之为"团体的自由"的经济版。
② 康有为:《礼运注》,北京:中华书局1987年版。
③ 冯自由:《民生主义与中国政治革命之前途》,转引自沟口雄三:《中国的公与私·公私》,第179页。

是反地主阶级的,然而,持这种激进立场的新的政治主体——国民——却也是由作为天民的生民转化而来的。① 正是生民所固有的公和均的特质,不断否定等级秩序,同时抑制个人之私,而导向某种具有社会主义色彩的制度实践。清末的革命派人士已经开始区分富民的自由和贫民的自由,指出民权实为富人之权的自利主义,而把至公无私的美誉给予社会主义。表面上看,这种马克思式的论述是舶来的,但是实际上,它渊源于中国固有的思想传统,或至少是同这种思想传统完全融合的。② 着眼于这种传统在中国现当代社会变迁中的影响,沟口雄三指出:

> 中国的生民权在它的发展方向上,没有从原理上去确立私有财产权,反而倾向于压抑它,但是另一方面,它又以一种与此为反比例的方式,朝着均贫富的经济平等方向发展,这一生民权由此创立了民生主义这种独特的主义;而它在政治上,成为否定资产阶级自由的无产阶级专政的意识形态所由产生的传统土壤。③

论者以为,民本思想终结于孙中山,三民主义开启了中国民主主义的新时代。④ 某种意义上说,确实如此。但是,正如孙中山先生自己所承认的那样,三民主义本身就是集古今中外学说

---

① 参见沟口雄三:《中国的公与私·公私》,第180—184页。
② 详参沟口雄三:《中国的公与私·公私》,第185—186页。
③ 沟口雄三:《中国的公与私·公私》,第187页。
④ 金耀基引谢扶雅、萧公权诸说,视三民主义为数千年民本思想之完成。参见金耀基:《中国民本思想史》,台北:台湾商务印书馆1997年版,第181—182页。

而成的结晶,这意味着,中国的民主理论和民主实践,必定有其自己的逻辑、形态和表现方式。

事实上,民本与民主,二者不同但相通,既可以互相支持,也可能相互冲突。而在现实中,二者结合的形态实际上相当复杂。回顾百年来的历史,更正确的说法也许是:在这片古老的土地上,民主的时代已经到来,而民本的时代尚未过去。

(撰稿人　梁治平)

第二十二章 为公篇

天下为公

"为公"一词,出于儒家经典《礼记》之《礼运篇》:

> 大道之行也,天下为公,选贤与能,讲信修睦。故人不独亲其亲,不独子其子,使老有所终,壮有所用,幼有所长,矜寡孤独废疾者皆有所养。男有分,女有归。货恶其弃于地也,不必藏于己;力恶其不出于身也,不必为己。是故谋闭而不兴,盗窃乱贼而不作,故外户而不闭。是谓大同。

被托之于孔子的这段话,其言简明,其义完整,所论大同之世,可说是中国历史上最著名的理想国,其影响至为深远。

所谓天下为公,历代经注均解为天子位之传贤不传子。① 这是狭义的解释。天子为天下君,天子之位不但为最高的政治权力,而且也是政权的表征,因此,天下为公一语,实包含政权属公之义。② 这是广义的解释。这两种解释,无论广狭,均不出政治的范畴之外。然而细读《礼运篇》,并将之置于古代儒学乃至中国古代思想的语境中思考,则不难发现,此语意蕴丰富深广,绝不只限于政治领域。

首先可以注意的是,天子及诸侯权位的共享或曰政权的公共性,只是大同世的一项表征和条件,而非其全部。大同之为大同,不只在其"公权",更在其"公产""公心"。在此天下为公的世界里,不但国界泯灭,家界不存,人己之间亦无界线。③ 所谓"人人皆公,人人皆平"④,乃是各取所需,各得其所,人人得其公平的理想世界。这里,传贤不传子的权位之公,与不独亲其亲、子其子的家国之公,货不必藏于己的财货之公和人不为己的道义之公,不但彼此呼应贯通,而且相互补充配合,成就了完整的天下之公。正如在古人观念及用语中,"天下"一词不仅指天子

---

① 郑《注》:"公犹共也。禅位授圣,不家之。"孔《疏》:"'天下为公',谓天子位也。为公,谓揖让而授圣德,不私传子孙,即废朱均而用舜禹是也。'选贤与能'者,向明不私传天位,此明不世诸侯也,国不传世,唯选贤与能也,黜四凶、举十六相之类是也。"参见郑玄注、孔颖达疏:《礼记正义》。

② 康有为之《礼运注》释云:"天下为公,选贤与能者,官天下也。夫天下国家者,为天下国家之人公共同有之器,非一人一家所得私有,当合大众公选贤能以任其职,不得世传其子孙兄弟也,此君臣之公理也。"参见康有为:《孟子微 中庸注 礼运注》,北京:中华书局1987年版,第239页。

③ 国界、家界、身界之说,亦出于康有为《礼运注》。参见康有为:《孟子微 中庸注 礼运注》,同上,第240页。更多讨论,详下。

④ 同上。康氏所谓"平"可解为"平等",其义似太过近代。解为"公平"则较妥。

的权位,也是天生烝民生活繁衍之地,是存在于天地之间的富有神圣意味的文明秩序,"天下为公"除了被解释为政权属公之外,也可以被理解为一种充盈于天地之间,内在于人心、社会,能够为生民带来福祉,实现世间公平与和谐的普遍原则。

如此理解之天下为公,亦可由其反面观照和证立。

紧接前述言大同之文,《礼记·礼运》又云:

> 今大道既隐,天下为家,各亲其亲,各子其子,货力为己,大人世及以为礼,城郭沟池以为固,礼义以为纪,以正君臣,以笃父子,以睦兄弟,以和夫妇,以设制度,以立田里,以贤勇知,以功为己。故谋用是作,而兵由此起。禹、汤、文、武、成王、周公,由此其选也。此六君子者,未有不谨于礼者也。以著其义,以考其信,著有过,刑仁讲让,示民有常。如有不由此者,在执者去,众以为殃。是谓小康。

正如小康与大同相对而不同,支配此二者的原则也判然有别。大同之世,天下为公;小康之世,天下为家。[1] 公私对立,油然而生。大道既隐,各亲其亲,各子其子。国与国争锋,人与人争利。国界、家界、人己之界,牢不可破。私道流行,人人为己,纷争不止,盗贼并作,非礼不足以治天下。礼运者,隆礼之世也。[2]

---

[1] 郑玄注"天下为家"为"传位于子"。孔《疏》:"'天下为家'者,父传天位与子,是用天下为家也,禹为其始也。"正与前注"天下为公"之义相对。

[2] 康有为以公羊家法解《礼运》,谓孔子之道有五德之运,"仁义智信,各应时而行运。仁运者,大同之道;礼运者,小康之道。拨乱世以礼为治,故可以礼括之"。康有为:《孟子微 中庸注 礼运注》,北京:中华书局1987年版,第238页。

《礼运》通篇言礼,以为礼本于天地,先王承之以正天下国家。所谓小康,也是一种理想社会。只是,比较大同,三代圣王治下的小康之世究非完善。大道流行、天下为公的大同,才是古人心目中至善至美的治世。而这理想,即使不能实现,仍不失其现实意义。"公"之观念,虽为古代理想社会共有之特征,却并非脱离实际生活的抽象理念。"公"之一词,见诸民生日用,发端乎人心,植根于社会,不离于生活。而"为公"之为,作系动词,表天下之性质,是对以往理想社会的描述;作介词,含指引使动之义,是对当下现实社会的引导与规范。"为公"二字,因此兼具描摹、判断、评价、规范诸义,既是古人理想社会的共有特征,也是古代政治批评和社会批评的准据,历久弥新。

"公"之三义

"公"字多义,依权威辞书通行的解释和排序,择其与本文主题相关者,则主要有以下三种,曰:(1)公正,平允,无私;(2)共,公共,共同;(3)朝廷,国家,公家。① 其中第二种含义,正是《礼运》"天下为公"之义。《吕氏春秋·贵公》:"天下非一人之天下也,天下之天下也。"将此义表达得最清楚。"公"之第一义,出自东汉许慎(约58—约147)所著《说文解字》,亦极具权

---

① 参见《辞源》修订本,北京:商务印书馆1984年版;徐中舒主编:《汉语大字典》,四川辞书出版社、湖北辞书出版社;罗竹风主编:《汉语大词典》,上海:上海辞书出版社。排序亦同。沟口雄三论中国的公私观念,将"公"略分为政治的、社会的和道德的三重含义,亦与此同。参见沟口雄三:《中国的公与私·公私》,北京:三联书店2011年版,第56页。本篇引用此书均为该本,下不一一出注。

威性。《说文·八部》释公:"公,平分也,从八从厶。八,犹背也。韩非曰:背厶为公。"①这一定义最可注意之处,是它不只从正面入手,以"平分"为"公",而且指出"公"乃"私"之背反,②"公"即"背私"之义。《礼运篇》"天下为公"之公,在相对于"天下为家,各亲其亲,各子其子,货力为己"的小康之世的意义上,也可以在这层含义上理解。"公"之第三义亦与私相对,但无背私之规范含义。这种意义上的"公",渊源久远,运用亦广。综合言之,上述公的三种含义相关而有别,不同但又相互联结,其辞源上的演变递嬗或显或隐,值得进一步探究。

公之古字,甲骨文及金文皆有其例,如公宫、多公、公王、三公等。然而,无论甲骨文还是金文,其中都没有厶或可以被解释为私的意思的文字。③ 这意味着,最早出现的"公",不能在"私"的相对或相反义上予以解释。日人白川静根据甲骨文和金文中"公"字的字形,认为"公"的原初义为"公宫"。公宫系古时氏族的宫庙,也是举行仪式的场所。"公"则为氏族首领,拥有祭祀权,同时也是在宫庙中被祭祀的人。"由于氏族具有共同体的性格,便有了公共之意、官府之意,公私就成了官民关系。如是,氏族共同体内的用语转移到政治、行政关系里。所谓公义、公正是这种统治者的逻辑"。④ 这种推论由字形所指的古代仪式场所

---

① 段注:"《五蠹篇》:'仓颉之作书也,自环者谓之私,背私者谓之公。'自环为厶,六书之指事也;八厶为公,六书之会意也。"见许慎撰、段玉裁注:《说文解字注》,上海:上海古籍出版社1988年版。
② 私之古字为厶,二者义不同。《说文·禾部》:"私,禾也,从禾,厶声。"本文论公私之私,除特例外,仍写为私。
③ 参见沟口雄三:《中国的公与私·公私》,第235—236页。
④ 参见白川静:《字统》,转引自沟口雄三:《中国的公与私·公私》,第233页。

入手,引出人(族长)、群体(氏族共同体)和机构(官府),最后达到公、私概念,公正原则,其间环节众多,而根据似嫌不足,大有讨论余地。① 不过,白川说所论列的各种要素,在讨论"公"之辞源时恐怕也是应当考虑的。

周代,公为五等爵位的第一等,也是诸侯的通称,亦训为君②,与之相关的人、事、物等,其名称多与"公"字相连。《诗经》中此类用例甚多,前者如周公、召公、鲁公、公侯之公。后者之例:公子、公姓、公族,即诸侯子、孙、家族之类;公所、公庭,即国君之处所;公车、公徒,即诸侯之战车步卒;公事,即朝廷之事;③此外如公路、公行,为古职官名,亦间接与"公"有关,盖"公犹官也"。④ 诸侯、国君、贵胄之类,为统治阶层,执掌国政,行使今所谓公权。人之称谓,转为事、物、机构之名称,公家遂成朝廷、官府的同义词。《诗经·召南·羔羊》:"退食自公,委蛇委蛇。"郑

---

① 相关批评,参见沟口雄三:《中国的公与私·公私》,第234—235页。沟口还指出,尽管甲骨文和金文都不支持背私平分之说,日本流行的汉字语源辞书还是采用这一说法。同前,第236页。

② 《周礼·春官·冢人》:"冢人掌公墓之地",郑《注》:"公,君也"。贾公彦《疏》:"训公为君者,言公则诸侯之通称,言君则上通天子。此既王之墓域,故训为君也。"见郑玄注、贾公彦疏:《周礼注疏》。

③ 《诗经·大雅·江汉》:"肇敏戎公,用锡尔祉。"郑《注》:"公,事也。"见〔汉〕郑玄笺、〔唐〕孔颖达疏:《毛诗正义》。又,《诗经·召南·小星》:"肃肃宵征,夙夜在公。"郑注释公为君所,后人释为"公事"。见罗竹风主编:《汉语大词典》。又,《诗经·大雅·瞻卬》:"妇无公事,休其蚕织。"孔疏"公事"为"朝廷公事"。《朱熹集传》:"公事,朝廷之事也。"转引自罗竹风主编:《汉语大词典》。

④ 《周礼·地官·司徒》:"牛人掌养国之公牛,以待国之政令。"郑《注》:"公犹官也。"释曰:"训公为官者,恐有公君之嫌,但王家之牛,若公廨之牛,故须训公为官,是官牛也。"见郑玄注、贾公彦疏:《周礼注疏》。

笺释"公"为"公门",孔《疏》:"故退朝而食,从公门入私门。"①战国以降,凡与朝廷、官府、国家相关者,多名为公,相对于此,与民、百姓相关者,则名为私。

值得注意的是,《诗经》中"公"字数10见,"私"之用仅8例。其中,"私人"2见,均指家臣,"私"字6见,一例为亲属称谓,一例指同族私恩,一例指私衣,一例指受公支配之人,二例指私田。② 换一个角度看,前四例均与"家"有关,若以家为私,亦可以说这几例都与公相对。至于后面的四例,更直接与公相对应,如私衣与公服对,私田与公田对。③ 对《诗经》所见"私"字的这种解释,固然掺入了汉、唐时人习惯的公私对举的观念,但也并非全无根据。《诗经·豳风·七月》之"言私其豵,献豜于公",④《诗经·小雅·大田》之"雨我公田,遂及我私",都以公私对举。这里的公,固然可以理解为被称为公的人,即国君或氏族首领,但是如果从"公"掌管和处理共同体内共同事务的社会职能着眼,"我公之田"渐变为"公田",亦非不能,如此,则表示所

---

① 〔汉〕郑玄笺,〔唐〕孔颖达疏:《毛诗正义》。论者指出:"古'公'字不是指公私之公,而指公族之公……公族宗子之所以维城,是因为他们就是'国'的统治者,而'私'的观念仅指大夫立'家',故到了后来大夫执政时代有'私肥于公'之说,而'张公室'的反动即指恢复宗子的权力。"侯外庐、赵记彬、杜国庠:《中国思想通史》第一卷,北京:人民出版社1981年版,第95—96页。

② 家臣例,有《诗经·小雅·大东》:"私人之子,百僚是试。"《诗经·大雅·崧高》:"王命傅御,迁其私人。"亲属称谓例,见《诗经·卫风·硕人》:"东宫之妹,邢侯之姨,谭公维私。"私恩例,见《诗经·小雅·楚茨》:"诸父兄弟,备言燕私。"

③ 私衣例,见《诗经·周南·葛覃》:"言告师氏,言告言归。薄污我私,薄浣我衣。"私田之例,除下引《小雅》诗句之外,还有《诗经·周颂·噫嘻》"骏发尔私,终三十里"之句。

④ 郑《注》:"豕一岁曰豵,三岁曰豜。大兽公之,小兽私之。"孔《疏》:"我在军之士,私取小豵,献大豜于公。"见郑玄笺,孔颖达疏:《毛诗正义》。

属关系的词转而表示事物的性质,这或者就是"公"字兼具公共之义,进而与公权、公众乃至各种公共事务发生关联的远因。这或许也能够解释,何以《诗经》中"私"字出现的次数不及"公"字的十分之一,①甲骨文和金文当中更是有"公"而无"私"。总之,普遍以公、私对举,指代公家与私家、公事与私事、公众与私人,这种现象应当出现较晚;"公"字早出,且有其独立的渊源,并不根据"私"来理解和界定,尤其不像《说文》的解释,被界定为"背私"。考虑到公正无私这一许慎式"公"之定义的流行程度,这一点的确耐人寻味。

着眼于公与私的相对关系,上述"公"字的两种含义,无论是基于支配与被支配的政治关系,还是基于人类事务性质(公共与否)的社会关系,其本身都不具有规范含义。换言之,这两层意义上的公私概念,原本并没有正邪这类正相反对的含义。而这层含义,却是许慎《说文》"公"之定义所包含的。

如前所述,许慎除了从正面把"公"定义为"平分",还从反面将之界定为"背厶"。然则何者为"厶"?《说文·厶部》:"厶,奸邪也。韩非曰:仓颉作字,自营为私。"又,《说文·女部》训"姦"为"厶"。段玉裁注曰:"二篆为转注,引申为凡姦宄之称。"②"厶"与"姦"互训,其义一也。但是以"姦"训"厶",与其

---

① 根据沟口雄三的统计,《诗经》中"公"字出现有90多次,"私"字出现则只有8次。见沟口雄三:《中国的公与私·公私》,第237页。对后一个数字,笔者的查证亦可证实。又,同书指今文《尚书》中"私"字的用例只有一个。本文引用《尚书》则不限于今文。详下。

② 〔清〕段玉裁:《说文解字注》。段氏又于同一条下注"从三女"云:"三女为姦,是以君子远色而贵德。"

说是对"厶"的定义,不如说是对"厶"的隐含道德意味的评价。①"厶"的含义是"自营"或"自环"②,意思都是自我环绕,引申为独占、自利、利己,其义与平分相反对,后者意味着共有、共享、共通③,也意味着超越特殊立场的一视同仁和公平对待。④"自营"或"自环"之私被视为"奸",而"平分"之公则为"背私",公、私概念规范上的对立由此确立。

公私之辨

可注意的是,许慎有关公私的循环式定义,都引韩非子的同一段话为依据:"古者苍颉之作书也,自环者谓之私,背私谓之公,公私之相背也,乃苍颉固以知之矣。"(《韩非子·五蠹》)这段话把公私的定义追溯到传说中的仓颉,不过是古人立论的惯常做法,其真实性不必细究。重要的是,韩非子对公私概念如此定义,本身就是观念史上值得重视的现象。

通览《韩非子》全书,公私之论贯穿始终,其所论公私关系,亦具有与前述公之三义大体对应的三层含义。只不过在韩非子

---

① 沟口雄三认为,《说文》中的公私概念是伦理性的,并把这一点视为中国式公私概念最重要的特性。参见沟口雄三:《中国的公与私·公私》,第11页等处。着眼于公私概念在中国思想史上的一般用法,这种说法并非没有道理,但是正如下面的分析所指明的,把私定义为奸邪,这种做法同样来自韩非子,但是严格说来,韩非子如此界定公私并非基于某种道德标准,这种界定本身也没有道德意味,相反,尽管它是规范性的,却也是实证的。因此,本文只说这种界分"隐含"道德意味。

② 段注:"今本韩非营作环,二字双声语转,营训帀居,环训旋绕,其义亦相通。"

③ 《玉篇·八部》:"公,通也。"《广韵·东韵》:"公,共也。"

④ 参见沟口雄三:《中国的公与私·公私》,第230—231页。

的论述里,这三层含义并非单面平列,无分轻重,而是详略互见,有机地交织于一种极具实证色彩的政法理论当中。

首先可以注意的是,《诗经》里的公私概念,即那种由人及事逐渐形成的、主要用以划分和指称人类不同活动领域和关系的公与私,在韩非子的论述中具有基础性意义。具体言之,韩非子所谓公,首先是指政治共同体及其首领,即国与国君,进而指与之相关的人、事、物、机构、制度等等。与之相应,私之所指,是相对于国的家,相对于国君的臣民,以及家和臣民的相关物事。《韩非子》中两两对举的概念,如上下、官民、私门与公庭(或公家)、人主与匹夫等,都是基于公、私概念的这种用法而来。不过,在韩非子公私论中,这些两两对举的概念,正如其公私定义所揭示的,同时具有正邪二分的规范性含义。这样一种意味深长的转变,须要置于特定思想背景中来认识。

韩非子系法家思想集大成者,其基本立场,无非重君而隆国。所言法、术、势,旨在造就君尊臣卑、上下井然的政治秩序;所重耕与战,务在富强国家,以御外侮,以成霸业。为达成此类目标,韩非子强调思想一统,上下一心,行为一致。一之所由出,在国之君,一之所由立,在国之法,此即所谓"公"。不忠于君,不守于法,不合于一者,为私。私无益于治,有害于国,所以被名为蠹,被目为奸、邪、伪、诈。正如法令为公,因有公法之谓,奸邪为私,故有奸私之词。① 这里,奸、私连用,就像公、法连用一样,其实是同义反复。《说文》把私定义为奸邪,以私(厶)与奸(姦)

---

① 《韩非子·奸劫弑臣》有"奸私""奸私之行""奸私之臣"以及"私奸者"的说法。又《韩非子·备内》:"士无幸赏,无逾行;杀必当,罪不赦;则奸邪无所容其私矣。"

互训,显然也是本于《韩非子》。①

按照这样的用法,则公私概念所及,就超越了固定范畴,而贯通于人类所有活动领域。比如,按传统公私范畴,民为私,但在韩子的论述中,则有"公民"与"私人"之对。② 同样,名私者,如私惠、私好、私心等,往往不是出之于臣、民,而是出之于君上,且同样有害。因此之故,韩子论私,几乎无所不及。在私的总名之外,《韩非子》中还有各种私名,如私行、私曲、私利、私欲、私财、私术、私词、私议、私学、私誉、私勇、私剑,等等。进而言之,韩非子论及的许多行为,或无私之名,却有私之实,这些行为,在韩子看来,皆足以毁公乱国。如在《韩非子·八说》中列举的有害于国的八种私行:

> 为故人行私谓之不弃,以公财分施谓之仁人,轻禄重身谓之君子,枉法曲亲谓之有行,弃官宠交谓之有侠,离世遁上谓之高傲,交争逆令谓之刚材,行惠取众谓之得民。不弃者,吏有奸也;仁人者,公财损也;君子者,民难使也;有行者,法制毁也;有侠者,官职旷也;高傲者,民不事也;刚材者,令不行也;得民者,君上孤也。此八者,匹夫之私誉,人主之大败也。反此八者,匹夫之私毁,人主之公利也。人主不察社稷之利害,而用匹夫之私誉,索国之无危乱,不可得矣。

---

① 韩子亦以"正道"与"私曲"对举(《韩非子·说疑》),"公正"与"无私"连用(《韩非子·难三》)。《韩非子·爱臣》又云:"故人臣处国无私朝,居军无私交,其府库不得私贷于家。此明君之所以禁其邪。"其以公为正、以私为邪之意甚明。段玉裁《说文解字注》于"厶,奸邪也"文下注:"邪字,浅人所增",恐不足据。

② 《韩非子·五蠹》有"是以公民少而私人众矣"之说。《韩非子·六反》分"奸伪无益之民"与"耕战有益之民",或可为前句之解。

因此,韩非子的政法理论,特别强调区分公私,强调"公法"与"私行"不能两立,直接将公私之辨置于其政法理论的核心。① 许慎定义公、私以韩非子为依据,殆非偶然。

耐人寻味的是,《说文》中"公,平分也"的定义并非来自韩非子,《韩非子》一书也没有从正面界定"公"的确切内涵。"背私为公"的定义纯粹是形式上的。在"私"就是"自营"或"自环"的意义上,"公"意味着敞开、分享,或某种程度上的共或通,以及因敞开而获得的更大场域。作为政治共同体的国,作为共同体首领的君,以及作为划一行为规范的法,都符合这一意义上的"公"。但是,这种"公"不能直接等同于"平分",甚至未必如论者所强调的是伦理性或道义性的。② 如前所述,法家推重的,是一种以国君为轴心建立起来的,赏刑出于一、善恶定于一的政治秩序。在制度的层面上,这种秩序因法而建立和维系。法为客观规范,显见而易知,具有确定含义,故可以为"一"之表征和判准。这种名为公的秩序纯为政治的、实证的,与道德无关。君不必有德,法不必合德,国不待德而立。同样,任何人、事、物及行为,无论其有德与否,凡不合于一,不忠于君,不奉于国,不守于

---

① 《韩非子·饰邪》:"明主之道,必明于公私之分,明法制,去私恩。夫令必行,禁必止,人主之公义也;必行其私,信于朋友,不可为赏劝,不可为罚沮,人臣之私义也。私义行则乱,公义行则治,故公私有分。人臣有私心,有公义。修身洁白,而行公行正,居官无私,人臣之公义也;污行从欲,安身立家,人臣之私心也。明主在上,则人臣去私心行公义;乱主在上,则人臣去公义行私心,故君臣异心……故曰:公私不可不明,法禁不可不审,先王知之矣。"

② 沟口雄三认为,《说文》所确立的中国之"公""私"观念最特异处,在于其伦理的道义的含义。这也许是受到他本人对宋明思想研究的影响。

法者,即名为私,称为奸邪。① 事实上,韩非子列举的许多私行,如《八说》中的仁人、君子、有行、有侠,正是"私誉"中品行高洁的德行。② 不过,这并不意味着韩子政法学说中的"公"完全不具有诸如公正、平允意义上的道德含义。

与儒家讲求德治不同,法家务法而不务德。不过,如果把法视为公的典范,则公的意思除了公开、恒常以及超越个别的一般之外,还具有祛除私意、一视同仁的公平以及与民共信之义。法家强调壹赏、壹刑,"刑过不避大臣,赏善不遗匹夫"③。商君相秦,立新法,恐民不信,立木为凭,以示不欺。④ 法令、法制或法度虽然由君所出,但在法家的政法理论中,法的重要性在某种意义上甚至超逾君主本人。⑤ 所谓道法者治,道私者乱。明主总是循法而治。舍常法而从私意,是为乱君。所以崇法者无不主张国君"中正而无私"(《管子·五辅》),反对人主"释法而行私"

---

① 奸的这种意思流传至今,如今人云"汉奸"者,即指背叛国家、民族之人。

② 进而言之,法家以非仁义、禁道德为其基本立场。商鞅有"六虱"之说,以为"六虱"之有无,可以定国之强弱。所谓"六虱"者,"曰礼乐,曰诗书,曰修善,曰孝弟,曰诚信,曰贞廉,曰仁义,曰非兵,曰羞战。国有十二者,上无使农战,必贫至削。十二者成群,此谓君之治不胜其臣,官之治不胜其民,此谓六虱胜其政也。十二者成朴,必削。是故兴国不用十二者,故其国多力,而天下莫能犯也"(《商君书·靳令》)。

③ 《韩非子·有度》:"法不阿贵,绳不挠曲。法之所加,智者弗能辞,勇者弗敢争。刑过不避大臣,赏善不遗匹夫。"

④ 事见《史记》卷六十八《商君列传》:"令既具,未布,恐民之不信,已乃立三丈之木于国都市南门,募民有能徙置北门者予十金。民怪之,莫敢徙。复曰'能徙者予五十金'。有一人徙之,辄予五十金,以明不欺。卒下令。"

⑤ 萧公权先生指出,法家思想虽倾向于专制,但其学理中"君臣守法""令尊于君"诸义终究与专制精神相冲突,以至于秦汉以后,其法令名实诸旨渐已成为实用之治术,终止学理上之发展,其影响亦无法与儒家相抗衡矣。参见萧公权:《中国政治思想史》。

(《管子·君臣上》)。这些主张所涉及的,主要是法之运用的主观方面。所谓公正无私,更多指向人的行为和态度,涉及行为的内在评价,至少隐含道德意味,就此而言,表面上看是反道德的法家政法理论,也未尝不具有道德性。①

韩非子的公私论说属于法家固无疑义,然而其公私观念乃至政法理论却不单是渊源于法家。韩非子师从荀子(约前313—前238),荀子为儒家宗师,其说亦重公私之辨。所论修身,以为君子者,"能以公义胜私欲也"(《荀子·修身》);论君道,则礼法并重,崇尚贤能,以"公道达而私门塞""公义明而私事息"(《荀子·君道》)为治世;论篡臣,则有"上不忠乎君,下善取誉乎民,不恤公道通义,朋党比周,以环主图私为务"(《荀子·臣道》)的说法。而在荀子之前,管子(前719—前645)早已将公私之辨发展为一种系统的政法论述。如谓:"明主者,上之所以一民使下也。私术者,下之所以侵上乱主也。故法废而私行,则人主孤特而独立,人臣群党而成朋。如此则主弱而臣强,此之谓乱国。"(《管子·明法解》)又云:"法度者,主之所以制天下而禁奸邪也,所以牧领海内而奉宗庙也。私意者,所以生乱长奸而害公正也,所以壅蔽失正而危亡也。故法度行则国治,私意行则国乱。"(《管子·明法解》)②管仲之论公私治乱,实为法家政法理论的先声。韩子以自环为私,以私为奸邪的定义,也

---

① 对法家法律理论的道德解读,参阅肯尼斯·温斯顿:《中国法家思想的内在道德》,载《洪范评论》第12辑,北京:三联书店2010年版。

② 《管子》一书非管子一人撰述,可能编撰于战国早期,故其思想多有封建时代印迹。参见萧公权:《中国政治思想史》。

可以溯源于此。① 可见韩非子公私论产生的思想背景极为广阔。实际上，至迟于春秋晚期，《诗经》式的公私概念即用来区分人类活动领域或关系的公与私，已经被赋予更多含义，并且在一种规范意义上被广泛使用。大体言之，"公"字辄与道、义、德等概念相连，而私欲、私利、私好等均为贬义。诸子所论不同，但其崇公而贱私的立场无大分别。

儒家经典《尚书》专论公、私处无多，但其张公抑私的倾向亦甚显见。《尚书·周书·周官》："王曰：'呜呼！凡我有官君子，钦乃攸司，慎乃出令。令出惟行，弗惟反。以公灭私，民其允怀。'"这里的"公"，依古注疏家的解释，意为公正不偏，私则指私情、私欲。② 此外，《尚书·商书·说命中》谓任官授爵，当去除私好，一以贤能为标准，③《尚书·周书·吕刑》要求为官者听狱公正不偏，不得收受货赂成其私利，④都是把公正无私视作为政者的行为品德。春秋时，晋大夫成鱄颂扬圣王举人"唯善所

---

① 《管子》屡以私与奸、邪连用，如《管子·明法解》谓："夫舍公法而行私惠，则是利奸邪而长暴乱也。""故明主在上位，则官不得枉法，吏不得为私。……故奸诈之人不得行其私。"又《管子·君臣下》有云："兼上下以环其私，爵制而不可加，则为人上者危矣。"

② 孔《传》："从政以公平灭私情，则民其信归之。"疏曰："为政之法，以公平之心灭己之私欲，则见下民其信汝而归汝矣。"见〔汉〕孔安国传、〔唐〕孔颖达疏：《尚书正义》。

③ 《尚书·商书·说命中》："官不及私昵，惟其能；爵罔及恶德，惟其贤。"孔《疏》："'私昵'谓知其不可而用之，'恶德'谓不知其非而任之，戒王使审求人，绝私好也。"引同上书。

④ 《尚书·周书·吕刑》："明清于单辞，民之乱，罔不中听狱之两辞，无或私家于狱之两辞！"《疏》云："民之所以治者，由狱官无有不用中正听讼之两辞。由以中正之故，下民得治。汝狱官无有敢受货赂，成私家于狱之两辞。勿于狱之两家受货致富，治狱受货非家宝也，惟是聚罪之事。"引同上书。又，此篇为今文。

在,亲疏一也"的大公,更以"勤施无私"为文王九德之一;①楚大夫蓝尹亹批评吴王夫差"好罢民力以成私好"(《国语·楚语下》),政德不修,必先自败,②也都是把"公"与为政者的德行联系在一起。实际上,儒家论公私并不止于狭义的政治范畴。曾子以无私为君子之德,以为"去私欲,从事于义,可谓学矣"(《大戴礼记·曾子立事》)。

对公私概念这种更宽泛也更具道德色彩的理解,也见于同时发展起来的其他思想派别。墨子(约前476—约前390)兼爱尚同,重天下公利,《墨子·法仪》篇云:"天之行广而无私,其施厚而不德,其明久而不衰,故圣王法之。"又引《尚书·泰誓》"文王若日若月"之文,解释为"文王之兼爱天下之博大也,譬之日月,兼照天下之无有私也"(《墨子·兼爱下》)。老子门人文子借乃师之口言昔黄帝之治天下,"调日月之行,治阴阳之气,节四

---

① 参见《左传·昭公二十八年》。又,《昭公二十六年》载,王子朝令人语诸侯曰:"王不立爱,公卿无私,古之制也。"

② 楚大夫伍举论美恶云:"其有美名也,唯其施令德于远近,而小大安之也。若敛民利以成其私欲,使民蒿焉,忘其安乐,而有远心,其为恶也甚矣,安用目观?"(《国语·楚语上》)。《左传》和《国语》言及公、私处明显多于《尚书》,其用法也更接近于战国时人熟悉的样式。如论臣道,以无私为忠,结党为私。例如《左传·文公六年》:"以私害公,非忠也";《成公九年》:"无私,忠也。"《成公十六年》,季文子称赞子叔婴齐谓:"奉君命无私,谋国家不贰,图其身不忘其君";《襄公五年》记季文子之忠于公室事迹则谓:"季文子卒相三君矣,而无私积,可不谓忠乎?"《国语·晋语五》:"事君者比而不党。夫周以举义,比也;举以其私,党也"。批评国君,则有"其君骄而多私"(《国语·鲁语上》),"宋元公无信多私"(《左传·昭公二十年》)等语。其论私之害,则谓"君臣上下各餍其私,以纵其回,民各有心而无所据依。以是处国,不亦难乎!"(《国语·晋语一》)。又《左传·襄公二十六年》记师旷语:"公室惧卑。臣不心竞而力争,不务德而争善,私欲已侈,能无卑乎?"在这些场合,公、私概念主要是被置于君臣上下的政治秩序中理解和运用,唯其义更接近于儒家。

时之度,正律历之数,别男女,明上下,使强不掩弱,众不暴寡,民保命而不夭,岁时熟而不凶,百官正而无私,上下调而无尤,法令明而不暗,辅助公而不阿,田者让畔,道不拾遗,市不预贾"(《文子·精诚》),几乎是《礼运篇》大同世的另一个版本。更有意思的是战国时人尸佼(约前390—前330),他虽为商君师,却不执于一端。在他看来,"墨子贵兼,孔子贵公,皇子贵衷,田子贵均,列子贵虚,料子贵别。囿其学之相非也,数世矣而已,皆弇于私也。天、帝、皇、后、辟、公、弘、廓、宏、溥、介、纯、夏、幠、冢、晊,昄,皆大也,十有余名,而实一也。若使兼、公、虚、均、衷、平易、别囿一实,则无相非也"(《尸子·广泽》)。大者,公也。① 诸子无不贵公,其相互非难,却是蔽于私见所致。这种看法之妥当与否可以不论,其中透露出来的大公意识却是值得重视的。

着眼于这一思想文化背景,应该可以说,把公私简化为君/臣、国/家、官/民、法/私(行)的对立,纳一切于君主专制的一统秩序之中,以君、国、官、法为一,为公,而视偏离者为私、为奸邪,只是法家后来发展出来的一种狭隘观念。这种观念,如前所述,其实是一种去道德化的立场,就此而言,这一发展也可视为对早期传统的偏离。不过,这种偏离本身包含着矛盾:法家把公私对立推到极致,同时却在腐蚀甚至瓦解这种对立的规范性基础,因为,真正坚实的规范不能只建立在唯"力"是瞻的政治基础上,而必须植根于更加广泛、深厚的社会和道德土壤之中。这就是为什么法家急功近利的政策虽然可以奏一时之效,却不是久长之计。中国古代的公私观固然也从法家思想中汲取养分,但其

---

① 《尸子·广泽》又谓:"匹夫爱其宅,不爱其邻;诸侯爱其国,不爱其敌;天子兼天下而爱之,大也。"

基本格调却是道义性的。揆之中国思想史,这一传统可谓源远流长。

天地之公

中国古代的公私观念具有如此鲜明的道义性,这一现象自然引发人们思考。如果说《诗经》中公私观念的缘起可以追溯到人类社会的原始形态,那么原本是用来划分社会活动领域和关系的中性范畴,如何变成区分正邪美恶的规范性观念?公私观念的道义品格究竟缘何而来?

一种合理的推测是,原始社会中,作为共同体首领的"公"在履行其管理和分配职能时,需要照顾共同体的整体利益,而不能偏向于个别。遇有冲突、纷争,"公"更不能偏听偏信,而须超然于个别,通达明察。这些应当是共同体内通行的规范,在原始社会条件下,这些规范主要表现为习惯。"公"依习惯行事,其行为便具有正当性。换言之,表现为习惯的共同体规范,本身便是行为正当的客观标准。"公"应当依据的习惯,首先是与其身份、地位和职能有关的这部分规范,如超越于个别利益和一己好恶,维护共同体的共同利益;然后是与共同体日常生活有关的各种实体性规范,包括如"平分"这类特定的分配原则。后来,随着"公"的称谓延伸和转变为与其身份和职能相关的人、事、物、机构、制度,共同体内的规范,不拘是形式的还是内容的,也被吸纳到名为公的范畴之中。违背共同体规范,行事不遵习惯,就是私,私为公的反面,是为不公,不公则不具正当性,故不正。作为公平和公正的公的观念缘此而产生。①

对古代公私观念的这一解释不乏合理因素,但毕竟是推测之词,缺乏足够的证据。更重要的是,这类推测性解释并未揭示出中国古代公私观念的某些重要特质。前引《墨子·法仪》篇谓:"天之行广而无私,其施厚而不德,其明久而不衰,故圣王法之。"这番话包含了两层意思:天道公而无私;圣人则天,故以无私为大。据此,公之品格源出于天,圣王治天下以公,其依据在此。对公的这种看法可谓独特,②但在先秦诸子中,这种看法并非墨子所独具,而是一种常识性的共见。这一共见立基于古代天之观念以及天人观念之上,后者则是中国古代思想的基础。

大体言之,上古所谓"天",或指人格之天,或指自然之天。前者为有意志的主宰,后者则是静默不言、运行不殆的万物之覆,其相对于地,为苍天,相对于人,则是包括天地、含蕴万物的自然秩序。③ 此两种意义上的天,都具有公(无私)的品格,而且都高于人的世界和状态,是人事的依据和模范。甚至,天(地)

---

① 与这里主要围绕"公平"(即公的形式的内容)所做的解释不同,沟口雄三循此思路提供的解释,主要集中在"平分"(即公的实质的内容)的概念上,参阅沟口雄三:《中国的公与私·公私》,第46—47、251—252页。

② 沟口雄三最先注意到这一点。他认为,中国古代公之观念的独特性是和中国式的"天"观念联系在一起的。参阅沟口雄三:《中国的公与私·公私》,第47—50页。

③ 参见梁启超:《先秦政治思想史》,北京:东方出版社1996年版,第24页。又见张岱年:《中国古典哲学概念范畴要论》,北京:中国社会科学出版社1989年版,第20—22页。北京:中国社会科学出版社1989年版。沟口雄三认为,中国古代天的观念大体包含四种含义,即自然运行之天,主宰、根源之天,生成调和之天,道德法理之天。其中,除去天之第二义,均以天之条理性为前提,而对天的这种理解多出于道家。参见沟口雄三:《中国的思想》,赵士林译,北京:中国社会科学出版社1995年版,第6页。

还被认为是万物父母,民之所由生,其地位之崇高固无疑义。①

古人言天命、天意,都是以天为有意志的主宰,而在古人心目中,这主宰者的形象从一开始就是公正不偏的。《尚书·商书·咸有一德》有"非天私我有商,惟天佑于一德"的说法,②就是以公正无私的天和天命,为统治正当性的终极依据。而皇天无亲,惟德是辅,更说明天不为一家一姓所私。此类观念,至少自周人之后便根深蒂固。

天命为政权的依据,治道亦可求之于天象。《易·系辞上》:"天生神物,圣人则之;天地变化,圣人效之;天垂象,见吉凶,圣人象之;河出图,洛出书,圣人则之。"天人关系如此,天道与治道关系如此,反映于诸子的论说中,便呈现为一种融合了自然与人事的独特的政治叙述。在这种叙述中,天的品格成为圣人的品格,天道成为人道和治道的楷模。孔子称赞帝尧曰"大哉

---

① 殷周时人心目中,天的地位固极崇高,周衰之时,这种情形有所改变,因有子产"天道远,人道迩"之语。至战国,荀子更提出"制天命而用之"的主张。然而相对于此,则有墨子和董仲舒的两次天道说的"复古"运动。详见梁启超:《先秦政治思想史》,北京:东方出版社1996年版,第33—35页。沟口雄三认为,董仲舒的天人感应论是对春秋战国以来主宰的天观与条理的天观的统一综合。参见沟口雄三:《中国的思想》,北京:中国社会科学出版社1995年版,第7页。他还认为,从源于远古的天谴之天,到后来的天理之天,再到近代的公理之天,其对于包括政治社会在内的人类社会的至上性一以贯之。详见前引书第10—17页。

② 《尚书·商书·咸有一德》:"伊尹既复政厥辟,将告归,乃陈戒于德。曰:'呜呼!天难谌,命靡常。常厥德,保厥位。厥德匪常,九有以亡。夏王弗克庸德,慢神虐民。皇天弗保,监于万方,启迪有命,眷求一德,俾作神主。惟尹躬暨汤,咸有一德,克享天心,受天明命,以有九有之师,爰革夏正。非天私我有商,惟天佑于一德;非商求于下民,惟民归于一德。德惟一,动罔不吉;德二三,动罔不凶。惟吉凶不僭在人,惟天降灾祥在德。'"此篇系古文,写成年代或较晚,说它符合周人的天命观则无疑义。

尧之为君也，巍巍乎！唯天为大，唯尧则之"（《论语·泰伯》），是把帝尧宽广无私的品德归之于天。《尚书·周书·泰誓下》赞颂文王云"惟我文考，若日月之照临，光于四方，显于西土"，则是以文王兼爱天下的博大比之于天。这后面透露出古人对天的观察和认识，而这种认识常常是借譬喻类修辞手段，在哲学的和政治的论述中表达出来。诸子百家之中，道家尤长于此。

在老子看来，天地不仁，天道无亲，而这也正是圣人处身之道，故云："天地不仁，以万物为刍狗；圣人不仁，以百姓为刍狗。"①老子此言的政治意味，可以在下面这样的话里看得更明白："天无私于物，地无私于物，袭此行者，谓之天子。"（《尸子·治天下》）的确，诸如"天无私覆，地无私载"（《庄子·内篇·大宗师》）一类表述，与其说是对自然现象的观察和陈述，不如说是一种哲学甚至政治意见的表达。庄子谓："四时殊气，天不赐，故岁成；五官殊职，君不私，故国治；文武大人不赐，故德备；万物殊理，道不私，故无名。"（《庄子·杂篇·则阳》）这里，对不同领域（自然、政治、形上）、不同现象（四时、君臣、道理）看上去平列并重的判断，其实是通过古代中国人特有的思想方法内在有序

---

① 《老子》五章。《老子》七十九章"天道无亲"同此义。"不仁"之义，参见钱锺书：《管锥编》第二册，北京：中华书局，1979年版，第417—422页。中谓："刍狗万物，乃天地无心而'不相关''不省记'，非天地忍心'异心'而不悯惜。"第419页。《老子》七章又云："天长地久。天地所以能长久者，以其不自生，故能长久。是以圣人后其身而身先，外其身而身存。以其无私，故能成其私。"也是以无私为天地的品格，而以效法天地为圣人的品格。"不自生"，成玄英疏"不自营己之生也"；释德清解为"以其不自私其生"。转见陈鼓应：《老子注释及评介》，北京：中华书局1984年版，第87页。又，《老子》十六章论及公的含义，以及公与天、道的关系："知常容，容能公，公能全，全能天，天能道，道能久，没身不殆。""公能全，全能天"之"全"，王弼本作"王"。后人认为此"王"乃"全"之缺误。详参前引陈鼓应书，第128页。本文据此改。

地串联在一起,①具有鲜明的规范性色彩。居于规范顶端的是"道"或"天道",其次是作为天道显现的自然律动,最后才是反复无常、变动不居的人之道。天道是人道应当遵循效法的模范,行为合于天道者为圣人,体现天道的社会为治世。

事实上,作为天或天道之抽象品格的广大无私,是透过天地运行的各种具体方式向人们展现出来的。《尚书·周书·泰誓》将文王比作"日月之照临",《管子·牧民》亦有"如地如天,何私何亲？如月如日,唯君之节"的说法。日月行于天,为天之具象,其品格与天地一。"日月之明无私,故莫不得光"②,即此之例。天道见之于日月,也见之于风雨水土。管子论土之德:"其德和平用均,中正无私,实辅四时。"(《管子·四时》)文子论水之为道:"广不可极,深不可测,长极无穷,远沦无涯……大苞群生,而无私好……任天下取与,禀受万物,而无所先后,无私无公,与天地洪同,是谓至德。"(《文子·道原》)③ 同样,至公无私亦为风雨之德。《管子·形势解》云:"风,漂物者也。风之所漂,不避贵贱美恶。雨,濡物者也。雨之所堕,不避小大强弱。

---

① 中国古代知识论的一个特点是,不但格外重视道德论、政治论、人生论等,而且把自然现象视为社会现象的一种主要相关事物来认识。比如在孔子那里,自然事物和关于自然现象的认识,都是"取辨之物","是借以导出政治论或道德论上某些结论的手段或工具"。参阅侯外庐、赵纪彬、杜国庠:《中国思想通史》第一卷,北京:人民出版社1981年版,第133页。后来在孟子那里,这种思想倾向和方法发展成所谓比附逻辑,即以比附推论的方法打通主观世界和客观世界。参阅侯外庐、赵纪彬、杜国庠:《中国思想通史》第一卷,第399—413页。

② 《管子·版法解》:"日月之明无私,故莫不得光。圣人法之,以烛万民,故能审察,则无遗善,无隐奸。无遗善,无隐奸,则刑赏信必。刑赏信必,则善劝而奸止。故曰:'参于日月。'"

③ 《庄子·外篇·达生》亦有"从水之道而不为私焉"之语。

风雨至公而无私,所行无常乡,人虽遇漂濡而莫之怨也。故曰:'风雨无乡而怨怒不及也。'"又其《版法解》论天心与人心:"天植者,心也。天植正,则不私近亲,不孽疏远。不私近亲,不孽疏远,则无遗利,无隐治。无遗利,无隐治,则事无不举,物无遗者。欲见天心,明以风雨。故曰:'风雨无违,远近高下,各得其嗣。'"风雨为天心之表,天心为人心之正;心正则无私,无私则怨怒不及,事无不成。反之,则难以为治。① 这层意思,《吕氏春秋·贵公》中的一段话讲得尤为透辟:

> 昔先圣王之治天下也,必先公。公则天下平矣。平得于公。尝试观于上志,有得天下者众矣,其得之以公,其失之必以偏。凡主之立也,生于公。……天下非一人之天下也,天下之天下也。阴阳之和,不长一类;甘露时雨,不私一物;万民之主,不阿一人。②

在上面这些论述中,天地、阴阳、四时、风雨、水土被抽象出同一种品性,进而被上升为天道,简言之曰公,曰中正,曰不偏,曰无私。这当然不是因为天地、阴阳、四时、风雨、水土本身如此,或它们原本如此呈现,而是因为人们对这些现象的认识如此。毫无疑问,这种认识极为古老,而且也确实同古人对自然现象的观察有关,但与其说这一观点是对自然的认知,不如说是对

---

① 《文子·精诚》:"天道无私就也,无私去也。能者有余,拙者不足。顺之者利,逆之者凶。是故以智为治者,难以持国。唯同乎大和,而持自然应者,为能有之。"

② 其下段《去私》云:"天无私覆也,地无私载也,日月无私烛也,四时无私行也。行其德而万物得遂长焉。"

于世界的认识,这个世界包括人类社会在内,甚至是以人的社会为中心构筑起来的。这也许就是为什么原本是源于早期共同体生活经验,尤其是与共同体规范相关之经验的公的观念,会成为天地、风雨、水土的属性或品德,社会观念中的规范关系会传递到自然的观念中去,在属人的政治与自然的天道之间建立起一种同构的关联性。① 诚然,今天要厘清这一观念生成转变的各个环节恐怕已无可能,但有一点应该是清楚的:无论"天"或"天道之公"的观念如何产生,它的确表明,作为一种规范的"公"的观念,从此成为一种最高德范。这在政治上就意味着,"公"作为普遍性原理,高于、先于和优于朝廷、国家、君主。后者虽然相对于民为公,但对普遍性的公而言为私,因此也受此普遍性公的约束,②甚至可以说,朝廷、国家、君主之所以为公,也是因为它们在规范的意义上为公。

政权属公

上引《吕氏春秋·贵公》中的一段话,除了讲天道不私、圣

---

① 沟口雄三指出:"中国的公·私在由共同体的公·私整合为政治上的君·国·官对臣·家·民之间的公·私的过程中,从道家思想吸收了天的无私、不偏概念作为政治原理,而包含了公是'平分'、私是'奸邪',即公平、公正对偏颇、奸邪这种道义上的背反·对立概念。"沟口雄三:《中国的公与私·公私》,第49页。把公私概念的规范性质归因于道家对"天"的认识,这种看法恐缺少证据,也缺乏说服力。"天"并非道家所特有的概念,而且,道家崇尚自然,其关切却是人文的乃至政治的。我倾向于认为,公私概念的规范性根源于人,而非"天",相反,"天道无私"乃是人间规范在天上的投射。早期思想家于此均有贡献,道家居其一焉。

② 沟口雄三对"公"之观念的层次有相当细致的分析和图示。详参沟口雄三所著《中国的公与私·公私》第44—69页所载诸图及相关分析。

王大公,公然后得天下,公则天下平之外,还引人注目地喊出"天下非一人之天下也,天下之天下也"的口号。"天下之天下"一语前半所言天下,或指天下人,或者就指天下本身,①但无论是哪一种解释,说的都是天下非一人或一家一姓所有之意。天下这一"公"的属性,显然与天地以及天道之公的特性有关,甚至源出于后者。只是,其重点不是作为主体主观品格的"公"(公平、公正),而是作为事物客观性质的"共"(共有、共享)。主观之公与客观之公指涉不同,却不是不相关联之二事。即以天下言之,天下既非一人所独有,故须治天下以公;中正无私所以被奉为治道,也是因为天下本公。这两个方面统一于"天"或"天道",是作为普遍原理和最高原则的"公"在不同方面的显现。

"公"之原理如此,"公"的观念在现实世界中的作用如何?尤其是,天下为公,天下非一人之天下,这类说法在现实世界中究竟意味着什么?毕竟,《礼运篇》所记之天下为公只存在于传说中的唐虞之世,②所有文献记录者亲见亲历的,无不是天下为家的制度实践。在有史可征的历史上,公的普遍原理和私的社会现实之间存在明显的不一致,这种矛盾如何解释和调和?在天下实际上为一家一姓所领有的现实世界里,谈论天下非一人之天下有何意义?

按《礼记·礼运》的说法,天下为家之"家"意味着私。这种理解也符合卜辞、金文乃至《诗经》中以公族之公与大夫之家

---

① 在古代思想家那里,这种表述并非没有意义。如《庄子·内篇·大宗师》即有"藏天下于天下"之说。
② 那也只是古人的一种信念,现代历史家多不以为然,他们眼中的这段历史,实际亦甚残酷。参见柏杨:《中国人史纲》,太原:山西人民出版社2008年版,第55—57页。

（私）对举的用法。不过,战国尤其是秦汉文献中,家与天下相连,其含义具有公私二重性。如谓"圣人耐以天下为一家、以中国为一人者"(《礼记·礼运》),或者,"王者以天下为家"(《论衡·指瑞篇》),"天子以天下为家"(《盐铁论·散不足》),都是把私的家,扩展为公的天下,或者,更确切地说,是把公的规范,加之于一家一姓的君王之上。正如后人所言:"君人者,以天下为家,不得有所私也。"(《魏书》卷六〇记韩显宗语)这种转变从另一个方面突显了公的天下与私的王朝（一家一姓）之间的紧张关系:正因为现实中统领天下的总是个别的家和姓(如刘、李、赵、朱之类),这种统治就必须在意识形态上与天下(进而指天道)的公相连才具有正当性。显然,这不只是秦汉之际郡县国家建立过程中需要解决的问题,也是大道既隐之后天下为家时代的典型问题。实际上,周人在获取天下、宣称天命已经从殷商转移到姬周的时候,就已开始应对这一问题,而他们所做的努力,实际具有双重的重要性:一方面,周人创设了一套关于政权合法性的意识形态,并建立了一套将之礼仪化的典章制度,堪为后人模范;另一方面,经由这种尝试所创生的传统,其本身又成为后人需要面对的问题之规定性的一部分。易言之,连接私家(王朝)与公家(天下),以后者为前者之合法性基础,这种要求因为周人所创设的宗教上和伦理上的天人合一传统而变得确定不移。

简单地说,周人的意识形态建立在一种上帝(天)与先王(祖)既分且合的二元结构之上:天、昊天、上帝为一般的主宰之神,先王则是周人氏族宗主的祖先神,二者分离为二,复因先王克配上帝合而为一。而先王之所以克配上帝,受天之命,则是因为"德"的缘故。所谓天命靡常,"善则就之,恶则去之"①,"皇天无亲,惟德是辅"(《尚书·蔡仲之命》)②,"德"实为天人关系的枢纽。问题是,先王之德并不能自动绵延于后世,保证其子孙不失天命。周人解决这一难题的办法,便是发展出"孝"的观念。"所谓'追孝','以孝以享',指继序先王的德业"③。周人常以"德""孝"并称,"德"以对天,"孝"以对祖,落实在典章制度上,便是郊社之礼和宗庙之制。社稷所以祀天帝,宗庙所以祀先祖。周人以文、武先王配祀天帝,宗庙与社稷也是既分且合。因此之故,郊社之礼与禘尝之义便成为治道之本。④

秦汉以降,古代王权的这种二重性更鲜明地反映在天子或皇帝的双重身份上:天子的权力来自天,皇帝的权力则传之于祖。前者关乎天命,后者基于血统,二者原理迥异,但都是王权正统性(合法性、正当性)之所在。汉成帝时谷永的上疏写道:

> 臣闻天生蒸民,不能相治,为立王者以统理之。方制海内,非为天子;列土封疆,非为诸侯,皆以为民也。垂三统,列三正;去无道,开有德;不私一姓,明天下乃天下之天下,非一人之天下也。(《汉书》卷八十五《谷永杜邺传》)

此类议论强调的是天下之公的性质,论者称之为"绝对公共

---

① 〔汉〕郑玄笺,〔唐〕孔颖达疏:《毛诗正义》。又,《大学》引《康诰》曰:"惟命不于常,道善则得之,不善则失之矣。"同前。
② 孔《疏》:"天之于人,无有亲疏,惟有德者则辅佑之。"见《尚书正义》。
③ 侯外庐、赵纪彬、杜国庠:《中国思想通史》第一卷,北京:人民出版社1981年版,第93页。
④ 有关周人宗教、伦理和政治思想的讨论,参见侯外庐、赵纪彬、杜国庠:《中国思想通史》第一卷,同上,第80—95页。

性原理"或"委任统治原理"。① 但是另一方面,基于继统的正统性也经常被提出。如汉景帝与其弟梁孝王约定以帝位相传时,窦婴(? —前131)反对说:"天下者,高祖天下。父子相传,此汉之约也,上何以得擅传梁王!"(《史记》卷一百七《魏其武安侯列传》)历史上这样的议论亦非鲜见。大抵于帝位可能不遵继统而"私相授受"之际,就会有人提出这样的主张。② 就其旨在抑制皇帝恣意专断、维护王朝继统而言,继统的原则不失为"公",但是相对于"天下乃天下之天下"或者"天下为公"一类原则,帝位家传之私的性质无可否认。事实上,公私两种正统性原则之间的矛盾不但不容抹杀,而且蕴含了紧张的关系甚至冲突。汉宣帝时,司隶校尉盖宽饶批评皇帝任官未得其平,其奏疏引《韩氏易传》语,谓"五帝官天下,三王家天下。家以传子,官以传贤,若四时之运,功成者去,不得其人,则不居其位"。这段话就被人指

---

① 渡辺信一郎:《中国古代的王权与天下秩序》,徐冲译,北京:中华书局2008年版,第130页。关于古代王权的二重性,详参该书第五章《古代中国的王权和祭祀》。

② 参见渡辺信一郎:《中国古代的王权与天下秩序》,同上,第130页以及145—146页所举数例。

为"意欲求禅,当大逆不道"。盖宽饶因此下狱,最终自杀。①

汉人调和这一矛盾的办法,亦不外乎"德""孝"两端。"德"需要通过祭天的礼仪来证成和强化,"孝"需要借助于祭祖的宗庙祭祀来完成,这就是前面提到的郊社之礼和禘尝之义。这一古代意识形态的再制度化,据学者研究,完成于前汉末后汉初。其时,一系列模范古制的祭典礼仪被精心地建立起来。在南郊祭天的礼仪上,王朝的开创者配祀于主神皇天上帝,而主祭的皇帝本人,同时作为昊天之子和王朝创业者的子孙,以实践和展示孝道的方式,将两种权力的正当性统一于一个身体之中。②

上述制度自汉代确立之后,一直延续到清末,为汉以后国家的基本制度。这意味着,尽管天下为家的现实不可动摇,天下为公的观念却并不因此而失去意义。恰恰相反,正因为现实的政治说服力不足,才需要一种更具超越性的正当性理据来支持。

---

① 事见《汉书》卷七十七《盖诸葛刘郑孙毋将何传》。对此事的分析,参阅渡边信一郎:《中国古代的王权与天下秩序》,第130—132页。又,渡边氏在讨论中引用了刘向所编《说苑·至公》记载的一则轶闻,对我们了解古人公天下的观念颇有帮助。兹引录于下:"秦始皇帝既吞天下,乃召群臣而议曰:'古者五帝禅贤,三王世继,孰是?将为之。'博士七十人未对。鲍白令之对曰:'天下官,则禅贤是也;天下家,则世继是也。故五帝以天下为官,三王以天下为家。'秦始皇帝仰天而叹曰:'吾德出于五帝,吾将官天下,谁可使代我后者?'鲍白令之对曰:'陛下行桀、纣之道,欲为五帝之禅,非陛下所能行也。'秦始皇帝大怒曰:'令之前!若何以言我行桀、纣之道也?趣说之,不解则死。'令之对曰:'臣请说。陛下筑台干云,宫殿五里,建千石之钟,万石之虡,妇女连百,倡优累千。兴作骊山宫室,至雍相继不绝。所以自奉者,殚天下,竭民力。偏驳自私,不能以及人。陛下所谓自营仅存之主也。何暇比德五帝,欲官天下哉?'始皇闇然无以应之,面有惭色。久之,曰:'令之言,乃令众丑我。'遂罢谋,无禅意也。"

② 参见渡边信一郎:《中国古代的王权与天下秩序》,北京:中华书局2008年版,第140—142页。

而这种具有超越性的正当性理据的存在,同时开启了想象和创造的思想空间。这种想象和创造不仅可以用来建立国家制度,也可以用来评判、批评、调节、限制统治者的行为,甚至超逾和颠覆现存体制。公天下观念所具有的这种潜在特质,在中国历史的不同时期,因着种种契机而有不同的表现。

除却"无君论"一类极端主张之外,历史上的天下为公之论,大抵都以"君为民设"的信念为出发点,讨论王朝立政、选官、治国的基本原则。道家主张无为,儒家言仁政与王道,墨家讲兼相爱、交相利,背后都有这一假定。《吕氏春秋》追溯社会演变之迹,以为人类因合作(群)之故而力量大增;群而有君,更能增进共同福利(文明)。历史上"君道不废者,天下之利也"。然则君道何如?"置君非以阿君也,置天子非以阿天子也,置官长非以阿官长也。德衰世乱,然后天子利天下,国君利国,官长利官。"这便是政之盛衰的道理,所以要"废其非君,而立其行君道者"(《吕氏春秋·恃君览》)。[①] 言及上古禅让之事,《吕氏春秋》誉为"至公":"尧有子十人,不与其子而授舜;舜有子九人,不与其子而授禹:至公也。"天下为公的道理,其实也就是君道所在。《吕氏春秋》以庖人"职业伦理"譬之:"庖人调和而弗敢食,故可以为庖。若使庖人调和而食之,则不可以为庖矣。王伯之君亦然。诛暴而不私,以封天下之贤者,故可以为王伯。若使王伯之君诛暴而私之,则亦不可以为王伯矣。"(《吕氏春秋·去私》)

与《吕氏春秋》差不多同时的文献《六韬》,亦有多处发挥公天下之义,如谓:

[①] 法家人物商鞅亦论及社会演进,以为立君为社会演进之道,但其社会理论最后导向隆君而抑民的立场。参见《商君书·开塞》。

> 天下非一人之天下,乃天下之天下也。同天下之利者,则得天下;擅天下之利者,则失天下。天有时,地有财,能与人共之者,仁也。仁之所在,天下归之。免人之死,解人之难,救人之患,济人之急者,德也。德之所在,天下归之。与人同忧、同乐、同好、同恶者,义也;义之所在,天下赴之。凡人恶死而乐生,好德而归利,能生利者,道也。道之所在,天下归之。(《六韬·文韬·文师》)[1]

这段话除了申明天下非一人之天下之义,还从公、同、共诸义,尤其是财货、利益、忧乐、事功等方面出发,对传统的仁、义、道、德概念予以新诠,这在当时或可被视为出新之论。不过总的来说,明以前的公天下之论,重点在正君心。祖述圣人,援据经典,主要是为了模范君王,警示当世,提升君德。由宋至明,思潮渐变,公私概念已非昔日情形,公天下论说的重点也由上转下,开始以民(主要是富裕阶层)之经济的和社会的利益诉求为出发点,对皇权专擅之私展开批判。[2] 在这方面,明末三大思想家黄宗羲、顾炎武、王夫之,均有值得注意的论述,其中,黄宗羲所著《明夷待访录》所论最为全面。

毫无疑问,天下大公的理念仍为黄宗羲最重要的思想武器,但其具体论述却非简单地主张"以公灭私"。因为经历了宋、明数百年间的思想激荡,"欲",进而"私",已非内容单一的负面概

---

[1] 又其《武韬·发启》《武韬·顺启》诸篇均明言天下非一人之天下。中国历史上,言天下非一人之天下者史不绝书,此语所表达的公天下观念,在中国人心目中,始终为重要的政治正当性观念之一。

[2] 参见沟口雄三:《中国的公与私·公私》,第21页。

念,传统论述中公私概念之间的关系也因之而变。因此,毫不奇怪,黄宗羲的大公之论包含了对民之私的肯定:

> 有生之初,人各自私也,人各自利也,天下有公利而莫或兴之,有公害而莫或除之。有人者出,不以一己之利为利,而使天下受其利,不以一己之害为害,而使天下释其害。此其人之勤劳必千万于天下之人。……尧、舜是也……禹是也……后之为人君者不然。以为天下利害之权皆出于我,我以天下之利尽归于己,以天下之害尽归于人,亦无不可。使天下之人不敢自私,不敢自利,以我之大私为天下之大公。……然则为天下之大害者,君而已矣。
>
> 向使无君,人各得自私也,人各得自利也。呜呼,岂设君之道固如是乎![1]

黄宗羲关于君道的议论,显然是出于传统的公天下观念,但是他对君民公私诸观念的辨析,隐含以满足民(人或天下之人)之"自私""自利"为正当的判断。"古者以天下为主,君为客,凡君之所毕世而经营者,为天下也。"(《明夷待访录·原君》)天下之有君,原本是为了兴天下之公利,除天下之公害,而这不过就是要让天下之人的利益以和谐方式得到满足。如果为人君者不能以此为职志,反而利用君位谋一己私利,甚而以一己之私标榜为天下之公,则尽失君道,而无异于独夫。换言之,公仍为普遍的道德原则,只不过公的实现包含对天下之人各自利益的满足。

---

[1] 〔清〕黄宗羲:《明夷待访录·原君》,载《黄宗羲全集》,杭州:浙江古籍出版社1985年版,第2—3页。

恰如顾炎武所言："合天下之私以成天下之公,此所以为王政也。"①

君道如此,臣道亦然。在黄宗羲看来,臣之"出而仕也,为天下,非为君也;为万民,非为一姓也"(《明夷待访录·原臣》)。臣以天下为事,则为君之师友,所以说臣之与君,名异而实同,"是官者,分身之君也"(《明夷待访录·置相》)。君臣共其职,只是名位不同。"原夫作君之意,所以治天下也。天子不能一人而治,则设官以治之"(《明夷待访录·置相》),而官所以辅佐人君,以成王政。黄宗羲进一步从贤人政治的角度阐明此义:"古者不传子而传贤,其视天子之位,去留犹夫宰相也。其后天子传子,宰相不传子。天子之子不皆贤,尚赖宰相传贤足相补救,则天子亦不失传贤之意。"(《明夷待访录·置相》)基于此义,他得出结论说:"有明之无善治,自高皇帝罢宰相始也。"(《明夷待访录·置相》)宰相、百官之外,天下治乱攸关的另一重要因素是学校。一般认为,学校系养士之地,但黄宗羲却认为,"必使治天下之具皆出于学校,而后设学校之意始备"(《明夷待访录·学校》)。其所以如此,是因为"天子之所是未必是,天子之所非未

---

① 〔清〕顾炎武著,黄汝成集释:《日知录集释》卷三《言私其豵》,上海:上海古籍出版社2006年版,第148页。《言私其豵》云:"而人之有私,固情之所不能免矣。故先王弗为之禁,非惟弗禁,且从而恤之。建国亲侯,胙土命氏,画井分田,合天下之私以成天下之公,此所以为王政也。至于当官之训,则曰以公灭私。然而禄足以代其耕,田足以供其祭,使之无将母之嗟、室人之谪,又所以恤其私矣。此义不明久矣。世之君子必曰:有公而无私。此后代之美言,非先王之至训矣。"古者,《尸子·绰子》辨圣人之私曰:"圣人于大私之中也,为无私;其于大好恶之中也,为无好恶。舜曰:'南风之薰兮,可以解吾民之愠兮。'舜不歌禽兽而歌民。汤曰:'朕身有罪,无及万方;万方有罪,朕身受之。'汤不私其身而私万方。文王曰:'苟有仁人,何必周亲。'不私其亲而私万国。先王非无私也,所私者与人不同也。"

必非,天子亦遂不敢自为非是,而公其非是于学校"(《明夷待访录·学校》)。按黄宗羲的设想,郡县学官,太学祭酒,均由名儒为之。"祭酒南面讲学,天子亦就弟子之列。政友缺失,祭酒直言无讳"(《明夷待访录·学校》)。"学官讲学,郡县官就弟子列,……郡县官政事缺失,小则纠绳,大则伐鼓号于众"(《明夷待访录·学校》),此为学校议政之一端。在此之外,学校也是教育之所、修身之所、裁判之所,不但公议天下,而且颁定道德标准,革新礼俗,引领风尚,可以视为朝廷国家之外,体现和维护天下公义的另一系统。

黄宗羲的这一设想,被认为旨在"脱离旧有的皇帝一统天下的一君德治式君主主义",建立所谓"富裕阶层分治式的君主主义",具有"分治"性质。[1] 也因为如此,以黄宗羲为代表的盛于明末的这一轮公天下议论,就突破了传统上侧重于君主个人道德的公私之论,而导入与经济上的分利诉求相对应的政治上的分治主张。这种做法实际上也超越了对人君一己私念、私心或私欲的批判,而触及君主制下的权力结构和制度安排。[2] 尽管如此,这种基于公天下观念的现实政治批判,无论是其思想资源,还是其意欲达成的目标,都不曾逸出传统的架构之外。公天下思想再次突起,成为改革者甚至革命者的思想批判之工具,是在清末,而那时,传统的天下为公思想已经吸纳了新的异文化因

---

[1] 参见沟口雄三:《中国的公与私·公私》,第23、162—164页。
[2] 参见沟口雄三:《中国的公与私·公私》,第63页。总的来说,沟口对明末公私思想的分析,更多强调其中蕴含的经济的和社会的内容(分利),而较少注意其政治方面的思考(分治)。基本上,他把明末的这一思潮归入经济上公的表达,使之与清末公私之论的政治转向相对照。因此,沟口对黄宗羲的置相和学校等主张无多措意。

素,具有新的含义和意义。这种情形在政治上的表现便是,作为一种批判武器,公天下观念所指向的,不只是君主制之下的制度安排,而且是过去两千余年常驻不变的君主制本身。传统中天下之公与一家一姓之私的紧张再次显露,而且变得无法调和。

清末十数年,中国思想界最为活跃。思潮迭起,政论迭出,新名词、新概念充斥其中,然而新思潮之下,旧有之天下为公理念仍在,且依然是政治论述中的支配性观念,只不过它出现于当时人的笔下和口中,增加了一些新的内涵,也有了一些新的表达。研究者曾在当时最具影响的报刊和人物的言论中,辑出下面这些公私对应的表述,如言国与民,则有"一姓之私有/一姓之私"对"天下人之天下/天下之公","君主之私业"对"国者之公业","君主之私有"对"一国人之公产","君主之中国"对"中国人之中国","朝廷之私国"对"国民之公国","私家"对"公国"等[1];言君与民,则有"君主之一身"对"亿兆之小己","一姓/一人"对"四万万堂堂大国民","少数人之私"对"多数人之公","世主一人之野心"对"全国人之思想","一个人专制"对"全国之人民为主";甚而谈政府与国民也有类似表达,如"国家之一部分"对"国家之全体","政府之私产"对"人们所着根之基址","政府之私职"对"人民所共同之期向"。[2] 从结构上看,这种论

---

[1] 参见沟口雄三:《中国的公与私·公私》,第59页。并非成对出现于一处,但也是对应性的表达之例,在私的一边是"朝廷之私物""一姓之存亡""一家之私号/一族之私名""一家之私事",公的一边则是"人民之产业""民之公产""中国人之公共中国""国民之所共有"等。同前。

[2] 详见沟口雄三:《中国的公与私·公私》,第59页。经济与社会方面的讨论,也有同样句式,如以"一人之自利"对"众人之自利","个人发财"对"人人发财";"小己之自由"对"国群之自由","个人之自由"对"团体之自由"等。参见前引书,第60页。

述与传统的天下为公论并无不同,但是重点已经从天转移到民,而且,这里的民,也不再简单是由天所出的"生民",而是国民、人民、中国人,是生而自由、平等、自主的"人人"。① 凭借此新的民人观,清末革命派的天下为公论述把公私观念中的紧张推至极致,而将矛头指向整个旧制度:君主为一人,满族人为少数人;汉族人为多数,国民为全体。一人统治全体,少数人统治多数人,均无正当性。由此逻辑,生出了推翻满族人统治的民族革命,和毁坏君主专制的共和革命。诚如孙中山所言:"因不愿少数满人专制,故要民族革命;不愿君主一人专制,故要政治革命;不愿少数富人专制,故要社会革命。"②这段话,简明扼要地点明了三民主义的要义,而其中最后一句,揭明了传统公的观念中的另一层含义,对于这层含义,我们至此尚未详论。

均平之公

根据《说文》的定义,公的意思是"平分"。但是正如前面已经指出的那样,许慎关于"公"的定义的这一半,同他屡屡引用

---

① 沟口雄三认为,了解传统的"生民"如何转变为近代的"国民",可以由"人人"的观念入手。对此问题的详尽分析,参阅沟口雄三:《中国的公与私·公私》,第69—82页。

② 孙中山:《三民主义与中国前途》,转引自中国科学院哲学研究所中国哲学组编:《中国大同思想资料》,北京:中华书局1959年版,第92页。其《实行三民主义改造新国家》更详言之曰:"吾人今日欲改造新国家,当实行三民主义。何谓三民主义?即民族、民权、民生主义是也。民族主义,即世界人类各族平等,一种族绝不能为他种族所压制。如满人人主中夏垂二百六十余年,我汉族起而推翻之,是即民族革命主义也。民权主义,即人人平等,绝不能以少数人压多数人。人人有天赋之人权,不能以君主而奴隶臣民也。民生主义,即贫富均等,不能以富者压制贫者也。"载同前书,第94页。

的韩非子似无直接关系。那么公的这一层含义由何而来？

"平分"这种说法，首先让人想到与分配有关的事情。由此，人们或很自然地联想到原始共同体内的分配习惯。沟口雄三就指出："均平、公平、公正的伦理观念，恐怕是共同体成员分配收获或共同纳贡时集体认可的规范性的通行观念；而统治共同体的首领也依据这种通行观念注意到了公平性。于是这种观念普及开来导致'公，平也'这种辞源论的产生，并作为理念被普遍化了。"①"公"之义与"平"相关，这一点应该没有问题。不过，公平之平与平分之平，二者含义并不相同。前者为规范，后者为事实。公平不等于平分，平分未必公平，且即使为公平，也只是特定条件下公平的一种表现形式。因此，直接以平分为公，显然突显了平分作为公平之观念的重要性。

换一个角度看，在"背私为公"的意义上，平分为公，这也是没有问题的。更重要的是，含平分之义的公，同时也是天的属性，天道的品格。《吕氏春秋·去私》云："天无私覆也，地无私载也，日月无私烛也，四时无私行也。行其德而万物得遂长焉。"阳光雨露，均等地洒向大地，哺育万物。尤有甚者，"天之道，其犹张弓！高者抑之，下者举之，有余者损之，不足者与之。天之道，损有余而补不足"（《老子》七十七章）。这可以称作均平之道。自然界中的水，最能体现此均平之平的意象，故曰："上善若水。"（《老子》八章）②而在人间社会，符合此天之道的，恐怕就是《礼运篇》中描写的天下为公的大同世了。总之，平分虽然不一

---

① 沟口雄三：《中国的公与私·公私》，第252页。又参见第47页。
② 水之均平属性，亦被引申至法义，故《说文》言法，有"平之如水"之说。法家主张刑无等级，一断于法，也包含均等地适用法律之义，而在法家，这当然就是公。就此而言，法家之公的观念，也可以说包含平分的意思。

定就是公平本身,但是作为公之观念的一项重要内容,它在中国思想史上却有着特殊的重要性。

古汉语中,与平分同义,但更经常使用的字是"均"。孔子曰:"丘也闻有国有家者,不患寡而患不均,不患贫而患不安。盖均无贫,和无寡,安无倾。"(《论语·季氏》)①在这段著名的言论里,"均"与"安""和"并列,成为致治的关键。而三者之中,"均"偏重于财(财物、财产、财富)。中国思想史上,有关"均"的言论和主张固然不限于财的方面,但是财产占有和分配问题,无疑也是"均"的主要内容。

儒家之外,墨家也有"均"的思想。墨子尚同,主张尚同乎天子,更要求尚同乎天。尚同乎天者,则"听狱不敢不中,分财不敢不均,居处不敢怠慢"(《墨子·尚同中》),而成王者之政。他又主张"有力者疾以助人,有财者勉以分人"(《墨子·尚贤下》),反对"舍余力不以相劳,腐朽余财不以相分"(《墨子·尚同中》),其中也有均的色彩。事实上,如果不是把均仅仅理解为"绝对平均主义",理解为均等、均平、平等,则均的观念几乎就是中国人构想的理想社会中不可缺少的要素。不过,比较历史上另外一些重要观念,"均"的观念值得吾人注意的一个特点是,它不只是为知识阶层所看重和使用,更常为下层民众用来表达其利益诉求,因此也成为他们凝聚社会力量、以抗争手段谋求其利益的口号。中国历史上,下层民众的集体抗争行动,往往以"均、平"相号召,其原因在此。

东汉末年张角(?—184)依托太平道起事,以"黄天太平"

---

① 《春秋繁露·度制》作"不患贫而患不均"。朱熹《论语集注》:"均,谓各得其分。"

为理想。"太平"二字,取自道教经典《太平经》。所谓太平者,据《太平经》解释:"太者,大也,言其积大如天,无有大于天者。平者,言治太平均,凡事悉治,无复不平。"(《太平经·三合相通诀》)太平之道,取法于天:"天道无亲无疏,付归善人。……天地施化得均,尊卑大小皆如一,乃无争讼者,故可为人君父母也。夫人为道德仁者,当法此,乃得天意,不可自轻易而妄行也。"(《太平经·道祐三人诀》)①《太平经》论人之六大罪,其中一项为积财亿万而不肯周穷救急,使人饥寒而死,罹此罪者,或即坐其身,或流后生。盖因其"与天为怨,与地为咎,与人为大仇,百神憎之。所以然者,此财物乃天地中和所有,以共养人也,……其有不足者,悉当从其取也"(《太平经·六罪十治诀》)。② 与黄巾同时的"五斗米道",也是以万年太平思想吸引教众,其所建立的道教政权,亦有依《太平经》教义施政的举措,如于治下设置义舍,为行路者提供免费饮食等。③

唐代农民领袖王仙芝(?—878)、黄巢(820—884),自号"天补平均大将军"和"天补均平大将军",所率军入长安,遇贫者,"争行施遗"④。北宋王小波(?—994)、李顺(?—994)起

---

① 《太平经·六极六竟孝顺忠诀》则云:"风雨者,乃是天地之忠臣也。受天命而共行气与泽,不调均,使天下不平。"

② 又云:"所以然者,乃此中和之财物也,天地所以行仁也,以相推通周足,令人不穷"。同前。

③ 《三国志·魏书》张鲁本传记云:"诸祭酒皆作义舍,如今之亭传。又置义米肉,县于义舍,行路者量腹取足;若过多,鬼道辄病之。"

④ 《旧唐书》卷二百下黄巢本传记云:"时巢众累年为盗,行伍不胜其富,遇穷民于路,争行施遗。既入春明门,坊市聚观,尚让慰晓市人曰:'黄王为生灵,不似李家不恤汝辈,但各安家。'巢贼众竞投物遗人。"

事,以均贫富为纲领,①所至,"悉召乡里富人大姓,令具其家所有财粟,据其生齿足用之外,一切调发,大赈贫乏"。②南宋初,鼎州钟相(？—1130)起事,语其徒众曰:"法分贵贱贫富,非善法也。我行法,当等贵贱,均贫富。"(《续资治通鉴》卷一百七)如此明白地以均等为行动纲领,钟相乃其著例。大抵历史越是近于近世,民众对于均平的诉求越是强烈。崛起于清代后期的太平天国,尤为集中地表达了这种观念,只不过它的表达借取了一些外来宗教教义和语词。如洪秀全(1814—1864)所作《原道救世歌》唱道:"天父上帝人人共,何得君王私自尊?……普天之下皆兄弟,上帝视之皆赤子。"③洪秀全强调,万姓"皆禀上帝一元之气以生以出"④,故天下一家,所有私爱私憎,此疆彼界之分,俱为世道乖漓,人心浇薄之表。"遐想唐虞三代之世,有无相恤,患难相救,门不闭户,道不拾遗,男女别涂,举选上德。尧舜病博施,何分此土彼土;禹稷忧饥溺,何分此民彼民;汤武伐暴除残,何分此国彼国;孔孟殆车烦马,何分此邦彼邦"⑤。盖因皇上

---

① 李攸《宋朝事实》卷十七:"淳化四年,青城县民王小波聚徒起而为乱,谓其众曰:'吾疾贫富不均,今为汝均之。'贫民附者益众。先是,国家平孟氏之乱,成都府库之物悉载归于内府。后来任事者竞功利,于常赋外更置博买务,禁商旅不得私市布帛。蜀地土狭民稠,耕稼不足以给,由是群众起而为乱。"另,王辟之《渑水燕谈录》卷八亦有相同记述。

② 〔宋〕沈括撰,胡道静校注:《新校正梦溪笔谈·杂志二》,香港:中华书局香港分局1975年版。

③ 载中国科学院哲学研究所中国哲学组编:《中国大同思想资料》,北京:中华书局1959年版,第55页。

④ 〔清〕洪秀全:《原道觉世训》,载中国科学院哲学研究所中国哲学组编:《中国大同思想资料》,同上,第55页。

⑤ 〔清〕洪秀全:《原道醒世训》,载中国科学院哲学研究所中国哲学组编:《中国大同思想资料》,同上,第56页。

帝为天下凡间大共之父,则万国为一家,人皆为兄弟姐妹,"何得存此疆彼界之私,何可起尔吞我并之念"①。太平天国奉拜上帝教,似乎是以西方宗教为其号召天下的意识形态,但实际上这种意识形态的内里,全不离天下为公的中国传统,无怪乎洪秀全的《原道醒世训》祖述三代,踵武圣贤,以《礼运篇》描写的大同世为其理想国,《原道觉世训》则以民胞物与为圣人怀抱。② 同样,太平天国的经济思想和政策以均平为核心,亦属自然。依《天朝田亩制度》:

> 凡分田,照人口,不论男妇,算其家口多寡,人多则分多,人寡则分寡。杂以九等,如一家六人,分三人好田,分三人丑田,好丑各一半。凡天下田,天下人同耕,此处不足则迁彼处,彼处不足则迁此处;凡天下田,丰荒相通,此处荒则移彼丰处以赈彼荒处,彼处荒则移此丰处以赈彼荒处。务使天下共享天父上主皇上帝大福,有田同耕,有饭同食,有衣同穿,有钱同使,无处不均匀,无人不饱暖也。③

---

① 〔清〕洪秀全:《原道醒世训》,载中国科学院哲学研究所中国哲学组编:《中国大同思想资料》,北京:中华书局1959年版,第56页。
② 关于太平天国教义中新旧因素的关系,参见沟口雄三:《中国的公与私·公私》,第32—33页。
③ 中国科学院哲学研究所中国哲学组编:《中国大同思想资料》,北京:中华书局1959年版,第57页。沟口雄三指出:"太平天国使潜在的民间思想第一次公开亮相,使这一民间思想自下层渗入到万物一体和大同的传统思想中。"民间公平、公正观念的确透过太平天国运动得以表达,但根据本文引据的资料,这并不是历史上的第一次。毋宁说,它只是历史上一系列民间表达中最明晰、完整,也最具影响力的一次。

自现实言,太平天国的经济政策或多可议之处,但自理想言,则其思想渊源与社会基础之深厚固无疑义。尤其关于均田的设想,历来为改革家所津津乐道。孟子以降,东汉何休(129—182),北宋张载(1020—1077)、李觏(1009—1059),明末黄宗羲(1610—1695),清初颜元(1635—1704)、李塨(1659—1733)、王源(1648—1710)等,均有关于均田的具体论述。其中,颜元有"天地间田宜天地间人共享之"①之说,直为"凡天下田,天下人同耕"的先声。与洪秀全几乎同时的龚自珍(1792—1841)著有《平均篇》,其中写道:

> 有天下者,莫高于平之之尚也,其邃初乎! 降是,安天下而已;又降是,与天下安而已;又降是,食天下而已。最上之世,君民聚醲然。三代之极其犹水,……大略计之,浮不足之数相去愈远,则亡愈速;去稍近,治亦稍速。千万载治乱兴亡之数,直以是券矣。……其始不过贫富不相齐之为之尔;小不相齐,渐至大不相齐;大不相齐,即至丧天下。呜呼! 此贵乎操其本源,与随其时而调剂之。②

龚自珍以经世之学名世,锐意革新,其方法固与洪秀全辈不同,但是这段话,却像是为轰轰烈烈的太平天国运动所做的注脚,足见均平之为社会理想的根深蒂固。这样一种社会理想,必不至随太平天国的瓦解而消亡。事实上,晚清乃至民国的政治

---

① 〔清〕颜元:《存治编·井田》,《颜元集》上,北京:中华书局1987年版,第103页。

② 中国科学院哲学研究所中国哲学组编:《中国大同思想资料》,北京:中华书局1959年版,第52—53页。

思想、社会政策和经济纲领，无不继受了这一思想传统。康有为所撰之《大同书》，与孙中山创发之民生主义，最能代表此一传统。

1884 年，康有为(1858—1927)撰成《礼运注》，以春秋三世说释《礼运篇》。其开篇云："大道者何？人理至公，太平世大同之道也。"继而阐释天下为公之理：

> 惟天为生人之本，人人皆天所生而直隶焉，凡隶天之下者皆公之，故不独不得立国界，以至强弱相争，并不得有家界，以至亲爱不广，且不得有身界，以至货力自为。故只有天下为公，一切皆本公理而已。公者，人人如一之谓，无贵贱之分，无贫富之等，无人种之殊，无男女之异。……此大同之道，太平之世行之，惟人人皆公，人人皆平，故能与人大同也。①

后出之《大同书》更详细阐明此义。其书既名"大同"，自然以泯除各种等差、界线为务，不但人为的界限被要求除去，自然的差异也在消除之列。故曰："去国界，合大地；去级界，平民族；去种界，同人类；去形界，保独立；去家界，言天民；去产界，公生业；去乱界，治太平；去类界，爱众生；去苦界，至极乐。"②等差既去，则一切为公。世无私产，所有经济活动亦为公，"凡农工商之业皆归之公"③。

---

① 康有为：《孟子微 中庸注 礼运注》，北京：中华书局 1987 年版，第 240 页。
② 康有为：《大同书》，大连：辽宁人民出版社 1994 年版，第 66—67 页。
③ 同上，第 280 页。

显然,孙中山标举之民生主义不至如此极端。然而在以张公抑私为其基本立场这一点上,二者并无不同。孙中山在多个场合阐述其民生主义,直言其"目的就是要把社会上的财源弄到平均"①,简言之,就是要使得"贫富均等"。孙中山坦承,此所谓民生主义,"在前数十年已有人行之者",那就是前面提到的洪秀全。"洪秀全建设太平天国,所有制度,当时所谓工人为国家管理,货物为国家所有,即完全经济革命主义,亦即俄国今日之均产主义"②。由此可知,民生主义有两大渊源,一是中国固有传统,其典范为儒家大同主义;另一个是欧西社会主义学说,其代表为苏维埃主义。这两者,在孙中山看来,其实为一。"夫苏维埃主义者,即孔子之所谓大同也"③。"故民生主义,就是社会主义,又名共产主义,即是大同主义"④。总之,三民主义的意思,"就是民有、民治、民享的意思,就是国家是人民所共有,政治是人民所共管,利益是人民所共享。照这样的说法,人民对于国家,不只是共产,什么事都是可以共的。人民对于国家要什么事都是可以共,才是真正达到民生主义的目的,这就是孔子所希望的大同世界"⑤。

---

① 孙中山:《民生主义》,载孙中山:《三民主义》,北京:中国长安出版社2011年版,第186页。
② 《实行三民主义改造新国家》,载中国科学院哲学研究所中国哲学组编:《中国大同思想资料》,北京:中华书局1959年版,第94页。
③ 孙中山:《致犬养毅书》,载中国科学院哲学研究所中国哲学组编:《中国大同思想资料》,同上,第94页。
④ 孙中山:《民生主义》,载孙中山:《三民主义》,北京:中国长安出版社2011年版,第159页。
⑤ 孙中山:《民生主义》,载孙中山:《三民主义》,北京:中国长安出版社2011年版,第191页。

诚然,三民主义事实上并非社会主义,尤非共产之道,孙中山所创建的国民党,最终也没有把中国引上社会主义一途,但是中国20世纪的历史,确实是同社会主义的名号以及奉此名号推行的各种制度和政策纠结在一起的。在此过程中,尽管意识形态的修辞和日常生活的语汇均已大变,但是"公"的主题不断出现,"均平"的观念也一直挥之不去,新的公私之辨或隐或现,时而激动人心,时而令人困惑。在这个世纪的不同时段,透过形态各异的话语,历史上曾经盛行的各种公私论述依稀可辨:有新的等贵贱、均贫富之论,也有新的大同式理想;有以领袖、党国为公为一的法家式主张,也有公而忘私的儒家式伦理;有类似理学的去私之论,也有类似明末有过的那种思想反动;有以革命意识形态包装的"大公无私"的豪言壮语,也有借"天下为公"观念展开的现代批判意识。而如今,中国人似乎还徘徊于公、私之间,仍在寻找一种观念的平衡,一种具有时代感的理论表达,一种不离现实又超越现实的现代意识形态。在这种尝试和努力中有一点是清楚的:为公的理念,无论是政治的、社会的、伦理的,还是超越性的和原理性的,都是中国人文化禀赋的一项重要内容,是中国带给世界的一项精神遗产,也是中国面对未来时采取的一种立场。作为一种观念,一种思想格调,一种想象自身和世界的方式,公私观念也好,为公理念也好,其本身都不能决定中国人的命运,它只是中国人思想和行动的一个条件,就此而言,未来中国的思想世界和生活世界如何,也取决于吾人如何思考和运用这一观念。

(撰稿人　梁治平)

第二十三章 礼法篇

"礼法",《汉语大词典》释为"礼仪法度",并引战国及汉、晋时文献以证其义。其中所引《商君书·更法》"礼法以时而定,制令各顺其宜"一句,大概为"礼法"一词见诸文献最早的一例。从制度演化的角度看,商鞅这段话里所言之"法",与该上下文中所见之"教""古""礼""道"等同属一类,[①]而有别于法家主张的"以法为教"之"法"。故"礼法"一词虽始出于执法家牛耳者的商鞅,却不可能居于法家词汇表的核心。实际上,考其义项及运用,"礼法"乃儒家概念,体现儒家价值,殆无疑义。"礼法"其词合"礼""法"二字而成,而礼与法,作为中国古代法政思想中最重要的两种概念,不但渊源久远、意蕴丰富,且不为儒家思想所局限。尤其"法"之一字,历史上一度几成法家禁脔,而为儒家坚垒之"礼",亦未尝不具法意。是故,对"礼法"以及与之相关联的"礼"

[①] 《商君书·更法》:"公孙鞅曰:'前世不同教,何古之法?帝王不相复,何礼之循?伏羲、神农,教而不诛。黄帝、尧、舜,诛而不怒。及至文、武,各当时而立法,因事而制礼。礼法以时而定,制令各顺其宜;兵甲器备各便其用。臣故曰:治世不一道,便国不必法古。汤、武之王也,不修古而兴;夏、殷之灭也,不易礼而亡;然则反古者未必可非,循礼者未足多是也。君无疑矣。'"

"法"诸观念的考辨和梳理,当有助于引导我们深入中国古代政治与法律思想传统,一窥堂奥。

"礼法":词与义

"礼法"一词出现甚晚,"五经"之中,仅二见于《周礼》。先秦诸子书,所见亦不过数例。甚至,前汉儒者亦鲜言之。① "礼法"之说频频见诸文献,当始自后汉,其时,经学大师如郑玄(127—200),史家若班固(32—92),皆屡言"礼法"。晋、唐学者,赓续其词,至其传布广远,流衍不绝。其丰富意蕴及具体指向,则可由其在不同语境下的用法中见出。下面先看"礼法"概念在经学上的应用。

《周礼·春官宗伯》记小史之职,有"小史掌邦国之志,……大祭祀,读礼法,……凡国事之用礼法者,掌其小事"等语。春官系礼官,小史即为礼官之属,其职志正与礼仪法度有关。所谓"读礼法",贾《疏》引《大史职》"大祭祀,戒及宿之日,与群执事读礼书而协事"之语云:"彼云礼书,即此礼法也。"②后人纂辑礼书,亦有名之为"礼法"者。③ 其渊源或即在此。这应当是"礼

---

① 《商君书·更法》之外,仅《庄子·外篇·天道》一见,《荀子·修身》一见,《王霸》二见。至前汉儒者,竟不见其例。
② 〔汉〕郑玄注,〔唐〕贾公彦疏:《周礼注疏》卷二十六。
③ 《明史》卷四十七《礼志一》:"同修礼书。在位三十余年,所著书可考见者,曰《孝慈录》,曰《洪武礼制》,曰《礼仪定式》,曰《诸司职掌》,曰《稽古定制》,曰《国朝制作》,曰《大礼要议》,曰《皇朝礼制》,曰《大明礼制》,曰《洪武礼法》,曰《礼制集要》,曰《礼制节文》,曰《太常集礼》,曰《礼书》。"又卷九十六《艺文志》载:"王应电《周礼传》十卷,《周礼图说》二卷,《学周礼法》一卷,《非周礼辨》一卷。"

法"一词特定用法之一种,而在一般意义上,"礼法"所指涉,常常就是礼及其所涵盖的各种事项。① 易言之,举凡"君臣朝廷尊卑贵贱之序,下及黎庶车舆衣服宫室饮食嫁娶丧祭之分"(《史记》卷二十三《礼书》),既为礼之要目,也是"礼法"所规范的事项。《周礼·天官冢宰》所记"小宰之职":"以法掌祭祀、朝觐、会同、宾客之戒具。军旅、田役、丧荒亦如之。"郑《注》:"法,谓其礼法也。"(《周礼注疏》卷三)此法所及之五礼,所谓吉、凶、宾、军、嘉,乃周礼之大者。② 《诗·鄘风·蝃蝀》,毛《传》释其义为"止奔",孔《疏》谓:"卫文公以道化其民,使皆知礼法,以淫奔者为耻。"(《毛诗正义》卷三)其事虽止于黎庶,然而涉及男女,关乎风化,亦为礼法所重。古之礼,始于家,而终于天下,故礼法亦贯通于家、国。《诗·大雅·思齐》颂文王之德云:"刑于寡妻,至于兄弟,以御于家邦。"《笺》云:"文王以礼法接待其妻,至

---

① 汉唐经解,每以"礼法"注"礼"。如《毛诗正义》卷六:"《兼葭》,刺襄公也。未能用周礼,将无以固其国焉。"郑《注》:"秦处周之旧土,其人被周之德教日久矣。今襄公新为诸侯,未习周之礼法,故国人未服焉。"《周礼注疏》卷三十七:"若有大丧,则相诸侯之礼。"贾《疏》:"释曰:大丧言'若',见有非常之祸,诸侯谓天子斩,其有哭位、周旋、擗踊、进退,皆有礼法。"又,《尚书·周书·洛诰》:"四方迪乱,未定于宗礼,亦未克敉公功。"孔《传》:"言四方虽道治,犹未定于尊礼。礼未彰,是亦未能抚顺公之大功。明不可以去。"孔《疏》:"正义曰:王意恐公意以四方既定,不须更留,故谓公云,四方虽已道治,而犹未能定于尊大之礼。言其礼乐未能彰明也。礼既未彰,是天下之民亦未能抚安顺行公之大功,公当待其礼法明,公功顺乃可去耳。"见孔安国传、孔颖达疏:《尚书正义》卷十五。
② 五礼之说,出于《周礼·春官·大宗伯》。《礼记·王制》则有六礼之说,所谓冠、昏、丧、祭、乡、相见是也。后者乃"言礼之在民者"。二者偏重不同,其实则一。因为礼是一种包罗万有的混融性秩序。详下。

于宗族。以此又能为政治于家邦也。"①礼可以修身,可以齐家,可以治国,故礼法所及,就不只是一些进退揖让的礼仪规矩,而是一套兼具伦理、政治和文化含义的制度规范,实为治国之大道。②值得注意的是,礼法虽代有损益,与时俱进,却总是同往圣联系在一起的,因此为神圣传统的一部分。而遵循这样的传统,乃是后人立身、治国的美德。《诗》云:"不愆不忘,率由旧章。"《笺》释:"愆,过。率,循也。成王之令德,不过误,不遗失,循用旧典之文章,谓周公之礼法。"(《毛诗正义》卷十七)孔《疏》将"旧章"释为"旧典之文章",而"文章"就是礼法,或曰"礼乐法度"。③

然则礼法既同于礼,何不云礼,而谓礼法?由汉唐经学用例可知,礼法连用虽无改于礼之义,却揭明并强调了礼之为制度、规范、秩序、法式的方面。古人观念中,此规范、秩序、法式亦可

---

① 〔汉〕郑玄笺,〔唐〕孔颖达疏:《毛诗正义》卷十六。《疏》云:"又能施礼法于寡少之适妻,内正人伦,以为化本。复行此化,至于兄弟亲族之内,言族亲亦化之。又以为法,迎治于天下之家国,亦令其先正人伦,乃和亲族。其化自内及外,遍被天下,是文王圣也。"将此意说得更加清楚。

② 《诗·巧言》:"秩秩大猷,圣人莫之。"郑《笺》:"猷,道也。大道,治国之礼法。"孔《疏》:"大道,治国礼法,圣人谋之,若周公之制礼乐也。"见郑玄笺、孔颖达疏:《毛诗正义》卷十二。

③ 《礼记·大传》:"立权度量,考文章,改正朔,易服色,殊徽号,异器械,别衣服,此其所得与民变革者也。"郑《注》:"权,秤也。度,丈尺也。量,斗斛也。文章,礼法也。"孔《疏》:"文章,国之礼法也。"见郑玄注、孔颖达疏:《礼记正义》卷三十四。朱熹注《论语》则谓:"文章,礼乐法度也。"见朱熹:《论语集注》卷四,载朱熹:《四书章句集注》,北京:中华书局1995年版。又其《孟子集注》卷七引程子言:"为政须要有纲纪文章,谨权、审量、读法、平价,皆不可阙。"(出处同前)亦同此意。

以"法"名之①,唯此"法"辄与德、教相连,故又谓之"德法"或"先王德教"②,而有别于单纯的暴力性规范如刑。"礼法化民"的这一性质,《尚书·吕刑》言之甚明:

> 德威惟畏,德明惟明。乃命三后,恤功于民。伯夷降典,折民惟刑;禹平水土,主名山川;稷降播种,农殖嘉谷。三后成功,惟殷于民。士制百姓于刑之中,以教祗德。

孔《疏》:

> 此经大意,言禹、稷教民,使衣食充足。伯夷道民,使知礼节。有不从教者,乃以刑威之。故先言三君之功,乃说用刑之事。言禹、稷教民稼穑,衣食既已充足。伯夷道民典礼,又能折之以法。礼法既行,乃使皋陶作士,制百官于刑之中。令百官用刑,皆得中正,使不僭不滥,不轻不重,助成道化,以教民为敬德。言从伯夷之法,敬德行礼也。(《尚书正义》卷十九)

----

① 《周礼·天官冢宰》:"大宰之职,掌建邦之六典,以佐王治邦国:一曰治典,以经邦国,以治官府,以纪万民;二曰教典,以安邦国,以教官府,以扰万民;三曰礼典,以和邦国,以统百官,以谐万民;四曰政典,以平邦国,以正百官,以均万民;五曰刑典,以诘邦国,以刑百官,以纠万民;六曰事典,以富邦国,以任百官,以生万民。"郑《注》:"大曰邦,小曰国,邦之所居亦曰国。典,常也,经也,法也。王谓之礼经,常所秉以治天下也;邦国官府谓之礼法,常所守以为法式也。"见郑玄注、贾公彦疏:《周礼注疏》卷二。

② 礼度:犹礼法,礼仪法度。《大戴礼记·盛德》:"礼度,德法也。"《周书·顾命》:"赤刀、大训、弘璧、琬琰,在西序。"孔《传》:"宝刀,赤刀削。大训,《虞书》典谟。"孔《疏》:"'大训,《虞书》典谟',王肃亦以为然,郑云'大训谓礼法,先王德教',皆是以意言耳。"见《尚书正义》卷十八。

这段文字所言之"礼节""典礼""教""法",以及经学上屡屡出现的"礼""礼乐""道""文章""制度""礼文""德""德教""典"等诸多概念,皆通于"礼法",且常常可以互注。这些概念之间的相互关联,构成了一个总名为"礼"的意义之网,"礼法"概念居其中,并透过与其他概念之间的联系确定其具体含义,展现其丰富内涵,同时也为它在经学以外的运用划出大致的范围。

经学之外,"礼法"概念亦多见于史部。与旨在理解古典经籍、传承古代思想的经学不同,史学由记录人物言行的传统发展而来,其兴趣不在概念的诠释和梳理,而在人与事的记述、描摹、针砭和臧否。故考察诸如"礼法"这样的概念,可以由经学察其义,而由史学见其用。

大体言之,"礼法"概念在史籍中的应用不出经学厘定的范围,唯史学与经学旨趣不同,其应用直指当下,因此也更具时代色彩。汉以后,皇权体制下的等级秩序业已牢固确立,与此同时,朝廷独尊儒术,立"五经"于学官。伴随此过程,"礼法"概念的正统性与日俱增。魏晋之际,士人谈玄,蔚为风尚,放达之士如"竹林七贤",其言论与行事恰与"礼法"概念所代表的正统性相悖。[①]《晋书·裴𬱟传》记云:"𬱟深患时俗放荡,不尊儒术,何晏、阮籍素有高名于世,口谈浮虚,不遵礼法,尸禄耽宠,仕不事事;至王衍之徒,声誉太盛,位高势重,不以物务自婴,遂相放效,风教陵迟,乃著崇有之论以释其蔽……"裴𬱟所谓不遵礼法,可以阮籍下面的

---

① 《资治通鉴》卷七十八《魏纪》十:"谯郡嵇康,文辞壮丽,好言老、庄而尚奇任侠,与陈留阮籍、籍兄子咸、河内山涛、河南向秀、琅邪王戎、沛国刘伶特相友善,号竹林七贤。皆崇尚虚无,轻蔑礼法,纵酒昏酣,遗落世事。"

故事为例。仍据《晋书》,阮籍闻母丧:

> 正与人围棋,对者求止,籍留与决赌。既而饮酒二斗,举声一号,吐血数升。及将葬,食一蒸肫,饮二斗酒,然后临诀,直言穷矣,举声一号,因又吐血数升,毁瘠骨立,殆致灭性。裴楷往吊之,籍散发箕踞,醉而直视,楷吊唁毕便去。或问楷:"凡吊者,主哭,客乃为礼。籍既不哭,君何为哭?"楷曰:"阮籍既方外之士,故不崇礼典。我俗中之士,故以轨仪自居。"时人叹为两得。籍又能为青白眼,见礼俗之士,以白眼对之。及嵇喜来吊,籍作白眼,喜不怿而退。喜弟康闻之,乃赍酒挟琴造焉,籍大悦,乃见青眼。由是礼法之士疾之若仇,而帝每保护之。①

由这段记述,可见所谓"方外之士"与"礼法之士"势同水火,不能两立。前者托名于"大人先生",对"贵介公子、缙绅处士"②

---

① 《晋书》卷四十九《阮籍列传》。阮籍并非不孝,唯其不尊礼法。朱子论孝,有爱、敬之分,曰:"此与阮籍居丧饮酒食肉,及至恸哭呕血,意思一般。蔑弃礼法,专事情爱故也。"见朱熹:《朱子语类》卷二十七《论语九》。

② 语出刘伶《酒德颂》,其辞曰:"有大人先生,以天地为一朝,万期为须臾,日月为扃牖,八荒为庭衢。行无辙迹,居无室庐,幕天席地,纵意所如。止则操卮执觚,动则挈榼提壶,惟酒是务,焉知其余。有贵介公子、缙绅处士,闻吾风声,议其所以,乃奋袂攘襟,怒目切齿,陈说礼法,是非蜂起。先生于是方捧罂承槽,衔杯漱醪,奋髯箕踞,枕曲藉糟,无思无虑,其乐陶陶。兀然而醉,恍尔而醒。静听不闻雷霆之声,熟视不睹泰山之形。不觉寒暑之切肌,利欲之感情。俯观万物,扰扰焉若江海之载浮萍。二豪侍侧焉,如蜾蠃之与螟蛉。"见《晋书》卷四十九《刘伶列传》。

讥讽有加,"谓世之礼法君子,如虱之处裈"①。后者对前者则"奋袂攘襟,怒目切齿"(《晋书》卷四十九《刘伶列传》),"疾之如仇雠"(《晋书》卷四十九《嵇康列传》)②,必欲灭之而后快。"竹林七贤"与"礼法之士"对立如此,固然有现世政治利益的因素作用其中,但儒家思想与佛老之间文化价值上的紧张和竞争关系也不容忽视。如前所述,礼法本出于礼,体现儒家基本价值,故裴颠以"礼法"与"儒术"、"风教"相连,裴楷以礼典与轨仪并举。从儒家的角度看,礼法为风教所系,实为御民之纲纪,治国之大本。崇尚佛老,竞谈浮虚,蔑弃礼法,毁坏名教,必有破家灭国之祸。晋干宝(? —336)《晋纪总论》谓孝怀、孝愍二帝之时,"礼法刑政,于此大坏,如室之斯构,而去其凿契,如水斯积,而决其堤防,如火斯畜,而离其薪燎也,国将亡,本必先颠,其此之谓乎"③。《晋书》纂者亦曰:"有晋始自中朝,迄于江左,莫不崇饰华竞,祖述虚玄,摈阙里之典经,习正始之余论,指礼法为流俗,目纵诞以清高,遂使宪章弛废,名教颓毁,五胡乘间而竞逐,

---

① 〔清〕赵翼:《廿二史札记》卷八《六朝清谈之习》。语出阮籍《大人先生传》。《晋书》卷四十九《阮籍列传》云籍"著《大人先生传》,其略曰:'世人所谓君子,惟法是修,惟礼是克。手执圭璧,足履绳墨。行欲为目前检,言欲为无穷则。少称乡党,长闻邻国。上欲图三公,下不失九州牧。独不见群虱之处裈中,逃乎深缝,匿乎坏絮,自以为吉宅也。行不敢离缝际,动不敢出裈裆,自以为得绳墨也。然炎丘火流,焦邑灭都,群虱处于裈中而不能出也。君子之处域内,何异夫虱之处裈中乎!'"

② "礼法之士"的说法亦见于后世,如朱熹论本朝人士:"盖介甫是个修饬廉隅孝谨之人,而安道之徒,平日苟简放恣惯了,才见礼法之士,必深恶。如老苏作辨奸以讥介甫,东坡恶伊川,皆此类耳。"见朱熹:《朱子语类》卷一百三十《本朝四》。又如《明史》卷一百七十一《王越列传》:"越既为礼法士所疾,自负豪杰,骜然自如"。又卷二百八十六《文苑列传》记祝允明"恶礼法士,亦不问生产,有所入,辄召客豪饮,费尽乃已,或分与持去,不留一钱"。

③ 《艺文类聚》卷十一《帝王部一》。

二京继踵以沦胥,运极道消,可为长叹息者矣。"①此类议论,都是把礼法奉为体制正统,而把国家灭亡的责任归之于佛老清谈。

同样可以注意的是,礼法存废虽关乎国运,但在史籍所载的许多场合,讲论"礼法",针对的首先是个人行止。实际上,"礼法"一词多见于"列传",用来描述传主的品行,即使涉及帝君后妃,也是如此。如《陈书》记世祖文帝陈蒨(522—566)事,谓其少时"沈敏有识量,美容仪,留意经史,举动方雅,造次必遵礼法"(《陈书》卷三《世祖本纪》)。《南史》谓高昭刘皇后(423—472)"严整有轨度,造次必依礼法"(《南史》卷十一《后妃列传》)。类似的说法,有如"清操逾厉,不妄通宾客,恒以礼法自处"(《隋书》卷五十八《李文博列传》),"以教义礼法为己任"(《旧唐书》卷一百二十七《蒋镇列传》),"好儒术,以礼法修整"(《旧唐书》卷一百三十三《李宪列传》),"幼孝友,性质严重,起居皆有礼法"(《新唐书》卷一百六十三《柳公绰列传》),"优游典籍,以礼法自居"(《宋史》卷二百四十四《惟和列传》),"器局闳远,不与人校短长,以礼法自持"(《宋史》卷三百四十《苏颂列传》),"性孝友,尤刚正,日用之间,动中礼法。与人交,不以势合,不以利迁。善诱学者,谆谆不倦"(《元史》卷一百八十九《陈栎列传》)。相反的说法则有"性豪迈,不遵礼法,好昵群小"(《宋史》卷二百六十二《赵上交列传》),"不拘礼法,人讥其颓放"(《宋史》卷三百九十五《陆游列传》),"喜豪放剧饮,不循礼法"(《宋史》卷四百四十二《颜太初列传》),等等。在这类描述

---

① 《晋书》卷九十一《儒林列传》。又据《隋书》卷二十二《五行志上》:"天戒若曰,国威已丧,不务修德,后必有恃佛道,耽宴乐,弃礼仪而亡国者。陈之君臣竟不悟。至后主之代,灾异屡起,惧而于太皇寺舍身为奴,以祈冥助,不恤国政,耽酒色,弃礼法,不修邻好,以取败亡。"

中,显然,与"礼法"相连的俱为儒家德目,而这些良好的品性和品德,又总是同儒家理想的君子人格联系在一起的。事实上,在儒家看来,遵循礼法不仅有助于君子人格的养成,而且就是君子人格的一部分,甚至就是其外在表征。正是凭借"礼法",儒家区分出君子和小人两个基本范畴。①

"礼法"关乎德行、风教与体制,此固无疑义。而在以儒家经典构筑的世界观里,这一概念又因为与夷夏观念密切相关,而同时具有文明属性,甚而等同于文明。《明史》载西南边疆形势,有"土民不识礼法,不通汉语"②等语,透露出来的就是这样一种文明观。实际上,对内明君子小人之分,以德化民,对外严华夏蛮夷之辨,怀柔远人,既是历朝历代透过礼法刑政所欲达成的目标,也是华夏文明秩序据以建立和维续的基础。着眼于此,亦可以说,"礼法"所表征的,是某种由个人的道德修为,到家庭伦理、社会制度、国家体制,再到族群及国家间关系乃至于天下文明的一整套秩序,其间虽涉及不同事物及主体,但又紧密无

---

① 《朱子语类》卷四十二《论语·颜渊篇下》:"问:'……如何以文观人?'曰:'无世间许多礼法,如何辨得君子小人?如老庄之徒,绝灭礼法,则都打个没理会去。'"宋人吴奎有言:"国家谨礼法以维君子,明威罚以御小人。君子所顾者,礼法也;小人所畏者,威罚也。"见《宋史》卷一百七十《职官志十(杂制)》。

② 《明史》卷三百十五《云南土司列传》。据李昉:《太平御览》卷七百九十九《四夷部二十·北狄一》:"貊者,略也,云无礼法。又胡者,互也,其被发左衽,言语贽币,事殊互也。"《元史》卷一百六十三《乌古孙泽列传》载:"泽为广西两江道宣慰副使、金都元帅府事。两江荒远瘴疠,与百夷接,不知礼法,泽作《司规》三十有二章,以渐为教,其民至今遵守之。"《明史》卷三百十四《云南土司列传》记:"十八年置金齿卫指挥使司。二十年,遣使谕金齿卫指挥储杰、严武、李观曰:'金齿远在边徼,土民不遵礼法。尔指挥李观处事宽厚,名播蛮中,为诸蛮所爱。'"又《明史》卷三百三十一《西域列传》载:"[酋长南葛]正统三年奏年老,乞以子克罗俄坚粲代,从之。凶狡不循礼法。"

间,一以贯之。此一视野中的"礼法",甚至不仅仅是化人于无形的"德教",同时也是有形的强制性规范。

前引《尚书·吕刑》孔《疏》,有"伯夷道民典礼,又能折之以法","有不从教者,乃以刑威之"等语,皆表明礼与法(刑)并非不能相通。晋《傅子·法刑》:"立善防恶谓之礼,禁非立是谓之法。法者,所以正不法也。明书禁令曰法,诛杀威罚曰刑。天地成岁也,先春而后秋;人君之治也,先礼而后刑。……礼法殊涂而同归,赏刑递用而相济矣。"①傅玄(217—278)以礼、法为二事,虽为"礼法"概念较为晚出也较为少见的一种用法,却也无悖于经义。礼法既为制度、规范、秩序、法式,其本身就具有"法"的可测度性和可执行性。史载,汉儒叔孙通(?—约前194)曾采择古礼并秦仪,制作汉仪,所撰礼仪与律同录藏于理官。② 礼仪既成,则失仪者科罪。汉律有"乏祠"之罪,犯者免官;又有"不斋"罪名,刑至于耐。即此之例。③ 晋臣庾纯酒醉失仪,居下犯上,后以己"昏乱仪度""违犯宪度"请罪。诏曰:"先王崇尊卑之礼,明贵贱之序,著温克之德,记沈酗之祸,所以光宣道化,示人轨仪也。昔广汉陵慢宰相,获犯上之刑;灌夫托醉肆忿,致诛毙之罪。纯以凡才,备位卿尹,不惟谦敬之节,不忌覆车

---

① 〔清〕严可均辑:《全晋文》。唐代敕云:"复仇,据礼经则义不同天,征法令则杀人者死。礼法二事,皆王教之端,有此异同,必资论辩。"见刘昫等:《旧唐书》卷五十《刑法志》。此处所言"礼法",其义与傅子语同。

② 程树德:《九朝律考》,北京:中华书局1988年版,第11、16页。

③ 事见《汉书》卷一六《高惠后高文功臣表》。《唐律·职制》"大祀不预申期"条即源自此。参见刘俊文:《唐律疏议笺解》上,北京:中华书局1996年版,第731页。

之戒,陵上无礼,悖言自口,宜加显黜,以肃朝伦。"遂免纯官。①类此故事,不绝于史。事实上,自汉至唐,礼、法(刑)关系经历了一次系统的重构,其完成的标志,便是儒家经义的全面制度化,礼法作为国家体制核心的地位牢不可破。唐代法制有律、令、格、式之分,律乃"一准乎礼"②,固不待言,令式之内容,亦多出于礼制。而大臣奏折、皇帝诏书也经常重申条令,务求维持礼法于不坠。如武周时宰相王綝(？—702)奏言:"准令式:齐缞、大功未葬,并不得朝会;仍终丧,不得参燕乐。比来朝官不依礼法,身有哀惨,陪厕朝驾,手舞足蹈。公违宪章,名教既亏,实玷皇化。请申明程式,更令禁止。"③奏上,"有诏申责,内外畏之"(《新唐书》卷一百一十六《王綝传》)。又比如,唐玄宗(685—762)时曾发布《禁殡葬违法诏》:

> 如闻百官及庶人家殡葬,颇违古则,无复哀戚,递相夸尚。富者逾于礼法,贫者殚其资产,无益于死,徒损于生,伤风败化,斯敝尤甚。自今已后,送终之仪,一依令式。至坟墓所,仍不得聚饮肉食,宜令所繇,严加禁断。更有违者,科

---

① 参见《晋书》卷五十《庾纯列传》。据同书记载,诏下,又以纯父老不求供养,使据礼典正其臧否。司徒石苞议:"纯荣官忘亲,恶闻格言,不忠不孝,宜除名削爵土。"司徒西曹掾刘斌则以为,"独于礼法外处其贬黜",是为非理。"礼,年八十,一子不从政。纯有二弟在家,不为违礼。又令,年九十,乃听悉归。今纯父实未九十,不为犯令"。河南功曹史庞札等亦从其说。诸臣的议论,除言"礼法"、"礼典"之外,还有"礼律"、"礼禁"等语。
② 《四库全书总目》卷八二《史部》三十八《政书类》二。该类目中,《唐律疏议》与诸礼书同列,编列其后。此种分类也很能说明问题。
③ 〔唐〕王綝:《有丧不得朝会燕乐奏》,载《全唐文》卷一百六十九。事又见王溥《唐会要》卷三十八《杂记》。

违敕罪。①

而在现实中,官员因为不遵礼法、违反令式而遭贬抑、申斥、黜免乃至刑惩的事例史不绝书。② 这些虽为后世情形,反映了制度礼法与时变化的形态,也未尝不可以视作早期传统的某种延续。正如"礼法"一词虽晚出,其基本意蕴却仍须透过早期思想传统来理解和把握。毕竟,礼法概念源自礼、法诸观念,而这些观念,不仅渊源久远,它们在中国古代思想世界中的意义也更加重大和深远。事实上,比较"礼""法"二字,"礼法"概念不但出现较晚,其见于古代文献中的频率也明显更低。这是因为,"礼法"不过是由"礼"所派生出来的概念之一种,其所言之事亦多可由其他语词和概念来指示。而更重要的是因为,派生性的"礼法"概念,不具有"礼"或"法"那样的原生性,其重要性不足以激发古人同等的热情与关注。因此,要深入认识"礼法"观念所由出和代表的古代政法思想传统,就不能囿于"礼法"一词,而需要直接考察原初之"礼""法"观念,一探其根源。

---

① 此文载《全唐文》卷二十八《元宗》(九)。后又有《禁丧葬违礼及士人干利诏》,重申此意:"古之送终,所尚乎俭。比来习俗,渐至于奢。苟炫燿于衢路,复何益于泉壤,又凡庶之中,情理多阙,每因送葬,或酣饮而归,及寒食上墓之时,亦便为宴乐,在于风俗,岂成礼教。自今已后,其缘葬事有不依礼法者,委所由州县并左右街使严加捉搦,一切禁断。其有犯者,官人殿黜,白身人所在决一顿。"见《全唐文》卷三十一《元宗》(十二)。

② 如唐德宗《贬郭煦等诏》:"先圣忌辰,才经叙慰,戚里之内,固在肃恭。而乃遽从宴游,饮酒作乐。既乖礼法,须有所惩。前汾州长史郭煦,宜于袁州安置。前南郑县尉郭暄,于柳州安置。曹自庆配流永州。其驸马郭暧、王士平,仍令并归私第。"见《全唐文》卷五十二《德宗》(三)。德宗《郜国大长公主别馆安置敕》处分人等更多,参见《全唐文》卷五十四《德宗》(五)。

礼与刑：以礼为法

古代有关礼之记载及论述不可胜数，儒家经典直接以礼名之者，就有记述三代礼俗尤其是周时礼仪的《仪礼》，有号为周代典章制度大成的《周礼》，还有记述和阐发礼之原理、原则的《礼记》。三礼之中，《仪礼》最古，《周礼》次之。古文学家相信，这两部礼经都出自周公之手。[①] 其说固不足信，但是三代礼制，以周礼为最可观，其影响于后世者至为深远，也是不争的事实。盖因周人不但以"德"之观念灌注于所继受的夏礼和殷礼，进而实现了由神道向人道的转换，[②]更凭借其杰出的政治智慧与行政才具，制礼作乐，而成就一代辉煌礼制，实为古代礼法思想及制度之集大成者。

《说文·示部》释"礼"云："禮，履也，所以事神致福也。从示，从豊。"说明礼最初主要与先民的祭祀活动有关。《尚书》以及《诗经》早期作品中，"礼"字的用法基本都与祭祀有关，而在春秋时代，礼的含义已经大为扩展，几乎包纳了从个人到家庭、

---

① 参见周予同：《周予同经学史论著选集》，上海：上海人民出版社1983年版，第241—242、244页。

② "德"之观念的产生，为周代政治思想的突出表征。中国古代思想的人文精神亦由此而确立。陈来借用卡西尔的概念，将殷周之际思想文化的变迁描述为从自然宗教到伦理宗教的改变，同时指出，周代礼乐文化虽处在与"伦理宗教"相当的阶段，但其重点已从神转向人，因此而开启了以人文精神为底色的"德礼文化"。参见陈来：《古代宗教与伦理：儒家思想的根源》，北京：三联书店1996年版，第146—149、168页。更详尽的论述，见该书第5、6、7章。

社会乃至国家的所有规范。[①] 礼由最初的"行礼之器"[②],转而指称一般所谓"奉神人之事"[③],再发展成为人伦与社会规范的总名,此一过程定然复杂而漫长,由此而形成的礼的观念,其含义层叠累积,多义而重要。据《礼记·礼运》,孔子论礼云:

> 夫礼之初,始诸饮食,其燔黍捭豚,污尊而抔饮,蒉桴而土鼓,犹若可以致其敬于鬼神。……昔者先王未有宫室,冬则居营窟,夏则居橧巢。未有火化,食草木之实,鸟兽之肉,饮其血,茹其毛。未有麻丝,衣其羽皮。后圣有作,然后修火之利,范金合土,以为台榭、宫室、牖户,以炮以燔,以亨以炙,以为醴酪,治其麻丝以为布帛,以养生送死,以事鬼神上帝,皆从其朔。故玄酒在室,醴盏在户,粢醍在堂,澄酒在下。陈其牺牲,备其鼎俎,列其琴瑟管磬钟鼓,修其祝嘏,以降上神与其先祖,以正君臣,以笃父子,以睦兄弟,以齐上下,夫妇有所。是谓承天之祜。

据此,礼不离人之基本需求,却又是使人脱离自然进入文明

---

① 梁启超区分礼之含义为三:事神致福之礼乃狭义之礼;"礼者履也"乃广义的礼;而"礼者理也"则是最广义的礼,它包括了一切社会习惯,其性质与法律亦无多差异。参见梁启超:《儒家哲学》,上海:上海人民出版社2009年版,第140—145页。关于早期礼之观念的沿革,更详细的论述,参见张端穗:《仁与礼——道德自主与社会制约》,载黄俊杰主编:《中国人的宇宙观》,合肥:黄山书社2012年版,第72—76页。

② 段玉裁谓:"丰者,行礼之器。"见段玉裁:《说文解字注》第一卷第一篇注上,上海:上海古籍出版社2011年版。

③ 王国维谓:"奉神人之事通谓之礼。"详见王国维:《释礼》,载王国维:《观堂集林》(一)卷六,北京:中华书局1984年版。

的关键。简言之,礼为文明的表征,甚至可以说,礼就是文明。其形态则由低而高,由简而繁,从日用器物到生活仪节,从生产技艺到人伦纲纪,从家庭组织到社会规范,从乡俗土风到典章制度,终至无所不包,实为"中国物质文化和精神文化之总名"①。

礼既涵摄政治、经济、军事、法律、文化、教育、宗教、道德诸领域以及日常生活的各个方面,其重要性也就变得无所不在。《礼记·曲礼上》有云:"道德仁义,非礼不成;教训正俗,非礼不备;分争辨讼,非礼不决;君臣上下父子兄弟,非礼不定;宦学事师,非礼不亲;班朝治军,莅官行法,非礼威严不行;祷祠祭祀,供给鬼神,非礼不诚不庄。是以君子恭敬撙节退让以明礼。"这段关于礼的经典表述,不但突出了礼的规范性质,而且表明,总名为礼的这种社会规范,也是当时各种活动及行为最终的和唯一的判准,具有普遍的和最高的权威性。秉有此种性质和地位之礼,固不同于后世所谓法,却涵摄法意于其中,或者可以说,礼即是三代的根本法。事实上,据《礼记·礼运》所引孔子的说法,礼之勃兴与名为"小康"的三代圣王之治相连。所谓"礼运",即世运从礼之谓。② 礼就是"小康"之世的致治之道。孔子云:

> 今大道既隐,天下为家,各亲其亲,各子其子,货力为己,大人世及以为礼,城郭沟池以为固,礼义以为纪;以正君臣,以笃父子,以睦兄弟,以和夫妇,以设制度,以立田里,以贤勇知,以功为己。故谋用是作,而兵由此起。禹、汤、文、

---

① 邹昌林:《中国古礼研究》,转引自阎步克:《士大夫政治演生史稿》,北京:北京大学出版社1996年版,第81页。
② 东汉郑玄《礼运目录》云:"名曰礼运者,以其记五帝、三王相变易,阴阳转旋之道。"

武、成王、周公,由此其选也。此六君子者,未有不谨于礼者也。以著其义,以考其信,著有过,刑仁讲让,示民有常。如有不由此者,在势者去,众以为殃。是谓小康。①

这段话所描述的,是大道既隐之后的天下秩序,礼则为规范和维续这一秩序的根本法,乃其典范。② 而"示民有常"云云,在揭示了礼之为法的属性的同时,也表明了作为根本法之礼的强制性和普遍性。

以礼为三代的根本法,是着眼于其世运之道的崇高地位而言,然而三代之世,礼法未分,礼亦非诸法之法、法上之法,而是巨细靡遗,规范万有。换言之,礼既是根本法,也是普通法、一般法,其形态略近于后世所谓习惯法。③ 自社会学角度观察,礼似乎包含了民风(folkways)、民仪(mores)、制度(institution)、仪式和政令等等,又是由低而高慢慢发展起来的。④ 慎子(约前390—前315)云:"礼从俗,政从上。"⑤可以说,礼出于俗,而不同

---

① 《礼记·礼运》。道家亦以礼为后出,代表某种欠完善的社会秩序。不过,与儒家对礼的高度肯定相反,道家对礼及其所代表的文明秩序基本持否定态度。老子云:"故失道而后德,失德而后仁,失仁而后义,失义而后礼。夫礼者,忠信之薄,而乱之首。"见《老子》三十八章。

② 康有为以为:"礼者,犹希腊之言宪法,特兼该神道,较广大耳。"见康有为:《孟子微 中庸注 礼运注》,北京:中华书局1987年版。

③ 关于礼之习惯法性质,详尽的研究,参见姚中秋:《华夏治理秩序史》第二卷《封建》(下册)第八、九、十章。西洋法学家亦有视礼为习惯法者,参见昂格尔:《现代社会中的法律》,北京:中国政法大学出版社1994年版,第42—46页。对盎格尔观点的进一步讨论,参见梁治平:《清代习惯法:社会与国家》,北京:中国政法大学出版社1996年版,第2—8页。

④ 参见李安宅:《〈仪礼〉与〈礼记〉之社会学的研究》,上海:上海人民出版社2005年版,第3页。

⑤ 《慎子逸文》,《艺文类聚》三十八、《太平御览》五百二十三引。

于俗,同时又保有俗的成分。一般认为,《仪礼》所记载的古代礼仪,大多源于古代社会习俗,而非人为制定。不过,这些反映古代社会生活的繁复仪节,其形式已经相当精致,非经长期实践与提炼,不能成就。至于"经国家,定社稷"的《周礼》(《左传·隐公十一年》),自然更多出于人为。周公之制作礼乐,亦是如此。不过,类此人为制作,仍主要是就以往的习俗、惯例和传统施为,以发现和承继的方式发展传统,而不同于近代立法者之所为。总之,礼发展至周代,已经极尽完备,有所谓"礼仪三百,威仪三千"(《礼记·中庸》)[1],而周人关于礼的思想和观念,亦极丰富而细密。有意思的是,西周礼制发达,礼治秩序井然,有关礼的论述却不多见。延至春秋,礼崩乐坏,封建秩序岌岌可危,有关礼与非礼、知礼与违礼的争论和辨析,反倒随处可见。大抵小康盛世,礼制融于生活,规矩被视为当然。规范的意识,当与不当的区别,简言之,合礼与否的观念,只有在固有之礼治秩序受到挑战甚而即将倾覆之际,才变得格外强烈和尖锐。

东汉经学大师郑玄序《曲礼》亦云:"礼者,体也,履也。统之于心曰体,践而行之曰履。"(《礼记正义》卷一《曲礼上》)践行谓之履。从先民"奉神人之事"的献祭仪式,到后人"饮食、冠昏、丧祭、射御、朝聘"(《礼记·礼运》)的种种仪节,均可以"履"视之,《仪礼》乃其范本。然而,正如郑玄所区分的那样,礼除了表现于外的客观的一面,还有内在的和主观的一面,所谓"统之于心"之体,即隐含于进退揖让之仪节中的规范,以及涉礼者对

---

[1] 又,《礼记·礼器》云:"经礼三百,曲礼三千"。章太炎云:"礼仪、经礼,谓《周礼》也。威仪、曲礼,谓《仪礼》也。……三百、三千云者,约举其大数云尔。"章太炎:《国学概论》,南京:江苏人民出版社2014年版,第163页。

此规范的理解和把握,进而基于礼而产生的当为意识。对此,春秋时人已有清楚的认识。据《左传·昭公五年》,鲁昭公(前560—前510)入晋国,"自郊劳至于赠贿,无失礼"。晋侯以为其善礼,但在晋大夫女叔齐看来,鲁侯所谨守者,"是仪也,不可谓礼"。盖因:

> 礼所以守其国,行其政令,无失其民者也。今政令在家,不能取也。有子家羁,弗能用也。奸大国之盟,陵虐小国。利人之难,不知其私。公室四分,民食于他。思莫在公,不图其终。为国君,难将及身,不恤其所。礼之本末,将于此乎在,而屑屑焉习仪以亟。言善于礼,不亦远乎?

换言之,礼根本上是一套封建秩序的原则和规范,所谓"经国家,定社稷,序民人,利后嗣者也"(《左传·隐公十一年》)。鲁国之治,政令不行,贤人不举,又不遵盟约,欺侮小国,以至公室羸弱,尽失民心。其危殆如此,鲁侯竟不为之虑,岂可谓知礼?

礼、仪之分,也见于郑卿子大叔(?—前507)与晋卿赵简子(?—前476)的一段对话。在这段著名的对话里,简子问揖让周旋之礼,子大叔对曰:"是仪也,非礼也。"郑先贤子产(?—前522)称"礼"是"天之经也,地之义也,民之行也"。子大叔更将此义发挥如下:

> [礼]天地之经,而民实则之。则天之明,因地之性,生其六气,用其五行。气为五味,发为五色,章为五声,淫则昏乱,民失其性。是故为礼以奉之:为六畜、五牲、三牺,以奉五味;为九文、六采、五章,以奉五色;为九歌、八风、七音、六

律,以奉五声;为君臣、上下,以则地义;为夫妇、外内,以经二物;为父子、兄弟、姑姊、甥舅、昏媾、姻亚,以象天明;为政事、庸力、行务,以从四时;为刑罚、威狱,使民畏忌,以类其震曜杀戮;为温慈、惠和,以效天之生殖长育。民有好、恶、喜、怒、哀、乐,生于六气。是故审则宜类,以制六志。哀有哭泣,乐有歌舞,喜有施舍,怒有战斗;喜生于好,怒生于恶。是故审行信令,祸福赏罚,以制死生。生,好物也;死,恶物也;好物,乐也;恶物,哀也。哀乐不失,乃能协于天地之性,是以长久。(《左传·昭公二十五年》)

此说语涉玄虚,却直指天道性体,从而揭示了礼的形上性质,或曰礼的形上本根,也是礼之至上权威之所由来。

以天为人世秩序的形上依据,原是古典思想的精义所在。《尚书·皋陶谟》有云:"天工人其代之?天叙有典,敕我五典五惇哉!天秩有礼,自我五礼有庸哉!……天命有德,五服五章哉!天讨有罪,五刑五用哉!"就明白地将总名为礼的人间秩序安放在天的基础之上。后人论礼无不如此。[①] 不过,若论议论之周密精详,则无过乎子大叔的这段阐述。天有六气、五行,人有喜怒哀乐、好恶、五味、五色、五声;天有明暗、阴阳,人有君臣、父子、夫妇;天有四时,能生殖长育,震曜杀戮,人则有温慈、惠和,

---

[①] 据《礼记·礼运》,孔子对礼本于天之义,致意再三。如谓"夫礼,必本于天,殽于地,列于鬼神,达于丧、祭、射、御、冠、昏、朝、聘。故圣人以礼示之,故天下国家可得而正也"。又云"是故夫礼,必本于大一,分而为天地,转而为阴阳,变而为四时,列而为鬼神。其降曰命,其官于天也。夫礼必本于天,动而之地,列而之事,变而从时,协于分艺,其居人也曰养,其行之以货力、辞让、饮食、冠昏、丧祭、射御、朝聘"。

刑罚、威狱。圣人象天之明,则地之义,顺人之情,制礼作乐,令哀乐不失,而协于天地之性。这段礼论将人间秩序与天地之象一一对应,不但确定了礼的终极渊源,也揭示了礼包罗万有、混融无界的性质。狭义的礼或不下于庶人,甚至只是行为的仪节,广义的礼却无所不包,由"治人之情"①到正天下国家,一以贯之。盖因天地至高至大,无远弗届,一切人、事尽在其中,皆隶其下。故礼之所及,具有支配一切生活领域、各种人类活动和所有社会角色的至上性与普遍性。《礼记·乐记》云:"礼乐刑政,其极一也。"这个一,就是天,就是体象乎天地的礼。今人有以之比附于西洋概念者,名之为中国的"自然法"。②

无论根本法、习惯法,还是自然法,俱为今人说法,以之名礼,或略得其义,然皆非古人观念本身。汉唐以下,经学家以"法"释"礼"者所在多有,但那也是后人解说,有别于古,更不同于今。虽然如此,古今观念之间不乏相通之处。礼为常经,为规范、判准、规矩、绳墨。《礼记·经解》云:"礼之于正国也,犹衡

---

① 孔子曰:"夫礼,先王以承天之道,以治人之情。"又曰:"故圣王修义之柄、礼之序,以治人情。故人情者,圣王之田也。修礼以耕之,陈义以种之,讲学以耨之,本仁以聚之,播乐以安之。"(《礼记·礼运》)针对的,正是生于六气的人之喜怒哀乐、好恶。

② 视礼为中国的自然法者,不乏其人,梁启超即一著例。详见梁启超:《中国法理学发达史论》,载范忠信选编:《梁启超法学文集》,北京:中国政法大学出版社2000年版。又见梅仲协:《法与礼》,载刁荣华主编:《中国法学论著选集》,台北:汉林出版社1976年版。李约瑟在其中国科学思想史研究中设专章讨论中、西自然法观念。详见 Joseph Needham, *History of Scientific Thought*, pp. 521, 532, 539, 544. Science nad Civilisation in China. Vol. Ⅱ. Cambridge University Press, 1980。

之于轻重也,绳墨之于曲直也,规矩之于方圆也。"其说法意十足①,唯其言礼而不言法,且法之一字,当时也另有其名。《尔雅·释诂》释"法":"柯、宪、刑、范、辟、律、矩、则,法也。"法又训常:"典、彝、法、则、刑、范、矩、庸、恒、律、戛、职、秩,常也。"(《尔雅·释诂》)故学者注经,惯以常、法二字连用,谓为"常法"。② 这些义同于"法"的单字,许多屡见于《诗》《书》,不但其用例远较法字为多,③其含义亦非后世狭义之"法"所能范围。如"天叙有典"之"典",即是立基于天道的伦常秩序。④ "民彝"之"彝",则是兼具道德和法典之义的人伦规范之常道。⑤ 而《尚书》名篇、意为"大法"的《洪范九畴》,恰如广义的礼,展示的乃是一整

---

① 试比较《管子·七法》:"尺寸也、绳墨也、规矩也、衡石也、斗斛也、角量也,谓之法。"《慎子逸文》:"有权衡者,不可欺以轻重;有尺寸者,不可差以长短;有法度者,不可巧以诈伪。"荀子论礼,亦有绳墨、规矩之喻:"礼岂不至矣哉!立隆以为极,而天下莫之能损益也。……故绳墨诚陈矣,则不可欺以曲直;衡诚县矣,则不可欺以轻重;规矩诚设矣,则不可欺以方圆;君子审于礼,则不可欺以诈伪。故绳者,直之至;衡者,平之至;规矩者,方圆之至;礼者,人道之极也。"(《荀子·礼论》)而荀子其学,正是战国时期兼综礼法的一大典范。详下。

② 郭璞《注》曰:"庸、戛、职、秩义见《诗》《书》,余皆谓常法耳。"邢昺《疏》云:"律者,常法也。"又云:"刑、范、律、矩、则,皆谓常法也。"见郭璞注、邢昺疏:《尔雅注疏》卷一《释诂》。

③ 《诗经》不见"法"字。《尚书》今、古文,指法度及刑法之"法"字仅5见。

④ "正义曰:天叙有典,有此五典,即父义、母慈、兄友、弟恭、子孝是也。五者人之常性,自然而有,但人性有多少耳。天次叙人之常性,使之各有分义。……此皆出天然,是为天次叙之。天意既然,人君当顺天之意,敕正我五常之教,使合于五者皆厚,以教天下之民也。"见孔安国传、孔颖达疏:《尚书正义》卷四《皋陶谟》。

⑤ 参见张端穗:《仁与礼——道德自主与社会制约》,载黄俊杰主编:《中国人的宇宙观》,合肥:黄山书社2012年版,第74—76页。

套象天法地的规范秩序。不过,这些训"法"、训"常"的单字里面,又有一字值得更多注意,那就是"刑"。

刑有刑罚之义,范型之义,两种意思皆与法有关,而此模范行为之"法"辄关杀戮之事。古者,"荆"作"㓝"。《说文》:"㓝,罚罪也,从井,从刀。《易》曰:'井,法也。'"①又《说文·刀部》:"刑,剄也。从刀,开声。"均是以割、杀为事。《慎子逸文》"斩人肢体,凿其肌肤,谓之刑"(《太平御览》六百四十五引),乃其正解。其暴虐性质如此,刑与礼便像是格格不入之二事,在规范行为、维系社会方面,各取一端。事实上,古人对刑的起源的看法也强化了刑之为法的负面价值。《尚书·吕刑》谓:"苗民弗用灵,制以刑,惟作五虐之刑曰法。杀戮无辜,爰始淫为劓、刵、椓、黥。"三代的"五刑"——墨、劓、剕、宫、大辟,即出于此。古之圣王舜以宽和的方式行五刑之法,或象其形,或释其严酷,对于无心的过犯,则予以宽宥,以教化民。② 同时,刑也用于异族。《尚书·舜典》记帝之言:"皋陶,蛮夷猾夏,寇贼奸宄。汝作士,五刑有服,五服三就。五流有宅,五宅三居。惟明克允!"士为理

---

① 《一切经音义》:"刑字,从刀,从井;井以饮人,人入井争水,陷于泉,以刀守之,割其情,欲人畏惧以全身命也。故从刀,从井。"

② 《尚书·舜典》:"象以典刑,流宥五刑,鞭作官刑,扑作教刑,金作赎刑。眚灾肆赦,怙终贼刑。钦哉,钦哉,惟刑之恤哉!"关于象刑,古人有不同解释。曾运乾《尚书正读》云:"盖刻画墨、劓、剕、宫、大辟之刑于器物,使民知所惩戒。"《慎子逸文》则谓:"有虞之诛,以幪巾当墨,以草缨当劓,以菲履当刖,以艾韠当宫,布衣无领当大辟,此有虞之诛也。斩人肢体,凿其肌肤,谓之刑;画衣冠,异章服,谓之戮。上世用戮,而民不犯也;当世用刑,而民不从。"见《太平御览》六百四十五。

官,《周礼》司寇之属,掌狱讼之事。① 命士以刑应对犯境的蛮夷,似有职司混淆之嫌。但这一点恰好表明了古时刑之观念的特异处。古者,兵刑不分,"兵与刑乃一事之内外异用,……'刑罚'之施于天下者,即'诛伐'也;'诛伐'之施于家、国者,即'刑罚'也"②。故鲁司寇臧文仲(?—前617)谓:"大刑用甲兵,其次用斧钺,中刑用刀锯,其次用钻笮,薄刑用鞭扑,以威民也。故大者陈之原野,小者致之市朝,五刑三次,是无隐也。"(《国语·鲁语上》)从字面上看,《国语》之"五刑"有异于《尚书》之"五刑",但它们只是侧重不同,所指其实为一。③ 而在当时,无论兵、刑,都服从于礼,统一于礼,为礼制不可或缺的组成部分。

---

① 《尚书·周官》:"司寇掌邦禁,诘奸慝,刑暴乱。"《周礼·秋官·司寇》:"帅其属而掌邦禁,以佐王刑邦国。"其中,"大司寇之职,掌建邦之三典,以佐王刑邦国,诘四方","小司寇之职,掌外朝之政,以致万民而询焉"。

② 钱锺书:《管锥编》(一),北京:中华书局1979年版,第285页。古代,兵刑关系至为密切,实乃一而二,二而一。一般认为,刑起于兵,亦有学者认为情形正好相反,实为兵始于刑。参阅姚中秋:《华夏治理秩序史》第二卷《封建》(下册)第十一章,海口:海南出版社2012年版,尤其第727—747页。日人籾山明对古代兵刑关系做了更细致的分析,认为后世的法主要源自与维持军事集团运作密切相关的"刑"。详参籾山明:《法家以前——春秋时期的刑与秩序》,载杨一凡总主编:《中国法制史考证》丙编《日本学者考证中国法制史重要成果选译》,北京:中国社会科学出版社2003年版。

③ 韦昭注:"割劓用刀,断截用锯,亦有大辟,"又,"钻,膑刑也。笮,黥刑也。"(《国语·鲁语上》)。范文子云:"吾闻之,君人者刑其内成,而后振武于外,是以内和而外威。今吾司寇之刀锯日弊,而斧钺不行,内犹有不刑,而况外乎? 夫战,刑也,……"韦昭注"刀锯,小人之刑","斧钺,大刑"(《国语·晋语六》)。又据《周礼·秋官·大司寇》,五刑亦有"野刑""军刑""乡刑""官刑""国刑"之属。有学者认为,《周礼》"五刑"言刑之范围,《国语》"五刑"言刑之工具,《尚书》"五刑"言刑之种类,各有偏重,而无矛盾。参见张晋藩总主编:《中国法制史》第一卷《夏商周》,北京:法律出版社1999年版,第385—386页。

《尚书·皋陶谟》所谓"人其代之"的天职("天工"),不但有"五典""五礼""五服",也有"五刑"。同样,子大叔讲的天地之经的礼,里面也包括了使民畏忌的"刑罚威狱"和制人死生的"祸福赏罚"。礼治下的刑,可以被视为礼的一种消极表达。礼之为法,固无待于刑,而刑的存在,则保证了礼的强制性。

三代皆有刑书,夏之《禹刑》,商之《汤刑》,周之《九刑》,大概就是当时所谓"常刑",唯其书不传,其内容只能由残存的古代文献窥得。《尚书·伊训》记汤制官刑,以儆戒百官,列举三种风习,十种过犯("三风十愆"),虽恶有大小,但有一于身,皆丧国亡家,故设不谏之刑曰:"臣下不匡,其刑墨,具训于蒙士。"周公封康叔于卫,作《康诰》,要求对不孝不友、泯乱常法(民彝)的行为,迅即运用文王制定的刑罚,"刑兹无赦"。① 古人关于礼、刑的观念和事迹,在记载春秋史实的文献中更有大量记述。周襄王(?—前619)时,内史过奉命向晋惠公颁赐任命,晋国君臣表现无礼,内史过认为其必不免于祸患。在归来之后与周襄王的一段对话中,内史过论述了礼在国家事务中的重要性,并论及礼治秩序下礼、刑之间的关系:

> 古者,先王既有天下,又崇立上帝、明神而敬事之,于是乎有朝日、夕月以教民事君。诸侯春秋受职于王,以临其民。大夫、士日恪位著,以儆其官。庶人、工、商各守其业以共其上。犹恐其有坠失也,故为车服、旗章以旌之,为挚币、

---

① 《尚书·康诰》:"王曰:'封,元恶大憝,矧惟不孝不友。子弗祗服厥父事,大伤厥考心;于父不能字厥子,乃疾厥子。于弟弗念天显,乃弗克恭厥兄;兄亦不念鞠子哀,大不友于弟。惟吊兹,不于我政人得罪,天惟与我民彝大泯乱,曰:乃其速由文王作罚,刑兹无赦。'"

瑞节以镇之,为班爵、贵贱以列之,为令闻嘉誉以声之。犹有散、迁、解慢而著在刑辟,流在裔土,于是乎有夷、蛮之国,有斧钺、刀墨之民,而况可以淫纵其身乎?①

显然,所谓礼治并非只言德教。所谓"明于五刑,以弼五教"②,原是以刑配合教来运用的。周时,"礼仪三百,威仪三千",而"五刑之属三千"③,礼与刑在数量和规模上也彼此相当。④ 刑与礼,表面上为二事,其实乃一事之两面。总之,三代的礼,无法之名,而有其实。而自今人立场观之,当时的礼就是法,只是这种法既有习俗之形态,又具规范弥散的性质,同时不乏神圣渊源,故能贯通人类生活的各个领域,将整个社会纳入一个无所不包的规范秩序之中。这种秩序,名之为"礼法",或许更能

---

① 《国语·周语上》。内史过归,以告王曰:"晋不亡,其君必无后。且吕、郤将不免。"而据同一史料记载,内史过的预言不久即实现。

② 《尚书·大禹谟》。章太炎指出,五礼之中,唯军礼不在"六经"之内,乃因为孔子不喜言兵之故。《周礼》及《吕刑》所称五刑,当时必著简册。"盖律者,在官之人所当共知,不必以之教士。若谓古人尚德不尚刑,语涉迂阔,无有是处。且《周礼·地官》之属,州长、党正,有读法之举,是百姓均须知律。孔子不以入'六经'者,当以刑律代有改变,不可为典要故也"。见章太炎:《国学概论》,南京:江苏人民出版社2014年版,第117页。

③ 《尚书·吕刑》。据《周礼·秋官·司寇》所载:"墨罪五百,劓罪五百,宫罪五百,刖罪五百,杀罪五百。"五刑计二千五百之数。

④ 王充《论衡·谢短篇》谓:"古礼三百,威仪三千,刑亦正刑三百,科条三千。出于礼,入于刑,礼之所去,刑之所取,故其多少同一数也。"王国维亦云:"周之制度典礼,乃道德之器械,……此之谓民彝。其有不由此者,谓之非彝。《康诰》曰:'勿用非谋非彝。'《召诰》曰:'其惟王勿以小民淫用非彝。'非彝者,礼之所去,刑之所加也。"参见王国维:《殷周制度论》,载王国维:《观堂集林》卷十,北京:中华书局1984年版。

表明其实际。[①]

德刑之争:礼、法分立

历史上完备的礼治秩序,实现于周,也瓦解于周。平王东迁(前770)之后,王室日衰,政权下移,"礼乐征伐自天子出"的格局,一变而为"礼乐征伐自诸侯出",再变而为"自大夫出",三变则为"陪臣执国命"(《论语·季氏》),终至礼崩乐坏,礼治之下的封建宗法秩序全面解体。也是在此过程中,新秩序的轮廓逐渐浮现,传统的法政观念也随之而变。春秋战国之际,与礼制崩坏相对应,"法"之观念转盛,"法家"学说勃兴。礼、法分途,法胜于礼。秦灭六国,将此一转变推至极端。

考诸字源,"礼""刑""法"三字,法字出现最晚。春秋以前,通行的观念曰礼,曰刑,且礼之观念无所不包,无所不在。后世所谓法者,乃出之于礼,实为礼的一个面相。然而,独立之法的观念的形成,对于封建时代的礼治秩序却具有颠覆性的效果。这一点,由春秋时人因法律变革而展开的激烈争论可以清楚地见出。据《左传·昭公六年》:

> 三月,郑人铸刑书。叔向使诒子产书,曰:"始吾有虞于

[①] 着眼于礼的政制及法律性质,许多学者不约而同地选择了"礼法"一词来揭示礼的这一面相。参见瞿同祖:《中国法律与中国社会》,北京:中华书局1981年版,第322页。姚中秋:《华夏治理秩序史》第二卷《封建》(下册),海口:海南出版社2012年版,第506页以下;阎步克:《士大夫政治演生史稿》,北京:北京大学出版社1996年版,第183页以下。我在其他地方曾以"礼法文化"为题,来描述这种基于"礼"而建构起来的政教秩序。参见梁治平:《寻求自然秩序中的和谐:中国传统法律文化研究》第九章,北京:商务印书馆2013年版。

子,今则已矣。昔先王议事以制,不为刑辟,惧民之有争心也。犹不可禁御,是故闲之以义,纠之以政,行之以礼,守之以信,奉之以仁,制为禄位以劝其从,严断刑罚以威其淫。惧其未也,故诲之以忠,耸之以行,教之以务,使之以和,临之以敬,莅之以强,断之以刚。犹求圣哲之上,明察之官,忠信之长,慈惠之师,民于是乎可任使也,而不生祸乱。民知有辟,则不忌于上,并有争心,以征于书,而徼幸以成之,弗可为矣。夏有乱政而作《禹刑》,商有乱政而作《汤刑》,周有乱政而作《九刑》,三辟之兴,皆叔世也。今吾子相郑国,作封洫,立谤政,制参辟,铸刑书,将以靖民,不亦难乎?《诗》曰:'仪式刑文王之德,日靖四方。'又曰:'仪刑文王,万邦作孚。'如是,何辟之有? 民知争端矣,将弃礼而征于书。锥刀之末,将尽争之。乱狱滋丰,贿赂并行,终子之世,郑其败乎! 肸闻之:"国将亡,必多制。"其此之谓乎!"

叔向(? —前528)对子产铸刑书之举的批评,为我们刻画出两种截然不同的秩序模式,即传统的礼治秩序模式和当时正显露雏形的法治秩序模式。从今人的立场看,二者的主要区别,其实不在于法之有无,而在于法之形态,法之运作方式,以及法与社会的互动方式。礼治秩序模式之下,法涵摄于礼,礼即是法,却不能归结于法。广义的礼,乃是包罗万有的功能弥散性规范系统,其体融"义""政""礼""信""仁""禄位""刑罚"于一,其用则"忠""行""务""和""静""强""刚"并举,故维续礼治,于"官"之外,亦须仰赖于"长"和"师",而实际上,春秋之前,这些社会角色(君、亲、师)也常常是浑然一体的。礼法的这种多面、综合性质,在法治秩序中荡然无存。春秋之时,各国多自为法,这些法出于当政,"观时之宜,设救之术"①,以应对和解决当下危机。其所规范和要求的事项,也围绕变法而来,务实而功利,不若礼之范围广泛,融入生命。且新颁之法,无论铸之于鼎,还是书之于竹,均公之于众,其内容务求明白而确定。"法者,编著之图籍,设之于官府,而布之于百姓者也"(《韩非子·难三》)战国时期法的这种典型式样,即由铸刑书之举开其端绪。法之样态改变,意味着其运用方式的改变。曩者,"先王议事以制,不为刑辟",并不是说彼时不预设法,或预设之法不形诸文字。"制"就是法,其法存之于六艺,见诸先王典常、故实,其中部分还可能汇纂为"刑书",唯此种知识为总名为"士"的贵族所专习,其运用于个案("议"),更是一种复杂技艺,非士君子而不能。② 民不得而与闻,更不得而与争。③ 至子产铸刑书,将法律化繁为简,化难为易,铸之于器,令民观之,则是在去除法的神秘甚而神圣性质的同时,也破除了传统士君子对法的垄断,进而动摇了建立于贵贱有等、上下有序基础上的社会秩序。昭公二十九年(前517)冬,晋大夫赵鞅仿子产事,铸刑鼎于晋。孔子闻之叹曰:

> 晋其亡乎! 失其度矣。夫晋国将守唐叔之所受法度,以经纬其民,卿大夫以序守之。民是以能尊其贵,贵是以能

---

① 杜佑《通典》卷一百六十六《刑法》四:"当子产相郑,在东周衰时。王室已卑,诸侯力政,区区郑国,介于晋、楚,法弛民怠,政靡俗微,观时之宜,设救之术,外抗大国,内安疲甿。"

② 参见姚中秋:《华夏治理秩序史》第二卷《封建》(下册),海口:海南出版社2012年版,第661—676页。关于保存、应用礼法的人群和技艺,详参该书第九章。

③ 参见沈家本:《历代刑法考》(二),北京:中华书局1985年版,第839—840页。

守其业。贵贱不愆，所谓度也。文公是以作执秩之官，为被庐之法，以为盟主。今弃是度也，而为刑鼎，民在鼎矣，何以尊贵？贵何业之守？贵贱无序，何以为国？且夫宣子之刑，夷之蒐也，晋国之乱制也，若之何以为法？（《左传·昭公二十九年》）[①]

孔子关于晋的预言不久即获应验。三家分晋，赵居其一。与晋一起消解的，即"唐叔之所受法度"，取而代之的，则是变法中产生的韩、赵、魏这等新兴国家。后来的法家者流多出自"三晋"，诚非偶然。若将春秋末期的铸刑鼎现象置于此一历史转变过程中观察，则其中包含的权力转移、制度转型、秩序更替之义，便昭然若揭，[②]而这一点，叔向当时就已经敏锐地感觉到了。所谓"民知有辟，则不忌于上"，"弃礼而征于书"，即是表明，社会的权威从此将由"上"和"礼"，转移至法（辟、书）。而新法只关注外在的行为，不再与人的内在生命发生联系，以之为准绳和尺度，民必怀侥幸之心，追逐私利，无所顾忌。叔向的预言，也如孔子的预言一样，很快就将得到应验。然而，无论叔向还是孔子，都无法阻止或改变这一历史进程。春秋战国之际，封建礼制瓦

[①] 据同书所记，晋太史蔡史墨亦预言主持其事者将因此蒙祸。

[②] 阎步克指出："刑鼎、刑书、《法经》之类的出现，意味着法律的公开化、正式化和普遍化，更意味着一种更为纯粹的、直接服务于富国强兵目的的政治规范，从那种杂糅了民俗、道德、宗教、礼乐、仪典、政制的混溶物——'礼'中，脱胎而出了。"（阎步克：《士大夫政治演生史稿》，北京：北京大学出版社1996年版，第171页。）日人籾山明从秩序原理的角度讨论了"铸刑鼎"的历史意义，特别强调由此确立的法的稳定性、公开性和平等性诸特征。详参籾山明：《法家以前——春秋时期的刑与秩序》，载杨一凡总主编：《中国法制史考证》丙编《日本学者考证中国法制史重要成果选译 通代先秦秦汉卷》，北京：中国社会科学出版社2003年版，第250—253页。

解,宗法纽带废弛,旧有之各式共同体日渐式微,亲亲之道衰,尊君之旨独大。君主以耕战立国,国家以兼并求生,于是乎变法风行,谋士四起,君主开始依靠专职化的官僚系统,治理被整编于国家权力之中的编户小民。在这样一个时代,"法"日益取代"礼",成为贯彻君主意志、实现国家目标最重要的工具和手段。此一剧烈的社会变迁,反映在观念上,便是礼、法分途,德、刑分立,终至于不可调和。先秦儒、法之争,便围绕此类对立而展开。

司马谈(?—前110)论六家要旨,谓阴阳、儒、墨、名、法、道德,皆"务为治者也"(《史记》卷一百三十《太史公自序》)。先秦诸子既以治道为其共同关注,自然都要面对礼崩乐坏背景下秩序重建的困局,提出和发展各自的政法学说。故礼、义、政、刑、道、德、法度等,实为诸子百家之学共用之概念、语词。虽然,若以礼、法二字为关键词,考察二者之分合,礼治与法治的理论差异,则儒、法两种学说最堪注意,也是不争的事实。[①] 司马谈以"列君臣父子之礼,序夫妇长幼之别"为儒家要旨,以"不别亲疏,不殊贵贱,一断于法"(《史记》卷一百三十《太史公自序》)为法家特色,可谓极简要而精辟。

儒学始于孔子。生当春秋晚期的孔子,目睹礼制崩解,僭越

---

① 诚然,儒、法之外,墨、道及名家亦有礼、法方面的论述。墨家贵义而崇俭,虽不主张废礼,亦不重礼。至其论法,则远逊于法家。至于道家,不但轻视仁义礼法,对一般所谓文明价值亦持否定态度。老子断言:"大道废,有仁义。智慧出,有大伪。六亲不和,有孝慈。国家昏乱,有忠臣。"(老子:《道德经》十八章)又云:"天下多忌讳,而人弥贫;人多利器,国家滋昏;人多伎巧,奇物滋起;法物滋彰,盗贼多有。"(老子:《道德经》五十七章)故主张绝圣弃智,绝仁弃义,绝巧弃利。庄子承其绪,以为"圣人不死,大盗不止。……故绝圣弃知,大盗乃止;擿玉毁珠,小盗不起;焚符破玺,而民朴鄙;掊斗折衡,而民不争;殚残天下之圣法,而民始可与论议"(《庄子·外篇·胠箧》)。名家重正名,讲求循名责实,可为法家之用。故本文论礼法,集中于儒法之争,不及其他。

无度,秩序大坏,其政治理想,便是重建被破坏的礼治秩序,而在他心目中,文、武、周公所建立的周政,则是这种秩序的典范。不过,孔子虽言必称先王,述而不作,却非墨守成规,泥古不化,而是将时代乃至未来的因素贯注其中,从而使古老的"礼"的概念具有新的生命和意义。孔子在崇礼的同时,更重视"礼意",以"仁"释"礼",故不但赋予礼活的生命,而且突破了旧有之宗法、阶级等限制,将礼转化为一种更具普遍意义的制度。①

比较"礼"字,"仁"字明显晚出,而且,仁爱之仁的观念,最早也要到春秋晚期才出现,但是在孔子手中,仁之观念却被发挥到极致,而成为诸多德行的综合,礼之精髓所在。② 自此,"儒家言道言政,皆植本于'仁'"③。需要注意的是,仁虽相对于礼为内在的、主观的、精神性的,重在道德人格的完善,但其功效和意义,绝不止于个人的修身。孔子将仁视为"己欲立而立人,己欲达而达人"④的实践过程,就揭示了仁的社会与政治含义。此所谓仁,"始于在家之孝弟,终于博施济众,天下归仁"⑤,易言之,

---

① 关于孔子及其后学之礼在传承中的转变,参见徐复观:《两汉思想史》第一卷,上海:华东师范大学出版社2001年版,第59—60页。关于"仁"之来源,学者似有不同看法。徐复观先生以为其源于周人之"德"的观念,参同前。萧公权则认为其主要渊源于殷商以前之古学。参见萧公权:《中国政治思想史》,载刘梦溪主编:《中国现代学术经典·萧公权卷》,石家庄:河北教育出版社1996年版,第53—54页。本篇引用此书均为该本,下不一一出注。

② 关于"仁"字含义的沿革,以及孔子之"仁"的观念,参见张端穗《仁与礼——道德自主与社会制约》,载黄俊杰主编:《中国人的宇宙观》,合肥:黄山书社2012年版,第77—89页。

③ 梁启超:《先秦政治思想史》,北京:东方出版社1996年版,第81页。

④ 《论语·雍也》:"夫仁者,己欲立而立人,己欲达而达人。能近取譬,可谓仁之方也已。"

⑤ 萧公权:《中国政治思想史》,第53页。又云:"孔子言仁,实已冶道德、人伦、政治于一炉,致人、己、家、国于一贯。"同前。

孔子所开创的仁学,不但为一道德理论,同时也是一社会与政治理论。这种将道德、人伦和政治冶于一炉的做法,正是孔子对三代礼治原则的继承和提炼。孔子论政,强调为政以德,治国以礼,抚民以教,视君、亲、师为一体,也都体现了这一传统。这种传统强调德礼,但也不排斥政刑。孔子以"礼乐征伐由天子出"为"天下有道"(《论语·季氏》),又以"礼乐"为"刑罚"之准据,谓"礼乐不兴,则刑罚不中;刑罚不中,则民无所错手足"(《论语·子路》),均是以法律——广义的和狭义的——为当然。唯德礼与政刑所针对者不同,其发用方式与达致之效果亦有异:"道之以政,齐之以刑,民免而无耻。道之以德,齐之以礼,有耻且格。"(《论语·为政》)是后者优于前者,代表一种更优良的政治。孔子曰"听讼,吾犹人也,必也使无讼乎"(《论语·颜渊》),就是朝向他心目中更优良的政治用力。因为这种取向,儒学从一开始便推重和强调德礼和仁义,而不免于轻忽法律之讥。

孔子言仁与礼,无所偏废。在孔子那里,仁为礼之内在精神,礼为仁之外在表现;礼因仁而具有生命,仁因礼而得到涵养和适当表达,二者相须,不可分离。[1] 然而孔门后学,孟子重仁,荀子隆礼,二人各有偏重。他们对儒学的贡献,因此也有所不同。

孟子主张性善,以为善端存于人心,只需保守养护,即可见性见天。不仅如此,仁心发用,外推可成仁政,所谓以"不忍人之心",成"不忍人之政"[2],内圣而外王,走的也是融道德与政治于一的路子。不过,因为特重仁德,孟子于仁义一端则极力发挥。

---

[1] 参见张端穗:《仁与礼——道德自主与社会制约》,载黄俊杰主编:《中国人的宇宙观》,合肥:黄山书社2012年版,第80—89页。

[2] 孟子曰:"人皆有不忍人之心。先王有不忍人之心,斯有不忍人之政矣。以不忍人之心,行不忍人之政,治天下可运之掌上。"见《孟子·公孙丑上》。

《孟子》开篇记其见梁惠王事:"王曰:'叟!不远千里而来,亦将有以利吾国乎?'孟子对曰:'王!何必曰利?亦有仁义而已矣。'"(《孟子·梁惠王上》)在孟子看来,君臣上下怀利以相接,必陷国家于危亡。相反,"君臣、父子、兄弟去利,怀仁义以相接也,然而不王者,未之有也"(《孟子·告子下》)。孟子又区分政治上的王、霸,谓"以力假仁者霸,霸必有大国;以德行仁者王,王不待大。汤以七十里,文王以百里。以力服人者,非心服也,力不赡也;以德服人者,中心悦而诚服也"(《孟子·公孙丑上》)。孟子其时,列国竞胜,诸侯争霸,无不唯力是视,孟子却反潮流而动,标高王道,独守仁义,将"不志于仁"而求富求强的世之所谓能臣良将斥之为"民贼"①,以为国不必富,兵不必强,"惟仁者宜在高位",上有礼而下有学,则天下可治。② 孟子这些议论和主张固然极具儒家特色,但其极端拒斥功利的立场,也让他疏于政经法制方面的创构,而逊于同为儒学巨子的荀子。③

---

① 孟子曰:"今之事君者皆曰:'我能为君辟土地,充府库。'今之所谓良臣,古之所谓民贼也。君不乡道,不志于仁,而求富之,是富桀也。'我能为君约与国,战必克。'今之所谓良臣,古之所谓民贼也。君不乡道,不志于仁,而求为之强战,是辅桀也。"(《孟子·告子下》)

② 《孟子·离娄上》:"是以惟仁者宜在高位。不仁而在高位,是播其恶于众也。上无道揆也,下无法守也,朝不信道,工不信度,君子犯义,小人犯刑,国之所存者幸也。故曰:城郭不完,兵甲不多,非国之灾也;田野不辟,货财不聚,非国之害也。上无礼,下无学,贼民兴,丧无日矣。"

③ 章太炎认为,孟、荀二子虽同为儒家,其学问来源则大不同。荀子精于制度典章之学,孟子长于《诗》《书》而疏于《礼》。故其论王政,"简陋不堪",不及荀子之博大。参见章太炎:《国学概论》,南京:江苏人民出版社2014年版,第35、223—224页。萨孟武认为,孟子由人性善而注意于"仁",荀子则由人情之有好恶而注重于"礼"。参见萨孟武:《中国政治思想史》,北京:东方出版社2008年版,第24页。仁自内生,乃德之实,礼由外作,而类乎法,故荀子学说对儒家政法理论贡献最著,也就不足为奇了。

与孟子相反,荀子以为人性非善。在他看来,人生而好利,欲求无度,故纷争不止,此乱之所由生。古之圣王出而制礼义、定法度,就是为了节制人欲,定分止争,矫端人性。荀子云:"人生而有欲,欲而不得,则不能无求;求而无度量分界,则不能不争;争则乱,乱则穷。先王恶其乱也,故制礼义以分之,以养人之欲,给人之求。"(《荀子·礼论》)又云:"古者圣王以人之性恶,以为偏险而不正,悖乱而不治,是以为之起礼义,制法度,以矫饰人之情性而正之,以扰化人之情性而导之也。"(《荀子·性恶》)由此礼之起源可知,礼之为规范、法度,秩序之基础,其范围较法更加宽泛,意义也更加重大。关于礼的重要性,荀子多有论述,或以礼为个人修为"道德之极"(《荀子·天论》),或以之为国家兴亡之机,天下得失之道。[①] 总之,"人无礼则不生,事无礼则不成,国家无礼则不宁"[②]。这正是承自三代而由儒家持守和发展的礼的概念。不过,生当战国晚期的荀子,对于春秋以来深刻改变的政治制度及社会现实,尤其是经由变法而崛起的官僚制国家的不可避免,有着清醒的认识,故其学说于政经制度多有措意,所著《君道》《臣道》《王制》《富国》《王霸》《强国》诸篇,对君臣之道、王霸之术、富强之方,以及用人、选官、田税、关市、刑政、兵制等涉及治道政略的项目论述颇详。又因为相信人性本恶,荀子更强调礼的禁制功能,对现实政治中势、力、政、刑诸要素的重要性亦不讳言,认为若"去君上之势",而无礼义之化、法正之治、刑罚之禁,则"倚而观天下民人之相与也,……天下之悖乱而

[①] 《荀子·议兵》:礼者,治辨之极也,强国之本也,威行之道也,功名之总也。王公由之,所以得天下也;不由,所以陨社稷也。

[②] 《荀子·修身》。《荀子·王霸》又云:"国无礼则不正。礼之所以正国也,譬之犹衡之于轻重也,犹绳墨之于曲直也,犹规矩之于方圆也。"

相亡不待顷矣"①。甚至,他以刑重为治世之征,认为"治则刑重,乱则刑轻"(《荀子·正论》),而主张重刑主义。这些,再加上他的尊君之论,隆一而治之说,②几乎令荀子可以被归入法家者流。事实上,战国时期法家代表性人物韩非(约前280—前233)和李斯(约前284—前208),就出于荀子门下,而后世之人认荀学为申韩之学者亦不乏其例,③不过,荀子学说貌似法家诸端,至少部分是出于荀子"隆礼义而杀诗书"④的立场。礼由外作,本来就包含法之特征;而法由礼出,二者原本就具有历史联系。荀子学说,最重政治秩序之建立,故于礼之制度面关注最多,也因此与法家思想领域多有重合,而其因应时势变化的务实

---

① 《荀子·性恶》。《荀子·荣辱》又云:"君子非得势以临之,则无由得开内焉。今是人之口腹,安知礼义? 安知辞让? 安知廉耻隅积?"换一个角度说,礼的施行,必得有势力来支持。故曰:"人主者,天下之利势也。"(《荀子·王霸》)关于荀子对势的强调,参见陶希圣:《中国政治思想史》(上),北京:中国大百科全书出版社2009年版,第167—169页。

② 《荀子·致士》:"君者,国之隆也;父者,家之隆也。隆一而治,二而乱,自古及今,未有二隆争重而能长久者。"不过,荀子又强调:"天之生民,非为君也。天之立君,以为民也。"(《荀子·大略》)且力驳"桀、纣有天下,汤、武篡而夺之"的俗说,而视桀、纣者为民之怨贼,汤、武者为民之父母,高扬"桀、纣无天下而汤、武不弑君"(《荀子·正论》)之说,这些则令其有别于法家之尊君。

③ 朱子谓荀卿"全是申韩",其《成相》一篇要旨,"卒归于明法制、执赏罚而已"(《朱子语类》卷一百三十七《战国汉唐诸子》)。傅青主亦认为《荀子》近于法家、刑名家,转见阎步克:《士大夫政治演生史稿》,北京:北京大学出版社1996年版,第195页。清末谭嗣同则直斥荀学为与秦政相表里之乡愿。参见谭嗣同:《仁学》二十九,北京:华夏出版社2002年版。萧公权谓荀子处于由旧有之礼到新兴之法的过渡时期,其礼治思想即表现这一过渡时期之趋势,"故言礼而不为纯儒,近法而终不入申商之堂室也"(萧公权:《中国政治思想史》,第93页),诚为的论。

④ 《荀子·效儒》。此处所谓礼义,"在很大程度上指的是'礼法'"(阎步克:《士大夫政治演生史稿》,同上,第196页)。

立场,或者也加深了其学说中迹近法家思想之点。① 然整体观之,荀子学说的根基仍在孔学。"礼","礼义",而不是"法",在荀子学说中的核心地位,即可表明此点。

礼与法,均有广狭二义。② 广义之礼与广义之法固多有重合,但从历史角度看,礼先法后,法出于礼,而变于礼。因此在同一时代,隆礼或崇法,就标示出思想和立场上的差异甚至对立。韩出于荀,然其弃礼而言法,适足表明其对乃师基本立场的背离。荀子论礼,固多法之意蕴,然而礼到底不能归结为法。荀子云:

> 礼义者,治之始也;……礼义无统,上无君师,下无父子,夫是之谓至乱。君臣、父子、兄弟、夫妇,始则终,终则始,与天地同理,与万世同久,夫是之谓大本。故丧祭、朝聘、师旅一也;贵贱、杀生、与夺一也,君君、臣臣、父父、子子、兄兄、弟弟一也;农农、士士、工工、商商一也。③

这是对孔子正名思想的发挥,而合于儒家所谓礼之经典义。是荀子所谓礼义包含法且高于法,实为法之定准。故云:"坚甲

---

① 梁启超尝引《荀子礼论》之语,谓荀子所谓礼,与当时法家所谓法者,性质"极相逼近",其所以如此,"盖由当时法家者流,主张立固定之成文法以齐壹其民,其说壁垒甚坚,治儒术者不得不提出一物焉与之对抗。于是以己宗夙所崇尚之礼以充之",两戴记所论,大抵如是。在梁氏看来,这种将礼固化为繁文缛节的做法,大失礼意。参见梁启超:《先秦政治思想史》,北京:东方出版社1996年版,第119—121页。

② 萧公权谓:"法有广、狭二义,与礼相似。狭义为听讼断狱之律文,广义为治政整民之制度。就其狭义言之,礼法之区别显然。若就其广义言之,则二者易于相混。"见萧公权:《中国政治思想史》,第93页,又见同书,第170—171页。详下。

③ 《荀子·王制》。又见《荀子·礼论》。

利兵不足以为胜,高城深池不足以为固,严令繁刑不足以为威,由其道则行,不由其道则废。"(《荀子·议兵》)此所谓"道",就是"礼"。不仅如此,在荀子的治道图景中,治之枢纽为君子,而不是法。"君子也者,道法之揔要也,不可少顷旷也。得之则治,失之则乱;得之则安,失之则危;得之则存,失之则亡。故有良法而乱者有之矣,有君子而乱者,自古及今,未尝闻也。"(《荀子·致士》)又云:"有乱君,无乱国;有治人,无治法。……故法不能独立,类不能自行,得其人则存,失其人则亡。法者,治之端也;君子者,法之原也。故有君子则法虽省,足以遍矣;无君子则法虽具,失先后之施,不能应事之变,足以乱矣。"①礼义对于法的指导和支配,进而,优良之治的实现,经由君子之手而得到保障。② 此"有治人,无治法"之说,显然为儒家政论的一部分,而与法家的政法理念大相径庭。

直观地看,法家区别于儒家者,以其"尊君"和"治法"之立场为最著。"法"在法家政治理论中的崇高地位,恰似礼之于儒家思想的重要性。管子(约前719—前645)《明法解》云:"法者,天下之程式也,万事之仪表也。"又云:"法者,天下之至道

---

① 《荀子·君道》。此语不妨视作孟子"徒法不足以自行"之说的回声,孔子"政者,正也"以及"君子德风"诸说的发展。不过,荀子论君子之治,是在承认和正视"官人百吏"重要作用的基础上展开的,故其论述更具现实性,也更复杂。参见阎步克:《士大夫政治演生史稿》,北京:北京大学出版社1996年版,第200—206页。

② 详参阎步克:《士大夫政治演生史稿》,同上,第204—206页。

也,……君臣上下贵贱皆从法,此谓为大治。"①慎子以"民一于君,事断于法",为"国之大道",又谓:"法者,所以齐天下之动,至公大定之制也。故智者不得越法而肆谋,辩者不得越法而肆议;士不得背法而有名,臣不得背法而有功。我喜可抑,我忿可窒,我法不可离也。骨肉可刑,亲戚可灭,至法不可阙也。"(《慎子逸文》)商鞅云:"法令者,民之命也,为治之本也。"(《商君书·定分》)"明主之治天下也,缘法而治,……言不中法者,不听也;行不中法者,不高也;事不中法者,不为也。"(《商君书·君臣》)韩子为法家理论集大成者,其说则法、势、术并举,论法尤为详尽、透辟。

法之重要性如此,正可与礼相抗衡。若法与礼广义上均指"一切之社会及政治制度"②,只维持制度之方法略异,则言法或言礼就不过是用词上的不同,儒、法之间的对立也不至如此尖锐。

---

① 《管子·任法》:"夫法者,上之所以一民使下也;私者,下之所以侵法乱主也。故圣君置仪设法而固守之,然故谌杵习士闻识博学之人不可乱也,众强富贵私勇者不能侵也,信近亲爱者不能离也,珍怪奇物不能惑也,万物百事非在法之中者不能动也。故法者,天下之至道也,圣君之实用也。"又其论法律政令云:"夫法者,所以兴功惧暴也;律者,所以定分止争也;令者,所以令人知事也。法律政令者,吏民规矩绳墨也。"(《管子·七臣七主》)

② 萧公权谓:"礼之狭义为仪,法之狭义为刑。礼、法之广义为一切之社会及政治制度。以仪文等差之教为维持制度之主要方法,而以刑罚为辅,则为'礼治'。以刑罚之威为维持制度之主要方法,而以仪文等差辅之,则为'法治'。故礼法之间无绝对之分界。礼治不必废刑法,法治不必废礼仪。"(萧公权:《中国政治思想史》,第170—171页)此说诚非无据,但对当时礼、法本身的差异注意不够。瞿同祖认为,礼与法同为社会规范,其分别不在其形式,也不在强制力之大小。同一规范,可以既存于礼,也存于法,"儒家所争的主体,与其说是德治,毋宁说是礼治,采用何种行为规范自是主要问题,以何种力量推行这种规范的问题则是次要的。"参见瞿同祖:《中国法律与中国社会》,北京:中华书局1981年版,第321—322页。

事实是,"礼"之为"社会及政治制度",不但其范围较"法"为宽,所包含的要素较"法"为多,其性质亦有所不同。简言之,儒家之礼为伦理化的礼法;法家之法则是去道德化的法律政令。伦理化的礼法生于社会,始于家庭,载于经籍,见诸先王行迹;法律政令则系"编著之图籍,设之于官府,而布之于百姓者也"①。礼重亲亲之道,故比君臣于父子,推孝悌而至于治国;法独以尊君为大。所谓"上世亲亲而爱私,中世上贤而说仁,下世贵贵而尊官"②,国君既立,则亲亲、贤贤之道衰。礼主别,故重亲疏远近贵贱贤不肖之分,"礼不下庶人,刑不上大夫"③;法尚同,"法不阿贵,绳不挠曲。

---

① 《韩非子·难三》。《韩非子·定法》又云:"法者,宪令著于官府,刑罚必于民心,赏存乎慎法,而罚加乎奸令者也。"

② 《商君书·开塞》:"天地设而民生之。当此之时也,民知其母而不知其父,其道亲亲而爱私。亲亲则别,爱私则险。民众,而以别、险为务,则民乱。当此之时,民务胜而力征。务胜则争,力征则讼,讼而无正,则莫得其性也。故贤者立中正,设无私,而民说仁。当此时也,亲亲废,上贤立矣。凡仁者以爱利为务,而贤者以相出为道。民众而无制,久而相出为道,则有乱。故圣人承之,作为土地货财男女之分。分定而无制,不可,故立禁。禁立而莫之司,不可,故立官。官设而莫之一,不可,故立君。既立君,则上贤废而贵贵立矣。然则上世亲亲而爱私,中世上贤而说仁,下世贵贵而尊官。上贤者以道相出也,而立君者使贤无用也。亲亲者以私为道也,而中正者使私无行也。此三者非事相反也,民道弊而所重易也,世事变而行道异也。"

③ 《礼记·曲礼上》。所谓"礼不下庶人,刑不上大夫",非指庶人不用礼,大夫有过不用刑,实为用礼与用刑当有分别之谓。古之经解于此论述甚详。参见郑玄注、孔颖达疏《礼记正义》卷三《曲礼上》。今人的研究亦可证此。参见姚中秋:《华夏治理秩序史》第二卷《封建》(下册),第 679—688 页。又,汉初,贾谊建议改制,更秦旧法,其上书有云:"故古者圣王制为等列,内有公卿、大夫、士,外有公、侯、伯、子、男,然后有官师小吏,延及庶人,等级分明,而天子加焉,故其尊不可及也。……廉耻节礼以治君子,故有赐死而亡戮辱。是以黥、劓之罪不及大夫,以其离主上不远也。……君之宠臣虽或有过,刑戮之罪不加其身者,尊君之故也。"(《汉书》卷四十八《贾谊传》)此语乃汉人对"刑不上大夫"的诠解与发挥,由中可见出传统绵延不绝的生命力。

法之所加,智者弗能辞,勇者弗敢争。刑过不避大臣,赏善不遗匹夫"(《韩非子·有度》)。礼从人而重情与德;法从地而重事与刑。① 礼之用,和为贵,故讲求上下相谐,不务齐一;② 法则为君主"一民使下"③之具,最重一致,故言壹赏、壹刑、壹教。④ 礼尚往来,讲求彼此对待之相互性,故云"君使臣以礼,臣事君以忠"(《论语·八佾》);⑤法由君出,其用必专,所谓"生法者,君也;守法者,臣也;法于法者,民也"(《管子·任法》)。⑥ 上下悬绝之势,不可移易。礼为德之表,故礼治以德教为先;法具刑之

---

① 萧公权以从人与从地分别礼法:"封建宗法社会中,关系从人,故制度尚礼。……及宗法既衰,从人之关系渐变为从地,执政者势不得不别立'贵贵'之制度以代'亲亲'。"(萧公权:《中国政治思想史》,第93页)吕思勉则以情与事区分古今:"古之听讼,所以异于后世者何与? 曰:古者以其情,后世则徒以其事而已矣。古之断狱,所以能重其情者,以其国小民寡俗朴,上下之情易得而其诚意易相孚也。然惟此国小民寡俗朴之世为能。听狱者之诛事而不诛意,果何自始哉? 盖风气稍变,德与礼之用穷,而不得不专恃法。夫法之与德礼,其初本一也,而后卒至于分歧者,则以民俗渐漓,表里不能一也。人藏其心,不可测度,何以穷之? 其不得不舍其意而诛其事,亦势也。故人不能皆合于礼,而必有刑以驱之,而法之为用由是起。其初犹兼问其意也,卒至于尽舍其意而专诛其事,而法之体由是成。"见吕思勉:《吕思勉读史札记》,上海:上海古籍出版社1982年版,第386—389页。
② 礼固以别异为务,然而其根本原则(道)却是"和"。"由于这个'和'的方面,'礼'就与'法'大异其趣,泾渭分流了。"见阎步克:《士大夫政治演生史稿》,北京:北京大学出版社1996年版,第113页。
③ 《管子·任法》:"夫法者,上之所以一民使下也;私者,下之所以侵法乱主也。"
④ 《商君书·赏刑》:"圣人之为国也,壹赏、壹刑、壹教。壹赏则兵无敌,壹刑则令行,壹教则下听上。"
⑤ 孟子论述更多,如谓:"君之视臣如手足,则臣视君如腹心;君之视臣如犬马,则臣视君如国人;君之视臣如土芥,则臣视君如寇仇。"(《孟子·离娄下》)
⑥ 《慎子逸文》则云:"以力役法者,百姓也;以死守法者,有司也;以道变法者,君长也。"

义,是轻赏而重刑,甚至罪刑亦不必相称。① 儒家之教非仅以上化下,亦含以下讽上之义,故颇重"瞽史教诲"②;法家主张以法为教,法出则不容私议,甚而一切私人道德、价值、标准均在禁绝之列。③ 又,礼法起于仁义;法家则视仁义为无用甚至有害之物。商鞅以诗书、礼乐、孝弟、诚信、贞廉、仁义等为"六虱",用之者亡。④ 韩子认为仁不可以为治,德不足以止乱,甚而以"仁""暴"并视,以"仁义智能"为"卑主危国"之术。(《韩非子·说疑》)在韩子看来,道德乃上古陈迹,当今之世,"争于气力"⑤,"德"生于力,力生于刑,"善"也只是不为非而已。⑥ 最后,礼法之为社会与政治规范,根源于天地,流衍于习俗,升而为典章制度,不但极具包容性,且富于生命意义,其本身即为目的;法之为制度,

---

① 商鞅云:"故善治者,刑不善而不赏善,故不刑而民善。不刑而民善,刑重也。刑重者,民不敢犯,故无刑也。而民莫敢为非,是一国皆善也。故不赏善而民善。赏善之不可也,犹赏不盗。"(《商君书·画策》)
② 邵公述先王之政曰:"天子听政,使公卿至于列士献诗,瞽献典,史献书,师箴,瞍赋,蒙诵,百工谏,庶人传语,近臣尽规,亲戚补察,瞽、史教诲,耆、艾修之,而后王斟酌焉,是以事行而不悖。"(《国语·周语上》)
③ 此即所谓壹教之义:"所谓壹教者,博闻、辩慧、信廉、礼乐、修行、群党、任誉、清浊,不可以富贵,不可以评刑,不可独立私议以陈其上。"(《商君书·赏刑》)。《韩非子·八说》亦同此意。
④ 《商君书·靳令》谓:"无六虱,必强。国富而不战,偷生于内,有六虱,必弱。……法已定矣,而好用六虱者亡。……六虱:曰礼乐,曰诗书,曰修善,曰孝弟,曰诚信,曰贞廉,曰仁义,曰非兵,曰羞战。"又,《商君书·农战》谓:"诗、书、礼、乐、善、修、仁、廉、辩、慧,国有十者,上无使战守。国以十者治,敌至必削,不至必贫。国去此十者,敌不敢至;虽至必却;兴兵而伐,必取;按兵不伐,必富。"又见《商君书·去强》。
⑤ 《韩非子·五蠹》:"上古竞于道德,中世逐于智谋,当今争于气力。"
⑥ 《商君书·靳令》:"力生强,强生威,威生德,德生于力。"又曰:"刑生力,力生强,强生威,威生德。德生于刑。"(《商君书·说民》)。韩非子以刑、德为明主导制其臣之二柄,"何谓刑、德? 曰:杀戮之谓刑,庆赏之谓德。"(《韩非子·二柄》)又云:"民蕃息而畜积盛之谓有德。"(《韩非子·解老》)

与术、势并为"帝王之具"①,其运用以事效为追求,以刑赏为保障。法律公布,讲求明白、确定、信实、一体适用,全无神秘圣洁色彩,而纯为一种行政手段。②

总之,春秋战国之际,因为时势变化,早先浑然不分的礼法,日渐分化,终至礼、法对立而不可调和。而在观念上,这一过程乃是缘儒、法诸子的兴起,尤其是因着他们之间的相互辩难而最终完成的。虽然在儒、法思想的两极之间,亦不乏兼综礼法的种种尝试。管子诚为法家先声,然其于律、令、刑、政之外,亦重礼、义、廉、耻之四维。③ 荀子固为儒学后劲,其学于百官之事、富强之道,则论之甚详。④ 前者的立场,或可说是以法为道,以教行

---

① 《韩非子·定法》。法家言法,并不诉诸神秘超验渊源。慎子云:"法非从天下,非从地出,发于人间,合乎人心而已。"(《慎子逸文》)韩子亦云:"法者,宪令著于官府,刑罚必于民心,赏存乎慎法,而罚加乎奸令者也。"(《韩非子·定法》)

② 法家关于法之公开性、确定性、平等适用等特性的论述,颇具近代的行政理性精神。有学者指出:"孔、孟与商、韩是分别地代表了两个极端:前者本于政统、亲统和道统三位一体的礼治秩序,后者所追求的却是一种立足政统、独尊吏道的专制官僚政治秩序,因而儒家趋向复古,而法家却主张变革。礼治对应着较为低下的功能分化程度,借助于许多非政治性的以至原生性的功能方式;法治则强调政统的分化,着意保障和促进其专门化的性质,体现了更高的理性行政精神。……这归结到理想的治国角色上,就是前者推重不器的君子,后者则专倚行政的文吏;这二者在功能弥散性和功能专门性上,也正成泾渭判然的两极。"见阎步克:《士大夫政治演生史稿》,北京:北京大学出版社1996年版,第192—193页。

③ 管子极言"四维"之重要,曰:"四维不张,国乃灭亡。"(《管子·牧民》)萧公权指出:"《管子》书言礼、义二端尤详,几可夺荀子之席,其旨亦颇有相近之处。"见萧公权:《中国政治思想史》,第177页。

④ 管、荀之外,《周礼》备载周之典章制度,《吕氏春秋》综合诸家之说,皆为"兼综礼法"的著例。然理论最力,影响最大者,无过于荀子。参见阎步克:《士大夫政治演生史稿》,北京:北京大学出版社1996年版,第193—211页。

法。后者的取径,则不啻是礼义为本,法律为用。如果说,管子的治法学说中杂有仁德礼义教化等因素,乃是其思想去封建宗法传统未远的表现,① 那么,荀子治人之说不废官人百吏度量、图籍、刑辟之事,则是对战国末期官僚制国家兴起、新旧秩序更替已成定局这一现实的认可。观念既反映现实,又作用于现实。时代变迁,三代礼治秩序固然难以为继,继起之法治秩序亦非完善。稳妥而可以绵延久长之制度,似不在两端,而在两极之间。然而要寻获并最终实现一种新的礼法秩序,仍需时日。

德主刑辅:礼、法相融

儒、法既然皆"务为治者",其学说自然都具有实践色彩。唯春秋末期以降,传统社会组织逐渐解体,社会生活的世俗化、破碎化日甚,物欲横流,世人以诈力相尚。在此种背景之下,注重理性、讲求效率、长于计算、最重功利的法家学说,便很容易成为各国变法的政策基础。② 故法家多实行家:子产铸刑书,变法以救世;李悝(前455—前395)相魏文侯,"尽地力之教",所撰《法经》③,开汉、唐法典之先河;吴起(前440—前381)以兵家名,曾为楚国令尹,有著名的"吴起变法";申不害(前385—前

---

① 参见萧公权:《中国政治思想史》,第166—170、177—179页。
② 有学者认为,战国时的社会情态,具有某种现代性特征。参见姚中秋《国史纲目》,海口:海南出版社2013年版,第229—242页。
③ 据《晋书》卷三十《刑法志》,(魏)"是时承用秦汉旧律,其文起自魏文侯师李悝。悝撰次诸国法,著《法经》。以为王者之政,莫急于盗贼,故其律始于《盗》《贼》。盗贼须劾捕,故著《网》《捕》二篇。其轻狡、越城、博戏、借假不廉、淫侈逾制以为《杂律》一篇,又以《具律》具其加减。是故所著六篇而已,然皆罪名之制也"。

337)为韩相十九年,行法、术之治,终其身,"国治兵强,无侵韩者"(《史记》卷六十三《老子韩非列传》);商鞅喜刑名法术之学,以李悝《法经》入秦,大举变法,富强秦国;而出于荀子门下的李斯,辅佐秦王嬴政并六国,一天下,奠定郡县帝制,而令法家的事业达于登峰造极之境。海内初定,李斯又上书始皇帝,极言禁言、禁心之重要,①因奏请"史官非秦记皆烧之。非博士官所职,天下敢有藏《诗》《书》、百家语者,悉诣守、尉杂烧之。有敢偶语《诗》《书》者弃市。以古非今者族。吏见知不举者与同罪。令下三十日不烧,黥为城旦。所不去者,医药卜筮种树之书。若欲有学法令,以吏为师"(《史记》卷六《秦始皇本纪》)。这一典型的法家政策,也将礼、法之间的对立和紧张推至极端。然而,具有讽刺意味的是,秦虽备极强悍,却终二世而亡。这一巨变给人的教训似乎是,法家急功近利,其治国理念和政策固能奏一时之效,却非久长之计。史家谓其"严而少恩","可以行一时之计,而不可长用也"②,诚为的论。继之而起的汉,几乎全盘承继了秦之政制。汉初诸帝实行的"无为"之治,不过是简朴少事、与民休息的社会政策,未及制度层面的改造。在制度的设计和实践方面,基于法家思想而构造的文吏政治仍居于主导地位。儒

---

① 韩子云:"禁奸之法:太上禁其心,其次禁其言,其次禁其事。"(《韩非子·说疑》)李斯乃陈其理由云:"古者天下散乱,莫之能一,是以诸侯并作,语皆道古以害今,饰虚言以乱实,人善其所私学,以非上之所建立。今皇帝并有天下,别黑白而定一尊。私学而相与非法教,人闻令下,则各以其学议之,入则心非,出则巷议,夸主以为名,异取以为高,率群下以造谤。如此弗禁,则主势降乎上,党与成乎下。禁之便。"(《史记》卷六《秦始皇本纪》)

② 《史记》卷一百三十《太史公自序》。关于秦制优劣,尤其是文吏政治的限度,详参阎步克:《士大夫政治演生史稿》,北京:北京大学出版社1996年版,第239—255页。

生广泛介入政治,与文吏相抗衡,进而援礼入法,重新确立礼的主导地位,是在汉武帝独尊儒术之后。此诚为中国古代政法思想及实践上的一大转折,而促成这一转变的关键人物,则是西汉大儒董仲舒。

儒生之为一社会群体,以研习"五经"、传习礼乐见长,故于崇尚势力的战国和群雄蜂起的秦汉之际,无所用其长。然而,待到天下甫定,秩序建立,"得天下"转为"治天下"之时,儒家的重要性便开始显现出来。秦始皇时即已征召儒生为博士,以儒术缘饰政事。① 汉家天下既久,更为儒家展示其政法理念提供了足够大的舞台。汉初,与黄老之学盛行同时,儒学亦得复兴,儒生日渐活跃,其政治上的影响力渐次显现。陆贾作《新语》,叔孙通制礼仪,贾谊、王臧等以儒术教太子,卫绾为丞相,以治申、韩、苏秦之言者乱国政,奏定罢举贤良。至武帝诏策贤良,董仲舒对以"天人三策",系统阐述儒家政治理念,一举奠定了汉政的意识形态格局,其影响至为深远。

董仲舒的策对开篇即云:"道者,所繇适于治之路也,仁义礼乐皆其具也。"继则云:"王者欲有所为,宜求其端于天。"(《汉书》卷五十六《董仲舒传》)以礼乐为致治之道,仁义为政治之本,这是孔子以后儒家的一贯主张,故董子之言略无新意。然而,重新确立天的至上地位,将王道安置在天道的基础之上,这在子产讲出"天道远,人道迩"(《左传·昭公十八年》),荀子喊出"制天命而用之"(《荀子·天论》)之后的西汉,却不仅是对早期传统的复归,也是一种基于传统的创新。董子对礼法问题的阐述,即在此天人关系的架构中展开:"天道之大者在阴阳。阳

---

① 参见萧公权:《中国政治思想史》,第242—243页。

为德,阴为刑;刑主杀而德主生。是故阳常居大夏,而以生育养长为事;阴常居大冬,而积于空虚不用之处。以此见天之任德不任刑也。"(《汉书·董仲舒传》)亦如其前辈一样,董仲舒也通过对历史的追述,为其理论提供不容置疑的事实根据:

> 武王行大谊,平残贼,周公作礼乐以文之,至于成、康之隆,囹圄空虚四十余年,此亦教化之渐而仁谊之流,非独伤肌肤之效也。至秦则不然。师申、商之法,行韩非之说,憎帝王之道,以贪狼为俗,非有文德以教训于天下也。诛名而不察实,为善者不必免,而犯恶者未必刑也。是以百官皆饰虚辞而不顾实,外有事君之礼,内有背上之心;造伪饰诈,趣利无耻;又好用憯酷之吏,赋敛亡度,竭民财力,百姓散亡,不得从耕织之业,群盗并起。是以刑者甚众,死者相望,而奸不息,俗化使然也。故孔子曰"导之以政,齐之以刑,民免而无耻",此之谓也。(《汉书·董仲舒传》)

我们在这里看到先秦儒法之争的延续,只不过西汉时厉行法家政策,将法家治国理念发挥到极致的秦政已然破产,且成为论政者引以为戒的一个反面典型。如此,董仲舒所代表的汉儒的法家批判,便有了一个历史的和道德的制高点,其关于古之王者以德善教化天下的论说,也就显得更有说服力。不过,董子申明仁义礼乐之道,反对任刑,并非简单地拒斥政刑,而是要摆正礼与法、德与刑的关系。"天使阳出布施于上而主岁功,使阴入伏于下而时出佐阳;阳不得阴之助,亦不能独成岁"(《汉书》卷五十六《董仲舒传》）。① 据此,德为刑之主,而刑为德之辅。德先刑后,德主刑辅,方能为治。在汉代,礼法、德刑的这种关系,在微观层面上的表现,则是以儒家经义断决疑狱蔚为风尚,而董仲舒本人,正是一位开风气之先的经义决狱的宗师。

董仲舒精于《春秋》公羊学,而《春秋》之为经,实为"礼义之大宗","别嫌疑,明是非,定犹豫,善善恶恶,贤贤贱不肖"(《史记》卷一百三《太史公自序》),②原本就是判断的标准。后之公羊学者甚至直言"《春秋》为圣人之刑书,又云'五经'之有《春秋》,犹法律之有断令"③,根本是把《春秋》视作礼法之判准,这其实颇合《春秋》在汉代的作用和性质。董仲舒的"天人三策"乃至其政治神学,皆本于《春秋》,其以经义断狱,也多出自《春秋》。

史载,"胶西相董仲舒老病致仕,朝廷每有政议,数遣廷尉张汤亲至陋巷,问其得失。于是作《春秋决狱》二百三十二事,动

---

① 董子强调听讼折狱不可无审:"故折狱而是也,理益明,教益行;折狱而非也,暗理迷众,与教相妨。教,政之本也,狱,政之末也,其事异域,其用一也,不可不以相顺,故君子重之也。"见董仲舒:《春秋繁露·精华》。

② 《庄子·杂篇·天下篇》谓"《春秋》以道名分",颇得其主旨。今人以《春秋》为史书,与史不符。梁启超论《春秋》之性质,直言《春秋》非史,而乃孔子改制明义之书,又云治《春秋》当宗《公羊传》,重其微言大义、正名主义等,显然更接近至少汉人所见所用之《春秋》。详参梁启超:《儒家哲学》,上海:上海人民出版社2009年版,第167—180页。

③ 刘逢录:《公羊何氏释例·律意轻重例》第十,转引自杨向奎:《大一统与儒家思想》,北京:北京出版社2011年版,第224页。杨向奎认为,公羊派理论近于先秦法家,二者均渊源于齐学。熊十力《读经示要》则云:"法家谈法治,其说不涉及义理,然其崇法之观念,实本《春秋》。但《春秋》不徒恃法,而本于仁,依于礼;以法为辅,以德为归,所以为人道之极也。法家狭小,乃欲片俄尚法以为治,则不善学《春秋》之过。"转引自黄源盛:《汉唐法制与儒家传统》,台北:元照出版有限公司2009年版,第10页。

以经对,言之详矣"(《后汉书》卷四十八《应劭传》)。史志有《公羊董仲舒治狱》十六篇,《春秋断狱》五卷,《春秋决事》十卷等,可惜这些著述皆不传,仅《通典》《太平御览》等文献中存有数例,分别涉及亲属关系、伦理规范以及行为动机、仁心仁德等因素在判定法律责任时的重要性。[1] 如关于行为动机:

> 甲父乙与丙争言相斗,丙以佩刀刺乙,甲即以杖击丙,误伤乙,甲当何论?或曰:"殴父也,当枭首。"论曰:"臣愚以父子至亲也,闻其斗,莫不有怵怅之心,扶杖而救之,非所以欲诟父也。《春秋》之义,许止父病,进药于其父而卒,君子原心,赦而不诛。甲非律所谓殴父也,不当坐。"[2]

父子关系为五伦之首,最为儒家所看重。董子非不重父子,却因为注重行为之"动机",而不认为甲之所为属"律所谓殴父"。董子做出的这一分别,恰似对仁与礼的区分,而强调对动机的甄辨,即注重对善恶的判别。"《春秋》之听狱也,必本其事而原其志。志邪者,不待成;首恶者,罪特重;本直者,其论轻"

---

[1] 近人沈家本、程树德皆有"春秋决狱"之辑,详参沈家本:《历代刑法考》(三),北京:中华书局1985年版,第1770—1778页;程树德:《九朝律考》之《春秋决狱考》等。今人的研究,可参见黄源盛:《汉唐法制与儒家传统》。桂思卓:《从编年史到经典:董仲舒的春秋诠释学》有专章讨论汉时经义与法律、解经与释法的关系。日本学者日原利国著有《春秋公羊传研究》一文,其中专论"心意"的一章,对公羊学的动机主义理论和实践("笔法")有细致的分析,颇有助于我们了解春秋决狱的精神特质。详参杨一凡总主编:《中国法制史考证》丙编第一卷《日本学者考证中国法制史重要成果选译》,北京:中国社会科学出版社2003年版。

[2] 转见程树德:《九朝律考》,北京:中华书局2006年版,第164页。

(《春秋繁露·精华》)①。它所针对的,正是秦政任刑而失德、秦法"诛名而不察实,为善者不必免,而犯恶者未必刑"的弊害。尽管在历史上,法出于礼,且广义的礼与广义的法颇多重合,但在精神上,礼与法指向不同,其功用亦异。贾谊语文帝曰:"夫礼者禁于将然之前,而法者禁于已然之后,是故法之所用易见,而礼之所为生难知也。……礼云礼云者,贵绝恶于未萌,而起教于微眇,使民日迁善远罪而不自知也。"②故言礼者,注重人的心志与动机,以期正本清源,扬善抑恶,化民成俗。而在儒学传统中,坚执这一立场,并将其方法发挥到极致的,正是董子所传承的春秋公羊学派。

唐人白居易(772—846)所辑《白氏六帖事类集》亦记有董仲舒经义决疑一例,其事与仁德有关:

> 君猎得麑,使大夫持以归。大夫道见其母随而鸣,感而纵之。君愠,议罪未定。君病,恐死,欲托孤,乃觉之:"大夫其仁乎!遇麑以恩,况人乎!"乃释之,以为子傅。于议何如?仲舒曰:"君子不麑不卵,大夫不谏,使持归,非义也。

---

① 汉之文学亦云:"故《春秋》之治狱,论心定罪。志善而违于法者免,志恶而合于法者诛。"(桓宽:《盐铁论·刑德》)简言之,"《春秋》之义,原心定罪"(《汉书》卷八三《薛宣传》)、"原情定过"(《后汉书》卷四八《霍谞传》)。

② 此文载于《汉书·贾谊传》后人所谓《治安策》之中,亦见于《大戴礼记·礼察》、《史记》卷一百三《太史公自序》等处,通行本《新书》未收。此处引自《新书校注》附录一《新书未收文赋及佚文》。梁启超将此文视为礼治主义的经典表述,而以之与建设政治于"机械的人生观"上的"法治主义"相对照。参见梁启超:《先秦政治思想史》,北京:东方出版社1996年版,第97—101、120—121页。

然而中感母恩,虽废君命,徙之可也。"①

为臣而废君之命,是一种性质严重的过犯,在继承秦制的汉代尤其如此,然而董子却因为其纵麑系出于恻隐之心、一念之仁,而认为"虽废君命,徙之可也"②,这种大胆见解无疑是承自先秦儒家。董子又引据《礼记·王制》君子"不麛不卵"③之语,指责大夫"不谏"为"不义",也同样颇具儒家底色。

关于仁的价值,以及行仁在君臣关系中的意义,董仲舒在《春秋繁露》一书中借司马子反一案做了详细的讨论。据《春秋公羊传》,楚庄王围宋,军中食粮仅供七日之需,遂遣司马子反前去打探宋国情形。子反登城,遇宋大夫华元,华元以实情相告,谓城中"易子而食之,析骸而炊之"。子反闻之哀甚,亦以军粮不足告之,勉其坚守数日,后归而力劝庄王撤军。《春秋》书"宋人及楚人平",称誉其事。④ 对此,有人不解:"司马子反为君使,废君命,与敌情,从其所请,与宋平。是内专政而外擅名也。专

---

① 转引自程树德:《九朝律考》,北京:中华书局1985年版,第164页。刘向《说苑》所记一事与此相类:"孟孙猎得麑,使秦西巴持归,其母随而鸣,秦西巴不忍,纵而与之。孟孙怒逐秦西巴。居一年,召以为太子傅。左右曰:'夫秦西巴有罪于君,今以为太子傅,何也?'孟孙曰:'夫以一麑而不忍,又将能忍吾子乎?'"刘向认为,"秦西巴以有罪而益信",乃在其有仁。参见刘向:《说苑·贵德》。对此案的分析,参见黄源盛:《汉唐法制与儒家传统》,台北:元照出版有限公司2009年版,第53—56页;桂思卓:《从编年史到经典:董仲舒的春秋诠释学》,北京:中国政法大学出版社2010年版,第165—167页。

② 此句中"徙"的含义不甚清楚,有两种解释。参见桂思卓:《从编年史到经典:董仲舒的春秋诠释学》,北京:中国政法大学出版社2010年版,第165页注59。

③ 《礼记·王制》:"獭祭鱼,然后虞人入泽梁。豺祭兽,然后田猎,鸠化为鹰,然后设罻罗。草木零落,然后入山林,昆虫未蛰,不以火田。不麛,不卵,不杀胎,不殀夭,不覆巢。"

④ 参见《春秋公羊传·宣公十五年》。

政则轻君,擅名则不臣,而《春秋》大之,奚由哉?"董子的回答是:"为其有惨怛之恩,不忍饿一国之民,使之相食。推恩者远之为大,为仁者自然而美。今子反出己之心,矜宋之民,无计其闲,故大之也。"问者不服,又举《春秋》事例数则难之,董子于是区分道之"常""变"以应之。《春秋》之道,有常有变。难者所述为常经,子反之举为权变:其"往视宋,闻人相食,大惊而哀之,不意之至于此也,是以心骇目动,而违常礼。礼者,庶于仁,文、质而成体者也。今使人相食,大失其仁,安着其礼,方救其质,奚恤其文,故曰:'当仁不让。'此之谓也"。① 这里,董子又引入"礼"与"仁"、"文"与"质"的分别,进一步说明"常"与"变",从而为子反受人非难的"专""擅"行为提供正当性论证。常与变,经与权,仁与礼,文与质,这些都是儒家义理中最核心的观念和范畴。从一定程度上说,正是通过对这些基本范畴的辨析和运用,儒学才得以在不断变化的情境中应对各种挑战,而保持其生命力于不衰。董子欲保守儒家天下归仁的义理于专制皇权时代,在承认君命不可违、"惟我君之德"②的同时,为"当仁不让"的"废君命"之举留出一席之地,便运用了这些诠释方法。而基于《春

---

① 参见《春秋繁露·竹林》。关于此案的分析,参见黄源盛:《汉唐法制与儒家传统》,台北:元照出版有限公司2009年版,第53—56页;桂思卓:《从编年史到经典:董仲舒的春秋诠释学》,北京:中国政法大学出版社2010年版,第165—170页。桂著将此案放在"仁"和"常与变"二目之下讨论。日原利国对此案亦有讨论。详见日原利国:《心意的偏重——关于行为的评价》,载杨一凡总主编:《中国法制史考证》丙编《日本学者考证中国法制史重要成果选译 通代先秦秦汉卷》,北京:中国社会科学出版社2003年版。在汉明帝时发生的一个大臣"专命"案件中,尚书仆射钟离意即引此例为被指"专命"的王望辩护,"帝嘉意议,赦其不罪"。详见《后汉书》卷三十九《刘赵淳于江刘周赵列传》。

② "《春秋》之义,臣有恶,擅名美。故忠臣不显谏,欲其由君出也。《书》曰:'尔有嘉谋嘉猷,入告尔君于内,尔乃顺之于外,曰:此谋此猷,惟我君之德。'此为人臣之法也。古之良大夫,其事君皆若是。"(《春秋繁露·竹林》)

秋》大义的这套经典诠释学,也是董仲舒及其同时代人乃至后人以经义断狱的方法论基础。

汉人援据经义断决案件,其例甚多,所涉及的事项,既包括一般刑事及行政案件,也包括政治性的事件,涉事者除了庶民,更多的是朝臣乃至皇室宗亲,范围极广。而且在这些案件中,往往涉事者与裁判者、控诉方与辩护方均引据经义,以为对己有利的依据。武帝元鼎二年(前115),博士徐偃奉旨出巡归,被劾矫制,法至死。徐偃以"《春秋》之义,大夫出疆,有可以安社稷、存万民,颛之可也"自辩。奉诏问案的终军则以《春秋》"王者无外"之义驳其说,"请下御史征偃即罪",奏可。有意思的是,最初对徐偃提出弹劾的御史大夫张汤"以致其法,不能诎其义",所以才有"诏下军问状"之事。① 可见当时只是有法可依尚不足为据,经义的权威还在法律之上。哀帝时,官员薛况因其父受不孝之诋,雇凶伤害同为朝臣的谤者,事下有司,御史中丞等以薛况等创戮近臣、不敬君上等因论以弃市,中有"《春秋》之义,意恶功遂,不免于诛"等语。廷尉则以"斗以刃伤人,完为城旦,其贼加罪一等,与谋者同罪"之律论同凡民争斗,并引《传》《论语》及《春秋》原心定罪之义证之。诸大臣分为两派,各持一端。案

---

① 参见《汉书》卷六十四下《严朱吾丘主父徐严终王贾传》。对该案的分析,参见黄源盛:《汉唐法制与儒家传统》,台北:元照出版有限公司2009年版,第59—63页;桂思卓:《从编年史到经典:董仲舒的春秋诠释学》,北京:中国政法大学出版社2010年版,第193—195页。桂著将该案归在"专"项下。此外,桂思卓在"以功覆过"项下讨论的一个案子也涉及"矫制",不过其结果与徐偃案正相反,而对达成这一结果至关重要的刘向的奏章,援引了《诗》《易》《司马法》以及诸多故实以证其议。详参桂思卓:《从编年史到经典:董仲舒的春秋诠释学》,第195—197页。

经哀帝裁断,采廷尉之议,从轻处断。① 有汉一代,类此案件可谓寻常,君臣上下视为当然。武帝时,淮南王刘安谋反案发,此案法条清楚明白,然胶西王刘端仍引《春秋》"臣毋将,将而诛"之义以证其罪。② 论者谓:"刑足使人慑服,礼足使人诚服"③,可见经义的效用为刑律所不及,不但能够济后者之不足,而且能提供更高的合法性。昭帝始元五年(前82),有男现身长安北门,自称谣传中并未死去的"卫太子",在当时是非不明、群臣束手无言的情况下,京兆尹隽不疑援《春秋》事,当即将"太子"收监,"天子与大将军霍光闻而嘉之,曰:'公卿大臣当用经术明于大谊。'"④汉时风尚如此,则不但号为儒生的文学、博士动辄引用经义,素喜刑名、用法深刻的文法吏也加入其中。《史记·酷吏张汤传》记云:"是时上方乡文学,汤决大狱,欲傅古义,乃请博士弟子治《尚书》《春秋》补廷尉史。"儒者倪宽(?—前103)即因研习《尚书》而补为廷尉史。这种"以经术润饰吏事"的结果,难免泥沙俱下,况且以经义为法典,以历史故实为判例,解释空

---

① 关于该案的分析,参见黄源盛:《汉唐法制与儒家传统》,台北:元照出版有限公司2009年版,第63—67页;桂思卓:《从编年史到经典:董仲舒的春秋诠释学》,北京:中国政法大学出版社2010年版,第184—188页。桂著将该案归在"动机"项下。

② 事见《汉书》卷四十四《淮南衡山济北王传》。对此案的分析,参见黄源盛:《汉唐法制与儒家传统》,同上,第72—75页。

③ 黄源盛:《汉唐法制与儒家传统》,同上,第75页。不过,《春秋》公羊学的动机主义理论,既有"恶其意"的一面,也有"致其意"的一面,二者间的平衡乃其正道。简单的分析,参见日原利国:《心意的偏重——关于行为的评价》,载杨一凡总主编:《中国法制史考证》丙编《日本学者考证中国法制史重要成果选译 通代先秦秦汉卷》,北京:中国社会科学出版社2003年版,第594—599页。

④ 事见《汉书》卷七十一《隽疏于薛平彭传》。对该案的分析,参见黄源盛:《汉唐法制与儒家传统》,同上,第67—69页。

间极大,要达成真正符合儒家义理且妥当可行的解释,对应用者心志、知识、经验、技巧均有很高要求,实属不易。故"陋儒酷吏遂得以因缘假饰"。① 尽管如此,着眼于长时段的历史变迁,由董仲舒提出的"更化"议程,以及他亲力亲为的经义决狱实践,无疑开启了一个新的时代,在这个时代,业已分化的观念、制度和人群,将在一个新的基础上重新统合起来:礼与法并为礼法,德与刑合为德刑,儒生与文吏融合为士大夫。② 由此确立的礼法观念和德主刑辅格局,支配中国社会达二千年之久。

昭帝始元六年(前81),各地贤良文学60余人奉诏至京,与丞相、御史共议时政,史称"盐铁会议"。其间,"文学"为一方,"大夫"为另一方,就当时的政经法律及内外政策等议题论辩甚炽。这或者是儒、法思想历史上最后一次全面、系统的论辩,只不过争论双方虽各有所本,所论亦针锋相对,却不出新的定于一尊的制度框架之外。此后,目睹新莽"奉天法古"破产的东汉儒者,在融合儒、法的道路上更进了一步。桓谭《新论》以为暴秦"见万民碌碌,犹群羊聚猪,皆可以竿而驱之"(《求辅》),故不足论;新莽"事事效古,……所尚非务",则为"不知大体"(《言

---

① 马端临:《文献通考》卷一百八十二《经籍九》"《春秋决事比》"条下按语云:"《决事比》之书,与张汤相授受,度亦灾异对之类耳。帝之驭下以深刻为明,汤之决狱以惨酷为忠,而仲舒乃以经术附会之。王、何以老、庄宗旨释经,昔人犹谓其罪深于桀、纣,况以圣经为缘饰淫刑之具,道人主以多杀乎?其罪又深于王、何矣!又按汉《刑法志》言,自公孙弘以《春秋》之义绳下,张汤以峻文决理,于是见知腹诽之狱兴。《汤传》又言,汤请博士弟子治《春秋》《尚书》者补廷尉史。盖汉人专务以《春秋》决狱,陋儒酷吏遂得以因缘假饰。往往见二传中所谓'责备'之说、'诛心'之说、'无将'之说,与其所谓巧诋深文者相类耳。圣贤之意,岂有是哉!常秩谓孙复所学《春秋》,《商君》法耳,想亦有此意。"

② 关于此一过程,阎步克《士大夫政治演生史稿》一书论之甚详。

体》)。他所赞许的,其实是"霸王道杂之"的汉政。故云:"唯王霸二盛之美,以定古今之理焉。"王道纯粹而有德,霸道驳杂而见功,"俱有天下而君万民,垂统子孙,其实一也"(《王霸》)。崔寔(约103—约170)《政论》喻"德教"为"兴平之粱肉","刑罚"为"治乱之药石",故"以德教除残,是以粱肉理疾也。以刑罚理平,是以药石供养也";又云"度德量力,《春秋》之义。今既不能纯法八世,故宜参以霸政,则宜重赏深罚以御之,明著法术以检之"。仲长统(180—220)颇称崔寔《政论》,谓"凡为人主宜手写一通,置之座侧"①。王充盛誉桓谭,比《新论》于《春秋》,②谓其"论世间事,辩照然否,虚妄之言,伪饰之辞,莫不证定"(《论衡·超奇》)。而他自己虽高举儒生之学,亦不废文吏之事,以"养德"与"养力"并为治国之道。③ 诸如此类的见解,或近法家者言,崔寔《政论》就被《隋书·经籍志》归入法家之类,王充的儒者身份也曾遭后人质疑。但这与其说是儒家及儒学的"法家化",不如说是经历了战国至秦汉数百年间社会变迁和制度分化之后,儒生接受了一种更具现实性的治道观。著有《潜夫论》的王符(约85—约163),也是这种思想潮流的一个代表。其书"大旨在重申天治民本之政理,发挥任贤尚德之治术"④,然其中亦不乏尊君重令之辞,如谓:"民之所以不乱者,上有吏;吏之所以无奸者,官有法;法之所以顺行者,国有君也;君之所以位尊者,

---

① 转引自萧公权:《中国政治思想史》,第266页。
② 王充《论衡·定贤》云:"孔子不王,素王之业在于《春秋》;然则桓君山不相,素丞相之迹在于《新论》者也。"
③ 王充《论衡·非韩》云:"夫德不可独任以治国,力不可直任以御敌也。韩子之术不养德,偃王之操不任力。二者偏驳,各有不足。"
④ 萧公权:《中国政治思想史》,第266页。

身有义也。义者,君之政也;法者,君之命也。人君思正以出令,而贵贱贤愚莫得违也,则君位于上,而民氓治于下矣。人君出令而贵臣骄吏弗顺也,则君几于弑,而民几于乱矣。……夫法令者,人君之衔辔箠策也;而民者,君之舆马也。若使人臣废君法禁而施己政令,则是夺君之辔策,而己独御之也。"(《潜夫论·衰制》)①对于东汉儒生来说,此种论调虽非人人如是,却是很有代表性的。

儒、法思想在东汉的进一步融合,还表现在另外两个方面。其一是诸儒以经学大师的身份,对当世律令详加注释。由此产生的律注数量庞大,难以尽览,故魏时天子下诏,规定只用郑玄章句,"不得杂用余家"。② 郑玄(127—200)为汉代经学集大成者,曾遍注群经,打通经今、古文学,创为"郑学",门下弟子无数。郑氏以一代宗师之尊而为律注,成就律学之盛,其影响可知。法律章句与经学同列③,固然可以表明法律之事在儒家思想中的位置有所改变,但是另一方面,这也是儒家思想对法制进一步渗透和支配的表现。事实上,自汉武帝独尊儒术之后,儒生得以各种方式全面参与朝政,操习吏事,接触法律政务日多,其影响于律令制度

---

① 关于东汉儒法合流的思想流变,参阅瞿同祖:《中国法律与中国社会》,北京:中华书局1981年版,第313—315页;阎步克:《士大夫政治演生史稿》,北京:北京大学出版社1996年版,第423—438页。

② 《晋书》卷三十《刑法志》记云:"叔孙宣、郭令卿、马融、郑玄诸儒章句十有余家,家数十万言。凡断罪所当由用者,合二万六千二百七十二条,七百七十三万二千二百余言,言数益繁,览者益难。天子于是下诏,但用郑氏章句,不得杂用余家。"

③ 章太炎指出,古律亦官书,《周礼》《吕刑》所言五刑,当时必著简策。"孔子不以入'六经'者,当以刑律代有改变,不可为典要故尔"。详见章太炎:《国学概论》,南京:江苏人民出版社2014年版,第117页。

亦日深。这种影响,除了通过上面论及的经义断狱而表现于司法,更直接表现在立法方面。据《后汉书》,和帝永元六年(94),廷尉陈宠(?—106)"钩校律令条法",奏除刑法溢于《甫刑》者：

> 臣闻礼经三百,威仪三千,故《甫刑》大辟二百,五刑之属三千。礼之所去,刑之所取,失礼则入刑,相为表里者也。今律令死刑六百一十,耐罪千六百九十八,赎罪以下二千六百八十一,溢于《甫刑》者千九百八十九,其四百一十大辟,千五百耐罪,七十九赎罪。《春秋保乾图》曰："王者三百年一蠲法。"汉兴以来,三百二年,宪令稍增,科条无限。又律有三家,其说各异。宜令三公、廷尉平定律令,应经合义者,可使大辟二百,而耐罪、赎罪二千八百,并为三千,悉删除其余令,与礼相应,以易万人视听,以致刑措之美,传之无穷。(《后汉书》卷四十六《郭陈列传》)

又据同书,陈宠其人,"性仁矜。及为理官,数议疑狱,常亲自为奏,每附经典,务从宽恕,帝辄从之,济活者甚众"(《后汉书》卷四十六《郭陈列传》),当为儒者无疑。其以《甫刑》(即周之《吕刑》)为模范整顿现行律令之举,正是在法制当中贯彻儒家理想的一种尝试。尽管就此个案而言,当时奏上而未行,①但若放眼历史,这种援礼入法的尝试和努力,自汉开始,中经魏晋南北诸朝,直至隋唐而完成,上下历数百年,陈宠其事,不过是其中一个小小环节,其成败固不在一时。近之学者论及这段历史,

---

① 《晋书》卷三十《刑法志》："未及施行,会宠抵罪,遂寝。宠子忠。忠后复为尚书,略依宠意,奏上三十三条,为《决事比》,以省请谳之弊。又上除蚕室刑,解赃吏三世禁锢,狂易杀人得减重论,母子兄弟相代死听赦所代者,事皆施行。"

或谓为"儒学的法家化",或名为"法律之儒家化"。若以前说指儒家向现实妥协,杂取法家思想,乃至于儒学其表,法家其里,而寓批判之义;则后者似倾向于认定儒者以积极姿态与时俱进,取政法制度而予以改造,以期达成儒家遵奉的价值与理想。然而无论如何,有一点可以肯定,那就是,延至东汉,无论观念上、制度上,还是实践中,儒法合流之势已然形成,不可移易。其后,魏除异子之科,又以"八议"入律;晋"峻礼教之防,准五服以制罪",开后世依服制定罪之先河;"犯罪存留养亲"及"官当"之条见于北魏;北齐则列"不孝"为重罪十条之一;隋律改名"十恶",列于篇首。这些出自儒家士大夫之手的法律创制,历代相承而逐渐完善。① 最终,在编排严整、内容宏富、体例成熟的唐代诸律中,礼与法实现其完美结合。论者谓"唐律一准乎礼","出入得古今之平"(《四库全书总目》)。② 荀子的兼综礼法,董子的经义断狱,在此化为一种成熟之观念、完备之制度,这种观念和制度,简括以言之,既非单纯之礼,亦非单纯之法,而是礼与法的完美结合,曰礼法。③

---

① 参见瞿同祖:《中国法律与中国社会》,北京:中华书局1981年版,第334—346页。瞿同祖先生另有一段总括性的文字,颇可说明此法律儒家化之概貌,参见瞿同祖:《中国法律与中国社会》,第320—321页。也有学者认为,瞿氏所谓"法律之儒家化"夸大了儒家思想对中国早期法典的影响。详见马若斐:《重估由汉至唐的"法律儒家化"》,载柳立言主编:《中国史新编》(法律史分册),台北:联经出版事业公司2008年版。这种看法或有助于揭示"法律儒家化"过程的复杂性,但是总的说来,它还不足以推翻这一概括。

② 瞿同祖认为,《四库全书总目》所言"确为中肯之论。实则中国古代法律皆如此,并不止唐律然也"。

③ 此所谓礼法,就不只是礼仪法度,而是与刑相配合的规范体系。所谓"礼之所去,刑之所取,失礼则入刑,相为表里者也"(《后汉书》卷四十六《郭陈列传》)。

三代礼法，直是以礼为法，礼与法无别。汉、唐以降之礼法，却是在经历此早期传统瓦解，礼、法分立且各为发展之后，在新的历史条件之下所达致的新的综合。其间多损益改造，即使皆以礼法名之，其形态与机制也已经大不相同。宋儒欧阳修（1007—1072）尝云："由三代而上，治出于一，而礼乐达于天下；由三代而下，治出于二，而礼乐为虚名。"盖自秦变古以后之有天下者，"自天子百官名号位序、国家制度、宫车服器一切用秦，……其朝夕从事，则以簿书、狱讼、兵食为急，曰：'此为政也，所以治民。'至于三代礼乐，具其名物而藏于有司，时出而用之郊庙、朝廷，曰：'此为礼也，所以教民。'"（《新唐书》卷十一《礼乐志》）是政、教分为二途，故曰"治出于二，而礼乐为虚名"。当然，这是相对于三代"治出于一"的情形而言。战国至秦，政出于法家，政与法同，所谓"簿书、狱讼、兵食"诸项，不但是法家思想最关注者，也是在法家思想指导下养成的官僚制国家施治之重点。汉以后的改变，并非抹杀"簿书、狱讼、兵食"诸治民之政的重要性，重回"礼乐达于天下"的古代，而是力图寓教于政，将儒家的政治理念贯彻到"簿书、狱讼、兵食"等各项治民活动之中。故此，后世儒者多不讳言功利，即使醇儒亦视刑政为当然。朱子为理学宗师，倡明道统，严王霸之辩，对治天下而事功卓著者批判甚力，唯其本人亦亲民为官，听讼治吏事，而非坐而论道，一味空谈。时人有云："政治当明其号令，不必严刑以为威。"朱子则曰："号令既明，刑罚亦不可弛。苟不用刑罚，则号令徒挂墙壁尔。与其不遵以梗吾治，曷若惩其一以戒百？与其核实检察于其终，曷若严其始而使之无犯？做大事，岂可以小不忍为心！"（《朱子语类》卷一百八《论治道》）不仅如此，对于当世缘于"鄙儒姑息之论，异端报应之说，俗吏便文自营之计"而一以轻刑为事者，朱子大不以为然,指其"刑愈轻而愈不足以厚民之俗,往往反以长其悖逆作乱之心,而使狱讼之愈繁,则不讲乎先王之法之过也"①。他进而表示,事涉"人伦风化"之案,"有司不以经术义理裁之",而任上述鄙论、邪说、私计行乎其间,则"天理民彝"必至泯灭,而舜之所谓无刑者也就遥遥无期了。② 在教化与刑罚问题上持论如此的,宋儒当中,非仅朱子。理学先驱、北宋儒者程颐(1033—1107)甚至以威刑为善教之始,且其论述更具原理性。《易》,蒙卦爻辞谓:"发蒙,利用刑人,用说桎梏,以往吝。"程子释曰:

> 初以阴暗居下,下民之蒙也。爻言发之之道。发下民之蒙,当明刑禁以示之,使之知畏,然后从而教导之。自古圣王为治,设刑罚以齐其众,明教化以善其俗,刑罚立而后教化行,虽圣人尚德而不尚刑,未尝偏废也。故为政之始,立法居先。治蒙之初,威之以刑者,所以说去其昏蒙之桎梏,桎梏谓拘束也。不去其昏蒙之桎梏,则善教无由而入。既以刑禁率之,虽使心未能喻,亦当畏威以从,不敢肆其昏蒙之欲,然后渐能知善道而革其非心,则可以移风易俗矣。苟专用刑以为治,则蒙虽畏而终不能发,苟免而无耻,治化不可得而成矣,故以往则可吝。(《伊川易传》卷一)

又其释"象曰:利用刑人,以正法也"之句:"治蒙之始,立其

---

① 〔宋〕朱熹:《戊申延和奏札》,转引自江玉林:《经义折狱、刑狱治理与传统法律的文化格局——从朱熹〈戊申延和奏札〉谈起》,载"中央研究院"历史语言研究所会议论文集之八,2008。值得注意的是,在江玉林文中,对朱熹的讨论是在汉儒董仲舒创始的春秋决狱的传统中展开的。

② 参同上。

防限,明其罪罚,正其法也,使之由之,渐至于化也。或疑发蒙之初,遽用刑人,无乃不教而诛乎? 不知立法制刑,乃所以教也。盖后之论刑者,不复知教化在其中矣。"(《伊川易传》卷一)据此,则刑罚不但不妨教化,而且是教化的条件和保障,故先刑后教亦可。刑政既然全不是问题,则礼、法之争也就可以消弭了。

法与道德:礼、法不两立

中国历史上的礼与法,由混一而分化,再由对立而融合,历时久长,过程曲折。而自汉代以降,儒法合流,德主刑辅、以刑弼教的原则开始重新主导中国的政教思想和实践,其地位不可动摇。然而,19世纪末西洋文明挟威力而来,列强环伺,国势颓危,面对此亘古未有之大变局,革新政教之变法终于不可避免,而在此过程之中,礼的支配性权威受到挑战,礼法之一体格局开始被撼动。

光绪二十八年(1902),清帝发布上谕:"着派沈家本、伍廷芳将一切现行律例,按照交涉情形,参酌各国法律,悉心考订,妥为拟议,务期中外通行,有俾治理。"[1]中国法律近代化运动由此开启。此后十年间,修订旧法、制定新法之事渐次进行,围绕修法原则的取舍则争议不断,并在《大清新刑律》的制定过程中达于顶点。争议的焦点,正是礼、法之关系。

光绪三十二年(1906)四月,修律大臣沈家本(1840—1913)和伍廷芳(1842—1922)将仿照西法编定的《刑事民事诉讼法》草案

---

[1] 《大清德宗景皇帝实录》卷四九八,转引自李贵连编著:《沈家本年谱长编》,济南:山东人民出版社2010年版,第106页。

呈上，奏请试行。清廷将草案发下审议，观其于现下"民情风俗能否通行"。① 湖广总督张之洞(1837—1909)据此上奏，以为该法"大率采用西法，于中法本原似有乖违，于中国情形亦未尽合"：

> 盖法律之设，所以纳民于轨物之中。而法律本原，实与经术相表里，其最著者为亲亲之义，男女之别，天经地义，万古不刊。乃阅本法所纂，父子必异财、兄弟必析产、夫妇必分资，甚至妇人女子，责令到堂作证。袭西俗财产之制，坏中国名教之防，启男女平等之风，悖圣贤修齐之教，纲沦法斁，隐患实深。②

张氏所言，正是我们熟悉的儒家礼法观。张氏以此为据，对移植之新法展开批评，则透露出中西古今两种法律传统内在的歧异和紧张。这种紧张在后来围绕《大清新刑律》草案展开的论辩中，变得更加突出。

光绪三十三年(1907)，中国第一部西式刑法典草成，名《大清刑律草案》。据沈家本奏称，"是编修订大旨，折衷各国大同之良规，兼采近世最新之学说，而仍不戾乎我国历世相沿之礼教民情"③。然而问题正出在"礼教民情"这一方面。翌年五月，学

---

① 《大清德宗景皇帝实录》卷五五八，转引自李贵连编著：《沈家本年谱长编》，济南：山东人民出版社 2010 年版，第 143 页。
② 《张之洞奏遵旨核议新编刑事民事诉讼法折》，载怀效锋主编：《清末法制变革史料》(上卷)，北京：中国政法大学出版社 2010 年版，第 400 页。引文标点据李贵连编著《沈家本年谱长编》第 143 页酌改。
③ 《修订法律大臣沈家本等奏进呈刑律分则草案折》，载黄源盛纂辑：《晚清民国刑法史料辑注》(下)，台北：元照出版有限公司 2010 年版，第 1426 页。

部率先复奏,"以新定新刑律草案多与中国礼教有妨,分条声明,奏请饬下修律大臣将中国旧律与新律草案详慎互校,斟酌修改删并,以维伦纪而保治安"。这一主张在地方督抚及在京各部堂官中不乏呼应者。于是,宣统元年(1909)朝廷颁发上谕,特就新刑律修订过程中有关伦常各条做出规定,略谓:

> 刑法之源,本乎礼教。中外各国礼教不同,故刑法亦因之而异。中国素重纲常,故于干犯名义之条,立法特为严重。良以三纲五常,阐自唐虞,圣帝明王,兢兢保守,实为数千年相传之国粹,立国之大本。今寰海大通,国际每多交涉,故不宜墨守故常,致失通便宜民之意。但只可采彼所长,益我所短,凡我旧律义关伦常诸条,不可率行变革,庶以维天理民彝于不敝。①

嗣后,修订法律馆将新刑律草案重行修订,并于当年十二月与法部连衔会奏修正草案,名《修正刑律草案》。修正草案"懔遵谕旨将关于伦常各款加重一等"②,并将名教保存事宜,增入《附则》五条,以利新旧沟通。其中第二条有云:"中国宗教尊孔,向以纲常礼教为重,况奉上谕再三告诫,自应恪为遵守。如大清律中十恶、亲属容隐、干名犯义、存留养亲以及亲属相奸、相盗、相殴,并发冢、犯奸各条,均有关于伦纪礼教,未便蔑弃,如中

---

① 《修改新刑律不可变革义关伦常各条谕》,载故宫博物院明清档案部编:《清末筹备立宪档案史料》(下册),北京:中华书局1979年版,第858页。
② 《法部尚书臣廷杰等奏为修正刑律草案告成折》,载黄源盛纂辑:《晚清民国刑法史料辑注》(下),第1431页。

国人有犯以上各罪,应仍照旧律办法,另辑单行法,以昭惩创。"①此种安排,名为保守纲常礼教,实际已将其边缘化,而欲将旧律有关伦纪礼教诸条另立单行法,专以对中国人,这从另一方面表明了新刑律去礼教的原则。因此,《修正刑律草案》始出,即引起礼教派人士的讥评。先是,宪政编查馆参议劳乃宣(1843—1921),以草案正文"有数条于父子之伦、长幼之存、男女之别有妨",以及《附则》规定旧律礼教条文另辑单行法适用中国人系"本末倒置"等因,向宪政编查馆上《修正刑律草案说帖》,遍示京外,要求将旧律有关伦常礼教各条,直接修入新刑律正文。沈家本则针锋相对,以《书劳提学新刑律草案说帖后》作答,逐条予以批驳。劳乃宣复以《管见声明说帖》回应,彼此往复论争。争论事项主要涉及十恶、亲属相为容隐、干名犯义、犯罪存留养亲、亲属相奸、亲属相盗、亲属相殴、发冢、犯奸、子孙违反教令诸条,最后则集中于无夫奸和子孙违反教令两条。其间,劳派(即礼教派)与沈派(亦名法理派)亦发文参与争论,就法律移植过程中何者当存、何者当废诸问题,论辩不止。②最后,草案经宪政编查馆考订后提交资政院审核、议决,众议员就其中"子孙对于尊长侵害之正当防卫"和"无夫奸"二条展开激辩,其程度达于白热化。事经报道,亦引致社会上的强烈关注。

本来,无论旧律新律,若就其整体观之,上述两条所涉内容亦属平常,然而自儒家立场视之,它们所自出的两个范畴,长幼

---

① 转引自劳乃宣:《修正刑律草案说帖》,载《桐乡劳先生(乃宣)遗稿》(二),台北:文海出版社1969年版,第886—887页。

② 详见《桐乡劳先生(乃宣)遗稿》(二)所收各篇文章。不过,由劳乃宣带头提出的新刑律修正案,共修改两条又一项、移改两条、修复一条、增纂八条又一项,其内容并不限于此。参见劳乃宣:《新刑律修正案》,同上书。

和男女,恰是人伦之常道,政治之大体,其重要性不言而喻,以至针对这些条款所做的任何修改,都可能触动和改变古来立国的某些核心价值。故礼教派不遗余力,尽其所能,维护其不变。不过,就本文的兴趣点而言,礼教派与法理派在"无夫奸"问题上的论辩尤其值得关注,因为法理派在此问题上提出的论证,正是一条区分进而隔断礼、法的路径。

所谓"无夫奸",特指在室女或寡妇与人通奸之行为。《大清律例·刑律·犯奸》条下云:"凡和奸,杖八十;有夫者,杖九十"[1]。此一规定,上承唐律,历代相沿,虽刑罚轻重有所变化,其为罪则一。然而在沈家本主持拟定的新刑律草案中,和奸无夫妇女不复治罪。盖因对此等行为"径以社会国家之故科以重刑,于刑法之理论未协"。对治此种非行,实无须刑罚制裁,"惟礼教与舆论足以防闲之"[2]。此一修改,虽只涉旧律奸罪边际,却因触及礼教风俗,且引入新学,有开启变革的微妙效果,是以引来诸多指责。张之洞即指为破坏男女之别,其他签注作者也多持批评观点。然而沈家本仍坚持己见。在他看来,草案批评者每以维持风化立论,不过是"浑道德法律为一",不足为据。"防遏此等丑行,尤不在法律,而在教化,即列为专条,亦无实际"。[3]

对于此说,劳乃宣在其名噪一时的《修正新刑律说帖》中予

---

[1] 田涛、郑秦点校:《大清律例》,北京:法律出版社1998年版,第521页。

[2] 《刑律草案》(1907)第二十三章《关于奸非及重婚之罪》之章下按语。载黄源盛纂辑:《晚清民国刑法史料辑注》(上),台北:元照出版有限公司2010年版,第153页。

[3] 转引自劳乃宣:《修正刑律草案说帖》,载《桐乡劳先生(乃宣)遗稿》(二),台北:文海出版社1969年版,第901—902页。劳氏并未指明此语是否出自沈家本本人,我在其他相关史料中亦未能查实其原始出处。然此语能够代表法理派立场,当无疑义。

以痛驳,指"其立论在离法律与道德教化而二之,视法律为全无关于道德教化之事"。唯其如此,"故(彼)一味摹仿外国,而于旧律义关伦常诸条弃之如遗"。依劳氏之见,"法律与道德教化诚非一事,然实相为表里"。因此,必谓二者"毫不相关,实谬妄之论也"。① 对此,沈家本答曰:"此事有关风化,当于教育上别筹方法,不必编入刑律之中。孔子曰'齐之以刑',又曰'齐之以礼',自是两事。齐礼中有许多设施,非空颁文告,遂能收效也。后世教育之不讲,而惟刑是务,岂圣人之意哉!"②沈氏引孔子著名语录,以证刑与礼为二事,是一件颇耐人寻味的事情。根据传统的礼法观念,礼与刑虽非一事,但是关系密切,不容分离。而沈氏对圣人言论的诠释,却隐含礼、刑分立之义。这一意图,如果对照当时流行的道德与法律关系论说,则尤为显豁。事实上,法理派在回应礼教派批评、论证"无夫奸"去罪化为正当时,正是以不应"浑道德法律为一"为基本论据的。如受聘帮助清廷起草新刑律的冈田朝太郎就说,早先,东、西方社会固不甚区分法律与道德,但自19世纪始,划清二者界限之说大盛,"所有一般法律思想,无不以属于道德范围之恶事与属于宗教范围之罪恶,盖置诸法律之外"③。而其现象尤以刑律中奸非罪之变更最为显著。"其余如单纯和奸、纳妾、调奸等罪,东西各国刑律中殆

---

① 转引自劳乃宣:《修正刑律草案说帖》,载《桐乡劳先生(乃宣)遗稿》(二),台北:文海出版社1969年版,第903—904页。
② 沈家本:《沈大臣酌拟办法说帖》,载《桐乡劳先生(乃宣)遗稿》(二),同上,第934—935页。
③ 转引自黄源盛:《法律继受与近代中国法》,同上书。

至绝踪。"①而在资政院就"无夫奸"入罪与否问题展开辩论之时,议员胡礽泰说:"道德的范围宽,法律的范围窄,法律是国家的制裁,道德是生于人心的。所以关系道德的事,法律并包括不住"。又说:"道德与法律原是两件事",若是将礼教"放在刑律里头维持,这个礼教就算亡了"。② 当清末之时,这种思想应当颇具代表性。在当时的报刊上,可以读到这样的文字:

> 抑又闻之,道德与法律二者不能相混,道德自道德,法律自法律,故郅治之世,法律可废,而道德终不可无。良以道德者,自由平等博爱之理,良知良能本具于人之天性,非由外铄,初不必刑驱而势逼也。乃中国独不然。以道德与法律混而一之,故曰出于礼即入于刑,又曰礼教与刑法相为表里。……夫道德而至于恃法律为保障,则此道德之为道德,其价值亦可想而见之。③

旧学出身的沈家本诸人,未必会以道德为"自由平等博爱之理",而将礼教贬为禁锢之具,但在教化属道德,道德与法律须两分,故礼、法不当混而为一这一点上,均持同样立场。而这种立场,其实出自19世纪西方之政治和法律理论,故而,将近代西方

---

① 同上书。在历史主义论证之外,冈田朝太郎也强调道德与法律两不相涉的"法律原理"。参同上书,第267—268页。强调法律原理具有根本意义,而且,这也是法理派论证的基本特征。详下。
② "资政院第一次常年会第三十九号议场速记录",载黄源盛纂辑:《晚清民国刑法史料辑注》(下),台北:元照出版有限公司2010年版,第1614—1615页。
③ 愤民:《论道德》,载张枬、王忍之编:《辛亥革命前十年间时论选集》第三卷,北京:三联书店1977年版,第852—853页。

的"道德"和"法律"这一对范畴,套用于中国传统的"礼""法"之上,并以之去透视、评判,进而重新安顿现实秩序,不啻是以釜底抽薪的方式,彻底颠覆了传统的礼法观念,以及这种观念所指向的人间秩序。自此,礼、法之争为道德与法律之辨所替代,其实际的结果则是,无论在观念上还是制度上,道德都被逐出法界之外,礼法观念更成为历史陈迹。[①]

回顾"礼法"之观念史、制度史,大体可以说,三代以礼为法,礼、法无分;春秋战国至于秦,法出于礼而独立,儒、法对立,礼、法分隔;汉以后,儒、法合流,礼入于法,又造就一新的礼法秩序;而至晚清,西风东渐,世事丕变,民主、法治观念大兴,传统之礼法秩序无以为继,至是,礼、法再度分立。上下三千年间,礼与法先是由一而二,继则由分到合,最后再分别为二,不相隶属。其变化,有否定,亦有否定之否定,每一次分合,均对应一种新的历史与社会情态。这其中,晚清之变,尤为深刻。盖因于道德与法律之辨中确立的"法",既非中国传统之礼,亦非中国旧有之法,而是出于近代西方而被推之于世界的一套个人权利法则。就此而言,清末礼、法之争,已经逸出传统礼、法之争的界域,不复为其所范围,而具有全新的意蕴。中国数千年绵延不绝的礼法观念,亦因此而被彻底抛弃。但仔细审视中国法律百年来的发展,透过由现代政治和法律术语、概念、学说和理论层层包裹的政法制度及实践,传统思想观念的印记仍隐约可见。

(撰稿人 梁治平)

[①] 详参梁治平:《礼教与法律:法律移植时代的文化冲突》,上海:上海书店2013年版。

第二十四章　无为篇

无为,又被称为无为而治,作为一种政治观念与治国理念,与有为(而治)相对应。无为而治是中国文化传统中特有的一种重要的治国学说与政治观念。无为的思想,创发于老子,接续于道家,流行于汉唐及各朝代初创时期。

无为,从其出现的第一天起至今天,无时不在影响着中国人对国家治理与公共事务的看法,而不论其在现实中落实与否。事实上,当现实越是背离无为而治的时候,"无为"的观念越是为人们所铭记,无为而治的理想越是被人们怀念。

无为而治中包含着两个不同的领域,一是无为作为治国之道,二是无为作为修身之道。作为修身之道的无为是一个可选项,因为每个个体有权自由选择自己的人生观和生活方式。但是,作为治国之道,无为是一个必选项,是对执政者的要求。这里主要讨论的是作为治国之道的"无为"。

一　源头与意涵

历史上,"无为"一词最早出现于《诗经》中。《诗经·王风·兔爰》中有"我生之初,尚无为。我生之后,逢此百罹"。①

在汉语中,"无为"之"为"是指由人做出的动作或行动,并通过行动来完成某一件事情。"无"有两个意思:一是表示存在的状态,即"没有",无为即没有作为;一是表示禁止性祈使语气,意为"不",无为表示不要去做某件事,不要作为。

"无为"作为与治国有关的文化观念,是由老子在《道德经》中提出的。在五千余字的《道德经》中有十多处使用"无为"的概念,比如:"为无为,则无不治。"(《道德经》三章)

"无为而治"这个说法是从孔子开始的。在《论语·卫灵公》中,孔子说:"无为而治者,其舜也欤。"但"无为而治"的确是老子的主张。与老子的无为思想相对照,孔子讲的"无为而治"是对老子无为思想的诠释。这里,孔子没有明确表明自己对无为而治的态度,只是说舜帝实行过无为而治。下面,除做特殊说明外,"无为"与"无为而治"含义等同,互通使用。

无为观念的思想源头是中国文化中的天道观念。老子的政治思想以"天道"为依托,以"无为"为手段。无为的重要不仅仅在于无为自身的重要性,更在于天道的重要性。天道有一种重要的特性,就是天道无为,即老子所说的"道常无为而无不为"(《道德经》三十七章)。天道是宇宙万物运行的原理,而无为则是天道的根本运行方式(参见本书中《天道篇》),"天道"是"有"与"无"的统一(参见本书中《有无篇》),从这种意义上讲,无为的重要性是由天道的重要性决定的。不唯如此,无为的必

---

① 关于"无""为"二字分别在中国早期文献中的使用情况,参见刘清平:《无为而无不为:论老子哲学的深度悖论》,载《哲学门》2001年第2卷第1册上。

要性,也是由天道的重要性决定的。

　　顾名思义,无为,必然与"无"有着特殊的相关性,否则,如何谈得上"无为"? 的确,无为之"无",非一般意义上之"无",而是源于天道的天道之无。天道是"有"与"无"的统一体,而"无"则是天道的本质特征。"有"与"无"二者同出于天道,但是,"无"比"有"对天道来说更为根本。

　　在老子的思想中,"无"并不是一个用来说明"什么都没有"的概念。"无为"也不表示要"毫无作为"。相反,"无"本身是一种伟大的力量,"无为"本身也是一种很大的作为。所以,"为无为"才能达到"无不治"的效果。老子发现,"无,名天地之始"(《道德经》一章)。"无"这种力量不仅创生万物,而且在任何事物中都起作用。因为"有无相生"(《道德经》二章),而在"有无相生"中,"无"的作用更大,因为在老子看来,天下万物虽生于"有",但是"有"却生于"无"(《道德经》四十章)。天道也是以"无"的方式来存在的:天道无处不在,但是却像不存在一样。"无为"并不是对"为"的简单否定。必须看到,"无为"本身就是一种"为"。"无为"不是"不为",不是"什么都不做",而是"为无为"。

　　无为而治是源于天道的治国方略。无为是天道的体现与要求,无为而治的政治理念是建立在天道观念基础上的。无为而治的终极依据就在于:天道本身就是无为的。天道听任万物自由生长而不加干涉、不加强制。天道虽然创生万物,但是并不主宰万物,而是让万物自我主宰。天道的本性就在于让万物按照自己的本性存在于世界上。天道本身就是消极的、被动的、无为的,这样万物才能有为。政府无为,万众才能有为。无为的正当性来自执政者必须遵天之道、循天之理、从天之则。老子认为,万物莫不遵道而贵德,执政者当然也必须尊道贵德。一切按照天道的方式进行。既然无为是天道本身的运行方式,那么,无为也应该是政府的运行方式。要治国,就必须实行无为而治。

老子对无为而治的论证,逻辑简单而清晰,论据充分而有力。老子认为,无为而治是合乎天道的、唯一正当的治国方式。由于天道本身是无为的,因此,治国的方式,若要合乎天道,就必须实行无为而治。正当的治国方式就是让人们自由地按照自己的天性生活,让人们在共同生活中自然而然地形成、奠立合乎天道的秩序。

老子从天道及其"无"的特征中得出这样的结论:天道之治应该是无为而治。要理解无为背后的理据,必须从理解天道的属性开始。天道的特点决定了无为的特点。既然天道无为,包容万物而不争,那么实行无为而治就意味着政府也应该像天道一样,包容谦和,无私不争。人间那么多的祸患常常就是因为统治者追求有为。统治者常常以追求政绩的名义横征暴敛,贪得无厌,骄奢淫逸。对这一点,老子再清楚不过了:"民之饥,以其上食税之多,是以饥。民之难治,以其上之有为,是以难治。民之轻死,以其上求生之厚,是以轻死。"(《道德经》七十五章)要消除这种统治者追求有为所造成的祸患,就必须实行无为而治。

总而观之,老子的无为思想包含着两层含义:一、天道是无为的。道法自然,天道尊重万物的本性而不加干预。二、对天道应该是尊敬效法的。治国者应该效法天道,像天道那样无为而有功,那样顺应人的天性而不去妄为,那样居功而不傲。无为而治,要求政府顺应人性,任由民众自由发展,把自由的空间留给民众而不能去霸占;要求国家不把执政者的权力意志强加给民众,更不能越俎代庖,对民生横加干涉。无为而治意味着毋代马走,毋代鸟飞,政府与执政者不要限制百姓,更不要代替他们去作为。无为而治的最高境界是,政府有效地履行了自己的责任,而民众丝毫没有感受到来自政府的侵扰,即老子所谓的"功成事遂,百姓皆谓我自然"(《道德经》七十五章)。

无为而治的治国思想有以下的具体主张与内涵:

(一)以正治国,不用权谋。实行无为而治,不仅是天道的要求,也是正义的要求,而且这两个要求是一致的。不正义的政制和无道之邦有一个重要的特征,就是统治者背离天道去追求大有为,权力的触角无间不进、无孔不入,时时威胁着公民的基本自由与权利,对民众生活的每个方面都横加干预,政府以其自身的追求来代替每个个体的追求。

老子认为,富者愈富,贫者愈贫,是因为统治者私心太重,不能以正治国。民众之所以饥饿,是由于统治者横征的赋税太多。民众陷于贫困,是因为国家的禁令太多。朝政腐败,必然造成农田荒芜,仓库空虚。社会之所以难以管理,是因为统治者使用智诈权术等手段来对待民众。统治者的智诈权术越多,制造出来的刁民也就越多。而造成这一切的根本原因,是统治者追求"有为",不能做到以正治国。所以,"以智治国,国之贼;不以智治国,国之福"(《道德经》六十五章)。

以正治国,要求执政者以无事治天下,对民众不用智谋诈术,以"无为"的态度去作为,以不扰民的方式去做事,行无为之政,让民众自由自治,通过无为而治来让民众自化、自正、自富、自朴。

(二)治国爱民,不与民争。老子说:"爱民治国,能无为乎?"(《道德经》十章)治国者只有无私无欲、以无为而治的方式治理国家,才是真正的爱民。无为而治就是给民众造就并维持一个自由宽松的制度环境,就是无苛政之苦,无重税之忧。无为而治,就是政府与执政者不得专横,不得逆天道而强行妄为。

爱民治国的一个重要内容是执政者不得与民相争。无为而治要求统治者不得贵难得之货,不得与民争货利。如果国富而民贫,一切宝贵资源都被官府所攫取,一切财富、支柱产业、国计民生都被政府所把持,那么,民众就失去了活路。民众之所以不惜以死冒险反抗,就是因为统治者与民争利,榨取财富。

无为而治还要求官方不能尚贤。与民相争的另一个表现是官府尚贤,帝王把天下英才统统纳入"彀中"。而老子主张"不尚贤,使民不争"(《道德经》三章)。官府不应与民间争夺货利,不应该与民间争夺精英。如果尚贤,民众必竞相争入官府。若社会上的精英都在官府,官民之间的智力平衡必将被打破,权势的天平必然倾向官府一边。如果入仕是最好的活路,那么落第就为造反打开了通路。

(三)俭政守中,不扰民生。政俭则民安,民安则天下太平。俭政也是简政。"无为而治"思想要求治国者自身要遵循自然无为之理,不干扰民众,不强为妄做。所以,老子主张"治大国,若烹小鲜"(《道德经》六十章)。治大国也如同烹小鲜一样,不可干扰民生,不可政令繁苛、朝令夕改。否则,必将扰乱天下。"好静""无事""无欲"也都是简政守中的具体化,其目的在于反对统治者的恣意妄为、扰攘民众、与民争利的昏暴政治。

无为而治必然要求简政,也必然带来简政。老子说:"多言数穷,不如守中。"(《道德经》五章)统治者必须"希言",少发号施令。政令繁多,民众必将不堪重负。"法令滋彰,盗贼多有"(《道德经》五十七章)。国家的禁令越多,民众越加贫困;君主的权谋越多,国家越加混乱;法令越来越森严,盗贼反而不断地出现。无为而治要求为政者绝对不可以用有为之名扰害百姓。为政者有为,政令频频更改,就会扰民,就会让百姓无所适从,国家就会动乱不止。

简政守中意味着"小政府""有限政府",意味着节俭、休养生息、轻徭薄赋,不施行苛政,不滋扰百姓,让民众各安其居,各乐其业。简政的一个重要特征就是政府俭啬。因为,俭啬也是无为的要求。越有为、越专制的政府越铺张。啬即俭约,是治理人事、侍奉自然的重大原则。大到国家的治理,小到个体的生存,都离不开"啬"这条原则,都要从"啬"这条原则做起。俭是老子发现的治国三宝中的一宝。"一曰慈,二曰俭,三曰不敢为天下先"(《道德经》六十七章),"治人、事天,莫若啬"(《道德经》五十九章)。天道是最俭啬的,政府因此也应该俭啬。啬,意味着政府要少花钱;俭,意味着政府要少干预。想多作为,多干预,也就是贪婪和浪费。节俭与审慎一样,都是衡量治国者是否顺应天道的重要尺度。顺应天道的政府,必须具备这两个美德。

啬不仅指财用,而且指行动。当政者要少动、少言。啬就是统治者应该放弃自己的专横意志,而去顺应天道。政府不俭啬,民众的自由与财产就会处于危险之中。治身治家需要节俭,治国同样需要节俭。

(四)和平慎战,胜而不美。慎战是无为而治的重要内容。慎战意味着无条件地反对一切不义的战争,有条件地支持正义的战争,尽可能地避免一切战争。

慎战意味着反对以暴力征服天下、用战争手段逞强天下和用暴力维持统治,反对用暴力与强权解决争端,即老子所谓的

"不以兵强天下",因为"兵者,不祥之器,非君子之器,不得已而用之"(《道德经》三十一章)。这是因为乐于在战场上取胜的人,都是乐杀人者,"夫乐杀人者,则不可得志于天下矣"(《道德经》三十一章)。

慎战的必要性在于战争的灾难性。"师之所处,荆棘生焉。大军之后,必有凶年"(《道德经》三十章),每一次战争,对于社会经济都是一场破坏;每一次战争,都会对民众的生命财产和正常生活秩序产生极大破坏。而发起战争的动因却是统治者追求有为,以满足其对物质的贪欲与权力欲。这种牺牲大多数人的生命以满足少数人的私欲的战争,是最无道的。"天下有道,却走马以粪。天下无道,戎马生于郊"(《道德经》四十六章),天下无道,则征战不休,或为私怨而战,或为并吞他国而战,或为争霸而战,皆源于统治者的权力之欲、掠夺之欲、征服之欲难以满足。

如果说征战不休也是天下无道的表现,那么,穷兵黩武更是对抗天道之举。战争之所以不祥,是因为战争涂炭生灵。任何战争的真正的遭难者永远是普通的老百姓,任何战争都伴随着杀戮和对财产及民生的破坏。因此,有道的政府必然慎战。当政者唯有在"不得已的"情况下才可以参与战争,而其目的也仅限于救危济困,保家为民。

慎战要求对战争持"胜而不美"的态度。在老子眼里,赞美、美化战争,"是乐杀人"(《道德经》三十一章)。老子甚至主张以葬礼而不是凯旋的态度对待胜仗,即使战胜,也不值得格外庆贺和夸耀,因为任何战争都夺人性命。即使是赢得了正义的自卫战争,其战果也是靠杀伤敌人取得的。战胜,不是一件值得庆祝的好事,而是一件丧事。炫耀军事征服的胜利就更不应该了。所以,老子说:"杀人之众,以悲哀泣之;战胜,以丧礼处

之。"(《道德经》三十一章)

二 脉络与流派

无为与有为是中国文化中两种对立的理念。在漫长的演化中,无为与有为又常常融合在一起,形成你中有我、我中有你的局面。但是在各种无为思想中,以老子的无为思想最为经典,最为纯正,最有价值,最有意义。

这里所言的无为,主要是老子意义上的无为。相对于无为而治来说,有为而治长期盛行,直至今天,对中国历史的影响要比无为而治大得多。一部中国历代的政治史,除个别时期外,基本上是有为而治的政治史。有为而治强调的是人事人为,人存政举,人亡政息,这是人政;无为而治强调的是顺应天道来治理国家,是天道之治。

老子与庄子

老子的无为学说是其天道思想的延伸,仅限于国家治理的公共事务层面。老子的无为学说,是从民众的立场出发,是对政府与执政者提出的重大要求,而不是针对个体的修身养性提出的——即便老子的这一学说可以广泛地运用于众多的领域。老子力持"无为而治"的治国理念,其无为学说是完全针对统治者的,要求统治者不得侵扰、鱼肉百姓,不得与民争利。老子认为,君王应该处于下位,民众才能居上位。老子并不去区分有德与无德之君,不管有德无德,都要实行无为而治,越是无德,越是要捆住其手脚,管住其权力,不容其随意有为。

老子从未提出君道与臣道的分际,更未主张君道无为,臣道有为。老子的无为是天道的无为,是天然的无为,君人南面是人为的无为。君人南面术中的无为是把具体的事务交给人臣去做,君王自己垂衣拱手,不必作为。

老子以后的道家,都是尊君的。从庄子开始,老子奠定的无为而治的路向开始发生重大的转向。庄子所主张的无为在很大程度上改变了老子的无为思想的路向。而这种改变,基本上为后人所忽略。自庄子开始,作为天道之意的无为而治逐步变成了作为帝王之术的无为而治。南面称帝,北面称臣,君人南面之术也由此而生。

庄子之所以倡导无为政治,是因为他发现,与儒家仁义学说有关的有为政治使人丧失了素朴的本性。这种仁义的推行使得民众莫不奔命于仁义,以此来邀功请赏,换取功名富贵。庄子还发现,凡是人为的都是违背自然的。人为对万物的内在本性构成了威胁。《庄子·骈拇》写道:"长者不为有余,短者不为不足。是故凫胫虽短,续之则忧;鹤胫虽长,断之则悲。"万物自有其本性,合乎人的本性的政治才是优良的、符合天道的政治。最好的政治就是无为的政治。"故君子不得已而莅临天下,莫若无为。无为也,而后安其性命之情"(《庄子·在宥》),无为政治的精髓在于"慎,无撄人心"(《庄子·在宥》),而有为政治之所以祸乱天下,其根源就在于扰乱了人的素朴本性,"天下脊脊大乱,罪在撄人心"(《庄子·在宥》)。

庄子更倾心于一种无为的精神境界。《庄子·刻意》曰:"夫恬淡寂寞,虚无无为,此天地之平而道德之质也,故曰:圣人休焉则平易矣。"《庄子·大宗师》假借孔子之口曰:"(方外之人)假于异物,托于同体,忘其肝胆,遗其耳目;反覆终始,不知端倪;芒然彷徨乎尘垢之外,逍遥乎无为之业。"

庄子认为，君臣皆无为，臣则失职；君臣皆有为，君则失尊。因此，唯有君无为而臣有为。故他说：

"上必无为而用天下，下必有为为天下用。此不易之道也。"(《庄子·天道》)

"主者，天道也；臣者，人道也。"(《庄子·在宥》)

"夫虚静恬淡寂漠无为者，万物之本也。明此以南乡，尧之为君也；明此以北面，舜之为臣也。以此处上，帝王天子之德也；以此处下，玄圣素王之道也。"(《庄子·天道》)

庄子一方面以君臣格局为前提尊君隆君，另一方面又以无为说来抵抗来自权力的强制与干预，强调个体的全性保真，在权力面前保持自我的天性。一旦发现权力难以抗拒，庄子便开始强调退隐。在老子的无为学说中，看不到修身养性与退隐的倾向。从字面上看，庄子继承了老子的无为思想，并且似乎有所发展，不论其文字的真伪，《庄子》在内篇、外篇和杂篇中都有不少关于无为的论述。

刘安与黄老道家

暴秦的短命深深触动了汉初的政治家和思想家。汉初的黄老道家一方面继承了老子的无为而治，另一方面也对之加以严重扭曲。这一时期黄老道家的无为学说，是对秦朝大有为的暴政的一种反动。汉初的黄老道家是在天下大动荡之后的社会重建的大背景下，探求国家的长治久安之道。

汉初的黄老道家思想，结合了老子与庄子思想中的无为而治，也吸收了儒家的经世致用的政治理念，掺入了尊君、礼法、尚贤等儒家主张。所以，这一时期的黄老道家也被称为黄老杂家。该思想强调的是社会和谐与自然、与民休养生息而不扰民，从而促进了社会的稳定、经济的发展与民生的重建。

一方面，汉初道家的无为学说，具有更强的适应性与实用性，尤其是改变了老子对君王的排斥态度。但是，在另一方面，汉初的无为学说又改变了老子的无为而治的政治基调，在无为而治中糅入了君人南面术，把老子的作为天道的无为降格为帝王统治术的无为。其效果是巩固了新建立的君王主导下的君臣关系，而不是致力于推动老子所向往的那种人与人之间完全平等的伙伴关系。这种新型的无为学说，解了现实政治的燃眉之急，但是终究未能摆脱被君王抛弃的命运。自汉武帝之后，各朝各代，无为而治的治国思路一路下行，充其量为一时的应急之策，从未落实到根本的制度层面上。

这一时期黄老道家的代表性人物是淮南王刘安，他撰写的《淮南子》是这一时期无为思想的集大成之作。其中的无为而治大多是针对暴秦的弊政而总结阐发的。所以，这一流派的无为思想仍然有不少正面的意义。《淮南子》十分重视无为而治的思想。其中的《主术训》《修务训》《原道训》等篇对无为而治的思想做了专门的讨论，阐发了对无为思想的见解，发展了先秦以来道家所倡导的无为学说。这种无为学说主张通过减少干预、降低税负、减省刑罚、约减政令来达到社会与经济重建的目的。《淮南子》中说"治国之道，上无苛令，官无烦治"，"功不厌约，事不厌省，求不厌寡"。

《淮南子·修务训》还区分了"无为"与"有为"的界限："无为"是指因循自然，"私志不入公道"，"循理而举事"，所作所为符合天道的原理与事物的本性。"有为"是"用己而背自然"，是那些违背天道原理与事物本性的所作所为。

刘安还吸收了儒家与法家的不少主张，例如，广纳贤人，礼法并用。《淮南子·泰族训》中说："无法不可以为治也,不知礼义不可以行法","民无廉耻,不可治也。非修礼义,廉耻不立"。可见,黄老道家是在儒家的君臣框架内鼓吹无为,把天道泛化。而老子本人则是明确反对尚贤和礼教的。

刘安主张,君臣异道,君道无为,臣道有为,君逸臣劳。其结果是无为而治变成了为帝王定制的无为学说。《道应训》篇中写道:"昔尧之佐九人,舜之佐七人,武王之佐五人。尧、舜、武王于九、五、七者,不能一事焉。然而垂拱受成功者,善乘人之资也。"《主术训》篇中则强调:"无为者,非谓其凝滞而不动也,以其莫从己出也。"《原道训》篇中有言:"所谓无为者,不先物为也;所谓无不为者,因物之所为也。所谓无治者,不易自然也;所谓无不治者,因物之相然也。"其用语和辞意近乎儒家,但又有道家的印记。

孔子与儒家

如果"无为"是老子的治国思想的标签,那么,"有为"则是孔子与后世儒家的治国思想的标签。孔子及后世儒家对于"无为"与"有为"有过不少的议论。儒家对"无为(而治)"的论述主要出现在《论语》《礼记》等传统儒家经籍中。甚至"无为而治"这个概念最先也是由孔子在《论语》的《卫灵公》篇中提出来的,并与同篇的另一个说法"君人南面"一并流行起来。

对于天道能够做到"无为而物成",孔子十分赞叹。《礼记·中庸》第二十六章中写道:"如此者,不见而章,不动而变,无为而成。天地之道,可一言而尽也;其为物不贰,则其生物不测。"《礼记·哀公问》也有这样的对话:"公曰:'敢问君子何贵乎天道也?'孔子对曰:'贵其不已。如日月东西相从而不已也,是天道也。不闭其久,是天道也。无为而物成,是天道也。已成而名,是天道也。'"

如果能实现"无为而治",儒家并不反对。对儒家而言,无为而治,不是不好,而是很难做到,只是在上三代尝试过。《论语·卫灵公》记载:"子曰:'无为而治者,其舜也欤?夫何为哉?恭己正南面而已矣。'"在儒家那里,实施"无为而治"的典型是尧、舜这样的圣人。

无为而治非常好,以至于只适用于尧、舜、禹那样的黄金盛世。儒家认为,三代以降,实行无为而治的条件已不具备,只好退而求其次,最后落在"有为而治"上。"经世致用"这四个字很好地体现了儒家的治国思路。儒家相信,有德之君不必主动作为,就能把国家治理好。有德之君才有条件实行无为而治,而无德之君只能实行有为而治。每个王朝都是自有德始,到无德终。而在君的问题上,民众与儒家又没有选择权,只能眼巴巴看着王朝由盛而衰。要经世,必然要有为。

儒家的主张,虽然并不公开反对无为而治,但通常被归入"有为而治"。孔子曰:"为政以德,譬如北辰,居其所而众星拱之。"(《论语·为政》)孔子提倡君王大权独揽的"德治",儒家后学更多的是"援道入儒"和"援法入儒"。儒家的"知其不可而为之"(《论语·宪问》)的立场与老子的"爱民治国,能无为乎?"(《道德经》十章)的呼吁形成了鲜明的对比。

比较起来,老子的无为与儒家的仁政在措施上有许多相似之处,如体恤民力,轻徭薄赋。但是,各自的出发点却是完全不同的。老子的无为是从天道无为发展出来的。儒家的仁政是实现修齐治平的"大有为"冲动,是内圣外王自我实现的需要。无为而治对君王能起到适当的约束作用,而所谓的仁政却有可能成为君王扰民的借口,通过强制措施对民众进行德化教育。像荀子这样具有法家色彩的儒家人士,不仅主张政府应该有为,而且认为"人定胜天"。所以,张岱年认为,儒家的仁,墨家的爱,都是有为的思想,只是没有做特别的标榜。①

在有为与无为之间的选择上,儒家面临着一个巨大困境。孔子与儒家人士认为,无为而治虽好,其实行的条件却是极其苛刻的,只有圣人当朝才能实行无为而治,当朝的不是圣人就无法实行无为而治。好人实行好制度,不好的人实行不好的制度。按照这个逻辑,只有贤君才配实行无为而治的好制度,昏聩暴君不配实行无为而治的制度,只配实行有为而治的坏制度。而贤君、圣人千载难逢,可遇而不可求。这样,在多数时候,昏君与有为而治就成了必然的选择。所以,按照儒家的理解,无为虽好,但是有为却是唯一不二的选择。

韩非与法家

如果老子是高调的反专制者,那么法家是高调的专制者,而儒家也关心如何驭民的君人南面术,但是在这些问题上很不高调,通常避而不谈,甚至抨击与权诈关联的君人南面术。与儒家相比,法家对驭民之道与君人南面术的讨论与主张是直截了当的,常常是大张旗鼓,甚至公开鼓吹君人南面术。与无为而治主张有关的法家代表人物是韩非。韩非不仅高调为专制鸣炮,而且借助老子的天道与无为学说为专制铺路。

韩非把无为而治与君主专制杂糅在一起,变老子发现的治

---

① 参见张岱年:《中国哲学大纲》,北京:中国社会科学出版社1982年版,第308页。

国之道为帝王驾驭臣民的君人南面术,从而在根本上改变了无为的性质。韩非把尊天道变成尊君王,鼓吹赤裸裸的权诈,以智治国,主张国家积极有为,政府全面扩权,君王绝对集权。君道与臣道二分,君尊臣卑,君无为臣有为。

在韩非的观念中,"有功则君有其贤,有过则臣任其罪"(《韩非子·主道》)。韩非认为,"人君无为,臣下无不为"(《韩非子·解老》)。另一位法家代表人物慎到在《慎子·民杂》中说:"君臣之道,臣事事而君无事,君逸乐而臣任劳,臣尽智力以善其事,而君无与焉,仰成而已。故事无不治,治之正道然也。"这种无为,是悄悄的、阴险的、不折不扣的有为。

韩非无为学说别具特色,把"无为"理解为一种君王驾驭群臣的权术。他说:"明君无为于上,群臣竦惧乎下。"(《韩非子·主道》)他在《扬权》中说,君王若能做到事事不置可否,喜怒不形于色,昏昏然如醉似呆,臣下便摸不着他的脾气,不敢轻举妄动。可以说,韩非无为的出发点和归宿点均在强化君权,迥异于其他无为学说。韩非的著作传到秦国,秦王嬴政看后赞叹道:"寡人得见此人与之游,死不恨矣!"(《史记·老子韩非列传》)后来,韩非终于去了秦国,也终于死在秦王嬴政之手。韩非的政治学说把秦王送上了权力的巅峰,成就了始皇帝的伟业,但同时也把自己的性命送上了专制大有为的祭坛。

三 质疑与批评

老子的无为而治的治国思想,一方面引来持久的掌声,另一方面受到了不小的批评,其中最严重的批评认为,老子主张的无为而治不过是一种为帝王服务的君人南面术,是帮助统治者驾驭、愚弄臣民的一种权谋诈术（权诈）。

早期的法家如韩非没有说老子的学说是君人南面的权诈，但是他以权谋诡诈之术来解读老子。到了汉武帝时期，《史记》作者司马迁虽然在思想观念上非常接近道家，但是他在《史记》中，将道家的老子、庄子与主张权术的法家如申不害、韩非合为老庄申韩一传，代表了汉人对道家与法家关系的重要看法。司马迁在《史记·太史公自序》中写道：

> 道家使人精神专一，动合无形，赡足万物。其为术也，因阴阳之大顺，采儒、墨之善，撮名、法之要，与时迁移，应物变化，立俗施事，无所不宜，指约而易操，事少而功多。
>
> 道家无为，又曰无不为，其实易行，其辞难知。其术以虚无为本，以因循为用。无成势，无常形，故能究万物之情。不为物先，不为物后，故能为万物主。有法无法，因时为业；有度无度，因物与合。故曰圣人不朽，时变是守。虚者道之常也，因者君之纲也。群臣并至，使各自明也。其实中其声者谓之端，实不中其声者谓之窾。窾言不听，奸乃不生，贤不肖自分，白黑乃形。在所欲用耳，何事不成！乃合大道，混混冥冥。光耀天下，复反无名。凡人所生者神也，所托者形也。神大用则竭，形大劳则敝，形神离则死。死者不可复生，离者不可复合，故圣人重之。由是观之，神者生之本也，形者生之具也。不先定其神形，而曰"我有以治天下"，何由哉？

道家这个名称从此开始流传。这里司马迁虽然用正面的语言来肯定他所界定的道家，但是，他却用"术"来概括道家的思想,断定老子等道家的思想是以"虚无为本"的一种"术"。这样,不知不觉中,老子所发现的治国之"道"变成了司马迁所定性的治国之"术"。这一转换,也为后人把老子的学说定性为"君人南面术"之说打开了大门。作为史家而非思想家,司马迁没有去辨析老子与所谓道家其他人物在思想上精微而重大的差异,混淆了老子的作为天道之德的无为而治与黄老道家的作为帝王之术的无为而治。当然,在今天不能用思想家的尺度去苛求史家司马迁,这里只是做了一个简单的澄清。

沿着司马迁的"其为术也"的定性,高度认同儒家道统的班固在《汉书·艺文志》中,正式把老子和道家的无为思想与政治主张定性为"君人南面之术"。班固写道:

> 道家者流,盖出于史官,历记成败、存亡、祸福、古今之道,然后知秉要执本,清虚以自守,卑弱以自持,此君人南面之术也。合于尧之克攘,《易》之嗛嗛,一谦而四益。此其所长也。及放者为之,则欲绝去礼学,兼弃仁义,曰:独任清虚,可以为治。

班固说道家"清虚以自守,卑弱以自持,此君人南面之术也",这里虽然没有使用指责、批评的语词与口吻,但是,用君人南面术的定性来批判老子及其无为而治的学说从此开始。

早期儒学对老子及其无为学说的态度是相对正面的,孔子还拜见并求教于老子。孟子强烈抨击过墨子与杨朱,但是对老子的学说,却没有发出过一个字的微词。

但是到了唐代,儒家对老子的态度发生了急剧的转折性改变。韩愈为树立儒家的道统,尊崇孔孟贬抑老佛,对老子及道家思想极端排斥,但是还没有用"权诈"的指责来批评老子。韩愈在《原道》中表达得很清晰:"斯吾所谓道也,非向所谓老与佛之道也。尧以是传之舜,舜以是传之禹,禹以是传之汤,汤以是传之文、武、周公,文、武、周公传之孔子,孔子传之孟轲。"

到了宋朝,儒家人物对老子的指责与批判达到了登峰造极的地步,儒家一边倒地用极端的言辞抨击老子。程颐程颢兄弟、周敦颐、朱熹、张载等一无例外,一意尊贵孔孟,批老辟道。他们都认为老子的无为而治是权诈之术,把老子看成是权谋家。二程指责老子以谈论天道的名义推销权诈"语道德而杂权诈,本末舛矣"(《二程粹言》卷一),"更挟些权诈"(《二程遗书》卷十五),"入做权诈者上去"(《二程遗书》卷十八)。

周敦颐也把老子的"欲取先予"定性为权诈思想。朱熹对老子的抨击则超过二程和周敦颐。二程只是指责老子权诈,朱熹不仅指责老子权诈,还指责老子自私,斥之为中国历史上奸诈之典型。朱熹说道:"老子心最毒,其所以不与人争者,乃所以深争之也,其设心措意都是如此。闲时他只是如此柔伏,遇着那刚强底人,它便是如此待你。"(《朱子语类》卷一百三十七)朱熹断言,老子之学中的"守柔""不争"是表象,实乃深争的手段,其目的是争而胜之。

在当代,撰有《周秦道论发微》的张舜徽先生辟专论《老子疏证》来批判老子,指责其无为之说为服务于统治者的权谋之说。张舜徽认为,老子与全部道家的思想,都是为君道而发的。张氏断言"道论"二字可以说是道家理论的简称,它的具体内容,便是"人君南面术"[①]。"《老子》一书,是战国时期讲求这门

[①] 张舜徽:《周秦道论发微》,北京:中华书局1982年版,第2页。

学问的老专家们衷辑自来阐明'人君南面术'比较精要的理论书","道家包括《老子》(即《道德经》)在内的言论是为君道而发"。①

那么,张舜徽先生的这种指责有效吗？应该说,这种指责是无效的。

第一,张氏的结论是"诸子皆术"。不独对老子,张舜徽用君人南面术的眼光看待周秦诸子百家,认为这些学派都是围绕着帝王之术来展开自己的学说的,孔子和儒家也不例外。② 有趣的是,张氏所列举的第一个鼓吹帝王之术的人,居然不是老子,而是孔子。他认为孔子的学说也是临民驭下之方。

"余尝博考群书,穷日夜之力以思之,恍然始悟先秦诸子之所谓'道',实为临民驭下之方……包括孔子在内,自然也不能例外。"③在张舜徽先生眼里,所有的"周秦诸子"的"道论"都不过为君人南面的帝王之术。

如果不仅是老子一家,而是包括孔子儒家在内的诸子百家也都是阐发"权诈之术",这种全面树敌的做法,反而削弱了其对老子的指责,或者说,使这种指责失去了独特的意义。

第二,张氏所采用的方法论是无效的。通常,重大观点的有效性是由得出这种观点的方法论所决定的。如果方法是无效的,那么该观点也就失去了应有的效力与说服力。

张氏的"诸子皆术"的结论是如何得出来的？用的是何种思想方法？下面的这段原话提供了重要的线索：

---

① 张舜徽:《周秦道论发微》,北京:中华书局1982年版,第94、95页。
② 同上,第2页。
③ 同上,第4页。

> 春秋战国之际,百家争鸣,那样多的蓬勃兴起,当然有它的经济基础,是客观现实的具体反映,不是任何人主观愿望所能安排的。当百家争鸣之时,都离不了为当时的政治服务,虽然各有一套议论主张,彼此有同有异;但他们的任务和目的,从总的方面说看,……不外想拿各人自己的一套议论主张,游说诸侯,乘机爬上统治地位,成为最高统治者周围的显赫人物……来巩固统治者的权位,维护统治与服从的社会秩序。①

张舜徽对老子的批判是这样铺垫的:"我国历史进入第一个阶级社会——奴隶社会以后,统治阶级内部为了适应最高统治者的需要,便出现了一种研究怎样实行统治的方法、权术的专门学问,师师相传,一直到汉代还有这方面的专家们在开门授徒,传述这方面的理论。"②

张先生相信经济社会地位决定政治立场,认为各种思想无不打上阶级的烙印。用这种思想方法来研究任何问题,其结论的有效性有待商榷。

第三,张氏把道家看成一个完整的思想体系,从而忽略了老子与其他道家人士的差异。老子主张的无为而治,不仅不是为君王服务的,而且是与君王针锋相对的。在《道德经》中,找不到任何尊君的色彩,没有给君王最高的位置。相反,最高统治者却常常成为针砭、讽刺、敲打、批评和谴责的对象。事实上,老子

---

① 张舜徽:《周秦道论发微》,北京:中华书局1982年版,第314页。
② 张舜徽:《周秦道论发微》,同上,第93页。

的无为而治主张,是为了压制君王的。对君王的不同态度,把老子与各家各派如儒家、法家和其他一切道家人士区别开来。

要把老子的无为而治与其他人主张的无为而治区分开来,就必须回到老子的无为思想本身。如前文指出,"无为而治"与"君人南面"这两个词组都应是由孔子首先使用的。(参见《论语·卫灵公》)

老子思想的核心是天道。老子的无为而治是从天道中派生出来的学说,其他道家的无为而治是从统治术中派生出来的学说。来自天道的无为而治是纯粹的、超越性的无为而治,这种无为而治隐含着贬君、抑君、去君的主张。其他人的无为而治学说,都是以尊君为前提的,其中多数是在讨论君人南面,目的是在为君王出谋划策。

主张阴、柔,并不等于主张阴谋权诈,老子的主张也来自他对天道的观察,而不是来自对宫廷政治的观察。他认为天道似水,从阴从柔,包容就下,是天道的美德,无关阴谋。因为,总不能认为天道本身就富含阴谋吧?

在老子眼里,道是道,术是术。老子强调道而反对术,求道不求术。最让老子反感厌恶的就是统治者以智术治国,对民众耍阴谋搞诡计。老子最主张的是以正治国,最反对的是以智治国。君人南面术基于阳尊阴卑。而老子是坚决反对阳尊阴卑的,老子认为,阴高于阳,阳以阴为本位。阳刚是君王的德性,阴柔是天道的德性。

> 古之善为道者,非以明民,将以愚之。民之难治,以其智多。故以智治国,国之贼;不以智治国,国之福。知此两者,亦稽式。常知稽式,是谓玄德。玄德深矣,远矣,与物反

矣,然后乃至大顺。

——《道德经》六十五章

老子上面的这段话,常被用来证明老子主张愚民政策。在中国文化中,"愚"字的含义常常明贬实褒,故常入人名。这里的愚是自然质朴的意思。老子本人也曾以愚自况。同样在这一章,老子对以智谋、诈术、权变的手段治国表现出深恶痛绝。老子认为,域中有四大,天大、地大、道大、人亦大(《道德经》二十五章)。可见,老子在"四大"中根本没给君王任何特殊的地位,根本就没把君王放在眼里。

作为权谋的无为而治已不是纯粹的思想主张,而是一种现实政治的主张。这种无为而治是服务于君王的君人南面之术。庄子、孔子及后来的道家、儒家,都持这种主张,只是程度与侧重点不同而已。其中韩非主张恶意的权诈,孔子、庄子和刘安等道家主张善意的权术(统治术)。

讲究权术必然导向有为而治,而老子是最彻底主张无为而治的。老子以后的道家,包括儒家和法家,都有把权谋塞入无为的嫌疑。而"君道无为"就是一个恶劣的例子。

无为,如果是君道无为的简称,那不过是为君王服务的一种权术。其目的是为了维护君王的统治,捍卫君王的权威。淮南王刘安在《淮南子·要略训》里说道:"著书二十篇,则天地之理究矣,人间之事接矣,帝王之道备矣。"这里,刘安毫不掩饰他所研究的天道与无为而治都是用来服务于他所格外关心的"帝王之道"。帝王之道是好听的、美化的说法,实际上就是帝王之术。

道与术相比,道是高高在上的,根本的、目的的、不受道德质疑的,永远是褒义的。术是次一级的,是次要的,是方法和手段,而非本质,常常是权谋的、策略性的、不择手段的,因而常常是贬义的。从历史事实中看,历代君王,借用老子思想的有很多,真正信奉老子思想的却很少。

张舜徽的批评适用于主张君道无为的君人南面术的人。如果张舜徽把矛头指向法家和黄老道家,其批评或许不无道理。但是若指向老子,则完全没有道理。

这里辨析的重点是老子本人的无为思想,而非老子之后的道家、黄老学派和新道家的无为思想,虽然它们之间有一定的相似之处。

这里有两点值得说明:一、张舜徽批评的对象,并不是老子本人,而是《老子》(《道德经》)的作者们,他认为《道德经》的作者是战国时期一群研究老子的专家。①

二、张舜徽认为道家的变坏是从庄子(而不是老子)开始的。他说:"道家思想被人歪曲而变为放荡无羁、毁弃一切,是从庄周开始的。"②

自由主义者对老子的态度,则更具有指标的意义。如果老子主张权诈,一心为帝王着想,中国的自由主义者不会放过老子而不去加以批判。事实上,中国近现代的自由主义者从没有对老子提出过这方面的指责与批评。相反,他们对老子及其无为而治学说大加赞赏与拥护。

中国近现代自由思想的代表人物如严复、胡适、陈寅恪,西方的中国思想史学者如史华慈、狄百瑞等都没有指责老子的思想为权诈之术,没有对老子提出类似的批评。

---

① 张舜徽:《周秦道论发微》,北京:中华书局1982年版,第95页。
② 同上。

由上观之,指责老子及其无为而治为权诈,这样的非难,理由是很不充分的,更多是对老子思想的扭曲与误用。

四　理据与方法

为什么要实行无为而治？无为而治的必要性是由天道的要求与政府的本性决定的。政府与执政者的野心是无限的,而能力却是极其有限的,如管仲所言,"强不能遍立,智不能尽谋"(《管子·心术上》)。只有限制住政府的"有为"冲动,才能压缩政治权力的空间,扩充民间的自由空间,把政治之恶的可能降至最低,把有为的恶果减少到最小。这种追求"有为"的冲动,在本质上是执政者权力意志的冲动,是伸张与扩展统治权的冲动。

面对不可改变的、恒常的天道与人性,政府与当政者所能作为的,就是无为而治。无为而治,不是不作为,而是不能做触犯或违背天道和人性的事情,只能做尊重与顺应天道和人性的事情。如果尊天道遂人性,反而能做到无为而无不为。

"无为"中的"为",是指那些人为的和违反天道的作为。"无为"让事物顺应本身固有的本性与规律。如果将此思想用于治国,即不过多地干扰民众,而任其自化,按照天道,"以辅万物之自然而不敢为"(《道德经》六十四章)。万物之本性都是自足自得的,需要的只是将此本有的、内在的、原初就已禀赋的纯真物性予以实现和完成罢了。

无为而治的主张,是针对统治者的,是针对他们追求大有为、实行有为而治的。治国者一旦追求有为就会违背天道,违背人类天性。而每个人都有自己的个性。只有任其个性自由发展,每个个体的潜能与抱负才能得以实现。所以,只有顺应天道,实行"无为而治",才能尊重与顺应每个人的个性,才有可能形成一个自由而和谐的社会秩序。

要想顺应天道,最简单的办法是从模仿天道开始。天道从不干预万物,只是低调地帮助他们。"天地相合,以降甘露,民莫之令而自均。"(《道德经》三十二章)所以,好的政府尽量不要让民众感到其存在,不对民众的正当行为构成限制与妨碍。最好的政府是让民众感到像"无"政府一样,只是为民众的自由自立默默地创造条件。有道的政府应该静静地守候在一旁,随时准备扶危救困、匡扶正义,就像一个温顺的、称职的仆人:当你不要他的时候,他不会在你旁边碍手碍脚;当你需要他的时候,他会及时出现在你面前。

无为而治既是消极的,也是积极的:在政治领域和任何其他领域,所谓无为,就是像天道那样作为,去做会得到天道奖励的事情,绝不去做会受到天道惩罚的事情。"无为"绝不是消极被动地无所作为、无所事事、庸庸碌碌,而是顺应天道,不乱为、不妄为,不专断、不害民,不做有悖于天道、有害于民众的事情。不妄为,就没有什么做不成了。要做到真正无为,必须从政治制度上保障每一个个体的自由发展,把追求与作为的空间,让给每一个个体。

无为而治的优越性,是通过与有为而治的弊害的对比显现出来的。治国之道必须是无为之治。只有实行无为而治,才能达到"甘其食,美其服,安其居,乐其俗"(《道德经》八十章)。如果为政能够实行无为,让民众自我化育、自由发展、自主完善、自我管理,社会就会自由、繁荣、安定。

在中国,无为的思想与学说由来已久。与"无为"的思想相比,以"有为"冠名的思想与学说始终没有形成,但是"有为"在现实中一直受到历朝历代统治者的偏爱。胡适先生对这种情况有独到的观察,并认为中国比任何时候都需要无为而治的政治哲学。他在《再论无为的政治》一文中写道:

> 在几千年官僚政治训练之下的中国,妄想以国家的力量来兴作一切,结果每办一件事,即为官僚造一搜刮人民机会。……从这种观察上着想,我曾提出一个大胆的建议,我说:此时中国所需要的是一种提倡无为的政治哲学。①

胡适先生的结论的确是有感而发。

常有人士认为,无为而治是中看不中用的理想,做到无为而治是一件很难的事情。历朝历代,统治者总是倾向于扩大权力,滥用权力,干涉民生,与民争利,胡作非为,祸害百姓。老子对这一点看得再清楚不过了:"民之难治,以其上之有为,是以难治。"(《道德经》七十五章)中国的历史,由于种种原因,长期背离了老子的无为而治的正道,陷入了统治者有为而治的牢笼。

天道本身就是消极的、被动的。天道无为,每个人才能有为。所以有道的政体,也应该清静无为,绝不任意干涉民众的私人生活,绝不用统治者理想去挤占、压制、替代每个个人的理想。所以打天下不如治天下,治天下不如安天下,安天下不如让天下安。让天下回归于天下,让天下人自己治理自己,实行无为而治,才是符合天道的治理方式。所以无为而治意味着:个人能办的就不要让社会办,民间能办的就不要让政府办,地方能办的就

---

① 欧阳哲生编:《胡适文集》第十一卷,北京:北京大学出版社1998年版,第405—409页。

不要让国家办。执政者顺应天道去作为,不作违反天道之为,而让天道去作为,帮天道去作为。

实现无为而治是有条件的。并不是在所有的政体下,都能实现无为而治。比如说,在秦始皇的君主专制政体下,在希特勒的纳粹政权下,根本没有实现无为而治的条件。即使在西汉初年实行的无为而治也仅仅停留在政策的层面上,没有落实到政体上。一旦无为者人亡,无为之政也就熄灭了。实行无为而治的前提,不是依赖于出现儒家所期盼的稀世圣王贤君。无为而治的实现在政体上有个前提,这就是执政者须是民众选举产生的。各级政府的主要领导人是选举出来的,而不是上级的官员选拔出来的。这些虽不是实现无为而治的全部条件,但是必要条件。

五　影响与前景

无为是老子治国思想的核心观念,也是中国政治传统的关键词。数千年来,老子的无为思想对中国文化和中国人的政治观念产生了很大的影响,起过许多积极的作用。无为而治是我国传统文化的优秀成分。在君主专制时代,无为的思想对统治者有开导、制约的作用。它倡导的轻徭薄赋、节俭不奢、体恤民生、爱惜民力、顺民之欲、遂民之性,在公共事务管理中永远有着积极的意义。

在中国古代,无为而治的思想有很大的影响。汉初的黄老之学汲取了先秦道家无为而治的思想,适应秦末政治动乱之后民心思定的形势,总结了暴秦苛政的教训,强调清静无为,主张轻徭薄赋、与民休息。西汉初年,无为而治被确立为基本国策。

这一基本国策很快大见成效,结出了文景之治的硕果。可以说,正是无为而治的思想造就了由文景之治、贞观之治、开元之治交织而成的汉唐辉煌。如张岱年先生所发现的:"道家思想,亦有其好处。……道家的政治思想,极力反对干涉,反对专制,反对分等级。在君主专制时代,如能实行道家的政治学说,人民确实可以得到一些好处。惜乎道家此方面的理论,并未发生甚大影响。"①

然而,无为而治在中国只是在深受大有为与暴政荼毒之后的急救包,通常只是在政策层面昙花一现,一旦国情有所好转,无为而治的理念立即便被抛到九霄云外。中国历史上虽然在不同的时期有过不同程度的无为而治,但是无为而治的治国之道始终停留在作为一种权宜之计上,根本没有制度化,更没有转化为政治制度中不可改变的固有成分。

(撰稿人　刘军宁)

---

① 张岱年:《中国哲学大纲》,北京:中国社会科学出版社1982年版,第303页。

第五分部 修身：人格养成

第二十五章　君子篇

第二十六章　忠恕篇

第二十七章　仁爱篇

第二十八章　知耻篇

第二十九章　义利篇

第三十章　知行篇

第二十五章　君子篇

甲骨卜辞和殷商旧典虽未见"君子"一词,但甲骨文中已出现"君""子"字样。传世文献最早所见"君子"一词出自《尚书·周书·无逸》:"君子所,其无逸",郑玄《注》:"君子,止谓在官长者。"金文"君子"的最早记载见于晋国礼器铭文《智君子鉴》:"智君子之弄鉴。"①"智"乃封地名,"君子"应指贵族官长。西周及春秋前期,"君子"是对有权位、财产的贵族和统治阶级的统称,如《尚书·酒诰》云:"庶士有正越庶伯君子,其尔典听朕教。"周公对受封贵族不单称"某君""某子",而是泛指并称。

甲骨文中,"君"作 ，"子"作 ；金文分别写作 、 。《说文》云:"君,尊也。从尹,发号,故从口。""尹,治也。从又、丿,握事者也。""尹"为手执笔,与"父"形近,表示治理事务;"口"表示发布命令。《仪礼·丧服》云:"君,至尊也。"郑玄《注》:"天子、诸侯及卿大夫有地者,皆曰君。"徐中舒认为"君""尹"同字,为古代部落酋长之称:"尹作 ,从又从丨,丨象杖,以手持杖,示

---

① 上海博物馆商周青铜器铭文选编写组:《商周青铜器铭文选》,北京:文物出版社1987年版,第637页。

握有权力以任事者。"[1]"君"是当权者或贵族称号,他们发号施令,治国施政;"子"在古代是男子美称。《广雅》《白虎通》亦将君子拆解,"君"有"尊、大"之意,以"君子"指尊贵男子。

"君子"或有两种构词之法。一是并列式,指两种不同地位的统治阶层。地位较高者曰"君",列国卿大夫等地位较低者曰"子"。汪中《述学》云:"古者孤卿大夫皆称子,子者,五等之爵也。……《春秋传》:'列国之卿,当小国之君。'小国之君,则子、男也,子、男同等,不可以并称。故著'子'去'男',从其尊者。"[2]"君、子"包含从天子以至卿大夫的统治阶级,且"子"可晋为"君","君"亦有贬称"子"者。春秋之例,旧君死新君立,当年称子,逾年称君。《左传·僖公二十七年》载:"杞桓公来朝,用夷礼,故曰子。"杞本伯爵,因用礼不当,故贬称"子"。一是偏正式,指地位较高的统治者。"君"乃君主、诸侯、大夫以上的贵族统治者,如《尚书·酒诰》曰"越庶伯君子",孔安国《传》曰:"众伯君子长官大夫统庶士有正者。"《礼记·礼器》之郑玄《注》曰:"君子,谓大夫以上。"《穀梁传·宣公十年》云:"其曰子,尊之也。"《注》云:"子者,人之贵称。"

以上关于"君子"的几种训释,基本反映了其原始义,亦各有所据。"君子"在金文中大量出现,是春秋至战国初期(战国以后几未见),意为"有位者之称,多指异姓贵族。有位者当有

---

[1] 徐中舒主编:《甲骨文字典》,成都:四川辞书出版社1990年版,第286页。章太炎《文始》亦谓"尹、君一字也"。

[2] 汪中:《述学·释夫子》,沈阳:辽宁教育出版社2000年版,第108页。

德,因此引申指有德之人"①。"君子"初为贵族统治者,后引申为"有德者",故崔述云:"君子云者,本皆有位者之称,而后世以称有德者耳。"②这是礼乐文化对君子的要求,更是当时以血缘为纽带、以等级为特征的贵族政体所决定的。

一 先秦典籍中的"君子"义例

作为诸子常用的核心概念,"君子"一词频见于先秦典籍之中。如《尚书》中 8 见,可信者至少 4 见。此外,《周易》127 见,《诗经》182 见,《周礼》1 见,《仪礼》6 见,《论语》107 见,《孟子》82 见,《荀子》297 见。③ 各种典籍中"君子"的含义有所递变,大体亦有轨迹可循。

《尚书》是现有文献资料中最早载有"君子"一词的典籍,可信者 4 见:"庶士有正越庶伯君子,其尔典听朕教。"(《酒诰》)"予小臣,敢以王之仇民百君子。"(《召诰》)"呜呼！君子所其无逸。先知稼穑之艰难,乃逸,则知小人之依。"(《无逸》)"惟截截善谝言,俾君子易辞。我皇多有之,昧昧我思之。"(《秦誓》)在《酒诰》中,"君子"是对身居高位者的尊称;《召诰》中是对大臣的尊称,"百君子"泛指殷商众多遗臣,顾颉刚认为是"兼殷御

---

① 陈英杰:《金文中"君"字之意义及其相关问题探析》,《中国文字》新 33 期,台北:艺文印书馆 2007 年版。陈初生认为,在金文中"君子"是贵族男子的通称,见陈初生编纂,曾宪通审校:《金文常用字字典》,西安:陕西人民出版社 1987 年版,第 101 页。

② 崔述:《崔东壁遗书》,上海:上海古籍出版社 1983 年版,第 352 页。

③ 以上资料,综采自有关辞典及研究论著。因计数有别,后文择善而从。

事、周御事而言"①;《无逸》中是对王的称呼,或指成王,或指嗣王;《秦誓》中指为官者,顾颉刚注:"君子、小人,后世以道德分;先秦以上以身份地位分。此时之君子指在官位者。"②《尚书》中"君子"多为"君""子"合称,多指方伯州牧等在位官员。如《无逸》篇,孔颖达认为君子"言其可以君正上位,子爱下民,有德则称之,不限贵贱",篇题意思是"君子处位为政,其无自逸豫也"③。此处"君子"已与"小人"相对,"小人"在《尚书》中12见,可信者10见,皆指农人或民众。

"君子"一词在《周易》中127见(《易经》20见,《易传》107见),主要指为政者,上至君主,下逮公卿诸侯。在乾卦中,"君子"被描述为遵天命、依天道、自强不息的哲人;君子遵天时而动,以不变之德合天时之变;不断增进学业,"学以聚之,问以辩之,宽以居之,仁以行之"。《乾·文言》对君子的理想人格做了规定:"元者,善之长也。亨者,嘉之会也。利者,义之和也。贞者,事之干也。君子体仁足以长人,嘉会足以合礼,利物足以和义,贞固足以干事。君子行此四德者,故曰:乾,元亨利贞。"君子不仅论道经邦,燮理阴阳,且足以长人、合礼、和义、干事,已不仅是具有较高社会地位的贵族称号。他们谙阴阳之道,"化而裁之""推而行之""举而错之",始具伦理色彩,以"尊德性,道问学,治天下"的"事业君子"面目出现。他们居上位,修美德,"以通神明之德,以类万物之情","由君子为起点,逐渐达到贤人,

---

① 顾颉刚、刘起釪:《尚书校释译论》,北京:中华书局2005年版,第1444页。
② 同上,第2177页。
③ 〔汉〕孔安国传,〔唐〕孔颖达疏:《尚书正义》,北京:北京大学出版社1999年版,第430页。

再可以形成大人的人格,乃至圣人之域"。可以说,《周易》最早提出了"君子"的理想人格类型。①《周易》中的"君子"已开始偏指有德行的为政者,如:"谦:亨。君子有终。""谦谦君子,用涉大川,吉。""劳谦君子,有终吉。"尤其当"君子"与"小人"对举时,德行屡被强调。为政者如果未修德行,会被视若寡德之"小人",如:"童观,小人无咎,君子吝。"(《观》)"硕果不食,君子得舆,小人剥庐。"(《剥》)"好遁,君子吉,小人否。"(《遁》)"小人用壮,君子用罔,贞厉。"(《大壮》)"君子维有解,吉,有孚于小人。"(《解》)"君子豹变,小人革面。"(《革》)"小人"既可称臣或百姓,也可指德行低劣而不胜其任者。

"君子"是《诗经》中出现频率最高的词之一,61 首诗凡 182 见②,其中《风》47 见,《雅》134 见,《鲁颂》1 见。大多是指君王、大夫等贵族统治者,此外也有指夫君、情郎、品行端正的男子,等等。由于诗篇主题和语境各异,所指事物亦不同,故不能以"通称"一概论之。③ 相较《周易》,《诗经》中"君子"产生了两个特指含义,即妻子称丈夫和诗人自称。妻子称呼丈夫,《风》诗 20

---

① 参见兰甲云:《〈周易〉的人格类型与伦理价值导向》,《湘潭大学社会科学学报》2001 年第 2 期。

② 董治安:《诗词经典》,济南:山东教育出版社 1989 年版,第 132 页。另说"君子"见于 63 首诗,187 次。

③ 参见张宝林:《〈诗经〉君子考论》,《诗经研究丛刊》第 24 辑。高亨认为"君子"是统治阶级人物的通称,见高亨注:《诗经今注》,上海:上海古籍出版社 1980 年版,第 2 页。程俊英认为"君子"是当时对贵族男子的通称,见程俊英译注:《诗经译注》,上海:上海古籍出版社 1985 年版,第 5 页。褚斌杰认为"君子"是统治阶级人物的通称,见褚斌杰注:《诗经全注》,北京:人民文学出版社 1999 年版,第 3 页。李中华、杨合鸣认为"君子"多是恋爱中的女子对情人或已婚妇人对丈夫的称谓,见杨合鸣、李中华编著:《诗经主题辨析》,南宁:广西教育出版社 1989 年版,第 14 页。

见,《雅》诗2见;诗人自称,《雅》诗1见。妻子对丈夫的称谓,亦有身份限制,与地位低下之人无涉。如"君子于役,不知其期","未见君子,忧心忡忡",都是有一定身份之人。《诗经》中还反映了君子阶层与下层劳动者之间的对立与冲突,诸如"凡百君子,各敬尔身,胡不相畏,不畏于天!""百尔君子,不知德行。""彼君子兮,不素餐兮!"统治阶级自谓"乐只君子,民之父母",而在下层百姓眼中,他们只不过是"不素餐兮"的寄生者而已。

"君子"在《论语》中占极重要地位,从开篇"人不知而不愠,不亦君子乎"(《学而》),到卒章"不知命,无以为君子也"(《尧曰》),可谓贯穿始终,首尾呼应,构成了一套完整且不断深化的君子修养体系。据杨伯峻《论语译注》统计,20篇512章中,记载孔子及其弟子论说"君子"的有86章。在两万字左右的《论语》中,出现率最高的概念是"仁",计109次;其后便是"君子",达107次。此外,"小人"出现24次,"孝"19次,"忠"18次,"信"38次,"礼"74次,"义"24次,"智"25次。[1] 可见,"君子"与"仁"一样,是被孔子多方面反复论述和界定的概念。《论语》中的"君子"主要是作为道德概念来使用的,即指"有德者"或"道德高尚之人"。("仁"亦如此,109次中有105次作道德标准)孔子所论"君子"的含义已十分明确,主要是指一种达到高尚人格境界的人。《论语》详实地论述了君子的道德情操、行为准则、治国治家治学之道,以及服饰、技艺、教养乃至心理状态。孔子虽用德义界定"君子",同时也保留了官职与政治责任之义,使其具有"高贵、等级地位及品格""尊敬""秩序、修养和完

---

[1] 参见杨伯峻译注:《论语译注》附《论语词典》,北京:中华书局1980年版。

善的典范""可通过政治责任、有效沟通扩展影响的模范人物"等内涵。① 虽"君子"一词非孔子首创,但孔子对其做了新的阐释与界定,形成了较为完整的价值与理论体系,为君子之学奠定了桩基。

《周礼》仅见一例"君子",亦以位言。《周礼·医师》云:"凡君子之食恒放焉。"贾公彦《疏》:"上六食六饮一经,据共王,不通于下……齐和相成之事,虽以王为主,君子大夫已上亦依之,故云'恒放焉'。"《仪礼》中"君子"6见,其义有三:一是指卿大夫及国中贤者,如"凡侍坐于君子,君子欠伸,问日之早晏,以食具告。改居,则请退可也"(《士相见礼》);二是国中有盛德者,如"征唯所欲,以告于先生、君子可也"(《乡饮酒礼》);三是有大德行不仕者,如"征唯所欲,以告于乡先生、君子可也"(《乡射礼》)。《周礼》和《仪礼》主要言上位之"君子",未见"小人"一词。"德性"一词则出自《礼记·中庸》:"故君子尊德性而道问学。"郑玄《注》:"德性,谓性至诚者。"孔颖达《疏》:"'君子尊德性'者,谓君子贤人尊敬此圣人道德之性,自然至诚也。"如果想要达到圣人那种至上境界,则唯修身养性、至诚性明之道。

《孟子》中"君子"82见,"小人"16见。孟子承继孔子论说,位德兼顾,"君子"或指有道德修养的人:"取诸人以为善,是与人为善者也。故君子莫大乎与人为善。"(《公孙丑上》)"今有人日攘其邻之鸡者,或告之曰:'是非君子之道。'"(《滕文公下》)或指有道德修养的执政者:"以天下之所顺,攻亲戚之所畔;故君子有不战,战必胜矣。"(《公孙丑下》)"夫君子所过者化,所存者

---

① 参见[美]安乐哲:《自我的圆成:中西互镜下的儒家与道家》,彭国翔编译,石家庄:河北人民出版社2006年版。

神,上下与天地同流,岂曰小补之哉?"(《尽心上》)孟子认为"君子莫大乎与人为善",其根源性特质分别是仁、义、礼、智:"恻隐之心,仁也;羞恶之心,义也;恭敬之心,礼也;是非之心,智也。仁义礼智,非由外铄我也,我固有之也。"(《告子上》)为重建人伦秩序,孟子着重从心性角度解释:"君子所以异于人者,以其存心也。君子以仁存心,以礼存心。"(《离娄下》)君子界定已由等级身份转变为道德心性,促使"仁"的人格化。

在《孟子》中,士阶层已进入君子行列。春秋时期,"士"只是为官食禄的自由民,服务于贵族。《穀梁传》云:"有士民,有商民,有农民,有工民。"士为庶民阶层,社会地位并不高。到战国时,"士"的作用逐渐增大,社会地位日益提高,遂与大夫并称"士大夫",进而共称"君子"。如"无君子,莫治野人;无野人,莫养君子"(《滕文公上》)。"士"在不同时期含义不尽相同,《孟子》中有"廉士""豪杰之士""盛德之士""志士""勇士"等。"君子"是以仁义为本心、亲民爱物、有独立人格的一类人,已不单指某一阶层的人。孟子尤其注重独立人格的塑造,将"大丈夫""古之人""大人"作为君子代表:"居天下之广居,立天下之正位,行天下之大道;得志,与民由之;不得志,独行其道。富贵不能淫,贫贱不能移,威武不能屈,此之谓大丈夫。"(《滕文公下》)"古之人,得志,泽加于民;不得志,修身见于世。穷则独善其身,达则兼善天下。"(《尽心上》)"养其小者为小人,养其大者为大人。"(《告子上》)"大人者,不失其赤子之心者也。"(《离娄下》)孟子较孔子多了一些勇以有为的成分,更强调独立人格与社会担当。君子"位、德"兼有,但与"野人"对举时主要取其阶层含义,如"夫仁政,必自经界始……夫滕,壤地褊小,将为君子焉,将为野人焉。无君子,莫治野人;无野人,莫养君子"(《滕文公上》)。

《荀子》中"君子"297见,"小人"81见,[①]且有专论《君子篇》。其中,"君子"已较少指贵族统治者,多泛称有才德之人,如"君子生非异也,善假于物也"(《劝学》),"君子贫穷而志广,富贵而体恭"(《修身》),"君子之学也,以美其身;小人之学也,以为禽犊"(《劝学》),"君子能则人荣学焉,不能则人乐告之;小人能则人贱学焉,不能则人羞告之。是君子小人之分也"(《不苟》)。相较孔、孟,君子在荀说中地位提升,以君子为"道法之总要""法之原""治之原",突显了君子的安邦治世功能。荀子认为,君子是国家治乱的关键,是礼仪规范的制定者、践行者和表率。"天地生君子,君子生礼义",以礼义治天地万物,天地万物才有了条理。君子与天地相参,是万物之总领,人民之父母。没有君子,天地失掉秩序,礼义失掉统领,家庭、社会就会陷入混乱。[②] 在"君子"与"小人"对举时,言"位"亦言"德",但主要还是地位的差别。如"君子小人之反也:君子大心则敬天而道,小心则畏义而节;知则明通而类,愚则端悫而法"(《不苟》),"己诚是也,人诚非也,则是己君子而人小人也;以君子与小人相贼害也,忧以忘其身,内以忘其亲,上以忘其君,岂不过甚矣哉!"(《荣辱》),"好法而行,士也;笃志而体,君子也;齐明而不竭,圣人也"(《修身》)。

---

① 关于"君子"一词在《荀子》中出现的次数,林建邦统计约为230次(参见《荀子理想人格类型的三种境界及其意义——以士、君子、圣人为论述中心》,台湾政治大学硕士学位论文,2005年);侯屾统计为299次(参见《荀学凸显"君子人格"的思考》,《邯郸学院学报》2011年第1期);彭岁枫统计约为304次(参见《荀子的礼法君子思想及其现实启示》,首都师范大学博士学位论文,2008年)。

② 李涤生:《荀子集释》,台北:台湾学生书局1979年版,第179页。

在荀子看来,君子具有较强的理性精神,不同于民间偶像,如"君子以为文,而百姓以为神"(《天论》);"其在君子,以为人道也;其在百姓,以为事鬼也"(《礼论》)。受过教育的君子能运用道德理性,有人文精神,而普通民众还只迷信命运吉凶,"上层阶级日渐遗弃这些宗教活动,而一般平民百姓却仍然相信天人感应与吉凶等事,这是成为精英分子的传统的儒学与基层的民间宗教分离的开始"[1]。君子在维护和引领世道人心方面责无旁贷:"百姓之力,待之而后功;百姓之群,待之而后和;百姓之财,待之而后聚;百姓之势,待之而后安;百姓之寿,待之而后长。"(《富国》)后来,顾炎武发展了这层含义:"士君子处衰季之朝,常以负一世之名而转移天下之风气。"[2]强调了君子誓志于道、修身立世、拯世济民的使命担当。

《墨子》正文中,"君子"115见,其中50余处与"士"连用,称为"士君子"。"君子""士"具有相同或相近特点,而与之相对的另一类人则是"庶人""小人""贱人"等。"君子"或"士君子"在书中往往语带贬义,因为其行为多与墨家的兼爱、节用、节葬等主张相悖。墨家的理想人格是"义士""良士""贤士"等,尤其是能施行兼爱原则的"兼士"。兼士以"兴天下之利,除天下之害"为崇高使命,爱人利人,言行举止"利人乎即为,不利人乎即比",包括道术、做官、修身、处事、为学等,以利人为最高目标。为"兴利除害""兼爱天下",他们要能做到"志强""智达",具备坚强的意志和通达的智慧。同时,为人处世要做到"兼相爱、交

---

[1] 秦家懿、孔汉思:《中国宗教与基督教》,吴华译,北京:三联书店1997年版,第761页。

[2] 〔清〕顾炎武著,栾保群、吕宗力校点:《日知录集释》,上海:上海古籍出版社2006年版,第754页。

相利";要诚信务实,"言必信,行必果""言行合";要"成人所急",具有任侠精神,甚至为解他人急难可以损己捐躯。兼士的这些特点,与儒家的君子观有相契之处,部分特质被吸收转化,丰富了君子内涵。

《左传》中"君子"181见,除"君子曰"80例,余近百例"君子"或指当时的贤人,或用以表达对某种社会现象和道德价值的评价。刘知几云:"《春秋左氏传》每有发论,假君子以称之……所以辨疑惑,释凝滞……丘明'君子曰'者,其义实在于斯。"[1]《左传》"君子曰"的来源,既有原始史料的孑遗,也有借重时贤的言论,还有作者的一家之言。"君子曰者,皆左氏自为论断之词。"[2]又,"左氏所谓君子者,谓其时所谓君子其人者,皆如是云云也"[3]。或将"君子曰"与"君子之学"相联系,认为"'君子之学'中的教材编修者、事语体教材中'语'部分的评论者也被称为'君子',即'君子曰'"[4]。以"君子曰"为肇端,其后"二传云公羊子、穀梁子,《史记》云太史公。既而班固曰赞,荀悦曰论,《东观》曰序,谢承曰诠,陈寿曰评,王隐曰议,何法盛曰述,扬雄曰撰,刘昞曰奏,袁宏、裴子野自显姓名,皇甫谧、葛洪列其所号。史官所撰,通称史臣。其名万殊,其义一揆"[5]。"君子曰"发凡

---

[1] 〔唐〕刘知几撰,〔清〕浦起龙释:《史通通释》卷4,上海:上海古籍出版社1978年版,第81页。
[2] 刘文淇:《春秋左氏传旧注疏证》,北京:科学出版社1959年版,第12页。
[3] 杨伯峻编著:《春秋左传注》,北京:中华书局1981年版,第15页。
[4] 张岩:《从部落文明到礼乐制度》,上海:上海三联书店2004年版,第299页。
[5] 〔唐〕刘知几撰,〔清〕浦起龙释:《史通通释》卷4,上海:上海古籍出版社1978年版,第81页。

起例,史书论赞,兹后遂成规模。

其他先秦文献也时见"君子"之论,如与孔子同代且被称为"君子"的晏子云:"衣冠不中,不敢以入朝;所言不义,不敢以要君;行己不顺,治事不公,不敢以莅众。……三者,君子之常行者也。"①与孔子同代而稍早的老聃《道德经》中未见"君子"一词。庄子也很少谈君子,主要是引用儒家成说,如引用孔子的话,"君子不仁则不成,不义则不生"(《天道》),以说明儒家是怎样看待君子的。"彼其所殉仁义也,则俗谓之君子;其所殉货财也,则俗谓之小人。"(《骈拇》)君子追求仁义,与唯利是图的小人迥然不同,故"利害不通,非君子也;行名失己,非士也"(《大宗师》)。②《韩非子》中虽也用"君子"一词,但时常用作推行法、术、势主张而树立的批驳对象。其他学派或未语及"君子"一词,如《孙子兵法》;或偶尔用作批驳对象,如《战国策》《吕氏春秋》等。

秦汉以降,"君子"一直是儒学论著和文人作品中的核心词汇,诸如陆贾《新语》、刘向《说苑》、桓宽《盐铁论》、扬雄《法言》、班固《白虎通义》、王符《潜夫论》、荀悦《申鉴》、徐干《中论》、颜之推《颜氏家训》、王通《中说》、吴兢《贞观政要》,以及韩愈《昌黎文集》、李翱《李文公集》、柳宗元《柳宗元集》、周敦颐《周濂溪集》、胡宏《胡宏集》、朱熹《四书章句集注》、陆九渊《陆九渊集》、胡居仁《胡敬斋先生居业录》、薛瑄《薛文清公读书

---

① 卢守助:《晏子春秋译注》,上海:上海古籍出版社2006年版,第108页。

② 庄子也对君子人格有所界说,《知北游》云:"渊渊乎其若海,魏魏乎其终则复始也,运量万物而不遗。则君子之道,彼其外与!""夫体道者,天下之君子所系焉。"参见廖建平:《君子人格论》,北京:中国文联出版社2001年版,第47页。

录》、王廷相《王廷相集》、李贽《焚书》、陈确《陈确集》、王夫之《读通鉴论》、曾国藩《曾文正公全集》、冯友兰《三松堂全集》等,都有对君子的论述,并在不同程度上丰富和发展了"君子之学"。①

二 历代"君子"义项寻绎

梳理先秦经典中"君子"的用法,可见其初始含义应为"君上位,子下民","位""德"兼重,后来又引申出诸多含义。"君子"含义的歧异,一方面与具体语境有关,另一方面也体现了其历史功能的变化。寻绎经典,按照"君子"义项生成先后胪列,或许有助于我们全面准确理解其义涵。

(一)祭司或主持卜筮之人。"君"字的"尹"在甲骨文中不仅同"父"字,还是祭祀中的一个环节。"尹"字中的竖道象征一根硬木枝,"放在火上烧成炽炭,而后直接灼于甲骨钻凿处,使之呈兆"②。"尹"在祭祀或占卜中沟通神人,手持木棍,操纵龟甲,获得卜辞,能够释读天神意图;"君"是知晓天意,可以假借天威发号施令的人。他们或是祭司,或为部落首领。"天降下民,作之君,作之师",故《周易·系辞上》云:"《易》有圣人之道四焉:以言者尚其辞,以动者尚其变,以制器者尚其象,以卜筮者尚其占。是以君子将有为也,将有行也,问焉而以言。其受命也如响。"君子一言一行,皆有所依:言说源自文辞,动作本于卦象。

---

① 参见吴枫、宋一夫主编:《中华儒学通典》,海口:南海出版公司1992年版;陆宝根:《历代名人论君子》,上海:同济大学出版社1996年版。
② 黄奇逸:《商周研究之批判——中国古文字的产生与发展》,成都:巴蜀书社2008年版,第383—384页。

他们取法乎天,能够预测未来,通达变量。故君子就是主持卜筮之人,亦即上通天意、下达指令之人。

商周之际,人们对天的信仰发生了动摇。统治者受命于天的神话引起了人们的诘问和怀疑,进而遭受抨击和嘲讽。《毛诗注疏》曰:"故建邦能命龟,田能施命,作器能铭,使能造命,升高能赋,师旅能誓,山川能说,丧纪能诔,祭祀能语,君子能此九者,可谓有德音,可以为大夫。"这些原系巫史职能,但在春秋时君子们亦可承担。因此,李泽厚指出:"从'巫术礼仪'的理性化过程说,它是由'巫'而'史'而'德''礼'。从巫师本身的理性化过程说,它是由'巫'而'圣',由'巫君合一'而'内圣外王',即由原始的通祖先接神明,演化而为'君子'的'敬德修业''自强不息',而最终为'圣人'的'参天地,赞化育'。"①圣王虽然来自巫君,但又是对巫君的超越。叶舒宪从字源学角度揭示了君子的本义及演变:"作为'君'字造字会意基础的正是'尹'。而君的本义大概就是指能够发号施令的上层统治者。……再细究之,'君'的涵义不指君主,而是圣职和神权的标记。因为祭司王首先必须是神权的把持者。……君子概念产生于'君'的世俗化之后,'子'为男性美称,'君'与'子'合成新词,本指脱胎于祭司王传统的上层统治者,主要应用于原始儒家的著述中,其后又经历了一个道德化的过程和宽泛化的过程。"②

(二)天子、国君。君子由"君""子"组成,"口"表示发布命令,"君"有指挥、统治之义。《说文解字》云:"尊也,从尹,发号,

---

① 李泽厚:《历史本体论·己卯五说》,北京:三联书店2003年版,第178—179页。
② 叶舒宪:《诗经的文化阐释——中国诗歌的发生研究》,武汉:湖北人民出版社1994年版,第238—240页。

故从口。""天子惟君万邦,百官承式。""君"本是对上古据有土地的统治者的通称,后指国君,如《孙子兵法·谋攻篇》有"将能而君不御者胜";又引申为"主宰",如《国语·楚语》中"夫君国者,将民之与处",《荀子·解蔽》中的"心者,形之君也"。《淮南鸿烈解·说林训》云:"农夫劳而君子养焉。"高诱《注》:"君子,国君。"甲骨文的"子"象孺子之形,指子辈或泛指后代。"君子"即为君的后代,亦即贵族或统治者。[1] "子"有慈爱之义,《诗经·周颂·时迈》云:"时迈其邦,昊天其子之。"《礼记·礼运》云:"故人不独亲其亲,不独子其子。""君子"指称君上位、子下民之人,《毛诗注疏》卷二十四孔颖达云:"君子者,言其德可以君上位,子下民,虽天子亦称之。《易》乾卦九三'君子终日乾乾',谓天子是也。公卿以下有德者,亦称之。"

西周之世,"君子"指当时的统治者,即周朝国君,如"假乐君子,显显令德""君子万年,保其家室""既见君子,孔燕岂弟",等等。《诗经》中《蓼莪》和《瞻彼洛矣》两诗都描写诸侯朝拜天子,"君子"是对周天子的称颂与敬称。例如:"既醉以酒,既饱以德。君子万年,介尔景福。"(《既醉》)"假乐君子,显显令德。宜民宜人,受禄于天。"(《假乐》)朱熹《诗集传》认为《大雅》之《泂酌》《卷阿》中的"君子"皆"指王也",即当时的周天子;至于《小雅·蓼萧》,郑《笺》云:"既见君子者,远国之君朝见于天子也。"君子指天子,亦即国君之意。

(三)君之子或与君主有血缘关系的王室贵族。王安石《君子斋记》云:"天子、诸侯谓之君,卿大夫谓之子,古之为此名也,所以命天下之有德。故天下之有德,通谓之君子。有天子、诸

---

[1] 冯少波:《君子小人无恒界》,《寻根》2014年第4期。

侯、卿大夫之位,而无其德,可以谓之君子,盖称其位也;有天子、诸侯、卿大夫之德而无其位,可以谓之君子,盖称其德也。"①"君子"也包括对诸侯王的称呼,如"自今以始,岁其有。君子有穀,诒子孙。于胥乐兮"(《鲁颂·有駜》)。宋人俞琰《读易举要》卷一云:"唐虞之时,天下万国,是时在官者无非国君之子,故有君子之称。古之所谓君子,只是国君之子,凡王子公子皆是也。自《礼运》以禹、汤、文、武、成王、周公为六君子,遂谓君者,君临万国;子者,子育万民。而又有在上君子、在下君子之别,浑言之则以为成德之称,是故司马温公曰:'德胜才则为君子,才胜德则为小人。'若究竟君子小人之名义,小人乃下贱卑小之人,君子即国君之子。"②金景芳也认为,君子"就像诸侯之子称公子,天子之子称王子一样,君子就是君之子。君之子当然是贵族,是统治阶级"③。

商朝对王室贵族有"子"或"君"之称,至西周约定俗成,亦合称"君子"。"君"是下属对长上的通用尊称,"子"是君主对其王族的称谓。原本君子只指有爵位的君统人物,后来多指虽无爵位但与君统有血缘关系的贵族。《诗经》凡提到"君子",除少数指有爵位的君统人物,余多指贵族。诸侯卿大夫以外,没有官职的贵族男子也可称为"君子"。与其相对的概念是"民",如"君子不施其亲,不使大臣怨乎不以。故旧无大故,则不弃也。

---

① 〔宋〕王安石:《王安石全集》,上海:上海古籍出版社1999年版,第307页。
② 〔宋〕俞琰:《读易举要》,《文渊阁四库全书》第21册,台北:商务印书馆1986年版,第406页。
③ 金景芳、吕绍刚:《周易全解》,长春:吉林大学出版社1989年版,第20页。

无求备于一人"(《论语·微子》);"君子笃于亲,则民兴于仁;故旧不遗,则民不偷。"(《论语·泰伯》)《周易》中"君子"多指贵族阶层,尤其指君王、君主等,如"君子以振民育德"。故赵纪彬明确指出:"'君子'是西周、春秋对奴隶主世袭贵族的通称。"①

"征唯所欲,以告于先生君子。"《仪礼注疏》曰:"君子,子者,贵人之子也。""君子"作为贵族称号,古诗中多有此义,如"大夫君子,无我有尤"。《诗经》中尊称女性贵族为君子者三首,似皆尊称同一女子。如《鄘风·君子偕老》:"君子偕老,副笄六珈。"《毛诗序》云:"《君子偕老》,刺卫夫人也。夫人淫乱,失事君子之道。"卫夫人庄姜是卫庄公之妻。《鄘风·鹑之奔奔》曰:"人之无良,我以为君。"郑《笺》曰:"刺宣姜者,刺其于公子顽为淫乱,行不如禽鸟。"明确指出"小君,谓宣姜"。《卫风·硕人》:"大夫夙退,无使君劳。"《胡列女传》曰:"君者,谓女君也。"且评论说:"傅母者,齐女之傅母也。女为卫庄公夫人,号曰庄姜。姜交好,始往,操行衰惰,有冶容之行,淫佚之心。"此三诗所言皆同一人,即"卫庄公夫人宣姜"。宣姜道德败坏,虽在卫国遭人唾弃,但在痛刺她时也使用尊称,体现了《诗经》"温柔敦厚"之风。②

(四)在位的统治者。对大夫以上官僚的称呼,如:"大夫君子,无我有尤。百尔所思,不如我所之。"(《鄘风·载驰》)"凡我有官君子,钦乃攸司,慎乃出令。"(《尚书》)《尚书·无逸》:"君子所其无逸。"《传》曰:"公、卿、大夫、室老、士、贵臣,其余皆众

---

① 参见赵纪彬:《君子小人辨》,载《论语新探》,北京:人民出版社1976年版。
② 张宝林:《〈诗经〉君子考论》,《诗经研究丛刊》第24辑。

臣也。君,谓有地者也。"亦有前引郑玄语"君子,止谓在官长者"。《尚书·召诰》:"予小臣,敢以王之仇民、百君子……越友民,保受王威命明德。"孙星衍《注》:"百君子,王之诸臣与群吏。……郑注《礼记》云'君子,谓大夫以上'。"①春秋时期,君子作为大夫以上的居官者,属世袭贵族,亦即周公、太公之后。《尚书·酒诰》云:"庶士有正越庶伯君子,其尔典听朕教。"孙星衍《尚书今古文注疏》云:"有正、庶佰,正、伯,皆长也。君子者,《释诂》云'君,大也'。子者,马氏注《论语》云'男子通称也'。"②贤人们因身居高位、手操国柄而被称为君子。此时,君子的标准已由原先的是否为贵族变为是否在位。

《诗经》中约51首诗154处"君子"指贵族统治者,与《今文尚书》和《周易》卦爻辞相同。陕西凤翔出土的石鼓文中有"吾车既工,吾马既同。吾车既好,吾马既驹"的记载,以"君子"指驾车马、衣轻裘的贵族。在《庭燎》《采菽》等诗篇中,朱熹、方玉润和王先谦等都认为"君子"是指诸侯、士大夫,且广见于《风》《雅》,如"大夫君子,无我有尤""君子至止,鸾声将将""显允君子,莫不令德""凡百君子,敬而听之",等等。称诸侯、卿大夫为君子,亦有品行要求。"君子所履,小人所视。"孔颖达云:"此言君子、小人,在位与庶民相对。君子则引其道,小人则供其役。"在上古上层社会中,凡国君、诸侯、大夫皆可称为"君子",故朱倬《诗经疑问》卷三云:"古人君臣一体,上下交欢,故天子诸侯

---

① 〔清〕孙星衍:《尚书今古文注疏》,北京:中华书局1980年版,第400页。

② 同上,第377页。

互有君子之称。"①"君子劳心,小人劳力。"君子与平民相对立,平民即使是有道德之人也不能被称为"君子"。对于道德或才情不足的"君子",《诗经》中出现了指责甚至谴责内容,如"彼君子兮,不素餐兮""君子信谗""君子信盗""君子不惠",等等。可见,"君子"的主要含义已经是"在位的统治者",原有"尊贵""尊崇"之意已弱化。

(五)有德有爵者之通称。作为贵族统治者的君子,乃"才德出众之名"②。君子学问精湛,品行高尚,外知礼仪,内修品德,"才德出众,谓之君子。"③《毛诗注疏》认为《小雅·南山有台》"乐得贤也。得贤则能为邦家立太平之基矣"。郑《笺》:"人君得贤,则其德广大坚固,如南山之有基趾。"《礼记·曲礼上》云:"博闻强识而让,敦善行而不怠,谓之君子。"可见君子好学,是德才兼备、才德出众之人。有德者必有位,有位者必有德。只有具有良好的道德修养的人去管理国家,才能国泰民安。君子具有"统治者"和"道德高尚的人"两个义项。《论语》中君子、小人对举的句子,既可指位,也可指德,如"君子和而不同,小人同而不和""君子喻于义,小人喻于利""君子之德风,小人之德草"。《论语》记载了"子贡问君子""司马牛问君子""子路问君子",他们所问君子不仅指所问者的身份地位,"因为身份地位是明白昭彰的制度,所以孔子弟子即使不是纯粹在问什么是君

---

① 〔宋〕朱倬:《诗经疑问》卷三,《四库全书荟要》本,长春:吉林人民出版社1997年版,第172页。

② 〔宋〕朱熹:《四书章句集注·论语》,北京:中华书局1983年版,第99页。

③ 程颐语,见《河南程氏经说》卷六,载《二程集》,王孝鱼点校,北京:中华书局1981年版,第1146页。

子的德性,至少也是在问有位的人如何才能既有位又有德"①。一些经典注解也留意到"君子"的双重义项,如《礼记·曲礼》:"君子恭敬撙节,退让以明礼。"孔颖达《疏》:"君子是有德有爵之通称。王肃云:'君上位,子下民。'又康成注《少仪》云:'君子,卿大夫。'"②王符《潜夫论》云:"夫君子也者,其贤宜君国,而德宜子民也。宜处此位者,惟仁义人。故有仁义者,谓之君子。"③黄宗炎《周易寻门余论》亦云:"称为君子者,君令人可敬畏,子令人可亲爱也。上古、中古,士俱世族王侯之子孙,多贤才,王天下,君邦国者,皆世胄。故在上在下或有位或有德,俱得称为君子也。"④

(六)具有良好道德修养的人。统治者和普通民众都应崇尚名节,做一个人格高尚、修养良好的人,"博闻强识而让,敦善行而不怠",为从政做好准备。《管子·侈靡》:"君子者,勉于纠人者也。"《注》云:"君子者,德民之称。"⑤可见,凡有道德之百姓均可称作君子。君子作为有道德者的通称,据已知文献,东汉班固《白虎通》是第一部把"君子"单列解释的著作:"或称君子者何?道德之称也。君之为言群也。子者,丈夫之通称也。故《孝

---

① 张映伟:《〈论语〉中君子含义的演变》,《海南大学学报(人文社会科学版)》2009年第2期。
② 〔清〕阮元校刻:《十三经注疏》,北京:中华书局1980年版,第1231页。
③ 〔汉〕王符撰,〔清〕汪继培笺:《潜夫论》卷七,上海:上海古籍出版社1978年版,第386页。
④ 〔清〕黄宗炎:《周易寻门余论》卷下,《文渊阁四库全书》第40册,台北:商务印书馆1986年版,第727页。
⑤ 黎翔凤撰,梁连华整理:《管子校注》,北京:中华书局2004年版,第715页。

经》曰:'君子之教以孝也,所以敬天下之为人父者也。'何以知其通称也?以天子至于民。故《诗》云:'恺悌君子,民之父母。'《论语》曰:'君子哉若人。'此谓弟子。弟子者,民也。"①司马光《资治通鉴》重新界定才德尽全为"圣人",德胜才为"君子"。②其中,君子仍是有德者之称谓。

（七）丈夫、情人、恋人。《诗经》中,有 11 首诗 29 处"君子"系女子称其丈夫或情人、恋人。朱熹将《周南·樛木》"乐只君子,福履绥之"中的"君子"解释为"自众妾而指后妃,犹言小君内子也"③,而将《召南·草虫》中的"未见君子,我心伤悲"解释为"南国被文王之化,诸侯大夫行役在外,其妻独居,感时物之变,而思其君子如此"④,认为《草虫》篇中的"君子"指诸侯大夫。《国风》中《汝坟》《殷其雷》《草虫》《雄雉》《君子于役》等篇中"君子"的含义主要是妇人称呼丈夫。如"窈窕淑女,君子好逑"（《关雎》）,"君子于役,不知其期"（《君子于役》）,"既见君子,云胡不喜"（《风雨》）,"未见君子,忧心忡忡"（《草虫》）,"未见君子,怒如调饥"（《汝坟》）,"展矣君子,实劳我心"（《雄雉》）,"君子阳阳,左执簧,右招我由房。其乐只且"（《君子阳阳》）,"隰桑有阿,其叶有难。既见君子,其乐如何"（《隰桑》）。以上诗句中的"君子"指女子的丈夫或情人,其共同之处是"尊贵"和"有地位"。能在诗歌中表达自己爱恋或思夫之情的女子,在当

---

① 〔清〕陈立撰,吴则虞点校:《白虎通疏证》,北京:中华书局 1994 年版,第 48—49 页。
② 参见〔宋〕司马光编纂,〔元〕胡三省音注:《资治通鉴》,郑州:中州古籍出版社 1991 年版,第 3 页。
③ 〔宋〕朱熹集注:《诗集传》,上海:中华书局 1958 年版,第 4 页。
④ 同上,第 9 页。

时都有一定的身份和地位,即她们的丈夫或情人多是奴隶主阶级或平民阶层以上。这种称谓也在后世沿用,如《后汉书·曹世叔妻》:"进增父母之羞,退益君子之累。"李贤注:"君子,谓夫也。"李白《古风》亦云:"焉得偶君子,共乘双飞鸾。"

(八)男子美称或显亲扬名之人。《诗·召南·殷其雷》"振振君子",君子可指普通百姓,也可作为一般男子的美称。《礼记·哀公问》载:"公曰:'敢问何谓成亲?'孔子对曰:'君子也者,人之成名也。百姓归之名,谓之"君子之子",是使其亲为君子也,是为成其亲之名也已。'""君子"是一种美称,百姓称他是"君子之子",也就使其父母成为君子了,从而显亲扬名。

(九)有才艺之人。《诗经·君子阳阳》中的"君子"就是指一位民间艺人:"君子阳阳,左执簧,右招我由房。其乐只且!"这位君子"舞师"得意扬扬地一手拿笙,一手招呼作者(或为乐师)替他伴奏,吹吹打打,手舞足蹈,好不快活。这种依靠才艺生活的舞师是"有位者"所不耻为也无能为的。[①] 他们与《论语》等典籍中提到的那些从事劳动或服务业的"小人"是一类人。

(十)高级军士。《国语·吴语》:"(越王)以其私卒君子六千人为中军。"韦昭注:"私卒君子,王所亲近有志行者,犹吴所谓'贤良',齐所谓'士'也。"《史记·越王勾践世家》亦载:"居三年,勾践召范蠡曰:'吴已杀子胥,导谀者众,可乎?'对曰:'未可。'至明年春,吴王北会诸侯于黄池,吴国精兵从王,惟独老弱与太子留守。勾践复问范蠡,蠡曰:'可矣'。乃发习流二千人,教士四万人,君子六千人,诸御千人,伐吴。吴师败,遂杀吴太子。"裴骃《集解》引韦昭说:"君子,王所亲近有志行者,犹吴所

[①] 陈俊明:《君子论》,成都:电子科技大学出版社1993年版,第12页。

谓'贤良',齐所谓'士'也。"虞翻曰:"言君养之如子。"司马贞《索隐》云:"君子,谓君所子养有恩惠者。"又,《左传》"楚沈尹戌帅都君子以济师",杜预曰:"都君子谓都邑之士有复除者。"《国语》"王以私卒君子六千人",越王勾践当初用以攻打吴王夫差军队的六千"君子",既非谙熟水战的兵士,又非常年操练的"教士",而是独立作战力量,且人数高居全军第二,为战斗主力之一。他们平素受特殊照顾与教育,专门训练,对越王勾践忠心耿耿,是随时准备赴死的文武军官和士兵。台湾六十位教授合译的《白话史记》将这"君子六千"译为"受过良好教育而职位较高的干部六千人"[①]。

(十一)特指具体人物。朱熹《诗集传》将《周南·关雎》中的"君子"解释为文王。[②] 又指《春秋左传》的作者,《左传·文公二年》孔颖达《疏》:"《传》有评论,皆托之君子。"[③]《左传》中的"君子"常对某一事件、人物加以评论。《左传·隐公元年》载:"君子曰:'颍考叔纯孝也,爱其母,施及庄公。'"《左传·昭公十九年》载:"君子曰:'尽心力以事君,舍药物可也。'"《左传·隐公十一年》载:"君子谓郑庄公于是乎有礼。""君子是以知息之将亡也。不度德,不量力,不亲亲。"这些"君子"显然指《左传》的作者或史官。《史记·十二诸侯年表》称左丘明为"鲁君子",亦可证。《小雅》衍生了贵族诗人的自称之义,如《四月》"君子作歌",就是指作者自己。

(十二)大德大义,捐躯弘道之人。历代君子的集体称号,

---

① 〔汉〕司马迁著,台湾十四院校六十教授合译:《白话史记》上,长沙:岳麓书社1987年版,第413页。
② 参见〔宋〕朱熹集注:《诗集传》,上海:中华书局1958年版,第1页。
③ 杨伯峻编著:《春秋左传注》,北京:中华书局1990年版,第524页。

多系此类。尧、舜、禹、汤、孔子被欧阳修称为"五君子":"夫尧之思虑常有失,舜、禹常待人之助,汤与孔子常有过。此五君子者,皆上古圣人之明者,其勉而思之犹有不及,则《中庸》之所谓'不勉而中、不思而得'者,谁可以当之欤?此五君子者不足当之,则自有天地已来,无其人矣。"①朱熹称诸葛亮、杜甫、颜真卿、韩愈、范仲淹为"五君子",南宋宁宗时有"六君子",理宗时亦有"贤关六君子"。明熹宗时有与奸佞斗争的前后"六君子",杨涟、左光斗、袁化中、魏大中、周朝瑞、顾大章等则被称为"东林六君子"。尤其近代以来,有"戊戌六君子""七君子事件"等,皆发扬了君子德行不亏、舍生取义的精神。

(十三)宾客或敬称。方玉润《诗经原始》谓《南山有台》"乐只君子":"祝宾也。"②"君子"即指宾客。李朝威《柳毅传》有"君子书叙",张溥《五人墓碑记》有"同社诸君子",皆尊称,有如先生。"某某君"表示对客人的敬称,在我国及日本、韩国仍然保留着这种传统的敬称。

(十四)比德君子。对自然事物的某些特性进行强调或表彰,或寄寓了拟人品格。常见的是将玉、水、酒和松柏、莲、梅、兰、竹、菊等作为展示高洁品格的题材。皇甫松《醉乡日月》谓酒"以家醪糯觞醉人者,为君子;以家醪黍觞醉人者,为中庸;以巷醪曲觞醉人者,为小人"。梅、兰、竹、菊分别代表着中国传统文化中的高洁、清逸、气节和淡泊等品格,故称"四君子"。周敦颐《爱莲说》:"莲,花之君子者也。"竹耐寒挺立,心虚节贞,故称

---

① 李之亮笺注:《欧阳修集编年笺注》卷四八,成都:巴蜀书社2007年版,第283页。
② 〔清〕方玉润撰,李先耕点校:《诗经原始》,北京:中华书局1986年版,第351页。

"君子竹"。苏辙《林笋复生》诗云："偶然雷雨一尺深,知为南园众君子。"结合物品的自然属性,人们将一种人格力量、道德情操和文化内涵注入其中,托物言志,寄寓着美好的理想价值和人格追求。

（十五）负面或反讽之义。在《诗经》中,"所言'君子',无一处为意含讽刺"①。然后世君子并非尽是贤德之人,"君子而不仁者有矣夫"(《论语·宪问》),"君子有勇而无义为乱"(《论语·阳货》)。那些德位不称的统治者,或矫情忍性、表里不一的伪君子,亦被反讽为"君子"。后来,生活中有以"梁上君子"指贼,"瘾君子"指吸毒者等,都是具有负面或反讽意义的称谓。

三 "君子"意义的建构与重构

（一）孔子对"君子"意义的建构

如前所述,在前孔子时代的文献中,"君子"一词已频繁出现。孔子将君子变成了具有道德含义的概念,是实现君子由"位"至"德"转化的关键人物。对此,萧公权曾有精到分析："《诗》《书》'君子'殆悉指社会之地位而不指个人之品性。即或兼指品性,亦兼地位言之。离地位而专指品性者绝未之见。孔子言君子,就《论语》所记观之,则有纯指地位者,有纯指品性者,有兼指地位与品性者……孔子所言君子之第一义完全因袭《诗》《书》,其第二义殆出自创,其第三义则袭旧文而略变其旨。

---

① 吴小如:《当代学者自选文库:吴小如卷》,合肥:安徽教育出版社1999年版,第13页。

旧义倾向于就位以修德,孔子则侧重修德以取位……孔子所以袭用'君子'之旧名者,似欲在不显明违反传统制度之范围内,实行其改进政治之主张。以宗法身份之旧名,寓修德取位之新意。"①君子旧义是"就位以修德",新意为"修德以取位",孔子推陈出新,提出新的君子人格,反映了孔子改革社会文化及政治的信念,即"为救周政尚文之弊"②。但是,孔子对君子意义的建构及其作用、影响又不止于此。

孔子对君子意义的建构,一方面,促成了君子从重位到尚德的演变,重塑了君子形象。王符说:"所谓贤人君子者,非必高位厚禄富贵荣华之谓也。此则君子之所宜有,而非其所以为君子者也。所谓小人者,非必贫贱冻馁辱困苦厄穷之谓也。此则小人之所宜处,而非其所以为小人者也。"③君子就是有德之人,"'德'就是一个人在处理人和人的关系时,一方面能够'以善念存诸心中,使身心互得其益',这就是'内得于己';另一方面,又能够'以善德施之他人,使众人各得其益',这就是'外得于人'"④。"德"是善待自己和他人的一种能力,赋予"君子"以德性,"对孔子而言,只有受过教育、具备必要品德的人才有资格担任政治职务,并被称为君子。"⑤最早明确界定"君子"的是《白虎通义》:"或称君子者何?道德之称也。君之为言群也。子者,

---

① 萧公权:《中国政治思想史》,沈阳:辽宁教育出版社2001年版,第65—67页。

② 同上,第68页。

③ 〔汉〕王符著,〔清〕汪继培笺:《潜夫论》卷一,上海:上海古籍出版社1978年版,第36页。

④ 罗国杰主编:《伦理学》,北京:人民出版社1989年版,第3页。

⑤ Eun-Jeung. *Konfuzius interkulturell gelesen*. Nordhausen:Bautz,2008:56.

丈夫之通称也。……何以知其通称也？以天子至于民。"①君子已成为自天子至庶民的男子的通称，意义偏重于道德情操，而非社会地位身份之尊崇。至此，君子所代表的道德理想和他的社会身份（此即儒家所说的德与位）并没有必然的关系。相反地，德的普遍性是可以超越位的特殊性的。因此君子的观念至孔子时代已发生一大突破。②

决定一个人成为君子的条件不再是贵族出身，而是高尚的思想和正派的行为。"在孔子的眼里，用社会地位和政治地位划分等级失去原有的意义。君子从一个社会范畴发展为一个道德范畴，道德成为君子的新标准。"③新标准也影响了君子与小人之区分。如果仅以德性来衡量，君子与小人、贵族与庶人就是两种评价体系。君子的衡量标准只依德性，而不顾及世袭的身份和职位，那么，有世袭身份和官职的人也可以是小人。《论语·子路》云："君子易事而难说也，说之不以道，不说也；及其使人也，器之。小人难事而易说也。说之虽不以道，说也；及其使人也，求备焉。"小人虽担任某种官职，但就道德而言仍是小人："当小人不是指庶人和民时，君子也不指贵族了；当小人可以指

---

① 〔清〕陈立撰，吴则虞点校：《白虎通疏证》，北京：中华书局1994年版，第48—49页。

② 有学者认为，君子从"位"到"德"、逐步走向单一追求个体德性的演变，在孔子所处时代尚不明显，而是随着整个贵族阶级的没落才逐渐实现的。朱义禄指出，君子从最早指社会上居高位的人逐渐转化为道德理想的人格称谓，"这个过程在孔子以后或孔子之时已经开始，完成却在东汉时代"。参见朱义禄：《儒家理想人格与中国文化》，上海：复旦大学出版社2006年版，第40—41页。君子作为"有德者"的称谓是孔子之后的事情，属于后世儒家理想人格的范畴，而非《论语》语境中的"君子"。参见张敏：《〈论语〉语境中的君子论析》，《武汉理工大学学报（社会科学版）》2014年第5期。

③ Gu, Xuewu. *Konfuzius: ZurEinführung*. Hamburg: Junius, 2008: 136.

显贵时,君子也可以指平民了。"①

君子成了仁学的实践者与承担者,这主要体现了"仁"与"礼"的统一。"仁"与"礼"是同一事物的两个方面,"仁"则指表达个人取向的行为,可以看作忠、信、恕等的集合;"礼"指符合社会身份的独特行为。"君子"是典范人格,是一个与他人一起参与"礼"的关系的个人。② 在孔子心目中,"君子"是既有德又有位者:有德无位是暂时的,是不合理的;有位无德是伪君子,不配称作君子。为此,孔子提出了"三戒""三畏""九思"等行为准则,使君子成了仁的体现者与实践者。狄百瑞甚至认为《论语》经久不衰的魅力,"不在于他阐释了一套哲学或者思想体系,而是在于它通过孔子展现了一个动人的君子形象"③。孔子以"君子"为目标,以"文、行、忠、信"为重要内容,要求"志于道,据于德,依于仁,游于艺",倡导君子之风,希望学生"为君子儒,勿为小人儒",努力培养和造就自己高尚的人格,做一个"修己以敬""修己以安人""修己以安百姓"的"君子",以达到"仁者不忧,知者不惑,勇者不惧"的"君子"境界,成为改造社会、建立文明社会新秩序的生力军。正如胡适所说,孔子的根本方法,"在于指出一种理想的模范,作为个人及社会的标准。使人'拟之而后言,仪之而后动'。他平日所说'君子'便是人生品行的标准"④。

---

① 张映伟:《〈论语〉中君子含义的演变》,《海南大学学报(人文社会科学版)》2009 年第 2 期。

② 参见[美]赫伯特·芬格莱特:《孔子:即凡而圣》,彭国翔、张华译,南京:江苏人民出版社 2002 年版,第 90 页。

③ [美]狄百瑞:《儒家的困境》,黄水婴译,北京:北京大学出版社 2009 年版,第 28 页。

④ 胡适:《中国哲学史大纲》,北京:商务印书馆 2011 年版,第 93 页。

孔子对君子意义的建构,另一方面,指示了君子的成长路径,完成了儒家人格体系的建构。成为君子就是自我提升的过程,君子含义的重建,"一方面给予最大多数普通人以机会和可能,去摆脱卑微状态成为高贵而有尊严的人,另一方面又把内在心灵的高贵和社会生活中的显达相分离,使得高贵和富贵没有必然关系"①。为了解决德与位的冲突,孔子从教育入手,收徒兴学,以培养一批"德位一致"的新型君子:一方面,要让那些天生具有君子地位的人成为真正意义上的"君子","有其位者有其德";另一方面,要让那些天生没有君子地位的人进入"君子"的行列,"有其德者有其位"。② 因此,也有人认为《论语》"君子"一词未能实现由"位"至"德"的转化,而主要是就如何成为"君子"的方法进行了探讨。为政之君子与为学之君子,二者统一于对现世君子的批判和对未来君子的塑造上。孔子使君子身上与大众相关的道德品质得以彰显并作表率,以供大众效仿。"君子笃于亲,则民兴于仁"(《论语·泰伯》),因而君子的某些美德能够在民众身上产生激励作用,最后达到以德生德的效应。③

孔子把"君子"作为建设社会的理想人格类型,强调在修身以及与人交往中注重言行,内外兼修,文质彬彬,从身、心两个层面来达到重建"礼"的秩序,平衡"道统"与"政统"之间的关系。"孔子之理想君子,德成位高,非宗子之徒资贵荫,更非权臣之仅

---

① 张映伟:《〈论语〉中君子含义的演变》,《海南大学学报(人文社会科学版)》2009年第2期。
② 参见张宝林:《〈诗经〉君子考论》,《诗经研究丛刊》第24辑。
③ 参见[美]狄百瑞:《儒家的困境》,黄水婴译,北京:北京大学出版社2009年版,第30页。

凭实力。"①经过孔子的改造与重释,"君子"成为人们的一种理想人格,作为个人及社会的标准,顺应了人性明德自新、止于至善的价值自觉,具有"指点世人的迷惘,朝向人生正道修养的用意"②。孔子所说的"君子"虽源自昔日贵族,"他提纯和升华了旧的东西,使其获得了普遍的人生理想意义。因此,孔子在中国文化史上的最大贡献,不是人们所说的,他改变了'君子'一语的固有含义,其真正的贡献是在'损益'中改造了'君子'的含义,并将'君子'理想赋予全社会"③。由此,"君子"成为人人可学可至的人格典范,成为衡量仁人志士的道德标准。

孔子继承、发扬了当时社会文化中高尚的道德人格和道德精神,为提炼、总结传统"君子"概念并将其拓展出具有新时代意义的道德内涵做出了突出贡献。君子若能以德取位,必然能在社会上产生广泛的道德影响力。孔子思想中的"君子"是道德和智慧的化身,同时也是孔子一生都在追求的"理想人格",也是他用来教育弟子的"典范"。孔子对理想人格的追求在他的学生中引起了强烈的反响,例如在《论语》的记载中我们就可以看到孔子的不少学生,如子路、曾参、有若、子夏、子贡、子张等人,或向孔子"问君子",或论"君子",可见在孔子对理想人格追求的影响下,孔子的学生已形成了积极探讨"君子"人格的风气,并对"君子"有了较为深刻的理解,表现出向"君子"看齐,积极追求"君子"人格的精神。

---

① 萧公权:《中国政治思想史》,沈阳:辽宁教育出版社2001年版,第66页。
② 林义正:《论孔子的"君子"概念》,《台湾大学文史哲学报》1984年第33期。
③ 李山:《中国文化史》,北京:北京师范大学出版社2007年版,第232页。

"仁"是孔子思想的核心,仁论是要靠君子论来实现的。孟子、荀子也注重君子的具体示范作用。《孟子·离娄上》说:"徒善不足以为政,徒法不能以自行。"《荀子·君道篇》也说:"故法不能独立,类不能自行。得其人则存,失其人则亡。法者,治之端也;君子者,法之原也。故有君子则法虽省,足以遍矣;无君子则法虽具,失先后之施矣,不能应事之变,足以乱矣。"有学者甚至把孔子对"君子"内涵的改造称为"孔子对中国哲学的最大贡献"①,同时也奠定了"君子"在儒学中的核心概念地位。佛尔克说:"君子是孔子学说的核心角色,与其他一切都有联系。"②"君子之学"既是孔子思想的核心,也是人们进入儒学堂奥的门径。

经过孔子的改造与重释,尤其赋予君子以"义"的内涵后,"君子"便成为一种理想人格。"义者,宜也","义"本指公正的、合理的、应当做的。孔子多次将义与君子联系起来,如"君子义以为质,礼以行之,孙以出之,信以成之"(《论语·卫灵公》)。君子做事以道义为基础,依礼仪来实行,用谦逊的语言来表达,用忠诚的态度来完成。"君子之于天下也,无适也,无莫也,义之与比。"(《论语·里仁》)君子对于天下的事情,没有规定要怎样做,也没有规定不要怎样做,只要能做到合理得当、恰到好处就行。君子、小人本无常,"行善事则为君子,行恶事即为小人",这就打破了那种非君子即小人的思维定式。"君子喻于义,小人喻于利。"(《论语·里仁》)君子以道义为标准对待天下的人和事,能否行其义是区分君子与小人的重要标准。孟子认为君子

---

① Gu Xuewu. *Konfuzius*:*ZurEinfhrung*. Hamburg:Junius,2008:136.
② FORKE,Alfred. *Geschichte der alten chinesischen Philosophie*. Universitat Hamburg:Cram,de Gruyter&Co,1964:132.

凡事以义为依归,"言不必信,行不必果,惟义所在"(《孟子·离娄下》),说话不一定句句守信,做事不一定非有结果不可,只要合乎道义就行。

(二)宋儒对"君子"义涵的重构

孔子之后,"君子"称号亦在一定时期内具有功利价值。西汉建立察举制,德行出众的君子可以被举荐为官,故士人多砥砺名节以求入仕。隋唐时期创建科举制以选拔人才,也刺激了读书人纷纷修德以成君子、读书中举以取高位。君子逐渐成了"有德者"的代名词,而其"有位者"的本义及引申义则逐渐淡化。到了宋代,在二程和朱熹等理学家的著作中,已难觅"有位者"的君子踪迹。程朱理学教人"存天理,去人欲",做一个集各种"善"德于一身的君子。宋明理学家通过对《论语》《孟子》等儒家经典的重新阐释与重新概括,实现了对君子之学的重构。他们主张君子应该追求高层次的通达境界,如朱熹注"君子上达"云:"君子循天理,故日进乎高明。"[①]君子思想包含对于君子为人、处世等多方面的要求,强调君子立身处世都当正道而行,仁义为本,诚信为则,践行美德,以其内在涵养实现对个体和平凡生命的超越。

首先,君子是以德为先、才德兼备而非位德兼备之人。有德者皆可称为君子,是宋人的普遍共识,王安石《君子斋记》说:"天下之有德,通谓之君子。有天子诸侯卿大夫之位,而无其德,可以谓之君子,盖称其位也。有天子诸侯卿大夫之德,而无其

---

① 〔宋〕朱熹:《四书章句集注》,北京:中华书局2011年版,第146页。

位,可以谓之君子,盖称其德也。"①张栻认为君子应德才兼备,只有贵于德才能不断进步:"骥之得称,为其德,不为其力也,而况于君子,岂不以尚德为贵乎? 苟无其德,虽曰有才,其得谓之君子乎?"②骥之称以其德而不惟力,君子也应该以德而非才位来定。君子德才兼备,以德为先,因为德能变化气质,带动人的全面发展,"若君子则进于德,进于德则气质变化,而才有不弗器者矣"③。周敦颐继承、发展了先秦儒家的君子德性观,提出了"性五品"说和"仁义中正"的道德观,主张一切言行都不应违背仁义礼智。张载提出了"以气为本"的"天人合一"论,以及"民胞物与"的泛爱思想,继承和发展了先秦儒家的君子德性之"仁"德,并融合墨子兼爱的哲学思想,修正和完善了儒家以亲亲、尊尊为核心的宗法道德。④ 随着社会普遍对君子道德人格的强化,君子真正成了道德高尚的人。"君子不位而荣,道备也;不富而充,德修也。"⑤谓为君子并不是因为其地位和财富,而是因为其才和德。朱熹说:"君子者,才德出众之名。德者,体也;才者,用也。君子之人,亦具圣人之体用;但其体不如圣人之大,而其用不如圣人之妙耳。"⑥可见,君子之才是全面的,体用皆宜,

---

① 〔宋〕王安石:《王临川集》,上海:商务印书馆1934年版,第92页。
② 〔宋〕张栻著,杨世文、王蓉贵校点:《张栻全集·论语解》,长春:长春出版社1999年版,第191页。
③ 同上,第77页。
④ 罗国杰:《中国伦理思想史》上卷,北京:中国人民大学出版社2008年版,第498页。
⑤ 〔明〕王廷相著,王孝鱼点校:《王廷相集·慎言》,北京:中华书局1989年版,第812页。
⑥ 〔宋〕黎靖德编,王星贤点校:《朱子语类》,北京:中华书局1986年版,第578页。

德才皆备。宋代儒学理学化以来,君子、小人已分别成为"有德者""无德者"的代名词,即朱熹所谓:"君子小人只是个正、不正。"①在新的观念体系中,"君子""小人"的划分以是否符合道德价值为准,民族的划分亦不再依据单纯的种族标准,而是"天下之大防二:中国、夷狄也,君子、小人也"②。以君子为核心的道德价值系统可以说影响了此后国人的行为方式和思维模式,并塑造了中国社会道德大于理性的鲜明特质。

其次,君子的理想目标是超凡入圣。孔子时期,对君子的期待大于对圣人的期待,孔子将振作世道人心的希望寄予入世君子,而非渺不可及的圣人。王船山认为,"君子"一词比"圣人"更具普适性和实践性,"夫子寻常只说君子,不言圣人,为他已到者地位,不容推高立名,只君子便是至极处"③。宋代理学家多拈出"圣人"一词,以达到圣人境界作为最高人格理想。周敦颐认为做人的最高标准便是圣人,要中正仁义,其法是通过惩忿窒欲、慎动主静、迁善改过等修养方法来趋达"圣人"之境界。张载提出"气质之性"与"天地之性",以区别普通人与圣人,认为每个人都具备天所赋予的成圣道德品性。由于气禀不同,有些人全备天理,其性明净纯洁,便为圣人;有些人性中掺杂着邪恶、淫欲的杂质,由此生而作为君子。故《正蒙·诚明》云:"形而后有气质之性,善反之则天地之性存焉。故气质之性,君子有弗性

---

① 黎靖德编,王星贤点校:《朱子语类》,北京:中华书局1986年版,第1762页。
② 〔清〕王夫之:《读通鉴论》,北京:中华书局1975年版,第976页。
③ 〔清〕王夫之:《读四书大全说》卷四,《船山全书》第六册,长沙:岳麓书社1996年版,第604页。

者焉。"①气质之性可以变化,人们可以通过养性、修习、知礼等变化气质之性,增强"天性""天理",以期至善至美,反本成圣。二程认为圣人不仅是至高无上的人格理想,也是完美的道德典范。程颐说:"言学便以道为志,言人便以圣为志。"②圣人非不可企及,程颐指出:"人皆可以至圣人,而君子之学必至于圣人而后已。不至于圣人而后已者,皆自弃也。"③成圣的途径是"通过修养成圣、学以至圣和玩味圣人气象来实现成圣的人生理想"④。陆九渊认为天下人"同心同理",其"心一也",同具至善本性,主张"圣人与我同类,此心此理谁能异之"⑤,缩小了凡人与圣人的距离。受二程人格观的影响,朱熹强调"超凡入圣""学为圣人"。他认为圣人与常人的秉性是相同的:"凡人须以圣贤为己任。世人多以圣贤为高,而自视为卑,故不肯进。抑不知,使圣贤本自高,而己别是一样人,则早夜孜孜,别是分外事,不为亦可,为之亦可。然圣贤禀性与常人一同。既与常人一同,又安得不以圣贤为己任?"⑥普通人只要"反其固有而复其性",就可达到圣人境界。圣人难为而并非不可为,朱熹论成圣,"道德与才用事功一体并重,又分别贤人君子与圣人历级而上,可见

---

① 章锡琛点校:《张载集》,北京:中华书局1978年版,第23页。
② 〔宋〕程颢、程颐著,王孝鱼点校:《二程集》,北京:中华书局1981年版,第189页。
③ 同上,第318页。
④ 蔡方鹿:《程颢程颐与中国文化》,贵阳:贵州人民出版社1996年,第321页。
⑤ 〔宋〕陆九渊著,钟哲点校:《陆九渊集》,北京:中华书局1980年版,第171页。
⑥ 〔宋〕黎靖德编,王星贤点校:《朱子语类》,北京:中华书局1986年版,第133页。

圣人之高出于常人而不易企及也"①。

第三，君子理想的成就方式是内圣外王。"内圣外王"一词最早见于《庄子·天下》："圣有所生，王有所成，皆原于一。"②"内圣"是其人格理想，"外王"是其政治理想。"圣"既是一种自觉履行道德规范的人格典范，也是个体自我道德修养的最高境界。荀子说："圣也者，尽伦者也；王也者，尽制者也。"③"内圣"指道德人格典范和道德修养境界的修炼，"外王"则是在内在的道德人格的基础上，把圣人的王道理想在社会生活和国家政治中体现出来，实现治国平天下的圣王理想。宋代理学家重视精神与名节的力量，因而成为君子、圣人的修养路径也发生了改变。君子不仅是社会实践者，也是精神象征与道德人格化身，是现实、社会、心灵的综合体，具有表率作用。诚如朱熹所言："以位言之，则朝廷者，礼法之宗也；以德言之，则君子言动以礼，而非礼者以相形而易见也。若只随行逐队，与草野鄙陋人一例为伍，则彼亦忽也。""君子者，成德之名也。所贵乎君子者，有以化其气禀之性耳。"④君子为众人树立了形象和标准，故《中庸》说："故君子语大，天下莫能载焉；语小，天下莫能破焉。"⑤至大无内，至小无外，君子地位能大能小，而圣人具有与天地的一致性，一般众人不可企及，君子便成了圣人与众人的中间环节。

宋明理学以儒家思想为主体，援佛、道入儒，是儒学思想创

---

① 钱穆:《朱子新学案》,成都:巴蜀书社1986年版,第266页。
② 陈鼓应注译:《庄子今注今译》,北京:中华书局1983年版,第855页。
③ 梁启雄:《荀子简释》,北京:中华书局1983年版,第305页。
④ 〔宋〕黎靖德编,王星贤点校:《朱子语类》,北京:中华书局1986年版,第578页。
⑤ 〔宋〕朱熹:《四书章句集注》,北京:中华书局1983年版,第22页。

新发展的一个高峰。它们为儒家伦理提供了哲学理论体系,将封建纲常提升为永恒不变的天理和放之四海而皆准的普遍准则,尤其"重视道德修养、道德教育,启发人们的理性自觉,将道德原则转化为人们的行为规范"①。宋儒重视"君子",是因为"理学家要借助于道德的力量来制衡权力,因而这道德标准一定是最高的,道德标准只有是最高的,也才能是权威的"②。如果说孔子的理想人格实现主要是基于君子现实人格层面的话,那么,宋儒则主要基于圣人理想人格层面,通过提升人们的道德品格以及崇高人格追求,以期实现政治清明和理想社会目标。

四 "君子"的现代语境与译介功能

(一)现代语境中"君子"义涵歧变

近代以来,"圣人"名义逐渐消歇,"君子"被不断重新界定,显现出与时俱进、因时制宜的灵活性一面。"君子"作为现代人格理想与入世典范,被胡适界定为"人格高尚的人,乃是有道德,至少能尽一部分人道的人"③。"君子""小人"的含义亦经常被随文定义,钱穆说:"人须在大群中做人,不专顾一己之私,并兼顾大群之公,此等人乃曰'君子'。若其人,心胸小,眼光狭,专

---

① 罗国杰:《中国伦理思想史》上卷,北京:中国人民大学出版社2008年版,第465页。
② 姜广辉:《理学与中国文化》,上海:上海人民出版社1994年版,第278页。
③ 胡适:《中国哲学史大纲》上册,上海:商务印书馆1920年版,第114页。

为小己个人之私图谋,不顾及大群公众利益,此等人则曰'小人'。"①"君子""小人"因道德质量高下而区分,君子是高尚无私、乐于助人之人,小人是道德败坏、损人利己之人。同时,君子也面临诸如"绅士""善人""先生""楷模""丈夫""英雄""烈士"等概念的影响,甚至部分含义被转移到这些新概念之中,呼应了时代亟须的某些道德品质。"君子"在主流话语中退出,亦与特定政治语境有关。中华人民共和国成立后,有人曾质疑"君子"的阶级属性,童书业认为:"'君子'本是阶级的名词,就是贵族;但孔子所谓'君子',许多已是人格的名词,就是好人。以称贵族的名词来称好人,可见当时统治阶级所认为好人的,只是贵族阶级的好人,所以作为人格名词的'君子'仍有阶级性。"②这种政治标签自然会影响其使用。

中华人民共和国成立以来,一些新的理想人格名词纷纷被提出。诸如"又红又专""德才兼备""三好学生""四有新人""道德楷模""时代先锋"等,可谓君子类型人格的现代发展。毛泽东曾号召共产党人要做"一个高尚的人,一个纯粹的人,一个有道德的人,一个脱离了低级趣味的人,一个有益于人民的人"③;之后又指出,"我们的教育方针,应该使受教育者在德育、智育、体育几方面都得到发展,成为有社会主义觉悟的有文化的劳动者"④。"三育两有"以及后来邓小平提出的"立志做有理想、有道德、有文化、有纪律"的"四有新人"的教育方针,不仅是

---

① 钱穆:《国史新论》,北京:三联书店2005年版,第194页。
② 童书业:《先秦七子思想研究》,济南:齐鲁书社1982年版,第25页。
③ 毛泽东:《毛泽东选集》第二卷,北京:人民出版社1991年版,第660页。
④ 毛泽东:《毛泽东选集》第五卷,同上,第385页。

领导人对青少年提出的殷切期望,也是对重德重道义的君子义涵的继承,是基于文化传统而对人格理想做出的新概括与新发展。

与此同时,"君子"也产生了几种负面义项。诸如夸大了"君子"迂腐守旧、不知变通的一面;或其过于爱惜羽毛、自私自利的一面,甚或圆滑伪善、媚俗趋时的一面。在概念的变迁中,甚至还产生了"伪君子""梁上君子""瘾君子"等反面用语。君子动心忍性,有些人的行为与本性相悖,于是被称为"伪君子"。"梁上君子"是对小偷的含蓄表达,"瘾君子"则是对烟瘾大或吸毒者的委婉称呼。"正人君子"在古代是指品行端方的人,鲁迅则多用以讽刺那些假装正经的人。"伪君子""正人君子"欺世盗名,而盗窃、吸毒等行为不仅与君子无关,甚至还是品德败坏、人格低劣的表现。"德性"一词本是自然至诚之义,但在有些方言中,则指不入眼的模样,对人的品行有轻蔑之意。随着代表传统典雅称谓的"君子"等名词不断消解或变味,一些劣质恶俗的用词大行其道,斯文、儒雅之气尽丧。

产生"君子"时代的社会情境虽已改变,透过浮躁纷纭的世相,我们仍然可以发现君子文化在日常生活中的深刻影响。现代汉语中常见的"谦谦君子""正人君子""君子成人之美""君子不夺人所爱""君子之交淡如水""君子动口不动手""君子一言,驷马难追"等用语,就是君子文化优良传统的遗存。"君子""小人"在我们的社会生活中至今仍被经常使用,诸如"君子不记小人过""以小人之心度君子之腹""见利忘义的小人",等等。"君子可欺以其方""君子贵流不贵滞""量小非君子""君子爱财,取之有道""君子易交,小人难防""君子交绝,不出恶声""有仇不报非君子"等,一定程度上影响了人们的思维方式和价值判断,形塑了人际关系和社会行为准则。

(二)跨文化语境中"君子"的译介功能

各国文化中历来不乏与"君子"类似的理想人格概念,如古希腊的"完人"、古印度的"阿罗汉"、日本的"武士",以及犹太的"先知"、英国的"绅士"、德国的"善人",等等。它们集智慧、诚实、勇敢、节制、正义等美德于一身,寄托了人们对理想人格和美好人性的向往。作为不同文化精神的集中体现,这些人格概念也不乏相通之处,如"善人"概念就与"君子"十分相似,甚至有一种跨文化的承传关系。有人认为,康德就是在中国的儒家文化的影响下提出了"善人"概念。"'善人'这一提法,本质上乃是儒家的'君子'概念","在诚中,人就是'君子';而在自由中,人就是'善人'。"[①]

君子之学是儒家思想域外传播的一个热点,也是中国优秀传统文化的一种象征和代表。在各种英译本中,"君子"一词的译法达30多种。[②] 它们既有身份等级的差异,涵涉 prince(王子)、lord(爵士)、gentleman(绅士)、young man(青年人)、lad(小伙子)等社会各阶层的男性;又有德性才能的不同,包含 gentleman、superior man、good man、good and wise man 等各种义项。理雅格和韦利(Arthur Waley)甚至分别以13种译名来对译"君子",以求完整准确地传达其义涵。有的译法不仅与"君子"内涵对应,甚至也有类似的词义嬗变。如德语 derEdle 原指"贵

---

① 谢文郁:《康德的"善人"与儒家的"君子"》,《云南大学学报(社会科学版)》2011年第3期。

② 边立红:《"君子"英译现象的文化透视》,《外语学刊》2006年第4期。

族"(Adiger),后延伸意为"高尚的人"。鉴于君子含义的丰富多变,一般采用音译法,即用拼音"Jun zi"来翻译,既实现了功能对等,又可据特定语言环境做出注解,以帮助人们完整理解其含义。

在中西文化的比较与译介中,与"君子"最为相近且常用的译词是"绅士",如 Gentleman(man of noble birth or superior social position, or a polite, gracious or considerate man with high standards of propriety or correct behavior)①或 noble man(Morally good + noble high of proper behaviors rank men of noblemen)。在《牛津高阶英汉双解词典》中,gentleman 的中文释义就是"绅士、先生、君子"。② gentleman 源自法语 gentilhomme,gentil 是有身份的人家,后用以代指那些富有魅力、举止得体、教养良好的上层人士。在英国的传统文化中,gentleman 多和社会地位相关,在十二三世纪多指国王及拥有爵位的贵族,到 19 世纪以后,随着新兴工商业人士跻身上层社会,他们也就成了绅士。因此,《牛津高阶英汉双解词典》对 gentleman 的解释是 a man who is polite and well educated, who has excellent manners and always behaves well,即彬彬有礼、富有教养之人。此处不从身份地位方面界定,而是就道德修养、言行举止方面进行界定。与"君子"早期界定面临的问题一样,也有人认为应从家庭出身和社会阶层来定义绅士,即指那些出身尊贵、衣食无忧之人,如《不列颠百科全书》就将其定义为"a man of noble or gentle birth"③。

---

① *The Analects of Confucius*, Vintage Books, 1938:37—38.
② 霍恩比(A. S. Hornby):《牛津高阶英汉双解词典》,李北达译,北京:商务印书馆 2002 年版,第 614 页。
③ http://www.britannica.com/bps/dictionary? query = gentleman.

但是,"君子"所蕴含的丰富文化内涵,无论是用 Gentleman 还是 noble man 都无法完整译介。gentleman 译作绅士,而绅士亦为我国古代社会的一个特殊群体。绅士是古代"士"阶层和"缙绅"阶层的统称,与西方"绅士"不同,它是"指旧时地方上有势力、有功名的人,一般是地主或退职官僚"[1]。与"君子"含义经历了一个较长时期的演变相似,西方的绅士理想人格的确立也经历了漫长过程。在英国早期历史中,绅士特指有贵族身份或有一定社会地位的人。十六七世纪,随着新兴资产阶级和新贵族势力的日益壮大,gentleman 的内涵逐渐扩大,已不再专指社会等级,而转指那些高尚的、有风度、有道德的人。约翰·罗斯金(John Ruskin)认为,绅士本应是"来自纯洁的基因和完美的教育。还有,温和的礼仪、富有同情心,以及善意的言行举止和丰富的想象力"[2]。此后,绅士吸纳了古代希腊、罗马的美德理想以及中世纪骑士道的精神,继承了意大利、法国等国的宫廷文化精粹,最终在英国形成了一整套具有现代意义的绅士理想人格与价值观念。[3] 同"君子"一样,绅士也成了各种美德的集合体、承载者与象征,是西方文明最具代表性的理想人格。有人通过对先秦儒家"君子"与洛克"绅士"人格的比较,指出他们都是主要为上层社会服务,有明显的政治倾向;主张德、礼至上,有显著的伦理色彩;均为男人形象,有严重的性别歧视和强烈的英雄

---

[1] 《现代汉语词典》(第7版),北京:商务印书馆2016年版,第1159页。
[2] Ruskin, J. *Chesterfield and His Critics*. London: George Routledge&Sons, Led. 1925:107。
[3] 肖群忠:《绅士德性论》,《中国人民大学学报》2004年第4期。

主义色彩。① 当然,在阶级基础、教育内容和具体的道德要求等方面,二者的差异也是显著的。

西方的绅士教育对于我国的君子教育颇有值得借鉴之处。现代社会中,如果说绅士是一个具体可感的人,那么君子则有逐渐被抽象化的趋势。培养君子人格的传统教育,可以借鉴西方的绅士理想人格,使之成为人们的一种确定的价值观念和行为方式。君子相较"士""丈夫"等概念更具现实意义与普世价值,可与许多民族或国家的理想人格与道义概念通释。提倡君子人格教育或君子理想、君子情操,不仅能够沟通古今,还能融贯中西。随着全球化进程的加速发展,文化之间的接触、碰撞及融通使得文化的外在形式与语言之间的词义概念差异逐渐缩小,有人甚至认为"君子"与 Gentleman 终将走向同义之河。②

理想人格具有示范作用,可以通过树立榜样引发人们"见贤思齐",进而产生良好的社会风尚与国民性格。王夫之说:"国有君子,国可不亡。"③现代社会虽然不求君子的救亡,但需要发挥君子的示范引领作用。现代化重在行为主体即人的现代化,而人的现代化最终要落实到人格的现代化。"君子之德风,小人之德草,草上之风,必偃。"(《论语·颜渊》)"君子动而世为天下道,行而世为天下法,言而世为天下则。"(《中庸》)君子以其人格魅力充分展示了人性之渊崇、德行之厚健与心灵之美好,故而能够以其强烈的感染力和感召力,亲近来远,敦厚风俗,营造健

---

① 高丽、顾军:《先秦儒家"君子"与洛克"绅士"人格之比较》,《内蒙古师范大学学报(教育科学版)》2008 年第 3 期。

② 王帆:《从"君子"和"Gentleman"的误译中浅论中西文化差异》,《考试周刊》2009 年第 28 期。

③ 〔清〕王夫之:《读通鉴论》卷五,北京:中华书局 1975 年版,第 286 页。

康优雅、和谐美好的社会生活。因此,当代社会要求现代公民形成诸如自觉自律的公共意识、确立公平正义的价值标准、发扬诚信亲善的传统美德、实现人与自然和谐发展的共同理想等,这些现代公民的人格质量与中国古代的君子理想人格可谓高度契合。

作为儒家思想和中国传统文化的一个核心概念,"君子"一词凝聚了古今人们关于理想人格的探索,在不同的历史时期和社会形态中起了重要建设作用,并对人们的价值观念、思维模式和行为规范产生了深刻影响。系统梳理其在先秦典籍中的不同义例及儒家思想体系中的意义建构,不仅有助于我们完整、准确地理解其丰富义涵,也有助于我们考察历代理想人格的评价与实现方式,进而有助于发掘"君子"在现代语境中的人格教育及国际语境中的文化交融功能。古代的君子理论及其实践探索,不仅为现代公民的人格健全和自我完善提供了重要的信念支撑与精神养分,还是重要的话语资源与价值标杆,是中华文化走向世界的一张重要名片。

(撰稿人　李飞跃)

第二十六章　忠恕篇

一　忠恕是孔子的"一以贯之"之道

"忠恕"是孔子的重要思想。一次,孔子对弟子们说:"曾参呀,你知道吗? 我所行之道有一个贯穿始终的东西。"说完,孔子就走出去了,把悬念留给了门生。孔子之所以单提曾参,是他知道曾参晓得这个问题的答案。但其他门生不明所以,于是问曾子:"夫子这句话是什么意思呢?"曾子说:"夫子之道,忠恕而已矣。"(《论语·里仁》)就是说,孔子讲他一以贯之的道,不是其他,而是"忠恕"二字,这是贯穿孔子学说的一根思想主线。

还有一次孔子问子贡,说:"赐呀,你是不是以为我是一个博学多识之人?"子贡回答说:"是的,难道不是这样吗?"孔子说:"不是这样。我主要是能以最重要的道德观念贯穿始终。"(《论语·卫灵公》)此处虽没有曾子给予明解,但所贯穿之"道",至少应与"忠恕"有关,或者是以"忠恕"为主的德教之道的总称。因为紧接着孔子又发为感慨,跟子路说:"由呀,真正懂得道德的人太少了。"孔子教学生的课程,除了"礼、乐、射、御、书、数"的知识课和实践课,以及《诗》《书》《礼》《乐》的经典文本课,他的弟子还对老师的教学内容做过另外的概括,这就是:"子以四教:文,行,忠,信。"(《论语·述而》)文是指"六艺"之文;行是指德行,即个人的道德修养,特别是"立于礼";忠是指忠实于自己的内心,能够做到坦白无所隐匿,心口如一,言行一致;信是指与人交往过程中能够说到做到,言必信,行必果。

"忠"与"诚"可以互训,忠者必诚,诚者必忠。内心有诚,对他人必然有信。故《易·乾·文言》引孔子的话说:"君子进德修业。忠信所以进德也。修辞立其诚,所以居业也。"①亦即忠信是进德的前提条件。忠信不存,德业之修也就没有可能了。"立诚"是"居业"的前提条件,诚不能立,想在事业上有所建树,只能是空中楼阁。所以孔子还曾经宣示,他的信条是:"主忠信,毋友不如己者,过则勿惮改。"(《论语·子罕》)其实,如能做到"过则勿惮改",也就是忠信的表现。"毋友不如己者",讲的也是应该亲近讲忠信之人。这方面的义涵,《论语》中多有重出。《颜渊》篇亦载孔子的话说:"主忠信,徙义,崇德也。"所谓徙义,就是遇到好的思想义理,就能够向其靠拢。皇侃《论语义疏》释"徙义"云:"言若能以忠信为主,又若见有义之事则徙意从之,此二条是崇德之法也。"②诸家之释大体相同。程树德《论语集释》亦云:"主忠信则本立,徙义则日新。"③则"徙义"也是日新之德,只要忠信之本不动摇,日新之德并不与之发生矛盾。所以孔子在《论语·述而》中说:"德之不修,学之不讲,闻义不能徙,不

---

① 〔魏〕王弼撰,楼宇烈校释:《周易注校释》,北京:中华书局2012年版,第3页。
② 〔清〕皇侃:《论语义疏》,北京:中华书局2013年版,第309页。
③ 〔清〕程树德:《论语集释》下册,北京:中华书局2013年版,第983页。

善不能改,是吾忧也。"又一次强调"闻义"而能"徙",且把"不善"而"能改"作为以忠信为本的崇德修身的重要事项。

《小戴礼记》和《大戴礼记》所记载的孔子言说,都是孔子的弟子或七十子的后学所辑录,其可信性不成问题。《小戴礼记·礼器》云:"先王之立礼也,有本有文。忠信,礼之本也;义理,礼之文也。无本不立,无文不行。"①笔者多次讲过,"敬"这个价值理念是"礼"的精神内核,而此处将"忠信"视作"礼之本",兹可见"忠信"这个价值理念在传统文化中的地位。《礼记·儒行》亦载:"儒有不宝金玉,而忠信以为宝。"②则直接称"忠信"为人生之一宝。《礼记·大学》也说:"故君子有大道,必忠信以得之,骄泰以失之。"孔子一再讲的"志于道"(《论语·述而》),看来也只能靠为人行事的忠信品质才有望达之。

《大戴礼记·哀公问》亦有载。一次哀公向孔子请教一个人具有怎样的品质才能称为君子。孔子回答说:"所谓君子者,躬行忠信,其心不买;仁义在己,而不害不志;闻志广博,而色不伐;思虑明达,而辞不争;君子犹然如将可及也,而不可及也。如此,可谓君子矣。"③孔子又讲了很多成为君子的条件,但第一位的是"躬行忠信"。《左传》的一条记载也值得深思。《左传·文公元年》载,冬十月,穆王始立,需要与邻国修好关系,以卫社稷。因此认识到忠信的重要,而且认为需要从谦卑开始。故提出:

---

① 李学勤主编:《十三经注疏·礼记正义》,北京:北京大学出版社1999年版,第717页。
② 同上,第1578页。
③ 方向东:《大戴礼记汇校集解》上册,北京:中华书局2008年版,第55页。

"忠,德之正也;信,德之固也;卑让,德之基也。"①孔子提出"忠信"的问题,本来是为了崇德,此处以"忠"为德之正,认为"信"可以固德,是非常新鲜的见解。而认为卑让是"德之基",尤其令人警醒。

《论语·卫灵公》记载,一次子张提出一个问题,即怎样使自己的行为得体而又能为人所接受。孔子说:"言忠信,行笃敬,虽蛮貊之邦,行矣。言不忠信,行不笃敬,虽州里,行乎哉?立,则见其参于前也;在舆,则见其倚于衡也,夫然后行。"孔子这番话可是大有讲究。阐述的题旨,当然是言与行的问题,因为"行"是和"言"连在一起的,即常语所谓的"言行"是也。他告诉子张,就言行而言,最重要的,是言要守忠信,行要笃实庄敬。如果做到这一点,即使到了礼义文明与己相较,落差比较大的部族国家,也会畅通无阻;反之,如果言不守忠信,行为不笃实庄敬,就算在自己的本州本里,也难以行得通。孔子主张让忠信笃敬的观念常驻心宅,站立的时候,仿佛能看到忠信笃敬就在前面,驾车的时候,仿佛看见忠信笃敬就写在车前面的横木上。达到此一程度,方可以放心地行走和行事。子张深以为然,于是便将这些话写在了一条带子上,作为自己的警示语。还有一次樊迟问什么是仁。孔子说:"居处恭,执事敬,与人忠。虽之夷狄,不可弃也。"(《论语·子路》)孔子似乎不想对"仁"下一个定义,总是喜欢从各个侧面来描述"仁"的内涵和特征,整部《论语》都是如此。此处是强调作为"仁"的构件的"敬"和"忠"重要到即使来到不大讲究文明礼仪的华夏之外的部族,也不丢弃它们,那就和仁很接近了,这和回答子张的问题时说的是同一个意思。

---

① 李学勤主编:《十三经注疏·春秋左传正义》,北京:北京大学出版社1999年版,第488页。

对于"忠信"的品质,孔子可以说三复其义、四复其义,谆谆教诲,不厌其烦。《论语》开篇,曾子讲"吾日三省吾身",也是将"忠"和"信"纳入自我反省的最主要内容。这就是:"为人谋而不忠乎?与朋友交而不信乎?"(《论语·学而》)后面的第三项"传不习乎",其实也与"忠信"有关,或者至少可以解释为:老师反复传授的包括"忠信"在内的崇德之道,自己是不是反复学习了?这是需要每天都自我反省的。所以然者,盖由于曾参是最了解孔子这个"一以贯之"的思想的,本文开篇已详论此义,此处不再赘述。

传统义疏也曾将"传不习乎"作另外的解释。如何晏等注、邢昺义疏的《十三经注疏》之《论语注疏》,何晏的《注》即为:"言凡所传之事,得无素不讲习而传之。"[1]宋人邢昺的《义疏》也写道:"凡所传授之事,得无素不讲习而妄传乎?"[2]何《注》和邢《疏》的意思,"传不习乎"是曾子反省自己平素是否时时讲习,以及教授别人的时候是否有妄传之事。皇侃的《论语义疏》也持斯意:"凡有所传述,皆必先习,后乃可传。岂可不经先习,而妄传之乎?"[3]此种大家之解究竟如何,余尝疑焉。今人杨伯峻的解释则比较简明,作:"老师传授我的学业是否复习了呢?"[4]与笔者的看法比较接近。曾参是孔子的仅次于颜渊的得意的弟子,据说《孝经》就是曾子所作,但曾参小孔子四十六岁,因此当他讲"吾日三省吾身"的时候,是否已经有了自己的弟子,似不

---

[1] 李学勤主编:《十三经注疏·论语注疏》,北京:北京大学出版社1999年版,第4页。
[2] 同上。
[3] 〔梁〕皇侃:《论语义疏》,北京:中华书局2013年版,第7页。
[4] 杨伯峻:《论语译注》,北京:中华书局2009版,第3页。

好确定。上引古人以及今人的解释，未能将最后一项与前面的两项反省内容联系起来，不能无憾焉。然笔者的释义也只是略备一说而已，不敢自专，还请博雅通人多所是正。

"忠"还和"敬"相关。上引《论语·卫灵公》的孔子语："言忠信，行笃敬，虽蛮貊之邦，行矣。"就把"忠"和"敬"并列双提。孔子讲的君子的"九思"，其中有两思，就是"言思忠，事思敬"（《论语·季氏》）。这里需要特别提出，"事思敬"的义涵来源于《尚书·洪范》。《洪范九畴》是三代之治的经纶大法，其第二畴就是"敬用五事"。而"五事"指的是貌、言、视、听、思。按照孔安国的《传》，貌指容仪，言指辞章，视指观正，听指察是非，思指心虑所行。[①] 孔颖达之《疏》解释得更加明白晓畅，认为"貌"是容仪，"言"是口之所出，"视"是目之所见，"听"是耳之所闻，"思"是心之所虑。[②] 关键是，此"五事"都须秉持"敬"的精神，需要不断用"敬"义提示着。所以名之为"敬用五事"。这和孔子讲的"言忠信，行笃敬"以及"言思忠，事思敬"，实有异曲同工之妙。"敬"是人的自性的庄严，是笔者对"敬义"的诠解。所以《易·坤·文言》有曰："君子敬以直内，义以方外，敬义立而德不孤。"[③] "立敬"和"立诚"一样，都是崇德修身的头等大事。但"敬"需要在行动上表现出来，所以孔子以"事思敬"和"行笃敬"二语概括之。

---

① 参见李学勤主编：,《十三经注疏·尚书正义》，北京：北京大学出版社1999年版，第303页。
② 同上。
③ 〔魏〕王弼撰，楼宇烈校释：《周易注校释》，北京：中华书局2012年版，第14页。

二　忠恕的义理内涵

现在我们再回到孔子"一以贯之"的忠恕之道。因为只有明了忠和信的关系、忠和诚的关系、忠和敬的关系,才有可能把握"忠恕"的准确义理内涵。请先看看《大戴礼记》的一条记载。事情的起因,是哀公向孔子请教,他学习哪方面的学问更合适一些。孔子说,那么就学"行礼乐"和"守忠信"如何?哀公说可以,但希望忠信说多了而不致带来副作用。孔子说,这怎么可能呢?问题是,如果不明白忠信的内涵,又对讲忠信感到厌倦,作为人君就不可以了。其实只要明白了忠信的内涵,又能躬行其道,一定有立竿见影的效果。如果人君行忠信,百官也以忠信来承事,使得"忠满于中而发于外",民众也以此为鉴戒,天下就不会有忧患了。接着,孔子便对忠信和忠恕的理念做了一番透彻的说明。孔子说道:

> 知忠必知中,知中必知恕,知恕必知外,知外必知德,知德必知政,知政必知官,知官必知事,知事必知患,知患必知备。若动而无备,患而弗知,死亡而弗知,安与知忠信?内思毕心曰知中,中以应实曰知恕,内恕外度曰知外,外内参意曰知德,德以柔政曰知政,正义辨方曰知官,官治物则曰知事,事戒不虞曰知备,毋患曰乐,乐义曰终。[1]

---

[1] 方向东:《大戴礼记汇校集解》,北京:中华书局2008年版,第1121页。

孔子的此番论议,涉及忠、中、恕、外、德、政、官、事、患、备十种观念,而且提出了知忠、知中、知恕、知外、知德、知政、知官、知事、知患、知备的问题,意即对这些理念不仅要学,还要做到学而能知,知而能行。这是孔子的一贯思想。按《说文》:"忠,敬也。从心,中声。"段《注》云:"敬者,肃也。未有尽心而不敬也。"①尽心,就是"忠"之义,或俗云"将心放正"。故"忠"因"尽心"而致中而生敬。"知忠必知中"者以此。至于知恕、知外、知德、知政、知官、知事、知患、知备等,可以认为基本上是《尚书·洪范》思想的延续。下面,让我们对孔子回答哀公之问所说的各项思想理念稍作检视。

《洪范》是当周武王伐纣成功之后,请回殷的大仁之臣箕子,向其请教大禹治水时的"彝伦攸叙"的具体含义。所谓"彝伦攸叙",就是王者施政的道德次序。箕子因此作《洪范》,畅论"洪范九畴,彝伦攸叙"。《大戴礼记·小辨》记载的孔子讲的以"忠""恕"为代表的各种观念,其义理大都与《洪范》相合。"九畴"的内容,一是五行,二是敬用五事,三是农用八政,四是协用五纪,五是建用皇极,六是义用三德,七是明用稽疑,八是念用庶征,九是向用五福,威用六极。"皇极"即是"中"或"大中"。为政之"中"和为人之"忠"落到实处,就是"中以应实曰知恕"。因为"恕"是通向大中之道和"忠信"之道的桥梁。"内恕外度曰知外",就是孔子对哀公讲的"忠满于中而发于外"。所谓"外"者,即"中"和"忠"的致用也。《洪范》的"三德"包括正直、刚克、柔克。"克"是战而胜之的意思。但"三德"之克是指克之以德,也

---

① 〔清〕段玉裁:《说文解字注》,上海:上海古籍出版社1981年版,第502页。

就是《尚书·伊训》所说的"居上克明,为下克忠",意即在上者须宽待下面之人,讲明道理,行恕道。此即孔颖达的《义疏》所说"以理恕物,照察下情,是能明也"①。可见"恕"之义理,也可以从《尚书》中找到理绪渊源。所谓"柔克"也者,就是《易·坤·文言》所说的坤德,亦即恕道。而《洪范》所论之胜义,可以用孔子"为政以德"一语概而括之。知《洪范》三德,才知正直、刚克、柔克。知"柔克",才知"恕"道。而"知事"也者,当即《洪范》的"敬用五事"。此"五事"都需要用"敬",则"知事"即知敬矣。

"知政"就是《洪范》第三畴所说的"八政",包括食、货、祭祀、礼仪、教育、迎宾客、维治安等。"知患"则为《洪范》第九畴"五福六极"所说的"咎征"。如果不能按《洪范九畴》的大法来施政,必将有祸患发生,所以需要"知患"。"知患"就应该有防备之策,所以需要"知备"。"知备"须从见微知著开始,所以要懂得"休征"和"咎征"。"休征"就是好兆头,"咎征"就是坏消息。王者施政遇到疑难问题怎么办?那就需要懂得《洪范》第七畴的"稽疑"和第八畴的"庶征"。具体说,就是王者要"谋及乃心,谋及卿士,谋及庶人,谋及卜筮"。或者说是六询,即询诸王心、询诸卿、询诸士、询诸卜、询诸筮、询诸庶民。② 这些关涉天人的程序都做到了,决策就会顺天而应人,不致酿成大错,当然也就会有备而无患。由此可见,孔子对哀公所讲的"十知",可谓对症下药,苦口婆心,不厌其详。

---

① 李学勤主编:《十三经注疏·尚书正义》,北京:北京大学出版社1999年版,第204页。

② 参见同上,第305—323页。

三 "己所不欲，勿施于人"

然则"恕"的所指究竟为何？前面既已对"忠"做了多方面的阐释，对"恕"是否也可以做单独阐释？其实孔子自己对"恕"的内涵已经有明确的解释，这就是《论语·卫灵公》记载的，一次子贡问孔子："有一言而可以终身行之者乎？"孔子说："其恕乎！己所不欲，勿施于人。"这是对"恕"的全称判断和全称诠释。在孔子看来，如果说有一种观念可以终身行之的话，那应该是"恕"。然则到底什么是"恕"呢？孔子自己做了回答，他说"恕"就是"己所不欲，勿施于人"。质言之，就是设身处地，将心比心，换位思考，自己不喜欢不希望的东西就不要强加于人。《礼记·中庸》引孔子的话"忠恕违道不远，施诸己而不愿，亦勿施于人"，讲的也是同一意思。此一理念体现了孔子思想乃至中国文化的异量之美，西方思想界将孔子的这一思想称作属于全世界的道德金律，良有以也。

《说文》对恕的释义为："恕，从心，如声。"段《注》云："孔子曰：'能近取譬，可谓仁之方也矣。'孟子曰：'强恕而行，求仁莫近焉。'是则为仁不外于恕，析言之则有别，浑言之则不别也。仁者，亲也。"[①]由《说文》可知，"恕"和"忠"一样，都是"从心"，即发自于内心的道德理念。而心诚则忠，恕也必须基于心诚。但心有诚却不一定就能"恕"。与"恕"最接近的是"仁"。"仁"者为何？就像孔子不直接给"君子"下固定的定义一样，对"仁"，

---

① 〔清〕段玉裁：《说文解字注》，上海：上海古籍出版社1981年版，第504页。

孔子也不想简单明了地定义之。夫子的办法是描摹、比喻、陈述各种属于"仁"的构件的理念，曲尽其情，启发你了解"仁"的内涵。所以孔子说"仁者爱人"，这是最接近"仁"的概念属性的一种表述。"仁"的内涵的确需要有"爱"来充实。《论语·学而》引孔子的话说："弟子入则孝，出则弟，谨而信，泛爱众而亲仁。行有余力，则以学文。"孝悌是"仁"的起始构件，为人而不孝悌，"仁"就愤然远去了。但"泛爱众"是"亲仁"的具体"休征"，亦可见"仁"的含藏之丰富博厚。《说文》段《注》引孟子讲的"强恕而行，求仁莫近焉"，亦大有义理意趣。孟子的原话是："万物皆备于我矣。反身而诚，乐莫大焉。强恕而行，求仁莫近焉。"（《孟子·尽心上》）这和《礼记·中庸》所说的"诚者自成也，而道自道也。诚者，物之终始，不诚无物"，意思是一样的。"诚者自成"和"不诚无物"两句，可以视作是在"万物皆备于我"的情况下的"反身而诚，乐莫大焉"。能够"强恕而行"，是由于有"诚"作为前提条件。赵岐《注》"强恕而行，求仁莫近焉"曰："当自强勉以忠恕之道，求仁之术，此最为近。"则所论证者，是认为"恕"离"仁"最近。焦循之《疏》亦写道："反身而诚，即忠恕之道也，宜勉行之。"[1]其实《孟子》本文已经给出了答案，这就是"强恕而行，求仁莫近焉"。意谓要想"求仁"，最好还是从"恕"开始，这是最近也最方便达到"仁"的途径。

《大戴礼记·卫将军文子》记载，文子向子贡求教，问七十子之中哪一位最贤。子贡开始不肯答。文子扣之再三，子贡才对孔子评价最明晰的一些弟子的嘉德懿行，做了精彩的说明。当子贡讲到同门高柴（字子羔，齐人，少孔子三十岁）的嘉德懿

---

[1] 〔清〕焦循：《孟子正义》下册，北京：中华书局1987年版，第883页。

行时,说:"自见孔子,入户未尝越屦,往来过人不履影;开蛰不杀,方长不折;执亲之丧,未尝见齿,是高柴之行也。"①孔子对子羔的评价是:"高柴执亲之丧则难能也,开蛰不杀则天道也,方长不折则恕也,恕则仁也;汤恭以恕,是以日跻也。"②子贡讲的高柴的包括谦让懂礼、为人至孝等嘉行,这里暂且不论,只就涉及"恕"与"仁"的关系的孔子之评议,稍作考论。

孔子说,高柴能做到"开蛰不杀",这是遵从天道。"方长不折",则是恕道。《易·系辞下》:"尺蠖之屈,以求信也。"③"尺蠖",即一弯一曲而前行的蛰虫。这种虫开始活动,是在万物萌动的春天。高柴在开蛰之时不开杀戒,孔子认为是值得称赞的顺天道而尽人道的做法。而"方长不折",意思是说对于秉阳气而正在生长的植物,不要使之折断。体物如此,当然是"恕"了。《易·复》的卦辞曰:"复,亨。出入无疾,朋来无咎。反复其道,七日来复,利有攸往。"④孔《疏》解"利有攸往"云:"'利有攸往'者,以阳气方长,往则小人道消,故'利有攸往'也。"此卦最适合友朋齐聚而来,无疾病,有吉征。因为是"阳气方长",故"利有攸往",而不利于小人兴风作浪。孔子认为高柴能做到"方长不折",就是能行恕道的表现。而"恕",在孔子看来,就已经是"仁"了。

"汤恭以恕,是以日跻"两句,是孔子引"六经"原典以为证明。《诗·商颂·长发》云:"帝命不违,至于汤齐。汤降不迟,圣敬日跻。昭假迟迟,上帝是祗。帝命式于九围。"郑玄笺注云:

---

① 方向东:《大戴礼记汇校集解》,北京:中华书局2008年版,第646页。
② 同上。
③ 〔魏〕王弼撰,楼宇烈校释:《周易注校释》,北京:中华书局2012年版,第249页。
④ 同上,第91页。

"不迟,言疾也。跻,升也。九围,九州也。"又笺云:"降,下。假,暇。祗,敬。式,用也。"又曰:"汤之下士尊贤甚疾,其圣敬之德日进。然而以其德聪明宽暇天下之人迟迟然。言急于己而缓于人,天用是故爱敬之也。"①"急于己",即"忠"也;"缓于人",即"恕"也。"又曰"云云,已经是郑康成的离"注"而自疏了。我们再看看孔颖达的疏辞:"言天之所以命契之事,自契之后,世世行而不违失,天心虽已渐大,未能行同于天。至于成汤,而动合天意,然后与天心齐也。因说成汤之行。汤之下士尊贤,甚疾而不迟也。其圣明恭敬之德,日升而不退也。以其聪明宽暇天下之人,迟迟然而舒缓也。"②郑《注》的"急于己而缓于人",以及孔《疏》的"以其聪明宽暇天下之人,迟迟然而舒缓也",就是孔子讲的"汤恭以恕"。"恭"即敬,连释则为敬恕。

是的,"恕"本来离不开"敬"。郑《注》和孔《疏》说的"圣敬之德日进"和"圣明恭敬之德,日升而不退",就是孔子说的"是以日跻"。故孔子对高柴的评说,实为引"六艺"之古典,来证明自己的"恕则仁也"的学理判断。

四 "恕者,入仁之门"

宋儒对忠恕之道更是关切之至。讲得最多的是洛学的代表人物程颢、程颐。明道(程颢字明道)说:"以己及物,仁也;推己及物,恕也(违道不远是也)。忠恕一以贯之。忠者天理,恕者

---

① 〔汉〕郑玄笺,〔唐〕孔颖达疏,朱杰人、李慧玲整理:《毛诗注疏》,上海:上海古籍出版社2013年版,第2143页。

② 同上。

人道。忠者无妄,恕者所以行乎忠也。忠者体,恕者用,大本达道也。"①他首先给"仁"下了个定义,认为"以己及物"就是"仁"。其实"仁"是很难下定义的。没有一种价值理念像仁这样宽厚博大。"爱人"是"仁"的重要标志。但"爱人"并不局限于家庭的亲长之爱、夫妇之爱,而是"泛爱众而亲仁"。不仅有爱,而且有"亲",与仁庶几近之。因此说"推己及物"是恕,应该是对"恕"的一种圆解。

明道没有停留在这里,还进一步对"忠"和"恕"做多层面的分解和连解。他说"忠者天理,恕者人道",是为分解;说"忠者无妄,恕者所以行乎忠",是连解;说忠是体,恕是用,既是连解,又是分解。其中以"忠者无妄"和"恕者人道",最能见忠恕之义。伊川(程颐字伊川)也说:

> 仁之道,要之只消道一"公"字。公只是仁之理,不可将公便唤做仁。(一本有"将"字。)公而以人体之,故为仁。只为公,则物我兼照,故仁,所以能恕,所以能爱,恕则仁之施,爱则仁之用也。②

此则将仁和公连解,认为仁离不开公,但又认为不能说公本身就是仁。"公而以人体之,故为仁",可谓妙解。而讲仁者能爱能恕,恕是仁之施,爱是仁之用,也是谛言。更重要的是,伊川还讲过:"恕者,入仁之门,而恕非仁也。"③仁的定义尚且难以寻找,

---

① 〔宋〕程颢、程颐著,王孝鱼点校:《二程集》,北京:中华书局1981年版,第124页。
② 同上,第153页。
③ 同上,第168页。

如何成为一个仁者,就更是学理的难题了。而程颐说,恕是进入仁的大门,这就找到成为仁者的途径了。虽然恕本身还不是仁,但如果做到了恕,就已经处身于仁的大门口了。大哉,二程子之言!

然伊川又说:"恕字甚大。然恕不可独用,须得忠以为体。不忠,何以能恕?看忠恕两字,自见相为用处。"① 在此段话中,伊川还说:"恕字甚难。"对此,容稍作疏解。恕当然是忠的伴生物,不忠自然不会有恕。但光是做到了忠,不一定就能恕。因此忠不等于恕。所以伊川才说:"恕字甚大。"又说:"恕字甚难。"那么如此难的恕字,难道一定不可以"独用"吗?孔子既然说"恕"是可以终身行之的品德,又释恕为"己所不欲,勿施于人",事实上孔子已经在将"恕"字独用了。

朱熹对忠恕的诠解,跟二程大体相同,但论说甚多,特别与弟子讨论《论语》一书的时候,对忠恕有集中的言说;对明道和伊川的忠恕论,也与弟子反复论议。朱子说:"盖以夫子之道不离乎日用之间,自其尽己而言,则谓之忠,自其及物而言,则谓之恕,本末上下,皆所以为一贯,惟下学而上达焉,则知其未尝有二也。"② 这与二程子的看法基本相同。在答柯国材的信中,又说:"示谕忠恕之说甚详,旧说似是如此,近因详看明道、上蔡诸公之说,却觉旧有病,盖须认得忠恕便是道之全体,忠体而恕用,然后一贯之语方有落处。若言恕乃一贯发出,又却差了此意也。如未深晓,且以明道、上蔡之语思之,反复玩味,当自见之,不可以

---

① [宋]程颢、程颐著,王孝鱼点校:《二程集》,北京:中华书局1981年版,第184页。
② [宋]朱熹:《忠恕说》,载《朱熹集》卷六十七,成都:四川教育出版社1996年版,第3533页。

迫急之心求之。"①

　　朱子对二程子特别尊重和看重,在其全部著作中无不如此。朱子为人谦谨,为学格局大,胸襟风度阔朗无涯际。此段强调的是忠恕乃道之全体,忠体恕用不宜分开。所以他又说:"'诚'字以心之全体而言,'忠'字以其应事接物而言,此义理之本名也。至曾子所言'忠恕',则是圣人之事,故其忠与诚,仁与恕,得通言之。"②又说:"忠,只是实心,直是真实不伪。到应接事物,也只是推这个心去。直是忠,方能恕。若不忠,便无本领了,更把甚么去及物。"③斯语把问题界定得更明晰易晓。其说忠的特点是真实无伪,就是二程子所说的"忠无妄"。而说忠是"实心",恕则是把这个"心"推过去"及物",其用语也能让人颔首莞尔。

　　朱子尤其强调忠恕是一体之道,不能分开。故反复为言曰:"忠恕只是一件事,不可作两个看","忠、恕只是体、用,便是一个物事,犹形影,要除一个除不得","忠是体,恕是用,只是一个物事","忠是本根,恕是枝叶。非是别有枝叶,乃是本根中发出枝叶,枝叶即是本根"。④ 照朱子的说法,"恕"是无法从"忠"里面分离出来了。而把忠、恕比作树的"本根"和"枝叶"的关系,更是让"恕"永远不能离开"忠"而独立为事了。不能不认为,朱子的这些说法,与孔子将恕作为可以终身行之的品德的大判断,

---

① 〔宋〕朱熹:《答柯国材》,《朱熹集》卷三十九,成都:四川教育出版社1996年版,第1762页。
② 〔宋〕黎靖德编,王星贤点校:《朱子语类》卷六,北京:中华书局1986年版,第103—104页。
③ 〔宋〕黎靖德编,王星贤点校:《朱子语类》卷十六,北京:中华书局1986年版,第358页。
④ 〔宋〕黎靖德编,王星贤点校:《朱子语类》卷二十七,北京:中华书局1986年版,第672页。

有划然不相吻合处。朱子还说:"分言忠恕,有忠而后恕;独言恕,则忠在其中。若不能恕,则其无忠可知。恕是忠之发处,若无忠,便自做恕不出。"① 还是将忠、恕解释得难解难分,这是宋儒的共同特点。

所以他们特别喜欢孔子所说的"吾道一以贯之"。光是"一贯"一语,朱子和友人及弟子不知讨论了多少次。他们不仅讲天道,而且讲天理。《尚书》等三代之治的经纶大典,以及《论语》一书,很少出现"理"字,但"礼"字则满篇满纸满天下。朱子之书到处都是"理"字。

五 "天地变化草木蕃,不其恕乎"

朱子还对二程子论忠恕的两段话,有特殊的兴趣。一是明道说:"维天之命,於穆不已,不其忠乎!天地变化草木蕃,不其恕乎!"二是伊川说:"维天之命,於穆不已,忠也;乾道变化,各正性命,恕也。"②这两段话与"六艺"的《诗》和《易》直接相关。

《诗·周颂·维天之命》云:"维天之命,於穆不已。於乎不显,文王之德之纯。假以溢我,我其收之。骏惠我文王,曾孙笃之。"此诗的背景是,周武王崩逝之后,文王受命,再造旧邦,然致太平之大业未竟,文王逝矣。此在生于忧患的文王,未免留有遗憾。成王年幼,周公摄政,以"一沐三捉发,一饭三吐哺"③的精

---

① [宋]黎靖德编,王星贤点校:《朱子语类》卷四十五,北京:中华书局1986年版,第1161页。

② [宋]程颢、程颐著,王孝鱼点校:《二程集》,北京:中华书局1981年版,第392页。

③ 《史记·鲁周公世家》,北京:中华书局1959年版,第1518页。

神,"一年救乱,二年克殷,三年践奄,四年建侯卫,五年营成周,六年制礼作乐,七年致政成王"(《尚书大传》)。这其中,以制礼作乐为最隆美的德洽伟业,为此周公先营洛邑,以观天下之心。结果得到各路诸侯的响应,周公这才放心地制作礼乐。《诗·周颂·维天之命》,就是在洛邑建成之后,献给文王的颂歌。"维天之命,於穆不已",犹言天道无极止,天德美若兹。孔(颖达)《疏》引子思弟子孟仲子论《维天》之诗云:"称天命以述制礼之事者,叹'大哉,天命之无极',而嘉美周世之礼也。美天道行而不已,是叹大天命之极。文王能顺天而行,《周礼》顺文王之意,是周之礼法效天为之,故此言文王,是美周之礼也。"①孔《疏》已将《诗》意解释得大体明了。然则,就周公对天道的尊顺、对文王的承命而言,以及自我人格的谦谨智慧和无逸无妄来说,自然当得一个"忠"字。明道说的"维天之命,於穆不已,不其忠乎",伊川说的"维天之命,於穆不已,忠也",自是引古得义之言。

至其明道所说"天地变化草木蕃,不其恕乎",伊川所言"乾道变化,各正性命,恕也",则直接使用《周易》的原典。《易·坤·文言》云:"天地变化,草木蕃;天地闭,贤人隐。《易》曰:'括囊,无咎无誉',盖言谨也。"②"括囊,无咎无誉",是坤卦六四的爻辞。六四的象辞是:"括囊无咎,慎不害也。"王弼注云:"处阴之卦,以阴居阴。履非中位,无直方之质;不造阳事,无含章之美。括结否闭,贤人乃隐;施慎则可,非泰之道。"③此《注》可以

---

① 〔汉〕郑玄笺,〔唐〕孔颖达疏,朱杰人、李慧玲整理:《毛诗注疏》,上海:上海古籍出版社2013年版,第1888页。
② 〔魏〕王弼撰,楼宇烈校释:《周易注校释》,北京:中华书局2012年版,第14页。
③ 同上,第13页。

通释爻辞和象辞。囊是盛物之器。括者,结扎也,即把盛物之器扎紧口,犹言封口。郑《疏》释为"闭其知而不用,故曰'括囊'"[1],亦甚得义也。至于《象》辞说的"括囊无咎,慎不害也",盖由于谨言慎行,不与人争竞,自然也就不会被害了。坤卦所彰显的是为坤德。坤卦《彖》辞曰:"至哉坤元!万物资生,乃顺承天。坤厚载物,德合无疆,含弘光大,品物咸亨,牝马地类,行地无疆。"[2]坤德的特点,是厚德博施,资生万物。

所以然者,还需要与乾元合其德。由于是"以阴居阴",欲与"阳"合其德,就必须阴柔以和承顺于天。坤德的要义在一"顺"字。一旦因顺而合阳,实现"德合无疆",就会"含弘光大,品物咸亨,牝马地类,行地无疆",也即走遍天下无阻挡也。苟如是,即使阴爻到了六五的正位,只要仍然守之以坤道,不以阴夺阳,还是会"美尽于下"(王弼语)。[3] 而且由于"体无刚健而能极物之情,通理者也。以柔顺之德,处于盛位,任夫文理者也。垂黄裳以获元吉,非用武者也。极阴之盛,不至疑阳,以文在中,美之至也"[4],不仅"美尽于下",由于有德充乎其中,还能达到"美之至也"的极妙之境。《坤卦·文言》对"美之至也"的卦象,有进一步的描述,曰:"君子黄中通理,正位居体,美在其中,而畅于四支,发于事业,美之至也。"[5]这就不止是美在其中了,还传递畅发到四支,令事业也为之发达。此种情境,已经是阴阳合一,

---

[1] 李学勤主编:《十三经注疏·周易正义》,北京:北京大学出版社1999年版,第29页。

[2] 〔魏〕王弼撰,楼宇烈校释:《周易注校释》,北京:中华书局2012年版,第12页。

[3] 同上,第13页。

[4] 同上,第13页。

[5] 同上,第14页。

欢悦圆妙,人事和谐,安宁舒畅而致太平。此时,正是万物茁壮生长的"草木蕃"的时刻,圣人自然也就无须隐了。此种时刻,即伊川所说的"乾道变化,各正性命"的情状,其表现为合其德而互相包容,当然亦即恕道集中体现的美好境况。

其实和"恕"靠得最紧的是"仁"。此点,前面论述《大戴礼记·小辨》中孔子评议弟子高柴时已经讲过了。孔子说:"恕则仁也。"宋儒的大贡献,是提出恕为入仁之门,这是足以令人醍醐灌顶之警醒语也。王阳明也说过:"然恕,求仁之方,正吾侪之所有事也。"①大哉,阳明子之论。"求仁之方"和"入仁之门",表述不同,理则归一。吾辈后学,对宋明两代大儒,能不敬乎!

《颜氏家训·兄弟》亦载:"娣姒者,多争之地也,使骨肉居之,亦不若各归四海,感霜露而相思,伫日月之相望也。况以行路之人,处多争之地,能无间者,鲜矣。所以然者,以其当公务而执私情,处重责而怀薄义也。若能恕己而行,换子而抚,则此患不生矣。"②这是颜之推从生活的实感中抽绎出来的看法。他认为,一个家庭中妯娌不和,陌生人在路上争道,都是由于人们喜欢责人而薄于情义的结果。如果能够"恕己而行",即遵循恕道,推己及人,这些不好的现象就不致发生。为此颜之推提出了"换子而抚"的问题,这是践行恕道的一个非常有效的方法。二程子也有过"易子而抱"的想法,都是为了培养善待他人的恕道。司马迁在《史记·礼书》中说:"恭敬辞让之所以养安也。"③恭敬,即敬也;辞让,即恕也。以此"己所不欲,勿施于人"的

---

① 〔明〕王守仁撰,吴光、钱明、董平、姚延福编校:《王阳明全集》,上海:上海古籍出版社1992年版,第149页。
② 《颜氏家训》,北京:中华书局2011年版,第23页。
③ 〔汉〕司马迁:《史记·礼书》,北京:中华书局1959年版,第1162页。

"恕"道,不失为安定家庭、安定人事、安定社会的一剂道德良方。河汾之学的代表王通,也在《中说》中提出,一个人要想成为君子,首先应该从恕开始("必先恕乎")。他并且说:"为人子者,以其父之心为心;为人弟者,以其兄之心为心。推而达之于天下,斯可矣。"①他说"恕"道就是在从家庭到社会的人与人的关系中体现出来,不仅推己及父、推己及兄,还需要推己而达于整个社会。

六 "圣人之德,莫美于恕"

清中叶的大学者戴震,在《孟子字义疏证》一书中,也有相关论述。他说:"视人犹己,则忠;以己推之,则恕;忧乐于人,则仁;出于正,不出于邪,则义;恭敬不侮慢,则礼;无差谬之失,则智;曰忠恕,曰仁义礼智,岂有他哉?"②戴氏又说:"盖人能出于己者必忠,施于人者以恕。行事如此,虽有差失,亦少矣。凡未至乎圣人,未可语于仁,未能无憾于礼义,如其才质所及,心知所明,谓之忠恕可也。圣人仁且智,其见之行事,无非仁,无非礼义,忠恕不足以名之。然而非有他也,忠恕至斯而极也。"③戴氏认为"忠"是"出于己"或"视人犹己",也即推己之意,但文字表述有所不同。推己及人为恕,戴氏的表述是"以己推之",无不同。但他认为,如能做到"忠恕"两字,行事的时候,即使有差错,也会很少。而"仁",他认为那是圣人之事,我们普通人能做

---

① 〔隋〕王通:《中说》,北京:中华书局2013年版,第48页。
② 〔清〕戴震:《孟子字义疏证》,北京:中华书局1961年版,第18页。
③ 同上,第55页。

到"忠恕",就已经达到了一个极致。戴震是清儒,对宋儒的理念检讨和反思甚多,毋宁说,更富有实证精神。

当然戴氏之论是由疏证《孟子》而导出。孟子岂不言乎:"恻隐之心,人皆有之;羞恶之心,人皆有之;恭敬之心,人皆有之;是非之心,人皆有之。"(《孟子·告子上》)又说:"恻隐之心,仁也;羞恶之心,义也;恭敬之心,礼也;是非之心,智也。"(同前)我们不妨稍作填充,是否也可以写作:恻隐之心,仁也,亦恕也;羞恶之心,义也,亦忠也;恭敬之心,礼也,亦敬也;是非之心,智也,亦义也、忠也。这四心,亦即人之为人的"四端"。"端"即开始。意思是说,此"四端"是做人的起点,如果连这"四端"都做不到,就不配称之为人了。以此孟子写道:

> 人皆有不忍人之心。先王有不忍人之心,斯有不忍人之政矣。以不忍人之心,行不忍人之政,治天下可运之掌上。所以谓人皆有不忍人之心者,今人乍见孺子将入于井,皆有怵惕恻隐之心,非所以内交于孺子之父母也,非所以要誉于乡党朋友也,非恶其声而然也。由是观之,无恻隐之心,非人也;无羞恶之心,非人也;无辞让之心,非人也;无是非之心,非人也。恻隐之心,仁之端也;羞恶之心,义之端也;辞让之心,礼之端也;是非之心,智之端也。人之有是四端也,犹其有四体也。有是四端而自谓不能者,自贼者也;谓其君不能者,贼其君者也。(《孟子·公孙丑上》)

孟子这些论述,为人们所习知,笔者亦在多篇文章中引用过。今重提此论,盖由于诠解忠恕之缘故也。

那么,孟子论"四端"前面之对"不忍人之心"的反复为说,无法不引起笔者的重新注意。"不忍人之心",就是恻隐之心,亦即仁也,恕也。有此秉仁恕之心的先王之道,才有先王之政。有先王之政,才有三代之治。孔子的弟子有若说:"礼之用,和为贵,先王之道斯为美。"(《论语·学而》)"和"也可以视为礼乐之和。"和"当然需要有"礼"的节制。但有子此处所言,侧重点在"和"义本身。先王之道的美点,也是在此("斯为美")。宋邢昺释证此段之疏文云:"言先王治民之道,以此礼贵和美,礼节民心,乐和民声。乐至则无怨,礼至则不争,揖让而治天下者,礼乐之谓也,是先王之美道也。"①礼乐相融而成"和"的"美道",在《易·坤·文言》看来,就是天地合其德,阴阳合其德,也就是可以滋生万物的"草木蕃"。因此"和"中必有恕道存焉。

事实上,如果没有推己及人、"己所不欲,勿施于人"的"恕"的精神,礼乐相融的和乐美境不可能出现。古今世界之喜欢纷争的人类若想走向和解,"己所不欲,勿施于人"的恕道,应该是解套的方便法门。难怪西汉大儒董子仲舒在沉迷于天人感应神秘性之余,禁不住发为感叹曰:"圣人之德,莫美于恕!"②

七 "论古必恕,非宽容之谓"

问题是适合于今人和尔后之人的恕道,是否也可以推及古人。答案是肯定的。章学诚在《文史通义·文德》中写道:"不知古人之世,不可妄论古人文辞也。知其世矣,不知古人之身

---

① 李学勤主编:《十三经注疏·论语注疏》,北京:北京大学出版社1999年版,第10页。

② 《春秋繁露义证》,北京:中华书局1992年版,第161页。

处,亦不可以遽论其文也。身之所处,固有荣辱隐显、屈伸忧乐之不齐,而言之有所为而言者,虽有子不知夫子之所谓,况生千古以后乎?圣门之论恕也,'己所不欲,勿施于人',其道大矣。今则第为文人,论古必先设身,以是为文德之恕而已尔。"①章氏称"恕"为圣门之大道,论述古人必先设身处地,亦即将心比心,换位思考,他说这是"文德之恕",是为学者论古所必需者也。

章学诚还说:"凡为古文辞者,必敬以恕。临文必敬,非修德之谓也。论古必恕,非宽容之谓也。敬非修德之谓者,气摄而不纵,纵必不能中节也。恕非宽容之谓者,能为古人设身而处地也。嗟乎!知德者鲜,知临文之不可无敬恕,则知文德矣。"②此处,章氏突出了"临文必敬"和"论古必恕"两组关键词。而且特别提出,临文必敬不只是为了修德,而是文章写作本身的要求。因为为文需要摄气而不放纵,一旦放纵,文章将会散乱而失去重点。同样,论古必恕也不简单是宽容的问题,如果不采取此种态度,你就做不到设身处地地了解古人,因此要想对古人和古人的著作做出准确可观的评价当无可能。《易·坤·文言》云:"君子敬以直内,义以方外,敬义立而德不孤。'直、方、大,不习无不利',则不疑其所行也。"③直、方、大是为三德。孔颖达《疏》云:"生物不邪,谓之直也;地体安静,是其方也;无物不载,是其大也。"④直即正也。内直,必有"忠"和"诚"存焉。地体安静,是其

---

① 〔清〕章学诚著,叶瑛校注:《文史通义》,北京:中华书局1985年版,第278—279页。
② 同上,第278页。
③ 〔魏〕王弼撰,楼宇烈校释:《周易注校释》,北京:中华书局2012年版,第14页。
④ 李学勤主编:《十三经注疏·周易正义》,北京:北京大学出版社1999年版,第28页。

方而能承也;承顺于天,即恕也。大而无物不载,是其容也;容即恕也。"不习无不利",指无须格外修营而自可成就功业。而"敬义立"即是立敬。能够"立敬"者,则必有忠、诚、敬、恕充实其中。章学诚将"敬恕"之道推及研究古人之学说,可谓有识、明道、知人、知书之伟论也。

这让我想起自己研究多年的陈寅恪先生。他在为冯友兰的《中国哲学史》上册所写的审查报告中写道:

> 凡著中国古代哲学史者,其对于古人之学说,应具了解之同情,方可下笔。盖古人著书立说,皆有所为而发。故其所处之环境,所受之背景,非完全明了,则其学说不易评论,而古代哲学家去今数千年,其时代之真相,极难推知。吾人今日可依据之材料,仅为当时所遗存最小之一部,欲藉此残余断片,以窥测其全部结构,必须备艺术家欣赏古代绘画雕刻之眼光及精神,然后古人立说之用意与对象,始可以真了解。所谓真了解者,必神游冥想,与立说之古人,处于同一境界,而对于其持论所以不得不如是之苦心孤诣,表一种之同情,始能批评其学说之是非得失,而无隔阂肤廓之论。否则数千年前之陈言旧说,与今日之情势迥殊,何一不可以可笑可怪目之乎?①

陈先生此审查报告提出的"了解之同情",我认为是寅恪先生为其阐释学预设的先验态度和先验方法。所谓预设、先验云云,是指在陈先生看来,"了解之同情"是任何学人欲阐释古人

---

① 陈寅恪:《金明馆丛稿二编》,北京:三联书店2001年版,第279页。

之著述和学说，均无法避开的基本学术立场。所谓"了解之同情"，其实就是章学诚讲的"论古必恕"的文德，亦即为人为学必不可少的"恕道"。人而不能"恕"，就是不具有文德，实即不仁。而要想做到"了解之同情"，依陈先生的意思，则需要研究者做到和立说之古人"处于同一境界，而对于其持论所以不得不如是之苦心孤诣，表一种之同情"，然后方有可能对其著作或学说之成败得失，做出公允而切中的评判。

然此事宜有二难：一是与立说之古人处于同一境界，显然这是非常难的一件事；二是对古人立论的"不得不如是之苦心孤诣，表一种之同情"，这比前一难还要难。所难者不在方法，而是心术。今天的研究者能够克此二难者，舍忠恕之道、仁恕之德，没有第二途可言。

（撰稿人　刘梦溪）

第二十七章　仁爱篇

儒学历史的长河递演,先后涌现诸多重要范畴,参互构筑人文世界与生活世界,"仁"实为其中之核心。参赞天地化育,人立身此间而真正成其为人,成人的实质就是成仁,切实投身于人世协作、万物并育的真实情境,成为立德而怀爱之人,厚德高尚、博爱宽惠。天地之大德曰生,上苍有好生之德,生生不息,以并行并育为彝伦,亦即"天地人之常道"[①],呈现协和共生、参和互成的生命态势,贯以持续性的中道规律,造乎境域化的和谐秩序。人之成人或曰成仁,归根究源是依循天地常伦,通过不懈的德性培树、爱心推达,协同成就美善品行,追求美善生活,感报天生地养、万类协济之恩。德性以共生共荣为根,转而滋育生命之壅培,让其愈发丰厚、中正;德有高下,从散殊进升为整全,而以中为节。爱心以互成互益为源,复又贯通生意之传导,使其更为顺畅、和洽;爱有宽狭,由分别扩展于共通,而以和为度。

仁是儒学思想之精髓所在。儒家贵仁讲信、崇礼重义,仁者

---

① 〔清〕顾炎武著,〔清〕黄汝成集释,秦克诚点校:《日知录集释》,长沙:岳麓书社1994年版,第55页。

克己而爱人。历时生成、因地传播的儒家思想文化体系,好比生命大树与长河,植根导源于中华广土之绵袤,向全人类的天穹舒展枝条,向整个世界奔流蔓延。作为生命核心的仁,就像植物种子兴发其生意,柔嫩、纯实、温粹,也像活泉溶溶与浩川洋洋,深蕴着润含与涌动之能。探寻仁论脉络,梳理过程本身就成为真切体验,切身酿就的生命实感也默存体温之和暖。程颢曰:"切脉最可体仁。"①朱子亦曰:"切脉同体。"②体仁,语出《左传》《易传》,意为躬行仁善、体现仁道,或谓以仁为本;会意于体验体认亦可,体探通身气血流注一体跃动,犹如体贴仁之生意。身心脉动,兆示生机,脉息微弱而绝,人就麻痹僵死不仁。庶类群生均有活命求生的本能,常人兆形于世,皆欲遂其生、适其性。医者依循天地之道,自有好生之德、活人之心,医术乃救人爱生之仁术③,仁医怀存善念、温情,把脉以体生机,祛病祓苦而护生益生,近乎行仁。手探寸口如据要津,略移指位、触探内景,觉其气血潜通周身之律动,感应生命深层的信息,辨象察类,体悉全局于

---

① 这是弟子谢良佐记述的明道平日语。见《河南程氏遗书》卷第三《二先生语三》,载〔宋〕程颢、程颐著,王孝鱼点校:《二程集》,北京:中华书局1981年版,第59页。

② 朱子又与弟子童伯羽讨论明道此言。童曰:"脉是那血气周流,切脉则便可以见仁。"朱子曰:"脉理贯通乎一身,仁之理亦是恁地。"见〔宋〕黎靖德编,王星贤点校:《朱子语类》卷第六《性理三》、卷第九十七《程子之书三》,北京:中华书局1986年版,第119、2485页。

③ "仁术"一语出自《孟子·梁惠王上》。徐仪明认为医学在北宋定名为"仁术",体现了孟学对儒医文化的影响,学儒济世救民,习医治病救命,良医如良相,同为大丈夫之学;北宋诸帝以医学为仁政的重要手段,士阶层尊孟者多主张儒医互参,范仲淹开风气之先,二程更有"知医为孝"说,其脉象体认之方,采用的是全身遍诊法。参见徐仪明:《论孟子"仁术"说对北宋儒医文化发展的影响》,《史学月刊》2002年第11期,第24—29页。

方寸之隅;脉象又关乎身处其中的环境与季候,堪称内外呼应、人天契会之征兆。仁医亲手体勘,己之脉动乃触探彼之脉动,气息互感而痛痒同体,人意关乎天意,仁之深蕴在焉。

明道、朱子的脉喻,从生命根底带来启发,提示了入手的引线。依循此路,巡礼儒学仁论的深根、主脉,[①]旨在体感其生生之蕴。顺乎天地常伦共生并育,"仁"就以生命的大担当与大肯定为本,具体表现为深具德性之爱、满怀爱心之德。带着体温探寻仁脉之生意元气,便不仅是焐温仁说的言述,也是以生命温度与仁爱暖意相贴相偎,亲身感会仁德本身蕴含的常温和煦。

一 仁字形义寻源

孔子倡扬仁学,"仁"是其整个思想体系的核心。"仁"的观念在此之前已现雏形,作为春秋时期的诸多德目之一,屡见于贵族阶层关于施政治民、修身立德的论述中。到孔子这里,"仁"更是提升为儒学最重要的范畴,其赖以承载的文字,当然不是孔子创造。探寻仁字的形义之源,可为领会"仁"的思想内蕴提供一定的助益。汉字初文之造形赋义,呈示生产与生活的实情,亦常关涉祀戎之大事,其后不断演化,形义多有新变,但根源性的意象仍可能沉积、保存其内。思想观念表述所采用的文字或语词,往往早已沿用于社会生活之中,哲人重新赋予意义与价值,加以提炼、扩展、融贯,使之成为自家思想体系的关键组成。思想观念与文字语词具有一定程度的关联,虽然不可直接等同,径

---

① 篇幅所限,本文以《论语》之"仁"为主体,此后的内容从略。

以文字考释作为思想诠释之据①,但是字源探寻仍可为思想诠释起到补助与参考作用。探究"仁"字的形义根源,就是尝试摸索思想意蕴之符号载体的生成轨迹,尤其以"人"为主脉,基于初民之族群共同体协作的生存延续,推想"仁"观念的初始意涵。

阮元阐发孔孟仁论,猜测周初有仁言而无"仁"字,"但写'人'字,周官礼后始造'仁'字"。② 20世纪中叶,郭沫若判断"仁"字产生于春秋时代,未必是孔子所造,此前的古书未见,甲金文亦无其踪。③ 甲骨文迄今确无公认的"仁"字,仅有一例残缺字形⿰亻=,学界普遍同意乃系误认。金文已发现"仁"字,见于战国中后期的中山王䁐鼎(1977年出土),铭文"亡[罔]不達[率]⿰尸二,敬顺天德",⿰尸二释作仁,也有的释作夷、从。④ 西周晚期稍早的夷伯夷簋(1981年出土),铭文有人名⿰尸二;春秋早期的鲁伯俞父诸器(1830年出土),铭文皆有人名⿰尸二。晋国的侯马盟书(1965—1966年出土)有两例人名作⿰尸二,时在公元前5世纪中叶的春秋晚期。战国古玺的仁字有⿰尸二、⿰尸二、⿰尸二、⿰尸二诸形。⑤ 东汉许慎《说文解字》:"仁,亲也,从人二。忎,古文仁,从千心。⿰尸二,古

---

① 劳思光强调,哲学家的术语有其系统内部的约定性,字源训诂研究只可有补助作用,而断不能成为解释哲学思想之根据。参见劳思光:《新编中国哲学史》(一卷),台北:三民书局2001年增订3版,第115—116页。

② 参见〔清〕阮元撰,郑经元点校:《揅经室集》卷八《论语论仁论》、卷九《孟子论仁论》,北京:中华书局1993年版。

③ 参见郭沫若:《十批判书》(1945),载《郭沫若全集》"历史编"第二卷,北京:人民出版社1982年版,第87页。

④ 参见许学仁:《出土文献中先秦儒家德目考辨二则》,载《传统中国研究集刊》第一辑,上海:上海人民出版社2006年版,第289页。

⑤ 参见罗福颐主编:《古玺文编》,北京:文物出版社1981年版,第207页。

文仁,或从尸。"①段玉裁为𡰥下按语:"按古文夷亦如此。"②《玉篇》:"𡰥,余脂切,古文夷字。《说文》曰:'古文仁字。'"③《广韵》:"𡰥,本古文夷字。"④《集韵》释夷:"或作𡰥尼。"释仁:"古作忎𡰥。"⑤这些字书、韵书的旧刻本,仁字、夷字的古文皆有"𡰥"形。章太炎云:"通其源流正变言之,则人、儿、夷、𡰥、仁、𡰥六形,本只一人字而已。"⑥于省吾曰:"尸、仁、𡰥皆由人字所孳乳,而皆与夷字通用","仁德之仁,至早起于西周之世"。⑦ 王献唐依声训判断:"最初之人即夷,夷亦即人","夷、人、尸三字古为一体"。⑧ 庞朴说𡰥字之尸即古夷字,上古三代泛称东方氏族为夷,其族风尚仁;造字之初但写人字,亦即尸字,后加饰笔为𡰥。⑨

"夷俗仁"之言,出自《说文解字》,又云"仁者寿,有君子、不

---

① 〔汉〕许慎:《说文解字》,北京:中华书局1963年影印版,第161页之下栏。
② 〔汉〕许慎撰,〔清〕段玉裁注:《说文解字注》,上海:上海古籍出版社1981年影印版,第365页之下栏右。
③ 〔南朝·梁〕顾野王撰:《宋本玉篇》,北京:中国书店1983年影印张氏泽存堂本,第215页。
④ 〔宋〕陈彭年等编:《宋本广韵》,北京:中国书店1982年影印张氏泽存堂本,第31页。
⑤ 〔宋〕丁度等编:《集韵》,上海:上海古籍出版社1985年影印述古堂影宋钞本,第46、117页。
⑥ 章太炎:《膏兰室札记》第四四九条《儿夷同字说》,载《章太炎全集》第一册,上海:上海人民出版社1982年版,第281—282页。
⑦ 于省吾:《释人尸仁𡰥夷》,天津《大公报·文史周刊》第14期(1947年1月15日)。
⑧ 参见王献唐:《炎黄氏族文化考》,济南:齐鲁书社1985年版,第27—35页。
⑨ 参见庞朴:《"仁"字臆断》,《寻根》2001年第1期,第6—7页。

死之国",还与孔子所云"道不行,欲之九夷,乘桴浮于海"联系起来。①《汉书·地理志》谓东夷"天性柔顺"②,《后汉书·东夷列传》糅合《风俗通》所记"言仁而好生",谓东夷"天性柔顺,易以道御,至有君子、不死之国焉"③。《山海经·海外东经》也说君子国"衣冠带剑","好让不争",④《淮南子·坠形训》亦云"东方有君子之国"⑤,《博物志·外国》谓"君子国,人衣冠带剑","好礼让,不争"⑥。这些说法多有后世深受儒学仁让观念影响的美化因素,恐难以直接坐实为中原严于夷夏之防、极力攘排的夷族。⑦ 孔子盛赞管仲辅佐桓公尊王攘夷的捍卫文明之功,斥责原壤夷俟之无礼(《论语·宪问》),答樊迟问仁而以夷狄为负面形象(《论语·子路》),这都体现了其贬夷倾向。但从另一方面看,东夷族群的文明程度其实并不低。据逄振镐考证,以大汶口文化、龙山文化为代表的东夷文化,在商代以前并不落后于中原

---

① 〔汉〕许慎:《说文解字》,北京:中华书局1963年影印版,第78页之下栏。
② 〔汉〕班固:《汉书》,北京:中华书局1962年版,第1658页。
③ 〔南朝·宋〕范晔撰,〔唐〕李贤等注:《后汉书》,北京:中华书局1965年版,第2807页。
④ 《大荒东经》亦载"君子之国,其人衣冠带剑"。参见袁珂校注:《山海经校注》,上海:上海古籍出版社1980年版,第254、345—346页。
⑤ 高诱注云:"东方木德仁,故有君子之国。其人衣冠带剑。"见何宁撰:《淮南子集释》,北京:中华书局1998年版,第341页。
⑥ 〔晋〕张华撰,范宁校证:《博物志校证》,北京:中华书局2014年版,第21页。
⑦ 王献唐认为,夷居东方,五常配五方,仁属东,遂有"夷俗仁"之说,所谓不死之国,来自于"仁者寿",四时配四方,春在东而属木,万物生发,"言仁而好生"之说出焉;"此皆汉人臆说,以五行、五方、五常牵会为一"。参见王献唐:《炎黄氏族文化考》,济南:齐鲁社1985年版,第39页。

地区。① 吉德炜(David N. Keightley)亦指出,"仁而好生""天性柔顺"云云,或许仅是修辞表达,然而依据新石器时代的容器形状、手工业品风格、埋葬习俗,可以推知东夷的社会秩序与人道品质确实远超西羌南蛮。② 杨儒宾更谓殷商与东夷关系极深,鲁地原住民是东夷人,夷字仁字不仅有文字学联系,也许还有人种学因缘,殷人后裔孔子之"仁"或许就与其"夷"之种族有关。③ 商人始祖是东夷部族的一支,氏族遗风有所保留,重视母统之血缘纽带作用,后世有"殷道亲亲,周道尊尊"之说④。孔子自谓"吾从周"(《论语·八佾》),终不忘"丘也,殷人也"(《礼记·檀弓》);推崇周礼又宣扬仁爱,以仁为礼奠基,这与其殷人后裔身份的宗族血缘、精神血脉似不无关联。至于"欲居九夷""乘桴浮于海",可能是指箕子仁泽沾溉的箕氏朝鲜,东夷人、殷遗民出亡彼地,富有盛德仁俗,引发孔子对先世仁人的向往,颇愿前往推行其教。⑤ 孔子欣赏的是其承继原始淳风而来的质地朴素、民情单纯,便于施行教化,助其淳朴风气进乎文雅。

《说文解字》仁字"从人二",段玉裁《注》引《中庸》"仁者人

---

① 参见逢振镐:《东夷及其史前文化试论》,《历史研究》1987年第3期,第54—65页。
② 参见[英]吉德炜:《东夷:考古和文献证据》,林思雨译,星灿校,《中国文化》2018年秋季号(总第48期),第266—294页。
③ 参见杨儒宾:《孔子与族群政治》,杨国荣主编:《思想与文化》第13辑,上海:华东师范大学出版社2013年版,第101、105页。
④ 〔汉〕司马迁撰:《史记》卷五十八《梁孝王世家》,北京:中华书局1982年版,第2091页。
⑤ 参见龚维英:《〈论语〉"子欲居九夷"确解》,《东岳论丛》1986年第6期,第88页;郭墨兰:《孔子"欲居九夷"探析》,《孔子研究》2004年第3期,第18—23页;毕庶春:《"乘桴浮海""欲居九夷"考论》,《辽东学院学报》2011年第4期,第112—120页。

也"之郑玄注"人也,读如相人偶之人。以人意相存问之言",下按语曰:"'人耦'犹言尔我亲密之词,独则无耦,耦则相亲,故其字从人二。"①《论语·微子》有"长沮、桀溺耦而耕",《荀子·大略》有"禹见耕者耦,立而式"。耦字从耒,乃两人一组、并肩协作,翻耕土壤成沟成垄。"相人偶(耦)"之谓,体现了这种齐心协力的合作,互相搭配、帮衬。阮元进而阐发人际相与之义,"必有二人而仁乃见","以此一人与彼一人相人偶而尽其敬礼忠恕等事之谓也",仁字即是周人因"相人偶"之恒言而造。② 引用《说文解字》"夷俗仁",刘文英认为"相人偶"是夷人古礼,照面躬揖,互示敬意与问候,仁(𡰥)含有平等之意、亲爱之情,以原始公社道德规范、氏族成员亲密关系为最初的根基。③ 白奚质疑其夷族关联、蹲踞渊源,主张仍循郑《注》之"以人意相存问",把对方当人看,互以对方为重,这包含着相亲相敬的人际意识与人道观念。④ 但是"相人偶(耦)"此语罕见,是否如阮元所云乃先周"恒言"且延续至秦汉民间,恐怕值得怀疑。⑤ 其实,相互问候、彼此亲敬之意,本身寻常已极,不必待此语成型才可得到表

---

① 〔汉〕许慎撰,〔清〕段玉裁注:《说文解字注》,上海:上海古籍出版社1981年影印版,第365页之上栏左、下栏右。
② 〔清〕阮元撰,郑经元点校:《揅经室集》卷八《论语论仁论》、卷九《孟子论仁论》,北京:中华书局1993年版,第176、194、206页。
③ 参见刘文英:《"仁"之观念的历史探源》,《天府新论》1990年第6期,第51—54页。
④ 参见白奚:《"仁"与"相人偶"——对"仁"字的构形及其原初意义的再考察》,《哲学研究》2003年7期,第50—54页。
⑤ 乔辉认为,礼仪专用语"相人偶(耦)",在《仪礼》《礼记》之郑注以外未见,不排除是郑玄自造新语。参见乔辉:《"相人偶"之"偶"字字义管窥》,《现代语文》2011年第5期,第147—148页;《〈仪礼〉郑注"相人偶"新诂》,《西部学刊》2015年第10期,第37—38页。

达。早期氏族社会生活自发演化的古老风俗,本已为相亲互助的观念提供了孕生的土壤。虽然执定"相人耦"为夏商周之恒言,但武树臣的文字寻根、文化溯源仍有启发意义,从甲骨文寻找氏族时代的古俗,包括男女之爱、兄弟之情、母子之恩,共同构成"仁"的原始意涵与本质特征。①

以尼为文字化石,谢阳举认为仁与尸夷之关联,不在前人所说的蹲踞之俗,而在夷族的尸祭礼;仁之心理与行为,来自向祖灵诚致哀敬,其内具有纵深感、超越性,从而优先于人偶横向之爱。② 王锦民以尼字彰显丧祭礼的逝者与生者、祭主与尸主之相耦,依礼召引死者的天命向生者传递,伤逝的哀感就转化为积极的仁爱。③ 上述理解,注重尸祭、丧礼及其生命感受,为"相人偶"展现更深刻的内涵。活人的相与耦爱,体现于空间性的平列关系;祭礼活动的灵魂冥感之相耦,则具有宗教意味,寓于祖灵与后生之间的古今先后相遇,又存乎世人与魂灵之间的神凡上下相遇。结合丧祭古礼探寻仁字原型,溯源于神灵或天命笼罩之下的精魂感应,发掘道德情感的古始根源、古朴面貌,这种思路合乎上古祭祀氛围,也贴合儒家文化性格与儒者身份来源。

---

① "仁"之甲骨文原形包括:夊(二人相亲)、夹(抱哺其子)、乘(抵足而眠)、化(靠背而眠)、申(男女合欢)、身(母腹孕子)、儿(男女亲昵)、尼(男女交尾)、吊(问丧追孝)、犀(文身明伦)。参见武树臣:《寻找独角兽:古文字与中国古代法文化》,济南:山东大学出版社 2015 年版,第 130—148、270—340 页。作者此前尚有多篇论文围绕同一主题展开。

② 参见谢阳举:《"仁"的起源探本》,《管子学刊》2001 年第 1 期,第 44—49 页。

③ 参见王锦民:《由〈礼经〉看古代丧祭之礼中所蕴涵之形神与身心观念》,载刘小枫、陈少明编:《康德与启蒙》("经典与解释"第 3 辑),北京:华夏出版社 2004 年版,第 238—241 页。

胡适即推断最初的"儒"是殷族祖先的教士,以相礼、治丧为谋生之本,乐舞乃其长技,教学乃其职业。① 丧祭礼仪产生的德感之情,可佐证以罗建平的"爱"(愛、恶)字原型探赜,取象逝者灵魂接受祭司引导而复归心宅,忧(憂)字则象灵魂离躯远行。爱,关乎灵之回归,生之复活;哀,安抚逝者灵魂,隐含重生的期待。② 敬天法祖乃儒家本职,养生送死,形成整套繁复庄重的仪式,也许确与夷族古礼有隐秘联系。孔子一贯重视丧祭之礼,斥责宰我放弃三年之丧可谓不仁(《论语·阳货》),称赞东夷人少连、大连善居丧,"三日不怠,三月不解,期悲哀,三年忧"(《礼记·杂记》)。曾子亦曰:"慎终追远,民德归厚矣。"(《论语·学而》)当然,尸祭礼并非夷族独专,三代皆有此俗,"其道一也","夏立尸而卒祭,殷坐尸。周旅酬六尸"(《礼记·礼器》)。

同样从"相人偶"礼仪入手,王艳勤拈出异字"忢",省文符号代指人,本字即念(但又不是伈);郑玄以"相人偶"释仁,可谓深切儒家之脉,君臣上下互致敬意又体现尊卑等级,充分表明仁与礼之关联。③ 刘宝俊亦已提及忢字为仁字的异体,上部也许是由或人或千或身的省形符号讹变而来。④ 忢字的造形结体,近似

---

① 参见胡适:《说儒》,《国立中央研究院历史语言研究所集刊》第四本(1934年12月),第233—285页。此说在当时及后世均引起争论,陈来认为思想史考察应把握三代因袭损益的联系,从而以《周礼》职官系统为据,寻绎西周贵族的文教传统与西周春秋的乡政教化传统,作为儒家思想的来源与基础。参见陈来:《说说儒——古今原儒说及其研究之反省》,载陈明主编:《原道》第二辑,北京:团结出版社1995年版,第315—336页。
② 参见罗建平:《汉字情:符号中的情感世界》,合肥:安徽人民出版社2016年版,第138—140、255—259页。
③ 参见王艳勤:《原"仁"》,《孔子研究》2007年第2期,第52—58页。
④ 参见刘宝俊:《郭店楚简"仁"字三形的构形理据》,《中南民族大学学报》2005年第5期,第131页。

仁字的古文忎，唯上部或二或千有别。共同之处在于，心的因素凸显，其构字的理据，与楚简涌现的大批心符字一般无二。《说文解字》之"忎，古文仁，从千心"，王筠《说文句读》云："当云从人心。"① 战国玺印文有 ◌、◌、◌、◌，其形为上身下心。② 郭沫若结合忎字而释㤺为仁："古鉨㤺字乃仁字之异，仁古或作忎，从心千声，㤺则从心身声。"③ 玺印文的㤺字，刘翔释作仁字之初形，讹变为忎，省心而变为尸、仁，初义是心中想着身体，亦即爱惜人的生命。④ 战国时代的仁字，白奚谓尸是北方构形，㤺是南方构形，省变作忎；皆以人本身为思考对象，生发同类意识和爱人之情。⑤ 廖名春认定㤺才是初文，意为心中有人，也就是爱他人，进而由忈省变为仁；㤺、忎皆由㤺而来。⑥ 梁涛合观成己与爱人的双重维度：从人从二之仁，反映人/我的关系面向；从身从心之㤺，反映心/身的自省面向。⑦ 王中江认为身字应理解为完整的自己，㤺字即爱护关心自己，从自爱的愿望与体验出发，同

---

① 〔清〕王筠撰集：《说文句读》第二册，北京：中国书店1983年版，卷十五、页一之左栏。
② 参见罗福颐主编：《古玺文编》，北京：文物出版社1981年版，第264—265页。
③ 郭沫若：《金文余释之余》，收入《金文丛考》，北京：人民出版社1954年版，第228页。
④ 参见刘翔：《中国传统价值观诠释学》，上海：上海三联书店1996年版，第158—160页。
⑤ 参见白奚：《"仁"字古文考辨》，《中国哲学史》2000年第3期，第96—98页。
⑥ 参见廖名春：《"仁"字探原》，载刘东主编：《中国学术》第八辑，北京：商务印书馆2001年版，第123—139页。
⑦ 参见梁涛：《郭店竹简"㤺"字与孔子仁学》，《哲学研究》2005年第5期，第46—52页。

情心自然延伸而推己及人、爱人如己。①

以楚简的悬字构形为据,揭示其所蕴含的心对身之关爱的维度,诚可深入阐抉仁学的心性内蕴,由以体现儒家之爱的理论一贯性。然而有必要重温庞朴的提醒:楚简悬字的集中出现,很可能是子思学派的产物,把孔子的人道论建基于人性、人情;同批简牍还有大量的从心之字,前所未见,后亦无踪,皆似特意创造出来,以彰显心态、心性,而与行为相区别。② 刘宝俊也注意到子思学派的内省倾向,向人心、人性寻找仁学根基,与悬同期出现的大批心符字,也印证着特定时代地域的特有观念和理论;进而判定从人之仁是秦国文字,从尸之忎是三晋文字,从心之悬是楚人特地加以区别而创造出来的,简省为忎,再简省为忈。③ 高华平认定思孟学派创造了悬字,重在自爱、爱自身,以区别于墨、道、法诸家那种带有兼爱、博施倾向的仁爱。④ 至于悬字与其他字形的先后关系,刘翔认为,悬(悬)所从之身,与尸、亻的构形(尸、亻)极似,故而应是悬字省心而作尸、仁。⑤ 指出构形近似,这一点很有启发,但是不排除存在着相反的可能:与同批的其他心符字一样,悬字的创造也是特定阶段、地域的文化行为;为了

---

① 参见王中江:《"身心合一"之"仁"与儒家德性伦理——郭店竹简"悬"字及儒家仁爱的构成》,《中国哲学史》2006年1期,第5—14页。
② 参见庞朴:《"仁"字臆断》,《寻根》2001年第1期,第7—8页。
③ 参见刘宝俊:《郭店楚简"仁"字三形的构形理据》,《中南民族大学学报》2005年第5期,第129—132页;《论战国古文"仁"字》,《中南民族大学学报》2013年第3期,第154—158页;《战国楚简特形"心"符字群研究》,北京:中华书局2020年版,第243—252页。
④ 参见高华平:《楚简文字与先秦思想文化》,北京:中国社会科学出版社2016年版,第64—75页。
⑤ 参见刘翔:《中国传统价值观诠释学》,上海:上海三联书店1996年版,第159页。

区别于既有的尸、仁,特地添加心符而成为全新的㤅字,意涵亦向内深化,抵达内在之人情、人性,这可以称作是"仁"字之"心化"。秦、晋、楚三大区系的"仁"字诸多构形,相比较而言,面世的仁字、尸字数量不多,较为零散,而楚简㤅字成规模地集中涌现,为富有创意的阐释提供了文字与思想材料,从更多角度丰富了"仁"的文化意涵。① 对于各出新义的字形探索,张燕婴有所提示:楚系文字远晚于造字时代,又与秦系文字属于不同体系,故不能简单认定为文字初形,而据此推究造字本义。② 楚墓竹简随葬于公元前 300 年左右的战国中后期,思想成熟度高,学派色彩浓厚,㤅字集中出现,同时还伴随着成群的心符字③,彼此联系,相互支撑,共同构成完整的意义系统。从属于这空前绝后的局域现象,㤅字应非仁字初文,也不能据以推测"仁"观念的起源。虽然楚系文字的出土字量最多,但秦系文字更接近西周文字的原貌。裘锡圭早已指出,宗周故地建立的秦国,最忠实地继承了西周王朝的文字传统,而六国文字相对于西周晚期与春秋

---

① 例如,何新认为"身"字像孕妇凸腹怀子,"㤅"字就表示母子相连之情,引申为慈爱、关怀、仁善;至于从人从二的仁字,其本义是怀孕、育子,乃是"妊"之本字。参见何新:《思考:我的哲学与宗教观》,北京:时事出版社 2001 年版,第 186—187 页;《何新论孔子·论孔学》,北京:同心出版社 2012 年版,第 119 页。又如,郭静云基于身字之母腹孕生的本义,从家族内部血缘关联的祖孙一身之亲,向外推及君民同心同德之亲,先儒为此创造㤅这个新字,原意为"亲",专指君臣、君民之亲。参见郭静云:《试论先秦儒家"㤅"概念之来源与本意》,《孔子研究》2010 年第 1 期,第 6—17 页;《亲仁与天命——从缁衣看先秦儒学转化成"经"》,台北:万卷楼图书公司 2010 年版,第 142—163 页。

② 参见张燕婴:《先秦仁学思想研究:儒墨道法家"仁"论说略》,北京:中国社会科学出版社 2010 年版,第 19—20 页。

③ 据统计,不同于《说文解字》者就多达二百个。参见刘宝俊:《战国楚简特形"心"符字群研究》,第 10—11 页。

时代的传统正体字,几可说是面目全非。①

仁字诸形,夷族风俗或尸祭礼仪之㠯,相人偶之仁,身心会意之息,以及其省形忎与㤸,贯穿其间的主脉是"人"。㠯字两短横无论是重文还是羡文,所从之尸皆是人形,唯曲度较人字略甚。息字之身、忎字之千亦是人形,㤸字更不用说。秦简秦玺从人二之仁字,也依人构义。"仁"字诸形皆围绕"人"而衍生,无论侧重于行动还是心理,均依人形载体以见,诚如章太炎所云,"仁即人字","人者为实,仁则为德"②。李家浩推测仁字由人字分化而来,以两短横为标记,区别于人字而仍因人字为声。③ 何琳仪谓两短横为分化符号,人、仁乃一字之分化,人、㠯亦一字之分化。④ 两字确有高度的亲缘性,仁字的出现远晚于人字,而声韵与之完全一样,字体的各种变形也从不同方面承载着人的诸多要素:形貌、情意、行为、品质。概言之,仁字禀有的观念蕴涵乃是由人而来。基于原始部族成人礼的文字原型解读,强调合格的氏族成员之接受任命、承担重任,这就为推寻仁字前身提供了富有启示的思路。例如周清泉主张"仁"字源于成人仪式,由

---

① 参见裘锡圭:《文字学概要》,北京:中华书局1988年版,第52页。
② 章太炎:《检论》卷五《订文》所附《正名杂义》,载《章太炎全集》第三册,上海:上海古籍出版社1984年版,第492—493页。
③ 参见李家浩:《从战国"忠信"印谈古文字中的异读现象》,《北京大学学报》1987年第2期,第12页。
④ 参见何琳仪:《战国古文字典:战国文字声系》,北京:中华书局2004年版,第1135页。

此获得氏族成员资格,才可接受首领任命而承担职务;①罗建平考释"仁"之深层来源在成人礼的塑造,由此乃担起族群成员的重任,体魄意志也得到强化,成为感通天地的神性之人。② 族类群体的共同生存,代代承传的交流与协作,是文字符号孕生的土壤。"人"这个字,指称的是人这种与动物有别的生物种类;而在文字符号产生的年代,人的基本存在样态就已经是聚族而居、协同劳作。故不妨推想,人字之最为切近的所指,就是族类群体的成员,而非孤立个体。天生就处于群居状态的人,经由长期培养、训练,乃成长为合格的部族成员。每位成员都在群体协作的生产与生活中,塑造身份认同,维系亲密关系,获得生存归属感。成员的能力,保障着族群共同体的生存安全与血脉延续,成员的优秀品质更是族群神圣生命的标识。人作为族类成员的这些初始意蕴,经由漫长的演化,有可能汇为孕育仁字的母胎。

董作宾援引戴侗、徐灏之"因而重之以见义"的重文说,甲金文皆有例证,"仁即人字重文,古或作'ᠷ'","为人之道,亦即'人道'"。③ 章太炎早已提及古彝器有久形的人字,"重人则为

---

① 当时的成人礼,取象于木母生子的传说。参见周清泉:《文字考古:对中国古代神话巫术文化与原始意识的解读》第一册,成都:四川人民出版社2003年版,第360—361、612—617、714—717页。世界各民族皆有生命树神话。科幻电影《阿凡达》的家园树,纳威族聚居其上,年轻人的成年礼是用其枝干为自己制作一把弓。奇幻小说《指环王》的木精灵,又称树民,栖息之处是黄金森林(繁花如梦之园)的核心,金银双圈树木之内的一株巨树;奇幻小说《冰与火之歌》的旧神信仰系统有鱼梁木(心树)、绿先知、森林之子。这些都可视作当代文艺作品中的远古遗响。

② 参见罗建平:《汉字原型中的政治哲学》,广州:广东教育出版社2008年版,第186—191页。

③ 参见董作宾:《古文字中之仁》,载《董作宾先生全集》乙编第四册,台北:艺文印书馆1977年版,第731页。

久,以小画二代重文,则为仁,非两字也"。① 周建明颇疑久即仁之本字,以背负之象,表扶助之意。② 久形之人字,《汗简》收录㣉③,《古文四声韵》收录古文《老子》㣉、《华岳碑》㣉、《云台碑》㣉④。尼字的构形可与此类比。甲骨文的怩字,其形为㠯或㠯,会意两人一前一后提携而行。怩字所从之尼字作㣉,或像男女互倚而亲昵;或像一人承负另一人,《古文四声韵》收录古《孝经》的尼字,其形作㣉、㣉⑤,就近似于久。⑥ 人重人的写法,假如是寓示人之承负他人的能力,成为可信赖、能合作的族群成员,那么仁字所蕴之意或即脱胎于此,两人相重之形久就演化为㐁、㠯。身字的古音与人、仁很接近,楚系的身字也形似㠯、仁,楚人为区别于中原文字系统而添心符为㒣,简省作㒣、㒣。秦系文字忠实继承了西周文字体系,仁字的字形就从㐁、㠯演化为㐁、仁。

如前所说,思想观念不能直接与语词画等号,意义诠释也不能仅以文字考释为据。但在一定程度上,字源探寻可以起到补助与参考作用。石超分析"仁"之构形与观念:㠯字体现的是外在威仪,即貌以言仁;㒣(忎)字对应于身心互摄,由内在真情论

---

① 参见章太炎:《膏兰室札记》第四四九条《儿夷同字说》,载《章太炎全集》第一册,上海:上海人民出版社2015年版,第282页。
② 参见周建明:《"仁"的解析》,《东方早报》2012年12月23日。
③ 〔后周〕郭忠恕撰:《汗简》卷中之一第三,清康熙四十二年(1703)汪立名一隅草堂刻本,第十三页。
④ 〔宋〕夏竦:《新集古文四声韵》卷一,清乾隆四十四年(1779)汪启淑一隅草堂刻本,第三十一页。
⑤ 〔宋〕夏竦:《新集古文四声韵》卷一,第十八页。
⑥ 尼字或许还可联想为老少相依,犹如祖之携孙而行。由尼(㣉)演化成㠯,亦即以孙担任尸主的祭祖仪式。尼字有一个异体字就作㠯。

仁；从人二的"相人偶"之仁字，扩展为主体间的交感。① 𠒃→㤺→仁，从外形到心理到行动，从具体到抽象到联系，关合了字形演化与思想演变的历时进程。若以"人"作为贯穿诸形的主脉，更合乎初民共同生存的原生形态。人与尸乃同一个字之分化，无论仁字是否源自东夷的尸祭礼仪或亲睦族风，以虔诚之心、庄肃之仪敬神祭祖，本就是族群合格成员应尽的职责；英武勇敢又互助互让，也本就是任何一个繁衍兴旺的共同体之合格成员所应具备的品行。人重人之父，及其可能含有的承负之能，作为仁字来源，只不过是一种猜想。但就仁字由人字分化而来，依人以构形，因人而为声，仍不妨推测仁的意涵应当就是人的某种特性与表现。即如于省吾所说，"仁即人之所以为人"②。字形的演化轨迹，系由人到𠒃、尸，再到㤺、忎、㤗，定形于小篆之仁。倘若结合初民群体协作的实际生存经验来看，仁字很可能用于表示族群合格成员应有的仪容才具、能力品质，此后演变成牧民恤众的政治德行。孔子继述三代文化，诸多德目整合为全德之仁，政治德行乃向内化入生命德行而显发为仁爱、凝聚为仁德。③ 立足于修己，着手于安人，从家族到邦国到天下，仁人深入逐层扩大的共同体，立于礼、适于义，参助仁道之协和共生。

---

① 参见石超：《"仁"之古义：勇壮强力有威仪》，《学术交流》2016 年第 10 期，第 36—41 页；《"仁"之古文"㤗"：文质彬彬与身心互摄》，《学术交流》2018 年第 3 期，第 21—28 页。

② 于省吾：《释人尸仁𠒃夷》，天津《大公报·文史周刊》第 14 期（1947 年 1 月 15 日）第二张、第七版。

③ 冯晨以"人之本质"通释仁字，兼有德行内涵与情感内涵，孔子使"德"内在化，以德性为仁之核心，以仁德为人人本具的内在品性。参见冯晨：《孔子仁学思想研究》，北京：人民出版社 2018 年版，第 31—72 页。

二　观念初生与大成

　　中国古代文明的起源与成形,植根于原始部族的生产方式、生活样态,而后的演进传承过程,仍然保有那些根源性的因素。此即张光直所谓"连续性"文明类型,保留了原始生存的整体和谐,人类与动物、文化与自然之间充满了生命连续性,这是原始社会广泛存在的人类世界观基层,中国古代文明建基于此。西方文明类型的"破裂性",从人类共有的基层亦即整体论的宇宙,产生质的突破与分割。[①] 李泽厚以"巫史传统"命名中国文化原型,历时呈现巫术礼仪的理性化进程,由巫而史而德礼。[②] 三代的文化类型,陈来概括为先夏巫觋、殷商祭祀、宗周礼乐,连续性的文化气质贯注其间,人文实践的理性化体系演进形成,又保留了神圣性与神圣感。[③] 神圣的终极存在,在殷是"帝",在周是"天",殷周保持一定的连续性,逐渐向人文方向转化。殷人作为帝的嫡系子孙,经由祭祀祖灵而连通人间与神域,殷族政权亦得到帝的庇护。武王奉天之命,伐纣克商,否定了殷人独得帝佑的信念。周人以德配天,证明了天命转移,也凸显了人文理性。"皇天无亲,惟德是辅;民心无常,惟惠之怀"(《尚书·周书·蔡仲之命》),"王其德之用,祈天永命"(《周书·召诰》),

---

[①] 参见张光直:《连续与破裂:一个文明起源新说的草稿》,载《中国青铜时代》,北京:三联书店1999年版,第485—496页。

[②] 参见李泽厚:《说巫史传统》,载《由巫到礼　释礼归仁》,北京:三联书店1999年版,第11—28页。

[③] 参见陈来:《古代宗教与伦理:儒家思想的根源》,北京:三联书店1996年版,第7—12页。

广施德政以保民惠民,乃能保守天命,求得上天永久赐福,"用保乂民""用康保民"(《周书·康诰》),利于政权稳固持久。"仁"的观念源于"人",又是受天所命之"德"的进一步落实。仁字从零星出现到逐渐增多,含义主要是为政者牧民恤众的政治德行,到孔子这里不仅广泛使用仁字,意涵也整合诸德而升华为整全德行人格,以爱为直观表现,同时保持政治底色,隐然与天命呼应。

西周的传世文献,《古文尚书》"仁"字四见:"克宽克仁,彰信兆民"(《商书·仲虺之诰》),"民罔常怀,怀于有仁"(《商书·太甲下》),"虽有周亲,不如仁人"(《周书·泰誓中》),"予小子既获仁人,敢祗承上帝"(《周书·武成》),然皆不足为据。"仁"字见于《今文尚书》仅有一处。武王有疾,周公向太王、王季、文王祷告求吉,史官为之写册书,祝曰:"惟尔元孙某,遘厉虐疾。若尔三王是有丕子之责于天,以旦代某之身。予仁若考,能多材多艺,能事鬼神。乃元孙不如旦多材多艺,不能事鬼神。乃命于帝庭,敷佑四方,用能定尔子孙于下地。四方之民罔不祗畏。呜呼,无坠天之降宝命,我先王亦永有依归。"(《周书·金縢》)"予仁若考能多材多艺能事鬼神"这一整句的标点与释读,历来多有分歧。"仁若考"或训仁能顺父[①],或训仁如父[②],或训

[①] 参见〔清〕阮元校刻:《十三经注疏》之《尚书正义》卷十三,北京:中华书局1980年影印版,第196页。
[②] 参见〔宋〕林之奇:《尚书全解》卷二十六,载〔清〕永瑢、纪昀等编纂:《文渊阁四库全书》"经部"之"书类",上海:上海古籍出版社1987年影印台湾商务印书馆本,第1008页。

仁而巧①,或训仁而孝②,或曰仁字是佞字之假借,亦即佞(才)如父③或佞(才)而巧④,或曰"仁若"乃衍文⑤,或连读"予仁若考能",意为柔顺巧能⑥。程元敏援引于省吾"仁而孝"之说,且谓仁字当训敦厚、厚道,周公兼擅仁孝与才艺,然才艺乃是臣仆之事,宜乎以身替死以侍鬼神,而武王虽同样具备仁孝,才艺却有所不如,且是国祚民命之所系,故不可即死。⑦ 张德苏则以"仁""考(巧)"分别对应"事鬼神""多材多艺",仁字作尸,体现敬德保民与恭顺天命祖灵的统一;认为该字或许是周公创制,将"仁"的观念引入周人的政治思想。⑧ 贴近原文的朴素理解,不妨认为"仁"兼备仪表与才具,周公虔诚祷告先父、先祖父、先曾祖父,自谓己之形貌、才能皆似历代先王,应该听从召唤、升天服侍,由于武王在这些方面有所不似,神灵没必要令他前往,故祈

---

① 〔清〕王引之:《经义述闻》卷三,载《续修四库全书》"经部"之"群经总义类",上海:上海古籍出版社2002年影印版,第337页。

② 参见于省吾:《双剑誃尚书新证》卷二,收入《双剑誃尚书新证·双剑誃诗经新证·双剑誃易经新证》,北京:中华书局2009年版,第104—106页。屈万里赞同此说,译为"予仁爱而孝顺"。参见于省吾:《尚书集释》(《屈万里先生全集》〔2〕),台北:联经出版事业公司1983年版,第129页。

③ 〔清〕阮元撰:《揅经室集》卷八《释佞》,第1011—1013页。

④ 〔清〕俞樾撰:《群经平议》卷五"尚书三"第十一、十二页,《春在堂全书》光绪九年(1883)重定本。

⑤ 〔清〕江声撰:《尚书集注音疏》卷六,载《续修四库全书》"经部"之"书类",第506页、第507页。江声引《史记·鲁周公世家》之"旦巧能",无"仁若"二字,故断定是衍字。

⑥ 〔清〕孙星衍撰,陈抗、盛冬铃点校:《尚书今古文注疏》,北京:中华书局1986年版,第326页。

⑦ 参见程元敏:《清华楚简本〈尚书·金縢篇〉评判》,《传统中国研究集刊》(九、十合辑),上海:上海人民出版社2012年版,第24—25页。

⑧ 参见张德苏:《"仁"字产生于西周初年考》,《黄海学术论坛》第19辑,上海:上海三联书店2012年版,第89—91页。

请恩准己身代替病危的兄长赴死,陪侍历代先王。依据清华简《周武王有疾周公所自以代王之志》相对应的文字,季旭昇主张"仁若考能"为一句,仁、顺、巧、能,这四种才德乃事先祖所必需;西周早期的"仁"包含多方面要求:重仪容、多才艺,讲信而恤民,取悦神灵。至于《诗经》的"仁",也绝不只意味着勇武、矫健,实含有贵族行惠恤民之义。①

《诗经》有两处仁字,"洵美且仁"(《郑风·叔于田》)、"其人美且仁"(《齐风·卢令》)②。细按《叔于田》原文,"美且仁""美且好""美且武"之排比,对应的是贵族青年猎手处于不同状态的风范展现:平居里巷真和气,开怀畅饮多豪兴,驾马奔驰有英姿。《卢令》原文的"美且仁""美且鬈""美且偲",分别指向心好、力壮、才高。这两处仁字,兼有人物之体格、气魄、丰采,以及心地之友善、亲和、温厚,足见对其堪为典范的称许:真棒! 真是好样的!③ 此外,《小雅·四月》的"先祖匪人,胡宁忍予",人字疑为仁字,意为怪责祖先待我不够亲厚;但也可依本字解读,意为祖先并非外人,为何任我忍苦受罪而不顾。西周早期的辛鼎,铭文有"厥家雍德""万年唯人"④,张亚初的释文把人字视作

---

① 参见季旭昇:《从清华简谈"仁"的源起》,《出土文献与中国古代文明:李学勤先生八十寿诞纪念论文集》,上海:中西书局2016年版,第306—308页。

② 于省吾认为这两处仁字乃是夷字之通假,本义为悦。参见于省吾:《泽螺居诗经新证》,北京:中华书局1982年版,第105—107页。

③ 劳干谓早期仁字用法简朴,这两处的仁字可训为"具有好的'人缘'",或更合乎原始想法。参见劳干:《与何炳棣院士论"仁"书》,《中国文哲研究通讯》第一卷第三期(1991年9月),第173页。

④ 中国社会科学院考古研究所编:《殷周金文集成释文》第二卷,香港:香港中文大学出版社2001年版,第305页。

仁字,①冯时的释文虽然仍是人字,但强调怀德存爱者乃可真正成为人,仁德亦长久传承,以此呼应前文之以德传家。②

《逸周书》的成书年代不一,或早至周初,或晚至战国。其中《武顺解》近乎兵家言,时间约在春秋早期,提及"卿不仁,无以集众",彰显"仁"之团结民众的号召力,能够凝集众意、集聚民心;同时期的《文政解》,"仁守以均"作为"固九守"之一,昭示文王为政之德的殊胜,能够周全照顾各个方面,善于协调以保持平衡。《左传》(《春秋内传》)与《国语》(《春秋外传》)③,相传皆为左丘明所撰,实际成书年代或在战国初期或中期,但其所用的史材多是辑自春秋时期的各国史乘,部分保存了孔子时代之前的贵族政治言行,史料价值珍贵。在《左传》记载的春秋史实与言述里,"仁"的观念常常运用于政治领域,如"亲仁、善邻,国之宝也"(《隐公六年》),"能以国让,仁孰大焉?"(《僖公八年》),"视民如子。见不仁者,诛之,如鹰鹯之逐鸟雀也"(《襄公二十五年》),"度功而行,仁也"(《昭公二十年》),"大所以保小,仁也"(《哀公七年》)。值得注意的是"元,体之长也","体仁足以长人"(《襄公九年》),这是引用了《易·随卦》的卦辞"元亨利贞,无咎"而予以阐说,以"元"为躯体之首,体现仁德就足以领导他人。《易·乾卦·文言》的"元者善之长也","体仁足以长人",则是以"元"为诸善之首,体行仁善(或以仁为体)就足以为人之君长。两处的文句微有差异,若论时代先后,《左

---

① 参见张亚初编著:《殷周金文集成引得》,北京:中华书局2001年版,第43页。
② 参见冯时:《辛鼎铭文与西周蜡祭》,《中国文化》2020年春季号(总第51期),第256—266页。
③ 《左传》《国语》引文连续出现时,括号内只注篇名,不注书名。

传》当在《文言》之前。《左传》《国语》均以"长"释"元",以"会"释"亨",可见元亨利贞云云,在彼时已成为常言。"仁"与"元"的关合,隐然透露仁德与天地生生大德之内在贯通。

《国语》之言仁,也多涉政治德行。"忠分则均,仁行则报,信守则固,义节则度"(《周语上》),"以怨报德,不仁","仁所以保民也","不仁则民不至","畜义丰功谓之仁"(《周语中》),"仁者讲功"(《鲁语上》),"为国者,利国之谓仁"(《晋语一》),"杀无道而立有道,仁也"(《晋语三》)。"保民""讲功"之仁,属于政治德行,《左传》注重诸侯国之祀戎大事,于政德关注尤多。"不仁""非仁"的评断,也涉及政治与外交,如"幸灾,不仁"(《僖公十四年》),"乘人之约,非仁也"(《定公四年》)。"言称先职,不背本也","不背本,仁也"(《成公九年》),谨记本根,时刻不忘先人,诚可谓敦仁,再联系下文的履忠、尊君、守信,整体呈现的是政治与外交场合推重的君子人格。《国语》在政德以外,多有"爱亲""爱人"的人格品行之仁:"言仁必及人","仁,文之爱也。……爱人能仁"(《周语下》),"为仁者,爱亲之谓仁"(《晋语一》),"亡人无亲,信仁以为亲"(《晋语二》),"明慈爱以导之仁"(《楚语上》)。《左传》《国语》的"仁",常与其他德目并列出现,陈来称春秋时代为"德行的时代",论列近二十种德目表、德行说,"仁"在多数场合只是众德之一,"爱"作为其主要内涵已逐渐形成。[①] 特别值得注意的是,"仁"为诸德之合的表述,"恤民为德,正直为正,正曲为直,参和为仁。如是,则神听之,介福降之"(《左传·襄公七年》),体恤百姓、正信不渝、直言纠偏,

---

[①] 参见陈来:《古代思想文化的世界——春秋时代的宗教、伦理与社会思想》,北京:三联书店2002年版,第247—269页。

三种德目参会和合一体即是仁,上达天听而得赐大福。白奚认为这如同《国语》所载的作为总名而赅摄十一种德目的"文",开始了涵盖诸德之"全德"的尝试。"仁也""仁人""不仁""非仁"的道德判断广泛出现,表明"仁"已提升为普遍的道德原则,但要到孔子才确立"仁"为诸德总合的根本道德地位。①

"孔子贵仁"(《吕氏春秋·不二》)后世的概括,切中孔子学说的核心。"仁"的观念脱胎于"人",最初一段时期应是以人字表达其义,可能晚至西周末年,就拥有了专属的文字(亦即仁字初形)。仁的文化意涵在长期使用中不断增益,至孔子这里得到高度重视,聚焦于德行与爱心兼备的君子高尚品质,既关乎为政,也关乎修身,具有普遍意义。林毓生谓仁字形成于东周初期,与人字存在着字源上的原初关联,此字创造出来以表示人之为人的显著特征(如男性气概)、应有品质(如勇武果敢),而孔子从形式到内容都给予转化,其意蕴就从气概提升为美德,具有敬意、爱心。② 葛瑞汉(Angus C. Graham)也把名词"人"与状态性动词"仁"联系起来,孔子以仁作为有教养之人所独有的全部优秀品质,包括无私关爱他人幸福。③ 牟复礼(Frederick W. Mote)尤其强调为他人福祉着想,从人性角度考虑他人处境,此

---

① 参见白奚:《从〈左传〉〈国语〉的"仁"观念看孔子对"仁"的价值提升》,《首都师范大学学报》2007年第4期,第10—15页。

② Lin Yü-Sheng. "The Evolution of the Pre-Confucian Meaning of Jen 仁 and the Confucian Concept of Moral Autonomy". Monumenta Serica, Vol. 31 (1974 – 1975), pp172 – 186.

③ 参见[英]葛瑞汉:《论道者:中国古代哲学论辩》,张海晏译,北京:中国社会科学出版社2003年版,第24—25页。

乃君子最重要的品性。① 在前代积累的基础上,孔子做了融会、扩展、提炼,仁的观念乃得以大成,成为其思想生命的主脉。诸多德目整合为整全的有德人格,以亲和之爱为初始表达、直观呈现,进而让德感生存趋于完善。这永不完成的进程,既是对政道与世道的责任承担,更隐含天之所命而自新不已。

仁字大量出现于《论语》中,共计109次②,分布范围多达五十九章,去除重复是五十七章。在所有的价值范畴中,"仁"的出现频率最高,次数最多,孔子本人屡屡谈及,然而门人却称"子罕言利与命与仁"(《子罕》)。为解决罕言与屡言的矛盾,古今学者多引"与点"为例,证明"与命与仁"的"与"字为赞许之意。杨逢彬赞同蒋绍愚的观点,认为"与"字若是意思为"赞许"的动词,就不能用抽象名词作宾语;而从语言系统内部看,"与"字应当是连词。③ 连用两个连词连接三个抽象名词似乎不妥,典型的反例是"子不语怪、力、乱、神"(《述而》),并未表述为"子不语怪与力与乱与神";而且把仁与利并列,同属孔子所罕言者,如此理解,究有未安。张东荪认为孔子罕言的是仁的状态、境界,而不仅不罕言甚至侈言的是求仁的工夫与途径。④ 这一分疏甚妙,但仍是采取连词连用的语式。周乾溁引用前人的与字、举字通用

---

① 参见[美]牟复礼:《中国思想之渊源》,王立刚译,北京:北京大学出版社2016年版,第96—97页。
② 参见杨伯峻:《论语译注》,北京:中华书局1980年版,第16页。《论语》引文连续出现时,括号内只注篇名,不注书名。以下同此。
③ 参见杨逢彬:《论语新注新译》,北京:北京大学出版社2016年版,第162—164页。
④ 参见张东荪:《孔子论仁》,《新民月刊》(创刊号)"通论",1935年第1卷第1期,第32—33页。

之说以释:孔子很少谈利,〔但是〕称引命,〔也〕称引仁。① "与"(與)通"举"(舉),但不是"称引",因为孔子的涉仁讲谈或回答并不存在什么援引、引用、举证,所以应该宽泛理解为"称述""谈论"。孔子以"仁"为论说之中心,多有谈及、述说,有些表述是自陈其关于仁的体会或感慨,有些言述是切合弟子之资质、习性、德业以及所涉事宜,当场给予点拨、引导,从不同侧面、不同层次触及"仁"。所谈所述多结合立身修德、待人处世与为政安民而发,并不追求抽象界定"是什么",而是倾向于具体启迪"如何做"更好。其要旨在于,如何成为更好的人,如何培养更好的人生态度与生活方式,如何造就更好的政道与世道。

《论语》记述的"仁",可细分诸多类别。(1)仁德:"安仁""利仁"(《里仁》),"我欲仁,斯仁至矣"(《述而》),"其心三月不违仁"(《雍也》)。(2)仁道:"如有王者,必世而后仁"(《子路》),"无求生以害仁,有杀身以成仁"(《卫灵公》)。(3)仁爱:"樊迟问仁:子曰:'爱人'"(《颜渊》),"予之不仁也""予也有三年之爱于其父母乎"(《阳货》)。(4)亲厚、和睦:"里仁为美"(《里仁》),"君子笃于亲,则民兴于仁"(《泰伯》)。(5)诸德之一种:"知、仁、勇"(《子罕》),"仁、知、信、直、勇、刚"(《阳货》)。(6)诸德之总摄:涵摄"勇"(《宪问》),涵摄"恭、敬、忠"(《子路》),涵摄"恭、宽、信、敏、惠"(《阳货》)。(7)真情实意:"人而不仁,如礼何?人而不仁,如乐何?"(《八佾》)(8)朴实表现:"刚、毅、木、讷,近仁"(《子路》),"仁者,其言也讱"(《颜渊》)。(9)切实承担:"仁者先难而后获,可谓仁矣"(《雍也》)。(10)仁

---

① 参见周乾溁:《〈论语〉三题》,《天津师范大学学报》1986年第1期,第85—86页。

德之人:"泛爱众,而亲仁"(《学而》),"殷有三仁"(《微子》),"友其士之仁者"(《卫灵公》)。(11)仁人的德能:"唯仁者能好人,能恶人。"(《里仁》)(12)仁之境界:"仁者乐"(《雍也》),"仁者不忧"(《子罕》)。(13)护生护道的大功:"桓公九合诸侯,不以兵车,管仲其力也。如其仁,如其仁。"(《宪问》)(14)用以判定缺乏仁德、违背仁道的言行:"巧言令色,鲜矣仁"(《学而》),"不仁者不可以久处约"(《里仁》)。(15)用以衡量德行尚欠完美:"不知其仁,焉用佞?"(《公冶长》),"可以为难矣,仁则吾不知也"(《宪问》)。(16)沿用或化用古贤之语,见于《左传》《国语》。此外是弟子关于仁的言说。(1)有子:"孝弟也者,其为仁之本与"(《学而》);(2)曾子:"仁以为己任"(《泰伯》),"以友辅仁"(《颜渊》);(3)子夏:"博学而笃志,切问而近思,仁在其中矣"(《子张》);(4)弟子之间,以仁为标准的评价,如子游曰子张"未仁",曾子曰子张"难与并为仁"(《子张》)。

《论语》关于"仁"的众多记载,涉及诸多方面、层次,表述灵活多样,似有参差零散之感,但孔子自谓"吾道一以贯之"(《里仁》)、"予一以贯之"(《卫灵公》),则其随处启示的仁语,自应生发于更为深广完整的意涵,而有其共享之基、一贯之脉。最常见也最直接的理解,是依据孔子用"爱人"答樊迟问仁,以此贯穿所有的涉仁言说,①也有论者把关注点从他者转向主体,以自爱、爱己作为前提。② 屈万里的仁字小史,一方面以"爱人"为最高境界,但又强调仁之含义广大丰厚,涵括人类全部美德,成为做人的最高准则。在己是谨厚、诚朴、切讱、刚毅,对家人有孝弟、慈爱,待人恭敬、礼让、宽恕、信实,于国则尽忠、敬事、负责,就人类而言是博施济众,己立立人、己达达人。③ 陈少明展示了孔子言仁的三种类型:(1)原则性论断,既有评断又给出理由或原则;(2)通例,涉及性格、行为规范以及观察经验,虽然不是原则,但以其类型化的概括而具有示范作用;(3)辨疑,就具体职分、特定行为予以分辨。总之,孔子言"仁",人格完善是根本,上述教化实践即内在于此目标,由其所驱动。④

探寻"仁"的本蕴,在诸多义理的分类解析之外,不妨聚焦

---

① 例如王树人以"爱人"为孔子对于仁的总体界说,其他仁说都隶属其下而成为具体表现。参见王树人:《〈论语〉中仁的不同含义辨析》,《孔子研究》1991年第1期,第15—20页。黄怀信认为《论语》所有涉"仁"言述,实质均可以"爱人"概括,孔子仁学内涵就只是这一项。参见黄怀信:《〈论语〉中的"仁"与仁学的内涵》,《齐鲁学刊》2007年第1期,第5—8页。在"杀人如麻"的历史背景下,余治平强调孔子提出人道关怀之仁的紧迫性与重要性,"爱人"是仁的核心、第一义与本质要求。参见余治平:《"仁"字之起源与初义》,《河北学刊》2010年第1期,第44—48页。

② 例如王中江以自爱为爱人的条件与可能,由自身之爱而外化、外推。参见王中江:《"身心合一"之"仁"与儒家德性伦理——郭店竹简"㤅"字及儒家仁爱的构成》,《中国哲学史》2006年第1期,第6—8页。王楷从存在论层次上,以行动者自我实现、自身受用的自律性,为儒家伦理建构重寻根据,"为己"在"为他"的深处。参见王楷:《仁者自爱:儒家传统的道德生命观及其哲学基础》,《孔子研究》2012年第5期,第22—31页。

③ 参见屈万里:《仁字涵义之史的观察》,载《书佣论学集》(《屈万里先生全集》〔14〕),台北:联经出版事业公司1984年版,第255—265页。

④ 参见陈少明:《立言与行教:重读〈论语〉》,载《经典世界中的人、事、物》,上海:上海三联书店2008年版,第65—72页。

于孔子心目中的仁人典范,也许更为本原,也更可能得到整全的把握。尧、舜、禹、商汤、泰伯、文王、武王、周公,这是孔子崇仰备至的八位先圣,在此之外,孔子明确以"仁"推许者仅六人。"殷有三仁"(《微子》),微子、箕子、比干,为扶整王纲、维护政道、拯救民命,秉公直谏终无果,或拒绝效力,或壮烈舍命。① 置身无道之世当如何选择,孔子有示例说明,"(天下)无道则隐"(《泰伯》),"邦无道,则愚"(《公冶长》),"邦无道,如矢"(《卫灵公》),可分别相应于微子、箕子、比干,皆是出于对黑暗现实与混乱政治的控诉,也体现了仁者对于理想政治生活的守望。② 伯夷、叔齐乃"贤人",先是以国为重而谦德互让,后又不忍兆民涂炭,反对武王兴兵争国,遂以身殉殷,自全其节,可谓"求仁得仁"(《述而》);由于未能顺应有道伐无道的大势,两人的仁之成色略逊。上述五位,行为有别,然皆衷心认同商汤奠立的文明秩序,也正是基于此,微子弃纣从周、归顺有道③,箕子更是为武王"燮和天下"的王道、德政而有长篇建言。最后一位是管仲,器

---

① 朱雷有所区判:古文经学系统依据三人各自的身份、动机,阐明其行为选择的合理性,统一的原则与心理是忧世忘己,孔子以史家智识而许之以"仁";今文经学系统认为三人各有行为原则且彼此存在张力,孔子以圣人身份赋予新意涵,肯定三人各从内心出发的行仁决断。参见朱雷:《今文经学视域中的"殷有三仁"》,《中国哲学史》2019年第2期,第23—30页。

② 参见陈婕:《异行而同仁——〈论语〉"殷有三仁"章释义》,载陈少明主编:《思史之间——〈论语〉的观念史释读》,上海:上海三联书店2009年版,第194—209页。

③ 异于道德角度的评价,郭静云着眼于历史变革之际的贵族争斗,把伯夷、叔齐故事与微子故事关联起来,认为微子得享"仁贤"之誉,源于周王的政治需求与周朝的正统意识形态,而伯夷、叔齐的行为不同,其荣誉是源于受兵劫之苦的百姓对其持守的敬佩与尊奉。参见郭静云:《夏商周:从神话到史实》,上海:上海古籍出版社2013年版,第391—393页。

量狭小,不俭又僭礼(《八佾》),且于臣道有亏,但其会盟诸侯却未动干戈,匡扶天下,抗击戎狄,捍卫华夏政道,保住了文明秩序与品质,所以"如其仁,如其仁"(《宪问》),虽未完全够格,孔子仍然许之以仁。此六人身份特别、处境特殊,行事亦非寻常人等可及,却为世人标示了"仁"之高度与广度,涉及品德、事功,关乎文明品性,体现以天下为己任之人的高贵德行或卓越功德。常人的心量、德业很难企及,但同样应该超乎个人之限,向更为完整的存在敞开,向高尚庄严的境界迈升。"仁"无论呈现多少面相,终归是以天下生民为最大基础,以长治久安为根本方向,此乃仁道;仁德仁心从这深厚基础培育而生,受这深远方向指引而行,以高标准、高品格而成为理想之人。

高天厚土间,人世伦常共同体以并育长存为一切之本,崇信贵和。兆民协和共生的永续之道,就是仁道。维护亲睦和谐的生活秩序与意义世界,自觉成为其生命载体与活化身,这样的人所具备的高尚品德、诚笃情意,庶几乎孔子推崇的"仁"。常人也应追随典范,持续充实、提升自己,铸就生命之高格与大器,稳步趋于完善。刘文英从三个维度概括仁的成形:德之参和、超越,礼之深化、内化,爱之推广、扩大,共同指向人的发现与自觉。[①] 白奚认为"人之道"就是孔子对仁的赋义,关键在社会和道德属性,让自己与他人真正成为合格而有尊严之人。[②] 倪培民

[①] 参见刘文英:《"仁"的抽象与"仁"的秘密》,《孔子研究》1990年第2期,第3—9页,第40页。巴新生以泛血缘文化为线索,考察孔子仁礼对于西周德礼的沿革承传。参见巴新生:《西周的"德"与孔子的"仁"——中国传统文化的泛血缘特征初探》,《史学集刊》2008年第2期,第3—11页。

[②] 参见白奚:《"仁者人也"——"人的发现"与古代东方人道主义》,《哲学动态》2009年第3期,第77—79页。

重视人与仁的互用,仁乃是让生物之人成为真正合格之人的品质,人是关系网中的纽结,仁是超乎个体的人际关怀。① 孔子推扬的"仁",既是以爱为其主要面相、直接表现而成为诸德之一种,又作为德感生存之核心而统摄、整合诸德,成为涵养整全人格的全德。孔子之前的"仁"观念在此汇聚进而升华,恤民惠民的政德之仁乃向士人阶层落实,人格品行、人性情感的亲爱之仁亦得以扩充,而以"礼"作为其如实培育、由衷兴发的场域。习礼养仁之人,经由好之乐之的习练与培养,成就生命之美善,不负上天所命、厚土所育,这是不断趋近整全而永无尽头的践行过程。韦政通之言甚确,仁须本诸各人的体验与实践,内涵亦因人而各呈丰富性,具体又普遍;仁之实现乃是无限的历程,逐阶逐段升进,永不完成。② 一己之在,就汇入无穷他己共在之共鸣,深植于共通的本性,涌现独一无二的个性。真实处身其间,一己须以自身的持续更新,裨益理想世道的构建,参助群生协同趋向完善,共同回报天地万物的供养与扶助。

三　仁礼互依

春秋时期,周王室趋于衰微,各大诸侯国递相称霸,战乱不已,吞并小国逐渐成为常态,礼乐秩序走向崩坏,社会等级亦开始松动。作为商宋后裔,出身于没落贵族,孔子自觉传承礼乐文化,一方面寄望于统治者为政以德,能够引导、匡正世风,另一方

---

① 参见[美]倪培民:《孔子——人能弘道》,李子华译,上海:上海人民出版社2013年版,第51—55页。
② 参见韦政通:《中国思想史》(上册),台北:水牛出版社1980年版,第76页。

面也积极讲学授徒,为上层输送优秀的政治人才,更向庶民广开教育之门,"有教无类"(《卫灵公》)。孔子毕生推行礼乐教化,弘阐仁道,志在追法三代之治,整顿政治秩序,整肃社会风纪,维护人伦亲睦与人世和谐。孔子的仁怀,涵盖整个文明世界,其所秉承的信念、使命、责任感,来自默然无言而生养万物之天,"天生德于予"(《述而》),"下学而上达,知我者其天乎"(《宪问》)。这是直承文武周公敬天保民的人文传统,"天生烝民""好是懿德"(《诗·大雅·烝民》),人之生命与本性乃是上天所赋,须当谨敬修砺,自戒自省,充养在己之德以回应上天的馈赐,特别注重有志者的勇于担当。孔子承前启后,其自觉担当就体现在一手接续、损益三代文化,尤其是维护周公开创的礼乐典制,继承、弘扬礼乐精神;一手融会贯通早期零散的仁言仁论,将其统合成浑全的意义结构,提炼为整个思想体系的核心。孔子处乎神圣恒永的传统与世俗剧变的未来之间,自谓"述而不作"(《述而》),实则寓作于述,其继述与创作互为依存,阐礼而归仁,体仁于复礼。仁由礼之规导乃畅行,精神生命须待文教传统培养其正大;礼由仁之贯注乃复生,礼制有赖乎真情实意而焕发生机。内在于华夏礼乐文化的政治与生活秩序之网,如马振铎所说,仁就是礼乐之道的实质,把礼乐的根本精神内化为人之本质规定与自觉要求。①

作为大思想家的孔子并非凭空出现,儒这种身份也不是从孔子始有,"仁"这个字在孔子之前就已产生,其早期含义也有逐步演化的过程。孔子之所以为三代文化的集大成者,形塑此

---

① 参见马振铎:《仁·人道:孔子的哲学思想》,北京:中国社会科学出版社1993年版,第30—55页。

后中华文化的性格、面貌,可谓其来有自。胡适大胆推断,"儒"的身份是殷遗民,职业乃是殷民族之礼教的教士,以治丧助葬的相礼为谋生之本,乐舞乃其长技,教学乃其职业;孔子是该团体的杰出代表,身为殷人后裔却衷心服膺周礼,以"吾从周"的择善精神、博大胸怀,把亡国旧族的教士之儒转化成调和三代文化的师儒,把殷之祝人的柔逊品格转化成担当天下之任的刚毅坚韧。① 此说的创造性、想象力令人赞叹,持续引发讨论,影响至为深远,②其德文译本有可能为大哲雅思贝尔斯的"轴心时代"说提供了资源。③ 联想到孔子对丧祭之礼的高度重视,以三年之丧为天下之通丧,不忘父母怀抱抚爱之恩而终身感念,还有慎终追远的庄敬之仪、殷诚之思,及其自然带来民德归厚的效应,等等,或可推测孔子使用的仁字是㠯(㠯),源于尸祭之礼,寓含生命与精神血脉的承传不息之意。族群生命共同体的合格成员,就是要为整个族类担起承前启后的重任,尽心尽力成为血脉系谱嗣续派衍的有益环节,乃至起到重要作用的枢纽。

在一定意义上是接续胡适探寻儒源的尝试,杨儒宾的论述重心转向三代文化的整合与超越,汇凝于孔子这位集大成之圣

---

① 参见胡适:《说儒》,《国立中央研究院历史语言研究所集刊》第四本(1934年12月),第233—285页。

② 《说儒》的学术史影响,引发的讨论争鸣,参见尤小立:《胡适之〈说儒〉研究史(1934—2014):评述与展望》,《安徽史学》2017年第4期,第146—156页;此文经大幅扩展后,收入其《胡适之〈说儒〉内外:学术史和思想史的研究》"第一章""第八章",北京:北京大学出版社2018年版,第1—40、516—564页。

③ 参见李雪涛:《论雅思贝尔斯"轴心时代"观念的中国思想来源》,《现代哲学》2008年第6期,第87页。尤小立特意指出这一点,参见其《胡适之〈说儒〉内外:学术史和思想史的研究》,第567页。

哲的完美人格。以殷人血统生长于鲁地,孔子跨越了诸多界限(乡土、族群、阶级、民族、语言),把握历史理性的连续线索、文化动脉及其精神血液,继承周公遗志而整合三代文化与各族智慧,塑造天下共享的精神空间共同体。颛顼命重、黎绝地天通,主体之人由此发端;周公制礼作乐,道德理性凸显,主体性再次深化;孔子以生命深层的涵摄性之"仁",对此继续做出响应,呈现完整的道德人格。仁作为人之存在的本质,显发于现实人性及文化传统,又深植于天之氛围而受天命召唤,超乎各族各地,遍及天下。孔子从民族论述进于三代论述、天下论述,归向普世理念之"仁"作为生命的宇宙轴,由人人最深的生存根基升起安身立命的力量。① 重新安顿天人的这三轮工程,都是对巫教文化的转化,到孔子手里结出丰硕成果,落实为内在的"仁礼一致"精神。② 从威仪人格入手,石超也描述孔子融合殷商遗民与鲁国子民身份的努力,把握三代文明的最深脉动,将其提升为天下意识与人类情怀。③ 孔子自谓:"吾求亓德而已。吾与史巫同涂而殊归者也。"(帛书《易传·要》)对于巫史传统的继承与转化,孔子完全是以德义为精神旨归,以天下生民之安和为实践方向。天人关系的安顿,三代文化的损益与拓展,也标示了立足现实之人的品格是朝着成就全德的方向不断培塑。天命在人世的具体落实,其载体之位阶是从王到贵族到士,其演化之进程是从巫到礼

---

① 参见杨儒宾:《孔子与族群政治》,杨国荣主编:《思想与文化》第13辑,第84—106页。
② 参见杨儒宾:《恍惚的伦理:儒家观想工夫论之源》,《中国文化》2016年春季号(总第43期),第12页。
③ 参见石超:《继殷与从周:威仪修养视域下的孔子身世与心路》,《西南大学学报》2019年第5期,第42—50页。

到仁。

孔子以殷族后裔身份追随周代文化理想,兼祧殷商之生命血统与宗周之文化血统,以高度自觉的道义担当,把握人文理性化的连续进程,引导士人接续政治命脉、文化命脉,这也是历代圣王传沿不息的精神血脉。而其大志大愿所在,就是以事理人情兼顾的习礼与弘仁,勇于担起天命所赋的责任,完善人己互动共生的世界。李泽厚揭示转化巫教文化的关键所在:周公完成了外在巫术礼仪的理性化,孔子完成了内在巫术情感的理性化;孔子释礼归仁的转化性创造,为徒具形式的仪节赋予了具有神圣意义的情感,生成"礼—仁"的情理结构,具有历史使命感与社会责任感,人性与人文得以统一。[①] 损益三代文化,结出大成之果,孔子既阐礼归仁,又行仁复礼,从文化传统涌现全生命之德,德化的生命存在,又优化文明秩序。人文精神的理性提炼,人生情意的感性充实,合成情理结构,以互塑互融、相与扶持的关系,为政道世态人心之重整、再造,提供了坚实又亲切的生命基架。

仁与礼的关系,一般认为是内在实质与外在仪文,情意感受与行为规范,前者指向亘古以来的人心人性,后者因世因地而有所损益。仁本论的观点是以礼为仁的手段、工具,类似于表皮与外壳,而仁既是本质又是目的,还是原则与标准。即便是提倡仁礼合一论,仍有主次重轻之别。例如,颜炳罡注重仁礼平衡的论述,仍然认为仁是内在道德生命的创辟、创生,礼是外在仪式规

[①] 参见李泽厚:《说巫史传统》《从巫到礼》,收入《由巫到礼 释礼归仁》,北京:三联书店1999年版,第30—31页,第103页。

范的传承、建构,前者是本源,是常道,后者是缘饰,是变道。① 礼与仁的外内、文质之别,有孔子之言为证,"人而不仁,如礼何? 人而不仁,如乐何?"(《八佾》),还有孔子答林放问"礼之本"的话:"礼,与其奢也,宁俭;丧,与其易也,宁戚"(《八佾》),以及"礼云乐云,玉帛云乎哉? 礼云乐云,钟鼓云乎哉?"(《阳货》)真诚、正直、充满爱心,发乎真情实意,出于真实流露,所有这些都实实在在构成礼仪的实质。孔子还说:"君子义以为质,礼以行之。"(《卫灵公》)义是道义、公义、正义,体现于公允的判断、正当的选择、适宜的行动。"仁—义—礼",劳思光视为贯串孔子学说的理论主脉,更成为后世儒学之总脉。孔子摄礼归义、摄义归仁,礼以义为实质,义以仁为基础,仁是公心,义是循理之正当性,礼是合乎秩序规矩;就实践程序而言,义与礼不可分,守礼依礼乃可合乎正当,进而唤起大公之心。② 仁义礼,一道而通观,仁是从社会到个人的全面融合、整体和谐,义是基于全局统合的确当选择、合宜举动,体现秩序的礼是以融通之仁为大本,以正当之义为内质。仁义礼,分别指向整全性及其品德,正当性及其行为,秩序性及其样式。反过来看,人的成长是内在于礼的先验格式、固有程序,经由训练、塑造乃学习成为人,整体性的品德由之培养,具有正当感的行为由之规导,公心也得以唤醒、扩充,与此伴随始终的是至诚与至信,至诚如神、至信如时。沈清松以"由仁生义,由义生礼"概括此一体融贯,着落于美德与真情:个人与他人的真诚感动、真实感通,生出尊重以及分寸,进而产生秩序

---

① 参见颜炳罡:《论孔子的仁礼合一说》,《山东大学学报》2001年第2期,第52—59页。
② 参见劳思光:《新编中国哲学史》(一卷),北京:三联书店2015年版,第108—119页。

与美感。这是开显、奠基,同时也成为溯源、回归。个人与社会双向互进的实现过程,在个人表现为本有善性与德能的卓越化,在群体表现为良好关系互爱互惠的满全。① 公心之仁是宅基,行为由之生发,进而展开礼仪节文有序。另一方面,真情实意又落实于正当的行动,且须接受礼序的规导。诚如梁漱溟所言:"儒家极重礼乐仪文,盖谓其能从外而内以诱发涵养乎情感也。必情感敦厚深醇,有发抒,有节蓄,喜怒哀乐不失中和,而后人生意味绵永乃自然稳定。"②

"礼"字在《论语》中出现了 74 次③,地位意义均极重要,涉及范围极广:祭祀仪式,交往礼节,礼仪相关器物与知识,社会生活行为规范,西周礼制典范,古典文教传统,界别划分与秩序整合之调谐。孔子高度推崇周礼,"周监于二代,郁郁乎文哉,吾从周"(《八佾》),其本人就是习礼演礼的大师,《乡党》一篇即生动展现其置身各种场合的礼容、礼行,呈现道德生命、典范人格之具体的展演、具身的教示,而心意与之俱现。所以,在仁本礼用、礼依仁立的主流意见之外,有必要倾听另一种声音。赫伯特·芬格莱特(Herbert Fingarette)虽然认可仁与礼是同等重要的一事两面,但又强调唯有立足于礼,乃可真正成就仁,"我欲仁,斯仁至矣"(《述而》),人一旦有志于仁,仁的目标就已确定,而这需要遵从礼的指导,掌握其所要求的行为技能,才会逐渐趋近仁、获得仁。仁就是以人相待于礼,参与群体和谐又彰显个体尊

---

① 参见沈清松:《德行伦理学与儒家伦理思想的现代意义》,收入《沈清松自选集》,济南:山东教育出版社 2004 年版,第 326—344 页。

② 参见梁漱溟:《儒佛异同论》,中国文化书院学术委员会编:《梁漱溟全集》(第七卷),济南:山东人民出版社 1993 年版,第 166 页。

③ 参见杨伯峻:《论语译注》,北京:中华书局 1980 年版,第 16、311 页。

严,人就转化为一尊神圣而有光辉的礼器。① 颜世安赞同芬格莱特推举礼之神圣性,②进而强调,礼作为前导位置、先验尺度,持续规定着仁的方向,为人之成就德性提供正确的道路;仁作为志在成德的意愿,既发源于古典文化对生命意义的引领,又体现了礼之本质,从而主导着对古典文化价值的体认与把握。仁与礼是相互支持、制约的双向关系。③

或以礼为仁之表现,或以仁为礼之内化,前者是主流。本杰明·史华慈(Benjamin I. Schwartz)阐发孔子的"通见",即仁礼有着紧密关联的纽带:礼作为神圣形式,提供了启发性的道路、限制性的格式,但若缺乏持续行仁的德能,就沦为空架子;如果没有礼之富于构造性、教育性的效力,仁作为优秀人格之最高理想也无从实现。礼关乎学,好学、讲礼才可实现理想的仁,"文质彬彬,然后君子"。沿循于礼,仁乃涌现;贯注以仁,礼乃复生。④ 刘家和的论说,也体现了仁与礼的均衡:孔子言礼,重视和谐有差别,仁是成就和谐之桥梁;孔子言仁,注重推爱有等差,礼是依序推扩之阶梯。一体两面,相反相成。⑤ 仁爱是亲睦和洽而自具等差,礼敬是厘定差序而通向和谐。生活世界的和同与差异,往

---

① 参见[美]赫伯特·芬格莱特:《孔子:即凡而圣》,彭国翔、张华译,南京:江苏人民出版社2002年版,第42—53、78—79页。
② 参见颜世安:《原始儒学中礼观念神圣性价值的起源——从郝伯特·芬格莱特〈孔子:即凡而圣〉说起》,《中国哲学史》2005年第4期,第41—47、54页。
③ 参见颜世安:《外部规范与内心自觉之间——析〈论语〉中礼与仁的关系》,《江苏社会科学》2007年第1期,第25—30页。
④ 参见[美]本杰明·史华慈:《古代中国的思想世界》,程钢译、刘东校,南京:江苏人民出版社2004年版,第78—83页。
⑤ 参见刘家和:《先秦儒家仁礼学说新探》,《孔子研究》1990年第1期,第26—27页。

往对应于生命活动的情感认同与理性区判。杨国荣深入展开这种互动关系,仁礼皆包含理性秩序与情感凝聚的双重向度:仁注重人物之分,侧重情感凝聚与沟通;礼强调文野之别,侧重理性秩序与引导。周孔之道是礼与仁的交融、统一。① 孔子承接周公的礼乐精神,针对仪节表文沦为形式与过场的现状,还有躜等失序的乱象,决心以仁之情意实质为之纠偏,同时也是为之赋能,使其重新焕发指引生活、荣养生命的真实意义。从礼本论的立场,孔子以仁补礼,维护、修复礼之神圣性;以仁本论的眼光,孔子以仁代礼,为人世重寻神圣性之锚。仁礼互依相需的观点,弥合两者的文本矛盾与重心偏倚,可看作是生命与文化系统的交互资益、彼此优化。礼乐得到真情实感的充实与激活,情感也得到礼乐的规导而提升为道德情感。习礼有助于培树仁心,仁又为礼贯注情意。

人之交往于礼仪系统,如同交流于语言系统,生命与文化良性互动。人说言语,亦被语言所说,思维与表达方式受其培训;人行礼仪,亦被礼仪所行,行为方式、生活习惯受其规导,身心皆得其培塑。语言能力的习得,语法规则的掌握,可以类比习礼行礼的实践和成效。信广来(Kwong-loi Shun)以语言共同体中的思想概念及其所对应的语言运用规则为喻,试图提供一个有效的方案,居间解决各有文本依据的矛盾:仁本论把礼当作工具,礼的作用是培养、表达仁;礼本论以礼界定仁,仁要通过礼才得到确认。② 以信广来开创性的研究为起点,李晨阳用语法与语言

---

① 参见杨国荣:《儒学:本然形态、历史分化与未来走向——以"仁"与"礼"为视域》,《华东师范大学学报》2015年第5期,第1—8页。

② 参见[美]信广来:《〈论语〉中的仁与礼》,方旭东主编:《道德哲学与儒家传统》,上海:华东师范大学出版社2010年版,第160—177页。

能力的关系设喻,一个人对"礼"的普遍遵守,就类似于此人遵循其所使用语言的语法,而"仁"就是已然精通这门语言。根据这个类比,"礼"可以被看作是"文化语法"(cultural grammar),"仁"就是对文化的娴熟掌握。① 语法系统为人的表达交流提供规则指导、形式指引,人使用语言的过程既是对于语法的遵循,又以灵活运用而使语法获得更新。赖蕴慧(Karyn Lai)赞同信广来的仁礼互依不可分之论,认为相待而成的自我坐落在仁礼交叉处,即"群中之我"(self-in-community),从复杂的关系网络内部产生。② 群中之我的道德修养,依序展开连贯阶段:初学的孩童—练习有得者—作为榜样的君子;礼在每个阶段皆成为各具意义的自我表达之径:严格遵循、积极探索、灵活运用。③ 社会文化共同体的丰富协和,既需真情实意为之滋润、联通,也有赖于礼文规导之有条不紊,以保证秩序稳定、分布均衡、运行良好。礼仪又是先民累世营构的生活程序,编织合体、损益有度,皆须合乎人之常情常理,适配于因时变化的实际生活世界。礼的具体仪式,或可喻以围棋定式、京剧程式、武术招式,让人内置于此动态化的模式而得其培训与引导,有效启动与人协作共进的历

---

① Li Chen-yang. *Li As Cultural Grammar*: *On the Relation between Li and Ren in Confucius' Analects*. Philosophy East and West, Vol. 57, No. 3 (July, 2007), pp. 317—323.

② 参见[新]赖蕴慧:《剑桥中国哲学导论》,刘梁剑译,北京:世界图书出版公司2013年版,第30—32页。

③ 参见[新]赖蕴慧:《〈论语〉中的"礼":道德能力的培养和灵活性问题》,陈亮亮译,方旭东主编:《道德哲学与儒家传统》,第145—159页。但是作者把孔子答颜回问仁的"克己复礼为仁",解释成初学者的早期道德培养,归属为仁德培养的初始阶段,这样的解读,既不符合颜回位居孔门群贤之首的德智程度,也与后文的"天下归仁"这一宏远理想不相称。

程。通过参与这种互为指引、协同完善的活动,自身潜力得到适宜的开发,进而展现独特风貌,丰富生命的共性。礼的仪节形式之构成与启用,本身就来自人世共在的相亲相敬之实情;礼仪的习练、培养,让人容仪得体、行止有度,又让生命情意得到美化与雅化,进而助益于人文传统的传承与更新。

孔子自谓"述而不作,信而好古",系念于"梦见周公"(《论语·述而》),崇信三代文化相因不绝的恒久意义,崇仰元圣周公制礼作乐的伟大创造。孔子本人当然也有创作,这是一种合乎常情常理而富于转化性的创造,融会贯通以提炼出作为人生全德、人世善道之仁,继述"礼"而兴作"仁",为人生意义与人世秩序重建神圣之根。仁依礼以生发,礼得仁而鲜活。若从终极尺度、神圣价值而论,仁是源乎天地人之生命实质的安然自和,礼是本乎天地人之生命条理的井然有序。程艾蓝(Anne Cheng)用"宇宙本身的经脉"譬喻礼的神圣面貌,又如美玉的天然纹理,纯由玉质底蕴自然展现。礼之始义在献祭神灵,孔子注重其虔心敬意以及仪止庄严雅致、协调畅达,更从敬献神灵转向尊重他人,以保证社会安和、政治和谐,神圣性也从神域转向人世。礼既成就人类群体之仁,也成就每个人的人性。[1] 郝大维(David L. Hall)、安乐哲(Roger T. Ames)论述礼(禮)与体(體)共同分有宇宙模式、节律、功能的神圣性,礼作为人与自然、神灵保持和谐关系的形式化程序,从神圣性开显社会意义,让每位参与者在其中拥有恰当的身位。人之成为仁人,从社会环境不断获得整体性,自身又以义的培养,亦即判断力、适当感、选择性,向社会

---

[1] 参见[法]程艾蓝:《中国思想史》,冬一、戎恒颖译,郑州:河南大学出版社2018年版,第45—46、65—68页。

投注价值,持续从礼的运行中发现意义,为之赋予活力,老传统的成果就转化为新生活的根基。[1]

领受无垠宇宙与永恒历史的神圣性,戴天履地、承先启后之人,以仁为心泉、以礼为体干,仁与礼互依互成,礼能文(整饬)仁,仁能实(充养)礼。礼(禮)者体(體)也,体履于仪节之序、教化之文,发为动姿与笃行;仁者妊也,妊养其情意之质、感应之实,融入亲身与会心。仁礼互依,不仅是共时性的相须互待结构,也是历时性的转化与深化进程。礼对于仁之生成的塑造作用,仁对于礼之改进的自觉意义,洪晓丽以双向视角给予动态把握,遂有"由礼寻仁—据仁行礼—以礼固仁"的行动展现。仁作为理性依据与情感发生,就转化形成于这整个由内而外、由外而内的过程之中。礼与仁皆随着对方的不断变化,持续更新自身的构成。[2] 何益鑫的仁礼一体互构之说,以仁为生命基础,礼乃得其本真意义,以礼为人文理想,仁乃获得现实表达。[3] 仁由内涌发而外化,礼自外规导而内化,礼与仁又各具内外向度。礼兼有表文与里实,向外敷布条序互映之枝叶,但也是根干厚植深扎于内。仁兼有包合与发舒,向内归本润泽自生之源泉,但也是派流之久注长延于外。礼既界别又关联,既收敛又牵引,为人世之顺畅的通行,指示正直的通路。仁既融和又含藏,既兴发又酝酿,为人生之丰足的安养,提供正大的安宅。作为全德的协和性

---

[1] 参见[美]郝大维、安乐哲:《通过孔子而思》,何金俐译,北京:北京大学出版社2005年版,第99—106页。
[2] 参见洪晓丽:《仁:作为道德本体的构成——孔子仁学研究》,昆明:云南人民出版社2013年版,第69—78页。
[3] 参见何益鑫:《成之不已:孔子的成德之学》,上海:复旦大学出版社2020年版,第271—274页。

之仁,涵摄礼之秩序性与义之正当性,统合生活世界、精神世界的全体而有所凝聚、有所显发。人类之仁,凝聚于仁德,以理为骨架,庄敬又坚劲,指向整体之共存。人性之仁,显发于仁爱,以情为血肉,亲切又和柔,通向具身之交感。

四　克己而爱人

浑整生命的情理结构,兼具德性与爱心,德是有爱之德,爱是具德之爱。德性以理性为主干,兼涵情感,重在自我要求、提升,而关怀他人也是应有之义;爱心以情意为活泉,兼摄德体,发为与人亲睦、亲洽,而自律意识也已包含在内。狭义之仁,与礼互待相须又各有偏重,仁主于情意之和同、依伴,礼主于理性之分别、挺立。广义之仁兼具情意与理性,既凝聚为仁德,又显发为仁爱。仁爱关乎温然柔润之情的呵护与传达,仁德关乎岿然坚实之理的贞立与支撑。无论人格修养还是人道理想,仁的蕴涵都是德爱并行,而以德为重。胡适关于"仁"有此最后之论:仁以为己任,此乃人道真理,杀身以成仁,此乃人类尊严,孔子为门人说仁,程度有浅有深,爱人为浅,克己复礼为深。[①] 李泽厚更是认为,孔子仁礼并举的"情理结构",以理性塑建为主,情感培养为辅。樊迟只是中人,孔子答以"爱人",对"仁是什么"作宽泛描述,近乎初上门阶;颜回乃是高第,孔子答以"克己复礼为

[①] 这是胡适去世前一年(1961年)谈及孔子之"仁"所言。参见尤小立:《胡适之〈说儒〉内外:学术史和思想史的研究》,北京:北京大学出版社2018年版,第687页。

仁",于"什么是仁"作清晰界说,可谓登堂入室。① 张东荪虽然仅以克己复礼作为求仁之工夫,而且是拘束的道德,不是伸张的道德,但也认为爱人之心只是种子、根芽,亦即人人能之的初步之仁,至于修养扩充的程度,则有大小之别。仁之根芽人人固有,仁之成果则罕人得之。而说到仁根的修养、扩充,务须循礼以行、恰如其分,乃得仁果,所以仁必须合礼。② 爱人乃是仁之萌发所始,也是仁的诸多意涵之中,最自然、最显著的方面,仁道一定包含厚生、护生的意愿,仁德也一定包含对他人乃至对生命的关怀、顾全。自身的约制与修治,更多出于理性自觉,以此作为仁之内在支撑,乃让爱人之心得到自生的动力、合宜的施行。落实于生活世界,己与人构成了仁的两大向度:克己自律、尽己自修,使得爱人之举更为恰当、更有成效;爱人利他,容让与成全他人,本身就包含了自我节制与自我超越。

《论语》中孔子答弟子问仁,依其资质高下、造诣深浅,给予随事点拨、当场指引。颜回于此体会最真,"夫子循循然善诱人,博我以文,约我以礼"(《子罕》)。身为首徒,颜回心地最纯、涵养最深、天分最高,"闻一以知十"(《公冶长》),是孔门安贫乐道的典范,最能体现孔子推崇的好学精神,"学而不厌"(《述而》),"敏而好学"(《公冶长》)。孔子爱之深挚已极,连赞"贤哉,回也",称许"其心三月不违仁"(《雍也》);颜回不幸早死,孔子痛心疾首,"噫!天丧予!天丧予!"(《先进》)颓然感叹世上再无这般好学之人。颜渊以这样的品地、成就,向夫子问仁所得到的

---

① 参见李泽厚:《为什么说孔夫子加 Kant》,收入《由巫到礼 释礼归仁》,北京:三联书店 1996 年版,第 202—204 页。

② 参见张东荪:《孔子论仁》,《新民月刊》(创刊号)"通论",1935 年第 1 卷第 1 期,第 26—27、34—36 页。

指点，分量自与他人不同。孔子答曰："克己复礼为仁。一日克己复礼，天下归仁焉。为仁由己，而由人乎哉？""非礼勿视，非礼勿听，非礼勿言，非礼勿动。"(《颜渊》)[1]所谓"克己"，汉儒训以"约身"，宋儒训以"胜私"，也有训"克"为"能"者，清儒从汉儒，也有训以"肩任"者。当代又有新儒家的"修身"说，持"抑制"说的史家对此表示不满，从而引发学术争论。[2] "子曰：以约失之者鲜矣"(《里仁》)，约即检束、收敛，亦即克制、节制。颜回颂赞老师"博我以文，约我以礼"(《子罕》)，这包括文化学养的充实，礼仪实践的检束。克己即约己，"内自省"(《里仁》)、"躬自厚"(《卫灵公》)的反躬自省，也无非是严于律己。克治小己之习气，节制无度之欲望，规正偏失之意念，看起来像是张东荪所谓拘束的道德，而非伸张的道德，其实恰恰是为了正念之培树、正气之舒张。孔子主张"君子有三戒"(《季氏》)，少时戒色、壮年戒斗、老年戒得。对于人欲的必要克制与有效约束，本就是为了充养正气、坚定正念。约身与修身、克己与尽己，其实并不矛盾，对自身有所约束、节制，正是修整、修治之事，通过有力的规正、矫正，经由正直的道路，使生命获得正大的开发、正当的实现。约己律己，修身美身，恰如磨琢璞玉以成器，剥琢有方、打磨得法，就是为了使其修成正果。切削、琢治，也就成为必不可少的修饰，内在的美质乃如实获得完美呈现。

---

[1] 《左传·昭公十二年》记载孔子的话："古也有志：'克己复礼，仁也。'信善哉！"陈来认为，"志"（"故志""先志"）是诸侯国普遍使用的历史文献，总结兴废成败的经验教训；"古也有志"，陈来：年代至少在春秋前期。参见其《古代思想文化的世界》，第140—143页。

[2] 相关材料参见向世陵主编：《"克己复礼为仁"研究与争鸣》，北京：新星出版社2018年版。

至于胜私之说，虽出于理学严苛态度，然不妨理解为克治小我之狭隘。"子绝四：毋意、毋必、毋固、毋我。"（《子罕》）杜绝、根治这四种自限小我之弊，这就与"胜私"颇为相近。钱穆的翻译简括连贯："无亿测心，无期必心，无固执心，无自我心。"①李泽厚译作"不瞎猜，不独断，不固执，不自以为是"，末条包括两个方面：不自以为真理在手，不以自家得失利害为准绳。② 弗朗索瓦·于连（François Jullien）的阐发甚是通透：（1）先入为主的个人观点；（2）先决的限制、强加的教条；（3）个别的立场，失去了变化的余地，导致僵化、停滞、禁锢；（4）自以为特殊的自我。由于先入为主的观念具有排他性，就形成了必须遵守的原则，由此确定了方向，迫使固守某种立场，这样就导致目光狭隘，最终形成一个特殊的个体之我，进而又产生了偏颇的观念。如此循环往复不休，深陷于个体性的封闭循环，成为自我强化、越陷越深的恶性循环。③ 林志鹏把四个概念划为两组，又结合郭店楚简《语丛三》，释为"无意则无固，无我则无必（蔽）"，不臆断就不固执，除私己就除蔽障。④ 倘若淡化"胜私"的严厉之感，或可宽泛阐释如下：惑于主观想象，执于强硬态度，囿于僵化模式，困于封

---

① 参见钱穆：《论语新解》，北京：三联书店2002年版，第224页。

② 参见李泽厚：《论语今读》，北京：中华书局2015年版，第166—167页。杨伯峻译为："不悬空揣测，不绝对肯定，不拘泥固执，不唯我独是。"参见杨伯峻：《论语译注》，北京：中华书局1980年版，第87—88页。

③ 参见[法]弗朗索瓦·于连：《圣人无意——或哲学的他者》，闫素伟译，北京：商务印书馆2004年版，第15—18页。此解合于朱子注：起于私意，遂于期必，留于执滞，成于私己，"相为终始""循环不穷"。参见朱熹集注：《四书章句集注》，北京：中华书局1983年版，第109—110页。

④ 参见林志鹏：《读〈论语〉"子罕言"、"子绝四"二章——兼谈经典解释的方法》，《中国文化》2019年秋季号（总第50期），第58—63页。

闭自我；越是封闭而片面的自我，就越容易受惑于主观想象，终始反复，无法解脱。"克己""约己"，正是对症以治，依循神圣礼义之规导，乃可立于正、行于直、归于大，才是真正的修治成器之方。李泽厚阐释"克己复礼为仁"，即取自我约束之说，视听言动皆符合礼制（复礼），从而产生人性情感（仁）。具体的约束之法，随时代社会环境而有因革损益，但人性（仁）须由人文（礼）培育乃生成，却是普遍而必然，"'仁'（人性）本生于'礼'（人文），而后才主宰'礼'"。[1]

复礼之复，是反归，是还原，也是复生与激活，还有履行、履践之义。士人虔心履礼，全身投入其内，真切体受其整束与引领之效，一己身心亦得到规约、节制，心念知止而行动合度。这是全然"由己"的过程，无待他人提醒，更无须任何督促，而是自觉领会、自愿笃行即可切实开启。践行于礼的脚踏实地，不仅复归其善导，更是复原其真容，甚至复活其大义，而礼之禀自天地的神圣性、庄严感、整合力，也由此得以复生、复兴，复现其经天纬地的光华。先哲屡有宣述："天叙有典""天秩有礼"（《尚书·虞书·皋陶谟》），"礼，经国家，定社稷，序民人，利后嗣者也"（《左传·隐公十一年》），"礼，上下之纪，天地之经纬也，民之所以生也"（《左传·昭公二十五年》），"礼也者，合于天时，设于地财，顺于鬼神，合于人心，理万物者也"（《礼记·礼器》）。礼是天地之寓含神圣性的条理，也是人世之多样而统合的伦序，人之文、心之文，自然呼应于天地之文。芬格莱特即以神圣礼仪意象统合生命存在的丰富维度，个体冲动得到文明表达、圆满实现，共

---

[1] 参见李泽厚：《论语今读》，北京：中华书局2015年版，第216—220页。

同指向人类作为神圣社群的完善。① 梁家荣更谓孔子之道的宗旨就是修起礼乐,亦即"复礼"。② 樊浩亦肯定礼的前提性、优位性,"克己"不是个体道德的自我完成,而是向礼之伦理共在的回归,自然存在的个别性乃由之达致伦理世界的普遍共通性;正是基于此,孔子以周礼为"理想类型"而适当损益。③ 爱心、真情,是仁之自然、直接的表现,尤重在己之心的情意能动,这是本己的生命自觉所发动的关怀意向。礼具有公共性,需要身体参与、融入井然有序的场域活动,保持协调与均衡,处于恰当的身位。礼(禮)是仁之体(體)干,得仁之涌注遂活;仁是礼之心源,赖礼之撑持乃正。玉体自含玉理之周浃,④体(體)合于礼(禮),秩然分布玉泽之光纹;血心内孕血诚之殷恳,心通乎仁,蔼然充养血脉之暖意。复礼以成仁,就是光复美善生命之整全。从而,"克己复礼"与"我欲仁,斯仁至矣"(《论语·述而》)并行不悖,实为仁之不同态势的体现。前者是己在仁之中,然需经由克复之功,方可获得明见,从自身真正体知本心与仁原本不二,自家生命原是依托于仁乃得成立。后者是仁在我之内,深植于身心深层,一旦决志唤起,即可体会生命原发即是的主动感、能动性。

---

① 参见[美]赫伯特·芬格莱特:《孔子:即凡而圣》,南京:江苏人民出版社2002年版,第1—16页。

② 礼的意义与作用,梁家荣给予公允的肯定,但认为仁只是"基础课程"。参见其《仁礼之辨:孔子之道的再释与重估》,北京:北京大学出版社2010年版,第38—39、169—170页。基础课程之说,过于看轻"仁"的分量,必然面对一个疑问:为何达到基础要求者如此罕见?

③ 参见樊浩:《〈论语〉伦理道德思想的精神哲学诠释》,《中国社会科学》2013年第3期,第132—135页。

④ 参见唐启翠:《體与禮:佩玉践形与礼仪的神圣源起》,叶舒宪、唐启翠编:《儒家神话》,广州:南方日报出版社2011年版,第145—176页。

温海明会通"欲仁"与"复礼",仁不离欲,仁不是可以脱离主体意欲的独存之物,欲仁的意愿、意志、志气,使得意识、心念充分扩大,并且让心行皆整合入礼仪。礼仪化本身,就是修身立德伴随的意识扩展,并且通过知礼行礼向他人开放。不知礼、不守礼之人,往往是自我中心的意识封闭、观念狭隘者。秉持人文积累之礼的真精神,在心念上用功,在心念中复礼,才可成为仁人,并导人向仁,归向对天地仁性的本体性认同。[①] 礼之为天地经纬、人世秩序,向人指示生命通道,构成众生交通互导于其中的生境活域。"克己",就是受其引导、得其调教,剥除习性、妄心、私意、杂念,归于正念与正行,全身心融合于礼,而无所不在之仁乃向己彰显。"欲仁",就是以意愿自觉、能力主动,由内涌起生命的共通感、亲和性,自然召唤正念、正行,体履于神圣礼仪之场,诚敬又从容,与往来其间者偕同趋向完善。

弘仁与践礼,相与指引、互为襄助。视听言动以礼,既可作为重要标识用于确认"仁",同时又整个成为"仁"的需要与表现。意向与身位的交互,造就守善与修美的生命整体,君子文质彬彬、温润如玉,以有情有爱的心念、适时适境的体行,容身于共生共成、相亲相敬的伦常生活,中节合度。郝大维、安乐哲指出,"克己"与"复礼"乃是一件事,都在促进"成人",既以自反性的转化而树立个体性,又以协调与更新能力而具有主动性,还彰显了文化遗产与传统价值;整合所有这些,克己复礼就指向个体完善与社群完善的统一,这是"仁人"(authoritative humanity)与"仁性社群"(authoritative community)的共存共生,"成仁"就是

[①] 参见温海明:《儒家实意伦理学》,北京:中国人民大学出版社2014年版,第140—142页。

成为私己之我与社会之我共同实现的整体之人。① 一己独在,诸己共在,前者从后者涌现,后者由前者构成。个己的克制、修治,就不仅仅是道德品性的提升,而是从根本上就关乎群体共在,推至其极,可以导向天下境域。在《论语》中,颜回乃孔门群贤之首,德行第一,禀性笃厚诚朴,曾自言其志曰"愿无伐善,无施劳"(《公治长》),气质偏于内向与自我节制。一生短促而清贫,却以学为乐,精进不已,夫子更有"吾见其进也,未见其止也"(《子罕》)之叹。其为人切讷如愚,为学亦善于切己体会,多有所得,"退而省其私,亦足以发"(《为政》)。因其天资极高、性好自省,夫子答其问仁,重心更由一己修心立德之自觉检束,向着礼教与政道的广度予以拓展。当然,颜回并非不知世务的书呆子,也曾问及"为邦"(《卫灵公》),关涉治国理政安民。是以孔子立乎大本而极量推扩,"一日克己复礼,天下归仁焉",此言自应是为政之事,身份遂转换为居上施令者。人君克己而修,亲身垂范,经天纬地之礼乃得其维护与调节,天下亦得其德风之化导,世人心悦诚服,向往其仁风德治而归向仁道。天下大治、万民太平,才真正是最大的仁。而若侧重于人人自觉的角度,则可译为:如果有一天,每个人都能克己复礼,那么全天下就都归向于仁德。② 梁涛在"以仁释礼"的道德化进路之外,从荀学角度提出"以礼成仁"的政治化解读,亦即损益周礼,建构合理的政

---

① 参见〔美〕郝大维、安乐哲:《通过孔子而思》,何金俐译,北京:北京大学出版社2005年版,第147—148页。
② 依宋儒进路,着眼于修身立德的生命境界,可译为:如果哪天做到了克己复礼,那么目之所及无非一派和融之仁境,天德流行,触处生春。

治秩序,维护民众福祉,从而成就仁德。好的制度即是仁。① 从政治角度理解"仁",可以孔子对仲弓问仁的回答佐证。"德行"居孔门四科之首,颜回第一,仲弓第四,孔子许其"可使南面"(《雍也》),道德修养与政治才能,皆足以为官作宰,治理一方。孔子答其问仁,有一条是"使民如承大祭"(《颜渊》),调派百姓、差遣民众,这明显是执政者之为。②

"樊迟问仁。子曰:'爱人。'问知。子曰:'知人。'樊迟未达。子曰:'举直错诸枉,能使枉者直。'"(《颜渊》)大家普遍认为,爱人是仁的最真切、最清晰,甚至最根本、最重要的含义。以爱训仁,乃是春秋时代的常论,作为孔子思想核心的"仁",似乎不应只是寻常的爱人之意。张燕婴即指出,仁字倘若以"爱人"为本义,樊迟何须特意向孔子请教其含义为何,孔子又何必郑重以"爱人"作答。③ 再就发问者来看,樊迟在众弟子中不算突出,领悟能力不足,反应较慢,位居七十二贤之列,资质只算中人。孔子曾感叹"小人哉,樊须也"(《子路》),谓其胸无理政治民的

---

① 参见梁涛:《〈论语〉"克己复礼为仁"章新诠——一种荀学的进路》,《学术月刊》2020 年第 11 期,第 13—20 页。

② 在孔子那里,"民"与"人"连用时,词义有微小差别,"节用而爱人,使民以时"(《论语·述而》)。有说法认为狭义之人指士大夫以上阶层之人,民是指百姓。杨逢彬提出反驳,认为"人"与"民"连用,人指个体、别人,民指群体、大众;"人"与"己""身""我"连用,人指周围的其他人。参见杨逢彬:《论语新注新译》,北京:北京大学出版社 2016 年版,第 433—462 页。罗哲海(Heiner Roetz)认为此处之"人"指城里人,"民"则指乡间居民。与此相应,"泛爱众"也可能特指城市居民,而不是所有的人。当然,"人"与"民"不存在一贯的对立,基本不具有阶层差别。参见[德]罗哲海:《轴心时期的儒家伦理》,陈咏明、瞿德瑜译,郑州:大象出版社 2009 年版,第 156—158 页。

③ 参见张燕婴:《先秦仁学思想研究:儒墨道法家"仁"论说略》,北京:中国社会科学出版社 2010 年版,第 20 页。作者把"克己复礼为仁"断句为"克己,复礼,为仁",别具一格。

大志,眼里只有稼穑之事,泥于琐务,不懂得下学上达。因此孔子以"爱人"简略作答,字面意义即"泛爱众"(《学而》),广泛而无分别地待人好,可说是寻常之至。下文的举直错枉云云,樊迟理解为只是关于其问知的回答。其实整段连贯起来,"爱人"也与为政有关。杨伯峻注明,举直以使枉者直,这属于仁;知道谁是正直之人而予以提拔,这属于智。① 知人善任、为民正曲,所言正是为政之事,仁智兼涉。孔子以"爱人""知人"简答樊迟问仁问知,这是照顾到他的禀性,但樊迟仅理解为泛泛而论的关爱他人,向子夏请教,也只说不懂老师为何以"知人"答其问知。子夏详加阐讲,实兼仁爱与智慧而言。黄敏警有所揭示,子夏为樊迟解惑,申说举直错枉并以舜举皋陶、汤用伊尹为例,正好相应于《尚书·皋陶谟》"在知人,在安民"的政治哲学,因而是德唯善政之事;参考孔子答仲弓问仁,既涉及仁恕之心,也包括居位使民的仁术,这源自《尚书》"敬德保民",其深层根源在敬天。②孔子安顿天人关系,祈向于天的虔敬信仰就转化为立足于人世以推行仁道,包括自修其德与广施其爱,天的神圣性、政的正义感仍潜存其内。孔子后来又以"仁者先难而后获"答樊迟问仁(《雍也》),遇到困难就敢于顶上、勇于付出,至于收获如何、回报怎样,那都是后话,不该事先考虑。这回答很切合樊迟的个性,他虽说不够聪明,但是老实、勤恳,不懂就问,坚持不懈,很有股认真的劲儿。孔子深知这个弟子根器不高、见识有限,仍然欣赏他肯钻研、好发问,所以有问必答,予以鼓励,并不嫌弃他的迟

---

① 参见杨伯峻:《论语译注》,北京:中华书局1980年版,第131页。
② 参见黄敏警:《极高明而道中庸:〈尚书〉天人视角下的儒家本色》,台中:白象文化2016年版,第257—262页。

钝与浅近。"先难而后获"的常见训释是,做事情最初总是很难,但就应该从难处着手,而后自然有收获。这样的理解,也与孔子以"先事后得"答其问"崇德"(《颜渊》)相呼应。但钱穆的解读更好,把孔子关于仁与知的回答结合起来,樊迟当时或许将要出仕,孔子即境指点,答以为政之道,从政者"难事做在人前,获报退居人后,可算是仁了"。①

仁爱作为诸德之一,以"爱人"为主要内容与重要表达,偏重于情感之发露。基于人世共在共处的政治视野,"爱人"更是整全之仁道赋予人的情感能力,也是共在之人世要求于人的行为实践,从而就不仅仅基于个体存在,不是由此基点出发、以此原点为准的个体性的感情。爱人之仁,简单说就是以善相待,以温厚的好意待人,表现于关心关怀、爱护爱惜,具有自觉的同理心与共情力。但这些情感表现的起点不是孤立个体,而是历史文化的先在、生活世界的共在。陈来详列仁爱的特殊呈现,"爱护、同情、怜悯、厚道、亲情、忍让、慈爱、友善、报恩、善良等"。②这都是人性的真实表现,受到悠久人文传统的教化培塑,以生物本能为基础,又升起神圣崇高的意义,乃是伦常共同体之共生共荣所需要的道德情感。钱穆云"仁即人群相处之大道",由人性固有之心而言,"则是人与人间之一种温情与善意","先发而可见者为孝弟"。③梁家荣推崇钱穆释"仁"以人生处处皆须合作,进而认为促成人人合作的正是"爱",乃无形不可见的凝聚力,

---

① 参见钱穆:《论语新解》,北京:三联书店2002年版,第157—158页。
② 参见陈来:《孔子·孟子·荀子:先秦儒学讲稿》,北京:三联书店2017年版,第22—23页。
③ 参见钱穆:《论语新解》,北京:三联书店2002年版,第6—7页。

可喻以物理学术语"超距力"(force-at-a-distance)。① 超距离的生命吸引力,织成心灵纽带之潜网,营构而成的情意场域、意蕴氛围,借用孙隆基的术语就是"人情磁力场"。② 生活世界大大小小各个圈层涌现的真实之爱,其生命意向是相互吸引,精神实质是彼此关怀,亲睦、亲和、亲洽乃其情意表征,团聚、融合、联通乃其形态趋势。《荀子·乐论》:"乐和同,礼别异。"《礼记·乐记》:"乐者为同,礼者为异。同则相亲,异则相敬","乐者,天地之和也;礼者,天地之序也"。类似于乐之和同,爱也有和合、协同、融通的功能。欣乐祥和之爱,本就是仁的一种表现。隐然生效的爱力,如无形纽带产生不可见的感应,把人们吸引凝聚起来,团结成休戚相关、富有情意的精神共同体。

爱人之初始又亲近的呈现,就是爱亲人,以家庭为初始而亲密的场所,乃得兴发、培养、演练。罗思文(H. Rosemont, Jr.)、安乐哲认为家庭在儒家世界居于核心地位,起枢轴作用;涵养亲情,就是儒家人伦思想的中心,人要成其为人,就应植根于相宜的亲情,这是人生道路得以生成之源,道德生活得以发展之基。③郝大维、安乐哲把人看作自我与他者、我与我们、主体与客体不可分割的连续统一体,成仁就是把他人切身之事纳入己所关切之域,共同趋向整体之善的整一化过程。"仁"由"亲"定义,整

---

① 参见梁家荣:《仁礼之辨:孔子之道的再释与重估》,北京:北京大学出版社2010年版,第171—173页。
② 参见[美]孙隆基:《中国文化的深层结构》,南宁:广西师范大学出版社2004年版,第16页。
③ 参见[美]罗思文、安乐哲:《生民之本——〈孝经〉的哲学诠释及英译》,何金俐译,北京:北京大学出版社2010年版,"序言"第6页,"导论"第107页。

一化过程之最为切近的场域,就是以族系为主导扩充的家庭系统。① 仁爱发端于亲情,其得以培育、扩充的原初场所是家庭,对于亲人的亲爱,乃是仁爱就近获得现实动力的来源。白川静溯源上古丧礼,展开"亲"字的原型探抉:逝者的神主牌,取材于专为神圣事务、专供神灵凭依的神树,人子迎接亡灵回宗庙,就在神主牌前举行祭祀。② 这样看来,早期的"仁"字应是㠯(尸),关乎尸祭之礼,以立尸或坐尸为神主,由此幽明相续的至亲之情,作为仁爱之心的发端。这一发端具有双重性:既是现实生活中的自然基础,又具有超越界的宗教意味、神圣意义。家庭同样具有这种双重意义,既是自然繁衍进程不可或缺的中节点,又是分享神性的人间庙宇,维系神圣生命永续不绝。在共时存在的层面亦如此,家庭既是构成社会的细胞,个人从中孕育成形,家庭又是生活世界完形之具体而微的分形,社会基盘为其提供承托与滋养。温海明着眼于人己缘生的关系,由亲子小家庭延伸到社会大家庭,家庭的情感和洽,就成为社会秩序合理、国家治理有道乃至天下太平的开端。③ 亲情是仁爱得以显发的自然起点,爱亲是爱

---

① 参见[美]郝大维、安乐哲:《通过孔子而思》,何金俐译,北京:北京大学出版社2005年版,第140—144页。

② 祭祀活动中,生者与亡灵恍如照面,"亲"之本义在焉,至亲之情乃得以维系不绝于此幽明相与之际,绵绵若存而甚真。白川静此解颇有古意,训释尸字为神灵附身的人偶,亦为确解。然而解仁字本义像坐垫之形,是衽字初文,大大弱化了神性意味。其实不妨会意为神灵附身的人偶(尸)坐于坐垫之形。参见[日]白川静:《汉字——汉字的发展及其背景》,吴昊阳译,福州:海峡文艺出版社2020年版,第152—153、161—162页。郭店楚简《语丛一》:"丧,仁之端也。"至亲之逝,牵动至深至真的情意,又提醒生者珍爱生活,以长久的怀思延续逝者的生命,永存于忆念。

③ 参见温海明:《儒家实意伦理学》,北京:中国人民大学出版社2014年版,第74—75页。

人得以落实的起步阶段;与此紧密关联的另一方面,家庭共同体内部的亲情,又是生活共同体之人道的具体而微的全息具现。

有子曰:"孝弟也者,其为仁之本与。"(《论语·学而》)以孝亲敬兄为仁爱之现实基础,应能体现孔子仁说的要旨。宰我觉得三年之丧太久,有意放弃承担,孔子就责其不仁,因为三年之丧作为天下之通丧,其天然合理性是建立在人伦事实之上,"子生三年,然后免于父母之怀"(《论语·阳货》)。这足以表明在孔子那里,仁与孝具有内在相关性,而且植根于生命存在之深层,共同归本于族类血脉传延的大任。宗法社会得以维系,需要孝悌之爱心与敬意,在宗族与家庭层面提供伦理支撑。以血缘亲感为纽带的孝悌之情,本就是仁爱之起始发生的端倪所系。因此,"为仁之本"无论译成"是仁之本"抑或"行仁之本",甚至解作"为人之本",这个"本"都可作"根脉"[①]理解。每一个具体的人,就其在世为人的当下现实而言,这个"本"都是既定在先的生活实情,亦即其在地的根端,是具有基础意义的初始血脉。《管子·戒篇》所言"孝弟者,仁之祖也",与此构成血缘关联、生命呼应。再联系到孔子以"爱人"答樊迟问仁,潜在含涉着为政恤民之德的原义,而家庭整治调理以使之臻于亲睦协和,这本就是公共性的政道治术之具体而微,[②]这也侧面印证了"爱亲"之情与"爱人"之仁的相关性。从亲情到仁爱的延展,从家庭到社会的

[①] 黄克剑译为"根芽"亦很恰切,涵括了根基之深扎与芽苗之初发,本(根)义与端(倪)义得到了兼顾。参见黄克剑:《论语疏解》,北京:中国人民大学出版社2014年版,第3页。

[②] "如保赤子"(《尚书·周书·康诰》),"立爱自亲始,教民睦也"(《礼记·祭义》),体现了家之亲道与国之政道的相通,充量扩展甚至通乎天地父母养育万民万物。治家与理政的关联,孔子也有表述:"《书》云:'孝乎惟孝,友于兄弟,施于有政。'是亦为政,奚其为为政。"(《论语·为政》)

扩充,也不再停留于感性自发流溢,而更有理性自觉担当,溥博如泉的仁爱就提升为厚重如山的仁德。李晨阳援引竹内照男分疏亲情之仁与德性之仁,前者体现为情感温柔、体贴关爱,后者宽泛体现于诸多完美品德,然而离开亲情之仁便不可能有德性之仁。①反之亦然,德本身就包含情,以情为需要与表现,并且是情之发露得以合乎正道与公道的保证。情意向公共场域的扩展,必须有助于他人好德向善,有助于社群和谐公正,方合仁之本旨。

《荀子·子道》记载:"子曰:'回,仁者若何?'颜渊对曰:'仁者自爱。'"颜子的对答,明显是极高的境界。"仁者"的这种"自爱",体现于人之自立自律、自尊自重,这是对自己提出高标准、严要求,其所爱重者,也决非这个自我的一己存在,而是即乎个己以挺立的人格尊严,这个意义上的"自爱",实则等同于"克己"。在"爱"的情感表现之内,更多的是道德理性的自觉要求、自我贞立,因此决不仅仅是爱护自身、顾全自己之类,也决非围绕一己小我这个中心而言。自立自重、修己修身,这样的"自爱",相比于"爱人"亦即爱护、关怀、尊重他人,可谓彼此成全,无分先后,但肯定不早于"爱亲"。至于自然性的"自爱",基于孩童的自我意识之形成以及随后产生的彼此竞争意识,当然远早于爱护、关怀、尊重他人,但其发生顺序仍不早于天然本能的"爱人",亦即孩童对于父母尤其母亲的依恋之爱。孔子以"爱人"而非"爱己"答樊迟问仁,更非径直以"爱"作答,就明确了他者的向度。论其次序,仁爱以爱亲、爱人为始,指向一己之外的诸我;论其分量,仁德以克己、自律为重,指向超乎一己之上的大

---

① 参见李晨阳:《道与西方的相遇:中西比较哲学重要问题研究》,北京:中国人民大学出版社2005年版,第95—97页。

我。爱人之起始就是爱亲而不是个体自爱,自亲及疏、由近到远。"爱"这种不可或缺的情感需要,当然要以己为立足点,着落于现成的生命作为施发的生理载体、行为主体;但无论血缘性的爱亲人,地缘化的爱乡亲,还是人缘世缘的泛爱众人,其实都是大小不等的共同体对于置身其内之有益成员的内在要求。究其深根远源,乃是上古族群共同体的血亲团结、群体协作,经由漫长历史的塑造传习而来。到孔子这里还继承转化了西周的敬德保民、奉天恤民,让神圣性的敬天之道、为政之德,落实到人人天然生存其中的家庭内部之相与亲爱,以情感为动力而提炼成理性自觉的仁德。德化之爱、有爱之德,为逐渐崩解的礼乐秩序,重寻一个亲厚真实而不失神圣性的支点。

五 仁之"方"

克己与爱人,修己与安人,相互襄助、彼此成全,乃是同一事体的两个方面。自我节制的同时,心量得以扩大,就能够更多容纳他人、关照全局,转而又让自我获得确当的提升与扩充,向着更高维度、更广境域实现自身的意义。对他人的关爱,唯有出乎无偏私、不自恃之我,才能真正成为恰当的爱护帮助。克己,就是高标准的自爱,既克治又成全,既节制又提升,扬弃小我而实现大我,从而有益于他人乃至全体。爱人,包含助人与让人,恰恰需要节制私我、尽己心力。不仅克己是动之以礼,就连爱人也须礼以节之。钱穆讲得好:"中国旧训:礼,体也;仁,觉也。盖礼即象征此大群生命之体段,仁则代表此大群生命之感性。"[1]体

---

[1] 钱穆:《灵魂与心》,桂林:广西师范大学出版社2004年版,第25页。

段之撑持、规束,心量之觉感、兴发,相依互待而共成。许咏晴指出,礼本身并不是绝对服从、违者就得受罚的强限制,而是以理想的在世共处状态,对人有所提示,启发引导其自觉遵循、主动实践的应然行为。① 何益鑫亦谓,对治自然人性的阴暗面,固然不能没有外在规范的约束,但是必须紧密关联于内在心德,才不会僵化为固定模式的机械习得,才不会变成痛苦的消极克制,而是成为自我诠释、自我塑造、自我表达的积极实践,如此乃符合成仁之旨。② 尽心尽力以助人,设身处地以让人,克己与爱人皆循礼而行,礼又以世代沉淀积累的优化方式导引德感生存之情理,使人己共成于生活伦序的整体和谐。克己不是现成个体的自我整束,而是已然内在于伦常共同体,响应其原初召唤的自觉提升。爱人不是从现成个体出发的情感投射,而是已经容身于生活境域,原发涌起的回馈与互惠之能。克己律己即自爱,爱人利他则忘我,在礼仪脉络中成就情理交融的德感生存,让每个人真正成其为人。伍晓明把个己与他人统一于"复礼":让自己作为人而存在,也让他人作为人而存在。③ 李巍将自爱与爱人统一于人之价值的认同:拿自己当人看,拿他人当人看,重视自己与他人作为人的价值,乃成其为真正之人。④ 人己共成,协同趋向

---

① 参见许咏晴:《〈论语〉中的丧祭与鬼神观研究》,台北:万卷楼图书公司2020年版,第66页。

② 参见何益鑫:《成之不已:孔子的成德之学》,上海:复旦大学出版社2020年版,第268页。

③ 伍晓明以礼为仁/人的存身之所,得以自我实现之所,"克己复礼"就成为邀请与召唤:请回到礼,请让礼重新成为仁之居。参见伍晓明:《吾道一以贯之:重读孔子》,北京:北京大学出版社2003年版,第153—154页。

④ 参见李巍:《从语义分析到道理重构:早期中国哲学的新刻画》,北京:商务印书馆2019年版,第118—119页。

生命整体之完善,促进生活世界和谐之大美。克己(自我节制)尽己(自我实现),由小我连接大群之我。爱人(包括助成与容让),己(此之我)向他(彼之我)敞开而以他为重。

孔子关于仁的言述,有一处的语式近乎界定。子贡问:"如有博施于民而能济众,何如?可谓仁乎?"孔子回答:"何事于仁?必也圣乎!尧舜其犹病诸!夫仁者,己欲立而立人,己欲达而达人。能近取譬,可谓仁之方也。"(《论语·雍也》)在孔子的意义排序中,"圣"高于"仁",因其行为主体具有至高权力,能够统合全局资源、平衡各方诉求、协调利益分配,从而把最优方案落实到现实中,获得最大功效。圣是圣王之事,仁是士君子之事;仁道推达于天下归仁,亦无限趋近于圣道。子贡求之过高,一上来就触及圣的层次,孔子为厘清阶序而给予正面讲述;在最高价值"圣"的映衬下,"仁"之切合于问学者的意涵乃得以衡定。就成己而言,是成就其合礼合德之志;就成人而言,是成全其合情合理之愿;己与人,并立而俱达,皆成其为真正之人。伍晓明的阐释甚好,己之欲立欲达、能立能达,始终与他人紧密相关,立人、达人乃是出于根本责任,让他人作为人而得以立、得以达。"而"字不表示线性因果关系,或者目的与手段的条件关系,其真正代表的是己与人之相互依赖、互为因果的共时发生:人与己同样原本。寻常理解的"能近取譬"是由己及人,含有己先于人之意,以己为标准而施于人;其实应该理解为,自己与他人皆作为人而互为范例,成为彼此的榜样,互相唤醒、学习。[①] 从字面理解,立是立得住、站得稳,达是行得通、走得顺,此乃人人

[①] 参见伍晓明:《吾道一以贯之:重读孔子》,北京:北京大学出版社2003年版,第58—62、88—102页。

共有的愿望。立人达人,既不是己立己达所导致的结果,也不是为了实现己立己达的手段,而是一涉及自己的欲立欲达,他人的欲立欲达亦同时涌现。自己的立达,对于他人的立达就负有责任,他人成为自己的前提,对自己的责任意识有所唤醒,对自己的能动作用有所启发,从而人己双方共同立起、协同达成。人己的立达之欲,须是正当的意愿,从而指向正德之立、公道之达,在更深层次上,立就是立于德,达就是达于道,立于礼门之得体,达于义路之得宜。夫仁者,人与己并立俱达也,基于原初共在而协同完善,就可称是"仁"。承接上文的人己立达之仁,孔子以"能近取譬"为"仁之方"。所谓"近",不宜实指为自己或己身,而是切近的范围、就近的情境,涵括了自己与他人,并且落实于"欲",也就是发心、意愿,以此作为发端、开启;所谓"方",就是入手的途径、方法。徐复观指出,"近"乃是就可以具体实行的工夫、方法来说,必定在当下生活中即可实践,所以是"近",这是针对博施济众之"远"而言。[①] 孔子教导弟子勿好高骛远,应当基于切近的人己相关性、共通性,即乎周遭世界、日常生活而就近体会,尤其是从意愿入手。比之"圣"的博施广济,"仁"便于落实,不妄求宏大的功业,而是本乎原初的发心,笃力于切近的行事:自己与他人皆是人,共有让生命趋于完善之能,从而共同成其为人。道理貌似浅近,其实深远,易学而难精,学者由此迈入求仁之路,力行终生而不息;至乎极诣,将与"圣"同其品级。

"仁之方"具体落实,对己的要求是忠,待人的原则是恕。孔子谓曾参:"吾道一以贯之。"其他门人询问何意,曾子说:"夫

[①] 参见徐复观:《中国人性论史:先秦篇》,上海:上海人民出版社2001年版,第83页。

子之道,忠恕而已矣。"(《里仁》)以忠恕概括孔子一贯之道,这体现的是曾子的领悟。钱穆认为孔子之道不是只讲忠恕,孔子殁时,曾子年不及三十,其资性较钝,为学谨慎、笃实,故不是宋儒所谓曾子当时直得孔子心传。① 杨伯峻认为,分别而言是忠恕,概括而言是仁;恕是仁的消极面,即"己所不欲,勿施于人",忠是积极面,即"己欲立而立人,己欲达而达人"。② 不同于积极消极的判分,倪德卫(David S. Nivison)着眼于家庭、社会与政治关系之差秩的上下有别,忠就是对上级或同级者的尽职尽责,恕则是对地位相等或更低者的施惠。③ 董卫国以忠恕为求仁工夫的一体两面,统一于道德实践、德行修养的过程。忠是诚敬以存心,保持道德情感之真诚与道德理智之觉醒;恕是恕爱以应事,用共通之情作为待人处世的情感基础。能忠自能恕,不能恕也就没有忠,相较而言,忠更为根本。④ 仁道以共生共荣为内质,贯乎宏微远近,而具现于人己并立俱达之共成,在实践工夫上就是忠恕,这是层层下贯的关系。冯浩菲即认为,"己欲立而立人,己欲达而达人"与"克己复礼"都是直接举释仁德,虽然句式类似"己所不欲,勿施于人",但在仁德系统中的位阶高于忠恕。"己

---

① 参见钱穆:《论语新解》,北京:三联书店2002年版,第98—99页。李荣祥也认为曾子并未真正领悟,孔子贯之以"一"的应是整全之道。参见李荣祥:《人之为人:以孔子之视角》,南昌:江西高校出版社2020年版,第15—16、74—76页。

② 参见杨伯峻:《试论孔子》,载《论语译注》,北京:中华书局1980年版,第16页。

③ 参见[美]倪德卫:《儒家之道:中国哲学之探讨》,周炽成译,南京:江苏人民出版社2006年版,第79—81页。

④ 参见董卫国:《忠恕之道思想内涵辨析》,《中国哲学史》2013年第3期,第37—43页;《忠恕之道与孔门仁学——〈论语〉"忠恕一贯"章新解》,《现代哲学》2016年第4期,第97—102页。

所不欲,勿施于人"就是忠恕的具体含义。① 卜师霞有类似看法,"己欲立而立人,己欲达而达人"是仁的标准、内涵,不能视作忠而与"己所不欲,勿施于人"之恕对立,构成仁的积极消极两面。后者是仁之方,外延大于忠,无恕则做不出忠。② 同样凸显恕的分量。王庆节主张恕道优先,把"己欲立而立人,己欲达而达人"与"己所不欲,勿施于人"作为恕的正面与负面表述;忠表现个体与社群共同体之间发生的"向心"关系,恕表明社群之内的个体与个体之间发生的"关心"关系。③ 余治平认为,"己欲立而立人,己欲达而达人"从积极方面阐发"仁",从结构上展开两端:己立、己达是忠,发于内中性情,体现了高度的仁性自觉;立人、达人是恕,有所比照而体谅他人,"己所不欲,勿施于人"是从消极的方面对恕做出规定。④ 贾晋华反对抬高恕道,孔子以恕的观念提出"己所不欲,勿施于人",更以仁的观念提出"己欲立而立人,己欲达而达人",两者有高低之分。⑤

己立而立人、己达而达人,这是仁的标识与呈现,通向此境的途径是忠恕,即"能近取譬"的"仁之方",涉及人己的内在相关性、共通性。忠在己而言,真实无妄、不自欺;恕对人而言,温

---

① 参见冯浩菲:《关于孔子忠恕思想的界说问题》,《孔子研究》2003 年第 4 期,第 58—64 页。
② 参见卜师霞:《孔子忠恕思想的内涵》,《孔子研究》2007 年第 5 期,第 4—8 页。
③ 参见王庆节:《道德金律、恕忠之道与儒家伦理》,《江苏社会科学》2001 年第 4 期,第 95—703 页。
④ 参见余治平:《忠恕而仁:儒家尽己推己、将心比心的态度、观念与实践》,上海:上海人民出版社 2012 年版,第 183、297、302 页。
⑤ 参见贾晋华:《恕和仁:古典儒家的道德银律和金律》,收入《从礼乐文明到古典儒学》,上海:东方出版中心 2020 年版,第 65—78 页。

良无害、不欺人。《论语》中,"忠"与"文""行""信"一起,构成了孔门四教(《述而》)。孔子屡屡教诲:"与人忠"(《子路》),"言忠信"(《卫灵公》),"言思忠"(《季氏》)。忠者,中也、衷也,发乎诚心实意,中而无偏、公而无私,表里如一、言行一致,予人以信实可靠之感,行为可预期,具有一贯性、确定性。"一言而可以终身行之者",孔子明确给出结论,"其恕乎。己所不欲,勿施于人"(《卫灵公》)。① 恕者,如也,善待他人以谦和之心,不强求、多包容,于己不利的物事绝不加之别人,而要如其所是地体谅他人实际情况,让人感到宽松、自在、受尊重。忠之重心在严于律己,表现为坚持原则、忠于职分、信守承诺、克尽己能、勇担重任。恕之朝向在宽以待人,表现为体恤、体谅、尊重、理解,设身处地、将心比心,以他人为重,为他人着想。合起来便是"躬自厚而薄责于人"(《卫灵公》)。立定己位以尽心竭力,这同时是对他人负责,曾子即以"为人谋而不忠乎"(《学而》)作为每日的自省内容,同时也对自己提出要求,必须发乎诚心。赖蕴慧谓忠恕乃同一个过程的两个方面,要完善一己之成,就须培育互惠关系,良性的关系又丰富自我,使之得以壮大、拓展。自己与他人,作为社会成员而相与共生,有益于创建美好生活与理想大家庭。② 人己并立俱达的共生整体,忠为端直坚挺之性,恕为宛曲旁通之意。恕更宽泛,忠更强劲,可分别比拟乾道与坤道,崇高坚实而健进,宽广博大而厚载。

忠所关涉的范畴是大与小,恕所关涉的范畴是此与彼。忠

---

① 仲弓问仁,孔子答以"己所不欲,勿施于人"(《论语·颜渊》),这是行仁的具体行动,如此为之即可接近仁。
② 参见[新]赖蕴慧:《剑桥中国哲学导论》,刘梁剑译,北京:世界图书出版公司2013年版,第22—23页。

之要求于己的直言、信实、诚敬,指向本心,指向上级,也指向超乎一己的共同体,向其尽职责、尽心力;忠也可以指向他人,强调自己对人应负的责任。恕是就此而度彼,重心放在个己之外的他人,将心比心、设身处地,以他人实情为重,尊重、维护他人的主体地位,如实体察其真实处境;恕指向他人,但也需要在己之尽心,由衷发乎真心实意。由于恕道无法完全排除以己度人之嫌,赵汀阳建议改进为"人所不欲,勿施于人",从主体观点转换为他者观点,把一个可能眼界升级为所有的可能眼界。① 这样虽然提高了共识性,扩展了规则的普遍性,但是论说的重点发生了转移:"人所不欲"所指向的是欲求对象,这是泛泛的客观描述;而各人所不欲者各各不同,是否正当也难以一概而论;"己所不欲"则凸显了主体对于加诸己身的不利之举、有害之事的排拒心理,伤生害生的负面待遇,无人愿意遭受,世人于此有共通性,能够达成共识。与人共在人世间,就应注意节制自己的冲动,以免对他人构成妨害。严以自律之忠,意涵近乎克己。宽以相待之恕,意涵近乎爱人。克己的程度有高下之别:实现、持守、节制;自我实现离不开自我节制,节制本身就是一种实现。爱人的力道有轻重之分:成全、关怀、容让;成全他人就需要对他人有所容让,容让本身就是一种成全。已立而立人,已达而达人,人己皆遂其性、尽其分,克己乃实现自己,爱人即成全他人。

"仁之方",求仁的途径也,行仁的方法也。"方"还可以引申为方面之方,"仁之方"即仁的各个方面、各种表现。在《论语》中,"仲弓问仁。子曰:'出门如见大宾,使民如承大祭。己

---

① 参见赵汀阳:《论道德金规则的最佳可能方案》,《中国社会科学》2005年第3期,第70—79页。

所不欲,勿施于人。在邦无怨,在家无怨'"(《颜渊》)。出门在外的言行之谨敬,如同接待公侯之宾,役使、差遣百姓做事,就像承担大典一样慎重,这与忠道有关,其心其行皆合礼。自己不愿遭受的待遇,也不要施加于别人,这是恕道,本身就是出于礼的要求。无论出仕于诸侯还是卿大夫,都要安守本分、尽其本职,不要有怨心怨言,这是合忠道恕道而言,亦是合礼之举。"司马牛问仁。子曰:'仁者,其言也讱。'"(《颜渊》)言为心声,言行一致,临事谨重、行事庄慎之人,言亦不轻出,这既关乎禀性之质直,也是忠道自律的一种体现,相反的例子是"巧言令色,鲜矣仁"(《学而》)。"樊迟问仁。子曰:'居处恭,执事敬,与人忠。'"(《子路》)一人独处,庄重自持,工作态度严肃认真,待人实心实意,此皆忠敬之意,关乎克己、自律。"子曰:'刚、毅、木、讷,近仁。'"(《子路》)刚是志节不屈,毅是意志果决,木是禀性质朴,讷是出言慎重,这也多与自我严格要求有关。"能行五者于天下为仁矣。……恭、宽、信、敏、惠。"(《阳货》)恭敬、诚信、勤敏,近乎忠,宽厚、慈惠,近乎恕。忠道是克己之事,培树德行而不失其爱意;恕道是爱人之事,唤醒爱心而须合乎德礼。若论先后,恕为先;若论轻重,忠为重。以忠恕为途径而展开的诸多方面,参和成为仁德仁爱,既启示一种富于爱意的德感生存,也导向一个内禀德行的爱心世界。仁德有刚德有柔德,仁爱有忧情有乐情。坚定、勇敢、果断、质直,刚德也;慈和、宽惠、亲洽、包容,柔德也。不安之感、不忍之心,怜惜、悲悯,这是生命深层的忧情;成人之美的欣悦,参赞化育的安和,这是共生共荣的乐情。安和、不安,是仁爱的正面与负面呈现,安是仁性之公心安泰、和爱自足,不安是仁情触痛难忍于不公不义。不安之情,不是现成个体对另一现成个体的同情心,而是出于共同生命连绵一体的自发应和，无此则不谐不洽，从而于心不安。安乐亦然，乃是共生体之丰盈和谐所自然充养者。凝聚成德、显发为爱，仁就远不只是个人之觉醒，而是感应天地人之召唤，有所兴作、有所感发。

仁之刚德与柔德，中和为温德，温厚之德也。仁之忧情与乐情，中和为温情，温存之情也。陈少明从温度之热与冷，体会热爱与怜爱，前者包括西方人的爱欲或浪漫之爱，后者如佛家慈悲为怀、儒家不忍人之心。亲子之爱，既是天伦之乐，又有道德义务；热爱与怜爱、热忱与沉静，在此可以互相转化。亲情让热情转化为温情而稳定持续，夫妇之情也成为亲情。亲亲、仁民、爱物，儒家由之点化自然情感，导发道德责任，拓展生命情怀。[①] 王凌云认为，华夏民族共同体的生命与精神纽带，就是家—国—天下的仁爱这种温暖之爱。温与暖（煖），分别来自先民对水与火的经验，而水火皆归于气之运行；阴阳并济，构成中国风教的基本氛围。基督教的挚爱、古希腊的爱欲，皆易失去分寸，仁爱自然葆有冷热之中道的柔和、分寸感与节制之德，此乃温克、温文之爱，是华夏民族天然亲近的中道生活氛围。[②] 贡华南认为"温"是儒者身家之所在，《诗》《书》以温为德之基，孔子进而以仁为温充实新义，兼有内在精神之和厚、外在德容之和柔。唯有仁德者能温，以"德温"融和润泽人事物，契入生命之根、仁爱之道，生机焕发而日新。较之佛家以"凉"在世、道家以"淡"在世，

[①] 参见陈少明：《忍与不忍——从德性伦理的观点看》，收入《经典世界中的人、事、物》，上海：上海三联书店2008年版，第197—198页。

[②] 参见王凌云：《温暖的现象学——一个以萌萌思想为线索的考察》，萌萌学术工作室主编：《人是可能死于羞愧的》（《启示与理性》第7辑），北京：三联书店2016年版，第246—247页。

儒者直接可感的在世气象就是"温"。① 温德主乎理，以中节合宜为常度；温爱主乎情，以体恤包容为常态。辜鸿铭谓"温良"乃中国人的可贵品质，包括善解人意与通情达理，来自天性至深之情。② 情理交融、德爱互渗，从天地人之息息相关的共生体涌现而出，呼吸与共而有恒温、常温。温情不是宗教超越性的炽情，不是非理性之欲望沉溺的迷情，也不是天地不仁的无情、万有皆空的非情。温德既不同于取法乎上的意识形态公德，占领制高点、侵入私领域，也不同于取法乎下的原子个体私德，死守下限、漠不相关。仁者的常温之德、恒温之爱，刚柔调和、忧乐圆融，体感于天地人之共生共荣的温度。"阳春布德泽，万物生光辉"（汉乐府《长歌行》），仁德仁爱之温，温暖每一个有血有肉的生命，从内在的相关性、最深的共通性之中，涌现鲜活的个体性。

温爱、温德之所以温，儒者气象之所以温醇、温和，关键在于孔子贴近常理常情而提炼的"仁"，为中国文化带来生命意义的活源。人因仁而有所安住、有所依托，性情得以涵养，气质得以变化。孔子的仁，一方面接续、整合了以前的仁论脉络，另一方面又将其系连于家庭与亲情，从而使其获得更为广大也更为切实的地基，人人皆可就近体认、终身笃行。厚德与深爱之"温"，精神气象之"温"，就来自儒学以家庭为地基、以亲情为根芽，这是又一种意义上的"仁之方"，精神得以定桩的方所，信念得以生根的方位。这一方所方位的明确，也伴随着意义承担者的身

---

① 参见贡华南：《从"温"看儒者的精神基调与气度》，《学术月刊》2014年第10期，第41—47页。
② 参见辜鸿铭：《中国人的精神》，收入《辜鸿铭文集》下卷，黄兴涛译，海口：海南出版社1996年版，第28—31页；参见黄兴涛：《文化怪杰辜鸿铭》，北京：中华书局1995年版，第183—185页。

位转移。季旭昇在屈万里之仁字含义小史的基础上,大致界定仁观念的范围是人之所以为人的特质与表现,在内是恤众爱人,在外是仪容、与能力相应的德行。观念演化有其历时轨迹:殷末周初,仁是领导者应有之品行;孔子之前,仁是贵族应有之品行;孔子时代,仁是士人应有之品行,进而扩大为全部美德,成为做人的高境。① 陈来认为孔子致力于培养整体的生活方式与整体的高尚人格,尤其突显"仁"作为最高德性与全德代表,同时把君子树立为理想人格,转化了君子此前特指统治者的定位。② 史华慈已有类似表述,周朝的祖先、统治者或品格高卓的贵族,拥有内在德性,亦即精神与伦理能力,因而也有资格获得权力;但孔子聚焦于"仁",使得道德能力不再只是当权者的特权,而可以为普通人所具有;进一步说,普通人也可以教育其他普通人如何成为高尚之人。③ 对于三代累积的文化传统,孔子有继述也有创作,以"仁"转化"德"、激活"礼",更新了道德主体与实践重点。周代统治者敬德保民的为政之德,在孔子这里内化为仁德仁爱,尤其使之凸显成为士君子人人皆具的德能,并且以家庭为最基本的方所。德性的位置从天命落实到人际,道德主体从贵族扩展到常人,实践领域从政治转移到伦常生活,关注重心从仪

---

① 参见季旭昇:《从清华简谈"仁"的源起》,《出土文献与中国古代文明:李学勤先生八十寿诞纪念论文集》,北京:中西书局2016年版,第303—304页。

② 参见陈来:《孔子·孟子·荀子:先秦儒学讲稿》,北京:三联书店2017年版,第46—47页。

③ 孔子并不否定世袭等级制,并且寄望于出身高贵者,尤其是统治者能够率先垂范,以其神圣权威与地位,让整个社会的道德化进程得以顺畅推行。参见[美]本杰明·史华慈:《古代中国的思想世界》,程钢译、刘东校,南京:江苏人民出版社2004年版,第76—77页。

容提升到心志,而必须体现于行、展演于礼。

仁德仁爱,发端于家庭共同体的亲情与责任感,接受礼仪的指引、规导,人性与人文结合而塑造情理结构。人之与人共在,从家庭的小共同体进入更大的社群共同体、政治共同体,以各种身份出入生活世界各层各级的共同体,从中探求更好的生活方式,道德人格也不断趋向完善。生活世界自有条理次序,类比于家庭内部自发形成的伦序。郝大维、安乐哲谓家庭由角色(伦)而得以表达,"社会关系的礼仪之'轮'振荡(沦)于话语(论)区域之中",每个人皆由人际之纶网而得以成长;作为"焦点/角色"之模糊区域的表达,每一伦都具有全息特征。① 安乐哲看重如何在辐射秩序与涟漪网络之中,"活成"人的角色与关系;理想秩序的发展、维护,围绕着"仑"(侖)字而得到文字表达,串联起一簇意象:挑选之抡、织拧之纶、条理言说之论、活水泛纹之沦。② 从亲子家庭小共同体向外扩展,推及大大小小的社会生活共同体,亲子家庭本身又内在于这些生活共同体,犹如一个个浪头从大海涌现。共通的伦序贯穿其间,互动共振,构成"仁"之兴发振荡的方域,亦即脉络化的生活境域。费孝通谓人伦乃儒家最为考究者,"伦"是有差等的次序,人人往来构成网络,如水纹波浪一圈圈推扩而以伦为本。③ 又提及其师潘光旦之论:汉字以仑作公分母者,皆共有条理、类别、秩序之意,既有关系和谐又

---

① 参见[美]郝大维、安乐哲:《期望中国:中西哲学文化比较》,施忠连等译,南京:学林出版社2005年版,第332—334页。
② 参见[美]安乐哲著:《儒家角色伦理学——一套特色伦理学词汇》,[美]孟巍隆译,济南:山东人民出版社2017年版,第110—112页。
③ 参见费孝通:《乡土中国》,北京:三联书店1985年版,第25—26页。

有类序辨析,亦分亦合,实已包括社会生活之全部。[①] 亲子伦序与人世伦理的相关性,梁漱溟的阐发尤为亲切。伦即世人彼此相与而有关系,自幼及长,从家庭到社会,四面八方远近亲疏深浅久暂,关系无穷无尽。由此而自然有情有义,以伦理本位组织社会,所贵者乃"彼此相与之情","互以对方为重"。[②] "人之相与,俯仰一世"(王羲之《兰亭集序》),人生共在于世,发育成长于脉络化的境域,充分取益于其丰富多样的资源以完善自身,又转而促进生活伦序之完善,推助其新一轮的推运。安乐哲阐明,中国古代宇宙既非希腊一元式亦非印度多元式,而表现为"如是世界或运行世界",秩序生成于过程。这里没有创世,因为"始"作为开端,本就是胚胎之始,与"胎"、"诒"(留传)、"贻"(遗留)相关,"这种文字弥漫着家传的性:宗、母,还包括了帝与天"。[③] 生命情理的交通,以攒簇错落的人家作为现实发端的方所,以人生情境、人世场合作为往来沟通的方域,涌现波沦相推、经纬交织的样态。家庭—社群—国家,分形模拟、全息关联,伦理共同体的宏微分布,如环之串联,如圈之嵌套,千变万化不离其宗。

共通的生命伦序,以上下大小、彼此远近的形式搭配,涌现

---

① 参见潘光旦:《说"伦"字——说"伦"之一》《"伦"有二义——说"伦"之二》,潘乃穆、潘乃和编:《潘光旦文集》第十卷,北京:北京大学出版社2000年版,第132—136、146—158页。
② 参见梁漱溟:《中国文化要义》,中国文化书院学术委员会编:《梁漱溟全集》(第三卷),济南:山东人民出版社1990年版,第81—82、94—95页。
③ 参见[美]安乐哲:《汉哲学关联思维模式》,田辰山译,收入《和而不同:比较哲学与中西会通》,温海明等译,北京:北京大学出版社2002年版,第120、134页。

实质性的亲洽、理义、界别、差序、诚信①,分别涉及亲代与子代血亲感通,上级与下级之主从得宜,男女情爱之兴发和检束,手足之长幼不紊、进退秩然,朋友关系之诚信维系。五伦之为达道,家庭、宗族、社群、邦国,织就人世通行之道,协调诸层诸域诸关系,化解纷争,维护稳定,保障社会的长久良好运行。仁人以忠恕为方式、途径,参与各个方所、不同方域的道德实践、情感沟通,逐级扩展而有方向。这是"仁之方"的又一重含义,以整个天下为生命感达之方向,以崇高天命为精神感领之方向。人世常伦就通向天地彝伦,彝即敬神祭祖之礼器,又有恒常不变、永久不易之意,彝伦乃天地之常道、通则,兼有神圣义与世间义。人文世界遂取法于天垂象、地成形、神示征兆,居间升起文而化之的人世道路之网。唐文明以天伦、彝伦为根本视域,"仁"即天命在己的本真所是之不断生成,行仁即与人一道本真共在、成其为人,因而不能降格为心理学的同情心。由天人感应出发,仁、孝皆具有超越性;天地以生生之仁向人发出感召,人以亲亲之孝向天地之心做出回应,超乎血缘情感而成为德性的觉情。②陈赟阐明"里仁"之真意,居住于仁就是与他人一道共同成为人;以仁为居住方式,彰显人之所以为人的人格之位,由此位格乃有天与人的通达。仁的位置,就是孔子为中华民族所作的思

---

① 《孟子·滕文公上》以父子、君臣、夫妇、长幼、朋友五伦为人伦之要道。《中庸·第二十章》以父子、君臣、夫妇、昆弟、朋友为"天下之达道"。《尚书·舜典》有"五品",《左传》有"六顺"(《隐公三年》)、"五教"(《文公十八年》),还有近似后世之"十义"的表述(《昭公二十六年》)。

② 参见唐文明:《与命与仁:原始儒家伦理精神与现代性问题》,石家庄:河北大学出版社2002年版,第51—58、244—249页;《仁感与孝应》,《哲学动态》2020年第3期,第24—36页。

想奠基,人必须在仁位乃与同类、万物、天地鬼神产生感通。① 柯小刚敞开"仁"作为原初时空地带的意义,先于个体及其关系而让人在其间成为人;通释"志于道,据于德,依于仁,游于艺",大道日新而祈向于天,反身自修而承载于地,团体共修而感通于人,三才悠游而成就于艺。② 上天有好生之德,大地有厚生之殖③,人世有协和共生之仁。戴天履地而安居于原初的伦常时空,人与他人一起成其为人。成人就是真正成就人性、人格,位于正位、导乎公道、行于中行,上感天命之感召,由近及远以感通天下之心志。"吾非斯人之徒与而谁与"(《微子》),与人同群而一起成人,协同趋向人格、人生、人世的不断完善。天道在上,指引精神之永恒;性德在内,支撑生命之坚实;周遭弥漫真诚情意,相与扶持;全身心投入生活艺术,悠游不尽。

仁道—仁德—仁爱—仁艺,贯通于人之成人的行程,生生不已而上达于天。"天"是至大无外、涵纳万有的共生体,"仁"是共生体所有因素饱含的丰富多样的协洽、涵和。共生体的整合之能、联结之功,从身心深层要求每一位具体的人,自内兴发整合包容、联结感通的欲愿。这是共生体之同呼吸共命运、好生向

---

① 参见陈赟:《"里仁"与人的居住方式——〈论语·里仁〉的思想及精神》,《人文杂志》2009 年第 2 期,第 29—35 页;《仁的思想与轴心时代中国的政教典范》,《学海》2012 年第 2 期,第 116—123 页。

② 参见柯小刚:《海德格尔的"时间—空间"思想与"仁"的伦理学》,《同济大学学报》2006 年第 1 期,第 74—79 页;《志于道 据于德 依于仁 游于艺》,《贵州文史丛刊》2016 年第 1 期,第 1—8 页。

③ 德与惪(悳)、直、植、殖,共同关联于有机体之萌芽、生长。参见[美]郝大维、安乐哲:《通过孔子而思》,何金俐译,北京:北京大学出版社 2005 年版,第 269 页。艾兰(Sarah Allan)亦赞同安乐哲的如下见地:德内之"直",象征生物体无偏差的垂直生长。参见[美]艾兰:《水之道与德之端:中国早期哲学思想的本喻》,张海晏译,上海:上海人民出版社 2002 年版,第 117 页。

善之类性,涌现于家而钟聚于人,由此萌发厚德与深爱,自觉与人协同趋向完善。贞立德性之高卓,培育其深厚;推达爱意之宏远,涵养其深沉。"我欲仁,斯仁至矣"(《述而》),应当这样领会:决意唤醒凝聚于己的共生之性,生命就有机会得到真正的敞开,不断提升、不懈通达,人世和谐共生之道乃向人呈示其美善,让人愈发受到引领、得到启迪,深入生活本身以助益其美好与完善。安居于仁而培育人性,就不单是为了个体道德修养,也不是对这个人那个人施以关爱,在根本上恰恰是超乎个己,上达于共生体之通性与完形。越是自觉汲取更广大的共性,越能更好彰显独一无二的个性,成就交互主体与共生主体。个己从天地生境涌现生成,有赖于生民与庶类提供物质精神养分,有责任与人协同完善,各以其独特与优异,助益全社会的丰富与和谐,进而回报天地养育的厚德深爱。仁之"方",仁的根本方向,就是取法天地又反馈天地。蒙培元即谓孔子的"吾道一以贯之",实乃上达于天道、天命,从终极关切而言,就是贯通天人,培育天赋在人之善质而上达于天。[①] 协同生存于天地家园,仁者以人为基本关怀,以天为终极祈向,兴发共生之德,培养共感之爱,参助共养之道,促进共善之政,奉献共美之艺。这才对得起人世的礼赠,不辜负天地的恩赐。

六 脉动不息

孔子之道就是仁道,以人之成人为主脉,感领天命而培育亲

[①] 参见蒙培元:《重新解读孔子的天人之学》,王中江、李存山主编:《中国儒学》(第一辑),北京:商务印书馆2009年版,第119—134页。

情,遍涉修身、治家、为政、安邦,涵括整全存在之各维各层。陈来指出,孔子的美善伦理追求的是完整之善,以养成综合性的君子人格为旨归,由此趋向于整体。整体的仁,包含美德、道德法则、人生原理、实践准则、精神境界。① 刘昌元综汇仁之诸多面相,予以浑整、连贯的把握:仁即人对真善美的感通能力与实践动力。此解既有概括性,又不流为笼统空洞,足以涵盖仁之广义与狭义、动力义与原则义、潜能义与实现义。② 人世理想—人生境界—人格标准—人心秩序之连续统,仁是其本质、完形,以人作为现实的生命载体,凝聚于德,显发于爱,让人全身心从内部涌起责任感、关联性。德性得爱意之涵润,爱意受德性之贞立;论先后显隐,爱为先为显;论主次重轻,德为主为重。植根于共生共命之态,德性培育生命让其丰厚中正;导源于互成互益之势,爱心传导生意让其顺畅和洽。德有高下,从散殊进升为整全而以中为节;爱有宽狭,由分别推扩于共通而以和为度。仁德高尚、仁爱宽惠,根源于天地家园共生互成的仁道,礼是天地经纬、人间秩序,为崇德推爱指引正路。人之成人/成仁,依循天地常伦,以不懈的德性培树、爱心推达,与人协同趋向完善,共同成为天地家园的优秀成员,感报天生地养、万类协济的深恩。

孔子之前,"仁"的言说散见于贵族阶层的政德论述,孔子予以系统整合、全面提升,成为人格之全德、人文之本质、人生之至境、人世之大道。孔子仁学质朴、浑整,犹如元始的种子,为后

---

① 参见陈来:《孔子·孟子·荀子:先秦儒学讲稿》,北京:三联书店2017年版,第39—40页。
② 参见刘昌元:《仁的当代解释:一个批判的回顾及新的尝试》,刘笑敢主编:《中国哲学与文化(第一辑):反向格义与全球哲学》,桂林:广西师范大学出版社2007年版,第134—160页。

世儒学的抽枝开花结果,提供了理论原型、生命完形,成为后人一再复归而重启的开端,永远能够从中获得感发、引导。李泽厚在1980年就总结了孔子仁学的整体模式:(一)血缘基础:从亲属关系、等级制度提炼普遍意义;(二)心理原则:内在伦理诉求—心理意愿;(三)人道主义:以社会关系、社会交往以及相互责任作为人性本质;(四)人格理想:个体自觉与人格塑造。四因素互相作用,产生了反过来支配它们的共同特性——实用理性,构成中国传统的文化—心理结构之母型。① 牟钟鉴概括仁学演化阶段及其特征:早期以爱释仁,孔孟建立伦理哲学;中期以生释仁,朱子、阳明建立宇宙哲学;晚期以通释仁,谭嗣同建立社会哲学;爱、生、通,与诚结合,四大原则构建当代新仁学。由此概括仁学主脉:体用论,仁为本,和为用;生命论,生为本,诚为魂;真理观,道为归,通为路。② 黄俊杰划分四个阶段:孔子之前,仁是众美德之一;从孔孟到董子、韩愈,构建以爱言仁的伦理学;从张子、二程到朱子到阳明,是仁的存有论与宇宙论;以康有为、谭嗣同为翘楚,彰显仁的政治学面相。通其源流而言其意蕴,仁分四类两组:在内是身心安宅、生生德能;在外是社会伦理、政治事业。仁通贯内外,仁政以仁心为基。③

　　孔子以后的仁学流变,脉动不息,高峰迭起。具有路标作用与里程碑意义的思想家,自以孟子为首。承接孔子以"爱人"答

---

① 参见李泽厚:《孔子再评价》,收入《中国古代思想史论》,北京:三联书店2008年版,第10—29页。
② 参见牟钟鉴:《儒家仁学的演变与重建》,《哲学研究》1993年第10期,第45—50页;《儒学史上的仁学"脉动"》,《祖国》2012年第21期,第50—51页。
③ 参见黄俊杰:《东亚儒家仁学史论》,台北:台湾大学出版中心2017年版,第136—153页。

樊迟问仁,孟子提出"仁者爱人"(《孟子·离娄下》);承接子思"仁者,人也,亲亲为大"(《中庸》第二十章),孟子提出"仁也者,人也"(《孟子·尽心下》)。人之所以为人,在于爱人,亲亲是立爱之始,恻隐是推爱之端,善加培育、推扩而延及物类。"万物皆备于我""反身而诚"(《孟子·尽心上》),天心人意、事理物情之伦序,莫不具乎吾身,反身尽心知性,自觉提升而遥契于天,这是承接子思"天命之谓性"(《中庸》第一章)、子游"性自命出,命自天降。道始于情,情生于性"(郭店楚简《性自命出》)。秉承天命而发乎天性,安养万民是仁政。反对告子仁内义外之论,孟子主张仁义皆内于心。仁为安宅,义为通路,居仁而由义,行于人伦之达道。仁是包容、融合、和洽,礼是等次有序、伦类不紊,义是合宜抉择、正当裁断,智是察时之敏、度势之明,信是坚实可靠、稳定可期。仁为诸德之一,又是全德,亦即协和共生、久续永生之大德。孟子的四端说(《孟子·告子上》),凸现了心性主体的意志自主、道德自觉:恻隐之心,仁之端,不忍于欠缺与残损;羞恶之心,义之端,明耻而嫉恶;辞让之心,礼之端,居下以谦,处后以恭;是非之心,智之端,善断合德与不德。

"君子尊德性而道问学"(《中庸》第二十七章),似可呈现孟子与荀子之别,展现为一系列对应:德与智,仁义与礼义,人性与人文,尽心与劝学,扬善与防恶,独立人格与群体秩序,集义养气与习礼治气。孟子用意于道德主体的无限心,发掘其先天固有的善性,充养浩气、树立大志,自内涌现而践行。荀子着眼于能群之人的生物有限性,强调"化性而起伪"(《荀子·性恶》),注重后天的学习与实践,"积善成德"(《荀子·劝学》),以礼仪秩序规束欲望,从外调治而美其身。孟子贯通天人,尽性以知天,挺立道德人格的超越性,践行于五伦之达道,仁政亦发乎仁心。

荀子提倡天人相分,"制天命而用之"(《荀子·天论》),"礼者,人道之极也"(《荀子·礼论》),制定仪节又以社会和谐正义为本,"处仁以义""行义以礼""制礼反本成末"(《荀子·大略》),依循礼义以奉行先王之道,成就政治人格的实践性。荀子隆礼重法,弟子韩非、李斯成为法家的代表,为秦制提供了理论基础。汉承秦制,汉儒董仲舒以儒学吸纳道家、阴阳家,驯化法家,建立天人感应的宇宙系统论。"仁,天心"[①],"天,仁也。天覆育万物,既化而生之,又养而成之……察于天之意,无穷极之仁也。人之受命于天也,取仁于天而仁也"[②]。这是遥承《易传》的论述,"天地之大德曰生,圣人之大宝曰位,何以守位曰仁"(《易传·系辞下传》)。人的贪仁之性,根据就在天的阴阳二气,"人之诚,有贪有仁。仁贪之气,两在于身。身之外,取诸天。天两有阴阳之施,身亦两有贪仁之性"[③]。阴阳、刚柔、仁义,《易传·说卦传》分别匹配天地人三才之道。君臣、父子、夫妇之义,董子各取阴阳之道乃成三纲,仁义礼智信五常又与天道五行匹配,人己分说仁义,"以仁安人,以义正我;故仁之为言人也,义之为言我也"[④]。这延续了爱人为仁的他者关怀,又增加了以义自正的

---

① 〔清〕苏舆撰,钟哲点校:《春秋繁露义证·俞序》,北京:中华书局1992年版,第161页。

② 〔清〕苏舆撰,钟哲点校:《春秋繁露义证·王道通三》,同上,第329页。

③ 〔清〕苏舆撰,钟哲点校:《春秋繁露义证·深察名号》,同上,第294—296页。

④ 〔清〕苏舆撰,钟哲点校:《春秋繁露义证·仁义法》,同上,第249页。

对比①,深得"躬自厚而薄责于人"(《论语·卫灵公》)之旨。"仁者所以爱人类也",心存衷恳、恭和谦让,好恶各得其正,不生敌意、不起妒念,坦诚又欣乐,祛狡妄、禁邪悖,"故能平易和理而无争也"②。汉唐儒学有其一贯性。韩愈以仁义为定名,"博爱之谓仁,行而宜之之谓义"③,构建儒学道统论,复兴先王之道,攘斥佛老之非,遥开宋代道学之先声。

宋儒受佛教刺激而构建道学体系,深入开掘儒学心性面相,把道德拔升到本体论的层级,补全了儒学的超越维度。周敦颐以"道之得于心者"为五德,"爱曰仁,宜曰义,理曰礼,通曰智,守曰信"④。以爱释仁是先儒之常言,周子更谓"圣人定之以中正仁义",本乎"无极而太极"以"立人极焉"⑤,"生,仁也;成,义也""以仁育万物,以义正万民"⑥。张载肯定"太虚即气"⑦,捍卫天地实有,驳斥佛老之虚无。以宗亲排序、政治构建、人文关怀之喻,形象呈示天地万物同体。"乾称父,坤称母;予兹藐焉,乃浑然中处。故天地之塞,吾其体;天地之帅,吾其性。民,吾同

---

① 陈来认为这种对比的讲法,为先秦儒学各派所无。伦理之仁,指向他人;修身之仁,指向自我。克己与爱人也是如此,修己与治人亦然。参见陈来:《"仁者人也"新解》,《道德与文明》2017年第1期,第5—9页。
② 〔清〕苏舆撰,钟哲点校:《春秋繁露义证·必仁且智》,北京:中华书局1992年版,第257—258页。
③ 〔唐〕韩愈撰,马其昶校注、马茂元整理:《韩昌黎文集校注》,上海:上海古籍出版社1986年版,第12页。
④ 〔宋〕周敦颐:《通书·诚几德》,载〔宋〕周敦颐著,陈克明点校:《周敦颐集》,北京:中华书局1990年版,第16—17页。
⑤ 〔宋〕周敦颐:《太极图说》,载〔宋〕周敦颐著,陈克明点校:《周敦颐集》,同上,第3—6页。
⑥ 〔宋〕周敦颐:《通书·顺化》,载〔宋〕周敦颐著,陈克明点校:《周敦颐集》,同上,第23页。
⑦ 章锡琛点校:《张载集》,北京:中华书局1978年版,第8页。

胞;物,吾与也"①,本乎共生共命的天地仁境,"大其心则能体天下之物"②。程颢体会尤深,即乎生气贯注以喻仁,"医书言手足痿痹为不仁,此言最善名状。仁者,以天地万物为一体,莫非己也。……如手足不仁,气已不贯,皆不属己","仁者,浑然与物同体"。③ 又谓:"若夫至仁,则天地为一身,而天地之间,品物万形为四肢百体。夫人岂有视四肢百体而不爱者哉?"④天地万物一气周贯,呼吸与共而痛痒相关,合为一大身体,通身气血周流遍注而无不贯,仁即此大身之感通也,感之以互振、共鸣,通之以眷顾、爱抚。较之兄长的通达、和融,程颐坚执性理的深度与纯度,反对以爱言仁,"仁之道,要之只消道一公字。公只是仁之理,不可便将公唤作仁。公而以人体之,则为仁。……恕则仁之施,爱则仁之用也"⑤,"爱自是情,仁自是性,岂可专以爱为仁?……仁者固博爱,然便以博爱为仁,则不可"⑥,"仁,理也;人,物也。以仁合在人身言之,乃是人之道"⑦。这是基于天理之性与气质之情的严判,前者大公至正,后者有偏私之虞。二程弟子

---

① 章锡琛点校:《张载集》,北京:中华书局1978年版,第62页。
② 同上,第24页。
③ 《河南程氏遗书》卷第二上"二先生语二上",载〔宋〕程颢、程颐著,王孝鱼点校:《二程集》,北京:中华书局1981年版,第15—16页。
④ 《河南程氏遗书》卷第四"二先生语四",载〔宋〕程颢、程颐著,王孝鱼点校:《二程集》,同上,第74页。《宋元学案》将此则语录收入《明道学案》。参见〔清〕黄宗羲原著,全祖望补修,陈金生、梁运华点校:《宋元学案》第一册,北京:中华书局1986年版,第553页。
⑤ 《河南程氏遗书》卷第十五"伊川先生语一",载〔宋〕程颢、程颐著,王孝鱼点校:《二程集》,同上,第153页。
⑥ 《河南程氏遗书》卷第十八"伊川先生语四",载〔宋〕程颢、程颐著,王孝鱼点校:《二程集》,同上,第182页。
⑦ 《河南程氏外书》卷第六,载〔宋〕程颢、程颐著,王孝鱼点校:《二程集》,同上,第391页。

谢良佐承接明道以手足痿痹喻不仁,直接以觉言仁,"心有所觉谓之仁"①,"活者为仁,死者为不仁。今人身体麻痹不知痛痒谓之不仁,桃杏之核可种而生者谓之仁,言有生之意"②,"不仁是不识痛痒,仁是识痛痒。儒之仁,佛之觉"③。杨时的门徒、二程再传弟子张九成更有近禅之言,"仁即是觉,觉即是心,因心生觉,因觉有仁",成为明道、上蔡与象山之间的思想桥梁。④

两宋理学的集大成者朱子,继承伊川分判仁与爱、性与情的思路,提出了著名的命题:"仁者,爱之理,心之德也。"⑤仁是寓居于爱意的天理之性,也是包孕于人心的全德之根。"仁是根,恻隐是萌芽"⑥,"理是根,爱是苗","仁是根,爱是苗","爱是恻隐。恻隐是情,其理则谓之仁"⑦。单就恻隐而言,理为爱之根基,仁为恻隐之根基;兼四端之心而言,爱、宜、别、知乃合为全德。明道有名言"万物之生意最可观,此元者善之长也,斯所谓

---

① 〔宋〕朱熹:《论语精义》卷第六下"谢曰",朱杰人等主编:《朱子全书》第7册,合肥:安徽教育出版社2002年版,第419页。

② 〔清〕黄宗羲原著、全祖望补修,陈金生、梁运华点校:《宋元学案》第二册,北京:中华书局1986年版,第917—918页。

③ "儒之仁,佛之觉"一句,乃是曾恬记录本所独有。〔宋〕谢良佐语,曾恬、胡安国编:《上蔡语录》卷二,收入〔清〕永瑢、纪昀等编纂:《文渊阁四库全书》"子部二"之"儒家类",上海:上海古籍出版社1987年影印台湾商务印书馆本,第1页之右栏。

④ 参见〔宋〕于恕辑:《无垢先生横浦心传录》卷上,收入《四库全书存目丛书》"子部"第83册,济南:齐鲁书社1997年影印〔明〕吴惟明刻横浦先生文集附,第31页之右栏。

⑤ 〔宋〕朱熹撰:《四书章句集注》之《论语集注》,北京:中华书局1983年版,第48页。

⑥ 〔宋〕黎靖德编,王星贤点校:《朱子语类》卷第六"性理三",北京:中华书局1986年版,第118页。

⑦ 〔宋〕黎靖德编,王星贤点校:《朱子语类》卷第二十"论语二",同上,第464—465页。

仁也"①,有名句"万物静观皆自得,四时佳兴与人同"②,还称引濂溪不除窗前草,因其"与自家意思一般"③,又有"观鸡雏"之语④。朱子于此并不隔膜,曾为门人指点仁之意味:"鸡雏初生可怜意与之同。"⑤著名的《仁说》,开篇即云"天地以生物为心者也,而人物之生,又各得夫天地之心以为心者也"。天地之心有元亨利贞四德而元无不统,运行之序有春夏秋冬而春气无不通,人心之德有仁义礼智而仁无不包,发用之情有爱恭宜别而恻隐之心无不贯,"盖仁之为道,乃天地生物之心,即物而在"。⑥ 朱子又以四时生意言仁,亲切可感:"春为仁,有个生意;在夏,则见其有个亨通意;在秋,则见其有个诚实意;在冬,则见其有个贞固意。在夏秋冬,生意何尝息!本虽凋零,生意则常存。大抵天地间只一理,随其到处,分许多名字出来";"仁者,仁之本体;礼者,仁之节文;义者,仁之断制;知者,仁之分别。犹春夏秋冬虽不同,而同出于春:春则生意之生也,夏则生意之长也,秋则生意之成也,冬则生意之藏也"。⑦ 生意周遍而分四时,天理通贯而

---

① 《河南程氏遗书》卷第十一"明道先生语一",载〔宋〕程颢、程颐著,王孝鱼点校:《二程集》,北京:中华书局1981年版,第120页。
② 〔宋〕程颢:《秋日偶成》其二,《河南程氏文集》卷第三"明道先生文三",载〔宋〕程颢、程颐著,王孝鱼点校:《二程集》,同上,第482页。
③ 《河南程氏遗书》卷第三"二先生语二",载〔宋〕程颢、程颐著,王孝鱼点校:《二程集》,同上,第60页。
④ 记录者谢良佐于句下有注:"此可观仁。"《河南程氏遗书》卷第三"二先生语二",载〔宋〕程颢、程颐著,王孝鱼点校:《二程集》,同上,第59页。
⑤ 〔宋〕黎靖德编,王星贤点校:《朱子语类》卷第六"性理三",北京:中华书局1986年版,第119页。
⑥ 参见〔宋〕朱熹:《晦庵先生朱文公文集》卷六十七《仁说》,朱杰人等主编:《朱子全书》第23册,合肥:安徽教育出版社2002年版,第3279页。
⑦ 〔宋〕黎靖德编,王星贤点校:《朱子语类》卷第六"性理三",北京:中华书局1986年版,第105、109页。

有四德,此乃以全德之"仁"包合殊德之"仁义礼智",体现了朱子的重要命题"理一而分殊"。伊川曾以生喻仁,"心譬如谷种,生之性便是仁也"①,其重心当然是生之性理,朱子看得分明。②朱子自己也讲"看茄子一粒,是个生性"③,"谷种、桃仁、杏仁之类,种着便生,不是死物"④。朱子再传弟子真德秀亦谓,万物禀得天地发生之心以为心,生意由此发出,又成无限物;莲实之中心,有所谓幺荷者,俨如一根之荷。⑤ 而上蔡所讲桃杏核仁的生意,却是生命知觉,朱子对此表示反对。"仁固有知觉,唤知觉做仁,却不得","觉,决不可以言仁,虽足以知仁,自属智了。爱分明是仁之迹"。上蔡执着于"觉"字,有近禅之嫌,而杨时"万物与我为一"之言,也失之泛泛而未得实质,"不是仁之体,却是仁之量。仁者固能觉,谓觉为仁,不可;仁者固能与万物为一,谓万物为一为仁,亦不可"。以觉言仁虽然不乏生意,但说得冷了,毕竟是知多而仁少,未能体贴仁的温和之意。⑥ 以觉言仁,容易堕入自然性的知觉作用,见用而不见性,近欲而违理。至于笼统地

---

① 《河南程氏遗书》卷第十八"伊川先生语四",载〔宋〕程颢、程颐著,王孝鱼点校:《二程集》,北京:中华书局1981年版,第184页。
② 程子所言"生之性",朱子认为就是"爱之理"。〔宋〕黎靖德编,王星贤点校:《朱子语类》卷第二十"论语二",北京:中华书局1986年版,第469页。
③ 〔宋〕黎靖德编,王星贤点校:《朱子语类》卷第四"性理一",同上,第63页。
④ 〔宋〕黎靖德编,王星贤点校:《朱子语类》卷第六"性理三",同上,第113页。
⑤ 真德秀又引上蔡之言桃仁杏仁内有生意,才下种便开始生发。参见〔清〕黄宗羲原著、全祖望补修,陈金生、梁运华点校:《宋元学案》第四册,北京:中华书局1986年版,第2700页。
⑥ 参见〔宋〕黎靖德编,王星贤点校:《朱子语类》卷第六"性理三",第118—119页。

讲万物一体,如果缺乏克己的实地工夫,就只是空疏浮泛之言,反而导致后学凌虚蹈空、玩弄光景。朱子《仁说》遂有此结论:"泛言'同体'者,使人含糊昏缓,而无警切之功,其弊或至于认物为己者有之矣。专言'知觉'者,使人张皇迫躁,而无沉潜之味,其弊或至于认欲为理者有之矣。"①

朱子"理本论"乃道学主流,陆象山戛戛独造"心本论",为道学别开生面。"夫子以仁发明斯道,其言浑无罅缝,孟子十字打开,更无隐遁"②,象山立乎其大、取法乎上,径以"本心"为宇宙本体,上接孟子"良知""良能""万物皆备于我"诸说,其学直截、简劲、彻底,毕显心地之光明。"盖心,一心也;理,一理也。至当归一,精义无二,此心此理,实不容有二""仁即此心也,此理也","人皆有是心,心皆具是理,心即理也"。③ 心即理,仁即心,彻上彻下就是天地人一贯之道。"道塞宇宙,非有所隐遁,在天曰阴阳,在地曰柔刚,在人曰仁义。故仁义者,人之本心也","仁,人心也。心之在人,是人之所以为人,而与禽兽草木异焉者也"。④ 本心之能,至大至正,"心之所为,犹之能生之物得黄钟大吕之气","施宣于内,能生之物莫不萌芽"。⑤ 象山的心本论,

---

① 〔宋〕朱熹:《晦庵先生朱文公文集》卷六十七《仁说》,朱杰人等主编:《朱子全书》第 23 册,第 3281 页。

② 〔宋〕陆九渊著,钟哲点校:《陆九渊集》卷三十四"语录上",北京:中华书局 1980 年版,第 398 页。

③ 〔宋〕陆九渊,钟哲点校:《与曾宅之》《与李宰》(二),《陆九渊集》卷一、卷十一,同上,第 4—5、149 页。

④ 〔宋〕陆九渊,钟哲点校:《学问求放心》,《陆九渊集》卷三十二"拾遗",同上,第 373 页。

⑤ 〔宋〕陆九渊,钟哲点校:《敬斋记》,《陆九渊集》卷十九"记",同上,第 227—228 页。

透显德性之厚度,洞入存在之深度,更因其本心与天理的纯然合一,饱含理论的力度、意志的强度。同样承接孟子尽心说,心学集大成者王阳明曾实践朱子格致之论,格竹子而病倒,返由自家的人生历练彻悟"良知"为心之本体,上通孟子的良能、良知,此乃"仁义礼智根于心"(《孟子·尽心上》)的本性。"仁是造化生生不息之理","良知即是天植灵根,自生生不息",灵根亦须善加培壅、灌溉,"种树者必培其根,种德者必养其心","一念为善之志,如树之种"。① 万物一体之论,在道学家已成共识,阳明的"一体之仁"表述得更为充分、饱满:"大人者,以天地万物为一体者也,其视天下犹一家,中国犹一人焉","大人之能以天地万物为一体也,非意之也,其心之仁本若是,其与天地万物而为一也",见孺子入井、鸟兽哀鸣觳觫、草木摧折、瓦石毁坏,油然而有怵惕恻隐之心、不忍之心、悯恤之心、顾惜之心,因其仁心与之为一体,"是其一体之仁也"。② 阳明的"大人",不仅呼应象山的"大做一个人"③,也遥遥应和着张载的"大其心"以及明道的"天地为一身"之大身。天地乃一大身心,万物亦包贯如一大人体,切身之通情的原生感动,浑如内在而源发的震波,随距离远近便有劲道强弱之异,然其通为同体仁心之灌注流布则一也。"一体之仁"继续拓展:万物皆有良知,"风雨露雷、日月星辰、禽兽草

---

① 〔明〕王守仁撰,吴光、钱明、董平、姚延福编校:《王阳明全集》卷一《传习录上》《传习录下》,上海:上海古籍出版社1992年版,第26、32—33、101页。

② 〔明〕王守仁撰,吴光、钱明、董平、姚延福编校:《王阳明全集》卷二十六《大学问》,同上,第968页。

③ 〔宋〕陆九渊著:《陆九渊集》卷三十五"语录下",北京:中华书局1980年版,第439页。

木、山川土石,与人原只一体","只为同此一气,故能相通耳"。① 良知遍在天地间,万物因之而相感互应,又有一气贯通,使得一体之仁在情意感召之外,还有生气流注提供物质基础与能量来源,而不失于空洞的同体。

作为道学之气学大师,王船山重视世界真实性,强调本体与现象的互构,往复相与以成。"道以阴阳为体,阴阳以道为体,交与为体","故形色与道,互相为体,故未有离矣"。② 仁与礼的关系也有此相与之势。"缘仁制礼,则仁体也,礼用也;仁以行礼,则礼体也,仁用也。体用之错行而仁义之互藏,其宅固矣。"③ 仁与礼互为体用:因应人性的真实需要而安排礼仪,仁为本体、礼为发用,礼无仁就失去了根本原则;仁的精神必须落实到践礼行为之中乃得以彰显,礼为载体、仁为功用,仁无礼就失去了真实基础。互动互成之势,尤见于"仁"的人己感通。"夫仁者,此心之与人相通者也。均是人也,无不在所当爱也。人无穷,而仁者之爱人亦无已矣",④人心彼此相通,互把对方当人看,皆当出之以爱心、敬意,来往赠答无穷已。仁之为仁,己立立人、己达达人,"此不容不立、不容不达之情","是己与人所同受于天几之必动者也","于己之欲立,而人之欲立者在焉,不立人而固不

---

① 〔明〕王守仁撰,吴光、钱明、董平、姚延福编校:《王阳明全集》卷三《传习录下》,第107页。
② 〔明〕王夫之:《周易外传》卷五,《船山全书》第一册,长沙:岳麓书社1988年版,第903—905页。
③ 〔明〕王夫之:《礼记章句序》,《船山全书》第四册,长沙:岳麓书社1991年版,第9页。
④ 〔明〕王夫之:《四书训义》卷十六《论语十二》,《船山全书》第七册,长沙:岳麓书社1990年版,第720页。

可;于己之欲达,而人之欲达者在焉,不达人而固不能"。① 人己共受天机触动,共有生理充养,均为天地之子民,不能厚此薄彼,而是相互成全、共同成就的关系,并且发乎不能自已之情。归根到底是天地生生之德的要求,"天地予我以生,而生生者自然之爱依乎其本,此即仁之全体所自著也"②。与船山同时代的思想家方以智,探寻"仁"之造字渊源,寓哲思于字理,同样是以生意为本,感通、相爱皆由此以出:"'仁',人心也,犹核中之仁,中央谓之心,未发之大荄也。全树汁其全仁,'仁'为生意,故有相通、相贯、相爱之义焉。古从千心,简为二人。两间无不二而一者,凡核之仁必有二坏,故初发者二芽,所以为人者亦犹是矣。"③戴震关于"仁"的字义疏证,紧扣"生生"而为:"仁者,生生之德也;'民之质矣,日用饮食',无非人道所以生生者。一人遂其生,推之而与天下共遂其生,仁也";"自人道溯之天道,自人之德性溯之天德,则气化流行,生生不息,仁也";"在天为气化之生生,在人为其生生之心,是乃仁之为德也"。④ 天地一气化行不已,这是生生之天德;人世生命运化不息,这是生生之人德。"夫人之生也,血气心知而已矣"⑤,关乎形躯禀赋与知觉能力,涉及物质生活的日常用度,为世人所必备。这些需求的满

---

① 〔明〕王夫之:《四书训义》卷十《论语七》,《船山全书》第七册,长沙:岳麓书社1990年版,第475页。

② 〔明〕王夫之:《四书训义》卷三十七《孟子十三》,《船山全书》第八册,长沙:岳麓书社1990年版,第848页。

③ 〔明〕方以智著,庞朴注释:《东西均注释》,北京:中华书局2001年版,第164页。

④ 〔清〕戴震著,何文光整理:《孟子字义疏证》,北京:中华书局1961年版,第48页。

⑤ 同上,第19页。

足,由己及人以广推到全天下人,适其性、遂其欲,这就是仁。"生生者,仁乎！生生而条理者,礼与义乎！"①类似于王船山的仁礼互为体用,戴震也追求仁礼义的互赅:仁可以赅义,义未尽则仁亦未尽;仁可以赅礼,礼失而仁亦未得;"义可以赅礼,礼可以赅义","而举义举礼,可以赅仁"。②此乃生生之秩然、截然、和然的互赅。

汉唐经学、宋明道学、清代实学之后,传统儒学步入近代,受到西学的巨大冲击。清末的新学适时而生,中西并蓄而以新为尚,这也激起了儒学一脉的反弹与重振,返归大本以求新生。康有为把中国古代思想的"生生""相偶""爱人"之言,与西方现代科技名词结合,发挥其亦新亦旧的仁说:"仁者,在天为生生之理,在人为博爱之德","仁从二人,人道相偶,有吸引之意,即爱力也,实电力也。人具此爱力,故仁即人也;苟无此爱力,即不得为人矣。"③谭嗣同取径相似的仁论,结构更为宏大,论述更为精细。创化之源曰"以太",法界依其而生,众生由其而出。"仁以通为第一义",通的总括义是"道通为一",分为四类:中外、上下、男女内外、人我。仁不仁,在于通与塞。"通者如电线四达,无远弗届,异域如一身也",远至星辰,幽若鬼神,皆以仁通之。"元,仁也;亨,通也。苟仁,自无不通。亦惟通,而仁之量乃可完。由是自利利他,而永以贞固。"④王国维亦系统论述孔子之

---

① 〔清〕戴震著,何文光整理:《孟子字义疏证》,北京:中华书局1961年版,第62页。

② 〔清〕戴震著,何文光整理:《孟子字义疏证》,同上,第48页。

③ 康有为:《中庸注》,姜义华、张荣华编校:《康有为全集》第5集,北京:中国人民大学出版社2007年版,第379页。

④ 参见谭嗣同:《仁学》,蔡尚思、方行编:《谭嗣同全集》(增订本)下册,北京:中华书局1981年版,第292—297页。

仁,天道流行而成人性,仁乃生焉,以生生为实质,体现了平等、圆满、完全、绝对。仁的种类,有普遍、特殊之分,有主观、客观之别,既在己也在人,兼摄理想与方法,涵盖人心秩序与社会伦理,包括善教与德政,皆来自高大之天,落实于成就完全之人的实践,合乎情而入乎理。① 这种体系性的建构之外,近现代大家的涉仁言说甚众。蔡元培谓孔子以"仁"作为"统摄诸德、完善人格之名",诸德总名亦即全德之名。② 胡适表示赞同,"仁就是理想的人道","成人即是尽人道,即是'完成人格',即是仁"。③ 梁启超也有类似表述,人格的完成就是仁,重在彼我交感互发、成为一体,仁就是"普遍人格之实现",儒学人生观的全体大用皆包孕其内。④

异乎这种高度概括、抽象表述,同时期谢无量的解读更具实质性:(一)惠泽,仁泽洽被也;(二)笃厚,情笃意厚也;(三)慈爱,关怀珍惜也;(四)忠恕,忠敬诚恕也;(五)克己,约身节欲也。五义通为一,相绤相系而互成。⑤ 梁漱溟反对蔡、胡、梁之说的笼统空荡,而谓仁兼体用、赅寂感,指向生命的平衡,体是平静温和而默默生息,用是向善好善之直觉、感通的敏锐又绵厚。孔

---

① 参见王国维:《孔子之学说》,载佛雏校辑:《王国维哲学美学论文辑佚》,上海:华东师范大学出版社1993年版,第23—71页。
② 参见蔡元培:《中国伦理学史》,上海:上海书店出版社1984年版,第14页。
③ 参见胡适:《中国哲学史大纲》,上海:上海古籍出版社1997年版,第81—82页。
④ 参见梁启超:《为学与做人》,载《饮冰室合集》第四册"饮冰室文集之三十九",北京:中华书局1989年版,第106—107页。
⑤ 参见谢无量:《孔子》,载《谢无量文集》第一卷,北京:中国人民大学出版社2011年版,第116—122页。

子赞美生生大德,万类各遂其生,天地充满生意春气,体现于彼此相与而敦勉肫挚之情。仁有真挚敦厚充实之状,柔嫩又笃厚,呈现诸般样态:生命活气,心境安畅柔和温然,气息条畅平稳随顺,一团和气,新鲜朝气,等等。① 熊十力赞成《礼记·儒行》的表述:温良乃仁之本,敬慎为仁之地,宽裕是仁之作,逊接乃仁之能。"仁者,本心之名",毕竟以乾德刚健为主,"生生不息,正是刚健"。而朱子谓仁有柔嫩意思,以温情言仁,此说有违乎仁之至刚、大明二德。要之,仁德主干在生生、刚健、照明、通畅。唯生与通乃能爱人,唯刚与明乃能去私除邪。② 马一浮以《论语》大义合于六艺之要:答问仁,皆《诗》教义;答问政,皆《书》教义;答问孝,皆《礼》《乐》教义。仁是心之全德,表现为感发、兴起、醒觉。"克己复礼"是孔子说仁之第一义,爱人、人己立达、先难后获,皆不离此义而为其所贯。③ 贺麟引其以仁配《诗》之论,进而予以申说。从艺术(诗教)看,仁是温柔敦厚的诗教,自然发乎天真纯朴、人我合一之情;从宗教(礼教)看,仁是天德,具有救世济人、民胞物与的宗教热忱;从哲学(理学)看,仁是天地之心、生生之机,指向万物关联的宇宙观、生意通神的本体论,本

---

① 参见梁漱溟:《东西方文化及其哲学》,中国文化书院学术委员会编:《梁漱溟全集》(第一卷),济南:山东人民出版社1989年版,第448—457页;《中国文化要义》,中国文化书院学术委员会编:《梁漱溟全集》(第三卷),第81、120页;《孔家思想史》,中国文化书院学术委员会编:《梁漱溟全集》(第七卷),第885—888、899—900页。

② 参见熊十力:《读经示要》卷一,载《熊十力全集》第三卷,武汉:湖北教育出版社2004年版,第687—688页;《明心篇·通义》,载《熊十力全集》第七卷,第209—210页。

③ 参见马一浮:《复性书院讲录》卷二《论语大义》"诗教",载吴光主编:《马一浮全集》第一册(上)"语录",杭州:浙江古籍出版社2013年版,第135—138页。

体、宇宙皆不可离仁而言。①

熊门弟子唐君毅,特重感通之仁。一己生命自省的内在感通,己与他人生命的横面感通,对于天命及鬼神的纵向感通,三重意义互为依据、互相涵摄。人的感通之仁,必兼此三者乃能内有深度、外有广度、上有高度。② 另一位弟子牟宗三亦重视感通。孔子之仁,以觉与健为两大特质。觉乃悱恻之感、恻隐之心,不安不忍不容已;健乃纯粹精神之创生性,纯亦不已。健为觉所涵,觉即感通觉润,"仁以感通为性,以润物为用"。感通推扩不息,与宇宙万物为一体;觉润随之而行,恰如温暖贯注、时雨润泽、兴起生意、引发生机。综汇觉润与创生,仁心仁体与天命天道合一,在天是超越,在己是启悟,合为一本。③ 熊门弟子徐复观,以人之生命自觉释"仁",亦即作为生命之根源的人性,乃是人之所以为人的最根本的规定。真正成为一个人,有此自觉便有真正的责任感;根于对己之责任感而有无限的向上心,根于对人的责任感而有对人之爱。天命进入生命之中,扎根于在己之性而生发责任感、使命感、敬畏感。"克己复礼",正是从根源之地,讲为仁的工夫、方法。仁无止境、无限界,应尽之责任亦无

---

① 参见贺麟:《儒家思想的新开展》,收入《文化与人生》,北京:商务印书馆1996年版,第9—10页。

② 参见唐君毅:《中国哲学原论》(原道篇卷一),台北:学生书局1978年第三版,第125—149页。

③ 参见牟宗三:《中国哲学的特质》,上海:上海古籍出版社2004年版,第31—32页;《心体与性体》中册,上海:上海古籍出版社1999年版,第182—183页。

限。① 钱穆谓人生有群,尚通不尚争,仁是一种社会心,人际相与之时乃充分显露,尤其呈现为彼我融通、无隔阂、无分别。孔子之道,教人投入此群而成其为人,亦教融合会合此一群人以成为群。形躯物质层面的相争相夺,不足以成为大群同心之体,唯心意相通相合乃能,心体即仁,人道即仁道。通人己彼我,通过去现在未来,时空融通和合为一体,此乃人生之大全体。②

绵延两千五百载,儒学仁论的主脉跃动不息,温暖的精神之火薪传不尽。孔子立大体、示总相,孟子弘其真谛,荀子演其俗谛,董子乃探天心、始推阴阳,朱子本乎天理而辨析精微,阳明发于良知而敷阐朗畅,船山上感天几施受之生动,东原下探血气心知之真切,复生遍览以太仁通之神妙,此后迭有精义涌现,皆关乎生生大德之兴发与感通。陈荣捷概述儒家"仁"观念的演进历程,结论如下:孔子首先以仁为道德之总、伦理之基;由爱释仁,实质是博爱,实践有差等而始于亲;仁也是觉,还是富有生气的关系;仁扩展于全人类,与天地万物为一体;仁是诸善之根也是万有之源;仁论近代以来愈显超越性,而社会性的积极关系仍是主流。③ 葛荣晋梳理"仁"范畴的历史演变,有此基本结论:仁论在不同时期虽界说各别,但有共同的本质规定,崇尚仁道、追求博爱;己—亲—人—物,仁从人类之爱扩展到宇宙之爱,其间有远近薄厚之分;仁的内涵外延随时代而演变;精华有二:凝聚

---

① 参见徐复观:《释〈论语〉的仁——孔学新论》,收入《中国思想史论集续篇》,上海:上海书店出版社 2004 年版,第 237 页;《中国人性论史:先秦篇》,第 84、87—89 页。
② 钱穆:《孔子与论语》,载《钱宾四先生全集》甲编第四册,台北:联经出版事业公司 1998 年版,第 423—426、458—460 页。
③ 参见陈荣捷:《儒家的"仁"之思想之演进》,[美]姜新艳主编:《英语世界中的中国哲学》,北京:中国人民大学出版社 2009 年版,第 17—38 页。

人道主义、树立人格理想、铸造民族灵魂,万物一体的生态伦理具有历史意义与未来潜力。① 仁学在当代仍有持续推进,本体论建构是主要方向。反对新儒家以心性为道统的"儒学三期说",李泽厚基于巫史传统的历史演进与现代转化,首倡"儒学四期说":先秦的礼乐论;汉代的天人论;宋明的心性论;当代是人类学历史本体论,以工具本体与心理本体为基础。心理本体的核心是"情理结构",对孔子之"仁"(血缘—心理—人道—人格)给予转换性创造,由此提出"情本体"。② 蒙培元长期坚持以情感为儒学核心,从仁的四个层面(亲情、忠恕、爱物、天地同体)把握儒家情感哲学。③ 李幼蒸运用符号学方法建构孔孟仁学伦理学模型,进而从理性主义与人本主义的方向展开新仁学的设想。④ 接续冯友兰《贞元六书》的体系创建,陈来撰《新原仁》,以"仁本体"回应李泽厚"情本体",继承儒家古典仁学,扬弃近代中国哲学本体论,演成新仁学的本体论、宇宙论。⑤ 牟钟鉴概括仁学历史阶段的展开:以爱言仁、以生言仁、以通言仁;主张当代要融通前三个原则,以诚言仁,重建新仁学。⑥ 张再林以悬训仁的身道学,异乎以人训仁的人类学、以亲训仁的家系学、以二人

---

① 参见葛荣晋:《"仁"范畴的历史演变》,苑淑娅编、张岱年等著:《中国观念史》,郑州:中州古籍出版社2005年版,第101—124页。
② 参见李泽厚:《说儒学四期》,上海:上海译文出版社2012年版;《人类学历史本体论》(《哲学纲要》增订本),青岛:青岛出版社2016年版。
③ 参见蒙培元:《情感与理性》,北京:中国社会科学出版社2002年版。
④ 参见李幼蒸:《仁学解释学:孔孟伦理学结构分析》,北京:中国人民大学出版社2004年版;《〈论语〉解释学与新仁学:仁学与现代人文科学的关系论》,北京:中国人民大学出版社2018年版。
⑤ 参见陈来:《仁学本体论》,北京:三联书店2014年版。
⑥ 参见牟钟鉴:《新仁学构想》,北京:人民出版社2013年版。

训仁的伦理学、以仁心训仁的心性论,进而提出情本主义,呼应李泽厚的情本体、蒙培元的情感儒学。① 杨泽波以智性—欲性—仁性的三性论,批判牟宗三之感性、理性两分的三系论,以结晶说之"伦理心境"回应李泽厚积淀说之"情理结构",提出生生伦理学以会通性善与性恶、理学与心学。② 化本体为境域,张祥龙以原发亲子晕圈与亲时,作为仁爱的缘构发生之境,贯通仁生、仁政、仁艺于天乐。③ 化本体为本源,黄玉顺接续蒙培元情感儒学,超越形上之仁、形下之仁而深入作为本源之仁的爱,建构以"生活"为大本大源的生活儒学。④

年轻的哲学工作者,自觉抵制解构主义的嬉戏、虚无主义的侵蚀,维护本体论的价值,确立生命意义的神圣根源。唐文明坚信,仁爱必须以本真的人伦之理为坚实地基,且须从天命之理的高度上领会,人伦即天伦、彝伦、常伦。天命共同体照管人伦共同体,仁爱决不能降解为道德主义:对弱者的同情心,一团和气的普遍善意,无生命的博爱;而应成全自我与他人的本真性及本真关联,如其所是的爱己爱人,成就完善人格,实现美好生活。⑤ 陈来以"仁本体"回应李泽厚"中国哲学登场"的呼吁,杨立华以思辨方式复建"诚体/理本体"响应陈来倡议。诚体是就生生变

---

① 参见张再林:《中国古代身道研究》,北京:三联书店2015年版。
② 参见杨泽波:《儒家生生伦理学引论》,北京:商务印书馆2020年版。
③ 参见张祥龙:《孔子的现象学阐释九讲——礼乐人生与哲理》,上海:华东师范大学出版社2009年版。
④ 参见黄玉顺:《爱与思——生活儒学的观念》(增补本),成都:四川人民出版社2017年版。
⑤ 参见唐文明:《与命与仁:原始儒家伦理精神与现代性问题》,石家庄:河北大学出版社2002年版;《隐秘的颠覆:牟宗三、康德与原始儒家》,北京:三联书店2012年版。

化之基础而言,理本体是就持续肯定又不断否定而言,合而言之就是理一元论。仁之普遍必然的主动性、无限性,乃是理本体在个体层面的整体呈现,核心在于心之自主性。爱是经验性、分化性、不确定性的情感,不可直接以爱为仁。明了仁之自立立人、自达达人,更须求其所以立、所以达之所。[①]

余论　嘉种与善果

上天有好生之德,德曰生生;人间有护生之仁,仁曰共生。一体同命、一气共生的仁道,发于人情就是仁爱,养于人格就是仁德,行于人世就是仁政。作为其直接发用、显著表现,爱不仅超越生物性的共通本能,提升为人文性、社会性的道德情感,而且向着有益于全体和谐、全局平衡的大方向,持续充养、不断推扩。在世之人,皆是来自宇宙星尘,来自物质能量信息的循环转换,汇凝为人,接续家族系谱的基因传递,成长于言传身教的家庭培养,往来于交通互动的人际网络,享受社会共在的滋育,感领时代氛围的熏染。充含德性的仁爱,富于爱意的仁德,既是一己从身根心源内体贴而来,更是共生共命的生命共同体之结晶,开源于心、扎根于身,油然涌现与人共在的生命共通感,于诸层面产生同构共振的呼应:家庭亲和、社群和睦、世界安和、天地和谐。充分涵浸其内的每一位德爱兼修的有志之士,皆有莫大的责任,以独具个性又共享通性的优良作为,与人协同趋向完善,完善自身与彼此,完善大家共属一体的人世

[①] 参见杨立华:《一本与生生:理一元论纲要》,北京:三联书店2018年版。

常伦共同体。

　　共在于世之人,全身心唤起爱意、立起德性,这是一己生命之自觉,深层根源是共生体的滋养与促动,而爱意之花、德性之花也不是为着一己的美善,更要回馈共生体的协同美善。恰如一颗种子的本性得以唤醒,生机发动、冒土以出,开坼而挺生,尽其为天所赋之性,以独一无二的姿态,向世界贡献成果。人的一生,从幼儿待哺到壮年收获,好似种子发芽、抽条、结果,衰年怀想故乡,亦如叶落归其根,人生代代无穷已,恰似种子顺应年轮而繁衍无息。"诞降嘉种","以兴嗣岁"(《诗经·大雅·生民》)[1],"岁月日时无易,百谷用成"(《尚书·洪范》),"嗣续其祖,如谷之滋"(《国语·晋语四》),谷灵传衍而生死复生,滋蕃不息、嗣续不已,这是先民最原生的体认。一粒种子埋入土壤,以自身的形躯消亡换来嫩芽幼苗的萌生、苗长,麦穗结实累累,又生出粒粒饱满的新籽种。谷种如此,树种亦然,由果实转化而来,孕育、生长、成熟,又收获更多的果实,核尽而籽生,便似季候轮转之亥尽而子生,演示终始周复的节律,生生之意在焉。

　　《礼记·礼运》:"人者,其天地之德,阴阳之交,鬼神之会,五行之秀气也。"人如天地嘉种,实含性命之机,颖露醒觉之灵。《黄帝内经·素问》谓痹在肉则不仁,经络不通、皮肤不营。医家以痿痹为不仁无觉,宋儒借喻不仁无德,又以果仁种粒喻仁之生意。段玉裁云:"天地之心谓之人,能与天地合德;果实之心亦

---

[1] 《尚书·吕刑》亦曰"稷降播种,农殖嘉谷",以丰硕成果祀神祈佑。叶舒宪谓稷字原型是大头谷灵,乃日神帝俊、地母姜嫄之子,丰穗储精蓄灵,穗熟落地,种粒重启繁衍。参见其《高唐神女与维纳斯:中西文化中的爱与美主题》,北京:中国社会科学出版社1997年版,第230—245页。

谓之人,能复生草木而成果实。皆至微而具全体也","仁者,人之德也。不可谓人曰仁,其可谓果人曰果仁哉"。① 朱骏声曰:"果实之人在核中,如人在天地之中,故曰人,俗以仁为之。"② 究其义理之实,果仁虽属后起,却上通天心,活现生生之德。越过朴学家的诂释,柯小刚向质朴之地触探果仁真蕴:果实坚核之心,包藏柔嫩种子,满蓄饱胀之欲而静敛自身;一当触遇适当时节,苗芽生长拔节,适时适位抽发花序,张扬绽放却悄聚灵力,紧缩于种子仁心。果仁即果人,源自仁与人之原初亲缘;仁心人心或即"中—心",以居中感通天地、阴阳鬼神交会的德能,道说"中"的源初经验。③ 真果与坚果的果仁,核内、壳内满含种仁;稻麦黍粟皆颖果,果实即种子。种子蕴精含灵,全息蕴含族类之信息,分形传衍族系之命脉;果实饱满丰熟,亦是风光水土协同养育的成果。"既优既渥,既沾既足,生我百谷。"(《诗经·小雅·信南山》)"天覆何弥广,苞育此群生。……嘉种盈膏壤,登秋毕有成。"(曹植《喜雨诗》)得天地自然之襄助,种子从厚土丰壤挺生其美善,果熟而瓤满,岁熟嘉禾尽丰穰。儒家有"熟仁"之说,以嘉谷丰熟为喻,心根养仁贵在熟,精心涵育以使德性醇实,臻乎圆满。④ 嘉种得到良好培育,终成善果,进而孕育更多的良种。仁性之人亦然,天植灵根,由天良种子长成仁果,播散更多的爱心种子。

---

① 参见〔汉〕许慎撰,〔清〕段玉裁注:《说文解字注》,上海:上海古籍出版社1981年影印版,第365页。
② 〔清〕朱骏声:《说文通训定声》,武汉:武汉古籍书店1983年版,第824页。
③ 参见柯小刚:《睨读中庸》,载《在兹:错位中的天命发生》,上海:上海书店出版社2007年版,第182—184页。
④ 参见杨建祥:《儒家"熟仁"新探》,南昌:江西人民出版社2013年版。

协和共生而孳衍永生,生生之仁的脉动,昭示着血肉生命的繁衍壮大,精神生命的延续扩展。族类共生共命的共同体,如同血肉含气的大身体,扎根于厚土丰壤,肉有土性、土有血性,身土共享本原的气机与根性。大身体之生壮衰死,皆有其数而受天所命。共同容身于族类共生体之内,族群成员有血肉之亲,痛痒相关、休戚与共,彼此熟络、体恤,一起体感族群共同体的血肉常温。同呼吸共命运的协作,让大家成为共同体的血种,全身通贯着族类生命与精神的血脉。天地为安宅,天下如一家。从族群共同体到人类共同体到天地共同体,感召其成员响应共生共荣的运化,禀得生生之德,珍存美善之凝聚,成为饱含精华的良种、品质优秀的佳果,以丰硕的收成回馈天地万化。安乐哲、罗思文认为"德"须体会成"德性化"(virtuing),亦即连续性、关系化的生活里随时无尽生发的技艺,具有"慈母般"(mothering)、"赤子化"(son-ing)的品性。德性化的仁,培植于责任担当、关系深化,扩及更大的共同体。"仁"作为自反性的术语,意味着人格圆满与家族兴旺的内在互益,"仁是人类的共生共荣"。[①] 天地如父母,人类就是胎儿、种子,有待唤醒天良,与万类呼吸与共,感应人世脉搏、大地脉涌、宇宙脉动,从生命深层唤起共鸣。天覆地载,生活共同体以太和长安为宗旨,大美与至善在焉。善是完满,德是感恩;美是和谐,爱是奉献。家庭成员、族系传人、社会角色,每位成员都内在于协同完善、协和荣丰的运化进程,化为天地家园朵朵小花,岁月长河片片浪花。参赞其间,仁者感恩众生与先民,对于自然生灵也满怀敬心与

[①] 参见[美]安乐哲、罗思文:《早期儒家是德性论的吗?》,谢阳举译,《国学学刊》2010年第1期,第94—104页。

爱意。

　　大生广生的生生之仁,在天地是共生之德,在万物是共荣之势,在人世共同体是共济共享之道,在人己往来是共通共感之情,在一己身心是共益之能、共襄之力。克己乃是成就为天所命而在己之性,爱人乃是成全为天所命而在人之性,人己协同完善,助益于人己共在其内的德爱共生体。人与己的生命自觉,本就是源于共生体的赋予,即身涌发德爱之能,内在要求自身有所承担、有所奋发。天地人一体之仁,健行而厚载,兼备崇高之德、神圣之爱。梭罗(Henry David Thoreau)以"爱的共同体"命名宇宙血缘家庭,人应满怀谦恭意、平等心,融入家中成为亲族成员。① 追寻种子传播与树木更迭之迹,梭罗熟记每株树木发芽、每粒果实成熟的时节,歌颂森林丰产、田野肥沃及其联系,关注群落生长与新一代的产生。风和水的运动,动物的生息,无不成为大自然用于自身培育的媒介,推助种子萌芽与更新。种子意味着新生与再生,美是花,善是果。② 万物一体之仁,天地神圣之爱,无分东与西,开花结果于共利共生的亘古运化。生物圈相互依存协同演化的巧妙协调,人世伦常共同体的平衡安泰和谐,是美也是善,上达天律而内启心音,大德曰生,大爱曰成。"生"字似草木新芽初萌于土,"德"字与植、稙同源,关乎稻谷栽种以挺秀;"爱"(愛)中有心,犹如灵种感应,甲坼开窍而萌发,"珪璋挺其惠心,英华秀其清气"(《文心雕龙·物色》)。自觉体感此一体之爱,切己

---

① 参见[美]唐纳德·沃斯特:《自然的经济体系——生态思想史》,侯文蕙译,北京:商务印书馆2007年版,第111—118页。
② 参见[美]梭罗:《种子的信仰》"引言"(作者:小罗伯特·D.理查德),王海萌译,上海:上海书店出版社2011年版,第7—20页。

体证此生生之德,就能自觉与日俱新、与世更新,协同趋于完善。如此之人,力行近乎仁,就具身成为嘉谷良种,唤醒天钟地毓的美质(質),焕发文理华彩,为家国天下奉献善果;果实之实(實),累累如贯贝,完满丰润生光辉。

当今时代正迎来深刻变化,尚德存爱、持中唯和的"仁",将以刚健又博厚的大能,为人类命运共同体、全球生态共同体之营建,发挥通情达理的融合作用。有益于此的地球家庭成员,也将如仁泽沾渥的种子,承担人世责任,肯定人生意义。各尽其善,美美与共,成就美善的正果,生生不息、新新不已。

(撰稿人　周瑾)

第二十八章 知耻篇

一 修身从知耻开始

"知耻"是跟修身连在一起的。《礼记·中庸》引孔子的话说:"好学近乎知,力行近乎仁,知耻近乎勇。"并且说:"知斯三者,则知所以修身。"后面还有连续的推演,道是:"知所以修身,则知所以治人;知所以治人,则知所以治天下国家矣。"这和《礼记·大学》的思想完全一致。大学之道的"三纲领"为:"明明德""新民""止于至善"。通行版本的第二纲领作"亲民"。程子认为应以"新民"为是,朱子同此为说。[①] 此处我取程子和朱子之说。

盖"新民"是指人格的培育,恰合于"三纲领"所期待的完美的教育目标的本义。亦即"明明德"是指德,"新民"是指教,"止于至善"是指通过教的过程,以复其本然之善。而为了实现"明明德""新民""止于至善"的纲领目标,《大学》给出了予以实施的"八条目",即格物、致知、诚意、正心、修身、齐家、治国、平天下。原文为:"古之欲明明德于天下者,先治其国。欲治其国者,先齐其家。欲齐其家者,先修其身。欲修其身者,先正其心。欲正其心者,先诚其意。欲诚其意者,先致其知。致知在格物。"这是大学之道逻辑结构的反推。正演则为:"物格而后知至,知至而后意诚,意诚而后心正,心正而后身修,身修而后家齐,家齐而后国治,国治而后天下平。"无论反推还是正演,"修身"都是核心环节。"八条目"还可以简化为:格、致、诚、正、修、齐、治、平。简化后语义的段落性更为清晰,明显可以分解为两个段落:第一段落为格、致、诚、正,第二段落为修、齐、治、平。第一段落的格、致、诚、正四条目,可以理解为"修身"的细目,而修身又是第二段落修、齐、治、平四条目的起点,可见修身既是大学之道"八条

[①] 朱熹《大学章句》释"大学之道,在明明德,在亲民,在止于至善",云:"程子曰:'亲',当作新。大学者,大人之学也。明,明之也。明德者,人之所得乎天,而虚灵不昧,以具众理而应万事者也。但为气禀所拘,人欲所蔽,则有时而昏;然其本体之明,则有未尝息者。故学者当因其所发而遂明之,以复其初也。新者,革其旧之谓也,言既自明其明德,又当推以及人,使之亦有以去其旧染之污也。止者,必至于是而不迁之意。至善,则事理当然之极也。言明明德、新民,皆当至于至善之地而不迁。盖必其有以尽夫天理之极,而无一毫人欲之私也。此三者,大学之纲领也。"朱子之解,纯系以"新民"为解,与程子同一机杼。见《四书章句集注》,北京:中华书局2011年版,第4页。

目"的转折点,又是"八条目"承上启下的关节点。

所以,《礼记·大学》在对大学之道的八条目做了反推正演之后,给出一个总括性的结论,写道:"自天子以至于庶人,一是皆以修身为本。""一是"有不遗漏、无例外、全体皆然之义涵。这等于把"修身"当作全体民众必须履行的共同义务,连天子也不例外。故在中国传统社会,修身不是一般的提示性的单一义务,而是全体遵行的普遍性的义务。不仅是大学之道的"本",也是人的一生志业之本。所谓"知",就是要知本。所谓治,也是要治本。如果"本乱",而能把事情治理得好,这样的情况从来没有发生过。所以"知本",是"知之至",即"知"的顶点。换言之,要想让修齐治平的人生道路和社会理想得以实现,首先必须从修身开始。

荀子也讲修身,今存《荀子》一书共三十二篇,第二篇即为《修身》。不过荀子并不试图给修身下明确的定义,而是阐释何以需要修身以及修成什么样的德品。修身的目的,荀子认为是为了向善,故《修身》开宗明义即写道:"见善,修然必以自存也;见不善,愀然必以自省也。善在身,介然必以自好也;不善在身,灾然必以自恶也。"[1]本来荀子是主张人"性恶"的,但他的"性恶"论,产生了一个人们习焉不察的概念混淆,即把人的正常的欲望和生理需求,一律以"恶"括而论之。他说:"今人之性,生而有好利焉,顺是,故争夺生而辞让亡焉。"又说:"生而有耳目之欲,有好声色焉,顺是,故淫乱生而礼义文理亡焉。"[2]"利"固

---

[1] 《荀子·修身篇》,载王先谦撰,沈啸寰、王星贤点校:《荀子集解》,北京:中华书局1988年版,第20—21页。
[2] 《荀子·性恶篇》,载王先谦撰,沈啸寰、王星贤点校:《荀子集解》,同上,第434页。

然是人之所欲,但并非意味着"好利"就必然攘夺豪取。同样,声色虽为人之所好,但好声色并不等于本身就是"淫乱"。因为前提探讨的是人的本性,而人之为人的性体,感性、理性、知性并存,理性的存在即有对自然之"欲"的制约作用。

荀子显然混淆了原初之人和后来之人的分别。原初之人,面对不可掌控的自然环境的不测之风云,往往能够群生而互助,而不以彼此之间的争夺为能事。后来之人,则又不知经过了几百几千世,异性之间的肌肤相亲,一家之中的爱敬相生,必有善存乎期间。而后人继承先人的遗传,则又千差万别,有不善的遗因,也有善的遗因。善所遗者,是为善也。即使不能说所有的人都是性善者,至少也有一部分人的人性是有善因的。何况还有自然人和社会人的区别,随着社会人的出现,礼义仁德才开始生成。而礼义仁德所以能够发用,也是由于人本身具有为善的条件,能够接受礼义的约束。如果人一降生于世,就是"恶"的降临,本性就是"恶",礼义仁德便无以施其技矣。

但荀子确乎是极重修身的学者。他写道:"扁善之度,以治气养生则后彭祖;以修身自名则配尧、禹。"[1]可见对修身的功用期待之高。而修身的不二途径,是经由礼义仁德的熏习培育。对一个士人而言,礼义仁德的养成既是修身的途径,又是修身的归宿。因此荀子说:"礼者,所以正身也;师者,所以正礼也。"又说:"无礼何以正身?无师,吾安知礼之为是也?"[2]意思是说,修身的过程即是以礼义来"正身"的过程,而礼义的养成,须经过

---

[1] 《荀子·性恶篇》,载王先谦撰,沈啸寰、王星贤点校:《荀子集解》,北京:中华书局1988年版,第22页。

[2] 《荀子·修身篇》,载王先谦撰,沈啸寰、王星贤点校:《荀子集解》,同上,第33页。

师法和学习。因而荀子强调:"人无礼则不生,事无礼则不成,国家无礼则不宁。"[1]如此提倡以礼义仁德来"修身",这与《中庸》的"修身"主张可谓同归而合流。有意思的是,《中庸》论修身,以"知耻"为始点,荀子的修身论,也以有无廉耻为贤与不肖的道德分界。以此荀子有言:"偷儒惮事,无廉耻而嗜乎饮食,则可谓恶少者矣。"王先谦注"偷儒",以之为懦弱、怠惰、畏劳的代名词,[2]可谓正解。

按《中庸》的修身"三德",知、仁、勇都是必不可少的要素。而所以将"勇""知耻"和饮食联系起来,是由于在食物不是极大丰富的历史条件下,遇有食不果腹的情况,或者有美味降临,不同的人面对食物呈现的各种情态,常常是德行的高下、有修养和没有修养的一把标尺。"勇"这种"达德",是由于"知耻"而见乎勇。如果将"勇"用于"争饮食",就不是什么好的品质了,荀子称这种"勇"是狗彘之勇""小人之勇"。[3] 孔子也说:"士志于道,而耻恶衣恶食者,未足与议也。"(《论语·里仁》)此所以孔子盛赞颜回"一箪食,一瓢饮,在陋巷,人不堪其忧,回也不改其乐"(《论语·雍也》)的缘由。王充在《论衡·非韩篇》里,也讲到了饮食和礼义的关系。由于韩非子尚法非儒,认为儒家提倡的礼义没有实际用处,所以王充写道:"烦劳人体,无益于人身,莫过跪拜。使韩子逢人不拜,见君父不谒,未必有贼于身体也。然须拜谒以尊亲者,礼义至重,不可失也。故礼义在身,身未必

---

[1] 《荀子·修身篇》,载王先谦撰,沈啸寰、王星贤点校:《荀子集解》,北京:中华书局1988年版,第23页。
[2] 同上,第34页。
[3] 详见《荀子·荣辱篇》,载王先谦撰,沈啸寰、王星贤点校:《荀子集解》,同上,第56页。

肥;而礼义去身,身未必瘠而化衰。以谓有益,礼义不如饮食。使韩子赐食君父之前,不拜而用,肯为之乎? 夫拜谒,礼义之效,非益身之实也,然而韩子终不失者,不废礼义以苟益也。"①意即要讲有用无用,饮食肯定比礼义有用,但当君父赐食之时,你韩非为何还要先拜而后食呢? 可见礼义是不可废的。这一反驳,应该是有力量的,韩非子在世恐怕也会无言以对。盖礼义是文明的标识,接人待物,尤其是在饮食面前,可以使人少耻辱也。这也就是《论语》所载的有子之言曰"恭近于礼,远耻辱也"(《论语·学而》)。

《礼记·中庸》称智、仁、勇为"达德"。有意思的是,对达致此三德的途径所做的规约性论说,使用的却是极为委婉有度的措辞。对于第一德,曰"好学近乎知"。为何是"近乎"? 盖好学是通向"知"的路径,而不是"知"本身。按朱子的说法,是为"入德之事"②。意即要成为一个聪明的人。有知识的人,要义在好学;至于是否达到了知,不妨存而不论。这个假定是说,只要你好学,就已经向通往"知"的路上走了。"力行近乎仁",涉及如何界定"仁"的本义。盖"仁"不同于"诚",诚是实理,可以自立为体。仁则是亲、爱、宽、博意涵的统称。故《说文解字》释仁曰:"仁,亲也。"解"仁"为"亲",应为的解。而《礼记·中庸》则云:"仁者,人也,亲亲为大。"《论语》记载,樊迟问何者为仁,孔子说"爱人"(《论语·颜渊》)。孟子也说"仁者爱人","爱人者,人恒爱之"(《孟子·离娄下》)。可见仁者之爱,首先表现在

---

① 黄晖:《论衡校释》,北京:中华书局 1990 年版,第 432 页。
② 〔宋〕朱熹:《四书章句集注》,北京:中华书局 2011 年版,第 30 页。

对亲人、亲长、亲族之爱,所以孟子说"未有仁而遗其亲者也"(《孟子·梁惠王上》)。有子也说过:"孝弟也者,其为仁之本与。"(《论语·学而》)但仁者之爱,绝非局限于亲人亲长亲族之爱,而是广大宽博得多,甚至宽博到泛爱众人,这也就是孔子所要求于弟子的:"弟子入则孝,出则悌,谨而信,泛爱众,而亲仁。"(《论语·学而》)试想,"泛爱众"一语,是何等伟大的思想。不仅如此,仁爱之爱,还会及于万物。故孟子有言:"亲亲而仁民,仁民而爱物。"(《孟子·尽心上》)

亲、爱、宽、博固然存乎一心,但主要表现为行动。仁与不仁,只能从言论和行为上品察出来。故孔子一次论仁,说道:"仁远乎哉?我欲仁,斯仁至矣。"(《论语·述而》)如果仁是心性所立之体,岂是想立就能立得起来的?孔子关于仁的大论述是"克己复礼为仁"。

> 颜渊问仁。子曰:"克己复礼为仁。一日克己复礼,天下归仁焉。为仁由己,而由人乎哉?"
> 颜渊曰:"请问其目?"子曰:"非礼勿视,非礼勿听,非礼勿言,非礼勿动。"
> 颜渊曰:"回虽不敏,请事斯语矣。"(《论语·颜渊》)

这段释证纷纭的《论语》名段,到底何解为胜?按"克"者,是为约束意,"己"者是为自我之意,诸家之解,本无大的不同。唯朱子解"克"为"胜",释"己"为"身之私欲"[1],似有引申自家"存天理,灭人欲"之说之嫌,既与汉儒之解不相适切,复招致清

---

[1] 〔宋〕朱熹:《四书章句集注》,北京:中华书局2011年版,第125页。

儒的诋呵。盛清大儒阮文达释《语》《孟》之论仁,即有一段专指朱子《四书章句集注》之解"克己"之义有误。他写道:

> 《集注》谓"身之私欲",别以"己"上添"身"字,而专以"己"字属私欲,于是宋后字书皆注"己"作"私",引《论语》"克己复礼"为证,则诬甚矣。毋论字义无此,即以本文言,现有"为仁由己","己"字在下,而一作"身"解,一作"私"解,其可通乎?且克己不是胜己私也。克己复礼本是成语。《春秋》昭十二年,楚灵王闻《祈招》之诗不能自克,以及于难。夫子闻之,叹曰:"古也有志,克己复礼,仁也。楚灵王若能如是,岂其辱于乾溪?"是夫子既引此语以叹楚灵,今又引以告颜子,虽此间无解,而在《左传》则明有"不能自克"作"克己"对解。克者,约也,抑也。己者,自也。何尝有己身私欲重烦战胜之说? 故《春秋》庄八年书"师还",杜预以为"善公克己复礼"。而后汉元和五年平望侯刘毅上书云"克己引愆,显扬侧陋",谓能抑己以用人,即《北史》称冯元兴"卑身克己,人无恨"者。唐韩愈与冯宿书"故至此以来,克己自下",直作"卑身""自下"解。若后汉陈仲弓诲盗曰:"观君状貌,不似恶人。宜深剋己反善。"别以"克"字作"剋"字,正以掊损削皆深自贬抑之义故云。则是约己自剋,不必战胜,况可诂"私"字也。[①]

学术史上的汉宋之争,孰是孰非,固非一言可决,然只要摈弃成见,不先入为主,不能不承认汉儒、清儒之解字训诂,宋儒犹

---

① 〔清〕阮元:《揅经室集》,北京:中华书局1993年版,第178—179页。

有未逮者。至少阮元解"克己"这段文字,是立得住者。

当然尤须寻得《说文解字》中释"仁"的正解。许慎《说文解字》人部:"仁,亲也,从人二。"照说许氏之解,义极显豁。一谓仁是亲的意思,此点无异议;二是"从人二"是为何义?此句的句式,既可连读,又可以断为:"从人,二。"无论怎样断法,都是指"二人"之意。所以郑玄注《中庸》"仁者,人也",明言:"人也,读如相人偶之人,以人意相存问之言。"以此,"人偶"为二人相对之意,应无问题。《说文解字》中段玉裁《注》又广引群籍而解之曰:

> 《大射仪》"揖以耦"注:"言以者,耦之事成于此,意相人耦也。"《聘礼》"每曲揖"注:"以相人耦为敬也。"《公食大夫礼》"宾入三揖"注:"相人耦。"《诗·匪风》笺云"人偶能烹鱼者""人偶能辅周道治民者"。《正义》曰:"人偶者,谓以人意尊偶之也。《论语》注:人偶,同位人偶之辞。《礼》注云:人偶,相与为礼仪。皆同也。"按,人耦犹言尔我,亲密之词。独则无耦,耦则相亲,故其字从人二。《孟子》曰:"仁也者,人也。"谓能行仁恩者人也。又曰:"仁,人心也。"谓仁乃是人之所以为心也。与《中庸》语意皆不同。①

段氏自是解经训诂之大家,其所引载籍详确有据,指"人耦"为"尔我",犹言你和我,是表示"亲密之词",尤令人信服。

---

① 〔汉〕许慎撰,〔清〕段玉裁注,许惟贤整理:《说文解字注》,南京:凤凰出版社2007年版,第640页。

段氏又言:"独则无耦,耦则相亲,故其字从人二。"可以说,已经释证得完全了然无碍了。此非为别故,盖仁必须有仁的对象,只有从两个或两个以上的人的关系中,方能见出仁与不仁。孟子以仁政为说,试想,仁政与否,实在于施与不施。一个人是否可以称为仁者,实在于行与不行。如果光是捶胸顿足,只以"仁"许,而不在行动中有所表现,适成笑柄而已。此正如阮元《论语论仁论》所说:

> 诠解仁字,不必烦称远引,但举《曾子制言》篇:"人之相与也,譬如舟车,然相济达也,人非人不济,马非马不走,水非水不流。"及《中庸》篇"仁者,人也",郑康成《注》"读如相人偶之人"。数语足以明之矣。春秋时,孔门所谓仁也者,以此一人与彼一人相人偶,而尽其敬礼忠恕等事之谓也。相人偶者,谓人之偶之也。凡仁,必于身所行者验之而始见,亦必有二人而仁乃见,若一人闭户斋居,瞑目静坐,虽有德理在心,终不得指为圣门所谓之仁矣。盖士庶人之仁,见于宗族乡党,天子诸侯卿大夫之仁,见于国家臣民,同一相人偶之道,是必人与人相偶而仁乃见也。郑君"相人偶"之注,即曾子"人非人不济"、《中庸》"仁者,人也"、《论语》"己立立人""己达达人"之旨。能近取譬,即马走、水流之意。①

阮文达氏上述所论之仁之本义,可谓淋漓尽致,尽得经旨之义全。他所说的"凡仁,必于身所行者验之而始见,亦必有

---

① 〔清〕阮元:《揅经室集》,北京:中华书局1993年版,第176—177页。

二人而仁乃见,若一人闭户斋居,瞑目静坐,虽有德理在心,终不得指为圣门所谓之仁矣",这段约括性的论述,能够提出异议的可能性近乎无。盖"仁"必须见之于行动,《礼记·中庸》修身三要素中的"力行近乎仁"一语,实为颠扑不破之理。这也就不难理解,孔子答颜渊之问,为何会以"非礼勿视,非礼勿听,非礼勿言,非礼勿动"作为"归仁"之目。盖视、听、言、动,都是人的心意神思见之于行动者。行而合于礼,才可能有"仁"存乎其间。

我们在既存的其他典籍中,也可以找到相关的例证。譬如汉代大儒董仲舒对"仁"的解释,足以为仁须有仁爱的对象并且需要见诸行动提供补证。董著《春秋繁露》关于"仁义法"章,明确提出:"仁之法在爱人,不在爱我;义之法在正我,不在正人。"还说:"人不被其爱,虽厚自爱,不予为仁。"又说:"义与仁殊,仁谓往,义谓来。"这说得已经再清楚不过。而对于"仁"所应该具有的宽博无私的性质,董仲舒的论述尤见精彩。其《春秋繁露·必仁且智》章写道:

> 何谓仁?仁者,憯怛爱人,谨翕不争,好恶敦伦,无伤恶之心,无隐忌之志,无嫉妒之气,无感愁之欲,无险诐之事,无辟违之行,故其心舒,其志平,其气和,其欲节,其事易,其行道,故能平易和理而无争也,如此者,谓之仁。[①]

这等于给"仁"下了一个定义,虽然是描述性的定义,但仁

---

① 苏舆撰,钟哲点校:《春秋繁露义证》,北京:中华书局1992年版,第258页。

之为仁的各种品质,都应有尽有了。在董氏看来,仁应该是对人的深挚的爱,是谦谨而不与人争的气度,是无私无欲的平和舒畅,是无隐无忌的坦道直行。显然董仲舒所说的仁,是带有审美意味的非功利性质的品格。所以他说:"仁人者,正其道不谋其利,修其理不急其功,致无为而习俗大化,可谓仁圣矣。"至于仁的宽博性质,董仲舒也有独到的论述。他说:"君子攻其恶,不攻人之恶。不攻人之恶,非仁之宽与。"宽到连人之恶也不予攻伐。甚至,他认为仁应该是一种天德,带有终极性质。故《春秋繁露·王道通三》写道:"仁之美者在于天,天,仁也,天覆育万物,既化而生之,有养而成之,事功无已,终而复始,凡举归之以奉人,察于天之意,无穷极之仁也。"明乎此,则他的"仁"为"天心"的说法,就不难理解了。依董氏本义,"天心"绝非某个单独的个人之心,而是辉光普照的博大心怀,是"爱人之大者",因此可以用"天,仁也"称之。"天,仁也",必是至公至大至博至爱之心,因此即是"天心"。所以他得出了一个带有普遍性的结论:"故仁者所爱,人类也。"其实孔子所说的"仁"是"爱人"、孟子所说的"仁者爱人",也都是"相偶"的人,普遍性的"人"。

要之,智、仁、勇三达德之"仁",必须是见之于行,方能显现出"仁"来。

"知耻近乎勇",对于修身而言,是一极大断判。因为人在视听言动的时候,在接人待物的时候,在见之于行的时候,难免会有处理得不得体的时候,甚或是发生错误的时候,这种情况一旦出现,当事者往往感到歉疚、自愧、懊悔;特别是当事情涉及对不住他人,以致造成他人乃至公共方的损失的时候,愧耻感会更加强烈。羞耻心是人作为人的一项文明指标。"耻"字的正写为"恥",左边是"耳",右边是"心"。《说文解字》释耻字:"恥,辱也。从心,耳声。"《王力古汉语字典》释耻,曰:"羞愧之心。"并引《尚书·说命下》:"其心愧耻,若挞于市。"①耻感是一个人的从心理到生理的一种感觉反应现象。当耻感发生的时候,心里会感到深度不安,随之面部表情发生戏剧性的变化,由于血液冲涨而变得面红耳赤,乃至"满面羞惭",无法掩饰。但愧耻心不是坏事,而是纠正不恰当的举措、改正错误的开始,也是使愧耻不安的状态恢复正常的契机。这就是《中庸》修身三要素的第三要素"知耻"的意蕴所在。

"知耻"亦即孟子一再论说的"羞恶之心"。《孟子·告子上》:"恻隐之心,人皆有之;羞恶之心,人皆有之;恭敬之心,人皆有之;是非之心,人皆有之。恻隐之心,仁也;羞恶之心,义也;恭敬之心,礼也;是非之心,智也。仁义礼智,非由外铄我也,我固有之也,弗思耳矣。"这里,孟子把恻隐、羞恶、恭敬、是非"四心",归之为仁、义、礼、智四德。而在另一章中,孟子还曾写道:

> 人皆有不忍人之心。先王有不忍人之心,斯有不忍人之政矣。以不忍人之心,行不忍人之政,治天下可运之掌上。所以谓人皆有不忍人之心者,今人乍见孺子将入于井,皆有怵惕恻隐之心,非所以内交于孺子之父母也,非所以要誉于乡党朋友也,非恶其声而然也。由是观之,无恻隐之心,非人也;无羞恶之心,非人也;无辞让之心,非人也;无是非之心,非人也。恻隐之心,仁之端也;羞恶之心,义之端也;辞让之心,礼之端也;是非之心,智之端也。人之有是四端也,犹其有四体也。有是四端而自谓不能者,自贼者也;

---

① 王力:《王力古汉语字典》,北京:中华书局2000年版,第313页。

谓其君不能者,贼其君者也。凡有四端于我者,知皆扩而充之矣,若火之始然,泉之始达。苟能充之,足以保四海;苟不充之,不足以事父母。(《孟子·公孙丑上》)

孟子在此处又将恻隐之心、羞恶之心、辞让之心、是非之心,称之为"四端"。所谓"端"者,就是开头,亦即做人的开始。在孟子看来,"四端"如同人有四肢一样,不可一项有所或缺。如果不具有这"四端",说明还未能走上人之为人的轨道。按照他的一贯语言风格,对于无此"四心"者,直言不讳地斥之为"非人"。

问题在于,《礼记·中庸》在讲述修身三达德的时候,关于"知耻"一目,为何要与"勇"联系起来。郑《疏》于此写道:"知耻近乎勇者,覆前文困而知之,及勉强而行之,以其知自羞耻,勤行善事,不避危难,故近乎勇也。"[①]盖能够"知自羞耻""不避危难",自是"勇"者的表现。"不避危难"不必说,唯勇者能达此境界;但尤其难能的是,自己做错了事,做了对不住别人的事情,有了不得体的言论和行为,能够反身自省,认识到不对而产生愧耻,以至于情不能禁地或向相关方表示歉意。毫无疑问,做到这一点就更需要勇气了。比之不避险阻,更有其精神和情感的自蔽需要化解和提升。

所以如此,还由于勇有多方,必须分解出各种不同的情况,才能辨识何者是智勇,何者是义勇,何者是贪暴利戾之勇,何者是粗蛮顽劣之勇。一句话,要区分君子之勇和小人之勇。《荀子·荣辱篇》对此做了详尽辨析,写道:"有狗彘之勇者,有贾盗

---

① 李学勤主编:《十三经注疏·礼记正义》,北京:北京大学出版社1999年版,第1443页。

之勇者,有小人之勇者,有士君子之勇者。争饮食,无廉耻,不知是非,不辟死伤,不畏众强,恈恈然唯利饮食之见,是狗彘之勇也。为事利,争货财,无辞让,果敢而振,猛贪而戾,恈恈然唯利之见,是贾盗之勇也。轻死而暴,是小人之勇也。义之所在,不倾于权,不顾其利,举国而与之不为改视,重死持义而不桡,是士君子之勇也。"①荀子把没有廉耻、不分是非,甚或竟是为了争饮食而乱施蛮威的所谓勇敢和勇气,称为"狗彘之勇"。而那些贪私利、争财货、唯利是图、毫无辞让之心的人,此类人物尽管如何果敢猛戾,也只能是"贾盗之勇"。只有为了道义,不顾私利,能做到"举国而与之不为改视,重死持义而不桡",才是真正的"士君子之勇"。

《孟子·梁惠王下》也涉及了何所作为才是值得称道之勇的话题。齐宣王向孟子请教怎样跟邻国打交道,孟子针对齐国周边都是小国的事实,说此事的关键在于能够"以大事小"。为什么呢?孟子说,只有仁者才能以大事小,而能够做到此点无疑是"乐天者"。齐宣王显然不喜欢孟子的仁义说教,于是近乎抬杠似的回应说:"寡人有疾,寡人好勇。"意谓那些个关于仁的道理本人不感兴趣,我的毛病是"好勇"。善辩的孟子岂能相让,说既然如此我们就谈勇吧。须知,勇有大小之别,"夫抚剑疾视,曰:'彼恶敢当我哉!'此匹夫之勇",是为小勇;像文王那样,"一怒而安天下之民",大义凛然地宣示:"有罪无罪惟我在,天下曷敢有越厥志?"这样的勇,老百姓是欢迎的,还唯恐你不好勇呢。因此希望你好的是文王之勇,而不要好小勇。看了孟子这番议

---

① 《荀子·荣辱篇》,载王先谦撰,沈啸寰、王星贤点校:《荀子集解》,北京:中华书局1988年版,第56页。

论,可以知道真是勇有万殊呵!

荀子对勇的分梳,也非常深刻有力,《荀子·性恶篇》有一段专门申论斯义:

> 有上勇者,有中勇者,有下勇者。天下有中,敢直其身;先王有道,敢行其意;上不循于乱世之君,下不俗于乱世之民;仁之所在无贫穷,仁之所亡无富贵;天下知之,则欲与天下同苦乐之;天下不知之,则傀然独立天地之间而不畏:是上勇也。礼恭而意俭,大齐信焉而轻货财,贤者敢推而尚之,不肖者敢援而废之,是中勇也。轻身而重货,恬祸而广解苟免,不恤是非、然不然之情,以期胜人为意,是下勇也。①

荀子此段关于勇的论述,体现了荀卿的整体哲学思想。试看中勇,需要做到勤俭礼让,讲信轻财,选人尚贤。虽然也是应该称道之勇,但在荀子眼里,不过是还算可以罢了。至于下勇,则是不管是非,一意争强斗狠,甚至为了财货而不惜生命,此即《荣辱篇》定性的小人之勇和狗彘之勇。只有敢于行先王之道,以仁为去取的原则,"上不循于乱世之君,下不俗于乱世之民","傀然独立天地之间",不在乎是不是为人所知,这样的人格精神可以称作上勇,亦即士君子之勇。

智、仁、勇三达德,仁是根本。如果没有仁,勇又何为?没有仁,智就会变成私智小巧。所以孔子说:"仁者必有勇,勇者不必有仁。"(《论语·宪问》)而不仁之勇,就是小人之勇了。子路

---

① 《荀子·性恶篇》,载王先谦撰,沈啸寰、王星贤点校:《荀子集解》,北京:中华书局1988年版,第432—433页。

问:"君子尚勇乎?"孔子曰:"义之为上。君子好勇而无义则乱,小人好勇而无义则盗。"(《论语·阳货》)又说:"见义不为,无勇也。"(《论语·为政》)没有"仁"来立基,不伴之以"义",所谓勇,则非乱即盗矣。

二 "行己有耻"是立身之本

虽然《礼记·大学》提出,"自天子以至于庶人,一是皆以修身为本",但修身的重点人群应该是士阶层和有官位的士大夫。所以孔子、孟子、荀子讲修身的三达德的时候,总是和君子联系起来。古代的君子,开始是以位称,后来主要以德称。有德无位的知识分子在春秋战国时期就是所谓士。修身所要达致的智、仁、勇三达德,也主要是对士的修养的要求。其中"知耻"一项,更是士之为士的必不可少的第一德品。

所以当子贡问孔子,怎样的修为才算得上不辜负"士"的称号,孔子回答说:"行己有耻,使于四方,不辱君命,可谓士矣。"《论语·子路》)这等于是孔子为"士"下了一个定义。"使于四方,不辱君命"云者,当是针对子贡善言辞,有使者之所长,故以士行之立身之本告知。何谓士行的立身之本,即"行己有耻"是也。皇侃《义疏》引何晏《集解》云:"答士行也。言自行己身,恒有可耻之事,故不为也。"①明指是士行。孔安国《注》曰:"有耻,有所不为也。"②亦称得义。朱熹《四书章句集注》的解释是:"此

---

① 〔梁〕皇侃撰,高尚榘校点:《论语义疏》,北京:中华书局2013年版,第340页。

② 同上。

其志有所不为,而其材足以有为者也。子贡能言,故以此事告知。盖为使之难,不独贵于能言而已。"①应是持平中正之论。而关中大儒李二曲所写的《反身录》,则有更为明确的解析,他写道:"士人有廉耻,斯天下有风俗。风俗之所以日趋日下,其原起于士人之寡廉鲜耻。有耻则砥德砺行,顾惜名节,一切非礼非义之事,自羞而不为,惟恐有浼乎生平。若耻心一失,放僻邪侈,何所不至?居乡而乡行有玷,居官而官常有亏,名节不足,人所羞齿,虽有他长,亦何足赎?论士于今日,勿先言才,且先言守,盖有耻方有守也。论学于今日,不专在穷深极微,高谈性命,只要全其羞恶之良,不失此一点耻心耳。不失此耻心,斯心为真心,人为真人,学为真学,道德经济咸本于心,一真自无所不真,犹水有源木有根。耻心若失,则心非真心,心一不真,则人为假人,学为假学,道德经济不本于心,一假自无所不假,犹水无源木无根。"②可谓痛乎言之也,可又是并非夸张的平情之论。

由此可知,"行己有耻"是士行的核心内容。何谓士?孟子说:"无恒产而有恒心者,惟士为能。"(《孟子·梁惠王上》)"恒心"者何?是为道也、仁义也。故王子垫问士是干什么的,孟子回答说:"尚志。"又问何为志?孟子说:"仁义而已矣。"(《孟子·尽心上》)孔子概括人生的基本目标,为"志于道,据于德,依于仁,游于艺"(《论语·述而》),亦是斯义。孔子又说:"士志于道,而耻恶衣恶食者,未足与议也。"(《论语·里仁》)则直接提出,士的追求目标必须与知耻联系在一起。而《大戴礼记·曾子制言》中,把这一层意思讲述得尤其明晰,其中写道:"故君子

---

① 〔宋〕朱熹:《四书章句集注》,北京:中华书局2011年版,第138页。
② 引自程树德:《论语集释》,北京:中华书局2013年版,第1070页。

不贵兴道之士,而贵有耻之士也;若由富贵兴道者与? 贫贱,吾恐其或失也;若由贫贱兴道者与? 富贵,吾恐其赢骄也。夫有耻之士,富而不以道则耻之,贫而不以道则耻之。"士的职分是"志于道",无此便不能为士矣。因此"兴道"并没有什么了不起,比兴道更重要的是"有耻";有耻,则无论贫富,其志都不会有所更易。《大戴礼记·曾子制言》中亦云:"是以君子直言直行,不宛言而取富,不屈行而取位;仁之见逐,智之见杀,固不难;诎身而为不仁,宛言而为不智,则君子弗为也。君子虽言不受,必忠,曰道;虽行不受,必忠,曰仁;虽谏不受,必忠,曰智。天下无道,循道而行,衡涂而偾,手足不揜,四支不被,此则非士之罪也,有士者之羞也。"这是对士行要求的分情节的具体化,要义在直道而行,不曲学阿世。"宛言而取富""屈行而取位",均为君子所不为。至于当政者无道,使得气节之士不得发挥,那不是士本身的责任,而是当政者的耻辱。

《大戴礼记·哀公问五义》对何者为士也给出了深切的界定。假定的对话者是哀公与孔子。哀公问:"何如则可谓士矣?"孔子回答说:"所谓士者,虽不能尽道术,必有所由焉;虽不能尽善尽美,必有所处焉。是故知不务多,而务审其所知;行不务多,而务审其所由;言不务多,而务审其所谓;知既知之,行既由之,言既顺之,若夫性命肌肤之不可易也,富贵不足以益,贫贱不足以损。若此,则可谓士矣。"[①]出自孔子之口的这段大议论,主要是讲士之为士所必须具备的修养,包括各方面的知识修养和特操气节的历练。就知识修养来说,不仅要知其然,还要知其

---

① 方向东:《大戴礼记汇校集解》,北京:中华书局2008年版,第52—53页。

所以然;而就行为而言,必须是有来历的不得已而为之,而且必须言行合一,矢志不移,无论是富贵还是贫贱,都不改变初衷。则这些要求不仅是士行而且是士节了。此正如《礼记·杂记》所强调的"君子有五耻":一是"居其位,无其言,君子耻之";二是"有其言,无其行,君子耻之";三是"既得之而又失之,君子耻之";四是"地有余而民不足,君子耻之";五是"众寡均而倍焉,君子耻之"[1]。《礼记·祭统》则提出了另外的"三耻",包括自己的先祖并无美德善誉,而犹称之,或者有善誉但却不知情,以及知而不能传[2],都是为君子所耻的事情。

士的知耻和不知耻,还体现在一些视听言动的细目上。譬如孔子讲的:"巧言,令色,足恭,左丘明耻之,丘亦耻之。匿怨而友其人,左丘明耻之,丘亦耻之。"(《论语·公冶长》)这也是极为重要的不耻事例。花言巧语,华而不实,孔子认为这是很可耻的事情。而本来对某人心有怨怼,却装作若无其事的样子,故作友好之态,这也是令孔子看不起的。此类事例,都耻在一个"伪"字上。还有言语夸诞,好说大话,而在行动上却不能兑现,这样的作风也深为孔子所耻。《论语·宪问》引孔子的话说:"君子耻其言而过其行。"就是指此。一个人本没有那么大的功德伟业,却夸张于世而不知羞愧,孟子称这种情况属于"声闻过情,君子耻之"(《孟子·离娄下》)。另外,孔子说,年幼的时候不能努力学习,年龄大了又不能给人以教益,也是可耻的。还有一种情况是,一个人离开故乡以后,仕途顺利,官做得越来越大,但在遇到家乡人的时候,却不能讲点旧时的趣事,地位高了而转

---

[1] 〔清〕孙希旦:《礼记集解》,北京:中华书局1989年版,第1114页。
[2] 同上,第1252页。

脸忘旧,在孔子看来也属于可鄙之事。《礼记·表记》引用的一段孔子的话,同样关乎知耻的非常重要的一些细目。孔子说道:

> 是故圣人之制行也,不制以己,使民有所劝勉愧耻,以行其言。礼以节之,信以结之,容貌以文之,衣服以移之,朋友以极之,欲民之有壹也。《小雅》曰:"不愧于人,不畏于天。"是故君子服其服,则文以君子之容;有其容,则文以君子之辞;遂其辞,则实以君子之德。是故君子耻服其服而无其容,耻有其容而无其辞,耻有其辞而无其德,耻有其德而无其行。是故君子衰绖则有哀色,端冕则有敬色,甲胄则有不可辱之色。《诗》云:"维鹈在梁,不濡其翼。彼记之子,不称其服。"①

这段话涉及了容貌和服饰,意谓对士君子而言,穿衣服是为了使容貌的气质更加凸显;但容貌服饰是士君子的打扮还不够,还需要说出话来也是士君子应该说的话;光是言辞合乎士君子的身份仍然不够,更重要的是要有"君子之德"。如果达不到士君子必须有的这些要求,那就是服其服而无其容,有其容而无其辞,有其辞而无其德,有其德而无其行,件件都是可耻之事。孔子还说,士君子之所作为,关键是不要辜负了士君子的称号,因此宁可谦卑低调,而绝不要自大其事,因为"名之浮于行"是极为可耻的。

职是之故,士君子的知耻,即孔子所申明的士行的"行己有

---

① 〔清〕孙希旦:《礼记集解》,北京:中华书局1989年版,第1305—1306页。

耻",是士之为士的头等大事。如同孟子所说:"人不可以无耻,无耻之耻,无耻矣。"(《孟子·尽心上》)也就是明末清初的大儒顾炎武在《与友人论学书》中所总结的:"所谓圣人之道者如之何?曰'博学于文',曰'行己有耻'。自一身以至于天下国家,皆学之事也;自子臣弟友以至出入、往来、辞受、取与之间,皆有耻之事也。耻之于人大矣!不耻恶衣恶食,而耻匹夫匹妇之不被其泽,故曰:'万物皆备于我矣,反身而诚。'呜呼!士而不先言耻,则为无本之人;非好古而多闻,则为空虚之学。以无本之人,而讲空虚之学,吾见其日从事于圣人而去之弥远也。"[①]请看顾宁人所言:"士而不先言耻,则为无本之人。"则知耻是士人的立身之本,应无疑义矣。而关乎知耻之细目,往圣前贤固然言之谆谆,顾氏此处则以"出入、往来、辞受、取与之间,皆有耻之事"括之,应是取其大者,然亦以纲带目,无所遗焉。士人的有耻,就体现在诸如出入、往来、辞受、取与之间。其中"出入"一项尤其重要。所谓"出",就是出仕;所谓"入",就是辞而不受官职,宁可终老乡曲。

关于此点,夫子之教至为详明。《论语·泰伯》:"邦有道,贫且贱焉,耻也;邦无道,富且贵焉,耻也。"当遇到政治贤明的好社会,一个士人却在那里无所事事,过着贫穷的下层生活,这种情况应该感到愧耻。反之,处身一个正义见弃、是非颠倒的污浊社会,你却官运亨通,既富且贵,同样是可耻的。或者换一个说法,"邦有道",你在那里食俸禄,"邦无道",照样在那里食俸禄(《论语·宪问》);任凭世道迁移,我自享荣华富贵如故,或如俗所谓笑骂由人笑骂,好官我自为。这在孔子看来,毫无疑问就是

[①] 〔清〕顾炎武:《与友人论学书》,《顾炎武全集》第21册,上海:上海古籍出版社2011年版,第93页。

一个十足的"耻"字。此诚如朱熹所说:"'谷'之一字,要人玩味。谷有食禄之义。言有道无道,只会食禄,略无建明,岂不可深耻。"(《朱子语录》卷四十四)特别当历史上发生政权鼎革、朝代易姓之际,士人的出入抉择更是一场严峻的考验。由晋入宋的陶渊明,是其显例。因其曾祖陶侃尝为晋世宰辅,所以身处由晋入于刘宋的陶渊明,不肯出仕,并在所作诗文中继续使用晋氏年号。① 陈寅恪对此点坚执不移,他在《陶渊明之思想与清谈之关系》一文中写道:

>渊明政治上之主张,沈约《宋书·渊明传》所谓"自以曾祖晋世宰辅,耻复屈身异代,自〔宋〕高祖王业渐隆,不复肯仕"最为可信。与嵇康之为曹魏国姻,因而反抗司马氏者,正复相同。此嵇、陶符同之点实与所主张之自然说互为因果,盖研究当时士大夫之言行出处者,必以详知其家世之姻族连系及宗教信仰二事为先决条件,此为治史者之常识,无待赘论也。近日梁启超氏于其所撰《陶渊明之文艺及其品格》一文中谓:"其实渊明只是看不过当日仕途混浊,不屑与那些热官为伍,倒不在乎刘裕的王业隆与不隆。""若说所争在甚么姓司马的,未免把他看小了。"及"宋以后批评陶诗的人最恭维他耻事二姓,这种论调我们是最不赞成的。"斯则任公先生取己身之思想经历,以解释古人之志尚行动,故按诸渊明所生之时代,所出之家世,所遗传之旧教,所发明之新说,皆所难通,自不足据之以疑沈休文之实录也。②

---

① 参见《宋书·卷九十三·隐逸》。
② 陈寅恪:《金明馆丛稿初编》,北京:三联书店2001年版,第227—228页。

寅恪先生对陶渊明"耻事二姓"说的坚执,可以见出他本人对士人的"行己有耻"具有怎样的忠诚态度。而对梁任公的质疑,则立即予以驳难,甚至提出,这是梁以自己经验过的事实来例同古人了。所以文中用了"古人之志尚行动"一语,纯然是为了申明知识分子"行己有耻"的重要。

职是之故,陈寅老晚年在《赠蒋秉南序》中致慨良深。一则曰:"默念平生固未尝侮食自矜,曲学阿世,似可告慰友朋。"二则曰:"欧阳永叔少学韩昌黎之文,晚撰《五代史记》,作义儿、冯道诸传,贬斥势利,尊崇气节,遂一匡五代之浇漓,返之淳正。"三则曰:"孰谓空文于治道学术无裨益耶?"[①]然则寅老相信,只要不是曲学阿世之文,出自"行己有耻"之人的文字,终归会有益于世道人心。

写到这里,蓦然想到,陈寅恪的祖父陈宝箴,当1897年湖南新政肇始之时,他在南学会第一次演讲,就是以"立志自知耻始"为题。他说:"顾为学必先立志,天下事有有志而不成,未有无志而能成者。志何以立?必先有耻。孟子曰:'不耻不若人,何若人有?'就一身论,耻为小人,则必志在君子;耻为庸人,则必志在圣贤豪杰。就天下国家论,耻其君不如尧、舜、汤、文,其国不如唐、虞、商、周,则必志在禹、皋、伊、旦。'知耻近乎勇',即立志之谓。"然后,他联系当时的国内外以及湘省的实际情形,继而说道:"坐视四邻交侵,浸以削弱,应付皆穷,屡至丧师辱国,以天下数万里之大、四万万之众,不得与欧洲诸国比,岂非吾辈之大耻乎?虽然,当耻我不如人,不当嫉人胜我。今湘人见游历洋

[①] 陈寅恪:《寒柳堂集》,北京:三联书店2001年版,第182页。

人,则群起噪逐之,抛掷瓦石殴辱之,甚欲戕其人而火其居。不思我政教不如彼,人材不如彼,富强不如彼,令行禁止不如彼,不能与彼争胜于疆场之间,而欺一二旅人于堂室之内,变故既起,徒以上贻君父之忧,下为地方之祸,不更可耻之甚哉。"最后的结语更意味深长,道是:"抑更有说者,学之一字,乃四民公共之事,所以开民智也。大小、邪正,视其所志,学成而用之亦然。故同此一智,在君子,则为德慧术智;在小人,则为机械变诈。公私义利之间而已。谚云:'兵、贼同一刀。'为贼、为兵,非刀之咎也。为君子、为小人,非学之咎也。故运用在乎心,实存乎志,立志自知耻始,为学在正志始。"[①]时任湖南巡抚的陈宝箴,这次演讲的目的他说是为了造就"真为知耻有志之士"。

笔者研究义宁之学有年,深知其代代相承,实在于圣学之"行己有耻"一语。这在陈宝箴如此,在寅老的父尊陈三立如此,在寅老本人如此。即在其曾祖父陈琢如,亦复如是。早年陈宝箴有《说学》一文,系为官河北时在"致用精舍"的讲义稿。他在此文中着重提示:"大要吃紧在一'耻'字。""耻则奋,奋则忧,有终身之忧,即有终身之耻。"并进而析论说:"今我辈读古人书,但能知耻,便有懦立顽廉之意,精神自然焕发,志气自然凝定,故曰:'知耻近乎勇。'好学力行,皆赖此始,为入德之门。先辈有言:'不让今人,便是无量;甘让古人,便是无志。'量之不宏,志之不卓也,舍耻其奚以乎?堂堂七尺之躯,其孰甘自居无耻矣!古今来,往往有才气卓荦之人,少年失学,或不免跌荡自喜、放轶不羁,一旦获亲有道,幡然悔悟,折节向学,卒能卓然自

[①] 〔清〕陈宝箴:《南学会开讲第一期讲义》,载《陈宝箴集》,北京:中华书局2005年版,第1930—1932页。

立,超出乎铮铮佼佼之上。盖由秉气充强,故愧悔之萌,若不可复立人世,其为耻者大,故其致力者猛也。"①所强调的还是立志和知耻。知耻心的确立,在陈宝箴看来,是读书人奋发猛进的思想源泉。

寅老之学,家学所承,自是渊源有自呵。犹忆三十年前的1990年,一次在北大召开陈寅恪一百周年诞辰座谈会,宋史专家邓广铭先生的发言甚获我心,他说寅老的思想学术,可以用"博学于文,行己有耻"八个字予以概括。大哉,邓老之妙语,义宁之学的精髓可以说尽在其中了。

三 "礼义廉耻,国之四维"

"礼义廉耻"四字之并提和连属,最早出自《管子》。《管子·牧民》写道:"国有四维,一维绝则倾,二维绝则危,三维绝则覆,四维绝则灭。倾可正也,危可安也,覆可起也,灭不可复错也。何谓四维? 一曰礼,二曰义,三曰廉,四曰耻。礼不逾节,义不自进,廉不蔽恶,耻不从枉。故不逾节则上位安,不自进则民无巧诈,不蔽恶则行自全,不从枉则邪事不生。"②是为礼、义、廉、耻四字并提。《管子·立政九败解》:"然则礼义廉耻不立,人君无以自守也。"③是为"礼义廉耻"四字连属。至于"维"之一字的索解,是否即为"以小绳缀侯之四角而系之于植"④,我们姑

---

① 〔清〕陈宝箴:《说学》,载《陈宝箴集》,北京:中华书局2005年版,第1878—1883页。
② 黎翔凤:《管子校注》,北京:中华书局2004年版,第11页。
③ 同上,第1193页。
④ 同上,第12页。

且存而不论,总之礼义廉耻是维系国家的极为关键的支撑,齐国的这位大思想家能提出此一学说,即足以视作对历代治国理政,对吾国思想文化之史的了不起的贡献。

欧阳修在《新五代史·冯道传》的叙论中写道:"'礼义廉耻,国之四维;四维不张,国乃灭亡。'善乎,管生之能言也!礼义,治人之大法;廉耻,立人之大节。盖不廉,则无所不取;不耻,则无所不为。人而如此,则祸乱败亡,亦无所不至,况为大臣而无所不取,无所不为,则天下其有不乱,国家其有不亡者乎!予读冯道《长乐老叙》,见其自述以为荣,其可谓无廉耻者矣,则天下国家可从而知也。"欧阳修对管子的四维说和礼义廉耻的深涵给出了极为深刻的训解,至有"廉耻,立人之大节。盖不廉,则无所不取;不耻,则无所不为"的至理名言。历来解"廉耻"一语,都不如欧阳子解得如此深刻无漏。廉耻是一个人立身的大节,如果不廉,什么都敢拿;如果不耻,是什么事都敢做。

下面看看顾炎武是怎样评骘欧阳修的这段名言的。顾炎武在《日知录》的《廉耻》一节中写道:

> 然而四者之中,耻尤为要。故夫子之论士,曰:"行己有耻"。孟子曰:"人不可以无耻,无耻之耻,无耻矣。"又曰:"耻之于人大矣,为机变之巧者,无所用耻焉。"所以然者,人之不廉而至于悖礼犯义,其原皆生于无耻也。故士大夫之无耻,是谓国耻。吾观三代以下,世衰道微,弃礼义,捐廉耻,非一朝一夕之故。然而松柏后凋于岁寒,鸡鸣不已于风雨,彼昏之日,固未尝无独醒之人也。顷读《颜氏家训》有云:"齐朝一士大夫尝谓吾曰:'我有一儿,年已十七,颇晓书疏。教其鲜卑语及弹琵琶,稍欲通解。以此伏事公卿,无

不宠爱。'吾时俯而不答。异哉,此人之教子也! 若由此业自致卿相,亦不愿汝曹为之。"嗟呼,之推不得已而仕于乱世,犹为此言,尚有《小宛》诗人之意,彼阘然媚于世者,能无愧哉!①

盖在顾炎武眼里,四维之中的廉耻尤为重要,因为不廉乃至悖礼犯义,都是由于无耻所致。所以他说:"士大夫之无耻,是谓国耻。"这是顾宁人的千古名句,置诸历史上的任何时期,无论千年以前,抑或千年之后,都是铁骨铮铮、发人警醒的。然则顾宁人之傥论,直接是为明之亡而发,故在《廉耻》一节之后,附语写道:"呜呼,自古以来,边事之败,有不始于贪求者哉?吾于辽东之事有感。"②顾宁人认为,治军之道,首先是本于廉耻。

岂止治军需要从廉耻入手,一国之大臣的廉与贪,实际上是国之兴衰败亡的决定性因素。以此顾炎武主张"俭约",认为"国奢示之以俭",是"君子之行"和"宰相之事"。他逐一列举汉代的许劭、北齐的李德林、魏武时期的毛玠这些以俭朴为尚的达官,如何直接影响到一时的社会风气。特别是唐代大历年间的宰相杨绾,史载其"质性贞廉,车服俭朴,居庙堂未数日,人心自化"。例如御史中丞崔宽,剑南西川节度使崔宁的胞弟,家中多蓄财富,"有别墅在皇城之南,池馆台榭,当时第一",但崔宽在宰相杨绾的影响下,很快下命令毁撤了这些别墅。中书令郭子仪,在杨绾拜相之后,其在邠州的行营,坐中音乐减散五分之四。

---

① 〔清〕顾炎武:《日知录》卷十三《廉耻》,载《顾炎武全集》第 18 册,上海:上海古籍出版社 2012 年版,第 536—537 页。
② 同上,第 538 页。

还有京兆尹黎干,平常出入,百余人马跟随,也很快做了裁减,只留十骑而已。另一个唐代的例证,是当享有刚直清廉称誉的杜黄裳出任宰相,向来跋扈的李师古,命手下一名干练之人,带着千钱和一乘车子,欲贿赂杜黄裳。但使者到门之后,未敢即送,在外面"伺候累日"。后来看到有绿色的车轿从宅中出来,跟随的只有两个从婢,"青衣褴缕",原来是宰相的夫人。送礼者见此情形,立即回去告诉了师古。从此师古改变了自己,终其一生不敢骄奢淫逸。顾炎武由此得出结论,认为改变奢侈的风气并不见得那么难,只要将这些范例广为传布就可以了。他感慨地说:"道岂远乎哉!"①

顾宁人深知,廉耻之风是否能够建立起来,关键在大臣,即那一社会的居高位者。为此他在写了《廉耻》《俭约》两题之后,又写了《大臣》一题。他说:"欲正君而序百官,必自大臣始。"但大臣的廉与不廉,不能看一时一事,而是应察其终始。历史上廉洁的典型,当推三国时的名臣诸葛孔明。诸葛亮临终时,自表后主说:"成都有桑八百株,薄田十五顷,子孙衣食,悉仰于家,自有余饶。至于臣在外任,无别调度,随身衣食,悉仰于官,不别治生,以长尺寸。若臣死之日,不使内有余帛,外有赢财,以负陛下。"死后证实,确如其所言。顾炎武写道:"夫廉不过人臣之一节",但"人臣之欺君误国,必自其贪于货赂也"。又说:"夫居尊席腴,润屋华身,亦人之常分尔,岂知高后降之弗祥,民人生其怨诅,其究也,乃与国而同败邪。"②考之史事,汉代的时候惩罚贪

---

① 详见〔清〕顾炎武:《日知录》卷十三《俭约》,载《顾炎武全集》第 18 册,上海:上海古籍出版社 2012 年版,第 542—543 页。

② 同上,第 543 页。

贿执法严厉,一旦被弹劾,常常死于狱中。唐时犯贪赃之罪,"多于朝堂决杀,其特宥者乃长流岭南",很少有被赦免者。宋初于贪赃之罪,处理尤严。史载,宋代所以能得循吏,不赦犯赃是一个原因。而且对于犯者,不仅处以流放岭外,而且刺字暴打。但熙宁中期以后,废除了黥杖,"惩贪之法,亦渐以宽矣"。明朝的时候,对贪犯比宋朝还要姑息:"赃吏巨万,仅得罢官,而小小刑名,反有凝脂之密。"明宣德中,都御史刘观坐受贿罪,本该论斩。但皇帝发话:"刑不上大夫。观虽不善,朕终不忍加刑。命遣辽东。"到后来,特旨曲宥竟成为常例。顾炎武说:"法不立,诛不必,而欲为吏者之毋贪,不可得也。"又说:"人主既委其太阿之柄,而其所谓大臣者,皆刀笔筐篚之徒,毛举细故,以当天下之务,吏治何由而善哉?"①所以他对诸书所载的一些惩贪惩得痛快淋漓的案例,格外感兴趣。他说后唐明宗的时候,亳州刺史李邺因贪赃被赐自尽。被此案牵涉的有一位名将之子,又是驸马石敬瑭的亲戚,于是有人上奏,希望免其死罪。明宗的回答是:"王法无私,岂可徇亲!"又举至元十九年(1282)九月例,皇帝发出敕旨,曰:"中外官吏赃罪,轻者决杖,重者处死。"鉴于贪吏之败国,顾炎武主张严惩贪赃罪犯。

《唐书·牛僧孺传》所载的一件史例,顾炎武颇感兴趣,因为其中透露有已往反贪不经见的内容。唐穆宗初年之时,宿州刺史李直臣犯贪赃罪当死,中贵人为之说项,穆宗决定宽恕,说:"直臣有才,朕欲贷而用之。"时任御史中丞的牛僧孺不同意穆宗的这一说法,直言道:"彼不才者,持禄取容耳。天子制法,所

---

① 详见〔清〕顾炎武:《日知录》卷十三《俭约》,载《顾炎武全集》第18册,上海:上海古籍出版社2012年版,第544—545页。

以束缚有才者。安禄山、朱泚以才过人,故乱天下。"穆宗觉得御史中丞的话不无道理,结果没有宽恕此人。顾炎武引来此例,探后发为感慨,写道:"今之贪纵者,大抵皆才吏也,苟使之惕于法而以正用其才,未必非治世之能臣也。"①是呵,能够拼命攫取财富的人,自然不会毫无才具,只在才用何处罢了。而对后来流行的所谓惩贪宜宽厚之论,顾炎武颇不以为然,他说:"乃余所见,数十年来姑息之政,至于纲解纽弛,皆此言贻之敝矣。嗟乎,范文正有言:'一家哭,何如一路哭邪!'朱子谓:'近世流俗,惑于阴德之论,多以纵舍有罪为仁。'"实则宽宥那些贪腐不吏者,并不是"为仁",而是助恶为患。宋代的包拯告诫子孙:"有犯赃者,不得归本家,死不得葬大茔。"顾炎武说,今日之士大夫教子孙,真该以包拯之诫语为取法。②

读顾宁人之关于《廉耻》《俭约》《大臣》《除贪》诸文,知其为说无一不是有所为而发,而且都是鉴于亡明之教训,痛乎言之。大哉,顾氏炎武之论——故士大夫之无耻,是谓国耻。大哉,欧阳子之传序之论——廉耻,立人之大节。盖不廉,则无所不取;不耻,则无所不为。大哉,管生之能言也——"礼义廉耻,国之四维;四维不张,国乃灭亡"。

(撰稿人 刘梦溪)

---

① 详见〔清〕顾炎武:《日知录》卷十三《除贪》,载《顾炎武全集》第18册,上海:上海古籍出版社2012年版,第546—547页。
② 同上,第547页。

第二十九章　义利篇

本文就中国文化传统中主要围绕"义利"展开的经济伦理思想加以疏通。与其他"义利"思想研究的差异在于，相较于"义利"思想的发展，本文更加侧重探究其如何生成，即强调对"义利"词源的考释与字义的疏证，并对"义利"如何进入中国文化价值系统进行分析。

严格地从思想史研究的角度看，"义利"词源研究的价值恐怕是有限的。毕竟，"义利"之所以深刻影响了中国人在经济伦理方面的文化性格，乃是肇源于孔子，以儒家经典命题"义利之辨"的方式传之后世，但凡涉及"义利"的文献，出乎孔子之后者，无外乎是儒家思想传统的祖述与旁通，抑或是诸子思想传统的驳议与辩难；出乎孔子之前者，庶几可视为其"义利"思想的背景性材料，终究绕不开孔子。

然而一个易于理解却难以察觉的事实是，我们今日所看到的孔子"义利"思想，不免附加了各种被"揭示"，被"发明"，并且未经孔子"同意"就归于他名下的思想。将出乎其后者层层剥离，是一条直接的思路，也为大多数研究者所采用；对出乎其前者的还原，探明孔子是在什么样的历史语境中使用"义"与"利"

这两个观念,则是另一条回到"义利之辨"的起点的思路,也为评判孔子思想突破的历史价值提供了更为全面的视野。

一 释"义":"威仪"与"礼仪"

据洪迈(1123—1202)《容斋随笔》记载,在南宋时期,"义"字已兼有七义:

> 人物以义为名者,其别最多。
> 仗正道曰义,义师、义战是也。
> 众所尊戴者曰义,义帝是也。
> 与众共之曰义,义仓、义社、义田、义学、义役、义井之类是也。
> 至行过人曰义,义士、义侠、义姑、义夫、义妇之类是也。
> 自外入而非正者曰义,义父、义儿、义兄弟、义服之类是也。衣裳器物亦然。在首曰义髻,在衣曰义襕,义领合中小合子曰义子之类是也。
> 合众物为之,则有义浆、义墨、义酒。
> 禽畜之贤者,则有义犬、义乌、义鹰、义鹘。①

其字衍义纷呈,令人如坠云雾。所以致此者,盖因时代风尚的隆替导致言语习俗的流变,遂使字词古今有别。其源愈远,其流愈广。语言作为思想的载体,尤其涉及塑造一种文化品质的关键概念时,一言一语,不可不慎,一字一词,不可不详。顾炎武

---

① 《四部丛刊续编·子部·容斋随笔五集》卷第八"人物以义为名"条。

(1613—1682)有云:"读九经自考文始。"沿波以讨源,因枝以振叶,此亦《大学》"物有本末,事有终始,知所先后,则近道矣"之旨。

从时间上看,郑玄(127—200)注《周礼·肆师》"凡国之大事,治其礼仪,以佐宗伯"所引郑众(?—83)语,最早揭示了义、仪之间"随时异用"的古今字关系:

> 故书"仪"为"义"。郑司农"义"读为"仪"。古者书"仪"但为"义",今时所谓"义"为"谊"。

意即"礼仪""威仪"古当作"礼义""威义","仁义""正义"古当作"仁谊""正谊"。假借"义"为"谊",另立"仪"为"义"。此说先不论是否得当,倘若以之为标准,对《容斋随笔》胪列七义粗加整饬,大致可分属"礼仪威仪""仁义正义"与"无法归类"三类:

> 礼仪威仪——众所尊戴;
> 仁义正义——仗正道;与众共之;至行过人;禽畜之贤者;
> 无法归类——自外入而非正者;合众物为之。

之所以出现"无法归类"的情况,可能是新义后出,可能是歧义归并,也可能是"古今说"自身存在漏洞,无法涵盖"义"字字义的全部来源。由于先郑后郑对"古今说"并未提供更多的解释,我们不得不参证《尔雅》《说文》《释名》等字书所录秦汉故训。

《尔雅》乃"九流之津涉,六艺之钤键",是治先秦文献必备的案头书。其授受关系据说为"周公所记""孔子所教",故在唐文宗时期被尊崇为"十二经"之一,刊石传世。然而《尔雅》所录既无"义"字,又无"谊"字,唯于《释诂》一篇三见"仪"字:

仪、若、祥、淑、鲜、省、臧、嘉、令、类、绿、縠、攻、谷、介、徽,善也。
仇、雠、敌、妃、知、仪,匹也。
桢、翰、仪,干也。

比类第一例"善也"诸字的用义,皆近于外在形象之美善,非为仁义正义之属。据郭璞《注》"仪刑文王",邢昺《疏》"皆谓美善也,仪者,形象之善也",可知此"仪"虽曰善,仍作礼仪、威仪之"仪"来讲。至于第二、第三例的"匹也""干也"诸字,则与仁义、正义毫无交葛。此外,《尔雅》有关《诗》的释训中出现了两次"仪",均明确作威仪之"仪"讲:

赫兮烜兮,威仪也。
其虚其徐,威仪容止也。

二郑皆谓"义"为古字,"仪"为今字,《尔雅》何故释今不释古?更加吊诡的是,《尔雅》全书亦无"仁"字。一部儒家经典何以"绝仁弃义",其中可能的缘由,发人深思——难道"义"作仁义、正义讲,不仅在字形上为假借后出,连字义也为后出?

许慎与二郑同为古文经师,其所著《说文解字》却于"古今说"不置一词。据徐铉所校,《说文解字》对"义""仪""谊""宜"四字的释义分别如下:

义,己之威仪也。从我,从羊,宜寄切。

莪,《墨翟书》义从弗。魏郡有莪阳乡,读若锜,今属邺,本内黄北二十里乡也。

仪,度也。从人,义声,鱼羁切。

谊,人所宜也。从言,从宜,宜亦声,仪寄切。

宜,所安也。从宀之下,一之上,多省声,鱼羁切。𡚑,古文宜。㝖,亦古文宜。

可见,许慎实际上注意到了对"莪""𡚑""㝖"等异文、古文的收录,之所以不录"古今说",或许是不以为然;又或许是因为上述四字分属"我部""人部""言部""宀部",限于体例,而无法对彼此之间的关系进行讨论。段玉裁注《说文解字》体例相对自由,于是兼采许、郑,以郑注许,以许补郑。其谓仪(义)、义(谊)、谊(宜)原立三义,只因"古经转写既久,肴杂难辨"[①]:

古者威仪字作义,今仁义字用之。仪者,度也。今威仪字用之。谊者,人所宜也。今情谊字用之。

周时作谊,汉时作义,皆今之仁义字也。其威仪字,则周时作义,汉时作仪。

[①] 段玉裁《说文解字注》对义、仪、谊三字"肴杂难辨"的现象不无感慨,"凡读经传者,不可不知古今字。古今无定时,周为古则汉为今,汉为古则晋宋为今。随时异用者谓之古今字,非如今人所言古文、籀文为古字,小篆、隶书为今字也。"另有日人高田忠周《古籀编》对金文材料加以分析之后也得出了相似结论:"铭用本字本义,经传借仪为义,又借义为仁谊字,义、仪两字义殆混乱矣。"

细察古今说之于洪迈七义中"无法归类"的两种情况,似皆与"宜"有关,可以"合宜、相宜"统摄之。以义父、义子为例,洪迈所谓"自外入而非正者"强调的是事物的来源,但从事物最终呈现的状态来看,未尝不是得宜的。义父、义子者,有尊尊亲亲之实,而无父父子子之名,故以"义"名之。"合众物为之"中的义浆、义墨、义酒,皆需将各种成分按相宜的比例调和而成。"合众物"只是现象,"相宜"才是这一类事物的本质。据此,我们约略可以勾勒出如下的关系:

　　　　　　　古　　今
　礼仪、威仪之仪：义——仪
　仁义、正义之义：谊——义
　情谊、友谊之谊：宜——谊
　合宜、相宜之宜：？——宜

再看汉末刘熙所著《释名》,亦有启示。该书历来受到的重视程度不及《尔雅》《说文解字》,甚至被《四库提要》讥评为"颇伤于穿凿",却同时收录了"义""仪"二字的释义。其释义似乎仅仅是不加分别地恪守《礼记·中庸》"义者宜也"的故训,有穿凿比附之嫌,然而细察二字释义所属篇名,却可以发现其中的玄机:"义,宜也。裁制事物,使合宜也。"(《释言语》)"仪,宜也,得事宜也。"(《释典艺》)由《释言语》的篇名可知,此"义"乃是泛指"百姓日称,而不知其所以之意"(《释名序》)的日常用语之"义",近于儒家"不离日用常行内"的仁义之"义";由《释典艺》的篇名可知,此"仪"乃是特指"礼仪三百,威仪三千"的经典文献之"仪",近于礼仪威仪之"仪"。刘熙尽管注意到了"义""仪"

间的区别,却依旧将两者通释为"宜",当是有意为之。可否就此推论,刘熙认为无论仁义、正义之"义",还是礼仪、威仪之"仪",皆以"宜"为概念的内核? 换言之,"义"与"仪",只是作为原则的"宜"在不同语境下的称谓与不同情境下的实践?

二郑、许慎、刘熙乃至段玉裁皆生而未见20世纪以来大量可资佐证先秦史的重大考古发现,恐怕其所谓古未必真古,而是某种合理想象中的古。所幸天不爱道,地不爱宝,殷墟甲骨卜辞的见世,为考释"义"字的起源提供了可能。甲骨文单字超过3500个,能准确辨识的却不足一半,所幸其中 ✶✶✶ 的字形,上"羊"(✶)下"我"(✶),与《说文》"义"字的篆文字形极为相近,故而治甲骨诸家皆将之认作"义"字初文。至于此字形何以产生"己之威仪"的字义,则众说纷纭,颇为费解。段玉裁既以"我"为义符解释"威仪出于己,故从我",又以"羊"为义符解释"从羊者,与善美同意",混淆了他依据"古今说"详加区分的"威仪之仪"(从我)和"仁义之义"(从羊)。产生这样的矛盾正是由于材料与方法的历史局限。随着甲骨学的发展与语言学研究方法的引入,吸收一些新的研究成果或许有助于深入理解"义"字本义。譬如,通过对甲骨卜辞中"义"字用例的分析,发现其大多作为地名而出现,故其本义与善美无关;又如,通过对"义""我"的拟测,发现两字在上古谐音。① 从这两点出发,可以推证"义"字从"羊"无义。如欲探明"义"字本义,舍"我"其谁也?

甲骨文中"我"(✶✶✶)的用例分为专有名词(地名、人名)

---

① 卜辞用例,可参见李孝定(1918—1997)《甲骨文字集释》中的"段氏以羊与美善同意说之。按,羊有美善之意者,以其假为祥,两字韵母同属"歌部",声母同属"微纽"。

与人称代词两类,张秉权在《殷虚文字丙编考释》中对此做了详细说明。他特别指出,"我"作第一人称代词为复数,区别于作单数的"余""朕"。其所以然者,唯"王"可以自称一人,而贞人集团谨以复数自称。发展到后来,"我"字就成为除了"王"以外,一般民众"施身自谓"之辞。

汉字的字义系统包括本义、衍生义和假借义,而"我"字作为人称代词的用法,通常被认为属于假借义。通过对上古语音的拟测发现,"吾""余""予""孤""寡"等第一人称代词的韵部皆在"鱼部"(ɑ)。换言之,同样以"自我"为指称对象,是先有语音"ɑ",而后有前述诸多文字被假借过来,音近而义通。从语言生成的规律上讲,具象的事物比较容易在形、义之间产生关联,抽象的事物比较容易在音、义之间产生关联,此关联即所谓能指与所指之间的对应关系。第一人称代词的产生必然伴随着自我意识的确立,这是个相当抽象的概念。

王国维最早提出"我"(𢦏)的兵器起源说,认为"我字疑象兵器形,训余为借义"。倘若将"我"(𢦏)与甲骨文中被释读为兵器的字形比较,虽与以勾、啄等攻击方式为主的"戈"(𢦏)相异,却与以劈、剁等攻击方式为主的"戉"(𢨜)"戊"(𢨢)"戌"(𢨾)相似。① 兵器说最大的麻烦在于没有地下考古材料相印证——毕竟"我"字最主要的特征是看上去有些花哨的三齿形(或说以三代五)。张自烈(1597—1673)《正字通》所录"我"字

---

① 罗振玉在《殷虚书契考释》中认为卜辞中戌字像戉形,与戉殆是一字;商承祚在《殷契佚存及考释》中亦袭此说,以"戉戍戌古为一字"。

异体"戎"尤能表现出这种特征,[1]但是商代青铜兵器中罕有三齿、多齿的造型。在河南偃师二里头遗址(1975年,夏晚期)和河南安阳妇好墓(1976年,商中晚期)的发掘中,陆续出土了一种三齿四刃不知如何称呼的玉器,时间上符合甲骨文"我"字原型的条件。"璧"乃瑞玉,环以象天,"戚"(𐙂)则形如"𐙀",且缘饰以扉棱。由于此器兼得两者特征,故被命名为"璧戚"。林沄在分析其形制后,认为此器即"我"字原型,并且他还注意到现藏于美国弗利尔美术博物馆(Freer Gallery of Art),断代于商周之际的青铜"兽面纹刀"刃部有三处凸起,与金文"𐙁"互证,可以视作这一类器形得以发展的证据。林说既为沉潜考索之功,注重地下材料与字形的互证,又作高明独断之论,认为"我们既已明了这种器物和古文字字形的关系,今后可径名为'我'"。然而,"璧戚"和"兽面纹刀"三齿造型的轮廓难说明晰,且近乎孤证,以之释"𐙂"形仍嫌牵强。

先民造字,画物象形,随体诘屈,非有闲笔之谓,故"𐙂"形中的三道纹当有所实指。但由于并非所有材质都能藏于地下历千载而不朽,与其执着于"𐙂"形中的三道纹具体所指,不如换个角度,试着从分析被认作"我"字原型的"璧戚"和"兽面纹刀"的功

---

[1] 旧说大多不出兵器说的范畴,王国维的兵器说可见朱芳圃编:《甲骨学文字编》第十二卷,第8页;至于"𐙂"形,叶玉森(1880—1933)以之为足形"𐙃"的变体,"疑足形物乃戈上附着之兵,为戉戌类",见叶玉森:《殷虚书契前编集释》第一卷,第65页;郭沫若以之为锯形的变体"𐙁",即"我字本《诗经·豳风》'既破我斧,又缺我锜'之锜",从者甚众;孙海波则从《说文》"或说我,倾顿也"出发,以之为顿戈之器,见孙海波:《卜辞文字小记》,《考古学社社刊》第3期。

能入手。① 观察"璧戚"实物,器小质脆,不宜用于生死搏杀。至于"兽面纹刀",不仅刀脊饰有繁复的人形兽面纹饰,刀刃宽厚有不规则凸起,手柄也暴露了此器必非配柲劈砍的长兵器。这种精心制作,显然弱化了实战功能,"中看不中用"的器物,恐怕只能理解为祭器或者礼器。

从功能演化的角度观察,并不缺乏从兵器到祭器、礼器的实例——商代兵器以"戈"的实战能力最强,但在考古发现大量青铜戈的同时,居然也发现了不少过刚易折的玉戈。与"戈"不同的是,"璧戚"与"兽面纹刀"的演化的来源与其说是白刃相交的兵器,毋宁说是象征生杀予夺的刑器。由于古代缺乏有效的医疗手段,战争中的死亡主要因失血和感染造成。在以战车冲杀为核心的进攻中,快速增加敌人创口的数量和面积显然是比斩首更有效率的战术,这也是战国初期产生多戈"戟"以及带血槽"矛"的原因。而斩首行为更多发生在"人殉人祭"或者"大辟之刑"中,体现着"威克厥爱"的象征功能——传说武王便是"左杖黄钺,右秉白旄"麾师伐商,而克商之后,又以"黄钺"斩纣王之首,又以"玄钺"斩佞妾之首。②

这一类器物,我们姑且笼统地称为"𢧜"形器。尽管可以对此再作精细的分类:从器物尺寸的角度看,或以为戌(钺)大,重势以立威佑命;或以为戚(鏚)小,轻巧以伴舞佐祀。但《司马法》逸文并称钺、戚,"夏执玄钺,殷执白戚"有明显的继承关系,

---

① 参见林沄:《说戚、我》,《古文字研究》第17辑。值得一提的是,林沄通过晚出的《马王堆帛书老子甲本》和《诅楚文》,倒推甲骨文中"戚"与"戌"不同,认为"戚是一种特殊形式的钺","戚"是"专名","戌"是"公名",但并未对两者的功能加以区分。

② 事见《逸周书·克殷》,又见《史记·周本纪》。

况且出土的随葬钺往往大小两件成套,凭借现有材料难以明确界定钺、戚之间的差异;①从纹饰风格的角度看,或作璧孔象天之形,或作面目狰狞之形,虽谓截然不同的两种风格,却都可以认为是赋予此器生杀予夺降命自天的象征意味,以配合此器麾军的功能;而从实用功能的角度看,在证据充分的情况下,"𰀀"形器当然可以另立门户,但在目前证据阙如的情况下,未尝不可暂厕于"𰀀"形器名下。

我们注意到,卜辞中以"𰀀"形为构件的两个字,"成"(𰀀)、"咸"(𰀀)均作为重要的祭祀对象出现。据考证,此二人即后世经典文献中的"成汤"与"巫咸"。"成汤"为商朝开国的政治军事领袖,其在殷人祭祀中的重要性自不待言;"巫咸"虽谓人臣,却被尊为神巫,不仅与先王共祀且地位更胜之。② 昭示天命之谓神巫,奉答天命之谓人王,有论者以"王"(𰀀𰀀𰀀)为竖置的"𰀀"形,除了形似之外,恐怕还因为斩首之器充满了生杀予夺

---

① 陈旭汇集了青铜钺的出土资料,发现"出土钺的地点多属商代之都邑遗址或军事重镇",但由于"钺"出土数量少(估测总数不过百件),攻防性能差,再者考古发现"凡随葬钺者,大多都是奴隶主贵族……这些人不但拥有钺,还有戈、矛等常规兵器。至于作战的士兵则不使用钺",从而认为"铜钺在商代并非常规武器"。然则现有的铜"钺"多精美纹饰且少斫用痕迹,很难讲是刑器。而宣王时期的"虢季子白盘"铭曰:"赐用钺,用征蛮方",《周礼·夏官·司马》则记载"左执律、右秉钺",以论军功行赏,故通常将"钺"视为"军事统率权的象征物"。详见陈旭、杨新平:《商周青铜钺》,《中原文物》1984年第4期。
② 陈梦家最早对卜辞中"成"与"咸"加以区分,二者皆从"𰀀",但是"成"从"丁","咸"从"口"。见陈梦家:《殷虚卜辞综述》,北京:科学出版社1956年版。冯时的《殷周时代的巫与王》对巫咸的历史地位有详论,谓其地位"自在上帝与人王之间",见冯时:《中国天文考古学》,北京:社会科学文献出版社2001年版。

降命自天的意味,从而成了原始权力的象征。① 由此可见,"戌"形在殷人祭祀文化中至少包含了"天命"与"权力"两个相辅相成的含义。这种文化遗产延续到周代,呈现出一条清晰的理性化脉络:

《王制》"赐弓矢然后征,赐铁钺然后杀。"——征杀

《乐记》"军旅铁钺者,先王之所以饰怒也。"——饰怒

《中庸》"君子……不怒而民威于铁钺。"——威服

上述三篇皆来自《礼记》,从"征杀",到"饰怒",再到"威服",层层递进中自可寻见周人损益的痕迹。此外,《尚书·顾命》还记录了周初成王崩、康王受命的全过程,其中有"一人冕,执钺,立于西堂"的细节。之所以这样安排,或以为西方属金,主刑杀,或以为不然,总之不可否认此器于周初已明确具有了仪仗的功能。而这种不怒自威的仪仗,或许可以狭义地理解为"威仪"。总之,"饰怒"是在"戌"形器的功能理性化过程中,赋予仪式感的关键环节,从而连接了"征杀"与"威服"。

这个理性化的过程,据《荀子·礼论》被推而广之到整个社会生活中:

---

① 据董作宾考证,"王"为"王"字初文,常见于一期甲骨文。以之为斧钺之形,则吴其昌首开其端,见《金文名象疏证·兵器篇》(《武汉大学文哲季刊》第 5 卷第 3 号);林沄继踵其绪,见《说"王"》(《考古》1965 年第 6 期),以及《甲骨文中的商代方国联盟》(《古文字研究》第 6 辑)。人类早期的社会共同体通常以赋予死亡的力量象征王权,譬如埃及法老头饰上的圣蛇(Ureaus)即同此理。

> 凡礼,事生,饰欢也。
> 送死,饰哀也。
> 祭祀,饰敬也。
> 师旅,饰威也。

并且在《荀子·性恶》中更为深刻地表述为:

> 圣人化性而起伪,伪起而生礼义,礼义生而制法度。

理性化乃是圣人所为,然而无论"生礼仪"还是"制法度",化性起伪,根底毕竟还在性上。正如人情不尽在愤怒,人性也不尽在嗜杀。故"事生,饰欢也";《乐记》亦云:"夫乐者,先王之所以饰喜也。"从政治意图来看,如果说"饰怒"意在"民威","饰欢""饰喜"则意在"民和"。传说舜命夔典乐,便务求"神人以和",而舜本人也雅擅音律,尝作五弦之琴,歌南风之诗,为干戚之舞,以至于产生了百兽率舞、逆民臣服的效果。[①] 至少在形式上,舜的作为显然是与"征杀"判然有别的另一种政治传统。受此影

---

① "命夔典乐",事见《尚书·舜典》:"帝曰:'夔!命汝典乐,教胄子,直而温,宽而栗,刚而无虐,简而无傲。诗言志,歌永言,声依永,律和声。八音克谐,无相夺伦,神人以和。'夔曰:'於!予击石拊石,百兽率舞。'""舜歌《南风》",其事最早见于《礼记·乐记》,《尸子》始录其辞,详于《孔子家语·辨乐解》;"舜舞干戚",事见《尚书·大禹谟》,其文古奥,又见《韩非子·五蠹》转述,可知逆民之所以臣服,舜之乐舞与禹之征伐实则相为表里。

响,"戉"形器中也包括了有礼乐化倾向的"舞戚"。①

卜辞中还有两个以"戉"形为构件的字可以佐证"戉"形器并存着"征杀—饰怒—民威"(执钺)与"礼乐—饰喜—民和"(舞戚)尚未分离的两种传统。一为"䙴"(䙴䙴),姚孝遂(1926—1996)认为该字与"伐"义相近,即以"戉"形器斩首的用牲法;一为"䤨"(䤨䤨),日人岛邦男(1908—1977)认为此字即《说文解字》所录"戟"字初文,又因卜辞中有"䤨于黄奭"与"贞我舞雨"对贞的用例,故疑为《周礼·地官·舞师》中"舞山川之祭祀"的"兵舞"。② 凡此皆可见得,三代圣王恩威并重、刑德相养的政治基调,颇有礼乐征伐同出而异名的意味。

明乎此,再来看"我"(我)在"戉"形基础上傅翼的三道纹,便可以合理地怀疑为"彡"形,即《说文解字》所谓"毛饰画文也"。③ "戉"形器因其功能非在实用,既可镶以宝石,镂以兽纹,亦可缠以绳带,缀以羽毛。史载先民佞神,以干戚羽旄伴舞,干即盾牌,戚即"戉"形器,羽即雉鸡羽,旄即牦牛尾。然而三代以还,金石尚可永寿,毛羽却荡然无存了。又据《周礼·夏官》所载,设"掌固"一职之责,除了修城池之固,颁士众之守外,还有

---

① 《礼记》中有关舞戚的记载至少涉及五篇文献,包括《乐记》"羽龠干戚,乐之器也";《文王世子》"大乐正学舞干戚";《月令》"是月也,命乐师修鞀鞞鼓,均琴瑟管箫,执干戚戈羽";《明堂位》"朱干戚玉,冕而舞《大武》";《祭统》"朱干玉戚,以舞《大武》"。可见舞戚与《大武》的密切关系。

② 参见姚孝遂:《商代的俘虏》,《古文字研究》(第一辑),北京:中华书局1979年版;[日]岛邦男:《殷虚卜辞研究》,温天河、李寿林译,台北:台湾鼎文书局1975年版。

③ 从"彡"字多纹饰意味,譬如"龙、迆、彤、彪、彩、彧、须、彬、彰"等字,尤其是构成了部首"彡"。特别需要说明的是,这里的"彡"并非《高宗肜日》中的"肜",虽然后者在卜辞中大量出现,但这里仅仅是字形上的一种揣测。

"设其饰器"一项。对此郑玄《注》曰"兵甲之属,今城郭门之器亦然",贾公彦因而疏证道:"郑知《经》'饰器'是兵甲之属者,以其掌器是防御之器……今城郭门傍所执矛戟,皆有幡饰之等是也。"两处均以"今城郭门"为例,故而汉唐虽已逾百世,所继商周装饰兵甲之习俗犹可知也,唯其"威仪"的意味重于实用罢了。谷霁光(1907—1993)亦据此再结合卜辞中的"⚒"等形,认定"我"即是经过装饰的兵器。①

顺着这个思路,"⚒"形还可能进一步增饰为"⚒",多了一对弯弯的"羊角"。此字虽被释读为"我"字,但是已经具有"义"(⚒)从"羊"的雏形。然而,有此"羊角"形便可以想当然地认为就是"从羊"吗?据娄机(1133—1212)所编《汉隶字源》,至南宋"义"字已有十八形,与洪迈《容斋随笔》"义"字七义可谓"相得益彰"。② 姑且不论"义"字下部隶定之"我"如何变化,上部隶定"羊"之"羊角"形却至少有"⚒""艹""廾"三种写法。回顾卜辞中常见的"羌"字的刻法,从"⚒"到"⚒"再到金文"⚒"和小篆"⚒",横画从无到有,逐渐增多,便不难设想"义"字也有着"⚒－⚒－⚒"的衍变过程。这对"羊角"形,与其说是来自羊亚科(Caprinae)的洞角(Cornu),倒更像是羌人的头饰或者其他分岔的角状物——卜辞中的"美"(⚒)与"每"(⚒)显然是或站或坐的人形。又如"⚒",隶定为"萑"字,即《说文解字》所谓:"萑,鸱属。从隹从⚒,有毛角。所鸣,其民有祅。"此"羊角"便是在象

---

① 谷霁光:《有关军事的若干古文字释例(一)——吕、礼、官、师、士、我、方诸字新证》,《江西大学学报(哲学社会科学版)》1988年第3期。

② 参见娄机:《汉隶字源》,台北:台湾鼎文书局1978年版。

形鸱鸮科(Strigidae)的耳羽簇(Ear Coverts)了。言及羽簇,我们不得不注意到郑司农对《周礼·地官·舞师》的一条小注:"皇舞,蒙羽舞。书或为䎂,或为义",点出了"䎂"与"义""羽"与"羊"之间的关联。而据《说文解字》"䎂,乐舞,以羽翿自翳其首",那么这"义"上的"羊角"是羽饰的可能性就极大了。①

综上所述,虽然还不能完全证实"义"字初文就是一把装扮花哨,不具有作战与行刑功能,只能做祭器或礼器的"丫"形器,却可以证伪那些以为"义"字"从羊",故与"善美"有关,"从我",故与"己"有关的解释,不过是后之学者根据篆形的过度阐释。

二 释"宜":"宜社"与"宜祭"

卜辞有一个构形与"义"相似的"䍻",主要见于武丁时期的卜辞。近人多将其释读为"义京"二字的合文,或以为月神"常羲",或以为宋地"义台"。② 其实,与"䍻"合文的写法在卜辞中并不罕见,除此之外,尚有"䍻""䍻""䍻"等字,不一而足。这三

---

① 详见《周礼·地官·舞师》与《春官·乐师》注。又据孙诒让《周礼正义》所引,徐养原注意到《尚书·益稷》《箫韶》九成,凤凰来仪"以及《易经·渐》上九爻辞"鸿渐于陆,其羽可用为仪,吉",或可佐证"仪"与"羽舞"之间的关系。还有一种以现代眼光看来充满血腥意味的可能性,"义"上部即是"羌"的上部,具体地讲,就是将羌人(首领)的头颅高高地挑在"我"之上。甘肃省历史博物馆收藏了一件出土于灵台百草坡西周墓葬的"人头形铜钩戟"。其上端的人头造型须发茂密,高鼻深目,显然是异族形象,但由于外缘腐蚀,故无法知晓头像是否有羽饰。整个器物散发着强烈的威慑感和仪式感,不难想见,在理性化的"饰怒"之前,人头造型位置所摆放的,极有可能是真实的羌人(首领)头颅。

② 马汉麟对此字前人的研究成果有比较详细的总结,见马汉麟:《论武丁时代的祀典刻辞》,《南开大学学报(人文科学版)》1956年第2期。

个字的上半部分勉强说起来都与祭祀有一定的关联:"㐁",吴大澂《说文古籀补》以为"象宗庙之形",遂隶定为"亯"字,又作"亨""享"解;"㭪"疑为"主",所谓"宗庙立以栖神";"㐃"则疑为人持物肃立之形,如见大宾,如承大祭。至于下半部分的"㐂",隶定为"京",意为"高丘",通常有人造的意味,当与"封土曰坛,除地曰墠"一类未设屋宇的祭祀建筑相类。再者,其形近于"㐁",与墰土而作的"亳社"(㐃)不无关联。① 从而可以推定,这类合文之形有以人力筑台,登台而祭的意味。

由于卜辞多见"㐃(宜)于义京"之语,并且"宜"据后世经传乃是"出兵社祭之名",有论者认为"㐃"最初是"商都附近商王经常举行师祭、刑杀的宗教场所"。在历史的变迁中,"㐃"的含义经过"刑杀场所之名,刑杀之事和刑杀之准则"的层层递进,最终成为抽象的伦理范畴"义"。② 此说有其合理性,却也有一个极其关键的纰漏,即"宜"作为"出兵社祭之名"实属误读。关于"宜"之本义,《尔雅·释天》有如下释文:

> "乃立冢土,戎丑攸行",起大事,动大众,必先有事乎社而后出,谓之宜。

---

① 《尔雅·释丘》中"绝高为之京",郭《注》"人力所作";《说文解字》"京,人所为绝高丘也"。虽周人以亳社为亡国之社,但对于商人而言,其意义绝非如此。殷有三亳,曰北亳、南亳、西亳,亡国之后则在遗民群居之处均有亳社。

② "'义'字从合文'义京'中分离出来……沿抽象化方向继续演化……后世作为伦理范畴之义所具有的主阴、冷峻的文化特色,主尊、戒恶、公正诸伦理内涵皆可从商之'义京''义'中求索出其所由来。"详见仝晰纲等:《中华伦理范畴·义》,北京:中国社会科学出版社2006年版。

该条列于标题"讲武"之下,次于条目"田猎"之后,很容易让人先入为主地以为在讲兵戎。① 然则"乃立冢土,戎丑攸行"语出《诗经·大雅·绵》,非以兵戎为诗旨,有稽可考也。汉人毛亨传《诗》"冢,大;戎,大;丑,众",承袭《尔雅·释天》,当为古训家法。及至魏人孙炎为之《音义》,曰"大事,兵也;有事,祭也;宜,求见使佑也",则失之偏矣。邢昺(932—1010)《疏证》更汇引孙说"兵凶战危,虑有负败,祭之以求福宜,故谓之宜",则谬之远矣。何谓失之偏矣?起大事,不尽为兵戎;动大众,不尽为劳师也。据《逸周书·作雒解》,周公营洛,起大事,动大众,两年成邑,其后乃"建大社于国中",墡五方五色之土,封土建侯,制礼作乐,此其一也;据《礼记·王制》"天子将出……宜乎社",旧说多以"出"为"出征",安知"出"亦可为"出巡",此其二也。② 何谓谬之远矣?"祭之以求福宜,故谓之宜",显然是以"福宜"为本义,"宜祭"为衍生义,而这却与甲骨卜辞的真实用例因果倒置了。

商周革命,祭祀制度发生了重大变化,其中较为显著者,即"社"之地位的提高。周人以"稷"相配而成"社稷",明显有别于

---

① 《尔雅》释义虽古,而定本晚出,各篇之内的标题或为后儒所添,故"讲武"之"武"不必同于《释诂》之"武,继也"以及《释训》之"武,迹也",而"洸洸、赳赳"语出《诗经·大雅·江汉》"武夫洸洸"、《诗经·周南·兔罝》"赳赳武夫",指威武貌。以"武"释《诗》,而非以《诗》释"武",唯得其皮相耳。

② 君去其国谓之"出",必帅师以行。《礼记·曾子问》中曾子问:"古者师行,必以迁庙主行乎?"孔子答以:"天子巡守,以迁庙主行。"可知师行,非必为兴戎,亦可为巡守。诸侯为天子守土,天子行之,谓之巡守。其事见于《尚书·舜典》,此五载之制又记于《礼记·王制》。《诗经·周颂·般》与《诗经·周颂·时迈》两篇亦可视为巡守之诗,尤其《时迈》作"载戢干戈,载櫜弓矢"之语,止戈藏弓,其别于征伐之义明矣。此外还可参考《穆天子传》。

"天地"与"宗庙"。《礼记·王制》"天子祭天地,诸侯祭社稷,大夫祭五祀",非谓天子不祭社稷,而是大夫不得祭天地、社稷,诸侯不得祭天地。又见《礼记·祭法》:

> 王为群姓立社,曰大社。王自为立社,曰王社。诸侯为百姓立社,曰国社。诸侯自为立社,曰侯社。大夫以下成群立社,曰置社。

可见,"社"分"自为立社"与"为民(群姓、百姓)立社"两种类型。毋庸置疑的是,后一种必须以一定数量的异姓"民"为基础。当两种类型混合时,就产生了具有血缘、地缘交融,家、国同构特点的社会共同体。于是,通过定期集会与祭祀的制度,以确认和强化原本不同部落之间的联系,生成共同的"血统"。可以想象,这种观念一定只有在"民族"大融合的条件下才会成熟,而商周之际恰恰是这种情形。王夫之在《尚书稗疏》中支持"军社"为特立之说,并认为商周之际最大的变化是废"预立"之制,有事则"暂立":

> 武王以前,冢土预立,则师将行而宜祭亦于此社。周公以后,军社不预立,则先宜于大社,而后立军社。故《周礼·大祝》曰"大师宜于社,造于祖,设军社",先宜而后设,则所宜者非所设矣。

明乎此,可知"社祭"分常规与非常规两种,非常规"社祭"以军社为主。这一观点在甲骨卜辞中也得到了证实。

"宜"是今用字,本作"㞢",又作"㝉""叙""爼"(⿱),卜辞所常见。其形置"肉"(夕)于"且"(㡭)上,初被孙、罗、王等人考释为"俎"字,直到容庚(1894—1983)校之以金文字形,唐兰(1901—1979)申之以方言字音,"宜"与"俎"在卜辞中为一字才几成定论。① "宜"在卜辞中的用义主要有两种,其一为"用牲法",即属于"祭法",见卜辞用例:

甲辰,宜大牢,侑小宰土(《甲骨文合集》3)
侑于河十牛,宜十牛(《殷虚书契后编·上》2.4.4)
乡夕,二羊二豕宜(《殷虚文字乙编》3094)

其二为"祭名",见卜辞用例:

丁酉,宜于义京,羌三人,卯十牛,中(《殷契粹编》411)
甲辰卜,贞,翌日乙,王其宾,宜于䵼衣,不遘雨(《殷虚书契后编·上》20.1)
贞羽辛亥乎帚妌宜于殷京(《殷虚书契续编》4.26.2)

其实两者的区分并不明显,因用牲法而称祭名的情况也很常见。陈梦家在《殷虚卜辞综述》中考释"泉名及京名"时,由于

---

① 据容庚《金文编》,"(宜)象置肉于且上之形,疑与俎为一字";唐兰认为"容庚《金文编》创俎、宜一字之说,以字形考之,绝无可疑,然容又引王国维曰:'俎、宜不能合为一字,以声绝不同也。'而未有案断之辞,乃疑未能决也",于是唐兰以"且"为舌尖音,讹变为齿音,"且"作"祖"讲,衍生为"爹""奢""爷",又以方音"俎"为"墩","叠(叠)"从"宜(宐)",证明"俎""宜"同音,可谓妙绝,见《古文字研究》(第一辑)。从音韵的角度证明,还可另见郭沫若《殷契粹编考释》,因秦公钟铭文为韵文,推证"盦"形"必有东阳部之音",论定为"房"之初文,即《礼记·明堂位》所谓的"周以房俎",然而从其说者寥寥。

注意到武丁时期的特殊记事刻辞中,"宜"祭常常与"某京"搭配使用,故专门加以论说,总结了"卜辞之宜有可注意的四事":

(1)"宜"之地点常常"宜于某京"("义京"最多,此外还有"殷京""言京");

(2)"宜"之祭祀常用羌(人牲,也用伐,动物牲以牛为主,也用羊、豕等);

(3)"宜"似是宗庙(见《乙编》6879"王㞢<又>三羌于宜,不㞢<又>若");

(4)以"宜"为祭名或用牲之法的,先公多于先王先妣。

结合卜辞的实际用例,以及最新的研究①,还可补充的几点是:

(5)"宜"祭对象除了(4)中的祖先神,还有自然神;

(6)"宜"祭之目的主要是"𭣧季""𭣧禾",祈求农业上的好收成,此外还与天气有关;

(7)"宜"祭王卜辞的主祭者以"王"为主,偶有其他人,比如"帚(妇)妌";此外也存在少量的非王卜辞;

(8)"宜"祭规格通常较高,用牲丰盛(多时竟达百羌,

---

① 见张新俊《甲骨文中所见俎祭》,《殷都学刊(增刊)》,1999年;李立新《甲骨文中所见祭名研究》列有《俎(宜)祭数据统计表》(中国社会科学院研究生院博士论文,2003年,第177页),值得参考;此外还可见张玉金《殷商时代宜祭的研究》所列《殷代"宜"祭用牲数量统计表》(《殷都学刊》2007第2期)与《甲骨金文所见"宜"字研究》(《殷都学刊》2008第2期);姚苏杰《"宜"字的用法与"作册般甗"的释读》(《殷都学刊》2012年第9期)。

三十牢),非他祭所能及;

(9)"宜"祭主要见于第一期和第四期,但也散见于二、三、五期,即是说贯穿于整个商代祭祀制度的新派与旧派。

合此"九事"颇能说明一些问题。先把(1)(7)(8)合起来看,既已推知(1)"某京"这类合文有以人力筑台、登台而祭的意味,即前文"立冢土""建大社"之属,又知"起大事,动大众,必先有事乎社而后出,谓之宜",故而"宜"祭(7)往往由王主祭,且(8)规格较高,用牲丰盛就不难理解了。

现在需要探明的是,究竟是什么样的"起大事,动大众"?故再把(4)(5)(6)(7)合起来看,(7)主祭人之一的"妇妌"即"后母戊大方鼎"中的"母戊",为"武丁"第一位王后,从卜辞的情况看,她与能征善战的"妇好"不同,主要管理"受黍季(年)""田雀(获)"等农事;(6)"宜"祭卜辞中大量出现"季(年)""禾"等农作物名称,还有"旸日""雨""风""雹"等天气,可知与农业关系极为密切;(5)"宜"祭对象中的自然神,主要是"河""岳",以及"土(社)",在商人的信仰系统中主要具有影响农事与天气的神能,但也存在"河(高祖河)""岳"是比先公还要早的祖先神的说法。[①] 按照这个逻辑,(4)所呈现出来"宜"祭对象先公多于先王先妣的现象,极有可能是先公的权威也更多地体现在农事与天气上,这从卜辞贞问内容的比例便可推知。而先民之所以关心天气,当然还是因为关涉农事。

---

① 参见常玉芝:《商代宗教祭祀》,北京:中国社会科学出版社 2010 年版,第 174—186 页;具隆会:《甲骨文与殷商时代神灵崇拜研究》,北京:中国社会科学出版社 2013 年版,第 144—153 页。

"国之大事,在祀与戎",然而"戎"之先必有"祀",但"祀"之后不必有"戎"。即,"战争"之前必有"祈福",但"祈福"之后不必有"战争"。这是因为,"祀"为一国之常行,"戎"却非一国之常态。卜辞已经告诉了我们,"祀"之中相当重要的内容是关乎农事的,毕竟在以农耕为主要生产方式的社会形态下,农事丰歉堪称国事盛衰之根本。商鞅(前395—前338)在《商君书·农战》中虽以"国之所以兴者,农战也"立论,却以"惟圣人之治国作壹,抟之于农而已矣"煞尾;詹鄞鑫则通过考古与文献研究,将周代的社祭分为与农事有关的常规之祭,以及与灾疠兵凶有关的非常之祭。① 两者各自从思想观念上和材料上验证了这种区别。

需要特别从卜辞之宜可注意的"九事"中提出来讨论的,是(2)"宜"祭如何用牲的问题,因为这关乎"宜祭"何以过渡到"合宜"。"宜"之初文与"俎"同,置"肉(俎实)"于"且(俎)"上以供祭祀,此义甚明,但仍有疑问待考。譬如,"且"中的横节为何时无(⿱)时有,时一(⿱)时二(⿱)?为何时而横节上下均放置俎实(⿱),时而又只一半放置俎实(⿱)?可以想见,用什么样式的俎,以及俎实如何放置的问题与今日"宜"之常用义"得事宜""合事宜之用"有直接关系。

字形只一半放置俎实的情况似与《说文解字》释"俎,礼俎也,从半肉在且上"相合,如此一来,倘若"⿱"之"宀"作为俎实

---

① 参见詹鄞鑫:《神灵与祭祀:中国传统宗教综论》,南京:江苏古籍出版社1992年版。"周代的常规社祀每年凡三次:仲春祈谷、仲秋报谢、仲冬大祭,地址在公社。非常之祭无数,凡遇兵寇入侵、疫疠水旱等则遍祀社稷山川之神以祈祷消弭灾祸;凡军战誓师、杀有罪、献俘馘,也祭于社。"

可以称为"半肉"的话,"🐷"之"仌"作为俎实则当合为"全牲"了。然而通过对文献的解读可知,至少在周代,无论上下,"俎实"皆用"半肉"。由于用作俎实的两个"半肉"可能来自不同的牺牲,故不必然合为"全牲"。① 据《仪礼·少牢馈食礼》记载：

> 司马升羊右胖。髀不升,肩、臂、臑、胉、骼；正脊一、脡脊一、横脊一、短胁一、正胁一、代胁一,皆二骨以并；肠三、胃三、举肺一、祭肺三,实于一鼎。
>
> 司士升豕右胖。髀不升,肩、臂、臑、胉、骼；正脊一、脡脊一、横脊一、短胁一、正胁一、代胁一,皆二骨以并；举肺一、祭肺三,实于一鼎。②

其中"胖"本义即是"半肉",出人意料的是,关于"半肉"的记载细致到区分了左右。此外还有不少讲究——顺序、数量、位置都有明确成文的要求。对于这个"讲究"郑玄注云：

> 升之以尊卑,载之以体次,各有宜也。

---

① 《礼记·明堂位》"周以房俎",郑玄注明有上下之分："房,谓足下跗也,上下两间,有似于堂房。"孔颖达《疏》"按《诗》注云:'其制足间有横,下有跗。'似乎堂后有房。"又见"房胷","胷"据贾公彦《仪礼疏》："胷者,升也,谓升特牲体于俎,故云俎实也。"故"房胷"即"升房俎",《国语·周语》"禘郊之事,则有全胷；王公立饫；则有房胷；亲戚宴飨,则有肴胷。"韦昭《注》："房,大俎也。《诗》云'笾豆大房',谓半解其体,升之房也。"即《诗经·鲁颂·閟宫》,据毛《传》"大房,半体之俎也。"曹建墩《周代牲体礼考论》说之甚详,载《清华大学学报(哲学社会科学版)》,2008 年第 3 期。

② 〔清〕阮元校刻：《十三经注疏》,北京：中华书局 1980 年版,第 1197—1198 页。

"升(升)"即"登"之假借,上也,进也。"升"可接宾语,即"升某物",例如"升俎""升鼎";可跟主语,即"某人升",例如"尸升""宾升"。① 可见,在周代礼仪当中,无论是物还是人的上下进退,都各有其"宜"。显然,此"宜"已具有"合宜"的规范之义,与"尊卑""体次"挂上了钩,可见"合宜"之义乃是衍生自"宜祭"之中如何放置俎实。

如何放置俎实,是"宜祭"向"合宜"过渡之中的关键环节,幸而《尔雅·释言》保留了这层含义。"宜,肴也",郭璞以"与子宜之"为证。此句出自《诗经·郑风·女曰鸡鸣》,讲述了丈夫闻鸡而起,弋射凫雁,妻子加之,宴享宾客的经过。"宜"在诗中出现了两次:

弋言加之,与子宜之。宜言饮酒,与子偕老。

毛《传》与《尔雅》完全相同,惜其只注了前一个"宜";至于后一个"宜",郑《笺》却认为是"宜乎我燕乐宾客而饮酒"。对此,孔颖达不得不特别说明"'宜乎'者,谓闲暇无事,宜与宾客燕,与上'宜肴'别也"。已有"合宜"之义,然而问题在于,两句之"宜"真的有差别吗?孔《疏》引李巡之说,以前一句之"宜"为"酒肴",极有可能得自后一句的理解。因为《诗经》中酒、肴常常对偶出现,互不相涵,李说当是针对后一句"宜言饮酒"而发

---

① 《周礼·内饔》云"王举,则陈其鼎俎,以牲体实之",郑玄《注》曰"取于镬以实鼎,取于鼎以实俎,实鼎曰升,实俎曰载",似乎对升做了严格的限定,但根据三礼文献中的实际用例来看,并非如此,故不从其说。

议。孔颖达不察而误引,以此证前一句,曲护之意未免狼狈。①其实,《诗经》中的"肴"往往为祭品总名,可为俎实、豆实、笾实,而经传中则大量假借以"殽"。②"殽",《说文解字》中以为"相杂错也",以区别于"肴",可谓鉴识超凡。从字形观察,"殽"所从之"殳",马王堆帛书《养生方》作"攴",皆为以手持物之形,可推知"殽"当为以手放置"肴"之义。作为"俎豆之实"的"肴",放置得有讲究、合章法,便是得"宜";放置得不讲究,杂乱无章,便是混"殽"。段玉裁谓"(殽)从殳,取搅之之意","搅,乱也",其说亦能成立。而当如何放置俎实作为一种实践经验,被提炼为上文与"尊卑""体次"挂钩的"合宜"时,就脱离了"宜祭"的束缚,推而广之,而成为普遍的实践原则,对先民的思想观念起到了规范和指导的作用,显现出"义者,宜也"的雏形。

目前所能看到最早的"义""宜"互通的材料来自战国。1977年河北平山出土战国中期的中山王鼎,铭文"臣宗之义",作"臣宗之宜";又见马王堆汉墓出土帛书《易传·系辞》"与地之宜",作"与地之义",可知在战国至汉代的书写习惯中,"宜"与"义"互通,其含义的互通或许更早。至于"利"与"宜"的关

---

① 清代方玉润在《诗经原始》中对《诗序》的批评虽对于领会诗旨有所帮助,即"宴饮宾客"为此诗引用义,但依然不能证明后句"宜"字仍为"肴"。

② 《诗经》通行本无一"肴"字,实皆假借"殽"字。《诗经·小雅·宾之初筵》云"笾豆有楚,殽(肴)核维旅",描述了祭品放置有序的状态。毛《传》:"肴,豆实也。"郑《笺》"豆实,菹醢也⋯⋯凡非谷而食之曰肴",对毛《传》加以限定,以"肴"为肉食之属。有趣的是,孔《疏》先是揣测郑《笺》"既以豆实为菹醢,恐肴名唯施于此,故云'凡非谷实而食之曰殽',明肴是总名",随后通过考证逐步扩大了"肴"的范围,以至于"核亦为肴""在笾之物亦为肴""豆实之肴亦有谷实矣",可谓语义扩展的典型案例。《论语·卫灵公》中孔子即以"俎豆之事"代指礼仪,因之,当"肴"孳乳为指代一切菜肴、酒肴、肴馔时,也就不足为奇了。

系,前引《仪礼·少牢馈食礼》之"利",据郑玄所注,乃是"犹养也""佐食也"之义。事实上,此义并非仅见于《少牢馈食礼》的孤证,而是数见于《仪礼》中《士虞礼》《特牲馈食礼》《有司彻》诸篇,以及《礼记·曾子问》。吊诡的是,古代字书几乎均不收录此义。而"养"与"佐食",同"肴"一样,须得讲究尊卑体次之得"宜"。又据《左传·成公二年》记载:

> 先王疆理天下物土之宜,而布其利,故《诗》曰:"我疆我理,南东其亩。"今吾子疆理诸侯,而曰"尽东其亩"而已,唯吾子戎车是利,无顾土宜,其无乃非先王之命也乎?

所谓"土宜",即常言的"地利",可见"利"与"宜"之间有着明确的联系。关键是"物土"一词,不易理解。

三 "利物"与"利用"

"利"字见于甲骨文金文,从"禾",从"刀",恰恰与农业有着莫大的关联。① 有趣的是"刀"上或加一两点,有时多至三四点(𥝢 𥝢 𥝢)。屈万里(1907—1979)《殷虚文字甲编考释》对此解释说"利当是犁之初文……其小点当像犁出之土块也"。令人难以置信的是,如果"刀"即"耒"——农具"犁"的起源——为何殷人还要如此罔顾实用性,不吝笔画地去描述多余的细节?这恐怕只是为了将"利"认作"犁"之初文而想象出来的画面。刻

---

① 𥝢,一说从"力"𥝢,皆象农具"耒"形。

字于甲骨是一件极为慎重的事,故"刀"上所加之点必非虚笔,而应别有所指。

事实上,尽管"㐅"与"㐅"因字形相近而在金文中通用,并且两者最终皆隶定成了"勿",但在甲骨文中犹有极大的差异。"㐅"是后世常用"勿"之本字,即无也、毋也、非也之义;①"㐅"则是后世常用"物"之本字,元朝周伯琦(1298—1369)在未及参考甲骨材料的情况下,以为"事物之物,本只此字(勿),后人加牛以别之"②。虽谓卓识,亦属小学而大遗,没能指出"勿"与"物"在隶定之前来源的不同。

"物"甲骨文字形最初仅见"㐅","刀"即"耒",《说文解字》"耒,𦓕也"。段玉裁注《说文解字》"𠙶,治也。一曰𦓕土之谓𠙶"时,以为"一𦓕所起之土谓之𠙶。今人云𠙶头是也"。"𠙶"亦作"墢",俗作"垡,耕起土也"。如果我们打算认定"㐅"上的点即是"垡",那么需要解决的问题就是,这个"垡"究竟有什么作用,以至于有专门刻画的必要?

《周礼·地官》有"载师"与"草人"两个职官:

载师,掌任土之法,以物地事、授地职,而待其政令。
草人,掌土化之法,以物地,相其宜而为之种。

"物地"中的"物"显然作动词,郑玄注云"物,物色之,以知其所宜之事","以物地,占其形色为之种,黄白宜以种禾之属"。

---

① 裘锡圭:《释"勿""发"》,《古文字论集》,北京:中华书局1992年版,第70—74页。
② 〔元〕周伯琦:《六书正伪》,见段玉裁《说文解字注》引。

可知"物"具有以其"形色"求其"合宜"的含义。因此,任土之法便是"知其所宜之事,而授农牧衡虞,使职之"——根据土地的性质进行业态的规划,以及"任其力势所能生育,且以制贡赋也"——根据土地的产量制定贡赋的标准;土化之法便是"化之使美,若氾胜之术也"①——根据土地的状况选择相应的农作物品种,有时还需人为地改善土地的状况。上述工作,必然以对土地性状的考察为第一步。如此可知"勿"上的点就不是犁地时无意翻出的土块,而是以"耒"挑起作为考察样本的"块",也就有了专门刻画的必要。

前文通过对卜辞的分析,揭示了在商人心目中,农事丰歉关乎国事盛衰,故其采取的措施除了贞卜,在天曰观星授时,在地曰物土制宜。"勿"从最初有所特指的名词转而为动词,从用于考察土地形色品相的样本,转而为考察土地的行为本身。由此推衍开来,"勿"从手段到目的的过程,正合从农事到国事的层层递进:

　　　　首先是种植合宜的作物——食货生养之本;
　　　　继而是开展合宜的业态——分职经营之策;
　　　　再者是厘定合宜的贡赋——轻重治理之制;
　　　　次之是颁行合宜的律法——刑名赏罚之政;
　　　　最后是制作合宜的礼乐——人文教化之道。

---

① 氾胜之,汉成帝时为议郎,撰书言农事,著录于《汉书·艺文志》。据王毓瑚考证,其书在唐代或已亡佚,后经马国翰《玉函山房辑佚书》自《齐民要术》辑出,首篇《耕田》讲的正是"凡耕之本,在于趣时,和土……强土而弱之……弱土而强之……得时之和,适地之宜"的土化之法。

此即《释名》将上古逸书《九丘》解释为"丘,区也。区别九州土气,教化所宜施者也"的逻辑,也即俗话讲"一方水土"与"一方人"之间的逻辑。总而言之,"勿"就成为象征先民"因地制宜"的生存经验与生活的符号。

"勿"作为一个字原至少具备了"形色"与"合宜"两个要素,只不过在被隶定为"勿"与"刂"的过程中被逐渐遮蔽了。现将以"勿"为字原的主要文字排布如下,让文字在"家族相似性"中其义自现:

勿	屮	牦	物	—	—
	𥝢	𥝤	𥝢	𥝢/黎	剺/黎
	禾	秝	秝	秝	利

可见,如今的常用字"物""黎(𥝢)""利(秝)"均从"勿"。然而在文字的孳乳流变中,"形色"与"合宜"二义仿佛被封锁在由历史构建的复杂迷宫中,难以寻觅。要想深刻地理解"利"就必须穿透这座迷宫,我们不妨先从"物"入手,借前人已有的研究成果解开第一把锁。

作为较早研究甲骨并且成就非凡的学者,王国维曾撰写《释物》专文。其文短小,全引如下:

> 卜辞云:"丁酉卜,即贞,后祖乙古十牛。四月。"又云:"贞后祖乙古物。四月。"(《戬寿堂所藏殷虚文字》第三页)又云:"贞叀十勿牛。"(《殷虚书契前编》卷四第五十四页)前云"古十牛",后云"古物",则"物"亦牛名。其云"十勿牛",亦即"物牛"之省。
>
> 《说文》:"物,万物也。牛为大物,天地之数起于牵牛,

故从牛,勿声。"案:许君说甚迂曲。古者,谓杂帛为"物",盖由"物"本杂色牛之名,后推之以名杂帛。《诗·小雅》曰:"三十维物,尔牲则具。"传云:"异毛色者三十也。"实则"三十维物"与"三百为群""九十其犉"句法正同,谓杂色牛三十也。由杂色牛之名,因之以名杂帛,更因以名万有不齐之庶物。斯文字引申之通例矣。①

其基本思路为依据甲骨卜辞,释"物"为杂色牛,从而弥合《周礼》"杂帛为物"与《说文解字》"万物"之间逻辑的断裂。然而王国维虽讥评许慎的解释"甚迂曲",但他的解释亦疏漏颇多:一是没有回答最初为何以"物"指代杂色牛,二是为了得出"万物"的释义而从"杂帛"跳跃到"万有不齐之庶物",显得牵强。

徐中舒编《甲骨文字典》"物"字条下释义:一曰杂色,所列卜辞中"物"均写作"彡",并与"牛""牝""牡""牢"或"马"连用;二曰杂色牛,所列卜辞中"物"与"彡"混用。② 这就提示我们,"物"乃是"彡牛(牝、牡)"的简化,即合文。③ 偶尔将"牛"或"牜"也省去了,径以"彡"指"杂色牛"。现在的问题是,前文已揭"彡"最初的含义是"形色"与"合宜",何以竟演变为"杂色"呢?我们试着从先民祭祀牺牲的习俗中寻觅一些线索。

殷人尚鬼尊神,鬼神中最具权威者莫过于"帝",以至于在

---

① 王国维:《王国维全集·卷八》,杭州:浙江教育出版社2009年版,第187—188页。
② 徐中舒:《甲骨文字典》,成都:四川辞书出版社1989年版,第83—84页。
③ 另见金祥恒:《释物》,《中国文字》1968年第8期。

商代,"帝令"即"天命"。① 尽管经过周公、孔子相继的努力,祭"帝"一变至于修"德",再变至于依"仁",但在周代,"禘郊"之礼依然属于最高规格,②而最重要的祭品莫过于"大牢"。③"大牢"亦即"太牢",最初专指圈养起来用以祭祀的牛。何休(129—182)注《公羊传》以为"牛羊豕凡三牲,曰大牢……羊豕凡二牲,曰少牢"④乃是后世增益的结果。《说文解字》云"牢,闲也,养牛马圈也",《经典释文》云"养牲所曰牢"皆不得"牢"之本旨。据甲骨文,"宀"下或"牛",或"羊",或"马",皆是"画成其物",各有所指。况且,古代畜牧大多放养,唯祭祀之牺牲进行圈养,"始养之曰畜,将用之曰牲"。因此,"牢"专指圈养起来用于祭祀的牛。"宀"下或"羊",或"马",皆隶定为"牢",从而才有因牛羊体量大小,称为大(太)牢、小(少)牢,随着物类日加丰饶,遂为之增益。

《说文解字》讲"牛为大物",诚然,牛相较其他家畜确系大物,"件""半"从牛,皆因其物大可分。但是按照许慎的逻辑,仅

---

① 其事见于《尚书》,又印证于地下材料,陈梦家对此即有多达十六个方面的详述,见陈家梦:《殷虚卜辞综述》,北京:中华书局2004年版,第562—571页。

② 见《尔雅·释祭》谓"禘,大祭也",《礼记·大传》谓"礼,不王不禘"。只不过在周代由"禘"而"郊","禘郊"并举罢了,见《礼记·礼器》"飨帝于郊",以及《周礼·天官·内宰》贾公彦《疏》"禘谓祭庙,郊谓祀天,举尊言之。其实山川社稷等皆用之"。实际上,"帝"与商人祖先崇拜和施行火历有关,周人对此有所损益,故从祭祀对象上讲"帝"渐变为"天",祭祀礼仪上"禘"渐变为"郊"。

③ 见《礼记·郊特牲》"郊特牲而社稷大牢",以及《礼记·王制》"天子社稷皆大牢"。

④ 〔清〕阮元校刻:《十三经注疏》,北京:中华书局1980年版,第2218页。

凭这一点似乎还不足以讲"天地之数,起于牵牛",遑论"万物"。《大戴礼·曾子天圆》从天地阴阳讲到圣人制礼作乐,再到"正五色之位""成五谷之名",最后"序五牲之先后贵贱",特指出"诸侯之祭,牛,曰太牢"以"割列襄瘗"的方式祭祀山川宗庙。据西魏卢辩所注,"牛"为五牲之首,其贵自然用以配天。① 所以《汉书·五行志》讲"牛,大畜,祭天尊物也",这就在"牛"与"天地之数"之间建立了某种关联。《礼记·郊特牲》里孔子讲"万物本乎天,人本乎祖,此所以配上帝也",进一步通过"帝"这个祭祀对象,将"牛"与"万物"联系了起来——以"牛"代表"万物"祭"帝","牜牛"即是祭祀用的大牢,简写为"物"。

既然如此,为何不直接用"牢",而要用"物"呢?这就与"牜"的"形色""合宜"二义产生关联了——以牛的"形色"求祭祀的"合宜",此即"正五色之位"。"牢"以色分品,择其宜者为"物",这也正是对前文所揭"宜祭"过渡到"合宜"之后,两者仍相互涵摄的一个例证。万献初列出十数个描述牛不同毛色的古文字,以纯白色牛为祭祀牛的上上品。② 然而,据《礼记·檀弓》记载,"夏后氏尚黑,殷人尚白,周人尚赤",三代之间存在何谓正色的损益,③所以生活在东周的孔子才会说:"犁牛之子骍且角,虽欲勿用,山川其舍诸"(《论语·雍也》),可见此时的祭牛

---

① 引自〔清〕王聘珍撰,王文锦点校:《大戴礼记解诂》,北京:中华书局1983年版,第101—102页。其中曰"五谷者,谓黍稷麻麦菽也""五牲,牛羊豕犬鸡"。
② 万献初:《说文字系与上古社会》,北京:新世界出版社2012年版,第127页。
③ 据董仲舒《春秋繁露·三代改制质文》,尚黑、白、赤三色,源自正黑、白、赤三统。《白虎通·三教》又有承弊之说。

已奉骍(赤色)为上品。① 正因为这种时尚的嬗变,后儒训孔子此句中的"犁"为杂色(非赤色)牛问题尚且不大,倘若以此推原古义则未必确切了。

有论者以孔门弟子冉耕(字伯牛)、司马耕(字子牛),证孔子时代已有耕牛。当时,牛非祭则耕,从而"犁"就有因为毛色驳杂或者角体畸形不宜用作祭祀而用作耕牛的含义,但绝不可以反过来推证"犁"最初即是耕牛。至于郭沫若在《奴隶制时代》中直接将"犭牛"释为"犁",并由此推证牛耕在商代已有普遍的应用,则未免过于臆断了。据《山海经》"后稷是播百谷。稷之孙曰叔均,始作牛耕",郭璞《注》"始用牛犁也",后文考证后稷祭祀中主要使用"黍",而"犁"古字写作"秝""穄",今不用,其从"黍",经"黎"演变至"犁"的过程是明显的,我们不妨大胆地猜测,"犁"最初有可能是指某种用于祭祀大地与农作物而毛色如"黎"的牛,只不过随着时尚的嬗变而成了耕牛的专用词。

"犁"的解释对于"物"被训作杂色牛有很大启发,我们可以大胆推测,今日常用的"物色"一词即源于对牺牲品形色的挑选。牲祭物色,详见于《周礼·地官·牧人》:

> 牧人掌牧六牲,而阜蕃其物,以共祭祀之牲牷。凡阳祀,用骍牲毛之;阴祀,用黝牲毛之;望祀,各以其方之色牲毛之。凡时祀之牲,必用牷物。凡外祭、毁事,用尨可也。

---

① 见《公羊传·文公十三年》"周公用白牡,鲁公用骍犅",何休注"白牡,殷牲也。骍犅,赤脊,周牲也",盖周公因于殷礼,而鲁公因于周礼。又参以《尚书·洛诰》"王在新邑烝祭,岁。文王骍牛一,武王骍牛一",可见周公营洛之初,行周礼以祭先祖,行殷礼以尊天命。《明堂位》"周人骍刚",《檀弓》"周人牲用骍"。

凡祭祀共其牺牲,以授充人系之。凡牲不系者,共奉之。①

从后往前看:"系之"即圈养,对前注"牢"之本义又是一证。② 杜子春(前30—58)云"龙谓杂色不纯",则相应的"牷物"必为纯色之牲。祭祀四望的"方之色"据《考工记》"东方谓之青,南方谓之赤,西方谓之白,北方谓之黑,地谓之黄"的记载,大体相去不远。"阴祀"祭地用黑色(黝),社稷是也;"阳祀"祭天用赤色(骍),禘郊是也。可见在不同的时代与不同的场合下,牺牲用色有着极大的丰富性③,这才使得"物"具有了从"挑选合宜的形色",到"形形色色",再到"杂色"的含义。④ 因而,"万物"和"杂帛"都是从作为牺牲的"物"衍生出来的含义,只不过前者发展了"物"中的"牛",后者则取义自"物"中的"勿"。

　　在早期的农业生活中,比牲畜更为常见的是各种庄稼,因此

---

　　① 〔清〕阮元校刻:《十三经注疏》,北京:中华书局1980年版,第723页。
　　② 贾公彦《疏》:"牧人养牲,临祭前三月,授于充人系养之。"《集韵》收"豰"字,见于《汉书·景帝纪》:"郡国或硗狭,无所农桑豰畜。"颜师古《注》曰:"豰,古系字,谓食养之。"
　　③ 有关殷人的牺牲用色详见汪涛:《颜色与祭祀:中国古代文化中颜色涵义探幽》,上海:上海古籍出版社2013年版。该书对甲骨文中常见的八个颜色词进行了考证,并深入到作为文化现象的祭祀用色中揭示其含义以及对后世的影响。其中有专节释"勿",认为"'物'可能是古代最先出现的颜色类别,它包括了一切有颜色的东西,与'白'对立"(第87页),"从颜色发展的过程来看,第一次颜色划分可能是在'白''勿'之间。'白'表示所有亮色、浅色,其余深颜色和各种杂色都属于'勿'的范畴"(第115页)。可存为一说。
　　④ 此即从郑玄注《周礼·春官·保章氏》"以五云之物,辨吉凶"所谓"物,色也。视日旁云气之色",到《周礼·春官·司常》"杂帛为物"的演变过程。再结合前文《草人》《载师》来看,可知在《周礼》中,"物"的衍生义已经相当丰富,并且广泛使用,孙诒让"凡物各有形色,故天之云气,地之土色,物之毛色,通谓之物"可谓卓识。

先民在祭祀中除了用五牲,还得用五谷。此即《孟子·尽心下》"牺牲既成,粢盛既洁"之谓,而用谷的历史比用牲更为久远,也更频繁。譬如《逸周书·尝麦》一篇记载了周公还政之后,成王首次祈祷于宗庙,命大正正刑书的经过。值得注意的是,对成王而言,如此重要的国事活动,却与"尝麦"同期。"尝麦"乃是"荐新"之一种,新麦收获,今人不敢专享,遂荐于祖宗,即《中庸》"荐其时食"之谓也。《月令》记古人"一岁之间,八荐新物",而庄稼占其五。①

五牲之首是牛,而五谷之首为黍。② 上文所引的《曾子天圆》里描述了诸侯与士大夫祭牲,曰"馈食",而无禄者,也即庶人,只得"稷馈"。曾子说这番话的时候应该是战国早期,品物饶富,馈食之大牢已由一牲增益为三牲,少牢亦增益为二牲,五谷丰登,"稷馈"笾豆之盛亦可想见。但在更为久远的时代,祭祀用的谷物必然在种类和分量上都会减少。从前文图表来看,以"𠂉"为字原,在"牛"为"物",最初的含义是"形色""合宜"祭祀的"牛",在"黍"则为"𥡂",即今常用的"黎"字;在"禾"则为"𥝢",即今常用的"利"字。故"黎"与"利"最初的含义或许就

---

① 时维四年孟夏,与《礼记·月令》中天子孟夏"尝麦"的记载相符,另见《吕氏春秋·十二纪》,即《皇宋通鉴长编纪事本末·卷第七十八》所辑录"《吕氏月令》,一岁之间,八荐新物,即仲春献羔开冰,季春荐鲔,孟夏以彘尝麦,仲夏以雏尝黍、羞以含桃,孟秋登谷,仲秋以犬尝麻,季秋以犬尝稻,季冬尝鱼是也"。而后世所增益者,详见马端临:《文献通考·宗庙考八·祭祀时享》。

② 五谷之首有争议,东汉王逸注《楚辞》,赵岐注《孟子》,皆以稻为首,黍次之。(见《孟子注疏·滕文公上》《楚辞章句·大招》)这恐怕与汉代水稻种植面积的扩张有莫大关系,须知商周先民的活动范围集中在北方,其主要农作物仍然是黍稷。

是"形色""合宜"祭祀的"黍"与"禾"。

记载"黍"用于祭祀最重要的文献是《诗经·大雅·生民》，毛《序》"生民，尊祖也。后稷生于姜嫄，文武之功起于后稷，故推以配天焉"，言明了此篇为周人尊祖祭天之用。其诗较长，前部回顾后稷的生平与奇迹，后部则描述了主持祭祀的过程，兹选录与农事和祭祀有关的段落进行分析：

> 诞降嘉种，维秬维秠，维糜维芑。恒之秬秠，是获是亩。恒之糜芑，是任是负，以归肇祀。
>
> 诞我祀如何？或舂或揄，或簸或蹂。释之叟叟，烝之浮浮。载谋载惟，取萧祭脂。取羝以軷，载燔载烈，以兴嗣岁。
>
> 卬盛于豆，于豆于登，其香始升。上帝居歆，胡臭亶时。后稷肇祀，庶无罪悔，以迄于今。

尽管全诗没有出现"黍"，但是"秬""秠""糜""芑"四类上天所降的美好谷物（三家诗"嘉种"作"嘉谷"）皆可归为"黍"之属——"秬""秠"为黑黍，"糜"为红黍，"芑"为白黍。[①] 黍收割

[①] "秬""秠"为黑黍，详见《说文解字注》段玉裁考证，"秠"即"稃"，皆为"秬"之皮，诗文修辞以"惟秠"足句，并非指两种谷物。"糜"为红黍，"芑"为白黍，见毛《传》："糜，赤苗也。芑，白苗也。"郑《注》："糜，赤粱粟也。芑，白粱粟也。""粟""秋""黍"音近，三字关系待考（或以为"糜""芑"为"稷"之属者，不察古人类指之法也，详见前注）。孔颖达引《诗经·鲁颂·閟宫》"是生后稷，降之百福。黍稷重穋，稙稺菽麦"以证"所降多矣，非徒四谷……此言祭之所用，故指陈黍稷"（《毛诗正义》，台北：艺文印书馆2007年版，第594页），可谓得之。关于卜辞中"黍"的异体字，饶宗颐在《甲骨文中所见的商代农业》中有比较详细的分析，可能就是对前述不同种类"黍"的描述，该文收录于《全国商史学术讨论会论文集》，第198—244页。

之后,经过脱糠、淘洗、蒸煮等工序,再配以香草和膏脂,用专门的容器盛放来祭祀天帝,以求来年的丰收。我们约略可以从这个相较于后世原始而简练的过程中,捕捉到尧舜时代(或曰新石器时代晚期)祭祀的影子。其中尤值得注意者,在于作为祭品的"黍",其颜色序次以黑为首,赤、白次之,这可否看作"夏后氏尚黑"的一例旁证?或许因为早期祭祀中牺牲尚且不如"稷馈"普遍,而"黍"以"形色""合宜"于祭祀者,以黑为上品,故"黎"有"黑"义。①

《说文解字》释"黍",记孔子言"黍可以酒,禾入水也"。《诗·周颂·丰年》云:

> 丰年多黍多稌,亦有高廪,万亿及秭。为酒为醴,烝畀祖妣。以洽百礼,降福孔皆。

"洽百礼",即与"牲玉币帛之属,合用以祭",可知周人以"黍酒"行祭祀。正如前文"黍"为类称,"黍酒"当然也是类称。商周时期祭祀降神用的香酒"鬯"主要是由前文提及的黑黍"秬"所酿,后世以不同的"黍"做原料,再配合不同的酿造工艺,产生了礼制森严的"五齐三酒"。② 丰收之后以"黍"酿酒,既可媚神,又可乐民,宜乎天理人情。但从历史的大线条上看,酒的乐民之用远甚于媚神:殷人淫于酒,据说醉醺醺地亡了国;周人殷鉴不远,却依然屡禁不止,遂以礼制对饮酒加以规范,其效果恐怕也难说理

---

① 《周礼·天官·笾人》"其实蕡、黄、白、黑",郑司农曰:"稻曰白,黍曰黑。"另有"黑坟宜黍"之说,疑为"麦"之舛误,待考。"鬯"字后出。

② 〔明〕李之藻(1565—1630)《頖宫礼乐疏》中的"郁鬯诂"和"五齐三酒诂",考证颇详。

想;汉人一方面循"乡饮"古礼,一方面施"酒榷"专营,仍抵不住民间酤酒成风,盐铁之议后只得作罢[①];魏晋饮酒之盛自不待言,而到了唐诗里"桑柘影斜春社散,家家扶得醉人归",早已是人神同醉,难分彼此了。

四 "君子"与"小人"

"酒"的有趣之处,恰在于它从一个微小的切口进入了"义利之辨"的两难性:在先民看来,"酒"给人以原始而纯粹的快乐,既是天道之所诞降,又是人性之所嗜欲,无善无恶。但《说文解字》却讲"酒,就也。所以就人性之善恶也",因而既须因酒制礼以尊天道,又须因酒正法以齐人性,扬其善,惩其恶。《礼记·乐记》对此说之最详:

> 夫豢豕为酒,非以为祸也,而狱讼益繁,则酒之流生祸也。是故先王因为酒礼。壹献之礼,宾主百拜,终日饮酒而不得醉焉,此先王之所以备酒祸也。故酒食者,所以合欢也。乐者,所以象德也。礼者,所以缀淫也。

一言以蔽之,即"唯酒无量,不及乱"(《论语·乡党》),"酒以成

---

① 据《汉书》记载,天汉三年(前98)春二月"初榷酒酤"至始元七年(前80)秋七月"罢榷酤官,令民得以律占租,卖酒升四钱",共实施酒榷专卖制度长达十八年之久。尽管《盐铁论·忧边》将此举解释为"以赡边,给战士,拯民于难也",其政之所以顺利施行的背后未必没有"酒"败德乱政观念的支持。《盐铁论》中的贤良文学反对酒榷,最主要的主张是将"酒"与"盐、铁"视作民众生活的必需品,倘若实施专卖,则"与民争利,散敦厚之朴,成贪鄙之化"。可见,在儒家的理想秩序中"酒"与"德"不仅不相悖,还有着重要的作用。

礼,不继以淫,义也"(《左传·庄公二十二年》),点明了"义利"之间的边界——"不及""不继",有度而合宜。在成礼与纵欲之间,君子以此为界,方可如《诗经·大雅·既醉》所言"既醉以酒,既饱以德。君子万年,介尔景福"。

但值得注意的是,《左传》所记是陈公子完劝谏齐桓公,"君"即指桓公;《诗经》所谓"君子",照诗序"成王祭宗庙,旅酬下遍群臣"的说法,显然指的是王公。可知,两处酒德的要求对象,皆是身为贵族的"君"与"君子"。这一渊源最早可以追溯到《尚书·酒诰》。周公东征平叛之后,封康叔姬封于商人故地卫,作《康诰》。此篇诰命为其中的一篇,故不妨将之放回到整个文本中去理解。

《康诰》是周公对康叔的授命,"乃寡兄勖,肆汝小子封在兹东土"。当然授命的前提是"天乃大命文王,殪戎殷",这是一个从"天命"到"王命"的转移过程,从而周公对康叔下达的政治任务同时包括了"保殷民""宅天命""作新民"三项。为此周公才对康叔做出了个人道德的要求,"呜呼!小子封,恫瘝乃身,敬哉!天畏棐忱,民情大可见,小人难保。往尽乃心,无康好逸,乃其乂民",即是说,王公修德具有明显的结果导向性——保国乂民。"作新民"的字面含义是使旧朝(商)的子民成为新朝(周)的子民,但因为商周之间天命的转移中,有着"道德之天"所含有的终极性与目的性,相应地,对子民也有了道德教化的内在要求。

"保民—宅命—新民"的次第,简单讲,就是在政治稳定的基础之上进行道德教化,《康诰》的后半部分以及《酒诰》,就属于"新民"的范畴。《康诰》的后半部分,主要讲如何刑罚得中,即所谓"义刑义杀",而几乎没有提及恩赏,充斥着《吕刑》"德威惟畏,德明惟明"的肃杀气息。而贯穿通篇的核心思想是"惠不惠,懋不懋",据孔《传》即安定民怨,"使不顺者顺,不勉者勉",用现在的话讲就是"社会正义"。明法度,当然是"新民"的重要内容。接下来《酒诰》的主题,则是制礼义。周公先引述文王的诰教:

祀兹酒!惟天降命,肇我民,惟元祀。天降威,我民用大乱丧德,亦罔非酒惟行;越小大邦用丧,亦罔非酒惟辜。

在文王看来,酒可以丧德,可以丧邦,然而酒又作为上天诞降的佳酿,深深植根民俗之中,不可移易禁毁。故只得要求"有正、有事,无彝酒",以及"庶国,饮惟祀,德将无醉"。文王诰教的对象很清楚,"有政之大臣,有事之小臣",只及诸侯王公,对民众并未作要求。或许周人本性对酒的嗜好便不如商人,又或许周的酿酒技术不如商,而此时周尚未克商,文王励精图治之意也十分明显。

当商周革命之后,商人嗜酒的习俗、酿酒的技术或许大大地影响了周人,前文所引成王《既醉》"既醉以酒,既饱以德"就与文王"德将无醉"的诰教相悖。于是,在"作新民"的意义上,必须有所规范和引导,即便如此,周公要求的对象依然很清楚,是周人"在王家"的"庶士、有正、越庶伯、君子"。这里的"君子"显然只就身份地位而言。至于商人中的"诸臣惟工",则"乃湎于酒,勿庸杀之,姑惟教之",诚所谓"不教而杀谓之虐"。[①] 对于

---

① 具体地说,即"殷献臣、侯、甸、男、卫,矧太史友、内史友、越献臣百宗工。矧惟尔事,服休服采,矧惟若畴,圻父薄违,农夫若保,宏父定辟",规定非常仔细,大小官员全部包含在内,最后周公还不忘专门提醒康叔"矧汝,刚制于酒"。

民,则无论周人还是商人,周公都说:

> 肇牵车牛,远服贾,用孝养厥父母。厥父母庆,自洗腆,致用酒。

只要求民尽孝养父母之责,生活方面不仅可以饮酒,还可以行商。这里的民,也可以称作"小人"。据《礼记·哀公问》记载,鲁哀公向孔子问礼,事当在哀公十一年(前484)孔子及弟子自卫反鲁之后,孔子时年已六十有八,德高望重,却自谓"丘也,小人,不足以知礼"。孔子怎么可能是"小人"呢?唯有如其自述"吾少也贱",将"小人"理解为"庶民"。清华简《保训》记载"昔舜旧(久)作小人",亦当如此理解。

前文之所以特别凸显"君子"与"小人",是因为后世"义利之辨"往往受"君子小人之辨"的影响。本文引言提及,儒家经典命题"义利之辨"肇源于孔子。综览《论语》全书,"义"字24见,"利"字11见。"义/利"对举凡两见,一为《里仁》"君子喻于义章",始别"义/利"于"君子/小人";一为《宪问》"子路问成人章",所谓孔子最具代表性的义利思想,"见利思义"语出是章。选择哪一章作为"义利之辨"的起点,至关重要,因为思想史的流变往往差之毫厘,谬以千里。

显然,后世"义利之辨"大都把"君子喻于义,小人喻于利"作为起点,以至于"君子小人之辨"与"义利之辨"往往纠缠不清。然而此章寥寥十字,有不少语意模糊之处需要明确的限定与清晰的解释,至今没有妥善的白话译文。杨伯峻(1909—1992)在《论语译注》里诚恳地表示不知孔子原义,将之含糊地译为"君子懂得的是义,小人懂得的是利"。何谓"懂得",未作

确解。翻检市面上流通的各种译文,稍加会通意译,大致可见如下几种面貌:

      1.君子只求义(而不计利),小人只谋利;
      2.君子求义(而利自在其中),小人只谋利;
      3.君子求利以义道取之,小人谋利不择手段;
      4.对君子可以讲义,对小人只能讲利。

这些译文直白、晓畅,各是其所是。对上述译文稍加分析,可以发现这样几条规律:第一,所有译文隐含的前提都是,"义"比"利"更值得追求,或笼统地讲,更好;第二,前3条译文都把"义/利"作为目的,区别在于,"君子"从第1条主观上不求利,到第2条虽然主观上不求利,但客观上得利,再到第3条主观上求利;第三,"小人"自始至终都是求利的;第四,第3、4条都把"义"视作一种手段,第3条将"义"作为求利的方式,第4条则将"义"和"利"均作为手段,却未指明目的何在,同时还隐含了一个谁来对"君子/小人"讲"义/利"的问题。

    不难发现,上述多数译文中的"小人"是脸谱化的,仿佛只有趋利避害的生物本能。这或许是因为历史上,尤其是从宋儒开始,普遍将《论语》看作一部充满道德教诲的伦理修身书,从而必然产生价值判断与价值引导,即这部书的写作与编纂本身带着明确的道德目的:令他的读者从道德水平较低的"小人"成为道德水平较高的"君子"。在这个意义上,"小人"即是对普遍存在道德瑕疵者的指代,而"君子"则是对道德理想人格的对象化。因此,"义"成为判定"君子"的试金石,不是以可观测的行为,即"君子"实际面对"利"时的抉择为标准,而是规定性的,即怎样做才是"君子"为标准。教诲强调的是道德目的,修身则始于"知止"。因此,规定"君子"在主观上求利与否关乎道德理想的实现。至于"小人",简化为"君子"的对立面即可。

当然,宋儒说经绝非兴之所至,从《论语》文本自身出发,也存在这样一条解释路径,即对此章中两个"喻"字当作何理解。最早的解释出自孔安国(前156—前74),所谓"喻,犹晓也"(何晏《论语集解》)。嗣后影响较大的《论语》注家,比如皇侃(488—545)、邢昺(932—1010)、朱熹(1130—1200)皆采信此说,作"知晓""明白"讲。此说的问题在于,倘若"义""利"皆是有关实践的一种"知识","知晓"了这种"知识"是否一定能"实行"？譬如有人声称自己"知晓"了"义",按"义"的方式行事,实际行动中却处处在求"利";更普遍也更麻烦的情况是,有人时而求"义",时而求"利",当他求"义"时必知何为"义",当他求"利"时,仍知何为"义"否？这样的人更像是我们生活经验中的"正常人",但他究竟是"君子"还是"小人"？

我们不妨把注意力收束到宋儒对这个问题的解决方式上来。以对后世影响最为深远的朱熹为例,其于《论语集注》此章引杨时(1053—1135)语:

> 其(君子)所喻者义而已,不知利之为利故也,小人反是。

尽管所给的信息依然不够充分,"而已"一词,已作非此即彼的剖判,"君子/小人"自是泾渭分明。《朱子语类》载其答门人弟子问,对此做了更为全面的解释:

> 小人之心,只晓会得那利害;君子之心,只晓会得那义理。见义理底,不见得利害,见利害底,不见得义理。……小人于利,他见这一物,便思量做一物事用他,计较精密,更有非君子所能知者。缘是他气禀中自元有许多麤糟恶浊底物,所以才见那物事便出来应他。这一个穿孔,便对那个穿孔。君子之于义,亦是如此。

从一开始强调"君子/小人"在主观的价值认知上存在差异,上升到判定"君子/小人"在主体的道德品性上也存在差异,即所谓人之气质禀性有清浊之分。但朱熹此说并非凿空立论,而是就切己功夫得来。朱熹在青年时期写给老师李侗的一封私人信件中,自述道:

> 熹向蒙指喻二说,其一已叙次成文,惟义利之说见得未分明,说得不快。……但义利之说乃儒者第一义,平时岂不讲论及此?今欲措辞断事,而茫然不知所以为说,无乃此身自坐在里许而不之察乎?此深可惧者。[1]

---

[1] 该信全文见《晦庵集·卷二十四·与延平李先生书》。特为说明的是,"第一义"并非朱熹习焉不察的口头禅,遍检《御纂朱子全书》与《晦庵集》,凡9见。譬如"敬字工夫是圣门第一义"(《御纂朱子全书·卷二》),"读书别无法,只要所烦子细是第一义"(《晦庵集·卷四十九·答陈肤仲》),"格物致知是大学第一义"(《晦庵集·卷五十八·答宋深之》)。第一义,原是佛法所谓"第一义谛"的省称,朱熹也直接使用过"今日远则益州,近则吴兴,皆第一义谛"(《晦庵集·别集卷一·刘共甫》)。据《昭明太子集·卷六·令旨解二谛义并问答》:"二谛者,一是真谛,二名俗谛,真谛亦名第一义谛,俗谛亦名世谛。真谛、俗谛以定体立名,第一义谛、世谛以褒贬立目……真者是实义,即是平等更无异法能为杂间。"朱熹虽不在佛学语境中使用此概念,亦必然含有"实""褒"两义。

信中所言,值得注意的有两点:一是广为引用的"义利之说乃儒者第一义";二是青年朱熹诚恳地告诉老师,自己对"义利"有"此身自坐在里许而不之察"的困惑与警惕。这反映出在青年朱熹看来,"君子/小人"的标准须得落实在自己身上,辨明"义利"是全体以"儒者"为志业,以及认同"儒者"身份者的入门功夫。然而这功夫并不简单,尽管"此身自坐在里许"——说明"义利"与己有关,就在日常生活中,洒扫应对间,却又"不知察"——说明"义利"即便贤如朱熹,亦非生而知之,仍有待于研精覃思。此说几为宋儒公论,非为朱熹所独有,譬如在本体论上与他素来不合的陆九渊,也将"义利"纳入功夫论当中,与朱熹站到了同样的立场上,体现出与汉儒截然不同的旨趣来。据陆门得意弟子傅梦泉(子渊)所述:

> 傅子渊自此归其家,陈正己问之曰:"陆先生教人何先?"
> 对曰:"辨志。"
> 正己复问曰:"何辨?"
> 对曰:"义利之辨。"
> 若子渊之对,可谓切要。①

朱、陆之说实则本于孟子。《孟子·梁惠王》首章即曰:"王何必曰利?亦有仁义而已矣。"仿佛定下了全书"义利之辨"的基调。

---

① 见《象山集》卷三十四,又见黄宗羲《宋元学案·卷七十七·槐堂诸儒学案》。

又见《孟子·尽心上》：

> 鸡鸣而起，孳孳为善者，舜之徒也；鸡鸣而起，孳孳为利者，跖之徒也。欲知舜与跖之分，无他，利与善之间也。

程子将之解读为"孟子辨舜、跖之分，只在义利之间"。《二程遗书》关于"义利"更是断言，"大凡出义则入利，出利则入义，天下之事惟义利而已"，将孟学严义利之辨的品格推衍到了极致，形成了整个宋学由外转内，以"德"为标准压倒以"位"为标准的风气。无怪乎朱熹谓此乃儒者第一事，陆九渊教人亦以此为先了。

淳熙八年（1181），陆九渊受朱熹之邀至白鹿洞书院讲《论语》"君子喻于义"章。陆九渊开篇即讲"义利"与己有关，"读之者苟不切己观省，亦恐未能有益也"，继而劝谕学者当于"义利"处辨明其志，并建构起"所志—所习—所喻"的功夫次第。前文所谓"喻，犹晓也"，发展到陆九渊处，已有"唯其深喻，是以笃好"的程度意味，否则不足以明君子小人之辨。陆九渊接着以"今为士者固不能免"的科考为例，痛陈某些以"儒者"为志业，以及认同"儒者"身份者"虽曰圣贤之书，而要其志之所向，则有与圣贤背而驰者矣"之弊。盖因此辈投身举业，日夜苦读勤于用功，唯求熟谙制艺题名金榜，志固不在"悉心力于国事民隐"之义，却在"官资崇卑、禄廪厚薄"之利。最后，陆九渊号召在座诸生"专志乎义而日勉焉，博学审问，谨思明辨而笃行之"，由此治学进仕，方成其为君子。[①]

[①] 本段参见《陆九渊集·卷二十三·白鹿洞书院论语讲义》。清人王植《四书参注》对此领会尤深，值得一读。

陆九渊的讲述使在场听者无不悚然心动,至有泣下。朱熹亦当场表示了由衷的赞同,"熹当与诸生共守,以无忘陆先生之训",俟后更录简以藏,刻石以记。至此,"义/利"之辨在朱、陆处与"君子/小人"之辨已密不可分。在他们看来,君子小人,心各有执,皆始于念虑之微。欲从"小人"到"君子",既非生而知之者,便唯有涵泳儒家经典,在功夫论的意义上养气正心,时时内省,不断提撕,方可成就一条变化气禀的阶升之道。在这个意义上,"喻于义"成了对于有志成为"君子"者而言绝对的道德律令。"君子"尊德性而道问学,故其第一义在于辨明志向以趋于义,否则此后做出的种种事功,必不是为了大义公利,而是一路奔着小义私利去了。"喻于义"者即"君子","喻于利"者即"小人"。"君子"和"小人"遂固化为一种道德身份。

显然,上述解决问题的方式,以对问题的道德立场代替了对问题本身的思考。不可否认,孔子说这句话,确实有可能在做纯粹的道德评价。然而,孔子说这句话,也可能在做一个经验性的描述。倘若不从道德立场出发,两者的可能性是等同的。然而,这种有关历史或然性的反思,仅仅是一种思想实验。真实发生的历史是,有宋一代,学术主流关于"喻"字的考察囿于"深喻""笃好"孰先孰后的争论中。[①] 与此同时,原本始于士大夫阶层自律的评判标准,却通过文官选拔、司法调解等各式制度建构与

[①] 见朱熹《四书或问》:"或问:……程子、杨、周氏以为深喻而后笃好,范氏以为好之而后喻焉,其不同何也?""曰:……有先喻之而好愈笃者,有先好之而喻愈深者,亦不可以一例拘也。……喻字之义,惟吕氏之释得之。盖心解通达,则其几微曲折无不尽矣。程子、范、杨、周氏大指多善,然或推其前,或引其后,而正释喻字之意殊少,谢氏则自待甚恕,而与君子小人之际,初亦未甚剖判,必其所喻之既分,然后从而名之,则其意与周氏正相反矣。"

荣誉表彰、文艺创作等文宣教化的方式,使"君子喻于义"的道德律令广泛地渗透到社会的各个角落,并且还承诺了这样一种道德信念——"小人"只有通过学习经典,汲取其中的道德养分,从"喻于利"到"喻于义",方可变化气质,成为"君子"。明清两代的官方意识形态则将这种已经扩而大之的道德律令,发展为更加僵化的道德教条,深刻塑造了今日被我们称为"国民性"的国人文化性格。

然而"喻"字当作何解并非没有争议。在"知晓""明白"的主流解释之外,还有一种"使……知晓""使……明白"的解释。两者的区别取决于名词"君子/小人"与动词"喻"构成的是主谓关系,还是动宾关系(使动用法)。即,"义/利"之于"君子/小人",是先天生而知之,还是后天长而教之。如果是后一种情况,则需要找到一个缺席的道德主体,即由谁来教导"君子/小人"知晓"义/利"?

据潘维城(?—1850)《论语古注集笺》考证:"《说文》无'喻'字,钱坫、陈鳣并云当作'谕'。"此说极为关键。事实上郑玄注《周礼·秋官·掌交》已有"谕或作喻"之谓。许慎《说文解字》"谕,告也",段玉裁《注》"凡晓谕人者,皆举其所易明也",实则已将经义陈说甚明。《礼记》中"谕"亦多作"喻",譬如:

> 师也者,教之以事,而喻诸德者也。(《文王世子》)
> 故君子之教喻也,道而弗牵,强而弗抑,开而弗达。(《学记》)
> 所藏乎身不恕,而能喻诸人者,未之有也。(《大学》)

倘若此说成立,《论语》原文当改作"君子谕于义,小人谕于

利"。改一字而辞旨大变,又当如何理解呢?从字面上有这样几种可能:

1."君子/小人"性中本有差别,因材施教,喻于义者谕以义,喻于利者谕以利;
2."君子/小人"性中本无差别,虽为习气所侵,亦可为教化所成,故谕以义者自成君子,谕以利者自成小人;
3."君子/小人"性中无所谓差别,唯职志各不相同而已,故谕君子取义之道,谕小人取利之道。

第一种可能,与"喻"的前一种解释互为表里,必然发展为对主体道德质量的评价。然而,从文本来看,将第二、第三两种综合起来,可能更接近孔子的原义。我们很有可能先入为主地沿着宋儒的思路,而忽略了"君子/小人"乃是一个群体,一个阶层的标签。因为孔子始终有参与现实政治的积极性:"苟有用我者,期月而已可也,三年有成。"(《论语·子路》)"如有用我者,吾其为东周乎?"(《论语·阳货》)在他看来,"鸟兽不可与同群,吾非斯人之徒与而谁与?"(《论语·微子》)。"君子/小人"皆非鸟兽,即是说,"君子喻于义,小人喻于利",不是对单个的具体的"人性"做出的道德评价,而是对理想政治制度中的两个群体/阶层,"君子—治人"与"小人—被治",各自秩序原则的描述。

董仲舒《春秋繁露·身之养重于义》对此亦有充分的表达:

物之于人,小者易知也,其于大者难见也。今利之于人小而义之于人大者,无怪民之皆趋利而不趋义也。
民不能知而常反之,皆忘义而殉利,去理而走邪,以贼其身而祸其家。此非其自为计不忠也,则其知之所不能明也。

今不示显德行,民暗于义,不能照;迷于道不能解,因欲大严憯以必正之,直残贼天民而薄主德耳,其势不行。

在董仲舒看来,对于民而言,"义/利"不可须臾相离也,一者养其体(物质生活),一者养其心(精神生活)。然而"利"关乎人的生理需求,"义"则上升到心理与伦理层面,百姓日用而不知,需要经过特定的训练方可把握。这种把握,尚有理解层次的高低与应用程度的深浅的不同,依赖于个体抽象思维与理论提炼的能力,并且还需要投入与物质生产无关的大量精力。康德《道德形而上学奠基》也陈述了这样的事实,即便不把握有关道德的知识,民众(小人)照样可以过好个人的生活。于是,这又回到了宋儒的思路上——对道德知识的把握能力逐渐与道德能力本身发生了关联。

尽管在理想政治制度中"君子/小人"作为群体与阶层的二分,不免显得精英气十足。这种精英主义政治哲学在具体的操作过程中,往往需要通过超验的神圣主体,同时也是以至善为目的的道德主体,譬如"天",作为中介以形成一种古典的"委托—代理"关系,从而由道德形而上学提供道德目的论,即以道德本身为终极追求(道德之天),就是这个精英群体取得政治合法性的内在要求。《易经·文言》中有"利者,义之和也……利物足以和义",孔《疏》所谓"言君子利益万物,使物各得其宜",利物—得宜—和义。这里的"君子",必然是有别于"小人"的"大人",即"与天地合其德,与日月合其明,与四时合其序,与鬼神合其吉凶,先天而天弗违,后天而奉天时"的大人。与《尚书·

大禹谟》中"正德—利用—厚生—惟和"的思想一脉相承,其中深刻蕴含了"天理"从"自然—物理"向"社会—伦理"的嬗递。

所以,董仲舒最著名的那句"夫仁人者,正其谊不谋其利,明其道不计其功"(《汉书·董仲舒传》),又或者"君子终日言不及利,欲以勿言愧之而已,愧之以塞其源也"(《春秋繁露·玉英》),都明确地提出了他的要求对象,即"仁人""君子"。唯有具备了道德认知与道德品质的优越性,才能够作为"教之"的主语。

因此,这个群体也就担负起"民生—政—治"与"民性—教—化"的双重职责,具有了"官师合一"的双重身份。前文论及"教之",《说文》云"教,上所施,下所效也",《释名》云"教,效也,下所法效也",《白虎通义·三教》云"教者,效也,上为之,下效之"。上行下效,居于上者,必然承担更多的道德义务。从正面看,《论语》讲"君子之德,风;小人之德,草。草上之风,必偃"(《论语·颜渊》),"为政以德,譬如北辰,居其所而众星共之"(《论语·为政》),"君子之过也,如日月之食焉:过也,人皆见之;更也,人皆仰之"(《论语·子张》),强调的都是身教的榜样作用。相应地,从负面看,则是"上有好者,下必有甚焉者矣"。君子的德行修养,最终还是要通过对小人的"教之",落实在社会秩序的建立与维系中。

五 "孟子"与"荀子"

《汉书·萧望之传》记录了萧望之与张敞的一次议对,即以"义利"为名、"教民"为实而展开。议对的内容是,应不应该允许轻罪犯通过上缴粮食来赎罪减刑。议对的背景是,西羌叛乱,国将兴戎,而与此同时,粮库吃紧,民将乏食。议对的过程是,张敞为正方,上书"务益致谷以豫备百姓之急";萧望之与掌管财税的少府李疆为反方,认为此举"开利路以伤既成之化";张敞反驳萧、李之说不过是常人"守经",而自己身为人臣,职在辅政,不得不"与权";萧、李则援引先帝遗训与前朝旧例,以为"不便"。议对的结果是,"羌虏且破,转输略足相给,遂不施敞议"。史笔所书的精彩议对,重要价值在于可以支持我们通过合理的历史想象,对当时的情境进行还原。通过分析"义利"观念如何影响了政策,进而把握其为汉儒普遍分享的核心意涵。"义利"一词,是萧、李在论述政教所施在于导民时,对民性的描述:

> 民函阴阳之气,有仁义欲利之心,在教化之所助。尧在上,不能去民欲利之心,而能令其欲利不胜其好义也;虽桀在上,不能去民好义之心,而能令其好义不胜其欲利也。故尧桀之分,在于义利而已,道(导)民不可不慎也。①

"义利"与"尧桀"相应,虽谓合成词,实则泾渭自分,黑白自明。值得注意的是,尽管"仁义欲利"是对民性的描述,但此处"尧桀之分,在于义利而已"所表达的,其实是两种导民方式、两种政教的选择,即是"尧—导民以义—民欲利不胜其好义—治世",还是"桀—导民以利—民好义不胜其欲利—乱世"。之所以有治世、乱世的判断,盖因萧、李之说实本于《荀子·大略》:

> "义"与"利"者,人之所两有也。虽尧舜不能去民之欲利,然而能使其欲利不克其好义也。虽桀纣,亦不能去民之

---

① 详见班固《汉书·萧望之列传》,又见荀悦《前汉纪·孝宣皇帝纪》。

好义,然而能使其好义不胜其欲利也。故义胜利者为治世,利克义者为乱世。上重义则义克利,上重利则利克义。

特别需要说明的是,荀子"义利两有"的观念实则与孟子所谓"羞恶之心,义之端也"互涵,有义之端,必有利之端,否则何以"无恒产而有恒心者,惟士为能",而不是"士"与"民"皆能的普遍"民性"?举世皆谓荀、孟有别,尤好以性善、性恶为证,而近人钟泰(1888—1979)却道"于孟子而得性善,则君子有不敢以自诿者矣;于荀子而得性恶,则君子有不敢以自恃者也。天下之言,有相反而实相成者,若孟、荀之论性是也",甚获两夫子之心。① 岂知孟、荀之论义利,亦不得作如是观?"义利"截然二分,却又杂然共处,同样是"义"与"利"的对立,孟子以舜、跖作比,讨论的是个人修养(辨志);荀子以尧、桀为喻,讨论的是社会治理(导民),这也是宋学与汉学根本旨趣的差异。在做出两种政教的区分之后,荀子对于如何"导民以义",以达到"义胜利者为治世"的政治目标,给出了具体的方案:

故天子不言多少,诸侯不言利害,大夫不言得丧,士不通货财。有国之君不息牛羊,错质之臣不息鸡豚,冢卿不修币,大夫不为场园,从士以上皆羞利而不与民争业,乐分施而耻积藏。然故民不困财,贫窭者有所窜其手。(《荀子·大略》)

可见荀子又做了"士以上(君子)"与"民(小人)"两种政治身份的区分。荀子明言,"重义""不言利"是对"士以上"的要求,因而

---

① 钟泰:《中国哲学史》,北京:东方出版社2008年版,第72页。

"导民以义"的实质内容在于要求权力的所有者、政策的制定者"不与民争业",方可确保"民欲利不胜其好义",最终达到治世。

经过对荀文的分析,可知萧、李所忧心的"既成之化"即"民欲利不胜其好义"的风化,既是"义利两有"的民性与"导民以义"的政教相互作用之结果,又是"治世"之前提。而且在他们看来,此"既成之化"难成而易败,难得而易失,"伯夷之行坏,公绰之名灭。政教一倾,虽有周召之佐,恐不能复"(《汉书·萧望之列传》)。初看之下,张敞似是功利论者,萧、李是道义论者,其实不然。尚且不论萧、李采用前朝旧例,以天汉四年(前97)"入五十万钱减死罪一等"的政令导致"奸邪横暴,群盗并起"的结果为论据,已有明显的功利论倾向,倘若历史的真实情况是,羌虏未破导致了民不聊生、动摇国本的局面,萧、李是否仍会坚持反对,而张敞之议是否仍然不施呢?这样的假设意在提醒,叛乱与饥荒是双方都必须直面的现实问题。张敞与萧、李皆在朝为官,务为治也,自然都会关心颁布一项政令所产生的社会效果。双方最根本的区别,其实在于立论的基础是"民生"还是"民性",对于政教的效用,是所求在切,还是所求在远罢了。告子曰"生之谓性",又曰"食色,性也",便是模糊了"民生"与"民性"的边界,对此孟子予以了严厉的批评。"民生",是对民众物质生活状态的描述,而"民性",则是对民众精神生活状态的描述。与"民生"相应的政治目标是"保民",与"民性"相应的则是"新民"。因而,一个善的政治制度,应当以保障"民生"为最低限度,引导"民性"为最高目标,这便是荀子与孟子达成和解之处。

司马迁所著《史记》篇目的安排勾勒了一条从孟子到荀子,又从荀子到孟子的理路。他先是在《孟子荀卿列传》中,针砭好利之弊,却未能拿出任何救弊之策。反而在《平准书》中,用深闳而肆的史笔,描述了从尧舜到暴秦逾两千年世势的变化,加深了我们对"利诚乱之始也"的认识。随后又在《货殖列传》中描述了世势变化导致民性也发生了不可逆转的变化,直与前文萧、李"开利路以伤既成之化"的忧虑同。老子描述的那个民众甘食美服、安俗乐业的时代可能从未出现,却已然消逝,欲利之俗,渐民既久,无论儒墨道法,"虽户说以眇(妙)论,终不能化"。于是最后,司马迁不得不在《货殖列传》中提出了他的应对方案:

> 故善者因之,其次利道之,其次教诲之,其次整齐之,最下者与之争。

司马迁的方案其实是建立在承认孟子所疾"孳孳为利者"的基础上,以他引用《六韬》的话讲,就是"天下熙熙,皆为利来;天下攘攘,皆为利往"。承认了民性欲利的一面,才有他所引管子"仓廪实而知礼节,衣食足而知荣辱"的论断,与孔子"富之而后教之"的次第相合,并回到了荀子"导民以义"(政教)与"民不困财"(民性)相结合的路子上来。

如此看来,似乎司马迁从孟子出发,最终抵达了荀子。曾国藩却采取了反其道而行的视角,曰:

> 自桑(弘羊)、孔(仅)辈出,当时之弊,天子与民争利。《平准书》讥上之政,《货殖传》讥下之俗。上下交争利,《孟子列传》所为废书而叹也。(《求阙斋读书录》)

也就是说,《平准书》与《货殖列传》是基于现实做出的判断,即使提出了某种方案,也只能是保障性的、底线性的。换言之,其方案意在批评"最下者与之争",至于"因之""利道(导)之"中的所因与所导,还是要向孟子对于"民性"所应然的描述寻求解决之道。在儒家的政治理想中,制度设计固然因于民性,承认其中欲利的一面,但最终目的还应当是濡养民性,引导其中好义的一面。故《礼记·坊记》有云:"礼者,因人之情而为之节文,以为民坊者也。"所以在曾国藩的视角中,司马迁还有一条从荀子回到孟子的路径。

《孟子》一书的章次,开篇即为孟子向梁惠王描述从王到大夫,到士庶人"上下交征利,而国危矣"的乱世之兆,这与荀子关注的现实问题完全一致;并且孟子也清楚"士"与"民"的区别,"无恒产而有恒心者,惟士为能。若民,则无恒产,因无恒心"。而正因为对民性的洞察与对现实的关注并重,孟子才会不厌其烦地向梁惠王、齐宣王两次讲述"黎民不饥不寒,然而不王者,未之有也"的利用厚生之策。齐、魏之君所关心的都是作为劳力与战力的国民如何"加多",以实现"莅中国而抚四夷"的大欲,于是孟子不得不开出了上述"保民而王"的方案,与前文所引《荀子·大略》的方案一为目的,一为手段。荀、孟之间,从来都是曲径相通,同归于孔子的。且看《论语·阳货》记载:

> 子之武城,闻弦歌之声。夫子莞尔而笑,曰:"割鸡焉用牛刀?"
> 子游对曰:"昔者偃也闻诸夫子曰:'君子学道则爱人,小人学道则易使也。'"
> 子曰:"二三子!偃之言是也。前言戏之耳!"

孔子戏言,被王充(27—97)捉住把柄,据此怀疑被俗儒尊奉的贤圣之言,极有可能是"仓卒吐言,安能皆是"(《论衡·问孔》)。然仔细思绎,这恐怕正是孔子内心直觉的反映。在他看来,人的认知能力存在客观上的差异,"唯上知与下愚不移"(《论语·阳货》)。"小人—庶民"不足以知礼,故不可拔苗助长地使其知之,唯其中苗而秀者可与知之。这是第一层含义,隐含的是"教什么—教谁"的问题;至于孔子昔日所言,则是从建立社会秩序的角度出发,可以使"小人—庶民"用礼。这是第二层含义,隐含的是"怎么教—谁教"的问题。两层含义合起来就是"民可使由之,不可使知之"(《论语·泰伯》)。是故,此章大可不必在句读上加以曲说,由之,即用之,义近于"百姓日用而不知,故君子之道鲜矣"(《易传·系辞》)。

《礼记·曲礼》有"礼不下庶人"之语,与"民可使由之"章同样容易引起误读。倘若没有错简导致的误读,联系上文来看,"礼不下庶人"应当特指不必对庶人行"抚式"礼,①否则士大夫乘车出行,夹道皆是庶民,姑且不论乘车人将疲于行礼,庶人除了对着来往车辆回礼,便也无事可做了。《仪礼》为礼学文献的正经,记载了士大夫以上当行诸礼(冠、婚、丧、祭、乡、射、朝、聘)之仪式仪轨。是书所记文繁节缛,对庶民却几乎没有要求,即便有也是一切从简。② 毕竟让庶民不事生产,消耗大量精力与财物而学礼行礼,对于一个理想的政治制度来说,是毫无效率的。故执政者不当以繁缛之礼烦扰之,而以最低限度的礼顺导之。贵族群体则不然,就其内部而言,"礼"柔性地维护了君臣

---

① 《礼记·曲礼》:"国君抚式,大夫下之。大夫抚式,士下之。礼不下庶人。刑不上大夫。刑人不在君侧。"
② 例如《士相见礼》:"庶人见于君,不为容,进退,走。"而对于士大夫则要求"奠挚,再拜稽首",君对此也得"答一拜"。

之道。孟子讲"君臣有义"(《孟子·滕文公》),可见这正是"义"的内涵之一。概言之,"小人"阶层的礼是底线性的、保障性的,是使人之为人,有别于禽兽的礼:

> 鹦鹉能言,不离飞鸟;猩猩能言,不离禽兽。今人而无礼,虽能言,不亦禽兽之心乎?夫唯禽兽无礼,故父子聚麀。是故圣人作,为礼以教人。使人以有礼,知自别于禽兽。(《礼记·曲礼》)

故此礼又具有根本性与普遍性,是广义的"礼"。"君子"阶层必然遵从广义的"礼",却又在其内部形成了一套强调尊卑贵贱,以维护秩序稳定性为根本的、狭义的"礼"。无论广义的还是狭义的"礼",皆是具体的"礼仪",显然不能涵盖"子之武城"章的两层含义。关于"礼"的二分在《论语》中并不罕见:

> 中人以上,可以语上也;
> 中人以下,不可以语上也。(《论语·雍也》)

"语"读去声,作动词,作"告知"讲,与"使知""谕"相近,合于第一层含义。

> 道之以政,齐之以刑,民免而无耻;
> 道之以德,齐之以礼,有耻且格。(《论语·为政》)

"道"即"引导","齐"即"齐整","导民""齐民"与"使民"相近,合于第二层含义。孔子本人恰恰就处在这两层含义的"夹层"

之中,因而在哀公问礼之时,孔子有"德",可以语上,可以知道,遂有"丘闻之"之谓;孔子无"位",不可议礼,不可制度,遂有"不足以知礼"之谓。孔子时代的从政者,大多有"位"而无"德",孔子虽讥之为"斗筲之人,何足算也"(《论语·子路》),亦接受自己"庶人"的社会身份与相应的行事原则。在孔子处,"有德—语上—知道"与"有位—议礼—制度"产生了明显的二分。《论语·八佾》"子入太庙"章出现的两个"礼",也可照此理解:

> 子入太庙,每事问。
> 或曰:"孰谓鄹人之子知礼乎?入太庙,每事问。"
> 子闻之曰:"是礼也。"

显然两个"礼"大异其趣。朱熹《论语集注》引尹焞(1071—1142)语,却说"礼者,敬而已矣。虽知亦问,慎之至也,其为敬莫大于是"。敬,固然是礼之本,前引《曲礼》首句,即曰"毋不敬",然谓"礼者,敬而已矣"则不免限之太过。其又谓孔子"虽知亦问",不仅与"知之为知之"之教相悖,还有将两个"礼"混为一谈之虞。第一个"礼",当是指包含"经礼"与"曲礼"在内的、具体的"礼",或可名之曰"礼仪",取《左传·昭公二十五年》"是仪也,非礼也"之义;第二个"礼",当是指与"德""上""道"以及"敬"有关的、抽象的"礼",或可名之曰"礼义",取《礼记·郊特牲》"礼之所尊,尊其义"之义。荀子所谓"水火有气而无生,草木有生而无知,禽兽有知而无义,人有气有生有知亦且有义,故最为天下贵也"(《荀子·王制》)。孟子亦能赞同此说:"人之有道也,饱食、暖衣、逸居而无教,则近于禽兽。"(《孟子·滕文公上》)。义,礼义;教,即礼教,教小人以礼仪,教君子以礼义。

在《论语·阳货》中,孔子昔日所言"小人学道则易使"之"易使",体现的正是前文论及的,一个好的政治制度所应当兼顾的效率性。该效率来自"学道"。"道"是"学"的内容,从文本所谓的"弦歌"来看,应当是指"礼乐"体现的精神与原则,即"礼义"。在《论语·宪问》中,孔子明言"上好礼,则民易使也"。对于非生而知之者来说,如何"学"礼义,毋宁说是如何"教"礼义的问题。据《论语·子路》记载:

> 子适卫,冉有仆。子曰:"庶矣哉!"
> 冉有曰:"既庶矣,又何加焉?"曰:"富之。"
> 曰:"既富矣,又何加焉?"曰:"教之。"

庶民聚集,故可谓"庶矣",而"富之"与"教之"的次第与内容则值得深究。其次即《管子·牧民》"仓廪实而知礼节,衣食足而知荣辱",以及《孟子·梁惠王》"若民,则无恒产,因无恒心"所言,从统治者的视角来看,庶民生理需求的层次先于伦理需求。因此,"富之"的目的非常具体,即使庶民在物质生活水平上"富"起来,达成目的的指标很具体,即仓廪实、衣食足、有恒产。而结合《论语·阳货》来看,"教之"的目的即庶民"易使""有耻且格",《礼记·礼运》关于"大同"的描述即可视作达成的指标。

从仓廪实、衣食足、有恒产的状态,达到"大同",还有相当长的路要走。"教之"之难,可见一斑。然而更现实的问题是,在民有饥色,野有饿莩,"富之"尚且没有实现的情况下,奢谈"大同",妄言"义利",无异于画饼充饥,率兽食人。

从历史的大视野来看,宋明以降,以"德"为核心的评价体系使中国人的文化性格倾向于内敛,特别是作为精英的士大夫阶层在实践中对于功利的态度,确乎不复汉唐气象。承认"君子"所具有的道德优越地位,遂沉淀为庶民阶层,也即"小人"普遍的道德心理,称其形成了一套等级森严的心灵秩序亦不为过。然而,这套行之千年的心灵秩序,在近代却与真实世界的生活秩序之间产生了矛盾。

德国学者马克思·韦伯(Max Webber)对于这种紧张十分敏锐。他在对世界宗教的经济伦理进行全面梳理后,回过头来于1920年利用生命中最后的时光对《儒教与道教》中的"儒教"部分做了彻底的修改。这部作品武断却又不失精致地,把中国人的经济伦理描述为"儒教理性"下,表面说一套背后做一套、现实的功利主义。相较于新教伦理通过"天职"(Beruf/Vocation)的观念,顺利地将"清教徒"转化为"职业人"(Berufsmensch),儒家伦理中的"义利"观念未能担负起应有的历史使命,以完成"君子/小人"的现代性转化。韦伯进一步推断,中国人的性格以及士大夫阶层对功利的态度,为这个巨大国家的现代性转化制造了步履维艰的困境,其渊源自然在于儒家和孔子有关"道义"与"功利"的观念。于是这个问题被转化为"德"之评判标准的滥用或者误用(当然还有其他的非道德因素):一方面,在儒家世俗理性的倾向下,本应处于辅助地位的"德",却被拔高到主导地位,使"君子"与"小人"之间的分别被神化为"克里斯马"(Charisma)的鸿沟;另一方面,这种"德"又是外在而审美的,缺乏内在而宗教的约束,不足以抵御世俗利欲的影响。在韦伯的观察中,两方面的结合造成了一种当今俗语所谓"防君子不防小人"的尴尬现实,既在上层限制了"君子"对长期经济发展的规划,又在下层放纵了"小人"对短期经济利益的谋求,但是并没有发展出至少在经济领域中作为近代资本主义前提的有计划的伟大经营思想。①

总之,我们可以把韦伯所讲的现代迷思(Myth),委婉地转述为:以"义利"为核心的儒家经济伦理,在思想上和制度上未能为使中国文化走出一条与西方相似的、以资本和技术为动力的现代化道路提供条件。不可否认,韦伯的结论虽值得商榷,但其观察问题的角度却是精到的,切入问题的方式也发人深思。

尽管韦伯坦言自己不是文化决定论者,并且拒绝进入价值判断和信仰批判的领域,然而他得自学术研究的结论,正与国人对"义利"观念历史作用的直觉相符。自五四起,国人不满于经济落后、国力贫弱的现状,通过大量社会运动的方式,向儒家与孔子宣泄负面情绪。20世纪的经济建设方案,也大都隐含着对儒家与孔子的批判和漠视。

近世百年,在资本全球性流动的卷入与倒逼之中,僵化的"义利"观念显然无法与现实配适。于是,至少是在市场交换领域,一种新的价值判断标准应运而生:道义盈口的"伪君子",倒不如唯利是图的"真小人"。"真君子"被排挤到了市场规律之外,成了《论语》里狂狷之徒的现代版本,其中亦有不少人采取"良知坎陷"的策略,以"伪小人"的面目行世。概言之,以"君子/小人"为分野的"义利"观念,在主流意识形态的论述中完全处于失语状态。

然而情随事迁,事随势转,20世纪50年代,战后日本经济开始崛起,于是美国学者罗伯特·贝拉(R. Bella)的《德川宗教》首先对韦伯理论发难;80年代,"亚洲四小龙"的经济地位确立,

---

① 参见[德]马克思·韦伯:《儒教与道教》,王容芬译,北京:中央编译出版社2012年版。

美国学者赫尔曼·卡恩（H. Kahn）、英国学者麦克法夸尔（R. MacFarquhar）、美国学者彼得·伯格（P. Berger）等人也都对韦伯理论提出了"挑战";90年代以来,中国大陆经济的腾飞,为关心儒家命运的思考者提供了研究素材与理论自信。尤其大陆新儒家群体,从诞生之初就表现出对现代国家治理的充分关注与积极参与,然而其对经济有效性的讨论略显不足。

发生在东亚与中国的变化,并非只关乎一地区、一国家之前途命运,而是与整个新型国际秩序的建构密切联系。越是在梁启超所谓"世界之中国"的历史性时刻,韦伯从比较社会学出发所讲述的"迷思",越加值得我们严肃地对待与审慎地反思。近年来,中国大陆经济建设所取得的惊人成就,与儒家古老而常新的智慧究竟有何关系?"义利"观念在其中是否扮演了角色,扮演了怎样的角色?探索这些问题无非是一种执果索因的后见之明,但仍有其现实意义。

孔子所谓"富之",必不是大开国库地还富于民,而是从政策制定上不与民争利,并且通过合理地提供公共物品,譬如颁布历法、兴修水利,以及合理的宏观调控,譬如均输之策、轻重之道,以激励和促进社会化生产。无论老农老圃、能工巧匠、行商坐贾,自有其取利之道。孔门弟子端木赐（子贡）便是一位著名的商人,司马迁对他的功业有极高的评价。[①] 子贡在《论语》中出现的次数仅次于子路,孔子对他也多有评价,《论语·先进》曰:

[①]《史记·货殖列传》:"子赣既学于仲尼,退而仕于卫,废著鬻财于曹、鲁之间,七十子之徒,赐最为饶益。原宪不厌糟糠,匿于穷巷。子贡结驷连骑,束帛之币以聘享诸侯,所至,国君无不分庭与之抗礼。夫使孔子名布扬于天下者,子贡先后之也。此所谓得势而益彰者乎?"

> 子曰:"回也其庶乎! 屡空。赐不受命,而货殖焉,亿则屡中。"

所谓"不受命"有很多解释,比较合理的有两种:一种是不受"官营"对"私营"的禁命;一种是不受"士"耻于为"商"的成命。无论是哪一种解释,都有离经叛道之嫌,但从孔子的评价来看,虽无鼓励之辞,亦无贬斥之意。后儒因此章子贡次于颜回之后,故有"美回励赐",即赞美颜回以激励子贡的说法,更何况《论语》中孔子也不乏此举。① 然而考虑到"屡空"与"屡中"两种状态的比较,此说尚有可商榷之处。

孔子与子贡之间有过一次充满隐喻的对话,见《论语·子罕》:

> 子贡曰:"有美玉于斯,韫椟而藏诸,求善贾而沽诸?"
> 子曰:"沽之哉! 沽之哉! 我待贾者也!"

此即成语"待价而沽"之出典,不拘师徒隐喻背后的本体为何物,以商品买卖为喻体,已可见得孔子对于社会生产与交易行为的豁达态度。孔子别有一句关于"富之"的名言,见《论语·述而》:

> 富而可求也,虽执鞭之士,吾亦为之。如不可求,从吾

---

① 见《论语·公冶长》。子谓子贡曰:"女与回也孰愈?"对曰:"赐也何敢望回? 回也闻一以知十,赐也闻一以知二。"子曰:"弗如也! 吾与女弗如也。"

所好。

所谓"执鞭之士",即《周礼·地官·胥》"各掌其所治之政,执鞭度而巡其前,掌其坐作出入之禁令,袭其不正者。凡有罪者,挞戮而罚之"。敢问所治何政?见《周礼·地官·司市》"凡市入,则胥执鞭度守门",即把守三市(大市、朝市、夕市)之门,察禁伪诈,维持市场秩序的职官。可知孔子并非随意举例,而是从为市场秩序的维持与运行提供规范的管理职官中举例。①

事实上,"执鞭之士—胥"只是管理市场职官中最低的一级而已,故后儒称其为"贱职、贱役",亦如孔子所谓"鄙事"。层层往上还有"胥师""质人""司市"。且看上级主管部门"司市"的职能:

> 掌市之治、教、政、刑、量度、禁令。以次叙分地而经市,以陈肆辨物而平市,以政令禁物靡而均市,以商贾阜货而行布,以量度成贾而征僦,以质剂结信而止讼,以贾民禁伪而除诈,以刑罚禁虣而去盗,以泉府同货而敛赊。(《周礼·地官·司市》)

可见,"司市"的职能范围远远大于现代工商行政管理部门的监管执法权,其所列第一项竟然是"治教"。难道"司市"对于其治下市场中的庶民,不仅需要治而"富之",还肩有治而"教之"的

---

① 或以为执鞭之士乃是《周礼·秋官·条狼氏》"掌执鞭以趋辟。王出入,则八人夹道,公则六人,侯伯则四人,子男则二人。凡誓,执鞭以趋于前,且命之"。《周礼》中仅"胥"与"条狼氏"两处执鞭,但结合"富而可求"来看,显然"胥"更加具有相关性。

责任？唐人贾公彦认为，"治"与"教"应当分开来看，以"治"对应后文"听大治小治"，"教"对应"以次序分地而经市，以陈肆辨物而平市"，"谓教之处置货物是也"。贾说务求一一对应，不惜穿凿，把"富之"与"教之"混为一谈。

《周礼》中"治""教"分工严明，譬如"六典"，一曰"治典"，二曰"教典"；"六职"，一曰"治职"，二曰"教职"。具体来说，由地官司徒"掌邦教"，共有十二个方面。① 以十二为数，看似庞杂，然而所"教"对象皆为"民"。由目的观之，"教"意在使"民"达到"不苟，不争，不怨，不乖，不越，不愉（偷），不觥（暴），不怠，知足，不失职，慎德，兴功"的效果。这十二个方面，既有消极性的规范，也有积极性的激励，皆有助于社会秩序的维持与运行。诚如《周礼》所言，可从"佐王安扰邦国"的角度予以统摄。安，宁也，定也；扰，驯也，顺也。宁定，驯顺，故其民"易使"也。不是改善个别的"人生"，以及对个别的"人性"进行道德教诲；而是保障整体的"民生"，以及对作为"群体/阶层"的"民性"进行道德教化。此即"教之"与"富之"皆序次于"庶矣"之后，也是"君子喻于义，小人喻于利"一种解释的可能。

（撰稿人　余霄）

---

① 《周礼·地官·司徒》："一曰以祀礼教敬，则民不苟。二曰以阳礼教让，则民不争。三曰以阴礼教亲，则民不怨。四曰以乐礼教和，则民不乖。五曰以仪辨等，则民不越。六曰以俗教安，则民不愉（偷，苟且）。七曰以刑教中，则民不觥（暴）。八曰以誓教恤，则民不怠。九曰以度教节，则民知足。十曰以世事教能，则民不失职。十有一曰以贤制爵，则民慎德。十有二曰以庸制禄，则民兴功。"

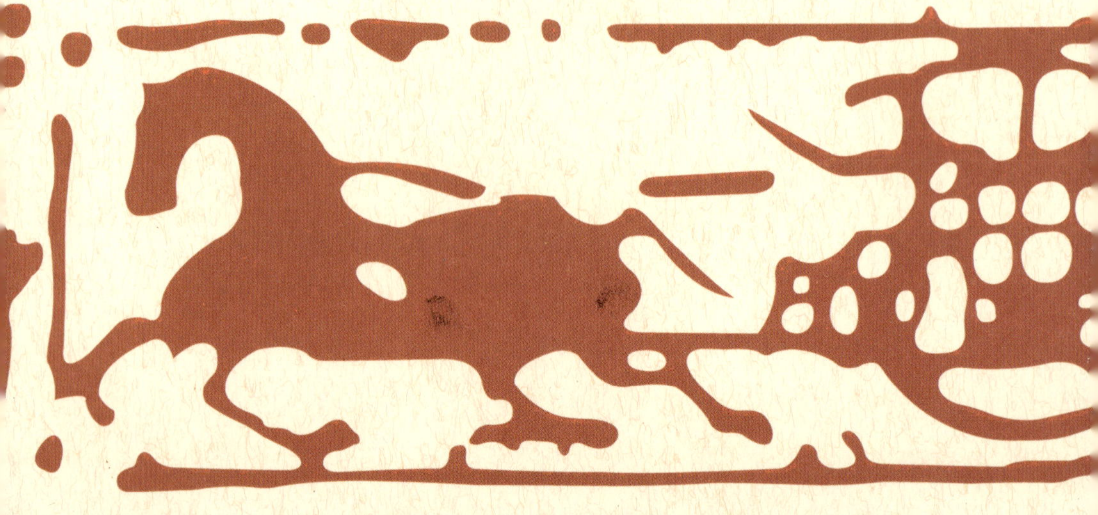

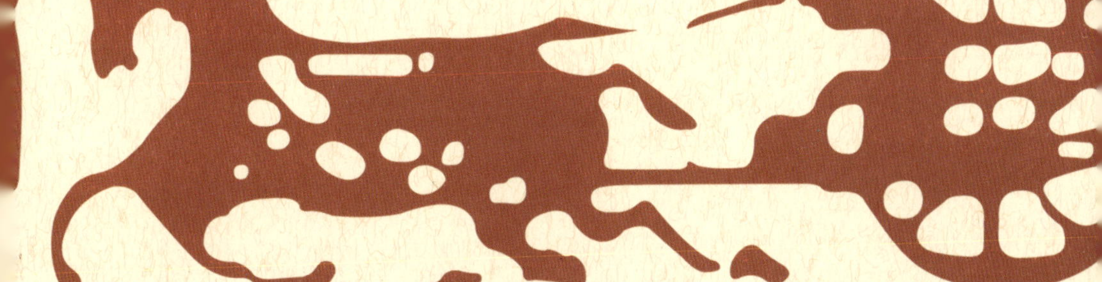

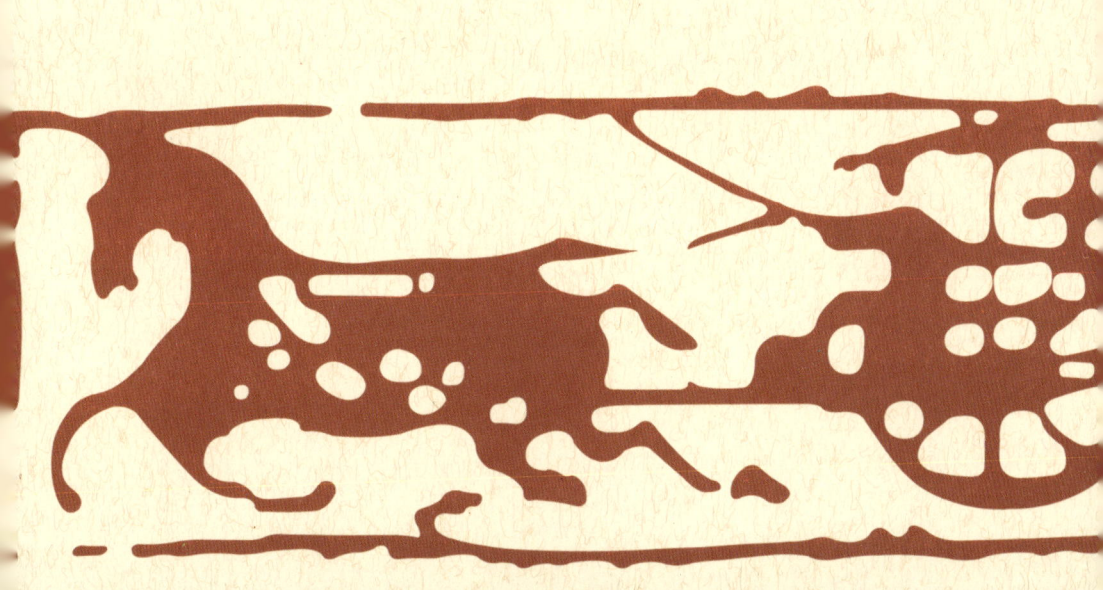

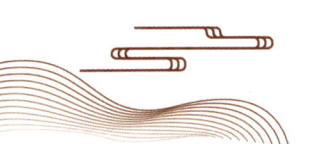

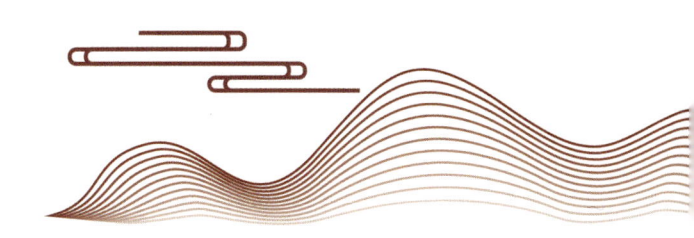

中国文化观念通诠

时代出版传媒股份有限公司
安徽文艺出版社

国家出版基金项目

刘梦溪 范曾 梁治平 ○ 主撰

中国文化观念通诠

下

时代出版传媒股份有限公司
安徽文艺出版社

图书在版编目（CIP）数据

中国文化观念通诠：三卷本/刘梦溪,范曾,梁治平主撰.--合肥：安徽文艺出版社,2022.1
 ISBN 978-7-5396-7169-7

Ⅰ.①中… Ⅱ.①刘… ②范… ③梁… Ⅲ.①文化思想－思想史－研究－中国 Ⅳ.①G129

中国版本图书馆CIP数据核字(2021)第035037号

中国文化观念通诠
ZHONGGUO WENHUA GUANNIAN TONGQUAN

出 版 人：姚巍　　　　　　出版统筹：段晓静　胡莉
责任编辑：胡莉　宋潇婧　何健　装帧设计：张诚鑫

出版发行：时代出版传媒股份有限公司　www.press-mart.com
　　　　　安徽文艺出版社　www.awpub.com
地　　址：合肥市翡翠路1118号　邮政编码：230071
营 销 部：(0551)63533889
印　　制：安徽新华印刷股份有限公司 (0551)65859551

开本：700×1000　1/16　印张：119　字数：1400千字
版次：2022年1月第1版
印次：2022年1月第1次印刷
定价：398.00元(精装，全三册)

(如发现印装质量问题，影响阅读，请与出版社联系调换)
版权所有，侵权必究

目　录

叙论　中国文化的条理脉络和精神结构／1

第一分部
天道：本与易

　　第一章　天道篇／3
　　第二章　大易篇／38
　　第三章　有无篇／54
　　第四章　阴阳篇／76
　　第五章　道器篇／112
　　第六章　干支篇／179

第二分部
天人：使命与信仰

　　第七章　天人篇／195
　　第八章　敬义篇／210
　　第九章　和同篇／256
　　第十章　慈悲篇／290

第十一章　侠义篇 / 375

第十二章　慎战篇 / 395

第三分部

人伦：纲常伦理

第十三章　纲纪篇 / 419

第十四章　男女篇 / 445

第十五章　孝慈篇 / 511

第十六章　长幼篇 / 568

第十七章　师道篇 / 595

第十八章　信义篇 / 648

第四分部

为政：致太平

第十九章　家国篇 / 663

第二十章　天下篇 / 699

第二十一章　民本篇 / 763

第二十二章　为公篇 / 826

第二十三章　礼法篇 / 871

第二十四章　无为篇 / 940

第五分部

修身：人格养成

第二十五章　君子篇 / 971

第二十六章　忠恕篇 / 1015

第二十七章　仁爱篇／1041

第二十八章　知耻篇／1141

第二十九章　义利篇／1172

第三十章　知行篇／1239

第六分部
问学：通经致用

第三十一章　经学篇／1337

第三十二章　小学篇／1429

第三十三章　义理篇／1484

第三十四章　辞章篇／1518

第三十五章　诗教篇／1546

第三十六章　英才篇／1574

第七分部
人物：生息与风采

第三十七章　人物篇／1605

第三十八章　情性篇／1646

第三十九章　童心篇／1704

第四十章　狂狷篇／1716

第四十一章　丹青篇／1789

第四十二章　田园篇／1836

后记 ／1866

第三十章　知行篇

一　知行观念及其价值

(一) 知行概念之梳理

首先,从词源意义上可对知行概念稍做考察。先看"行"字。甲骨文中,"行"字的字形像一个四通八达的十字路口,本义是道路,也借作卜官私名和人名之用,并无后世之"实践"或"德行"之义。金文中的"行"字已做动词使用,如"折首五百,执讯五十,是以先行"(《虢季子白盘铭文》),有行进之义。《说文·行部》:"行,人之步趋也。从彳从亍。凡行之属皆从行。"引申为步趋、行走之意,后进一步引申为步履、践履之义。

再看"知"字。甲骨文和金文中未见"知"字,只有"智"字。《说文·矢部》:"知,词也,从口矢。"《说文·司部》:"词,意内而言外也。从司言。"《说文·日部》:"智,识词也,从白,从亏,从知。"段玉裁《注》曰:"知智义同,故智作知。从口矢。识敏,故出于口者疾如矢也。"《玉篇》:"知,识也,觉也。"朱熹《四书章句集注》曰:"知,犹识也。"《说文》中又谓"识,知也"。可见,"知"和"智""识""觉"有密切关系,均有知晓、知识、认知等义。从字形上可见出,"知"和"识"与人类最早制造的器具——弓箭和戈矛有关,人之所以区别于动物、之所以为人的重要因素就是人有强大的思维能力,能有意识地制造器具。"知"所具有的认知事物和制造器具的双重含义,意味认知和践行的统一。从这个意义上说,知行观念从词源处、自文明之始即有之。"知""识""智"体现了中国先民的思维能力、创造能力和认识世界、认识自我的能力,是一种独特的智慧。"觉"字从"学"从"见",从学习中见识世间万物。"知"所具有的"智""识""觉"的这几种含义,在后世关于知行关系的讨论中均有涉及,并被不同的哲学家予以不同程度的强调。概而言之,"知"既指人的认知能力,又包括述说事物条理法则的具体知识,还包括辨别是非善恶的道德认识。

"知之非艰,行之惟艰"一语是有文献记载的"知""行"二字的最早结合,出现于《尚书·说命中》,被认为是中国最早的知行学说。[①] 因为《尚书》有今文和古文之别,成书年代及真伪也各有争议,"知之非艰,行之惟艰"一语的产生时间学界尚无定论。[②]

其次,知行概念在不同时期的不同哲学家处有不同的阐释

[①] 《尚书》原文为"非知之艰,行之惟艰",后世改用"知之非艰,行之惟艰"。两者意思略同,本文沿用传统说法。参见李学勤主编:《十三经注疏·尚书正义》,北京:北京大学出版社1999年版,第252页。

[②] 方克立先生推测,"知之非艰,行之惟艰"的命题不可能产生于商朝,不可能"始于傅说对武丁之言",但最晚不晚于东晋,可能在秦汉以前就存在,在春秋时期已经有类似的观念出现。参见方克立:《中国哲学史上的知行观》,北京:人民出版社1982年版,第2—4页。

和外延。朱熹认为,"知,谓说其事之所当然",说知是对事物内在必然性的了解,行是行其所知,知行之间的界限分明。在王阳明那里,知不仅是具体的知识,还是知觉、良知,当能感知的时候,已是行了,知行之间没有界限,不可分开,即知即行。王夫之认为,上述二者都不对,知行要大致分界,但不能截然分开,朱熹错在分得太细太绝对,而王阳明则病在知行不分,以知为行。对于知行概念之演变,方克立先生说:"不要把古人讲的知和行同现代人讲的认识和实践简单地画等号,也不要以为古人是讲道德上的知和行,就否定它有一般认识论的意义。"①诚然,中国文化思想中的知行观是复杂的,是具有中国特色的伦理道德倾向,却也不乏西方知行理论中的认识论意味。

(二)知行观念之意义

从先秦诸子到宋明理学,及至近现代,历代最伟大的哲学家和思想家无不涉及知行问题。一知一行,简单二字,演绎了中国哲学关于宇宙人生和世间万象的态度和看法,体现了中国人对自我和外界关系的思考。从纵向的时间脉络而言,知与行关系从文明萌芽的时候就开始被先贤们所探讨,这种探讨虽经千年的历程,却远不会结束;就横向的在中国哲学中的位置而言,知行观贯穿知识获得、行为实践、下学和上达的各个层面,其作用和意义不言而喻。

首先从学理上讲,知行关系关涉哲学中至关重要的认识论和伦理学。从认识论意义上而言,一部知行学说史就成了中国

---

① 方克立:《中国哲学史上的知行观》,北京:人民出版社1982年版,第23页。

认识论的发展史,认识论的历史体现了人类文明进化的历程。张立文认为:"人们把自我的认识与自我行为交往活动和他人、群体的认识与行为交往活动,抽象概括为知和行,是中国理论思维水平的表现。"①知行关系离不开认识论的范畴,甚至就是整个认识论的重要内容。知行关系中讨论了认识论的主要问题,如人是否能够认识这个世界？人的认识是从哪里来的？我们要认识什么？检验认识是否正确的标准是什么？认知和实践到底孰先孰后,孰轻孰重,孰难孰易？回答这些问题,就形成了各个时期哲学中关于认识论问题的讨论,也奠定了该思想家哲学思想的基调,不同的知行观念也由此产生。从孔子到孙中山,往圣先贤们无不在思考知和行的关系,推动中国人认识世界、改造世界的步伐,并力图在认知和实践之间找到适合所处时代、能解决当时时代问题的有效思想观点。

其次,从伦理学层面上而言,中国古代的知行问题主要谈论的是道德意识和道德行为的关系问题。知行问题和伦理学、人性论紧密结合在一起,是中国知行观念的独特表现。中国哲学思想注重人性问题的讨论,性之善恶问题被争论了数千年,在此基础上就生发出人的道德从哪里来的问题,是生而知之还是后天学之？人应该如何保有或者提升自己的道德水平？这也就是认知和践履的问题。由此,人性论、道德论和认识论在此自然而然地联系在一起,道德认识和道德践履的关系,是中国哲学尤其是儒家哲学中至关重要的问题。所以,中国的知行观念既有相当于西方的认识论探讨,又有独到的道德伦理关切。

---

① 张立文:《中国哲学范畴发展史(人道篇)》,北京:中国人民大学出版社1995年版,第641页。

从中国的具体历史实践而言,知行问题也不仅仅是一个单纯的哲学问题,还关系民众的社会生活,甚至是国家的兴衰存亡和社会的治乱隆替,所以从古至今的各位思想家都认识到知行问题的重要性,并严肃、认真、痛切地予以回答。

顾炎武《日知录》卷七《夫子之言性与天道》:

> 五胡乱华,本于清谈之流祸,人人知之。孰知今日之清谈,有甚于前代者。昔之清谈谈老庄,今之清谈谈孔孟,未得其精而已遗其粗,未究其本而先辞其末。不习六艺之文,不考百王之典,不综当代之务,举夫子论学论政之大端一切不问,而曰"一贯",曰"无言"。以明心见性之空言,代修己治人之实学。股肱惰而万事荒,爪牙亡而四国乱,神州荡覆,宗社丘墟。昔王衍妙善玄言,自比子贡,及为石勒所杀,将死,顾而言曰:"呜呼!吾曹虽不如古人,向若不祖尚浮虚,戮力以匡天下,犹可不至今日。"今之君子,得不有愧乎其言?①

顾炎武在此痛斥错误的知行观念导致的误国误民之流弊。他认为其流弊主要表现在,魏晋时期清谈老庄,宋明以来清谈孔孟。谈孔孟却不习六艺、不考王典、不综当代之务、不问夫子论学论政之道,以致先贤思想之本末精粗一无所获。只求明心见性的空言,不务修己治人之实学,造成了严重后果:股肱惰、万事

---

① "五胡乱华"原本作"刘石乱华",据黄侃《日知录校记》改。参见顾炎武著,黄汝成集释,栾保群、吕宗力校点:《日知录集释》,上海:上海古籍出版社2014年版,第158页。

荒、爪牙亡、四国乱,以致神州荡覆,宗社丘墟。由此可见不正确的知、不正确的行以及不正确的观念之危害。

孙中山《建国方略·自序》:

> 溯夫吾党革命之初心,本以救国救种为志,欲出斯民于水火之中,而登之衽席之上也。今乃反令之陷水益深,蹈火益热,与革命初衷大相违背者,此固予之德薄无以化格同侪,予之能鲜不足驾驭群众,有以致之也。然而吾党之士,于革命宗旨、革命方略亦难免有信仰不笃、奉行不力之咎也,而其所以然者,非尽关乎功成利达而移心,实多以思想错误而懈志也。
>
> 此思想之错误为何?即"知之非艰,行之惟艰"之说也。此说始于傅说对武丁之言,由是数千年来,深中于中国之人心,已成牢不可破矣。故予之建设计划,一一皆为此说所打消也。呜呼!此说者予生平之最大敌也,其威力当万倍于满清。夫满清之威力,不过只能杀吾人之身耳,而不能夺吾人之志也。乃此敌之威力,则不惟能夺吾人之志,且足以迷亿兆人之心也。……吾三十年来精诚无间之心几为之冰消瓦解,百折不回之志几为之槁木死灰者,此也。可畏哉此敌!可恨哉此敌![1]

孙中山痛恨先秦以来"知之非艰,行之惟艰"的知行观给中国革命带来的巨大损害。在这种观念之下,革命功败垂成、一筹莫展,救国救种的革命初衷岌岌可危,不仅未能救民于水火,反令

---

[1] 孙中山:《建国方略》,北京:中国长安出版社2011年版,第4—5页。

之陷水益深、蹈火益热。几千年知易行难的"攻心"之说,其威力与流毒已难以估量,"不惟能夺吾人之志,且足以迷亿兆人之心也",如此严重的问题,如此巨大的危害,足以使中山先生将之视为生平最大之劲敌。他疾呼道:"吾三十年来精诚无间之心几为之冰消瓦解,百折不回之志几为之槁木死灰者,此也。可畏哉此敌!可恨哉此敌!"足见悲愤之深,痛恨之深,也足见知行观念对人心的影响之大。

综上所述,中国哲学语境中,知行范畴在人与自然、人与社会、主体与客体之间起着桥梁作用,沟通起人的内在修为和外在实践,连接起形而上的超越与形而下的实行,不仅在哲学理论方面成果丰硕,在政治社会中亦发挥重大作用。无论是在哲学理论的学理探讨上,还是在政治历史的社会实践中,知行观念本身就体现了"知"与"行"的价值。

(三) 知行关系问题及其说明

知行问题的历史同中国哲学的历史一样久远,几千年的历程中,知行理论层出不穷,不仅一个时代有一个时代的知行观,同一时代的不同思想家亦有不同的知行观,甚至同一思想家在不同生活时期还会出现知行观念的变化。但是,无论跨越时间有多久,涉及面有多宽广,争议有多激烈,他们都必须首先回答这些问题:"人类的知识是先天固有的还是后天获得的?知识的内容是主观的还是客观的?认识的对象是在主观意识之中,还是在意识之外客观地独立存在着?"[1]对此问题的不同回答,构

---

[1] 方克立:《中国哲学史上的知行观》,北京:人民出版社1982年版,第243页。

成了不同的知行观,产生了知行的先后、难易、轻重、分合等争论不休的种种问题。

　　本篇主要从知行先后、知行分合、知行难易这几个方面探讨知行观念在中国思想史中的发展变迁。需要说明的是,知行轻重问题也是知行理论的核心问题。本文之所以未将此单独列出论述,一方面是因为知行孰轻孰重是多数思想家关注的问题,但他们最具有影响力的观点多表现在知行的先后及难易等问题上;另一方面,在阐释知行先后、难易、分合等问题的时候,轻重问题基本上大体彰显。知行轻重问题可与前面几个问题并出,因而不再单独列出。

　　以主要问题来带动对知行观念的考察,固然有利于整体把握复杂多变的知行理论,但不可不察的是,历代思想家均涉及知行范畴的多个问题,尤其是在知行理论臻于成熟的宋代以后。比如二程、朱熹、王阳明等思想家均曾系统论述知行理论,涉及知行之先后、轻重、难易、分合等方方面面的问题,若根据本文分问题论述的主旨,将一个思想家完整系统的理论拆分阐释,显然非明智之举。因而本文采取以思想家的主要观点为取舍标准,在突出其核心知行思想的同时,保持其总体理论的完整性,尽量减少以偏概全之弊。

二　知行先后问题

　　知行先后问题就是知与行孰先孰后的问题。这应该是知行观念中最重要的问题,因为是"知"为先还是"行"在先,就决定了这个知行理论认识的起点,涉及知识的起源问题。知行的先后至少可以包括如下三种类型:知先行后、行先知后、知行并进。

知行范畴发展到成熟阶段后,无论其观念是倾向于先知,还是倾向于先行,几乎所有的思想家最后都将知行并进作为最终目标,可谓殊途同归。本节所讲之知行并进,着重于知行在时间序列上不分先后。

(一)知之明也,因知进行

知先行后说在知行关系中注重以知为本,强调知的先起;行在时间顺序上后于知,但并不意味在重要性上一定次于知,如朱熹就强调知在先,而行为重。知先行后说总体而言是一种"知—行—知"的思维模式。

1. 孟子:"行有不慊于心,则馁矣。"

孟子继承了孔子"生而知之"的观点,进一步发展为"良知""良能"学说。孔子虽提出"生而知之",但他并不认为一般人具有这种能力。孟子则认为,确实存在一种"生而知之"的良知良能,这是每个人都具有的天赋本能。

> 人之所不学而能者,其良能也;所不虑而知者,其良知也。孩提之童无不知爱其亲者,及其长也,无不知敬其兄也。亲亲,仁也;敬长,义也;无他,达之天下也。(《孟子·尽心上》)

这种"不虑而知""不学而能"的良知良能就是人的仁义之心,具体而言就是"恻隐之心""羞恶之心""恭敬之心""是非之心"这四种道德情感,对应着仁、义、礼、智四端。这"四心"和"四端","人皆有之","非由外铄我也,我固有之也"(《孟子·告子上》)。这种"仁义之知"是孟子知行观中的最高之知,它指导人的行动,能判定人行为的正确与错误。《孟子》通过具体的事例清晰说明人其实都具有这种良知良能,无论自己是否意识到。

> 王坐于堂上,有牵牛而过堂下者。王见之,曰:"牛何之?"对曰:"将以衅钟。"王曰:"舍之!吾不忍其觳觫,若无罪而就死地。"对曰:"然则废衅钟与?"曰:"何可废也?以羊易之。"(《孟子·梁惠王上》)

这则著名的寓言说的是齐宣王看见一头用于祭祀、哆嗦可怜的牛,不忍心让它无辜受死,就让人以羊来替代这头牛。这件事从不同方面看,有不同的解读:从百姓评论上来说,认为宣王是吝啬,以小的羊交换大的牛;从实际效果上来说,无罪而被送往屠宰场,宰牛和宰羊本质上也没什么区别;从孟子的思想来说,他认为宣王的这种不忍之心正是仁爱的表现。虽然宣王自己说不清以羊易牛的心理,但孟子说,这是因为"见牛未见羊也。君子之于禽兽也,见其生,不忍见其死;闻其声,不忍食其肉。是以君子远庖厨也"。这种人皆有之的良知良能存在于人的本性之中,"非由外铄我也,我固有之也",是人的善之根源。只要发扬自己的良知良能,推己及人,必天下大治,社会祥和。

由此,孟子建立起他知先行后的观念。他发扬了孔子的"生而知之"学说,否定了其向外学习的"学而知之"观念。从认识论上说,孟子轻视感性认知,将之与理性认知对立。他说:"耳目之官不思,而蔽于物。物交物,则引之而已矣。心之官则思,思则得之,不思则不得也。此天之所与我者。"(《孟子·告子上》)就是说,人的感觉器官易于受外物蒙蔽,容易被外物引入迷途,所以向外获取的感性认识并不可靠;唯有人心具有理性思考的能力,有所思便有所得,这是上天赋予人的。因而在孟子看来,人的知识和才能都源于天赋,本心所固有,不是由外界学习得来,不需要进行向外的探索与追求,只要回归内心,认清自己的先天本性,把自己迷失的良知良能找回来,就能达到人性的完美之境。所以他说,"学问之道无他,求其放心而已矣"(《孟子·告子上》),将丧失的本心找回来,就是做人的学问。再进一步而言,"尽其心者,知其性也。知其性,则知天矣。存其心,养其性,所以事天也。夭寿不贰,修身以俟之,所以立命也"(《孟子·尽心上》),能尽心,则知性、知天、立命。

概而言之,知行关系上,孟子重"知",包括对人性本真和道德之天的体认。与此相应,人的行为应当遵循人和自然界本身之运行规律。通过存其心、养其性,注重主观精神内省的功夫,就可以达到认识自我、认识天理的极致。如何行呢?"行之而不著焉,习矣而不察焉,终身由之而不知其道者,众也。"(《孟子·尽心上》)行不知道为什么要行,习惯了也不去观察其所以然,一辈子随波逐流不知去向何方,这样的行让人走向平庸,绝非孟子所赞赏的行。他说:"行有不慊于心,则馁矣。"(《孟子·公孙丑上》)所作所为必须合乎本心,否则浩然之气就会衰竭,就无从尽心、知性、知天。合乎人性与道义的"行"其实就是一种道德修为、道德践履。在发自内心之"知"的指导下,"夫大人者,言不必信,行不必果,惟义所在"(《孟子·离娄下》),言不必小信,行不必有结果,只要合乎道义,一切皆可通达为之。

2. 董仲舒:"知先规而后为之。"

先秦百家"学术为天下裂"的盛况随着秦汉王朝的建立而逐渐远去,整合各家思想、形成新理论、适应已经变化的新形势,成为汉代学人所关注的问题。董仲舒是汉初思想的代表性人物,他以儒家思想为基础,以阴阳五行思想为框架,兼采诸子和百家之长,在汉代大一统的政治背景下,建构起适应新形势的新的儒家思想体系,使儒学从此登上官学正统地位。

董仲舒从天人关系的视角考察知行关系,认为认知的目的就是知天意。他认为天是宇宙的主宰,自然万物的产生及其运动变化,是天的意志的体现。人是天所造,君权是天所授,人的认识和行动,都必须以天意为准则,违背天意则上天震怒,人就会受到惩罚。天意通过一些自然事物表现出来,"国家将有失道之败,而天乃先出灾害以谴告之,不知自省,又出怪异以警惧之,尚不知变,而伤败乃至"①,通过这种"天人感应",人们得以体察天意。"天不言,使人察其意;弗为,使人行其中",天不说话,却能使人领会它的意志;天不行动,而能使人按照它的意志去做。如何体察天意和实现天意就成了董仲舒认识论和知行观的主要目的。

如何认知天意呢？董仲舒认为有两种途径。一是观物、察物。天虽不言,但通过一些自然现象,如山崩、地震、日食、星陨等灾异现象和麒麟、凤凰等祥瑞之物,可以察见天的意志。人由此就可以知天志,顺天意,避灾祸。二是内视反听,"察身以知天"(《春秋繁露·郊语》)。因为天按照自己的意志创造了人类,天数和人生、天意和人心是可以通而为一的,"天亦有喜怒之气,哀乐之心,与人相副。以类合之,天人一也"(《春秋繁露·阴阳义》),天和人有着同样的心理感受和道德品质,那么体认道或者本心就可明天意,通过直观内省发明本心无疑是最直接、最有效的体认天意的方式,因为本心就是天意、天志在人身上潜

---

① 〔汉〕班固:《汉书》卷五十六,北京:中华书局1962年版,第2498页。

在的体现。

在知行关系上,董仲舒持知先行后的观念。这一方面可以从他的"正名"思想看出。董仲舒发展了孔子先名后实的思想,认为名对行有着支配的作用。他说:"事各顺于名,名各顺于天"(《春秋繁露·深察名号》),事物各顺应于其名,名顺应于天意,掌握了名就知晓了天意,也就明了天对世间万物的看法,有了判断是非的标准。"名者,大理之首章也。录其首章之意,以窥其中之事,则是非可知,逆顺自著,其几通于天地矣。"(《春秋繁露·深察名号》)因而深察名号、正名号是非常重要的事情。正名而后行之,才是正确的方法,才能符合天意。另一方面,他还明确提出"知先行后"的主张:

> 何谓之知,先言而后当。凡人欲舍行为,皆以其知先规而后为之。其规是者,其所为得,其所事当,其行遂,其名荣,其身故利而无患,福及子孙,德加万民,汤、武是也。其规非者,其所为不得其事,其事不当,其行不遂,其名辱,害及其身,绝世无复,残类灭宗亡国是也。(《春秋繁露·必仁且智》)

"知先规而后为之",强调先知而后行,规是则事成、名荣、身利、福及子孙,规非则事败、名辱、害身、灭宗亡国。可见知对行有着决定性的意义,行必须依赖于知,而知不必依赖于行。知的力量之所以如此重要和强大,因为"先规"之知来自天意的先知。因而董仲舒的知行观充满了天意决定论的色彩,这和他的哲学思想息息相关。

通过《天人三策》和《春秋繁露》的论述,董仲舒建立起他

"天不变,道亦不变"的天人宇宙论图式。在天人感应前提下,他把人事、政治与天道运行强有力地组合在一起,提出了"三纲""五常"的道德规范、"三统""三正"的历史循环论,建构起适合时代需要的儒家政治伦理学,从而完成了对先秦儒家伦理思想的改造。

3. 二程:"君子以识为本,行次之。"

程颢、程颐兄弟是北宋道学的开拓者,以继承儒家道统为己任,形成对后世影响深远的"洛学"。正如程颐评价程颢所言:"周公没,圣人之道不行;孟轲死,圣人之学不传。道不行,百世无善治;学不传,千载无真儒。……先生生于千四百年之后,得不传之学于遗经,以兴起斯文为己任,辨异端,辟邪说,使圣人之道焕然复明于世,盖自孟子之后,一人而已。"[①]二程怀着明确而崇高的目标求知创学,"言学便以道为志,言人便以圣为志""夫学者必志于文道,以圣贤自期""学问之道无他也,唯其知不善,则速改以从善而已",可见在二程看来,天下只有一个理,做人只为一个圣,"道"与"圣"是二程理学的机枢所在,是判别善恶是非的标准,是其知行观构建的基础。

(1)致知在格物

比二程稍早的张载将知识分为两种:闻见之知和德性之知。程颐继承了这种说法,并进一步阐明闻见之知是"物交物"所得,德性之知则"不假闻见"。可见,程颐所说的德性之知是生而知之的,人先天固有的,非从外物接触所获得;而闻见之知来源于感性经验,从和外物的接触中得到。虽是两种知识,但在二

[①] 〔元〕脱脱等:《宋史》卷四二七,北京:中华书局1977年版,第12717页。

程看来,认知的对象和最终归属只有一个:天理。因为"天下只有一个理",体现在万事万物之中,"在天为命,在义为理,在人为性,主于身为心,其实一也"(《河南程氏遗书》第十八)。无论是先天具有,还是后天感知,最终所获得的认知只有一个,就是这个天理。万物一理,物我一理,闻见穷至外物之理就是认识我心本有德性之理。

如何获得这两种知识呢?通过向内和向外两条途径,二程解答了这个问题。一方面,对于德性之知,二程认为可通过"反身而诚"的途径直接体悟。因为理是永恒存在的,"不为尧存,不为桀亡",先于万物而存在,万物一理,一物之理就是万物之理。通过反省内求,就可以认识心中本有的、完备自足之理。

"万物皆备于我",不独人尔,物皆然。都自这里出去,只是物不能推,人则能推之。虽能推之,几时添得一分?不能推之,几时减得一分?百理具在,平铺放着。(《河南程氏遗书》第二上)

对人而言,人心中之理就是外物之理,人和物皆备此理,二者的区别就在于能推和不能推。但无论是否能推,万物之一理是不变的,不增不减,不多不少,"元来依旧"。

另一方面,对于闻见之知,程颐认为应格物以致知。相比较德性之知的反身而诚,格物致知多了些曲折之意。人心中本来有完备的知识,但人往往无法直接自我认知,通过格物的过程,才能推致其知。"格物"之说出自《大学》,程颐对此做了新的解释,他训"格"为"至"、为"穷",训"物"为"理",格物就是穷至其理。如何格物穷理呢?程颐指出:"穷理亦多端,或读书讲明义理,或论古今人物别其是非,或应事接物处其当,皆穷理也。"(《河南程氏遗书》第十八)但具体而言,他对格物穷理的途径有这样几种看法:一是"多识前言往行,识之多,则理明"。通过读书、讲习、讨论、应事接物等方法获取知识,以向外求知的方式求得心中之理。二是积习和贯通。他认为格物"须是今日格一件,明日又格一件,积习既多,然后脱然自有贯通处"(《河南程氏遗书》第十八)。格物致知的过程是一个从量变到质变的过程,积习渐修多了,自能顿悟贯通,明了天理之所在。三是"学者不必远求,近取诸身,只明天理,敬而已矣"(《御纂性理精义》卷七)、"近取诸身,百理皆具"(《河南程氏遗书》第十五)。程颐认为,从心性中直接体认天理,是最切实有效的途径。这样,就把格物致知的认知活动和道德修养连接到一起。"敬"本是道德修养的方法,但程颐认为,"存此涵养,久之自然天理明"(《河南程氏遗书》第十五),"入道莫如敬,未有能致知而不在敬者"(《河南程氏遗书》第三)。致知和涵养都是要穷一个天理。

(2)行难知亦难

针对《尚书》中"知易行难"的古训,程颐表达了"行难知亦难"的观点,实则是他重知观念的一种委婉表达。"故人力行,先须要知,非特行难,知亦难也"(《河南程氏遗书》第十八),人要力行,先要有知,不知则不能行,知对行有着决定性的作用,"人谓要力行,亦只是浅近语。人既能知见,岂有不能行?"(《河南程氏遗书》第十七)所以,只是一个知见难,能知必能行,行只是浅近的易事。

为何知难?因为"自古非无美材能力行者,然鲜能明道,以此见知之亦难也"(《河南程氏遗书》第十八)。知所以难,就在于这个"知"是明道、知天理,天理非骤然可得,非良材可得,也非力行可得。

  学为易,知之为难。知之非难也,体而得之为难。(《河南程氏遗书》第二十五)
  学莫贵于自得,得非外也,故曰自得。(《河南程氏遗书》第二十五)
  "不能反躬。天理灭矣。"天理云者,百理具备,元无少欠,故"反身而诚",只是言得已上,更不可道甚道。(《河南程氏遗书》第二上)

就是说,知固然是难,而真知尤难。真知即天理,必须求诸己,反躬而诚,体而得之。程颐反对只向往追求物理、博闻强识而不能反约的求知方式,忘了格物致知最重要的目的就在于体认天理,"古之学者为己,其终至于成物;今之学者为人,其终至于丧己。学也者,使人求于内也。不求于内而求于外,非圣人之学也;不求于本而求于末,非圣人之学也"(《河南程氏遗书》第二十五)。因为现实中大量存在这种逐物理而忘其本的现象,程颐才痛感真知之难,郑重强调观物理的目的是察己明善,必须求内为己,才能返璞归真,明心中之理。

(3)故人力行,先须要知

在上述知难行易基础上,程颐明确提出"知先行后"的观点,"故人力行,先须要知","须是识在所行之先"。人们做事,必须有知的指导,行才可能实现,犹如行路必须有光照一样。脱离知的指导,行就失去了目标,成为没有任何意义的冥行。

首先,不致知,怎生行?"须是知了方行得"。程颐认为,必须先致知,而后才能力行,知是始,行是终。程颐以《大学》中的观点来论证知先行后,如"知至是致知,博学、明辨、审问、慎思,皆致知、知至之事,笃行便是终之。如始条理、终条理,因其始条理,故能终条理,犹知至即能终之"(《河南程氏遗书》第十八),由知到行的条理不仅有先后关系,而且有因果关系,这是不能改变的。他还以《大学》中的"八条目"为例来说明知先行后的顺序不能错乱和颠倒,否则就只能是勉强行之而不能长久。

其次,既有知见,岂有不能行?只要有知,自然见之于行。"知之深,则行之必至,无有知而不能行者"(《河南程氏遗书》第十八),"知之明,信之笃,行之果"(《河南程氏文集·颜子所好何学论》),认识越深刻、越明确,行动就越笃实、越果决、越容易成功。所以重要的在于有知见,"君子以识为本,行次之"(《河南程氏遗书》第二十五),不知本而盲目去做,就会产生异端,知了自然而然就会去做,不必专在力行上下功夫。

最后,知而不能行,只是知得浅。"人知不善,而犹为不善,是亦未尝真知;若真知,决不为矣。"(《河南程氏遗书》第二)就是说,知而不能行,只是未真知。之所以会言行不一、知行脱节,程颐认为原因在于知未至、知之浅、未真知,把不行的原因归结为不知。"学者须是真知,才知得是,便泰然行将去也"(《河南程氏遗书》第十五),只有深知、真知,行为才见泰然,才不勉强,"若勉强,只是知循理,非是乐也",是知循理还是乐循理,境界的高低决定于知之深浅。

综上,程颐从不知不行、知而必行、不行非真知几个角度阐释了知先行后的正确性,也从侧面见出知的重要性。在以知为本的基础上,程颐强调了知行须统一。知行统一了,才是真正体认了天理,做到了循理而行。

4. 朱熹:"知在先,行为重,知行相须。"

朱熹承继二程思想,综合"北宋五子"的思想,形成宋代集大成的理学体系。他将周敦颐的太极理论、张载的气论与二程的天理论结合,构筑起中国哲学史上最完备、最缜密的理本论哲学体系;他首创"道统"之说,完善二程之道统思想和自上古以来的道统谱系;他将考据训诂与阐发义理相结合,通经以求理,完善了二程经学;他首创"四书"学,强调"四书"重于"六经",使儒家经学与理学自然结合。通过这一系列儒家思想哲理化、儒家经学义理化、儒家道统体系化、儒家学说普及化的过程,他集各家之长而形成一个精密完善的体系,达到宋代理学的最高成就。

朱熹理学体系的显著特点是集大成,有不偏不倚面面俱到的倾向,他的知行观亦如此,他说:"知行常相须,如目无足不行,足无目不见。论先后,知为先;论轻重,行为重。"(《朱子语类》卷九《论知行》)此语可谓是他知行观念的总纲,涵盖了他知行观的三个方面:知先行后、以行为重、知行相须,再加上格物致知的观点,构成他完整的知行理论。

(1)格物在致知

朱熹思想是承继二程理学而来,将二程的天理论发展得更精致、更完善,但其体系的核心仍是理一元论。他认为理是一种绝对观念,是宇宙之本,天地万物未生,此理在;山河大地都塌陷,此理在。无物不从此理,天地万物的理之全体就是"太极","人人有一太极,物物有一太极",太极和万物的关系是"理一分殊"(《朱子语类》卷九十四《周子之书·太极》)。所以,同二程一样,朱熹认识论的起点和终点都是"理",无论他如何重行,理为本的思想是不变的,这一点不可不察。

程朱的格物致知都是通过穷至万物之理以启发心中固有之理,万物之理和心中之理本自一理,但朱熹比二程的理论要更明确,更丰富,更精致,更完善。朱熹认为《大学》"八条目"中格物致知部分无传,当有阙文,于是做了一段"补传":

> 所谓致知在格物者,言欲致吾之知,在即物而穷其理也。盖人心之灵莫不有知,而天下之物莫不有理,惟于理有未穷,故其知有不尽也。是以《大学》始教,必始学者即凡天下之物,莫不因其已知之理而益穷之,以求至乎其极。至于用力之久,而一旦豁然贯通焉,则众物之表里精粗无不到,而吾心之全体大用无不明矣。此谓物格,此谓知之至也。(《大学章句》)

这个补传后来被当作格物致知的权威解释,影响深远。其一,朱熹认为,致知在于即物而穷其理。他所说的"物"包含甚广,不仅包括一切自然现象和社会现象,"天下之事皆谓之物""眼前凡所应接底都是物",还包括精神现象,"如今说格物,只晨起开目时,便有四件在这里,不用外寻,仁义礼智是也。如才方开门时,便有四人在门里"(《朱子语类》卷十五《大学二·经下》)。仁义礼智的道德观念也是物,这些物之理与人心中本有之知是一致的。其二,致知须从切己处理会,逐渐推之开去,如上所说"因其已知之理而益穷之,以求至乎其极"(《朱子语类》卷十四《大学一》),以及"因其所已知者推而致之,以及其所未知者而极其至也"(《晦庵集》卷四十二《答吴晦叔》)。人心中本有一自足之理,但被物欲所遮蔽不能自明,如一面镜子,本来通明可鉴,因为被外物昏翳了,需要尽力磨去,使四边皆照见,从而其明无所不到。其三,格物,就是要穷尽事物之理。"格物者,格,尽也,须是穷尽事物之理。若是穷得三两分,便未是格物。须是穷尽得到十分,方是格物"(《朱子语类》卷十五《大学二·经下》),格物致知不仅要到理之穷处,也要格到尽处,无不以求至乎其极。其四,格物致知的途径多种多样,都必须实实在在去做去格,用力方久,才能一旦豁然贯通。格物愈多愈久,致知愈深愈明,但格物和致知所存之理虽同一,但得理的程度有不同。格物是一物上穷尽一物之理,致知是尽得理之全,推致我心,才能得到知之至,理之至。心和内外豁然贯通,"则众物之表里精粗无不到,而吾心之全体大用无不明矣"。其五,格物目的在穷理,穷理须从格物始。格物、穷理须臾不能离,"但能格物,则知自至,不是别一事也",二者不可分,物格和知之至同步,"致知、格物只是一个"(《朱子语类》卷十五《大学二·经下》)。

(2)知之为先,行之为后

程朱知行观念中,知是认知自己心中本有的理,行是行其所知,知是知理,行是行理。他认为学问只有两途,不过是致知和力行而已,二者虽无一可偏废,但先后关系中,朱熹坚持先知而后行,"夫泛论知行之理,而就一事之中以观之,则知之为先,行之为后,无可疑者"(《晦庵集》卷四十二《答吴晦叔》)。他承继了二程的观点,从三个方面对此予以阐释。

首先,义理不明,如何践履?义理不明便去践行,只会陷入空寂。"万事皆在穷理后,经不正,理不明,看他如何履践,也只是空"(《朱子语类》卷九《论知行》),没有知的指导,就无法行动,就像人行路一样,看不见就没法行进。所以,致知力行,当以致知为先。

其次,知必能行。"既知则自然行得,不待勉强,却是知字上重"(《朱子语类》卷十八《大学五》),知是知理,知理即理明,心与理一,自然发见于行,不待勉强。他强调"知字上重",就是说只要是真知,必然有行在里面,"若讲得道理明时,自是事亲不得不孝,事兄不得不弟,交朋友不得不信"(《朱子语类》卷九《论知行》)。

再次,行未及之,则知尚浅。对于知行脱节、知而不行的现象,他也认为其因在于"未真知""知尚浅""知不切""知不全""知未至"等。总之,知决定着行,是矛盾的主要方面,知的切与不切,直接决定着行动的效果。不知则不能行;知不切,行动迟疑摇摆;知之切,行为泰然不勉强。

最后,知行的次序不可颠倒,不能躐等。他要求为学必以"博学之、审问之、慎思之、明辨之"而后"笃行之"的步骤,教以知行次序;他强调学者应先格物穷理,后方能躬行实践。对于未曾明理就去践履的行为,他旗帜鲜明地予以反对,认为这种"冥行""硬行"是私意所导致,违背了圣贤之成法,是成不了大事的。但是,他也并非要求绝对的知先行后,在知未至的时候仍然应当在涵养操存处用力,存养工夫一日不可废。

(3)知之之要未若行之之实

这一点是朱熹不同于程颐之处,他克服了程颐重知的不平衡状况,提出知为先,而行为重的观点,表现出适时的灵活性,将知行学说进一步完善。有关此类论述较多,兹分别论述如下:

其一,行是知的落脚点,是知的目标,是德的内在要求。

为学之功,且要行其所知。(《晦庵集》卷四十六《答吕道一》)

夫学问岂以他求,不过欲明此理,而力行之耳。(《晦

庵集》卷五十四《答郭希吕》)

故圣贤教人必以穷理为先,而力行以终之。(《晦庵集》卷五十四《答郭希吕》)

德者,行之本。"君子以成德为行",言德,则行在其中矣。(《朱子语类》卷六十九《易五》)

其二,行比知更急切,更必须。

书固不可不读,但比之行,实差缓耳。(《晦庵集》卷四十八《答吕子约》)

学之之博,未若知之之要;知之之要,未若行之之实。(《朱子语类》卷十三《力行》)

苟徒知而不行,诚与不学无异。(《晦庵集》卷五十九《答曹元可》)

既致知,又须力行。若致知而不力行,与不知同。(《朱子语类》卷一百十五《训门人三》)

这个事,说只消两日说了,只是工夫难。(《朱子语类》卷十三《力行》)

读书博学固然重要,但不如知之,知之不如行之,行最重要。如果学而不行、知而不行,就等于不学不知。之所以如此,是因为说起来容易,做起来难,所以工夫应放在行上。

其三,行是检验真知与否的标准。

欲知知之真不真,意之诚不诚,只看做不做如何。真个如此做底,便是知至、意诚。(《朱子语类》卷十五《大学

二·经下》)

> 善在那里,自家却去行他。行之久,则与自家为一;为一,则得之在我。未能行,善自善,我自我。(《朱子语类》卷十三《力行》)

知是否真,意是否诚,善是否得,全看行的结果。所以他一再告诫学者把主要精力放在践履、涵养、体察与领会上,但并非妄行冥行,要知而后行,行其所知。

(4)知行常相须

朱熹对知行关系的把握相对于二程来说,更全面、更辩证。他不像程颐,后者因为过分强调重知,给人留下了轻行的诟病。朱熹将知行关系置入一个动态的完备的系统中进行考察,在知行二者间达到一种暂时的平衡,这也使他的理论在实践层面具有更广阔的天地,本身也体现了一种知行统一。

如上文所述,朱熹以知为先为本,以行为重为准,认为二者皆重要,所以知行关系的根本点就在于要"知行并进"。可从两个方面来看他的论述。

一是知行常相须。知和行互相依赖,不可偏废。朱熹这方面的论述很多,如:

> 知行常相须,如目无足不行,足无目不见。(《朱子语类》卷九《论知行》)

> 致知、力行,用功不可偏。偏过一边,则一边受病。(《朱子语类》卷九《论知行》)

> 涵养、穷索,二者不可废一,如车两轮,如鸟两翼。(《朱子语类》卷九《论知行》)

知与行,工夫须著并到。知之愈明,则行之愈笃;行之愈笃,则知之益明,二者皆不可偏废。如人两足相先后行,便会渐渐行得到;若一边软了,便一步也进不得。(《朱子语类》卷十四《大学一》)

为了说明知行之不可偏废,朱熹借佛教止观论的观点,用车之两轮、鸟之二翼来比喻知行平等并列,协同一致才有效;用目、足关系和两足行路的事,说明知行相互依赖,偏废则"一步也进不得"。但是,知行关系无论如何紧密,如何不可分,却是两事:

窃谓切问近思,是主于致知,忠信笃敬,则主于力行,知与行不可偏废。(《晦庵集》卷六〇《答潘子善》)

且《中庸》言学问思辨,而后继以力行,程子于涵养、进学亦两言之,皆未尝以此包彼,而有所偏废也。(《晦庵集》卷三十三《答吕伯恭》)

《中庸》言博学,又言笃行,则学与行自是两事。(《晦庵集》卷四十七《答吕子约》)

目与足在行路中再如何不可离,也是两个器官;切问近思是致知,忠信笃敬主力行,分工很明确;学是未知而求知,习是未能而求能,学与习不可间断,却绝非一事;操存力行在涵养、学问思辨在进学,二者齐头并进,却不能以此包彼,既不能以知包行,亦不能以行代知,"亦当各致其力,不可恃此而责彼也"。这种细密分疏有助于学者理解知与行,是朱熹知行理论的圆融丰满处,却也成为明代王阳明所诟病之处。

二是知行互相发。知行并用,则可以互相发明,互相促进,互相提高。

> 知之愈明,则行之愈笃;行之愈笃,则知之益明。(《朱子语类》卷十四《大学一》)
>
> 行之力,则知愈进;知之深,则行愈达。(《宋元学案》卷四十八《晦翁学案上》)
>
> 知至至之,则由行此而又知其所至也,此知之深者也;知终终之,则由知至而又进以终之也,此行之大者也。(《晦庵集》卷四十二《答吴晦叔》)
>
> 致知以明之,持敬以养之,此学之要也。不致知则难于持敬,不持敬亦无以致知,二者交相为用。(《晦庵集》卷四十一《答程允夫》)

知与行共守一理,相互依存,相互促进。知之深则行之达,知愈明则行愈笃,由知进行知愈深,反之亦然,互相发明。各自做好知和行的工作,后来自然互相发明,反之,则不能交相为用。但在具体的实践中,知行作为两件事,不可能处处圆融如一,时有冲突处,朱熹的厉害处在于,不将理论绝对化,让人能在操作层面上慢慢行来。

他给予知行关系践行层面的指导思想是:

> 操存涵养,则不可不紧;进学致知,则不可不宽。(《朱子语类》卷九《论知行》)
>
> 若知有未至,则就知上理会,行有未至,则就行上理会,少间自是互相发。(《朱子语类》卷九《论知行》)
>
> 力行其所已知,而勉求其所未至,则自近及远,由粗至

精,循循有序,而日有可见之功矣。(《晦庵集》卷六十四《答卢粹中》)

若是熟时,则自不相碍矣。(《朱子语类》卷九《论知行》)

原则是知先行后、知行统一,但当知和行互相妨碍时,要行紧知宽,调和矛盾。哪一方面出了问题,就在那一方面解决,到最后两项工夫都做得成熟,自然知至行至,矛盾消除,互发并进,心与理一。

朱熹知行观念的提出是针对社会之弊而来。一方面,当时社会上存在着一种不求明理,只管践履的风气。朱熹强调不知不能行,绝不是认为离开知就不能行,但这种妄作的行为是不恰当的甚至是危险的,所以他强调要"知为先"。另一方面,社会上还存在着知而不行的问题,"大抵今日之弊,务讲学者多阙于践履,而专践履者又遂以讲学为无益,殊不知因践履之实以致讲学之功,使所知益明,则所守日固,与彼区区口耳之间者固不可同日而语矣"(《晦庵集》卷四十六《答王子充》)。朱熹指出这种只知不行的弊端,强调知行必须协同,才可互进。在朱熹这里,知行绝非一时一地之事,毋宁说是一个艰辛而长远的历程,知行关系永远处在事物发展变化的动态系统中,必须先知后行,以行为重,知促其行,行其所知,自近及远,由粗至精,循循有序,这样才能达到理想的知行境界。

(二)行先于知,由行致知

行先知后说强调行对于知的优先性,这种观点最早由荀子具体论述,到王夫之发展至成熟形态,颜元则将其推至极致。与知先说不同,行先说是一种"行—知—行"的思维模式,认为由行而致知,知指导行,行检验知。

1. 荀子:"知之不若行之。"

孔子提出"生而知之""学而知之"两种知识起源论,孟子发扬了"生而知之"观点,否定了"学而知之",形成人性本善的理论;荀子相反,抓住了"学而知之",否定了"生而知之",得出人性本恶的结论。二人都重视礼义教化,但孟子认为仁、义、礼、智的道德规范来自人的天赋本能,只要扩充自有的善端,不使遮蔽即可;荀子认为这些道德观念是后天形成的,人性的本源是恶的,必须经后天的教化和改造才能达到完善。作为对孟子重天赋之"知"、轻感性认知观念的反拨,荀子知行观的显著特色就是肯定感性认识,重后天之"行"。

> 生之所以然者谓之性。性之和所生、精合感应、不事而自然谓之性。性之好、恶、喜、怒、哀、乐谓之情。情然而心为之择谓之虑。心虑而能为之动谓之伪,虑积焉、能习焉而后成谓之伪。正利而为谓之事,正义而为谓之行。所以知之在人者谓之知,知有所合谓之智。(《荀子·正名》)

这段话中,荀子在他的人性论基础上解释了认识论诸范畴——性、情、虑、伪、事、行、知、智等。首先,他肯定了人的感性认识。因为本性是人所固有,情感自本性而来,心灵对情感予以选择和思虑,各官能就为之行动,"耳目之官"的作用绝不可小视。其次,世界是可知的,认知能力是人本身所具有的。"知之在人者谓之知,知有所合谓之智",人不仅"能知",还能与"所知"相合,认识客观事物及其规律,达到主客观的相符,形成智慧。再次,荀子此处的"行"主要指德行,但他的知行观念中的行不限于德行,也包括主体人的一切实践活动,通过后天努力,人能够"可学而能、可事而成",提高自己的道德修养。

所以,荀子认为,人的知识源于后天获得。人通过感性认识把握事物,进而发挥理性思维的作用,认识事物之"道"。没有先天赋予的知识,知识必须来源于系统的学习和经验的积累,也没有上智的圣人,普通人通过努力积累知识也可以成为"圣人"。在此基础上,荀子强调"行"是"知"的基础,实践活动对知识的获得至关重要。

> 不闻不若闻之,闻之不若见之,见之不若知之,知之不若行之,学至于行之而止矣。行之,明也;明之,为圣人。圣人也者,本仁义,当是非,齐言行,不失毫厘,无它道焉,已乎行之矣。故闻之而不见,虽博必谬;见之而不知,虽识必妄;知之而不行,虽敦必困。不闻不见,则虽当,非仁也,其道百举而百陷也。(《荀子·儒效》)

这段话充分彰显了荀子的知行观。其一,荀子将"行"引入认识论中,认为行是认知中的至关重要的部分。没有听闻不如听闻,听到不如见到,见到不如知道,知道不如行到。行到,就是真正明白了,真正明白,就达到了圣人的境界。其二,从反面而言,不重视闻见知行,必陷困境。听了而不见,即使渊博也会有谬误;见了而不理解,虽然认识也必定迷妄;知道了而不去行动,善于治理的人也难免遭遇困境。如果不听不闻不行,就算做得很恰当,也会是做百事败百次的结局。其三,在荀子的知行观中,行既是知之始,又是知之成。"行之,明也;明之,为圣人",

求知最好的办法是行。证明真正得到知识的检验标准也是看是否行到,这从朴素的意义上契合了"实践是检验真理的唯一标准"。最后,荀子重行,但是并不轻知。他重视知对行的指导作用,认为"知明"则"行无过矣"(《荀子·劝学》),从而达到"当是非,齐言行,不失毫厘",主观和客观,言与行,知和行有机统一在一起,这当为荀子所乐见的"知行"的理想状况。

2. 王夫之:"行有余力而求知""知行相资以为用"

生活在明清之际的王夫之,目睹社会的巨变,经历明亡的痛史,亲身感受宋明理学思想导致的萎靡学风,他对此予以坚决批判,提出"欲尽废古今虚妙之说,而反之实",将经世致用、实事求是的实学传统发展至高潮。他的知行学说,和他的哲学理论一样,注重实效,强调辩证,对中国古代的知行理论做出了重要贡献,可谓达到知行历史的高峰。

(1) 对"知"的理解

王夫之认为"知见之所自生,非固有",否认人有主观自生、生而知之的先天知识。客观事物天下固有、独立自存,不依赖于人的主观认识而存在。他根据"援实定名""名实相称"的原则,界定了认知中的"能"和"所"。能是能知,指认知主体;所是所知,指认知对象。对于能与所,王夫之提出"所不在内""能不在外"的原则,就是说,认知的对象存在于身外的世间万象中,而不以人的主观认识为转移;人的主观认知能力存在于人的感觉和思维活动中,是人固有的能力,在内不在外。可见,王夫之在坚持客观事物第一性的基础上,对客观事物与主观认知做出了辩证考察,并由此批判了佛教"三变而立其说"的思维、程朱"立理以限事"的理论和王阳明"意之所在便是物"的观点。

在对"知"的理解上,他说:"知字,大端在是非上说,人有人之是非,事有事之是非,而人与事之是非,心里直下分明,只此是智。"(《读四书大全说·大学》)他把"知""智"并举,这种智就是"心里直下分明"的是非观念。知能够"成人之操,益人之知","练人之心,聪人之知"(《论衡·别通》),社会知识能提高人的道德品质,增长人的知识,还能培养人的坚强意志,给人以智慧。王夫之所说的"知",不仅有认识论之知,也包括辨别是非、善恶、美丑的道德修养之知。

王夫之的明晰之处在于他将知和行做出区分,同时又能辩证看待,不像朱熹那样要求二者截然分界和次序谨严。他认为知来源于后天,行是知的基础和源泉,"行焉而皆有得于心,乃可以知其中甘苦之数"(《张子正蒙注·中正篇》),"君子之道,行过一尺,方有一尺,行过一丈,方有一丈,不似异端向'言语道断,心行路绝'处索广大也"(《读四书大全说·孟子》),道路的险夷只有行者才知晓,只有行过才可获得真知,离行而去求知,就是向言语道断、心行路绝处索广大,是不可能成功的。

(2)行有余力而求知

王夫之从"知之非艰,行之惟艰"这一古老命题入手展开自己的知行观论述:

> 《说命》曰:"知之非艰,行之惟艰!"千圣复起,不易之言也。夫人,近取之而自喻其甘苦者也。子曰"仁者先难",明艰者必先也。先其难,而易者从之易矣。……知非先,行非后,行有余力而求知,圣言决矣。(《尚书引义·说命中二》)

不仅《尚书》中有知易行难的说法,孔子也说"仁者先难而后获"(《论语·雍也》),通过二者的巧妙结合,王夫之认为"艰者先,先难也;非艰者后,后获也",并从古代圣贤的大量言论中,推断出"知非先,行非后,行有余力而求知"的观点,得出"行先知后"的结论。相对而言,知则为后获,如食物,"饮之食之,而味乃知"。"以人之知行言之,闻见之知,不如心之所喻;心之所喻,不如神之所亲行"(《周易内传·系辞上传》),强调理性认识优于感性认识,亲身躬行又优于理性认识。因为重行,所以他一方面批判先知后行的程朱知行观,另一方面也批判知行不分的阳明知行观。他说:

  知行之分,有从大段分界限者,则如讲求义理为知,应事接物为行是也。乃讲求之中,力其讲求之事,则亦有行矣;应接之际,不废审虑之功,则亦有知矣。是则知行终始不相离,存心亦有知行,致知亦有知行,而更不可分一事以为知而非行,行而非知。(《读四书大全说·中庸》)

可见,一者,他批评阳明将知和行合而为一、泯灭主客观分界的观点,认为知行之间,有大段分界处,如求义理为知,应事接物为行;二者,他也反对朱熹"立一划然之次序","分致知格物属知,诚意以下属行"的截然分节,而是认为讲求义理中有行,应事接物中亦有知,知行始终不相离,不可截然划分;三者,他通过具体分析,将程朱和阳明知行学说的特点概括为:离行以为知,尊知而贱能,惮行之艰,利知之易,于是"判然置行于他日",只在记诵讲解、瞑目据梧上求索,都是脱离实践活动的做法,应受到深刻批判。由此,他进一步论述知先行后是不能成立的,知不能脱离行而存在,不可能等学好了再做,而是做起来再学,在行中获知,行中兼知。

(3)行可兼知,知不可兼行

在上述行先知后基础上,王夫之又提出"行可兼知,知不可兼行"的理论:

> 且夫知也者,固以行为功者也。行也者,不以知为功者也。行焉,可以得知之效也;知焉,未可以得行之效也。将为格物穷理之学,抑必勉勉孜孜,而后择之精、语之详,是知必以行为功也。行于君民亲友、喜怒哀乐之间,得而信,失而疑,道乃益明,是行可有知之效也。其力行也,得不以为欣,失不以为恤,志壹动气,惟无审虑却顾,而后德可据,是行不以知为功也。冥心而思,观物而辨,时未至,理未协,情未感,力未瞻,俟之他日而行乃为功,是知不得有行之效也。行可兼知,而知不可兼行。下学而上达,岂达焉而始学乎?(《尚书引义·说命中二》)

这段话全面而清晰地表达了王夫之关于知行关系的观点。首先,力行出真知。宋明理学也主张力行,认为不行不足以谓之知,起落点和侧重点都在知上。王夫之在表述上延续了这一说法,但在内涵上有极大不同,更强调行对知的优先意义。"非力行者果不能知也","故知者非真知也,力行而后知之真也",知源于行,不行不可能获得知,更不用说真知了。其次,从工夫层面看,知以行为功,行不以知为功。他以格物致知为例谈到这个问题:要格物穷理,必须要勉勉孜孜做力行工夫,而后才能"择之精,语之详",得到正确的认识,"行焉而皆有得于心",所以知以行为功;勇往直前的力行"惟无审虑却顾,而后德可据",通过力行实践获得的东西可据以为德,成为内化的认识,它不能为任何一种知所取代。最后,从效应方面说,行可有知之效,知不可有行之效。知在君民、亲友、喜怒、哀乐之间实践,得到预期结果就是可信的,否则就值得怀疑,只有通过"身心尝试之"的反复实践和判定,才能确定认识的可靠程度,道乃益明,因而行可检验知的正确性。相反,知不可有行之效,因为"凡知者或未能行,而行者则无不知",知若不行,就不可取得任何实际的成果。再好的义理,仅靠"冥心而思,观物而辨,时未至,理未协,情未感,力未瞻",客观条件达不到,就只能"俟之他日而行乃为功"。综合这几方面,王夫之得出"行可兼知,而知不可兼行"的结论,就是说,行可以包括知,知不能包括行,这个观点他在其著作中反复强调,如"是故知有不统行,而行必统知也"(《读四书大全说》卷六)、"知所不豫,行且通焉"(《思问录·内篇》)、"必以践履为主"(《读四书大全说》卷四)等。与认识相比,实践具有优先性,由此他反对朱熹"以学为急,行为缓"的态度,强调博学、审问、慎思、明辨和笃行这五者中,"若论五者第一不容缓,则莫如行"(《读四书大全说》卷三),认为五者均不能脱离行而存在。

(4)知行相资以为用

王夫之重视行,强调行先于知,行可兼知,但并不否认知的重要性,认为知对行是有着反作用的。知对行的反作用,主要在于"知以审行"。能知就意味着能把握事物之理,由理而达到对事态的预测,从而趋利避害,服务于行,对行有着重要的指导作用。

> 变者,阴阳顺逆事物得失之数,尽知其必有之变而存之于心,则物化无恒,而皆豫知其情状而裁之。存四时之温凉生杀,则节宣之裁审矣;存百刻之风雨晦明,则作息之裁定

矣。化虽异而不惊,裁因时而不逆,天道且惟其所裁,而况人事乎!(《张子正蒙注·天道篇》)

尽察事物阴阳顺逆之变,而存之于心,就能预知其情状而做出判断,这样,在事变到来之前,就能预先审定裁成,虽异而不惊,可见知所具有的能动性和对行的指导作用。"要以所行者听乎知,而其知也愈广大愈精微,则行之合辙者,愈高明愈博厚矣"(《读四书大全说》卷四),力行者如果注重知的指导作用,那么其知就会因为行而愈广大愈精微,行也因此愈高明愈博厚,二者合辙并进,就能达到避免错误、合乎理性的目的。

行先于知,知反过来又指导行,在知行不可分离的基础上,船山提出"知行相资以为用"的观点:

> 知行相资以为用,惟其各有致功,而亦各有其效,故相资以为用;则于其相互,益知其必分矣。同者不相为用,资于异者乃和同而起功,此定理也。(《礼记章句》卷三一《中庸》)

王夫之认为,知行自然是不可分离的,但二者相资为用的前提是二者有界限,必须在功能上有所区分,因为同一之物不能相资为用,相异才能"和同而起功",惟其各有致功,二者才各有其效,反之二者合同,则不相为用。

> 盖云知行者,致知、力行之谓也。唯其为致知、力行,故功可得而分。功可得而分,则可立先后之序。可立先后之序,而先后又互相为成,则由知而知所行,由行而行则知之,

亦可云并进有功。(《读四书大全说·论语》)

这段话进一步体现了王夫之知行学说的丰富性和辩证性,他将知与行置于一种对立而又统一的关系中。一则,致知、力行,功效各异,应有所分而实有所分;二则,二者在功能上有分别,则有先后之序;三则,虽有先后之序,二者实则相资为用,由行致知,由知而行,循环往复,以至无穷;四则,知是知所行,行则可得知,二者互相促进,并进而有功。所以他说:"智者,知礼者也。礼者,履其知也。履其知礼皆中节,知礼则精义入神,日进于高明而无穷。"(《思问录·内篇》)知行并进,则能达到"精义入神""高明而无穷"之境界。

3. 颜元:"习事见理。"

以颜元为代表的颜李学派可谓清初实学的重镇①,其主张"实文、实行、实体、实用"(《习斋记余》),在社会上产生过相当大的影响,"颜李之学数十年,海内之士靡然成风"(《秦关稿序》)。颜元一生以行医、教学为业,提倡"习动""实学""习行""致用"思想,猛烈抨击宋明理学家"穷理居敬""静坐冥想"的做法,批判传统教育、八股取士,强调六艺之学、习行及劳动教育,主张培养文武兼备、经世致用的人才。梁启超评价说:"博野颜元,生于穷乡,育于异姓,饱更忧患,坚苦卓绝。其学有类罗马之'斯多噶派'。其对于旧思想之解放,最为彻底。"②钱穆评价说:"习斋,北方之学者也,早年为学,亦尝出入程、朱、陆、王,笃信力

---

① 颜李学派是17世纪在中国北方形成的一个重要的唯物主义学派,创始人为清初北方著名学者颜元与李恕谷。梁启超称这一派学问为"颜李学"。参见梁启超:《中国近三百年学术史》,北京:商务印书馆2011年版,第132页。

② 梁启超:《清代学术概论》,北京:中华书局2010年版,第31页。

行者有年,一日幡然悔悟,乃并宋明相传六百年理学,一壁推翻,其气魄之深沉,识解之毅决,盖有非南方学者如梨洲、船山、亭林诸人所及者。"还说:"以言夫近三百年学术思想之大师,习斋要为巨擘矣。岂仅于三百年! 上之为宋、元、明,其言心性义理,习斋既一壁推倒;下之为有清一代,其言训诂考据,习斋亦一壁推倒。'开二千年不能开之口,下二千年不敢下之笔',遥遥斯世,'前不见古人,后不见来者,念天地之悠悠,独怆然而涕下',可以为习斋咏矣。"①

颜元痛斥程朱理学的无用性,认为理学"内无益于身心,外无益于国家"。内无益于身心,是因为读书、静坐毁坏人的身体,损伤人的神智,足以病天下祸生民。他认为,读书无益于知识的增进,从书本上而来的知识并不是真正的知识。"读书愈多愈惑,审事愈无识,办经济愈无力","千余年来,率天下入故纸中,耗尽身心气力,作弱人、病人、无用人者,皆晦庵为之也",将朱熹视为后世士人死读书、读死书的罪魁祸首。静坐和读书一样,无用且伤害身体,还会使人精神萎靡、厌世废事,有用之才变成无用废物。"终日兀坐书房中,萎惰人精神,使筋骨皆疲软,以至天下无不弱之书生,无不病之书生。生民之祸,未有甚于此者也"(《朱子语类评》)。外无益于国家,是因为在程朱思想主宰下,造就不出建功立业、扶危济难的英才,最多只有"愧无半策匡时难,惟余一死报君王"的愚忠,他以两宋亡于金元的痛史,证明空谈道德义理的有害与可恨。基于上述认识与知见,颜元针对这些弊病,以矫枉过正的姿态把重行推向极端,主张学要在行中

---

① 钱穆:《中国近三百年学术史》,北京:九州出版社2011年版,第174、199页。

学,知要在行中知,行在认知过程中起着决定作用,即行先于知,行重于知,行高于知。

首先,他提出"习事见理"的观点。就是说,行先于知,知从行中来,由行而致知,在知行关系中,行是第一要义。阳明说"不行只是不知",颜元认为应是"不知只是不行",这番倒置绝非文字游戏,知与行孰本孰末瞬间翻转。颜元认为,只有切实做过,所得到的知识才是真实可靠的,"心上思过,口上讲过,书上见过,都不得力,临事时依旧是所习者出"(《存学编》卷一)。相反,不经过躬亲习行和实践的知识,必然是空疏之谈、欺世之论,"读得书来口会说,笔会作,都不济事;须是身上行出,方算学问"(《习斋记余》卷四《答齐笃公秀才赠号书》),所以他坚决反对脱离实践的读书、空谈和静坐,倡导"吾辈只向习行上做工夫,不可向语言文字上着力",对行的重视和强调达到一种前所未有的高度。

其次,由行致知,以行证知。颜元说道:"但以读经史、订群书为穷理处事以求道之功,则相隔千里;以读经史、订群书为即穷理处事,曰道在是焉,则相隔万里矣。"(《存学编》卷三)以读书穷理为求真知之道,那是相隔千里;以为经史知识就是真知,那就远隔万里了。"读尽天下书而不习行六府、六艺,文人也,非儒也;尚不如行一节、精一艺者之为儒也"(《存学编》卷一),就是说,读尽天下书而不行,只能算是无用的文人,连儒生都算不上,能行一节、精一艺方可称之为儒。真知必须通过习行活动获得,通过习行进行检验。因为习行才是为学的真功夫,任何知识的获得都必须经过"亲下手一番"的躬亲实践,而后经过"身上习过"的实际检验才能证明是否有效有用。

此外,颜元不仅提倡习行,还倡导习动。"今存学之说,将偕吾党身习而实践之,易静坐用口耳之习,为手足频拮据之业"(《存学编》卷一),因而他强烈反对空寂静坐,谴责好逸恶劳,强调习动才是天下之真学,"养身莫善于习动","一身动则一身强,一家动则一家强,一国动则一国强,天下动则天下强"(《言行录》卷下《学须》)。他认为这是千秋万代不易之真理。如何习动？颜元倡导六艺之学。他认为习行六艺能"健人筋骨,和人血气,调人情性,长人神智","一时学行受一时之福,一日习行受一日福,一人体之赐福一人,一家体之赐福一家,一国天下皆然。小之却一身之疾,大之措民物之安"(《言行录》卷下《习过之》)。颜元所论六艺指礼、乐、射、御、书、数。这样,通过六艺之学培养出来的人才,绝非"愧无半策匡时难,惟余一死报君王"的空疏文人,必是能独当一面、经世致用、泽及苍生之才,利己利民利国利天下,这方是"儒者之真"。

4. 魏源:"及之而后知。"

作为近代中国"睁眼看世界"的先驱学人,魏源编辑《海国图志》,提出"师夷长技以制夷"的口号,反对侵略,兴办实业,推崇民主,思想务实而开放。魏源继承明清以来经世致用的实学传统,谴责乾嘉以来之汉学、程朱以降之宋学"锢天下聪明智慧,使尽出于无用之一途"[1],批判训诂考证这种脱离实际的学风,强调为学必须有助经世,能解决现实问题,认为因循守旧、故步自封、苟且偷安必然阻碍社会的进步,无益于富国强兵。

知行观念上,魏源继承王夫之、颜元等人的重行思想,主张行先知后。他说:"及之而后知,履之而后艰,乌有不行而能知者

---

[1] 〔清〕魏源:《武进李申耆先生传》,载《魏源集》,北京:中华书局2018年版,第368页。

乎?"(《默觚上·学篇二》)行而后有知,做而后知艰难,没有不行而知的人,"樵夫之一足""估客之一瞥""庖丁之一啜",远胜那些"披五岳之图"而知山、"谈沧溟之广"而知海、"疏八珍之谱"而知味的人,真知只能来源于亲力亲为。

重行的思想家都重视行对知的检验效应,魏源也不例外。他继承了韩非、王充以来的注重事验的观点,强调认识的正确与否,必须要"验于事",尤其在任用人才时,强调一定要经过实际事功的考验。"临大事然后见才之难。……天下无事,庸人不庸人;天下非多难,豪杰不豪杰。九死之病,可以试医;万变之乘,可以试智"(《默觚下·治篇七》),不到非常时刻,庸人和豪杰难以区分,当事变来临,方见英雄本色。只有经过实事实功的考验,才能判断知识的正误,才能凸显庸人和智者之别。

(三)知行并进,以行验知

知行并进之说,不着意于知行谁先的问题,而是强调知行不可偏废,注重知与行的统一与并进,有注重事功与实效的倾向。

1. 墨子:"言足以复行者常之。"

在先秦诸子的知行学说中,墨子包括后期墨家无疑是最重实践、最重经验、最重实际的一派。对于知识的来源,孔子提出"生知"和"学知"的二元论观点,墨子则坚持一切知识都来源于感觉经验。

> 是与天下之所以察知有与无之道者,必以众之耳目之实,知有与亡为仪者也。请惑闻之见之,则必以为有;莫闻莫见,则必以为无。若是,何不尝入一乡一里而问之?自古以及今,生民以来者,亦有尝见鬼神之物,闻鬼神之声,则鬼

神何谓无乎？若莫闻莫见,则鬼神可谓有乎？(《墨子·明鬼下》)

我所以知命之有与亡者,以众人耳目之情知有与亡。有闻之,有见之,谓之有；莫之闻,莫之见,谓之亡。然胡不尝考之百姓之情？自古以及今,生民以来者,亦尝见命之物、闻命之声者乎？则未尝有也。(《墨子·非命中》)

从以上引文可见:其一,墨子将感官作为知识的唯一来源。获取"鬼神"有无的知识,是以大众耳目实际闻见作为标准,进入一乡一里去询问,如果有感官闻见,则是有,相反则无。同理,想知道"命"到底有无,同样需要问访民众,以闻见为标准。在墨子看来,一切知识的获得莫不如此,通过耳目等感官对外界的闻见而形成直接的感觉经验,这才是真正的知识。其二,感官经验也是墨子判断知识是否可靠的标准。因为有人闻见过鬼神,所以墨子证实鬼神是存在的,是真实的；千百年来从历史文献到感官经验,都没人闻见过"命"的声音和形象,所以证明"命"是不存在的,是虚妄的。感觉经验对于墨子来说,不仅是知识的来源,也是检验知识正确与否的唯一标准,只有经自己感官所证实的知识才最可信赖,此属彻底的唯经验论,不可避免地具有极端性和狭隘性。

在此基础上,墨子提出了判断言论是非真伪的三条标准,即"三表"或"三法"。第一,"有本之者",依据古者圣王的历史经验；第二,"有原之者",依据广大人民群众的切身经验,"下原察百姓耳目之实"(《墨子·非命上》)；第三,"有用之者",以是否符合国家和人民的利益为依据。通过"本""原""用"的三表仪法,上考历史,下察百姓耳目闻见之实,再考察政令的实际效果是否有利于国家和百姓,墨子在中国哲学史上首次提出了检验真理的标准问题。不难看出,"本之"表体现了墨子的法先王思想,"原之"表体现了其实证观念,"用之"表体现了他的功利原则。

知行关系上,墨子坚持"取实予名"论,主张以"实"正"名"。墨子以盲人取黑白为例谈到名实问题。盲人虽能说出黑和白,但不能在取的行为中选择黑白之物,所以仅指黑白之名,而不知黑白之实,此非真知。墨子还批评有些所谓"君子",大谈仁义之理,而不行仁义之实,不应给予其"仁义"之名,"仁人之事者,必务求兴天下之利,除天下之害",唯其如此,才能给予"仁"之名。墨子"以实正名"的观点和孔子"以名正实"论形成了一种相对性存在。

"瞽不知白黑者,非以其名也,以其取也"(《墨子·贵义》),不仅是墨子名实论的观点,也是他知行观的准则。"名""取"作为"知""行"关系的初级形态,表明墨子重实效、重经验的认知取向。他注重生活经验和认知的实际效果,自然与他的卑贱出身和长期的底层生活有关,作为"农与工肆之人"的代言人,他的认识总是以"百姓耳目之实"为出发点,以"国家人民之利"为检验标准。因为务实,他反对毫无意义的空谈,反对言而不行的为政,主张"言必信,行必果,使言行之合犹合符节也,无言而不行也"(《墨子·兼爱下》)。他反对理论和实践的脱节,无论是名与实、言与行,还是知与行,都主张相符和统一。这也是墨子不同于后世韩非之处:不以实效作为判断的唯一标准,而是强调知和行的统一。这也是墨子的高明之处,虽然注重行的效果,却不把实际效果绝对化,而是考虑到行事的动机和操作方法。在《墨子·耕柱》中,有一段巫马子与墨子关于"利""害"问题的辩论。巫马子认为,墨子兼爱天下没见有什么利,自己不爱天下也未见有什么害处,效果都一样,有什么对错之分呢?墨子没有直接回答,而是讲了一个故事:有人在放火,一个人捧水来救火,另一人举着火把加火。从效果上来看,这两个人都没有成功,但孰是孰非非常明显。墨子以此暗示巫马子,动机和心意有时候比效果更重要。虽然捧水的人没能浇灭火,虽然自己的兼爱主张未能推行于天下,但这两件事情的动机和用意都是正确的。相反,火上浇油的行为,不爱天下的作为,即使没有造成什么后果,却不值得提倡;即便能产生效果,也是不符合道义的。墨子的这种观点让人有种"不以成败论英雄"的感觉,弥漫一股慷慨悲凉的意味。

墨子重经验、重实效的知行观,是他功利主义哲学观的体现。春秋战国时期,群雄逐鹿、狼烟四起,儒家仁义礼德的脉脉温情无法解决现实的问题,墨子由是讲天志、明鬼神、非天命、兼相爱、交相利、非攻尚贤,建构了自己的墨家学说。墨子认为,天能主宰一切,它有意志和好恶,天与人的沟通和对人事的赏罚可以通过鬼神来实现,人的行为符合天意则赏,反之则罚,所以无所谓天命,人的命运其实决定于个人的行为。因而墨子重人道重功利,能否"兴天下国家人民鬼神之利",成为判断一切言论和行动是非的标准。这种务实的精神从某种意义上说也体现了一种人道的关怀。

2. 韩非子:"言必责其用,行必求其功。"

韩非是荀子的学生,他继承了荀子的唯物思想,肯定了人的认知能力和世界的可知性,同时他也吸收和改造了老子哲学中的一些范畴,形成自己重实际效验的实用主义知行观。

在认识论方面,韩非子肯定人的感觉思维在认知过程中的有效性。

> 聪明睿智,天也;动静思虑,人也。人也者,乘于天明以视,寄于天聪以听,托于天智以思虑。故视强则目不明,听甚则耳不聪,思虑过度则智识乱。目不明则不能决黑白之分,耳不聪则不能别清浊之声,智识乱则不能审得失之地。目不能决黑白之色则谓之盲,耳不能别清浊之声则谓之聋,心不能审得失之地则谓之狂。盲则不能避昼日之险,聋则不能知雷霆之害,狂则不能免人间法令之祸。(《韩非子·解老》)

由引文可见:以"聪明睿智"为代表的人类的感觉和思维器官,源自天生,人人具有,决定着人视听思虑的认知活动。也就是说,不存在超越主体的认知。人的认识对感官有依赖作用,耳目智识的器官一旦出现问题,就不能决黑白之色、别清浊之声、审得失之地,就是盲、聋、狂,进而不能避险,不能知害,不能免祸。韩非由此说明精神不能独立于物质而存在,坚持了唯物立场。感官运用应该得当,不可超过限度,否则必至祸患,有所节制方是治人事天之策。这些无疑是受到老子认识论的影响。

韩非子提出"缘道理"的认知观点,既将老子的"道"往下落实到可知的实处,又克服了墨子的唯经验论的局限,提升了荀子感性认知观念的深度。如《韩非子·解老》中所言:

> 道者,万物之所然也,万理之所稽也。理者,成物之文也;道者,万物之所以成也。故曰:"道,理之者也。"
> 凡理者,方圆、短长、粗靡、坚脆之分也。故理定而后可

得道也。故定理有存亡,有死生,有盛衰。夫物之一存一亡,乍死乍生,初盛而后衰者,不可谓常。

夫缘道理以从事者,无不能成。

首先,韩非落实了"道"的内涵。在老子那里,"道"是感性思维和理性思维都无法把握的,只能通过内心直观和神秘体验感悟。在韩非看来,"道"是万物的本源、是非的准则,也是万事万物本身及其总规律,天地万物之所以存在和发展,都是道的作用和功能。其次,韩非创造性地提出"理"的范畴。"理"是万物的方圆、粗细、短长等质的规定性,以及盛衰、生死、存亡等发展变化的规律。理是德的显现,德是道的显现。物各有理,"理定而物易割",掌握了万物之理,则"理定而后物可得道"。从"物—理—道"的认知脉络,韩非肯定了万物的实在性及其"道""理"的可知性。最后,物之定理,不断生灭变化,不可谓恒定不变之常。同样,道永恒无极、无边无垠、无形无相,没有任何规定性或欲望造作,所以才能放任自然,不受干扰。

在"道""德""理"的本体建构基础上,韩非提出了缘理、积德和体道的行为原则。"缘道理以从事者,无不能成","弃道理而妄举动者",必然失败。因为道虚静无为、包罗万象、囊括万理,只有顺应道的规律把握事物之理,深谋远虑,方可功成业就。所以韩非强调认知事物要保持虚静与无欲,不受智、巧、喜、恶等主观意念的干扰,排除成见和臆测,尊重客观规律,从而体道、积德和缘理。

在真理观方面,韩非继承了荀子重视实际效验的思想,提出"参验"的方法来检验认知的结果。参验的基本内容是:"循名实而定是非,因参验而审言辞。"(《韩非子·奸劫弑臣》)要看思想和实际、名与实是否统一,以此来判断认识的正确与否。然后以"参伍之验"来检验认知的实际效果。"参"是比较,"验"是证实,参验就是将各方面的情况分类排队、比较研究,掌握表明事实真相的依据,从中分析和判别,获取正确认识。他举例说:判断一把刀是利还是钝,光看颜色光泽是不够的,应当通过砍杀来检验;判断一个人是否有才干,不能只看言谈辞令,应依据他的实际能力。

韩非以"行"之功效来检验"知"之真伪,充满经验实证的功利主义色彩。这源于他将"利"作为看人、治国的逻辑起点,由此使得韩非子看问题极端清醒深刻。虽然他的人性论与荀子的性恶论有一定的差别,但是对于人欲本能中邪恶的揭示,较荀子有过之而无不及。"好利恶害,夫人之所有也"(《韩非子·难二》),"夫安利者就之,危害者去之。此人之情也"(《韩非子·奸劫弑臣》),"凡人之有为,非名之,则利之也"(《韩非子·内储说上》)。在韩非眼里,利才是人与人之间最根本的关系。无利,君臣可反目,父子可成仇;有利,则主仆可合作,仇敌可成友。他血淋淋地将人性中之丑恶展示于前,以较为客观、现实的态度展开分析,超越善恶评价,直面人的自私自利、趋利避害之本性。趋利是人性之本然,改变不了,逃避不得,正因如此,"利"才产生推动社会发展、促进人群合作的巨大力量,客观适度地运用"利"的力量,如大禹治水,因势利导,社会乃治。所以,他不相信未经检验的理论,他极端务实地看问题,极端务实地做事,明确提出"先物行、先理动之谓前识。前识者,无缘而妄意度也"的观点,反对不按照事物的客观实际行事,而只按照主观臆想来认识事物真相的"前识"做法,并以"詹何猜牛"的寓言为例,批判了这种无端猜想的荒谬性,指出这种认识表面看来是"道之华",实则是"愚之首"。①

韩非也推崇认识的"功用"目的,推崇言必责其用,行必求其功。"夫言行者,以功用为之的彀者也。……今听言观行,不以功用为之的彀,言虽至察,行虽至坚,则妄发之说也"(《韩非子·问辩》),强调人的言行应以功用为目的,以有利于检验实际效果。韩非知识论的特点,"不但在于依其政治的功利观点批判儒、墨、道、纵横及诡辩学派的知识正误,而且在于依据实践的检证来确定知识的真伪"②。他有一则"白马过关"的寓言:名家著名人物儿说擅长辩论,他所持的"白马非马"理论折服了齐国稷下众名士。当他骑着白马过关塞,守关人还是让他付了白马的过关税。这个精妙的小寓言说明空洞的言论在实践面前就会显得捉襟见肘。从理论上而言,白马非马,无人可辩驳;在事实面前,白马就是马,关税还得交。当理论遭遇实践,有无实用价值就彰显无遗了。一切大话、空话、假话、谎话,只有拉到实践面前,才能辨其巧拙真伪。在韩非看来,这些空洞的言辞脱离了社会实践,解决不了任何实际问题,是毫无价值的。他以此劝说君王注重言论的实效,"人主之听言也,不以功用为的,则说者多'棘刺''白马'之说"(《韩非子·外储说左上》)。不以功用为

---

① 《韩非子·解老》:"詹何坐,弟子侍,有牛鸣于门外。弟子曰:'是黑牛也,而白题。'詹何曰:'然,是黑牛也,而白在其角。'使人视之,果黑牛而以布裹其角。以詹子之术,婴众人之心,华焉殆矣,故曰'道之华也'。尝试释詹子之察,而使五尺之愚童子视之,亦知其黑牛而以布裹其角也。故以詹子之察,苦心伤神,而后与五尺之愚童子同功,是以曰'愚之首也'。故曰:'前识者,道之华也,而愚之首也。'"参见韩非著、陈奇猷校注:《韩非子新校注》,上海:上海古籍出版社2000年版,第383页。

② 侯外庐、赵纪彬、杜国庠:《中国思想通史》(第一卷),北京:人民出版社1957年版,第627页。

目标的言论和行为,言论再明察,行为再刚直,也不过是胡发乱射,完全没有意义,韩非由此走向唯功用是图的狭隘效果论。

作为法家的代表人物,韩非的知行观反映了他重实效、重实利、重人道的功利主义哲学思想。韩非继承荀子人性恶的论断,进一步认为人性本身是自私自利的,人与人之间就是尔虞我诈、钩心斗角、你死我活的竞争和厮杀关系,天命、仁义、礼信都无法拯救疯狂的时代和人性的黑暗,只有不惜一切手段,利用一切可资利用的东西,采用有实效的法、术、势的策略,才能立于不败之地。这种紧迫感和危机感使韩非的哲学有些极端和残酷,但他不怨天尤人、孜孜进取的精神在先秦时期也闪耀着人性的光辉。

3. 王充:"知物由学,学之乃知。"

王充反对自董仲舒以来的谶纬神学思想体系,以"疾虚妄"为斗争目标,推崇无神论,目的是使民众"冀悟迷惑之心,使知虚实之分"(《论衡·对作》),所以王充特别重视客观实际,以事实来戳破谶纬迷信学说的虚妄,常言"以实考之""如实论之""非其实也"等。在《论衡·自纪》中,他坦言:"故作《实论》,其文盛,其辩争,富浮华虚伪之语,莫不澄定。"《实论》可谓是《论衡》的又一名称,充分显示了他坚持以实事、实诚反对虚妄浮华之论的决心。

《论衡》之《实知》和《知实》两篇彰显了王充务实的认识论观点。"实知"是说只有接触实际事物才能有所认知,"须任耳目以定情实",不可能有虚空的知识;"知实"意味着认识最终须经客观事实检验,"事有证验,以实效然"。

如何"实知"?王充提出了两种方法。一是"不目见耳闻,不能尽知也"(《论衡·实知》),重视感觉经验的作用。他反对董仲舒把"天意"作为认知对象和目的的思想,认为人类认知的对象应该是"天下之物,世间之事","远不如近,闻不如见",人只需通过自身的感觉器官切实地去认识自然万象即可,没有什么象外的天意。不仅普通人,即使是圣贤"如无闻见,则无所状","实者圣贤不能性知,须任耳目以定情实"(《论衡·实知》)。也就是说,没有实见,就没有发言权,圣贤也不是生而知之、神而知之的,"不学自知,不问自晓,古今行事,未之有也"(《论衡·实知》),圣贤只是比众人更善于观察、思考和学习而已,根本不存在具有神圣性的人。二是"先知之见,方来之事,无达视洞听之聪明,皆案兆察迹,推原事类"(《论衡·实知》),重视理性思维的归纳推理。这是王充的进步之处,他重视感觉经验的作用,但并不仅仅停留于感性经验的表层,而是用理性经验去审查,这就摆脱了墨子唯经验论的局限性,能更正确和深刻地认识事物。王充反对神秘的"先知",却认同预见性的先知,"皆案兆察迹,推原事类",根据这些迹象和预兆,进行推理判断,由始见终,由微知著,由已知求未知,由现象推本质,他认为这才是正确的思维和认知方法。

如何"知实"?王充在墨子"符验"思想、韩非"参验"思想以及当时医学、天文学发展新成果的基础上,提出了"效验"论,以不违反客观事实的实际经验作为判断认识正确与否的标准。他认为"事莫明于有效,论莫定于有证"(《论衡·薄葬》),"凡天下之事,不可增损,考察前后,效验自列。自列,则是非之实,有所定矣"(《论衡·语增》),事情由效果来分析,理论靠证据来确定,把事情的前因后果都列出来,效验就明白了,是非就分清了。王充的效验论通过两方面予以实施,即摆事实和讲道理的方法。一是"以实验之",用事实来检验;二是"以道论之",用道理来分析。比如打雷,王充驳斥"打雷是上天发怒"观点的虚妄性,用到讲道理的方法;用观察到的事实证明"打雷是火"的新见解,就是摆事实。通过这些方法,王充分析并批判了古书记载的错误和世俗迷信,用科学道理来解释一些现象。

可见,王充认识论的基本精神就是上述的"实知"和"知实",主张认识从实际出发,最后通过事实来检验认识的真伪。但他也重视"知之力","博达疏通,儒生之力也;举重拔坚,壮士之力也"(《论衡·效力》),儒生的力量来自于知识,知识越丰富,力量就越大,就能运筹帷幄决胜千里,具有比筋骨之力更多的优越性。对于求知,他反对"生知",强调"学知",注重"效验",要求知和实的统一。他尖锐批判那些知实脱节的儒生对社会生活和学术思想的危害性,说他们是"犹目盲、耳聋、鼻痈者也","死人之徒也哉",其主张"学贵能用""好学勤力,博闻强识""博通所能",是重行基础上知行合一的思想的体现。

小　结

任何知行理论其实都绕不开知与行孰先孰后的问题,无论回答与否。因为对这个问题的回答,就是对知识来源问题的认识,这种认识是知行观的起点。中国的知行论确实也偏重对知行先后问题的回答,知先行后与行先知后秋色平分,在中国思想史中都占据重要地位。

知先行后的观念由孟子发端,经董仲舒的发展,至程朱而趋于成熟。程颐、朱熹对知先行后均有系统论述,将行先知后的义理推致高峰,在明清两代亦有发展。有意思的是,与朱熹同时代的陆九渊,在处理修养与学问的关系上与朱熹意见相左,与王阳明共属"心学"一脉;而在知行观念上,却与朱熹有相同之处,赞同知先行后、知行二分,反而与王阳明的知行合一相去甚远。相反,朱熹的学生陈淳却提出"知行无先后","二者皆当齐头着力并做,不是截然为二事。先致知了,然后力行,只是一套底事。真能知,则真能行"①,修正了朱熹的知行观,与王阳明思想有了某种程度的契合。与朱熹同时的张栻②赞同程朱的知先行后说,但他不同意朱熹的知轻行重之说,认为知本身就有精粗轻重。虽然直到清末,知先行后的理论一直都在不断完善和发展,各家观点不乏精彩处,但如程朱般具有系统性及影响力的知行理论就绝无仅有了。

行先知后说是中国知行观念史上的重镇,其核心观点是认为知识是后起的,来源于践行。重行在中国文化中有着悠久的传统,从荀子到王通③、王夫之、颜元以及近代的孙中山,都强调行而后有知。荀子认为知非先天固有,要靠后天学习得来,所以他劝学、重学;隋唐时期的王通也重行,强调行比知更重要;北宋司马光谈到"学者贵于行之,而不贵于知之"(《传家集》卷六十《答孔司户文仲书》);陆游指出"纸上得来终觉浅,绝知此事要躬行"(《冬夜读书示子聿》);王夫之完全否认有主观自生的先天知识,认为力行出真知,知必以行为功;颜元的"习事见理"明确指出知识源于习行实践,并且认为"不知只是不行",没有行就没有知。

知行并进,虽避开了知先或行先在理论上的偏颇,让知行在

---

① 〔宋〕陈淳:《北溪先生大全文集》卷二十六《答陈伯澡一》,载四川大学古籍研究所编:《宋集珍本丛刊》第 70 册,北京:线装书局 2004 年版,第 148 页。

② 张栻,南宋著名理学家和教育家,湖湘学派集大成者,著有《南轩集》。张栻与朱熹、吕祖谦齐名,时称"东南三贤"。

③ 王通为隋代私学教育家,去世后被弟子私谥为"文中子"。

时间上并起、在价值上并重,实则从认识论角度而言,知与行不可能互为源头。上述墨子的"取名以实",韩非子的"行必求其功",王充的"实知、知实"观念,虽然对知的来源的认知不尽相同,对知行先后也未明确区分,但他们都非常重视知与行的实际效应。在此基础上,他们讲求名与实、知与行的统一。这种注重事功的思想影响深远,历代有传。如南宋罗大经言道"学不必博,要之有用;仕不必达,要之无愧"①,强调学以致用;明代王廷相提出"知行兼举"②之说,认为知必博文,行必体事,知行不可偏废,知便应行,行便得知,有知识来源于践行之意;陈确强调践行的重要,提出知行并进无穷论,"学者用功,知行并进,故知无穷,行亦无穷;行无穷,知愈无穷"③;朱舜水强调学贵实行,反对离行言知,曾云:"兼致知力行,方是学,方是习。若空空去学,学个甚底?"④这种重行不废知的思想在明代以后得到极大的提倡,到明清时期形成注重实学的思潮。

　　综观上文,可以得出如下认识:首先,知先行后的知行观本质上是重知的。从孟子到朱熹,所求最高之知,主要是一种先验之"知"。在孟子,是良知良能。这种本心之"知"通过推及人之善端、内求诸己而得。行是否合适,要通过本心的良知来检验,适宜则能养浩然之气,能尽心、知性、知天;不适宜则浩然之气衰

---

　　① 〔宋〕罗大经撰,王瑞来点校:《鹤林玉露》甲编卷五《学仕》,北京:中华书局1983年版,第86页。
　　② 〔明〕王廷相:《慎言》卷八《小宗篇》,载王孝鱼点校:《王廷相集》(三),北京:中华书局1989年版,第788页。
　　③ 〔清〕陈确:《陈确集·别集》卷十四《大学辨》,北京:中华书局2009年版,第560页。
　　④ 〔明〕朱舜水著,朱谦之整理:《朱舜水集》卷十一《答野节问》,北京:中华书局1981年版,第387页。

竭,失去人之本真,走向平庸。在董仲舒,这种真知来自于天意、天命。代表上天意志的知是绝对的、支配性的,行必依附于知,所以必须"知先规而后为之"。在二程,知就是知天理。二程之天理鞭辟入里,"自家体贴出来",是一种"活泼泼"的生命观。万物共此天理,得此理而行方是正确的做人与求学方式,所以知在先,知为难。在朱熹,是知性理。朱熹之穷理,就是穷一切天地万物之理,是理之全,理之至。总体而言,朱熹是重理重知的,但他在理论上并不偏重知,而是认为知为先、行为重,知行相须互发,这三驾马车一齐发挥作用,建立一个完整的知行体系。

其次,行先知后说不一定轻知,但无疑看重行相对于知的优先性。荀子认为,"知之不若行之";隋代王通也认为"知之者不如行之者,行之者不如安之者"(《文中子中说·礼乐篇》),考察一个人,关键在于察其是否能"终身行之";王夫之也说,"行有余力而求知",行能兼知,知不能兼行;颜元更进一步,提出"只向习行上做工夫,不可向语言文字上着力",将行的重要性推到极致。

最后,相较而言,知先者更注重内求,强调反求诸己的涵养与学习;行先者更务实,注重经世致用,解决实际问题;知先者努力建构自我以知为本的知行体系,行先者总是以现实批判的姿态现身,具有更强的战斗性;以知为本的理学家将知行主要置于道德领域,所以必重知,而强调以行为重的学说则在认识论方面有较多涉足和建树。总体而言,无论知先行后还是行先知后,在重视知行的协同并进、相资为用方面,却无二致。

明代方以智对知行先后关系有个更为辩证的看法:"有知前之行,出门问津是也;知时之行,不堕坑堑是也;知后之行,轻车故乡是也。有行前之知,西向而笑是也;行时之知,路在足下是也;行后之知,聚米成图是也。"(《易余·知由》)知与行各有前、时、后三个阶段,每个阶段的作用不同,所以知行关系远非简单的分合、先后的二分模式所能概括,其本身就能不断发展、相互促进、和谐统一。这种返回知行本身考察其内在先后的观点,突出了知行关系的复杂性,也彰显了中国的知行观念已发展到理性思辨的高度。

三 知行分合问题

知行分合问题关注"知"与"行"是分开还是相合的问题。"分"有两种,一种是知与行的相离对待,认为知和行之间没有必然关系,如庄子的知行观;一种是知与行在统一基础上的分段划分,如朱熹的知行二分。本节主要讨论前者,而知行分界问题在阐释朱熹等人思想时随文附论。"合"也有两种,一种是知行合一,知与行之间不存在先后轻重等问题,即知即行,以王阳明为代表;一种是知行统一,认为知与行无论孰先孰后,但总体上是统一并进的。

(一) 知行一致,并进不悖

认知和实践、道德和践履的和谐统一是大多数哲学家思想的旨归,宋以后的知行学说尤其强调知行要统一,虽然他们在阐释其具体观点时,在知或行的层面上或多或少有不同程度的偏重,但都还是强调知行的有效结合,反对知行分离和脱节。本节讨论的知行统一,是相对于知行分离而言,核心观点在于坚持"知行不可分",是在狭义的、相对的、比较的层面上梳理各家理论。

1. 孔子:"听其言观其行。"

孔子虽未将"知行"进行细致的对举论述,但在《论语》中,"知"字116见,"行"字72见,清晰可见他关于知行观和认识论问题的诸多讨论。

> 生而知之者,上也;学而知之者,次也;困而学之,又其次也;困而不学,民斯为下矣。(《论语·季氏》)

这句话是孔子认识论的总纲。首先,他提出二元的知识起源论。一种是生而知之,知识与生俱来,是先天具有的,只有上智的圣人才能拥有,此为天命所属之人。但《论语》中有大量的历史人物,孔子并未称许何人为生知者,包括他自己,还明确地说:"我非生而知之者,好古,敏以求之也。"(《述而》。本节所引《论语》,仅标篇名)既然世间并不存在"生而知之"者,孔子却依然将之作为一种可能性提出,也许是他天命思想的一种体现吧。另一种是学而知之,强调知识来源于后天的学习,大多数人包括统治者、贵族阶层都必须通过后天学习来获得知识。其次,孔子认为认知主体可分为四种:生而知之、学而知之、困而学之、困而不学,与此相应的等级就表现为上、次、又次、下四个级别。此语还暗示出认知态度和认知能力的差别。生知为上,不学而知,唯圣人可有此能力;学知是主动学习求知,困知是困惑了方始去学,困惑了还不学就是"下愚"了。所以孔子说:"中人以上,可以语上也;中人以下,不可以语上也。"(《雍也》)天赋资禀和认知态度直接决定着认知的程度。

学知和困知都属于"学而知之"的范畴。孔子最注重的就是学知的探讨。如何学而知之? 孔子认为,第一,学文。要博学诗书,察于礼乐,致力于古代文化典籍的学习。第二,学与问。《论语》中"问"字121见,如问仁、问孝、问智、问政、问礼等。问的内容也正是要通过学习获知的内容,如"子入大庙,每事问"(《八佾下》)、"以能问于不能,以多问于寡"(《泰伯上》)、"敏而好学,不耻下问"(《公冶长》)、"三人行,必有我师焉"(《述而》)等。第三,学与闻见。"多闻,择其善者而从之,多见而识之;知之次也"(《述而》),"多闻阙疑,慎言其余,则寡尤;多见阙殆,慎行其余,则寡悔"(《为政》),要多闻见,但要对闻见之知保持自己的理性判断。第四,学与思。孔子提倡学思结合,学思并重。"学而不思则罔,思而不学则殆"(《为政》),"吾尝终日不食,终夜不寝,以思,无益,不如学也"(《卫灵公》)。博学、审问、慎思、明辨和笃行,《中庸》中总结的这几个求知的方法在《论语》中均有所论述。

孔子的"学"中不仅包括知,也包括行。一方面,他强调学与行的统一。"行有余力,则以学文"(《学而》),孔子认为行比学更重要,行有余力才学文。"贤贤易色;事父母,能竭其力;事君,能致其身;与朋友交,言而有信。虽曰未学,吾必谓之学矣"(《学而》),孔子非常重视行,甚至认为只要做得好,未学也可赞之为学。另一方面,孔子也注重言与行的统一。"君子耻其言而过其行"(《宪问》),"君子欲讷于言而敏于行"(《里仁》),"先行其言而后从之"(《为政》),"听其言而观其行"(《公冶长》)等均可看出。言行问题归根结底是知行问题,言行不一是知行脱节的表现,注重言行一致就是注重知行的统一。在此必须注意的是,孔子对学知、知行、言行等问题的探讨,不仅反映了他对知识来源及获取途径的认识,还涉及了道德原则和道德规范的问题。所以,"在中国哲学史上,孔丘是第一个自觉地探讨了知行问题的思想家。……从孔丘开始,中国哲学史上的知行问题就不单纯是一个认识论问题,道德上的知和行往往成为讨论的主题,它既有一般认识论的意义,同时又有特殊的伦理学的意义"[1]。孔子的这种知行观念在《中庸》中得到进一步的发挥和阐释,奠定了儒家知行思想中认知和伦理的双重结构。

2. 王阳明:"知行合一。"

时代变化,思想亦随之而变。到王阳明所处的明代,终极的本体问题探讨已从朱熹的理性本位时代过去,个体如何存在成为这个时代关注的焦点。与宋代理学偏重本体论的建构不同,阳明更强调实践工夫;他不赞成主与客、心与物的分离,主张"心外无理""心外无物";他不强调知识概念,而注重内心体验,认为"仁者与物同体";他强调行动,而不仅是知解,认为最重要的是"致极良知"。他一方面高扬道德的主体性,将儒学坚持入世的价值理性发挥到极致,另一方面站在儒学立场,充分吸收佛道的生存智慧,并渗透自己的生命体验,形成入世与出世、拯救与逍遥相结合的新哲学体系,推动明代理学从朱熹古典理性主义的客观性、必然性、普遍性、外向性立场向明代理学注重主观性、内在性、主体性、内心经验的转向。

如果说知行问题只是朱熹庞大哲学体系中一个还算重要的组成部分,那么在阳明哲学中,知行学说可谓是一个不可或缺的主体部分,知行观念不仅贯穿他哲学体系的始终,并且是他思想最终的落脚点。王阳明和朱熹知行学说最大的分歧点就是,知行到底是一件事还是两件事?朱熹自然是做两件事看的,阳明

---

[1] 方克立:《中国哲学史上的知行观》,北京:人民出版社1982年版,第23页。

反对把知行分为两截的观点,提出知行合一,强调知行只是一件事。

(1)真知即所以为行,不行不足以谓知

"知行合一"的理论是阳明悟出"心即理"的思想后提出来的,是他"心外无理"思想的具体化。他反对以朱熹为代表的宋明理学向外求理的做法,认为这样就导致知行二分,先知后行。他说"外心以求理,此知行之所以二也。求理于吾心,此圣门知行合一之教"(《传习录》中),就是说,万事万物之理都在我心中,心即是理,何须向外求知。

> 知是心之本体,心自然会知:见父自然知孝,见兄自然知弟,见孺子入井自然知恻隐。此便是良知不假外求。若良知之发,更无私意障碍,即所谓"充其恻隐之心,而仁不可胜用矣"。然在常人,不能无私意障碍,所以须用致知格物之功,胜私复理。即心之良知更无障碍,得以充塞流行。便是致其知。知致则意诚。(《传习录》上)

在阳明看来,知来自心之本体,理先天存在于其中,见父自然知孝,见兄自然知悌。常人被私意所障碍遮蔽,不能知之,所以要用格物致知之功来去私欲复天理,让良知充塞流行。阳明的知行观念中,知就是良知,是先天具有的、属己的、不假外求的,行是知的外化与体现,只要心之本体不被私欲阻隔,知必能行。所以说,知行不可分,也分不开,是一体之两面。

阳明的学生徐爱曾问,人们都知道父当孝、兄当悌,在实际中却不能守孝悌,知与行是分开的。对此,阳明回答说:

此已被私欲隔断,不是知行的本体了。未有知而不行者;知而不行,只是未知。圣贤教人知行,正是要复那本体,不是着你只恁的便罢。故《大学》指个真知行与人看,说"如好好色,如恶恶臭"。见好色属知,好好色属行。只见那好色时已自好了,不是见了后又立个心去好。闻恶臭属知,恶恶臭属行。只闻那恶臭时已自恶了,不是闻了后别立个心去恶。如鼻塞人虽见恶臭在前,鼻中不曾闻得,便亦不甚恶,亦只是不曾知臭。就如称某人知孝、某人知弟,必是其人已曾行孝行弟,方可称他知孝知弟,不成只是晓得说些孝弟的话,便可称为知孝弟。(《传习录》上)

由此可知:其一,知而不能行,私欲就会遮蔽知行本体,良知就显现不出来,表现出的就是非真知。其二,真知没有不能行的,不能行不是知得浅、知未至,而是根本上的不知。其三,真知行是知时已经行了,行时自已知了,如"好好色""恶恶臭",看到好色时心里已经好过了,闻到臭时已经恶过了,可见知行是自然而然一起的,同时发生,本没有先后顺序。其四,真知行是知行合一,称赞某人孝悌,一定是他行过孝悌的事情,而不是他只说孝悌便可称他为知孝悌。

(2)知是行之始,行是知之成

阳明的学生徐爱曾问他:"古人说知行做两个,亦是要人见个分晓,一行做知的功夫,一行做行的功夫,即功夫始有下落。"阳明回答说:

此却失了古人宗旨也。某尝说知是行的主意,行是知的功夫;知是行之始,行是知之成。若会得时,只说一个知已自有行在，只说一个行已自有知在。古人所以既说一个知，又说一个行者，只为世间有一种人，懵懵懂懂的任意去做，全不解思惟省察，也只是个冥行妄作。所以必说个知，方才行得是。又有一种人，茫茫荡荡悬空去思索，全不肯着实躬行，也只是个揣摸影响，所以必说一个行，方才知得真。此是古人不得已补偏救弊的说话，若见得这个意时，即一言而足，今人却就将知行分作两件去做，以为必先知了然后能行，我如今且去讲习讨论做知的工夫，待知得真了，方去做行的工夫，故遂终身不行，亦遂终身不知。此不是小病痛，其来已非一日矣。某今说个知行合一，正是对病的药。又不是某凿空杜撰，知行本体原是如此。今若知得宗旨时，即说两个亦不妨，亦只是一个；若不会宗旨，便说一个，亦济得甚事？只是闲说话。（《传习录》上）

这段话至少有这几个意思：其一，知行分做两件事不是古人的原意，是因为存在着一些人，或不知而行，或只知不行，古人不得已补偏救弊，或补之以知，或补之以行，并非将知行分开为二，所以说"良知自知，原是容易的；只是不能致那良知，便是'知之非艰，行之惟艰'"。其二，批判先知后行。先讲习讨论知的功夫，知完再做行的功夫，必然终身不行、终身不知，这在当世已非小病痛，必须以知行合一的药方方能医治。其三，"知是行的主意，行是知的功夫；知是行之始，行是知之成"，就是说知行不可分，从时间上来说，知行贯穿彼此始终，无分先后；从重要性来说，主意和功夫都一样重要，缺一不可，所以"只说一个知已自有行在，只说一个行已自有知在"。但阳明也强调，对于"去恶"而言，知恶已是行之始；对于"为善"而言，行才是知之成。其四，只要抓住知行的宗旨,知行是分是合,是两件还是一件都不再重要,没领会宗旨,就算知行合一,也只是说闲话。这个宗旨就是知行本体,也就是阳明所说的良知。

(3)知之真切笃实处即是行,行之明觉精察处即是知

在宋代理学中,是否力行要以"真切笃实"来判断,而"明觉精察"是对知的要求,阳明以知到真切笃实处、行到明觉精察处说明知行,当是指知行功夫本不可离,须合一并进。在阳明看来,在知时,其心不真切笃实,其知便不能明觉精察。知不能真切笃实,就是妄想,就是"思而不学则殆",所以知也需要真切笃实的功夫。同样,如果行而不能明觉精察,就是冥行,是"学而不思则罔"。阳明曰:

> 人若真实切己用功不已,则于此心天理之精微日见一日,私欲之细微亦日见一日。若不用克己工夫,终日只是说话而已,天理终不自见,私欲亦终不自见。如人走路一般,走得一段,方认得一段;走到歧路处,有疑便问,问了又走,方渐能到得欲到之处。今人于已知之天理不肯存,已知之人欲不肯去,且只管愁不能尽知。只管闲讲,何益之有?且待克得自己无私可克,方愁不能尽知,亦未迟在。(《传习录》上)

可见,人只要真切笃实地去行,自然能见天理之精微,私欲之细微。如走路,只有真正去行了,才认得路之险夷。所以,知之"真切笃实",就是要无一毫人欲之私,不能有一念不善潜伏在胸中,以使良知自然发生流行。行就是行其良知,自然也是"存天理、灭人欲"的意念活动,因而是明觉精察。

(4)一念发动处便是行

"知"在阳明哲学中做名词用时主要指良知,做动词用时也指认知过程,如"知食乃食"的"知"是知;好好色、恶恶臭中第一个"好"和"恶"也是知;而事亲、事君、仁民、爱物中的"事、仁、爱"也都是知,所以知其实也意味着人的实践活动,本身就是行。而行的运用可能要更复杂一些。

> 夫人必有欲食之心然后知食:欲食之心即是意,即是行之始矣。食味之美恶必待入口而后知,岂有不待入口而已先知食味之美恶者邪?必有欲行之心然后知路:欲行之心即是意,即是行之始矣。(《传习录》中)

从这个欲食知食的例子可见阳明的"行"已延伸到主观领域,而不仅限于客观的实践活动。良知发用流行,表现出来的意念、情感、动机以及行动,都可以称为行。当意念启动、情感活动,身虽未动却已经算是行了,心意之动就是行之始。

> 今人学问,只因知行分作两件,故有一念发动,虽是不善,然却未曾行,便不去禁止。我今说个知行合一,正要人晓得一念发动处,便即是行了。发动处有不善,就将这不善的念克倒了。须要彻根彻底,不使那一念不善潜伏在胸中。此是我立言宗旨。(《传习录》下)

在这段话中,阳明阐释了他反对知行二分,强调知行合一的良苦用心。知行分为两件,当有非善的念头起来,因为未曾行,所以不去制止,从而可能导向知善而行不善;知行合一,一念发动便是行,知有不善,立即制止,这样就不使一念不善留存心中,自然知善为善。让人从源头处就克去不善之念,没有不善的动机,行事自无不善,阳明说这是他的立言宗旨,人应守住自己的这个"一念发动处"。

阳明的知和行都不是传统意义上的知行概念,有很强的主观性色彩,知和行之间的关系不仅是不可分的,而且事实上就是同一的,知即是行,行即是知,即知即行,即行即知。阳明的知行观引起王夫之的批评:"彼非谓知之可后也,其所谓知者非知,而行者非行也。知者非知,然而犹有其知也,亦惝然若有所见也。行者非行,则确乎其非行,而以其所知为行也。以知为行,则以不行为行,而人之伦、物之理,若或见之,不以身心尝试焉。"①他批评阳明知非知、行非行,以知为行,以不行为行,也就是说王阳明所说的知行不是一般意义上的知与行的概念。客观上来说,王夫之的批评有其合理处,因为阳明的确是以违背常理的方式来阐释他的知行观念,但阳明的知行论本不是在传统的常识层面的建构,且在他的哲学体系中,又自能圆融无碍。

(5)未有学而不行者,不行不可以为学

朱熹明确将《中庸》中"博学之、审问之、慎思之、明辨之"归为知的范畴,先知而后笃行之,次序不可错乱。阳明则认为"夫学、问、思、辨、行,皆所以为学,未有学而不行者也"。

> 尽天下之学无有不行而可以言学者,则学之始固已即是行矣。笃者,敦实笃厚之意,已行矣,而敦笃其行,不息其

---

① 〔清〕王夫之:《尚书引义》卷三《说命中二》,载《船山全书》第2册,长沙:岳麓书社2011年版,第312页。

功之谓尔。盖学之不能以无疑,则有问,问即学也,即行也;又不能无疑,则有思,思即学也,即行也;又不能无疑,则有辨,辨即学也,即行也。辨既明矣,思既慎矣,问既审矣,学既能矣,又从而不息其功焉,斯之谓笃行。(《传习录》中)

从这段话至少可以看出两点:一是学在行中,没有不行的学。学、问、思、辨、行无一不是一种实践的行为,甚至欲学时、刚有敦实笃厚的态度时,一念发动便已经是行了。学也是个动态的知的过程,本身就有实践的意义在,所以学必定是行着的学。二是,学是学习主体一种躬亲的行为。学也好,问、思、辨、行也好,都是自己认知感悟的过程,不能没有疑,也不能没有明、慎、审、笃的态度和意图,所以学是自主的、躬亲的,也是实践的,本身是一种行。

是故知不行之不可以为学,则知不行之不可以为穷理矣;知不行之不可以为穷理,则知知行之合一并进,而不可以分为两节事矣。夫万事万物之理不外于吾心,而必曰穷天下之理,是殆以吾心之良知为未足,而必外求于天下之广,以裨补增益之,是犹析心与理而为二也。夫学、问、思、辨、笃行之功,虽其困勉至于人一己百,而扩充之极,至于尽性知天,亦不过致吾心之良知而已。(《传习录》中)

阳明进一步申明,不行不可以为学,不行不可以为穷理。学、问、思、辨、笃行的向外求知,并不能有效体认天理,反而事倍功半、困顿不堪,其症结就在于向外求索,心与理为二。其实事情可以很简单,就是回归内心,将良知扩充至极,即可尽性知天。

因为知本来就潜存于人心中,不能外求,只可内求诸己,方法就是行。拭去遮蔽人心的私欲,擦亮"心"这块明镜,才能够体察天理,才能完善自己。存天理、去私欲便是行,擦拭明镜便是行,因为意念即是行,动机也是行。

(6)致良知

阳明晚年极少讲"知行合一",而是专注于"致良知"的学说。究其实,致良知是"知行合一"学说的进一步深化和发展,也是阳明全部思想的基础和核心。他认为,"良知之外,别无知矣。故'致良知'是学问大头脑,是圣人教人第一义"(《传习录》中)。阳明所说的"良知"是什么?《传习录》中关于良知的讨论有很多:

> 吾心之良知,即所谓天理也。
> 道心者,良知之谓也。
> 良知是天理之昭明灵觉处,故良知即是天理。
> 是非之心,不虑而知,不学而能,所谓良知也。
> 良知只是个是非之心,是非只是个好恶,只好恶就尽了是非,只是非就尽了万事万变。

阳明的"良知"是心之本体,是天理,是道心,是是非之心;良知能知善知恶,能不虑而知、不学而能,具有昭明灵觉的特征。阳明的良知概念是在孟子良知基础上发展而来,但亦有所不同。孟子的"良知良能"是人天生具有的善性,推扩开来就是仁、义、礼、智、孝、悌、忠、信等伦理道德。而阳明的良知由上文可见,已经不仅仅具有儒家伦理的因素,显然还有佛家的因素,如"心之本体""昭明灵觉"等思想与禅宗明心见性、自然顿悟的观念有内在的相关性。可以说,阳明立足儒学,在合理的层面上巧妙地综合了两家之长,形成了既提升人内心境界,又不抛弃价值理性的独特思想。所以阳明自己评价"良知"时也说道:"我亦近年体贴出来如此分明,初犹疑只依他恐有不足,精细看,无些小欠阙。"(《传习录》下)从形而上的层面来说,良知确实达到了中国文化的一种至高境界。

致良知就是推及良知,也就是行此良知,知行合一之谓也。阳明认为,致良知是最重要的事情,因为"天理即是良知,千思万虑,只是要致良知",儒家伦理中,"夫必有事焉,只是集义;集义只是致良知"(《传习录》下)。

> 良知不由见闻而有,而见闻莫非良知之用,故良知不滞于见闻,而亦不离于见闻。孔子云:"吾有知乎哉?无知也。"良知之外,别无知矣。故"致良知"是学问大头脑,是圣人教人第一义。……大抵学问功夫只要主意头脑是当,若主意头脑专以致良知为事,则凡多闻多见,莫非致良知之功。盖日用之间,见闻酬酢,虽千头万绪,莫非良知之发用流行,除却见闻酬酢,亦无良知可致矣,故只是一事。(《传习录》中)

在王阳明看来,学问第一义就是致良知,是学问和人生最重要的事情,良知之外,别无他知。良知非见闻之知,不可外求,但良知亦不离于见闻,只是不滞于见闻。依良知而行,日用之间,见闻酬酢,千头万绪,都是良知之发用流行,而离开日常万物,良知亦无处可致。"君子之酬酢万变,当行则行,当止则止,当生则生,当死则死,斟酌调停,无非是致其良知,以求自慊而已"(《传习录》中),因而阳明认为,致良知离不开格物。致知就是致吾心之良知,格物就是事事物物皆得其理,致知格物,就是致吾心之良知于事事物物,事事物物皆得其理。如果说良知本体是本来面目,那么致良知就是照镜子,所以说"尔那一点良知,是尔自家底准则。尔意念着处,他是便知是,非便知非,更瞒他一些不得。尔只不要欺他,实实落落依着他做去,善便存,恶便去。他这里何等稳当快乐。此便是格物的真诀,致知的实功"(《传习录》下)。功夫到诚意始有着落,让镜子还我们的本来面目。只要坚持不懈擦去镜子上的灰尘,放得下私心,良知自然显现。但是,世儒不从天理上下工夫,"徒弊精竭力,从册子上钻研,名物上考索,形迹上比拟,知识愈广而人欲愈滋,才力愈多而天理愈蔽"(《传习录》上)。

(7)致良知的宗旨

明中期社会世风日下,人心不古,道德水平总体滑坡,尤其是日益颓丧的士风,令阳明痛心疾首:

> 圣人之学日远日晦,而功利之习愈趋愈下。其间虽尝瞽惑于佛、老,而佛、老之说卒亦未能有以胜其功利之心;虽又尝折衷于群儒,而群儒之论终亦未能有以破其功利之见。盖至于今,功利之毒沦浃于人之心髓,而习以性成也,几千年矣。相矜以知,相轧以势,相争以利,相高以技能,相取以声誉。其出而仕也,理钱谷者则欲兼夫兵刑,典礼乐者又欲与于铨轴,处郡县则思藩臬之高,居台谏则望宰执之要。故不能其事,则不得以兼其官;不通其说,则不可以要其誉;记诵之广,适以长其敖也;知识之多,适以行其恶也;闻见之博,适以肆其辨也;辞章之富,适以饰其伪

也。(《传习录》中)

谴责之重,因于痛心之深,疗救之切!在经历自己人生的百死千难后,阳明顿悟一切,却并未潜通,而以儒家价值理念做出拯救的努力。"世之君子惟务致其良知,则自能公是非,同好恶,视人犹己,视国犹家,而以天地万物为一体,求天下无治,不可得矣。古之人所以能见善不啻若己出,见恶不啻若己入,视民之饥溺犹己之饥溺,而一夫不获,若己推而纳诸沟中者,非故为是而以蕲天下之信己也,务致其良知,求自慊而已矣。"致吾之良知,则能视人犹己,视国犹家,能天地万物为一体,个人自慊,天下太平。因而阳明有这番宏伟的理想:"今诚得豪杰同志之士扶持匡翼,共明良知之学于天下,使天下之人皆知自致其良知,以相安相养,去其自私自利之蔽,一洗谗妒胜忿之习,以济于大同,则仆之狂病,固将脱然以愈,而终免于丧心之患矣,岂不快哉!"(《传习录》中)乌托邦固然遥不可及,但有了乌托邦理想的人生有真乐,悲哀和怜悯亦不外真乐。

大道至简!包括知行观在内的阳明哲学,不重分疏重合同。他将每一个概念都推至极致,在最高的层面上达到一种形而上的融合。心、性、理、道合一,知、行合一,格物、致知、诚意、正心亦是合同并进。将合一的概念分疏阐述对阳明是一种不得已,对研究者来说亦是一种不得已。其实,思想推至极处,语言表达的局限性显露无遗,大概只有在直觉体验的层面上,才是真实无缺的。

(二)明道体悟,知行分离

知行分离的观念,意味着知与行相对待而存在,彼此并无必然联系,知非因行而获,行非行其所知,知与行是分疏而非统一。

1. 老子:"不行而知。"

道家注重超越的精神世界,不汲汲于向外求知,也不致力于客观实践,主张静观、无为、顺应自然。《老子》中,"知"字61见,"行"字11见,但知与行在此不再是有联系的部分,而是分离的两极,老子在退守与否定中构建了他的认识论和知行观。

老子否定知识来源于后天学习,主张绝学无知,"绝圣弃智""绝学无忧"。首先,老子否定感性经验在认识过程中的作用,甚至反对人们接触和认识外在事物。因为"五色令人目盲,五音令人耳聋,五味令人口爽,驰骋畋猎令人心发狂"(《老子》十二章),耳、目、口、鼻的感官体悟不仅不能认识事物之"道",反而容易导向人欲膨胀,所以老子断然说"塞其兑,闭其门,终身不勤。开其兑,济其事,终身不救"(《老子》五十二章)。最好把耳目等感官堵塞封闭,不接触外界事物,如此则终身不病;如果放开感官去外界闻见,最后必至无可救药。其次,老子不仅反对感性认知,也反对理性思维。《老子》一书虽然讲了很多道理,建构了独到的思想体系,但他并不认为后天学习能获得于人有益的知识,在他看来,知识是人虚伪、忧患和罪恶的根源,抛弃一切知识和学问才能得以拯救,"绝智弃辩,民利百倍;绝伪弃诈,民复孝慈;绝巧弃利,盗贼无有。此三者以为文,不足。故令有所属:见素抱朴,少私寡欲"(《老子》十九章)[1]。把身外的这些

---

[1] 通行本"绝圣弃智",郭店楚简本作"绝智弃辩"。"绝圣"与全书积极肯定"圣"之通例不合。"绝圣弃智"一词,见于《庄子》之《胠箧》《在宥》篇,后世传抄者据以妄改所致。通行本"绝仁弃义",郭店楚简本作"绝伪弃诈"。原本"绝伪弃诈"被后世臆改为"绝仁弃义",可能受到庄子后学激烈派思想的影响。参见陈鼓应:《老子今注今译》,北京:商务印书馆2003年版,第147页。

知识全都绝弃,少私寡欲,则仁义孝慈之心自然而来。

知识既然不来源于感性经验,也不来自后天的学习,那到底来自何处呢？老子认为,唯一正确的知识只有一个,即"道"。"道""先天地生",视而不见、听而不闻、搏而不得,却微妙玄通、独立不改、周行不殆。既然看不见、摸不着、说不出、想不到,"道"自然是感性经验和理性思维所无法把握的,只有"致虚极,守静笃","涤除玄览",保持内心的宁静与空虚,才能直观恍兮惚兮的"道"。道是认识具体事物的前提,也是认识的最终目的。道"为天地母","道生一,一生二,二生三,三生万物",认识了"道",就认识了万事万物的规律和最高本体。以"道"的高度去反观天地万物,则"万物并作,吾以观复",天地之间的勃勃生机,消息盈虚,各复归其根,尽在道中。

老子把"道"作为宇宙的本体和最高的精神理念,体道、得道、为道的过程都在空虚和静观中获得,所以不必向外求知,知越多人越迷惑,"知者不博,博者不知"(《老子》八十一章),"为学日益,为道日损"(《老子》四十八章),所以不仅不要博学,反而要少学甚至不学,实践活动更是不必。老子进一步认为,知必然导致有为,他的逻辑是:"大道废,有仁义;智慧出,有大伪;六亲不和,有孝慈;国家昏乱,有忠臣。"(《老子》十八章)出现的知识和学问越多,说明社会越乱,不如抛弃一切知识和巧智,回归原点之"道"。懂得道的规律,以道观物是"知常曰明",不以道行,则"不知常,妄作凶"(《老子》十六章)。所以不能妄为,不能多知,要以不知为知,以不学为学,以无为为为,以不行为行。

> 不出户,知天下;不窥牖,见天道。其出弥远,其知弥少。是以圣人不行而知,不见而明,不为而成。(《老子》四

十七章）

  知其雄,守其雌,为天下溪。为天下溪,常德不离,复归于婴儿。知其白,守其黑,为天下式。为天下式,常德不忒,复归于无极。知其荣,守其辱,为天下谷。为天下谷,常德乃足,复归于朴。朴散则为器,圣人用之,则为官长,故大制不割。(《老子》二十八章)

  由上可见老子的知行观:一是不行而知,行而不知。不出户,可以知天下;求之越远,真知越少。所以,不行、不见、不为才是得道之途,才是最高的智慧。二是知和行分离。"知其雄,守其雌"、"知其白,守其黑"、"知其荣,守其辱",知晓事物的本源和最高处,却俯身躬行卑微和淡泊之事,这虽是一种人生的智慧和策略,却明明白白地将知与行分别开来。三是莫知莫行才能复归于道。不向外求知,不向外求行,像婴儿一样无知无欲,回归纯朴的原始生活,才能得到道的圆满。

2. 庄子:"离形去知。"

  和老子一样,庄子也把"道"作为宇宙的本源,天地万物都是"道"的物化形态。道是绝对的永恒的存在,无为无形,独立不改,万物只是暂时的相对的存在,只是一种"形"的相禅,所谓"道无终始,物有死生"。道是"全",万物只是变动不居的"偏",对万物的认识根本无法达到对道的"知"。因为道不可言说、不可认知,所以庄子认为,无论感性思维还是理性思维都无法把握道之真谛。感性思维只能达到对具体事物的认知,道不可见不可闻,非感官而能把握,所以感性思维不可信;理性思维重逻辑重言辩,而道无法通过理论建构获得,所以理性思维同样不可信。而作为"真知"之"道"又确实存在,如何去认知呢? 庄子兜了很多圈子告诉人们,普通认知方法不可靠和不可能,道的获得要靠一种神秘的直觉思维去体悟。对个人而言,唯有离形去知,才能体悟道之存在,无为无心为最高之境。如"黄帝遗珠"之所喻:

> 黄帝游乎赤水之北,登乎昆仑之丘而南望。还归,遗其玄珠。使知索之而不得,使离朱索之而不得,使吃诟索之而不得也。乃使象罔,象罔得之。黄帝曰:"异哉,象罔乃可以得之乎?"(《庄子·天地》)

黄帝失落了寓示天地之精华的玄珠,先派知、离朱、吃诟三人去寻找,这三者象征觉知聪慧的智者、具有明察秋毫之好眼力者和聪敏善辩者,可这些才华横溢的杰出之士都没有找到,象罔却找到了。而象罔是无思虑、无明目、无言辩、若有形、若无形的人。只有这种无思无虑、昏昧不清的自然之人才能得到象征"道"的玄珠。"知""离朱""吃诟""象罔"四个虚拟形象其实也喻示了四种不同的求道方式,智巧聪明并不能达到目的,无心无知才能真正成功。在庄子看来,向外的求索和实践只能离真知之道越来越远。

对于"知",庄子反对儒墨各家所提倡的经验之知、闻见之知以及书本之知。从这个角度来说,庄子是反"知"、反智识的。但庄子又经常讲"知",提倡真知。其实也并不矛盾,庄子反对的是具体的知识,推崇的是对体道的形而上之知。这种"知"只可感悟而不可形诸语言,更不可能应用于具体的社会实践中。因为没有一成不变的知识和客观真理,唯一不变的只有"变化",对事物的认知只是相对的、短暂的以至不可能的。

夫物,量无穷,时无止,分无常,终始无故。(《庄子·秋水》)

物之生也,若骤若驰。无动而不变,无时而不移。(《庄子·秋水》)

万物皆种也,以不同形相禅,始卒若环,莫得其伦,是谓天均。(《庄子·寓言》)

在认知客体方面,庄子认为,自然万物无穷无尽,没有不变的恒定规律,难以从一隅而窥全体;万物的生成,变动不居,稍纵即逝,无时不变无时不移,只有变易是确定的;万物都源于"道",但形态各不相同,形形相禅,终始相连,无法解释其中的道理,只能知道这就是自然的一种均衡而已。庄子以发展变化的视角看待宇宙人生,将这种变化看成是绝对的、无常的,必然陷入相对论和不可知论的怪圈,从而否定事物的真实存在。在这个怪圈中,世间万物在一刻不停地运动变化,就不可能有凌驾于其上的客观标准,好与坏、美与丑、是与非、利与弊、有用与无用、有限与无限都成为相对的存在,对万物的评判与认知具有了不确定性。

就认知主体而言,庄子否认人类认知的可能性。一方面,庄子认为对事物的认知不在于事物本身的性质,而在于主体看待事物的角度。"以道观之,物无贵贱。以物观之,自贵而相贱。以俗观之,贵贱不在己。以差观之,因其所大而大之,则万物莫不大;因其所小而小之,则万物莫不小"(《庄子·秋水》),同样的事物,从"道""物""俗""差"的不同角度看,各不相同。物的性状如何,价值大小,全有赖于主体观察和思考的角度,事物本身并没有一定之规。所以"自其异者视之,肝胆楚越也;自其同者视之,万物皆一也"(《庄子·得充符》)。另一方面,庄子以人类认知的有限性而走向不可知论。"计人之所知,不若其所不知;其生之时,不若未生之时;以其至小,求穷其至大之域,是故迷乱而不能自得也"(《庄子·秋水》),人生短暂,所懂得的知识远没有不懂的多,生存的时间远不如不在世的时间长,以极有限的智慧探究无尽的领域,必然迷乱无获。庄子感叹说:"吾生也有涯,而知也无涯,以有涯随无涯,殆矣。"(《庄子·养生主》)庄子认识到人类认知的困境,自然是一种进步,但他夸大了这种历史局限性,就走向了另外一个极端:既然生也有限,而知也无限,那么不如放弃认知,将自己同于万物,无须再去求知。如此,庄子就否定了人类认识事物的可能性和必要性。

　　既然认识对象具有相对性和不确定性,认识主体具有主观性和有限性,庄子就此否定了认知的可能性和客观知识的有效性。那么,本体的道该如何得"知"呢?首先,庄子主张"坠肢体,黜聪明,离形去知,同于大通"的"坐忘""心斋""朝彻"等一系列的精神活动,取消一切外界的认知和实践活动,使自己无成也无亏,回归内心的本然,从而与道同体。其次,庄子从相对的角度取消事物的一切差别和对立,认为"道通为一。其分也,成也;其成也,毁也。凡物无成与毁,复通为一"(《庄子·齐物论》),完全无视事物的大小、长短、美丑、成毁、消长等差别,认为"物无非彼,物无非是",从而达到"天地与我并生,而万物与我为一"的道境。最后,庄子以一种彻底的相对性思想取消了矛盾双方的对立,从而消融了彼此和是非的界限。总之,对于庄子的知行观,可以得出如下结论:认识现实世界不可能,认识客观真理不可能,甚至认知主体和客体在一定程度上都融为一体了,如庄周梦蝶。梦和醒、蝴蝶与庄周之间没有界限,不可分别。所以,最高的认识就是不认识,最真切的知就是不知,最适宜的行就是逍遥游,超越成败得失、生成毁誉、贫贱富贵、寿夭生死的界限,获得精神的绝对自由。

所以,庄子在精神超越的层面上比老子走得更远。老子说"不行而知",已是惊世骇俗,庄子更进一步,认为不仅行而不能知,不行也不能知,因为虚静无为是体道的基础。从这个意义上来说,老子和庄子在认识论上,强调的都是知行分离。然而,从内在心灵而言,庄子的认识论也呈现出知行合一的一面,表现为洞悉自然之理,循道而行。庄子在寓言中塑造了一系列遵循道之规律而行动的人:如解牛的庖丁、为鐻的梓庆、蹈水的吕梁人、吊丧的秦失等。解牛的人众多,唯庖丁解牛堪称"艺术",最重要的原因无疑是他"依乎天理",专心致志,牛、庖丁、刀在那一瞬间仿佛已经化为一个有机整体。木匠轮扁斫轮的技巧和道理,亦不外乎从躬亲的实践中得出知识和经验,"得之于手而应于心"(《庄子·天道》),合乎道之规律,才能获得属己的真知。所以,从现实的社会实践层面来讲,庄子的确是反对具体的社会知识和有目的性的行为,一般意义上的知与行在他这里处于分裂和鄙弃状态。但他同时也是强调知行合同的,体悟出道之真知,循道而行,则自然知行统一,身心愉悦。

庄子深刻地察觉到战国时期烽烟四起、民不聊生、诸子各家口舌争利的现状,因为察知之深,因为相对论思想的纠缠,他放弃了拯救现实的努力,走向内心个体精神的自我拯救。中国哲学有向后看的倾向,孔子希望能回到"三代",老子的理想是远古的"小国寡民"状态,庄子退回得更远,他精神的天堂是混沌未开的时候。当倏忽凿开混沌的七窍,耳目口鼻等各感官各自为政,事物从此就不能被完整地正确地感知和认识,只能成为片面的存在。混沌死了,道术将为天下裂,世界不可避免地往庄子不希望的道路发展,庄子只好选择回归内心,齐物我、离生死、同天地,要在离形去知的无思无虑中追求精神的汪洋恣肆、逍遥自由。明此,则知庄子的知行观虽极端,却非不可理喻。

3. 王弼:"虽不行,而虑可知。"

在知行观上,王弼继承老子"不行而知"的观念,但他和老子的认知观念也有差别。他继承了老子以"道""无"为本体的基本观点,但他克服了老子宇宙发生论中"无中生有"的困难,将"无"理解为一个抽象概念,表示万物的本性,而非老子所认为的宇宙初始的实体。开始从认识论的角度研究问题,实现自然本体论向认识本体论的过渡。

首先,王弼主张知的先验性,"道视之不可见,听之不可闻,搏之不可得,如其知之,不须出户。若其不知,出愈远愈迷也"(《老子道德经注》四十七章),否认知识是后天学习获得,应求诸己而非求之于外,"言吾何以得知天下乎,察己以知之,不求于外也。所谓不出户,以知天下者也"(《老子道德经注》五十三章)。其次,王弼否认感觉经验对认知的作用。他注《老子·七十章》时说:"可不出户窥牖而知,故曰甚易知也;无为而成,故曰甚易行也;惑于躁欲,故曰莫之能知也;迷于荣利,故曰莫之能行也。"知识的得来,不需要和外界接触,外在的世界,容易让人躁欲和迷惑,所以本来的易知易行,变成了艰难的莫知莫行。最后,王弼否定行对知的作用。"得物之致,故虽不行,而虑可知也。识物之宗,故虽不见,而是非之理可得而名也"(《老子道德经注》四十七章),即使不行不见,仍然可以得物之致、识物之宗,不影响知识的获得。所以,王弼割裂知和行的关系,是一种知行分离的知行观念。

4. 郭象："足不知所以行。"

与王弼的"贵无论"不同,郭象坚决否定道本体、无本体的存在,在这个意义上,他可谓是崇有论者或非无论者。郭象以《庄子注》著称于世,然而在对庄子的诠释上,郭象不仅对庄子的原意做了过度解读,甚至有不少颠倒庄子思想之处。郭象借《庄子》提出他自己新的哲学体系,解决他所处时代的现实问题,将魏晋玄学推向了高峰。

知行观上,郭象主张知出于不知,不知以为知,"为知者不能知,而知自知耳。自知耳,不知也;不知也,则知出于不知矣"(《庄子·大宗师注》)。由此,他强调认知主体的自主性和自在性,不刻意求知,而知自至,所以"以不知为宗"。对于行,郭象以不行为行。"物之生也,非知生而生也,则生之行也,岂知行而行哉!故足不知所以行,目不知所以见,心不知所以知,俯然而自得矣",物不知要生而自然生,不知要行而自然行,所以行不需要知,能知、能行的方法就是不知、不行。不知不行,自知自行,都怡然自得,知行之间毫无联系。郭象这种解读显然和庄子思想有莫大出入,可能是因为二人的终极关怀本来就有天壤之别。庄子关怀的是个人心灵和精神境界的提升,郭象关注的是自然和名教问题的解决;庄子不执着于自我而强调"道通为一",郭象则着重圣王的在位,而使万物各适其性各得其所,以实践"内圣外王"之道。

5. 谭嗣同："贵知不贵行。"

作为"戊戌六君子"之一,谭嗣同留下一路传奇,慨然而去,成就英雄的一生。在古今思想交汇、中西文化激荡的清末,谭嗣同思想也具有矛盾性。梁启超总结道："康有为、梁启超、谭嗣同辈,即生育于此种'学问饥荒'之环境中,冥思枯索,欲以构成一种'不中不西,即中即西'之新学派,而已为时代所不容。盖固有之旧思想,既根深蒂固,而外来之新思想,又来源浅觳,汲而易竭,其支绌灭裂,固宜然矣。"①此可谓谭嗣同思想矛盾之根源。

知行观念上,谭嗣同重知轻行。他说:"吾贵知不贵行。行者,体魄之事也;知者,灵魂之事也","行有限而知无限,行有穷而知无穷"。知是灵魂之事,不生不灭,无穷无限;行是体魄之事,受生死物质限制,有穷有限。如此,二者之高下立判,知为重,行为轻,不知不能行,能知必能行。对于尊崇灵魂、轻视实践的观点,谭嗣同自己解释说:"轻灭体魄之事,使人人不困于伦常而已。"②体魄之行受伦理纲常的约束,不得自由,所以重视灵魂之知,他将矛头指向了束缚人性的封建伦常。

如此极端的重知,必导致知和行的分裂。谭嗣同认为知由人内心的"仁"产生,仁者必有勇,必有礼、义、信等道德品质。有仁知的"教主","皆以空言垂世,而不克及身行之"。他们是真正的知者,却不是行者,并不是不能行,而是他们忙于灵魂之事,目的是"以先知觉后知,以先觉觉后觉",无暇顾及行这种低级的体魄之事。③

理论上谭嗣同重知轻行倾向明显,但在个人行为上,他却做到了知行合一。他七分侠士三分佛子,具有真知灼见和雷厉风行的行动力。变法失败,本可逃走,他却选择了留下赴死,并大义凛然地表示:"各国变法无不从流血而成,今日中国未闻有因

---

① 梁启超:《清代学术概论》,北京:中华书局2010年版,第146页。
② 〔清〕谭嗣同:《仁学》,北京:华夏出版社2002年版,第164页。
③ 参见〔清〕谭嗣同:《仁学》,北京:华夏出版社2002年版,第164页。

变法而流血者,此国之所以不昌也。有之,请自嗣同始。"于是,他从容赴死,因为他赋予自己的行为以深远的意义:"不有行者,无以图将来,不有死者,无以召后起。"面对死亡,"我自横刀向天笑,去留肝胆两昆仑",①当一个人不以死为毁灭性的终结,他就会无所畏惧,无所吝惜。他早已悟透佛家、道家的天地一物、生死一如之理,参透生死之间的奥义,将为我、为人、利己、利群联系起来,用生命践行了知与行的合一。

小　结

孔子的知行统一与阳明的知行合一,共同点是都强调知行不可分离、不可偏重,但二者代表了知行相合的两种不同类型:统一与合一。统一是承认知、行是两个方面,但应该协同发挥作用,相辅相成;合一是认为知、行是一体的,是同一问题的不同方面而已。孔子的这种知行统一思想在后世得到极大的发展。首先在《大学》和《中庸》中得到进一步阐释:《大学》的"三纲""八条目"既是学习方法,又是知行要求;《中庸》"好学近乎知,力行近乎仁,知耻近乎勇",既是修齐治平的关键,又是知行观念的具体阐释,智仁勇三者不分,则知行不可分。之后宋明理学诸位先哲又以《大学》《中庸》为解释的出发点,产生各不相同的理解,以此建构自己的知行理论,但无论在知与行的天平上如何添置砝码,最终的结果都是祈望知与行能够统一,相资为用,相互促进。

合一之说以王阳明为代表,但合一观念在他之前就已存在。如早在北宋初期的程颢,提出"知之深则行之必至"之说,已发

---

① 参见梁启超:《戊戌政变记》,长沙:岳麓书社2011年版,第161页。

知行合一之端;再如朱熹弟子陈淳已提出"知行不是两截事"，"致知力行二事,当齐头着力并做"，与王阳明知行之说相类。与阳明同时代的湛若水也有系统的知行合一并进理论,但与阳明的知行合一有很大不同,他更强调知与行的不离不混,反对阳明将知行完全等同。阳明之后,知行合一与并进得到继续发展,成为明代知行观的主要倾向。

知行分离学说,在中国的知行观念中,并不占据重要地位,但在思想界形成一种重要的思维模式,影响深远。以老子、庄子为代表的道家思想,在认识论方面给中国哲学以一种广阔的宇宙视野,在人与自然、人与天地万物之间,架构起互通的桥梁,让人不再纠缠于忧患恐惧、生死祸福。但在知行关系上,他们都强调知识的获得和外在的求索没必然关系,如果说有关系,那就是"为学日益,为道日损"的关系,行无助于知识的获得,知也并不指导行。这种思想对后世影响非小,如魏晋时期的王弼、郭象解《老》注《庄》,强调不行而知,知行分离;唐代司马承祯继承了老、庄的绝圣弃智的思想,教人去动守静,"收心离境""不着一物",反对"遍行诸事"的实践活动。

综观知行分离学说可见:其一,在知识的来源上,知行分离说认为,知非由行而得,行不足以致知。获知意味着体道,道周流不息,独立而不改,人只能体悟而不可能全知。其二,知行分离观念在本质上都是重知的。道不内在于人,却也并不外在于人,道存在于天地万物之中。人只需顺应万物之自然,体悟道之理,自能知至。以机心、以妄行去强取,去汲汲以求,反而离道越远。进取之行愈多,知的获取愈不可及。因而,不如不行。其三,知行分离观念反映在有出世倾向的宗教或思想中。这种思想预设了一种人力所不可企及的最高之知,具有神秘体验色彩。

老、庄归道自不必言,谭嗣同也因有宗教情结而认为知是高贵的灵魂之事,行是相对低贱的体魄之事,贵知不贵行,最终将知行分离。

对于知行分合问题,明代方以智亦有自己独到的见解。总体而言,他主张知行合一,"乾知大始,知为道源,乾是健行,明知行合一也"(《一贯问答》),但他既不同意"分知行",也不同意"合知行",认为知行关系应是"分合合分,无二无一"。他纵观中国古代知行范畴,提出比"分合"更为复杂的"分合合分"的关系,认为知与行各有分合,各自形成一个由浅入深、由表及里、由粗到精的不断发展过程。这种分合合分的思维模式,将知行由外在的分合关系,转移至其自身内部,从理性思辨的高度,推进知行观念至更高的台阶。

四 知行难易问题

知行难易问题关注知与行孰难孰易,对此问题有三种回答:知易行难、知难行易、知行俱难。知易行难思想最早出现在《尚书》中,以"知之非艰,行之惟艰"观点为代表;知难行易最全面深刻的表述是孙中山的"行之非艰,知之惟艰";知行俱难思想表达相对零星,如程颐就有"行难知亦难"之慨。

(一)知之非艰,行之惟艰

"知之非艰,行之惟艰"这句话出自《尚书·说命》篇,记载商王武丁和他的大臣傅说的对话。傅说向武丁进谏治国之略,武丁表示听从,此时傅说叩头再拜曰:"知之非艰,行之惟艰,王忱不艰。"就是说,闻知治国的方法不难,难的是如何真切地实行。如果不切实践行,再好的方案也只能是纸上谈兵,不能变成现实。相对于"知"来说,"行"更具有迫切性、重要性。

从这句简明的话中,可见中国早期朴素的知行观所具有的丰富的内涵。首先,知和行是两个方面,二者存在脱节的可能性,知而不行的情况是有的;其次,从程度上来说,行比知更艰难,因而是知易行难;最后,从"王忱不艰"句来看,知和行并不是对立不可调和的两极,可以在一定条件下实现统一,只要君王热忱、决意、执着,闻知的方案必定可以通过践行而转化为利国的现实。因而,"知之非艰,行之惟艰"绝非一个简单的"知易行难"可完全概括。

《左传》亦有类似观念,记载颇多:

> 夫子知之矣,我则不足。(《左传·昭公十年》)
> 君子曰:弗知实难,知而弗从,祸莫大焉。(《左传·昭公三年》)
> 见可而进,知难而退,军之善政也。(《左传·宣公十二年》)
> 子产曰:"政如农工,日夜思之,思其始而成其终,朝夕而行之。行无越思,如农之有畔,其过鲜矣。"(《左传·襄公二十五年》)

从以上几条资料可知,在春秋时期,确实已有比较流行的"知易行难"的知行观。具体表现在:一,"非知之实难,将在行之",并不是认知事理难,而是将所知付诸实施难,明确提出知易行难;二,"弗知实难,知而弗从,祸莫大焉",知道了而不做,就会有祸患,强调知行必须统一,知和行的脱节会有严重后果;三,

"思其始而成其终,朝夕而行之",思之先而行之后,始终思考,朝夕行之,并且"行无越思",行动不超出思考的界限,不至于强行硬行,过错就少,知行配合得当,利国利民。由此可知,虽然春秋时期比较流行的是"知易行难"观念,但并非不重视知对行的指导作用。

知易行难思想在春秋时期出现,亦有其特定的社会和历史原因。殷周时期,统治阶级逐步制定了整套的礼制礼仪和孝悌忠信的道德原则,但诸侯国统治者私欲膨胀,争王称霸,礼仪制度对他们的约束力越来越小。及至春秋末期,礼崩乐坏,僭越乱礼现象越来越普遍,明知故犯、知而不行的现象大量出现,知和行严重脱节。有识之士忧心忡忡,不禁哀叹"知之非艰,行之惟艰",向国君提出知行统一的要求,以维护当前的社会统治。从反面说,知易行难也容易成为不作为者的借口,掩护自己的言行不一、知而不行。

(二)行之非艰,知之惟艰

"行之非艰,知之惟艰"为近代孙中山所提出。孙中山的知行学说,突出的特点就在于他全然从认识论角度论述知行问题,摆脱了千余年来中国知行学说中道德论的一极。他的观点表述,虽与前人有相同之处,但内涵大大不同,甚至相反。知难行易,似乎是重知轻行观点的体现,实则是重行,并以行为先。所以中山先生的理论,绝不可仅从字面和传统上去理解,而应置于当时的时代领会其真正的意图。

1.行先知后,行易知难

1917年7月21日,孙中山在广东全省学界欢迎会上发表题为《国强在于行》的演说,首次提出"行之非艰,知之惟艰"的命题。1918年冬,他发愤著书,完成《孙文学说》这部专门探讨知行问题的哲学性著作,详细论证"行易知难"的观念。[①] 1921年,又在桂林发表《说知难行易》的专题演讲,再次详陈此理念。中山先生为何如此重视知行关系?因为他认为,革命事业之所以功败垂成,救民建国的事业之所以举步维艰,皆是源于"知易行难"这一"错误思想"。

孙中山首先严厉批判了知易行难思想。他认为知易行难之害,重在一个"难"字上。一方面,"行难"给那些畏难苟安、空疏懈怠的行为找到一个好借口。中国之所以日益积贫积弱,正是因为知难行易观念的长期浸淫毒害,形成国人踌躇审顾、不敢轻易尝试的深重暮气,畏难不敢行,则天下事皆无可为。另一方面,知易之说同样危害很大,使人们轻视应该懂得的理论和知识,把极难的事情看得太容易而不去深求。所以,在孙中山看来,知易行难说颠倒了难和易的次序,使人们"畏其所不当畏,而不畏其所当畏,由是易者则避而远之,而难者又趋而近之。……如是不知固不欲行,而知之又不敢行,则天下事无可为者矣。此中国积弱衰败之原因也"。[②]

其次,他竭力论证知难行易的正确性。行易,是因为能知必能行。既然知之,行其所知绝非难事。宋明理学中,"能知必能行"是基本命题,孙中山和程、朱等人的差别在于,他并不认为知先行后,而是主张行在知先,不仅能知必能行,而且"不知亦能行"。知与不知都能行,可见行易,相比而言,后天得到的真知是

[①] 《孙文学说》又名《行易知难》。参见孙中山:《建国方略》,北京:中国长安出版社2011年版。

[②] 参见孙中山:《建国方略》,同上,第38页。

艰难的。孙中山通过大量的事实论证了知难行易的道理，目的是想告诫国人，行其实没有那么难，只要"无所畏而乐于行"，"不知固行之，而知之更乐行之"（《孙文学说》），中国的革命和建设事业一定能够成功。①

2. 行其所不知以致其知

孙中山认为，"古人进步最大的理由，是在能实行。能实行便能知，到了能知，便能进步"。能行便能知，不行不能知，行是人类认识世界的基础，是人类文明进步的根本动力。程朱理学认为"不知不能行"，不知而行是冥行、妄行，非行之正途。中山先生认为，行是知的基础和前提，在人类文明进程中，"不知而行"是"必经之门径"，经常是"行之而犹有不知其道者"，经过不知而行的具体实践，人类开启认知之门，"此自然之理则，而不以科学之发明为之变易者也"。从"不知而行"到"行而后知"，是一个行而致知的自然过程，其间起重要作用的就是"行其所不知"，这是不知到知的桥梁，"行其所不知者，于人类则促进文明，于国家则图致富强也"②。

行如此重要，因而孙中山把"习练""试验""探索""冒险"这四件事情作为行的主要内容，突破了传统"行"的道德践履局限，而将科学观察与实验以及革命实践引入行的范畴。他说："兄弟之新学说，即一味去行之谓。"要行动，要有点"冒险精神"，不要有太多的顾虑和畏难情绪，国家的文明进步，"皆从冒险猛进而来"。为什么中国的戊戌变法失败而日本明治维新成功？因为"中国之变法，则非先知而不肯行，及其既知也，而犹畏

---

① 参见孙中山：《建国方略》，北京：中国长安出版社2011年版。
② 同上，第59页。

难而不敢行","维新变法,国之大事也,多有不能前知者,必待行之成之而后能知之也。是故日本之变法,多赖冒险精神,不先求知而行之",变法指导思想的不同,导致结果的不同。可见行之重要,尤其是"不知而行"的冒险精神的重要性,如果没有这种奋勇向前的猛行精神,必先求知而后行,那么知永不可得,则行永无其期,更何况即便知之,还有不敢行的情况,这样成功也必永无期。①

3.因其已知更进于行

孙中山重行,一方面因为行相对于认知的必要性,另一方面也因为革命的现有形势,迫切需要破除畏难不敢行的迟暮心理,更要召唤起国人奋勇而行的勇气和朝气。但他同样重视知,反对那种"重实行而轻理想"的倾向,鼓舞革命者积极探求正确的科学知识和革命理论。要"以行而求知,因知以进行","因其已知而更进于行",以达到知行互相促进的佳境。

首先,能知必能行。就是说,"知之则必能行之,知之则更易行之",若知而不行,"所以不行者,非不能也,坐于不知其为必要也"。中山先生认为他的民国建设计划之所以失败,是因为他人不知此建国方略的重要性,而空言"理想太高",因不知而不愿行。②

其次,知对行有指导作用和促进作用。"当今科学昌明之世,凡造作事物者,必先求知而后乃敢从事于行,所以然者,盖欲免错误而防费时失事,以收事半功倍之效也"。③ "不知而行"和

---

① 参见孙中山:《建国方略》,北京:中国长安出版社2011年版,第38—39页。
② 同上,第52页。
③ 同上,第43页。

"知而后行"都是人类认知的重要手段和方法,但二者效果有很大差异,前者是事倍功半,后者事半功倍。所以,知与不知,对于行来说,并不是无足轻重,而是直接影响行的结果。事情知了以后去行,就容易;不知而去行,虽勇气可嘉,但免不了要走弯路,犯很多错误,是艰难的。对于革命事业来说,知尤其重要,必须要有正确的理论指导,有计划、有步骤、有目标地进行革命工作,才能避免盲目妄进和损失、牺牲。因此,孙中山非常注重宣传他的革命理想,因为他相信,能知必能行。

中山先生重行,同时认为行易,因为可以不知而行,行对知并无依赖关系;他认为知后起,必依赖于行而存在,同时又认为知难,知对行有重要的指导和促进作用,知从某种意义上说,是高于行的。因为无论做什么事,都要有好方法。方法从何而来呢?是自学问知识而得,行实际上无法离开知。获得正确的认识,是艰难的、高深的,绝非等闲之人可得,"一国之经营建设所难得者,非实行家也,乃理想家、计划家也"[①],知者比行者可能更重要更可贵,因为相对于行,得知更难。

小　结

知行难易问题从《尚书》发端,作为儒家经典,其"知之非艰,行之惟艰"思想影响后世数千年,是知行难易的主流回答。围绕这句话,形成多种不同意见。邵雍说:"能言未是难,行得始为艰"(《言行吟》),显然是赞同知易行难思想。程颐说"行难知亦难",虽未公然反对,但至少将知从"易"的观念下解放出来。朱熹、王阳明、王夫之等都转述此语,通过对经典的再阐释来佐

---

① 孙中山:《建国方略》,北京:中国长安出版社2011年版,第42页。

证自己的观点,但都未明确对这一说法提出质疑。孙中山则公然反对这种观点,强烈谴责这种知易行难的学说,认为这种思想流毒无穷,危害巨大。

知行难易问题的根本点在于重知还是重行,重知则知难,重行则行难,知行并重则根据时代的现实状况而提出相应观点与策略。知行之难易与知行先后、轻重问题联系在一起,共同构成一个完整的知行观。

五 中国知行观念历史变迁的思考

如前所述,中国的知行观念史实则是一部认识论史,不仅不缺少认识论的意义,还负载着中国伦理道德的内涵。从最早出现的知行观——《尚书》中"知之非艰,行之惟艰"——算起,知行观在时间链条上至少已经存在并发展了几千年,各方意见的核心不过是知行之先后、分合、难易、轻重等几个问题。先贤们为何花千年的时间反复论述这几个问题?是人类精神行为的必需,还是时代的需要使然?为何同时代的哲人对此问题有各不相同的激烈观念争辩,而在很久以后的某一个时代却有了隔空的回响?

马克思说:"每个原理都有其出现的世纪。例如,与权威原理相适应的是十一世纪,与个人主义原理相适应的是十八世纪。"[1]从这个意义上说,中国不同知行观念的产生也并非偶然,而是和不同时代的政治、经济和思想文化等密切相关。

---

[1] 马克思:《哲学的贫困》,载马克思、恩格斯:《马克思恩格斯全集》第4卷,北京:人民出版社2016年版,第148页。

(一) 宋以前:文化争鸣与融合背景下的知行阐释

当社会发展到一定程度,人群中开始出现言行不符、知行不一的状态并愈演愈烈时,知行观念出现了。最晚到春秋时期,人们已经对知行关系有了较为清晰的认识:知道一个道理并不难,难在付诸行动;行动必须有知的指导才易成功;知后还要做到,知行脱节是不好的。《尚书》《左传》均有类似的朴素表述,可见"知易行难"在当时是占据主流的知行观念。在伦理日益被僭越,以至礼崩乐坏的时代,人们感觉到符合道德原则的知与行已经不可避免地分裂了。呼吁君王重视行,使行达到与知的统一,是当时有志之士努力的方向。

到轴心时代的诸子,已经以理性的眼光来看待知行问题,虽不系统,但知行观念史上的主要问题,在这一时期都已涉及,中国特色的知行观念已然萌芽,开启了后世宋明理学系统知行理论的先河。这一时期,关于知识的起源问题,求知的方法和途径以及对真知的检验等问题,儒、道、墨、法各家均有己见,各家内部也不尽相同,充分显示出百花齐放的特点。在儒家,孔子认为有"生而知之"和"学而知之"两种知识起源,强调言行、学思的并重一致;孟子发展了"生而知之"一极,提出"不虑而知""不学而能",通过反省内求以获知,有明显的重知、知先倾向;荀子发展了"学而知之"一端,认为知识来源于人与外界的接触,有行先倾向。在道家,老子和庄子既排斥生知,也反对学知,主张"不行而知",认为真知来自作为"天地母"的道,只能通过"涤除玄览""离形去知"的方法体悟道之存在,是一种知行分离的思维模式。在墨家、法家,墨子和韩非子都坚信知识必源自感官对外物的体验,认识到行对知的重要作用,分别提出"三表"和"参验"的办法来检验知之真伪,强调言符行、名符实,注重行效,注重事功,体现了重行重实的知行观。

汉唐时期,知行理论无论深度与广度都难与先秦媲美,但董仲舒、王充等人给中国的知行学说增添了新的内容,佛教也为知行学说提供了新思想。董仲舒清晰地认识到汉代社会不同于先秦时期,将儒家政治伦理与国家的意识形态联系起来,适应大一统的时代需求,构建"天人感应"观念,提出重知的天意决定论,强调知是知天意,行是行天意。王充批判董仲舒以来的谶纬之学,认为"知物由学,学之乃知",坚持"实知""知实"的路线,以务实的态度和批判的精神,对当时流行的脱离生活实际的"圣人生而知之"的观念进行了反拨。董仲舒与王充,二人各执知行之一端,因为立论的实际需要,他们不免有失偏颇,但在这种反拨与对立中,知行关系达到了某种动态的平衡。

隋唐时期兴盛起来的佛教知行学说,是一种特殊形态的知行观念。佛教所谓"知",是对佛教义理的一种神秘领悟;所谓行,也特指宗教的修行。佛教的知行关系就是发展宗教义理和进行宗教实践的关系,教人脱离现实生活,返回心灵以求拯救,严格来说是一种知行分离的思想。但就其内部而言,却出现了知行观念的多种不同的理论形态,华严宗重宗教义理的领悟,属于重知轻行一路;法相宗重循序渐进的修行,偏于重行轻知一路;天台宗主张止观定慧之说,属于知行并重一路;禅宗讲求顿悟、定慧即等,有知行合一倾向……佛教的知行理论,并非一般意义上的认识论,但其生存智慧,注入中国哲学以新鲜血液,直接影响了宋明理学和心学。本文限于篇幅,对此部分没有展开论述,但佛教思想及其知行理论对后世的作用和价值,可谓影响深远,绝不可小觑。

(二) 宋以降：知行观念的理性化、系统化、成熟化

两宋时期，内忧外患，社会动荡，传统思想和统治秩序遭到严重破坏，加强道德教化成为稳定统治的必要手段。忧患的社会现实使理学家致力于对"善"的追求，寻找一种普遍的道德理性，以达到对世道人心的救赎，由此确立了价值理性的主导地位，能联系起道德认识和道德践履的知行学说受到理学家的普遍重视。

从宋代始，知行关系成为各派思想家深刻关注并激烈争论的重要问题，其结果便是使知行问题得到系统的研究阐释，形成独具特色的各派知行理论，在中国思想史上书写了璀璨的篇章。宋代道学家们率先系统研究了知行问题，他们以《大学》的"八条目"和《中庸》中的修养论为立论原点，继承先秦以来的知行学说，综合佛教的知行观念，形成继往开来的系统知行观念体系。"北宋五子"均有自己的认识论观点，其中的二程更是相当详细地讨论了知行问题。二程主张知先行后，行难知亦难，虽重知，但并不轻行，要求知行不杂不离。朱熹承继二程的知先行后的观点，克服了二程在行上阐释的不足，强调"行为重"，构建了缜密有序的知在先、行为重、知行统一并进的观念体系，可谓为中国知行观念的发展做出了重要贡献。一个新理论的建立，必然有共鸣的赞同和以为不足的批评。朱熹建构了体大虑周的知行论体系，反对的声浪不绝于耳。有趣的是，他思想战线上的"论敌"陆九渊、张栻等在其他观念上保持了与之"唱反调"的姿态，独对于他的知行观念表示了赞同和附议；相反，他的学生陈淳却提出了反对意见，认为知行不可分两截、不可分先后，在一定程度上修正了朱熹的观点。在此意义上说，宋代的思想观念

还是相对开放的,门派和师从并不严重钳制人的思想自由和虔诚思考。其后,杨万里、黄震等人亦提出了明确的知行观念,对程朱以来的知行观有所补充和反拨。

总体而言,两宋的知行观,无论是对行的强调,还是对知行统一的追求,其要在以知为本,义理的探讨和道德体系的建构是这一时期思想家主要的思维模式。究其原因,至少可概括为:其一,当时内忧外患的社会状况亟须一种具有普遍性的价值理性,以促进社会的稳定和发展。其二,唐代以来,佛教日渐盛行,其对宇宙、自然的思考,彰显了孔孟儒学的不足和缺陷。无论韩愈、李翱等人如何反佛辟佛,二程、朱熹等人如何强调儒家伦理,佛禅思维都已经不可避免地深入中国文化的血液中,难以抹去。其三,先秦儒学中孔、孟诸子语录式的片段言语,尚未形成系统性、理论性的儒学体系,对世界、对自然的宏观认识还不够深入,亟须通过理性和思辨,以建构与佛教理论并驾齐驱的儒学思想体系。在这种背景下,宋明理学异军突起,融合儒、释、道三家思想,重新审视先秦两汉以来的儒学传统,在新的历史条件下完善并重构了儒家哲学体系。所以,在各种思想混杂的两宋时期,程、朱等人为免于社会思想陷入异端,而强调明义理的知先,是可以理解的,救世的热忱明晰可见。这种思维模式以及价值理性一脉相传至明代。

时至明代,各种社会矛盾愈演愈烈,各种思想更加错综复杂地交织在一起,程朱理学思想发展到此时,已有大量的误读误行现象和不适应时代之处,一代传奇人物王阳明起而悟出"知行合一"之说,将宋代知行体系的繁复归结为简单的"致良知",中国的知行理论由此上升到生存论、本体论的高度。他的知行论无疑受到佛禅思想的巨大影响,但他立论的根基是救世的情怀和强烈的责任感,所以究其根本他还是儒者。明代的知行理论亦有百花齐放之势,如湛若水亦提出不同于阳明的"知行合一"之说,王廷相提出"知行兼举"之说,吴廷翰提出要恢复先儒的"知行为二"学说,陈确主张"知行并进",朱之瑜强调"学贵实行",方以智创造性地提出"分合合分"的知行关系模式等。

明末清初的历史巨变和社会转型,使中国的知行理论又出现了新的高峰。作为进步思想家,王夫之非常重视知行观念的作用,认为知行是人通于天、天即在我的重要方法,是实现"天人不二"境界的重要途径。他系统梳理了宋明以来的知行理论,或继承或批判,在此基础上,提出重行的知行统一观,发展了经世致用、注重事功的实学传统。颜元反对静坐苦读以获知,以矫枉过正的姿态将重行推至极端,认为一切知识的获得都要通过习行,唯有"习事见理"才可获知,离行无以言学,离行无以言知。戴震道出了颜元绝对重行之弊,强调正确的认识对躬行的指导意义。有学者指出,"戴震的哲学批判,就在于厘清伦理学与知识论的混沌,把知行从老、庄、释氏、理学家的道德修养中疏离出来,转化为认识论问题,使中国知行范畴沿着认识论途径建立自己独立的哲学逻辑结构,这是戴震重知主义的理性特点"[①]。诚然,伦理学与知识论已纠缠在一起影响中国的知行观逾千年,是时候该厘清了。

近代以来,社会形势出现前所未有的动荡,文化潮流出现前所未有的急剧变化,思想领域出现前所未有的复杂局面。怀着救国救民的愿望和探索真理的目的,近代的思想家们非常重视

[①] 张立文:《中国哲学范畴发展史(人道篇)》,北京:中国人民大学出版社1995年版,第639页。

知与行的关系,以知行学说作为指导实践的方法论。魏源、谭嗣同、章太炎、孙中山等人纷纷提出自己的知行观念,针对社会弊病努力施救。其中影响最大的是孙中山的知难行易学说,"这一学说的提出,标志着对中国封建时代传统的知行观念的真正突破,而赋予它以近代民主和科学的崭新内容。在中国哲学史上,知行问题完全摆脱宗教和道德论的纠缠,被当作纯粹的认识论问题来自觉地加以探讨,这确乎是第一次,因此,他的意义可以说是划时代的"①。这番评价应该是合理的。中山先生对知行观念重视之程度可谓无以复加,他将革命之成败得失系之于知行观念;他对知行理论的求索也可谓殚精竭虑、身体力行,甚至将自己的知行学说命名为"孙文学说"。

综上可知,从先秦时期诸子对世界的认识和知行关系萌芽,到宋明理学"以知为本"的知行体系建构,再至明清之际"以行致知"的实学思潮,最后到孙中山的认识论转向,知行理论总是站立在时代变迁的最前沿,因为人类社会的每一次重大转变,首先要解决的就是认识论问题,适应时代的知行观念不仅推动理论创新,更推进了社会进步的历程。

(三)建构和反拨:知行观念的发展历程

一部知行学说史,就是一个建构和反拨的历史。这个独特的哲学范畴,是在几千年的剧烈争辩中发展完善的。知行的上述几个核心问题,先后、分合也好,轻重、难易也罢,无一不是相对性的存在。中国的知行观念就在这相互对立、相互论争、相互

---

① 方克立:《中国哲学史上的知行观》,北京:人民出版社1982年版,第336页。

建构的过程中,相互融合,相反相成。

对知识的起源问题的不同回答,决定了论争的必然存在。孔子认为人类的知识来源有两种,既有生而知之,又有学而知之,是一种二元的知识起源论,后世一般各执一端。孟子、董仲舒、二程、朱熹、陆九渊、王阳明等都认为存在着先验之知,因为每个人认同的最高之"知"不尽相同,所以或主张知在先行为后,或主张知行无先后;而墨子、荀子、韩非子、王充、王夫之、颜元等人则认为不存在先验之知,感官经验和实际行动才是真知的来源,坚持后天学而知之,偏重行先知后,因行致知;道家的老子、庄子认为知识既非来源于生而知之,又非来自学而知之,真知之道体虚无恍惚、无法言说,知与行成为一种分离的关系。

几千年的知行辩论史精彩纷呈。先秦时期百家争鸣,自不必说。西汉董仲舒认为"知"乃"天意",所以知为先,知为重,行是知的附庸。东汉王充很快就起而反之,批判这种"虚妄"之论,强调行之重要以及知对行的依赖关系。南宋朱熹建构了完备的知行观念体系,强调知先行后,当时便有反对的声音响起,其后最有力度的当然是明代王阳明的知行观体系,反对知行二分,强调合一并进。王阳明的建构又为自己赢得了批评,王夫之不仅批判了离自己所处时代较近的阳明知行合一之说,还指责了程朱知行观念的偏颇。后来的颜元、孙中山等人都是在批判前人观念的基础上构建自己的学说。在不断的论辩和斗争中,中国的知行学说越来越完备,对时代和社会的针对性和影响力也愈发增强。

每一次社会变革,政治经济状态都会发生变化,认识论首当其冲进行适应现时社会的调整,不适应时代的知行观念遭到批判与修正,新的知行理论应运而生,如此循环,形成建构—反拨的发展模式。对知行观念而言,虽有不同思想体系长达千年的激烈论辩,人性论、道德论以及认识论交织在一起,其间还不乏外来文化的传入与碰撞,却并未出现明显的分化和截然的对立,反而能在中国文化与哲学的体系中得到合理的解释与深度的发展。以儒释道思想为基础的中国文化传统,其巨大的包容性也彰显在此处。儒家的知行观,强调社会关怀与道德义务,佛道知行观,注重内心宁静平和与自我超越,他们共同塑造了中国人的人生态度与精神境界。

(撰稿人　邬红梅)

第六分部
问学：通经致用

第三十一章　经学篇

第三十二章　小学篇

第三十三章　义理篇

第三十四章　辞章篇

第三十五章　诗教篇

第三十六章　英才篇

第三十一章　经学篇[①]

经学是四部之首,古今言经学者多矣。经部著述也多到不知凡几,汗牛充栋不足以形容。今撰写此一题义,只能略志原委,约述源流,简发内涵。昔班孟坚《汉志》记述刘向、刘歆父子当成帝之时,受命校经传诸子诗赋诸部典籍,每校一书,均条其篇目,撮其义旨,录而奏报。刘歆总群书所奏,是为《七略》,包括《辑略》《六艺略》《诸子略》《诗赋略》《兵书略》《术数略》《方技略》。其中《六艺略》所叙之"六艺",依次为《易》《书》《诗》《礼》《乐》《春秋》六种文本经典,除了《春秋》系孔子修订,其余都是孔子之前即已存在的典藏。

上篇　《易》为六艺之原

"六艺"中《易》出现最早,相传为伏羲画卦、文王演易、孔子

[①] 本篇所论主要在"六经",即《易》《诗》《书》《礼》《乐》《春秋》。"六经"是经学的本经,而不与通常所说的"十三经"混一而论。原文已逾十万字,不合全入本书之中。兹以论《易》、论《诗》、论《书》作为代表,分上、中、下三篇,请读者是正焉。

作传。《汉志》即持此说:"故曰《易》道深矣,人更三圣,世历三古。"①孔颖达《周易正义》亦持之甚坚,其引《乾凿度》云:"垂皇策者羲,卦道演德者文,成命者孔。"又引《通卦验》云:"'苍芽通灵昌之成,孔演命,明道经。'准次诸文,伏羲制卦,文王系辞,孔子作'十翼',《易》历三圣,只谓此也。"②这和郑玄《易注》的观点是一致的。《易·说卦》首句为"昔者圣人之作易也",郑《注》于句下写道:"谓伏羲、文王也。"③又《系辞下》云:"《易》之兴也,其于中古乎?作《易》者,其有忧患乎?"郑注一则曰:"文王为中古。"④二则曰:"文王因而演易。"⑤孔颖达《周易正义》辑取的是王弼(辅嗣)注,虽"疏不破注"是历来经注的传统,但孔疏并不排斥郑注的观点。其实《汉志》也好,郑注也好,都源于《易》的明文。《易·系辞下》写道:"古者包牺氏之王天下也,仰则观象于天,俯则观法于地,观鸟兽之文与地之宜,近取诸身,远取诸物,于是始作八卦,以通神明之德,以类万物之情。"此处明白标示,八卦是包牺氏"始作"。"包牺",后亦称伏牺,是为上古时期的帝氏。而"始作"八卦的灵感则来自仰观俯察和"近取诸身,远取诸物",实际上是象天法地的结果。

关于八卦的名称,《说卦》有简要释解,曰:"天地定位,山泽通气,雷风相薄,水火不相射,八卦相错。数往者顺,知来者逆,是故《易》逆数也。雷以动之,风以散之,雨以润之,日以烜之,

---

① 〔汉〕班固:《汉书》,北京:中华书局1962年版,第1704页。
② 〔魏〕王弼、〔晋〕韩康伯注,〔唐〕孔颖达疏:《周易注疏》,北京:中央编译出版社2013年版,第11页。
③ 〔宋〕王应麟辑、〔清〕惠栋增补、〔清〕孙堂补遗:《郑氏周易注》,王云五主编《丛书集成初编》,1931年版,第55页。
④ 同上,第67页。
⑤ 同上。

艮以止之，兑以说之，乾以君之，坤以藏之。"①则乾、坤、震、巽、坎、离、艮、兑八卦因之而出。置诸中国文化的背景之下，可以认为，乾可以代表天，坤可以代表地，震代表雷，巽代表风，坎代表水，离代表火，艮代表山，兑代表泽，是天、地、山、泽、水、火、风、雷八种自然现象便跃然纸上了。而此八种自然现象，自原初以来，始终是人类的生活环境和生活条件，人类的福祉固然由是而生，不测的灾祸亦因是而起。可知八卦之起源，无论出自伏羲，抑或另有高明，总之是远古的智者所抽绎出来的使人类能够趋吉避凶、防患于未然的天地人交织的图像。

《易》的名称，最早是直接以"易"称。故《论语·述而》引述孔子的话写道："加我数年，五十以学《易》，可以无大过矣。"《庄子·外篇·天运》亦有载，孔子五十一岁的时候南行见老子，自道其为学经历："丘治《诗》《书》《礼》《乐》《易》《春秋》'六经'，自以为久矣，孰知其故矣。"《荀子·大略》也有"《易》之咸，见夫妇"的记载。都是直接以《易》称。司马迁在《史记·田敬仲完世家》中也记述："孔子晚而喜《易》，《易》之为术，幽明远矣，非通人达才孰能注意焉！"②《史记·春申君列传》引诗曰："靡不有初，鲜克有终。"然后以《易》理加以解释，写道："《易》曰'狐涉水，濡其尾'。此言始之易，终之难也。"③都是直接称《易》。《汉书》的引例更多，如《武帝纪》元朔二年春三月诏曰："朕闻天地不变，不成施化；阴阳不变，物不畅茂。《易》曰'通其变，使民不

---

① 〔魏〕王弼撰，楼宇烈校释：《周易注校释》，北京：中华书局2012年版，第259页。按本篇引《易》之原文，每以楼先生《校释》一书为然，盖取其简要易检故也，遇有疑滞方参考其他版本，特此说明。

② 〔汉〕司马迁：《史记》，北京：中华书局1959年版，第1903页。

③ 同上，第2389页。

倦'。《诗》云'九变复贯,知言之选'。朕嘉唐虞而乐殷周,据旧以鉴新。其赦天下,与民更始。"①《汉书·律历志》复有"其数以《易》大衍之数五十,其用四十九,成阳六爻,得周流六虚之象也"②的记载。《汉书·食货志》则云:"《诗》《书》所述,要在安民,富而教之。故《易》称'天地之大德曰生,圣人之大宝曰位;何以守位曰仁,何以聚人曰财'。"③《汉书·儒林传》述孔子之兴学志道的经历:"盖晚而好《易》,读之韦编三绝,而为之传。皆因近圣之事,以立先王之教,故曰'述而不作,信而好古'。"④汉初传《易》诸家则云:"汉兴,言《易》自淄川田生",又云:"自鲁商瞿子木受《易》孔子,以授鲁桥庇子庸,子庸授江东䩫臂子弓。子弓授燕周丑子家,子家授东武孙虞子乘,子乘授齐田何子装。及秦禁学,《易》为筮卜之书,独不禁,故传受者不绝也",以及"鲁周霸、莒衡胡、临淄主父偃,皆以《易》至大官。要言《易》者本之田何"⑤等。此类记载,随处可见于《汉书》诸志传。兹可断言,"易"实为通常之称谓,早期言《易》者例皆如此,鲜有例外。

但《易》又有《周易》的称谓。《周礼·春官·宗伯》载:"大卜掌三兆之法,一曰玉兆,二曰瓦兆,三曰原兆。其经兆之体,皆百有二十,其颂皆千有二百。掌三易之法,一曰连山,二曰归藏,三曰周易。其经卦皆八,其别皆六十有四。掌三梦之法,一曰致梦,二曰觭梦,三曰咸陟。其经运十,其别九十。以邦事作龟之

---

① 〔汉〕班固:《汉书》,北京:中华书局1962年版,第169页。
② 同上,第956页。
③ 同上,第1117页。
④ 同上,第3589页。
⑤ 同上,第3593—3597页。

八命,一曰征,二曰象,三曰与,四曰谋,五曰果,六曰至,七曰雨,八曰瘳。以八命者赞三兆、三易、三梦之占,以观国家之吉凶,以诏救政。"①《周礼》所称的"大卜",郑注为"卜筮官之长",即专门的伺占之官,所辖的卜师、卜人以及府、史、胥、徒等相关人员计有数十人之多,所以能掌三兆之法、三梦之法和三易之法。三兆的方式,主要以火灼龟,由裂纹的颜色和形状断其兆验。这种方式也可以用玉或瓦或原田,所以又有"玉兆""瓦兆""原兆"的名谓。三梦的方式,包括"致梦""觭梦""咸陟",大体是依据人的"精神所寤"的具体情状,给以拆解。三易的方式,为通过易道实施占卜,其在夏在商在周有所不同。此可知筮卜在早期社会的"国之大事"中所具有的特殊地位。当然笔者所关注的叙述文字,是此段记载将《易》分为连山、归藏、周易"三易",《周易》一名由是而出。故《周礼》是章又写道:"筮人掌三易,以辨九筮之名,一曰连山,二曰归藏,三曰周易。九筮之名,一曰巫更,二曰巫咸,三曰巫式,四曰巫目,五曰巫易,六曰巫比,七曰巫祠,八曰巫参,九曰巫环,以辨吉凶。凡国之大事,先筮而后卜。"②郑注认为,此段之"巫"字都是"筮"字之误,则"九筮"都应该是筮法的细目。而对连山、归藏、周易"三易",郑氏又另作他说,其在《易赞易论附》中写道:"连山者,象山之出云,连连不绝;归藏者,万物莫不归藏于其中;周易者,言易道周普,无所不

---

① 〔汉〕郑玄注、〔唐〕贾公彦疏:《周礼注疏》,上海:上海古籍出版社2010年版,第919—925页。

② 同上,第937—938页。

备。"①对于此说,孔颖达不予认同,认为是"烦而无用"②。

还有另一种说法,认为《易》即相传的所谓河图,夏得之名连山,殷得之名归藏,周得之名周易③。证之以《易·系辞》:"是故天生神物,圣人则之;天地变化,圣人效之;天垂象,见吉凶,圣人象之;河出图,洛出书,圣人则之。"④是又不似空穴来风。比较起来,孔颖达义疏所做的归结最为平实,他写道:

> 案《世谱》等群书,神农一曰连山氏,亦曰列山氏,黄帝一曰归藏氏,既连山、归藏并是代号,则周易称周,取歧阳地名,《毛诗》云"周原膴膴"是也。又文王作易之时,正在羑里,周德未兴,犹是殷世也,故题周,别于殷。以此文王所演,故谓之《周易》,其犹《周书》《周礼》,题周以别余代。⑤

孔疏对《周易》一名所做的阐释,可谓圆通有据,令人服膺。故《易》之称谓,应为本名、原名,《周易》系晚出,大体可以定谳矣。这也就是班固《汉志》何以只称之以《易》,即使涉及传《易》诸家,也不过以施、孟、梁丘、京氏或费、高为说,而矢口不提

---

① 〔宋〕王应麟辑、〔清〕惠栋增补、〔清〕孙堂补遗:《郑氏周易注》,王云五主编《丛书集成初编》,1931年版,第68页。

② 李学勤主编:《十三经注疏·周易正义》,北京:北京大学出版社1999年版,第8页。

③ 〔汉〕王充《论衡·正说篇》:"古者烈山氏之王得河图,夏后因之曰《连山》;归藏氏之王得河图,殷人因之曰《归藏》;伏羲氏之王得河图,周人曰《周易》。"《论衡校释》(黄晖撰),北京:中华书局1990年版,第1133页。

④ 〔魏〕王弼撰,楼宇烈校释:《周易注校释》,北京:中华书局2012年版,第244页。

⑤ 李学勤主编:《十三经注疏·周易正义》,北京:北京大学出版社1999年版,第8页。

"周"字的缘故。

至于《易》之一名的义涵,要义实在一"变"字。由八卦演而为六十四卦,而三百八十四爻,都体现的是变义。系辞谓"生生之谓易,成象之谓乾,效法之谓坤,极数知来之谓占,通变之谓事,阴阳不测之谓神"。①"生生""不测""通变",都是极言其变义。系辞又谓:"彖者,言乎象者也;爻者,言乎变者也"②、"圣人设卦观象,系辞焉而明吉凶,刚柔相推而生变化"③、"是故君子居则观其象而玩其辞,动则观其变而玩其占,是以自天祐之,吉无不利。"④又说:"《易》之为书也不可远,为道也屡迁,变动不居,周流六虚,上下无常,刚柔相易,不可为典要,唯变所适。"⑤盖"唯变所适"一语,已经将《易》之变义全提而出了。其又云:"《易》穷则变,变则通,通则久。"⑥并引孔子的话说:"知变化之道者,其知神之所为乎。"⑦而且强调真正洞明《易》道者,当一事处于萌生状态,就能见微知著,此即系辞所谓"极深而研几也"。故孔子赞叹:"知几其神乎。"⑧由此可知,易道实即天地万物人事的变化之道。因此孔颖达称《易》为"变化之总名",并进而申论说:"自天地开辟,阴阳运行,寒暑迭来,日月更出,孚萌庶类,

---

① 〔魏〕王弼、〔晋〕韩康伯注,〔唐〕孔颖达疏:《周易注疏》,北京:中央编译出版社2013年版,第352页。
② 同上,第345页。
③ 同上,第342页。
④ 同上,第342页。
⑤ 同上,第397页。
⑥ 同上,第381页。
⑦ 同上,第363页。
⑧ 同上,第390页。

亭毒群品,新新不停,生生相续,莫非资变化之力,换代之功。"①但《易》之神几妙变离不开象,八卦始列,象即成焉。卦变也即象变,只不过数在其中。马一浮岂不云乎:"《易》者,象也。""数犹象也,象即理也。"②知几可以知数,而知数则知天矣。刚柔、悔吝、吉凶虽深微而难知,然穷神知化、开物成务为不虚也。

然而《易》之为道,独一"变"字尚不能尽其底蕴,势必有恒定的东西潜藏其中,所谓万变不离其宗。这就关乎《易》之一名而含有三义的问题了。《易纬·乾凿度》写道:"易一名而含三义,所谓易也,变易也,不易也。"郑玄据此所作之《易赞》重申斯义:"易之为名也,一言而含三义:简易(又作'易简')一也,变易二也,不易三也。"③其第二义之变易,前已多所揭示,此不更具。那么"易简"呢?何谓"易简"?系辞下云:"日月之道,贞明者也。天下之动,贞夫一者也。夫乾,确然示人易矣。夫坤,隤然示人简矣。"④此处的"确然",按韩康伯的解释,是刚毅之貌,是乾卦的特征;"隤然"则是柔顺之貌,为坤卦所含藏。盖简易之理即藏于乾坤两卦之中。《易·系辞上》开篇一段写道:

> 天尊地卑,乾坤定矣。卑高以陈,贵贱位矣。动静有常,刚柔断矣。方以类聚,物以群分,吉凶生矣。在天成象,

---

① 〔魏〕王弼、〔晋〕韩康伯注,〔唐〕孔颖达疏:《周易注疏》,北京:中央编译出版社2013年版,第7页。
② 马一浮:《观象卮言》,《马一浮集》第1册,杭州:浙江古籍出版、浙江教育出版社1996年版,第422页。
③ 《郑氏易赞》,〔宋〕王应麟辑、〔清〕惠栋增补、〔清〕孙堂补遗:《郑氏周易注》,王云五主编《丛书集成初编》,1931年版,第1页。
④ 〔魏〕王弼撰,楼宇烈校释:《周易注校释》,北京:中华书局2012年版,第246页。

在地成形,变化见矣。是故刚柔相摩,八卦相荡,鼓之以雷霆,润之以风雨;日月运行,一寒一暑。乾道成男,坤道成女。乾知大始,坤作成物。乾以易知,坤以简能;易则易知,简则易从;易知则有亲,易从则有功;有亲则可久,有功则可大;可久则贤人之德,可大则贤人之业。易简而天下之理得矣。天下之理得,而成位乎其中矣。①

《易》之为书,是要人顺乎天地之理乃至万物的自然之性,序不乱,位不舛,自然有吉生焉。天地万物之性,大而略之,则有阴阳,有乾坤,有男女,有动静,而又分别有其性体之常。天所以尊,因其有刚阳之性;地所以卑,因其存乎柔顺之质。各顺其质性,则为吉,质性颠倒瞀乱,则为凶。故郑玄《易赞》又进而申论道:

> 系辞云,乾坤其易之缊邪;又曰易之门户邪;又曰,夫乾确然示人易矣,夫坤隤然示人简矣。易则易知,简则易从,此言其易简之法则也。又曰,其为道也屡迁,变动不居,周流六虚,上下无常,刚柔相易,不可为典要,唯变所适。此言从时变易,出入移动者也。又曰,天尊地卑,乾坤定矣,卑高以陈,贵贱位矣,动静有常,刚柔断矣。此言张设布列不易者也。据兹三义。而说易之道广矣大矣。②

---

① 〔魏〕王弼、〔晋〕韩康伯注,〔唐〕孔颖达疏:《周易注疏》,北京:中央编译出版社2013年版,第338页。
② 《郑氏易赞》,〔宋〕王应麟辑、〔清〕惠栋增补、〔清〕孙堂补遗:《郑氏周易注》,王云五主编《丛书集成初编》,1931年版,第1页。

郑氏的申论，主要对简易、变易、不易"三易"之义理自足的规定性，给出了明确的介说。所谓"易简"，关键在认识乾、坤两卦各自的特性及其所扮演的"易之门户"的作用。乾的"确然"性即刚毅之貌，和坤的"隤然"性即柔顺之貌，不容混淆，混淆则阴阳倒错，天下乱矣。如同孔颖达义疏所说："若卑不处卑，谓地在上，高不处高，谓天在下，上下既乱，则万物贵贱则不得其位矣。"[①]乾为天，坤为地，天刚强而直大，地柔顺而博厚；乾为男，坤为女，男主阳，女主阴，性序不宜错乱。错乱则易位而生争战矣。《坤》卦上六爻辞曰："龙战于野，其血玄黄。"此卦象的呈现，就是阴阳错位所致。析而言之，是为阴之柔顺，因得阳而益柔益顺，如与阳隔绝，积阴渐多，以致一定时期达到阴盛似阳，则必为阳所疑忌，而发生"龙战于野"的情形，亦所难免。当然坤道本身，也自有动静翕辟的功能相，只不过坤道之动静，往往为的是响应阳的召唤，翕辟也是因阳之引示而做出的顺势回应。此正如程子伊川所说："乾，静也专，动也直"，"惟其专直，故其生物之功大"[②]；而"坤体动则开，应乾开阖而广生万物"[③]。此种情形，就不仅是易简之功，而且是易道的至善之德。

职是之故，郑玄将乾、坤两卦是《易》之门户，乾示人以易，坤示人以简，"易则易知，简则易从"，看作"易简之法则"，应该是《易》理的不刊之论。《说卦》写道："昔者圣人之作《易》也，将以顺性命之理，是以立天之道曰阴与阳，立地之道曰柔与刚，立

---

① 《郑氏易赞》，〔宋〕王应麟辑、〔清〕惠栋增补、〔清〕孙堂补遗：《郑氏周易注》，王云五主编《丛书集成初编》，1931年版，第339页。
② 〔宋〕程颐：《易说》，载〔宋〕程颢、程颐著，王孝鱼点校：《二程集》，北京：中华书局1981年版，第1029页。
③ 同上。

人之道曰仁与义。兼三才而两之,故易六画而成卦。"①这里的关键,是人的为作须"顺性命之理",明了阴与阳、柔与刚的位置和关系,而不人为地易位、颠倒、惑乱。苟如此,则遇事必呈吉兆之象,否则吉也会生变,乃至凶兆降临。以此伊川的《易说》特别提醒我们:"乾当始物,坤当成物。乾坤之道,易简而已。乾始物之道易,坤成物之能简。平易,故人易知;简直,故人易从。易知则可亲就而奉顺,易从则可取法而成功。亲合则可以常久,成事则可以广大。圣贤德业久大,得易简之道也。天下之理,易简而已。"②这无异是说,天下的成功者无不是因为洞悉到了易简的三昧,才功德圆满。现代大儒马一浮也说:"由此观之,险阻者,易简之反也。得之以易简,失之以险阻。易简为吉,险阻为凶。不得乎易简者,不能知险阻,即不能定吉凶也。"③又说:"承天而时行,不亦简乎。"易之难解在于如何掌握其出神入化的"变动不居",而其变化之理则如"日月照临",简明易晓。故系辞云:"易简而天下之理得矣。"④孔疏认为,此句的义涵是"赞明圣人能行天地易简之化,则天下万事之理并得其宜矣"。万物之理,就是万物之性,惟易简方不失万物之性。反之,孔疏写道:

---

① 〔魏〕王弼撰,楼宇烈校释:《周易注校释》,中华书局 2012 年版,第 259 页。
② 〔宋〕程颐:《易说》,载〔宋〕程颢、程颐著,王孝鱼点校:《二程集》,北京:中华书局 1981 年版,第 1027 页。
③ 马一浮:《观象卮言》,《马一浮集》第 1 册,杭州:浙江古籍出版、浙江教育出版社 1996 年版,第 434 页。
④ 〔魏〕王弼撰,楼宇烈校释:《周易注校释》,北京:中华书局 2012 年版,第 233 页。

"若不行易简,法令兹章,则物失其性也。"①易简的最高境界是阴阳合其德,其直接表现如同坤卦文言所描绘的:"君子黄中通理,正位居体,美在其中,而畅于四支,发于事业,美之至也。"②孔疏对此发遑心解曰:"外内俱善,能宣发于事业,所营谓之事,事成谓之业,美莫过之,故云'美之至'也。"

那么"不易"又作何解?"不易"应是指《易》的恒常不变之意蕴。何者不易?"天尊地卑,乾坤定矣;卑高以陈,贵贱位矣;动静有常,刚柔断矣",其中所含藏的"张设布列",也就是"位",为《易》的不易之理。如同孔疏所说:"不易者,其位也。天在上,地在下,君南面,臣北面,父坐子伏,此其不易也。"③常言所说的"万变不离其宗",就是这个道理。人间万物纵有万般变化,作为属性的"宗"是不变的。钱锺书先生解《易》之三名,尤具辨证眼光。他在《管锥编》卷论《周易正义》的"论易之三名"一节中写道:"'变易'与'不易'、'简易',背出分训也;'不易'与'简易',并行分训也。'易一名而含三义'者,兼背出与并行之分训而同时合训也。"他是从修辞学的角度来阐释《易》之一名而含三义的。所根据的仍然是《系辞》,认同其中所说的"为道也屡迁,变动不居……不可为典要,唯变所适",是变易的意思,而"初率其辞,而揆其方,既有典常",则是不易和简易的意思。他说"变不失常,一而能殊,用动体静",本来是古人言天运

---

① 〔魏〕王弼、〔晋〕韩康伯注,〔唐〕孔颖达疏:《周易注疏》,北京:中央编译出版社2013年版,第341页。
② 〔魏〕王弼撰,楼宇烈校释:《周易注校释》,北京:中华书局2012年版,第14页。
③ 〔魏〕王弼、〔晋〕韩康伯注,〔唐〕孔颖达疏:《周易注疏》,北京:中央编译出版社2013年版,第7页。

的老生常谈,只不过经生未能洞究事理而徒增眩惑。并反复征引《管子》"与时变而不化,从物而不移"、《公孙龙子》的"不变谓变"之辩,以及《中庸》的"不息则久""不见而章,不动而变,无为而成"、《老子》的"道常无为而无不为"、《庄子》的"生生者不生"、韩非的"常者,无攸易,无定理"等加以补正。特别举《列子·天瑞》张湛注的解说:"'易亦希简之别称也。太易之意,如此而已。故能为万化宗主,冥一而不变者也';曰'简'、曰'万化宗主'、曰'不变',即郑玄之'三义'尔。"又引苏轼《前赤壁赋》"逝者如斯,而未尝往也;盈虚者如彼,而卒莫消长也",他说这是"词人妙语",可用来解释"经儒之诂'易'而'不易'"之义涵。然后又据古希腊哲人赫拉克利特(Heraclitus)所谓"唯变斯定"和普罗提诺(Plotinus)的"不动而动",并说在西洋典籍中此类语式十分常见;而"歌德咏万古一条之悬瀑,自铸伟词,以不停之'变'与不迁之'常'二字镕为一字,正合韩非、苏轼语意;苟求汉文一字当之,则郑玄所赞'变易'而'不易'之'易',庶几其可"①。钱先生对一《易》而三名的解释,是让我们参活句,而不是胶柱鼓瑟,自结牢笼。

写到此处,不能不对易学史上具有"一览众山小"之特殊地位的一"大事因缘"做出说明,这就是孔子和《易》的关系问题。孔子晚而好《易》,因读《易》而"韦编三绝"的故事②,为人们所习知。《史记·孔子世家》即有载:"孔子晚而喜《易》,序彖、系、象、说卦、文言。读《易》,韦编三绝。"③这已经说得再清楚不过

---

① 钱锺书:《管锥编》第一册,北京:三联书店2007年版,第10页。
② 〔汉〕班固:《汉书》卷八十八《儒林传》记载,孔子"晚而好《易》,读之韦编三绝,而为之传"。北京:中华书局1962年版,第3589页。
③ 〔汉〕司马迁:《史记》,北京:中华书局1959年版,第1733页。

了。明乎哉,史迁之记事也!我们特别感兴趣的是,孔子为何提出了五十之数。他说:"加我数年,五十以学《易》,可以无大过矣。"(《论语·述而》)此盖由于《易》是幽赞神明而穷理尽性以至于命之书,没有相当的知识积累和人生历练,读懂也难。孔子是根据自己的经验,认为只有到了知天命之年,才有可能与《易》道相通①。皇侃《论语义疏》的解释是:"此孔子重《易》,故欲令学者加功于此书也。"皇侃又说,当孔子述此义时,年龄应在四十五六岁,所以"必五十而学易者,人年五十,是知命之年也,《易》有大衍之数五十,是穷理尽命之书,故五十而学《易》也。既学得其理,则极照精微,故身无过失也。"②皇侃之释,可谓谛言。以天命之年悟识天命之书,良有以也。然则孔子对《易》,可不是止于自己的喜读乐"学"而已。重要的是,《易》之十翼系孔子所作,这一大贡献使他与伏羲、文王并列为成《易》之三圣。

《易》之十翼包括彖辞上、彖辞下、象辞上、象辞下、系辞上、系辞下、文言、说卦、序卦、杂卦,易学家也称之为"易传",盖即对《易》的成因、源流、结构、义理、德蓄,所作之诠解和说明也。彖辞和象辞分散于各卦之中,因《易》分上下经,故彖在上经者,为彖辞上,在下经者曰彖辞下。象辞亦因此可分为上下两部分。彖上、彖下、象上、象下,为十翼的前四翼。系辞分上下两篇,系辞上为第五翼,系辞下为第六翼。第七翼为文言,只有乾坤两卦有,余者六十二卦均无"文言"。盖乾、坤二卦为《易》之门户,不

---

① 李学勤主编:《十三经注疏·论语注疏》,何休氏注云:"年五十而知天命,以知命之年读至命之书,故可以无大过。"北京:北京大学出版社1999年版,第91页。
② 〔南朝·梁〕皇侃:《论语义疏》,北京:中华书局校点本2013年版,第167页。

明此两卦的义涵,就无法进入《易》的奥妙殿堂,故孔子特创设解《易》之新文例曰"文言",为诠解作为《易》之门户的乾、坤两卦示例垂范。第八、九、十翼,顺序为说卦、序卦、杂卦。各种较为完整的《易》的传世版本,一般都是这样排列十翼的顺序。

孔子所作十翼的意义,在于为开启易道提供了一把方便的锁钥。如果说乾、坤两卦是《易》的门户,则十翼便是打开易学宝库的枢机。《易》的基础符号是一个个的横道,有的是连续的横道,有的横道中间断开。一条连续的横道名阳爻,中间断开的叫阴爻。已往有人认为阳爻代表奇数,阴爻代表偶数,也有的将阳爻理解为男性生殖器的象征,将阴爻理解为女性生殖器的象征,也许都有一定的道理。但研究者的共识是:阳爻代表天、乾、男,阴爻代表地、坤、女。阳爻以刚,阴爻以柔,阳主动,阴主静。最初的八卦,每一卦由三爻组成,三个阳爻连排为乾、三个阴爻连排为坤。两阳爻在上、一阴爻在下,是巽;一阴爻在上、两阳爻在下,是兑;一阴爻居两阳爻中间,是离;一阳爻居两阴爻中间是坎;一阳爻在上,两阴爻在下,是艮;两阴爻在上,一阳爻在下,是震。据说伏羲所画之八卦,大体就是这个样子。文王所演是将八卦演为六十四卦,这应该是《易》道的一次革命。六十四卦的每一卦,由六爻组成。六爻中的阳爻和阴爻,按照卦理构成不同的排列组合,六十四卦由是产生,而爻的总数也因之变成了三百八十四爻。以此系辞下归结道:"《易》之为书也,广大悉备。有天道焉,有人道焉,有地道焉。兼三才而两之,故六。六者非它也,三才之道也。道有变动,故曰爻,爻有等,故曰物,物相杂,故曰文,文不当,故吉凶生焉。"①盖《易》之道无非是天地人的相生相感,刚柔相推,阴阳交会,而变化显矣。所显之征兆,在爻的变化多端的排列组合中呈现出来。这在早期的三爻组卦时如此,后来六爻组卦亦复如是。六十四卦、三百八十四爻的生成,则《易》之为《易》的大事毕矣。由三爻变而为六爻,《易》学家称之为"重卦",至于重卦之人,则说法不一。王弼认为伏羲即已重卦,郑玄以为是神农,司马迁认为是文王②。本文取文王重卦说,即认为由八卦演为六十四卦、组合为三百八十四爻,是文王演绎而成。

按《易》的象数规则,阳爻以数字九来代表,阴爻以数字六来代表,而且需逆推倒数。为何逆推?《说卦》给出的理由是:"数往者顺,知来者逆,是故《易》逆数也。"③因为八卦是要占测尚未发生之事,即想要"知来者",所以需要逆推。如是,则由六个阳爻组成的乾卦,倒数第一爻应为初九,则倒数第二爻就是九二,倒数第三爻是九三,倒数第四爻是九四,倒数第五爻是九五。倒数第六爻即最上面的一爻,不以九六称,而叫上九。坤卦的六个阴爻,倒数第一爻曰初六,倒数第二爻为六二,倒数第三爻为六三,倒数第四爻为六四,倒数第五爻为六五,最上面的一爻为上六。每一个爻在卦里面都处于一定的位置,如九三的倒数第三爻,六二的倒数第二爻,都在其特定位置上。《易》的占测,一是要看卦象,以知阴阳的离合交会,二是看阳爻抑或阴爻如何交

---

① 〔魏〕王弼撰,楼宇烈校释:《周易注校释》,北京:中华书局2012年版,第256页。
② 参见〔魏〕王弼、〔晋〕韩康伯注,〔唐〕孔颖达疏:《周易注疏》,北京:中央编译出版社2013年版,第9页。
③ 同上,第259页。

错,三是看阳爻或阴爻的所在位置,再结合卦辞和爻辞,则潜藏幽微的吉凶悔吝即可见端倪矣。问题是,卦辞和爻辞是谁人所作。如果伏羲画卦、文王演易的说法可信,则卦辞和爻辞就应该是文王所作。又一说为周公所作,也能举出一些理由。但也不排除文王所作,周公嗣后又有所增补,所以出现了《升》卦六四爻辞作:"王用亨于岐山。"以及《夷》卦六五爻辞为:"箕子之明夷",《既济》九五爻辞作:"东邻杀牛,不如西邻之禴祭"等属于文王之后的事典。尽管前人和近世之解《易》人士,对此两说不乏置疑,但证据并不充分。须知,秦世焚书,因《易》为卜筮之书,固不在焚毁之列,因此到汉代重新搜集群书之时,《易》之为书应该是最完整的,后人妄自增删应有难度。所以我们宁愿相信《系辞》上的描述:"备物致用,立成器以为天下利,莫大乎圣人探赜索隐,钩深致远;以定天下之吉凶,成天下之亹亹者,莫大乎蓍龟。是故天生神物,圣人则之;天地变化,圣人效之;天垂象,见吉凶,圣人象之;河出图,洛出书,圣人则之。"[①]这里所说的"圣人",当然指的是周文王或者周公。文王演绎六十四卦,是当他被囚禁在羑里之时。此即《史记·太史公自序》所言:"昔西伯拘羑里,演周易。"以及司马迁《报任少卿书》所说:"盖文王拘而演《周易》。"两下断语,自非无由也。故《易·系辞下》又云:"《易》之兴也,其当殷之末世,周之盛德耶,当文王与纣之事耶。是故其辞危,危者使平,易者使倾。其道甚大,百物不废,惧以终始,其要无咎,此之谓《易》之道也。"[②]明确肯定文王是继

---

① 〔魏〕王弼撰,楼宇烈校释:《周易注校释》,北京:中华书局2012年版,第244页。

② 同上,第256页。

伏羲之后的又一个作者。也证明史迁所说,是为真实不虚。惟其被囚期间,西伯才有可能"忆往事,思来者",通过演绎易卦而深晤天地人事变迁的神秘道理。《论语·子罕》记载,一次当孔子离卫适陈而路过匡的时候,匡人误将孔子当作阳货,包而围之,形同软禁。孔子的弟子们不免为之担心,以为自己的老师将遇到不测。孔子却很达观,说:"文王既没,文不在兹乎。天之将丧斯文也,后死者不得与于斯文也;天之未丧斯文也,匡人其如予何。"①此处,孔子是把自己视作礼乐文明的化身的,而且和文王直接联系起来。受围事件过去之后,一次孔子还说:"凤鸟不至,河不出图,吾已矣夫。"这里的"河图"即指八卦,跟前面的"天将丧斯文"和"天之未丧斯文",可以连类取解。《史记·日者列传》说得更明确:"昔先王之定国家,必先龟策日月,而后乃敢代。正时日,乃后入家。产子必先占吉凶,后乃有之。自伏羲作八卦,周文王演三百八十四爻而天下治。"②尽管质疑之声代不乏人,但伏羲画卦、文王演易,终是最稳妥的断判。那么八卦的卦辞和爻辞,自然应该是文王演易时所作了。试想,文王演易所发现的那些征兆,他能不简单地标示出来吗?如乾卦,以"元、亨、利、贞"标示之,坤卦以"元、亨,利牝马之贞"标示之。已经是简而又简了。又如上经的《泰》卦,卦辞是:"小往大来,吉,亨。"《颐》卦的卦辞为:"贞吉。观颐,自求口实。"等等,都是极简略的标示,索解颇费周折。同样,爻辞也是以简御繁。乾卦的初九爻辞为"潜龙,勿用",九二爻辞是"见龙在田,利见大人",九三爻辞是"君子终日乾乾,夕惕若厉,无咎",九四爻辞为"或

---

① 〔清〕程树德:《论语集释》上册,北京:中华书局2013年版,第668页。
② 〔汉〕司马迁:《史记》,北京:中华书局1959年版,第2790页。

跃在渊,无咎",九五爻辞是"飞龙在天,利见大人",上九爻辞为"亢龙,有悔"。坤卦的六二爻辞,曰"直、方、大,不习,无不利",六三爻辞为"含章,可贞,或从王事,无成有终",六四爻辞作"括囊,无咎无誉",六五爻辞为"黄裳,元吉",上六爻辞为"龙战于野,其血玄黄"。悔吝吉凶的征兆不无透露,终是过简,而且没有区分各种不同情境。不过,考虑到西伯当时的被囚处境,他也不便标示得更为具体。太具体就不是《易》了。即使周公后来有所补充,也不能讲得太直露,所谓"退藏于密",应该包括这一层意思在内。因此最初的《易》法,需要与卜筮、蓍龟等方法结合起来,方能明了《易》之兆验之所在。

但有了孔子的十翼之后,情况大为不同。彖辞和象辞把卦辞和爻辞所标示的吉凶悔吝的丝丝征兆,做了各种特定情境下的区分,而且以关于天地人的理性认知对卦理做了系统阐发。例如乾卦的《彖》辞写道:"大哉乾元,万物资始,乃统天。云行雨施,品物流形。大明终始,六位时成。时乘六龙以御天。乾道变化,各正性命。保合大和,乃利贞。首出庶物,万国咸宁。"①孔疏认为,孔子所作之《彖》辞体例固然不同,但可以因之"断明一卦之义"和一卦之德②。坤卦的《彖》辞为:"至哉坤元!万物资生,乃顺承天,坤厚载物,德合无疆。含弘光大,品物咸亨,牝马地类,行地无疆。"③则承顺乾天、含光厚德是坤卦的特点。如

---

① 〔魏〕王弼撰,楼宇烈校释:《周易注校释》,北京:中华书局2012年版,第2页。
② 〔魏〕王弼、〔晋〕韩康伯注,〔唐〕孔颖达疏:《周易注疏》,北京:中央编译出版社2013年版,第21页。
③ 〔魏〕王弼撰,楼宇烈校释:《周易注校释》,北京:中华书局2012年版,第12页。

果和《象》辞联系起来，愈加清楚。大家熟知的"天行健，君子以自强不息"，是乾卦的《象》辞；"地势坤，君子以厚德载物"，是坤卦的《象》辞。

至于乾、坤两卦的"文言"，更有其特殊性。乾卦的文言共六节文字，不妨抄录几节在下面。第一节是总括乾卦的德相："元者，善之长也；亨者，嘉之会也；利者，义之和也；贞者，事之干也。君子体仁，足以长人；嘉会，足以合礼；利物，足以和义；贞固，足以干事。君子行此四德者，故曰乾，元、亨、利、贞。"[①]则善、义、仁、礼四德由是而出。第三节主要针对九三爻而发，写道："九三曰'君子终日乾乾，夕惕若厉，无咎'，何谓也？子曰：'君子进德修业。忠信所以进德也。修辞立其诚，所以居业也。知至至之，可与几也。知终终之，可与存义也。"[②]这是笔者经常引用的一段话。特别"君子进德修业。忠信所以进德也。修辞立其诚，所以居业也"，我认为道尽了人生的真谛。忠信是进德的前提，立诚是居业的前提。对于攸关个人安身立命的这两种德行，生之为人能不诚慎诚惧高度警惕吗？唯有"终日乾乾，夕惕若厉"，才可能避免发生不该有的过失，而使之无咎。第六节文言有一段针对九五的爻辞："飞龙在天，利见大人。何谓也？子曰：'同声相应，同气相求。水流湿，火就燥，云从龙，风从虎，圣人作而万物睹。本乎天者亲上，本乎地者亲下，则各从其类也。'"[③]孔疏对此爻辞的解释为："言九五阳气盛至于天"，"犹若圣人有龙德飞腾而居天位，德备天下，为万物所瞻睹，故天下利

---

① 〔魏〕王弼、〔晋〕韩康伯注，〔唐〕孔颖达疏：《周易注疏》，北京：中央编译出版社2013年版，第3页。
② 同上。
③ 同上，第4页。

见此居王位之大人"①。盖乾卦的九五是尊位,但位和德须得合一方能实现"龙德在天,则大人之路亨"。故此处之文言写道:"夫大人者,与天地合其德,与日月合其明,与四时合其序,与鬼神合其吉凶。先天而天弗违,后天而奉天时。天且弗违,而况于人乎?况于鬼神乎?"②反之,如果有其位而无其德,那也不是吉利之兆,所以针对九四爻的文言说:"君子进德修业,欲及时也,故无咎。"这也就是何以处于上九之位的爻辞是"亢龙有悔"的缘由。故王辅嗣注云:"位以德兴,德以位叙。以至德而处盛位,万物之睹,不亦宜乎。"③针对此爻的文言作:"贵而无位,高而无民,下无阴也。"等于空悬在最高位置,不能落到实处,又没有民众支持,这是极其危险的状况,处其位者能不感到恐惧而"亢龙有悔"吗?此爻的文言还说:"'亢'之为言也,知进而不知退,知存而不知亡,知得而不知丧,其唯圣人乎?知进退存亡,而不失其正者,其唯圣人乎!"④后面一句是说,凡是德与位合一的圣人,都能做到知存亡进退;相反,如果"知进而不知退,知存而不知亡,知得而不知丧",那就根本不是圣人了。由此可见孔子所撰之文言,解卦析理是何等明白透彻。

坤卦的文言也是六节,其针对初六爻辞"履霜,坚冰至"的文言为:"积善之家,必有馀庆。积不善之家,必有馀殃。臣弑其

---

① 李学勤主编:《十三经注疏·周易正义》,北京:北京大学出版社1999年版,第6—7页。
② 〔魏〕王弼撰,楼宇烈校释:《周易注校释》,北京:中华书局2012年版,第5页。
③ 同上,第2页。
④ 同上,第6页。

君,子弑其父,非一朝一夕之故,其所由来者渐矣,由辩之不早辩也。"①这是说家国天下的大事件的发生,都有一个过程,需要在其初萌时即有所觉察,这也就是《易》所启示的奥妙之道。所以《系辞上》写道:"夫《易》,圣人之所以极深而研几也。唯深也,故能通天下之志;唯几也,故能成天下之务;唯神也,故不疾而速,不行而至。"②这和文言的思想全然一致。所谓"所由来者渐矣",是说如果觉察得早,甚至在地位隆的时候即有所自省,阒然自修其德,就会避免有过失发生,或因失误而悔之晚矣。当然更好的方法是人生在世,多积善德,点滴做起,不因善小而不为,就会收到"积善之家,必有馀庆"的效果,灾祸也就自行远离抑或遇难成祥。

当然十翼之中最重要的是系辞,上下系辞计五千七百言,将《易》的起源、乾坤定位、阴阳成性、刚柔相摩、八卦相荡、吉凶相生,并象之得失、卦之大小、辞之险易,以及如何观象玩辞、观变玩占、鉴往知来、开物成务,所有这些关乎《易》道的深微至理,都做了哲理性的提示与说明。韩康伯系辞注认为,系辞的作用在"条贯义理"③,朱子称系辞为"通论一经之大体凡例"④。总之是对易道总括其成的系统论说。前面在探讨《易》之起源、《易》之名义、《易》之卦爻构成、《易》之卦辞和爻辞,以及十翼的《象》《彖》《文言》等问题时,对上下系辞已多所引录,此处不妨辑列其中一些发人警醒之箴铭之言,以为赏《易》玩辞之助。系辞上

---

① 〔魏〕王弼撰,楼宇烈校释:《周易注校释》,北京:中华书局2012年版,第14页。
② 同上,第242页。
③ 同上,第337页。
④ 〔宋〕朱熹:《周易本义》,北京:中华书局2009年版,第221页。

有云:"一阴一阳之谓道,继之者善也,成之者性也。仁者见之谓之仁,知者见之谓之知,百姓日用而不知,故君子之道鲜矣。""君子居其室,出其言善,则千里之外应之,况其迩者乎?居其室,出其言不善,则千里之外违之,况其迩者乎?""乱之所生也,则言语以为阶。君不密则失臣,臣不密则失身,几事不密则害成。是以君子慎密而不出也。""是故形而上者谓之道,形而下者谓之器,化而裁之谓之变,推而行之谓之通,举而错之天下之民谓之事业。"系辞下有云:"天下何思何虑?天下同归而殊途,一致而百虑。""是故君子安而不忘危,存而不忘亡,治而不忘乱,是以身安而国家可保也。""知几其神乎,君子上交不谄,下交不渎,其知几乎。""八卦以象告,爻彖以情言,刚柔杂居,而吉凶可见矣。变动以利言,吉凶以情迁。是故爱恶相攻而吉凶生,远近相取而悔吝生,情伪相感而利害生。凡《易》之情,近而不相得则凶,或害之,悔且吝。将叛者其辞惭,中心疑者其辞枝,吉人之辞寡,躁人之辞多,诬善之人其辞游,失其守者其辞屈。"其述《易》的起源,一则曰:"古者包牺氏之王天下也,仰则观象于天,俯则观法于地,观鸟兽之文与地之宜,近取诸身,远取诸物,于是始作八卦,以通神明之德,以类万物之情。"二则曰:"《易》之兴也,其当殷之末世,周之盛德耶?当文王与纣之事耶?是故其辞危。危者使平,易者使倾。其道甚大,百物不废。惧以终始,其要无咎,此之谓《易》之道也。"包牺氏即伏羲,此两段文字已将伏羲画卦、文王演易的历史图景,明示出来了。此类典要铭言很多都见于《易》之系辞,则《易》之上下系辞之作,岂独开启《易》道之枢机,为初学《易》者的方便法门,其实也是窥得中国哲学义理奥窔的通道。

《说卦》为十翼的第八翼,其内容依孔颖达之说,是为"陈说八卦之德业变化及法象所为"①,因此具列出震、巽、离、坤、兑、乾、坎、艮八卦所代表之方位和所法象之物事。例如震代表东方,巽代表东南,离是南方之卦,乾为西北之卦,坎是正北方之卦,艮是东北之卦。所象征之物事,则乾为马,坤为牛,震为龙,巽为鸡,坎为豕,离为雉,艮为狗,兑为羊,此为系辞下所谓"远取诸物"。以人之器官象之,则"乾为首,坤为腹,震为足,巽为股,坎为耳,离为目,艮为手,兑为口",参之系辞,则属于"近取诸身"。《说卦》对理解卦象和爻变从而明吉凶悔吝,有重要参照意义。第九翼《序卦》,是为推导上经三十卦之《乾》《坤》《屯》《蒙》《需》《讼》《师》《比》《小畜》《履》《泰》《否》《同人》《大有》《谦》《豫》《随》《蛊》《临》《观》《噬嗑》《贲》《剥》《复》《无妄》《大畜》《颐》《大过》《坎》《离》,和下经三十四卦的《咸》《恒》《遁》《大壮》《晋》《明夷》《家人》《睽》《蹇》《解》《损》《益》《夬》《姤》《萃》《升》《困》《井》《革》《鼎》《震》《艮》《渐》《归妹》《丰》《旅》《巽》《兑》《涣》《节》《中孚》《小过》《既济》《未济》,彼此之间的逻辑结构,环环相扣,读起来朗朗上口,是好看而又乐诵的一翼。孔疏将其归结为:"《序卦》者,文王既演六十四卦,分为上下二篇。其先后之次,其理不见,故孔子就上下二《经》,各序其相次之义,故谓之《序卦》焉。"②《序卦》有一段文字殊堪注意,写的是:"有天地然后有万物,有万物然后有男女,有男女然后有夫妇,有夫妇然后有父子,有父子然后有君臣,有君臣然后有上下,有上下然后礼义有所错。"将礼义所从出的天

---

① 〔魏〕王弼、〔晋〕韩康伯注,〔唐〕孔颖达疏:《周易注疏》,北京:中央编译出版社2013年版,第406页。
② 同上,第420页。

地万物、夫妇男女、君臣父子的天人秩序,梳理得一字不爽。马一浮对此段文字至为欣赏,不禁续而言之曰:"有性情,然后有知能;有知能,然后有德业;有德业,然后有言行;有言行,然后有礼乐;有礼乐,然后仁义乃有以行。"①他将这一逻辑推演称之为"立人之道"。《杂卦》篇幅最小,尚不足五百字,按韩康伯的解释,称之为"杂糅众卦,错综其义,或以同相类,或以异相明"②,是为得义之断,此不多具。

《易传》即十翼的出现,可视为易学的"一大事因缘"。孔子之前,《易》主要是噬卜之书,经由孔子所作之十翼的解说,《易》就不只是噬卜之书,同时也是中国最早的哲学义理之书了。此正如马一浮所说:"不有十翼,《易》其终为卜筮之书乎?"马先生又说:"与其求之后儒,何如直探之十翼?今为初学聊示津逮,未遑博引,但欲粗明观象之法,直抉根原,刊落枝叶,必以十翼为本。"③关于十翼为孔子所作,宋以前绝少质疑之声,主要是北宋文雄欧阳修,在其而立之年写的《经旨·易或问》中提出:"十翼之说,不知起于何人,自秦、汉以来,大儒君子不论也。"④尔后在《易童子问》中进一步申说:"何独《系辞》焉,《文言》《说卦》而

---

① 马一浮:《观象卮言》,《马一浮集》第 1 册,杭州:浙江古籍出版社、浙江教育出版社 1996 年版,第 447 页。
② 〔魏〕王弼、〔晋〕韩康伯注,〔唐〕孔颖达疏:《周易注疏》,北京:中央编译出版社 2013 年版,第 420 页。
③ 马一浮:《观象卮言》,《马一浮集》第 1 册,杭州:浙江古籍出版社、浙江教育出版社 1996 年版,第 422 页。
④ 〔宋〕欧阳修著,李之亮笺注:《欧阳修集编年笺注》第二册,成都:巴蜀书社 2007 年版,第 93 页。

下,皆非圣人之作,而众说淆乱,亦非一人之言也。"①不止系辞,文言和说卦他也认为非孔子之所从出。直到晚年欧阳子持论仍坚,其在《系辞说》中写道:"予谓《系辞》非圣人之作,初若可骇,余为此论迨今二十五年矣,稍稍以余言为然也。'六经'之传,天地之久,其为二十五年者将无穷而不可以数计也,予之言久当见信于人矣,何必汲汲较是非于一世哉。"②自信没有些许动摇。欧阳子的学识、名节、辞章,固是上继韩愈之后的有宋之第一人,其论易自有特异之见,其指系辞"杂博"更非无的放矢,只是作为完全能够支撑起来的一说,似尚有一定困难,显得独断有余而考信论证不足。

其实对十翼为孔子所作的"作"字,应结合当时的背景加以理会。如同《论语》所记之孔子教言与行事,当然不是夫子自己一段一段地写下来,而是由弟子们回忆辑录而成。《易》之十翼也是如此,很可能是孔子弟子如子夏辈整理成篇,但所辑录的思想言论,则与孔子的原意无有大的乖离,因此以"杂博"为由无法构成十翼非出自孔子的坚强证据。

中篇 《诗》总六义

《诗》是周代的一部诗歌总集,从周初到晚周(少数到战国),五百余年社会生活的整体世界尽在其中。如果说《红楼梦》是清代社会的百科全书,《诗》则是先秦社会的百科全书。

---

① 〔宋〕欧阳修著,李之亮笺注:《易童子问卷三》,《欧阳修集编年笺注》第四册,同上,第633页。
② 〔宋〕欧阳修著,李之亮笺注:《试笔》,《欧阳修集编年笺注》第七册,成都:巴蜀书社2007年版,第177页。

最早《诗》有三千余篇,经过孔子删订,得三百零五篇,故约称为"诗三百"或"三百篇"。《史记·孔子世家》写道:"古者诗三千余篇,及至孔子,去其重,取可施于礼义,上采契后稷,中述殷周之盛,至幽厉之缺,始于衽席,故曰'关雎之乱以为风始,鹿鸣为小雅始,文王为大雅始,清庙为颂始'。三百零五篇孔子皆弦歌之,以求合韶武雅颂之音。"史迁所记,应为实录。

《诗》分风、雅、颂三部分。风又称十五国风,包括《周南》十一篇、《召南》十四篇、《邶风》十九篇、《鄘风》十篇、《卫风》十篇、《王风》十篇、《郑风》二十一篇、《齐风》十一篇、《魏风》七篇、《唐风》十二篇、《秦风》十篇、《陈风》十篇、《桧风》四篇、《曹风》四篇、《豳风》七篇。雅分大、小,《小雅》七十四篇、《大雅》三十一篇。颂有《周颂》《鲁颂》《商颂》,共四十篇。风、雅、颂合计,是为三百零五篇。十五国风以民间歌谣为主,地域分布在长江以北、黄河流域受周天子统摄的各诸侯国的广阔地区,因此各地的诗风亦因礼俗殊致而有所不同。传统诗注家认为《周南》《召南》能得其正,纵写男女,亦谨饬而不失其轨辙,所谓"发乎情,止乎礼义"者。故《毛诗正义·诗谱序》将《周南》《召南》和小雅《鹿鸣》、大雅《文王》之属,视作"《诗》之正经"[1]。孔《疏》亦云:"《周》《召》,风之正经,固当为首。"[2]《郑风》和《卫风》不然,所写大都是男女情事,而且毫不避讳地抒写情爱的欢愉与快乐,孔子以此有"放郑声"之说。《论语·卫灵公》记载,颜渊问:"怎样做才能治理好一个邦国?"孔子回答说:"行夏之时,乘殷

---

[1] 〔汉〕郑玄笺,〔唐〕孔颖达疏,朱杰人、李慧玲整理:《毛诗注疏》,上海:上海古籍出版社2013年版,第5页。

[2] 同上,第3页。

之辂,服周之冕,乐则《韶》《舞》。放郑声,远佞人;郑声淫,佞人殆。""放郑声"的理由是"郑声淫"。此处需要避免一个误会,即以为孔子是个不通人情的老古板。要知道,他谈的是如何治国,并不仅仅是私下里有何种爱好的问题。音乐是与管理国家的政事相通的,故《礼记·乐记》写道:"声音之道,与政通矣。宫为君,商为臣,角为民,徵为事,羽为物。五者不乱,则无怗懘之音矣。宫乱则荒,其君骄;商乱则陂,其官坏;角乱则忧,其民怨;徵乱则哀,其事勤;羽乱则危,其财匮。五者皆乱,迭相陵,谓之慢。如此,则国之灭亡无日矣。"①《乐记》还直接对《郑风》和《卫风》发声,曰:"郑卫之音,乱世之音也,比于慢矣。桑间濮上之音,亡国之音也。其政散,其民流,诬上行私而不可止也。"②这比孔子看得更严重了,不仅认为"郑卫之音"为"淫声",而且直指其为"乱世之音"和"亡国之音"。当然这未免对音乐的社会作用估计得过高。孔子喜欢的是古典音乐,所以他说"乐则《韶》《舞》"。《韶》是舜时的音乐,《舞》同"武",是周武王时期的音乐,故孔子以之为正宗古典也。但他最喜欢的还是《韶》乐,称之为:"尽美矣,又尽善也。"(《论语·八佾》)有一次在齐闻《韶》,竟至于"三月不知肉味",感叹而赞美地说:"不图为乐之至于斯也。"(《论语·述而》)孔子对音乐的态度既有为政的考虑,又有他个人的审美兴趣在焉。须知,《三百篇》系夫子所删订,如果他完全排斥"郑卫之音",何如从严而少取。事实恰好不如是,《卫风》选录十篇不说,《郑风》居然入选二十一篇,为十

---

① 〔汉〕郑玄注,〔唐〕孔颖达等正义:《礼记正义·乐记》,上海:上海古籍出版社 2008 年版,第 1457 页。

② 同上。

五国风之最多者。然则孔子于《诗》亦有尊重历史原存、兼收并蓄之微意,可以明矣。

　　十五国风涉及男女情事的诗篇占极大比重,即二南本身特别是《召南》,有的爱情描写也颇大胆。如《野有死麕》,首章有句"有女怀春,吉士诱之",次章又云"白茅纯束,有女如玉",而第三章云"舒而脱脱兮,无感我帨兮,无使尨也吠"。读者不免会问,这些诗句写的是何种事体?依《毛诗》郑《注》和孔《疏》的解释,则先假设此"怀春"之女是一个"贞女",为了和"吉士"相会,不想等到秋天了,但希望彼"吉士"拿着礼物正正经经地来,而且需要有媒人先来接洽,而不可以"无媒妁而自行"①。可惜这些个假设是没有根据的,指"怀春"就是不想等到秋天,也是无证自撰之言。其实诗中的本义至为明确,既写了"有女怀春",又写了"吉士诱之",显然双方都有悄悄相会的意愿,但女方希望"吉士"不要太急切,须舒缓而为,尤其不要因动手动脚惊动得狗叫起来。郑《注》释"无感我帨兮"亦云:"感,动也。帨,佩巾也。"又说:"奔走失节,动其佩饰。"②既如此,我们也就无须细释了。当然,《诗三百》的十五国风咏而不离男女情事自是事实,但如果以为其止于爱情,就大错而特错了。风诗所展开的是有周一代的极为广阔的生活画面,包括农桑劳作,因社会地位的悬隔所造成的不平之鸣,因生育过多对母亲形成的痛苦负担,权力中枢的荒诞不伦,没落的贵族阶层的困扰,小官吏的无所适从,以及普遍的道义失信,等等。今日的读者重读十五国

---

①〔汉〕郑玄笺,〔唐〕孔颖达疏,朱杰人、李慧玲整理:《毛诗注疏》,上海:上海古籍出版社2013年版,第233页。
② 同上。

风,会感到仿佛写的是我们身边的人生与故事,款款述说,时时动我心。读我们并不熟悉的往昔之事,亦可以参之以我们所熟悉的今日之事。如《鄘风·墙有茨》写权势者道德沦丧,连赋三章:"墙有茨,不可扫也。中冓之言,不可道也。所可道也,言之丑也。墙有茨,不可襄也。中冓之言,不可详也。所可详也,言之长也。墙有茨,不可束也。中冓之言,不可读也。所可读也,言之辱也。"①意谓他们里面的那些不经之事,实在太多也太丑陋了,说出来就是对自己的侮辱。作诗人不想说,笔者也不必说了。

相比之下,雅和颂的情况与风诗有很大不同。小雅是周天子治下的近畿一带朝廷官吏和公卿大夫的作品,写他们的辛劳和遭遇的困扰,当然有时也表现他们的自豪和欢愉。如《鹿鸣》呈现的是国君和群臣宴饮集会的场面,《六月》《采芑》都是写征伐过程的威武克敌,《南有嘉鱼》《南山有台》则是贵族宴会宾客、倾德祝寿的诗歌,《车攻》写周王率众打猎的场面,诗的作者有时不免也心生喜气吧?《节南山》嘲讽西周灭亡后新执政者的政事紊乱和军事失利,还直接点了尹氏的大名,诗的最后一章还自报家门:"家父作诵,以究王讻,式讹尔心,以畜万邦。"②看来他不担心打击报复之类,直言诗是本人所作,但为的是国家好。这让我们知道,此诗的作者是一位名叫"家父"者。《正月》写统治阶层的昏庸腐败。《雨无正》写天灾人祸同时降临。《巧言》更尖锐,大胆指斥统治者听信谗言,误国害民,对巧舌如簧的小人揭露得至为深刻,称其表现是"蛇蛇硕言,出自口矣,巧言如

---

① 高亨注:《诗经今注》,上海:上海古籍出版社2019年版,第81页。
② 同上,第345页。

簧,颜之厚矣"①。犹言以大话欺人,空口说白话,又说得仿佛很好听,真是脸皮已经厚到无以复加的地步。《大东》《四月》写暴政所引起的下层官吏的诉苦和抱怨。《蓼莪》写不忍心让父母如此辛苦劬劳。《伐木》写对朋友的呼唤。《常棣》写对兄弟关系的期待,名句"兄弟阋于墙,外御其侮",就出自此诗。

如果说《诗三百》的一个重要功能是"美刺",那么《小雅》固然不无"美"的诗篇,但"刺"的成分远远超过十五国风。"美"即称美赞颂,"刺"即批评讽刺。十五国风也有此功能,但态度更温和委婉,故称作"风",在这个意义上的"风",是讽喻的意思。《毛诗·周南召南谱》写道:"上以风化下,下以风刺上,主文而谲谏,言之者无罪,闻之者足以戒,故曰风。"②《诗三百》作为中国文学的典范,"美刺"本来是其原创的题中应有之义,也就是《毛诗·小大雅谱》中孔(颖达)《疏》所说"诗兼有美刺,皆当其时,善者美之,恶者刺之"③。后世诗风如果泯灭了这个功能,无异于数典忘祖,叛离了自己的优良传统。《大雅》的美刺作用略同于《小雅》,只是美刺对象的层级更高,往往是直接对最高统治者说话,即使"刺"而无效,也要一吐为快。《大雅·文王之什》,主要是回溯周朝的创业历史和颂赞文王的功德,由后稷而公刘而文王,由农业立国而文治武功,威武雄霸,礼乐粲然,属于《诗三百》中的史诗部分。其美刺倾向,自属称美赞颂之歌。这就如同世界上的那些史诗一样,英雄主义往往是史诗的灵魂。但三十一篇《大雅》,除了十篇《文王之什》,其余二十一篇,基本

---

① 高亨注:《诗经今注》,上海:上海古籍出版社2019年版,第381页。
② 〔汉〕郑玄笺,〔唐〕孔颖达疏,朱杰人、李慧玲整理:《毛诗注疏》,上海:上海古籍出版社2013年版,第16页。
③ 同上,第781页。

上都是讽刺和批评之作。此种情况实与王朝的兴衰有关。当周朝处于发轫时期和全盛时期，美政骄人，民德归厚，诗人岂有不称美之理？一旦道衰礼废，社会紊乱，民不聊生，诗人只有和民众站在一起，发出抗议之声。此正如《毛诗·周南召南谱》所说："治世之音，安以乐，其政和。乱世之音，怨以怒，其政乖。亡国之音，哀以思，其民困。"①又云："王道衰，礼义废，政教失，国异政，家殊俗，而变风、变雅作矣。"②

这里需要诠释两个诗学概念，即变风和变雅。如果一个时期的诗风变成以讽刺和批评为主，倘若是十五国风，就是"变风"，如果是大、小雅，就是"变雅"。孔《疏》对此解释道：

> 变风、变雅，必王道衰乃作者，夫天下有道，则庶人不议。治平累世，则美刺不兴。何则？未识不善，则不知善为善。未见不恶，则不知恶为恶。太平则无所更美，道绝则无所复讥，人情之常理也。故初变恶俗，则民歌之，风、雅正经是也。始得太平，则民颂之，《周颂》诸篇是也。若其王纲绝纽，礼义消亡，民皆逃死，政尽纷乱。《易》称天地闭，贤人隐。于此时也，虽有智者，无复讥刺。成王太平之后，其美不异于前，故颂声止也。陈灵公淫乱之后，其恶不复可言，故变风息也。班固云："成、康没而颂声寝，王泽竭而《诗》不作。"此之谓也。然则变风、变雅之作，皆王道始衰，政教初失，尚可匡而革之，追而复之，故执彼旧章，绳此新

---

① 〔汉〕郑玄笺，〔唐〕孔颖达疏，朱杰人、李慧玲整理：《毛诗注疏》，上海：上海古籍出版社2013年版，第9页。
② 同上，第17页。

失,觊望自悔其心,更遵正道,所以变诗作也。以其变改正法,故谓之"变"焉。季札见歌《小雅》曰:"美哉! 思而不贰,怨而不言,其周德之衰乎! 犹有先王之遗民。"是由王泽未竭,民尚知礼,以礼救世,作此变诗。故变诗王道衰乃作也。①

孔《疏》对美刺和变风、变雅做了三种区分:一是天下有道,承平之世,用不着"美",也无须去"刺",或者说美、刺都在正常范围,故风雅势必归于"正经";二是王道开始衰微,失政初现,尚有革新与匡正的余地,此正是变风、变雅兴起之时;三是如果到了"王纲绝纽,礼义消亡,民皆逃死,政尽纷乱"的地步,那就无德可美,刺也没有意义了。依《易》道,那是"天地闭,贤人隐"的历史时刻,"虽有智者,无复讥刺",不如坐待其亡可也。

"颂"的情形与风、雅不同。《三百篇》的颂诗,包括《周颂》三十一篇、《鲁颂》四篇和《商颂》五篇,大都是祭祀和大型典礼的颂歌,也被称作庙堂之歌。《周颂》的含藏最富,涉及从周公摄政到成王即位的整个历史时段,内容则是对盛周时期功勋德业的歌颂。《毛诗正义·周颂谱》写道:"《周颂》者,周室成功致太平德洽之诗。其作在周公摄政、成王即位之初。"②孔《疏》解释说:"据天下言之为太平德洽,据王室言之为功成治定。王功既成,德流兆庶,下民歌其德泽,即是颂声作矣。然周自文王受命,武王伐纣,虽屡有丰年,未为德洽。及成王嗣位,周公摄政,

---

① 〔汉〕郑玄笺,〔唐〕孔颖达疏,朱杰人、李慧玲整理:《毛诗注疏》,上海:上海古籍出版社2013年版,第17—18页。

② 同上,第1870页。

修文王之德，定武王之烈，干戈既息，嘉瑞毕臻，然后为太平德洽也。"①这个解释很有意思，意谓周文王和周武王时期，虽有盛业丰年，但由于征伐没有停止，所带来的生灵涂炭是难以想象的。《周书·武成》记载："甲子昧爽，受率其旅若林，会于牧野。罔有敌于我师，前途倒戈，攻于后以北，血流漂杵。一戎衣，天下大定。"②其杀戮之惨状，由"血流漂杵"一语可见一斑。此刻，显然不应是颂声大作的时候。只有到了"干戈既息"的"太平德洽"之时，颂诗产生的时代环境方呈现出来。

鲁颂四篇，一为《駉》，二为《有駜》，三为《泮水》，四为《閟宫》。《毛诗正义·鲁颂谱》写道："鲁者，少昊挚之墟也。"又说："在周公归政成王，封其元子伯禽于鲁。"这个故事有点曲折。先看"少昊挚之墟"是何义。少昊，又名少皡，姬姓，是传说中的黄帝的长子，名字叫己挚，当时是东夷部落的首领，所在都城开始在山东莒县，后迁至今天的曲阜。少昊挚之墟，就是少昊的故址。再看《史记·鲁周公世家》的记载：当武王伐纣告成，"封周公旦于少昊之虚曲阜，是为鲁公。周公不就封，留佐武王"。两年后武王崩逝，成王即位，周公摄政。于是"使其子伯禽代就封于鲁"，并告诫伯禽说："我文王之子，武王之弟，成王之叔父，我于天下亦不贱矣。然我一沐三捉发，一饭三吐哺，起以待士，犹恐失天下之贤人。子之鲁，慎无以国骄人。"这样我们就知道曲阜这个地方，是有来历、有渊源的极不同寻常的地方。周公之后五百年，而有孔子诞生于曲阜，也许早在五百年前就已经埋下伏

---

① 〔汉〕郑玄笺，〔唐〕孔颖达疏，朱杰人、李慧玲整理：《毛诗注疏》，上海：上海古籍出版社2013年版，第1870页。
② 李学勤主编：《十三经注疏·尚书正义》，北京：北京大学出版社1999年版，第293页。

脉了。周公成为孔子最崇仰的古代圣人的典范，就是很自然的事情了。其他暂且不论，就周公对代己就封于鲁国的伯禽所说的那一番话，就足可成为万世金铭。《论语·述而》记载了孔子的一次慨叹："甚矣吾衰也！久矣吾不复梦见周公。"这说明孔子是经常梦见周公的。在春秋时期，鲁国是一个比较弱的小国，但周朝的礼器和礼仪传统在鲁国保存得最多。据《左传·定公四年》记载，伯禽代周公封于鲁的时候，为昭周公之德，带去大批祝、宗、卜、史方面的专业官员，和相关的备物、典策、官司、彝器，可以为证。亦因此，才有晋侯派使者到鲁国观礼的事。《左传·昭公二年》记载："春，晋侯使韩宣子来聘，且告为政而来见礼也。观书于大史氏，见《易象》与《鲁春秋》，曰：'周礼尽在鲁矣。吾乃今知周公之德，与周之所以王也。'"[1]现在看来，晋侯使韩宣子来鲁国观礼这件事，可说得上是春秋时期的"一大事因缘"。此段记载特别提到，韩宣子在鲁国大史氏那里，看到了《易象》和《鲁春秋》这两件稀世国宝，使他不禁发出感叹："周礼尽在鲁矣。"而且由此联想到周公的美德和周所以王天下的深层原因。孔颖达认为，《易象》应该各国都有，但鲁国保存的《易象》没有增改，[2]更具有原真性。更重要的是《鲁春秋》，这是鲁国所独有的宝贝。由此我们也可以做一个联想，即鲁国所独具的这些周朝的典籍和典章的传统，也许就是我们的大思想家孔子诞生于鲁国的历史和文化的缘由吧。

明了上述这些历史和文化渊源，《鲁颂》所颂者何，就不必

---

[1] 李学勤主编：《十三经注疏·春秋左传正义》，北京：北京大学出版社1999年版，第1172—1173页。

[2] 同上，第1173页。

多做解读了。《駉》,颂赞鲁僖公治国有方,成就粲然。《鲁颂谱》写道:"僖公能遵伯禽之法,俭以足用,宽以爱民,务农重穀,牧于坰野,鲁人尊之,于是季孙行父请命于周,而史克作是颂。"①此颂诗的作者是鲁国的史官名史克者。然何以要向周室请命呢?孔《疏》认为是由于鲁国的地位特殊,请命而后作颂,表示格外隆重的意思。故孔《疏》云:"言鲁为天子所优,不陈其诗,不得作风,今僖公身有盛德,请为作颂。"②《有駜》是颂僖公能遵守君臣之礼和君臣之道。《泮水》是颂扬僖公为兴学、倡明礼教而重建泮宫的功德。《閟宫》则颂赞僖公能够恢复当年周公获封时的七百里地域,不辱祖德。故此颂之所颂,不止僖公,还上溯到周的祖考。一如孔《疏》所说:"作者将美僖公,追述远祖,上陈姜嫄、后稷,至于文、武、大王,爰及成王封建之辞,鲁公受赐之命,言其所以有鲁之由,与僖公之事为首引耳。"③《商颂》五篇,《那》为祭祀成汤而作,《烈祖》是祭祀汤的玄孙中宗,《玄鸟》为祭祀中宗玄孙之孙高宗,《长发》《殷武》都是写对远祖的大祭,所谓禘和祫是也。禘是对祖宗的单祭,祫是合祭。则《商颂》五篇,应该都是殷商的慎终怀远的祭祀之歌。

《毛诗正义》的《诗谱序》提出:"故诗有六义焉:一曰风,二曰赋,三曰比,四曰兴,五曰雅,六曰颂。"④这是对《诗》的重大论述。风、雅、颂关乎《诗》的地域分布和《诗》的体式及风格问题,前面已析论甚详。现在来谈赋、比、兴是为何义。郑康成《笺》

---

① 〔汉〕郑玄笺,〔唐〕孔颖达疏,朱杰人、李慧玲整理:《毛诗注疏》,上海:上海古籍出版社2013年版,第2046页。
② 同上,第2047页。
③ 同上,第2078页。
④ 同上,第13页。

云:"以赋之言铺也,铺陈善恶,则诗文直陈其事,不譬喻者,皆赋辞也。"郑司农仲师解比、兴则曰:"比者,比方于物。诸言如者,皆比辞也","兴者,托事于物则兴者起也。"①换言之,所谓赋者,就是直接陈述事体的由来经过;所谓比者,就是以一物来比喻他物;所谓兴者,则是托事于山川风物、鸟兽虫鱼,来引起诗事的讲述。风、雅、颂是《诗》的分类,赋、比、兴是《诗》的表现手法。风诗《氓》之"氓之蚩蚩,抱布贸丝。匪来贸丝,来即我谋",是为赋。《邶风·柏舟》"我心匪石,不可转也。我心匪席,不可卷也",是为比。《诗》的卷首《关雎》中"关关雎鸠,在河之洲。窈窕淑女,君子好逑",头二句即兴也。

《毛诗正义》的《诗谱序》,也称《诗大序》和《诗小序》。附在风、雅、颂各类诗题之前面者,为小序。唯首篇《关雎》一题之后的《诗谱序》称为大序。作者相传是子夏,但《后汉书·儒林列传》又提出,诗序是卫宏所作。其传曰:"九江谢曼卿善《毛诗》,乃为其训。宏从曼卿受学,因作《毛诗序》,善得《风雅》之旨,于今传于世。"此事涉及各家传《诗》的情况。刘歆《六艺略》云:"汉兴,鲁申公为《诗》训故,而齐辕固、燕韩生皆为之传。或取《春秋》,采杂说,咸非其本义。与不得已,鲁最为近之。三家皆列于学官。又有毛公之学,自谓子夏所传,而河间献王好之,未得立。"由此可知,汉代传《诗》者,主要有鲁、齐、韩三家,即鲁人申公、齐人辕固生、燕人韩婴。所传为《鲁诗》《齐诗》《韩诗》,三家都立于学官,而以鲁申公所传《诗》最受推重。《毛诗》则不为所重,也没有立于学官。《毛诗》受到推重是在东汉,特别是

---

① 〔汉〕郑玄笺,〔唐〕孔颖达疏,朱杰人、李慧玲整理:《毛诗注疏》,上海:上海古籍出版社2013年版,第14页。

在大通家郑康成为之作笺注之后，《毛诗》的地位日显。《后汉书》郑玄本传记载："门人相与撰玄答诸弟子问《五经》，依《论语》作《郑志》八篇。凡玄所注《周易》《尚书》《毛诗》《仪礼》《礼记》《论语》《孝经》《尚书大传》《中候》《乾象历》，又著《天文七政论》《鲁礼禘祫义》《六艺论》《毛诗谱》《驳许慎五经异义》《答临孝存周礼难》，凡百余万言。"则不仅《毛诗》，郑玄也为《毛诗谱》作了笺注。郑玄是大儒马融的弟子，与郑俱事于马融的通儒涿郡人卢植，于汉灵帝即位之时，上书给扶持灵帝的大将军窦武，提出宜将《毛诗》等立于学官。自此，《诗》的天下就成为《毛诗》的天下了。殆至魏晋，《齐诗》《鲁诗》相继亡佚，《韩诗》虽然存在，已无人传授。只有《毛诗郑笺》，赫然独立于学官士林。《隋书·经籍志》记录《诗》三十九部、四百四十二卷，其中只有三部为《韩诗》，其余三十六部都是关于《毛诗》的传注义疏。至唐而有孔颖达《毛诗正义》问世，毛传、郑笺、孔疏的《毛诗》，于是成为《诗》传世的稳定版本。宋元以后，朱熹《诗集传》对《毛诗》的郑笺孔疏本不无是正，但对《诗》的解读，亦未尝全然抛开郑笺孔疏。而到清中叶，朴学大师们重订"六经"，也还是以毛传、郑笺、孔疏的《毛诗》作为依凭，《毛诗》的地位更加不可撼动。

　　笔者在此特别想说明的是，不管《毛诗谱》是谁人所作，其纲领式的提点《诗》的各体类分，对风、雅、颂产生的时代和环境的钩沉索隐，对任何时期的读者理解《诗》的内容和表达手法，都有直接帮助。《毛诗》笺注是郑玄最着力的一部大著，在笺之注之之余，又以一诗谱附着其中，总说犹嫌不尽，复对各体诗篇分别提示，其谁说不宜呢？况《隋书·经籍志》对卫弘作诗谱之说似有保留，其说法是这样的："汉初，又有赵人毛苌善《诗》，自云子夏所传,作《诂训传》,是为《毛诗》古学,而未得立。后汉有九江谢曼卿,善《毛诗》,又为之训。东海卫敬仲,受学于曼卿。先儒相承,谓之《毛诗》。序,子夏所创,毛公及敬仲又加润益。"转而认为诗谱是子夏的创体,毛苌和卫弘(卫弘字敬仲)只是"润益",即润色和增益。然子夏创撰诗谱的可能性小之又小,迄无明证显据。又依《隋志》此段之记述,始曰《毛诗》是"子夏所传",又云"序"为"子夏所创",是否也有可能存在"传"与"创"的字形混淆的问题?尚希治史明诗之博雅君子有以教我。

下篇 《书》是三代之治的经纶大法

刘歆《六艺略》所叙之《书》,为上古时期的文献辑录,主要包括虞夏商周时期的各种文诰、誓词、政策文件及历史故实等,是研究我国上古史可直接资凭的资料。但由于秦火之劫,焚毁了除卜筮、种树之书以外的其他典籍,《书》之原辑已不复存在,西汉出现的《尚书》二十九篇,系由伏生口授整理而成。伏生是济南人,尝为秦博士,冒死藏《书》于旧宅壁中,汉惠帝时始取出,为二十九篇,讲述传授于齐鲁之间。文帝继统后闻知此情况,特遣太常卿晁错往访伏生,由其女转述而记录下来,这就是最早形成文本的《尚书》。

《尚书》的"尚",是上古的意思,《尚书》即上古之书。《论衡·须颂篇》:"或说《尚书》曰:'尚者,上也;上所为,下所书也。''下者谁也?'曰:'臣子也。'然则臣子书上所为矣。"[1]《论衡·正说篇》又云:"《尚书》者,以为上古帝王之书,或以为上所

---

[1] 黄晖:《论衡校释》,北京:中华书局1990年版,第847页。

为下所书,授事相实而为名,不依违作意以见奇。"①《论衡》作者王充是极博学之人,其所叙论,自有其理据。释"尚"为上,为上古之书,诚为的论。所说的"上所为下所书",也并非无根之谈,下面的篇章当涉及此一问题。至于《尚书》的名称,汉代以前,只称之以《书》,无论春秋抑或战国,都是如此。《论语·为政》:"或谓孔子曰:'子奚不为政?'"孔子说:"《书》云:'孝乎惟孝,友于兄弟,施于有政。'是亦为政,奚其为为政?"《论语·述而》亦云:"子所雅言,《诗》、《书》、执礼,皆雅言也。"检核荀、墨、庄诸子,当语及"六艺"典籍时,也都是以《书》称。《墨子·明鬼下》旧本有"尚书夏书"字样,孙诒让《墨子闲诂》已予纠谬,将文本校作"尚者《夏书》,其次商、周之书"。②《尚书》一名的出现,是汉代的事情。太史公使用最多,《史记·五帝本纪》之太史公曰:"学者多称五帝,尚矣。然《尚书》独载尧以来;而百家言黄帝,其文不雅驯,荐绅先生难言之。"《史记·三代世表》:"于是以五帝系谍、《尚书》集世纪黄帝以来讫共和为世表。"《史记·高祖功臣侯者年表》:"《尚书》有唐虞之侯伯,历三代千有余载,自全以蕃卫天子,岂非笃于仁义,奉上法哉。"《史记·孝武本纪》:"封禅用希旷绝,莫知其仪礼,而群儒采封禅《尚书》《周官》《王制》之望祀射牛事。"《史记·封禅书》:"《尚书》曰,舜在璇玑玉衡,以齐七政。"《史记·袁盎晁错列传》:"孝文帝时,天下无治《尚书》者,独闻济南伏生故秦博士,治《尚书》,年九十余,老不可征,乃诏太常使人往受之。"则伏生口授之《书》,已经在

---

① 黄晖:《论衡校释》,北京:中华书局1990年版,第1140页。
② 参见〔清〕孙诒让:《墨子闲诂》上册,北京:中华书局1986年版,第219页。

使用《尚书》的名称了。《史记》关涉"六艺"的笔法,大多数情况下是《诗》《书》并称,或直称之为《书》,以及单提《虞书》《夏书》《周书》等。如上述之例,直称之为《尚书》者亦不在少数。《汉书》对"六艺"的行文笔法,略同于《史记》,但以《尚书》为称谓的次数有所增多,这是由于文帝以后,伏生所传之《尚书》已立于学官。

汉代的经学规例,能不能立于学官,要看师说和传授的情况。有书无说或有书无传者,一般不予立于学官。《尚书》的传授,开始是由伏生传给欧阳生,欧阳生授倪宽,宽又授大小夏侯氏及欧阳生之子。师徒相传,是为师传;一家之内代代相传,谓之家法。欧阳生曾孙为欧阳高,高之曾孙为地馀,至有《尚书》的欧阳氏学名世焉。伏生授《书》的另一支为济南张生,张生授夏侯都尉,都尉授族子始昌,始昌授族子夏侯胜,是为大夏侯之学。夏侯胜传给从子夏侯建,是为小夏侯之学。后来支脉衍续的结果,又有大夏侯的孔、许之学,和小夏侯的郑、张、秦、假、李氏之学。终成欧阳和大、小夏侯三家并立之势,直到东汉,仍相延不绝。

伏生所授是《今文尚书》,如果他冒死藏于壁中的是古文,口授时也是用今文讲述出来,故欧阳和大小夏侯所传之《书》,皆为《今文尚书》。至于当时后世争论不休的《古文尚书》,则另有故事。刘歆《六艺略》云:

> 《古文尚书》者,出孔子壁中。武帝末,鲁共王坏孔子宅,欲以广其宫。而得《古文尚书》及《礼记》《论语》《孝经》凡数十篇,皆古字也。共王往入其宅,闻鼓琴瑟钟磬之音,于是惧,乃止不坏。孔安国者,孔子后也,悉得其书,以

考二十九篇,得多十六篇。安国献之。遭巫蛊事,未列于学官。①

《汉书·儒林传》亦载:

> 孔氏有《古文尚书》,孔安国以今文字读之,因以起其家逸《书》,得十余篇,盖《尚书》兹多于是矣。遭巫蛊,未立于学官。安国为谏大夫,授都尉朝,而司马迁亦从安国问故。迁书载《尧典》《禹贡》《洪范》《微子》《金滕》诸篇,多古文说。②

《儒林传》和《六艺略》的记载,约略相同。需要辨别的是,《汉志》所说的孔安国得到的《古文尚书》,比二十九篇《今文尚书》多出了十六篇。《儒林传》则说"得十余篇",没有标明具体篇数,实际上,应该也是指多出了十六篇。所以未标出具体篇数者,则是叙述时采取了括而略之的笔法。试想,《汉志》已赫然在前,《儒林》的叙述自然宜减少重叠。

孔安国是孔子的十世孙(一说十二世孙),《史记·孔子世家》专门有一段孔安国的谱牒记略,兹抄录如下:

> 孔子生鲤,字伯鱼。伯鱼年五十,先孔子死。
> 伯鱼生伋,字子思,年六十二。尝困于宋。子思作《中庸》。

---

① 〔汉〕班固:《汉书》,北京:中华书局1962年版,第1706页。
② 同上,第3607页。

子思生白,字子上,年四十七。子上生求,字子家,年四十五。子家生箕,字子京,年四十六。子京生穿,字子高,年五十一。子高生子慎,年五十七,尝为魏相。

子慎生鲋,年五十七,为陈王涉博士,死于陈下。

鲋弟子襄,年五十七。尝为孝惠皇帝博士,迁为长沙太守。长九尺六寸。

子襄生忠,年五十七。忠生武,武生延年及安国。安国为今皇帝博士,至临淮太守,蚤卒。安国生卬,卬生驩。①

按太史公的记述,安国已是十二世了。安国生于汉景帝元年(前156),武帝时的博士,比董仲舒稍晚而同时活跃于武帝时期。其家传的礼教彝伦、学识根底、经学造诣,是超乎侪辈的。所以司马迁才向其"问故"。由于后来不断引为话题的《古文尚书》的真伪问题,拆之不开,挥之不去,连带对孔安国的评价也成了异说异是的历史谜团。

我们需要明了,安国当时所献之《书》肯定是真的,并不存在伪不伪的问题。这就是和伏生口述的二十九篇今文《尚书》相同的部分,另加上十六篇多出的部分,总共四十五卷。篇与卷同,也即四十五篇之数。但《汉书·艺文志》亦有"《尚书古文经》四十六卷、为五十七篇"的说法。此说涉及《尚书》研究最初的一个争论问题,即伏生的二十九篇是否包含《泰誓》或《书序》的问题。按王先谦《尚书孔传参证》所列之伏生二十九篇的篇目,有《尧典》《皋陶谟》《禹贡》《甘誓》《汤誓》《盘庚》《高宗肜日》《西伯戡黎》《微子》《牧誓》《鸿范》《大诰》《金縢》《康诰》

---

① 〔汉〕司马迁:《史记》,北京:中华书局1959年版,第1946—1947页。

《酒诰》《梓材》《召诰》《雒诰》《多士》《无佚》《君奭》《多方》《立政》《顾命》《康王之诰》《柴誓》《甫刑》《文侯之命》《秦誓》。①不包括《泰誓》,也没有《书序》。今人陈梦家所列的伏生二十九篇篇目,与王先谦同,唯顺序有移动。②

伏生篇目为何没有《泰誓》? 研究者一般认为是由于《泰誓》晚出。依据是刘歆《移太常博士书》有载:"《泰誓》后得,博士集而读之。"③刘歆《七略》亦云:"孝武皇帝末,有人得《泰誓》书于壁中者,献之与博士,使赞说之,因传以教。"《孟子·滕文公下》赵岐注也说:"《太誓》,古《尚书》百二十篇之时《泰誓》也。"又云:"今之《尚书·泰誓》篇,后得以充学,故不与古《太誓》同。"④王充《论衡·正说》则云:"至孝宣皇帝之时,河内女子发老屋,得逸《易》《礼》《尚书》各一篇,奏之。宣帝下示博士,然后《易》《礼》《尚书》各益一篇。"⑤此所益之《书》,即为《泰誓》。但孔安国所献之《古文尚书》,因遭遇巫蛊事件,并未能立于学官。何谓巫蛊事件? 为便于说明,不妨"以后例前"。《红楼梦》第二十五回"魇魔法姊弟逢五鬼",所写的赵姨娘和马道婆串通一气,施用魇魔法企图治死贾宝玉和王熙凤,就是巫蛊的一种。此种事情常发生在古代的宫掖之中。单是汉武帝时期就有两起,一是元光五年(前130)的皇后狱,一是征和元年(前92)的皇后和太子狱。安国遭遇的这次,应该是武帝时的第一次巫蛊

---

① 〔清〕王先谦:《尚书孔传参证》,北京:中华书局2011年版,第2页。
② 陈梦家:《尚书通论》,中华书局2005年版,第46页。
③ 〔汉〕班固:《汉书·楚元王传》,北京:中华书局1962年版,第1969页。
④ 李学勤主编:《十三经注疏·孟子注疏》,北京:北京大学出版社1999版,第170页。
⑤ 黄晖:《论衡校释》,北京:中华书局1990年版,第1124页。

事件。宫中一遇此事，牵连甚众，平息下来往往需要两三年的时间，势必手忙脚乱，哪里顾得上孔壁之《古文尚书》立不立学官之事。此是其一。其二，安国所献之《古文尚书》虽不得立于学官，但安国仍然有传授。依《史记·儒林列传》的记载，从伏生受今文《尚书》的欧阳生，直接传授人之一便是倪宽，而倪宽就曾经从已是博士的孔安国受业。尽管如此，由于当时是今文经学占据主流地位，《古文尚书》还是处于被压挤、质疑的状态。

直到西汉末年的哀帝时期，已是在郑康成融通今古文遍注群经之后，《古文尚书》得到大儒马融、郑玄的认可并为之注，复经刘歆的据理力争，《古文尚书》才最终得以立于学官。经学史上有名的《让太常博士书》，就于此时应运而生。刘歆在该《让太常博士书》中写道：

> 汉兴，去圣帝明王遐远，仲尼之道又绝，法度无所因袭。时独有一叔孙通略定礼仪，天下唯有《易》卜，未有它书。至孝惠之世，乃除挟书之律，然公卿大臣绛、灌之属咸介胄武夫，莫以为意。至孝文皇帝，始使掌故朝错从伏生受《尚书》。《尚书》初出于屋壁，朽折散绝，今其书见在，时师传读而已。《诗》始萌牙。天下众书往往颇出，皆诸子传说，犹广立于学官，为置博士。在汉朝之儒，唯贾生而已。至孝武皇帝，然后邹、鲁、梁、赵颇有《诗》《礼》《春秋》先师，皆起于建元之间。当此之时，一人不能独尽其经，或为《雅》，或为《颂》，相合而成。《泰誓》后得，博士集而读之。故诏书称曰："礼坏乐崩，书缺简脱，朕甚闵焉。"时汉兴已七八十年，离于全经，固已远矣。
>
> 及鲁恭王坏孔子宅，欲以为官，而得古文于坏壁之中，

《逸礼》有三十九,《书》十六篇。天汉之后,孔安国献之,遭巫蛊仓卒之难,未及施行。及《春秋》左氏丘明所修,皆古文旧书,多者二十余通,臧于秘府,伏而未发。孝成皇帝闵学残文缺,稍离其真,乃陈发秘臧,校理旧文,得此三事,以考学官所传,经或脱简,传或间编。传问民间,则有鲁国桓公、赵国贯公、胶东庸生之遗学与此同,抑而未施。此乃有识者之所惜闵,士君子之所嗟痛也。往者缀学之士不思废绝之阙,苟因陋就寡,分文析字,烦言碎辞,学者罢老且不能究其一艺。信口说而背传记,是末师而非往古,至于国家将有大事,若立辟雍、封禅、巡狩之仪,则幽冥而莫知其原。犹欲保残守缺,挟恐见破之私意,而无从善服义之公心,或怀妒嫉,不考情实,雷同相从,随声是非,抑此三学,以《尚书》为备,谓左氏为不传《春秋》,岂不哀哉!

今圣上德通神明,继统扬业,亦闵文学错乱,学士若兹,虽昭其情,犹依违谦让,乐与士君子同之。故下明诏,试《左氏》可立不,遣近臣奉指衔命,将以辅弱扶微,与二三君子比意同力,冀得废遗。今则不然,深闭固距,而不肯试,猥以不诵绝之,欲以杜塞余道,绝灭微学。夫可与乐成,难与虑始,此乃众庶之所为耳,非所望士君子也。且此数家之事,皆先帝所亲论,今上所考视,其古文旧书,皆有征验,外内相应,岂苟而已哉!

夫礼失求之于野,古文不犹愈于野乎?往者博士《书》有欧阳,《春秋》公羊,《易》则施、孟,然孝宣皇帝犹复广立《穀梁春秋》,《梁丘易》,《大小夏侯尚书》,义虽相反,犹并置之。何则?与其过而废之也,宁过而立之。传曰:"文武之道未坠于地,在人;贤者志其大者,不贤者志其小者。"今此数家之言所以兼包大小之义,岂可偏绝哉!若必专己守残,党同门,妒道真,违明诏,失圣意,以陷于文吏之议,甚为二三君子不取也。①

刘歆这篇《让太常博士书》,实在是一篇重要文献,不仅在汉代重要,在整个中国学术思想史上也具有重要意义。此文直接的意涵当然是阐释古文经学为何应该立于学官,而提出的思想则关乎执政者应该如何对待学术上不同学派的问题。刘歆认为掌权者对待学术应该兼收并纳,不应扶持一种学术而排斥另一种学术。他个人并不看轻今文学派,所著《六艺略》一本大公地摆在那里,只不过主张得之于孔子故宅的《逸礼》、《春秋》左氏传和《古文尚书》,不该遗落在学官之外。此事对于治今文学诸博士来说,需要摈弃先入为主的成见,而有从善服义之公心。他说尤其《古文尚书》最为完备,不立于官学未免太悲哀了。此"让书"最精彩的话是"党同门,妒道真"一语,可谓学术思想的千古箴铭,一语击中了学术上拉帮结党的门派习气。这是古今学术的大忌,何时此风弥漫,何时就是学术坠入歧途的险兆。盖门派党结,必以家数党派之利益为重,而置真理之追求于不顾,即所谓"妒道真"也。

我们一定还记得刘歆《六艺略》里面的话:"至于五学,世有变改,犹五行之更用事焉。古之学者耕且养,三年而通一艺,存其大体,玩经文而已,是故用日少而畜德多,三十而'五经'立也。后世经传既已乖离,博学者又不思多闻阙疑之义,而务碎义逃难,便辞巧说,破坏形体;说五字之文,至于二三万言。后进弥

---

① 〔汉〕班固:《汉书》,北京:中华书局1962年版,第1968—1971页。

以驰逐,故幼童而守一艺,白首而后能言;安其所习,毁所不见,终以自蔽。此学者之大患也。"①这是他对"六艺"之学所做的归结。刘歆所说的"五学",指《易》《诗》《书》《礼》《春秋》五种经典文本的研究,是对"六艺"之学的省称。研究者的大弊病,是"碎义逃难,便辞巧说,破坏形体",不啻为深知汉代经学病痛之言。如此结果,则是"安其所习,毁所不见,终以自蔽",实际上是自毁其学,自蔽其路。所以刘歆称之为"学者之大患"。亦可知其对学术的门派习气和只识其小、不识其大的狭隘短视是何等深恶痛绝。

至于汉代的今古文之立与不立学官,何以当事方的态度如此激烈,直观地看,当然是由家法和门户的壁垒所造成,深层原因是由经济的和政治的利益所驱使。秦燔灭诗书,除《易》之外,劫后余生之典籍,往往藏于民间。汉朝兴起,文、景、武帝重振文教,设立专门机构,广为收书,汇聚庋藏于相当于皇家图书馆的石渠,委派大儒刘向、刘歆父子等校勘、整理、编录,并设"五经"博士研究传承,蔚为大观。博士弟子,武帝时为五十人,昭帝时增至百人,宣、成二帝时期,从几百人到数千人。及至汉末,太学生已扩至三万人矣。东汉儒风更盛,除石渠又增设东观为皇家图书馆,房舍至有一千八百五十室之多,集校书、著作、游学、讲学于一体,真史上少有之典学之盛。不仅专家通儒会聚于此,太后有时也来此诵习经书,甚至皇家的一些礼仪活动也在东观举行。专职主持东观的学人,由特设的校书郎担任,相当于皇家图书馆馆长。还是在西汉末年的时候,以传授小夏侯之学闻名的才俊郑宽中,以博士身份为太子授学。后太子即位为汉成帝,

---

① 〔汉〕班固:《汉书》,北京:中华书局1962年版,第1723页。

赐爵宽中为关内侯,食邑八百户,迁光禄大夫,为经学博士获荣宠之最高者。而当宽中病故后,太中大夫谷永上疏曰:

> 臣闻圣王尊师傅,褒贤俊,显有功,生则致其爵禄,死则异其礼谥。昔周公薨,成王葬以变礼,而当天心。公叔文子卒,卫侯加以美谥,著为后法。近事,大司空朱邑、右扶风翁归德茂夭年,孝宣皇帝愍册厚赐,赞命之臣靡不激扬。关内侯郑宽中有颜子之美质,包商、偃之文学,严然总"五经"之眇论,立师傅之显位,入则乡唐、虞之闳道,王法纳乎圣听,出则参冢宰之重职,功列施乎政事,退食自公,私门不开,散赐九族,田亩不益,德配周、召,忠合《羔羊》,未得登司徒,有家臣,卒然早终,尤可悼痛。臣愚以为宜加其葬礼,赐之令谥,以章尊师褒贤显功之德。①

由此一事例可知,一旦成为帝师的通经儒士,将获得怎样的荣宠。即使不为帝师,声誉日隆的"五经"博士,也往往是利禄亦随之而至矣。亦可知刘歆《六艺略》所痛陈之经学之末流之弊,实在是击中要害之之论,不特为古之人而言,亦今日之警言也。

但《古文尚书》的最后立于学官,不等于对《书》的今古文的辨识与争议,从此偃旗息鼓。譬如后得之《泰誓》究竟得之于何时,说法亦不同。王充《论衡·正说篇》云:"至孝宣皇帝之时,河内女子发老屋,得逸《易》《礼》《尚书》各一篇,奏之。宣帝下示博士,然后《易》《礼》《尚书》各益一篇,而《尚书》二十九篇始

---

① 〔汉〕班固:《汉书》,北京:中华书局1962年版,第3605页。

定矣。"①如依王说,则后得之《尚书》一篇,是在汉宣帝时期,去晁错往访伏生的汉文帝时期,已过去约九十年的时间,则《史记》《汉书》中二十九篇之说,应不包括《泰誓》。可问题是,伏生所传之二十九篇如不包括《泰誓》,《太史公书》为何引录了《泰誓》的内容?《史记》十二本纪的第四篇《周本纪》写道:"于是武王遍告诸侯曰:'殷有重罪,不可以不毕伐。'乃遵文王,遂率戎车三百乘,虎贲三千人,甲士四万五千人,以东伐纣。十一年十二月戊午,师毕渡盟津,诸侯咸会。曰:'孳孳无怠!'武王乃作《太誓》,告于众庶:'今殷王纣乃用其妇人之言,自绝于天,毁坏其三正,离遏其王父母弟,乃断弃其先祖之乐,乃为淫声,用变乱正声,怡说妇人。故今予发维共行天罚。勉哉夫子,不可再,不可三。'"②"太誓"二字,赫然载于其中。"泰"亦写作"太",《太誓》就是《泰誓》。况所引述的内容,与《泰誓》本文完全一致。故所谓《泰誓》后得之说,亦复存疑矣。

抑不止此。我们今天看到的通行本《尚书》,即阮元主修的《十三经注疏》本《尚书正义》,汉代的孔安国为之传注,唐代的孔颖达为之义疏。晋宋以来直至明清迄于民国,大家使用的通常都是这个版本。但此本的最后形成是在何时?如果不是东汉,到底是西晋还是东晋?西晋末年有八王之乱,继之以永嘉之乱,古代典籍遭遇暴秦焚书之后的最大浩劫,至有说所损失有十之八九者。伏生所传之欧阳学和大、小夏侯《尚书》,均亡佚。只有晋秘府所藏的《古文尚书》犹存。③但西晋太康二年,《汲冢

---

① 黄晖:《论衡校释》,北京:中华书局1990年版,第1124页。
② 〔汉〕司马迁:《史记》,北京:中华书局1959年版,第121—122页。
③ 《隋书·经籍志》:"晋世秘府所存,有《古文尚书》经文。"

竹书》出土,十多万字的竹简,一例都以周代的文字写成(蝌蚪文字),引起了学者们的极大兴趣。晋武帝命存之秘府,请博通古文的专家集中考释,并写成今文。此事前后进行了一二十年的时间,《古文尚书》在此过程中相信也会得到重新整理。因为《汲冢竹书》里面,就有《周书》在焉。大约最晚在西晋末年,孔安国传注的《古文尚书》开始复现于世。此书的特点,一是收《尚书》的篇数最多,有五十八篇之多;二是不仅有孔注,篇前例还有孔安国所作的"传",书前则有孔子的《书序》和孔安国写的一篇"序"《尚书》文,体例约略与《毛诗谱》同。

我们不妨先看看通行本经文部分都包括哪些篇目。计有《虞书》五篇,有《尧典》《舜典》《大禹谟》《皋陶谟》《益稷》;《夏书》四篇,有《禹贡》《甘誓》《五子之歌》《胤征》;《商书》十七篇,有《汤誓》《仲虺之诰》《汤诰》《伊训》《太甲上》《太甲中》《太甲下》《咸有一德》《盘庚上》《盘庚中》《盘庚下》《说命上》《说命中》《说命下》《高宗肜日》《西伯戡黎》《微子》;《周书》三十二篇,有《泰誓上》《泰誓中》《泰誓下》《牧誓》《武成》《洪范》《旅獒》《金滕》《大诰》《微子之命》《康诰》《酒诰》《梓材》《召诰》《洛诰》《多士》《无逸》《君奭》《蔡仲之命》《多方》《立政》《周官》《君陈》《顾命》《康王之诰》《毕命》《君牙》《冏命》《吕刑》《文侯之命》《费誓》《秦誓》。加在一起,恰合于五十八篇之数。

通行本《尚书正义》的经文部分,应该是西晋时期重新整理过的。而参与整理的儒者,与《汲冢竹书》的整理者宜有重合。譬如通儒束晳,既是整理《汲冢竹书》的核心角色,一定也是《古文尚书》的参与整理者。《晋书·束晳传》载:"晳才学博通,所著《三魏人士传》《七代通记》《晋书·纪》《志》,遇乱亡失。其《五经通论》《发蒙记》《补亡诗》、文集数十篇,行于世云。"可以想见,束氏的《五经通论》应该即是此一时期的成果。不仅如此,孔安国为《古文尚书》所作的"传"和"序",他也是看到了的。今本《尚书正义·盘庚上》载:"盘庚五迁,将治亳殷,民咨胥怨,作《盘庚》三篇。"①此数句即孔安国为《盘庚篇》所作的"序"。安国复又在"注"中写道:"自汤至盘庚凡五迁都,盘庚治亳殷。民不欲徙,乃咨嗟忧愁,相与怨上。"②然而就是在此篇义疏里,孔颖达提到了束皙的大名。孔《疏》引用的束皙的原文,是这样写的:

> 束皙云:"《尚书序》'盘庚五迁,将治亳殷',旧说以为居亳,亳殷在河南。孔子壁中《尚书》云'将始宅殷',是与古文不同也。《汉书·项羽传》云'洹水南殷墟上',今安阳西有殷。"③

这让我们知晓:第一,束皙当时看到的《尚书》,是有孔安国的"序"的;第二,他又认为,他看到的这个本子与孔壁中的《尚书》,经文有所不同。孔壁《书》作"将始宅殷",而此本是"将治亳殷"。当然,无论他看到的是哪个版本,都是以今文写成的应无疑义。假如是晋世的整理本,武帝明确指令须用今文写出,自然是今文无疑。而安国的本子,更是史有明文标示,也是以今文写出。其实伏生《书》,说出来和写出来的,也都是今文。那么"始"和"治"二字的异同,不足以说明问题。因为此二字的偏

---

① 〔汉〕孔安国传,〔唐〕孔颖达正义:《尚书正义·盘庚上》,上海:上海古籍出版社2007年版,第335页。
② 同上。
③ 同上。

旁,字形太近似了,安知不是手民之误?所以孔《疏》所引束晳之语,最重要的是他看到了"孔序"。

与《古文尚书》的真伪相伴而生的问题就是孔《传》和孔《序》的真伪问题。西晋大儒束晳的话,让我们相信,通行本《尚书》的孔《传》和孔《序》,最晚在西晋束晳生活的时期,就已经有了的。那么孔《传》和孔《序》,是西晋人所为,抑或西晋以前就已经存在?目前尚无确证来做出铁定判断。① 迨至东晋,又有豫章内史梅赜者,得到了孔《传》,但缺《舜典》一篇。至南北朝齐建武时期,又有吴人姚方兴得到其书,始立于国学。② 但不知东晋南北朝所传之版本,是否即束晳所看到的有孔《传》和孔《序》的那个《尚书》版本。总之,直至唐贞观年间,孔子的三十一世孙、国子监祭酒孔颖达奉敕撰《五经正义》,其中《尚书正义》所用版本,还是这个收经文五十八篇的孔安国传注本。

对《古文尚书》及其孔《传》和孔《序》的质疑,始于宋代。尤其以南宋大儒朱熹之诘问最力。但朱子所据之理由,主要是孔注《古文尚书》的词气、文法、语句,大不似西汉文章,倒更像晋人手笔。如《朱子语类》卷七十八专论《尚书》云:"孔壁所出《尚书》,如《禹谟》《五子之歌》《胤征》《泰誓》《武成》《冏命》《微子之命》《蔡仲之命》《君牙》等篇皆平易,伏生所传皆难读。如何伏生偏记得难底,至于易底全记不得?此不可晓。"③又说:"《书序》恐不是孔安国做。汉文粗枝大叶,今《书序》细腻,只似六朝

---

① 《隋书·经籍志》肯定了孔安国作传说,有"孔安国为之传"的记载。
② 参见〔唐〕魏徵、〔唐〕令狐德棻:《隋书·经籍志》,北京:中华书局1973年版,第915页。
③ 〔宋〕黎靖德编,王星贤点校:《朱子语类》卷七十八,北京:中华书局1986年版,第1978页。

时文字。"又云:"《尚书》决非孔安国所注,盖文字困善,不是西汉人文章。安国,汉武帝时,文章岂如此!但有太粗处,决不如此困善也。如《书序》做得善弱,亦非西汉人文章也。"再云:"孔安国《尚书序》,只是唐人文字。前汉文字甚次第。司马迁亦不曾从安国受《尚书》,不应有一文字软郎当地。后汉人作《孔丛子》者,好作伪书。然此《序》亦非后汉时文字,后汉文字亦好。"①等等。其专论《尚书》的《书临漳所刊四经后》也写道:

> 然汉儒以伏生之《书》为今文,而谓安国之《书》为古文。以今考之,则今文多艰涩,而古文反平易。或者以为今文自伏生女子口授晁错时失之,则先秦古书所引之文皆已如此。或者以为记录之实语难工,而润色之雅词易好,则暗诵者不应偏得所难,而考文者反专得其所易。是皆有不可知者。至诸《序》之文或颇与经不合,如《康诰》《酒诰》《梓材》之类。而安国之《序》又绝不类西京文字,亦皆可疑。②

朱子对《古文尚书》并安国《序》之所疑者,主要还是文辞语句不合于西汉文字。笔者固然不怀疑朱子的学问之大,以及文本考据的能力,然仅就《尚书》考证来说,我认为其说服力是相当薄弱的,离论定尚有遥遥的距离。即便如此,朱熹还是承认安国注、孔颖达疏的《尚书正义》,迄于南宋仍是不可替代的《尚

---

① 〔宋〕黎靖德编,王星贤点校:《朱子语类》卷七十八,北京:中华书局1986年版,第1984—1985页。
② 〔宋〕朱熹著,郭齐、尹波点校:《朱熹集》第七册,成都:四川教育出版社1996年版,第4246页。

书》文本。他说,此《尚书》是"今世所行公私版本是也"①,语意之间,似不无珍惜之意。

乾嘉学者对《尚书》的考证更趋详密,经今古文的分野益见分歧。阎百诗《尚书古文疏证》力辩其伪,惠东《古文尚书考》、程廷祚《晚书订疑》紧随其后。但亦有持论不趋于极端者,如孙星衍的《尚书经古文注疏》,即自为一说。且看孙氏在是书《序》中所做的说明:

> 史迁所说则孔安国故,《书大传》则夏侯、欧阳说,马、郑注则本卫宏、贾逵孔壁古文说,皆有师法,不可遗也。今古文说之不能合一,犹三家诗及三传难以折衷。即郑注"三礼",亦引今古文异字,及郑司农、杜子春说。至晋已后,乃用李斯别黑白而定一尊之学,独申已见,自杜预之注《左传》,王弼之注《易》,郭璞之注《尔雅》滥觞也。经廿九篇,并序为卅卷者,伏生出自壁藏,授之晁错,教于齐、鲁,立于学官,大小夏侯、欧阳为之句解,传述有本。后人疑为口授经文,说为略以其意属读者,误也。孔壁所出古文,献自安国,汉人谓之《逸十六篇》。后汉卫宏、杜林、贾逵、许氏慎等皆为其学,未有注释。而经文并亡于晋永嘉之代,不可复见也。《书大传》孔子谓颜渊曰:"《尧典》可以观美,《禹贡》可以观事,《皋繇谟》可以观治,《鸿范》可以观度,六《誓》可以观义,五《诰》可以观仁,《甫刑》可以观诚。"凡此七观之书,皆在廿九篇中,故汉儒以《尚书》为备。又以为法斗、七

---

① 〔宋〕朱熹著,郭齐、尹波点校:《朱熹集》第七册,成都:四川教育出版社1996年版,第4246页。

宿,四七二十八宿,其一斗也。又云孔子更选二十九篇,二十九篇独有法也。寻此诸说,即非正论,可证汉儒之笃守廿九篇无异辞也。廿九篇析为三十四篇者,伏、郑本分合之不同。《大誓》后得,然见于《史记》《书大传》,似止上下二篇,至唐已后并失之,其词见于传记,犹可征也。《书大传》存本亦为后人删节,马、郑注至宋散佚,王应麟及近代诸儒或从《书》传辑存之,故可附经而为之疏也。文有今古之分者,孔壁《书》科斗文字,安国以今文读之。盖秦已来改篆为隶,或以今文写《书》,安国据以读古文,其字则异,其辞不异也。司马氏用安国故,夏侯、欧阳用伏生说,马、郑用卫、贾说,其说与文字虽异,而经文不异也。①

盖孙氏肯定了伏生所得之《今文尚书》"传述有本",也肯定了孔安国以今文读孔壁《书》的蝌蚪文字,为"其字则异,其辞不异",特别对《史》《汉》两《儒林传》的《书》二十九篇之说,给予公正解释:"即非正论,可证汉儒之笃守廿九篇无异辞也。"

龚自珍的看法也颇有意趣。其《大誓答问第二十四》写道:"伏生壁中书,实古文也,欧阳、夏侯之徒,以今文读之,传诸博士,后世因曰伏生今文家之祖,此失其名也。孔壁,固古文也,孔安国以今文读之,则与博士何以异?而曰孔安国古文家之祖,此又失其名也。今文、古文同出孔子之手,一为伏生之徒读之,一为孔安国读之。未读之先,皆古文矣,既读之后,皆今文矣。"②

---

① 〔清〕孙星衍撰,陈抗、盛冬玲点校:《尚书今古文注疏·序》,北京:中华书局1986年版,第1—2页。
② 〔清〕龚自珍著,王佩诤校:《龚自珍全集》,上海:上海古籍出版社1999年版,第75页。

自珍所守持，固是今文家的立场，但立论也是以事实为依据，非欲处处标新也。他对《尚书》的经古文的看法，可谓言有攸当。伏生所藏壁中《书》，肯定也是古文，只是通过女儿口向晁错传述，用的是今文。孔安国所见孔壁中《书》，自是古文，但写出来也是今文。安国《尚书序》已交代，他从孔子旧宅墙壁中得到的二十五篇《尚书》，是以蝌蚪文写就，经伏生之手又用古隶定稿。古隶，就是今文了。此正如自珍所引其外祖父段玉裁之言："读古文之人，必古今字尽识而后能之。此班固所谓晓古今语者必冠世大师，如伏生、欧阳生、夏侯生、孔安国庶几当之，余子皆不能也。"[1]

要之，安国传注、孔颖达疏的《尚书正义》，实为《尚书》今古文的合订本。对于涵泳"六艺"经典的好学深思之士，此本还是最合适的《尚书》原典。乾嘉大师阮元校刻《十三经注疏》，即是以此本作为《尚书》的经传底本。然与考据家的厘剔源流和辨别真伪，又不相冲突也。此正如《红楼梦》研究，多少红学家力辩后四十回之伪，以致连作者为谁都迭遭质疑，却不影响《红楼梦》本身的价值一样，似可以后例前，连类取譬。实际上，不独孙星衍，对孔安国传注的《古文尚书》，也不乏不同角度的辩护者。嘉庆时人焦延琥，有《尚书伸孔篇》之作，力辩孔《传》优于郑《注》。焦循也认为孔《传》解经要比郑《注》好。其在《尚书初疏序》中说："置其为假托之孔安国，而论其为魏、晋间人之传，则未尝不与何晏、杜预、郭璞、范宁等先后同时。晏、预、璞、宁之传注可存而论，则此《传》亦何不可存而论？"陈礼的《东塾读书记》

---

[1] 〔清〕龚自珍著，王佩诤校：《龚自珍全集》，上海：上海古籍出版社1999年版，第76页。

则认定孔《传》不可废。[1] 写到这里,我们暂且撇开孔《传》和《古文尚书》的真伪问题,回到迄今人间的唯一珍本《尚书正义》上来。

如果说《诗三百》是周代社会的百科全书,《书》则是上古时期的政治图谱和政治伦理。所谓上古时期的政治图谱,是指虞、夏、商、周四代的王权递嬗及其政治理想的变迁。所谓政治伦理,是指怎样的政治才具有合法性,不仅合王权的目的性,也合政治的道德准则。我这样说绝非拟词失伦,而是被后来称颂的"三代之治"确实讲求这些超越的理则。五十八篇《尚书》,在这方面为我们提供了真实的也是理想的政治范本。

殷周的两件大事,一是汤征夏桀,一是武王伐纣。这在殷周时期是何等大的政治事件,然《易·革卦》之《彖辞》则曰:"汤武革命,顺乎天而应乎人。革之时大矣哉。"此卦的《象辞》又说:"文明以说,大亨以正。革而当,其悔乃亡。天地革而四时成。"[2]我们先看看王弼的注:"夫民可与习常,难与适变;可与乐成,难与虑始。故革之为道,即日不孚,巳日乃孚也。孚,然后乃得元亨利贞,悔亡也。巳日而不孚,革不当也。悔吝之所生,生乎变动者也。革而当,其悔乃亡也。"[3]王弼的意思是说,作为大变动的"革",民众是不希望发生的,既"革"之后能够建立信任,说明是"革而当",就不会产生差错。既"革"之后犹不能获取信任,就是"革不当",因差错过失造成的后果就会浮现出来。"汤

---

[1] 参见蒋善国:《尚书综述》,上海:上海古籍出版社1986年版,第366—367页。

[2] 〔魏〕王弼撰,楼宇烈校释:《周易注校释》,北京:中华书局2012年版,第183页。

[3] 同上。

武革命"迥异于通常者,在于是"顺乎天而应乎人"的革命,所行的是天下之大道。故《商书·汤誓》云:"伊尹相汤伐桀,升自陑,遂与桀战于鸣条之野,作《汤誓》。"征夏的举动是汤在宰相伊的辅佐下发动的,《汤誓》所阐明的出师理由,是"有夏多罪,天命殛之",意思是夏犯下了诸多罪状,是上天要惩罚他,我不敢违背上天的意志。夏的民众已经到了忍无可忍的地步,他们早就想和夏主同归于尽,所以才说:"时日曷丧?予及汝皆亡。""夏德若兹,今朕必往。"夏的不德既然如此,我方有必胜的把握。结果尽如其言,鸣条之战,"夏师败绩"。《诗·商颂》的《长发》有句曰:"武王载旆,有虔秉钺,如火烈烈,则莫我敢曷。苞有三蘖,莫遂莫达,九有有截。韦顾既伐,昆吾夏桀。"[①]写的就是汤征夏之战。孟子在回答万章之问时也说过:

> 汤始征,自葛载,十一征而无敌于天下。东面而征,西夷怨;南面而征,北狄怨。曰:"奚为后我?"民之望之,若大旱之望雨也。归市者弗止,芸者不变,诛其君,吊其民,如时雨降。民大悦。《书》曰:"徯我后,后来其无罚。""有攸不惟臣,东征,绥厥士女,匪厥玄黄,绍我周王见休,惟臣附于大邑周。"其君子实玄黄于匪以迎其君子,其小人箪食壶浆以迎其小人。救民于水火之中,取其残而已矣。《太誓》曰:"我武惟扬,侵于之疆,则取于残,杀伐用张,于汤有光。"(《孟子·滕文公下》)

[①] 高亨注:《诗经今注》下册,上海:上海古籍出版社2017年版,第698页。

孟子讲的也是汤武革命顺天应人的故事，只不过以自己的独特语句表而出之，如"民之望之，若大旱之望雨""救民于水火之中"等。所引《泰誓》文句，为今存《尚书正义》的第二篇《泰誓》。王国维在《殷周制度论》中写道："殷周间之大变革，自其表言之，不过一姓一家之兴亡与都邑之移转；自其里言之，则旧制度废而新制度兴，旧文化废而新文化兴。"[1]大哉！静安之论。所谓汤武革命，实际上是文化之蜕变和制度之沿革的问题，如何使文化制度既合于新兴者的政治向往，又具有长治久安的合文化理想的伦理规范，是为关键。此即《商书·仲虺之诰》所说的"以义制事，以礼制心，垂裕后昆"[2]。仲虺是汤的大臣，征夏功成，汤王称为成汤，恐为来世留下口实，命仲虺为之作《诰》，故《诰》语都是对成汤的劝诫之辞。以此孔安国《传》云："欲王自勉，明大德，立大中之道于民，率义奉礼，垂优足之道示后世。"[3]盖此《诰》之作，是为成功者的自励自勉之词，三代之治由此可见一斑。

而《汤诰》之作，则是在功成回到都城亳之后，汤王复以大义告白于天下。其中的名句是："俾予一人辑宁尔邦家，兹朕未知获戾于上下，栗栗危惧，若将陨于深渊。凡我造邦，无从匪彝，无即慆淫，各守尔典，以承天休。尔有善，朕弗敢蔽；罪当朕躬，弗敢自赦，惟简在上帝之心。其尔万方有罪，在予一人；予一人

---

[1] 王国维：《殷周制度论》，载谢维扬、房鑫亮主编：《王国维全集》第八卷，杭州：浙江教育出版社2010年版，第303页。
[2] 〔汉〕孔安国传，〔唐〕孔颖达正义：《尚书正义》，上海：上海古籍出版社2007年，第295页。
[3] 同上。

有罪,无以尔万方。"①意谓我虽然给你们的邦国带来了安宁,但不知对各位父老是否有所得罪,这让我战战兢兢,如临深渊。你们的邦国既已重新建立,就不允许随便更动。大家都秉承上天的意旨,你们做得好的地方,我不敢秘而不宣,我有不对的地方,也不会请求上天宽恕。万方有罪,我一个人承担;我一个人有罪,跟万方没有关系。《汤诰》最后"万方有罪,在予一人;予一人有罪,无以尔万方"这句话,遂成为中国政治史上历代帝王仰而尊之的箴铭。因而后世的统治者,一旦遇到天灾人祸等大的灾难降临国家,往往下"罪己诏",请求上天宽恕。当然历数过往朝代,能"罪己"的最高统治者少之又少,"罪"他人抑或嫁祸于人的帝王倒是多到不知凡几。

我们再看《尚书》的综论治道的冠极之作《洪范》。此篇是武王伐殷之后,纣王自焚,纣的儿子武庚被立为殷的后祀。武王请回了殷之"三仁"之一的箕子,向箕子请教合于天道的为政次第。武王知道大禹治水有"彝伦攸叙"的说法,但非常谦卑地跟箕子说,他不知道应该如何理解"彝伦攸叙"的含义。箕子因此作《洪范》,畅论"洪范九畴,彝伦攸叙"的内涵。"洪"者,大也。"范",孔(安国)之《传》解释为"法",即"天地之大法"。"畴"是类的意思。《易·系辞》云:"河出图,洛出书,圣人则之。"《汉书·五行志》引刘歆说,认为"河出图"为八卦,"洛出书"即《洛书》,也就是《洪范》。

然则"九畴"都包含哪些内容?一曰五行,二曰敬用五事,三曰农用八政,四曰协用五纪,五曰建用皇极,六曰乂用三德,七

---

① 〔汉〕孔安国传,〔唐〕孔颖达正义:《尚书正义》,上海:上海古籍出版社2007年,第298—299页。

曰明用稽疑，八曰念用庶征，九曰向用五福，威用六极。

五行为何？一曰水，二曰火，三曰木，四曰金，五曰土。《洪范》解释为："水曰润下，火曰炎上，木曰曲直，金曰从革，土爰稼穑。润下作咸，炎上作苦，曲直作酸，从革作辛，稼穑作甘。"[①]这就是非常有名的五行学说，这是一门系统的大学问，古往今来，谈者多多，作者济济，要义在明其顺逆生生之理。水、火、木、金、土是五种自然物质，由于质性不同，置诸一处，会有合与不合、顺与不顺的问题。水是润下的，火往上燃烧，木则可曲可直，金可以熔而为器具，土可以生长庄稼而收成果实。水润下的味道是咸，火炎上的味道是苦，木可曲直的味道是酸，金可熔炼的味道是辛，土生百谷的味道是甘。基于水、火、木、金、土的五种味道产生了五行的顺逆。按通常说法，木—火、火—土、土—金、金—水、水—木，是为相顺相生的次序，意即木生火、火生土、土生金、金生水、水生木，是为五行相生。但如果是木—土、土—水、水—火、火—金、金—木，就是相逆了，即所谓的木克土、土克水、水克火、火克金、金克木，是为五行相克。但这只是通常而言，细究起来，并不如此简单，还有诸多因素参与其中。在特定情况下，顺逆又可以出现变化，或竟反逆为顺、反顺为逆，也不是没有可能。最重要的是五行之外还有阴阳，五行就是阳变阴合变换的结果，故五行之说又称阴阳五行学说。《易·说卦》岂不云乎："圣人之作《易》也，幽赞于神明而生蓍，参天两地而倚数，观变于阴阳而立卦，发挥于刚柔而生爻，和顺于道德而理于义，穷理尽性以

---

① 〔汉〕孔安国传，〔唐〕孔颖达疏正义：《尚书正义》，上海：上海古籍出版社2007年版，第452页。

至于命。"①《易·系辞》亦云:"一阴一阳之谓道,继之者善也,成之者性也。"故《易》与《洪范》可以连类,如同马一浮所说,两者都试图"通神明之德,类万物之情",只不过《易》以八卦表之,《洪范》以五行表之。②

《洪范》第一畴所警示的,是权力的最高执掌者,无论兴业还是举事,都必须顺乎天道,本乎自然,合乎民心。《洪范》分别给出了五行的五种不同性质,彼此之间搭配得当与不当、合与不合,其后果是不同的。也即《易·革卦》之《彖辞》所说的:"汤武革命,顺乎天而应乎人。革之时大矣哉。"顺天应人就是顺,否则就是逆。揆诸《易》道,顺则吉,逆则凶。《说卦》岂不云乎:"昔者圣人之作《易》也,将以顺性命之理。是以立天之道曰阴与阳,立地之道曰柔与刚,立人之道曰仁与义。兼三才而两之,故《易》六画而成卦。分阴分阳,迭用柔刚,故《易》六位而成章。"③然则,《易》之斯理亦可以解五行矣。

《洪范》的第二畴,是为敬用五事。哪五事？一曰貌,二曰言,三曰视,四曰听,五曰思。按孔《传》,貌指容仪,言指辞章,视指观正,听指察是非,思指心虑所行。孔(颖达)《疏》归结得更加明白,曰:"貌"是容仪(举身之大名),"言"是口之所出,"视"是目之所见,"听"是耳之所闻,"思"是心之所虑。关键是,此"五事"都须秉持"敬"的态度和"敬"的精神,所以名之为"敬

---

① 〔魏〕王弼撰,楼宇烈校释:《周易注校释》,北京:中华书局2012年版,第258页。
② 参见马一浮:《洪范约义》,载《马一浮集》第1册,杭州:浙江古籍出版社、浙江教育出版社1996年版,第336页。
③ 〔魏〕王弼撰,楼宇烈校释:《周易注校释》,中华书局2012年版,第259页。

用五事"。为此《洪范》对如何"敬用五事"给出了诠释性的说明,即"貌曰恭、言曰从、视曰明、听曰聪、思曰睿"。貌曰"恭"的恭,是肃的意思,即一个人的容止仪态,要让人感到端庄敬肃。"言曰从"不必理解为顺从,而是如《论语·为政》记载的孔子称赞颜回:"吾与回言终日,不违,如愚。退而省其私,亦足以发,回也不愚。"不是简单顺从,需要的是自省和发明大体。宋邢昺《疏》解此段的义涵,认为孔子的意思是说:"我与回言,终竟一日,亦无所怪问。于我之言,默而识之,如无知之愚人也。'退而省其私,亦足以发,回也不愚'者,言回既退还,而省察其在私室与二三子说释道义,亦足以发明大体,乃知其回也不愚。"可谓解释得无溢无漏。还有一次是颜渊问仁,孔子说:"克己复礼为仁。一日克己复礼,天下归仁焉。为仁由己,而由人乎哉?"颜渊觉得孔子提出的问题太大了,便又问可否说得再具体一些。孔子说:"非礼勿视,非礼勿听,非礼勿言,非礼勿动。"(《论语·颜渊》)我们立刻意识到,孔子的回答与《洪范》的第二畴非常相近。夫子之"视""听""言""动",亦即《洪范》之视、听、言、思。"思"也是动,即心之动。

《洪范》第二畴界定视、听、言、思,还讲了"视曰明、听曰聪、思曰睿"。孔《传》释之为:视曰明"必清审",听曰聪"必微谛",思曰睿"必通于微"。又说"明"是哲义,"聪"是谋必成之义,"睿"是于事皆通之义。孔《疏》则疏通其义而言之曰:"视能明,则所见照晳也。听能聪,则所谋必当也。思通微,则事无不通,乃成圣也。此一重言其所致之事。"所以孔《疏》说此章之所演,义有三重:"第一言其所名,第二言其所用,第三言其所致。"盖貌、言、视、听、思皆为名言,为第一重;恭、明、聪、从、睿,是其所用,为第二重;端庄谨肃、所见照澈、所谋必当、能识大体、于事能通,是其所致,为第三重。孔《疏》又强调,此"五事"都是对王者而言:"貌总身也,口言之,目视之,耳听之,心虑之,人主始于敬身,终通万事,此五事为天下之本也。"孔氏颖达之说诚然也,盖箕子《洪范》之所作,固是对周王言说,但以本人反复研读《尚书》的体会,其所涉之道德伦理,是适合包括庶民在内的天下所有人的。"五事"的核心要义在于"敬用"二字。无论在哪一层面上谈论貌、视、听、言、思,都离不开敬义[①]。"敬"是所有礼仪的精神内核,也是人作为人的自性的庄严。孔子说:"君子有九思,视思明,听思聪,色思温,貌思恭,言思忠,事思敬,疑思问,忿思难,见得思义。"(《论语·季氏》)此"九思"与《洪范》第二畴的貌、言、视、听、思完全重合,与孔颖达《疏》所揭示的三重义涵若合符契。《论语注疏》之邢昺《义疏》写道:"此章言君子有九种之事当用心思虑,使合礼义也。"孔子"九思"之思理归属,是归于"礼",也就是"克己复礼"。而其精神价值的内核,则在一"敬"字。

《洪范》第三畴是"八政":一曰食,二曰货,三曰祀,四曰司空,五曰司徒,六曰司寇,七曰宾,八曰师。此"八政"属于国计民生和国家职能的分工管理。食和货,指一个国家以食物为基础的农业和金玉布帛等用物。孔安国《传》认为,"食"是"勤农业","货"是"宝用物",固然也。周的祖先后稷,从小做游戏就喜欢种树、种麻、种菽,长大以后,就开始耕作了。劝农力耕是周的祖传本领,所以治理国家把"食"的来源农业放在了第一位。可是国家光有吃的东西也不够,还需要储存供衣食之用的各种

[①] 刘梦溪:《敬义论》,载《学术与传统》下卷,北京:北京时代华文书局2017年版,第1121—1169页。

货物,所以第二"政"是"货"。那么是不是有吃、有穿、有可用之物,就全解决了？不行,还需要"祀",即敬鬼神,是为第三"政"。"祀"在周朝是与食货具有同等意义的大事。第四、第五、第六"政",是关于管理国家各职能部门主管官员的配置。第四"政"司空,负责老百姓的居住,颇似现在的国土资源部。第五"政"司徒,主管教育和礼仪。第六"政"司寇,管防盗和社会治安,就和现在的公安部相似了。第七"政"是"宾",主管宾客的迎来送往,礼仪和有"敬"显得特别重要,这类似如今的外交部兼礼宾司。第八"政"是"师",指国家直接掌握的比较精干的武装力量。孔安国注为"简师所任必良""士卒必练",应是很准确的释义。我们再参照一下孔颖达的阐释,他于此八政写道：

> 八政如此次者,人不食则死,食于人最急,故食为先也。有食又须衣货为人之用,故"货"为二也。所以得食、货,乃是明灵祐之,人当敬事鬼神,故"祀"为三也。足衣食、祭鬼神,必当有所安居,司空主居民,故"司空"为四也。虽有所安居,非礼义不立,司徒教以礼义,故"司徒"为五也。虽有礼义之教,而无刑杀之法,则强弱相陵,司寇主奸盗,故"司寇"为六也。民不往来,则无相亲之好,故"宾"为七也。寇贼为害,则民不安居,故"师"为八也。此用于民缓急而为次也。①

孔氏对"八政"所以如是为次序的阐释,可谓甚有意趣。这

---

① 〔汉〕孔安国传,〔唐〕孔颖达正义:《尚书正义》,上海:上海古籍出版社2007年版,第457页。

个次序自然是周朝的古例,然以之例今,几千年之后的不同制度,对第一政的"食"以及作为"食"之源的农业,一直也不敢轻忽呵!

《洪范》的第四畴为"五纪":一曰岁,二曰月,三曰日,四曰星辰,五曰历数。此"五纪",孔《传》认为,是"历数节气之度以为历,敬授民时"。盖缘于周以农业立国,而农业的发展,离不开对四时节候的认知和掌握。如果误了农时,对种植和收成将构成直接影响。至于"八政"第三政的"祀",就更需要讲究时序和时间了。《周礼·小宗伯》:"以岁时序其祭祀及其祈珥。"①孔《疏》对此解释说:"天地人之鬼神,各有大次小,或小而应先,或大而应后,各自当其时以祭之,故云第次其先后也。"②可知岁序、季节、时间对祭祀的重要性。如果非其时而祭之,那是失礼失敬的举动,绝不允许发生。"岁"以年纪,所以"纪四时"。月以月纪,日以日纪。然则为何牵及星辰?《左传·昭公七年》记载,是年的冬十月,晋国发生多起宫廷相杀和死亡事件,而且早在四月已经出现了日食。晋侯想知道此种情况是否会经常发生,便问伺其事的士文伯,得到的回答是:"六物不同,各异时。民心不壹,政教殊。事序不类,有变易。官职不则,治官居职非一法。同始异终,胡可常也?"意思是不会经常如此。晋侯又问什么是"六物",士文伯说:"岁、时、日、月、星、辰是谓也。"③这和《洪范》第四畴的说法就完全吻合了。"岁"就是年。但《尔雅·

---

① 〔汉〕郑玄注,〔唐〕贾公彦疏:《周礼注疏》,上海:上海古籍出版社2010年版,第720页。
② 同上。
③ 李学勤主编:《十三经注疏·春秋左传正义》,北京:北京大学出版社1999年版,第1253页。

释天》云:"夏曰岁,商曰祀,周曰年,唐虞曰载。"岁、祀、年、载都是指一年,但又反映了唐虞和三代的不同取义角度。著名的《尔雅》注家郭璞解释说:以岁称,是"取岁星行一次";以祀称,是指"四时一终";以年称,"取禾一熟";以载称,"取物终更始"。①可谓在在不虚。至于星辰和岁历,宜另外有说。

我国上古有一重要学说曰"观象授时"②。这一学说最早也是源于《尚书》,《虞书·尧典》写道:"乃命羲、和,钦若昊天,历象日月星辰,敬授人时。分命羲仲,宅嵎夷,曰旸谷。寅宾出日,平秩东作。日中,星鸟,以殷仲春。厥民析,鸟兽孳尾。申命羲叔,宅南交,平秩南讹,敬致。日永星火,以正仲夏。厥民因,鸟兽希革。分命和仲,宅西,曰昧谷。寅饯纳日,平秩西成。宵中,星虚,以殷仲秋。厥民夷,鸟兽毛毨。申命和叔,宅朔方,曰幽都。平在朔易。日短,星昴,以正仲冬。厥民隩,鸟兽氄毛。帝曰:'咨!汝羲暨和。期三百有六旬有六日,以闰月定四时成岁。'"③《尧典》此段,已经把"观象授时"的义涵大体交代出来。依孔安国和孔颖达的阐释,羲、和是掌管天地四时的专职之官,尧命两人敬顺上天的意志,依据日月星辰的变化与交会的天象,来制定历法。这和《易·系辞下》中所说的"古者包牺氏之王天下也,仰则观象于天,俯则观法于地,观鸟兽之文与地之宜,近取

---

① 参见李学勤主编:《十三经注疏·尔雅注疏》,北京:北京大学出版社1999年版,第169页。
② "观象授时"的概念,据说是清代学者毕沅在《夏小正考证》中提出来的,原书未见,兹不具引。
③ 〔汉〕孔安国传,〔唐〕孔颖达疏:《尚书正义》,上海:上海古籍出版社2007年版,第38—40页。

诸身,远取诸物,于是始作八卦,以通神明之德,以类万物之情"①,可以连类,都是"顺乎天而应乎人"的意思。孔《疏》又说羲氏与和氏是为二人,另加上分管东、南、西、北的羲仲、羲叔、和仲、和叔,六人共襄此观天授时、与上天对话之事。有了东、南、西、北四个方向,春夏秋冬四时同时可以厘定。《尧典》本文中的"寅宾出日,平秩东作。日中,星鸟,以殷仲春",就是以"东"来象征春;"宅南交,平秩南讹,敬致。日永星火,以正仲夏",是以"南"象征夏;"宅西,曰昧谷。寅饯纳日,平秩西成。宵中,星虚,以殷仲秋",是以"西"象征秋;"宅朔方,曰幽都。平在朔易。日短,星昴,以正仲冬",是以"朔"(北)象征冬。孔《传》引马融的解释,说道:"羲氏掌天官,和氏掌地官,四子掌四时。"②则以羲仲、羲叔为羲氏之两子,以和仲、和叔为和氏之两子,这且不管。由此我们知晓,一年之"四时"由是而分出来了。

《礼记·礼运》也说:"夫礼,必本于大一,分而为天地,转而为阴阳,变而为四时,列而为鬼神。其降曰命,其官于天也。夫礼必本于天,动而之地,列而之事,变而从时,协于分艺。"③亦可作为参证。此处之"官"是"法"的意思,"官于天"就是以天为法。其实说的只是一个大道理,即人间的秩序必须与上天的秩序相吻合,而不是逆天而设或者逆天而行。禹的父亲鲧,就是由于逆天之道,惑乱了五行的秩序和性体,致使治水失败。禹继父

---

① [魏]王弼撰,楼宇烈校释:《周易注校释》,北京:中华书局2012年版,第247页。

② [汉]孔安国传,[唐]孔颖达疏:《尚书正义》,上海:上海古籍出版社2007年版,第38页。

③ [汉]郑玄注,[唐]孔颖达等正义:《礼记正义》中册,上海:上海古籍出版社2008年版,第939—940页。

而兴,受命治理洪水,改塞为通,天帝这才赐给禹以九类大法。而之所以赐给禹以"洪范九畴",是由于禹的盛德感动了天地。上天的智慧之星只能降临在德盛质美之人的身上。

《洪范》第五畴为"皇极,皇建其有极"。孔《疏》释之为:"皇,大也;极,中也。"则"皇极"即大中。而"皇建其有极",就是立其大中。孔《传》云:"大中之道,大立其有中,谓行九畴之义。"则"大中之道",虽出之于第五畴,又是整个九畴的总体之"义",兹可见"大中"之大也。第五畴的本文又写道:"敛时五福,用敷锡厥庶民。惟时厥庶民于汝极,锡汝保极。凡厥庶民,无有淫朋,人无有比德,惟皇作极。凡厥庶民,有猷有为有守,汝则念之。不协于极,不罹于咎,皇则受之。而康而色,曰:'予攸好德。'汝则锡之福。时人斯其惟皇之极。无虐茕独而畏高明。人之有能有为,使羞其行,而邦其昌。凡厥正人,既富方谷,汝弗能使有好于而家,时人斯其辜。于其无好德,汝虽锡之福,其作汝用咎。"①意谓:在上者立其大中之道,也需要以大中之道来施教于民,让庶民也懂得"敬用五事","以敛聚五福之道"。此处既示"五事",又标"五福"者,是由于"善"藏于"福",有善存焉,"敬用五事"才会有福报。以此上上下下都能够依中道而行,而且慢慢形成每个人的习性,使中道之义化入貌、言、视、听、思之中;"化"到了此种境界,民众就不会有放肆、过火的行为,也不致结为朋党,甚至连"比周"也不容易有存身余地了。"比"是小人之间的勾结,"周"是君子的道义之交。故孔子说:"君子周而不比,小人比而不周。"(《论语·为政》)但此处"皇极"之本文,

---

① 〔汉〕孔安国传,〔唐〕孔颖达疏:《尚书正义》,上海:上海古籍出版社2007年版,第459—462页。

将"比"和"周"都视作不守中道的表现,似有偏颇。这里透露出,孔子之思想和"六艺"之义理之间的联系与区别。孔《疏》归结说:"民有安中之善,非中不与为交","善多恶少,则恶亦化而为善,无复有不中之人,惟天下皆大为中正矣"。则"皇极"不只是阐述了中道的理则,亦复是中道之赞歌矣。在"中道"的问题上,孔子并没有执于一而不二,当中道不得而行的时候,他也曾退而求其次。① 但"中道"作为精神理念,其对社会人生和良性的政治秩序的形成所起的作用,孔子从没有怀疑、动摇过。

《尚书》研究者对"皇极"一语,后来亦有不同理解。孔《传》和孔《疏》以大中之道释"皇极",宋以前基本都认可此说。"北宋四子"之张载、程颢,对以大中释皇极也表示认同。张载写道:"极善者,须以中道方谓极善,故大中谓之皇极,盖过则便非善,不及亦非善,此极善是颜子所求也。"②其意甚明。明道也说:"在《洪范》之九章,一曰五行,次二曰五事,统之以大中,终之以福极,圣人之道,其见于是乎。"③苏东坡也说过同样的意思:"古之所谓中庸者,尽万物之理而不过,故亦曰皇极。"④王安石也说:"既协之岁、月、日、星辰、历数之纪,当立之以天下之中,故'次五曰建用皇极'。中者,所以立本,而未足以趣时,趣时则中不中无常也。"唯南宋之大儒朱熹,始表示置疑。他在《皇极辨》一文中写道:"《洛书》九数而五居中,《洪范》九畴而皇极居五,

---

① 参见刘梦溪:《中国文化的狂者精神》,北京:三联书店2012年版。
② 〔宋〕张载著,章锡琛点校:《张载集》,北京:中华书局2006年版,第332页。
③ 〔宋〕程颢、程颐著,王孝鱼点校:《二程集》,北京:中华书局2004年版,第463页。
④ 〔宋〕苏轼著,孔凡礼点校:《苏轼文集》第1册,北京:中华书局1986年版,第236页。

故自《孔氏传》训'皇极'为'大中',而诸儒皆祖其说。余独尝以经之文义语脉求之,而有以知其必不然也。盖皇者,君之称也;极者,至极之义、标准之名,常在物之中央,而四外望之以取正焉者也。故以极为在中之准的则可,而便训极为中则不可。"①朱子同意"极者"为"物之中央",但只是作为"标准之名",而不是"中道"的意思。朱子认为:

> 先儒未尝深求其意,而不察乎人君所以修身立道之本,是以误训"皇极"为"大中"。又见其词多为含洪宽大之言,因复误认"中"为含胡苟且、不分善恶之意。殊不知"极"虽居中,而非有取乎中之义。且"中"之为义,又以其无过不及、至精至当而无有毫厘之差,亦非如其所指之云也。乃以误认之"中"为误训之"极",不谨乎至严至密之体,而务为至宽至广之量,其弊将使人君不知修身以立政,而堕于汉元帝之优游、唐代宗之姑息,卒至于是非颠倒,贤否贸乱,而祸败随之,尚何敛福锡民之可望哉!呜呼!孔氏则诚误矣,然迹其本心,亦曰姑以随文解义,为口耳占毕之计而已,不知其祸之至此也。而自汉以来迄今千有余年,学士大夫不为不众,更历世变不为不多,幸而遗经尚存,本文可考,其出于人心者又不可得而昧也;乃无一人觉其非是而一言以正之者,使其患害流于万世,是则岂独孔氏之罪哉!②

---

① 〔宋〕朱熹:《皇极辨》,载〔宋〕朱熹著,郭齐、尹波点校:《朱熹集》第七册,成都:四川教育出版社1996年版,第3743页。

② 同上,第3747页。

朱子《皇极辨》的主要内容以此,可知他将此一问题看得甚为严重。不过就理论理,驳难的证据似乎还不是很充分。关键是"洪范九畴,彝伦攸叙"的最早出处,是由于天帝对禹的父亲鲧的治水结果不满意,于是重托于禹,并以"洪范九畴,彝伦攸叙"相授。就是说,《洪范》之学说,是天帝授给禹的,而非直接授给周王。箕子应周王之请讲述出来自可警示周王,但如明了核心义旨,求证于最初的所授对象至关重要。朱子指"皇"为"君"之称,称"极"为"君"所立之标准,可是禹舜时期并没有君主之名,无论是尧是舜是禹,都不曾如此称呼。此盖由于三代之治是王制社会,直到秦统一六国,始皇帝登场,中国的帝制社会方正式开始。王制社会的最高统治者是"王",《洪范》所立之大中之道,应该是王道的最高准则。因此《洪范》之立义,并不以一国、一朝、一代的治理大法为然,其所关注,应该是与天人关系相对应的整个社会的政治秩序和道德秩序的建立及运行。

此正如王国维在他的名著《殷卜辞中所见先公先王考》中所说:"《书·汤誓》于汤伐桀誓师时称'王',文王亦受命称'王',盖夏殷诸侯之强大者皆有王号,本与君公之称无甚悬隔。又天子之于诸侯,君臣之分亦未全定。天泽之辨,盖严于周公制礼之后。即宗周之世,边裔大国尚有称王者。盖仍夏殷遗俗,不能遽以僭窃论矣。"[①]王国维给出的历史分界线是,周武王逝后,立成王而由周公摄政,是为宗周时期,周公制礼即在此一时期。此前与此后的大区别,乃在此前之制度,拥有都邑和土地而自成一势力范围者皆可称王,但称王自可称王,"王"和其僚属、部属

---

① 王国维:《殷卜辞中所见先公先王考》,载谢维扬、房鑫亮主编:《王国维全集》第八卷,杭州:浙江教育出版社2010年版,第283页。

的关系,尚不是如后来的君臣关系;而宗周之后的制度,有了传位的子继之法和嫡庶制度分封子弟之制,以及男女的分别和葬礼的尊尊亲亲之制,随后,又有了分封子弟之制。如果说宗周之前的制度是以天下为万家,宗周后的制度则是一天下为一家。对此,王国维在《殷周制度论》中阐释得详尽而又明白。王国维写道:

> 自殷以前,天子诸侯君臣之分未定也。故当夏后之世,而殷之王亥、王恒,累叶称王。汤未放桀之时,亦已称王。当商之末,而周之文、武亦称王。盖诸侯之于天子,犹后世诸侯之于盟主,未有君臣之分也。周初亦然,于《牧誓》《大诰》皆称诸侯曰友邦君,是君臣之分亦未全定也。逮克殷践奄,灭国数十,而新建之国皆其功臣、昆弟、甥舅,本周之臣子,而鲁、卫、晋、齐四国,又以王室至亲为东方大藩,夏、殷以来古国,方之蔑矣。由是天子之尊,非复诸侯之长而为诸侯之君。其在丧服,则诸侯为天子斩衰三年,与子为父、臣为君同。盖天子、诸侯君臣之分始定于此。此周初大一统之规模,实与其大居正之制度相待而成者也。①。

则君臣之分之未确定与最终确定,是夏之后期和殷商时期以及周的前期,与成周之后在制度上的重大分别。王国维又说:

> 且古之所谓国家者,非徒政治之枢机,亦道德之枢机

---

① 王国维:《殷周制度论》,载谢维扬、房鑫亮主编:《王国维全集》第八卷,杭州:浙江教育出版社2010年版,第312页。

也。使天子、诸侯、大夫、士各奉其制度、典礼,以亲亲、尊尊、贤贤,明男女之别于上,而民风化于下,此之谓治。反是,则谓之乱。是故天子、诸侯、卿、大夫、士者,民之表也;制度、典礼者,道德之器也。周人为政之精髓,实存于此。①

静安于此又提出一重要分别,即"古之所谓国家者,非徒政治之枢机,亦道德之枢机"。其所举之证据,主要是三《礼》言治,但言天子、诸侯、卿、大夫、士,而《尚书》之言治则不离庶民。王国维说,《尚书》的《康诰》等篇,讲周的经纶天下之道,大都是以民为说。《召诰》一篇,言之尤为反复详尽,曰命,曰天,曰民,曰德,四者一以贯之。其言曰:"天亦哀于四方民,其眷命用懋,王其疾敬德。"又曰:"今天其命哲,命吉凶,命历年。知今我初服,宅新邑,肆惟王其疾敬德。王其德之用,祈天永命。"又曰:"欲王以小民受天永命。"且其所谓德者,又非徒仁民之谓,必天子自纳于德而使民则之,故曰:"其惟王勿以小民淫用非彝。"又曰:"其惟王位在德元,小民乃惟刑;用于天下,越王显。"②静安认为,这是古代关于治天下的极高的轨辙。静安还说:"古人非不知官天下之名美于家天下,立贤之利过于立嫡,人才之用优于资格,而终不以此易彼者,盖惧夫名之可藉而争之易生,其敝将不可胜穷,而民将无时或息也。故衡利而取重,絜害而取轻,而定为立子、立嫡之法,以利天下后世。"③这里又提出来"官天下"和"家天下"两个概念,对"家天下"之弊端,当建制之初也并非

---

① 王国维:《殷周制度论》,载谢维扬、房鑫亮主编:《王国维全集》第八卷,杭州:浙江教育出版社2010年版,第317页。
② 同上,第317—318页。
③ 同上,第306页。

全无认识,但立子立嫡之制度终成为几千年的历史已发生之事实,而没有成为理想家的畅想曲。尽管如此,王国维在《殷周制度论》的开篇,对殷商之间的大变革给予了极高的评价。他写道:

> 殷、周间之大变革,自其表言之,不过一姓一家之兴亡与都邑之移转;自其里言之,则旧制度废而新制度兴,旧文化废而新文化兴。又自其表言之,则古圣人之所以取天下及所以守之者,若无以异于后世之帝王;而自其里言之,则其制度、文物与其立制之本意,乃出于万世治安之大计,其心术与规摹,迥非后世帝王所能梦见也。①

这样,我们就不难理解《洪范》第五畴何以曰"皇极""建极"了,盖欲建万世治安之大计大法大纲也。

故《洪范》第五畴颂诗:"无偏无陂,遵王之义;无有作好,遵王之道;无有作恶,遵王之路。无偏无党,王道荡荡;无党无偏,王道平平;无反无侧,王道正直。会其有极,归其有极。"其与《三百篇》的颂体无异,只不过这里歌颂的是王道。孔《疏》的疏解至为明白易晓,特抄录如下:

> 更言大中之体,为人君者,当无偏私、无陂曲,动循先王之正义;无有乱为私好,谬赏恶人,动循先王之正道;无有乱为私恶,滥罚善人,动循先王之正路;无偏私、无阿党,王家

---

① 王国维:《殷周制度论》,载谢维扬、房鑫亮主编:《王国维全集》第八卷,杭州:浙江教育出版社2010年版,第303页。

所行之道荡荡然开辟矣；无阿党，无偏私、王者所立之道平平然辩治矣；所行无反道、无偏侧，王家之道正直矣。所行得无偏私，皆正直者会集其有中之道而行之。若其行必得中，则天下归其中矣。言人皆谓此人为大中之人也。①

而"皇极"一语的深层义涵，实即在于此而不在彼也。

《洪范》第六畴为"三德"。哪三德？一曰正直，二曰刚克，三曰柔克。实际上是讲三种为政举事的精神理念和实施的方法。克，是战而胜之、夺而取之、制而服之的意思。所谓克敌制胜是也。但所"克"者不一定都是有势有力的敌体，观念的战胜，自我的约束，理想的实现，也是一克服障碍、排出汩乱的过程。《尧典》"克明俊德，以亲九族"②，本义是指品德优异的才干之士能够得到任用，然要达到此一目标，也需要恰当的"克"而得之的政策与途径。"克明俊德"，也就是克之以德。《伊训》云："居上克明，为下克忠。"③斯言在上者须宽待下面之人，方法是讲道理，行恕道，亦即孔《疏》所说的："以理恕物，照察下情，是能明也。"④而居下者，则需要竭诚奉事，即孔《疏》所说"检敕其身，常如不及，不自大以卑人，不恃长以陵物"⑤。可见"克"的本义，诚如马一浮先生所说："胜过一切逆顺境界，不为物转；胜

---

① 〔汉〕孔安国传，〔唐〕孔颖达正义：《尚书正义》，上海：上海古籍出版社 2007 年版，第 463—464 页。

② 同上，第 36 页。

③ 同上，第 304 页。

④ 同上，第 304 页。

⑤ 王国维：《殷周制度论》，载谢维扬、房鑫亮主编：《王国维全集》第八卷，杭州：浙江教育出版社 2010 年版，第 304 页。

过一切微细惑障,不被己谩,是之谓克。"①而此种情况下的"克",实即平常中正之"克",也就是三德中的第一德,曰"正直",或曰平康。马一浮以《易》道和佛理释"正直"之义,写道:"正直是心之本相,既无偏曲,自无时不中,故正直亦兼中义。"②马先生此释最获我心。第二德"刚克",第三德"柔克",是克之两极。刚者,强也,即用比较强硬的手段"克"之。柔者,弱也,是以弱德"克"之。马一浮说得好:"刚柔并是才,刚而能克,柔而能克,则刚柔皆为德矣。"③此第六畴的本文还说:"强弗友,刚克;燮友,柔克。沉潜,刚克;高明,柔克。""友"是顺的意思,"弗友"是为不顺。不顺则以"刚"克之。"燮"是和的意思,和顺之物事,则以"柔"克之。"沉潜"指地,"高明"指天。《易·乾·象》云:"天行健,君子以自强不息。""健""强"只是"刚"也,但"天德不可为首也",故高明如天亦有"柔克"。《易·坤·象》曰:"地势坤,君子以厚德载物。"此坤卦之《文言》曰:"坤至柔而动也刚,至静而德方,后得主而有常,含万物而化光。"④则沉潜如地,其动也有"刚"存在也。所谓"沉潜,刚克;高明,柔克",意在斯乎,意在斯乎!

马一浮先生说:"沉潜者,深沉静默,有近于狷。高明者,抗厉发越,有近于狂。二者皆善有所章而不能无蔽,抗即违中,拘亦失理。孔子曰:'吾党之小子狂简,斐然成章,不知所以裁

---

① 马一浮:《洪范约义》,载《马一浮集》第1册,杭州:浙江古籍出版社、浙江教育出版社1996年版,第379页。
② 同上,第378页。
③ 同上,第378—379页。
④ 〔魏〕王弼撰,楼宇烈校释:《周易注校释》,北京:中华书局2012年版,第14页。

之。'裁之之道,即用'刚克''柔克'也。前者如孔子之于子夏,后者如孔子之于子张是已。此皆因其气禀之不同,故裁成有别,见鄙则竭其两端,勇过则广陈六蔽,圣人接人之道亦具于此矣。故曰:'不得中行而与之,必也狂狷乎。'若夫中行之士,上可跻于平康,次亦侪于燮友。强进者,或往而不反,则狂之过也;静退者,或局而少通,则狷之失也。"①马先生此段论说意趣极为深远,非常人所能道者。孔子说:"不得中行而与之,必也狂狷乎。狂者进取,狷者有所不为也。"(《论语·子路》)刚克,实即狂也。柔克,实即狷也。而中行则是"正直"。笔者在《孔子为何寄望狂狷》一文中写道:"狂者的特点是敢想、敢说、敢做,行为比一般人超前;狷者的特点,是不赶热闹、不随大流,踽踽独行,自有主张。狂者和狷者的共同特征,是特立独行,富于创造精神。"但笔者亦指明:"狂有正、邪:狂之正者,有益于世道人心;狂之邪者,亦可为妖。所以需要'裁之'。正是在此一意义层面,中庸、中道、中行可以成为节制狂狷的垂范圣道。它可以发出天籁之音,警示在陷阱边冥行的人们,左右都有悬崖,前行莫陷渠沟。"②这里,笔者对马先生的论说稍存疑义,即笔者认为"刚克"和"柔克"本身不具有对狂或狷"裁之"的功能,可以扮"裁之"之角色的只有中行,这在《洪范》里则为"正直"。

《洪范》第七畴为"稽疑",也就是要建立卜筮的专业队伍。兹事体大。盖三代时期的祭祀与政治或军事举动,没有不经过事先卜筮以问吉凶者。仅《尚书》所记,就随处可见。《大禹谟》

---

① 马一浮:《洪范约义》,载《马一浮集》第1册,杭州:浙江古籍出版社、浙江教育出版社1996年版,第379—380页。
② 刘梦溪:《孔子为何寄望狂狷》,载《学术与传统》下卷,北京:北京时代华文书局2017年版,第1330—1336页。

记载,鉴于禹的功绩和超凡德品,舜决定让位于禹,但禹坚辞不受。两方各不相让,最后禹提出可以用衔枚数数的方法来看结果。枚即蓍草,此一方法就是筮。舜不许,说他的想法确定之后,已经进行过龟卜,结果是:"鬼神其依,龟筮协从,卜不习吉。"①而且按照卜筮的规则,既已卜之,结果为吉,便不合再卜。禹这才稽首而不再坚持。《商书·盘庚》记载,盘庚迁殷之事,也是事先问卜。既迁之后,民众仍感到不适应,群情汹汹。盘庚训诫说:"我决定迁来此地,实际上是为民请命,事先与笃厚庄敬的臣佐们商量过,又问决于龟卜而得到吉兆。我和各位谁也不敢违卜,我们还是为光大此迁都之大业尽心竭力吧。"又《周书·大诰》的宣示背景,是当武王崩逝之后,周公居成王的相位而摄政,管叔、蔡叔和纣王之子武庚以及淮夷趁机起而叛周,周公决定东征诛叛。因系兵戎大事,先听僚属之议,得到认可,又问卜于周室传下来的大宝龟,结果也是吉卜。于是向叛者宣示举兵事由,其中一个重要理由是问卜之后,已经得到上天授命,岂敢违背,只好发起东征。如此等等,例证不胜枚举。此可知遇事问于卜筮之重要。太史公在《日者列传》发出感叹:"自古受命而王,王者之兴何尝不以卜筮决于天命哉!其于周尤甚,及秦可见。"兹可见上古三代之天人相应相感的风习是何等牢结难易,而其影响所及则千载犹存。

第七畴"稽疑"的特别之处在于明确标示,遇有大事,在卜筮之前,需要征询卿、士、庶人的意见。如果是"龟从、筮从、卿士从、庶民从,是之谓大同",此种情况下做出的决定,肯定万无一

---

① 〔汉〕孔安国传,〔唐〕孔颖达正义:《尚书正义·大禹谟》,上海:上海古籍出版社2007年版,第135页。

失。如果情况不是"大同",而是互有歧异,也有相关规则。"稽疑"本文给出的卜筮七兆,为雨、霁、蒙、驿、克、贞、悔。前五兆用于卜,后二兆用于筮。前第一章论《易》,笔者曾援引《周礼》掌太卜之官所实施的各种卜筮之法,包括三兆之法、三梦之法和三易之法。"稽疑"所列之后二兆,即可用"三易之法"得之。"稽疑"本文:"三人占,则从二人之言。"可作二解,一是筮不过三,即第一次卜而不吉,可以卜第二次、第三次,如果第二次、第三次均为不吉,便不合再卜。实际上想做而又疑而不能决之事,就不应该谋求实施了。又一说为孔《疏》的解释,认为"三人"者,是"三法并卜,法有一人,故三人也"。前已言及,依《周礼》卜筮有"三兆之法""三梦之法""三易之法",如果同时使用三种方法,每一种方法都由一名专业的占卜人执行,所得结果只要两人同为吉或同为凶,就可以此两人所占之结果而定。当然也可以理解为同用"兆法"或"易法",每一种也是三人分别为之,所得结果也是从相同之两人定吉凶。但这里有个约定俗成的预设条件,即执占者必须都是贤智之人,"若三人之内贤智不等,虽少从贤,不从众也"①。此诚如马一浮先生所说:"三占从二者,必三人者钧贤智也。若不问其贤否而唯舍少以从多,则世间愚不肖之数恒过于贤智,其违道而害事也必矣。"②马先生还以古例今,提出:"今人亦盛言服从多数而不知其蔽也,夫岂明用之旨哉?"③有意思的是,孔颖达在广征博引大作义疏之后,竟然发出

---

① 〔汉〕孔安国传,〔唐〕孔颖达正义:《尚书正义》,上海:上海古籍出版社2007年版,第470页。
② 马一浮:《洪范约义》,载《马一浮集》第1册,杭州:浙江古籍出版社、浙江教育出版社1996年版,第388页。
③ 同上,第388—389页。

了慨叹,写道:"卜筮之事,体用难明,故先儒各以意说,未知孰得其本。"①盖天心即人心,通灵之事,要在一心之诚,全体是敬,即为万有,又岂在方法之娴熟与否哉!

　　问题是三代之治法,其最高层决策之审慎,不禁让我们后世之人为之惊叹而又感到羞惭。卜筮,是为求之幽冥以问天也。而在此之前,一是王者须询诸自心,二是询诸卿士,三是询诸庶人。如经过卜筮之前的三道"关隘",已疑而有解,比如卿士不从,庶人也不从,则王之拟意可以搁置矣。反之,经过叩问之自心仍然坚定不移,卿士从,庶人也从,不问卜也可以施行。只是按当时的决策规则,最后还必须经过卜筮一关。这也就是"稽疑"本文所标示的:"有大疑,谋及乃心,谋及卿士,谋及庶人,谋及卜筮。"或问,所谓"乃心"不就是王之心吗?王既然已经有了拟议,难道不是经由其心思考的结果吗?是的。但此处所说的"谋及乃心",是指进入决策程序时对"乃心"的反复叩问。如果经过反复叩问,或者现代一点的说法,经过反思的心依然坚执而不动摇,则"谋及乃心"这一关隘就是通过了。决策之需通关隘,本来是四项,但"稽疑"本文将卜和筮分列,变成"汝则从、龟从、筮从、卿士从、庶民从,是之谓大同",等于变成了五项。以此又出现了各项组合的新序列。除了"五从"的"大同"之外,另有乃心从、龟从、筮从、卿士逆、庶民逆,是为一种;卿士从、龟从、筮从、乃心逆、庶民逆,是第二种;庶民从、龟从、筮从、乃心逆、卿士逆,是第三种;乃心从、龟从、筮逆、卿士逆、庶民逆,是第四种。按"稽疑"本文,第一种为吉,第二种为吉,第三种亦吉。盖第一

---

① 〔汉〕孔安国传,〔唐〕孔颖达正义:《尚书正义》,上海:上海古籍出版社2007年,第469页。

种是"王心"和天意相通而合一,自属吉也。第二种是卜和筮与卿士站在了一起,属于天意和智慧的结合,可以认为是吉。王心虽然有悔,即从拟议变成了反拟议,说明心有未定,此项可不计。而庶民的占比当然比不过"卿士从、龟从、筮从"的力量。第三种,庶民与卜和筮一致,只有王心和卿士反对。前面说了,王心逆是王心有悔,可不计。故此第三种仍为吉。第四种比较复杂。王心与龟卜一致,与筮不一致,卿士和庶民均反对。天心之一半与王心同,其余均逆,如何处置呢?"稽疑"给出的答案是:"作内吉,作外凶。"此种情况下,对外征伐之事一定要停止行动,其实也含括对内必须谨而慎之。此外还有第五种序列,即王心同、卿士同、庶民同,唯龟和筮不同,亦即"龟筮共违于人",此种情形的答案是:"用静吉,用作凶。"[1]也就是不要再有什么举措了,最合宜的应对之法是静观万物而不作为。

至于这其中的妙理玄规安在,那只有知者知之不知者不知了。《易·系辞》云:"吉凶者,贞胜者也;天地之道,贞观者也;日月之道,贞明者也;天下之动,贞夫一者也。"[2]贞者,正也。关键在一"正"字。马一浮说:"人失其正,则贞在龟筮矣,此示诚之言也。由来缙绅之议,或不智于刍荛。有执之情,终难期于神物。非深达于天人之际,曷足以前民成务哉?若夫临机不断,委筑室于道谋,陈善无闻,乃乞灵于异术,与专己而拂人、假众以欺

---

[1] 〔汉〕孔安国传,〔唐〕孔颖达正义:《尚书正义》,上海:上海古籍出版社2007年版,第468页。

[2] 〔魏〕王弼撰,楼宇烈校释:《周易注校释》,北京:中华书局2012年版,第246页。

世者等在昏暗之科,君子贱之。观乎此,则从违之数亦可知矣。"①马先生的话,需要领略和妙悟,不合多言。

《洪范》第八畴为"庶征"。孔《疏》云:"庶,众也;征,验也。""稽疑"是讲王者决策的依据和程序,看这个决策怎样才能顺天应民,而不致有大的失误。其中所询四项,包括"询庶民"一项,但占比为最后一项。此第八畴"庶征",则是要观察王政的庶民验和气候验,即对节候所带来的正常的或不正常的寒温冷热的感受和反应。当然不是直接做民意调查,而是观察各种季节征候的变化所呈现的正验和负验。"庶征"本文列出了五种,曰雨,曰旸,曰燠,曰寒,曰风。孔《传》对此五种现象的解释是:"雨以润物,旸以干物,暖以长物,寒以成物,风以动物。五者各以其时,所以为众验。"②孔《疏》则将其视作五气的别称,可作为观政的"气验"③。雨是湿意,旸是干(干湿的干)意,燠是暖意,寒是冷意,风是动意。这五种征候的出现跟时令和节候有关,所以"庶征"本文称之为"曰时五者来备,各以其叙,庶草蕃庑"。关键是来之以时,而且次序不紊。如果不以时而来,譬如五种气验,某一种来势凶猛,或某一种该来不来,就是凶兆。此即生活中经常遇到的雨多则涝、雨少则旱,以及燠热过头或寒冷过头,都会对生民和作物造成损害。

"庶征"本文所列出的"休征",有"肃,时雨若","乂,时旸若","晢,时燠若","谋,时寒若","圣,时风若"五种。"休"是美

---

① 马一浮:《洪范约义》,载《马一浮集》第 1 册,杭州:浙江古籍出版社、浙江教育出版社 1996 年版,第 390 页。

② 〔汉〕孔安国传,〔唐〕孔颖达正义:《尚书正义》,上海:上海古籍出版社 2007 年版,第 472 页。

③ 同上,第 473 页。

好之意,故孔《传》释为"美行之验",犹今语所言之好消息也。"若",《尔雅·释言》云:"若,惠,顺也。"①则"时寒若",就是对以时而来的寒冷感到顺应而无不适之感,只是形貌显得庄肃,实即敬也。"时旸若",是对干燥的气候也能够顺应接受,仍有安逸平安之感。"乂",就是平安无事的意思。"晢,时燠若",是说气候燠热的时候,照样惠顺无虞,并不影响清晰地观物阅人。"谋,时寒若",是说节候寒冷的时候,王者的决策仍然依程序进行,照样谋而有断。"圣,时风若",是说当风动之时,决策者能够顺应其道,不因风动不已而模糊自己的坚定意志,如能达至此种境界,那就应该是圣者的风度和精神仪态了。

跟"休征"相反的是"咎征"。咎者,过错也,是说当政者背天违时而产生的不可原谅的过错,而这些过错会出现一些兆验,孔《传》训为"恶行之验",孔《疏》称作"政恶致咎",态度和言辞均极为严厉。以今语表述,犹言坏消息也。然则其"咎征"都包括哪些征验呢?"庶征"本文也列出了五项:一是"狂,恒雨若",二是"僭,恒旸若",三是"豫,恒燠若",四是"急,恒寒若",五是"蒙,恒风若"。狂,是为倨傲不敬;僭,是僭妄无序;豫,是安闲逸乐;急,是急躁不安;蒙,是瞀乱昏聩。其结果则如孔《疏》所说:"君行狂妄,则常雨顺之;君行僭差,则常旸顺之;君行逸豫,则常暖顺之;君行急,则常寒顺之;君行蒙暗,则常风顺之。"或如《大学》所说的:"身有所忿懥,则不得其正;有所恐惧,则不得其正;有所好乐,则不得其正;有所忧患,则不得其正。心不在焉,

---

① 〔晋〕郭璞注,〔宋〕邢昺疏:《尔雅注疏·释言》,上海:上海古籍出版社2010年版,第100页。

视而不见,听而不闻,食而不知其味。"①都是其心不正的表现。而《汉书·五行志》云:"貌之不恭,是谓不肃。肃,敬也。内曰恭,外曰敬。人君行己,体貌不恭,怠慢骄蹇,则不能敬万事,失在狂易,故其咎狂也。上漫下暴,则阴气胜,故其罚常雨也。水伤百谷,衣食不足,则奸宄并作,故其极恶也。"可以作为推演咎征后果的有力的参证,亦可知盲心失政所造成的恶果之大矣。马一浮说"休征如平人,咎征如病人"②,良有以也。

《洪范》第八畴"庶征"的最后一段也大有讲究:"曰王省惟岁,卿士惟月,师尹惟日。岁、月、日时无易,百谷用成,乂用明,俊民用章,家用平康。日、月、岁时既易,百谷用不成,乂用昏不明,俊民用微,家用不宁。庶民惟星,星有好风,星有好雨。日月之行,则有冬有夏。月之从星,则以风雨。"这是以岁月四时来比喻王、卿士、师尹、庶民的关系和职司。前"稽疑"之四询,为王、卿士、庶民、卜筮。此处没有了卜筮而多出一个师尹。依孔《传》,师尹是分别执掌各类职务的正位长官。《诗·节南山》云:"赫赫师尹,民具尔瞻。"③可知师尹地位之显赫。故如以岁、月、日况之,王的地位在最高,如同一岁之总;卿士各有所掌,如同月以分岁也;师尹分治其职,如同日也;庶民则如同满布天空的星辰。此四者的位置和彼此之间的关系不随便改动,出色的庶民也能获得施展才智的机会,这样就会百谷丰盈,世道清明,天下康宁。反之如果颠倒次序,岁、月、日变成日、月、岁,王和卿

---

① 〔汉〕郑玄注,〔唐〕孔颖达等正义:《礼记正义》下册,上海:上海古籍出版社2008年版,第2249页。

② 马一浮:《洪范约义》,载《马一浮集》第1册,杭州:浙江古籍出版社、浙江教育出版社1996年版,第399页。

③ 高亨:《诗经今注》下册,上海:上海古籍出版社2019年版,第343页。

士易位,师尹不知其所,庶民不知所从,杰出的庶民即俊民得不到发挥,必将导致百谷用不成,政治不清明,甚至发生饥馑,天下大乱的局面不想发生也要发生。

然则庶民的地位又如何?"庶征"之本文曰:"庶民惟星,星有好风,星有好雨。日月之行,则有冬有夏。月之从星,则以风雨。"孔《传》云:"星,民象,故众民惟若星。"①由此我们知道,如果说王的处位和职能譬如岁,卿士的处位和职能譬如月,师尹的处位和职能譬如日,庶民的处位和职能则譬如群星。但"星有好风,星有好雨",说明民有美善,民亦有好恶,其性及其作用,既有正面,也有负面,不可一例看待。《礼记·月令》孔颖达《疏》云:"所以风雨不应时者,以孟春建寅,其宿直箕星,箕星好风。孟春行夏令,寅气不足,故风少,巳来乘之,四月纯阳用事,纯阳来乘,故雨少。"②这和孔《传》的看法完全一致。孔《传》亦云:"箕星好风,毕星好雨,亦民所好。"箕星,即民间俗称的所谓扫帚星也。又《礼记·月令》注疏引郑注《洪范》亦云:"中央土气为风,东方木气为雨,箕属东方木,木克土,土为妃,尚妃之所好,故箕星好风也。西方金气为阴,克东方木,木为妃,毕属西方,尚妃之所好,故好雨也。今申寅为风,风之被逆,故为猋风。"③斯又将"箕星好风"和阴阳五行联系起来,意谓代表庶民的"星有好风,星有好雨",同样存在五行顺逆的问题,如处置不当,宜有灾殃。《礼记·月令》又云:"孟春行夏令,则雨水不时,草木蚤落,国时

---

① 〔汉〕孔安国传,〔唐〕孔颖达正义:《尚书正义》,上海:上海古籍出版社2007年版,第477页。
② 〔汉〕郑玄注,〔唐〕孔颖达等正义:《礼记正义》上册,上海:上海古籍出版社2008年版,第627页。
③ 同上,第627—628页。

有恐。行秋令则民其大疫，猋风暴雨总至，藜莠蓬蒿并兴。行冬令则水潦为败，雪霜大挚，首种不入。"①即风雨如不以时而来，而是春行夏令或春行秋令，其结果或草木受摧，或民有大疫，或狂风暴雨突然来袭，灾害频仍，生民不可终日矣。在这种岁时失序，忽而风、忽而雨之际，尤不可有兵戎之事。故《礼记·月令》云："是月也，不可以称兵，称兵必天殃。兵戎不起，不可从我始。毋变天之道，毋绝地之理，毋乱人之纪。"②就是说，此种时候，可不要轻举妄动瞎折腾啊。《易》之艮卦的《彖辞》云："时止则止，时行则行，动静不失其时，其道光明。"③这里关键在一"时"字。故马一浮说："知此者乃可以语于时义。"④

《洪范》此畴的一个妙谛在于，并不认为庶民多如繁星，就天然是正确的，而是如孔《传》所说："政教失常以从民欲，亦所以乱。"⑤也就是一如孔《疏》云："若日月失其常道，则天气从而改焉。月之行度失道，从星所好，以致风雨，喻人君政教失常，从民所欲，则致国乱。"⑥此都是古今类同之常理。孔《疏》又说："既言大中治民，不可改易，又言民各有心，须齐正之。"如何使民"齐正"？孔《疏》援引王肃之言曰："日月行有常度，君臣礼有

---

① 〔汉〕郑玄注，〔唐〕孔颖达等正义：《礼记正义》上册，上海：上海古籍出版社2008年版，第626页。
② 同上，第624页。
③ 〔魏〕王弼撰，楼宇烈校释：《周易注校释》，北京：中华书局2012年版，第193页。
④ 马一浮：《洪范约义》，载《马一浮集》第1册，杭州：浙江古籍出版社、浙江教育出版社1996年版，第400页。
⑤ 〔汉〕孔安国传，〔唐〕孔颖达正义：《尚书正义》，上海：上海古籍出版社2007年版，第477页。
⑥ 同上。

常法,以齐其民。"①看来需要以礼法来"齐正"之。

《洪范》之第九畴,亦即最后一畴,是为"五福六极"。何谓五福? 一曰寿,二曰富,三曰康宁,四曰攸好德,五曰考终命。易言之,第一是寿命长,第二是家里财货丰盈,第三是健康无疾病,第四是喜好美善之德,第五是生命终以天年,中途不发生意外的事故或夭折。"六极"是"五福"的反向呈现:一是凶、短、折;二是疾;三是忧;四是贫;五是恶;六是弱。此六极之"极",孔《疏》认为是"穷极恶事"。因意外而生命终结,自然是"凶",此其一。经常病体缠身,当然并非吉事,此其二。忧愁烦恼不能自已,此其三。为财所困,一筹莫展,此其四。生成的面貌丑陋,此其五。筋骨羸弱,意志薄弱,此其六。《尚书》素有佶屈聱牙之称,唯此第九畴之五福六极,简易明了,不需注释也大体知晓。问题是,此五福六极是先天而致,还是后天形成? 造成"五福"反向呈现的各种病态,是否也有改易之法、疗救之方? 恰好,孔《疏》引郑玄之要言可供此一方面之参详,其词曰:

> 凶短折,思不睿之罚。疾,视不明之罚。忧,言不从之罚。贫,听不聪之罚。恶,貌不恭之罚。弱,皇不极之罚。反此而云,王者思睿则致寿,听聪则致富,视明则致康宁,言从则致攸好德,貌恭则致考终命。所以然者,不但行运,气性相感,以义言之,以思睿则无拥,神安而保命,故寿。若蒙则不通,殇神夭性,所以短折也。听聪则谋当,所求而会,故致富;违而失计,故贫也。视明照了,性得而安宁;不明,以

---

① 〔汉〕孔安国传,〔唐〕孔颖达正义:《尚书正义》,上海:上海古籍出版社2007年版,第478页。

扰神而疾也。言从由于德,故好者德也;不从而无德,所以忧耳。貌恭则容俨,形美而成性,以终其命;容毁,故致恶也。不能为大中,故所以弱也。①

通儒郑康成之言,可谓明哉,睿哉! 上述明睿之言虽以王者为言,显然亦包括所有的"天之生民"。揆诸古今人事,一个聪明睿智的智者,往往长寿。而一个闭目塞听、不知世事的人,想致富也难。视觉不明,不容易健康安宁。能够从善自省的人,就会喜欢美善之德。容貌丑陋固然为天生,但明礼仪,心诚貌恭,仍然会有好的终局。康成为此义做了反述、正论、进解,不厌其详。此系典要之言,宜反复参详,明体达用,默会于心。明乎此,则解会五福六极之锁钥当已握于手中矣。

其实,郑氏所给出的解蔽之道和疗救之方,即藏于《洪范》九畴的前八畴之中。五福六极是对整个《洪范》九畴的最后归结,也可以说是最后的结果,前面八畴是五福六极这个果之酿成的正反之因。其针对对象,不止每一个"天生烝民",同时也是对夏商周三代之治的归结和溯因。如果王者能够顺乎天,应乎人;知五行,明顺逆;貌、言、视、听、思"五事"不离一个"敬"字;食用有货,安居有所,礼仪教育有专管,制寇御敌有应对;岁历人事不违天象;立乎大中,无偏无党,王道荡荡;修明三德,唯正是从;遇有疑滞,询乎王心、询乎卿士、询乎庶民、询乎卜筮,尊天应人而行;依时序,察休咎,观风雨,知休止,总之,《洪范》之第一至第八畴如能得到切实遵行,则五福不期然而至矣。也可以说,

---

① 〔汉〕孔安国传,〔唐〕孔颖达正义:《尚书正义》,上海:上海古籍出版社2007年版,第479—480页。

但行八畴,莫问前程。这里,不妨重新检视一下第五畴"皇极"特为"五福"给出的克明俊德之道:

> 敛时五福,用敷锡厥庶民。惟时厥庶民于汝极,锡汝保极。凡厥庶民,无有淫朋,人无有比德,惟皇作极。凡厥庶民,有猷有为有守,汝则念之。不协于极,不罹于咎,皇则受之。而康而色,曰予攸好德。汝则锡之福。时人斯其惟皇之极。无虐茕独而畏高明,人之有能有为,使羞其行,而邦其昌。凡厥正人,既富方谷,汝弗能使有好于而家,时人斯其辜。于其无好德,汝虽锡之福,其作汝用咎。①

原来郑玄所提出的祈福避灾之要言妙道,都在此"皇极"一畴中。"皇极"已明确提出"敛时五福,用敷锡厥庶民"的问题,亦即让民众也都知晓五福之道。孔《疏》说得更为明白:"当大自立其有中之道,以施教于民。当先敬用五事,以敛聚五福之道,用此为教,布与众民,使众民慕而行之。"以此可知,包括"敬用五事"在内的《洪范》之第一至第八畴,就是致五福而避六极的解蔽之方和救治之道。故马一浮高度评价《洪范》一篇在《书》中之地位,以及在整个"六艺"中的地位。他写道:

> 《洪范》始列于《书》教,然先圣后圣,其揆一也。六艺之旨,交参互入,周遍含容,故九畴之义亦遍摄六艺而无余。如五行出于阴阳,则摄《易》;五事贯于行履,则摄《礼》;八

---

① 〔汉〕孔安国传,〔唐〕孔颖达正义:《尚书正义》,上海:上海古籍出版社2007年版,第459—462页。

政统于制度,亦是摄《礼》;五纪治历明时,则摄《易》;历必应乎律数,则摄《乐》。三德、刚柔合德,见《诗》《乐》之化神也;稽疑、会异归同,见《礼》《乐》之用一也;庶徵则《易》吉凶失得之几也;福极则《春秋》治乱之符也;而皇极总摄六艺之归一于性德。敬用则《礼》之本,农用则《礼》之施,协用则《乐》之效,乂用则《诗》《乐》之移风易俗也,明用则《礼》《乐》之节民心、和民声也,念用则《易》之微显阐幽也,向、威则《春秋》之善善恶恶也。①

马先生又说:"《洪范》者,大法也。大者,莫能外也。法者,可轨持也。九畴之目,名以彝伦。彝之言常,伦之言理。常者,不可易也。理者,性所具也。当时固无六艺之名,亦无《书》教之别也。"②马一浮又说:"向来说六艺总为德教,而《书》以道政事,皆原本于德。"③

要而言之,《洪范》乃三代之治的经纶大法,而《尚书》一书,"为政以德"则是其全部要义。

(撰稿人 刘梦溪)

---

① 马一浮:《洪范约义》,载《马一浮集》第1册,杭州:浙江古籍出版社、浙江教育出版社1996年版,第412—413页。
② 同上,第412页。
③ 同上,第381页。

第三十二章 小学篇

导言 小学源流

秦焚书坑儒,始皇之劣迹也;秦"车同轨,书同文"(《礼记·中庸》),不朽之盛事也。中国文字之发轫,起于象形,五千年前仰韶彩陶上有亦图亦字之装饰纹,先民肇创,初无造字之大愿,状自然之形以自娱耳。延至殷商,乃有创造文字之自觉,遂有契文出。商、周时期,巫筮于龟甲兽骨上刻其所卜,最初有符号意义,意在记录事件,便于回忆。光绪三十年(1904),孙诒让《契文举例》出,此甲骨文考释之始。今之考释先秦典籍,有甲骨文之助(甲骨文有4500个左右,据《甲骨文编》,可辨识者约1700字),显然较乾嘉之际的大朴学家增加了辨析古代典籍的利器。此是后话,先存而不论。

汉武帝"罢黜百家,独尊儒术",应运而生的是对儒学经典即先秦之学的释训之学,有犍为文学①者列于先,毛亨列于后,而毛亨之《毛诗故训传》据称上传自子夏。子夏固为孔子之门人,后之学者往往将子夏作为桥梁,上承孔子,下接汉儒。子夏甚至成《易经》之传人,且有专著,纪晓岚以为附会不足信。犍为文学之著述亦已散佚,只是留下了一个遥远的谜团。

"小学"之名盖源起于西汉至莽新之时,彼时称文字学为"小学"。"刘向传经心事违"(杜甫《秋兴八首》其三),违刘向之心事者,其子刘歆也。所违指刘歆有篡改古籍以为王莽篡政造舆论之劣迹。然刘歆于古文字(指古籀、虫鸟篆)之研究,功不可没,不可因人废言。而其挚友,那位被刘禹锡《陋室铭》赞为甘居"西蜀子云亭"的扬雄,于文字之"方言",识见独称绝伦。而扬雄之人品大概刘禹锡不甚了了,他曾奉《剧秦美新》之媚文以谀王莽。同样,我们不能因人废言。刘歆与扬雄于二千年前的文字学可并列昆仑,其于文字之形、音、义皆有发明,是最初的里程碑。

《尔雅》,小学梁柱也,初无此书,古代先民创造文字盖非仓颉一人所为。仓颉为黄帝之臣,始制文字,不过是传说。先民见一物,以习惯定其音读,然后依其形状简约描画,即文字之雏形。此字之含义则包括食之、用之、欣赏之、祭祀之,不一而足,是则音—形—义,在其中矣。中国文字之六义:指事、象形、形声、会意、转注、假借(初见《晋书·卫恒传》),其中指事、象形、形声与形、音有关,而会意、转注、假借则与义有关。然此不过略而言之,其中有种种错杂或根本与六义无涉者,兹不赘。中国文字根

---

① 一云犍为文学为人名,一云其犍为为郡文学卒史臣舍人,汉武帝时待诏。

本性质是其表意性。表音文字易于本民族传学,自咿呀学语至滔滔其言,只要会拼音,则已初通文字矣。中国则不然,不只形殊声异,且有一字多音、多义、多词性者,而且今不乖古,今字既盛,古字犹存,这是人类文字学中一座极难攻克的堡垒。

中国古代皓首穷经之硕彦大儒,即使于小学上竭尽毕生之力,犹有不及。注《尔雅》之学者不可胜数,其著述之丰,何止千数?今唯举荦荦大者,略窥其一斑。

西汉时有终军者,《汉书·艺文志》有《终军》八篇。终军,少年豪杰,十八岁为博士弟子,于《尔雅》独深其道,著作散佚,二十余岁殁,深为《尔雅》之学失一英才恸!刘歆、扬雄之后,东汉经学家许慎撰《说文解字》,可谓研究秦小篆之拓荒者。三国魏人张揖作《广雅》。清王念孙作《广雅疏证》。王念孙虽称张揖《广雅》"为功于诂训也大矣",然以为文字之学最重提领而挈纲,本立而道生。王念孙意欲博考以证张揖之误采,参酌而悟寤先儒之误说,"以燕石之瑜,补荆璞之瑕"(《广雅疏证·自序》)。读此文,似曾相识,乃索查之,原来东晋郭璞为扬雄《方言》所作之《序》,中有"余少玩雅训,旁味《方言》,复为之解,触事广之,演其未及,摘其谬漏,庶以燕石之瑜,补琬琰之瑕"云云。王氏虽有抄一千五百年前文章之嫌,然改"琬琰"为"荆璞",终觉文字提高一步,可喜也。当然,从张揖到王念孙历一千五百年,从扬雄到郭璞历三百年,后继者较先行者在文字学上的进步是显然的。扬雄之后,东汉郑玄为汉代集注学之大成者,注《周易》《论语》《尚书》。《十三经注疏》中有其所注《毛诗》,然略觉可惜者,郑玄以《礼》注《诗》,故附会穿凿之处多有,此为迂儒之通病耳。南朝沈约之子沈旋亦精于小学,惜其著述亡佚。此后唐陆德明为郭璞《尔雅注》增其音、义,北宋邢昺为《尔雅注》作疏,以畅其文义。《十三经注疏》中所选即郭璞注本及邢昺疏本。南宋郑樵有《尔雅郑注》，陆佃有《埤雅》，皆入《四库》，信其名不虚传。

小学至戴震出，于音韵、训诂、名物、方言，无所不精，允为一代宗师。其《尔雅文字考》《声韵考》《方言疏证》《声类表》，皆小学之经典著述。其为乾嘉学派之大纛，或无疑焉。兹后，段玉裁《说文解字注》、王念孙《广雅疏证》、邵晋涵《尔雅正义》、郝懿行《尔雅义疏》、王鸣盛《蛾术编》，皆称大手笔。近代以还，甲骨出土，金文日多，有王懿荣、孙诒让、刘鹗、罗振玉、王国维、董作宾、郭沫若、容庚、于省吾、唐兰、商承祚、胡厚宣、李学勤、裘锡圭诸大师相望于学林文字之道。吾友康殷于古文字形发微亦有睿识，惜其骂人甚烈，不容于学界。信夫小学为诸经学之奠基，后之来者一以为幸，一以为忧。幸者，前人之殊勋，足资享用；忧者，文字一事，终非儿戏，不皓首穷经，而欲前进一步，恐为梦想。

郭璞《尔雅注》简析

郭璞在《尔雅注序》中总论《尔雅》云："夫《尔雅》者，所以通诂训之指归，叙诗人之兴咏，总绝代之离词，辩同实而殊号者也。"所谓"离词"者，一说连缀词句，一说分析词句。《史记·老子韩非列传》称庄子"善属书离辞"，谓庄子善于辩驳也。"同实而殊号"则指内容意义一也，而词语则异；词语既异，则音读固殊，而音读随十方国土之不同，同一字固有方言之殊。训、诂之所以为别者，训重在义，而诂重在音也。《说文解字·言部》释"训"："训，说教也。从言，川声。"段玉裁《注》："说教者，说释而教之，必顺其理。"《说文解字·言部》释"诂"："诂，训故言也。"段玉裁《注》："故言者，旧言也，十口所识前言也。训者，说教也;训故言者,说释故言以教人是之谓诂。"亦即正音之意也。(训诂,又称"诂训""故训"。盖以当下人所通用之词语来解释古籍之词义者称"训",以解释古代方言者为"诂"。前者如《尔雅·释水》"大波为澜,小波为沦",后者如《尔雅·释诂一》"乔、嵩、崇,高也。")

王念孙《广雅疏证》谓"疏"者,开浚也,疏导也。古人所用词语,今人读而不能明者,则疏而导之也。"注",给古代书中字句作解释,所谓"注疏"(亦可称"疏注"),乃注文和解释注文的文字的合称,而"传""笺""解""章句"等词,其义皆同,而"疏"又有"义疏""正义""疏义"等词,其义皆同。

唐国子博士兼太子中允赠齐州刺史吴县开国男陆德明于《经典释文·尔雅序录》中云:

> 《尔雅》者,所以训释"五经",辨章同异,实九流之通路,百氏之指南,多识鸟兽草木之名,博览而不惑者也。尔,近也;雅,正也。言可近而取正也。《释诂》一篇,盖周公所作,《释言》以下,或言仲尼所增,子夏所足,叔孙通所益,梁文所补,张揖论之详矣。前汉终军始受豹鼠之赐,自兹迄今,斯文盛矣。先儒多为亿必之说乖,盖阙之义。唯郭景纯,洽闻强识,详悉古今,作《尔雅注》为世所重。今依郭本为正。犍为文学注三卷,刘歆注三卷,樊光注六卷,李巡注三卷,孙炎注三卷,郭璞注三卷。梁有沈旋,集众家之注,陈博士施干、国子祭酒谢峤、舍人顾野王并撰音,既是名家,亦采之,附于郭本之末。

陆德明所谓《尔雅》之始作者周公、所增者仲尼诸说,皆为臆测，已不足取。至三国张揖，始有书流传，其余皆佚，无从考。陆德明之功绩在于张揖之后，又荟萃三国、晋、南朝诸名家之说，以附郭璞之书后，使犍为文学等人之著述不于时光流逝中湮没，功不可没也。

朱熹所订之"十三经"中，所用为东晋郭璞《尔雅注》和北宋邢昺《尔雅疏》，所以然者，以邢昺之著传至南宋，为当时疏注中最详赅者。苟彼时有王念孙、段玉裁之著，则邢昺之著其陋必见。然历史不可假设，自朱熹至王、段，《尔雅》之学始大备矣。今略述《尔雅》成书原始、传流、大备，深感中国于文字学领域，仰之弥高、钻之弥深，今之读者唯择要以领略可矣。尔，迩也，近也；雅，正也，庄也。识得《尔雅》，然后知中国语言之典丽博雅，近取诸身，与流俗之市廛秽语划一界限。中国是不缺少文字的伟大国度，唯今之世，动荡浮躁之徒以极其恶浊之词入口语，或标以英文字母，或以谐音错杂用之，俗世以为时髦者，正国学之大敌、雅言之贱贼也。

《尔雅》郑注要旨

郑樵（1104—1162），南宋兴化军莆田（今福建莆田）人，世称夹漈先生。不应科举，刻苦力学三十年，访书十年。因不满空谈心性、讲究辞章的风气，于史学主张广博会通，故尊通史而抑断代，褒司马迁而贬班固，生平著述丰富，有《氏族志》《动植志》等八十余种。而著作多亡佚，存者除《通志》外，仅有《尔雅注》《夹漈遗稿》《诗辨妄》及一些零散遗文。

郑樵克服了南宋诸儒崇义理而疏考证的毛病，甚至诋諆汉儒毛亨、郑玄，因此遭到诸儒的攻击。郑樵孤踪独迹，不尚空谈，于南宋空谈心性甚嚣尘上之世,可谓巍巍其一人耳。他以博洽而傲睨一世,对《诗经》研究的辨妄,功绩尤著,四库馆臣评其所为文"通其所可通,阙其所不可通,文似简略而绝无穿凿附会之失"(《四库全书·尔雅郑注提要》)。郑樵《尔雅音义》,尔雅家以为善本。

郑樵《尔雅注序》曰:"《尔雅》逸,笺注劳。《尔雅》者,约'六经'而归《尔雅》,故逸;笺注者,散《尔雅》以投'六经',故劳。"①

郑樵又曰:"有《诗》《书》而后有《尔雅》,《尔雅》凭《诗》《书》以作注,往往出自汉代笺注未行之前,其孰以为周公哉!《尔雅》释'六经'者也,《尔雅》明,百家笺注皆可废。"(《尔雅注序》)

典籍上有之,《尔雅》有之;笺注则非,网罗天下名物,附以义理,《尔雅》无之。"逸""劳"指此。

郑樵曰:"《尔雅》应释者也,笺注不应释者也。人所不识者当释而释之,曰应释;人所不识者当释而不释,所识者不当释而释之,曰不应释。古人语言,于今有变,生今之世,何由识古人语?此《释诂》所由作。五方语言不同,生于夷,何由识华语?此《释言》所由作。物有可以理言者,以理言之,有不可以理言,但喻其形容而已。形容不可明,故借言之训以为证,此《释训》所由作。宗族、婚姻,称谓不同;宫室、器乐,命名亦异。此《释亲》《释宫》《释器》《释乐》所由作。人之所用者,人之事尔,何由知天之物?此《释天》所由作。生于此土,识此土而已,九州之远、山川丘陵之异何由历?此《释地》《释丘》《释山》《释水》所

---

① 本章所引郑樵《尔雅注》,均据《四库全书》本。

由作。动物、植物,五方所产各有名,古今所名亦异谓,此《释草》《释木》《释虫》《释鱼》《释鸟》《释兽》《释畜》所由作。"(《尔雅注序》)

这是郑樵以为《尔雅》作为经书,应将人们所不识者释之,郑樵名之为"应释者"。反之,"当释而不释","不当释而释之",名之为"不应释者"。

《尔雅》,应释者也,释人所不识者,此《尔雅》所以为郑樵所酷爱也。

注笺家之通病——舍经而从纬,背实而应虚,致后学者昧其所不识(经也)而妄其所识(纬也)……不应识者经也、实也。

郑樵对"不应识者"(即本来识者)特重,它们不凭文字而后显,不借训释而后知,郑樵以为这才是经学之本,不能舍经而求纬。

郑樵曰:"何谓释则不显?且如《论语》所谓'学而时习之,不亦说乎',无笺注,人岂不识?《孟子》所谓'亦有仁义而已矣,何必曰利',无笺注,人岂不识?《中庸》所谓'天命谓之性,率性谓之道',无笺注,人岂不识?此皆义理之言,可详而知,无待注释(本然也,不待释而后然。——范批)。有注释,则人必生疑(天下自在之物,本无可疑。——范批),疑则曰:'此语不徒然也。'乃舍经之言,而泥注解之言;或者复舍注解之意,而泥己之意以为经意,故去经愈远。"(《尔雅注序》)

郑樵鞭辟先儒注家之陋习,"六经"岂可注我乎?

郑樵曰:"正犹人夜必寝、且必食,不须告人也,忽而告人曰:'吾夜已寝矣,且已食矣。'闻之者岂信其直如此耳?必曰:'是言不徒发也。若夜寝旦食,又何须告人?'先儒笺解虚言,致后人疑惑,正类此。因疑而求,因求而迷,因迷而妄,指南为北,俾日作月,欣欣然以为自得之学,其实沉沦转徙,可哀也哉。此患无他,生于疑尔。其疑无他,生于本来识者(即前指长物)而作不识者解尔。"(《尔雅注序》)

实者,非外加义理而后有,此经之所以不应识者。先儒迷障于泥己之见,应识者,虚也,迷也。

"《尔雅》训释'六经',极有条理,然只是一家之见,又多徇于理而不达乎情状,故其所释'六经'者,'六经'本意未必皆然。"(《尔雅注序》)

郑樵爱《尔雅》,然以为《尔雅》亦有陋,故注之。不迷信是郑樵之最大美德。

"樵酷爱其书得法度。今之所注只得据《尔雅》意旨所在,因采经以为证,不可叛之也。其于物之名大有拘碍处,亦略为之摭正云尔。"(《尔雅注序》)

郑樵以为不可叛经以求虚,然而可摭正经书(指《尔雅》)之病。

恃才傲物,目空古今,固为郑樵的毛病,纪昀称其"偏僻之过,习气犹未尽除,别白观之可矣"(《四库全书·尔雅郑注提要》)。"别白观之"者,作另类观也,以纪昀之博雅,内心有特赏郑樵之处,尤其指出郑樵"驳正旧文",皆极精当。四库馆臣举了若干例证(亦即郑樵自谓摭正经书处),表彰其功,择其三于下:

一、郑樵于《释天》"四时"条中引文:"春为青阳,夏为朱明,秋为白藏,冬为玄英,四时和为之玉烛(余曲中曾有'霸业烟销,玉烛长调'句,即用此意)。春为发生,夏为长嬴,秋为收成,冬为安宁,四时和为通正。□□□□,□□□□,谓之景风;甘雨时降,万物以嘉,谓之醴泉。"郑樵依据中国文章所特有之骈文韵味,指出"谓之景风"之前必丢失八字,这是一针见血、斫轮老手之眼力。二、《释亲》"母党"条中,郑樵以《公羊传》为证,以为《尔雅》注中"女子同出(同一母所生也),谓先生为姒,后生为娣"为误。郑樵以为"同出"指俱嫁一夫,诸侯嫁女时陪嫁的女子称"媵",《公羊传·庄公十九年》曰:"诸侯娶一国,则二国往媵之,以侄、娣从。""娶一国,则二国往媵之",切勿误解何以娶国。古文简略,娶国之一女,则国之另一女陪嫁之意。这是郑樵又一次显露断狱老吏的睿识。三、郑樵又以《左传》正"生曰父、母、妻,死曰考、妣、嫔"的解释为误,以《左传》之意,不过是统称而已,与生死无关,此见于本人后文之释"考""妣""嫔",读者当知最初之发现人为郑樵。以上三例,正郑樵摭正经书处,亦四库馆臣所激赏处。

王念孙《广雅疏证·自序》要旨

王念孙云:"博士张君稚让……其自《易》《书》《诗》、"三礼""三传",经师之训,《论语》《孟子》《鸿烈》《法言》之注,《楚辞》《汉赋》之解,谶纬之记,《仓颉》《训纂》《滂喜》《方言》《说文》之说,靡不兼载。盖周秦两汉古义之存者,可据以证其得失;其散佚不传者,可借以窥其端绪。则其书之为功于诂训也大矣。"(《广雅疏证·自序》)①此王念孙对张稚让(张揖)《广雅》的概述。有清一代,对前人之著作是极难做如此公允而肯定的评价的。这是王念孙作为学人所具备的美德。王念孙,固谦逊

---

① 本章所引《广雅疏证》,均据〔清〕王念孙:《广雅疏证》,北京:中华书局1983年版。

博雅之士也,先盛赞张揖之功,唯其有张揖书在,乃有自己所以广之之可能,文人治学之诚,于此可见矣。

王念孙又云:"窃以诂训之旨本于声音,故有声同字异,声近义同,虽或类聚群分,实亦同条共贯。譬如振裘必提其领,举网必挈其纲。"此已隐然有批评张揖之意矣。"此之不寤,则有字别为音,音别为义,或望文虚造而违古义,或墨守成训而鲜会通。易简之理既失,而大道多歧矣。……其或张君误采,博考以证其失;先儒误说,参酌而寤其非。以燕石之瑜,补荆璞之瑕。"(《广雅疏证·自序》)这里直指《广雅》通病。

王念孙于学术一事,绝不囿于先儒之说,独具只眼,言之凿凿。然学者本性谦揖,亦在其中焉。

王念孙对张揖《广雅》一书之疏证,主要归为两类:一、张揖本人之误(即前"误采"或"误说"者);二、年代久远,书在流传过程中之"讹脱",此则非张揖之过。王念孙辑出讹脱总计一千零八处,用心之苦,于此可见。王念孙详细开列如下:"又宪避炀帝讳,始称《博雅》,今则仍名《广雅》……是书之讹脱久矣……凡字之讹者五百八十,脱者四百九十,衍者三十九,先后错乱者百二十三,正文误入《音》内者十九,《音》内字误入正文者五十七,辄复随条补正,详举所由。"(《广雅疏证·自序》)

既于前文赞《广雅》之功德,又对其错讹毫不吝情,痛加审问、明辨,王念孙之春秋笔法,于此令人拊掌矣。张揖本人于九泉有灵,深应感谢一千五百年后之知音王念孙。

张揖《上广雅表》要旨

唐人陆德明《经典释文·尔雅序录》云:"《释诂》一篇,盖周公所作,《释言》以下,或言仲尼所增,子夏所足,叔孙通所益,梁文所补,张揖论之详矣。"

此论早已为历代注家否定矣。盖周公时所无之文,《尔雅》有之,周公则何能与《尔雅》有缘哉!

徐华朝教授有云:"《尔雅》的作者和成书年代,从古到今,说法不一,尚无定论。最初或说是周公所作,或说是孔子门人所作。宋代以后,学者们多认为所谓周公、孔子门人所作,都是依托之词,从而否定了圣人所作的说法……还有人认为是西汉末年刘歆伪撰。"[1]汉武帝时,犍为文学的《尔雅注》出,可见《尔雅》之成书亦不会在汉代。因此,大体上可以断定,《尔雅》最初成书当在战国末年,并非一人之作。此论是也。

《尔雅》成书之年代,当在战国之末。秦焚书坑儒,《尔雅》飘零,是其必然。至汉武帝"罢黜百家,独尊儒术"而后,犍为文学乃有《尔雅注》,此时注本当较稍后三国张揖之注错讹更多。

《尔雅》之地位,自《汉书·艺文志》《隋书·经籍志》,直至唐、宋,地位步步高,至南宋"十三经",由群经之中跃然而出,成重要经典。辞书作为工具书而成经典,亦足见中国人之于形、音、义之重视。

徐朝华先生有云,"而且今文经学家的注释多侧重于阐明经书中的'微言大义'"[2],此正清代大儒王念孙所不取,亦为南宋郑樵所深恶者。郑樵的经、纬之说,鞭辟入里,读经者宜慎诸。后之来者于读《尔雅》之时,正应于本然之"不应识者"加意,而

---

[1] 徐朝华:《尔雅今注》,天津:南开大学出版社1987年版,《前言》第1—2页。

[2] 徐朝华:《尔雅今注》,同上,《前言》第5页。

不当于"应识者"为历代酸儒所惑也。

段玉裁《广雅疏证序》要旨

王念孙与段玉裁同为戴震高足,是乾嘉朴学之翘楚。王念孙《广雅疏证》是清代训诂学的重要著作,书成后,段玉裁为之制序。在《广雅疏证序》中,段氏首先将小学之本义简明概括为文字之形、音、义,而于"古""今"之名称区别,又有时间先后辩证之看法:"小学有形,有音,有义,三者互相求,举一可得其二。有古形,有今形,有古音,有今音,有古义,有今义,六者互相求,举一可得其五。古今者,不定之名也。三代为古,则汉为今;汉魏晋为古,则唐宋以下为今。"

以段玉裁之博学,其评王念孙可谓一言九鼎,而其文简而赅,论小学之纲领也。段云:"圣人之制字,有义而后有音,有音而后有形。学者之考字,因形以得其音,因音以得其义。治经莫重于得义,得义莫切于得音。《周官》'六书':指事、象形、形声、会意四者,形也;转注、假借二者,驭形者也,音与义也。"(《广雅疏证序》)段玉裁论义、音、形之所从来,似可推求。窃以为义者,事物本性也,先民必有音以呼之,然后造字以状之。

段云:"三代小学之书不传,今之存者,形书,《说文》为之首,《玉篇》以下次之;音书,《广韵》为之首,《集韵》以下次之;义书,《尔雅》为之首,《方言》《释名》《广雅》以下次之。"(《广雅疏证序》)

段玉裁略述形书、音书、义书之首、次,可见《尔雅》一书,成书只可能为周末战国之世,而"小学"之名则为汉刘歆、孔安国之后开始流行,条理清晰而分类有序。

关于文字六义中转注、假借两义,段玉裁之说法简洁明了:"义属于形,是为转注;义属于声,是为假借。"此转注与假借二义之要旨,前人之述不详也。

"稚让为魏博士,作《广雅》,盖魏以前经传谣俗之形、音、义荟萃于是。不孰,于古形、古音、古义,则其说之存者无由甄综,其说之已亡者无由比例推测;形失,则谓《说文》之外,字皆可废;音失,则惑于字母七音,犹治丝棼之;义失,则梏于《说文》所说之本义,而废其假借,又或言假借,而昧其古音:是皆无与于小学者也。"(《广雅疏证序》)

此段文字于张揖之《广雅》有微词焉,然亦不甚詈詈。而其切当有胜于诟骂,此段玉裁、王念孙所以注疏《广雅》之必要也。当然,张揖的"荟萃"之功亦不可没也。

"怀祖氏能以三者互求,以六者互求,尤能以古音得经义,盖天下一人而已矣。假《广雅》以证其所得。其注之精粹,再有子云,必能知之。敢以是质于怀祖氏,并质诸天下后世言小学者。"(《广雅疏证序》)此段玉裁对王念孙《广雅疏证》的最高评价,"一人而已",指乾嘉之际,注家蜂起之时,能独尊于士林者,舍怀祖(王念孙)无第二人也。

王念孙以精微敏妙之方法研究《广雅》,于义、音、形三者,古义今义、古音今音、古形今形六者辨析审问,则其功至巨,而足为后世学人之规矩也。

释诂第一(《释诂》上下)

邢昺《疏》云:"释,解也。诂,古也。古今异言,解之使人知也。……此篇相承以为周公作,但其文有周公后事,故先儒共疑焉。"[1]

周公之后的事情,周公固不可得而闻,云周公所作,故先儒疑之。而《释诂第一》所载,周公时所有者,则不足怪。《尔雅》注者大体依先秦典籍,若《左传》《公羊》《穀梁》《礼记》《书经》《易经》《论语》《孟子》《国语》,尤以《诗经》所引最多。郭璞后之注家,更扩充之,则汉后之著录者,如《汉书·艺文志》中之《尸子》二十篇原文虽佚,而辑录有之。又如西晋初年发现之汲郡战国时魏王厘墓中之先秦古书《汲冢书》,其所载之史料,后之注家当可用之。《尔雅》注,是先有《尔雅》本身之解,语极简约,郭璞以《注》释之,邢昺更扩充之,邢昺于前人,"书名僻异,义旨隐奥者,则具载彼文以祛未寤者"。是则《尔雅》于形、音、义愈晰。后之视今,亦犹今之视昔,邢昺后之注家如郑樵,则观邢昺之疏漏处,中国文字学之前进,正所谓艰难苦恨,实非易事。

《尔雅》之所录字数凡13 113,今之所可用者十之三,习见者十之一,而已于使用上不复见,亦不须见者,则为文字之古董,然其可贵在古代典籍上苟见之,则读者豁然大朗,以知《尔雅》及其注疏非为当下之日常实用,实专供学者研探古籍所必备,其为用则大矣。

今试举《释诂第一》中数例为证:

第一例,《释诂上》:"初、哉、首、基、肇、祖、元、胎、俶、落、权舆,始也。"

"初",许慎《说文解字注·刀部》:"𥘉(初),始也,从刀衣,

---

[1] 本章所引《尔雅》原文及疏文,均据〔晋〕郭璞注、〔宋〕邢昺疏:《尔雅注疏》,北京:北京大学出版社2000年版。

裁衣之始也。"段玉裁《注》："见《释诂》。会意，楚居切。……《衣部》曰：制衣以针，用刀则为制之始，引伸为凡始之称。此说从刀衣之意。"余以为，人类自野蛮而文明，始制衣裳，或以鱼骨，或以兽骨磨以为针；或以兽筋、细藤以为线而连缀为衣。所谓衣者，聊以遮羞而已，非如今之有领有袖。知羞矣，则文明之初矣，故"初"为始也，极其切当也。

"哉"，今为语气词，往往用于句尾，与"初"义无涉，邢昺《疏》云："哉者，古文作才，《说文》云：'才，草木之初也。'以声近借为哉始之哉。"《说文解字·才部》："才，草木之初也。"段玉裁《注》："引伸为凡始之称。《释诂》曰：'初、哉，始也。''哉'即'才'，故'哉生明'亦作'才生明'。凡'才''材''财''裁''纔'字，以同音通用。"《说文》更以形象、会意来解"才"字："从丨上贯一，将生枝叶也。一，地也。"以我之见，一（地也）上植以草木（丨）矣，（丿）枝叶之渐生也。故段玉裁《注》云："草木之初而枝叶毕寓焉，生人之初而万善毕具焉，故人之能曰才，言人之所蕴也。"《说文》为郭璞所重，故于《释诂注》中往往引述之。俗语所谓才人者，人之生始已蕴之矣。

"首"，邢昺《疏》："首者，头也，首之始也。"这句话颇为费解，"首"如何为"首之始"？语似不通，乃于《说文》中找到答案。原来这源于"巛，象发"。段玉裁《注》："《说文》'百'上有'巛'，象发形也，小篆则但取头形。"那么，首之始殆为发也。此段玉裁之睿识，倘于古籀、小篆无深刻之研究，是无法对《说文》作注的，正所谓"于许氏之说，正义借义，知其典要，观其会通"矣。

"基"，《说文·土部》云："墙始也。"段氏以为："墙始也，本义也，引申之为凡始之称。《释诂上》《周语》《毛诗传》皆曰：

'基,始也。'"

"肇",《说文》作"肁","𢑳",许慎原书无此字篆体,以讳汉和帝之名也。《后汉书》作"肇"。段玉裁以为古有"肇"无"肈",他考证了伏无忌之《古今注》、李贤《后汉书注》,以为伏侯作《古今注》时断无从文之"肈",李贤也断不会以为"肇""肈"为二字,汉人用"肇"作"始"解,则成定论。

"祖",宗庙之始也。《释诂上》云:"祖,始也。"为宗庙引申之义,则古切。中国古籍,或有注音,皆用反切,所谓反切者,以第一字之声母配第二字之韵母也,如祖则为 zé(则)之声母与 gǔ(古)之韵母相配为 zǔ。余皆类推。《镜花缘》中有腐儒唐敖至女儿二国,不知反切,而众姝皆以反切之音相问答,唐敖一头雾水,以此讽古之文人之陋者,亦不知反切为何物也。要之,用反切之法拼音,所用之字必简于被注之字,俾使学人以简而入繁,苟"祖"字注为"狎"(zà)、"杚"(gǔ)切,则滑稽甚矣,"祖"且不识,何论"狎""杚"哉。又古文字或不用反切,直接以简单之字注较生僻之字,如"凫"音"伏(fú)"。然则不可反是,若注"伏"音"凫",则学人愈入五里雾中矣。

"元",邢昺《疏》:"元者,善之长也。长即始义。"段玉裁引《九家易》曰:"元者,气之始也。"《易经》乾卦首句"元亨利贞"之"元"倘作气之始释,则天地未见之时,有至大之气,冥冥然在焉,元者,始也;亨者,顺也;利者,宜也;贞者,正也。有此四者(非指物质,朱熹所谓天地未见,先有理在之意),然后鸿蒙开,天地生,万物滋,"元"释为"始",不亦宜乎?

"胎",邢昺《疏》:"胎者,人成形之始也。""始"者引申之义也。佛十二因缘中之"有"也,成形必三月,故《说文解字》作

"胎",会意而象形者也。

"俶",邢昺《疏》:"俶者,动作之始也。"许慎《说文·人部》:"俶,善也。从人叔声。"并引《诗经》"令终有俶"(《大雅·既醉》)以为"善"训之证。许慎又曰:"一曰始也。"窃以为此中含人之初皆蕴善也,如此则二说合一矣。

"落",邢昺《疏》:"落者,木叶陨坠之始也。"许慎《说文·艸部》:"落,凡草曰零,木曰落。"盖凡木之始生,有抽丝吐绿之渐进过程,而木之落,则大体一阵秋风便"无边落木萧萧下",故而木落之过程短暂,开始即结束。"陨坠之始",缘"始"与"陨坠"皆为过程,乃以"落"字征"始"字,会意而已,并非十分确凿。今之人以"落"为结束,如"落成""落幕"等。

"权舆",邢昺《疏》:"权舆者,天地之始也,天圆(权)而地方(舆),因名云,此皆造字之本意也。及乎《诗》《书》雅记所载之言,则不必尽取此理,但事之初始,俱得言焉。"段玉裁之意,"权舆"造字之本意,确有天地之始义,然"不必尽取此理",亦可用于他处。而"初""首""基""肇""祖""元"数字则见于《诗》《书》,故曰"义之常行",扬雄有言,各地方言"皆古今语也,初别国不相往来之言也,今或同"(《方言》卷一)。此郭璞所注《释言》之所由也。

以上以郭璞所注、邢昺所疏之《尔雅》为基础,复参照许慎《说文》于形、音、义之剖析,所作的考证,加上北宋邢昺之《疏》、清段玉裁之《说文解字注》。自4世纪始(郭璞《尔雅注》)至19世纪初叶(段玉裁《说文解字注》),已一千五百年矣,中国文字销锋铸镰,是一漫长的积渐过程,从这一点上论,中国于文字学之探求,他国很少有可比肩者。

我们再就郑樵《尔雅注》略辨其与邢昺《尔雅疏》之区别。如"肇"字,邢昺《疏》:"肇者……始开也。"郑樵:"始辟户也。"显然,邢昺言"开"指开门也。而"权舆",邢昺《疏》云:"天地之始也。天圆而地方,因名云。"郑樵则释曰:"胚胎未成,亦物之始也。"并未对"权舆"作天圆地方诸解释。郑樵有如下看法,或正对邢昺之批评:"可以文义求他,因音借字,不可以文义求者,难专泥此旧注。"

《释诂上》中,多字以言"始",其中"初",今常于文章之首用之;"哉"则转换为语尾感叹词;"首""基""肇",通常用为"始"义;"胎""俶""权舆"则已沉寂不复用矣。而"落"字则与今之解相悖(见前文)。

第二例,《释诂上》:"黄发、齯齿、鲐背、耇、老,寿也。"郭璞《注》云:"黄发,发落更生黄者;齯齿,齿堕更生细者;鲐背,背皮如鲐鱼;耇(gǒu)犹耇(qí),皆寿考之通称。"文字一事,远古所留,倘为后之大文人所用,则传之弥久,则此字(词)之幸也。如东晋陶渊明《桃花源记》用"黄发垂髫,并怡然自乐"中之"垂髫"。"鲐"者,鲭科鱼类,背呈青色,且有深蓝色波状条纹,颇类老年人皮肤老化后之状貌,"鲐背"一词盖源于此。古人亦有于诗文中用之者,如唐郑嵎《津阳门》诗:"笑云鲐老不为礼,飘萧雪鬓双垂颐。"指驼背之老人,其状已鞠躬如也,不须更为礼也。《宋书·谢灵运传》载《撰征赋》:"驱鲐稚于淮曲,暴鳏孤于泗滨","鲐稚"犹言老幼也,然今人已不复用。"耆",郑樵《注》中引扬雄《方言》云:"秦晋之郊,陈兖之会,谓老曰耆。"郭璞《注》:"耆犹耇也。""耆"音读为shì,则通"嗜",爱好也。如《庄子·齐物论》"鸱鸦耆鼠"。《诗·周颂·武》:"胜殷遏刘,耆定尔功。"《毛传》:"刘,杀;耆,改。"此处"耆"读zhǐ。"耆"之后两种用法,不仅字义沓不相干,读音亦全然不同,皆见于先秦典籍,而不见于《尔雅注疏》,故《尔雅》虽万三千余字,亦不能囊括天下字也,虽经郭璞、邢昺、郑樵诸家注疏,亦不可以为天下之能事毕矣。

第三例,《释诂上》:"敆、郃、盍、翕、仇、偶、妃、匹、会,合也。"这些字大体与"合"字同义,唯一"仇"字,盖与今日之字义正相反。《左传》有云:"怨耦曰仇","耦"同"偶",相对合也。此正所谓"怨无大小,生于所爱","爱"与"仇"为孪生,以"仇"作"合"解,今人往往不能理解,而民间称对偶为"怨家",似可以于此作一旁证。《尔雅·释诂上》又一相近之例:"仇、雠、敌、妃、知、仪,匹也。"邢昺《疏》云,"仇者,孙炎云'相求之匹'。雠者,俦、侣、辈、类之匹也。敌者,相当之匹也。"《诗·周南·关雎》:"窈窕淑女,君子好仇。"此苟望文生义,不通《尔雅》,必作荒唐之解。"君子好仇"今皆作"君子好逑",其实古文"仇"与"逑"同,好仇者,好逑也,好的伴侣也。这是《尔雅》给我们提供的最佳"索隐之方"的例证。

第四例,《释诂下》:"卬、吾、台、予、朕、身、甫、余、言,我也。"卬(áng),《诗·邶风·匏有苦叶》:"人涉卬否。"原诗描写女子等待男方,虽有舟可渡河而不登,所谓"招招舟子,人涉卬否。人涉卬否,卬须我友!"郭璞《注》:"卬,犹姎也。"而《说文·女部》云:"姎,女人自称,姎我也。从女央声。"此诗本是卫国流行已久的爱情民歌。《诗序》则称此诗"刺卫宣公及其夫人宣姜",又有王先谦者解为"贤者不遇时而作也"。此正所谓好事者强解民歌。董仲舒云:"诗无达诂。"诗之含蓄,固无确凿不二之解。反之,倘强为解人穿凿附会,则必成盲人之扪象、瞎子之断匾矣,此与"诗无达诂"盖非一义也。

此例中"吾、予、身、甫、余",今人尚偶一用之,而"卬、台、言"不见用,"朕"则自秦始皇起专为皇帝之自称,太后听政时亦自称朕,先秦则皆用以自称。如屈原《离骚》"朕皇考曰伯庸",即我的父亲的名字叫伯庸。

第五例,"诏、亮、左、右、相,导也。诏、相、导、左、右、助,勴也。亮、介、尚,右也。左、右,亮也。"郭璞《注》:"反复相训,以尽其义。"《诗·周南·关雎》:"关关雎鸠,在河之洲。窈窕淑女,君子好逑。参差荇菜,左右流之。窈窕淑女,寤寐求之。求之不得,寤寐思服。悠哉悠哉,辗转反侧。参差荇菜,左右采之。窈窕淑女,琴瑟友之。参差荇菜,左右芼之。窈窕淑女,钟鼓乐之。"这本是一首天然朴素的爱情民歌,后人解为:"《关雎》,后妃之德也。《风》之始也,所以风天下而正夫妇也。故用之乡人焉,用之邦国焉。"(古文《诗大序》)又"参差荇菜,左右流之",因为译者往往不读《尔雅》,解为"参差不齐的荇菜,在左右漂流",这也属望文生义。其实此诗三段,首段言美好的女子,正是君子的佳偶,二、三段则诗之"比"也,那参差不齐的荇菜,"左右流之",流,选择也。男女相互扶持,以选择所采之荇菜也。男欢女爱包含着朴素的相依为命的内心诉求,真挚感人之处正在于此,其中穿插着哀而不伤的描述,有一波三折之感。这一切与后妃之德何涉哉?

今日口语之"相夫教子","相"者亦帮助之意。口语中有极典雅者,唯今人不知其所出耳。

又:"战、慄、震、惊、戁、竦、恐、愯,惧也。"这其中除"戁"字今所不用,其他各字皆为习见常用字。"痡(pū)、瘏(tú)、虺颓(huītuí)、玄黄、劬(qú)劳、咎(jiù)、顇(cuì)、瘽(qín)、瘉(yù)、瘝(guān)、戮(lù)、癙(shǔ)、癵(luán)、瘯(lí)、痒(yǎng)、疧(qí)、疵(cī)、闵(mǐn)、逐、疚(jiù)、寐(mèi)、瘥(cuó)、痱

（fèi）、瘵（zhài）、瘼（mò）、疥（jí），病也。"其中"虺颓""玄黄"一词，郭璞以为孙炎之解不能弘通："而说者便谓之马病，失其义也。"郭璞以为是"皆人病之通名"。然谓马之病，亦有所据，《诗·周南·卷耳》："陟彼崔嵬，我马虺颓。我姑酌彼金罍，维以不永怀。陟彼高冈，我马玄黄。我姑酌彼兕觥，维以不永伤。"《毛传》："玄黄、虺颓，病也。"王引之（1766—1834）《经义述闻》卷五："虺颓，叠韵字。玄黄，双声字。皆谓病貌也。"古人用词亦往往借用，此处非指人之病，是马之病也。后人尤应注意者"天地玄黄"（指高天之深青与大地之黄色），言天地之色，非指病也。而"劬劳"一词，有两种用法，一为连用，如《诗·小雅·鸿雁》："维此哲人，谓我劬劳。维彼愚人，谓我宣骄。"《毛传》："劬劳，病苦也。"《诗·邶风·凯风》："棘心夭夭，母氏劬劳。"《毛传》："夭夭，盛貌。劬劳。病苦也。"一为同义复词，前引《诗·小雅·鸿雁》中"维此哲人，谓我劬劳。维彼愚人，谓我宣骄"，王引之《经义述闻》卷六："'宣骄'与'劬劳'相对为文，劬亦劳也，宣亦骄也。"此中言病之字，今除"劬劳"一词连用，咎、领、痒、疢、瘼数字犹偶为信而好古之文人所用，其他诸字几已绝迹，然古代典籍既有，则《尔雅》必备，这是一本考据学家所用的字典，不可因少用于今而忽略之也。

在《释诂下》中，笔者发现有一处或为近代学界从未有人提及者：俨、恪、祗、翼、湮、恭、钦、寅、熯，敬也。其中"恪"字，见于近代大学人陈寅恪或吾之姑祖父大画家陈衡恪之名，徐朝华先生《尔雅今注》上注音为 kè，并举《国语·周语中》"以恪守业则不懈"为例。而郭璞注则为"恪，虚各切"，即"虚"字声母 x 与"各"字韵母 uè 相配念，则为谐谑之"谑"，世人皆称陈寅恪、陈衡恪为陈寅恪（xuè）、陈衡恪（xuè），而未闻念陈寅恪（kè）、陈衡恪(kè)者。陈寅恪先生自己在用外文签名时则签 kè 音,这就使人疑其所以。以吾之见,以陈寅恪父亲陈散原(三立先生)之渊博,取"恪"必用古音,而古人用"恪"于名,如五代之画家石恪,从来皆念石恪(xuè),而未闻念石恪(kè)者;而《尔雅》则唯有 xuè 音(虚各切),这就更使人不解,陈散原不可能不告诉陈寅恪、陈衡恪应念虚各切即 xuè,而以陈寅恪之渊博亦不可能不读《尔雅》,这就表现了陈寅恪对读音的灵活掌握,见外国人则念 kè,讲深了他们也茫然。而于国中,则从来皆用陈寅恪(xuè)。从而联系五代画家石恪(xuè),自古皆念石恪(xuè)。由此可知,凡用于名当读 xuè。

再谈"翼"字,邢昺《疏》曰:"小心之敬也。"顺便提及笔者之字"十翼",此文燕堂翁所赐字也。十翼者,指战国至汉孔子门人伪托孔子之名所作之《易》疏十篇文章,其对《易》有"小心之敬"在焉,故称《十翼》,虽为伪托,然已成《易经》不可分割之主要内容。古人有但留其言,不留其名的雅量,不似今日之但求浮名而不务实学者。"翼"字于日常生活中有"小心翼翼"之语,谨慎重于敬仰,与《尔雅疏》中"小心之敬"有分量上之差异,"小心之敬"则敬之唯恐不周,而"小心翼翼"则为事处处恐有所失也。前者出于心,而后者慎于事。

至于"俨"字,郭璞《注》:"俨然,敬貌。"敬外更有庄在焉。屈原《离骚》:"汤禹俨而祗敬兮,周论道而莫差。"极言商汤、夏禹与周初对天道的敬仰。王国维《人间词话》第十八则论李煜词:"后主之词,真所谓以血书者也。宋道君皇帝《燕山亭》词亦略似之。然道君不过自道身世之戚,后主则俨有释迦、基督担荷人类罪恶之意,其大小固不同矣。"是说李煜词中所包含的广大慈悲,其庄敬不在词内而正在词外,此所以宋徽宗所不及处。

古与今，乱与治，能相反而兼通，此亦中国文字之妙，《尔雅·释诂下》举两例："肆、故，今也。"邢昺释云："即以肆之一字为故今，因上起下之语，郭氏字别为义，云：'肆既为故，又为今。今亦为故，故亦为今。此义相反而兼通者，事例在下。''在下'者，谓在下文'徂、在，存也'注。"我们往文后索查之，果见《释诂下》："徂、在，存也。"郭璞《注》："以徂为存，犹以乱为治，以曩为曏（shǎng），以故为今。此皆诂训义有反覆旁通，美恶不嫌同名"，邢昺之《疏》则云："《郑风·出其东门》'匪我思且'，郑《笺》云：'非我思存也。'徂、且音义同，在训存者，常语也。上云'徂，往也'，往则非存，故郭氏引类以晓人也。云'美恶不嫌同名'者，案隐七年《公羊传》云：'贵贱不嫌同号，美恶不嫌同辞。'何休云'若继体君亦称即位，继弑君亦称即位，皆有起文美恶不嫌同辞'是也。若此篇往也、死也亦称徂，是恶也；存也，亦称徂，是美也。各有其义，故称'美恶不嫌同名'。"郑樵《尔雅注》与郝懿行《尔雅义疏》皆以《诗·郑风·出其东门》为例，同意邢昺之注，而朱熹之《诗集传》、杨树达《词诠》以为"且"无"存"义。以邢、郑之学，或有古籍以证其说，今存而不论。

前引文中"以乱为治"，于先秦诗文中亦有见之，《离骚》结尾"乱曰……"，指全诗舒肆愤懑，极意陈词，或去或留，文采纷华，正所谓"纷总总其离合兮，斑陆离其上下"，至此，"乱曰"以下实总言之、统言之之意，亦"以乱为治"，总撮其要也。读上古之文，尤应于此加意，稍一疏忽，词义正相反也。

人之亡，今日曰"死"，然《尔雅》所释略录如下：邢昺《疏》云："《曲礼》曰：'天子死曰崩，诸侯曰薨，大夫曰卒，士曰不禄，庶人曰死。'"则不分尊卑，如尧曰"徂落"，徂，往也，即今日口语"人已走矣"，"往落"，若草木之叶落也。

以上仅举例说明《释诂》的意义:"生今之世,何由识古人语?此《释诂》所由作。"(郑樵《尔雅注序》)

释言第二

郑樵于《尔雅注序》中称:"五方语言不同,生于夷何由识华语?此《释言》所由作。"又邢昺于《尔雅·释言疏》中云:"《说文》曰:'直言曰言。'仲尼曰:'言以足志。'介之推曰:'言,身之文也'。"古人有以一句为一言者,有以一字为一言者,要在《释言》所解决的问题,正是方言而已。扬雄《方言》卷一云:"敦、丰、厖、𢎘、幠、般、嘏、奕、戎、京、奘、将,大也,凡物之大貌曰丰。……皆古今语也,初别国不相往来之言也。"邢昺《尔雅·释言疏》云:"今或同,而旧书雅记,故俗语不失其方,而后人不知,故为之作释也。是曰《释言》。"邢昺重在释《方言》之义,而未一一实指其方。

扬雄虽为西汉人,早邢昺千余年,然其著足补邢昺之不足。扬雄《輶轩使者绝代语释别国方言》(简称《方言》),正昔年郭璞所谓"巡游万国,采览异言"者矣。

上溯《方言》之所从来,乃西汉扬雄与刘歆之来往书信,商研"别国不相往来之言",原十五卷,今本十三卷,仿照《尔雅》体例,将古今各地方言中的同义词聚合,作一通释。大部注明通行地区或范围,此正《尔雅》所缺者也,因之其《释诂》与《释言》似无大别,而《方言》则必标明地域或国名。如前文所述《诗·周颂·武》"胜殷遏刘,耆定尔功"之"刘"字、"耆"字,《毛传》:"刘,杀;耆,致。"《诗·周颂·武》并未涉方言。而于扬雄《方言》中则明确指出:"虔、刘、惨、㦛,杀也。秦、晋、宋、卫之间谓杀曰刘,晋之北鄙亦曰刘。秦、晋之北鄙,燕之北郊,翟县之郊,谓贼为虔。晋、魏、河内之北谓惏为残,楚谓之贪,南楚江湘之间谓之欺。"(扬雄:《方言》卷一,《四部丛刊》本。)

《尔雅》中所不见之字如"嫽"(liáo),亦作"僚"(《尔雅》中亦不见),美好也。《文选·傅毅〈舞赋〉》:"貌嫽妙以妖蛊兮,红颜晔其扬华。"李善《注》引《毛传》曰:"嫽,好貌。"而于扬雄《方言》中则有"釥、嫽,好也。青、徐、海岱之间曰釥,或谓之嫽。好,凡通语也。"由此一例,《尔雅》虽万三千余字,以扬雄之意,《方言》所含者,非必为《尔雅》所有,后之真欲读通古典书帙者,必于《尔雅》《方言》《说文》诸著述中融会贯通,然后知《昭明文选》中《舞赋》词义,否则即使通《尔雅》一部,亦不能畅达古籍之旨也。《尔雅》中无"嫽"与"僚",而《诗·陈风·月出》中有"月出皎兮,佼人僚兮。舒窈纠兮,劳心悄兮"。《尔雅》郭《注》、邢《疏》因《尔雅》中无"嫽""僚"字,皆通释为"好"义。窈,幽远也;纠,愁结也,男女相悦,千万风情,本不可曲尽者,而诗则含蓄,读者恍知其丽情可矣。朱熹《辨说》云:"此不得为刺诗。"意即此为一纯粹之爱情诗,不必强解为讽喻之诗。然独有不然者,《诗义折中》(乾隆御定,孙嘉淦等纂)、《诗古微》(魏源著),皆以佼人指斥陈灵公所淫其大夫陈御叔之妻夏姬,而以诗中"舒"字指实为夏姬所生之子夏征舒(夏南),牵强附会如此,亦可谓腐儒矣。

所以举以上一例者,仅为陈明一种观点:《尔雅》于《诗经》等,先秦典籍亦不能万无一失,而后之来者,对《诗经》一首《月出》即有种种解释,"诗无达诂"已知诗之涵容广大,不宜一言以蔽;一以读诗本是读者自家事,鲁迅所谓"看人生因作者而不同,看作品因读者而不同",是为睿识。

释训第三

邢昺《疏》云:"此篇以物之事、义、形、貌告道人也,故曰'释训'。案此所释,多释《诗》文,故郭氏即以《诗》义解之。"南宋郑樵又云:"物有可以理难言者以理言之,有不可以理言,但喻其形容而已。形容不可明,故借言之利以为证,此《释训》所由作。"这段话的意思是"释训"在文字上的作用,乃指物之事、义、形,苟有以理喻不足明者,然以形容喻之则足以明,如李清照之《声声慢》"寻寻觅觅,冷冷清清,凄凄惨惨戚戚",理何在哉?而其孤寂苦寒之状貌,宛然纸上;"梧桐更兼细雨,到黄昏、点点滴滴","点点滴滴"理何在哉?然其难煎难熬之情,隐然句外,此郑樵所谓"但喻其形容而已""借言之利以为证"也。

中国文字于叠字之为用大矣。崔颢《黄鹤楼》"晴川历历汉阳树,芳草萋萋鹦鹉洲",此处"历历""萋萋"真所谓借言喻形,生动、蕴藉,非言理可达者矣。《尔雅·释训》中所引叠字凡百数,且多为《诗经》之用字,所以这一篇是读《诗经》不可或缺的经典文章。如《诗·卫风·淇奥》:"如切如磋,如琢如磨……有匪君子,终不可谖兮。"此处用四"如"字,以言君子之修为如切磋象骨以成器,以喻人须学问以成德,顺从规谏以自修。这首诗是足以流芳百世、以昭千秋的杰构。

叠字于《诗经》中之所以常用,诗之节奏感所需也。今举例如下:惴惴,《诗·秦风·黄鸟》(言危惧也);肃肃,《诗·大雅·思齐》(言恭敬也);穆穆,《诗经·周颂·雍》(言谨敬也);斤斤,《诗·周颂·执竞》(言明察也);兢兢业业,《诗·大雅·召旻》(言危惧也);矫矫,《诗·鲁颂·泮水》(言壮勇也);烈烈,《诗·

小雅·黍苗》(言严猛也);薨薨,《诗·周南·螽斯》(言众多也);委委,《诗·鄘风·君子偕老》(言美貌也);蓁蓁,《诗·周南·桃夭》(言盛饰也);迟迟,《诗·豳风·七月》(言安徐也);赫赫,《诗·大雅·常武》(言盛大也);蹻蹻《诗·大雅·板》(言小人得志也);懊懊,《诗·大雅·抑》("懊懊"同"藐藐",言烦闷也);居居,《诗·唐风·羔裘》(言相憎恶也);忉忉,《诗·齐风·甫田》(言心忧也);峨峨,《诗·大雅·棫朴》(言盛壮也);子子孙孙,《诗·小雅·楚茨》(言世世昌盛也);嘤嘤,《诗·小雅·伐木》(言鸟鸣以和也);宴宴,《诗·小雅·北山》(言悠闲也);谑谑,《诗·大雅·板》(言乐祸助虐也);秩秩,《诗·大雅·假乐》(言德音也)。以上二十二例今人亦往往用之,皆有形容生动之致,有不可言尽之理在焉。

《释训》亦有如《释诂》郭璞《注》之"贵贱不嫌同号,美恶不嫌同名"者,即字面相反,义则相同者,如邢昺疏"勿念,勿忘";亦有仅为解释一个字,如《释训》:"蠢,不逊也",邢《疏》:"蠢,动也;逊,顺也",而不似《释诂》中多字一义者,如"美女为媛""美士为彦","之子者,是子也","婆娑,舞也","鬼之为言归也"。

《释训》与《释诂》不同者,非多字一义,一字一义也;与《释言》不同者,与方言无涉也。然《释诂》《释言》《释训》,皆以明文字之形、音、义,其致并无根本之龃龉,唯侧重之不同耳。

释亲第四

《释亲第四》,无所谓考证,世所公称者耳,于《尔雅》之中亦仅聊备以查而已,更无微言大义在,今仅举父系为例开列于次:

高祖王父之姐妹为高祖王姑;

曾祖王父之姐妹为曾祖王姑；

曾祖王父之考为高祖王父；

曾祖王父之妣为高祖王母；

王父之考为曾祖王父；

王父之妣为曾祖王母；

王父之姐妹为王姑；

王父为祖父；

父之从祖父晜（音昆）弟为从祖父；

父之从父姐妹为从祖姑；

父之从祖姐妹为族祖姑；

父之从父晜弟之母为从祖王母；

父之从祖晜弟之母为族祖王母；

父之兄妻为世母；

父之弟妻为叔母；

父之从祖父晜弟之妻为从祖母；

父之从祖母晜弟之妻为族祖母；

父之从祖祖父为族曾王父；

父之从祖祖母为族曾王母；

父之妾为庶母；

祖，王父也；

晜（音昆），兄也；

王母为祖母；

父之世父、叔父为从祖祖父；

父之世母、叔母为从祖祖母；

父为考，

母为妣；

父之晜弟,先生为世父;

父之晜弟,后生为叔父;

父之姐妹为姑;

从祖晜弟为族父,族父子相谓为族晜弟;

族晜弟之子相谓亲同姓;

先生为兄(指男);

后生为弟(指男);

兄之子、弟之子相谓为从父晜弟;

先生为姐(指女);

后生为妹(指女)……

以上所列表仅父系上溯者,已繁缛如此,足证古人于家族世系序列之精细及称谓之苛严,开列之表仅上溯四世,即自父、祖父、曾祖父、高祖父,连同男自身共五世耳。

以下所开列者为男之后世,为便于阅读计,亦排比如下:

子;

子之子为孙;

孙之子为曾孙;

曾孙之子为玄孙;

玄孙之子为来孙;

来孙之子为晜孙(晜,在此作"后"解,与前之"从父晜"弟之"晜",字同而义殊);

晜孙之子为仍孙;

仍孙之子为云孙。

于今之世,自子下延四世,至玄孙可矣,来孙、晜孙、仍孙、云孙,则可称下嗣五、六、七、八世孙,正不必泥古也。邢昺之《疏》中有一处,对《礼记》之释有异议,即《礼记》云生曰"父、母、妻",

死曰"考、妣、嫔"者。邢昺以为此乃"一家之说尔,学者胶柱,遂为生死定称,非也";并举《尚书·康诰》之文"大伤厥考心",考为生者,方可伤心;举《尚书·酒诰》之文"聪听祖考之彝训",此言祖考犹健在,故能对后人训之;举《尚书·舜典》之文"如丧考妣",考妣健在,故称"如丧",设考妣已死,何称"如丧"?以上三篇经典,皆以生称考、妣也。

《释亲第四》中犹有母系之称谓系列,以其词今所用甚少,其重要性在远古之世似亦不如父系,兹从略。读《尔雅》重在训、诂,而不重于此,读者宜深知之。

释宫第五

此章所述,最称琐杂,而其名号皆循周初之制。然则制随时移,则未见述其演化,除宫室而外,兼及道路、行走诸词,于今亦所用极少,或早非旧义。姑且留此一节,勿使《尔雅》结构有损也。

今略举其当注意处,以免徒枉费神。"宫谓之室,室谓之宫",郭璞以为"同实而两名"。邢昺进一步谓:"古者贵贱所居皆得称宫……至秦汉以来,乃定为至尊所居之称。"

《尔雅》所述屋宇,大体为周制,夏、殷杳远,恐无此复杂,而其名于今亦毫无意义。如"牖(yǒu)户之间谓之扆(yǐ),其内谓之家,东西墙谓之序,西南隅谓之奥,西北隅谓之屋漏,东北隅谓之宧(yí),东南隅谓之窔(yào)";然部分词义东汉至三国之大儒郑玄、孙炎已然模糊,郭璞亦曰"其义未详",如邢昺评其对"屋漏"之解释,谓:"郭云'其义未详'者,以孙、郑之说皆无所据,故不取也。"(即孙炎望文而杜撰其义曰:"屋漏者,当室之白,日光所漏入。"足见时称东州大儒孙炎者,亦有疏漏处,更无论他矣。)以此,下边仅举其确切者以论。

一般屋宇今犹日用者如"枢,枢者门扉,开阖之所由也"。墙谓之墉;阁谓之台;有木者谓之榭;埘,鸡栖于穿墙也,见《诗·王风·君子于役》;连谓之簃(yí),指堂楼阁边小屋,近人自谦其居不大,如徐世昌自称其书房为"晚晴簃";观谓之阙,邢昺于《疏》中引刘熙《释名》云:"阙在门两旁,中央阙然为道也。"因忆少年时供职中国历史博物馆,所分配余之住房正端门内、午门前之西阙门偏南一室,时已破败,"算只有殷勤,画檐蛛网,尽日惹飞絮"矣。南北两室,中间确是阙然过道。

至于人之路行,古人亦分之详矣,《释训》云:"室中谓之时,堂上谓之行,堂下谓之步。门外谓之趋,中庭谓之走,大路谓之奔。"除"时"字今已不用,其他亦皆用于人与动物之走,然其义已非畴昔矣,即使先秦之文人恐亦参差用之,非为定则。如屈原《离骚》:"步余马于兰皋兮,驰椒丘且焉止息","步"非指堂下也;"忽奔走以先后兮,及前王之踵武","奔"非仅指大路也,亦言其急追之速也。按图索骥,骥或可得;而按字索句,恐其义多乖。《尔雅》或其后注疏笺解,皆为提供一种或多种解释,而中国文字所特有的丰富性,正如清袁枚《续诗品·著我》所谓"字字古有,言言古无",正极言字于句中排列组合之地位不同,则其境界、意味顿殊,切不可胶柱鼓瑟,刻舟求剑也。

《释训》云:"室有东西厢曰庙,无东西厢,有室曰寝,无室曰榭。四方而高曰台,陕而修曲曰楼。"此皆周制,所维系之时间至晚为战国,其时诸侯纷争,各有标榜,正不必依周制造屋,历史有其名,彼时或有其专用,知之可矣。

释器第六

《说文解字》有"㗊"字,小篆𠱠,众口也;而"器"小篆为𠱠,皿也。《说文·皿部》曰:"皿,饭食之用器也。"然则皿专谓食器,器乃凡器统称。唐陆德明曾论"器""械"两字,谓"有所盛曰器,无所盛曰械"。原始先民最初之造器,大体为饮水、食物、储粮之用,是为众人口之所需物也,犬所以守之。可见新石器时代,私有财产渐渐有之,不过陶罐、陶盆之类,亦须有犬守之矣。故"器"字为会意字。此段玉裁之说,足可信也。

其中提及"豆""缶"。豆为礼器,而制豆之材料和图像则有分教:"中大夫以上画以云气,诸侯以象,天子以玉。"而民间作为祭祀、享宴所用者,"豆实四升,用存菹醢"。屈原之《离骚》有"后辛之菹醢兮,殷宗用之不长"。王逸《楚辞章句》谓"藏菜谓菹,肉酱曰醢"。以我之意,"后辛"两句指商纣王残忍暴戾,菹醢非谓其藏菜与肉酱,而指对忠良之残害杀戮以为肉酱状也。"不量凿而正枘兮,固前修以菹醢"同样是写忠良不度君之贤愚,竭其忠信,反被罪过而身殒也。缶,盆也。邢昺引《诗经·陈风·宛丘》"坎其击缶",则缶是乐器。邢昺又举《易·离卦》"九三:日昃之离,不鼓缶而歌,则大耋之嗟",《史记·廉颇蔺相如列传》"蔺相如使秦王击缶",缶是乐器无疑也。庄子妻殁,彼则鼓盆而歌,非击缶也。此庄子之潇洒,缶可击,独盆不可击乎?当然,缶也可以为盛水、盛酒、汲水之器。

犹有一词:"緵"(zòng),罟网,细密之鱼网也。又云:"鸟罟谓之罗,兔罟谓之罝(jū),麋罟谓之罞(máo),彘(zhì)罟谓之纍(luán,用捕野猪也),鱼罟谓之罛(gū)。"罛,大网也。以捕鸟、兔、猪,皆以一只为目标,不须大张罗网也。鱼则不然,其于游也,如过河之鲫,成群结伙,故网须大而所捕获多也。

又彝、卣、罍(léi)三者皆为酒器,彝则分鸡彝、鸟彝、斝彝、黄彝、虎彝、蜼彝,盖以形状名之也。邢昺《疏》云:"孙炎云'尊,彝为上,罍为下,卣居中'……罍者,尊之大者也。"因此彝、罍、卣,形制大小有别,非使用者之地位有殊也。

鼎绝大谓之鼐,近代研究青铜之学者有郭鼎堂(郭沫若)、夏鼐者,其于青铜之情感可谓深矣。若论青铜器一项,《尔雅》所载,亦仅择其要者,《尔雅》之众多作者所见之商、周青铜器,绝不止十数事。仅就本人所知,如爵、盉(hé)、觚(gū)、簋(guǐ)、甗(yǎn)、壶、瓿(bù)、觥(gōng)、觯(zhì)、罐、釜、瓴、盘、俎、角、盂、簠(fǔ)、罐、盨(xǔ)、禁、铀、敦、匜、鉴、镈、樽、镐、錞于、虎子、杯、鋬,等等,或为酒器,或为贮器,或为冥器,或为饰物,不一而足。所有此等器物,皆殷、周所常见,《尔雅》之所以不载者,因《尔雅》毕竟不是万物皆备,凡所载者是作者举例,故不能责其不全也。又如青铜之兵器(陆德明所谓"无所盛者,械也"),若戈、铖、刀、剑、匕、矛、斧、戟;乐器若铙、编钟等等不在陆德明所论器之范围,更不需于此节苛求。《尔雅》中所提之青铜器有甑者,《方言》云"甑自关而东或谓之'甗'",见前文以为所缺之"甗",实因方言之不同,故《尔雅》未之录也。

至于制造不同质之器物,所用字亦异,《尔雅》云:"象谓之鹄(hú),角谓之觷(xué),犀谓之剒(cuò),木谓之剫(duó),玉谓之雕,金谓之镂(lòu),木谓之刻,骨谓之切,象谓之磋,玉谓之琢,石谓之磨。"邢昺皆有详疏于《注》后,如举《论语·学而》郑《注》"切磋琢磨,以成宝器",是极言孔子对君子修为之重视,一如造就宝器之琢造磨砺也。

此节中有"黄金谓之璗(dàng),其美者谓之镠(liú)。白金谓之银,其美者谓之镣(liáo)"。此处两点当引起兴趣:一、上古之世,恐尚未见今之白金,今之白金较黄金为昂,古之白金(银)固较黄金为廉;二、由此"镣"字,不免想起"月出皎兮,佼人僚兮",皆言美也,忆昔于长安参加社教运动,其地土语称美皆"僚"(亦"嫽")。方言历三千年而不变,足见中国文字语言音读之稳定性,读扬雄之《方言》,此类例证极多,往往为之感喟久之。

释乐第七

《释乐》一篇于《尔雅》中最短,郑樵一言概之,曰"乐器命名亦异"。仅略述乐器之名。

然而郭璞《尔雅注》于中国所论五音——宫、商、角、徵、羽之所从来述焉不详,称"皆五音之别名,其义未详"。所幸邢昺略考其事,引汉人之说而有疏焉,即郑玄所说亦甚略,似彼时《乐经》已亡佚,即解释一"宫"字,案孙叔然(前文所提三国时魏经学家孙炎)云:"宫浊而迟,故曰重也。"邢昺以为"孙氏虽有此说,更无经据,故不取也"。所以"宫"字以下"商谓之敏,角谓之经,徵谓之迭,羽谓之柳",邢昺云"未见义所出也",当然也在"更无经据"之列,然今之人皆知声音之由洪大嘹亮而至幽微细小之排列为宫、商、角、徵、羽,如此而已。

文中所列举古代之乐器瑟、琴、鼓、磬、笙、篪(chí)、埙(xūn)、大钟、大箫、大管、大籥(yuè),皆有别名,兹不赘。

而于奏乐或歌唱中专有之词,如"步",今之诗人读古人或近人之诗而赏之,复感其声韵佳美入耳,则不觉技痒,曰"步某某诗用原韵"。而"和乐"则又另有释之。邢昺《疏》云:"八音克谐,无相夺伦,谓之和乐。乐和则应节。《乐记》云:'治世之音安以乐,其政和。'"这是乐为礼辅,亦所谓礼乐相佐,这便是一种太平盛世的景象。

释天第八

《释天》一篇虽于《尔雅》中字数不多,然所涉及凡十二类,其中四时,仅言"天"于春、夏、秋、冬之名称。谓:"春为苍天,夏为昊天,秋为旻天,冬为上天。"其实皆可为天之代称,并无绝对之界限。亦有尊称其为"皇天"者,如屈原《离骚》:"皇天无私阿兮,览民德焉错辅。"远古先民皆以"天"为至高无上,《说文·一部》:"天,颠也。至高无上,从一、大。"段玉裁《注》:"至高无上,是其大无有二也,故从一、大,于六书为会意,凡会意合二字以成语。"先外祖父缪篆于《老子古微》中释"大"字,以为"一"指天,而加上负阴抱阳之人则成"大"。①《老子·二十五章》书云:"有物混成,先天地生,寂兮寥兮,独立不改,周行而不殆,可以为天下母。吾不知其名,字之曰道,强名之曰大。"盖字,赞其名也,如三国张飞,名飞,字翼德。其意指"大"字亦即无可穷极之"道"。强名之曰"大"。强者,实指人之认识本无能力名之也。"人法地,地法天,天法道,道法自然",此处,人、地、天是目所能见者;而道、自然则目所不能见者。《礼记·礼运》云:"大道之行也,天下为公。"指循道以行,则"天下为公"的盛世方会来到人间。天之下为人间,而天之上则为道,道之上更有"自然"。以我的

---

① 参见缪子才:《老子古微》,国立中山大学文学院印,1937年出版。

解释:"自然者,自在而已然之存在也。"自在,言其无处不恰如其分,这是无始无终的至大无二的存在,是为一。一与人合,是为"大","大"即"道"之名,道上加一,则为天,这其中所包含的哲理可谓交错而不紊,奥繁而显易。

天—道—自然,笼罩着自然万物、社会人生。孔子曰:"人能弘道,非道弘人。"(《论语·卫灵公》)意指人类是可以依循天所垂象,依之弘扬;而"天"则其大无涯,其所具之伟力唯展示"道"而已,不能必使人弘扬之。这是孔子对认识主体——"人"的潜力的无限信赖。天是无所不知的,但不是无所不能的,"能"还得凭借人类自身。这就是在天人关系上,中国人所固有的无穷智慧。许慎所云"天,颠也",巅顶之意,极言天之高不可攀,微予人类,自当仰瞻烟霞,伏唯再拜,然后努力行事,庶可弘道。

夏、商、周皆重祭祀鬼神,彼时虽无实际意义上的宗教,而来自原始社会人类对天地、节候、生命之神秘敬仰,遂有种种的祭奠。类别之繁杂,不可胜数。《十三经》中《礼记》《周礼》《仪礼》,皆是引述其有关这方面的活动内容,包括仪式、服饰、司职,等等,如《尔雅·释天》中,郭璞、邢昺所引用之古籍即有《周礼》《仪礼》《礼记》《诗经》《论语》《公羊传》《穀梁传》等。随手择其一项,如祭马,因马为农耕、战伐所必备,《尔雅·释天》:"既伯既祷,马祭也。"《诗·小雅·吉日》有"既伯既祷",邢昺引《毛传》:"伯,马祖也。重物慎微,将用马力,必先为之祷其祖。祷,祷获也。"而郭璞《注》云:"伯,祭马祖也。将用马力,必先祭其先。"邢昺疏之云:"知伯是祭马祖者,为马而祭,故知马祖谓之伯者。伯,长也,马祖始是长也。"考据之周详,令人敬佩。

祭祀之名,古亦区别甚严甚谨甚细,《尔雅·释天》云:"春祭曰祠,夏祭曰礿(yào 或 yuè),秋祭曰尝,冬祭曰蒸。"

由于朝代更替,殷改夏制,周改殷制是必然发生的事情,否则不足以显新桃换旧符之气象,其中本无大义宏旨,后之学者皓首穷经于此,不亦迂阔甚矣!

另如田猎一项,《尔雅·释天》则于季节区别命名:"春猎为搜,夏猎为苗,秋猎为狝(xiǎn),冬猎为狩。"《穀梁传·桓公四年》则有所改动,曰:"春曰田,夏曰苗,秋曰搜,冬曰狩。"东汉郑玄解一"苗"字:"言择取不孕任(妊)者,若治苗去不秀实者云。"三国孙炎亦仍其说。邢昺对此类解释颇为不满,余甚以其说为然,尤其对《穀梁传》《白虎通义》之释,称之为:"微言既绝,曲辨妄生。"击中要害之评,如:"案苗非怀任(妊)之名,何云'择去怀任'?"范曾评曰,邢昺之说是也。田猎之时,兽奔于前,猎随于后,发射之际,瞬息万变,何能辨其孕与不孕? 夏猎为"苗",邢昺之意,夏猎所取无多,为苗除害耳。邢昺又云:"秋兽尽皆不瘦,何云搜索取肥?"以为"虽为《通义》,义不通也"。

至于此章中讲武、旌旗,述焉极简,与祭祀同样是附录文末者。邢昺《疏》曰:"祭名、讲武、旌旗,俱非天类,而亦在此者,以皆王者大事,又祭名则天曰燔柴,讲武则类于上帝,旌旗则日月为常。他篇不可摄,故系之《释天》也。"

《尔雅·释天》邢昺《疏》列举"天"之六解,六解者非关天体之科学运行,大体远古之冥想玄思,仅略作介绍如下:一曰"盖天",文见《周髀》,如盖在上;二曰"浑天",形如弹丸,地在其中,天包其外,犹如鸡卵白之绕黄。扬雄、桓谭、张衡、蔡邕、陆绩、王肃、郑玄之徒,并所依用;三曰"宣夜",此称出于殷,不详所指;四曰"昕天","昕"读为"轩",吴时姚信所说,以为天北高而南下若车轩然,亦属强为解人耳;五曰"穹天",仅称有"穹隆在上",非其名亦不知其名也,亦如俗言"上有天"耳;六曰"安天",晋时虞喜所论,郑玄注《考灵耀》:"天者纯阳,清明无形,圣人则之,制璇玑玉衡,以度其象。"指出"天"本无形体,可称大虚,诸星运转之处所是为天也。所有这些名称和解释都是东方式的感悟思维,与近代之天文学大异其旨。

其更有"地则中央正平,天则北高南下"之说,北极南极之说、地之升降说、星辰随地升降说、二十八宿之考等,大体出于郑玄所注之《考灵耀》及《周髀》文,繁缛而荒诞,殊不足观。而邢昺亦觉"先儒因自然遂以人事为义,或据理是实,或构虚不经",其所感受亦与吾相同。

《尔雅》于释天所做的贡献是提出了"太岁"一词,直至18世纪王引之《经义述闻》出,"太岁"一词的意义才真正彰明于世。本书第四十章《干支篇》于此有详细论述。

《尔雅·释天》有云:"春为苍天,夏为昊天,秋为旻天,冬为上天。"郭璞《注》:"春,万物苍苍然生;夏,言气皓旰;秋,愍万物凋落;冬,言时无事,在上临下而已。"王先谦于《释名疏证补》所疏春、夏、秋与郭璞大体相同,唯于"冬"则径引刘熙《释名》卷一原话,与郭璞《注》不同,刘熙云:"冬曰上天,其气上腾与地绝也,故《月令》曰:'天气上腾,地气下降。'"中国古代天文学感悟多于理性,但觉言之有理,亦且有趣,未必如近代西方天文学之精审也。

释地第九

邢昺《疏》云:"此篇释地之所载四方,中国州、府、陵、薮之异,故曰'释地'。"《说文·土部》云:"元气初分,轻清阳为天,重浊阴为地,万物所陈列也。"

盖欲释地,必从九州论起,《尚书·禹贡》,《夏书》之首篇也。自大禹治水谈起,谓:"禹敷土,随山刊木,奠高山大川。"此处之"高山"指五岳,而"大川"指四渎。

《禹贡》之"九州"大体指今之长江、黄河所经之地域,河北称冀,河南称豫,晋、陕称雍,江苏称徐,浙江称扬,湖北、湖南称荆,四川称梁,山东称兖、青,这不过是一个大体的位置,大禹治水的范围便囊括上述所有地区,西自三危山、弱水,东至大海,北起冀州而下至于荆州。唐孔颖达《尚书正义》述曰:"条说所治之山,言其首尾相及也。……条说所治之水,言其发源注海也。"又传"禹制九州贡法",九州之设的目的是赋与贡,这是十分现实的经济利益问题,此正孔颖达所谓"水土既平,贡赋得常之事也"。

大禹治水,历史上定有此事无疑,而后之描述不免神化。《孟子·离娄下》云"禹稷当平世,三过其门而不入",吾犹信之,所谓舍一己家室之业而赴公家之难也,这是大禹治水成功的意志力。然则尧、舜、禹之时,处于部落联盟之社会发展阶段,生产力之低下是可以想见的,生产力的标志之一是生产工具,我们有幸看到一幅汉代画像石刻,大禹手执一木石工具,作扬手指挥状,想彼时纵使万众一心,亦很难在如此广漠之国土上,导西北之弱水至洛以注海。当时没有推土机,没有起重机,没有水利学,而将大禹神化"定其高山大川"。孔颖达《尚书正义》云:"《礼》定器于地,通名为'奠',是'奠'为定也。山之高者,莫高于岳;川之大者,莫大于渎;故言'高山,五岳',谓嵩、岱、衡、华、恒也;'大川、四渎',谓江、河、淮、济也'。此举高大为言,卑小亦定之矣。"《尚书正义》又云:"《舜典》云:'望秩于山川。'故言'定其差秩',定其大小次叙也。定其'祀礼所视',谓《王制》

(《礼记·王制》)所云'五岳视三公,四渎视诸侯,其余视伯子男'。"天下之大山大河被大禹制服后,皆封以西周始见之封,称公、侯、伯、子、男矣。论述无稽、时代错乱,苟以此为信史,则正如孟子所说"尽信书,则不如无书"(《孟子·尽心下》)。"书"指《书经》矣,即《尚书》矣。即以现代而言,倾一国之力,为实现"一定要把黄河的事情办好""一定要把淮河治好""我们一定要根治海河"的伟大目标,已然半世纪过去,水患仍存,非无大禹也,人定胜天应该作为我们自勉的目标,而断不能以为四千年前之大禹即可胜天,而今不如昔。神话毕竟是神话,口号也只能视为决心,对自然,我们过分夸大人类的征服力,绝对会成为笑话。

至于巨浸大泽,《尔雅·释地》则云:"鲁有大野(《地理志》云'大野泽在山阳巨野县北')、晋有大陆(今巨鹿北)、秦有杨陓(今扶风汧县之西)、宋有孟诸(今睢阳县东北)、楚有云梦(《左传》载楚子与郑伯田于江南之梦,司马相如亦有《子虚赋》云'云梦者,方九百里'),吴越之间有具区(今吴县南太湖,即震泽是也),齐有海隅(海滨之广称耳)、燕有昭余祁(今太原邬陵县北九泽是也)、郑有圃田(今荥阳中牟县西圃田泽是也)、周有焦护(今扶风池阳县瓠中是也)。"(范按:此段《尔雅·释地》原文后括注文字系节自郭璞《注》、邢昺《疏》。)读者请注意,以上所述地名及注、疏所谓"今"者,南宋邢昺时也,非指今犹然在。"大野""云梦"二词遗存至今,而词义亦非畴昔矣,所以不厌其烦罗列者,使读者知古人治学之恭谨也。

我们十分有趣地看到,在此节之中,谈天下珍奇之所出:"东南之美者,有会稽之竹箭焉。南方之美者,有梁山之犀象焉。西南之美者,有华山之金石焉。西方之美者,有霍山之多珠玉焉。西北之美者,有昆仑虚之璆琳琅玕焉。北方之美者,有幽都之筋角焉。东北之美者,有斥山之文皮焉。"以上释八方名山所产珍奇也,今亦略有相似者,如昆仑之玉,大概即今市场视为奇珍之和田玉也。

《尔雅》云:"东方有比目鱼焉,不比不行,其名谓之鲽。南方有比翼鸟焉,不比不飞,其名谓之鹣鹣。"本至此可矣,而《尔雅》似不神乎其说,不足显示其深奥不测,则狗尾续貂之文出焉:"北方有比肩民焉,迭食而迭望。"郭璞《注》云:"此即半体之人,各有一目、一鼻、一孔、一臂、一脚,亦犹鱼鸟之相合,更望备惊急。""中有枳首蛇焉。"郭璞《注》又云:"岐头蛇也。或曰:今江东呼两头蛇为越王约发,亦名弩弦。"邢昺大有更异其说的愿望,乃捧出《山海经》之说,谓鹣鹣又名蛮蛮,"似凫,青赤色,一翼一目,相得乃飞",正所谓以蛮荒之臆言而入经典矣。

《尔雅》于地名之称谓,则尚有意义:"邑外谓之郊,郊外谓之牧,牧外谓之野,野外谓之林,林外谓之坰(jiǒng)。下湿曰隰(xī),大野曰平,广平曰原,高平曰陆,大陆曰阜,大阜曰陵,大陵曰阿。可食者曰原。陂者曰阪,下者曰隰(《公羊传》曰'下平曰隰')。"

另外,此节所论四方极远之国,四方昏荒之国,皆为一时一说,不足为典据。又九夷、八狄、七戎、六蛮谓之四海,等等,亦某家之说,非为定论,故亦不传。邢昺之《疏》则笃笃其言,而所据又多为《山海东荒经》、《山海西荒经》(战国时所著传,有风物亦有神话)、《穆天子传》(西晋初年发现之先秦古本《汲冢书》之一,写周穆王西游故事。可视为小说之雏形),此皆陶潜于乡居作闲书与邻翁奇文共赏、疑义相析者,不可信以为真,文至此可煞之矣。

释丘第十

邢昺《疏》云："此下云非人为之丘。然则土有自然而高、小于陵者名丘也。其体虽一，其名则多。或近道途，或因水泽所如，则陵庙各异，其重则再三不同，通见《诗》《书》。此篇具释，故名《释丘》。"是则邢昺已有感于其繁缛再三，然典籍有之则必须详为之记载也。

"丘"，一重为"敦丘"（《诗经·卫风·氓》："送子涉淇，至于顿丘。""顿"即"敦"）再重为"陶丘"（见于《尚书·禹贡》）。再重锐上为融丘（古籍无此称），三重为昆仑丘，昆仑丘即昆仑山。丘、山、最高之山，混杂至极。以高度论，昆仑山为最，然后山，然后陵，然后丘。屈原《离骚》："忽反顾以流涕兮，哀高丘之无女。"指屈原远游，尚未至昆仑，于阆风山上，哀叹时代之无人（贤良），阆风山不高，故可下望人寰而有此感。中国古文字之复杂以至混沌，后之来者幸勿过分相信其仅此一解，《尔雅》对古籍诚惶诚恐，唯注疏者尚有发异见者，能申申其詈之文尚不多见，南宋郑樵约略似之。

又举一例，《尔雅·释丘》："水潦所止，泥丘。"邢昺释曰："丘形顶上污下，潦水停止而成泥泞者，名泥丘。"此则今之所谓泥石流也。

"逦迤"，今指绵延，而《尔雅》则称"沙丘"，然细思之，沙丘之蜿蜒绵长亦有逦迤（今释）意象，吾随感而发，不必古人作如此想。

《尔雅·释丘》所释丘之名，亦至少二十数，今所可用者三二耳。《尔雅·释丘》又云："天下有名丘五，三在河南，其二在河北。"郭璞疑之曰:"说者多以州黎、宛、营为河南,潜、敦为河北者。案,此方称天下之名丘,恐此诸丘碌碌,未足用当之。殆自别更有魁梧桀大者五,但未详其名号、今者所在耳。"意思是说这五大名丘,滥竽充数,根本不可能是这些名不载经传者,至于伟者何名、何在,郭璞亦不知之也。邢昺很赞同郭璞的说法:"此郭氏破先儒说天下名丘未当也。……近自更有魁梧然桀大者五,但名号所在,今所未详知也。"

释山第十一

郑樵《尔雅注序》云:"九州之远、山川丘陵之异何由历?此《释地》《释丘》《释山》《释水》所由作。"于《释地》一篇中论及大禹治水之后,定其高山大川,甚至于《尚书正义》有封五岳四渎之奇闻,今姑作古人趣谈,幸勿以为确凿,四千年前亦绝无此事,孔安国(汉)、孔颖达(唐)之注疏,欲详而备,至无稽谬说抑或载录,聊备一格则可,要非史籍之宜。

至于《释山》中五岳者所谓河南华、河西岳、河东岱、河北恒、江南衡,此《尔雅》之历代笺注中,早经否定。《周礼·职方氏》、郑玄《注》、《尚书·禹贡》所云歧见迭出,兹不一一,今依孔颖达《尚书正义》之说:"'高山,五岳',谓嵩、岱、衡、华、恒也。"

山因其形貌势状,各有其名,至今犹有偶用者。"山大而高,崧;山小而高,岑;锐而高,峤;卑而大,扈(山形卑下而广大名扈);小而众,岿;小山岌大山,峘(山之体积虽小而高度在大山之上者)……山脊,冈(《诗·周南·卷耳》'陟彼高冈'是也);未及上,翠微(谓未及顶上,在旁陂陀之处,名翠微。杜工部《秋兴八首》其三'千家山郭静朝晖,日日江楼坐翠微',则知其所居小楼——白帝城西阁,不在山顶。今西阁中犹有我所绘之杜甫大瓷砖壁画)。"

昔年孔颖达所疏者,其中与今日对此词之解释大异者,实缘时光递流,词义之改,势在必然。如"崔嵬",今固当解为山势之伟岸雄奇也,讵料《尔雅·释山》云"石戴土谓之崔嵬",《诗·周南·卷耳》云"陟彼崔嵬",毛亨则云"崔嵬,土山之戴石",与郭璞之释正相反。清王先谦于《释名疏证补》中云:"石戴曰岨(jū)。岨,胪然也。土戴石曰崔嵬,因形名之也。"王先谦取毛亨之说。戴土之石山,不见其嶙峋高峻,而戴石之土山,则往往见其荦确嵯峨,王先谦所云"因形名之",斯之谓也。

又《尔雅》前文以河之东西南北称五岳,后文又称"泰山为东岳,华山为西岳,霍山为南岳,恒山为北岳,嵩高为中岳",邢昺《疏》云:"是解衡之与霍,泰之与岱,皆一山而有二名也。"此汉武帝前之说法也;三国魏人张揖《广雅》云"天柱谓之霍山",则又与"一山二名"之说异,缘汉武帝移岳神于天柱,又名天柱,亦名为霍,故汉武帝之后,霍、衡二山也,非"一山二名"矣。此说犹有辩也。邢昺《疏》:"而云衡、霍一山二名者,本衡山一名霍山。汉武帝移岳神于天柱,又名天柱,亦为霍,故汉以来衡、霍别耳。郭(璞)云:'霍山,今在庐江潜县西南,别名天柱山。'"学者多以霍山不得为南岳,是则汉武帝岂在《尔雅》书出之前乎?信夫郭璞之注为定论:衡山,即霍山,而霍山之本名为天柱山,不只"一山二名","一山三名"也。三国孙炎以霍山为误,当作衡山。邢昺《疏》责之云:"案《书传·虞夏传》及《白虎通》《风俗通》《广雅》并云:'霍山为南岳。'岂诸文皆误?明是衡山一名霍也。"

关于山之形态体势名目繁多至近三十事,如"左右有岸,屈"等,注疏中皆未提及其见于古代何典籍,则此类字之生命终结,唯于《尔雅》中余一痕迹,更无现实与查阅古籍之意义也。

释水第十二

"水"在许慎《说文解字》中,小篆为🜄,释义为"准也"。段玉裁《注》:"谓水之平也。天下莫平于水,水平谓之准,推而放诸东海而准。"这是对水之本性的一种解释。而《尔雅》释水,重在水之势态、名称、地理位置等等,今略举例如下。

《尔雅·释水》云:"水注川曰溪,注溪曰谷,注谷曰沟,注沟曰浍,注浍曰渎。"溪、谷、沟皆水自山间流出之名也,流入田间,则称浍、渎,此处之渎与前文所论之江、河、淮、济四渎则大不相同,前文则可谓大江大河,此处则田间小浍耳。故中国文字所在之语境,大大影响其词义,正不可一以类推。

水之动势不同,其词亦不同。《诗·秦风·蒹葭》:"溯洄从之,道阻且长。""溯洄"者,逆流而上也;"溯游从之,宛在水中央。""溯游"者,顺流而下也。爱情一事,当顺势推移,正不可强以求之也。

大禹治水之后,古黄河之支流皆定以名,然则非唯大禹所创,或已固有之者曰:徒骇、太史、马颊、覆釜、胡苏、简、絜、钩盘、鬲津。为何有此名称?《汉书·沟洫志》中载河堤都尉许商上书云:"古说九河之名,有徒骇、胡苏、鬲津,今见在成平、东光、鬲县界中。"此已是西汉末年事,其余不复知也。夏至西汉末,两千余年过去,其间河流不知几经变化矣,《尔雅》书成之时,或皆在焉,而至郭璞之时,又四五百年过去,所可验于地理者必较《汉书》为更少。故《尔雅》一可为辞典,亦可称古字、词之《归藏》也。

至于黄河，《尔雅》有一段，颇有趣，其论水之色也："河出昆仑虚（山下基也），色白。"是说水中矿物质甚多也。余尝游阿尔卑斯山，有矿泉水艾维昂（Evian，即今国内市场称"依云"者）之出处，河水皆乳白之色，此其验矣。

释草第十三、释木第十四、释虫第十五、释鱼第十六、释鸟第十七、释兽第十八、释畜第十九

唐陆德明《经典释文·序录》云："《尔雅》者，所以训释'五经'、辩章同异，实九流之通路，百氏之指南。"是称《尔雅》一书于"五经"之学，乃有训诂而知其原委之效。郑樵之所以对某些笺注家痛加贬斥，是因为笺注之劣者，舍经而从纬，背实而应虚。积习相沿，则妄加义理于经书，致有以为《诗经·陈风·月出》，本为写男女相悦，千痴百怪之丽情，而《诗义折中》《诗古微》则以为是刺诗，指斥陈灵公之淫行，此实背离《尔雅》远矣。此类毛病亦不免于汉儒。于本然应识者，不须详以自作解人，故读《尔雅》之疏注正应于此加意，不使陷入沉沦转徙之迷途。

《尔雅》第十二篇以前，凡所载天地山川皆自然之物，宗族亲姻、宫室、器物、音乐皆人为之物，其中有古今称谓之异，亦含五方方言不同；十二篇以前，凡所谓《释训》《释言》《释诂》，则为《尔雅》注笺之重点。郑樵云："《尔雅》明，百家笺注皆可废。"然《尔雅》成于战国之季，语焉简质、时代杳远、方言阻隔，是以《尔雅》有不明处，故注笺所由生。《尔雅》十二篇之后，凡指释草、释木、释虫、释鱼、释鸟、释兽、释畜，则较此前简单，释文多见于东周、西汉至东晋古籍，如《诗经》《尚书》《山海经》《穆天子传》

《白虎通义》《方言》《尸子》《公羊传》《穀梁传》《周礼》《归藏》，其中有亡佚而只能于后人著录中见其只言片语者，如《尸子》《归藏》。譬某书中载一花焉，释其名可矣；某书中述一虫焉，亦指其状可矣。"简单"云者指此，不必详为训诂耳。此即陆德明所谓"多识鸟兽草木之名，博览而不惑者也"。故《尔雅》第十二篇以后称博物辞典也宜。

首先，《尔雅》所列鸟、兽、草、木无科学之分类，若今之生物学以界、门、纲、目、科、属、种诸等级，列叙其次，大有随手择而言之的类书性质；其次，历二千余年，物类消长，不可逆料，书中所有，世上所无者甚多；再次，中国处北半球温带气候，所录之动植物大体皆温带所产；最后，《尔雅》之作者于上古之世，不能似达尔文、拉马克之周游世界，其书所述皆为亲见。而《尔雅》所录有古籍所载者、传说所闻者、臆说为据者，集典籍、传说、神话之大成。虽然，《尔雅》之勋绩不可以此而略有轻忽，无论如何，它是上古之世一部最丰富的辞典性质的巨著。

本文之所以《尔雅》第十二篇以后合为一章者，缘其皆名谓之解释。本文之宗旨在言明《尔雅》之阅读法，所谓审问、慎思、明辨各章之内容，而鸟兽草木之名，多识可矣，正毋庸作审问、慎思、明辨之功夫。为知所从来，下文拟举《诗经》为例，略作论述，文中亦有笔者质疑与发明处，不足定论，以发读者之思而已。

1.《释草第十三》举例：

椴、榇，木槿。木槿一名舜。邢昺《疏》："《诗·郑风》云：'颜如舜华。'陆机《疏》云：'舜，一名木槿，一名榇，一名椴。'"《诗·郑风·有女同车》："有女同车，颜如舜华。"言女之美貌，如舜（木槿）之花也。

菉，王刍。《诗·卫风·淇奥》："瞻彼淇奥，绿竹猗猗。"菉，即绿也。

茹藘(rú lǘ),今之蒨也,可作染绛之用。《诗·郑风·东门之墠》:"东门之墠,茹藘在阪。"

荼,苦菜。《诗·邶风·谷风》:"谁谓荼苦?其甘如荠。"

瓠栖,瓣。"瓠栖"即"瓠犀"。《诗·卫风·硕人》:"手如柔荑,肤如凝脂,领如蝤蛴,齿如瓠犀。"

戎叔谓之荏菽。《诗·大雅·生民》:"蓺之荏菽,荏菽旆旆。"

萍,蓱(píng)。其大者蘋。《诗·召南·采蘋》:"于以采蘋?南涧之滨。"

唐、蒙,女萝。女萝,菟丝。《诗·鄘风·桑中》:"爰采唐矣,沬之乡矣。"《诗·小雅·頍弁》:"茑与女萝,施于松柏。"

蒹,薕;葭,芦。《诗·秦风·蒹葭》:"蒹葭苍苍,白露为霜。"

蕨,蘩(bì),可食之菜也。《诗·召南·草虫》:"陟彼南山,言采其蕨。"

《尔雅·释草》注疏中凡引《诗经》六十余处,今仅举十例如上。

2.《释木第十四》举例:

栲,山樗(chū),漆树也。《诗·唐风·山有枢》:"山有栲,隰有杻。"

楙(mào),木瓜。《诗·卫风·木瓜》:"投我以木瓜,报之以琼琚。"

椐(jū),樻(kuì),肿节可以扶老之木也。《诗·大雅·皇矣》:"启之辟之,其柽其椐。"

櫬,梧。今梧桐。《诗·大雅·卷阿》:"梧桐生矣,于彼朝阳。"

棠棣(dì),栘(yí)。《诗·小雅·棠棣》:"棠棣之华。"

樧朴,心。"樧朴"亦作"朴樧"。《诗·召南·野有死麇》:"林有朴樧,野有死鹿。"

桧,柏叶松身。《诗·卫风·竹竿》:"淇水滺滺,桧楫松舟。"

灌木,丛木。《诗·周南·葛覃》:"黄鸟于飞,集于灌木。"

瘣(huì)木,符娄。蜷曲之病木也。《说文·疒部》:"瘣,病也。从疒鬼声。《诗》曰:'譬彼坏(瘣)木。'"《诗·小雅·小弁》:"譬彼坏(瘣)木,疾用无枝。"(按,"瘣木",今本《诗·小雅·小弁》作"坏木"。)

杞,枸檵(jì)。今枸杞也。《礼记·表记》:"《诗》云:'丰水有芑。'"郑玄《注》:"芑,枸檵也。"《诗·大雅·文王有声》:"丰水有芑,武王岂不仕?"亦作"苞杞",丛生的枸杞。《诗·小雅·四牡》:"翩翩者鵻,载飞载止,集于苞杞。王事靡盬,不遑将母。"(苞杞同枸檵)

《尔雅·释木》注疏中,凡引《诗经》达三十处,今仅举十例如上。

3.《释虫第十五》举例:

蜩(tiáo),蜋蜩。螗蜩。蚻(zhá),蜻蜻。蠽(jié),茅蜩。蝒(mián),马蜩。蜺(ní),寒蜩。蜓蚞(tíng mù),螇螰(xī lù)。《诗·大雅·荡》:"如蜩如螗,如沸如羹。"《诗·卫风·硕人》:"手如柔荑,肤如凝脂,领如蝤蛴,齿如瓠犀,螓首蛾眉,巧笑倩兮,美目盼兮。"郑玄《注》:"螓谓蜻蜻也。"

土螽(zhōng),蠰谿(ráng xī)。《诗·召南·草虫》:"喓喓草虫,趯趯阜螽。"

蟋蟀,蛩(gǒng)。《诗·唐风·蟋蟀》:"蟋蟀在堂,岁聿其莫。"

蜉蝣(fú yóu),渠略。《诗·曹风·蜉蝣》:"蜉蝣之羽,衣裳楚楚。"毛亨传:"蜉蝣,渠略也。朝生夕死。"

翰(hàn),天鸡。邢昺《疏》曰:"翰……一名莎鸡。"《诗·豳风·七月》:"六月莎鸡振羽。"

蜇螽(sì zhōng),又名螽斯。《诗·周南·螽斯》:"螽斯羽,诜诜兮,宜尔子孙,振振兮。"

《尔雅·释虫》注疏中凡引《诗经》十处,以上举其六事如上。

4.《释鱼第十六》举例:

鳣(zhān)。《诗·卫风·硕人》:"河水洋洋,北流活活。施罛濊濊,鳣鲔发发。"《诗·周颂·潜》:"有鳣有鲔,鲦鲿鰋鲤。"

鰋(yǎn)。《诗·周颂·潜》:"有鳣有鲔,鲦鲿鰋鲤。"

鳢(lǐ),鲖也。《诗·小雅·鱼丽》:"鱼丽于罶,鲂鳢。"

鲨(shā),鮀(tuó)。《诗·小雅·鱼丽》:"鱼丽于罶,鲿鲨。"

魳(bì),鳟(zūn)。《诗·豳风·九罭》:"九罭之鱼鳟鲂。"

鲂,鮍(pī)。《诗·齐风·敝笱》:"敝笱在梁,其鱼鲂鳏。"

蝾螈(róng yuán),蜥蜴;蜥蜴,蝘蜓。蝘蜓,守宫也。《诗·小雅·正月》:"哀今之人,胡为虺蜴?"

《尔雅·释鱼》注疏中所引《诗经》仅七八事。

5.《释鸟第十七》举例:

雎(亦作"鴡")鸠,王鴡。《诗·周南·关雎》:"关关雎鸠,在河之洲。"

燕燕,鳦(yǐ)。《诗·邶风·燕燕》:"燕燕于飞,差池其羽。"

鸱鸮(chī xiāo)。《诗·豳风·鸱鸮》："鸱鸮鸱鸮,既取我子,无毁我室。"

鹥(mí),沉凫。《诗·大雅·凫鹥》："凫鹥在泾,公尸来燕来宁。"

皇,黄鸟。《诗·周南·葛覃》："黄鸟于飞,集于灌木,其鸣喈喈。"

鹭,舂锄。《诗·陈风·宛丘》："无冬无夏,值其鹭羽。"

《尔雅·释鸟》中,凡引《诗经》二十六处,今仅举六例如上。

6.《释兽第十八》举例:

麋:牡,麔(jiù,公麋);牝(pìn),麎(chén,母麋);其子,麋(yǎo),幼麋;其迹,躔(chán);绝有力,狄(强有力之麋)。《诗·小雅·吉日》:"瞻彼中原,其祁孔有。"祁,母麋也。

狼:牡,獾(huān);牝,狼;其子,獥(jiào);绝有力,迅。《诗·齐风·还》:"并驱从两狼兮,揖我谓我臧兮。"

虎窃毛谓之虥(zhào)猫,色浅之虎也。《诗·大雅·韩奕》:"有熊有罴,有猫有虎。"

貔(pí),白狐。其子,豰(hù)。《诗·大雅·韩奕》:"献其貔皮,赤豹黄罴。"辽东人谓貔为罴。

《尔雅·释兽》注疏中,凡引《诗经》十八处,今仅择其四例如上。

7.《释畜第十九》举例:

骊(lí)马白跨,骄(yù)。《诗·鲁颂·駉》:"有骄有皇,有骊有黄。"

騋(lǎi)牝,马七尺以上曰騋。《诗·鄘风·定之方中》:"匪直也人,秉心塞渊,騋牝三千。"《诗·小雅·吉日》:"吉日庚午,既差我马。"差,择也。

未成羊,羒(zhù)。五月羊为羒。《诗·小雅·伐木》:"既有肥羒,以速诸父。"

邢昺疏《尔雅》,集大成者也,然前人所说或乖异不伦,彼亦录以求全。如释"兔子"所引王充《论衡》之说:"兔舐毫而孕,及其生子,从口而出。"不亦荒谬甚矣。读《尔雅》亦不可尽信书,其宜作古人趣谈耳。

《尔雅·释畜》并注疏中,及于《诗经》者凡十七处,兹择两例。

以上七节意在说明《诗经》一书于《尔雅》中所占有的不可忽视之意义。孔子云:"不学《诗》,无以言。"(《论语·季氏》)"《诗》三百,一言以蔽之,曰'思无邪'。"(《论语·为政》)"迩之事父,远之事君,多识于鸟兽草木之名。"(《论语·阳货》)足见《诗经》是国学不可分割的一部分,《尔雅》本为读经的必备词典,我仅以《诗经》为例,而择《尔雅》中鸟兽草木之名一项以检阅之,凡涉《诗经》者竟达158处之多(包括注疏),足见读《诗经》而无《尔雅》之助,那将会踬石于道,举步维艰。

然不能不提醒读者,《尔雅》距今两千多年,词之形、音、义变化亦层出不穷,正不可泥古而不化,譬如上文释"鹈""鲽"之时亦已及之,今复于释鸟兽草木之名方面略陈此理。如《释鱼第十六》中称"鳖(biē)三足,能。龟三足,贲(fén)",则是《山海经》中奇谈,《尔雅》用之。又如"鹦(yǎn),凤,其雌皇",郭璞《注》云:"瑞应鸟。鸡头,蛇颈,燕颔,龟背,鱼尾,五彩色,高六尺许。"《诗·大雅·卷阿》有"凤凰于飞,翙翙其羽"。《释兽第十八》有:"麐(lín,即'麟'),麇(jūn)身,牛尾,一角",三国东州大儒孙炎曰:"灵兽也"。西汉京房亦大儒也,好谈怪异灵奇,其

《易传》释"麟"如下:"麐(麟),麋身,牛尾,狼额,马蹄,有五彩,腹下黄,高二丈。"《诗经·周南》亦有《麟之趾》一篇,这些非目之所见者,加上个人想象与历史传说混而为一,作解释神话则可,欲以为实有其物,唯今不存,则大谬矣。

又若《释鱼第十六》中前所提及之"鲨,鮀",邢昺《疏》中:"鲨,一名鮀。陆机云:'鱼狭而小,常张口吹沙。'故郭氏云:'今吹沙小鱼也'。"《尔雅》作者彼时尚不知今日海中之巨无霸鲨鱼,吹沙之"狭而小"者,显为内陆之河鱼。物类之变,不会由河中小鱼,历两千多年成海上霸王,想为后之生物学家于定名时借用,与狭而小者绝无亲缘关系。

今有一名词:"蛊,一名天蝼,一名硕鼠。"余唯于《尔雅注疏》中仅见。其于历代诸笺注、《方言》、《释名疏证补》(清王先谦撰集)皆未之提及者。《释虫第十五》中"蛊(hú),天蝼",郭璞《注》:"蝼蛄也。"邢昺《疏》曰:"蛊,天蝼。"又释曰:"蛊,一名天蝼,一名硕鼠,即今之蝼蛄也。"邢昺之疏,令余忽生奇思,《诗·魏风·硕鼠》古今之注疏者,皆以为大鼠,然则蝼蛄专食农作物之根与嫩茎,其为农害之烈、披覆田亩之广,有使颗粒不收若蝗灾者,故我怀疑《硕鼠》所指或非仓廪中之大鼠,而即指蝼蛄。大鼠可治,而蝼蛄不可治,三年之大灾,农民固不堪其苦,"逝将去汝",非无由也。自古文《毛序》以至今之所有注家,皆视《硕鼠》为《诗经》中刺其君重敛,由井田之九取其一,或十取其二,甚或三取其二,大鼠做不到者蝼蛄可也。吾之所释,亦有古今所未见之奇趣在焉。而周人以蝼蛄之害比之鼠,且为硕鼠,亦有道理。若为诗之韵计,即改为"蝼蛄蝼蛄,无食我黍,三岁贯汝,莫我肯顾",亦无不可。

《释草第十三》中所引《本草》颇多,"本草"者,初见《汉书·

郊祀志》。《本草》当即《神农本草经》,又名《神农本草》,简称《本草经》,是我国现存最早的药学著作。著者不详,"神农"盖为托名。此书大约成书于战国秦汉时期。原书已佚,今仅存辑本。该书最早著录于《隋书·经籍志》。此书对后世影响极大,中药之古称皆为"本草"。中药所谓药石者,缘药中有玉石、草木、虫兽,而以草类为最多,故名。《尔雅注疏》成书之时,"本草"未确指何书,至明李时珍始有《本草纲目》,所谓纲举而目张,则为系统的药物学与植物学,这是邢昺所未见之书。

本文论《尔雅》谨止于此。笔者论《尔雅》,意在提其纲、挈其领,知其精、识其粗耳。古人之高论妙语则从之,古人之乖舛错讹则明之,此本文之所为作也。然则古籍浩繁,学《尔雅》之初,苟无以导之,必坠深渊而不可自拔,此本文之有所用也。唯读者深宜慎诸,则作者亦不负积年之辛劳矣。

(撰稿人　范曾)

第三十三章　义理篇

一　"义理"释义

《辞源》于"义理"一词的释义有三。其一作"道理"解。"义理"一词,初见于《礼记·礼器》:"义理,礼之文也。"《疏》曰:"得理合宜,是其文也。"《吕氏春秋·怀宠》:"暴虐奸诈之与义理,反也。"其二作"经义名理"解。《汉书·刘歆传》:"初《左氏传》多古字古言,学者传训故而已,及歆治《左氏》,引传文以解经,转相发明,由是章句义理备焉。"其三,宋以后理学亦称义理之学,简称义理。宋人注重以义理治经,其释儒经义,破汉唐"传注"陈规,从"舍传求经"到"疑经改经",建立其思想体系。张载曰:"义理之学,亦须深沈方有造,非浅易轻浮之可得也。"

将组成此一合成词的两字分别释义,或许有助于深入了解"义理"之本源,进而有助于理解后来的各种衍生之义。

义字,从羊,我声。《说文》:"己之威仪也。"本义指人的仪容、仪表、仪态。《辞源》举列其七种释义:一、礼仪,容止。《周礼·春官·肆师》:"凡国之大事,治其礼仪。"郑玄注曰:"郑司农云:古者仪但为义,今时所谓义者为谊。"二、宜,合宜。合理、适宜的事称义。《易·乾》:"利物足以和义,贞固足以干事。"《论语·公冶长》:"其养民也惠,其使民也义。"《论语·述而》:"闻义不能徙,不善不能改,是吾忧也。"三、善。《诗经·大雅·文王》:"宣昭义问,有虞殷自天。"《传》释曰:"义,善。"四、道理,意义。《易·解》:"刚柔之际,义无咎也。"《注》曰:"义犹理也。"《毛诗大序》:"故诗有六义焉。"五、情义、恩义。《史记·淮阴侯列传》:"乘人之车者载人之患,衣人之衣者怀人之忧,食人之食者死人之事,吾岂可以乡利倍义乎?"六、议论,通议。《庄子·齐物论》:"有左,有右,有伦,有义……六合之内,圣人论而不议。"

信守节义的人,称义人;有节操的人,称义士;做人的正道,称义方。《国语》云:"上得民心,以殖义方。"义师,仁义之师,为正义而战的军队。今天的国歌,原称《义勇军进行曲》。

《淮南子·齐俗训》:"义者,所以合君臣、父子、兄弟、夫妻、朋友之际也。"

《左传·文公十八年》:"掩义隐贼,好行凶德。"俞樾《群经平议》认为:"义者,贼也,皆不善之事,故掩盖之、隐蔽之也。学者但知义为仁义之义,而不知古书义字有作奸邪解者。"齐冲天认为,义的这一用法源自其"从我"的语源,义与俄相通。俄,《说文》谓"行顷也",与斜同义,故有奸邪之义。①

"理"字,《说文》谓"治玉也",分封土地的凭证是圭,不同爵位分封的土地多少、所执圭的大小形制,是不一样的。《诗经·

---

① 齐冲天、齐小乎:《汉语音义字典》上册,北京:中华书局2010年版,第68页。

小雅·信南山》:"我疆我理,南东其亩。"《毛传》曰:"理,分地理也。"朱熹《诗集传》曰:"理者,定其沟涂也。"阡陌沟洫之类,皆其分理的内容。后来引申为国家的治理,天地阴阳的道理,是非曲直的论理,各种具体事务的整理,等等。戴震后来释"理"为木之纹理,乃是想把理之释义权从宋学义理的压迫中解脱出来,对以理杀人者做釜底抽薪的工夫。

刘劭《人物志》第四《材理》曰:"夫建事立义,莫不须理而定。"在他看来,"理有四部","若夫天地气化,盈虚损益,道之理也。法制正事,事之理也。礼教宜适,义之理也。人情枢机,情之理也","是故质性平淡,思心玄微,能通自然,道理之家也。质性警彻,权略机捷,能理烦速,事理之家也。质性和平,能论礼教,辩其得失,义礼之家也。质性机解,推情原意,能适其变,情理之家也"。

唐君毅有《论中国哲学思想史中"理"之六义》(原载《新亚学报》第一卷一期),将理的含义归纳为六:一、名理,相当于今天的逻辑;二、物理,即今之科学;三、玄理,道家之理;四、空理,佛家之理;五、性理,儒家之理;六、事理,政治和历史之哲学。情理,他认为可蕴含于事理之中。

"理"的复杂之处在于,"寂感真几之生化之理"与"逻辑定义之形成之理"以及"科学归纳所得之理",均是同一个"理"字,还有"心即理""性即理""太极就是理"以及所谓"万物之理",如何区分诸理,这些概念的内涵和外延有哪些重叠之处,茫无头绪。"理"字在中国的各种思想之中歧义丛生,限于篇幅,不能详论。

方东美认为:"所有类型新儒家的枢纽在于强调贯通一切、支持着天地和万物的理,这在意识中向我们揭示了作为整体的实在,并引导人的行为达到至善。理的性质与功用被不同的哲学家所多样化地设想和认识,'理'这个词具有以下意义:(一)属于超越性世界的思辨之理;(二)内在于经验的形而下客观领域中的自然之理;(三)在生活里的伦理行为中起作用的德性之理;(四)表明心之性囊括整个天地的认知之理。严格地讲,每一种理都在确定的范围内有效,但这些效用的界限被多数缺乏逻辑区分概念的新儒家所忽略,这种忽视成为这种哲学的最大弱点。"①他把新儒家分为三类:实在论类型新儒家,代表人物周敦颐、邵雍、张载、程颢、程颐、朱熹;唯心论类型新儒家,代表人物陆九渊、王守仁;自然论类型新儒家,代表人物王廷相、王夫之、颜元、戴震。

"义理"作为观念的起源,可溯至《孟子》。孟子之所谓"理义之悦我心,犹刍豢之悦我口"(《孟子·告子上》),理义之在人心,为人心之所同然,这里的"理义",即"义理"也。宋以后,"义理"一词广为使用,这标志着义理之学的成立。张载《经学理窟·义理》曰:"吾徒饱食终日,不图义理,则大非也。"朱熹《朱子语类·性理二》曰:"今人为学,多是为名,又去安排讨名,全不顾义理。"

二 义理之学

义理之学,从广义上说,指以命、心、性、理、义为核心范畴的学说体系,在各种形态的学术中皆有体现,故既可有"汉学义

---

① 方东美:《中国哲学之精神及其发展》,匡钊译,郑州:中州古籍出版社2009年版,第246页。

理"与"宋学义理"之分,又可有"儒家义理""道家义理""佛教义理"之别。

"义理"是中国文化特有的一个重要的范畴,不同于西方的所谓"观念""理论",亦不等同"哲学"。中国传统的义理之学大概包括这样一些内容:发端于先秦诸子的天命论,宋儒的理气论,贯彻中国思想史始终的人性论。宋明理学(亦称道学、心学)是其主要的理论形态,又称新儒学。其中理欲之辨、义利之辨、朱陆之辨、天人关系、知行关系等,是主要的论题。陈来认为:"大体上,理学讨论的主要问题有理气、心性、格物、致知、主敬、主静、涵养、知行、已发未发、道心人心、天理人欲、天命之性、气质之性等。"①

张丽珠提出"形上思辨义理学"和"形下经验领域的义理学",前者以程朱为代表,后者主要指清儒的义理学。这样一来,就把牟宗三认为的最能体现形而上学之义理精神的陆王心学,放在次要的地位了。

狭义的义理之学,又称理学或者道学,但这两个名称严格说起来,过于宽泛了。牟宗三称之为宋明儒学,认为英文 Neo-Confucianism(新儒学)更为准确,程朱一系,可以称"理学",陆王一系,向来称"心学",合起来也可以说,义理之学、心性之学,同源一系。吕思勉认为,"佛学既敝,理学以兴。虽亦兼采佛学之长,然其大体,固欲恢复吾国古代之哲学,以拯佛学末流之弊"②。

汤用彤的看法是,"理学者,中国之良药也,中国之针砭也,

---

① 陈来:《宋明理学》,上海:华东师范大学出版社 2004 年版,第 12 页。
② 吕思勉:《理学纲要》,长沙:岳麓书社 2010 年版,第 3 页。

中国四千年之真文化真精神也"①。

宋儒创造了精美恢宏的形而上学体系和严谨的道德自修准则。作为"内圣"之学，它可以说是异常成功的，却始终没有结出"外王"的预期之果。究其原因，不能一味批评义理之学，因为世袭专制皇权的政治框架，并不是它的发明，倒不如说，是它始终无法摆脱的依附之物。修齐治平的八纲目，从诚意始，越往外受到的限制越大，实现起来就越艰难。在治国平天下上一无可为，一意专注于内圣事业，这即是人们所谓的"中国转向内在"，但儒学既为入世之学，"致君尧舜上，再使风俗淳"毕竟是其目标，与佛道相比，事功上的挫折，便成为儒家无法摆脱的困境，毛泽东所谓"孔学名高实秕糠"者，或许在此。

程、朱、陆、王之于孔、孟，虽有继承，但更多的乃是创新。一代又一代聪慧的头脑，将自己的性命、智力倾注其中，兼以独得专制王权的青睐，又有科举考试之助，在宋以后的千余载势力强大，是实际上维系世道人心的官方意识形态。求知的兴趣、谈玄的雅好、行善的义举、劝善的道德热情、规范社会上下尊卑等级秩序的实际功能，以及种种舍生取义杀身成仁的忠臣烈士、节妇贞女，皆可以在此义理之学中找到自身的需要和安身立命的处所。

今天，正在从世袭专制的政治制度中解脱出来的义理之学，是否能在"外王"事业上迎来前所未有的历史机遇，恐怕还得拭目以待。

印度古代婆罗门教在近代的复兴，古希腊文化中世纪后期

---

① 汤用彤：《儒学佛学玄学》，南京：江苏文艺出版社2009年版，第79页。

在欧洲的复兴,中国儒学在宋明两朝的复兴,在文化形态的演变史上具有某种相似性,也许是比较文化学甚佳的题目。儒学复兴与欧洲文艺复兴的最重要的差别是,文艺复兴所主张的价值——人的发现,对个性的尊崇,个人思想和意志的自由,成为近代欧洲社会的基本信念。

第二期儒学,在义理上吸收了佛教的理论和思维的长处,比先秦有了很大的发展,但这仅仅局限在个人的学术探讨和道德实践上,对于国家和社会的实际影响与作用,并没有超出第一期儒学的意识形态的价值和功能。从学术史和文化史看,先秦的百家争鸣成绩骄人,但秦汉百年间的儒法整合,才是百花齐放结出的唯一硕果。苦果还是甜果,善果抑或恶果,至今也未必能有结论,但这一政治上的整合,"却为汉代,乃至此后两千年的中国历史奠定了一个制度和文化的基础",具体来说,"即对不同类型的思想文化或同一类型思想文化中的不同特质进行选择、取舍、改造、调和,并在政治实践中进行大胆试验,艰苦摸索,最后终于在汉武帝时代趋于整体化,初步形成了阳儒阴法、礼法合用、德刑兼备、王霸道杂之的政治文化模式"①。这一模式,并没有因二期儒学在义理上的发展而有根本的变化。

夏曾佑认为:"中国之教,得孔子而后立;中国之政,得始皇而后行;中国之境,得汉武而后定,三者皆中国之所以为中国也。自秦以来,垂两千年,虽百王代兴,时有改革,然观其大义,不甚悬殊。譬如建屋,孔子奠其基,秦汉二君营其室,后之王者,不过随事补苴,以求一时之用耳,不能动其深根宁极之理也。之于今

---

① 韩星:《儒法整合:秦汉政治文化论》,北京:中国社会科学出版社2005年版,第12页。

日,天下之人,环而相见,各挟持其固有之文化,以相为上下,其为胜为负,岂尽今人之责哉?各食其古人之报而已矣。中国之文化,自当为东洋之一大宗。今中国之前途,其祸福正不可测。古人之功罪,亦未可定也。而秦汉两朝,尤为中国文化之标准。以秦汉为因,以求今日之果,中国之前途,当亦可一测识矣。"[1]

义理之学,就其功能而言,有补苴的特征。朱熹自己也承认,儒家之道从来没有实行过。"千五百年之间……尧、舜、三王、周公、孔子所传之道,未尝一日得行于天地之间也。"但他坚持认为,"只是此个,自是亘古亘今常在不灭之物。虽千五百年被人作坏,终殄灭他不得耳。"(《朱子语类》)

胡适说:"八百年的理学不能指出裹小脚是不人道的野蛮的行为,然而几个传教士带来了一个新观点就能够唤起中国人的道德意识,能够把小脚永远废了。"[2]

三 程朱的义理之学

马端临《文献通考·经籍考》之神仙家类中引晁公武云:"自汉以后,九流浸微;隋唐之间,又尚辞章,不复问义理之实,虽以儒自名者,亦不知何等为儒术矣,况其次者哉?"

陈寅恪的看法是:"中国自秦以后,迄于今日,其思想之演变历程,至繁至久。要之,只为一大事因缘,即新儒学之产生,及其

---

[1] 夏曾佑:《中国古代史》,石家庄:河北教育出版社2003年版,第214页。
[2] 姜义华主编:《胡适学术文集·哲学与文化》,北京:中华书局2001年版,第358页。

传衍而已。"①

钱穆从学术史演化的角度看待宋明理学之兴起,乃继魏晋玄学和隋唐佛学之余绪,受其影响,有所采摘,自当不免。"五代离乱,迄于宋,隐士道流之风益甚。故自宋言之,当时所谓学术思想者,惟道院而已耳,惟禅林而已耳。盖儒术衰歇,自晚汉而已然。虽以传统尊严,制科所在,注疏词章,仅为利禄。粗足语夫学问之真者,转在彼而不在此也。惟长生久视之术,既渺茫而莫验,涅槃出世之教,亦厌倦而思返,乃追寻之于孔孟'六经',重振淑世之化,阴袭道院、禅林之余绪,而开新儒学之机运者,则所谓宋明理学是也"。②

冯友兰的意见与钱穆相近。"唐代佛学称盛,而宋明道学家,即近所谓新儒家之学,亦即萌芽于此时"③,他从隋末大儒王通的声望中,看到了未来历史思潮的走向。

牟宗三认为,"宋儒深感唐末五代社会的堕落,与人道的扫地,因而以其强烈的道德意识复苏了先秦的儒学"④,并以熊十力常说宋明儒学"卓然立人道之尊"为佐证。这就突出了宋儒以天下为己任的救世情怀,但也似乎缩小了其义理之学的范围,以伦理本体掩盖了形而上学本体。方东美就不以为然,在他看来,新儒家哲学是宋人"形而上学原创力的重新觉醒"⑤。

---

① 陈寅恪:《审查报告三》,载冯友兰:《中国哲学史·附录》下册,北京:三联书店2009年版,第532页。
② 钱穆:《国学概论》,北京:商务印书馆1997年版,第193页。
③ 冯友兰:《中国哲学史》下册,北京:中华书局1961年版,第800页。
④ 牟宗三:《宋明儒学的问题与发展》,上海:华东师范大学出版社2004年版,第18页。
⑤ 方东美:《中国哲学之精神及其发展》,匡钊译,郑州:中州古籍出版社2009年版,第17页。

陈来说:"在文化上,中唐出现了三大动向,即新禅宗运动(六祖慧能为开始),新文学运动(古文运动),新儒家运动(韩愈、李翱),这三个运动共同推动了中国文化的新发展,这三个运动的发展持续到北宋,形成了主导宋以后中国文化的主要形态。"①

众多论者各有自己的出发点和着眼点,皆能道出部分真相,合起来看是否全面了呢?

钱穆认为宋初诸儒,其议论识见、精神意气,有跨汉唐而上追先秦之气概。周濂溪以下,转趋精微,遂为宋明理学开山。

明道和伊川性情不同,前者温粹,后者严毅。钱穆道:"若论宇宙本体万物原始,形而上学方面,二程似无积极贡献,大体思路,不出濂溪、百源、横渠三家之范围。二程卓绝处,在其讨论人生修养工夫。若以周、邵、张三家拟之佛教大乘空、有二宗,则二程乃台、贤、禅诸家也。"②说"存天理,去人欲"③,"饿死事极小,失节事极大"者,伊川也。朱熹虽然从伊川出,但对于他的严厉有所缓和。他认为"饮食者,天理也;要求美味,人欲也"。朱熹在引用二程的文字时,基本上不分别明道和伊川,一律以"程子曰"出之,但后世普遍认为他继承了小程子的衣钵。

程颢最为人所知的两句,一是"天地之常,以其心普万物而

---

① 陈来:《宋明理学》,上海:华东师范大学出版社2004年版,第8页。
② 钱穆:《中国学术思想史论丛》卷五,合肥:安徽教育出版社2004年版,第110页。
③ 《古文尚书·大禹谟》有"人心惟危,道心惟微,惟精惟一,允执厥中"的所谓"十六字心传",程颐对它的解释是,"人心私欲,故危殆;道心天理,故精微,灭私欲则天理明矣"。朱熹的解释有所不同:"虽上智不能无人心,虽下愚不能无道心。"王阳明说得更为直截了当:"人心之得其正者即道心,道心之失其正者即人心,初非有二心也。"

无心；圣人之常，以其情顺万事而无情"；另一句是"'穷理尽性以至于命'，三事一时并了，元无次序，不可将穷理作知之事。若实穷得理，即性命亦可了"。他认为："己之心无异圣人之心，广大无垠，万善皆备。欲传圣人之道，扩充此心焉耳。"（《二程遗书》）他的哲学，被方东美归结为"有机主义"，而到了程颐那里，到底是一元论的理性主义还是二元论的理性主义，就有些无从定论了。他在逻辑上的混乱，使方东美只好以"人学的本体论"称其理论。

宋代新儒家普遍拙于逻辑，这不是与西方哲学家严密的体系、清晰的概念相比较而得出的结论，即使与庄子、列子、墨子、公孙龙和荀子、韩非这些先秦大师相较，与其后的顾炎武、黄宗羲及颜元、戴震、焦循相比，也同样显露了其心智上的模糊性色彩。

孟子本来说尽心知性、尽性知天，到了程颐那里，还是同样一句——"穷理尽性以至于命"，理解的方向却发生了改变。孟子尽心是使人求诸内，伊川穷理则使人求诸外。与明道不同，伊川终生不读《老》《庄》，以纯粹的儒家圣人立场自守。年轻的时候，二程兄弟随其父拜访佛寺，大程与大群好友相伴入门，小程独自由左门而入，未曾被人注意。程颐曾以布衣的身份做过哲宗皇帝的老师，年幼的哲宗皇帝曾因折断御花园中的柳枝受到他的严厉责备。朝廷中的一名官员请他参加聚会，品茗赏画，这在北宋乃一时雅尚，他不仅拒绝且断然宣布："某平生不啜茶，亦不识画。"即使在生计艰难之时，他也多次拒绝朋友的馈赠。其道德之严峻至于此。清人评价说："宋儒先生律己甚严，自处甚高，待人则失之不恕。"[1]

---

[1] 〔清〕沈垚：《与许海樵书》，载《落帆楼文集》，吴兴刘氏嘉业堂刊本。

清代考据家惠栋的父亲惠士奇自题其斋联曰:"六经尊服郑,百行法程朱。"服虔、郑玄代表汉学,二程、朱熹深味宋学,但他服膺于宋学的,却非其义理之学,而是他们的道德品行。相传邵雍临终前伊川向他问道,康节举两手张而示之,伊川不解,康节乃曰:"面前路径须令宽,路窄时自身且无所着,何能使人行?"(《近思录》)

伊川于"闻见之知"和"德性之知"的区分来自于张载,黄宗羲分别以"丽物之知"和"湛然之知"称之。他曾明确说过:"德性之知,不假闻见。"(《二程遗书》)

朱熹学于延平、李侗,得洛学之正传,尤于小程子之真意而有所发展。伊川讲致知,但尚徘徊于内外心物之间,到了朱子,断然主张向外寻索,自格物穷理而一转为信古人、读古书。而所选之古籍,又是前人所不重视的。《大学》《论语》《中庸》《孟子》,正是朱子首次将它们编在一起,且为之作注,认为是自己生平要著。1313年元仁宗发布命令,以"四书"为科举考试的主科,朱注本为标准,明清袭之,直至1905年废科举、兴学校为止。延续千年的"'五经'时代"由于朱子的这一扭转,而进入"'四书'时代"。

钱穆说:"盖朱子信心甚强,于《四子书》尤毕心尽力,遂以信古者为自信,熔铸众说,汇为一炉。言其气魄之远大,议论之高广,组织之圆密,不徒上掩北宋,盖自孔子以来,好古博学,殆无其比。而又能以平实浅近之途辙,开示来学,使人日孜孜若为可几及。于是天下向风,而宋学遂达登峰造极之点。"[①]

朱熹认为"格物是梦觉关","诚意是善恶关"。"知至、意

---

① 钱穆:《国学概论》,北京:商务印书馆1997年版,第223页。

诚,是凡圣界分关隘。未过此关,虽有小善,犹是黑中之白;已过此关,虽有小过,亦是白中之黑。过得此关,正好着力进步也。"(《朱子语类》卷十五)①

"未有天地之先,毕竟也只是理","今之学者,自是不知为学之要。只要穷得这道理,便是天理。虽圣人不作,这天理自在天地间。天高地下,万物散殊,流而不息,合同而化,天地间只这个道理,流行周遍,不应说道圣人不言,这道理便不在。这道理自是长在天地间,只借圣人来说一遍过。且如《易》,只是一个阴阳之理而已,伏羲始画,只是画此理,文王、孔子,皆是发明此理。吉凶悔吝,亦是从此推出"。②

"人之所以为学者,心与理而已。心虽主乎一身而实管乎天下之理,理虽散在万事,而实不外乎一人之心",对于朱子的这句话,王阳明评论说:"是其一分一合之间,而未免已启学者心理为二之弊。"③

"天地之性"与"气质之性"的二分,亦源于张载,经过二程的发挥,在朱熹那里完成。至此,理学的道德人性论算是确立起来。

朱子有言:"讲学不厌其详。凡天下事物之理,方册圣贤之言,皆须仔细反复究竟。至于持守,则无许多事。"(《朱子语类》)在知行关系上,朱子偏重于知的方面,王阳明主张知行合一,但实际偏重于行。心学之流弊,在于持守上过分看重,对于知的方面的许多学问都荒废了。也因理学重知,心学重行,两宋

---

① 〔宋〕黎靖德编,王星贤点校:《朱子语类》,北京:中华书局1986年版,第299页。
② 同上,第156页。
③ 〔明〕王阳明:《传习录》,南京:江苏古籍出版社2001年版,第128页。

之亡,士大夫殉国者少;明亡之后,殉国者多,特别是王门后学,刘宗周是最大的一个代表。黄宗羲说:"数十年来,勇者燔妻子,弱者埋土室,忠义之盛,度越前代,犹是东林之流风余韵也。一堂师友,冷风热血,洗涤乾坤。"①在"知"的问题上,理学区分为"闻见之知"和"德行之知",轻视前者而重视后者,以今天的目光看,是将知识论和道德论混为一谈,以道德论为主。而道德,体现于践行持守而非辩论讲说。程朱理学发展到阳明心学,越来越重视践履和气节,有其逻辑上的必然。

章太炎一生讲学,对于持守却讨论得不多,他在《革命之道德》一文中,也只简要举出四条:"一曰知耻,二曰重厚,三曰耿介,四曰必信。若能则而行之,率履不越,则所谓确固坚厉,重然诺、轻死生者,于是乎哉。"②

冯友兰对宋儒的批评是:"宋儒的错误,在于以为只有一个哲学系统,是本有底,所以在实际方面,亦只有一种哲学是正宗、是是底,其不同乎此者,即是异端,是错误底、非底。宋儒持此见解,所以不仅以为所谓二氏之学是非底,是异端,即程朱与陆王,亦互相指为异端。"③

牟宗三以为:"至宋儒,始把儒家原有的真精神弘扬提炼出来,而成为一纯粹的'内圣'宗教。就社会阶层而言,它是一纯粹'士'的宗教,士即士农工商之士。如作进一步规定,不可说

---

① 〔清〕黄宗羲著,沈芝盈点校:《明儒学案》下册(修订本),北京:中华书局2008年版,第1375页。
② 姜纷编选:《革故鼎新的哲理·章太炎文选》,上海:上海远东出版社1996年版,第196页。
③ 冯友兰:《贞元六书》上卷,上海:华东师范大学出版社1996年版,第162页。

士的宗教,而说'人的德行完成之教',简称'成德之教',成德便须作内圣的工夫,所以又可称为'内圣之教'。这都是就外部地言之,若是内部地言其义理之内容,那便是'天道性命相贯通'之教。"①

"天道性命相贯通",意味着如下信念:一、道外无性,性外无道;二、道外无物,物外无道;三、心即是理,心外无理;四、无心外之物,无物外之心。这与今天普通人的信念相距甚远。

对于宋儒之失,沈有鼎在1937年撰写的《中国哲学今后的开展》中指出,"宋学的失败,在缺乏慎思明辨的逻辑,在不能摆脱几百年来的唯物思想与虚无思想,不能达到古代儒家那一种创造的,能制礼作乐的多方面充实的直觉。没有那开展的建设的能力,而只做到了虚静一味的保守,以迷糊空洞的观念为满足。宋儒轻视艺术,对文化也有一种消极的影响。结果只是教人保守着一个空洞的不创造的'良心',在中国人的生活上加起重重的束缚,间接地招致了中国文化的衰落"②。

横渠四句教,乃圣人的自我意识,充满为民作圣的使命感,是冯友兰哲学——新理学的核心,他的这个新理学到底"新"在哪里,能不能容纳我们这个时代的"理"和"学",是令人深思的一件事。

刘泽华说:"在宋代理学圣人观中,自我像幽灵一样被驱逐、被流放,无我意识、臣民意识和圣王意识构成了王权主义和专制制度的道德基础。从中世纪走出来,首先就意味着要建立一个

---

① 牟宗三:《宋明儒学的问题与发展》,上海:华东师范大学出版社2004年版,第11页。
② 沈有鼎:《沈有鼎集》,北京:中国社会科学出版社2006年版,第279页。

新的道德基础,即以主体意识、公民意识和民主意识代替无我意识、臣民意识和圣王意识。"①在中国传统文化内部,道统从属于君统,圣人意识从属于圣王意识,理学家均是王道忠诚的维护者。王道不废,君权就会变相返回政治舞台,只要借尸还魂的君权不亡,人权就不得伸张。

冯友兰将哲学分为两种:"照着讲"和"接着讲"。所谓"接着讲",是继续代圣人立言,这只能建立一种没有主体的哲学。中国传统的人文思想与王权主义并不对立,相反,"其主导方向恰恰是王权主义,并不使人成其为人","从逻辑上讲,专制主义可以包括在人文思想之中;从历史上看,中国古代的人文思想很发达,君主专制主义也很发达,专制主义恰恰以具有浓厚的人文色彩的儒家思想为理论基础"。②

马克思曾说:"专制制度的唯一原则就是轻视人类,使人不成其为人。"③王权至上这个极右原则,必有道德至上这个极左原则来平衡。身处奴隶之位,胸怀圣人之志,同时这圣人之志,并不帮助人摆脱奴隶之位,反倒使人安于其位。从这个意义上说,理学是专制制度的意识形态观念的集中体现。戴震的理学杀人,也可以从这个意义上来理解。

四 陆王的义理之学

朱、陆的差别,可以追溯至二程那里。陆象山云:"伊川蔽锢

---

① 刘泽华:《王权思想论》,天津:天津人民出版社2006年版,第53页。
② 同上,第100页。
③ 《马克思恩格斯全集》第1卷,北京:人民出版社1991年版,第411页。

深,明道却疏通。"(《宋儒学案》)象山之说,近于明道,晦庵则近伊川。象山的学问无所师承,自谓是读《孟子》而自有心得:"心即理也,此心此理,不容有二","尧舜曾读何书来?若某则不识一个字,亦须还我堂堂地做个人"(《近思录》)。

鹅湖之会,论及教人,元晦之意,欲令人泛观博览,而后归之约;二陆之意,欲先发明人之本心而后使之博览。朱以陆之教人为太简,陆以朱之教人为支离。《宋史》把程、朱列入《道学传》,而陆象山却不入《道学传》,而列入《儒林传》。牟宗三认为朱子是"别子为宗"。

阳明承象山而进,更归于切实。章太炎说:"王学岂有他长,亦曰自尊无畏而已。"(《国学讲演录》)有趣的是,德国的马丁·路德在1517年发表了他的《九十五条论纲》,批判教会的正统神学,开启宗教改革的大幕,而在1518年王阳明出版了他的《传习录》,差不多以同样的勇气和锋芒批判朱子代表的正统儒学,在士大夫和平民之中"震霆起寐,烈耀破迷",一时间人人师心自用,猖狂妄行,思想解放运动持续了一百五十年,由于明朝的覆亡而终止。在嵇文甫看来,王阳明确是五百年来中国思想史上最伟大的开创性人物。

"盖天地万物,与人原是一体,其发窍之最精处,是人心一点灵明。风雨露雷,日月星辰,禽兽草木,山川土石,与人原只一体。"(《传习录下》),一般人因为有间于形骸之私,强分你我,自小自限,而无法完逐万物一体之情,只有所谓"大人",才能致良知,无间于形骸之私,无分于物我内外,做到公是非,同好恶,视人犹己,视国如家,以天下为一人。

王阳明的四句教是:"无善无恶心之体,有善有恶意之动,知善知恶是良知,为善去恶是格物。"据弟子王龙溪记载,"若说心体是无善无恶,意亦是无善无恶的意,知亦是无善无恶的知,物亦是无善无恶的物矣。若说意有善恶,毕竟心体还有善恶在"(《传习录》)。

王龙溪《天泉证道记》中记载了王阳明的话:"吾教法原有此两种。四无之说,为上根人立教;四有之说,为中根以下人立教。上根之人,悟得无善无恶心体,便从无处立根基。意与知物,皆从无生。一了百当,即本体便是工夫。易简直截,更无剩欠,顿悟之学也。中根以下之人,未尝悟得本体,未免在有善恶上立根基。心与知物,皆从有生。须用为善去恶工夫,随处对治,使之渐渐入悟。从有以归于无,复还本体,及其成功一也。"

阳明四句教,特别是四无之教,遭到后学的激烈抨击。顾宪成曰:"自古圣人教人,为善去恶而已。为善,为其固有也;去恶,去其本无也。本体如是,工夫如是,其致一而已矣。阳明岂不教人为善去恶?然既曰'无善无恶',而又曰'为善去恶',学者执其上一语,不得不忽其下一语也。何者?心之体无善无恶,则凡所谓善与恶,皆非吾之所固有矣。"[1]黄宗羲于这一四无之教也批评得严厉:"夫佛氏遗世累,专理会生死一事,无恶可去,并无善可为,止余真空性地,以真显觉,从此悟入,是为宗门。若吾儒日在世法中求性命,吾欲熏染,头出头没,于是而言无善恶,适为济恶之津梁耳。先生孜孜学道八十年,犹未讨归宿,不免沿门持钵","至龙溪,直把良知作佛性看,悬空期个悟,终成玩弄光景,虽谓之操戈入室可也"。[2] 显然,黄宗羲未能免于"文字障",而

---

[1] 〔清〕黄宗羲著,沈芝盈点校:《明儒学案》下册(修订本),北京:中华书局2008年版,第1396页。

[2] 〔清〕黄宗羲著,沈芝盈点校:《明儒学案》上册(修订本),同上,第9页。

混淆了存有论意义上的"有"和境界论意义上的"无",从而误解了龙溪。彭国翔说:"明代龙溪之后,大多学者要么不解无善无恶的实义,要么有见于晚明无善无恶之说非预期后果的流弊,而从效果伦理的角度不取无善无恶之说以为道德实践的指导思想。"①

阳明的"知行合一"说很有名,他说"知之真切笃实处即是行,行之明觉精察处即是知"(《答顾东桥书》)。在这同一书信中,有更详尽的阐释:

> 夫学问思辨行皆所以为学,未有学而不行者也。如言学孝,则必服劳奉养,躬行孝道,然后谓之学。岂徒悬空口耳讲说而遂可以谓之学孝乎?学射则必张弓挟矢,引满中的;学书则必伸纸执笔,操觚染翰。尽天下之学,未有不行而可以言学者,则学之始固已即是行矣。笃者,敦实笃厚之意。已行矣,而敦笃其行,不息其功之谓耳。盖学之不能以无疑,则有问,问即学也,即行也;又不能无疑,则有思,思即学也,即行也;又不能无疑,则有辨,辨即学也,即行也。辨既明矣,思既慎矣,问既审矣,学既能矣,又从而不息其功焉,斯之谓笃行,非谓学问思辨之后始措之于行也。是故以求能其事而言谓之学,以求解其惑而言谓之问,以求通其说而言谓之思,以求精其察而言谓之辨,以求履其实而言谓之行。盖析其功而言则有五,合其事而言,则一而已。②

---

① 彭国翔:《良知学的展开:王龙溪与中晚明的阳明学》,北京:三联书店2005年版,第220页。

② 〔明〕王阳明:《传习录》,南京:江苏古籍出版社2001年版,第131页。

黄宗羲在《明儒学案》中谈及王阳明,高度评价了他的开创之功:

> 先生承绝学于词章训诂之后,一反求诸心,而得其所性之觉,曰"良知"。因示人以求端用力之要,曰"致良知"。良知为知,见知不囿于闻见;致良知为行,见行不滞于方隅。即知即行,即心即物,即动即静,即体即用,即工夫即本体,即下即上,无之不一,以救学者支离眩骛、务华而绝根之病,可谓震霆启寐,烈耀破迷,自孔孟以来,未有若此之深切著明者也。①

从"道问学"向"尊德性"的转变,表明了从宋到明思想和风气的走向。道德上越来越严厉,主观独断之气越来越重,禅佛的味道越来越浓,几乎走上了一条绝路——"无事袖手谈心性,临难一死报君恩"。孔子只是说君君臣臣父父子子,到这时却变成了君教臣死臣不得不死,父叫子亡子不得不亡。陆象山、王守仁何尝说过这样的话?但是"尊德性"却极容易弄成"尊高位""尊权势",中国向来有德尊、爵尊、齿尊的传统。皇帝以九五之尊,普天下之理皆是围着他转的。戴震说宋儒"以理杀人",实际上到这里,"理"已经变成了"权",真理和权力的暗通款曲,不必等到福柯出来揭发。戴震说:"就事物言,非事物之外别有理义也;有物必有则,以其则正其物,如是而已矣。"(《孟子字义疏证》)在此,他将义理解作事物不易之则,属于认知的对象。戴震的目

---

① 〔清〕黄宗羲著,沈芝盈点校:《明儒学案》上册(修订本),北京:中华书局2008年版,第7页。

的,在于从杀人者手中,除却那义理之刃。人们攻击戴震,并不与他论理,只说他在文章里称呼江永"吾乡老儒",背师罪名便跟随他一生一世了。连牟宗三这样的陆王传统的现代阐释者,在批评戴震的时候,也仍旧是引用他的老师熊十力的话,说东原"有聪明,而根器太薄"。假如我们问一句,何谓"根器","太薄"又是什么意思,便显见我们不仅不懂陆王,对于义理之学也是门外汉了,问题是他经得起这询问吗?

五　泰州学派的义理之学

焦里堂曾说:"紫阳之学,所以教天下之君子;阳明之学,所以教天下之小人。"这可以见出为学的普及,已经由宋朝的君子好学,发展到明朝连"小人"也知道上进,社会进步还是不容否认的。虽说早在春秋时代,孔子就开办私学,但在那个时代毕竟是一个特例,及门三千,贤者七十二人,也仍然是精英教育。明朝书院众多,讲学普及,规模宏大,下层民众、农夫、樵夫皆是听讲的人,盐丁出身的王艮所开创的泰州学派,把这一平民主义的教育发展到了一个很高的水平。阳明之学,本来就是愚夫愚妇皆可以了然的。他曾说:"与愚夫愚妇同的,是谓同德;与愚夫愚妇异的,是谓异端。"①

王艮(1483—1541),字汝止,泰州人,号心斋,本来是一位盐丁,没读过几册书,拜王阳明为师前,已对道有所体悟。弟子李春芳说:"先生之学,始于笃行,终于心悟。"王艮倡言"天理者,天然自有之理也,才欲安排如何,便是人欲",主张"吾身为天地

---

① 〔明〕王阳明:《传习录》,南京:江苏古籍出版社2001年版,第286页。

万物之本",确立所谓"淮南格物论",从"尊身""保身"出发建立自己的为学次第,主张"百姓日用即道",具有强烈的平民主义色彩。

嵇文甫说:"泰州学派是王学的极左派。王学的自由解放精神,王学的狂者精神,到泰州学派才发挥尽致。这个学派由王心斋发其端,中经徐波石、颜山农、何心隐、罗近溪、周海门、陶石篑等等,发皇光大,一代胜似一代。"①

据袁承业编《名儒王心斋先生弟子师承表》,泰州学派的学脉主要有五传,计487人,可说是从者如云,极一时之盛。

由王艮开创的泰州学派,完成了由朱子理学到阳明心学再到身学的转变。

> 先生曰:"圣人以道济天下,是至重者道也。人能弘道,是至重者身也。道重则身重,身重则道重。故学也者,所以学为师也,学为长也,学为君也。以天地万物依于身,不以身依于天地万物,舍此皆妾妇之道。"圣人复起,不易斯言。

> 徐子直问曰:"何哉夫子之所谓尊身也?"曰:"身与道原是一件,至尊者此道,至尊者此身。尊身不尊道,不谓之尊身;尊道不尊身,不谓之尊道,须道尊身尊,才是至善。"②

王心斋之子王襞(东崖),九岁跟随王艮至会稽,游学于王

---

① 嵇文甫:《嵇文甫文集》上卷,郑州:河南人民出版社1985年版,第429页。
② 〔清〕黄宗羲著,沈芝盈点校:《明儒学案》下册(修订本),北京:中华书局2008年版,第711、716页。

守仁门下,曾师事王龙溪、钱德洪,遵父嘱"不事举子业",终身不仕。其父殁后,继承其讲席,弟子众多,他说:

> 吾人之学必造端夫妇之知与能,易知易从者而学焉。及其至也,察乎天地,而不可强而入也。希天也者,希天之自然也。自然之谓道。天尊地卑,自然也,而乾坤定位矣。①

> 将议论讲说之间,规矩戒严之际,工焉而心日劳,勤焉而动日拙,忍欲希名而夸好善,持念藏秽而谓改过……而学者据此以为学,何其汗漫也哉!

> 且以天命之体,夫岂难知?人之视听言动,天然感应,不容思议。是则乾易坤简,此而非,天将何委哉?特人不能即此无声无臭之真深造而自得,何也?昧其本然自有之性,牵缠于后儒支离之习。孟子曰:"我固有之也,非由外铄我也。"今皆以铄我者为学,固有者为不足,何其背哉!②

王心斋弟子王栋曰:"古人好善恶恶,皆在己身上做工夫;今人好善恶恶,皆在人身上做障碍","天生我师,崛起海滨,慨然独悟,直超孔孟,直指人心,然后愚夫俗子,不识一字之人,皆知自性自灵,自完自足,不暇闻见,不烦口耳,而二千年不传之消息,一朝复明。先师之功,可谓天高而地厚矣"(《明儒学案》)。

罗近溪,《明儒学案》言他"以赤子良心,不学不虑为的,以

---

① 〔明〕王襞:《上道州周合川书》,载《名儒王东崖先生遗集》卷一。
② 〔明〕王襞:《语录遗略》,载《名儒王东崖先生遗集》卷一。

天地万物同体,彻形骸,忘物我为大。此理生生不息,不须把持,不须接续,当下浑沦顺适。工夫难得凑泊,即以不屑凑泊为工夫;胸次茫无畔岸,便以不依畔岸为胸次,解缆放船,顺风张棹,无之非是"。

颜山农"制欲非体仁"的论断,从反面肯定了自然人性论。

李卓吾倾慕王龙溪、罗近溪,视泰州学派的狂士为英雄,虽"不曾四拜受业一个人以为师",但经常被归入泰州学派,或者被看作是其精神血脉之传人。

李卓吾不仅对士女谈道,还专刻《观音问》等书,传播其男女平等的思想,他说:"谓人有男女则可,谓见有男女岂可乎?谓见有长短则可,谓男子之见尽长,女子之见尽短,又岂可乎?"(《焚书　续焚书》)

泰州学派最后得出的结论是"人欲即天理"。明代王世贞说:"盖自东越(王阳明)之变为泰州(王艮),犹未至大坏;而泰州(王艮)之变为颜山农,则鱼馁肉烂,不可复支。"①

明朝的政治到了嘉靖之后,特别是万历一朝,几无可为。皇帝怠政,二十年不朝,官员结党营私,陷无谓之争执。泰州学派门人寄希望于通过讲学来影响世道人心,是天真的想法。张居正的十年改革,使明朝大厦在他身后又苦撑了五十多年,终于崩溃。强人政治挽救不了大明江山,讲学当然更救不了它。"坑灰未冷山东乱,刘项原来不读书",李自成、张献忠这些人,岂是讲学可以劝善的?

农民起义史见不鲜,但平民布衣治学讲学,致良知开宗立派,却是孔子以来没有过的。明嘉靖、万历年间,发生了真正开

---

① 〔明〕王世贞:《嘉隆江湖大侠》,载《弇州史料后集》卷三十五。

天辟地般的新生事物,可惜没有能壮大到挽救明朝危亡命运的地步。东林党争,而不是什么士人空谈心性,才是明朝覆亡的直接原因之一。泰州学派,不仅开创者王艮系盐丁出身,弟子当中樵夫朱恕,陶匠韩乐吾,田夫夏叟,终身皆为下层甚或底层。礼教至明朝,颇有些"礼失而求诸野"的味道,中国这样一个森严的等级社会,接近于喊出"道德平等""知识平等""男女平等""人格平等"等具有近代欧洲启蒙思想意味的口号了。

王阳明的致良知之说,表面上看仍是道德主义取向,实际上为自然人性论铺平了道路。王龙溪曰:"先师良知之说,仿于孟子。不学不虑,乃天所为,自然之良知也。惟其自然之良,不待学虑,故爱亲敬兄,触机而发,神感神应。惟其触机而发,神感神应,然后为不学不虑,自然之良也。"①

六　清儒的义理之学

自宋以来,儒者认为"六经""四书"之外,更无所谓道者。晚清诸儒却在义理之中,发现了先秦诸子的地位与价值,不仅倡言回到诸子,且大胆还孔子和儒家诸子百家的地位,不复独尊于众学之上。荀子、墨子的复兴,与乾隆时汪中的提倡有很大关系。俞樾亦曾大力倡导,章太炎受这风气的感染,更为明确地提出"惟诸子能起近人之废",并将诸子视为"国学之原",1900年所著《訄书》初刻本首篇即为《尊荀第一》,他认为荀子、韩非之言为不可易。也许由于这个缘故,章太炎在20世纪70年代初被列入法家名目。

---

① 吴震编校整理:《王畿集》,南京:凤凰出版社2007年版,第137页。

章太炎说:"中国学者之疑经,亦不始康氏也;非直不始康氏,亦不始东壁、申受、默深、于廷也。王充之《问孔》、刘知几之《惑经》、程氏之颠倒《大学》、元晦之不信《孝经》、王柏之删《毛诗》、蔡沈之削《书序》,是皆汉唐所奉为正经者,而悍然拉杂刊除之。其在后世,亦不餍人心。夫王、刘、蔡无论矣,程朱则以理学为捭阖者,方俯首鞠躬之不暇,不罪程朱,而独罪康氏,其偏枯不亦甚乎。"①

虽然章太炎讲过"清世,理学之言,竭而无余华",事实上,理学在清代并没有结束。冯友兰在《中国哲学史》中认为,能讲出不同于前代的新义来的,不是宋学家,倒是汉学家。"汉学家之贡献,在于对宋明道学家之问题,能予以较不同的解答;对于宋明道学家所依据之经典,能予以较不同的解释","故讲此时代之哲学,须在所谓汉学家中求之"。②

《明儒学案》的作者黄宗羲,是王学正统传人,经历了明朝的亡国之痛后,其思想有超越前贤处。值得注意的是,在他的《明夷待访录》中,他公然把批判的锋芒指向专制君主制度,在中国数千载思想史上,这是未曾有过的。其《原君》曰:"以为天下利害之权皆出于我,我以天下之利尽归于己,以天下之害尽归于人,亦无不可;使天下之人不敢自私,不敢自利,以我之大私为天下之大公。……是以其未得之也,屠毒天下之肝脑,离散天下之子女,以博我一人之产业,曾不惨然。曰'我固为子孙创业也'。其既得之也,敲剥天下之骨髓,离散天下之子女,以奉我一

---

① 姜玢编选:《革故鼎新的哲理:章太炎文选》,上海:上海远东出版社1996年版,第26页。

② 冯友兰:《中国哲学史》下册,上海:华东师范大学出版社2011年版,第233页。

人之淫乐,视为当然。曰'此我产业之花息也'。然则为天下之大害者,君而已矣。"①鲁迅形象地将这一君权之欲,描述为天下之酒由我一人饮干。作为国家制度的君权,在中国已然崩溃百年,但作为人欲的君权,却无处不在。

船山之学,无闻于当世。船山之书,少量初版于作者殁后十年。其多数著作,刊刻于作者写成的二百年之后。这位明朝遗民的思想,汇入清末的变革思潮中,成为排满革命的有力的思想武器。在他薄薄一册《思问录》中,有简明而切中时弊的话:"用知不如用好学,用仁不如用力行,用勇不如用知耻","见道义之重则外物为轻,故铢视轩冕,尘视金玉","独知炯于众知,昼气清于夜气","浊者不足以为清者病也,以浊者为病,则无往而不窒,无往而不疑,无往而不忧。"②《俟解》中有云:"人之生理在生气之中,原自盎然充满,条达荣茂。伐而绝之,使不得以畅茂,而又不施以琢磨之功,任其顽质,则天然之美既丧,而人事又废,君子而野人,人而禽,胥此为之","生污世,处僻壤,而又不免于贫贱,无高明俊伟之师友相与熏陶,抑不能不与恶俗人相见,其自处莫要于慎言。言之不慎,因彼所知而言之,因彼所言而言之,则将与俱化","惟习气移人为不可复施斤削"。③

颜元在《上太仓陆桴亭先生书》中说:"大旨明道不在诗书章句,学不在颖悟诵读,而期如孔门博文约礼,身实学之,身实习之,终身不懈者。"(《存学篇》)他对于宋儒的批评是前所未有

---

① 《中国历代哲学文选·清代近代编》上册,北京:中华书局1963年版,第24页。
② 〔清〕王夫之著,王伯祥点校:《思问录·俟解》,北京:中华书局1956年版,第10页。
③ 同上,第18页。

的,"去一分程朱,方见一分孔孟"(《存学篇》)。在他看来,老子之无、佛教之空与新儒家之静,都是生命衰败的死亡之征兆。方东美说:"颜元认为宋代新儒家对于天与人性之思考从最好的角度讲也只是一些游戏性的猜测,而从最坏的角度讲则都是捕风捉影而已。他们不过是玩了一场滥用理智的虚妄游戏。"①

在颜元身上,有某种墨子式的于文化价值和艺术价值的粗暴的否定趋向,他称庄子为"人妖",并且鼓吹诗文书画败坏天下人心。

章太炎云:"朴学稽之于古,而玄理验之于心。事虽繁赜,必寻其原,然后有会归也;理虽幽眇,必征诸实,然后无遁词也。以是为则,或上无戾于古先民,而下可以解末世之狂酲乎?"②对颜元来说,一切玄理等同于谎言,拿这样粗糙的心去体验,为学之道穷矣。

戴震治经学、小学、音韵、训诂之学,乃乾嘉学派重镇。他认为程朱对孟子的误解,源自字义理解上的错误,"形而上者谓之道,形而下者谓之器","天命之谓性,率性之谓道",这两句话中的"谓之"和"之谓",语义不同。若不经辨析而视之以同,难免有毫厘千里之误。

> 戴震说:"经之至者,道也;所以明道者,其词也;所以成词者,字也。由字以通其词,由词以通其道,必有渐。"换句话说,训诂是求道的必要手段,而明道则是训诂的最终目

---

① 方东美:《中国哲学之精神及其发展》,匡钊译,郑州:中州古籍出版社2009年版,第355页。
② 章太炎:《与吴承仕论清代学术书》,载傅杰编:《章太炎学术史论集》,昆明:云南人民出版社2008年版,第419页。

标。从这一角度看,戴震治学的方法是强调此一由近而远、由下而上的"渐进"秩序。以此渐进秩序作为基础,再辅之以"淹博""识断"与"精审"等三项工夫,最后才是讲求戴震学方法论的最高境界——"贯通"。①

胡适说:"打倒程朱,只有一条路,就是从穷理致知的路上,超过程朱,用穷理致知的结果来反攻穷理致知的程朱。戴震用的就是这个法子。"②

章太炎说:"震自幼为贾贩,转运千里,复具知民生隐曲,而上无一言之惠,故发愤著《原善》《孟子字义疏证》,专务平恕,为臣民愬上天。明死于法可救,死于理即不可救。"③其所以发愤著书者,有其个人生命之不可已于言也。梁启超《清代学术概论》认为:"《疏证》一书,字字精粹……综其内容,不外欲以'情感哲学'代'理性哲学'。……戴震盖确有见于此,其志愿确欲为中国文化转一新方向。其哲学之立脚点,真可称二千年一大翻案。其论尊卑顺逆一段,实以平等精神,作伦理学上一大革命。其斥宋儒之糅合儒佛,虽辞带含蓄,而意极严正,随处发挥科学家求真求是之精神,实三百年间最有价值之奇书也。"④

戴震《原善》云:"饮食男女,生养之道也,天地之所以生生也。……去生养之道者,贼道者也。细民得其欲,君子得其仁。

---

① 丘为君:《戴震学的形成:知识论述在近代中国的诞生》,北京:新星出版社2006年版,第36页。
② 胡适:《戴东原的哲学》,合肥:安徽教育出版社1999年版,第60页。
③ 姜玢编选:《革故鼎新的哲理:章太炎文选》,上海远东出版社1996年版,第439页。
④ 梁启超:《清代学术概论》,北京:东方出版社1996年版,第39页。

遂己之欲,亦思遂人之欲,而仁不可胜用矣;快己之欲,忘人之欲,则私而不仁。"①

《孟子字义疏证》卷上曰:"圣人治天下,体民之情,遂民之欲,而王道备。人知老庄、释氏异于圣人,闻其无欲之说,犹未之信也;于宋儒,则信以为同于圣人,理欲之分,人人能言之。故今之治人者,视古圣贤体民之情、遂民之欲,多出于鄙细隐曲,不措诸意,不足为怪;而及其责于理也,不难举旷世之高节,著于义而罪之。尊者以理责卑,长者以理责幼,贵者以理责贱,虽失,谓之顺;卑者、幼者、贱者以理争之,虽得,谓之逆。于是下之人不能以天下之同情、天下所同欲达之于上;上以理责其下,而在下之罪,人人不胜指数。人死于法,犹有怜之者;死于理,其谁怜之?呜呼!杂乎老、释之言以为言,其祸甚于申韩如是也!"②

方东美说:"我们在《原善》中找不到对于论战的兴趣,却可见一种自然论形而上学体系的构建,其完全不同于任何一种西方的同名学派,试图通过自然知识之能力而通达道德价值之本质。这是一种基于对来自《周易》《中庸》与《孟子》的心灵哲学的根本观念的消化吸收之上的宇宙论体系,蕴含着众多的价值、认识与道德。"③

章太炎、梁启超和胡适三人对戴震的相继论述,实际上创生了一门新的学科——戴震学。丘为君说它意味着"知识论述在近代中国的诞生",金观涛认为在这一学科之中,具有现代意识

---

① 〔清〕戴震撰,汤志钧校点:《戴震集》,上海:上海古籍出版社1980年版,第347页。
② 同上,第275页。
③ 方东美:《中国哲学之精神及其发展》,匡钊译,郑州:中州古籍出版社2009年版,第368页。

的中国式自由主义心灵得以涌现。因为在戴震看来,任何普遍的规则包括纲常名教,都只是名,唯有个体或者具体的陈述才是真实的。章太炎"个体为真,团体为幻"的信念,其来源除了佛教唯识学之外,也许还受到了戴东原的影响。

章太炎云:"至中国所以维持道德者,孔氏而前,或有尊天敬鬼之说,孔氏而后,儒道名法,变易万端,原其根极,惟依自不依他一语。汉世儒术盛行,人多自好,本无待他方宗教为之补苴。魏晋以后,风俗渐衰,不得不有资于佛说。然即莲社所谓净土者,亦多兼涉他宗,未尝专以念佛为事。三论继兴,禅宗、法相接踵而至,宗派虽异,要其依自则同。"[1]

人性论在中国的发展脉络大体如下:先秦时期,正德、利用、厚生的基本观念,不仅是社会的普遍信念,而且行之有效。孔子性相近、习相远的论述意味深长。宋儒开出新儒学,吸收释老二氏之玄理,倡导存天理、灭人欲。伴随孟子升格运动,道德主义色彩日益浓重,程朱为其顶点。从表面上看,王学比程朱更为登峰造极,由君子学过渡到小人学,鼓励愚夫愚妇皆可以致良知,百姓日用即为道,由此开出自然人性论的新局面。到清代初期,三大儒顾炎武、黄宗羲、王夫之,俱有超出王学范围的贡献,特别是在戴震的著述中,一种中国本土的自然人性论,经过发展后体系完备,有很强的理论生命力。而章、梁、胡三人之所以推崇戴震,正根源于这一点。

冯友兰在《新理学》中说:"历史上每一个革命之后所建设之新社会,常较革命家所想象者,所宣传者,旧得多。……就此

---

[1] 傅杰编校:《章太炎学术史论集》,昆明:云南人民出版社2008年版,第114页。

方面看,一新底社会之出现,不是取消一旧底社会,而是继承一旧底社会。社会中任何事,如思想,文学,艺术等,均是如此。"①

冯友兰的《贞元六书》于五四启蒙运动的立场而言,是某种倒退,他不仅回到了以儒学为中心的传统上去,在儒学内部,亦回到了宋学的义理范畴之中去讨论哲学。它在学者或者哲学家个人的趣味和知识偏好之余,是否还意味着宋元明清四代一千多年的官方意识形态不可能轻易退出历史舞台?这值得我们深思和追问。

在笔者看来,千年中国历史遗赠给当今社会最大的文化遗产,是宋明理学。或许不是指程朱周张和王阳明书本上的那些教诲,而是早已深入普通民众头脑中的那些牢不可破的观念。千载维系世道人心者,历经战乱王朝更迭而不坠者,端赖于此。国家通过对忠臣孝子、烈女节妇的表彰,已将这一套意识形态观念灌输到人心当中。作为观念的仁义礼智信,作为个人品性的温良恭俭让,是存在于社会无意识当中的一种无形资产。五四运动对于这一资产是否定的,并认为它是导致中国两百年来落后的原因,提出重新估价一切的口号。但如果否定它,势必在文化上、道德上和价值感上,陷入虚无主义。五四新文化运动,始终伴随着这一虚无主义的消长起伏。中国人感受到的外来文明的压力,从来没有那么大过,今天是否到了新的历史时刻,可以对宋明理学有更为客观公正的评价了呢?

王学的思想解放运动,既然从学理上吸引了五百年来最优秀的头脑和心智投身其中,为什么未能开创出新的天地?原因

---

① 冯友兰:《贞元六书》上卷,上海:华东师范大学出版社1996年版,第149页。

在于专制王权的羁縻。明朝的灭亡,宣告持续了一百五十年的王学运动的终结。清朝兴文字狱,禁锢士人思想,两百多年中,王学的精神血脉衰竭殆尽,至晚清排满革命兴起,才与明末的思想有所呼应。章太炎曾说:"余身预革命,深知民国肇造其最有力者,实历来潜藏人人胸中反清复明之思想也。盖自明社既屋,亭林、船山诸老倡导于前,晚邨、谢山诸公发愤于后,攘夷之说,绵绵不绝,或显或隐,或明或暗,或腾为口说,或著之简册,三百年来,深入人心,民族主义之牢固,几如泰山磐石之不可易,是以辛亥之役,振臂一呼,全国相应,此非收效于内诸夏、外夷狄之说而何?……治人之道,虽有取舍,而保持国性实为最要。"①

革命意识形态失效后,统治这个时代的是一种混合的意识形态,既有外来思潮,也有历史遗产。崇洋固然是民族文化上的虚无主义的表现,复古亦令人充满疑虑,须警惕道德专制主义的复活。官本位、金钱至上、趋炎附势、追名逐利、消费主义、鲜廉寡耻、道德大棒等等,依靠电视等强势媒体进行传播,其造成的社会后果令人担忧。以个人成长和成熟为核心的启蒙运动的未竟之业,不会自动完成,"照着讲"不行,"接着讲"也令人怀疑,那就需要更富有智慧与良知的头脑,从困境中将这个时代的义理之学发明出来。

章太炎说:"要知道凡事不可弃己所长,也不可攘人之善。"②在修己治人问题上,出世法悬得虽高,待人却宽。出世法哀悯众生,如护一子,舍头目脑髓以施人者,称菩萨行,而未尝责

---

① 丘桑主编:《名师骑士:民国奇才奇文·章太炎卷》,北京:东方出版社1998年版,第107页。
② 姜玢编选:《革故鼎新的哲理:章太炎文选》,上海:上海远东出版社1996年版,第360页。

人必舍。在世法中，有不死节者，便不齿于人，是乃责人以必舍也。倘能行夫子之道，不以此世间法责人，才得敬重，才是菩萨行。

（撰稿人　李春阳）

第三十四章　辞章篇

辞章又写作"词章",在传统文化中是诗文的总称。

《后汉书·蔡邕传》云:"好辞章、术数、天文,妙操音律。"以辞章与术数、天文、音律并列,后世所谓"诗文总称"的含义,已经大体具备。《礼记·表记》曰:"子曰:情欲信,辞欲巧。"对于情和辞的不同要求,意味着古人于文章之情和文章之辞,已分开考量,而不混为一谈,此有可能是学问分门别类与后世学科林立之滥觞。

《文心雕龙》五十章,其三十四章为"章句",与"声律""丽辞""镕裁""情采"并列为卷七,偏重于论述"言有序"的方面。《文心雕龙·通变》云:"晋之辞章,瞻望魏采。"[1]这里的"辞章"二字,也是于诗文的称谓。

韩愈《柳子厚墓志铭》云:"居闲,益自刻苦,务记览,为词章,泛滥停蓄,为深博无涯涘,而自肆于山水间。"又云:"然子厚斥不久,穷不极,虽有出于人,其文学词章,必不能自力,以致必

---

[1] 〔南朝·梁〕刘勰著,范文澜注:《文心雕龙注》下册,北京:人民文学出版社1958年版,第520页。

传于后如今,无疑也。"①柳宗元的文章,无论山水游记,还是《封建论》这样的论文,包括回应屈原《天问》而写的《天对》,韩愈均以"词章"称之。

大约宋代,辞章之学与义理之学开始分庭抗礼,最后弄到势同冰炭。程颐称苏轼为小人,苏轼叫伊川作奸人,蜀、洛两党有水火不容之势。清代章学诚轻视袁枚,除了个人性情的原因,义理之学对辞章之学的党同伐异,与程苏相争如出一辙。

程颐在《濂洛关闽书》中说:"古之学者一,今之学者三,异端不与焉。一曰词章之学,二曰训诂之学,三曰儒者之学。欲趋道,舍儒者之学不可。"②他以儒者之学自居,以弘扬道学自任,而且认为孟子之道已经中断了一千多年,为往圣继绝学的重任,非其莫属。

戴震不是宋明理学传人,但在《与方希原书》中,也表达了与程颐大体相近的三分其学:"古今学问之途,其大致有三。或事于理义,或事于制数,或事于文章。事于文章者,等而末者也……圣人之道在'六经',汉儒得其制数,失其义理;宋儒得其义理,失其制数。"③

程颐的轻视辞章,来自于他的老师周敦颐。周茂叔曰:"文辞,艺也;道德,实也。笃其实,而艺者书之,美则爱,爱则传焉。贤者得以学而至之,是为教。故曰:言之无文,行之不远。然不

---

① 〔唐〕韩愈著,严昌校点:《韩愈集》,长沙:岳麓书社2000年版,第360页。

② 陶秋英编选:《宋金元文论选》,北京:人民文学出版社1984年版,第151页。

③ 戴震研究会、徽州师范专科学校、戴震纪念馆编纂:《戴震全集》,北京:清华大学出版社1997年版,第2589页。

贤者,虽父兄临之,师保勉之,不学也;强之,不从也。不知务道德,而第以文辞为能者,艺焉而已。噫!弊也久矣!"①

有人相询程颐:"作文害道否?"答曰:"害也。凡为文不专意则不工,若专意,则志局于此,又安能与天地同其大也?《书》云,玩物丧志,为文亦玩物也。"他引用吕与叔的诗为证:"学如元凯方成癖,文似相如始类俳。独立孔门无一事,只输颜氏得心斋。"程颐认为:"古之学者,惟务养情性,其他则不学。今为文者,专务章句,悦人耳目。既务悦人,非俳优而何?"②理学家对于辞章的批评,给人的印象似乎是宋代辞章之盛,使儒道不彰。不过从文艺家的立场看去,或许是相反的,倒是理学的发达使诗文衰落,苏轼在书信中曾抱怨过"文字之衰,未有如今日者也"。

既然作文害道,诗也在不提倡之列,"既学诗,须是用功,方合诗人格。既用功,甚妨事"。古人云"吟安五字句,用破一生心"(方干《贻钱塘县路明府》),又谓"可惜一生心,用在五字上"。此言说在了程颐心坎上,他说:"某素不作诗,亦非是禁止不作,但不欲为此闲言语。且如今言能诗,无如杜甫。如云'穿花蛱蝶深深见,点水蜻蜓款款飞',如此闲言语道出做甚?某所以不尝作诗。"③杜甫诗句的妙处,程夫子不能体会,直视之为无关痛痒的"闲言语"。朱元晦虽然懂得"木晦于根,春空晔敷;人晦于身,神明内腴"(《近思录》)的道理,还花了很大的气力作

---

① 陶秋英编选:《宋金元文论选》,北京:人民文学出版社1984年版,第121页。
② 〔宋〕朱熹、吕祖谦编订:《近思录》,南京:江苏古籍出版社2001年版,第59页。
③ 陶秋英编选:《宋金元文论选》,北京:人民文学出版社1984年版,第153页。

《诗集传》,但在文质之间,他明确主张宁可失之于野,与程子的态度是一脉相承的。

程颢、程颐兄弟相差一岁,性情截然不同。"明道终日坐如泥塑人,然接人浑是一团和气,所谓望之俨然,即之也温。至于伊川,峻厉之气,严毅之守,足以尊师道,而亦足以招物怨。"[①]明道寿短,年五十四岁而终,伊川比乃兄多活了二十年,将致知之学间接传到了朱熹手中,使理学终于发扬光大。

宋明两朝,义理之学大盛,无论是程朱理学,还是陆王心学,均能薪火相传,发展出精微深湛的儒家形而上学,后世以新儒学称之,言其足以与孔孟之旧儒学相匹。清代以满族入主中原,兴文字狱,士林噤若寒蝉,义理之学衰落,训诂之学发达,乾嘉学派在小学上的成就为人称道。辞章之学,至明清两代,无论诗文,均以摹古为能事。明朝的前后七子,清朝的桐城派,推尊唐宋八大家;同光体诗派,专以宋诗为楷模。辞章之等而下之者,成为八股之学,但亦因科举制度,辞章之学历代不衰,能文之士不绝于世。

"言有序"出于《易》艮卦六五,"言有物"出于《易》家人卦象辞,这两句话实际上是古往今来对于文章的两个基本的要求,这就是方苞所说的"义法"。前者说写文章要有条理,先后详略有考虑,起承转合要安排,遣词造句须推敲,开头结尾宜呼应。文章作法之类,乃其末流,虽无定法,通则却是有的。运用之妙,存乎一心,所以古人有得失寸心之论。后者看似简单,其实复杂。如果说前者是文章的内部研究,类似于20世纪西方文论中的形式批评、结构主义和文本研究之流,后者则是外部探索。内

[①] 钱穆:《国学概论》,北京:商务印书馆1997年版,第216页。

部研究有明确的范围和界限,超出这一界限,暂不予考虑。外部则无限广大,漫无边际。抒情言志,体物载道,称名取类,辞近旨远,实在是不可方物。物不得其平则鸣,骨鲠在喉,一吐为快,言岂一端,各有所当。虽说言语之美,穆穆皇皇,然而鼓天下之动者存乎辞,不可不慎也。《周易·系辞》云:"乱之所生也,则言语以为阶。"死生存亡系之,文章之作,或有过于用兵者乎?如此广大的外部,所谓诗外功夫,又绝非"言有物"三字可穷尽矣。

限于篇幅,本文拟集中于辞章之学的大要加以讨论。古人作诗为文,皆为达意,言之有物在先,言之有序自然包含其中,文质相称,内外相符,义理和辞章,在先秦诸子那里,在《诗经》《楚辞》那里是天然统一的,文质逐步分裂,修辞立诚的要求才越来越突出。故辞章之学,不可不先辨文质,申立诚。汉语辞章与其他语言文字相比,最大的特点有二:一是它的文本性,即书面文化特征,或说视觉性,起源既早,特色亦明,不可不论;一是骈偶手法,虽不过是众多修辞手段中的一种,却是汉语辞章的核心特色。辞章既为传统诗文之总称,辞章之学,当以致用为是。

一　文质之辨

《论语·雍也》:"子曰:'质胜文则野,文胜质则史,文质彬彬,然后君子。'"刘宝楠《论语正义》注曰:"野,如野人,言鄙略也。史者,文多而质少。彬彬,文质相半之貌。礼有质有文。质者,本也。礼无本不立,无文不行,能立能行,斯谓之中。失其中则偏,偏则争,争则相胜。君子者,所以用中而达之天下者也。……当时君子非质胜文,即文胜质,其名虽称君子,其实则曰野、曰史而已。夫子为之正名,究其义,曰'文质彬彬,然后君子',言非文质备,无以为君子矣。"①在这里,孔子讲的是礼教和做人,如果把这句话应用于文章之道,"文"和"质"可以分别对应于"言有序"和"言有物",刘勰所谓"斯斟酌乎质文之间,而隐括乎雅俗之际,可与言通变矣",以现代粗略的说法,近似于形式和内容。

朱熹《四书集注》在解释这段字句之后说:"言学者当损有余而补不足,至于成德,则不期然而然矣。杨氏曰:文质不可以相胜。然质之胜文,犹之甘可以受和,白可以受采也。文胜而至于灭质,则其本亡矣。虽有文,将安施乎?然则与其史也,宁野。"②此说表明了在历史进程中文质关系的紧张,最终导致了文和质的分裂。

文质分裂由宋开始,辞章之学与义理之学分立,道学家看不起文学之士,濂关洛闽之争,以及后来的鹅湖之会,是理学内部的争论,他们与蜀党之间的不同,则使义理和辞章越走越远了。

李梦阳《空同子论学》云:"宋儒兴而古之文废矣;非宋儒废之也,文者自废之也。古之文,文其人,如其人,便了如画焉,似而已矣。是故贤者不讳过,愚者不窃美。而今之文,文其人,无美恶,皆欲合道传志,其甚矣。是故考实则无人,抽华则无文,故曰宋儒兴而古之文废。"③文质分裂,华而不实,有君子之名,而无君子之实。

桐城派古文,主导清之文坛二百余年,提出义理、考据、辞章的作文理念,欲一统三者于文章之中。姚鼐《述庵文钞序》云:

---

① 〔清〕刘宝楠撰:《论语正义》,长沙:岳麓书社1996年版,第151页。
② 〔宋〕朱熹集注:《四书集注》,长沙:岳麓书社1985年版,第115页。
③ 郑奠、谭全基编:《古汉语修辞学资料汇编》,北京:商务印书馆1980年版,第363页。

"余尝论学问之事有三端焉：曰义理也，考证也，文章也。是三者，苟善用之，则皆足以相济；苟不善用之，则或至于相害。"①但受专制皇权政治的牵制，终于没有能走出宋儒划定的范围。

鲁迅曾说："学说以启人思，文辞以增人感。"他把学术思想与文艺的关系，讲得清楚，两者不仅不对立，且正可以互相补充，为古老的文教理想"文质彬彬，然后君子"注入新的内涵。

二 修辞立其诚

关于修辞，《礼记·表记》云："子曰：情欲信，辞欲巧。"《周易·乾·文言》曰："修辞立其诚。"这两句话，把汉语修辞的范围和能事说尽了。

"辞欲巧"好理解，"立其诚"却颇为费解。但修辞的根本，恰在于"立其诚"。这个"诚"字，是中国文化的核心词汇，就其重要性而论，大概只有"道"字与它相匹。在修齐治平的八纲目中，"诚意"乃是一个人之起始的关键环节，"格物而后知至，知至而后意诚，意诚而后心正，心正而后身修，身修而后家齐，家齐而后国治，国治而后天下平"（《礼记·大学》）。

依照时下的一种解释，"修辞立其诚"有这样两重含义，即"立言修辞内容的真实和立言修辞态度的忠信"，"以道德修养为前提，以言行一致为准绳"②。

周振甫的解释与此稍有不同："修辞要建立在真诚上，文辞

---

① 贾文昭编：《桐城派文论选》，北京：中华书局2008年版，第91页。
② 陈光磊、王俊衡：《中国修辞学通史·先秦两汉魏晋南北朝卷》，长春：吉林教育出版社1998年版，第7页。

是表达情意的,修辞就是把自己的情意用文辞来表达,像一杆天平,一头是情意,一头是文辞,两者要做到轻重悉称,没有偏重偏轻的毛病,这就是修辞立诚。文辞同情意是否轻重悉称,只有自己最清楚,所以要靠自己的立诚,才能做好修辞工作。"[1]

古人的解释也大体是这一路,表述自然更为精到。王充《论衡·超奇》曰:"实诚在胸臆,文墨著竹帛。外内表里,自相副称。意奋而笔纵,故文见而实露也。"

韩愈《答尉迟生书》曰:"夫所谓文者,必有诸其中,是故君子慎其实。实之美恶,其发也不掩。本深而末茂,形大而声宏,行峻而言厉,心醇而气和。"内容和态度的真实,都属于"情欲信"的范畴。

《礼记·表记》曰:"是故君子耻服其服而无其容,耻有其容而无其辞,耻有其辞而无其德,耻有其德而无其行。"古人批评一个人言不顾行、行不顾言,已是极端严厉之辞。行己有耻,本身就说明诚意在心。

《论语·为政》曰:"子曰:视其所以,观其所由,察其所安,人焉廋哉?人焉廋哉?"古人相信言为心声,通过文字可以了解一个人,假如你善于观察和判断的话。

《周易·系辞下》曰:"将叛者其辞惭,中心疑者其辞枝,吉人之辞寡,躁人之辞多,诬善之人其辞游,失其守者其辞屈。"

《礼记·乐记》曰:"德者,性之端也;乐者,德之华也;金石丝竹,乐之器也。诗,言其志也;歌,咏其声也;舞,动其容也。三者本于心,然后乐器从之。是故情深而文明,气盛而化神,和顺积中而英华外发,惟乐不可以为伪。"

---

[1] 周振甫:《周振甫讲修辞》,南京:江苏教育出版社2005年版,第11页。

这里末一句话耐人寻味,"惟乐不可以为伪",因为音乐的形式本身,就是它要表达的内容。它的含义与其表达方式之间是无法分离的,音乐的语言只为音乐所使用,它没有另外的功用,也没有另外的价值。

《大学》于"诚意"的解释非常详尽:"所谓诚意者,毋自欺也。如恶恶臭,如好好色,此之谓自慊。故君子必慎其独也。小人闲居为不善,无所不至,见君子而后厌然,掩其不善而著其善。人之视己,如见其肺肝然,则何益矣?此谓诚于中,形于外。故君子必慎其独也。曾子曰:'十目所视,十手所指,其严乎!'富润屋,德润身,心广体胖。故君子必诚其意。"①

李卓吾《四书评》认为:"此篇文字极精,《大学》枢要全在于此。先儒以为人鬼关,王阳明亦说《大学》之道诚意而已矣,都是有见之言。但其中线索尚未经人摘破,今为一一言之。劈头'所谓诚意者,毋自欺也'二语,大旨了了。'如恶恶臭'三语,不过足此二语耳。下面便教人'慎独'。又把'小人闲居'一段描写自欺光景。'此谓诚于中'以下,转说到'诚意'上来。'十目所视'三语,正是'慎独'工夫,'诚中'光景,吃紧处全在于此,非泛泛引证语已也。下面'富润屋'三语,不过指点形外景象一番。故末句又急急收到'诚意'上去,不是'诚意'最为《大学》一书枢要乎?"②

刘宗周之学,围绕"诚意"这个要害而建立,所谓"意根最微,诚体本天","《中庸》诚身,《大学》诚意",后来被牟宗三称作

---

① 〔宋〕朱熹集注:《四书集注》,长沙:岳麓书社1985年版,第10页。
② 《四书评》,载〔明〕李贽著,张建业主编:《李贽文集》第5卷,北京:社会科学文献出版社2000年版,第4页。

"诚意之学",而蕺山本人,也在明亡后投水,以死明志,实践了自己的学说,此处不能详论。

  本我的"恶恶臭""好好色"不学而能,不教自会,乃是一种本能;超我是"十目所视,十手所指"下形成的道德主体,无论君子还是小人,俱无所逃于天地之间,但说到底,这是一种外在的道德压力,与发自内心的"诚于中"不相干。夹在本我和超我之间的自我,受到内外两边的夹击,只好去做"慎独"的功夫。本我特别强大、难以摆脱的那部分人,就成了小人,但迫于社会压力,不得不做成君子的样子,哪怕是伪君子。另一些天资卓异之士,历经艰辛,克服了本我,达到了超我的崇高目标,从一己之小我,进入天地境界的大我之中,成为真君子,乃至圣贤,这是中国历史上的文化英雄。但人既有身,就不能将本我排除干净,因此做真君子比做伪君子困难得多。有私心杂念,不让别人看到容易,但不让自己看到却难,"毋自欺"三字,真正才是"吃紧处"。

  对于行仁义和以仁义行的辨别,乃是对于真善和伪善的区分,从道德文章上分辨这两者,已经是少数人的学问才可以达到的境界了。人既是一个道德主体,又是一个利益主体,利益的得失与道德上的得失相冲突时,一些人会放弃道德而跟从利益,他们这样做的时候,甚至没有觉得付出任何代价,因为道德的评判,除了一己之良知外,更无另外的法庭,社会舆论可以以伪善去应对,从功利角度看,伪善是成本最低的"善"。宋儒对于"诚"的大力提倡,却导致了诈伪的横行于世,这不能说是提倡者的过错。王阳明说《大学》是诚意之学,但明清两朝,"四书"成为科举的教科书,富贵的敲门砖。《大学》章句的普及和诚意精神的衰亡,形成鲜明的对比。从文章的角度看,八股文对于格律声色的讲究,巧则巧矣,早已经变成修辞立诚的反面了。

宋濂《文说赠王生黼》曰："文者果何繇而发乎？发乎心也。心乌在？主乎身也。身之不修，而欲修其辞，心之不和，而欲和其声，是犹击破缶而求合乎宫商，吹折苇而冀同乎有虞氏之箫韶也，决不可致矣。"[①]

宋濂的主张是"文不贵乎能言，而贵于不能不言"。"能言"属于"辞欲巧"，"不能不言"是李卓吾所说的"不容已"，乃"情欲信"的明证。

假如说修齐治平是过去两千年中国最大的意识形态，那么这一意识形态的发条已经上得太满了。自从内圣外王的理想破灭之后，中国的社会生活依靠惰性和习惯势力以及皇权、利益维系着，满族皇帝称赞明朝、治隆唐宋，今天的人歌颂康乾盛世。五四运动时期人们对于新思想、新道德、新风尚和新文化的巨大渴望，恰逢西学东渐，干柴烈火，立刻爆发巨大的能量。摧枯拉朽容易，别立新宗难，文化建设更难。直至今日，我们还被笼罩在这一除旧布新的口号声里，前不见文化传统，后不见新涌之泉。

章学诚《评沈梅村古文》一文结尾云："古之作者，不患文字之不工，而患文字之徒工而无益于世教；不患学问之不富，而患学问之徒富而无得于身心。《易》曰：'言有物而行有恒。'又曰：'修辞立其诚。'所谓'物'与'诚'者，本于人心之所不容已。仁者见仁，知者见知，要于实有其所见，故其所言自成仁知而不诬，不必遽责圣贤道德之极至，始谓修辞之诚也。盖人各有能有不能，与其饰言而道中庸，不若偏举而谈狂狷，此言贵诚而不尚饰

[①] 《四书评》，载〔明〕李贽著，张建业主编：《李贽文集》第5卷，北京：社会科学文献出版社2000年版，第349页。

也。文士怀才,譬若勇夫握利兵焉,弓矫矢直,洞坚贯札,洵可为利器矣。或用之以为盗,或用之以御盗,未可知也。此则又存乎心术矣。"

三 言所不逮

章太炎说:"文字本以代言,而其用则有独至。"

在索绪尔的语言学理论中,文字不过是语言的符号。索绪尔认为:"语言和文字是两种不同的符号系统,后者唯一的存在理由是在于表现前者。语言学的对象不是书写的词和口说的词的结合,而是由后者单独构成的。"他明确说过自己的理论"只限于表音体系,特别是只限于使用的以希腊字母为原型的体系",然而不幸的是,这一理论成为汉语语言学长期尊奉的信条。"一个多世纪来,我们遵循口语至上的途径研究语言,将汉字和它所提供的信息完全排除出语言研究的范围,强使以视觉的文字为中心的研究传统转入'视觉依附于听觉'的轨道。"[1]

陈望道在《修辞学的中国文字观》中说:"人们说到文字,总说文字是语言的记号,或说'言者意之声,书者言之记'(《尚书序疏》)。这就现在而论,也符事实。假若追溯源头,文字实与语言相并,别出一源,决非文字本来就是语言底记号。人们知道用声音表思想,也就知道用象形表思想。知道从口嘴到耳朵的传达法,一面就又知道从手指到眼睛的传达法。口耳和手眼两条思想交通的路径,现在固然有了并合的地段了,当初实非

---

[1] 徐通锵:《语言学是什么》,北京:北京大学出版社2007年版,第148页。

如此。"①

依据心理学的研究,人类对现实的感知有80%来自视觉通道,其他如听觉、味觉、嗅觉、触觉"四觉"占20%。语言和文字是相对于人类的听觉、视觉——两条最重要的认知途径而发展起来的编码体系,两者本身又有着重大的差别。

"视觉起分离的作用,听觉起结合的作用。视觉使人处在观察对象之外,与对象保持一定的距离,声音却汹涌地进入听者的身体","当我聆听时,声音同时从四面八方向我传来:我处在这个声觉世界的中心,它把我包裹起来,使我成为感知和存在的核心。声音有一个构建中心的效应,这正是复制高保真度声音时达到高精确所利用的原理。你可以沉浸到听觉里,声音里。相反,沉浸到视觉里的办法是不存在的。视觉是解剖性的感知,和它相比,声觉是一体化的感知。典型的视觉理想是清晰和分明,是解剖。与此相对,听觉的理想是和谐,是聚合"。② 这种不同,造成了口语文化和书面文化——两种类型的人类文化。

章太炎认为:"文字初兴,本以代声气,乃其功用有胜于言者。言语仅成线耳,喻若空中鸟迹,甫见而形已逝,故一事一义得相联贯者,言语司之。及夫万类坌集,棼不可理,言语之用,有所不周,于是委之文字。文字之用,足以成面,故表谱图画之术兴焉,凡排比铺张,不可口说者,文字司之。及夫立体建形,向背同见,文字之用,又有不周,于是委之仪象。仪象之用,足以成

---

① 陈望道:《修辞学的中国文字观》,《立达季刊》1925年1卷1期。
② [美]沃尔特·翁:《口语文化与书面文化》,何道宽译,北京:北京大学出版社2008年版,第54页。

体,故铸铜雕木之术兴焉,凡望高测深不可图表者,仪象司之。"①

事实上,"口语文化根本就不能对付几何图形、抽象分类、形式逻辑推理、下定义之类的东西,更不用说详细描绘、自我分析之类的东西,因为这些东西并不仅仅是思维本身的产物,而是文本形成的思维的产物"②。

同为文字,西方的拼音字母组成的文字,与表意的汉字相比,也有很大的差异。西文一个单词的意义,与它的读音相联系,或说是由读音赋予它的意义;中国的方块字,虽然其中的形声字也表音,但意义直接由字形赋予。前者是听音辨义,后者属识形辨义,一诉诸听觉,一诉诸视觉,迥然不同。西方的修辞,发端于演讲术,属于口头说服的艺术,而中国的辞章之学,乃是植根于文本,虽然不排除声音的利用,但本质上属于文字的艺术,这是章太炎说的"其用则有独至"。

欧洲的古典音乐和中国的汉字书法,当是两种不同文化最有代表性的艺术,也分别是其精神、思想和趣味的最高体现。当德国人在教堂长椅上或音乐厅中沉浸于《勃兰登堡协奏曲》,中国人端坐于桌前,手执毛笔屏气凝神临摹《十七帖》。

索绪尔的语言学一再强调口语的首要地位,或说语言的口语属性,基于这样一个事实——在使用文字之前,口语早已存在,一个口语社会普遍存在了万年之久;凡是有人生存的地方,就有语言,"历史上数以万计的语言中,大约只有一百零六种语

---

① 傅杰编校:《章太炎学术史论集》,昆明:云南人民出版社2008年版,第73页。
② [美]沃尔特·翁:《口语文化与书面文化》,何道宽译,北京:北京大学出版社2008年版,第42页。

言曾经不同程度地使用过文字或产生了文学,绝大多数的语言根本就没有文字。在现存的大约三千种口语语言里,大约只有七十八种语言有书面文献"①。

然而,"文字改变人类意识的力量胜过其他一切发明","文字增强人的意识。与自然环境疏离对人有好处,而且在许多方面是充实人生必不可少的条件。为了充分享受和理解生活,我们不仅需要贴近生活,而且需要拉开距离。在这方面,文字给意识提供的力量超过了其他一切人为之物"。②

"文字固有的最令人吃惊的悖论之一是它和死亡的联系","文本死了,它脱离了鲜活的人生世界,只留下僵死的视觉形象,但正是这样的僵死确保了它的永恒,确保了它复活的潜力,在无数活生生的读者的呼唤之下,它又能够复活成无限生动的语境"。③

中国文字产生得早,甲骨文已是成熟的文字,距今已有四千年的历史。据推测,甲骨文从发育到成熟至少需用千年,那么,人们通常说的五千年文明史,应该是准确的。古埃及亚述和古巴比伦的文字,产生得还要早,但这些文字已消失,而中国的汉字却传承至今,中国文化从可以追溯之时起,就是一种书面文化。可能正因为文字的发达,所以此前口语文化的痕迹多被掩盖或者湮没,而后世依靠口语传承的民间故事,也几乎不能逸出书面文化所创立的体制和观念之外。虽然直至清末,在中国能识文断字的人只占人口很小的比例,但这一文化整体的书面性

---

① [美]沃尔特·翁:《口语文化与书面文化》,何道宽译,北京:北京大学出版社2008年版,第3页。
② 同上,第59、62页。
③ 同上,第61页。

质,却从未动摇过。

中国文化的文本主义倾向突出,从汉代起,皓首穷经就成为读书人的日常作为,以文章诗赋来选拔官员始于隋唐,持续了一千三百多年,直至1905年科举制度被废除。

白话文固然方便口语的吸取,但口语经过提炼才能成为合格的、优秀的文章语,这是汉语的常态。创作拟口语风格的文体与放弃书面语、标榜"写话",是两种完全不同的路子。梁宗岱认为:"言文截然分离底坏结果固足以促醒我们要把文学底工具浅易化、现代化,以恢复它底新鲜和活力;同时却逼我们不能不承认所谓现代语,也许可以绰有余裕地描画某种题材,或惟妙惟肖地摹写某种口吻,如果要完全胜任文学表现底工具,要充分应付那包罗了变幻多端的人生,纷纭万象的宇宙的文学底意境和情绪,非经过一番探检、洗练、补充和改善不可。"①这番淘洗锤炼的工作,或可审慎称之为白话文的"文言化倾向",与写作的所谓"明白如话"相反,它追求精确、凝练、艺术性,精通并调动一切修辞手段,创造文体。此不独汉语为然,世界各国的文学佳构无不追求这共同的书写境界——偏离规范的原则(deviation from the norm)。

与西方不同的是,中国文字超出语言的那部分修辞手段,精深优美,为"言文一致"的提倡者所忽视,但文章家则从来深味此道。汪曾祺说:"其次还有字的颜色、形象、声音。中国字原来是象形文字,它包含形、音、义三个部分。形、音,是会对义产生影响的。中国人习惯于望'文'生义。'浩瀚'必非小水,'涓涓'

---

① 梁宗岱:《文坛往哪里去——"用什么话"问题》,载《宗岱的世界:诗文》,广州:广东人民出版社2003年版,第131页。

定是细流。木玄虚的《海赋》里用了许多三点水的字,许多模拟水的声音的词,这有点近于魔道。但中国字有这些特点,是不能不注意的。"[1]视觉性语言并非"无声",精于写作和阅读的人,自会看出字里行间的声响来,这是汉语汉字的艺术。

中国历史悠久,传世文本繁多,成语典故通行既久,口语之中亦经常使用。口语模仿书面语,是国人自古以来的集体习性,我们赞美某人口才好,称"出口成章"。语言、绘画甚至工艺,"自然模仿人工"是传统文化的特质。立象以尽意,立字以尽言,自然被感受,是材料,而不是模仿的对象。爱德华·萨丕尔(Edward Sapir)认为,"语言是我们所知的最硕大、最广博的艺术,是世世代代无意识地创造出来的、无名氏的作品,像山岳一样伟大。……每一个语言本身都是一种集体的表达艺术。其中隐藏着一些审美因素——语音的、节奏的、象征、形态——是不能和任何别的语言全部共有的……艺术家必须利用自己本土语言的美的资源"[2]。

国人思维的特性、艺术感受的独特方式、于世界和价值的认知态度等,隐藏在汉语和汉字之中,数千年来自然而然地透过自己的文字和语言细细申述,拼音化取代汉字的运动虽然失败了,但白话文运动似乎为现代中国创造出某种可以称之为"拼音文字的灵魂"的事物,在使用它的时候,仿佛它不是我们的母语。普通话加新白话文,使我们的生存漂浮于历史之外。

《周易·系辞上》云:"子曰:书不尽言,言不尽意。然则圣

---

[1] 汪曾祺:《汪曾祺文集·文论卷》,南京:江苏文艺出版社1993年版,第10页。
[2] [美]爱德华·萨丕尔:《语言论》,陆卓元译,北京:商务印书馆1985年版,第197—202页。

人之意其不可见乎？子曰：圣人立象以尽意，设卦以尽情伪，系辞焉以尽其言，变而通之以尽利，鼓之舞之以尽神。"

章学诚《文史通义》曰："学问成家，则发挥而为文辞，证实而为考据。比如人身，学问其神智也，文辞其肌肤也，考据其骸骨也，三者备而后谓之著述。"

四　骈偶发蒙

唐朝的古文运动，以反对骈文为口号。但韩愈的《进学解》，通篇用韵，骈散结合，且骈多于散，钱伯城认为其属于赋体，可称为散文赋。"浓淡疏密相间，错而成文，骨力仍是散文"（林纾《韩柳文研究法》）。据《旧唐书》韩愈本传的记载，宰相看到《进学解》这篇文章，"览其文而怜之，以其有史才，改比部郎中、史馆修撰"，看来韩愈的被赏识，不因他的创新，倒是来自于他的守旧。

瞿兑之《骈文概论》首写道，中国许多口语，是以骈体出之的。虽出于为骈文辩护的目的，这却是事实。

从《周易》中"云从龙，风从虎"，到百姓口头的"向天索价，就地还钱""明枪易躲，暗箭难防"，不胜枚举，汉语的单音特点，成就了骈偶这一特殊的修辞手段。简言之，充分发挥骈偶这一汉语特性写成的文章，即为骈文。八股是一种特殊的骈文，却正是它败坏了骈文的声誉。瞿兑之说："普通所谓骈文，大概指两汉以至初唐这一段盛行骈偶的文章，这一段时期中，确曾出过不少的文学天才，确曾遗留不少的杰构。他们没有什么义法的拘束。就是骈偶，也并不是每句非对不可，就是用典，也不是每篇非用典不可，所用的典，也不是非叫人不懂不可。他们能细腻的亲切的写景,能密栗的说理,能宛转的抒情。能说自己要说的话,能说了叫人同情而不叫人作呕。这些都是骈文的好处,而近五六百年通行文体里所不容易找到的。"①

他有更惊人之论:"凡是说理的文字,愈整齐愈有力量,愈反复愈易明白。整齐和反复都是骈文擅长之点。所以骈文用在说理的文字——一是论说,一是书札——都最合宜。尤其是书札,必须于陈说事理透澈详尽以外,更用妍美的色泽声调,来发挥他的情韵。"②韩愈的说理文和毛泽东的说理文,都懂得使用整齐和反复助其论证,虽然他们写的并不是骈文。陈寅恪认为:

> 中国之文学与其他世界诸国之文学,不同之处甚多,其最特异之点,则为骈词俪语与音韵平仄之配合。就吾国数千年文学史言之,骈俪之文以六朝及赵宋一代为最佳。其原因固甚不易推论,然有一点可以确言,即对偶之文,往往隔为两截,中间思想脉络不能贯通。若为长篇,或非长篇,而一篇之中事理复杂者,其缺点最易显著,骈文之不及散文,最大原因即在于是。吾国昔日善属文者,常思用古文之法,作骈俪之文。但此种理想能具体实行者,端系乎其人之思想灵活,不为对偶韵律所束缚,六朝及天水一代思想最为自由,故文章亦臻上乘,其骈俪之文遂亦无敌于数千年之间矣。③

---

① 瞿兑之:《骈文概论》,海口:海南出版社1994年版,第3页。
② 同上,第47页。
③ 陈寅恪:《寒柳堂集》,上海:上海古籍出版社1980年版,第176页。

骈文所以能够成立,乃因汉语中本有骈语的缘故。胡以鲁在《国语学草创》中说:

> 语意之引申,非尽如抽丝剥茧,逐渐而起也。有相对相反对而引申者矣。此在国语大抵以双声叠韵为之。双声即同韵异音语。调节机关相同,以口腔之大小著其差也。如对于天而言地,对于阳而言阴,对于古而言今,对于生而言死,对疾言徐,对精言粗,对加言减,对燥言湿,对夫言妇,对公言姑,对规言矩,对褒言贬,对上言下,对山言水等是也。又对长言短,对锐言钝,古音皆前舌端,双声也。对文言武,古音皆两唇气音,亦双声也。
>
> 叠韵者,双声之逆,同音异韵,即口腔同形以调节机关之转移著其差也。如对旦言晚,对老言幼,对好言丑,对聪言聋,对受言授,对祥言殃,对出言纳,对起言止,对寒言暖,对晨言昏,对新言陈,皆叠韵也。对水言火,古音在脂部,亦叠韵也。[①]

刘勰《文心雕龙·丽辞》云:

> 造化赋形,支体必双,神理为用,事不孤立。夫心生文辞,运裁百虑,高下相须,自然成对。唐虞之世,辞未极文,而皋陶赞云:"罪疑惟轻,功疑惟重。"益陈谟云:"满招损,谦受益。"岂营丽辞?率然对尔。《易》之《文》《系》,圣人之

---

① 转引自郭绍虞:《骈文文法初探》,载《照隅室语言文字论集》,上海:上海古籍出版社1983年版,第398—399页。

妙思也。序乾四德，则句句相衔；龙虎类感，则字字相俪；乾坤易简，则宛转相承；日月往来，则隔行悬合。虽句字或殊，而偶意一也。至于诗人偶章，大夫联辞，奇偶适变，不劳经营。自扬马张蔡，崇盛丽辞，如宋画吴冶，刻形镂法，丽句与深采并流，偶意共逸韵俱发。至魏晋群才，析句弥密，联字合趣，剖毫析厘。然契机者入巧，浮假者无功。①

范文澜《文心雕龙注》曰：

原丽辞之起，出于人心之能联想。既思云从龙，类及风从虎，此正对也。既想西伯幽而演《易》，类及周旦显而制《礼》，此反对也。正反虽殊，其由于联想一也。古人传学，多凭口耳，事理同异，取类相从，记忆匪艰，讽诵易熟，此经典之文，所以多用丽语也。凡欲明意，必举事证，一证未足，再举而成；且少既嫌孤，繁亦苦赘，二句相扶，数折其中。昔孔子传《易》，特制《文》《系》，语皆骈偶，意殆在斯。又人之发言，好趋均平，短长悬殊，不便唇舌；故求字句之齐整，非必待于耦对，而耦对之成，常足以齐整字句。魏晋以前篇章，骈句俪语，辐辏不绝者此也。②

张志公认为："以整齐、对称为主，以参差错落为辅的审美观，在民族文化传统的好些方面有所反映，例如音乐、绘画、雕

---

① 〔南朝·梁〕刘勰著，周振甫注：《文心雕龙注释》，北京：人民文学出版社1981年版，第384页。
② 〔南朝·梁〕刘勰著，范文澜注：《文心雕龙注》下卷，北京：人民文学出版社1958年版，第590页。

塑、建筑等。修辞,特别是书面语言的修辞,具有同样的特点。无论诗、赋、词、曲、各体散文,都是一样,既见于整首、整篇的总的结构,也见于段落语句的局部组织。

《中国大百科全书》曰:"在汉民族文化传统的许多领域中,广泛运用一种朴素的辩证观点。事物被认为是包含着两种对立因素的统一体。这两种因素被概括为'虚'和'实'两个范畴。'虚'与'实'的关系被说成是'虚中有实,实中有虚,虚实相生'。修辞,同样运用这种观点。"[①]

《文心雕龙》所谓"造化赋形,支体必双,神理为用,事不孤立",是汉民族的思维习惯,于造字之初便主宰汉语,一直延续下来。今天即便人们已不会对对子,不再撰春联,这一思维习惯仍起作用。阮元《四六丛话序》云:"昔《考工》有言:'青与白谓之文,赤与白谓之章。'良以言必齐谐,事归镂绘。天经错以地纬,阴偶继夫阳奇。"

蒙学教材一向重视对对子,《声律启蒙》言:"云对雨,雪对风,晚照对晴空,来鸿对去燕,宿鸟对鸣虫……"陈寅恪在《与刘叔雅论国文试题书》中建议用"对对子"给大学中文系招生出考题,认为这是"不得已而求一过渡时代救济之方法,以为真正中国文法未成立前之暂时代用品","所对不逾十字,已能表现中国语文特性之多方面。其中有与高中卒业应备之国文常识相关者,亦有汉语汉文特殊优点之所在,可借以测验高材及专攻吾国文学之人,即投考国文系者"。他将对对子考试的益处细分为四项:(甲)对子可以测验应试者,能否知分别虚实字及其应用。

[①] 《中国大百科全书·语言文字卷》,北京:中国大百科全书出版社1988年版,第165页。

(乙)对子可以测验应试者,能否分别平仄声。(丙)对子可以测验读书之多少及语藏之贫富。(丁)对子可以测验思想条理。并言明对子的考试标准：

> 凡上等之对子,必具正反合之三阶段。对一对子,其词类声调皆不适当,则为不对,是为下等,不及格。即使词类声调皆合,而思想重复,如《燕山外史》中之"斯为美矣,岂不妙哉!"之句,旧日称为合掌对者,亦为下等,不及格。因其有正,而无反也。若词类声调皆适当,即有正,又有反,是为中等,可及格。此类之对子至多,不须举例。若正及反前后二阶段之词类声调,不但能相当对,而且所表现之意义,复能互相贯通,因得综合组织,别产生一新意义。此新意义,虽不似前之正及反二阶段之意义,显著于字句之上,但确可以想象而得之,所谓言外之意是也。此类对子,既能具备第三阶段之合,即对子中最上等者。赵瓯北《诗话》盛称吴梅村歌行中对句之妙。其所举之例,如"南内方看起桂宫,北兵早报临瓜步"等,皆合上等对子之条件,实则不独吴诗为然,古来佳句莫不皆然。岂但诗歌,即六朝文之佳者,其篇中警策之俪句,亦莫不如是。惜阳湖当日能略窥其意,而不能畅言其理耳。凡能对上等对子者,其人之思想必通贯而有条理,决非仅知配拟字句者所能企及。故可借之以选拔高才之士也。①

---

① 陈寅恪：《金明馆丛稿二编》,上海：上海古籍出版社1980年版,第221—228页。

骈文、律诗中的对偶,有更细、更高的要求。夏仁虎以为:"尤有告者,骈体文之对偶,以采色言,不是红对绿;以音节言,不是仄对平。其根本对法,是事对事,典对典。苟隶事运典,皆得其偶,然后再求之声与色。色可不拘,声则不能不讲。六律之调,不必一宫一徵,而金石铿锵,自然悦耳。此中甘苦,固难以语初学,然亦非甚难,第多读汉魏之文,久自能得之耳。"①

夏仁虎认为,"散文可以俭腹为之,至为骈文,则非有辅佐之资料,不能成篇"。他举出"储材料最富之类书,以《渊鉴类函》为集大成。此外若《子史精华》《古事比》《广事类赋》《角山楼类腋》皆骈文家所必备。等而上之,则唐人之《白孔六帖》《锦绣万花谷》《北堂书钞》,宋人之《太平御览》《玉海》,并记唐宋以前事,最为上乘。再上焉,则'五经'注疏《毛诗草木虫鱼疏》《文选注》,此则须自为分类矣"。②

李渔编辑过两部重要的工具书——《芥子园画谱》和《笠翁对韵》。前者指示了习中国画的门径,何镛在此书后序中称其"尽收城郭归檐下,全贮湖山在目中",其影响深远,施惠无涯,一如画坛的《说文解字》,至今仍是习画者案头必备之书。相比之下,《笠翁对韵》鲜为人知,但亦有很高的应用价值。从前人们写作近体诗词,需熟悉对仗、用韵及典故,李渔以平水韵三十个韵部为目,把常见的韵字都组织进韵语之中,同时这些韵语还是富有文采的符合平仄的对子。"天对地,雨对风。大陆对长空。山花对海树,赤日对苍穹。雷隐隐,雾蒙蒙。日下对天中。

---

① 夏仁虎:《枝巢四述·旧京琐记》,大连:辽宁教育出版社1998年版,第9页。

② 同上,第10—11页。

风高秋月白,雨霁晚霞红。牛女二星河左右,参商两曜斗西东。十月塞边,飒飒寒霜惊戍旅;三冬江上,漫漫朔雪冷渔翁"①,这样的对韵,读起来上口,对仗工整,讲究平仄,熟读成诵,对于写古诗自然帮助很大,即便写散文和新诗,也需要知道汉字的声韵。

吴曾祺《涵芬楼文谈》中有《属对篇》:

> 自散体之作,别于骈俪为名。于是谈古文者,以不讲属对为自立风格。然平心而论,二者如阴阳畸耦,不可偏废。自"六经"以外,以至诸子百家,于数百字中,全作散语,不著一偶句者,盖不可多得。此无他,文以气为主,而气之所趋,苟一泄无余,而其后必易竭,故其中必间以偶句,以稍止其汪洋恣肆之势,而文之地步乃宽绰有余。此亦文家之秘诀,而从来无有人焉尝举以告人者也。
>
> 惟属对之法,与骈俪不同。骈俪之句法,或力求工整,或务在谐叶。汉魏以前,尚不甚拘,自齐梁以降,日严一日,其作法与诗赋相近。若散文之对法,自以参差不齐为妙,凡字之多少、句之长短,皆所不禁。且骈语则多两句为偶,或四句为偶,散体则均无不可。韩文公为一代文宗,实首变燕许之格,然其文中间有偶语者,亦往往而是,而运用之法,亦在在以金针度人。盖此中机括,全由音节而生。骈文有骈文音节,则有骈文对法;散文有散文音节,故有散文对法。

---

① 艾荫范、解保勤注释:《笠翁对韵新注》,北京:书目文献出版社1985年版,第1页。

使取二者互易而用之,则数句之后,已不复可读矣。①

文言无论骈散,皆需要对句,白话何尝不如此,甚至在口语中,我们偶尔也能听到对句。可以说,汉语最具特质的修辞手段莫过于骈偶了。由于古文和古诗的退隐,今天使用汉语的人,已经对母语这一看家本领普遍感到陌生了。

五 所谓辞章之学

今人张志公认为,辞章之学,就是文章之学。"可以说,凡是写作(作诗和作文)中的语言运用问题,无论是关乎语法修辞的,关乎语音声律的,还是关乎体裁风格的,都属于辞章之学","炼字炼句是掌握语言的根基,是语法修辞之学和语音声律之学的综合运用;所谓文章的体性,无非是表达效果的集中表现。注意这两个方面,可以说是抓住了运用语言的关键","所谓辞章之学,可以说是一门富于民族特点的探讨语言艺术的学问。它包含我们现在一般理解的'修辞学'的内容,但是比'修辞学'的范围广,综合性大,更符合我国语言文字的特点和运用语言的传统经验"②。

辞章之学的英文,张志公定作 *The Art of Writing：a Linguistic Approach*,直译为"写作艺术:从语言学角度探索"。虽不能说与内容无关,但其侧重于语言的运用,或说偏重于文章的形式,

---

① 吴曾祺:《涵芬楼文谈》,北京:金城出版社2011年版,第90页。
② 张志公著,王本华编:《汉语辞章学论集》,北京:人民教育出版社1996年版,第13、14、18页。张志公最早在1962年提出建立"汉语辞章学"的概念,1981年曾以此为题,为北大中文系学生开设选修课。

属于"言之有序"的范畴。

依照张志公的看法,古代有关辞章之学的材料异常丰富,大致散见于四类书籍中。一是历代学者作家的学术论著或文集,其论文、书札或杂记间或谈及;二是历代笔记小说;三是历代诗话、词话;四是宋元以来的诗文选本和专集评注本,其中的评批,多是谈论辞章的。他说:"前三类范围太广,涉猎为难,过去有过些辑录汇编的书,多少可以提供一些便利,例如《诗人玉屑》《诗话总龟》《历代诗话》《清诗话》《词林纪事》《文学津梁》等。第四类数量也很多,比较通行的如《古文观止》《唐诗三百首》《读杜心解》等。"[1]

梁章钜《退庵论文》云:"王梦楼(文治)尝言:词章之学,见之易尽,搜之无穷。今聪明才学之士,往往薄视诗文,遁而穷经注史,不知彼所能者,皆词章之皮面耳。未吸神髓,故易于决舍。如果深造有得,必愁日短心长,孜孜不及,焉有余力旁求考据乎!"

新文学运动兴起,时人攻击的目标对准八股文和桐城派,为了诗界革命和文界革命,把对手贬得一无是处。珍视自身的传统文化,须落实在语言文字之上。明清两朝的诗文成就显著,但其存世诗文数量巨大,良莠不齐,加之自幼接受简化字和白话文教育,若素无辞章之学的训练,其担负此任亦难。

与义理之学、训诂之学相较,辞章之学如今几成绝学。擅写古文、能作诗填词者,比执毛笔、识得笔墨者要少。国际学术交流,需要提供英文版本或至少英文提要,汉语文言写作则无甚使

---

[1] 张志公著,王本华编:《汉语辞章学论集》,北京:人民教育出版社1996年版,第76页。

处,没用的是不是就该消亡呢?章太炎说过,学术在朝则衰落,在野则发达,这是中国学术史可以明证的。辞章之美,古人视若云霞,作者之众,有如星汉。辞章之道,即作文之道也。白话、文言之分,不过彼一时之权变,白话、文言有分,汉语仍是一个汉语,哪一个成语不是文言语式?白话文在最激进的年代里,在其自我最纯粹之时,也没有排除过成语。

蔡元培1919年11月17日在女子高等师范学校的演讲《国文之将来》中提到:"国文的问题,最重要的,就是白话文与文言文的竞争。我想将来白话派一定占优胜的","所以我敢断定白话派一定占优胜,但文言是否绝对的被排斥,尚是一个问题。照我的观察,将来应用文,一定全用白话,但美术文,或者有一部分仍用文言"。[1]

辞章之学,或许有复兴的一日。

(撰稿人　李春阳)

---

[1] 《蔡孑民先生言行录》上册,新潮社编辑并刊行,1920年版,第156页。

第三十五章　诗教篇

"诗言志",这是孔子对"诗"的三字箴言。这三个字是典型的儒家思想。若论言"志",则"志"所包含者,应是儒家"志道、据德、依仁、游艺"的人生大德性,而格物、致知、正心、诚意、修身、齐家、治国、平天下之宏愿必在其中。"诗"既是语言的艺术,必有诗人之情感在焉,这情感既是诗人心灵情态的自由,而又必然不会逸脱儒家的根本持守。孔子所谓"发乎情,止乎礼义",正是儒家为"诗"所设之大限。

孔子云:"小子何莫学夫诗?诗,可以兴,可以观,可以群,可以怨。迩之事父,远之事君,多识于鸟兽草木之名。"(《论语·阳货》)这是儒家论"诗"之为用。"兴",感发也;"观",鉴赏也;"群",唱和也;唯一"怨"字,应有说也。怨非指怨怼、愤懑、哀叹。怨,有难忘之忧思,悲怀之流露,悱恻之同情,往迹之喟叹,不得通其道,则怨悱以生,故较"兴""观""群"三字蕴意既广且深,不可一言以概之也。"迩之事父",孝也。或于朗月清风、朝霞暮雾、春江花朝之时日,与乃尊偶尔相对闲沽酒,酒意微醺,或为联语,或作诗钟,或限韵为诗,推敲琢磨,情不自胜。此家庭之乐中最上乘者,亦孝父悌兄之无上法门。"远之事君",忠也,

"君"非仅君王也。宗庙社稷、疆土山川、民情风俗，凡"君"所管辖、代表者，囊括四海八荒，亦皆诗人所澄观遐思、吟咏嗟叹之材料。则所事者可谓"尽精微、致广大"者矣。"多识于鸟兽草木之名"，则《诗经》《楚辞》中俯拾皆是也。草木若《诗经》中蒹葭、葛覃、卷耳、芄兰、木瓜、黍离、葛藟、常棣、荇菜……《楚辞》中江离、辟芷、秋兰、宿莽、申椒、菌桂、蕙茝、留夷、揭车、杜衡、薜荔……皆是也。鸟兽若《诗经》中关雎、麇、鹿、雉、燕、黄鸟、鹬、鸥鸰、凫鹥……《楚辞》中骐骥、鸷鸟、封狐、玉虬、鸾皇、凤鸟、鸩、鸠、蛟龙……皆是也。余著《尔雅说略》中所举草、木、虫、鱼、鸟、禽、兽，亦多有论列，固不止于《诗经》与《楚辞》，若《尚书》《山海经》《穆天子传》《白虎通义》《方言》诸著皆有涉及。而《诗经》中最多，缘先民与大自然和睦相处，与鸟兽草木感情自不同于后之来者。而中国诗人在源头即重视大自然万类之状貌、性情，往往因以"比"、以"兴"。孔子亦以为多识之庶可扩大视野、丰富情感，这虽是诗家余事，然大诗人往往只眼独具，"细雨鱼儿出，微风燕子斜"（杜甫《水槛遣心》），境界何等清且俊！"池塘生春草，园柳变鸣禽"（谢灵运《登池上楼》），真个奇绝非人造。

孔子又云："《诗》三百，一言以蔽之，曰：思无邪。"（《论语·为政》）"思无邪"，则不虑而知的良知在，不受尘嚣污染的本心在，天所赋予的"根本善"在，则诗人之所为作，自可疏和肺腑，澡雪精神。司马迁赞屈原所谓"其志洁，故其称物芳"，岂无由乎？"思无邪"的终极境界是什么？杜甫，诗圣也，大儒也，然在他"艰难苦恨繁霜鬓"之后，在他"潦倒新停浊酒杯"之际，他忽由儒而庄，突发千古之奇句"篇终接混茫"，这五字有分教：他"致君尧舜上，再使风俗淳"的抱负已在时代混浊波涛中被击碎,在他"白头吟望苦低垂"的《秋兴八首》吟毕之后,杜公忽在庄子的"古之人,在混茫之中"找到了知己,那时的杜公得到精神上的最大解脱。

诗的大用无非"美""刺"两端。"美"者,歌之、颂之、趋之、赴之,激励当代,劝勉后人。"美"而不谀谄,如《诗经·大雅·文王之什》,至"周虽旧邦,其命维新""亹亹文王,令闻不已",备极景仰,使人走向崇高,用词不奢,而意味隽永。"刺"者,警之、醒之、避之、戒之,鞭笞穷奇,讽谕低俗。"刺"而不詈,谑而不虐,如"氓之蚩蚩,抱布贸丝。匪来贸丝,来即我谋。……及尔偕老,老使我怨。淇则有岸,隰则有泮。总角之宴,言笑晏晏。信誓旦旦,不思其反。反是不思,亦已焉哉。"显然这叙述了一段不幸福的婚姻,然不作泼妇骂街状,读之令人顿生凄恻同情之心,古往今来闺怨之诗,此其上品。

要之诗非口号,亦非命令,而温婉中有哀愁,最是使人心旌摇动。《出其东门》言"匪我思存""匪我思且",则描写诗中爱情专一的男子不为"有女如云"所动,言简而淡,意深而赅,方称高手。不似今之电视连续剧怨男怨女之要死要活,反令观众大倒胃口。

温柔敦厚是中国诗学的追逐,其中道理深宜思之。

以上谈儒家之诗教,而对中国诗学影响至大巨深者应是道家,庄子是毋庸置疑的东方的诗神,刘勰《文心雕龙》是典型的庄子美学的演绎者。

刘勰谈的"风骨",是将诗"六义"中的"风"解释得最透彻的。他说:"《诗》总六义,风冠其首,斯乃化感之本源,志气之符契也。是以怊怅述情,必始乎风;沉吟铺辞,莫先于骨。故辞之待骨,如体之树骸;情之含风,犹形之包气。……故练于骨者,析辞必精；深乎风者，述情必显。"(《文心雕龙·风骨第二十八》)此境界，苏东坡有之矣。近世刘熙载《艺概·诗概》中云："诗以出于《骚》者为正，以出于《庄》者为变。少陵纯乎《骚》，太白在《庄》《骚》间，东坡则出于《庄》者十之八九。"苏东坡在《前赤壁赋》中有云："客亦知夫水与月乎？逝者如斯，而未尝往也；盈虚者如彼，而卒莫消长也。盖将自其变者而观之，则天地曾不能以一瞬；自其不变者而观之，则物与我皆无尽也。"这段话实来自《庄子·齐物论》。庄子宇宙本体论的核心是"齐物论"，在苏东坡看来，"变"与"不变"是齐一的，"消"与"长"是齐一的，"物"与"我"是齐一的。苏东坡学非止于儒、道，亦深谙乎佛，写大悲哀往往以大解脱为其终点，正如笔者所总结佛学之六字箴言："看破、放下、自在。"辛稼轩之豪，犹执于象者；而苏东坡之旷，则超以象外，得之环中者矣。与庄子心灵最是相通者，古今诗人中，苏东坡堪称首选。他可以坐忘，可以撄宁，可以从人类的苦难中自我解脱。他在历尽谪宦、放逐的一切人生苦难之后，一定想起了庄子的"齐物论"，生死何足论，他的归去，岂是从琼岛回到金陵？他回归到无极之门，回归到无何有之乡，他的心灵正是庄子所说的"天门"，"回首向来萧瑟处，归去，也无风雨也无晴"。

刘勰《文心雕龙》云"思理为妙，神与物游"，言与天地精神相往还也，这是庄子环中说的典型文论；又云"物色之动，心亦摇焉"，言与大化同脉搏也；"目既往还，心亦吐纳"，言心灵与自然同体也。

其实谈老庄、谈佛与谈儒亦无绝对之界限。孔子之孙孔伋（子思）首创"天人合一"之说，至一千九百年后王阳明的"心外无物"，这期间中国之士人，弃绝实证和天人二分，走向感悟"天人一体"的伟大思维之途。这是一座不只为过去亦且为未来,人类所必须越过的思想桥梁,不如此,人类的逻辑理性不只不会带给人类大解脱,而且会永远拘执于物而不能自拔,更不可梦见苏东坡之诗。

刘勰于《文心雕龙·神思第二十六》中称:"古人云,形在江海之上,心存魏阙之下,神思之谓也。文之思也,其神远矣,故寂然凝虑,思接千载;悄焉动容,视通万里。"刘勰希望诗人"登山则情满于山,观海则意溢于海,我才之多少,将与风云而并驱矣"。诗人之禀才各异,若扬雄辍翰梦惊,祢衡当食草奏,相如含笔腐毫,贾岛"两句三年得",虽迟速异分,而其与天同契则一也,难易虽殊,并资博练。刘勰担心的是学浅而空迟,才疏而徒速,这和作画是同一道理。"精"缘于对主、客体的至深至切的认识;"变"缘于对事物化育生发,曾不能以一瞬的灵活把握,"至精而后阐其妙,至变而后通其数",这"妙"是自然恰到好处的存在状态,这"数"是自然掷向人间的一颗色子。爱因斯坦讲:"上帝不随便掷色子。"人类的本分是逐步地接近这"妙"和"数"。诗人苟能略通此理,事过半矣。

理解庄子如刘勰之深入,古今一人而已。虽然,刘勰毕竟亦是深受儒家浸染之人,他不忘"文章述志为本",不忘"心定而后结音,理正而后摛藻"。这又给一些美学家一个很好的教训,在中国的学问中儒、佛、道是可以时时打通关节的,正不可执一以求,死于章句。

诗"六义"解

一般将诗"六义"大分为两组,曰"风""雅""颂",曰"赋"

"比""兴"。"风"有周南、召南、邶、鄘、卫、王、郑、齐、魏、唐、秦、陈、桧、曹、豳十五国风,"雅"有大雅、小雅,"颂"则有周颂、鲁颂、商颂。"风"大体为西周后期和东周春秋末之民歌,"雅"多为朝廷之乐歌;而"颂"多为歌颂,内容包括西周、东周、鲁,加上周灭商后,纣王之兄微子于周初封宋时的作品。这是自古以来以内容分类之方法,实与诗之体性无关。列代诗论家,论"风"之意义则各持己见,上文已谈及《文心雕龙》之谈"风"。吾祖父范况谈"风"之意义则有云:"风者,列国民间之诗,太史采之而被于乐者,主于达事情,通讽谕,形见闾阎之俗尚'二南',纯乎美者也,故谓之正风;诸国之诗兼美刺,故谓之变风。变极思治,故豳风列变风之终。"祖父之意,纯美者无讥刺也,讥刺之心生,则风气已变,变而日烈,则诗之温柔敦厚或失,是则变极思治,思治即有回归纯美之意。若《豳风·七月》,历代之解释皆依汉儒,以为七月之火星下行,节候变冷,朱熹《诗集传》对此解释含糊,原因是不愿被人视为有悖汉儒。吾从郭老之说,周代固用周历,而周正七月为夏正五月,正往最热之天走去,如何变冷?流火,必为西下之火星乎?流火,奇热也。《豳风·七月》是提醒劳动者必在热天备岁寒之服,而在有风而寒的"一之日"和无风而寒的"二之日",凿冰以为越年大暑时降温之用。整篇为嘱人未雨绸缪之意,故而温厚之情在焉,此正祖父所谓"变极而治"也。

刘熙载论"风""雅""颂",言简意赅,谓:"诗喻物情之微者,近风;明人治之大者,近雅;通天地鬼神之奥者,近颂。"(《艺概》)《关雎》《甘棠》《式微》《出其东门》《硕鼠》《伐檀》,皆切近民生,可称"喻物情之微者";而《文王》《常武》《公刘》《江汉》,可称"明人治之大者";而《烈文》《玄鸟》《殷武》则可称"通天地鬼神之奥者"。融斋高论,果非常人。

《文心雕龙·比兴第三十六》云:"毛公述传,独标兴体,岂不以风通而赋同,比显而兴隐哉?"而《诗序正义》对此有释焉:"比与兴,虽同是附托外物,比显而兴隐,当先显后隐,故比居先也。《毛传》特言兴也,为其理隐故也。""比"皆连其类而通其感,物理事性相同。《诗经》中颇多此类显而不隐者,如《硕鼠》:"硕鼠硕鼠,无食我黍。三岁贯女,莫我肯顾。逝将去女,适彼乐土。乐土乐土,爰得我所?硕鼠硕鼠,无食我麦。三岁贯女,莫我肯德。逝将去女,适彼乐国。乐国乐国,爰得我直?硕鼠硕鼠,无食我苗。三岁贯女,莫我肯劳。逝将去女,适彼乐郊。乐郊乐郊,谁之永号?"笔者于《小学篇》中已考,硕鼠者,非大老鼠也。硕鼠实为蝼蛄,蝼蛄猖獗,可使农人颗粒不收。且也,若为硕鼠,可蓄猫以除之,独蝼蛄于土中撒子,越年又来,一而再,再而三。《硕鼠》篇对农民所受之灾难描述,岂仅指蝼蛄?盘剥者、争伐者,其害有甚于蝼蛄者多矣。显而述之,痛以斥之,此"比显"之最佳例也,其间并无深隐之义理。而《蒹葭》则是"兴"之典型,诗云:"蒹葭苍苍,白露为霜。所谓伊人,在水一方。溯洄从之,道阻且长。溯游从之,宛在水中央。蒹葭萋萋,白露未晞。所谓伊人,在水之湄。溯洄从之,道阻且跻。溯游从之,宛在水中坻。蒹葭采采,白露未已。所谓伊人,在水之涘。溯洄从之,道阻且右。溯游从之,宛在水中沚。"描写了一个执着于爱情的男子,对心仪女子的追求,然而男子的失望,却似为霜露寒气所袭,读者不免悲从中来。以蒹葭与白露"兴"全篇,然义理深隐全诗,不似《硕鼠》通篇直书,此所以称"兴隐"也。皎然《诗式》所谓"取象曰比,取义曰兴",是"比"与"兴"简洁而肯綮的定义。据刘熙载《艺概·诗概》引真西山《文章正宗纲目》云:"三百五篇之诗,其正言义理者盖无几,而讽咏之间,悠然得其性情之正,即所谓义理也。"又云:"或寓义于情而义愈至,或寓情于景而情愈深。"《蒹葭》即是也。

先祖范况曾云:"兴者,以彼引此,或就时地,或借景物引起意中之所欲言。引起之后,所引者撇去不顾。"且先祖以为"兴"之为义甚广,是诗家大半得力处。而若论"赋",固有敷陈之义,而南朝谢赫论画六法有"随类,赋彩是也"之说,这是论说事与物最关精妙之处,《雅》《颂》中多用之。如《大雅》中《文王之什》,则极言文王之功业;又如《周颂》中《清庙之什》,则陈述周代王室之彪炳。与"比""兴"不同处,"赋"不以物引事,即事而赋以绚丽其色彩耳。

至此,诗之"六义"已略述如上,然而,"六义"相互渗透,并非绝对之划分与孤立之存在。有以"比"入"风"者,有以"兴"入"风"者,有"风"中含"赋"者。虽云"风""雅""颂"为诗之体、"赋""比""兴"为诗之法,然"体"与"法"在诗中往往化二为一,读时浑不知其为体为法,这才是最高之境。

乐府与诗韵之从来

先民于劳动、婚娶、宴饮之时,每以口号相娱乐。或二字、三字、四字,或押韵,或妄知所为用,亦不欲流传千古,其中或有佳者,逐渐远播,传至今日,实千之一、万之一耳。初无规式,是先民无约束之酿制。流传最早的一首两言诗,引出一段古代孝子的故事。越王勾践欲谋伐吴,范蠡进善射者陈音。音忧父母为兽所食,乃作弹以护之,百兽震恐而逃,父母得享永年。且作歌以述志,二言诗也:"断竹,续竹,飞土,逐宍(肉)。"意思是"断取修竹,削刻为弓弩箭矢。嗖的一声,将利箭射出,百发百中,驱走了虎豹熊罴。这首诗出自勇士之口,略无修饰,天真淳朴,至"飞土"二字出,则神矢发矣,至"逐宍"二字出,则弩发兽倒。这是中国流传至今最早的一首二言诗,距今两千五百年矣,《文心雕龙》谓为二言之始。兹后三言以出,谓"苍耀稷,生感迹",意思是苍天啊,你大爱炜烨,使禾黍生长,我们赖以生存繁衍,对你无限感激。《诗经·大雅》有"人亦有言,惟忧用老",意思是祖祖辈辈留下的训言,人们都担心需人赡养的老境来临。又《牧誓》引"古人有言,牝鸡无晨",意思是自古以来,人们所深忌之事,便是母鸡在早晨打鸣。以上两则见于《诗经》和《尚书》,可见民谣谚已入古代之典籍,此为四言之始。《春秋元命苞》载殷末谣谚:"代殷者姬昌。"意思是殷之将亡矣,代替它的将是姬姓的周王朝。此可为五言之始。王士禛《古诗选》谓《击壤歌》为七言之始:"帝力于我何有哉?"意思是帝王所施之政,给了我什么?细审《诗经》三百零五篇中四、六、八、九言皆有,然先人初不以此为诗之固定体式,兹后因语言中主、谓、宾、形、副之性质渐渐完备,则所最宜者为五、七言,因之古体诗(如"古诗十九首")和近体诗(主要指唐后之五、七言绝、律)皆多用五、七言,而乐府诗则随意性较著,不为近体规律所束缚,如李白《梦游天姥吟留别》《将进酒》,固为乐府无疑,其中三言、四言、五言、六言、八言、九言参差用之,可谓竭尽诗人用字之变化矣。

先民既有诗之流布矣,则歌以咏之,凡可被于乐者,皆为统治者所注意,因彼时宫中之宴饮、歌舞、出行,往往择而用之,乃设"乐府令"以关注之,此秦至西汉惠帝时均已有矣。至汉武帝乐府之规模日以大,乐府乃成专门之机构,以采集民间诗歌和乐曲。兹后,人们渐以"乐府"称诗体之一种,扩而大之,凡魏、晋以降至唐代可入乐的诗歌和后代仿效乐府古诗之作品,统称为"乐府",再扩而大之,宋、元之后的词、散曲和戏剧词曲,也称"乐府"。

后人以前人所作乐府为题者甚多,如崔豹《古今注》述"公无渡河"故事,谓:"《箜篌引》者,朝鲜津卒霍里子高妻丽玉所作也。子高晨起刺船,有一白首狂夫,被发提壶,乱流而渡。其妻随而止之,不及,遂堕河而死。于是援箜篌而歌曰:'公无渡河,公竟渡河。渡河而死,其奈公何?'声甚凄怆。曲终亦投河而死。子高还,以语丽玉,丽玉伤之,乃引箜篌而写其声,闻者莫不堕泪饮泣。丽玉以其曲传邻女丽容,名曰《箜篌引》。"这不过是一个疯子投河而其妻从而溺亡的故事,然而"公无渡河,公竟渡河,渡河而死,其奈公何?"十六字,质白之中有平民的深情,普天下最感人的乃是一"真"字,《箜篌引》有之矣。复被之以乐,遂使后之诗人一一援引,曹植曾和之,然与《箜篌引》原来故事杳不相关。又如《子夜四时歌》,晋曲也。晋有女子名子夜,造此声,声过哀苦,后人遂更为四时行乐之词,谓之《子夜四时歌》,这是另一种反其原意而用之的方法。其他如以原乐府中一句为题,或用题意而改题名,不一而足,兹不赘。总之,诗人为诗,往往有怀古之情性、趣味在,实非必须如此,或以为此是诗中之一格,则不免迂阔甚矣。唐代有"新乐府"者,如杜甫《悲陈陶》《哀江头》《兵车行》《丽人行》等,不复依傍古人之题、意、句。"新"仅在此,并非于诗格、诗体有何创新耳。后人幸勿再考证其新的由来,做更为迂阔之事。

下边略谈诗韵。先是南朝沈约有平、上、去、入四声之说,然后依四声而循韵母分类,汇为韵书,供科举考试之用。金代始用平水韵(平水,实山西临汾别名),即以修订之地名之也,宋刘渊所编，总一百零七韵。而金王文郁《平水新刊礼部韵略》总一百零六韵。王文郁本上、下平各十五韵，上声廿九，去声三十，入声十七，为元、明、清以来押韵之依据，沿用至今。刘渊《壬子新刊礼部韵略》上声之"迥""拯"二字不并，然此书不传。今人操普通话者往往对韵书中入声字深感头疼，缘普通话中无入声。苟有一字焉，本为入声，而在普通话中为上声或去声，则于作诗无碍，而倘为入声，在普通话中偏偏入了阴平或阳平，你就会于平仄上犯错误。如"白"，入声字，而普通话为阳平，所以北京人作诗运用四声，困难在此。无他法，将平水韵中入声字时时用之，时时记之，日久便会习惯。而山西人最得益于平水韵，用入声时绝对无误，山东、江淮、湖广之人亦可用家乡话以辨入声。

诗韵之重要乃和诗从乐府走向近体有关，尤其至唐代，五绝、七绝、五律、七律、排律以兴，法度森然。文化之发展往往如此，艺术至极境，乃是在苛酷的艺术规律中得到的自由，如杜工部之《秋兴八首》，音韵之合辙几乎可为不朽之典范，而诗味之深秀更为千古之杰构。对于初涉诗道以为束缚者，斫轮老手则以为自在之境。诗之格律非徒为设障也，乃有音节回环之美、声韵呼应之美在焉。

作诗须知

诗最重格调，所谓"作诗需有成仙骨，骨里无诗莫浪吟"。然则世上自知者少，致使诗坛蝉蛄嘹噪，犹以为得灵氛之启示，欲周流以远游。如此之诗人，正可车载斗量，此诗国之灾难耳。刘勰《文心雕龙·风骨第二十八》有云："'笔墨之性，殆不可胜。'并重气之旨也。夫翚翟备色，而翾翥百步，肌丰而力沉也；

鹰隼乏采,而翰飞戾天,骨劲而气猛也。文章才力,有似于此。若风骨乏采,则鸷集翰林;采乏风骨,则雉窜文囿;唯藻耀而高翔,固文笔之鸣凤也。"要在为诗,需"新而不乱""奇而不黩",刘勰警告为文者"若骨采未圆,风辞未练,而跨略旧规,驰骛新作,虽获巧意,危败亦多"。

诗人必有风清骨峻之气象,当为诗之时,情与气偕,则下笔必无庸俗邋遢之状貌。刘勰举"八体",以阐其说:"一曰典雅,二曰远奥,三曰精约,四曰显附,五曰繁缛,六曰壮丽,七曰新奇,八曰轻靡。"(《文心雕龙·体性第二十七》)其中"显附"指"辞直义畅",不可误解为趋附显达;"繁缛"指博喻酿采,炜烨枝派,非如时下解释为繁文缛节,拖沓为文也。所举"八体"中前七事皆佳文也,唯"轻靡"一事,谓"浮文弱植,飘渺附俗",是为诗、为文之大病矣。"浮文"则为文而无根,"弱植"虽有根而不入于土也;"飘渺"则不切时事,于人生世态浮光掠影也,"附俗"则心志卑微,鄙陋行事。如此为文、为诗,则文坛之游魂,而诗界之乞食者也。

为诗者往往自视甚高,每以太白、少陵自比,于"新而乱""奇而黩"的泥潭中滚打摸爬。此不唯诗界、文界所独见,只今于画界、书界、文论界、哲学界触目皆是。今开列刘勰《文心雕龙》之批语,实一千五百年过去,人性之善未曾增,人性之恶未曾减,古今一体,足堪浩叹。然不得不引述者,犹有望于青年一代革除旧习,为新时代做出"正能量"之贡献,厚望如此,深宜三思。

中国既为诗国,于诗必有苛酷之要求,森严之法度。或有人谓,吾所作为乐府也,非近体也,君其奈我何?乐府诗其可乱窜瞎扯乎?白居易之《长恨歌》结构之严谨、词采之美奂,《琵琶行》境界之凄切,文笔之委婉,是诗坛浪荡儿可梦见者乎?乐府诗与近体诗一样难作,至高之境界往往不可以岁月到,必有丰厚之学养、睿智之判断、高峻之立意、丰赡之词采,然后不知何年、何月、何日,兴致既爽,而舒卷为诗,佳句之出岂待硬挤死兑,必也如泉水之出山,溯洄湍转有不可穷尽者;又若火朗而静,灼灼其辉,此所谓正到火候矣。当此之时,文出则雄奇,诗出则秀逸,岂是刻舟求剑、胶柱鼓瑟者所可梦见者哉?

诗,为己之学也,必积以数十年之功,吟哦嗟赏,略无间日。背诵不以炫人,吟唱只为抒怀,久之,诗渐成一己兴感之必然流露。孔子云:"不学诗,无以言。"此六字,足见诗不仅为国学,且为国学之根基。"四书"之《中庸》,乃以六句《诗经》以结,今抄录两段于下:

《诗》曰:"衣锦尚絅",恶其文之著也。故君子之道,暗然而日章;小人之道,的然而日亡。君子之道,淡而不厌,简而文,温而理,知远之近,知风之自,知微之显,可与入德矣。
《诗》曰:"不显惟德,百辟其刑之。"是故君子笃恭而天下平。(《中庸》第三十三章)

《中庸》为儒家之方法论,故曰:"尊德性而道问学;致广大而尽精微;极高明而道中庸。"(《中庸》第二十七章)《中庸》篇最后以《诗经》句为结,足见《诗经》"远之事君"之卓能。

又《大学》之结尾,引《诗经》五段,今亦引两段为例:

《诗》云:"瞻彼淇奥,绿竹猗猗。有匪君子,如切如磋,如琢如磨。瑟兮僩兮,赫兮咺兮。有匪君子,终不可谖兮。"
《诗》云:"於戏!前王不忘。"君子贤其贤而亲其亲,小人乐其乐而利其利,此以没世不忘也。(《大学》第四章)

《大学》为儒家之本体论,故曰:"大学之道,在明明德,在亲民,在止于至善。"(《大学》第一章)此儒家符合宇宙大序之根本持守也。

近体诗格律简析

近体诗之格律,一般指唐后之五绝、七绝、五律、七律、排律于音、韵上的法则。从六朝、隋代已具雏形,至初唐诗人运用之熟练,今试举两例:

骆宾王《在狱咏蝉》:"西陆蝉声唱,南冠客思深。不堪玄鬓影,来对白头吟。露重飞难进,风多响易沉。无人信高洁,谁为表予心。"

王勃《送杜少府之任蜀州》:"城阙辅三秦,风烟望五津。与君离别意,同是宦游人。海内存知己,天涯若比邻。无为在歧路,儿女共沾巾。"

此五律之典型两例,两位作者均列初唐四杰。骆宾王起句平仄为:平仄平平仄,末字不押韵。王勃起句为:平仄仄平平,末字押韵。故可知无论五律或七律之首句,末字可押可不押。五绝如王维《竹里馆》:"独坐幽篁里,弹琴复长啸。深林人不知,明月来相照。"押仄声韵,首句不在韵。骆宾王之五律中"无人信高洁","高"字本应为仄声,误为平声;而王维此五绝中"弹琴复长啸","长"字本应为仄声,误为平声。由这两首名诗,我们可以领会非骆宾王、王维不知也,至高手作诗,往往破除戒律,正如罗曼·罗兰之《约翰·克利斯朵夫》中祖父约翰·米希尔对少年克利斯朵夫讲,"对于大师是百无禁忌的",因为克利斯朵夫发现了古典大师乐曲中于对位、和声中之小儿科错误。北宋苏东坡写格律诗和词更是漠视平仄规律,致遭南宋李清照之讽刺。余曾祖父范伯子,自称"苏家(指四川眉山苏东坡)发源吾家收",于平仄声亦视之甚淡。不过既言至此,必须提醒欲为诗者,不当以此借口掩其诗学之陋,初学为格律诗,竟冒充大师、天才。当然,读者之所以见谅大师者,非无由也,如杜甫之《秋兴八首》:"蓬莱宫阙对南山,承露金茎霄汉间。西望瑶池降王母,东来紫气满函关。云移雉尾开宫扇,日绕龙鳞识圣颜。一卧沧江惊岁晚,几回青琐点朝班。"其中"西望瑶池降王母",第六字本应为仄声,而杜公用阳平"王"字,晚清钱谦益谅之,因此处必用"王母"二字也,以杜甫之精审,绝不会于此犯错误,"王母"二字和"瑶池"的联系是不可或改的。谈已至此,可得出如下之结论,平仄宜按格律,然平仄亦可破格律,但须具备两个条件:(1)不得不耳;(2)的确是大师手笔,不原谅也得原谅。幸初学者先老老实实地按格律办事,等到你声名显赫之时,再作出人意表之句不迟。

今略画五绝、七绝、五律、七律之最习见之平仄如下:

五绝:

(一)平平仄仄平,仄仄仄平平。
仄仄平平仄,平平仄仄平。

(二)仄仄仄平平,平平仄仄平。
平平平仄仄,仄仄仄平平。

七绝:

(一)平平仄仄仄平平,仄仄平平仄仄平。
仄仄平平平仄仄,平平仄仄仄平平。

(二)仄仄平平仄仄平,平平仄仄仄平平。

平平仄仄平平仄,仄仄平平仄仄平。

五律:

(一)平平平仄仄,仄仄仄平平。
仄仄平平仄,平平仄仄平。
平平平仄仄,仄仄仄平平。
仄仄平平仄,平平仄仄平。

(二)仄仄仄平平,平平仄仄平。
平平平仄仄,仄仄仄平平。
仄仄平平仄,平平仄仄平。
平平平仄仄,仄仄仄平平。

七律:

(一)平平仄仄仄平平,仄仄平平仄仄平。
仄仄平平平仄仄,平平仄仄仄平平。
平平仄仄平平仄,仄仄平平仄仄平。
仄仄平平平仄仄,平平仄仄仄平平。

(二)仄仄平平仄仄平,平平仄仄仄平平。
平平仄仄平平仄,仄仄平平仄仄平。
仄仄平平平仄仄,平平仄仄仄平平。
平平仄仄平平仄,仄仄平平仄仄平。

说明:(1)五绝、七绝、五律、七律之第一句,皆可不押韵;(2)以上所列只是最规矩习见的平仄格律,二、四、六、八句之末字必须押韵。

五言、七言为句,其字之组合,则随兴之所至,变化万端,如陆放翁"客从谢事归时散,诗到无人爱处工",这是六、一之结构;杜甫"织女机丝虚夜月,石鲸鳞甲动秋风",为四、三之结构;亦有以五、二结构为句者,如"五更鼓角声悲壮,三峡星河影动摇",于一首之中,切切注意叠床架屋之病,即如七言,皆用四、三之结构,钱牧斋(谦益)曾对杜工部《秋兴八首》之第五、六、七首中间两联之动词皆用于第五字,而成四、三之结构,略有微词,当然这不影响钱牧斋对杜甫的激赏。

绝、律之平仄,有必须注意者,有可稍稍忽略者,即平仄之规律,可轻求于一、三、五字,而必着意于二、四、六字,因二、四、六三字之平仄,决定着诗的音韵节奏,如为七律,取其二、四、六字之平仄,以平起者为例,则八句为:平仄平,仄平仄,仄平仄,平仄平,平仄平,仄平仄,仄平仄,平仄平。

由平、仄、平始而以平、仄、平终,音乐回环之美顿生。格律诗之病于平仄上可以拗救,可本句拗救,亦可对句拗救,然以我之意拗了半天,终觉失足持拐、断臂吊带,莫如重新来过。古文人好为奥冥奇妙之行,吾所不欲取也。又孤平一病必须注意,孤平者,除去押韵之一字为平声之外,其他六字中唯剩一平声,读之必拗口不畅,令人生厌。为诗之又一大病为三连平,谓七言之末三字皆平,念来无顿挫节律之美,有病夫叹息之意,绝对唤不起神采,为诗者必于此注意及之。然有解诗者讽之曰:"今有一诗,君其析之:'向晚意不适,驱车登古原。夕阳无限好,只是近黄昏。'"此李商隐之名作也,偏列五绝,而非乐府,何第一句为五连仄"仄仄仄仄仄",岂李商隐名震晚唐,为冠无疑,此亦可谅之乎?余唯摸首挠腮而已,夫复何言?窃以为可改"向晚情何适",则此千古爱义山者无法为强辩之句,可稍稍过关矣。亦有"深谙"诗道者谓:此诗第二句救之。

诗联偶谈

后蜀未归宋之前一年（964年），孟昶令学士辛寅逊题桃符于寝门，以其词非工，自命笔云："新年纳余庆，嘉节号长春。"据说此乃最早之春联，十分平庸。这只作为一种说法，知道可矣。至于联语之滥觞，则其可追溯久远矣。

2500年前，孔子所订《诗经》，已着联语之痕迹；至《楚辞》，则联语比比皆是；至汉魏六朝之骈文，更是借联语为文矣；近体诗七律、五律出，联语则是其灵魂所在。

佳联举隅

△张廉卿送曾国藩："天子预开麟阁待，相公新破蔡州回。"曾云："蔡，大龟也，与麟同为四灵之属，何云乎欠工，指者自不审耳！"

△范曾贺叶嘉莹寿联："妙手著文章，永托旷怀，论诗肯在钟嵘后；瑶池添瑞霭，遄飞逸兴，捧爵同来女偊前。"

△年羹尧："海纳百川，有容乃大；壁立千仞，无欲则刚。"

年为人恣意跋扈，加以"功高震主，位极必危"，雍正先是赐御书"旌旗所至，如朕亲临"，越四年而赐之死。

△古人有集联，如王羲之《兰亭序》："游目骋怀，此地有崇山峻岭，茂林修竹"；《玉茗词》："赏心乐事，则为你如花美眷（范曾改：大赋豪吟），似水流年。"

△范曾作北京大学中国画法研究院门联："志在立诚，可裨游艺；人能弘道，何忧未名。"

△范曾作北京大学中国画法研究院抱柱联："大木擎天，是

为至善；高人处世，当近中和。"

△范曾作天津盘山书院联："谁接千载，我瞻四方。"

△清人秦小岘题长沙三闾大夫祠联："何处招魂，香草还生三户地；当年呵壁，湘流应识九歌心。"慷慨悲歌之事以风华婉转出之。故而悲愤激昂内敛，于诗歌不必怒目金刚。

△李白对崔颢《黄鹤楼》诗赞而妒之："一拳捶碎黄鹤楼，两脚踢翻鹦鹉洲。眼前有景道不得，崔颢题诗在上头。"此非李白所心甘，故于凤凰台，写出《凤凰台》诗，或有过之："凤凰台上凤凰游，凤去台空江自流。吴宫花草埋幽径，晋代衣冠成古丘。三山半落青天外，二水中分白鹭洲。总为浮云能蔽日，长安不见使人愁。"

△范曾题青云谱："有士来王府，请息交游，几杵晨钟催昔梦；无言对俗尘，何须应答，一枝简笔许千秋。"

△范曾题庐山山门联："入得此门，便忘青山真面；登临峰顶，犹闻白鹿长鸣。"

△石达开戏题理发店："磨砺以须，问天下头颅几许；及锋而试，看老夫手段如何。"横额："快来授首。"

△范曾题董仲舒读书台："陟此台从知宏门正学；临高处便觉丽日和风。"

△彭玉麟至峨眉朝佛寺，有势利和尚在，彭写联以讽其前倨而后恭："坐，请坐，请上座；茶，泡茶，泡好茶。"范评：趣则即事耳，佳则未也。

△司马光《续诗话》言李贺"天若有情天亦老"，无人能对。真宗时大理丞石延年对曰："月如无恨月常圆。"范评：空灵，旷远。

△"南通州，北通州，南北通州通南北；东典当，西典当，东西

典当典东西。"清末民初时联。范评:巧则巧矣,终难免俗。

△岳飞:"三十功名尘与土,八千里路云和月。"

△抗日时杭州王荦作:"天下太平,文官不爱钱,武官不惜命;乾坤正气,下则为河岳,上则为日星。"范评:气称佳,而对属不工。

△又方地山抗日联:"多少豪杰,如此江山。""更能消几番风雨,收拾起大地山河。"范评:无限感慨在焉。极佳联,不以对属工否求。

△《复斋漫录》载,晏殊、王琪游,晏云:"得句未尝强对:'无可奈何花落去。'"话音未落,王云:"似曾相识燕归来。"晏殊深感情致缠绵,音调谐婉,乃成《浣溪沙》一词:"一曲新词酒一杯,去年天气旧亭台,夕阳西下几时回。无可奈何花落去,似曾相识燕归来,小园香径独徘徊。"遂成千古之绝唱。

△彭玉麟:"骏马秋风蓟北,杏花春雨江南。"

△董其昌题西湖飞来峰,最称斫轮老手:"泉自几时冷起,峰从何处飞来。"皆作疑问状态,而意味隽永。

△《永嘉闻见录》载:"云朝朝,朝朝朝朝朝朝散;潮长长,长长长长长长消。"可称千古恶联,竟有以为奇巧者,不入门耳。

△五百里滇池,奔来眼底。披襟岸帻,喜茫茫空阔无边。看东骧神骏,西翥灵仪,北走蜿蜒,南翔缟素,高人韵士,何妨选胜登临。趁蟹屿螺洲,梳裹就风鬟雾鬓;更蘋天苇地,点缀些翠羽丹霞。莫辜负,四围香稻,万顷晴沙,九夏芙蓉,三春杨柳。数千年往事,注到(上)心头。把酒凌虚,叹滚滚英雄谁在? 想汉习楼船,唐标铁柱,宋挥玉斧,元跨革囊。伟烈丰功,费尽移山心力。尽珠帘画栋,卷不及暮雨朝云;便断碣残碑,都付与苍烟落照。只赢得,几杵疏钟,半江渔火,两行秋雁,一枕清霜。(一

片沧桑)

此联清康熙朝布衣孙老头作,孙翁美髯,后人忘其名,称孙髯翁。清道光间有好事者阮总制滇黔为改数字,尚佳,然似未胜于原句,括号内文字为原句。

注意:"沧桑"为并列结构,而"清霜"为偏正结构。

△明顾宪成题东林书院:"风声,雨声,读书声,声声入耳;家事,国事,天下事,事事关心。"佳则佳矣,唯太质白而少韵味。

△郑板桥:"三绝诗书画,一官归去来。"十字自评。范评:快爽!

嵌字联:古人多以七字联为嵌字之戏,有凤头、燕颔、鸢肩、蜂腰、鹤膝、凫胫、龙尾。

以二字命题,作七副对联,但命题之字必词性同而平仄异,如藏、舍:

1. 藏诸大邑今生福,舍得奇缘后悔迟。
2. 广舍慈恩存古寺,深藏德泽为来人。
3. 真趋舍是儒家事,大宝藏原释子心。
4. 未敢私藏归佞道,能知大舍即高人。
5. 未必儒商藏大秤,从来硕学舍微名。
6. 济世良臣常舍我,匡时大策敢藏私。
7. 勇士殉身无不舍,贤人学问必知藏。

也可择其一为联者,如松、月二字,凤头格(简称一唱):松高百尺诗人志,月挂千秋佛祖心。

"浪""云"二字,蜂腰格(简称四唱):三江叠浪终归海,众岫浮云自绕峰。

△诗钟以杳不相关之二事为联,无论何人何物皆可。如"湘夫人"对"竹"。"愁予北渚,植彼南山。"(范曾)

又如"班禅"对"华山"。"庄严十世梵中友,险绝千山化外云。"(范曾)

△范曾:"不知汉晋,无怀葛天;当仰春秋,有若颜子。"(无怀、葛天皆远古圣人,此处"无怀"作动词,而有若、颜子皆孔子座下贤者,"有若"亦作动词。)

△范曾:"人相,我相,众生相,寿者相,究竟空相;诗情,文情,孤抱情,苍天情,终归有情。"

△范曾:"人相,我相,众生相,寿者相,次第朝净土莲花,霍然便见菩提树;风声,雨声,海啸声,伤悲声,轮番造凡尘炼狱,何时能归解脱林。"

联语和诗固有不可分之关系,而于诗,若对仗、连绵、叠音、四声,皆不可或缺者,对仗则有骈骊之美,连绵则有互振之美,叠音则有节奏之美,四声则有音韵之美。"摩挲音韵律,激荡鬼人神"十字,是笔者对中国律诗和联语的概括。

与诸生游戏,同学出题,范曾当场作鱼、佛经(诗钟):舍君求掌,唯色是空。

中国语言文字骈俪之美

伟大的物理学家杨振宁先生说:"对称支配自然。"无际无涯的空间和无始无终的时间所构成的宇宙对称律,可能是百亿年来自然形成的最宏阔伟大的现象,在这现象的背后是不可言说的、人类无法解释的"合目的性"。"合目的性"不是上帝,而是18世纪末德国大哲学家康德所提出的。康德只允许"调节性"使用"合目的性",而不可"结构性"使用"合目的性"。"调节"意味着提供解释事物的方法,而"结构"则成为实存的"目的者"。谁的目的？那便重新堕入17世纪大数学家莱布尼兹的理性深渊，因为莱布尼兹说："上帝是以必然的方式存在于一个必然的地方的必然存在物。"而康德认为上帝的存在无法用理性去证明。

"合目的性"使对称成为万物（包括大至星体、小至秕糠）存在的方式。失去对称便失去平衡，物无以立，人无以生，天地无以存。"宇宙凭着六声部音乐"（开普勒语）运转，宇宙的和声和对位那是大音希声的音乐构成要素，而大象无形则是宇宙的大不可方的状貌。

从动物单音节的呼喊啼叫到人类语言的巧密精微，各族群声调趋舍异途。人类至今有六千多种语言，最小的族群人数仅千人，而最大的族群当然是中国人。有趣的是唯独中国人至今操着表意字语言，既有意矣，则不自觉地使其意走向宇宙的"合目的性"。中国人最早在世界上提出宇宙万有的阴阳二元说，二元不只对称，而且你中有我，我中有你。这是中国古哲本体二元说的灵魂。杨振宁先生重视"对称中有不对称，不对称中有对称"的中国古典前哲学（前哲学指《老子》之前的《周易》）。这种不对称性（或对称破缺）的思想传统使西方的科学家大为惊讶，1977年获诺贝尔化学奖的普利高津说："中国文化是欧洲科学灵感的源泉。"

以上所述正是为了说明骈俪之所从来。它来自天地的大美，来源于宇宙本体之根本规律。

不完全对称，则是太极图的最奇妙的思维胜果，恐怕人类发明过无数的图像，以状万类之存在，然而我敢说没有一说可见太极图之项背。最妙不可言的是，中国人绝顶的聪慧，使语言在这图像的笼罩下走上一条卓绝的美妙境域。这对称之基础便是：

(一)一字、一音、多音构成骈俪的可能性;(二)单字的词性因所处语境之不同,可以转换,以使对称的规律和不完全对称灵活运用;(三)由于对称性的选择,使汉语的排列组合具有了使用者的个性;(四)上述三点,使中国语言文字成为诗性的语言文字,似乎中国必然成为一个诗的国度,诗成为中国国学的重要组成部分。

1992年笔者赴台举行画展,其时我有机会认识了秦孝仪、高阳、柏阳诸文坛大佬。高阳对中国古诗的谙熟使我大为惊讶,他对南通范氏诗文世家的历史如数家珍,尤推重先曾祖范当世伯子先生和先祖范罕彦殊先生,他说出先祖诗稿《蜗牛舍诗》,使我对高阳的博雅由衷钦佩,问及先严,我讲父亲诗颇能克绍箕裘,为斫轮老手,并吟数首,高阳抚掌称绝,今试举先严诗篇,是为了阐明本文之主旨。

杨振宁先生曾用苏东坡的回文诗,来说明中国对称和对称破缺的哲学,今天我近取诸身,用我父亲——精于诗道而又谦虚的范子愚先生的四首悼念我慈爱的母亲的回文诗,来说明我上述的论点。我的母亲缪镜心是厦门大学著名哲学家缪篆(子才)先生的女儿,一生辛劳,但她精神上最大的安慰是我父亲对她的挚爱。母亲死后,父亲刻"独鹤"一印钤于诗稿,除去怀念母亲,不复有其他的诗作,诗心已死,独于母亲,能唤起父亲的诗情。

读东坡回文《菩萨蛮》词殊觉妙义,爱作效颦之举,题为悼亡:

镜同心照孤魂净,净魂孤照心同镜。天外世谁怜,怜谁世外天。我闻如是可,可是如闻我。悲我益卿思,思卿益我悲。

水流东去人何似,似何人去东流水。挥泪望云归,归云望泪挥。仰空悲月朗,朗月悲空仰。卿有镜为心,心为镜有卿。

晚窗新月窥人倦,倦人窥月新窗晚。云黑乱斜曛,曛斜乱黑云。问天穷更闷,闷更穷天问。卿诚我心诚,诚心我诚卿。

枕衾凉意秋来恁,恁来秋意凉衾枕。人世几回亲,亲回几世人。读书翻止哭,哭止翻书读。明镜照伶仃,仃伶照镜明。

这远离了文字的游戏,而是感情深挚、动人心弦的诗句,每读父亲诗集至此,我都会潸然泪下。

每两句是前句中有后句,后句中有前句,对称而又有对称破缺,父亲的这四首诗表现了一种深度哀伤。而中国语言文字的骈俪之美,可谓达到极致。这其中词性的转换,历历在目,"读书翻止哭",翻,副词;而"哭止翻书读",翻,动词。上句讲读书反能止哭,下句讲哭之既止,翻书自慰。意蕴对称中又有所不同,没有任何国家的文字可以做到这一点。

骈俪,所从来远矣,这是吾国先民从语言肇始便逐步形成的审美标准,可说是不自觉的,而骈俪意识的觉醒,我们可以追溯到《诗经》和《楚辞》:

牧野洋洋,檀车煌煌。(《诗经·大雅·大明》)
凤凰鸣矣,于彼高岗;梧桐生矣,于彼朝阳。(《诗经·大雅·卷阿》)

参差荇菜,左右流之;窈窕淑女,寤寐求之。(《诗经·周南·关雎》)

谁谓河广?曾不容刀。谁谓宋远?曾不崇朝。(《诗经·卫风·河广》)

至《楚辞·离骚》文字之骈俪,举目皆是矣:

固时俗之工巧兮,偭规矩而改错。背绳墨以追曲兮,竞周容以为度。

悔相道之不察兮,延伫乎吾将反。回朕车以复路兮,及行迷之未远。

夫孰非义而可用兮,孰非善而可服。

汉文如司马迁《报任安书》,称骈文之祖亦可,而贾谊《过秦论》则可与司马文章并列。

六朝为骈文之源头,其上溯,于风、骚皆见其端倪矣。沈约出而有四声,骈文之平仄,四声始见肇端。鲍照《芜城赋》,可为骈文代表;而至唐王勃《滕王阁序》,则称骈文之冠。

至唐近体诗出,若杜甫《秋兴八首》,其中联语凡十六,皆臻精绝,宜称"诗圣"。汉乐府以及此后历代凡称乐府者,不限章句,而骈俪之美,无不时隐时现。

学习骈俪的方便法门,是以联语或诗钟起步,凡精于近体诗者,无不以此为看家本领。

诗钟两则:

（一）诸葛亮　猿
原殇五丈，泪下三声。（范曾）
（二）楚辞　王维
吟于江汉，集在辋川。（范曾）

嵌字联两则：

（一）青女素娥俱耐冷，名花倾国两相欢。
（二）商女不知亡国恨，落花犹似坠楼人。

此嵌字联以唐人诗句为联，且上联第二字为"女"，下联第二字为"花"。第一副对属甚工，有骈文面貌、诗词韵味矣，而独缺散文风骨；第二副对属亦甚工，而骈文面貌、诗词韵味、散文风骨兼之矣，此乃上乘之作。

骈俪几乎成为中国语言文字优秀的遗传基因，它是哲学的——阴阳二元，它是本然自在的——对称与对称破缺，它是诗意的——可兴、可观、可群、可怨。它渗透在我们民族的灵魂之中。我为全中国人自豪，因为我们祖祖辈辈以此种语言为凝聚力，这是人类文化史中无可替代的瑰宝。

我少年时欲为古文之学，彼时北京巷陌犹存，于斜阳草树间有小屋在焉，居一奇士陈迹父，记忆力之好，可拟汉之伏生。经、史、子、集，一一刻印大脑。室内环堵萧然，破书略有百册之谱。每谈及感兴趣之问题，虽夤夜不觉累。先生孤身一人，极清贫，每天唯以糊洋火盒千只二角钱为食。人以为不堪，而此公满心欢喜。我崇其学、异其人，乃与同学少年趋访。见其貌如古罗汉，乃欣然为之写像，极神似，彼亦大乐。乃从破盂枯砚间觅一无尖秃笔，口咬之，毛以分，乃蘸墨直书题《七律》一首于我画上。诗云："闻说江东小范才，相逢还甲在燕台。愧无须发为君助，喜拓心胸上古开。伯子（余曾祖范伯子）旧诗名海内，狷翁（自称）下语破山来。漫劳曹霸丹青手，貌我朱颜酒唤回。"出语豪宕潇洒，虽列于盛唐不让前修。如此情境，今已为不可再矣。座中有轻薄儿 C 君者，急火燎星于诗文之术业，迹父先生亦甚护爱之。曾见先生于破包装纸上写《古文法十则》赠之，皆以问答出之。C 君问："我既知文法十则矣，可否干它一家伙？"先生回答："非也……"，又不厌其烦地为论述云，"文章岂可干出来……"C 君轻佻，而陈公端庄，令后之读者不禁失笑，而迹父先生之可爱可敬正在斯。

吾之《诗教篇》既出，不知有无 C 君辈想"干它一家伙"，吾亦借迹父之语答之："非也……"，弈为小道，而诗为宏学，必如杜工部"读书破万卷，下笔如有神"，当此之时，诗之脱口如云驰飚作，泉奔湍急，至非理性所可控者之境。是则寄望于今之欲学诗者，必于内美修能积以霜晨雨夜之功，然后不需"干"，只需思而学、学而思，诗之不期来到，当可厚望矣。《诗教篇》既竣稿，述旧时趣事为结，读者复回观前文，或更有得矣。

（撰稿人　范曾）

第三十六章　英才篇

在中国文化传统中,最先明确提出"育英才"观念的是孟子。他在《尽心上》中说:"君子有三乐,而王天下不与存焉。父母俱存,兄弟无故,一乐也;仰不愧于天,俯不怍于人,二乐也;得天下英才而教育之,三乐也。"孟子将教化英才之乐,与生而俱来的孝悌本心、卓然自立的人格精神相提并论,提到虽"王天下而不与存焉"的高度,赋予英才以高远的期待。孟子"育英才"的观念具有划时代的意义,那么我们不禁要问,在中国的人文传统中,英才理应具有哪些内涵,古人又是如何界定的?这就构成了本文考察的起点。

一　"英才"的历史溯源及内涵界定

溯本求源往往有助于概念的正解,因此从文字学的角度考察"英才"的所指就显得非常必要。"英"作为形声字,从草央声,许慎在《说文解字》中释为"草荣而不实者"①。"才"作为象形字,类似于草木最初萌生的形态,许慎解之为"草木之初也,从丨上贯一,将生枝叶也"②。从字的本义看,"英"与"才"均与草木初生时的繁茂有关,这在先秦的典籍中也得到了证实,如《九歌·云中君》中有"华采衣兮若英",《离骚》中有"夕餐秋菊之落英"。在这些地方,"英"与"华"(花)意义相通。但许慎的解释也仅是认知的起点,"英才"一词的合用,显然是由本义向引申义拓展,即以草木之"秀出者"譬喻社会人群中的杰出者,如《礼记·礼运》篇中即有:"道之行也,与三代之英,丘未之逮也,而有志焉。"对于文中的"三代之英",孔颖达先引《辨名记》疏曰:"倍人曰茂,十人曰选,倍选曰俊,千人曰英,倍英曰贤,万人曰杰,倍杰曰圣",复引《毛诗传》解之为:"万人为英,是英皆多于俊选,而俊选之尤异者,即禹汤文武三王之中俊异者。"③量化的界定,仅为彼此区分之必要,"英"无论是千人中杰出者,还是"俊选"的优异者,无非是指三代中禹、汤、文、武、成王、周公一类的杰出者,这些人物无一不是孔子歆慕的圣贤人格典范。因此,英才作为一时代之特出人才,决无异议,那么它的内涵有哪些维度呢?不妨再进一步展开。

中国文化传统中讲论人才,历来讲究德才兼备,德行是立身行事的根本,英才首先要强调德的重要性。在郭璞《尔雅注·序》"英儒赡闻之士"句下,邢昺引《礼记·辨名记》疏曰:"德过

---

① 〔汉〕许慎撰,〔清〕段玉裁注:《说文解字注》,上海:上海古籍出版社1981年版,第38页上栏。

② 同上,第272页上栏。

③ 〔汉〕郑玄注,〔唐〕孔颖达正义:《礼记正义》卷二一,《十三经注疏》本,上海:上海古籍出版社1997年版,第1414页。

千人曰英。英儒者,柔也,能以德柔服人也。"①与此相对照的是,朱熹在《论语·泰伯》"舜有臣五人而天下治"一节的《注》中解释道:"才者,德之用。"②按照这一解释,德是人内在之修养,与"才"相连,属于存诸内,显诸外的关系。英才所以过人者,又比较看重"智",《淮南子·泰族》中有"智过万人者谓之英",又《修务训》中言"智过万人者谓之英,千人者谓之俊,百人者为之豪,十人者谓之杰",而《集韵·庚韵》更释"英"为"知出万人"。"知"与"智"通,可见英才对于人的智识要求亦高。至于"英"与"才"的关联,胡三省在注《资治通鉴·陈纪八》"阿衡之任,宜在宗英"的句下,称"才过人者曰英"。而在《任昉〈出郡传舍哭范仆射诗〉》"王佐俟民英"的句下,李善注《引》《袁子正书》曰:"立德蹈礼谓之英"③,这就是不仅要强调"德",更要看重对"礼"的恪守与践行。

由上分析,"英才"的内涵包括德、智(知)、才、礼等几个基本维度,其间又彼此交融,构成人才的综合能力,大致应无问题。但从另一个方面看,英才与贤才、隽才、俊才、英雄、豪杰等的区分也仅是相对的,为下文讨论和行文方便,笔者倾向于对"英才"采用较通脱的理解,有时不免又与人才互通。刘劭在《人物志》中称,"聪明秀出谓之英"④,又孔颖达疏《诗·魏风·汾沮

---

① 〔晋〕郭璞注,〔宋〕邢昺疏:《尔雅注疏》卷一序,《十三经注疏》本,上海:上海古籍出版社1997年版,第2567页。
② 〔宋〕朱熹:《四书章句集注》,北京:中华书局2011年版,第103页。
③ 〔南朝·梁〕萧统编,〔唐〕李善注:《文选》,上海:上海古籍出版社1986年版,第1100页。
④ 〔魏〕刘劭著,梁满仓译注:《人物志》,北京:中华书局2014年版,第115页。

沏》"美如英"句,指出"英是贤才绝异之称"①,也即认为英才不仅是人群中少有的出类拔萃者,也是代表一时代的杰出人物。

但即使这样,讨论起来仍非本文篇幅所能容纳,一部《二十四史》有多少英才人物,所以笔者不得不将讨论的范围缩小至如何"育英才"的问题。"育英才"问题的提出,虽远绍西周时期官师、政教合一的贵族教育传统,但更主要的是春秋战国之世"士"作为一社会阶层崛起的重要历史背景,士的社会地位和巨大的政治影响力,逼迫出社会如何造士、养士以及举贤任能的问题。"英才"无疑是"士"这一知识阶层中的特别优异者。"英才"的养成,在士君子严格的自律之外,还要依靠师的传授和教化,而德、知(智)、礼、才诸方面的综合及其体现出的强烈社会实践性,构成了英才一词的基本内涵。

二 孟子"乐育英才"的内在理路

孟子在《尽心上》中明确提出"乐育英才"的论题:

> 君子有三乐,而王天下不与存焉。父母俱存,兄弟无故,一乐也;仰不愧于天,俯不怍于人,二乐也;得天下英才而教育之,三乐也。君子有三乐,而王天下不与存焉。

这其中涉及两个方面的问题,一是"三乐"之间的内在关系是如何建立起来的?其与"王天下不与存焉"又具有何种关系?

---

① 〔汉〕毛亨传、〔汉〕郑玄笺,〔唐〕孔颖达正义:《毛诗正义》卷五,《十三经注疏》本,上海:上海古籍出版社1997年版,第357页。

二是"得天下英才而教育之"的教育对象、教法和最终目的何在？以下尝试进行分析。

笔者认为孟子的"君子三乐"有其内在的关联性，这与《论语》等其他子书多由门人或后学编纂不同，"孟子七篇"是在孟轲周游列国，不遇诸侯之后，"退而与万章之徒，序《诗》《书》，述仲尼之意"的专意著述。更联系"君子三乐"下一节中欲、乐、性，以及仁义礼智的关系，则"三乐"之间必有深意存焉。

第一乐"父母俱存，兄弟无故"，人可以尽享天伦之乐，尽孝悌之义。而孝悌之心是人之为人，也是人区别于禽兽的根本属性。所以《论语·学而》中有云："君子务本，本立而道生。孝悌也者，其为仁之本与？"诸家对"第一乐"的解释，多是从"不可必得"的天伦之乐的角度展开，如朱熹说："此人所深愿而不可必得者，今既得之，其乐可知。"[①]王夫之在此基础上，继续推阐道："夫人之乐，有得于天而不可必者，乃君子不以为天之幸，而以为性之安，则父母俱存，陶然一孺子之相依也；兄弟无故，油然一手足之各得也。于斯时也，乐何如乎！不知其可乐而自乐也，不逆计夫失此之不乐，而今固乐也，欢然于承颜式好之中而已矣。"[②]古人注书，下语精谨，然其间回环曲折的论证过程，或有所省略，今不妨贯通《孟子》一书中其他论孝悌之处，互文见义，以了解"第一乐"的具体所指。

在孟子看来，孝悌之心是人良知良能的本然之善，"人之所不学而能者，其良能也；所不虑而知者，其良知也。孩提之童无

---

① 〔宋〕朱熹：《四书章句集注》，北京：中华书局2011年版，第322页。
② 〔清〕王夫之：《四书训义》，《船山全书》，长沙：岳麓书社2011年版，第856页。

不知爱其亲者,及其长也,无不知敬其兄也。亲亲,仁也;敬长,义也;无他,达之天下也"(《尽心上》)。孟子从经验主义的立场出发,认为"爱亲敬长"是人的本心呈现,是跨越时空的"人心之同然"伦理价值认同,也是仁义生发涵养的根基。所以孟子说:"事亲,事之本也"(《离娄上》),朱熹注释道:"事亲孝,则忠可移于君,顺可移于长。"① 则由"孝亲"推出"忠君",体现出家庭伦理向政治伦理的推衍。更进一步,基于本然之善的"人心同然"的孝悌之心,也是治国平天下得以实现的伦理基础,故"道在迩而求诸远,事在易而求诸难:人人亲其亲,长其长,而天下平"(《离娄上》),又有"仁也者,人也。合而言之,道也"(《尽心下》)。尧舜治理天下,所行者推其根本,也无非是孝悌之道,故曰:"尧舜之道,孝悌而已矣"(《告子下》),又说:"亲亲而仁民,仁民而爱物"(《尽心下》)。所以说,第一乐中"孝悌之心",不仅确认了人之为人的本然属性,而且通过孝悌之义由家庭向社会的推进,进而构成治国经邦的政治基础。

故此,孟子才反复称赞大舜在"父顽、母嚣、象(舜之弟)傲"的家庭环境中,仍然能保持孝悌本心的可贵。此本心即是赤子"性善"的初心,析言之,则应包括恻隐之心、羞恶之心、辞让之心、是非之心。唯有保持此"四端之心"之勿失,并且不间断地养护培植,才能达至"仰不愧于天,俯不怍于人"的精神境界,从而具有自信坚卓、独立无倚的人格力量,这便是第二乐的内容。那么,我们不免要问,这一"仰不愧于天,俯不怍于人"的精神境界到底具有哪些典型表现呢?按照《孟子》的内在逻辑,大略可以分为以下几个方面。

---

① 〔宋〕朱熹:《四书章句集注》,北京:中华书局2011年版,第266页。

一是具有孟子所谓"大丈夫"的主体精神。在《滕文公下》中,孟子直刺纵横家代表人物公孙衍、张仪的行径为"以顺为正,妾妇之道",认为大丈夫理应是"富贵不能淫,贫贱不能移,威武不能屈",决不为外在环境所牵引,具有志不可夺的"不动心"的境界,而能时时秉持中道,动辄合度。这种大丈夫能保有"天之所赋"的一善之初心,"大人者,不失其赤子之心者也"(《离娄下》),倘能基于纯然无所伪饰的赤子之心,扩充涵养,则将无所不知,无所不能,其用无穷。具有大丈夫主体精神的人物,往往才识过人,"待文王而后兴者,凡民也。若夫豪杰之士,虽无文王犹兴"(《尽心上》)。其中的"豪杰"与"英才"相通,豪杰之士能自拔于流俗之中,不为外在物欲所蒙蔽,奋发踔厉,其志在淑世。

二是深具承续道统的坚卓自信。孟子认为儒家的道统从尧、舜、汤、武、文王、周公,乃至孔子未曾断绝,自己也当具有"舍我其谁"的天命承道精神。当他不遇于鲁平公时,他感慨道:"吾之不遇鲁侯,天也;臧氏之子焉能使予不遇哉?"(《梁惠王下》)相似的感慨,不禁让人联想及孔子,"文王既没,文不在兹乎?天之将丧斯文也,后死者不得与于斯文也;天之未丧斯文也,匡人其如予何!"(《论语·子罕》)将自己用舍行藏的遇与不遇归结为天命,非人力所能干涉,孔子如是,孟子亦复如是。正因为有这种道之在我的自信,孟子才在百家放言的战国时代,坚辟杨朱、墨翟的"无君无父"之学,我"岂好辩哉,予不得已也。能言距杨墨者,圣人之徒也"(《滕文公下》)。这种承道的自我确认,让他能够蔑视王公,毫不客气地说,梁惠王"望之不似人君"(《梁惠王上》)。他愿意处于诸侯的宾师之位置,认为"故将大有为之君,必有所不召之臣"(《公孙丑下》)。非是孟子倨傲,他实在是愿为道而尊,因为从来"枉己者,未有能直人者也"

(《滕文公下》)。

三是这种"仰不愧于天,俯不怍于人"的独立人格,必待砥砺苦修以养成。孟子有一段脍炙人口的议论:"故天将降大任于斯人也,必先苦其心志,劳其筋骨,饿其体肤,空乏其身,行拂乱其所为,所以动心忍性,曾益其所不能。"(《告子下》)这种砥砺苦修的过程又是如何呢?在孟子看来,就是要认识人性的本善,善于养护一己的四端之心,且看他的论述:

> 恻隐之心,人皆有之;羞恶之心,人皆有之;恭敬之心,人皆有之;是非之心,人皆有之。恻隐之心,仁也;羞恶之心,义也;恭敬之心,礼也;是非之心,智也。仁义礼智,非由外铄我也,我固有之也,弗思耳矣。(《告子上》)
>
> 人之有是四端也,犹其有四体也。有是四端而自谓不能者,自贼者也;谓其君不能者,贼其君者也。凡有四端于我者,知皆扩而充之矣,若火之始然,泉之始达。苟能充之,足以保四海,苟不充之,不足以事父母。(《公孙丑上》)

恻隐、羞恶、辞让、是非分别对应仁、义、礼、智的心之四端,此四端之心要涵养护持,保育充实,日新又新,则天下虽大,四海虽远,政治亦可运于股掌之间。如若不善于养护,甚至是戕害此四端之心,即使如赡养父母这类寻常之事,也未必能够实现。在《公孙丑上》一篇中,孟子更是展开了一个由"言—气—志—心—性—天"的实证过程,在第一个层次,他认为要"知言养气","我知言,我善养吾浩然之气"。"知言"则对于凡天下之言论,无不穷尽其理,辨析其中的是非得失,这一点被后来的《大学》所继承,并为宋儒推阐为"格致"之学。在孟子看来,"气"是

"体之充者",是天之所赋予我之为人者,"其为气也,至大至刚,以直养而无害,则塞于天地之间"(《公孙丑上》)。那么,通过对"知言"的穷究,配合对天理的体究和人心主体的裁制,更要借助于社会实践的磨炼,个体的精神之气才不为一己的私欲所遮蔽,从而与天地精神沟通往来。在这里,我们可以看出战国中期的"气化宇宙"观念在《孟子》一书中的渗透。在第二个层次,孟子说:"夫志,气之帅也","夫志至焉,气次焉。故曰:'持其志,无暴其气'"(《公孙丑上》)。"志"是"气"的统帅,人当敬守己志,也应当致养其气,因为"志一则动气,气一则动志","志"与"气"处于互动之关系而以"志"为主。能达到"志一"的阶段,则可以"不动心",因为"志者,心之所至也",心者,天之所与也。这就到达了第三个层面。在《尽心上》中,孟子进一步推究,"尽其心者,知其性也。知其性,则知天也。存其心,养其性,所以事天也",这就打通了天理与人心的悬隔,实现了心—性—天的贯通一体。至于三者之间的区分,北宋程颐的辨析最为分明:"心也、性也、天也,一理也。自理而言谓之天,自秉受而言谓之性,自存诸人而言谓之心。"[1]三者构成三位一体并各有侧重的关系。

通过心性的修为,达到天人一贯,从而具有"舍我其谁"的承道意识,表现为"仰不愧于天,俯不怍于人"的"大丈夫"精神,这正是"第二乐"的具体内容。我们甚至可以说,整个《孟子》论心性修养等处,无非是"第二乐"的具体展开。

而"第三乐"中的"得天下英才而教育之","英才"当为"士"这一阶层中的尤为突出者,孟子以什么内容教化英才呢?

---

[1] 〔宋〕朱熹:《四书章句集注》,北京:中华书局2011年版,第327页。

根据《论语》一书,孔子以诗、书、礼、乐教育弟子,更将"仁"充实于旧有的礼乐形式中,重视从学者的成人教育,也即"志于道,据于德,依于仁,游于艺"(《论语·述而》)。孟子遥承孔子的教育观念,但更注重在心学①上做功夫,朱熹在《孟子集注》中,对这一节发明说:

> 尽得一世明睿之才,而以所乐乎己者教而养之,则斯道之传得之者众,而天下后世将无不被其泽矣。圣人之心所愿欲者,莫大于此。今既得之,其乐为何如哉?②

文中"所乐乎己者"指的是什么呢？联系孟子"三乐",第一乐的孝悌之心应是天赋于我"性善"之基础,人之为人的一切德行均需凭于"孝悌之心"而生发涵养,同时也是由家庭伦理向政治伦理、社会伦理推衍的基础。第二乐在第一乐的基础上,涵养"恻隐、羞恶、恭敬、是非"的心之四端,知言养气,配合道义,尽心知性,尽性知天,从而打通天与人的畛域,体现为自觉的承道意识,养成坚卓自信、独立不倚的大丈夫精神,这正是孟子"所乐乎己者"的中心内容。更进一步,第三乐又将一己对于"仁心"的真切体味,对于道与天命的自觉承担,通过英才的教化,传诸弟子,泽被后世,以达到君子德风化民成俗的目的。因此,我们

---

① 钱穆认为孔子的全部学说,可分为"心学"和"史学",而孟子思想的新贡献,则在于他的"性善论"。"孟子道性善,言必称尧舜","道性善"就是"心学","称尧舜"就是"史学",孟子的性善论,是拿史学来证明心学,拿心学来完成史学。见钱穆:《讲堂遗录》,北京:九州出版社2011年版,第31、第575—579页。

② 〔宋〕朱熹:《四书章句集注》,北京:中华书局2011年版,第332页。

可以说,一乐为本心之基础,二乐是自修的关键,三乐是在通过英才的教化及其在社会中的德范效应,将儒家的"仁政"推行于天下,实现保民而王,达到王治之境。联系下文,这"三乐"均源于君子自足的本性,或主体性的选择,固"非由外铄我也",而"王天下"虽然位高权重,但并非人之"所性",所以孟子一再重言之:"王天下不与存焉。"

联系到约成于晚周之际的《大学》一书,"大学之道,在明明德,在新民,在止于至善",作为"三纲",它是一个由发明一己之德行,到"能新其德以及于民",最终使邦国实现大同社会的一个过程。这与孟子基于孝悌之心以涵养德行,承续道统,并借助于英才的社会垂范,化民成俗以达王治之境的推衍,若合符契。所以,《孟子·梁惠王上》中说:"谨庠序之教,申之以孝悌之义。"朱熹注释道:"故既富而教以孝悌,则人知爱亲敬长而代其劳,不使之负戴于道路矣。"[1]这显然是孔子"富而教之"思想的进一步发挥。他说三代均是"设为庠序学校以教之",其目的皆在于"明人伦"。而所谓的人伦,也就是"父子有亲,君臣有义,夫妇有别,长幼有序,朋友有信"(《滕文公上》),以建立秩序井然而又和谐相处的理想社会。在《尽心上》中,孟子再次申述教化英才的目的:"夫君子所过者化,所存者神,上下与天地同流,岂曰小补之哉?"君子的教化如时雨滋润,如沐春风,教化无声无息而施泽周遍,这便是王治的典型体现,而《大学》中"一家仁,一国兴仁。一家让,一国兴让"等,也是从此等处引出。

因此,我们能否大胆推论,"君子三乐"构成了《孟子》一书论理的基本框架。从孝悌之心作为人自我确认的起点,也是家

---

[1] 〔宋〕朱熹:《四书章句集注》,北京:中华书局2011年版,第190页。

庭伦理向政治伦理推衍的基点,到独立主体人格的完成以及道统的自觉承担,再到由己及人,通过英才的培养及其在社会中的德行实践,最终可使社会整体趋于"至善"之境。"内圣外王"的观念在此初步得到显现,而此后《大学》中的"明德新民,止于至善"的"三纲",则是上述逻辑的进一步推演,也是更清晰、更有力的表达。经过由内及外、由己及人的这一过程,变乱世为治世,安顿好人间秩序,是儒家英才教育的终极目的。这也就构成了中国传统教育的基本导向。另一方面,孟子在倡言"三乐"的同时,一再重言"王天下不与存焉",也就构成了"道"与"势"的内在紧张,而这一紧张随着时代的推移,愈往后愈加明显,不断引起后世儒者对于"师道尊严"的一再强调和据理力争。

三 教化英才的"心性"基础

中国文化传统之所以高度重视教化问题,是因为教化英才是儒家安顿秩序最有效的途径。但就受教者而言,教化正要从人的心性处立教,对人心性的不同理解,决定教育内容和方式的差异性。孟子是主张"性善"的,但对心性的讨论,非仅孟子一家,因此有必要在中国思想史的观照下,择要展开。

孔子作为中国历史上第一位教育家,他对心性的讨论却常是"引而不发",《论语》中仅有两处言及"性"字:一处是"夫子之文章,可得而闻也,夫子之言性与天道,不可得而闻也"(《公冶长》);另一处是"性相近也,习相远也"(《阳货》)。对孔子论"性"的解读,历来聚讼不已,但可以肯定的是,"孔子责习不责性,以勉人为学"①。另一条也常引起研究者注意的是,"唯上智与下愚不移"(《阳货》),孔子是将人的禀赋分为上智、下愚、中人三等,上智是不学而能的圣人之质,下愚是"困而不学,民斯为下"的愚人,唯有中人之性,习于善则善,习于恶则恶,皆可迁移。《论语》二十篇,首列《学而》,足见孔子对于"学"的强调。

孟子发挥孔子的"心学"部分,提出"性善论",认为人皆有恻隐之心、羞恶之心、辞让之心、是非之心,分别对应于仁、义、礼、智的心之四维。此人性之善端是与生俱来的"赤子之心",是"天命之谓性"的良知良能,而教化的本质也正在于促使学者发觉"本心",扩大充实,务必使学者能深造自得,确然自立,已见前所述。而孟子的"教亦多术","如时雨化之者,有成德者,有达财者,有答问者,有私淑艾者"(《尽心上》),甚至是不屑教诲而教诲者,也正是建立在对人性本善的基本预设上。

与孟子的"性善论"相左,战国末年的荀子提出"性恶论",主张"化性起伪","伪"非"伪饰",而是与"为"相通,也即通过主观的力而改过迁善。他说,"人之性恶,其善者伪也"(《性恶篇》)。但人性是否为纯恶,依据他的理路,似乎又非如此简单,他说,"凡性者,天之就也。……不可学,不可事,而在人者,谓之性"(《性恶篇》),复言"性者,本始材朴也"(《礼论篇》),更言"生之所以然者谓之性,性之和所生,精合感应,不事而自然谓之性"(《正名篇》)。可见,"性"是与生俱来、未经雕琢的本来面目。后世对荀子"性恶论"的批评,吕思勉的观点颇有代表性:"荀子最为后人所诋訾者,为其言性恶。其实荀子之言性恶,与孟子之言性善,初不相背也。……荀子谓'人性恶,其善者伪',

---

① 钱穆:《论语新解》,北京:三联书店2005年版,第444页。

乃谓人之性,不能生而自善,而必有待于修为耳。"①这与陈兰甫论孟子"性善"相似:"孟子所谓性善者,谓人人之性皆有善也,非谓人人之性皆纯乎善也。"②如此,则"性善"与"性恶",在孟、荀最初立论的起点上,相去不远而各偏所是,遂造成后世学者接受中的巨大差异。

在荀子"化性起伪"的逻辑结构中,圣人和众人的区别何在?"故圣人化性而起伪,伪起而生礼义,礼义生而制法度;然则礼义法度者,是圣人之所生也。故圣人之所以同于众,其不异于众者,性也;所以异而过众者,伪也。"(《性恶篇》)圣人与众人的本性初不相异,其难能者,在于圣人能够以绝大的魄力迁化一己的先天之性,臻于极善之境。与《论语》相似,荀子亦极重视"学",将《劝学》放在《荀子》一书的首篇,君子不仅要有"学不可以已"的精神,还需要锲而不舍的坚持和"博学而日参省乎己"的高度自律,以及"效天法地"卓然自立,因为君子"知夫不全不粹之不足以为美也","天见其明,地见其光,君子贵其全也"(《劝学》)。

孔子、孟子和荀子对性的讨论,初步构成了后世学人讨论"心性"的起点,但从全部的古代思想史来看,后世的讨论,如"丸之走盘",也基本未超出孔子、孟子、荀子论性所设定的这个基本之"盘"。以下不妨再稍作梳理。

西汉时的董仲舒曾提出"性三品说",列为"圣人之性""中

---

① 吕思勉:《先秦学术概论》,载《民国丛书》第四编,上海:上海书店1992年版,第83—84页。
② 〔清〕陈澧:《东塾读书记》卷三,上海:上海古籍出版社2012年版,第32页。

民之性"和"斗筲之性"①。"圣人之性"是天生的"过善"之性,是一般人先天不可能、后天不可及的;"斗筲之性"是无善质的,生来就恶的,教化亦无用处,只能采用刑罚手段来处置;至于"中民之性",他认为"善如米,性如禾,禾虽出米,而禾未可谓米也;性虽出善,而性未可谓善也。……故曰:性有善质,而未能为善也,岂敢美辞,其实然也"②,其有"善质"而"未善",中人的向善自然需要师长的循循善诱,这也为教化的展开提供了可能性。整体上看,董仲舒的观点较接近于孔子。其后又有扬雄的"善恶相混说","人之性也,善恶混。修其善则为善人,修其恶则为恶人"③,则是对孟、荀两家心性论的取舍折中。东汉时的王充,对孟、荀及扬雄的观点评价道:"余固以为孟轲言人性善者,中人以上者也;孙卿言人性恶者,中人以下者也;扬雄言人性善恶混者,中人也。若反经合道,则可以为教,尽性之理,则未也。"④至于王充自己的主张,则"论人之性,定有善有恶。其善者,固自善矣;其恶者,故可教告率勉,使之为善"⑤,"学校勉其前,法禁防其后"⑥,无不可教之人,无不可变之性,人之性善恶或有不定,但均可通过教育的引导,或法禁的防患于未然,使之趋于向善。

---

① 〔清〕苏舆撰,钟哲点校:《春秋繁露义证·实性第三十六》,北京:中华书局1992年版,第311、312页。
② 同上,第311页。
③ 〔汉〕扬雄撰,汪荣宝注疏:《法言义疏·修身卷第三》,北京:中华书局1987年版,第85页。
④ 黄晖:《论衡校释·本性篇第十三》,北京:中华书局1990年版,第142、143页。
⑤ 黄晖:《论衡校释·率性篇第八》,北京:中华书局1990年版,第68页。
⑥ 同上,第80页。

唐代的韩愈,继承孟子的道统,论性亦糅合孔、孟的主张,提出"性之品有三,而其所以为性者五"①的观点,其中论"性之品有上、中、下三,上焉者善焉而已矣,中焉者可导而上下也,下焉者恶焉而已矣"②,则类于孔子的上智、下愚和中人;其中"所以为性者五:曰仁,曰礼,曰信,曰义,曰智。上焉者之于五也,主于一行于四;中焉者之于五也,一不少有焉,则少反焉,其于四也混;下焉者之于五也,反于一而悖于四也"③,则复将孟子的"心之四端"搭配、调和比例,用以支撑"性之品三"。到了宋代,张载首先将"性"分为"天地之性"与"气质之性","性于人无不善,系其善反不善反而已,……形而后有气质之性,善反之则天地之性存焉"④。纯善无恶的"天地之性",主要是说明人有共同的潜在的善的本性,决定着人之为人的本质;"气质之性"则善恶相混,它不仅见出"恶"的根源,而且揭示个体在道德根器上的差别。而教与学的目的,正在于变化气质,涵养德性。他说:"如气质恶者学即能移,今人所以多为气所使而不得为贤者,盖为不知学。"⑤程颢、程颐发明张载的论点,以理、气论性。程颐说:"性即是理,理则自尧舜至于涂人,一也。才禀于气,气有清浊,禀其清者为贤,禀其浊者为愚。"⑥朱熹论性接续二程,更趋于完善,

---

① 〔唐〕韩愈:《原性》,载马通伯校注:《韩昌黎文集校注》,北京:古典文学出版社1957年版,第11页。

② 同上,第12页。

③ 同上。

④ 〔宋〕张载著,章锡琛点校:《张载集·正蒙·诚明篇第六》,北京:中华书局1978年版,第22—23页。

⑤ 同上,第266页。

⑥ 〔宋〕程颢、程颐著,王孝鱼点校:《二程集》,北京:中华书局1981年版,第204页

"论天地之性,则专指理言;论气质之性,则以理与气杂而言之","论性不论气,不备;论气不论性,不明","性非气质,则无所寄;气非天性,则无所成"①。则无论是二程还是朱子,"气质之性"均自"义理之性"中出,"气质之性"又均待变化,而变化之道端在于修身成德,教化的功用也即在此处呈现。

由上述简论可知,对"心性"不同的认知决定着教育所采取的策略性差异,但殊途同归的是,教育在其中均承担着重要的功能,这就是通过师的引导和从学者的高度自律,以沉潜学问、涵泳性情、成德达材,进而由"士希贤,贤希圣,圣希天"的心性通衢,使个体的心性和德行无限趋于圆满。

四 化育英才是实现人文化成的枢机

我们不妨再进一步追问,儒家教化英才的目的在于安顿秩序,那么这秩序的最终之源是什么呢?对这一问题的回答,或可从中国古代农耕文明的基本特性进行展开。我们知道,农耕文明的基本属性内在地要求人与自然建立起和谐共处的关系,表现为应时、取宜、守则、和谐的文化生态。这种文化地理特性和文明的基本样态,决定先民典型的思维方式,即"效天法地,观物取象",或称之为"推天理以明人事"。这一思维方式不仅体现在中国最古老的卜筮符号中,也表征在早期文字创生的历史记忆中,同样渗透在古代的《诗》《书》《礼》《易》《乐》《春秋》的"六艺"典籍和"轴心时代"先秦诸子原创思想的迸发中。

---

① 〔宋〕朱熹:《朱子语类》,载朱杰人等主编:《朱子全书》第14册,上海:上海古籍出版社2002年版,第196、195、196页。

《周易·系辞下》曾追溯道:"古者包牺氏之王天下也,仰则观象于天,俯则观法于地,观鸟兽之文与地之宜,近取诸身,远取诸物,于是始作八卦,以通神明之德,以类万物之情。"这就将八卦的创生归功于上古圣王,其通过效天法地的观察制作,将宇宙、自然以及人身的种种物象,作深切的推究,并化生为人文的基本符号。至于早期文字的创造,《说文解字·序》载:"黄帝之史仓颉,见鸟兽蹄迒之迹,知分理之可相别异也,初造书契。"[①]"书契"即文字,中国文字中最先出现的象形之"文",同样是"观物取象"的创造结果。

天地不言,四时行焉,百物生焉。天地有好生之德,圣贤君子从天地自然中发明这种德行,并将之作为社会政治、文化制度创制的内在原则。"天行健,君子以自强不息","地势坤,君子以厚德载物"。正是因为天的周而复始,往古如常,君子也应该坚毅刚卓,奋发有为;正因为地的厚重博载,君子也应该含弘光大,美善德行。通过对天地自然万物的效法,"圣人有以见天下之赜,而拟诸其形容,象其物宜,是故谓之象。圣人有以见天下之动,而观其会通,以行其典礼"(《周易·系辞上》)。这就是将天地之间最深妙幽微的玄思,借助于最精洽的人文物象表达出来,作为构建社会政治制度的基础,指导社会生活实践,从而将"天地之文"内化为"人文法则","观乎天文以察时变,观乎人文以化成天下"(《周易·贲》)的意涵也正在此。以下我们不妨以礼乐的制度性起源为例,来讨论这个问题。

孔子说:"周监于二代,郁郁乎文哉!吾从周。"(《论语·八佾》)"文"在此指制度文物,西周的政治制度是在承续夏、商两

---

① 〔汉〕许慎:《说文解字》,北京:中华书局1963年版,第314页。

代的基础上因革损益而成,这典型地表现为周公"制礼作乐"。那么,礼乐文化最初从何而起?成书于晚周秦汉之间的《礼记》给我们留下一些线索:

> 大乐与天地同和,大礼与天地同节。(《乐记》)
>
> 乐者,天地之和也;礼者,天地之序也。和,故百物皆化。序,故群物皆别。乐由天作,礼以地制。(《乐记》)
>
> 圣人作乐以应天,制礼以配地。礼乐明备,天地官矣。(《乐记》)
>
> 礼乐之极乎天而蟠乎地,行乎阴阳而通乎鬼神,穷高极远而测深厚。(《乐记》)
>
> 夫礼,先王以承天之道,以治人之情,故失之者死,得之者生。(《礼运》)
>
> 是故夫礼必本于大一。……夫礼必本于天,动而之地,列而之事,变而从时,协于分艺。(《礼运》)

天地之间阴阳二气的氤氲化生,即是天地之和;四时的潜运默化,万物流品,即为天地之节。儒家理想境界中的礼乐创制,正是能与天地交感、同自然和谐共振的具体体现。因为和谐,故能化生万物;因有秩序,故万物品类之间能有所分别。圣人能够效天法地,制礼作乐,将天地自然之"和""序""节"内化到人伦社会中去,奠定治国经邦的人文根基,这正是从形而上层面对礼乐精神本源的揭示。然而,在孔子看来,只有德、位兼备的圣人才有资格"制礼作乐",所以他说,"虽有其位,苟无其德,不敢作礼乐焉;虽有其德。苟无其位,亦不敢作礼乐焉"(《中庸》),也只有"与天地参,故德配天地,兼利万物"(《礼记·经解》)的天子或王者才能"功成作乐,治定制礼"(《礼记·乐记》)。那么,如何更进一步,将天地自然的"德行"内化到人伦社会中去,最大限度地实现"人文化成"呢?在古人看来,莫过于兴教育才,培养贤人君子,并以之作为社会大群中的仪表,实现"君子德风",化民成俗,达成"止于至善"的境界。

考之《周易》的卦序,"乾坤屯蒙需讼师",在作为"易之门户"的乾坤两卦之后,次之以"天造草昧"的屯卦,接着便是蒙卦。作《易》者取象于童子的启蒙,在发蒙、包蒙、困蒙、击蒙几个阶段中,反复阐述"蒙以养正",君子要"果行育德"的道理。[①]王弼对此注释说:"夫明莫若圣,昧莫若蒙,蒙以养正,乃圣功也。"[②]也即是说,发蒙者当为圣贤君子,通过"蒙养"实现人文化成。可见,远在孔子之前的卦辞确立阶段,早期圣贤就极为重视教化在社会中的推行。这就又转到本节讨论的问题:对英才的教化,恰是与"人文化成"的儒家理想设计密切相关。最后,我们不妨再引《礼记·学记》中的一段文字,以进一步落实这一判断:

> 发虑宪,求善良,足以謏闻,不足以动众。就贤体远,足以动众,未足以化民。君子如欲化民成俗,其必由学乎。……是故古之王者,建国君民,教学为先。《兑命》曰"念终始典于学",其此之谓乎?

---

① 参见〔魏〕王弼撰,楼宇烈校释:《周易注校释》,北京:中华书局2012年版,第21—23页。

② 同上,第22页.

古代的君王建立国家,治理民众,始终把兴教育才放在首位,其旨在"化民成俗",如此才能将礼乐制度的内涵在社会中扩展开来。因此,可以说化育英才正是儒家绾合"天文"与"人文"、宇宙与人生的转换点,也是将天地自然秩序内化到人伦社会中的枢机所在,"观乎天文以察时变,观乎人文以化成天下",正是在这个意义上显现出来。

五　教化英才的三个目的与导向

在谈论这一节之前,我想有两个问题需要首先加以说明,一个问题是英才教化内容的定型及其历史嬗变。其概括起来,大致分为四个阶段:从"古六艺"(礼、乐、射、御、书、数)到孔子对"六籍"(《诗》《书》《礼》《易》《乐》《春秋》)的整理,是第一个阶段。这一阶段大致从西周初年到春秋之际,表现为"王官之学"的传承、整理和递嬗。第二个阶段为儒术独尊和"五经"确立的阶段,其主要延续了从汉武帝到隋唐这一段历史时期,其间,通过"察举制"或科举制等制度化的文官选拔机制,有效地促成传统士人"学而优则仕"的政治文化传统。第三个阶段是程朱理学的兴起与"四书"新经典的确立,在这一阶段中,"四书"取代"五经"并成为南宋末年到晚清长达千余年取士的经典文本。最后一个阶段是1905年科举制度的废除和"知识论"的兴起。从此,士人与国家政权之间的天然有机联系被打破了,现代教育制度开始建立,传统的精英教育也相应地转化为国民教育。

第二个问题是科举与人才的关系。科举制度作为在中国历史上实行1300余年的选拔制度,是中国文化系统内部自觉选择的结果。科举制当然可以选拔大量优异的人才,但也存在不少负面的影响。历史上对科举的质疑和批评从未停止过,其中朱子说得最为明白:"科举累人不浅,人多为此所夺,但有父母在,仰事俯育不得不资于此,故不可不勉尔,其实甚夺人志。"①科举夺人之志,扭曲了士人独立的人格精神,助长了功利主义的读书风气,妨害了教育的独立性,以至于明清之际的顾亭林痛定思痛地说:"八股之害,等于焚书,而败坏人才,有甚于咸阳之郊所坑者四百六十余人也。"②朱子所谓"甚夺人志"的"志"是什么呢?我以为,此"志"便是儒家"志于道"的、能真正践行"义利之辨"的、具有内在超越精神和济世情怀的、抱定"先天下之忧而忧,后天下之乐而乐"的士人风骨!

科举能选拔人才,但人才却不尽从科举出。中国古代教育形成了"多元一体"的内在格局,其中,"一体"是指以儒家知识和信仰为内容的大文化传统,此传统自两汉以降已然确立此后两千余年的教统和学统。"多元"人才培养途径的多样性,大致可分为官学和私学两大系统。官学,包括中央官学和地方官学;私学,包括书院、家学、家塾、寺院读书等形式。在学术传承和人才培养的过程中,官学、书院、家学等在不同的历史阶段呈现为消替性、互补性的结构,以及彼此间的交汇与融合。如陈寅恪先生就曾指出:"盖自汉代学校制度废弛,博士传授之风气止息以后,学术中心移于家族。"③传统教育"多元一体"的基本格局,保

---

① 〔宋〕朱熹:《朱子语类》,朱杰人等主编:《朱子全书》第14册,上海:上海古籍出版社2002年版,第414页。
② 〔清〕顾炎武著,黄汝成集释:《日知录集释》,上海:上海古籍出版社2006年版,第946页。
③ 陈寅恪:《隋唐制度渊源略论稿》,载《陈寅恪集》,北京:三联书店2001年版,第20页。

证了人才出于多途,使得人才的知识结构和思想信仰具有相当的丰富性和相对的弹性,避免了人才类型的单一化。

总而言之,中国古代教育属于精英教育,表现为"君子之教"或"士教"。在儒家人文传统中,我们可将英才培养的目的概括为三个主要的方面:一是德成为上;二是达于器用;三是转移一时风会之特殊人才。成德为"体",达于器用和转移风会为"用",三者之间构成了明体达用的关系。

一是德成为上。对"成德"的高度强调,是传统教育"一以贯之"的特色。春秋时期的叔孙豹就提出"三不朽"的观念:"太上有立德,其次有立功,其次有立言,虽久不废,此之谓不朽。"(《左传·襄公二十四年》)孔颖达《疏》曰:"立德,谓创制垂法,博施济众,圣德立于上代,惠泽被于无穷。"[①]"立德"是传统观念中一个期待,也是一个切实于人生的践行过程。"成德"在西周的官学教育中表现为礼乐人生的养成,据《礼记·文王世子》:"凡三王教世子必以礼乐。乐,所以修内也;礼,所以修外也。礼乐交错于中,发形于外,是故其成也怿,恭敬而温文。"乐内礼外,礼乐教化的本质在于敦实个体的道德修养,达成文质彬彬的精神风貌。《乐记》更进一步强调说:"礼乐不可斯须去身。致乐以治心,则易、直、子、谅之心油然生矣。易、直、子、谅之心生则乐,乐则安,安则久,久则天,天则神。天则不言而信,神则不怒而威。致乐以治心者也。致礼以治躬则庄敬,庄敬则严威。心中斯须不和不乐,而鄙诈之心入之矣;外貌斯须不庄不敬,而易

---

① 〔晋〕杜预注,〔唐〕孔颖达正义:《春秋左传正义》卷三五,《十三经注疏》本,上海:上海古籍出版社1997年版,第1979页。

慢之心入之矣。"①通过礼乐精神的熏陶,平易、正直、慈爱、诚信之心便会自然生发,精神也会显得恭敬庄严,长此以往,将能体达天理,与神明沟通往来。基于个体成德的礼乐修养,可以至究天人之际的境界。

春秋时期的孔子,面对礼崩乐坏的社会秩序,试图将"仁"的精神充实于礼乐的旧有形式中。在《论语》中,孔子反复强调,"德之不修,学之不讲,闻义不能徙,不善不能改,是吾忧也"(《述而》),"志于道,据于德,依于仁,游于艺"(《述而》)。无论是"修德"还是"据德","德"始终是其在教育中所关注的中心内容。"成德"在《论语》中是个体精神修养的总称,其中涵摄仁、义、礼、智、诚、敬、和、勇、孝悌、忠恕等诸多维度,如"仁者不忧,知者不惑,勇者不惧"(《子罕》),"修己以敬"(《宪问》),"出门如见大宾,使民如承大祭"(《颜渊》),"道千乘之国,敬事而信,节用而爱人,使民以时"(《学而》),"孝悌也者,其为仁之本与?"(《学而》),"礼之用,和为贵"(《学而》),"夫子之道,忠恕而已矣"(《里仁》),等等,则是学者内在德性的具体分疏。

中国古代教育对"成德"的强调,在晚周秦汉之间的《大学》和《中庸》中得到进一步发挥,"大学之道,在明明德,在新民,在止于至善",其"三纲"首在"明德",也即发明自我本具之天德;《中庸》中"天命之谓性,率性之谓道,修道之谓教",强调教化的本质在于循性设教,也即为"成德"。由此可见,传统教育正是从个体的安身立命处立根,从全其天性处立教,其内在理路是人人皆可成德成圣,人人皆具有"自性的庄严"。同样,"立德"也

---

① 〔汉〕郑玄注,〔唐〕孔颖达正义:《礼记正义》卷三九,《十三经注疏》本,上海:上海古籍出版社,第1543—1544页。

是"立功"和"立言"的内在基础,因为"有德者必有言,有言者不必有德"(《宪问》),也因为格物致知、正心诚意的内在修为,从来都是"修齐治平"的前提和基础。

二是达于器用。古典教育以德性教育为根本,亦以德性教育为归宿。"君子不器"是对君子的期望,君子当兼具众才,博通众能,而不仅仅局限于某一方面的才能。但在另一方面,成德是达于器用的基础,因乎内发乎外,经世致用亦为我们所强调。西周的官学,目的亦在于达于器用,如《周礼·地官·保氏》中所载"养国子以道,教之以六艺","六艺"中之一即是"五礼",郑玄《注》称吉、凶、宾、军、嘉为五大类礼。① 考《春官》以吉礼事邦国之鬼,其别十有二;以凶礼哀邦国之忧,其别有五;以宾礼亲邦国,其别有八;以军礼同邦国,其别有五;以嘉礼亲万民,其别有六。此五礼三十六条目,皆邦国的大典礼。……故官师必以五礼教之,使之谙练朝廷典制,实学实习,俾免所学非所用之讥。② 于此可见,贵族子弟的学礼,目的在于胜任朝廷的具体官职。

孔子以诗书礼乐教,《论语》中说:"诵《诗三百》,授之以政,不达;使于四方,不能专对。虽多,亦奚以为?"(《子路》)在国与国的外交礼仪中,"赋诗言志"的外交传统,"授政"与"专对"的功能体现,自然是达于器用的具体表现。就孔门弟子而论,子贡的"瑚琏之器",子路"千乘之国,可使治其赋",冉求"千室之邑,百乘之家,可使为之宰",公西赤"束带立于朝,可使与宾客言"等,以及言语、政事、文学诸科,更是专材突显,以求达于器用的

---

① 参见〔汉〕郑玄注,〔唐〕贾公彦疏:《周礼注疏》卷十四,《十三经注疏》本,上海:上海古籍出版社1997年版,第731页。
② 参见孟宪承等编:《中国古代教育史资料》,北京:人民教育出版社1961年版,第39页。

具体体现。

后来,北宋学者胡瑗受"孔门四科"的启发,在任湖州教授时,采用"分斋教学法",立"经义""治事"二斋:"经义则选择其心性疏通、有器局可任大事者,使之讲明'六经'。治事则一人各治一事,又兼摄一事,如治民以安其生,讲武以御其寇,堰水以利田,算历以明数是也。"[1]这当然是培养经世致用专才的典型。其后,王安石在著名的《上仁宗皇帝万言书》中,反复强调培养实用人才的重要性。他说:"朝廷礼乐刑政之事,皆在于学。士所观而习者,皆先王之法言德性治天下之意,其材亦可以为天下国家之用。"[2]这种人才应当是,"遇事而事治,画策而利害得,治国而国安利"[3]。王安石对人才实际能力的强调,既是对儒家培养专才的继承,也是针对当时教育脱离现实、空疏无学和困厄人才现状的有为而发。当然,他也绝未忽视人才"成德"的一面,在《致一论》中,他说:"夫身安德崇而又能致用于天下,则其事业可谓备也"[4],"成德"与"达材"在王安石理想的治国方略中绾合起来。以至于明代有论者称,"宋有天下三百载,视汉唐疆域之广不及,而人才之盛有过之"[5]。

---

[1] 〔清〕黄宗羲:《宋元学案·安定学案》,北京:中华书局1989年版,第25页。

[2] 〔宋〕王安石:《上仁宗皇帝言事书》,载曾枣庄等编:《全宋文》第63册,上海:上海辞书出版社2006年版,第330页。

[3] 〔宋〕王安石:《材论》,载曾枣庄等编:《全宋文》第64册,同上,第303页。

[4] 〔宋〕王安石:《慈溪县学记》,载曾枣庄等编:《全宋文》第64册,同上,第335页。

[5] 〔明〕徐有贞:《重建范文正公祠堂记》,载《范文正集》补编卷四,文渊阁《四库全书》本。

三是转移一时风会之特殊人才。中国文化几千年来之所以能够绵延至今,否世可以转泰,剥运可以转复,其枢机即在于转移风会之特殊人才。王安石对此有深切之体会,他说:"天下不可一日无政教,故学不可一日而亡于天下"①。晚清张之洞在《劝学篇》中也说:"古来世运之明晦,人才之盛衰,其表在政,其里在学。"②转移风会的人才是将传统儒家任道的精神,与"成德"和"修齐治平"的经世致用贯通起来,以期在衰世中能够振衰起弊,革故鼎新,转移国运。晚清重臣曾国藩对于人才转移风气的效用,体会尤为深切,他在《原才》中沉痛地写道:

今之君子之在势者,辄曰:"天下无才。"彼自尸于高明之地,不克以己之所向,转移习俗,而陶铸一世之人;而翻谢曰:"无才。"谓之不诬,可乎?否也!十室之邑,有好义之士,其智足以移十人者,必能拔十人之尤者而材之。其智足以移百人者,必能拔百人中之尤者而材之。然则转移习俗而陶铸一世之人,非特处高明之地者然也;凡一命以上,皆与有责焉者也。③

陶铸人才,转移风气,是曾国藩力挽清朝颓势所开出的良方。在他看来,造就一代英才不仅仅是身居显贵者的事,凡具一

---

① 〔宋〕王安石:《慈溪县学记》,载曾枣庄等编:《全宋文》第65册,上海:上海辞书出版社2006年版,第52页。
② 〔清〕张之洞:《劝学篇·序》,郑州:中州古籍出版社1998年版,第42页。
③ 〔清〕曾国藩:《原才》,载《曾国藩全集·诗文》,长沙:岳麓书社1986年版,第182页。

官半职之人,当同具这一责任。因为人才转移一时之风气,类似于"水流湿,火就燥",又似于"挠万物者莫疾乎风",风俗对于人心,始乎微,而终乎不可阻挡者。曾国藩的主张当然未被晚清政府所采纳,但确有如曾氏所论者。1891年,维新派的康有为为了宣传他的变法思想和培养变法人才,开设长兴学舍,1893年改称为"万木草堂",其旨取义于"将倾之大厦,必须有万木扶持,而非一木所能胜任,故欲集天下英才而教之,冀其学成,群策群力,以救中国"①。在大厦将倾、国将不国之时,先知先觉者寄望于人才以转移世运的良苦之心,湛然可见。万木草堂后来果然不负众望,成为中国近代史上"戊戌变法"的策源地和维新人才培养的渊薮,为中国由传统向近现代社会的历史转型,做出了实际的贡献。

20世纪上半叶,在民族忧患的历史背景下,中国的高等教育却在四面危机中慨然前行,铸就了现代高等教育史的辉煌,就中尤值得大书特书的是蔡元培执掌北京大学时期,提出的"思想自由,兼容并包"的办学方针。正是这一方针,使得当时的新文化、新思潮有了植根之地,使得北大成为新文化运动的坚实堡垒,而新文化运动则几乎改变了20世纪中国的历史命运,其中人才转移世运的功用有如此之大者。又有,1938年11月1日,面对日寇入侵,迁播流徙中的浙江大学仍然弦诵不绝,校长竺可桢在宜山的开学典礼上的陈言,震耳发聩:"大学教育的目标,决不仅是造就多少专家如工程师、医生之类,而尤在乎养成公忠坚

---

① 卢湘父:《万木草堂忆旧》,载沈云龙主编:《近代中国史料丛刊续编》第66辑,台北:文海出版社1980年版,第54页。

毅,能担当大任,主持风会,转移国运的领导人才。"[1]其对领导人才的期许如此,可感可叹,亦复可敬。

(撰稿人　黄彦伟)

---

[1] 樊洪业、段异兵编:《竺可桢文录》,杭州:浙江文艺出版社1999年版,第108页。

第七分部
人物：生息与风采

第三十七章　人物篇

第三十八章　情性篇

第三十九章　童心篇

第四十章　狂狷篇

第四十一章　丹青篇

第四十二章　田园篇

第三十七章　人物篇

中国文化历来有品评人物的传统。在中国人的社会生活中,人物品评占有重要位置,流为精彩纷呈的俗尚。不仅匹夫、匹妇喜欢东家长西家短、张三好李四坏地闲聊,而且文人、士大夫也雅好品评人物——赏鉴、等第人物的德行、才能、功业、容貌、举止、气质、神情等。可以说,人物品评是中国文化史上的一道源远流长、亮丽独特的风景。它不仅有利于惩恶扬善,引导人们见贤思齐、见不贤内自省,对于维系人伦、敦厚风俗发挥了积极作用,而且影响到官员的选拔、考课、品阶以及修史等制度,上升为连皇帝都不能例外的国家重要典礼"谥法"。中国古代的文艺美学,也是通过移用、借鉴人物品评的方法、范畴等发展成熟的。

一　人物品评的发轫

人物品评在我国发轫甚早。《尚书》《诗经》中已有品评人物的记载。如《尚书·洪范》曰:"一曰正直,二曰刚克,三曰柔克。"把人划分为正直、过于刚强和过于柔弱三类。《诗经·卫风·淇奥》云:"瞻彼淇奥,绿竹猗猗。有匪君子,如切如磋,如琢如磨。瑟兮僩兮,赫兮咺兮,有匪君子,终不可谖兮!"抒发了对"君子"品德之良善、神态之庄重、胸怀之宽广、威仪之显赫的赞叹。如果说前者还只是对人物特质进行简要的概括,那么后者就是以赞颂的语言表彰"君子"所独具的貌、才、德。这说明,先秦时期,人们既重视被评价者的内在质性,也认为这种质性在外在形貌上有所表征。因此,对于人物外貌、举动、仪行乃至事功、言语、文章的品赏,往往与对内在质性的检视结合在一起。

春秋时期,鲁国大夫叔孙豹提出著名的"三立"说,认为"大上有立德,其次有立功,其次有立言。虽久不废,此之谓不朽"(《左传·襄公二十四年》)。这既为士人提出了实现人生价值的奋斗目标,也隐含着对不同人物的品评。我国古代的人物品评,主要在"三立"确定的价值维度和序列范围内展开。

先秦诸子论道说理之际,或从各自学说的立场出发,对不同人物的个性、修养、境界进行品评。如老子,根据闻道后的表现,将"士"分为上、中、下三类:"上士闻道,勤而行之;中士闻道,若存若亡;下士闻道,大笑之。不笑不足以为道。"(《老子》四十一章)他又依照"德"之有无,将人物分为"上德"和"下德"两个品第:"上德不德,是以有德;下德不失德,是以无德。上德无为而无以为,下德无为而有以为。"(《老子》三十八章)庄子将超凡脱俗、达到修养之至高境界者分为"至人无己,神人无功,圣人无名"(《庄子·逍遥游》),又根据智慧的多寡,将人物别为"大智"和"小智"两类:"大知闲闲,小知间间。"(《庄子·齐物论》)庄子虽然主张"齐物"之说,但不否认成与毁、楚与楲、厉与西施之类的外在差别。只不过他主张由"形"见"神",所谓"以神遇而不以目视,官知止而神欲行"(《庄子·养生主》)。庄子欣赏顺应自然之形者。虽然支离疏、申徒嘉、叔山无趾等人形貌丑怪，但庄子从他们身上看到了人性之真，又由人性之真看到了自然之美与道德之善。同时，庄子亦不讳言丽姬、西施、毛蔷之美，并对"肌肤若冰雪，绰约若处子"(《庄子·逍遥游》)者不吝褒赞之辞，因为这些表象亦是顺乎自然的。

孔子非常重视"知人"，堪称我国第一位大规模品评人物的专家。《论语》记载了大量他品评门下弟子的言论。孔子喜欢从不同的维度品题人物，这对后世产生了很大影响。如《先进》："德行：颜渊，闵子骞，冉伯牛，仲弓。言语：宰我，子贡。政事：冉有，季路。文学：子游，子夏。"将弟子根据各人所长分为"德行""言语""政事""文学"四类。《雍也》："子曰：'知之者不如好之者，好之者不如乐之者。'"《季氏》："孔子曰：'生而知之者，上也。学而知之者，次也。困而学之，又其次也。困而不学，民斯为下矣。'"按照天赋及对学习的态度等，把人物划分为三等或四等。"德"与"智"是孔子臧否人物最为常见的两个维度。他赞颜回"不愚"(《为政》)，称宰我、子贡、有若"智足以知圣人"(《孟子·公孙丑上》)，都是从"智"的角度着眼的。而他最为著名的将人物分为"中行""狂者""狷者""乡愿"四等的品题，则是就德行修养而论的。《子路》云："子曰：'不得中行而与之，必也狂狷乎。狂者进取，狷者有所不为也。'"《阳货》曰："子曰：'乡原，德之贼也。'"对此，章学诚评论道："孔子之教弟子，不得中行，则思狂狷，是亦三德之取材也。然而乡愿者流……孔、孟恶之为德之贼，盖与中行、狂、狷，乱而为四也。"[①]有时，孔

---

① 〔清〕章学诚撰，叶瑛校注：《文史通义校注》，北京：中华书局1985年版，第416页。

子还将"德"分为"谦""孝""直""恕"等细目加以品鉴,如他评价子产"其行己也恭,其事上也敬,其养民也惠,其使民也义"(《公冶长》)。

孔子很注重品评"德""智"等人物的内在质性,但他也意识到这难度很大。他曾说:"凡人心险于山川,难于知天。"(《庄子·列御寇》)有时,他也慨叹人物的外在形貌和内在德行并不一致:"以貌取人,失之子羽。"[1]为此,他总结了一套较为合理的知人途径与方法,如《论语》中所言"听其言而观其行"(《公冶长》),"视其所以,观其所由,察其所安"(《为政》)。也就是说,要根据人物的言行举止细致分析其德行修养。首先,孔子通过人物的言语判断其知识水平和秉性品德。他十分重视面对面的言语交流,所谓"察言而观色"(《颜渊》),也曾令弟子"各言尔志"(《公冶长》),对曾点之志给予最高评价。他曾说:"不知言,无以知人也。"(《尧曰》)说明分析人物言语是孔子认识人物的重要途径。其次,孔子意识到仅凭"言"还不足以识人,他也强调"行"之重要。他说:"先行其言,而后从之。"(《为政》)又云:"君子耻其言而过其行。"(《宪问》)还说:"君子欲讷于言而敏于行。"(《里仁》)可见,无论是对待修身还是识人,孔子都主张言行一致。他特别欣赏身体力行之人,认为人在面临重大考验时,最能显示其德行,所谓"岁寒,然后知松柏之后凋也"(《子罕》)。即使是不好的行为,孔子也能进行鉴识。他特别擅长从人的过错中发现美好的品质,如他说:"观过,斯知仁矣。"(《里仁》)由此可见,孔子鉴评人物方法之自觉和境界之高妙。

---

[1] 〔汉〕司马迁:《史记·仲尼弟子列传》,北京:中华书局1982年版,第2206页。

继孔子之后,孟子进一步把人物的道德人格境界分为"善""信""美""大""圣""神"六个层次,并应用于具体的品评实践中。《孟子·尽心下》:"浩生不害问曰:'乐正子何人也?'孟子曰:'善人也,信人也。''何谓善?何谓信?'曰:'可欲之谓善,有诸己之谓信,充实之谓美,充实而有光辉之谓大,大而化之之谓圣,圣而不可知之之谓神。乐正子,二之中、四之下也。'"孟子还提出了通过眼神、表情和行为举止观察人品邪正、道德修养的品鉴方法。《离娄上》:"存乎人者,莫良于眸子。眸子不能掩其恶。胸中正,则眸子瞭焉。胸中不正,则眸子眊焉。听其言也,观其眸子,人焉廋哉!"《尽心上》:"仁义礼智根于心。其生色也,睟然见于面,盎于背,施于四体,四体不言而喻。"此外,孟子对孔子的知人方法也有所继承,他既注意到了言语和心志之间的联系,主张知"言"得"心",也意识到"言"有时未必能表征"心",因此要弃"言"求"心"。《公孙丑上》云:"我知言,我善养吾浩然之气。"又云:"不得于心,勿求于气,可;不得于言,勿求于心,不可。"孟子还强调,了解人物应联系其时代背景:"颂其诗,读其书,不知其人,可乎?是以论其世也。"(《万章下》)这对后世影响很大。

荀子就人物品评也提出了不少独到见解。他反对从外在形貌鉴别人物,对相人法予以激烈批评。《荀子·非相》云:"故相形不如论心,论心不如择术。形不胜心,心不胜术。术正而心顺之,则形相虽恶而心术善,无害为君子也;形相虽善而心术恶,无害为小人也。君子之谓吉,小人之谓凶。故长短、小大、善恶形相,非吉凶也。古之人无有也,学者不道也。"①荀子指出,人物的"形相"和"心术"不一定吻合,"形相虽恶而心术善"和"形相虽善而心术恶"是常见的现象,因此,考察人物,重在"论心""择术",看其内在品质、德行如何。说到品质、德行,荀子认为,它们是可以凭借后天的努力不断涵养的。《性恶》云:"故圣人化性而起伪,伪起而生礼义,礼义生而制法度。"②又云:"涂之人可以为禹。"③在品评人物的途径上,荀子同样重视言语。《非相》曰:"凡言不合先王,不顺礼义,谓之奸言,虽辩,君子不听。法先王,顺礼义,党学者,然而不好言,不乐言,则必非诚士也。故君子之于言也,志好之,行安之,乐言之。故君子必辩。凡人莫不好言其所善,而君子为甚。故赠人以言,重于金石珠玉;劝人以言,美于黼黻文章;听人以言,乐于钟鼓琴瑟。故君子之于言无厌。鄙夫反是。"④既强调君子修身要重视言辞,也暗含了可以通过言词探察人物一贯的涵养("所善")之意。此外,荀子主张"以近知远,以一知万,以微知明"(《非相》)⑤。这虽是号召今人"取法后王"之语,但也可以视为品评人物的方法。

二 谥法和相人术

先秦时代,我国还诞生了两种与人物品评密切相关的礼制

---

① 〔清〕王先谦撰,沈啸寰、王星贤点校:《荀子集解》,北京:中华书局1988年版,第72—73页。

② 同上,第438页。

③ 同上,第442页。

④ 同上,第83—84页。

⑤ 同上,第81页。

与方术,那就是谥法和相人术。

谥法是指帝王、贵族、大臣、士大夫等死后,依其生前事迹评价褒贬、给予称号的一种制度。谥号是对死者一生是非功过的盖棺论定,大体可分为美、恶、平三类。如周厉王贪婪暴虐,又严密监视国人,"国人莫敢言,道路以目"(《国语·周语上》)[1],最终激起国人暴动,狼狈出奔于彘。他死后,被谥曰"厉"。而按照谥法,"杀戮无辜曰厉"[2]。再如,岳飞精忠报国、英勇善战,却被奸臣秦桧陷害至死。当时昏君奸臣当道,岳飞身负谋反的罪名,不可能获得谥号,直到孝宗时才得以平反昭雪,被追谥为"武穆"。而按照谥法,"克定祸乱曰武"[3],"布德执义曰穆"[4]。

大致而言,谥法产生于西周初年,废止于秦,复行于汉,为以后历朝历代所沿用,直到清帝逊位才被废除。帝王谥号由礼官议上。贵族、大臣死后定谥,一般先由亲友向朝廷呈送行状,提出请求,然后由礼官根据死者的生平功过、依照谥法议谥,最后呈报皇帝定夺,下诏赐谥。士大夫死后由亲族、门生、故吏自行命谥,称私谥。谥号一般在逝者葬礼上颁赐或宣布,如果当时没有赐谥,或赐谥后对谥主评价有所改变,还可以追谥、改谥或夺谥。

赐谥是朝廷重要的礼制,其对象上至帝王后妃,下至贵戚官员。大行皇帝谥号议定后,由宰相进奏嗣君御画。嗣君在南郊祭天时请谥,由礼官将谥号置于昊天上帝的神位之前,嗣君跪读

---

[1] 徐元诰撰,王树民、沈长云点校:《国语集解》,北京:中华书局2002年版,第11页。
[2] 黄怀信:《逸周书校补注译》(修订本),西安:三秦出版社2006年版,第263页。
[3] 同上,第266页。
[4] 同上,第271页。

宣布谥议。百官再拜后,谥号乃定。皇后的谥号,一般跟随其夫君皇帝之谥号。汉宣帝登基后,为纪念曾祖母卫子夫,特追谥"思后"。此后后妃亦可获谥。后妃谥号最初由两字组成,前一字为其夫君皇帝之谥号,后一字才是其本谥。如唐太宗之妻长孙皇后,谥曰"文德"。"文"为太宗谥号,"德"才是长孙皇后的本谥。绝大多数后妃的谥号,系根据其在宫廷内部的表现而定的。自唐代武则天起,帝、后的谥号还被刻成印玺,称为"谥宝",随葬于陵墓之中。

追谥是为死去时间较长的人追赠谥号,这会导致谥号字数的增加。皇帝的谥号,可能由最初的一二字逐步增加到十数字。天宝十三载(754),唐玄宗李隆基为前代诸帝追谥。唐太宗李世民初谥为"文皇帝",累谥为"文武大圣大广孝皇帝"。皇后的谥号也可追加。唐太宗之妻长孙皇后,初谥为"文德"。咸亨五年(674),唐高宗追谥其为"文德圣皇后"。天宝八年(749),玄宗累谥为"文德顺圣皇后"。后代帝王谥号字数日益增多,不一定是追谥累加的,清高宗乾隆的初谥就长达二十一个字:"法天隆运至诚先觉体元立极敷文奋武孝慈神圣纯皇帝。"①

改谥最晚在唐代即有实行。据《唐会要·谥法下》所载,贞观二年(628),朝廷为李建成议谥,初谥为"戾",太宗下诏重新议谥,杜淹奏改为"灵",太宗又不许,最后才确定谥号为"隐"。②根据谥法,"戾"与"灵"皆属于恶谥,而"隐"则取法《左传》鲁隐公成例,批评李建成"明不治国"③,但较为含蓄委婉。这一改谥

---

① 赵尔巽等:《清史稿·高宗本纪》,北京:中华书局1977年版,第565页。
② 〔宋〕王溥:《唐会要》,北京:中华书局1955年版,第1468页。
③ 同上。

过程充分显示了李世民对其兄长的复杂感情。

夺谥就是撤销已有的谥号。明代张居正死后被谥为"文忠",后政敌弹劾其生前不法,明神宗下诏夺其谥号。

《逸周书·谥法解》云:"谥者,行之迹也;号者,功之表也……是以大行受大名,细行受小名。行出于己,名生于人。"①《白虎通·谥》曰:"谥者,所以别尊卑、彰有德也。"②谥法可以看作一种制度化、在特殊场合使用的盖棺论定式人物品评,是我国封建礼制的重要组成部分,目的在于区别尊卑、惩恶扬善,历来被视为"国之大典",在社会政治生活中占有重要位置。

相人术是通过探察人物的骨骼、音声、毛发以及某些特定部位的形态、大小、颜色、凹凸等体貌特征,预测、推算人的吉凶、祸福、贵贱、贫富、寿夭等等的一种方术。

相人术在我国起源甚早,春秋战国时期就已比较流行。《左传》等典籍中有不少相关记载。如《左传·文公元年》提到,鲁国大夫公孙敖邀请周内史叔服为其二子看相。《国语·晋语八》记载,晋国叔鱼之母相叔鱼道:"是虎目而豕喙,鸢肩而牛腹,溪壑可盈,是不可厌也,必以贿死。"③诚如《荀子·非相》所云:"古者有姑布子卿,今之世,梁有唐举,相人之形状、颜色而知其吉凶妖祥,世俗称之。"④虽然相人术在历史上长期处于民间、

---

① 黄怀信:《逸周书校补注译》(修订本),西安:三秦出版社2006年版,第263页。
② 〔清〕陈立撰,吴则虞点校:《白虎通疏证》,北京:中华书局1994年版,第73页。
③ 徐元诰撰,王树民、沈长云点校:《国语集解》,北京:中华书局2002年版,第422页。
④ 〔清〕王先谦撰,沈啸寰、王星贤点校:《荀子集解》,北京:中华书局1988年版,第72页。

边缘地位,受到的质疑、批判不少,但一直不绝如缕地存续着。

汉代以来,相人术逐渐理论化、体系化,涌现了不少相关的书籍或篇章。《汉书·艺文志》著录有《相人》二十四卷。王充《论衡》专列《骨相》一篇,云:"相或在内,或在外,或在形体,或在声气。"①王符《潜夫论》亦有《相列》篇,基本是对王充观点的发挥:"人之相法,或在面部,或在手足,或在行步,或在声响。"②大体而言,相人术多从人物的面部、声音、眼目、手纹、体形等方面着眼,进行探察、预测。

相面最为常见,多着眼于人物面容的形状、颜色、纹痣等。许负曾为周亚夫相面:"君后三岁而侯。侯八岁为将相,持国秉,贵重矣,于人臣无两。其后九岁而君饿死。"周亚夫笑而不信,"许负指其口曰:'有从理入口,此饿死法也。'"③许负所说的"从理入口",即法令纹末端弯入嘴角,汉代相术认为这种面相者多饥馁而死。

相声响者,多根据人物声音的音色辨别祸福吉凶,如所谓"豺狼之声""豺声"等等。此类记述多见于史书,如《汉书·王莽传》云:"是时,有用方技待诏黄门者,或问以莽形貌,待诏曰:'莽所谓鸱目虎吻、豺狼之声者也,故能食人,亦当为人所食。'问者告之,莽诛灭待诏,而封告者。后常翳云母屏面,非亲近莫得见也。"④《晋书·王敦传》亦载潘滔相王敦:"处仲蜂目已露,

---

① 黄晖:《论衡校释》,北京:中华书局1990年版,第123页。
② 〔汉〕王符撰,〔清〕汪继培笺,彭铎校正:《潜夫论笺校正》,北京:中华书局1985年版,第310页。
③ 〔汉〕司马迁:《史记·绛侯周勃世家》,北京:中华书局1982年版,第2073—2074页。
④ 〔汉〕班固:《汉书》,北京:中华书局1962年版,第4124页。

但豺声未振，若不噬人，亦当为人所噬。"①汉代相人术认为，声音嘶哑、类似豺狼发音者，往往心智坚韧、残忍好杀，但最终结局不好，多作茧自缚。

相体形者，多从人物的身体形状着眼。有与自然界中的动物相类比者，如"熊虎之状""鸟膺虎颈"等；有与前代圣贤帝王相类比者，如"舜目""尧眉""文王乳""高祖隆准"等。

看手相则多察掌心的纹路，至今在民间仍颇流行。先秦时期即有此法。《左传·隐公元年》："仲子生而有文在其手，曰为'鲁夫人'。"②点明手纹具有预言性质。《潜夫论·相列》曰："手足欲深细明直。"③这是王符总结出的看手相的规律，即以手纹清晰呈直线者为贵。

就理论基础和思维模式而言，相人术与人物品评有着某种同构关系：二者都是从人物的仪容、举止等外在表征出发，探究人物内在的品质或未来的命运。不同之处在于，相人术是要预知人物的富贵寿夭，而人物品评是要体察人物的德行才能。汉魏人物品评的兴盛，与当时社会上流行的相人术不无关系。

三 《人物志》：政治用人视野中的人物品评

汉代以来，官方主要采取"察举"和"征辟"的方式发现、选拔和任用人才。虽然前者由下而上地选拔、推荐人才，后者由上而下地发现、委任人才，但都以对人物德行才能的考察、评议为

---

① 〔唐〕房玄龄等：《晋书》，北京：中华书局1974年版，第2553页。
② 〔清〕阮元校刻：《十三经注疏》，北京：中华书局2009年版，第3718页。
③ 〔汉〕王符撰，〔清〕汪继培笺，彭铎校正：《潜夫论笺校正》，北京：中华书局1985年版，第310页。

依据。自汉高祖公元前196年发布"求贤诏"之后,一直到东汉,诸代帝王都一再下达类似的诏书,要求地方荐举贤才。如汉文帝公元前165年所下的《策贤良文学诏》说道:"诏有司、诸侯王、三公、九卿及主郡吏,各帅其志,以选贤良,明于国家之大体,通于人事之终始,及能直言极谏者,各有人数,将以匡朕之不逮。"①在此背景下,宗族乡党或地方官员、名士的品鉴直接关系到士人的选任、升迁等政治前途。这就使人物品评和现实政治密切联系起来,受到全社会的关注和重视。汉代不少歌、谣、谚、语涉及对人物的品评,如《后汉书·冯豹传》载冯豹被乡人誉为"道德彬彬冯仲文"②,由此足见品评风气之盛。

东汉末年,宦官专权,政治腐败,《后汉书·党锢列传》载"士子羞与为伍,故匹夫抗愤,处士横议,遂乃激扬名声,互相题拂,品核公卿,裁量执政"③。这种士大夫的"清议"虽然难免标榜之习,但也对宦官势力形成某种舆论压力。政府用人常要征询名士意见,有时甚至"随所臧否,以为与夺"(《后汉书·符融传》)④。社会上出现了一些品评人物的权威人士,如郭太、许劭、许靖等。《后汉书·郭太传》注引谢承书云:"太之所名,人品乃定。先言后验,众皆服之。"⑤许劭、许靖兄弟在汝南举行的"月旦评"也十分有名,《后汉书·许劭传》载:

(劭)少峻名节,好人伦……故天下言拔士者,咸称许、

---

① 〔汉〕班固:《汉书·晁错传》,北京:中华书局1962年版,第2290页。
② 〔南朝·宋〕范晔:《后汉书》,北京:中华书局1965年版,第1004页。
③ 同上,第2185页。
④ 同上,第2232—2233页。
⑤ 同上,第2227页。

郭……初,劭与靖俱有高名,好共核论乡党人物,每月辄更其品题,故汝南俗有"月旦评"焉。①

名士之品评竟然积淀成了一种每月月初举行一次的惯例,足见权威性之高和社会需求之广。曹操得势前,因出身宦官家庭,颇受名流轻视。桥玄给他出了个主意,让他求许劭品题。操以为然,去拜见许劭,求得一个"治世之能臣,乱世之奸雄"②的品题,操"由是知名"。在这样一种政治、文化氛围中,人物品评迅速成为全社会流行的俗尚。正如汤用彤所云:"溯自汉代,取士大别为地方察举,公府征辟。人物品鉴遂极重要。有名者入青云,无闻者委沟渠。朝廷以名为治(顾亭林语),士风亦竞以名行相高。声名出于乡里之臧否,故民间清议乃隐操士人进退之权。于是月旦人物,流为俗尚;讲目成名(《人物志》语),具有定格,乃成社会中不成文之法度。"③

汉末天下大乱,曹操出于政治需要,连续四次下求贤令,明确指出"有行之士,未必能进取,进取之士,未必能有行也",主张"唯才是举",以使"士无遗滞"④。这不仅开启了"魏晋的人才闸门"⑤,而且在思想史上具有重要意义。传统儒家对人物的品

---

① 〔南朝·宋〕范晔:《后汉书》,北京:中华书局1965年版,第2235页。
② 〔晋〕陈寿撰,〔南朝·宋〕裴松之注:《三国志》,北京:中华书局1982年版,第3页。
③ 汤用彤:《读〈人物志〉》,载《魏晋玄学论稿》,北京:三联书店2009年版,第10页。
④ 〔三国〕曹操:《敕有司取士毋废偏短令》,载《曹操集》,北京:中华书局2013年版,第46页。
⑤ 刘梦溪:《魏晋的人才闸门是如何打开的》,《环球人物》2014年第8期,第18页。

评和选拔,虽然并不忽视才能,但首要考虑的是德行,强调德在才先。比如孔子即说:"如有周公之才之美,使骄且吝,其余不足观也已。"(《论语·泰伯》)汉代的人才选拔即贯彻了此种思想,取士强调"经明行修",最看重的是人物的廉洁与否以及与之相关的对儒家经典的熟悉程度。这一选人用人方针,在实际执行过程中逐渐衍生出道德虚伪、官事不举的流弊。汉代民谣即讽刺道:"察孝廉,父别居。"①《抱朴子·名实》亦指出:"汉末之世,灵、献之时,品藻乖滥,英逸穷滞,饕餮得志,名不准实,贾不本物,以其通者为贤,塞者为愚,其故何哉?"②曹操"唯才是举"思想则重才轻德,赋予了才独立于德的价值和意义,是对空虚、沽名钓誉之道德的有力冲击。另外,此种思想强调了个体的个性发展,堪称魏晋思想解放的嚆矢。自古以来,儒家非常看重社会普遍行为道德规范的"德",这就束缚了个体个性才能的发展,曹操"唯才是举"思想具有冲破儒家思想束缚的意义。

  曹魏政权继承了曹操以才用人的思想。公元220年,曹丕接受司空陈群建议,制定"九品中正制"。九品评人源于班固《汉书·古今人表》,该表将上古至秦代的人物分别划入上上、上中、上下、中上、中中、中下、下上、下中、下下"九品"。九品中正制亦如此品第人才,不过操权衡者是官方在各州或郡县设置的大、小中正官,由他们代替乡党宗族或清议名士品评人才。这样,如何分析考察人物的才能并划分等级、予以任用就成为重要的现实问题。于是,专门研究人物的著作——刘劭《人物志》就应运而生了。

---

① 杨明照:《抱朴子外篇校笺》,北京:中华书局1991年版,第393页。
② 同上,第486页。

从政治用人视角对人物划分等第、量才任用在我国渊源有自。《逸周书·官人解》《大戴礼记·文王官人》①即有不少观察、分析、品评人物的德行、才能、性格、心理进而合理用人的内容，如"观诚、考言、视声、观色、观隐、揆德"的"六征"观人法②，将人物区分为"平仁而有虑""慈惠而有理"等九种类型、量能授官的"九用"官人法等等。③ 刘劭曾担任计吏、太子舍人、秘书、尚书郎、散骑侍、骑都尉等官职，有着丰富的政治阅历和用人经验。特别是景初元年（237），他曾受诏制定考核官吏的行政法规——《都官考课》七十二条。这为《人物志》的撰写打下较为扎实的基础。正始年间，刘劭被封关内侯，撰成从政治用人视角鉴别、品评人物的集大成之作《人物志》。该书从国家选拔人才的立场出发，吸纳传统人物品评和选官用人思想，结合自己的行政阅历和用人经验，借助阴阳五行学说，构建了一套完整的人物鉴评体系。

刘劭继承曹魏集团用人"唯才是举"的主张，对人物才智格外重视。《英雄》云："是故聪明秀出谓之英，胆力过人谓之雄，此其大体之别名也……故一人之身兼有英雄，乃能役英与雄。能役英与雄，故能成大业也。"④可见，刘劭理想中的"英雄"兼有"聪明秀出"和"胆力过人"之品质，二者均属于才智范畴。在《八观》中，他更是指出：

---

① 二书虽然成编时间较晚，但内容多涉先秦，当有较早的渊源。
② 黄怀信：《逸周书校补注译》（修订本），西安：三秦出版社2006年版，第304页。
③ 参见〔清〕王聘珍撰，王文锦点校：《大戴礼记解诂》，北京：中华书局1983年版，第196页。
④ 〔魏〕刘劭撰，王晓毅译注：《人物志译注》，北京：中华书局2019年版，第144、151页。

> 夫仁者德之基也,义者德之节也,礼者德之文也,信者德之固也,智者德之帅也……理义辩给,未必及智;智能经事,未必及道;道思玄远,然后乃周。是谓学不及材,材不及理,理不及智,智不及道。道也者,回覆变通。是故别而论之,各自独行,则仁为胜;合而俱用,则明为将。故以明将仁,则无不怀;以明将义,则无不胜;以明将理,则无不通。然则苟无聪明,无以能遂。故好声而实不充则恢,好辩而理不至则烦,好法而思不深则刻,好术而计不足则伪。是故,钧材而好学,明者为师;比力而争,智者为雄;等德而齐,达者称圣。圣之为称,明智之极明也。是以,观其聪明,而所达之材可知也。①

传统儒家虽然也谈"智",但首先看重的是"仁""义""礼""信"等道德,刘劭却认为"智"对于仁义道德的实现起着决定性的作用,一切德性,"苟无聪明,无以能遂"。他指出,"圣之为称,明智之极明也","夫圣贤之所美,莫美乎聪明"(《人物志序》)②。刘劭眼中的"道",虽然比"智"高一个层次,但亦与之相关:"理义辩给,未必及智;智能经事,未必及道;道思玄远,然后乃周。"这就将人的聪明才智提升到极为崇高的地位,与传统儒家首重德性的人才观形成鲜明对比。在刘劭看来,人的智慧、才能本身具有独立的价值,德性亦不过是个体发挥智慧才能的

---

① 〔魏〕刘劭撰,王晓毅译注:《人物志译注》,北京:中华书局2019年版,第190页。
② 同上,第1页。

结果。缘此,其《人物志》一书,以探究人物才智为核心,展开了对个体心理、气质、个性及其外在表征的研究,从而"在中国古代思想史上打开了对人的本质的研究的一个新领域"①。

刘劭认为,人的智慧才能可以通过外在形质探求。《九征》曰:"凡有血气者,莫不含元一以为质,禀阴阳以立性,体五行而著形。苟有形质,犹可即而求之。"②这是《人物志》的理论根基。由此出发,刘劭借鉴阴阳五行学说和相人术,构建出一套颇为系统的人物鉴评理论。他将"木、金、火、土、水"五行和人的"骨、筋、气、肌、血"五质以及"仁、义、礼、智、信"五常相对应,虽然有些牵强,但看到了人的智慧、才能等内在精神品质与外在形质之间的联系,具有一定合理性。

在探究外在表征时,刘劭区分出"仪、容、声、色、神"等,认为人物的"刚柔、明畅、贞固"等内在品质"著乎形容,见乎声色,发乎情味,各如其象"(《九征》)③。以此为基础,他提出了"九征"观人法,即通过"神、精、筋、骨、气、色、仪、容、言"等九质分别探究与之相对应的才能、德行、性情等等。这亦有些牵强,如他认为"强弱之植在于骨,躁静之决在于气"(《九征》)④等等。然而,整体而言,刘劭对人物智能、德行、情感、个性及其在形体、气色、仪容、言语等方面表征的分析,空前系统而精细。譬如,在《体别》中,他把人物之个性分为强毅、柔顺、雄悍、惧慎、凌楷、

---

① 李泽厚、刘纲纪:《中国美学史·魏晋南北朝编》上册,合肥:安徽文艺出版社1999年版,第68页。

② 〔魏〕刘劭撰,王晓毅译注:《人物志译注》,北京:中华书局2019年版,第12页。

③ 同上,第21页。

④ 同上,第31页。

辩博、弘普、狷介、休动、沉静、朴露、韬谲十二类,详细分析其特征及长短。如指出:"柔顺之人,缓心宽断,不戒其事之不摄,而以抗为刿,安其舒,是故可与循常,难与权疑。"①在《流业》中,他又指出:"盖人流之业十有二焉。有清节家,有法家,有术家,有国体,有器能,有臧否,有伎俩,有智意,有文章,有儒学,有口辨,有雄杰。"②将人之才能分为十二类,一一详述其特点及适合担任的官职,并举历史人物作为例证。如云:"术家之流,不能创制垂则,而能遭变用权,权智有余,公正不足,是谓智意,陈平、韩安国是也。"③这些分析,虽然都是为了政治用人,但不再像传统儒家那样着重品评人物的道德品质,而意在准确把握和全面分析人物的智慧、才能、个性、气质等,无疑对人物品评的审美性转化具有重要意义。

四 《世说新语》:审美性人物品评的渊薮

随着门阀士族势力的扩张,魏初实行的九品中正制逐渐沦为形式,出现了"上品无寒门,下品无势族"④的局面,正如《宋书·恩倖传序》所云:"军中仓卒,权立九品,盖以论人才优劣,非为世族高卑。因此相沿,遂为成法。自魏至晋,莫之能改。州都郡正,以才品人,而举世人才,升降盖寡,徒以凭借世资,用相陵驾。都正俗士,斟酌时宜,品目少多,随事俯仰,刘毅所云'下

---

① 〔魏〕刘劭撰,王晓毅译注:《人物志译注》,北京:中华书局2019年版,第46页。
② 同上,第58页。
③ 同上,第62页。
④ 〔唐〕房玄龄等:《晋书》,北京:中华书局1974年版,第1274页。

品无高门,上品无贱族'者也。"①这样,人物品评的政治意味及选人用人功能慢慢淡化,而对人物才情风貌的审美品评伴随着玄风的流衍独立发展起来,因为"玄学对人生的意义价值的探讨是审美性质的人物品藻的哲学基础,同时玄学所要求的智慧、语言、风姿、生活态度等等,又正是审美性质的人物品藻的重要内容"②。南朝宋代刘义庆所编《世说新语》较为集中地反映了魏晋时期审美性人物品评的状况,堪称审美性人物品评的渊薮。

从《世说新语》及相关史料考察,魏晋审美性人物品评的特征"可以概括为重才情、崇思理、标放达、赏容貌几个方面"③。

先看"重才情"。传统人物品评将德行放在首位。曹操提出"唯才是举",虽然肯定了"才"的独立价值,但其所谓"才",主要指治国用兵的政治才干。正始以后的人物品评,则突出强调了人物的主体个性及相关的才能、情感。《品藻》云:"桓公少与殷侯齐名,常有竞心。桓问殷:'卿何如我?'殷云:'我与我周旋久,宁作我。'"④这种对自我独立价值的觉悟与认可,已大大不同于令自我无条件屈从于名教的传统价值观,而是让主体个性尽可能地得到张扬。缘此,那些标榜名教的思想和行为遭到反抗和蔑视。王珉在为高座法师所译《孔雀明王经》诸神咒所写序中说:"自此以来,唯汉世有金日䃅。然日䃅之贤,尽于仁孝忠

---

① 〔南朝·梁〕沈约:《宋书》,北京:中华书局1974年版,第2301—2302页。
② 李泽厚、刘纲纪:《中国美学史·魏晋南北朝编》上册,合肥:安徽文艺出版社1999年版,第75页。
③ 同上,第78页。以下对魏晋审美性人物品评的分析主要参考此书,间抒己见。
④ 〔南朝·宋〕刘义庆撰,〔南朝·梁〕刘孝标注,余嘉锡笺疏,周祖谟、余淑宜、周士琦整理:《世说新语笺疏》,北京:中华书局2007年版,第617页。

诚,德信纯至,非为明达足论。高座心造峰极,交俊以神,风领朗越,过之远矣。"①认为金日䃅之"仁孝忠诚,德信纯至",不如高座之"交俊以神,风领朗越"。自古以来神圣不可侵犯的名教大大贬值了,人物的个性才情得到空前推崇。

魏晋人士欣赏的才能,不仅包括治国、带兵之才,还涵盖了音乐、书法、绘画等文艺才能以及玄学思辨的能力,甚至人物在日常生活的方方面面表现出来的种种智慧以及个性、气质、天赋等等的过人之处。如《豪爽》所记桓温平蜀后,在酒席上高谈阔论,"叙古今成败由人,存亡系才"的磊落风致和雄情爽气,令巴蜀缙绅一座叹赏。② 再如《赏誉》载:"许掾尝诣简文,尔夜风恬月朗,乃共作曲室中语。襟怀之咏,偏是许之所长,辞寄清婉,有逾平日。简文虽契素,此遇尤相咨嗟,不觉造膝,共叉手语,达于将旦。既而曰:'玄度才情,故未易多有许。'"③许询善于吟咏,言辞及寄托都很清婉,令简文帝沉迷其中,不觉天亮。可见,魏晋人士对人物才能的欣赏,更偏向于超功利的审美。

魏晋人士对人物发自肺腑、真挚自然的"高情"予以了高度肯定。这既与他们经历了汉末以来种种动乱的人生经历有关,也与玄学对超脱礼教束缚的自由人生境界的追求一致。从《世说新语》的记述看,魏晋人士十分重"情",往往表现出一种对人生的深情眷恋。比如《伤逝》所记:"王戎丧儿万子,山简往省

---

① 〔南朝·梁〕释慧皎撰,汤用彤校注:《高僧传》,北京:中华书局1992年版,第31页。

② 参见〔南朝·宋〕刘义庆撰,〔南朝·梁〕刘孝标注,余嘉锡笺疏,周祖谟、余淑宜、周士琦整理:《世说新语笺疏》,北京:中华书局2007年版,第708页。

③ 同上,第583页。

之,王悲不自胜。简曰:'孩抱中物,何至于此!'王曰:'圣人忘情,最下不及情;情之所钟,正在我辈。'简服其言,更为之恸。"①再如《任诞》:"桓子野每闻清歌,辄唤'奈何!'。谢公闻之曰:'子野可谓一往有深情。'"②

总之,对人物才情的鉴赏评论,是魏晋人物品评的一个重要主题,"神情""才情""情致"之类的词语在《世说新语》中屡见不鲜,如《文学》云:"王东亭作《经王公酒垆下赋》,甚有才情。"③《赏誉》曰:"玄度才情,故未易多有许。"④在这个意义上,将魏晋视为"才情"觉醒的时代亦未尝不可。

再看"崇思理"。在魏晋玄风大扇的时代氛围中,玄学修养成为名士们必备的一种文化涵养,玄学论辩成为人们雅集时经常举行的文化娱乐活动。正如《南齐书·王僧虔传》所云:"《才性四本》《声无哀乐》皆言家口实,如客至之有设也。"⑤《言语》亦载:

> 诸名士共至洛水戏。还,乐令问王夷甫曰:"今日戏乐乎?"王曰:"裴仆射善谈名理,混混有雅致;张茂先论史汉,靡靡可听;我与王安丰说延陵、子房,亦超超玄箸。"⑥

---

① 〔南朝·宋〕刘义庆撰,〔南朝·梁〕刘孝标注,余嘉锡笺疏,周祖谟、余淑宜、周士琦整理:《世说新语笺疏》,北京:中华书局2007年版,第751页。
② 同上,第890页。
③ 同上,第318页。
④ 同上,第583页。
⑤ 〔南朝·梁〕萧子显:《南齐书》,北京:中华书局1972年版,第598页。
⑥ 〔南朝·宋〕刘义庆撰,〔南朝·梁〕刘孝标注,余嘉锡笺疏,周祖谟、余淑宜、周士琦整理:《世说新语笺疏》,北京:中华书局2007年版,第100—101页。

这种论辩既是对哲理的探求与智慧的竞赛,又颇具审美属性,能使参与者和观看者获得一定的美感体验,可视为一种令人愉悦的游戏。《世说新语》对魏晋玄学论辩场景多有记述,如:

> 支道林、许掾诸人共在会稽王斋头。支为法师,许为都讲。支通一义,四坐莫不厌心。许送一难,众人莫不抃舞。但共嗟咏二家之美,不辩其理之所在。(《文学》)①
>
> 裴散骑娶王太尉女。婚后三日,诸婿大会,当时名士,王、裴子弟悉集。郭子玄在坐,挑与裴谈。子玄才甚丰赡,始数交,未快。郭陈张甚盛;裴徐理前语,理致甚微,四坐咨嗟称快。王亦以为奇,谓诸人曰:"君辈勿为尔,将受困寡人女婿。"(《文学》)②

由上可知,玄学论辩在魏晋时期成了文人雅集时的一种智力游戏。人们不仅赞叹参与者发论之新颖、驳难之犀利与辨析之深微,也欣赏其才思之敏捷、言辞之优美与举止之潇洒,有时甚至因为沉醉于后者而忘了思忖、评判前者。在支道林、许询的对垒中,众人便"但共嗟咏二家之美,不辩其理之所在"。

魏晋人士对"人物之美"的品评,很大程度上亦包含着与"思理""理智""思致"等相关的才思、智慧、言谈之类的审美性品鉴。这种对思理论辩的欣赏,显然不是从哲学角度着眼评判

---

① 〔南朝·宋〕刘义庆撰,〔南朝·梁〕刘孝标注,余嘉锡笺疏,周祖谟、余淑宜、周士琦整理:《世说新语笺疏》,北京:中华书局2007年版,第268—269页。

② 同上,第247页。

是非得失,而是带有浓郁的审美气息。在哲理论辩及语言争锋中发现美并欣赏美,从而使哲理论辩成为一种愉快的游戏,是魏晋时期特有的文化风尚。以后禅宗的机锋论道亦有类似现象,但审美性大为减弱。

"标放达"是指魏晋人士在玄学人生观的指导下,品鉴人物常以放达相互标榜。《轻诋》云:"孙长乐作王长史诔云:'余与夫子,交非势利,心犹澄水,同此玄味。'"①又云:"王北中郎不为林公所知,乃箸论《沙门不得为高士论》。大略云:'高士必在于纵心调畅,沙门虽云俗外,反更束于教,非情性自得之谓也。'"②所谓"心犹澄水,同此玄味",所谓"纵心调畅""情性自得",就是魏晋人标榜的放达。究其实质而言,乃指追求个体精神自由的、带有审美性质的生活态度。尽管这种标榜有时不免流为虚幻或沦为无聊庸俗的任情放纵或声色享受,如"王处仲世许高尚之目,尝荒恣于色"(《豪爽》)③,"王平子、胡毋彦国诸人,皆以任放为达,或有裸体者"(《德行》)④,但总体而言却具有反抗礼教束缚、推崇个性自由的意义,是以人物对玄远深邃哲理的领悟为内在基础的。"玄远""自得"等放达不拘亦被视为"人物之美"的重要方面。如《赏誉》记载:"王戎云:'太尉神姿高彻,如瑶林琼树,自然是风尘外物。'"⑤又云:"裴令公目……山巨源,如登山临下,幽然深远。"⑥

---

① 〔南朝·宋〕刘义庆撰,〔南朝·梁〕刘孝标注,余嘉锡笺疏,周祖谟、余淑宜、周士琦整理:《世说新语笺疏》,北京:中华书局2007年版,第990页。
② 同上,第992页。
③ 同上,第702页。
④ 同上,第29页。
⑤ 同上,第508页。
⑥ 同上,第500页。

魏晋以前,人们虽然也欣赏人物的仪容,但往往将其看作德行修养或道德品质的外化来肯定,且要求仪容遵循一定的礼制法度。魏晋时期,人物的容貌举止具有了独立的美学意义,人们不再评判其仪容是否符合礼法规范,而是直接叹赏人物的容貌之美。《世说新语》专门设有《容止》一篇,多记时人对某人容貌举止的品评。如:"时人目王右军'飘如游云,矫若惊龙'。""有人叹王恭形茂者,云:'濯濯如春月柳。'""裴令公有俊容仪,脱冠冕,粗服乱头皆好。时人以为'玉人'。见者曰:'见裴叔则如玉山上行,光映照人。'"[1]这些品评,突出了对人物超尘绝俗之美的欣赏。有些形体不美然颇有超然风度的人物,也受到欣赏、品题,如"刘伶身长六尺,貌甚丑悴,而悠悠忽忽,土木形骸"[2],"庾子嵩长不满七尺,腰带十围,颓然自放"[3]。不过,魏晋人士更欣赏美好之仪容,如"潘岳妙有姿容,好神情。少时挟弹出洛阳道,妇人遇者,莫不连手共萦之。左太冲绝丑,亦复效岳游遨,于是群妪齐共乱唾之,委顿而返"[4],颇令人喷饭,可见魏晋人士对姿容美丑的褒贬,一点也不遮掩、含糊。再如"卫玠从豫章至下都,人久闻其名,观者如堵墙。玠先有羸疾,体不堪劳,遂成病而死。时人谓'看杀卫玠'"[5]。这就是成语"看杀卫玠"的来源。刘孝标谓此不可信,但其所引《玠别传》亦云:"玠在群伍之中,实有异人之望。龆龀时,乘白羊车于洛阳市上,咸曰:'谁家璧

---

[1] 〔南朝·宋〕刘义庆撰,〔南朝·梁〕刘孝标注,余嘉锡笺疏,周祖谟、余淑宜、周士琦整理:《世说新语笺疏》,北京:中华书局2007年版,第733、737、720页。
[2] 同上,第720页。
[3] 同上,第722页。
[4] 同上,第717页。
[5] 同上,第722页。

人?'于是家门州党号为'璧人'。"①足见时人对人物仪容之美的欣赏是多么热衷!

总体而言,魏晋人士欣赏的"人物之美",大体包括上述才情、思理、放达、容貌四个方面。具体品评时,可以侧重某一个方面,但在多数情况下是互相交融的。其中,以"才情"最为重要。"正因为魏晋的人物品藻把才情提到了首位,这才使得原先的政治性的人物品藻一变而为审美的。与原先政治性的品藻相比,它不是诉之理智的分析,而是诉之直观、想象和情感体验的。"②这种转变,催生了后世津津乐道的"魏晋风度"。某种意义上说,所谓"魏晋风度",就是魏晋人士在审美性人物品鉴中谈论出来的。

魏晋以后,人物的审美性品评依然不绝如缕地延续着。比如,杜甫《饮中八仙歌》对贺知章、崔宗之、李白等八个人物醉后风姿、仪态、才情的描写、品评,就完全出于审美的眼光:"知章骑马似乘船,眼花落井水底眠。汝阳三斗始朝天,道逢曲车口流涎,恨不移封向酒泉。左相日兴费万钱,饮如长鲸吸百川,衔杯乐圣称避贤。宗之萧洒美少年,举觞白眼望青天,皎如玉树临风前。苏晋长斋绣佛前,醉中往往爱逃禅。李白一斗诗百篇,长安市上酒家眠。天子呼来不上船,自称臣是酒中仙。张旭三杯草圣传,脱帽露顶王公前,挥毫落纸如云烟。焦遂五斗方卓然,高

---

① 〔南朝·宋〕刘义庆撰,〔南朝·梁〕刘孝标注,余嘉锡笺疏,周祖谟、余淑宜、周士琦整理:《世说新语笺疏》,北京:中华书局2007年版,第722页。
② 李泽厚、刘纲纪:《中国美学史·魏晋南北朝编》上册,合肥:安徽文艺出版社1999年版,第87页。

谈雄辩惊四筵。"①然而，像魏晋那样流为一个时代的风尚并迸发出如此旺盛创造力和生命活力的审美性人物品评，却再也没有出现过。随着大一统政权的建立、开科取士的制度化和儒学获得正统地位，人物品评的主体又回归到传统重德行、功业、才能的价值维度上来，经学阐释的义理成为人们品评人物的主要标准，官员的选拔、考课、品阶以及修史等制度，都以之为基础。审美性人物品评作为魏晋这个时代的标志和象征，永远留在了华夏子孙的记忆中，滋养着他们的心灵和文艺。

五　人物品评的文艺美学意义

受"以人为本"中华文化的统摄、影响，中国古代的文学艺术，很早就形成了重视人物志向、性情、胸臆……抒发的"抒情"传统②，以"艺"中有"人"为高、为上③，作品阐释特别强调"以意逆志""知人论世"。中国古人习惯"近取诸身……以通神明之德，以类万物之情"（《周易·系辞下》），把文艺"通盘的人化或生命化（animism）"，视为"我们自己同类的活人"④。正如顾随

---

① 〔唐〕杜甫撰，〔清〕仇兆鳌注：《杜诗详注》，北京：中华书局1979年版，第81—84页。

② 参见陈国球、王德威编：《抒情之现代性："抒情传统"论述与中国文学研究》，北京：三联书店2014年版。

③ 如顾随说："盖凡文学作品皆有生命。艺术作品中皆有作者之生命与精神，否则不能成功。"（顾随：《传诗录一》，载《顾随全集》第5卷，石家庄：河北教育出版社2014年版，第356页。）

④ 钱锺书：《中国固有的文学批评的一个特点》，载《人生边上的边上》，《钱锺书集：写在人生边上　人生边上的边上　石语》，北京：三联书店2007年版，第54页。

所说:"盖凡文学作品皆有生命。艺术作品中皆有作者之生命与精神,否则不能成功。"[1]这样,在古代社会生活中流为俗尚的人物品评,对文艺美学也发生了深远影响。人物品评特别是魏晋审美性品评的方法、理念、范畴甚至思维、言说方式,就被很自然地移用、借鉴到文艺美学领域,促进了后者的发展、成熟,无怪乎钱锺书将"人化"文评视为中国固有的文学批评的一个特点[2],宗白华要说"中国美学竟是出发于'人物品藻'之美学"[3]。

首先,人们将品评人物的"等第"之法推衍到文艺领域,用来品藻艺术家和艺术作品,撰著出了品录、主客图、宗派图、点将录、位业图之类的著作。

钟嵘《诗品》将两汉至南朝齐梁间的一百二十二位诗人分为上、中、下三品。在该著序言中,钟嵘明确指出,自己这样做是受到人物品评的启发:"昔九品论人,七略裁士,校以宾实,诚多未值。至于诗之为技,较尔可知。"[4]每品之下,又用简要的语言对各家逐一品评,先论其承传关系,次论其创作特色或得失,有时还等第相关诸人之高下。如评曹植诗云:"其源出于《国风》,骨气奇高,词采华茂,情兼雅怨,体被文质,粲溢今古,卓尔不群。陈思之于文章也,譬人伦之有周孔,鳞羽之有龙凤……故孔氏之

---

[1] 顾随:《传诗录一》,载《顾随全集》第5卷,石家庄:河北教育出版社2014年版,第356页。

[2] 钱锺书:《中国固有的文学批评的一个特点》,载《人生边上的边上》,《钱锺书集:写在人生边上 人生边上的边上 石语》,北京:三联书店2007年版,第51—69页。

[3] 宗白华:《论〈世说新语〉和晋人的美》,载《艺境》,北京:北京大学出版社1987年版,第127页。

[4] 〔南朝·梁〕钟嵘著,周振甫译注:《诗品译注》,北京:中华书局1998年版,第22—23页。

门如用诗,则公幹升堂,思王入室,景阳、潘、陆,自可坐于廊庑之间矣。"①所谓"升堂""入室""坐于廊庑之间"即是对诸人诗学造诣的品第。谢赫撰有《古画品录》,在该著序论中,作者开门见山地说"夫画品者,盖众画之优劣也"②,声明其书系品评画家艺术高下之著作。他以"气韵生动、骨法用笔、应物象形、随类赋彩、经营位置、传移模写"之"六法"为标准,将三国至南朝梁的二十七位画家分隶六品,各予评论。如第一品五人:陆探微、曹不兴、卫协、张墨、荀勖,为达到"六法尽该""六法兼善"或以"气韵生动"见长的画家;第二品三人:顾骏之、陆绥、袁蒨,为以"骨法用笔""应物象形"或"随类赋彩"见长的画家。庾肩吾《书品》把汉至南朝梁代能真草者一百二十八人,分为上、中、下三等,每等又各分上、中、下,共为九品。每品各有论说,既阐明该品书家的源渊、师承,也通过纵横比较评判优劣。

受人物品评影响,中国古代的文艺,几乎每个部类都有等第该类艺术家和艺术作品水平高低的品录类著作产生,而且续作绵延不绝。甚至消遣的游戏、食用的肴馔、使用的器物、养殖的草木鸟兽虫鱼、交往的歌妓等等,也都有人著书品第高下特色,而且品第时多拟人化。如棋戏,就有《永明棋品》《天监棋品》《围棋品》等著作问世。邯郸淳《艺经》认为"围棋之品有九":"一曰入神,二曰坐照,三曰具体,四曰通幽,五曰用知,六曰小巧,七曰斗力,八曰若愚,九曰守拙。"③再如张谦德《瓶花谱》,将

---

① 〔南朝·梁〕钟嵘著,周振甫译注:《诗品译注》,北京:中华书局1998年版,第37页。

② 〔南朝·齐〕谢赫等:《古画品录》(外二十一种),上海:上海古籍出版社1991年版,第3页。

③ 〔明〕陈耀文:《天中记》卷四一,文渊阁《四库全书》本。

插花所用的器皿及花木分别品第,作者自言踵法张翊《花经》,把诸花分为九品九命,如"一品九命:兰,牡丹,梅,蜡梅,各色细叶菊,水仙,滇茶,瑞香,菖阳","三品七命:芍药,各色千叶桃,莲,丁香,蜀茶,竹"①,这明显是受人物品评与诰命妇人的影响。由此可见,人物品评的"等第"之法波及范围之广、影响后世之远。

更奇的是,后人还因时、因地制宜,结合当时、当地流行的思想观念或艺术作品,发展出了更为繁复的等第形式。唐末张为《诗人主客图》将中晚唐诗人分作"广大教化""高古奥逸""清奇雅正""清奇僻苦""博解宏拔""瑰奇美丽"六派,分别以白居易、孟云卿、李益、孟郊、鲍溶、武元衡为各派之"主"。"主"下有"客","客"复分"上入室""入室""升堂""及门"四等,每客名下各附其诗句(亦偶有录全篇者)。作者自序云,"若主人门下处其客者,以法度一则也"②,知其分派以法度、诗风为依据,同派之下,又以先后、造诣别主、客。清代刘宝书《诗家位业图》品第了先秦至清代咸、同之际的三百余位诗人。书名系仿陶弘景《真灵位业图》,而易以佛家位业,列"佛地位""菩萨乘""罗汉果""诸方祖师""小乘""苦行""善知识""野狐禅""魔道"九等,于所列诗人间有评说,"以见古今诗家境地之高下,轨途之邪正"③。如"佛地位"仅列屈原、《古诗十九首》撰人、苏武、李陵、

---

① 〔明〕张谦德撰,刘靖宇绘:《瓶花谱》,南昌:江西美术出版社2018年版,第50、64页。
② 〔宋〕计有功撰,王仲镛校笺:《唐诗纪事校笺》,北京:中华书局2007年版,第2183页。
③ 张寅彭选辑,吴忱、杨焄点校:《清诗话三编》拾,上海:上海古籍出版社2014年版,第6809页。

曹植、陶潜、李白、杜甫数人。"点将录"则仿照《水浒传》一百零八将天罡、地煞之例等第人物。明代已有王绍徽所撰《东林点将录》，分列当时一些缙绅官吏。撰成后作者进呈魏忠贤，意让魏氏按序黜罢。清代以后，"点将录"被普遍应用于吟坛月旦。舒位《乾嘉诗坛点将录》云"效汝南月旦，取《水浒传》中一百零八人，或揄扬才能，或借喻情性，或由技艺切其人，或因姓氏联其欢"①，等级、评点了乾隆、嘉庆年间诗坛的一百一十余位诗人，将其分为"诗坛都头领""掌管诗坛头领""参赞诗坛头领""掌管诗坛钱粮头领""马军总头领""马军正头领"等不同品级，每人之下，附有赞辞、小传、评语、杂记等。这种以人们熟知的小说人物比照现实诗人的做法，不仅便于读者生动、形象地感知不同诗人的性情、诗风、地位等，也有助于读者了解其相互关系、把握一代诗坛全貌。衍至今日，仍颇有影响，如汪国垣《光宣诗坛点将录》、钱仲联《近百年诗坛点将录》等，都很知名。

其次，"由形征神""形神兼备"的人物品评观念，亦发展为中国古代文艺美学的枢轴理念。

人物品评注重通过人物外在的形体、容貌、言语、声音、举止、风度等，探察其内在的个性、气质、才能、智慧、精神、德性等。人们赞叹形神俱美的人物，对"庸神而宅伟干"②（桓玄评魏咏之语）者不予欣赏。这些观念亦为中国古代文艺美学所转化。不论是创作，还是品鉴，人们都将艺术作品视为像人物一样具有独立生命的有机体，强调通过外在的形式技巧传达或征求内在的

---

① 张寅彭选辑，吴忱、杨焄点校：《清诗话三编》肆，上海：上海古籍出版社2014年版，第2343页。

② 〔唐〕房玄龄等：《晋书》，北京：中华书局1974年版，第2218页。

精神意蕴，重视二者的协调、统一。

绘画领域，"形神"关系是主导全局、贯穿始终的枢轴命题。整体而言，中国古代绘画主张"以形传神""形神兼备"，即通过真实、细腻地描摹对象的外形特征，呈现其精神、品格和创作者的思想、情感。顾恺之提出"以形写神"的创作方法："凡生人亡有手揖眼视而前亡所对者，以形写神而空其实对，荃生之用乖，传神之趣失矣。"①谢赫《古画品录》提出论画"六法"，其二为"骨法用笔"，但他在评价张墨、荀勖时又说："但取精灵，遗其骨法。若拘以体物，则未见精粹。若取之象外，方厌膏腴，可谓微妙也。"②既肯定艺术形象外在形貌描摹之重要，又指出不能满足于此，更要呈现对象"象外"的"精灵"、神韵。同时，有些论者强调，"神"虽重要，然要通过"形"来传达，故"神似"不能脱离"形似"。宗炳《画山水序》云："神本亡端，栖形感类，理入影迹。诚能妙写，亦诚尽矣。"③晁说之《和苏翰林题李甲画雁二首》之一曰："画写物外形，要物形不改。诗传画外意，贵有画中态。"④王若虚《滹南诗话》卷二云："妙在形似之外，而非遗其形似。"⑤这些主张，对"形""神"关系的诠释都很辩证。

文学领域，人们认为"缀文者情动而辞发，观文者披文以入

---

① 〔唐〕张彦远：《历代名画记》，北京：中华书局1985年版，第188—189页。

② 〔朝朝·齐〕谢赫等：《古画品录》（外二十一种），上海：上海古籍出版社1991年版，第4页。

③ 〔南朝·宋〕宗炳撰，陈传席译解，吴焯校订：《画山水序》，北京：人民美术出版社1985年版，第7—8页。

④ 北京大学古文献研究所编：《全宋诗》第19册，北京：北京大学出版社1991—1998年版，第12787页。

⑤ 丁福保辑：《历代诗话续编》，北京：中华书局1983年版，第515页。

情"(《文心雕龙·知音》)[1],重视外在文辞技巧与内在思想情志的统一。钟嵘《诗品序》就对"理过其辞,淡乎寡味""气过其文,雕润恨少"[2]的作品提出了批评。其理想中的诗歌,应"干之以风力,润之以丹彩"[3]。对具体作家的评论,亦贯彻着这个理念,如评陆机古诗云"文温以丽,意悲而远"[4],就是从辞采与情志两个角度加以肯定的。刘勰不满"俪采百字之偶,争价一句之奇"(《文心雕龙·明诗》)[5]的齐梁形式主义诗风,强调内在情志先于、重于外在文辞:"故情者,文之经;辞者,理之纬。经正而后纬成,理定而后辞畅。此立文之本源也。"[6]主张内在的"质"与外在的"文"彬彬相称:"夫水性虚而沦漪结,木体实而花萼振,文附质也。虎豹无文,则鞟同犬羊,犀兕有皮,而色资丹漆,质待文也。"(《文心雕龙·情采》)[7]初唐魏徵等史臣认为南朝文学偏重辞采,北朝文学重乎气质,文人应兼取二者之长、避其所短,如此则写出的作品既有充实的内容,又有华美的文采:"若能掇彼清音,简兹累句,各去所短,合其两长,则文质彬彬,尽善尽美矣。"[8]

再次,人物品评的诸多范畴、概念为文艺批评所吸纳、借用,成为中国古代文艺美学的标志性"基因"。

---

[1] 〔南朝·梁〕刘勰撰,范文澜注:《文心雕龙注》,北京:人民文学出版社1958年版,第715页。
[2] 〔南朝·梁〕钟嵘著,周振甫译注:《诗品译注》,北京:中华书局1998年版,第17、38页。
[3] 同上,第19页。
[4] 同上,第32页。
[5] 〔南朝·梁〕刘勰撰,范文澜注:《文心雕龙注》,北京:人民文学出版社1958年版,第67页。
[6] 同上,第538页。
[7] 同上,第537页。
[8] 〔唐〕魏徵等:《隋书》,北京:中华书局1973年版,第1730页。

中国古代文艺美学是"从人的本质出发去认识美的本质的"[①]。人物品评特别是魏晋审美性品评,对人物之美进行具体、详细的考察、描述而提出的一系列范畴、概念,逐渐被用来描述和说明艺术美,"也就是说,构成人体美的诸要素,被看作也就是构成艺术美的诸要素"[②],从而成为中国古代文艺美学的基本范畴、概念。刘勰论文章,认为当"以情志为神明,事义为骨髓,辞采为肌肤,宫商为声气"[③]。苏轼谈书法,主张"书必有神、气、骨、肉、血,五者阙一,不为成书也"[④]。直到今天,"我们自己喜欢乱谈诗文的人,做到批评,还会用什么'气''骨''力''魄''神''脉''髓''文心''句眼'等名词"[⑤],由此可见古代文艺美学的特点及影响。

如"风骨",本是受相法影响而产生的词汇。汉代相人,颇重骨相。《论衡·骨相》:"人曰命知难。命甚易知。知之何用?用之骨体。人命禀于天,则有表候于体。察表候以知命,犹察斗斛以知容矣。表候者,骨法之谓也。"[⑥]魏晋时期,"风骨"被用于人物品评,本意为风神骨相。当时人们品鉴人物,既强调风神的清明爽朗,又看重骨相的端直挺拔。如晋安帝称赞王羲之"风骨

[①] 李泽厚、刘纲纪:《中国美学史·魏晋南北朝编》上册,合肥:安徽文艺出版社1999年版,第93页。

[②] 同上,第96页。

[③] 〔南朝·梁〕刘勰撰,范文澜注:《文心雕龙注》,北京:人民文学出版社1958年版,第650页。

[④] 〔宋〕苏轼撰,茅维编,孔凡礼点校:《苏轼文集·题跋》,北京:中华书局1986年版,第2183页。

[⑤] 钱锺书:《中国固有的文学批评的一个特点》,载《人生边上的边上》,《钱锺书集:写在人生边上 人生边上的边上 石语》,北京:三联书店2007年版,第54页。

[⑥] 黄晖:《论衡校释》,北京:中华书局1990年版,第108页。

清举"①。《宋书·武帝纪》说刘裕"及长,身长七尺六寸,风骨奇特,家贫大志,不治廉隅"②。《南史·蔡撙传》称蔡撙"风骨鲠正"③。刘劭《人物志》对"骨""气""力"等与"风骨"相关的范畴做了详细且比较系统的辨析:"骨植而柔者,谓之弘毅。弘毅也者,仁之质也。气清而朗者,谓之文理。文理也者,礼之本也","强弱之植在于骨,躁静之决在于气"(《九征》)④。慢慢地,"风骨"等人物品评的范畴也被移用到书、画、诗、文等文艺领域。谢赫《古画品录》多用"风骨""风范""骨法"之类的评语,形容绘画作品形象描绘的生动传神、富有气韵且笔力遒劲。如他评曹不兴道:"不兴之迹,殆莫复传,惟秘阁之内一龙而已。观其风骨,名岂虚哉!"⑤书法品评中也经常使用"风骨"等范畴。袁昂《古今书评》称赞王羲之的书法,即使是不端正的字也"爽爽有一种风气"⑥,评蔡邕书法"骨气洞达,爽爽如有神力"⑦。卫夫人《笔阵图》云:"善笔力者多骨,不善笔力者多肉。"⑧张怀瓘《书议》曰:"以风神骨气者居上,妍美功用者居下。"⑨认为草书

---

① 〔南朝·宋〕刘义庆撰,〔南朝·梁〕刘孝标注,余嘉锡笺疏,周祖谟、余淑宜、周士琦整理:《世说新语笺疏》,北京:中华书局2007年版,第565页。
② 〔梁〕沈约:《宋书》,北京:中华书局1974年版,第1页。
③ 〔唐〕李延寿:《南史》,北京:中华书局1975年版,第775页。
④ 〔魏〕刘劭著,王晓毅译注:《人物志译注》,北京:中华书局2019年版,第16、30—31页。
⑤ 〔南朝·齐〕谢赫等:《古画品录》(外二十一种),上海:上海古籍出版社1991年版,第4页。
⑥ 〔清〕严可均编:《全梁文》卷四八《全上古三代秦汉三国六朝文》,北京:中华书局1965年版,第3228页。
⑦ 同上,第3229页。
⑧ 〔清〕严可均编:《全晋文》卷一四四《全上古三代秦汉三国六朝文》,北京:中华书局1965年版,第2289页。
⑨ 陈尚君辑校:《全唐文补编》,北京:中华书局2005年版,第473页。

应"以风骨为体,以变化为用"①。文学领域,刘勰最早对"风骨"范畴做了系统化的梳理、建构。《文心雕龙》设有《风骨》专篇,开篇云:"怊怅述情,必始乎风,沉吟铺辞,莫先于骨。故辞之待骨,如体之树骸;情之含风,犹形之包气。结言端直,则文骨成焉;意气骏爽,则文风清焉。"②黄侃阐释道:"(风骨)二者皆假于物以为喻。文之有意,所以宣达思理,纲维全篇,譬之于物,则犹风也。文之有辞,所以摅写中怀,显明条贯,譬之于物,则犹骨也。必知风即文意,骨即文辞,然后不蹈空虚之弊。"③随后,"风骨"在文论中广泛使用。杨炯《王勃集序》批评当时文风"骨气都尽,刚健不闻"④。何良俊《四友斋丛说》谓"近世选唐诗者,独高棅《唐诗正声》,颇重风骨,其格最正"⑤。毛先舒《诗辩坻》谓"嘉州《轮台》诸作,奇姿杰出,而风骨浑劲"⑥。总之,"风骨"在魏晋南北朝时期由人物品评移用到文艺领域,被确立为文艺批评的核心范畴,其后广泛传衍、不断充实,成为中国古代文艺美学的标志性"基因"。与"风骨"类似,由人物品评移用的中国古代文艺美学的基本范畴、概念还有"气韵""神明""才性""情致"等等。

最后,人物品评所采用的片言只语直击本质、"感悟式、印象式、即兴式、譬喻式"的思维、言说方式,亦影响到文艺美学,催生

---

① 陈尚君辑校:《全唐文补编》,北京:中华书局2005年版,第474页。
② 〔南朝·梁〕刘勰撰,范文澜注:《文心雕龙注》,北京:人民文学出版社1958年版,第513页。
③ 黄侃:《文心雕龙札记》,上海:上海古籍出版社2000年版,第101页。
④ 祝尚书:《杨炯集笺注》,北京:中华书局2016年版,第273页。
⑤ 〔明〕何良俊:《四友斋丛说》,北京:中华书局1959年版,第224页。
⑥ 郭绍虞编选,富寿荪点校:《清诗话续编》一,上海:上海古籍出版社1983年版,第47页。

了中国古代独特的文艺批评形式——诗话、评点等。

中国古代的文艺批评,不重逻辑性和系统性,多用相对零碎、带有"感悟式、印象式、即兴式、譬喻式"的诗话、评点等思维、表达,已成学界共识。早在20世纪30年代,朱光潜在欧洲留学期间撰著的《诗论》就指出:"中国向来只有诗话而无诗学……诗话大半是偶感随笔,信手拈来,片言中肯,简练亲切,是其所长;但是它的短处在零乱琐碎,不成系统,有时偏重主观,有时过信传统,缺乏科学的精神和方法。诗学在中国不甚发达的原因大概不外两种。一般诗人与读诗人常存一种偏见,以为诗的精微奥妙可意会而不可言传……其次,中国人的心理偏向重综合而不喜分析,长于直觉而短于逻辑的思考。"[1]叶维廉《中国文学批评方法略论》认为:"中国的传统批评……(或只应说理论)只提供一些美学上(或由创作上反映出来的美学)的态度与观点,而在文学鉴赏时,只求'点到即止'。"[2]他还提到以诗话为主体的中国诗学的特点之一是"类比与譬喻式的论诗方式"[3]。程千帆在1979年3月的日记中,也记下他比较中西文艺理论后得出的判断,中国文论"科学性、逻辑性不强,随感式的,灵感的,来源于封建社会悠闲生活"[4]。上述对中国古代文艺批评"感悟式、印象式、即兴式、譬喻式"特点的掘发,基于中西比较的开阔视野,堪称不刊之论。唯其对此种特点生成原因的揭示,尚有探

---

[1] 朱光潜:《诗论·抗战版序》,《朱光潜美学文集》第2卷,上海:上海文艺出版社1982年版,第3页。

[2] 叶维廉:《从现象到表现》,台北:东大图书公司1994年版,第116页。

[3] 方汉文:《当代诗学话语中的中国诗学理论体系——兼及中国诗学的印象式批评之说》,《兰州大学学报》2010年第3期。

[4] 徐有富:《程千帆沈祖棻年谱长编》,南京:南京大学出版社2013年版,第288页。

讨余地。学界普遍看法和他们一样,亦归因于中西不同的思维、心理或生活等等。这虽然没错,但过于笼统、间接。其实,中国古代文艺批评的此种特点,直接源头在人物品评。中国的论体,最晚在魏晋时期就完全成熟了,但人们多用此体进行"神灭""言尽意"与否等思想学术问题的辩论,很少用来品文谈艺。一直到晚清,中国人都延续着此种堪称"集体无意识"的"文体偏好"。王国维可以用成熟的论体(《红楼梦评论》《殷周制度论》等)探讨思想学术问题,但一到谈诗论艺,还是要用诗话体(《人间词话》)。其原因正在于,中国古代的文艺批评受人物品评影响甚大,二者存在着同构关系,甚至前者是移用、借鉴后者的方法、理念和范畴等发展成熟的,思维、言说方式亦不例外。

　　人物品评特别是魏晋审美性品评,强调用高度凝练、生动形象、耐人寻味的语言或类比,说出某一人物外在形貌、举止或内在精神、气质等方面给人留下的深刻印象或特点,往往片言只语直击本质。"它不是诉之理智的分析,而是诉之直观、想象和情感体验的。"[1]如《世说新语·赏誉》:"张华见褚陶,语陆平原曰:'君兄弟龙跃云津,顾彦先凤鸣朝阳。'"[2]《容止》:"嵇康身长七尺八寸,风姿特秀。见者叹曰:'萧萧肃肃,爽朗清举。'或云:'肃肃如松下风,高而徐引。'山公曰:'嵇叔夜之为人也。岩岩若孤松之独立;其醉也,傀俄若玉山之将崩。'"[3]这种思维、言说方式亦影响到了文艺批评。中国古代的文艺批评,不重视体系

---

[1] 李泽厚、刘纲纪:《中国美学史·魏晋南北朝编》上册,合肥:安徽文艺出版社1999年版,第87页。
[2] 〔南朝·宋〕刘义庆撰,〔南朝·梁〕刘孝标注,余嘉锡笺疏,周祖谟、余淑宜、周士琦整理:《世说新语笺疏》,北京:中华书局2007年版,第511页。
[3] 同上,第716页。

性建构,也很少采用逻辑严密、环环相扣的论体表达,而是用生动、活泼、随意的诗话、评点等抒发论者对艺术家或艺术作品最为突出、新颖、深刻的印象、心得或体悟,带有"感悟式、印象式、即兴式、譬喻式"的特点,写法、角度、话题都很灵活多样,往往随所触发,于信笔即书中蕴含着深刻精微的洞见卓识。

诗话如钟嵘《诗品》评范云、丘迟诗云:"范诗清便宛转,如流风回雪。丘诗点缀映媚,似落花依草。"①宛如《世说新语》,只不过评论的对象由人转化为诗,寥寥数语便点出了二人诗歌给人留下的整体印象及差异。再如吴乔《围炉诗话》卷一云:"问曰:诗文之界如何？答曰:意岂有二？意同而所以用之者不同,是以诗文体制有异耳。文之词达,诗之词婉。书以道政事,故宜词达;诗以道性情,故宜词婉。意喻之米,饭与酒所同出。文喻之炊而为饭,诗喻之酿而为酒。文之措词必副乎意,犹饭之不变米形,啖之则饱也。诗之措词不必副乎意,犹酒之变尽米形,饮之则醉也。文为人事之实用,诏敕、书疏、案牍、记载、辨解,皆实用也。实则安可措词不达,如饭之实用以养生尽年,不可矫揉而为糟也。诗为人事之虚用,永言、播乐,皆虚用也。"②论诗和文的异同,用生活中酒和饭的制作、食用体验相譬,贴切形象,绝妙深刻!

评点因为依附于文本,是用批注、圈点等方式记录阅读感受,更带有感悟性和即兴性。评家既可对一章一节发表意见,也可对某一片断、文句、词语、细节阐明看法。在汇评本中,甚至将

---

① 〔南朝·梁〕钟嵘著,周振甫译注:《诗品译注》,北京:中华书局1998年版,第74—75页。

② 〔清〕吴乔:《围炉诗话》卷一,北京:中华书局1985年版,第8页。

不同时期、不同评家的看法叠加在一起,形成张力与对话。在古代,评点发轫于散文著作,后扩展到经史、小说、戏曲、诗文等各种文体的著作。精彩的评点,往往在生动随性的自由挥洒中蕴藏着深微的见解。如金圣叹评点《水浒传》"武松打虎"一段云:"我常思画虎有处看,真虎无处看;真虎死有处看,真虎活无处看;活虎正走,或犹偶得一看;活虎正搏人,是断断必无处得看者也。乃今耐庵忽然以笔墨游戏,画出全幅活虎搏人图来。"[1]令人拍案叫绝!

近年来,随着中国古代文艺美学研究的深入,很多学者尝试从大文化视野拓展思路,以求更全面、深刻地认识古代文艺美学的文化内涵和民族特性。比如,吴中胜、蒋寅从古代文论"以医喻文""文理通医道"和知识背景的角度论述了医学与古代文论的思维方式、范畴概念之间的联系[2],令人耳目一新。不过,在中国古代,绝大多数文学家、艺术家都不具备医生等专业身份,医学乃至相人术[3]、阴阳、宗教等对文艺美学的影响,更多的是借助人物品评这个中介发生的。通过社会生活中流为俗尚的人物品评,这些学科、方术的专门知识转化为可以为文艺美学直接借鉴、吸纳的公共知识。因此,探讨医学等与文艺美学的关系,如

---

[1] 〔清〕金圣叹撰,陆林辑校整理:《金圣叹全集》三,南京:凤凰出版社2008年版,第421页。

[2] 参见吴中胜:《文理通医道:中国文论与中医的关联性思考》,《汕头大学学报》2010年第3期;蒋寅:《医学与中国古代文论的知识背景——以〈黄帝内经〉〈素问〉〈灵枢〉为中心》,《北京大学学报》2020年第4期。

[3] 早在20世纪三四十年代,钱锺书就已指出:"中国论文跟中国相面风鉴有极密切而一向被忽略的关系。"(钱锺书:《中国固有的文学批评的一个特点》,载《人生边上的边上》,《钱锺书集:写在人生边上 人生边上的边上 石语》,北京:三联书店2007年版,第61页)。可惜目前这方面的研究还很薄弱。

果能考虑到人物品评,或许能深入、落实一步。

人物品评之所以在古代中国流为俗尚并深刻影响了官员选拔、修史等制度以及文艺美学等,是因为"人物"在中国传统文化中处于中心位置。如果把中国文化比作一个圆球的话,那么"人"就是这个圆球的球心。不同于其他"神本"或"物本"的文化形态,中国文化对历史、现实乃至未来即将出现的形形色色的人物予以了深情眷注,历来有品评人物的传统。一部中华文明史,就是一代代风流人物生息繁衍、奋斗拼搏、尽显风采的历史。正如苏轼所云:"大江东去,浪淘尽、千古风流人物。"(《念奴娇·赤壁怀古》)毛泽东亦云:"数风流人物,还看今朝。"(《沁园春·雪》)

中国古代的学术、文化,即是围绕着"人物"生发、建构起来的。譬如中国哲学很早就对人的价值和尊严予以了足够重视,堪称"以人为本"的思想形态。一方面,中国人没有把人看作自然万物中藐小的一员,而是认为人有优异的性质,在宇宙中占有卓越的位置;中国文化很早就将人从神的束缚中解放出来,形成了源远流长的人文主义传统,从而具备了超越宗教的功能;对于人力所无可奈何的命运,中国人亦往往以超越的态度坦然待之。另一方面,中国文化聚焦于人的价值、本质、理想以及人应该成为一个什么样的人、如何成为人等等。在中国人看来,人生的意义在于证成"内圣外王"的圣贤人格,实现个体安顿与社会关怀的统一。由此,中华民族衍生出一种普遍崇尚圣贤人物的文化心理。中华民族的价值观念和伦理道德也往往采用一种人格化、形象化的方式,通过不断涌现出来的杰出人物的嘉言懿行发扬、传承。人物在中国史学中亦处于中心地位。这不仅体现在源远流长、浩博发达的中国史学将人物纪传作为撰述的主要范式,更重要的是,中国人对历史和史学的理解也以人物为中心。中华民族探究历史发展的动因时,很早就对人物作用予以了重视,认为人物是历史发展的主体,承认历史是由人物创造和决定的。中国史学具有"融经于史""以史说经"的传统,将论载人物以不朽,从而使现实生活中的人物获得鉴戒、得到成全,作为重要内容和使命。[1]

然而,近代以来,随着"西学东渐",事件、观念、结构、制度、功能、规律、通则等慢慢垄断了研究者的"问题意识",人与人物随之在人文社科研究中消失。王汎森《人的消失?!——兼论20世纪史学中"非个人性历史力量"》即慨叹"近代人文与社会科学中普遍出现一种'人的消失'的现象",并对近代以来中国史学研究"人的消失"过程做了细致的梳理与反思。[2] 今天,构建中国特色哲学社会科学、提升理论创新能力已成时代共识。在此背景下,呼唤人与人物的回归,恐怕是古代中国研究在重视自身特点及生成语境基础上推陈出新的不可或缺之要略。

(撰稿人　陈斐)

---

[1] 参见陈斐:《论中国史学以人物为中心的学术品格》,《中国文化》2015年秋季号。

[2] 王汎森:《人的消失?!——兼论20世纪史学中"非个人性历史力量"》,载《思想是生活的一种方式:中国近代思想史的再思考》,北京:北京大学出版社2018年版,第314—350页。

第三十八章　情性篇

一　总说:情性,还是性情

中国"情性论"所涉问题极广,既涵上求情性起源,亦需研习情性关系,更要涉及性与习、性与天、心与情性、理与欲等相关范畴。但放诸概念史,这一表述该是"情性"还是"性情",本身可能就是问题核心。

中国哲学概念中历来有成系列的统一与杂多的对待名相,例如理—事、道—器、无—有、空—有、真—俗……名相虽多,结构相似[1],"情性"如果倒置而成"性情",同样属于这"统一与杂多"结构群的一种开显。尽管成形的时间不同,这种结构的相似性如此密集地出现于中国哲学史,应该说来自一种相似的思维模式:体用论的思维模式。"体用"之名首出《易经》,之后经由大乘佛教、重玄道教尤其宋代理学的数管齐下,这一思维模式被

---

[1] 参见杨儒宾:《异议的意义:近世东亚的反理学思潮》,台北:台湾大学出版中心2012年版,第47页。

发扬光大,几乎照亮了此后东方文明史上所有的"杂多"问题。在体用论的观照下,现实的世界底层被认为有一根源性的统一原理,此统一的原理分散于现实世界"杂多"的面相当中。万物的构成无不体现为统一与杂多的组合。日常事件到底只是日常事件还是本体的外在显像,成为历代哲人不断争论的话题。这一"承体起用"的思维模式成熟之后,决定了性情论此后的展现方式。

不过相反的立场历来并不缺乏。如果说体用论的思维方式使得性情论成为中国历史相关概念叙述的主流,在坚持情性论这一说法的论者眼里,"性情"关系未必具有明确的本末、表里关系,追求即情见性乃至更强调情的基始作用在这一论述模式中占了上风。毋庸置疑的是,无论体用论这一思维模式是否为佛教传入中土,这一模式已然深刻影响了中国文化的方方面面。情性关系往往被颠倒成性情关系只是例证之一。

在杂多的经验的人性之外,更深层的"本性"是否存有?这"存有"之照见依循的途径,是信还是证?当工夫论介入中国人的"性"生活之后,"性""情"与"心""气"等关键词一样,其指涉往往随工夫造诣上下浮沉,脱离具体,极易被曲解。但简言总括,在儒门成熟的理学体系中,"性"属于"先天"之类范畴,带有超越论意味,学者穷透此"性"被视为"知性""复性""见性"。主导路径基本如此。至于佛教中指向真如本体的"性"和儒家所称之"性",自有幅度局域的不同,论题所限,本文基本限定在儒门内部展开讨论,在必须儒佛会通之时略作涉及。

通观历史,大体可见,自告子"生之谓性"(即生言性)至戴震以血气心知为性,这一路略可谓"自然(经验)人性论";自孟子"性善论"(即心言性)至程颐、朱熹以理为性,这一路略可谓

"本然(先验)人性论"①。论者看待"天生之性"侧重先验还是侧重经验决定了各家持论的基本立场,其背后则还要包括宇宙观、世界观的同时变迁。而且所谓"经验"与"先验"也只是权宜的说法,因为对于不同的"性命"存在,"先验"的很可能也是"经验"的。就形、气、道之间的关联与比勘见之,如果我们将宋明理学家所说的性命论视为超越的性命学,那么,汉儒以及以语言学方式回归汉学的清儒所说者则可视为气化的性命论。这两种性命论是秦汉以后中国人性论的主流论述。它们的立足点相当不同,但它们立论的依据都隶属"心性论"的论题,它们都是在中国式的意识哲学(此处的"意识",可以包括"超意识",例如冲出六识)上展开的论述,差别只在层次的不同。"血气心知,性之实体"与"阴阳五行,道之实体"之间的思维转换,联系实密。②在此意义上,对情的肯定几乎同时意味着对文化生活、对现世人生的肯定,对情的否定则往往同时意味着对文化与人生的某种层面的否定,至少是对基于此的不能超越加以否定。人文领域的真实往往就是主观真实,价值判断决定了客观秩序(事实判断)。

庄子断言人类曾经有一"性情不离"(《庄子·马蹄》,此即庄子立场的"复心言性")的理想时期,这一时期,性、情的连用较之分离更为始源的持论大致是可以成立的。但这种没有分别

---

① 其间细微的差别当然在在多有。曾亦《本体与工夫:湖湘学派研究》中分出相当篇幅探讨性情问题,关于自然与本然的定位和分析细密深湛,卓见甚美,笔者受其益良多,唯不能赞同其将"本然与自然"问题简单化为"社会与个人"问题的扁平之见。参见曾亦:《本体与工夫:湖湘学派研究·引言》,上海:上海人民出版社2007年版,第1页。

② 二说皆见〔清〕戴震著,何文光整理:《孟子字义疏证》,北京:中华书局2018年版。

的状态显然无法持久。而性、情分离之后,人情渴望从现实中再度超拔,自然之外的应然(有时这应然又被视为本然)开始确立。情、性之间漫长的历史之争,基于他们分离,更基于他们分离之后向往再度合一。

(一)"情"为何物?

"情"作为包含各种情绪、情感在内的集合名词,因感而动,其出现与被讨论的时代绝不太晚。中国文化某种层面常被视为"情"的文化。"发愤以抒情"(《九章·惜诵》)成为屈原创作的力量源头乃至中国文学的力量源头。虽晚近学者也常强调先秦之"情"更加迹近"情实"而非"情感"[①],有关"情"的起源与性质学界的意见也并不一致,但毋庸置疑,"情"的问题在战国时期就是诸家共同的关怀,是当时重要的思想课题与共同论题。

"情(感)"可以展现为许多层次与不同功能的情之变相,如果细分,历来有七情、六情、六志、五性(五欲)等分殊。例如《礼记·礼运》称"喜、怒、哀、惧、爱、恶、欲"为"七情":

> 夫礼,先王以承天之道,以治人之情……何谓人情?喜、怒、哀、惧、爱、恶、欲,七者弗学而能。何谓人义?父慈、子孝、兄良、弟弟、夫义、妇听、长惠、幼顺、君仁、臣忠,十者

---

① "情"字在《左传》《国语》中已频频出现,但这些"情"字多作"实"字解,即情实之意。《论语》中的"情"字亦复如此。情非人类所独有,天地万物皆有情,先秦时代情及万物也是事实:"古者包牺氏之王天下也……始作八卦,以通神明之德,以类万物之情。"(《周易》)唐孔颖达《疏》:"若不作《易》,物情难知,今作八卦以类象,万物之情皆可见也。"直至今天,在"事情""案情"之类习语中依然保留了"情实"之意。本篇论述旨归所在,情性对举,范围自限。

谓之人义。……故圣人所以治人七情,修十义,讲信修睦,尚辞让,去争夺,舍礼何以治之?……天不爱其道,地不爱其宝,人不爱其情。①

"七情"原本属于生之自然("弗学而能"),无所谓善恶,但此处明白示意以十义治理之,依然隐含了"人情之不美"(《礼记·坊记》)的价值判断。这不美往往基于无节制。

《礼记·乐记》则以"情"为六(哀、乐、喜、怒、敬、爱),"性"(血气心知)既为自然生致,也就无甚优势可言,性、情同样都需要礼义赋予应然的意味:

(哀、乐、喜、怒、敬、爱)六者非性也,感于物而动。……情动于中,故形于声。……夫民有血气心知之性,而无哀乐喜怒之常,应感起物而动,然后心术形焉。……是故,先王本之情性,稽之度数,制之礼义,合生气之和,道五常之行,使之阳而不散,阴而不密。刚气不怒,柔气不慑,四畅交于中而发作于外,皆安其位而不相夺也。②

《礼记》相当一部分思想来自荀子,但更多是对东周以来社会政治生活的某种切近反映,包括人情日趋不美,"自然即本然(应然)"的理想人性业已湮没。应然归于礼乐,情、性已经分离。"隐而未见""不事而自然"的先天之所,就叫"性";"性"之

---

① 崔高维点校:《礼记》,沈阳:辽宁教育出版社2000年版,第75、78、80页。
② 同上,第125、129页。

外化,也即表现于外的可以被直接感知的"喜、怒、哀、乐"并"好、恶"之种种,即称"情"。

情、志之间发生关系的佐证可见于《左传》。《左传·昭公二十五年》称"好、恶、喜、怒、哀、乐"为"六志","六志"出于"六气","六气"生于天地,如果气性昏乱,民性也会失序:

> 夫礼,天之经也,地之义也,民之行也。天地之经,而民实则之。则天之明,因地之性,生其六气,用其五行。气为五味,发为五色,章为五声,淫则昏乱,民失其性。……民有好、恶、喜、怒、哀、乐,生于六气。是故审则宜类,以制六志。①

"志"与"情"固然内涵因时而异,后之学界一般认为志有较多认知或公共性质的内容,情则偏于私人性的情念,但两者作为"心"的分殊性展开,语义重叠时也不少。宋以后,中医学常将情、志合一论之。

战国晚期明确给情下定义的是《荀子·正名》篇,其直接给出了性、情关系的界定:"性之好、恶、喜、怒、哀、乐,谓之情。"荀子所谓的情与上述《左传》的六气、六志内容相同,可见志、情又可归结到"气"在当时可算公共性的知识,应该也是明清以降学者畅言"性气一元论"的理论源头。

以喜、怒、欲、惧、忧为"五性"的提法见于汉《大戴礼记·文王官人》,同样与"气"密切相关,且其对它们之间的关系有明确

---

① 〔春秋〕左丘明撰,顾馨、徐明校:《春秋左传》(二),沈阳:辽宁教育出版社2000年版,第372—373页。

展开,五性外显是里气之用:

> 民有五性:喜、怒、欲、惧、忧也。喜气内畜,虽欲隐之,阳喜必见。怒气内畜,虽欲隐之,阳怒必见。欲气内畜,虽欲隐之,阳欲必见。惧气内畜,虽欲隐之,阳惧必见。忧悲之气内畜,虽欲隐之,阳忧必见。

此处所言之"性",具体内容更像其他同类论述中的"情","五性"就是"五情"。可见情、性在早期常有混用的时候,情、性均被认为属于自然的本然状态。

关于情性的界说,除大、小戴《礼记》数篇,"孔孟之间"几乎没有任何传世文献留下。1993年郭店竹简面世,被学界视为弥补了这一巨大缺憾。其中《性自命出》一篇将天、命、性、志、情、气、道这一组概念的关系表达得十分显豁:

> 凡人虽有性,心无定志;待物而后作,待悦而后行,待习而后定。喜怒哀悲之气,性也;及其见于外,则物取之也。性自命出,命自天降。道始于情,情生于性。始者近情,终者近义;知情者能出之,知义者能入之。好恶,性也;所好所恶,物也。善不善,性也;所善所不善,势也。[①]

这部被认为出现于战国中期、不晚于公元前300年的竹简佚书(李学勤、李零诸家各有此断),对"情"的态度不仅柔和而

[①] 参见李天虹:《郭店竹简〈性自命出研究〉》,武汉:湖北教育出版社2002年版,第133—135页。

且肯定,其立场与《中庸》"喜怒哀乐之未发谓之中,发而皆中节谓之和"比较类似。它的根本立场接近"性善论"。值得一提的是,郭店简与同属楚简的马王堆简均包含了《五行篇》,其中有对"德之行"的具体描述,有识之士以为这种"德"不仅意识化(从心)而且身体化(从气),它昭示了时人对情感的理解已经在情、意、志的三分模式之上。①

(二)性与天道

相对于对"情"的现象的归类分析,对"性"的讨论要艰难许多。原因即在中国传统论"性"很容易与超越(超验)界建立联系,一旦追到极地,就会踏入形而上学领域,与"天道"几成孪生兄弟。②"生之所以然者谓之性"(《荀子·正名》),"性者,生之质也"(《庄子·庚桑楚》),"生之谓性"(《孟子·告子上》)之类描述频频出现在先秦诸子文献,意味着"性"与"生"同出而异名的规定性被公认。傅斯年著《性命古训辩证》遍考金文后,亦认为古人实是以生说性,就字形言之可见两端:一、心即性;二、生之谓性。

"性"作为哲学范畴首出《论语·阳货》,相对"习"而立言,"性"为先天本有,"习"为后天习得。如何知"性"始终难免要与"心""天"之类超越性范畴建立联系。唐君毅据此认为,"(性)象征中国思想之自始把稳一'即心灵与生命之整体以言性'之

---

① 参见杨儒宾:《屈原为什么抒情》,载《台大中文学报》2013年3月。
② 参见杨儒宾:《诗礼乐的性与天道论》,载《中正汉学研究》2013年第1期。

一大方向"①。

虽然知"生"非易、知"命"实难,甚至可能非人力人智所能抵达,但围绕"生性""性命"的讨论与争论依旧迭起,后来更开出经由工夫路径而"知性""复性""见性"的具体实践。

就西周文献已有之"性""命"用语来看,其义并无后世用法中的明确的超越义,还是在生之自然处言性,所以彼时没有明确的"性命之学"可言,"性"也未被负载更多的价值判断,唐君毅视这一阶段为"对德言性"。② 子思始作《中庸》这部让后世学者兴味盎然、一诠再诠的性命之书,"性善论"被认为始于孟子,而本体论始于王弼。③ 从先秦至隋唐,讨论围绕人性的内涵与外延展开。儒家(世硕、告子、孟子、荀子)诸说固皆针对人性的善恶本质展开,道家之性超善恶论、法家之自为人性论是同一问题的反响。汉至于唐,扬雄有"性善恶混"论,董仲舒、王充、荀悦、韩愈有"性三品"说,亦是在此基础上将善恶论继续细分品级。宋元至于明清,讨论进入人性何以有善恶的本源论。无论程朱"以理解性"之性二元论,还是陆王"以心解性"之心性合一论,抑或张载、王夫之"以气解性"论,都是人性论与本体论共谋的产物,更是体用论思维模式在人性论问题上的具体投射乃至反动回归。"天道性命相贯通"之说得以大显是在宋儒手中完成的。

因为事关先天、超验,"人性是怎样的"(实然)这一看似事

---

① 唐君毅:《中国哲学原论·原性篇》,转引自曾亦:《本体与工夫:湖湘学派研究》,上海:上海人民出版社2007年版,第5页。
② 参见唐君毅:《中国哲学原论·原性篇》,载《唐君毅全集》第18卷,北京:九州出版社2016年版,第1—26页。
③ 在儒学史上,"性善论"被视为革命性的新说,迥异于此前之"仁内义外"。参见杨儒宾:《从〈五经〉到〈新五经〉》,台北:台湾大学出版中心2013年版,第163—198页。

实判断的问题,实则已经蕴含了"人应该怎样"(应然)的价值默认。儒家人性理论特显发达,盖为其最为重视道德自觉与道德教化,人性论乃其行动的理论依据。在性、情、志、气诸概念的挣扎中,在"人本"儒门追求"礼制中节"的呼吁中,处处可见人类试图规整自己纷纭变幻的心理现象(生命现象)的努力:人类的心境既需要秩序又渴望挣脱束缚,既定的秩序也一定同时面临僵化的困局。诗意的是否一定是失序的?在儒者的渴望中,礼既然代表了秩序(乐则代表和谐),那么诗最好或最好的诗,应该也是秩序与和谐在语文上的表现。

这种发自人性的对秩序与和谐既渴望又试图挣脱或超越的吊诡,亦缘于汉代以降独尊儒术的基本政教格局的形成,使得"情"在后世中国的思想行程可谓异常曲折。

在佛老的论述中,"情"是妨碍体道的负面因素。当然,对"情"的否定、主张"脱情"乃至"无知"本就一直存在于中国自身的传统(宋钘、尹文子、田骈、彭蒙、慎到等持论可见),此类学说后经佛老光大发扬可谓"因缘所生"。至于大乘佛教,情、性关系亦曾经由即体即用而重建,可见大乘佛教亦非灭情(《坛经》所言"无情既无种,无性亦无生"),只是佛门为了明确俗情、凡情之必破,用"清净心"取代了"超越态的情"之类说法。

在儒家系统尤其是陆王心学的体系中,道德需要透过道德情感显现出来。"情"具有不可化约的价值。性、情分离之后,性情问题最初表现为礼制与人情的关系,但人情亦未被视为太过消极的因素,而是先王制礼的根据。只有"礼自情出",道德情感化、实际化,才能防止礼制流于虚文,才能确保价值得以落实。在无情、怯情、化情、重情诸多主张中,儒家支持的多是"重情"论。儒教因此成为性情之教①,"情性论"成为儒家哲学最为重要的组成部分。通大道、测情性成为圣人所以为圣人的标志。

数千年来情性之辨的实质,是否只在目的决定了方向?还是人之情性实况的每况愈下决定了践行教化的具体策略?"学焉而皆得其性之所近"(朱熹《四书章句集注》)的判断即使对于情性问题本身也是适用的。按照当今时学,我们不妨说,一部情性之辨就是"一个人的古典政治学"。倘若更大胆一点,毋宁说,在"神话"与"逻格斯"、在诗与哲的同根相争当中,就可以看到"情""性"难分难解的挣扎。②

二 历史之一:先秦到汉唐
——基于经验(自然,气化)的善恶结构

(一)分离聚合:情、性在先秦

先秦论"性"伊始,话题多围绕其善恶结构(价值判断)展开。其间隐含了礼乐与人情对分的视角。性之善或恶,抑或无善无不善,抑或可以为善可以为不善,先秦诸家都有言语与论争。至于此"善恶"之起源追究,则又只能基于"性"与"习"两途展开。因为先秦没有表述明确的"性命之学",故此时论"性"多从经验出之,但知"性"之难必然决定了其潜在的超越方向。

据王充《论衡·本性》所载,先秦言"性"者有四家:孔子之弟子及再传弟子世硕、宓子贱、漆雕开、公孙尼子等"皆言性有善

---

① 参见杨儒宾:《屈原原型》,载《中国文化》2014年秋季号。儒门之"情"的具体含义在不同时代又有不同面相,详见下文。

② 参见胡继华:《浪漫的灵知》,北京:北京大学出版社2016年版,第10页。

有恶";孟子言"性善";与孟子同时的告子则以水为譬,谓性"无分于善恶";荀子旗帜鲜明,力主"人性恶"。有汉一代,陆贾、董仲舒、刘向、扬雄等人复各引先秦学说之一端以为敷演。自王充观之,局面是"昔儒旧生,著作篇章,莫不论说,莫能实定"。"莫不论说",说明人有对自"性"的兴趣;"莫能实定",说明这一基于经验的讨论最终总要冲破经验,汇入"探之茫茫,索之冥冥"的超验之域。① 钟泰先生尝谓先秦此类论争当中经常出现此"性"非彼"性"的现象,同词所指实非一物,②即指当时诸子各家所使用"(人)性"之概念本身并不严格一致,时而指向人生而即有的自然属性,时而指向人生而即有却区别或优于其他物类的道德属性(后世更延伸出根本至善的"天地之性",或先验之"性"与经验之"性"的对峙彰显)。

孟子没有明确地把"情"与"性"加以区别,亦未直接提出"性"之界说。孟子言"性"看重"人性"与物性、兽性区别何在,着重铺排"(人)性"之善端,以人异于禽兽之先验道德为"人性"。孟子认为人生具善性,善性乃是属人的本质规定,只有首先确认仁义是"顺"人性的,方能率天下之人"由仁义行",明确地要为儒家的仁义道德确立经验而天然自然的合理性。其所言"仁之端""义之端""礼之端""智之端",总括起来就是"性之端",或即是某类"情"("四端"是一种超越态的情,此意至宋儒朱熹得以明确)的流露,带有道德情感意味,亦即道德当从扩充

---

① 参见〔东汉〕王充:《论衡》,上海:上海人民出版社1974年版,第43—46页。超验对于另外一些人其实也是一种经验,此为本文使用"超验"一词的基本背景意,后文不再另加说明。

② 参见钟泰:《中国哲学史》,北京:东方出版社2008年版,第52—58页。

道德情感开始。至于告子所谓诸种不分善恶的"生性"(例如食、色)这类自然属性,在孟子看来乃是"君子不谓性也"(《孟子·尽心下》),不在他"性善论"的论题领域之内,不属于人的本质规定(本然)。从礼乐与人情对立的角度探讨性情这一思路常见于先秦诸子,孟子独出,乃是他强调了"性"作为本然的内涵,礼乐同样作为本然乃是性情的体现。这也是日后宋代道学追溯孟学的内在前提。对于难免与情性问题产生瓜葛的"欲",孟子持否定或不肯定态度,"养心莫善于寡欲"。"欲"总是跟自然属性关系密切,当属于君子"弗性"之类。

荀子针对性、情、欲三者关系的辨析是先秦此类命题中出现最早的:"性者,天之就也;情者,性之质也;欲者,情之应也。"(《荀子·正名》)"性"与"天"相从,"情"与"性"相关,"欲"与"情"相牵。荀子对性情关系有明确界说:"生之所以然者,谓之性。……性之好恶喜怒哀乐,谓之情。"《荀子》又有篇名即称"性恶"。既然"性恶",而"情"出于"性",故"情"亦不美:"人情甚不美,又何问焉?"对性、情皆持否定态度。

基于"今之人性恶"且"情不美"的价值判断[1],荀子特别强调对情性的规制,需要"导""正""节""化"乃至"饰",然而却非"灭情"而"复性"。荀子之"性"尚未得到先天意义上的赦免,"情"亦未遭到万劫不复的打压,两者还近乎命运共同体状态。或者说,某种"情性不离"更符合当时人性的基本状态。情性的教化导师乃是师法、礼义、法度,"必将待师法然后正,得礼义然

---

[1] 曾亦认为,荀子乃至《乐记》对人之情、性俱恶的判断实包含了后世人之情性每况愈下的现实意(甚至圣王以礼义裁制人情,人情犹不免为恶)。此说甚美,亦有其理据,参见曾亦:《本体与工夫:湖湘学派研究》,上海:上海人民出版社2007年版,第30—31页。

后治。……是以为之起礼义、制法度,以矫饰人之情性而正之,以扰化人之情性而导之也"(《性恶》)。"性"与"伪"的关系被界定为:

> 凡性者,天之就也,不可学,不可事。礼义者,圣人之所生也,人之所学而能,所事而成者也。不可学、不可事而在人(或做天)者,谓之性;可学而能、可事而成之在人者,谓之伪。(《荀子·性恶》)①

> 性者,本始材朴也;伪者,文理隆盛也。无性则伪之无所加,无伪则性不能自美。性伪合,然后圣人之名一,天下之功于是就也。(《荀子·礼论》)②

此处"伪"并非后世惯用之虚伪意,而更近乎美化意,荀子之"性"必须"伪",始能美。这是混沌夹杂、无力自美的性,远非后世神通广大、圆善无杂的性。

荀子同样看到过人性在经验层上所显露的善端,但他认定恶为真、善为伪,"人之性恶,其善者伪也",如果认贼为子,顺从性情,则后果不堪:"从人之性,顺人之情,必出于争夺,合于犯分乱理,而归于暴。"(《性恶》)

与孟子相反,与告子相近(但区别于告子放弃了善恶先行的价值判断主导),荀子将"人之性"中接近自然欲望的部分诸如"饥而欲饱,寒而欲暖,劳而欲休"皆视为"人之情性",孟子最为

---

① 〔清〕王先谦撰,沈啸寰、王星贤点校:《荀子集解》,北京:中华书局1996年版,第289—290页。

② 同上,第234页。

看重的人性本质的孝悌、慈让诸善端被荀子认为非人性自然,而是"悖于情性"的"礼义之文理",即教化所成之"伪"。同样的事实被划分到不同的概念范畴。若结合"涂之人可以为禹"论,观其"可以知可以能"与"未必知未必能"之辩,不如说,荀子之性恶也即情性恶①,此处情性关系不能过于细分。

于是,对荀子而言,性之所以为"恶",是因其有"好利""疾恶"之种种倾向。此处所谓"好利""疾恶",在后世之人的论述当中,变成"性"之外化的"情"之种种罪过,非"性"本身所具,"性"被赦免,而"情"被恶化。观其"无性则伪之无所加,无伪则性不能自美",可以说,荀子之"性"更接近一种"生成的可能性"。

在性善、性恶的论争中,如何方能因顺或导正人性而使之趋向圆满呢?孟子之性善专以善端为人性,其不善者则"君子弗性";荀子之性恶则较多指向生理本能、物质情欲,视其善端为后天必须强加之"伪",必须"化性起伪"、逆"性"而动。孟子所谓"性"乃荀子所谓"伪",荀子之"性"则根本不被纳入孟子的"人性"版图(而是隶属于兽性),此"性"确然非彼"性"。钟泰先生尝谓"于孟子而得性善,则君子有不敢以自诿者矣;于荀子而得性恶,则君子有不敢以自恃者也。天下之言,有相反而实相成者,若孟、荀之论性是也"②。以此"实际效果论"概括这场实无以分正负高下的"善恶"性论,的为确论。先贤立论多有其策略性发言之考虑。孟子持性善论,旨在强调人之道德生活的先天

---

① 韩非《难势》有"人之情性,贤者寡而不肖者众",与荀子正有共鸣,同样不屑于细分"情性"。

② 钟泰:《中国哲学史》,北京:东方出版社2008年版,第72页。

合理性,从人之内心开辟出价值之源,更重视个人精神;荀子持性恶论,同时又凸显"知虑材性",则同时强调了人之道德教化的先天可能性与后天必要性。荀子更重视"隆礼重法"的社会制度性施治,其情性论在后世尤其汉唐颇被接受。[1]

至于庄子,其情性论认知视野已经超出人伦人本。庄子不急于或者反对首先加诸"善恶"的价值判断,认为民性、物性、人性不妨等量齐观:

> 夫至德之世,同与禽兽居,族与万物并。恶乎知君子小人哉!同乎无知,其德不离;同乎无欲,是谓素朴。素朴而民性得矣。(《庄子·马蹄》)[2]
>
> 马,蹄可以践霜雪,毛可以御风寒。龁草饮水,翘足而陆,此马之真性也。(《庄子·马蹄》)[3]
>
> 今吾告子以人之情:目欲视色,耳欲听声,口欲察味,志气欲盈。……且夫声色滋味权势之于人,心不待学而乐之,体不待象而安之。夫欲恶避就,固不待师,此人之性也。

---

[1] 汉儒虽主性善情恶,应然一方依然指向礼乐。魏晋玄学追求情礼兼到,暗含的思路依然是礼乐为本然。此际佛教传入中国,其赋予性的本然意直接影响了宋人对性的理解,此孟子学得以发扬光大之前提。曾亦敏感地意识到,尽管宋人再次建构了情与性作为自然与本然的关系,所反映的却依然是后世情性已然分离的局面。虽然宋人不取汉唐以礼乐之本然裁制情性之自然的办法,但"率性"之本然(即情之自然)与"任情"之自然(即性之本然)完全不同,后者才是自然与本然未尝分离的原初的整全。参见曾亦:《本体与工夫:湖湘学派研究》。

[2] 〔清〕王先谦撰,沈啸寰、王星贤点校:《庄子集解》,北京:中华书局1996年版,第57页。

[3] 同上,第56页。

(《庄子·盗跖》)①

经历过"礼崩乐坏"的"情性放逸"之后,道家索性将情性追问到礼乐节制之前,所谓"圣人出,有大伪"。庄子敏感地意识到那个情性合一、应然与自然合一的本然的生命地带的妙不可言。还能"回去"吗?"复性"问题对于庄子同样耀眼而重要。此性是情性不离之性。

对庄子而言,"知"与"欲"同时构成对真性的蒙蔽:《缮性》中有谓"文灭质,博溺心,然后民始惑乱,无以反其性情而复其初";《徐无鬼》中有谓"君将盈耆欲,长好恶,则性命之情病矣";《骈拇》中有谓"天下莫不奔命于仁义,是非以仁义易其性与"。《天地》中的表述更为显豁:"且夫失性有五:一曰五色乱目,使目不明;二曰五声乱耳,使耳不聪;三曰五臭熏鼻,困惾中颡;四曰五味浊口,使口厉爽;五曰趣舍滑心,使性飞扬。此五者,皆生之害也。"②斯正《老子》"五色令人目盲,五味令人口爽……"的另一种表达。

在庄子这里,性、情皆不同于后世分离之后的性、情。故《齐物论》谓"如求得其情与不得,无益损乎其真",《养生主》谓丧礼之哭泣乃"遁天倍情",成(玄英)《疏》释之为"逃遁天然之性,加添流俗之情"。斯似已略开后世佛门"复性"工夫需"大破凡情"之先河。庄子所言之"情",多近"情实",如《大宗师》"夫道,有情有信,无为无形"之"情"。庄子对"(凡)情"一直评价不高

---

① 〔清〕王先谦撰,沈啸寰、王星贤点校:《庄子集解》,北京:中华书局1996年版,第198—201页。

② 同上,第79页。

(因其失"真"),认为它背离"天(性)""真(自然)"。他的"天真"自不同于孟子之"仁义",亦不同于荀子之"情欲",两者在庄子看来都是"以物易其性",都在"遁天""失真"的状态。庄子的"天真"是超越善恶的无待状态,"有人之形,无人之情"。故庄子与惠施讨论人应当"无情"时,特意指出:"吾所谓无情者,言人之不以好恶内伤其身,常因自然而不益生也"(《德充符》)、"达生之情者,不务生之所无以为。达命之情者,不务知之所无奈何"(《达生》),其"情"别有洞天。"情感"本身同样有真伪之判。"如实"之情不要沦为"俗情""伪情""凡情"。杨儒宾认为庄子持无情说乃是因为庄子看重的主体状态是化情的气化主体,"游心于淡""游乎天地一气",反对强烈的与自然崩裂的激情。"情感""情实"并非矛盾,乃可相兼。① 庄子"情性论"的重点与其说要恢复被社会现实所戕害之"性"、所扭曲之"情",毋宁说还是向往二者"不离"的整全状态:

  小人殉财,君子殉名。其所以变其情、易其性,则(无)异矣。(《庄子·盗跖》)②
  说明邪?是淫于色也;说聪邪?是淫于声也;说仁邪?是乱于德也;说义邪?是悖于理也;说礼邪?是相于技也;说乐邪?是相于淫也;说圣邪?是相于艺也;说知邪?是相于疵也。天下将安其性命之情,之八者,存可也,亡可也。

---

① 参见[英]葛瑞汉:《论道者:中国古代哲学论辩》,张海晏译,北京:中国社会科学出版社2003年版。杨儒宾:《屈原为什么抒情》,载《台大中文学报》2013年3月。
② 〔清〕王先谦撰,沈啸寰、王星贤点校:《庄子集解》,北京:中华书局1996年版,第200页。

天下将不安其性命之情,之八者,乃始脔卷狯囊而乱天下也。(《在宥》)①

纯朴不残,孰为牺尊！白玉不毁,孰为珪璋！道德不废,安取仁义！性情不离,安用礼乐！(《庄子·马蹄》)②

这是针对现实社会"有漏法门"的激愤？然激愤之后,人生还要继续,社会还在存续。儒家的情性论或性情论在战国早期的发达成熟正是基于情性已离的社会现状。儒门细致分析"礼"与"情"之间诸多关系(例如"礼"之生因于情,"礼"之行则能饰情、养情、治情;君子行礼则要"竭情尽慎"),苦心孤诣为"礼"之先天合法与后天必要中寻找人性的原始基础。

我们总不能干脆推诿说:先秦儒道之对峙角力、相辅相成或相反相成,原本就是人类中不同的情性之战吧？尽管其本质很可能就是一种各有侧重的性情之战。例如对于居丧尽哀的态度,是悲痛欲绝"毁瘠不形",还是"三号而出""鼓盆而歌",此处何尝真有善恶绝对在？只要还有人在,这场情性之战显然还要持续下去,且自此而后千古流变,并无真正出先秦基本理念之右者。彻底的灭情无知、相对的寡情少欲与正面的缘情畅情,皆要一一上演。

(二)配伍自然:汉之阴阳动静

从两汉到魏晋,我们会看到一种将情理解成偏向的欲力之

---

① 〔清〕王先谦撰,沈啸寰、王星贤点校:《庄子集解》,北京:中华书局1996年版,第62—63页。
② 同上,第57页。

论。这种对情的理解事实上也见于当时的汉译佛经。我们当然可以说,佛教在此刻的介入强烈影响了之后中国人的情性观。尤其性在魏晋之后渐次本体化,应该与佛经翻译中以性诠本体的渗入有关。大体而言,性善情恶,论主二元,这是汉代最流行的学说,善恶判断仍然成为论性前提。假如不把话说绝,认为汉代伦理学乃至诗学大多受到性恶论的影响,大致是可以成立的。此流风余韵波及有唐。其源出自孟、荀辨性善恶,汉代经师更别以阴阳动静之说。

道德的质性以自然的质性表述,这被视为汉唐气化论典型的表达方式。① 揆诸情性,同样如此。西汉董仲舒(前179—前104)之说以儒为主,相容他家,②主张"极理以尽情性之宜,则天容遂矣"(《春秋繁露·符瑞》)。这不仅承继了情性已离的局面,更进一步将礼乐明确置于情性对面。因为董仲舒将阴阳五行思想广泛引入儒学,所以在"情性"的述词,除善恶外,并有"性阳情阴""性仁情贪"之同类比附的价值判断。汉儒更承阴阳家所论,以阴阳摄乾坤、阴阳为气之说,更为汉儒所重。以阴阳之气说人性,此为前所未有。许慎在《说文解字》中直接通过"阴阳"判别"情性"及其属性:"情,人之阴气有欲者","性,人之阳气性善者也"。此即上承董仲舒以"仁贪之气"分别阴阳(仁之气常指涉性,属阳;贪之气常指涉情,属阴)的说法,既明确了

---

① 杨儒宾:《从〈五经〉到〈新五经〉》,台北:台湾大学出版中心2013年版,第197页。

② 一般认为,董仲舒的思想学说把儒家的人性论、德化观,墨家的天志观,道家的自然观,法家的刑名之术,黄老之学的无为而治,阴阳五行家的思维方式以及名家的名实观等熔为一炉,择而取之,堪称汉代大一统政治局面在理论上的写照。

由万物之性情转移为人之性情的承继关系,更宣布了情性与阴阳绑定后的伦理秩序。董子之说在汉代虽然写入钦定的《白虎通》,但也未必得到儒者公认,其学说曾遭王充、荀悦等人批驳。实际上,董仲舒的"情性论"也不能简单割裂以待,亦未必与《白虎通》中的观点尽同。董仲舒首先承认人之有情性如天之有阴阳,客观存在,天经地义,且天人关系严丝合缝:"命者,天之令也;性者,生之质也;情者,人之欲也","天之副在乎人,人之情性,有由天者矣"。对于"性"是否善,却未必是铁板一块的答案:

> 天地之所生,谓之性情。性情相与为一瞑。情亦性也。谓性已善,奈其情何?故圣人莫谓性善,累其名也。身之有性情也,若天之有阴阳也。言人之质而无其情,犹言天之阳而无其阴也……(《春秋繁露·深察名号》)

性有仁,契理,生于阳;情有利欲,为贪,生于阴。但既然性情一体在身,其善恶便不能简单直接地割裂:"天之大经一阴一阳,人之大经一情一性。性生于阳,情生于阴。阴气鄙,阳气仁。曰性善者,是见其阳也;谓恶者,是见其阴者也。"(《王充《论衡·本性》)董仲舒综合孟、荀之观点,提出贪、仁统一在体(也即善恶、情性统一在体)的人性论:"人之诚,有贪有仁,仁贪之气,两在于身。身之名,取诸天。天两有阴阳之施,身亦两有贪仁之性。"(《春秋繁露·深察名号》)在此基础上,他继续根据人身上仁(性、阳)、贪(情、阴)比例不同,将人性分为三品:圣人之性、中民之性、斗筲之性。他深知此时遭遇了此性已非彼性的名相的吊诡,故有特别说明:"圣人之性,不可以名性;斗筲之性,又不可以名性;名性者,中民之性。"(《春秋繁露·实性》)董仲舒从对"善"的规定进一步深入"性"的歧义:"圣人以为无王之世,不教之民,莫能当善。善之难当如此,而谓万民之性皆能当之,过矣。质于禽兽之性,则万民之性善矣。质于人道之善,则民性弗及也。"(《春秋繁露·深察名号》)性虽然不得直接断言善恶,善却能够出于性:

> 性比于禾,善比于米。米出禾中,而禾未可全为米也。善出性中,而性未可全为善也。……性待教而为善。此之谓真天。天生民,性有善质而未能善,于是为之立王以善之,此天意也。(《春秋繁露·深察名号》)

这种观点无疑距荀子更近,情性实皆处在下位,居于上位的是礼乐教化。董仲舒更从现实功利的人性政治学出发,明确了情性问题的严重,直接发出"明于情性,乃可与论为政,不然,虽劳无功"(《春秋繁露·正贯》)的号召:

> 天令之谓命,命非圣人不行;质朴之谓性,性非教化不成;人欲之谓情,情非度制不节。是故王者上谨于承天意,以顺命也;下务明教化民,以成性也;正法度之宜,别上下之序,以防欲也。修此三者,而大本举矣。(《汉书·董仲舒传》)

东汉班固(32—92)等人编撰的《白虎通》尝设专篇探讨情性问题,立论与董仲舒类似,却明确以"五常"定"性",性已俨然具备了原本归属礼乐的纯善性质:

> 性情者,何谓也? 性者阳之施,情者阴之化也。人禀阴阳气而生,故内怀五性(仁义礼智信)六情(喜怒哀乐好恶)。情者,静也。性者,生也。此人所禀六气以生者也。故《钩命诀》曰:"情生于阴,欲以时念也。性生于阳,以就理也。阳气者仁,阴气者贪,故情有利欲,性有仁也。"[1]

流行于有汉一代的"天人感应"说,在宇宙秩序与人间秩序之间建立了森严的对应关系。"天五地六"原则在《白虎通》中得以具体化,"五性""六情"的分类在新的立论基础上显得更为严整:

> 五性者何谓? 仁义礼智信也。……六情者,何谓也? 喜怒哀乐爱恶谓六情,所以扶成五性。性所以五,情所以六何? 人本含六律五行之气而生,故内有五藏六府,此情性所由出入也。[2]

王充(27—97)、荀悦(148—209)尽管接续了董仲舒的"性三品"说,却同样反对僵硬的"性善情恶"论,并引入"元气"论,同时更强调"习"的重要性:"人之善恶,共一元气,气有多少,故性有贤愚"(《论衡·率性》),"中人之性,在所习焉。习善而为善,习恶而为恶也","余固以孟轲言人性善者,中人以上者也;

---

[1] 〔清〕陈立撰,吴则虞点校:《白虎通疏证》,北京:中华书局2015年版,第381页。
[2] 同上,第381—382页。

孙卿言人性恶者,中人以下者也;扬雄言人性善恶混者,中人也"(《论衡·本性》)。在情性之阴阳辨析上,王充在《论衡》中引刘向语,貌似与董仲舒唱反调(性阴情阳之定位正与董子相反)①,但他同样认为情性不可不养育节度:

> 情性者,人治之本,礼乐所由生也。故原情性之极,礼为之防,乐为之节。性有谦卑辞让,故制礼以适其宜;情有好恶喜怒哀乐,故作乐以通其敬。礼所以制,乐所为作者,情与性也。(《论衡·本性》)②

比较汉儒尤其董仲舒的立论,刘向与荀悦、王充代表的立场更近汉代道家之学,明显更为"经验"一些,更取折中孟、荀的立场。这一思路中还纳入了汉代的"性静情动"说,即始见于《淮南子·原道训》的"人生而静,天之性也;感而后动,性之害也",其以无欲、无为为人之自然本性,躁动多欲成为有违"本性"的有害状态:"嗜欲者,性之累也"(《原道训》),"邪与正相伤,欲与性相害,不可两立,一置一废,故圣人损欲而从事于性"(《诠言训》)。如果上推,先秦以"动静"论"情性",在《礼记·乐记》("人生而静,天之性也;感于物而动,性之欲也")、《中庸》("喜怒哀乐之未发,谓之中;发而皆中节,谓之和")中皆有可以引申的表达,"未发"被指性,"已发"被指情。但"未发"是"存有不活

---

① "性,生而然者也,在于身而不发;情,接于物而然者也,出形于外。形外,则谓之阳;不发者,则谓之阴。"(转引自钟泰:《中国哲学史》,北京:东方出版社2008年版,第120页。)这一"颠倒阴阳"之反调在之后屡禁屡唱。王充文见《论衡》,上海:上海人民出版社1974年版,第28、45、47页。

② 〔汉〕王充:《论衡》,上海:上海人民出版社1974年版,第43页。

动"还是即静即动,正为后世继续展开讨论留下了广阔空间。

大体论之,汉代的伦理学乃至诗学,均显得与荀子学说有较为明显的血缘关系,荀子《乐论》直接影响了《乐记》《毛诗序》及班固的美学观。但文艺领域的特殊品性使得性善情恶的观点难免要被因地制宜地加以改写。经学家论及诗、乐,更愿强调"性静情动"的一面,在合乎礼义的前提下正面肯定"情"的作用——无此"动情"或"情动"的因素,文艺何以存在?例如汉初的《韩诗外传》,其影响就分为两个路径:一路经董仲舒儒学发荀、韩学派之幽微,继续强调节性抑情(欲);另一路即表现在诗学,其情论一开《诗大序》,再启《文心雕龙·情采》等魏晋情性思想。可以断言,孟、荀之后,学者多半已不再执性之善恶一偏之论,所谓"论情性竟无定是"(王充《论衡·本性》),他们更加在意如何摈恶就善,"人之性也,善恶混,修其善则为善人,修其恶则为恶人"(扬雄《法言·修身》)。

至此略作小结,秦汉以后,情未免恶,不复自含条理之义,不足再为礼之本;性虽善,尚不足作为本体为情提供条理;故礼制专以裁制人情为论。这一立论转型或重心转移,应该基于"天生"(超验)之"性"有人难知之分,吾人经验所见,多已是外发的后天(经验)之"情"。难怪在后世心性儒学的光照之下,汉人无论性善情恶,皆是"气"边言论。此恰合中国文明尤其汉唐时期不务幽冥玄远而更多致力当下起用的特点。情性诸论多是出于教化可能的逆行推论,而非致力于追究"性"本体。学问气质最称中和的班固,就有如下见地:

> 人函天地阴阳之气,有喜怒哀乐之情。天禀其性而不能节也,圣人能为之节而不能绝也,故象天地而制礼乐,所

以通神明,立人伦,正情性,节万事者也。……夫民有血气心知之性,而无哀乐喜怒之常,应感而动,然后心术形焉。(《汉书·礼乐志》)

唐君毅先生曾从儒者社会身份转变的角度,为情性观转变另立一解,以为秦汉之后天下一统,学术归附为帝室宾客,有一明显的佐治目的,即皆以政教为目标。此说亦有味。既然"先验"的世界落在经验的观照中难免暧昧难明乃至难以凭靠,而持续两朝数百年的以礼制节制人情也难免陷入了僵化——"情"的真实转化才能保证道德的有效性。于是至于汉末,复有"重情论"转向,并引发了魏晋时期围绕"名教"与"自然"的新一轮波动。

(三)两难魏晋:性其情·情其性

魏晋时期在文学史上被称为"文学自觉的时代",无妨说这一判断首先即意味着魏晋在某种意义上属于"情自觉的时代"。所谓"圣人忘情,最下不及情。情之所钟,正在我辈"(《世说新语·伤逝》)即是此股思潮的反映。魏晋"重情"是极显著的文化现象,社会风气重情,文人圈里尤甚。重情思潮反射到诗文创作上,遂有"未知文生于情,情生于文"(《晋书·孙楚传》)之说;反射到社会生活上,遂有"埋玉树箸土中,使人情何能已已",或琅琊王伯舆"终当为情死"之说。这一时段对情性关系的讨论非常激烈,甚至可以直接出现在诗歌中。表现在文学理论中,陆机、刘勰、钟嵘、萧绎等人都把"情"界定为文学的本质特征或不可缺少的因素,对情与性也不做严格分别。这意味着时人试图将分离已久的情、性重新合一,回归其本然的自然与自然的本然,而非单纯诗人气质在失序生活中的蠢蠢欲动。争相吟咏情性使得文艺世界表现得鲜活、饱满、生动。

出于对两汉抑情思潮的反拨,魏晋对情性的论述更多是围绕"情"展开,且"情"将依循"自然"的名义合法地展开:自然被赋予了本然的意味,名教则渐次失去一统天下时的教化意义。"名教"与"自然"的关系是魏晋情性论的关键。嵇康主张"越名教而任自然",提倡"心不存乎矜尚,情不系于所欲"。郭象则持"名教即自然"之说,认为"夫仁义者,人之性也"(《庄子注·天运》),需要借自然的名义挺立名教。可见"自然"概念本身就歧义纷争。[1]

魏晋玄学本体论在王弼手中得以建成,该论取"以无为本",论情性关系同样如此,他也是最早提出"性其情"这一观念的。王弼视"性"的态度,兼收并蓄"无善无恶"之同与"有浓有薄"之异:

> 孔子曰:"性相近也。"若全同也,相近之辞不生;若全异也,相近之辞亦不得立。今云近者,有同有异,取其共是。无善无恶,则同也;有浓有薄,则异也。虽异而未相远,故曰近也。[2]

在孟子那里,情、性虽然已经分离,但情尚未具有消极的意味,它是善之端,需要扩充以至于性;在荀子那里,位于对立双方

---

[1] "名教出于自然"之"自然"即"有情"之自然,"无情"之"无"不是无有,而是无为,一切顺其自然。参见杨儒宾编:《自然概念史论》,台北:台大出版中心2014年版。

[2] 〔魏〕王弼著,楼宇烈校释:《王弼集校释》,北京:中华书局1980年版,第632页。

的乃是情性与礼乐,情、性皆不美。汉儒固然奠定了性善情恶说,却依然是用礼乐来扰化人情,内在的性并无明显动能。性被赋予本然而应然的善,在佛教大兴之前,玄学无疑奠定了第一步。而一旦体用不二的本体论成功建立,伦理学中的理想人格模式亦要发生转变,首要问题就是如何安置人格结构中的情感问题。这要待宋代理学兴起方能充分完成。而在魏晋,即使重情,情也依然常被视为一种会破坏身心平衡的主体因素,需要转化。怎样转化情,使它不但不伤身,而且可转化为一种更灵敏的心灵能力,这是魏晋时期流行的议题。王弼主张性情不二,试图消弭情性分离,重新将已经撕裂的自然与应然再度统一为本然。郭象注《庄子》中,庄子被视为超越情感的"无情"之"至人"正是此意。正始年间何晏、王弼有关于圣人有情无情之论争。何晏主圣人"有性无情",认为"圣人忘情,最下不及情";[1]王弼主圣人有情,但并不因此就放任恣肆人情。"性其情"的取舍即是"以情近性""有情而无情",让性来制约情,使情不远离性,圣人高于一般人处,不是无情,而是能"性其情",如此之情方是"情之正"。如能"性其情","欲"都可变得无妨:

> 不性其情,焉能久行其正,此是情之正也。若心好流荡失真,此是情之邪也。若以情近性,故云性其情。情近性者,何妨是有欲。若逐欲迁,故云远也;若欲而不迁,故曰近。[2]

---

[1] 何晏之论详情已湮。据《王弼传》,其论甚精。
[2] 〔魏〕王弼著,楼宇烈校释:《王弼集校释》,北京:中华书局1980年版,第631、632页。

圣人虽有情,其情与常人之情还是不同,"性其情"即是转化情感。如何转化情感则是玄学自何晏、王弼以来一贯关心的议题。圣人之所以为圣人,乃在圣人的心灵具有特别灵通的能力,王弼称之为"神明"。明则通"无",情为"无累",故圣人能与自然为一,纯理任性而无(俗)情之累。因为认同此"情"必须转化,王羲之、孙绰、许询等东晋名士都认为"情"是"累"。即使在当时山水诗代表作家谢灵运的诗中,(俗)情也常是负面形象。① 当然,如果从"崇本息末"(语出王弼《老子》注,"息"字目前学界多释为"生息"之意)论的另一见地出发,则"无"与"五情"之间也可被视为纵贯的生生的而非断裂的关系。

"烟出于火,非火之和;情生于性,非性之适。故火壮则烟微,性充则情约"(陆机《演连珠》),大方向至此,情、性之分离其实是无法挽回的,"性其情"的主张本身就是分离的表现。何况何晏、郭象所主的圣人无情论,对情的界定大致还是沿袭董仲舒的系统而来——尽管王弼所论神明与情的关系,可视为魏晋论情之主流。汉末魏初人伦关系中的才德关系转为才情关系,即与此"情变"有关。王弼在这一大传统中被认为首次扭转了中国文化思维模式上的方向:元气论搁置,体用论跃起——这是情、性分离到鲜明两截后才能出现的。尽管他"以无为体"的体用论被视为是弱势的、无法形成有效的创生的概念,②但何以体用论终于跃起?他何以要如此苦心孤诣地证明"圣人无情"?除了佛教的影响,根本处当不能避免其理论背景与现实压力:基

---

① 参见杨儒宾:《"山水"是怎么发现的:"玄化山水"析论》,载《台大中文学报》第30期,2009年6月。
② 参见杨儒宾:《从〈五经〉到〈新五经〉》,台北:台湾大学出版中心2013年版,第279—322页。

于经验层的"情"本身的阴阳善恶问题始终不得牢靠。人需要创生、发明一种牢靠,让自己稳靠。"理"学最终要跃起。

文艺方面,从汉末到西晋,诗歌大体沿着"缘情绮靡"的路子发展。当其弊病越来越明显时,诗风自然酝酿出相反的方向,完成自身的校正。于是从西晋末年到晋宋之交,诗歌进入玄言诗时代,由缘情走向体道,诗歌的转型背后正是情性论的转型,由绮靡华丽转变为质朴平淡。但"理过其辞,淡乎寡味"(钟嵘《诗品·序》)又给诗歌带来了新的危机,促使诗人寻求新的出路。于是从刘宋开始诗歌再次由理性回到感性,诗人们通过内容与形式两方面的革新来增强诗歌的感性美。齐梁时期这种倾向越来越明显。至于南朝,诗学中礼对情的制约作用更加淡化,被汉代诗学排斥的一部分情感内容堂而皇之地进入诗歌。可以说,与汉代诗歌相比,南朝诗歌中的感情日趋世俗化,这些感情往往无关政教,甚至不合礼义,正是彼时情性波澜的文学反映。

如此纵情任性乃至肆情滥情之后,历史理所当然需要再一次"简谐振动"、复归原位:"文起八代之衰"要纠正的根本,并非文体、文风问题,本质还是如何继续规约情性。于是南北朝有《刘子》一书出现,重振性善情恶论:

> 人之禀气,必有性情。性之所感者,情也;情之所安者,欲也。情出于性而情违性,欲由于情而欲害情。情之伤性,欲之妨情,犹烟冰之于水火也。烟生于火而烟郁火,冰出于水而冰遏水。故烟微而火盛,冰泮而水通;性贞则情销,情

炽则性灭。是以殊莹则尘埃不能附,性明而情欲不能染也。①

是书作者或被认为即《文心雕龙》的作者刘勰,持论有浓郁的佛味:"水之性清,所以浊者,土浑之也;人之性贞,所以邪者,欲眩之也。""全性之道"则在"将收情欲,先敛五关(五官)",因为"五关"乃"情欲之路,嗜好之府"。②

(四)过渡有唐:性善情恶到灭情复性

有汉至唐,佛、道渐兴。二氏之于情性问题,性善情恶乃基本立场。人人皆有佛性之人性预设,便是性在情前、更在情上这一价值判断先行——圆教立场虽然近乎"即情认性",但那是果地位阶,博地凡夫依然未免经历"大破凡情""死尽凡心"的阶段。情性高下之断,基于"(人)情无常":"五欲(色声香味触)者,五情所欲者。……若觉其无常,然后能以之求本矣。"(竺道生《维摩经义疏》)道教的"六情"之说,则从佛门六根(六识之眼耳鼻舌身意)变化而来,所谓"六情一染,动之弊秽"(《定志经》)、"六情恬夷,神自归也"(《大戒经》),皆是此意。只是性或情之于人"生"意义的先后次序可以预设或实证,"情"之存在到底为经验所难免,故"推情合性"是各家修行的具体旨归与必由路径。修行固是修心,也几乎就是"修情",区别只在如何修情。东汉魏伯阳(151—221)《周易参同契》已见此端。北宋张

---

① 《刘子校释·防欲章二》,载〔北齐〕刘昼著,傅亚庶校释:《刘子校释》,北京:中华书局2015年版,第10页。

② 同上。

伯端(983—1082)《悟真篇》亦执此意,渴望修行基础上情性自然合一。唐僧天台湛然(711—782)虽将"(佛)性"绝对化、普遍化,乃至"无情"(之物)亦有(佛)性,"清净圆明本体"与"染净之心"(华严宗、法相宗)这对范畴,体现的依旧是性善情恶之断与性情分离之实。《周易》"利贞者,性情也。……大哉乾乎!刚健中正,纯粹精也。六爻发挥,旁通情也"被唐人孔颖达疏为"而得正者,由性制于情也",正是性善情恶论的具体发挥。唐代儒者此类论述最著名者,有韩愈的《原性》与李翱的《复性书》。

韩愈在《原性》中承继了汉代"性三品"说,并指责孟、荀"得其一而失其二",扬雄"举其中而遗其上下",在"性三品"基础上更标之以五常(仁礼信义智)、序之以七情(喜怒哀惧好恶欲),可谓汉唐持此论之集大成者。既然"性也者,与生俱生也;情也者,接于物而生也",则根据"性情相应"的原则,韩愈分情亦成上中下三品:"上焉者之于七也,动而处其中;中焉者之于七也,有所甚,有所亡,然而求合其中者也;下焉者之于七也,亡与甚,直情而行者也。"因为"性"不尽善,并未获得彻底赦免,故韩愈同样看重"化性"之可能与重要:"上之性,就学而愈明;下之性,畏威而寡罪;是故上者可教,而下者可制也。其品则孔子谓'不移也'。"①

一度因为辟佛得罪朝纲而被贬南粤的韩愈颇宗儒风,只是"平生所致力,于文为多,于学为浅。故其言矜气而不能平情"②。李翱的性情说则被后贤视为"故颇通乎无方",《复性书》

---

① 〔唐〕韩愈著,刘真伦、岳珍校注:《韩愈文集汇校笺注》,北京:中华书局2010年版,第47—48页。
② 参见钟泰:《中国哲学史》,北京:东方出版社2008年版,第176—178页。

中之性情与佛氏"真如""无明"暗通款曲,貌似重扬汉儒性善情恶说,却非儒者立场之"制情""导情",直接倡导了"灭情复性"。

无论是否经由佛老影响,李翱《复性书》启其先端,成就了一种非经验性格的"(人)性论",成为之后三教的主流认定与追求,这一点是毋庸置疑的。这不是对情性不离的本然状态的渴慕,而是对复性灭情的应然状态的把持,饱含了对"情"的根本价值的判断与处置。同为唐人的李善(630—689)的表述最为直接:"性者本质也,情者外染也。"某种"原初的"却又处于超越的圆满人性状态被设定,现实的人与理想的人却又距离颇远,而导致人性狂炽残缺的力量来自七情。成德之要乃在"妄情灭息,本性清明",也就是经由某种途径(修行工夫),人终归可以回到其原初的圆满,此即"复性"。

与此相应,此时的文学理论也再次偏离了吟咏情性,儒家"风动教化"的诗学传统重新彰显。白居易有诗曰"雅哉君子文,咏性不咏情",显然将"咏性"放在"咏情"之上。无怪唐宋八大家要"文起八代之衰"——此正文学中的"复性"之音。

经过唐末五代十国之乱,北宋士大夫文集中最常出现的基调,就是对于这一时期人伦荡然、礼崩乐坏的强烈反感:不仅政治社会秩序崩盘,人间一切秩序似乎都走了样,甚至连文字的表现都不对了。宋儒经过一番清算,得出结论:世界的秩序全盘错乱乃是佛老介入人间的秩序所致。无论宋儒对政治秩序的强烈关注,还是儒学被理学进一步强化的人间性格,不能不说均与积弱的两宋严重的社会政治问题有关——理论的建树往往出自现实的反弹。而一旦关心的层面到达一切秩序,亦即一切法的层面时,议题性质自然会由经验的变为超验的。"性命"诉求于此跃上文化舞台,可以说本身就是文化问题的激发而致。

宋儒振奋家法入室操戈(尽管被后世佛门弟子讥为"入室盗法"),"出入释老,反而归于'六经'",于佛道夹击中试图为儒学别开生面,情性论自此又一变:重建儒家性命之学,"日尽其情性"被理学发扬光大。围绕"天道性命"及其家族概念,性与情如何调和而至"复性",成了理学家主要的共同的关怀。①

三 历史之二:宋明之变
——理学消息的超验(超越,先验)与反动

(一)濂洛关闽:心统性情,性主几元

人性善恶之辨在战国时期就是学界争论的主战场。就理论言之,性善论、性恶论、性善恶混合论、性三品论……均是在经验世界中界定人性。从社会学角度着眼,乃是要满足儒家道德学说乃至制度规范(内圣外王)成为可能的建构需要。当要强调儒家道德的天然合理性时,需要性善论;当要强调对世人进行道德教化的后天必要性时,需要性善论之外的种种理论。性恶论或混合说均有利于论证道德教化的后天必要性。

虽然性恶论、性善恶混合论、性三品论均有利于论证道德教化的后天必要性,但因性恶论与儒家预设的道德的天然合理性(道德起源与道德依据)冲突,故荀子之后少为儒家所取——这应该也是荀学不张或不明张的一个重要原因。程颐谓"孟子所以独出诸儒者,以能明性也。性无不善,而有不善者才也。性即

---

① 参见杨儒宾:《从〈五经〉到〈新五经〉》,台北:台湾大学出版中心2013年版,第4、5、6、18页。

是理",即为此。程子也因此称"孟子有大功于世,以其言性善也",朱熹又引韩愈之言"孟氏醇乎醇者也,荀与扬大醇而小疵",立论皆在这一根本奠基引发的意义效应。① 宋儒在此奠基上别开生面,经由"新五经"的建构,孟子仅限于道德界的性善论被扩充为遍布存在界的泛性善论。

无论基于佛道挑战还是其他原因,宋代理学均在渴望"给人的主体及世界存在一个稳定而有规范性的基础",这种对个体与世界强烈的本体信托的情感与追求不仅使得宋代"性"论开枝散叶大放异彩,"情"作为"性"之发用,也被赋予了一种积极的内涵,是内在本体必然要显现出来的形式。不仅作为四端的"情"是可以肯定的,作为"七情"的"情"也经由心之主宰的克制而光辉面世。当然,"性其情"依然是诸家共许之意,更是整个道学的共同目标。

比较而言,汉唐儒者的经解模式虽然也有其基于气化宇宙论与气化人性论的形上关怀,但显得更为注重文化的问题;宋代理学家虽然继续关怀形上与文化领域,与汉唐儒家不同的是转换了形上关怀的理论基础,以"复性"为核心的性命之学正式跃上历史舞台。一种强调"天道性命"的观点被引入儒学,体现先天的普遍性人性被视为学问的终极关怀,"经验人性"之外更深层的本性被认定并存在。因此核心元素的发明,儒学价值体系被全盘翻转,"天道性命"及其家族概念"复性"方才成了理学家的主要关怀。② 一心要和佛老擅长的心性形上学争夺天下的理

---

① 〔宋〕朱熹:《四书章句集注》,北京:中华书局1983年版,第198页。
② 参见杨儒宾:《从〈五经〉到〈新五经〉》,台北:台湾大学出版中心2013年版,第4—6页,第18页。

学家认为,前儒素朴的自然主义经解未免落在"气"边、智不穷源,儒学的修养论变成以自我本性的体认作为最高目的。虽然伦理与文化未被废置,却被认为要呈现出厚度,儒者在此世的奋斗一举变成承体起用的立体的事业。① 汉唐儒者固然也曾多少视性为善,性的本体化却要至此才完成。

虽然李翱《复性书》已经将"性"首次提高到类乎日后"天地之性""义理之性"的层次,张载与程颐也已经在现实的气质之性之外另立超越的人性,但在朱子之前,历代儒者并未对"性命"做出太多解释。宋代理学家对情性的认识也并不完全一致。例如王安石即明确反对性善情恶。理学的儒家学者身处玄学、佛学大盛之后的时代,他们所立下的最高的人格典范不能不吸收前代佛道精粹的人格模式。宋代理学将圣人的资格开放给"人",而从董仲舒到韩愈,汉唐儒学的圣人与其他人有种本体论的断层,气成命定,圣哲天选。② 张载、程颐首度提出明确的超越的人性概念。张载被视为"性二元论"创始者,此论为二程所发展,为朱熹所大成。义理之性与气质之性典型的对分则始于朱子门人陈埴。南宋以后理学的人性论才完整地展开,"性"成为人之所以为人的超越性本质,性命之学意指对人的本质的自我认识。

张载首分"性"(性之本体则是"合虚与气,有性之名")为

---

① 而汉唐儒者,其道德实践的焦点不是对于自我的本质做超越的体证,而是在一种由文化传统所体现的世界中做伦理的奉献,从司马谈、班固到韩愈,儒家之要义均在社会伦理与文化价值体系。参见杨儒宾:《从〈五经〉到〈新五经〉》,台北:台湾大学出版中心2013年版,第21、23、27、29、31、37页。

② 宋明儒者使用的"欲"字基本不是生理学或生物学的概念,而是心性学意义下本心有没有陷溺,周敦颐如此,朱子"存天理,灭人欲"也是如此。参见杨儒宾:《从〈五经〉到〈新五经〉》,同上,第40、43—44页。

"天地之性"(本然之气)与"气质之性"(阴阳之性)。天地之性至善,而气质之性有偏:

> 形而后有气质之性,善反之则天地之性存焉。故气质之性,君子有弗性者焉。人之刚柔、缓急,有才与不才,气之偏也。天本参和不偏。养其气,反之本而不偏,则尽性而天矣。(《正蒙·诚明》)

气质之性可以说就是自然的人性,是"生之谓性"传统的一支,孟子认为的"君子弗性"一类。天地之性经由"善反之"获得,具有普遍性,个体借此融入无限。气质之性是有待驯化的。故人当追求"变化气质",排除气质之性的蔽塞、物质欲望的诱惑,返回天地之性、改恶从善。此论虽然"一于气",却仍属先验人性论。

张载未尝明言天地之性即是理,经由程颐,方才变其为"理性"。程颢则表为著名的"性—气"对照论:"论性不论气,不备;论气不论性,不明。""气"在"情性论"中亮明身份,让问题获得明朗化的契机。某种程度上说,也正基于"气化"进而能够化"气",宋明理学日益发达的工夫论才得以成型。程颐也承认性、气不离(天命之性不能离开气质之性而存在),他以"气禀之性"代气质之性,以"人生而静,以上不容说"代天命之性(本然之性)。性有善恶、善恶皆性,纯然而善的乃是"自家体贴"出来的"天理"。理、性、天并进而引申出心、情彼此间的关系:"天者,理也","性即理也,理则自尧舜至于涂人一也","性之自然者谓之天;自性之有形者谓之心;自性之有动者谓之情。凡此数者皆一也"。理之分殊相,就是"仁义礼智信","自性而行,皆善也,圣人因其善也,则为仁义礼智信以名之";理、性关系则是"理"即"极本穷源之性"(即"孟子之言善者"),有别于"生之谓性"之性(气禀)。气质之性更以"才"字当之:"性出于天,才出于气,气清则才清,气浊则才浊。……才则有善与不善,性则无不善。""性天""才气"构成对反。

至于情,二程更多讨论的是"圣人之情":"夫天地之常,以其心普万物而无心;圣人之常,以其情顺万事而无情。……圣人之喜,以物之当喜;圣人之怒,以物之当怒。是圣人之喜怒,不系于心而系于物也。"(《答横渠张子厚先生书》)此论与王弼之论"性其情"实不乏相承接处,同样承认圣人也有喜怒,并非无情,但其喜怒是喜其当喜,怒其当怒,顺应万物,"无情"当作"无一己之情"解,已经约略见得明儒刘宗周的超越态的"情"。

朱熹继续张载与二程的话题,但更加明确凸显性即"理"的存在:"生之谓气,生之理谓性","性,不是有一个物事在里面换作性,只是理所当然便是性,只是人只当如此做底便是性"。应然即实然,似乎遥遥呼应"名教即自然"。继续深入下去,则"有两个性字,有所谓理之性,有所谓气质之性"。"大抵人有此形气,则是此理始具于形气之中,而谓之性",性之本体即理,不在形气之中者称作理,具于形气之中者便叫作性。人一有生,则"此理"已在气质当中,无复"性之本体",故"论天地之性,则专指理言","生之谓性,是生下来唤作性底,便是气禀夹杂,便不是理底性了","才说性时,便已不是性"。因此,本然之性是一种潜在之可能,气质之性则是现实之存在。本然之性被视为先验而完美,"具万理而应万事",由于后天气质遮蔽,为学之道首要便是"复其初""明明德"。

至于情、性关系,朱熹更加严分性、情,以心含纳性、情、意、志,"心统性情,性体情用",理论上完成了如何将性(理)落实到人的行为(情)。"心统性情"的说法本于张载:"心统性情者也。有形则有体,有性则有情。"(《张载集·性理拾遗》)具体如何把性和情统一于心,朱熹的情性论更有理论完整性。孟子所云"恻隐之心"等"四端"是"情上见得心",仁、义、礼、智是"性上见得心":"性者理也。性之体,情之用,性情皆出于心,故心能统一","性是体,情是用,心字只一个字母,故性情字皆从心","性是未动,情是已动,心包得已动未动。盖心之未动则为性,已动则为情,所谓心统性情者也","心统性情者也,寂然不动,而仁义礼智之理具焉,动处便是情","性安然不动,情则因物而感"。性与情是体与用的关系,二者同处于一个统一体"心",是相互依存的:"有这性,便发出这情;因这情,便见得这性。"《中庸》的"未发""已发"也可以因"体用"得到如下解释:"心有体用:未发之前,是心之体;已发之际,乃心之用。"前人"性静情动"说因与此论相通而亦被朱熹吸纳:"一心之中,自有动静,静者性也,动者情也","性安然不动,情则因物而感"。而性善情恶说则与之无法兼容。所以朱熹明确反对李翱的灭情复性说:"李翱复性则是,云'灭情以复性'则非。情如何可灭?此乃释氏之说,陷于其中不自知。"[1]然"情"既是"性"的表现,是"心之用","人的合理关系"都是要以"共感或交感的情感为依据","情"自然是不

---

[1] 本节引朱熹文字,参见朱熹:《朱子语类》卷四、五、五十九、六十九、九十五、九十八。印光法师解心,则有谓"心字指常住真心而言,非随缘所起之习心也。习心乃情染耳,非本体也"(参见印光法师:《与马契西居士书十一》,载《印光法师文钞·卷一》,成都:巴蜀书社2015年版,第276页)。不妨与此共参。

可灭的。①

虽然朱熹不同意笼统地把情看作是恶的,但他承认"情有不善",并分析了情所以有不善的原因:"心之本体,本无不善,其流为不善者,情之迁于物而然也。"(《朱子语类》卷五)"心之本体"可以解作"性",其本无不善,为何又可能变为不善?这是由于情没有受到节制,随外物而变化的缘故。情虽然决定于性,但也可以反作用于性,情的放纵会使本来善的性变为不善。由此说明了节情的重要性。朱熹的情性论因此是对传统儒家情性论的整合,参融了各家学说,但拒斥了性善情恶说。这一点坚持,在朱熹的老师刘子翚讨论《中庸》之学时,亦已说得明白。《中庸》作为"性命之学"的解读模式可能为宋儒发明,当然也很有可能是"复活此书的意义,而不是凭空创造此书的价值"②,这将为后世重读或再造经典留下罅隙。

朱熹之后,其弟子陈淳、南宋魏了翁、元代许衡等人均赞同性二元论。性二元论试图从本体论的高度回答人性善恶的来源,同时也是人类的道德起源。应该说,以朱子学为代表的理学体系设计的人性论颇不同于此前的儒学传统,原因主要有三:其一,人性先验地本善,性具万理;其二,现实的人性只能是性落于气质的气质之性,"理气合"是所有个体的基本构造;其三,通过主敬与穷理,人可以"复性"。这令人无法不想及宋儒的立论乃

---

① 参见杨儒宾:《异议的意义:近世东亚的反理学思潮·序》,台北:台湾大学出版中心2012年版。"空"其"情执"与"灭情"之间还要仔细区分。如何"复性"引发的分歧不止于此。程颐通过对《易经》复卦的解释,强调"自古儒者皆言静见天地之心,惟某言动而见天地之心"。参见程颢、程颐:《周易程氏传》。

② 参见杨儒宾:《从〈五经〉到〈新五经〉》,台北:台湾大学出版中心2013年版。

从与佛、道对战中来,带上了对手的痕迹。由于程朱对于人欲之杂、人心之险有极深的体会,因此,就情的展现而言,程朱工夫论对于情的戒慎恐惧是极明显的,"主敬"意味着心灵随时处于"一"的状态,也就是心灵须有内返自证的努力,不可须臾放纵;而情的本性恰好是主体的分化,它常处于心灵波动的情境,与此世的人、事相涉相入。就德性工夫考虑,"情"处于被"理"监督的位置,它需要被纠正,"主一"与"情教"不能没有相当程度,至少是过程中的紧张关系。

相比唐代,宋代文学理论更加明显地向正统儒学回归。俞弁《逸老堂诗话》重申"发乎情,止乎礼义"的观点,黄昇《中兴词话》认为词也要遵循这一准则,苏轼干脆主张用"发于性,止于忠孝"(《王定国诗叙》)来取而代之。释智画则将之前从未引入文论的"性其情"的命题运用于论文,还标举《中庸》中的论断"中也者,天下之大本也;和也者,天下之达道也",要求"节情以中"(释智画《答李秀才书》)。黄庭坚论诗也强调对情感的约束。南宋词人张炎论词有谓"词欲雅而正。志之所之,一为情所役,则失其雅正之音"(《词源·杂论》),即受制于此时理学风气中的情性认知,适与魏晋南北朝流风形成鲜明对照。应当说,儒家诗学中"主文而谲谏""言之者无罪,闻之者足以戒"以及"温柔敦厚"的诗教已含有此意。只是这种戒慎怨刺观发展到一定程度,便是邵雍在《伊川击壤集序》中对近世诗人的讥刺:"穷戚则职于怨憝,荣达则专于淫佚。身之休戚,发于喜怒;时之否泰,出于爱恶。殊不以天下大义而为言者,故其诗大率溺于情好也","情之溺人也甚于水"。① 同时的例外不是没有,例如苏轼所谓"圣人之道,自本而观之,则皆出于人情",苏辙也谓"'六经'之道,惟其近于人情,是以久传而不废"。这些持论,既是"道始于情""礼作于情""文起于情"之余音,同时也是文学艺术自身之规律。

值得格外一提的就是邵雍。这位稀奇的儒宗("北宋五子"之首)所持却是性善情恶说,更近佛、道立论。他在《观物外篇》中说:"以物观物,性也;以我观物,情也。性公而明,情偏而暗","任我则情,情则蔽,蔽则昏矣;因物则性,性则神,神则明矣",把"任我"和"因物"作为区分情性的标志,提倡"以物观物",反对"以我观物"。② 邵雍更将其观物说加之于诗,"诚为能以物观物,而两不相伤者焉。盖其间情累都忘去尔,所未忘者,独有诗在焉。然而虽曰未忘,其实亦若忘之矣。何者,谓其所作异乎人之所作也。所作不限声律,不沿爱恶,不立固必,不希名誉,如鉴之应形,如钟之应声。其或经道之余,因闲观时,因静照物,因时起志,因物寓言,因志发咏,因言成诗,因咏成声,因诗成音。是故哀而未尝伤,乐而未尝淫。虽曰吟咏情性,曾何累于性情哉?"③从这种万物自行朗现的物之哲学中,可以看到一种前诠释的意义彰显方式,物决定了自己的存在,类似一种纯净的"现量"精神。明儒王夫之《庄子解》中有类似的主张,"非以致物,丧我而予物无撄"。让主体悬搁,让物在游化的心境底下呈

---

① 〔宋〕邵雍著,郭彧、于天宝点校:《邵雍全集》(肆),上海:上海古籍出版社2016年版,第1页。
② 〔宋〕邵雍著,郭彧、于天宝点校:《邵雍全集》(叁),同上,第1217—1218页。
③ 〔宋〕邵雍著,郭彧、于天宝点校:《邵雍全集》(肆),同上,第2页。

现,主体虚己(丧我)以回应之。这种"玄化"的观物哲学直接关联的乃是主体的重建:气化的精微的玄化主体。①"人生都在情量中,学者工夫,未超情外,不得解脱"是真诚的证言。② 儒门内部何尝不是裂缝重重。邵雍的性情对分、性公情暗之说,很容易令我们联想到李翱《复性书》的立场。"情偏而暗"是复性说或解脱论常见的主张,比较适合佛教文化的氛围,通常儒家的道德论或文化论的主体之运作方向恰好相反。

(二)性一元论:心学与"气"边

"心学"情性

从唐之李翱到宋之朱熹,儒者成功建立了一种可以对抗佛、老的世界观,天道性命成了宋代之后儒学的主要关怀。朱熹将二程"性即理也"与张载"心统性情"综合于一,完成了宋儒关于性命、性情的理论建构。但此宗将性、心两分,性理被认为只存有不活动,势必引发心学(陆王)一脉"心即性""心即理"的反动("一与两"原本就是中国文化中另一重要问题),何况"存天理,灭人欲"一旦教条化、皮相化,也难免带上些"以道强人"甚至"以理杀人"的气味,性气一元论就此罅隙乘虚而入。尤其明代中期以后,伴随着实学的发展,"性一元论"凸显为"心学"与"气论"两种形态。与之相关的情性论,亦发生相应改观。

宋代以前,关于心与性、情、理的关系已为思想家广泛涉及。

---

① 参见杨儒宾:《游之主体》,载《中国文哲研究集刊》第45期,2014年9月。
② 参见〔明〕邓豁渠著,邓红校注:《〈南询录〉校注》,武汉:武汉理工大学出版社2008年版,第2页。

至于宋儒更是精义迭出。心统性情说首倡于张载。胡宏认为"诚成天下之性,性立天下之有,情效天下之动,心妙性情之德"①。朱熹以心统性情说为颠扑不破之论,更从体用、动静方面加以发挥。那么心统性情之心到底是唯危的"人心"还是唯微的"道心"？明儒罗钦顺认为："道心为性,指未发而言；人心为情,指已发而言。"②但心是否只能指已发不能指未发？在工夫化境上心性可否为一？朱子学与非朱子学的许多重要区别将体现在对这些问题的回答上。在朱子学中没有"同一"这类解释。朱子的理世界超绝于人,因此被非朱子学的学者认为与人的具体生命有断层的隔阂。

同为宋儒,不同于朱熹认为心具万理而心非理、性在于心而性非心,陆九渊坚持"心即理""此心此理,实不容有二"的观点,因此被朱熹批评为"不知有气禀之杂,把许多粗恶底气,都把做心之妙理,合当恁地自然做将去"(《朱子语类》卷一二四)。明人王守仁承续陆九渊而别开生面,坚持"无心外之理""心之体,性也,性即理也","心也,性也,天也,一也","性一而已。自其形体也谓之天,主宰也谓之帝,流行也谓之命,赋于人也谓之性,主于身也谓之心"。他直接针对程朱性二元论提出批评："程子谓'论性不论气,不备；论气不论性,不明',亦是为学者各认一边,只得如此说。若见得自性明白时,气即是性,性即是气,原无性气之可分也。"③而程子此句原本是朱熹最推崇的,以为"孟子

---

① 〔宋〕胡宏著,吴仁华点校：《胡宏集》,北京：中华书局1987年版,第21页。
② 〔清〕黄宗羲：《明儒学案·师说》,北京：中华书局1985年版,第9页。
③ 〔明〕王守仁：《王阳明全集》,上海：上海古籍出版社2016年版,第69页。

之言性善者,前圣所未发也,而此言者又孟子所未发也"(《朱子语类》卷三十六)。

王守仁心学的情性论部分也承袭了朱熹的一些观点,诸如"心统性情:性,心体也;情,心用也",但他特别指出"体用一源","夫体用一源也,知体之所以为用,则知用之所以为体者矣。虽然,体微而难知也,用显而易见也。……君子之于学也,因用以求其体"①,即是承续陆九渊"且如情、性、心、才,都只是一般物事,言偶不同耳"(《陆九渊集》卷三五)的观点。君子的修养不仅要在本体的性上用功夫,还要在发用的情上用功夫,要"因用以求其体",不要视情为洪水猛兽。王学核心思想是"致良知","良知"是人心本来具有的。《传习录》中有一段对话,阐明情感与良知的关系:

> 问:知譬日,欲譬云,云虽能蔽日,亦是天之一气合有的,欲亦莫非人心合有否?
> 先生曰:喜、怒、哀、惧、爱、恶、欲,谓之七情。七者俱是人心合有的,但要认得良知明白。比如日光,亦不可指着方所,一隙通明,皆是日光所在;虽云雾四塞,太虚中色象可辨,亦是日光不灭处,不可以云能蔽日,教天不要生云。七情顺其自然之流行,皆是良知之用,不可分别善恶,但不可有所着,七情有着,俱谓之欲,俱为良知之蔽;然才有着时,良知亦自会觉。觉即蔽去,复其体矣。此处能勘得破,方是

---

① 〔明〕王守仁:《王阳明全集》,上海:上海古籍出版社2016年版,第165页。

简易透彻功夫。①

王守仁把"七情"看作"人心合有的",只要"认得良知明白",七情"顺其自然之流行"便是良知发用。他把"欲"理解为"情"的执着沉迷,而且"不可以云能蔽日,教天不要生云",欲的产生也是自然的。欲虽为良知之蔽,但良知仍在,只要良知觉醒,即能去蔽而恢复本体,因此欲也不是可怕的。王氏还从七情中把"乐"提出,作为"心之本体":"乐是心之本体,虽不同于七情之乐,而亦不外于七情之乐,虽则圣贤别有真乐,而亦常人之所同有。"(《答陆原静书》)此"乐"显然别有洞天,不同不外于情之"乐"。后来罗汝芳干脆以"仁"释"乐":"生意活泼,了无滞碍,即是圣贤之所谓'乐',却是圣贤之所谓'仁'。"(《明儒学案》卷三十四)于是"仁"也就是人人固有的"良知"。既然作为心之本体的乐既在七情之上,也在七情之中,这样心理情感和道德本能就一起被提升到了本体的高度。按照王学的逻辑确有可能导致以情为性、情性不分。与罗汝芳同属泰州学派的杨复所便说:"要晓得情也是性。"(《杨复所证学编》)焦竑也说过:"不捐事,以为空,事即空;不灭情,以求性,情即性。"(《答耿师》)。颜钧就曾慨叹:"吾门人中,与罗汝芳言从性,与陈一泉言从心,余子所言,只从情耳。"(《明儒学案》卷三十二)可见泰州学派中言情至于"从情"者甚众,主情性合一的恐不在少数。但这些断语往往跟工夫等第密切相关,很难仅从名相定下标准。情在良知学中获得了充分的解放,不论是放在阳明学者的整体脉络中,

---

① 〔明〕王守仁:《王阳明全集》,上海:上海古籍出版社2016年版,第126页。

还是就阳明学对社会的影响而论,良知学的"情"的面向都极突出。因此,学者如以"情"概念的浓淡作为阳明学与朱子学或明学与宋学的判断依据,[①]也未尝不可。诚然,正统儒者很难负面地看待情,诗书礼乐总是因人情而立,然而在心统性情格局下的程朱理学,情总是要慎重地接受来自超越界的性的规约,不能放肆,所以朱子言及情时,才会有"情本不是不好底"这类保守、勉强的说词。良知学不然,良知是身体整体功能的总称,它是气,也是情,它是形气主体,它对万物总有不能自已的温润之情。温润之情再往前发展一步,即是冲决罗网的力量。因此,如果从"气"的维度略窥"心学情性论",或者不失为方便法门。但"气"的问题甚为复杂,笔者能力有限,本文也不能着墨过多,只能点到为止。

"气化"一元

尽管程朱学者早已认识到并极为警惕人的气秉之杂难以澄清(因此凡事只是诉诸本心是很危险的),但有一类性一元论者,却认为人性只有具有强度与差异的气质之性,无自立于气之外的天地之性(心体、性体),不再以复性说为然。工夫论也因此转而成为对气质的美化、强化、知识化。这一流派的代表人物有明代的罗钦顺、王廷相、吴廷翰。

罗钦顺根据"理一分殊"的原则,认为"人物之生,受气之初,其理惟一;成形之后,其分则殊"(《困知记》卷下),坚持性一,反对性二,认为应该"就人生上体认"天地之性,离开气质别无天地之性,这既取消了"性"与"欲"的对立,也给"欲"的地位

---

① 参见〔日〕冈田武彦:《王阳明与明代儒学》,吴光等译,上海:上海古籍出版社2000年版,第1页。

在价值判断上留下余地:"欲未可谓之恶,其为善为恶,系于有节与无节尔。"(《困知记》卷上)不过罗钦顺却始终认为自己为朱子学中人,为朱子学诤臣。是"就气认理"还是"认气为理",失之毫厘即可谬以千里,罗钦顺坚持的显然是前者。

王廷相的立论则从元气论出发,主张性生于气,反对天地之性,并以此说为"宋儒之大惑"、佛性说的翻版:"余以为人物之性无非气质所为者,离气言性,则性无处所,与虚同归;离性言气,则气非生动,与死同途。是性与气相资,而有不得相离者也"(《王氏家藏集·答薛君采论性书》),"有生则有性可言,无生则性灭矣,安得取而言之?是性之有无,缘于气之聚散。若曰超然于形气之外,不以聚散而为有无,即佛氏所谓'四大之外,别有真性'矣,岂非谬幽之论乎?此不待智者而后知也。精神魂魄,气也,人之生也;仁义礼智,性也,生之理也;知觉运动,灵也,性之才也。三物者,一贯之道也"。①

吴廷翰同样坚持"性气一物",反对天地之性与气质之性两分,以为"孔孟无是说也":"盖性即是气,性之名生于人之有生。人之未生,性不可名。既名为性,即已是气,又焉有气质之名乎?既无气质之性,又焉有天地之性乎?性一而已,而有二乎?""凡言性也者,即是气质。若说有气质之性,则性有不是气质者乎!性即是气,论性即是论气",以为"性理"之说乃是"必有超然一物立于天地之先以为理,烁然一物悬于形气之上以为性,终属恍惚,终属意见,近乎异说"(《吉斋漫录》)。

明季大儒刘宗周近来多被纳入"气学"谱系,因其同样主张

---

① 王廷相文见〔明〕王廷相著,王孝鱼点校:《王廷相集》,北京:中华书局1989年版,第518、602页。

"盈天地间只有气质之性,更无义理之性"。其高足陈确反对"于形质未具之前,寻求性之本体"的发言亦称激烈:"一性也,推本言之,曰天命,推广言之,曰气、情、才,岂有二哉?","由性之流露而言谓之情,由性之运用而言谓之才,由性之充周而言谓之气,一而已矣","宋儒分本体、气质言之,何得不支离决裂乎?性即是本体,又欲于性中觅本体,哪得不禅?其曰'气质之性'者,是为荀、告下注脚也;曰'本体之性'者,是为老、佛传衣钵也。两者皆从何处捞摸!"(参见《陈确集》"圣学""气情才辨""子曰性相近也二章""大学辨")。把情性合一论表述得最鲜明、发挥得最透彻的还是刘宗周本人,难怪他的观点经常被归结为指情言性、即情即性:

> 喜、怒、哀、乐即仁、义、礼、智之别名,以气而言曰喜、怒、哀、乐,以理而言曰仁、义、礼、智是也。理非气不著,故《中庸》以四者指性体。(《易衍》第七章)
> 非仁、义、礼、智生喜、怒、哀、乐也,又非仁、义、礼、智为性,喜、怒、哀、乐为情也,又非未发为性,已发为情也。(《读易图说》)
> 指情言性,非因情见性也。即心言性,非离心言善也。后之解者曰"因所发之情而见所存之性,因此情之善而见所性之善",岂不毫厘而千里乎!(《学言下》)
> 即性言情也……即情即性也。并未尝以已发为情,与性字对也。(《商疑十则答史子复》)[1]

---

[1] 此处所引刘宗周文分见〔明〕刘宗周:《刘宗周全集》第2册,杭州:浙江古籍出版社2007年版,第138、132、465、346页。

黄宗羲继承师说,明白指出,"即情即性"是复归于孟子,也符合张载的理气合一说。(见《孟子师说》。刘宗周"以理而言是性,以气而言是情"论即吸收了理气合一说)至此,"性情"关系明确获得了另外一个有效的解释渠道:理、气关系。

晚近论刘宗周之思想者常有将其往明末清初情欲解放思潮靠拢者。其实如上刘氏论气质之性并非以气质为性,而是"就气质中指点义理者"(颇类"就气认理",刘氏持论多有亲近朱子学处)。同样,刘宗周所说的情也是本体意义上的情。刘宗周的即性即情与性圆融之情并非一般而言可以任意列举的感性之情,而是与仁、义、礼、智(性)相表里的性之情(喜、怒、哀、乐四德)、心之情(恻隐、羞恶、辞让、是非)、意之情(好、恶),[1]或可称为"形上的情"。[2]《证人要旨》"卜动念以知几"一章指出,"独体本无动静,而动念其端倪也",因念之转情离乎性,这便是造成"隐过"的"七情着焉":溢喜、迁怒、伤哀、多惧、溺爱、作恶、纵欲。[3] 此即与"欲"相关联的七情(喜、怒、哀、惧、爱、恶、欲)。刘宗周对于一般而言的感性之情,不仅不肯定,其警惕反而恐怕是前所未有的(王梵森因此称其为"道德严格主义"的代表)。喜、怒、哀、乐为性之发露,喜、怒、哀、惧、爱、恶、欲为个体之心感物而成,前者乃天道之常运,后者为人事之常情。四德之情不变不

---

[1] 参见东方朔:《刘宗周哲学研究》,上海:上海人民出版社1997年版;黄敏浩:《刘宗周及其慎独哲学》,台北:台北学生书局2001年版;张瑞涛:《心体与工夫:刘宗周〈人谱〉哲学思想研究》,北京:人民出版社2014年版。

[2] 参见林月惠:《从宋明理学的"性情论"考察刘宗周对〈中庸〉"喜怒哀乐"的诠释》,《中国文哲研究集刊》第25期(2004年)。

[3] 参见刘宗周:《人谱》,载《刘宗周全集》第2册,杭州:浙江古籍出版社2012年版,第11页。

迁正与性同,七情却一直处在变动之中。如果引入"气"论详明之,则喜、怒、哀、乐作为(四)气乃形而上之元气,意味着"性体""于穆不已"的创生性,性之情即性之发,其发用是至善之元气的自然流行。①

良知学的解放功能与破坏功能可以说是一体两面。明亡之际的刘宗周在反省阳明后学的理论效果时尝言:"猖狂者参之以情识,而一是皆良;超洁者荡之以玄虚,而夷良于贼。"(《证学杂解·解二十五》)"虚玄而荡"当指王龙溪一派,王龙溪良知学的虚玄风格极显著;"情炽而肆"当指王心斋以下的泰州一派,尤其是罗近溪。明清易代之后,社会创痛殃及学术判断,"无事袖手谈心性,临危一死报君王"乃至成为对一个时代士风的刻薄勾勒。清初实学复兴的同时,心性论同样面临调整。宋代理学兴起一度使得汉唐儒学从正统变成异端,曾被视为人格最高境界的"气化和融、人与天协的中和或中庸状态"被视为无法自我证明。② 直到晚明,一种统合气化论与心性论的新诠释才出现,时光一转,反动再起,于中自抒天机者则有王夫之、方以智。

王夫之同样反对将气质之性与天地之性两分,坚持变化日新、气一元故性亦一元、气日生故性亦日生的"气性一元论"与新变论:"夫性者,生理也","性者,生也,日生而日成也"(《读四书大全说》)。因其思路一贯,王夫之同样肯定"道—器""形而上—形而下"的相待关系,本体作为世界的本质固然不变,但他一直更强调时间历程的真实与创新,任何在气化过程的事物都

---

① 参见林月惠:《从宋明理学的"性情论"考察刘宗周对〈中庸〉"喜怒哀乐"的诠释》,《中国文哲研究集刊》第 25 期(2004 年)。
② 杨儒宾:《从〈五经〉到〈新五经〉》,台北:台湾大学出版中心 2013 年版,第 238 页。

会有新理出现,气、物、器会自行发展出新理,但不离于气化的道体又是永恒自若的,所以道—器必相含相摄,这是诡谲相依、同时具足的关系。王夫之最反对复性之说,也反对蕴具一切潜能而自行流出的论点,他的体—用、道—器之间的关系是平等的。在王夫之(包括方以智)这里,"情"被设定为既超越又有感通功能。

(三)欲:清之回归还是反动

"气学"复兴(同时也是重建)对于性命之学的意义不言而喻。有识之士业已明白指出,与刘宗周的"先天型气学"不同,王廷相、吴廷翰的论点才是典型的"后天型气学"的人性观,后世颜元、戴震、阮元、焦循,皆不能出此格局。杨儒宾先生认为,既然性理学体系下"情"原本也是一种"气",则当刘宗周将"气"高升至超越层时,"情"的地位自然水涨船高,但超越的依然是超越的。后天型气学尽管对程朱理学之反对非常彻底,但从实践论角度,这一反对同样有返古复始的意义:源于"气化交感"的主体这一共同基础,"气论"儒学可视为实践起点或原初的儒学;而理学则为解释力道更广、更彻底同时又能解行并进的高阶儒学。[①] 他们的情性论因此也有类似之处。

清初儒者陆世仪虽为朱学后劲,在性论上却又修正了朱学观点,否认了天地之性:"气质不是性,离气质亦不是性。性者,气质之理也。"(《思辨录后集》)颜元同样反对天地之性,只承认气质之性,"非气质无以为性,非气质无以见性",并具体将气质

[①] 参见杨儒宾:《异议的意义:近世东亚的反理学思潮》,台北:台湾大学出版中心2012年版。

之性分性、情、才而论之(见《四存编·性图》)。颜元认为程、朱以天命、气质分性为二,乃是"一口两舌",为佛氏"六贼"之说所乱,故他抵死反对任何形式的"复性"论。

乾嘉年间,阮元著《性命古训》,想借语言学的方法将理学家架设在先天境界的性理帝国拔掉,证明上古所说的性皆是生之谓性的气性之谓,没有义理之性这回事。性、命皆自然气化之事。阮元如此解释显然不是出自语言学(考据学)的兴趣,他认为气化的、经验的人性才是唯一的真实,在此基础上所发展出来的道德才是可靠的。阮元的这一解释影响甚大,往上,他替汉儒出了一口气;往下,他更引发了当代反性理学甚至反哲学的学者的共鸣。[1] 他同样属于气化一元论的阵营。

被认为清代最有理趣的汉学学者戴震同样坚持离开气质无所谓性的观点,强调情理重于性理:"古人言性,但以气秉言,未尝明言义理为性。"具体内涵表现为仁、义、礼、智的性必然有所附丽:"不求于所谓欲之外,不离乎血气心知","性者,血气心知,本乎阴阳五行","人生而后有欲、有情、有知,三者,血气心知之自然也"(《孟子字义疏证》卷下)。戴震拒绝接受宋儒尤其朱子设计的"洁净空阔"的"理"概念,他能接受的只有一种经验性格的"性"、基于"血气心知"的气质之性。他理想的也非宋儒所构想的超绝完美的圣贤人格,而是处在人伦格局下具有道德同情力量的基本人格,道德只能建立在感性生命的间主体性上。

"情性论"在明清时期的重组意味着儒门讲究日用伦常(而非内学、心学)这一面相再度被彰显。"身体理性"从来都是政

---

[1] 参见傅斯年:《性命古训辨证》,载《傅斯年全集》第2册,台北:联经出版事业公司1980年版。

教伦理的投射,历史、社会、血气的定义同样需要厘定,因此,在宋明理学关于情性的探讨中,"欲"始终夹杂其间,构成"天理—人欲"之辨,与性二元论与性一元论之消息相呼应。

宋儒如程、朱皆坚持理欲对立,因此要存理去欲,追求"损人欲以复天理"(程颐《程氏易传·损》),"天理人欲,不容并立"(朱熹《四书章句集注·论语注》),"修德之实,在乎去人欲,存天理"(《朱文公文集·与刘共父》)。至于明人王守仁,尽管并不惧欲,但也认同"减得一分人欲,便是复得一分天理"(《传习录》),大体趋向还是以理制欲。明代中叶以后,理欲统一说风起,理存于欲为思想界渐渐接受。王学后劲多放弃了阳明学说中的去欲理论,主张只能寡欲不能无欲,强调"百姓日用即道"(王艮),"穿衣吃饭即是人伦物理"甚至私欲乃是"自然之理,必至之符"(李贽)。明清之交诸多学者更是提倡"天理皆从人欲中见":"人欲正当处即是理,无欲又何理乎"(陈确《与刘伯绳书》)、"私欲之中,天理所寓"(王夫之《四书训义》)。颜元干脆直陈"男女者,人之大欲也,亦人之真情至性也"(《四存编·存人编》)。后之清人戴震,则被视为理存于欲说的集大成者,他认为情、欲、知三者均"根于性而原于天","存理去欲"乃是"以理杀人"。

至于明代的文学情感论,与哲学情性论互相呼应,这一转折可能比哲学领域来得更早。前七子的格调说已着先鞭,中叶以后徐渭和李贽先后亮明了主情的标帜,主情论的体系建构被认为是由汤显祖完成的。人的本质被认为是依情欲主体而立,这一思路也在数百年后为五四时期的学者重新发现。超越之情与情欲之情构成了对照的两极。晚明社会其实同时存在着两种对情的理解,一种见于晚明文学,一种见于王阳明之后的理学领域,但两股思潮有相当密切的关系,其源起的关联性之密切与定位的性质之悬殊,极为少见。两种路线的纠结随着当代华人社会的日益开放,也日益清楚地出现于当代学者对晚明思潮的理解中。①晚明文学的情欲面向是主流论述,面貌清楚。"超越之情"的解释主要见于海外中壮辈新儒家学者的解释,②民国新儒家学者既肯定超越之情在晚明时期出现的特殊意义,也赋予超越之情现代性的价值。一个"情"字可以从晚明连接到现代,但有两种面貌、两条路线。此中情况异常丰富而复杂,此不赘述。

四 余韵:"情教",还是"复性"

真伪(客观是非)与情性(主观好恶)的争辩与判断一直相辅相成。情性论消长起伏本身,或亦复如斯。尽管这本身就是个无解的僵局:论者各自的情性先行决定了其如何构筑各自的**情性**论。面对"夫子之言性与天道,不可得而闻也"(《论语·公冶长》)的压力,兼"性自命出,命自天降"(郭店楚简)的杳茫无涯,以语词言性或命都是不明智的,如何知性乃至复性、尽性,只有通过修行(工夫)才能抵达。对于侧重先验或侧重经验的学者,如何知性乃至复性,其具体路径也各有不同。

对于侧重先验的学者,工夫是要在人必然会秉受的气质之

---

① 较密集的展现见于台湾"中央研究院"近代史研究所于2001年举办"情欲明清国际学术研讨会",事后编成《情欲明清:遂欲篇》与《情欲明清:达情篇》两书,皆由麦田出版社于2004年出版。

② 参见郑宗义:《性情与情性——论明末泰州学派的情欲观》,李明辉:《"情欲解放"乎——论刘蕺山思想中的情》,载熊秉真、张寿安编:《情欲明清:达情篇》,台北:麦田出版社2004年版,第23—80、83—125页。

性的基础上,让义理之性彻底在心灵上体现出来(这时的心灵状态即是"道心")。尽管理学家中不同学派的儒者所理解的心性关系并不一样,但主流理学家都将人性问题提到天人之际、宇宙幽明的层次。现实人性与理想人性之整合、贯通,则被他们视为学者一生最根本的呼唤,这种尽心知性或复性的要求是一种终极的关怀:①

  世间所有的英雄事业再也没有比得上人对自己私欲的克服(去人欲)来的更艰难了,它比屠龙射雕这种外在对象的克服还要艰辛;但"复性"的报酬乃是人性的全面回复,并与"太极"(天道)睹面相照。这样的收获也远比神话中常见的获得金苹果或重回乐园要来的深刻多了。②

而对于侧重经验性的儒者,比复性灭情更重要的或更妥当的路径,自然该是"因情""称情""养情"之"情教"种种。"摄末归本"并不意味着对"末"的抹杀。人性的具体规定被认为不是在虚静状态的虚灵心,也不是超越而涵摄万有的大清明心,人性就在不断生成、表现的情当中。③ 气质之性需要在经验世界中成长、吸收、茁壮,配合自身才性,因气质而成性。李翱式的儒门复性论之所以为后世儒者不满,即在于它肯定寂静无为光照天下

---

① 参见杨儒宾:《巫风笼罩下的性命之学:屈原作品的思想史意义》,载台湾中兴大学中国文学系编:《第四届通俗文学与雅正文学全国研讨会论文集》,台北:新文丰出版股份有限公司2003年版。
② 杨儒宾:《异议的意义:近世东亚的反理学思潮》,台北:台湾大学出版中心2012年版,第18页。
③ 参见杨儒宾:《诗礼乐的性与天道论》,载《中正汉学研究》2013年第1期。

的"性之初"(圣人之性就是此性),因性动而将人性从纯一变成混浊,"复性"于是成为"妄情熄灭,本性清明"的逆觉。在儒者看来,这一路径就是佛门心法。

但"性"之重要对于任何一方都是毋庸置疑的。受性于天而人生理想旨归于"尽性"。既然在实际存在的秩序中,本体从来没有超越阴阳对偶,"太极既在阴阳之上又必在阴阳之中"的悖论能够成立;既然有"感"即有情,则情不仅可以上下(形上、形下)其讲,而且本身就是处在一系列变迁当中,容有量变到质变的跃迁。

回到历史的原点,回到最初的情态。屈原《楚辞·九章》"发愤以抒情"的表态并不直接对情性论给出定义,却给出符合主体情性的态度:情意味着人性的表现。屈原作品是中国抒情传统的肇端,也是标杆。他的作品本身就展现了战国后期之后情性论的发展史,传达出情的各种变容。我们理解彼时情的理论态不妨经由《荀子》或《礼记》,要感受彼时情的存活态,屈原和屈赋可能是更恰当的渠道。屈原的抒情被视为"深入到意识、言词都难以捕捉的心气之际、有无之际"。[①] 与屈原同时的子思学派被视为高度支持情性表现的学派。"主情"与"脱情"两种文学倾向在战国中期同时形成,之后分道扬镳,但对中国文学影响同样巨大。"脱情不绮靡"的诗学一直存在于诗界。在屈原的作品中甚至同时表现出两种倾向,《离骚》《九章》属于前者,《远游》属于后者。深受佛、道思想影响的修证传统对情多持否

---

① 杨儒宾认为屈原著作足以提供一种另类的"性命之学"图像,离体远游的性命之学与体现性情关系的抒情主体论是屈原对中国哲学的独特贡献。前人如朱熹、王夫之、冯友兰等业已注意到屈原在战国哲学史上的地位。参见杨儒宾:《屈原为什么抒情》,载《台大中文学报》2013年3月。

定,尽管精微如唯识宗亦能够深入精研意识各种变形,却对情的展开不够重视。晚近学界于情的诸面相稍能推介,实与存在论的出场与本质论的黯然这一西学转型(认识论转向)相关。然中国语境下的情性是否能够以存在的面相与本质的实存尽之,如何能够在"日尽其性情"当中践行超越,返本畅流,透过规范性的批判,重置新的主体范式,以完成文学的转型,依然任重道远。

(撰稿人　秦燕春)

第三十九章　童心篇

明代出了一位桀骜不驯的奇才李贽,著了一篇名标千古的《童心说》,五百年来争议论说不断。李贽是一个特立独行的人,对先贤往哲的不恭,大似战国时的庄周,于是重礼而主敬的大儒们,对李贽的"不敬"往圣是有些恼怒了。我们知道,李贽是一位爱骂人的先生,但他自己似乎也知道社会上的物议,干脆著《三蠹记》以描述当时的"岁寒三友":定见、深有和李贽。此三人者,李贽皆称之为"蠹物"。李贽爱骂人,而定见、深有不唯不恨李贽,反而亲善之,李贽则自诩"以我口恶而心善,言恶而意善也"。

细审之,李贽的《童心说》有几点确乎是他敏锐而智慧的创见:

一、"童子者,人之初也;童心者,心之初也"。

二、童心是会遽而丢失的,当此之时,"童心既障,于是发而为言语,则言语不由衷;见而为政事,则政事无根柢;著而为文辞,则文辞不能达"。

第一点是界定童子和童心。李贽以为,童子是年龄之界标,是"人之初",而"童心"则与年龄无关,李贽说童心乃是"绝假纯真,最初一念之本心"。

李贽此处所强调的是童心本真说,与孟子性善之说本无龃龉。孟子以为那不学而能的为"良能",不虑而知的为"良知"。在他论述恻隐之心(仁)、羞恶之心(义)、恭敬之心(礼)、是非之心(智)的时候,以为这是"性"中已具其端的"根本善",乃"性"之所固有,非本来无有而勉力得之者。李贽的"最初一念之本心"——童心之丧失,与荀子的性恶说则殊途而同归。荀子以为人生就的本性是恶,是"不事而自然"的存在,那是已经完成了的自在之物。恶向善的转化则需要学习。李贽说,如果你遇到的不是"真正大圣人童心未曾失者",那你便会遇到三种不测的危机:第一,"方其始也,有闻见从耳目而入,而以为主于其内而童心失"。第二,"其长也,有道理从闻见而入,而以为主于其内而童心失"。第三,"其久也,道理闻见日以益多,则所知所觉日以益广,于是焉又知美名之可好也,而务欲以扬之而童心失;知不美之名之可丑也,而务欲以掩之而童心失"。也就是孟子所谓"良知""良能"的丧失,即那人生已具其端的"根本善"的丧失。李贽所说的三种不测的危机,则是荀子"不事而自然"的罂粟之花、魔鬼之果。

荀子讲,人性之初本身已恶矣,向善则须学习,不学习则恶果是自然的;李贽则说,人心之初——童心是善的,然则学而不当则恶——童心失。荀子是不学则恶,李贽是学而不当则恶,虽本初径庭,而后果则一。中国古人学未尝不博,所缺者往往是逻辑,这影响了他们审问的精当和明辨的准确。孟子、荀子、李贽之间,恐怕本质上都有相通之处。

如果我们将童心理解为本真之性，那么在此领域谈得最彻底的还是东周时代的老子和庄子。他们都认为当下的自然状态即绝对之善。天下之所以有"善"与"不善"，乃是混沌的大朴已散、大道废除之后，滋生出仁、义、礼、智，都不是善果，都是本真之性的丧失。在他们心目之中，至善乃是任其性命之情，性命之情是自然的，而仁义之类则是人为的。庄子在《骈拇》中讲："夫待钩绳规矩而正者，是削其性者也；待绳约胶漆而固者，是侵其德者也。"他又在《马蹄》中说："及至圣人，蹩躠为仁，踶跂为义，而天下始疑矣。"因此，道家的终极目的是复归，复归于婴儿，复归于无极，复归于朴；是知其白而守其黑，知其雄而守其雌，知其荣而守其辱；是以柔弱而胜刚强。因循"致虚极，守静笃"的天道，则归本根。在老庄看来，本根之性便是婴儿、无极和朴。

或云，以《老子》之辩证法观古往今来之治乱兴亡、成败得失，后发制人，所有"无为"后面隐含的"无不为"的巨大功利目的，显然离"自然状态"的"绝对的美"的境界不可以道里计，何以在有关童心的论述中竟会发现老子的透辟和周赡？《老子》是一部不可比量的蕴含大策略的著述，如"挫其锐，解其纷；和其光，同其尘"（《老子》四章），"天地之间，其犹橐龠乎？虚而不屈，动而愈出。多言数穷，不如守中"（《老子》五章），"圣人处无为之事，行不言之教，万物作焉而不辞"（《老子》二章），等等，此中固有种种处世为人的透彻之说，可谓慧智；又如"唯不争，故天下莫能与之争"（《老子》二十二章），"大直若屈，大巧若拙，大辩若讷"（《老子》四十五章），"将欲歙之，必固张之；将欲弱之，必固强之；将欲废之，必固兴之；将欲取之，必固与之"（《老子》三十六章），这一切简直证明了老子是一位老谋深算的大策士，治国平天下，老子绝不会稍稍让孔子专美于世。正因为老子深知物极必反,故提出"柔弱胜刚强","人之生也柔弱,其死也坚强;万物草木之生也柔脆,其死也枯槁。故坚强者死之徒,柔弱者生之徒"(《老子》七十六章)。老子看清了宇宙万有包括社会人生的发展,他发现,生命的婴孩时期虽然柔弱,却包含着无穷的活力,未来绝对属于婴孩,柔弱必然取代坚强,而宇宙万物在坍塌垂危或老朽衰败的时节绝对是坚硬而枯槁的。我们所应做的是甘于居卑而处微、功成而身退。复归于婴儿者,乃阅尽人间春色之后的返璞归真,使自己真正做到"为而不争"(《老子》八十一章)。老子所谓"婴儿之未孩"者,具童心也,无争之心、混沌之心也。"我愚人之心也哉!沌沌兮!俗人昭昭,我独昏昏"(《老子》二十章),也许郑板桥爱题的"难得糊涂"正是这种老子式的大智慧。"智慧出,有大伪",我们很容易误以为这种聪明之后的糊涂是"大伪"的所在,我想,这种理解是不公正的,倘若然,老子正可以不说,郑板桥正可以不写,免俗世置喙。学会看古人之文,知其良苦之用心,是会看书、看懂书的基本条件。

在此我们就可以仔细地鉴赏我画的《老子出关》了。老子慈眉善目,潭壑碧水似的眼神,表明他无与伦比的智慧,正所谓"情深而不诡,风清而不杂"者也。而天下第一等的难事,是既有大智慧而又避免了大伪的浸染。从那飘拂的须眉和身在化外的情态,我们似乎可以回忆那《老子》八十一章的全部内容。这些内容无异一部心灵的实录,它终极的皈依,乃是"人法地,地法天,天法道,道法自然"。那于牛侧踏歌的童子,神情清纯,气质非凡,那是具备了孟子"善之端"的少年,也可以说是克除了荀子本然自在的"恶",经历了善的修为的一种当下的至善。你们不难看出,一幅好的中国画,必须根植于民族文化的沃土,它是历史的、哲学的而又是高度笔墨技巧的展示。

主宰宇宙的永远是善,唯其如此,才会有天地之大美展现在我们眼前。恶,即使会得逞于一时,但宇宙的大规律是使它速朽,不得永年。"飘风不终朝,骤雨不终日。孰为此者?天地。天地尚不能久,而况于人乎?"(《老子》二十三章)所以老子希望人们能做与天地道德同步的事,过一种"见素抱朴,少私寡欲"(《老子》十九章)的生活。

至此,我们大体知道此文之标题"童心论"的含义。"童心"二字只为方便明晰而摘取之,且代有贤者使用,似已然有甚多附加之深义在。其实,"童心"可以视为中国亘古至今一个不朽的命题,"童"与大人、圣人,"童"与天地、宇宙、本初、朴、无极有并列不悖之义,可谓同性而异名。古人就心、性、情(张载)、性善(孟)、性恶(荀)的种种议论、发明,都有张载所见到的大气迁流、万象纷呈。童心者,大人之心也,圣人之心也。那是无瑕无疵、无邪无垢的心灵境域,那是一个纯粹高洁的代号,亦若孔子之"仁",也是一种道德的标示,即人生最高的当然准则,也是无须辩说的存在。

论及童心,必论及中国士的阶层的道德的构建,在此我们必须提及的有宋明理学家张载、朱熹和王阳明。

谈及张载,我们当然知道他是宋代理学划时代的大师。年轻时,张载崇拜范仲淹,他啸聚了几个有血性的哥们儿弟兄,要与党项人一拼,收复洮西失地。范仲淹大概看出并劝阻这书生还是回去读书为好。这次劝阻,的确为中国留下了一个大哲学家,而少了一介匹夫之勇的武士。这件事体现了张载的童心。

在张载看来,人性有二:一曰本然之性,这是天地宇宙的全体之性,是一种"纯善"之性;一曰气质之性,在宇宙大气迁流中(或如现代天体物理学之大爆炸所引致的冲击波),各种物类形成,"纷总总其离合兮,斑陆离其上下"。物类既异,气质且殊,因此气质之性有善有不善,而这种有善有不善的气质,同样存于人性之中。在张载看来,以上所述之性是根本的,有性矣,复有知觉,便成为心。这心包含了性(纯善之性和气质之性——有善有不善之性),性之发为情,情亦在心中。这时我们还不可以认为这"心"便可称"童心",在气质没有修为之前,称之为"童心"还过早。他在《经学理窟·气质》中说:"人之气质美恶,与贵贱夭寿之理,皆是所受定分。如气质恶者,学即能移。"在张载心目中,人生头等大事是变化气质,这变化的是"气质之性"。而与此同时,要悉心呵护天地之性,人人都有与宇宙全体之性同在的纯善之性,这种反省自明的作圣的工作,能使"天道合一,存乎诚"(《正蒙·诚明》),这与天道合一的性,便是我们要证明的童心了,童心原来便是天人合一的伟大胜果。当人性中保持住了张载所称的天地本然之性,又诚恳地进行了气质的变化,那就达到了洛阳二程所说"天人本无二,何必言合"(《河南程氏遗书》卷六)的无间隙的天即人、人即天的境界。在这里,童心化成了一种宇宙最本然的存在,体现了这大存在的是为大人、圣人。

由此引出一位大人、圣人,那就是南宋的大理学家朱熹。在奸佞当道、残害忠良的时代,宋宁宗朝发生了"庆元党禁",首当其冲的是良臣赵汝愚和大儒朱熹。党禁迫害变本加厉,朱熹之学为"伪学",其徒为"伪党",由"伪党"而为"逆党",群丑跳荡,丑态毕现。而风云之中有两位足具童心者在焉:朱熹和辛稼轩。辛稼轩虽与党禁之祸无涉,但他是朱熹的好朋友,习相远而性相近,而且都具备一颗"含德之厚,比于赤子"的纯粹不染的童心。有了这样的童心,他们就柔弱胜刚强,"毒虫不螫,猛兽不据,攫鸟不搏。骨弱筋柔而握固"(《老子》五十五章)。朱熹处变不惊,临危不惧,在险境中安坐教席,执拂尘而谈经,在从容应对时变中去世。迟暮英雄辛稼轩哭拜于朱熹墓前,写下了"所不朽者,垂万世名,孰谓公死,凛凛犹生"(《宋史》卷四百)的名句,还写下了"算不如闲,不如醉,不如痴"(《行香子》)的痛疾时弊的词句。《老子》有云"赤子""终日号而不嗄,和之至也",辛稼轩为了朱熹所做的愤怒呼号,不止终日而不哑,亦当千秋而不哑。

朱熹与吕祖谦编有一部专谈为人之气质、气象的著作曰《近思录》。宋代的理学家是重气质、气象的。张载之论已如前述,又如洛阳二程则说:"人须当学颜子,便入圣人气象。"《论语》中有关颜回的内容有:"吾与回言终日,不违如愚。退而省其私,亦足以发,回也不愚"(《论语·为政》);"回也闻一以知十"(《论语·公冶长》);"回也,其心三月不违仁,其余则日月至焉而已矣"(《论语·雍也》);"贤哉回也!一箪食,一瓢饮,在陋巷,人不堪其忧,回也不改其乐。贤哉回也!"(《论语·雍也》)可看出颜回的君子儒雅风范和内美修能,也可看出他的刚毅木讷。进问之,颜回"不改其乐",其乐为何?——真正地能行仁,"仁远乎哉?我欲仁,斯仁至矣"(《论语·述而》)——时刻"欲仁",那便是推己及人,力行忠恕,不以巧伪赢人心,那便是颜回的至极快乐,乐以忘忧,仁者不忧,便入于圣人气象矣。"不违如愚",似听话之学子;"闻一以知十",绝对是聪颖之学子;"三月不违仁",有弘毅精神之学子;"一箪食,一瓢饮",固力行而克己复礼之学子。瞻其气质,"如婴儿之未孩",而视其气象岩岩,则真儒大哲也。颜回童心具足者无疑矣。

朱熹对孔子、颜回、孟子有精辟简赅的评语云:"仲尼,天地也;颜子,和风庆云也;孟子,泰山岩岩之气象也";"仲尼无迹,颜子微有迹,孟子其迹著"(《近思录》)。朱熹言其状态之不类,而并不欲辨其高下轩轾。朱熹又谈到张载："先生气质刚毅,德盛貌严,然与人居,久而日亲。其治家接物,大要正己以感人。人未之信,反躬自治,不以语人。虽有未喻,安行而无悔。故识与不识,闻风而畏。非其义也,不敢以一毫及之。"(《近思录》)童心之广大精微,已如上文,进言之,童心既是圣心,则不是"浅心",浅心者,幼稚浅薄之心也。修持圣心,当非易事,圣心难用浅心求也。朱熹与陆象山相辩,朱氏每讽陆氏之学如禅,成圣过易则貌似醍醐灌顶,实玄远而神秘,要非成圣之道。

  论及童心即大人之心、圣人之心,我们必须引出一段极鞭辟入里之说,这就是王阳明的《〈大学〉问》,其文云:"大人者,以天地万物为一体者也……是故见孺子之入井,而必有怵惕恻隐之心焉,是其仁之与孺子而为一体也。孺子犹同类者也,见鸟兽之哀鸣觳觫,而必有不忍之心,是其仁之与鸟兽而为一体也。鸟兽犹有知觉者也,见草木之摧折,而必有悯恤之心焉,是其仁之与草木而为一体也。草木犹有生意者也,见瓦石之毁坏,而必有顾惜之心焉,是其仁之与瓦石而为一体也。是其一体之仁也,虽小人之心亦必有之。是乃根于天命之性,而自然灵昭不昧者也。"这其中王阳明又高宋儒一筹者,在于他的格物而致良知之说,是广大慈悲、无限恻隐,未必只限于大人和圣人,即小人、鸟兽、草木、瓦石亦可致良知,于天地宇宙间亦皆属一体。而王阳明以为做不到一体的根本原因在于"己私未忘"。王阳明对孔子的"仁"进一步阐释为天人一体、万物一体。其实,从王阳明的述说中可以看出他真正的童心未泯,连鸟兽、草木、瓦石在王阳明眼中都是有生命、有感觉、有"天命之性"的,这比张载、二程、朱熹的学问似有进步,堪称"大学问"。王阳明在这里成了中国哲学史上更大的存在,同时他的学说将会为这童心沦丧的世界带来无穷尽的好处。他说:"夫圣人之心,以天地万物为一体……天下之人心,其始亦非有异于圣人也,特其间于有我之私,隔于物欲之蔽,大者以小,通者以塞。"(王阳明《答顾东桥书》)

人皆可为圣贤,天下人"皆其昆弟赤子之亲",这是对人类自身净化、相互关系醇和、讲信修睦的崇高祈祷,五百年过去,人类竟如何?还有人从内心到行为崇尚王阳明的伟论吗?有的,中国目前正在如此努力着。

以上对童心之内涵界定,已对李贽《童心说》做了充分的剖析和补充。明代李贽的思想被视为"异端",与宋明以降陆(象山)、王(阳明)之学占据学界要津的背景有关。本文所列之宋明儒家,既有重"道问学"如朱熹者,也有重"尊德性"如王阳明者。然就朱熹言,于泛观博览之外,亦未尝轻心性之学;就王阳明言,虽唯恐读书博学而废道,也只是为提醒学生要会读书,非谓读书之果可废也。这两方面与本人所论述过的童心即吾心,即天地之心,即圣人之心,皆无龃龉。"尊德性"当然为的是证本心,而"道问学"何尝不是以古代文本证求圣人之心?朱子叫学生半日读书、半日静坐,目标很清楚,上午读的书,在下午的反刍中,化入吾心而不死于章句也,证求圣人之心亦证吾心也。当年鹅湖之会,陆九渊(象山)、陆九龄(子寿)与朱熹的辩论似乎不是你死我活的路线斗争,只是侧重有别而已。陆氏兄弟重心性,而朱熹重义理,陆以朱之教人为支离,而朱以陆之教人为太简,但就宋学而言,在明心见性的大道理方面并没有根本性的分歧。

上文论及张载之重修为的"大人"境界,以为"变化气质"乃是为学的无上正觉。而朱熹则提倡"主敬",对先贤经典、对天、对人深怀敬畏之心,则为人自有一种高逸儒雅之气,他说:"敬只是此心自做主宰处。"意思是"敬"不来自外界的强求,只是主宰自身言行的持守。朱熹又进一步解释:"敬非是块然兀坐,耳无所闻,目无所见,心无所思,而后谓之敬。只是有所畏谨,不敢放纵,如此则身心收敛,如有所畏,常常如此,气象自别。"(《朱子语类》卷十二)当一个人常具敬畏之心的时候,他就可以与天地精神相往还,无敬畏者无怀抱、无包容,则去大人、圣人日以远,童心之沦失殆尽可预卜矣。

谈到童心和圣人之心的同性异名,我不禁想起王国维词论中的那句名言。王国维在论李煜时说:"词人者,不失其赤子之心者也。"又说李煜之词"俨有释迦、基督担荷人类罪恶之意"。"赤子之心"谓未受污染之童心也,而后句则称李煜有圣人之心矣。王国维所译之尼采《查拉图斯特拉如是说》中,查氏对五色牛村之村民论及骆驼之性格、狮子之性格与赤子之性格时,谓赤子者"若狂也,若忘也,若游戏之状态也,若万物之源也,若自转之轮也,若第一之推动也,若神圣之自尊也"。有此七种品性(前文所谓之气象、气质),则骆驼之耐苦、狮子之咆哮不可拟之,有不可侵凌之气在焉。七种品性中前三种属"如婴儿之未孩",后四种则属气象万千之大人、圣人也。七事备,而后我们深知本文所论之童心为不妄。

抬眼望,龙光牛斗,星汉灿烂;俯身察,万类繁衍,万物得时。这好端端一个风雨博施、列星随旋的宇宙,不正是不言大美之所在吗?二百多年前康德就对着茫茫的六合玄想,心头升腾起"星空""道德"两个词,与两千五百年前大哲老子的"道经"和"德经"两个词不期而遇。人类的智慧有时是会有不期而遇的因缘的,不知何时何地为何携手,共逸绝尘。因为人类所面临的和所要解决的根本问题,一定跳不出"天"和"人"两个字。

达尔文认为，人类的进化经历了一千万年，而这一千万年比起霍金《时间简史》所讲的宇宙的历史，不过是弹指一瞬。人类是不是因了这一千万年的发展变得很伟大呢？我们如何来评价人类的文明发展史？文明和野蛮的界标是什么？世界上灭亡的人类族群，如四千年前的迦太基人、一千三百年前的苏美尔人，都留下过不朽的、令人心驰神往的文明。"优胜劣汰"作为一个生物学的名词其实是无法延伸到人类的历史范畴的。然而无论西方的和东方的大哲们，都幻想着大道之行后天下为公、无私无嗔、无贪无怨的太平盛世，如果说童心和至大无垠的天地同在，童心论就近乎是本体论。我们所要开启的人类心性中的纯良无所不在，在你，在我，在他，在日月星辰，在鸟兽草木，在川泽山岳，在落叶残花，在颓垣残壁。我们看到在德国柏林街市上、在广岛二战的废墟上重建的大厦，将残墙镶嵌于建筑之中，那是一段刻骨铭心的记忆。人类的文明和野蛮并行而不悖，因缘相仍，有如孪生。五千年乃至一万年前人文肇始、混沌初开，人类从懵懂中昏昏然觉醒，从此走上了一条向死而生之路。我们不禁要问，人类吵吵嚷嚷、嗡嗡嘤嘤几千年干了一些什么？现在正在干什么？

张载说："为天地立心，为生民立命，为往圣继绝学，为万世开太平。"张载无疑是宋代理学的堂庑特大的先哲，他之后的二程、朱熹、陆象山、王阳明以至明末清初顾炎武、王夫之、黄宗羲三杰，无不以此论为圭臬，而"先天下之忧而忧，后天下之乐而乐"的范仲淹，则是开宋代理学先河的圣哲。

由李贽的"童心说"所引发的是历史、哲学和整体文化的大议论，当人类还不知道有"童心说"的时候，童心已作为天地大美的存在渗透到一切领域。它和年龄无关，只和宇宙间一切美的、真实不欺的存在有关。它是光明的所在。当人类整体失去童心的那一天到来的时候,地球将会在宇宙坍塌之前,掉进永夜的、万劫不复的黑洞。

英国诗人华兹华斯(William Wordsworth)说:儿童是成人的父亲。

中国诗人范曾说:童心是人类的太阳。

（撰稿人　范曾）

第四十章　狂狷篇

小　引

说来已经是二十多年前的1998年了,笔者在哈佛做访问学者,女作家木令耆一次邀为波士顿郊外游,乘兴来到她的美丽的湖滨居所。她书房里的一幅字,引起我极大的兴趣。那是武汉大学世界史专家吴于廑先生的书法作品,一首《浣溪沙》词,写的是:

丹枫何处不爱霜,谁家庭院菊初黄,登高放眼看秋光。
每于几微见世界,偶从木石觅文章,书生留得一分狂。

木令耆长期主编一本名叫《秋水》的刊物,故词中第一、二句"枫霜""菊黄"以及第三句的"秋光"等字样,显然是喻指秋水主人的性格与爱好。下阕一、二句颇及女作家的职业特点,赞其作品以小见大,不离一个"情"字。因"木石"一语,用的是《红楼梦》"木石姻缘"的成典。最后一句"书生留得一分狂",与其说是对书赠物件的期许,不如说是对整个知识分子群体的一种期许。妙的是这种期许并不高,只希望我们的作家和知识分子保留"一分"可爱的狂气。是呵,如果不是一分,而是三分、五分乃至更多,也许就不那么合乎分际了。但如果连这"一分"也没有,作家或知识分子的内涵可能就要打折扣。

中国文化里面其实长期存在狂者精神的传统。"狂"在汗牛充栋的古代载籍里是个常见词。所以然者,由于中国很早就有健全的文官制度,有"处士横议"的传统,有"游"的传统,有"侠"的传统,有自由文人的传统,有浪漫的诗骚传统,有绘画的大写意传统,有书法的狂草传统等等。这些人文艺事的固有性体都与"狂"有不解之缘。而儒家的圣人理想,道家和道教崇尚自然,佛教禅宗的顿悟超越,又为狂者精神的构建提供了理念和学说的基础。"狂"和"敬"一样,都可以看作中国文化的"关键字"。本篇试图对狂者精神的发生流变及其在不同历史段落的呈现,做较为系统的梳理,以通过解析语词概念的价值范畴来透视中国文化观念的思想史。

一

"狂"是个多义词,以之衡人,则郑玄解作"倨慢"[1],《南齐书·五行志》定义为"失威仪之制,怠慢骄恣,谓之狂"[2],仲长统

---

[1] 〔清〕孙星衍:《尚书今古文注疏》,北京:中华书局1986年版,第464页。

[2] 〔南朝·梁〕萧子显:《南齐书》卷十九《志第十一·五行》,北京:中华书局1972年版,第370页。

称,"默语无常,时人或谓之狂"①,以及《韩非子·解老》所说的"心不能审得失之地,则谓之狂",都是符合词义本相的直解。古代论人论事涉"狂"的案例甚多,褒贬抑扬,各有攸当。《淮南子·诠言训》说:"倍道弃数,以求苟遇,变常易故,以知要遮,过则自非,中则以为候,暗行缪改,终身不寤,此之谓狂。"未免流于繁琐。而该书同篇又云:"凡人之性,少则猖狂,壮则暴强,老则好利。"这是根据年龄增长所引起的性格变化来判定一个人的狂与不狂,一说而已。汉代贾谊认为"知善而弗行谓之狂,知恶而不改谓之惑"②,《汉书·五行志》以为"辟遏有德兹谓狂",唐人徐彦伯在《枢机论》中说:"不可言而言者曰狂,可言而不言者曰隐。"③所涉范围未免太宽泛了。

　　堪称经典立义的,是孔子的一段话:"不得中行而与之,必也狂狷乎。狂者进取,狷者有所不为。"(《论语·子路》)"狂者"和"狷者"这两个语词,就发源于此。本篇使用的"狂者"的概念,就是以孔子的原创发明为依据。"狂"和"狷"的特点,都是不追求四平八稳,只不过一个急促躁进,希望尽快把事情办好,一个拘泥迂阔,认为不一定什么事情都要办。也可以说"狂"是超前,"狷"是知止。总之,"狂"和"狷"都是有自己独立思想和独

---

① "统性倜傥,敢直言,不矜小节,默语无常,时人或谓之狂生",语出〔南朝·宋〕范晔《后汉书》卷四十九《王充王符仲长统列传第三十九》,北京:中华书局1965年版,第1644页。仲长统友人缪袭"撰统昌言表","大司农常林与统共在上党,为臣道统性倜傥,敢直言,不矜小节,每列郡命召,辄称疾不就。默语无常,时人或谓之狂"。见〔晋〕陈寿撰,〔南朝·宋〕裴松之注:《三国志》卷二十一《魏书·刘劭传》,北京:中华书局1959年版,第620页。

② 《新书·大政上》,载阎振益、钟夏校注:《新书校注》,北京:中华书局2000年版,第339页。

③ 〔后晋〕刘昫等:《旧唐书》,北京:中华书局1975年版,第3004页。

立人格的表现。孔子如此释"狂",在中国文化观念的思想史上具有重大意义,也可以说具有思想革命的意义。

孔子之前,"狂"之一词也数见于先秦载籍,但使用者对词义的理解,均属负面的义涵。《易》《诗》《书》《礼》《春秋》"五经"里面,"狂"字凡十七见,其中《诗经》七见,《尚书》四见,《周礼》一见,《春秋左传》"经"一见,为人名,"传"四见,一为人名,可究之词义实为三见。《易经》没有。《周礼》一见,载于"夏官司马第四",作"方相氏,狂夫四人"。"夏官司马"讲的是一个国家的行政与军事组织等涉及安全保卫方面的吏职设施,每一方面需要多少编制,都具列得清清楚楚。"方相氏"为行使特殊职能的保卫人员,需要"蒙熊皮,黄金四目,玄衣朱裳,执戈扬盾",装扮成"可畏怖之貌",所以要挑选"狂夫"即粗放勇武不文之人担任此职。"方相"即仿相也。而"狂夫"一词,千年载籍,屡见不鲜,至有称夫君为"狂夫"者,唐代诗文里尤多此一方面之事例。

《春秋左传》之"经"一见,载于"哀公十四年",作"宋向魋入于曹以叛,莒子狂卒"。此处之"狂"为人名,可不计。另四处均见于"传",一为"闵公二年",晋太子申生带领人马伐皋落氏,衣服偏穿,佩带金玦。战将狐突认为如此装束不够吉利,右将先丹木也认为不妥,说:"是服也,狂夫阻之。"即"狂夫"也会阻止穿这样的衣服。此处实际上用的是上引《周礼》"方相氏,狂夫四人"之典,也是指粗放不文之人。次为"文公十二年",秦晋对阵于河曲,秦伯不解晋人何以如此强硬,手下的谋士们分析说,这一定是佐上军的臾骈出的主意,不过没关系,赵穿是握有实权的赵盾的"侧室",又是国君的女婿,其人特别嫉恨上军佐臾骈,但他"有宠而弱,不在军事,好勇而狂"。此处的"狂",是轻慢放肆的意思,显然是取负面义。三是"宣公二年",有"狂狡辂郑人"的记载,系人名,故不计。四为"昭公二十三年",主要记载吴楚之争的史事,其中有"胡沈之君幼而狂"的句子,郑玄注"狂"为"性无常",亦是负面取义。

《诗经》之七见,一为《鄘风·载驰》:"女子善怀,亦各有行。许人尤之,众稚且狂。"诗的本事为卫国的宣姜之女,嫁到了许国,成为穆公的夫人,后卫国亡,该女要回宗国致哀。这一举动虽遭许国大夫的责难,但她认为自己并无过失,而是那些责难她的人幼稚而且傲慢(此处我将"狂"解作"傲慢")。二为《郑风·山有扶苏》:"不见子都,乃见狂且。"三为《郑风·褰裳》:"子不我思,岂无他人?狂童之狂也且","子不我思,岂无他士?狂童之狂也且。"二、三的三见,都是"狂且"。"且",解诗诸家大都认为是语助词,无实义,也有的作另解。无论如何解"且","狂"自是粗野放肆之义,应无疑问。四为《郑风·东方未明》:"折柳樊圃,狂夫瞿瞿。不能辰夜,不夙则莫。"诗中直接使用了"狂夫"一词。五为《大雅·桑柔》:"维彼不顺,自独俾臧。自有肺肠,俾民卒狂","维此圣人,瞻言百里。维彼愚人,覆狂以喜。"此两处之"狂"可作"疯"字解,即弄得民众都发疯了("俾民卒狂"),而那些蠢人反而疯了似的高兴("覆狂以喜")。这些都是负面取义。但"狂童"之"狂且",义为负面,发出此语者的主体情感义涵,却不是负面的,所谓打情骂俏是也。

最后是《尚书》的四见,一为《商书·微子》,"殷既错天命,微子作诰父师、小师",曰:"父师、少师,我其发出狂?吾家耄逊于荒?今尔无指,告予颠隮,若之何其?"此处之"狂",二孔(孔安国、孔颖达)之《传》《疏》,均解作因愁闷而"发疾生狂"。二为《周书·洪范》:"曰咎征。曰狂,恒雨若。"《洪范》是周打败殷之后,武王找回逃亡的箕子,当面向其请教安定天下的方略,箕子讲,上天赐给禹的"洪范九畴,彝伦攸敉",其第八畴是"庶征",即施行美政的征验。孔《疏》云:"曰人君行敬,则雨以时而顺之。曰人君政治,则旸以时而顺之。曰人君照晢,则燠以时而顺之。曰人君谋当,则寒以时而顺之。曰人人通圣,则风以时而顺之。"①人君的施政如不美,反面的征验便会出现,比如"曰狂,恒雨若",亦即如果"君行狂妄,则常雨顺之"。故此处之"狂",是狂妄的意思,语义自是负面。

《尚书》的另二见,为《周书·多方》:"惟圣罔念,作狂;惟狂克念,作圣。"这是"五经"中关于"狂"之一词的最重要的例证。之所以如此,是因为这里的"狂"有概念的价值判断在焉。"圣""狂"对举,所能转者,唯在一善。孔《传》云:"惟圣人无念于善,则为狂人;惟狂人能念于善,则为圣人。"孔《疏》更进而认定,"圣"者是上智之名,"狂"者是下愚之称,所以"圣必不可为狂,狂必不能为圣"②。就"狂"义的价值判断而言,把弃善和"狂"联系起来,自是否定评价无疑,而且采取"圣""狂"不可调和的立场。但这一观念,从孔子开始发生了根本的变化。

孔子第一次对"狂"赋予了完全正面的义涵。"狂者进取,狷者有所不为"(《论语·子路》),试想这是何等重大的判断!依据"五经"的案例,"狂"一直是作为形容词来使用,只有到了孔子,在"狂"的后面加一"者"字,从此"狂者"成为一个充满张力并能够体现中国文化的价值取向的特殊名词。孔子论"狂",

---

① 〔汉〕孔安国传,〔唐〕孔颖达疏:《尚书正义》,北京:中华书局1980年版,第192页。

② 同上,第229页。

是把"狂""狷"和中行、乡愿四种品格对比着提出的。孔子不能容忍的是"乡愿",称之为"德之贼也"(《论语·子路》)。本来"中行"最为孔子所看重,但难以遇到("不得中行而与之")。所以孟子说:"孔子岂不欲中道哉?不可必得,故思其次也。"(《孟子·尽心下》)孔子为实现自己的政治理想而奔波一生,但后来他不免沮丧,不仅"仁政"的学说无人问津,连在哲学思想上对"中道"和"中行"的追求,也无功而返。《论语·公冶长》记载:"子在陈,曰:'归与!归与!吾党之小子狂简,斐然成章,不知所以裁之。'"此处"归与""归与"连用,可见思归之切。实际上是知困而返,也可以说是弃中道而思狂。孔子终于悟到,早年鲁国的那些乡党弟子,虽然志大而狂,却文采斐然,如果因人施教,难保不有所作为。此可知孔子对"狂"义的肯定,是经过了沉痛的经验教训之后的一种反思。

鉴于往昔解"狂"都是负面取向,孔子在重新释狂的时候,表现得非常谨慎。《论语》涉"狂"计有六处,除"吾党之小子狂简"(《公冶长》)和"必也狂狷乎"(《子路》)两处,还有:

子曰:"狂而不直,侗而不愿,悾悾而不信,吾不知之矣。"(《泰伯》)

"居,吾语女。好仁不好学,其蔽也愚;好知不好学,其蔽也荡;好信不好学,其蔽也贼;好直不好学,其蔽也绞;好勇不好学,其蔽也乱;好刚不好学,其蔽也狂。"(《阳货》)

子曰:"古者民有三疾,今也或是之亡也。古之狂也肆,今之狂也荡;古之矜也廉,今之矜也忿戾;古之愚也直,今之

愚也诈而已矣。"(《阳货》)

楚狂接舆歌而过孔子曰:"凤兮凤兮,何德之衰? 往者不可谏,来者犹可追。已而已而,今之从政者殆而。"(《微子》)

孔子显然希望"狂"要见得法度,有分寸,因此需要有其他的德性与之配合。如果光是"狂",却不够直率,即"狂而不直",孔子认为这样的人相当难交往,因为他究竟想干什么,我们弄不明白。至于嘲笑孔子倒霉,劝他"已而已而"的那位"楚狂",属于哪一种"狂",孔子没有明说,只心知其意而已。看来这位"楚狂"应该是"狂而直",而不是"狂而不直"。另外还有一种人,很勇敢,也很刚强,就是不好学,这种"狂"一定是有"弊病"的狂,不足为训。还有一种是"荡狂",孔子颇不以为然。他说古人的"狂也肆",最多不过是恣意直说乃至乱说而已,实践中不一定蛮干;可是今人的"狂也荡",则是毫无分际的放荡不羁了,很难不酿成大错。

董仲舒说:"不仁而有勇力材能,则狂而操利兵也。"[①]可见"狂"最好植根于仁德与智慧,否则说不定就拿起家伙乱打一气了。孔子一方面对"狂者"给予正面评价,另一方面主张对通常的"狂"给以道德的限制。不用说,他提倡的是有志者的德行之狂,这种狂者精神主要在传统的士人或者士大夫身上有所体现。

---

① 〔清〕苏舆撰,钟哲点校:《春秋繁露义证》,北京:中华书局1992年版,第257页。

二

秦汉是中国大一统的帝制制度建立并达致完形的时期,在这种制度之下,不用说秦法严苛,"偶语"尚且"弃市",狂者无以施其技,就是西汉的等级礼法也是很严格的。因此我们在《史记》《汉书》两书中,除个别特例,很难看到关于狂者精神的书写,更鲜有对孔子狂狷思想的重释与发挥。

有趣的是秦汉更替之际,高阳的一个叫郦食其的读书人,怀抱甚伟,识见过人,本县"皆谓之狂生"。项羽、陈涉起兵的时候,他听说此两公做事"握龊","好苛礼自用","不能听大度之言",于是"乃深自藏匿"。后来沛公刘邦来了,他对刘邦手下的一位乡党说:"吾闻沛公慢而易人,多大略,此真吾所愿从游,莫为我先。若见沛公,谓曰'臣里中有郦生,年六十余,长八尺,人皆谓之狂生,生自谓我非狂生'。"①但这位乡党告诉郦食其,沛公不喜欢儒生,有戴儒冠者前来,沛公竟解下人家的儒冠,往里面小便,而且每谈到儒者就大骂,嘱咐郦生不要拿儒生来说事儿。可能这位乡党介绍得相当得体,郦食其终于见到了正在洗脚的刘邦,而且谈得很投机。刘邦攻下陈留城,就是郦生献的策。本来齐王也被郦生说服归汉,因韩信欲夺功,反而连夜袭齐,致使齐王以为郦生出卖了他。可怜的郦生,最后竟被活活烹死。这则故事说明,郦食其这位被称作高阳狂生的并非真狂之士,只有放下身段才可能小有作为,可见在秦汉之际和汉初,狂

---

① 〔汉〕司马迁:《史记》卷九十七《郦生陆贾列传第三十七》,北京:中华书局1959年版,第2691—2692页。

狷之士是没法立足的。

武帝独尊儒术,孔子提出的狂者精神虽未获新的阐释,士大夫立身行事倒也不是完全没有狂狷之例。汉成帝时怒而折槛的朱云,就是一位留名青史的狂直之臣。《汉书》本传说他:"长八尺余,容貌甚壮,以勇力闻。年四十,乃变节从博士白子友受《易》,又事前将军萧望之受《论语》,皆能传其业。好倜傥大节,当世以是高之。"后经人推荐,他成为一名博士。成帝时安昌侯张禹以帝师的身份权倾朝野,朱云上书要求赐给尚方宝剑,以斩一个尸位素餐的佞臣。成帝问是谁,朱回答是"安昌侯张禹"。成帝大怒,说:"小臣居下讪上,廷辱师傅,罪死不赦。"御史们要将朱云拉出去,朱怒,"攀殿槛,槛折",并大声呼叫:"臣得下从龙逄、比干游于地下,足亦! 未知圣朝何如耳?"左将军辛庆忌免冠解印绶,叩头流血求情,说:"此臣素著狂直于世。使其言是,不可诛;其言非,固当容之。臣敢以死争。"成帝释然,朱云得不死。后来议及换已折殿槛之事,成帝说不用换了,留着以表彰"直臣"。①

值得注意的是,这位折槛的朱云刚好是鲁人,孔子的乡党,而且接受过《论语》的专门教育,则孔子提倡的狂狷精神,很可能是他狂直的直接思想源泉。《汉书》作者班孟坚心领神会,特在本传的"赞曰"中写道:"昔仲尼称不得中行,则思狂狷。"②可谓点睛之笔。

如果把时间上推至汉宣帝时期,也有一位被后世经常提起

---

① 参见〔汉〕班固:《汉书》卷六十七《杨胡朱梅云传第三十七》,北京:中华书局1962年版,第2912—2915页。
② 颜师古《注》有所发挥:"言不必得中庸之人与之论道,则思狂狷,犹愈于顽嚚无识者也。"

的狂直之士,这就是以孝廉方正出身、字次公的盖宽饶。他的官职不高,仅为谏议大夫行郎中户将事。但他"为人刚直高节,志在奉公",每遇不符合规制的擅权不德之举,无论对方是何背景靠山,一例弹劾之。皇太子的外祖父、平恩侯许伯的豪宅落成,丞相、御史们纷纷前往祝贺,唯宽饶不去,许伯特请,乃往,但颇不乐见场面的浮华。因一位少府起舞并沐猴斗狗,盖宽饶看不下去了,目视华屋而叹道:"富贵无常,忽则易人,此如传舍,所阅多矣。唯谨慎为得久,君侯可不戒哉。"说完即离去。席间许伯让他慢慢饮酒,他说:"无多酌我,我乃酒狂。"在场的丞相魏侯说:"次公醒而狂,何必酒也?"但这个狂直之士,终因直言批评皇帝重用宦官,"以刑余为周召,以法律为诗书",而被处以大辟,未及刑,宽饶已"引佩刀自刭北阙下",史称盖次公之死,"众莫不怜之"。[1] 可惜汉宣帝忘记了文帝时的"智囊"晁错上书中所说的话"传曰:狂夫之言,而明主择焉"[2],也忘记了(或不知道)楚汉相争时,广武君李左车对韩信说的一番话:"臣闻'智者千虑,必有一失;愚者千虑,必有一得。'故曰'狂夫之言,圣人择焉。'顾恐臣计未必足用,愿效愚忠。"[3]李左车其人原是赵国的谋臣,因赵王不听谏,才在井陉一战中被韩信打得惨败,李左车遂成了汉军的俘虏。"狂夫之言,圣人择焉"这句名言,就是这位广武君在韩信专诚求教时讲的。这是一句古语,所以前面有"故曰"二字。晁错引用时,前面也冠以"传曰"字样,但最早出

---

[1] 参见〔汉〕班固:《汉书》卷七十七《盖诸葛刘郑孙毋将何传第四十七》,北京:中华书局1962年版,第3243—3248页。
[2] 〔汉〕班固:《汉书》卷四十九《爰盎晁错传第十九》,同上,第2283页。
[3] 〔汉〕司马迁:《史记》卷九十二《淮阴侯列传第三十二》,北京:中华书局1959年版,第2618页。

处,尚待复核。

其实晁错的上文帝书里,还有更堪玩味的话:"今则不然。言者不狂,而择者不明,国之大患,故在于此。使夫不明择于不狂,是以万听而万不当也。"[1]意即现在的情况是,不要说"狂者"了,就是不狂者,采择的人主也看不清楚。这显然是国家的大患。因为不狂者的意见都不能分辨明察,那么不管怎么听都不会妥当的。是呵,是呵!

也许是盖宽饶的命运结局太过于惨烈了,当历史翻到东汉的一页时,很难再看到令世人震撼的狂直之士。东汉比之西汉,统治集团内部的权力争夺愈演愈烈,新莽当政,光武重兴,宦官和外戚轮番专权,太学生造反,党锢之祸,国无宁日矣。昏聩的政治,容易让士人冷漠。不过《后汉书》的作者范晔,在诸传之后设有《史记》《汉书》两书均不曾有的"独行列传",里面记载的谯玄、李业、王皓、王嘉、温序、赵苞等人物,当朝政失其轨仪之际,或直言蒙难,或佯狂隐遁,虽不必尽以狂直称焉,其异行奇节亦足可发人一叹。所以范晔在此"独行列传"的开篇禁不住发为论议,写道:

> 孔子曰:"与其不得中庸,必也狂狷乎!"又云:"狂者进取,狷者有所不为也。"此盖失于周全之道,而取诸偏至之端者也。然则有所不为,亦将有所必为者矣;既云进取,亦将有所不取者矣。如此,性尚分流,为否异适矣。中世偏行一介之夫,能成名立方者,盖亦众也。或志刚金石,而克扞于

---

[1] 〔汉〕班固:《汉书》卷四十九《爰盎晁错传第十九》,北京:中华书局1962年版,第2283页。

强御。或意严冬霜,而甘心于小谅。亦有结朋协好,幽明共心;蹈义陵险,死生等节。虽事非通圆,良其风轨有足怀者。而情迹殊杂,难为条品;片辞特趣,不足区别。措之则事或有遗,载之则贯序无统。以其名体虽殊,而操行俱绝,故总为《独行篇》焉。庶备诸阙文,纪志漏脱云尔。①

《后汉书》作者对"独行列传"里的一干人物,显然倍极赞许之能事,尽管记述得不一定完备("事或有遗"),也不够系统("贯序无统"),但其操行风轨,实有"足怀者"。特别是这段论述的开头部分,直接与孔子提出的"狂者"精神联系起来,并给出自己的解释,这在秦汉帝国的历史上尚属罕见。范晔认为"狂者"和"狷者"都是"失于周全之道,而取诸偏至之端者",自然是不违圣人本义的解释,只不过范氏认为狂、狷并非对立的两极,"不为"实将有所"必为","进取"也将"有所不取"。他把这种情况叫作"性尚分流,为否异适",意即这是因为性格取向而形成的分别,为"狷"为"狂",各有所适,不必一概以"中行"例之。他发感慨说,那些"偏行一介之夫,能成名立方者",也是很多的。这些看法不为流俗所囿,殊为可贵。

三国时期被孔融称作"美宝"的吴国谋士虞翻(字仲翔),是为史家所称颂的狂直之士。他学问好,擅长《易》学,所著《周易注》原书虽佚,后人的重辑本,仍被治《易》诸家奉为典要。孙策在世时,虞翻得到重用,策死后孙权继位,处境日迫。《三国志》本传载:"孙权以为骑都尉。翻数犯颜谏争,权不能悦,又性不协

---

① 〔南朝·宋〕范晔:《后汉书》卷八十一《独行列传第七十一》,北京:中华书局1965年版,第2665—2666页。

俗,多见谤毁,坐徙丹杨泾县。"离开了吴国的首都,流放到了丹杨地界的泾县。获释后,又因当面反驳孙权和张昭讨论神仙之事,遂再次流放交州。本传说"翻性疏直,数有酒失",即指这第二次流徙。《三国志》作者陈寿评曰:"虞翻古之狂直,固难免乎末世,然权不能容,非旷宇也。"①又说:"虞翻以狂直流徙,惟瑾屡为之说。"②瑾即诸葛瑾。其为诸葛亮的兄长,效力吴国,颇得孙权信任。

看来像虞翻这样的"古之狂直",吴主孙权固不能容,就是其他跟"权"有关系的权贵者们,也是不肯容纳"古"或"今"的各种狂直的。他们需要的是曲学阿世。那么不仅"中行"的理想不容易实现,孔子退而求其次的"狂者"和"狷者"的精神,也是于史难求。比较起来,倒是曹丕的长子曹叡继承帝位成为魏明帝后,能够听取直臣的意见,显例是他和时任侍中卢毓的关系。

卢毓在曹操当政之时,即担任吏部郎,曹丕即位,任黄门侍郎。由于在一项移民计划上提出与文帝不相谐的主张,被贬为睢阳的典农校尉。明帝青龙二年(234),卢毓又入朝担任侍中。当时明帝正在洛阳大造宫殿,另一侍中直臣高堂隆多次切谏,劝明帝应该顾及民瘼,明帝虽然不愿接受,但面有忧容。于是卢毓坦直恳切地进谏说:

> 臣闻君明则臣直,古之圣王恐不闻其过,故有敢谏之鼓。近臣尽规,此乃臣等所以不及隆。隆诸生,名为狂直,

---

① 参见〔晋〕陈寿撰,〔南朝·宋〕裴松之注:《三国志》卷五十七《吴书·虞陆张骆陆吾朱传第十二》,北京:中华书局1959年版,1320、1321、1341页。
② 〔晋〕陈寿撰,〔南朝·宋〕裴松之注:《三国志》卷五十二《吴书·张顾诸葛步传第七》,同上,第1234页。

陛下宜容之。①

卢毓说,只有遇到明君,才会有直臣出现,所以古代的圣王唯恐听不到不同意见,因此设有"敢谏之鼓"。像高堂隆这样的臣子,属于"狂直"之人,这正是我们赶不上他的地方,您应该包涵宽容为是。卢毓在侍中任上三年,类似这样的辩争有过多次。终于感动明帝,说他"禀性贞固,心平体正,可谓明试有功,不懈于位者也",遂任命卢毓为吏部尚书。

曹丕和他的这位继承者相比就差之远矣。笔者不禁联想到曹丕即位之初,围绕"狂直"和"狂狷"的问题,有一段令人忍俊不禁的故事。魏代汉和晋代魏一样,按正统的观点,其行径属于篡,合法性备受质疑。因此新主即位不敢遽登大宝,往往要经过几劝几辞,几谦几让,反复上书,反复论证,真戏假做,假戏真做,情景煞是好看。其中一次劝进是在曹丕接受了玺书印绶之后,又坚持请人宣读他的意见,表示要奉还玺印,并援引从前尧让天下给许由等、舜让给石户之农等,而许由、石户等不受,"或退而耕颍之阳,或辞以幽忧之疾,或远入山林,莫知其处,或携子入海,终身不反,或以为辱,自投深渊"的"九士"的故事,竟坚决"不奉汉朝之诏"。这样一来,吓坏了劝进诸臣,遂有刘若等一百二十人上书,不惜厚诬古人,竟说石户是北方人,"匹夫狂狷,行不合义,事不经见","诚非圣明所当希慕"。② 为了增加劝进的说服力量,至于语无伦次,不能成立的理由都拿来作为证据

---

① 〔晋〕陈寿撰,〔南朝·宋〕裴松之注:《三国志》卷二十二《魏书·桓二陈徐卫卢传》,北京:中华书局1959年版,第651页。
② 〔晋〕陈寿撰,〔南朝·宋〕裴松之注:《三国志》卷二《魏书·文帝纪第二》,同上,第68页。

了——居然不把"狂狷"视为圣人肯定的一种德行,而是归之为"北人"的一种粗糙的性格。此亦可见"狂者"精神在人们的心里是何等的隔膜而不受重视。

所以,在秦汉帝国的专制政体之下,士人最可能的全身策略还是佯狂。这方面比较典型的是汉武帝时期的东方朔。据《史记·滑稽列传》记载,东方朔是齐人,好古书,爱经术。他通过特殊的上书方法,引起了人主的注意。一封奏疏用了三千简牍,两个人在车上持举其书,人主从上方阅读,看了两个月才看完。然后拜东方朔为郎。每次召他到跟前谈话,人主都很高兴。赐食物给他,他当场大嚼一番不算,剩下的肉也揣在怀里拿走了,弄得油污沾满了衣服也不在意;赏赐钱帛给他,他都花在女人身上,挑选长安城里最漂亮的女子为妻,一年换一个。于是"人主左右诸郎半呼之'狂人'"。但东方朔自己的解释是,他所以如此,是为了在朝廷里"避世"。一次他趁着酒兴,趴在地上高唱:"陆沈于俗,避世金马门。宫殿中可以避世全身,何必深山之中,蒿庐之下。"酒后吐了真言。"小隐隐于山林,大隐隐于朝市"的典故,就出自这里。直到东方朔快要死的时候,他才向皇帝提出久蓄胸中的一条建议:"愿陛下远巧佞,退谗言。"司马迁评论说,这是"鸟之将死,其鸣也哀;人之将死,其言也善"。① 此即王羲之给吏部郎谢万的信里所说的:"古之辞世者或被发阳狂,或污身秽迹,可谓艰矣。"② 可见佯狂是历来隐者遁世全身的一种手段。钱锺书先生称此种"避世阳狂"的方法,为"即属机变,迹

---

① 〔汉〕司马迁:《史记》卷一百二十六《滑稽列传第六十六》,北京:中华书局1959年版,第3205、3208页。
② 〔唐〕房玄龄等:《晋书》卷八十《列传第五十》,北京:中华书局1974年版,第2102页。

似任真,心实饰伪,甘遭诽笑,求免疑猜"①,诚为透辟至当之论。

而发覆史乘,此一与最高权力者不合作的全身之法,早已由殷纣时期的箕子导夫先路了。《史记·宋微子世家》有载:"箕子者,纣亲戚也。纣始为象箸,箕子叹曰:'彼为象箸,必为玉梧;为梧,则必思远方珍怪之物而御之矣。舆马宫室之渐自此始,不可振也。'纣为淫泆,箕子谏,不听。人或曰:'可以去矣。'箕子曰:'为人臣谏不听而去,是彰君之恶而自说于民,吾不忍为也。'乃被发详狂而为奴。遂隐而鼓琴以自悲,故传之曰《箕子操》。"②纣王无道,而箕子谏之,谏而不听,而"被发详狂为奴"。殷的另外两位反对纣王荒政的贤者,一是比干因谏而死,一是微子出走逃遁,所以孔子说:"殷有三仁焉。"(《论语·微子》)"三仁"之中,尤以箕子的"被发详狂而为奴",成为历朝历代史不绝书的隐者全身的始作俑者。

三

魏晋南北朝的社会与思想形态大异于秦汉帝国。其实东汉已经与西汉有所不同了。后来三国鼎立而归之于魏,曹魏篡汉之后,又有司马氏篡魏。政权更迭频仍,帝国统制松弛。儒学在汉武之世大振,后因"五经"博士专业说经而"碎义逃难",反而使经学失却真宰。佛教静悄悄地传入中土。道教不密而宣地擎帜高扬。儒释道三家的思想成为士人可以任意取资的精神粮

---

① 钱锺书:《管锥编》第三册,北京:三联书店2001年版,第400页。
② 〔汉〕司马迁:《史记》卷三十八《宋微子世家第八》,北京:中华书局1959年版,第1609页。

仓。多元并立的文化格局代替了一家独尊的思想一律,中国文化迎来魏晋时期以张扬个性和崇尚自然为特征的思想解放时代。

如果就狂者精神的衍变而言,魏晋时期的个性张扬未免过于失序。狂者已经不愿继续取资于孔子的狂狷思想,佛道两家特别是道家和道教崇尚自然的观念,给了魏晋士人以个体生命也许可以走向自由的遐想。他们追求自我的无约束的放任,几乎陷入了裸露癖和裸露狂。他们说脱就脱,毫无顾忌。《晋书·五行志》所载的贵族子弟之"狂",应该是那一时代的世风共相:"惠帝元康中,贵游子弟相与为散发倮身之饮,对弄婢妾,逆之者伤好,非之者负讥,希世之士耻不与焉。盖貌之不恭,胡狄侵中国之萌也。其后遂有二胡之乱,此又失在狂也。"[1]东晋遭遇"二胡之乱"是不是由于贵族子弟相与裸戏,我们姑且不管,但其狂得失去规仪,不顾羞惭,则是历史故实。《晋书·列传·儒林》亦载范宣的话:"汉兴,贵经术,至于石渠之论,实以儒为弊。正始以来,世尚老庄。逮晋之初,竞以裸裎为高。"[2]另外还有王湛的一个玄孙辈后人名王忱者,官至方伯,《晋书》本传说他:"性任达不拘,末年尤嗜酒,一饮连月不醒,或裸体而游,每叹三日不饮,便觉形神不相亲。"[3]王戎的从弟王澄和胡毋辅之等,史载"皆以任放为达,或有裸体者"(《世说新语·德行》)。还有,祢衡在曹操面前击鼓,有督责的官吏责怪他没有换上鼓手的衣服,

---

[1] 〔唐〕房玄龄等:《晋书》卷三十七《志第十七·五行上》,北京:中华书局1974年版,第820页。

[2] 〔唐〕房玄龄等:《晋书》卷九十一《列传第六十一·儒林》,同上,第2360页。

[3] 〔唐〕房玄龄等:《晋书》卷七十五《列传第四十五》,同上,第1973页。

他说马上换,可是再一看,他已经一丝不挂地站在那里了。① 这说明,魏晋时的风气,不独贵族子弟,甚至士人官宦,裸体、裸裎、裸游也司空见惯,几乎到了习焉不察的地步,这正是孔子所警告的"狂而荡"的现象。

裴𫖮在其所作的《崇有论》中,对晋朝的世风和士风有更为集中的描述,他写道:"人情所殉,笃夫名利。于是文者衍其辞,讷者赞其旨,染其众也。是以立言借于虚无,谓之玄妙;处官不亲所司,谓之雅远;奉身散其廉操,谓之旷达。故砥砺之风,弥以陵迟。放者因斯,或悖吉凶之礼,而忽容止之表,渎弃长幼之序,混漫贵贱之级。其甚者至于裸裎,言笑忘宜,以不惜为弘,士行又亏矣。"②其中的"立言借于虚无,谓之玄妙;处官不亲所司,谓之雅远"两句,钱锺书先生认为可以和干宝《晋纪总论》、孙绰《刘真长诔》及《抱朴子·外篇》的《汉过》合观。③ 干宝《晋纪总论》有"当官者以望空为高,而笑勤恪"之句,孙绰《刘真长诔》有"居官无官官之事,处事无事事之心"的对语,《汉过》则云"懒看文书,望空下名者,谓之业大志高;仰赖强亲,位出其才者,谓之四豪之匹"④,都认为汉之季世至晋世,社会风气敝俗、辟邪、诞狂到了极点。

《世说新语》第一篇《德行》也有类似叙写:"王平子、胡毋彦国诸人,皆以任放为达,或有裸体者。"而刘孝标《注》引王隐《晋

---

① 参见〔南朝·宋〕范晔:《后汉书》卷八十下《文苑列传第七十下》,北京:中华书局1965年版,第2655页。
② 〔唐〕房玄龄:《晋书》卷三十五《列传第五》,北京:中华书局1974年版,第1045页。
③ 参见钱锺书:《管锥编》第三册,北京:三联书店2001年版,第467—468页。
④ 杨明照:《抱朴子外篇校笺》下册,北京:中华书局1997年版,第127页。

书》则说:"魏末阮籍,嗜酒荒放,露头散发,裸袒箕踞。其后贵游子弟阮瞻、王澄、谢鲲、胡毋辅之之徒,皆祖述于籍,谓得大道之本。故去巾帻,脱衣服,露丑恶,同禽兽。甚者名之为通,次者名之为达也。"[1]这里以及上引,需要注意其中的"性任达""任放为达"及"通"和"达"几个关键词语。显然"通达"和"任达"受到特殊重视。"任"是无所不为,"通"是无为不可。魏晋人士就是以此作为行为的观念依据。有的研究者认为,魏晋的风尚实导源于老庄之学,而尤以王弼、何晏二子罪孽深重。王弼、何晏都是深于玄理的绝顶天才,王弼以注《老子》和《周易》,何晏以解《论语》闻名于世。王弼的义理玄思"以无为本",主张"无所不适""无所不至"[2],但又不排除"情性"的作用,既贵无,又重情。相反,何晏却认为圣人没有喜怒哀乐,著论也相当精到。王弼不认同,说道:"圣人茂于人者,神明也;同于人者,五情也。神明茂,故能体冲和以通无;五情同,故不能无哀乐以应物。然则圣人之情,应物而无累于物者也。今以其无累,便谓不复应物,失之多矣。"[3]何晏《传》还说王弼善为"高丽言",这句"应物而无累于物",就是一句深微淡远的"高丽言"。

何晏生于汉献帝初平元年(190),王弼生于魏黄初七年(226),何晏比王弼大三十六岁,且居吏部尚书之高位,但其雅量也是惊人的。史载何平叔(晏字平叔)"甚奇弼",称"后生可

---

[1] 余嘉锡撰,周祖谟、余淑宜整理:《世说新语笺疏》,北京:中华书局1983年版,第24页。

[2] 〔三国·魏〕王弼著,楼宇烈校释:《王弼集校释》,北京:中华书局1980年版,第86页。

[3] 〔晋〕何劭:《王弼传》,载〔晋〕陈寿撰,〔南朝·宋〕裴松之注:《三国志·魏书·钟会传》,北京:中华书局1959年版,第795页。

畏"，并发为感叹："若斯人者,可与言天人之际乎!"①两人都注《老子》,交谈中何晏见王弼的义旨高于自己,便取消注《老子》的计划,而另作《道德论》。何劭的《王弼传》载道："(王弼)论道傅会文辞,不如何晏,自然有所拔得,多晏也。"王弼、何晏的长短,于此可见。"拔得"应指升华了的玄理旨趣,盖王弼对"道"和"玄"的深微远大,实有人所不及的思辨能力。所以钱锺书《管锥编》论老,必以《老子王弼注》为蓝本,且评之曰："王弼注本《老子》词气邕舒,文理最胜,行世亦最广。"②则渊雅如锺书先生,对辅嗣(王弼字辅嗣)亦情有所钟乎？抑高才雅致惺惺相惜耶？然而辅嗣"天才卓出,当其所得,莫能夺也",天生就有一种"知性的傲慢"。要说狂,应该属于知性之狂和理性之狂。余英时在论述新儒家的"心理构造"时,尝援引西方的"知性的傲慢"一语,以和新儒家的"良知的傲慢"对观。③ 盖王弼之"莫能夺",显系"理傲",故更合于"知性的傲慢"。可惜王弼只活了二十四岁,正始十年(249),就因疠疾离开了人世。这一年,他的学问知己何晏,也在其靠山曹爽被杀之后为司马氏所害。何晏的傲慢也是惊人的,《三国志·魏书·诸夏侯曹传》裴《注》对何平叔有如下评论："晏尝曰:'唯深也,故能通天下之志,夏侯泰初是也;唯几也,故能成天下之务,司马子元是也;惟神也,不疾而速,不行而至,吾闻其语,未见其人。'盖欲以神况诸己也。"④公然神化

---

① 〔晋〕何劭:《王弼传》,载〔晋〕陈寿撰,〔南朝·宋〕裴松之注:《三国志·魏书·钟会传》,北京:中华书局1959年版,第795页。
② 钱锺书:《管锥编》第二册,北京:三联书店2001年版,第3页。
③ 参见余英时:《犹记风吹水上鳞》,台北:三民书局1991年版,第93页。
④ 〔晋〕陈寿撰,〔南朝·宋〕裴松之注:《三国志·魏书·诸夏侯曹传第九》,北京:中华书局1959年版,第293页。

自己,其傲狂亦不在辅嗣之下。

关于晋世的任诞之狂和"理傲"之狂,《晋书·王衍传》的一段记载,可见其大概:

> 魏正始中,何晏、王弼等祖述老、庄,立论以为:"天地万物皆以无为本。无也者,开物成务,无往不存者也。阴阳恃以化生,万物恃以成形,贤者恃以成德,不肖恃以免身。故无之为用,无爵而贵矣。"衍甚重之。惟裴頠以为非,著论以讥之,而衍处之自若。衍既有盛才美貌,明悟若神,常自比子贡。兼声名藉甚,倾动当世。妙善玄言,唯谈老、庄为事。每捉玉柄麈尾,与手同色。义理有所不安,随即改更,世号"口中雌黄"。朝野翕然,谓之"一世龙门"矣。累居显职,后进之士,莫不景慕放效。选举登朝,皆以为称首。矜高浮诞,遂成风俗焉。衍尝丧幼子,山简吊之。衍悲不自胜,简曰:"孩抱中物,何至于此!"衍曰:"圣人忘情,最下不及于情。然则情之所钟,正在我辈。"简服其言,更为之恸。[①]

这段叙述在时间上特别突出"正始中",正始是魏齐王芳的年号,即公元240至248年,前后只九年的时间。这段时间正是王弼、何晏思想风行的盛期,所以才说"何晏、王弼等祖述老、庄"如何如何。然后讲王衍对王弼、何晏思想如何重视,而对《崇有论》的作者裴頠的主张,尽管裴頠是其堂兄王戎的女婿,其也不以为然。之所以如此,是因为王衍本人就是玄风的热烈追

---

① 〔唐〕房玄龄等:《晋书》卷四十三《列传第十三》,北京:中华书局1974年版,第1236—1237页。

随者和提倡者。而且他还踵事增华地创立了一种玄谈的风姿,手持麈尾,妙善玄言,义有未安,随即改更。再加上他"盛才美貌,明悟若神"的天姿,王弼、何晏自然也要让出一地了。王弼为论述"理"不废"情",说了一串玄旨幽深淡远的话,可是这位王衍,因丧幼子而大哭不止,友人劝慰,则宣言似的说:"情之所钟,正在我辈。"玄理和性情在他身上无间地结合,而把圣人的"忘情"和最低层次的"不及于情",抛在了一边。世号"口中雌黄",朝野翕然,谓之"一世龙门",可见其地位之高和影响之大。《晋书》本传则赞"衍俊秀有令望,希心玄远,未尝语利。王敦过江,常称之曰:'夷甫处众中,如珠玉在瓦石间。'顾恺之作画赞,亦称衍岩岩清峙,壁立千仞。其为人所尚如此。"①

上引《晋书·王衍传》的"矜高浮诞,遂成风俗"的八字判语,可以视作魏晋诞狂之风的真实写照。王衍是"竹林七贤"最小的成员王戎的从弟,其思想和王戎不无一脉相承之处。开始,阮籍与王戎的父亲王浑友善,自从和比自己小二十岁的濬冲(王戎字濬冲)接触以后,便只乐于和"阿戎谈",弃王浑于一旁而不顾。王戎入仕以后,以见解高明和预见性见长,但为官并不顺利,靠"与时舒卷,无謇谔之节",方几次免得一死。最后这位"神彩秀彻"、善于审世相人的颖悟之士,终变成了一个昼夜以牙筹数钱自娱的悭吝人。王衍在王戎眼里,原是"神姿高彻,如瑶林琼树,自然是风尘表物"似的人物,由于身处魏晋的变乱之局,尽管以"口不论世事,唯雅咏玄虚"和"不以经国为念,而思自全之计",以至官至太尉、尚书令的三公的高位,也无法力挽既

---

① 〔唐〕房玄龄等:《晋书》卷四十三《列传第十三》,北京:中华书局1974年版,第1238页。

倒之狂澜,最后还是被石勒活埋了,时年五十六岁。将死之际,王衍顾左右而言曰:"呜呼!吾曹虽不如古人,向若不祖尚浮虚,戮力以匡天下,犹可不至今日。"①对自己一世钟情浮诞之风似有反省自悔之意。

然则晋世之亡,真的是由于祖述老庄之玄谈和任诞之狂风所致吗?难道确如范宁所说,"其源始于王弼、何晏,二人之罪深于桀纣"②?或如陶弘景的一首诗所云"夷甫任散诞,平叔坐谈空;不意昭阳殿,化作单于宫"③?连当年觊觎晋室大宝的北伐大将桓温,在兵过淮、泗,与诸僚属登平乘楼眺望中原之际,也发感慨说:"遂使神州陆沈,百年丘墟,王夷甫诸人,不得不任其责。"④但清代学者钱大昕不作如是观,他说"宁之论过矣",认为"以是咎嵇、阮可,以是罪王、何不可"⑤。对当时后世诸如此类的悠悠之口,钱锺书先生揭明两点,一是"晋人之于《老》《庄》二子,亦犹'"六经"注我',名曰师法,实取利便;借口有资,从心以扯,长恶转而逢恶,饰非进而煽非。晋人习尚未始萌发于老、庄,而老、庄确曾滋成其习尚"⑥。二是"义理学说,视若虚远而阔于事情,实足以祸天下后世,为害甚于暴君苛政"。钱先生还引用

---

① 〔唐〕房玄龄等:《晋书》卷四十三《列传第十三》,北京:中华书局1974年版,第1238页。

② 〔唐〕房玄龄等:《晋书》卷七十五《列传第四十五》,北京:中华书局1974年版,第1984页。

③ 〔唐〕姚思廉:《梁书》卷五十六《列传第五十》,北京:中华书局1973年版,第863页。

④ 余嘉锡撰,周祖谟、余淑宜整理:《世说新语笺疏》,北京:中华书局1983年版,第834页。

⑤ 〔清〕钱大昕:《何晏论》,载《潜研堂文集》,上海:上海古籍出版社1989年版,第29页。

⑥ 钱锺书:《管锥编》第三册,北京:三联书店2001年版,第467页。

宋徽宗赐号为"高尚先生"的刘卞功的话说:"常人以嗜欲杀身,以货财杀子孙,以政事杀民,以学术杀天下后世。"还引用了汪士铎《悔翁乙丙日记》里的话:"由今思之:王、何罪浮桀、纣一倍,释、老罪浮十倍,周、程、朱、张罪浮百倍。弥近理,弥无用,徒美谈以惑世诬民,不似桀纣乱只其身数十年也。"钱锺书先生最后归结说:"人欲、私欲可以杀身杀人,统纪而弘阐之,以为'天理''公理',准四海而垂百世,则可以杀天下后世矣。"①老、庄未尝杀人,宋四子周、程、朱、张也未尝杀人,问题在于"统纪",如果"统纪"弘而阐之,视一家之学说为"天理"和"公理",以为"准四海而垂百世",那就难免要"杀天下后世"了。大哉!锺书先生之论,于吾心亦有戚戚焉。

如果说王弼、何晏所代表的,是以祖述老庄为特征的魏晋玄风的任达和"理傲"的一派,那么以王衍和"竹林七贤"为代表的则是魏晋玄风的佯狂和诞狂的一派。

"竹林七贤"是一个以文采和异行著称的知识分子群体,以嵇康和阮籍为代表,成员有山涛、向秀、刘伶、阮咸和王戎。《三国志·魏书·王卫二刘傅传》裴《注》引《魏氏春秋》云:"康寓居河内之山阳县,与之游者,未尝见其喜愠之色。与陈留阮籍、河内山涛、河南向秀、籍兄子咸、琅邪王戎、沛人刘伶相与友善,游于竹林,号为七贤。"②《世说新语·任诞》也有载:"陈留阮籍、谯国嵇康、河内山涛三人年皆相比,康年少亚之。预此契者,沛国刘伶、陈留阮咸、河内向秀、琅邪王戎。七人常集于竹林之下,肆

---

① 钱锺书:《管锥编》第三册,北京:三联书店2001年版,第475—477页。
② 〔晋〕陈寿撰,〔南朝·宋〕裴松之注:《三国志》卷二十一《魏书·王卫二刘傅传第二十一》,北京:中华书局1959年版,第606页。

意酣畅,故世谓'竹林七贤'。"①这七位"贤者",文采菁华,不可一世,个个都"狂"得可以。《世说新语》里记载多则他们和"狂"有关的故事。刘伶写有《酒德颂》,声言"唯酒是务,焉知其余",酒醉之后,裸形于屋,遇有置疑,则说:"我以天地为楼宇,屋室为裈衣,诸君何为入我裈中!"②阮籍的侄子阮咸,竟然和群猪一起饮酒。阮籍无目的地驾车出游,有路则行,无路便痛哭而返。看到当垆卖酒的邻人之妻有美色,他就黏着不断去喝酒,喝醉了还一头睡在那位美妇身边。听说一个美貌女子未嫁而死,尽管与其家人素不相识,也跑去大哭一场。这种"狂",属于半是佯狂半酒狂,也许还要加上一点色狂。他们幽愤于心,放浪于外,口不论人过,眸子判然。所以嵇康的名篇直接题作《幽愤诗》。而阮籍的代表作八十二首《咏怀诗》,其精神纠结,亦无非"忧思"二字,故第一首开篇便直抒胸臆:"夜中不能寐,起坐弹鸣琴。薄帷鉴明月,清风吹我襟。孤鸿号外野,翔鸟鸣北林。徘徊将何见,忧思独伤心。"③诗的结句"忧思独伤心",已经自我点题。所忧者何? 盖不情愿与司马氏合作也。司马昭听说阮籍的女儿貌美而贤,便请人为自己的儿子司马炎说亲,致使阮籍竟有两个月的时间醉酒不起,从事者见无从言说,才不得不寝罢此议。

"竹林七贤"的领袖人物嵇康,由于娶了与曹魏有血缘关系的长乐亭主(魏武的曾孙女)为妻,才升迁为郎中,拜中散大夫。只这一层,篡魏立晋的司马氏便不肯善罢甘休。史载:"谯郡嵇

---

① 余嘉锡撰,周祖谟、余淑宜整理:《世说新语笺疏》,北京:中华书局1983年版,第727页。
② 同上,第731页。
③ 陈伯君校注:《阮籍集校注》,北京:中华书局1987年版,第210页。

康,文辞壮丽,好言老、庄,而尚奇任侠。"①此可知其思想渊源之所从出,而"尚奇任侠"一语,证明他在行动上也是很特立独行的。因此司马氏集团始终把嵇康作为重点关注人物,殊不为怪。他们起初的策略并非不想笼络收买,但嵇康不买账。负有觇伺任务的钟会,一次前往观察动向,看见嵇康正在大树下面打铁,帮助他鼓风的则是"七贤"之友向秀。钟会只管盯着看,嵇康却"扬锤不辍,旁若无人",一言不发。当尴尬的钟士秀(钟会字士秀)要怏怏归去的时候,嵇康才发声问道:"何所闻而来?何所见而去?"钟会也很厉害,回道:"闻所闻而来,见所见而去。"②一问一答之间,各有玄机。嵇康的友人山涛,欲荐他代己为官,于是他写了那封千载传颂的《与山巨源绝交书》,自道"必不堪者七,甚不可者二",其中包括"每非汤、武而薄周、孔","会显世教所不容,此甚不可一也","刚肠疾恶,轻肆直言,遇事便发,此甚不可二也"。还有"纵逸来久,情意傲散,简与礼相背,懒与慢相成",以及"又读庄、老,重增其放","长而见羁,则狂顾顿缨,赴蹈汤火"等等,其狂傲悖理、不为世所容的名士态度毕肖纸上。③但阮、嵇二人亦有区别,诚如钱锺书先生所说:"嵇、阮皆号狂士,然阮乃避世之狂,所以免祸;嵇则忤世之狂,故以招祸。"钱先生又引伏义《与阮嗣宗书》之疑阮为鬼物附身的"风魔",进而申论曰:"不知'风魔'之可出'诈作',既明且哲,遂似颠如狂也。"又

---

① 〔晋〕陈寿撰,〔南朝·宋〕裴松之注:《三国志》卷二十一《魏书·王卫二刘傅传第二十一》,北京:中华书局1959年版,第605页。

② 余嘉锡撰,周祖谟、余淑宜整理:《世说新语笺疏》,北京:中华书局1983年版,第767页。

③ 戴明扬校注:《嵇康集校注》,北京:人民文学出版社1962年版,第117—123页。

说:"忤世之狂则狂狷、狂傲,称心而言,率性而行,如梵志之翻着袜然,宁刺人眼,且适己脚。既'直性狭中,多所不堪',而又'有好尽之累','不喜俗人','刚肠疾恶,轻肆直言,遇事便发',安望世之能见容而人之不相仇乎?"①换而言之,就是阮籍之狂,往往是"河汉大言,不着边际",而嵇康之狂,则"一狂而刺切","相形可以见"阮嗣宗和嵇叔夜不同之为人也。

因此当嵇康步入不惑之年,终于被司马氏投入狱中。起因是他的好友吕安因故得罪,司马氏欲以不孝罪诛之。嵇康为之辩护,竭力保明其事。钟会于是在廷论时历数其罪状云:"今皇道开明,四海风靡,边鄙无诡随之民,街巷无异口之议。而康上不臣天子,下不事王侯,轻时傲世,不为物用,无益于今,有败于俗。昔太公诛华士,孔子戮少正卯,以其负才乱群惑众也。今不诛康,无以清洁王道。"②嵇康临刑之际,出人意料地抚奏了一曲《广陵散》,曲罢发为感慨:"《广陵散》于今绝矣。"③然后从容就戮。这不禁让我想起了西哲苏格拉底之死,他的弟子柏拉图的《斐多篇》所记载的苏氏之死,也是很从容的——在被迫饮了毒药之后,还在若无其事地谈哲学。但比较起来,嵇康死的似乎更有诗意,而且有三千太学生群言欲"请以为师",那么寂寞的嵇康,其身后已不那么寂寞了。

据说嵇康是个罕见的美男子,一米八二(魏制七尺八寸)的

---

① 钱锺书:《管锥编》第三册,北京:三联书店2001年版,第400—401页。
② 《世说新语·雅量》注引《文士传》,见余嘉锡撰,周祖谟、余淑宜整理:《世说新语笺疏》,北京:中华书局1983年版,第344页。
③ 〔唐〕房玄龄等:《晋书》卷四十九《列传第十九》,北京:中华书局1974年版,第1374页。

身高,"龙章凤姿,天质自然"①,不像其他魏晋名士,为打扮自己可能还要擦粉之类。山涛赞美说:"嵇叔夜之为人也,岩岩若孤松之独立,其醉也,傀俄若玉山之将崩。"②美而有风骨,则嵇康之狂,又不只是佯狂和诞狂,同时也是清醒之狂和美俊之狂。

越数年,七贤旧友向子期(向秀字子期)作《思旧赋》云:"余与嵇康、吕安居止接近,其人并有不羁之才,嵇意远而疏,吕心旷而放,其后并以事见法。嵇博综伎艺,于丝竹特妙,临当就命,顾视日影,索琴而弹之。逝将西迈,经其旧庐。于时日薄虞泉,寒冰凄然。邻人有吹笛者,发声寥亮。追想曩昔游宴之好,感音而叹。"其赋曰:

> 将命适于远京兮,遂旋反以北徂。济黄河以泛舟兮,经山阳之旧居。瞻旷野之萧条兮,息余驾乎城隅。践二子之遗迹兮,历穷巷之空庐。叹《黍离》之愍周兮,悲《麦秀》于殷墟。惟追昔以怀今兮,心徘徊以踌躇。栋宇存而弗毁兮,形神逝其焉如。昔李斯之受罪兮,叹黄犬而长吟。悼嵇生之永辞兮,顾日影而弹琴。托运遇于领会兮,寄余命于寸阴。听鸣笛之慷慨兮,妙声绝而复寻。伫驾言其将迈兮,故援翰以写心。③

---

① 〔唐〕房玄龄等:《晋书》卷四十九《列传第十九》,北京:中华书局1974年版,第1369页。

② 余嘉锡撰,周祖谟、余淑宜整理:《世说新语笺疏》,北京:中华书局1983年版,第609页。

③ 〔唐〕房玄龄等:《晋书》卷四十九《列传第十九》,北京:中华书局1974年版,第1375页。

论者或谓向赋欲言又止,是呵!他又能多说些什么呢?此时的向秀已应岁举来到帝京洛阳,大将军司马昭引见,问曰:"闻有箕山之志,何以在此?"向秀说:"以为巢许狷介之士,未达尧心,岂足多慕。"①司马昭大为感叹。不久,向秀便得到了散骑常侍、黄门侍郎的闲差,由在野"竹林"一变而混迹"魏阙"。不过史载他"在朝不任职,容迹而已",是又不无耐人寻味处。

四

魏晋的玄远任达狂诞之风,一直持续到南北朝尚有风流余绪存焉。陶渊明的归隐田园,未尝不是此一风气的一个归结点。《文心雕龙·明诗篇》说:"江左篇制,溺乎玄风,嗤笑徇务之志,崇盛亡机之谈。袁孙已下,虽各有雕采,而辞趣一揆,莫与争雄,所以景纯《仙篇》,挺拔而为俊矣。宋初文咏,体有因革,庄老告退,而山水方滋,俪采百字之偶,争价一句之奇,情必极貌以写物,辞必穷力而追新,此近世之所竞也。"②其中关于南朝宋初的"庄老告退,而山水方滋"一语,指的就是此种风气转变情形。所以陈寅恪先生认为,陶渊明的思想是"承袭魏晋清谈演变之结果"③。但陶的思想属性,寅老以为是"外儒而内道",而与佛教学说没有多少关联。

---

① 〔唐〕房玄龄等:《晋书》卷四十九《列传第十九》,北京:中华书局1974年版,第1375页。

② 〔南朝·梁〕刘勰著,范文澜注:《文心雕龙注》,北京:人民文学出版社1962年版,第67页。

③ 陈寅恪:《陶渊明之思想与清谈之关系》,载《金明馆丛稿初编》,北京:三联书店2001年版,第228页。

陶渊明找到了自己的精神家园。他已经从名教与自然的撕裂纠缠中走了出来，既不必像山涛那样在"宫阙"和"竹林"之间两厢和悦，也无须如向秀一般始离而后附。阮籍似的一面竭力冲破名教的网罗，一面得到"大将军"暗中保护的尴尬，也不必了。他回归到了可以使自己安身立命的"田园"。魏晋南北朝时期士人由"魏阙"到"竹林"再到"田园"的转变，不仅是生活道路的转变，也是个体生命的归宿和精神理想栖居之所的转变。如同陈寅恪先生所说，陶渊明的"非名教之意仅限于不与当时政治势力合作，而不似阮籍、刘伶辈之佯狂任诞"[1]。当时的士人其实还有另外的精神栖居点和归宿，那就是佛教和道教。南北朝是佛教大行其道的时期，此一新信仰同样可以让士人得到哪怕是瞬间的安宁。南朝由东晋而宋而齐而梁而陈，二百七十二年的时间，五易朝纲，对浮屠的笃信始终未尝有变。梁朝之武帝萧衍甚至宣布佛教为国教，自己则三舍其身，这在中国历史上绝无仅有。北朝虽然出现了北魏太武帝和北周的武帝两次毁佛的举动，但为时甚短，并未从根本上影响佛教在北朝的发展。只不过呈现的方式和归宗的旨趣，南北殊有别耳。汤用彤先生说："南方偏尚玄学义理，上承魏晋以来之系统。北方重在宗教行为，下接隋唐以后之宗派。"[2]将南北朝时期的佛教分为"南统"和"北统"，诚为不刊之论。而且北方当佛教受阻的时候，道教有了长足的发展。北魏宰相崔浩尊道士寇谦之为师，魏太武帝为表示尊崇道教，亲自为寇氏起道场，并改年号为太平真君。当

---

[1] 陈寅恪：《陶渊明之思想与清谈之关系》，载《金明馆丛稿初编》，北京：三联书店2001年版，第228页。
[2] 汤用彤：《汉魏两晋南北朝佛教史》，载《汤用彤全集》第一卷，石家庄：河北人民出版社2000年版，第368页。

然佛道相较,则即便是在经历了毁佛事件的北朝,也还是释迦的势力更占上风。

因此南北朝时期的士人精神之旅,在"宫阙""竹林""田园"之外,还有"禅林"和"道场"可以安顿。当然各种精神栖居之所,往往是互相交错的,而不是彼此无与,截然分离。东晋的清谈,特点之一就是儒道结合和玄佛结合,只不过玄风占有明显优势,所以王导才能够无所顾忌地调笑僧渊:"鼻者面之山,目者面之渊。山不高则不灵,渊不深则不清。"①待到南朝的齐梁之后,玄风渐呈被佛理吞没的趋势。儒道、儒佛、佛道之间尽管在宗趣和义理上经常有撞击,但总的来说相处得很好,"三教合一"的种子,在彼此初相遇的魏晋南北朝时期,就悄悄地埋下了。治史者或谓此一时期之玄远任诞傲狂之风,继之以佛道神仙的超世间力量的坐大其间,社会的惯常秩序被颠倒瓦解,难免有失敬不德的乱世之目。然细按史乘,此一时代实为吾国精神成果最丰硕的时期,多少影响当时后世的风流卓绝之士和艺文学理的重要发明,都雨后春笋般涌现于此一时期。哲学思辨因探求玄远而登上最高楼,文学众星灿烂不可一世,佛道义学大师云集,史学著述层出不穷,书法绘画肇始登峰。《世说新语》《文选》《文心雕龙》《诗品》《水经注》《颜氏家训》《齐民要术》《洛阳伽蓝记》等经典奇书,都在此时创生。北方世家大族的永嘉南渡,改变了中古文化生态,那是很壮观的。还有北方拓跋氏的汉化,都在证实魏晋南北朝同时是吾国文化大融合的时期。当然这也是一个政治变乱多故的时代,《晋书·阮籍传》写道:"魏晋之际,

---

① 余嘉锡撰,周祖谟、余淑宜整理:《世说新语笺疏》,北京:中华书局1983年版,第799页。

天下多故,名士少有全者。"①但有残酷,有杀戮,也有热情,有声音。嵇康临刑,还能抚奏《广陵散》呢。他们礼赞人才,尊重对手。南朝佛教鼎盛,反佛的声音也能表达,辟佛勇士范缜出现了。梁武帝带头和范缜辩论,亲撰《敕答臣下〈神灭论〉》,写道:"欲谈无佛,应设宾主,标其宗旨,辨其短长,来就佛理,以屈佛理。"②有模有样不失风度地据理力辩。当朝皇帝不接受范缜的思想,临川王萧宏等也群起难范,虽然范缜毫无退缩,但他们和平相处。所以钱锺书先生发为感叹:"缜洵大勇,倘亦有恃梁武之大度而无所恐欤?皆难能可贵者矣。"③许多六朝人物都带有贵族气象。

由此可知,魏晋南北朝为隋唐统一和大唐帝国的盛绩伟业准备下了怎样和煦畅达的精神气候和丰厚肥沃的土壤。如果说士之能狂是魏晋人物与生俱来的特点,那么盛唐之狂则是遍及全社会的普遍文化现象。和魏晋相较,唐人发自内心的本性之狂似乎更多一些。

李白可谓天字第一号"狂人"。"我本楚狂人,凤歌笑孔丘"(《寄卢侍御虚舟》)、"披发之叟狂而痴,清晨径流欲奚为"(《公无渡河》)、"狂客落魄尚如此,何况壮士当群雄"(《梁甫吟》)、"今日逢君君不识,岂得不如伴狂人"(《笑歌行》)、"谁人识此宝,窃笑有狂夫"(《赠僧朝美》)、"一州笑我为狂客,少年往往来相讥"(《醉后答丁十八以诗讥予捶碎黄鹤楼》)、"窥镜不自识,

---

① 〔唐〕房玄龄等:《晋书》卷四十九《列传第十九》,北京:中华书局 1974 年版,第 1360 页。
② 〔清〕严可均校辑:《全上古三代秦汉三国六朝文》卷五,北京:中华书局 1958 年版,第 2973 页。
③ 钱锺书:《管锥编》第四册,北京:三联书店 2001 年版,第 354 页。

况乃狂夫还"(《闺情》)、"三杯容小阮,醉后发清狂"(《陪侍郎叔游洞庭醉后三首》)①,这是他自己说的。"狂人""狂痴""狂客""狂夫""佯狂""清狂",不一而足。他自喻的带"狂"字的称号就有这许多。李白的友人也直言不讳。杜甫说:"痛饮狂歌空度日,飞扬跋扈为谁雄。"(《赠李白》)又说:"不见李生久,佯狂真可哀。"(《不见》)还说:"昔年有狂客,号尔谪仙人。"(《寄李十二白二十韵》)②这是引用"四明狂客"贺知章初见李白发出的惊叹语,称其为仙。后来诗人孟郊也说:"宋玉逞大句,李白飞狂才。"③宋代的朱长文则说:"太白,狂士也。"(《墨池编》卷三)中国文学史和思想史上,当时后世,无人不知李白是一位世所罕见的狂诗人。李白才高,本性天真,性情中原有狂放的一面,却又嗜酒,便狂上加狂了。这样的性格,自然不为世所容。所以杜甫始终担心他的老友的处境,在《不见》一诗中不得已直抒胸臆:"世人皆欲杀,吾意独怜才。"李白是因狂而不遇,复又因不遇而更狂。

李白的狂是盛唐的狂,盛唐人物原本都带有三分狂气,连谨慎小心、"每饭不忘君"的"诗圣"杜甫,也自称有过"放荡齐赵间,裘马颇清狂"(《壮游》)的经历。后来更写了一首《狂夫》诗,那是在浣花溪畔的成都草堂,举家衣食无着,小儿子饿得面黄肌瘦,几乎面临"填沟壑"的危险,却写出了"欲填沟壑唯疏放,自

---

① 上引李白诗作,载〔清〕王琦注:《李太白全集》,北京:中华书局1977年版,第677、160、170、413、632、900、1177、952页。

② 上引杜甫诗载〔清〕仇兆鳌注:《杜诗详注》,北京:中华书局1979年版,第42、858、661页。

③ 〔唐〕孟郊:《赠郑夫子鲂》,载韩泉欣校注:《孟郊集校注》卷六,杭州:浙江古籍出版社1995年版,第252页。

笑狂夫老更狂"(《狂夫》)的诗句。① 是呵,如果自己一分狂气也无,怎么那般欣赏大他十一岁的狂友李白呢？恰好我们在杜甫的另一首诗中又找到一条佐证,就是作于唐高宗上元二年(675)的《江畔独步寻花》,第一首的开头两句便是："江上被花恼不彻,无处告诉只颠狂。"然后首首不离花,其中四首有花又有酒。有花无酒的是最后三首——

  黄师塔前江水东,春光懒困倚微风。
  桃花一簇开无主,可爱深红爱浅红。

  黄四娘家花满蹊,千朵万朵压枝低。
  留连戏蝶时时舞,自在娇莺恰恰啼。

  不是爱花即欲死,只恐花尽老相催。
  繁枝容易纷纷落,嫩蕊商量细细开。②

  老杜不仅以"颠狂"自诩,而且简直是在写艳情诗了。至于"颠狂"的原因,则是由于"无处告诉",即无人可诉说,便自己寻花自己狂。难怪一位叫杨巨源的诗人留有如此诗句："王维证时符水月,杜甫狂处遗天地。"③当时后世人们只知道李白狂,岂知

---

① 本段所引两首杜诗载〔清〕仇兆鳌注：《杜诗详注》，北京：中华书局1979年版，第1441、743页。
② 〔唐〕杜甫：《江畔独步寻花七绝句》其五、其六、其七，载〔清〕仇兆鳌注：《杜诗详注》，北京：中华书局1979年版，第818—819页。
③ 〔唐〕杨巨源：《赠从弟茂卿》，载〔清〕彭定求等编：《全唐诗》卷三百三十三，北京：中华书局1980年版，第3717页。

杜甫也同样狂得可以呢。

再看杜甫写的《饮中八仙歌》,这是我几十年来,每忆及此诗,都禁不住要大声朗诵的诗篇。相信读者也无人不谙熟此诗。

> 知章骑马似乘船,眼花落井水底眠。
> 汝阳三斗始朝天,道逢曲车口流涎,恨不移封向酒泉。
> 左相日兴费万钱,饮如长鲸吸百川,衔杯乐圣称避贤。
> 宗之潇洒美少年,举觞白眼望青天,皎如玉树临风前。
> 苏晋长斋绣佛前,醉中往往爱逃禅。
> 李白一斗诗百篇,长安市上酒家眠,天子呼来不上船,自称臣是酒中仙。
> 张旭三杯草圣传,脱帽露顶王公前,挥毫落纸如云烟。
> 焦遂五斗方卓然,高谈雄辩惊四筵。[①]

每次诵念此诗,眼前都仿佛出现流水欢欢、树动山迷、酒香馥郁、百花漫舞的景象。这既是《饮中八仙歌》,也是八仙狂饮图,虽未就君饮,已生大欢喜。

知章就是贺知章,亦即初见李白便呼为"谪仙人"的那位"四明狂客",比李白大四十一岁。汝阳是唐玄宗的侄子汝阳郡王李琎,未及衔杯,路见酒曲已经流口水了。左相指天宝元年代理左丞相的李适之,为奸相李林甫所嫉,在位五年即罢去知政,赋诗自况:"避贤初罢相,乐圣且衔杯。为问门前客,今朝几个

[①] 〔唐〕杜甫:《饮中八仙歌》,载〔清〕仇兆鳌注:《杜诗详注》,北京:中华书局1979年版,第81—84页。

来。"①杜句"衔杯乐圣称避贤",盖套用此诗的头两句。宗之系被贬金陵的侍御史崔宗之,他是吏部尚书崔日用的公子,尝与李白诗酒唱和。苏晋为开元时的进士,当过吏部侍郎,是一个信佛而不守戒律的狂士。焦遂名不见经传,长安一布农耳,可知酒党重情趣,并无贵贱之分。至于张旭,则是书法史上大名鼎鼎的"草圣",《旧唐书》载:"时有吴郡张旭,亦与知章相善。旭善草书,而好酒,每醉后号呼狂走,索笔挥洒,变化无穷,若有神助,时人号为张颠。"②妙的是"号呼狂走"四字,难怪得"张颠"之雅号。此"八仙"的各种酒狂之态,绝非不懂狂、不能狂、不欣赏狂的人所能摹写。所以杜甫在《遣闷戏呈路十九曹长》一诗中坦露心声,直接写道:"惟吾最爱清狂客,百遍相过意未阑。"③就是说,他不是一般的爱狂、喜欢狂、欣赏狂,而是"最爱",即使看一百遍也看不够。

唐开元天宝时期是多元文化达致鼎盛的开放时代,为诗人、作家、知识分子的恣意张狂,提供了适宜的环境和土壤。他们的狂,是多士之狂,是透心透肺的狂,是健康益智的狂,而没有魏晋之狂的辟戾之气。遥想张旭在"王公"面前"脱帽露顶"的狂态,贺知章在马上晕晕乎乎、摇来晃去,而汝阳郡王李琎以为只有到酒泉去做官才称心如意,再加上李白以"酒仙"自居,拒不奉诏,千年后的我们在因狂会意之余,不知不觉地都乐了。精神生产

---

① 〔唐〕李适之:《罢相作》,载〔清〕彭定求等编:《全唐诗》卷一百九,北京:中华书局1980年版,第1125页。
② 〔后晋〕刘昫等:《旧唐书》卷一百九十中《列传第一百四十中·文苑中》,北京:中华书局1975年版,第5034页。
③ 〔唐〕杜甫:《遣闷戏呈路十九曹长》,载〔清〕仇兆鳌注:《杜诗详注》,北京:中华书局1979年版,第1602页。

者能够狂态昂然,是健康社会的烛光。多士能狂是思想自由的彰显。唐诗之所以凌跨百代、后无来者,实得力于当时的文化开放和思想自由。

中晚唐政治变乱频仍,党争不已,狂士非无有,内涵和格局要拘迂得多。古文运动的领袖韩愈,振衰启运,以道统自命,固为不世出的文雄,但他得"狂名",竟缘于好为人师。柳宗元在给一个欲拜他为师的青年人的信里写道:"孟子称'人之患在好为人师'。由魏、晋氏以下,人益不事师。今之世,不闻有师,有辄哗笑之,以为狂人。独韩愈奋不顾流俗,犯笑侮,收召后学,作《师说》,因抗颜而为师。世果群怪聚骂,指目牵引,而增与为言辞。愈以是得狂名。"[1]如此得"狂名",这在韩愈可谓不期而遇,非始料之所及。因此他非常不服气,特作《释言》一篇加以解释:"愈也不狂不愚,不蹈河而入火,病风而妄骂,不当有如谗者之说也。"[2]不过韩愈确有过一次"狂"的经历:一次与友人登华山,攀至山顶,觉得自己难以返回,便写好遗书,"发狂恸哭"。[3]韩愈不愧气魄盖世的豪杰之士,危难之际痛哭也不忘"发狂"。当然后来还是下来了,华阴县令不知想出多少办法,才救了韩愈一命。

---

[1] 〔唐〕柳宗元:《答韦中立论师道书》,载《柳宗元集》,北京:中华书局1979年版,第871页。
[2] 〔唐〕韩愈撰,马其昶校注,马茂元整理:《韩昌黎文集校注》第二卷,上海:上海古籍出版社1986年版,第70页。
[3] 参见〔唐〕李肇:《唐国史补卷之中》,载〔唐〕李肇等撰:《唐国史补因话录》,上海:上海古籍出版社1979年版,第38页。

五

　　本来谈不上狂,因为性格倔强,思想独立,不肯随顺潮流,便被世人目之为狂,唐以后千年以还的中国世风大率如此。我之所以说"唐以后",是因为魏晋之狂和盛唐之狂,几乎是诗人和士人的常态,人们司空见惯,不以为异。宋的狂客就不那么常见了。

　　宋儒的集大成者朱熹,最不能容忍学者有"狂"的气息。我们如果翻一翻他的著作,会发现他对"狂"字的解释几乎全都是负面的。他很少单独使用"狂"字,而是组成"狂妄""狂躁""狂易""狂恣""狂骛""狂率""狂僭""狂悖"一类语词,否定评价的取向至为明显。二程(程颢、程颐)的看法略同于朱熹,下面当详论。而作为北宋改革的急先锋王安石,狂的因子完全具备,但他最终没有发展为狂,而是走向了"拗"。他的内心其实明朗而单纯,只不过国身通一的儒家理想,使他为了国家的长远利益而置自身的处境于不顾。面对反对改革的众声喧哗,他毫不动摇,友谏不听,敌毁不回。他的"拗相公"的雅号就是因此而得的。不过在他的对手眼中,王安石就不只是"拗"了,"狂妄""狂悖"抑或有之。王安石自己的解释是:"好大人谓狂,知微乃如谋。"[①]他不能容忍把"狂"和他联系起来的误解。对手中也许只有一个人并不在意他的狂与不狂,这个人就是苏东坡。

　　苏东坡一向有狂放之名,连同他的词的写作,也成了公认的

[①] 〔宋〕王安石:《再用前韵寄蔡天启》,载唐武标校:《王文公文集》卷四十四,上海:上海人民出版社1974年版,第514页。

豪放派的代表。因此宋朝的狂士,不能不首推苏东坡。他自己也不讳言自己的狂迈,诗词中每有以"狂"自况的诗句,如"嗟我本狂直,早为世所捐""嗟我久病狂,意行无坎井""路人举首东南望,拍手大笑使君狂""谁知海上诗狂客,占得胶西一半山""嗟余老狂不知愧,更吟丑妇恶嘲谤",等等。中华书局出版的《苏轼诗集》(〔清〕王文诰辑注,孔凡礼点校,共八册)比较好读,我边读边擒拿,竟觅得近四十条跟"狂"有关的诗句(如果用电脑搜索当发现更多)。词学大家龙榆生校笺的《东坡乐府笺》,也有多例,其中第182页的《十拍子》"莫道狂夫不解狂,狂夫老更狂"[①],化用杜甫的"自笑狂夫老更狂",语词尤为率直。总的印象,东坡年轻时的诗词涉"狂"的语词比较多,年龄越大,"狂"词越少。不用说,这也合乎人生的逻辑轨则。

　　苏轼的狂,是秉承盛唐遗风的率性之狂,也是诗人之狂。可以说,无狂便无苏东坡矣,如同没有狂便没有李白一样。他和李白的不同之处,是他不善饮,可是他比善饮酒之人更懂得酒性,而且越是年长,越贪此杯中物。他在诗中写道:"我性不饮只解醉,正如春风弄群卉。"(《戏书》)又说:"少年多病怯杯觞,老去方知此味长。"(《次韵乐著作送酒》)故苏轼的狂,大体与酒无关,但借酒壮胆、增加豪气的想法,他未必没有。请看下面诗句:"无多酌我君须听,醉后粗狂胆满躯"(《刁景纯席上和谢生二首》),"孤村野店亦何有,欲发狂言须斗酒"(《铁沟行赠乔太博》)。不过他也很矛盾,酒兴的高言固然痛快,之后想起来自己未免也感到后怕。所以诗中坦承:"饮中真味老更浓,醉里狂

---

① 龙榆生校笺:《东坡乐府笺》,台北:华正书局有限公司1983年版,第182页。

言醒可怕。"(《定惠院寓居月夜偶出》)事实上,他多次得罪权贵,一贬再贬,还不是由于"狂言"和"真味"? 而且主要是"真味"。他的那首有名的《自题金山画像》"心似已灰之木,身如不系之舟。问汝平生功业,黄州、惠州、儋州",可谓饱含辛酸的自嘲。此诗的另一版本作"目若新生之犊,心如不系之舟。要问平生功业,黄州、惠州、崖州",①更能彰显东坡的自由之心性。

盖人类的一切创造,都源于自由,人生的一切挫折,也都源于自由。而狂,则是自由的情感外化和自由精神的变体。如果"狂"同时也是一种生活态度和生活情趣,乃至一个人的性格精神和审美趣味,我们可爱的东坡先生,有理由作为它的全权代表。虽然宋代文士之能狂者,并非只有东坡一人,那位管顽石称兄叫丈人的米颠米襄阳者,自然是一位别具一格的狂士,因篇幅所限,此不多具了。

那么明代的"狂"我们看到了谁呢? 我们看到了很多人,看到了"前仆后继"的狂士群体,而尤以万历年间的江南一带最为集中。赵翼《廿二史札记》中的"明中叶才士傲诞之习"条写道:"吴中自祝允明、唐寅辈,才情轻艳,倾动流辈,放诞不羁,每出名教外。"又说:"可见世运升平,物力丰裕,故文人学士得以跌荡于词场酒海间,亦一时盛事也。"②由此可以体会明代之狂的潮流和背景。祝枝山(允明)、唐伯虎(寅)是人皆能详的文苑狂客,至少唐伯虎降身为奴娶秋香的风流故事大家是知道的,但明代狂士群体的翘楚还是非李卓吾莫属。

---

① 本段引苏轼诗载〔清〕王文诰辑注,孔凡礼点校:《苏轼诗集》,北京:中华书局1982年版,第2552、1043、550、601、1033、2641、2642页。
② 〔清〕赵翼著,王树民校正:《廿二史札记》下册,北京:中华书局1984年版,第783—784页。

李贽(号卓吾)和千年以来的传统秩序是那样的格格不入,对每一部人们奉为经典的著作都能找出破绽来,而且给予另类的解释。李贽明世宗嘉靖六年(1527)生于福建泉州,二十六岁中举,由于不满意科举制度的弊端,没有再应进士第。五十岁前在河南、南京、北京等地做官,后来又做了三年云南姚安的知府。但他回顾平生,觉得自己"五十年以前真一犬也"①。所以当万历八年(1580)知府任满之时,他毅然辞官,回到湖北黄安,开始了问难学道的新时期。七年以后,即黄仁宇那本有名的书写的"万历十五年",他为脱却俗累,将家眷送回福建老家,自己则削发为僧,但胡须未剃,也未受戒。他的许多著作都是这一时期完成的。他知道自己的思想不能见容于当时当世当道,便以《藏书》《续藏书》《焚书》《续焚书》等抗词名其书。

李卓吾对士子之"狂"给予了新的解释,提出"闻道"需要狂狷的破天荒的思想。他说:"有狂狷而不闻道者有之,未有非狂狷而能闻道者也。"他认为学术传承也需要狂狷的精神:"论载道而承千载绝学,则舍狂狷将何之乎?"②还提出,唯有狂狷,能够发现先儒往圣的"破绽"的人,才能成为孟子所说的"豪杰之士"。他在给友人焦竑的信里写道:"求豪杰必在于狂狷,必在于破绽之夫,若指乡愿之徒遂以为圣人,则圣门之得道者多矣。此等岂复有人气者,而尽指以为圣人,益可悲矣夫!"③这等于从学理上把狂狷当作成就杰出人物的必要前提。对自己的"狂",李贽也毫不避讳,晚年所作的《自赞》坦承:"其性褊急,其色矜

---

① 〔明〕李贽:《焚书 续焚书》,北京:中华书局1975年版,第347页。
② 同上,第28页。
③ 同上,第320页。

高,其词鄙俗,其心狂痴,其行率易。"①但他的内心则充满温热。

以反对文学复古主义扬帜的"公安三袁"(袁宗道、袁宏道、袁中道)是李贽的好友,袁中道写过一篇《李温陵传》,其中所说"公为人中燠外冷,丰骨棱棱,性甚卞急,好面折人过",应是实录。袁中道的这篇传记还写了李贽另外一些不同于常人的性格特征,极为有趣。

> (公)性爱扫地,数人缚帚不给。衿裙浣洗,极其鲜洁,拭面拂身,有同水淫。不喜俗客,客不获辞而至,但一交手,即令之远坐,嫌其臭秽。其忻赏者,镇日言笑;意所不契,寂无一语。滑稽排调,冲口而发,既能解颐,亦可刺骨。所读书皆抄写为善本,东国之秘语,西方之灵文,《离骚》、马、班之篇,陶、谢、柳、杜之诗,下至稗官小说之奇,宋元名人之曲,雪藤丹笔,逐字雠校,肌襞理分,时出新意。其为文不阡不陌,摅其胸中之独见,精光凛凛,不可迫视。诗不多作,大有神境。亦喜作书,每研墨伸楮,则解衣大叫,作兔起鹘落之状。其得意者亦甚可爱,瘦劲险绝,铁腕万钧,骨棱棱纸上。一日恶头痒,倦于梳栉,遂去其发,独存鬓须。公气既激昂,行复诡异,斥异端者日益侧目。②

喜欢手持扫把扫地,众人欲夺而不能,这一习惯,笔者年轻时也有过,因此颇能理解。但不喜俗客,思想不契,即令远坐,言

---

① 〔明〕李贽:《焚书 续焚书》,北京:中华书局1975年版,第130页。
② 〔明〕袁中道:《李温陵传》,载〔明〕李贽:《焚书 续焚书》,北京:中华书局1975年版,第7—8页。

语冲口而发,锋芒刺骨,文章"精光凛凛,不可迫视",作书还要"解衣大叫",形貌则留须不留发,这些置诸当时的社会环境,为当权者所侧目,为习俗所不许,不用说也势所必然。他的一些友人不免为他担心:"李先生学已入禅,行多诞,祸不旋踵矣。"[1]最后果然因了他的各种"异行"和"异言",包括社会辗转打造的本来不属于他的谣言,李贽被关进了监狱,直至被迫自戕于狱中。那是万历三十年(1602)的三月十五日,他七十五岁。李贽是因"狂"而焕发了自己的生命,也因"狂"丧失了自己的生命。

其实"狂"并不是李贽所追求的目标,只不过是他生命的一种状态。相反,他追求的是"圣",不依循传统解释的、与"伪"绝缘而又生气盎然的"圣"。因此他不认为"圣"与"狂"是不能两立的品格。《焚书》中有一篇《与友人书》,专门谈的是这个问题,其中这样写道:

> 又观古之狂者,孟氏以为是其为人志大言大而已。解者以为志大故动以古人自期,言大故行与言或不相掩。如此,则狂者当无比数于天下矣,有何足贵而故思念之甚乎?盖狂者下视古人,高视一身,以为古人虽高,其迹往矣,何必践彼迹为也。是谓志大。以故放言高论,凡其身之所不能为,与其所不敢为者,亦率意妄言之。是谓大言。固宜其行之不掩耳。何也?其情其势自不能以相掩故也。夫人生在天地间,既与人同生,又安能与人独异?是以往往徒能言之

---

[1] 沈鈇:《李卓吾传》,载何乔远:《闽书》卷一百五十二《畜德志》上,转引自张建业:《李贽评传》附录二《有关李贽传记资料》,福州:福建人民出版社1992年版,第279页。

以自快耳,大言之以贡高耳,乱言之以愤世耳。渠见世之桎梏已甚,卑鄙可厌,益以肆其狂言。观者见其狂,遂指以为猛虎毒蛇,相率而远去之。渠见其狂言之得行也,则益以自幸,而唯恐其言之不狂矣。唯圣人视之若无有也,故彼以其狂言吓人而吾听之若不闻,则其狂将自歇矣。故唯圣人能医狂病。观其可子桑,友原壤,虽临丧而歌,非但言之,且行之而自不掩,圣人绝不以为异也。是千古能医狂病者,莫圣人若也。故不见其狂,则狂病自息。又爱其狂,思其狂,称之为善人,望之以中行,则其狂可以成章,可以入室。仆之所谓夫子之爱狂者此也。盖唯世间一等狂汉,乃能不掩于行。不掩者,不遮掩以自盖也,非行不掩其言之谓也。[1]

这里涉及孟子对"狂"的一种解释,如前所述,孟子认为孔子对狂狷给予正面评价,是意识到"中道"不可得,所以才退而"思其次"。但弟子万章继续追问,到底什么样的情形才算作狂?孟子说,譬如孔门的琴张、曾皙、牧皮几位弟子,就是孔子所谓的狂。万章还不肯罢休,又刨根到底地问,何以这几位就是狂?("何以谓之狂也?")孟子于是解释说:"其志嘐嘐然,曰'古之人,古之人'。夷考其行,而不掩焉者也。"又说:"何以是嘐嘐也?言不顾行,行不顾言,则曰:'古之人,古之人。'"(《孟子·尽心下》)"嘐嘐"为象声词,形容像鸡似的乱叫。叫什么呢?无非是"古人呵,古人呵!"在孟子看来,那些志大言夸即"志大言大"的人,尽管满嘴"嘐嘐"地呼叫"古人",行动上却没有表现,

---

[1] 〔明〕李贽:《焚书　续焚书》,北京:中华书局1975年版,第208—210页。

言行不统一("言不顾行,行不顾言"),这样的人就可以叫作狂了。

李卓吾显然不满意孟子的解释,认为把"狂"解释为"志大言大"固然可以成立,但他不能认同把"志大"解释为只是师法古人。他主张后来者应该比古人"高视一身",开辟不同于古人的新的路径。而"言大",他认为即使做不到,甚至也不敢做的事情,也不妨"率意妄言"。因为做不到并不总是自己的过错,实际的"情"和"势"是否允许,应该是更重要的条件。现实世界布满束缚人的创造精神的枷锁,特别是人性的丑恶带给人的种种限制,尤其"卑鄙可厌"。那么怎么办?难道还不可以"肆其狂言",一吐为快吗?李贽不无沉痛地说,大家都共同生存于天地之间,不可能独独一个人和其他人有多么大的不同,所谓"狂"亦不过是借助"大言"自高位置和愤世嫉俗而已。换言之,"狂"更多地是在他人的眼中呈现,是"观者见其狂","观者"越视"狂"为"猛虎毒蛇",避之唯恐不及("相率而远去"),"狂者"就越是感到自幸自喜,口出的狂言越发肆无忌惮("唯恐其言之不狂"),亦即俗语所谓"人来疯"是也。本来是"行"不能践履,发为"大言",被视作"狂",后来变成明知不能践履,却口出"狂言",以掩盖自己的实相。不难发现,这已经不单纯是对"狂"作语义学的解释,同时也是李卓吾在夫子自道了。难怪他在《与耿司寇告别》一书里不无遗憾地写道:"公今宦游半天下矣,两京又人物之渊,左顾右盼,招提接引,亦曾得斯人乎?抑求之而未得也,抑亦未尝求之者欤?抑求而得者皆非狂狷之士,纵有狂者,终以不实见弃,而清如伯夷,反以行之似廉洁者当之也?审如此,则公终不免有失人之悔矣。"①以"狂"为理由而弃置杰出人才,古今史乘不绝于书。

当时后世无人不以为"狂"的李卓吾,原来有这许多难言之隐。原来在他那里,"狂"也有某种掩盖的作用。说开来,这不就是今人所谓的"自我放逐"吗？这不也就是李白的"人生在世不称意,明朝散发弄扁舟"吗？狂乎,狂乎,多少豪杰之士的辛酸假汝以行。

李卓吾的思想和明朝的心学领袖王阳明有直接渊源,王学后劲很多都是他的朋友。王阳明提出的不以孔子的是非为是非的主张,对李贽影响极大,李的著作中此类言论随处可见。自汉武帝"独尊儒术"以来,孔子思想就被奉为圭臬,所谓"曾经圣人手,议论安敢到"②。历来狂客的所谓"狂言",大都涉及对儒家权威地位的置疑。王阳明、李卓吾如此,李白、阮籍、嵇康亦复如此。李白示"狂"的"我本楚狂人,凤歌笑孔丘",前面举证过了。嵇康的名言则是"非汤武而薄周孔"。不过他们所置疑的不是原孔子和孔子的原思想,而是后来附加在孔子头上被放大的光环,以及从孔子思想中"支离"出来的部分。因此李卓吾和王阳明之所为,都是要还原真孔子,并不是简单的"非圣"。相反,李卓吾认为"圣人能医狂病","圣"可以"息狂",唯圣人能够做到"爱其狂,思其狂",能够称狂者为"善人"。

---

① 〔明〕李贽:《焚书 续焚书》,北京:中华书局1975年版,第75—76页。
② 〔唐〕韩愈:《荐士》,载钱仲联集释:《韩昌黎诗系年集释》卷五,上海:上海古籍出版社1984年版,第527页。

六

　　王阳明不用说更是一个前不见古人后不见来者的"狂之圣者"和"圣之狂者"。阳明的思想有"三变""四变"及"五溺"之说，简单来说就是他少年时期"驰骋于词章"，随后出入佛道二氏，然后"居夷处困"，最后豁然开朗，由悟道而入于圣学之域。[①]而入于圣域的标志，是"致良知"学说的发明和建构完成。令人讶异的是，当阳明子入于圣境之后，对"狂"的义涵又赋予了新解。他说："吾自南京已前，尚有乡愿意思。在今只信良知真是真非处，更无掩藏回护，才做得狂者。使天下尽说我行不掩言，吾亦只依良知行。"[②]这番话是嘉靖二年二月阳明子五十二岁时和弟子们讲的。《明儒学案》亦有记载："门人叹先生自征宁藩以来，天下谤议益众。先生曰：'我在南都以前，尚有些子乡愿意思。在今信得这良知真是真非，信手行去，更不着些覆藏，才做得个狂者胸次，故人都说我行不掩言也。'"[③]毫无疑问，此时之阳明子已完全进入圣境，但他不仅不排拒"狂"，不摈弃"狂"，反而视"狂"与"圣"为一体，甚至把"狂"视为成圣的必要条件。所以他说到南都之后"才做得个狂者胸次"。就是说，一个人只有拥有了狂者的胸怀和雅量，才有可能成为圣人。显然，阳明子和

---

　　① 参见〔明〕钱德洪：《刻文录叙说》，载〔明〕王守仁撰，吴光等人编校：《王阳明全集》，上海：上海古籍出版社1992年版，第1574页。
　　② 〔明〕王守仁撰，吴光、钱明、董平、姚延福编校：《王阳明全集》，上海：上海古籍出版社1992年版，第1287页。
　　③ 〔清〕黄宗羲著，沈芝盈点校：《明儒学案》，北京：中华书局1986年版，第216页。

李卓吾等明儒对"狂"的诠释,把"狂"的道德境界和义理品阶大大提升了,变成与孔、孟相继而不相同的儒圣和儒狂的思想。

　　孔子对中行、狂、狷、乡愿的"四品"取向,态度原极分明,按照传统的解释,特别是孟子的解释,中行为第一,狂为第二,狷为第三,乡愿第四,也可以把狂和狷合而为第二。孔子对乡愿的深恶痛绝已见之"德之贼"的四字恶评,后来的儒者对此均无异词。孟子解"乡愿"义最切,曰:"非之无举也,刺之无刺也。同乎流俗,合乎污世。居之似忠信,行之似廉洁,众皆悦之,自以为是,而不可与入尧、舜之道。"(《孟子·尽心下》)意即这种乡愿,你要非议他,却举不出证据,想骂他一顿,也不知从何骂起。他不过是与庸俗的社会现象和习惯同流合污而已,看上去一副忠诚老实的样子,行为上好像也没有什么不廉洁的地方。这样的人有谁不喜欢呢?他自己因此也以一贯正确自居。但是很可惜,这种乡愿永远也不能成为圣人。至于不能入于圣的理由,王阳明讲得非常清楚,认为此种人的"忠信廉洁"是为了"媚君子","同流合污"是为了"媚小人",他的心已经被破坏殆尽,所以不能入尧、舜之道。可是"狂者"呢?阳明子说:"狂者志存古人,一切纷嚣俗染,举不足以累其心,真有凤凰翔于千仞之意,一克念即圣人矣。"[①]王阳明把"六经"的"惟圣罔念作狂,惟狂克念作圣"(《尚书·周书·多方》)的义理反转过来了。

　　狂可以入圣,可以让"一切纷嚣俗染,举不足以累其心",如同凤凰翱翔于高空,一念之间即可实现超越。所谓入于圣域,就是实现精神的自我超越。既然如此,那么"四品"的排序,"中

---

① 〔明〕王守仁撰,吴光、钱明、董平、姚延福编校:《王阳明全集》,上海:上海古籍出版社1992年版,第1287—1288页。

行"还能够居诸品之冠吗？难道不应该将位置让给"狂"吗？其实最有可能与"乡愿"同流合污的恰恰是"中行"。孔子慨叹"中行"的"不得而与"，是求之不得，还是"中行"本身就是一个流动的范畴，不容易和人类的生命体发生稳定的连接？也许"中行"只是一个假设的状态，是孔子希望的道德理想，现实生活中并不真实存在。所以孔子游走周遭，终于不曾遇到这类人物。最后在陈国，出于不得已，发为慨叹说："归与！归与！吾党之小子狂简，斐然成章，不知所以裁之！"（《论语·公冶长》）然则孔子已然改弦更张，不再寻找"中行"之人，而将目光投向狂狷之士？其实孔门弟子中有一个叫曾皙的，也就是那个不好好回答老师的问题，却一个人在一旁鼓瑟的"点"，他的这个独特的举动，构成了"点也狂"典故的来源。孔子似乎喜欢这个特立独行的学生。"吾党之小子狂简"里面，大约一定包括"点"这个特长生吧。

宋代大儒二程和朱熹也都注意到了"点也狂"的问题，但程朱对"狂"的态度，如前所说，很少给予正面评价。对《论语》"子路、曾皙、冉有、公西华侍坐"章"点"即曾皙的表现，明道（程颢）的评价是："行有不掩焉者，真所谓狂矣。"[1]这依据的是孟子给"狂"的定义，即言论行为都不稍加掩饰，既不以行掩盖言，也不以言掩盖行。前引李卓吾论狂，已及此义。伊川（程颐）则说："曾皙狂者也，未必能为圣人之事。"[2]但伊川认为"点"的独特之处，是了解孔子心里的想法，即明白"圣人之志"。然则"圣人"

---

[1] 〔宋〕程颢、程颐著，王孝鱼点校：《二程集》，北京：中华书局1981年版，第136页。

[2] 同上，第369页。

何志？子路、冉求回答孔子问志，都关乎一个国家如何强国富民，公西赤则愿意当外交场合的一个小司仪，只有曾点表示，自己"异乎三子者之撰"，他喜欢在阳春三月，和一群友人带着孩子们，在沂水边沐浴，一边走一边在路上唱歌。曾点所讲，正好与老师的想法暗合，故"夫子喟然叹曰：'吾与点也。'"（《论语·先进》）

程朱虽然看到了"点"的狂，但对"狂"和"圣"的正面连接，似乎无所见。他们秉持的是"惟圣罔念作狂，惟狂克念作圣"的思想，认为狂、圣无法合一。王阳明就不同了，对《论语》此章有另外的解说：

> 以此章观之，圣人何等宽洪包含气象。且为师者问志于群弟子，三子皆整顿以对。至于曾点，飘飘然不看那三子在眼，自去鼓起瑟来，何等狂态。及至言志，又不对师之问目，都是狂言。设在伊川，或斥骂起来了。圣人乃复称许他，何等气象。圣人教人，不是个束缚他通做一般，只如狂者便从狂处成就他，狷者便从狷处成就他。人之才气如何同得？①

阳明子对曾点的"狂态"极尽赞美之能事，且对程颐的态度做了一个带有微讽的假设，由此可见宋学和王学的异同所在。

而当明嘉靖三年（1524）王阳明和门弟子共度中秋的时刻，他写了《月夜二首》，其第二首又颇及"点也狂"的本事，兹抄录

---

① 〔明〕王守仁撰，吴光、钱明、董平、姚延福编校：《王阳明全集》，上海：上海古籍出版社1992年版，第104页。

出来供读者赏观。

> 处处中秋此月明，不知何处亦群英。
> 须怜绝学经千载，莫负男儿过一生。
> 影响尚疑朱仲晦，支离羞作郑康成。
> 铿然舍瑟春风里，点也虽狂得我情。①

诗的头两句交代时、地、人背景，据《王阳明年谱》记载，此次中秋宴聚有百余名友朋和门弟子参加，在浙江绍兴乡下天泉桥的碧霞池上，当时阳明五十三岁，平生难得之盛。② 三、四句自叙怀抱。五、六句对朱子的学理表示置疑，认为问题主要出在为学的过程过于繁琐支离上。当年朱、陆鹅湖之会，陆九渊所示诗中便有"易简功夫终久大，支离事业竟浮沉"③之句，阳明显然是借用鹅湖之典。最后两句"铿然舍瑟春风里，点也虽狂得我情"，是全诗的点睛，赞美"点之狂"深获他的胸襟怀抱。

因此阳明子不愧为"圣狂"的典范。行笔至此，不禁想到了1929年陈寅恪先生给北大历史系同学的赠诗，其中有"添赋迂儒'自圣狂'，读书不肯为人忙"④句，可为阳明的"圣狂"立一注脚。

王阳明、李卓吾之外，明代的狂士还有很多。王门后学受师风影响，又不具有真正的"狂者胸次"，结果有的竟流入"儒为狂

---

① 〔明〕王守仁撰，吴光、钱明、董平、姚延福编校：《王阳明全集》，上海：上海古籍出版社1992年版，第787页。

② 同上，第1291页。

③ 〔宋〕陆九渊著，钟哲点校：《陆九渊集》，北京：中华书局1980年版，第427页。

④ 陈寅恪：《北大学院己巳级史学系毕业生赠言》，载《陈寅恪集·诗集》，北京：三联书店2001年版，第19页。

儒,禅为狂禅"的境地。① 净峰先生张岳和陈琛、林希元,平时住寺庙,要么闭户读书,要么行走于街市,非僧非俗,至被称作"泉州三狂"②。而秉承王学流风余韵的东林党人,更是一个有组织的狂士的群体。顾允成坦承:"平生左见,怕言中字,以为我辈学问,须从狂狷起脚,然后能从中行歇脚。"③另一东林党人钱启新则说:"圣门教人求仁,无甚高远,只是要人不坏却心术,狂狷是不坏心术者,乡愿是全坏心术者。"④为士之能"狂"找到了更多的理据。不过我们探讨明代之"狂",还有三个人不能不为之一提,一个是方孝孺,一个是徐文长,一个是袁宏道。

方孝孺生活的年代比较早,十二岁入明,是明朝的名儒帝师宋濂最得意的门生,其功业主要是朱元璋死后辅弼建文帝当朝四载,宽仁厚德,社会风气为之一转。燕王朱棣起兵篡位,方孝孺因拒不起草朱棣即位的诏书而遭遇灭十族之祸。本来朱棣的谋士僧道衍建议不要杀方孝孺,"杀之则天下读书种子绝矣"的名言,就出自这位谋士之口。但孝孺的表现是过于刚烈不屈了,诏书不写不说,反而当着朱棣的面在诏纸上写下"燕贼篡位"四个大字。他死的时候年只四十六岁。方孝孺留给人们的印象,主要是不事伪统的气节和惊天动地的刚烈,和狂与不狂似无联系。但他之所以有那样惨烈的表现,和他的狂者性格不无关系。

---

① 参见〔清〕黄宗羲著,沈芝盈点校:《明儒学案》卷二十六《南中王门学案二》,北京:中华书局1986年版,第612页。

② 参见〔清〕黄宗羲著,沈芝盈点校:《明儒学案》卷五十二《诸儒学案中六》,北京:中华书局1986年版,第1226页。

③ 参见〔清〕黄宗羲著,沈芝盈点校:《明儒学案》卷六十《东林学案三》,北京:中华书局1986年版,第1472页。

④ 参见〔清〕黄宗羲著,沈芝盈点校:《明儒学案》卷五十九《东林学案二》,北京:中华书局1986年版,第1436页。

他有《后正统论》一文,其结尾处写道:"果以予言为狂者乎,抑狂者固自有其人乎?"①亦即如果认为他的文章是狂者之言,那么随意好了:"你说我是狂者我就是狂者!"他在另一处还说过:"周公、孔子与吾同也,可取而师也;颜子、孟子与吾同也,可取而友也。"公然表示,周公和孔子跟自己观点相同,他才当作老师;颜渊和孟子与自己观点相同,他才认作朋友。如此大言,诚然是狂者之言,应无疑问。他自己也说:"众若骇然而惊,愕然而相顾,悱然笑予以为狂。"②他写的《红酒歌》也有"醉来兴发恣豪狂,高歌起舞当斜阳"的句子③,方孝孺之狂,于此可见一斑。当然方孝孺的狂,是狂之正者、狂之刚者和狂之烈者,是正统儒者的天地之狂,也是不狂之狂。

徐文长和李贽同时,绍兴人,一生坎坷,也有过狱中经历,但下狱的原因却是怀疑其妻不忠而失手酿祸。至于是不是他本人一直患有脑疾,研究者说法不一。也许是天性中已生就了不愿接受任何羁绊的种子吧,因此他的怪狂表现在从生活到艺术的各个方面。他绘画的技法是"狂扫""狂墨",自称"我亦狂涂竹,翻飞水墨梢",也就是大写意。《徐渭集》中涉狂的诗作很多,如"醉去狂来呼李白,散发题书万竹中"④、"恨不颠狂如大阮,欠将一哭恸兵闻"⑤、"莫言白首疏狂客,也貌朱阑富贵花"⑥等等。如

---

① 〔明〕方孝孺:《逊志斋全集》卷之二《后正统论》,清同治己巳(1869)关外挹秀街方求忠厚生氏藏版,第10页。
② 〔明〕方孝孺:《逊志斋全集》卷之十七《尚志斋记》。清同治己巳(1869)关外挹秀街方求忠厚生氏藏版,第8页。
③ 〔明〕方孝孺:《逊志斋全集》卷之二十四《红酒歌》,同上,第8页。
④ 〔明〕徐渭:《徐渭集》,北京:中华书局1983年版,第129页。
⑤ 同上,第280页。
⑥ 同上,第286页。

果如通常所说,有一些艺术家其实就是"疯子",那么徐渭应该是其中不打折扣的一位。袁宏道的《徐文长传》叙述的"晚年愤益深,佯狂益甚,显者至门,皆距不纳,当道官至,求一字不可得","石公曰:先生数奇不已,遂为狂疾;狂疾不已,遂为囹圄。古今文人牢骚困苦,未有若先生者也"。① 应是真实写照。

袁宏道和兄宗道、弟中道是李贽的知交好友已如前述,他们能由衷欣赏卓老的风致,可知他们自己的价值取向。事实上宏道也是晚明的一位领军狂士。第一次和李卓吾见面,他的赠诗就有"老子本将龙作性,楚人元以凤为歌"句,盖"三袁"是湖北公安人,故援楚狂以自况。其《记药师殿》一文自述生平,有"余性狂僻,多诳诗,贡高使气,目无诸佛"②的措辞,是狂而不讳者也。特别是他写给友人张幼于的一封信,可直视为一篇"狂颠"专论,为文海艺苑绝少见的文字。

> 仆往赠幼于诗,有"誉起为颠狂"句。颠狂二字甚好,不知幼于亦以为病。夫仆非真知幼于之颠狂,不过因古人有"不颠不狂,其名不彰"之语,故以此相赞。如今人送富贾则曰"侠",送知县则曰"河阳""彭泽",此套语也。夫颠狂二字,岂可轻易奉承人者?狂为仲尼所思,狂无论矣。若颠在古人中,亦不易得,而求之释,有普化焉。张无尽诗曰"槃山会里翻筋斗,到此方知普化颠"是也。化虽颠去,实古佛也。求之玄,有周颠焉,高帝所礼敬者也。玄门尤多,

---

① 〔明〕徐渭:《徐渭集》,北京:中华书局1983年版,第1343页。
② 〔明〕袁宏道著,钱伯城笺校:《袁宏道集笺校》,上海:上海古籍出版社1981年版,第465页。

他如蓝采和、张三丰、王害风之类皆是。求之儒,有米颠焉,米颠拜石,呼为丈人,与蔡京书,书中画一般,其颠尤可笑。然临终合掌曰:"众香国里来,众香国里去。"此其去来,岂草草者? 不肖恨幼于不颠狂耳,若实颠狂,将北面而事之,岂直与幼于为友哉?①

看来是袁宏道给这位姓张名幼于的友人先有一首赠诗,其中有"誉起为颠狂"的句子,此友不甚以为然,宏道遂写信加以解释。他说"颠狂"这两个字,可不是轻易许人的,因为这是很高的赞誉。古人已经有"不颠不狂,其名不彰"的说法。"狂"是孔子思考的问题,这里可以不讨论。就说"颠"吧,也是不容易获得的称号。佛家倒是不讳言此语,所以张无尽有"槃山会里翻筋斗,到此方知普化颠"②的诗句。张无尽即宋朝的丞相张商英,是声闻极大的佛门居士,野史笔记多有他学佛的故事。"普化"是普化禅师,唐代有名的颠僧,据说是日本临济宗的鼻祖。周颠是朱元璋喜欢的一个亦僧亦道的江湖术士,不知姓氏,过从者只以"颠"相称。儒家方面则有米南宫米颠,前面笔者已略及,此处中郎(袁宏道号中郎)谈得更具体。最后中郎向他的友人说,就怕友人不颠,如果真的癫狂,他愿俯首称臣。

我们看到,袁宏道对狂颠的品格给予了何等高的评价。他认为儒释道三家都不否认"狂"的合理内涵。而在《疏策论》"第五问"里,他进一步称"狂"为一种"龙德",说"自汉而下,盖有二

---

① 〔明〕袁宏道著,钱伯城笺校:《袁宏道集笺校》,上海:上海古籍出版社1981年版,第502—503页。

② 〔宋〕普济著,苏渊雷点校:《五灯会元》,北京:中华书局1984年版,第1200页。

三豪杰,得狂之心而拟龙之一体者",如汉代的张良、晋朝的谢安、唐朝的狄仁杰,他们虽有狂智、狂沉、狂忍的区分,也就是"狂体不同",但在"近龙德"这点上是相同的。当然狂有多种,可以区分出诸个阶次来。王阳明的"圣狂",应该是最高的。宏道所谓"龙德之狂",是仅次于"圣狂"的一种,是可以兼济天下的寄道之狂,张、谢、狄之外,前述方孝孺之狂亦可作为一个代表。袁宏道特别提出,对这种狂能寄道者,需要有识别的眼光,否则人才就有被埋没的危险。他写道:"若晋之陶潜,唐之李白,其识趣皆可大用,而世特无能用之者。世以若人为骚坛曲社之狂,初无意于用世也,故卒不用,而孰知无意于用者,乃其所以大用也。"[①]袁宏道显然认为陶渊明、李白是有"龙德之性"的人,其狂应是"龙德之狂",而不同于"骚坛曲社之狂"。是呵,传统社会的伶人文士也多矣,其中不乏狂怪之人,但这种"狂"和龙德之狂不能同日而语。故袁宏道说:"道不足以治天下,无益之学也;狂不足与共天下,无用之人也。"[②]即在袁宏道看来,生之为士人,如果不把自己的学问和家国天下联系起来,是为"无益之学",而没有一点"狂"的精神,或者狂而不心系家国,最后会成为一个废人。

袁宏道强调对士子之狂还要做另一种区分,这就是"傲肆"之狂和"恬趣远识"之狂的区分。他说:"盖曾点而后,自有此一种流派,恬于趣而远于识。无蹊径可寻,辟则花光山色之自为工,而穷天下之绘不能点染也;无辙迹可守,辟则风之因激为力,

---

[①] 〔明〕袁宏道著,钱伯城笺校:《袁宏道集笺校》,上海:上海古籍出版社1981年版,第1519—1520页。

[②] 同上,第1521页。

因窍为响,而竭天下之智,不能扑捉也。其用也有入微之功,其藏也无刻露之迹,此正吾夫子之所谓狂,而岂若后世之傲肆不检者哉?"①一种是"恬于趣而远于识",一种是"傲肆不检者",这又是不能同日而语的两种狂。宏道认为前者就是曾点以来的孔子所谓狂者,这是一种不着痕迹的自然之性;而不加检点的"傲肆",不过是"饱食终日,无所用心者",或者是"游谈不根之民而已"。他特别强调,他的这样一番令人警醒的话,是"专为学狂而无忌惮者"而发的。他的一首诗中也有"东皋犹滞酒,余乃醒而狂"②句,应是真实的自况。事实上他对当时的"狂禅之滥",也有过批评之词。

尤其有趣的是,袁宏道在《募修瑞云寺小引》一文中,开头征引了陆游的《蒙泉铭》所讲的一段掌故:"往昔尝过郑博士,坐有僧焉。余年少气豪,直据上坐,索酒径醉。博士与余曰:'此妙喜也。'余亦不辞谢,方说诗谈兵,旁若无人。其后数年,余老于忧患,志气摧落,念昔之狂,痛自悔责。"放翁此文中"念昔之狂,痛自悔责"八个字,引起了袁宏道的共鸣。因念及当年乡僧说法京师,他"高谈一乘,玩侮讲席",其狂固不在放翁之下,可是如今呢?"予之狂尚可悔,而老成不可再至矣。"瑞云寺的海澄法师为之下一针砭,说这个不难,只要名公施展一下化瓦砾为金的法术,老成便可望回来,"明公但施楮三尺,可立化瓦砾为金地"。宏道自谦"未遽通",无此能耐,然而"借是以忏昔狂,亦悉檀之一也",能有所忏,也算得上是一种布施了。③袁宏道此文

---

① 〔明〕袁宏道著,钱伯城笺校:《袁宏道集笺校》,上海:上海古籍出版社1981年版,第1520—1521页。
② 同上,第1353页。
③ 同上,第1560—1561页。

采取如此写法,说明他对"狂"不仅有分疏,也有一定的忏悔之意。看来宏道属于狂之醒者。

明朝不愧为我国历史上"士之能狂"的一个制高点,同时也是中国知识分子狂狷传统的集大成时期。不独士的阶层,也不光是文人墨客和"骚坛曲社",社会的各个角落几乎都为狂风浸染,狂变成了社会的一种普遍性的文化情致和生活韵致。只要看一看中晚明的戏曲、小说、弹词、时调,就思过半矣。冯梦龙的"三言""二拍"以及《金瓶梅》,甚至把"狂"作为写男女情事的专用词汇。"足狂了半夜"一类语词,明代的小说中多有。因此以"举国若狂"来形容,也许还不算过于"言大"。但"狂"风如果泛滥于整个社会,这个社会的危机也就出现了。

七

明之狂的篇幅已经占去太多,无论如何不能再"狂"施笔墨了。下面循历史时序,再略谈清朝的狂者精神问题。

很不幸,我们在清朝的前期和中期已经很少看到士之能狂的踪迹了。明清易代不仅是政权的鼎革,也有文化的激变,所以顾炎武有"亡天下"之说。明中期以后城市经济发展迅猛,长江中下游出现了士商合流的现象,社会的中上层的生活趋于精致化和休闲化,这为作为知识人的士阶层和商业精英的自由狂放提供了适宜的土壤。1644年清兵入关问鼎,第二年南下摧毁南明小朝廷,带来的是强悍的同时也是粗糙的生活方式。陈寅恪《柳如是别传》第四章援引河东君的友人汪然明的一封信函,颇及明清之变给西湖景观造成的影响,其中写道:"三十年前虎林王谢子弟多好夜游看花,选妓征歌,集于六桥。一树桃花一角灯,风来生动,如烛龙欲飞。较秦淮五日灯船,尤为旷丽。沧桑后,且变为饮马之池。昼游者尚多猬缩,欲不早归不得矣。"①汪信中的"沧桑后"一语,指的就是明清鼎革。晚明之时如此繁华旖旎的西湖,陡然间变成了清兵的"饮马之池",这是何等的沧桑巨变。不用说"选妓征歌"的夜游狂欢了,白昼里游人尚且因恐惧而畏缩不前。

陈寅恪先生在征引汪然明的信函之后写道:"盖清兵入关,驻防杭州,西湖胜地亦变而为满军戎马之区。迄今三百年,犹存'旗下'之名。然明身值此际,举明末启祯与清初顺治两时代之湖舫嬉游相比论,其盛衰兴亡之感,自较他人为独深。吁!可哀也已。"②寅老的史家之叹,给我们留下诸多思考。实际上,清之代明而起,知识人和文化人首当其冲,要么投降,要么死节,生命尚且难保,除了偶尔的因病而狂者("病狂"),哪里还能找到正常的"书狂"和"士狂",更不要说龙性使然的"龙德之狂"了。近四十年的武力征伐(1644年入关到1681年平定三藩),百年的文字狱(从顺治十六年[1659]的庄廷鑨修《明史》案,到乾隆五十三年[1788]贺世盛的《笃国策》案,中间经过129年的时间),已经让社会欲哭无泪,知识人士欲言无声。狂的社会条件没有了,狂的心理基础也不存在了。相反,裁狂、悔狂、制狂、刺狂成为一个时期流行的社会风气。

清初三大思想家顾炎武、黄宗羲、王夫之,从学术思想上不能认同王学流裔的肆狂之风,他们主张学术的经世致用。黄宗

---

① 陈寅恪:《陈寅恪集:柳如是别传》,北京:三联书店2009年版,第384—385页。

② 同上,第385页。

羲明确提出,应该"追踪往烈,裁正狂简"(《黄梨洲文集·前翰林院庶吉士韦庵鲁先生墓志铭》),而且认为根源就在宋明之学。他说:"自周、程、朱、陆、杨、陈、王、罗之说,渐染斯民之耳目,而后圣学失传,可不为病狂丧心之言与?"(《黄梨洲文集·与友人论学》)还说:"余尝疑世风浮薄,狂子僇民群起,粪扫'六经',溢言曼辞而外,岂有岩穴之士为当世所不指名者?"[1]这已经是直接针对晚明的学术风气和社会风气开刀了。"狂子僇民""溢言曼辞"八字,可为晚明"狂士"写照。王夫之则以自己的"不随众狂"[2]而自诩,并谆谆告诫子侄:"狂在须臾,九牛莫制。"[3]亦即要从小做起,把"狂"消灭在萌生状态,瞬间的狂念都会造成将来的不容易改正。吴梅村的精神为明清易代所扭曲,心系故国,身仕新朝,诗中未免发为慨叹:"比来狂太减,翻致祸无端。"[4]可是另一方面在《梅村诗话》里,又不忘颂美抗清英雄瞿式耜的气节,特摘引其就义前的《浩气吟》其三的名句"愿作须臾阶下鬼,何妨慷慨殿中狂",以及稼轩好友别山张同敞诗中的句子:"白刃临头唯一笑,青天在上任人狂。"[5]可以想象他的内心是多么矛盾!

《文史通义》的作者章学诚的生平大体与乾隆一朝相终始——此时已经是"海晏河清"的所谓"盛世"了——他通古今,知流变,对思想潮流的消长隆替有自己的特识。他对晚明的

---

[1] 〔清〕黄宗羲撰:《南雷文定》卷七《张元岵先生墓志铭》。
[2] 〔明〕王夫之:《船山全书》第15册,长沙:岳麓书社2011年版,第187页。
[3] 同上,第145页。
[4] 《送王子惟夏以牵染北行四首》其二,载〔清〕吴伟业著,李学颖集评标校:《吴梅村全集》,上海:上海古籍出版社1990年版,第358页。
[5] 同上,第1146页。

"狂"风也是持批评态度的,《文史通义·繁称》篇末的自注有云:"欧、苏诸集,已欠简要,犹取文足重也。近代文集,逐狂更甚,则无理取闹矣。"①所谓"近代文集"云云,自然指的是中晚明的文风。而"逐狂更甚""无理取闹"的判语,批评未免过矣。他接受孔子的"狂狷"思想,但不能认同后世的解释。他认为孔子"不得中行,则思狂狷"是取材于《尚书》"洪范"的"三德",即"一曰正直,二曰刚克,三曰柔克"。换言之,在章学诚看来,"正直"相当于"中行","刚克"相当于"狂","柔克"相当于"狷"。问题是那个"乡愿",本不在"三德"范围之内,却"貌似中行而讥狂狷",结果"乱而为四"。他说乡愿是"伪中行者",而且人心不古,除了"伪中行者",还有"伪狂伪狷者",这样就"乱四而为六"了。于是由孔子的"四品取向"变成了中行、狂、狷、伪中行、伪狂、伪狷的"六品取向"。难道是章学诚陷入了现代解释学所谓"过度诠释"吗?非也。他也许是从历史流变的人生世相中看到了某种"实相"。那么"乱四而为六"的结果呢?结果是"不特中行不可希冀,即求狂狷之诚然,何可得耶"②,甚而由于有"三伪"惑乱其间,最后连"三德"恐怕也存而无地了。

我们不必怀疑章氏是有所为而发。乾隆朝是清代文字狱最频发的时期,知识人士动辄得咎,噤若寒蝉,而罪名一律是一个"狂"字。上海书店出版社2007年版新编《清代文字狱档》,辑案七十起,六十九起都发生在乾隆朝。再看每一宗案例拟罪之语词,均不出"狂悖""狂诞""狂妄""狂谬""狂逆""狂纵""狂

---

① 〔清〕章学诚著,叶瑛校注:《文史通义校注》,北京:中华书局1994年版,第397页。

② 同上,第416页。

吠""疯子""癫狂""丧心病狂"之属。这些语词都可以在《清代文字狱档》中覆按,只是为避繁冗,未一一注出。连"四库全书馆"建言宜"改毁"钱牧斋的著作,乾隆的上谕也写道:"如钱谦益等,均不能死节,妄肆狂狺,自应查明毁弃。"①"妄肆狂狺"四字赫然在目。因此"狂"在清中叶已成为违禁的代词,自无异议矣。试想在此种严峻的环境之下,谁还敢"狂",谁还敢"狷"呢?如果有,一定难脱章学诚的"伪狂伪狷"之诮。

或问乾嘉时期那些重量级的大儒大学者呢?他们忙于整理国故,爬梳音义,做专门学问去了。而做专门学问需要汰除情感,实事求是,不动声色,最要不得的态度就是"狂"。为此,因"士之能狂"而推波助澜的明朝的心性之学和南宋的性理之学,都在他们诘难之列。他们的目标是"由宋返汉",重新回到经学的原典。没有谁能够否定他们整理古代典籍的成绩,他们考证的细密,可谓前无古人,后无来者。至今做传统学问的人还在受其沾溉。但如果笔者提出,清代乾嘉时期有学者而无"士",这一判断是否和历史本真尚无太大的矛盾?如果无"士",当然也就没有"士之能狂"了。

"狂"在清代事实上已完全成为负面的语词。作为参证,只要看看同是乾隆时期的《红楼梦》,在怎样的意义上使用"狂"这个字眼,就能洞其大体。《红楼梦》第八回写黛玉笑道:"不说丫鬟们太小心过余,还只当我素日是这等轻狂惯了呢。"第九回写茗烟心里想道:"不给他个利害,下次越发狂纵难制了。"第三十一回袭人拉了宝玉的手笑道:"你这一闹不打紧,闹起多少人来,倒抱怨我轻狂。"第三十七回袭人说:"少轻狂罢!你们谁取了

---

① 赵尔巽等:《清史稿》,北京:中华书局1977年版,第507页。

碟子来是正经。"第五十五回凤姐说："如今有一种轻狂人,先要打听姑娘是正出庶出,多有为庶出不要的。"第五十八回晴雯说："都是芳官不省事,不知狂的什么也不是。"五十九回春燕的娘骂道："小娼妇,你能上去了几年?你也跟那起轻狂浪小妇学,怎么就管不得你们了?"第七十四回王夫人问凤姐："上次我们跟了老太太进园逛去,有一个水蛇腰、削肩膀、眉眼又有些像你林妹妹的,正在那里骂小丫头。我的心里很看不上那个轻狂样子。"第七十四回又写王夫人训斥晴雯："好个美人!真像个轻病西施了。你天天作这轻狂样儿给谁看?"这些描写中的"轻狂""狂的""狂纵""狂样子""轻狂样儿"等等,无一不具有否定的义涵。这说明在清代,至少是清中叶,不仅权力阶层,一般社会生活的层面对"狂"的价值取向也都是作负面解读的。这和明代的尚狂精神,不啻两重天地,两个世界。

只有到了清朝的中晚期,内忧外患加剧,统治秩序松弛,一个略有狂意的人物才艰难地走上历史舞台。这个人物就是龚自珍。他是当时今文学派的代表,社会的弊病他敏锐地看在眼里,提出了变革现状的种种主张。他感到方方面面的人才都缺乏："左无才相,右无才史,阃无才将,庠序无才士,陇无才民,廛无才工,衢无才商,抑巷无才偷,市无才驵,薮泽无才盗,则非但鲜君子也,抑小人甚鲜。"(《乙丙之际箸议第九》)在龚自珍眼里,不独君子少有,小人也少见,甚至有才能的小偷和盗贼都不容易遇到。这个社会真的是危机重重了。因此他大声呼唤人才："九州生气恃风雷,万马齐喑究可哀。我劝天公重抖擞,不拘一格降人材。"(《己亥杂诗》第一百二十五首)这是一首令人精神震颤的诗篇。"怨去吹箫,狂来说剑"(《湘月》)的名句,也出自他的笔下。"颓波难挽挽颓心,壮岁曾为九牧箴。钟虡苍凉行色晚,狂言重起廿年喑"(《己亥杂诗》第十四首)反映了他的焦灼的期待。① 他是中国近代改革的先觉者。他生于乾隆五十七年(1792),而逝世的头一年(1841),作为中国近代开端标志的鸦片战争已经发生了。他一生幽愤交织,只活了五十岁。他只不过是当古老中国"万马齐喑"之际,泛起的一个小小的气泡而已。时代没有提供让他一展怀抱的契机。"一箫一剑平生意,负尽狂名十五年"(《漫感》),"只片语告君休怒,收拾狂名须趁早"(《金缕曲》),"重整顿清狂,也未年华暮"(《摸鱼儿》),"笑有限狂名,忓来易尽"(《齐天乐》),这些词曲反映了他欲狂不能的无可奈何的心情。但我们毕竟重新听到了明以后久已失声的"言大志大"的一点狂音了。他的那首送友人诗"不是逢人苦誉君,亦狂亦侠亦温文。照人胆似秦时月,送我情如岭上云"(《己亥杂诗》第二十八首)②,每次读起都能让人感受到一种温暖清新的侠骨柔情。

八

再以后就是晚清到民国到五四了,中国历史开新启运,进入近现代时期。清末民初有点像明末清初,也是一个文化冲突和思想蜕变发生共振的"天崩地解"的时代。维新、变法、革命、立宪、共和、中学、西学、"东化"、西化,各种思想都"言大志大"地爆发出迥异往昔的声音。肩负着时代使命的新的"狂士"也涌

---

① 上引龚自珍诗文载〔清〕龚自珍:《龚自珍全集》,上海:上海人民出版社 1975 年版,第 6、521、565、510 页。

② 同上,第 467、564、577、579、511 页。

现不少。康有为自称"南海圣人",谭嗣同标举"一死生,齐修短,嗤伦常,笑圣哲,方欲弃此躯而游于鸿蒙之外"①,"老英雄吴虞"声称要"打倒孔家店",章太炎"以大勋章作扇坠,临总统府大门,大诟袁世凯的包藏祸心",鲁迅写一洗历史沉冤的《狂人日记》,现代学术的开山王国维也兴奋地写有"但使猖狂过百岁,不嫌孤负此生涯"(《暮春》)、"四时可爱唯春日,一事能狂便少年"(《晓步》)②的诗句。但此一潮流持续的时间并不长,没过多久,"风乍起,吹皱一池春水"的狂飙,就偃旗息鼓了,升官的升官,退隐的退隐,出洋的出洋,下乡的下乡,进研究室的进研究室,读经的读经,打仗的打仗。新秩序比旧秩序更不具有自由的选择性。一切都好像是历史的宿命。还未及做好准备,该来的和不该来的就猝不及防地接踵而至了。清末民初到五四,中国现代知识分子的一点点狂意,比起魏晋之诞狂、唐之诗狂和明之圣狂,真是不能同日而语。但"士之能狂"可以扮演历史先觉者的角色,扮演不独靠材料讲话的历史学家,我们愚夫愚妇凭经验也能感受得到。

但总的看来,晚清民国以来的现代化浪潮并没为现代狂士预留多少地盘。现代知识分子和古代的"士"不管品相上多么相近,还是存在根本的不同。因为20世纪是中国泛科学主义的时代,而科学天生能够止狂制狂。虽然科学家本身也需要狂者精神,但科学以外的"一事能狂"者,在强势的科学面前未免自惭无形。何况流离和战乱同样是狂者精神的杀手。20世纪30

---

① 谭嗣同:《上欧阳中鹄书》第二十六通,载蔡尚思、方行编:《谭嗣同全集》,北京:中华书局1981年版,第476页。

② 此处所引王国维诗载《王国维遗书》第五册,上海:上海书店1983年版,第114、115页。

年代以后,除了个别高等学府偶尔能看到他们孤独的身影,社会政治结构和文化秩序里面,已再没有让狂士得以生存的机会。辜鸿铭留着前清的辫子游走于未名湖畔,黄侃在讲堂上的即兴的"骂学",刘文典当面向总统争夺教育和学术独立的礼仪称谓,傅斯年因反对政府腐败与委员长拍案相向,梁漱溟和领袖吵架,都不能看作是狂的本义的价值彰显,只不过是文明社会个人权利的一种正当表达而已。

这里需要对熊十力等现代新儒家的"狂意"略作补充。余英时在《钱穆与新儒家》一文中分析新儒家的心理结构,提出新儒家的"良知的傲慢",是受西方的一种现代"知性的傲慢"的刺激反应的结果。① 明显的例证是熊十力。《十力语要初续》中熊十力自白:"余尝衡论古今述作,得失之判,确乎其严。宰平戏谓曰:老熊眼在天上。余亦戏曰:我有法眼,一切如量。"②熊的另一段话是对萧公权说的:"西洋哲学和科学都缺乏妙义,没有研讨的价值。"③余英时在引录上述熊十力的话语之后写道:"这话可以代表他对整个知识领域的评价。在新儒家的眼中,西方的哲学和科学都仅仅接触到现象,而未见本体,所以'缺乏妙义'。"④余英时有以下论述:

> 新儒家此种心理结构自然有一部分是渊源于中国儒生、文士之流的"狂"的传统。"文人相轻""唯我独尊""目

---

① 参见余英时:《犹记风吹水上鳞》,台北:三民书局1991年版,第94页。
② 熊十力:《熊十力全集》第五卷,武汉:湖北教育出版社2001年版,第27页。
③ 萧公权:《问学谏往录》,台北:传记文学出版社1972年版,第111页。
④ 余英时:《犹记风吹水上鳞》,台北:三民书局1991年版,第90—91页。

无余子""自郐以下"之类的心理习惯在两千多年中从来没有断过。"四海习凿齿,弥天释道安",这是晋代名士与名僧的互相标榜。"世无孔子,不在弟子之列",这是韩愈的自负。"仰首依南斗,翻身倚北辰。举头天外望,无我这般人。"这是陆象山的"目无余子"。"一夕梦天坠,万人奔号。先生独奋臂托天起。又见日月列宿失次,手自整布如故,万人欢舞拜谢。"这更是王艮的自我无限扩大在梦中现形。这一类的例子不胜枚举。在有些新儒家的身上我们依然可以清楚地看到这种"狂"的精神。甚至新儒家严判"古今述作"或"道统"的那种"法眼",在中国"狂"的传统中也是无所不在的。让我们举两个例子。清初毛奇龄(西河)论汉以来的经学便是有非常严格的"法眼"。当时人说:"西河目无今古,其谓自汉以来足称大儒者只七人,孔安国、刘向、郑康成、王肃、杜预、贾公彦、孔颖达也。夫以二千余年之久,而仅得七人,可谓难矣。"章太炎大弟子黄侃也是一个有趣的例子。他宣称只信奉八部书,即《毛诗》《左传》《周礼》《说文解字》《广韵》《史记》《汉书》和《文选》。此外都不值一顾。所以当时北京大学章门同学赠他一句很传神的诗话:"八部书外皆狗屁。"这当然也可以说是"衡论古今述作,确乎其严"了。①

余英时接下去还说:"新儒家的思想风格与中国'狂'的传

---

① 余英时:《犹记风吹水上鳞》,台北:三民书局 1991 年版,第 92—93 页。原文注明毛奇龄之语,见全祖望《萧山毛检讨别传》引姚薏田语,收在《鲒埼亭集》外编卷十二。原文注明黄侃之语,见周作人:《知堂回想录》下册,香港:三育图书文具公司 1970 年版,第 483 页。

统有渊源,这是不足为异的。特别是新儒家上承陆、王谱系,而陆、王正是理学中'狂'的一派。陆象山之'狂'已见于前。王阳明也是欣赏'狂'的,所以他晚年宴门人于天泉桥,见诸生脱落形迹,而写出了'点也虽狂得我情'的诗句。"[1]余英时所论与笔者多有不谋之合,尽管所论重点和学理分疏有异,其"新儒家此种心理结构自然有一部分是渊源于中国儒生、文士之流的'狂'的传统"一语,给予本篇之立论以巨大的支援。

20世纪50年代以后,流行于文化社会人们耳熟能详的口号,是知识分子喜欢翘尾巴,因而即以其人之道还治其人之身的有效方法,是教育他们无论如何不要翘尾巴,人们则顿悟似的学会了从小就"夹着尾巴做人"。近三十年改革开放创立新局,知识人和文化人有了施展才能的更广阔的空间,照说"狂"上一点两点似无不可。但"狂"在今日早已成为人所共知的负面语词,没有谁愿意跟这个等同于翘尾巴的"不雅行为"再发生任何关联。况且"狂"这个词的本义已经失去,人们已经习惯不听不看不使用这个语词。即使作为负面语义,林黛玉说的"轻狂惯了",花袭人说的"少轻狂罢",王夫人训斥晴雯说的"你天天作这轻狂样儿给谁看",现在无论何种场合都几乎听不到了。适用于淡泊狷介文化人的"清狂"一词,更早被人们所遗忘。法律部门起诉案犯,也不再以"狂悖""狂诞""狂谬""狂纵"一类语词作为定罪的根据了。

我们已经进入了无狂的时代。其实也许自清代以来,我们的文化里面就已经无狂。那么吴于廑教授给笔者的作家友人写的那首《浣溪沙》词,希望"书生留得一分狂",我在对中国文化

---

[1] 余英时:《犹记风吹水上鳞》,台北:三民书局1991年版,第93页。

的狂者精神及其消退做了一番漫长的考察之后,不由得自己也迟疑了。不知道他的期许在今天是过高还是过低抑或恰到好处,或者根本就是一个假命题。

九

笔者此文的题旨主要在于探讨"士之能狂"的问题,亦即精英先进张扬主体精神对社会创造能力的蕴蓄可能起到的作用。为此我爬梳了大量资料,发现中国古代载籍里对于狂的书写汗牛充栋不足以形容。而且组词的义涵指向,各个阶层的都有,绝非正负两指所能概括。中国文化里显然存在一种尚待发掘的狂者精神的传统。《世说新语》对六朝人物的书写就是一个显例。狂者、狂客、狂士、狂友、狂儿、狂狷、狂直、狂才、狂放、狂吟、狂歌、狂兴、狂欢、狂草、狂墨、狂笔、狂气、狂怀、狂喜、狂艳等等,都是含有赞美成分的语词,更不要说"龙性之狂""圣狂"等至极尊崇的美称了。这并不奇怪。因为中国很早就有健全的文官制度,有"处士横议"的传统,有"游"的传统,有"侠"的传统,有自由文人的传统,有浪漫的诗骚传统,有绘画的写意泼墨传统,有草书的传统。这些人文艺事的传统都与狂有不解之缘。而儒家的圣人理想,道家和道教的崇尚自然,佛教禅宗的瞬间超越,又为狂者精神的构建提供了理念和学说的基础,这确是一个有待进一步深究的课题。

不过我国古代先哲的箴言告诉我们,"士"可以狂,或云"点也狂",艺术创造不可无狂,但权力中枢、国君不能狂。荀子于此有具体论述:"威有三:有道德之威者,有暴察之威者,有狂妄之威者。"什么是"狂妄之威"呢?荀子回答说:"无爱人之心,无利人之事,而日为乱人之道。百姓讙敖,则从而执缚之,刑灼之,不和人心。如是,下比周贲溃以离上矣。倾覆灭亡,可立而待也。夫是之谓狂妄之威。"(《荀子·强国》)意思是说,如果权力中枢不做好事,也没有爱人之心,光在那里添乱,老百姓高兴地游玩,也要抓起来施以刑法,这种情形就是"狂妄之威",其结果必然众叛亲离,垮台覆灭指日可待。可惜揆诸中外历史,均不乏信奉"狂妄之威"的权力者。当时后世,循环因果,事也凿凿,史也昭昭。岂不慎哉,岂不戒哉!《淮南子·诠言训》有云:"持无所监,谓之狂生。"诚哉斯言也。

同样,老百姓也不能不分青红皂白地一起"狂"起来,如果那样,后果也不堪设想。古代现成的例子有两个,都是关于"举国皆狂"的,但彼此寓意指向并不相同。一是《淮南子·俶真训》描绘的远古时期"万民猖狂"的一种景象:"当此之时,万民猖狂,不知东西,含哺而游,鼓腹而熙,交被天和,食于地德,不以曲故是非相尤,茫茫沈沈,是谓大治。"老百姓一个个糊里糊涂,不管是非曲直,也分不清东西南北,嘴里嚼着食物,笑呵呵地挺着肚皮,整天不知所云。以此不假任何管理,已经是"大治"了。所以"在上位者",既不必施仁义,也不用行赏罚,总之不要生事烦人家就好。时间按"日"计算觉得短,索性按年来计算。如此这般的"万民猖狂",其实是蒙昧时期的混沌,是尚未开窍的懵懂之"狂",也可以说是"傻狂"或"痴狂"。"痴狂"这个词,汉代陆贾在其《新语》中使用过,原文为:"视之无优游之容,听之无仁义之辞,忽忽若狂痴,推之不往,引之不来。"[①]这和《淮南子》所写可以互阐。《淮南子》所载的这则举国"痴狂"的寓言,一定

---

① 王利器:《新语校注》,北京:中华书局1986年版,第96页。

是"治人者"臆想出来的"不治而治"的妙法,应该与历史的本真无与,但其所流露的对"治人者"无能的反讽,大约也是臆想者当初未曾想到的。

另一个关于"举国皆狂"的例证,见于沈约的《宋书》,里面讲了一则关于"狂泉"的故事。据说从前有一个国家,只有一种饮用水,都来自"狂泉",国人凡饮此泉水的,都毫无例外地发狂。只有国君饮的是井水,没有发狂。但由于国人全都狂了,反而觉得国君是个不正常的狂人。大家商量,如何来治好国君的"狂病"。于是便抓来了国君,给他针灸吃药,什么方法都用到了。国君被折磨得不堪其苦,便取狂泉的水来喝。结果国君和大家一样,也得了狂病。这样一来,该国的"君臣大小,其狂若一",再没有一个不一样的人了,大家彼此"狂童狂也且",一个个高兴得欢欣鼓舞("众乃欢然")。[①] 当然这只是一则寓言,世界上根本不会有所谓的"狂泉"。但这则寓言所隐含的价值伦理却并非没有普遍性和永恒性。

人们有理由因了什么引起大家兴奋的事情,比如节庆活动,而全民狂欢,却绝不可以"举国皆狂"。因为狂欢是短暂的,"举国皆狂"则是一时无法治愈的集体病患。这里还有一个典故,即《孔子家语》中记载的关于孔子和弟子们一起"观乡射"的故事。"乡射"就是古代的射礼,有音乐伴奏,"射"的成绩不佳还要被罚酒,场面十分热闹。后来孔门高弟子贡又去看年终的祭百神活动,场面同样很壮观。孔子问他:"赐也,乐乎?"子贡回答说:"一国之人皆若狂,赐未知其为乐也。"子贡显然对一次祭祀活

---

① 参见〔南朝·梁〕沈约:《宋书》卷八十九《列传第四十九》,北京:中华书局1974年版,第2231页。

动便引得国人高兴得如同发疯一样,不以为然。有意思的是孔子下面的话:"百日之劳,一日之乐,一日之泽,非尔所知也。张而不弛,文武弗能;弛而不张,文武弗为;一张一弛,文武之道也。"[①]孔子的意思,老百姓辛苦一年了,最后借祭祀百神的日子,大家痛痛快快地欢乐一番,是多么好的事情呵!老百姓多么需要有这样一次活动呵!无论文的事情,还是武的事情,总是需要有张有弛,不能弓弦老绷着。研究休闲学的朋友看到这个故事,一定高兴地称孔子为我国最早也是最权威的休闲学家。

不过需要注意孔子说的"百日之劳,一日之乐"这句话。短暂的例如一日的狂欢,哪怕是"一国之人皆若狂"也好,也无妨的,甚至还是必须的。但是不能不分青红皂白不明所以地"举国皆狂",不管是《淮南子》里的远古集体"狂痴"也好,还是《宋书》里记载的饮了"狂泉"集体变狂也好,都是后人只能借鉴却无法也不必试验的寓言。"天生愚儒自圣狂(陈寅恪),点也虽狂得我情(王阳明),莫道狂童狂也且(《诗》'郑风褰裳'),亦狂亦侠亦温文(龚自珍)",这是文中随引的四句韵语(第二句"莫道"两字系添笔),特提撕出来,效仿《牡丹亭》等明清传奇的下场诗,作为本篇的收束。

(撰稿人 刘梦溪)

---

① 陈士珂辑:《孔子家语疏证》卷七,上海:上海书店1987年影印版,第5页。

第四十一章 丹青篇

一 引言

　　荆玉含宝,要俟开莹;以移陋习,以开新符。在中国绘画上,离开经验的、感悟的、归纳的东方哲学的方法,而走向西方的实证的、天人二分的、逻辑的哲学方法,立刻会偏离中国画的传统,因为亘古以来中国画家不作如此想。在方法论与本体论的浑然圆融方面,东方的(主要指儒、佛、道)学问在二千五百年前,已达至善无垢的境域,它伟然而在,自足无碍。它是不需要他山之石以攻的美玉。它那样巍峨,如直上云天的险巇;它那样清澈,如横无际涯的沧海。它离你并不遥远,不只在身旁而在你身体内。你身体内有一颗皭然无滓的心灵,它有一扇门,直通无边无岸的宇和无始无终的宙,庄子说,这叫"天门"。王阳明说"心外无天",心一旦停止跳动,天的存在毫无意义。你属于宇宙,宇宙属于你,孔伋说,这叫"天人合一"。汤之《铭盘》曰:"苟日新,日日新,又日新。"衡量绘画其实重要的是好与坏,而不仅仅是新和旧。人类的历史至今充其量为三百万年,据说在非洲发现人类的老祖母,她的子子孙孙生息繁衍,皮肤经历了大自然的染色、漂白等等工序,有了今天全世界的各色人种。其实这三百万年比起宇宙上百亿年的年龄,不过是白驹过隙,稍纵即逝;三百万年在佛家的《妙法莲华经》中不过是一劫中的瞬间——刹那,人类竟以为智慧有了多大的进展,人类最不可救药的毛病是妄自尊大,总以为后之来者一定超越了先民,这种思想根深蒂固地来自逻辑的思维方法。从亚里士多德的"地心说"到哥白尼的"日心说"经历了两千年,这期间有不少科学家进了宗教裁判所的牢狱,如伽利略;有的则被架上煤焦油的刑坛活活烤死,如布鲁诺。而在东方的知识分子绝不会因思想方法出了格而面临如此残酷的后果。李贽是受罪了,但他的《童心说》两千年前就有,而且讲得比他还好,他获罪主要是因为当权者恐惧他的反叛性格。秦始皇的焚书坑儒指向的不是儒家的方法论,而是儒家对法治的忽视。在中国,方法论具有无与伦比的智慧,"反者道之动",简言之,"回归"乃是宇宙亘古已存的物极必反的不二法则。任何人都了然于心,这是宇宙的大德性。无是无非,是自在而已然的存在,中国人简称之为"自然"。即使中国最严酷的统治者,对"自然"也千叩首、万叩首,谈不上以此判断忠奸。

研究古代东方的尤其是中国的学问,如果总是以一种固有的模式来削足适履,往复进行批判,则往往误入迷途,坠进泥淖。

我们今天所看到的五光十色的世界,种种装腔作势的各色人等,尤其是所谓的摩登,不过是一阵阵不安的跳腾,与人类的本质的进步杳不相关。"躁动"是人类走向灭亡的必经之道。只有明白东方在方法论上的"静为躁君",人类庶可得救。而"躁"来源于"不诚"。孔伋"非诚无物"和王阳明的"心外无物"是同一道理,心是"诚的存在","诚"是心内的储藏。

在庄子看来,古和今不是一组对立的概念,它们"齐一",宛如太古的栎树和大椿与朝生夕死的蚍蜉,他们"齐一",也宛如寿八百的彭祖和早夭的殇子,他们都"齐一"。王船山先生之意,物无所对应是庄子"齐一"说的真谛。在"齐一"之境,所有事物归于宁寂、归于静。那儿是什么?是无穷之门、无何有之乡,是朴,是婴儿,是无极。

西方的智者,凭他超凡的睿智所创的宇宙大爆炸学说,略类老子哲学的"无中生有"、"有无相生"、"有""无"同出而异名。宇宙来自何方,走向何处,那恐怕是亘古以来以至无尽未来,永恒得不到完满解决的问题,在宇宙面前应该永怀谦卑敬畏之心。从老子的"复归"说到庄子的"方生方死,方死方生",那是迄今为止对生命流程最辩证而彻悟的讲法。人类对宇宙能解释的部分,是不完整的,所占我们没有解释的部分的千分之一、万分之一。饱学?在宇宙面前,哪一位学者不显得捉襟见肘?19世纪法国伟大的雕刻家罗丹说:"我完全服从自然,从没有设法去支配自然。我唯一的野心,就是对自然的卑顺忠实。"老子有云:"天地不仁,以万物为刍狗;圣人不仁,以百姓为刍狗。"人们能读懂这两句话,就会解决无数的疑窦和痴心妄想,原来"自然"本来自在而已然,道的所在是绝无半丝过错的,而道的创物那更是不可言说的,亿万片寒冬的雪花,有一片图案相似吗?亿万的人群,有两人的指纹相同吗?为什么圆周除以直径,是永无尽期的、只是逐步接近的值?

这种最简易的问题,其实都包含了一个最根本的宇宙法则——无可穷尽性。对此,中国古代传说中的伏羲、周文王画八卦图的时候便在思考着。然而中国人的悟性,使理性的思维悄然失落,而当对事物得不到合理解释时,乃借助天才的归纳。这种归纳法,使人们不困于一枝一叶的探究。所谓"直抵灵府"者,不是可道者不道,而是知道"道"的大不可方,是无可穷极的,于是,六合之外,圣人存而不论。这有等待后之来者的意思,但绝不是消极等待,"自然"会以自己的不朽魅力,永远辉煌地存在着。孔子云:"人能弘道,非道弘人。"他老先生对人的创造力和主观能动性是充分信任的,只是他希望人的生存状态是"君子坦荡荡",而不是"小人长戚戚"。老子则更教导人们:"道可道,非常道。""常道"是什么?它是宇宙本体,可以讲出的"道",往往背离"常道"。于是两千多年来,先圣的睿智使无以数计的人趋向于崇敬自然。庄子云"天地有大美而不言,四时有明法而不议,万物有成理而不说"(《庄子·知北游》),这不言、不议、不说的自然,便是对人类恒久不变地进行着的无言之教。《易经》中所载孔子《十翼》有云:"是故天生神物,圣人则之;天地变化,圣人效之;天垂象,见吉凶,圣人象之;河出图,洛出书,圣人则之。"没有比大自然的启示更重要的,对它的"卑顺忠实"是我们人类可以做到而唯一应该做到的。人类往昔的一切过错都来源于过分的自信和对自然的漠视,过错造成对自然本质规律的背离,自然何尝想严苛地惩罚人类,其实只要你不太过分,自然仍然可以它广阔的胸怀包容你、原谅你。然而当工业时代来临之后,人类岂止妄自尊大,竟自以为是宇宙的中心。其实人类的为非作歹,宇宙静言观之、静言思之,到了忍无可忍的时候,自然必定会以一种迅捷的方法来解决人类过错所造成的自然失衡状态。于是人类骇怖了,预测着世界末日的来临。其实地球从四十亿年前的地表的一汪洪水,到今天的每一丝一毫的变化都有着自身的法则,这法则不是某一个上帝的意志,而是自然的生发。倘无人类存在,地球将比今天美丽一万倍。"天地不仁,以万物为刍狗。"(《道德经》五章)"仁",在人类社会的概念中,是至诚的合情合理,但是"仁"是由于"不仁"的存在,"大道废,有仁义"。归根结底,"仁"是大自然根本规律丧失之后的产物,它对维持一个平衡的社会是有用的,而对于大自然,"仁"并不能指挥日星的隐曜、沙漠的飙起。在大自然的天眼看来,地球上的万物,应如刍狗那样自在而天然地消长和繁息。当人们读懂老子这段话的时候,可以恍然有悟,原来自然所希求于人类的是"无为",而不是以自己微不足道的智慧去改造自然。

《丹青篇》开篇之所以滔滔如上述者,实因一民族之文化,与该民族之思维方法有绝大的关系;苟与思想方法有龃龉,则其艺术的表现绝对是趋舍异路。世上各族群之艺术,各臻其美,各美其美,至于熔于一炉云云,何异痴人之说梦、迷途之问瞽?日本室町王朝时有雪舟等杨者,来明朝而学南宋马远、夏圭一派,用功不可谓不力,笔墨不可谓不似,然观其作品终有其本民族色彩,称优秀的"日本画"家则可,称"中国画"之作手则不可。而中国古代哲思周流修远,中国文化博大、精深、典雅、宏阔,非浅涉辄止者可见项背,其于文化本质之接纳上食而不化,是其必然。然反观中国对印度文化之吸纳,则全在于我本为崇山峻岭。印度佛学之东渐,初不能不附于道家之学,甚而追随中国方士之左右以传播其教义,然而中国倘无文人之介入,佛教之玄妙法门,终不能深入人心。于是佛教的中国化,经历了汉、魏晋南北朝、隋唐之漫长过程,其间,如安世高、道安、竺道生、鸠摩罗什、玄奘皆厥功至伟。其中,虽其未必皆为中土僧侣,然对中国文化必有深入之理解。唐代之神秀与慧能于禅宗开渐、顿两派。佛学之成为中国国学而不复为印度之学的根本原因,是中国文化消融外来文化,乃使印度佛学从吾也,非吾从印度也。中国文化在先秦早已是不可动摇的自足体系,他山之石可以攻玉,而他民族之文化殊不足攻中国之文化。

谈中国画必以中国文化之眼、耳、鼻、舌、身、意以体中国民族之色、声、香、味、触、法,以六根而悟六尘,终极之境界乃为一"空"字。悟中国之学问,必体会老聃之无中生有、有无相生之哲理,其最高之追求乃为"无为"二字,如此,则事过半矣。

二 "绘事后素"说原旨

《论语》:"巧笑倩兮,美目盼兮,素以为绚兮。"此《诗经》之句也,本不须注,而后之腐儒解经之普遍毛病乃源于子夏之执拗,子夏必问孔子"何谓也",其实如郑樵所云:"正犹人夜必寝,旦必食,不须告人也。"(《尔雅注序》)陋儒于此"不应识者"(即不借笺注而后知者,所谓自在之长物也)则详,愈详则愈迷。"忽而告人曰,吾夜已寝矣,旦已食矣,闻之者岂信其直如此耳,必曰,是言不徒发也,若夜寝旦食,又何须告人,先儒笺解虚言,致后人疑惑正类此,因疑而求,因求而迷。因迷而妄,指南为北,俾日作月,欣欣然以为自得之学,其实沉沦转徙,可哀也哉!此患无他,生于疑尔;其疑无他,生于本来识者而作不识者解耳。"(《尔雅注序》)美人之未动也,"素"也;有轻颦浅笑,眼色轻流矣,"绚"也,何待子夏之问"何谓也"。亦如月出东山,必以指而后知乎?未出沧海千山暗,才到中天万国明,此必然之流转也,不待迂阔者询"何谓也",当此之时,感动犹自不及,更无用笃笃其问。孔子不得已而回答子夏云"绘事后素",是勉为弟子解耳。"绘"与"素"本合二为一,必分其先后,则"绘事后素"。明末清初大儒张岱谓,孔子之释,已是在无奈中"月外添指";迂甚子夏更问之"礼后乎",孔子不欲再为其指点矣。张岱之意,苟孔子再云"礼后乎德",则"更非初月矣"。于此,我们知道孔子希望子夏者是"得月忘指",而不希望子夏"见形着想",德与礼、绘与素本无先后。张岱云:"说一'先'字,已是'后'了也。"亦如老子"有""无"同出而异名,正无先后也。孔子又云:"起予者商也,始可与言《诗》已矣。"(《论语·八佾》)这句话的意思是:"子夏(名卜商,故此处用'商'字)引发我做了如此的解释(虽是勉为之),那么就让我们开始谈《诗》吧。"此段对后世谈《诗》重在会意,有指导的意义,使知"作诗必此诗,定知非诗人"。至此,我们知道,原来"素"与"绘"异字而同义,大朴未散之时,"绘"何由哉,既"绘"矣,"素"在其中,非先后也,同体而异名,正如"无""有"同出而异名也。

近世之画论家和画家,因国学之根基太差,望文生义,强作解人,对"绘事后素"做了自言自语、不论古人的种种曲解,其与孔子之言教,相去何啻天壤。有云"素"指素描,在中国则为白描。又云,白描以后,赋之以色,故云"绘事后素"。因了这荒唐的诠释,我必须作上面的论述。孔子所云本为告后之来者,读诗切不可执象以求,而读诗之法门与作画之旨归,何尝有别?我们谈中国画法必须从形上之学开其端,否则终身勤于斯而不闻道,始于浑噩,终于浑噩,何以云中国画之前进?则背其道而行之,直如盲人骑瞎马,夜半临深池;亦如骑驴觅驴,正不知所觅者在迩,故作高远追逐之态,如此荒唐可笑,犹飘飘然自得。如此,则宜先搁笔读书,以增其学养,然后"悔相道之不察兮,延伫乎吾将反"(《离骚》)。果能如此,来者可追,是本书著述之大愿。

三　气韵生动

南朝谢赫《古画品录》有论画六法,钱锺书先生作如此标点:"气韵,生动是也;骨法,用笔是也;应物,象形是也;随类,赋彩是也;经营,位置是也;传移,模写是也。"[1]其标点之妙,在于得谢赫本旨,与历代学人点法大异,而其内涵则深得古人之心,即以"气韵,生动是也"一句,这是冠于六法之首者,可以视为中国画之灵魂。钱锺书先生深知,中国古代哲学于"气"字之重视。老子对在没有"宇"与"宙"即没有空间和时间的概念,也就是混沌未开之状态究竟如何,做了天才的描写。老子用"一"字来象征之,这是阴阳未分的状态。阴阳二元论自夏、商至老子已历近两千年,这是中国前哲学时期的创说。阴阳两元既非孤立之存在,亦非了无区别。在"混沌"之阶段,朱熹所谓"未有天地之先,毕竟是先有理"。道理,道即理之所生,理即道之所存。照现在天体物理"热大爆炸宇宙学"之说,那道和理是温度均匀、密度均匀和对称性极高的臆想状态。称"臆想"者,略有贬义,那是已主观设定有时、空的存在,才有物质之运动,无物质之运动则无时、空之概念。霍金和老子,对宇宙生成之前的描述都略显其尴尬,而此尴尬不是一种过失或缺点,而是一种无奈。老子于此可谓竭尽其智慧,用一系列的词汇表明了宇宙生成之先无状之状的前宇宙:道(理)、恍惚、混沌、朴、无极、虚极、玄、一,是前宇宙。然后设定有物浑成,独立而不改,周行而不殆,恍兮惚兮其中有象;惚兮恍兮,其中有物。这物与象似是而非,老子并

---

[1] 钱锺书:《管锥编》,北京:三联书店2001年版,第231页。

未作确切性的论定。由于"气"的冲和(这可说是精神的)即"万物负阴而抱阳,冲气以为和"(《道德经》四十二章),"气"是一种无穷极的精神力量,它使阴阳交合,万物斯生,这时宇宙霍然大朗,天地开辟。老子和霍金在宇宙生成说的异曲同工处是从无到有,霍金找到"奇点"一词,以臆想宇宙之大归藏,而老子干脆以"无"(精神)和"有"(物质)的相生发,用于解释宇宙之生成,是为"常道"。

"气"释放了神秘的、混沌的大宇宙,此前的"独立而不改,周行而不殆",是气的作用,而此后万类之繁衍,山川的形成皆是"负阴而抱阳,冲气以为和"之作用。

"气"字在中国于是成为一个无所不在的词,论人品而重气节,论仪态而尊气度,论国运则谈气数,论军旅则言气势,那么气的遍列周流,必及于人物、山海、草木、川流。绘画六法之首列"气韵,生动是也",是其固然。

希腊古哲柏拉图有云:宇宙万有是永恒理念之摹品,而艺术则为摹品之摹品。此言是也。"师造化""得心源"二词,亦可称同出而异名,舍此则别无源头活水。"心源"与"造化"无区别,亦无须区别。在中国,艺术之为"摹品之摹品",是摹写时注入艺术家主观之判断,取其当取,舍其当舍,此即所谓"造化",亦即"心源"也。

战国韩非子"鬼魅最易""犬马最难"(《韩非子·外储说左上》);东汉马援"所谓画虎不成反类狗"(《后汉书·马援传》),言摹写大自然非易事也。东汉王充重文而轻画,他在《论衡》中说:"人好观图画者,图上所画,古之列人也。见列人之面,孰与观其言行?……古贤之遗文,竹帛之所载粲然,岂徒墙壁之画哉?"(《论衡·别通》)这引起唐人张彦远之愤怒,谓"余尝恨王充之不知言",笔者以为王充唯物主义不亦过乎?苟死人而不可画,则古今流传的历史人物画皆可废之,与此种偏激狂傲之人谈艺,直如对聋奏琴、对瞽言象耳,其去孔子之诗教岂止千万里哉!凡诸论事,过犹不及,东汉张衡以为画工好作鬼魅,"诚以事实难形而虚伪不穷也",这又是一种偏执之见。其实达至"气韵,生动是也"的境界,犬马与鬼魅同难,不在其客观存在与否,即使鬼魅,也还是人们对客观存在物之摹品,是人类中光怪陆离、奇丑极恶的人的写照,过去往往以王充、张衡之论为现实主义之发源,不亦谬甚乎?

"气韵,生动是也",则更进一步阐发了重要的不是画什么,而是如何画。同一物置前,有天籁爽发之摹品,亦有塞促抑塞之摹品,这全凭艺术家天资之高低、感悟之浅深。感悟深,则"心源"与"造化"异名同体,何分先后主客?

"气"和"韵"分别言之,则"气"似为虚无中的一种无穷极的、笼罩一切的精神力量,而"韵"则是"气"所赋予每一事物的生动的存在状态。"气韵,生动是也"则是杰出的艺术家一旦处于神完气足的创作状态时,自然生发出的一种节律,流于笔底,浩浩然不知其所之,飘飘然如羽化而登仙。笔所未到,气已弥漫,这是人生中不可多得的时刻。即使是伟大的艺术家,在一生之中,遇到这样的时刻亦不容易,正所谓"文章本天成,妙手偶得之",一俯仰之间不亦越乎万里之外,可遇而不可求。有一人焉,自忖今必画一"气韵,生动是也"的作品,我敢断定他做不到;而同一人焉,某日不思不勉,吮毫作画如凭虚御风,作画既毕,迷不知所向,这是与天地精神相往返的境界,此时所作之画,有非预设可达的妙趣。这就是为什么大艺术家,尤其中国画家一辈子极精绝妙的作品只是他作品中千中之一、万中之一的原因。

远古先民有天然本真之性，初无伪诈刁钻之思。老子所刺"智慧出,有大伪"(《道德经》十八章)言机心以生,初民之淳朴失之矣。许慎《说文解字序》"近取诸身,远取诸物"者,指太古之人与自然之贴近也。今试举数例以证之。其一,仰韶文化,半坡类型之人面鱼纹盆,作者之自由遐思,忘怀得失状态于人头之表情、游鱼之回环表现得淋漓尽致,今日艺术家观此,皆当赧然自愧,知自身为艺之不诚。其二,更早于仰韶之河姆渡文化有一猪纹钵焉,画上低头前行之猪,憨态可掬,造型竭尽奇妙,非作者故意为之,天趣使然也。今之艺术家,能有此造型能力乎? 其三,龙山文化中有白陶鬶,可谓"近取诸身,远取诸物"之典型杰构,略类一动物仰天长鸣,而把手则如此兽之尾蜷曲,如此奇思妙想,殊非今之艺术家可梦见者矣。其四,庙底沟之彩陶鹳鸟石斧瓮,则一圆瞪大目水鸟,口衔一大鱼,身略后侧以支持平衡,此种神韵,天授之也,非人着意想象也。人之想象力,盖甚有限,岂能超越天地之大美? 以上四例,足征"气韵,生动是也"。这生动来自宇宙本体,来自"天地有大美而不言"。先民懵懂,初不料有此奇绝之表现,非着意为之也,天使然也。

滂沛大气、混沌宇宙的本真之性是"诚"。诚也是宇宙中日月星辰、万类生灵、崇山流泉的存在性格。不诚的事物会消失,消失在远古、太古、玄古的烟云之中。也许宇宙生成的千百亿年之过程里,是真诚胜果争攀的景象,它使宇宙处处合理,恰到好处。宇宙是没有过错的,它使自己平衡、对称,它不会陈腐,不会消亡。"苟日新,日日新,又日新",是宇宙永生的生命力。前文提到《盘铭》,孟子以为这是由于"君子无所不用其极",追求最完善之境域也,新的目的是"完善",非为新而新也。这儿的"新",非指一枝一节的更新,它指绵长不断的、恒变不居的运动。一秒后的宇宙和一秒钟前的宇宙是不同的,至于较大的变化则是人类有限的生命所看不到的。康德所谓"本体什么也没有发生",是由于他感受到生命的短暂和宇宙无可穷极的奥妙。正如苏东坡所浩叹的"寄蜉蝣于天地,渺沧海之一粟",在大自然面前,古往今来一切的智者,都深怀敬畏和感激。这"新"还包含着宇宙不变的善意,正如爱因斯坦所云"上帝是没有恶意的"。又如《大学》所谓"大学之道在明明德,在新民,在止于至善"。"新民"而非"亲民"者,宇宙在运动中带动的是全部有灵界和无灵界的运动,这种运动伴随着自身日新之变化。

四 以天合天

二千四百年前,孔子之孙孔伋(名子思)提出"天人合一"的哲学命题,这一命题溯其本源,还是来自孔子和老子。如果说更早的从夏代开始的《易》的雏形期有《连山》之著,殷代《易》的丰富期有《归藏》之著,至周文王于羑里演《易》,达《易》之成熟期,《连山》《归藏》二本虽已散佚,然而留下的吉光片羽,化入《易》学的整体之中是其必然。《易经·系辞》中的"天生神物,圣人则之;天地变化,圣人效之;天垂象,见吉凶,圣人象之;河出图,洛出书,圣人则之"。其中只谈到天与人,没有丝毫谈到神和祇。"东方无神"这一哲学命题,窃以为是笔者提出的最重要的创说。先秦诸子中,儒、法、名、墨、道、阴阳、纵横、农家、小说家中皆未见神祇,至于杂家中,或有谈神说鬼者,然而杂家不足为一重要之学派,于《汉书·艺文志》中仅聊备一格而已。阴、阳二元论是中国古典哲学之杰出方法论和本体论,在这里本体论和方法论是合而为一的。有了如此深远的辩证的方法论的基础,我们才知道,二千四百年前子思的"天人合一"哲学命题的提出绝非偶然,至二千三百年前《庄子·达生》中更提出"以天合天"之命题,这时,"人"已化为天的一部分,倘若宇宙是至大无外、至小无内的存在,那么,人同样是这样的一个小宇宙。它的"至大"通过"天门"延向了大宇宙得以实现。庄子在此,可说搭起了一座天和人的桥梁,天包含着人,人回归于天。"天门"即是通向无可言说的"道"之路,这是何等天才而绚丽的说法,也可称雅斯贝尔斯人类文明东西轴心时代最重要的命题之一。然而这还不够,一千二百年后北宋程颐、程颢提出"天人本无二,不必言合",这是对孔伋(子思)"天人合一"的诠释,二程以为"言合"本身已然将天与人视为两物,倘本为一物,则不必言合。因此,无论画家与诗人,当其下手之时,与天地精神合而为一,天耶人耶,神(精神)耶物耶,其本质是齐一无差别的。近代花鸟画家之中能做到庄子"以天合天"的,苦禅一人而已。记得余弱冠从师于李苦禅,苦禅先生即提到"以天合天",我们初不知其深意,而苦禅先生谈话往往神龙见首不见尾,刚一涉及而又顾左右而言他。近代大写意画中处于苦禅这种隐言忘机状态的没有第二人。

《庄子·达生》中梓庆作𬭚的故事,是"以天合天"说最透彻的、形象性的解释。𬭚是战国时代的一种夹钟,"夹"者,非单层之谓也,有复层,则其音回互激发,且有用木制而非青铜浇铸者。木钟以木铎击之,其原理与后世释子所用木鱼略似。梓庆是一个能工巧匠,他所创造的木钟——𬭚,声同天籁,非人间所有,鲁公讶之,乃询其所由,梓庆有一段话十分值得深思,这是他由天门通向大道的心灵过程,他说:"臣工人,何术之有?虽然,有一焉。臣将为𬭚,未尝敢以耗气也,必斋以静心。斋三日,而不敢怀庆赏爵禄;斋五日,不敢怀非誉巧拙;斋七日,辄然忘吾有四枝形体也。当是时也,无公朝,其巧专而外骨消。然后入山林,观天性。形躯至矣,然后成见镰,然后加手焉。不然则已,则以天合天。器之所以疑神者,其是与!"这段话的重点是:一、艺术是忘怀得失的产物。苟有一人焉,每一提笔,则思每平方尺多少钱,此画将获何种奖励,则沉瀁在胸,渣滓滋生,其笔何来清逸皭然之气？其气既混浊不堪,笔下必蔽美而称恶,求一笔萧疏跌宕而不可得矣。二、艺术须做心灵上澄观寂照的功夫,而"静"的状态和"诚"的心态是达到这境界的前提。三、当身心全部托付于大造之时,技巧和法则合而为一,形而下的器与形而上的道"齐一",这时才是"以天合天"之境的来临,"然后成见镰,然后加手焉"。这真是笔所未到气已吞,此物已呈在前,然后加手,而不似市廛匠人,刻木时,妄知所为,既刻毕,忽忽然忘其所失,如此制作,自己心如榆木而未动,何以动人？

什么是"醉意"？身心融化于自然之谓也。抱石先生,近代画坛奇才,其"往往醉后"四字,道尽艺术家与大自然浑为一体时之状态。唐符载于《观张员外画松石序》一文中有一段记载张璪作画的情景,记载在四美具(良辰、美景、赏心、乐事)、二难并(贤主、嘉宾)的气氛中作画的境况,极生动有趣,不妨抄录于下：

> 荆州从事监察御史陆澧……陈宴宇下。华轩沉沉,樽俎静嘉,庭篁霁景,疏爽可爱。公天纵之思,欻有所诣,暴请霜素,愿挥奇踪。主人奋裾鸣呼相和。是时座客声闻士,凡二十四人,在其左右,皆岑立注视而观之。员外居中,箕坐鼓气,神机始发。其骇人也,若流电激空,惊飙戾天。摧挫

榦擎,拗霍瞥列。毫飞墨喷,捽掌如裂,离合惝恍,忽生怪状。及其终也,则松鳞皴,石巉岩,水湛湛,云窈眇。投笔而起,为之四顾,若雷雨之澄霁,见万物之情性。观夫张公之艺,非画也,真道也。当其有事,已知夫遗去机巧,意冥元化,而物在灵府,不在耳目。故得于心,应于手,孤姿绝状,触毫而出,气交冲漠,与神为徒。若忖短长于隘度,算妍媸于陋目,凝觚舐墨,依违良久,乃绘物之赘疣也,宁置于齿牙间哉?①

这一段至"疏爽可爱"言境也;至"皆岑立注视而观之"言情也;至"云窈眇"言张璪在醉态中忘怀得失,极言其得心应手,无处不合情合理,恰到好处。至"物在灵府,不在耳目"八字出,知天下之能事毕矣。这段描述,言尽中国泼墨文人画的要旨,文虽不长而蕴意无穷。

绘画之功能当然有"存乎鉴戒"(曹植《画赞序》)的社会道德伦理的一面,但中国画更有即兴神驰、聊以自慰的一面。正由于中国文人重独立之意志与夫自由之思想,所以他们在相互交往中重"取诸怀抱,悟言一室之内;因寄所托,放浪形骸之外"的状态。作画是为己之学而不是为人之学,然高手之作,纯任自然,于是有了观画者的通感。所以张璪作画,旁观者"呜呼相和"。孔子以为,诗可以兴,可以观,可以群,可以怨,画亦相仿佛,大自然是无言之教,而画,有言矣,但其言盖非说教而是感化,是创造者与欣赏者之间略无间隔的交会,当陶渊明吟哦的时

---

① 〔唐〕符载:《观张员外画松石序》,载任继愈主编:《唐文粹》,长春:吉林人民出版社1998年版,第984页。

候,当张璪作画的时候都是如此。

形神合一而非形神散离地体道一如,乃是中国古典哲学的要义。为什么醉汉坠车,反倒得其身全,庄子的解释是"其神全也,乘亦不知也,坠亦不知也,死生惊惧不入乎其胸中",所以在混沌中顺坡而下,一切纯任自然,而清醒惧怖者在刹那间的所有举措,往往于张皇之中失序,一切应对皆入误途。我所论之"醉态"即一切顺应天地法则之自然状态,无矫饰、无偏见、无雕凿,而非真正成为醉汉而后挥毫。古人亦有借酒起兴者,"如诗不成,罚依金谷酒数"(李白《春夜宴桃李园序》),唯恐酒入枯肠,更无诗矣。余于二十余年前过金陵,往往客次傅抱石先生家,抱石先生夫人罗时慧曾告诉我一则故事:先生尝有意作画,佳醪呈前,先是品尝之,讵料兴发,叠杯而饮,继之捧壶以灌。乃大呼,笔墨侍候,奋裾而起,横涂纵抹,且喃喃有语云"杰作杰作",既毕,昏昏然睡去,真所谓饮酣鼻息如雷。次日晨醒,谓罗时慧先生云,昨晚似作一画,试观之。罗乃持画出,抱石先生大笑,谓真醉后之作也。所以抱石先生的"往往醉后",所指乃心灵的醉态,而非当真癫醉无仪也。古人亦有作人来疯者,怀素"忽然绝叫三五声,满壁纵横千万字",真性情与愚弄座客兼之。当然诗人抒啸慷慨是有的,然而斗酒三百篇的李太白,也纯属时人的臆想夸张。余读其《梦游天姥吟留别》,必是字斟句酌的精心杰构,断非"斗酒十千恣欢谑"时狂肆不伦之作。

五　骨法用笔

谢赫《古画品录》中提及"骨法,用笔是也",犹人之有骨,然后可立。有一画焉,张之素壁,近观之,笔墨横卧纸上;远观之,物象必绵软坍塌,此无他,骨质缺钙,笔中无气也。无宇宙大气之笼罩,物无以生;无天地气韵的流转,物无以死,无骨法用笔之中国画正若是。画面气塞韵臃,唯恐笔墨之不能尽意,拖沓而外又重以赘累,喑哑不知所云,亦有如此之"画家",颠倒梦想,妄论奇谲,笔枯境窘,自以为已至玄奥不测之境,沾沾然自得,与低能儿之跳荡街市何以异。

张彦远于《历代名画记》中释"骨法,用笔是也"云"夫象物必在于形似,形似须全骨气,骨气、形似皆本于立意,而归乎用笔",意远言近,正道尽用笔之根本道理,今浅论如下:

首先"象物必在于形似",不形似何以象物?宇宙万有本画家摹写之本,依本而摹写这是第一步。有一人焉,大贬五代之"写生赵昌",以为愚钝之人方依物写象,其实画家正不必自视过高,以为天纵奇才,挥笔初试即可凭虚御风,迷不知所向。天才固可羽化而登仙,然普天之下无一杰出之画家未尝不曾经历过"抽筋折骨亦堪怜"之阶段。年轻时曾听盖叫天先生讲武生基本功,其艰难苦恨,沫血饮泣,直如于炼狱之苦刑,至踝骨断而庸医倒接,盖叫天一掌重新打断,谓"重来",先生已昏倒矣。此境此情,正应为自视天才者惭。盖叫天固一代武生之冠,彼时我等正年少气豪,不知天之高、地之厚,唯见盖叫天先生于舞台上舒腰运手如鱼游虬蜿,如篆烟萦绕,翻身于空,铁钉于地,不禁欢呼叫绝。此种情境,虽百载不可一见。盖叫天学而知之也,困而知之也。以孔子之圣智,犹称自己"困而知之",何论侪辈,有可自炫者乎?

尝见青年画家十数人远征欧西,未见一人之画有"骨法用笔"之历练,类皆自视造境高手,笔不笔,墨不墨,有辅之以矾水者,有散之以盐巴者,有泼色墨于桌而复以宣纸拓印者,有不知其术者。总之,彼等既驾驭不了笔墨,则于笔墨之外求之,其与方士之鬼画符略无区别。

功夫在笔墨之外,言学养也,言读书也,言为人也,断非指此等"巧言令色,鲜矣仁"者也。"巧言"矣,必怀诈;"令色"矣,必藏奸。其去"仁"日远,虽耽于艺,全属旁门左道,而非宏门正学。

孔子云,"志于道,据于德,依于仁,游于艺",前提为"道、德、仁"三字,苟不重品性修持,其于"艺"必终身无缘。屈子曰,"纷吾既有此内美兮,又重之以修能",乃极言内美为主体,修能为附丽,要在本立而能修,庶可入艺术之殿堂。

既论及"本"矣,则张彦远以为"立意"是为作画之本。"立意"者,非先验之设定也,宇宙万有呈于前,胸次日以扩大,联类通感,渐有所悟,意亦从之,"意"非无源之水、无根之木,乃人生阅历、经验、感悟融而汇之,此王国维境界说中之"真感情"也。有"真感情"矣,而又遇"真景物"于前,则境界油然自生。倘于笔墨又复修炼日久,挥毫之时略无挂碍,无犹豫、无固滞,则庄子之"得鱼而忘荃""得兔而忘蹄""得意而忘言",非徒托空言矣。当此之时,笔墨则与宇宙之气韵、万物之神采、画家之情愫同归于《易》学所谓之大归藏中,"归乎用笔","归"者汇也,其涵至大,其用无穷。

吾论画曾有八字箴言:"以诗为魂,以书为骨。"骨立而魂在,魂销而骨散,"魂"与"骨"不可有稍纵离也。书、画同源者皆源于道,源于自然也,心中诗境与笔下风神实孪生关系。吾师可染先生,近代卓越之山水画家,他曾说笔墨不佳,则失魂落魄,这真是一语破的。骨立而神疲,或神铄而骨朽,皆未之见也。风骨爽发,神在其中;神完精存,骨必坚挺,这是必然的。骨之髓为精气之源,这是中医的道理,于中国画亦可应焉。

中国书法由于以上的原因,点画之流美所蕴含者乃至大无垠的天地大美,孟子有云:"充实之谓美,充实而有光辉之谓大,大而化之之谓圣,圣而不可知之之谓神。"(《孟子·尽心》)所谓不可知之,指宇宙的不可穷尽性,这便是神存在的理由。当然,这儿的"神"非指一实体,如莱布尼茨所企图证明的"上帝是以必然的方式存在于一必然的处所的必然存在物",东方人从来没有试图证明神的存在,它只是一个代号,代表着无极、无限。同样,老子的有无相生、有无同出而异名说也与孟子之说相侔。南朝宋齐间有王僧虔者作《书赋》,其中"情凭虚而测有,思沿想而图空"句,显为套袭陆机《文赋》之"课虚无以责有,叩寂寞而求音"。因为诗的语言是无形的艺术,而书法则为笔画的有形的艺术,所以我们可原谅王僧虔的袭用。大体他们有共同的意思,即艺术无论有形的或无形的,都不能忘记那寂寞虚空中的存在,这种存在正是自然的本体。书画家能理解到此,执笔之时当不会滞泥于物,乃可渐入与天地精神相往还的"圣""神"之境。在这里我们看到儒家孟子和道家老、庄的不期而遇。

六　画格月旦

笔者之所以称"画格"者,与"画品"并无龃龉,"品"与"格"意相近也。然略有别者,"品"重画作,而"格"重画者。所以有此画品,必有其人格为主使,因之更重画者之内美,此有别于古人处也。刘勰《文心雕龙·体性第二十七》"若总其归涂,则数穷八体:一曰典雅,二曰远奥,三曰精约,四曰显附,五曰繁缛,六曰壮丽,七曰新奇,八曰轻靡",大体是论文章之风容,约略而挚要,然则以论绘画,恐犹有不及,以论作者之内质,更感阙漏。

总览我国数千年画史（自仰韶彩陶、河姆渡陶罐始），余约略大分为七类，以此照比，天下之从艺者，无可隐迹，皆入彀中矣。

一曰具天真者：天籁、一如、本真、无邪、混沌、大朴；（天使然也）

二曰有智慧者：简赅、恢宏、萧疏、典雅、清新、俊逸；（性使然也）

三曰凭耐力者：繁缛、匠工、狭隘、蜷曲、陈腐、拖沓；（本欲善其事者）

四曰陷愚钝者：犹豫、呆痴、执拗、死寂、惝恍、癫痫；（此类人亦无恶意）

五曰施巧佞者：荒诞、机心、凉薄、邪曲、造作、尖刻；（不可深交者）

六曰受苦役者：挂碍、麻木、困顿、郁闷、封锢、槁枯；（亦多老实之人）

七曰怀奸诈者：阴损、凶险、腆(tiǎn)赧(niǎn)、歹毒、恶浊、虚势。（深宜远避之）

以上七事，一、二两事为与天地精神相往还者有之；三、四、六为陷倒悬之苦者也；而五、七二事则背天理而行事者。看似玄奥，然则观画直如观火，火静而朗，无不历历呈于眼前，虽欲掩盖而不能，呈蔓词不足以自饰。

此七事皆有六词以状之，然此六词互为关联，相与表里，曾不可断然分割。若其二有智慧者，必不泥于外物，不执象以求，语焉爽利，爽利则风神俊发，而其境界直接鸿蒙，则恢宏萧疏之境毕现；又若其三凭耐力者，其心胸既狭隘，眼光必短浅，其行也拖沓，其神也蜷曲，作画时，笔前行而气不偕，则其用笔必拖沓而繁缛。十日一山、五日一水,此本非中国画之足称者。古有文人焉,自以为作画本学者余事,懒散成习,最后堕入腐儒。腐儒为作,非如梓庆之削木为鐻,梓庆所以斋七日而不动手,非惰怠也,而是修养身心,使与自然合而为一的圣手。匠人则心不动而手动,作画而靠耐力,此岛国画家所常见,非上国所一屑也。

近亦有好事者问:先生所列之第五条似尚可接受,而第七条似与艺术无关,或涉刑责法律之范畴矣?余大笑曰:迂甚矣,此极而言之也,人皆有善恶之因子,抑恶而扬善为君子所必,即司马迁所谓"修身者,智之符也;爱施者,仁之端也;取与者,义之表也;耻辱者,勇之决也;立名者,行之极也"(司马迁《报任安书》)。然从艺之人未必皆君子。既小人矣,其如阴损、恶浊等犹言其轻者,而有此品矣,必于其作品中透露消息。北京有画鬼妖者,穷凶万状,光怪陆离,观者惧慄惊怖,而作者亦跳楼自杀。此无他,人性凶狠、心灵极其阴暗使然也,苟此人不会作画,而借助刀斧以通其狂惑,则其后果恐不堪设想矣。

又有画家某人素描功力不可谓弱,凡画人,必像,然必使被画者怒,而其所作为认真之素描非漫画也。画像既毕,或浽涊如市井儿,或歹毒如操刀手,或凶险如阴谋家,此类品质未必被画者所有,乃是作画者转嫁之、勉强之、附加之,作肖像能令所有人怒,亦不容易。而作者初无恶意,恶意之不自觉,亦如"巧笑倩兮"之不自觉,有无法解释之潜意识在。此当请教弗洛伊德,江东范曾不能解矣。

七　心无挂碍

以上所论及,不免使人对中国画产生敬畏之心,其实中国画与中国诗为孪生姐妹,不止貌似,亦且神同。它以温、良、恭、俭、让为体性,恪守温柔敦厚。它们产生于农业社会,与天地保持着和睦的关系,经过历代渊博的硕学之士陶熔体悟,成为中国文化的一座博雅而典丽的崇山,芳草鲜美,大木擎天,它象征着我们民族具有一种无与伦比的清新、俊逸、恢宏、典雅的品德。

中国画家的自信来源于天地精神。何谓天地精神,如上文所述,那是自在而本然存在着的不生不灭、不垢不净、不增不减的恰到好处的大存在,宛若康德所谓"本体什么也没有发生",在中国即所谓"天不变,道亦不变"。这儿的"没有发生"和"不变"极言道之大,非人类短促的生命所能感觉得到,也许千万亿年一颗行星消失了,对于人,生命的短暂让他们绝无方法体察其百年间的变化。佛说一颗太阳和一颗月亮称世界,一千个世界称小千世界,一千个小千世界为中千世界,一千个中千世界为大千世界,大千世界含十亿颗太阳和十亿颗月亮。总纳小、中、大三种"千世界",称"三千世界",言宇宙之无穷极也。庄子云:"六合之外,圣人存而不论。"(《庄子·齐物论》)那是无法论、不需论,论有何用? 当然,这种思维不能为布鲁诺、哥白尼、开普勒所认同,因为他们是希腊神话中西西弗斯的后人,他们背负着巨大的石块前行,将至峰巅,石头滚下,他们又从山脚下继续背,永无尽期。这是一则奇妙的神话,它标示着可敬的然而无用的努力。在这里,我当然无资格否认也无意否认自古希腊以至于今的理性逻辑思维,让西西弗斯们继续努力吧。在本体论与方法论上,艺术家与科学家趋舍异路正是他们各自存在的必然。

心无挂碍,言中国画家面对宇宙时,做到万物静观皆自得,心灵排除一切凡尘的迷障,根除无明烦恼。当此之时,目不见绢素,手不知笔墨,不知今夕何夕,物耶? 我耶? 此种状态可称无待、无求。种种物象从心底注入毫颖,略无纤毫障碍,既无障碍,心驰笔随,神完气足,无有恐怖,远离颠倒梦想。正庄子所谓:"惛然若亡而存,油然不形而神,万物畜而不知。此之谓本根,可以观于天矣。"(《庄子·知北游》)古来为形所累的画家,是无法梦见这种境界的,画家如心中只想着杰作之出,如何炫耀,足以济世,于己则名利纷至沓来。如此下笔,笔笔皆俗,走向了混浊泥淖。"若是者,迷惑于宇宙,形累不知太初。"(《庄子·列御寇》)

当具大德的"至人"有意于诗,则近于得意而忘言;有意于画则得意而忘形,他们的精神回归于宇宙太初,那是空蒙一无所有的幻域,生命则如逝者如斯的流水,不舍昼夜,寂照中的波影与生命的节律同在。这便是瞬息的、无法觉察的彻悟,使你的笔墨天趣流露,端倪莫测。写至此,我不免要提示读者,以上所述无法过分陈明者,因圣、神之境本是不假言辞说教者,一旦诉诸文字,形于言表,佛家以为着象,执象以求;道家以为已着尘秽,疏离本真。然而我们不能都高明到如《庄子》中的老龙吉,怀着他深悟的道,溘然死去,那么,我所写出的也只凭读者每一个人所独有的悟性去理解,这就是中国画法在高玄极妙之境中的状态。

我们可以用苏东坡《前赤壁赋》中的句子,来描述中国画家作画之状态:"纵一苇之所如,凌万顷之茫然。浩浩乎如冯虚御风,而不知其所止;飘飘乎如遗世独立,羽化而登仙。"中国画的创作过程苟能如斯,则画家本真之性流露,摆脱了红尘名缰利锁之羁绊,一苇所如,便有达摩面壁九年成正果之后,一苇过江的潇洒。冯虚御风则远离尘嚣之追逐,随性之所至,无处不是净域,大地皆为蒲团。"羽化而登仙",则是大逍遥、大解脱。心灵的自由归根结底是中国古代文人的理想,也是中国古哲"齐一"说之体现。"吾丧我"是彻底的忘我。王夫之所谓:"其行也无所图,其反也无所息,无待也。无待者,不待物以立己,不待事以立功,不待实以立名。"(王夫之《庄子解》)能如此,则逍遥在其中矣。"物无非我者,唯天为然。我无非天,而谁与我为偶哉?"(《庄子解》)无偶者,略无区别间隔也,我与天地万物合而为一也。《庄子》云,"夫大块噫气,其名为风"(《庄子·齐物论》),因为风的激荡而声出,而当风霁而还为虚静之时,万物寂然,无不齐矣。中国画家只有在这种"寂然凝虑,思接千载,悄焉动容,视通万里"的时候,进入了挥写的"天放"状态,那时才能成为"真画者"也。前章《画格月旦》中所列凭耐力者、陷愚钝者、施巧佞者、受苦役者、怀奸诈者,皆不得入"真画者"之行列,乃是由于物我两分、天人为偶,其距"天放"不亦万里之遥。

八 探骊得珠

所谓中国画史者,学有专攻,各有所会,盖不可统一以内容、体例。而"中国画"这一概念,非起自存世之汉画像,先民之为绘画,所从来远矣。前文已述及仰韶半坡类型之人面鱼纹盆和河姆渡文化中之猪纹钵,盖凡根植于中华这一片土地,而状物象形于二维平面的作品,皆可纳入"中国画"之大范畴。此节"探骊得珠"欲以时间为序,择吾所欣赏,可资代表者开列如下:

▲新石器时代河姆渡文化猪纹钵
▲仰韶文化半坡类型彩陶人面鱼纹盆
▲成都百花潭出土战国镶嵌图像纹壶

▲战国至东汉花山岩画祭神舞蹈

▲战国帛画《龙凤仕女图》

▲东汉武氏祠乐舞、庖厨、升鼎画像,武氏祠神仙灵异画像

▲北魏敦煌壁画《萨埵那太子舍身饲虎》

▲《北齐校书图》

▲东晋顾恺之《列女仁智图》

▲唐章怀太子墓壁画《仪仗、礼宾、女侍》

▲隋代展子虔《游春图》

▲唐阎立本《古帝王图》

▲五代胡瓌《卓歇图》

▲唐韩滉《文苑图》

▲唐周昉《簪花仕女图》

▲五代荆浩《匡庐图》

▲宋范宽《溪山行旅图》

▲宋武宗元《朝元仙仗图》

▲宋文同《墨竹图》

▲宋苏轼《枯木怪石图》

▲宋李成《读碑窠石图》

▲宋赵佶《听琴图》

▲宋梁师闵《芦汀密雪图》

▲金宫素然《明妃出塞图》

▲金无款《重溪烟霭图》

▲宋李唐《万壑松风图》

▲宋萧照《山腰楼观图》

▲宋无款《豆花蜻蜓图》

▲宋梁楷《六祖斫竹图》

▲宋夏圭《溪山清远图》

▲元赵孟頫《秀石疏林图》

▲元曹知白《寒林图》《疏松幽岫图》

▲元王蒙《夏山高隐图》《青卞隐居图》

▲元方从义《武夷放棹图》

▲元倪瓒《六君子图》

▲元山西芮城永乐宫壁画《朝元图(木公与金母诸像)》《朝元图(奉宝玉女部分)》

▲明王绂《乔柯竹石图轴》

▲明孙隆《芙蓉游鹅图轴》

▲明殷偕《鹰击天鹅图轴》

▲明林良《苍鹰图轴》

▲明吕纪《鹰鹊图轴》

▲明吴伟《长江万里图卷》

▲明蒋嵩《无尽溪山图轴》

▲明沈周《庐山高图轴》

▲明唐寅《看泉听风图轴》

▲明文徵明《临溪幽赏图轴》

▲明陈淳《花卉册》

▲明徐渭《墨葡萄图轴》《杂画图卷》

▲明宋旭《山水图轴》

▲明董其昌《松溪幽胜图轴》

▲明杨文骢《仿倪瓒山水图轴》

▲明张瑞图《晴雪长松图轴》

▲明陈洪绶《杂画图册·无法可说》

▲清程邃《山水册》

▲清弘仁《竹石风泉图轴》

▲清朱耷《秋山图轴》《仿董北苑山水图轴》《花鸟图卷》

▲清龚贤《湖滨草阁图轴》

▲清王时敏《答菊图轴》

▲清王原祁《山中早春图轴》

▲清高其佩《梧桐喜鹊图轴》

▲清华嵒《金谷园图轴》

▲清郑燮《悬崖兰竹图轴》

▲清李方膺《竹石图轴》

▲清虚谷《枇杷图轴》

▲清任颐《寒林牧马图轴》

▲现代李苦禅

▲现代李可染

▲现代傅抱石

▲现代黄宾虹

▲现代蒋兆和

▲现代徐悲鸿

▲现代黄胄

"挂一漏万"一词可从我的选择中找到最好的解释,虽然,以吾之审美鉴赏,也可能是独具只眼的选择,更可能是一种特立独行的赏识。问今之世,无不人云亦云,一提八大、石涛皆竖拇指以赞;一提董其昌、四王皆作贬损不足一顾态。事实上大不其然,我曾见到美国大都会博物馆所藏王原祁巨幅山水,其用笔于清初可称第一人,又曾见王鉴所作册页,恐非石涛可见项背者。所幸艺无定论,各是其是,我所列举者是为树立破除门户(如南北宗之说)的一种学术态度。所列举数十人中,尤以八大山人、倪云林、王蒙、李成、范宽为我所激赏,那是几座不可撼摇的大山。即以用笔而论,经隋、唐、五代、宋之陶钧鼓铸,至元倪瓒、王蒙,清八大山人可谓登其峰而造其极,其中奥秘,容下章详述之。至于近现代中国称大师者车载斗量,寡廉鲜耻,于今为烈。不以国画为圣域,驰骛之徒竞逐,真所谓瓦釜雷鸣,黄钟毁弃,鲫鱼过江,真龙隐迹。而星罗棋布于各地之协会、画院之类,无不以名利为目标。人们大概不清楚一个道理,艺术永远凭作品自身讲话,而不以宣传之力度变侏儒而为巨人。炒作于市廛,作伪于拍卖,实有令人作三日呕者。

以我之见,近现代画家有七人:李苦禅、李可染、傅抱石、黄宾虹、蒋兆和、徐悲鸿、黄胄,最足与千古画人比权量力。李苦禅乃前足以比肩徐渭、八大山人,后足以开千秋万代之伟大画家,恐当前无任何一位评论家会同意我的看法。《辞海》一书竟录有平庸至极的画家,独李苦禅先生不见载,这可说是学界之耻。论笔墨之雄奇跌宕、气势之壮阔博大,可谓"惊才风逸,壮志烟高"。风格来自人格,苦禅先生之直率、坚贞、宽厚,非时下之耳食者所可理解。傅抱石以他奇肆雄浑的风格,居高临下于五代、北宋山水画大师之上。而写实主义大师蒋兆和开拓千古人物画生面,无疑具有风范独扇百代,余烈激励后生的承上启下殊勋。李苦禅、李可染、傅抱石、黄宾虹、蒋兆和诸先生我皆有专文评述,兹不赘(见《李、潘之辨》《傅家山水两代人》《水遇千回波更长》《魂魄犹在江山图》《黄宾虹论》《徐悲鸿》)。

九　文人厥功

　　以上所开列之画家凡五十余人,刻石、墓壁、庙宇十数事,皆可称中国画,而中国画至极之境,无非中国之文人所守望者,究其根源仍在于中国画是哲学的、诗性的和书法的。

　　论气韵一章已然概述,东方的哲学思维对中国画根本性的意义。庄子所谓"至人无为,大圣不作,观于天地之谓也"(《庄子·知北游》),老子所谓"为学日益,为道日损,损之又损,以至于无为"(《道德经》四十八章),他们的原意是:如果你目光局促,所学者虽多,或者去道更远。"益",多也,非道也。而倘能将心性与道谐和,那你就会与道合一,消除了一切身心之重负,达到无为之境。"不出户,知天下;不窥牖,见天道。其出弥远,其知弥少。"(《道德经》四十七章)这似乎又与中国画家重视自然,搜尽奇峰打草稿的思维相忤。所以读文章,尤其是中国古哲之文,不能望文而生义。老子之意是,体道之时,正不是远游之时。老子可说是一个阅历极丰富的智者,他提醒人们必须从世俗的繁文缛节的细琐事物中解脱,处于"致虚极,守静笃"的心灵反省状态。这时豁然心胸,摆脱了"为学日益"的繁俗琐屑的羁绊,得到一种精神的大解脱。此时客观外物无以左右你的心性,你会体悟到庄子所谓"咸其自取"(《庄子·齐物论》)、无待外物推动的自我,一种与万物齐一、无隔无封的状态。《庄子》中提到的颜成子看到南郭子綦这位真人的生命状态即是,说他形同槁木,心如死灰,当他回归到朴、回归到婴儿、回归到无极的时候,他与自然万物同在。南郭子綦发出了"吾丧我"三字无上言谶,这就如同佛家的无上正等正觉(阿耨多罗三藐三菩提)。

他死亡了吗？没有,他在自性的物化中,得到了大自由,他一定听到了不为凡耳所闻的大自然的妙籁——宇宙六声部的交响乐(天体物理学家开普勒称:宇宙是六声部的大交响)。老子的哲学是一种玄学,那么玄之又玄,乃众妙之门,它讲出了一个最根本的艺术法则:艺术家只有与大自然、与道同体的时候,才有可能真正进入常人所不可梦见的大化之境。这种心灵的美不是"为学日益"的堵塞,而是一种不可见的充实,孟子说"充实之谓美",正指此。

中国的文化史,无论哪一个领域,"士"作为一个阶层,他们所起的作用是无与伦比的,"士"是中国古典哲学的创说者、运用者,他们所缔造的伟大文明,是中国人的无上光荣。而哲学思维对于每一个民族来说,就是这一巨大的群体如何想,而正是由于如此想,而有如此的文明。中国画当然不能例外。文化大发展、大繁荣,构建锦绣乾坤的中国梦,必须弘扬中国的哲学。

极偏狭的人曾以为由于中国的哲学主观唯心主义,影响了中国名教的发展,其实在战国时代出现的惠施、公孙龙诸名家,虽未在历史上辉煌地发展,然而仅就他们遗留下来的几个哲学命题如"至大无外,谓之大一;至小无内,谓之小一""白马非马"等,至今犹足令人抚掌赞叹。直至近代严几道译《名学》出版,人们才知西方人如何想。然而我觉得西方人的未来,如果不在最根本的本体论和方法论上向东方的古哲吸纳,那么一定会如维特根斯坦发出"哲学家已无事可做"的伤心至极的感慨。

自宋初至今,凡卓越之画家,无非卓越之文人。文极佳而画差可者有之,画极佳而文差可者,未之见。前者我可举北宋神宗朝之苏东坡、文与可、米元章为例,前文中所选苏东坡《枯木怪石图》,虽然知非里手,然自有一段清逸之气在。史传米元章创米点山水,然至今未见真迹,信乎米氏翰墨之余,叠点成画,从其子米友仁传世之山水看,并不足称好手,然而绝无市井之气,翻生绝俗之想。而文同之画竹则不如后世郑燮之潇洒酣畅,然亦有文人清气。米画之所以不传,恐其为人眼高而手低,又疯癫不肯饶人,其作品想必自毁者什九,藏拙之意也。米友仁随高宗南下,所做之事为替乃翁辨伪,其在山水画上,则有不争于世的淡泊。

可是这三位文坛巨子,画虽不佳,而对中国文人画之确立,无疑是关键性人物,因为在文坛的地位,他们的言谈分量自然胜于常人。苏东坡云,"论画以形似,见与儿童邻。赋诗必此诗,定知非诗人"(《书鄢陵王主簿所画折枝二首》),语虽浅近,而意则极深极远。一千年来无一真正画家、无一真正诗人不奉之为圭臬。我们不会忘记苏东坡是文人画极则的建树人,宛若德国天体物理学家开普勒是"天上法律的制定人"。

眼高手低在艺术上永远是件好事,就怕手高眼低,若然,必堕入不可救药的匠气,既有匠气矣,则为跗骨之疽,永世缧绁于俗谛而不可自赎。如此之画家,自古及今皆有,不必一一论列。

十　神与物游

前九章谈及中国之哲学,主要目的在于使读者知道中国文人画家的本体论。当然本体论和方法论是不可断然分割的,若非然,则很可能出现主观意愿与客观实践的南辕北辙。车轮的转动和方向必须俸合,即使小有龃龉,都会发生翻车或转向之危险。

在方法论上,中国画家特重子思所提出的"天人合一"说,这里，本体论和方法论不仅俾合，甚至同出而异名，亦若"无"与"有"的概念。《老子》云："无，名天地之始；有，名万物之母。"当天地开始的时候，万物之母亦与之同出，"无""有"同出而异名，是老子哲学的基本命题，与三国至魏晋之文人王弼、何晏之"尊无"，裴頠、郭象之"重有"，从根本上不是一回事，其对宇宙万类的生发，他们的解释不可能如老子之圆融。而在哲学上用词虽同，但概念偷换。老子之所以谈"无"，正为证"有"；之所以谈"有"，正为证"无"。老子所以谈"无为"，正所以谈"无不为"。"为道日损"既是本体论，也是方法论。儒家之"明德"即本体，而"明明德"则为方法，它们浑然一体。

"为道日损，损之又损，以至于无为"，正是中国画家的无上法门，这与禅宗的"不立文字，直指本心"是一个意思。则钝思者有问，既"无为"矣，何以还要画，还要诗？八大山人"涉事"二字，颇有深意在焉。"涉事"者，偶得于天而涉诸手者也，苟禅宗一言不发，何来《六祖坛经》？一笔不着，何来八大山人之画？庄子为陈明自己的卓见，往往有纵横恣肆之寓言、重言、卮言，固为极而言之，使人为之一震。苟大家都如《庄子》中老龙吉抱负着深埋于心底的道，溘然而逝，那么，宇宙一切皆无，又何必论中国画法？"至于无为"是中国画家内心对道的至高至极的标准，是他们经历了千百年的翱翔，而达到的绝云气而负青天的境域。世之论家，于词语但知摭拾而不知运用，无任何足以动人的艺术实践以谈美学，直如赵括之谈兵、夏虫之语冰，得其肤皮而欲立美学之体系，亦若井蛙之不足与海龟言大，貌似深奥不测，犹作聪明而过虑，徒怀犹豫以置疑，如此厚盈一寸之书，价值实不如厚只一寸之砖，鲁迅所抨击无用之著述，直如谋财害命，与盗贼何以异？此类人物之涵集，必致艺术园林之凋伤，使世之学子陷入沉沦转徙而不可自拔之泥淖。孔子曰可"鸣鼓而攻"者岂止冉求一人而已？

中国古代最卓越的画家之所从事是为己之学而非为人之学。为己之终极目标仍为利他,将自己的光照温暖霜结之人生;将自己的生命化为甘霖,润泽枯索之世道。

中国古代文论吾所最赏者为刘勰《文心雕龙》,近世则推重王国维《人间词话》及刘熙载《艺概》,深宜读者细味。

刘勰有云,"思理为妙,神与物游",言寄意大化也;"物色之动,心亦摇焉",言主观之感动也;"目既往还,心亦吐纳",言审美之选择也。语言简赅而包蕴博大。王国维之"能写真景物、真感情者,谓之有境界",这境界之出,缘心中有"诚","真"者,不伪也,"诚"也。

刘熙载特重混茫之境,其有云:"杜陵云'篇终接混茫',夫篇终而接混茫,则全诗亦可知矣。且有混茫之人,而后有混茫之诗,故庄子云:'古之人在混茫之中。'"这是刘熙载以庄子之混沌之说以言文也。中国画之最高境界恐怕即"混茫"二字。

中国文论、诗论、书论高于画论,笔者之所以用诗论谈画,实以为古代画论多侧重技法,至石涛《画语录》,虽具哲学意味,然观其画实有"微茸"耳(郑板桥评语,言荒杂废笔耳)之病,故其论也亦止于口,而未见之于画,激昂慷慨有之,然殊不易达"言在耳目之内、情寄八荒之表"之境界。本人少时颇耽于其《画语录》,今也且搁之。

优秀文人,腹笥既阔大而眼力又敏锐,其心头徘徊者儒、佛、道三家之精粹,又不泥于哲学理念之说教,有放下之心,无挂碍之意,更不以先行既定理念为追逐,信夫皭然不滓之孤抱,必有特立独行之流露,重个人心性之寄托,而不为社会需求所左右。

正如王羲之所云:"或取诸怀抱,悟言一室之内;或因寄所托,放浪形骸之外。"(《兰亭集序》)越名教而归自然,自东晋至北宋六百年间为其酝酿、成长的积渐过程,至四百年前八大山人,则呈现人类文化史上奇绝的芳菲,正孟子所谓"大而化之之谓圣,圣而不可知之之谓神"矣,这是中国文化自立于世界艺术之林的光荣。

近世大画家傅抱石著述甚丰,唯"中国画是兴奋的"一言足为天下师,因为我们不能企求某画家能时时刻刻与大造邂逅,而"兴奋"必是良辰、美景、赏心、乐事四美具,贤主、嘉宾二难并的难得的瞬间。此所以再伟大的中国画家,其一生之中顶尖的杰构永远是少数几幅,这是可遇不可求的艺术胜果。

苏东坡称吴道子:"当其下手风雨快,笔所未到气已吞。"(苏轼《王维吴道子画》)此处之"气",即谢赫《古画品录·论画六法》之"气韵,生动是也"。当此之时,画家已与天地流转浩荡、恒变不居之势态合而为一,这是何等可贵的人生快意。

在文化史上,公元前21世纪至公元前11世纪,大体是中国前哲学时期,这时所形成的阴阳八卦图,是先民宇宙阴阳二元论之肇始。其间,经过周文王之演绎,传为孔子之《十翼》,至东晋乃蔚为大观。至差不多与孔子同时的老子《道德经》出,则中国纯粹之哲学形成。自《易》至《老子》,其核心的宇宙本体观乃"无中生有""有无相生";而其基本的方法论乃阴阳两极。这种学说的伟岸乃是本体论和方法论略无间隙的暗合,或质言之:本体与方法异名而同体。这将是历久弥新、永世不败的东方经典的感悟宇宙学。

我们试引用《老子》中的"知其白,守其黑"中的"黑""白"两字来看中国画。在我看来,至密之色为"黑",而至疏之色为

"白"。中国画阴阳两极即是在黑、白之间的不尽递变交融,而黑即是墨,为阴;白即宣纸,为阳,有无同出而异名的哲学概念亦于此应焉。未画之时如混沌未开,既画之后,则有无相生,空白处为"无",笔墨处为"有",画中物象之成,同时背景亦成,不着墨处惯称为空白或虚,而物象惯称为实。

十一　书画同源

全世界古往今来的文字,都是一种符号。符号的组合构成章句,成为人类的思想、语言以至所有人文作品的载体。一般讲来,世界各群族之文字,是没有成为审美对象的条件的,也不能视为造型艺术。而唯有中国的书法是一个例外,文字不但能由一个无情的符号世界走向造型的有情世界,而且,中国书法奠定了中国绘画雄殿的基石,这其中深刻的道理何在？如果说"道法自然"要寻找一种最合宜的艺术作为诠释,那便是书法。书法,即使有象形的因素,那也是经过高度抽象的。在它的点画流美之中,你所看到的、体味到的乃是生命的状态、运动的感觉、物质的消长和不可名状的意味,而且书法竟能那样奇妙地反映书家的个性、命运乃至生命力的旺盛或衰败。这正是书法成为一种崇高艺术的原因,在中国,它具有与绘画同样尊贵的地位。

甲骨文为中国文字的滥觞,也可以说是中国书法的源头。那时用以占卜的甲骨文,是用尖利的工具刻于龟甲或兽骨之上的,在那暗哑的符号里,我们可以感受到虔诚和神秘,但那是缺少热情的记录,然而内容和形体已有太古先民微妙的艺术感觉。周秦之世,中国的书法才真正诞生。由此可见,中国书法之所以成为艺术,与所谓象形关系不大,而是和用笔之包含宇宙大美有关。中国书法家历两千年孜孜矻矻的努力,将目之所察、心之所悟,一一收入笔底,在点画之中将荣衰生灭、存在状态和运动法则高度抽象。文字本为符号,而有造型的符号就有可能成为广阔的感情世界。

书法艺术是真正法地、法天、法道、法自然的,人们往往以大自然的变幻和状态,及老子所谓的"有无相生,难易相成,长短相较,高下相倾,音声相和,前后相随"(《道德经》二章)来评述书法的奇美:钟繇如"云鹤游天";王羲之如"龙跳天门,虎卧凤阙";卫夫人《笔阵图》以万岁枯藤比垂笔、以高峰坠石喻点笔;孙过庭在《书谱》中更云:"观夫悬针垂露之异,奔雷坠石之奇,鸿飞兽骇之资,鸾舞蛇惊之态,绝岸颓峰之势,临危据槁之形,或重若崩云,或轻如蝉翼;导之则泉注,顿之则山安;纤纤乎似初月之出天涯,落落乎犹众星之列河汉。"这里所讲的"异""奇""资(通'姿')""态""势""形",都是万有的生命与运动状态,这其中充满了艺术的想象,是书法家受自然大慧智的启发而体悟到的意象。在书法的点画之中,有着老子所谓的"无状之状,无物之象""迎之不见其首,随之不见其后"(《道德经》十四章)。书法家的心灵倘使受到这冥冥之中宇宙本体的震动,也必能化入那"惚恍"之境,那么他的书法也就接近了宇宙的大美。书法而近乎道,则有"书道",这是一种直抒胸臆的艺术,即使我们今天读千百年前书家的作品,仍然能与书家之脉搏共跳跃,能与古人共享他们对大自然的陶醉和他们对人生的判断、对悲欢的寄托。譬如我们读颜真卿的《祭侄文》,我们会对那种破坏了人生和谐的荼毒,产生共同的震栗,从而让我们会进一步理解为什么书法艺术以它本身的魅力更能使我们不断地去追求宇宙的和谐。

没有一种艺术家像书法家那样更富联想力,因为书法的语言极其单纯,它没有绘画的色彩,没有音乐的鸣奏,然而它却包含着五色的绚烂、五音的繁会,它的绘画性和音乐性是潜在的、可意会而不可言传的,为什么文与可见蛇斗而草书进?为什么怀素观夏云多奇峰,辄常师之?为什么张旭观公孙氏舞剑器而得其神?韩愈在《送高闲上人叙》中说:"张旭善草书,不治他伎。喜怒窘穷、忧悲愉佚、怨恨思慕、酣醉无聊不平,有动于心,必于草书焉发之。观于物,见山水崖谷、鸟兽虫鱼、草木之花实、日月列星、风雨水火、雷霆霹雳、歌舞战斗、天地事物之变,可喜可愕,一寓于书。"书家所感悟的正是从事物的表象直抵其内在的精髓、内在的神韵,这同样可以用九方皋相马得其精而忘其粗,在其内而忘其外的故事来说明,最能切中要害。

当书家与大自然目遇神会而忘怀得失的时候,那种状态是毫无伪饰的、非功利的。甚至他们有时如癫似狂,那实在是最纯净而无挂碍的状态。当他们对别人的观感和社会的宠辱弃置弗顾,不会"得之若惊,失之若惊"(《道德经》十三章)时,他们才能"暂得于己,快然自足",才能真正"放浪形骸之外"。唐窦冀述怀素之狂草云:"忽然绝叫三五声,满壁纵横千万字。"(见《怀素上人草书歌》)半醉之时,忘却了世俗的礼仪约束,回归天然的本性,醉后的大叫,虽有与观众开玩笑之意,但确实有一种自足的快意,这种快意如睫在目前,稍纵即逝,把握这短暂的快意,正是中国书画必须即兴神驰的原因。据称日本画家作画,节节而描之,叶叶而绘之,每天工作十四小时,二十年完成一墙壁画,这种画法不可能有风发的才情、跌宕的用笔和豪纵的气象,在苦役般的劳作之中,人类自然的本性泯灭,而由于过分着意的描画,使画面失去气韵的浮动流布,而没有气韵的作品则形同槁木,不会有生命的节律在其中跳动。中国的书法用笔,本身来自造化,不是处于二维的平面,而是"其笔力惊绝,能使点画荡漾空际,回互成趣"(包世臣《艺舟双楫》)。当中国书画家能遣笔纵横于三维空间的时候,那就做到了石涛的"试看笔从烟中过""笔含春雨写桃花"。当笔墨达到润含春雨、干裂秋风的时候,"墨分五色"就非徒托空言了。当书法家用笔"凛之以风神、温之以妍润、鼓之以枯劲、和之以闲雅,故可达其情性,形其哀乐"(孙过庭《书谱序》)的时候,那有情的世界正如"素练风霜起",这不是来自天宇的浩然之风、来自海澨的回荡之风吗?大自然的春温和秋肃是和谐,惠风和畅与飙风顿起是和谐,波平如镜和狂澜排空也是和谐。我们静听天穹浩荡的协奏,笔底的所有感悟都是来自道法自然。

在书法史上有"晋人尚韵,唐人尚法"之说,此后又进一步演化出卑唐崇魏的审美倾向,即认为唐以前的字浑朴自然,而唐以后的则法立而朴散,失去了魏晋时代的韵味,宋代姜夔的《续书谱》和近世康有为的《广艺舟双楫》是持此论的代表。康有为说"魏碑无不佳者,虽穷乡儿女造像,而骨血峻宕,拙厚中皆有异态,构字亦紧密非常……譬如江汉游女之风诗,汉魏儿童之谣谚,自能蕴蓄古雅,有后世学士所不能为者"(康有为《广艺舟双楫》)。唐代书法的格法渐趋森严,亦宛如唐代近体诗之格律已达完备,本是艺术发展的规律,即由无法而有法,然而艺术上的法则,倘驾驭者力所不逮则容易偏离自然之大道,而走上因循守旧僵化之困境。康有为激赏不为礼法所拘的江汉游女之风诗,"风诗"者,男女情爱之诗也,古人用"风"字,不仅涉及男女两性关系,马牛牝牡之相诱,亦称"风",这是一种天然的本性,而本性的描述,则必近自然。我们读《毛诗·国风》中的不少诗,那些怀春少女对爱情直率、热烈的追求,那是天然去雕饰、真挚无邪的。康有为认为魏晋的书法正是如此。书法有了一个"真"字,那就虽不是出自学士名人之手,也必有其内美大美在。康有为又说"欧虞褚薛,笔法虽未尽亡,然浇淳散朴,古意已漓,而颜柳迭奏,澌灭尽矣"(《广艺舟双楫》)。他认为自初唐欧阳询、虞世南、褚遂良、薛稷四杰出,淳厚的古风已经稀薄,而大朴自然的韵味也已消散,古意越来越淡,而到了颜真卿、柳公权,那古意连一点影子也不见了。对唐代书法的贬损,可说是康有为的偏执之见,然而他崇尚魏晋,却确有至理。

关于无法与有法、质朴与华彩的论辩,唐代的孙过庭作持平之见。他说,应做到"古不乖时,今不同弊",也就是提倡古朴,但不要阻碍时代的进步,今天提倡法则,也要避免陷入僵化的通病。而孙过庭对故意装天真而自我作古的人也提出了批评:"何必易雕宫于穴处,反玉辂于椎轮者乎?"(《书谱序》)也就是说,时代已然进步,你何必离开了雕饰的宫殿而去荒野穴居?何必把美玉饰辂的华车扔弃,去坐那原始无辐的破车?

一个艺术家,能从自然大道取之无禁、用之不竭的源泉中汲取灵感,在森严的法度中又不受牢笼拘束,最后回归自然。这个过程是古往今来真正能创造大美真美的艺术大师所必然经历的道路。这就是为什么既需有内美又要有修能的原因。

这里,我们不能不谈一谈对现代西方某些艺术家和目前中国某些新潮、前卫艺术家们的看法。20世纪是所谓现代派繁衍滋生的世纪,而现代派的理论也层出不穷,流派的消长受画商与评论家的控制,生命之短暂与时髦之奄忽相仿佛,而理论则不外是极端的主体论,谓艺术作品只求宣泄而不求理解,能一抒为快,便是终极目的,你看得懂与否,干我何事?艺术评论家上下其手,画商只图厚利,一旦观众视觉对某种光怪陆离的艺术现象感到疲劳,则必然殒灭。而另一派更新的、更离谱的流派产生,一似走马灯之纷纷扰扰,由于对传统技法的极端鄙弃,必然是艺术衡量标准的混乱和最后丧失。科技的日新月异、产品的目迷五色,使一般观众处境茫然,人云亦云,而宣传媒体的彻底商品化,也使艺术的品质本身降为次要的地位,商品的"新",成为获得消费者青睐的主因,艺术也沦为消费品的范畴,人们难逃这逐新的大潮。再没有那种凡·高、高更、塞尚和莫奈一般的真诚,那种大师全身心的投入,那种执着的追求,那种置生死利害于度外的虔敬。艺术波普运动对新潮而言是其结果,也是最后埋葬新潮的自掘坟茔。群众在受骗过久之后,觉得艺术本来不是少数人的事,波依斯吹一口气使一个啤酒罐价值一百万美金,那我也不妨一试,垃圾与破铁丝能构成据说十分伟大的艺术,那我所堆的垃圾,与艺术大师的何异?于是,夏天的海滨,丽日高悬,沙滩上的人们从家里、库房、地窖中将尽可能找到的破罐烂铁都拿出来,堆砌或"创作"艺术品,一阵疯狂的宣泄之后,汗涔淋漓,于海中沉浮半晌,然后在作品前拍照留念,开车扬长而去。潮起潮落,这与大自然合作的艺术成了真正的行动派艺术,在洪波中被冲向海底。

既然毕加索能从黑人艺术中得到灵感,那难道新潮艺术家们会被禁止做更远古的追寻吗?于是现代人的图腾艺术兴起,那已非黑人的性器官雕刻或印第安人的图腾柱,那时对人类性器官的崇拜,是何等的虔敬,而今天披头散发或干脆光头的嬉皮士们,他们的图腾崇拜带来的是性乱与艾滋病。与其并行不悖的艺术追求,则把性作为永恒的主题,展览厅中硕大无朋的一根黑柱,题为"牡",而相映成趣的一个大树黑洞,题为"牝",艺术沉沦至此,可谓极矣!

装作返璞归真,而心存浮华;装作天真稚拙,而实质油滑。"轻薄为文哂未休",他们亵渎艺术的同时,对历代大师的作品则横加诋毁。在一次酒会上,某新潮雕塑家谓罗丹的作品不过是"中学生的水平",我很严肃地放下酒杯,告诉他:"我崇拜罗丹!"是时宴会顿然鸦雀无声,人们只回味着这短兵相接的两句对话,所代表的是全然不同的信仰。

宇宙生命的和谐,也还包含着矛盾双方的同一性,在书法艺术上所强调的刚柔相济、轻重相间、浓淡相生,用笔速度上的疾缓相调,都决定着线条是否真正有生命力。唐代孙过庭曾在《书谱序》中论及书法之通病时讲:"质直者则径侹不遒,刚佷者又倔强无润,矜敛者弊于拘束,脱易者失于规矩,温柔者伤于软缓,躁勇者过于剽迫,狐疑者溺于滞涩,迟重者终于蹇钝,轻琐者淬于俗吏。"过分的刻露缺少内遒;过分的"刚佷"则无润泽;过分的"矜敛",如作茧自缚;"温柔"本来无可厚非,而或会伤于"软缓";"躁勇"如无适度,则近乎攻击逼人;"狐疑"者用笔踟蹰不前;而"迟重"者则既顽笨又愚钝;轻佻而猥琐的则被人骂为眼光短浅的官吏。

所有用笔的毛病都可以说是矛盾一方的失控,转向事物的反面,不能"知其雄,守其雌""知其白,守其黑"(《道德经》二十八章),倘若书法能依循老子这种辩证的思维,能知其刚强而守其温柔,知其坦荡而守其舒缓,知其迅捷而守其蕴藉,知其风动而守其凝重,那么我想就达到了和谐之境。

前文已论及书法的用笔来自大自然万类的生命节律和其运动变化的规律,可谓"道法自然"。而中国画史从来视为真理的"书画同源"说的根本原因,也在于以自然万类作为表现对象的绘画同样是"道法自然"的。这"自然"当然不是一般现象、概念的自然,而是老子哲学中那自然而然存在着的宇宙本体和天地万有的根本规律。中国绘画语言之基本元素,乃线条笔墨,线条笔墨之优劣成为衡量作品质量的前提,而中国画的线条笔墨又与书法有着直接的关系。

周秦之世,中国书法已臻美奂之境,《虢季子白盘》《散氏盘》《石鼓文》为大篆典范,结体之精美绝伦无以复加。至汉魏六朝碑刻,书法面貌的变幻更趋丰繁。此类碑铭之于中国书画史,略如古希腊雕刻之于西洋美术史,可谓树典范、立极则,成为万古长存的源头活水。

中国书法家为画家铺平道路,其对线条之颖悟、用笔之奥秘,往往领先数百年之遥,当画家们还用着少变化而缺神采,因此感情色彩不强的铁线描或春蚕吐丝描时,书法家们已云鹄在天,作逍遥游。当王羲之的《题笔阵图后》已将用笔之变化比之用兵谋略,此中必有声东击西、暗度陈仓、实以虚之、虚以实之诸手段在焉,而彼时之顾恺之竟如何?尚处"迹不逮意"之困境,岂有书家迎风飘逸之致?至唐代,书家与画家情绪上都可共达风发之境,当怀素大叫三五声而以汪洋恣肆之才纵横挥洒时,吴道子也做到了"当其下手风雨快,笔所未到气已吞"。然而他的莼叶描,也仅达到了轻重有致、回环有方,比之狂草的跌宕排奡、蕴藉雄厚、龙蟠凤逸,恐尚有不小的距离。唐以前的画作(指工笔人物或山水花鸟)近于匠,不只画家学养不够,其艺术语言之板滞,也是一因。这种情况宋元之后才结束,书家与画家两位一体,更进一步推动了中国书画线条的前进。

我们不妨把书法艺术视作一种大自然所有现象的抽象而简捷的提炼和记录,一种将自然规律化为深藏不露的天成密码,化为点画流美的奇方,一种熔万物枯荣、光线浓淡、速度快慢于一炉的妙术。它也是书家个性、胸次、学识和生命衰旺、精神晦明的精确测表。倘若说,"画如其人"固然有实证的例子,然而却有更多的例外;而"书如其人",则几乎是概莫能外的检测器。据说傅青主晚年一日检阅笥箧中之书法,见一自己的手书,大骇失色,谓离大去之期不远矣。傅青主又精医道,他这一言既出,果不出所料,竟成言谶。书法所具有的永恒的魅力,来自它比绘画更内在、更深邃地体现着"道法自然"的精神。

老子对宇宙本体有自己的理解,提出"道法自然"的最高命题:由反对声色犬马而主张回归小国寡民的朴素生活;由对大道的体悟,提出"复归于婴"的命题;由体悟大道的需要,提出"致虚极,守静笃"的方式。这些本来不是谈美学的范畴,却涵盖了中国美学的本质,成为中国文论、诗论、画论之渊薮。老子反对虚伪的美,这在心灵上无异强调了真正的内美;老子强调"道法自然",无异追逐着宇宙天地的大美,以内美而求大美,这便是艺术的本质,也是艺术创作主体论的核心。而自然的大美则是其自身永恒的和谐。我们说老子的哲学是非美学的美学,不只表面上老子拒绝声色,而且实际上老子所论,大者为宇宙天地,小者为人世沧桑、万物衰荣的辩证体悟,他不曾在任何一章中具体而微地论述艺术的规律和法则,而唯其如此,在他大而化之的理论中,却包含了自然大慧智的无穷宝藏,当我们趋近于它的时候,会感受到一种宗教般的洗礼,会洗尽那世俗的尘嚣对心灵的污染。你会非常敏锐地辨识那些美的对立面——矫造和虚伪,并予以本能地拒绝,那在冥冥的内心中,会有两个真美大美的字——和谐,和一个真美、大美之内核的字——诚。

十二　诗画一体

　　自古以来,诗人而兼画家者多,而画家兼诗人者少,诗人必以心灵感应之敏妙与迟钝,以判其诗之轩轾,而画家苟于心灵上已是诗人,语言上有所不逮则是不会影响其画作的。八大山人之诗可读乎？石涛之诗有可传者乎？近代齐白石之诗正所谓牧笛山歌耳,其余不足论矣。重要的是,他们心灵上够不够称作诗人,够矣,他们的画,便是诗。

　　中国古代杰出的诗人以真感情体悟真景物,借真景物述说真感情,所达之真境界,是世界上任何国家的诗人不可比权量力的,中国文字一字一音(不同读音,非多音节,依旧一字一音),一字多义,一字多词性,使中国的语言,成为一种变幻万端、混沌含蓄的诗性语言。

　　既论及诗,必读清末刘熙载之《艺概》。试略举例如下。

　　《艺概·词曲概》:"少游《水龙吟》'小楼连苑横空,下窥绣毂雕鞍骤',东坡讥之云:'十三个字,只说得一个人骑马楼前过。'语极解颐。其子湛作《卜算子》云:'极目烟中百尺楼,人在楼中否？'言外无尽,似胜乃翁,未识东坡见之云何？"这是融斋先生的妙问。苏东坡因未见秦湛之词,然苏东坡所嘲笑秦少游十三字的毛病——作诗必此诗,于其子秦湛词中已不见踪影,秦湛之句有无限感慨、伤怀。岁月的流逝,往往带给人们无法言说之悲怆,而仅用十二字状写之。融斋先生又特强调诗意之"空中荡漾":"上意本可接入下意,却偏不入,而于其间传神写照,乃愈使下意栩栩欲动,《楚辞》所谓'君不行兮夷犹,蹇谁留兮中洲'也。"这简直是一段极精彩的泼墨文人简笔描之高论。

而融斋先生论词"章法"云:"不外相摩相荡,如奇正、空实、抑扬、开合、工易、宽紧之类是也。"(刘熙载《艺概》)这又是一段极精彩的经营位置、工写结合的高论,读者尤应于"摩""荡"二字加意焉。

以言诗、画,则画得益于诗者多,而诗得益于画者少。因诗直抵灵府,含蓄蕴藉,盖非画所能及。融斋又云:"词要清新,切忌拾古人牙慧。盖在古人为清新者,袭之即腐烂也。拾得珠玉化为灰尘,岂不重可鄙笑!"(刘熙载《艺概》)于绘画尤然,视今世之画家,袭古人近人者多,而能"清新"者凤毛麟角,拾西方后现代派诸公牙慧者犹自炫清新,实腐秽甚矣。此正与古希腊神话当太尔式之烦恼,"仰取果实,化为石头;俯饮河水,水既不见"同义也。

综合以上所述,概言之:其为人也悟哲,有不通诗者鲜矣;而不具诗性之心灵能通画道者,未之有也。至于书法,则中国文人画之所必备,无书道之学养,而欲使画入神品,则不可梦见矣。

十三　例以证说

一日门人刘波、薛晓源、孙景阳在吾画室纵谈古今。刘波张一宣纸于壁上,诚惶以询:"先生其有意乎?"薛、孙二人亦有殷殷之态。余乃奋裾而起,谓写一黄宾虹像若何?众欢喜雀跃。乃据一盈寸黄氏头像相片,谛视片刻,则濡墨挥毫,始画黄氏眼镜,刘波与薛晓源窃语"小矣",讵知双眼既出,眼轮匝肌随之,眉骨既出,霜眉已显,众拊掌:"真黄宾虹之神也!"彼等窃语吾已闻之,反讽曰:"须换一大镜片乎?"至画鼻,气息舒然,至鼻唇沟口角出,则先生之刚介、坚韧、学养皆在其中矣,跌宕之笔以出髭髯,至额上一笔,碗帽覆于上矣,众皆鼓掌,余亦狂啸。更风发其笔,作袖手伫立之全身,至鞋部已忘其所画,数秒已成。告成之时,刘波谓只二十分钟耳。此画今已为吾代表作之一,苟非天赐良辰,复为之,必不可得矣。

《丹青篇》所述,亦类皆笔者半纪朝斯夕斯所感悟,举画黄宾虹一画,知全书所言非虚。

黄宾虹一画既成,张之素壁,吾与诸门生坐而观之达两小时,觉不可增一笔,不可少一笔,而观画时之范曾虽汗渖未干,不知方才所发生之一切矣。所幸此画有二十分钟之录像纪实,知非妄说。

结　语

论中国古代文人画者,何累千数,而足以振聋而发聩,有睥睨千古之画笔而又能立雄视当朝之峻论者,吾未之见也。吾尝于《画外话·泼墨钟馗》中作如斯说:"(作画)第一需要的是画家主观心理状态,必须有跃马缆辔、奔逸天岸的豪纵之情;必须有万象毕呈、造化在手的移山之力;必须有饥鹰渴骥、掣电奔雷的箭发之势。当此之时,解衣般礴,目空今古,放笔即来笔底,状物如在目前。纵笔处如飞瀑之悬匡庐,收笔处如鸿声之断衡浦。闳肆至极,不失矩度;恣情欲狂,终归内敛。这还不是泼墨画最难处,泼墨人物画更难在这瞬息间,画家还必须与表现的人物心许而情侔,神遇而迹化,这是何等奇妙而高迈的境界!泼墨人物画与猥琐、迟疑、怯懦诸情状无缘,泼墨之愿望人或皆有,于幻想中亦甚神奇,然方其举笔,即遇梗阻;毫颖触纸,败笔纷至。当此之时,烦躁生而清气遁,气既尽而情已颓,唯捶砚碎墨,断笔撕楮而已。因之泼墨人物画更需要者为学问、为功力、为识见、为修养、为天分。"此段文字虽只提到泼墨人物画,其实为中国所有文人画,无论山水、花鸟、人物莫不皆然,能深识其中要义者,于今盖阙如久矣。

吾为文意犹有未尽者,乃引辛稼轩两首词:

贺新郎

甚矣吾衰矣。怅平生、交游零落,只今余几?白发空垂三千丈,一笑人间万事。问何物、能令公喜?我见青山多妩媚,料青山、见我应如是。情与貌,略相似。　一尊搔首东窗里。想渊明、《停云》诗就,此时风味。江左沉酣求名者,岂识浊醪妙理?回首叫,云飞风起。不恨古人吾不见,恨古人、不见吾狂耳。知我者,二三子。

西江月

醉里且贪欢笑,要愁那得工夫?近来始觉古人书,信著全无是处。昨夜松边醉倒,问松我醉何如?只疑松动要来扶,以手推松曰去!

读了这两首词,诸公以为如何?初读范曾此篇,抑或时有感动,阖书而思,似觉狂悖。劝君更读稼轩词,始觉范曾于激越中实深藏对故国文化拳拳之忠、眷眷之情,较稼轩平和多矣。

(撰稿人　范曾)

第四十二章　田园篇

对于中国古代世界的建立来说,"田园"是一个重要的观念。这个观念的运作,使得中国古代世界的建立得以找到一个稳固的基点。自东晋陶渊明之后,唐宋明清的田园诗学使"田园"这一观念与诗学密不可分。近代以来,有关"田园"诗学的研究,大体在哲学的视野中,以"山水田园诗"的名目展开,并最终从属于中国古代文学史的研究。而"田园"作为一种思想文化观念,它的影响往往越出诗学与哲学的范畴,并深刻作用于中国人的社会文化生活。因此,这里想要考察的是,"田园"作为一种思想文化观念,它在中国思想文化史上的产生与流传,以及"田园"这种观念对世人生活选择的影响。

一　"田园"字源

"田园"作为一种思想文化观念,在可查考的汉语文献中,它首次出现在司马迁的《史记》里。在《魏其武安侯列传》与《汲郑列传》中,"田园极膏腴"与"黯隐于田园"分别讲述了田园的情状,以及田园可能的功用。与都邑相别的膏腴之地"田园",

在司马迁记述的汲黯的故事里,既是他不耻为令的病归处,亦是他罢免之后的归隐地。① "膏腴"与"隐",土地丰沃,内在自足,这里的"田园"既关乎实有土地的稼穑与住居,又关乎"田园"中"人"内心精神的安放与隐藏。《史记》里仅有的这两处"田园",从一开始就给予了这一观念以双重的形象。

而"田园"在还未凝结为一个概念之前,"田"字最初是指田猎之地。如"田无禽"(《易·恒卦》)、"田获三狐"(《易·解卦》),都讲明了人类在荒野中开辟、圈定出的区域"田"最基础的功用——获取人类的生存资料,并牵涉宗庙之事。② 直至维持生活根本的人类活动由农耕种植大量占据,稻谷稼穑等耕种之义才凝结于"田"字之中。这个意义在周王祭祀社稷田祖的祈年乐歌《小雅》里,有多处显现。如"大田多稼,既种既戒,既备乃事"(《诗·小雅·大田》),"倬彼甫田,岁取十千""我田既臧,农夫之庆"(《诗·小雅·甫田》),记述的皆是农田稼穑情形,其中"我田"表明田之归属,指明了"人"与"田"的关联。与不具时间性的"荒野"不同的是,最初的"田地"诞生于有时间性的人类活动,"田"从起源处就是属"人"的。《诗·齐风·甫田》里"无田甫田,维莠骄骄",将"田"字的耕种义与农田义并用,更是显明了"田"字"人类活动"并"人类处所"的意涵。

比"田"字稍稍后起的"园"字,甫一出现,就是"贲于丘园,

---

① 《史记》卷一百二十《汲郑列传第六十》:"上贤而释之,迁为荥阳令。黯耻为令,病归田里","后数月,黯坐小法,会赦免官。于是黯隐于田园"。汲黯(?—前112),西汉臣子。字长孺,濮阳人。其为人耿直,好直谏廷诤,武帝称为"社稷之臣"。后犯小罪免官,居田园数年,召拜淮阳太守,卒于任上。

② 《榖梁传·桓公四年》有言:"四时之田,皆为宗庙之事也。春曰田,夏曰苗,秋曰蒐,冬曰狩。"这里的田、苗、蒐、狩,一说是田猎之事于四时不同的称名。《周礼·春官》有言:"甸祝掌四时之田。"

束帛戋戋"(《易·贲卦》),这个被后世喻指为隐居之处的"丘园",孔颖达《疏》:"丘谓丘墟,园谓园圃。唯草木所生,是质素之处,非华美之所。"①指明了"园"字的草木质地与处所意涵。而早在之前许慎的《说文解字》里,"园"字就被释义为"所以树果也",谓"园"为果蔬之所。而"园"字围拢环绕周身的边界感,仅从"园"字字形四围的边框就可意会。在更早的诗歌"将仲子兮,无逾我园,无折我树檀"(《诗·郑风·将仲子》)里,更是早早地确立了"园"与植木相关,并具有他人不可逾越之感。而"园有桃""杨园""园中柳"②亦确定了之后"园"字作为"种植花果、树木、菜蔬,四周通常围有垣篱之地"③的义项。

在初唐欧阳询的《艺文类聚》里,"田"类诗与"园"类诗是作为两目出现的,在"田"目下收有陶渊明之《归园田居》其三"种豆南山下,草盛豆苗稀",而在"园"目下另有陶渊明之《归园田居》其一"开荒南野际,守拙归园田。方宅十余亩,草屋八九间。榆柳荫后檐,桃李罗堂前",以及《饮酒》其五"采菊东篱下,悠然见南山"。这里陶诗的"田""园"别目,大体对应了"田"的稼穑耕种义以及"园"的果木风物义。从这里对陶诗"田"与"园"题材过于细化的分类别目,可以感到"田"与"园"这两种近切的观念在中国古人对陶渊明诗歌评价里的缠绕。至少,"开荒南野际,守拙归园田"于我就有些难以确认它是该归在"园"目,还是

---

① 〔清〕阮元校刻:《十三经注疏·周易正义》,北京:中华书局1980年影印版,第38页上栏。
② 分别出自《诗·魏风·园有桃》《诗·小雅·巷伯》《古诗十九首·青青河畔草》。
③ 《汉语大字典》(缩印本),武汉、成都:湖北辞书出版社、四川辞书出版社1992年版,第304页。

"田"目,这里"田"与"园"的邻近缠绕,表明了它们意涵的近切。至诗人李白("陶公愧田园之能")、皎然("陶令田园,匠意真直")、白居易("以渊明之高古偏放于田园")、苏轼(《和陶归园田居六首》)、李梦阳(《空同集》卷三十四有以《田园诗》命名的作品五首)、王士禛("冲澹如陶靖节田园诗")等一众诗人、士人,开始不断地以"田园"这一观念评说或指称陶渊明的田居诗歌,并出现了大量以"田园"为题旨的诗歌写作。① 在李白的《早夏于江将军叔宅与诸昆季送傅八之江南序》里,"陶公愧田园之能,谢客惭山水之美"这对句中,第一次以"田园"指称陶诗。这里暂且不论李白称赞傅八的五言诗让陶公有愧、让谢客羞惭是否过誉不实,我们只看"田园之能"与"山水之美"的对举,"田园"之于陶渊明,"山水"之于谢灵运,在这里成了对诗人所擅长写作之主题的概括性表达。"田园""山水"这些本身已有着多重意涵的观念由此在中国诗歌批评史上被悄然确立,并在历代诗歌批评的流转中渐渐成为一种有着特定观念方向的诗体称名。

而"田园"作为后代士人、文人的精神属地"桃花源",也因陶渊明的文字创建,以及他全然的身体力行,成为中国思想文化史上拥有着多重面向以及意涵,既具时间性,又具非时间性的重要观念。

---

① 参见刘蔚:《宋代田园诗研究》,北京:人民文学出版社2012年版,第5—7页。

二 人,何以为家

自从"人"把自身从"自然""万物"中辨认出来,"出来"与"归去"就成为漫长人类生活史中最根本的行为。在中国的思想文化中,离开与返回、出生与归息、入世与出世,这些最寻常的动作或者行为的选择中,始终蕴含着一个有关人类生活最根本的命题,那就是:人,何以为家?

中国历代的思想者都试图对这一问题做出自己的回答。这一命题本身也包含着对"天道""有无""自然"等观念的理解。其中对中国社会历史与思想文化有着持续不断影响的儒家与道家,就这一问题给出的回答,给予了后代世人不同的生活选择。儒家强调个人的社会责任,如孔子以天下为己任,周游列国,为实现他的政治、社会理想而游说,并"得天下英才而教育之"(《孟子·尽心上》)。他的一生都在积极的"入世"与不断的"离开"中度过。他无惧乱离失所,以行动和教化众生立命,全身心地参与并希图改变世界。孔子把家安在了始终需要"正名"的世间。而道家强调人内心自然自在的秉性,如庄子就"自足""抱朴含真"(《道德经》十九章),过着"逍遥游"式的隐士生活,"无为有国者所羁,终身不仕,以快吾志"(《史记·老子韩非列传》)。他的一生是在"出世"中不断"返回"自己的内心。"安其性命之情"(《庄子·外篇·在宥》),与天地并生,与万物合一。庄子安身于大化自然之中,把家安在"无名"的自心。

儒家"重名教",道家"贵自然",这两种不同的社会思潮明晰了世人或"入世"或"出世"的生活选择。魏晋时期玄学有关"是名教,还是自然"的论辩,即讨论人是应该认同各种规范的社会关系去做"有为"之事,还是应顺应事物与人的自然之"道"成"无为"之性,成为陶渊明践行归园田居,保有自身质性之自然的思想土壤。

在古代道家对于超越的形而上学的思考中,"道"体本位的本体论涵盖了人以及人自身以外的一切万有,它是泯灭一切差异的根本,是本质上与我们自身结合得最为紧密,但在我们的意识中却又是最遥远、最难以把握的概念。"道"作为一切万有的前提,却不属于任何我们可理解的部分。它构成了我们一切话语的基础,却不是话语本身。老子言"道"无可名状,曰"无名天地之始,有名万物之母。故常无欲以观其妙,常有欲以观其徼"(《道德经》一章)。这里"道"的因素有二:一曰"无",二曰"生"。"道"提供了万物"生"的可能性,同时也保有着万物"自然""无名"的根基。自老子讲出"万物并作","芸芸"之"物""各复归其根"的"复命"之"道"(《道德经》十六章),庄子向往那个"同与禽兽居,族与万物并"的"至德之世"(《庄子·马蹄》)开始,国人就开启了复归自然本性,与天地万物同流合一这一隐在的心理模式。

"人"是如此不同寻常的造物,由自然而来,却生活在非自然的社会中。而社会、伦理,以及庙堂政治这些人类的造物却在时间中无可名状地走向衰败。其中政治的败朽,以及社会生活中的伦理僭越,使"人"所生活的"社会"变得纷繁而可鄙。"社会"对"人"的社会身份的强调使得我们忘记了自己之所从来。因而,"田园"其实意味着"人"属性中那属于自然之性的基底。"田园"之所从出,从最初就带有一个目的,那就是为在社会中生活的人确定"人"之为人的本质。"田园"中的"人"拟定了由"道"向"田园"再向"社会"延展的路径。而"田园"作为"人"的出发点或者安身立命之所，则意味着我们的生活既不是如动物一般以纯粹的自然形态生存，也同样不能完全委身于社会。人的终极目的从来不是社会。即使是对社会积极关照的儒家伦理，社会本身也不是其目的。儒家所谓"夫君子所过者化，所存者神，上下与天地同流"（《孟子·尽心上》）的完善之人，才是儒家追求圣人社会的本质。但"社会"中的"人"本质上是他律的、两可的，将"人"自身交给"社会"，看似具有现实的理想性，其实不过是把自身交给了无休止的纷繁以及无可餍足的社会运行。"社会"的衰败属性，本身就是对"人"自身的否定。"社会"中的"人"的行为方式虽然不是无意识的本能行为，但其运行却主要基于欲望的驱动。社会中的人是一个不断寻求自我满足的无意识主体。这主要体现在社会中的人对名与利的追求，以及最根本的对权利的占有欲。但实际上社会本身却不能提供给人真正的满足，这其中根本的原因是社会中的人是不具有自立性的。而人不具有自立性则意味着，"人"在"社会"中是无法找到真正的安身立命之所的。社会中的人的他律属性决定了"人"于"社会"中沉浮流荡、无处为家的生存本质。不同于荒野中的动物生存，以及社会中的流离失所，"田园"中的"人"安身于两者之间。这里的"田园"于"实有"世界可以生长出稻谷与菜蔬，于"无有"世界则拥有着自性完足的内在精神。

"田园"中"人"于"实有""无有"处，开显及生长其自身的自然性，驱逐其自身的社会性，使"人"自身更接近于"道"。"田园"，这个处于"道"的不可知性与"社会"的全知之间的所在，才是"人"的处所，才是"人"在生命之途中坚实的起点。"田园"作为"人"真正的处所，是"人"对自身本质自觉的所在。而于"田园"中的"人"的沉思、言说、书写与行动，便是对"无名"之"道"

的显现。不同于老、庄否认一切善恶美丑是非的差别,主张自然无为的自然观,陶渊明并不摒弃"人境"的价值伦理,他以自心确立了对美与善的信念,以"归园""力耕"践行了他"自然有为"的生命观。① "名教"与"自然"的纠缠似乎在陶渊明这里和解了。②

有关"人,何以为家?"这一人生命题,陶渊明用他的诗文,以及他归园田居、得返自然的生命做出了回答。因由陶渊明,"田园"成为人们理想生活的代名词,成为世人理想的安放身体与精神的家园。它同时具有现实实有的可能性,以及难以抵达的精神超越性。

三 田园意涵:"归园田居"与"得返自然"

尽管司马迁的《史记》是"田园"这一观念于可查考的文献中最初的发生地,我们这里对"田园"意涵的分层梳理,还是要以陶渊明的诗文为中心,同时兼顾此观念发生发展的源流,以及与"田园"意涵相关的意义群落。毕竟"田园"得以成为中国思想文化史中的一个重要观念,是与陶渊明的诗歌辞赋,以及其个人生活方式的选择密切相关。而历代文人对陶渊明田园诗文的评价,以及他们以"田园"为题旨的唱和,还有前赴后继归园田居、复返自然的生活实践,都是"田园"之所以成为一个拥有多重意涵、至今具有持续生命力与影响力的观念的缘由。

---

① 参见葛晓音:《山水田园诗派研究》,沈阳:辽宁大学出版社1993年版,第76页。
② 参见刘梦溪:《中国文化的狂者精神》,北京:三联书店2012年版,第41页。

中国文人隐逸的思想根源,若上溯,可至尧时洗耳的许由,之后也许就是避居首阳山不食周粟的伯夷、叔齐,《易经·蛊卦》里记述了"不事王侯,高尚其事"的隐士行为,而《履卦》"履道坦坦,幽人贞吉""中不自乱也",则讲明了隐士幽人中心稳定自足的精神形貌。即使是常被贤者、高士讽刺的孔子也称赞他们"隐居放言,身中清,废中权"(《论语·微子》),并讲出"天下有道则见,无道则隐"(《论语·泰伯》),"邦有道,则仕。邦无道,则可卷而怀之"(《论语·卫灵公》)。尽管孔子一生并未能"隐"并"卷而怀之",但他讲出了世人用舍行藏、仕隐舒卷这两种不同的生活方向。之后孟子由此发展出"穷则独善其身,达则兼济天下"(《孟子·尽心上》)这两种道路的取舍原则,成为深植于历代儒士心中立身处世的重要依归。而道家更是从根本上主张自然无为,追求绝对的精神自由,这与儒家的进退原则一并构成了文人选择避世独善的思想基础。《庄子·让王》中还记述过一则孔子与颜回有关"家贫居卑,胡不仕乎?"的对谈,颜回以自己拥有"郭外之田五十亩""郭内之田十亩","足以给"衣食,且"鼓琴足以自娱","学夫子之道""足以自乐",而"不愿仕",让"孔子愀然变容",更是表明了道家对独立自足、自得、自在、自乐的个人生存价值的追求。除此以外,世人所处的时代与社会现实亦是隐逸的重要缘由,比如在朝代交替之际、战争频仍之年,因避乱而隐;亦有为统治者地位稳固、社会治平之后,朝廷的大举招隐而准备的待仕而隐。《后汉书·逸民传》里记述了很多因各种缘由而产生的真隐和假隐,后世更有充隐,可谓中国逸民史上的奇观。①《诗·卫风·考槃》,西汉的《商山四皓歌》《采芝操》,刘向的"竭来归耕永自疏,结构野草起屋庐。宴处从容观诗书,山鸟群鸣我心怀"(《古风》),是较早的隐逸诗。② 这里,从《考槃》之"在涧""在阿""在陆",到刘向之"归耕""结庐""观诗书""山鸟""心怀"等意象,或可看出隐逸诗人生活、立言共有的落点。直至东汉,张衡的《归田赋》更是被学界认为是中国文学史上第一篇以"田园"为题材的诗体杰作,不同于东汉同时期诸多描写帝王生活的大赋,这篇具有文体开创性的抒情小赋第一次在赋文体的写作中抒写了一个人内心的愿望,以清新畅快的语言记述了一个人对归园田居的想象。尽管张衡在这个小赋中抒写的"归田"想象,并未在生活里真正实践,但他在精神上的观念"田园",却于此有了清晰的形象,较之《史记》中汲黯"病归"与"隐"之面目尚且模糊的"田园",张衡《归田赋》里记述的"田园"于思想观念的"实有"与"无有"处都变得确实可感。

那么,为何要归田呢?更进一步的问题也许是,为何将欲离开的是"都邑",将欲归去的是"田园"?张衡这里的回答是:"游都邑以永久……俟河清乎未期。谅天道之微昧……超埃尘以遐逝,与世事乎长辞。"意思是在京都做官时间已久,要等到政治清明还不知是哪年,知道天道是微妙不可捉摸的,不如弃污浊的社会而去,与世间杂务永诀。这里,张衡要辞别的是世事纷繁的"都邑"和密布埃尘的"魏阙"。更重要的是,他将归的"田园"是

---

① 在陶渊明所处的时代,还产生了桓玄"以前世皆有隐士,耻于己时独无"而找来皇甫希之假扮"高士"的"充隐"。参见《晋书·桓玄传》。
② 参见葛晓音:《山水田园诗派研究》,沈阳:辽宁大学出版社1993年版,第10页。

"时和气清"的,那里"原隰郁茂,百草滋荣。王雎鼓翼,鸧鹒哀鸣。交颈颉颃,关关嘤嘤。于焉逍遥,聊以娱情。……苟纵心于物外,安知荣辱之所如。"在张衡的叙述里,"时和气清"的"田园",不止拥有生机盎然的鸟虫草木风物,更是可以于其间"逍遥","纵心于物外",以至于身心欢畅、荣辱两忘的生息之地。尽管在他"感老氏之遗诫,将回驾乎蓬庐"的生活想象里,只有"弹五弦之妙指,咏周孔之图书。挥翰墨以奋藻,陈三皇之轨模"这些文人事,而没有提及他将以何于田园蓬庐中饱腹,但这些对田园小景的描绘,对纵心于物外、不辨荣辱的畅快自抒,都给予了后世辞归者以"田园"的方向。这里的"田园"与"都邑"背向,是一个"人"的起点,亦是一个"人"最久远的归宿。

但从张衡的《归田赋》里提到战国时的"蔡子"与"唐生"①,以及不时出现的对宦海浮沉有些怨怼的感慨,我们可以感到张衡的归田选择里,有着无法控持的外部因素,不得已而为之的苦闷与无奈。"田园"之于张衡,还未完成它内在自足的精神属性。据《后汉书·张衡传》,张衡六十一岁的人生,仅在朝为官就用去了三十七年,我们可以感到"都邑""魏阙"对他的人生吸引力还是远远大于"田园"的。并且,张衡和陶渊明将欲出世的选择因由其实有着根本的不同。

同是辞官之前的写作,同是身处专制、混乱的年代,陶渊明的《归去来兮辞(并序)》里讲述的不是对政治"河清之未期"的忧愤,也不是对"不得志"的仕途人生的感慨。尽管出生在东晋中期的陶渊明,八岁丧父,家道中落,青壮年时期所处的晋代社

---

① 燕人蔡泽,"壮士不得志于心",因仕途命运未卜而请梁人唐举看相,解除疑惑后,入秦游说,取代范雎为相。

会是比张衡的时代有更多混战与内乱的专权社会,自二十九岁出仕江州祭酒,"不堪吏职,少日,自解归"(《晋书·陶潜传》),之后又几次辞归,直至不再复出,这其中的"归去"选择当然有他身处的极端动荡并专制社会的作用,《感士不遇赋》里就记述过在"真风告逝,大伪斯兴","世流浪而遂徂,物群分以相形。密网裁而鱼骇,宏罗制而鸟惊"的纷乱世相中,陶渊明的自我保存——"彼达人之善觉,乃逃禄而归耕"。但陶渊明的"归耕"缘由并不止于这些。他在自己的写作中反复讲述的是入仕之无奈:"余家贫,耕植不足以自给"(《归去来兮辞并序》),"畴昔苦长饥,投耒去学仕"(《饮酒》)。他在无奈为官之后的不多时就"眷然有归欤之情",而产生归欤之情的真正缘由,陶渊明在《归去来兮辞》序文里坦承:"质性自然,非矫励所得。"这里的"质性自然",记述的是一个人自心、天性的觉醒。陶渊明从来关心的是自性,从来怕的是"误落尘网","心为形役"。《归园田居》(其一)里的"少无适俗韵,性本爱丘山",讲的其实就是"质性自然"。而这里的"质性自然"意味着,陶渊明的"归田"行为拥有着根本的内在动因。"士之不遇","有志不获骋",离乱沉浮之后的避世,这些都不足以构成一个人决然的返回。陶渊明的返回,包含着一个"人"最终的归途。那是一个"人"在"乐夫天命"无所疑惧之后,全然自觉的返回。"田园"在那个时刻,不再只是一个可以长出庄稼和蔬果的园地,它成为一个"人"对人之为人的确认,成为可以确认一个"人"所为者何、所求者何的"无名"之"性"。"田园"最终是对一个"人"自身社会性的斧正,并由此而确立一个"人"。在中国古人看来,只有建立在这种反思之上的社会,才真正具有自身的合法性。"田园"作为"社会"的边界,成为保存"人"与"社会"免于被消逝的所在。

在违"道"、不益于"人"本身的社会里,所谓的生存之道都不过是迷途。在《归去来兮辞》中,陶渊明把他最后一次"在官(的)八十余日"称作"迷途其未远",他在打定了主意"自免去职"之后,畅然开篇:"归去来兮!田园将芜胡不归?既自以心为形役,奚惆怅而独悲!悟已往之不谏,知来者之可追。"在老子"朝甚除,田甚芜"(《道德经》五十三章)的感喟之后,《诗经·邶风·式微》里的"式微式微,胡不归!"在陶渊明的歌咏里拥有了归去的确定方向,那就是向着将芜的"田园"归去。陶渊明接着《论语》里楚狂接舆的歌"往者不可谏,来者犹可追",提醒着昨日虽"未远"却"迷途"的自己全然错了。他想象着自己归家途中"舟遥遥以轻飏,风飘飘而吹衣"的轻快欢畅,"恨晨光熹微",等不及"征夫"踏上"前路",想象着自己终于看到家了,"乃瞻衡宇",欢快奔走,"载欣载奔",满目是自己熟悉的景象,"僮仆欢迎,稚子候门",一些路被草覆了,一些屋舍空置,"三径就荒",但"松菊犹存",于是"携幼入室,有酒盈樽。引壶觞以自酌,眄庭柯以怡颜。倚南窗以寄傲,审容膝之易安。园日涉以成趣,门虽设而常关。策扶老以流憩,时矫首而遐观。云无心以出岫,鸟倦飞而知还。景翳翳以将入,抚孤松而盘桓。……悦亲戚之情话,乐琴书以消忧。农人告余以春及,将有事乎西畴。或命巾车,或棹孤舟,既窈窕以寻壑,亦崎岖而经丘。木欣欣以向荣,泉涓涓而始流。善万物之得时,感吾生之行休。已矣乎!寓形宇内复几时,曷不委心任去留?……怀良辰以孤往,或植杖而耘耔。登东皋以舒啸,临清流而赋诗。聊乘化以归尽,乐夫天命复奚疑!"这里,"田园"生活被全面伸展开来,"田园"观念于此获得了更丰沛的内涵。质性"田园"在实有的归园田居的生活里有着生动的形貌与细节:有酒自酌,抚树欢颜,情话琴书。"田"

中植杖耘耔,"园"里木欣泉涓,登"山"舒啸,临"水"赋诗,万物自治自得。而诗人复归其性,"乐天知命","乘化归尽","独与天地精神相往来"。"田园"之于田园,适得其所。

正像"自然"之于自然,"山水"之于山水,"无"之于有,陶渊明之于"田园",其发生是在魏晋玄学注目的"有"与"无"、万物与"自然"、"山水"与"道"密切纠缠的久远背景中。正始玄学"贵无派"的王弼在对老子"道"的阐释中,提出了"以无为本"的思想"无形无名者,万物之宗也"(《老子指略》)。他认为"无"是生成一切"有"的初始力量,是自然的本性。"崇有派"郭象主张性命自然,世间万物"各以得性为至,自尽为极"(《逍遥游注》),他认为人只要顺应自性,让"性"自身得以充分实现与展开,就可以达到一种与大化自然同流的境地。玄学的核心问题是"自然",无论是"贵无"还是"崇有",不同派别的玄学家对"自然"都有着一致的发现与肯定,王弼云:"天地任自然,无为无迹,万物自相治理。"(《老子道德经注》)郭象云:"不为而为,自然而生。"(《庄子·大宗师注》)在魏晋玄学的启发下,人们开始体知到自然山水中有一种"无名"之"道"的存在,"日月""山川""丽天之象""理地之形",皆"道之文"(刘勰《文心雕龙·原道》)。这种对"自然之道"的体知给予了世人观山水的眼睛,人们开始可以细致入微地体察自然山水自身的美,而山水诗与山水画也因之兴起。左思《招隐诗》曰:"何必丝与竹,山水有清音。"言"山水"自有其韵律。《世说新语·言语》里有云:"人问山川之美,顾(恺之)云:'千岩竞秀,万壑争流,草木蒙笼其上,若云兴霞蔚。'"言山水自有其生意。谢灵运有诗云:"云日相辉映,空水共澄鲜。"(《登江中孤屿》)"拂衣遵沙垣,缓步入蓬屋。近涧涓密石,远山映疏木。"(《过白岸亭》)言山水疏密远近自有其法度。文人们于山水间赏会、悠游,"每游山水,往辄忘归"(《宋书·宗炳传》)。宗炳在《画山水序》中道出"以玄对山水"而体"道"的深刻见解:"圣人含道映物,贤者澄怀味象。至于山水,质有而趣灵。……圣人以神法道而贤者通,山水以形媚道而仁者乐,不亦几乎?"这里宗炳讲的是"圣人"与"山水"的神遇。"山水"以其外在的形质与内在的精神,自在显现着自然万有的道理,"含道"之圣人,"澄怀"之贤者,于"山水"间正可感应山水之"灵"。万物于此纯然之境,自相应和。

陶渊明正是因为对自己质性自然的本然觉知,才会"深愧平生之志",对有损于自身"质性"的仕途生涯感到后悔。而当他回到了与自性相适、相应的田园中,田园生活也真的给他提供了一个可居、可游的园地。与魏晋时人赏会、玄对"山水"略略不同的是,陶渊明的"田园"包藏着更多人性的温度。较之于"山水"对"人境"极度的纯化,而拥有着自足、冷峻的形貌,"田园"从诞生之初就是"人境"的一部分。它是"人"开辟于"荒野"的结果。《归园田居》其一里的"开荒南野际,守拙归园田",表明了"荒野"与"田园"的关系。草覆荒芜之野,绝少"人"的耕耘与干预,有着纯粹的自然形态,在人类文明发生之前,"荒野"是人类的根系与故园,在人类文明发生之后,"荒野"是人类的近邻。[①] 这里除却"田园"在时间维度上的荒野渊源,"南野际"之"际",将空间维度上的近邻、交汇标明,并以人类的行为活动"开荒"确证了"田园"的来由。"田园"来自于"人"对"荒野"的参与。"人"于"魏阙"城池之外的"荒野","开"出一片可"守"、

---

① 参见王惠:《荒野哲学与山水诗》,上海:学林出版社2010年版,第37页。

可"归"的"田园"。"田园"在空间维度上是连接、融合"庙堂"与"荒野"的际会之处,在时间维度上是"荒野"的人境接续。"归园田",这一去"庙堂""魏阙"而复"田园"的时空归属,在非时间性与空间性的意义上,亦是对"荒野"精神的保存("守拙")。质素之所"田园"延续了"荒野"的草木质地,"荒野"之"无"因由"人"的参与而具"有"了"田园"的形貌:"方宅十余亩,草屋八九间。榆柳荫后檐,桃李罗堂前。暧暧远人村,依依墟里烟。狗吠深巷中,鸡鸣桑树颠。户庭无尘杂,虚室有余闲。"(《归园田居》其一)这里田宅、草屋、花树、鸡畜,"后檐""堂前""远人""墟里""巷中""树颠""无尘""有余",皆是"人"对"荒野"的开辟与赋予,"人"于"田园"中始见天地之方圆、前后、里外、有无。被归化后的"田园",虽是有些"远人村""无尘杂",但依依上升的炊烟是"人境"的标志。没有人类道路、境界标志的"荒野"是无边无际,亦是无始无终的。开荒为"田",植树为"园","结庐"在"人境",这个拥有着时间性实存的现实"田园",由于它永恒的"荒野"渊源,而恒久映照着那非时间性的"荒野"精神。如同有意识的"田园"要不断地从无意识的"荒野"汲取意义一样,"人"内心那个具有荒野精神的"田园"从未停止过对实有"田园"的观念指涉,而"人"于大地之上也总是不断地在寻找或者建造一个与其精神相匹配的现实安放地。更本质地说,这种寻找或者建造亦是一种滞后的确认,尽管大地上正在生长与开辟的现实"田园"从一开始就是精神"田园"获得表达的来源与依据。

"人"的所来之处,亦是所归之所,归"田园",亦是复"自然"之性。比之于"羁鸟""池鱼"对"旧林""故渊"眷恋缘由的隐喻,陶渊明对自身"自然"本性的书写是明白的:"少无适俗韵,性本爱丘山。误落尘网中,一去三十年。……久在樊笼里,复得返自然。"(《归园田居》其一)这里的"自然",拥有着本然的荒野精神,既是与"丘山"相应的自然,具有天地、山林、水源、风物,又是与"樊笼""尘网"相对的"自然",是"羁鸟""池鱼"返回"旧林""故渊"之后,高飞、纵游的"自由"。"忆我少壮时,无乐自欣豫"(《杂诗》其五),陶渊明这里返回的既是他少年时的田居生活,又是他本然完足的自然质性。"自然"的双重意涵——自由逍遥之"自然"与山水荒野之"自然",在陶渊明兴建的"田园"里融合应对。在"田园"中,"人"可以复归身体与精神双重的故地,过上与"自然"之性相适的生活,而质性"自然"在其中也得以尽致。

"结庐在人境,而无车马喧。问君何能尔?心远地自偏。采菊东篱下,悠然见南山。山气日夕佳,飞鸟相与还。此中有真意,欲辨已忘言。"(《饮酒》其五)这个由东篱、山气、日夕、飞鸟营造的"田园"时间是蕴含真意的,这是内在"田园"与外在"田园"于文字中融汇的时刻,诗人之质性与自然之道的大化流行,于诗人所处的"田园"融会贯通。于"田园"生息,于"田园"中体道,在陶渊明这里拥有合一的行为。诗人于此间辨认指明,亦不忘提醒观念于言语中铺展的边界。"欲辨已忘言",讲述的是在山气日夕中流荡的"真意"是无法用观念言语全然表达的。"养真衡茅下"(《辛丑岁七月赴假还江陵夜行涂口》)、"怀此贞秀姿"(《和郭主簿二首》),苏轼言"陶渊明欲仕则仕,不以求之为嫌;欲隐则隐,不以去之为高。饥则扣门而乞食,饱则鸡黍以迎客。古今贤之,贵其真也"(《东坡题跋》)。陶渊明以知会"生"之"真意"为欢畅之事,以"养真"为自己"归园田"生活的准则。"归园田居"之"躬耕"与"得返自然"之"养真",是陶渊明对自身内在自然与外在自然的双重返回。"真意",在躬耕田亩的陶渊明这里,不仅意味着"得返自然"之畅快,更真实而日常的是"晨出肆微勤,日入负耒还"(《庚戌岁九月中于西田获早稻》)之艰辛。"生"之畅快与"生"之艰辛,乃人生本然之真意。陶渊明以身体力行体知"田园"躬耕之苦,"山中饶霜露,风气亦先寒。田家岂不苦? 弗获辞此难。四体诚乃疲,庶无异患干"(《庚戌岁九月中于西田获早稻》)。老庄"傲然自足,抱朴含真"的自然观,在陶渊明这里被充盈为"有风自南,翼彼新苗"(《时运》其一)的生命观。这是一种自然有为的生命观,诗人在其中感到了真正的欢悦。"此事真复乐,聊用忘华簪。"(《和郭主簿二首》)这种真正的"生"之欢悦是无关"朝堂""魏阙"之"华簪"的。诗人以他的本真之性,在真实的土地之上,以劳作力行,体验着大化生命的真实之"道"。"田园"之"真",是质性之真,亦是生活之真。

比之于拥有着真实劳作之艰辛的"田园",陶渊明以文字创建的"桃花源"是实有"田园"的一个理想镜像。在"桃花源"里,"土地平旷,屋舍俨然,有良田美池桑竹之属。阡陌交通,鸡犬相闻。其中往来种作,男女衣着,悉如外人。黄发垂髫,并怡然自乐"(《桃花源记》)。桃花源中人,当年为避秦乱,如商山高士,远离尘嚣,与外间隔,无有纪历,四时自成,无"无所用之"知,无"大伪"之智慧。① 这里承袭了老子"甘其食,美其服,安其居,乐其俗"之"小国寡民"的想象,却并非神界,亦无餐风饮露之神人,这里有的只是日常的农耕生活,人们"相命肆农耕,日入从所憩"(《桃花源诗》),无有"环堵萧然,不蔽风日,短褐穿结,箪瓢

---

① 参见袁行霈:《陶渊明集笺注》,北京:中华书局2003年版,第488页。

屡空"(《五柳先生传》)的局面,只有桑竹垂下浓荫,豆谷随季而种,祭器古制,美服旧式,儿童欢畅歌行,老人舒适自在的情形。① 更内核的是,桃花源里"秋熟靡王税","虽无纪历志,四时自成岁","不知有汉,无论魏晋",拥有着全然跃出现实社会的理想形态,无帝王,无纪历,无税制,一个完全理想的人类社会。那里的"人"天性完足,自洽、自在、自由,劳作也是欢畅的,如"镜花水月"一般,从未存在于现世,真真是现世无有之幻境,拥有着绝然超拔的"田园"精神。此"桃花源"与陶渊明"归园田居""得返自然"之"田园",虚、实、真、幻,互相映照,以"荒野"为来处,以"山水"为纯境,以"自然"为真性,互为融通,共同构建了观念"田园"的多重生态。

四　田园流脉

"田园"的魏晋,以及"圣王"治理下的唐虞时代,是历代文人精神世界的两大支撑点,它们共同构成了中国文化中对理想自然与社会的隐喻。在后世的每一个文人身上,我们都能够看到"田园"的余脉。文人们总是在庙堂之上谈先王的治国之道,以期现世的君主开明、社会治平;而在书斋田园中,文人们吟诗作画,调琴阅经,期以山林之情养庙堂之辩。在求隐不可得的时代,文人士大夫往往以园林代替山林,于书斋尺幅中卧游山水田园,以玄览正心性、觉天命。这种"田园"与"庙堂"之间的两得其趣,似乎是历代文人最理想的生活形态。

---

① 陶渊明《桃花源诗》中有"桑竹垂余荫,菽稷随时艺""俎豆犹古法,衣裳无新制。童孺纵行歌,班白欢游诣"之句。

在《桃花源记》之后，唐人王维、刘禹锡有《桃源行》，韩愈有《桃源图》，宋人王安石、汪藻亦有《桃源行》，苏轼有《和桃花源诗》，元人赵孟𫖯有《题桃源图》，王恽有《题桃源图后》等，历代文人对桃源故事的续写，使得"桃花源"这一理想的精神安居地在中国思想文化绵长的时空中得以接续。① 而以"田园"为题材的诗更是借由王绩、孟浩然、王维、储光羲、韦应物、柳宗元等唐人而承传延续，至宋代梅尧臣、范成大、陆游等人而扩展新变，至明清正式成为一个诗体概念，评家更是以之命名流派，如清人宋长白在《柳亭诗话》卷二十二"田园"条目云："范石湖《四时田园杂兴》诗，于陶、柳、王、储之外，别设樊篱。王载南评曰：'纤细毕登，俚俗尽录，曲尽田家况味。'"②言田园诗传统，至范成大而另辟境地，曲尽田家生活景况。而近人钱锺书在《宋诗选注》中以"中国古代田园诗的集大成"来指称《田园四时杂兴》，言其对《诗经·豳风·七月》，陶渊明的《怀古田舍》《归园田居》，王维的《渭川田家》《偶然作》，储光羲《田家即事》《田家杂兴》，以及张籍的《山农词》、元稹的《田家词》、聂夷中的《咏田家》等诗歌的农事、隐逸、田家讽喻的传统做了一个总结，更是明晰了田园诗的历代线索。

"田园"于诗学中的线索，随境遇与时序的流转而几获生命，几扩境地，虽新异变衰，却几乎从未断过。晋人陶渊明，也在历代文人的不断书写中，成了一个精神绝然超拔于现世的独异人物。但在中国思想文化的变迁史中，陶渊明之后，却几乎再也

---

① 参见袁行霈：《陶渊明集笺注》，北京：中华书局2003年版，第489页。
② 〔清〕宋长白：《柳亭诗话》，载《丛书集成续编》，上海：上海书店1994年版。

没有出现过一个人,可以如文字世界里的陶渊明一般,全然安身、安心于"实有""无有"的精神属地"桃源"之中,以个人的生命践行着一种"归园田居""得返自然"的"田园"生活。这种生活绝非单纯的避世,士人选择"田园"归去也并非只是隐身于一个乐园般的处所。这场身与心的行旅其实是孤独并艰辛的。选择"归园田居"的"人",他是在代替"社会"中的其他人去触摸这个社会的边界。这一行为使得这个社会免于被消逝,使得这个不断运行的社会能够保持自我省察与更新的能力,而不至沦为无法"天工人其代之"(《尚书·皋陶谟》)而只能不断坏朽的社会机器。陶渊明于田园中的劳作、生活与写作,其实是对"人之为人"的提问以及确证。"田园"中的"人",是怀着对"人"的本质与"世界"的本质这样根本的疑惑,而进入"田园"的。陶渊明由一个"人"的精神行旅而确立的"田园"形象,在历代士人的现世处境与个人精神质地的变迁中,变化为不同的"田园"形貌。

对初唐、盛唐的士人来说,"田园"归属是欲求处身庙堂之上的隐微基底。比如孟浩然,虽"尝读高士传,最嘉陶征君。日耽田园趣,自谓羲皇人"(《仲夏归汉南园寄京邑耆旧》),但自明"维先自邹鲁,家世重儒风"(《书怀贻京邑同好》)的身世起源与仕途理想,并坦承"未能忘魏阙,空此滞秦稽。……圣主贤为宝,卿何隐遁栖?"(《久滞越中贻谢南池会稽贺少府》)许多士人于初唐、盛唐之时有过一段类似的归隐经历,但他们大多是在等待合适的机会入世,希冀未来身处庙堂之上的同时,亦能得到田园山林的安宁,并且这其中无须付出艰辛的劳作。孟浩然并不赞赏陶渊明那种彻底断绝仕途之念、彻底归耕田园的选择,他慨叹"三十既成立,嗟吁命不通"(《书怀贻京邑同好》),他遗憾"欲济无舟楫,端居耻圣明"(《望洞庭湖赠张丞相》),他不甘心做一个盛世时代的闲人,在入京都长安应试不第返乡之后,他是失望的,"予复何为者,栖栖徒问津"(《仲夏归汉南园寄京邑耆旧》),直到晚年仍为自己无法于仕途施展才华而怨恨,"壮图哀未立,斑白恨吾衰"(《家园卧疾毕太祝曜见寻》)。不同于魏晋士人身处乱世、庙堂无可期许的绝望返归,孟浩然于田园中暂时修养、息心,并不断随时遇在仕途与山林之间往还,时遇感兴,"何以发秋兴? 阴虫鸣夜阶"(《奉先张明府休沐还乡海亭宴集探得阶字》),"秋入诗人兴,巴歌和者稀"(《同曹三御史行泛湖归越》),行事随性,常常一时兴起,这几乎构成了他无可控持的个人命运。《新唐书·文艺传》中记载了他因与故人欢饮而误了自己入朝被举荐的事,故人提醒他"与韩公有期",结果他反而"叱曰:'业已饮,遑恤他。'卒不赴。朝宗怒,辞行,浩然不悔也"。元代王士源在《孟浩然诗集序》中亦记述了孟浩然的恣肆任性:"王昌龄游襄阳,时浩然疾发背,且愈,得相欢饮。浩然宴谑,食鲜疾动,终于南园。"孟浩然的一生徘徊在仕途与山林之间,遇"田园"而跃动平衡,却兴之所至,心游万仞,无可驻留。

而王维,不同于孟浩然一生欲仕而未仕。王维在少年时就因自己过人的诗、乐才华被两京的名门贵戚赏识,顺利及第。在长安生活的最初几年,又恰逢开元诗坛将欲走向空前繁荣之际,他写下"圣代无隐者,英灵尽来归。遂令东山客,不得顾采薇"(《送綦毋潜落第还乡》),来劝勉友人,言在此李唐盛时贤者落第是偶然的。他内心的"田园"基底欢快地化为"桃源"歌行,"居人共住武陵源,还从物外起田园"(《桃源行》)。"桃花源"在王维这里成了世外仙源,一个非人间的神仙居处,王维把渔人的执意返家看作是"尘心未尽",这其中也无意透露了王维于开元盛世的日常心态。这看起来的确是一个"东山客""不得顾采薇"的年代,然而好景并不长,"微官易得罪,谪去济川阴"(《初出济州别城中故人》),庙堂从来是一个居大不易的所在。王维接下来的人生,就在不断地贬谪、隐居与出仕的交替中度过。其间,被王维称为"所不卖公器,动为苍生谋"的"大君子"(《献始兴公》)。张九龄的举荐,让他一度重燃希望,但其后政局恶化,直至"安史之乱"爆发,王维都是过着半官半隐、"身心相离"(《与魏居士书》)的生活。尽管他在献给张九龄的诗中自陈"宁栖野树林,宁饮涧水流",但士人自小培养起来的建功理想,以及他对陶渊明"乞食之惭""忘大守小"的判断,都使得他无法如陶潜一般对仕途人生全然弃绝,而只放任自心高居于"青""白""空""静(净)"的"化城""田园"之中。"隔牖风惊竹,开门雪满山"(《冬晚对雪忆胡居士家》),寂然默对山林之趣,无人可扰。

即使身处像孟浩然、王维这样政治相对清明的时代,山水田园都是士人们读书、壮游、丰盈自心的最宜之处。士子虽心怀经邦济事之志,"得返自然"之自性"田园"却始终是回护与平衡入世之烦忧的支点。"东山高卧时起来,欲济苍生未应晚。"(《梁园吟》)李白"济苍生"之志涵养于晋人谢安辞官隐居高卧的"东山","安能摧眉折腰事权贵"(《梦游天姥吟留别》)之傲岸独异的性格生发自谢灵运游荡过的"天姥山",或者有着"桃花流水杳然去""别有天地"的"碧山"间。这里"东山""天姥山""碧山"既是现实实有之可居、可游之处,更是"天然去雕饰"之太白超逸精魂的映现。"众鸟高飞尽,孤云独去闲。相看两不厌,只有敬亭山。"(《独坐敬亭山》)这是尝尽人间滋味的人,在云、鸟、山水的环聚中,才可体会出的自性完足。连一生颠沛入世的杜甫最温润喜悦的文字,"好雨知时节,当春乃发生。随风潜入夜,润物细无声。野径云俱黑,江船火独明。晓看红湿处,花重锦官城"(《春夜喜雨》),也是写于他寓居蜀中浣花溪边的草堂之时。而他对邻人园地居处的描写,"锦里先生乌角巾,园收芋栗不全贫""白沙翠竹江村暮,相对柴门月色新"(《南邻》),如清代浦起龙《读杜心解》所说,更是一幅"山庄访隐图"。没人可以绕过飘萍之世里求取安放的自心,那个满怀"致君尧舜上,再使风俗淳"(《奉赠韦左丞丈二十二韵》)之志的青年,在世事与"安史之乱"的困局中漂泊至老年,最终给予他安慰的是"清江一曲抱村流,长夏江村事事幽。自来自去梁上燕,相亲相近水中鸥"(《江村》)之自然田园,以及"非无江海志,潇洒送日月"(《自京赴奉先县咏怀五百字》)这般无可予夺之志。

中晚唐的韦应物、柳宗元,身处动荡、衰落的末世。韦应物不断被罢任,即使短暂的在任,也把衙门当作"田园","公门且无事,微雨园林清。决决水泉动,忻忻众鸟鸣"(《县斋》)。柳宗元被贬官十年,存世的一百六十三首诗大体是贬谪之后的作品。"田园""山水"成了他们一生中无可奈何之心绪的寄托。韦应物遇故人,言"何因不归去,淮上有秋山"(《淮上喜会梁州故人》);寄僚友,言"扁舟不系与心同"(《自巩洛舟行入黄河即事寄府县僚友》);游龙门,作"素怀出尘意,适有携手客"(《龙门游眺》);于山行归途中,作"始霁升阳景,山水闵清晨"(《山行积雨归途始霁》);于滁州感怀山中僧人,写"应居西石室,月照山苍然"(《怀琅琊深标二释子》)。他还写出"霜露悴百草,时菊独妍华。物性有如此,寒暑其奈何。掇英泛浊醪,日入会田家。尽醉茅檐下,一生岂在多"(《效陶彭泽》),"今年学种瓜,园圃多荒芜。众草同雨露,新苗独怏如"(《种瓜》),进而会惭愧"不耕者""禄食出闾里"(《观田家》)。以上的"何因"之问,自陈"扁舟不系""出尘(之)意","应居"之叹,效陶潜"田居",却言"悴"

"独""尽醉""荒芜"、暗"翳"之寂寥,并难掩面对田家劳作之艰辛、徭役之苦,自己却无所作为的愧疚。

而柳宗元被贬永州后,于冉溪购地筑屋,名"愚溪",言自身"久为簪组累,幸此南夷谪。闲依农圃邻,偶似山林客。晓耕翻露草,夜榜响溪石。来往不逢人,长歌楚天碧"(《溪居》),"自肆于山水间"(韩愈《柳子厚墓志铭》)。一"幸"字,现出尘意,而"谪"字却折返洒脱,显被动无奈之况味,"露草""溪石"之田园景致,映出的却是"不逢人"之孤独,望天抒怀之"长歌"。《江雪》中清旷孤绝之冷意,"千山鸟飞绝,万径人踪灭。孤舟蓑笠翁,独钓寒江雪",是出于凄凉的现世的。"共来百越文身地,犹自音书滞一乡"(《登柳州城楼寄漳汀封连四州》),唐宪宗元和十年(815)正月,柳宗元被召回京,三月旋即被谪柳州,一同被贬谪的包括刘禹锡在内的四位友人之间,连书信往来都是困难的,这其中想必有着无尽的压抑与感伤。他写《田家》,注目于农人劳作,"札札耒耜声,飞飞来乌鸢",感佩农人勉力维持自己的生存,"竭兹筋力事,持用穷岁年",却唏嘘"尽输助徭役,聊就空自眠",背负徭役,世代艰辛。柳宗元在《田家》诗中记述的是农人真实的生活情状,在"园林幽鸟啭,渚泽新泉清"(《首春逢耕者》)的田园小景之后,是"羁囚阻平生"的慨叹,是愿同田父款曲陈情的孤苦。至中唐,"田园"形貌多了重"田家"农人的面向,"山水"亦多了孤绝的去处。

在"仕途"与"山林"之间,抱持"田园"之心的士子们,或如孟浩然般徘徊兴动、无可驻留,或如王维般"身"居"终南"别业而"心"于"田园",或如韦应物、柳宗元般寄飘萍之"身"于"田园","心"会人间疾苦。

伴随着中晚唐白居易、元稹等士人倡导的新乐府运动,士人们开始细致地描摹农人劳作的情形,体会田间劳作之艰辛,并因中唐以来朝廷不断向民间增加的税赋而深感社会问题严重,写作了大量的田家诗、悯农诗,田园诗的面貌也因之变异。唐人李绅的《悯农》、刘禹锡的《插田歌》、张籍的《江村行》、白居易的《观刈麦》、韦应物的《观田家》等大量的田家诗作,无意间为之后宋代的田园诗写作开辟了疆土。比如承继前代、开启宋诗写作的梅尧臣,在其一生写作的约七十首田园诗里就写遍了宋时的田家风土风物。

宋代是一个农业繁盛的时代,"厚遇文士",淑世士风盛行,很少有士子对仕途真正丧失热情,作为那个时代政治主体的文官普遍认为自己生逢其时。程颐《易传》有言:"贤人君子不偶于时,而高洁自守,不累于世务者也。……不屈道以徇时,既不得施设于天下,则自善其身,尊高敦尚其事,守其志节而已。"(《伊川易传》卷二)那种"不偶于时""不屈道以徇时",因生不逢时而退隐"自守"的人生选择至有宋一代渐渐消弭。士子文官即使处江湖之远仍忧其君,苏轼《与滕达道书》云:"虽废弃,未忘为国家虑。"王安石被迫辞相位后归田,仍作"尧桀是非时入梦,固知余习未全忘"(《杖藜》)。陆游被罢归后自作《忧国》诗,于《春晚即事》自陈"杜门忧国复忧民"。即使是被清人李慈铭评价为"乐志田园,不为物累"的范成大,在因疾辞官退居之后,依然劳心于农人"无力买田""大奢催税"(《四时田园杂兴六十首》)这样的现世情形。①

这似乎是"山林"与"庙堂"最平衡的时代,士人们处于距

---

① 参见刘蔚:《宋代田园诗研究》,北京:人民文学出版社2012年版,第122—126页。

"庙堂"不远,"山林"亦不远的"田园",于日常生活之细微处体察其"田"其"园"之民情风物,"老牛粗了耕耘债,啮草坡头卧斜阳"(孔平仲《禾熟》)、"老农歇热藤阴下,一树冬青落细花"(方一夔《田家》)、"羊角豆缠松叶架,鸡冠花隔竹枪篱"(杨万里《早炊童家店》)、"鸭脚叶黄乌桕丹,草烟小店风雨寒"(陆游《十月旦日至近村》),山林、庙堂、书斋、市井,统统汇聚于现世之"田园"。于此时代,抒写"田园"往往是为了抒写太平世界之风土,察考民情之疾苦。不同于盛唐时田园农人耕作题材的诗歌写作,借"田园"抒发诗人的归田理想,宋代的田园诗写作往往是士人对当世政治的深切参与。比如"王安石变法时期,新旧党人均利用田园诗表明政治观点,寄托政治理想。宋神宗熙宁五年(1072),苏轼因不满新法,本着'以事不便民者,不敢言,以诗托讽,庶有补于国'的创作精神,写下了《山村五绝》等诗",元丰二年(1079)的"乌台诗案",就是因苏轼《山村五绝》中"颇有讥切时事之言……无一不以讥谤为主"的诗句而引发。至此,宋代田园诗将晋、唐两代山水田园隐性的政治文化内涵全然显现了。①

  自宋而后文人写作的田园诗,大体由涂抹治平世界的太平诗,或讽喻悯农、叙写风土的田家诗所占据。"归园田居""得返自然"的"田园"精神自宋代之后,大都退居于文人书斋的尺幅之间。也许是宋代的田园山水画过于成熟了,也许是政治文化于田园诗的全面彰显遮覆了魏晋"自然""田园"之精神,士子们只好借由绘画艺术来表达对"田园"世界以及"田园"精神的想

---

① 参见刘蔚:《宋代田园诗研究》,北京:人民文学出版社2012年版,第40—77、79页。

象。艺术之虚、实、真、幻接续着"自然"之"道"与"山水"之纯境。自宋以后,渐次失落的"田园"精神,因由艺术而存续。

五　道于田园之艺

经由绘画艺术接通人与"自然"或者"道"的联系,肇始于魏晋时期兴起的山水画。"田园"精神因由山水画这种艺术形式得以显现与保存。在田园已芜的今世,若想体会"田园"之境,观山水画是一方便之途。

山水画显现出"人"的自然属性与社会属性共有的特质。在山水画幅开拓的无限的纵深空间中,那远处的群山,或者绝壁深渊,总是有一个宏大的、不可捉摸的背景隐藏其中。那似乎是"人"难以随意进出的世界。万有在这个空间中,弥合了自身的差异,仿佛一个吞噬一切的深渊,渐近于"无"。这构成"社会"的边界,同时也是人类伦理最终要将"人"送达的地方。而那些在山水中的渺小存在,却是画幅的真正灵明。亭阁、村舍、溪桥、山阶,昭示"人"迹。抱琴访友、骑乘行旅、溪边垂钓、木下默坐,身量微小之生气一点,是自然山水中的真正跃动,点醒着自然山水整一的生命世界,是画者对理想的"田园"之境的抒写。我们的目光从画幅的这一面,遥望那远在画幅里面的深渊之"道"。通过观看冥思,我们越过"社会"可能的边界。我们凝视着的深渊,也同样在凝视着我们,这种凝视构成了我们的此刻。山水画冥合并置了"自然""社会""田园"这三重隐喻,将世界的真相带到我们面前。

从隋代展子虔的设色山水,唐代李思训的金碧山水,再到王维的水墨山水,山水画渐渐摒弃了表面的青绿色彩,而向玄黑之色迈进。"青",在中国人的色彩思辨中是对"自然"的表征。作为一个并非全然作用于视觉的色彩,"青"字在古典文献里,更多地是表示那些难以琢磨的事物,它作为一种不甚明艳的过渡色,连接着"青"天之后那个深黑玄远的超拔之处。与魏晋时期出现的具有极强玄学意味的山水画论一样,山水画对玄黑墨色的全面使用,在很大程度上泯灭了物象之间的区别,世间万有冥合在玄色之中。这是绘画艺术对"自然"之"道"的深刻表达,也是"田园"精神的至极处。

北宋是山水画兴盛的时代,宋代的山水画"不仅追求对外在自然山水的再现,而且努力探寻其中所存之秩序感"①,这种立身于"田园",接通"自然"与"社会",达致内外平衡之境遇,自北宋而后,于山水幅中渐渐消退。元代以及其后明、清的山水,深深地步入了个体的世界,或在内心的孤诣中走向了那令人恐惧的荒寒山林,或在淡泊天真的笔墨嬉戏中,寻求个人内心的平静。那个庙堂之高与山林之远同时具足的时代再也没有出现过。文人们失去了对庙堂之上的信任,以奴才的面目苟活于庙堂之上。尽管元代画者以一己之力将士人的内在精神提到了一个难以企及的高度,但没有"社会"这一维度的支持,"人"的内在精神也难以持久,最终往往流于文人之戏。元画中那无穷的意蕴,以及天真的平淡,却也并不是理想中的"田园"。没有了"社会"的维度,"田园"实际上也无法成立,它只能退化为对"人"并不友好的"荒野""山林"。

惜乎今世,荒野与山林也无处寻了。"人"于"社会"之外,唯余"诗""艺"。"归去来兮,田园将芜胡不归?"陶渊明的提问,

---

① 石守谦:《从风格到画意》,北京:三联书店2015年版,第114页。

使"田园"永恒迫近。但"人",终将归于何处？陶渊明的回答是,"人生归有道"。

（撰稿人　孟潇）

后　记

《中国文化观念通诠》系我们中国文化研究所的学人共同完成的课题，各篇章的撰写者暨所撰篇章之名称，兹依全书结构具列如次，以备检核。

叙论（刘梦溪）

第一分部
天道：本与易

天道篇（刘军宁）　大易篇（范　曾）　有无篇（刘军宁）
阴阳篇（秦燕春）　道器篇（周　瑾）　干支篇（范　曾）

第二分部
天人：使命与信仰

天人篇（范　曾）　敬义篇（刘梦溪）　和同篇（刘梦溪）
慈悲篇（喻　静）　侠义篇（胡振宇）　慎战篇（胡振宇）

第三分部
人伦：纲常伦理

纲纪篇（余　霄）　　男女篇（张红萍）　　孝慈篇（周　瑾）
长幼篇（霍明宇）　　师道篇（黄彦伟）　　信义篇（余　霄）

第四分部
为政：致太平

家国篇（梁治平）　　天下篇（梁治平）　　民本篇（梁治平）
为公篇（梁治平）　　礼法篇（梁治平）　　无为篇（刘军宁）

第五分部
修身：人格养成

君子篇（李飞跃）　　忠恕篇（刘梦溪）　　仁爱篇（周　瑾）
知耻篇（刘梦溪）　　义利篇（余　霄）　　知行篇（邬红梅）

第六分部
问学：通经致用

经学篇（刘梦溪）　　小学篇（范　曾）　　义理篇（李春阳）
辞章篇（李春阳）　　诗教篇（范　曾）　　英才篇（黄彦伟）

第七分部

人物：生息与风采

人物篇（陈　斐）　情性篇（秦燕春）　童心篇（范　曾）
狂狷篇（刘梦溪）　丹青篇（范　曾）　田园篇（孟　潇）

谨在此向各位参与撰稿的贤同道和黄彦伟、邬红梅、余霄三位及门，并善士周谨的精勤守持，致以友爱的谢意。

2021年10月28日岁在辛丑九月二十三谨记

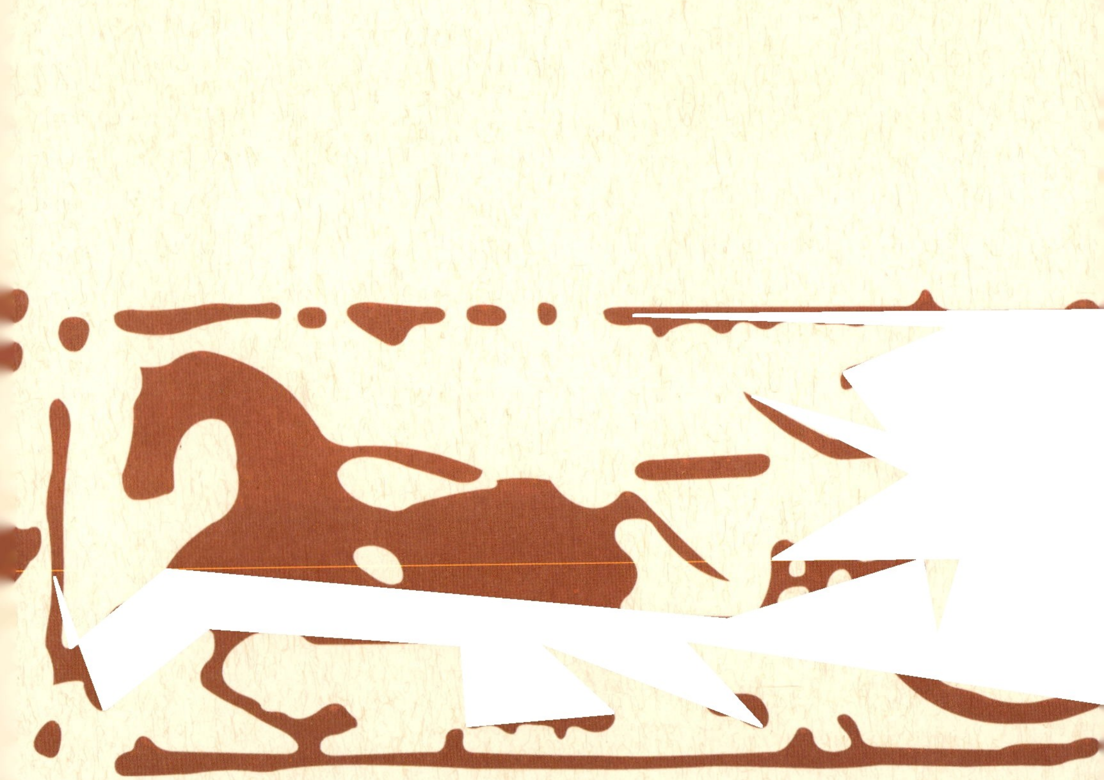